D1349097

collection Apollo

DICTIONNAIRE FRANÇAIS ESPAGNOL
ESPAÑOL FRANCÉS

APOLLO

par
Ramón García-Pelayo y Gross
Professeur à l'École supérieure d'interprètes et de traducteurs de l'Université de Paris
Maître de conférences à l'École nationale d'administration et à l'Institut des sciences politiques de Paris, Miembro del Ilustre Colegio de Abogados de Madrid, Miembro c. de la Academia de San Dionisio de Ciencias, Artes y Letras, de la Academia Boliviana de la Historia, de la Real Academia de Bellas Artes de San Telmo y de la Academia Argentina de Letras

17 RUE DU MONTPARNASSE 75298 PARIS CEDEX 06

PRÉFACE

Les découvertes et les inventions prodigieuses qui marquent les progrès réalisés au cours de ces dernières années dans tous les secteurs de la vie humaine ont élargi le vocabulaire dans des proportions considérables. Il s'ensuit que les glossaires bilingues actuellement sur le marché, en dépit des révisions et des adjonctions, ne répondent plus à l'attente des lecteurs. C'est précisément dans le dessein de leur fournir un recueil totalement nouveau et parfaitement à jour que la Librairie Larousse a publié, il y a peu de temps, un grand DICTIONNAIRE MODERNE FRANÇAIS-ESPAGNOL, et qu'elle en présente maintenant un autre, conçu dans un format plus petit, afin que toute personne se consacrant à l'étude de l'espagnol ou du français dispose d'un instrument de travail plus maniable que le précédent.

Pour que cet ouvrage puisse renfermer le plus de termes possible, nous avons regroupé les mots ayant la même racine et parfois ceux dont l'orthographe est en partie identique. Des exemples, qui illustrent les différents emplois des mots les plus courants, ou des explications entre parenthèses permettent d'identifier facilement les acceptions.

Nous n'avons d'autre ambition que de refléter la richesse linguistique de l'espagnol et du français et de procurer aux lecteurs un mentor capable de leur faire éviter les écueils qui jonchent le chemin menant d'une langue à l'autre. Nous y avons fait figurer la plupart des néologismes usuels, techniques et autres, qui n'ont pas encore acquis droit de cité dans les autres répertoires et toute une série d'américanismes dont la connaissance est devenue indispensable, vu l'importance croissante des pays de langue espagnole du Nouveau Monde.

Cependant, nous avons dû, en raison des dimensions réduites de cet ouvrage, éliminer, après un choix minutieux, certains vocables peu usités, pour pouvoir en inclure d'autres qui nous ont semblé plus utiles.

En fin de compte, faisant abstraction de tous les dictionnaires bilingues parus jusqu'à ce jour, nous avons envisagé la rédaction de ce lexique selon une optique nouvelle qui permette de résoudre en premier lieu les problèmes posés par la traduction de documents modernes dans lesquels apparaissent des mots de création récente ou dont le sens a complètement changé. Néanmoins, cette préférence accordée à la langue actuelle ne porte en rien préjudice au sens originel des termes considérés, et le lecteur peut traduire dans l'une ou l'autre langue des textes que le temps et l'usage ont rendus classiques.

Nous ne saurions terminer cette préface sans citer, d'une part, les noms de **Micheline Durand** et d'Inés Stinus, qui nous ont apporté une aide précieuse dans nos travaux, et, d'autre part, ceux des correcteurs Pierre Basset, Amadeo Bernadó et Fernando Gómez Peláez.

Nous espérons que le succès couronnera cet ouvrage à l'élaboration duquel nous avons apporté tous nos soins. Nous prions toutefois les lecteurs de nous faire connaître les défauts qu'ils pourraient y découvrir afin que nous puissions y remédier dans les prochaines éditions.

Librairie Larousse (Canada) limitée, licencié quant aux droits d'auteur et usager inscrit des marques pour le Canada.

ISBN 2-03-401753-6

PRÓLOGO

Los portentosos descubrimientos e inventos, que señalan el adelanto efectuado últimamente en los múltiples sectores de la vida humana, han acrecentado de tal manera el léxico que los glosarios bilingües aparecidos hasta ahora, pese a revisiones y aditamentos de algunos tecnicismos, no satisfacen a quienes los consultan. Esta necesidad de llevar a cabo una compilación enteramente nueva, siguiendo una pauta de mayor actualidad, ha hecho que la Editorial Larousse, en tiempo no muy lejano, publicase un extenso DICCIONARIO MODERNO FRANCÉS-ESPAÑOL y presente hoy este otro, de forma más reducida, con objeto de poner al alcance de los estudiosos de ambas lenguas un instrumento de trabajo mucho más manejable.

Este libro reúne el vocabulario más amplio posible, mediante un sistema de agrupación de palabras que tienen la misma raíz, a veces incluso apoyándose simplemente en las primeras letras comunes de algunas de aquellas que no ofrecen más parentesco que el ortográfico. Los ejemplos, que ilustran las variedades de empleo de los términos más frecuentes, o una explicación entre paréntesis, facilitan la rápida identificación de las diversas acepciones evitando así los errores.

Nuestra ambición no ha sido otra que la de incluir en este volumen la riqueza lingüística que poseen tanto el francés como el español con el fin de prestar la máxima ayuda a quienes busquen una guía para salvar los escollos que habitualmente supone la labor ardua y compleja de traducir de un idioma a otro. Se han reseñado innumerables neologismos de uso corriente, técnicos o no, que todavía no han alcanzado carta de naturaleza en los demás repertorios idiomáticos, así como abundantes americanismos dada la importancia que adquieren día a día los países de lengua española situados en el Nuevo Mundo.

A pesar de ello, y aplicando un rígido criterio selectivo, hemos tenido que eliminar por la carencia de espacio algunos vocablos que se emplean raramente en beneficio de otros que nos han parecido más necesarios.

Se ha prescindido, en resumidas cuentas, de todo cuanto se había editado antes para realizar algo redactado con óptica diferente y destinado a resolver principalmente los problemas que plantea la traducción de documentos modernos en los que aparecen vocablos creados recientemente o sentidos de éstos completamente distintos del que ya tenían. Esta preferencia otorgada al lenguaje actual no ha ido en menoscabo de la significación inicial de las voces analizadas y el lector de nuestra recopilación puede también valerse de ella para verter en una u otra lengua textos que por ser de sobra conocidos se han convertido en clásicos.

Seríamos ingratos si no mencionáramos para concluir a **Micheline Durand** *e Inés Stinus, que nos han ayudado inapreciablemente en nuestra tarea, y a los correctores Pierre Basset, Amadeo Bernadó y Fernando Gómez Peláez.*

Esperamos que el éxito acompañe nuestra obra, en la que no hemos regateado los mayores esfuerzos, y que los lectores tengan la amabilidad de indicarnos las imperfecciones que descubran para mejorarla en ulteriores ediciones.

RAMÓN GARCÍA-PELAYO Y GROSS

COMMENT UTILISER CE DICTIONNAIRE

● Les mots se présentent toujours dans l'**ordre alphabétique,** qu'ils soient simples ou composés. Pour gagner de la place, nous avons groupé dans un seul article des mots qui commencent par les mêmes lettres, bien qu'ils n'appartiennent pas toujours à la même famille. Le premier mot de l'article, ou une partie de celui-ci séparée du reste par une barre verticale, sert de base aux autres. Dans ce cas, le signe ~ **(tilde)** représente l'ensemble des lettres communes aux différents termes traités (V. MAISON et MAIR|E).

● Lorsqu'il s'agit d'expressions ou de locutions, le **tilde** remplace aussi bien le mot que la locution étudiée (V. MOITIÉ). Pour indiquer le pluriel d'un substantif ou d'un adjectif, on fait suivre le tilde de *-s* ou de *-es.* Toutefois, si ce pluriel est irrégulier, il est écrit en toutes lettres.

Le tilde remplace également les verbes à la forme infinitive, mais lorsque ceux-ci sont conjugués à un autre mode ou à un autre temps ils sont écrits intégralement.

● Quand le premier mot de l'article est masculin et féminin et que le masculin sert de base à tous ceux qui en dérivent, le féminin est séparé par une virgule, comme dans le cas normal et par un tilde (V. BADAUD, ~E).

● Le **genre** et le **nombre** ne sont indiqués dans la traduction des substantifs que s'ils diffèrent d'une langue à l'autre.

● La **forme pronominale** des verbes n'a pas été mentionnée lorsqu'elle peut se déduire facilement des formes transitive ou intransitive, c'est-à-dire en ajoutant simplement *-se.*

● Les **verbes irréguliers** sont précédés d'un astérisque qui renvoie à la liste se trouvant à la fin de chaque précis de grammaire.

● Lorsque le **régime** des verbes ou des adjectifs n'est pas le même en français et en espagnol, les prépositions correspondant à chacune des deux langues sont mentionnées entre parenthèses après la traduction (V. OBSTINARSE).

● Les **différentes acceptions** des mots sont séparées par le signe | et, le cas échéant, précédées d'une rubrique indiquant soit la matière considérée, soit le caractère familier ou populaire du terme. Si un vocable a diverses significations correspondant à la même rubrique, cette dernière ne figure qu'une seule fois, et les autres acceptions sont séparées les unes des autres par une explication entre parenthèses et une virgule (V. BADIGEONNAGE) ou par un point-virgule (V. BALANCE).

● Les **explications** entre parenthèses et les exemples sont destinés à guider le lecteur dans le choix de la traduction la plus adéquate et à éviter le mauvais emploi d'un terme qui pourrait découler de la confusion entre les différentes acceptions. Les explications ne sont pas des synonymes des mots étudiés, mais simplement une orientation donnée au lecteur.

● Les **locutions** et les **expressions** sont classées par ordre alphabétique après toutes les acceptions, dont elles sont séparées par une barre. Étant donné le format de cet ouvrage, nous n'avons pas jugé indispensable de faire figurer les expressions qui se traduisent littéralement d'une langue dans l'autre. Certaines expressions peuvent parfois être libellées de plusieurs façons par l'adjonction d'un ou de plusieurs mots sans que le sens en soit altéré. La partie qui peut être supprimée est placée entre parenthèses : *vestido de paisano,* (habillé) en civil; *il paraît que,* parece (ser) que.

● Les **adverbes, diminutifs** et **augmentatifs** de formation régulière dans les deux langues, de même que les **participes passés** dont le sens est le même que celui du verbe dont ils sont dérivés ne sont pas traités.

● Certains articles sont suivis d'**observations** rédigées soit en français, soit en espagnol, selon la nationalité du lecteur auquel elles s'adressent plus particulièrement (V. MON, Ñ).

● L'abréviation *Amér.* précède les **américanismes** les plus usuels.

● La **prononciation figurée** n'est indiquée que lorsque le mot considéré présente des difficultés d'ordre phonétique. Pour la transcription des sons, nous avons adopté la méthode appliquée par l'Association phonétique internationale (voir le tableau des pages VIII et IX).

● Nous avons inséré un **précis de grammaire** à la suite de chacune des deux parties, des planches d'**illustrations** entre les deux, et les formules usuelles employées dans la **correspondance** à la fin du volume.

CÓMO USAR ESTE DICCIONARIO

● *Las palabras se siguen por* **orden alfabético,** *incluso cuando son compuestas. Para ganar espacio se han agrupado en el mismo artículo vocablos que empiezan por las mismas letras aunque, a veces, no pertenezcan a la misma familia. La palabra que sirve de encabezamiento, o parte de ella, separada del resto por una barra, constituye la base para la formación de las que van a continuación en el mismo artículo. En este caso, una* **tilde** *(~) representa el conjunto de letras comunes de las voces estudiadas* (V. MAISON *y* MAIR|E).

● *Cuando se trata de expresiones o locuciones, la* **tilde** *sustituye asimismo a la palabra o a la locución que se traduce* (V. MOITIÉ). *Se añade una* -S *o* -ES *después de la tilde para indicar el plural de un sustantivo o de un adjetivo. En cambio, si este plural es irregular, se pone con todas sus letras.*

La tilde reemplaza también al infinitivo de los verbos, pero, cada vez que éstos se conjugan en otro tiempo o modo, se escriben enteramente.

● *Si la palabra que encabeza el artículo tiene los dos géneros y el masculino sirve de base a todas las palabras derivadas, el femenino está separado por una coma, como de costumbre, y por una tilde* (V. BADAUD, ~E).

● *Se indica el* **género** *y el* **número** *de los sustantivos en la traducción únicamente cuando cambian de un idioma a otro.*

● *No se ha reseñado la* **forma pronominal** *de los verbos cuando ésta se puede deducir fácilmente de las formas transitiva o intransitiva, es decir añadiendo simplemente* -SE.

● *Los* **verbos irregulares** *están señalados con un asterisco que remite a la lista que se encuentra al final de cada compendio de gramática.*

● *Cuando el* **régimen** *de los verbos o adjetivos no es el mismo en francés y en español, las distintas preposiciones se han puesto entre paréntesis después de la traducción* (V. OBSTINARSE).

● *Las* **diferentes acepciones** *de una palabra se separan por el signo* | *y a veces las preceden unas rúbricas que indican la materia de que se trata o su carácter familiar o popular. Si un vocablo tiene varios sentidos, correspondientes a una misma rúbrica, ésta figura sólo al principio y las acepciones están separadas por una explicación entre paréntesis y una coma* (V. BADIGEONNAGE) *o por punto y coma* (V. BALANCE).

● *Las* **explicaciones** *entre paréntesis y los ejemplos están destinados a guiar al lector en la elección de la traducción más conveniente y evitan el empleo erróneo de una palabra originado por la confusión de sus diversos significados. Las explicaciones no son sinónimos de la palabra traducida sino sólo una orientación dada al consultante.*

● *Las* **locuciones** *y* **expresiones** *están clasificadas por orden alfabético después de las acepciones, de las que están separados por una barra. Debido al tamaño reducido de la obra no hemos creído indispensable incluir las expresiones que se traducen literalmente de un idioma a otro. Una expresión puede a veces formularse de dos maneras, añadiéndole o no una o más palabras, sin que se modifique su concepto. La parte que se puede suprimir va entonces entre paréntesis :* vestido de paisano, *(habillé) en civil;* il paraît que, *parece (ser) que.*

● *Los* **adverbios, diminutivos** y **aumentativos** *que son regulares en ambas lenguas no están tratados, como tampoco los participios pasados cuyo sentido es el mismo que el del verbo.*

● *Algunos artículos van seguidos de* **observaciones** *redactadas en francés o en español según el lector al que éstas vayan más particularmente dirigidas* (V. MON, Ñ).

● *La abreviatura* Amér. *precede a los* **americanismos** *de uso más corriente.*

● *La* **pronunciación figurada** *se ha puesto solamente cuando la palabra presenta alguna dificultad de orden fonético. Hemos adoptado para la transcripción de los sonidos el método seguido por la Asociación Fonética Internacional (véase el cuadro de las págs.* VIII y IX).

● *Después de cada una de las partes insertamos un* **compendio de gramática,** *entre ambas, una serie de láminas de* **ilustraciones** *y al final del volumen las fórmulas usuales empleadas en la* **correspondencia.**

ALFABETO FONÉTICO INTERNACIONAL

VOCALES

SIGNOS	GRAFÍA	MODELO FRANCÉS	SONIDO VECINO EN CASTELLANO
[a]	a	patte	alma
[ɑ:]	â	âne	igual
[e]	é	été	compré
[ə]	e	regain	
[ɛ]	è	flèche	miércoles
	ai	raide	
	ei	pleine	
[ɛ:]	ê	tête	
	ai	aigre	
	ei	oreille	
[i]	i, y	vite, mythe	chico
[i:]	î	abîme	marítimo
[o]	o	dos	gato
	au	auto	»
	eau	beau	»
[o:]	ô	rôle	cantó
	au	haute	»
	eau	heaume	»
[ɔ]	o	flotte	rosa
[ɔ:]	o	tort	amor
[ø]	eu	peu	
	eux	eux	
[ø:]	eu	meule	
[œ]	œu	bœuf	
[œ:]	eu	peur	

SEMIVOCALES Y UNIÓN DE VOCALES Y SEMIVOCALES

SIGNOS	GRAFÍA	MODELO FRANCÉS	SONIDO VECINO EN CASTELLANO
[j]	i, y	lieu, yeux	ayuda
[ɥi]	ui	huile	
[ɥa]	ua	habitua	
[wa]	oi	coi	guapa
[wi]	oui	oui	cuidar
[wɛ̃]	oin	oindre	
[i:j]	ille	résille	
[a:j]	ail	travail	ay
	aille	maille	
[ɛ:j]	eille	treille	rey
[œ:j]	œil	œil	
	euil	écureuil	

CONSONANTES

SIGNOS	GRAFÍA	MODELO FRANCÉS	SONIDO VECINO EN CASTELLANO
[b]	b	bon	bueno
[d]	d	dos	doblar
[f]	f	force	fuerza
[f]	ph	pharmacie	fatal
[g]	g (con a, o, u)	garantie, gomme	gana
	gu	guide	guión

[u]	ou	m*ou*	t*u*rrón
[u:]	ou	j*ou*r	ag*u*do
[y]	u	l*u*ne	
[y:]	u, û	c*u*re, m*û*re	
	eu	*eu*rent	

VOCALES NASALES

[ɑ̃]	an	*an*tenne	
	am	ch*am*ps	
	en	*en*cens	
	em	*em*prunt	
[ɑ̃:]	an	vend*an*ge	
	am	p*am*pre	
	en	indig*en*ce	
	em	déc*em*bre	
[ɛ̃]	in	v*in*	
	ain	p*ain*	
	ein	pl*ein*	
	yn	l*yn*x	
	ym	th*ym*	
[ɛ̃:]	in	mén*in*ge	
	ain	pl*ain*te	
	ein	t*ein*te	
[ɔ̃]	on	s*on*	
	om	n*om*bre	h*om*bre
[ɔ̃:]	on	f*on*te	
[œ̃]	un	*un*	
[œ̃:]	um	h*um*ble	

[ɲ]	gn	champa*gn*e	a*ñ*adir
[k]	c (*con* a, o, u)	*c*arton, *c*ol, *c*ure	*c*artón
	qu	*qu*antité	*c*álculo
[l]	l	*l*it	*l*imón
[m]	m	*m*édaille	*m*alo
[n]	n	*n*ature	*n*ariz
[p]	p	*p*ère	*p*erder
[r]	r	*r*encontre	
[s]	s	*s*oleil	pa*s*o
	c (*con* e, i, y)	*c*itron	*s*in
	ç	gar*ç*on	*s*onido
[ʃ]	ch	*ch*ance	mu*ch*o (sin *t*)
[t]	t	*t*imbre	*t*inta
[v]	v	*v*oile	
[ʒ]	j	*j*ardin	
	g (*con* e, i, y)	*g*enou	
[z]	s	garni*s*on	
	z	*z*èbre	
	xi	deu*xi*ème	
[gz]	x	*X*avier	
[ks]	x	pré*f*ixe	ta*x*i

— Observ. El signo (:) colocado después de una vocal indica que esta vocal es larga. V. también las pág. 379 y 419 de la primera y de la segunda parte.

ABRÉVIATIONS
EMPLOYÉES DANS CE DICTIONNAIRE

abrév	abréviation
adj	adjectif
adj/m	adjectif et substantif masculin
adjm/m	adjectif masculin et substantif masculin
adj/s	adjectif et substantif
adv	adverbe
AGR.	Agriculture
Amér.	Américanisme
ANAT.	Anatomie
ARCH.	Architecture
art	article
ASTR.	Astronomie
AUT.	Automobile
aux	auxiliaire
AVIAT.	Aviation
BIOL.	Biologie
BLAS.	Blason
BOT.	Botanique
CHIM.	Chimie
CIN.	Cinéma
COM.	Commerce
compl	complément
conj	conjonction
CONSTR.	Construction
CULIN.	Culinaire
déf	défini
dém	démonstratif
dim	diminutif
DR.	Droit
ÉLEC.	Électricité
ÉQUIT.	Équitation
f	féminin
FAM.	Familier
FIG.	Figuré
GÉOGR.	Géographie
GÉOL.	Géologie
GÉOM.	Géométrie
GRAM.	Grammaire
HIST.	Histoire
i	intransitif
imp	impersonnel
IMPR.	Imprimerie
indéf	indéfini
interj	interjection
interr	interrogatif
inv	invariable
loc	locution
loc adv	locution adverbiale
m	masculin
MAR.	Marine
MATH.	Mathématiques
MÉC.	Mécanique
MÉD.	Médecine
MIL.	Militaire
MIN.	Mines, minéralogie
(m. us.)	moins usité
MUS.	Musique
MYTH.	Mythologie
npr	nom propre
num	numéral
OBSERV.	Observation
p	pronominal
pers	personnel
PHIL.	Philosophie
PHOT.	Photographie
PHYS.	Physique
pl	pluriel
POÉT.	Poétique
POP.	Populaire
poss	possessif
pp	participe passé
ppr	participe présent
préf	préfixe
prép	préposition
pron	pronom
(P. us.)	Peu usité
qqch.	quelque chose
qqn	quelqu'un
rel, REL.	relatif, Religion
s	substantif
sing	singulier
SP.	Sports
SYN.	Synonyme
t	transitif
TAUR.	Tauromachie
TECH.	Technologie
THÉÂTR.	Théâtre
v, V.	verbe, Voir
VÉT.	Vétérinaire
vi	verbe intransitif
vi/p	verbe intransitif et pronominal
vp	verbe pronominal
vt	verbe transitif
vt/i	verbe transitif et intransitif
(Vx)	Vieux
ZOOL.	Zoologie

ABREVIATURAS EMPLEADAS EN ESTE DICCIONARIO

abrev	abreviatura
adj	adjetivo
adj/m	adjetivo y sustantivo masculino
adjm/m	adjetivo masculino y sustantivo masculino
adj/s	adjetivo y sustantivo
adv	adverbio
AGR.	Agricultura
Amér.	América
ANAT.	Anatomía
(Ant.)	Antiguo
ARQ.	Arquitectura
art	artículo
ASTR.	Astronomía
AUT.	Automóvil
aux	auxiliar
AVIAC.	Aviación
BIOL.	Biología
BLAS.	Blasón
BOT.	Botánica
CIN.	Cine
COM.	Comercio
compl	complemento
conj	conjunción
CONSTR.	Construcción
CULIN.	Culinario
def	definido
dem	demostrativo
DEP.	Deporte
dim	diminutivo
DR.	Derecho
ELEC.	Electricidad
EQUIT.	Equitación
f	femenino
FAM.	Familiar
FIG.	Figurado
FIL.	Filosofía
FÍS.	Física
FOT.	Fotografía
GEOGR.	Geografía
GEOL.	Geología
GEOM.	Geometría
GRAM.	Gramática
HIST.	Historia
i	intransitivo
imp	impersonal
IMPR.	Imprenta
indef	indefinido
interj	interjección
interr	interrogativo
inv	invariable
loc	locución
loc adv	locución adverbial
m	masculino
MAR.	Marina
MAT.	Matemáticas
MEC.	Mecánica
MED.	Medicina
MIL.	Militar
MIN.	Minas, mineralogía
MIT.	Mitología
(m. us.)	menos usado
MÚS.	Música
npr	nombre propio
num	numeral
OBSERV.	Observación
p	pronominal
pers	personal
pl	plural
POÉT.	Poético
POP.	Popular
pos	posesivo
pp	participio pasado
ppr	participio presente
pref	prefijo
prep	preposición
pron	pronombre
(P. us.)	Poco usado
QUÍM.	Química
RAD.	Radio
rel, REL.	relativo, Religión
s	sustantivo
SIN.	Sinónimo
sing	singular
t	transitivo
TAUR.	Tauromaquia
TEATR.	Teatro
TECN.	Tecnología
v, V.	verbo, Véase
VET.	Veterinaria
vi	verbo intransitivo
vi/p	verbo intransitivo y pronominal
vp	verbo pronominal
vt	verbo transitivo
vt/i	verbo transitivo e intransitivo
ZOOL.	Zoología

ABRÉVIATIONS ET SIGLES USUELS EN FRANÇAIS

a	Are
A. E. L. E.	Association européenne de libre échange
A. F.	Allocations familiales
a. m.	*Ante meridiem* (« avant midi »)
art.	Article
A. S.	Assurances sociales
av. J.-C.	Avant Jésus-Christ
B. C. G.	Vaccin vilié Calmette-Guérin (anti-tuberculeux)
BENELUX	BElgique-NEderland-LUXembourg
B. I. R. D.	Banque internationale pour la reconstruction et le développement
B. I. T.	Bureau international du travail
B. O.	Bulletin Officiel
C. A. P.	Certificat d'aptitude professionnelle
C./C.	Compte courant
C. C. P.	Compte chèques postaux
C. D.	Corps diplomatique
C. E. C. A.	Communauté européenne du charbon et de l'acier
C. E. E.	Communauté économique européenne
C. E. R. N.	Centre européen de recherches nucléaires
Cf.	Conférez (reportez-vous à... pour comparer)
C. F. D. T.	Confédération française démocratique du travail
C. F. T. C.	Confédération française des travailleurs chrétiens
cg, cl, cm	Centigramme, centilitre, centimètre
C. G. C.	Confédération générale des cadres
C. G. T.	Confédération générale du travail
C. G. T.-F. O.	Confédération générale du travail-Force ouvrière
ch	Cheval-vapeur
Cie	Compagnie
C. N. R. S.	Centre national de la recherche scientifique
C. R. S.	Compagnie républicaine de sécurité
cts.	Centimes
D. C. A.	Défense contre aéronefs
dg, dag	Décigramme, décagramme
dl, dal, dm, dam	Décilitre, décalitre, décimètre, décamètre
do	*Dito* (« ce qui a été dit »)
Dr	Docteur
E.	Est
E. D. F.	Électricité de Fance
E. M.	État Major
etc.	*Et caetera* (« et le reste »)
E.-U.	États-Unis (d'Amérique)
E. V.	En ville
F.	Frère (religieux), franc (monnaie)
F. A. O.	Organisation pour l'alimentation et l'agriculture
F. F.	Franc français
F. M. I.	Fonds monétaire international
g	Gramme
G. A. T. T.	Accord général sur les tarifs douaniers et le commerce
G. D. F.	Gaz de France
h	Heure
ha, hg, hl, hm	Hectare, hectogramme, hectolitre, hectomètre
H. L. M.	Habitations à loyer modéré
Ibid.	*Ibidem* (« au même endroit »)
Id.	*Idem* (« le même »)
I. N. R. I.	*Iesus Nazarenus Rex Iudaeorum* (« Jésus de Nazareth, roi des Juifs »)
Interpol	Organisation internationale de police criminelle
J.-C.	Jésus-Christ
J. O.	Journal Officiel
kg, km	Kilogramme, kilomètre
kW	Kilowatt
kWh	Kilowatt-heure
l	Litre
LL. AA.	Leurs Altesses

m	Mètre
M.	Monsieur
Mgr	Monseigneur
MM.	Messieurs
Mme, Mlle	Madame, Mademoiselle
mn	Minute
N.	Nord
N. B.	*Nota bene* (« notez bien »)
N.-D.	Notre-Dame
No	Numéro
N.-S. J.-C.	Notre-Seigneur Jésus-Christ
O.	Ouest
O. A. C. I.	Organisation de l'aviation civile internationale
O. C. D. E.	Organisation de coopération et de développement économiques
O. I. T.	Organisation internationale du travail
O. M. M.	Organisation météorologique mondiale
O. M. S.	Organisation mondiale de la santé
O. N. U.	Organisation des Nations unies
O. R. T. F.	Office de radiodiffusion-télévision française
O. T. A. N.	Organisation du traité de l'Atlantique Nord
O. T. A. S. E.	Organisation du traité de l'Asie du Sud-est
O. U. A.	Organisation de l'unité africaine
P. C. C.	Pour copie conforme
P. J.	Police judiciaire
p. m.	*Post meridiem* (« après midi »)
P. M. U.	Pari mutuel urbain
P.-S.	*Post-scriptum*
P. S. V.	Pilotage sans visibilité
P. T. T.	Postes et télécommunications
P.-V.	Procès-verbal (contravention)
Q. G.	Quartier général
R. A. T. P.	Régie autonome des transports parisiens
R. F.	République française
R. I. P.	Requiescat in pace
R. S. V. P.	Répondez, s'il vous plaît
S.	Sud
S. ou St, Ste	Saint, Sainte
S. A.	Société anonyme
S. A. R.	Son Altesse Royale
S. A. R. L.	Société à responsabilité limitée
S. E.	Son Excellence
S. Em.	Son Éminence (le cardinal)
S. Exc.	Son Excellence (un évêque)
S. G. D. G.	Sans garantie du gouvernement
S. J.	Société de Jésus
S. M.	Sa Majesté
S. M. I. C.	Salaire minimum interprofessionnel de croissance
S. N. C. F.	Société nationale des chemins de fer français
S. O. S.	*Save our souls* (« sauvez nos âmes ») [appel télégraphique de détresse]
SS.	Saints
S. S.	Sa Sainteté
S. S.	Sécurité sociale
S. V. P.	S'il vous plaît
Tél.	Téléphone
T. S. F.	Télégraphie sans fil
T. S. V. P.	Tournez, s'il vous plaît
T. V. A.	Taxe à la valeur ajoutée
U. E. O.	Union de l'Europe occidentale
U. I. T.	Union internationale des télécommunications
U. K.	*United Kingdom* (« Royaume-Uni »)
U. N. E. S. C. O.	Organisation des Nations unies pour l'éducation, la science et la culture
U. R. S. S.	Union des répubiques socialistes soviétiques
U. S. A.	*United States of America* (« États-Unis d'Amérique »)
Vve	Veuve
W.	Ouest
W.-C.	*Water-closet*
&	Et
§	Paragraphe
$	Dollar, escudo, peso

ABREVIATURAS Y SIGLAS MÁS USUALES EN ESPAÑOL

a	Área
a. de J. C.	Antes de Jesucristo
Admón.	Administración
A.E.C.A.	Asociación Económica Centroamericana
afmo., afto.	Afectísimo, afecto
A.L.A.L.C.	Asociación Latinoamericana de Libre Comercio
a.m.	*Ante meridiem* (« antes del mediodía »)
art.	Artículo
arz. o arzbo.	Arzobispo
atto.	Atento
BENELUX	BElgique-NEderland-LUXembourg
B.I.D.	Banco Interamericano de Desarrollo
B.I.R.D.	Banco Internacional para la Reconstrucción y el Desarrollo
B.L.M.	Besa la mano
B.O.	Boletín Oficial
cap.	capítulo
c./c.	Cuenta corriente
C.D.	Cuerpo Diplomático
C.E.C.A.	Comunidad Europea del Carbón y del Acero
C.E.E.	Comunidad Económica Europea
Cf. o Cfe.	*Confer* (« compárese »)
cents o cts.	Céntimos
C.E.P.A.L.	Comisión Económica para América Latina
cg, cl, cm	Centigramo, centilitro, centímetro
C.G.T.	Confederación General del Trabajo
Cía.	Compañía
C.N.T.	Confederación Nacional del Trabajo
C.S.I.C.	Consejo Superior de Investigaciones Científicas
C.V.	Caballo de vapor
D., D.ª	Don, Doña
D.C.A.	Defensa contra aviones
dg, Dg	Decigramo, decagramo
dl, Dl	Decilitro, decalitro
dm, Dm	Decímetro, decámetro
D.m.	Dios mediante
Dr.	Doctor
dupdo.	Duplicado
E.	Este
EE.UU.	Estados Unidos
E.F.T.A.	Asociación Europea de Libre Comercio
E.M.	Estado Mayor
etc.	Etcétera
Exc., Excmo.	Excelencia, Excelentísimo
F.A.O.	Organización para la Alimentación y la Agricultura
F.M.I.	Fondo Monetario Internacional
Fr.	Fray
g *o* gr	Gramo
G.A.T.T.	Acuerdo General sobre Tarifas Aduaneras y Comercio
h	Hora
ha, hg, hl, hm	Hectárea, hectogramo, hectolitro, hectómetro
ibíd. o ib.	*Ibídem* (« en el mismo lugar »)
íd.	*Ídem* (« lo mismo »)
Ilmo.	Ilustrísimo
I.N.I.	Instituto Nacional de Industria
I.N.R.I.	*Iesus Nazarenus Rex Iudaeorum* (« Jesús de Nazaret, rey de los Judíos »)
Interpol	Comisión Internacional de Policía y de Investigación Criminal
J. C.	Jesucristo
kg, km	Kilogramo, kilómetro
kW, kWh	Kilovatio, kilovatio-hora
l	Litro
lic. o L.do	Licenciado
m	Metro
M.ª	María
mg, mm, mn	Miligramo,milímetro, minuto
Mons.	Monseñor
N.	Norte
N.B.	*Nota bene* (« nótese »)

N.ª S.ª	Nuestra Señora
N.º o núm.	Número
N.S.J.C.	Nuestro Señor Jesucristo
O.	Oeste
O.A.C.I.	Organización de la Aviación Civil Internacional
Ob. u obp.º	Obispo
O.C.D.E.	Organización de Cooperación y de Desarrollo Económico
O.D.E.C.A.	Organización de Estados Centroamericanos
O.E.A.	Organización de Estados Americanos
O.I.T.	Organización Internacional del Trabajo, Oficina Internacional del Trabajo
O.L.A.S.	Organización Latinoamericana de Solidaridad
O.M.M.	Organización Meteorológica Mundial
O.M.S.	Organización Mundial de la Salud
O.N.U.	Organización de las Naciones Unidas
O.T.A.N.	Organización del Tratado del Atlántico Norte
O.T.A.S.E.	Organización del Tratado del Sudeste Asiático
P.A.	Por ausencia, por autorización
pág.	Página
P.D.	Posdata
p. ej.	Por ejemplo
p.m.	*Post meridiem* (« después de mediodía »)
P.O.	Por orden
pral.	Principal
prov.	Provincia
P.S.	*Post scriptum*
pta., ptas.	Peseta, pesetas
q.b.s.m.	Que besa su mano
q.b.s.p.	Que besa sus pies
Q.D.G.	Que Dios guarde
q.e.g.e.	Que en Gloria esté
q.e.p.d.	Que en paz descanse
q.e.s.m.	Que estrecha su mano
Rda.M. o R.M.	Reverenda Madre
Rdo.P. o R.P.	Reverendo Padre
R.I.P.	*Requiéscat in Pace*
S.	San o Santo, Sur
S.A.	Sociedad Anónima
S.A.R.	Su Alteza Real
S.E., S. Em.ª	Su Excelencia, Su Eminencia
s.e. u o.	Salvo error u omisión
sgte.	Siguiente
S.J.	Sociedad de Jesús
S.L.	Sociedad Limitada
S.M.	Su Majestad
s./n.	Sin número
S.O.S.	Petición de auxilio
Sr., Sres.	Señor, Señores
Sra., Srta.	Señora, Señorita
S.S.	Su Santidad
SS.AA.	Sus Altezas
SSmo.	Santísimo
Sta., Sto.	Santa, Santo
s.s.s.	Su seguro servidor
Tel.	Teléfono
T.S.H.	Telegrafía sin hilo
T.V.E.	Televisión Española
U., Ud. o V., Vd.	Usted
U.E.O.	Unión de Europa Occidental
U.G.T.	Unión General de Trabajadores
U.I.T.	Unión Internacional de Telecomunicaciones
U.K.	*United Kingdom* (« Reino Unido »)
U.N.E.S.C.O.	Organización de las Naciones Unidas para la Educación, Ciencia y Cultura
U.R.S.S.	Unión de Repúblicas Socialistas Soviéticas
UU., Uds. o Vds.	Ustedes
Vda.	Viuda
v.g. o v.gr.	Verbigracia
V.M.	Vuestra Majestad, Vuestra Merced
V.º B.º	Visto bueno
W.C.	*Water-closet*, retrete
&	Y
$	Dólar, escudo, peso

TABLE DES MATIÈRES
ÍNDICE

FRANÇAIS-ESPAGNOL

a

a m A *f* : *un grand, un petit* ~, una a mayúscula, minúscula.

à prép A (mouvement, manière, orientation, destination, moment précis, prix) : *aller* ~ *Nice,* ir a Niza : ~ *la nage,* a nado ; ~ *droite,* a la derecha ; ~ *Monsieur Un tel,* a Don Fulano de Tal ; ~ *midi,* a las doce ; ~ *cent francs pièce,* a cien francos cada uno | En (sans mouvement, moment imprécis) : *étudier* ~ *Paris,* estudiar en París ; ~ *cette époque,* en aquella época | De (possession, utilisation, caractéristique) : *ce livre est* ~ *mon père,* este libro es de mi padre ; *papier* ~ *lettres,* papel de cartas ; *chapeau* ~ *plumes,* sombrero de plumas ; *crème* ~ *la vanille,* crema de vainilla ; *moulin* ~ *vent,* molino de viento | Por (vers, par, but) : ~ *la Noël,* por Navidad ; *cent kilomètres* ~ *l'heure,* cien kilómetros por hora ; *c'est encore* ~ *faire,* está todavía por hacer | Con (mélange) : *café au lait,* café con leche | Entre : *faire qqch.* ~ *deux,* hacer algo entre dos | Hasta (jusqu'à) : ~ *demain,* hasta mañana | Para : *nuisible* ~ *la santé,* nocivo para la salud | Que : *cela laisse* ~ *penser,* eso da que pensar.
— OBSERV. Forma con el artículo los compuestos *au,* al, y *aux,* a los, a las. Dans les interjections ou les enseignes on ne le traduit pas : *au feu!,* ¡fuego! ; *Au Cheval Blanc,* El Caballo Blanco.
— Lorsque cette préposition indique la possession et qu'elle est suivie d'un pronom personnel on peut traduire par le possessif : *cette maison est* ~ *toi,* esta casa es tuya.

abaiss|ant, e adj. Humillante ‖ **~ement** m Baja *f* (prix) | Disminución *f* (niveau, température) | FIG. Rebajamiento (avilissement), sumisión *f* | Reducción *f* (équation) ‖ **~er** vt Bajar | Bajar, reducir (prix) | Rebajar (mur) | MATH. Tirar, trazar (perpendiculaire), bajar (division), reducir (équation) | Extirpar (cataracte) | — Vp Inclinarse, descender | FIG. Rebajarse.

abajoue [abaʒu] f Abazón *m*.

abandon m Abandono | Descuido (négligence) | Dejadez *f* (paresse) | Cesión *f*, dejación *f* (d'un droit) | Abandono, desistimiento (sports, etc.) | *À l'*~, abandonado | *Laisser à l'*~, descuidar ‖ **~nement** m Abandono ‖ **~ner** vt Abandonar | Dejar (laisser) | Descuidar (négliger) | Confiar | Renunciar a | Entregar (livrer) | Desahuciar (malade) | — Vi Abandonar.

abaque m Ábaco.

abasourd|ir vt Aturrullar (étourdir) | Ensordecer (assourdir) | FIG. Dejar estupefacto ‖ **~issant, e** adj Ensordecedor, a | FIG. Asombroso, a ‖ **~issement** m Ensordecimiento | FIG. Estupefacción *f*.

abâtardir vt Bastardear | Envilecer (avilir) | — Vp Bastardearse, degenerarse.

abat-jour [abaʒu:r] m Pantalla *f*.

abats mpl Menudos, despojos (de boucherie), menudillos (de volailles).

abatt|age m Derribo | Corta *f*, tala *f* (arbres) | Matanza *f* (animaux) | MIN. Arranque | Brío, empaque (d'un acteur de théâtre) ‖ **~ant** m Trampa *f* (comptoir), tapa *f* (pupitre) ‖ **~ement** m Abatimiento | Exoneración *f* ‖ **~eur** m Derribador | Leñador (d'arbres) | Matarife (d'animaux) | ~ *de besogne,* gran trabajador ‖ **~is** m Derribo | Corte, tala *f* (arbres) | Escombros *pl* (décombres) | — Pl V. ABATS | FAM. Remos (membres) ‖ **~oir** m Matadero ‖ **~re** vt Derribar | Cortar, talar (arbres) | Matar, sacrificar (animaux) | FIG. Postrar, debilitar (affaiblir), desanimar (décourager), hacer cesar ; hacer caer ; abatir (l'orgueil) | FAM. Recorrer | Abatir (son jeu) | — Vp Derribarse |

Desplomarse (s'effondrer) | Abatirse, arrojarse (se jeter) | Caer (tomber) | FIG. Abatirse; calmarse, aplacarse (vent, colère), azotar (un fléau) ‖ **~u, e** adj Derribado, a | FIG. Abatido, a; desanimado, a.
abb|atial, e adj Abacial, abadengo, a | — F Iglesia abacial ‖ **~aye** [abei] f Abadía ‖ **~é** m Padre, cura (prêtre) | Abate (prêtre français ou émigré) | Abad (d'un monastère) ‖ **~esse** f Abadesa.
abc m Abecé, abecedario.
abcès m Absceso | FIG. *Crever l'~*, cortar por lo sano.
abdi|cation f Abdicación ‖ **~quer** vt/i Abdicar | Renunciar a.
abdom|en [abdɔmɛn] m ANAT. Abdomen ‖ **~inal, e** adj Abdominal.
abécédaire m Abecedario.
abeille f Abeja: *~ mère*, abeja maesa | *~ mâle*, zángano.
aberr|ant, e adj Aberrante | FIG. Anormal, monstruoso, a ‖ **~ation** f Aberración ‖ **~er** vi Aberrar, equivocarse.
abêt|ir vt Atontar, embrutecer ‖ **~issant, e** adj Embrutecedor, a ‖ **~issement** m Embrutecimiento, atontamiento.
abhorrer vt Aborrecer.
abîm|e m Abismo ‖ **~er** vt Estropear, echar a perder (détériorer) | — Vp Hundirse (s'enfoncer) | Abismarse, sumirse (douleur, pensées) | Estropearse, echarse a perder.
abject, ~e adj Abyecto, a ‖ **~ion** f Abyección.
abjur|ation f Abjuración ‖ **~er** vt Abjurar.
ablatif m GRAM. Ablativo.
ablation f Ablación.
ablette f Albur *m* (poisson).
ablution f Ablución.
abnégation f Abnegación.
abo|iement [abwamã] m Ladrido ‖ **~is** mpl *Aux ~*, acorralado, a (animal), en situación desesperada.
abol|ir vt Abolir ‖ **~ition** f Abolición ‖ **~itionnisme** m Abolicionismo ‖ **~itionniste** adj/s Abolicionista.
abomin|able adj Abominable ‖ **~ation** Abominación | Horror *m*, atrocidad (chose horrible) ‖ **~er** vt Abominar | Odiar (haïr) | Detestar.
abond|amment adv Abundantemente ‖ **~ance** f Abundancia, copia | *~ de biens ne nuit pas*, lo que abunda no daña | *Parler d'~*, improvisar ‖ **~ant, e** adj Abundante ‖ **~er** vi Abundar | *~ dans le sens de*, abundar en las ideas de, ser del mismo parecer que.
abonn|é, e adj/s Abonado, a | Suscritor, a; suscriptor, a (à un journal). ‖ **~ement** m Abono | Suscripción *f* (journal) | Encabezamiento (impôts) | *~ au timbre*, timbre concertado ‖ **~er** vt Abonar | Suscribir (journal).
abonnir vt Mejorar | Abonar (terrain).
abord m Acceso | MAR. Abordo | — Pl Inmediaciones *f* (d'une ville) | *Au premier ~*, a primera vista | *D'~*, *tout d'~*, primero, en primer lugar | *De prime ~*, de buenas a primeras | *Être d'un ~ facile*, mostrarse accesible ‖ **~able** adj Abordable | FIG. Asequible, accesible (prix), accesible (personne) ‖ **~age** m MAR. Abordaje ‖ **~er** vi Abordar, atracar | — Vt Abordar | FIG. Abordar; atacar; emprender.
aborigène adj/ m Aborigen.
abortif, ive adj/m Abortivo, a.
abouch|ement m Abocamiento | ANAT. Anastomosis *f* | Empalme (tuyaux) ‖ **~er** vt Empalmar | FIG. Poner en contacto | — Vp Entrevistarse, abocarse (se réunir) | Conchabarse (se concerter).
abouler vt POP. Aflojar, soltar.
aboul|ie f Abulia ‖ **~ique** adj/s Abúlico, a.
about m Extremo ‖ **~ement** m Empalme ‖ **~er** vt Empalmar, ensamblar ‖ **~ir** vi Llegar a (arriver à) | Desembocar en, conducir a (mener) | Llegar a un resultado | Abrirse (abcès) | *Faire ~*, llevar a buen término | *Ne pas ~*, fracasar ‖ **~issement** m Fin | Resultado, desenlace.
aboy|ant, e [abwajã, ã:t] ou **~eur, euse** adj Ladrador, a ‖ **~er** vi Ladrar (*après*, a).
abracadabrant, e adj Portentoso, a; estrafalario, a.
abras|er vt Raspar (racler) | Esmerilar (polir) | MÉD. Legrar | GÉOL. Desgastar ‖ **~if, ive** adj/m Abrasivo, a ‖ **~ion** f Abrasión.
abrégé, e adj Abreviado, a | — M Compendio | *Écrire en ~*, escribir en abreviatura | *En ~*, en resumen.
abrègement m Abreviamiento.
abréger vt Abreviar | Compendiar, resumir (un texte) | FIG. Acortar | — Vi Abreviar.
abreuv|er vt Abrevar | Regar (arroser) | *~ d'injures*, colmar de insultos | — Vp Beber | FIG. Beber en la fuente de | *~ de sang*, saciarse de sangre ‖ **~oir** m Abrevadero (bestiaux), bebedero (oiseaux).
abréviation f Abreviatura, abreviación.
abri m Abrigo | Refugio | Cobertizo (hangar) | Tejadillo (auvent) | Albergue, hogar (foyer) | FIG. Amparo | *~ antiatomique*, refugio antiatómico | *À l'~*, al abrigo | *Se mettre à l'~*, ponerse a cubierto.
abricot m Albaricoque | *~ alberge*, albérchigo ‖ **~ier** m Albaricoquero.

abriter vt Abrigar (tenir à l'abri) | Poner a cubierto (mettre à couvert) | FIG. Resguardar, amparar.
abrog|ation f Abrogación || **~er** vt Abrogar.
abrupt, e adj Abrupto, a | FIG. Rudo, a; tosco, a (style).
abrut|i, e adj Embrutecido, a | — S Estúpido, a || **~ir** vt Embrutecer | FAM. Agobiar (surcharger) || **~issant, e** adj Embrutecedor, a || **~issement** m Embrutecimiento.
abscisse f GÉOM. Abscisa.
abs|ence f Ausencia | Falta : *~ de courage*, falta de valor | Fallo (*m*) de memoria (oubli) || **~ent, e** adj/s Ausente | *Les ~s ont toujours tort*, ni ausente sin culpa, ni presente sin disculpa || **~entéisme** m Absentismo || **~entéiste** adj/s Absentista || **~enter (s')** vp Ausentarse.
abside f ARCH. Ábside *m*.
absinthe [apsɛ̃:t] f Ajenjo *m*, absintio *m* (p. us.).
absolu, ~e adj Absoluto, a || **~ment** adv Absolutamente, en absoluto, completamente | Necesariamente | *~ pas*, en absoluto | *Il le veut ~*, lo quiere a toda costa || **~tion** f Absolución || **~tisme** m Absolutismo || **~tiste** adj/s Absolutista || **~toire** adj Absolutorio, a.
absorb|able adj Absorbible || **~ant, e** adj/m Absorbente || **~é, e** adj Absorbido, a | Absorto, a; abstraído, a (distrait) || **~er** vt Absorber | FIG. Consumir, devorar (consommer), absorber (distraire), cautivar (captiver).
absorption f Absorción.
absoudre* vt Absolver.
absous, absoute adj Absuelto, a || — F Absolución.
abstème adj/s Abstemio, a.
absten|ir (s')* vp Abstenerse || **~tion** f Abstención || **~tionnisme** m Abstencionismo || **~tionniste** adj/s Abstencionista.
abstin|ence f Abstinencia || **~ent, e** adj/s Abstinente.
abstraction f Abstracción | *Faire ~ de*, hacer abstracción *ou* caso omiso de, prescindir de.
abstrai|re* vt Abstraer || **~t, e** adj Abstracto, a (non concret) | Abstraído, a (distrait) | — M Lo abstracto | Artista abstracto.
absurd|e adj Absurdo, a | — M Lo absurdo || **~ité** f Absurdo *m*, absurdidad.
abus m Abuso | Error, equivocación *f* || **~er** vt Engañar (tromper) | — Vi Abusar | — Vp Engañarse | *Si je ne m'abuse*, si no me engaño *ou* me equivoco || **~if, ive** adj Abusivo, a.
abyss|al, e adj Abisal, abismal || **~e** m Abismo.
abyssin, e ou **abyssinien, enne** adj/s Abisinio, a.
Abyssinie nprf Abisinia.
acabit m FAM. Índole *f* | — FAM. *Gens du même ~*, gente de la misma ralea *ou* calaña.
acacia m BOT. Acacia *f*.
académ|icien, enne s Académico, a || **~ie** f Academia || **~ique** adj Académico, a.
acajou m BOT. Caoba *f*.
acanthe [akɑ̃:t] f Acanto *m*.
acariâtre adj Desabrido, a.
accabl|ant, e adj Abrumador, a | Agobiante (épuisant) || **~ement** m Agobio | Postración *f* | Abatimiento || **~er** vt Agobiar | Abrumar (travail, fatigue) | Postrar | Colmar (honneurs).
accalmie f MAR. Calma momentánea, recalmón *m* | FIG. Tregua, período (*m*) de calma.
accapar|ement m Acaparamiento || **~er** vt Acaparar || **~eur, euse** s Acaparador, a.
accéder vi Tener acceso a | Acceder, consentir | Llegar (à un poste).
accélér|ateur, trice adj/m Acelerador, a | *Coup d'~*, acelerón || **~ation** f Aceleración || **~é, e** adj Acelerado, a | Intensivo, a (enseignement) || **~er** vt/i Acelerar | Aligerar (le pas).
accent m Acento | *Mettre l'~ sur*, hacer hincapié en, recalcar, subrayar || **~uation** f Acentuación || **~uer** vt Acentuar | FIG. Aumentar (pression, effort) | — Vp Acentuarse | Aumentar.
accept|able adj Aceptable || **~ation** f Aceptación || **~er** vt Aceptar || **~ion** f Acepción, extensión | *Sans ~ de personne*, sin acepción de personas.
accès m Acceso | Entrada *f*, paso (entrée) | FIG. Comprensión *f*, entendimiento; acceso, ataque (fièvre, toux), arrebato (colère, enthousiasme), avenate (folie), arranque (humeur, gaieté).
access|ible adj Accesible | Abierto, a (ouvert) | Asequible, accesible (prix) | Comprensible | Sensible || **~ion** f Accesión | Incorporación, anexión || **~it** [aksɛsit] m Accésit || **~oire** adj/m Accesorio, a | — Pl Attrezzo *sing* || **~oiriste** m Accesorista, attrezzista (cinéma) | Encargado de la guardarropía (théâtre).
accident m Accidente | FIG. *Sans ~*, sin percance || **~é, e** adj Estropeado, a (véhicule) | FIG. Accidentado, a; quebrado, a; desigual (terrain), borrascoso, a; agitado, a (existence) | — Adj/s Accidentado, a || **~el, elle** adj Accidental | Casual, fortuito, a || **~er** vt Accidentar | Atropellar (renverser) | Estropear (véhicule) | Variar (style).
accise f Sisa (impôt).

acclam|ateur m Aclamador ‖ **~ation** f Aclamación ‖ **~er** vt Aclamar.
acclimat|ation f Aclimatación ‖ **~er** vt Aclimatar | Acostumbrar (habituer).
accoint|ance f Amistad | — Pl Relaciones ‖ **~er (s')** vp Relacionarse, juntarse.
accol|ade f Abrazo *m* | Espaldarazo *m*, acolada (avec l'épée) | IMPR. Llave ‖ **~er** vt Rodrigar (plante) | Juntar, reunir | Unir con una llave (écrit) | Pegar (coller) | Abrazar (donner l'accolade) | BLAS. Acolar.
accommod|able adj Acomodable ‖ **~age** m Aderezo ‖ **~ant, e** adj Complaciente, tratable ‖ **~ation** f Acomodación ‖ **~ement** m Arreglo, acomodamiento | Aderezo (cuisine) | *Un mauvais ~ vaut mieux qu'un bon procès*, más vale mala avenencia *ou* mal ajuste que buen pleito ‖ **~er** vt Acomodar | Aderezar (un plat) | Arreglar, componer (arranger) | Adaptar, conformar | Acomodar (optique) | — Vp Acomodarse | *~ de tout*, acomodarse *ou* conformarse con todo.
accompagn|ateur, trice s Acompañante ‖ **~ement** m Acompañamiento ‖ **~er** vt Acompañar | *~ au piano*, acompañar con el piano.
accompl|i, e adj Cumplido, a; cabal | Consumado, a (fait) | Cabal, consumado, a; hecho y derecho (homme) | V. ACCOMPLIR | *Avoir vingt ans ~*, haber cumplido veinte años ‖ **~ir** vt Cumplir | Realizar, ejecutar | Acabar, concluir (finir) ‖ **~issement** m Cumplimiento | Realización *f* | Conclusión *f*, terminación *f*.
accord m Acuerdo : *d'un commun ~*, de común acuerdo | Aprobación *f*, conformidad *f* | Acuerdo, convenio (commercial, etc) | GRAM. Concordancia *f* | MUS. Afinación *f*, afinamiento (d'un instrument), acorde | *D'~!*, ¡de acuerdo!, ¡conforme!, ¡vale! | *Être d'~ sur*, estar de acuerdo en *ou* con ‖ **~age** m Afinación *f*, afinamiento ‖ **~ailles** fpl Esponsales *m* ‖ **~éon** m Acordeón ‖ **~éoniste** s Acordeonista ‖ **~er** vt Conceder, otorgar (concéder) | Consentir, admitir | Poner de acuerdo (adversaires) | Conciliar (textes) | Reconciliar | Prometer en matrimonio | GRAM. Concordar, hacer concordar | MUS. Acordar (voix), afinar (instrument) | RAD. Sintonizar | — Vp Estar de acuerdo | Ponerse de acuerdo | Concordar, estar de acuerdo | Entenderse, llevarse bien | Casar, armonizarse | GRAM. Concordar ‖ **~eur** m Afinador.
accor|e adj Acantilado, a | — F MAR. Escora ‖ **~er** vt MAR. Escorar.
accort, e adj Complaciente, amable.
accost|able adj Abordable ‖ **~age** m MAR. Atracada *f*, atracamiento ‖ **~er** vt MAR. Acostar, atracar | Abordar (quelqu'un).
accot|ement m Andén, arcén ‖ **~er** vt Apoyar | Apuntalar (étayer) | MAR. Escorar.
accouch|ée f Parturienta ‖ **~ement** m Parto, alumbramiento : *~ avant terme*, parto prematuro ‖ **~er** vi Dar a luz | — Vt Asistir a un parto ‖ **~eur** m Partero | *Médecin ~*, tocólogo ‖ **~euse** f Partera (professionnelle), comadrona (terme familier).
accoud|er (s') vp Acodarse ‖ **~oir** m Antepecho (balustrade) | Brazo (fauteuil) | Reclinatorio (prie-Dieu).
accoupl|ement m Acoplamiento (animaux de trait) | Apareamiento (animaux reproducteurs) | Ayuntamiento (charnel) | TECH. Acoplamiento ‖ **~er** vt Acoplar (chevaux de trait) | Uncir (bœufs) | Acoplar (pour la reproduction) | Unir, juntar (joindre) | TECH. Acoplar | ÉLEC. Conectar.
accourir* vi Acudir.
accoutr|ement m Atavío, vestimenta (*f*) ridícula ‖ **~er** vt Ataviar, vestir ridículamente.
accoutum|ance f Costumbre ‖ **~er** vt Acostumbrar | — Vi Acostumbrar, soler | — Vp Acostumbrarse.
accrédit|ation f Acreditación ‖ **~er** vt Acreditar | FIG. Dar crédito a (un bruit) ‖ **~eur** m Fiador ‖ **~if** m COM. Carta (*f*) de crédito; crédito.
accroc [akro] m Desgarrón, siete | FIG. Dificultad *f*, obstáculo; mancha *f* (tache).
accroch|age m Enganche (wagons) | Choque, colisión *f* | FAM. Disputa *f*, agarrada *f*; dificultad *f* | MIL. Escaramuza *f* ‖ **~e-cœur** m Caracol, rizo en la sien ‖ **~er** vt Enganchar (wagons) | Colgar (suspendre) | Chocar con, entrar en colisión con | Rozar (effleurer) | Aferrar (ancre) | FAM. Pescar, agarrar (attraper) | — Vp FAM. Pegarse ‖ **~eur, euse** adj FAM. Porfiado, a (tenace) | Que llama la atención | Pegadizo, a (musique).
accroire (faire) vt Hacer creer | *En ~*, engañar, embaucar | *S'en ~*, presumir.
accroissement m Aumento, crecimiento | MATH. Incremento.
accroître* vt Aumentar | Acrecentar (développer) | — Vp Aumentarse, acrecentarse, acrecerse, incrementarse.
accroup|i, e adj En cuclillas ‖ **~ir (s')** vp Ponerse en cuclillas.
accueil [akœj] m Acogida *f*, recibimiento ‖ **~lant, e** adj Acogedor, a ‖ **~lir*** vt Acoger | Recibir | Aceptar (traite).
acculer vt Acorralar, arrinconar | Acular (animal, voiture) | FIG. Conducir, llevar.

accumul|ateur m Acumulador || **~ation** f Acumulación | Cúmulo *m* || **~er** vt Acumular.
accus|ateur, trice adj/s Acusador, a || **~atif, ive** adj/m GRAM. Acusativo, a ||**~ation** f Acusación || **~atoire** adj Acusatorio, a || **~é, e** adj Acusado, a | FIG. Marcado, a; señalado, a | — S Reo, acusado, a; procesado, a | *~ de réception,* acuse de recibo || **~er** vt Acusar | Confesar | Acusar (son jeu) | FIG. Revelar, indicar; hacer resaltar (souligner) | *~ à faux,* levantar un falso testimonio | *~ reception,* acusar recibo.
acéphale adj/m Acéfalo, a.
acerbe adj Acerbo, a.
acér|é, e adj Acerado, a | FIG. Punzante || **~er** vt Acerar.
acét|ate m Acetato || **~ique** adj Acético, a || **~one** f Acetona || **~ylène** m Acetileno.
achaland|age m Parroquia *f,* clientela *f* || **~er** vt Aparroquiar | FAM. Surtir, abastecer.
acharn|é, e adj V. ACHARNER (S') | Empedernido, a (joueur, etc) | Enconado, a (partisan, etc) || **~ement** m Encarnizamiento | Ensañamiento (sur une victime) | Empeño, obstinación *f* || **~er** vt Azuzar (chiens) | — Vp Encarnizarse, ensañarse | FIG. Consagrarse intensamente; enviciarse en (jeu), perseguir obstinadamente.
achat m Compra *f* | *Pouvoir d'~,* poder adquisitivo || *~-vente* m Compraventa *f.*
achemin|ement m Encaminamiento | Despacho, envío (envoi) || **~er** vt Encaminar | Despachar (envoyer) | Encauzar (affaire, eau).
achet|er vt Comprar : *~ à perte,* comprar con pérdida || **~eur, euse** s Comprador, a.
achevé, e adj V. ACHEVER | Consumado, a (artiste) | Rematado, a; redomado, a (fripon).
achèvement m Terminación *f,* acabamiento.
achever vt Acabar (finir) | Acabar, dar el último toque a (mettre la dernière main) | Rematar (un blessé) | FAM. Acabar con.
achopp|ement m Tropiezo | FIG. Estorbo, obstáculo || **~er** vi Tropezar (*contre,* con, contra, en) | Fracasar (échouer).
achromat|ique [akrɔmatik] adj Acromático, a || **~isme** m Acromatismo.
acid|e adj/m Ácido, a | — M FAM. Ácido (LSD) || **~ification** f Acidificación || **~ifier** vt Acidificar || **~imètre** m Acidímetro || **~ité** f Acidez | Acedía (d'estomac) | FIG. Aspereza, desabrimiento *m* || **~uler** vt Acidular
acier m Acero.
aciér|age m Acerado || **~ation** f Aceración || **~er** vt Acerar || **~ie** f Acería, fundición de acero.
acinus m Ácino (d'une glande).
acné f MÉD. Acné.
acolyte m Acólito.
acompte [akɔ:t] m Cantidad (*f*) a cuenta, anticipo.
aconit [akɔnit] m BOT. Acónito.
acoquiner (s') vp Conchabarse.
Açores nprfpl Azores.
à-côté m Punto accesorio [de una cuestión] | — Pl Pormenores (détails) | Provechos accesorios, extras (bénéfices).
à-coup m Sacudida (*f*) brusca (secousse) | Parada (*f*) brusca | *Par ~s,* por intermitencias, a tirones | *Sans ~s,* sin interrupción.
acoustique adj/f Acústico, a.
acquér|eur m Comprador, adquiridor || **~ir*** vt Adquirir | Conseguir (obtenir) | Ganar (affection) | Granjearse (réputation).
acquêt m (Vx) Adquisición *f* | — Pl Bienes gananciales.
acquiesc|ement m Consentimiento, conformidad *f,* aquiescencia *f* || **~er** vi Consentir en, asentir a | Estar conforme con.
acquis, e adj Adquirido, a | Adicto, a : *~ à une cause,* adicto a una causa | — M Experiencia *f.* | Logro.
acquisit|if, ive adj Adquisitivo, a || **~ion** f Adquisición.
acquit m Recibo | *Par ~ de conscience,* en descargo de conciencia (pour bien faire), sin convicción | *Pour ~,* recibí, recibimos.
acquitt|ement m Pago (paiement) | Absolución *f* (d'un accusé) || **~er** vt Pagar | Satisfacer (une dette) | Absolver (un accusé) | Poner el recibí (chèque) | — Vp Pagar | Satisfacer (dette) | Cumplir (devoir) | Llevar a cabo (mener à bien).
âcre adj Acre || **~té** f Acritud.
acrimonie f Acrimonia.
acrobat|e adj/s Acróbata || **~ie** [akrɔbasi] f Acrobacia | FIG. *Faire de l'~,* hacer equilibrios || **~ique** adj Acrobático, a.
acro|pole f ARCH. Acrópolis || **~tère** m Acrótera *f,* acrotera *f.*
act|e m Acto | Acto, hecho, acción *f* | DR. Auto (d'un procès) | Partida *f* (naissance, etc) | Escritura *f* : *~ authentique, sous seing privé,* escritura pública, privada | Acto (théâtre) | *~ d'accusation,* acta de acusación, petición fiscal | *~ de baptême,* fe de bautismo || *~s des Apôtres,* hechos de los Apóstoles | *~ notarié,* acta notarial | *~s d'un concile,* actas de un concilio | *Donner ~,* hacer un atestado | *Dresser un ~,* levantar acta | *Faire ~ de,* dar pruebas de | *Prendre*

~, tomar nota ‖ **~eur, trice** s Actor, a (d'une affaire)| Actor, triz (cine) ‖ **~if, ive** adj/m Activo, a | *Avoir à son ~*, tener en su haber *ou* en su favor.
action f Acción | *~ d'éclat*, hazaña, proeza ‖ **~naire** s Accionista ‖ **~nariat** m Accionariado [accionistas]. ‖ **~ner** vt Accionar, poner en movimiento | Dr. Demandar.
activ|ation f Activación ‖ **~er** vt Activar, apresurar (hâter) | Avivar (feu) | Chim. Activar | — Vp Apresurarse ‖ **~isme** m Activismo ‖ **~iste** adj/s Activista ‖ **~ité** f Actividad | *Fonctionnaire en ~*, funcionario en activo.
actu|aire m Dr. Actuario ‖ **~aliser** vt Actualizar ‖ **~alité** f Actualidad | — Pl Actualidades, noticiario *msing* (film) ‖ **~el, elle** adj Actual.
acuité f Agudeza.
acupunct|eur [akypɔ̃ktœ:r] m Especialista en acupuntura ‖ **~ure** f Acupuntura.
adage m Adagio.
adagio m Mus. Adagio.
Adam nprm Adán.
adamantin, e adj Diamantino, a: adamantino, a.
adapt|able adj Adaptable ‖ **~ateur, trice** s Adaptator, a ‖ **~ation** f Adaptación ‖ **~er** vt Adaptar.
addenda [adɛ̃da] m Apéndice, suplemento.
addit|if, ive adj Aditivo, a | — M Cláusula (*f*) adicional ‖ **~ion** f Adición | Math. Suma, adición | Cuenta (restaurant) | Añadido *m*, coletilla (fam) [à un texte] ‖ **~ionnel, elle** adj Adicional ‖ **~ionner** vt Sumar, adicionar ‖ **~ionneuse** f Sumadora.
adduc|teur adj/m Aductor ‖ **~tion** f Aducción | Tech. Traída de aguas (amenée), derivación, toma.
adent m Barbilla *f* (pour assembler).
adept, e s Adepto, a; seguidor, a.
adéquat, e [adekwa] adj Adecuado, a; apropiado, a.
adhér|ence f Adherencia ‖ **~ent, e** adj Adherente | Adherido, a (collé) | — M Adherente, afiliado ‖ **~er** vi Adherir(se) | Afiliarse, adherirse (à un parti) | Adherirse (à une opinion).
adhés|if, ive adj/m Adhesivo, a ‖ **~ion** f Adhesión.
adieu m Adiós | — Pl Despedida *fsing* | *Faire ses ~x à*, despedirse de | — Interj ¡Adiós!
adip|eux, euse adj Adiposo, a ‖ **~osité** f Adiposidad.
adirer vt Dr. Extraviar, perder.
adjacent, e adj Adyacente.
adject|if, ive adj/m Adjetivo, a ‖ **~ival, e** adj Adjetival.
adjoindre* vt Dar como auxiliar | Adjuntar (joindre) | — Vp Tomar.
adjoint, e adj Adjunto, a | — S Sustituto, a; suplente, adjunto, a | *Maire ~*, teniente de alcalde | *Professeur ~*, profesor adjunto, ayudante.
adjonction f Añadidura | Adición | Dr. Adjunción.
adjudant m Mil. Ayudante.
adjudicat|aire s Adjudicatario, a (vente) | Contratista (contrat) ‖ **~eur, trice** s Adjudicador, a ‖ **~ion** f Adjudicación | Subasta (vente) | Contrata.
adjuger vt Adjudicar | Subastar (vente) | *Adjugé, vendu!*, ¡adjudicado!
adjur|ation f Adjuración, conjuro *m* (invocation) | Súplica ‖ **~er** vt Adjurar, conjurar | Suplicar.
adjuvat m Ayudantía *f*.
admettre* vt Admitir | Aprobar (examens).
adminicule m Adminículo.
administr|ateur, trice s Administrador, a ‖ **~atif, ive** adj Administrativo, a ‖ **~ation** f Administración ‖ **~é, e** s Administrado, a ‖ **~er** vt Administrar | Suministrar (preuves) | Fam. Propinar, dar | — Vp Atribuirse, adjudicarse, llevarse.
admir|able adj Admirable ‖ **~ateur, trice** adj/s Admirador, a ‖ **~atif, ive** adj Admirativo, a ‖ **~ation** f Admiración | *Être en ~ devant*, admirarse ante | *Faire l'~ de*, causar *ou* ser la admiración de ‖ **~er** vt Admirar.
admis, ~e adj/s Admitido, a | Aprobado, a (examens) | Ingresado, a (concours) ‖ **~sibilité** f Admisión ‖ **~sible** adj/s Admisible ‖ **~sion** f Admisión | Aprobado *m* (examens) | Ingreso *m* (concours) | Ingreso *m*, admisión (hôpital).
admonest|ation f Amonestación ‖ **~er** vt Amonestar.
adolesc|ence f Adolescencia ‖ **~ent, e** adj/s Adolescente.
Adolphe nprm Adolfo.
adonner (s') vp Dedicarse, consagrarse | Entregarse (à un vice).
adopt|é, e adj/s Adoptado, a ‖ **~er** vt Adoptar, prohijar (enfant) | Adoptar (idée) | Aprobar (rapport) | Adherirse a (opinion) ‖ **~if, ive** adj Adoptivo, a ‖ **~ion** f Adopción | Aprobación (rapport) | *D'~*, adoptivo, a.
ador|able adj Adorable | Fam. Encantador, a (charmant) ‖ **~ateur, trice** s Adorador, a | — F Adoratriz (religieuse) ‖ **~ation** f Adoración | Fam. Apasionamiento *m*, amor (*m*) exagerado ‖ **~er** vt Adorar | Fam. Adorar, encantar: *j'adore la musique*, me encanta la música.
ados m Agr. Caballón.
adosser vt Adosar | — Vp Respaldarse (à, contra).

adouc|ir vt Endulzar (rendre sucré) | Dulcificar, suavizar (visage) | Aliviar, hacer llevadero (souffrance) | Aplacar (irritation) | Templar (température, etc) | Suavizar (contours) | TECH. Pulir (métal, pierre), esmerilar (verre), adulzar (fer) || **~issage** m Pulimento || **~issant, e** adj Suavizante, dulcificante | — M Calmante, sedativo || **~issement** m Dulcificación *f* | Alivio (souffrance, irritation) | Mejoramiento (température) | TECH. Esmerilado (verre), adulzado (fer).
adrénaline f Adrenalina.
adress|e f Dirección, señas *pl: carnet d'~s,* libro de señas | Destreza, habilidad | Maña (ruse) | FIG. Intención | Memorial *m,* ruego *m* (pétition) | *Tour d'~,* juego de manos || **~er** vt Dirigir (parole) | Enviar (envoyer) | Destinar | Hacer (reproches, etc) | Proferir (injures) | — Vp Dirigirse.
Adriatique nprf Adriático *m.*
adroit, e adj Hábil, diestro, a | Mañoso, a (manuellement).
adul|ateur, trice adj/s Adulador, a || **~ation** f Adulación || **~er** vt Adular (flatter).
adulte adj/s Adulto, a.
adult|ération f Adulteración | Falsificación (monnaies) || **~ère** adj/s Adúltero, a (personne) | — M Adulterio (acte) || **~érer** vt Adulterar | Falsificar (monnaies) || **~érin, e** adj Adulterino, a.
advenir* vi Ocurrir, suceder (*de,* con) | *Advienne que pourra* o *quoi qu'il advienne,* ocurra lo que ocurra, pase lo que pase.
adventice ou **adventif, ive** adj Adventicio, a.
adverb|e m Adverbio || **~ial, e** adj Adverbial.
advers|aire s Adversario, a || **~atif, ive** adj Adversativo, a || **~e** adj Adverso, a; contrario, a || **~ité** f Adversidad.
aér|age m Ventilación *f,* aeración *f* || **~ateur** m Ventilador || **~ation** f Aeración, ventilación || **~er** vt Airear, ventilar | Orear (chose humide) || **~ien, enne** adj Aéreo, a | A cielo abierto (métro) || **~ium** [aerjɔm] m Aerio || **~obie** adj/m Aerobio, a || **~obus** [aerobys] m Aerobús || **~ocâble** m Transportador aéreo, teleférico industrial || **~o-club** [aeroklœb] m Aeroclub.
aéro|drome m Aeródromo || **~dynamique** adj/f Aerodinámico, ca || **~frein** m Freno aerodinámico || **~gare** f Terminal *m,* estación terminal || **~graphe** m Aerógrafo || **~lithe** ou **~lite** m Aerolito || **~mètre** m Aerómetro || **~moteur** m Aeromotor || **~naute** s Aeronauta || **~nautique** adj/f Aeronáutico, a || **~naval, e** adj Aeronaval || **~nef** m Aeronave *f* || **~phagie** f MÉD. Aerofagia || **~phobie** f Aerofobia || **~plane** m Aeroplano || **~port** m Aeropuerto || **~porté, e** adj Aerotransportado, a || **~postal, e** adj Aeropostal || **~sol** m Aerosol || **~stat** m Aeróstato || **~statique** adj/f Aerostático, a || **~technique** adj Aerotécnico, a | — F Aerotecnia, aerotécnica.
affab|ilité f Afabilidad || **~le** adj Afable.
affadir vt Poner soso, desazonar | FIG. Volver insípido *ou* insulso.
affaibl|ir vt Debilitar | Rebajar (couleurs) || **~issant, e** adj Debilitante || **~issement** m Debilitamiento, debilitación *f.*
affaire f Asunto *m* (problème) | Cuestión | Negocio *m* : *homme d'~s,* hombre de negocios | Ocupación, quehacer *m* | Pleito *m,* proceso *m* (procès) | Caso *m* : *l'~ Dreyfus,* el caso Dreyfus | FAM. Ganga (aubaine) | — Pl Chismes, trastos (objets) | Ropa *sing* (vêtements) | *~ d'Etat,* problema de Estado | *~ d'honneur,* lance de honor | *Avoir ~ à,* tener que ver con | *Cela fait mon ~,* esto me conviene | *C'est toute une ~,* es una cosa complicada, es un lío | *C'est une autre ~,* es harina de otro costal | *Faire ~,* hacer negocio | *Faire son ~ de,* tomar por su cuenta | *Faire une ~,* hacer un buen negocio | *Ministère des Affaires étrangères,* Ministerio de Asuntos Exteriores (Espagne), Ministerio de Relaciones Exteriores (Amérique) | *Se tirer d'~,* salir de un mal paso *ou* de apuro.
affair|é, e adj Muy ocupado *ou* atareado || **~ement** m Agitación *f,* ajetreo || **~er (s')** vp Atarearse, agitarse | Atender solícitamente (s'occuper).
affaiss|ement m Hundimiento | FIG. Postración *f,* decaimiento || **~er** vt Hundir (sol) | FIG. Abatir, postrar; agobiar (épuiser) | — Vp Hundirse (sol) | Pandearse, doblarse (ployer) | Desplomarse (sur une chaise).
affaler vt/i MAR. Arriar | — Vp FAM. Desplomarse, dejarse caer.
affam|é, e adj/s Hambriento, a | FIG. Ávido, a; sediento, a || **~er** vt Hacer padecer hambre.
affect|ation f Asignación, destinación | Destino *m* (à un poste) | Afectación (simulation) | Afectación, amaneramiento *m* || **~é, e** adj V. AFFECTER | Afectado, a; amanerado, a (maniéré) | MÉD. Aquejado, a; atacado, a || **~er** vt Afectar, aparentar, fingir (simuler) | Destinar, asignar (somme) | Destinar (à un poste) | FIG. Afligir, afectar; conmover (émouvoir), tener influencia sobre; presentar (aspect) |

MÉD. Atacar ‖ **~if, ive** adj Afectivo, a ‖ **~ion** f Afección | Afecto *m*, cariño *m* (sentiment) | MÉD. Afección, dolencia ‖ **~ionné, e** adj Querido, a (cher) | Afecto, a (dévoué) ‖ **~ionner** vt Querer, tener cariño *ou* afecto a ‖ **~ivité** f Afectividad ‖ **~ueux, euse** adj Afectuoso, a; cariñoso, a.

afférent, e adj ANAT. Aferente | DR. Correspondiente.

afferm|able adj Arrendable ‖ **~age** m Arrendamiento, arriendo ‖ **~ataire** s Arrendatario, a ‖ **~er** vt Arrendar ‖ **~ir** vt Dar firmeza, afirmar | FIG. Consolidar ‖ **~issement** m Consolidación *f*, fortalecimiento.

affich|age m Fijación (*f*) de carteles *ou* anuncios | FIG. Alarde, ostentación *f* ‖ **~e** f Anuncio *m*, cartel *m* | *~ lumineuse*, anuncio luminoso | *Tenir l'~*, mantenerse en el cartel ‖ **~er** vt Fijar carteles *ou* anuncios | Anunciar | FIG. Hacer alarde *ou* ostentación de (étaler), pregonar, vocear (faire savoir) | — Vp Exhibirse, hacerse ver ‖ **~eur** m Fijador de carteles, cartelero ‖ **~iste** m Cartelista.

affil|age m Afiladura *f*, afilado ‖ **~ée (d')** loc adv De un tirón (d'une traite), seguido, a ‖ **~er** vt Afilar ‖ **~eur** m Afilador.

affili|ation f Afiliación ‖ **~é, e** adj/s Afiliado, a ‖ **~er** vt Afiliar.

affiloir m Afiladera *f* (pierre) | Afilador (pour rasoir) | Chaira *f* (de boucher).

affin|age m Afinado, afinación *f* ‖ **~ement** m Afinamiento ‖ **~er** vt Afinar | Acendrar (or, argent) | Refinar (raffiner) ‖ **~eur, euse** s Refinador, a ‖ **~ité** f Afinidad.

affirm|atif, ive adj/f Afirmativo, a | *Dans l'affirmative*, en caso afirmativo ‖ **~ation** f Afirmación ‖ **~er** vt Afirmar | — Vp Asentarse (caractère) | Confirmarse (courage).

affleur|ement m Emparejamiento, nivelación *f* | GÉOL. Afloramiento ‖ **~er** vt Emparejar, nivelar | — Vi Aflorar.

afflict|if, ive adj Aflictivo, a ‖ **~ion** f Aflicción.

afflig|é, e adj/s Afligido, a | — Adj Afligido, a: aquejado, a (maladie) ‖ **~eant, e** Afligente, aflictivo, a ‖ **~er** vt Afligir | Aquejar, afligir (maladie).

afflouer vt MAR. Desencallar, poner a flote.

afflu|ence f Afluencia | Concurrencia (foule) | Abundancia ‖ **~ent, e** adj/m Afluente ‖ **~er** vi Afluir ‖ **~x** m Aflujo | Afluencia *f* (gens).

affol|ant, e adj Enloquecedor, a ‖ **~é, e** adj V. AFFOLER ‖ **~ement** m Enloquecimiento | Perturbación (*f*) de la brújula (boussole) ‖ **~er** vt Enloquecer | Perturbar, volver loca (boussole) | — Vp Enloquecerse | Volverse loco, perder la cabeza.

affouill|ement [afujmɑ̃] m Derrubio ‖ **~er** vt Derrubiar.

affranch|i, e adj Libre, exento, a | Despreocupado, a (insouciant) | V. AFFRANCHIR | — S Liberto, a ‖ **~ir** vt Libertar (esclaves) | Librar (délivrer) | Eximir, exentar (exempter) | Franquear (lettres) | Eximir (des préjugés) | *Machine à ~*, máquina franqueadora | — Vp Liberarse, independizarse ‖ **~issement** m Liberación *f*, manumisión *f* | Franqueo (lettres) | Exención *f* (d'impôts) ‖ **~isseur** m Libertador, liberador.

affres fpl Ansias, angustias.

affr|ètement m Fletamento ‖ **~éter** vt Fletar ‖ **~éteur** m Fletador.

affreux, euse adj Horroroso, a.

affriol|ant, e adj Atractivo, a; apetecible ‖ **~er** vt Engolosinar.

affriquée adj/f GRAM. Africada.

affront m Afrenta *f*, baldón | *Faire ~*, afrentar ‖ **~ement** m Afrontamiento | Enfrentamiento ‖ **~er** vt Hacer frente a, afrontar | Arrostrar, enfrentar (le danger) | — Vp Enfrentarse, afrontarse.

affubl|ement m Atavío, traje ridículo ‖ **~er** vt Vestir | FIG. Poner, dar.

affût [afy] m Puesto (chasse) | Acecho (aguets) | MIL. Cureña *f* (canon), afuste (fusil).

affût|age m Afiladura *f*, afilado ‖ **~er** vt Afilar ‖ **~eur, euse** adj/s Afilador, a.

afghan, e [afgɑ̃] adj/s Afgano, a.

Afghanistan nprm Afganistán.

afin de prép A fin de.

afin que conj A fin *ou* con el fin de que.

africain, e adj/s Africano, a.

Afrique nprf África.

afro adj Afro (coiffure).

agaçant, e adj Irritante, molesto, a | Provocativo, a (provocant).

agac|ement m Irritación *f* | Dentera *f* (des dents) ‖ **~er** vt Irritar, poner nervioso | Provocar, excitar | Dar dentera (dents) ‖ **~erie** f Arrumaco *m*, carantoña.

agape f Ágape *m*.

agate f Ágata.

agave ou **agavé** m Agave *f*, pita *f*.

âg|e m Edad *f*: *ne pas faire son ~*, no aparentar su edad | *~ de raison*, edad del juicio *ou* de razón | FIG. *~ ingrat*, edad del pavo | *D'~ avancé*, entrado en años | *D'~ scolaire*, en edad escolar | *D'un certain ~*, de cierta edad | *En bas ~*, de corta *ou* poca edad | *Entre deux ~s*, de mediana edad | *Être en ~ de*, tener edad para | *Grand ~*, edad provecta *ou* avanzada | *Moyen Âge*, Edad Media ‖ **~ée, e** adj De edad: *~ de 10 ans*, de diez años de edad | Entrado en años (vieux) | *Moins ~*, de menos edad, menor | *Plus ~*, de más edad, mayor.

agence f Agencia | Gestoría (administrative).

agenc|ement m Disposición *f*, arreglo || **~er** vt Disponer, arreglar | Armonizar.

agenda [aʒɛ̃da] m Agenda *f* (de poche) | Dietario (livre).

agenouill|er (s') [saʒnuje] vp Arrodillarse, hincarse de rodillas.

agent m Agente | *~ de change*, agente de Cambio y Bolsa | Guardia, agente, policía | *~ de liaison*, enlace | *~ double*, espía doble.

agglomér|at m Aglomerado || **~ation** f Aglomeración | Población (ville) | Ciudad y sus suburbios || **~é, e** adj/m Aglomerado, a || **~er** vt Aglomerar.

agglutin|ant, e adj/m Aglutinante || **~ation** f Aglutinación || **~er** vt Aglutinar.

aggrav|ant, e adj Agravante || **~ation** f Agravación || **~er** vt Agravar | — Vp Agravarse.

agha m Aga.

agil|e adj Ágil || **~ité** f Agilidad.

agio m COM. Agio || **~tage** m Agiotaje || **~teur** m Agiotista.

agir vi Obrar, actuar | Comportarse, conducirse | Hacer efecto (remède) | CHIM. DR. Actuar | — Vp Tratarse.

agiss|ant, e adj Activo, a || **~ement** m Maniobra *f*, artimaña *f*.

agit|ateur, trice s Agitador, a || **~ation** f Agitación || **~er** vt Agitar | Discutir, debatir | FIG. Excitar.

agneau m Cordero | « Agneau » (fourrure) | *~ tanné*, napa *f*.

agnel|er vi Parir [la oveja] || **~et** m Corderillo || **~in** m y **~ine** f Añinos *mpl* || **~le** f Cordera.

Agnès nprf Inés.

agnost|icisme [agnɔstisism] m Agnosticismo || **~ique** adj/s Agnóstico, a.

agonie f Agonía.

agonir vt Colmar, llenar.

agonis|ant, e adj/s Agonizante || **~er** vi Agonizar.

agouti m ZOOL. Agutí.

agraf|e f Corchete *m* (de vêtement) | Broche *m* | Prendedor *m* (de stylo) | ARCH. MÉD. TECH. Grapa || **~er** vt Abrochar (vêtement) | Sujetar *ou* coser con grapas (papiers) | ARCH. Engrapar | POP. Echar el guante || **~euse** f Máquina de coser papeles con grapas.

agraire adj Agrario, a.

agrand|ir vt Agrandar, ampliar | Ensanchar (élargir) | Aumentar | PHOT. Ampliar || **~issement** m Ensanche (ville) | Ampliación *f* (magasin) | PHOT. Ampliación *f* || **~isseur** m PHOT. Ampliadora *f*.

agréable adj Agradable, grato, a.

agréer vt Aceptar, admitir | Recibir | — Vi Agradar, placer.

agrég|at m Agregado, conglomerado || **~ation** f Agregación | Admisión | Oposición a una cátedra (examen) | Título (*m*) de catedrático (diplôme) || **~é, e** s Catedrático de instituto *ou* de universidad por oposición || **~er** vt Agregar | Admitir | Asociar, combinar.

agrément m Consentimiento | Agrado (plaisir) | Encanto (charme) | Atractivo (attrait) | Recreo : *voyage d'~*, viaje de recreo || **~er** vt Adornar (orner) | Amenizar (récit, etc).

agrès [agrɛ] mpl MAR. Aparejos || Aparatos de gimnasia.

agress|er vt Agredir || **~eur** m Agresor || **~if, ive** adj Agresivo, a || Provocativo, a || **~ion** f Agresión || **~ivité** f Agresividad.

agreste adj Agreste | Silvestre.

agri|cole adj Agrícola || **~culteur** m Agricultor, labrador || **~culture** f Agricultura.

agripper vt Agarrar.

agronom|e adj/m Agrónomo || **~ie** f Agronomía.

agro-pastoral, e adj Agropecuario, a.

agrumes mpl Agrios.

aguerrir vt Aguerrir | Avezar (habituer) | Curtir, endurecer (endurcir).

aguets [agɛ] mpl Acecho *sing* : *aux ~*, al *ou* en acecho.

aguich|ant, e adj FAM. Incitante, provocante || **~er** vt Incitar, provocar || **~eur, euse** adj/s FAM. Incitador, a.

ahaner vi Jadear.

ahur|i, e adj/s V. AHURIR || **~ir** vt Atontar, atolondrar | FIG. Asombrar, dejar estupefacto || **~issant, e** adj Sorprendente, asombroso, a || **~issement** m Aturdimiento, atolondramiento | Asombro, estupefacción *f*.

aï m ZOOL. Perezoso, aí.

aide f Ayuda | *À l'~!*, ¡socorro!, ¡auxilio! | *Venir en ~*, ayudar | — M Ayudante, ayuda | *~ de camp*, edecán, ayudante de campo || **~-comptable** m Auxiliar de contabilidad || **~-maçon** m Peón de albañil || **~-mémoire** m Prontuario, memorándum || **~r** vt Ayudar | Auxiliar, socorrer, amparar (secourir) | — Vp Ayudarse | Valerse, servirse.

aïe! interj ¡Ay!

aïeul, e [ajœl] s Abuelo, a | — Mpl Abuelos | Antepasados (ancêtres).

— OBSERV. El plural de *aïeul* es *aïeuls* cuando significa abuelos y *aïeux* si corresponde a antepasados.

aigl|e m Águila *f* | — F Águila || **~efin** m Abadejo || **~on** m Aguilucho.

aigre adj/m Agrio, a | *Tourner à l'~*, agriarse || **~-doux, ouce** adj Agridulce || **~fin** m Estafador || **~let, ette** adj Agrete | FIG. Agridulce.

aigrette f Copete *m* (d'oiseau) | Airón *m*, garzota (panache) | Tembleque *m* (de diamants) | Garzota (oiseau).
aigr|eur f Acritud, agrura, lo agrio | Acedía, acidez (d'estomac) | FIG. Acritud, desabrimiento *m* || **~ir** vt Agriar, acedar | — Vi/p Agriarse, acidarse | *Caractère aigri*, carácter amargado *ou* agriado.
aigu, ë adj/m Agudo, a.
aigue-marine f Aguamarina.
aiguière [egjɛ:r] f Aguamanil *m*.
aiguill|age [egɥija:ʒ] m Agujas *fpl*, cambio de agujas | FIG. Orientación *f* || **~e** f Aguja | Aguja, manecilla (d'horloge) | Picacho *m* (montagne) | *Chercher une ~ dans une botte de foin*, buscar una aguja en un pajar | *Grande ~*, minutero | *Petite ~*, horario || **~ée** f Hebra || **~er** vt Cambiar las agujas para dirigir [un tren] | FIG. Encauzar, orientar || **~ette** f Agujeta, ceñidor *m* (cordon) | CULIN. Tajada delgada | — Pl. Cordones *m* || **~eur** m Guarda-agujas || **~ier** m Alfiletero, alfilerero || **~on** m Aguijón | Aguijada *f* [*Amér.*, picana] (de bouvier) || **~onner** vt Aguijonear [*Amér.*, picanear].
aiguis|age [eg(ɥ)iza:ʒ] ou **~ement** m Aguzamiento | Afilado, amolamiento (couteaux, etc) || **~er** vt Aguzar | Afilar, amolar (couteaux) | FIG. Aguzar || **~eur, euse** s Aguzador, a | Afilador, a; amolador, a (couteaux) || **~oir** m Afilador.
ail [a:j] m (pl *aulx* et *ails*) Ajo.
ail|e f Ala | Aspa (d'un moulin) | Aleta (auto, nez) | Extremo *m*, ala *m* (d'une équipe) | Pala, paleta, ala (hélice) | *À tire-d'~*, a todo vuelo | FIG. *Battre de l'~*, estar alicaído | *Battre des ~s*, aletear | FIG. *Prendre sous son ~*, acoger en su regazo, proteger || **~é, e** adj Alado, a || **~eron** m Alón (d'oiseau) | Aleta *f* (de poisson) | Alerón (d'avion) | Álabe (d'une roue) || **~ette** f Aleta || **~ier** m Extremo, ala (football, etc).
ailleurs [ajœ:r] adv En otra parte | *D'~*, por otra parte; por lo demás, además (en outre) | *Nulle part ~*, en ninguna otra parte.
ailloli [ajɔli] m Alioli, ajiaceite.
aim|able adj Amable || **~ant, e** adj Cariñoso, a.
aimant m Imán || **~ation** f Imantación, imanación || **~er** vt Imantar, imanar.
aimer vt Querer, amar | Gustar: *il aime la peinture*, le gusta la pintura | *~ autant*, darle a uno lo mismo (être indifférent), gustar lo mismo (plaire), preferir | *~ mieux*, preferir | *Qui aime bien châtie bien*, quien bien te quiere te hará llorar.
— OBSERV. Alors que le français emploie le verbe *aimer* dans le sens de *amar*, *querer* et *gustar*, l'espagnol réserve généralement le terme *amar* pour le style soutenu.
aine f ANAT. Ingle.
aîn|é, e adj/s Mayor, primogénito, a | *Il est mon ~ de trois ans*, es tres años mayor que yo | — Pl Mayores || **~esse** f Primogenitura.
ainsi adv Así | *~ de suite*, así sucesivamente | *~ que*, así como | *~ soit-il*, así sea (souhait), amén (prières) | *S'il en est ~*, si así es.
air m Aire (fluide, espace) | Aire (aspect) | Parecido (ressemblance) | Cara *f*, semblante (visage) | Apostura *f* (maintien) | MUS. Aire | *Au grand* ou *en plein ~*, al aire libre | *Avoir l'~ (de)*, parecer | *Changer d'~*, mudar de aires | *De l'~!*, ¡aire! | *Mettre tout en l'~*, revolverlo todo | *Prendre un ~ dégoûté*, poner cara de asco | *Regarder en l'~*, mirar hacia arriba | *Sans avoir l'~ de rien*, como si nada, como quien no quiere la cosa | *Se donner des ~s de*, dárselas de.
airain m Bronce.
air|e f Área (surface) | Aguilera (nid) | AGR. Era | FIG. Campo *m*, terreno *m* (domaine) | *~ d'atterrissage*, pista de aterrizaje || **~ée** f AGR. Parva.
airelle f BOT. Arándano *m*.
ais|ance f Facilidad | Soltura (parler) | Holgura (se mouvoir) | Desahogo *m*, holgura, acomodo *m* (vivre) || **~e** adj Contento, a: *être bien ~ de*, estar muy contento de | — F Gusto *m*: *être à son ~*, estar a gusto | — Pl Comodidad *sing* | *À l'~*, cómodo, a; a gusto | *À votre ~*, como usted guste | *Être mal à l'~*, estar molesto (gêné), estar indispuesto | *Se mettre à son ~*, ponerse cómodo | *Vivre à l'~*, vivir con acomodo *ou* desahogo || **~é, e** adj Fácil | Suelto, a (style) | Desahogado, a; acomodado (situation).
aisselle f Axila, sobaco *m* (fam.).
Aix-la-Chapelle npr Aquisgrán.
ajonc [aʒɔ̃] m BOT. Aulaga *f*.
ajourer vt Calar.
ajourn|able adj Aplazable || **~ement** m Aplazamiento | Suspenso (examen) | DR. Citación *f* || **~er** vt Aplazar | Suspender (assemblée, candidat) | DR. Citar, emplazar.
ajout m Añadido || **~é** m Añadido | Añadidura *f* (complément) || **~er** vt Añadir | Agregar (en parlant) | *~ foi*, dar crédito | — Vi Aumentar | — Vp Añadirse, sumarse.
ajust|age m Ajuste | Contraste (monnaies) || **~ement** m Ajuste, ajustamiento | Reajuste (adaptation) | Compostura *f* (ornement) || **~er** vt Ajustar

| Componer (parer) | Apuntar (viser) | Afinar (son tir) || **~eur** m Ajustador.
ajutage m Quemador (gaz, etc) | Alcachofa *f*, cebolla *f* (d'arrosoir).
akène m BOT. Aquenio.
alacrité f Alacridad, vivacidad.
alaise ou **alèse** f Hule *m*.
alambi|c m Alambique || **~quer** vt Alambicar.
alangu|i, e adj Lánguido, a || **~ir** vt Debilitar | — Vp Languidecer || **~issement** m Languidez *f*.
alarm|ant, e adj Alarmante || **~e** f Alarma || **~er** vt Alarmar || **~iste** adj/s Alarmista.
alaterne m BOT. Aladierna *f*.
albanais, e adj/s Albanés, esa.
Albanie nprf Albania.
albâtre m Alabastro.
albatros m ZOOL. Albatros.
alberge f Albérchigo *m*.
albigeois, e adj/s Albigense.
albin|isme m Albinismo || **~os** [albinos] adj/s Albino, a.
albugo m Albugo, nube *f* (des yeux) | Albugo, mentira *f* (des ongles).
album [albɔm] m Álbum.
albumen m Albumen.
albumin|e f Albúmina || **~iné, e** adj Albuminado, a || **~oïde** adj Albuminoideo, a | — M Albuminoide.
alcade m Alcalde.
alcal|i m CHIM. Álcali || **~imètre** m Alcalímetro || **~in, e** adj/m Alcalino, a || **~iniser** vt Alcalizar || **~inité** f Alcalinidad || **~ino-terreux** adjm/m Alcalinotérreo || **~oïde** adj Alcaloideo, a | — M Alcaloide.
alcarazas m Alcarraza *f*.
alcazar m Alcázar.
alchim|ie f Alquimia || **~iste** m Alquimista.
alcool m Alcohol || **~émie** f Alcoholemia || **~ique** adj/s Alcohólico, a || **~iser** vt Alcoholizar || **~isme** m Alcoholismo.
alcoomètre m Alcoholímetro.
alcootest ou **alcotest** m Alcohómetro.
alcôve f Recámara, trasalcoba | FIG. Alcoba.
alcyon m Alción.
aldéhyde m Aldehído.
aléa m Suerte *f* (chance) | Azar, riesgo | Incertidumbre *f* | *Les ~s du métier*, los gajes del oficio || **~toire** adj Aleatorio, a ; problemático, a.
alêne f Lezna.
alentour adv Alrededor, en torno | — Mpl Alrededores.
alert|e adj Vivo, a ; ágil, activo, a | — F Alerta | *~ aérienne*, alarma aérea | *Fausse ~*, falsa alarma | — Interj ¡Alerta! || **~er** vt Alertar, poner alerta.
alés|age m Escariado (d'un trou) | Calibrado, mandrilado | Calibre, diámetro interior || **~er** vt Escariar (un trou) | Calibrar, mandrilar (tube, cylindre) || **~euse** f Máquina de calibrar, mandriladora || **~oir** m Escariador (trou) | Calibrador, mandriladora *f* (tube, cylindre).
alevin [alvɛ̃] m Alevín || **~er** vt Poblar, repoblar.
Alexandre nprm Alejandro.
alexandrin, e adj/m Alejandrino, a.
alezan, e adj/s Alazán, ana.
alfa m Esparto, alfa (p. us.).
alfange f Alfanje.
algarade f Salida de tono, ex abrupto *m* | Agarrada (dispute).
algèbre f Álgebra.
algébrique adj Algébrico, a ; algebraico, a.
Alger npr Argel.
Algérie nprf Argelia.
algérien, enne adj/s Argelino, a.
algérois, e adj/s Argelino, a (d'Alger).
algid|e adj Álgido, a || **~ité** f Algidez, frialdad glacial.
algue f Alga.
alias adv Alias.
alibi m Coartada *f*: *fournir un ~*, presentar una coartada.
aliboron m FAM. Asno.
Alice nprf Alicia.
alién|able adj Alienable, enajenable || **~ant** adj Alienante || **~ation** f Alienación, enajenación || **~é, e** adj/s Alienado, a : loco, a || **~er** vt Alienar, enajenar | Trastornar, perturbar la razón | — Vp Enajenarse || **~iste** adj/s Alienista.
align|ement m Alineación *f* | *Non-~*, no alineamiento || **~er** vt Alinear, poner en fila | FIG. Ajustar.
aliment m Alimento | Pienso (pour animaux) || **~aire** adj Alimenticio, a || **~ation** f Alimentación | Abastecimiento *m* (approvisionnement) | *Magasin d'~*, tienda de comestibles || **~er** vt Alimentar (*de*, con) | Abastecer (approvisionner) | Mantener (conversation).
alinéa m Punto y aparte | Apartado (d'un paragraphe) | IMPR. Sangría *f*.
aliquote [alikɔt] adj Alícuota | — F Parte alícuota.
alisier m Aliso.
aliter vt Encamar, hacer guardar cama | *Être alité*, guardar cama | — Vp Guardar cama, encamarse.
alizé adj/m Alisio (vent).
Allah nprm Alá.
allait|ement m Lactancia *f*, crianza *f* || **~er** vt Amamantar, criar.
allant, e adj Activo, a | — M Actividad *f*, animación *f*.
allèch|ant, e adj Apetitoso, a | FIG. Atractivo, a ; atrayente (séduisant) tentador, a || **~er** vt Engolosinar | FIG. Atraer, seducir ; tentar.
allée f Alameda (rue) | Calle (jardin) | *~s et venues*, idas y venidas.

allégation f Alegación.
allège f Alféizar *m* (fenêtre) | Batea (wagon).
allégeance [al(l)eʒɑ̃:s] f Juramento (*m*) de fidelidad.
allégement m Aligeramiento, alivio (d'un poids) | FIG. Alivio, consuelo | Desgravación *f* (d'impôt).
alléger vt Aligerar, aliviar | Disminuir | FIG. Aliviar, calmar.
allégori|e f Alegoría || **~que** adj Alegórico, a.
allègre adj Alegre | Vivo, a; ágil.
allégresse f Alegría, júbilo *m*, alborozo *m*.
allégr|etto m MUS. Allegretto || **~o** m MUS. Allegro.
alléguer vt Alegar.
alléluia m Aleluya.
Allemagne nprf Alemania.
allemand, e adj/s Alemán, ana.
aller* vi Ir: *~ au Chili, en Espagne, en voiture, par bateau*, ir a Chile; a España, en coche, en barco; *je vais sortir*, voy a salir | Estar (santé) | Sentar (vêtement) | Pegar (s'accorder) | Convenir | Andar (fonctionner) | *~ de soi*, caer de su peso | FIG. *~ jusqu'à*, llegar hasta | *~ sur*, acercarse a (âge) | FAM. *Ça va comme ça!*, ¡basta! | *Comment ça va?*, ¿cómo está? | FIG. *Y ~*, obrar (agir), tratarse (s'agir) | FAM. *Y ~ fort*, exagerar | — Vp *S'en ~*, irse.
aller m Ida *f* | *Au pis ~*, en el peor de los casos | *Un pis-~*, un mal menor.
allergi|e f Alergia || **~que** adj Alérgico, a.
alliable adj Compatible.
alli|age m Aleación *f* | FIG. Mezcla *f* || **~ance** f Alianza | Enlace *m* (mariage) | Alianza, anillo (*m*) de boda (bague) | *Par ~*, político, a (parenté) || **~é, e** adj/s Aliado, a || **~er** vt Aliar, unir | TECH. Alear, ligar.
alligator m ZOOL. Aligátor.
allitération f Aliteración.
allô! interj ¡Oiga! (celui qui appelle), ¡dígame! !diga! (celui qui répond), !aló! [*Amér.*, !hola!] (au téléphone).
allocation f Asignación | Subsidio *m*: *~s familiales*, subsidios familiares | *~ de maternité*, prestación por maternidad.
allocution f Alocución.
allong|e f Larguero *m* (de bois) | Garabato *m* (crochet) | Añadidura, añadido *m* (ajout) || **~é, e** adj Largo, a || **~ement** m Alargamiento | Prolongación *f* | Dilación *f*, retardo || **~er** vt Alargar | Estirar | Diluir | Aclarar (sauce) | Aguar (vin) | FAM. Largar (coup) | — Vi Crecer, alargarse | — Vp Alargarse | Echarse (s'étendre) | *Sa mine s'allongea*, puso cara larga.
allopathie f Alopatía.
allotropie f Alotropía.
allou|able adj Abonable || **~er** vt Conceder, asignar.
allum|age m Encendido || **~e-feu** m inv Astilla (*f*) para encender || **~e-gaz** m inv Encendedor || **~er** vt Encender | Provocar (incendie) || **~ette** f Cerilla | Fósforo *m* (bois, carton) | *~ soufrée*, pajuela || **~ettier, ère** adj/s Fosforero, a || **~eur, euse** s Encendedor, a | — M Explosivo | *~ de réverbères*, farolero | — F FAM. Mujer de gancho.
allure f Paso *m* | FIG. Aspecto *m* | Garbo *m* (prestance), facha, traza (apparence), cariz *m*, giro *m* (tournure), ritmo *m*, paso *m*, marcha | MÉC. Marcha | FAM. *À toute ~*, a toda marcha, a todo gas.
allus|if, ive adj Alusivo, a || **~ion** f Alusión | *Faire ~*, aludir, hacer referencia.
alluv|ial, e adj Aluvial || **~ion** f Aluvión *m*.
almanach [almana] m Almanaque.
aloès [alɔɛs] m Áloe (plante) | Acíbar, áloe (résine).
aloi m Ley *f* | FIG. Ley *f*, valor.
alopécie f Alopecia.
alors adv Entonces | En tal caso | *~ que*, cuando | *Et ~?*, ¿y qué?
alouette f Alondra (oiseau).
alourd|ir vt Volver *ou* hacer pesado | Agravar (d'impôts) | FIG. Entorpecer | — Vp Ponerse pesado || **~issement** m Peso, pesadez *f* | FIG. Entorpecimiento.
aloyage [alwaja:ʒ] m Aquilatamiento.
aloyau [alwajo] m Solomillo (viande).
aloyer [alwaje] vt Aquilatar.
alpaga m Alpaca *f*.
alpage m Pasto en la montaña.
Alpes nprfpl Alpes *m*.
alpestre adj Alpestre.
alpha m Alfa *f*.
alphab|et m Alfabeto || **~étique** adj Alfabético, a || **~étisation** f Alfabetización || **~étiser** vt Alfabetizar.
Alphonse nprm Alfonso.
alpin, ~e adj Alpino, a || **~isme** m Alpinismo, montañismo || **~iste** s Alpinista, montañista.
Alsace nprf Alsacia.
alsacien, enne adj/s Alsaciano, a.
altér|abilité f Alterabilidad || **~able** adj Alterable || **~ation** f Alteración | Falsificación (monnaie) | Adulteración (produit) | Sed excesiva (soif).
altercation f Altercado *m*.
altérer vt Alterar | Falsificar (monnaie) | Adulterar (produit) | Demudar (visage) | Excitar la sed.
altern|ance f Alternación | BIOL. Alternancia || **~ateur** m ÉLEC. Alternador || **~atif, ive** adj Alternativo, a | Alterno, a; alternativo, a (courant)

| — F Alternación (succession) | Alternativa, opción, disyuntiva || **~e** adj Alterno, a || **~er** vt/i Alternar.
altesse f Alteza.
altier, ère adj Altivo, a; altanero, a.
alt|imètre m Altímetro || **~itude** f Altitud (d'une montagne) | Altura (d'une ville) || **~o** m Viola *f* (instrument à cordes) | Trombón, alto (instrument à vent) | Contralto (voix).
altruis|me m Altruismo || **~te** adj/s Altruista.
alumin|e f Alúmina || **~ium** [alyminjɔm] m Aluminio.
alun [alœ̃] m Alumbre, jebe (p. us.) || **~age** m Enjebe || **~er** vt Enjebar, alumbrar (p. us.).
alun|ir vi Alunizar || **~issage** m Alunizaje.
alvéol|aire adj Alveolar || **~e** m Alveolo | Celdilla *f* (d'abeille).
amabilité f Amabilidad.
amadou m Yesca *f* || **~er** vt Engatusar, ablandar || **~vier** m Hongo yesquero.
amaigr|ir vt Enflaquecer || **~issement** m Adelgazamiento | Enmagrecimiento (du charbon).
amalgam|e m Amalgama *f* || **~er** vt Amalgamar.
amand|aie [amɑ̃dɛ] f Almendral *m* || **~e** f Almendra: **~** *pralinée*, almendra garapiñada | **~** *verte*, almendruco | *En* **~**, almendrado, a (en forme d'amande), rasgado, a (yeux) | *Pâte d'***~***s*, almendrado || **~ier** m Almendro.
amanite f Amanita (champignon).
amant, e s Amante.
amarante f Amaranto *m* | — Adj De color de amaranto.
amarr|age m Amarre, amarradura *f* || **~e** f Amarra || **~er** vt Amarrar.
amas [ama] m Montón, pila *f* | ASTR. Enjambre || **~ser** vt Amontonar | Atesorar (argent).
amateur adj/s Aficionado, a | Amante (qui apprécie) | Persona (*f*) dispuesta a comprar | *En* **~**, por afición. — OBSERV. *Amateur* no tiene forma femenina.
amazone f Amazona.
Amazone nprf Amazonas *m*.
amazonien, enne adj Amazónico, a.
ambages fpl Ambages *m*.
ambassad|e f Embajada || **~ eur, rice** s Embajador, a.
ambi|ance f Ambiente *m* | *Créer l'***~**, ambientar | *Mettre de l'***~**, animar || **~ant, e** adj Ambiente.
ambidextre adj/s Ambidextro, a.
ambigu, ~ë Ambiguo, a | — M Ambigú || **~ïté** f Ambigüedad.
ambiti|eux, euse adj/s Ambicioso, a | Pretencioso, a; rebuscado, a || **~on** f Ambición || **~onner** vt Ambicionar, codiciar.
ambival|ence f Ambivalencia || **~ent, e** adj Ambivalente.
ambl|e m Portante, ambladura *f* || **~er** vi Amblar.
ambon m Ambón.
ambre m Ámbar | FIG. *Fin comme l'***~**, fino como un coral.
ambroisie f Ambrosía.
ambul|ance f Ambulancia || **~ancier, ère** s Ambulanciero, a; enfermero de una ambulancia. || **~ant, e** adj Ambulante | *Bureau* **~**, ambulancia de correos | *Vente* **~**, venta ambulante *ou* callejera || **~atoire** adj Ambulatorio, a.
âme f Alma | Espíritu *m* : *force, grandeur d'***~**, firmeza, grandeza de espíritu | **~** *du purgatoire*, alma del purgatorio, ánima [bendita] | **~** *sœur*, alma gemela | FIG. *Avoir l'***~** *chevillée au corps*, tener siete vidas como los gatos | *Être l'***~** *damnée de qqn*, ser el instrumento ciego de uno | *Rendre l'***~**, exhalar el último suspiro.
amélior|able adj Mejorable || **~ation** f Mejoramiento *m*, mejora | Mejoría (malade, conduite) | Perfeccionamiento *m* || **~er** vt Mejorar | Perfeccionar | — Vp Mejorar(se).
aménag|eable [amenaʒabl] adj Aprovechable || **~ement** m Disposición *f*, arreglo | Instalación *f* | Acondicionamiento (mise en état) | Aprovechamiento (mise en valeur) | Fomento, ordenación *f* : **~** *du territoire*, fomento de los recursos de un país; **~** *rural*, ordenación rural | Adecuación *f* (adaptation) | Habilitación *f* : **~** *d'un château en musée*, habilitación de un palacio para museo | Urbanización *f* || **~er** vt Disponer, arreglar | Acondicionar (mettre en état) | Habilitar | Parcelar (forêt) | Urbanizar | Hacer la ordenación, fomentar (le territoire) | Aprovechar (mettre en valeur).
amend|able adj Enmendable | Abonable (terres) || **~e** f Multa | *Faire* **~** *honorable*, pedir perdón || **~ement** m Enmienda *f* | AGR. Abono || **~er** vt Enmendar | AGR. Abonar, enmendar.
amène adj Ameno, a; agradable.
amen|ée f Traída || **~er** vt Traer | Ocasionar | Inducir (inciter) | DR. Conducir, hacer comparecer | MAR. Arriar (pavillon), amainar (voile) | — Vp FAM. Presentarse, venir.
aménité f Amabilidad, atención | Lo agradable *m* (d'un endroit).
amenuiser vt Adelgazar (amincir) | Rebajar (réduire) | Mermar (diminuer).
amer, ère [amɛ:r] adj Amargo, a.
améric|ain, e adj/s Americano, a || **~anisation** f Americanización || **~aniser** vt Americanizar || **~anisme** m Americanismo || **~aniste** s Americanista.

Amérique nprf América.
amerr|ir vi Amarar, amerizar ‖ **~issage** m Amaraje.
amertume f Amargura, amargor *m.*
améthyste f Amatista.
ameubl|ement m Mobiliario, mueblaje | *Magasin d'~,* tienda de muebles ‖ **~ir** vt AGR. Mullir | DR. Convertir en bienes muebles ‖ **~issement** m AGR. Mullidura *f* | DR. Conversión (*f*) en bienes muebles.
ameut|ement m Amotinamiento | Alboroto (agitation) ‖ **~er** vt Amotinar | Alborotar (troubler) | Reunir en jauría (chiens).
ami, ~e adj/s Amigo, a | Amante ‖ **~able** adj Amistoso, a | Amigable : *~ compositeur,* amigable componedor | *À l'~,* amistoso, a (arrangement), amigablemente, amistosamente.
amiante m Amianto.
amibe f Ameba.
amical, e adj Amistoso, a | — F Sociedad, asociación, peña.
amict [ami] m REL. Amito.
amide m CHIM. Amida *f.*
amidon m Almidón ‖ **~nage** m Almidonado ‖ **~ner** vt Almidonar.
aminc|ir vt Adelgazar, afilar ‖ **~issement** m Adelgazamiento.
amin|e f Amina ‖ **~é, e** adj Aminado, a
amir|al, e s Almirante, a ‖ **~alat** m ou **~auté** f Almirantazgo *m.*
amitié f Amistad | Cariño *m* : *prendre en ~,* cobrar cariño a | Favor *m* (service) | — Pl Expresiones, recuerdos *m,* memorias (lettre) | Atenciones, amabilidades (gentillesses).
ammoni|ac, aque adj Amoniaco, a ‖ **~acal, e** adj Amoniacal ‖ **~aque** f Amoniaco *m.*
ammonite f Amonita (fossile).
amnés|ie f MÉD. Amnesia ‖ **~ique** adj/s Amnésico, a.
amnisti|e f Amnistía ‖ **~é, e** adj/s Amnistiado, a ‖ **~er** vt Amnistiar.
amocher vt FAM. Estropear (abîmer), desgraciar (estropier).
amodi|ataire s Arrendatario, a ‖ **~ation** f Arrendamiento *m* ‖ **~er** vt Arrendar.
amoindr|ir [amwɛ̃dri:r] vt Aminorar, amenguar, menoscabar (diminuer) | Empequeñecer, disminuir (rapetisser) ‖ **~issement** m Aminoración *f,* disminución *f.*
amoll|ir vt Ablandar | FIG. Aplanar (abattre), debilitar (affaiblir), aplacar (apaiser) ‖ **~issant, e** adj Debilitante ‖ **~issement** m Ablandamiento | FIG. Aplanamiento, debilitación *f.*
amoncel|er vt Amontonar ‖ **~lement** m Amontonamiento | Montón (tas).
amont m Río arriba | *En ~,* río arriba | *En ~ de,* más arriba de.
amoral, e adj Amoral ‖ **~ité** f Amoralidad.
amorçage m Cebadura *f,* cebo.
amorc|e f Cebo *m* (appât) | Fulminante *m,* mixto *m* (cartouche, mine) | FIG. Principio *m,* comienzo *m,* aliciente *m,* incentivo *m* (stimulant) ‖ **~er** vt Cebar | FIG. Iniciar, comenzar (travail), entablar (conversation), atraer, seducir.
amorphe adj Amorfo, a.
amort|i m Pelota (*f*) cortada, dejada *f* (tennis) ‖ **~ir** vt Amortiguar (bruit) | Amortizar (dette, dépense) | Ablandar (attendrir) | Mitigar (une peine) ‖ **~issable** adj Amortizable ‖ **~issement** m Amortiguacion *f,* amortiguamiento | Amortización *f* (dépense) ‖ **~isseur** m Amortiguador.
amour m Amor | Cariño, afecto (affection) | — Pl Amorcillos | *C'est un ~,* es un encanto *ou* un sol | *Un ~ de,* un encanto de ‖ **~acher (s')** vp Enamoriscarse, encapricharse ‖ **~ette** f Amorío *m,* amor (*m*) pasajero | BOT. Tembladora ‖ **~eux, euse** adj Amoroso, a | — Adj/s Enamorado, a | Amante ‖ **~-propre** m Amor propio.
amovible adj Amovible.
ampérage m Amperaje.
ampère m Amperio ‖ **~-heure** m Amperio hora ‖ **~mètre** m Amperímetro.
amphibi|e adj/m Anfibio, a ‖ **~ens** mpl Anfibios.
amphibologie f Anfibología.
amphigouri m Guirigay ‖ **~que** adj Confuso, a; ininteligible.
amphithéâtre m Anfiteatro | Aula *f* (université) : *grand ~,* aula magna.
amphitryon m Anfitrión.
amphore f Ánfora.
ampl|e adj Amplio, a | Holgado, a (vêtement) ‖ **~eur** f Amplitud | Holgura (en confection) | Anchura (pantalon) | Vuelo *m* (jupe) | FIG. Importancia, amplitud ‖ **~iation** f Ampliación | Duplicado *m* | Copia legalizada.
amplifi|cateur, trice adj/m Amplificador, a ‖ **~cation** f Amplificación, ampliación, desarrollo *m* | PHYS. Aumento *m,* amplificación ‖ **~er** vt Amplificar, ampliar | Exagerar.
amplitude f Amplitud.
ampoul|e f Ampolla | Bombilla (électrique) ‖ **~é, e** adj Ampuloso, a.
amput|ation f Amputación | FIG. Reducción ‖ **~ er** vt Amputar.
amulette f Amuleto *m.*
amunitionn|ement m Municionamiento, amunicionamiento ‖ **~er** vt Municionar, amunicionar.
amure f MAR. Amura.
amus|ant, e adj Divertido, a ‖ **~egueule** m Tapa *f* ‖ **~ement** m Entretenimiento ‖ **~er** vt Entretener

| Divertir | Distraer, divertir (distraire) | Embaucar (tromper) | — Vp Entretenerse | Divertirse | *~ de qqn*, burlarse de uno ‖ **~ette** f Distracción, juguete *m*.
amygdal|e [amigdal] f Amígdala. ‖ **~ite** f Amigdalitis.
an m Año | *Bon ~, mal ~*, un año con otro | *Nouvel ~*, Año Nuevo | FIG. *Je m'en moque comme de l'~ quarante*, me importa un pito *ou* un bledo.
anabaptiste adj/s Anabaptista.
anabase f Anábasis.
anacard|e m Anacardo (fruto) ‖ **~ier** m Anacardo (árbol).
ana|chorète [anakɔrɛt] m Anacoreta ‖ **~chronique** adj Anacrónico, a ‖ **~chronisme** m Anacronismo ‖ **~coluthe** [anakɔlyt] f Anacoluto *m* ‖ **~conda** m Anaconda *f* ‖ **~érobie** adj/m Anaerobio, a ‖ **~gramme** f Anagrama *m*.
anal, e adj ANAT. Anal.
analectes mpl Analectas *f*.
analgési|e f Analgesia ‖ **~que** adj/m Analgésico, a.
analog|ie f Analogía ‖ **~ique** adj Analógico, a ‖ **~ue** adj Análogo, a.
analphab|ète adj/s Analfabeto, a ‖ **~étisme** m Analfabetismo.
analy|se f Análisis *m* | Examen *m* ‖ **~ser** vt Analizar ‖ **~ste** adj/s Analista ‖ **~tique** adj Analítico, a.
ananas m Piña *f*, ananás.
anarch|ie f Anarquía ‖ **~ique** adj Anárquico, a ‖ **~isme** m Anarquismo ‖ **~iste** adj/s Anarquista.
anastigmat [anastigmat] ou **anastigmatique** adj/m Anastigmático, a.
anastomose f Anastomosis.
anath|ématiser vt Anatemizar ‖ **~ème** adj/m Anatema.
anatife m Percebe, anatife.
anatomi|e f Anatomía ‖ **~que** adj Anatómico, a ‖ **~ste** s Anatomista, anatómico, a.
ancestral, e adj Ancestral.
ancêtre m Antepasado, antecesor | FIG. Precursor.
anche f MUS. Lengüeta.
anchois m Boquerón | Anchoa *f* (en boîte).
ancien, ~enne adj Antiguo, a | Ex, antiguo, a : *~ combattant*, ex combatiente | Viejo, a (vieux) | — S Anciano, a (vieillard) | Antiguo, a (de l'Antiquité, d'une école) | Viejo, a : *Pline l'~*, Plinio el Viejo ‖ **~neté** f Antigüedad.
ancr|age m Ancladero, anclaje, fondeadero (mouillage) | Anclaje (redevance) | CONSTR. Anclaje ‖ **~e** f Ancla, áncora (p. us.) | TECH. Áncora | *A l'~*, anclado, a | *Lever l'~*, levar anclas ‖ **~er** vt/i Anclar, echar el ancla | FIG. Aferrar, afianzar | — Vp FIG. Anclarse, echar raíces.
andalou, se adj/s Andaluz, a.
Andalousie nprf Andalucía.
andante adj/m MUS. Andante.
Andes [ɑ̃:d] nprfpl Andes *m*.
andésite f Andesita.
andin, e adj/s Andino, a.
andorran, e adj/s Andorrano, a.
Andorre nprf Andorra.
andouill|e [ɑ̃duj] f Embutido (*m*) francés | FAM. Imbécil *m*, cernícalo *m* ‖ **~er** m Mogote, cornamenta *f* ‖ **~ette** f Embutido (*m*) francés.
André nprm Andrés.
Andrée nprf Andrea.
androcée m BOT. Androceo.
androgyne adj/s Andrógino, a.
âne m Asno, burro, borrico | *~ bâté*, borrico, burro, acémila | FIG. *Faire l'~ pour avoir du son*, hacerse el tonto.
anéant|ir vt Aniquilar | FIG. Anonadar ‖ **~issement** m Aniquilamiento | FIG. Anonadamiento, abatimiento.
anecdot|e f Anécdota ‖ **~ique** adj Anecdótico, a.
aném|ie f Anemia ‖ **~ié, e** adj Anémico, a ‖ **~ier** vt Volver anémico ‖ **~ique** adj/s Anémico, a.
anémomètre m Anemómetro.
anémone f BOT. Anémona.
âne|rie f FAM. Burrada, gansada ‖ **~sse** f Asna, burra, borrica.
anesthési|ant, e ou **~que** adj/m Anestésico, a ‖ **~e** f Anestesia ‖ **~er** vt Anestesiar ‖ **~ste** s Anestesista.
anévrisme m MÉD. Aneurisma.
anfractuosité [ɑ̃fraktɥozite] f Cavidad, agujero *m* | ANAT. Anfractuosidad.
ange m Ángel : *~ déchu, gardien*, angel caído, de la guarda | FIG. *Beau comme un ~*, guapo como un sol | *Être aux ~s*, estar en la gloria | *Rire aux ~s*, reir como un bendito.
angélique adj Angélico, a | FIG. Angelical.
angelot m Angelote.
angélus m Ángelus.
angine f MÉD. Angina.
angiospermes fpl BOT. Angiospermas.
anglais, e adj/s Inglés, esa | FAM. *Filer à l'anglaise*, despedirse a la francesa | — Fpl Tirabuzones *m* (cheveux).
angle m Ángulo | Esquina *f* (de la rue) | FIG. *Arrondir les ~s*, limar asperezas | *Sous l'~ de*, desde el punto de vista de.
Angleterre nprf Inglaterra.
anglican, e adj/s Anglicano, a ‖ **~isme** m Anglicanismo.
anglic|isme m Anglicismo ‖ **~iste** adj/s Anglicista.
anglo|-normand, e adj/s Anglo-normando, a ‖ **~phile** adj/s Anglófilo, a

|| **~phobe** adj/s Anglófobo, a || **~-saxon, onne** adj/s Anglosajón, ona.
angoiss|ant, e adj Angustioso, a || **~e** f Angustia | Congoja (inquiétude) || **~er** vt Angustiar, acongojar.
angora adj De Angora.
angström m Angström (unité).
anguille [ɑ̃gij] f Anguila | ~ *de mer,* congrio | FIG. *Il y a ~ sous roche,* hay gato encerrado.
angul|aire adj Angular || **~eux, euse** adj Anguloso, a | FIG. Esquinado, a (caractère).
anhél|ation f Anhelación || **~er** vi Anhelar.
anhydr|e adj Anhidro, a || **~ide** m Anhídrido.
anicroche f Tropiezo *m* (accroc), obstáculo *m* | FAM. Pega, engorro *m.*
ânier m Arriero de borricos.
aniline f CHIM. Anilina.
animadversion f Animadversión.
animal m Animal || **~cule** m Animálculo || **~ier** adj/s Animalista (sculpteur, etc) || **~iser** vt Animalizar || **~ité** f Animalidad.
anim|ateur, trice adj/s Animador, a || **~ation** f Animación || **~er** vt Animar || **~isme** m Animismo || **~osité** f Animosidad.
anion m PHYS. Anión.
anis m Anís || **~er** vt Anisar || **~ette** f Anisete *m.*
ankylos|e f Anquilosis | FIG. Anquilosamiento *m* || **~er** vt Anquilosar.
annal|es fpl Anales *m* || **~iste** s Analista || **~ité** f Anualidad.
anneau [ano] m Anillo | Argolla *f* (pour attacher) | Anilla *f* (rideau, oiseau) | Eslabón (chaîne) | — Pl Anillas *f* (gymnastique).
année f Año *m* | ~ *de lumière,* año de luz | *Souhaiter la bonne ~,* felicitar por Año Nuevo.
annel|é, e adj/m Anillado, a || **~et** m Anillejo | ARCH. Collarino.
annélides fpl Anélidos *m.*
annex|e adj Anejo, a | Adjunto, a (joint) | — F Anexo *m,* dependencia (d'un hôtel) | Anejo *m* (d'une église) || **~er** vt Anexar, anexionar | Adjuntar (joindre) || **~ion** f Anexión || **~ionnisme** m Anexionismo.
annihil|ation f Aniquilamiento *m,* aniquilación || **~er** vt Aniquilar | DR. Anular.
anniversaire adj/m Aniversario, a | — M Cumpleaños (de qqn) | Aniversario (d'un événement).
annona m V. ANNONE.
annonc|e f Anuncio *m* | Noticia (nouvelle) | Aviso *m,* información | Acuse *m* (jeux), declaración (bridge) | *Petites ~s,* anuncios por palabras || **~er** vt Anunciar | Acusar, cantar (jeux) | Predicar (l'Évangile) | FIG. Ser signo de, pronosticar | — Vp Anunciarse | *Cela s'annonce bien,* se presenta bien, es prometedor | *Se faire ~,* dar su nombre para ser recibido || **~eur** m Anunciador, anunciante | Locutor (de radio) || **~iateur, trice** adj Anunciante, anunciador, a || **~iation** f Anunciación.
annot|ateur, trice s Anotador, a || **~ation** f Anotación || **~er** vt Anotar (faire des remarques).
annu|aire [anɥɛ:r] m Anuario | Anuario, guía (*f*) de teléfonos || **~alité** f Anualidad || **~el, elle** adj Anual || **~ité** f Anualidad.
annul|aire adj/m Anular || **~ation** f Anulación || **~er** vt Anular.
anobl|ir vt Ennoblecer | — Vp Comprar un título de nobleza || **~issement** m Ennoblecimiento.
anode f PHYS. Ánodo *m.*
anodin, e adj Anodino, a.
anomal, ~e adj Anómalo, a || **~ie** f Anomalía.
ânon m Rucho, borriquillo || **~ner** vt/i Balbucear, leer torpemente.
anone f BOT. Anona.
anonym|at m Anónimo, anonimato || **~e** adj/m Anónimo, a.
anophèle m Anofeles.
anorak m Anorak.
anorexie f Anorexia.
anormal, e adj/s Anormal.
anse f Asa | MAR. Ensenada | GÉOM. ~ *de panier,* arco carpanel | FAM. *Faire danser l'~ du panier,* sisar.
antagon|ique adj Antagónico, a || **~isme** m Antagonismo || **~iste** adj/s Antagonista.
antan m El año anterior | *D'~,* de antaño.
Antarctide nprf Antártida.
antarctique adj Antártico, a.
antécédent, e adj/m Antecedente.
antéchrist m Anticristo.
antédiluvien, enne adj Antediluviano, a.
antenne f Antena | *Donner l'~ à un correspondant de radio,* conectar con un corresponsal de radio.
antépénultième adj/f Antepenúltimo, a.
antéri|eur, e adj/m Anterior || **~orité** f Anterioridad.
anthère f BOT. Antera.
anthologie f Antología.
anthra|cène m Antraceno || **~cite** m Antracita *f* | — Adj Antracita (couleur gris foncé).
anthrax [ɑ̃traks] m MÉD. Ántrax.
anthropo|logie f Antropología || **~logue** m Antropólogo || **~métrie** f Antropometría || **~métrique** adj Antropométrico, a || **~phage** adj/s Antropófago, a || **~phagie** f Antropofagia || **~pithèque** m Antropopiteco.

anti|aérien, enne adj/s Antiaéreo, a ‖ **~alcoolique** adj Antialcohólico, a ‖ **~atomique** adj Antiatómico, a ‖ **~biotique** m MÉD. Antibiótico ‖ **~brouillard** adj Antiniebla ‖ **~chambre** f Antecámara | *Faire ~*, hacer antesala ‖ **~char** adj Contracarro, antitanque ‖ **~chrèse** [ãtikrɛ:z] f DR. Anticresis.
anticip|ation f Anticipación | Anticipo *m* (avance) | DR. Usurpación | *Par ~*, con anticipación, por adelantado ‖ **~er** vt/i Anticipar.
anti|clérical, e adj/s Anticlerical ‖ **~cléricalisme** m Anticlericalismo ‖ **~colonialisme** m Anticolonialismo ‖ **~communiste** adj/s Anticomunista ‖ **~conceptionnel, elle** adj Anticonceptivo, a ; anticoncepcional | — M Anticonceptivo ‖ **~constitutionnel, elle** adj Anticonstitucional ‖ **~corps** m BIOL. Anticuerpo ‖ **~cyclone** m Anticiclón ‖ **~date** f Antedata ‖ **~dater** vt Antedatar ‖ **~dérapant, e** adj/m Antideslizante ‖ **~détonant, e** adj/m Antidetonante ‖ **~dote** m Antídoto.
antienne [ãtjɛn] f Antífona | FAM. Cantinela, estribillo *m*.
anti|gel m Anticongelante ‖ **~gène** m BIOL. Antígeno ‖ **~gouvernemental, e** adj Antigubernamental ‖ **~hygiénique** adj Antihigiénico, a ‖ **~-impérialisme** m Antiimperialismo.
antillais, e adj/s Antillano, a.
Antilles [ãtij] nprfpl Antillas.
antilope f Antílope *m*.
anti|militarisme m Antimilitarismo ‖ **~militariste** adj/s Antimilitarista. ‖ **~mites** adj/m inv Matapolillas ‖ **~moine** m Antimonio ‖ **~monarchique** adj Antimonárquico, a ‖ **~nomie** f Antinomia ‖ **~nomique** adj Antinómico, a ‖ **~pape** m Antipapa ‖ **~parasite** adj/m Antiparásito, a ‖ **~pathie** f Antipatía ‖ **~pathique** adj Antipático, a ‖ **~pode** m Antípoda | — Pl Antípodas *f* (terres) ‖ **~pyrétique** adj/m Antipirético, a ‖ **~pyrine** f Antipirina.
antiqu|aille [ãtikɑ:j] f Antigualla ‖ **~aire** m Anticuario ‖ **~e** adj Antiguo, a | Anticuado, a (vieilli) | — M Lo antiguo ‖ **~ité** f Antigüedad.
anti|rabique adj Antirrábico, a ‖ **~radar** adj Antirradar, contrarradar ‖ **~républicain, e** adj/s Antirrepublicano, a ‖ **~révolutionnaire** adj/s Antirrevolucionario, a ‖ **~rouille** adj/m TECH. Antioxidante ‖ **~sèche** f FAM. Chuleta ‖ **~sémite** adj/s Antisemita ‖ **~sémitisme** m Antisemitismo ‖ **~sepsie** f Antisepsia ‖ **~septique** adj/m Antiséptico, a ‖ **~social, e** adj Antisocial ‖ **~spasmodique** adj/m Antiespamódico, a ‖ **~terrorisme** m Antiterrorismo ‖ **~tétanique** adj Antitetánico, a ‖ **~thèse** f Antítesis ‖ **~thétique** adj Antitético, a ‖ **~toxine** f Antitoxina ‖ **~tuberculeux, euse** adj Antituberculoso, a ‖ **~virus** m Contravirus ‖ **~vol** adj Contra el robo | *Serrure ~*, cerradura antirrobo | — M Dispositivo de seguridad contra el robo, antirrobo.
Antoine nprm Antonio.
Antoinette nprf Antonia.
antonomase f Antonomasia.
antonym|e m Antónimo ‖ **~ie** f Antonimia.
antre m Antro.
anurie ou **anurèse** f Anuria.
anus [anys] m ANAT. Ano.
Anvers npr Amberes.
anversois, e adj/s Antuerpiense.
anxi|été [ãksjete] f Ansiedad ‖ **~eux, euse** adj Ansioso, a ; inquieto, a.
aoriste m GRAM. Aoristo.
aort|e f ANAT. Aorta ‖ **~ite** f MÉD. Aortitis.
août [u] m Agosto : *le 15 ~ 1928*, el 15 de agosto de 1928.
aoûtat [auta] m Ácaro (insecte).
apache m Apache.
apais|ement m Apaciguamiento, aplacamiento, sosiego ‖ **~er** vt Apaciguar (ramener la paix) | Sosegar, tranquilizar | Aplacar (colère) | Templar (tempérer) | Calmar | Aplacar, apagar (faim, soif) | Amainar (éléments).
apanage m Infantado, infantazgo | FIG. Patrimonio, atributo.
aparté m Aparte (théâtre).
apath|ie [apati] f Apatía ‖ **~ique** adj/s Apático, a.
apatride adj/s Apátrida.
Apennins nprmpl Apeninos.
apercev|able adj Perceptible ‖ **~oir*** vt Percibir, columbrar | Divisar (au loin) | Ver (voir) | — Vp FIG. Advertir, reparar en.
aperçu m Ojeada *f* (coup d'œil) | Idea (*f*) general, apreciación (*f*) superficial | Resumen, compendio.
apéritif, ive adj/m Aperitivo, a.
apesanteur f Ingravidez.
apétale adj BOT. Apétalo, a.
à-peu-près m Aproximación *f*.
apeurer vt Amedrentar.
aphasie f MÉD. Afasia.
aphélie m ASTR. Afelio.
aphérèse f Aféresis.
aphidiens mpl Afidios (insectes).
aphon|e adj Afónico, a ; áfono, a ‖ **~ie** f Afonía.
aphorisme m Aforismo.
aphrodisiaque adj/m Afrodisiaco, a.
apht|e m MÉD. Afta *f* ‖ **~eux, euse** adj Aftoso, a.
api|cole adj Apícola ‖ **~culteur, trice** s Apicultor, a ‖ **~culture** f Apicultura.

apito|iement [apitwamɑ̃] m Conmiseración *f*, lástima *f* ‖ **~yer** vt Apiadar | Dar lástima (faire pitié) | — Vp Apiadarse (*sur*, de) | Tener lástima (avoir pitié).
aplan|ir vt Allanar, aplanar | FIG. Allanar ‖ **~issement** m Allanamiento, aplanamiento | Nivelación *f*, explanación *f* (terrain) | FIG. Allanamiento.
aplat|ir vt Aplastar (écraser) | Aplanar (rendre plat) | Achatar (nez) | — Vp FIG. Extenderse, echarse: ~ *par terre*, echarse al suelo | FAM. Rebajarse (s'abaisser) ‖ **~issement** m Aplanamiento, aplastamiento | Achatamiento: ~ *des pôles*, achatamiento de los polos | FAM. Rebajamiento.
aplomb [aplɔ̃] m Verticalidad *f*, aplomo | Equilibrio, estabilidad *f* | FIG. Aplomo, seguridad *f*; desfachatez *f*, descaro (effronterie) | — Pl Aplomos | *D'~*, a plomo | FIG. *Remettre qqn d'~*, poner a uno como nuevo.
apocalyp|se f Apocalipsis ‖ **~tique** adj Apocalíptico, a.
apocope f Apócope.
apocryphe adj Apócrifo, a | — M Documento apócrifo.
apode adj/m ZOOL. Ápodo, a.
apogée m Apogeo.
apolitique adj Apolítico, a.
Apollon nprm Apolo.
apolog|étique adj/f Apologético, a ‖ **~ie** f Apología ‖ **~iste** m Apologista ‖ **~ue** m Apólogo.
apo|physe f ANAT. Apófisis ‖ **~plectique** adj/s Apoplético, a ‖ **~plexie** f Apoplejía.
apostasi|e f Apostasía ‖ **~er** vi/t Apostatar.
apostat, e adj/s Apóstata.
apostill|e f Apostilla ‖ **~er** vt Apostillar.
apostol|at m Apostolado ‖ **~ique** adj Apostólico, a.
apostroph|e f Apóstrofe *m* | GRAM. Apóstrofo *m* / FAM. Dicterio *m*, apóstrofe *m* ‖ **~er** vt Apostrofar | Increpar (réprimander).
apothème m GÉOM. Apotema *f*.
apothéose f Apoteosis.
apothicaire m Boticario.
apôtre m Apóstol.
Appalaches nprfpl Apalaches *m*.
apparaître* vi Aparecer | FIG. Aparecerse, manifestarse, parecer (sembler) | *Faire ~*, poner de manifiesto (révéler), arrojar (montrer) | *Il apparaît que*, resulta que.
apparat m Aparato, pompa *f*: *en grand ~*, con gran pompa | Gala *f*, etiqueta *f* (costume, dîner).
appareil [aparɛj] m Aparato | ARCH. Aparejo | FIG. Atavío, indumentaria *f* | ~ *administratif*, maquinaria administrativa | ~ *de photographie*, máquina fotográfica | ~ *de prises de vues*, tomavistas | FAM. *Dans le plus simple ~*, en cueros.
appareill|age [aparɛja:ʒ] m MAR. Salida *f* (départ), maniobra (*f*) de salida (manœuvre) ‖ **~ement** m Emparejamiento ‖ **~er** vt Emparejar (choses, animaux) | ARCH. Aparejar | — Vi MAR. Hacerse a la mar, zarpar ‖ **~eur** m ARCH. Aparejador.
appar|emment [aparamɑ̃] adv Aparentemente, al parecer ‖ **~ence** f Apariencia, aspecto *m* | *Juger sur les ~s*, juzgar por las apariencias | *Sauver les ~s*, guardar las apariencias | *Se fier aux ~s*, guardar las apariencias ‖ **~ent, e** adj Aparente ‖ **~enter** Emparentar (*à*, con) | — Vp FIG. Unirse, agruparse (élection).
appari|ement [aparimɑ̃] m Apareamiento ‖ **~er** vt Aparear, parear | Emparejar.
apparit|eur m Bedel (faculté) | Ordenanza (administration) ‖ **~ion** f Aparición.
apparoir* vimp Constar, resultar.
appartement m Piso, apartamento [*Amér.*, departamento] | ~ *témoin*, piso de muestra *ou* piloto.
apparten|ance f Pertenencia, propiedad | Adhesión (à un parti) | — Pl Pertenencias, dependencias ‖ **~ant, e** adj Perteneciente ‖ **~ir*** vi Pertenecer | FIG. Ser propio de | — Vimp Incumbir, corresponder | *Ainsi qu'il appartiendra*, según proceda *ou* convenga | — Vp Ser dueño de sí mismo.
appas mpl Encantos, atractivos.
appât [apɑ] m Cebo | FIG. Incentivo, atractivo | *L'~ du gain*, el afán de lucro ‖ **~er** vt Cebar | FIG. Seducir, atraer.
appauvr|ir vt Empobrecer ‖ **~issement** m Empobrecimiento.
appeau m Reclamo, señuelo.
appel m Llamamiento [*Amér.*, llamado] | Llamada *f* (téléphonique) | Impulso (sports) | DR. Apelación *f* | DR. ~ *comme d'abus*, recurso de queja | ~ *d'air*, aspiración de aire | ~ *de fonds*, solicitación de fondos | ~ *d'offres*, licitación | MIL. *Battre l'~*, tocar llamada | DR. *Faire ~*, apelar, recurrir | *Faire ~ à*, acudir *ou* recurrir a | *Faire l'~*, pasar lista | *Manquer à l'~*, estar ausente ‖ **~ant, e** adj/s DR. Apelante, recurrente ‖ **~é, e** adj Destinado, a | — M MIL. Recluta ‖ **~er** vt Llamar: ~ *au téléphone*, llamar por teléfono | Llamar (nommer) | Pedir: ~ *au secours*, pedir socorro | FIG. Destinar (consacrer), requerir, exigir (exiger), traer a la mente (rappeler) | DR. Citar | MIL. Llamar | *En ~*, recurrir, apelar | — Vi DR. Apelar | — Vp Llamarse ‖ **~latif, ive** adj/m Apelativo, a ‖

~lation f Denominación : *~ contrôlée,* denominación de origen.
appendic|e [apɛ̃dis] m Apéndice ‖ **~ite** f MÉD. Apendicitis.
appentis m Cobertizo, colgadizo.
appesant|ir vt Hacer más pesado | FIG. Entorpecer | — Vp FIG. Insistir (*sur,* en) ‖ **~issement** m Entorpecimiento, pesadez *f.*
appét|ence f Apetencia ‖ **~issant, e** adj Apetitoso, a | FIG. Apetecible ‖ **~it** m Apetito: *de bon ~,* con mucho apetito | FIG. Ganas *fpl,* sed *f* | *Avoir un ~ d'oiseau,* comer como un pajarito | *Couper l'~,* quitar las ganas | *L'~ vient en mangeant,* el comer y el rascar todo es empezar | *Mettre en ~,* dar apetito | *Rester sur son ~,* quedarse con ganas.
applaud|ir vt/i Aplaudir | — Vp Felicitarse, congratularse ‖ **~issement** m Aplauso | *~s scandés,* palmas de tango.
appli|cable adj Aplicable ‖ **~cage** m Aplicación *f* ‖ **~cation** f Aplicación ‖ **~que** f Adorno *m* (ornement) | Aplique *m* (lampe) ‖ **~quer** vt Aplicar | FIG. Dar, asestar (un coup) | — Vp Aplicarse | Adaptarse | FIG. Esforzarse, empeñarse.
appoggiature f MUS. Apoyatura.
appoint [apwɛ̃] m Pico (somme) | Suelto, moneda (*f*) fraccionaria : *on est prié de faire l'~,* se ruega moneda fraccionaria | FIG. Ayuda *f,* complemento ‖ **~é, e** adj/s Asalariado, a ‖ **~ements** mpl Sueldo *sing* ‖ **~er** vt Dar un sueldo | Sacar punta a.
appontement m Muelle de carga *ou* descarga.
apponter vi Aterrizar en un portaviones.
apport m Aportación *f* ‖ **~er** vt Traer (amener) | COM. DR. Aportar | Alegar | Anunciar | *~ du soin à,* tener cuidado en.
appos|er vt Poner (mettre), fijar (fixer) | Insertar (insérer) ‖ **~ition** f Aplicación, fijación | Inserción | GRAM. Aposición.
appréci|able adj Apreciable ‖ **~ateur, trice** adj/s Apreciador, a ‖ **~atif, ive** adj Apreciativo, a ‖ **~ation** f Apreciación ‖ **~er** vt Apreciar : *~ à sa juste valeur,* apreciar en *ou* por su verdadero valor.
appréhen|der vt Prender, aprehender (saisir) | Temer (craindre) | Comprender ‖ **~sion** f Temor *m,* aprensión, recelo *m* | PHIL. Aprehensión.
appren|dre* vt Aprender | Enseñar (enseigner) | Enterarse de, saber (savoir) | Decir, informar | *Cela vous apprendra,* esto le servirá de lección ‖ **~ti, e** s Aprendiz, a | FIG. Novicio, a ‖ **~tissage** m Aprendizaje.
apprêt m Apresto, aderezo (étoffes), adobo (cuirs) | Condimento, aliño (assaisonnement) | Aparejo (peinture) | FIG. Afectación *f* | — Pl Preparativos ‖ **~age** m Aderezo, apresto (étoffes), adobo (cuirs) ‖ **~é, e** adj FIG. Afectado, a ‖ **~er** vt Preparar, disponer | Aderezar, aprestar (étoffes), adobar (cuirs), almidonar (chemise) | Condimentar, aderezar (assaisonner) | Glasear (papier) | — Vp FIG. Prepararse, disponerse; estar a punto de; arreglarse (faire sa toilette) ‖ **~eur, euse** s Aprestador, a (étoffes) | — M Adobador (cuirs) | Pintor (sur verre) | — F Sombrerera.
apprivois|ement m Domesticación *f,* amansamiento ‖ **~er** vt Domesticar, amansar | FIG. Hacer más sociable *ou* más dócil | — Vp FIG. Familiarizarse, acostumbrarse (s'habituer), hacerse más sociable *ou* más dócil.
approbat|eur, trice adj/s Aprobador, a | *Sourire ~,* sonrisa de aprobación ‖ **~if, ive** adj Aprobativo, a; aprobatorio, a ‖ **~ion** f Aprobación.
approch|able adj Accesible, abordable ‖ **~ant, e** adj Semejante, parecido, a (semblable) | Aproximado, a (approximatif) ‖ **~e** f Aproximación | Proximidad, cercanía (proximité) | Acceso *m* | Enfoque *m,* manera de enfocar (optique) | — Pl MIL. Aproches *m* | Cercanías, proximidades | *A l'~ de,* al acercarse a ‖ **~er** vt Acercar, aproximar | FIG. Ponerse en contacto con | — Vi/p Acercarse, aproximarse.
approfond|i, e adj FIG. Profundo, a; detenido, a ‖ **~ir** vt Ahondar, profundizar | — Vp Hacerse más profundo ‖ **~issement** m Ahondamiento | Estudio, análisis.
appropri|ation f Apropiación ‖ **~é, e** adj Apropiado, a ‖ **~er** vt Apropiar, acomodar | — Vp Apropiarse.
approuv|able adj Aprobable ‖ **~er** vt Aprobar | Estar de acuerdo con.
approvisionn|ement m Abastecimiento, suministro | Provisión *f* ‖ **~er** vt Abastecer, proveer | Surtir (une boutique) ‖ **~eur, euse** s Proveedor, a; abastecedor, a.
approximat|if, ive adj Aproximado, a; aproximativo, a ‖ **~ion** f Aproximación ‖ **~ivement** adv Aproximadamente, poco más o menos.
appui m Apoyo, sostén | Antepecho (fenêtre) | FIG. Ayuda *f* (aide), amparo (protection) | ARCH. Soporte | *A l'~ de,* en apoyo de ‖ **~-bras** m Brazo ‖ **~-tête** m Orejera *f* (fauteuil) | Reposacabezas *inv.*
appuyer [apɥije] vt Apoyar | FIG. Respaldar (requête), basar en, fundar en (fonder) | — Vi Apretar contra (peser sur) | Pulsar (bouton) | Pisar (pédale) | Apretar (gâchette) |

Recalcar, acentuar (mettre l'accent sur) | Insistir, hacer hincapié | — Vp Apoyarse | Pop. Apechugar con (faire) | *S'~ sur,* estribarse *ou* descansar en (reposer), fundarse en (se fonder).

âpre [ɑ:pr] adj Áspero, a | Ávido, a : *~ au gain,* ávido de ganancia.

après [aprɛ] adv Después, luego | — Prép Después que *ou* de | Tras, detrás de (derrière) | Con (avec) | A : *crier ~ qqn,* reñir a uno | *~ que,* después *ou* luego que | *~ quoi,* después de lo cual | *~ tout,* después de todo | *D'~,* según (selon), a imitación de (comme), siguiente (suivant) | *Service ~ vente,* servicio postventa.

après|-demain adv Pasado mañana || **~-dîner** m Velada *f* || **~-guerre** m ou f Postguerra *f,* posguerra *f* || **~-midi** m inv Tarde *f* : *dans l'~,* por la tarde || **~-skis** mpl Botas *(f)* après-skis || **~-vente** adj Postventa, posventa.

âpreté f Aspereza | Fig. Codicia, avidez (avidité), severidad, rigor *m.*

à-propos m inv Ocurrencia *f* : *avoir de l'~,* tener ocurrencias | Oportunidad *f.*

apside f Astr. Ápside.

apt|e adj Apto, a | Capacitado, a (compétent) [*à,* para] || **~itude** f Aptitud | Dr. Capacidad.

apur|ement m Intervención *(f)* de cuentas (vérification) | Corrección *f* || **~er** vt Intervenir, comprobar.

aqua|fortiste s Acuafortista, aguafuertista || **~manile** m Aguamanil || **~relle** f Acuarela || **~relliste** s Acuarelista || **~rium** [akwarjɔm] m Acuario || **~tinte** f Acuantinta || **~tique** adj Acuático, a.

aqu|educ [akdyk] m Acueducto || **~eux, euse** adj Ácueo, a (humeur) | Acuoso, a (fruit) | Aguanoso, a (trop liquide) || **~ifère** adj Acuífero, a.

aquilin, e [akilɛ̃, in] adj Aquilino, a; aguileño, a.

aquilon m Aquilón.

aquosité [akozite] f Acuosidad.

ara m Guacamayo, ara.

arab|e adj/s Árabe | — Adj Arábigo, a (chiffre) || **~esque** f Arabesco *m.*

Arabie nprf Arabia.

arabique adj Arábico, a | Arábigo, a (gomme).

arable adj Arable.

arachide f Cacahuete *m,* maní *m.*

arachnides [araknid] mpl Arácnidos.

aragonais, e adj/s Aragonés, esa.

araignée f Araña | Garfio *m,* rebañadera (crochet) | Pulpo *m* (pour bagages) | *~ de mer,* centolla, araña de mar | Fam. *Avoir une ~ dans le plafond,* estar mal de la azotea.

aras|ement m Enrase, enrasamiento || **~er** vt Enrasar.

aratoire adj Aratorio, a.

araucan, e adj/s Araucano, a.

araucaria m Bot. Araucaria *f.*

arba|lète f Ballesta || **~létrier** m Ballestero | Vencejo (oiseau).

arbitr|age m Arbitraje | Laudo (sentence) || **~aire** adj Arbitrario, a | — M Arbitrariedad *f* || **~al, e** adj Arbitral || **~e** m Árbitro | *Libre ~,* libre albedrío || **~er** vt Arbitrar.

arbor|er vt Arbolar | Enarbolar (hisser) | Fig. Lucir, ostentar (porter) | Mar. Izar || **~escence** f Arborescencia || **~escent, e** adj Arborescente || **~iculteur** m Arboricultor || **~iculture** f Arboricultura.

arbous|e f Madroño *m* (fruit) || **~ier** m Madroño (arbre).

arbr|e m Bot. Árbol | Huso (cylindre) | Árbol, eje (axe) | *On connaît l'~ à son fruit,* por el fruto se conoce el árbol || **~isseau** m Arbolito, arbusto.

arbuste m Arbusto.

arc [ark] m Arco | *~ bombé, en anse de panier, en fer à cheval, en plein cintre, surbaissé, surhaussé,* arco escarzano, carpanel *ou* zarpanel, de herradura, de medio punto, rebajado, peraltado || **~ade** f Arch. Soportal *m,* arcada | *~ dentaire,* arco alveolar | *~ sourcilière,* ceja.

arcane m Arcano.

arcature f Arch. Arquería.

arc-bout|ant m Arbotante, botarete | Contrafuerte || **~er** vt Arch. Apuntalar, apoyar en un arbotante | — Vp Apoyarse, afianzarse.

arceau m Arch. Arco de bóveda | Arco, aro (du croquet).

arc-en-ciel m Arco iris.

archa|ïque [arkaik] adj Arcaico, a || **~ïsme** m Arcaísmo.

archange [arkɑ̃:ʒ] m Arcángel.

arche f Arco *m* | *~ d'alliance, de Noé,* arca de la alianza, de Noé.

archéo|logie [arkeɔlɔʒi] f Arqueología || **~logique** adj Arqueológico, a || **~logue** m Arqueólogo.

arch|er m Arquero || **~et** m Mus. Arco.

archétype [arketip] m Arquetipo.

archevê|ché m Arzobispado || **~que** m Arzobispo.

archi|diacre m Arcediano, archidiácono || **~duc** m Archiduque || **~duché** m Archiducado || **~duchesse** f Archiduquesa || **~épiscopal, e** adj Arzobispal || **~épiscopat** m Arzobispado || **~fou, folle** adj Loco rematado, loca rematada.

Archimède nprm Arquímedes.

archipel m Archipiélago.

archi|prêtre m Arcipreste || **~tecte** s Arquitecto, a || **~tectonique** adj/f Arquitectónico, a || **~tectural, e** adj Arquitectural || **~tecture** f Arquitectura || **~trave** f ARCH. Arquitrabe *m* || **~ver** vt Archivar || **~ves** fpl Archivo *msing* || **~viste** s Archivero, a ; archivista || **~volte** f ARCH. Archivolta.

arçon m Arzón, fuste (selle) | TECH. Arco | FAM. *Vider les ~s,* apearse por las orejas || **~ner** vt TECH. Varear, arquear.

arctique adj Ártico, a.

ard|emment [ardamɑ̃] adv Ardientemente || **~ent, e** adj Ardiente | FIG. Apasionado, a (défenseur), abrasador, a (soleil), encendido, a (couleur) || **~eur** f Ardor *m* | Entusiasmo *m.*

ardillon [ardijɔ̃] m Hebijón.

ardois|e f Pizarra | FAM. Clavo *m* (dette) || **~ier** m Pizarrero || **~ier, ère** *ou* **~eux, euse** adj Pizarreño, a (roche) | Pizarroso, a (sol) || **~ière** f Pizarral *m.*

ardu, e adj Arduo, a.

are m Área *f.*

arène f Arena (sable) | FIG. Palenque *m,* palestra, arena | — Pl TAUR. Plaza (*sing*) de toros (ensemble), ruedo *msing,* redondel *msing* (centre) | Antiguo anfiteatro (*msing*) romano.

aréneux, euse adj Arenoso, a.

aréole f ANAT. Areola.

aréo|mètre m Areómetro || **~page** m Areópago.

arête f Arista | Espina, raspa (poisson) | Caballete *m* (toit) | Cresta (montagne) | Línea saliente (nez).

argent m Plata *f* (métal) | Dinero [*Amér.,* plata] (monnaie) | *~ comptant,* dinero contante, dinero efectivo | *~ de poche,* dinero para gastos menudos | *En avoir pour son ~,* sacarle jugo al dinero | FIG. *Jeter l'~ par les fenêtres,* tirar el dinero por la ventana. | *Prendre pour ~ comptant,* creer a pies juntillas | FIG. *Remuer l'~ à la pelle,* apalear oro | *Vif ~,* azogue || **~an** m Metal blanco, plata (*f*) alemana || **~é, e** adj Plateado, a | FIG. Adinerado, a || **~er** vt Platear || **~erie** f Plata || **~eur** m Plateador || **~ifère** adj Argentífero, a || **~in, e** adj Argentino, a | — Adj/s Argentino, a.

Argentine nprf Argentina.

argenture f Plateado *m* | Azogado *m* (miroir).

argil|e f Arcilla | FIG. Barro *m* || **~eux, euse** adj Arcilloso, a.

argon m CHIM. Argón.

argonaute m Argonauta.

argot m Germanía *f,* argot | Jerga *f* (jargon) || **~ique** adj De germanía.

argousin m Sotacómitre de galera | FAM. Corchete, guindilla *f* (policier).

arguer [argɥe] vt/i Argüir | Deducir, inferir | *~ de,* alegar, pretextar.

argument m Argumento || **~ation** f Argumentación || **~er** vi Argumentar | Discutir.

argus [argys] m Argos (oiseau) | Persona (*f*) clarividente | *Yeux d'~,* ojos de lince.

argutie [argysi] f Argucia.

aria f MUS. Aria | — M FAM. Lío, embrollo.

Ariane nprf Ariana, Ariadna.

arid|e adj Árido, a || **~ité** f Aridez.

arien, enne adj/s Arriano, a.

aristocrat|e adj/s Aristócrata || **~ie** f Aristocracia || **~ique** adj Aristocrático, a.

Aristophane nprm Aristófanes.

Aristote nprm Aristóteles.

arithméti|cien, enne s Aritmético, a || **~que** adj/f Aritmético, a.

arlequin m Arlequín || **~ade** f Arlequinada, mamarrachada.

armadille m ZOOL. Armadillo.

armat|eur m Armador, naviero || **~ure** f Armazón | ÉLEC. MUS. PHYS. Armadura | Revestimiento *m* (câble) | FIG. Base, sostén *m.*

arm|e f Arma : *port d'~,* licencia de armas | *À ~s égales,* en igualdad de condiciones | *Aux ~s!,* ¡a las armas! | *Être sous les ~s,* estar armado | *Faire ~ de tout,* valerse de todos los medios | *Faire des ~s,* practicar la esgrima | *Mettre bas* o *poser les ~s,* rendirse | *Reposez, ~s!,* ¡descansen armas! || **~ée** f Ejército *m* | *~ de mer,* Armada | *~ du salut,* Ejército de Salvación || **~ement** m Armamento | MAR. Equipo, tripulación *f.*

Arménie nprf Armenia.

arménien, enne adj/s Armenio, a.

armer vt Armar | Armar, montar (arme) | Reclutar tropas | — Vi Armarse | — Vp FIG. Coger.

armet m Almete, yelmo.

armillaire [armilɛ:r] adj Armilar.

armistice m Armisticio.

armoire f Armario *m* : *~ à glace,* armario de luna | *~ à pharmacie,* botiquín.

armoiries [armwari] fpl Escudo (*msing*) de armas, armas.

armoise f BOT. Artemisa.

armori|al m Libro de armas, armorial || **~er** vt Pintar blasones, blasonar.

armur|e f Armadura | Ligamento *m,* textura (tissage) | Defensa (des arbres) | Revestimiento *m* (câble) | Armadura, armazón (charpente) | MUS. Armadura || **~erie** f Armería || **~ier** m Armero.

arnica f Árnica.

arobe ou **arrobe** f Arroba.

aromat|e m Aroma || **~ique** adj Aromático, a || **~isation** f Aromatización || **~iser** vt Aromatizar.

arôme m Aroma.

aronde f Golondrina | *À* o *en queue d'~*, de cola de milano || **~lle** f Palangre *m* (pour pêcher).
arpège m Arpegio | Floreo (guitare).
arpent m Medida agraria francesa, entre 42 y 51 áreas || **~age** m Agrimensura *f* || **~er** vt Apear, medir | FIG. Andar *ou* recorrer a paso largo || **~eur** m Agrimensor, apeador.
arpète f FAM. Modistilla.
arquebus|e f Arcabuz *m* || **~ier** m Arcabucero.
arquer vt Arquear, combar.
arrach|age m Arranque, recolección *f* || **~é** m Arrancada *f* (haltérophilie) || **~e-clou** m Sacaclavos, arrancaclavos || **~ement** m Arrancamiento | FIG. Desgarramiento || **~e-pied (d')** [daraʃpje] loc adv De un tirón || **~er** vt Arrancar | Desgarrar (déchirer) | Levantar (poids) | Quitar (enlever) | Separar | Cosechar (récolter) | FIG. Arrancar, sacar (parole), sacar (de l'oubli) | — Vp FIG. Alejarse con pena (*à*, de) | *~ des mains*, quitarse de las manos | *~ les cheveux*, mesarse los cabellos | FIG. *~ qqn, qqch.*, disputarse la compañía de uno, de una cosa || **~eur, euse** s Arrancador, a | *~ de dents*, sacamuelas.
arraisonner vt. MAR. Apresar, reconocer, inspeccionar.
arrang|eable [arɑ̃ʒabl] adj Arreglable, que puede arreglarse || **~eant, e** adj Acomodaticio, a || **~ement** m Arreglo | Arreglo, avenencia *f* (accord) | MATH. Combinación *f* || **~er** vt Arreglar | Disponer, ordenar | FAM. Estafar (escroquer), maltratar ; convenir, venir bien | — Vp Arreglarse, avenirse (accord) | Arreglarse (s'habiller) | Arreglárselas (se débrouiller).
arrérages mpl Atrasos.
arrestation f Detención | *L'~ du Christ*, el Prendimiento.
arrêt m Detención *f* | Parada *f* (véhicule) | Interrupción *f*, suspensión *f* | DR. Fallo (sentence), embargo (saisie) | Parada *f* (du ballon) | Tope (heurtoir) | Presilla *f* (boutonnière) | TECH. Fiador || — Pl MIL. Arresto *sing* | *~ buffet*, parada y fonda | *~ du travail*, paro | *Donner un ~ de travail*, dar de baja | *Être aux ~s*, estar detenido | *Mettre aux ~s*, arrestar | *Sans ~*, sin cesar, sin respiro | *Temps d'~*, intervalo, pausa | *Tomber en ~ devant*, quedarse pasmado ante || **~é** m Decisión *f*, decreto, orden | Liquidación *f*, cierre (compte) | Bando (police, maire) || **~é, e** adj V. ARRÊTER | Firme, decidido, a || **~er** vt Detener, parar | Detener (malfaiteur) | Arrestar (militaire) | Fijar, detener (regard) | Determinar, establecer | Fijar (date) | Interceptar | Cortar (conversation) | Interrumpir | Liquidar, cerrar (compte) | Ajustar, apalabrar (domestique) | Parar (ballon) | *~ net*, parar en seco | *Arrêtez!*, ¡alto!, ¡pare! | — Vi/p Detenerse, pararse | Decidirse || **~oir** m Tope.
arrhes [a:r] fpl Arras (contrat) | Señal *sing* (achat).
arrière adv Atrás | *En ~*, para atrás (mouvement), atrás, a la zaga (sans mouvement) | *En ~ de*, detrás de, después de | — Interj ¡Atrás! | — M Trasera *f* (véhicule) | Popa *f* (bateau) | Defensa, zaguero (sports) | — Pl Defensa *fsing*, zaga *fsing* (sports) | MIL. Retaguardia *fsing* | FIG. *Garder ses ~s*, guardar las espaldas.
arriéré, e adj Atrasado, a ; retrasado, a (paiement) | FIG. Anticuado, a ; pasado de moda | — Adj/s Atrasado, a ; retrasado, a | — M Atraso, lo atrasado.
arrière|-ban m MIL. Leva (*f*) general || **~-bec** m Tajamar, espolón || **~-bouche** f Fauces *pl* || **~-boutique** f Trastienda (magasin), rebotica (pharmacie) || **~-chœur** m Trascoro || **~-corps** m inv Parte (*f*) posterior *ou* trasera [de un edificio] || **~-garde** f Retaguardia || **~-gorge** f Parte posterior de la garganta || **~-goût** m Gustillo, resabio || **~-grand-mère** f Bisabuela || **~-grand-oncle** m Tío bisabuelo || **~-grands-parents** mpl Bisabuelos || **~-grand-tante** f Tía bisabuela || **~-neveu** m Sobrino segundo || **~-nièce** f Sobrina segunda || **~-pays** m inv Tierras (*fpl*) adentro : *s'enfoncer dans l'~*, penetrar tierras adentro || **~-pensée** f Segunda intención, reserva mental || **~-petite-fille** f Bisnieta || **~-petit-fils** m Bisnieto || **~-petits-enfants** mpl Bisnietos || **~-plan** m Segundo plano (cinéma), segundo término, plano de fondo (peinture).
arriérer vt Atrasar, retrasar, diferir.
arrière|-rang m Última fila *f* || **~-saison** f Final (*m*) del otoño || **~-salle** f Tertulia (de café) || **~-train** m Trasera *f* (véhicule) | Cuarto trasero (animal) | MIL. Retrotrén.
arrim|age m MAR. Estiba *f*, arrumaje (p. us.) || **~er** vt MAR. Estibar, arrumar (p. us.) || **~eur** m MAR. Estibador, arrumador (p. us.).
arriv|age m Arribada *f*, arribo (bateau) | Llegada *f*, arribo (marchandises) || **~ant, e** s Recién llegado, a : el que llega, la que llega || **~ée** f Llegada | MAR. Arribada | Entrada (téléphone) || **~er** vi Llegar | Pasar, suceder (avoir lieu) | Alcanzar, lograr (obtenir) | FIG. Triunfar en la vida | MAR. Arribar | FAM. *Ne pas y ~*, no dar abasto | — Vimp *Il arrive que*, ocurre que | *Quoi qu'il arrive*,

pase lo que pase, venga lo que viniere | *S'il vous arrive de le voir,* si por casualidad lo ve || **~isme** m Arribismo || **~iste** m Arribista.
arrog|ance f Arrogancia || **~ant, e** adj/s Arrogante || **~er (s')** vp Arrogarse.
arrond|i m Redondeo | Chaflán (arête) || **~ir** vt Redondear || **~issement** m Redondeo | Distrito (d'une ville).
arros|able adj Regable, de regadío || **~age** m Riego | Regadío (terrain irrigable) || **~ement** m Riego || **~er** vt Regar | FIG. Bañar, regar (fleuve), rociar (vin), rociar en su salsa (plat), mojar (succès) || **~eur, euse** s Regador, a | — F Camión (*m*) de riego || **~euse-balayeuse** f Barredora-regadora || **~oir** m Regadera *f*.
arsenal m Arsenal.
arsenic m Arsénico.
arsin m Chamicera *f*.
arsouille adj/s POP. Chulo, a.
art m Arte : *l'~ d'écrire,* el arte de escribir | Arte *f* : *beaux ~s,* bellas artes | FIG. Habilidad *f*, maña *f* | *~s d'agrément,* artes de adorno | *~s et métiers,* artes y oficios | *~s ménagers,* artes domésticas | *Avoir l'~ et la manière,* saber arreglárselas | *Le septième ~,* el séptimo arte (cinéma).
artère f Arteria.
artér|iel, elle adj Arterial || **~iosclérose** f MÉD. Arteriosclerosis || **~ite** f MÉD. Arteritis.
artésien adj/m Artesiano (puits).
arthrit|e f MÉD. Artritis || **~ique** adj/s MÉD. Artrítico, a. || **~isme** m MÉD. Artritismo.
artichaut m Alcachofa *f* | *~ sauvage,* alcaucil.
article m Artículo | Artejo, nudillo (jointure) | Segmento (plante) | *À l'~ de la mort,* in artículo mortis, en el artículo de la muerte | *Faire l'~,* hacer el artículo.
articul|aire adj Articular || **~ation** f Articulación || **~é, e** adj/mpl Articulado, a || **~er** vt Articular.
artific|e m Artificio | Artimaña *f*, astucia *f* | *Feu d'~,* fuegos artificiales || **~iel, elle** adj Artificial || **~ier** m MIL. Artificiero | Pirotécnico || **~ieux, euse** adj Artificioso, a.
artill|erie f Artillería || **~eur** m Artillero.
artimon m MAR. Palo de mesana (mât), artimón, cangreja (*f*) de mesana (voile).
artisan, ~e s Artesano, a | FIG. Artífice, autor | *Le Divin Artisan,* el Divino Hacedor || **~al, e** adj Del artesano, de artesanía, artesanal || **~at** m Artesanía *f* (art) | Artesanado (artisans).
artist|e s Artista | *~ peintre,* pintor de cuadros || **~ique** adj Artístico, a.
arum [arɔm] m BOT. Aro, cala *f*.
aruspice m Arúspice, adivino.
aryen, enne adj/s Ario, a.
as [as] m As | FIG. As, hacha, número uno.
ascend|ance f Ascendencia | Ascensión || **~ant, e** adj Ascendente, ascendiente | — M Ascendiente, influencia *f* | — Pl Ascendientes.
ascens|eur m Ascensor [*Amér.*, elevador] | *~ et descenseur,* ascensor de subida y bajada || **~ion** f Ascensión || **~ionnel, elle** adj Ascensional || **~ionniste** s Ascensionista.
ascète [asɛt] s Asceta.
ascét|ique adj Ascético, a || **~isme** m Ascetismo.
ascorbique adj Antiescorbútico, a.
asep|sie f Asepsia || **~tique** adj Aséptico, a || **~tiser** vt Esterilizar, volver aséptico.
asexué, e ou **asexuel, elle** adj Asexuado, a ; asexual.
asiatique adj/s Asiático, a.
Asie nprf Asia.
asile m Asilo | FIG. Albergue, refugio | *~ d'aliénés,* manicomio.
asine adj/f Asnal : *race ~,* raza asnal.
asparagus m Aspáragus.
aspect [aspɔ̃] m Aspecto.
asperge f Espárrago *m* | FAM. Espingarda (personne).
asperger vt Rociar | Hisopear, asperjar (goupillon).
aspérité f Aspereza.
aspers|ion f Aspersión, rociada || **~oir** m Aspersorio, hisopo.
asphalt|age m Asfaltado || **~e** m Asfalto || **~er** vt Asfaltar.
asphodèle m Asfódelo, gamón.
asphyxi|ant, e adj Asfixiante || **~e** f Asfixia || **~é, e** adj/s Asfixiado, a || **~er** vt Asfixiar.
aspic m Áspid | BOT. Espliego.
aspir|ant, e adj Aspirante | — M Aspirante | Pretendiente, candidato | *~ de marine,* guardiamarina || **~ateur, trice** adj Aspirador, a | — M Aspirador || **~ation** f Aspiración || **~er** vt/i Aspirar.
aspirine f Aspirina.
assagir vt Ajuiciar, hacer juicioso | — Vp Formalizarse, sentar cabeza | Calmarse.
assaill|ant, e adj/s Asaltante, agresor, a || **~ir*** vt Asaltar, acometer | Acosar (harceler).
assain|ir [asɛnir] vt Sanear | **~issement** m Saneamiento || **~isseur** m Purificador.
assaisonn|ement m Aliño || **~er** vt Sazonar, aliñar, condimentar | FIG. Salpimentar (*de*, con).
assassin, ~e adj/s Asesino, a || **~at** m Asesinato || **~er** vt Asesinar |

FAM. Fastidiar (ennuyer), tocar con los pies (mal jouer).
— OBSERV. Assassin es masculino, incluso refiriéndose a una mujer.
assaut [aso] m Asalto : *prendre d'~*, tomar por asalto | *~ d'esprit*, discreteo | *Faire ~ de*, rivalizar en.
assèchement m Desecación *f*, desaguado.
assécher vt Desecar | Desaguar (lac, etc).
assembl|age m Reunión *f* | Conjunto (ensemble) | Trabazón *f* (construction) | IMPR. Alzado | TECH. Ensambladura *f*, ensamblaje ‖ **~ée** f Asamblea | COMM. Junta | — Pl Cortes (en Espagne) ‖ **~er** vt Juntar | Reunir | Reunir, convocar (assemblée) | IMPR. Alzar | TECH. Ensamblar, empalmar | — Vp Juntarse, reunirse.
assener vt Asestar.
assent|iment m Asentimiento, asenso ‖ **~ir** vi Asentir.
asseoir* [aswa:r] vt Sentar | FIG. Asentar | DR. Establecer la base imponible.
asserment|é, e adj/s Juramentado, a | *Traducteur ~*, traductor jurado ‖ **~er** vt Juramentar, tomar juramento.
assertion f Aserción, aserto *m*.
asserv|ir vt Avasallar, sojuzgar | FIG. Dominar, esclavizar ‖ **~issant, e** adj Avasallador, a | Humillante ‖ **~issement** m Avasallamiento | Esclavitud *f* | Servidumbre *f* (servitude) ‖ **~isseur, euse** adj/s Avasallador, a.
assesseur adj/m Asesor.
assez [ase] adv Bastante | *~ de*, bastante (adj) : *~ de livres*, bastantes libros; basta de (ça suffit) | *En avoir ~*, estar harto | — Interj. ¡Basta! | *En voilà ~!*, ¡basta ya!
assidu, ~e adj Asiduo, a ‖ **~ité** f Asiduidad.
assiég|eant, e [asjeʒɑ̃, ɑ̃:t] adj/s Sitiador, a ‖ **~er** vt Sitiar, asediar | FIG. Asediar.
assiett|e f Plato *m* : *~ creuse* o *à soupe*, plato hondo *ou* sopero | Asiento *m* (d'une poutre) | Base imponible, derrama (impôts) | Centrado (*m*) ou equilibrio (*m*) aerodinámico (d'un avion) | *~ anglaise*, fiambres variados. | FAM. *Avoir l'~ au beurre*, cortar el bacalao. *Ne pas être dans son ~*, no sentirse bien ‖ **~ée** f Plato *m*.
assign|able adj Asignable ‖ **~at** m Asignado ‖ **~ation** f Auto (*m*) de comparecencia, emplazamiento *m*, requerimiento *m*, citación judicial | Asignación (attribution) ‖ **~er** vt DR. Emplazar | Asignar, destinar | FIG. Dar, fijar, señalar.
assimil|able adj Asimilable ‖ **~ateur, trice** adj Asimilativo, a ‖ **~ation** f Asimilación ‖ **~er** vt Asimilar.
assis, e adj Sentado, a | FIG. Situado, a; establecido, a (situé), asentado, a (établi).
assise f Asiento *m*, cimientos *mpl* | ARCH. Hilada, hilera | — Pl DR. Audiencia (*sing*) de lo criminal | *Tenir ses ~s*, reunirse.
assist|ance f Asistencia | *~ judiciaire*, abogacía de pobres | *~ publique*, Beneficencia [pública], Auxilio Social ‖ **~ant, e** adj/s Asistente, a | — M Ayudante, auxiliar, adjunto | — F *~ sociale*, asistenta social ‖ **~é, e** adj/s Beneficiado, a; socorrido, a | *Frein ~*, freno asistido ‖ **~er** vi Asistir, presenciar (être présent) | Concurrir (à une cérémonie) | — Vt Asistir, socorrer | Amparar (protéger) | Secundar.
associ|atif, ive adj Asociativo, va ‖ **~ation** f Asociación ‖ **~é, e** adj/s Asociado, a | — S Socio, a ‖ **~er** vt Asociar | — Vp Asociarse | Adherirse (à une opinion).
assoiffé, e adj Sediento, a.
assol|ement m AGR. Rotación (*f*) de cultivos ‖ **~er** vt AGR. Alternar cultivos.
assombr|ir vt Ensombrecer, oscurecer | — Vp FIG. Entristecerse ‖ **~issement** m Oscurecimiento.
assomm|ant, e adj FAM. Pesado, a; fastidioso, a ‖ **~er** vt Matar | Atronar (aux abattoirs) | FIG. Aporrear, moler a golpes (battre), fastidiar, abrumar (ennuyer) | — Vp Darse un porrazo *ou* un trompicón (buter) | Darse de palos (se battre) ‖ **~oir** m Porra *f* (massue) | FAM. Taberna *f*.
Assomption nprf Asunción.
asson|ance f Asonancia ‖ **~ancé, e** adj Asonantado, a ‖ **~ant, e** adj Asonante.
assort|i, e adj Adecuado, a; que hace juego | Surtido, a; variado, a : *bonbons ~s*, caramelos surtidos ‖ **~iment** m Conjunto, combinación *f* | COM. Surtido ‖ **~ir** vt Combinar, ajustar | COM. Surtir | FIG. Casar, combinar (couleurs), emparejar (personnes), ajustar, conformar | — Vi/p Hacer juego, ir bien (couleurs) | Concordar, convenirse (personnes) | COM. Surtirse, abastecerse.
assoup|ir vt Adormecer, adormilar | FIG. Adormecer, calmar | — Vp Adormecerse, adormilarse ‖ **~issement** m Adormecimiento, adormilamiento | FIG. Desidia *f*, dejadez *f*.
assoupl|ir vt Suavizar (étoffe) | Flexibilizar, hacer flexible | Doblegar, domar (caractère) | Moderar ‖ **~issement** m Flexibilidad *f*.
assourd|ir vt Ensordecer | Amortiguar, apagar (son) | Atenuar (lumière) |

Dulcificar (couleurs) || **~issant, e** adj Ensordecedor, a || **~issement** m Ensordecimiento.
assouv|ir vt Saciar || **~issement** m Satisfacción *f*.
assujett|i, e adj/s Sometido, a; sujeto, a || **~ir** vt Someter, sujetar, obligar | Sujetar, asegurar, fijar (fixer) || **~issant, e** adj Que causa sujeción | FIG. Pesado, a; penoso, a; que esclaviza || **~issement** m Sujeción *f* | FIG. Obligación *f*, servidumbre *f*.
assumer vt Asumir.
assur|able adj Asegurable || **~ance** f Seguridad, certeza, confianza | Promesa, palabra | Confianza *ou* seguridad en sí mismo | COM. Seguro *m* : *~ accidents, crédit, maladie, sur la vie, tous risques, au tiers*, seguro contra accidentes, de riesgo de insolvencia, de enfermedad, de vida, a todo riesgo, contra tercera persona | *~s sociales*, seguros sociales || **~é, e** adj Asegurado, a; seguro, a (sûr) | Resuelto, a; firme | — S Asegurado, a || **~er** vt Asegurar | Atender (s'occuper) | Garantizar (garantir) | — Vp Asegurarse | Cerciorarse (vérifier) | Detener (arrêter) | COM. Asegurarse || **~eur** m Asegurador.
Assyrie nprf Asiria.
astér|isque m IMPR. Asterisco || **~oïde** m ASTR. Asteroide.
asthénie f MÉD. Astenia.
asthm|atique adj/s MÉD. Asmático, a || **~e** m MÉD. Asma *f*.
asticot m Gusano blanco || **~er** vt FAM. Chinchar, quemar la sangre.
astigmat|e adj/s Astigmático, a || **~isme** m Astigmatismo.
astiqu|age m Bruñido, lustrado || **~er** vt Bruñir, lustrar, sacar brillo a | FAM. Hacer la limpieza.
astragale m ANAT. Astrágalo, taba *f* | ARCH. BOT. Astrágalo.
astrakan m Astracán.
astr|al, e adj Astral || **~e** m Astro | FIG. *Beau comme un ~*, más hermoso que un sol.
astreindre* [astrɛ̃:dr] vt Obligar, constreñir, sujetar.
astring|ence f Astringencia || **~ent, e** adj/m Astringente.
astro|labe m Astrolabio || **~logie** f Astrología || **~logique** adj Astrológico, a || **~logue** m Astrólogo || **~naute** m Astronauta || **~nautique** adj/f Astronáutico, ca || **~nef** m Astronave *f* || **~nome** m Astrónomo || **~nomie** f Astronomía || **~nomique** adj Astronómico, a.
astuc|e f Astucia | FAM. Retruécano *m* (jeu de mots) || **~ieux, euse** adj Astuto, a | FAM. Chistoso, a.
asturien, enne adj/s Asturiano, a.
Asturies nprfpl Asturias.
asymétri|e f Asimetría || **~que** adj Asimétrico, a.
asymptote f GÉOM. Asíntota | — Adj Asintótico, a.
ataraxie f Ataraxia.
atav|ique adj Atávico, a || **~isme** m Atavismo.
ataxie f MÉD. Ataxia.
atelier m Taller | Estudio (d'artiste).
atermo|iement [atɛrmwamɑ̃] m Prórroga *f*, moratoria *f* | Retraso (retard) | Plazo (délai) || **~yer** [atɛrmwaje] vt Prorrogar, aplazar, diferir | — Vi Diferir, andar con dilaciones.
athé|e adj/s Ateo, a || **~isme** m Ateísmo.
athénée m Ateneo.
Athènes npr Atenas.
athénien, enne adj/s Ateniense.
athlète m Atleta.
athlét|ique adj Atlético, a || **~isme** m Atletismo.
Atlantide nprf Atlántida.
atlant|ique adj/m Atlántico, ca || **~isme** m Atlantismo || **~iste** adj/s Atlantista.
atlas m Atlas.
atmos|phère f Atmósfera || **~phérique** adj Atmosférico, a.
atoll m Atolón.
atom|e m Átomo || **~e-gramme** m Átomo gramo || **~ique** adj Atómico, a || **~isation** f Atomización || **~iser** vt Atomizar || **~iseur** m Atomizador | Pulverizador || **~isme** m Atomismo || **~iste** adj/s Atomista || **~istique** adj/f Atomístico, a.
aton|e adj Átono, a | FIG. Inexpresivo, a; sin vigor || **~ie** f Atonía.
atours mpl Adornos, atavíos, galas *f*.
atout m Triunfo | FIG. Triunfo, baza *f*.
atrabilaire adj Atrabiliario, a.
âtre m Hogar.
atrium [atrijɔm] m Atrio.
atroc|e adj Atroz || **~ité** f Atrocidad.
atrophi|e f Atrofia || **~er (s')** vp Atrofiarse.
atropine f CHIM. Atropina.
attabler (s') vp Sentarse a la mesa.
attach|ant, e adj Interesante | Afectuoso, a | Atractivo, a (séduisant) || **~e** f Atadero *m* (lien) | Grapa (agrafe), clip *m*, sujetador *m* (trombone) | ANAT. Ligamento *m* | TECH. Laña | FAM. Cabo *m* (poignet, cheville) | — Pl Relaciones || **~é** m Agregado : *~ du travail*, agregado laboral || **~ement** m Apego | Cariño, afecto || **~er** vt Atar | Abrochar (ceinture) | Sujetar (pour faire tenir) | FIG. Fijar (regard), ligar, vincular (lier), destinar, afectar (affecter), unir ; atribuir : *~ du prix*, atribuir valor ; prestar (intérêt), interesar | — Vi Pegar, pegarse (coller) | — Vp FIG. Consagrarse,

dedicarse (se consacrer), atraerse (affection), apegarse, encariñarse : *~ à qqn,* encariñarse con uno.

attaqu|ant, e adj/m Atacante, agresor, a ‖ **~e** f Ataque *m,* acometida | Embestida (taureau) | MÉD. Ataque *m* | FAM. *Être d'~,* estar en forma ‖ **~er** vt Atacar, acometer | Embestir (taureau) | DR. Atacar | FIG. Atacar (commencer), acometer (travail) | — Vp Atacar | Acometer (travail) | Combatir | *~ à tous,* atreverse con todos.

attard|é, e adj/s Retrasado, a ‖ **~er** vt Retrasar | — Vp Retrasarse | Rezagarse (rester en arrière) | *~ à,* perder el tiempo en | *~ chez qqn,* entretenerse en casa de uno.

atteindre* [atɛ̃:dr] vt Alcanzar | Llegar a (arriver) | FIG. Alcanzar, conseguir, lograr (obtenir), alcanzar, herir (blesser) | *Vos injures ne m'atteignent pas,* sus injurias me dejan frío | — Vi *~ à,* alcanzar, llegar a.

atteint, ~e adj V. ATTEINDRE | MÉD. Aquejado, a | *Être ~ de,* padecer ‖ **~e** f Alcance *m : hors d'~,* fuera de alcance | MÉD. Ataque *m* | Golpe *m* (coup) | FIG. Perjuicio *m,* daño *m* (dommage), ofensa | *~ à,* atentado contra | *Porter ~ à,* perjudicar a (nuire), atentar contra.

attel|age [atla:ʒ] m Tiro, tronco (chevaux), yunta *f* (bœufs) | Enganche (wagons) ‖ **~er** vt Enganchar (chevaux), uncir (bœufs) | — Vp FAM. Consagrarse, aplicarse.

attelle f MÉD. Tablilla.

attenant, e adj Lindante *ou* colindante con, contiguo, a.

attendant (en) loc prep Entretanto, mientras tanto | En espera de (dans l'attente de) | *~ que,* hasta que, mientras.

attendre* vt/i Esperar, aguardar | — Vp Esperarse | *~ à,* esperar : *~ à des critiques,* esperar críticas; contar con (compter sur) | *Avec lui il faut ~ à tout,* es capaz de cualquier cosa. | *Quand ils s'y attendaient le moins,* cuando menos se lo esperaban.

attendr|ir vt Ablandar | FIG. Enternecer, conmover ‖ **~issant, e** adj Enternecedor, a; conmovedor, a ‖ **~issement** m Enternecimiento, ternura *f* ‖ **~isseur** m Ablandador.

attendu prép En vista de, teniendo en cuenta, en atención a | *~ que,* puesto que, en vista de que, considerando que | — M DR. Considerando.

attentat m Atentado (*à,* contra).

attente f Espera | Demora (au téléphone) | *Contre toute ~,* contra toda previsión.

attenter vi Atentar (*à,* contra).

attent|if, ive adj Atento, a ‖ **~ion** f Atención | Cuidado *m* (soin) | Atención, detalle *m* (gentillesse) | *Faire ~ à,* tener cuidado con | *Faire ~ de,* poner cuidado en | *Ne pas faire ~ à,* no hacer caso de (ne pas se soucier), no poner cuidado en (ne pas soigner), no fijarse en (ne pas voir) ‖ **~ionné, e** adj Atento, a | FIG. Solícito, a.

atténu|ant, e adj Atenuante ‖ **~ation** f Atenuación ‖ **~er** vt Atenuar.

atterrer vt Aterrar (effrayer) | Abrumar, aplastar, anonadar (accabler).

atter|ir vi Aterrizar (avion) | MAR. Atracar (aborder), recalar (approcher) | FAM. Ir a parar ‖ **~issage** m Aterrizaje (avion) | MAR. Atraque, recalada *f* ‖ **~isseur** m Tren de aterrizaje (d'un avion).

attest|ation f Atestación | Atestado *m* (document) ‖ **~er** vt Atestiguar, atestar, testificar (témoigner) | Poner por testigo.

atticisme m Aticismo.

attiéd|ir vt Entibiar, templar ‖ **~issement** m Tibieza *f* | FIG. Enfriamiento.

attif|ement m Emperejilamiento, emperifollamiento ‖ **~er** vt FAM. Emperejilar, emperifollar.

attiger vi POP. Exagerar.

attique adj/m Ático, a.

attir|able adj Atraíble ‖ **~ail** [atiraj] m Pertrechos *pl* | FAM. Trastos *pl,* chismes *pl,* avíos *pl* ‖ **~ance** f Atractivo *m* (attrait) | Atracción : *~ pour qqn,* atracción por uno ‖ **~ant, e** adj Atrayente | Atractivo, a (séduisant) ‖ **~er** vt Atraer | FIG. Ocasionar, acarrear (provoquer), captar, llamar (l'attention) | — Vp Atraerse | Granjearse (affection, etc).

attis|er vt Atizar | FIG. Avivar, fomentar, atizar ‖ **~oir** m Atizadero, atizador.

attitré, e adj Titulado, a; titular | Habitual, ordinario, a.

attitude f Actitud | Posición, postura (du corps).

attouchement m Toque | Tacto | Contacto | Imposición (*f*) de manos (guérisseur).

attract|eur, trice adj Atractivo, a ‖ **~if, ive** adj Atractivo, a ‖ **~ion** f Atracción.

attrait m Atractivo, incentivo | — Pl Encantos, atractivo *sing.*

attrap|e f Trampa (piège) | Engaño *m,* chasco *m,* broma (tromperie), inocentada (poisson d'avril) ‖ **~e-mouches** m inv Matamoscas, atrapamoscas (piège) | BOT. Atrapamoscas | Papamoscas (oiseau) ‖ **~e-nigaud** m Engañabobos ‖ **~er** vt Coger | Atrapar, echar mano (voleur) | FAM. Coger, pescar (rhume), regañar (réprimander), atrapar, pescar (obtenir), engañar, embaucar (tromper) | — Vp FIG.

Contagiarse, pegarse (maladie), pegarse, cogerse (accent).
attrayant, e [atrɛjɑ̃, ɑ̃:t] adj Atractivo, a; atrayente.
attribu|able adj Atribuible | Imputable || **~er** vt Atribuir | Imputar | Achacar : *j'attribue son échec à sa paresse,* achaco su fracaso a su pereza | Dar, otorgar (prix) | Asignar, fijar (fixer) | Conferir (confier) | — Vp Atribuirse || **~t** m Atributo | GRAM. Predicado, atributo (p. us.) || **~tif, ive** adj Atributivo, a | DR. Adjudicativo, a || **~tion** f Atribución | DR. Adjudicación.
attrist|ant, e adj Entristecedor, a; triste || **~er** vt Entristecer.
attrition f Atrición | TECH. Desgaste *m,* fricción.
attroup|ement m Grupo, formación (*f*) de grupos, aglomeración *f* || **~er** vt Agrupar, congregar | — Vp Agruparse, aglomerarse.
au art contr V. À.
aubade f Alborada | FAM. Cencerrada.
aubaine f FIG. Ganga (chose intéressante), suerte (chance).
aube [o:b] f Alba | FIG. Comienzo *m* | REL. Alba | TECH. Álabe *m,* paleta.
aubépine f Espino (*m*) blanco, majuelo *m.*
auberge f Posada, mesón *m;* venta (en pleine campagne) | Hostal *m,* hostería (très luxueuse), parador *m* (d'État).
aubergine f Berenjena | — Adj Aberenjenado, a.
aubergiste s Posadero, a; mesonero, a; ventero, a.
aubier m BOT. Albura *f.*
auburn [obœrn] adj Color caoba *ou* moreno rojizo.
aucun, e [okœ̃, yn] adj et pron indéf Ninguno, a | Ningún (avec substantif masculin) : *~ livre,* ningún libro | Alguno, a (phrases interrogatives) : *n'y a-t-il ~ espoir?,* ¿no hay esperanza alguna? | Ninguno, a; alguno, a (phrases négatives) : *je n'ai ~ espoir,* no tengo esperanza alguna *ou* ninguna esperanza | Nadie (personne) | *D'~s,* algunos.
aucunement adv De ningún modo, de ninguna manera.
audac|e f Audacia || **~ieux, euse** adj Audaz.
au|-deçà de prép De este lado || **~-dedans** adv Dentro, por dentro || **~-dehors** adv Fuera, al exterior || **~-delà** adv Más allá, más lejos (plus loin), mucho más (beaucoup plus) | *~ de,* más allá de; del otro lado | — M El más allá, el otro mundo || **~-dessous** adv Debajo, más abajo | *~ de,* debajo de; bajo : *~ de zéro,* bajo cero || **~-dessus** adv Encima | *~ de,* más arriba de, por encima de, sobre; sobre (température) || **~-devant** adv Al encuentro | FIG. Al paso.
audi|ble adj Audible, oíble || **~ence** f DR. Audiencia, vista | Auditorio *m* (public) || **~encier** m Ujier || **~ogramme** m Audiograma || **~omètre** m Audiómetro || **~o-visuel, elle** adj Audiovisual || **~t** m Auditor, interventor de cuentas || **~teur, trice** s Auditor, a | Radioescucha, radioyente | Oyente : *~ libre,* oyente libre | DR. Oidor || **~tif, ive** adj Auditivo, a || **~tion** f Audición || **~toire** m Auditorio, oyentes *pl* || **~torium** [oditɔrjɔm] m Auditorium, sala (*f*) de audiciones | RAD. Estudio.
aug|e f Pila, pilón *m,* bebedero *m* (abreuvoir) | Comedero *m* (pour manger) | Artesa (récipient) | Cuezo *m* (de maçon) | Cangilón *m* (de roue) || **~et** m ou **~ette** f V. AUGE.
augment|atif, ive adj/m GRAM. Aumentativo, a || **~ation** f Aumento *m,* incremento *m* | Subida, aumento *m* (prix) | — Pl Crecidos *m* (tricot) || **~er** vt/i Aumentar, incrementar | Subir (prix) | Crecer (tricot).
augur|al, e adj Augural || **~e** m Augur, agorero (devin) | Agüero, augurio (présage) || **~er** vt Augurar, agorar (p. us.).
auguste adj Augusto, a | — M Payaso, augusto (clown).
augustin, ~e s Agustino, a || **~ien, enne** adj/s Agustiniano, a.
aujourd'hui adv Hoy.
auln|aie [olnɛ] f Alisar *m,* aliseda || **~e** f Aliso *m.*
aulx [o] mpl (pl de *ail*) Ajos.
aumôn|e f Limosna : *faire l'~,* dar limosna || **~erie** f Capellanía || **~ier** m Capellán || **~ière** f Limosnera, bolso *m.*
aun|aie [onɛ] f Alizar *m,* aliseda || **~e** f Aliso *m* | Vara, ana (mesure) | FIG. *Mesurer avec la même ~,* medir con el mismo rasero.
auparavant adv Antes, anteriormente.
auprès adv Al lado, cerca | Junto (tout à côté) | *~ de,* al lado de, comparado con (par rapport), para (aux yeux de), dirigiéndose a (s'adressant à), con (avec), ante (devant), cerca de : *ambassadeur ~ du Saint-Siège,* embajador cerca de la Santa Sede.
auquel, elle pron Al cual, a la cual, a quien (personnes), al cual, a la cual (choses) | A cuál (interrogation) | *~ cas,* en cuyo caso.
aura f Aura.
auréol|aire adj Aureolar || **~e** f Aureola | ASTR. Halo *m* || **~er** vt Aureolar.
auricul|aire adj Auricular | — M Auricular, meñique (fam) [dedo] || **~e** f ANAT. Aurícula.

aurifère adj Aurífero, a.
aurochs [orɔk(s)] m Uro, auroc.
aurore f Aurora.
auscult|ation f Auscultación ‖ **~er** vt Auscultar.
auspice m Auspicio : *sous les ~s de,* bajo los auspicios de; *sous d'heureux ~s,* con buenos auspicios.
aussi adv También | Tan (autant) | *~ ... que,* tan ... como | — Conj Por esto, por eso | *~ bien,* además | *~ bien que,* tan bien como, lo mismo que | *~ bien ... que,* tanto ... como ‖ **~tôt** adv En seguida | *~ après,* inmediatamente después | *~ que,* tan pronto como, en cuanto.
aust|ère adj Austero, a ‖ **~érité** f Austeridad.
austral, e adj Austral.
Australie nprf Australia.
australien, enne adj/s Australiano, a.
autant adv Tanto | Lo mismo, otro tanto : *j'en fais ~,* hago lo mismo | *~ de,* otro tanto (avec un verbe) ; tanto, a (adj) [quantité] : *j'ai ~ de livres que toi,* tengo tantos libros como tú; otros tantos, otras tantas (équivalence) | *~ de ... ~ de,* tantos (as) ... tantos (as) | *~ que,* tanto como, tan como (avec un verbe), tanto (adj) como (avec un nom), cuanto : *il travaille ~ qu'il peut,* trabaja cuanto puede; según lo que (d'après) | *~ que possible,* en lo posible, en lo que cabe | *D'~ moins que,* tanto menos cuanto que, menos aun cuando | *Pour ~,* por eso, por ello.
autar|chie f Autarquía ‖ **~cie** f Autarcía.
autel m Altar : *maître ~,* altar mayor | Ara *f* (pour sacrifices) | FIG. *Sur l'~ de,* en aras de.
auteur m Autor, a | Escritor, a.
authenti|cité f Autenticidad ‖ **~fier** vt Autentificar, autentizar ‖ **~que** adj Auténtico, a.
autisme m Autismo.
auto f Auto *m* | — M Auto sacramental.
auto|-allumage m TECH. Autoencendido ‖ **~biographe** s Autobiógrafo, a ‖ **~biographie** f Autobiografía ‖ **~biographique** adj Autobiográfico, a ‖ **~bus** m Autobús ‖ **~car** m Autocar ‖ **~chenille** f Autooruga *m* ‖ **~chtone** adj/s Autóctono, a ‖ **~clave** m Autoclave *f* ‖ **~collant, e** adj Autoadhesivo, va | — M Pegatina *f* ‖ **~crate** adj/s Autócrata ‖ **~cratie** f Autocracia ‖ **~cratique** adj Autocrático, a ‖ **~critique** f Autocrítica ‖ **~cuiseur** m Olla (*f*) de presión ‖ **~dafé** m Auto de fe ‖ **~détermination** f Autodeterminación ‖ **~didacte** adj/s Autodidacto, a ‖ **~drome** m Autódromo ‖ **~-école** f Autoescuela ‖ **~financement** m Autofinanciación *f,* autofinanciamiento ‖ **~gène** adj Autógeno, a ‖ **~gestion** f Autogestión ‖ **~gire** m Autogiro ‖ **~graphe** adj/m Autógrafo, a ‖ **~graphie** f Autografía ‖ **~guidage** m Conducción (*f*) automática ‖ **~guidé, e** adj Autodirigido, a ‖ **~-induction** f ÉLEC. Autoinducción ‖ **~mate** m Autómata ‖ **~maticité** f Automaticidad ‖ **~mation** f Automatización, automación ‖ **~matique** adj Automático, a ‖ **~matiser** vt Automatizar ‖ **~matisme** m Automatismo ‖ **~médication** f Automedicación.
automn|al, e adj Otoñal ‖ **~e** [otɔn] m Otoño.
automobil|e f Automóvil *m* | — Adj Automóvil ‖ **~iste** s Automovilista.
automoteur, trice adj Automotor, a | — F Automotor *m,* autovía *m.*
auto|nome adj Autónomo, a ‖ **~nomie** f Autonomía ‖ **~nomiste** adj/s Autonomista ‖ **~plastie** f Autoplastia ‖ **~pompe** f Autobomba ‖ **~portrait** m Autorretrato ‖ **~propulsé, e** adj Autopropulsado, a ‖ **~propulseur** m Autopropulsor ‖ **~propulsion** f Autopropulsión ‖ **~psie** f Autopsia ‖ **~psier** vt Autopsiar ‖ **~rail** m Autovía, ferrobús.
autori|sation f Autorización, permiso *m* ‖ **~ser** vt Autorizar, permitir | — Vp Fundarse en, apoyarse en la autoridad de ‖ **~taire** adj/s Autoritario, a ‖ **~té** f Autoridad | *D'~,* autoritariamente, de manera imperativa | *Faire ~,* ser autoridad.
auto|route f Autopista ‖ **~-stop** m Autostop ‖ **~strade** f Autopista.
autosuggestion f Autosugestión.
autour adv Alrededor | *~ de nous,* alrededor nuestro | *Tout ~,* por todos lados, por todas partes.
autour m Azor (oiseau).
autovaccin m Autovacuna *f.*
autre adj/pron Otro, a : *j'ai un ~ chien,* tengo otro perro; *l'~ jour,* el otro día | FAM. *À d'~s!,* ¡cuéntaselo a otro! | *Entre ~s,* entre otros | *Les ~s,* los demás, los otros | *Tout ~,* muy diferente | *Tout ~ que,* cualquier otro que no fuese ‖ **~fois** adv En otro tiempo, antaño ‖ **~ment** adv De otro modo | Si no, de lo contrario (sinon). | *Tout ~,* de muy distinto modo.
Autriche nprf Austria.
autrichien, enne adj/s Austriaco, a.
autruche f Avestruz.
autrui pron El prójimo | *D'~,* ajeno, a.
auvent m Tejadillo, colgadizo.
aux [o] art contr (pl de *au*) A los, a las.
auxiliaire adj/s Auxiliar.
avach|i, e adj Deformado, a | Marchito, a (fané) | FAM. Molido, a;

hecho polvo (fatigué) || **~ir (s')** vp Deformarse | FAM. Apoltronarse || **~issement** m Deformación *f* | FAM. Apoltronamiento, flojera *f*.

aval m Río abajo | COM. Aval | *En ~,* río abajo.

avalanche f Alud *m*, avalancha.

aval|er vt Tragar | Ingerir (médicament) | FAM. Tomar (manger), engullir (engloutir) | FIG. Comerse (mots), tragarse, creer (croire), tragarse (insulte) | FIG. *Ne pas pouvoir ~ qqn,* atragantársele alguien a uno || **~eur, euse** adj/s FAM. Tragón, ona | *~ de sabre,* tragasables.

avaliser vt Avalar.

à-valoir m inv Pago parcial anticipado.

avaloire f POP. Tragaderas *pl.*

avanc|e f Adelanto *m* | Anticipo *m* (d'argent) | Ventaja, adelanto *m* (sportif) | ARCH. Saledizo *m*, saliente *m* | MIL. Avance *m* || *À l'~,* de antemano | *~ à l'allumage,* avance al encendido | *D'~,* por anticipado, con anticipación | *En ~,* con anticipación; adelantado, a (montre) | *Par ~,* de antemano || **~é, e** adj V. AVANCER | Avanzado, a (idée) | Pasado, a; manido, a | *À une heure très ~ de la nuit,* a altas horas de la noche || **~ée** f Hijuela, sedal *m* (pêche) | MIL. Avanzada | ARCH. Saliente *m*, saledizo *m* || **~ement** m Avance | Adelanto, progreso (des travaux) | Ascenso : *~ à l'ancienneté,* ascenso por antigüedad || **~er** vt Avanzar | Acercar (approcher) | Anticipar, adelantar (argent) | Exponer, enunciar (exposer) | Adelantar : *~ son départ,* adelantar su salida | — Vi Avanzar | Ascender (en grade) | Adelantar (horloge) | Progresar | *Cela n'avance à rien,* con eso no se gana nada | FAM. *Être bien avancé,* estar arreglado | *Le mois était bien avancé,* era bien entrado el mes | — Vp Adelantarse | Sobresalir | FIG. Comprometerse.

avanie f Afrenta, vejación, insulto *m*.

avant prép Antes de | Antes que : *~ toi,* antes que tú | FIG. Ante, antes que | *~ que,* antes (de) que | *~ tout,* ante todo, antes que nada | *En ~ de,* delante de | — Adv Antes | Adentro, profundamente | *~ peu,* dentro de poco | *En ~!,* ¡adelante!, ¡de frente! | MAR. *En ~ toute!,* ¡avante toda! | FIG. *Mettre en ~,* sentar, alegar. *Se mettre en ~,* ponerse en evidencia | — M Delantera *f*, parte (*f*) delantera | Delantero (sports) | *Aller de l'~,* avanzar | — Adj Delantero, a.

avantag|e m Ventaja *f* | DR. Mejora *f* | — Pl FAM. Atractivos | *~ en nature,* remuneración en especies | *~s sociaux,* beneficios sociales | *Prendre l'~ sur,* tomar la delantera a | *Se montrer à son ~,* presentarse lo mejor posible | *Tirer ~ de,* sacar provecho ou partido de || **~er** vt Aventajar | Favorecer, agraciar (physiquement) | DR. Mejorar || **~eux, euse** adj Ventajoso, a | Favorable | Que favorece (physiquement).

avant|-bassin m Antepuerto || **~-bec** m Espolón || **~-bras** m Antebrazo || **~-centre** m Delantero centro (football) || **~-chœur** [avākœ:r] m Antecoro || **~-corps** m inv ARCH. Salidizo, arimez || **~-coureur** adjm/m Precursor || **~-dernier, ère** adj/s Penúltimo, a || **~-garde** f Vanguardia : *être à l'~,* ir en vanguardia | *D'~,* vanguardista, de vanguardia || **~-goût** m FIG. Primera impresión *f* || **~-guerre** m ou f Período (*m*) anterior a la guerra || **~-hier** adv Anteayer, antes de ayer || **~-port** m Antepuerto || **~-poste** m MIL. Puesto avanzado || **~-première** f Primera función destinada a los críticos || **~-projet** m Anteproyecto || **~-propos** m inv Prólogo, prefacio, proemio || **~-scène** f Proscenio *m* | Palco (*m*) de proscenio (loge) || **~-toit** m ARCH. Alero, voladizo || **~-train** m Juego delantero (voiture) | MIL. Armón, avantrén || **~-veille** f Antevíspera.

avar|e adj/s Avaro, a | FIG. Parco, a || **~ice** f Avaricia || **~icieux, euse** adj Avaricioso, a; avariento, a.

avari|e f Avería | Daño *m*, deterioro *m* (détérioration) || **~er** vt Echar a perder, estropear | — Vp Averiarse.

avatar m Avatar, transformación *f* | Vicisitud *f*.

ave m Avemaría *f* (prière) | Cuenta *f* (grain de chapelet).

avec prép Con | *~ moi, toi, soi,* conmigo, contigo, consigo.

avenant m Acta (*f*) adicional (contrat) | Póliza (*f*) adicional (assurance).

avenant, e adj Afable, agradable | *À l'~,* por el estilo, a tenor (semblable), en armonía | *À l'~ de,* conforme con, de acuerdo con.

avènement m Advenimiento | Llegada (*f*) al trono | Acceso.

avenir m Porvenir, futuro | *À l'~,* en el futuro, de ahora en adelante | *Avoir de l'~,* tener porvenir.

avenir ou **à-venir** m DR. Convocación *f*, requerimiento.

Avent nprm Adviento.

aventur|e f Aventura | *À l'~,* a la ventura, a la buena de Dios | *D'~ o par ~,* por ventura, por casualidad | *La bonne ~,* la buenaventura | *Tenter l'~,* probar fortuna || **~er** vt Aventurar, arriesgar, exponer | — Vp

Aventurarse ‖ **~eux, euse** adj Aventurado, a; arriesgado, a (risqué) | Azaroso, a ‖ **~ier, ère** adj/s Aventurero, a.
avenu, e adj *Non ~*, sin valor.
avenue f Avenida.
avér|é, e adj Probado, a ‖ **~er** vt Comprobar, verificar | — Vp Revelarse.
averse f Chaparrón *m*, aguacero *m*, chubasco *m*.
aversion f Aversión : *prendre en ~*, cobrar aversión.
avert|i, e adj Advertido, a | Enterado, a; prevenido, a | Avisado, a; sagaz ‖ **~ir** vt Advertir, hacer saber ‖ **~issement** m Advertencia *f* (remarque) | Introducción *f* | Aviso (pour prévenir) | Notificación *f* ‖ **~isseur** m Avisador | Aparato de alarma | Bocina *f* (voiture) | Avisador (teatro) | *~ sonore*, señal sonora *ou* acústica.
aveu m Confesión *f* | Permiso, consentimiento | Declaración *f* | *De l'~ de*, según la opinión de | *Faire l'~ de*, confesar.
aveugl|ant, e adj Deslumbrador, a; que ciega | Fig. Fehaciente (preuve) ‖ **~e** adj/s Ciego, a | *À l'~* o *en ~*, a ciegas, a tontas y a locas ‖ **~ement** m Ceguera *f*, ceguedad *f* | Fig. Obcecación *f* ‖ **~ément** adv Ciegamente ‖ **~e-né, e** adj/s Ciego, ciega de nacimiento ‖ **~er** vt Cegar | Deslumbrar (éblouir) | — Vp Cegarse, ofuscarse ‖ **~ette (à l')** loc adv A ciegas, a tientas | Fig. A la buena de Dios, al buen tuntún.
aveulir vt Debilitar (affaiblir) | Quitar el ánimo.
aviat|eur, trice adj/s Aviador, a ‖ **~ion** f Aviación.
avicult|eur m Avicultor ‖ **~ure** f Avicultura.
avid|e adj Ávido, a: ansioso, a | Fig. Codicioso, a ‖ **~ité** f Avidez, ansia | Fig. Codicia.
avil|ir vt Envilecer, degradar | Depreciar (marchandise) ‖ **~issant, e** adj Envilecedor, a ‖ **~issement** m Envilecimiento, degradación *f* | Depreciación *f* (marchandise).
aviné, e adj Fam. Borracho, a (ivre), aguardentoso, a (voix).
avion m Avión : *~ à réaction, bombardier, de ravitaillement, téléguidé*, avión de reacción, de bombardeo, nodriza, sin piloto ‖ **~nette** f Avioneta.
aviron m Remo.
avis m Parecer, opinión *f* | Aviso, advertencia *f* : *~ au lecteur*, advertencia al lector | *De l'~ de*, según opinión de | *Être de l'~ que* o *de*, ser del parecer que ‖ **~é, e** adj Avisado, a; sagaz ‖ **~er** vt Avisar | Divisar, ver (voir) | — Vi Reflexionar, pensar | — Vp Ocurrirse : *il s'avisa de*, se le ocurrió.
avitaminose f Méd. Avitaminosis.
aviver vt Avivar.
avoc|aillon [avɔkajɔ̃] ou **~assier** m Fam. Abogadillo, picapleitos, leguleyo ‖ **~at, e** s Abogado, a | *~ général*, fiscal del Tribunal Supremo | *~ stagiaire*, pasante de abogado.
avocat m Aguacate (fruit) ‖ **~ier** m Aguacate (arbre).
avoine f Avena.
avoir m Haber.
avoir* vt Tener | Vencer (vaincre) | *~ à*, tener que (devoir), tener algo para | *~ beau*, por más que : *il a beau faire*, por más que hace; *il aura beau faire*, por más que haga | *~ comme*, tener por | *En ~ à* o *contre qqn*, estar resentido contra uno | *En ~ assez*, estar harto | *En ~ pour*, tardar (temps), costar (argent) | — V aux Haber | — Vimp *Il y a*, hay (quantité), hace (temps) | *Il n'y a pas de quoi*, no hay de qué.
avoisin|ant, e adj Vecino, a; contiguo, a; inmediato, a ‖ **~er** vt Lindar con, confinar con, ser vecino de | Fig Aproximarse.
avort|ement m Aborto criminal *ou* provocado | Fig. Fracaso, aborto ‖ **~er** vi Abortar | Fig. Abortar, frustrarse, fracasar ‖ **~on** m Aborto.
avou|able adj Confesable ‖ **~é** m Procurador judicial ‖ **~er** vt Confesar, reconocer | — Vp Confesarse, declararse, darse por.
avril m Abril : *le 7 ~ 1973*, el 7 de abril de 1973 | Fig. *En ~ ne te découvre pas d'un fil*, hasta el cuarenta de mayo no te quites el sayo.
ax|e m Eje ‖ **~er** vt Orientar, centrar ‖ **~ial, e** adj Axial.
axillaire [aksillɛ:r] adj Axilar.
axiom|atique adj Axiomático, a ‖ **~e** m Axioma | Principio.
axolotl m Ajolote (animal).
ayant cause [ɛjɑ̃ko:z] m Dr. Causahabiente.
ayant droit [ɛjɑ̃drwa] m Dr. Derechohabiente.
aymara adj/s Aimara, aimará.
azalée f Bot. Azalea.
azimut [azimyt] m Acimut ‖ Fig. *Dans tous les ~s*, por todos lados.
azot|ate m Nitrato ‖ **~e** m Nitrógeno, ázoe (vx) ‖ **~é, e** adj Nitrogenado, a ‖ **~ique** adj Nítrico, a ‖ **~ite** m Nitrito.
aztèque adj/s Azteca.
azur m Azul ‖ **~er** vt Azular ‖ **~ite** f Azurita.
azyme adjm Ácimo.

b

b m B *f*.
baba adj FAM. Embobado, a; patidifuso, a : *rester* ~, quedarse patidifuso | — M Bizcocho borracho (gâteau au rhum).
babeurre m Suero de la leche de vaca.
babil m Parloteo, cháchara *f* | Balbuceo (enfants), gorjeo (oiseau).
babill|age [babija:ʒ] m Cháchara *f*, parloteo || **~ard, e** adj/s Charlatán, ana; parlanchín, ina || **~er** vi Parlar, parlotear.
babine f Belfo *m*, morro *m* | FAM. *S'en lécher les ~s*, chuparse los dedos, relamerse.
babiole f FAM. Bagatela, fruslería.
bâbord [babɔ:r] m MAR. Babor (côté gauche d'un bâteau).
babouche f Babucha.
baby-foot m Futbolín.
bac m Barcaza *f*, chalana *f* | Transbordador | Cuba *f* (baquet) | Pila *f* (de cuisine) | TECH. Cubeta *f* | FAM. Bachillerato.
baccalauréat m Bachillerato.
— OBSERV. En francés el *baccalauréat* sólo designa el examen y grado universitario y no cada uno de los años en que se hace el bachillerato. Tiene lugar esta prueba al final de los estudios de que consta la segunda enseñanza.
baccara m Bacarrá.
bacchan|ale [bakanal] f Bacanal || **~te** [-kã:t] f Bacante.
bâch|e f Toldo *m* | Estufa (plantes) | Cubierta de lona, lona (de voiture) | Depósito *m* (chaudières) || **~er** vt Entoldar.
bachelier, ère s Bachiller, a.
bachot m Bote (bateau) | FAM. Bachillerato || **~er** vi FAM. Empollar.
bacill|aire [basilɛ:r] adj Bacilar || **~e** m Bacilo.
bâcl|age m Cierre (port, rivière) | FAM. Chapucería *f* || **~e** f Barra (de fer), tranca (de bois) || **~er** vt Atrancar (porte, fenêtre) | FAM. Hacer de prisa y corriendo, chapucear | Cerrar (port, rivière) || **~eur, euse** s FAM. Chapucero, a.
bactéri|cide adj/m Bactericida || **~e** f Bacteria || **~ologie** f Bacteriología || **~ologiste** s Bacteriólogo, a.
badaud, ~e [bado, o:d] adj/s Curioso, a; mirón, ona || **~er** vi Curiosear; callejear.
baderne f MAR. Baderna | FAM. *Vieille ~*, vejestorio, carcamal.
badigeon [badiʒɔ̃] m Enlucido, encalado || **~nage** m Enlucido, encalado | MÉD. Pincelada *f* (gorge), untura *f* (externe) || **~ner** vt Enlucir, encalar | MÉD. Dar unos toques, untar || **~neur** m Enlucidor, encalador | FAM. Pintor de brocha gorda.
badin, e adj Juguetón, ona; bromista || **~age** m Broma *f*, chanza *f* || **~e** f Junquillo *m* (canne) | Varilla (baguette) || **~er** vt Bromear (plaisanter) | Juguetear (jouer) || **~erie** f Broma (plaisanterie) | Niñada (enfantillage).
baffe f POP. Bofetada, tortazo *m*, guantazo *m* (gifle).
bafouer vt Mofarse de (se moquer) | Escarnecer, abofetear | Ridiculizar.
bafouill|age [bafuja:ʒ] m FAM. Habla (*f*) entrecortada, farfulla *f* || **~er** vi FAM. Hablar entrecortadamente, farfullar || **~eur, euse** s FAM. Farfullador, a.
bâfr|er vt/i POP. Atracarse, engullir || **~eur, euse** s POP. Comilón, ona; tragón, ona.
bagage m Equipaje : *~s à main*, equipaje de mano | MIL. Impedimenta *f* | FIG. Bagaje, caudal | FAM. *Plier ~*, liar los bártulos (partir), irse al otro barrio, liar el petate (mourir).
bagarr|e f Gresca, camorra, trifulca || **~er** vi/p Pelearse || **~eur, euse** adj/s Camorrista, peleón, ona.
bagatelle f Bagatela, fruslería | *Ne pas s'arrêter à des ~s*, no pararse en tonterías.
bagn|ard [baɲa:r] m Forzado, presidiario || **~e** m Presidio || **~ole** f POP. Coche *m*, carro *m*.
bagou m FAM. Labia *f*, jarabe de pico : *ils avaient beaucoup de ~*, todos tenían mucha labia.
bagu|e f Anillo *m*, sortija (bijou) | Anilla (d'oiseau) | Vitola (de cigare) | ARCH. Anillo *m* | TECH. Casquillo *m* || **~enauder** vi Callejear (se promener) || **~er** vt Anillar (oiseau) | Ensortijar (doigts) || **~ette** f Junquillo *m*, varilla (bâton) | Palillo *m* (pour manger, de tambour) | Junco *m* (d'un cadre) | Barra (pain) | Agitador *m* (de laboratoire) | Baqueta (de fusil) | MUS. Batuta | Moldura (moulure) | ELEC. cajetín *m* | *~ magique*, varita de las virtudes | *Mener à la ~*, llevar *ou* tratar a la baqueta.

bahut [bay] m Arcón, arca *f* (coffre) | Bargueño (meuble) | ARCH. Albardilla *f* | FAM. Colegio.
bai, e adj Bayo, a (cheval).
baie [bɛ] f Bahía (rade) | Baya (fruit) | ARCH. Vano *m*, hueco *m* | ~ *vitrée*, ventanal, ventana, vidriera.
baign|ade f Baño *m* || **~er** vt Bañar | — Vi Estar bañado | — Vp Bañarse || **~eur, euse** s Bañista | — M Muñequilla *f* (poupée) || **~oire** f Baño, bañera *f* (récipient) | Palco (*m*) de platea (théâtre).
bail [baj] m Arrendamiento, arriendo | ~ *à céder*, se traspasa.
baille [bɑj] f MAR. Balde *m*, cubo *m* | FAM. Mar *m*.
bâill|ement [bɑjmɑ̃] m Bostezo || **~er** vi Bostezar (personne) | Estar entornada (porte).
baill|eur, eresse [bajœ:r, bajrɛs] s Arrendador, a | ~ *de fonds*, socio capitalista, proveedor de fondos || **~i** m Baile (magistrat) | Bailío (ordre de Malte) || **~iage** [baja:ʒ] m Bailía *f*, bailiaje.
bâillon [bɑjɔ̃] m Mordaza *f* || **~nement** m Amordazamiento || **~ner** vt Amordazar.
bain m Baño | FAM. *Être dans le* ~, estar en el asunto (au courant), estar comprometido (compromis) || **~-marie** m Baño (de) maría.
baïonnette [bajɔnɛt] f Bayoneta : *mettre* ~ *au canon*, calar la bayoneta | Casquillo *m* (d'ampoule).
bais|emain m Besamanos || **~er** vt Besar | — M Beso | ~ *de paix*, ósculo de paz.
baiss|e f Bajada (des eaux) | Baja (des prix) | *Jouer à la* ~, jugar a la baja || **~er** vt/i Bajar | ~ *pavillon*, arriar bandera | — M Caída *f* (du rideau).
bajoue f Carrillada, abazón *m* (d'animal) | FAM. Moflete *m* (personne).
Bakélite *f* Baquelita, bakelita.
bal m Baile : ~ *masqué*, baile de máscaras.
balad|e f FAM. Paseo *m* : *faire une* ~, darse un paseo || **~er** vt FAM. Pasear | FAM. *Envoyer* ~, mandar a paseo || **~euse** f Carrito *m* (de marchand) | Jardinera (tramway) | Lámpara transportable || **~in** m Saltimbanqui.
balafr|e f Chirlo *m* || **~er** vt Señalar la cara con una cuchillada.
balai m Escoba *f* | ÉLEC. Escobilla *f* | *Coup de* ~, escobazo | *Manche à* ~, palo de escoba (pour balayer), palanca de mando (avion).
balalaïka f Balalaika.
balanc|e f Balanza, peso *m* (báscula) | ASTR. Libra | COM. Balanza : ~ *des paiements*, balanza de pagos; balance *m* (bilan) | FIG. Equilibrio *m* | *Faire pencher la* ~, inclinar el fiel de la balanza | *Mettre en* ~, sopesar || **~é, e** adj Equilibrado, a || **~ement** m Balanceo (d'un pendule) | Contoneo (d'une personne) | Equilibrio | Vacilación *f* (hésitation) || **~er** vt FAM. Despedir (renvoyer) | — Vi Balancear | — Vp Columpiarse (*sur*, en) | FIG. Equilibrarse | MAR. Balancearse | POP. *S'en* ~, traerle a uno sin cuidado || **~ier** m Balancín | Péndola *f* (de pendule) || **~ine** f Balancín *m* | MAR. Amantillo *m*.
balançoire f Columpio *m*.
balay|age [balɛja:ʒ] m Barrido | TECH. Exploración *f* || **~er** vt Barrer || **~ette** f Escobilla || **~eur** m Barrendero || **~euse** f Barrendera | Barredora (municipale).
balbuti|ement [balbysimɑ̃] m Balbuceo || **~er** vt/i Balbucear, balbucir.
balcon m Balcón | Piso principal (théâtre) | *Premier* ~, entresuelo.
baldaquin m Baldaquín, baldaquino.
Bâle [bɑl] npr Basilea.
balein|e f Ballena (animal, lame de corset) | Varilla (de parapluie) || **~eau** m Ballenato || **~ier, ère** adj/s Ballenero, a.
balis|age m Balizaje || **~e** f Baliza || **~er** vt Balizar || **~eur** Balizador || **~ier** m BOT. Cañacoro.
balist|e f Balista || **~ique** adj/f Balístico, a.
baliveau m Alma *f* [viga].
baliverne f Cuchufleta, pamplina.
ballade f Balada.
ballant, e adj Pendiente, colgante | — M Balanceo.
ballast m Balasto || **~er** vt Balastar || **~ière** f Balastera.
ball|e f Pelota (jeu) | Bala (de fusil) | Bala, fardo *m* (ballot) | Paca, bala (de coton) | Cascabillo *m* (du grain) | *Échange de* ~*s*, peloteo (tennis) | FIG. *Prendre la* ~ *au bond*, coger la ocasión por los pelos | *Renvoyer la* ~, devolver la pelota || **~erine** f Bailarina | Zapatilla (chaussure) || **~et** m Ballet | *Corps de* ~, cuerpo de baile.
ballon m Globo (aérostat, jouet) | Balón (jeu) | CHIM. Matraz | GÉOG. Morro | ~ *d'essai*, ~*-sonde*, globo sonda || **~ner** vt Hinchar, inflar.
ballot m Bulto, fardo | FAM. Ceporro, memo || **~tage** m Empate | *Scrutin de* ~, segunda votación || **~tement** m Bamboleo || **~ter** vt Hacer bambolear | — Vi Bambolearse.
ballottine f Balotina.
ball-trap m Lanzaplatos (tir).
bal(l)uchon m FAM. Lío (paquet) | Hatillo, petate (de vêtements).
balné|aire adj Balneario, a || **~othérapie** f Balneoterapia.

balourd, ~e [balu:r, urd] adj/s Palurdo, a | — M Desequilibrio dinámico || **~ise** f Torpeza, simpleza.
balsamier m Bot. Balsamero || **~ne** f Bot. Balsamina.
balte ou **baltique** adj/s Báltico, a.
baluchon m V. BALLUCHON.
balustr|ade f Balaustrada, barandilla || **~e** m Balaústre, balaustre.
bambin, e s Fam. Chiquillo, a; nene, a.
bamboch|ade f Bambochada || **~e** f Francachela, juerga, jarana || **~eur, euse** s Fam. Juerguista, jaranero, a.
bambou m Bot. Bambú.
bamboula f Fam. Jarana.
ban m Bando (écrit) | Pregón (oral) | Aplauso | Destierro (exil) : *être en rupture de ~*, quebrar el destierro | — Pl Amonestaciones *f* | *Mettre au ~ de*, poner al margen de.
banal, e adj Común, trivial || **~ité** f Trivialidad.
banan|e f Plátano *m* [*Amér.*, banana] || **~eraie** f Platanal *m*, platanar *m* || **~ier** m Plátano [*Amér.*, banano].
banc [bɑ̃] m Banco | *~ des accusés*, banquillo | *~ d'essai*, banco de prueba || **~aire** adj Bancario, a || **~al, e** adj Patituerto, a (personne) | Cojo, a (chose).
banche f Tapial *m*.
banco m inv Banca *f* | *Faire ~*, copar la banca.
bancroche adj Fam. Patituerto, a.
band|age m Venda *f* (bande) | Vendaje | Braguero (hernies) | Tech. Llanta *f* (roues), calzo (métallique) || **~e** f Faja (lien) | Venda | Faja (de terre, de journal) | Tira (de tissu) | Tech. Cinta : *~ magnétique*, cinta magnetofónica; banda (de fréquences) | Banda, baranda (billard) | Pandilla, cuadrilla (groupe) | Mar. Banda : *donner de la ~*, dar de banda | *~ dessinée*, historieta, tira | *~ sonore*, cinta *ou* banda sonora | Fig. *Faire ~ à part*, hacer rancho aparte | *Par la ~*, indirectamente || **~eau** m Venda *f* | Diadema *f* (diadème) | Bandó (cheveux) | Arch. Faja *f* | Fig. *Faire tomber le ~ des yeux*, quitar la venda de los ojos. || **~elette** f Cinta | Banda (momie) | Arch. Filete *m* || **~er** vt Vendar | Tensar (tendre) | Armar (arc).
bander|ille f Taur. Banderilla || **~ole** f Banderola, gallardete *m*.
bandit m Bandido || **~isme** m Bandolerismo, bandidaje.
bandonéon m Mus. Bandoneón.
bandoulière f Bandolera | *Porter en ~*, terciar, llevar a la bandolera.
banjo m Mus. Banjo.
banlieu|e [bɑ̃ljø] f Afueras *pl* | *Petite ~*, extrarradio | *Train de ~*, tren de cercanías || **~sard, e** s Fam. Habitante de las afueras.
banne f Banasta | Volquete *m* (tombereau) | Toldo *m* (vélum).
bann|i, e adj/s Desterrado, a | Proscrito, a; exilado, a || **~ière** f Bandera (pavillon) | Pendón *m* (de guerre) | Estandarte *m* (de confrérie) || **~ir** vt Desterrar | Fig. Alejar, rechazar || **~issement** m Destierro.
banqu|e f Banco *m* (établissement) | Banca (commerce des valeurs, jeu) | Banco *m* (de données, d'organes) || **~eroute** f Bancarrota, quiebra | *Faire ~*, quebrar || **~eroutier, ère** s Quebrado, a || **~et** m Banquete || **~eter** vi Banquetear || **~ette** f Banqueta | Asiento *m* (de voiture) || **~ier, ère** adj/s Banquero, a || **~ise** f Banquisa, banco (*m*) de hielo.
baobab m Baobab.
bapt|ême [batɛm] m Bautismo (sacrement) | Bautizo (cérémonie) | *~ de la ligne*, paso del Ecuador || **~iser** vt Bautizar || **~ismal, e** adj Bautismal | *Fonts baptismaux*, pila bautismal || **~iste** m Bautista || **~istère** m Baptisterio, bautisterio.
baquet m Cubeta *f*.
bar m Bar (débit) | Robalo, róbalo, lubina *f* (poisson) | Bar (unité).
baragouin [baragwɛ̃] m Fam. Jerigonza *f*, jerga *f* || **~age** [-gwina:ʒ] m Fam. Chapurreo, farfulla *f* || **~er** vt/i Fam. Chapurrear (une langue) | Farfullar (un discours) || **~eur, euse** s Chapurreador, a; farfullador, a.
baraqu|e f Barraca | Fam. Casucha || **~ement** m Campamento de barracas.
baratin m Pop. Charlatanería *f* | Camelo, cuento (tromperie) | *Faire du ~*, camelar || **~eur, euse** s Pop. Camelista, cuentista.
baratt|age m Batido || **~e** f Mantequera || **~er** vt Batir.
barbacane f Barbacana, aspillera.
barbant, e adj Pop. Latoso, a.
barbar|e adj/s Bárbaro, a || **~esque** adj/s Berberisco, a || **~ie** f Barbarie || **~isme** m Barbarismo.
barb|e f Barba (d'un homme, d'une plume) | Tech. Rebaba (bavochure), barba (du papier) | Pop. Lata, tostón *m* | — Pl Cabello *sing* (maïs) | Raspas (blé) | *À la ~ de*, en las barbas de | *~ à papa*, algodón (friandise) | *Rire dans sa ~*, reír para su coleto || **~eau** m Barbo (poisson) | Aciano (bluet) || **~ecue** [barbəkju] f Parbacoa || **~elé, e** adj Arpado, a; dentado, a | *Fil de fer ~*, alambre de espino *ou* de púas || **~er** vt Pop. Dar la lata, fastidiar | — Vp Pop. Aburrirse || **~et** m Perro de aguas (chien) | Salmonete, barbudo (poisson)

|| **~iche** f Perilla || **~ier** m Barbero || **~ifier** vt FAM. Afeitar || **~on** m Vejete, vejancón | Barba (théâtre) || **~iturique** adj/m Barbitúrico, a.
barbot|age m Chapoteo || **~ement** m Chapoteo || **~er** vi Chapotear (patauger) | Borbollar (gaz) | — Vt/i POP. Birlar (voler) || **~euse** f Pelele *m*.
barbouill|age [barbuja:ʒ] ou **~is** [-ji] m Embadurnamiento | Borrones *pl*, garabatos *pl* (écriture) || **~er** vt Embadurnar | Pintarrajear (peindre) || **~** *du papier*, emborronar papel || **~eur, euse** s Embadurnador, a | Emborronador de papel | Pintamonas, mamarrachista (peintre).
barb|u, e adj Barbudo, a || **~ue** f Barbada (poisson).
barcarolle f Barcarola.
barcasse f Barcaza.
bard m Angarillas *fpl*, andas *fpl*.
barda m POP. MIL. Impedimenta *f* | Trastos *pl* (bagages).
bardane f BOT. Bardana, lampazo *m*.
bard|e f Barda (armure) | Albardilla (tranche) | — M Bardo || **~er** vt Bardar, acorazar (d'une armure) | Emborrizar (viande) | FAM. *Ça barde*, esto pita (marcher), hay un follón (grabuge) | *Ça va ~*, se va a armar la gorda || **~ot** m Burdégano.
barème m Baremo, tabla *f*.
barge f Barca chata, pontón *m*.
bari|l m Barril || **~llet** m Barrilete | TECH. Tambor, cubo (montre), tambor, barrilete (revolver).
bariol|age m Abigarramiento || **~er** vt Abigarrar.
barman m Barman.
barn m Barn (unidad).
baro|graphe m Barógrafo || **~mètre** m Barómetro.
baron, ~onne s Barón, onesa || **~nie** f ou **~nage** m Baronía *f*.
baroque adj/m Barroco, a | FIG. Estrambótico, a.
baroud [barud] m POP. Pelea *f*.
barouf m POP. Jollín.
barque f Barca.
barrage m Presa *f* (retenue) | Embalse, pantano (ensemble) | Vallado, barrera *f* | Cruzamiento (chèque) | FIG. *Faire ~ à*, poner obstáculos a | *Match de ~*, partido de desempate *ou* de promoción.
barr|e f Barra | MAR. Timón *m* | Lingote *m* | Barra, alfaque *m* (banc de sable) | Raya, palote *m* (trait) | Barra, barandilla (tribunal) | *Avoir ~ sur*, dominar a | *~ à mine*, barrena || **~eau** m Barrote | DR. Foro, abogacía *f* (profession), colegio de abogados (ordre) || **~er** vt Atrancar (porte) | Interceptar (rue) | Cruzar (chèque) | Tachar (rayer) | *~ le chemin*, cortar el paso | — Vi MAR. Gobernar | — Vp POP. Largarse || **~ette** f Birrete *m*, birreta (chapeau) | Pasador *m* (cheveux) | **~eur** m MAR. Timonel || **~icade** f Barricada || **~icader** vt Levantar barricadas | Atrancar (porte) | — Vp Parapetarse | FIG. Encerrarse || **~ière** f Barrera.
barrique f Barrica.
barr|ir vi Bramar, barritar || **~issement** ou **~it** m Bramido.
bary|centre m Baricentro || **~e** f Baria || **~sphère** f Barisfera || **~te** f CHIM. Barita || **~ton** m MUS. Barítono || **~um** [barjɔm] m CHIM. Bario.
bas, basse [bɑ, bɑs] adj Bajo, a | Nublado, a; cargado, a (temps) | Corto, a (vue) | *À voix ~*, en voz baja | *~ âge*, primera infancia | *Faire main ~ sur*, apoderarse de || — Adv Bajo | *À ~!*, ¡abajo!, ¡fuera! | *En ~*, abajo | *Jeter ~*, derribar | *Mettre ~*, parir | *Tout ~*, bajito | — M Parte (*f*) baja | Pie (d'un écrit) | Bajos *pl* (d'un vêtement) | Media *f* : *~ indémaillable*, media indesmallable | *~ de casse*, caja baja | FIG. *~ de laine*, ahorrillos, talega.
basalte m Basalto.
basan|e f Badana || **~é, e** adj Moreno, a (brun) | Tostado, a; curtido, a (hâlé) || **~er** vt Curtir, tostar.
bas|-bleu m FAM. Literata *f*, marisabidilla *f*, cultalatiniparla *f* || **~-côté** m Nave (*f*) lateral (d'une église) | Andén, arcén (d'une route).
bascul|e f Báscula (pour peser) | Columpio *m*, subibaja *m* (balançoire) || **~er** vi Volcar, bascular | Voltear (retourner) | Caer (tomber) | — Vt Volcar || **~eur** m Basculador | Motovolquete | ÉLEC. Conmutador.
base f Base | ARCH. Basa | *Salaire de ~*, salario base | *Sur la ~ de*, teniendo como base.
base-ball [besbo:l] m Béisbol.
baser vt Basar.
bas-fond m Hondonada *f* (de terrain) | Bajo, bajío (mer) | — Pl FIG. Bajos fondos.
basilic m BOT. Albahaca *f* | Basilisco (reptile).
basilique f Basílica.
basin m Bombasí (étoffe).
basique adj CHIM. Básico, a.
basket-ball [baskɛtbo:l] m Baloncesto.
basoch|e f Golillas *mpl*, curia || **~ien, enne** adj Curialesco, a | — M Curial, golilla.
basquais, e adj/s Vasco, a.
basque adj Vasco, a | — M Vasco | Vascuence, éuscaro (langue) | — F Faldón *m* | *Être pendu aux ~s de*, estar agarrado a *ou* colgado de los faldones de | *Tambour de ~*, pandereta.

bas-relief [bɑrəljɛf] m Bajo relieve, bajorrelieve.
basse f MUS. Bajo *m* : *~ chantante*, bajo cantante | MAR. Bajo *m*, bajío *m* || **~-contre** f Bajo (*m*) profundo (voix) || **~-cour** f Corral *m* || **~-fosse** f Mazmorra.
bassesse f Bajeza.
basset m Pachón (chien).
bassin m Estanque (pièce d'eau) | Piscina *f* | Pilón (fontaine) | ANAT. Pelvis *f* | GÉOL. Cuenca *f* | Barreño, lebrillo (récipient) | Chata *f* (urinal) | CHIM. Cubeta *f* | MAR. Dársena *f* | *~ de radoub*, dique || **~e** f Barreño *m* || **~er** vt Calentar | FAM. Dar la lata || **~et** m Palangana *f* (cuvette) | Bacinete (armure) | FAM. *Cracher au ~*, escupir dinero || **~oire** f Calentador *m*.
bassiste m Violoncelista (violoncelle), contrabajo (basse).
basson m Bajón, fagot (instrument) | Bajonista (personne) || **~iste** m Bajonista.
bastingage m MAR. Empalletado, batayola *f*.
bastion m Bastión, baluarte.
bastonnade f Paliza.
bastringue m POP. Baile de candil (bal), charanga *f* (vacarme).
bas-ventre m Bajo vientre.
bât [bɑ] m Albarda *f* | *Savoir où le ~ blesse*, saber uno dónde le aprieta el zapato.
bataclan m FAM. Chismes *pl* | *Et tout le ~*, y toda la pesca.
bataill|e [batɑ:j] f Batalla : *~ rangée*, batalla campal | Guerrilla (cartes) | *Cheveux en ~*, pelo desgreñado || **~er** vi Batallar | FIG. Discutir, disputar || **~eur, euse** adj/s Batallador, a || **~on** m Batallón.
bâtard, e [bɑta:r, ard] adj/s Bastardo, a | — F Bastarda (lettre).
batardeau m Ataguía *f*.
bâtardise f Bastardía.
bâté, e adj Albardado, a | *Âne ~*, acémila, borrico (personne).
bateau m Barco : *~ à vapeur, à voile*, barco de vapor, de vela | Salida (*f*) de coches (trottoir) | FAM. Bola *f*, trola *f* : *monter un ~*, meter una bola | FIG. *Mener quelqu'un en ~*, embaucar a alguien || **~-citerne** m Buque aljibe || **~-lavoir** m Lavadero flotante || **~-mouche** m Barco ómnibus, golondrina *f* || **~-phare** m Barco faro || **~-pilote** m Barco del práctico || || **~-pompe** m Barco bomba.
batel|age m Barcaje || **~er** vi Hacer juegos de manos || **~eur, euse** s Saltimbanqui || **~ier, ère** s Barquero, a || **~lerie** f Transporte (*m*) fluvial.
bâter vt Albardar.
bath [bat] adj FAM. Bárbaro, a.
bathy|métrie f Batimetría || **~scaphe** m Batiscafo.
bâti m Armazón *f* | Bancada *f* (machine) | Hilvanado (couture) | Marco (porte).
batifol|age m Jugueteo, retozo || **~er** vi Juguetear, retozar.
bât|iment m Edificio | Construcción *f* (industrie) | MAR. Buque, navío || **~ir** vi Edificar | Hilvanar (couture) | FIG. Edificar | FAM. *Bien* o *mal bâti*, bien *ou* mal hecho || **~isse** f Caserón *m* || **~isseur, euse** s Constructor, a.
batiste f Batista.
bâton m Palo | Bastón (commandement, ski) | Palote (écriture) | Barra *f* (cire) | Porra *f* (d'un agent) | Cayado (pèlerin, berger) | Chuzo : *~ du sereno*, chuzo del sereno | *À ~s rompus*, sin ton ni son | *~ de rouge à lèvres*, barra *ou* lápiz de labios | *~ de vieillesse*, báculo de la vejez | *Coup de ~*, palo | FIG. *Mettre des ~s dans les roues*, poner chinitas en el camino, poner trabas || **~ner** vt Apalear || **~net** m Palito | Palote (écriture) | ANAT. Bastoncillo || **~nier** m Decano del Colegio de abogados.
batracien m Batracio.
batt|age m Apaleo (de tapis), vareo (laine) | Trilla *f* (blé) | Propaganda (*f*) exagerada | FAM. *~ publicitaire*, publicidad reclamista || **~ant** m Badajo (cloche) | Hoja *f*, batiente (porte) | FIG. Persona (*f*) enérgica | *Ouvrir à deux ~s*, abrir de par en par (porte) || **~ant, e** adj Batiente || **~e** f Pisón *m* (hie) | Batido *m* (or) | Batidor *m* (beurre) | Pala, paleta (sport) || **~ement** m Golpeo | Descanso (vers) | FIG. Plazo, intervalo (délai) | Toque, redoble (tambour) | Latido, palpitación *f* (cœur), pulsación *f* (pouls) | *~ d'ailes*, aleteo | *~s de mains*, palmadas, aplausos | *~ de paupières*, parpadeo || **~erie** f Batería (cuisine, militaire, électrique, musique) | FIG. *Dévoiler ses ~s*, revelar sus intenciones || **~eur** m Batería (instrumentiste) | Bateador (base-ball) | Ojeador, batidor (chasse) | Batidora *f* (cuisine) | *~ de pavé*, azotacalles | *~ d'or*, batidor de oro, batihoja || **~oir** m Pala *f*, paleta *f* | POP. Manaza *f* (main).
battre* vt Golpear | Pegar (fouetter) | Batir (vague, record, cuisine) | Azotar (vent) | Derrotar, vencer | Barajar (cartes) | Explorar, batir (les bois) | Sacudir (tapis) | Arbolar, enarbolar (pavillon) | Trillar (blé) | Apisonar (terre) | Ojear (chasse) | MUS. Llevar (la mesure) | Tocar (tambour) |

Acuñar (monnaie) | ~ *à froid,* machacar en frío | FIG. ~ *froid,* tratar con frialdad | — Vi Latir, palpitar (cœur), tener pulsaciones (pouls) | Golpear, dar golpes | — Vp Pelearse, pelear | Combatir, batirse | Batirse (duel).
battu, e adj V. BATTRE | FIG. Trillado, a : *sentiers ~s,* caminos trillados | *Se tenir pour ~,* darse por vencido | — M Vencido (vaincu) | FIG. *Les ~s payent l'amende,* tras cornudo apaleado | — F Batida, ojeo *m* (chasse).
bau m MAR. Bao.
baudet m Jumento (âne) | Borrico, borriquete (charpentier).
baudrier m Tahalí (en bandoulière), talabarte (ceinturon).
baudroie [bodrwa] f Rape *m* (poisson).
baudruche f Globo *m* | FIG. *Se dégonfler comme une ~,* deshincharse como un globo.
bauge f Revolcadero *m,* bañadero *m* (sanglier) | FIG. Pocilga (taudis) | Adobe *m* (mortier).
baum|e m Bálsamo | FIG. *Mettre du ~ au cœur,* servir de consuelo || **~ier** m Balsamero.
bauxite f MIN. Bauxita.
bavard, ~e adj/s Charlatán, ana; parlanchín, ina || **~age** m Charla *f,* habladuría *f* || **~er** vi Charlar.
bav|e f Baba || **~er** vi Babear | FAM. *En ~,* pasarlas negras || **~ette** f Babero *m* | Peto *m* (tablier) | Redondo *m* (viande) | FAM. *Tailler une ~,* estar de palique || **~eux, euse** adj Baboso, a | Borroso, a (imprimerie).
Bavière nprf Baviera.
bavoch|er vi IMPR. Correrse la tinta || **~eux, euse** adj Borroso, a || **~ure** f Tinta corrida | FIG. Error, *m.*
bav|oir m Babero || **~ure** f Rebaba | IMPR. Tinta corrida | FIG. Error, *m* | FIG. *Sans ~s,* perfecto.
bayadère f Bayadera.
bayer [baje] vi FIG. ~ *aux corneilles,* pensar en las musarañas.
Bayonne [bajɔn] npr Bayona.
bayonnais, e adj/s Bayonés, esa.
bazar m Bazar | Leonera *f* (désordre) | Trastos *pl,* chismes *pl* || **~der** vt POP. Malvender (vendre), tirar (jeter), echar (employé).
bazooka [bazuka] m Lanzacohetes, bazuka.
béant, e adj Abierto, a.
béat, ~e [bea, at] adj/s Plácido, a | Beato, a; beatificado, a (béatifié) | Beatífico, a (sourire) | Boquiabierto, a (admiration) || **~ement** adv Con arrobo || **~ification** f Beatificación || **~ifier** vt Beatificar || **~itude** f Beatitud | Bienaventuranza (religion).
Béatrice nprf Beatriz.
beau, bel (delante de vocal o h muda), **belle** adj (pl *beaux, belles*) Hermoso, a; bello, a | Guapo, a | Hermoso, a; grande | Noble (sentiment) | Bueno, a (gifle, occasion, santé, temps) | Menudo, a : *~x résultats!,* ¡menudos resultados! | Bien : *ce n'est pas ~,* no está bien | Cierto, a; buen : *un ~ jour,* un buen día | *Il ferait ~ voir que,* estaría bueno que, habría que ver que | — Adv *Au plus ~ de la bataille,* en plena batalla | *Avoir ~,* por más que; por muy que | *Bel et bien,* completamente | *De plus belle,* cada vez más | — M Lo bello, lo hermoso | *Le plus ~ de l'affaire,* lo mejor del caso | — F Mujer | Buena (jeu) | *En dire, en conter, en faire de ~s,* decirles *ou* hacerlas buenas | *En faire voir de ~s à qqn,* hacerlas pasar negras a alguien | *La Belle au bois dormant,* La Bella durmiente del bosque | *Tu en as fait de ~!,* ¡buena la has hecho!
beaucoup [boku] adv Mucho : *manger ~,* comer mucho | Mucho, a; muchos, as (adj) : *~ pensent que,* muchos piensan que | *De ~,* con mucho.
beau|-fils [bofis] m Hijastro (d'un précédent mariage) | Yerno, hijo político (gendre) || **~-frère** m Cuñado, hermano político || **~-père** m Suegro, padre político (père du conjoint) | Padrasto (second mari de la mère).
beaupré m MAR. Bauprés.
beauté f Belleza, hermosura | FIG *C'est la ~ du diable,* no hay quince años feos | *De toute ~,* maravilloso | *En ~,* con señorío, elegantemente | *Être en ~,* estar más guapa que nunca | FAM. *Se faire une ~,* arreglarse.
beaux-parents mpl Suegros, padres políticos.
bébé m Nene, a; bebé.
bébête adj/s Tontaina.
bec m Pico (oiseau) | MUS. Boquilla *f* (instrument) | Pitorro (cruche) | Estribo (pont) | Mechero (lampe) | FAM. Pico : *clouer le ~,* cerrar el pico | Uña *f* (ancre) | *~ de coulée,* pico de colada | *Coup de ~,* picotazo | FIG. *Donner un coup de ~,* soltar una pulla | FAM. *Fin ~,* paladar delicado. *Rester le ~ dans l'eau,* quedarse en la estacada.
bécane f FAM. Bici.
bécarre m MUS. Becuadro.
bécass|e f Chocha, becada | FAM. Pavitonta || **~ine** f Agachadiza | FAM. Pavitonta.
bec|-d'âne m Escoplo, buril || **~-de-cane** m Picaporte || **~-de-lièvre** m Labio leporino.
becfigue [bɛkfig] m Papafigo.
bêchage m AGR. Cava *f.*

béchamel f Bechamel (salsa).
bêch|e f Laya ‖ **~er** vt Cavar con laya | — Vi FAM. Darse pote, presumir ‖ **~eur, euse** s Cavador, a | FAM. Presumido, a ‖ **~oir** m Azadón.
bécot m FAM. Besito ‖ **~er** vt FAM. Besuquear.
becquée [beke] f Bocado m | *Donner la ~*, dar de comer.
becquet m IMPR. Banderilla *f*.
becquet|ance f POP. Manducatoria ‖ **~er** vt Picotear | — Vi POP. Jamar, manducar (manger).
bedaine f FAM. Barriga, panza.
bédane m Escoplo.
bedeau m Pertiguero, macero.
bedon m FAM. Panza *f* ‖ **~nant, e** adj FAM. Barrigón, ona ‖ **~ner** vi FAM. Ponerse barrigón.
bédouin, e adj/s Beduino, a.
bée [be] adjf Abierta | *Rester bouche ~*, quedarse boquiabierto | — F Saetín *m* (de moulin).
beffroi m Atalaya *f* (guet) | Campanario (clocher).
bégaiement* m Tartamudeo.
bégay|er [begɛje] vi Tartamudear | — Vt Balbucir, farfullar (excuses) ‖ **~eur, euse** s Tartamudo, a.
bégonia m BOT. Begonia *f*.
bègue adj/s Tartamudo, a.
bégueule adj FAM. Gazmoño, a ; mojigato, a.
béguin [begɛ̃] m Capillo (d'enfant) | Toca *f* (de religieuse) | FAM. Capricho, enamoriscamiento | *Avoir un ~ pour*, estar encaprichado por *ou* enamoriscado de.
bégum [begɔm] f Begum.
beige adj/m Beige (couleur).
beigne f POP. Torta.
beignet m Buñuelo, churro.
béjaune m FIG. Pipiolo, novato.
bel adj V. BEAU.
bel m Bel, belio (unité d'intensité sonore).
bêl|ement m Balido | FIG. Queja *f* ‖ **~er** vt Balar, dar balidos.
belette [bəlɛt] f Comadreja.
belge adj/s Belga.
Belgique nprf Bélgica.
bélier m Morueco, carnero padre | Ariete : *~ hydraulique*, ariete hidráulico | ASTR. Aries.
bélière f Anillo *m* (anneau) | Cencerro *m* (sonnette).
bélino|gramme m Belinograma ‖ **~graphe** m Belinógrafo.
belladone f Belladona.
bellâtre m Lindo Don Diego, presumido.
belle adj/f V. BEAU.
belle|-de-jour f Dondiego (*m*) de día ‖ **~-de-nuit** f Dondiego (*m*) de noche ‖ **~-fille** f Nuera, hija política (bru) | Hijastra ‖ **~-mère** f Madrastra (seconde épouse du père) | Suegra, madre política (mère du conjoint) ‖ **~-sœur** Cuñada, hermana política.
bellic|isme m Belicismo ‖ **~iste** adj/s Belicista.
bellifontain, e adj/s De Fontainebleau.
belligér|ance f Beligerancia ‖ **~ant, e** adj/s Beligerante.
belliqueux, euse adj Belicoso, a.
belote f Juego (*m*) de naipes.
belvédère m Belvedere, mirador.
bémol adj/m MUS. Bemol ‖ **~iser** vt Bemolar.
bénédictin, e adj/s Benedictino, a.
bénédiction f Bendición : *donner la ~*, echar la bendición.
bénéfic|e m Beneficio | Dispensa *f* (privilège) | *Au ~ de*, a causa de ; a favor de, en beneficio de | *~s rapportés*, remanente de beneficios | *Sous ~ d'inventaire*, a beneficio de inventario ‖ **~iaire** adj Beneficiario, a | De beneficio | — S Beneficiario, a | **~ier** vi Ganar, sacar provecho, beneficiar(se) | Gozar del beneficio, ser favorecido | — M Beneficiado (prêtre).
bénéfique adj Benéfico, a.
benêt [bənɛ] adj/m Pánfilo, a.
bénévol|at m Voluntariado ‖ **~e** adj Benévolo, a (indulgent) | Benévolo, a ; voluntario, a.
bengali [bɛ̃gali] adj/s Bengalí.
bén|ignité f Benignidad ‖ **~in, igne** adj Benigno, a ‖ **~ir** vt Bendecir : *Dieu vous bénisse !*, ¡Dios le bendiga! — OBSERV. *Bénir* tiene dos pp : *bénit, e* (*pain bénit*, pan bendito) y *béni, e* (*cette image a été bénie*, esta imagen ha sido bendecida ; *époque bénie*, época bendita).
bénitier m Pila (*f*) de agua bendita.
benjamin, e s Benjamín, ina.
benjoin m [bɛ̃ʒwɛ̃] m Benjuí.
benne f Volquete *m* (caisse basculante) | Vagoneta | Excavador *m* | *~ preneuse*, cuchara autoprensora.
benz|ène [bɛ̃zɛn] m Benceno ‖ **~ine** *f* Bencina ‖ **~ol** m Benzol.
béquill|e [bekij] f Muleta | Patín *m* (fusil, avion) | Escora (étai) | MAR. Puntal (*m*) de escora | TECH. Soporte *m*.
berbère adj Berberisco, a | — S Beréber.
berc|ail [bɛrkaj] m Redil (bergerie) | Seno de la Iglesia | FIG. Redil, hogar ‖ **~eau** [bɛrso] m Cuna *f* (lit) | Cenador, glorieta *f* | Niñez *f*, infancia *f* | Cuna *m*, origen | Soporte (moteur) | *Au ~*, en mantillas ‖ **~ement** m Cuneo, mecedura *f* (berceau) | Balanceo (oscillation) ‖ **~er** vt Mecer, cunear | FIG. Arrullar (endormir), entretener, ilusionar (tromper) | —

Vp Mecerse | FIG. *Se ~ d'illusions*, ilusionarse, forjarse ilusiones || **~eur, euse** adj Arrullador, a | — F Canción de cuna, nana.
béret [berɛ] m Boina *f*.
bergamote f Bergamota.
berge f Orilla, ribera.
berg|er m Pastor | Mastín (chien) || **~ère** f Pastora | Poltrona (fauteuil) || **~erie** f Aprisco *m*, majada || **~eronnette** f Aguzanieves.
berkélium [bɛrkeljɔm] m Berkelio.
berline f Berlina.
berlingot m Caramelo | Envase (lait, liquide).
berlinois, e adj/s Berlinés, esa.
berlue f FAM. Alucinación, encandilamiento *m* | FIG. FAM. *Avoir la ~*, tener telarañas en los ojos.
Bernard nprm Bernardo.
bernardin, e adj/s Bernardo, a.
bernard-l'ermite m Paguro, ermitaño.
bern|e f *En ~*, a media asta (pavillon) || **~er** vt Engañar, burlarse de || **~ique** f Lapa.
Bertrand nprm Beltrán.
béryl m MIN. Berilo || **~lium** [beriljɔm] m Berilio (métal).
besace f Alforjas *pl*.
besicles f pl Quevedos *m*.
besogn|e [bəzɔɲ] f Tarea (tâche), faena (labeur), trabajo *m* (travail) | *Abattre de la ~*, cundirle a uno el trabajo | *Aller vite en ~*, despachar el trabajo || **~eux, euse** adj/s Necesitado, a | Apurado, a.
besoin m Necesidad *f* | *Au ~*, si es preciso | *Avoir ~ de*, necesitar (avec substantif), necesitar, tener que (avec verbe) | *En cas de ~*, por si acaso | *Être dans le ~*, estar necesitado.
bestial, ~e adj Bestial || **~ité** f Bestialidad.
besti|aux mpl Ganado *sing*, reses *f* || **~ole** f Bicho *m*, bichito *m*.
bêta m Beta (lettre, rayon).
bêta, asse adj/s FAM. Bobalicón, ona.
bétail [betaj] m Ganado : *gros, menu ~*, ganado mayor, menor.
bêtatron m Betatrón.
bête f Animal *m* | Bestia (âne, mulet) | Bicho *m* (insecte) | *~ à bon Dieu*, mariquita | FAM. *~ à concours*, empollón | *~ à cornes*, res vacuna | *~s de boucherie*, reses de matadero | *~ de somme*, bestia de carga, acémila | *~s à laine*, ganado lanar | *~s sauvages*, animales salvajes, fieras | FIG. *C'est sa ~ noire*, es su pesadilla. *Chercher la petite ~*, buscarle pelos al huevo. *Faire la ~*, hacerse el tonto. *Morte la ~, mort le venin*, muerto el perro se acabó la rabia | — Adj Tonto, a; bobo, a.
Bethléem npr Belén.
bêtifier vi Hacerse el tonto.
bêtise f Tontería | Necedad (motif futile) | Tontería, futilidad.
béton m Hormigón : *~ armé, précontraint*, hormigón armado, pretensado | Cerrojo (football) || **~nage** m Hormigonado || **~ner** vt Construir con hormigón | Hacer el cerrojo (football) || **~nière** f Hormigonera.
bette f BOT. Acelga || **~rave** f Remolacha || **~ravier, ère** adj/m Remolachero, a.
beugl|ant m POP. Cafetucho cantante || **~ement** m Mugido (bovidé), bramido (taureau) || **~er** vi Mugir | Bramar | POP. Berrear (hurler).
beurr|e [bœ:r] m Mantequilla *f*, manteca *(f)* de vaca | Manteca *f* (cacao, etc) | Pasta *f* : *~ d'anchois*, pasta de anchoas | *Compter pour du ~*, jugar de cascarilla | FIG. FAM. *Faire son ~*, ponerse las botas. *Mettre du ~ dans les épinards*, mejorar su situación | *Petit ~*, galleta || **~ée** f Rebanada de pan con mantequilla || **~er** vt Untar con mantequilla || **~ier, ère** adj/s Mantequero, a | — M Mantequera *f* (récipient).
beuverie f Borrachera.
bévatron m Bevatrón.
bévue f Equivocación | Metedura de pata (gaffe).
biais m Sesgo | FIG. Rodeo (détour), cauce (voie) | Bies (couture) | ARCH. Esviaje | *En ~*, al sesgo, sesgado; al bies (couture) || **~er** vi Torcerse | FIG. Andar con rodeos.
bibelot [biblo] m Bibelot | Chuchería f, baratija *f* (sans valeur).
biberon m Biberón.
bibi m FAM. Sombrerito (chapeau) | Mi menda *f*, este cura (moi).
bibine f POP. Bebistrajo *m*.
Bible f Biblia.
biblio|graphe m Bibliógrafo || **~graphie** f Bibliografía || **~manie** f Bibliomanía || **~philie** f Bibliofilia || **~thécaire** s Bibliotecario, a || **~thèque** f Biblioteca.
biblique adj Bíblico, a.
bicamérisme ou **bicaméralisme** m Bicameralismo.
bicarbonate m Bicarbonato.
bicéphale adj/s Bicéfalo, a.
biceps [bisɛps] adj/m Bíceps.
bich|e f Cierva | *Yeux de ~*, ojos rasgados || **~er** vi POP. Ir bien, marchar || **~ette** f Cervatilla || **~on** m Perrito de lanas || **~onner** vt FIG. Arreglar, ataviar.
bi|colore adj Bicolor || **~concave** adj Bicóncavo, a || **~convexe** adj Biconvexo, a.
bicoque f Casucha.
bicorne adj Bicorne, de dos picos || — M Bicornio.

bicyclette f Bicicleta (véhicule).
bide m Pop. Panza *f* (ventre), fracaso total (échec).
bident m Bieldo.
bidet m Jaca *f* (cheval) | Bidé (salle de bains).
bidoche f Pop. Pitraco *m*, piltrafa, carnaza (viande).
bidon m Bidón, lata *f* | Cántaro (de lait) | Pop. Barriga *f* (ventre) || **~ville** m Chabolas *fpl*, barrio de las latas.
bief m Saetín (de moulin) | Tramo (de canal).
bielle f Biela.
bien [bjɛ̃] m Bien | Caudal, hacienda *f*, fortuna *f* | *~ public*, bienes públicos | *~s jacents*, bienes mostrencos | *Dire du ~*, hablar bien | *Mener à ~*, llevar a cabo | *Pour son ~*, para su provecho || — Adv Bien | Muy (très) | Mucho (beaucoup) | Aproximadamente, unos (environ) | Ya : *on verra ~*, ya veremos | *~ à vous*, suyo afectísimo | *~ plus*, además | *~ que*, aunque | *Ça fait ~*, da buen tono | *Nous voilà ~!*, ¡estamos arreglados! | *Si ~ que*, de manera que | *Tant ~ que mal*, así así, mal que bien.
bien|-aimé, e adj/s Querido, a | Predilecto, a; preferido, a || **~-être** [bjɛ̃nɛtr] m Bienestar || **~-faire** vi Obrar bien || **~faisance** [bjɛ̃fəzɑ̃:s] f Beneficencia | *Fête de ~*, fiesta benéfica || **~faisant, e** [-fəzɑ̃, ɑ̃:t] adj Benéfico, a | Beneficioso, a (profitable) || **~fait** m Beneficio, favor (service) | Ventaja *f* || **~faiteur, trice** adj/s Bienhechor, a || **~-fondé** m Lo bien fundado, legitimidad *f* || **~heureux, euse** adj/s Bienaventurado, a | — S Beato, a | Fig. *Dormir comme un ~*, dormir como un bendito || **~-jugé** m Sentencia (*f*) justa.
biennal, e [bjɛnal] adj/f Bienal.
biensé|ance f Decoro *m*, decencia || **~ant, e** adj Decoroso, a; decente.
biens-fonds [bjɛ̃fɔ̃] mpl Bienes raíces.
bientôt adv Pronto : *à ~*, hasta pronto.
bienveill|ance f Benevolencia | Amabilidad || **~ant, e** adj Benévolo, a.
bienven|u, e adj Bienvenido, a || **~ue** f Bienvenida.
bière f Cerveza (boisson) | Ataúd *m* (cercueil) | Fam. *Ce n'est pas de la petite ~*, no es moco de pavo.
biffer vt Tachar (barrer) | Borrar (gommer).
bifocal adj Bifocal, e.
bifteck m Bistec, biftec, bisté.
bifur|cation f Bifurcación || **~quer** vi Bifurcarse.
bigam|e adj/s Bígamo, a || **~ie** f Bigamia.
bigarr|eau m Cereza (*f*) gordal *ou* garrafal || **~er** vt Abigarrar || **~ure** f Abigarramiento *m*.
bigl|e adj/s Bisojo, a; bizco, a || **~er** vi Bizquear || **~eux, euse** adj/s Fam. Cegato, a.
bigorn|e f Bigornia || **~eau** m Bígaro (coquillage).
bigot, ~e adj/s Beato, a; santurrón, ona || **~erie** f Beatería, santurronería.
bigoudi m Bigudí.
bigre! interj ¡Caracoles!, ¡caramba!
bigrement adv Fam. Un rato.
bijou m Joya f ||**~terie** f Joyería | *~ de fantaisie*, bisutería || **~tier, ère** s Joyero, a.
bilabial, e adj/f Bilabial.
bilan m Balance | *~ de santé*, chequeo | *Déposer son ~*, declararse en quiebra.
bilatéral, e adj Bilateral.
bilboquet m Boliche (jouet).
bil|e f Bilis | Fam. *Se faire de la ~*, quemarse la sangre || **~er (se)** vp Fam. Quemarse la sangre.
bilingu|e [bilɛ̃:g] adj/s Bilingüe || **~isme** m Bilingüismo.
billard m Billar | Fam. Hule (opérations) | Pop. *C'est du ~*, es pan comido (très facile).
bille f Canica, bola (jouet) | Madero *m* (bois) | Pop. Jeta (visage) | *Roulement à ~s*, cojinete de bolas.
billet m Billete : *~ d'aller et retour*, billete de ida y vuelta | Esquela *f* (lettre) | Tarjeta *f* (carte) | Billete [*Amér.*, boleto] (chemin de fer, loterie, spectacle) | *~ à ordre*, pagaré | *~ de logement*, boleta de alojamiento | Fam. *Prendre un ~ de parterre*, coger una liebre || **~te** f Leño *m*, tarugo *m* (bûche) | Tech. Palanquilla (d'acier) | Moldura (moulure).
billevesée f Pamplina, cuento *m*.
billion m Billón.
billon m Vellón (monnaie) | Agr. Caballón || **~nage** m Besana *f* || **~ner** vt Agr. Acaballonar.
billot m Tajo | Tarugo (bois) | Cepo (enclume) | Banquillo (cordonnier).
bimbeloterie f Comercio (*m*) de baratijas | Juguetería.
bi|mensuel, elle adj Bimensual, quincenal || **~métallisme** m Bimetalismo || **~moteur** adjm/m Bimotor.
bin|age m Bina *f*, binazón *f* || **~aire** adj Binario, a || **~er** vt/i Binar || **~ette** f Binador *m*, binadera, escardillo *m* | Fam. Jeta || **~eur** m ou **~euse** f Binadora *f*.
biniou m Gaita (*f*) bretona.
binocle m Binóculo, quevedos *pl*.
binôme m Binomio.
bio|chimie f Bioquímica, química biológica || **~chimiste** s Bioquímico, a || **~dégradable** adj Biodegradable ||

~genèse f Biogénesis || **~graphe** s Biógrafo, a || **~graphie** f Biografía || **~logie** f Biología || **~logiste** s Biólogo, a || **~masse** f Biomasa || **~physique** f Biofísica || **~psie** f Biopsia || **~sphère** f Biosfera || **~tope** m Biotopo.
bioxyde m Bióxido.
bi|parti, e ou **bipartite** adj Bipartito, a || **~pède** adj/m Bípedo, a || **~phasé, e** adj Bifásico, a || **~place** adj/m Biplaza || **~plan** m Biplano || **~polaire** adj Bipolar.
bique f FAM. Cabra || **~t** m Chivo, cabrito || **~tte** f FAM. Chiva.
biréacteur adjm/m Birreactor.
biréfring|ence f Birrefringencia || **~ent, e** adj Birrefringente.
birème f Birreme.
bis [bis] adv Bis | Duplicado : *10 ~*, 10 duplicado | — Interj Otra vez.
bis, e [bi, bi:z] adj Bazo, a (couleur) | Moreno, a (teint) | *Pain ~*, pan moreno *ou* bazo.
bis|aïeul, e [bizajœl] s Bisabuelo, a || **~aiguë** [bizɛgy] f Bisagra || **~annuel, elle** adj Bienal.
bisbille f FAM. Pelotera.
biscaïen, enne adj/s Vizcaíno, a.
Biscaye nprf Vizcaya.
biscornu, e adj De forma irregular | FIG. Estrafalario, a.
biscot|in m Bizcotela *f* || **~te** f « Pan (*m*) toast ».
biscuit m Bizcocho | Galleta *f* | Biscuit, bizcocho (porcelaine) || **~er** vt Bizcochar.
bise f Cierzo *m* | FAM. Beso *m*, besito *m* : *faire une ~*, dar un beso.
biseau m Bisel | Chaflán (d'une maison) || **~tage** m Biselado, abiselamiento || **~ter** vt Biselar, tallar en bisel | Señalar (les cartes).
bismuth [bismyt] m Bismuto.
bisoc m Arado bisurco.
bison, onne s Bisonte, bisonte hembra.
bisque f Sopa de cangrejos.
bisquer vi FAM. Rabiar, picarse.
bissac m Alforjas *fpl*.
bissect|eur, trice adj/f MAT. Bisector, triz || **~ion** f MAT. Bisección.
bisser vt Repetir | Bisar (spectacle).
bissextile [bisɛkstil] adj Bisiesto.
bistouri m Bisturí.
bistr|e adj Color de humo || — M Bistre || **~é, e** adj Muy moreno, a.
bistrot m FAM. Bar, taberna *f*, tasca *f*.
bisulf|ate m Bisulfato || **~ite** m Bisulfito || **~ure** m Bisulfuro.
bitte f MAR. Bita.
bitum|age m Asfaltado || **~e** m Asfalto || **~er** vt Alfaltar || **~ineux, euse** adj Bituminoso, a.
biture f POP. Tajada, borrachera.
bivalent, e adj Bivalente
bivalve adj/m Bivalvo, a
bivou|ac [bivwak] m Vivaque, vivac || **~aquer** vi Vivaquear, acampar.
bizarre adj Raro, a; curioso, a || **~rie** f Rareza.
bizut ou **bizuth** [bizy] m FAM. Novato, pipiolo.
bizut|age m FAM. Novatada *f* || **~er** vt FAM. Dar la novatada.
bla-bla m FAM. Palabrería *f*.
blackbouler vt Derrotar (vote) | Echar bola negra (club) | FAM. Dar calabazas (examen).
black-out [blakaut] m Oscurecimiento del alumbrado.
blafard, e adj Macilento, a (personne) | Blanquecino, a (lumière).
blagu|e f Petaca (à tabac) | FAM. Chiste *m* (histoire) | Bola (mensonge) | Broma (plaisanterie) : *faire une ~ à*, dar una broma a | Metedura de pata (gaffe) | *Sans ~!*, ¡no me digas! || **~er** vi FAM. Bromear | — Vt FAM. Dar una broma, embromar || **~eur, euse** s FAM. Bromista.
blair m POP. Napias *fpl* || **~eau** m Tejón (animal) | Brocha *f* (pour se raser) || **~er** vt POP. Tragar.
blâm|able adj Censurable, vituperable || **~e** m Censura *f*, reprobación *f* | Voto de censura || **~er** vt Censurar.
blanc, blanche [blɑ̃, blɑ̃:ʃ] adj Blanco, a | Cano, a; canoso, a (cheveux) | — S Blanco, a | — M Blanco | Ropa (*f*) blanca (lingerie) | *~ de baleine*, esperma de ballena | *~ d'Espagne* o *de plomb*, albayalde | *~ de l'œil*, blanco del ojo | *~ de poulet*, pechuga | *~ d'œuf*, clara de huevo | *Saigner à ~*, desangrar. | — F MUS. Blanca.
blanc-bec m FAM. Mocoso.
blanchâtre adj Blanquecino, a; blancuzco, a.
Blanche-Neige nprf Blancanieves.
blanch|eur f Blancura || **~iment** m Blanqueo | Blanquición *f* (métal) || **~ir** vt Blanquear | Lavar | Sancochar (cuisine) | Blanquecer (métal) | FIG. Disculpar | — Vi Blanquear | Envejecer (dans un emploi) || **~issage** m Blanqueo | Lavado || **~isserie** f Lavandería, taller (*m*) de lavado y planchado || **~isseur, euse** s Lavandero, a.
blanc|-manger m Manjar blanco || **~-seing** [blɑ̃sɛ̃] m Firma (*f*) en blanco.
blanquette f Ternera con salsa blanca.
blaser vt Hastiar, aburrir.
blason m Blasón | Heráldica *f* (science).
blasph|émateur, trice adj/s Blasfemador, a; blasfemo, a || **~ème** m Blasfemia *f* || **~émer** vi Blasfemar.
blast|oderme m Blastodermo || **~omère** m Blastómero.
blatte f Curiana (cafard).

blé m Trigo : ~ *tendre,* trigo candeal *ou* tierno | ~ *en herbe,* trigo en cierne | ~ *noir,* alforfón, trigo sarraceno | *Champ de* ~, trigal.
blêm|e adj Muy pálido, a ‖ **~ir** vi Palidecer, perder el color ‖ **~issement** m Lividez *f*.
blende [blɛ̃:d] f MIN. Blenda.
blennorragie f Blenorragia.
bless|ant, e adj Ofensivo, a ‖ **~é, e** adj/s Herido, a | Lesionado, a (sportif) | FIG. Herido, a; lastimado, a ‖ **~er** vt Herir | Lastimar, hacer daño (faire mal) | Lesionar (sportif) | FIG. Herir, agraviar, ofender; dañar, perjudicar ‖ **~ure** f Herida | Lesión (sportif) | FIG. Herida.
blet, ~te adj Modorro, a; pasado, a; pocho, a | — F BOT. Acelga ‖ **~tir** vi Modorrarse, pasarse.
bleu, ~e adj Azul | FIG. Terrible, tremendo, a (peur) | — M Azul : ~ *ciel,* azul celeste | Mono (vêtement) | TECH. Azulete, añil | FAM. Cardenal (ecchymose), quinto, novato (soldat) ‖ **~âtre** adj Azulado, a; azulino, a ‖ **~et** m BOT. Aciano ‖ **~ir** vt Azular | TECH. Pavonar | — Vi Azulear.
bleuté, e adj Azulado, a.
blind|age m Blindaje ‖ **~er** vt Blindar | Acorazar : *coffret blindé,* cámara acorazada.
blizzard m Ventisca *f*.
bloc m Bloque | Taco (calendrier) | Bloc, taco (pour écrire) | FAM. Chirona *f* (prison) | FIG. Bloque, grupo | *À* ~, a fondo | ~ *opératoire,* quirófano ‖ **~age** m Bloqueo | Suspensión *f* | IMPR. Bloqueado | TECH. Ajuste | FIG. Congelación *f*, bloqueo : ~ *des salaires,* congelación de los salarios ‖ **~khaus [blɔko:s]** m Blocao ‖ **~-moteur** m Bloque del motor ‖ **~-notes** m Taco, bloc ‖ **~us [blɔkys]** m Bloqueo.
blond, ~e adj/s Rubio, a ‖ **~asse** adj Rubial, rubianco, a ‖ **~e** f Blonda (dentelle) ‖ **~inet, ette** adj/s Rubillo, a; rubiales ‖ **~ir** vi Amarillear | Dorarse (blé).
bloom [blum] m TECH. Desbaste.
bloquer vt Bloquear | Reunir | Apretar a fondo (serrer) | MÉC. Agarrotar | FIG. Bloquear, congelar.
blottir (se) vp Acurrucarse, hacerse un ovillo.
blous|e f Blusa (corsage) | Bata (vêtement long) | Guardapolvo *m* (tablier) | Tronera (billard) ‖ **~er** vt FAM. Engañar ‖ **~on** m Cazadora *f* | FIG. ~ *noir,* gamberro.
blue-jean m Pantalón vaquero, tejano.
bluet m BOT. Aciano.
bluff [blœf] m FAM. Bluff, exageración *f* | Farol (poker) ‖ **~er** vt/i Farolear, echarse faroles | Tirarse un farol (au poker) ‖ **~eur, euse** adj/s Fanfarrón, ona; jactancioso, a | Farolero, a.
blut|age m Cernido ‖ **~eau** ou **~oir** m Cedazo ‖ **~er** vt Cerner.
boa m Boa *f* (reptile) | Boa (fourrure).
bobard m FAM. Bola *f*.
bobèche f Arandela (de bougeoir) | Alma (d'épée).
bobin|age m Devanamiento | TECH. Bobinado, devanado, enrollamiento ‖ **~e** f Carrete *m,* bobina | Canilla (de tisseur) | FOT. Carrete *m* | TECH. Bobina | POP. Facha ‖ **~er** vt Devanar (fil) | Enrollar, embobinar (enrouler), encanillar (tissage) ‖ **~ette** f Aldabilla ‖ **~eur, euse** s Devanador, a | — M Encarretador.
bobo m FAM. Pupa *f*.
bocag|e m Boscaje, soto, floresta *f* (bois) ‖ **~er, ère** adj Silvestre | Boscoso, a; arbolado, a (couvert d'arbres).
bocal m Bocal, tarro.
bocarder vt Triturar, machacar.
boche adj/s FAM. Alemán, ana.
bock m Caña (*f*) pequeña (verre) | MÉD. Irrigador, lavativa *f*.
bœuf [bœf, pl bø] m Buey (animal) | Vaca *f* (viande) | ~ *mode,* estofado de vaca | *Être fort comme un* ~, estar hecho un toro | FAM. *Souffler comme un* ~, echar los bofes. *Un succès* ~, un exitazo.
bogie ou **boggie** [boʒi ou bogi] m Bogie, boggie, carretón.
bohème adj/s Bohemio, a | — F Bohemia.
bohémien, enne adj/s Bohemio, a (de Bohême) | Gitano, a; bohemio, a.
boire* vt/i Beber | Embeber (buvard) | *À* ~, de beber | ~ *un coup,* echar un trago | FIG. *Il y a à* ~ *et à manger,* hay sus más y sus menos | *Qui a bu boira,* quien hace un cesto hace ciento | — M Beber, bebida *f*.
bois m Madera *f* : ~ *de charpente* o *d'œuvre,* madera de construcción | Leña *f* (de chauffage) | Bosque | Asta *f* (d'un drapeau) | Cornamenta *f* (du cerf) | — Pl MUS. Madera *fsing,* instrumentos de madera | ~ *de Campêche, de rose,* palo de campeche, de rosa | ~ *de lit,* caja *ou* armadura de la cama | FIG. *Il verra de quel* ~ *je me chauffe,* ya verá cómo las gasto ‖ **~age** m MIN. Entibado, entibación *f* ‖ **~é, e** adj Arbolado, a; poblado de árboles ‖ **~ement** m Repoblación (*f*) forestal ‖ **~er** vt Enmaderar | Artesonar (plafond) | MIN. Entibar | Poblar de árboles ‖ **~erie** f Entablado *m,* enmaderamiento *m* ‖ **~eur** m MIN. Emtibador | Artesonado *m*

(plafond) ‖ **~seau** m Celemín (mesure) | Cañería (*f*) de barro (de cheminée) | Válvula *f* (de robinet).
boisson f Bebida.
boîte f Caja | Bote *m*, recipiente *m* | Lata : *~ de conserve*, lata de conservas | *~ à gants*, guantera | *~ à ordures*, cubo de basura | *~ aux lettres*, buzón | *~ à violon*, estuche de violín | *~ crânienne*, cavidad craneana | *~ de nuit*, sala de baile | *~ d'essieu*, cubo de rueda | *~ de vitesses*, caja de cambio de velocidades | *~ postale*, apartado de correos | *Mettre en ~*, enlatar (conserves), tomar el pelo (se moquer).
boit|ement m Cojera *f* ‖ **~er** vi Cojear, renquear ‖ **~eux, euse** adj/s Cojo, a.
boîtier m. Caja *f* (montre, caméra) | Tech. Estuche, caja *f*, cajetín.
bol m Tazón | Bolo (pilule) | *~ alimentaire*, bolo alimenticio.
bolchev|ique adj/s Bolchevique ‖ **~isme** m Bolchevismo ‖ **~iste** adj/s Bolchevista, bolchevique.
boléro m Bolero.
bolet m Boleto.
bolide m Bólido.
Bolivie nprf Bolivia.
bolivien, enne adj/s Boliviano, a.
bombance f Fam. Jolgorio *m*, parranda, francachela | *Faire ~*, estar de parranda.
bombard|ement m Bombardeo ‖ **~er** vt Bombardear ‖ **~ier** m Bombardero (avion).
bomb|e f Bomba : *~ à retardement*, bomba de efecto retardado | Pop. Juerga : *faire la ~*, ir de juerga ‖ **~er** vt Abombar, curvar (renfler) | Sacar (poitrine) | Arquear (dos) | — Vp Pandearse (mur), alabearse (planche).
bôme f Mar. Botavara.
bon, bonne adj Bueno, a | Agradable | Largo, a : *deux bonnes lieues*, dos leguas largas | Apto, a | Útil | Fuerte | *À quoi ~?*, ¿para qué? | *~ à rien*, inútil, nulidad | *C'est ~*, está bien | *C'est ~ à savoir*, no está nada mal saberlo | *Il est ~ de*, no está mal | *Pour de ~*, de veras, de verdad | — M Bueno | Bono, vale (billet) | *~ de commande*, orden de pedido, cupón | *~ pour*, vale por | — F Criada [*Amér.*, mucama] : *~ à tout faire*, criada para todo | *~ d'enfant*, niñera | — Adv Bueno | Bien : *sentir ~*, oler bien; *comme ~ vous semble*, como bien le parezca | *Il fait ~*, hace buen tiempo; es agradable *ou* grato | — Interj ¡Bueno!
bon|ace f Mar. Bonanza ‖ **~asse** adj Bonachón, ona; buenazo, a ‖ **~asserie** f Bonachonería.
bonbon m Caramelo ‖ **~ne** f Bombona, damajuana ‖ **~nière** f Bombonera.
bond [bɔ̃] m Bote (balle) | Salto, brinco : *faire un ~*, dar un salto | Fig. *~ en avant*, salto hacia adelante. *Faire faux ~*, faltar a un compromiso | *Saisir au ~*, coger al vuelo ‖ **~e** f Piquera, canillero *m* (trou) | Canilla (pour le fermer) | Tapón *m* (bouchon) | Desagüe *m* ‖ **~er** vt Atestar | Abarrotar (de marchandises) ‖ **~ir** vi Saltar, brincar | *~ de joie*, saltar de gozo | *Faire ~*, indignar ‖ **~issement** m Salto, brinco.
bonheur [bɔnœ:r] m Felicidad *f*, dicha *f* | Suerte *f*, fortuna *f* | Fig. *Au petit ~*, a la buena de Dios | *Il n'y a pas de ~ sans mélange*, no hay gusto sin disgusto | *Porter ~*, dar buena suerte.
bonhom|ie [bɔnɔmi] f Bondad | Sencillez, simplicidad ‖ **~me** m Buen hombre, bonachón | Hombre | Monigote (dessin) | Fig. *Aller son petit ~ de chemin*, ir por sus pasos contados | *~ de neige*, muñeco de nieve.
boni m Superávit | Beneficio | Prima *f* ‖ **~fication** f Bonificación ‖ **~fier** vt Bonificar, abonar.
boniment m Cameleo | Bombo, reclamo | *Faire du ~*, camelar ‖ **~eur** m Charlatán | Presentador.
bonite f Bonito *m*.
bonjour m Buenos días *pl* : *souhaiter le ~*, dar los buenos días | Saludo | Fig. *Simple comme ~*, sencillísimo, tirado.
bonne-maman f Fam. Abuelita.
bonnet m Gorro | Bonete (de prêtre) | Cazuela *f*, copa *f*, casco (soutien-gorge) | Anat. Redecilla *f*, bonete | *~ de bain, de nuit*, gorro de goma, de dormir | Fig. *C'est ~ blanc et blanc ~*, olivo y aceituno todo es uno | Fam. *Gros ~*, pez gordo | Fig. *Jeter son ~ par-dessus les moulins*, ponerse el mundo por montera. *Parler à son ~*, hablar al cuello de la camisa, hablar para su capote. *Prendre sous son ~*, correr de la cuenta de uno ‖ **~eau** m Trilis (jeu) ‖ **~erie** f Géneros (*mpl*) de punto | Mercería, tienda de géneros de punto ‖ **~ier, ère** s Vendedor *ou* fabricante de géneros de punto ‖ **~te** f Bonete *m* | Mar. Boneta.
bon-papa m Fam. Abuelito.
bonsoir m Buenas tardes *ou* noches, *pl.*
bonté f Bondad.
bonze m Bonzo.
boqueteau [bɔkto] m Bosquecillo.
bor|ate m Borato ‖ **~ax** m Bórax.
bord [bɔ:r] m Borde | Orilla *f* (rive) | Bordillo (trottoir) | Ala *f* (de chapeau) | Mar. Bordo : *hommes du ~*, hombres de a bordo; borda *f* : *par-des-*

sus ~, por la borda | *Au* ~ *de la mer,* a orillas del mar | ~ *sur* ~, de banda a banda | FIG. *Être du même* ~, ser de la misma opinión | FAM. *Être un peu fou sur les* ~*s,* tener ribetes de locura || ~**age** m Tablazón *f.*

Bordeaux npr Burdeos.

bordée f MIL. Andanada | MAR. Bordada (distance), brigada (marins) | ~ *d'injures,* sarta *ou* andanada de injurias | *Tirer une* ~, dar una bordada.

bordel m Burdel.

bordelais, e adj/s Bordelés, esa.

border vt Ribetear (vêtement) | Cercar, orlar (entourer) | Remeter (lit) | Arropar (personne) | Bordear, costear (côtoyer).

bordereau m Factura *f* | Extracto de cuenta | Relación (*f*) detallada | ~ *de caisse,* estado de caja | ~ *de paye,* nominilla | ~ *des salaires,* nómina de salarios.

bordure f Reborde *m* | Ribete *m* (de vêtement) | Linde *m,* lindero *m* (limite) | Cenefa (papier peint) | Bordillo *m,* encintado *m* (de trottoir).

bore m Boro.

boréal, e adj Boreal.

borgne [bɔrɲ] adj/s Tuerto, a | Sospechoso, a | Poco seguro.

boriqu|e adj Bórico, a || ~**é, e** adj Boricado, a.

born|age m Amojonamiento || ~**e** f Mojón *m,* hito *m* | Guardacantón *m* (bouteroue) | ÉLEC. Borne *m,* terminal *m* | FIG. Límite | FIG. *Dépasser les* ~, pasarse de la raya || ~**é, e** adj Amojonado, a | FIG. Limitado, a | De cortos alcances (esprit) || ~**er** vt Amojonar | Limitar.

bosquet m Bosquete, bosquecillo.

boss|age m ARCH. Almohadilla, *f,* almohadillado | TECH. Saliente, resalte || ~**e** f Joroba, giba | Chichón *m* (après un coup) | Bollo *m,* abolladura (sur un métal) | Protuberancia | Relieve *m* (dessin) | ARCH. Almohadilla | MAR. Boza | FIG. FAM. *Avoir la* ~ *de,* tener disposición para. *Rouler sa* ~, correr mundo, rodar por el mundo || ~**elage** m Repujado || ~**eler** vt Repujar | Abollar (déformer) | ARCH. Almohadillar || ~**er** vt FAM. Currelar, apencar (travailler) || ~**oir** m Serviola *f* (ancre) | Pescante (canot) || ~**u, e** adj/s Jorobado, a; giboso, a; corcovado, a | FAM. *Rire comme un* ~, reír como un condenado.

bot, e [bo, ɔt] adj Zopo, a | *Avoir un pied* ~, ser zopo.

botan|ique adj/f Botánico, a || ~**iste** m Botanista, botánico.

botte f Bota : ~*s de cheval,* botas de montar | Manojo *m* (de légumes) | Haz *m,* gavilla (de foin) | Estocada (escrime) | FAM. *Avoir du foin dans ses* ~*s,* tener el riñón bien cubierto. *Lécher les* ~*s,* dar la coba.

bottel|er vt Agavillar (foin) | Amanojar, hacer manojos || ~**eur, euse** s Agavillador, a.

bott|er vt Calzar con botas (chausser) | Sacar, tirar (football) | Dar un puntapié en (coup de pied) | — Vp Ponerse las botas || ~**ier** m Zapatero a la medida || ~**illon** m Bota *f,* botina *f* || ~**ine** f Botín *m,* botina.

bouc m Macho cabrío | Perilla *f,* pera *f* (barbe) | ~ *émissaire,* víctima propiciatoria, chivo expiatorio.

boucan m Ahumadero, saladero (viande) | FAM. Bochinche, jaleo : *faire du* ~, armar un bochinche || ~**age** m Acecinamiento || ~**er** vt Acecinar, ahumar (fumer) | Tostar (la peau) | *Viande boucanée,* cecina || ~**ier** m Bucanero, pirata.

bouchage m Taponamiento.

bouchard|e f Escoda (marteau) | Rodillo *m* || ~**er** vt Escodar | Pasar el rodillo.

bouch|e f Boca | FIG. *À* ~ *que veux-tu,* a pedir de boca | ~ *bée,* boquiabierto, a | ~ *cousue,* punto en boca | ~ *de chaleur, d'air,* entrada de aire, manga de ventilación | ~ *d'égout,* sumidero, alcantarilla | FIG. ~ *d'or,* pico de oro. *Être dans toutes les* ~*s,* andar en boca de las gentes. *Faire la* ~ *en cœur,* poner boca de corazoncito. *Faire la petite* ~, hacer remilgos || ~**é, e** adj V. BOUCHER | FIG. Cerrado de mollera | FAM. ~ *à l'émeri,* tonto de capirote | *Temps* ~, cielo encapotado || ~**ée** f Bocado *m* | Pastelillo (*m*) relleno | Bombón (*m*) relleno | *Mettre les* ~*s doubles,* hacer algo a marchas forzadas | FIG. *Pour une* ~ *de pain,* por un mendrugo de pan || ~**er** vt Taponar (bouteille) | Tapar (fermer) | Interceptar (chemin) | Tapiar (fenêtre) | Atascar, atorar (tuyau) | FAM. *En* ~ *un coin,* tirar de espaldas, quitar el hipo.

bouch|er m Carnicero (marchand) | Matarife, jifero (d'abattoir) | FIG. Carnicero || ~**ère** f Carnicera || ~**erie** f Carnicería.

bouche-trou m Comodín.

bouchon m Tapón | Corcho (liège) | Corcho, flotador (pêche) | Chito, tángano (jeu) | Clavija *f* | ~ *capsule,* tapón corona, chapa | ~ *de carafe,* culo de vaso (diamant) | FIG. FAM. *C'est plus fort que de jouer au* ~, es cosa de quitar el hipo | *Goût de* ~, sabor acorchado || ~**ner** vt Estregar, cepillar (cheval).

boucl|age m ÉLEC. Cierre de un circuito | MIL. Acordonamiento || ~**e** f Hebilla | Lazada (de ruban) | Rizo *m,* bucle *m* (cheveux) | Argolla, anilla (anneau) | Rizo *m* (avion) | Lazo (*m*) cerrado (train) | Curva, meandro *m* | TECH. Bucle *m* | **~** *d'oreille*, pendiente, zarcillo [*Amér.*, arete *m*] || **~é, e** adj Ensortijado, a (cheveux) | FAM. Cerrado, a || **~er** vt Encerrar | Cerrar (valise, circuit) | Concluir | POP. Meter en chirona | Equilibrar (budget) | POP. *Boucle-la!*, ¡cierra el pico! | — Vt/i Rizar, ensortijar (cheveux) || **~ier** m Escudo | Adarga *f*, rodela *f* | FIG. Amparo, defensa *f*.

Bouddha nprm Buda.

bouddhisme m Budismo.

boud|er vi Estar de morros, poner cara larga | — Vt Hacer ascos a (travail, etc) || **~erie** f Pique *m*, enojo *m* || **~eur, euse** adj/s Picón, ona (qui boude).

boudin m. Morcilla *f* | Pestaña *f* (de roue) || **~é, e** adj Embutido, a (serré) || **~er** vt Torcer el hilo | Embutir (serrer) || **~euse** f TECH. Budinadora.

boudoir m Gabinete, camarín (salon).

bou|e [bu] f Lodo *m*, barro *m* | Poso *m* (liquide) | Lodo *m* (pétrole) | AGR. Limo *m* | FIG. Fango *m*, cieno *m* | FIG. *Traîner quelqu'un dans la* **~**, arrastrar a uno por los suelos || **~ée** f Boya | Flotador *m*, rosco *m* (nage) | **~** *de sauvetage*, salvavidas || **~eux, euse** adj Cenagoso, a; fangoso, a | — M Basurero.

bouff|ant, e adj Hueco, a; ahuecado, a || **~arde** f FAM. Pipa, cachimba || **~e** adj Bufo, a | — F FAM. Comida || **~ée** f Bocanada | Tufarada, tufo *m* (odeur) | Arranque *m*, arrebato *m* (accès) | MÉD. Bochorno *m* | Tufarada (de chaleur) || **~er** vi Ahuecarse | — Vt/i POP. Jamar, manducar (manger) || **~i, e** adj Abotargado, a (visage) | Hinchado, a (yeux, orgueil) || **~ir** vt Hinchar, abotargar | — Vi Hincharse, abotargarse || **~issure** f Hinchazón *m* || **~on, onne** adj/s Bufón, ona | Gracioso, a || **~onnerie** f Bufonada.

bougainvillée f BOT. Buganvilla.

boug|e m Tugurio || **~eoir** [buʒwa:r] m Palmatoria *f* || **~eotte** [buʒɔt] f FAM. *Avoir la* **~**, tener culo de mal asiento || **~er** vi Moverse, menearse | FIG. Agitarse | — Vt Cambiar de sitio || **~ie** f Vela | Bujía (unité d'intensité lumineuse, mécanique).

bougnat m FAM. Carbonero [que tiene un despacho de bebidas].

bougon, ~ne s FAM. Regañón, ona; gruñón, ona || **~nement** m Refunfuño || **~ner** vi FAM. Refunfuñar, gruñir || **~neur, euse** adj/s Gruñón, ona; regañón, ona.

bougr|e, esse s Bribón, ona | Tipo *m* | *Bon* **~**, buen muchacho | *Pauvre* **~**, pobre diablo | — Adj Pedazo de, especie de | — Interj ¡Demonio! || **~ement** adv FAM. Sumamente.

boui-boui m POP. Cafetucho.

bouillabaisse f Bullabesa.

bouill|ant, e adj Hirviente, hirviendo (eau) | FIG. Ardiente || **~e** [buj] f POP. Cara || **~eur** m Destilador: **~** *de cru*, cosechero destilador || **~i** m Carne (*f*) hervida || **~ie** f Gachas *pl* | Papilla (bébé) | FIG. Papilla, gacha: *réduire en* **~**, hacer papilla | FAM. *C'est de la* **~** *pour les chats*, es trabajo en balde || **~ir*** vi Hervir | Cocer | Arder, bullir (colère, impatience) || **~oire** f Hervidor *m* || **~on** m Borbotón | Caldo (aliment, chimie) | FAM. *Boire un* **~**, pasar un mal trago (affaires), tragar agua (de l'eau). **~** *d'onze heures*, jicarazo (poison) || **~onnant, e** adj Hirviente | Burbujeante || **~onnement** m Hervor, borbotón || **~onner** vi Borbotar, hervir | — Vt Ahuecar, afollar (tissu) || **~otte** f Bolsa de agua caliente, calentador *m*.

boulang|er, ère s Panadero, a || **~erie** f Panadería.

boule f Bola | Bolo *m* (jeu) | Bolsa (d'eau chaude) | FAM. *En* **~**, encolerizado | *Faire* **~** *de neige*, extenderse | FAM. *Perdre la* **~**, perder la chaveta | FIG. *Se rouler en* **~**, hacerse un ovillo.

bouleau m Abedul.

boule-de-neige f BOT. Mundillo *m*, bola de nieve.

bouledogue m Bulldog.

boul|er vi Rodar como una bola | POP. *Envoyer* **~**, mandar a paseo | — Vt Embolar (taureaux) || **~et** m Bala (*f*) de cañón | Hierros *pl* (condamné) | Menudillo (cheval) | Carbón de bola | FAM. Carga *f*, cruz *f* || **~ette** f Bolita | Albóndiga (viande) | FAM. Pifia, necedad.

boulevard m Bulevar | **~** *extérieur*, camino de circunvalación *ou* de ronda || **~ier, ère** adj Callejero, a.

bouleversant, e adj Conmovedor, a || **~ement** m Trastorno, turbación *f* (trouble) | Conmoción *f* (émotion) || **~er** vt Trastornar, turbar | Revolver, desordenar | Cambiar de arriba abajo | Conmover | Desquiciar.

boulier m Ábaco (pour compter).

boulimie f Bulimia (faim).

bouline f MAR. Bolina.

bouliste m Jugador de bolos.

boulon m Perno || **~ner** vt Empernar, sujetar con pernos | — Vi POP. Apencar (travailler), empollar (potasser).

boulot m POP. Trabajo | POP. *Au* **~**!, ¡manos a la obra!

boulot, ~e adj FAM. Regordete, a; rechoncho, a || **~er** vt/i POP. Manducar.

bouquet m Ramo, ramillete (fleurs) | Manojo (botte) | Bosquecillo (bosquet) | Castillo (feu d'artifice) | Buqué, boca *f*, aroma *m* (vin) | Remate, coronamiento | Gamba *f* (crevette) | FAM. *C'est le ~*, es el colmo, es el acabóse || **~ier** [buktje] m Florero (vendeur) || **~ière** f Florista || **~in** m Cabra (*f*) montés.

bouquin m FAM. Libro, libraco || **~er** vi FAM. Leer || **~iniste** s Librero de lance *ou* de viejo.

bourb|eux, euse adj Cenagoso, a || **~ier** m Cenagal, lodazal | FIG. Atolladero, lío.

bourbonien, enne adj Borbónico, a.

bourde f FAM. Sandez.

bourdon m Abejorro | Campana (*f*) mayor | Bordón (bâton) | IMPR. Olvido, bordón | MUS. Bordón | *Faux ~*, zángano || **~nant, e** adj Zumbante || **~nement** m Zumbido (insecte, oreille), murmullo (personnes) || **~ner** vi Zumbar (insecte, oreille), murmurar (personnes).

bourg [bu:r] m Villa *f*, burgo || **~ade** f Lugar *m*, aldea || **~eois, e** [burʒwa, wa:z] adj Burgués, esa (confortable) | — S Burgués, esa | — F POP. Costilla, parienta (épouse) || **~eoisement** adv Llanamente, con sencillez || **~eoisie** f Burguesía | *Petite ~*, gente de medio pelo.

bourgeon [burʒɔ̃] m Botón, yema *f*, brote || **~nement** m Brote || **~ner** vi Brotar, echar brotes (plantes) | FAM. Tener granos *ou* espinillas (le visage).

bourgmestre m Burgomaestre.

Bourgogne nprf Borgoña.

bourguignon, onne adj/s Borgoñón, ona.

bourlinguer vi FAM. Correr mundo.

bourr|ade f Golpe *m*, porrazo *m* | Enpujón *m*, empellón *m* | Palmada en la espalda || **~age** m Relleno | Borra *f* | POP. *~ de crâne*, cuento, trola (mensonge), propaganda falsa || **~asque** f Borrasca (vent) || **~e** f Borra | Taco *m* (arme, mine) || **~eau** m Verdugo | *~ des cœurs*, rompecorazones, don Juan, castigador | FIG. *Être un ~ de travail*, ser una fiera para el trabajo || **~ée** f Chamarasca, chamiza.

bourrel|er [burle] vt Torturar, atormentar (remords) || **~et** m Cojín | Rodete, cabecil | Burlete (fenêtre) | *~s de graisse*, roscas, michelines || **~ier** [burəlje] m Guarnicionero, talabartero || **~lerie** [burɛlri] f Guarnicionería, talabartería.

bourrer vt Rellenar | Cargar (pipe) | Atacar (arme) | FAM. Atiborrar (manger), hinchar (le crâne) | *Être bourré*, estar abarrotado (bondé), estar mona (ivre) | — Vp Atiborrarse, atracarse (manger).

bourr|iche f Banasta (panier) || **~ichon** m FAM. *Se monter le ~*, hacerse ilusiones; calentarse los cascos (s'exciter) || **~icot** m FAM. Borriquillo || **~in** m FAM. Penco (cheval) || **~ique** f Borrica, burra (ânesse) | FAM. Borrico *m* | FAM. *Faire tourner en ~*, volver tarumba.

bourru, e adj Basto, a (grossier) | FIG. Desabrido, a; huraño, a.

bours|e f Bolsa, bolso *m* (sac) | Beca (d'études) | ANAT. Bolsa | Bolsa : *~ bien garnie, plate*, bolsa repleta, vacía | Bolsa : *~ du travail*, bolsa del Trabajo | *~ de commerce*, bolsa de comercio, lonja | *Sans ~ délier*, sin soltar un cuarto | *Tenir la ~*, tener los cuartos || **~ier, ère** adj/s De bolsa | Bursátil | Becario, a (étudiant) | — M Bolsista.

boursoufl|é, e adj Hinchado, a | Abotargado, a (visage) || **~ement** m Hinchazón *f*, abotargamiento || **~er** vt Hinchar | Abotargar (la peau) | — Vp Hincharse || **~ure** f Hinchazón, abotargamiento *m*.

bouscul|ade f Atropello *m*, empujón *m* (poussée) | Bullicio *m*, tropel *m* (tumulte) || **~er** vt Revolver | Atropellar, empujar (pousser) | MIL. Arrollar | Zarandear (secouer) | FIG. Dar prisa ; trastornar ; hacer tambalear.

bous|e f Boñiga || **~ier** m Escarabajo pelotero.

bousill|age m Chapucería *f*, chapuz || **~er** vt Chapucear | POP. Apiolar (tuer), destrozar, hacer polvo (détruire).

boussole f Brújula | FIG. Norte *m*, guía | FAM. *Perdre la ~*, perder el norte.

boustifaille [bustifaj] f FAM. Manducatoria, jamancia.

bout m Punta *f*, extremidad *f* | Cabo, final (fin) | Trozo, pedazo (morceau) | Contera *f* (canne, épée) | Yema *f*, punta *f* (doigts) | Mango (outil) | Botón (fleuret) | MAR. Cabo | *À ~ portant*, a quemarropa, a boca de jarro | *À tout ~ de champ*, a cada paso | FIG. *Au ~ du monde*, en el fin del mundo. *Avoir* o *tenir le bon ~*, tener la sartén por el mango. *Avoir sur le ~ de la langue*, tener en la punta de la lengua | *~ à ~*, uno detrás del otro | *~ de cigarette*, colilla | *~ de pain*, mendrugo | *D'un ~ à l'autre*, de cabo a rabo | *Être à ~*, no saber ya qué hacer; no poder más (fatigué), estar agotado (épuisé) | *Être à ~ de*, quedarse sin, no tener ya | FIG. *Être au ~ de son rouleau*, acabársele a uno la cuerda | *Jusqu'au ~*, hasta el fin | *Haut ~*, cabecera (d'une table) |

FIG. *Jusqu'au ~ des doigts,* hasta la punta de los dedos. *Jusqu'au ~ des ongles,* hasta el tuétano | *Mener à ~,* llevar a cabo | FIG. *Ne pas joindre les deux ~s,* no llegarle a uno el dinero. *Pousser à ~,* sacar de sus casillas (énerver). *Savoir sur le ~ des doigts,* saber al dedillo | *Venir à ~ de,* acabar con, poner fin a (finir), llevar a cabo (mener à bien).

boutade f Ocurrencia, salida, rasgo (*m*) de ingenio.

bout-dehors m MAR. Botalón.

boute-en-train s inv Animador, a.

boutefeu m Botafuego.

bouteille [butɛj] f Botella | FIG. *C'est la ~ à l'encre,* eso es un lío | *Mettre en ~,* embotellar | FAM. *Prendre de la ~,* entrar en años.

boute|rolle f Contera (épée) | Martillo (*m*) de ojo || **~roue** f Guardacantón *m* || **~selle** m Botasilla *f*.

boutiqu|e f Tienda || **~ier, ère** s Tendero, a.

boutoir m Pujavante | Jeta *f* (sanglier).

bouton m Botón (vêtement, fleuret) | Yema *f*, botón (arbre), capullo, botón (fleur) | Botón, pulsador (électrique) | Tirador (tiroir), pomo (porte) | Espinilla *f* (visage) | *~ de fièvre,* pupa, calentura | *~ de manchette,* gemelo | *~ de recherche de station,* botón de sintonización (radio) || **~nage** m Abotonado || **~ner** vi AGR. Echar brotes | Abrocharse (vêtement) | Tener espinillas (visage) | — Vt Abotonar, abotonarse, abrochar, abrocharse || **~neux, euse** adj Espinilloso, a || **~nière** f Ojal *m* || **~-pression** m Automático.

boutur|age m Desqueje || **~e** f Esqueje *m* (de fleur), estaca (d'arbres) || **~er** vt Desquejar | — Vi Brotar, echar renuevos.

bouv|erie f Boyera, boyeriza || **~ier** m Boyero || **~illon** m Novillo || **~reuil** [buvrœj] m Pardillo.

bov|idés mpl Bóvidos || **~in, e** adj Bovino, a; vacuno, a | — Mpl Bovinos, ganado (*sing*) vacuno.

bowling [bɔwliŋ] m Bolera *f*.

box m Box (écurie) | Jaula *f* (garage) | Camarilla (d'un dortoir) || **~e** f Boxeo *m* || **~er** vi Boxear | — Vt Dar puñetazos || **~eur** m Boxeador.

boyau [bwajo] m Tripa *f* | Tubular (bicyclette).

boycott|age [bɔjkɔta:ʒ] m Boicoteo, boicot || **~er** vt Boicotear || **~eur, euse** s Boicoteador, a.

boy-scout [bɔjskut] m Explorador.

bracelet m Correa *f* | Pulsera *f* : *montre-~* o *~-montre,* reloj de pulsera.

brachi|al, e [brakjal] adj Braquial || **~opodes** mpl Braquiópodos.

brachycéphal|e [-kisefal] adj Braquicéfalo, a || **~ie** f Braquicefalia.

braconn|age m Caza (*f*) *ou* pesca (*f*) furtiva || **~er** vi Cazar *ou* pescar furtivamente || **~ier** m Cazador *ou* pescador furtivo.

bractée f Bráctea.

brad|er vt Vender saldos | Vender de ocasión | FIG. Liquidar || **~erie** f Venta de mercancías de ocasión | FIG. Liquidación, quema.

braguette f Bragueta.

brahm|ane m Brahmán || **~anisme** m Brahmanismo.

brai m Brea *f*.

braill|ard, e [brɑja:r, ard] adj Chillón, ona || **~ement** m Berrido, grito || **~er** vi Berrear || **~eur, euse** adj/s Chillón, ona.

brai|ment m Rebuzno || **~re*** vi Rebuznar | Berrear (crier).

brais|e f Brasas *pl*, ascuas *pl* | FIG. *Être sur la ~,* estar en ascuas || **~er** vt Asar.

bramer vi Bramar.

bran m Salvado grueso.

brancard m Varal (voiture) | Camilla *f*, parihuelas *fpl* || **~ier** m Camillero.

branch|age m Ramaje || **~e** f Rama (d'arbre) | Brazo *m*, ramal *m* (fleuve) | Pierna (compas) | Brazo *m* (chandelier) | Varilla (éventail) | Patilla (lunettes) | Rama (famille) || **~ement** m Acometida *f* (d'eau) | Enchufe (électricité) || **~er** vt Empalmar, acometer (l'eau) | Enchufar, conectar (électricité).

branchi|al, e adj Branquial || **~ies** fpl Branquias || **~opodes** [brɑ̃kjɔpɔd] mpl Branquiópodos.

brandade f Bacalao (*m*) a la provenzal.

brande f Brezal *m* (broussailles) | Leña menuda || **~bourg** m Alamar.

brand|iller vt Balancear, bambolear | — Vi Agitarse | Ondear (drapeau) || **~ir** vt Blandir, esgrimir (un sable) | FIG. Enarbolar || **~on** m Hachón, antorcha *f* | Pavesa *f* (d'un incendie) | FIG. *Allumer le ~ de la discorde,* provocar una disputa.

branl|ant, e adj Oscilante || **~e** m Oscilación *f*, bamboleo | *Mettre en ~,* poner en movimiento *ou* en marcha || **~e-bas** m Zafarrancho || **~er** vt Bambolear, menear | — Vi Bambolearse, moverse.

braqu|age m Giro *ou* vuelta (*f*) del volante | FIG. Atraco (agression) || **~e** m Perro perdiguero || **~ement** m Puntería *f* || **~er** vt Apuntar (arme) | Clavar, fijar (regard) | Hacer girar las ruedas de un automóvil en un viraje | FIG. Predisponer | — Vi Girar (voiture) || **~et** m Desmultiplicación *f* (vélo).

bras [bra] m Brazo | *À ~-le-corps,* por medio del cuerpo | *À ~ ouverts,* con los brazos abiertos | *À ~ raccourcis,* a brazo partido | *~ dessus, ~ dessous,* del brazo | *En ~ de chemise,* en mangas de camisa | FAM. *Les gros ~,* los peces gordos | *Les ~ croisés,* con los brazos cruzados | *Se donner le ~,* ir del brazo.

bras|age m Soldadura *f* || **~er** vt Soldar || **~ero** m Brasero || **~ier** m Hoguera *f,* ascuas *fpl* || **~iller** vi Rielar (mer) || **~que** f Brasca.

brass|age m Mezcla *f* | FIG. Manejo (affaires) || **~ard** m Brazalete, brazal || **~e** f Braza (mesure, nage) || **~ée** f Brazada || **~er** vt Fabricar cerveza | Bracear, agitar | Barajar (idées) | Bracear (voiles) | FAM. Tramar (intrigue), apalear (de l'argent), manejar (affaires) || **~erie** f Cervecería || **~eur** m Cervecero | Bracista (nage) || **~ière** f Camisita, jersey *m* (d'enfant).

brav|ache adj/s Bravucón, ona || **~ade** f Bravata || **~e** adj Valiente, valeroso, a | FAM. Bueno, a | — M Valiente || **~er** vt Desafiar | Arrostrar, afrontar || **~o** m Bravo | — Interj ¡Bravo!, ¡ole! || **~oure** f Valentía, arrojo *m.*

brebis f Oveja | FIG. Cordero *m* | *~ égarée, galeuse,* oveja descarriada, negra.

brèche f Brecha | Mella (couteau) | Desportilladura (assiette) | Tajo *m* (passage) | *Battre en ~,* batir en brecha (reculer), criticar severamente || **~-dent** adj/s Mellado, a.

bréchet m Quilla *f* (oiseau).

bredouill|age m Farfulleo, farfulla *f* || **~e** [brəduj] f FIG. *Revenir* o *rentrer ~,* volver con las manos vacías || **~ement** m Farfulleo, farfulla *f* || **~er** vt/i Hablar atropelladamente, farfullar || **~eur, euse** s Farfullador, a.

bref, brève adj Breve | FIG. Conminatorio, a; imperioso, a | — M Breve, carta *(f)* pontificia | — F Breve (note, syllabe) | — Adv Total | Para resumir, en resumen.

bréhaigne adj Estéril.

brelan m Trío (poker).

breloque f Dije *m,* colgante *m* | FIG. *Battre la ~,* desatinar, desbarrar.

Brésil nprm Brasil.

brésilien, enne adj/s Brasileño, a [*Amér.,* brasilero].

brésillet m Brasil, palo brasil (bois).

Bretagne nprf Bretaña.

bretaill|er vi Desenvainar la espada || **~eur** m Espadachín.

bretelle f Carretera de enlace *ou* empalme, ramal *(m)* de conexión | Correa (courroie) | — Pl Tirantes *m* [*Amér.,* suspensores] | *~ de fusil,* portafusil.

brett|e f Espadón *m* || **~eur** m Esgrimidor (qui aime se battre à l'épée).

breuvage m Bebida *f* | Brebaje, bebistrajo (boisson désagréable).

brevet m Patente *f* (d'invention) | Título (diplôme) | Diploma, título, certificado (d'études) | Despacho (de l'armée) || **~é, e** adj/s Patentado, a | Diplomado, a; titulado, a; graduado, a || **~er** vt Patentar (une invention) | Conceder una patente.

bréviaire m Breviario.

bribe f Pizca, poquito *m* | — Pl Migajas, sobras, restos *m* (d'un repas) | Fragmentos *m* (conversation).

bric-à-brac m Baratillo (magasin) | Mercancías *(fpl)* de lance | Batiborrillo (confusion).

bricol|age m Chapuz, chapucería *f,* bricolage || **~e** f Menudencia, tontería (bagatelle) | FIG. Chapuza, chapuz *m,* apaño *m* (travail) || **~er** vi Hacer toda clase de oficios | Chapucear | — Vt Chapucear, amañar || **~eur, euse** s Factótum, chapucero, a | Persona mañosa, apañado, a.

brid|e f Brida, rienda (rêne) | Barboquejo *m* (chapeau) | Presilla (boutonnière) | FIG. Rienda, freno *m* | TECH. Brida, abrazadera | *À ~ abattue,* a rienda suelta | *Lâcher la ~,* dar rienda suelta | *Mettre la ~ sur le cou,* dar rienda suelta | *Tourner ~,* volver grupas || **~er** vt Embridar, poner la brida | FIG. Refrenar, contener | Atar (volaille).

bridge [bridʒ] m Bridge (jeu) | Puente (dentier).

briév|ement adv Brevemente || **~eté** f Brevedad.

brigad|e f Brigada | Equipo *m,* brigada (d'ouvriers) || **~ier** Cabo | Brigadier (général).

brigand [brigɑ̃] m Salteador, bandolero | Tunante (voyou) || **~age** m Bandidaje, bandolerismo || **~er** vi Vivir como bandolero.

brigantin m Bergantín (bateau) || **~e** f Cangreja (voile).

brigu|e f Artimaña || **~er** vt Pretender, solicitar || **~eur, euse** s Pretendiente | Intrigante.

brill|amment adv Brillantemente || **~ance** f Brillantez || **~ant, e** adj Brillante | — M Brillo, brillantez *f* | Brillante (diamant) | FIG. *Faux ~,* relumbrón, falsas apariciencias || **~anter** vt Abrillantar || **~antine** f Brillantina || **~er** vt Brillar | *Faire ~,* sacar brillo (métal, etc).

brimade f Novatada.

brimbal|ement m FAM. Balanceo, bamboleo ‖ **~er** vt FAM. Balancear, bambolear | — Vi Bambolearse.
brimborion m Chuchería *f*.
brimer vt Vejar | Molestar | Dar una novatada (des nouveaux).
brin m Brizna *f* (de paille) | Ramita *f* (branche) | Tallo (tige) | Hebra *f* (corde) | FIG. Chispa *f*, pizca *f* (petite partie) | Varilla *f* (éventail) | *Un beau ~ de fille*, una real moza ‖ **~dille** f Ramita ‖ **~gue** f POP. Juerga, jaleo *m* (débauche), espingarda (grande femme) ‖ **~guebaler** ou **~quebaler** vt/i Bambolear.
brio m Brío.
brioche f Bollo (*m*) de leche | FAM. Panza, tripa (ventre).
briqu|e f Ladrillo *m* | POP. *Bouffer des ~s*, comer adoquines | *~ crue*, adobe | POP. *Une ~*, un millón ‖ **~er** vt Lustrar, dar brillo ‖ **~et** m Eslabón | Mechero, encendedor | Perro raposero ‖ **~etage** m Enladrillado ‖ **~eter** vt Enladrillar, solar con ladrillos ‖ **~eterie** f Fábrica de ladrillos ‖ **~ette** f Briqueta (charbon).
bris [bri] m Fractura *f*, quebrantamiento | *~ de scellés*, violación de sellos *ou* precintos ‖ **~ant** m MAR. Batiente, rompiente ‖ **~e** f Brisa ‖ **~é, e** adj Partido, a ; roto, a | Quebrado, a (ligne) | Entrecortada (voix) | FIG. Molido, a (fatigué).
brise-bise m inv Visillo.
brisées fpl Rastros *m*, huellas.
brise|-glace m inv Rompehielos (bateau) ‖ **~-lames** m inv Rompeolas, escollera *f* ‖ **~ment** m Rompimiento, quebranto ‖ **~-mottes** m inv AGR. Rodillo de discos.
bris|er vt Romper | Quebrantar (courage) | FAM. Moler, destrozar (fatiguer) | Vencer (une résistance) | — Vi Romper (vagues) ‖ **~e-tout** s inv Rompelotodo, destrozón, ona ‖ **~eur, euse** s Rompedor, a | *~ de grève*, esquirol, rompehuelgas.
bristol m Bristol, cartulina *f* | Tarjeta (*f*) de visita.
brisure f Rotura, quiebra.
britannique adj/s Británico, a ; britano, a.
broc [bro] m Jarro.
brocant|age m Comercio de lance | Cambalache (échange) ‖ **~e** f Chamarileo *m* ‖ **~er** vi Chamarilear | Cambalachear (troquer) ‖ **~eur, euse** s Chamarilero, a.
brocart m Brocado.
brocatelle f Brocatel *m*.
broch|age m Encuadernación (*f*) en rústica ‖ **~e** f Asador *m*, espetón *m* (pour rôtir) | Alfiler *m* (épingle) | Broche *m* (agrafe) | Husillo *m* (filatures) | Mandril *m*, macho *m* (forge) ‖ **~é, e** adj En rústica (livre) | Brocado, a (tissu) ‖ **~er** vt Encuadernar en rústica ‖ **~et** m Lucio (poisson) ‖ **~ette** f Broqueta, brocheta ‖ **~ure** f Folleto *m* | Encuadernación en rústica.
brocoli m BOT. Brécol.
brodequin m Borceguí (chaussure) | Coturno (théâtre).
brod|er vt Bordar : *~ à jour, en relief*, bordar en calado, de realce ‖ **~erie** f Bordado *m* | FIG. Adornos *mpl*, detalles *mpl* | *~ à jour, en relief*, calado, recamado ‖ **~eur, euse** s Bordador, a.
broi|e [brwa] f Agramadera ‖ **~ement** [-mɑ̃] m Trituración *f*.
brom|e m Bromo ‖ **~ure** m Bromuro.
bronch|e f Bronquio *m* ‖ **~er** vi Tropezar | FIG. Moverse | Vacilar ‖ **~ioles** fpl Bronquiolos *m* ‖ **~ique** adj Bronquial ‖ **~ite** f Bronquitis.
broncho-pneumonie f Bronconeumonía (maladie).
bronz|age m Bronceado (peau) | Pavonado (armes) ‖ **~e** m Bronce ‖ **~é, e** adj Bronceado, a ; tostado, a (peau) ‖ **~er** vt Broncear | Pavonar (acier) | Broncear, tostar (peau) ‖ **~eur** m Broncista.
broquette f Tacha, tachuela.
bross|age m Cepillado ‖ **~e** f Cepillo *m* (à dents) | Brocha (de peintre), pincel *m* (d'artiste peintre) | Bruza (chevaux) ‖ **~er** vt Cepillar | FIG. Abocetar, bosquejar.
brou m Cáscara *f* | *~ de noix*, nogalina.
brouet [bruɛ] m Caldo claro | FAM. Bodrio, comida (*f*) mala.
brouett|age m Acarreo ‖ **~e** f Carretilla ‖ **~ée** f Carretada ‖ **~er** vt Acarrear.
brouhaha [bruaa] m Algarabía *f*, guirigay.
brouill|age [bruja:ʒ] m RAD. Interferencia *f* ‖ **~amini** m Batiburrillo, lío ‖ **~ard** m Niebla *f*, neblina *f* | COM. Borrador | — Adj *Papier ~*, secante ‖ **~asse** f Niebla meona ‖ **~asser** vi Llozvinar ‖ **~e** [bruj] ou **~erie** f Desavenencia, disgusto *m* ‖ **~ement** m Mezcla *f* | Enredo, embrollo ‖ **~er** vt Mezclar (mêler) | Revolver (œufs) | Enturbiar (liquide) | FIG. Malquistar, sembrar la discordia | Confundir | Trastornar (troubler) | RAD. Interferir | *~ les cartes*, sembrar la confusión | — Vp Nublarse (la vue) | Encapotarse (le ciel) | Oscurecerse (idées) | Enredarse (affaires) Embrollarse (en parlant) | Reñir, malquistarse (dispute) ‖ **~on, onne** adj Enredador, a ; lioso, a | Desordenado, a | — M Borrador.
brouir vt Quemar (plantes).

broussaill|e [brusɑ:j] f Maleza, zarzal *m* | *En* ~, enmarañadas (barbe, sourcils) || **~eux, euse** adj Cubierto de maleza | FIG. Enmarañado, a.
brousse f Maleza | Sabana con matorrales | POP. Campo *m*.
brout|er vt Pacer (animaux) | Ramonear (les arbres) | TECH. Engranar mal || **~ille** f Ramojo *m* | FIG. Nadería, pamplina.
broy|age [brwaja:ʒ] m Trituración *f* || **~er** vt Moler, triturar (blé) | Desleír (couleurs) || **~eur, euse** adj/s Moledor, a | — M Triturador, machacadora *f* | ~ *d'évier*, triturador de basura.
bru f Nuera, hija política.
brugnon m Nectarina *f*.
bruin|e f Llovizna || **~er** vimp Lloviznar.
bru|ire* vi Zumbar | Susurrar (chuchoter) || **~issement** m Zumbido | Rumor, susurro || **~it** [brɥi] m Ruido | MÉD. Sonido | FIG. Repercusión *f*, resonancia *f* | Rumor : *le ~ court*, corre el rumor | FIG. *À grand ~*, a bombos y platillos. *Beaucoup de ~ pour rien*, mucho ruido y pocas nueces || **~itage** m Efectos (*pl*) sonoros (cinéma) || **~iter** vt Producir efectos sonoros || **~iteur** m Encargado de producir efectos sonores.
brûl|age m Quema *f* | Tostado (du café) || **~ant, e** adj Ardiente | FIG. Vivo, a; animado, a (vif), candente (affaire) || **~é, e** adj/s Quemado, a | FIG. Acabado, a | *Sentir le ~*, oler a quemado *ou* a chamusquina || **~e-parfum** m inv Pebetero || **~e-pourpoint (à)** loc adv A boca de jarro, a quemarropa || **~er** vt Quemar | Tostar, torrefactar (café) | Consumir, gastar | Abrasar (soleil) | Escaldar (eau bouillante) | Saltarse (un feu rouge) | — Vi Arder | Quemarse (au jeu) | Pegarse (aliment) | Consumirse (d'impatience) | ~ *de*, desear ardientemente *ou* con ansia || **~erie** f Destilería (eau-de-vie) | Tostadero *m* (café) || **~eur** m Mechero, quemador || **~is** m AGR. Chamicera *f* || **~oir** m Tostador (café) || **~ot** m MAR. Brulote || **~ure** f Quemadura | Escaldadura | Ardor *m*, acedía (estomac).
brum|aire m Brumario (mes) || **~asse** f Neblina || **~asser** vimp Hacer neblina || **~e** f Bruma || **~eux, euse** adj Brumoso, a.
brun, ~e [brœ̃, yn] adj/m Pardo, da (couleur) | Moreno, a (teint, cheveux) || **~âtre** adj Pardusco, a; moreno, a || **~e** f Anochecer *m* || **~i, e** adj Tostado, a || **~ir** vt Dar color pardo *ou* moreno | Poner moreno, tostar (peau) | TECH. Bruñir | — Vi/p Ponerse moreno, tostarse || **~issage** m Bruñido, pulimento || **~issoir** m Bruñidor.
brusqu|e adj Brusco, a || **~er** vt Atropellar, tratar bruscamente | FIG. Precipitar, apresurar || **~erie** f Brusquedad.
brut, ~e [bryt] adj Bruto, a | Sin refinar, bruto, a; crudo, a (pétrole, etc) | Muy seco, a (champagne) | — M Crudo (pétrole) || **~al, e** adj Brutal || **~aliser** vt Brutalizar || **~alité** f Brutalidad || **~e** f Bruto *m*.
Bruxelles npr Bruselas.
bruxellois, e adj/s Bruselense.
bruyant, e adj Ruidoso, a.
bruyère [bryjɛ:r] f BOT. Brezo *m* (plante) | Brezal *m* (lieu).
buanderie f Lavandería, lavadero *m*.
bub|on m Bubón || **~onique** adj Bubónico, a.
buccal, e adj Bucal.
buccin m Caracola *f* (mollusque) | Bocina *f* (trompette).
bûch|e f Leño *m* | FAM. Tarugo *m* | FAM. *Ramasser une ~*, romperse la crisma || **~er** m Hoguera *f* (feu) | Leñera *f* (pour garder le bois) | — Vi FAM. Empollar (étudier) || **~eron, onne** s Leñador, a || **~ette** f Támara, astilla || **~eur, euse** adj/s FAM. Empollón, ona.
bucolique adj Bucólico, a.
budg|et [bydʒɛ] m Presupuesto || **~étaire** adj Del presupuesto, presupuestario, a || **~étiser** vt Hacer entrar en el presupuesto || **~étivore** m FAM. Presupuestívoro.
buée f Vaho *m*.
buffet m Aparador (meuble) | Ambigú (dans une réunion) | Fonda *f* (gare) | Caja *f* (de l'orgue).
buffle, bufflonne s Búfalo, a.
buffleterie f Correaje *m* (de soldat).
bugle m MUS. Cornetín de llaves.
bugrane f BOT. Gatuña.
buis [bɥi] m Boj.
buisson m Matorral, zarzal || **~neux, euse** adj Breñoso, a.
bulb|e m Bulbo || **~eux, euse** adj Bulboso, a.
bulgare adj/s Búlgaro, a.
Bulgarie nprf Bulgaria.
bulldozer m Bulldozer.
bulle f Burbuja (d'air) | Pompa : *~ de savon*, pompa de jabón | Bula (du pape) | Bocadillo *m* (d'illustré).
bulletin m Boletín (publication) | Parte : *~ météorologique, de santé*, parte meteorológico, facultativo | Papeleta *f* (de vote) | Talón, recibo (reçu) | *~ blanc*, voto en blanco | *~ de commande*, pedido | *~ d'enneigement*, estado de la nieve | *~ de paye*, hoja de paga.
buraliste s Estanquero, a.
bure f Sayal *m*, buriel *m* (tissu).

bureau m Oficina *f*, despacho | Escritorio, mesa (*f*) de despacho (meuble) | Negociado (d'une administration) : *chef de* ~, jefe de negociado | Mesa *f* (d'une assemblée) | Despacho (débit) | *À* ~*x fermés*, con el cartel de no hay billetes, con un lleno total | ~ *de location*, taquilla, contaduría | ~ *de placement*, agencia de colocaciones | ~ *de postes*, oficina de correos | *de tabac*, estanco, expendeduría de tabaco | ~ *d'état-major*, sección de Estado Mayor | ~ *d'études*, asesoría | ~ *de vote*, mesa *ou* centro electoral | ~ *syndical*, delegación sindical || ~**crate** s Burócrata || ~**cratie** f Burocracia || ~**cratique** adj Burocrático, a || ~**cratisation** f Burocratismo *m* || ~**cratiser** vt Burocratizar || ~**tique** f Ofimática.
burette f Aceitera.
burin m Buril (de graveur) | Escoplo, cortafrío (de mécanicien) || ~**er** vt Burilar (graveur) | Escoplear | FIG. Marcar (visage).
burlesque adj Burlesco, a.
burnous [byrnu(s)] m Albornoz.
bus m Autobús, bus.
buse f Cernícalo *m* (oiseau) | TECH. Tubo *m* (tuyau) | Boquilla (de tuyère) | FAM. Cernícalo *m*.
bust|e m Busto | *En* ~, de medio cuerpo || ~**ier** m Sujetador, ajustador.
but [by(t)] m Blanco : *frapper au* ~, dar en el blanco | Meta *f* (terme) | Portería *f* (sports) | Gol, tanto (football) | FIG. Fin, meta *f*, objetivo | *Aller droit au* ~, ir al grano | *Dans le* ~ *de*, con el fin de | *De* ~ *en blanc*, de buenas a primeras.
butane m Butano.
but|é, e adj Porfiado, a || ~**ée** f Tope (*m*) de retención | Estribo *m*, contrafuerte *m* (pont) || ~**er** vi Apoyarse en, descansar en | Tropezar con (se heurter) | — Vt POP. ~ *quelqu'un*, cargarse *ou* matar a uno (tuer) | — Vp Empeñarse, obstinarse || ~**eur** m Goleador (sports).
butin m Botín | FIG. Cosecha *f* || ~**er** vi Libar.
butoir m Tope.
butor m Alcaraván (oiseau) | FIG. Cernícalo, acémila *f*, ganso.
butt|age m AGR. Acolladura *f* (arbre), aporcadura (légume) || ~**e** f Cerrillo *m*, otero *m* | Colina | FIG. *Être en* ~ *à*, ser el blanco de, estar expuesto a || ~**er** vt AGR. Acollar (arbre), aporcar (légume) || ~**oir** ou ~**eur** m AGR. Aporcadora *f*, acollador.
buv|able adj Bebible | FAM. Potable, pasable || ~**ard** adj/m Secante : *papier* ~, papel secante || ~**ette** f Cantina | Quiosco (*m*) de bebidas || ~**eur, euse** adj/s Bebedor, a.
Byzance nprf Bizancio *m*.

C

c m C *f*.
ça [sa] pron dém (contracción de cela) Esto, eso | *Comme* ~, así.
çà [sa] adv Acá | ~ *et là*, aquí y allá | — Interj ¡Vamos!, ¡ea!
cabal|e f Cábala || ~**er** vi Tramar cábalas || ~**istique** adj Cabalístico, a.
caban m Chubasquero, chaquetón.
caban|e f Cabaña, chabola | ~ *à lapins*, conejera, conejar || ~**on** m Cabañuela *f* | Jaula *f* (de fous) | Calabozo (cachot) | Casa (*f*) de campo.
cabaret m Taberna *f* | Cabaret (boîte de nuit) || ~**ier, ère** s Tabernero, a | Encargado de un cabaret.
cabas [kabɑ] m Capacho, capazo.
cabèche f POP. Chola (tête).
cabestan m MAR. Cabrestante.
cabillaud [kabijo] m Bacalao fresco.
cabin|e f MAR. Camarote *m* | Jaula (ascenseur) | Caseta (de bain) | Cabina | Locutorio *m* (téléphone) || ~**et** m Gabinete (pièce) | Despacho (bureau) | Bufete (d'avocat) | Consulta *f* (de médecin) | Gabinete (ministériel) | Excusado, retrete (lavabos) | ~ *de toilette*, tocador, cuarto de aseo.
câbl|e m Cable | Cablegrama || ~**er** vt Cablegrafiar | Telegrafiar | Torcer (corde) | Cablear (fil métallique) || ~**ogramme** m Cablegrama.
caboch|ard, e adj/s FAM. Cabezota || ~**e** f Tachuela | FAM. Chola || ~**on** m Calamón (clou) | Cabujón (pierre).
cabosser vt Abollar (bosseler) | Magullar (abîmer).
cabot m Mújol (poisson) | FAM. Chucho (chien) | POP. Comicastro || ~**age** m MAR. Cabotaje || ~**er** vi MAR. Costear || ~**eur** adj MAR. De cabotaje | — M Barco de cabotaje.
cabotin, ~e s Comicastro | FIG. Comediante || ~**age** m Actuación (*f*) mala | FAM. Fanfarronada *f* || ~**er** vi FAM. Fanfarronear.

caboulot m FAM. Tabernucha *f*, tabernucho.
cabrer vt Hacer encabritarse | FIG. Irritar | — Vp Encabritarse | FIG. Erguirse (se dresser), irritarse.
cabri m Cabrito || **~ole** f Voltereta | Cabriola (du cheval) || **~oler** vi Hacer cabriolas || **~olet** m Cabriolé.
caca m FAM. Caca *f*.
cacahouète ou **cacahuète** f Cacahuete *m*, maní *m*.
cacao m Cacao || **~té, e** adj Con cacao || **~yer** ou **~tier** m Cacao.
cacatoès m Cacatúa *f*.
cacatois m MAR. Mastelerillo de juanete (mât), juanete (voile).
cachalot m Cachalote.
cache f Escondite *m* (lieu secret) | — M IMPR. Viñeta *f* | PHOT. Ocultador || **~-cache** m Escondite (jeu) || **~-col** m inv Bufanda *f*.
cachemire m Cachemira *f*, casimir.
Cachemire nprm Cachemira *f*.
cache|-misère m inv FAM. Sobretodo || **~-nez** m inv Bufanda *f* || **~-pot** m inv Cubretiestos || **~-poussière** m inv Guardapolvo || **~r** vt Esconder, ocultar | Disimular | Cubrir (couvrir) | Tapar (masquer) | FIG. Ocultar | — Vp Esconderse | Ocultarse (soleil) | *~ de qqch.*, ocultar algo || **~-radiateur** m inv Cubrerradiador || **~-sexe** m inv Taparrabo.
cachet m Sello (timbre, sceau, médicament) | Matasellos (poste) | Remuneración *f* | Tableta *f* (comprimé) | Originalidad *f*, carácter || **~age** m Selladura *f* || **~er** vt Sellar | Cerrar (fermer) || **~te** f Escondrijo *m*, escondite *m* | *En ~*, a escondidas.
cachot m Calabozo | Cárcel *f* (prison) || **~terie** f Tapujo *m* : *faire des ~s*, andar con tapujos || **~tier, ère** adj/s Callado, a.
cachou m Cato (extrait) | Cachunde (pastille).
caciqu|at m Cacicazgo, cacicato || **~e** m Cacique || **~isme** m Caciquismo.
cacophoni|e f Cacofonía || **~que** adj Cacofónico, a.
cactus [kaktys] m Cacto, cactus.
cadastr|al, e adj Catastral || **~e** m Catastro.
cadav|éreux, euse adj Cadavérico, a || **~érique** adj Cadavérico, a || **~re** m Cadáver.
caddie m Caddy.
caddy m Carrito (petit chariot).
cade m Enebro.
cadeau m Regalo, obsequio | *Faire ~ de*, regalar, obsequiar.
cadenas [kadna] m Candado || **~ser** vt Cerrar con candado.
cadenc|e f Cadencia | Compás *m* : *marcher en ~*, andar a compás | FIG. Ritmo *m* || **~é, e** adj Acompasado, a || **~er** vt Dar cadencia.
cadet, ette adj Menor | Segundogénito, a (puîné) | — M Segundón, hijo menor (fils), hermano menor (frère) | Infantil (sports) | MIL. Cadete | FAM. *C'est le ~ de mes soucis*, ahí me las den todas | — F Hija *ou* hermana menor.
Cadix npr Cádiz.
cadmium [kadmjɔm] m Cadmio.
cadr|age m Enfoque, encuadre | Ajuste || **~an** m Esfera *f* (montre) | Dial (radio) | *~ d'appel*, disco selector (téléphone) | *~ solaire*, reloj de sol || **~e** m Marco | Bastidor (châssis) | Cuadro (bicyclette) | Ejecutivo, miembro del personal dirigente (employé) | FIG. Ambiente (ambiance), escenario (paysage) | Antena (*f*) de cuadro (radio) | MIL. Cuadro, mando | Límites *pl* | *~ supérieur*, ejecutivo | *Dans le ~ de*, con arreglo a, en el marco de | *Rayer des ~s*, dar de baja || **~er** vi Cuadrar, encajar | — Vt TAUR. Cuadrar | PHOT. Encuadrar.
cadu|c, ~que adj Caduco, a || **~cée** m Caduceo || **~cité** f Caducidad | Caduquez (âge caduc).
cæc|al, e [sekal] adj Cecal || **~um** [sekɔm] m Intestino ciego.
caf (abrev. de *coût, assurance, fret*) Coste, seguro y flete.
cafard, ~e adj/m Gazmoño, a | Hipócrita | — M FAM. Chivato (rapporteur), morriña *f*, ideas (*fpl*) negras (mélancolie) | ZOOL. Cucaracha *f* || **~er** vi FAM. Chivarse (rapporter) | — Vt FAM. Chivar || **~eux, euse** adj FAM. Desalentado, a | Triste.
café m Café || **~-concert** m Café cantante || **~-crème** m Café con leche || **~ier** m Cafeto || **~ière** f Cafetal *m* || **~ine** f Cafeína.
cafetier, ère s Cafetero, a | — F Cafetera.
cafouill|age [kafuja:ʒ] m Farfulla *f* (parler) | Mal funcionamiento, fallo || **~er** vi Farfullar | Funcionar mal, tener fallos (moteur) || **~is** [-ji] m FAM. Desorden.
cafre adj/s Cafre.
cag|e f Jaula | Portería (sports) | ARCH. Caja, hueco *m* | MÉC. Cárter *m* | *~ thoracique*, caja torácica || **~eot** [kaʒo] m Jaulón (à volailles) | Caja *f* || **~ibi** m Cuchitril.
cagneux, euse adj/s Zambo, a; patizambo, a.
cagnotte f FAM. Hucha (tirelire), pozo *m*, plato *m* (aux cartes), bote *m* (dans un bar).
cagot, ~te adj/s Mojigato, a || **~erie** f Mojigatería, santurronería.
cagoule f Cogulla (de moine), capirote *m* (de pénitent) | Verdugo *m* (capuchon).

cahier [kaje] m Cuaderno.
cahin-caha loc adv Tal cual, así así | A trompicones (par à-coups).
cahot [kao] m Tumbo | Bache (du terrain) | FIG. Bache, meneo, dificultad *f* || **~ant, e** adj Lleno de baches | Que traquetea (véhicule) || **~ement** m Traqueteo || **~er** vt Traquetear, dar tumbos || **~eux, euse** adj Lleno de baches.
cahute f Chabola, choza.
caïd m Caíd | FAM. Capitoste, cabecilla.
caill|e [ka:j] f Codorniz || **~é, e** adj Cuajado, a | — M Cuajada *f* || **~ebotis** [-bɔti] m Enrejado (grille) | Entramado (treillis) || **~ebotter** vt Cuajar (lait) | Coagular (sang) | — Vi Cuajarse | Coagularse || **~er** vt Cuajar (lait), coagular (sang) | — Vi POP. Helarse | — Vp Cuajarse (lait), coagularse (sang) || **~ette** f ANAT. Cuajar *m* || **~ot** m Coágulo.
caillou [kaju] m Piedra *f*, china *f*, guija *f* | POP. Chola *f* || **~tage** m Empedrado, enguijarrado | Loza (*f*) fina (faïence) || **~ter** vt Enguijarrar || **~teux, euse** adj Pedregoso, a || **~tis** m Grava *f* (graviers) | Firme de piedra machacada (empierrement).
caïman m Caimán.
Caïn [kaɛ̃] nprm Caín.
Caire (Le) npr El Cairo.
caiss|e f Caja | Macetón *m* (plantes) | MUS. Tambor *m* | COM. Caja | *~ d'épargne,* caja de ahorros | *~ de secours,* montepío | *~ des dépôts et consignations,* depositaría general | *~ noire,* fondillo | *Faire sa ~,* hacer al arqueo | *Grosse ~,* bombo || **~erie** f Fábrica de cajas || **~ier, ère** s Cajero, a || **~on** m Arcón | Artesón, lagunar (de plafond) | TECH. Cajón, campana *f* | MIL. Arcón.
cajol|er vt Mimar | Zalamear (flatter) || **~erie** f Mimo *m*, zalamería || **~eur, euse** adj Zalamero, a.
cake [kɛk] m Cake, bizcocho.
cal m MÉD. Callo.
cal|age m Calce | Apuntalamiento (étayage) | Calado (de moteur) | ÉLEC. Calaje || **~aison** f MAR. Calado *m*.
calame m Cálamo.
calamine f Calamina.
calamistrer vt Rizar.
calamité f Calamidad.
calandre f Calandria, rejilla del radiador (de voiture).
calanque f Cala.
calcaire adj Calcáreo, a; calizo, a | — M Caliza *f*.
calcanéum [kalkaneɔm] m ANAT. Calcáneo.
calcédoine f Calcedonia.
calc|ification f Calcificación || **~ifier** vt Calcificar || **~ination** f Calcinación || **~iner** vt Calcinar || **~ium** [kalsjɔm] m Calcio.
calcul m Cálculo || **~ateur, trice** adj/s Calculador, a || — M Computadora *f*, computador *m*, calculador, calculadora *f* || **~er** vt Calcular : *machine à ~,* máquina de calcular.
cale f Calce *m* | IMPR. Cuña | MAR. Cala, bodega (marchandises), varadero *m* (mise à sec) | *~ sèche,* dique seco.
calé, e adj FAM. Empollado, a | POP. Difícil.
calebasse f BOT. Calabaza | Calabacino *m* (récipient).
calèche f Calesa.
caleçon [kalsɔ̃] m Calzoncillos *pl* | *~ de bain,* bañador.
calemb|our m Retruécano || **~redaine** f Cuchufleta (sornette) | Extravagancia.
calend|es fpl Calendas || **~rier** m Calendario : *~ à effeuiller,* calendario de taco | Programa.
cale-pied m Rastral, calzapiés.
calepin m Cuadernillo de apuntes.
caler vt Calzar (avec une cale) | Acuñar (avec un coin) | ÉLEC. MAR. Calar | — Vi FAM. Rajarse (reculer) | MAR. Calar | MÉC. Calarse | — Vp Arrellanarse | FAM. *~ les joues,* apiporrarse (manger beaucoup).
calfat m MAR. Calafate || **~age** m Calafateo || **~er** vt MAR. Calafatear.
calfeutrer vt Calafatear | FIG. Encerrar | — Vp Encerrarse.
calibr|age m Calibración *f*, calibrado | Clasificación *f* (fruits) || **~e** m Calibre | FIG. Calaña *f* | TECH. Calibrador (instrument) || **~er** vt Calibrar | Clasificar (fruits) || **~eur** m Calibrador | Clasificadora *f*.
calice m Cáliz | *Boire le ~ jusqu'à la lie,* apurar el cáliz hasta las heces.
calicot m Calicó (toile) | Dependiente (commis) | Hortera (gommeux).
calif|at m Califato || **~e** m Califa.
califourchon (à) loc adv A horcajadas.
câlin, ~e adj Mimoso, a || **~er** vt Mimar || **~erie** f Mimo *m*.
calleux, euse adj Calloso, a.
calligraph|e m Calígrafo || **~ie** f Caligrafía || **~ier** vt/i Caligrafiar.
callosité f Callosidad, callo *m*.
calmant, e adj/m Calmante.
calmar m Calamar.
calm|e adj Tranquilo, a | Encalmado, a (Bourse) | — M Calma *f* | FIG. Paz *f*, tranquilidad *f* | MAR. *~ plat,* calma chicha || **~er** vt Calmar | MÉD. Calmar, sedar | — Vp Calmarse | Amainar (vent) || **~ir** vi MAR. Encalmarse (vent), abonanzar (mer).
calomel m CHIM. Calomelanos *pl*.

calomni|ateur, trice adj/s Calumniador, a ‖ **~e** f Calumnia ‖ **~er** vt Calumniar ‖ **~eux, euse** adj Calumnioso, a.
calori|e f Caloría ‖ **~fère** adj Calorífero, a | — M Estufa *f*, calorífero ‖ **~fique** adj Calorífico, a ‖ **~fuge** adj/m Calorífugo, a ‖ **~mètre** m Calorímetro ‖ **~métrie** f Calorimetría ‖ **~que** adj Calórico, a.
calot m Gorro de cuartel (coiffure) | Canica (*f*) gruesa (bille) ‖ **~in, e** adj/s Beato, a ‖ **~te** f Gorro *m* (bonnet) | Solideo *m* (d'ecclésiastique) | Capelo *m* (de cardinal) | Copa (de chapeau) | ANAT. Coronilla | POP. Los curas *mpl* (le clergé), tortazo *m* (claque) | GÉOM, GÉOGR. Casquete *m* ‖ **~ter** vt Birlar.
calqu|age m Calcado ‖ **~e** m Calco (copie) | Papel de calcar (papier) ‖ **~er** vt Calcar.
calumet m Pipa (*f*) de los indios norteamericanos.
calvaire m Calvario.
calville f Camuesa (pomme).
calvin|isme m Calvinismo ‖ **~iste** adj/s Calvinista.
calvitie [kalvisi] f Calvicie.
camaïeu [kamajø] m Camafeo.
camail [kamaj] m Muceta *f* (d'ecclésiastique) | Collar (des oiseaux).
camarade s Compañero, a ; camarada | Amigo, a (ami) | Camarada (politique) ‖ **~rie** f Camaradería, compañerismo *m*.
camard, e adj/s Chato, a | — F POP. La pelona, la muerte.
Cambodge nprm Camboya *f*.
cambodgien, enne adj/s Camboyano, a.
cambouis [kãbwi] m Grasa (*f*) sucia | Alquitrán (goudron).
cambr|age ou **~ement** m Combadura *f*, arqueo ‖ **~er** vt Combar (courber), arquear (arquer) | — Vp Echar el busto hacia atrás, arquear el tronco.
cambrien, enne adj/m GÉOL. Cámbrico, a.
cambriol|age m Robo con efracción ‖ **~er** vt Robar con efracción ‖ **~eur, euse** s Atracador, a ; ladrón, ona.
cambrousse ou **cambrouse** *f* POP. Campo *m* (campagne).
cambrure f Combadura, arqueo *m*, alabeo *m* (gauchissement) | Talle (*m*) quebrado (d'une personne).
came f MÉC. Leva | POP. Cocaína, mandanga.
camée m Camafeo.
caméléon m Camaleón.
camélia m BOT. Camelia *f*.
camelot [kamlo] m Vendedor ambulante (vendeur) | Charlatán (bonimenteur) ‖ **~e** f Mercancía de mala calidad | Baratija (babiole) | Chapucería (ouvrage mal fait).
caméra f Cámara, tomavistas *m inv*.
cameraman m Cameraman, operador.
camér|ier m Camarero del Papa ‖ **~iste** f Camarista | FAM. Doncella.
camerlingue m Camarlengo.
Cameroun nprm Camerún.
camion m Camión | Cubo (de peinture) ‖ **~-citerne** m Camión aljibe ‖ **~nage** m Camionaje ‖ **~ner** vt Transportar en camión ‖ **~nette** f Camioneta ‖ **~neur** m Camionero (chauffeur) | Transportista (entrepreneur).
camisole f Blusa | **~** *de force*, camisa de fuerza [*Amér.*, chaleco de fuerza].
camomille [kamɔmij] f Manzanilla.
camoufl|age m Enmascaramiento | MIL. Camuflaje ‖ **~er** vt Disimular | Disfrazar (déguiser) | MIL. Camuflar ‖ **~et** m FAM. Desaire (affront).
camp [kã] m Campo : **~** *de concentration*, campo de concentración | Campamento (campement) | Partido (parti) | FAM. *Ficher le* **~**, largarse ‖ **~agnard, e** adj/s Campesino, a ‖ **~agne** f Campo *m* | Campiña (vaste plaine) | Campaña (politique, militaire) | *De* **~**, rural, de pueblo | *Partie de* **~**, gira campestre | *Rase* **~**, campo raso ‖ **~agnol** m Campañol, ratón de campo.
campan|ile m Campanil, campanario (clocher) | Espadaña *f* (clocher à jour) ‖ **~ule** f BOT. Campánula.
campé, e adj Plantado, a | Construido, a.
campêche m Campeche : *bois de* **~**, palo de campeche.
camp|ement [kãpmã] m Campamento ‖ **~er** vi Acampar | FAM. Instalarse provisionalmente | Hacer « camping » | — Vt Acampar | FAM. Plantarse (mettre), plantar (quitter qqn) | — Vp FAM. Plantarse ‖ **~eur, euse** s Campista.
camphr|e [kã:fr] m Alcanfor ‖ **~ée** f BOT. Alcanforada ‖ **~er** vt Alcanforar ‖ **~ier** m Alcanforero.
camping m Camping.
campus m Campus.
camus, e adj/s Chato, a.
Canada nprm Canadá.
canadien, enne adj/s Canadiense | — F Cazadora forrada de pieles, canadiense | MAR. Piragua ligera.
canaill|e [kanɑ:j] f Chusma, canalla | Canalla *m* : *cet homme est une* **~**, este hombre es un canalla | — Adj Chabacano, a | Pícaro, a (polisson) ‖ **~erie** f Canallada.
canal m Canal | ARCH. Acanaladura | FIG. Conducto, medio (voie) | **~** *d'irrigation*, acequia, canal de riego.

canalis|able adj Canalizable || **~ation** f Canalización | ÉLEC. Línea eléctrica | TECH. Cañería (d'eau), tubería (de gaz) | FIG. Encauzamiento *m* || **~er** vt Canalizar | Transportar por canal | FIG. Encauzar, canalizar.
canapé m Sofá, canapé | CULIN. Canapé || **~-lit** m Sofá-cama.
canard [kana:r] m Pato, ánade (p. us.) | FAM. Bulo (fausse nouvelle), periódico (journal), terrón de azúcar mojado en café *ou* aguardiente (sucre) | MUS. Gallo || **~er** vt FAM. Tirar a cubierto.
canari m Canario.
canarien, enne adj/s Canario, a.
Canaries nprfpl GÉOGR. Canarias.
canasson m POP. Penco, jamelgo.
cancan m Chisme (médisance) | Cancán (danse) || **~er** vi Parpar (le canard) | FAM. Cotillear, chismorrear (médire) || **~ier, ère** adj/s Chismoso, a; cotilla.
cancer m Cáncer.
cancér|eux, euse adj/s Canceroso, a || **~igène** adj Cancerígeno, a || **~ologue** m Cancerólogo.
cancre m FAM. Desastre, mal estudiante || **~lat** m Cucaracha *f*.
candélabre m Candelabro.
candeur f Candor *m*.
candi adj Cande, candi | Escarchado, a (fruits).
candidat, e s Candidato, a || **~ure** f Candidatura : *poser sa ~*, presentar su candidatura.
candide adj Cándido, a (personne) | Candoroso, a (visage).
can|e f ZOOL. Pata || **~er** vi POP. Tener canguelo (avoir peur), rajarse (se dégonfler), estirar la pata (mourir) || **~eton** [kantɔ̃] m Patito || **~ette** f Canilla (pour le fil) | Botella de cerveza (bière).
canevas [kanva] m Cañamazo.
caniche m Perro de aguas *ou* de lanas, caniche.
canicul|aire adj Canicular || **~e** f Canícula (époque) | Bochorno *m* (grande chaleur).
canidés mpl ZOOL. Cánidos.
canif m Cortaplumas, navaja *f*.
canin, e adj Canino, a | — F Colmillo *m*, canino *m*.
canitie [kanisi] f Canicie.
caniveau m Arroyo, cuneta *f* (de rue) | Conducto.
cann|age m Asiento *ou* respaldo de rejilla | Colocación (*f*) de asientos *ou* respaldos de rejilla || **~aie** f Cañaveral *m* || **~e** f Bastón *m* | Caña : *~ à sucre*, caña de azúcar | *~ à pêche*, caña de pescar || **~é, e** adj De rejilla || **~eler** vt Acanalar || **~elier** m Canelo || **~elle** f Canilla (robinet) | Canela (épice) || **~ellonis** mpl Canelones, canalones || **~elure** f Acanaladura, estría || **~er** vt Echar asiento de rejilla a una silla || **~ette** f TECH. Canilla.
cannibal|e adj/s Caníbal || **~isme** m Canibalismo.
canoë [kanɔe] m Canoa *f*.
canon m Cañón | Caña *f* (mesure, os du cheval) | DR. MUS. REL. Canon | Cilindro, tubo | POP. Chiquito, chato (verre) | *Coup de ~*, cañonazo | *Droit ~*, derecho canónico || **~ial, e** adj Canónico, a || **~icat** m Canonicato (dignité) | Canonjía *f* (prébende) || **~ique** adj Canónico, a | FAM. Católico, a || **~isation** f Canonización || **~iser** vt Canonizar || **~nade** f Cañoneo *m* || **~nier** m Artillero || **~nière** f Cañonera (meurtrière) | Trabuco *m*, tirabala *m* (jouet) | MAR. Cañonero *m*.
canot [kano] m Bote, lancha *f* : *~ de sauvetage*, bote salvavidas | Canoa *f* : *~ automobile*, canoa automóvil | *~ à moteur*, lancha motora, motora || **~age** m Canotaje | Remo (sport) || **~er** vi Pasearse en bote (se promener), remar (ramer) || **~ier** m Remero (rameur) | « Canotier », sombrero de paja (chapeau).
cantabrique adj Cantábrico, a.
cant|ate f Cantata || **~atrice** f Cantatriz || **~ilène** f Cantilena.
cantin|e f Cantina | Baúl (*m*) metálico (malle) || **~ier, ère** s Cantinero, a.
cantique m Cántico | *Le Cantique des Cantiques*, el Cantar de los Cantares.
canton m Cantón || **~ade** f Esquina del foro entre bastidore (teatro) | *Parler à la ~*, hablar al foro *ou* del foro || **~al, e** adj Cantonal || **~nement** m Acantonamiento (des troupes) | Acotación *f* (de terrain) | DR. Limitación *f* || **~ner** vt Acantonar | Aislar (isoler) | — Vi Acantonarse | — Vp Aislarse | FIG. Limitarse || **~nier** m Peón caminero || **~nière** f Galería (rideau).
canul|ar m FAM. Novatada *f* (d'élèves), broma *f* (plaisanterie) || **~e** f MÉD. Cánula || **~er** vt FAM. Jeringar.
caoutchouc [kautʃu] m Caucho | Goma *f* : *semelles en ~*, suelas de goma | Elástico | *~ mousse*, goma espuma, gomespuma.
caoutchout|age m Cauchutado || **~er** vt Cauchutar || **~ier, ère** adj Relativo al caucho | — M Cauchera *f*.
cap m GÉOGR. Cabo | Proa *f* (proue) | Rumbo (direction) : *mettre le ~ sur*, hacer rumbo a | FIG. Orientación *f* || **~able** adj Capaz | DR. Capacitado, a || **~acité** f Capacidad.
caparaçon m Caparazón.
cape f Capa | TAUR. Capote *m*, capa

| MAR. *Être à la ~*, capear | *Rire sous ~*, reír para sus adentros | *Sous ~*, solapadamente.
capel|age m MAR. Encapilladura *f* || **~er** vt MAR. Encapillar.
capharnaüm [kafarnaɔm] m Leonera *f*.
capill|aire [kapil(l)ɛ:r] adj Capilar | — M BOT. Culantrillo || **~arité** [-larite] f Capilaridad.
capilotade f FAM. *Mettre en ~*, hacer papilla.
capitaine m Capitán.
capital, ~e adj Capital | IMPR. Versal | — M Capital, caudal (argent) | — F Capital (ville) | IMPR. Versal | *Petite ~*, versalita || **~isation** f Capitalización || **~iser** vt/i Capitalizar || **~isme** m Capitalismo || **~iste** adj/s Capitalista.
capit|ation f Capitación, impuesto (*m*) por persona || **~eux, euse** adj Embriagador, a (vin) | Atractivo, a (personne).
capiton m Borra (*f*) de seda || **~nage** m Acolchado || **~ner** vt Acolchar.
capitul|aire adj/m Capitular || **~ard** m Abandonista | Cobarde (lâche) || **~ation** f Capitulación || **~er** vi Capitular.
caporal m MIL. Cabo | Tabaco picado de hebras || **~-chef** m Cabo primera.
capot m AUT. Capot, capó, morro || **~e** f Capote *m* (manteau) | Capota (de véhicule, chapeau) || **~er** vi Volcar, dar una vuelta de campana (voiture), capotar (avion) | FIG. Fracasar (échouer) | — Vt Poner una capota a.
câpre f Alcaparra.
capric|e m Capricho || **~ieux, euse** adj/s Caprichoso, a.
capricorne m Capricornio.
câprier m Alcaparro.
caprin, e adj Caprino, a; cabruno, a.
capsul|ateur m Capsuladora *f* || **~e** f Cápsula || **~er** vt Capsular.
capt|age m Captación *f* || **~ateur, trice** s Captador, a || **~ation** f Captación || **~er** vt Captar | Conseguir (obtenir) || **~eur** m Colector || **~ieux, euse** [kapsjø, ø:z] adj Capcioso, a || **~if, ive** adj/s Cautivo, a || **~ivant, e** adj Cautivador, a || **~iver** vt Cautivar || **~ivité** f Cautiverio *m*, cautividad || **~ure** f Captura || **~urer** vt Capturar.
capuch|e f Capucha || **~on** m Capuchón, capucha *f* | Sombrerete (de cheminée) | Capuchón (de stylo).
capucin, e s Capuchino, a | — F Capuchina (fleur).
caque f Barril (*m*) de arenques.
caquet [kakɛ] m Cacareo (des poules) | FIG. Charla *f* (bavardage), cotorreo (cancan) | FIG. *Rabattre le ~ à qqn*, cerrar el pico a uno || **~age** [kakta:ʒ] m Cacareo (des poules) | FIG. Charla *f* (bavardage), chismorreo (cancan) || **~er** [-te] vi Cacarear | FIG. Charlar (bavarder), chismorrear (critiquer).
car conj Pues, porque.
car m Autocar.
carabin m FAM. Estudiante de medicina || **~e** f Carabina || **~é, e** adj FAM. Endiablado, a; de aúpa || **~ier** m Carabinero.
caracoler vi Caracolear.
caractère m Carácter | Carácter, genio : *mauvais ~*, mal genio | Índole *f* (nature) | *~s d'imprimerie*, letras de molde.
caractér|iser vt Caracterizar || **~istique** adj/f Característico, a || **~ologie** f Caracterología.
carafe f Garrafa.
caraïbe [karaib] adj/s Caribe.
carambol|age m Carambola *f* | Serie (*f*) de colisiones (véhicules) || **~e** f Mingo *m* (billard) || **~er** vi Hacer carambola.
caramel m Caramelo blando, masticable (bonbon) | Caramelo (pâte).
caramélis|ation f Caramelización || **~er** vt Acaramelar, caramelizar.
carapace f Concha (de tortue) | Caparazón *m* (de crustacé).
carapater (se) vp POP. Najarse, pirarse.
carat m Quilate.
caravan|e f Caravana || **~ier** m Caravanero.
caravansérail [karavɑ̃seraj] m Caravanserrallo.
caravelle f Carabela.
carbon|ate m Carbonato || **~e** m Carbono | *Papier ~*, papel carbón || **~ifère** adj/m Carbonífero, a || **~ique** adj Carbónico, a || **~isation** f Carbonización || **~iser** vt Carbonizar.
carbur|ant, e adj/m Carburante || **~ateur** m Carburador || **~ation** f Carburación || **~e** m Carburo || **~er** vt Carburar.
carcan m Argolla *f*, collar de hierro (supplice) | FIG. Sujeción *f*.
carcasse f Armazón (charpente osseuse) | Caparazón *m* (de volaille) | FAM. Cuerpo *m*, osamenta (humain) | Armadura (de pneu) | TECH. Armazón.
card|age m Carda *f*, cardado || **~an** m Cardán || **~e** f Cardo *m* | TECH. Carda || **~er** vt Cardar || **~eur, euse** s Cardador, a | — F Cardadora (machine).
cardiaque adj/s Cardiaco, a.
cardigan m Rebeca *f* (tricot).
cardinal, ~e adj Cardinal | — M Cardenal || **~at** m Cardenalato || **~ice** adj Cardenalicio, a.
cardio|gramme m Cardiograma || **~graphe** m Cardiógrapho || **~gra-**

phie f Cardiografía ‖ **~logie** f Cardiología ‖ **~logue** m Cardiólogo.
cardon m BOT. Cardo.
carême m Cuaresma *f*.
carénage m MAR. Carena *f* (action) | Carenero (lieu).
carence f Carencia | DR. Insolvencia, incomparecencia | COM. Período (*m.*) de gracia.
carène f MAR. Obra viva.
caréner vt Carenar.
caress|ant, e adj Cariñoso, a (affectueux) | Acariciador, a ‖ **~e** f Caricia ‖ **~er** vt Acariciar | FIG. Abrigar : *~ une espérance*, abrigar una esperanza.
caret m Carey (de tortue) | TECH. Devanadera (*f*) de cordelero.
carg|aison f Cargamento *m* ‖ **~o** m Buque de carga, carguero ‖ **~uer** vt MAR. Cargar, aferrar (voiler).
cariatide f Cariátide.
caricatur|al, e adj Caricaturesco, a ‖ **~e** f Caricatura ‖ **~er** vt Caricaturizar ‖ **~iste** m Caricaturista.
cari|e [kari] f Caries ‖ **~er** vt Cariar.
carillon [karijɔ̃] m Carillón | Campanilleo (sonnerie) | Reloj de pared con carillón (horloge) | FAM. Jaleo ‖ **~nement** m Repique, repiqueteo ‖ **~né, e** adj Sonado, a ‖ **~ner** vi Repicar, repiquetear | FIG. Campanillear (à une porte), alborotar (faire du tapage) | — Vt Dar (les heures) | FIG. Pregonar (annoncer) | FAM. Echar un rapapolvo a ‖ **~neur** m Campanero.
carlingue f Carlinga (de avión) | MAR. Contraquilla.
carl|isme m Carlismo ‖ **~iste** adj/s Carlista.
carmagnole f Carmañola.
carm|e m Carmelita ‖ **~el** m Carmen (ordre religieux) ‖ **~élite** f Carmelita ‖ **~in** m Carmín | — Adj De color carmín.
carn|age m Carnicería *f*, matanza *f* ‖ **~assier, ère** adj/s Carnicero, a | Carnívoro, a | — Mpl Carniceros | — F Morral *m* (de chasseur).
carnation f Encarnación.
carnaval m Carnaval | FIG. Adefesio (personne) ‖ **~esque** adj Carnavalesco, a.
carn|e f Esquina (coin) | FAM. Piltrafa (viande) | POP. Penco *m* (cheval).
carnet m Libreta (*f*) de apuntes | Taco (de billets) | Talonario (de chèques) | Cartera *f* (de commandes).
carn|ier m Morral ‖ **~ivore** adj/s Carnívoro, a.
caroche f Coroza (de pénitent).
caroncule f Carúncula.
carotide adj/f ANAT. Carótida.
carott|e f BOT. Zanahoria | Andullo *m* (tabac) | FAM. Engaño *m*, timo *m* (tromperie) | TECH. Testigo *m* ‖ **~er** vt FAM. Engañar (tromper), estafar (escroquer), sisar (chaparder) ‖ **~eur, euse** ou **ier, ère** adj/s FAM Estafador, a (escroc), tramposo, a (trompeur), sisador, a (chapardeur).
caroub|e f Algarroba ‖ **~ier** m Algarrobo.
Carpates nprfpl Cárpatos *m*.
carp|e f Carpa | FAM. *Muet comme une ~*, más callado que un muerto | — M ANAT. Carpo ‖ **~é** adjm En carpa (saut) ‖ **~elle** m BOT. Carpelo ‖ **~ette** f Alfombrilla (tapis).
carquois [karkwa] m Aljaba *f*, carcaj.
carr|é, e adj Cuadrado, a : *racine ~*, raíz cuadrada | Leal (franc) | FIG. Terminante, rotundo, a (réponse), fornido, a ; cuadrado, a (robuste) | — M Cuadrado | Descansillo (d'escalier) | Póker | MAR. Cámara (*f*) de oficiales | MIL. Cuadro | — F MUS. Cuadrada ‖ **~eau** [karo] m Baldosa *f* (pour paver) | Cristal (de fenêtre) | Cuadro (de jardin) | Diamante (cartes) | Era *f* (de mine) | Cojín cuadrado (coussin) | Cuadro (dessin sur tissu) | *~ de faïence*, azulejo | FAM. *Demeurer* o *rester sur le ~*, quedar en el sitio. *Se tenir à ~*, tener mucho cuidado.
carrefour m Encrucijada *f* | FIG. Punto de confrontación, plataforma *f*.
carrel|age m Enlosado, embaldosado, enladrillado ‖ **~er** vt Embaldosar, enlosar, enladrillar ‖ **~et** f Red cuadrada (filet) | Platija (poisson) | Aguja de enjalmar (aiguille) | Cuadrado *m* (règle) ‖ **~eur** m Embaldosador, enladrillador.
carr|ément adv En ángulo recto | FIG. Francamente (franchement), resueltamente (sans hésiter) ‖ **~er** vt Cuadrar | — Vp Arrellanarse : *~ dans un fauteuil*, arrellanarse en un sillón.
carrière f Carrera (profession) | Cantera (de pierre).
carriole f Carreta (charrette) | Carricoche *m* (mauvaise voiture).
carross|able adj Transitable ‖ **~age** m Carrozado ‖ **~e** m Carroza *f* ‖ **~er** vt Poner carrocería, carrozar ‖ **~erie** f Carrocería ‖ **~ier** m Carrocero.
carrousel m Carrusel.
carrure f Anchura de espaldas, de hombros *ou* de pecho.
cart|able m Cartera *f* ‖ **~e** f Cartulina (carton) | Carta, naipe *m* (jeu) | Tarjeta (document) | Carnet *m* (d'identité, d'un parti, de journaliste) | Cartilla : *~ de rationnement*, cartilla de racionamiento | Carta, lista de platos (restaurant) | Mapa (géographie) | MAR.

Carta | *Battre les ~s,* barajar | *Brouiller les ~s,* embrollar un asunto | *~ de Noël,* christmas | *~ de visite,* tarjeta de visita | *~ postale,* postal | *Jouer ~s sur table,* poner las cartas boca arriba | *Tirer les ~s,* echar las cartas || **~el** m Cartel (défi) | Tregua *f* (trêve) | Cártel (accord) | Reloj de pared (pendule) || **~e-lettre** f Billete (*m*) postal.
carter m Cárter | Cubrecadena (bicyclette).
Carthage nprf Cartago.
Carthagène nprf Cartagena.
carthaginois, e adj/s Cartaginés, esa.
cartilag|e m Cartílago || **~ineux, euse** adj Cartilaginoso, a.
carto|graphe m Cartógrafo || **~graphie** f Cartografía || **~mancie** f Cartomancia || **~mancien, enne** s Cartomántico, a.
carton m Cartón | Caja (*f*) de cartón (boîte) | Cartapacio de dibujo (dessin) | Blanco (cible) | Mapa pequeño (carte) | *~ à chapeaux,* sombrerera || **~nage** m Cartonaje | Encartonado (livre) || **~ner** vt Encartonar | *Livre cartonné,* libro en cartoné || **~neux, euse** adj Acartonado, a || **~-pâte** m Cartón piedra.
cartouch|e f Cartón *m* (de cigarettes) | Recambio *m* (recharge) | MIL. Cartucho *m* || **~ière** f Canana (de chasseur) | MIL. Cartuchera.
cartulaire m Becerro (livre).
caryatide f Cariátide.
cas [kα] m Caso | Lance (événement) | *Au ~ où, dans le ~ où,* en caso de que, por si acaso | *~ de conscience,* cargo de conciencia | *~ de figure,* hipótesis | *En tout ~,* de todos modos | *Le ~ échéant,* si llega el caso.
casanier, ère adj/s Casero, a.
casaque f Casaca | *Tourner ~,* cambiarse de chaqueta, volver casaca.
casbah [kasba] f Alcazaba.
cascad|e f Cascada || **~er** vi Caer en cascada | POP. Llevar vida de calavera || **~eur, euse** adj/s Acróbata | Doble especial (cinéma) | FAM. Calavera.
case f Choza, cabaña | Bohío *m* (aux Antilles) | Casilla (d'échiquier, de quadrillage) | Compartimiento *m* (d'armoire).
caséine f Caseína.
casemate [kazmat] f MIL. Casamata.
caser vt Colocar | — Vp FAM. Encontrar una colocación (situation), conseguir casarse (mariage).
casern|e f Cuartel *m* | FIG. Caserón *m* || **~ement** m Acuartelamiento | Cuartel (bâtiment) || **~er** vt Acuartelar | — Vi Estar acuartelado.
cash [ka∫] adv Al contado, a tocateja || **~ flow** m Flujo de efectivo.
casier m Casillero | MAR. Nasa *f* | *~ à bouteilles,* botellero | *~ judiciaire,* registro de antecedentes penales.
casino m Casino.
casoar [kazɔa:r] m Casuario | FIG. Penacho de plumas de casuario.
caspien, enne adj/s Caspio, a.
casqu|e m Casco || **~é, e** adj Con casco || **~er** vi POP. Cascar (payer), pagar (être puni) || **~ette** f Gorra.
cass|able adj Quebradizo, a | DR. Anulable || **~age** m Rotura *f* | TECH. Trituración *f* || **~ant, e** adj Quebradizo, a | FIG. Tajante || **~ation** f Casación | MIL. Degradación || **~e** f Rotura | Destrozo *m* (dommages) | Lo roto (ce qui est cassé) | BOT. Cañafístula | IMPR. Caja : *bas de ~,* caja baja | AUT. Desguace *m* (des voitures) || **~é, e** adj. Roto, a | Achacoso, a (vieillard) | Cascado, a (voix) || **~eau** m IMPR. Viñetero (casse), cajón (division) || **~e-cou** m inv FAM. Persona (*f*) temeraria, suicida || **~e-croûte** m inv FAM. Tentempié || **~ement** m Quebrantamiento | Cansancio (fatigue) || **~e-noisettes** ou **~e-noix** m inv Cascanueces || **~e-pieds** adj/m inv FAM. Pelmazo || **~e-pierres** m inv Almádena *f* || **~er** vt Romper | Partir (couper en deux) | Quebrar (briser) | Cascar (affaiblir) | DR. Casar, anular | MIL. Degradar | FAM. *À tout ~,* a lo más (tout au plus), de mil demonios (formidable). *Ne rien ~,* no ser nada del otro mundo | — Vi Romperse | — Vp Romperse, quebrarse | Debilitarse, cascarse | FAM. *Ne pas ~,* no calentarse los cascos || **~erole** f Cacerola, cazo *m* (en métal), cazuela (en terre) | FIG. Cacharro *m* || **~e-tête** m inv Rompecabezas (arme) | Rompecabezas, quebradero de cabeza (difficulté) || **~etin** m IMPR. Cajetín || **~ette** f Cofrecito *m* | Joyero *m* (à bijoux) | TECH. Casete *m* || **~eur, euse** s Rompedor, a | FAM. Camorrista (bagarreur | *~ de pierres,* picapedrero.
cassi|e f ou **~er** m Casia *f* || **~s** [kasis] m BOT. Grosellero negro (arbre) | Grosella (*f*) negra (fruit) | Casis (liqueur) | Badén (route).
cassonade f Azúcar (*m*) terciado.
cassoulet m Especie de fabada *f*.
cassure f Rotura | Fractura (d'un os) | FIG. Ruptura.
castagnettes fpl MUS. Castañuelas.
caste f Casta.
castillan, e adj/s Castellano, a.
Castille nprf Castilla | *La Vieille, la Nouvelle ~,* Castilla la Vieja, la Nueva.
castine f Castina (fondant).
castor m Castor.

castr|ation f Castración || **~er** vt Castrar.
casuel, elle adj Casual.
casuist|e m Casuista || **~ique** f Casuística.
cata|bolisme m Catabolismo || **~clysme** m Cataclismo || **~combes** fpl Catacumbas || **~dioptre** m Catafaro, catafoto || **~falque** m Catafalco.
catalan, e adj/s Catalán, ana.
catalep|sie f Catalepsia || **~tique** adj/s Cataléptico, a.
Catalogne nprf Cataluña.
cata|logue m Catálogo || **~loguer** vt Catalogar || **~lyse** f Catálisis || **~lyser** vt Catalizar || **~lyseur** adjm/m Catalizador || **~phote** m Catafaro, catafoto || **~plasme** m Cataplasma *f* || **~pulte** f Catapulta || **~pulter** vt Catapultar || **~racte** f Catarata.
catarrh|e [kata:r] m Catarro || **~eux, euse** adj/s Catarroso, a.
catastroph|e f Catástrofe || **~er** vt FAM. Dejar sin resuello (étonner), hacer polvo (abattre) || **~ique** adj Catastrófico, a.
catch m Catch (sport) || **~eur** m Luchador de catch.
caté|chèse f Catequesis || **~chiser** vt Catequizar || **~chisme** m Catecismo || **~chiste** s Catequista || **~chumène** [katekymɛn] s Catecúmeno, a || **~gorie** f Categoría | Modalidad || **~gorique** adj Categórico, a | Tajante (net).
caténaire adj/f Catenario, a.
catharsis f Catarsis.
cathédrale f Catedral.
Catherine nprf Catalina | FIG. *Coiffer sainte* **~**, quedarse para vestir santos.
cathéter [katetɛ:r] m MÉD. Catéter.
cathod|e f Cátodo *m* || **~ique** adj Catódico, a.
catholi|cisme m Catolicismo || **~que** adj/s Católico, a.
cati m Apresto.
catimini (en) loc adv FAM. A escondidas (en cachette), a la chita callando (discrètement).
catin f FAM. Ramera, buscona.
cation m PHYS. Catión.
catir vt TECH. Aprestar, lustrar.
Caucase nprm Cáucaso.
caucasien, enne adj/s Caucásico, a.
cauchemar [koʃma:r] m Pesadilla *f* || **~desque** adj De pesadilla.
Caudines adjfpl *Fourches* **~**, Horcas Caudinas.
caus|al, e adj Causal || **~alité** f Causalidad || **~ant, e** adj Causante | FAM. Hablador, a || **~e** f Causa | Motivo *m*, razón (motif) | Partido *m* : *épouser la* **~** *de qqn*, tomar el partido de alguien | *Et pour* **~**, y con razón | *Être en cause*, tratarse de (traiter de), estar en juego | *Mettre en* **~**, acusar || **~er** vt Causar | — Vi Conversar, hablar || **~erie** [kozri] f Charla || **~ette** f Charla, palique *m* : *faire la* **~**, estar de palique || **~eur, euse** adj/s Conversador, a | — F Confidente *m* (canapé).
causse m Meseta (*f*) calcárea.
causti|cité f Causticidad || **~que** adj/m Cáustico, a.
cauteleux, euse adj Cauteloso, a.
cautère m Cauterio | FAM. *C'est un* **~** *sur une jambe de bois*, es la carabina de Ambrosio.
cautéris|ation f Cauterización || **~er** vt Cauterizar.
caution f Fianza, caución | Fiador *m* (répondant) : *se porter* **~** *de*, salir fiador de | FIG. Garantía | *Être sujet à* **~**, ser poco seguro || **~nement** m Fianza *f* | Contrato de garantía || **~ner** vt Garantizar, salir fiador de.
cavaillon m AGR. Camellón.
cavalcad|e f Cabalgata (défilé), cabalgada (gens à cheval) || **~er** vi Cabalgar.
caval|e f POÉT. Yegua || **~er** vi POP. Correr | — Vt POP. Aburrir | — Vp POP. Huir, pirárselas || **~erie** f Caballería || **~ier, ère** adj Desenvuelto, a (dégagé) | Altivo, a (hautain) | Insolente | Subido de tono (paroles) | — M Jinete | Pareja *f* (danse), acompañante | Caballo (échecs) | — F Amazona | Pareja (danse).
cav|e adj Chupado, a (joues) | Hundido, a (yeux) | Cava (veine) | — F Sótano *m* (sous-sol) | Bodega (pour vins) | Cuarto (*m*) de los trastos (débarras) | Cueva (cabaret) || **~eau** m Bodega (*f*) pequeña | Panteón (tombe) || **~eçon** m Cabezada *f*, serreta *f* || **~er** vt/i Socavar | Apostar (parier) | — Vp Hundirse || **~erne** f Caverna | Cueva (grotte) || **~erneux, euse** adj Cavernoso, a.
caviar m Caviar.
caviarder vt IMPR. Suprimir parte de un texto, censurar.
caviste m Bodeguero.
cavité f Cavidad.
caye [kaj] m Cayo.
ce [sə] ou **cet** [sɛt], **cette** [sɛt], **ces** [sɛ] adj dém Este, esta, estos, estas (désigne un objet proche de celui qui parle), ese, esa, esos, esas (désigne un objet proche de celui à qui l'on parle), aquel, aquella, aquellos, aquellas (désigne ce qui est très éloigné) | *Ce livre-ci*, este libro | *Cette femme-là*, esa mujer, aquella mujer.
— OBSERV. *Cet* sustituye a *ce* delante de un sustantivo masculino que

empieza por vocal o *h* muda : *cet enfant, cet homme.*
ce ou **c'** (delante de una *e*) pron dém Lo | ~ *dont...,* de lo que | ~ *que...* (combien), lo ... que, cuanto; cuán, qué (avec adjectif) : ~ *qu'il est sot!,* ¡qué tonto es! | *C'est à moi,* a mí me toca | *C'est ici que,* es aquí donde | *C'est toi qui,* eres tú quien | *Pour ~ qui est de,* por lo que se refiere a | *Sur ~,* en esto.
céans [seɑ̃] adv Aquí, aquí dentro | *Le maître de ~,* el señor de la casa.
ceci pron dém Esto.
Cécile nprf Cecilia.
cécité f Ceguera.
céder vt Ceder | Vender, traspasar (vendre) | Ser inferior | — Vi Ceder | Someterse (se rendre).
cédille [sedij] f Cedilla.
cédrat m Cidro (arbre) | Cidra *f* (fruit) ‖ **~ier** m Cidro.
cèdre m Cedro.
cédule f Dr. Convocatoria, citación; cédula (reconnaissance de dettes).
cégésimal, e adj Cegesimal.
ceindre* [sɛ̃:dr] vt Ceñir | Rodear (entourer).
ceintur|e f Cintura (du corps) | Cinturón *m* : ~ *en cuir,* cinturón de cuero | Liguero *m* (pour les bas) | Faja (gaine) | Cintura (de murailles) | Llanta, cerco *m* (de roues) | Línea de circunvalación (autobus) | ~ *de sauvetage,* cinturón salvavidas | Fig. ~ *verte,* cinturón verde (espaces verts). *Se mettre* o *se serrer la ~,* apretarse el cinturón ‖ **~er** vt Ceñir | Rodear (entourer) | Agarrar por la cintura (lutte) ‖ **~on** m Cinturón | Cinto (de militaire) | Talabarte (baudrier).
cela pron dém Eso (plus rapproché), aquello (plus éloigné) | Ése, ésa (sens péjoratif) : ~ *vous fait l'important,* ése se las da de importante | *C'est ~,* eso es.
célébr|ant m Celebrante ‖ **~ation** f Celebración.
célèbre adj Célebre.
célébr|er vt Celebrar ‖ **~ité** f Celebridad.
celer [səle] vt Ocultar, callar.
céleri m Bot. Apio.
célérité f Celeridad.
céleste adj Celeste | Celestial (du paradis) : *musique ~,* música celestial.
célibat m Soltería *f,* celibato (p. us.) ‖ **~aire** adj/s Soltero, a, célibe (p. us.).
celle [sɛl] pron dém f V. celui.
cellier [selje] m Bodega *f.*
cellophane f Celofán *m.*
cellul|aire adj Celular ‖ **~e** f Celda (pièce) | Celdilla (des abeilles) | Biol. Fig. Célula | Tech. Estructura (avion) | ~ *photo-électrique,* célula fotoeléctrica ‖ **~ite** f Méd. Celulitis ‖ **~oïd** m Celuloide ‖ **~ose** f Celulosa.
celt|e adj/s Celta | **~ibère** adj/s Celtíbero, a ‖ **~ique** adj/s Céltico, a; celta.
celui [səlɥi], **celle** [sɛl], **ceux** [sø], **celles** [sɛl] pron dém El, la, los, las : *celui qui arrive,* el que llega | *Celui-ci, celle-ci, ceux-ci, celles-ci,* éste, ésta, éstos, éstas | *Celui-là, celle-là, ceux-là, celles-là,* ése *ou* aquél, ésa *ou* aquélla, ésos *ou* aquellos.
cément m Cemento ‖ **~ation** f Cementación ‖ **~er** vt Cementar.
cénacle adj Cenáculo.
cendr|e [sɑ̃:dr] f Ceniza ‖ **~é, e** Ceniciento, a (couleur de cendre), de ceniza (couvert de cendres) | — F Escoria | Mostacilla (plomb de chasse) | Pista de ceniza (sports) ‖ **~er** vt Encenizar (couvrir de cendres) | Dar color de ceniza | Mezclar con ceniza (mélanger) ‖ **~eux, euse** adj Cenizoso, a | Ceniciento, a (couleur) ‖ **~ier** m Cenicero.
Cendrillon nprf Cenicienta | — F Fam. Maritornes.
cène f Rel. Cena.
cénobite m Cenobita.
cénotaphe m Cenotafio.
cens [sɑ̃:s] m Empadronamiento, censo ‖ **~é, e** adj Considerado como | *Il est ~ ne pas le savoir,* se supone que no lo sabe | *Nul n'est ~ ignorer la loi,* la ignorancia de la ley no excusa su cumplimiento ‖ **~ément** adv Fam. Como si dijéramos, virtualmente ‖ **~eur** m Censor | Subdirector (d'un lycée) ‖ **~ier, ère** s Censualista (qui reçoit), censatario, a (qui paye) ‖ **~itaire** m Censatario | — Adj Censual ‖ **~urable** adj Censurable ‖ **~ure** f Censura ‖ **~urer** vt Censurar.
cent [sɑ̃] adj Ciento, cien | — M Ciento | Centenar (centaine) | Centavo (monnaie) | ~ *pour ~,* cien por cien | *Pour ~,* por ciento ‖ **~aine** f Centena (dix fois dix) | Centenar *m* (environ cent) | *Par ~s,* a centenares
centaure [sɑ̃tɔ:r] m Centauro.
centenaire adj/s Centenario, a.
centésimal, e adj Centesimal.
centi|are m Centiárea *f* ‖ **~ème** adj/s Centésimo, a | — M Centésima (*f*) parte ‖ **~grade** adj/m Centígrado, a ‖ **~gramme** m Centigramo ‖ **~litre** m Centilitro ‖ **~me** m Céntimo ‖ **~mètre** m Centímetro | Cinta (*f*) métrica (ruban).
centr|age m Centrado ‖ **~al, e** adj Central | Céntrico, a : *quartiers centraux,* barrios céntricos | — F Central | — M Central *f* ‖ **~alisation** f

Centralización || **~aliser** vt Centralizar || **~alisme** m Centralismo || **~américain, e** adj/s Centroamericano, a || **~e** m Centro || **~er** vt Centrar | — Vt/i Centrar || **~ifugation** f Centrifugación || **~ifuge** adj Centrífugo, a || **~ifuger** vt Centrifugar || **~ifugeur, euse** adj/s Centrifugador, a || **~ipète** adj Centrípeto, a || **~iste** adj/s Centrista.
centupl|e adj/m Céntuplo, a | *Rendre au ~*, devolver ciento por uno || **~er** vt Centuplicar.
centuri|e f Centuria || **~on** m Centurión.
cep [sɛp] m Cepa *f* | Cepo (torture).
cépage m Cepa *f*, vid *f*.
cèpe m Seta *f*.
cependant [s(ə)pɑ̃dɑ̃] conj Sin embargo | — Adv Entretanto.
céphal|algie f MÉD. Cefalalgia || **~opodes** mpl Cefalópodos || **~othorax** m Cefalotórax.
céram|ique adj/f Cerámico, a || **~iste** adj/s Ceramista.
cerbère m Cerbero | FIG. Cancerbero.
cerc|e f Cercha || **~eau** [sɛrso] m Aro (jouet) | Cerco (tonneau).
cercl|e m Círculo : *~ polaire, vicieux*, círculo polar, vicioso | Fleje (tonneau) | Llanta *f* (roues) | GÉOM. *Grand, petit ~*, círculo máximo, menor || **~er** vt Rodear (entourer) | Enarcar (un tonneau).
cercueil [sɛrkœj] m Ataúd, féretro | FIG. Sepulcro.
Cerdagne nprf Cerdaña.
céréal|e f Cereal *m* || **~ier, ère** adj/m Cerealista.
cérébral, e adj/s Cerebral.
cérémoni|al m Ceremonial || **~e** f Ceremonia | Ceremonial *m* (avec apparat) | Cortesía, cumplido *m* : *visite de ~*, visita de cumplido. *Faire des ~s*, hacer cumplidos | *Sans ~*, sin cumplidos || **~eux, euse** adj Ceremonioso, a.
cerf [sɛ:r] m Ciervo || **~euil** [sɛrfœj] m BOT. Perifollo || **~-volant** m Cometa *f* (jouet) | Ciervo volante (animal).
ceris|aie [sərizɛ] f Cerezal *m* || **~e** f Cereza | — Adj De color cereza || **~ette** f Cereza pasa (fruit) | Bebida de cerezas (boisson) || **~ier** m Cerezo.
cern|e m Cerco (cercle d'une tache) | Areola *f* (d'une plaie) | Ojera *f* (des yeux) | Contorno (d'un dessin) | BOT. Anillo || **~er** vt Cercar (bloquer, investir, entourer) | Contornear (dessin) | Delimitar, circunscribir | FIG. Asediar | *Avoir les yeux cernés*, tener ojeras.
cert|ain, e adj Cierto, a : *un fait ~*, un hecho cierto; *un ~ temps*, cierto tiempo | Seguro, a (sûr) | Fijado, a (fixé) | Tal (devant un nom propre) | *Il est ~ que*, no hay duda que | — Pron pl Algunos, as || **~ainement** adv Ciertamente | Por supuesto (bien sûr) | *~ pas*, de ninguna manera || **~es** [sɛrt] adv Por cierto | Desde luego, por supuesto (évidemment).
certifi|cat m Certificado | FIG. Garantía *f* | *~ de navigabilité*, permiso de navegar | *~ d'études*, diploma de estudios primarios | *~ de vie*, fe de vida || **~cation** f Certificación, comprobante *m* || **~er** vt Certificar | Responder, garantizar (garantir) | *Copie certifiée conforme*, copia legalizada.
certitude f Certeza, certidumbre | Firmeza (fermeté) | Veracidad | Seguridad (sûreté).
céruléen, enne adj Cerúleo, a.
cérumen m Cerumen, cerilla *f*.
céruse f Albayalde *m*, cerusa (blanc d'Espagne).
cerv|eau [sɛrvo] m Cerebro | FIG. *~ brûlé*, calavera. *Se creuser le ~*, devanarse los sesos || **~elas** [-vəla] m Salchicha (*f*) corta y gruesa || **~elet** m ANAT. Cerebelo || **~elle** [-vɛl] f Sesos *mpl* | FIG. Seso *m* : *homme sans ~*, hombre sin seso | FAM. Entendederas *fpl*, cacumen *m* | FIG. *Brûler la ~*, saltar la tapa de los sesos || **~ical, e** adj Cervical.
cervidés mpl ZOOL. Cérvidos.
ces adj dém V. CE.
César nprm César | *Il faut rendre à ~ ce qui est à ~ et à Dieu ce qui est à Dieu*, hay que dar a Dios lo que es de Dios y al César lo que es del César.
césarien, enne adj Cesariano, a (relatif à César) | Cesáreo, a (relatif à l'empereur) | — Adjf/f Cesárea (opération).
cess|ant, e adj Cesante | *Toutes affaires ~s*, dejando a un lado todo lo demás || **~ation** f Cese *m*, cesación | Suspensión || **~e** [sɛs] f Tregua | *Sans ~*, sin cesar || **~er** vi Cesar | — Vt Suspender | Acabar (finir) | Abandonar | Dejar : *~ de crier*, dejar de gritar || **~ez-le-feu** m inv MIL. Alto el fuego || **~ion** f Cesión | Traspaso *m* (d'un commerce) || **~ionnaire** s Cesionario, a.
c'est-à-dire [sɛtadi:r] loc conj Es decir, o sea, a saber.
césure f POÉT. Cesura.
cet, cette adj dém V. CE.
cétacé m ZOOL. Cetáceo.
ceux pl de *celui* V. CELUI.
chabot m Japuta *f* (poisson).
chacal m (pl *chacals*) ZOOL. Chacal.
chacun, e [ʃakœ̃, yn] pron indéf Cada uno, cada una | Todos, as (tous) | FAM. *~ avec sa ~e*, cada uno con su

pareja. *Tout un ~,* cada hijo de vecino, cada quisque.
chadouf m Cigoñal.
chagrin, ~e adj Apenado, a | Triste | — M Pesadumbre *f*, pena *f* : *gros ~,* gran pena | Tristeza *f* | Zapa *f* (peau) ‖ **~ant, e** adj Penoso, a ‖ **~er** vt Apenar, entristecer | Preparar [la piel de zapa] (cuir).
chah [ʃɑ] m Cha.
chahut [ʃay] m FAM. Jaleo, escándalo (vacarme) | Abucheo (cris d'hostilité) ‖ **~er** vi FAM. Armar jaleo | — Vt FAM. Revolver (remuer) | Abuchear : *~ un professeur,* abuchear a un profesor | Perturbar (troubler).
chai ou **chais** [ʃɛ] m Bodega *f*.
chaîn|age m Armadura (*f*) metálica ‖ **~e** f Cadena : *~ d'arpenteur,* cadena de agrimensor | Collar *m* (décoration) | Cadena, canal *m* (TV) | Urdimbre *m* (tissu) | ARCH. Encadenado *m*, cadena | Equipo *m* (stéréophonique) | FIG. Serie | *~ de montagnes,* sierra, cordillera | *~ de montre,* leontina | *Faire la ~,* trabajar en cadena ‖ **~é, e** adj Eslabonado, a ‖ **~er** vt Cadenear ‖ **~ette** f Cadena | Cadeneta (reliure) | Esclava (bracelet) | *Point de ~,* cadeneta ‖ **~eur** m Agrimensor ‖ **~on** m Eslabón (maillon) | Ramal *m* (de montagnes) | FIG. Enlace, eslabón.
chair [ʃɛ:r] f Carne | *~ de poule,* carne de gallina | *Être bien en ~,* estar metido en carnes | *Ni ~ ni poisson,* ni carne ni pescado.
chaire f Púlpito *m* (église) | Cátedra (de professeur) | *~ apostolique,* cátedra *ou* sede apostólica.
chais|e f Silla : *~ pliante,* silla de tijera | TECH. Soporte (*m*) de cojinete | *~ à bascule,* mecedora | *~ à porteurs,* silla de manos | *~ longue,* hamaca, tumbona ‖ **~ier, ère** s Sillero, a.
chaland, e s Parroquiano, a (client) | — M Chalana *f* (bateau).
chalco|graphie f Calcografía ‖ **~pyrite** f Calcopirita.
Chaldée nprf Caldea.
chaldéen, enne adj/s Caldeo, a.
châle m Chal, mantón.
chalet [ʃalɛ] m Chalet, chalé.
chaleur f Calor *m* | Ardor | *En ~,* en celo (femelle d'animal) ‖ **~eux, euse** adj Caluroso, a | Expresivo, a : *remerciements ~,* agradecimientos expresivos.
challenge m Trofeo, challenge ‖ **~r** [ʃalɛnʒœr] m Aspirante, candidato.
chaloir* vi Importar : *peu m'en chaut,* me importa poco.
chaloupe f Chalupa.
chalumeau m Canuto | MUS. Caramillo | TECH. Soplete.
chalut m Traína *f*, red (*f*) barredera ‖ **~ier** m MAR. Bou, pesquero.
chamade f Llamada | FIG. *Son cœur bat la ~,* su corazón se le sale del pecho.
chamaill|e [ʃamɑ:j] ou **~erie** [-ri] f Riña, pelotera ‖ **~er (se)** vp Reñir, pelearse ‖ **~eur, euse** adj/s Peleón, ona ; pendenciero, a.
chamarr|er vt Recargar excesivamente | Engalanar (orner) ‖ **~ure** f Adorno (*m*) recargado.
chambard [ʃɑ̃ba:r] m FAM. Jaleo, alboroto (tapage) | Confusión *f* ‖ **~er** vt Desordenar, revolver.
chambellan m Chambelán.
chambouler vt POP. Poner patas arriba.
chambranle m Marco (porte) | Faldón (cheminée).
chambr|e f Cuarto *m*, habitación | Cámara (royale, des députés, de commerce) | Sala (salle) | MAR. TECH. Cámara | — Pl *Les Chambres,* las Cortes (Espagne), el Parlamento (autres pays) | *~ à air,* cámara de aire | *~ à coucher,* dormitorio, alcoba [*Amér.*, recámara] | *~ froide,* cámara frigorífica | PHOT. *~ noire,* cámara oscura | *Garder la ~,* no salir de su habitación ‖ **~ée** f Dormitorio (*m*) ‖ **~er** vt Encerrar en un cuarto | Poner una botella de vino a la temperatura ambiente (vin) ‖ **~ière** f Camarera (femme de chambre) | Látigo *m* (fouet) | TECH. Tentemozo *m*.
cham|eau m Camello | FIG. Mal bicho ‖ **~elier** m Camellero ‖ **~elle** f Camella.
chamois [ʃamwa] m Gamuza *f* : *peau de ~,* piel de gamuza | Ante (couleur) | — Adj Gamuzado, a ‖ **~er** vt Agamuzar.
chamotte f Chamota (argile).
champ [ʃɑ̃] m Campo | *À tout bout de ~,* a cada momento | *À travers ~s,* a campo traviesa | *~ clos,* palenque | *~ de courses,* hipódromo | *~ de foire,* real de la feria | *~ opératoire,* campo operatorio | *En plein ~,* en campo raso | *Sur-le-~,* al instante.
champagne m Champaña, champán (vin) | *Fine ~,* coñac.
champagnisé, e adj Achampanado, a.
champêtre adj Campestre | *Garde ~,* guarda rural.
champignon m BOT. Hongo, champiñón | Percha *f* (cintre) | FAM. Acelerador ‖ **~nière** f Criadero (*m*) de setas, setal *m*.
champion, ~onne s Campeón, ona | — M FIG. Paladín, campeón ‖ **~nat** m Campeonato | Liga *f* (football).
chance f Suerte : *courir la ~,* tentar la suerte | Posibilidad, oportunidad | — Pl Probabilidades | *Bonne ~!,*

¡suerte! | *Coup de ~*, chiripa, suerte | *Porter ~*, dar buena suerte.

chancel|ant, e adj Vacilante, inseguro, a | Delicado, a (santé) ‖ **~er** vi Vacilar (hésiter) | Tambalearse ‖ **~ier** m Canciller ‖ **~lerie** f Cancillería.

chanceux, euse adj Afortunado, a | Dudoso, a (incertain).

chancre m BOT. Cancro | MÉD. Chancro : *~ induré*, chancro duro.

chandail [ʃɑ̃daj] m Jersey.

chandel|eur [ʃɑ̃dlœ:r] f Candelaria (fête) ‖ **~ier** m Velero (fabricant) | Candelabro, candelero (support) | MAR. Candelero | FAM. Biombo, tapadera *f* (personne) ‖ **~le** f Candela, vela | Balón (*m*) alto, pelota bombeada (football), bote (*m*) neutro (par l'arbitre), volea alta (tennis), voleo (*m*) bajo (cricket) | Puntal *m* (étai) | FAM. Velas *pl* (morve) | *Monter en ~*, encabritarse (avion) | FIG. *Voir trente-six ~s*, ver las estrellas.

chanfrein m Testuz (de cheval), testera *f* (armure) | TECH. Chaflán ‖ **~er** vt TECH. Achaflanar.

chang|e m Cambio | *Donner le ~*, dar el pego, engañar | *Prendre le ~*, dejarse engañar ‖ **~eant, e** [ʃɑ̃ʒɑ̃, ɑ̃:t] adj Cambiante | Tornadizo, a; cambiadizo, a (personne) | Inseguro, a; variable (temps) | Cambiante, tornasolado, a (couleur) | Movible, voluble ‖ **~ement** m Cambio | Traslado (de poste, de résidence) | *~ à vue*, mutación, cambio escénico | *~ de vitesse*, cambio de velocidades ‖ **~er** vt Cambiar | Mudar (un enfant) | *~ en*, convertir en | — Vi Cambiar | — Vp Cambiarse | Mudarse de ropa (linge) | Transformarse, convertirse ‖ **~eur, euse** s Cambista.

chanoine f Canónigo.

chanson f Canción | Cantar *m* : *~ de geste*, cantar de gesta | FIG. Canto *m* | *C'est une autre ~*, ¡ése es otro cantar! | *~s que tout cela!*, ¡eso son monsergas *ou* tonterías! | *Toujours la même ~*, siempre la misma cantinela ‖ **~nette** f Cancioncilla ‖ **~nier, ère** s Cancionista | Humorista | — M Cancionero (recueil).

chant [ʃɑ̃] m Canto : *~ grégorien*, canto gregoriano | Cante (populaire) : *~ « flamenco »*, cante flamenco | Canto (côté) | *~ de Noël*, villancico ‖ **~age** m Chantaje ‖ **~ant, e** adj Cantante : *café ~*, café cantante | Cantarín, ina (voix) | Melodioso, a.

chantepleure f Espita de tonel.

chanter vt/i Cantar | Ser cantarín, ina (langue) | FIG. Sonreír (plaire) | FAM. Contar (raconter) : *que me chantes-tu là?*, ¿qué me cuentas? | POP. Cantar (avouer) | FAM. *Cela ne me chante pas*, eso no me dice nada *ou* no me apetece. *C'est comme si je chantais*, me escucha como quien oye llover | *~ faux*, desentonar | *~ juste*, cantar entonado | *Faire ~ qqn*, hacerle chantaje a uno ‖ **~elle** f Prima (corde de violon) | Reclamo *m* (oiseau) | BOT. Mízcalo *m*.

chanteur, euse s Cantor, a (populaire) : *~ des rues*, cantor callejero | Cantante (d'opéra) | *Maître ~*, chantajista | *Oiseau ~*, ave canora.

chantier m Taller (atelier en plein air) | Obra (*f*) de construcción | MAR. Astillero | Depósito de maderas (dépôt) | *Aller au ~*, ir al tajo | *Mettre un ouvrage sur le ~*, comenzar una obra.

chantonn|ement m Canturreo ‖ **~er** vt/i Canturrear.

chantourner vt TECH. Contornear.

chantre m Chantre | FIG. Poeta.

chanvre m Cáñamo.

chao|s [kao] m Caos ‖ **~tique** [-tik] adj Caótico, a.

chapard|age m FAM. Sisa *f*, hurto ‖ **~er** vt FAM. Sisar, birlar, hurtar ‖ **~eur, euse** s FAM. Mangante, ladronzuelo, a.

chape f Capa protectora | REL. Capa | MÉC. Horquilla (fourche), soporte *m* (de poulie), banda de rodadura (d'une roue) | Brocal *m* (d'épée).

chapeau m Sombrero : *~ mou*, sombrero flexible | Tapa *f* (couvercle) | Sombrerete (de champignon) | Copa *f* (d'un arbre) | FIG. Sumario (d'un article) | MAR. Capa *f* | TECH. Pezonera *f* (de roue) | *~ de cardinal*, capelo cardenalicio | *~ haut de forme*, sombrero de copa, chistera | *~ melon*, sombrero hongo, bombín (fam) | FIG. FAM. *Tirer son ~*, descubrirse. *Travailler du ~*, estar tarumba | — Interj. FAM. ¡Bravo!, ¡hay que descubrirse!

chapel|ain m Capellán ‖ **~er** vt Rallar [pan] ‖ **~et** m Rosario : *dire un ~*, rezar un rosario | Ristra *f* (aulx, oignons) | Serie *f* ‖ **~ier, ère** adj/s Sombrerero, a ‖ **~le** f Capilla : *~ ardente*, capilla ardiente | Oratorio *m* (chapelle privée) | FIG. Camarilla ‖ **~lenie** f Capellanía ‖ **~lerie** f Sombrerería ‖ **~ure** f Pan (*m*) rallado.

chaperon m Caperuza *f* | Capirote (faucon) | Albardilla *f* (de mur) | FIG. Carabina *f* (fam), señora (*f*) de compañía | *Le Petit Chaperon rouge*, Caperucita Roja ‖ **~ner** vt FIG. Acompañar a una joven, llevar la cesta.

chapiteau m Lona *f* (cirque) | Cornisa *f* (de meuble) | Montera *f* (d'alambic) | ARCH. Capitel.

chapitr|al, e adj Capitular ‖ **~e** m Cabildo (de chanoines) | Capítulo (réunion, partie d'un livre) | Partida *f* asiento (d'un budget) | Tema (sujet) ‖ **~er** vt Dividir en capítulos | Llamar a capítulo (religieux) | Reprender.
chapon m Capón ‖ **~ner** vt Castrar [un pollo].
chaque adj Cada | FAM. Cada uno : *cent francs ~,* cien francos cada uno.
char m Carro : *~ d'assaut,* carro de asalto | Carroza *f* (de Carnaval) | *~ funèbre,* coche *ou* carroza fúnebre.
charabia m Galimatías, algarabía *f*.
charade f Charada.
charançon m ZOOL. Gorgojo.
charbon m Carbón : *~ de bois,* carbón de leña | Carbón, carboncillo (fusain) | Dibujo al carbón (dessin) | Carbonilla *f* (escarbille) | AGR. Tizón, carbón | MÉD. Carbunco, carbunclo | *~ ardent,* ascua | FIG. *Être sur des ~s ardents,* estar en ascuas. ‖ **~nage** m Mina (*f*) de hulla | Explotación (*f*) hullera ‖ **~naille** f Cisco *m* ‖ **~née** f Dibujo (*m*) al carbón (dessin) | Carbonada [*Amér.,* barbacoa] (viande) ‖ **~ner** vt Carbonizar | Pintar al carbón (dessiner) | Tiznar (noircir) | — Vi Carbonizarse ‖ **~nerie** f Carbonería ‖ **~neux, euse** adj Carbonoso, a | MÉD. Carbuncoso, a ‖ **~nier, ère** adj/s Carbonero, a | — M MAR. Barco carbonero | *~ est maître chez soi,* cada uno es rey en su casa | — F Carbonera (dépôt).
charcut|er vt Despedazar | FAM. Hacer una carnicería ‖ **~erie** f Productos (*mpl*) del cerdo, embutidos *mpl* | Salchichería, chacinería [*Amér.,* chanchería] (boutique) ‖ **~ier, ère** s Salchichero, a; chacinero, a.
chardon m BOT. Cardo | — Pl Púas (*f*) de hierro | *~ à foulon,* cardencha | *~ aux ânes,* cardo borriquero ‖ **~neret** m Jilguero.
charg|e f Carga (poids, fardeau) | Cargo *m* (emploi) | Embestida (taureau) | Carga, gravamen *m* (impôts) | MIL. Carga | Broma (plaisanterie) | Caricatura | *À ~ de revanche,* en desquite | *À ~ pour vous de,* a condición de que usted | *Avoir la ~ de,* tener a cargo | *~s sociales,* cargas sociales | *~ utile,* carga útil | *Être à la ~ de,* correr a cargo de, ser de la incumbencia de | *Prendre en ~,* hacerse cargo de | *Prise en ~,* bajada de bandera (taxi) | *Revenir à la ~,* volver a la carga ‖ **~é, e** adj Cargado, a | Encargado, a (de faire qqch.) | Recargado, a (excessif) | *Lettre ~,* carta de valores declarados | *Temps ~,* cielo encapotado *ou* cubierto | — M *~ d'affaires,* encargado de negocios | *~ de cours,* encargado de curso ‖ **~ement** m Cargamento | Carga *f* (d'un four, d'une arme) | Carta (*f*) de valores declarados ‖ **~er** vt Cargar | Gravar : *~ d'impôts,* gravar con impuestos | Exagerar, recargar | Ridiculizar, caricaturizar | Embestir (taureau) | Encargar (confier) | DR. Declarar en contra (déclarer contre) | FIG. Recargar (la mémoire) | — Vp Encargarse ‖ **~eur, euse** adj/m Cargador, a.
chariot m Carretilla *f* | Tacataca, pollera *f* (d'enfant) | Carro (de machine, d'un tour) | Carro transbordador (chemin de fer) | Carrito (à bagages) | Travelling (cinéma) | *~ d'hôpital,* camilla de ruedas | ASTR. *Petit Chariot,* Carro Menor, Osa Menor ‖ **~age** m Torneado, pasada *f* ‖ **~er** vt Cilindrar, tornear.
charism|atique adj Carismático, a ‖ **~e** m Carisma.
charit|able adj Caritativo, a ‖ **~é** f Caridad | Amabilidad, bondad | *Faire la ~,* dar limosna.
charivari m Cencerrada *f* | Jaleo (tapage).
charlatan m Charlatán (imposteur) | Curandero ambulante (guérisseur) | Matasanos (médecin ignorant) ‖ **~erie** f Charlatanería ‖ **~isme** m Charlatanismo.
Charl|emagne nprm Carlomagno ‖ **~es** nprm Carlos.
charm|ant, e adj Encantador, a ‖ **~e** m Encanto | Seducción *f* | Hechizo (sortilège) | BOT. Carpe | — Pl Atractivos | FAM. *Faire du ~,* coquetear. *Se porter comme un ~,* estar más sano que una manzana ‖ **~er** vt Encantar | Fascinar (ensorceler) | Aliviar (adoucir) | Distraer (distraire) ‖ **~eur, euse** adj Encantador, a | — S Encantador, a | Hipnotizador, a | Persona (*f*) encantadora ‖ **~ille** [ʃarmij] f Cenador (*m*) de arbustos.
charn|el, elle adj Carnal ‖ **~ier** m Osario | Montón de cadáveres (cadavres) ‖ **~ière** f TECH. Bisagra | Eje *m*, centro *m* | Charnela (des mollusques) | Fijasellos *m* (philatélie) ‖ **~u, e** adj Carnoso, a | Metido en carnes (personne).
charogn|ard m Buitre (oiseau) ‖ **~e** f Carroña.
charpent|e f Maderamen *m* (boiserie) | Armadura, armazón (d'une maison) | FIG. Armazón, estructura ‖ **~é, e** adj Constituido, a (homme) | Estructurado, a ‖ **~er** vt Labrar [la madera] | FIG. Estructurar ‖ **~erie** f Carpintería ‖ **~ier** m. Carpintero.
charpie f Hilas *pl* | *Mettre en ~,* hacer añicos *ou* picadillo.

charret|ée [ʃarte] f Carretada || **~ier, ère** [-tje, jɛ:r] adj/s Carretero, a || **~te** [ʃarɛt] f Carreta.

charr|iage m Acarreo | GÉOGR. Corrimiento || **~er** vt Acarrear (transporter) | Arrastrar (entraîner) | POP. Pitorrearse de | — Vi POP. Exagerar || **~oi** m Acarreo || **~on** m Carretero || **~onnage** m Carretería *f* || **~oyer** [ʃarwaje] vt Acarrear || **~oyeur** m Carretero || **~ue** [ʃary] f Arado *m* | FIG. *Mettre la ~ avant les bœufs*, empezar la casa por el tejado.

charte f Carta | *Grande Charte*, Carta Magna || **~-partie** f MAR. Contrato (*m*) de flete.

chartr|euse f Cartuja (couvent) | FIG. Retiro *m* || **~eux** m Cartujo (religieux).

Charybde npr Caribdis | FIG. *Tomber de ~ en Scylla*, salir de Málaga y entrar en Malagón, librarse de Caribdis y caer en Escila.

chas [ʃa] m Ojo (d'aiguille).

chasse f Caza : *aller à la ~*, ir de caza | Cacería (partie de chasse) | Coto (*m*) de caza (lieu) | Caza (aviation) | *~ à courre*, montería | *~ au faucon*, cetrería | *~ d'eau*, cisterna, descarga de agua | *~ gardée*, vedado | *Ouvrir la ~*, levantar la veda | FAM. *Qui va à la ~ perd sa place*, quien va a Sevilla pierde su silla.

châsse f Relicario *m* | Montura (cadre) | Martillo (*m*) de carretero.

chasse-clou m Botador de punta.

chassé-croisé m Cambio de sitio, de empleo, etc, entre dos personas.

chasse|-mouches m inv Mosqueador (éventail) | Espantamoscas (des chevaux) | Mosquero (filet) || **~-neige** m inv Quitanieves.

chass|er vt Cazar : *~ la perdrix*, cazar perdices | Echar, expulsar (renvoyer) | Despedir (congédier) | Alejar (éloigner) | Ahuyentar (faire fuir) | Sustituir (remplacer) | Disipar (une odeur) | MAR. AVIAT. Dar caza | — Vi Cazar | Patinar (une roue) | Garrar (une ancre) | Soplar (le vent) || **~eresse** f Cazadora || **~eur, euse** s Cazador, a | — M Botones (domestique) | FIG. Cazador : *~ d'autographes*, cazador de autógrafos | Caza, avión de caza | MAR. MIL. Cazador.

chassi|e f Legaña || **~eux, euse** adj Legañoso, a.

châssis [ʃɑsi] m Bastidor | AUT. PHOT. RAD. Chasis | Contramarco (encadrement) | AGR. Cajonera *f* | IMPR. Rama *f* | TECH. Armazón *f* || **~-presse** m Prensa (*f*) para copias.

chaste adj Casto, a || **~té** f Castidad.

chasuble f Casulla.

chat m Gato : *~ de gouttière, sauvage*, gato callejero, montés | *À bon ~, bon rat*, donde las dan las toman | *Appeler un ~ un ~*, llamar al pan pan y al vino vino | *Avoir un ~ dans la gorge*, tener carraspera | *~ échaudé craint l'eau froide*, gato escaldado del agua fría huye | *Il n'y a pas un ~*, no hay ni un gato *ou* ni un alma | *Le Chat botté*, el gato con botas.

châtaign|e f Castaña | POP. Castaña (coup) || **~eraie** [ʃɑtɛɲ(ə)rɛ] f Castañar *m* || **~ier** m Castaño.

châtain, e adj Castaño, a.

château m Castillo (fortifié) | Palacio (palais) | Quinta *f* (manoir) | MAR. Castillo | *~ d'eau*, arca de agua | *~ fort*, castillo, alcázar | FIG. *Faire des ~x en Espagne*, hacer *ou* levantar castillos en el aire.

chateaubriand m Solomillo de vaca

châtelain, e [ʃɑtlɛ̃, ɛn] s Castellano, a (de château fort) | Dueño de una quinta lujosa | — F Cadena de señora con dijes.

chat-huant [ʃaɥɑ̃] m Autillo.

châtier vt Castigar | FIG. Limar, pulir : *~ son style*, pulir su estilo.

chatière f Gatera | Tragaluz *m*, gatera (lucarne).

châtiment m Castigo.

chatoiement [ʃatwamɑ̃] m Viso, tornasol, cambiante.

chaton m Gatito (chat) | Engaste (de bague) | Amento, candelilla *f* (fleurs) || **~ner** vt Engastar.

chatouill|es [ʃatuj] fpl FAM. Cosquillas || **~ement** m Cosquillas *fpl* | Cosquilleo (sensation) | FIG. Sensación (*f*) agradable || **~er** vt Hacer cosquillas | FAM. Excitar | FIG. Lisonjear (flatter), producir una sensación agradable || **~eux, euse** adj Cosquilloso, a | Quisquilloso, a (susceptible).

chatoy|ant, e [ʃatwajɑ̃, ɑ̃:t] adj Tornasolado, a || **~er** vt Tornasolar | FIG. Brillar.

châtrer vt Castrar, capar.

chatte f Gata || **~rie** f FAM. Golosina (friandise), zalamería (câlinerie).

chatterton m Cinta (*f*) aislante.

chaud, ~e [ʃo, ʃo:d] adj Caliente | Caluroso, a; cálido, a (climat) | Abrigado, a; de abrigo (vêtement) | FIG. Ardiente, apasionado, a : *~ partisan*, ardiente partidario; caluroso, a (chaleureux), acalorado, a (discussion) | FAM. Reciente, nuevo, a (récent), vivo, a; caliente (couleur), cálido, a (voix) | Salida (femelles) | *Il a eu ~*, de buena se ha librado | *Il fait ~*, hace calor | FIG. *Ne pas être ~ pour*, no ser partidario de | *Tenir ~*, dar calor, abrigar | —

M Calor | ~ *et froid*, enfriamiento | *Tenir au* ~, mantener caliente | — F Fogarata (feu vif) | TECH. Calda | — Adv Caliente | *À* ~, en caliente || **~ement** adv FIG. Calurosamente | *Se vêtir* ~, vestirse con ropa de mucho abrigo || **~ière** f Caldera (récipient) | Calderada (son contenu).
chaudron m Caldero || **~née** f Calderada || **~nerie** f Calderería || **~nier, ère** s Calderero, a.
chauff|age m Calentamiento (action) | Calefacción *f* : ~ *central, au mazout*, calefacción central, por fuel-oil || **~ard** m FAM. Chófer malo || **~e** f Fogón *m* (foyer) | Calefacción, caldeo *m* : *surface de* ~, superficie de caldeo | Destilación || **~e-assiettes** m inv Calientaplatos || **~e-bain** m Calentador de baño || **~e-eau** [ʃofo] m inv Calentador de agua || **~e-lit** m Calentador de cama || **~e-pieds** m inv Calientapiés || **~e-plats** m inv Calientaplatos || **~er** vt Calentar | FIG. Activar | — Vi Calentarse | FAM. Animarse | — Vp Calentarse || **~erette** f Calientapiés *m*, estufilla || **~erie** f Forja | MAR. Sala de máquinas || **~eur** m Chófer, conductor (de voiture) | Fogonero (de locomotive) | ~ *de taxi*, taxista.
chaul|age m AGR. Encalado || **~er** vt Encalar | Abonar con cal (le sol) || **~euse** f Máquina encaladora.
chaum|e [ʃo:m] m Caña (*f*) de las gramíneas | Bálago (toit) | AGR. Rastrojo (tiges), rastrojera *f* (champ) | Choza *f* (chaumière) || **~er** vt/i AGR. Rastrojar || **~ière** f Choza || **~ine** f Chamizo *m*.
chausse f Manga (filtre) | — Pl Calzones *m*, calzas.
chaussée f Calzada (rue), piso *m*, firme *m* (route) | Malecón (*m*) de río *o* estanque (levée) | MAR. Bajío *m* | ~ *rétrécie*, estrechamiento de carretera.
chauss|e-pied [ʃospje] m Calzador || **~er** vt Calzar : ~ *du 37*, calzar el 37 | Calarse (lunettes) | Calzar (pneus) | — Vt/i Ir, sentar [un calzado] | — Vp Calzarse || **~e-trape** f Trampa (piège) | MIL. Abrojo *m* || **~ette** f Calcetín *m* || **~eur** m Zapatero || **~on** m Zapatilla *f* | Escarpín, patín (de bébé) | Empanadilla *f* (pâtisserie) || **~ure** f Calzado *m* (industrie) | Zapato *m* (soulier) | **~s** *montantes*, botas | FIG. *Trouver* ~ *à son pied*, hallar la horma de su zapato.
chauve adj Calvo, a || **~-souris** f Murciélago *m*.
chauvin, ~e adj/s Patriotero, a || **~isme** m Patriotería *f*.
chaux f Cal : *lait de* ~, lechada de cal.
chavir|ement ou **~age** m Vuelco (voiture) | MAR. Zozobra *f* || **~er** vi Zozobrar (bateau) | Volcar (voiture) | Tambalearse (chanceler) | FIG. Trastornar (bouleverser) | — Vt Trastornar, revolver.
chebec m MAR. Jabeque.
chef m Cabeza *f* (tête) | Jefe : ~ *d'État*, jefe de Estado | Caudillo | Jefe de cocina (cuisinier) | DR. Base *f* (d'accusation), artículo, capítulo (division) | *Au premier* ~, en primer lugar | ~ *de famille*, cabeza de familia | ~ *de file*, dirigente | ~ *de gare*, jefe de estación | ~ *d'orchestre*, director de orquesta | *De son* ~, de por sí.
chef|-d'œuvre [ʃɛdœ:vr] m Obra (*f*) maestra || **~-lieu** [ʃɛfljø] m Cabeza (*f*) de distrito (d'arrondissement) *ou* de partido (de canton) | Capital (*f*) de un departamento (de département).
cheik [ʃɛk] m Jeque.
chelem [ʃlɛm] m Slam (bridge).
chéloniens mpl Quelonios.
chemin m Camino : ~ *muletier*, camino de herradura | *À mi-*~, a medio camino | *C'est sur mon* ~, me pilla de camino | ~ *creux*, cañada | ~ *de croix*, vía crucis | ~ *de fer*, ferrocarril | ~ *de table*, centro de mesa | ~ *de traverse*, atajo | ~ *faisant*, de camino, de paso | FIG. *Faire son* ~, abrirse camino. *Gagner du* ~, ganar terreno. *Ne pas y aller par quatre* ~*s*, no andarse con rodeos. *Rebrousser* ~, volverse atrás. *Tous les* ~*s mènent à Rome*, todos los caminos van a Roma, por todas partes se va a Roma || **~eau** m Vagabundo || **~ée** f Chimenea : ~ *à hotte*, chimenea de campana | Tubo *m* (lampe) | Válvula (de parachute) || **~ement** m Marcha *f* | Camino seguido por (la pensée) || **~er** vi Caminar | FIG. Progresar || **~ot** m Ferroviario.
chemis|e f Camisa | Carpeta (dossier) | ~ *de nuit*, camisa de dormir, camisón | ~ *longue*, camisón || **~er** vt TECH. Revestir || **~erie** f Camisería || **~ette** f Camiseta (d'homme), blusa (de femme) || **~ier, ère** s Camisero, a | — M Blusa *f* | *Robe* ~, traje camisero.
chênaie [ʃɛnɛ] f Encinar *m*.
chenal m Caz de molino | MAR. Canal.
chenapan m Tuno, pillastre.
chên|e m BOT. Roble | ~ *des garrigues*, carrasca | ~ *kermès*, coscoja | ~ *vert*, encina || **~e-liège** m Alcornoque.
chenet m Morillo.
chènev|ière f Cañamar *m* || **~is** m Cañamón || **~otte** f Agramiza.

chenil [ʃ(ə)ni] m Perrera *f* | FIG. Pocilga *f* (logement sale).
chenille [ʃ(ə)nij] f Oruga (larve, véhicule) | Felpilla (ornement).
chenu, e adj Cano, a; canoso, a | FIG. Blanco, a (blanc).
cheptel [ʃεptεl ou ʃətεl] m Aparcería (*f*) de ganado (contrat) | Cabaña (*f*), riqueza (*f*) ganadera | Ganado (bétail) | ~ *mort*, aperos de labranza dados en arriendo | ~ *vif*, bienes semovientes.
chèque m Cheque : *faire un* ~, extender un cheque; ~ *à ordre, barré, de virement, sans provision*, cheque nominativo, cruzado, de compensación, sin fondos.
chéquier m Talonario de cheques.
cher, ère adj Caro, a (précieux, d'un prix élevé) | Querido, a (aimé) : ~ *à sa famille*, querido por su familia | Carero, a (qui vend cher) | *Mon* ~, mi querido amigo | — Adv Caro.
cherch|er vt Buscar | Traer : *va me* ~ *ce livre*, ve a traerme este libro | Llamar (appeler) | Recoger : *j'irai te* ~ *chez toi*, iré a recogerte a tu casa | Intentar recordar (essayer de se souvenir) | FAM. Costar : *aller* ~ *dans les 500 francs*, costar unos 500 francos | ~ *à*, procurar, esforzarse por || **~eur, euse** s Buscador, a | Investigador, a (en sciences).
chère f Comida | *Faire bonne* ~, darse un banquetazo || **~ment** adv Caro, a; a alto precio.
chér|i, e adj/s Querido, a || **~ir** vt Querer (personne) | Amar (patrie).
cherté f Alto (*m*) precio, carestía.
chérubin m Querubín.
chétif, ive adj Endeble, enclenque (maigre) | Pobre, escaso, a (peu abondant).
cheval m Caballo : ~ *de trait*, caballo de tiro | FIG. Espingarda *f*, caballo (femme) | *À* ~, a horcajadas (à califourchon), entre | FIG. ~ *de bataille*, caballo de batalla | ~ *de bois, -arçons*, potro, potro con arzón | *Chevaux de bois*, caballitos, tiovivo | FIG. *De* ~, muy fuerte (remède). *Être à* ~ *sur*, ser muy estricto respecto, a. *Monter sur ses grands chevaux*, subirse a la parra | *Petits chevaux*, caballitos (jeu d'enfant) || **~eresque** adj Caballeresco, a || **~erie** f Caballería || **~et** m Caballete (de peintre, d'ouvrier) | Tijera *f* (pour scier) | Potro (torture) | MUS. Puente (d'instrument) || **~ier** m Caballero : ~ *errant*, caballero andante | Chorlito (oiseau) | ~ *servant*, galán || **~ière** f Sortija de sello || **~in, e** adj Caballar, equino, a (relatif au cheval) | Caballuno, a : *profil* ~, perfil caballuno || **~-vapeur** m Caballo de vapor.
chevauch|ant, e adj Que montan unos sobre otros || **~ée** f Cabalgada | Gran paseo (*m*) a caballo (promenade) | FIG. Desfile *m* || **~er** vi Cabalgar | TECH. Montar | — Vt Cabalgar, montar | — Vp Superponerse.
chevel|u, e [ʃəvly] adj Cabelludo, a : *cuir* ~, cuero cabelludo | De pelo abundante || **~ure** f Cabellera.
chevet m Cabecera *f*.
chevêtre m ARCH. Brochal.
cheveu m Pelo, cabello | — Pl Pelo *sing*, cabellos | FIG. *À un* ~ *de*, a punto de, a dos dedos de | ~ *blanc*, cana | FIG. *Couper les* ~*x en quatre*, hilar muy fino. *D'un* ~, por los pelos. *Faire dresser les* ~*x*, poner los pelos de punta. *Ne tenir qu'à un* ~, depender de un pelo. *Saisir l'occasion aux* ~, coger la ocasión por los pelos. *Tiré par les* ~*x*, rebuscado, traído por los cabellos.
chevill|e [ʃəvij] f Clavija (de métal), tarugo *m* (de bois) | ANAT. Tobillo *m* | MAR. Cabilla | MUS. Clavija | POÉT. Ripio *m* | ~ *ouvrière*, clavija maestra; clave, alma | FIG. *Ne pas arriver à la* ~ *de qqn*, no llegarle a uno al tobillo *ou* a la suela del zapato || **~er** vt Enclavijar.
cheviot [ʃəvjo] m ou **cheviotte** [-vjɔt] f Cheviot *m* (tissu).
chèvre f Cabra : ~ *sauvage*, cabra montés | TECH. Cabria | FIG. *Ménager la* ~ *et le chou*, saber nadar y guardar la ropa.
chevreau m Cabrito, chivo | Cabritilla *f* (peau).
chèvrefeuille m BOT. Madreselva *f*.
chevr|ette f Corza (femelle du chevreuil) | Cabrita, chiva (petite chèvre) || **~euil** [ʃəvrœj] m Corzo || **~ier, ère** s Cabrero, a.
chevron m Espiga *f*, espiguilla *f* (motif) : *tissu à* ~*s*, tela de espiguillas | ARCH. BLAS. Cabrio | TECH. *À* ~*s*, en forma de ángulo || **~né, e** adj FAM. Veterano, a | FIG. Curtido, a (expérimenté).
chevrotain m ZOOL. Almizclero.
chevrot|ant, e adj Tembloroso, a || **~ement** m Temblor de la voz || **~er** vi Temblar la voz | Parir [la cabra] (mettre bas) | Balar (le chevreau) || **~in** m Cabritilla *f* (peau) | Queso de cabra (fromage) || **~ine** f Posta.
chewing-gum [tʃuwiŋgʌm] m Chicle.
chez [ʃe] prép En casa de (au domicile de) | A casa de (vers le domicile de) | A casa (avec pron pers) | A : *aller* ~ *le médecin*, ir al médico | En el país de | Entre (parmi) :

~ les Argentins, entre los argentinos | En : *c'est une habitude ~ lui,* es en él una costumbre | *Avoir un ~-soi,* tener casa propia | *~ moi,* en mi casa, en casa.

chialer vi POP. Llorar.

chiasma [kjasma] m ANAT. Quiasma.

chiasse f Cagada de insecto (excrément) | TECH. Escoria.

chic m FAM. Facilidad *f* | Distinción *f,* elegancia *f,* chic | — Adj Elegante, distinguido, a; chic | Estupendo, a (très bon) | Simpático, a | Agradable, cómodo, a (confortable) | — Interj. ¡Qué bien! | *~ alors!,* ¡estupendo!

chican|e f Enredo *m,* lío *m* | Ardid *m* (ruse) | Fallo *m* (cartes) | FAM. Pleitos *mpl* (procès) | MIL. TECH. Paso (*m*) en zigzag || **~eau** m V. CHICANEUR || **~er** vt/i Enredar, liar (embrouiller) | Trapacear (dans un procès) | FAM. Buscar tres pies al gato (critiquer), regatear (marchander) || **~erie** f Trapacería, trapicheo *m,* trapisonda || **~eur, euse** ou **~ier, ère** adj/s Lioso, a; trapisondista | Pleitista (dans un procès) | Quisquilloso, a (pointilleux).

chiche adj Tacaño, a (avare) | Parco, a : *être ~ de compliments,* ser parco en cumplidos | Miserable | — Interj. FAM. ¿A que no?

chiche kebab m Pincho moruno.

chichi m FAM. Cursilerías *fpl,* melindres *pl* | *Faire des ~s,* hacer dengues *ou* cursilerías || **~teux, euse** adj Amanerado, a; cursi, melindroso, a.

chicorée f Achicoria | *~ frisée,* escarola.

chicot m Tocón (arbre cassé) | FAM. Raigón (dent cassée).

chien, ~enne s Perro, a | — M FAM. Atractivo, gancho (charme), flequillo (frange) | Gatillo (gâchette) | *~ couchant* o *d'arrêt,* perro de muestra | FAM. *Chienne de vie!,* ¡qué vida más perra! | *~ de berger,* perro ganadero | *~ de garde,* perro guardián | *~ policier,* perro policía | FIG. *Comme un ~ dans un jeu de quilles,* como los perros en misa | FIG. FAM. *De ~,* de perros, detestable | FIG. *Entre ~ et loup,* entre dos luces. *Être malade comme un ~,* estar más malo que los perros. *Vivre comme ~ et chat,* vivir como perros y gatos. || **~dent** m BOT. Grama f || **~-loup** m Perro lobo || **~nerie** [ʃjɛnri] f Jauría (meute) | Roñería (avarice) | Perrada, perrería (mauvais tour).

chier vt/i POP. Cagar.

chiffe f Trapo *m* | FAM. *Être une ~ molle,* ser un bragazas.

chiffon m Trapo | *~ de papier,* papel mojado | FIG. *Parler ~s,* hablar de trapos || **~ner** vt Arrugar | FAM. Molestar (ennuyer), preocupar (tracasser) | — Vi Recoger trapos viejos || **~nier, ère** adj/s Trapero, a | — M Costurero, « chiffonnier » (meuble).

chiffr|e m Cifra *f,* número, guarismo (nombre) | Cantidad *f* | Numeración *f* : *~s arabes,* numeración arábiga | Importe (montant) | Cifra *f* (écriture secrète) | Clave *f* (clé) | Combinación (*f*) de una caja de caudales (coffre-fort) | Inicial *f* | Marca (*f*) de iniciales (pour linge) | *~ d'affaires,* volumen de negocios, facturación || **~er** vt Cifrar | Numerar (numéroter) | Marcar (initiales) | COM. Evaluar, cifrar | — Vi Contar, calcular | FAM. Adquirir un valor importante.

chignole f Taladradora de mano | FAM. Cacharro *m.*

chignon m Moño.

Chili nprm Chile.

chilien, enne adj/s Chileno, a.

Chimène nprf Jimena.

chim|ère f Quimera || **~érique** adj Quimérico, a.

chim|ie f Química || **~ique** adj Químico, a || **~iste** s Químico, a.

chimpanzé [ʃɛ̃pɑ̃ze] m Chimpancé.

chinchilla [ʃɛ̃ʃila] m Chinchilla *f.*

Chine nprf China.

chin|é, e adj Chiné, de mezclilla || **~er** vt Teñir un tejido en varios colores | POP. Criticar; burlarse (se moquer).

chin|ois, ~e adj/s Chino, a (de Chine) | — Adj Chinesco, a : *ombres ~s,* sombras chinescas | FAM. Raro, a (étrange), chinchoso, a (pointilleux) | — M Chino (langue) | Manga *f,* chino (passoire) || **~oiserie** f Objeto (*m*) chino | FIG. Engorro *m* (complication).

chiot [ʃjo] m Cachorro, cría (*f*) del perro.

chiourme f Chusma.

chip|er vt FAM. Birlar, mangar || **~eur, euse** s FAM. Mangante, raterillo, a || **~ie** [ʃipi] f FAM. Pécora.

chipot|age m Regateo (marchandage) Discusión (*f*) por naderías || **~er** vi FIG. Poner dificultades por naderías | Regatear (marchander) | — Vt Discutir mucho tiempo | Manosear (tripoter) | FAM. Molestar (ennuyer) || **~eur, euse** adj/s Molesto, a | Regatón, ona (qui marchande).

chips [ʃips] mpl Patatas (*f*) fritas a la inglesa.

chiqu|e f Buyo *m* (insecte) | Mascada (de tabac) || **~é** m FAM. Afectación *f* | Farol, tongo (bluff) | *Faire du ~,* darse pisto || **~enaude** [ʃikno:d] f Papirotazo *m,* papirotada || **~er** vt/i Mascar [tabaco].

chiromanci|e [kirɔmɑ̃si] f Quiromancia ‖ **~en, enne** s Quiromántico, a [*Amér.*, palmista].
chirurg|ical, e adj Quirúrgico, a ‖ **~ie** f Cirugía ‖ **~ien** m Cirujano | **~-dentiste,** dentista, odontólogo.
chistera f Chistera, cesta (sports).
chitine [kitin] f CHIM. Quitina.
chiure f Cagada (de mouches).
chlor|ate [klɔrat] m Clorato ‖ **~e** m Cloro ‖ **~é, e** adj Clorado, a ‖ **~hydrique** adj Clorhídrico, a ‖ **~ique** adjm Clórico ‖ **~oforme** m Cloroformo ‖ **~oformer** vt Cloroformizar ‖ **~ophylle** f Clorofila ‖ **~ophyllien, enne** adj Clorofílico, a ‖ **~ure** m Cloruro.
choc [ʃɔk] m Choque : *~ en retour,* choque de rechazo | FIG. Conflicto | *Prix ~,* precio de choque.
chocolat m Chocolate | Bombón : *une boîte de ~s,* una caja de bombones | *~ à croquer,* chocolate para crudo | *~ à cuire,* chocolate a la taza ‖ **~erie** f Chocolatería ‖ **~ier, ère** adj/s Chocolatero, a | — F Chocolatera (récipient).
chœur [kœ:r] m Coro | *Chanter en ~,* cantar a coro | *Enfant de ~,* monaguillo.
choir* vi Caer | Fracasar (échouer) | FIG. *Laisser ~,* abandonar.
chois|i, e adj Escogido, a; selecto, a ‖ **~ir** vt Escoger | Elegir (élire).
choix [ʃwa] m Elección *f* | Surtido (assortiment) | Alternativa *f*, opción *f* : *laisser le ~,* dejar una alternativa | Selección *f* | *Au ~,* a escoger | *Avoir le ~,* tener donde escoger | *De ~,* de primera calidad, escogido, a (article), destacado, a (place) | *Ne pas avoir le ~,* no tener más remedio.
cholédoque adjm/m ANAT. Colédoco.
choléri|a [kɔlera] m Cólera | FAM. Peste *f*, mala persona *f* ‖ **~ique** adj/s Colérico, a.
cholestérol [kɔlɛsterɔl] m Colesterol.
chôm|able adj De fiesta, festivo, a; feriado, a ‖ **~age** m Paro forzoso, desempleo | Descanso (repos) ‖ **~é, e** adj Festivo, a | Inhábil : *jour ~,* día inhábil ‖ **~er** vi Estar en paro forzoso (manquer de travail) | Descansar (se reposer) | No funcionar (usine) | FAM. Parar (arrêter de travailler) | FIG. Ser improductivo | — Vt No trabajar ‖ **~eur, euse** adj/s Parado, a.
chop|e f Jarra de cerveza, bock *m* ‖ **~ine** f Cuartillo *m* (mesure) | POP. Botella.
choqu|ant, e adj Chocante ‖ **~er** vt Chocar (heurter, déplaire) | Lastimar (la vue, l'oreille) | Estar en contra de : *~ le bon sens,* estar en contra del buen sentido.
choral, e [kɔral] adj Coral | — F Coral (groupe) | — M Coral *f* (composition).
chorégraph|e [kɔregraf] m Coreógrafo ‖ **~ie** f Coreografía ‖ **~ique** adj Coreográfico, a.
choriste [kɔrist] m Corista.
choroïde [kɔrɔid] f Coroides.
chorus [kɔrys] m Coro.
chose f Cosa | *Aller au fond des ~s,* analizar a fondo | *À peu de ~ près,* aproximadamente | *Avant toute ~,* antes que nada | *~ promise, ~ due,* lo prometido es deuda | *De deux ~s l'une,* una de dos | *Dire bien des ~s,* dar muchos recuerdos | *Entre une ~ et l'autre,* entre pitos y flautas | FAM. *Être tout ~,* sentirse raro | *Pas grand-~,* poca cosa | *Quelque ~,* algo | *Y être pour quelque ~,* tener algo que ver | — M Fulano (Un tel).
chou m Col *f*, repollo, berza *f* | Petisú (gâteau) | *~ de Bruxelles,* col de Bruselas | *~ pommé,* repollo | *~ rouge,* lombarda | FIG. FAM. *Envoyer planter ses ~x,* mandar a paseo. *Être dans les ~x,* estar entre los últimos (à la queue), haberle dado a uno un patatús (s'évanouir). *Faire ~ blanc,* errar el tiro, fracasar. *Mon ~,* querido mío. *Rentrer dans le ~ de qqn,* embestir a alguien | — Adj FAM. Mono, a (joli), encantador, a (gentil).
choucas [ʃukɑ] m Chova *f*.
chouch|ou, oute s FAM. Querido, a; preferido, a; ojo (*m*) derecho ‖ **~outer** vt FAM. Mimar.
choucroute f Sauerkraut, choucroute.
chouette f Lechuza | — Adj POP. Bonito, a (joli), estupendo, a (formidable) | — Interj POP. ¡Estupendo!, ¡qué bien!
chou|-fleur m Coliflor *f* ‖ **~-rave** m Colinabo.
choyer [ʃwaje] vt Mimar (câliner) | Cuidar (surveiller) | FIG. Acariciar : *~ une idée,* acariciar una idea.
chrême [krɛm] m Crisma *f*.
chrétien, ~enne [kretjɛ̃, jɛn] adj/s Cristiano, a ‖ **~té** f Cristiandad.
Christ [krist] m Cristo.
christianis|er [kristjanize] vt Cristianizar ‖ **~me** m Cristianismo.
Christine [kristin] nprf Cristina.
Christophe [kristɔf] nprm Cristóbal.
chrom|age [kroma:ʒ] m Cromado ‖ **~atine** f Cromatina ‖ **~atique** adj Cromático, a ‖ **~atisme** m Cromatismo ‖ **~e** [kro:m] m Cromo ‖ **~er** vt Cromar ‖ **~osome** m Cromosoma.
chroniqu|e [krɔnik] adj/f Crónico, a ‖ **~eur, euse** s Cronista.
chrono|logie [krɔnɔlɔʒi] f Cronología ‖ **~logique** adj Cronológico, a ‖ **~métrage** m Cronome-

traje || **~mètre** m Cronómetro || **~métrer** vt Cronometrar || **~métreur** m Cronometrador || **~métrie** f Cronometría.
chrysalide [krizalid] f Crisálida.
chrysanthème [krizɑ̃tɛm] m Crisantemo (fleur).
Chrysostome adjm Crisóstomo.
chuchot|ement m Cuchicheo || **~er** vt/i Cuchichear || **~erie** f Cuchicheo *m*.
chuint|ant, e [ʃɥɛ̃tɑ̃, ɑ̃:t] adj/f GRAM. Sibilante || **~er** vi Silbar (la chouette) | Pronunciar la *s* o *j* con el sonido sibilante de la *ch* y *j* francesas.
churrigueresque adj ARCH. Churrigueresco, a.
chut! interj. ¡Chitón!
chut|e f Caída | Vertiente (d'un toit) | Recorte *m* (déchet) | Cadencia (en poésie) | MÉD. Descenso *m* | THÉÂTR. Fracaso *m* (échec) | *~ d'eau*, salto de agua | *~ des reins*, rabadilla | *Faire une ~*, caerse || **~er** vi FAM. Caerse | Fracasar (échouer) | FIG. Caer, salir mal ; bajar (diminuer) | — Vt Abuchear, sisear (un acteur).
chyle [ʃil] m BIOL. Quilo.
chyme [ʃim] m BIOL. Quimo.
Chypre npr Chipre.
chypriote adj/s Chipriota, cipriota.
ci adv Aquí | *~-après*, a continuación | *~-contre*, al lado | *~-dessous*, más adelante | *~-dessus*, susodicho, a (mentionné), más arriba | *~-devant*, antes (avant), ex | *~-gît*, aquí yace | — Pron dém Esto.
cible f Blanco *m* : *atteindre la ~*, dar en el blanco.
ciboire m Copón.
ciborium [sibɔrjɔm] m ARCH. Cimborrio.
ciboul|e f BOT. Cebollino *m* || **~ette** f BOT. Cebolleta, ajo (*m*) cebollino || **~ot** m POP. Cholla *f* (tête).
cicatri|ce f Cicatriz || **~cule** f Galladura (de l'œuf) || **~sant, e** adj/s Cicatrizante || **~sation** f Cicatrización || **~ser** vt Cicatrizar.
cidre m Sidra *f*.
ciel m Cielo | *Aide-toi, le ~ t'aidera*, a Dios rogando y con el mazo dando | *~ de lit*, dosel | *Entre ~ et terre*, en el aire | *Grâce au ~*, gracias a Dios | FIG. *Remuer ~ et terre*, revolver Roma con Santiago. *Tombé du ~*, llovido del cielo (à propos), caído de un nido (surpris). *Voir les cieux ouverts*, ver el cielo abierto | — Adj *Bleu ~*, celeste | — Interj ¡Cielos!
— OBSERV. El plural corriente de *ciel* es *cieux*. Sin embargo se emplea *ciels* en pintura y para designar el aspecto del cielo o el clima.
cierge m Cirio | FAM. *Droit comme un ~*, más derecho que una vela.
cigale f Cigarra, chicharra.
cigar|e m Cigarro puro, puro || **~ette** f Cigarrillo *m*, cigarro *m* : *~ filtre*, cigarrillo emboquillado *ou* con filtro || **~ière** f Cigarrera.
cigogne f Cigüeña.
ciguë [sigy] f Cicuta.
ci|-inclus, e adj Incluso, a | — Adv Incluso || **~-joint, e** [siʒwɛ̃, ɛ̃:t] adj Adjunto, a | — Adv Adjunto.
cil m Pestaña *f* | *~s vibratiles*, cilios vibrátiles || **~iaire** adj Ciliar || **~ice** m Cilicio || **~ié, e** adj/m Ciliado, a.
cill|ement [sijmɑ̃] m Parpadeo || **~er** vt/i Parpadear, pestañear.
cim|aise f Gola || **~e** f Cima, cúspide.
ciment m Cemento | Argamasa *f* (mortier) | Hormigón (béton) || **~er** vt Cementar | FIG. Afirmar, cimentar || **~erie** f Fábrica de cemento.
cimeterre m Alfanje (sabre arabe), cimitarra *f* (sabre turc).
cimetière m Cementerio.
cimier m Cimera *f*.
cinabre m MIN. Cinabrio.
ciné|aste m Cineasta || **~-club** [sineklœb] m Cine-club || **~ma** m Cine : *~ d'exclusivité, parlant, permanent*, cine de estreno, sonoro, de sesión continua | FIG. *Faire du ~*, hacer teatro || **~mathèque** f Cinemateca || **~matique** f Cinemática || **~matographe** m Cinematógrafo || **~matographie** f Cinematografía || **~matographier** vt Cinematografiar || **~matographique** adj Cinematográfico, a.
cinéraire adj Cinerario, a | — F BOT. Cineraria | — M Urna (*f*) cineraria.
cinétique adj/f Cinético, a.
cingalais, e adj/s Cingalés, esa.
cingl|age f MAR. Singladura *f* || **~ant, e** adj Mordaz, áspero, a | Azotador, a (pluie, vent) || **~é, e** adj/s POP. Chiflado, a || **~er** vi MAR. Singlar | — Vt Cimbrar (fouetter) | Azotar (vent, pluie) | TECH. Forjar.
cinq [sɛ̃:k, sɛ̃] adj/m Cinco | Quinto, a (cinquième) | *~ cents*, quinientos, as.
cinquant|aine f Cincuentena | Los cincuenta (âge) || **~e** adj/m Cincuenta || **~enaire** s Cincuentón, ona (âge) | — M Cincuentenario (anniversaire) || **~ième** adj/s Quincuagésimo, a.
cinquième adj/s Quinto, a || **~ment** adv En quinto lugar.
cintr|age m Cimbreo, combadura *f* || **~e** m Cimbra *f* (d'un arc) | Telar (théâtre) | Percha *f* (pour habits) | *Plein ~*, medio punto || **~é, e** adj Ceñido, a; entallado, a (habit) || **~er** vt ARCH. Cimbrar (une voûte) |

Combar (le bois) | Entallar, ceñir (vêtement).
cirage m Enceramiento (du parquet) | Betún, crema (*f*) para el calzado (produit) | Limpieza (*f*) del calzado (nettoyage des chaussures) | POP. *Être dans le* ~, estar achispado (ivre), estar atontolinado (abasourdi).
circon|cire* vt Circuncidar ‖ **~cis, e** adj/m Circunciso, a ‖ **~cision** f Circuncisión ‖ **~férence** f Circunferencia ‖ **~flexe** adj/m Circunflejo, a ‖ **~locution** f Circunloquio *m* ‖ **~scription** f Circunscripción ‖ **~scrire*** vt GÉOM. Circunscribir | Delimitar | Localizar | Limitar ‖ **~spect, e** [sirkɔ̃spɛ, ɛkt] adj Circunspecto, a ‖ **~spection** f Circunspección ‖ **~stance** f Circunstancia ‖ **~stancié, e** adj Circunstanciado, a ‖ **~stanciel, elle** adj Circunstancial ‖ **~vallation** f Circunvalación ‖ **~venir*** vt Embaucar (tromper) | Delimitar | Rodear (entourer) ‖ **~volution** f Circonvolución.
circuit [sirkɥi] m Circuito | *Court-~*, cortocircuito.
circul|aire adj/f Circular ‖ **~ation** f Circulación | Tráfico, circulación (de véhicules) ‖ **~atoire** adj Circulatorio, a ‖ **~er** vi Circular.
circumpolaire adj Circumpolar.
cir|e f Cera | Cerumen *m* (des oreilles) | ~ *à cacheter*, lacre ‖ **~é, e** adj Encerado, a | Lustrado, a; embetunado, a (chaussures) | — M Impermeable de hule ‖ **~er** vt Encerar | Embetunar, sacar brillo, dar crema (chaussures) ‖ **~eur, euse** s Encerador, a | Limpiabotas (de chaussures) | — F Enceradora (machine) ‖ **~eux, euse** adj Ceroso, a.
cirque m Circo.
cirre m Cirro.
cirrhose f MÉD. Cirrosis.
cirrus [sirys] m Cirro (nuage).
cisaill|e [sizɑ:j] f Cizalla ‖ **~er** vt Cizallar.
ciseau [sizo] m Cincel (de sculpteur) | Formón (de menuisier) | Tijera *f* (catch) | — Pl Tijeras *f* | ~ *à bois*, escoplo | ~ *à froid*, cortafrío | *Saut en ~x*, salto de tijeras, tijereta.
cisel|er vt Cincelar | Recortar con tijeras (découper) ‖ **~eur** m Cincelador ‖ **~ure** f Cinceladura.
ciste m BOT. Jara *f*.
cistercien, enne adj/s Cisterciense.
citad|elle f Ciudadela ‖ **~in, e** s Habitante de ciudad | — Adj Urbano, a.
citation f DR, MIL. Citación | Cita (texte cité).
cité f Ciudad (ville) | Casco *m* (quartier ancien) | ~ *universitaire*, ciudad universitaria | *Droit de* ~, derecho de ciudadanía ‖ **~-jardin** f Ciudad jardín.
citer vt Citar | ~ *en justice*, citar ante la justicia.
citérieur, e adj Citerior.
citerne f Cisterna, aljibe *m*.
cithar|e f. MUS. Cítara ‖ **~iste** m Citarista.
citoyen, ~enne [sitwajɛ̃, jɛn] s Ciudadano, a ‖ **~neté** f Ciudadanía.
citr|ate m Citrato ‖ **~in, e** adj Cetrino, a ‖ **~ique** adj CHIM. Cítrico, a.
citron m Limón | POP. Cholla *f* (tête) | ~ *pressé*, limón natural | — Adj Amarillo limón ‖ **~nade** f Limonada ‖ **~nelle** f BOT. Toronjil *m* ‖ **~ner** vt Echar limón ‖ **~nier** m Limonero.
citrouille [sitruj] f Calabaza.
civelle f Angula (poisson).
civet m Encebollado [de liebre, etc] ‖ **~te** f ZOOL. Gato (*m*) de algalia | BOT. Cebolleta | Algalia (parfum).
civière f Camilla, parihuelas *pl*.
civ|il, e adj Civil | Cortés (poli) | — M Paisano (par opposition à *militaire*); seglar (par opposition au *prêtre*) | Vida (*f*) civil | DR. Lo civil | *En* ~, de paisano ‖ **~ilisateur, trice** adj/s Civilizador, a ‖ **~ilisation** f Civilización ‖ **~ilisé, e** adj/s Civilizado, a ‖ **~iliser** vt Civilizar ‖ **~ilité** f Cortesía, urbanidad ‖ **~ique** adj Cívico, a ‖ **~isme** m Civismo.
clabaud|age m Ladrido inoportuno | FIG. Critería *f* ‖ **~er** vi Ladrar fuera de la pista (un chien) | FIG. Gritar (crier), chismear (médire) ‖ **~erie** f Chisme *m*.
claie [klɛ] f Zarzo *m*, cañizo *m* | Valla, encañizado *m* (de bambous), enrejado *m* (métallique).
clair, e adj Claro, a | Vivo, a (feu) | Transparente | — M Claro : ~ *de lune*, claro de luna | — Pl Claros | *Mettre au* ~, poner en limpio | *Tirer au* ~, sacar en claro | — F Criadero (*m*) de ostras | — Adv Claro.
clairet, ette adj/m Clarete.
claire-voie f Claraboya | Ventanales *mpl* (d'une église) | Balaustrada | *À* ~, calado, a.
clairière f Claro *m*, calva, calvero *m*.
clair-obscur m Claroscuro.
clairon m MIL. Corneta *f* | MUS. Clarín ‖ **~ner** vt FIG. Pregonar, vocear.
clairsem|é, e adj Ralo, a (cheveux) | Claro, a (blé) | Escaso, a (en petit nombre) ‖ **~er** vt Desparramar.
clairvoy|ance [klɛrvwajɑ̃:s] f Clarividencia ‖ **~ant, e** adj Clarividente, perspicaz.
clam m Especie de almeja grande.

clam|er vt Clamar ‖ **~eur** f Clamor *m*, clamoreo *m*.
clan m Clan.
clandestin, ~e adj Clandestino, a ‖ **~ité** f Clandestinidad.
clap|et m MÉC. Chapaleta *f* (de pompe), válvula *f* (soupape) | POP. Pico, boca *f* ‖ **~ier** m Conejera *f* | Madriguera *f* (terrier) ‖ **~ir** vi Chillar [el conejo] | — Vp Agazaparse.
clapot|ement m Chapoteo ‖ **~er** vi Chapotear ‖ **~is** m Chapoteo.
claqu|age m Distensión (*f*) de un ligamento *ou* de un músculo, tirón (fam) ‖ **~ant, e** adj POP. Fatigoso, a ‖ **~e** f Bofetada (gifle) | Chanclo *m* (de chaussure) | Clac, claque, conjunto (*m*) de alabarderos (théâtre) ‖ **~ement** m Castañeteo (des dents) | Castañeta *f* (des doigts) | Palmada *f* (des mains) | Chasquido (du fouet, de la langue) | Portazo (de porte) | Crujido (des articulations) ‖ **~er** vi Crujir (bruit sec) | Castañetear (avec les doigts) | Chasquear, restallar (le fouet) | Chasquear (la langue) | Flamear (drapeau) | Tener una distensión (muscle) | Taconear (talons) | POP. Espichar (mourir) | — Vt Abofetear (donner une gifle) | FAM. Despilfarrar (fortune), reventar (fatiguer) | *~ la porte,* dar un portazo | — Vp Distenderse (un muscle) | FAM. Reventarse (s'éreinter) ‖ **~et** m Cítola *f*, tarabilla *f* ‖ **~ette** f Claquetas *fpl*, tablillas *fpl* | Matraca *f* (crécelle) | Claqueta *f* (cinéma) | — Pl Claqué *msing* (danse).
clarifi|cation f Clarificación | FIG. Aclaración ‖ **~er** vt Clarificar | Purificar (purifier) | FIG. Aclarar.
clarinett|e f Clarinete *m* ‖ **~iste** m Clarinetista.
clarisse adjf/f Clarisa (religieuse).
clarté f Claridad | Transparencia, limpidez | — Pl Luces (connaissances), aclaraciones (éclaircissements).
class|e f Clase (catégorie, importance, cours) | Curso *m* (scolaire) : *~ de 1re*, sexto curso | Aula, clase (salle de cours) | FAM. Clase, categoría | MAR. Matrícula | MIL. Quinta, reemplazo *m* | *De ~*, de primer orden ‖ **~ement** m Clasificación *f* ‖ **~er** vt Clasificar | FIG. Catalogar (une personne), dar categoría (donner de la notoriété), dar carpetazo a (une affaire) | *Monument classé*, monumento declarado de interés artístico ‖ **~eur, euse** s Clasificador, a | — M Archivador (meuble), cuaderno con anillas (cahier) ‖ **~icisme** m Clasicismo ‖ **~ificateur, trice** adj/s Clasificador, a ‖ **~ification** f Clasificación ‖ **~ifier** vt Clasificar ‖ **~ique** adj Clásico, a.

Claude nprm/f Claudio, a.
claudication f Cojera.
claudiquer vi Cojear, renquear.
clause f Cláusula.
claustr|ation f Enclaustramiento *m* ‖ **~er** vt Enclaustrar | — Vp Encerrarse ‖ **~ophobie** f Claustrofobia.
clavecin m Clavicordio, clave.
clavette f Chaveta.
clavicule f Clavícula.
clavier m Teclado | Llavero (pour les clefs).
clayère [klɛjɛ:r] f Ostrero *m*.
clayette f Caja (cageot) | Parrilla (de réfrigérateur).
clayon [klɛjɔ̃] m Encella *f* (pour fromages) | Cerca *f* (d'un parc) | Batea *f* (panier) ‖ **~nage** m Encañado ‖ **~ner** vt Cercar con un encañado.
clearing [kliriŋ] m COM. Clearing, compensación *f*.
clef ou **clé** [kle] f Llave : *fermer à ~*, cerrar con llave | FIG. MUS. TECH. Clave | *~ à molette* o *anglaise*, llave inglesa | *~ de voûte*, piedra angular | *Fausse ~*, llave falsa, ganzúa | FIG. *Prendre la ~ des champs*, tomar las de Villadiego | — Adj Clave, esencial : *une position ~*, una posición clave.
clématite f BOT. Clemátide.
clém|ence f Clemencia ‖ **~ent, e** adj Clemente.
clémentine f Clementina.
clenche f Pestillo *m*.
Cléopâtre nprf Cleopatra.
cleptoman|e adj/s Cleptómano, a ‖ **~ie** f Cleptomanía.
clerc [klɛ:r] m Clérigo (religieux) | Sabio (savant) | Pasante (d'avocat, de notaire) | *Faire un pas de ~*, cometer una pifia.
clergé m Clero.
clérical, ~e adj/m Clerical ‖ **~isme** m Clericalismo.
clich|é m Cliché, clisé | FAM. Tópico, lugar común (lieu commun) ‖ **~er** vt Estereotipar, clisar ‖ **~eur** m IMPR. Estereotipador.
client, ~e s Cliente, parroquiano, a ‖ **~èle** f Clientela | Clientela, parroquia (d'un commerce).
clign|ement m Guiño (volontaire), parpadeo (involontaire) ‖ **~er** vt Entornar : *~ les yeux*, entornar los ojos | Pestañear, parpadear (clignoter) | *~ de l'œil*, guiñar ‖ **~otant** ou **~oteur** m AUT. Intermitente ‖ **~otement** m Parpadeo | FIG. Centelleo ‖ **~oter** vi Pestañear, parpadear.
climat m Clima | FIG. Ambiente, atmósfera ‖ **~ique** adj Climático, a ‖ **~isation** f Climatización, acondicionamiento (*m*) del aire ‖ **~isé, e**

adj Climatizado, a (p. us.), acondicionado, a ‖ **~iser** vt Climatizar, acondicionar ‖ **~iseur** m Acondicionador de aire ‖ **~ologie** f Climatología ‖ **~ologique** adj Climatológico, a.
climax m Clímax.
clin m ~ *d'œil*, guiño | FIG. *En un ~ d'œil*, en un abrir y cerrar de ojos, en un santiamén.
clini|cien m Clínico ‖ **~que** adj/f Clínico, a.
clinquant m Lentejuela *f* (paillette) | FIG. Relumbrón, oropel.
clip m Clip [broche de resorte].
clipper [klipər] m Clíper.
cliqu|e f Pandilla | MIL. Banda de trompetas y tambores | FAM. *Prendre ses ~s et ses claques*, liar el petate, largarse ‖ **~et** m MÉC. Trinquete ‖ **~eter** vi Sonar | Picar (moteur) ‖ **~etis** m Ruido | Picado (moteur).
clisse f Encella | Funda de mimbre (pour bouteilles).
clitoris m ANAT. Clítoris.
cliv|age m Crucero | FIG. Separación *f* ‖ **~er** vt Partir un mineral en el sentido de sus capas.
cloaque m Cloaca *f* (égout) | Cenagal (eau croupie).
cloch|ard, e s POP. Vagabundo, a ‖ **~e** f Campana | Quesera (à fromage) | AGR. TECH. Campana | POP. Tonto, a | POP. *Se taper la ~*, ponerse como el quico. *Sonner les ~s*, echar un rapapolvo *ou* una bronca | — Adjf Acampanada (jupe).
cloche-pied (à) adv A la pata coja.
clocher m Campanario | FIG. Pueblo (pays natal) | — Vi Cojear.
clochet|on m Campanil (petit clocher) | Pináculo (ornement) ‖ **~te** f Campanilla | Esquila (pour le bétail).
cloison f Tabique *m* | FIG. Barrera | MAR. ~ *étanche*, mamparo estanco ‖ **~ner** vt Tabicar, separar por tabiques | FIG. Compartimentar.
cloîtr|e m Claustro | Monasterio ‖ **~er** vt Enclaustrar | FIG. Encerrar | *Sœur cloîtrée*, monja de clausura.
clopin|-clopant loc adv FAM. Cojeando, renqueando ‖ **~er** vi Cojear, renquear.
cloporte m Cochinilla *f*.
cloque f Ampolla, vejiga.
clore* vt Cerrar, tapar | Cercar, rodear (entourer) | FIG. Cerrar (compte), clausurar, cerrar (séance), concluir (affaire) | — Vi Cerrar.
clos, ~e [klo, o:z] adj Cerrado, a | Cercado, a (entouré) | — M Cercado (terrain cultivé) | Pago (vignoble) ‖ **~eau** m ou **~erie** f Alquería (*f*) pequeña (fermette) | Huerto (*m*) cercado (terrain).
clôtur|e f Cerca, valla, cercado *m* | Tapia (mur en terre) | Clausura (couvent) | Clausura (d'une séance) | Fin *m* | COM. Liquidación | Cierre *m* (de la Bourse, d'un inventaire) | **~er** vt Cercar | Clausurar, terminar (séance) | COM. Liquidar.
clou m Clavo | Tachón (décoration) | FIG. Colofón, sensación *f* | POP. Monte de piedad, peñaranda (mont-de-piété), cacharro (vieil instrument) | MÉD. Divieso (furoncle) | ~ *à crochet*, escarpia, alcayata | ~ *de girofle*, clavo de especia | POP. *Des ~s!*, ¡ni hablar! *Être maigre comme un ~*, estar como un fideo | *Les ~s*, el paso de peatones ‖ **~age** m Clavado, clavazón *f* ‖ **~er** vt Clavar | Inmovilizar | Fijar (fixer) ‖ **~tage** m Claveteado ‖ **~ter** vt Clavetear, tachonar | *Passage clouté*, paso de peatones.
Clovis nprm Clodoveo.
clovisse f Almeja.
clown [klun] m Payaso ‖ **~erie** f Payasada.
club [klœb] m Club | Círculo, casino | Palo (de golf).
co|accusé, e s Coacusado, a ‖ **~adjuteur, trice** s Coadjutor, a.
coagul|ant, e adj/m Coagulante ‖ **~ation** f Coagulación ‖ **~er** vt Coagular ‖ **~um** m Coágulo.
coali|sé, e adj/s Coligado, a ‖ **~ser** vt Agrupar, mancomunar | — Vp Coligarse ‖ **~tion** f Coalición, mancomunidad.
coass|ement m Canto de la rana, croar ‖ **~er** vi Croar.
coassocié, e s Consocio, a.
coauteur [kootœ:r] m Coautor, a.
cobalt m Cobalto.
cobaye [kɔbaj] m Conejillo de Indias, cobayo, cobaya *f*.
cobra m Cobra *f* (serpent).
coca mf BOT. Coca *f*.
cocagne f *Mât de ~*, cucaña | *Pays de ~*, Jauja.
cocaïn|e f Cocaína ‖ **~omane** s Cocainómano, a.
cocard|e f Escarapela | TAUR. Divisa ‖ **~ier, ère** adj/s FAM. Patriotero, a
cocasse adj FAM. Chusco, a; divertido, a ‖ **~rie** f FAM. Chuscada; comicidad.
coccinelle f Mariquita.
coccyx [kɔksis] m ANAT. Cóccix.
coch|e m Diligencia *f* | Cerda *f* (truie) | TECH. Muesca *f* | FAM. *Manquer le ~*, perder la oportunidad ‖ **~enille** f ZOOL. Cochinilla ‖ **~er** m Cochero | — Vt Puntear (une liste), señalar con un trazo ‖ **~ère** adjf/f Cochera ‖ **~t** m Gallito.
cochevis m Cogujada *f* (oiseau).
cochon m Cochino, cerdo (porc) | FAM. Cochino (malpropre) | ~ *de lait*, cochinillo, lechón | ~ *de mer*,

marsopla | ~ *d'Inde,* conejillo de Indias | *Petit* ~, cochinillo | FIG. *Tour de* ~, cochinada || **~naille** f Carne de cerdo (viande) | Embutido *m* (charcuterie) || **~ner** vt FAM. Chapucear | Ensuciar || **~nerie** f POP. Porquería, marranada, cochinada (méchanceté, saleté), chapucería (chose mal faite) || **~net** m Cerdito (porc) | Boliche (boule) | FAM. Cochinillo.
cockpit [kɔkpit] m Carlinga *f,* cabina *f,* puesto de pilotaje (avion) | Caseta (*f*) del timón (bateau).
cocktail [kɔktɛl] m Cóctel.
coco m Coco (noix) | Agua (*f*) de regaliz (boisson) | FAM. Individuo | FAM. *Mon* ~, monín, ina | — F POP. Mandanga (cocaïne) || **~n** m Capullo [de gusano] || **~rico** m Quiquiriquí || **~tier** m BOT. Cocotero, coco || **~tte** f Gallina (poule) | Pajarita (de papier) | Olla (marmite) | FAM. Mujer galante (femme légère) || **~tte-minute** f Olla de presión.
coction f Cocción.
cocu, ~e adj/s FAM. Cornudo, a || **~fier** vt POP. Poner los cuernos.
codage m Codificación *f.*
code m Código : ~ *de la route,* código de la circulación | Distrito, código (postal).
codébiteur, trice s Codeudor, a.
coder vt. Codificar, cifrar [un texto].
codex m Códice | Farmacopea *f.*
codicille [kɔdisil] m Codicilo.
codifi|cation f Codificación || **~er** vt Codificar.
coefficient m Coeficiente.
coéquipier, ère s Compañero, compañera de equipo.
cœlacanthe [selakɑ̃:t] m Celacanto.
coerc|itif, ive adj Coercitivo, a || **~ition** f Coerción.
cœur [kœ:r] m Corazón | BOT. Cogollo | Núcleo (de réacteur) | FIG. Valor (courage) | FIG. *Aller droit au* ~, llegar al corazón. *Au* ~ *de l'été,* en pleno verano. *Avoir à* ~ *de,* tener empeño en. *Avoir le* ~ *à,* tener ánimo para. *Avoir le* ~ *sur la main,* ser muy generoso. *Avoir mal au* ~, estar mareado. ~ *à* ~, con franqueza. ~ *d'artichaut,* corazón de melón. *De bon* ~, de buena gana | *De grand* ~, *de tout* ~, de todo corazón | *De tout mon* ~, con todo mi corazón | FIG. *En avoir le* ~ *net,* saber a qué atenerse. *Fendre le* ~, partir el corazón. *Joli* ~, guapetón. *Par* ~, de memoria. *Parler à* ~ *ouvert,* hablar con el corazón en la mano. *Prendre à* ~, tomar a pecho. *S'en donner à* ~ *joie,* pasarlo en grande.
coexist|ence f Coexistencia, convivencia || **~er** vi Coexistir.
coffr|age m Entibación *f,* encofrado (béton) || **~e** m Coffre, arca *f* | Caja (*f*) de caudales (coffre-fort) | Arca *f* (trésor public) | AUT. Portaequipajes, maletero | FAM. *Avoir du* ~, tener mucho fuelle || **~e-fort** m Caja (*f*) de caudales || **~er** vt FAM. Meter en chirona | TECH. Encofrar || **~et** m Cofrecito, arquilla | Estuche para joyas.
cogestion f Cogestión.
cognac m Coñac.
cognassier m BOT. Membrillo.
cogn|ée f Hacha grande (hache) || **~ement** m Golpeo | TECH. Picado || **~er** vt Golpear (frapper) | Meter (enfoncer) | POP. Sacudir, pegar | — Vi Llamar (frapper) | TECH. Picar | — Vp Darse un golpe | POP. Sacudirse (se battre).
cohabit|ation f Cohabitación, convivencia || **~er** vi Cohabitar, convivir.
cohér|ence f Coherencia || **~ent, e** adj Coherente.
cohéritier, ère s Coheredero, a.
cohés|if, ive adj Cohesivo, a || **~ion** f Cohesión.
cohorte f Cohorte.
cohue [kɔy] f Barullo *m,* bulla.
coi, coite adj Quieto, a; callado, a | *Se tenir* ~, no chistar.
coiff|e f Toca, cofia (coiffure) | Casco *m* (d'un chapeau) | Forro *m* (doublure) | Funda (de képi) | Cofia (de plante, de projectile) || **~é, e** adj Peinado, a (cheveux) | Tocado, a : ~ *d'un chapeau,* tocado con un sombrero | FAM. *Être né* ~, haber nacido de pie || **~er** vt Poner, cubrir la cabeza de *ou* con (mettre) | Sentar, ir (aller) | Peinar (peigner) | Cubrir (couvrir) | Reunir bajo su mando (avoir sous sa coupe) | Englobar | TECH. Encabezar | FAM. ~ *d'une courte tête,* ganar por una cabeza | — Vp Peinarse | Ponerse (se mettre) || **~eur, euse** s Peluquero, a | — F Tocador *m* (meuble) || **~ure** f Tocado *m* (sur la tête) | Peinado *m* (cheveux) | Sombrero *m* (chapeau) | *Salon de* ~, peluquería.
coin m Esquina *f* (angle saillant), rincón (angle rentrant) | Rabillo (de l'œil) | Rincón (lieu retiré) | Comisura *f* (des lèvres) | Cuño (poinçon) | TECH. Cuña *f* (pour fendre), calzo (pour caler), troquel (pour la monnaie), cantonera *f* (reliure), rinconera *f* (encoignure) | FIG. *À tous les* ~, a la vuelta de la esquina (n'importe où) | *Au* ~ *de la rue,* a la vuelta de la esquina | *Au* ~ *du feu,* al amor de la lumbre | *Les quatre* ~*s,* las cuatro esquinas (jeu) | *Mettre au* ~, castigar de cara a la pared *ou* en el rincón | *Regarder du* ~ *de l'œil,* mirar de reojo *ou* con el rabillo del ojo.

coinc|ement m Atrancamiento || **~er** vt Calzar (caler) | Atrancar (un mécanisme) | Meter, encajar (engager) | Arrinconar, acorralar (une personne) | FAM. Pillar (attraper) | — Vp Atrancarse.
coïncid|ence [kɔɛ̃sidɑ̃:s] f Coincidencia || **~er** vi Coincidir.
coing [kwɛ̃] m Membrillo : *pâte de ~*, carne de membrillo.
coït [kɔit] m Coito.
cok|e m Coque || **~éfaction** f Coquización || **~erie** f Fábrica de coque, coquería.
col m Cuello | Puerto, paso (en montagne) | *~ cassé, roulé* o *rabattu*, cuello de palomita, vuelto | *Faux ~*, cuello postizo.
coléoptère m ZOOL. Coleóptero.
colère f Cólera, ira | Furor *m* | Rabieta (d'un enfant) | *Être en ~*, estar furioso | *Se mettre en ~*, encolerizarse, ponerse furioso | — Adj Iracundo, a (furieux), enfadado, a (fâché).
coléreux, euse ou **colérique** adj Colérico, a; iracundo, a.
coli|bacille [kɔlibasil] m Colibacilo || **~bacillose** [-basilo:z] f MÉD. Colibacilosis || **~bri** m Colibrí || **~fichet** m Baratija *f* (babiole) | Perifollo (ornement) || **~maçon** m Caracol | *En ~*, de forma espiral; de caracol (escalier).
colin m Merluza *f* || **~eau** m Merluza (*f*) pequeña || **~-maillard** m Gallina (*f*) ciega (jeu).
colique adj Cólico, a | — F Cólico *m*.
colis m Paquete (paquet), cajón (caisse), bulto (ballot) | *~ de Noël*, cesta de Navidad | *~ postal*, paquete postal [*Amér.*, encomienda postal].
colisée m Coliseo.
colite f MÉD. Colitis.
collabor|ateur, trice s Colaborador, a | Colaboracionista (politique) || **~ation** f Colaboración || **~ationniste** adj/s Colaboracionista || **~er** vi Colaborar.
coll|age m Pegadura *f* | Encolado (du papier) | FAM. Enredo, lío || **~ant, e** adj Pegajoso, a (qui colle) | Ceñido, a (ajusté) | FAM. Pesado, a | — M Leotardo (bas).
collapsus [kɔllapsys] m MÉD. Colapso.
collatéral, e adj/s Colateral | — M Nave (*f*) colateral.
collation f Colación (d'un bénéfice) | Colación, cotejo *m* (comparaison) | Merienda, colación (repas léger) || **~nement** m Cotejo, confrontación *f* || **~ner** vt Cotejar, confrontar | — Vi Merendar.
colle f Cola, goma, pegamento *m* | Examen (*m*) parcial | Castigo *m* (retenue) | FAM. Pega (question difficile), rollo *m* (ennui) | *~ de pâte*, engrudo | *~ forte*, cola fuerte.
collect|e f Colecta || **~er** vt Recolectar || **~eur** adjm/m Colector | — M Recaudador | ÉLEC. Colector || **~if, ive** adj/m Colectivo, a || **~ion** f Colección || **~ionner** vt Coleccionar || **~ionneur, euse** s Coleccionista || **~ivisation** f Colectivización || **~iviser** vt Colectivizar || **~ivisme** m Colectivismo || **~ivité** f Colectividad.
collège m Colegio | *~ électoral*, cuerpo electoral.
collég|ial, e adj Colegial | — F Colegiata || **~ien, enne** adj Colegial, escolar | — S Colegial, a.
collègue m Colega.
coller vt Pegar | Encolar (vin, papier) | FAM. Catear, suspender (à un examen), pescar, coger (attraper), castigar (punir), largar (donner), pegarse (importuner), colocar, poner (mettre) | — Vi Pegarse | Estar pegado (adhérer) | Ceñirse (vêtement) | FAM. *Ça ne colle pas*, no pega.
collerette f Cuello *m* | Gorguera (encolure froncée) | Collarín *m* (de tube, de bouteille).
collet [kɔlɛ] m Cuello (de vêtement) | Esclavina *f* (pèlerine) | Alzacuello (des ecclésiastiques) | Lazo (pour la chasse) | Pescuezo (boucherie) | Cuello (d'une dent) | TECH. Collar | FAM. *~ monté*, encopetado || **~er** [kɔlte] vt Coger por el cuello | — Vp Agarrarse.
colleur, euse s Empapelador, a (de papiers) | Cartelero, a (d'affiches) | — M FAM. Examinador.
collier m Collar | Cuello (boucherie) | Sotabarba *f* (barbe) | TECH. Abrazadera *f* | FIG. *Coup de ~*, gran esfuerzo. *Reprendre le ~*, reanudar el trabajo.
colliger vt Recopilar (réunir) | Seleccionar pasajes de un libro | Coleccionar (des livres).
collimateur m Colimador | FIG. *Etre dans le ~ de*, ser el punto de mira de.
colline f Colina.
collision f Colisión, choque *m* | FIG. Conflicto *m*.
collodion m Colodión.
colloïd|al, e adj Coloidal, coloideo, a || **~e** adj Coloideo, a | — M Coloide.
colloque m Coloquio.
collusion f DR. Colusión.
collutoire m MÉD. Colutorio.
collyre m MÉD. Colirio.
colmater vt Taponar, rellenar | AGR. Entarquinar | FIG. Arreglar.
Cologne npr Colonia.
Colomb [kɔlɔ̃] npr Colón.
colombe f Paloma.
Colombie nprf Colombia.

colombien, enne adj/s Colombiano, a.
colombier m Palomar (pigeonnier) | Gallinero (théâtre).
colon m Colono.
côlon m ANAT. Colon.
colonel, elle s Coronel, a.
coloni|al, e adj Colonial | — F Infantería de marina | — M Soldado de la infantería de marina | Colono (habitant d'une colonie) || **~alisme** m Colonialismo || **~e** f Colonia || **~sateur, trice** adj/s Colonizador, a || **~sation** f Colonización || **~ser** vt Colonizar.
colonn|ade f Columnata || **~e** f Columna | FIG. Pilar *m*, sostén *m* (appui).
coloquinte f BOT. Tuera || FAM. Chola.
color|ant, e adj/m Colorante || **~ation** f Coloración || **~é, e** adj Colorado, a || **~er** vt Colorear | FIG. Embellecer (embellir), matizar (nuancer) || **~iage** m Iluminación *f* || **~ier** vt Iluminar, colorear || **~is** m Colorido || **~iste** m Colorista (peintre) | — S Iluminador, a (d'images).
coloss|al, e adj Colosal || **~e** m Coloso.
colport|age m Buhonería *f* | Venta (*f*) ambulante | FIG. Divulgación *f*, propalación *f* || **~er** vt Ejercer el oficio de vendedor ambulante | FIG. Divulgar, propalar || **~eur, euse** s Buhonero, a; vendedor ambulante | FIG. Propalador, a (de nouvelles).
coltin|er vt Llevar a cuestas | — Vp FAM. Cargarse || **~eur** m Mozo de cuerda.
columbarium [kɔlɔ̃barjɔm] m Columbario, nichos *pl*.
coma m MÉD. Coma || **~teux, euse** adj Comatoso, a.
combat m Combate : *hors de ~*, fuera de combate | Duelo (émulation) | FIG. Embate | *~ de coqs*, riña *ou* pelea de gallos | *~ de gladiateurs*, lucha de gladiadores | *~ de taureaux*, lidia de toros | *~ singulier*, duelo || **~if, ive** adj Combativo, a; acometedor, a || **~ivité** f Combatividad | TAUR. Bravura || **~tant, e** adj/s Combatiente || **~tre*** vt/i Luchar contra, combatir.
combien [kɔ̃bjɛ̃] adv Cuánto | Cuán, qué, lo...que (devant un adjectif) | Tan (si, tellement) | *~ de*, cuánto, a; cuantos, as | — M Cuanto, cuantos : *le ~ sommes-nous?*, a cuánto *ou* a cuántos estamos? | *Le ~ êtes-vous?* ¿qué puesto ocupa? (rang) | *Tous les ~?*, ¿cada cuánto?
combin|aison f Combinación | Mono *m* (de travail) | FIG. Combinación | *~ de vol, spatiale*, traje de vuelo, espacial || **~é, e** adj Combinado, a | — M Combinación *f* | Microteléfono | Prueba (*f*) mixta, combinado (ski) || **~er** vt Combinar | FIG. Compaginar, conjugar.
combl|e [kɔ̃:bl] adj Lleno, a; atestado, a (plein) | — M Colmo (dernier degré) | Remate (faîte) | ARQ. Armazón de un tejado | FIG. Cumbre *f* (sommet) | *C'est un ~*, es el colmo || **~er** vt Llenar, colmar (remplir) | Rellenar, cegar (un vide) | Cumplir, satisfacer (satisfaire) | *~ de bienfaits*, colmar de favores.
comburant, e adj/m Comburente.
combust|ibilité f Combustibilidad || **~ible** adj/m Combustible || **~ion** f Combustión.
comédi|e f Comedia | FAM. Historia, lío *m* (difficulté) | FIG. Farsa | *Jouer la ~*, representar una comedia (théâtre), hacer teatro (feindre) || **~en, enne** s Comediante, a; actor, actriz | FIG. Farsante, comediante | *~ ambulant*, cómico de la legua.
comestible adj/m Comestible.
comète f ASTR. Cometa *m*.
comices mpl Comicios | *~ agricoles*, círculos de labradores.
comique adj/m Cómico, a | — M Lo cómico.
comité m Comité, junta *f*, comisión *f* | *~ d'entreprise*, comité de empresa | *Petit ~*, reunión íntima.
comma m MUS. Coma *f*.
command|ant m Comandante || **~e** f Encargo *m*, pedido *m* | TECH. Mando *m* (pour conduire), accionamiento *m* (mise en marche) | *De ~*, obligatorio; fingido, a (feint) | *Sur ~*, de encargo || **~ement** m Mandato, orden *f* (ordre) | Mando (pouvoir) | Transmisión *f* (d'une machine) | DR. Requerimiento | MIL. Mando; voz de mando | REL. Mandamiento || **~er** vt Mandar (diriger) | Ordenar, mandar (ordonner) | Encargar (faire une commande) | Dominar (un lieu) | Imponer (imposer) | MÉC. Accionar, poner en movimiento | — Vi Mandar en | Refrenar (contenir) | MÉC. Mandar | — Vp Dominarse | Comunicarse || **~erie** f Encomienda || **~eur** m Comendador || **~itaire** adj/m Comanditario, a || **~ite** f Comandita || **~iter** vt Comanditar || **~o** m MIL. Comando.
comme conj Como | Cuando (au moment où) | — Adv exclamatif Cuán, qué (devant adjectif) : *~ c'est ennuyeux!*, ¡qué molesto es! | Cómo, de qué modo : *~ il me parle!*, ¡cómo me habla! | *~ çà*, así | — Adv de quantité Casi, más o menos | *~ ci, ~ ça*, regular, así así | *~ tout*, muy | *Tout ~*, exactamente lo mismo.
commémor|aison f Conmemoración || **~atif, ive** adj Conmemorativo, a ||

~ation f Conmemoración ‖ **~er** vt Conmemorar.
commenc|ement m Comienzo, principio | *Au ~ de*, a principios de | *Il y a un ~ à tout*, principio quieren las cosas ‖ **~er** vt/i Comenzar, empezar, principiar.
commensal, e s Comensal.
comment adv Cómo | *~ ça va?*, ¿qué tal? | *N'importe ~*, como sea. | — Interj. ¡Cómo! | *Et ~!*, ¡ya lo creo!
comment|aire m Comentario ‖ **~ateur, trice** s Comentador, a (de texte) | Comentarista (à la radio) ‖ **~er** vt Comentar.
commérage m Comadreo, cotilleo.
commerçant, e adj/s Comerciante | *~ en gros*, mayorista | *Petit ~*, tendero | *Quartier ~*, barrio comercial.
commerc|e m Comercio : *chambre de ~*, cámara de comercio | Trato (fréquentation) | Tienda *f*, comercio (boutique) | *Faire du ~*, comerciar ‖ **~er** vi Comerciar ‖ **~ial, e** adj Comercial | Mercantil (droit) | Mercante (flotte) | — F Furgoneta, vehículo (*m*) comercial ‖ **~ialisation** f Comercialización, mercantilización ‖ **~ialiser** vt Comercializar, mercantilizar.
commère f Comadre, cotilla.
commérer vi FAM. Cotillear, comadrear.
commett|ant m Comitente | Poderdante ‖ **~re*** vt Cometer | Nombrar, comisionar (désigner) | Comprometer (sa réputation) | — Vp Comprometerse.
comminatoire adj Conminatorio, a.
commis m Dependiente | Empleado, agente (employé) | Comis (garçon) | *~ voyageur*, viajante de comercio.
commisération f Conmiseración.
commiss|aire m Comisario : *~ de police*, comisario de policía | Juez (sports) | Miembro de una comisión | Delegado (délégué) | *~ aux comptes*, interventor de cuentas ‖ **~aire-priseur** m Perito tasador ‖ **~ariat** m Comisaría *f*.
commission f Comisión | Encargo *m* (commande) | Recado *m* (message) : *je lui ferai la ~*, le daré el recado | — Pl Encargos *m*, compra *sing* : *faire les ~s*, ir a la compra, hacer los encargos | *~ rogatoire*, exhorto | *Travailler à la ~*, trabajar con comisiones ‖ **~naire** m Recadero, mandadero | COM. Comisionista ‖ **~ner** vt Comisionar | Mandar, delegar.
commissure f Comisura.
commod|e adj Cómodo, a | Acomodaticio, a (accommodant) | Indulgente, tolerante | Agradable | Fácil de llevar | — F Cómoda ‖ **~ité** f Comodidad | — Pl Excusado *msing*.
commodore m Comodoro.
commotion f Conmoción ‖ **~ner** vt Conmocionar.
commu|able [kɔmɥabl] adj Conmutable ‖ **~er** vt Conmutar.
commun, ~e [kɔmœ̃, -yn] adj Común | Ordinario, a | Corriente (courant) | GRAM. Común | — M Generalidad *f*, mayoría *f* (la plupart) | Común : *le ~ des mortels*, el común de los mortales | — Pl Dependencias *f* ‖ **~al, e** adj Municipal | — Mpl Bienes de un municipio ‖ **~autaire** adj De la comunidad, colectivo, a ‖ **~auté** f Comunidad | FIG. Identidad : *~ de vues*, identidad de pareceres ‖ **~e** f Municipio *m*, término (*m*) municipal [*Amér.*, comuna] | HIST. Comuna | — Pl Comunes *m*.
communi|ant, e adj/s Comulgante ‖ **~cable** adj Comunicable ‖ **~cant, e** adj Comunicante ‖ **~cateur, trice** adj Comunicador, a ‖ **~catif, ive** adj Comunicativo, a ‖ **~cation** f Comunicación | *~ interurbaine*, conferencia telefónica interurbana ‖ **~er** vi Comulgar | — Vt Dar la comunión ‖ **~on** f Comunión ‖ **~qué** m Parte, comunicado | Remitido (réclame) ‖ **~quer** vt Comunicar, facilitar | — Vi Comunicar | Comunicarse (être en relation) | — Vp Propalarse (se propager) | Contagiarse ‖ **~sant, e** adj/s Comunizante ‖ **~sme** m Comunismo ‖ **~ste** adj/s Comunista.
commutat|eur m Conmutador ‖ **~ion** f Conmutación ‖ **~rice** f ÉLEC. Rectificador *m*, convertidor *m*.
compac|ité f Compacidad | Tenacidad (du sol) ‖ **~t, e** [kɔ̃pakt] adj Compacto, a | — F AUT. Compacto *m* ‖ **~tage** m Apisonamiento.
compagn|e f Compañera ‖ **~ie** f Compañía | Colegio *m* (corporation) | Bandada (d'oiseaux) | *De bonne ~*, de buen tono | *Tenir ~*, acompañar, hacer compañía ‖ **~on** m Compañero, camarada | Obrero (ouvrier) ‖ **~onnage** m Gremio de trabajadores (association) | Compañerismo, camaradería *f* (camaraderie).
compar|able adj Comparable ‖ **~aison** f Comparación | *Aucune ~*, ni punto de comparación | *En ~ de*, en comparación con ‖ **~aître*** vi Comparecer ‖ **~ant, e** adj/s DR. Compareciente ‖ **~atif, ive** adj/m Comparativo, a ‖ **~er** vt Comparar ‖ **~oir*** vi DR. Comparecer.
comparse s Comparsa.
compartiment m Compartimiento | Departamento, compartimiento (d'un wagon) | Casilla *f* (casier) | Corro (Bourse) ‖ **~er** vt Dividir en compartimientos | FIG. Clasificar.
comparution f DR. Comparecencia.

compas [kɔ̃pa] m Compás | FIG. Medida *f* (mesure) | MAR. Brújula *f*, compás | FIG. FAM. *Avoir le ~ dans l'œil*, tener buen ojo | *~ à balustre*, bigotera || **~sé, e** adj Estudiado, a || **~ser** vt Medir con compás | FIG. Medir.
compassion f Compasión, lástima.
compat|ibilité f Compatibilidad || **~ible** adj Compatible || **~ir** vi Compadecerse de, compadecer || **~issant, e** adj Compasivo, a.
compatriote s Compatriota.
compénétr|ation f Compenetración || **~er (se)** vp Compenetrarse.
compens|ateur, trice adj/m Compensador, a || **~ation** f Compensación || **~atoire** adj Compensatorio, a || **~er** vt Compensar.
compère m Cómplice | Compadre || **~-loriot** m MÉD. Orzuelo.
compét|ence f Competencia, capacidad || *Relever de la ~ de*, ser de la competencia de || **~ent, e** adj Competente || **~iteur, trice** s Competidor, a || **~itif, ive** adj Competitivo, a || **~ition** f Competición || **~itivité** f Competitividad.
compil|ation f Compilación || **~er** vt Compilar.
complainte f Endecha (chanson) | DR. Querella.
complaire* vi Complacer, dar gusto | — Vp Complacerse.
complais|ance f Complacencia | *Avoir la ~ de*, hacer el favor de, tener la bondad de | *De ~*, de favor | *Par ~*, por amabilidad || **~ant, e** adj Complaciente.
complément m Complemento | *~ d'objet direct*, complemento directo || **~aire** adj Complementario, a.
compl|et, ète adj Completo, a | Lleno, a; completo, a (plein) | *Au ~*, sin que falte ninguno, en pleno | — M Traje, terno (costume) || **~éter** vt Completar | — Vp Completarse | Complementarse.
complex|e adj Complejo, a | — M Complejo || **~er** vt Acomplejar || **~ion** f Complexión | Humor *m*, temperamento *m* || **~ité** f Complejidad.
complication f Complicación.
complic|e adj/s Cómplice || **~ité** f Complicidad.
compliment m Cumplido | Enhorabuena *f*, parabién (félicitations) | Elogio, alabanza *f* (éloge) | — Pl Recuerdos, expresiones *f* | *Mes ~s!*, ¡te felicito! || **~er** vt Cumplimentar | Felicitar.
compliqu|é, e adj Complicado, a; intrincado, a || **~er** vt Complicar.
complot m Complot, conspiración *f* || **~er** vt/i Conspirar | Tramar, maquinar, intrigar || **~eur** m Conspirador.
componction f Compunción.
comport|ement m Comportamiento, conducta *f* | Actitud *f* (attitude) || **~er** vt Implicar, incluir (inclure) | Comprender, constar de (contenir) | Soportar, sufrir | — Vp Portarse, conducirse (se conduire) | Funcionar | Desarrollarse (se dérouler).
compos|ant, e adj/s Componente || **~é, e** adj/m Compuesto, a | De circunstancia (aspect) || **~er** vt Componer | Marcar (en el teléfono) | Adaptar a las circunstancias | FIG. *~ son visage*, poner cara de circunstancias | — Vi Arreglarse (s'arranger) | Acomodarse con (se contenter de) | Transigir | Hacer un ejercicio escolar || **~ite** adj/m Compuesto, a || **~iteur, trice** s DR. Componedor, a | IMPR. Cajista | MUS. Compositor, a || **~ition** f Composición | Ejercicio *m*, prueba (scolaire) | FIG. *Être de bonne ~*, ser acomodaticio.
Compostelle (Saint-Jacques-de-) npr Santiago de Compostela.
composteur m IMPR. Componedor | Cancelador, fechador (pour billets).
compote f Compota | FAM. *En ~*, molido, hecho papilla.
compréhens|ible adj Comprensible || **~if, ive** adj Comprensivo, a || **~ion** f Comprensión.
comprendre* vt Comprender | Incluir (englober) | Comprender, entender (la signification).
compress|e f Compresa || **~eur** adjm/m Compresor : *rouleau ~*, cilindro compresor || **~ible** adj Compresible, comprimible || **~if, ive** adj Compresivo, a || **~ion** f Compresión | FIG. Reducción, disminución | *~ de personnel*, recorte de plantilla.
comprim|é, e adj/m Comprimido, a | — M Tableta *f* (cachet) || **~er** vt Comprimir | FIG. Contener, reprimir.
compris, e [kɔ̃pri, i:z] adj Comprendido, a | *~?*, ¿ententido? | *Non ~*, sin incluir | *Y ~*, incluso, a; inclusive, incluyendo.
compromett|ant, e adj Comprometedor, a || **~re*** vt Comprometer | — Vi Hacer un compromiso.
compromis [kɔ̃prɔmi] m Compromiso, convenio (accord) | Término medio (moyen terme).
compt|abiliser [kɔ̃tabilize] vt Contabilizar || **~abilité** f Contabilidad, teneduría de libros | Contaduría (bureau du comptable) | *~ en partie double*, contabilidad por partida doble || **~able** m Contable, tenedor de libros | Contador (de l'État) | — Adj Responsable | Contable (machine) || **~ant** adj Contante : *espèces ~es et*

trébuchantes, dinero contante y sonante | — Adv Al contado ‖ **~e** [kɔ̃:t] m Cuenta *f* : *~ courant,* cuenta corriente | FIG. *À bon ~,* a buen precio | *À ce ~-là,* en este caso | *Arrêter un ~,* cerrar una cuenta | *~ à rebours,* cuenta (hacia) atrás | *~ rendu,* informe (rapport), acta (de séance), información | *~ rendu in extenso,* actas literales, *ou* taquigráficas (d'une assemblée) | *~s d'apothicaire,* cuentas del Gran Capitán | *~ tenu de,* teniendo en cuenta que, habida cuenta de | *Donner son ~ à qqn,* despedir a alguien (renvoyer), darle lo suyo a uno (maltraiter) | FIG. *En avoir pour son ~,* tener lo que se merecía | *En fin de ~,* en resumidas cuentas | *Entrer en ligne de ~,* entrar en cuenta | FIG. *Être loin du ~,* estar muy lejos de la verdad | *Les bons ~s font les bons amis,* las cuentas claras | *Pour le ~ de,* por cuenta de | *Prendre à son ~,* hacerse cargo de | FIG. *Régler son ~ à qqn,* ajustarle las cuentas a uno | *Rendre ~,* dar cuenta | FIG. *S'en tirer à bon ~,* salir del paso con poco daño | *Se rendre ~,* darse cuenta | *Tenir ~ de,* tener *ou* tomar en cuenta | *Titulaire d'un ~ courant,* cuentacorrentista | *Tout ~ fait,* finalmente, pensándolo bien.

compte|-fils [kɔ̃:tfil] m inv TECH. Cuentahílos ‖ **~-gouttes** m inv Cuentagotas.

compt|er [kɔ̃te] vt Contar | Contar con (disposer de) | Cobrar (faire payer) | Pagar (payer) | Tener en cuenta (tenir compte) | — Vi Contar | Calcular, hacer números (calculer) | Encontrarse (se trouver) | *À ~ de,* a partir de | *~ sur,* contar con ‖ **~e-tours** [kɔ̃ttu:r] m inv TECH. Cuentarrevoluciones ‖ **~eur, euse** adj/s Contador, a | *~ kilométrique,* cuentakilómetros ‖ **~oir** m Mostrador (d'une boutique) | Barra *f* (d'un café) | Factoría *f* (agence de commerce) | Sucursal *f* (d'une banque) | Establecimiento (possession).

compulser vt Compulsar.

comput [kɔ̃pyt] m Cómputo ‖ **~er** vt Computar.

comt|al, e adj Condal ‖ **~at** m Condado ‖ **~e** m Conde ‖ **~é** m Condado ‖ **~esse** f Condesa.

concass|age m TECH. Machacado, trituración *f* ‖ **~er** vt Machacar, triturar ‖ **~eur** m TECH. Machacadora *f*, trituradora *f*.

concav|e adj Cóncavo, a ‖ **~ité** f Concavidad.

concéder vt Conceder.

concentr|ation f Concentración | FIG. Reconcentración ‖ **~é, e** adj Concentrado, a | FIG. Reconcentrado, a | Condensado, a (lait) | — M Concentrado ‖ **~er** vt Concentrar ‖ **~ique** adj Concéntrico, a.

concept m Concepto ‖ **~ion** f Concepción | FIG. Comprensión (entendement), concepto *m* (idée) | TECH. Diseño | *Immaculée Conception,* Inmaculada Concepción ‖ **~isme** m Conceptismo ‖ **~iste** adj/s Conceptista ‖ **~ualisme** m Conceptualismo.

concerner vt Concernir, atañer.

concert m Concierto | *De ~,* de común acuerdo ‖ **~ant, e** adj/s Concertante ‖ **~ation** f Concertación ‖ **~er** vt Concertar | — Vp Ponerse de acuerdo, concertarse ‖ **~iste** m Concertista ‖ **~o** m Concierto.

concession f Concesión ‖ **~naire** adj/m Concesionario, a.

concev|able adj Concebible ‖ **~oir*** vt Concebir.

concierge s Portero, a | Conserje (d'une administration) ‖ **~rie** f Conserjería, portería.

concil|e m Concilio ‖ **~iabule** m Conciliábulo ‖ **~iaire** adj Conciliar ‖ **~iant, e** adj Conciliador, a ‖ **~iateur, trice** adj/s Conciliador, a ‖ **~iation** f Conciliación ‖ **~ier** vt Conciliar | FIG. Compaginar, conjugar | — Vp Conciliarse.

concis, ~e [kɔ̃si, i:z] adj Conciso, a ‖ **~ion** f Concisión.

concitoyen, enne [kɔ̃sitwajɛ̃, jɛn] s Conciudadano, a.

conclave m Cónclave.

conclu|ant, e adj Concluyente ‖ **~re*** vt Concertar, convenir (un accord) | Terminar, acabar (finir) | Cerrar (un marché) | Deducir | — Vi Concluir, acabar ‖ **~sion** f Conclusión.

concombre m BOT. Pepino | *~ de mer,* cohombro de mar.

concomitan|ce f Concomitancia ‖ **~t, e** adj Concomitante.

concord|ance f Concordancia ‖ **~at** m Concordato (avec le pape) | Convenio (entre commerçants) ‖ **~e** f Concordia ‖ **~er** vi Concordar.

concour|ant, e adj Concurrente ‖ **~ir*** vi Concurrir (converger, coopérer) | Competir (être en concurrence) | Opositar, hacer oposiciones (passer un concours) | Participar en un certamen (participer à un concours) ‖ **~s** m Concurso | Certamen (compétition) | Oposición *f*, oposiciones *fpl* | Cúmulo : *un ~ de circonstances,* un cúmulo de circunstancias | Ayuda *f* (aide) | *Hors ~,* fuera de serie.

concr|et, ète adj Concreto, a | — M Lo concreto ‖ **~éter** vt Solidificar | FIG. Concretar ‖ **~étion** f Concreción ‖ **~étiser** vt Concretar | — Vp Concretarse | Plasmarse.

concubin|age m Concubinato || **~e** f Concubina.
concupisc|ence f Concupiscencia || **~ent, e** adj Concupiscente.
concurr|emment [kɔ̃kyramɑ̃] adj Conjuntamente (ensemble) | En competencia (par concurrence) | Al mismo tiempo (à la fois) || **~ence** f Competencia | DR. Igualdad de derechos | *Faire ~ à*, competir con, hacer la competencia a | *Jusqu'à ~ de*, hasta un total de || **~encer** vt Competir con, hacer la competencia a || **~ent, e** adj/s Competidor, a | — S Concursante (à un concours), opositor, a (à un examen) || **~entiel, elle** adj Competitivo, a.
concussion f Concusión.
condamn|able adj Condenable || **~ation** f Condenación (jugement) | Condena (châtiment) | FIG. Desaprobación || **~é, e** adj/s Condenado, a; sentenciado, a | Desahuciado, a (malade) || **~er** vt Condenar, sentenciar | Desaprobar (blâmer) | Condenar (une issue) | Desahuciar (un malade).
condens|ateur m PHYS. Condensador || **~ation** f Condensación || **~é** m Resumen, compendio || **~er** vt Condensar || **~eur** m TECH. Condensador | Proyector (optique).
condescend|ance f Condescendencia || **~ant, e** adj Condescendiente || **~re*** vi Condescender.
condiment m Condimento || **~er** vt Condimentar, sazonar.
condisciple m Condiscípulo.
condition f Condición | *À o à la ~ que* o *de*, con la condición de que, siempre que | *~s requises*, requisitos | *Remplir les ~s*, satisfacer los requisitos || **~né, e** adj Condicionado a, | Acondicionado, a (air) || **~nel, elle** adj Condicional | — M GRAM. Potencial || **~nement** m Acondicionamiento | Embalaje, envase (emballage) || **~ner** vt Acondicionar | Embalar, envasar (emballer) | Condicionar (être la condition) || **~neur** m Acondicionador : *~ d'air*, acondicionador de aire.
condoléances fpl Pésame *msing* : *présenter ses ~*, dar el pésame | *Toutes mes ~*, mi más sentido pésame *ou* le acompaño en su sentimiento.
condor m Cóndor.
conduct|ance f ÉLEC. Conductancia || **~eur, trice** adj/s Conductor, a | — M Aparejador, jefe de obras (construction) || **~ibilité** f Conductibilidad || **~ible** adj Conductible || **~ivité** f ÉLEC. Conductividad.
conduire* vt Conducir [*Amér.*, manejar] : *~ une voiture*, conducir un coche | Conducir, llevar (mener) | Acompañar, llevar | Dirigir, conducir (commander) | — Vi Conducir | — Vp Portarse, conducirse.
conduit m Conducto || **~e** f Conducta, comportamiento *m* | Conducción [*Amér.*, manejo] (d'une voiture) | Dirección, mando *m* | Conducto *m*, cañería (tuyau) | *~ intérieure*, automóvil cerrado.
cône m Cono | Piña *f* (fruit des conifères).
confabulation f Confabulación.
confection f Confección | Ropa hecha (vêtement) || **~ner** vt Confeccionar, hacer || **~neur, euse** s Confeccionador, a; confeccionista.
confédér|al, e adj Confederal || **~ation** f Confederación || **~é, e** adj/s Confederado, a || **~er** vt Confederar.
confér|ence f Conferencia : *~ au sommet*, conferencia en la cumbre | Entrevista, reunión | *~ de presse*, rueda *ou* conferencia de prensa || **~encier, ère** s Conferenciante || **~er** vi Conferenciar, tener una entrevista *ou* conferencia | — Vt Conferir, conceder (accorder) | Comparar, cotejar (comparer).
confess|e f Confesión | *Aller à ~*, ir a confesarse || **~er** vt Confesar | — Vp Confesarse || **~eur** m Confesor || **~ion** f Confesión || **~ionnal** m Confesionario, confesonario.
confetti mpl Confeti, papelillos.
confi|ance f Confianza : *en toute ~*, con toda confianza | *Avoir la ~ de*, inspirar confianza a || **~ant, e** adj Confiado, a || **~dence** f Confidencia | *En ~*, de modo confidencial | *Être dans la ~*, estar en el secreto || **~dent, e** adj/s Confidente || **~dentiel, elle** adj Confidencial || **~er** vt Confiar | — Vp Confiarse | Fiarse de (s'en remettre à).
configur|ation f Configuración || **~er** vt Configurar.
confin|é, e adj Encerrado, a | Viciado, a (air) || **~ement** m Confinamiento || **~er** vt Confinar, encerrar | — Vi Lindar, limitar (*à*, con) | FIG. Rayar (*à*, en) | — Vp Confinarse, retirarse | Limitarse || **~s** mpl Confines.
confire* vt Confitar (des fruits) | Encurtir (des légumes dans du vinaigre) | Conservar (la viande) | TECH. Adobar (les peaux).
confirm|ation f Confirmación || **~er** vt Confirmar.
confiscation f Confiscación.
confis|erie f Confitería | Dulce *m* (friandise) | Fábrica de conservas (conserverie) || **~eur, euse** s Confitero, a.
confisquer vt Confiscar, incautarse de | Quitar (ôter) | DR. Comisar, decomisar.

confit, ~e [kɔ̃fi, it] adj Confitado, a (dans du sucre) | Encurtido, a (dans du vinaigre) | Fig. Impregnado por | Tech. Adobado, a | — M Carne (*f*) conservada en manteca || **~ure** f Mermelada | Fam. *En ~*, hecho papilla.
conflagration f Conflagración.
conflit m Conflicto : *~ social*, conflicto laboral.
conflu|ence f Confluencia || **~ent, e** adj Confluente | — M Confluencia *f* || **~er** vi Confluir.
confondre vt Confundir | — Vp *~ en excuses*, deshacerse en excusas.
conform|ateur m Tech. Conformador (de chapelier), horma (*f*) extensora (pour chaussures) || **~ation** f Conformación || **~e** adj Conforme (*à*, con) | *Certifié ~*, fiel al original, legalizada (copie) || **~ément** adv Conforme a, en *ou* de conformidad con || **~er** vt Conformar, poner de acuerdo, ajustar (adapter) | Dar la forma de | — Vp Conformarse (*à*, con, a) || **~isme** m Conformismo || **~iste** adj/s Conformista || **~ité** f Conformidad.
confort m Comodidad *f*, confort | *Tout ~*, con todas las comodidades || **~able** adj Confortable, cómodo, a | Fig. Muy decente (très acceptable), respetable.
confraternité f Confraternidad.
confrère m Cofrade (d'une confrérie) | Fig. Colega : compañero.
confrérie f Cofradía, hermandad | Gremio *m* (corporation).
confront|ation f Confrontación, careo *m* (de personnes) | Cotejo *m*, confrontación (de choses) || **~er** vt Confrontar, carear (personnes), cotejar, confrontar (choses).
confus, ~e [kɔ̃fy, y:z] adj Confuso, a | Desordenado, a (en désordre) | *Être ~*, estar avergonzado || **~ion** f Confusión.
congé m Licencia *f*, permiso (permission) | Asueto (jour chômé) | Vacaciones *fpl* : *~s payés*, vacaciones pagadas | Guía *f*, licencia *f* (titre de transport) | Despido (renvoi d'un salarié) | Desahucio (renvoi d'un locataire) | Mil. Licencia (*f*) absoluta (libération), permiso (permission) | *~ de convenance personnelle*, excedencia | *~ de maladie*, baja por enfermedad | *Donner ~*, despedir (l'employeur), despedirse (l'employé), desahuciar (un locataire) | *Prendre ~*, despedirse || **~dier** vt Despedir | Mil. Licenciar.
cong|elable adj Congelable || **~élateur** m Congelador || **~élation** f Congelación || **~eler** vt Congelar.
congénère adj/s Congénere.
congénital, e adj Congénito, a.
congère f Montón (*m*) de nieve.
congestion f Congestión || **~ner** vt Congestionar.
conglomér|at m Conglomerado || **~ation** f Conglomeración || **~er** vt Conglomerar.
conglutin|ation f Conglutinación || **~er** vt Conglutinar.
congolais, e adj/s Congoleño, a; congolés, esa | — M Pastelito de coco (gâteau).
congratul|ation f Congratulación | *Se faire des ~s*, congratularse || **~er** vt Congratular.
congre m Congrio.
congrégation f Congregación.
congrès [kɔ̃grɛ] m Congreso.
congressiste s Congresista.
congru, ~e adj Congruo, a | Math. Congruente || **~ence** f Congruencia || **~ent, e** adj Congruente.
coni|cité f Conicidad || **~fère** adj Conífero, a | — Mpl Coníferas *f* || **~que** adj/f Cónico, a.
conjectur|e f Conjetura || **~er** vt Conjeturar.
conjoin|dre* vt Casar, unir en matrimonio || **~t, e** adj Conjunto, a; unido, a | — M Cónyuge, consorte.
conjonct|eur m Élec. Cortacircuitos || **~if, ive** adj Conjuntivo, a | — F Anat. Conjuntiva || **~ion** f Conjunción || **~ivite** f Méd. Conjuntivitis || **~ure** f Coyuntura, ocasión.
conjug|able adj Conjugable || **~aison** f Conjugación || **~al, e** adj Conyugal || **~uer** vt Aunar, mancomunar, conjugar (réunir) | Gram. Conjugar.
conjur|ateur m Conjurador || **~ation** f Conjura, conjuración | Conjuro *m* (sortilège, supplication) || **~é, e** adj/s Conjurado, a || **~er** vt Conjurar.
connaiss|able adj Conocible || **~ance** f Conocimiento *m* | Conocido *m*, conocida (personne) | *À ma ~*, que yo sepa | *Avoir des ~s*, tener cultura (savoir), tener relaciones (avoir des relations) | *En ~ de cause*, con conocimiento de causa | *Faire la ~ de*, conocer a | *Perdre ~*, perder el conocimiento | *Porter à la ~ de*, poner en conocimiento de || **~ement** m Mar. Conocimiento || **~eur, euse** adj/s Conocedor, a; entendido, a.
connaître* vt Conocer | Sufrir (subir) | Saber, dominar (savoir) | Distinguir (différencier) | Tener en cuenta (tenir compte) | Admitir (admettre) | *Faire ~*, hacer saber (renseigner), presentar, hacer conocer (présenter), dar a conocer (divulguer) | *Se faire ~*, darse a conocer | — Vi Dr. Entender en | — Vp Conocerse | Fig. Saber mucho de ello | *S'y ~*, conocer el percal *ou* el asunto | *S'y ~ en*, entender de, ser entendido en.

connect|er vt TECH. Conectar ‖ **~eur** m TECH. Conectador.
connétable m Condestable.
connex|e [kɔnɛks] adj Afín, conexo, a ‖ **~ion** f Conexión ‖ **~ité** f Conexión, enlace *m*.
conniv|ence f Connivencia ‖ **~ent, e** adj Connivente.
connotation f Connotación.
connu, e adj Conocido, a | *Ni vu ni ~*, ni visto ni oído.
conque [kɔ̃:k] f Venus (mollusque) | Caracola (coquillage) | Caracol *m* (de l'oreille).
conquér|ant, e adj/s Conquistador, a ‖ **~ir*** vt Conquistar | FIG. Conquistar, cautivar; ganar (l'amitié).
conquête f Conquista.
conquis, ~e adj Conquistado, a ‖ **~tador** m Conquistador.
consacrer vt Consagrar | Dedicar (employer).
consanguin, ~e [kɔ̃sɑ̃gɛ̃, in] adj/s Consanguíneo, a ‖ **~ité** [-gɥinite] f Consanguinidad.
consci|emment [kɔ̃sjamɑ̃] adv Conscientemente ‖ **~ence** f Conciencia | *Avoir la ~ large,* ser ancho de conciencia, tener la manga ancha (fam) | *Avoir la ~ tranquille,* tener la conciencia limpia | *En bonne ~,* en honor a la verdad | *Par acquit de ~,* para mayor tranquilidad | *Perdre ~,* perder el conocimiento | *Prendre ~ de,* darse cuenta de ‖ **~encieux, euse** adj Concienzudo, a ‖ **~ent, e** adj Consciente.
conscr|iption f Quinta, reclutamiento *m* ‖ **~it** m Quinto, recluta.
consécration f Consagración.
consécut|if, ive adj Consecutivo, a | Debido a (dû à) ‖ **~ion** f Consecución.
conseil [kɔ̃sɛj] m Consejo : *prendre ~,* pedir consejo; *tenir ~,* celebrar consejo | Asesoramiento (aide) | Consejero (conseiller) | *~ académique,* claustro | *~ des prud'hommes,* Magistratura del Trabajo | *~ de révision,* junta de revisión | *~ général,* Diputación provincial | *~ judiciaire,* tutela judicial | *~ municipal,* concejo, ayuntamiento | *Être de bon ~,* ser buen consejero | *Ingénieur-~,* ingeniero consultor ‖ **~ler** [-je] vt Aconsejar | Asesorar (aider) ‖ **~ler, ère** s Consejero, a | Asesor, a (technique, juridique) | *~ municipal,* concejal ‖ **~leur, euse** s Consejero, a.
consensus [kɔ̃sɛ̃sys] m Consenso.
consent|ement m Consentimiento ‖ **~ir*** vt/i Consentir (*à*, en) | Otorgar, conceder (accorder).
conséqu|ence f Consecuencia | Importancia | *Tirer à ~,* tener importancia ‖ **~ent, e** adj Consecuente (esprit) | FAM. Importante | *Par ~,* por consiguiente.
conserv|ateur, trice adj/s Conservador, a | *~ des hypothèques,* registrador de la propiedad ‖ **~ation** f Conservación | Registro *m* (bureau des hypothèques) ‖ **~atoire** adj/m Conservatorio, a ‖ **~e** f Conserva ‖ **~er** vt Conservar ‖ **~erie** f Conservería.
considér|able adj Considerable ‖ **~ant** m Considerando ‖ **~ation** f Consideración | *En ~ de,* en consideración a | DR. *Prise en ~ d'une demande,* estimación de una demanda ‖ **~er** vt Considerar | Tener en cuenta (retenir) | Estimar | *Tout bien considéré,* considerándolo todo.
consign|ataire m Consignatario ‖ **~ation** f Consignación, depósito (*m*) judicial ‖ **~e** f Consigna (instruction, bagages) | Castigo *m* (punition) | Importe (*m*) del casco (bouteilles) | MIL. Arresto *m* (arrêts), acuartelamiento *m* (des troupes) ‖ **~er** vt Consignar (citer) | Inscribir, anotar (inscrire) | Depositar, consignar (mettre en dépôt) | Retener el importe del casco de (un emballage) | Castigar (punir) | MIL. Arrestar (un militaire), acuartelar (troupe).
consist|ance f Consistencia ‖ **~ant, e** adj Consistente | FIG. Fundamentado, a (fondé) ‖ **~er** vi Consistir (*à, dans, en,* en) ‖ **~oire** m Consistorio ‖ **~orial, e** adj Consistorial.
consœur [kɔ̃sœ:r] f FAM. Colega, compañera.
consol|ant, e adj Consolador, a ‖ **~ateur, trice** adj/s Consolador, a ‖ **~ation** f Consuelo *m* (moral) | Consolación : *lot de ~,* premio de consolación ‖ **~e** f Consola | ARCH. Ménsula, repisa ‖ **~er** vt Consolar.
consolid|ation f Consolidación ‖ **~er** vt Consolidar.
consomm|able adj Consumible ‖ **~ateur, trice** s Consumidor, a ‖ **~ation** f Consumo *m* (de combustible, etc) | Consumición (dans un café) | Perpetración (d'un crime) | Consumación (du mariage) ‖ **~é, e** adj Consumado, a (parfait) | Consumido, a | — M Consomé, caldo ‖ **~er** vt Consumir, gastar | Consumir (dans un café) | Consumar (le mariage) | Perpetrar (un crime) | Consumar, llevar a cabo (accomplir) | — Vi Consumir.
consomption f MÉD. Consunción.
conson|ance f Consonancia ‖ **~ant, e** adj Consonante, aconsonantado, a ‖ **~ne** f Consonante.
consort adj Consorte | — Mpl Consortes | POP. Compinches ‖ **~ium** [kɔ̃sɔrsjɔm] m COM. Consorcio.

conspir|ateur, trice s Conspirador, a ‖ **~ation** f Conspiración ‖ **~er** vi/t Conspirar.
conspuer [kɔ̃spɥe] vt Abuchear.
constamment adv Constantemente.
Constance nprm Constancio *m*. Constancia *f* | GÉOGR. Constanza.
const|ance f Constancia ‖ **~ ant, e** adj/f Constante.
Constantin nprm Constantino ‖ **~ople** npr Constantinopla.
constat [kɔ̃sta] m Acta *f* : *faire un ~*, levantar acta | **~** *de police*, atestado ‖ **~ation** f Comprobación, prueba ‖ **~er** vt Comprobar (vérifier) | Observar, darse cuenta (observer) | Hacer constar (consigner).
constell|ation f Constelación ‖ **~é, e** adj Estrellado, a | FIG. Salpicado, a (parsemé), cuajado, a (rempli) ‖ **~er** vt Estrellar | FIG. Adornar, cubrir (orner).
constern|ation f Consternación ‖ **~er** vt Consternar.
constip|ation f Estreñimiento *m* ‖ **~er** vt Estreñir.
constitu|ant, e adj/m Constituyente ‖ **~er** vt Constituir | Colocar (argent) | Asignar (dot, rente) | Designar (nommer) | — Vp Constituirse : **~** *prisonnier*, constituirse prisionero ‖ **~tif, ive** adj Constitutivo, a ‖ **~tion** f Constitución | **~** *d'avoué*, designación de procurador ‖ **~tionnel, elle** adj Constitucional.
constrict|eur adjm/m Constrictor ‖ **~ion** f Constricción.
construct|eur, trice adj/s Constructor, a ‖ **~if, ive** adj Constructivo, a ‖ **~ion** f Construcción.
construire* vt Construir.
consubstantiel, elle adj Consubstancial.
consul m Cónsul ‖ **~aire** adj Consular ‖ **~at** m Consulado.
consult|ant, e adj/s Consultor, a | Consultante (qui demande conseil) ‖ **~atif, ive** adj Consultivo, a ‖ **~ation** f Consulta ‖ **~er** vt Consultar con | — Vi Consultar, conferenciar | Tener consulta (un médecin) ‖ **~eur** m Consultor.
consum|able adj Consumible ‖ **~er** vt Consumir.
contact [kɔ̃takt] m Contacto ‖ **~er** vt FAM. Ponerse en contacto con.
contag|e m Contagio ‖ **~ieux, euse** adj/s Contagioso, a ‖ **~ion** f Contagio *m*.
container [konteinər] m Caja (*f*) de mercancías, contenedor, « container » | Empaque (de parachute).
contamin|ation f Contaminación ‖ **~er** vt Contaminar.
conte m Cuento | **~** *à dormir debout*, cuento de nunca acabar.
contempl|atif, ive adj/s Contemplativo, a ‖ **~ation** f Contemplación ‖ **~er** vt Contemplar.
contemporain, e adj/s Contemporáneo, a (de l'époque actuelle) | Coetáneo, a (de la même époque).
conten|ance f Cabida, capacidad (contenu) | Superficie (étendue) | FIG. Compostura, continente *m* (attitude), comportamiento *m* | *Perdre ~*, turbarse, perder los estribos | *Se donner une ~*, disimular, fingir serenidad ‖ **~ant** m Continente (qui contient) ‖ **~ir*** vt Contener | Caber, tener capacidad para : *cette salle contient mille personnes*, en esta sala caben mil personas, esta sala tiene capacidad para mil personas | — Vp Contenerse, dominarse.
content, ~e adj Contento, a | Alegre (joyeux) | Satisfecho, a : contento, a (satisfait) | **~** *de soi*, pagado de sí mismo | — M FAM. *Avoir son ~ de*, hartarse de, estar harto de ‖ **~ement** m Satisfacción *f*, contento ‖ **~er** vt Contentar, satisfacer | Agradar (faire plaisir) | — Vp Contentarse (*de*, con) ‖ **~ieux, euse** adj Contencioso, a | — M Lo contencioso | Punto litigioso ‖ **~ion** f Aplicación (effort) | Tensión | Contención (pour maintenir).
contenu m Contenido.
conter vt Contar | FAM. *En ~ à qqn*, engañar *ou* tomar el pelo a uno. *S'en laisser ~*, dejarse engañar *ou* liar.
contest|able adj Discutible, controvertible ‖ **~ataire** adj/s Impugnador, a : protestatario, a ‖ **~ation** f Disputa | Conflicto *m*, oposición (conflit) | DR. Discusión, impugnación ‖ **~e** f *Sans ~*, indiscutiblemente, sin duda alguna ‖ **~er** vt Poner en duda, impugnar, discutir | Controvertir (controverser) | — Vi Discutir, disputar.
conteur, euse adj/s Narrador, a (narrateur) | Autor de cuentos, cuentista.
context|e m Contexto ‖ **~ure** f Contextura | Estructura (d'un discours).
contigu, ~ë [kɔ̃tigy, -gy] adj Contiguo, a ‖ **~ité** [-gɥte] f Contigüidad.
contin|ence f Continencia ‖ **~ent, e** adj/m Continente ‖ **~ental, e** adj Continental.
conting|ence f Contingencia ‖ **~ent, e** adj/m Contingente | — M COM. Cupo, contingente | MIL. Quinta *f* ‖ **~enter** vt Fijar un cupo.
continu, ~e adj Continuo, a ‖ **~ateur, trice** s Continuador, a ‖ **~ation** f Continuación | *Bonne ~!*, ¡qué siga bien! ‖ **~el, elle** adj Continuo, a ‖ **~er** vt Continuar, seguir, proseguir : **~** *à travailler*, seguir trabajando | — Vi Continuar ‖ **~ ité** f Continuidad.

contondant, e adj Contundente.
contorsion f Contorsión | Mueca (grimace) || **~ner (se)** vp Hacer contorsiones (corps) *ou* muecas (visage) || **~niste** s Contorsionista.
contour m Contorno | FIG. Límite || **~ner** vt Contornear | Rodear (faire le tour) | Deformar | Retorcer (style) | Evitar (difficulté) | Eludir, soslayar, esquivar (la loi).
contracept|ion f Contracepción, anticoncepción || **~if, ive** adj/m Contraceptivo, a ; anticonceptivo, a.
contract|ant, e adj/s Contratante | Contrayente (au mariage) || **~é, e** adj Nervioso, a | GRAM. Contracto, a || **~er** vt Contratar (par contrat) | Contraer | — Vp Contraerse || **~ile** adj Contráctil || **~ion** f Contracción || **~uel, elle** adj Contractual | — M Empleado eventual del Estado || **~ure** f Tirón *m* (sports) | MÉD. Contracción.
contradict|ion f Contradicción | *Avoir l'esprit de ~*, llevar siempre la contraria || **~oire** adj Contradictorio, a.
contraignant, e adj Apremiante.
contrain|dre* vt Forzar, constreñir | DR. Apremiar | — Vp Forzarse || **~t, e** adj FIG. Violento, a ; molesto, a (gêné) | Forzado, a (forcé) || **~te** f Coacción | DR. Apremio *m* | FIG. Molestia (gêne) | Obligación : *~s sociales*, obligaciones sociales | TECH. Tensión.
contraire adj Contrario, a ; opuesto, a | Adverso, a (sort) | Perjudicial, dañino, a (nuisible) | Contraproducente : *avoir des effets ~s*, tener efectos contraproducentes | — M Lo contrario.
contralto m MUS. Contralto.
contrari|ant, e adj Que lleva siempre la contraria (personne) | Enojoso, a (fâcheux) || **~é, e** adj Contrariado, a ; enfadado, a || **~er** vt Contrariar | Oponerse a (s'opposer à) | Contraponer des couleurs) | Invertir || **~été** f Contrariedad, disgusto *m*.
contrast|e m Contraste || **~er** vi Contrastar, hacer contraste | — Vt Hacer contrastar.
contrat m Contrato | Escritura *f* (acte notarié) | *~ de mariage*, capitulaciones.
contravention f Infracción, contravención | Multa (amende).
contre prep Contra (opposition) | Junto a (près de) | Por (échange, comparaison) | Frente a (par rapport à) | Con (avec) | — M Contra : *le pour et le ~*, el pro y el contra | Contra *f* (escrime) | — Adv En contra : *voter ~*, votar en contra | *Ci-~*, al lado | *Par ~*, en cambio.
contre|-allée [kɔ̃trale] f Contracalle || **~-amiral** m MAR. Contraalmirante || **~-appel** m Segunda lista *f* || **~-attaque** f Contraataque *m* || **~-attaquer** vt Contraatacar || **~balancer** vt Contrabalancear | FIG. Contrarrestar, contrapesar || **~bande** f Contrabando *m* || **~bandier, ère** adj/s Contrabandista || **~bas (en)** [ɑ̃kɔ̃trəbɑ] loc adv Más abajo || **~basse** f Contrabajo *m*, violón *m* || **~bassiste** m Contrabajo (musicien) || **~basson** m MUS. Contrafagot || **~-boutant** m ARCH. Puntal || **~bouter** ou **~-buter** vt ARCH. Apuntalar || **~carrer** vt Contrarrestar, oponerse a || **~cœur** m Trashoguero (de cheminée) | *À ~*, de mala gana, a disgusto, a regañadientes || **~coup** m Rechazo | FIG. Resulta *f*, consecuencia *f*, repercusión *f* || **~-courant** m ÉLEC. MAR. Contracorriente *f* | FIG. Marcha (*f*) en sentido inverso || **~danse** f Contradanza | POP. Multa || **~dire*** vt Contradecir, llevar la contraria || **~dit (sans)** loc adv Indiscutiblemente, sin disputa.
contrée f Comarca, región.
contre|-écrou [kɔ̃trekru] m Contratuerca *f* || **~-enquête** f Nueva investigación || **~-épaulette** f MIL. Capona || **~-épreuve** f Contraprueba | Votación comprobatoria (vote) || **~-espionnage** m Contraespionaje || **~-expertise** f Peritaje (*m*) de comprobación || **~façon** f Falsificación || **~facteur** f Falsificador || **~faire*** vi Imitar, remedar | Simular, fingir (feindre) | Falsificar (falsifier) | Desfigurar (la voix) || **~fait, e** adj Contrahecho, a || **~ficher (s'en)** vp POP. Importarle a uno un pepino || **~-fil** m Contrahílo | Sentido contrario al normal || **~fort** m Contrafuerte | Estribación *f* (montagnes) || **~-haut (en)** [ɑ̃kɔ̃trəo] loc adv De abajo arriba | Encima (au-dessus) || **~-indication** [kɔ̃trɛ̃dikasjɔ̃] f Contraindicación || **~-indiqué, e** adj Contraindicado, a | Contraproducente || **~-indiquer** vt Contraindicar || **~-jour** m Contraluz || **~maître, esse** s Contramaestre, encargado, a (d'atelier) | Capataz *m* (d'un chantier) | MAR. Contramaestre *m* || **~-manifestation** f Contramanifestación || **~marche** f MIL. Contramarcha || **~marque** f Contramarca | Contraseña [en el teatro] || **~-mesure** f Medida en contra de compás, a contratiempo || **~-offensive** [kɔ̃trɔfɑ̃siːv] f Contraofensiva || **~partie** f Contrapartida | Lo contrario, opinión opuesta | *En ~*, en cambio || **~-pas** m Contrapaso || **~pèterie** ou **~petterie** f Lapsus (*m*) burlesco de contraposición de letras || **~-pied** [kɔ̃trə-

pje] m FIG. Lo contrario | À ~, al reves || **~-placage** m TECH. Contrachapado, contrachapeado || **~-plaqué** m TECH. Madera (*f*) contrachapeada, contrachapado, contrachapeado || **~-plaquer** vt Contrachapear, contrachapar || **~poids** [kɔ̃trəpwa] m Contrapeso || **~-poil (à)** loc adv A contrapelo || **~point** m MUS. Contrapunto || **~-pointe** f Contrafilo *m* || **~poison** m Contraveneno || **~-porte** f Contrapuerta || **~-projet** m Contraproyecto.

contrer vt Doblar (aux cartes) | Jugar a la contra (sports) | FIG. Oponerse.

Contre-Réforme f Contrarreforma.

contre|-révolution f Contrarrevolución || **~seing** [-sɛ̃] m Refrendata *f* | Contrafirma *f* || **~sens** [-sɑ̃:s] m Contrasentido | Contrahílo (d'une étoffe) | *À* ~, en sentido contrario || **~signataire** adj/s Refrendario, a || **~signer** vt Refrendar || **~temps** [-tɑ̃] m inv Contratiempo | *À* ~, a destiempo || **~-tirer** vt Sacar una contraprueba de || **~-torpilleur** m MAR. Cazatorpedero, contratorpedero || **~type** m Contratipo || **~-valeur** f Contravalor *m* || **~venant, e** adj/s Contraventor, a || **~venir*** vi Contravenir || **~vent** m Contraventana *f*, postigo (volet) || **~-voie** [-vwa] f Vía contigua a la que sigue un tren.

contribu|able adj/s Contribuyente || **~er** vi Contribuir || **~tion** f Contribución.

contrister vt Entristecer, contristar.

contrit, ~e adj Contrito, a || **~ion** f Contrición.

contrôl|e m Control | Registro, inspección *f* | Verificación *f*, comprobación *f*, intervención *f* (compte) | Sello (bijou, monnaie) | Regulación *f* (prix, changes) | Vigilancia *f* (surveillance) | Despacho (théâtres) | Contraste (poids et mesures) | Autoridad *f* | Lista *f*, nómina *f* (personnel) | Dominio (maîtrise) | Dominación *f* | Revisión *f* (des billets) | FIG. Crítica *f*, censura *f* | ~ *des naissances*, regulación de nacimientos, limitación de la natalidad. || **~er** vt Controlar | Registrar, inspeccionar (inspecter) | Comprobar (vérifier) | Sellar (bijoux, monnaie) | Revisar (billets) | Fiscalizar, intervenir (compte) | Regular (prix, changes) | Vigilar (surveiller) | Dominar | FIG. Criticar, censurar || **~eur, euse** s Registrador, a; inspector, a | Interventor, a; verificador, a (vérificateur) | Revisor, a (des billets) | — M Aparato para verificar | Contraste (poids et mesures). | AVIAT. Controlador.

OBSERV. *Controlar* et *control* ne sont plus considérés comme des gallicismes et peuvent être employés pour traduire toutes les acceptions de contrôler et de contrôle, car leur usage est très répandu.

contrordre m Contraorden *f*.

controvers|e f Controversia || **~er** vt Controvertir, discutir | Mantener una controversia.

contumace f Contumacia | DR. Rebeldía : *condamné par* ~, condenado en rebeldía | — Adj/s Contumaz.

contus, ~e adj Contuso, a || **~ion** f Contusión || **~ionner** vt Contundir, magullar.

convainc|ant, e adj Convincente || **~re*** vt Convencer || **~u, e** adj/s Convencido, a | DR. Convicto, a.

convalesc|ence f Convalecencia || **~ent, e** adj/s Convaleciente.

conven|able adj Conveniente (qui convient) | Decente (décent) || **~ance** f Conveniencia || **~ir*** vi Convenir, acordar | Reconocer (reconnaître) | Decidir (décider) | Convenir (plaire) | — Vimp Ser conveniente.

convention f Convenio *m*, convención | *De* ~, convencional || **~nel, elle** adj Convencional.

conventuel, elle adj Conventual.

convenu, e [kɔ̃vny] adj Convencional, artificial | Convenido, a (décidé).

converg|ence f Convergencia || **~ent, e** adj Convergente || **~er** vi Convergir, converger.

convers, ~e [kɔ̃vɛ:r, ɛrs] s Lego, a; converso, a (d'un couvent) || **~ation** f Conversación || **~er** vi Conversar || **~ion** f Conversión.

convert|i, e adj/s Convertido, a; converso, a || **~ibilité** f Convertibilidad || **~ible** adj Convertible || **~ir** vt Convertir || **~issement** m Conversión *f* (monnaies) || **~isseur** m ÉLEC. Transformador | TECH. Convertidor.

convex|e adj Convexo, a || **~ité** f Convexidad.

conviction f Convicción.

convi|er vt Convidar, invitar || **~ve** s Convidado, a; comensal.

convocation f Convocatoria, convocación (m. us.) | MIL. Llamamiento *m*.

convoi m Cortejo | MAR. MIL. Convoy | Tren (train) || **~ement** [kɔ̃vwamɑ̃] m Escolta *f* | MAR. Convoy.

convoit|er vt Codiciar, ansiar || **~ise** f Codicia, ansia.

convoler vi FAM. Casarse | Casarse de nuevo (se remarier).

convoquer vt Convocar.

convoy|er [kɔ̃vwaje] vt Escoltar || **~eur** m Persona (*f*) que acompaña un convoy | MAR. Nave (*f*) de escolta | TECH. Cinta (*f*) transportadora.

convuls|é, e adj Convulso, a || **~er** vt Convulsionar || **~if, ive** adj Convulsivo, a || **~ion** f Convulsión || **~ionner** vt Convulsionar.

coopér|ateur, trice adj/s Cooperador, a | Miembro de una cooperativa || **~atif, ive** adj/f Cooperativo, a || **~ation** f Cooperación || **~er** vi Cooperar.
coordination f Coordinación.
coordonn|ateur, trice adj/s Coordinador, a || **~é, e** adj Coordinado, a | — F GÉOM. Coordenada || **~er** vt Coordinar.
copain, copine s FAM. Amigote, a; camarada.
copartag|e m Reparto || **~eant, e** adj/s Copartícipe || **~er** vt Repartir entre varios, compartir.
coparticip|ant adj/s Copartícipe || **~ation** f Coparticipación.
copeau m Viruta *f*.
copi|e f Copia : *~ certifiée conforme*, copia legalizada | Hoja (feuille d'écolier) : *~ blanche*, hoja en blanco | Ejercicio *m* (exercice) | FIG. Imitación, copia | IMPR. Original *m* || **~er** vt Copiar | FIG. Remedar || **~eux, euse** adj Copioso, a.
copilote m Copiloto.
copiste m Copista.
copra ou **coprah** m Copra *f*.
coproduction f Coproducción.
copropriét|aire s Copropietario, a || **~é** f Copropiedad | Propiedad horizontal, comunidad de propietarios (appartements).
copte adj/s Copto, a.
copul|atif, ive adj/f GRAM. Copulativo, a || **~ation** f Cópula || **~e** f GRAM. Cópula.
coq m Gallo | MAR. Cocinero | *~ de bruyère*, urogallo | FIG. *~ de clocher*, cacique, gallo del pueblo | FAM. *Être comme un ~ en pâte*, ser tratado a cuerpo de rey. *Passer du ~ à l'âne*, pasar de un tema a otro. *Rouge comme un ~*, encendido como un pavo.
coq-à-l'âne m inv FAM. Despropósito, patochada *f*.
coquard m POP. Ojo a la funerala.
coque f Cascarón *m* (de l'œuf) | Cáscara (de noix) | Berberecho *m* (coquillage) | AUT. Caja (carrosserie) | Fuselaje *m* (avion) | MAR. Casco *m* | ZOOL. Capullo *m* (cocon) | *À la ~*, pasado por agua (œuf) || **~licot** [kɔkliko] m Amapola *f* || **~luche** f Tos ferina | FIG. *Être la ~ de*, ser el preferido de || **~rico** m Quiquiriquí (chant du coq).
coquet, ~ette adj/s Presumido, a | Bonito, a (joli) | Coquetón, ona (élégant) | — Adjf/f Coqueta || **~ier** [kɔktje] m Huevera *f* (récipient) || **~terie** [kɔkɛtri] f Coquetería (penchant) | Coqueteo *m* (action).
coquill|age m Marisco (comestible) | Concha *f* (coquille) || **~ard** m Mendigo || **~e** [kɔkij] f Concha (de mollusque) | Cáscara (d'œuf, de noix) | Taza (d'épée) | IMPR. Errata, gazapo *m* | MAR. *~ de noix*, cascarón de nuez | *~ Saint-Jacques*, vieira, venera.
coquin, ~e adj/s Pillo, a; tunante || **~erie** f Pillería, tunantería.
cor m Cuerna *f* (du cerf) | Callo (callosité) | MUS. Trompa *f*, cuerno (de chasse), trompa *f*, corno (d'orchestre) | *À ~ et à cri*, a voz en cuello, a gritos, a grito limpio (fam.) | *~ à pistons*, trompa de llaves *ou* pistones.
corail [kɔraj] m (pl *coraux*) Coral.
Coran nprm Alcorán, Corán.
corbeau m Cuervo | ARCH. Modillón | FIG. Tiburón, buitre (négociant sans scrupules).
corbeille [kɔrbɛj] f Canasta, canasto *m* | Cesto *m* : *~ à papier*, cesto de los papeles | Canastillo *m* (de fleurs) | Corro *m* (à la Bourse) | ARCH. Repisa | Piso (*m*) principal (théâtre) | *~ à ouvrage*, costurero | *~ de mariage*, canastilla de boda.
corbillard [kɔrbija:r] m Coche *ou* carroza (*f*) fúnebre.
cord|age m MAR. Cordaje | Medición *f* (du bois) | — Pl MAR. Jarcias *f* || **~e** f Cuerda | Soga (de sparte) | Trama (d'une étoffe) | Comba (jeu) | ANAT. GÉOM. MUS. Cuerda | FIG. Fibra, sentimiento | — Pl Cuerdas | FIG. *Avoir plusieurs ~s à son arc*, ser hombre de recursos | *Mériter la ~*, merecer la horca | *Ne pas parler de ~ dans la maison d'un pendu*, no mentar la soga en casa del ahorcado | FAM. *Tomber des ~s*, llover a cántaros | *Usé jusqu'à la ~*, raído, a || **~é, e** adj Acorazonado, a || **~eau** m Cordel | Tendel (de maçon) | Mecha *f* (explosifs) || **~ée** f Hato *m* (de bois) | Cordel *m* (pêche) | Cordada (alpinisme).
cordel|er vt Torcer, retorcer || **~ette** f Cuerdecilla || **~ière** f Cíngulo *m* (religieux) | Ceñidor *m*, cordón *m* (ceinture) | ARCH. Cordón *m*.
cordial, ~e adj/m Cordial || **~ité** f Cordialidad.
cordillère f Cordillera.
cordon m Cordón | Tirador (de sonnette) | Banda *f* (décoration) | Cordoncillo (de monnaie) | ANAT. ARCH. FIG. Cordón : *~ de police*, cordón de policía | FAM. *Tenir les ~s de la bourse*, manejar los cuartos. || **~-bleu** s Buen cocinero *m*, buena cocinera *f* || **~ner** vt Torcer, retorcer || **~nerie** f Zapatería || **~net** m Cordoncillo | Torzal (de soie) || **~nier, ère** s Zapatero, a.
cordouan, e adj/s Cordobés, esa.
Cordoue npr Córdoba.
Corée nprf Corea.
coréen, enne adj/s Coreano, a.

coreligionnaire adj/s Correligionario, a.
coriace adj Correoso, a; coriáceo, a (dur) | FIG. Tenaz; avaro, a.
coricide m MÉD. Callicida.
Corinthe [kɔrɛ̃:t] npr Corinto.
corinthien, enne adj/s Corintio, a.
cormoran m Cormorán, mergo.
corn|e f Cuerno *m*, asta | ARCH. Ángulo *m* | Pico *m* (coin d'un objet, d'un chapeau) | Cuerno *m* (de la lune) | POP. Cuerno *m* | MAR. Cangrejo *m* | MUS. Bocina | Hueso *m*, asta (peigne, etc) | Esquina doblada de la hoja de un libro (pli d'une feuille) | Casco *m* (du cheval) | FAM. Suela (*f*) de zapato (viande dure) | *~ d'abondance*, cornucopia | *~ d'auto*, bocina || **~é, e** adj Córneo, a | Doblado, a (carte) | — F ANAT. Córnea || **~eille** [kɔrnɛj] f Corneja || **~ement** m Zumbido || **~emuse** f Gaita, cornamusa || **~emuseur** m Gaitero || **~er** vt Tocar la bocina (klaxonner) | Doblar el pico de (plier) | Pregonar (annoncer) | — Vi Tocar la bocina | Zumbar (les oreilles) | Vociferar || **~er** [kɔrnɛ:r] m Saque de esquina, córner || **~et** m Corneta *f* | Cuerno, trompa *f* (cor) | Cucurucho (de papier, de glace) | Cubilete (pour dés) | ANAT. Cornete (du nez) | *~ à pistons*, cornetín, corneta de pistones || **~ette** f MIL. Corneta | Cofia *f* (de religieuse) || **~ettiste** m Corneta, cornetín.
corniche f Cornisa.
cornichon m Pepinillo | — Adjm/m Majadero, bobo (niais).
cornier, ère adj Angular | — F Ángulo (*m*) recto (d'une ardoise) | ARCH. Canalón *m* | TECH. Angular *m*.
Cornouailles [kɔrnwɑ:j] npr Cornualles.
cornu, e adj Cornudo, a | Con picos (chapeau) | — F Retorta.
Corogne (La) npr La Coruña.
corollaire m Corolario.
corolle f BOT. Corola.
coron m Caserío de mineros || **~aire** adj Coronario, a.
corossol m Corojo, anona *f* (fruit).
corporat|if, ive adj Corporativo, a || **~ion** f Corporación, gremio *m* || **~isme** m Corporativismo.
corporel, elle adj Corpóreo, a (qui a un corps) | Corporal : *peine ~*, pena corporal.
corps [kɔ:r] m Cuerpo | Cadáver (cadavre) | Recopilación *f* (recueil) | *À ~ perdu*, a cuerpo descubierto | *À mi-~*, a medio cuerpo, por la cintura | *~ à ~*, cuerpo a cuerpo | *~ de métier*, gremio, corporación | *~ et âme*, en cuerpo y alma | *~ et biens*, bienes y personas | *Faire ~ avec*, confundirse con, formar cuerpo con | *Prendre ~*, tomar consistencia *ou* cuerpo, plasmarse.
corpul|ence f Corpulencia || **~ent, e** adj Corpulento, a.
corpuscul|aire adj Corpuscular || **~e** m Corpúsculo.
correct, ~e adj Correcto, a | Decente, decoroso, a (convenable) | Razonable (raisonnable) | Preciso, a; exacto, a || **~eur, trice** adj/s Corrector, a || **~if, ive** adj Correctivo, a | — M Correctivo | FIG. Paliativo || **~ion** f Corrección | Enmienda (amendement) | FIG. Paliza (raclée) || **~ionnel, elle** adj Correccional | — F Tribunal (*m*) correccional.
corrélat|if, ive adj/m Correlativo, a || **~ion** f Correlación.
correspond|ance f Correspondencia | Empalme *m* (communication) | Correo *m* (courrier) | Corresponsalía (d'un journal) | FIG. *En ~ avec*, de acuerdo con || **~ancier, ère** s Encargado, encargada del correo || **~ant, e** adj Correspondiente | — S Corresponsal (journal) | Comunicante, persona con quien uno se cartea | Miembro correspondiente (Académie) || **~re*** vi Corresponder | Comunicar | Cartearse (s'écrire) | Empalmar (transports).
corridor m Corredor, pasillo | GÉOGR. Corredor.
corrig|é m Corrección-modelo *f* || **~er** vt Corregir | Enmendar (amender) | Nivelar, compensar | FIG. Castigar (punir), dar una paliza (battre) | — Vp Corregirse, enmendarse || **~eur, euse** s IMPR. Corrector, a || **~ible** adj Corregible.
corrobor|ation f Corroboración || **~er** vt Corroborar.
corroder vt Corroer.
corroi m Zurra *f*, curtido (du cuir) || **~erie** [kɔrwari] f TECH. Zurra (art), tenería, taller del zurrador (atelier).
corrompre* vt Corromper | FIG. Deformar, alterar.
corros|if, ive adj/m Corrosivo, a || **~ion** f Corrosión.
corroy|age [kɔrwaja:ʒ] m Zurra *f*, curtido (du cuir) | Soldadura *f* (métal) | Cepilladura *f* (bois) || **~er** vt Zurrar, curtir (cuir) | Cepillar (bois) | Soldar (fer) || **~eur** m Zurrador.
corrupt|eur, trice adj/s Corruptor, a || **~ible** adj Corruptible || **~ion** f Corrupción.
corsage m Blusa *f* | Cuerpo (d'une robe).
corsaire adj/m Corsario, a.
corse adj/s Corso, a.
Corse nprf Córcega.
cors|é, e adj Fuerte (fort) | De cuerpo (vin) | Picante | Opíparo, a (abon-

dant) | Subido de tono (osé) || **~elet** m Coselete (de cuirasse, des insectes) | Corpiño (corsage) || **~er** vt Dar fuerza *ou* cuerpo | — Vp Complicarse (une affaire) || **~et** m Corsé || **~eter** vt Encorsetar || **~etier, ère** adj/s Corsetero, a.
cortège m Comitiva *f*, séquito, cortejo.
cortical, e adj ANAT. Cortical.
cortisone f MÉD. Cortisona.
corvé|able adj (Vx) Sujeto a prestación personal || **~e** f (Vx) Prestación personal | FIG. Carga, incordio *m* | MIL. Faena.
corvette f MAR. Corbeta.
coryphée [kɔrife] m Corifeo.
cosaque m Cosaco.
cosécante f MATH. Cosecante.
cosinus [kɔsinys] m MATH. Coseno.
cosmétique adj/m Cosmético, a.
cosmique adj Cósmico, a.
cosmo|gonie f Cosmogonía || **~graphie** f Cosmografía || **~logie** f Cosmología || **~naute** s Cosmonauta || **~polite** adj/s Cosmopolita || **~s** [kɔsmos] m Cosmos.
coss|e f Vaina | TECH. Guardacabo *m* | FAM. Galbana (paresse) || **~er** vi Topar (moutons) | FIG. Luchar.
cossu, e adj FAM. Rico, a; acomodado, a (personne), señorial (maison).
cost|al, e adj ANAT. Costal || **~aud, e** [kɔsto, o:d] adj/s POP. Forzudo, a; fuerte.
costière f Escotillón *m* (théâtre).
costum|e m Traje : *~ de ville*, traje de calle | — Pl Vestuario *sing*, figurines (théâtre) || **~é, e** adj Vestido, a (habillé)| Disfrazado, a (déguisé) | *Bal ~*, baile de disfraces || **~er** vt Vestir | Disfrazar (déguiser) || **~ier, ère** s Sastre de teatros | — M Guardarropa (qui garde les costumes).
cosy m Cama (*f*) turca.
cotangente f MATH. Cotangente.
cot|ation f Cotización || **~e** f Anotación, nota | Signatura (bibliothèques) | Cuota (quote-part) | Altura (des eaux) | Clasificación (d'un film) | Registro *m* d'inventaire) | COM. Cotición | GÉOM. Cota | Cota (niveau) | FIG. *Avoir la ~*, estar cotizado.
côte f ANAT. Costilla | Chuleta (boucherie) | Costa (rive) | Cuesta, pendiente (pente) | Canelé *m* (dessin de tricot), borde *m* (bord du tricot) | Vena (du tabac) | FIG. Costilla | *À ~s*, acanalado, a | *À mi-~*, a la mitad de la cuesta | *~ à ~*, al lado uno de otro | GÉOGR. *Côte d'Azur, du Soleil*, Costa Azul, del Sol.
côté m Costado | Lado (partie latérale) | Canto (partie mince d'un objet) | FIG. Lado | Cara *f* (d'une page) | GÉOM. Lado (d'un polygone), cateto (d'un triangle) | *À ~*, al lado, junto | *De ~*, de lado; aparte (séparé), de soslayo (regard) | *De mon ~*, por mi parte | *De tous ~s*, de todas partes | *Du ~ de*, cerca de (près de), hacia (vers), en lo que se refiere a (quant à) | *Mettre de ~*, poner a un lado (écarter), ahorrar (économiser).
coté, e adj ARCH. GÉOM. Acotado, a | FAM. Cotizado, a; apreciado, a.
coteau m Ladera *f* (versant) | Collado, otero (colline) | Viñedo (vignoble).
Côte-d'Ivoire nprf Costa de Marfil.
côtel|é, e adj De canutillo || **~ette** f Chuleta.
cot|er vt Numerar (numéroter) | Acotar (topographie) | Fijar (fixer) | Calificar (noter) | Valorar (évaluer) | COM. Cotizar | FIG. Apreciar, cotizar || **~erie** f Camarilla, grupo *m*.
cothurne [kɔtyrn] m Coturno.
côtier, ère adj Costanero, a; costero, a | — M Costero | Barco de cabotaje.
cotillon m Cotillón (danse).
cotis|ant adj/s Cotizante, socio, a || **~ation** f Cotización | Cuota (d'une association) || **~er** vi Pagar su cuota, cotizar | — Vp Pagar a escote.
coton m Algodón : *~ brut*, algodón en rama | Pelusa *f* (duvet) | FIG. *Filer un mauvais ~*, ir por mal camino || **~nade** f Cotonada || **~ner (se)** vp Acorcharse (fruits) || **~nerie** f Cultivo (*m*) del algodón (culture) | Algodonera (usine) || **~neux, euse** adj Algodonoso, a | Acorchado, a (fruits) | FIG. Fofo, a || **~nier, ère** adj/m Algodonero, a || **~-poudre** m Algodón pólvora.
côtoyer [kotwaje] vt Bordear (longer) | Codearse con (coudoyer) | FIG. Rayar en.
cotre m MAR. Cúter, balandro.
cott|age m Casa (*f*) de campo || **~e** f Saya (jupe) | Mono *m* (de travail) | *~ de mailles*, cota de mallas.
cotylédon m BOT. Cotiledón.
cou m Cuello | *Rompre le ~*, desnucar | *Tordre le ~*, retorcer el pescuezo.
couac m Gallo : *faire un ~*, soltar un gallo.
couard, ~e [kwa:r, ard] adj/s Cobarde || **~ise** f Cobardía.
couch|age m Lecho (lit) | Ropa (*f*) de cama (linge) || **~ant, e** adj Poniente (soleil) | Rastrero, a (chien) | — M Poniente, ocaso || **~e** f Lecho *m*, cama (lit) | Pañal *m*, metedor *m* (de bébé) | Capa, baño *m* (enduit) | Mano, capa (de peinture) | Estrato *m*, capa (sociale, géologique) | AGR. Semillero *m* | — Pl Parto *msing* (accouchement) | *~ optique*, tálamo óptico | FAM. *En avoir une ~*, ser un tontaina | *Fausse ~*, aborto

|| **~é, e** adj V. COUCHER | Cuché (papier) || **~er** vt Acostar (dans un lit) | Tender (étendre) | Tumbar (renverser) | Inclinar (pencher) | Encamar (les épis) | Apuntar, sentar (noter) | ~ *en joue*, apuntar | — Vi Acostarse (se mettre au lit) | Dormir | MAR. Dar de quilla | FAM. *À ~ dehors*, estrafalario, a | — Vp Acostarse (dans un lit) | Tumbarse, echarse (s'étendre) | Ponerse (un astre) || — M El acostarse | Cama *f* (lit) | ASTR. Puesta *f* || **~ette** f Litera || **~eur** m *Mauvais ~*, persona de mal genio *ou* que tiene malas pulgas.

couci-couça adv Así así; regular.

coucou m Cuclillo, cuco | Reloj de cuco (pendule).

coud|e m Codo | Codillo (du cheval) | Esquina *f* (coin) | Recodo (d'un chemin, d'un fleuve) | *~ à ~*, codeo (coudoiement), codo a codo (tout près) | *Coup de ~*, codazo | *Jouer des ~s*, abrirse paso a codazos | FAM. *Lever le ~*, empinar el codo || **~ée** f Codo *m* (mesure).

cou-de-pied m ANAT. Garganta (*f*) del pie.

couder vt Acodillar, acodar.

coudo|iement [kudwamɑ̃] m Trato, relación *f*, codeo || **~yer** vt Codearse con | Dar con el codo (heurter) | FIG. Estar muy cerca de, rayar en.

coudraie [kudrɛ] f Avellanar *m*.

coudre* vt Coser : *machine à ~*, máquina de coser | FIG. Unir.

coudrier ou **coudre** m Avellano.

couenne [kwan] f Corteza de tocino.

couette f Colchón (*m*) de pluma (lit). | FAM. Coleta (de cheveux).

couffin m Sera *f*.

couguar [kugwa:r] m Puma.

couiner vi FAM. Chillar.

coul|age m Derrame (liquide) | Colada *f* (lessive) | FIG. Desperdicio (gaspillage) | TECH. Vaciado || **~ant, e** adj Fluyente | Corredizo (nœud) | FIG. Suelto, a (style), acomodadizo, a (en affaires) | — M Pasador || **~e** f Cogulla (de religieux) | POP. *Être à la ~*, conocer el oficio, estar al tanto || **~é** m MUS. Ligado | Carambola (*f*) corrida (billard) || **~ée** f Colada, vaciado *m* (métal) : *trou de ~*, orificio de colada | Corriente : *~ de lave*, corriente de lava | Cursiva (écriture) || **~er** vt Colar, vaciar (métal) | Verter, derramar (verser) | Deslizar (glisser) | Pasar (le temps) | FIG. Arruinar (une affaire), hundir (qqn) | MAR. Hundir, echar a pique | MUS. Ligar | AUT. Fundir (une bielle) | — Vi Fluir (fluer) | Correr (fleuve) | Manar, correr (jaillir) | Correr, pasar (temps) | Derretirse (fondre) | Gotear (robinet) | Salirse (s'écouler) | Deslizarse (glisser) | FIG. Hundirse | MAR. Irse a pique, zozobrar, hundirse | — Vp Introducirse | Hundirse | FIG. FAM. *Se la ~ douce*, no dar golpe, tumbarse a la bartola.

couleur f Color *m* | Palo *m* (cartes) | Colorido *m* (du style) | FIG. Color *m*, opinión | — Pl Bandera *sing*, colores *m* (drapeau) | *~ changeante*, viso cambiante | FIG. *En voir de toutes les ~s*, pasarlas negras. *Haut en ~*, subido de color. *Sous ~ de*, so color de.

couleuvr|e f Culebra | FAM. *Avaler des ~s*, tragar quina || **~ine** f MIL. Culebrina.

coulis [kuli] m Argamasa *f* (mortier) | — Adjm *Vent ~*, aire colado || **~sant, e** adj Corredizo, a; corredero, a || **~se** f Ranura (fente) | Corredera (pour fermer) | COM. Bolsín *m* | MAR. Paral *m* | MÉC. Articulación | Bastidor *m* (théâtre) | Jareta (en couture) | MUS. Vara, sacabuche *m* | FIG. *Les ~s de la politique*, los arcanos de la política || **~seau** m Corredera (*f*) pequeña | Guía *f*, cursor || **~ser** vi Deslizarse por una corredera.

couloir m Corredor, pasillo | Pasadizo (passage) | Calle *f* (sports) | Carril (d'autobus, de taxis) | *~ aérien*, pasillo aéreo.

coulomb [kulɔ̃] m PHYS. Culombio.

coulure f Flujo *m*, derrame *m* (d'un liquide) | TECH. Rebaba.

coup [ku] m Golpe | Herida *f* (blessure) | Jugada *f* : *réussir un beau ~*, lograr una buena jugada | Disparo, tiro (d'arme) | Vez *f* (fois) | Intento (essai) | FAM. Trago : *boire un ~*, echar un trago; caso (situation) | *À ~s de*, a base de | *À ~ sûr*, de seguro | *Après ~*, después | FAM. *Avoir le ~*, dársele bien a uno algo | *~ d'air*, corriente de aire | *~ de bâton*, palo, bastonazo | FIG. *~ d'éclat*, proeza | *~ de collier*, esfuerzo final | *~ de crayon*, trazo | *~ de dent*, mordisco | *~ de fer*, planchado | *~ de feu*, disparo (un seul), tiroteo (plusieurs) | *~ de force*, abuso de autoridad | FIG. *~ de foudre*, flechazo. *~ de fusil*, clavo | *~ de grisou*, explosión de grisú | *~ de Jarnac*, puñalada trapera | *~ de l'étrier*, espuela (dernier verre) | *~ de maître*, acción magistral | *~ de pied*, patada, puntapié | *~ de pinceau*, pincelada | *~ de poignard*, puñalada | *~ de poing*, puñetazo | FIG. *~ de pouce*, empujón | *~ de sifflet*, silbido | *~ de soleil*, quemadura del sol (brûlure), insolación | *~ de sonnette*, llamada al timbre | ~ *d'État*, golpe de Estado | ~ *de téléphone*, llamada telefónica, telefonazo | ~ *de tête*, cabezazo (choc), cabezonada (décision irréfléchie) | ~ *de théâtre*, sorpresa | ~ *de vent*, ráfaga de viento | ~ *d'œil*, ojeada, vistazo | ~ *d'ongle*, arañazo | FIG. ~ *dur*, desgracia | ~ *franc*, golpe franco (sports) | ~*s et blessures*, lesiones | ~ *sur* ~, sin parar | *Donner des ~s d'épée dans l'eau*, echar agua en el mar | *Donner un ~ de main*, echar una mano | *Du ~*, por esto | *Du même ~*, al mismo tiempo | *Du premier ~*, a la primera, al primer intento | FAM. *Être aux cents ~s*, estar muy preocupado. *Être dans le ~*, estar en el ajo. *Faire les quatre cents ~s*, armar la gorda | *Manquer son ~*, errar el golpe | FIG. *Marquer le ~*, festejarlo (célébrer), acusar el golpe (accuser le coup), recordarlo (rappeler) | FAM. *Monter le ~*, pegársela (tromper). *Ne pas se donner de ~s de pied*, no tener abuela (se vanter) | *Sur le ~*, en seguida, en el acto | *Sur le ~ de*, al dar las, sobre | FAM. *Tenir le ~*, aguantar. *Tenter le ~*, intentarlo | *Tout à ~*, de repente | *Tout d'un ~*, de una sola vez (en une fois), de repente (soudain) | FAM. *Valoir le ~*, merecer la pena.

coup|able adj/s Culpable || **~age** m Corte | Mezcla (*f*) de vinos (des vins) | Aguar (le vin) || **~ant, e** adj Cortante | FIG. Tajante | — M Filo, corte.

coup-de-poing [kudpwɛ̃] m Llave (*f*) inglesa, manopla.

coup|e f Copa (verre, trophée) | Taza (vasque) | Corte *m* (action de couper) | Pausa (pause) | Tala, corta (d'arbres) | Corte *m* (avec atout), fallo *m* (sans atout) | *À la ~*, a cala y cata | FIG. *Être sous la ~ de*, depender de. *Il y a loin de la ~ aux lèvres*, de la mano a la boca se pierde la sopa || **~é, e** adj Cortado, a | Mezclado, a (mélangé) | Aguado, a (avec de l'eau) | — M Cupé (voiture) | Corte (au tennis) || **~e-chou** m inv FAM. Machete || **~e-cigares** m inv Cortapuros || **~e-circuit** m inv Cortacircuitos || **~ée** f MAR. Portalón *m* || **~e-feu** m inv Cortafuego || **~e-file** m inv Pase de libre circulación || **~e-gorge** m inv Sitio peligroso || **~elle** f Copela || **~ement** m Corte | Cruce de dos vías en ángulo agudo (train) || **~e-ongles** m inv Cortaúñas || **~e-papier** m inv. Plegadera *f* || **~er** vt Cortar | Talar (arbres) | Segar (céréales) | Interceptar (rue) | Suprimir (supprimer) | Aguar (le vin) | Entrecortar (style) | Fallar, cargar (avec un atout) | — Vi Cortar | Atajar (aller sans détour) | FAM. Evitar, librarse de | — Vp Cortarse | FIG. Contradecirse (se contredire) || **~eret** m Cuchilla *f*.

couperose f CHIM. Caparrosa | MÉD. Acné rosácea.

coupeur, euse s Cortador, a | ~ *de bourses*, ratero, cicatero.

coupl|age m MÉC. Acoplamiento || **~e** m Pareja *f* | Yunta *f* (de bœufs) | MAR. AVIAT. Cuaderna *f* | MÉC. Par | — F Traílla doble (de chiens), reata (de chevaux) || **~er** vt Acoplar | Uncir (des bœufs) | Emparejar (des choses) | ÉLEC. Conectar.

couplet m Copla *f* (stance), cuplé (chanson) | FAM. Cantinela *f*.

coupoir m TECH. Cortafrío, tajadera *f*.

coupole f ARCH. Cúpula | MIL. Torreta blindada | FAM. *La Coupole*, la Academia Francesa.

coupon m Retal, retazo | COM. Cupón (d'un titre).

coupure f Cortadura | Corte *m* (de courant, dans la peau, etc) | Recorte *m* (de presse) | COM. Billete (*m*) de banco.

cour f Patio *m* (d'une maison) | Corral *m* (de ferme) | Corte (du roi) | DR. Tribunal *m* [*Amér.*, corte] | ~ *d'appel*, Tribunal de Apelación | ~ *d'assises*, Audiencia, Sala de lo Criminal | ~ *de cassation*, Tribunal de Casación *ou* Supremo | ~ *martiale*, tribunal militar | *Faire la ~*, cortejar | FAM. *La ~ du roi Pétaud*, la casa de Tócame Roque.

courag|e m Valor, ánimo, entereza *f* | *Avoir le ~ de*, tener valor para | *Perdre ~*, desanimarse | *Prendre son ~ à deux mains*, sacar fuerzas de flaqueza | *Se sentir le ~ de*, sentirse con ánimos de | — Interj. ¡Ánimo! || **~eux, euse** adj/s Valiente | Animoso, a (qui a du mérite) | — Adj Atrevido, a (hardi).

couramment adv Corrientemente, comúnmente | De corrido : *parler ~ une langue*, hablar un idioma de corrido.

courant, e adj Corriente | En curso (en cours) | Normal | *Fin ~*, a fin de mes | *Le cinq ~*, el cinco del actual | — F Cursiva (écriture) | — M Corriente *f* | Curso, transcurso : *dans le ~ de la semaine*, en el transcurso de la semana | TECH. Ramal *m* (d'un palan) | *Être au ~*, estar al tanto *ou* al corriente.

courbatu, ~e adj Derrengado, a | Cansado, a (fatigué) || **~re** f Cansancio *m* (fatigue) | Agujeta (douleur) || **~rer** vt Dar *ou* llenar de agujetas.

courb|e adj/f Curvo, a ‖ **~ement** m Encorvamiento, encorvadura *f* ‖ **~er** vt Encorvar | Inclinar (la tête) | Doblar (plier) | — Vi/p Encorvarse | Inclinarse | Doblarse | FIG. Doblarse, ceder ‖ **~ette** f Corveta (du cheval) | FIG. Zalema ‖ **~ure** f Curvatura, encorvadura, encorvamiento *m*.

coureur, euse s Corredor, a | Caballo de carreras (cheval) | Recadero (coursier) | Callejero, a (qui aime se promener) | Asiduo, a (habitué) | *~ de dots,* cazador de dotes | *~ de filles,* mujeriego | *~ de rues,* azotacalles | — F FAM. Pendón *m*.

courge f BOT. Calabacera (plante), calabaza (fruit) | FAM. Calabacín *m* ‖ **~tte** f Calabacín *m*.

courir* vi Correr | Darse prisa, correr (se dépêcher) | Afluir, precipitarse (affluer) | Vagabundear, corretear | Circular, correr (bruit) | Transcurrir, correr (temps) | Ir por, aproximarse a (s'approcher de) | Extenderse, correr (s'étendre) | *~ après,* perseguir, ir detrás | *~ au plus pressé,* atender a lo más urgente | FAM. *Tu peux toujours ~,* espérate sentado | — Vt Correr | Frecuentar | Buscar (rechercher) | Recorrer (parcourir) | Figurar en, encontrarse en (se trouver) | FIG. Ir detrás de | POP. Molestar (ennuyer).

couronn|e f Corona | Coronilla (tonsure) | Rosca, rosco *m* (pain) ‖ **~ement** m Coronación *f*, coronamiento | ARCH. Remate, coronamiento | FIG. Broche final, remate, colofón ‖ **~er** vt Coronar | Dominar | Rodear, cercar (entourer) | Poner una corona (dent) | Galardonar, premiar, laurear (donner un prix) | Realizar, cumplir (vœux) | Ser el broche final *ou* el remate *ou* el colofón | — Vp Cubrirse.

courr|e vt/i *Chasse à ~,* caza de montería ‖ **~ier** m Correo | Mensajero (messager) | Correspondencia *f*, correo | Crónica *f* (d'un journal) | *~ du cœur,* consultorio sentimental | *Long-~,* avión transcontinental | *Moyen-~,* avión continental.

courroie [kurwa] f Correa.

courrou|cer vt Enojar, irritar, enfurecer ‖ **~x** [kuru] m Ira *f*, furia *f*, irritación *f*.

cours [ku:r] m Curso | Transcurso : *au ~ de l'année,* en el transcurso del año | Clase *f* | Curso (enseignement) | Apuntes *pl* (notes) : *~ polycopié,* apuntes en multicopista | Academia *f* : *~ de danse,* academia de baile | Precio, cotización *f* (prix) | Cotización *f* (bourse) | Circulación *f* | Paseo, alameda *f* (promenade) | Corriente *f* (courant) | Boga *f*, uso (mode) | *Au ~ de,* durante | *Au ~ des siècles,* al correr de los siglos | MAR. *Au long ~,* de altura | *~ d'eau,* río | *~ du change,* cambio | *Donner ~ à,* dar crédito a | *Donner libre ~ à,* dar rienda suelta a | *Faire ~,* dar clase | *Prendre son ~,* nacer (fleuve) | *Suivre des ~,* cursar estudios | FIG. *Suivre son ~,* seguir su camino ‖ **~e** f Carrera | Trayecto *m*, recorrido *m* (trajet) | Encargo *m*, compra, mandado *m* (achat) | TAUR. Corrida | Curso *m*, transcurso *m* (du temps) | Curso *m* (d'un astre) | Trayectoria | MÉC. Recorrido *m* | *À bout de ~,* sin poder más | *~ aux armements,* carrera de armamentos ‖ **~ier** m Corcel (cheval) | Saetín (moulin) | Recadero (garçon) ‖ **~ive** f MAR. Crujía.

court, e adj Corto, a | Escaso, a (maigre) | — Adv Corto | *Être à ~,* estar en un apuro | *Être à ~ de,* estar falto de, andar escaso de | *Tout ~,* a secas (simplement), muy corto (très court), en seco (net) | — M Pista *f*, campo [*Amér.*, cancha *f*] (de tennis).

courtage m Corretaje.

courtaud, e [kurto, o:d] adj/s FAM. Rechoncho, a; retaco, a.

court|-bouillon [kurbujɔ̃] m Caldo corto, media salsa (*f*) para cocer pescado ‖ **~-circuit** m Cortocircuito ‖ **~epointe** f Cubrecama *m* ‖ **~ier** m Corredor | Agente.

courtilière f Grillo (*m*) real.

courtine f MIL. Cortina.

courtis|an, e adj/m Cortesano, a; palaciego, a | Adulador, a (flatteur) | — F Cortesana, ramera ‖ **~anerie** f Adulación cortesana ‖ **~er** vt Cortejar | Hacer la corte (faire la cour).

courtois, ~e adj Cortés, atento, a | Cortesano, a (littérature) ‖ **~ie** f Cortesía (politesse) | Cortesanía (civilité).

couru, e adj Solicitado, a | Buscado, a (recherché) | Concurrido, a : *endroit ~,* sitio concurrido.

couscous [kuskus] m Alcuzcuz.

cousette f FAM. Modistilla.

cousin, ~e s Primo, a : *~ germain,* primo hermano | FAM. Amigo, a | — M Mosquito (moustique) ‖ **~age** m Primazgo (entre cousins) | Parentela *f* (parenté) ‖ **~er** vi Entenderse bien, congeniar.

coussin m Cojín, almohadón | TECH. *~ d'air,* colchón de aire ‖ **~et** m Almohadilla *f* | Rodete (pour la tête) | TECH. Cojinete | Baste (de selle).

cousu, e adj Cosido, a | FIG. *~ d'or,* forrado de oro, riquísimo.

coût m Coste, costo | Precio (prix) || **~ant** adj/m : *à prix ~*, a precio de coste.
couteau m Cuchillo | Navaja *f* (mollusque) | Cuchilla *f* (couperet) | *~ à cran d'arrêt*, navaja de muelle | *~ à papier*, plegadera | *~ de poche*, navaja | FIG. *Avoir le ~ sur la gorge*, estar con el puñal en el pecho. *Être à ~x tirés*, estar a matar. *Retourner le ~ dans la plaie*, avivar la herida.
coutel|as [kutlα] m Machete (sabre) | Faca *f* (grand couteau) || **~ier** [-təlje] m Cuchillero || **~lerie** [-tɛlri] f Cuchillería.
coût|er vi/t Costar | FIG. Ser penoso, costar | *Coûte que coûte*, a toda costa, cueste lo que cueste | *Il en coûte de*, cuesta mucho || **~eux, euse** adj Costoso, a.
coutil [kuti] m Cutí (tissu pour ameublement) | Dril (pour vêtement).
coutum|e f Costumbre | DR. Derecho (*m*) consuetudinario | *Avoir ~ de*, soler, tener costumbre de || **~ier, ère** adj Acostumbrado, a | DR. Consuetudinario, a.
coutur|e f Costura | Cicatriz, costurón *m* | FAM. *Battre à plate ~*, derrotar por completo. *Examiner sur toutes les ~s*, mirar por los cuatro costados || **~er** vt Llenar de cicatrices || **~ier** m Modista | ANAT. Sartorio || **~ière** f Modista (qui fait des vêtements) | Costurera (qui coud).
couv|ain m ZOOL. Cresa *f* || **~aison** f Incubación || **~ée** f Empolladura, nidada (d'oiseaux) | Pollada (de poussins) | Nidada (nichée) | FAM. Prole (enfants).
couvent m Convento.
couver vt Incubar, empollar (œufs) | FIG. Alimentar, cobijar, abrigar (ambition), incubar, tener en estado de incubación (maladie) | FAM. *~ qqn*, mimar a alguien | — Vi Estar latente, prepararse en silencio.
couvercle m Tapadera *f* (de récipient) | Tapa *f*.
couvert, ~e adj Cubierto, a | Abrigado, a (avec un vêtement) | Tapado, a; arropado, a (recouvert) | Con sombrero (coiffé) | Arbolado, a (boisé) | Cargado, a; lleno, a (rempli) | Empañado, a; tomado, a (voix) | FIG. Defendido, a (protégé), nublado, a; encapotado, a (temps) | — M Cubierto (ustensiles) | Comida *f* (repas) | Refugio | *À ~*, a cubierto | *Mettre le ~*, poner la mesa | *Sous le ~ de*, so capa de | — F Vidriado *m* (émail) || **~ure** f Cubierta | Manta (de lit) | Tapa, cubierta (reliure) | Forro *m* (pour protéger un livre) | Portada (d'une revue) | Pretexto *m* | ARCH. Techumbre, cubierta | COM. Fianza (garantie), cobertura (or) | MIL. Cobertura | FIG. *Tirer la ~ à soi*, barrer para adentro, arrimar el ascua a su sardina.
couveuse f Clueca (poule) | Incubadora (d'enfants, d'œufs).
couvre|-chef m FAM. Sombrero, chapeo || **~-feu** m Queda *f* : *sonner le ~*, tocar a queda | MIL. Toque de queda || **~-joint** m TECH. Tapajuntas || **~-lit** m Colcha *f*, cubrecama || **~-pieds** ou **~-pied** m Cubrepiés || **~-radiateur** m Cubreradiador.
couvreur m Techador | Tejador (tuile) | Pizarrero (ardoise) | Plomero (zinc).
couvrir* vt Cubrir (*de, avec*, con) | Tapar (avec un couvercle) | Abrigar : *~ un enfant*, abrigar a un niño | Forrar (un livre) | Recorrer (parcourir) | Cubrir, compensar | Anular, suprimir | Proteger | Ocultar, encubrir (cacher) | Justificar, hacerse responsable de (justifier) | Aplicarse | Cubrir (animaux), pisar (coq) | — Vp Cubrirse | Nublarse, encapotarse (le ciel) | Abrigarse (avec des vêtements), taparse, arroparse (au lit).
cow-boy [kaubɔj] m Cow-boy, vaquero.
coyote m Coyote (loup).
crabe m Cangrejo de mar.
crach|at m Escupitajo, gargajo | MÉD. Esputo | FAM. Placa *f*, medalla *f* || **~é, e** adj FAM. Pintado, a; clavado, a : *c'est son père tout ~*, es su padre clavado || **~ement** m Esputo | Chasquido (de mitrailleuse) | Salida (*f*) de vapor (de fumée) | ÉLEC. RAD. Chisporroteo || **~er** vt Escupir | MÉD. Esputar | Arrojar (lancer) | FIG. Soltar, proferir (des injures), escupir (débourser) | — Vi Escupir | Salpicar (éclabousser) | Raspear (plume) | RAD. Chisporrotear || **~in** m Llovizna *f*, calabobos, sirimiri || **~oir** m Escupidera *f* || **~oter** vi Escupir con frecuencia, escupitinear.
crack m Favorito (cheval) | FAM. Hacha, as.
cracking m Cracking, craqueo.
craie [krɛ] f Tiza (pour tableau) | Jaboncillo *m* (de tailleur) | MIN. Creta.
crailler vi Graznar.
craindre* vt Temer : *je crains que tu ne parles*, temo que hables | Tener miedo a (avoir peur).
craint|e f Temor *m* : *dans la ~ de*, con el temor de | *De ~ que* o *de*, por temor de que | *Par ~ de*, con el temor de || **~if, ive** adj Temeroso, a | Tímido, a.
cramoisi, e adj/m Carmesí.

crampe f Calambre *m* (des muscles) | Dolor *m* (d'estomac) | FAM. Lata (ennui), pelma, pesado, a (personne).
crampillon m Horquilla *f*.
crampon m Grapa *f*, laña *f* (pour unir) | Garfio, escarpia *f* (pour saisir) | Crampón (montagne) | BOT. Zarcillo adventicio | FAM. Pelma, pesado, a | Taco (sports) || **~ner** vt Enganchar (attacher) | Lañar (agrafer) | FAM. Fastidiar, molestar (importuner) | — Vp Agarrarse (s'accrocher) | FAM. Pegarse como una lapa.
cran m Muesca *f* (encoche) | FIG. Punto, paso, división *f* | Ondulación *f* (des cheveux) | Agujero (de ceinture) | IMPR. Cran | FAM. Arrojo, agallas *fpl* (courage) | *~ d'arrêt*, seguro (arme), muelle (couteau) | FIG. *Être à ~*, no tenerse de nervios.
crân|e m Cráneo | Calavera *f* (de squelette) | FAM. *Bourrer le ~ à qqn*, hincharle a uno la cabeza || — Adj/s Arrogante | FAM. Magnífico, a || **~er** vt Fanfarronear, chulearse, presumir || **~erie** f Chulería || **~eur, euse** adj/s FAM. Fanfarrón, ona | Presumido, a; orgulloso, a || **~ien, enne** adj Craneano, a; craneal.
cranter vt Hacer muescas en.
crapaud [krapo] m Sapo | Sillón bajo, poltrona *f* (fauteuil) | Jardín (de pierre précieuse) | Piano de cola pequeño | Triquitraque (pétard) || **~ière** f Lugar (*m*) donde abundan los sapos | FIG. Pocilga || **~ine** f Estelión *m* (pierre) | BOT. Siderita | TECH. Tejuelo *m* (de gond), chumacera (à pivot), alcachofa (d'écoulement).
crapul|e f Crápula | Crápula *m* (homme) || **~erie** f Canallada, granujada || **~eux, euse** adj Crapuloso, a | Indecente.
craque f FAM. Bola, trola.
craquel|age m TECH. Grieteado || **~er** vt Grietear, resquebrajar || **~ure** f Resquebrajadura.
craqu|ement m Crujido || **~er** vi Crujir | Romperse (se casser) | Reventarse (chaussures) | Abrirse, resquebrajarse (se fendre) | Estallar (éclater) | FIG. Desmoronarse (s'effondrer), fallar, fracasar (échouer) | Frotar (allumette) | — Vt Desgarrar, romper (déchirer).
crass|e f Mugre, roña (saleté) | Porquería (objet de peu de valeur) | FIG. Miseria; roñería (avarice), niebla espesa (brouillard) | POP. Faena, jugarreta | — Pl. MIN. Grasas (scories) | — Adj Craso, a || **~eux, euse** adj Mugriento, a (sale) | Miserable (pauvre) | FAM. Tacaño, a (avare) || **~ier** m Escorial.
cratère m Cráter (de volcan) | Crátera *f* (coupe antique).
cravach|e f Fusta || **~er** vt Golpear con la fusta | — Vi FIG. Darse una paliza (s'éreinter).
cravat|e f Corbata | Cuello *m* (de fourrure) | MAR. Cabo *m* || **~er** vt Poner la corbata a | *Cravaté*, con corbata.
crave m Grajo (oiseau)
crawl [kro:l] m Crawl.
crayeux, euse [krɛjø, ø:z] adj Cretáceo, a; gredoso, a.
crayon [krɛjɔ̃] m Lápiz, lapicero | FIG. Manera (*f*) de dibujar | *~ à bille*, bolígrafo | *~ d'ardoise*, pizarrín | *~ de rouge à lèvres*, barra *ou* lápiz de labios | *~ feutre*, rotulador (marqueur) || **~nage** m Dibujo a lápiz || **~ner** vt Diseñar (ébaucher) | Emborronar con lápiz (barbouiller) | FIG. Esbozar, bosquejar.
créanc|e f Crédito *m* (confiance, crédit) | Creencia, fe (croyance) | *Lettres de ~*, credenciales || **~ier, ère** s Acreedor, a.
créat|eur, trice adj/s Creador, a | Inventor, a || **~ion** f Creación || **~ure** f Criatura | FIG. Protegido *m* | Mujer de vida libre.
crécelle f Carraca, matraca | FIG. Chicharra | *~ de lépreux*, tablillas de San Lázaro.
crèche f Pesebre *m* (mangeoire) | Nacimiento *m*, belén *m* (pour Noël) | Guardería infantil (pour enfants).
crédibilité f Credibilidad.
crédit m Crédito | COM. Haber | *Acheter à ~*, comprar a plazos | *~ foncier*, crédito inmobiliario *ou* hipotecario | *De ~*, crediticio, a | *Faire ~*, fiarse | *Porter au ~ de*, abonar en cuenta a || **~er** vt Abonar en cuenta || **~eur, rice** adj/s Acreedor, a.
credo m Credo.
crédul|e adj/s Crédulo, a || **~ité** f Credulidad.
créer [kree] vt Crear.
crémaillère f Llares *mpl* (de cuisine) | TECH. Cremallera | *Pendre la ~*, inaugurar la casa [invitando a los amigos].
crémat|ion f Cremación || **~oire** adj Crematorio, a.
crème f Nata (du lait) | Natilla (dessert) | Crema (cosmétique) | *~ caramel* ou *renversée*, flan | *~ de cacao*, licor de cacao | *~ fraîche*, nata | FIG. *La ~*, la flor y nata (le meilleur) | — Adj inv Crema.
crém|erie [krɛmri] f Mantequería, lechería || **~eux, euse** adj Cremoso, a; mantecoso, a || **~ier, ère** s Mantequero, a; lechero, a.
crémone f Falleba.

créneau m Almena *f* (dentelure d'un mur) | Aspillera *f*, tronera *f* (meurtrière).
crénel|age m Labrado del cordoncillo | Gráfila *f* (bord des monnaies) ‖ **~er** vt Almenar | Acordonar (monnaies) | FIG. Dentar ‖ **~ure** f Dentellado *m* | ARCH. Crestería.
créole adj/s Criollo, a | — M Lengua (*f*) criolla.
créosote f CHIM. Creosota.
crêp|age m Cardado (des cheveux) | *~ de chignon*, riña entre mujeres ‖ **~e** m Crespón (tissu) | Gasa *f* (de deuil) | Crepé, caucho laminado (caoutchouc) | — F Tortita, hojuela, « pancake » [*Amér.*, panqueque] ‖ **~er** vt Encrespar | Cardar (cheveux) | — Vp FAM. *~ le chignon*, agarrarse del moño.
crép|i m Revestimiento de argamasa (au ciment) | Revoque, enlucido (à la chaux) ‖ **~ine** f Franja | Redaño *m* (d'un animal) | TECH. Alcachofa | Cebolla (d'évier) ‖ **~ir** vt Revestir con argamasa | Enlucir, revocar ‖ **~issage** m Enlucido, revoque | Granulado (des peaux) ‖ **~issure** f Revestimiento (*m*) de argamasa.
crépit|ation f ou **~ement** m Crepitación *f* ‖ **~er** vi Crepitar.
crép|on m Crespón ‖ **~u, e** adj Crespo, a (cheveux).
crépuscul|aire adj Crepuscular ‖ **~e** m Crepúsculo.
cresson m Berro.
Crésus [krezys] nprm Creso.
crétacé, e adj/m Cretáceo, a.
Crète nprf Creta.
crêt|e f Cresta | Coronación (d'un barrage) | ARCH. Crestería ‖ **~é, e** adj Crestado, a.
crête-de-coq f BOT. Gallocresta.
crétin, ~e adj/s Cretino, a ‖ **~erie** f Cretinismo *m*, estupidez ‖ **~isme** m Cretinismo.
crétois, e adj/s Cretense.
cretonne f Cretona.
creus|age ou **~ement** m Cavadura *f* | Construcción *f* (d'un tunnel) | Excavación *f* (de tranchées) ‖ **~er** vi/t Cavar | Ahondar (approfondir) | Excavar, abrir (tranchées) | Ahuecar (faire un creux) | Abrir (sillon) | Surcar (sillonner) | Hundir (amaigrir) | FIG. Sondear; profundizar | — Vp Ahuecarse (devenir creux) | Hundirse (les yeux) ‖ **~et** m Crisol.
creux, euse [krø, ø:z] adj Hueco, a | Encajonado, a (encaissé) | Vacío, a; huero, a (vide) | Hundido, a (enfoncé) | Cavernoso, a (voix) | *Heures ~s*, horas de poca actividad (circulation), ratos perdidos, horas libres *ou* muertas (dans un horaire), horas de menor consumo (électricité) | *Saison ~*, temporada baja | *Sonner ~*, sonar a hueco | — M Hueco (trou), vacío (vide) | Cavidad *f* | Depresión *f* | Vaciado (moule) | MAR. Altura *f* (des vagues) | Boca *f* (de l'estomac) | FAM. *Avoir un ~ dans l'estomac*, tener el estómago vacío.
crev|aison f Pinchazo *m* (de pneu) | POP. Muerte (mort), gran cansancio *m* ‖ **~ant, e** adj POP. Agobiante (épuisant), mondante (très drôle) ‖ **~asse** f Grieta ‖ **~asser** vt Agrietar ‖ **~é, e** adj Pinchado, a (pneu) | POP. Reventado, a (fatigué) | — M Cuchillada *f*.
crève|-cœur [krɛvkœ:r] m inv Desconsuelo (chagrin) | Lástima *f*, tormento ‖ **~-la-faim** m inv Muerto de hambre.
crever vt/i Reventar, estallar (éclater) | Pinchar (pneu) | Saltar (les yeux) | FAM. Reventar, estirar la pata (mourir), apiolar (tuer), morirse : *~ de faim, d'ennui*, morirse de hambre, de aburrimiento | Descargarse (nuages) | — Vp FAM. Reventarse, matarse.
crevette f Camarón *m*, quisquilla (grise) | Gamba (rose).
cri m Grito : *pousser un ~*, dar un grito | Chirrido (grincement) | Clamor (clameur) | Voz *f* (appel, bruit des animaux) | Pregón (du marchand) | *À grands ~s*, a voces | FIG. *Le dernier ~*, la última moda, el último grito, la última palabra. *Pousser les hauts ~s*, poner el grito en el cielo.
criaill|ement [kri(j)ɑjmɑ̃] m Chillido (cri) | Gritería *f* ‖ **~er** vi FAM. Chillar, vociferar ‖ **~erie** [-jri] f Gritería, chillido *m* ‖ **~eur, euse** adj/s Chillón, ona.
cri|ant, e [krijɑ̃, ɑ̃:t] adj Chillón, ona | FIG. Escandaloso, a (révoltant), patente (évident) ‖ **~ard, e** adj FIG. Llamativo, a (couleur), escandaloso, a | — Adj/s Chillón, ona.
cribl|age m Cribado, cernido ‖ **~e** m Criba *f*, tamiz | FIG. *Passer au ~*, pasar por el tamiz ‖ **~er** vt Cribar, cerner | FIG. Acribillar ‖ **~ure** f Cerniduras *pl*, cribaduras *pl*.
cric [kri ou krik] m AUT. Gato.
cricket m Criquet, cricket.
cricri m Grillo.
cri|ée [krije] f Subasta | *Acheter à la ~*, comprar en pública subasta *ou* al pregón ‖ **~er** vi Gritar, chillar | Pregonar (pour vendre) | Chirriar, rechinar (grincer) | FIG. Llamar (appeler), clamar : *~ à l'injustice*, clamar contra la injusticia; ser chillón (couleurs) | *~ après qqn*, reñir a alguien | *~ au secours*, pedir socorro | — Vt Gritar | Proclamar | Pregonar

(pour vendre) | FIG. Clamar : ~ *son innocence,* clamar su inocencia; quejarse (se plaindre), exigir (exiger), denotar (mettre en évidence) | ~ *gare,* advertir de un peligro || **~eur, euse** adj/s Chillón, ona; voceador, a | ~ *de journaux,* vendedor ambulante de periódicos | ~ *public,* pregonero.
crime m Crimen.
crimin|alité f Criminalidad || **~el, elle** adj/s Criminal || **~ologie** f Criminología.
crin m Crin *f*, cerda *f* | FIG. *À tous ~s,* de tomo y lomo | FAM. *Comme un ~,* huraño, a || **~crin** m FAM. Mal violín || **~ière** f Crines *pl* | Melena (du lion) | FAM. Pelambrera, greña, melena (cheveux) || **~oline** f Miriñaque *m*.
criqu|e f Caleta, cala || **~et** m Langosta *f* (grande sauterelle), saltamontes (petite).
crise f Crisis | ~ *de nerfs,* ataque de nervios | FAM. *Piquer une ~,* salirse de sus casillas.
crisp|ant, e adj FAM. Irritante, que crispa || **~er** vt Crispar.
criss|ement m Rechinamiento, crujido || **~er** vi Rechinar, crujir.
cristal m Cristal || **~lerie** f Cristalería || **~lin, e** adj/m Cristalino, a || **~lisant, e** adj Cristalizador, a || **~lisation** f Cristalización || **~liser** vt/i Cristalizar | FIG. Concretar, cristalizar.
critère ou **critérium** [kriterjɔm] m Criterio.
criticisme m Criticismo.
critiqu|able adj Criticable || **~e** adj Crítico, a | — F Crítica | FIG. *La ~ est aisée, mais l'art est difficile,* una cosa es enhebrar, otra es dar puntadas | — M Crítico || **~er** vt Criticar || **~eur, euse** s Criticón, ona.
croass|ement m Graznido || **~er** vi Graznar.
croate adj/s Croata.
Croatie nprf Croacia.
croc [kro] m Gancho, garabato (pour suspendre) | Colmillo (canine), diente (dent).
croc-en-jambe [krɔkɑ̃ʒɑ̃:b] m Zancadilla *f* : *faire un ~,* echar *ou* poner la zancadilla.
croche f MUS. Corchea | *Double ~,* semicorchea | *Quadruple ~,* semifusa | *Triple ~,* fusa.
croche-pied m Zancadilla *f*.
croch|er vt Igualar | Retorcer (courber) | FAM. MAR. Enganchar || **~et** m Gancho | Colmillo (dent) | Ganchillo (aiguille), labor de ganchillo (travail au crochet) | TECH. Ganzúa *f* (serrure) | IMPR. Corchete | *Avoir qqn à ses ~s,* mantener a uno | *Faire un ~,* dar un rodeo | *Vivre* o *être aux ~s de qqn,* vivir a expensas de uno || **~etage** m Forzamiento || **~eter** vt Forzar, abrir con ganzúa (une serrure) | Enganchar (saisir) | Hacer labor de ganchillo | — Vp FAM. Agarrarse || **~u, e** adj Ganchudo, a; corvo, a : *nez ~,* nariz corva.
crocodile m Cocodrilo.
croire* vt/i Creer (*à*, en) | Parecerle [a uno] : *j'ai cru te voir hier,* me ha parecido verte ayer | *À ce que je crois,* según creo | *C'est à ~ que,* parece que, cualquiera diría *ou* creería que | *Je crois bien!,* ¡ya lo creo! | *Je crois bien que,* me parece que | *Je n'y crois pas,* no me lo creo | — Vp Creerse | *S'en croire,* creérselas.
crois|ade f Cruzada || **~é, e** adj Cruzado, a | Alternado, a (rime) | *Mots ~s,* crucigrama, palabras cruzadas | — Adj/m Cruzado, a | — F Ventana (fenêtre) | Encrucijada (carrefour) | ARCH. Crucero *m* || **~ement** m Cruce || **~er** vt Cruzar | — Vi Patrullar (un navire de guerre) | — Vp Cruzarse : ~ *les bras,* cruzarse de brazos || **~eur** m Crucero || **~ière** f Crucero *m* || **~illon** m Travesaño | Brazo (croix) | ARCH. Crucero.
croiss|ance f Crecimiento *m* | Desarrollo *m* (économique) || **~ant, e** adj Creciente | — M Media luna *f* (lune) | Medialuna *f*, « croissant » (petit pain) | Podadera *f* (du jardinier).
croître* vi Crecer | FIG. Desarrollarse.
croix [krwa] f Cruz | FIG. FAM. *C'est la ~ et la bannière,* es la cruz y los ciriales | *Croix-Rouge,* Cruz Roja | FAM. *Faire une ~ dessus* o *à* o *sur,* despedirse de.
croquant, e adj Crujiente | — S Piñonate *m*, almendrado *m* | FAM. Cateto, a; paleto, a (rustre).
croque-madame ou **croque-monsieur** m Bocadillo caliente de queso y jamón.
croque|-mitaine m FAM. Coco, bu || **~-mort** m FAM. Enterrador (fossoyeur), pitejo (du corbillard).
croqu|er vi Cuscurrear | Crujir : ~ *sous la dent,* crujir entre los dientes | — Vt Cascar (broyer) | Comer (manger) | Mascar (mâcher) | Bosquejar (ébaucher) || **~et** m Croquet (jeu) | Pastel almendrado (gâteau) || **~ette** f Albóndiga, croqueta (de viande), bola de patatas (de pommes de terre) | Chocolatina, croqueta (de chocolat) || **~is** m Croquis, bosquejo.
cross-country [krɔskʌntri] m Cross-country, carrera (*f*) a campo traviesa.
crosse f Garrote *m*, cayado *m* (bâton) | Báculo *m* (d'évêque) | Culata (de fusil) | Palo *m* (de hockey) | MÉC.

Cruceta | ~ *de l'aorte,* cayado de la aorta | *Coup de ~,* culatazo | FAM. *Être en ~,* estar enfadado.
crotale m Crótalo.
crott|e f Cagarruta (excrément de chien), gallinaza (de poule), cagajón *m* (de cheval), caca (d'un enfant) | Barro *m* (boue) | FIG. Porquería (chose sans valeur) | ~ *de chocolat,* bombón | — Interj ¡Córcholis! || **~er** vt Manchar de barro | — Vp Enlodarse || **~in** m Estiércol de caballo, cagajón.
croul|ant, e adj Ruinoso, a | — S POP. Vejestorio *m,* cascajo *m* || **~er** vi Desplomarse (un édifice) | FIG. Hundirse (s'effondrer), fracasar (échouer).
croup [krup] m MÉD. Garrotillo || **~ade** f Grupada, corcovo *m* || **~e** f Grupa : *porter en ~,* llevar a la grupa || **~i, e** adj Corrompido, a; estancado, a || **~ier** m « Croupier » || **~ion** m Rabadilla *f* || **~ir** vi Corromperse, estancarse (eau) | Pudrirse (pourrir) | FIG. Sumirse, encenagarse ; pudrirse || **~issant, e** adj Corrompido, a ; estancado, a (eau) | FIG. Sumido, a ; encenagado, a || **~issement** m Corrupción *f,* estancamiento | FIG. Encenagamiento.
croustill|ant, e adj Curruscante, crujiente | FIG. Picaresco, a; picante || **~er** vi Curruscar, crujir.
croût|e f Corteza | Mendrugo *m* (bout de pain) | Costra (couche) | Pastel *m* (de vol-au-vent) | FAM. Mamarracho *m* (mauvaise peinture) | MÉD. Postilla, costra | POP. Manduca (nourriture) | POP. *Casser la ~,* tomarse un bocado | ~ *terrestre,* corteza terrestre | FAM. *Gagner sa ~,* ganarse el pan || **~eux, euse** adj Costroso, a || **~on** m Mendrugo (morceau de pain) | Cuscurro, pan frito (pain frit) | Pico (bout du pain) | POP. Antigualla *f.*
croy|able [krwajabl] adj Creíble, verosímil || **~ance** f Creencia || **~ant, e** adj/s Creyente.
cru, e adj Crudo, a | *Monter à ~,* montar a pelo | — M Terruño, tierra *f* (terroir) | Cosecha *f* (vignoble) | Caldo, vino (vin) | FIG. Cosecha *f* : *c'est de mon ~,* es de mi cosecha; etiqueta *f* (tendance) | *Grands ~s,* vinos finos.
cruauté [kryote] f Crueldad.
cruch|e f Cántaro *m* (sans bec), botijo *m* (à bec) | — Adj/f FAM. Mentecato, a; ceporro, zoquete.
cruci|al, e adj Crucial || **~fiement** [krysifimɑ̃] m Crucifixión *f* || **~fier** vt Crucificar || **~fix** [-fi] m Crucifijo || **~fixion** f Crucifixión.
crudité f Crudeza | — Pl Verduras y hortalizas aliñadas en crudo.
crue [kry] f Crecida | FIG. Crecimiento *m.*
cruel, elle adj/s Cruel.
crustacé, e adj/m Crustáceo, a.
cruzeiro m Cruzeiro (monnaie).
crypte f Cripta.
crypto|game adj/m BOT. Criptógamo, a || **~graphie** f Criptografía || **~n** m Criptón (gaz).
Cuba npr Cuba.
cubage m Cubicación *f.*
cubain, e adj/s Cubano, a.
cub|e adj Cúbico, a | — M Cubo | Cubito (de glace) || **~er** vt Cubicar (mesurer) | Elevar al cubo, cubicar || **~ilot** m Cubilote || **~ique** adj Cúbico, a || **~isme** m Cubismo || **~iste** adj/s Cubista.
cubitus [kybitys] m ANAT. Cúbito.
cucurbitacé, e adj/f BOT. Cucurbitáceo, a.
cueill|aison [kœjɛzɔ̃] ou **~e** f Recolección || **~ette** f Recolección, cosecha || **~ir*** [-jir] vt Coger, cosechar, recoger | FAM. Recoger (ramasser), pillar, coger (attraper), robar (voler).
cuill|er ou **~ère** [kɥijɛ:r] f Cuchara : ~ *à soupe,* cuchara sopera | Cebo (*m*) artificial de cuchara (pêche) | TECH. Cuchara | *Petite ~,* cucharilla || **~erée** [-jre] f Cucharada.
cuir m Cuero | Curtido (industrie) | Piel *f* (peau) : *articles de ~,* artículos de piel | ~ *à rasoir,* suavizador | ~ *chevelu,* cuero cabelludo.
cuirass|e f Coraza (armure) | Cubierta (enveloppe) | FIG. Peto *m* | MAR. ZOOL. Coraza || **~é, e** adj/m Acorazado, a || **~ement** m Acorazamiento || **~er** vt Acorazar || **~ier** m Coracero.
cuire* vt Cocer | Freír (frire), asar (rôtir) | Hacer (du pain) | Quemar, tostar | FIG. *Être dur à ~,* ser duro de pelar | — Vi Cocerse | Escocer (douleur).
cuis|ant, e adj De cocción fácil | Agudo, a : *douleur ~,* dolor agudo | Fuerte (fort) | FIG. Humillante ; mordaz, punzante (mordant) || **~eur** m Caldera *f.*
cuisin|e f Cocina | FAM. Maniobras *pl,* tejemanejes *mpl* | Potingue *m* (mélange) | *Faire la ~,* cocinar, guisar || **~er** vi Guisar, cocinar | — Vt Guisar, cocinar | FAM. Fraguar (préparer), sonsacar (faire parler) || **~ier, ère** adj/s Cocinero, a | — F Cocina.
cuiss|ard m Quijote (armure) | Elástica *f* (sports) || **~ardes** fpl Botas || **~e** f Muslo *m* | Anca (de grenouille) | Pierna (de mouton) | FIG. *Se croire sorti de la ~ de Jupiter,* creerse descendiente de la pata del

Cid ‖ **~eau** m Pierna *(f)* de ternera ‖ **~on** f Cocción | Escozor *m* (douleur) ‖ **~ot** m Pernil [de caza mayor] | Quijote (armure).
cuist|ance f MIL. Rancho *m* ‖ **~ot** m FAM. Cocinero, ranchero ‖ **~re** m FAM. Pedante; grosero, patán ‖ **~rerie** f FAM. Pedantismo *m;* grosería, patanería.
cuit, ~e [kɥi, it] adj Cocido, a | Hecho, a (fait) | POP. *C'est du tout ~,* está tirado. *Être ~,* estar aviado | — F Cochura (matériaux) | Hornada (fournée) | POP. Curda, cogorza, mona ‖ **~er (se)** vp POP. Coger una curda *ou* una mona.
cuivr|age m TECH. Encobrado ‖ **~e** m Cobre | *~ jaune,* latón, azófar | — Pl Cobres (objets) | MUS. Instrumentos de metal, cobres ‖ **~é, e** adj Cobrizo, a ‖ **~er** vt TECH. Encobrar | Dar color cobrizo (couleur) | MUS. Dar un sonido metálico ‖ **~eux, euse** adj Cobrizo, a (couleur) | Cobreño, a (qui a du cuivre) | Metálico, a (son) | CHIM. Cuproso, a.
cul [ky] m POP. Culo (derrière, fond) | POP. *Faire ~ sec,* apurar un vaso (boire d'un trait) ‖ **~asse** f Culata | Cerrojo *m* (du fusil).
culbut|e f Voltereta (cabriole) | Caída violenta (chute) | FAM. Ruina, hundimiento *m* (renversement) ‖ **~er** vt Derribar, voltear (renverser) | Vencer (vaincre) | — Vi Dar volteretas (faire des cabrioles) | Caer de cabeza (tomber) | FIG. Ser derribado ‖ **~eur** m Balancín (de moteur).
cul-de|-basse-fosse [kydbɑsfos] m Mazmorra *f* ‖ **~-jatte** m Lisiado sin piernas ‖ **~-lampe** m IMPR. Viñeta *f,* colofón ‖ **~-sac** m Callejón sin salida.
cul|ée f ARCH. Estribo *m* (de pont), machón *m* (d'un arc) ‖ **~ière** f Ataharre *m.*
culinaire adj Culinario, a.
culmin|ant, e adj Culminante ‖ **~ation** f Culminación ‖ **~er** vi Culminar.
culot m Casquillo (de cartouche, d'ampoule) | Residuo de tabaco en la pipa | POP. Caradura *f,* frescura *f,* (aplomb).
culott|e f Calzón *m,* pantalón *m* (d'homme), pantalón *(m)* corto (short), taleguilla *f* (d'un torero) | Bragas *pl,* braga (de femme) | Cuarto *(m)* trasero (du bœuf) | FAM. *~ de peau,* militarote | FIG. *Porter la ~,* llevar los pantalones ‖ **~é, e** adj FAM. Caradura, fresco, a ‖ **~er** vt Poner los calzones | FIG. Curar (pipe) ‖ **~ier, ère** s Pantalonero, a.
culpabil|iser vt Culpabilizar ‖ **~ité** Culpabilidad.
culte m Culto.
cultéranisme m Culteranismo.
cul-terreux [kytɛrø] m FAM. Destripaterrones, cateto.
cultisme m Cultismo.
cultiv|able adj Cultivable ‖ **~ateur, trice** adj/s Labrador, a; cultivador, a | — M Cultivador (appareil) ‖ **~é, e** adj Cultivado, a (sol) | Culto, a (personne) ‖ **~er** vt Cultivar.
cultur|e f AGR. BIOL. Cultivo *m* | FIG. Cultura (de l'esprit) | *~ physique,* cultura física, gimnasia ‖ **~el, elle** adj Cultural.
cumin m BOT. Comino.
cumul m Cúmulo ‖ **~ard** m FAM. Acaparador, pluriempleado ‖ **~er** vt Acumular [cargos], acaparar ‖ **~us** [kymylys] m Cúmulo (nuage).
cunéiforme adj Cuneiforme.
cupid|e adj Codicioso, a ‖ **~ité** f Codicia.
Cupidon nprm Cupido.
cupule f BOT. Cúpula.
cur|able adj Curable ‖ **~age** ou **~ement** m Limpia *f* ‖ **~are** m Curare (poison) ‖ **~atelle** f DR. Curadería ‖ **~ateur, trice** s DR. Curador, a ‖ **~atif, ive** adj Curativo, a ‖ **~e** f Cura (traitement, guérison) | Curato *m* (fonction du curé) | Casa del cura (presbytère) | *N'avoir ~ de,* no hacer caso de ‖ **~é** m Cura | Párroco (chargé d'une paroisse).
cure-dent m Mondadientes, palillo de dientes.
curée f Encarne *m,* encarna (chasse) | FAM. Arrebatiña.
cure-ongles m inv Limpiaúñas ‖ **~-oreille** m Escarbaorejas.
curer vt Limpiar, mondar.
curet|age m MÉD. Raspado, legrado, legradura *f* ‖ **~er** vt MÉD. Raspar | Legrar (un os) ‖ **~te** f MÉD Legra, cureta | TECH. Raspador *m.*
curi|al, e adj Parroquial ‖ **~e** f Curia | — M PHYS. Curie ‖ **~eux, euse** adj Curioso, a | Sorprendente (surprenant) | Extraño, a (étrange) | — S Curioso, a | — M Lo curioso ‖ **~osité** f Curiosidad | Rareza (chose étrange) | — Pl Antigüedades ‖ **~ste** s MÉD. Agüista, curista.
curriculum vitae [kyrikylɔm vite] m Curriculum vitae, historial profesional.
curs|eur m TECH. Cursor, corredera *f* ‖ **~if, ive** adj/f Cursivo, a.
curvi|ligne adj Curvilíneo, a ‖ **~mètre** m Curvímetro.
custode f Viril *m* (pour l'hostie) | Paño *(m)* de cáliz (ciboire) | Cortina (rideau) | — M Custodio.
cutané, e adj Cutáneo, a.
cuti f MÉD. Cuti.
cuticule f Cutícula.
cuti-réaction f MÉD. Cutirreacción, dermorreacción.

cuv|age m ou **~aison** f Fermentación *f* || **~e** f Cuba | AGR. TECH. Tina || **~eau** m Cubeta || **~ée** f Tina, cuba (contenu) | Cosecha (récolte) || **~er** vi Fermentar, cocer | — Vt FAM. **~** *son vin,* dormir la mona || **~ette** f Palangana (de toilette) | Taza (de w.-c.) | Hondonada (du terrain) | Cauce *m* (d'un canal) | GÉOGR. Depresión | TECH. Cubeta || **~ier** m Tina *f*, lebrillo.
cyan|ose f MÉD. Cianosis || **~ure** m CHIM. Cianuro.
cybernétique f Cibernética.
cycl|able adj Para ciclistas || **~amen** m BOT. Ciclamen, ciclamino || **~e** m Ciclo || **~ique** adj Cíclico, a || **~isme** m Ciclismo || **~iste** adj/s Ciclista || **~o-cross** m Ciclocross || **~oïde** f GÉOM. Cicloide || **~omoteur** m Ciclomotor.
cyclone m Ciclón | TECH. Aventador centrífugo.
cyclop|e m Cíclope || **~éen, enne** adj Ciclópeo, a.
cyclotron m PHYS. Ciclotrón.
cygne m Cisne.
cylindr|age m Apisonamiento (d'une route) | TECH. Cilindrado || **~e** m Cilindro, rodillo (compresseur) | GÉOM. TECH. Cilindro || **~ée** f TECH. Cilindrada || **~er** vt Apisonar (route) | Laminar | Enrollar (papier) || **~ique** adj Cilíndrico, a.
cymbal|e f MUS. Címbalo *m*, platillo *m* || **~ier** m MUS. Cimbalero.
cynégétique adj/f Cinegético, a.
cyn|ique adj/s Cínico, a || **~isme** m Cinismo.
cynocéphale m Cinocéfalo.
cypr|ès m BOT. Ciprés || **~ière** f BOT. Cipresal *m*.
cypriote adj/s Chipriota, ciprio, a; cipriota.
cyrillien, enne ou **cyrillique** adj Cirílico, a.
cystite f MÉD. Cistitis.
cytise m BOT. Cítiso, codeso.
cyto|logie f Citología || **~plasme** m Citoplasma.

d

d m D *f*.
dactylo ou **~graphe** f Mecanógrafa || **~graphie** f Mecanografía || **~graphier** vt/i Mecanografiar, escribir con máquina || **~graphique** adj Mecanográfico, a || **~scopie** f Dactiloscopia.
dad|a m Caballito | Dadaísmo (mouvement artistique) | FAM. Manía *f*, capricho || **~ais** m Bobo, papanatas, simple || **~aïsme** m Dadaísmo.
dague f Daga (épée) | Cerceta, mogote *m* (du cerf) | Colmillo *m* (du sanglier).
daguerréotyp|e m Daguerrotipo || **~ie** f Daguerrotipia.
dahlia m Dalia *f*.
daigner [dɛɲe] vt Dignarse.
dai|m [dɛ̃] m Gamo (animal) | Ante (peau) || **~ne** f Gama.
dais [dɛ] m Dosel (baldaquin) | Palio (baldaquin mobile) | Sombrero de púlpito, tornavoz (de chaire) | ARCH. Bóveda *f*, doselete | POÉT. Techumbre *f* (de feuillage).
dall|age m Enlosado, embaldosado (de dalles) | Solería *f* (de carreaux) || **~e** f Losa, baldosa | POP. *Ne comprendre que* **~**, no entender ni jota || **~er** vt Enlosar, embaldosar, solar || **~eur** m Solador, enlosador, embaldosador.
dalmat|e adj/s Dálmata || **~ique** f Dalmática.
dalot m Imbornal.
dalton|ien, enne adj/s Daltoniano, a || **~isme** m MÉD. Daltonismo.
dam [dɑ̃] m Daño, perjuicio | Condenación *f* (damnation) | *À mon grand* **~**, en perjuicio mío | *Au grand* **~** *de,* con gran riesgo de || **~age** m Apisonado, apisonamiento.
damas m Damasco (étoffe) | Sable damasquino (arme) | Ciruela (*f*) damascena (prune).
Damas npr Damasco.
damasquin|age m Damasquinado, ataujía *f* || **~er** vt Damasquinar.
damass|é m Tela (*f*) adamascada || **~er** vt Adamascar (linge) | TECH. Damasquinar || **~ure** f Adamascado *m*.
dam|e f Dama (p. us.) | Señora : **~** *de compagnie,* señora de compañía | Reina, dama (jeux) | TECH. Pisón *m* | — Pl Damas (jeu) | **~** *d'atour,* azafata de la reina | *Notre-Dame,* Nuestra Señora | — Interj. ¡Toma!, ¡vaya! | **~** *oui!,* ¡claro que sí! || **~e-jeanne** [damʒɑ:n] f Damajuana, garrafón *m* || **~er** vt Coronar (un pion) | TECH. Apisonar | FAM. **~** *le pion à qqn,* ganar a uno por la mano || **~euse** f Apisonadora, pisón *m*

‖ **~ier** m Tablero (jeux) | ARCH. Moldura (*f*) escaqueada, escaque | *Tissu à ~*, tela a cuadros.

damn|able [danabl] adj Condenable | Reprobable (blâmable) ‖ **~ation** f Condenación eterna ‖ **~é, e** adj/s Condenado, a; réprobo, a | FAM. Maldito, a; dichoso, a ‖ **~er** vt Condenar, reprobar | FAM. *Faire ~ qqn*, hacer rabiar a uno | — Vp Condenarse.

damoiseau m Doncel.

dancing [dɑ̃siŋ] m Dancing, sala (*f*) de baile.

dandin m FAM. Bobalicón ‖ **~ement** m Contoneo ‖ **~er (se)** vp Contonearse.

Danemark nprm Dinamarca *f*.

danger m Peligro | MAR. Escollo | *Être en ~*, peligrar ‖ **~eux, euse** adj Peligroso, a.

danois, e adj/s Danés, esa; dinamarqués, esa.

dans [dɑ̃] prép En (sans mouvement) | Dentro de, en : *~ un mois*, dentro de un mes | Durante, en : *~ la nuit du lundi*, durante la noche del lunes | Alrededor de, poco más o menos, unos, unas : *cela coûte ~ les dix francs*, cuesta unos diez francos | A (avec mouvement) : *jeter ~ l'eau*, tirar al agua | Por (avec mouvement) : *marcher ~ la rue*, andar por la calle | Entre, en : *prendre ~ ses mains*, tomar entre sus manos | Con : *~ le but de*, con objeto de | Entre, de : *il est ~ les premiers*, está entre los primeros, es de los primeros.

dans|ant, e adj Danzante | Bailable (musique) ‖ **~e** f Baile *m* | Danza (ancienne ou religieuse) | FIG. *Mener la ~*, llevar la voz cantante, manejar la batuta ‖ **~er** vi Bailar, danzar : *inviter à ~*, sacar a bailar | FIG. *Ne savoir sur quel pied ~*, no saber a qué son bailar | *Faire ~ qqn*, sacar a bailar a alguien (danser avec), maltratar a uno (malmener) | — Vt Bailar ‖ **~eur, euse** adj/s Persona que baila | Bailaor, a (flamenco) | Bailarín, ina (professionnel) | Pareja (partenaire) | *~ de corde*, funámbulo | **~otter** vi FAM. Bailotear.

dantesque adj Dantesco, a.

Danube nprm Danubio.

dard [da:r] m Dardo (arme) | Lengua *f* (du serpent) | Aguijón (insecte) | Albur (poisson) | BOT. Rama (*f*) florida (branche), pistilo | FIG. Dardo, flecha *f* ‖ **~er** vt Lanzar, arrojar | FIG. Irradiar (soleil), clavar (regard), disparar (sarcasmes).

dare-dare loc adv FAM. De prisa, a escape, volando.

darne f Rodaja *ou* rueda de pescado.

darse f Dársena (bassin).

dartr|e f MÉD. Empeine *m*, herpes *mpl* ‖ **~eux, euse** adj Herpético, a.

dat|e f Fecha | *De fraîche ~*, de fecha reciente | *De longue ~*, desde hace mucho tiempo | *En ~ de*, con fecha de | *Faire ~*, hacer época | *Le dernier en ~*, el último | *Prendre ~*, señalar fecha ‖ **~er** vt Fechar | — Vi Datar | Hacer época (faire date) | Estar anticuado | *À ~ de*, a partir de ‖ **~eur** m Fechador ‖ **~if, ive** adj/m Dativo, a.

datt|e f Dátil *m* ‖ **~ier** m Datilera *f*, palmera *f*.

daub|e f Adobo *m* (préparation) | Estofado *m* (viande) ‖ **~er** vt Golpear, apalear (battre) | — Vt/i Estofar (viande) | FIG. Burlarse de.

dauphin [dofɛ̃] m Delfín ‖ **~e** f Delfina (épouse du dauphin).

daurade f Besugo *m*, dorada.

davantage adj Más | Más tiempo (plus longtemps) | *Bien ~*, mucho más | *Pas ~*, no más, basta (pas plus), tampoco (non plus).

davier m Gatillo, tenazas *fpl*, alicates *pl* (de dentiste).

de [də] prép [Se abrevia en *d'* ante una vocal o *h* muda; se une con los artículos *le, les*, dando los contractos *du*, del, *des*, de los, de las] De (indique l'origine) : *il vient ~ Paris*, viene de París | Con (avec) : *faire signe ~ la main*, hacer seña con la mano | Por (motif) : *aimé ~ tous*, amado por todos | En : *~ ma vie*, en mi vida | A (mouvement) : *s'approcher du feu*, acercarse al fuego | Para (pour) : *j'ai le temps ~ manger*, tengo tiempo para comer | Précédé d'un adv de quantité, *de* ne se traduit pas : *peu ~ gens*, poca gente | — Mot de liaison De (avec infinitif complément d'un adj, devant un mot en apposition) : *indigne ~ vivre*, indigno de vivir; *la ville ~ Mexico*, la ciudad de México | On le supprime avec un infinitif, avec un verbe de prière ou de défense, devant un adj ou un participe passé : *il est bon ~ dormir*, es bueno dormir; *je vous défends ~ parler*, le prohibo que hable; *pas une place ~ libre*, ni un sitio libre | — Art partitif On le supprime : *avoir du pain*, tener pan | De (avec complément partitif défini) : *manger ~ tout*, comer de todo | — Pl Unos, unas (quelques).

dé m Dado (jeu) : *~ pipé* o *chargé*, dado falso | Dedal (couture) | Ficha *f* (domino) | FIG. *Agir sur un coup de ~s*, obrar a lo que salga. *Les ~s sont jetés*, la suerte está echada.

déambul|atoire m ARCH. Deambulatorio ‖ **~er** vi Deambular, pasearse.

débâcl|e [debɑ:kl] f Deshielo *m* | FIG. Ruina, hundimiento *m* | Derrota (défaite).
débâillonner [debɑjɔne] vt Quitar la mordaza a.
déball|age m Desembalaje | Mercancías (*fpl*) vendidas a bajo precio | Tenderete (stand) | Exposición (*f*) de mercancías | FAM. Confesión *f*, confidencia *f* ‖ **~er** vt Desembalar, desempacar | FAM. Soltar (avouer).
déband|ade f Desbandada ‖ **~er** vt Aflojar (un arc) | Desvendar (ôter un bandage) | — Vp Desbandarse, dispersarse.
débarbouill|age [debarbuja:ʒ] m Lavado, aseo ‖ **~er** vt Lavar.
débarcadère m Desembarcadero (jetée) | Andén (quai de gare) | Muelle, descargadero (marchandises).
débard|age m Descarga *f* | Transporte (du bois) ‖ **~er** vt Descargar | Sacar (du bois) ‖ **~eur** m Descargador.
débarqu|é, e adj/s Desembarcado, a ‖ **~ement** m Desembarco (voyageurs) | Desembarque (marchandises) | MIL. Desembarco ‖ **~er** vt Desembarcar (bateau) | Descargar (train) | FAM. Quitarse de encima | — Vi Desembarcar | FAM. Llegar, descolgarse, plantarse.
débarras m Alivio, liberación *f* | Trastero, cuarto de los chismes (pièce) | FAM. *Bon ~!*, ¡qué tranquilos nos hemos quedado! ‖ **~ser** vt Quitar (ôter) | Vaciar (vider) | Liberar | Eliminar, hacer desaparecer, quitar de en medio | Quitar de encima (qqch., qqn) | Despejar, dejar libre (la voie publique) | Coger (prendre) | POP. *~ le plancher*, largarse, ahuecar el ala | — Vp Desembarazarse, deshacerse | Quitarse (vêtement) | Quitarse de encima (se libérer de).
débat m Debate | Discusión *f*.
débât|er vt Desalbardar ‖ **~ir** vt Deshilvanar, descoser.
débattre* vt Debatir | Discutir (prix) | *À ~*, a convenir | — Vp Forcejear, resistir.
débauch|age m Despido (licenciement) | Incitación (*f*) a la huelga *ou* al libertinaje ‖ **~e** f Exceso *m* (de table) | Desenfreno *m*, relajación, relajamiento *m* (de mœurs) | FIG. Derroche *m* (d'énergie, etc) | *Exciter à la ~*, corromper ‖ **~é, e** adj Libertino, a; disoluto, a | Corrompido, a; sobornado, a (corrompu) | — S Libertino, a; juerguista ‖ **~er** vt Despedir (renvoyer qqn) | Lanzar al libertinaje, enviciar | Corromper, pervertir ‖ **~eur, euse** s Depravador, a; pervertidor, a.
débil|e adj Débil | Endeble, delicado, a (santé) ‖ **~itant, e** adj Debilitante, debilitador, a ‖ **~ité** f Debilidad ‖ **~iter** vt Debilitar.
débin|age m POP. Crítica *f*, murmuración *f* ‖ **~e** f POP. Miseria, pobreza ‖ **~er** vt POP. Criticar, poner como un trapo | — Vp POP. Largarse (partir) ‖ **~eur, euse** s POP. Mala lengua, criticón, ona.
débit m Despacho, venta *f* (vente) | Despacho (magasin) | Rendimiento, producción *f* | Caudal (d'eau, de gaz, d'un fleuve) | Capacidad (*f*) de tráfico (sur une route) | Cadencia *f* (arme) | Corte (coupe) | COM. Débito, debe (compte), salida (*f*) de caja | FIG. Elocución *f*, habla *f* | *~ de tabac*, estanco, expendeduría de tabaco ‖ **~age** m Corte, aserrado, cuadratura *f* (du bois) ‖ **~er** vt Despachar, vender (au détail) | Dar, suministrar (eau, gaz, etc) | Cortar, aserrar (le bois) | Producir, tener un rendimiento (produire) | COM. Cargar en cuenta | FIG. Recitar, declamar | Decir, soltar (dire) | Propalar (répandre) ‖ **~eur, euse** s Propalador, a; difundidor, a | COM. Dependiente ‖ **~eur, trice** adj/s Deudor, a.
déblai m Desmonte (de terre) | — Pl Escombros ‖ **~ement** [deblɛmɑ̃] m Limpia *f*, despejo, operaciones (*fpl*) de limpieza (nettoyage) | Nivelación *f*, desmonte (d'un terrain) | FIG. Limpieza.
déblatérer vi FAM. Despotricar | — Vt Decir, soltar.
déblay|ement m V. DÉBLAIEMENT ‖ **~er** [deblɛje] vt Quitar los escombros, descombrar (nettoyer) | Desmontar, nivelar (un terrain) | FIG. Despejar, limpiar.
déblo|cage m COM. Liberación *f*, desbloqueo | MIL. Desbloqueo ‖ **~quer** vt MIL. MÉC. Desbloquear, levantar el bloqueo | COM. Liberar, desbloquear | — Vi POP. Decir tonterías.
débobinage m Desbobinado.
déboire m Sinsabor (contrariété), desengaño (déception).
débois|ement m Desmonte | Tala *f* (coupe du bois) ‖ **~er** vt Desmontar | Talar (couper) | Desentibar (mine) | — Vp Estar quedándose sin árboles.
déboît|ement m Dislocación *f*, desencajamiento ‖ **~er** vt Desencajar | Dislocar, desencajar (os) | — Vi Salirse de la fila (voiture).
débonder vt Destapar (ôter la bonde) | — Vi/p Desbordar.
débonnaire adj Buenazo, a; bonachón, ona.
débord|ant, e adj Desbordante, rebosante ‖ **~é, e** adj Agobiado, a;

abrumado, a ‖ **~ement** m Desbordamiento (rivière) | FIG. Profusión *f* | Exceso, desenfreno (débauche) | MÉD. Derrame ‖ **~er** vt Desorillar (ôter la bordure) | Rebasar, sobrepasar (dépasser) | Adelantar (passer devant) | Destapar (le lit) | FIG. Agobiar, abrumar | — Vi Desbordarse, salirse de madre (rivière) | Extenderse (s'étendre) | Rebosar (récipient) | Desbordar (sports) | MAR. Desatracar (s'en aller) | MÉD. Derramarse | FIG. Rebosar (de joie, etc).
débosseler vt Desabollar.
débott|é ou **~er** m Acto de descalzarse | Llegada *f* (arrivée) | *Au ~*, al llegar, a la llegada ‖ **~er** vt Descalzar, quitar las botas.
débouch|age m Desatoramiento, desatascamiento (de tuyau), descorche (de bouteille) ‖ **~é** m Desembocadura *f*, salida *f* | FIG. Salida *f* | COM. Salida *f*, mercado ‖ **~ement** m V. DÉBOUCHAGE ‖ **~er** vt Destapar | Descorchar, destaponar (bouteille) | Desatascar, desatorar (dégorger) | — Vi Desembocar | Llegar (arriver).
déboucler vt Desabrochar, soltar (agrafe) | Desrizar (cheveux).
déboul|é o **~er** m Salida (*f*) de la liebre | Arranque (sports) | *Au ~*, a salto de mata (lièvre) ‖ **~er** vi Saltar (lièvre) | Caer rodando (dans un escalier) | — Vt Rodar abajo.
déboulonner vt Desempernar (ôter les boulons) | Desmontar (démonter) | FAM. Echar abajo, deshacer (défaire), derribar (destituer).
débourber vt Quitar el fango, desenlodar | Desatascar (voiture) | MIN. Lavar.
débourrer vt Desborrar (ôter la bourre) | Desatacar (arme) | Vaciar, limpiar (pipe).
débours [debu:r] mpl Desembolsos, gastos ‖ **~ement** m Desembolso ‖ **~er** vt Desembolsar.
déboussoler vt FAM. Desorientar.
debout [dəbu] adv De pie, en pie | Levantado, a (levé) | Vivo, a (vivant) | Contrario (vent) | — Interj ¡Arriba!
débout|é m DR. Denegación *f*, desestima *f*, desestimación *f* ‖ **~ement** m DR. Desestimación *f* ‖ **~er** vt DR. Denegar, desestimar la demanda de.
déboutonner vt Desabrochar, desabotonar | — Vp Desabrocharse, desabotonarse | FIG. Abrir su corazón, desahogarse.
débraill|é, e [debrɑje] adj Despechugado, a | FIG. Desaliñado, a | — M Indumentaria (*f*) descuidada, desaliño ‖ **~er (se)** vp Despechugarse.
débranch|ement m TECH. Desconexión *f*, desenchufe | Desenganche (des wagons) ‖ **~er** vt TECH. Desenchufar, desconectar | Desenganchar (wagons).
débray|age [debrɛja:ʒ] m TECH. Desembrague | FIG. Paro, plante (dans une usine) ‖ **~er** vt TECH. Desembragar | — Vi Parar, dejar el trabajo (dans une usine).
débrid|é, e adj Desenfrenado, a; sin freno | Desbocado, a (imagination) ‖ **~er** vt Desembridar | MÉD. Desbridar | FIG. *~ les yeux*, abrir los ojos. *Sans ~*, de un tirón.
débris m Pedazo | — Pl Restos, ruinas *f*, vestigios | *~ végétaux*, residuos vegetales.
débrocher vt Desencuadernar (livre) | CULIN. Sacar del asador.
débrouill|age ou **~ement** [debruja:ʒ ou -jmɑ̃] m Desenredo, desenmarañamiento ‖ **~ard, e** adj/s FAM. Despabilado, a; listo, a; desenvuelto, a ‖ **~ardise** f FAM. Habilidad, maña, astucia, desenvoltura ‖ **~er** vt Desenredar, desembrollar (démêler) | Ordenar (mettre en ordre) | FIG. Esclarecer, aclarar | — Vp Desenredarse, aclararse (s'éclaircir) | FIG. Arreglárselas, desenvolverse.
débroussaill|ement m Desbrozo ‖ **~er** vt Desbrozar.
débusquer vt Desalojar, hacer salir del bosque | FIG. Desalojar, apartar.
début m Principio, comienzo | Salida *f* (jeux) | — Pl THÉÂTR. Presentación (*fsing*) de un actor, debut (gallicisme) | Primeras armas *f*, primeros pasos | *~s dans le monde*, puesta de largo, presentación en sociedad ‖ **~ant, e** adj/s Principiante | Novel (artiste) | *Bal des ~es*, baile de puesta de largo ‖ **~er** vi Principiar, comenzar | Salir (jouer le premier) | FIG. Dar los primeros pasos, hacer sus primeras armas | THÉÂTR. Presentarse, debutar (gallicisme) | *~ dans le monde*, ponerse de largo, presentarse en sociedad (jeune fille).
deçà [dəsa] adv De este lado | *~ delà*, de uno y otro lado | *En ~ de*, de este lado de (de ce côté), sin llegar a (sans arriver à).
décacheter vt Abrir, desellar.
décade f Década.
décad|ence f Decadencia ‖ **~ent, e** adj/s Decadente.
décaèdre m Decaedro.
décaféiner vt Descafeinar.
déca|gone m Decágono ‖ **~gramme** m Decagramo.
décaiss|ement m COM. Desembolso, salida *f* ‖ **~er** vt COM. Desembolsar.
décal|age m Descalce (des cales) | Diferencia *f* (heure) | FIG. Desfase | ÉLEC. Desfasaje ‖ **~aminer** vt Descalaminar ‖ **~cification** f Descalcificación ‖ **~cifier** vt Descalcificar ‖

~comanie f Calcomanía ‖ **~er** vt Descalzar (ôter une cale) | ÉLEC. Desfasar | Retrasar (retarder), adelantar (avancer) [heure] | Correr, desplazar | FIG. Desfasar.
déca|litre m Decalitro ‖ **~logue** m Decálogo.
décalqu|age ou **~e** m Calco (résultat) | Calcado (action) ‖ **~er** vt Calcar.
décamètre m Decámetro.
décamp|ement m Levantamiento del campo ‖ **~er** vi MIL. Levantar el campo | FAM. Poner pies en polvorosa, largarse.
décanat m Decanato (université) | REL. Deanato, deanazgo.
décaniller vi POP. V. DÉCAMPER.
décant|age m ou **~ation** f Decantación *f* ‖ **~er** vt Decantar, trasegar (liquide) | FIG. Aclarar.
décap|age ou **~ement** m Decapado, desoxidación *f* ‖ **~er** vt Decapar, desoxidar (métaux) | Limpiar (mur) ‖ **~euse** f TECH. Traílla (scraper).
décapit|ation f Decapitación ‖ **~er** vt Decapitar.
décapot|able adj Descapotable | — F Descapotable *m* ‖ **~er** vt Descapotar.
décapsuler vt Decapsular.
décarcasser vt Deshuesar | — Vp FAM. Deshacerse.
décarreler vt Desenladrillar, desenlosar, desembaldosar.
décasyllabe adj/m Decasílabo, a.
décat|i, e adj FAM. Deslustrado, a; deslucido, a (terne) | Ajado, a (fané) ‖ **~ir** vt Deslustrar (tissu) | FIG. Deslucir | — Vp Ajarse ‖ **~issage** m Deslustre.
décav|é, e adj FAM. Arruinado, a; pelado, a (ruiné), desmirriado, a; consumido, a (épuisé).
décéder vi Fallecer.
décel|er [desle] vt Descubrir ‖ **~eur** m Detector.
décembre m Diciembre : *le 25 ~ 1975*, el 25 de diciembre de 1975.
décence f Decencia, decoro *m*.
décenn|al, e [desɛnal] adj Decenal ‖ **~ie** f Decenio *m*.
décent, e adj Decente, decoroso, a.
décentrage m Descentrado.
décentralis|ation f Descentralización ‖ **~er** vt Descentralizar.
décentrer vt Descentrar.
déception f Decepción, desengaño *m*.
décern|ement m Otorgamiento, concesión *f* ‖ **~er** vt Otorgar, conceder | DR. Extender.
décès [desɛ] m Fallecimiento | Defunción *f* : *acte de ~*, partida de defunción.
décev|ant, e adj Decepcionante, desilusionante ‖ **~oir*** vt Decepcionar, desilusionar | Defraudar, frustrar.
déchaîn|ement m Desencadenamiento | FIG. Desenfreno, desencadenamiento ‖ **~er** vt Desencadenar | FIG. Desatar, desencadenar, dar rienda suelta a | — Vp Desencadenarse | Enfadarse, desencadenarse (s'emporter) | Desencadenarse, desatarse (orage).
déchanter vi MUS. Cambiar de tono | FAM. Desengañarse, desilusionarse.
décharg|e f Descarga | Desaguadero *m* (écoulement) | COM. DR. Descargo *m* | FIG. Alivio *m*, descargo *m* | Descarga (d'une arme) | *~ publique*, escombrera, vertedero ‖ **~ement** m Descarga *f*, descargue ‖ **~er** vt Descargar | DR. Declarar en favor de | FIG. Aliviar, descargar (soulager), desahogar (colère) | — Vi Desteñir (tissu) | Correrse (couleur) | — Vp Descargarse, liberarse ‖ **~eur** m Descargador.
décharn|é, e adj Demacrado, a | FIG. Árido, a (style) ‖ **~ement** m Descarnadura *f* | FIG. Aridez *f*, sequedad *f* (style) ‖ **~er** vt Descarnar | — Vp Demacrarse, descarnarse.
déchaum|er vt AGR. Rastrojar, levantar el rastrojo ‖ **~euse** AGR. Rastrojadora.
déchauss|age ou **~ement** m Descalce (arbre) | Descarnadura *f* (dents) | Excava *f* (plante) | Acción (*f*) de descalzarse | CONSTR. Descalce, socava *f* ‖ **~é** adjm REL. Descalzo ‖ **~er** vt Descalzar | Excavar (plante) | Descarnar (dents) | — Vp Descalzarse, quitarse los zapatos | Descarnarse (dents) ‖ **~euse** f AGR. Arado (*m*) viñador.
déchaux adjm REL. Descalzo.
dèche f POP. Miseria, pobreza | POP. *Être dans la ~*, estar tronado.
déchéance f Decaimiento *m*, decadencia (physique) | Decadencia (morale) | Deposición (de roi, ministre, etc) | Caducidad, prescripción (d'un droit) | Inhabilitación (perte d'autorité) | *Tomber en ~*, caducar (périmer), venir a menos (une famille).
déchet m Desperdicio, desecho (rebut) | Mengua *f*, pérdida *f* (perte) | FIG. Menoscabo, descrédito | — Pl Restos, residuos, sobras *f*.
décheviller vt Desenclavijar.
déchiffonner vt Desarrugar.
déchiffr|age m Descifrado ‖ **~ement** m Desciframiento ‖ **~er** vt/i Descifrar | MUS. Leer a primera vista, repentizar.
déchiquet|age [deʃikta:ʒ] m Despedazamiento, destrozo ‖ **~er** vt Despedazar, desmenuzar (mettre en morceaux) | Recortar (papier) ‖ **~ure** f Corte *m* (dans un tissu) | Mella (d'un objet).

déchir|ant, e adj Desgarrador, a ‖ **~ement** m Desgarramiento, desgarro | Rasgón (tissu) | Fig. Aflicción *f* (affliction), división *f*, discordia *f* ‖ **~er** vt Desgarrar, rasgar | Romper, anular (rompre) | Fig. Desgarrar | Lastimar (faire mal) | Destrozar, partir : *~ le cœur*, destrozar el corazón | Dividir (diviser) ‖ **~ure** f Rasgón *m*, siete *m* (accroc) | Desgarro *m* (muscle).

déch|oir* vi Decaer, venir a menos | Fig. Disminuir (diminuer), perder (perdre) ‖ **~u, e** adj Caído, a : *l'ange ~*, el angel caído | Decaído, a; venido a menos (tombé en déchéance) | Destituido, a (destitué) | Desposeído, a; despojado, a (démuni).

décibel m Decibel, decibelio.

décid|é, e adj Decidido, a | Firme (ferme) ‖ **~ément** adv Decididamente | Sin duda alguna (vraiment) ‖ **~er** vt Decidir | Determinar | — Vi Decidir | — Vp Decidirse, resolverse | Tomar una decisión.

déci|gramme m Decigramo ‖ **~litre** m Decilitro.

décim|al, e adj Decimal | — F Decimal *m* ‖ **~er** vt Diezmar ‖ **~ètre** m Decímetro.

décintr|er vt Arch. Descimbrar ‖ **~oir** m Alcotana *f* (de maçon).

décis|if, ive adj Decisivo, a ‖ **~ion** f Decisión, resolución | Determinación | Fallo *m* (sentence).

déclam|ation f Declamación ‖ **~atoire** adj Declamatorio, a ‖ **~er** vt/i Declamar.

déclar|ant, e adj/s Declarante ‖ **~ation** f Declaración | *Faire une ~ d'amour*, declararse | *Faire une ~ sous la foi du serment*, prestar una declaración jurada ‖ **~er** vt Declarar.

déclass|ement m Desclasificación *f*, desorden (désordre) | Cambio de categoría | Fig. Cambio de posición social ‖ **~er** vt Desclasificar, desordenar | Rebajar (rabaisser).

déclaveter vt Desenclavijar.

déclench|e f Resorte *m*, muelle *m* ‖ **~ement** m Disparo | Fig. Iniciación *f*, desencadenamiento ‖ **~er** vt Soltar (un ressort) | Poner en marcha, hacer funcionar | Fig. Iniciar, desencadenar (provoquer) ‖ **~eur** m Disparador.

déclic m Trinquete (montre) | Disparador (mécanisme) | Gatillo (arme).

déclin m Decadencia *f*, ocaso | *~ du jour*, ocaso ‖ **~aison** f Declinación ‖ **~er** vi Decaer, debilitarse | Astr. Declinar | — Vt Gram. Declinar | Fig. Rechazar, rehusar (refuser) | No reconocer, negar (nier) | *~ son nom*, dar su nombre; darse a conocer.

déclinquer vt Dislocar, desquiciar.

déclivité f Declive *m*, pendiente.

déclouer [deklue] vt Desclavar.

décoch|ement m Disparo ‖ **~er** vt Disparar (une flèche) | Soltar (lancer) | Fig. Lanzar, echar (regard).

décod|er vt Descifrar | Tech. Decodificar ‖ **~eur** m Decodificador.

décoffr|age m Desencofrado ‖ **~er** vt Desencofrar, desencajonar.

décoiffer vt Quitar el sombrero *ou* el tocado | Despeinar (dépeigner).

décoincer vt Desencajar (libérer) | Descalzar, quitar los calzos.

décoll|age m Despegadura *f* | Despegue (avion) ‖ **~ation** f Degollación ‖ **~ement** m Despegadura *f* | Méd. Desprendimiento (de la rétine) ‖ **~er** vt Despegar | Decapitar, degollar | Despegar (oreilles) | — Vi Despegar (avion) | Despegarse (sports) | Arrancar (démarrer) | — Vp Desprenderse (rétine) | Pop. Demacrarse (maigrir) ‖ **~etage** m Escote | Tech. Torneado, terrajado | Bot. Desmoche ‖ **~eté, e** adj Escotado, a | — M Escote, descote ‖ **~eter** vt Escotar, descotar | Tech. Aterrajar, terrajar, tornear | Bot. Desmochar ‖ **~eteur, eteuse** s Tornero, a | — F Terraja.

décolonis|ation f Descolonización ‖ **~er** vt Descolonizar.

décolor|ant, e adj/m Descolorante, decolorante ‖ **~ation** f Descoloramiento *m* | Decoloración (cheveux) ‖ **~er** vt Descolorir, descolorar | Decolorar (cheveux).

décombres mpl Escombros, cascotes | Fig. Ruinas *fpl*.

décommand|ement m Anulación *f* ‖ **~er** vt Dar contraorden | Anular, cancelar (annuler) | — Vp Excusarse (d'un rendez-vous).

décompensation f Descompensación.

décompos|é, e adj Descompuesto, a ‖ **~er** vt Descomponer | — Vp Descomponerse | Fig. Disgregarse ‖ **~ition** f Descomposición.

décompression f Descompresión.

décompt|age [dekɔ̃ta:ʒ] m Cuenta (*f*) hacia atrás ‖ **~e** [dekɔ̃:t] m Descuento | Detalle de una cuenta (détail d'une somme) | Fig. Decepción *f* ‖ **~er** [-te] vt Descontar | Detallar (détailler) | — Vi Sonar a destiempo (horloge) | Contar hacia atrás (à rebours) | Fig. Perder las ilusiones, desengañarse.

déconcert|ant, e adj Desconcertante ‖ **~er** vt Desconcertar.

déconfit, ~e adj Deshecho, a | Descompuesto, a (mine) | Confuso, a (personne) ‖ **~ure** f Derrota | *En ~*, malparado, a (personne), hundido, a; arruinado, a (affaire).

décongeler vt Descongelar, deshelar.

décongestion f Descongestión ‖ **~ner** vt Descongestionar.
déconnecter vt Desconectar.
déconseiller [dekɔ̃seje] vt Desaconsejar | *C'est à ~*, no es aconsejable.
déconsidér|ation f Desconsideración | Descrédito *m* (discrédit) ‖ **~er** vt Desconsiderar, desacreditar.
décontenancer vt Desconcertar, turbar (déconcerter).
décontract|é, e adj Relajado, a; suelto, a | FAM. Muy tranquilo, a; nada nervioso, a ‖ **~er** vt Relajar | Tranquilizar, quitar el nerviosismo ‖ **~ion** f Relajamiento *m*, relajación | Tranquilidad, falta de nerviosismo.
déconvenue [dekɔ̃vny] f Chasco *m*, desengaño *m*, contrariedad.
décor m Decorado | FAM. Apariencia *f* | Panorama | Ambiente, cuadro, marco (cadre) | FAM. *Aller dans les ~s*, pegarse un tortazo, despistarse. *Envoyer dans les ~s*, mandar a paseo | *L'envers du ~*, el lado opuesto, el reverso de la medalla ‖ **~ateur, trice** adj/s Decorador, a ‖ **~atif, ive** adj Decorativo, a ‖ **~ation** f Decoración (ornement) | MIL. Condecoración ‖ **~er** vt Decorar, adornar (orner) | MIL. Condecorar.
décorti|cage m Descortezamiento ‖ **~quer** vt Descortezar (arbre) | Pelar, descascarar (fruit) | Descorchar, descortezar (les chênes-lièges) | Descascarillar (grain) | Descerezar (café) | FIG. Desmenuzar, mirar por los cuatro costados.
décorum [dekɔrɔm] m Decoro | Etiqueta *f*, ceremonial.
découcher vi Dormir fuera de casa.
découdre* vt Descoser | FIG. Destripar (éventrer) | — Vi FAM. *En ~ avec qqn*, pelearse con uno.
découler vi Chorrear, manar (liquide) | FIG. Derivarse, resultar, desprenderse | Ser originado (être provoqué).
découp|age m Recorte, recortado | Trinchado (viande) | CIN. Desglose | TECH. Troquelado | Recortable (jeu) ‖ **~e** f Recorte *m* ‖ **~er** vt Recortar | Descuartizar (dépecer), trinchar (viande) | Dividir (diviser) | Desglosar (film) | TECH. Troquelar ‖ — Vp Recortarse, perfilarse.
découpler vt Desatraillar (chiens) | Desenganchar (voitures) | TECH. Desacoplar.
découpure f Recortadura (action) | Recorte *m* (fragment) | Festón *m* (ornement) | Corte *m* (entaille) | GÉOGR. Quebradura, hendidura.
décourag|eant, e [dekuraʒɑ̃, ɑ̃:t] adj Desalentador, a; que desanima ‖ **~ement** [-ʒmɑ̃] m Desaliento, descorazonamiento, desánimo ‖ **~er** vt Desalentar, desanimar, descorazonar | Quitar las ganas, disuadir (dissuader) | No fomentar (ne pas développer).
découronner vt Descoronar (roi) | Desmochar (arbre).
décousu, e adj Descosido, a | FIG. Deshilvanado, a; deslavazado, a.
découv|ert, e [dekuvɛ:r, ɛrt] adj Descubierto, a | Destapado, a (sans couvercle) | Despoblado de árboles (pays) | *À ~*, al descubierto | *Ciel ~*, cielo raso *ou* despejado | COM. *Être à ~*, estar en descubierto | — M COM. Descubierto | — F Descubrimiento *m* | Descubierta, exploración | Hallazgo *m*, descubrimiento *m* (trouvaille) ‖ **~rir*** vt Descubrir | Averiguar (après recherches) | Destapar (ôter un couvercle) | Revelar, descubrir (révéler) | Divisar (apercevoir) | — Vi Descubrirse | — Vp Despejarse (ciel) | Descubrirse (pour saluer).
décrass|ement ou **~age** m Desengrase (dégraissage) | Limpieza *f* (nettoyage) | FIG. Desbaste ‖ **~er** vt Desengrasar, desgrasar | Limpiar, quitar la mugre de (nettoyer) | FIG. Afinar, desbastar.
décrép|ir vt Quitar el revoque *ou* enlucido | *Mur décrépi*, pared desconchada | — Vp Desconcharse | FIG. Hacerse viejo y decrépito ‖ **~issage** m Desconchado ‖ **~it, e** adj Decrépito, a ‖ **~itude** f Decrepitud.
décret [dekrɛ] m Decreto ‖ **~-loi** m Decreto ley.
décrét|ale f Decretal (du pape) ‖ **~er** vt Decretar, ordenar | Decidir, declarar.
décrier vt Prohibir (interdire) | Criticar, desprestigiar | Depreciar.
décrire* vt Describir | Trazar (une ellipse).
décroch|age ou **~ement** m Descolgamiento, descolgadura *f* | Desenganche (wagon) | Desencajamiento (mâchoire) | MIL. Ruptura (*f*) de contacto ‖ **~er** vt Descolgar (tableau, téléphone, etc) | Desenganchar (ce qui est accroché) | FAM. Sacar, conseguir, obtener, arrancar | Ganar (gagner) | — Vi MIL. Retirarse rompiendo el contacto | — Vp Descolgarse | Desengancharse | Desencajarse (mâchoire).
décroissant, e adj Decreciente | Menguante (lune).
décroît [dekrwa] m Menguante ‖ **~re*** vi Decrecer, menguar, disminuir | Bajar (fleuve) | Menguar (lune).
décrott|er vt Quitar el barro, desenlodar | Limpiar (nettoyer) | FIG. Desbastar, afinar ‖ **~eur** m Limpiabotas ‖ **~oir** m Limpiabarros.
décrue f Descenso *m*, baja (eaux).

déçu, e adj Decepcionado, a | Frustrado, a; defraudado, a (frustré).
décubitus [dekybitys] m Decúbito : ~ *dorsal, ventral,* decúbito supino, prono.
déculotter vt Quitar los calzones *ou* los pantalones.
décupl|e adj/m Décuplo, a ‖ **~ement** m Multiplicación (*f*) por diez ‖ **~er** vt/i Decuplicar, decuplar, aumentar diez veces | FIG. Centuplicar.
décuv|age m ou **~aison** f Trasiego *m* ‖ **~er** vt Trasegar.
dédaign|er vt Desdeñar, despreciar, hacer poco caso de ‖ **~eux, euse** adj/s Desdeñoso, a | ~ *de,* que desprecia.
dédain m Desdén, desprecio | *Prendre en* ~, despreciar.
dédale m Dédalo, laberinto.
dedans [dədɑ̃] adv Dentro (sans mouvement) | Adentro (avec mouvement) | *Au-*~, dentro, por dentro | *Au-*~ *de,* dentro de | FAM. *Mettre* ~, dar el pego, engañar | — M Interior, parte (*f*) interior | Interioridades *fpl.*
dédicac|e f Dedicatoria | Dedicación, consagración (église) ‖ **~er** vt Dedicar (un livre).
dédier vt Dedicar.
dédi|re* vt Desmentir | — Vp Desdecirse, retractarse | No cumplir (ne pas tenir) ‖ **~t** m Retractación *f* | Indemnización *f* (somme).
dédommag|ement m Indemnización *f,* resarcimiento | Compensación *f* ‖ **~er** vt Resarcir, indemnizar | Compensar | — Vp Resarcirse.
dédouan|ement [dedwanmɑ̃] m Pago de los derechos de aduana ‖ **~er** vt Pagar los derechos de aduana (payer) | Sacar de la aduana (sortir) | — Vp FIG. Enmendarse.
dédoubl|ement m Desdoblamiento | ~ *des trains,* servicio complementario de trenes ‖ **~er** vt Desdoblar | Quitar el forro (ôter la doublure) | ~ *un cours,* dividir una clase en dos secciones | ~ *un train,* poner un tren suplementario.
dédu|ction f Deducción | Rebaja, deducción, descuento *m* (réduction) | Relación (exposé) ‖ **~ire*** vt Deducir | Descontar, rebajar.
déesse [deɛs] f Diosa.
défaill|ance [defajɑ̃:s] f Desfallecimiento *m,* desmayo *m* (évanouissement) | Fallo *m* : ~ *de mémoire,* fallo de memoria | DR. Incumplimiento *m* | FIG. Debilidad, flaqueza | *Tomber en* ~, desmayarse ‖ **~ant, e** [-jɑ̃, ɑ̃:t] adj Desfalleciente | Que falla (qui fait défaut) | Claudicante (forces) | DR. Contumaz, que no comparece | — M DR. Rebelde, contumaz ‖ **~ir*** [-ji:r] vi Desfallecer, desmayarse (s'évanouir) | Fallar (faiblir) | DR. No comparecer, declararse en rebeldía | FIG. Desanimarse, desalentarse.
défai|re* vt Deshacer | Desatar (détacher) | FIG. Debilitar (affaiblir), descomponer (décomposer) | MIL. Derrotar | Librar (débarrasser) | Quitarse (enlever) | Aflojar (desserrer) | — Vp Deshacerse | Deshacerse de (se débarrasser de) | Desprenderse de (se séparer de) | FIG. Corregirse, quitarse de ‖ **~t, e** adj Deshecho, a | Desatado, a (détaché) | Descompuesto, a (visage) | Deshecho, a (exténué) ‖ **~te** f Derrota | Fracaso *m* (échec) ‖ **~tisme** m Derrotismo ‖ **~tiste** adj/s Derrotista.
défalcation f Deducción, rebaja.
défalquer vt Deducir, descontar, rebajar.
défaufiler vt Deshilvanar.
défausser vt Enderezar | — Vp Descartarse (jeux).
défaut [defo] m Defecto, falta *f,* imperfección *f* | Falta *f,* carencia *f* (manque) | Fallo (de mémoire) | FIG. Flaco, punto débil (point faible) | DR. Vicio (vice), contumacia *f,* rebeldía *f,* incomparecencia *f* (contumace) | *À* ~ *de,* a falta de | *Être en* ~, caer en falta | *Faire* ~, faltar (manquer), no comparecer en juicio (ne pas comparaître) | *Le* ~ *de l'épaule,* el codillo | *Le* ~ *des côtes,* la ijada | DR. *Par* ~, en rebeldía.
défav|eur f Descrédito *m* ‖ **~orable** adj Desfavorable ‖ **~oriser** vt Desfavorecer.
défect|if, ive adj/m GRAM. Defectivo, a ‖ **~ion** f Defección | Retirada (abandon) | *Faire* ~, desertar ‖ **~ueux, euse** [defɛktɥø, ø:z] adj Defectuoso, a ‖ **~uosité** [-tɥozite] *f* Defectuosidad.
défend|able adj Defendible ‖ **~eur, eresse** s DR. Demandado, a ‖ **~re*** vt Defender | Prohibir (interdire) : *il est défendu de,* se prohibe | Proteger, defender, preservar | *À son corps défendant,* en defensa propia (en luttant), de mala gana (à contrecœur) | DR. Defender | — Vp Defenderse | Protegerse | Negar (nier) | Guardarse (se préserver de) | Impedir, evitar (empêcher) | POP. No dársele mal, defenderse (se débrouiller) | *Cela se défend,* eso se justifica.
défens|e f Defensa | Prohibición (interdiction) | Defensa (joueurs), defensiva (jouer à la) | — Pl Defensas (murailles) | Colmillos *m,* defensas (dents) | ~ *absolue de,* prohibido terminantemente | ~ *d'afficher,* prohibido fijar carteles | ~ *d'entrer,* se prohibe la entrada | *Prendre la* ~ *de,*

tomar partido por | *Sans ~,* indefenso, a | *Se mettre en ~,* ponerse en guardia ‖ **~eur** m Defensor, a | DR. Abogado defensor | *Se faire le ~ de,* abogar por ‖ **~if, ive** adj/f Defensivo, a | *Être sur la ~,* estar a la defensiva.

déféquer vt Defecar.

défér|ence f Deferencia, consideración ‖ **~ent, e** adj Deferente ‖ **~er** vt DR. Deferir, encomendar, atribuir (à une juridiction), denunciar (dénoncer), citar en justicia (traduire en justice).

déferl|ement m Rompimiento (vagues) | Marejada *f* (foule) | FIG. Desencadenamiento ‖ **~er** vi Romper (vague) | FIG. Afluir (affluer), desencadenarse (se déchaîner).

défeuiller [defœje] vt Deshojar.

défi m Desafío, reto | *Lancer un ~,* desafiar, retar | *Relever un ~,* aceptar el reto, recoger el guante ‖ **~ance** f Desconfianza, recelo *m* | *Vote de ~,* voto de censura ‖ **~ant, e** adj Desconfiado, a; receloso, a.

déficeler [defisle] vt Desatar, quitar la cuerda.

défici|ence f Deficiencia ‖ **~ent, e** adj Deficiente.

déficit [defisit] m Déficit ‖ **~aire** adj Deficitario, a; en déficit.

défier vt Desafiar, retar | FIG. Arrostrar, desafiar (braver), resistir a (exclure) | *Je te défie de le faire,* apuesto a que no lo haces | — Vp Desafiarse | Desconfiar, no fiarse de (se méfier de).

défigur|ation f Desfiguración ‖ **~er** vt Desfigurar.

défil|age m Desguinzado (papier) ‖ **~é** m GÉOGR. Desfiladero | Desfile (procession) ‖ **~er** vt Desguinzar (papier) | — Vi MIL. Desfilar | — Vp FAM. Esquivarse (se dérober), largarse, escabullirse (s'enfuir).

défin|i, e adj Definido, a ‖ **~ir** vt Definir | Determinar, precisar (fixer) ‖ **~issable** adj Definible ‖ **~itif, ive** adj Definitivo, a | *En définitive,* en definitiva, al fin y al cabo ‖ **~ition** f Definición | Definición, nitidez (télévision).

déflagr|ateur m TECH. Deflagrador ‖ **~ation** f Deflagración ‖ **~er** vi Deflagrar.

déflation f Deflación ‖ **~niste** adj Deflacionista.

déflecteur m Deflector | AVIAT. Disruptor.

défleurir vi Desflorecer (perdre ses fleurs) | — Vt Desflorar (déflorer) | FIG. Marchitar (faner).

défloraison f Desflorecimiento *m.*

défoliation f Desfoliación, deshoje *m.*

défon|çage ou **~cement** m Desfondamiento, desfonde | Socavón (d'une rue) ‖ **~cer** vt Desfondar (ôter le fond de) | Llenar de baches (route) | Hundir (enfoncer) | MIL. Aplastar, derrotar ‖ **~ceuse** f AGR. Roturadora (charrue).

déform|ation f Desformación, deformación ‖ **~er** vt Deformar, desformar.

défoul|ement m Liberación *f* ‖ **~er** vt Liberar | — Vp Liberarse (d'un complexe) | Desquitarse (se rattraper) | Desfogarse.

défraîchir vt Ajar, descolorar | Chafar (velours) | Ajar (personne).

défrayer [defrɛje] vt Costear, pagar los gastos (payer les frais) | FIG. Alimentar | *~ la conversation,* hacer el gasto de la conversación.

défrich|age ou **~ement** m AGR. Roturación *f,* desmonte | Campo roturado | FIG. Desbroce, primer trabajo, desbrozo ‖ **~er** vt AGR. Roturar, desmontar | FIG. Desbrozar ‖ **~eur, euse** s Roturador, a | — F Roturadora (charrue).

défriper vt Desarrugar.

défriser vt Desrizar (cheveux).

défroisser vt Desarrugar.

défroncer vt Desfruncir | *~ les sourcils,* desarrugar el entrecejo.

défroquer vi/p Colgar los hábitos, exclaustrarse.

défunt, e [defœ̃, œ̃:t] adj/s Difunto, a; finado, a.

dégag|é, e adj Libre | Despejado, a : *voie ~,* vía despejada | Despejado, a (front) | Desenvuelto, a (air) | Suelto, a; holgado, a (vêtement) | Suelto, a (style) ‖ **~ement** m COM. Desempeño | Pasadizo (sortie) | Liberación *f,* desbloqueo (libération) | Desprendimiento (odeur) | CHIM. Desprendimiento, emanación *f* | Salida *f* (sortie) | Despejo (action de débarrasser) | FIG. Devolución *f* (d'une parole), desapego (détachement) | Saque (football) ‖ **~er** vt COM. Desempeñar | Soltar, sacar (retirer) | Librar, liberar (libérer) | Retirar (parole) | Despejar (voie, front) | Sacar (conclusion) | Separar, extraer (faire ressortir) | Poner de relieve, realzar (mettre en relief) | Exhalar, despedir, desprender (odeur) | MATH. Despejar (une inconnue) | MÉD. Despejar (tête), aliviar (le ventre), desahogar (la poitrine) | Apurar (coiffure) | Sacar (sports) | — Vi Hacer el saque de puerta (le jeu arrêté), despejar (la balle en jeu) | — Vp Librarse (se débarrasser de) | FIG. Salir de un compromiso (d'un engagement) | Desprenderse, resultar (émaner) | Desprenderse (odeur) | Despejarse (temps).

dégain|e f FAM. Facha ‖ **~er** vt Desenvainar | — Vi Desenvainar la espada.
déganter vt Quitar los guantes.
dégarnir vt Desguarnecer | Desamueblar, desalojar (enlever les meubles) | AGR. Podar, desmochar | — Vp Despoblarse, estar quedándose calvo (devenir chauve), tener entradas (le front) | Irse vaciando (se vider).
dégât [degα] m Daño, estrago | Desperfecto, estropicio (détérioration) | FIG. Daño, perjuicio (mal).
dégauch|ir vt Desalabear, enderezar (redresser) | FIG. Desbastar ‖ **~issage** ou **~issement** m Desalabeo, enderezamiento.
dég|el m Deshielo ‖ **~eler** vt Deshelar | Descongelar, desbloquear (crédits) | FIG. Animar, entonar | — Vi Deshelarse | — Vp Deshelarse | FIG. Soltarse.
dégénér|ation f Degeneración ‖ **~er** vi Degenerar, degenerarse ‖ **~escence** [deʒenerɛssɑ̃:s] f Degeneración.
dégingand|é, e [deʒɛ̃gɑ̃de] adj FAM. Desgarbado, a; desgalichado, a ‖ **~er (se)** vp FAM. Desmadejarse, desgarbarse.
dégivr|er vt Deshelar | Descongelar (réfrigérateur) ‖ **~eur** m Deshelador | Descongelador (de réfrigérateur).
déglacer vt Deshelar | Deslustrar, desglasar (papier).
déglinguer [deglɛ̃ge] vt FAM. Desvencijar, desbaratar.
déglut|ir vt/i Deglutir ‖ **~ition** f Deglución.
dégobiller vi/t POP. Vomitar.
dégoiser vi FAM. Charlotear, hablar sin ton ni son.
dégommer vt Desgomar, desengomar | FAM. Destituir.
dégonder vt Desquiciar (porte).
dégonfl|age m Desinflamiento, desinflado | FAM. Rajamiento, achicamiento ‖ **~é, e** adj/s FAM. Rajado, a ‖ **~ement** m V. DÉGONFLAGE ‖ **~er** vt Desinflar | — Vp Desinflarse | FAM. Rajarse, acobardarse (flancher).
dégorg|eage ou **~ement** [degɔrʒa:ʒ ou -ʒəmɑ̃] m Desatasco (d'un tuyau) | Desagüe (écoulement) | Derrame (épanchement) | Lavado (laine, soie) ‖ **~eoir** [-ʒwa:r] m Desaguadero (d'un réservoir) | Desatascador (d'un tuyau) | Lavadero (tissus) ‖ **~er** vt Desatascar, desatorar (tuyau) | Lavar (tissu) | FAM. Vomitar (rendre) | Verter (déverser) | *Faire ~*, macerar (concombres), purgar (escargots) | — Vi Desaguar | — Vp FIG. Desahogarse.
dégoter ou **dégotter** vt FAM. Dar con, descubrir, encontrar (trouver), desbancar (évincer), dejar atrás, aventajar (surpasser).
dégouliner vi FAM. Chorrear, gotear.
dégourd|i, e adj/s FAM. Listo, a; vivo, a; despabilado, a ‖ **~ir** vt Desentumecer, desentorpecer (un membre) | Estirar (les jambes) | FIG. Despabilar, espabilar | Templar (tiédir) ‖ **~issement** m Desentumecimiento.
dégoût [degu] m Asco | Desgana *f* (manque d'appétit) | Hastío, cansancio (fatigue) | Repugnancia *f* | *Prendre en ~*, cobrar asco a, estar asqueado de ‖ **~ant, e** adj Asqueroso, a : *~ à voir*, asqueroso de ver | Repugnante, repelente, repulsivo, a (répugnant) | *C'est ~!*, ¡da asco!, ¡qué asco! | — M Asqueroso ‖ **~é, e** adj FIG. Delicado, a | *Être ~*, estar harto ou hastiado | *Prendre un air ~*, poner cara de asco ‖ **~er** vt Dar asco, asquear | Repugnar (répugner) | Desganar, quitar el apetito | Fastidiar, aburrir, cansar (ennuyer) | FIG. Quitar las ganas, desaficionar (ôter le goût de), disuadir (dissuader) | — Vp Tomar asco a | Hastiarse, cansarse (se lasser).
dégoutt|ement m Goteo ‖ **~er** vt/i Gotear | Chorrear (couler en filet).
dégrad|ant, e adj Degradante ‖ **~ateur** m PHOT. Desvanecedor, degradador ‖ **~ation** f Degradación | Deterioro *m* (détérioration) | FIG. Empeoramiento *m* (d'une situation) ‖ **~er** vt Degradar | FIG. Deteriorar, estropear (endommager) | — Vp Degradarse | FIG. Empeorarse.
dégrafer vt Desabrochar.
dégraiss|age m Desengrasado | Limpiado (vêtement) | Desgrase (laine) | FIG. Regulación (*f*) de empleo ‖ **~er** vt Desengrasar (ôter la graisse) | Desgrasar (laine) | Limpiar (vêtement) | Espumar (le bouillon) | Desbastar (bois) ‖ **~eur** m Quitamanchas | Tintorero (teinturier).
degré m Grado | Graduación *f*, grado (vin) | Escalón, peldaño, grada *f* (marche) | *À un ~ tel*, hasta tal punto | *Jusqu'à un certain ~*, hasta cierto punto | *Le plus haut ~*, el súmmum.
dégréer vt MAR. Desaparejar.
dégression f Disminución.
dégr|èvement m Desgravación *f* ‖ **~ever** vt Desgravar.
dégringol|ade f FAM. Caída, voltereta | FIG. Caída, descenso *m*, hundimiento *m* ‖ **~er** vi FAM. Caer rodando, rodar | FIG. Venirse abajo, hundirse | — Vt Rodar por.
dégriser vt Desembriagar, quitar la borrachera | FIG. Desilusionar, desengañar (décevoir).

dégross|ir vt Desbastar | Bosquejar (ébaucher) | Desembrollar, desenmarañar (une affaire) | FIG. Desbastar, afinar, pulir (personne) ‖ **~issage** m Desbaste.

déguenillé, e [degnije] adj/s HarapOSO, a; harapiento, a; andrajoso, a.

déguerpir vi FAM. Largarse, salir pitando.

dégueul|asse adj POP. Asqueroso, a; cochino, a; repugnante ‖ **~er** vt/i POP. Vomitar, cambiar la peseta (vomir), vomitar (injures).

déguis|é, e adj Disfrazado, a | — S Máscara *f* ‖ **~ement** m Disfraz | FIG. Disfraz, disimulo ‖ **~er** vt Disfrazar | FIG. Disfrazar, desfigurar, cambiar (changer), disimular (cacher), encubrir, enmascarar (masquer) | — Vp Disfrazarse.

dégust|ateur, trice s Catador, a ‖ **~ation** f Degustación ‖ **~er** vt Catar, probar (goûter) | Saborear, paladear (savourer) | POP. Cobrar (coups).

déhanch|ement m Contoneo ‖ **~er (se)** vp Contonearse.

dehors [dəɔ:r] adv Fuera | Afuera (avec mouvement) | *Au-~*, fuera, al exterior | *En ~*, desde fuera, por fuera | *En ~ de*, fuera de, aparte de | — M Exterior, parte (*f*) exterior | Presencia *f*, facha *f* (allure) | — Pl Apariencias *f* | Aspecto *sing* | *Du ~*, exterior.

déi|cide adj/s Deicida | — M Deicidio ‖ **~fier** vt Deificar | FIG. Divinizar ‖ **~sme** m Deísmo ‖ **~té** f Deidad, divinidad.

déjà adv Ya : *il est ~ là*, ya está ahí.

déjanter vt Sacar de la llanta.

déjection f Deyección | FIG. Desecho *m* (rebut).

déjeter vt Alabear | FIG. Torcer.

déjeuner vi Desayunar, desayunarse (petit déjeuner) | Almorzar, comer (repas de midi) | — M Almuerzo, comida *f* (repas de midi) | Desayuno (petit déjeuner) | Servicio (plateau) | Juego de desayuno (service) | *Petit ~*, desayuno.

déjouer [deʒwe] vt Desbaratar, hacer fracasar.

déjuger (se) vp Volverse atrás, cambiar de opinión *ou* juicio.

delà [dəla] adv Más allá de, del otro lado de, allende | *Au-~*, más allá, más lejos (plus loin), mucho más | *En ~*, más lejos, más allá | *L'au-~*, el más allá, el otro mundo | *Par-~*, allende, del otro lado de.

délabr|ement m Ruina *f*, deterioro | FIG. Estrago (santé), ruina *f* (moral) ‖ **~er** vt Deteriorar, arruinar | Echar a perder, estropear (abîmer).

délacer vt Desatar (détacher) | Aflojar (dénouer).

délai m Demora *f*, espera *f* (retard) | Plazo, término (terme) | *À bref ~*, en breve plazo | *~ de congé* o *~ de préavis*, plazo de despedida | *~ de paiement*, moratoria.

délaiss|ement m Abandono | Desamparo (manque de secours) | DR. Desistimiento, cesión *f* ‖ **~er** vt Abandonar, dejar de lado | Desamparar (laisser sans secours) | DR. Renunciar a, desistir de.

délass|ant, e adj Descansado, a; reposante | Entretenido, a; recreativo, a ‖ **~ement** m Descanso, recreo, solaz ‖ **~er** vt Descansar | Distraer, entretener, recrear (distraire).

délat|eur, trice s Delator, a ‖ **~ion** f Delación.

délaver vt Deslavar | Lavar (couleur vive) | Deslavazar.

délay|age [delɛja:ʒ] ou **~ement** [-mã] m Desleimiento, dilución *f* | FIG. Estilo difuso ‖ **~er** vt Desleír, diluir.

delco m AUT. Delco.

deleatur m IMPR. Deleátur, dele.

délébile adj Deleble.

délect|able adj Deleitoso, a; deleitable ‖ **~ation** f Deleite *m*, delectación ‖ **~er** vt Deleitar | — Vp Deleitarse.

délég|ation f Delegación ‖ **~ué, e** adj/s Delegado, a; comisionado, a | *~ syndical*, enlace sindical ‖ **~uer** vt Delegar | Comisionar.

délest|age m Deslastre, deslastradura *f* | FAM. Desvalijamiento, desvalijo (vol) ‖ **~er** vt Quitar el lastre, deslastrar | FAM. Desvalijar (voler) | FIG. Aligerar, aliviar (alléger) | Cortar de modo intermitente (circulation).

délétère adj Deletéreo, a.

délibér|ant, e adj Deliberante ‖ **~ation** f Deliberación ‖ **~atoire** adj DR. Deliberatorio, a ‖ **~é, e** adj Deliberado, a (prémédité) | FIG. Resuelto, a; decidido, a | — M Deliberación *f* | Fallo (sentence) | *Mise en ~*, visto para sentencia ‖ **~er** vi Deliberar.

délic|at, e adj Delicado, a | Delicado, a; primoroso, a (ouvrage) | Frágil, delicado, a (santé) | Delicado, a; esquisito, a; tierno, a (exquis) | Escrupuloso, a (scrupuleux) | Sensible | *Point ~*, punto espinoso *ou* difícil ‖ **~atesse** f Delicadeza | Primor *m* (finesse) | Exquisitez (d'un plat) ‖ **~e** m Delicia *f*, deleite, placer | *C'est un ~*, es delicioso | *Lieu de ~s*, lugar de ensueño ‖ **~ieux, euse** adj Delicioso, a; rico, a | Exquisito, a (exquis) | Placentero, a (gai) | Deleitoso, a (délectable) | Encantador, a.

délictueux, euse [deliktɥø, ɥø:z] adj Delictivo, a; delictuoso, a.
déli|é, e adj Delgado, a; fino, a | FIG. Sutil, penetrante, agudo, a (subtil) | Suelto, a (style) | — M Perfil || **~ement** [delimɑ̃] m Desatadura *f* | FIG. Desligadura *f* || **~er** vt Desatar (détacher) | Absolver (absoudre) | FIG. Apartar, desunir, separar | Desligar, liberar (libérer).
délimit|ation f Delimitación, fijación | Deslinde *m* (terrain) | Limitación, límites *mpl*, acotamiento *m* (des pouvoirs) || **~er** vt Delimitar, fijar | Deslindar (terrain) | FIG. Delimitar.
délinéation f Delineación | Trazado *m*, dibujo *m* (dessin).
délinqu|ance f Delincuencia || **~ant, e** adj/s Delincuente.
déliquesc|ence [delikɛsɑ̃:s] f Delicuescencia | FIG. Decadencia || **~ent, e** adj Delicuescente | FIG. Decadente.
délir|ant, e adj Delirante | Desbordante || **~e** m Delirio | FIG. Delirio, desvarío || **~er** vi Delirar, desvariar.
délit m Delito | Veta *f* (de pierre) | CONSTR. *En ~*, a contralecho | *Prendre en flagrant ~*, sorprender in fraganti || **~er** vt CONSTR. Colocar a contralecho | — Vp Desmoronarse (roches).
délivr|ance f Liberación | Expedición (d'un document) | Concesión (concession) | Parto *m*, alumbramiento *m* (accouchement) || **~er** vt Libertar (une personne) | Liberar (un pays) | Librar, liberar (préserver) | Expedir (document) | Conceder, otorgar (licence) | Entregar, remitir (livrer) | Dar (donner) | — Vp Librarse, liberarse | MÉD. Parir.
déloger vt Desalojar, desahuciar, expulsar (d'une maison) | Expulsar | — Vi Marcharse, irse.
déloy|al, e [delwajal] adj Desleal || **~auté** [-jote] f Deslealtad.
delta m Delta *f* (lettre) | Delta (d'un fleuve).
déluge m Diluvio | FIG. Torrente, diluvio, lluvia *f* | *Remonter au ~*, ser de los tiempos de Maricastaña.
délur|é, e adj/s Despejado, a; avispado, a; despabilado, a (dégourdi) | Desvergonzado, a (effronté) || **~er** vt Despabilar (éveiller).
délustrer vt Deslustrar.
démagog|ie f Demagogia || **~ique** adj Demagógico, a || **~ue** m Demagogo.
démaill|er [demaje] vt Desmallar | Deslabonar (une chaîne) | *Être démaillé*, tener una carrerilla (bas) || **~oter** vt Quitar los pañales.
demain adv/m Mañana | *À ~*, hasta mañana | *Après-~*, pasado mañana | *~ matin*, mañana por la mañana.
démancher vt Quitar el mango | Dislocar, descoyuntar (disloquer).
demand|e f Petición | Instancia, petición, solicitud (requête) | Pregunta (question) | Pedido *m*, encargo *m* (commande) | COM. DR. Demanda | *À la ~*, a petición | *~ d'emploi*, solicitud de empleo | *~ en mariage*, petición de mano | *~ pressante*, ruego, súplica || *Sur sa ~*, a petición suya || **~er** vt Preguntar (interroger) | Pedir (solliciter) | Desear, querer (désirer) : *je ne demande pas mieux*, no deseo otra cosa | Requerir, necesitar (exiger) | Llevar (temps) | Llamar, preguntar por (appeler) | DR. Demandar | *On demande femme de ménage*, se precisa *ou* se necesita asistenta | — Vp Preguntarse | *Je me demande pourquoi...*, no sé por qué | *Je me le demande!*, ¡yo qué sé! || **~eur, eresse** s Demandante.
démang|eaison [demɑ̃ʒɛzɔ̃] f Prurito *m*, comezón, picor *m* | FIG. Gana, prurito *m* (envie) || **~er** vi Picar | FIG. *La langue lui démange*, tiene muchas ganas de hablar.
démant|èlement m Desmantelamiento || **~eler** vt Desmantelar || **~ibuler** vt Desquijarar, desencajar | FIG. Desvencijar (abîmer), desbaratar, descomponer (défaire).
démaquill|ant [demakijɑ̃] m Demaquillador, desmaquillador || **~er** [-je] vt Demaquillar, desmaquillar, quitar el maquillaje.
démarcation f Demarcación | FIG. Límite *m*, separación.
démarch|e f Paso *m*, modo (*m*) de andar, andares *mpl* (allure) | FIG. Gestión, paso *m*, trámite *m*, diligencia | *Fausse ~*, paso en falso *ou* en balde || **~eur** m Corredor (courtier) | Gestor administrativo.
démarquer vt Quitar la marca *ou* la señal | Plagiar, fusilar (plagier) | COM. Saldar | — Vi Cerrar (cheval) | Descontar (jeux) | — Vp Desmarcarse (sports).
démarr|age m Comienzo | TECH. AUT. Arranque, puesta (*f*) en marcha || **~er** vt Empezar, iniciar, emprender (commencer) | MAR. Desamarrar | — Vi Zarpar (bateau) | AUT. TECH. Arrancar, poner en marcha | FIG. Ponerse en marcha || **~eur** m TECH. Arranque.
démasquer vt Desenmascarar | MIL. Descubrir.
démât|age m MAR. Desarboladura *f* || **~er** vt MAR. Desarbolar | — Vi Desarbolarse.
démêl|age m Carmenadura *f* (laine) || **~é** m Altercado (querelle) | Dificultad *f*, enredo (avec la justice) || **~er** vt Desenredar, desenmarañar |

Carmenar (laine) | Discernir, distinguir | Disputar (débattre) | Fig. Desenmarañar, desenredar, desembrollar, aclarar (éclaircir) || **~oir** m Batidor (peigne) | Carmenador (laine).

démembr|ement m Desmembramiento, desmembración *f* | Desarticulación *f* (d'un parti) || **~er** vt Desmembrar | Desarticular.

déménag|ement m Mudanza *f* || **~er** vi Mudarse | Fam. Irse, largarse (s'en aller), desbarrar, perder la chaveta (déraisonner) | — Vt Mudar, trasladar | Trasladar los muebles de (une maison) || **~eur** m Mozo de mudanzas *ou* de cuerda | Empresario de mudanzas (entrepreneur).

démence f Demencia | Fig. Locura.

démener (se) vp Agitarse, luchar, forcejear (se débattre) | Ajetrearse, menearse, bregar (se donner du mal).

dément, e adj/s Demente.

démenti m Mentís, desmentida *f* (p. us.).

démentiel, elle [demɑ̃sjɛl] adj Demente, de demente.

démentir* vt/i Desmentir | — Vp Desdecirse.

démérit|e m Demérito, desmerecimiento || **~er** vi Desmerecer.

démesur|e f Desmesura, descomedimiento *m* || **~é, e** adj Desmedido, a; desmesurado, a | Fig. Descomunal (énorme), descomunal, exagerado, a.

démettre* vt Dislocar, desencajar (un os) | Dr. Denegar, desestimar | Fig. Destituir (d'un emploi) | — Vp Dislocarse (un os) | Dimitir de, renunciar a (une fonction).

démeubler vt Desamueblar.

demeur|ant, e adj Residente, domiciliado, a | — M Resto, lo sobrante | *Au ~*, en resumen, por lo demás, después de todo || **~e** [dəmœ:r] f Morada, vivienda, alojamiento *m* (logement) | Morada, residencia (domicile) | Dr. Mora | *À ~*, fijo, a; de manera estable | *Mettre en ~ de*, intimar a que | Dr. *Mise en ~*, intimación, requerimiento || **~é, e** adj/s Retrasado, a || **~er** vi Permanecer, quedarse (rester) | Residir, morar, vivir (habiter) | Quedar, seguir siendo (être toujours) | Persistir (persister) | *~ court*, cortarse, turbarse | *En ~ là*, quedarse así.

demi, e adj Medio, a | — Adv Medio | *À ~*, a medias; medio (avec participe passé), semi : *à ~ caché*, semioculto | — M Mitad *f*, medio | Caña *f* (bière) | Medio (sports) | — F Media (demi-heure).

demi|-bas m inv Media *f*, calcetín a media pierna || **~-cercle** m Semicírculo || **~-deuil** m Medio luto, alivio de luto || **~-finale** f Semifinal || **~-finaliste** adj/s Semifinalista || **~-frère** m Hermanastro, medio hermano || **~-heure** [d(ə)miœ:r] f Media hora || **~-jour** m inv Media luz *f* | Amanecer (lever du jour) || **~-journée** f Media jornada || **~-mal** m Fam. Mal menor, poco daño || **~-mesure** f Media medida | Fig. Término medio.

démilitaris|ation f Desmilitarización || **~er** vt Desmilitarizar.

demi-mot (à) loc adv A medias palabras.

déminéraliser vt Desmineralizar.

demi|-pensionnaire adj/s Medio pensionista || **~-place** f Medio billete *m* (transports) | Media entrada (spectacle) || **~-produit** m Semiproducto || **~-reliure** f Media pasta.

démis, e adj Dislocado, a (os) | Destituido, a (fonctionnaire).

demi|-saison f Entretiempo *m* || **~-sœur** f Hermanastra, media hermana || **~-solde** f Medio sueldo *m*, media paga | — M inv Militar que no está en activo || **~-sommeil** m Sueño ligero, entre sueños || **~-soupir** m Mus. Silencio de corchea.

démission f Dimisión || **~naire** adj/s Dimitido, a; dimisionario, a || **~ner** vi Dimitir.

demi|-teinte f Media tinta, medio tono *m* || **~-temps** m Mus. Semibreve *f* || **~-ton** m Mus. Semitono || **~-tour** m Media vuelta *f* || **~-vérité** f Verdad a medias || **~-volée** f Botepronto *m* (football).

démobilis|ation f Desmovilización || **~er** vt Desmovilizar.

démocrat|e adj/s Demócrata || **~ie** f Democracia || **~ique** adj Democrático, a || **~isation** f Democratización || **~iser** vt Democratizar.

démod|é, e adj Pasado de moda | Anticuado, a (périmé) || **~er (se)** vp Pasar *ou* pasarse de moda.

démograph|e s Demógrafo, a || **~ie** f Demografía || **~ique** adj Demográfico, a.

demoiselle f Señorita | Soltera (célibataire) | Zool. Libélula | Tech. Pisón *m* (hie) | Ensanchador *m* (de gantier) | *~ d'honneur*, camarera de la reina, azafata; dama de honor.

démol|ir vt Derribar, echar abajo (bâtiment) | Destrozar, hacer pedazos (mettre en morceaux) | Fig. Arruinar (renommée), echar por tierra (théorie), destrozar (santé), poner por los suelos (critiquer) || **~isseur, euse** adj/s Demoledor, a | Fig. Demoledor, a; destructor, a || **~ition** f Demolición, derribo *m* | Fig. Derrumbamiento *m* | — Pl Derribos *m*, escombros *m* (décombres).

démon m Demonio.

démonétiser vt Desmonetizar | FIG. Desvalorizar, desacreditar.
démoniaque adj Demoniaco, a | — S Endemoniado, a.
démonstrat|eur, trice s Demostrador, a || **~if, ive** adj/m Demostrativo, a | Muy expresivo || **~ion** f Demostración | Manifestación.
démont|able adj Desmontable, desarmable || **~age** m Desmontaje, desarme || **~e-pneu** m Desmontable || **~er** vt Desmontar | Desmontar, desarmar (machine) | Desmontar, apear (d'un cheval, etc) | Desengarzar (bijou) | FIG. Desconcertar, turbar (troubler), desanimar, desmoralizar (décourager) | *Mer démontée*, mar encrespado *ou* embravecido | — Vp Desmontarse, desarmarse | FIG. Desconcertarse, turbarse (se troubler), alterarse, enfurecerse (personne, éléments).
démontrer vt Demostrar, probar.
démoralis|ant, e adj Desmoralizante, desmoralizador, a || **~ation** f Desmoralización || **~er** vt Desmoralizar.
démordre vi FIG. Desistir, volverse atrás | FIG. *Ne pas en ~*, no dar su brazo a torcer, mantenerse en sus trece.
démoul|age m Vaciado || **~er** vt Vaciar | Sacar del molde (cuisine).
démultiplication f Desmultiplicación.
démun|i, e adj Desprovisto, a || **~ir** vt Desproveer, despojar | — Vp Despojarse.
démuseler vt Quitar el bozal | FIG. Desencadenar, desatar.
démystifi|cation f Desengaño *m* || **~er** vt Desengañar | Desendiosar.
dénatter vt Destrenzar.
dénatur|alisation f Desnaturalización || **~aliser** vt Desnaturalizar || **~ation** f Desnaturalización || **~er** vt Desnaturalizar | FIG. Corromper, viciar (corrompre), desfigurar (un fait), desvirtuar (la pensée).
dénégation f Denegación, negación.
déni m Negativa *f* | DR. Denegación *f*.
déniaiser vt Despabilar, espabilar.
dénicher vt Sacar del nido | FIG. Hacer salir, desalojar (faire sortir), dar con, encontrar (découvrir) | — Vi Abandonar el nido.
denier m Denario (monnaie romaine), dinero (monnaie ancienne) | — Pl Dinero *sing*, fondos | *~ du culte*, ofrenda para el culto | *Les ~s publics* o *de l'État*, el caudal público, los fondos públicos, el erario.
dénier vt Denegar | Negar (nier).
dénigr|ant, e adj Denigrante || **~ement** m Denigración *f* || **~er** vt Denigrar.
Denis, e nprmf Dionisio, a.
dénivel|er [denivle] vt Desnivelar || **~lation** [denivɛl(l)asjɔ̃] f ou **~lement** [-vɛlmɑ̃] m Desnivelación *f* | Desnivel *m*.
dénombr|ement m Enumeración *f*, recuento | Empadronamiento, censo (recensement) || **~er** vt Enumerar, contar | Empadronar, hacer el censo (recenser).
dénominat|eur m Denominador || **~ion** f Denominación.
dénommer vt Denominar | Designar por su nombre.
dénonc|er vt Denunciar | FIG. Revelar, indicar, denotar || **~iateur, trice** adj/s Denunciador, a; denunciante | Revelador, a; acusador, a; delator, a || **~iation** [denɔ̃sjasjɔ̃] f Denuncia | Anulación, ruptura (rupture).
dénoter vt Denotar.
dénou|ement [denumɑ̃] m FIG. Desenlace | Solución *f* || **~er** [-nwe] vt Desatar (détacher) | Soltar (desserrer) | FIG. Romper, poner fin (mettre fin), desenlazar, deshacer (intrigue), resolver, arreglar (résoudre), desatar (langue).
dénoyauter [denwajote] vt Deshuesar, despepitar.
denrée f Producto *m*, género *m*, mercancía | *~s coloniales*, ultramarinos.
dens|e adj Denso, a || **~imètre** m Densímetro || **~ité** f Densidad.
dent [dɑ̃] f Diente *m* : *~ gâtée*, diente picado | Muela (molaire) : *~ de sagesse*, muela del juicio; *rage de ~s*, dolor de muelas | Colmillo *m* (d'animal) | Pico *m* (montagne) | Bellote *m* (clou) | Diente *m* (scie, etc) | Púa (de peigne) | — Pl Dentado *msing* (de sello) | *Agacer les ~s*, dar dentera | FIG. *Avoir les ~s longues*, tener hambre (avoir faim), picar muy alto (être ambitieux). *Avoir une ~ contre qqn*, tener tirria *ou* manía a alguien, tener a alguien entre dientes | *Claquer des ~s*, dar diente con diente, castañetearle a uno los dientes | *Coup de ~*, dentellada, mordisco | *~ de serrure*, dentellón | *En ~s de scie*, dentado, a | FIG. *Être sur les ~s*, andar de cabeza, no dar de sí | *Faire* o *percer ses ~s*, echar los dientes (enfant) | *Fausses ~s*, dientes postizos | FIG. *Montrer les ~s*, amenazar. *Mordre à belles ~s*, morder con fuerza. *Ne pas desserrer les ~s*, no despegar los labios | *Parler entre ses ~s*, hablar entre dientes, mascullar || **~aire** adj Dentario, a | De odontología (école) || **~al, e** adj/f Dental.
dent|é, e adj Dentado, a || **~elé, e** adj Dentellado, a; dentado, a | — Adjm/m ANAT. Serrato || **~eler** [dɑ̃tle] vt Dentar || **~elle** [-tɛl] f Encaje *m*, puntilla | IMPR. Orla || **~elure**

[-tly:r] f Dientes *mpl* (timbres, etc) | Festón *m* || **~er** vt Dentar || **~icule** m Dientecito | ARCH. Dentículo || **~ier** m Dentadura (*f*) postiza || **~ifrice** adj/m Dentífrico, a || **~iste** s Dentista, odontólogo || **~ition** f Dentición || **~ure** f Dentadura | Engranaje *m* (d'une machine) | Dientes *mpl* (de scie).

dénud|ation f Descarnadura (d'une dent) | Descortezamiento *m* (d'un arbre) | GÉOL. Denudación || **~er** vt Descarnar (os) | Desnudar (mettre à nu) | Descortezar (arbre) | GÉOL. Denudar.

dénu|é, e adj Privado, a | Desprovisto, a ; falto, a || **~ement** [denymɑ̃] m Indigencia *f*, inopia *f* (p. us.) || **~er** vt Privar, desposeer, despojar.

dénutrition f Desnutrición.

dépann|age m Reparación *f*, arreglo || **~er** vt Reparar, arreglar | FAM. Sacar de apuro, echar una mano || **~eur, euse** adj/m Reparador, a | — F Grúa remolque, coche (*m*) de auxilio en carretera.

dépaquet|age m Desempaquetado || **~er** vt Desempaquetar.

dépareiller [deparɛje] vt Descabalar, desparejar, deshermanar.

déparer vt Afear, deslucir (enlaidir).

déparier vt Desaparear (animaux).

départ [depa:r] m Salida *f*, partida *f*, marcha *f* (action de partir) | Repartición *f*, separación *f* (des taxes) | Arranque (d'un escalier, d'une voiture, d'une chanson) | FIG. Comienzo, principio (début) | *Faux ~*, salida nula (sports).

départager vt Desempatar (vote) | Clasificar, eliminar (concours).

département m Departamento | Jurisdicción *f* (juridiction) || **~al, e** adj Departamental, provincial | Secundario, a (route).

départir vt Repartir | Deparar, conceder (offrir) | — Vp Desistir | Abandonar.

dépass|ement m Adelantamiento (d'un véhicule) | Rebasamiento (de crédits) | Superación *f* || **~er** vt Dejar atrás, adelantar, pasar (une voiture) | Ir más lejos que, dejar atrás (aller au-delà de) | Aventajar a (surpasser) | Sobresalir (saillir) | Ser más alto (en hauteur) | Estar fuera de (être hors de) | Rebasar, superar, sobrepasar (surpasser) | FAM. Extrañar | FIG. Exceder, rebasar, sobrepasar (excéder).

dépaver vt Desadoquinar, desempedrar.

dépays|ement [depɛizmɑ̃] m Extrañamiento (exil) | FIG. Desorientación *f*, despiste || **~er** vt Extrañar, desterrar (exiler) | FIG. Desorientar, descentrar, despistar.

dép|eçage ou **~ècement** [depəsa:ʒ ou depɛsmɑ̃] m Despedazamiento (mise en pièces) | Descuartizamiento (de la viande) | Desguace (bateau) | Desmembración *f* (pays) || **~ecer** vt Despedazar (mettre en pièces) | Desguazar (bateau) | Descuartizar (viande) | Parcelar (terre) | Desmembrar (pays).

dépêch|e f Despacho *m*, parte *m* | Telegrama *m* | Noticia (information) || **~er** vt Despachar, apresurar (hâter) | Enviar (envoyer) | — Vp Darse prisa, apresurarse (se hâter).

dépe|igner vt Despeinar || **~indre*** [depɛ̃:dr] vt Describir, pintar || **~naillé, e** [dep(ə)nɑje] adj Guiñaposo, a ; andrajoso, a ; harapiento, a.

dépend|ance f Dependencia | FIG. Subordinación | — Pl Dependencias || **~ant, e** adj Dependiente || **~re*** vi Depender | — Vt Descolgar (un tableau, etc).

dépens [depɑ̃] mpl Costas *f* : *condamné aux ~*, condenado en costas | *À ses ~*, a costa suya | *Aux ~ de*, a costa de, a expensas de || **~e** f Gasto *m* | Derroche *m* (gaspillage) || **~er** vt Gastar | FIG. Prodigar, gastar (prodiguer) | Desperdiciar, pasar, disipar (gaspiller) | — Vp Desvivirse (pour qqn) | Deshacerse (en efforts) || **~ier, ère** adj/s Gastoso, a.

dépér|ir vi Desmejorarse, estar peor (un malade) | Decaer, debilitarse, languidecer (s'affaiblir) | Estropearse, deteriorarse (s'abîmer) | Marchitarse (faner) | Caducar (créance) || **~issement** m Desmejoramiento, decaimiento, debilitación *f* (santé) | Decadencia *f* (décadence) | Deterioro (détérioration) | Marchitamiento (des fleurs).

dépêtrer vt FIG. Librar (débarrasser), sacar del atolladero (tirer d'embarras) | — Vp Librarse | FIG. Salir del atolladero *ou* de apuro.

dépeupl|ement m Despoblación *f*, despoblamiento || **~er** vt Despoblar (dejar sin habitantes).

déphas|age m Desfase, desfasaje || **~er** vt Desfasar.

dépiauter vt FAM. Despellejar, desollar (enlever la peau).

dépil|ation f Depilación || **~atoire** adj/m Depilatorio, a || **~er** vt Depilar (une personne) | MIN. Desapuntalar, desentibar.

dépiquer vt Descoser | AGR. Desplantar (déplanter), trillar, desgranar (el grano).

dépist|age m Examen médico preventivo, chequeo | *Centre de ~*, clínica de medicina preventiva || **~er** vt

Rastrear (découvrir la piste) | Despistar (faire perdre la piste) | FIG. Descubrir | MÉD. Establecer un diagnóstico precoz.

dépit m Despecho | *En ~ de,* a pesar de || **~er** vt Despechar.

déplacé, e adj Desplazado, a; mudado, a; trasladado, a | Fuera de lugar, descentrado, a (mal à l'aise) | Dislocado, a (os) | FIG. Desterrado, a (exilé), fuera de lugar, impropio, a (inconvenant) | *Personne ~e,* persona desplazada | *Se sentir ~,* no hallarse *ou* no encontrarse a gusto || **~ement** m Desplazamiento, traslado, cambio de sitio | Desviación *f* (déviation) | Viaje (voyage) | Desencajamiento, dislocación *f* (d'un os) || **~er** vt Desplazar, trasladar, mudar (changer de place) | FIG. Cambiar, desviar (dévier) | MAR. Desplazar | MÉD. Dislocar, desencajar | — Vp Trasladarse, desplazarse (déménager) | Viajar, desplazarse (voyager).

déplai|re* vi Desagradar, no gustar, disgustar | — Vimp Disgustar | *Ne vous en déplaise,* mal que le pese | — Vp Hallarse *ou* estar a disgusto || **~sant, e** adj Enfadoso, a; desagradable, enojoso, a; fastidioso, a || **~sir** m Desagrado, disgusto, descontento.

déplant|age m Desplantación *f,* trasplante || **~er** vt Desplantar, trasplantar (plante) | Desarmar (tente) | FIG. Desarraigar (personne) || **~oir** m AGR. Desplantador.

déplâtrer vt Desenyesar, quitar el enyesado, desescayolar.

dépli|age [deplija:ʒ] m Despliegue || **~ant** m Desplegable || **~er** vt Desdoblar, desplegar.

déplisser vt Desfruncir, desarrugar.

déploiement [deplwamɑ̃] m Despliegue | FIG. Ostentación *f* | MIL. Despliegue, alarde, desfile (des forces).

déplomber vt Quitar los plomos *ou* precintos | Desempastar (dent).

déplor|able adj Lamentable, deplorable || **~er** vt Lamentar, deplorar, sentir.

déployer [deplwaje] vt Desplegar | FIG. Mostrar, hacer alarde de (étaler).

déplumer vt Desplumar | — Vp FAM. Perder el pelo.

dépoitraillé, e [depwatrɑje] adj FAM. Despechugado, a; descamisado, a.

dépolariser vt Despolarizar.

dépol|ir vt Deslustrar, quitar el brillo | Esmerilar (le verre) || **~issage** m Deslustrado, deslustre | Esmerilado (verre).

dépolitiser vt Quitar el carácter político a, despolitizar.

déponent, e adj/m GRAM. Deponente.

dépopulation f Despoblación, despoblamiento *m.*

déport|ation f Deportación (exil) || **~ements** mpl Excesos, extravíos || **~er** vt Deportar | Desviar (dévier).

dépos|ant, e adj/s COM. Depositante | DR. Deponente, declarante || **~e** f Desmontaje *m* || **~er** vt Depositar (mettre en dépôt) | Soltar, descargar (décharger) | Dejar en, llevar a (laisser) | Dar (donner) | Descolgar (décrocher) | Desmontar (démonter) | CHIM. Depositar, formar poso | Registrar, patentar, depositar (une marque) | Presentar (un projet) | Verter, arrojar (des ordures) | MIL. Deponer | Renunciar a (renoncer) | FIG. Deponer, destituir (destituer) | *~ son bilan,* declararse en quiebra | *~ une plainte,* presentar una denuncia | — Vi DR. Deponer, declarar, prestar declaración | Formar un poso, asentarse (liquide) || **~itaire** s Depositario, a || **~ition** f Deposición.

déposs|éder vt Desposeer | Expropiar (exproprier) || **~ession** f Desposeimiento *m* | Expropiación.

dépôt [depo] m Depósito, consignación *f* (d'une somme) | Poso, sedimento (sédiment) | Almacén (magasin) | Cochera *f,* depósito (autobus) | Colocación *f* (pose) | Presentación *f* | Prisión (*f*) preventiva | MÉD. Abceso, tumor | *~ de bilan,* declaración de quiebra | *~ de mendicité,* asilo, hospicio | *~ de munitions,* pañol (dans un bateau).

dépot|age ou **~ement** m Trasplante | Trasiego (liquide) || **~er** vt Trasplantar | Trasegar (liquide) | **~oir** m Planta (*f*) de transformación de residuos (usine) | FAM. Vertedero, muladar.

dépouill|e [depuje] f Despojo *m* | Camisa, piel (peau) | Cosecha (récolte) | Botín *m,* despojos *mpl* | *~ mortelle,* restos mortales || **~ement** [-jmɑ̃] m Despojo | Desollamiento (d'un animal) | Examen, comprobación *f* (d'un compte) | Examen detenido | Recuento de votos, escrutinio (élections) | Acción (*f*) de abrir el correo | Renunciación *f* (renoncement) || **~er** vt Despojar | Desollar (écorcher) | Quitar la ropa (dévêtir) | Examinar | Hacer el recuento de votos (élections) | Abrir (courrier) | Sacar papeletas, tomar notas (d'un livre) | Desvalijar (voler) | Prescindir de (se passer de) | *Style dépouillé,* estilo sobrio *ou* escueto | — Vp Sedimentar, aclararse (vin) | Quitarse (vêtements) | Despojarse, desposeerse (se priver) | FIG. Librarse, prescindir de (se passer de).

dépourvu, e adj Desprovisto, a; privado, a | *Au ~*, de improvisto, desprevenido, a.
dépoussiérer vt Quitar el polvo, desempolvar.
déprav|ation f Depravación, perversión || **~er** vt Depravar, pervertir | Alterar, estropear, corromper (corrompre).
déprécation f Deprecación.
dépréci|ation f Depreciación | FIG. Descrédito *m* || **~er** vt Depreciar, desvalorizar | Infravalorar (sous-estimer) | FIG. Desdeñar, menospreciar (mépriser).
déprédation f Depredación | Malversación (administration).
déprendre (se)* vp Desprenderse, despegarse.
dépress|if, ive adj Deprimente, depresivo, a || **~ion** f Depresión.
déprim|ant, e adj Deprimente, depresor, a || **~er** vt Deprimir.
depuis [dəpɥi] prép Desde, de | Desde hace, desde hacía : *je ne l'ai pas vu ~ un mois,* no le he visto desde hace un mes | *~ combien de temps?,* ¿cuánto tiempo hace? | *~ longtemps,* desde hace tiempo | *~ peu,* desde hace poco | — Adv Después, desde entonces.
dépur|atif, ive adj/m Depurativo, a || **~ateur** adjm/m Depurador || **~ation** f Depuración || **~er** vt Depurar.
déput|ation f Diputación || **~é** m Diputado | Procurador (aux « Cortes » espagnoles) || **~er** vt Diputar.
déracin|ement m Desarraigo | FIG. Eliminación *f*, extirpación *f* || **~er** vt Desarraigar, descuajar | Sacar, arrancar (une dent) | Arrancar de cuajo (arracher brutalement) | FIG. Extirpar, eliminar, desarraigar.
déraidir vt Aflojar (relâcher) | Quitar la rigidez (ôter la raideur) | Desentumecer (membre) | FIG. Suavizar, dar soltura (assouplir).
déraill|ement [derɑjmɑ̃] m Descarrilamiento | FIG. Descarrío, desvío || **~er** [-je] vi Descarrilar | FAM. Desvariar, decir despropósitos | FIG. Cometer un desatino || **~eur** [-jœ:r] m Cambio de velocidades (bicyclette).
déraison f Desatino *m*, sinrazón, despropósito *m* || **~nable** adj Poco razonable, desrazonable || **~nement** m Desatino, disparate || **~ner** vi Desatinar, disparatar.
dérang|ement m Desorden, trastorno (désordre) | Perturbación *f* | Molestia *f*, trastorno (ennui) | *~ du corps,* descomposición del vientre | *En ~,* averiado, no funciona || **~er** vt Desarreglar, desordenar (changer de place) | Descomponer (un mécanisme) | Perturbar, alterar (altérer) | Molestar (gêner) | FIG. Descomponer el vientre | — Vp Moverse de un sitio a otro (bouger) | Molestarse (faire un effort).
dérap|age ou **~ement** m AUT. Patinazo, resbalón || **~er** vi MAR. Levar anclas, desaferrarse | AUT. Patinar, resbalar.
dératé, e s FAM. Despabilado, a; vivo, a | FAM. *Courir comme un ~,* correr como un descosido *ou* un galgo.
dératis|ation f Desratización || **~er** vt Desratizar.
derechef [dərəʃɛf] adv De nuevo, nuevamente.
déréglé, e adj Desarreglado, a; descompuesto, a | Irregular : *pouls ~,* pulso irregular | Desajustado, a; impreciso, a (tir) | FIG. Desordenado, a : *vie ~,* vida desordenada.
dérèglement m Desarreglo, desorden (désordre) | Alteración *f*, irregularidad *f* (irrégularité) | Desajuste (tir) | Mal funcionamiento (d'une mécanique) | FIG. Desenfreno, desbordamiento | *~ de conduite,* conducta desordenada.
dérégler vt Descomponer, desarreglar (déranger) | Desordenar, desarreglar mettre en désordre) | Desajustar (tir).
déréliction f Abandono, derelicción.
dérider vt Desarrugar | Alegrar (égayer) | — Vp Alegrarse, sonreir.
déris|ion f Irrisión, burla, escarnio *m* | *Tourner en ~,* tomar a broma, hacer burla de || **~oire** adj Irrisorio, a : *offre ~,* oferta irrisoria | Insignificante (insignifiant).
dériv|atif, ive adj/m Derivativo, a || **~ation** f Derivación | Desviación (déviation) | MAR. Deriva || **~e** f MAR. Deriva, abatimiento (*m*) del rumbo | Desviación, desvío *m* (déviation) | Palanca de dirección, plano (*m*) de deriva (d'un avion) | MIL. Corrección horizontal de tiro | *Aller à la ~,* ir a la deriva, perder el rumbo || **~é, e** adj/m Derivado, a | — F MATH. Derivada || **~er** vt Desviar | MATH. GRAM. ÉLECTR. Derivar | TECH. Limar el remache | — Vi Derivar, desviarse del rumbo (dévier) | Desviarse (tir) | FIG. Derivarse, dimanar, provenir (provenir), ir a la deriva (aller à la dérive).
derm|atologie f MÉD. Dermatología || **~atologue** s Dermatólogo, a || **~e** m Dermis *f* || **~ique** adj Dérmico, a.
dernier, ~ère adj Último, a | Pasado, a : *l'année ~,* el año pasado | Extremo, a; último, a; sumo, a (extrême) | — S Último, a | *Le ~ des ...,* el peor de, el mayor de... | *Le ~ des ~s,* el peor de todos, el acabóse | *Le petit ~,* el benjamín || **~-né** m Hijo último.

dérob|ade f Espantada, extraño *m* (cheval) | FIG. Escapatoria, evasión || **~é, e** adj Hurtado, a; robado, a (volé) | FIG. Escondido, a (caché), excusado, a; secreto, a (secret) | *À la ~*, a hurtadillas, a escondidas | *Porte ~*, puerta excusada *ou* falsa || **~er** vt Hurtar, robar (voler) | Arrancar, sustraer, librar de (soustraire) | FIG. Quitar, usurpar (usurper), arrebatar, privar de (enlever) | FAM. Ocultar (cacher), sacar (un secret), robar (un baiser) | — Vp Ocultarse, esconderse (se cacher) | Sustraerse, librarse (échapper à) | Esquivar, eludir, zafarse (à une obligation) | Escurrir el bulto, hurtar el cuerpo : *il se dérobe toujours*, siempre escurre el bulto | Flaquear, vacilar : *mes genoux se dérobent*, mis rodillas flaquean | Hundirse (la terre) | Dar una espantada, hacer un extraño (un cheval).

dérog|ation f Derogación || **~atoire** adj Derogatorio, a || **~er** vi DR. Derogar | Ir contra, faltar (manquer à) | Rebajarse (s'abaisser).

dérouill|ement [derujmɑ̃] m Desenmohecimiento, desoxidación *f* || **~er** [-je] vt Quitar el moho, desherrumbrar, desoxidar | FIG. Desentumecer (dégourdir), pulir, afinar, desbastar (polir les manières) | POP. Dar una buena paliza | — Vi POP. Cobrar, recibir una paliza | — Vp Desoxidarse | Afinarse (devenir poli) | *Se ~ les jambes*, estirar *ou* desentumecer las piernas.

déroul|ement m Desarrollo (développement) | Desenrollamiento (d'une bobine) || **~er** vt Desenrollar | Mostrar, desplegar (étaler) | TECH. Desenrollar, hacer chapa de madera | — Vp Efectuarse, celebrarse, tener lugar | Extenderse (s'étendre).

dérout|ant, e adj Desconcertante || **~e** f Derrota (d'une armée) | Fracaso *m* (échec) | FIG. Desorden *m*, desconcierto *m* (ruine) | *Mettre en ~*, derrotar (armée), aturrullar (personnes) || **~er** vt Descaminar (écarter de sa route) | Desviar (dévier) | Despistar | FIG. Desconcertar, confundir | — Vp MAR. Cambiar de rumbo.

derrick m Torre (*f*) de perforación, derrick.

derrière prép. Detrás de, tras | — Adv Detrás, atrás | *De ~*, trasero, a; de atrás | *~ le dos*, por la espalda *ou* a espaldas | *Par-~*, por detrás | — M Parte (*f*) posterior | FAM. Trasero (d'une personne), grupa *f*, ancas *fpl* (d'un animal) | MAR. Popa *f* | — Pl MIL. Retaguardia *fsing*.

derviche ou **dervis** m Derviche.

des [dɛ] art contracté De los, de las | — Art partitif [no se traduce] : *manger des œufs*, comer huevos | — Art indéf Unos, as; algunos, as.

dès [dɛ] prép Desde : *~ à présent*, desde ahora | *~ demain*, a partir de mañana | *~ lors*, desde entonces (temps), por lo tanto (cause) | *~ lors que*, en cuanto (temps), ya que (cause) | *~ que*, tan pronto como, en cuanto | *~ que possible*, cuanto antes.

désabus|é, e adj/s Desengañado, a || **~ement** m Desengaño || **~er** vt Desengañar.

désaccord [dezakɔ:r] m Desacuerdo | Discordancia *f* (discordance) | Desavenencia *f* (mésentente) | MUS. Desafinación *f* (instrument), discordancia *f* (voix) | *En ~*, desavenido, a || **~er** vt MUS. Desafinar, desacordar, desentonar | FIG. Desavenir, disgustar (brouiller, fâcher).

désaccoupl|ement m Desacoplamiento || **~er** vt Desaparear, desparejar | MÉC. Desacoplar.

désaccoutumer vt Desacostumbrar.

désaffect|ation f Cambio (*m*) de destino de un edificio público | Secularización (église) || **~er** vt Cambiar de destino un edificio público | Secularizar (église) || **~ion** f Desafecto *m* | Desafición (manque de goût) || **~ionner** vt Hacer perder el afecto a (personne), desaficionar de (chose).

désagré|able adj Desagradable.

désagrég|ation f Desagregación, disgregación | FIG. Descomposición, disgregación || **~er** vt Desagregar, disgregar.

désagrément m Disgusto, desagrado, sinsabor.

désaimanter [dezɛmɑ̃te] vt Desimantar, desimanar.

désajust|ement m Desajuste | Desarreglo || **~er** vt Desajustar | Desarreglar (déranger).

désaltér|ant, e adj Refrescante, que quita la sed || **~er** vt Apagar *ou* quitar la sed | — Vp Beber.

désamorçage m Descebadura *f* (pompe) | Desactivado, desarme (bombe).

désamorcer vt Desactivar, descebar (arme) | Desactivar, desarmar (bombe) | Descebar, vaciar (pompe).

désappoint|ement [dezapwɛ̃tmɑ̃] m Contrariedad *f*, desencanto, desengaño, decepción *f*, desilusión *f* || **~er** vt Contrariar, desengañar, decepcionar, desencantar, desilusionar | Despuntar (émousser la pointe).

désapprobat|eur, trice adj Desaprobador, a || **~ion** f Desaprobación.

désapprouver vt Desaprobar.

désapprovisionn|ement m Desabastecimiento || **~er** vt Desabastecer.

désarçonner vt Desarzonar, desmontar | FAM. Desarmar, confundir, desconcertar (déconcerter).
désargenté, e adj FAM. Sin dinero [*Amér.*, sin plata].
désarm|ant, e adj FIG. Desarmante || **~ement** m Desarme || **~er** vt Desarmar | Desmontar (arme) | FIG. Desarmar, moderar, templar | MAR. Desarmar | — Vi Deponer las armas, desarmar | FIG. Cesar, ceder (céder).
désarroi m Desconcierto, desasosiego | *En ~*, desconcertado, a ; turbado, a.
désarticuler vt Desarticular (objet), descoyuntar (personne).
désassembler vt Desensamblar.
désassortir vt Desparejer, descabalar | Dejar sin surtido (un magasin).
désastr|e m Desastre || **~eux, euse** adj Desastroso, a.
désavantag|e m Desventaja *f*, inferioridad *f* (infériorité) | Desventaja *f*, inconveniente (inconvénient) | *À son ~*, en perjuicio suyo, en contra suya | *Se montrer à son ~*, presentarse bajo un aspecto desfavorable || **~er** vt Perjudicar, desfavorecer || **~eux, euse** adj Desventajoso, a.
désav|eu m Desaprobación *f* | Denegación *f* : *~ de paternité*, denegación de paternidad | Retractación *f* | Desautorización *f* (d'un mandataire) | Repudiación *f* (d'une doctrine) | Contradicción *f* || **~ouer** [dezavwe] vt Desaprobar, condenar (condamner) | Negar, denegar (nier) | Desautorizar (un mandataire) | Repudiar, rechazar (doctrine) | Retractar (rétracter) | Desconocer (méconnaître) | Estar en contradicción con | FIG. *Ne pas ~*, juzgar digno de sí.
désaxer [dezakse] vt Descentrar | FIG. Descentrar, desequilibrar, desquiciar.
descell|ement [desɛlmɑ̃] m Desselladura *f* | Desempotramiento || **~er** vt Desellar, quitar el sello *ou* el lacre | Arrancar, despegar (décoller) | Desempotrar (enlever du mur).
descen|dance f Descendencia || **~dant, e** adj Descendente (en pente) | MIL. Saliente (garde) | — Adj/s Descendiente (parent) || **~dre*** vi Bajar, descender | Descender (famille) | Bajarse, apearse (d'un véhicule) | Estar en pendiente *ou* en cuesta (en pente) | Parar, hospedarse, alojarse (loger) | — Vt Bajar, descender | Dejar, depositar (déposer) | Seguir la corriente, ir río abajo (rivière) | FAM. Cargarse (tuer), derribar (avion) | POP. Soplar, pimplar (boire) || **~te** f Bajada, descenso *m* | Bajada, pendiente (pente) | Invasión, incursión (irruption) | Llegada, instalación (à l'hôtel) | Canalón *m*, bajada de aguas (tuyau) | DR. Visita, inspección ocular, investigación judicial | MÉD. Hernia (hernie), descendimiento *m* (d'un organe) | POP. *Avoir une bonne ~*, tener buenas tragaderas | *Descente de Croix*, Descendimiento | *~ de lit*, alfombra de cama | *~ de police*, operación policiaca.
descript|ible adj Descriptible || **~if, ive** adj Descriptivo, a || **~ion** f Descripción.
déséchou|age ou **~ement** [dezeʃwa:ʒ, ou -ʃumɑ̃] m Desencalladura *f* || **~er** vt Desencallar, poner a flote.
désembourber vt Desatascar.
désempar|é, e adj Desamparado, a ; desconcertado, a || **~er** vi FIG. *Sans ~*, sin parar, sin cesar | — Vt MAR. Desamparar, desmantelar.
désemplir vi/p *Ne pas ~*, estar siempre lleno.
désen|chaîner vt Desencadenar || **~chantement** m Desencanto, desilusión *f*, desengaño || **~chanter** vt Desencantar | FIG. Desilusionar, desengañar || **~combrer** vt Despejar, desembarazar | Descombrar || **~filer** vt Desensartar (collier), desenhebrar, desensartar (aiguille) || **~fler** vt/i Deshinchar || **~flure** f Deshinchamiento *m* || **~gager** vt Liberar (d'un engagement) | Desempeñar (parole) || **~gorger** vt Desatascar, desatrancar, desatorar || **~ivrer** vt Desembriagar || **~rayer** vt Aflojar (libérer) | Arreglar, componer (arranger) | Desencasquillar (arme) || **~sabler** vt Desencallar (bateau) | Dragar, desarenar (port) || **~sibiliser** vt Insensibilizar || **~sorceler** vt Deshechizar, desembrujar || **~tortiller** vt Desenredar (démêler) || **~traver** vt Destrabar.
déséquilibr|e m Desequilibrio || **~é, e** adj/s Desequilibrado, a || **~er** vt Desequilibrar.
désert, ~e [dezɛ:r, ɛrt] adj/m Desierto, a || **~er** vt Abandonar, dejar | FIG. Abandonar, traicionar | — Vi Desertar || **~eur** m Desertor || **~ion** f MIL. Deserción | DR. *~ d'appel*, deserción, desamparo de apelación || **~ique** adj Desértico, a.
désespér|ance f Desesperanza || **~ant, e** adj Desesperante || **~é, e** adj/s Desesperado, a || **~er** vt/i Desesperar, no tener esperanza | *Quand on désespère on espère toujours*, la esperanza es lo último que se pierde | — Vp Desesperarse, desesperanzarse.
désespoir m Desesperación *f* | *En ~ de cause*, en último extremo, como último recurso | *Être au ~*, estar desesperado, desesperarse.
déshabill|é, e adj Desvestido, a ; desnudo, a (nu) | — M Traje de casa, « déshabillé » (vêtement) || **~er** vt

Desvestir (ôter les habits) | Desnudar (mettre à nu) | — Vp Desnudarse, desvestirse.
déshabituer vt Desacostumbrar.
desherb|age m Deshierba *f* || **~er** vt Desherbar.
déshérit|é, e adj Desheredado, a || **~er** vt Desheredar.
déshon|nête adj Deshonesto, a || **~nêteté** f Deshonestidad || **~neur** m Deshonor, deshonra *f* || **~orant, e** adj Deshonroso, a || **~orer** vt Deshonrar, deshonorar.
déshydrat|ation f Deshidratación || **~er** vt Deshidratar.
déshydrogéner vt Deshidrogenar.
desiderata mpl Desiderata.
désign|ation f Designación, nombramiento *m* || **~er** vt Designar, señalar (signaler) | Escoger, nombrar (nommer) | Significar, representar (signifier) | *Être tout désigné pour,* ser el más indicado para.
désillusion f Desilusión, desengaño *m* || **~ner** vt Desilusionar.
désincarner vt Desencarnar.
désinence f Desinencia.
désinfect|ant, e adj/m Desinfectante || **~er** vt Desinfectar || **~ion** f Desinfección.
désintégr|ation f Desintegración || **~er** vt Desintegrar.
désintéress|é, e adj/s Desinteresado, a || **~ement** m Desinterés | Reembolso (remboursement) | Indemnización *f* || **~er** vt Resarcir, pagar una deuda, reembolsar | — Vp Desinteresarse, no ocuparse.
désintérêt m Desinterés, indiferencia *f* (absence d'intérêt).
désintoxi|cation f Desintoxicación || **~quer** vt Desintoxicar.
désinvolt|e adj Desenvuelto, a; desembarazado, a | FIG. Descarado, a; impertinente || **~ure** f Desenvoltura | FIG. Descaro *m*.
désir m Deseo | Anhelo (vif désir) || **~able** adj Deseable || **~er** vt Desear | Anhelar (ardemment) || **~eux, euse** adj Deseoso, a.
désist|ement m Desistimiento || **~er (se)** vp Desistir de, renunciar a.
desman m Desmán, almizclera *f* (rongeur).
désobé|ir vi Desobedecer | Quebrantar, contravenir (loi) || **~issance** f Desobediencia || **~issant, e** adj Desobediente.
désoblig|eance [dezɔbliʒɑ̃:s] f Desatención (manque d'égard) | Descortesía (manque de courtoisie) || **~eant, e** adj Desatento, a | Descortés (impoli) | Chocante, desagradable (désagréable) || **~er** vt Contrariar, disgustar.
désobstruer vt Desobstruir.
désodoris|ant, e adj/m Desodorante || **~er** vt Desodorizar, quitar el olor.
désœuvr|é, e [dezœvre] adj/s Desocupado, a; ocioso, a || **~ement** [-vrəmɑ̃] m Holganza *f*, ociosidad *f*, ocio, desocupación *f*.
désol|ant, e adj Desconsolador, a; desolador, a | Fastidioso, a (ennuyeux) || **~ation** f Desolación || **~er** vt Afligir, desolar, desconsolar (affliger) | Desolar, asolar (ravager) | FIG. Contrariar, disgustar | *Être désolé de,* sentir, lamentar.
désolidariser (se) vp Desolidarizarse.
désopil|ant, e adj Festivo, a; jocoso, a; de morirse de risa || **~er** vt MÉD. Desopilar | FAM. Provocar la hilaridad | — Vp FAM. Reventar de risa, desternillarse de risa.
désordonn|é, e adj Desordenado, a | FIG. Desmedido, a || **~er** vt Desordenar.
désordre m Desorden | Trastorno (des organes).
désorganis|ateur, trice adj/s Desorganizador, a || **~ation** f Desorganización || **~er** vt Desorganizar | Destruir, descomponer (détruire).
désorient|ation f Desorientación || **~er** vt Desorientar | FIG. Desconcertar, desorientar.
désormais [dezɔrmɛ] adv En adelante, desde ahora, en lo sucesivo.
désoss|ement m Deshuesamiento || **~er** vt Deshuesar | Quitar las espinas (poisson).
désoxyd|ant, e adj/m Desoxidante || **~ation** f Desoxidación || **~er** vt Desoxidar.
despot|e m Déspota | — Adj Déspota, despótico, a || **~ique** adj Despótico, a || **~isme** m Despotismo.
desquamer [dɛskwame] vt Descamar.
desquels, desquelles [dɛkɛl] pr rel V. LEQUEL.
dessabler vt Desarenar.
dessais|ir vt Desposeer, despojar (retirer) | DR. Declarar incompetente | MAR. Desaferrar | — Vp Desasirse, desprenderse || **~issement** m Desasimiento | Desposeimiento (dépossession) | DR. Declaración (*f*) de incompetencia.
dessal|age m **~aison** f ou **~ement** m Desaladura *f* || **~er** vt Desalar, quitar la sal | FAM. Avispar, despabilar (dégourdir).
dessèchement m Desecación *f* | Agostamiento (plante) | Consunción *f* (organe) | Falta (*f*) de sensibilidad.
dessécher vt Desecar, secar | Resecar (lèvres) | Agostar (plantes) | Enflaquecer, consumir (amaigrir) | FIG. Desecar, endurecer (durcir) | *Lèvres desséchées,* labios resecos.

dessein [desɛ̃ *ou* dɛsɛ̃] m Designio (projet) | Propósito, intención *f* (but) : *dans le ~ de,* con el propósito de | *À ~,* a propósito, aposta, adrede.
desseller vt Desensillar.
desserr|age m Aflojamiento ‖ **~er** vt Aflojar | Soltar, aflojar (lâcher).
dessert m Postre | *Au ~,* a los postres ‖**~e** f Trinchero *m* (meuble) | Servicio (*m*) de comunicación | Servicio *m* (église) | *Voie de ~,* camino vecinal.
dessertir vt Desengastar.
desserv|ant m Cura párroco ‖ **~i, e** adj Comunicado, a : *quartier bien ~,* barrio bien comunicado ‖ **~ir*** vt Quitar la mesa (débarrasser la table) | Comunicar, poner en comunicación | FIG. Causar perjuicio, perjudicar (nuire) | REL. Servir en una parroquia.
dessiccation f Desecación.
dessiller [desije] vt Separar los párpados | FIG. *~ les yeux à* o *de,* abrir los ojos a, desengañar a.
dessin m Dibujo | Plano, diseño (plan) | FIG. Contorno, perfil | *~ à main levée,* dibujo a pulso | *~ au lavis,* aguada | *~ d'après nature,* dibujo del natural | *~ d'imitation,* dibujo artístico | *~s animés,* dibujos animados (cinéma) | *~s de mode,* figurines ‖ **~ateur, trice** adj/s Dibujante | *~ industriel,* delineante ‖ **~er** vt/i Dibujar, diseñar | FIG. Resaltar, destacar, modelar (faire ressortir) | Describir, pintar (dépeindre) | — Vp Dibujarse, perfilarse, destacarse | FIG. Precisarse, concretarse, tomar forma perfilarse (se préciser).
dessouder vt Desoldar.
dessoûler ou **dessouler** vt Desemborrachar, desembriagar.
dessous [dəsu] adv Debajo, abajo | MAR. A sotavento | *Au-~,* debajo, más abajo | *Au-~ de,* debajo de, bajo | *Ci-~,* más abajo, más adelante, a continuación | *En ~,* debajo, por debajo | FIG. *Être au-~ de la vérité,* quedarse corto. *Être au-~ de tout,* ser lamentable | *Faire qqch. en ~,* hacer algo por bajines | — M Parte (*f*) inferior de una cosa, bajos *pl,* fondo | Revés (l'envers) | FIG. Desventaja *f,* inferioridad *f* | Foso (théâtre) | — Pl Ropa (*fsing*) interior (lingerie) | FIG. Intríngulis *sing* (d'une affaire) | *Avoir le ~,* tener la peor parte ‖ **~-de-bouteille** ou **~-de-carafe** m inv Salvamantel ‖ **~-de-bras** m inv Sobaquera *f* ‖ **~-de-plat** m inv Salvamantel ‖ **~-de-table** m inv Guante, comisión (*f*) bajo cuerda.
dessuinter vt Desgrasar (laine).
dessus [dəsy] adv Encima, arriba | *Au-~,* encima | *Au-~ de,* más arriba de, por encima de, sobre | *Ci-~,* anteriormente mencionado, más arriba indicado, susodicho | *Là-~,* en eso, sobre ese asunto (sur cela), después de esto (après cela), ahí encima (sur qqch.) | *Par-~ tout,* por encima de todo, ante todo | *Sens ~ dessous,* en completo desorden, patas arriba | — M Parte (*f*) superior, lo de encima | Dorso (de la main) | Derecho, cara *f* (endroit) | FIG. Superioridad *f,* ventaja *f* (avantage) | MUS. Alto, tiple | Telar (théâtre) | *Avoir le ~,* aventajar, poder más que | *~ de porte,* dintel | FIG. *~ du panier,* lo mejorcito, la flor y nata. *Reprendre le ~,* rehacerse ‖ **~-de-lit** m inv Colcha *f* ‖ **~-de-table** m inv Centro de mesa, tapete.
déstabiliser vt Desestabilizar.
destin m Destino, sino, hado ‖ **~ataire** s Destinatario, a ‖ **~ation** f Destinación, destino *m* | Empleo *m,* utilización (usage) | *À ~ de,* con destino a ‖ **~ée** f Destino *m,* suerte ‖ **~er** vt Destinar | — Vp Destinarse, pensar dedicarse.
destitu|er vt Destituir ‖ **~tion** f Destitución | DR. *~ des droits civiques,* interdicción civil.
destroyer m MAR. Destructor.
destruct|eur, trice adj/s Destructor, a ‖ **~if, ive** adj Destructivo, a ‖ **~ion** f Destrucción.
désu|et, ète adj Desusado, a; anticuado, a ‖ **~étude** f Desuso *m.*
désun|ion f Desunión ‖ **~ir** vt Desunir, separar | FIG. Enemistar, desavenir | — Vp Perder el ritmo (sports).
détach|age m Limpiado de manchas ‖ **~ant** adjm/m Quitamanchas ‖ **~é, e** adj V. DÉTACHER | FIG. Despegado, a; indiferente, despreocupado, a : *air ~,* aire indiferente ‖ **~ement** m Despego, desapego (éloignement, indifférence) | Agregación *f,* destino provisional (dans le travail) | MIL. Destacamento ‖ **~er** vt Desatar (délier) | Apartar, separar (séparer) | Soltar, desatar (lâcher) | Despegar (décoller) | Arrancar (arracher) | Limpiar, quitar las manchas (nettoyer) | Agregar, destinar provisionalmente (affecter à) | Enviar (envoyer) | FAM. Soltar, largar (décocher) | FIG. Apartar, alejar (éloigner) | MIL. Destacar | MUS. Picar, desligar | — Vp Desapegarse, perder el apego (perdre l'affection) | Destacarse (sports) | Desprenderse (tomber).
détail [detaj] m Detalle, pormenor | Menudeo, venta (*f*) al por menor (vente) | *Au ~,* al por menor, al detalle, al detall | *En ~,* con todo detalle | *Faire le ~,* vender al detall

(un article), hacer el desglose (d'un compte) | *Petits ~s,* minucias || **~lant, e** [-jɑ̃, ɑ̃:t] adj/s Comerciante al por menor, detallista, minorista || **~ler** [-je] vt Cortar en trozos (couper) | Vender al por menor *ou* al detall | FIG. Detallar, pormenorizar (raconter en détail | Enumerar.

détaler vi FAM. Salir pitando, huir velozmente.

détartr|age m Desincrustación *f* || **~er** vt Desincrustar | Quitar el tártaro *ou* sarro (dents).

détaxer vt Desgravar, reducir la tasa (réduire la taxe) | Suprimir la tasa (supprimer la taxe).

détect|er vt Detectar | Descubrir (déceler) || **~eur, trice** adj/m Detector, a || **~ion** f Detección || **~ive** m Detective.

déteindre* vt Desteñir, despintar | — Vi/p Desteñirse (*à,* con) | FIG. Dejar rastro (marquer) | FIG. *~ sur qqn,* influir sobre uno, contagiar a alguien.

dételer vt Desenganchar (chevaux, wagons) | Desuncir (bœufs).

détend|eur m Descompresor, manorreductor || **~re*** vt Aflojar | Descomprimir, reducir la presión | FIG. Distraer (distraire), descansar (reposer), calmar (calmer) | Hacer cesar la tirantez (les relations) | — Vp Aflojarse | Relajarse (se décontracter) | Perder presión (gaz) | Descansar (se reposer) | Volverse menos tenso (relations) | Divertirse, distraerse (se distraire) || **~u, e** adj Descansado, a; sosegado, a | FAM. Tan tranquilo, a.

déten|ir* vt Guardar, tener : *~ un secret,* guardar un secreto | Estar en posesión de, tener (posséder) | Detener (en prison) | DR. Detentar || **~te** f Gatillo *m,* disparador *m* (gâchette) | Escape *m* (de montre) | Expansión (d'un gaz) | Resorte *m* (sports) | FIG. Esparcimiento *m,* descanso *m* (repos) | Tranquilidad, calma | Alivio *m,* respiro *m,* relajación de la tensión (relâche) | Distensión (en politique) | FIG. *Etre dur à la ~,* ser agarrado || **~teur, trice** adj/s Poseedor, a | Detentor, a; tenedor, a (qui détient) | DR. Detentador, a || **~tion** f Detención, prisión (emprisonnement) | Detentación, retención | *~ d'armes,* tenencia de armas || **~u, e** adj/s Detenido, a; preso, a.

détergent, e adj/m Detergente.

détérior|ation f Deterioro *m,* deterioración | Empeoramiento *m,* agravación (aggravation) || **~er** vt Deteriorar, estropear | — Vp Estropearse | Empeorar, deteriorarse (situation) | Disminuir, retroceder : *les prix se détériorent,* los precios disminuyen.

détermin|ant, e adj/m Determinante || **~atif, ive** adj/m Determinativo, a || **~ation** f Determinación | Resolución, decisión, determinación (décision) | Fijación || **~er** vt Determinar | Provocar, causar (causer) | Fijar, establecer (établir) | Decidir (décider) | — Vp Decidirse, determinarse || **~isme** m Determinismo.

déterr|ement m Desentierro, desenterramiento || **~er** vt Desenterrar.

déters|if, ive adj/m Detersivo, a; detersorio, a; detergente || **~ion** f Detersión, limpieza.

détest|able adj Detestable, odioso, a || **~er** vt Aborrecer, odiar, detestar.

détisser vt Destejer.

déton|ant, e adj/m Detonante || **~ateur** m Detonador, fulminante || **~ation** f Detonación, estampido *m* || **~er** vi Detonar.

détonner vi MUS. Desentonar | FIG. Desdecir, no pegar, desentonar (couleurs), chocar, desentonar (manières).

détor|dre vt Destorcer | Enderezar (redresser) || **~s, e** [detɔ:r, -ɔrs] adj Destorcido, a || **~sion** f Destorcedura || **~tiller** vt Destorcer.

détour m Rodeo | Vuelta *f,* curva *f,* recodo (tournant) | FIG. Recoveco, repliegue (recoin) | *User de ~s,* andar con rodeos || **~né, e** adj V. DÉTOURNER | Indirecto, a : *sentier ~,* camino indirecto | Oculto, a; encubierto, a (caché) || **~nement** m Desvío, desviación *f* (déviation) | Malversación *f,* desfalco (de fonds) | Corrupción *f* (de mineur) | Secuestro (d'avion) | Rapto (rapt) || **~ner** vt Desviar (dévier) | FIG. Alejar (éloigner), apartar (écarter) : *~ les yeux,* apartar la mirada | Volver (tourner) : *~ la tête,* volver la cabeza | Malversar, desfalcar (fonds) | Secuestrar (un avion) | Corromper, pervertir | FIG. Disuadir, quitar de la cabeza (dissuader) | — Vp Apartar la vista | FIG. Abandonar.

détracteur, trice adj/s Detractor, a.

détraqu|é, e adj V. DÉTRAQUER | — Adj/s Desequilibrado, a; trastornado, a || **~ement** m Descompostura *f,* desarreglo (dérangement) | FIG. Desequilibrio, trastorno || **~er** vt Descomponer, estropear (déranger) | FIG. Trastornar, perturbar.

détremp|e [detrɑ̃:p] f Temple *m* | Pintura al temple (peinture) | Destemple *m,* destemplado *m* (acier) || **~er** vt Remojar, empapar | Destemplar (acier) | Apagar, remojar (chaux) | Desleír (couleurs).

détresse f Angustia, desamparo *m* (affliction) | Miseria, apuro *m,* desam-

paro *m* (misère) | Peligro *m* (danger) | *Signaux de ~*, señales de socorro.
détriment m Detrimento, perjuicio : *agir au ~ de*, obrar en detrimento de.
détritus [detritys] m Detritus, detrito | — Pl Desperdicios, basura *fsing*.
détroit m Estrecho.
détromper vt Desengañar.
détrôn|ement m Destronamiento || **~er** vt Destronar.
détrouss|ement m Atraco, salteamiento, desvalijamiento || **~er** vt Saltear, atracar || **~eur, euse** s Salteador de caminos, atracador, a.
détruire* vt Destruir | — Vp FAM. Suicidarse, suprimirse.
dette [dɛt] f Deuda, débito *m* | *Avoir des ~s* o *être en ~ envers qqn*, ser deudor de uno | *Faire des ~s*, contraer deudas, endeudarse.
deuil [dœj] m Duelo : *~ national*, duelo nacional: *suivre le ~*, seguir el duelo | Luto : *porter le ~*, llevar luto | *Conduire* o *mener le ~*, presidir el duelo | *Demi- ~* o *petit ~*, medio luto, alivio de luto | *En ~*, de luto | FIG. *Faire son ~ de*, decir adiós a, despedirse de | *Grand ~*, luto riguroso | *Prendre le ~*, llevar luto, vestirse de luto.
deux [dø] adj/m Dos | Segundo, a (second) | Dos de : *le deux avril*, el dos de abril (date) | FAM. Dos, algunos, pocos (quelques) | *À eux ~*, ellos dos, entre los dos | *À nous ~, maintenant!*, ¡vamos a arreglar las cuentas! | *De ~ choses l'une*, una de dos | *~ contre un*, doble contra sencillo (pari) | *~ fois ~*, dos por dos | *~ par ~*, de dos en dos, dos a dos, dos por dos | *En moins de ~*, en un dos por tres | *Jamais ~ sans trois*, no hay dos sin tres | *Les ~*, los dos, ambos, as; entrambos, as | *Ne faire ni une ni ~*, no vacilar, no esperar ni un minuto || **~-centième** adj/s Ducentésimo, a | **~ième** [-zjɛm] adj/s Segundo, a | — M El segundo piso || **~ièmement** [-zjɛmmɑ̃] adv En segundo lugar, segundo || **~-pièces** m inv Conjunto de dos piezas | Dos piezas (maillot) | Piso de dos habitaciones (appartement) || **~-ponts** m inv Avión de dos pisos || **~-quatre** m inv MUS. Compás de dos por cuatro || **~-temps** m inv MUS. Compás mayor.
dévaler vt Bajar | — Vi Ir, correr, rodar cuesta abajo.
dévalis|ement m Desvalijamiento || **~er** vt Desvalijar.
dévaloris|ation f Desvalorización || **~er** vt Desvalorizar.
dévalu|ation f Devaluación || **~er** vt Devaluar.
devanc|ement m Adelanto, antelación *f*, adelantamiento || **~er** vt Adelantar | Adelantarse, tomar la delantera (prendre les devants) | FIG. Aventajar (surpasser) | Preceder | MIL. *~ l'appel*, alistarse como voluntario.
devant [dəvɑ̃] prép Delante de | Ante (en présence de) | — Adv Delante | (Vx) Antes | — M Delantera *f* | Delantero (en couture) | Fachada *f* (maison) | Frontal (d'autel) | *Au-~ de*, al encuentro de (personne), al paso de (chose) | *~ derrière*, al revés | *Par-~*, ante, en presencia de | *Prendre les ~s*, adelantarse, tomar la delantera (devancer), salir al paso (couper court) || **~ure** f Escaparate *m*.
dévast|ateur, trice adj/s Devastador, a || **~ation** f Devastación || **~er** vt Devastar.
déveine f FAM. Mala suerte | *Porter la ~*, ser un cenizo, traer mala suerte.
développ|ement m Desarrollo | PHOT. Revelado | Incremento (accroissement) | Desenvolvimiento, despliegue (déploiement) | *Banque de ~*, Banco de Fomento || **~er** vt Desarrollar | Incrementar (augmenter) | Fomentar (encourager) | Desenvolver (déballer) | Desplegar (déployer), desenrollar (dérouler) | PHOT. Revelar | Ampliar, explicar, desarrollar (idée) | MATH. Desarrollar : *~ une fonction*, desarrollar una función | — Vp Desarrollarse | Incrementarse (augmenter) | Extenderse (s'étendre).
devenir* [dəvnir] vi Volverse | Hacerse : *~ grand*, hacerse mayor | Ponerse; *~ triste*, ponerse triste | Llegar a : *~ ministre*, llegar a ministro | Quedarse : *~ muet*, quedarse mudo | Ser (être) | Convertirse en (se transformer en) | Parar, acabar : *que deviendra cette affaire?*, ¿en qué acabará este negocio? | *Que devient Un tel?*, ¿qué es de Fulano? | *Qu'est-ce que tu deviens?*, ¿qué es de tu vida? | *Que vais-je devenir?*, ¿qué va a ser de mí? | *Que voulez-vous devenir?*, ¿qué piensa usted hacer? | — M PHIL. Devenir.
dévergond|age m Desvergüenza *f* | FIG. Descomedimiento, desenfreno, exceso || **~é, e** adj/s Desvergonzado, a || **~er (se)** vp Perder la vergüenza, desvergonzarse.
devers (par-) [pardəvɛ:r] loc prép Ante, en presencia de | *~ soi*, en su posesión, en su poder.
dévers m Alabeo (de surface) | Peralte (route) | Inclinación (*f*) lateral (avion) || **~ement** m Vertimiento, derrame | Desagüe (canal) | Inclinación *f* || **~er** vi Combarse,

alabearse (se gauchir) | Inclinarse (pencher) | — Vt Verter, derramar (répandre) | Traer (amener) | Desahogar (colère, etc) | — Vp Verterse || **~oir** m Vertedero, desaguadero | Aliviadero, vertedero (barrage) | Cuneta *f* (caniveau).

dévêtir* vt Desnudar, desvestir | — Vp Desnudarse.

déviation f Desviación | Cambio (*m*) de dirección, desviación, desvío *m* (route) | FIG. Desvío *m* (écart) || **~nisme** m Desviacionismo || **~niste** adj/s Desviacionista.

dévid|age m Devanado || **~er** vt Devanar | Pasar las cuentas (d'un chapelet) || **~oir** m Devanadera *f*.

dévier vt Desviar | — Vi Derivar | — Vi/p Desviarse | Apartarse, dejar, separarse (s'écarter).

devin, ~eresse s Adivino, a; adivinador, a || **~er** vt Adivinar | Penetrar, comprender (comprendre) | Descubrir, adivinar (découvrir) | Intuir, suponer, imaginar (supposer) | Saber, intentar saber (chercher à savoir) | ~ *juste*, atinar, acertar, dar con | — Vp Distinguirse, divisarse, adivinarse || **~ette** f Adivinanza, acertijo *m*.

devis m Presupuesto (estimation).

dévisager vt Mirar de hito en hito.

devis|e f Divisa, lema *m* | Divisa (argent) || **~er** vi Platicar.

dévisser vt Destornillar, desatornillar.

dévitaliser vt Desvitalizar (dents).

dévoil|ement m Revelación *f*, descubrimiento || **~er** vt Quitar *ou* levantar el velo | Descubrir : ~ *une statue*, descubrir una estatua | Enderezar (redresser) | FIG. Descubrir revelar.

devoir* vt Deber | Deber, tener que, haber de (obligation) | Deber de (probabilité) | Deber (supposition) | *Dussé-je*, aunque debiera *ou* debiese de, aunque tuviera *ou* tuviese que | *Il doit y avoir*, debe (de) haber | *On doit*, hay que | — Vp Deberse | — M Deber | Ejercicio, tarea *f*, deber (d'école) | Obligación *f* : ~*s conjugaux*, obligaciones matrimoniales | — Pl Respetos | *Derniers* ~*s*, honras fúnebres | *Se faire un* ~ *de*, creerse en la obligación de, tener a mucho.

dévolu, ~e adj Atribuido, a | Destinado, a; reservado, a (réservé) | — M *Jeter son* ~ *sur*, echar el ojo a, poner sus miras en || **~tion** f Devolución, transmisión.

dévor|ant, e adj Devorador, a; devastador, a | FIG. Devorador, a (passion), voraz, insaciable (vorace) || **~er** vt Devorar | FIG. Consumir, devorar (consumer), devorar, leer con avidez (un livre), devorar, comerse (des yeux).

dévot, ~e [devo, -ɔt] adj/s Devoto, a || **~ion** f Devoción | *Être à la* ~ *de qqn*, estar a la disposición de uno.

dévou|é, e adj Adicto, a; afecto, a Adicto, a : ~ *à sa patrie*, adicto a su patria | Servicial, sacrificado, a (serviable) | *Votre tout* ~, suyo afectísimo (lettre) || **~ement** [devumɑ̃] m Afecto, devoción *f*, adhesión *f* | Abnegación *f* | Sacrificio (sacrifice) | Desvelo : ~ *à la cause commune*, desvelo por la causa común | Consagración *f*, dedicación *f* (consécration) || **~er** vt Consagrar | — Vp Dedicarse, consagrarse (se dédier à) | Sacrificarse (se sacrifier).

dévoy|é, e [devwaje] adj Descarriado, a; extraviado, a | — S Golfo, a; perdido, a || **~er** vt Descarriar, extraviar | TECH. Desviar.

dext|érité f Destreza, maña (habileté) | Soltura, agilidad (aisance).

dey m Dey.

diab|ète m MÉD. Diabetes *f* || **~étique** adj/s Diabético, a.

diabl|e m Diablo, demonio | Carretilla *f* (chariot) | Tostador (récipient) | *À la* ~, a la diabla, sin esmero | *Aller au* ~, irse al diablo, irse al cuerno | FIG. *Au* ~, *à tous les* ~*s*, *au* ~ *vauvert*, en el quinto infierno, en el quinto pino, *Avoir le* ~ *au corps*, ser de la piel del diablo | *Comme un* ~, como un condenado | ~*!*, ¡diablos!, ¡demonios! | ~ *boiteux*, diablo cojuelo | ~ *de mer*, pejesapo, rape | FIG. *Du* ~, *de tous les* ~*s*, de órdago, de mil demonios. *En* ~, atrozmente, de lo lindo | *Faire le* ~, hacer diabluras *ou* travesuras | *Pauvre* ~, infeliz | FAM. *Tirer le* ~ *par la queue*, no tener un céntimo. || **~ement** adv FAM. Terriblemente, atrozmente || **~erie** f Diablura | Brujería, maleficio *m* (maléfice) || **~esse** f Diabla | Arpía (harpie) || **~otin** m Diablejo, diablillo.

diabol|ique adj Diabólico, a || **~o** m Diábolo (jouet).

diac|onat m Diaconato, diaconado | **~onesse** f Diaconisa || **~re** m Diácono.

diadème m Diadema *f*.

diagnost|ic [djagnɔstik] m Diagnóstico || **~iquer** [-tike] vt Diagnosticar.

dia|gonal, e adj/f Diagonal || **~gramme** m Diagrama.

dialect|al, e adj Dialectal || **~e** m Dialecto || **~icien, enne** s Dialéctico, a || **~ique** adj/f Dialéctico, a.

dialog|ue m Diálogo || **~uer** vt/i Dialogar || **~uiste** s Dialoguista.

diamant m Diamante || **~aire** m Diamantista || **~er** vt Abrillantar,

diamantar, adiamantar || **~ifère** adj Diamantífero, a || **~in, e** adj Diamantino, a.
diamètre m Diámetro.
diane f MIL. Diana.
diapason m MUS. Diapasón | FIG. Tono, altura *f*.
diaphane adj Diáfano, a.
diaphragme m Diafragma.
diapositive f PHOT. Diapositiva, transparencia.
diaprer vt Matizar, esmaltar, jaspear.
diarrhée f MÉD. Diarrea.
diaspora f Diáspora.
diastole f ANAT. Diástole.
diatonique adj MUS. Diatónico, a.
diatribe f Diatriba.
dichotomie [dikɔtɔmi] f Dicotomía.
dicotylédone adj/s Dicotiledóneo, a; dicotiledón.
dictaphone m Dictáfono.
dictat|eur m Dictador || **~orial, e** adj Dictatorial || **~ure** m Dictadura.
dict|ée f Dictado *m* | *Écrire sous la ~*, escribir al dictado || **~er** vt Dictar | FIG. Inspirar, dictar (suggérer), imponer, dictar (imposer) || **~ion** f Dicción || **~ionnaire** m Diccionario | FIG. *Être un ~ vivant*, ser una enciclopedia || **~on** m Dicho.
didactique adj Didáctico, a.
dièdre adjm/m Diedro.
diélectrique adj/m Dieléctrico, a.
diem (per) m Dietas *fpl* (indemnité).
diérèse f Diéresis.
dièse adjm/m MUS. Sostenido.
diesel [dizɛl ou djezɛl] adj/m Diesel.
diète f Dieta.
diététique adj/f Dietético, a.
dieu m Dios | *Abandonné des dieux*, dejado de la mano de Dios | *À ~ ne plaise!*, ¡no quiera Dios! | *À ~ vat!*, ¡a la gracia de Dios! | *~ aidant*, Dios mediante | *~ fait homme*, Dios Hombre | *~ le Fils*, Dios Hijo | *~ le Père*, Dios Padre | *~ merci!*, ¡gracias a Dios! | *~ soit loué!*, ¡alabado sea Dios! | *Être beau comme un ~*, ser hermoso como un ángel | *Grand ~!*, ¡válgame Dios! | *Jurer ses grands ~x*, jurar por todos los dioses | *Le Bon ~*, Dios | *Mon ~!*, ¡vaya por Dios!, ¡Dios mío! | *Plaise à ~!*, ¡quiera Dios!, ¡ojalá! | *S'il plaît à ~, si ~ le veut*, si Dios quiere, Dios mediante.
— OBSERV. Lorsque ce mot s'applique à un dieu unique il s'écrit avec une majuscule.
diffam|ant, e adj Difamatorio, a || **~ateur, trice** adj/s Difamador, a || **~ation** f Difamación || **~atoire** adj Difamatorio, a || **~er** vt Difamar.
différ|é, e adj Diferido, a | *Émission en ~*, émisión diferida || **~ence** f Diferencia | MATH. Resto *m*, diferencia | *À cette ~ près que*, con la sola diferencia de que | *À la ~ de*, a diferencia de || **~enciation** f Diferenciación || **~encier** vt Diferenciar || **~end** [diferɑ̃] m Diferencia *f* | Discrepancia *f*, desacuerdo, desavenencia *f*, controversia *f*, litigio (désaccord) || **~ent, e** [-rɑ̃, ɑ̃:t] adj Diferente, distinto, a || **~entiation** f Diferenciación || **~entiel, elle** adj/s Diferencial || **~entier** vt MAT. Diferenciar || **~er** vt Diferir, retardar, aplazar | *Sans ~*, sin demora | — Vi Diferir, ser diferente | Disentir en, no estar de acuerdo con.
difficile adj Difícil | FIG. Delicado, a | *Rendre ~*, dificultar | — S Delicado, a | *Faire le ~*, ser exigente.
difficult|é f Dificultad | *Avoir des ~s d'argent*, tener apuros de dinero | *Faire des ~s*, poner dificultades | *Soulever des ~s*, ocasionar dificultades | *Trancher la ~*, cortar por lo sano || **~ueux, euse** adj Dificultoso, a; difícil.
difform|e adj Deforme | Disforme (défiguré) || **~ité** f Deformidad (disproportion) | Disformidad, malformación (aspect difforme).
diffract|er vt Difractar || **~ion** f Difracción.
diffus, ~e [dify, y:z] adj Difuso, a || **~er** vt Difundir | Radiar, emitir, difundir (par radio) || **~eur** m Difusor, propagador | Pulverizador (pulvérisateur) | RAD. Altavoz || **~ion** f Difusión | Prolijidad (style).
digérer vt Digerir | FAM. Tragar, digerir | FIG. Asimilar.
digest [dajdʒɛst ou diʒɛst] m Selección *f*, resumen, compendio || **~e** ou **~ible** adj Digerible, digestible || **~if, ive** adj Digestivo, a | — M Licor, digestivo || **~ion** f Digestión.
digital, ~e adj Digital, dactilar : *empreintes ~*, huellas dactilares | — F BOT. Digital, dedalera || **~ine** f Digitalina.
dign|e adj Digno, a | *~ de foi*, fidedigno, a || **~itaire** m Dignatario || **~ité** f Dignidad.
digression f Digresión.
digue f Dique *m* | Malecón *m* (môle) | FIG. Dique *m*, freno *m*.
dilacérer vt Dilacerar.
dilapid|ateur, trice adj/s Dilapidador, a || **~ation** f Dilapidación || **~er** vt Dilapidar.
dilat|ant, e adj Dilatador, a || **~ation** f Dilatación | Expansión (de l'âme) || **~er** vt Dilatar | FIG. Ensanchar, expansionar || **~oire** adj DR. Dilatorio, a.
dilection f Dilección.
dilemme m Dilema.
dilettant|e s Diletante | Aficionado, a (amateur) || **~isme** m Diletantismo.

dilig|ence f Diligencia (zèle, voiture) | DR. Instancia : *à la ~ de*, a instancia de | *Faire ~*, darse prisa || **~ent, e** adj Diligente.
dilu|er vt Diluir, desleír | FIG. Mitigar || **~tion** f Disolución, dilución.
diluv|ien, enne adj Diluviano, a.
dimanche m Domingo : *~ dernier*, el domingo pasado; *j'irai ~*, iré el domingo.
dîme f Diezmo *m*.
dimension f Dimensión | Medida (mesure) | Magnitud : *~ historique*, magnitud histórica || **~nel, elle** adj Dimensional.
diminu|er vt/i Disminuir | Rebajar (rabaisser) | Menguar (tricot) | **~tif, ive** adj/m Diminutivo, a || **~tion** f Disminución, descenso *m* | — Pl Menguado *msing* (tricot).
dind|e f Pava | FIG. Pava, mujer tonta || **~on** m Pavo | FIG. Ganso, pavo (homme stupide) | *Être le ~ de la farce*, ser el que paga el pato || **~onneau** m Pavipollo.
dîn|er vi Cenar | — M Cena *f* || **~ette** f Comidita [de niños] | FIG. Comida ligera | *Faire la ~*, hacer comiditas || **~eur, euse** s Convidado, a; comensal.
ding|o adj/s FAM. Chiflado, a; majareta || **~ue** adj/s POP. Majareta, chalado, a; sin seso.
dinosaure m Dinosaurio (fossile).
dioc|ésain, e adj/s Diocesano, a || **~èse** m Diócesis *f*.
diode f ÉLEC. Diodo *m*.
Diogène nprm Diógenes.
dionysiaque adj/fpl Dionisiaco, a.
dioptrie [djɔptri] f Dioptría.
diphasé, e adj Difásico, a.
diphtér|ie f MÉD. Difteria || **~ique** adj|s Diftérico, a.
diphtongu|e f Diptongo *m* || **~er** vt Diptongar.
diplodocus [diplɔdɔkys] m Diplodoco (fossile).
diplomat|e adj/m Diplomático, a || **~ie** f Diplomacia || **~ique** adj/f Diplomático, a.
diplôm|e m Diploma, título || **~é, e** adj/s Diplomado, a; titulado, a || **~er** vt Dar un título *ou* un diploma.
dipsomanie f Dipsomanía.
diptère adj/m Díptero, a.
diptyque m Díptico.
dire* vt Decir | Decir, rezar (énoncer) | Divulgar, decir (divulguer) | Asegurar, confirmar, decir (assurer) | Decidir, decir (décider) | Emplear, decir, utilizar (employer) | Criticar, objetar, decir (critiquer) | Hablar, contar, decir (raconter) | Pensar, opinar (penser) | Gustar, apetecer (plaire) | Recordar, decir (rappeler) | Parecer, decirse : *on dirait du velours*, parece terciopelo | Recitar, declamar, decir (réciter) | Significar (signifier) | Decir, celebrar (messe) | *À qui le dites-vous!*, ¡dígamelo a mí! | *Aussitôt dit, aussitôt fait*, dicho y hecho | *Autrement dit*, dicho de otro modo | *À vrai ~*, a decir verdad | *Ça ne me dit rien*, esto no me gusta (ne pas plaire), esto no me suena (ne pas rappeler) | *Cela va sans ~, inutile de ~*, ni que decir tiene | *C'est-à-~*, es decir, a saber, o sea | *C'est tout ~*, con esto está dicho todo, no hay más que hablar *ou* decir | *Comme qui dirait*, como quien dice | *~ non*, decir que no | *~ tu*, tutear | *~ vous*, hablar de usted | *Dis-donc!*, ¡oye!, ¡dime! | *En ~ long*, decirlo todo | *Il a beau ~*, por más que diga | *Il fallait le ~!*, ¡haberlo dicho! | *Il n'y a pas à ~*, digan lo que digan | *Le qu'en-dira-t-on*, el qué dirán | *Pour ainsi ~*, por decirlo así | *Quoi qu'on dise*, digan lo que digan | *Se le tenir pour dit*, darse por enterado | *Soit dit en passant*, dicho sea de paso | — Vi Hablar | — Vp Pretenderse, dárselas de, hacerse pasar por (se faire passer pour) | Decirse, usarse (s'employer) | Decir para sí (intérieurement) | Pensar (penser).
dire m Declaración *f* | Parecer, decir, opinión *f* | *Au ~ de*, según la opinión de | *~ d'experts*, juicio de peritos.
direct, ~e [dirɛkt] adj/m Directo, a || **~eur, trice** adj/s Director, a | *~ de conscience* o *spirituel*, director espiritual | — Adj Directivo, a; rector, a : *principe ~*, principio directivo | — F GÉOM. Directriz || **~if, ive** adj Directivo, a; director, a | — Fpl Directivas, directrices || **~ion** f Dirección | FIG. Rumbo *m* || **~oire** m Directorio || **~orat** m Dirección *f* || **~orial, e** adj Directoral.
dirig|eable [diriʒabl] adj/m Dirigible || **~eant, e** [-ʒɑ̃, ɑ̃:t] adj/s Dirigente | Gobernante, dirigente (d'un État) || **~er** vt Dirigir | Conducir, guiar (un véhicule) | Mandar, gobernar (gouverner) || **~isme** m Dirigismo, intervencionismo || **~iste** adj/s Dirigista, intervencionista.
dirimant, e adj DR. Dirimente.
discern|able adj Discernible || **~ement** m Discernimiento || **~er** vt Discernir | Distinguir, diferenciar (distinguer).
disciple m Discípulo.
discipli|naire adj/m Disciplinario, a || **~ne** f Disciplina | Asignatura, disciplina (matière) || **~ner** vt Disciplinar.
disco|bole m Discóbolo || **~ïdal, e** ou **~ïde** adj Discoidal, discoideo, a.

discontinu, ~e adj Discontinuo, a ‖ **~er** vt/i Interrumpir | *Sans ~,* sin cesar ‖ **~ité** f Discontinuidad.
disconven|ance [diskɔ̃vnɑ̃:s] f Desacuerdo *m,* desproporción ‖ **~ir*** vi Disentir, negar.
discophile s Discófilo, a.
discord [diskɔ:r] adj/m Discorde, disonante | Desafinado, a (instrument) ‖ **~ance** f Discordancia, disonancia ‖ **~ant, e** adj Discordante, disonante ‖ **~e** f Discordia ‖ **~er** vi Discordar | Mus. Disonar, desafinar.
discothèque f Discoteca.
discour|eur, euse adj Hablador, a; parlanchín, ina; charlatán, ana ‖ **~ir*** vi Hablar, extenderse hablando ‖ **~s** [disku:r] m Discurso | Plática *f,* conversación *f* | Elocuencia *f* (éloquence) | Razonamiento (raisonnement) | Fam. Palabrería *f,* palabras *(fpl)* hueras (vains propos) | Gram. Oración *f.*
discourtois, ~e adj Descortés ‖ **~ie** f Descortesía.
discrédit m Descrédito | *Tomber dans le ~,* desacreditarse ‖ **~er** vt Desacreditar | Desprestigiar (décrier).
discret, ète adj Discreto, a.
discrétion f Discreción | *À ~,* a discreción, a voluntad ‖ **~naire** adj Discrecional.
discrimin|ation f Discriminación ‖ **~atoire** adj Discriminatorio, a ‖ **~er** vt Discriminar.
disculp|ation f Disculpa ‖ **~er** vt Disculpar.
discussion f Discusión | Dr. Embargo *(m)* y venta de bienes | *Être sujet à ~,* ser discutible.
discut|able adj Discutible ‖ **~ailler** vi Fam. Discutir por motivos fútiles ‖ **~er** vt/i Discutir.
disert, e [dizɛ:r, ɛrt] adj Diserto, a; elocuente.
disette f Carestía, escasez (manque) | Hambre (famine).
diseur, euse adj/s Decidor, a; hablador, a | Recitador, a (qui déclame) | *Beau ~,* hablista, purista | *Diseuse de bonne aventure,* echadora de buenaventura.
disgrâce f Desgracia.
disgraci|é, e adj Caído en desgracia | Fig. Desgraciado, a; desfavorecido, a (par la nature) | — M Desgraciado, desheredado ‖ **~er** vt Retirar el favor a alguien ‖ **~eux, euse** adj Poco agraciado, a; falto de gracia | Fig. Desagradable, descortés.
disjoindre* [disʒwɛ̃:dr] vt Desunir | Dr. Desglosar.
disjonct|eur m Disyuntor ‖ **~if, ive** adj/f Disyuntivo, a ‖ **~ion** f Disyunción | Dr. Desglose *m.*
dislo|cation f Dislocación, disloque *m* | Fig. Desmembramiento *m* ‖ **~quer** vt Dislocar | Fig. Desmembrar.
disparaître* vi Desaparecer.
dispar|ate adj Disparatado, a; inconexo, a ‖ **~ité** f Disparidad, desigualdad ‖ **~ition** f Desaparición ‖ **~u, e** adj/s Desaparecido, a | Difunto, a; ausente (mort).
dispendieux, euse adj Dispendioso, a.
dispens|aire m Dispensario, consultorio, ambulatorio ‖ **~ateur, trice** adj/s Dispensador, a; distribuidor, a ‖ **~e** f Dispensa ‖ **~er** vt Dispensar | Dar, prestar (donner).
dispers|ement m Dispersión *f* ‖ **~er** vt Dispersar | Disolver, dispersar (un groupe) | Desperdiciar, despergidar (dépenser) ‖ **~ion** f Dispersión.
disponib|ilité f Disponibilidad | Excedencia (d'un fonctionnaire) | *En ~,* excedente, disponible (civil), supernumerario, de reemplazo (militaire) ‖ **~le** adj Disponible | Excedente, disponible (civil), supernumerario, de reemplazo (militaire) | Dr. De libre disposición.
dispos, ~e [dispo, o:z] adj Dispuesto, a | Despierto, a; alerta (alerte) | Ágil, ligero, a (léger) ‖ **~er** vt Disponer, preparar | Disponer, poner (mettre) | — Vi Disponer de | Emplear, utilizar (employer) | *Être bien disposé,* estar de buen humor | *Être bien disposé envers,* estar bien dispuesto en favor de | *Vous pouvez ~,* puede usted retirarse ‖ **~itif** m Méc. Dispositivo | Dr. Parte *(f)* resolutiva *ou* dispositiva | Plan, disposición *f* | Mil. *~ de combat,* despliegue de combate ‖ **~ition** f Disposición | Intención, ánimo *m* (dessein) | Distribución (arrangement) | Posesión, goce *m* (possession) | — Pl Preparativos *m,* disposiciones | Aptitudes, facultades, disposiciones | Dr. Disposiciones.
disproportion f Desproporción ‖ **~ner** vt Desproporcionar.
disput|e f Disputa ‖ **~er** vt Disputar | Discutir, disputar (discuter) | Fam. Reprender, reñir (gronder) | *Un match très disputé,* un partido muy reñido | — Vi Rivalizar | Discutir, disputar | — Vp Reñir con.
disquaire [diskɛ:r] s Vendedor, vendedora de discos.
disqualifi|cation f Descalificación ‖ **~er** vt Descalificar.
disque m Disco.
disrupteur m Élec. Disruptor.
dissect|eur, euse s Disecador, a ‖ **~ion** f Disección, disecación.

dissembl|able adj Desemejante, diferente ‖ **~ance** f Desemejanza, diferencia.
dissémin|ation f Diseminación ‖ **~er** vt Diseminar.
dissension f Disensión.
dissentiment m Disentimiento.
disséquer vt Disecar.
dissert|ation f Disertación | Redacción (scolaire) ‖ **~er** vi Disertar.
dissid|ence f Disidencia ‖ **~ent, e** adj/s Disidente.
dissimil|ation f Disimilación ‖ **~er** vt Disimilar.
dissimilitude f Disimilitud.
dissimul|ateur, trice adj/s Disimulador, a ‖ **~ation** f Disimulación (action) | Disimulo *m* (art de feindre) ‖ **~er** vt Disimular | Encubrir, ocultar (cacher).
dissip|ateur, trice adj/s Disipador, a | Despilfarrador, a (gaspilleur) | **~ation** f Disipación, derroche *m* | Falta de atención (élève) ‖ **~er** vt Disipar | Malgastar, derrochar, disipar (gaspiller) | Distraer (élève).
dissoci|ation f Disociación ‖ **~er** vt Disociar | Fig. Desunir, desorganizar.
dissol|u, e adj Disoluto, a; licencioso, a ‖ **~ubilité** f Disolubilidad ‖ **~uble** adj Disoluble | Chim. Soluble ‖ **~ution** f Disolución | Fig. Relajación, corrupción ‖ **~vant, e** adj/m Disolvente | — M Quitaesmalte (pour les ongles).
disson|ance f Disonancia ‖ **~ant, e** adj Disonante ‖ **~er** vi Mus. Disonar.
dissoudre* vt Disolver | Deshacer (fondre) | Fig. Disolver, suprimir (supprimer), disolver, anular.
dissous, oute adj Disuelto, a.
dissua|der vt Disuadir ‖ **~sion** f Disuasión | *Force de ~,* fuerza de disuasión *ou* disuasiva.
dissylab|e m Disilábico, disílabo ‖ **~ique** adj Disilábico, a; disílabo, a; bisilábico, a.
dissymétri|e f Disimetría ‖ **~que** adj Disimétrico, a.
distanc|e f Distancia | Diferencia | *À ~,* de lejos (espace), con el tiempo (temps) | *Tenir à ~,* mantener a raya, mantener a distancia ‖ **~er** vt Distanciar, adelantar | Dejar atrás (surpasser).
distant, e adj Distante | Fig. Reservado, a; distante.
disten|dre* vt Distender, aflojar | Fig. Relajar ‖ **~sion** f Distensión.
distill|at m Destilación *f*, destilado ‖ **~ateur** m Destilador | Fabricante de aguardiente *ou* de licores ‖ **~ation** f Destilación ‖ **~er** vt/i Destilar ‖ **~erie** f Destilería.
distinct, ~e [distɛ̃, ɛ̃kt] adj Distinto, a | Fig. Claro, a; neto, a ‖ **~if, ive** adj Distintivo, a ‖ **~ion** f Distinción.
distingu|é, e adj Distinguido, a ‖ **~er** vt Distinguir | Escoger (choisir) | — Vp Distinguirse.
distordre* vt Retorcer, torcer | Dislocar (fouler).
distors, ~e [distɔ:r, ɔrs] adj Torcido, a; retorcido, a | Dislocado, a (foulé) ‖ **~ion** f Distorsión, torcimiento *m* | Phys. Distorsión.
distraction f Distracción, entretenimiento *m*.
distrai|re* vt Distraer | Entretener, distraer (amuser) | Apartar, sustraer, distraer (détourner) ‖ **~t, e** adj/s Distraído, a | Despistado, a (ahuri) | Entretenido, a (amusé).
distrayant, e [distrɛjɑ̃, ɑ̃:t] adj Entretenido, a.
distribu|er [distribɥe] vt Distribuir | Repartir : *~ les prix,* repartir los premios ‖ **~teur, trice** adj/s Distribuidor, a ‖ **~tion** f Distribución | Reparto *m* (des prix, des acteurs) | Entrega (de récompenses dans un concours).
district [distrik(t)] m Distrito.
dit, e [di, dit] adj Dicho, a | Llamado, a; alias (nommé) | Fijado, a; previsto, a (fixé) | — M (Vx) Dicho, sentencia *f*.
dithyramb|e m Ditirambo ‖ **~ique** adj Ditirámbico, a.
diurétique adj/m Diurético, a.
diurne [djyrn] adj Diurno, a.
diva f Diva (chanteuse).
divag|ateur, trice adj Divagador, a ‖ **~ation** f Divagación | Desplazamiento (*m*) del curso de un río ‖ **~uer** vi Divagar | Errar, vagar (errer) | Salirse de madre, desplazar su curso (fleuve).
divan m Diván, sofá.
diverg|ence f Divergencia | Fig. Discrepancia (d'idées) ‖ **~ent, e** adj Divergente | Fig. Discrepante ‖ **~er** vi Divergir, apartarse | Fig. Discrepar, disentir.
divers, ~e [divɛ:r, ɛrs] adj Diverso, a; vario, a | Versátil, cambiante (changeant) ‖ **~ification** f Diversificación ‖ **~ifier** vt Diversificar ‖ **~ion** f Diversión, entretenimiento *m* | Mil. Diversión ‖ **~ité** f Diversidad, variedad.
divert|ir vt Divertir, distraer ‖ **~issant, e** adj Divertido, a; distraído, a ‖ **~issement** m Diversión *f* | Dr. Malversación *f* | Intermedio de baile *ou* de música (théâtre).
dividende m Dividendo.
divin, ~e adj Divino, a | — M Lo divino ‖ **~ateur, trice** adj/s Adivinador, a ‖ **~ation** f Adivinación ‖

~atoire adj Divinatorio, a; adivinatorio, a ‖ **~isation** f Divinización ‖ **~iser** vt Divinizar ‖ **~ité** f Divinidad.
divis [divi] m DR. Divisa *f* ‖ **~er** vt Dividir | FIG. Desunir, dividir ‖ **~eur** m Divisor | — Adj Divisorio, a ‖ **~ibilité** f Divisibilidad ‖ **~ible** adj Divisible ‖ **~ion** f División | FIG. Desunión, división | Departamento *m*, sección (section) ‖ **~ionnaire** m General de división.
divorc|e f Divorcio ‖ **~er** vi Divorciarse | FIG. Romper con, separarse.
divulg|ateur, trice adj/s Divulgador, a ‖ **~ation** f Divulgación ‖ **~uer** vt Divulgar.
dix [di, dis, diz] adj Diez | Décimo (dixième) | — M Diez ‖ **~-huit** [dizɥi(t)] adj/m Dieciocho, diez y ocho ‖ **~-huitième** adj/s Decimoctavo, a | — M Decimoctava parte *f* ‖ **~ième** [dizjɛm] adj/s Décimo, a | — M Décima parte *f* | Décimo (loterie) | *~ de millimètre,* diezmilímetro ‖ **~-millième** adj/s Diezmilésimo, a ‖ **~-millionième** adj/s Diezmillonésimo, a ‖ **~-neuf** adj/m Diecinueve, diez y nueve ‖ **~-neuvième** adj/s Decimonono, a; decimonoveno, a ‖ **~-sept** [dis(s)ɛt] adj/m Diecisiete, diez y siete ‖ **~-septième** [-sɛtjɛm] adj/s Decimoséptimo, a.
dizain m POÉT. Décima *f* ‖ **~e** f Decena, unas (*pl*) diez | Decena (de chapelet).
do m MUS. Do.
docil|e adj Dócil ‖ **~ité** f Docilidad.
dock m MAR. Dock, almacén, depósito (entrepôt), ensenada *f*, dársena *f* (bassin), dique (cale) | *~ flottant,* dique flotante ‖ **~er** [dɔkɛ:r] m Cargador *ou* descargador de puerto *ou* de muelle, docker.
doct|e adj Docto, a ‖ **~eur** m Doctor, a : *~ ès sciences,* doctor en ciencias | Médico (médecin) ‖ **~oral, e** adj Doctoral ‖ **~orat** m Doctorado ‖ **~oresse** f Doctora | Médica (femme médecin).
doctrin|aire adj/s Doctrinario, a ‖ **~e** f Doctrina.
document m Documento ‖ **~aire** adj/m Documental ‖ **~aliste** s Documentalista ‖ **~ation** f Documentación ‖ **~er** vt Documentar.
dodéca|èdre m Dodecaedro ‖ **~gone** m Dodecágono.
Dodécanèse nprm Dodecaneso.
dodécaphonique adj Dodecafónico, a.
dodécasyllabe adj/m Dodecasílabo, a.
dodeliner [dɔdline] vi Dar cabezadas, cabecear | — Vt Balancear, mecer (balancer).
dodo m FAM. Cama *f* | FAM. *Faire ~,* dormir.
dodu, e adj Rollizo, a; regordete, a | Cebado, a (animal).
dog|aresse f Dogaresa ‖ **~e** m Dux.
dogm|atique adj/s Dogmático, a ‖ **~atiser** vi Dogmatizar ‖ **~atisme** m Dogmatismo ‖ **~e** m Dogma.
dogue m Dogo, alano (chien).
doigt [dwa] m Dedo : *montrer du ~,* señalar con el dedo | Dedil (doigtier) | FIG. *Au ~ et à l'œil,* puntualmente, con exactitud | *Bout du ~,* yema del dedo | *~ du distributeur,* pipa del distribuidor | FIG. *Être à deux ~s de,* estar a dos pasos de. *Être comme les deux ~s de la main,* ser uña y carne. *Jusqu'au bout des ~s,* hasta la punta de los pelos. *Mettre le ~ dessus,* dar en el clavo *ou* en el hito. *Mon petit ~ me l'a dit,* me lo ha dicho un pajarito | *Ne rien faire de ses dix ~s,* no dar golpe | *Petit ~,* meñique | *Savoir sur le bout du ~,* saber al dedillo | FAM. *Se mettre le ~ dans l'œil,* llevarse un chasco, equivocarse. *S'en mordre les ~s,* morderse los puños ‖ **~é** [-te] m MUS. Digitación *f*, tecleado, tecleo | FIG. Tino, habilidad *f*, tacto, tiento (tact) ‖ **~ier** m Dedil.
doit [dwa] m COM. Debe.
dol m DR. Dolo (fraude).
doléances fpl Quejas.
dolent, e adj Doliente | Triste.
dollar m Dólar.
dolmen [dɔlmɛn] m Dolmen.
doloire f Doladera.
dolosif, ive adj DR. Doloso, a.
domaine m Dominio, posesión *f* (propriété) | Finca *f*, hacienda *f* (propriété rurale) | Campo, esfera *f*, ámbito, terreno : *le ~ de la science,* el campo de la ciencia | Orden, ámbito, sector (secteur) | Asunto (affaire) | Aspecto, terreno (aspect) | Competencia *f* (compétence) | *~ public,* dominio público | *~ royal,* patrimonio real.
domanial, e adj Comunal | Nacional, del Estado | Patrimonial.
dôme m Cúpula *f*, cimborrio | Catedral *f*, iglesia *f* (en Italie) | TECH. Bóveda *f*.
domesti|cation f Domesticación ‖ **~cité** f Domesticidad | Servidumbre (serviteurs) ‖ **~que** adj Doméstico, a | Hogareño, a (tâches) | — S Criado, a | — Mpl Servidumbre *fsing* ‖ **~quer** vt Domesticar | FIG. Sojuzgar, esclavizar.
domicil|e m Domicilio ‖ **~iaire** adj Domiciliario, a ‖ **~ier** vt Domiciliar | — Vi Domiciliarse, residir.
domin|ant, e adj/f Dominante ‖ **~ateur, trice** adj/s Dominador, a;

dominante || **~ation** f Dominación | FIG. Dominio *m*, imperio *m* | — Pl REL. Dominaciones || **~er** vt/i Dominar, señorear | — Vp Dominarse.
dominicain, e adj/s Domínico, a (religieux) | Dominicano, a (de la république Dominicaine).
Dominicaine (RÉPUBLIQUE) nprf República Dominicana.
dominical, e adj Dominical.
dominion m Dominio.
Dominique nprmf Domingo, Dominga *ou* Dominica.
domino m Dominó.
dommage m Daño, perjuicio | Desperfecto (détérioration) | FIG. Lástima *f*, pena *f* : *c'est ~*, es lástima, es una pena | *~s et intérêts*, daños y perjuicios || **~able** [dɔmaʒabl] adj Dañoso, a; perjudicial.
dompt|able [dɔ̃tabl] adj Domable || **~age** [-ta:ʒ] m Doma *f*, domadura *f* (cheval) | Domesticación *f*, amansamiento (animaux) | Amaestramiento (cirque) | FIG. Dominio || **~er** [-te] vt Domar (cheval) | Amansar (animal) | Amaestrar (cirque) | FIG. Domeñar || **~eur, euse** [-tœ:r, ø:z] s Domador, a.
don m Don, dádiva *f* (donation) | DR. Donación *f* | FIG. Don, dote *f* | *~ de plaire*, don de gentes | *Faire ~ de*, regalar | *Faire un ~*, hacer un donativo || **~ataire** s Donatario, a || **~ateur, trice** adj/s Donador, a; donante || **~ation** f Donación | Donativo *m* (don).
donc [dɔ̃, dɔ̃:k] conj Pues, luego : *je pense, ~ je suis*, pienso, luego existo | Así, pues; pues bien : *~, c'est entendu?*, así, pues, ¿está entendido? | Pero, pues : *viens ~!*, ¡pues ven! | *Allons ~!*, ¡pero vamos!, ¡no me diga!
dondon f FAM. Jamona.
donjon m Torre (*f*) del homenaje, torreón | MAR. Torreta *f*.
donn|ant, e adj Generoso, a; dadivoso, a | *Donnant donnant*, a toma y daca, doy para que des || **~e** f Acción de dar las cartas | *Fausse ~*, error en el reparto de cartas || **~é, e** adj Dado, a | *Étant ~ que*, dado que | *Étant ~ ses connaissances*, dados sus conocimientos | — F Base, tema *m* (idée de base) | Dato *m*, elemento *m*, antecedente *m* (renseignement) | Circunstancia, situación | — Pl Datos *m* || **~er** vt Dar | Ofrecer, regalar, dar (offrir) | Producir el efecto deseado, dar (aboutir) | Conceder, dar (accorder) | Administrar, dar | Fijar, dar (fixer) : *~ un rendez-vous*, dar una cita | Atribuir, echar, suponer, dar (attribuer) | Producir, dar, causar (causer) | Ceder, dar : *~ sa place*, ceder su sitio | Confiar, dar (confier) | Consagrar, dedicar, emplear (consacrer) | Repartir, distribuir, dar (distribuer) | Considerar, dar (faire passer) | Proporcionar, dar (fournir) | Prescribir, recetar, dar (prescrire) | Poner, representar, dar (jouer) | Desear, dar : *~ le bonjour*, dar los buenos días | AGR. COM. Producir, dar | CHIM. Desprender, despedir, emitir | MÉD. Dar, producir, contagiar (contaminer) | POP. Denunciar | *~ à penser*, dar qué pensar | *~ un coup de main*, echar una mano | *Je vous le donne en mille*, ¡a qué no lo acierta! | — Vi Entregarse, darse (se livrer) | Producir (produire) | Caer (tomber) : *~ dans le piège*, caer en la trampa | Dar : *~ sur la place*, dar a la plaza | Darse con, chocar (se heurter) | *~ à rire*, hacer reír | *Il nous est donné de*, tenemos la posibilidad de | — Vp Dedicarse, consagrarse (se consacrer) | Entregarse (se livrer) | *~ pour*, hacerse pasar por || **~eur, euse** adj/s Donador, a; donante | POP. Chivato, a | COM. *~ d'ordre*, dador, librador.
Don Quichotte nprm Don Quijote.
dont [dɔ̃] pron rel De que, de quienes (personnes), de que (choses), del cual, de los cuales, etc; del que, de los que, etc : *le livre ~ je parle*, el libro del que hablo; *les hommes ~ je parle*, los hombres de quienes hablo | Cuyo, a; cuyos, as : *l'enfant ~ le père est mort*, el niño cuyo padre ha muerto | *Ce ~*, de lo que | *Celle ~*, aquella de quien, la de que, aquella cuyo | *Celui ~*, aquel de quien, el de que, aquel cuyo.
dop|age ou **~ing** m Drogado, doping || **~er** vt Drogar, dar un excitante, dopar.
dorade f Besugo *m*, dorada.
dorage m Dorado, doradura *f*.
Dordogne nprf Dordoña.
doré, e adj Dorado, a | — M Dorado, doradura *f*.
dorénavant adv En adelante, desde ahora, desde ahora en adelante.
dorer vt Dorar | CULIN. Cubrir de *ou* bañar en una capa de yema de huevo | — Vp FIG. Tostarse.
dori|en, enne adj/s Dorio, a | — Adj/m Dórico, a (langue) || **~que** adj Dórico, a.
dorloter vt Mimar | — Vp Darse buena vida, cuidarse mucho.
dorm|ant, e adj Durmiente | Estancado, a (eau) | FIG. Fijo, a (fixe) | — M Bastidor || **~eur, euse** adj/s Dormilón, ona (qui aime dormir) | — F Tumbona, dormilona (chaise longue) || **~ir*** vi Dormir | FIG. *À ~ debout*, inverosímil, increíble |

~ *debout,* caerse de sueño ‖ **~ition** f Tránsito (*m*) de la Virgen.
dorsal, e adj Dorsal.
dortoir m Dormitorio [común].
dorure f Dorado *m,* doradura.
doryphore m Dorífora *f.*
dos [do] m Espalda *f,* espaldas *fpl* (de l'homme) | Lomo (de livre, d'animal) | Canto (de couteau) | Respaldo, espaldar (de siège) | Revés (de la main) | Caballete (du nez) | Dorso, reverso, verso (envers) | Canto (de peigne) | *À ~ de,* montado en... | Fig. *Avoir bon ~,* tener correa, tener anchas las espaldas | *Avoir le ~ tourné* ou *tourner le ~,* volver las espaldas | *Avoir sur le ~,* tener encima (vêtement), tener que cargar con (une personne) | Fig. *Courber le ~,* bajar la cabeza | *Dans le ~,* detrás *ou* en la espalda (derrière), a espaldas (en cachette) | *De ~,* por detrás | *~ à ~,* de espaldas | *~-d'âne,* badén | *En avoir plein le ~,* estar hasta la coronilla, *ou* harto | *Être sur le ~,* estar boca arriba *ou* tendido de espaldas | *Faire le gros ~,* arquear el lomo (chat) | Fig. *Mettre qqch. sur le ~ de qqn,* echar la culpa a uno | *Porter sur le ~,* llevar a cuestas | Fam. *Se mettre qqn à ~,* enemistarse con uno.
dos|age m Dosificación *f* ‖ **~e** f Dosis ‖ **~er** vt Dosificar ‖ **~eur** m Dosificador.
doss|ard [dosa:r] m Dorsal ‖ **~ier** m Respaldo (de siège) | Cabecera *f* (de lit) | Autos *pl* (d'une affaire) | Dr. Actas (*fpl*) procesales, sumario, legajo | Expediente (documents) | Historial, historia *f* (médical) | Expediente (universitaire) | Hoja (*f*) de servicios (militaire) | Documentación (*f*) laboral (de travailleur) | Carpeta *f* (chemise) | Informe (rapport) | — Pl Asuntos (questions).
dot [dɔt] f Dote ‖ **~ation** f Dotación ‖ **~er** vt Dotar.
douair|e [dwɛ:r] m Viudedad *f* ‖ **~ière** f Viuda que goza de una pensión | Fam. Señora anciana.
douan|e [dwan] f Aduana ‖ **~ier, ère** adj Aduanero, a; arancelario, a | — M Aduanero.
doubl|age m Forro (revêtement d'un navire) | Doblado, dobladura *f,* plegado (action de plier) | Doblaje (film) ‖ **~e** adj Doble : *à ~ sens,* con *ou* de doble sentido | Dos : *serrure à ~ tour,* cerradura de dos vueltas | *En ~ exemplaire,* por duplicado, en dos ejemplares | — M Doble, duplo | Doble, duplicado (duplicata) | Doble (cinéma) | Suplente (théâtre) | Doble (sports) | Segundo ejemplar (d'un objet) | Cosa (*f*) repetida | — Adv Doble | *En ~,* dos veces, por duplicado, repetido ‖ **~é, e** adj V. doubler | *~ de,* a la par que, además de | — M Metal sobredorado | Doblete, pareja *f* (chasse), doble triunfo (cartes) | Los dos primeros puestos (sports) : *faire un ~,* copar los dos primeros puestos ‖ **~e-blanc** m Blanca (*f*) doble (domino) ‖ **~e-croche** f Mus. Semicorchea ‖ **~ement** m Duplicación *f* | Redoblamiento (redoublement) | Doblamiento (pliage) ‖ **~er** vt Doblar | Duplicar, doblar (porter au double) | Redoblar, aumentar (augmenter) | Pasar, adelantar, dejar atrás (dépasser) | Redoblar (accélérer) | Franquear, doblar (franchir) | Repetir (classe) | Forrar (vêtement) | Poner doble (mettre en double) | Doblar (cinéma) | Sustituir a un actor (théâtre) | — Vi Doblar, duplicarse ‖ **~et** m Doblete ‖ **~on** m Doblón (monnaie) | Impr. Repetición *f* ‖ **~ure** f Forro *m* (vêtement) | Doble *m* (cinéma) | Suplente *m,* sobresaliente *m* (théâtre).
douc|eâtre [dusɑ:tr] adj Dulzón, ona ‖ **~ement** adv Dulcemente | Suavemente, con suavidad | Despacio, lentamente | Bajito, bajo (voix) | Regular; así así (moyennement) ‖ **~ereux, euse** [dusrø, ø:z] adj Dulzón, ona; dulzarrón, ona (sucré) | Fig. Almibarado, a; empalagoso, a; zalamero, a; dulzón, ona ‖ **~eur** f Dulzura, dulzor *m* | Suavidad | Benignidad (climat) | Fig. Dulzura, suavidad (caractère), calma, tranquilidad (calme) | — Pl Golosinas (sucreries) | Requiebros *mpl,* piropos *mpl* (propos galants) | *En ~,* a la chita callando (en cachette), con calma.
douch|e f Ducha | Fam. Reprimenda, rociada (réprimande), chasco *m* (déception) | Fam. *~ écossaise,* ducha de agua fría ‖ **~er** vt Duchar | Desilusionar, echar un jarro de agua fría.
douc|ir vt Esmerilar, bruñir ‖ **~issage** m Esmerilado, bruñido.
dou|é, e [dwe] adj Dotado, a | Capaz, capacitado, a; competente (capable) | *Être ~ pour,* tener facilidad *ou* habilidad para ‖ **~er** vt Dotar.
douill|e [duj] f Mechero *m,* cañón *m* (de chandelier) | Cubo *m* (de baïonnette) | Casquillo *m,* casquete *m* (de balle, d'ampoule) | Cartucho *m* (cartouche) | *~ voleuse,* ladrón (électricité) ‖ **~et, ette** [-jɛ, ɛt] adj Blando, a; muelle, mullido, a | Confortable, cómodo, a | — Adj/s Fig. Delicado, a; sensible | — F Abrigo (*m*) acolchado.
douleur f Dolor *m* | — Pl Reumatismo *msing.*
douloureux, euse adj Doloroso, a.

Douro nprm Duero (fleuve).
dout|e m Duda *f* | *Il n'y a pas de* ~, no hay duda, no cabe duda | *Mettre en* ~, poner en tela de juicio | *Sans aucun* ~, sin duda alguna || **~er** vt/i Dudar | No fiarse de (se méfier) | *Ne* ~ *de rien*, no temer nada | — Vp Sospechar, figurarse || **~eux, euse** adj Dudoso, a | Equívoco, a | Ambiguo, a; incierto, a.
douve f Duela (de tonneau) | Zanja (obstacle) | AGR. Zanja de desagüe | MIL. Foso *m*.
doux, douce [du, dus] adj Dulce | Suave (voix, peau, regard) | Agradable, dulce, grato, a (agréable) | Dulce, bondadoso, a; afable (bon) | Lento, a (lent) | Templado, a; suave (tiède) | Benigno, a; templado, a (climat) | Manso, a (animal) | Suave (consonne) | Blando, da (drogue) | TECH. Dulce, dúctil | — Adv Lentamente, poco a poco | POP. *En douce*, a la chita callando | *Il fait* ~, hace un tiempo agradable *ou* templado | *Tout* ~, despacito.
douz|aine f Docena | Unos, unas doce | *À la* ~, por docenas || **~e** adj/m Doce : *le 12 août 1980*, el 12 de agosto de 1980 || **~ième** adj/s Duodécimo, a; dozavo, a.
doyen, ~enne [dwajɛ̃, jɛn] s Decano, a (université) | — M Deán (supérieur d'un chapitre) | Superior, prior (d'une abbaye) || **~né** m Deanato || **~neté** f Decanato *m*.
drachme [drakm] f Dracma.
draconien, enne adj Draconiano, a; drástico, a.
dragage m Dragado.
dragée f Peladilla (bonbon) | Gragea (pilule) | Mostacilla, perdigones *mpl* (plomb de chasse).
dragon m Dragón.
dragu|e f Draga | Red barredera (filet) || **~er** vt Dragar | Pescar con red barredera | FAM. Ligar || **~eur, euse** adj/s Dragador, a | FAM. Ligón, ona | ~ *de mines*, dragaminas | — M et f Draga *f* (bateau).
drain m Tubo de desagüe, desaguadero | MÉD. Tubo de drenaje, cánula *f* | *Gros* ~, colector de drenaje || **~age** m Avenamiento, drenaje | MÉD. Drenaje || **~er** vt Drenar, desecar | AGR. Avenar, encañar | FIG. Arrastrar, absorber | MÉD. Drenar || **~eur** m Avenador, desecador.
dram|atique adj Dramático, a | — M Dramatismo | — F Obra de teatro representada en la televisión || **~atiser** vt Dramatizar | FIG. Exagerar la importancia de un suceso || **~aturge** m Dramaturgo || **~e** m Drama.
drap [dra] m Paño (étoffe) | Sábana *f* (de lit) : ~ *de dessous, de dessus*, sábana bajera, encimera | Tisú (d'or, d'argent) | ~ *mortuaire*, paño fúnebre | FAM. *Être dans de beaux* ~*s*, estar metido en un lío, estar en un apuro || **~é** m Drapeado || **~eau** m Bandera *f* | Banderín (sports) | FIG. Símbolo, bandera *f* (signe), abanderado, símbolo (personne) | IMPR. Banderilla *f* | *Être sous les* ~*x*, estar haciendo el servicio militar, estar sirviendo, estar en filas || **~er** vt Cubrir con un paño, revestir | Colgar (orner) | Drapear (vêtement) | — Vp Envolverse, arrebujarse | FIG. Envolverse, escudarse || **~erie** [-pri] f Fábrica de paños (usine) | Oficio (*m*) de pañero (métier) | Pañería (boutique) | Ropaje *m* (arts) | — Pl Colgaduras, tapices *m*, reposteros *m* (tentures) || **~ier, ère** s Pañero, a.
drastique adj/m Drástico, a.
drelin m Tilín tilín; tintineo.
dress|age m Alzamiento, erección *f*, levantamiento (érection) | Doma *f* (de chevaux) | Amaestramiento, adiestramiento (d'animaux) | TECH. Enderezamiento || **~er** vt Poner derecho enderezar (remettre droit) | Alzar, levantar, erguir (élever) | Erigir, levantar (ériger) | MÉC. Armar, montar (monter) | Poner, preparar : ~ *la table*, poner la mesa | Levantar, redactar, extender (rédiger) | Hacer (faire) | Redactar, elaborar (élaborer) | Trazar, levantar, alzar (un plan) | Disponer (disposer) | Amaestrar, adiestrar (animal) | Domar (cheval) | FAM. Encauzar (faire obéir), instruir, formar (instruire) | Tender, levantar (piège) | Aguzar (l'oreille) | Aderezar (un plat) | FIG. Enfrentar con, oponer a, levantar contra | TECH. Enderezar | — Vp Ponerse en *ou* de pie, levantarse, erguirse (se lever) | Erizarse (cheveux) | Elevarse, alzarse (s'élever) | Rebelarse, sublevarse || **~eur, euse** s Domador, a || **~oir** m Aparador, trinchero.
dribbl|e m Regate, quiebro, finta *f* || **~er** vt Driblar, regatear, dar un quiebro || **~ing** m V. DRIBBLE.
drille m FAM. *Joyeux* ~, gracioso | *Pauvre* ~, pobre diablo | — F TECH. Broca, parahúso *m*.
drisse f MAR. Driza.
drive [draiv] m Drive, pelota (*f*) rasante.
drogu|e f Droga || **~er** vt Drogar || **~erie** f Droguería || **~iste** s Droguista, droguero, a.
droit, ~e [drwa, drwat] adj Derecho, a | GÉOM. FIG. Recto, a | *C'est tout* ~, es todo seguido | — M Derecho : ~ *canon, commercial, constitutionnel, coutumier*, derecho canónico, mercantil, político, consuetudinario; ~*s de*

douane, derechos arancelarios | Justicia *f* : *faire* ~, hacer justicia | *À bon* ~, con razón | *À qui de* ~, a quien corresponda | *De plein* ~, con pleno derecho | ~*s fiscaux*, tributos | *Faire* ~ *à une requête*, acoger favorablemente *ou* satisfacer *ou* estimar una demanda | *Faire son* ~, estudiar Derecho | — Adv En pie (debout) | Directamente | Derecho : *marcher* ~, ir derecho | FIG. Rectamente, con rectitud | *Tout* ~, derechito, todo seguido | — F Derecha | GÉOM. Recta | *À* ~, a la derecha | *À* ~ *et à gauche*, a diestro y siniestro || ~**ier** m Derechista || ~**ure** f Rectitud, derechura.

drolatique adj Chistoso, a; divertido, a.

drôl|e adj Divertido, a; gracioso, a (amusant) | Extraño, a; curioso, a; raro, a (étrange) | *Ce n'est pas* ~, maldita la gracia que tiene | *C'est* ~, es extraño (bizarre), me hace gracia | ~ *de...*, extraño, a; singular, peregrino, a | *Se sentir tout* ~, sentirse raro | — M (Vx) Bribón, truhán | Hombre gracioso y original, extravagante || ~**ement** adv Graciosamente | Extrañamente, curiosamente | FAM. Tremendamente, enormemente || ~**erie** f Gracia | Extravagancia, singularidad || ~**esse** f (Vx) Bribona, fresca, mujer desvergonzada.

dromadaire m Dromedario.

dru, e adj Tupido, a (plante) | Recio, a (pluie) | — Adv Copiosamente | *Tomber* ~, arreciar (pluie).

druide, esse s Druida, druidesa.

drupe f BOT. Drupa.

du art contracté Del [Employé comme partitif, on le supprime en espagnol.]

dû, due [dy] adj Debido, a | — M Lo debido, lo que se debe | *Avoir son* ~, llevar su merecido.

dual|isme m Dualismo || ~**ité** f Dualidad, dualismo *m*.

dubitatif, ive adj Dubitativo, a.

duc m Duque | ZOOL. Búho (hibou) | *Grand* ~, búho || ~**al, e** adj Ducal || ~**at** m Ducado (monnaie).

duch|é m Ducado || ~**esse** f Duquesa | Pera de agua (poire).

ductil|e adj Dúctil || ~**ité** f Ductilidad.

duègne f Dueña | (Vx) Señora de compañía | Característica (théâtre).

duel m Duelo, desafío.

duffle-coat m Trenca *f*.

dulcifier vt Dulcificar.

dûment adv Debidamente, en debida forma.

dumping [dœmpiŋ] m COM. Dumping.

dune f Duna.

dunette f MAR. Toldilla, alcázar *m*, castillo (*m*) de proa.

duo m MUS. Dúo.

duodécimal, e adj Duodecimal.

duodénum [dɥɔdenɔm] m ANAT. Duodeno.

dup|e adj/f Engañado, a (trompé) | Inocente, primo, a (fam) | FIG. Víctima | *Être* ~, quedar chasqueado | *Être* ~ *de*, dejarse engañar por, ser víctima de | *Faire des* ~*s*, timar, estafar || ~**er** vt Embaucar, engañar || ~**erie** f Engaño *m*, engañifa | Timo *m*, estafa (escroquerie).

duplex m Dúplex.

duplic|ata m Duplicado | *En* o *par* ~, duplicado, a; con copia || ~**ateur** m Duplicador | Multicopista *f* || ~**ation** f Duplicación || ~**ité** f Duplicidad, doblez.

duquel pron rel Del cual.

dur, ~e adj Duro, a | FIG. Difícil, penoso, a (pénible) | Resistente, duro, a; sufrido, a (résistant) | Severo, a; duro, a | Turbulento, a; difícil (turbulent) | Fuerte (consonne) | Áspero, a (vin) | ~ *à avaler*, duro de roer | — Adv Duramente, mucho, de firme | *À la dure*, de manera ruda, severamente | *Le soleil tape* ~, el sol aprieta de firme | — M FAM. *Un* ~, un duro (mauvais garçon) | — F *Coucher sur la* ~, dormir en el suelo | FAM. *En dire de* ~*s*, poner de vuelta y media. *En voir de* ~*s*, sufrir dura prueba, pasarlas moradas || ~**abilité** f Durabilidad, duración || ~**able** adj Duradero, a; durable || ~**alumin** m Duraluminio || ~**ant** prép Durante || ~**cir** vt Endurecer | — Vi Endurecerse || ~**cissement** m Endurecimiento || ~**ée** f Duración || ~**e-mère** f ANAT. Duramáter, duramadre || ~**er** vi Durar | Conservarse (se conserver) | Parecer largo (sembler long) | FAM. Permanecer (rester), durar, resistir (vivre) | *Faire* ~, prolongar || ~**eté** f Dureza || ~**illon** [dyrijɔ̃] m Dureza *f*, callosidad *f* || ~**it** [dyrit] f Durita, racor *m*.

duvet m Plumón (d'oiseau) | Colchón de plumas (matelas) | Bozo, vello (poils légers) | Pelusa *f*, lanilla *f* (des fruits) || ~**é, e** ou ~**eux, euse** adj Velloso, a.

dynam|ique adj/f Dinámico, a || ~**isme** m Dinamismo || ~**itage** m Voladura (*f*) con dinamita || ~**ite** f Dinamita || ~**iter** vt Volar con dinamita, dinamitar || ~**iteur, euse** s Dinamitero, a || ~**o** f Dinamo, dínamo.

dynast|ie f Dinastía || ~**ique** adj Dinástico, a.

dyne [din] f PHYS. Dina.

dys|enterie f MÉD. Disentería. || ~**pepsie** f MÉD. Dispepsia.

e

e m E *f*.
eau f Agua : *l'~*, el agua | Lluvia (pluie) | Aguas *pl* (brillant) | — Pl Aguas, balneario *msing* : *aller aux ~x*, ir a un balneario; *prendre les ~x*, tomar las aguas | Aguas : *~x territoriales*, aguas jurisdiccionales | *Clair comme de l'~ de roche*, más claro que el agua | *De la plus belle ~*, de lo mejorcito | *~ de Cologne*, agua de Colonia | *~ de Javel*, lejía | *~ de roche*, agua de manantial | *~ de toilette*, agua de olor | *~ de vaisselle*, agua de fregar | *~ dure*, agua cruda *ou* gorda | *~ plate*, agua natural | *~ régale*, agua regia | *~ rougie*, vino aguado | *~x et forêts*, Administración de Montes | *~x résiduaires, usées*, aguas residuales, negras *ou* sucias | *Être en ~*, estar empapado de sudor | MAR. *Faire ~*, hacer agua. *Faire* o *lâcher de l'~*, hacer aguada | FIG. *Faire venir l'~ à la bouche*, hacérsele a uno la boca agua. *Faire venir l'~ à son moulin*, barrer para dentro, arrimar el ascua a su sardina | *Grandes ~x*, los surtidores, las fuentes | FIG. *Il passera de l'~ sous le pont*, habrá llovido para entonces. *Mettre de l'~ dans son vin*, bajársele a uno los humos. *Pêcher en ~ trouble*, pescar en río revuelto. *Porter de l'~ à la rivière* o *à la mer*, arar en el mar, echar agua en el mar. *Se jeter à l'~*, lanzarse. *S'en aller* o *finir en ~ de boudin*, volverse agua de borrajas *ou* de cerrajas. *Tomber à l'~*, fracasar, irse al agua.
eau|-de-vie f Aguardiente *m* || **~-forte** f Agua fuerte (acide nitrique) | Aguafuerte (estampe).
ébah|i, e [ebai] adj Boquiabierto, a; pasmado, a : *être ~*, quedarse boquiabierto || **~ir** vt Sorprender, asombrar, dejar pasmado, a || **~issement** m Estupefacción *f* (étonnement) | Embeleso, embobamiento (émerveillement).
ébarb|age m Desbarbadura *f* | MÉC. Desbarbado || **~er** vt Desbarbar || **~euse** f Desbarbadora.
ébats [eba] mpl Jugueteos.
ébattre (s') vp Juguetear, retozar | Divertirse.
ébaub|i, e adj Atónito, a || **~ir (s')** vp Quedarse atónito, a; quedarse pasmado, a.
ébauch|age m Esbozo, bosquejo | TECH. Desbaste || **~e** f Bosquejo *m*, esbozo *m*, boceto *m* | FIG. Esbozo *m*, inicio *m* || **~er** vt Esbozar, bosquejar | FIG. Esbozar, dibujar (sourire), iniciar, comenzar (conversation) | TECH. Desbastar || **~oir** m Desbastador | Palillo, espátula *f* (sculpteur) | Formón (charpentier).
ébène f Ébano.
ébén|iste m Ebanista || **~isterie** f Ebanistería.
éberlu|é, e adj Asombrado, a; atónito, a || **~er** vt Asombrar, dejar atónito *ou* pasmado.
éblou|ir [ebluir] vt Deslumbrar (lumière) | FIG. Maravillar, cautivar (émerveiller), deslumbrar, cegar (faire perdre la tête) || **~issant, e** adj Deslumbrante, deslumbrador, a | FIG. Resplandeciente; sorprendente || **~issement** m Deslumbramiento | FIG. Turbación *f* (trouble), admiración *f* (émerveillement) | MÉD. Vahído (évanouissement).
ébonite f Ebonita.
éborgner vt Dejar tuerto, saltar un ojo (rendre borgne).
éboueur [ebwœ:r] m Basurero.
ébouillant|age m Escaldado al vapor || **~er** vt Escaldar, pasar por agua hirviendo.
éboul|ement m Derrumbamiento, desmoronamiento (mur) | Desprendimiento (terre) || **~er** vt Derrumbar, derribar | — Vp Derrumbarse (mur) | Desprenderse (terre) || **~is** m Desprendimiento (roches) | Escombros *pl*.
ébourgeonner [eburʒɔne] vt Desyemar, despimpollar (plantes).
ébouriff|ant, e adj Despampanante, espeluznante || **~é, e** adj Desgreñado, a; despeluznado, a | Erizado, a || **~er** vt Desgreñar, espeluznar, erizar (pelo) | FIG. Espeluznar, pasmar (surprendre).
ébrancher vt Desramar, escamondar, podar.
ébranl|ement m Estremecimiento | Sacudida *f* (secousse) | FIG. Conmoción *f*, emoción *f* || **~er** vt Estremecer, sacudir violentamente (secouer) | Mover | Poner en movimiento | Hacer vacilar, quebrantar (conviction), quebrantar, socavar, trastornar (institutions), conmover (émouvoir) | — Vp Ponerse en movimiento | FIG. Vacilar, quebrantarse.
ébrasement m ou **ébrasure** f ARCH. Derrame *m*, derramo *m*.
Èbre nprm Ebro.

ébr|èchement m Melladura *f*, mella *f* (couteau), desportilladura *f* (assiette) ‖ **~écher** vt Mellar, hacer una mella en | Desportillar ‖ **~échure** V. ÉBRÈCHEMENT.

ébriété f Embriaguez, ebriedad.

ébrou|ement [ebrumã] m Resoplido (cheval), estornudo (autres animaux) ‖ **~er (s')** vp Resoplar, bufar (cheval), estornudar (autres animaux) | Sacudirse (en sortant de l'eau).

ébruiter vt Divulgar, propalar difundir (nouvelle).

ébullition f Ebullición, hervor *m*.

écaill|age m Escamadura *f* (poisson) | Desbulla *f* (huîtres) | Desconchado, desconchadura *f* (mur, peinture) ‖ **~e** [ekɑ:j] f Escama (poissons, serpents, etc) | Caparazón *m*, concha, carey *m* (tortue) | Valva (moule) | Desbulla, concha (huître) | Concha, carey *m* : *peigne en ~*, peine de concha | Desconchón *m* (d'un mur, de la peinture) ‖ **~ement** m Escamadura *f* | Desconchado (mur) ‖ **~er** vt Quitar las escamas, escamar | Abrir, desbullar (huîtres) | Desconchar (mur, peinture) | — Vp Escamarse | Desconcharse (peinture) | Descascarillarse (vernis à ongles) ‖ **~er, ère** s Desbullador, a | Ostrero, a (marchand d'huîtres).

écal|e f Cáscara ‖ **~er** vt Descascarar, pelar | Cascar (noix) ‖ **~ure** f Cascarilla, cáscara.

écarlate f Escarlata | — Adj Escarlata | FIG. Ruborizado, a; colorado, a.

écarquiller vt *~ les yeux*, abrir desmesuradamente los ojos, abrir los ojos como platos.

écart [eka:r] m Desviación *f* | Espantada *f*, extraño (cheval) | Descarte (jeu de cartes) | Diferencia *f* | Distancia *f* | Digresión *f* | *À l'~*, aparte | *À l'~ de*, apartado de | *Faire un ~*, echarse *ou* hacerse a un lado, apartarse (se mettre de côté), echar una cana al aire (dans sa conduite) | *Mettre* o *tenir à l'~*, dejar *ou* poner a un lado, apartar (isoler), apartar, dejar fuera | *Vivre à l'~*, vivir aislado ‖ **~é, e** [-te] adj Apartado, a; alejado, a (éloigné) | Apartado, a; aislado, a (isolé) | Descartado, a (jeux) ‖ **~elé, e** [-təle] adj Descuartizado, a | BLAS. Acuartelado, a; cuartelado, a ‖ **~èlement** [-tɛlmã] m Descuartizamiento ‖ **~eler** [-təle] vt Descuartizar | BLAS. Cuartelar | FIG. Luchar : *il était écartelé entre ses deux passions*, dos pasiones luchaban en él ‖ **~ement** [-təmã] m Separación *f* | Ancho (roues, voies) | Distancia *f* (essieux) ‖ **~er** vt Apartar, separar | Abrir, separar (jambes) | Alejar, mantener a distancia | Apartar, desviar | Dejar de lado, desechar | Quitarse de encima | FIG. Alejar, descartar (possibilité, soupçon) | Descartar (jeux) | — Vi Torear al cuarteo, capear (course de taureaux) | — Vp Apartarse | Estar apartado | Salirse, apartarse (du sujet).

ecchymose [ekimo:z] f Equimosis.

ecclésiastique adj/m Eclesiástico, a.

écervelé, e adj/s Atolondrado, a.

échafaud m Cadalso, patíbulo | FIG. Guillotina *f* ‖ **~age** m Andamiaje, andamio, andamios *pl* | Montón, pila *f* (objets) | Cimientos *pl*, base *f* (fondements) | Sistema de ideas, argumentación *f* ‖ **~er** vi Levantar un andamio | — Vt Amontonar, apilar | FIG. Trazar (plans), bosquejar (inventer), fundar, poner en pie, echar las bases de (système, doctrine).

échal|as m Rodrigón, estaca *f* | FAM. Espárrago (personne maigre) ‖ **~asser** vt AGR. Rodrigar ‖ **~ote** f Chalote *m*, ajo (*m*) echalote.

échancr|er vt Escotar ‖ **~ure** f Escotadura, escote *m* | MUS. Escotadura.

échang|e m Cambio : *en ~ de*, a cambio de | Intercambio : *termes de l'~*, términos del intercambio; *~ d'idées*, intercambio de ideas | Canje (prisonniers, livres, etc) | *C'est un ~ de bons procédés*, le ha devuelto el cumplido | *~ de coups de feu*, tiroteo | *~ de vues*, cambio de opiniones | *En ~*, en cambio | *Libre-~*, libre cambio ‖ **~eable** [eʃãʒabl] adj Cambiable | Intercambiable | Canjeable (prisonniers) ‖ **~er** vt Cambiar | Canjear (prisonniers) | Intercambiar | *~ des coups*, pegarse | *~ des coups de feu*, tirotearse | *~ quelques mots*, hablar un momento ‖ **~eur** m Intercambiador | Cruce a diferentes niveles, paso elevado de enlace (autoroutes) | **~iste** m Cambista | *Libre-~*, librecambista.

échanson m Copero : *grand ~*, copero mayor.

échantillon [eʃãtijɔ̃] m Muestra *f* : *prélever des ~s*, sacar muestras | Marco (mesure) | MAR. Escantillón | FIG. Muestra *f*, prueba *f*, ejemplo | FIG. *Un simple ~ suffit*, para muestra basta un botón ‖ **~nage** m Preparación (*f*) de muestras | Muestrario (collection d'échantillons) | Muestreo (statistiques) | FIG. Gama *f*, surtido | MAR. Escantillón ‖ **~ner** vt Sacar *ou* preparar muestras | Contrastar, comprobar (poids).

échapp|atoire f Escapatoria, evasiva ‖ **~ée** f Escapada, escapatoria | Escapada (cycliste) | Vista, punto (*m*) de vista (panorama) ‖ **~ement** m Escape (moteur, montre) ‖ **~er** vi

Escapar(se) | Escapar de, librarse de, evitar | Irse de las manos (autorité) | No llegar a comprender, no entender : *le sens m'échappe*, no llego a comprender el sentido | Olvidarse, irse de la memoria | Escapársele a uno (prononcer involontairement) | FAM. *L'~ belle*, librarse de una buena | — Vp Escaparse (s'enfuir, sports) | Desvanecerse, perderse, esfumarse (espoir) | Salirse (sortir) | Irse (maille).

écharde f Astilla.

échard|onner vt Escardar || **~onnoir** m Escarda *f*.

écharp|e f Faja (bande) | Fajín *m* (militaires) | Bufanda (cache-col) | Chal *m*, echarpe *m* (foulard) | Cabestrillo *m* : *avoir le bras en ~*, tener el brazo en cabestrillo | *En ~*, al sesgo (en travers), a la bandolera (en bandoulière), de refilón (voiture) || **~er** vt Acuchillar, despedazar | Herir gravemente.

échass|e f Zanco *m* (pour marcher) | Zanca (d'échafaudage) | FAM. Zanca (jambe) || **~iers** mpl Zancudas *f*.

échaud|age m Escaldado, escaldadura *f* || **~er** vt Escaldar | Requemar (grains) | FIG. Servir de escarmiento, hacer escarmentar || **~oir** m Escaldadera *f*.

échauff|ement m Calentamiento | Recalentamiento (frottement) | MÉD. Irritación *f* | FIG. Acaloramiento || **~er** vt Calentar | FIG. Acalorar, irritar | TECH. Recalentar | — Vp Calentarse | FIG. Acalorarse, subir de tono (dispute), irritarse, inflamarse (se fâcher) || **~ourée** f Refriega, escaramuza.

échauguette [eʃogɛt] f Atalaya.

éché|ance f Vencimiento *m* (date de paiement) | Plazo *m*, término *m* | *À brève ~*, en breve, en breve plazo, a corto plazo | *Arriver à ~*, vencer | *Payer ses ~s*, pagar sus débitos || **~ancier** m Cronograma || **~ant, e** adj Que vence | *Le cas ~*, llegado el caso, si llega el caso.

échec m Jaque : *~ et mat*, jaque mate | Fracaso : *essuyer un ~*, sufrir un fracaso | — Pl Ajedrez *sing* | *Mettre en ~*, hacer fracasar (faire échouer), dar jaque a (jeu d'échecs) | *Tenir en ~*, tener en jaque, mantener a raya (situation difficile), empatar, igualar (sports).

échel|le f Escala, escalera de mano | Escala (musique, carte, etc) | Carrera, carrerilla (d'un bas) | FIG. Escala, nivel *m* (niveau) | *~ de corde*, escala de cuerda | MAR. *~ de coupée*, escala real | *~ des valeurs*, jerarquía de valores | *~ double*, escalera de tijera | *~ sociale*, escala *ou* jerarquía social | *Faire la courte ~*, hacer estribo con las manos, aupar | *Sur une grande o petite ~*, en gran *ou* pequeña escala || **~on** [eʃlɔ̃] m Escalón, peldaño (barreau) | Escalafón, grado (grade) | *À l'~ national*, al nivel nacional | *Gravir les ~s de la hiérarchie*, elevarse en la jerarquía || **~onnement** [eʃlɔnmɑ̃] m Escalonamiento || **~onner** vt Escalonar | Espaciar, graduar (paiements).

échev|eau [eʃvo] m Madeja *f*, ovillo | FIG. Enredo, lío || **~elé, e** [eʃəvle] adj Desgreñado, a; desmelenado, a | Desenfrenado, a (danse, course) || **~eler** vt Desgreñar, desmelenar || **~in** m Regidor (magistrat municipal).

échin|e f Espinazo *m*, espina dorsal | Lomo *m* (animal) | FAM. *Courber l'~*, doblar el espinazo *ou* la cerviz || **~er** vt Deslomar, romper el espinazo | FIG. Moler a palos | — Vp Deslomarse, matarse (se fatiguer).

échinoderme [ekinɔdɛrm] m Equinodermo.

échiquier m Tablero, damero (jeu) | FIG. Palestra *f*, tablero : *l'~ politique*, el tablero político.

écho [eko] m Eco : *se faire l'~ d'une nouvelle*, hacerse eco de una noticia | Eco, gacetilla *f* (dans un journal) | *À tous les ~s*, a los cuatro vientos.

échoir* vt Tocar, caer en suerte : *~ en partage*, tocar en un reparto | Vencer, cumplir (délai).

échoppe f Puesto *m*, tenderete *m*.

échotier [ekɔtje] m Gacetillero.

échou|age m MAR. Encalladero (par accident), varadero (pour caréner) || **~ement** [eʃumɑ̃] m MAR. Encalladura *f* || **~er** vi MAR. Encallar, embarrancar | Ser suspendido (examen) | Ser arrojado, a (être jeté) | FAM. Ir a parar | FIG. Fracasar, salir mal, frustrarse | — Vt Varar (bateau) | — Vp Encallar, embarrancarse (bateau).

échu, e adj *À terme ~*, a plazo vencido.

écim|age m Desmoche, descope || **~er** vt Desmochar, descopar.

éclabouss|ement m Salpicadura *f* || **~er** vt Salpicar | FIG. Manchar, mancillar (scandale), aplastar, dar en las narices (éblouir) || **~ure** f Salpicadura | FIG. Consecuencia, repercusión.

éclair m Relámpago | FIG. Chispa *f*, rasgo (de génie) | Relampagueo, centelleo (diamant) | Pastelillo | PHOT. Fogonazo, relámpago, flash | FIG. *Passer comme un ~*, pasar como una exhalación *ou* un relámpago | — Adj Relámpago (guerre) || **~age** m Alumbrado, iluminación *f* | Luces *fpl* (auto) | *Voir sous un certain* ~, enfocar de cierta manera || **~agiste** adj/s Luminotécnico, a | Ingeniero de luces (cinéma) || **~ant, e** adj Luminoso, a || **~cie** f Claro *m* | Clara, escampada (après la pluie) | FIG. Mejoría || **~cir** vt Aclarar | FIG. Aclarar, esclarecer | Entresacar (cheveux) | Despejar (temps) | — Vp Aclararse, despejarse (temps) | Aclararse (voix) | Dispersarse (foule) || **~cissement** m Aclaración *f*, esclarecimiento (explication) || **~é, e** adj Alumbrado, a | Ilustrado, a (despotisme) || **~ement** m Alumbrado | PHYS. Iluminancia *f* || **~er** vt Alumbrar, iluminar, dar luz | FIG. Instruir, ilustrar (instruire), aclarar (expliquer) | — Vi Alumbrar | Relumbrar, chispear (étinceler) | — Vp Alumbrarse | Iluminarse (visage) | FIG. Aclararse, esclarecerse (situation) || **~eur, euse** s Explorador, a (scoutisme) | — M Barco explorador | MIL. Explorador, batidor | *Partir en* ~, ir por delante, adelantarse.

éclampsie f MÉD. Eclampsia.

éclanche f Brazuelo *m* (du mouton).

éclat [ekla] m Pedazo, fragmento | Astilla *f* (bois) | Esquirla *f* (os) | Brillo, resplandor | FIG. Estrépito (fracas), resplandor; escándalo (scandale) | ~ *de rire,* carcajada | ~ *de voix,* grito, voces | ~ *d'obus,* metralla de granada | *Faire un* ~, armar un escándalo | *Rire aux* ~*s,* reírse a carcajadas | *Sans* ~, apagado, deslucido || **~ant, e** adj Brillante, resplandeciente (qui brille) | FIG. Brillante (victoire), clamoroso, a (succès), manifiesto, a; patente (vérité), estrepitoso, a (bruit) || **~ement** m Estallido (bombe) | Reventón (pneu) | Astillado (bois) | FIG. Fragmentación *f* (d'un groupe) || **~er** vi Estallar, reventar | Estallar (applaudissements, scandale) | Resplandecer, brillar (joie) | Reventar (colère) | Manifestarse | Prorrumpir (de rire) | ~ *en sanglots,* romper a llorar, prorrumpir en llanto.

éclect|ique adj/s Ecléctico, a || **~isme** m Eclecticismo.

éclip|se f Eclipse *m* || **~ser** vt Eclipsar | FIG. Ocultar (cacher), superar, quedar por encima, eclipsar (surpasser) | — Vp Desaparecer, eclipsarse || **~tique** adj/f Eclíptico, a.

écliss|e f MÉD. Tablilla | TECH. Eclisa, mordaza || **~er** vt Entablillar | Asegurar (fixer).

éclopé, e adj/s Cojo, a (boiteux) | Lisiado, a (estropié).

éclo|re* vi Nacer, salir del huevo *ou* del cascarón | Abrirse (fleur, œuf) | FIG. Nacer || **~sion** f Nacimiento *m* (oiseau) | Abertura, brote *m* (fleur) | Despuntar *m* (printemps) | FIG. Aparición.

éclus|age m Cierre de esclusa || **~e** f Esclusa || **~er** vt. POP. Pimplar (boire) || **~ier, ère** s Esclusero, a.

écœur|ant, e [ekœrɑ̃, ɑ̃:t] adj Repugnante, asqueroso, a | Empalagoso, a (trop sucré) || **~ement** m Asco (dégoût) | Hastío, asco (lassitude) || **~er** vt Dar asco, asquear | Empalagar | Hastiar (lasser) | Desanimar, descorazonar (décourager).

écol|e f Escuela : ~ *des Beaux-Arts,* escuela de Bellas Artes | Colegio *m* : *aller à l'*~, ir al colegio | Academia (de langues, militaire) | Instrucción (du soldat) | ~ *communale,* escuela municipal | ~ *maternelle,* escuela de párvulos | ~ *nationale d'agriculture,* escuela de ingenieros agrónomos | *Faire* ~, formar escuela, propagarse, difundirse | FAM. *Faire l'*~ *buissonnière,* hacer novillos *ou* rabona || **~ier, ère** s Alumno, a; colegial.

écologie f Ecología || **~ique** adj Ecológico, a || **~iste** s Ecologista, ecólogo, a.

éconduire* [ekɔ̃dɥi:r] vt Despedir (congédier) | No recibir | Rechazar, dar calabazas (soupirant).

économ|at [ekɔnɔma] m Economato || **~e** adj Económico, a; ahorrado, a; ahorrativo, a | FIG. *Être* ~ *de,* ser parco en | — S Ecónomo, a || **~étrie** f Econometría || **~ie** f Economía : ~ *politique, dirigée,* economía política, planificada | FIG. Ahorro *m* | — Pl Ahorros *m* | *Faire des* ~*s,* ahorrar | FAM. *Faire des* ~*s de bouts de chandelle,* hacer economías de chichá y nabo | *Faire l'*~ *d'une explication,* ahorrarse una explicación || **~ique** adj Económico, a || **~iser** vt Economizar, ahorrar | FIG. Ahorrar || **~iste** s Economista.

écop|e f Achicador *m* || **~er** vt Achicar (eau) | — Vi FAM. Pagar el pato, cobrar (conséquences), ganarse, cargarse (avoir).

écor|çage m Descortezamiento || **~ce** f Corteza (arbre, terre) | Cáscara, piel (fruit) || **~cer** vt Descortezar | Descorchar (chêne-liège).

écorch|é, e adj Desollado, a; despellejado, a | — M Figura (*f*) anatómica desollada || **~ement** m Desolladura *f* || **~er** vt Desollar, despellejar | Desollar, arañar (égratigner) | FIG. Lastimar, dañar (blesser), hablar mal, chapurrear (une langue), deformar (nom), estropear (morceau de musique) || **~ure** f Desolladura, desollón *m*, excoriación.

écorn|er vt Descornar (briser les cornes) | Doblar la punta (page) |

Mermar (capital) ‖ **~ifler** vi FAM. Comer de gorra; dar sablazos ‖ **~ifleur, euse** s FAM. Gorrón, ona (pique-assiette) | Sablista (emprunteur).
écossais, e adj/s Escocés, esa.
Écosse nprf Escocia.
écosser vt Desvainar, desgranar.
écot [eko] m Escote, cuota *f*, parte *f* : *payer son ~*, pagar su escote | Cuenta *f* (montant d'une note).
écoul|é, e adj Pasado, a : *le 31 du mois ~*, el pasado día 31, el 31 del mes pasado ‖ **~ement** m Derrame (liquide, mucosité) | Salida *f*, desagüe (eaux) | Salida *f*, circulación *f* (personnes) | Paso, transcurso (temps) | Salida *f*, venta *f*, despacho (marchandise) ‖ **~er** vt Dar salida a, vender, despachar | Deshacerse de | — Vp Correr, fluir (liquide) | Desaguar, evacuarse (eaux) | Transcurrir, pasar (temps) | Despacharse, venderse (produits) | Irse, salirse (la foule) | Irse, desaparecer (argent) | MÉD. Derramarse.
écourter vt Acortar.
écout|e f Escucha | MAR. Escota | *Être aux ~s*, estar a la escucha | *Vous êtes à l'~ de* (radio), están escuchando, sintonizan con ‖ **~er** vt Escuchar | Atender, acoger (exaucer) | Dejarse llevar por | *Écoute!*, ¡oye! ; ¡mira! | *N'~ que soi-même*, no atender ningún consejo | — Vp Escucharse | FAM. Ser muy aprensivo, cuidarse demasiado ‖ **~eur, euse** s Escuchador, a | — M Auricular (téléphone) ‖ **~ille** [ekutij] f Escotilla.
écouvillon m MIL. Escobillón | Barredero (four) | MÉD. Legra *f*.
écrabouill|age ou **~ement** [ekrabuja:ʒ ou -bujmã] m FAM. Aplastamiento ‖ **~er** [-je] vt FAM. Aplastar.
écran m Pantalla *f* : *~ panoramique*, pantalla panorámica (cinéma) | Pantalla (*f*) de chimenea | Cortina *f* (de fumée) | FIG. Pantalla *f* (protection), pantalla *f*, cine | *Porter à l'~*, llevar a la pantalla *ou* al celuloide.
écras|ant, e adj Abrumador, a; agobiante (poids) | Aplastante (victoire) ‖ **~ement** m Aplastamiento | Atropello (voiture) ‖ **~er** vt Aplastar | Atropellar (voiture) | Pisar (raisin) | Machacar, majar (ail) | Triturar (grain) | FIG. Anonadar, humillar, rebajar (humilier), destruir, aplastar (détruire), abrumar, agobiar (impôts), tirar por el suelo (prix) | — Vp Estrellarse | POP. *Écrase-toi*, cierra el pico, cállate.
écrém|age m Desnatado, desnate ‖ **~er** vt Desnatar ‖ **~euse** f Desnatadora.
écrevisse f Cangrejo (*m*) de río | *Rouge comme une ~*, colorado *ou* encarnado como un cangrejo.
écrier (s') vp Exclamar, gritar.
écrin m Joyero, estuche.
écrire* vt Escribir : *machine à ~*, máquina de escribir | Inscribir, imprimir | *~ un mot*, poner unas letras | — Vp Escribirse | Cartearse, escribirse (lettres).
écrit, ~e [ekri, it] adj/m Escrito, a : *par ~*, por escrito | *Ce qui est ~ est ~*, lo escrito, escrito está | *C'était ~*, estaba escrito ‖ **~eau** m Letrero, rótulo ‖ **~oire** f Escribanía (meuble) ‖ **~ure** f Escritura | Letra, escritura : *avoir une jolie ~*, tener buena letra | Escrito *m* | Estilo (*m*) literario | — Pl Libros *m*, cuentas | Asiento *msing* (commerce).
écriv|aillon m FAM. Escritorzuelo ‖ **~ain** m Escritor | *~ public*, memorialista | *Femme ~*, escritora.
écrou m Tuerca *f* | Encarcelamiento (emprisonnement) | *~ papillon*, palometa, tuerca de mariposa.
écrouelles [ekruɛl] fpl MÉD. Lamparones *m*, escrófulas.
écrouer vt Encarcelar.
écroul|ement m Derrumbamiento, hundimiento (mur, etc) | FIG. Pérdida *f* (perte), derrumbamiento, hundimiento (empire) ‖ **~er (s')** vp Venirse abajo, derrumbarse (mur, édifice) | Desplomarse, caerse al suelo (personne) | Venirse abajo (espoirs, etc).
écru, e adj Crudo, a (soie).
ectoplasme m Ectoplasma.
écu m Escudo (bouclier, monnaie) | Escudo, armas *fpl* (armoiries).
écubier m MAR. Escobén.
écueil [ekœj] m Escollo.
écuelle [ekɥɛl] f Escudilla.
éculer vt Destaconar, gastar el tacón de (zapato).
écum|ant, e adj Espumante | *~ de colère*, rabioso de ira, que echa espumarajos de cólera ‖ **~e** f Espuma (mousse) | Escoria (métaux) | Espumarajos *mpl* (bave) ‖ **~er** vt Espumar | FIG. Pasar por un tamiz | — Vi Espumar, hacer espuma | Echar espumarajos por la boca (cheval) | *~ de rage*, reventar de rabia, echar espumarajos de cólera ‖ **~eur, euse** s Espumador, a | *~ de mer*, pirata ‖ **~eux, euse** adj Espumoso, a ‖ **~oire** f Espumadera | FAM. *Être percé comme une ~*, tener más agujeros que un pasador *ou* que un colador.
écureuil [ekyrœj] m Ardilla *f*.
écurie f Cuadra, caballeriza (local) | Cuadra (ensemble de chevaux) | Equipo *m* (équipe) | Escudería (autos) | Cuadra, pocilga (taudis) | *~s d'Augias*, establos de Augias.

écusson m Escudete | AGR. Escudete, escudo (greffe) | MAR. BLAS. Escudo | MIL. Emblema; rombo | TECH. Escudete, escudo (serrure).

écuy|er [ekɥije] m Jinete (cavalier) | Caballista (au cirque) | Picador, domador (dresseur) | Escudero (gentilhomme) | Profesor de equitación | *~ du roi*, caballerizo del rey || **~ère** [ekɥijɛ:r] f Amazona, caballista | Artista ecuestre (spectacle) | *À l'~*, a la amazona, a mujeriegas.

eczém|a [ɛgzema] m Eczema, eccema || **~ateux, euse** adj Eczematoso, a; eccematoso, a.

edelweiss [edəlvais] m Edelweiss.

éden [edɛn] m Edén.

édent|é, e adj/s Desdentado, a || **~er** vt Desdentar (personne) | Mellar (choses).

édicter vt Promulgar, dictar.

édifi|ant, e adj Edificante || **~cation** f Edificación || **~ce** m Edificio || **~er** vt Edificar | *Être édifié sur la conduite de qqn*, saber a qué atenerse sobre la conducta de uno.

édile m Edil.

édit m Edicto || **~er** vt Editar, publicar || **~eur, trice** s Editor, a || **~ion** f Edición : *~ princeps, brochée*, edición príncipe, en rústica | *Maison d'~*, editorial, casa editorial *ou* editora || **~orial, e** adj/m Editorial || **~orialiste** m Editorialista.

Édouard nprm Eduardo.

édredon m Edredón, plumón.

éduc|ateur, trice adj/s Educador, a || **~atif, ive** adj Educativo, a || **~ation** f Educación.

édulcorer vt Endulzar, edulcorar | Suavizar (atténuer).

éduquer vt Educar.

effac|é, e adj Borrado, a; desdibujado, a | FIG. Borrado, a; apagado, a (sans personnalité), sin relieve (sans éclat), recogido, a (à l'écart) || **~ement** m Borradura *f*, borrado | Desaparición *f* | Recogimiento (personne) || **~er** vt Borrar (gomme) | Tachar (rayer) | FIG. Hacer olvidar, borrar (faire oublier), oscurecer, eclipsar | — Vp Borrarse | FIG. Apartarse, echarse a un lado.

effar|ant, e adj Espantoso, a; pavoroso, a (épouvantable) | Pasmoso, a (étonnant) || **~é, e** adj Pasmado, a || **~ement** [efarmɑ̃] m Espanto, pavor | Pasmo (surprise) | Turbación *f* || **~er** vt Despavorir, espantar || **~oucher** vt Asustar, espantar | Alarmar, infundir temor.

effect|if, ive adj/m Efectivo, a | *Effectif scolaire*, alumnado || **~uer** vt Efectuar, llevar a cabo, realizar.

effémin|ation f Afeminamiento *m* || **~é, e** adj/s Afeminado, a || **~er** vt Afeminar.

effervesc|ence f Efervescencia || **~ent, e** adj Efervescente.

effet [efɛ] m Efecto : *faire un bel ~*, causar buen efecto | — Pl Prendas *f*, efectos | *À cet ~*, con este fin | *Avoir pour ~*, tener por resultado | *~ de souffle*, onda expansiva | *~s de commerce*, efectos de comercio | *En ~*, en efecto | *Faire de l'~*, surtir efecto (médicament), causar gran efecto *ou* sensación | *Faire des ~s de*, hacer alarde de, presumir de; lucir | *Faire l'~ de*, parecer, dar la impresión de | FAM. *Faire un ~ bœuf*, hacer un efecto bárbaro | *Prendre ~*, surtir efecto, entrar en vigor.

effeuill|age [efœja:ʒ] m Deshojadura *f* || **~aison** f ou **~ement** m Deshojamiento *m*, deshoje *m* || **~er** vt Deshojar.

efficac|e adj Eficaz || **~ité** f Eficacia.

effigie f Efigie.

effil|age m Deshiladura *f* || **~é, e** adj Afilado, a (doigts) | Aguzado, a (pointe) | Deshilado, a (tissu) || **~er** vt Deshilar (tissu) | Atusar (cheveux, moustache) | — Vp Estar deshilado, deshilarse (couture) | Deshilacharse || **~ochage** m Deshilachadura *f*, deshilachado || **~ochement** m Deshilachadura *f* || **~ocher** vt Deshilachar || **~ochure** ou **~ure** f Hilacha.

efflanqué, e adj Flaco, a.

effleur|ement m Roce, rozamiento || **~er** vt Rozar | Ocurrirse, venir a la mente; tocar, tratar superficialmente.

effluve m Efluvio.

effondr|é, e adj Abatido, a; postrado, a || **~ement** m Hundimiento, desmoronamiento (sol) | FIG. Caída *f*, hundimiento (empire), depresión *f*, abatimiento (prostration), hundimiento (Bourse), caída (*f*) vertical (prix), desfondamiento (nerveux) || **~er** vt Hundir | AGR. Desfondar | — Vp Hundirse, derrumbarse (s'affaisser) | Desplomarse (tomber) | Venirse abajo (projets, etc) | Caer, hundirse (empire) | FIG. Venirse abajo, desfondarse (s'écrouler physiquement).

efforcer (s') vp Esforzarse (*de*, por, en).

effort m Esfuerzo | Distorsión *f* (muscles), hernia *f* | *Faire porter tous ses ~s sur*, poner gran empeño en | *Faire un ~*, hacer un esfuerzo, esforzarse | *Faire un ~ sur soi-même*, violentarse.

effraction f Fractura, efracción : *vol avec ~*, robo con fractura.

effraie [efrɛ] f Lechuza.

effranger vt Desflecar.

effray|ant, e [efrɛjɑ̃, ɑ̃:t] adj Horroroso, a; espantoso, a | FAM. Espantoso, a; tremendo, a || **~er** vt Asustar, espantar.
effréné, e adj Desenfrenado, a.
effrit|ement m Desmoronamiento, pulverización *f* | FIG. Debilitamiento, desmoronamiento || **~er** vt Pulverizar, desmenuzar | — Vp Pulverizarse, desmoronarse | FIG. Desmoronarse.
effroi m Pavor, espanto, terror.
effront|é, e adj/s Descarado, a; sinvergüenza || **~ément** adv Descaradamente || **~erie** f Descaro *m*, desfachatez.
effroyable [efrwajabl] adj Espantoso, a; horroroso, a; tremendo, a.
effusion f Efusión.
égaiement ou **égayement** [egɛmɑ̃] m Alegría *f*.
égailler (s') [segaje] vp Dispersarse.
égal, ~e adj Igual | Plano, a; liso, a (route) | Uniforme, regular (régulier) | FAM. *Cela m'est ~*, me da igual *ou* lo mismo | *C'est ~*, no importa, lo mismo da, es igual | — M Igual | *À l'~ de*, tanto como, al igual que | *N'avoir d'~ que*, poder compararse sólo con | *N'avoir point d'~*, ser sin igual, ser el único | *Sans ~*, sin igual, sin par || **~er** vt Igualar || **~isation** f Igualación, igualamiento *m* | Empate *m* (sports) || **~iser** vt Igualar | Igualar, aplanar, nivelar | — Vi Empatar, igualar (sports) | — Vp Igualarse || **~itaire** adj/s Igualitario, a || **~ité** f Igualdad | *~ à 15*, iguales *ou* empate a 15 *ou* 15 iguales (tennis) | *Être à ~*, estar empatados (sports).
égard [ega:r] m Consideración *f* : *par ~ pour*, en consideración a | — Pl Miramientos, atenciones *f*, consideraciones *f* | *À certains ~s*, en ciertos aspectos, desde cierto punto de vista | *À l'~ de*, con respecto a | *À mon ~*, conmigo, para conmigo, para mí | *À tous ~s*, por todos conceptos | *En ~ à*, en atención a.
égar|é, e adj Perdido, a; extraviado, a | Engañado, a (trompé) | Extraviado, a (regard) | Despistado, a (air) || **~ement** m Extravío | Yerro (erreur) || **~er** vt Extraviar | FIG. Desorientar, despistar (désorienter), engañar, confundir (tromper) | — Vp Extraviarse, perderse | Caer en error, equivocarse | Extraviarse (la raison).
égayer [egɛje] vt Alegrar, entretener, distraer | FIG. Amenizar (conversation), alegrar | Aliviar (le deuil) | — Vp Divertirse.
égérie f Egeria.
égide f Égida, auspicios *mpl* : *sous l'~ de*, bajo la égida de.

églant|ier m BOT. Escaramujo, agavanzo || **~ine** f Gavanza.
églefin m Abadejo.
église f Iglesia.
églogue f Égloga.
égocentr|ique adj/s Egocéntrico, a | **~isme** m Egocentrismo.
égoïne f Serrucho *m*.
égo|ïsme m Egoísmo || **~ïste** adj/s Egoísta.
égorg|ement m Degollación *f*, degüello || **~er** vt Degollar, pasar a cuchillo | FIG. Desollar | Asesinar, matar || **~eur** m Degollador.
égosiller (s') vp Desgañitarse.
égout [egu] m Alcantarilla *f*, albañal (conduit) | Alero (avant-toit) | — Pl Alcantarillado *sing* | *Bouche d'~*, sumidero | *~ collecteur*, colector | *Tout-à-l'égout*, alcantarillado || **~ier** m Alcantarillero, pocero.
égoutt|age ou **~ement** m Goteo, escurrimiento || **~er** vt Escurrir, secar | Gotear | — Vp Gotear, escurrirse || **~oir** m Escurridero, escurridera *f* | Escurreplatos (assiettes) | TECH. Secador.
égrapper vt Descobajar.
égrat|igner vt Arañar, rasguñar || **~ignure** f Rasguño *m*, arañazo *m*.
égren|age m Desgrane || **~er** vt Desgranar (grain) | Descobajar (raisin) | Pasar las cuentas de, desgranar (chapelet) || **~euse** f Desgranadora.
égrillard, e adj/s Picante, verde (histoire) | Chocarrero, a (ton, air).
Égypte nprf Egipto *m*.
égypt|ien, enne adj/s Egipcio, a || **~ologue** s Egiptólogo, a.
éhonté, e adj/s Desvergonzado, a; descarado, a.
eider [edɛ:r] m Eider, pato de flojel.
éjacul|ation f Eyaculación || **~er** vt Eyacular.
éject|able adj Eyectable || **~er** vt Eyectar | FAM. Echar a la calle, expulsar || **~ion** f Eyección.
élabor|ation f Elaboración || **~er** vt Elaborar.
élag|age m Poda *f*, escamonda *f* (arbres) | FIG. Poda *f* || **~uer** vt Podar, escamondar (arbre) | FIG. Aligerar, podar || **~ueur** m Podador (personne) | Podadera *f* (serpe).
élan m ZOOL. Alce, anta *f* | Arranque, impulso (effort) | Impulso, salto (saut) | FIG. Impulso (du cœur), ímpetu (enthousiasme), avance, progresión *f* | *Prendre de l'~*, tomar carrerilla | *Prendre son ~*, tomar impulso.
élanc|é, e adj Esbelto, a; espigado, a (personne) | Alargado, a; largo, a (chose) | Ahilado, a (arbre) || **~ement** m Punzada *f*, latido (douleur) | MAR Lanzamiento || **~er** vi

Punzar, dar punzadas | — Vp Lanzarse, abalanzarse (se jeter) | Elevarse, alzarse | Afinarse, alargarse (corps).

élarg|ir vt Ensanchar | Agrandar, ampliar | Extender, ampliar (influence) || **~issement** m Ensanche, ensanchamiento | Expansión *f*, extensión *f* (influence) | Ampliación *f* (connaissances).

élasti|cité f Elasticidad || **~que** adj Elástico, a | — M Elástico, goma *f* | FAM. *Les lâcher avec un ~*, ser muy agarrado.

Elbe nprm Elba (fleuve) | — F Elba (île).

élect|eur, ~rice s Elector, a || **~if, ive** adj Electivo, a || **~ion** f Elección : *~ au suffrage universel*, elección por sufragio universal || **~oral, e** adj Electoral || **~orat** m Electorado.

électri|cien, enne adj/s Electricista || **~cité** f Electricidad || **~fication** f Electrificación || **~fier** vt Electrificar || **~que** adj Eléctrico, a | FIG. Tenso, a (atmosphère) || **~sation** f Electrización || **~ser** vt Electrizar.

électro|-acoustique f Electroacústica || **~-aimant** m Electroimán || **~cardiogramme** m Electrocardiograma || **~cardiographe** m Electrocardiógrafo || **~cardiographie** f Electrocardiografía || **~chimie** f Electroquímica || **~choc** m Electrochoque || **~coagulation** f Electrocoagulación || **~cuter** vt Electrocutar || **~cution** f Electrocución || **~de** f Electrodo *m* || **~dynamique** adj/f Electrodinámico, a || **~-encéphalogramme** m Electroencefalograma || **~gène** adj Electrógeno, a || **~lyse** f Electrólisis || **~lyser** vt Electrolizar || **~lyseur** m Electrolizador || **~lyte** m Electrólito || **~lytique** adj Electrolítico, a || **~magnétique** adj Electromagnético, a || **~magnétisme** m Electromagnetismo || **~mécanique** adj/f Electromecánico, a || **~ménager** adjm Electrodoméstico || **~métallurgie** f Electrometalurgia || **~moteur, trice** adj/m Electromotor, triz || **~n** m Electrón || **~nicien** m Especialista de electrónica || **~nique** adj/f Electrónico, a || **~n-volt** m Electrón-voltio || **~phone** m Electrófono, tocadiscos *inv* || **~statique** adj/f Electrostático, a || **~thérapie** f Electroterapia.

élég|amment adv Elegantemente | FIG. Con caballerosidad : *se conduire ~*, comportarse con caballerosidad || **~ance** f Elegancia || **~ant, e** adj/s Elegante.

élégi|aque adj Elegiaco, a || **~e** f Elegía.

élément m Elemento : *l'~ liquide*, el líquido elemento || **~aire** adj Elemental.

éléphant, ~e s Elefante, a || **~eau** m Elefantillo || **~esque** adj FAM. Colosal || **~iasique** adj/s Elefantiásico, a; elefanciaco, a || **~iasis** [elefɑ̃tjazis] m Elefantiasis *f*, elefancía *f*.

élevage [elva:ʒ] m Ganadería *f* (taureaux) | Cría *f* : *l'~ du bétail*, la cría del ganado; *~ intensif*, cría intensiva.

élévat|eur, ~trice adj/m Elevador, a || **~ion** f Elevación | Construcción, levantamiento *m* (mur, etc) | Alza, subida (prix) | FIG. Ascenso *m*, promoción (promotion), nobleza, grandeza (grandeur) | MATH. Potenciación.

élève s Discípulo, a; alumno, a | MIL. Cadete.

élev|é, e adj Elevado, a (noble) | Criado, a (personne, plante, etc) | Educado, a; criado, a : *bien ~*, bien educado || **~er** vt Elevar, alzar, levantar | Hacer subir (niveau) | Alzar, subir (prix) | Elevar, alzar, erigir | FIG. Ascender, elevar (dignité, poste), criar (enfant, animal), fundar, edificar (système), elevar, suscitar (protestation) | — Vp Elevarse | Alzarse (se dresser) | Subir (prix, température) | Elevar, despegar (avion) | Ascender (addition) | FIG. Elevarse (poste), levantarse (voix), criarse (enfant, animal), edificarse (fortune) | *S'~ contre*, alzarse *ou* levantarse contra || **~eur, euse** s Ganadero, a; criador, a | — F Incubadora, pollera (couveuse).

élider vt GRAM. Elidir.

éligib|ilité f Elegibilidad || **~le** adj/s Elegible.

élim|age m Raimiento, raedura *f* || **~er** vt Raer, gastar.

élimin|ateur, trice adj Eliminador, a || **~ation** f Eliminación || **~atoire** adj/f Eliminatorio, a || **~er** vt Eliminar.

élingue f MAR. Eslinga.

élire* vt Elegir : *~ aux voix*, elegir por votación | Fijar : *~ domicile à*, fijar domicilio en.

Elisabeth [elizabɛt] nprf Isabel.

élisabéthain, e [-betɛ̃, ɛn] adj Elisabetiano, a; isabelino, a.

élision f GRAM. Elisión.

élite f Élite, lo más selecto | *D'~*, de primera, selecto, a : *tireur d'~*, tirador de primera.

élixir m Elixir.

elle pron pers f de la 3e pers Ella | *D'~-même*, ella misma.

ellébore m BOT. Eléboro.

ellip|se f GÉOM. Elipse | GRAM. Elipsis || **~soïdal, e** adj Elipsoidal ||

~soïde m Elipsoide || **~tique** adj Elíptico, a.
élocution f Elocución | *Avoir l'~ facile*, hablar con soltura.
élog|e m Elogio, encomio | *~ funèbre*, oración fúnebre | *Être au-dessus de tout ~*, estar por encima de toda ponderación | *Ne pas tarir d'~s sur*, cantar las alabanzas de, hacerse lenguas de || **~ieux, euse** adj Elogioso, a.
éloign|é, e adj Alejado, a; lejano, a (endroit) | Lejano, a; remoto, a (souvenir) | Lejano, a (parent) || **~ement** m Alejamiento, distancia *f*, lejanía *f* | Alejamiento | Tiempo || **~er** vt Alejar | FIG. Alejar, apartar (écarter), diferir, aplazar (retarder), alejar (soupçons) | — Vp Alejarse | Apartarse, salirse : *s'~ du sujet*, apartarse del tema.
élongation f Elongación.
éloqu|ence [elɔkɑ̃:s] f Elocuencia : *~ du barreau*, elocuencia del foro || **~ent, e** adj Elocuente.
élu, e adj/s Elegido, a | Electo, a.
— OBSERV. On réserve le mot *electo* au candidat élu qui n'a pas encore occupé son poste.
élucid|ation f Elucidación || **~er** vt Elucidar, dilucidar.
élucubr|ation f Lucubración, elucubración || **~er** vt Lucubrar, elucubrar.
éluder vt Eludir.
Élysée adj/m Elíseo, a.
élytre m Élitro.
émaci|é, e adj Emaciado, a; demacrado, a || **~er (s')** vp Demacrarse.
émail [emaj] m Esmalte | Vidriado (faïence) || **~lage** [-ja:ʒ] m Esmaltado | Vidriado || **~ler** [-je] vt Esmaltar | FIG. Esmaltar (orner), salpicar, esmaltar (récit) || **~leur, euse** [-jœ:r, ø:z] s Esmaltador, a.
émanation f Emanación.
émancip|ateur, trice adj/s Emancipador, a || **~ation** f Emancipación || **~é, e** adj/s FAM. Libre | DR. Emancipado, a || **~er** vt Emancipar.
émaner vi Emanar | FIG. Proceder, dimanar.
émarg|ement m Nota (*f*) marginal, anotación *f* | Firma (*f*) al margen | *Feuille, état d'~*, nómina || **~er** vt Marginar, anotar al margen | Firmar al margen | — Vi Cobrar.
emball|age m Embalaje | Envase (des liquides) || **~ement** m Aceleración *f* (moteur) | Desbocamiento (cheval) | FAM. Arrebato, entusiasmo || **~er** vt Embalar | Envasar (liquide) | Acelerar demasiado, embalar (moteur) | FIG. Entusiasmar, embalar | — Vp Desbocarse (cheval) | Entusiasmarse, embalarse | Irritarse, sulfurarse (s'emporter) | Acelerarse, embalarse (moteur) || **~eur, euse** s Embalador, a; empaquetador, a.
embarca|dère m Embarcadero || **~tion** f Embarcación.
embardée f Guiñada (navire) | Bandazo *m*, despiste *m* (voiture) | *Faire une ~*, dar un bandazo, despistarse.
embargo m Embargo (navire) | Confiscación *f*, secuestro, decomiso | *Lever l'~*, desembargar | *Mettre l'~*, embargar, decomisar.
embarqu|ement m Embarco (personne) | Embarque (marchandise) || **~er** vt Embarcar | FIG. Liar, embarcar, meter (dans une affaire) | POP. Detener, prender | — Vi Embarcar, embarcarse | — Vp Embarcar, embarcarse | FIG. Embarcarse, meterse, liarse.
embarras m Estorbo, obstáculo | FIG. Apuro, aprieto (gêne) | Apuro, penuria *f* | Confusión *f*, turbación *f* (trouble) | Atasco, embotellamiento (embouteillage) | Dificultad *f*, traba *f* | *~ gastrique*, empacho | *N'avoir que l'~ du choix*, tener de sobra donde escoger | *Tirer qqn d'~*, sacar a uno de apuro || **~sant, e** adj Molesto, a | FIG. Embarazoso, a; molesto, a (question) || **~sé, e** adj Embarazado, a; confuso, a (gêné) | *Avoir un air ~*, parecer apurado | *Être ~ pour choisir*, no saber qué escoger || **~ser** vt Embarazar, estorbar (gêner) | Embarazar, azorar, turbar (troubler) | Poner en un aprieto (question) | Inquietar, preocupar | — Vp Embarazarse, cargarse (de paquets) | FIG. Preocuparse | Embarullarse, enredarse | Turbarse | Trabarse (langue).
embauch|age m ou **~e** f Contratación *f*, ajuste *m*, contrata *f* || **~er** vt Contratar, ajustar, tomar (ouvrier) | Reclutar (dans un parti) | FIG. Enganchar (pour aider) || **~eur, euse** s Ajustador, a; contratista || **~oir** m Horma *f* (soulier).
embaum|ement [ɑ̃bommɑ̃] m Embalsamamiento || **~er** vt Embalsamar || **~eur** m Embalsamador.
embell|ir vt Embellecer, hermosear | FIG. Adornar (histoire) | — Vi Ponerse más hermoso | FAM. *Ça ne fait que croître et ~*, va de mal en peor || **~issement** m Embellecimiento, hermoseamiento | FIG. Adorno.
emberlificoter vt FAM. Liar, enredar | — Vp Trabarse, enredarse.
embêt|ant, e adj Fastidioso, a; molesto, a; pesado, a | — M Lo molesto || **~ement** m Fastidio, molestia *f* | Complicación *f*, problema || **~er** vt Fastidiar, molestar, dar la lata (importuner) | Aburrir (ennuyer) | — Vp Aburrirse | FAM. *Ne pas s'~*, pasarlo

bien, no pasarlo mal. *S'~ à cent sous de l'heure,* aburrirse como una ostra.
emblée (d') [dɑ̃ble] loc adv De golpe, de entrada.
emblème m Emblema.
embobiner vt Liar en un carrete | FAM. Liar, embaucar, engatusar.
emboît|ement m Encaje, ajuste | Encajadura *f* (d'un os) ‖ **~er** vt Encajar, ajustar (enchâsser).
embolie f Embolia.
embonpoint m Gordura *f* | *Perdre de l'~*, adelgazar | *Prendre de l'~*, echar carnes *ou* vientre.
embouch|e f Engordadero *m*, engorde *m*, dehesa ‖ **~é, e** adj FAM. *Mal ~*, mal hablado, grosero ‖ **~er** vt Llevar a la boca (instrument) | Poner el bocado (cheval) | Engordar, cebar (animal) ‖ **~oir** m Boquilla *f* ‖ **~ure** f Boca (port) | Desembocadura (fleuve) | Bocado *m* (cheval) | MUS. Embocadura | FIG. Boca, abertura.
embourber vt Encenagar | Atascar, empantanar | — Vp Atascarse, encenagarse | FIG. Meterse en un atolladero (situation), empantanarse (négociations), enredarse, liarse (s'empêtrer).
embourgeois|ement [ɑ̃burʒwazmɑ̃] m Aburguesamiento ‖ **~er (s')** vp Aburguesarse.
embout [ɑ̃bu] m Contera *f* (canne, etc) | Regatón, contera *f* (tube).
embouteill|age [ɑ̃butɛja:ʒ] m Embotellado | FIG. Embotellamiento, atasco ‖ **~er** [-je] vt Embotellar | FIG. Embotellar, atascar.
embout|ir vt Estampar, embutir | FIG. Chocar contra ‖ **~issage** m Moldeamiento, estampado, embutido ‖ **~isseuse** f ou **~issoir** m Embutidera *f*, máquina (*f*) *ou* martillo (*m*) para trabajar los metales en frío.
embranch|ement m Ramificación *f* (arbre) | Ramal, empalme (chemin de fer) | Encrucijada *f*, cruce (chemins) | Distribución *f* (tuyaux) | Tipo, rama *f*, subreino (classification) ‖ **~er** vt Empalmar, unir.
embras|ement m Iluminación *f* | Arrebol (soleil) ‖ **~er** vt Iluminar.
embrass|ade f Abrazo *m* ‖ **~e** f Alzapaño *m* ‖ **~ement** m Abrazo ‖ **~er** vt Abrazar (dans les bras) | Besar, dar un beso | Abarcar, contener | Abrazar, adoptar (religion) | *Qui trop embrasse mal étreint*, quien mucho abarca poco aprieta.
embrasure f Hueco *m*, vano *m* | MIL. Cañonera.
embray|age [ɑ̃brɛja:ʒ] m Embrague ‖ **~er** vt/i Embragar.
embrigad|ement m Alistamiento, enrolamiento ‖ **~er** vt Alistar, enrolar, reclutar.
embringuer vt FAM. Liar.
embrocher vt Espetar, ensartar | FAM. Ensartar (transpercer).
embrouill|age ou **~ement** [ɑ̃bruja:ʒ ou -jmɑ̃] m Lío, enredo, embrollo ‖ **~amini** m V. BROUILLAMINI ‖ **~er** vt Embrollar, liar (emmêler) | Trastornar (troubler) | — Vp Embrollarse, enredarse.
embroussaillé, e adj Lleno de maleza *ou* de broza | FIG. Enmarañado, a; intrincado, a.
embruns [ɑ̃brœ̃] mpl Salpicaduras (*f*) de las olas.
embryo|logie f Embriología ‖ **~logiste** m Embriólogo ‖ **~n** m Embrión ‖ **~nnaire** adj Embrionario, a.
embûche f Trampa, lazo *m* | FIG. Asechanza, emboscada (piège), obstáculo *m*, dificultad.
embuer vt Empañar.
embuscade f Emboscada.
embusqu|é m MIL. Emboscado, enchufado ‖ **~er** vt Emboscar | Emboscar, enchufar (soldat) | — Vp Emboscarse.
éméch|é, e adj FAM. Achispado, a; piripi ‖ **~er** vt FAM. Achispar | *Être éméché*, achisparse, estar piripi (être bu).
émeraude adj/f Esmeralda.
émerg|ence f Emergencia ‖ **~ent, e** adj Emergente ‖ **~er** vi Emerger, aparecer.
émeri [emri] m Esmeril | FAM. *Être bouché à l'~*, ser más tonto que una mata de habas | *Papier- ~*, papel esmerilado *ou* de lija.
émérite adj Emérito, a; jubilado, a (en retraite) | FIG. Consumado, a; perfecto, a.
émersion f Emersión.
émerveill|ement [emɛrvɛjmɑ̃] m Admiración *f*, maravilla *f* ‖ **~er** vt Maravillar.
émétique adj/m Emético, a.
émet|teur, trice adj Emisor, a | *Poste ~* o *station ~*, emisora, centro emisor *ou* estación emisora | — M Emisora (*f*) de radio ‖ **~tre*** vt Emitir, despedir (rayonnement) | Emitir, poner en circulación (monnaie) | Despedir (odeur) | Emitir (sur les ondes, prononcer).
émeut|e m Motín *m* ‖ **~ier, ère** adj/s Amotinador, a (provocateur) | Amotinado, a (participant).
émiett|ement m Desmenuzamiento | FIG. Desagregación *f* (parti, etc), parcelación (*f*) excesiva (propriété), desmembramiento (empire) ‖ **~er** vt Desmigajar, hacer migajas (pain) | FIG. Desmenuzar, hacer migas.

émigr|ant, e adj/s Emigrante ‖ **~ation** f Emigración | Migración (population, animaux) ‖ **~é, e** adj/s Emigrado, a ‖ **~er** vi Emigrar (*en*, hacia, a).
émin|ence f Eminencia ‖ **~ent, e** adj Eminente.
émir m Emir ‖ **~at** [emira] m Emirato.
émiss|aire adj/s Emisario, a ‖ **~ion** f Emisión.
emmagasin|age ou **~ement** [ãmagazina:ʒ ou -nmã] m Almacenaje, almacenamiento | Fig. Acumulación *f* ‖ **~er** vt Almacenar | Fig. Acumular, almacenar.
emmaillot|ement [ãmajɔtmã] m Fajadura *f* ‖ **~er** vt Fajar, poner pañales.
emmanch|ement m Colocación (*f*) de un mango ‖ **~er** vt Poner un mango, enmangar (outil) | Enastar (arme) | Acoplar (placer) | Fig. Emprender, iniciar | — Vp Fig. Estar iniciado ‖ **~ure** f Sisa.
emmêler vt Enmarañar, embrollar | Fig. Sembrar la confusión.
emménag|ement m Mudanza *f* (déménagement) | Instalación *f* ‖ **~er** vi Instalarse | — Vt Mudar (transporter) | Instalar.
emmener vt Llevar, llevarse.
emmieller vt Pop. Chinchar.
emmitoufler vt Arropar, abrigar.
emmur|ement m Emparedamiento ‖ **~er** vt Emparedar, encerrar entre paredes, sepultar | Amurallar (ville).
émoi m Emoción *f* | *En* **~**, sobresaltado.
émollient, e adj/m Emoliente.
émoluments mpl Emolumentos.
émond|age m Escamonda *f* ‖ **~er** vt Mondar, escamondar, podar ‖ **~oir** m Podadera *f*.
émot|if, ive adj/s Emotivo, a | Emocional (choc) ‖ **~ion** f Emoción ‖ **~ivité** f Emotividad.
émotter vt Agr. Desterronar, destripar los terrones.
émoulu, e adj Amolado, a (aiguisé) | Fam. *Frais* **~** *de*, recién salido de.
émousser vt Embotar | Fig. Embotar, debilitar.
émoustill|ant, e adj Excitante ‖ **~er** vt Fam. Excitar, alegrar.
émouv|ant, e adj Emocionante; conmovedor, a ‖ **~oir*** vt Conmover, emocionar.
empaill|age [ãpɑja:ʒ] m Disecación *f* (animaux) | Colocación (*f*) de un asiento *ou* de un respaldo de paja (chaise) ‖ **~é** m Fam. Zoquete, melón (bête) ‖ **~er** vt Empajar | Poner asiento *ou* respaldo de paja | Disecar (animaux) ‖ **~eur, euse** s Sillero, a (chaise) | Disecador, a (animaux).
empaler vt Empalar (supplice).
empan m Palmo, cuarta *f*.
empanacher vt Empenachar | Fig. Engalanar, atildar.
empanner vt Mar. Poner en facha.
empaquet|age [ãpakta:ʒ] m Empaquetamiento, empaquetado ‖ **~er** [-kte] vt Empaquetar.
emparer (s') vp Apoderarse, adueñarse | Tomar, apoderarse (d'une ville) | Prender, detener, hacer prisionero.
empât|é, e adj Hinchado, a; abotargado, a (visage) | Borroso, a (écriture) ‖ **~ement** m Empaste (peinture) | Hinchazón *f*, abotargamiento (visage) ‖ **~er** vt Empastar | Poner pastosa (langue) | Hinchar (visage).
empatt|ement m Asiento, base *f* | Pie de una grúa | Batalla *f* (automobile) | Méc. Distancia (*f*) entre ejes | Impr. Grueso ‖ **~er** vt Asentar (mur) | Empalmar, unir (assembler).
empêch|ement m Impedimento ‖ **~er** vt Impedir | *Il n'empêche que* ou *n'empêche que*, esto no impide que, esto no quita que, aun así | — Vp Dejar de, pasar sin, no poder menos de ‖ **~eur, euse** s Fam. **~** *de tourner* o *de danser en rond*, aguafiestas.
empeigne f Empeine *m* (du pied) | Pala (de la chaussure).
empennage [ãpɛn(n)a:ʒ] m Planos (*pl*) de estabilización, estabilizador, empenaje (avion) | Aleta *f* (bombe) | Plumas *fpl* (flèche).
empereur [ãprœ:r] m Emperador.
empes|age m Almidonado ‖ **~é, e** adj Almidonado, a (linge) | Fig. Afectado, a (style), tieso, a (raide) ‖ **~er** vt Almidonar.
empester vt/i Apestar.
empêtrer vt Trabar (animal) | Fam. Enredar | — Vp Enredarse, embrollarse | Liarse, tropezar.
empha|se f Énfasis *m* | Énfasis *m*, afectación ‖ **~tique** adj Enfático, a.
emphysème m Méd. Enfisema.
emphytéotique adj Enfitéutico, a.
empiècement m Canesú.
empierr|ement m Empedrado, empedramiento (action) | Firme (macadam) ‖ **~er** vt Empedrar | Afirmar (route).
empiét|ement m Usurpación *f*, intrusión *f* | Invasión *f*, avance (mer) ‖ **~er** vi Montar, apoyarse | Avanzar, invadir | Desbordar | Fig. Usurpar, hacer una intrusión.
empiffrer vt Fam. Apipar, atracar | — Vp Fam. Apiparse, atracarse.
empil|age ou **~ement** m Apilado, apilamiento ‖ **~er** vt Apilar, amontonar | Pop. Estafar | — Vp Amontonarse.
empire m Imperio : *le Saint Empire*, el Sacro Imperio | Fig. Dominio,

ascendiente | *Avoir de l'~ sur soi-même,* dominarse, controlarse | *Cela vaut un ~,* eso vale un Potosí | *Ne pas faire une chose pour un ~,* no hacer algo por nada del mundo *ou* por todo el oro del mundo | *Sous l'~ de,* dominado por | — Adj Imperio.

empirer vt/i Empeorar.

empir|ique adj/s Empírico, a || **~isme** m Empirismo || **~iste** m Empírico.

emplacement m Emplazamiento, sitio [*Amer.,* ubicación].

emplâtre m Emplastro, emplasto | FAM. Cataplasma (sot), torta *f* (gifle).

emplette f Compra : *faire des ~,* ir de compras.

emplir vt Llenar | FIG. Colmar (de joie).

emploi m Empleo : *demande d'~,* petición de empleo; *plein- ~,* pleno empleo | Empleo, uso | Trabajo, puesto (occupation) | Función *f,* cargo | Papel (rôle) | *Double ~,* repetición inútil (répétition), asiento duplicado, doble cargo, partida doble (commerce) | *~ à mi-temps,* trabajo de media jornada | *~ à plein temps,* trabajo de jornada entera | *~ du temps,* programa de trabajo (programme), horario (horaire) | *Faire double ~,* ser contado por partida doble (commerce), estar repetido | *Sans ~,* sin trabajo.

employ|é, e [ɑ̃plwaje] adj/s Empleado, a (salarié) | Oficinista, empleado, a (de bureau) | *~ de maison,* sirviente, doméstico || **~er** vt Emplear (*à,* en) | Dar trabajo | Servirse de, utilizar, valerse de | Gastar, consumir | *Être employé à* ou *chez,* estar colocado en *ou* en casa de | — Vp Emplearse, usarse | *S'~ à* o *pour,* ocuparse en, aplicarse a || **~eur, euse** s Empresario, a; empleador, a | Patrono, a.

emplumer vt Emplumar.

empocher vt Meter [en el bolsillo], embolsar | FAM. Cobrar.

empoign|e [ɑ̃pwaɲ] f Agarrada || **~er** vt Empuñar | FAM. Agarrar, echar el guante (arrêter) | Conmover, emocionar | — Vp Agarrarse | Tener una agarrada, llegar a las manos.

empointure f MAR. Empuñidura.

empois [ɑ̃pwa] m Engrudo.

empoisonn|ant, e adj Venenoso, a | FAM. Molesto, a; pesado, a || **~ement** m Envenenamiento | FAM. Engorro, lata *f,* pega *f* (ennui) || **~er** vt Envenenar, emponzoñar | Intoxicar | Infestar | FIG. Amargar, envenenar (la vie), corromper (corrompre), fastidiar, dar la lata (importuner), apestar, oler mal || **~eur, euse** adj/s Envenenador, a | — S FAM. Tostón *m,* pesado, a; lata *f* (personne ennuyeuse).

empoisser vt Empegar.

empoissonner vt Poblar de peces.

emport|é, e adj FIG. Iracundo, a; colérico, a (irritable) | Arrebatado, a (irrité) | Desbocado, a (cheval) || **~ement** m Arrebato || **~e-pièce** m inv Sacabocados (outil) | FIG. *À l'~,* de manera terminante *ou* neta (action), entero (caractère), terminante (formule) || **~er** vt Llevar, llevarse | Arrancar (arracher) | Arrastrarse, llevarse (entraîner) | Llevarse, arrebatar (fièvre, passion) | Lograr, obtener (avantage) | *L'~,* vencer, ganar | *L'~ de beaucoup sur,* dar quince y raya a, dar cien vueltas a | *L'~ sur,* poder más que, prevalecer sobre | — Vp Enfurecerse, encolerizarse | Desbocarse (cheval).

empoté, e adj/s FAM. Zoquete.

empourprer vt Purpurar, enrojecer | FIG. Enrojecer, encender (colère, etc).

emprein|dre* [ɑ̃prɛ̃:dr] vt Estampar, marcar | FIG. Impregnar || **~te** [ɑ̃prɛ̃:t] f Huella, impresión | FIG. Sello *m,* marca | Huella (pied) | Señal *m,* marca | IMPR. Molde *m* | *~ digitale,* huella dactilar *ou* digital.

empress|é, e adj/s Apresurado, a | Atareado, a; afanoso, a (affairé) | Solícito, a; diligente || **~ement** m Diligencia *f,* celo (zèle) | Apresuramiento, prisa *f* (hâte) | Solicitud *f,* atención *f* (complaisance) || **~er (s')** vp Apresurarse, darse prisa | Afanarse, atarearse | Mostrarse solícito, tener atenciones : *~ auprès de,* mostrarse solícito con.

emprise f Influencia, dominio *m* (influence).

emprisonn|ement m Encarcelamiento, prisión *f* | *~ à vie,* cadena perpetua || **~er** vt Encarcelar | FIG. Encerrar.

emprunt [ɑ̃prœ̃] m Préstamo (privé) | Empréstito (État, compagnie) : *lancer un ~,* hacer un empréstito | FIG. Copia *f,* imitación *f* | *D'~,* fingido, a; ficticio, a; falso, a (nom), prestado, a (prêt) | *Vivre d'~,* vivir de prestado || **~é, e** adj Prestado, a; tomado en préstamo (prêté) | FIG. Falso, a; supuesto, a (feint), ficticio, a (fictif), forzado, a; artificioso, a (recherché), embarazado, a (embarrassé), tomado, a; sacado, a; copiado, a || **~er** vt Pedir *ou* tomar prestado : *~ de l'argent,* pedir dinero prestado | Servirse de, recurrir a, valerse de | Adoptar, tomar (un aspect) | Tomar (chemin) | Tomar de, sacar de (citation) || **~eur, euse** adj/s Que pide prestado | FAM. Pedigüeño, a.

empuant|ir [ɑ̃pɥɑ̃ti:r] vt Infestar || **~issement** m Fetidez *f,* pestilencia *f.*

empyrée m Empíreo.

ému, e adj Conmovido, a ; emocionado, a.
émul|ation f Emulación || **~e** s Émulo, a; emulador, a.
émuls|eur m Emulsor || **~if, ive** adj/m Emulsivo, a || **~ion** f Emulsión || **~ionner** vt Emulsionar.
en [ã] prép. En : *~ voiture, ~ chemise, ~ pointe,* en coche, en camisa, en punta; *partager ~ deux,* partir en dos; *~ 1967, ~ hiver,* en 1967, en invierno | A : *aller ~ Espagne,* ir a España; *~ même temps,* al mismo tiempo | Hacia (vers) : *aller ~ arrière,* ir hacia atrás | En, con : *~ bonne santé,* en *ou* con buena salud | De : *~ voyage, ~ deuil,* de viaje, de luto; *~ civil,* de paisano; *montre ~ or,* reloj de oro; *peintre ~ bâtiment,* pintor de brocha gorda | Al : *traduire ~ italien,* traducir al italiano; *vente ~ gros,* venta al por mayor | Como : *traiter ~ ami,* tratar como amigo | Al (avec un participe présent) : *il s'assit ~ arrivant,* se sentó al llegar | Al *ou* suppression (avec un participe présent) : *il fume ~ marchant,* fuma al caminar *ou* caminando | *~ attendant,* entretanto, mientras tanto.
en [ã] pron pers de 3e pers Se remplace en espagnol par le pronom équivalent : *il ~ parle,* habla de él *ou* de ella, de ellos *ou* de ellas, de ello; *~ serons-nous plus heureux?,* ¿seremos más felices con ello?; *il aime sa femme et il ~ est aimé,* ama a su mujer y es amado de *ou* por ella | Se traduit en espagnol par le possessif correspondant : *ce tableau est joli, j'~ aime la couleur,* este cuadro es bonito, me gusta su color | Avec un partitif, se supprime en espagnol ou se remplace par les pronoms *lo(s), la(s),* par un numéral ou un adverbe de quantité : *as-tu des fraises? — J'~ ai,* ¿Tienes fresas? — Tengo *ou* tengo algunas; *as-tu des livres? — J'~ ai cinq* ¿Tienes libros? — Tengo cinco | *C'~ est assez,* ya está bien, basta con eso | *Il y ~ a,* los *ou* las hay.
en [ã] adv De allí, de allá, de ahí : *j'~ viens,* de allí vengo | *J'~ ferais autant* o *tout autant,* haría otro tanto.
en-avant [ãnavã] m inv Pase adelante.
encablure f MAR. Cable *m.*
encadr|é m Recuadro (de journal) || **~ement** m Marco (cadre) | Recuadro, cerco (bordure) | Encuadramiento, oficialidad *f* (troupes) || **~er** vt Poner en un marco, poner marco a | Orlar, recuadrar (un article) | Ceñir, rodear (entourer) | Enmarcar (cheveux) | Escoltar, custodiar (un malfaiteur) | Situar (situer) | IMPR. Recuadrar | MIL. Encuadrar, incorporar (entourer), proveer de mandos (pourvoir de cadres), mandar (commander) | POP. *Ne pas pouvoir ~ qqn,* no poder tragar a uno || **~eur** m Fabricante *ou* montador de marcos.
encag|ement m Enjaulamiento || **~er** vt Enjaular.
encaiss|able adj Cobrable (créance) || **~age** m Encajonamiento | COM. Ingreso en caja || **~e** f COM. Caja, fondos *mpl* || **~é, e** adj Encajonado, a (rivière) | COM. Cobrado, a; ingresado en caja || **~ement** m Encajonamiento | ARCH. Encajonado | COM. Ingreso, cobro, cobranza *f* || **~er** vt Encajonar | Meter en cajones *ou* en cajas | COM. Cobrar | FAM. Encajar, aguantar (boxe), llevarse, cargarse (gifle), tragar, aguantar (affront), tragar, poder con : *ne pas ~ qqn,* no poder con uno | — Vp Encajonarse (route, fleuve) || **~eur** m Cobrador | Encajador (boxe).
encan m Almoneda *f,* subasta *f* | *Mettre à l'~,* subastar, vender en pública subasta.
encanailler vt Encanallar.
encapuchonner vt Encapuchar.
encaquer vt Embarrilar.
encart m IMPR. Encarte || **~age** ou **~onnage** m Encartonado || **~er** vt Encartar.
en-cas ou **encas** [ãka] m Piscolabis, colación *f,* tentempié.
encastr|ement m Ajuste, encaje (pièce), empotramiento (statue) | Muesca *f* (entaille) || **~er** vt Encastrar, empotrar, encajar.
encaustiqu|age m Encerado, enceramiento || **~e** f Encáustico *m,* cera (cire) || **~er** vt Encausticar, encerar.
encein|dre* vt Ceñir, cercar || **~te** f Recinto *m* | Murallas *pl* | Cerco *m,* cercado *m* (clôture) | Casco *m* (ville) | TECH. Pantalla acústica | — Adjf Embarazada, encinta (femme).
encens [ãsã] m Incienso || **~ement** m Incensación *f* || **~er** vt Incensar | FIG. Incensar, echar flores, lisonjear || **~eur** m Turiferario || **~oir** m Incensario.
encéphal|algie f Cefalalgia, encefalalgia || **~e** m Encéfalo || **~ite** f Encefalitis || **~ogramme** m Encefalograma.
encercl|ement m Cerco || **~er** vt Cercar, rodear | Copar (ennemi).
enchaîn|é m Encadenado (cinéma) || **~ement** m Encadenamiento | FIG. Encadenamiento, enlace (circonstances), concatenación *f,* coordinación *f* (idées) || **~er** vt Encadenar | Esclavizar (asservir) | Coordinar, enlazar (idées) | Empalmar, proseguir (dialogue) | *Enchaînons!,* ¡sigamos! (théâtre) |

— Vp Encadenarse | Enlazar, encadenarse (idées).

enchant|é, e adj Encantado, a | ~ *de vous connaître,* encantado de conocerle, mucho gusto en conocerle || **~ement** m Encanto, hechizo (charme) | *Comme par ~,* como por ensalmo, como por arte de magia | *Être dans l'~,* estar en la gloria || **~er** vt Encantar | Hechizar (fasciner) || **~eur, eresse** adj/s Encantador, a | — S Hechicero, a.

enchâss|ement m Engaste, engarce | Encaje, empotramiento (encastrement) || **~er** vt Engastar, engarzar (diamant) | Poner en un relicario | Encajar, empotrar (encastrer) | FIG. Insertar.

enchatonner vt Engastar (sertir).

enchère f Puja, licitación | FIG. *Être à l'~,* venderse al mejor postor | *Être mis aux ~s,* salir a subasta | *Mettre aux ~s,* sacar a subasta, subastar | *Vendre aux ~s,* vender en pública subasta, subastar.

enchér|ir vi Pujar (enchères) | Encarecer (prix) | ~ *sur,* sobrepujar (offre), ir más lejos (qqn) || **~issement** m Encarecimiento, carestía f || **~isseur** m Postor, licitador, pujador.

enchevêtr|ement m Encabestramiento (chevaux) | FIG. Enredo, lío || **~er** vt Encabestrar (chevaux) | ARCH. Embrochalar (solive) | FIG. Enredar, enmarañar | — Vp Encabestrarse | Embrollarse, enmarañarse || **~ure** f ARCH. Embrochalado *m.*

enclav|e f Enclave *m* || **~ement** m Enclave (territoire) | Empotramiento (emboîtement) | **~er** vt Enclavar, encerrar (territoire) | Insertar (insérer) | Empotrar, encajar (emboîter).

enclench|e f Trinquete *m,* enganche *m* || **~ement** m Armadura *f,* enganche || **~er** vt Enganchar, engranar.

enclin, e adj Propenso, a; inclinado, a; dado, a.

enclitique adj Enclítico, a.

enclo|re vt Cercar, vallar | Encerrar || **~s** [ɑ̃klo] m Cercado, vallado | Recinto (enceinte).

enclouer vt Enclavar (cheval).

enclume f Yunque *m* (forge, oreille) | Horma (cordonnier) | FIG. *Entre l'~ et le marteau,* entre la espada y la pared.

encoch|e f Muesca, entalladura | Señal (marque) || **~er** vt Hacer una muesca en.

encoignure [ɑ̃kɔɲy:r ou ɑ̃kwaɲy:r] f Rincón *m* (angle) | Rinconera (meuble).

encoll|age m Encolado, engomado || **~er** vt Encolar, engomar.

encolure f Cuello *m* (cheval, col) | Escote *m* (vêtement).

encombr|ant, e adj Embarazoso, a; molesto, a (gênant) | Voluminoso, a; de mucho bulto | FIG. Inoportuno, a; pesado, a || **~e** m *Sans ~,* sin tropiezo || **~ement** m Estorbo, obstrucción *f* | Acumulación *f,* aglomeración *f* | Atasco, embotellamiento | Dimensiones (*fpl*) totales, volumen (volume) | Lugar ocupado (machine) | — Pl Congestionamiento *sing* || **~er** vt Atestar, llenar | Ocupar mucho sitio, hacer mucho bulto | Recargar (mémoire) | Estorbar, entorpecer (embarrasser) | FIG. Molestar, estorbar | — Vp Cargar, cargarse (*de,* con).

encontre de (à l') loc En contra de, contra | Contrariamente a (contrairement à).

encorbellement m ARCH. Salidizo, saledizo, voladizo.

encorder (s') vp Encordarse.

encore adv Todavía, aún : *il n'est pas ~ venu,* no ha venido todavía | De nuevo, otra vez | Más, todavía más (davantage) | Además, encima | Al menos, a lo menos | También (aussi) | *Des bêtises et ~ des bêtises,* tonterías y más tonterías | *~!,* ¡otra vez!, ¡más! | ~ *que,* aunque | ~ *une fois,* una vez más | ~ *un peu,* un poco más | *Et ~,* y quizá ni eso, y aun así | *Être ~,* seguir | *Mais ~,* y además (en plus), sino también | *Mais ~?,* ¿y qué más? | *Pas ~,* todavía no, aún no | *Si ~,* si por lo menos, si tan siquiera.

encorn|é, e adj Encornado, a; cornudo, a (qui a des cornes) | Corneado, a; cogido, a (qui a reçu un coup de corne) || **~er** vt Cornear, dar cornadas | Coger, empitonar (torero) || **~et** m Calamar.

encourag|eant, e [ɑ̃kuraʒɑ̃, ɑ̃:t] adj Alentador, a; esperanzador, a || **~ement** Estímulo, aliento, ánimo | Fomento (production) : *société d'~,* sociedad de fomento | Instigación *f,* incitación *f* (crime) | *Donner des ~s,* dar ánimos || **~er** vt Alentar, animar, dar ánimo | Incitar, instigar | FIG. Fomentar, favorecer, estimular.

encourir* vt Incurrir en, exponerse a.

encrage m IMPR. Entintado.

encrass|ement m Enmugrecimiento, ensuciamiento | Engrasamiento (moteur) | Atascamiento, atoramiento (tuyau) || **~er** vt Ensuciar, enmugrecer | Atorar, atascar (tuyau) | — Vp Enmurgrecerse, ensuciarse | Engrasarse (moteur) | Atascarse, atorarse (tuyau).

encr|e f Tinta : ~ *de Chine,* tinta china; *écrire à l'~,* escribir con tinta | *Faire couler beaucoup d'~,* dar mucho que hablar, hacer gastar mucha tinta | *Noir comme l'~,* negro como

un tizón ‖ ~**er** vt Impr. Entintar, dar tinta ‖ ~**eur** adjm Impr. Entintador ‖ ~**ier** m Tintero.
encroût|ement m Fig. Embrutecimiento, embotamiento ‖ ~**er (s')** vp Encostrarse | Fig. Embrutecerse, embotarse.
encuv|age m Encubamiento ‖ ~**er** vt Encubar.
encyclique adj/f Encíclico, a.
encyclopéd|ie f Enciclopedia ‖ ~**ique** adj Enciclopédico, a ‖ ~**iste** m Enciclopedista.
endém|ie f Endemia ‖ ~**ique** adj Endémico, a.
endenter vt Dentar | Méc. Endentar.
endett|ement m Deuda *f*, endeudamiento, adeudo ‖ ~**er** vt Llenar de deudas, entrampar | *Être endetté*, tener deudas, estar entrampado.
endeuiller [ɑ̃dœje] vt Enlutar.
endiabl|é, e adj Endiablado, a; endemoniado, a (impétueux) | Encarnizado, a (acharné) ‖ ~**er** vi Fam. Rabiar : *faire* ~, hacer rabiar.
endig|uement ou ~**age** m Encauzamiento (eaux) | Fig. Contención *f* ‖ ~**uer** vt Encauzar, poner un dique a | Fig. Atajar, poner un dique a, contener.
endimancher vt Endomingar, vestir de fiesta.
endive f Endibia (légume).
endo|carde m Endocardio ‖ ~**carpe** m Endocarpio ‖ ~**crâne** m Endocráneo ‖ ~**crine** adjf Endocrina ‖ ~**crinien, enne** adj Endocrino, a ‖ ~**crinologie** f Endocrinología.
endoctrin|ement m Adoctrinamiento ‖ ~**er** vt Adoctrinar, doctrinar.
endo|derme m Endodermo ‖ ~**gamie** f Endogamia ‖ ~**gène** adj Endógeno, a.
endolor|ir vt Lastimar, hacer daño ‖ ~**issement** m Dolor, lastimadura *f*.
endommag|ement m Daño, perjuicio ‖ ~**er** vt Dañar, perjudicar, menoscabar | Deteriorar, estropear.
endorm|ant, e adj Adormecedor, a | Fig. Soporífero, a (ennuyeux) ‖ ~**i, e** adj Dormido, a | Adormecido, a; entorpecido, a (engourdi) | Dormido, a; entumecido, a (engourdi) | Perezoso, a; indolente | — S Fam. Dormido, a ‖ ~**ir*** vt Dormir (faire dormir) | Adormecer, anestesiar | Fig. Calmar, aplacar (douleur) | Fam. Entretener, distraer (vigilance), aburrir, dar sueño (discours) | — Vp Dormirse | Distraerse, dormirse, descuidarse.
endos [ɑ̃do] m Com. Endoso.
endos|cope m Endoscopio ‖ ~**copie** f Endoscopia ‖ ~**mose** f Endósmosis ‖ ~**perme** m Endosperma.
endoss|ataire m Endosador ‖ ~**ement** m Endoso ‖ ~**er** vt Com. Endosar (chèque) | Ponerse (vêtement) | Endosar, cargar con (responsabilité) ‖ ~**eur** m Com. Endosante.
endothél|ial, e adj Del endotelio ‖ ~**ium** [ɑ̃dɔteljɔm] m Endotelio.
endroit m Sitio, lugar | Punto, parte *f* | Pasaje, parte *f* (livre, discours) | Derecho (étoffe), cara *f* (pièce, page), haz *f* (feuille) | *À l'~ de*, para con, con respecto a | *Par ~s*, en algunos sitios, en algunas partes.
endu|ire* vt Untar | Dar una mano, embadurnar | Enlucir revocar (mur) | Recubrir (*de*, con) | Calafatear (bateaux) ‖ ~**it** m Baño, capa *f*, mano *f* (couche) | Enlucido, revoque, revestimiento | Fig. Baño, barniz (vernis).
endur|ance f Resistencia, aguante *m* ‖ ~**ant, e** adj Sufrido, a; paciente | Resistente.
endurc|i, e adj Endurecido, a (durci) | Empedernido, a (invétéré) | Avezado, a; curtido, a (pêcheur) | Insensible, duro, a (cœur) ‖ ~**ir** vt Endurecer (durcir) | Curtir (rendre résistant) | Fig. Endurecer, insensibilizar | — Vp Acostumbrarse, avezarse (s'accoutumer) | Endurecerse, empedernirse (devenir insensible) ‖ ~**issement** m Endurecimiento | Dureza *f* (dureté).
endurer vt Aguantar, soportar.
énerg|étique adj/f Energético, a ‖ ~**ie** f Energía ‖ ~**ique** adj Enérgico, a.
énergumène m Energúmeno.
énerv|ant, e adj Enervador, a; enervante (chaleur) | Irritante, molesto, a (qui agace) ‖ ~**é, e** adj Enervado, a; abatido, a | Nervioso, a ‖ ~**ement** m Enervamiento, debilidad *f* (abattement) | Nerviosismo, nerviosidad *f* ‖ ~**er** vt Enervar, debilitar | Poner nervioso, exasperar.
enfance f Infancia, niñez | Infancia, principio *m* | Fam. *C'est l'~ de l'art*, está tirado, es muy fácil.
enfant s Niño, a | Hijo, a; niño, a : *il a deux ~s*, tiene dos hijos | Fig. Hijo *m*, resultado *m* | *Bon ~*, campechano, bonachón | *~ adoptif*, hijo adoptivo | *~ de chœur*, monaguillo (à l'église), angelito, inocentón (naïf) | *~ de la balle*, artista nacido entre bambalinas | *~ gâté*, niño mimado | *Enfant Jésus*, Niño Jesús | *~ terrible*, niño mal criado (insupportable), persona rebelde | *~ trouvé*, expósito, inclusero | *Faire l'~*, hacer chiquilladas *ou* niñerías, niñear | *Les ~s trouvés*, la Inclusa (hospice) | *Petits ~s*, nietos ‖ ~**ement** m Alumbramiento, parto | Fig. Concepción *f*, creación *f*

‖ **~er** vt Dar a luz, parir | FIG. Dar a luz, crear | *Tu enfanteras dans la douleur*, parirás con dolor ‖ **~illage** m Chiquillada *f*, niñería *f* ‖ **~in, e** adj Infantil.
enfariner vt Enharinar.
enfer [ɑ̃fɛ:r] m Infierno | *D'~*, infernal, terrible | *L'~ est pavé de bonnes intentions*, el infierno está empedrado de buenas intenciones.
enfermer vt Encerrar | Encerrar, contener (contenir) | Encerrar, guardar bajo llave | Esconder (cacher) | Encarcelar (prison) | *~ à double tour*, guardar con siete llaves | — Vp Encerrarse | Encerrarse, recluirse.
enferrer vt Ensartar (embrocher) | — Vp Arrojarse sobre la espada | Picar el anzuelo (poisson) | FIG. Enredarse, embrollarse, liarse.
enfiévrer vt Dar calentura *ou* fiebre | FIG. Apasionar, enardecer (passionner, surexciter).
enfil|ade f Hilera, fila (voitures) | Crujía (chambres) | Sarta, retahíla (mensonges) | MIL. Enfilada : *prendre en ~*, batir en enfilada ‖ **~age** m Enhebrado, enhebramiento | Ensarte, enfilado (perles) ‖ **~er** vt Enhebrar (aiguille) | Ensartar (perles, mensonges) | Meter, entrar (faire passer) | Tomar, coger (chemin) | FAM. Ponerse (pantalon), zampar, echarse entre pecho y espalda (avaler) | — Vp POP. Zamparse (absorber), cargar *ou* cargarse con (un travail) ‖ **~eur, euse** s Ensartador, a; enhebrador, a.
enfin adv Por último | Al fin, por fin | En una palabra, en fin, es decir (bref) | *~!*, ¡por fin!
enflammer vt Inflamar, incendiar, prender fuego a | Irritar | FIG. Encender (fièvre), inflamar, entusiasmar (exciter), acalorar, inflamar (passion), arrebolar (lueur) | — Vp Incendiarse, inflamarse | FIG. Inflamarse, entusiasmarse (s'exciter), encenderse (regard) | MÉD. Inflamarse.
enflé, e adj Inflado, a; hinchado, a | FIG. Henchido, a (orgueil), engreído, a (succès), hinchado, a (style) | — S POP. Tonto, a.
enfléchure f MAR. Flechaste *m*.
enfl|er vt Inflar, hinchar (gonfler) | FIG. Hinchar (exagérer), ahuecar (voix) | MÉD. Hinchar, inflamar | — Vi/p Hincharse | Crecer (fleuve) | FIG. Hincharse, inflarse, engreírse ‖ **~ure** f Hinchazón, inflamación | FIG. Hinchazón, énfasis *m* (style).
enfonc|é, e adj Hundido, a (yeux) | Profundo, a; hondo, a | FIG. Derrotado, a (vaincu) ‖ **~ement** m Hundimiento | Introducción *f*, penetración *f* | Hueco, vano (porte) | Entrante (façade) | Profundidad *f* | Socavón (chaussée) | Hondonada *f* (terrain) | Fractura *f* (crâne) ‖ **~er** vt Clavar (clou), hincar (piquet) | Hundir | Derribar (porte) | Forzar (coffre-fort) | Deshacer, derrotar (une armée) | Sumergir (dans l'eau) | Encasquetarse, calarse (chapeau) | FAM. Derrotar, vencer | FIG. Meter, hacer penetrar (une idée) | — Vi/p Hundirse | Hundirse, irse a pique (bateau) | Arrellanarse (dans un fauteuil) | Desaparecer, desvanecerse | Internarse, penetrar | FIG. Entregarse (dans le vice), sumirse, absorberse (dans ses pensées), adentrarse, penetrar (difficultés).
enfou|ir [ɑ̃fwi:r] vt Enterrar | Esconder, ocultar (cacher) | — Vp Enterrarse, refugiarse ‖ **~issement** m Enterramiento | Ocultación *f* ‖ **~isseur** m Enterrador, sepultador.
enfourcher vt Atravesar con la horca | FAM. Montar a horcajadas en *ou* sobre (monter à califourchon).
enfourn|age ou **~ement** m Enhornado ‖ **~er** vt Enhornar, poner al horno | FIG. Introducir en gran cantidad, meter (introduire), meterse en el bolsillo (empocher) | POP. Zamparse, engullir (avaler) | — Vp FIG. Meterse, zambullirse.
enfreindre* [ɑ̃frɛ̃:dr] vt Infringir, transgredir, conculcar.
enfuir (s')* [sɑ̃fɥi:r] vp Fugarse, escaparse | Salirse, derramarse (liquide) | Desvanecerse, desaparecer.
enfumer vt Ahumar.
enfûtailler vt Embarrilar.
engag|é, e adj V. ENGAGER | — M Voluntario (soldat) ‖ **~eant, e** [ɑ̃gaʒɑ̃, ɑ̃:t] adj Atrayente, atractivo, a | Prometedor, a ‖ **~ement** m Empeño | Alistamiento, enganche (soldat) | Ajuste, contrata *f* (employés) | Compromiso, obligación *f* : *sans ~ de votre part*, sin compromiso por su parte | Contrato | Inscripción *f* (d'un concurrent) | Saque del centro (football) | MIL. Intervención *f*, acción *f* | *~ à vue*, letras a la vista | *Non-~*, neutralidad, política *ou* actitud sin compromisos ‖ **~er** vt Empeñar, dar en prenda | Empeñar, dar (la parole) | Empeñar, comprometer (honneur, foi) | Comprometer (serment, lien) | Contratar, ajustar (employé) | Matricular (marin) | Inscribir (inscrire) | Reclutar, enrolar | Aconsejar | FIG. Invitar, incitar, inducir | Meter, introducir (clef) | Meter, colocar (capital) | Poner, meter (une vitesse) | Entablar (poursuites) | Entablar, trabar (combat, conversation) | MAR. Encepar (ancre), enganchar, enredar (cordage) | MIL. Hacer entrar en acción | — Vi Sacar del centro, hacer el

saque (football) | — Vp Comprometerse | Entablarse, comenzar | Meterse, internarse | Ponerse, entrar (au service de qqn) | Participar, inscribirse | Meterse, lanzarse | MIL. Alistarse, sentar plaza.
engainer vt Envainar, enfundar.
engeance [ɑ̃ʒɑ̃:s] f Raza, casta (animaux) | Ralea, calaña (personnes).
engelure [ɑ̃ʒly:r] f Sabañón *m*.
engendr|ement m Engendro || **~er** vt Engendrar.
engin m Artefacto, máquina *f* | Proyectil (balistique) | Vehículo (blindé, etc) | Arma *f*, cohete.
englober vt Englobar.
englout|ir vt Engullir, tragar | FIG. Enterrar, gastar (fortune), tragarse, engullir (par la mer), sepultar (faire disparaître) || **~issement** m Engullimiento (action d'avaler) | Sumersión *f*, hundimiento | Pérdida *f*, disipación *f* (fortune).
engluer vt Enviscar, enligar.
engommer vt Engomar.
engonc|é, e adj Embutido, a : *personne ~ dans un manteau*, persona embutida en un abrigo || **~er** vt Envarar, molestar.
engorg|ement m Atascamiento, atasco, atranco, atoramiento (conduit) | Aglomeración *f* | Falta (*f*) de salida (marchandises) | Entorpecimiento, obstáculo || **~er** vt Atascar, atorar (obstruer) | Entorpecer (entraver) | MÉD. Infartar, obstruir.
engou|ement [ɑ̃gumɑ̃] m Atragantamiento (gosier) | FIG. Entusiasmo, pasión *f* || **~er (s')** vp FIG. Entusiasmarse con *ou* por, aficionarse a.
engouffr|ement m Precipitación *f* | Hundimiento || **~er** vt Tragarse, sepultar (engloutir) | FIG. Tragar (fortune), zamparse, engullir (manger) | — Vp Precipitarse (eau, vent) | FIG. Precipitarse, meterse (personnes).
engoulevent [ɑ̃gulvɑ̃] m Chotacabras, zumaya *f*.
engourd|ir vt Entumecer, adormecer | Embotar (l'esprit) || **~issement** m Entumecimiento, embotamiento, adormecimiento.
engrais [ɑ̃grɛ] m Abono, estiércol (fumier) | Abono, fertilizante : *~ azotés*, abonos nitrogenados | Pasto, pienso || **~sement** m Engorde, ceba *f* || **~ser** vt Cebar, engordar (animaux) | AGR. Abonar, estercolar | FIG. Enriquecer | — Vi/p Engordar.
engrang|ement m Entrojamiento || **~er** vt Entrojar.
engren|age m Engranaje || **~er** vt/i MÉC. Engranar, endentar.
engueul|ade [ɑ̃gœlad] f POP. Bronca, filípica || **~er** vt POP. Poner como un trapo, poner de vuelta y media (insulter), echar una bronca *ou* una filípica (disputer).
enguirlander vt Enguirnaldar | FAM. Echar una bronca.
enhardir vt Envalentonar, alentar | — Vp Envalentonarse.
énigm|atique adj Enigmático, a || **~e** f Enigma *m*.
enivr|ant, e adj Embriagador, a | FIG. Enajenador, a || **~ement** m Embriaguez *f*, embriagamiento | FIG. Embriaguez *f*, enajenamiento || **~er** vt Embriagar.
enjamb|ée f Zancada | *D'une ~*, de un salto || **~er** vt Salvar, franquear | Pasar por encima.
enjeu m Puesta *f*, postura *f* (jeux) | FIG. Lo que está en juego, envite.
enjoindre* vt Ordenar.
enjôl|ement [ɑ̃ʒolmɑ̃] m Engatusamiento, embaucamiento || **~er** vt Engatusar, embaucar || **~eur, euse** adj/s Engatusador, a; embaucador, a.
enjoliv|ement m Adorno || **~er** vt Adornar, hermosear | FIG. Adornar, engalanar (récit) || **~eur** m Tapacubos (de roue) || **~ure** f Adorno *m*.
enjou|é, e adj Festivo, a; alegre || **~ement** [ɑ̃ʒumɑ̃] m Jovialidad *f*, alegría *f*.
enkyst|ement m MÉD. Enquistamiento, enquistado || **~er (s')** vp Enquistarse.
enlac|ement m Enlazamiento (action) | Abrazo (étreinte) || **~er** vt Enlazar, atar | Abrazar, estrechar (étreindre) | Coger por el talle (danse).
enlaid|ir vt Afear, desfigurar | — Vi Afearse, ponerse feo || **~issement** m Afeamiento.
enlevé, e adj FIG. Acertado, a (œuvre d'art), despachado, a (fini rapidement), ágil (style).
enlèvement m Levantamiento | Recogida *f* (ramassage) | Eliminación *f*, supresión *f* | Retirada *f*, acción (*f*) de quitar | Rapto | MIL. Toma *f*.
enlever vt Quitar | Quitar, limpiar (tache) | Recoger, retirar, sacar | Quitarse (vêtement) | Raptar (personne) | Llevarse (entraîner) | Arrancar (arracher) | Levantar (soulever) | FIG. Llevarse, ganar (suffrages), ganar (match), entusiasmar, arrebatar (enthousiasmer), llevarse (maladie), despachar (travail), bordar, ejecutar brillantemente (musique) | MIL. Tomar, conquistar.
enlis|ement m Hundimiento en la arena *ou* en el fango, atasco | FIG. Estancamiento, atasco || **~er** vt Hundir, atascar | — Vp Hundirse | Atascarse, encenagarse (véhicule) | FIG. Llegar a un punto muerto, estancarse (négociations).

enlumin|er vt Iluminar (livre) | Colorear | FAM. Colorear, sonrosar (teint), adornar (style) || **~eur, euse** s Iluminador, a || **~ure** f Iluminación (art) | Estampa, grabado (*m*) iluminado.

enneig|ement [ɑ̃nɛʒmɑ̃] m Estado de la nieve en un lugar || **~er** vt Cubrir de nieve.

ennemi, e adj/s Enemigo, a | *À l'~ qui fuit, faites un pont d'or,* al enemigo que huye, puente de plata.

ennoblir [ɑ̃nɔbli:r] vt Ennoblecer.

ennui [ɑ̃nɥi] m Aburrimiento, fastidio, tedio | Molestia *f* | Dificultad *f,* problema | Lo molesto : *l'~ de...,* lo molesto de... | — Pl Penas *f* | Dificultades *f* : *~s mécaniques,* dificultades mecánicas | Achaques (de santé).

ennuy|er [-je] vt Molestar, fastidiar (importuner) | Aburrir (lasser) | — Vp Aburrirse | Echar de menos (*de,* a) [regretter] | FAM. *S'~ à mourir, à mort, comme un rat mort,* aburrirse como una ostra || **~eux, euse** adj Fastidioso, a; molesto, a | Aburrido, a.

énonc|é m Enunciado || **~er** vt Enunciar || **~iation** f Enunciación.

enorgueillir [ɑ̃nɔrgœji:r] vt Enorgullecer | — Vp Enorgullecerse, vanagloriarse.

énorm|e adj Enorme | FIG. Inaudito, a; tremendo, a || **~ité** f Enormidad | FIG. Burrada, barbaridad, disparate *m.*

enquérir (s')* vp Inquirir, indagar, enterarse | *~ auprès de,* preguntar a | *~ de,* preguntar por.

enquêt|e f Información [judicial] | Averiguación (privée) | Encuesta (journal) | Investigación, pesquisa (policière) | Investigación, indagación (recherche) | DR. Sumario *m* (affaires criminelles) | *~ administrative,* expediente administrativo || **~er** vi Inquirir, investigar | Hacer una encuesta | — Vp Informarse, averiguar || **~eur, euse** adj/s DR. Investigador, a; pesquisidor, a | — S Entrevistador, a (pour sondages).

enquiquin|ant, e [ɑ̃kikinɑ̃, ɑ̃:t] adj FAM. Chinchoso, a; pesado, a || **~ement** m FAM. Lata *f* || **~er** vt FAM. Chinchar, jeringar || **~eur, euse** adj/s FAM. Latoso, a; pesado, a.

enracin|ement m Arraigamiento, arraigo || **~er** vt Arraigar | — Vp Echar raíces.

enrag|é, e adj Rabioso, a | FIG. Empedernido, a (joueur), fanático, a (fanatique), implacable || **~er** vi Rabiar : *faire ~,* hacer rabiar.

enray|ement [ɑ̃rɛjmɑ̃] m Enrayamiento (roue) | Parada *f,* entorpecimiento (mécanisme) || **~age** [-ja:ʒ] m Encasquillamiento (arme) || **~er** vt FIG. Detener, cortar, atajar (épidémie) | Enrayar (garnir une roue) | Frenar, engalgar | — Vp Dejar de funcionar, descomponerse (mécanisme) | Encasquillarse (arme).

enrégimenter vt Incorporar a un regimiento | FIG. Agrupar en, alistar en.

enregistr|ement m Registro | Registro de la propiedad (bureau) | Inscripción *f* | Grabación *f,* grabado (disque, etc) | Facturación *f* (bagages) | Asiento (livre de commerce) | DR. Empadronamiento (recensement) | FIG. Anotación *f* (par écrit), retención *f* (mémoire) | MAR. Matrícula *f* || **~er** vt Registrar | Inscribir | Anotar, tomar nota | Facturar (bagages) | Asentar (livre de commerce) | Grabar, impresionar (disque, bande, etc) | Apreciar (constater) | Acusar, experimentar (subir) | DR. Empadronar | FIG. Grabar, retener (mémoire) | MAR. Matricular | *Se faire ~,* empadronarse || **~eur, euse** adj Registrador, a | — M Aparato registrador.

enrhumer vt Resfriar, acatarrar, constipar.

enrich|ir vt Enriquecer || **~issant, e** adj FIG. Instructivo, a || **~issement** m Enriquecimiento.

enrob|age ou **~ement** m Envoltura *f* | Baño (chocolat) | Rebozo (viande) || **~er** vt Envolver (recouvrir) | Rebozar (viande) | Bañar (sauce, chocolat, etc).

enrôl|ement m Alistamiento, reclutamiento, enrolamiento | FIG. Alistamiento, afiliación *f* || **~er** vt Alistar, enrolar, reclutar | FIG. Alistar, afiliar (parti) | — Vp Alistarse, enrolarse, sentar plaza (soldat).

enrou|é, e adj Ronco, a || **~ement** [ɑ̃rumɑ̃] m Enronquecimiento, ronquera *f* || **~er (s')** vp Enronquecerse, ponerse ronco.

enroul|ement m Arrollamiento, enrollamiento | Enroscamiento | Devanado (bobine) || **~er** vt Enrollar | Arrollar, enroscar | Envolver (envelopper).

enrubanner vt Adornar con cintas, poner cintas.

ensabl|ement m Enarenamiento | MAR. Encalladura *f* || **~er** vt Enarenar | MAR. Encallar.

ensach|ement ou **~age** m Ensacado || **~er** vt/i Ensacar.

ensanglanter vt Ensangrentar.

enseign|ant, e adj Docente | *Le corps ~,* el cuerpo docente, el magisterio | — M Profesor | *Les ~s,* el cuerpo docente, el magisterio || **~e** f Letrero *m,* rótulo *m* : *~ lumineuse,* rótulo luminoso | Insignia (étendard romain) | Bandera, estandarte *m* |

FIG. Seña, distintivo *m* | *À telle* ~ o *à telles* ~*s que,* la prueba es que, de modo que | *Être logé à la même* ~, estar en el mismo caso, remar en la misma galera | — M MAR. ~ *de vaisseau,* alférez de navío || ~**ement** m Enseñanza *f* : ~ *primaire, technique,* enseñanza primaria, laboral | ~ *secondaire,* enseñanza media, segunda enseñanza | *Être dans l'*~, pertenecer al cuerpo docente | *Pleine d'*~, aleccionadora (expérience) || ~**er** vt/i Enseñar | Dar clases de, enseñar.

ensembl|e m Conjunto (vêtement, décoration) | Unidad *f,* conjunción *f* | *Avec un* ~ *parfait,* muy conjuntado | *Dans l'*~, en conjunto | *D'*~, de conjunto, general | *Grand* ~, urbanización, conjunto urbanístico | *Pour l'*~ *de,* para todo | — Adv Juntos, as (adj pl) : *vivre* ~, vivir juntos | Al mismo tiempo, a una vez | *Aller* ~, ir bien *ou* pegar *ou* quedar bien juntos (s'harmoniser) | *Bien aller* ~, ser tal para cual (deux vauriens, etc) | *Tout* ~, al mismo tiempo, a la vez (à la fois), todo junto (en masse).

ensemenc|ement m Siembra *f* || ~**er** vt Sembrar.

enserrer vt Apretar, estrechar | Encerrar, contener | Ceñir, rodear.

ensevel|ir [ɑ̃səvli:r] vt Amortajar (dans un linceul) | Sepultar, enterrar | FIG. Sepultar || ~**issement** m Amortajamiento | Sepultura *f,* entierro.

ensoleill|ement [ɑ̃sɔlɛjmɑ̃] m Sol || ~**er** [-je] vt Solear, llenar de sol | FIG. Iluminar, alegrar.

ensorcel|ant, e [ɑ̃sɔrsəlɑ̃, ɑ̃:t] adj Hechicero, a || ~**er** vt Hechizar, embrujar || ~**eur, euse** adj/s Hechicero, a; embelesador, a || ~**lement** [ɑ̃sɔrsɛlmɑ̃] m Hechizo, embrujo.

ensuite adv A continuación, luego, después.

ensuivre (s')* vp Seguirse, resultar | *D'où il s'ensuit que,* de lo que resulta que | *Et tout ce qui s'ensuit,* y toda la pesca.

— OBSERV. *S'ensuivre* sólo se emplea en el infinitivo y en la tercera persona de los otros tiempos.

entablement m ARCH. Entablamento, cornisamento.

entacher vt Mancillar, manchar (honneur) | Tachar.

entaill|e [ɑ̃tɑ:j] f Cortadura (coupure) | CONSTR. Entalla, entalladura | TECH. Corte *m* | Muesca (encoche) || ~**er** vt Cortar.

entam|e f Extremo *m,* primer pedazo *m* (rôti, etc), pico *m* (pain) || ~**er** vt Empezar, comenzar, decentar (p. us.) [aliment] | Hacer mella en (fortune, prestige) | Cortar (inciser) | Emprender, iniciar (entreprendre) | Empezar, iniciar, entablar (conversation) | DR. ~ *des poursuites,* entablar un proceso.

entartr|age m Incrustación *f* || ~**er** vt Cubrir de sarro | TECH. Depositar incrustaciones en (chaudière, etc).

entass|ement m Amontonamiento, apilamiento || ~**er** vt Amontonar, apilar | Apiñar, abarrotar (gens) | FIG. Acumular.

entend|ement m Entendimiento || ~**eur** m Entendedor : *à bon* ~, *salut,* al buen entendedor con pocas palabras basta || ~**re*** vt Oír, escuchar | Entender (connaître) | Comprender | Exigir, querer | Querer decir, significar | Parecer, placer (vouloir) | *À l'*~, al oírle hablar así, si se le cree | *Faire* ~, dejar oír (faire qu'on entende), decir (dire), cantar (chanter), tocar (jouer un air) | — Vi Oír | Entender, comprender | — Vp Entenderse, ponerse de acuerdo | *Cela s'entend,* por supuesto | *Je m'entends,* yo me entiendo, ya sé lo que digo | *S'*~ *bien, mal,* llevarse bien, mal | *Se faire* ~, oírse (voix), hacerse escuchar | *S'*~ *en,* ser un entendido *ou* un enterado en || ~**u, e** adj Oído, a | Entendido, a; perito, a | Decidido, a; concluido, a (affaire) | *Bien* ~ ou *comme de bien* ~, por supuesto, desde luego | *C'est* ~ ou ~, de acuerdo, conforme | *Qu'il soit* ~ *que,* que conste que | — S *Faire l'*~, dárselas de enterado.

entente f Armonía, buena inteligencia, entendimiento *m* | Acuerdo *m,* convenio *m,* alianza | *L'*~ *cordiale,* la entente cordial.

entérin|ement m DR. Ratificacion *f* || ~**er** vt Ratificar, confirmar (ratifier) | FIG. Aprobar, admitir.

entérite f Enteritis.

enterr|ement m Entierro || ~**er** vt Enterrar | Ir al entierro de | FIG. Echar tierra sobre (une affaire), despedirse de (espoirs, vie de garçon) | — Vp FIG. Enterrarse.

en-tête m Membrete (papier à lettres) | Encabezamiento (formule).

entêt|é, e adj Terco, a; testarudo, a || ~**ement** m Terquedad *f,* testarudez *f,* cabezonería *f* || ~**er** vt Subir a la cabeza, encalabrinar (odeurs) | — Vp Empeñarse, obstinarse (*à,* en).

enthousias|me m Entusiasmo || ~**mer** vt Entusiasmar || ~**te** adj Entusiasta (personne) | Entusiástico, a (attitude) | — S Entusiasta.

entich|é, e adj Encaprichado, a (*de,* con) [épris de] | Aferrado, a (attaché à) | *Être* ~ *de soi-même,* estar imbuido de sí mismo || ~**ement** m Encaprichamiento, capricho || ~**er** vt Encaprichar por *ou* con, aficionar a |

— Vp Encapricharse (personne) | Aferrarse (idée).
entier, ère adj Entero, a | Completo, a | *En ~*, por entero, por completo | *Tout ~*, entero, por completo | — M Entero.
entité f Entidad.
entoil|age m Montaje sobre tela ‖ **~er** vt Pegar en tela | Reforzar con tela (vêtement).
entôl|age m POP. Timo, estafa *f* ‖ **~er** vt POP. Timar, estafar.
entomolog|ie f Entomología ‖ **~iste** s Entomólogo, a.
entonn|er vt Entonelar | MUS. Entonar ‖ **~oir** m Embudo | Hoyo, agujero (obus).
entorse f MÉD. Esguince *m* | FIG. Infracción | *Faire une ~ à*, hacer una excepción a, hacer trampas a (loi, etc).
entortill|age ou **~ement** [ɑ̃tɔrtijaːʒ ou -tijmɑ̃] m Enroscadura *f*, envolvimiento ‖ **~er** vt Liar, envolver | Enredar, enmarañar (fils, laine) | FIG. Enredar, embrollar (embrouiller), liar, enredar (par des paroles) | — Vp Enroscarse | FIG. Enredarse, embrollarse.
entour m *À l'~*, en los alrededores.
entour|age m Cerco | FIG. Allegados *pl*, familiares *pl* | *Dans l'~ de*, en los círculos *ou* medios allegados a ‖ **~er** vt Rodear, cercar | Envolver | FIG. Prodigar, colmar (de soins) | — Vp Rodearse.
entourloupette f FAM. Mala pasada, mala jugada.
entournure f Sisa, escotadura (manche) | FAM. *Être gêné aux ~s*, estar a disgusto (mal à l'aise), estar apurado (argent).
entracte m Entreacto (théâtre) | Descanso (cinéma) | Intermedio | Interrupción *f*.
entraid|e f Ayuda mutua ‖ **~er (s')** vp Ayudarse mutuamente.
entrailles [ɑ̃trɑːj] fpl Entrañas.
entrain m Animación *f*, ánimo | Vivacidad *f* | Ánimo, entusiasmo, ardor (travail) | *Chanter avec ~*, cantar con brío | *Être plein d'~* o *avoir beaucoup d'~*, estar muy animado.
entraîn|ant, e adj Que anima, animado, a (musique) | FIG. Arrebatador, a ‖ **~ement** m Arrastre, tracción *f* | Acarreo | Entrenamiento, preparación *f* (sport) | Instrucción *f* (troupes) | FIG. Incitación *f* | TECH. *D'~*, de arrastre ‖ **~er** vt Arrastrar, tirar de (traîner) | FIG. Acarrear, ocasionar, traer | Arrebatar (enthousiasmer) | Llevar a la fuerza, llevarse | Arrastrar, atraer | Llevarse (emmener) | Poner en movimiento (mécanisme) | Adiestrar, acostumbrar (habituer) | Entrenar, preparar (sports) | MIL. Instruir | *Se laisser ~*, dejarse llevar ‖ **~eur** m Entrenador, preparador (sport) | Picador, adiestrador de caballos | MÉC. Arrastrador | **~euse** f Tanguista, gancho *m*.
entrav|e f Traba | FIG. Traba, estorbo *m*, cortapisa ‖ **~er** vt Trabar (animal) | FIG. Poner trabas, estorbar | POP. *N'~ que dalle*, no comprender ni jota, quedarse in albis.
entre prép Entre : *~ autres*, entre otras cosas *ou* personas | *Ceci ~ nous* o *~ nous soit dit*, dicho sea entre nosotros | *D'~*, de : *l'un d'~ vous*, uno de vosotros | *~ les bras, les mains de*, en los brazos, en manos de | *~ tous*, entre todos (parmi tous), más que a todos (par excellence).
entre|bâillement [ɑ̃trəbɑjmɑ̃] m Resquicio, abertura *f* (porte) ‖ **~bâiller** vt Entreabrir | Entornar (fermer à moitié) ‖ **~bâilleur** m Retenedor, cadena (*f*) de seguridad ‖ **~chat** m Trenzado ‖ **~choquer (s')** vp Chocar uno con otro, entrechocarse ‖ **~côte** f Lomo *m*, entrecote *m* ‖ **~couper** vt Entrecortar ‖ **~croiser** vt Entrecruzar, cruzar ‖ **~cuisse** m V. ENTREJAMBE ‖ **~-déchirer (s')** vp Desgarrarse unos a otros | FIG. Despellejarse, desollarse (médire) ‖ **~-deux** m Hueco, separación *f* | Entredós (dentelle) | Saque entre dos (basket-ball), bote neutro (football) | Agremán (passementerie) ‖ **~-deux-guerres** m ou f Período (*m*) entre las dos guerras mundiales ‖ **~-dévorer (s')** vp Devorarse mutuamente.
entrée f Entrada | Entrada, principio *m* (début, repas) | Llegada | Derecho (*m*) de aduana | Ingreso *m* : *examen d'~*, examen de ingreso | COM. Ingreso *m*, entrada | TECH. Ojo *m* (serrure) | Salida (acteur) | Entrada (billet) | FIG. *Avoir ses ~s*, tener puerta abierta *ou* acceso *ou* entrada | *~ dans le monde*, puesta de largo, presentación en sociedad | *~ en matière*, principio, comienzo | *~ interdite*, paso prohibido | *Faire son ~ dans le monde*, ser presentada en sociedad | *Par ordre d'~ en scène*, por orden de aparición.
entre|faite f *Sur ces ~s*, en esto, en aquel momento ‖ **~filet** m Suelto, recuadro ‖ **~gent** m Mundo, mundología *f*, don de gente ‖ **~jambe** m Entrepierna *f*, entrepiernas *fpl* | Cruz *f* (pantalon) ‖ **~lacement** m Entrelazamiento ‖ **~lacer** vt Entrelazar, enlazar ‖ **~lacs** [ɑ̃trəlɑ] m ARCH. Almocárabes, lazo ‖ **~larder** vt Mechar (viande) | FAM. Entreverar, salpicar (de citations) ‖ **~mêlement** m Mezcla *f* ‖ **~mêler** vt Entremezclar | FIG. Entrecortar (entrecouper), intercalar en ‖ **~mets** [ɑ̃trəmɛ] m

Dulce (cuisine) | Mus. Entremés || **~metteur, euse** s Mediador, a | Fam. Alcahuete, a || **~mettre (s')*** vp Intervenir, mediar | Entremeterse (se mêler) || **~mise** f Mediación, intervención | *Par l'~ de*, por conducto de, por mediación de || **~pont** m Mar. Entrepuente || **~posage** m Almacenamiento, almacenaje || **~poser** vt Almacenar | Depositar || **~poseur** m Almacenista || **~pôt** [ɑ̃trəpo] m Almacén (magasin), depósito (dépôt) || **~prenant, e** adj Emprendedor, a | Atrevido, a || **~prendre*** vt Emprender (voyage, défense) | Proponerse, tener intención de | Acometer, emprender (réforme) | Fam. Emprenderla con, tomarla con | Galantear (femme) | *~ de*, comenzar a, intentar || **~preneur, euse** s Empresario, a | — M Maestro de obras, contratista : *~ de travaux publics*, contratista de obras públicas || **~prise** f Empresa (projet, exécution, société) | Tentativa, intento *m* | Acción, acto *m*, maniobra : *une ~ contre la liberté*, una acción contra la libertad.

entrer vi Entrar | Entrar, ingresar (hôpital, etc) | Pasar, entrar (dans une pièce) | Ingresar (argent) | Entrar, caber (contenir) | Abrazar (carrière) | Entrar, formar parte | Estar de acuerdo, encajar (opinion, idée) | Tener parte | Meterse (discussion, explication) | Salir (théâtre) | *Entrez!*, ¡adelante!, ¡pase! | *Faire ~*, invitar a pasar, introducir | *Faites ~*, dígale que pase | — Vt Introducir | Meter | Entrar | Com. Dar entrada a.

entre|-rail m Entrevía *f*, entrerrieles *pl* || **~sol** m Entresuelo || **~-temps** [ɑ̃trətɑ̃] m Intervalo | — Adv Entre tanto, entretanto, mientras tanto || **~tenir*** vt Mantener, sustentar (famille) | Cuidar, entretener (tenir en bon état) | Alimentar, mantener (feu) | Sostener, mantener (correspondance) | Hablar, conversar con | Cultivar (amitié, pensée) | — Vp Mantenerse, sustentarse | Conservarse, mantenerse en buen estado | Conversar, hablar | Entrevistarse || **~tien** [ɑ̃trətjɛ̃] m Conservación *f*, entretenimiento, cuidado : *l'~ des routes*, la conservación de las carreteras | Sustento, mantenimiento (famille) | Conversación *f*, entrevista *f* (conversation) | Reunión *f* | Limpieza *f* : *produits d'~*, artículos de limpieza | *Avoir un ~*, mantener una conversación, celebrar una entrevista || **~toise** f Tech. Tirante *m*, riostra | Travesaño *m* (voiture) | Cabestrillo *m* (machine) | Telera (artillerie) || **~-tuer (s')** vp Matarse unos a otros || **~voie** [ɑ̃trəvwa] f Entrevía || **~voir*** vt Entrever || **~vous** m Arch. Bovedilla *f* || **~vue** [-vy] f Entrevista.

entrouv|ert, e adj Entreabierto, a; entornado, a || **~rir*** vt Entreabrir | Entornar, entreabrir (yeux, porte) | Correr un poco, apartar (rideaux).

énumér|atif, ive adj Enumerativo, a || **~ation** f Enumeración || **~er** vt Enumerar.

envah|ir [ɑ̃vai:r] vt Invadir || **~issant, e** adj Invasor, a | Fig. Pegajoso, a; pesado, a || **~issement** m Invasión *f* | Fig. Abuso || **~isseur** m Invasor.

envas|ement m Encenagamiento || **~er** vt Encenagar, enlodar | Hundir en el fango | — Vp Cegarse (canal).

envelopp|ant, e adj/f Envolvente || **~e** f Envoltura : *l'~ d'un paquet*, la envoltura de un paquete | Sobre *m* (d'une lettre) | Cubierta (pneu) | Cámara (ballon) | Funda (traversin) || **~ée** f Mat. Involuta || **~ement** m Envolvimiento (action), envoltura *f* (ce qui enveloppe) | Méd. Paño caliente, fomento || **~er** vt Envolver (couvrir) | Rodear (entourer) | Disimular, velar (déguiser) | Comprender, abarcar (englober) | Mil. Rodear, envolver | — Vp Envolverse | Envolverse, embozarse (dans un manteau).

envenim|ement [ɑ̃vnimmɑ̃] m Envenenamiento (poison) | Enconamiento (plaie) | Fig. Enconamiento, envenenamiento || **~er** vt Envenenar (empoisonner) | Enconar (blessure) | Fig. Enconar, emponzoñar, envenenar.

enverg|uer vt Mar. Envergar || **~ure** f Mar. Envergadura, grátil *m* (des voiles) | Envergadura (oiseau, avion) | Fig. Amplitud, vuelo *m*, envergadura : *projet de grande ~*, proyecto de gran amplitud | Talla, envergadura (personne).

envers [ɑ̃vɛ:r] m Revés, vuelta *f*, envés, reverso (étoffe) | Lo contrario, lo opuesto | Bot. Envés, cara (*f*) dorsal | *À l'~*, al revés | *L'~ de la médaille*, el reverso de la medalla | *L'~ et l'endroit d'une question*, el haz y envés de una cuestión | — Prép Con, para con : *indulgent ~ lui*, indulgente con *ou* para con él | A : *traître ~ sa foi*, traidor a su fe | *~ et contre tous*, a pesar de todos.

envi (à l') loc adv A porfía : *se disputer à l'~*, disputarse a porfía | A cual más, a cual mejor (à qui mieux mieux).

envi|able adj Envidiable || **~e** f Envidia (péché) | Ganas *pl*, deseo *m* : *avoir ~ de rire*, tener ganas de reírse | Antojo *m* (de femme enceinte) | Méd. Padrastro *m* (ongle), antojo *m* (tache) | *Brûler, mourir d'~ de*, arder en deseos de, tener unas ganas locas de, estar muerto por | *Faire* o *donner* ~, dar envidia *ou* deseos | *Faire passer l'*~, quitar las ganas | *Il vaut mieux faire* ~ *que pitié*, más vale ser envidiado que compadecido *ou* más vale ser envidiado que envidioso | *Passer son* ~, satisfacer su capricho || **~er** vt Envidiar | Ansiar, ambicionar, desear || **~eux, euse** adj/s Envidioso, a.

environ adv Cerca de, alrededor de (presque) | Unos, unas, poco más o menos, cosa de (quelques) || **~nant, e** adj Cercano, a; próximo, a (proche) | Circundante, circunvecino, a (des alentours) || **~nement** m Medio ambiente, entorno || **~ner** vt Rodear, cercar (encercler) | Rodear, circundar, estar alrededor || **~s** mpl Alrededores, afueras *f*, cercanías *f* | *Aux* ~ *de*, cerca de, en los alrededores de (autour), a eso de (temps).

envisager vt Considerar, examinar (avenir) | Enfocar (un sujet) | Pretender (espérer) | Prever, tener en perspectiva (prévoir) | Tener presente, pensar en (penser à) | Proyectar, tener intención de | Ver | Planear, programar (réforme).

envoi m Envío.

envol m Vuelo (oiseau) | Despegue (avion) || **~ée** f Elevación, grandeza || **~er (s')** vp Levantar *ou* tomar el vuelo, echar a volar | Despegar (avion) | Volar, volarse (avec le vent) | Irse, transcurrir (temps) | FIG. Fugarse, escaparse (s'enfuir).

envoût|ement m Hechizo, embrujo || **~er** vt Hechizar, embrujar.

envoy|é, e [ɑ̃vwaje] s Enviado, a || **~er*** vt Enviar, mandar | Lanzar, arrojar, tirar (jeter) | Tirar (une balle) | FAM. Dar, propinar, largar (gifle), tirar (faire tomber) | FAM. *Ça c'est envoyé!*, ¡toma!, ¡toma del frasco, Carrasco! | ~ *chercher*, mandar buscar *ou* por | FAM. ~ *coucher*, *paître* o *promener*, mandar a paseo | ~ *tout promener* o *tout en l'air*, mandarlo todo a paseo, echarlo todo a rodar | — Vp POP. Zamparse (avaler), cargarse (assumer) || **~eur, euse** s Remitente : *faire retour à l'*~, devuélvase al remitente.

enzyme f Enzima.

éocène adjm/m Eoceno.

éolien, enne adj/s Eolio, a | — F Generador (*m*) aeromotor, motor (*m*) de viento.

épagneul, e adj/m Podenco, a.

épais, ~se [epɛ, ɛs] adj Espeso, a; denso, a (brouillard) | Grueso, a (étoffe, verre) | Espeso, a; tupido, a (forêt) | Ancho, a (mur) | Espeso, a (liquide) | Denso, a (nuit) | Nutrido, a (foule) | Cargado, a; viciado, a (air) | Pastoso, a; sucio, a (langue) | *Au plus* ~ *de*, en medio de || **~seur** f Espesor *m* | Espesor *m*, grueso *m* (grosseur) | Densidad | Espesura, (forêt) | Densidad, negrura (nuit) | *D'une grande* ~, muy grueso, de mucho espesor || **~sir** vt Espesar (rendre plus dense) | Hacer más grueso, ensanchar | Ennegrecer, oscurecer (nuit) | — Vi Espesarse | FIG. Engordar (personne) | — Vp Espesarse | Ponerse pastosa (langue) || **~sissement** m Espesado, espesamiento | Aumento (taille) | Oscurecimiento (nuit).

épamprer vt Despampanar.

épanch|ement m Derramamiento (écoulement) | Derrame : ~ *de synovie*, derrame sinovial | FIG. Desahogo || **~er** vt Derramar | FIG. Desahogar, abrir (cœur) | — Vp FIG. Desahogarse, expansionarse.

épand|age m Esparcimiento | Abonado (d'engrais) || **~re*** vt AGR. Esparcir.

épanou|ir [epanwi:r] vt Abrir (fleur) | FIG. Alegrar | — Vp Abrirse (fleur) | FIG. Desarrollarse (se développer), alegrarse, regocijarse (se réjouir), dilatarse, ensancharse (cœur), alcanzar su plenitud (personne) || **~issement** m Abertura *f* (fleurs) | FIG. Expansión *f*, dilatación *f* (cœur, esprit), alegría *f*, regocijo (joie), completo desarrollo (développement) | Granazón *f*, plenitud *f* (personne).

épargn|ant m Persona (*f*) ahorrativa, ahorrador, a (celui qui économise) || **~e** f Ahorro *m* : *caisse d'*~, caja de ahorros || **~er** vt Ahorrar (économiser) | FIG. Escatimar (forces), mirar por (veiller sur), proteger, salvar (sauver), ahorrar, evitar (paroles), perdonar (des prisonniers), dispensar (dispenser de), ahorrarse (temps, travail) | *Être épargné par*, salvarse de.

éparpill|ement [eparpijmɑ̃] m Dispersión *f*, esparcimiento || **~er** vt Desparramar, esparcir | FIG. Dispersar | — Vp Desparramarse, esparcirse | FIG. Dividirse, dispersarse.

épars, e [epa:r, ars] adj Disperso, a; esparcido, a | Suelto, a; en desorden (cheveux) | Confuso, a (souvenirs).

éparvin m Esparaván (tumeur).

épat|ant, e adj FAM. Estupendo, a; macanudo, a || **~e** f FAM. Faroleo *m*, fachenda | FAM. *Faire de l'*~, farolear, darse pisto || **~é, e** adj Achatado, a; chato, a (nez) | Patidifuso, a; pasmado, a || **~ement** m Achatamiento, aplastamiento | Estupefacción *f*, asombro || **~er** vt Achatar, aplastar | Asombrar, dejar pasmado, dar el golpe | — Vp Achatarse (nez) | Asombrarse, quedarse pasmado.

épaul|ard [epola:r] m Orca *f* (cétacé) ‖ **~e** f Hombro *m* (de l'homme) | Codillo *m*, paletilla (d'agneau) | *Hausser les ~s*, alzar los hombros, encogerse de hombros | *Porter sur les ~s*, llevar a hombros (transporter), llevar a cuestas (avoir à sa charge) | *Regarder par-dessus l'~*, mirar por encima del hombro ‖ **~é** m Levantada *f* (haltère) : *~ et jeté*, levantada y tierra ‖ **~ement** m Espaldón (parapet) | Muro de carga *ou* de contención ‖ **~er** vt FIG. Echar una mano (aider), respaldar (protéger) | MIL. Parapetar | Encararse (fusil) ‖ **~ette** f Hombrera (vêtement) | Tirante *m* (combinaison) | MIL. Charretera ‖ **~ière** f Hombrera, espaldarcete *m*.

épave f Pecio *m*, derrelicto *m*, restos *mpl* (naufrage) | DR. Bien (*m*) mostrenco, res derelicta | FIG. *~ humaine*, ruina, desecho.

épée f Espada | Espadín *m* (d'uniforme) | Estoque *m* (de matador) | Esgrimidor *m* (escrimeur) | *Quiconque se sert de l'~ périra par l'~*, quien a hierro mata a hierro muere | *Remettre l'~ dans son fourreau*, envainar la espada | *Tirer l'~*, desenvainar *ou* sacar la espada.

épel|er [eple] vt/i Deletrear ‖ **~lation** [epɛllasjɔ̃] f Deletreo *m*.

éperdu, e adj Perdido, a; loco, a.

éperlan m Eperlano.

éperon [eprɔ̃] m Espuela *f* (cavalier) | Espolón (ergot, promontoire) | FIG. Acicate, aguijón, estímulo | Tajamar (pont) | Espolón, tajamar (bateau) | Contrafuerte ‖ **~ner** vt Espolear (cheval) | FIG. Espolear, aguijonear | MAR. Arremeter, embestir con el espolón.

épervier m Gavilán (oiseau) | Esparavel (filet).

éphèbe m Efebo.

éphém|ère adj Efímero, a | — M Efímera *f*, cachipolla *f* ‖ **~éride** f Efemérides *pl*, efeméride.

épi m Espiga *f* (blé, etc) | Mazorca *f*, panoja *f* (maïs) | Espiga *f*, racimo (fleur) | Remolino (cheveux) | *Se ranger en ~*, aparcar en batería (voitures) ‖ **~carpe** m Epicarpio.

épic|e f Especia ‖ **~é, e** adj Picante (mets) | FIG. Salpimentado, a; picante ‖ **~éa** m Picea *f*, abeto del Norte.

épicentre m Epicentro.

épic|er vt Sazonar con especias, condimentar ‖ **~erie** f Tienda de ultramarinos *ou* de comestibles, ultramarinos *m* ‖ **~ier, ère** s Tendero, tendera de ultramarinos.

épicur|ien, enne adj/s Epicúreo, a ‖ **~isme** m Epicureísmo.

épidém|ie f Epidemia | FIG. Oleada ‖ **~ique** adj Epidémico, a.

épiderm|e m Epidermis *f* | FIG. *Avoir l'~ sensible*, tener la epidermis fina, ser susceptible *ou* picón ‖ **~ique** adj Epidérmico, a.

épier vt Espiar (espionner) | Acechar, atisbar (guetter) | FIG. Estar a la caza *ou* al acecho (défaut, etc).

épierrer vt Despedregar.

épieu m Venablo | Chuzo [de sereno].

épieur, euse s Espía.

épi|gastre m Epigastrio ‖ **~glotte** f Epiglotis ‖ **~gramme** f Epigrama *m* ‖ **~graphe** f Epígrafe *m*.

épil|ation f Depilación ‖ **~atoire** adj Depilatorio, a.

épilep|sie f Epilepsia ‖ **~tique** adj/s Epiléptico, a.

épiler vt Depilar.

épilogu|e m Epílogo ‖ **~er** vi Comentar.

épinard m Espinaca *f*.

épin|e f Espina | *~ dorsale*, espina dorsal, espinazo | FIG. *Tirer une ~ du pied*, sacar de apuro a uno ‖ **~ette** f Espineta ‖ **~eux, euse** adj Espinoso, a | FIG. Peliagudo, a; espinoso, a (question) ‖ **~e-vinette** f Agracejo *m*.

épingl|e f Alfiler *m* (couture, bijou) | *Chercher une ~ dans une meule de foin*, buscar una aguja en un pajar | *En ~ à cheveux*, muy cerrada (courbe) | *~ à cheveux*, horquilla | *~ à linge*, pinza para la ropa | *~ de nourrice, de sûreté*, imperdible | FAM. *Monter en ~*, poner de manifiesto *ou* de relieve. *Tiré à quatre ~s*, de punta en blanco, de tiros largos | *Tirer son ~ du jeu*, salir del apuro, salir bien *ou* adelante ‖ **~er** vt Prender *ou* sujetar con alfileres | POP. Pescar, echar mano.

épinoche f Picón *m* (poisson).

Epiphanie nprf Epifanía.

épiphyse f Epífisis.

épique adj Épico, a.

épiscop|al, e adj Episcopal ‖ **~at** m Episcopado.

épisod|e m Episodio | Episodio, jornada *f* (film) ‖ **~ique** adj Episódico, a.

épiss|er vt Empalmar ‖ **~ure** f Empalme *m* (fils électriques, cordages).

épistolaire adj Epistolar.

épitaphe f Epitafio *m*.

épithéli|al, e adj Epitelial ‖ **~um** [epiteljɔm] m Epitelio.

épithète f Epíteto *m*.

épître f Epístola.

éploré, e adj Afligido, a; desconsolado, a.

épluch|age m Monda *f*, mondadura *f*, peladura *f* | FIG. Espulgo, examen minucioso ‖ **~er** vt Pelar, mondar (fruit, légume) | Limpiar, espulgar (riz, lentilles) | FIG. Examinar cuidadosamente, espulgar || **~ure** f Mondadura, monda | Residuo *m*, desperdicio *m*.

époint|age m Despuntadura *f* || **~er** vt Despuntar | Despuntar, afeitar (cornes).

époong|e f Esponja | FIG. *Boire comme une ~*, beber como una esponja. *Jeter l'~*, tirar *ou* arrojar la toalla | *~ métallique*, estropajo metálico | FIG. *Passer l'~ sur*, hacer borrón y cuenta nueva de, pasar la esponja por || **~er** vt Enjugar (liquide) | Limpiar con una esponja, esponjar (nettoyer) | FIG. Enjugar (déficit) | — Vp Enjugarse.

épopée f Epopeya.

époque f Época : *à pareille ~*, en la misma época | *À notre ~*, en nuestro tiempo.

épouiller [epuje] vt Despiojar.

époumoner (s') vp Desgañitarse.

épous|ailles [epuzα:j] fpl Desposorios *m*, esponsales *m* || **~e** f Esposa || **~er** vt Casarse con, contraer matrimonio con | Adherirse a (opinion) | FIG. Adaptarse a, amoldarse a (vêtement).

époussett|age m Limpieza (*f*) del polvo || **~er** vt Desempolvar, quitar el polvo || **~te** f Zorros *mpl*.

époustouflant, e adj FAM. Pasmoso, a; asombroso, a.

épouvant|able adj Espantoso, a; tremendo, a || **~ail** [epuvɑ̃taj] m Espantapájaros, espantajo | FAM. Esperpento, petardo || **~e** f Espanto *m*, terror *m* | *D'~*, de miedo (film) || **~er** vt Espantar, horrorizar.

époux, épouse [epu, u:z] s Esposo, a.

éprendre (s')* vp Enamorarse.

épreuve f Prueba (essai, imprimerie, sports) | Examen *m* | Adversidad, sufrimiento *m* | *À l'~*, a prueba | *~ de force*, conflicto (conflit), pugna de intereses | *Mettre à l'~*, poner a prueba.

épris, e adj Enamorado, a; prendado, a.

éprouv|é, e adj A toda prueba (sûr) | Sufrido, a || **~er** vt Probar | Probar, ensayar (essayer) | Comprobar, experimentar (constater) | Sufrir, padecer | Dejar malparado | Afectar | FIG. Experimentar, sentir (ressentir) || **~ette** f Probeta.

epsilon f Épsilon *f*.

épuis|ant, e adj Agotador, a || **~ement** m Agotamiento || **~er** vt Agotar (vider) | Agotar, acabar (consommer, livre, édition) | Esquilmar, agotar (terre) | Acabar con, agotar (forces, patience) | Tratar de modo exhaustivo, apurar (sujet) | MIN. Agotar, desvenar (filon) | — Vp Agotarse | Consumirse, agotarse (effort) || **~ette** f Manguilla, sacadera (filet).

épur|ateur adjm/m Depurador || **~ation** f Depuración || **~e** f Dibujo *m*, diseño *m* | Plano *m* || **~ement** m Depuración *f* || **~er** vt Depurar | Refinar | Depurar, purgar (une association).

équarr|ir [ekari:r] vt Desollar (animaux) | Escuadrar (tailler) || **~issage** m Desolladura *f* (animaux) | Corte a escuadra || **~isseur** m Descuartizador (animaux) | Cantero (pierre).

équat|eur [ekwatœ:r] m Ecuador || **~ion** [-sjɔ̃] f Ecuación || **~orial, e** [-tɔrjal] adj/m Ecuatorial || **~orien, enne** [-tɔrjɛ̃, jɛn] adj/s Ecuatoriano, a.

équerre [ekɛ:r] f Escuadra.

équestre [ekɛstr] adj Ecuestre.

équi|dés [ekɥide ou ekide] mpl Équidos, equinos || **~distance** [ekɥidistɑ̃:s] f Equidistancia || **~distant, e** [-distɑ̃, ɑ̃:t] adj Equidistante || **~latéral, e** adj Equilátero, a.

équilibr|age m Equilibrado | Compensación *f*, nivelación *f* || **~ation** f Equilibrio *m* || **~e** m Equilibrio || **~er** vt Equilibrar || **~eur** m Equilibrador || **~isme** m Equilibrismo || **~iste** s Equilibrista, volatinero, a.

équin, e adj Equino, a.

équinoxe m Equinoccio.

équip|age m Tripulación *f*, dotación *f* (bateau, avion) || **~e** f Equipo *m* | Cuadrilla (d'ouvriers) | FIG. Banda, pandilla || **~ée** f Calaverada, locura || **~ement** m Equipo, pertrechos *pl* (soldat) | Equipo (matériel) : *biens d'~*, bienes de equipo | MAR. Armamento || **~er** vt Equipar | Tripular (avion, navire) | MAR. Armar || **~ier, ère** s Compañero, compañera de equipo | — M Jugador.

équitable adj Equitativo, a.

équitation f Equitación.

équité f Equidad.

équival|ence f Equivalencia || **~ent, e** adj/m Equivalente || **~oir*** vi Equivaler.

équivoque adj Equívoco, a | — F Equívoco *m*.

érable m Arce (arbre).

érafl|ement m Rasguño | Rozadura *f*, roce || **~er** vt Rasguñar, arañar (égratigner) | Rozar, raspar (effleurer) || **~ure** f Rasguño *m*, arañazo *m* | Rozadura (trace).

éraill|é, e [erαje] adj Cascado, a (voix) || **~er** vt Enronquecer (voix).

ère f Era.

érect|ile adj Eréctil || **~ion** f Erección.

éreint|ant, e adj FAM. Matador, a; reventante (fatigant) ‖ **~ement** m Derrengamiento ‖ **~er** vt FIG. Reventar, derrengar (fatiguer), poner por los suelos, dar un palo (critiquer) | — Vp Deslomarse, derrengarse.
érésipèle m Erisipela *f*.
erg [ɛrg] m PHYS. Ergio, erg.
ergot [ɛrgo] m Espolón (coqs, oiseaux, etc) | Cornezuelo (céréale) | TECH. Saliente, uña *f* | FAM. *Se dresser* o *monter sur ses ~s*, engallarse, gallear ‖ **~age** m Disputa *f* ‖ **~er** vt FAM. Ergotizar, discutir ‖ **~eur, euse** adj/s Ergotista.
ériger vt Erigir, levantar (construction) | Crear, instituir (tribunal) | FIG. Elevar, ascender | — Vp Erigirse, constituirse, arrogarse la calidad de.
ermit|age m Ermita *f* | Retiro (lieu retiré) ‖ **~e** m Ermitaño.
éro|der vt Corroer, desgastar | Erosionar (roche) ‖ **~sif, ive** adj Erosivo, a ‖ **~sion** f Erosión.
érot|ique adj Erótico, a ‖ **~isme** m Erotismo.
err|ant, e adj Errante, errabundo, a | Andante (chevalier) ‖ **~ata** m inv Fe (*f*) de erratas ‖ **~atique** adj Errático, a ‖ **~atum** [ɛratɔm] m Errata *f* ‖ **~e** [ɛ:r] f MAR. Velocidad [de un barco que ha parado sus máquinas] ‖ **~ements** mpl Hábitos (routine) | Extravíos (égarements) ‖ **~er** vi Errar ‖ **~eur** f Error *m*, equivocación | Yerro *m*, extravío *m* (de jugement) | Fallo *m* (faute) | *Faire ~*, equivocarse | *Il n'y a pas d'~*, no cabe la menor duda | *Retomber dans les mêmes ~s*, volver a las andadas *ou* a las mismas ‖ **~oné, e** adj Erróneo, a; equivocado, a.
ers m BOT. Yero.
ersatz [ɛrzats] m Sucedáneo.
éruct|ation f Eructo *m* ‖ **~er** vi Eructar.
érudi|t, e adj/s Erudito, a ‖ **~tion** f Erudición.
érupt|if, ive adj Eruptivo, a ‖ **~ion** f Erupción (volcan, boutons).
érysipèle m Erisipela *f*.
ès prép En : *docteur ~ lettres*, doctor en letras.
esbroufe ou **esbrouffe** f FAM. Chulería, farol *m*, fachenda, bambolla | *Faire de l'~*, farolear, chulearse.
escabeau m Escabel | Taburete | Escalera *f* (petite échelle).
escadr|e f Escuadra ‖ **~ille** f Escuadrilla (avions) | Flotilla (bateaux) ‖ **~on** m Escuadrón.
escal|ade f Escalada, escalamiento *m* ‖ **~ader** vt Escalar, trepar ‖ **~ator** m Escalera (*f*) mecánica ‖ **~e** f Escala ‖ **~ier** m Escalera *f* : *~ en colimaçon, roulant*, escalera de caracol, automática *ou* mecánica.
escalope f Escalope *m*, filete (*m*) de ternera.
escamot|age m Escamoteo ‖ **~er** vt Escamotear | FIG. Hurtar, birlar (dérober), saltarse (un mot), eludir, salvar (difficulté) | Replegar (train d'atterrissage) ‖ **~eur, euse** s Escamoteador, a.
escampette f FAM. *Prendre la poudre d'~*, tomar las de Villadiego.
escapade f Escapatoria, escapada.
escarbille [ɛskarbij] f Carbonilla.
escarboucle f Carbunclo *m*.
escarcelle f Escarcela, bolsa.
escargot m Caracol.
escarmouche f Escaramuza.
escarole f Escarola.
escarp|é, e adj Escarpado, a ‖ **~ement** m Escarpadura *f*, escarpa *f*.
escarpin m Escarpín.
escarpolette f Columpio *m*.
Escaut nprm Escalda (fleuve).
escient [ɛsjɑ̃] m *À bon ~*, a propósito, en el momento oportuno.
esclaffer (s') vp Reír a carcajadas.
esclandre m Escándalo : *faire de l'~* ou *un ~*, armar (un) escándalo.
esclav|age m Esclavitud *f* ‖ **~agisme** m Esclavismo ‖ **~agiste** adj/s Esclavista ‖ **~e** adj/s Esclavo, a.
escogriffe m FAM. Zangolotino.
escompt|able [ɛskɔ̃tabl] adj Descontable ‖ **~e** [ɛskɔ̃:t] m Descuento : *~ en dehors, en dedans*, descuento comercial, racional ‖ **~er** [-te] vt Descontar (effet) | Negociar (crédit) | FIG. Confiar en, contar con.
escopette f Trabuco *m*.
escort|e f Escolta | FIG. Cortejo *m*, séquito *m* | *Sous ~*, escoltado, a ‖ **~er** vt Escoltar ‖ **~eur** m MAR. Escolta *f*, barco de escolta.
escouade f Cuadrilla.
escrim|e f Esgrima ‖ **~er (s')** vp Empeñarse (*à*, en) ‖ **~eur, euse** s Esgrimidor, a.
escroc [ɛskro] m Estafador, timador.
escroqu|er vt Estafar, timar ‖ **~erie** f Estafa, timo *m* ‖ **~eur, euse** s Estafador, a; timador, a.
Escurial nprm Escorial.
ésotér|ique adj Esotérico, a ‖ **~isme** m Esoterismo.
espac|e m Espacio | *~s verts*, zonas verdes ‖ **~ement** m Espaciamiento ‖ Espacio (espace) ‖ **~er** vt Espaciar.
espadon m Pez espada.
espadrille [ɛspadrij] f Alpargata.
Espagne nprf España.
espagnol, ~e adj/s Español, a | — M Español (langue) ‖ **~ade** f Españolada ‖ **~ette** f Falleba.

espalier m Espaldera *f*, espaldar | Espalderas *fpl* (gymnastique) | *En* ~, en emparrado (vigne).

espèce f Especie : ~ *humaine*, especie humana | Clase, índole (sorte) | Ganado *m* (chevaline, etc) | Calaña, ralea (race) | — Pl Metálico *msing*, efectivo *msing* (argent) | *De la pire* ~, de tomo y lomo, de siete suelas | FAM. ~ *de*, so, pedazo de | ~*s sonnantes et trébuchantes*, dinero contante y sonante.

espér|ance f Esperanza || **~antiste** adj/s Esperantista || **~anto** m Esperanto || **~er** vt Esperar | — Vi Esperar en, confiar en.

espiègle adj/s Travieso, a || **~rie** f Travesura.

espingole f Trabuco *m* (arme).

espion, ~ne adj/s Espía || **~nage** m Espionaje || **~ner** vt Espiar.

esplanade f Explanada.

espoir m Esperanza *f* | Promesa *f* (débutant qui promet) | *L'~ fait vivre*, de esperanza vive el hombre.

esprit m Espíritu : *croire aux ~s*, creer en los espíritus | Ánimo, espíritu : *présence d'~*, presencia de ánimo | Carácter, índole *f* (caractère) | Pensamiento, idea *f*, intención *f* | Entendimiento, inteligencia *f* | Juicio, razón *f* : *perdre l'~*, perder el juicio | Ingenio, agudeza *f* : *avoir de l'~*, tener ingenio | Mentalidad *f* | Memoria *f*, mente *f* | Mente *f*, cabeza *f* | Espíritu, sentido (de la loi) | Espíritu (chimie) | *Avoir l'~ mal tourné*, ser mal pensado | *Bel* ~, hombre culto | *Bon* ~, buena mentalidad | *D'*~, agudo, a | ~ *de corps*, sentido de solidaridad | ~ *fort*, incrédulo, descreído (incrédule), despreocupado (insouciant) | ~ *public*, opinión pública | *Faire de l'*~, echárselas de ingenioso, dárselas de gracioso, ser gracioso | *Reprendre ses ~s*, volver en sí, recuperar el sentido | *Venir à l'*~, venir a la mente, ocurrírsele a uno || **~-de-sel** m Espíritu de sal || **~-de-vin** m Espíritu de vino.

esquif [ɛskif] m Esquife.

esquille [ɛskij] f Esquirla (d'un os).

esquimau, aude adj/s Esquimal | — M Pelele (vêtement) | Polo (glace).

esquinter vt FAM. Reventar, hacer polvo, derrengar (éreinter), moler a palos (battre), escacharrar, estropear (abîmer), vapulear, dar un palo (critiquer) | — Vp Reventarse, matarse.

esquiss|e f Esbozo *m*, bosquejo *m* (ébauche) | Boceto *m* (d'un tableau) | Resumen *m*, compendio *m* | Inicio *m*, amago *m* (geste, sourire) || **~er** vt Esbozar, bosquejar | FIG. Iniciar, amagar, esbozar.

esquiv|e f Esquiva, regate *m* || **~er** vt Esquivar, sortear | — Vp Esquivarse, zafarse.

essai m Prueba *f*, ensayo | Ensayo (littéraire, rugby, chimie) | Prueba *f* (nucléaire) | Intento, tentativa *f* | *À l'*~, a prueba | *Faire faire un* ~, probar, someter a prueba | *Mettre à l'*~, poner a prueba.

essaim [esɛ̃] m Enjambre || **~er** vi Enjambrar.

essarter vt Rozar, desbrozar.

essay|age [esɛja:ʒ] m Ensayo, prueba *f* | Prueba *f* (vêtement) || **~er** [-je] vt Probar, ensayar | Probar, probarse (vêtement) | Probar, poner a prueba (avion, etc) | Contrastar (métaux) | — Vi Intentar, tratar de | *On peut toujours* ~, con intentarlo no se pierde nada | — Vp Ejercitarse (s'exercer) | Ponerse a prueba || **~eur, euse** [-jœ:r, ø:z] s Probador, a || **~iste** [-jist] m Ensayista.

esse f Ese (crochet).

essen|ce f Esencia (divine, de rose) | Especie (arbre) | Gasolina, bencina : *pompe à* ~, surtidor de gasolina || **~tiel, elle** adj Esencial | — M Lo esencial.

esseulé, e adj Solo, a.

essieu m Eje.

essor m Vuelo (vol) | FIG. Desarrollo, progreso | *Plein* ~, auge || **~age** m Secado (linge) || **~er** vt Secar || **~euse** f Secadora (appareil) | Escurridor *m* (machine à laver).

essouffl|é, e adj Sin aliento, jadeante || **~ement** m Ahogo, sofoco | Jadeo || **~er** vt Sofocar, dejar sin aliento.

essuie|-glace m ou **~-glaces** [ɛsɥiglas] m inv Limpiaparabrisas || **~-mains** m inv Toalla *f* || **~-pieds** m inv Limpiabarros, felpudo.

essuy|age [esɥija:ʒ] m Enjugamiento, secado || **~er** vt Secar | Secar, secarse (mains) | Enjugar (front, larmes) | Quitar el polvo de, limpiar (nettoyer) | Limpiar, limpiarse (pieds) | FIG. Sufrir, experimentar (défaite), aguantar, soportar (tempête), encajar (critiques).

est [ɛst] m Este.

estacade f Estacada.

estafette f Estafeta | AUT. Furgoneta.

estafilade f Cuchillada, tajo *m*, chirlo *m*.

estaminet m Café, cafetín.

estamp|age m Estampado, estampación *f* | Acuñación *f* (frappe) | FAM. Timo *m* || **~e** f Lámina, estampa | Punzón *m*, cuño *m* (de graveur) || **~er** vt Estampar (imprimer) | Acuñar, troquelar (frapper) | FAM. Sacar dinero, timar || **~eur** m Estampador | FIG. Timador || **~illage** m Estam-

pillado ‖ **~ille** [εstãpij] f Estampilla, sello *m* ‖ **~iller** vt Estampillar.
estarie f MAR. Estadía.
esth|ète s Esteta ‖ **~éticien, enne** s Esteta | — F Especialista de un instituto de belleza ‖ **~étique** adj/f Estético, a.
estim|able adj Estimable ‖ **~ateur** m Estimador ‖ **~atif, ive** adj Estimatorio, a ‖ **~ation** f Estimación, tasación, valoración | Previsión ‖ **~e** f Estima, aprecio *m*, estimación | MAR. Estima | *À l'~*, aproximadamente | *D'~*, de prestigio (succès) | *Tenir en grande ~*, tener en mucho ‖ **~er** vt Estimar, valorar, apreciar (évaluer) | Estimar, apreciar (considération) | Suponer, juzgar | Pensar, considerar | — Vp Estimarse, considerarse | *On peut s'~ heureux si*, y gracias si, podemos dar las gracias si.
estiv|age m Veranada *f* ‖ **~al, e** adj Estival, veraniego, a ‖ **~ant, e** s Veraneante.
estoc [εstɔk] m Estoque | *Frapper d'~ et de taille*, tirar tajos y estocadas ‖ **~ade** f Estocada | *Porter une ~*, estoquear.
estomac [εstɔma] m Estómago | FIG. *Avoir de l'~*, tener mucho estómago. *Avoir l'~ creux* o *un creux dans l'~*, tener el estómago vacío. *Avoir l'~ dans les talons*, ladrarle a uno el estómago, tener el estómago en los pies. *Avoir qqch. sur l'~*, no poder tragar algo. *Rester sur l'~*, estomagar.
estomaquer vt FAM. Dejar pasmado.
estomp|age m Difuminación *f*, esfumación *f* ‖ **~e** f Difumino *m*, esfumino *m* ‖ **~er** vt Difuminar, esfumar | Difuminar, sombrear, desdibujar | FIG. Esfumar, velar | — Vp FIG. Borrarse, difuminarse.
estonien, enne adj/s Estonio, a.
estourbir vt FAM. Cargarse (tuer).
estrade f Estrado *m*, tarima.
estragon m BOT. Estragón.
estrapade f Estrapada (supplice).
estrop|ié, e adj/s Lisiado, a ‖ **~ier** vt Lisiar, tullir | FIG. Estropear, desfigurar.
estuaire m Estuario, estero.
estudiantin, e adj Estudiantil.
esturgeon [εstyrʒɔ̃] m Esturión.
et conj Y.
— OBSERV. La conjonction *y* se transforme en *e* devant un mot commençant par *i* ou *hi* accentué.
établ|e f Establo *m* ‖ **~i** m Banco (de menuisier) ‖ **~ir** vt Establecer (installer) | Fijar (résidence) | Colocar, buscar un puesto | Fijar, hacer (devis) | Hacer constar (droits) | Asentar, establecer (principe) | Sentar : *~ un précédent*, sentar un precedente | *Il est établi que*, queda bien sentado que | — Vp Establecerse | Fijar la residencia, domiciliarse | Instalarse | *S'~ boulanger*, poner una panadería ‖ **~issement** m Establecimiento | Elaboración *f*, cálculo (budget) | Fijación (*f*) de la residencia | Institución *f*.
étag|e m Piso, planta *f* (maison) | Piso, capa *f*, estrato | Zona *f*, nivel (de compression, etc) | Cuerpo (fusée) | FIG. *De bas ~*, de baja estofa, de escalera abajo (gens) ‖ **~ement** m Escalonamiento ‖ **~er** vt Escalonar ‖ **~ère** f Estantería, estante *m* (meuble) | Repisa (console) | Anaquel *m*, estante *m* (tablette).
étai m Puntal | MAR. Estay ‖ **~ement** [etεmã] m Apuntalamiento.
étain m Estaño.
étal m Tabla (*f*) de carnicero | Carnicería *f* (boucherie) | Puesto (dans les marchés) ‖ **~age** m Escaparate (magasin) | Muestrario (marchandises) | Etalaje (fourneau) | FIG. Gala *f*, ostentación *f* | *Faire ~ de*, hacer alarde de ‖ **~agiste** adj/s Escaparatista ‖ **~e** adj Quieto, a; estacionario, a (mer) ‖ **~ement** m Exposición *f*, presentación *f* | Escalonamiento (vacances) ‖ **~er** vt Exponer | Desplegar, extender | Distribuir, repartir (dépenses) | Escalonar (paiement) | FIG. Ostentar, hacer alarde *ou* gala de | *~ son jeu*, enseñar las cartas, poner las cartas boca arriba | — Vp Desplegarse, extenderse | FAM. Recostarse (s'étendre), caer cuan largo se es (tomber).
étalon m Caballo padre, semental (cheval) | Marco, patrón de pesos y medidas | Patrón : *~-or*, patrón oro ‖ **~nage** m Contraste ‖ **~ner** vt Contrastar (poids et mesures) | Marcar (marquer).
étamage m Estañado (métaux) | Azogamiento (miroirs).
étam|age m Azogamiento ‖ **~é, e** adj Azogado, a ‖ **~er** vt Estañar | Azogar (miroir) ‖ **~eur** m Estañador | Azogador.
étambot [etãbo] m MAR. Codaste.
étamine m Estameña (tissu) | BOT. Estambre *m*.
étamper vt Estampar, acuñar.
étanch|e adj Estanco, a | Hermético, a ‖ **~éité** [etã∫eite] f Calidad de estanco, estanquidad, hermeticidad | Cierre (*m*) hermético ‖ **~ement** m Estancamiento, estancación *f* ‖ **~er** vt Estancar (liquide) | Restañar (sang) | Apagar, aplacar (soif) | Enjugar (larmes) | MAR. Achicar (écoper), tapar (voie d'eau).
étançon m Puntal ‖ **~ner** vt Apuntalar, jabalconar.

étang [etã] m Estanque (artificiel) | Albufera *f* (naturel).

étape f Etapa : *brûler les ~s*, quemar etapas.

état [eta] m Estado (condition, liste, pays) | Posición *f* (situation) | Relación *f*, estado : *~ des dépenses*, relación de gastos | Profesión *f*, situación (*f*) profesional | *De son ~*, de oficio : *menuisier de son ~*, de oficio carpintero | *En ~*, en buen estado | *En ~ de*, en condiciones de, en estado de | *En tout ~ de cause*, de todos modos, en todo caso | *~ de choses*, situación, estado de cosas | *~ de services*, hoja de servicios | *~ de siège*, estado de sitio | *~ des lieux*, estado de la vivienda (immeuble), estado del lugar del suceso (endroit) | *~ d'exception*, estado de emergencia | *~-major*, Estado mayor | *Être dans tous ses ~s*, estar fuera de sí, estar frenético | *Être dans un bel ~*, estar hecho una lástima | *Être hors d'~*, estar inutilizable *ou* fuera de uso | *Faire ~ de*, tener en cuenta (tenir compte), valerse de (se servir) | *Mettre en ~*, poner en condiciones, arreglar | *Mettre hors d'~*, imposibilitar, inutilizar | *Tiers État*, Estado llano *ou* común ‖ **~ique** adj Estatal ‖ **~isation** f Nacionalización ‖ **~iser** vt Nacionalizar, estatificar ‖ **~isme** m Estatismo ‖ **~-major** m Estado mayor (parti) | Plana (*f*) mayor (régiment).

États-Unis nprmpl Estados Unidos.

étau m Torno | FIG. *Être pris dans un ~*, estar atenazado.

étay|age [etɛja:ʒ] m Apuntalamiento ‖ **~er** vt Apuntalar | FIG. Apoyar, sostener.

et caetera loc adv Etcétera.

été m Verano, estío | *~ de la Saint-Martin*, veranillo de San Martín.

éteignoir m Apagador, apagavelas | FAM. Aguafiestas.

éteindre* [etɛ̃:dr] vt Apagar, extinguir | Amortizar (amortir) | Amortiguar (son, etc) | Apagar (couleur, regard) | — Vp Apagarse | FIG. Extinguirse, apagarse (mourir).

étend|age m Tendido ‖ **~ard** m Estandarte ‖ **~re*** vt Extender (ailes, etc) | Esparcir (répandre) | Tender (étaler) | Alargar, extender (allonger) | Tender, acostar | Derribar (renverser) | Colgar, tender (linge) | Aguar (vin, etc) | FAM. Catear, dar calabazas (examen) | Ampliar (connaissances) | — Vp Extenderse | Tenderse, acostarse (se coucher) | FIG. Extenderse, hablar extensamente ‖ **~u, e** adj Extenso, a; amplio, a | Extendido, a; desplegado, a (déployé) | Extendido, a; tendido, a (allongé) | — F Extensión, superficie | Extensión, duración | Amplitud, extensión (ampleur).

étern|el, elle adj Eterno, a | — M Lo eterno ‖ **~iser** vt Eternizar ‖ **~ité** f Eternidad | *De toute ~*, de tiempo inmemorial *ou* de siempre | *Il y a une ~ que* o *depuis une ~*, hace siglos que.

éternu|ement [etɛrnymã] m Estornudo ‖ **~er** [-nɥe] vi Estornudar.

étêt|age m Descabezamiento | Desmoche (arbre) ‖ **~er** vt Descabezar (clou, etc) | Desmochar, descopar (arbre).

éth|er [etɛ:r] m Éter ‖ **~éré, e** adj Etéreo, a.

Éthiopie nprf Etiopía.

éthiopien, enne adj/s Etíope.

éthique adj/f Ético, a.

ethn|ie f Etnia ‖ **~ique** adj Étnico, a ‖ **~ographe** s Etnógrafo, a ‖ **~ographie** f Etnografía ‖ **~ologie** f Etnología ‖ **~ologiste** ou **~ologue** s Etnólogo, a.

éthyl|e m Etilo ‖ **~ène** m Etileno ‖ **~ique** adj Etílico, a ‖ **~isme** m Etilismo.

étiage m Estiaje.

Étienne nprm Esteban.

étincel|ant, e [etɛ̃slã, ã:t] adj Chispeante, centelleante (qui étincelle) | Relumbrante, reluciente (brillant) | FIG. Brillante (style), fulgurante (joie), centelleante (colère) ‖ **~er** vi Chispear, centellear | Relucir, brillar | FIG. Centellear (colère), chispear (joie, esprit), brillar, resplandecer ‖ **~le** [etɛ̃sɛl] f Chispa | Fulgor *m*, brillo *m* | FIG. Destello *m*, chispa ‖ **~lement** m Centelleo, destello.

étiol|ement m Marchitamiento, ajamiento (fleurs) | Descoloración *f* (peau) | FIG. Debilitamiento, debilitación *f* ‖ **~er** vt Ajar, marchitar | Descolorar | FIG. Debilitar.

étique adj Ético, a (décharné).

étiquet|age [etikta:ʒ] m Etiquetado | FIG. Clasificación *f* ‖ **~er** vt Poner etiquetas, etiquetar | FIG. Clasificar ‖ **~euse** f Etiquetadora ‖ **~te** [etikɛt] f Etiqueta, membrete *m*, marbete *m* | Tejuelo *m* (sur un livre) | Etiqueta (cérémonial).

étir|age m Estirado, estiraje | Laminado (laminage) ‖ **~er** vt Estirar | — Vp FAM. Desperezarse, estirarse.

étoff|e f Tela, tejido *m* | FIG. Ralea, calaña (origine). | *Avoir l'~ de*, tener pasta *ou* madera de ‖ **~é, e** adj Lleno, a; henchido, a (plein de) | Grueso, a (gros) | Sustancioso, a (discours) | Potente (voix) ‖ **~er** vt Forrar | FIG. Dar consistencia a, dar cuerpo a.

étoil|e f Estrella : **~** *du soir*, estrella vespertina ; **~** *filante*, estrella fugaz | Lucero *m*, estrella (chevaux) | Estrella (artiste) | IMPR. Asterisco *m* | *À la belle* **~**, al raso, al sereno | **~** *de mer*, estrellamar, estrella de mar | **~** *du berger* o *du matin*, lucero del alba | *Être né sous une bonne* **~**, haber nacido con buena estrella, tener estrella || **~er** vt Estrellar, constelar.

étole f Estola.

étonn|ant, e adj Asombroso, a | Extraño, a (étrange) | — M Lo extraño || **~ement** m Asombro : *au grand* **~** *de*, con gran asombro de || **~er** vt Asombrar, dejar atónito, a (stupéfait) | Extrañar, sorprender | — Vp Asombrarse, quedar atónito, a | Extrañarse, sorprenderse | *Cela ne m'étonne pas*, no me extraña | *Ne s'***~** *de rien*, no asombrarse por nada.

étouff|ant, e adj Sofocante, ahogante (chaleur) || **~ée** f Estofado *m* | *Cuire à l'***~**, estofar || **~ement** m Ahogo, sofocación *f* (asphyxie) | Extinción *f* (incendie) | Sofocación *f* (révolte, scandale) || **~er** vt Ahogar, asfixiar | FIG. Echar tierra a un asunto, enterrar (affaire), asfixiar (empêcher), sofocar, reprimir (révolte), amortiguar (bruit) | FAM. *Ce n'est pas la générosité qui l'étouffe*, no peca de generoso | — Vi Ahogarse, asfixiarse | FAM. Reventar (de rire) | — Vp Ahogarse, asfixiarse | Atragantarse (en mangeant) | Reventar (de rire) || **~oir** m MUS. Apagador.

étoupe f Estopa.

étourd|erie f Atolondramiento *m*, aturdimiento *m* | Descuido *m*, distracción || **~i, e** adj/s Atolondrado, a ; distraído, a || **~ir** vt Aturdir, dejar sin sentido (assommer) | FIG. Aturdir (importuner), adormecer, atontar (parfum), atontar (douleur) | — Vp Aturdirse | Atontarse || **~issant, e** adj Aturdidor, a ; ensordecedor, a (bruit) | FAM. Asombroso, a ; impresionante || **~issement** m Aturdimiento, mareo (évanouissement) | Asombro, estupefacción *f*.

étourneau m Estornino (oiseau) | FIG. Atolondrado, cabeza (*f*) de chorlito (étourdi).

étrang|e adj Extraño, a ; raro, a (bizarre) | Curioso, a || **~er, ère** adj Extraño, a | Ajeno, a ; que no tiene nada que ver | Desconocido, a (inconnu) | — Adj/s Extranjero, a (d'une autre nation) | Forastero, a (d'une autre ville) | Profano, a (ignorant) | — M Extranjero : *voyager à l'***~**, viajar al extranjero || **~eté** f Extrañeza | Lo extraño, lo raro.

étrangl|é, e adj Angosto, a ; estrecho, a | Oprimido, a ; ahogado, a (voix) | Estrangulado, a (hernie) || **~ement** m Estrangulación *f* | FIG. Angostura *f*, estrechamiento | MÉD. Estrangulación *f* || **~er** vt Estrangular (tuer) | Estrechar (rétrécir) | Ahogar, apretar (serrer) | — Vi/p FIG. Ahogarse (voix), atragantarse (en mangeant), estrecharse (passage) || **~eur, euse** s Estrangulador, a.

étrave f MAR. Roda, estrave *m*.

être* [ɛtr] vi Ser (pour exprimer une définition ou une qualité caractéristique du sujet et dans les formules de renforcement) : *l'or est un métal*, el oro es un metal ; *cet enfant est méchant*, este niño es malo ; *je suis heureux*, soy feliz ; *c'est toi qui*, eres tú quien | Estar (pour indiquer une situation dans l'espace et dans le temps ou un état non constant) : *il est dans le jardin*, está en el jardín ; *nous sommes en été*, estamos en verano ; *mon frère est malade*, mi hermano está enfermo ; *le linge est mouillé*, la ropa está mojada ; *je suis content*, estoy contento.

— V aux Haber (pour les temps composés) : *je suis allé*, he ido ; *je serais venu*, hubiera venido | Ser (pour la voix passive quand l'action est envisagée dans sa réalisation) : *il a été blessé*, ha sido herido.

— Vimp Ser : *il est une heure*, es la una ; *c'est ici*, es aquí ; *il est utile de réfléchir*, es útil reflexionar | Haber : *il est des personnes dangereuses*, hay personas peligrosas.

— EXPRESSIONS DIVERSES. *Ainsi soit-il*, así sea | *Ça y est !*, ¡ya está ! | *C'est à*, es para : **~** *mourir de rire*, es para morirse de risa ; corresponder, tocar (incomber) | *C'est moi*, soy yo | *Comme si de rien n'était*, como quien no quiere la cosa | *En* **~**, ir : *où en êtes-vous ?*, ¿por dónde va usted ? ; estar, andar : *où en sommes-nous ?*, ¿por dónde andamos ? ; ocurrir, haber (arriver), haber llegado : *il n'en est pas là*, no ha llegado a ese extremo | *Est-ce que ?*, ¿es que ? | **~** *en train de*, estar *ou* estarse + gérondif : *je suis en train de lire*, estoy leyendo | *Fût-ce*, aunque fuese | *Il ne m'est rien*, no me toca nada (parenté) | *Il n'en est rien*, no hay nada de eso | *J'y suis*, ya caigo, ya entiendo | *J'y suis, j'y reste*, aquí estoy y aquí me quedo | *N'est-ce pas ?*, ¿verdad ?, ¿no es verdad ? | *N'eût été, n'était*, si no hubiera sido, si no fuera | *N'y* **~** *pour rien*, no tener nada que ver | *Si j'étais vous*, si yo fuera usted, si estuviese en su lugar | *Soit... soit*, ya sea... ya sea ; ora... ora ; ya... ya | *Vous n'y êtes pas du tout !*, ¡está lejos de la cuenta! | *Y ~*, estar : *il n'y est pas*, no está; dar con ello, estar en ello (comprendre).

— OBSERV. L'emploi de *ser* et de *estar* étant parfois délicat, on peut souvent les remplacer par les semi-auxiliaires *resultar* ou *quedar* lorsqu'il s'agit de la conséquence de faits antérieurs (*il a été tué dans une bagarre*, resultó herido en una pelea; *il a été enchanté par ses vacances*, quedó encantado por sus vacaciones), *ir, andar, hallarse* ou *encontrarse* lorsque le verbe indique un état (*il est très bien coiffé*, va muy bien peinado; *j'étais à Madrid au mois d'août*, me hallaba en Madrid en el mes de agosto), *seguir* ou *continuar* si l'action ou l'état considéré se prolongent dans le temps (*il est encore à l'étranger*, sigue en el extranjero).
La voix passive est peu usitée en espagnol et remplacée le plus souvent soit par la forme active (*le raisin est cueilli par les vendangeurs*, los vendimiadores recogen la uva), soit par la forme réfléchie (*l'espagnol est parlé dans le monde entier*, se habla español en el mundo entero).

être m Ser | PHIL. Ente : *~ de raison*, ente de razón.

étrein|dre* vt Apretar, estrechar | Abrazar, estrechar (dans ses bras) | FIG. Oprimir || **~te** f Abrazo *m* | Apretón *m* (poignée de main) | FIG. Opresión.

étrenn|e f Regalo *m*, obsequio *m* (cadeau) | — Pl Regalo (*msing*) de año nuevo, aguinaldo *msing* || **~er** vt Estrenar.

étresillon m ARCH. Codal || **~ner** vt ARCH. Acodalar.

étrier m Estribo (cavalier, oreille) | TECH. Trepador; collar | *Vider* o *perdre les ~s*, perder los estribos.

étrill|e [etrij] f Almohaza, rascadera (brosse) || **~er** vt Almohazar | FIG. Zurrar, sacudir a uno el polvo (battre), desollar (critiquer).

étriper vt Destripar.

étriqu|é, e adj Apretado, a; estrecho, a (vêtement) | Mezquino, a (réduit) || **~er** vt Estrechar, recortar.

étrivière f Ación, estribera.

étroit, ~e adj Estrecho, a | Estrecho, a; angosto, a (passage) | FIG. Limitado, a (esprit), íntimo, a (amitié) | *À l'~*, estrechamente | *Vivre à l'~*, vivir con estrechez || **~ement** adv Estrechamente | FIG. Estrictamente, rigurosamente (strictement), estrechamente, muy de cerca (de très près) || **~esse** f Estrechez.

étrusque adj/s Etrusco, a.

étud|e f Estudio *m* (salle, travail, projet) | Bufete *m*, despacho *m* (avocat, notaire) | — Pl. Carrera *sing* : *voyage de fin d'~s*, viaje de fin de carrera | *À l'~*, en estudio | *Avoir fait des ~s*, tener estudios | *~ du marché*, estudio *ou* investigación del mercado | *Faire des ~s de médecine*, estudiar para médico, estudiar medicina | *Faire faire des ~s à*, dar estudios a || **~iant, e** s Estudiante || **~ié, e** adj Estudiado, a; pensado, a | Afectado, a (affecté) | Alambicado, a; estudiado, a (prix) || **~ier** vt/i Estudiar | — Vp Observarse, estudiarse.

étui m Estuche : *~ à lunettes*, estuche de *ou* para gafas | Funda *f* (fusil, violon, etc) | Librillo (papier à cigarettes) | *~ à aiguilles*, alfiletero | *~ à cigarettes*, petaca, pitillera.

étuv|e f Estufa | Estufa, baño (*m*) turco || **~ée** f V. ÉTOUFFÉE.

étymolog|ie f Etimología || **~ique** adj Etimológico, a.

eucalyptus [økaliptys] m Eucalipto.

eucharist|ie [økaristi] f Eucaristía || **~ique** adj Eucarístico, a.

euclidien, enne adj Euclidiano, a.

eunuque [ønyk] m Eunuco.

euphémisme m Eufemismo.

euphon|ie f Eufonía || **~ique** adj Eufónico, a.

euphor|ie f Euforia || **~ique** adj Eufórico, a.

eurasien, enne adj/s Eurasiático, a.

Europe nprf Europa.

europé|aniser vt Europeizar || **~en, enne** adj/s Europeo, a.

euthanasie f Eutanasia.

eux [ø] pron pers Ellos.

évacu|ation f Evacuación || **~er** vt Evacuar | *Faire ~ les lieux*, despejar el sitio *ou* el lugar.

évad|é, e adj/s Evadido, a || **~er (s')** vp Evadirse.

évalu|able adj Apreciable || **~ation** f Valuación, valoración | Cálculo *m* || **~er** vt Valuar, evaluar (estimer) | Calcular, estimar | Valorizar (avantages) | Valorar (fixer un prix).

évanescen|ce f Evanescencia || **~t, e** adj Evanescente.

évang|élique adj Evangélico, a || **~élisateur, trice** adj/s Evangelizador, a || **~élisation** f Evangelización || **~éliser** vt Evangelizar || **~élisme** m Evangelismo || **~éliste** m Evangelista || **~ile** m Evangelio.

évanou|ir (s') vp Desmayarse, perder el sentido | Desvanecerse (disparaître) || **~issement** m Desvanecimiento, desmayo | Desvanecimiento (disparition).

évapor|ateur m Evaporador || **~ation** f Evaporación || **~er** vt Evaporar | — Vp Evaporarse | FIG. Desaparecer, disiparse, desvanecerse (disparaître).

évas|é, e adj Ensanchado, a; ancho de boca | Acampanado, a (jupe) ‖ **~ement** m Ensanche | Anchura *f* (largeur) ‖ **~er** vt Ensanchar ‖ **~if, ive** adj Evasivo, a ‖ **~ion** f Evasión | Fuga (capitaux).

Ève nprf Eva | *Ne connaître ni d'~ ni d'Adam,* no conocer ni por asomo.

évêché m Obispado.

éveil [evɛj] m Despertar | *Donner l'~* o *mettre en ~,* poner en guardia | *En ~,* alerta, sobre aviso, en vilo : *être ~,* estar alerta; *tenir ~,* mantener en vilo ‖ **~lé, e** adj Despierto, a ‖ **~ler** vt Despertar.

événement m Acontecimiento, suceso.

évent|ail [evɑ̃taj] m Abanico | FIG. *~ des prix, des salaires,* abanico de los precios, de salarios ‖ **~aire** m Escaparate exterior, mostrador (étalage) | Puesto (étal) ‖ **~é, e** adj Ventilado, a; aireado, a | Picado, a (altéré) | Desbravado, a (vin) | Aventado, a (grains) | FIG. Descubierto, a (divulgué) ‖ **~er** vt Ventilar, airear, orear (aérer) | Abanicar (éventail) | Apagar (mèche) | Aventar, apalear (grain) | FIG. Descubrir | — Vp Abanicarse | Echarse a perder (produit), desbravarse (vin) | FIG. Descubrirse (secret).

éventrer vt Destripar | Romper, reventar (crever) | Despanzurrar (édifice).

éventu|alité f Eventualidad, posibilidad ‖ **~el, elle** adj Eventual ‖ **~ellement** m adv Eventualmente | Si se tercia, llegado el caso (le cas échéant).

évêque m Obispo.

évertuer (s') vp Desvelarse (*à,* por) | Cansarse : *je m'évertue à vous le dire,* me canso de decírselo.

éviction f DR. Evicción | Despojo *m,* desposesión.

évidement m Vaciamiento, vaciado | Hueco, cavidad *f* | MÉD. Raspado.

évi|demment [evidamɑ̃] adv Evidentemente | Claro está, por supuesto, como no (certainement) ‖ **~dence** f Evidencia | *C'est l'~ même,* está más claro que el agua | *De toute ~,* con toda evidencia, sin duda alguna | *Mettre en ~,* evidenciar | *Se mettre en ~,* llamar la atención, ponerse en evidencia | *Se rendre à l'~,* ver *ou* admitir las cosas como son ‖ **~dent, e** adj Evidente, patente.

évider vt Vaciar | Recortar.

évier m Fregadero, pila *f*.

évinc|ement m DR. Despojamiento, despojo | Desposeimiento | Eliminación *f*, exclusión *f* ‖ **~er** vt DR. Despojar | Eliminar, excluir | Suplantar, desposeer.

éviter vt Evitar.

évoc|ateur, trice adj Evocador, a ‖ **~ation** f Evocación ‖ **~atoire** adj Evocatorio, a.

évolu|er vi Evolucionar | Transformarse, evolucionar (changer) | FIG. Evolucionar, adelantar (peuple), seguir su curso (situation) | MAR. Evolucionar, maniobrar ‖ **~tif, ive** adj Evolutivo, a ‖ **~tion** f Evolución | Cambio *m*, transformación ‖ **~tionnisme** m Evolucionismo ‖ **~tionniste** adj/s Evolucionista.

évoquer vt Evocar | Tratar de, mencionar.

ex préf Ex.

exacerb|ation f Exacerbación ‖ **~er** vt Exacerbar.

exact, ~e [ɛgza(kt), akt] adj Exacto, a | Exacto, a; puntual ‖ **~ion** f Exacción ‖ **~itude** f Exactitud | Puntualidad.

ex aequo [ɛgzeko, ou ɛgzekwo] loc adv/m Ex aequo.

exagér|ation f Exageración ‖ **~é, e** adj Exagerado, a ‖ **~er** vt Exagerar | — Vi Abusar, exagerar.

exalt|ant, e adj Exaltante, exaltador, a ‖ **~ation** f Exaltación, exaltamiento *m* ‖ **~er** vt Exaltar.

examen [ɛgzamɛ̃] m Examen | *~ médical,* reconocimiento médico | *Faire passer un ~,* examinar | *Passer un ~,* examinarse, sufrir un examen.

examin|ateur, trice s Examinador, a ‖ **~er** vt Examinar | MÉD. Reconocer, examinar.

exaspér|ant, e adj Exasperante ‖ **~ation** f Exasperación ‖ **~er** vt Exasperar.

exauc|ement [ɛgzosmɑ̃] m Acogida (*f*) favorable, satisfacción *f* | Cumplimiento (prière) ‖ **~er** vt Satisfacer, cumplir | Conceder, otorgar (accorder).

excav|ateur m ou **~atrice** f Excavadora *f* ‖ **~ation** f Excavación.

excéd|ant, e adj Excedente | FAM. Insoportable ‖ **~ent** m Excedente (produit) | Superávit (finances) | Exceso (poids) ‖ **~entaire** adj Excedente, sobrante ‖ **~er** vt Exceder, superar (dépasser) | Abusar de (forces) | Extralimitarse en (pouvoirs) | FIG. Agotar (fatiguer), crispar | *Être excédé,* estar harto.

excell|ence f Excelencia ‖ **~ent, e** adj Excellente, óptimo, a | Inmejorable | Perfecto, a : *en ~ état,* en perfecto estado ‖ **~er** vi Destacarse, sobresalir.

excentr|er vt Descentrar ‖ **~icité** f Excentricidad ‖ **~ique** adj/s Excéntrico, a | — M MÉC. Excéntrica *f*.

except|é prép Excepto, menos, salvo | — Adj Exceptuado, a | *Être ~,* exceptuarse ‖ **~er** vt Exceptuar ‖ **~ion** f Excepción : *faire ~ à la*

règle, ser una excepción a la regla | *À l'~ de*, con excepción de | *Faire une ~*, exceptuar, hacer salvedad || **~ionnel, elle** adj Excepcional.
excès [εksε] m Exceso : *~ de vitesse*, exceso de velocidad | Abuso (boisson) | *À l'~*, con *ou* en exceso *ou* demasía | *Faire un ~ de zèle*, tener demasiado celo | *Tomber d'un ~ dans l'autre*, pasar de un extremo a otro.
excessif, ive adj Excesivo, a.
excipient m Excipiente.
excit|abilité f Excitabilidad || **~able** adj Excitable || **~ant, e** adj/m Excitante || **~ateur, trice** adj/s Excitador, a || **~ation** f Excitación || **~er** vt Excitar | Azuzar (chiens).
exclam|atif, ive adj Exclamatorio, a; exclamativo, a || **~ation** f Exclamación || **~er (s')** vp Exclamar.
exclu|re* vt Excluir || **~sif, ive** adj/f Exclusivo, a || **~sion** f Exclusión : *à l'~ de*, con exclusión de || **~sivement** adv En exclusiva, exclusivamente, exclusive || **~sivité** f Exclusividad, exclusiva | *D'~*, de estreno (cinéma).
excommuni|cation f Excomunión || **~er** vt Excomulgar.
excor|iation f Excoriación || **~ier** vt Excoriar.
excrément m Excremento.
excrétion f Excreción.
excroissance f Excrecencia.
excursion f Excursión : *faire une ~*, ir de excursión || **~niste** adj/s Excursionista.
excus|able adj Excusable, disculpable || **~e** f Excusa : *se confondre en ~s*, deshacerse en excusas | *Faire des ~s*, disculparse, excusarse | *Fournir des ~s*, dar excusas *ou* disculpas | *Pas d'~!*, ¡nada de excusas!, ¡no hay pero que valga! || **~er** vt Excusar, disculpar : *veuillez m'~*, tenga a bien disculparme | — Vp Excusarse, disculparse, dispensarse.
exeat [εgzeat] m Permiso de salida | Alta *f* (dans les hôpitaux) | Exeat, permiso (prêtre).
exécr|able adj Execrable || **~ation** f Execración || **~er** vt Execrar | Abominar, detestar, odiar.
exécut|ant, e s Ejecutante || **~er** vt Ejecutar, llevar a cabo (projet, travail) | Cumplir (promesse) | Ejecutar, ajusticiar (condamné) | Tocar, ejecutar (musique) | Poner en práctica (loi) | — Vi Ejecutar | — Vp Cumplir el mandato *ou* la orden, hacerlo, cumplir || **~eur, trice** s Ejecutor, a | *~ testamentaire*, ejecutor testamentario, albacea || **~if, ive** adj/m Ejecutivo, a || **~ion** f Ejecución (plan, débiteur) : *mettre à ~*, poner en ejecución | Aplicación (loi) | Ejecución, ajusticiamiento *m* (condamné) | Cumplimiento *m* (promesse) | *Non ~*, incumplimiento || **~oire** adj Ejecutorio, a | — M Ejecutoria *f*.
exégè|se [εgzeʒε:z] f Exégesis || **~te** m Exegeta.
exempl|aire adj/m Ejemplar | *En deux ~s* o *en double ~*, *en trois ~s*, por duplicado, triplicado || **~e** m Ejemplo : *prendre comme ~*, tomar por *ou* como ejemplo | *À l'~ de*, como, a ejemplo de | *Par ~!*, ¡no faltaba más! (protestation), ¡no es posible!, ¡no me diga! (surprise).
exempt, ~e [εgzɑ̃, ɑ̃:t] adj Exento, a; libre || **~é, e** adj/s Exento, a; eximido, a | MIL. *~ de service*, rebajado de servicio || **~er** vt Eximir || **~ion** [εgzɑ̃psjɔ̃] f Exención | *~ de droits de douane*, franquicia de derechos arancelarios.
exerc|er vt Ejercitar (mémoire) | Ejercer (profession, autorité, droit) | Desempeñar (fonctions) | — Vp Ejercitarse, adiestrarse | Manifestarse (critiques) || **~ice** m Ejercicio | Desempeño (fonction) | *~ financier*, ejercicio *ou* año económico | *En ~*, en ejercicio, en activo | *Entrer en ~*, entrar en vigor (loi), entrar en funciones (personne).
exergue m Exergo | *Mettre en ~*, poner de relieve *ou* de manifiesto.
exfoli|ation f Exfoliación || **~er** vt Exfoliar.
exhal|aison [εgzalεzɔ̃] f Exhalación, emanación || **~ation** f Exhalación || **~er** vt Exhalar (dernier soupir, odeur) | Exhalar, proferir (plaintes) | Dar libre curso, desfogar (colère) | — Vp Desprenderse (odeur).
exhauss|ement m Elevación *f* || **~er** vt Elevar, levantar.
exhaustif, ive adj Exhaustivo, a.
exhib|er vt Exibir || **~ition** f Exibición || **~itionnisme** m Exibicionismo || **~itionniste** m Exibicionista.
exhort|ation f Exhortación || **~er** vt Exhortar.
exhum|ation f Exhumación || **~er** vt Exhumar.
exig|eant, e [εgziʒɑ̃, ɑ̃:t] adj Exigente || **~ence** f Exigencia || **~er** vt Exigir | Exigir, requerir || **~ible** adj Exigible.
exigu, ~uë [εgzigy] adj Exiguo, a || **~ïté** [-gɥite] f Exigüidad.
exil m Destierro, exilio || **~é, e** s Exiliado, a; desterrado, a; exilado, a || **~er** vt Desterrar, exiliar, exilar.
exist|ant, e adj Existente || **~ence** f Existencia || **~entialisme** m Existencialismo || **~entialiste** adj/s Existencialista || **~entiel, elle** adj Existencial || **~er** vi Existir.

exode m Éxodo | Fig. Emigración *f* (capitaux).
exonér|ation f Exoneración || **~er** vt Exonerar.
exorbit|ant, e adj Exorbitante | Fig. Desorbitado, a (prix) || **~é, e** adj Desorbitado, a.
exorcis|er vt Exorcisar || **~eur** m Exorcista || **~me** m Exorcismo.
exorde m Exordio.
exot|ique adj Exótico, a || **~isme** m Exotismo.
expans|ible adj Expansible || **~if, ive** adj Expansivo, a || **~ion** f Expansión | Ensanche *m* (ville) || **~ionnisme** m Expansionismo || **~ionniste** adj/s Expansionista.
expatri|ation f Expatriación || **~er** vt Desterrar | — Vp Expatriarse | Desterrarse.
expect|ation f Expectación || **~ative** f Expectativa : *être dans l'~*, estar a la expectativa.
expector|ation f Expectoración || **~er** vt Expectorar.
expédi|ent m Expediente || **~er** vt Enviar, despachar, expedir mandar (envoyer) | Despachar (marchandises) | Expedir, despachar (faire rapidement) | Fam. Despachar (repas, tuer), largar (envoyer), despedir, despachar (congédier) || **~teur, trice** adj Expedidor, a | — S Remitente, expedidor, a || **~tif, ive** adj Expeditivo, a || **~tion** f Expedición, envío *m* | Remesa (marchandises) | Ejecución, despacho *m* (affaire) | Expedición (voyage) || **~tionnaire** adj/s Expedidor, a; remitente | — Adj Mil. Expedicionario, a.
expér|ience f Experiencia | Experimento *m*, prueba | *Faire l'~ de*, experimentar || **~imental, e** adj Experimental || **~imentation** f Experimentación || **~imenter** vt Experimentar.
expert, ~e [ɛkspɛ:r, ɛrt] adj Experto, a; experimentado, a | — M Perito, experto | Especialista | *À dire d'~*, a juicio de peritos | *~ comptable*, perito *ou* experto en contabilidad, censor jurado de cuentas || **~ise** f Informe (*m*) de peritos (rapport) | Peritaje *m*, peritación, dictamen (*m*) pericial (estimation) || **~iser** vt Someter al juicio pericial, hacer una peritación de.
expi|ateur, trice adj Expiativo, a || **~ation** f Expiación || **~atoire** adj Expiatorio, a || **~er** vt Expiar.
expir|ateur adjm Espirador || **~ation** f Espiración (de l'air) | Expiración (d'une peine) | Vencimiento *m* (échéance) || **~er** vi Expirar (mourir) | Expirar, vencer (délai, échéance) | — Vt Espirar (l'air).
explétif, ive adj Gram. Expletivo, a.
explic|atif, ive adj Explicativo, a || **~ation** f Explicación | Altercado *m* (discussion) || **~ite** adj Explícito, a || **~iter** vt Hacer explícito, aclarar (éclairer).
expliquer vt Explicar | Exponer | — Vp Explicarse | Tener una explicación | Pelearse (se battre).
exploit m Hazaña *f*, proeza *f* | Dr. Mandato judicial | *~ d'huissier*, embargo || **~able** adj Explotable || **~ant** m Explotador | Exhibidor, empresario (salle de cinéma) | Agr. Cultivador, labrador || **~ation** f Explotación | Aprovechamiento *m* (ressources, renseignements) || **~er** vt Explotar | Explotar, laborear (mine) | Sacar partido de, aprovecharse de || **~eur, euse** adj/s Explotador, a.
explor|ateur, trice s Explorador, a | — Adj Méd. Exploratorio, a || **~ation** f Exploración || **~atoire** adj Exploratorio, a || **~er** vt Explorar.
explos|er vi Hacer explosión, estallar, explotar, volar | Estallar (colère) || **~if, ive** adj/m Explosivo, a || **~ion** f Explosión.
exponentiel, elle adj Exponencial.
export|able adj Exportable || **~ateur, trice** adj/s Exportador, a || **~ation** f Exportación || **~er** vt Exportar.
expos|ant, e s Expositor, a | — M Math. Exponente || **~é** m Exposición *f* (explication) | Informe, ponencia *f* (compte rendu) | Conferencia *f*, disertación *f* | *~ des motifs*, memoria explicativa, exposición de motivos | *~ d'un problème*, planteamiento de un problema || **~emètre** m Exposímetro || **~er** vt Exponer (tableau, problème, photo) | Orientar (maison) | *~ qqch. au grand jour*, hacer pública *ou* sacar a luz una cosa | — Vp Exponerse || **~ition** f Exposición | Orientación, situación | Feria (foire).
exprès, esse [ɛksprɛ, ɛs] adj Expreso, a (précis) | Urgente : *courrier ~*, correo urgente | Terminante (ordre) | — Adv Expresamente, adrede, a posta (à dessein) | *Sans le faire ~*, sin querer.
express [ɛksprɛs] adj/m Expreso, a; exprés (café, train).
express|if, ive adj Expresivo, a || **~ion** f Expresión : *réduire à sa plus simple ~*, reducir a la más mínima expresión | *Au-delà de toute ~*, más de lo que se puede figurar | *~ toute faite* o *consacrée*, frase hecha *ou* acuñada || **~ionnisme** m Expresionismo || **~ionniste** m Expresionista.
exprim|able adj Expresable, decible || **~er** vt Exprimir (fruit) | Expresar, decir | — Vp Expresarse | Ser expresado.

expropri|ateur, trice adj Expropiador, a ‖ **~ation** f Expropiación ‖ **~er** vt Expropiar.
expuls|er vt Expulsar (personnes) | Desahuciar (locataire) | MÉD. Expulsar, expeler ‖ **~ion** f Expulsión | Expulsión, desahucio *m* (d'un locataire).
expurger vt Expurgar.
exquis, e [ɛkski, i:z] adj Exquisito, a.
exsangue [ɛksɑ̃:g] adj Exangüe.
extas|e [ɛkstɑ:z] f Éxtasis *m*, arrebato *m* ‖ **~ier (s')** vp Extasiarse.
extatique adj Extático, a.
extens|eur adjm/m Extensor ‖ **~ible** adj Extensible ‖ **~if, ive** adj Extensivo, a ‖ **~ion** f Extensión ‖ **~o (in)** [inɛkstɛ̃so] loc adv In extenso, íntegramente | *Compte rendu ~*, actas literales *ou* taquigráficas.
exténu|ant, e [ɛkstenɥɑ̃, ɑ̃:t] adj Extenuante ‖ **~ation** f Extenuación ‖ **~er** vt Extenuar.
extéri|eur, e adj Exterior | *À l' ~*, exteriormente, por fuera | — M Apariencia *f*, exterior | — Pl Exteriores (de cinéma) ‖ **~orisation** f Exteriorización ‖ **~oriser** vt Exteriorizar ‖ **~orité** f Exterioridad.
extermin|ateur, trice adj/s Exterminador, a ‖ **~ation** f Exterminio *m*, exterminación ‖ **~er** vt Exterminar.
extern|at m Externado ‖ **~e** adj/s Externo, a.
exterritorialité f Extraterritorialidad.
extinct|eur, trice adj/m Extintor, a : *~ d'incendie*, extintor de incendios ‖ **~ion** f Extinción | *~ de voix*, afonía.
extirp|ation f Extirpación ‖ **~er** vt Extirpar.
extor|quer vt Arrancar, arrebatar | Sacar de mala manera (fonds) | Sacar (approbation) ‖ **~sion** f Extorsión.
extra adj Extra, de primera | — M Extraordinario, extra (dépense, etc) | Criado suplementario.
extract|eur m Extractor ‖ **~ible** adj Extraíble ‖ **~ion** f Extracción | Origen *m*, linaje *m*, extracción | MATH. *~ de racine*, extracción de raíz, radicación.
extrad|er vt Aplicar la extradición ‖ **~ition** f Extradición.
extrados m ARCH. Extradós.
extra|-fin, e adj Extrafino, a ‖ **~-fort** m Cinta (*f*) de extrafort, galón.
extrai|re* vt Extraer (dent, or, racine, citation) | Sacar (prisonnier) ‖ **~t** m Extracto | *~ de baptême*, fe de bautismo | *~ de casier judiciaire*, certificado de penales | *~ de naissance*, partida de nacimiento.
extra|judiciaire adj Extrajudicial ‖ **~-légal, e** adj Extralegal ‖ **~-muros** [ɛkstramyros] loc adv Extramuros ‖ **~ordinaire** adj Extraordinario, a ‖ **~polation** f Extrapolación ‖ **~poler** vt Extrapolar ‖ **~-terrestre** adj Extraterreno, a; extraterrestre ‖ **~vagance** f Extravagancia ‖ **~vagant, e** adj/s Extravagante ‖ **~version** f Extraversión ‖ **~verti, e** adj Extravertido, a.
extrême adj Extremo, a | Extremado, a (poussé à l'extrême) | FIG. Sumo, a | — M Extremo | *À l'~*, al extremo, en sumo grado ‖ **~ment** adv Extremadamente | Sumamente ‖ **~-onction** f Extremaunción.
Extrême-Orient nprm Extremo *ou* Lejano Oriente.
extrém|isme m Extremismo ‖ **~iste** adj/s Extremista ‖ **~ité** f Extremidad | *En dernière ~*, en último extremo | *Être à la dernière ~*, estar en las últimas.
extrinsèque adj Extrínseco, a.
extroversion f Extroversión.
extrusion f TECH. Extrusión.
exubér|ance f Exuberancia ‖ **~ant, e** adj Exuberante.
exult|ation f Exultación ‖ **~er** vi Exultar.
exutoire m MÉD. Exutorio | FIG. Derivativo.
ex-voto m Exvoto.
eyra [ɛra] m Eyrá, eirá.

f

f m F *f*.
fa m Mus. Fa.
fabl|e f Fábula | Hazmerreír *m*, objeto (*m*) de burla ‖ **~iau** m « Fabliau », trova *f* ‖ **~ier** m Fabulario.
fabric|ant m Fabricante ‖ **~ateur, atrice** s Fabricador, a ‖ **~ation** f Fabricación.
fabriqu|e f Fábrica ‖ **~er** vt Fabricar | Inventar, forjar | Fam. Hacer, trajinar (faire).
fabul|eux, euse adj Fabuloso, a ‖ **~iste** m Fabulista.
façade f Fachada | Fig. Fachada, apariencia.
face f Cara, semblante *m*, faz | Frente *m* (objet) | Cara, lado *m* (côté) | Cara, anverso *m* (monnaie) | Haz, superficie (de la terre) | Fig. Aspecto *m*, cariz *m* | *À la ~ de*, en presencia de, a la faz de | *Avoir le soleil en ~*, tener el sol de cara | *De ~*, de frente | *Dire en ~*, decir cara a cara | *En ~*, enfrente | *En ~ de*, enfrente de, frente a, frente de, delante de | *~ à ~*, cara a cara, frente a frente | *Faire ~*, hacer frente, arrostrar (affronter), estar en frente (vis-à-vis), satisfacer, hacer frente (dette) | *Faire ~ à une dépense*, asumir un gasto | *Jeter à la ~ de*, echar en cara a | *Perdre la ~*, perder prestigio | *Sauver la ~*, salvar las apariencias *o* el rostro ‖ **~-à-main** m Impertinente.
facéti|e [fasesi] f Chiste *m*, gracia ‖ **~eux, euse** adj/s Chistoso, a; gracioso, a.
facette f Faceta.
fâch|er vt Disgustar, enfadar | Sentir | *Je n'en suis pas fâché*, no me desagrada | — Vp Disgustarse, enfadarse | Fam. *~ tout rouge*, ponerse rojo de ira, echar chiribitas ‖ **~erie** f Enfado *m*, disgusto *m* ‖ **~eux, euse** adj Enfadoso, a | *C'est ~*, es molesto | — Adj/s Pesado, a.
fac|ial adj Facial ‖ **~iès** [fasjɛs] m Semblante | Méd. Facies *f*.
facil|e adj Fácil, sencillo, a (*à, de*, de) | Suelto, a (style, geste) | *Ce n'est pas si ~ que ça*, no se hace tan fácilmente ‖ **~ement** adv Fácilmente ‖ **~ité** f Facilidad | Soltura : *~ de langage*, soltura de palabra ‖ **~iter** vt Facilitar.
façon f Modo *m*, manera | Hechura : *payer la ~ d'une robe*, pagar por la hechura de un vestido | Imitación | Estilo *m* | — Pl Maneras, modales *m* | Melindres *m*, remilgos *m* (affectation) | *À la ~ de*, como, como si fuera | *C'est une ~ de parler*, esto es un decir | *De belle ~*, de lo lindo | *De ~ à*, de tal modo que | *De toute ~*, de todos modos | *En aucune ~*, de ningún modo | *Être sans ~*, ser campechano | *Recevoir sans ~*, recibir sin ceremonia *ou* sin cumplidos.
faconde f Facundia.
façonn|age m Hechura *f* | Trabajo ‖ **~er** vt Formar, dar forma | Trabajar, labrar (pierre) | Tornear, trabajar (bois) | Fig. Formar, educar.
fac-similé m Facsímil, facsímile.
facteur m Cartero (postes) | Factor (commerce, chemin de fer, calcul).
facti|ce adj Facticio, a ‖ **~eux, euse** [faksjø, ø:z] adj/s Faccioso, a ‖ **~on** f Facción | Espera prolongada, plantón *m* | Mil. Guardia ‖ **~onnaire** m Centinela.
factorielle f Math. Factorial.
factotum [faktɔtɔm] m Factótum.
factur|ation f Facturación ‖ **~e** f Factura ‖ **~er** vt Facturar.
facult|atif, ive adj Facultativo, a ‖ **~é** f Facultad.
fad|a m Chiflado ‖ **~aise** f Sandez, tontería ‖ **~asse** adj Sosaina (personne) | Soso, a (sauce) | Desvaído, a (couleur) ‖ **~e** adj Soso, a | Soso, a; sosaina, sin gracia ‖ **~eur** f Sosería | Falta de gracia ‖ **~ing** [feidiŋ] m Rad. Desvanecimiento, fading.
fafiot m Pop. Pápiro (billet).
fagot m Haz de leña, gavilla *f* | Fig. *Être un ~ d'épines*, ser suave como un erizo ‖ **~er** vt Hacinar | Fam. Poner como un adefesio.
faibl|ard, e [fɛbla:r, ard] adj Fam. Debilucho, a ‖ **~e** adj Débil : *caractère ~*, carácter débil | Flojo, a : *~ excuse*, excusa floja | Corto, a; poco, a | Reducido, a | Bajo, a | Escaso, a | — S Débil | *~ d'esprit*, débil mental | — M Flaco, punto flaco, debilidad *f* | *Connaître le ~ de qqn*, conocer el flaco de uno, saber de qué pie cojea uno ‖ **~esse** f Debilidad | Endeblez | Desmayo *m* | Poca resistencia *ou* solidez | Punto (*m*) flaco | Escasez | Debilidad (penchant) ‖ **~ir** vi Ceder, aflojar (perdre des forces) | Debilitarse, flaquear (personne) | Flaquear (mémoire) | Amainar (vent) | Decaer (influence).

faïenc|e [fajɑ̃:s] f Loza ‖ **~erie** [-sri] f Fábrica de loza (usine) | Tienda de loza (magasin).

faill|e [faj] f Falla (tissu) | Fallo *m* (défaut) | Falla (crevasse) ‖ **~er (se)** vp GÉOL. Dislocarse ‖ **~i** [faji] adj COM. Quebrado, a | — M COM. Comerciante quebrado ‖ **~ibilité** [-jibilite] f Falibilidad ‖ **~ible** [-jibl] adj Falible ‖ **~ir*** [-jir] vi Incurrir en falta | Fallar, flaquear | Faltar (manquer) | Estar a punto de, faltar poco para, por poco : *j'ai failli me tuer,* por poco me mato ‖ **~ite** [-jit] f COM. Quiebra | FIG. Fracaso *m,* quiebra | COM. *Faire ~,* quebrar.

faim [fɛ̃] f Hambre : *assouvir sa ~,* aplacar el hambre | *~ de loup,* hambre canina | *La ~ n'a pas de goût,* a buen hambre no hay pan duro | *Tromper la ~,* engañar el estómago *ou* el hambre | *Tuer la ~,* matar el hambre.

fainéant, ~ e adj/s Holgazán, ana; haragán, ana ‖ **~er** vi Holgazanear, haraganear ‖ **~ise** f Holgazanería, haraganería.

faire* vt Hacer : *~ un gâteau, un miracle,* hacer un pastel, un milagro | Formar | Recorrer | Pronunciar (discours) | Estudiar : *~ son droit,* estudiar derecho | Representar, hacer el papel de | Arreglar (ranger) | Limpiar (nettoyer) | Domar (assouplir) | Dar : *~ un tour, pitié, un pas,* dar un paseo, lástima, un paso | Tener (maladie, métier) | Echar (dents) | Poner (un procès) | Montar (bicyclette, cheval) | Tocar (piano, violon, etc) | Cometer (erreur, faute) | Importar : *cela ne fait rien,* no importa | Sentar : *cela m'a fait du bien,* me ha sentado bien | Fingirse : *~ le mort,* fingirse muerto | *~ bien de,* hacer bien en | *~ celui* o *celle qui,* hacer como si | *~ des siennes,* hacer una *ou* de las suyas | *Faire faire,* mandar hacer, encargar | *~ l'aimable,* mostrarse amable | *~ le malin,* dárselas *ou* echárselas de listo | *~ parler,* hacer hablar, tirar de la lengua (qqn), dar que hablar (provoquer des commentaires) | *Faites donc,* hágalo como Ud. guste | *Faites vite,* dese prisa | *Je n'ai rien à ~ là-dedans,* no tengo nada que ver con eso | FAM. *La ~ à qqn,* pegársela a uno | *Ne ~ ni une ni deux,* no vacilar | *Qu'est-ce que cela vous fait?,* ¿qué más le da?, ¿qué le importa a Ud? | *Quoi qu'il fasse, il a beau faire,* por más que haga | *Voilà qui est fait,* ya está [hecho].
— Vi Ir, hacer juego | Ser : *deux et deux font quatre,* dos y dos son cuatro | Decir : *oui, fit-il,* sí, dijo | Dar aspecto : *cela fait riche,* da aspecto rico | *C'en est fait,* se acabó | *C'en est fait de lui,* está perdido | *C'est bien fait pour lui,* le está bien empleado | *En ~ de même, en ~ autant,* hacer otro tanto | *Je ne puis rien y ~,* no puedo hacer nada, no puedo remediarlo | *N'en faites rien,* no lo haga Ud. | *Que voulez-vous que j'y fasse?,* ¿qué quiere que le haga? | *Rien n'y fit,* todo fue inútil.
— Vimp Hacer : *il fait beau,* hace buen tiempo.
— Vp Hacerse : *~ tard, prêtre, vieux,* hacerse tarde, sacerdote, viejo | Ponerse | Dar de sí (s'élargir) | POP. Hacerse, sacarse (obtenir) | *Comment se fait-il que?,* ¿cómo es que? | *Se ~ à,* acostumbrarse a, hacerse a | *~ connaître,* darse a conocer | *~ prier,* hacerse de rogar | *S'en ~,* preocuparse, apurarse.

faire|-part m Esquela (*f*) de defunción (décès) | Parte de boda (mariage) ‖ **~-valoir** m inv Aprovechamiento.

fair play [fɛrplɛ] m Juego limpio, juego franco.

faisab|ilité f Factibilidad ‖ **~le** adj Hacedero, a ; factible.

faisan [fəzɑ̃] m Faisán (oiseau) | POP. Estafador (escroc) ‖ **~dage** m Husmo ‖ **~dé, e** adj Manido, a (gibier) | Pasado, a (avarié) ‖ **~der** vt Manir ‖ **~e** [fəzan] ou **~de** [-zɑ̃:d] f Faisana.

faisceau [fɛso] m Haz, manojo | FIG. Conjunto | MIL. Pabellón | *~ lumineux,* haz luminoso.

faiseur, euse [fəzœ:r, ø:z] s Fabricante : *bon ~,* buen fabricante | *~ d'histoires,* lioso | *~ de miracles,* autor de milagros.

fait, e adj Hecho, a : *~ sur mesure,* hecho a la medida | Concluido, a; acabado, a | *Ce qui est ~ est ~,* a lo hecho pecho | *Tout ~,* confeccionado (vêtement) | — M Hecho : *~ accompli, avéré, d'armes,* hecho consumado, probado, de armas | Cosa *f,* manera (*f*) de obrar | *Aller au ~,* ir al grano | *Au ~,* a propósito | *C'est un ~,* es cosa probada, es un hecho | *Comme par un ~ exprès,* como de intento, como por casualidad | *Considérer comme un ~ acquis,* dar por sentado | *De ce ~,* por esto | *De ~,* de hecho | *Dire son ~ à qqn,* cantarle a uno las cuarenta | *Du ~ de,* debido a, con motivo de | *Du ~ que,* por el hecho de que | *En ~,* en realidad | *En ~ de,* respecto a, en materia de | *Être au ~,* estar enterado *ou* al corriente | *Être sûr de son ~,* estar seguro de lo que se afirma | *~s et gestes,* hechos y milagros | *Haut ~,* hazaña | *Le ~ est que,* el caso es que | *Prendre ~ et cause pour,* tomar el partido de, declararse por | *Prendre qqn sur le ~,* coger a uno in fraganti *ou* con las manos en la masa | *Tout à ~,* completamente, por completo.

faît|age m Parhilera *f,* caballete | Cumbrera *f* || **~e** m Techunbre *f,* remate (bâtiment) | Copa *f* (arbre) | Cima *f,* cumbre *f* (mont) | Caballete (toit) | FIG. Cima *f,* cumbre *f,* pináculo || **~ière** f Cobija (tuile).

faitout ou **fait-tout** m inv Cacerola *f,* marmita *f.*

faix [fɛ] m Carga *f,* peso | Asentamiento (construction).

fakir m Faquir, fakir.

falaise f Acantilado *m.*

fallacieux, euse adj Falaz.

falloir* vimp Haber que, ser preciso, ser necesario (suivi d'un verbe) : *il faut manger pour vivre,* hay que comer para vivir | Necesitarse, hacer falta (suivi d'un nom) : *il faut de l'argent,* hace falta dinero | Tener que (obligation personnelle) | *Encore faut-il que,* si es que | *Il faut voir,* hay que ver | *Il le faut,* es necesario *ou* preciso | *Il s'en est fallu de peu,* poco faltó, por poco | *Il s'en faut de beaucoup,* mucho dista, mucho falta | *Tant s'en faut,* ni mucho menos.

falot, e adj Insulso, a.

falsifi|cateur, trice adj/s Falsificador, a || **~cation** f Falsificación | Adulteración (aliments) || **~er** vt Falsificar (monnaie, document) | Adulterar (aliment).

falzar m POP. Pantalón.

fam|é, e adj Reputado, a ; afamado, a | *Mal ~,* de mala fama || **~élique** adj Famélico, a || **~eusement** adv Terriblemente || **~eux, euse** adj Famoso, a ; afamado, a | Perfecto, a | Excelente, estupendo, a | Cacareado, a (vanté) | Sonado, a ; de órdago : *recevoir une ~ gifle,* recibir una bofetada de órdago | *Ce n'est pas ~, pas ~,* no es muy bueno que digamos | *Se rendre ~,* conquistar fama, hacerse famoso.

famili|al, e adj Familiar | Hogareño, a || **~ariser** vt Familiarizar || **~arité** f Familiaridad || **~er, ère** adj/s Familiar | Íntimo, a | *Ce mot m'est ~,* esta palabra me suena *ou* me es familiar.

famille [famij] f Familia | *Belle ~,* familia política.

famine f Hambre | Escasez (disette) | *Crier ~,* quejarse de hambre | *Crier ~ sur un tas de blé,* quejarse de vicio | *Salaire de ~,* salario de hambre.

fan [fan] ou **fana** s FAM. Hincha, partidario, a.

fanal m Fanal | Farola *f* (port) | Farol (locomotive).

fanat|ique adj/s Fanático, a || **~isme** m Fanatismo.

fan|e f Mata (légumes) | — Pl Hojarasca *sing* (feuilles) || **~é, e** adj Marchito, a ; ajado, a || **~er** vt AGR. Hacer heno, henificar | — Vt Marchitar, ajar | — Vp Marchitarse, ajarse || **~euse** f Henificadora (machine).

fanfare f Marcha militar | Charanga, banda (musiciens).

fanfaron, onne adj/s Fanfarrón, ona || **~nade** f Fanfarronada || **~ner** vi Fanfarronear.

fanfreluche f Perendengue *m.*

fang|e f Fango *m* || **~eux, euse** adj Fangoso, a.

fanion m Banderín.

fanon m Papada *f* (bœuf) | Moco (dindon) | Barba (*f*) de ballena | — Pl Ínfulas *f* (de mitre).

fantais|ie f Fantasía (imagination) | Capricho *m,* antojo *m* | *Prendre la ~ de qqch.,* antojársele algo a uno || **~iste** adj Caprichoso, a | Poco realista | — S Artista de variedades, caricato *m.*

fantas|magorie f Fantasmagoría || **~me** m Fantasma || **~que** adj Antojadizo, a ; caprichoso, a | Peregrino, a (bizarre).

fantassin m Infante, soldado de infantería.

fant|astique adj Fantástico, a || **~oche** m Títere, fantoche | FIG. Mamarracho, fantoche || **~omatique** adj Fantástico, a ; fantasmal || **~ôme** m Fantasma (spectre) | — Adj Fantasma (inexistant).

faon [fɑ̃] m Cervato (cerf) | Corcino (petit chevreuil) | Gamezno (daim).

faquin m Bellaco, bribón.

farad [farad] m ÉLEC. Faradio, farad.

faramineux, euse adj FAM. Extraordinario, a ; asombroso, a.

farandole f Farándula.

faraud, e adj/s Presumido, a.

farc|e f Farsa (théâtre) | Broma | Relleno *m* (cuisine) || **~eur, euse** adj/s Bromista || **~i, e** adj Relleno, a || **~ir** vt Rellenar | FIG. Llenar.

fard [fa:r] m Pintura *f* | *~ à paupières,* sombreador (maquillage) | FAM. *Piquer un ~,* subírsele a uno el pavo || **~eau** m Carga *f* || **~er** vt Maquillar, pintar | FIG. Encubrir, disfrazar.

farfadet m Trasgo, duende (lutin).

farfelu, e adj Extravagante.

farfouiller [farfuje] vt/i FAM. Revolver, toquetear.

faribole f Pamplina, cuento *m.*

farin|acé, e adj Farináceo, a || **~e** f Harina || **~eux, euse** adj Harinoso, a | Farináceo, a | — M Farinácea *f.*

farniente [farnjɛnte] m Farniente.
farouche adj Feroz, salvaje | FIG. Arisco, a; hosco, a.
fart [fart] m Cera *f*, pasta *f* (ski) || **~er** vt Encerar (skis).
fascicule m Fascículo, entrega *f* | MIL. *~ de mobilisation,* hoja de movilización.
fascin|ant, e adj Fascinante || **~ateur, trice** adj/s Fascinador, a || **~ation** f Fascinación || **~e** f MIL. Fajina || **~er** vt Fascinar.
fasc|isme [faʃism] m Fascismo || **~iste** adj/s Fascista.
faseyer [fazɛje] vi MAR. Flamear.
faste adj Fasto, a | — M Fausto, boato | — Pl Fastos.
fastidieux, euse adj Fastidioso, a.
fastueux, euse adj Fastuoso, a.
fat, e [fa, fat] adj/s Fatuo, a.
fatal, ~e adj Fatal || **~isme** m Fatalismo || **~iste** adj/s Fatalista || **~ité** f Fatalidad.
fatidique adj Fatídico, a.
fatig|ant, e adj Fatigoso, a; cansado, a | Fastidioso, a || **~ue** f Cansancio *m*, fatiga | Agotamiento *m* (du sol) || **~ué, e** adj Cansado, a; fatigado, a | Gastado, a (vêtement) | Vencido, a (siège) || **~uer** vt Cansar, fatigar | Fastidiar, cansar (importuner) | — Vp Cansarse, fatigarse.
fatras [fatra] m Fárrago.
fatuité f Fatuidad.
faubour|g [fobu:r] m Arrabal, suburbio || **~ien, enne** adj/s Arrabalero, a | FAM. Populachero, a.
fauch|age m Siega *f* || **~é, e** adj Segado, a | FAM. Tronado, a; pelado, a (sans argent) || **~er** vt Segar, guadañar | Derribar, abatir | Atropellar (une voiture) | FAM. Birlar (voler) || **~eur, euse** s Segador, a | — M ZOOL. Segador | — F Segadora, guadañadora | *~ mécanique,* motosegadora.
faucheux m ZOOL. Segador.
faucille [fosij] f Hoz.
faucon m Halcón || **~nerie** f Cetrería | Halconería || **~nier** m Halconero.
faufil|age m Hilvanado, hilván || **~er** vt Hilvanar.
faune m Fauno | — F Fauna.
fauss|aire s Falsario, a || **~er** vt Doblar, torcer | FIG. Torcer, dar falsa interpretación, falsear, desvirtuar | *~ compagnie,* marcharse por las buenas || **~et** m Falsete (voix) || **~eté** [foste] f Falsedad | Doblez *m*, falsedad | MUS. Desafinamiento *m* (instrument), desentono *m* (voix).
faut|e f Falta : *sans ~,* sin falta | Culpa : *à qui la ~?,* ¿quién tiene la culpa?; *c'est ma ~,* es culpa mía | *~ de* [más infinitivo], por no, por no haber; [más sustantivo], por falta de | *~ de mieux,* a falta de otra cosa | *~ d'impression,* errata | *Prendre qqn en ~,* coger *ou* pillar a uno || **~er** vi FAM. Faltar.
fauteuil [fotœj] m Sillón, butaca *f* | FAM. *Dans un ~,* cómodamente | *~ à bascule,* mecedora | *~ d'orchestre,* butaca de patio (théâtre) | *~ roulant,* sillón *ou* silla de ruedas.
faut|eur, trice s Fautor, a; promotor, a || **~if, ive** adj Falible | — Adj/s Culpable.
fauv|e adj Leonado, a | — M Fiera *f* | Color leonado | FAM. *Sentir le ~,* oler a humanidad || **~isme** m Fauvismo (peinture) || **~ette** f Curruca.
faux [fo] m Guadaña *f*.
faux, fausse [fo, fo:s] adj Falso, a | Postizo, a | MUS. Desafinado, a; desentonado, a | FAM. *~ jeton,* hipócrita | *~ titre,* anteportada, portadilla | *Porter à ~,* estar en falso (construction), no ser concluyente (jugement) | — Adv MUS. Desentonadamente, desafinadamente | *Chanter, jouer ~,* desafinar | — M Falsificación *f* (document) | Lo falso : *distinguer le ~ du vrai,* distinguir lo falso de lo verdadero | Error | *Faire un ~,* falsificar un documento | *Plaider le ~ pour savoir le vrai,* decir mentira para sacar verdad | *S'inscrire en ~,* atacar de falsedad.
faux|-bourdon m MUS. Fabordón || **~filet** m Solomillo bajo || **~-fuyant** [fofɥijɑ̃] m Pretexto, evasiva *f*, escapatoria *f* || **~-monnayeur** [-mɔnɛjœ:r] m Monedero falso || **~-semblant** m Pretexto falso.
faveur f Favor *m* | Preferencia | Lacito *m* (ruban) | Gracia, merced | Estima | *À la ~ de,* a favor de, gracias a | *En ~ de,* en favor de, en beneficio de, en pro de.
favor|able adj Favorable || **~i, ite** adj/s Favorito, a; predilecto, a (préféré) | Favorito, a (sport) | — M Privado, valido (d'un roi) | — Pl Patillas *f* | — F Favorita (d'un roi) || **~isé, e** adj/s Favorecido, a || **~iser** vt Favorecer || **~itisme** m Favoritismo.
fayot [fajo] m POP. Judía *f*, frijol.
fébrile adj Febril.
fécal, e adj Fecal.
fécond, ~e [fekɔ̃, ɔ̃:d] adj Fecundo, a || **~ant, e** adj Fecundante || **~ateur, trice** adj/s Fecundador, a || **~ation** f Fecundación || **~er** vt Fecundar || **~ité** f Fecundidad.
fécul|e f Fécula || **~ent, e** adj/m Feculento, a.

fédér|al, e adj/m Federal ‖ **~aliser** vt Federalizar ‖ **~alisme** m Federalismo ‖ **~aliste** adj/s Federalista ‖ **~ation** f Federación ‖ **~é, e** adj/s Federado, a ‖ **~er** vt Federar.
fée [fe] f Hada : *conte de ~ s,* cuento de hadas ‖ **~rie** f Cuento (*m*) de hadas | Hechizo *m,* maravilla ‖ **~rique** adj Maravilloso, a.
feignant, e adj/s FAM. Vago, a; gandul, a.
feindre* vi/t Fingir | *~ de,* fingir, aparentar, hacer como si.
feint, ~e [fɛ̃, ɛ̃:t] adj Fingido, a | — F Fingimiento *m* | Finta (sport) | IMPR. Fraile *m* ‖ **~er** vi Fintar, regatear, dar un quiebro | — Vt FAM. Engañar.
feldspath m MIN. Feldespato.
fêler vt Cascar (son) | Astillar (os) | Rajar (objet).
félicit|ation f Felicitación, enhorabuena ‖ **~é** f Felicidad ‖ **~er** vt Felicitar, dar la enhorabuena.
félin, e adj/m Felino, a.
félon, ~onne adj/s Felón, ona ‖ **~ie** f Felonía.
felouque m MAR. Falúa *f,* falucho.
fêlure f Raja, cascadura.
femelle adjf/f Hembra.
fémin|in, e adj/m Femenino, a ‖ **~iser** vt Afeminar ‖ **~isme** m Feminismo ‖ **~iste** adj/s Feminista ‖ **~ité** f Feminidad.
femme [fam] f Mujer | Mujer, esposa | *Chercher ~,* buscar novia | *Cherchez la ~,* hay mujeres por medio | *~ de chambre,* doncella, camarera | *~ de charge,* ama de llaves | *~ de lettres,* escritora | *~ de ménage,* asistenta | *~ d'intérieur,* mujer de su casa ‖ **~lette** f FAM. Mujerzuela (homme efféminé), calzonazos (sans volonté).
fém|oral, e adj Femoral ‖ **~ur** m Fémur.
fenaison f Siega del heno, henificación, henaje *m.*
fend|ant m Hendiente ‖ **~illement** m Resquebrajadura *f,* grieta *f* ‖ **~iller** vt Resquebrajar, agrietar | — Vp Resquebrajarse, agrietarse ‖ **~re*** vt Rajar, hender | Partir (bois) | FIG. Abrirse paso entre *ou* por entre (traverser), partir (le cœur), romper (la tête), hender, surcar (l'air) | — Vp Henderse, partirse | Agrietarse | Tirarse a fondo (escrime) | POP. Soltar, largar (donner) ‖ **~u, e** adj V. FENDRE | Rasgado, a (œil).
fenêtre f Ventana : *se mettre à la ~,* asomarse a la ventana.
fenil [fəni(l)] m Henil.
fenouil [fənuj] m BOT. Hinojo.
fente f Hendidura, raja, hendedura | Abertura, ranura (porte) | Ranura (machine) | Grieta (fissure) | Fondo *m* (escrime) | Abertura, raja (vêtement) | MIL. *~ de visée,* mirilla (char).
féodal, ~e adj Feudal ‖ **~isme** m Feudalismo ‖ **~ité** f Feudalidad.
fer m Hierro : *~ rouge, forgé,* hierro candente, forjado | Punta *f,* hierro (lance) | Herradura *f* (fer à cheval) | FIG. Hierro (volonté, santé) | — Pl Hierros, grilletes, grillos : *mettre aux ~s,* poner grilletes | FIG. *Croiser le ~,* cruzar el acero | *En ~ à cheval,* en forma de herradura | *~ à friser,* tenacillas de rizar | *~ à repasser,* plancha | *~ à souder,* soldador | *~ marchand,* hierro comercial | *Il faut battre le ~ quand il est chaud,* al hierro candente batir de repente | *Tomber les quatre ~s en l'air,* caer patas arriba ‖ **~-blanc** m Hoja (*f*) de lata, hojalata *f,* lata *f* ‖ **~blanterie** f Hojalatería | POP. Chatarras *pl* (décorations) ‖ **~blantier** m Hojalatero.
Ferdinand nprm Fernando.
férié, e adj Feriado, a.
férir* vt *Sans coup ~,* sin combate (militaire), sin esfuerzo alguno (facilement).
ferler vt MAR. Aferrar.
ferm|age m Arriendo, arrendamiento | Renta *f* (loyer) ‖ **~ail** m Alamar (agrafe) ‖ **~e** adj Firme | Compacto, a; duro, a | Prieto, a (chair) | Seguro, a (assuré) | Enérgico, a | COM. En firme (vente) | — Adv Firme | Mucho : *travailler ~,* trabajar mucho | — F Granja, finca [*Amér.,* hacienda] | Arriendo *m* (loyer) | *~ collective,* granja colectiva.
ferm|ent m Fermento ‖ **~entation** f Fermentación ‖ **~enter** vi Fermentar.
ferm|er vt Cerrar : *~ à clef,* cerrar con llave | Correr, cerrar (rideaux) | FIG. *~ la porte à,* poner coto a | *~ l'eau,* cortar el agua | POP. *Fermela!,* ¡cierra el pico! | FIG. *~ les yeux,* cerrar los ojos, hacer la vista gorda | — Vi Cerrar, cerrarse | — Vp Cerrar, cerrarse ‖ **~eté** f Firmeza, entereza (caractère) | Consistencia, dureza | *~ d'âme,* fortaleza de ánimo ‖ **~eture** f Cierre *m* | Veda (chasse) ‖ **~ier, ère** s Arrendatario, a (locataire) | Colono *m,* granjero, a (exploitant) ‖ **~oir** m Manecilla *f* (livre) | Boquilla *f* (sac) | Formón (menuisier).
Fernand nprm Fernando.
féroc|e adj Feroz ‖ **~ité** f Ferocidad, crueldad.
ferraill|e [fɛrα:j] f Chatarra | FAM. Calderilla (monnaie) ‖ **~er** vi Batirse a sable *ou* espada ‖ **~eur** m

Chatarrero (vendeur) | Espadachín (bretteur).

ferr|é, e adj Herrado, a (cheval) | FAM. *Être ~ sur une matière,* estar ducho en una materia ‖ **~er** vt Herrar (cheval) | Guarnecer de hierro | Herretear (lacets, etc) ‖ **~et** m Herrete ‖ **~eux, euse** adj Ferroso, a.

ferronn|erie f Ferretería ‖ **~ier, ère** adj/s Ferretero, a.

ferroviaire adj Ferroviario, a.

ferr|ugineux, euse adj Ferruginoso, a ‖ **~ure** f Herraje *m.*

ferry-boat [feribout] m Transbordador (bac).

fertil|e adj Fértil, feraz | FIG. Fecundo, a (imagination) ‖ **~isant, e** adj Fertilizante ‖ **~isation** f Fertilización ‖ **~iser** vt Fertilizar ‖ **~ité** f Fertilidad, feracidad.

fér|u, e adj Herido, a (cheval) | Apasionado, a (*de,* por) ‖ **~ule** f Férula, palmeta.

ferv|ent, e adj Ferviente, fervoroso, a ‖ **~eur** f Fervor *m.*

fess|e f Nalga ‖ **~ée** f Azotaina ‖ **~er** vt Azotar ‖ **~ier, ère** adj/m Glúteo, a : *grand ~,* glúteo mayor | — M FAM. Posaderas *fpl,* trasero.

festin m Festín.

festiv|al m Festival ‖ **~ité** f Festividad.

feston m Festón ‖ **~ner** vt Festonear.

festoyer [fɛstwaje] vt Festejar | — Vi Festejarse, juerguearse.

fêt|ard [fɛta:r] m FAM. Juerguista ‖ **~e** f Fiesta, festividad | Santo *m,* día (*m*) onomástico : *souhaiter la ~ à qqn,* felicitar a uno por su santo | FAM. Juerga, parranda | Día *m* : *~ des mères, des morts,* día de la madre, de los difuntos | FAM. *Ça va être ta ~,* te van a echar una buena | *Faire ~,* festejar | *Faire la ~,* juerguearse | *~ chômée* o *fériée,* día feriado | *~ foraine,* feria, verbena | *Troubler la ~,* aguar la fiesta ‖ **~-Dieu** f Corpus Christi *m,* día (*m*) del Corpus ‖ **~er** vt Celebrar (fête) | Festejar (personne).

fétich|e m Fetiche ‖ **~isme** Fetichismo ‖ **~iste** adj/s Fetichista.

fétid|e adj Fétido, a ‖ **~ité** f Fetidez, hedor *m.*

fétu m Paja *f,* pajilla *f* | FIG. Ardite, cosa (*f*) de poco valor.

feu m Fuego : *~ doux,* fuego lento *ou* moderado | Lumbre *f* : *~ de bois,* lumbre de leña | Luz *f* | Descarga *f* (arme) | Destello, reflejo (diamant) | Escocedura *f* (rasoir) | Señal (*f*) luminosa, luz *f* | Disco (signalisation) : *~ rouge, vert,* disco rojo, verde | *À ~ et à sang,* a fuego y a sangre | *À grand, à petit ~,* a fuego vivo, lento | *Aller au ~,* ir al combate | *Au ~!,* ¡fuego, fuego! | FIG. *Avoir le ~ sacré pour qqch.,* llevar algo en la masa de la sangre. *Brûler à petit ~,* estar en ascuas | *Cessez-le-~,* alto el fuego | FIG. *Être pris entre deux ~x,* estar entre dos fuegos. *Être tout ~ tout flamme,* estar entusiasmadísimo | *Faire ~,* hacer fuego | FIG. *Faire ~ de tout bois,* no escatimar medios | *~ arrière,* piloto (voiture) | *~ à volonté,* fuego a discreción | *~ de Bengale,* luz de Bengala | *~ de joie,* fogata | *~ de paille,* llamarada | *~ de position,* luz de situación (bateau), luz de posición, piloto (voiture) | *~ follet,* fuego fatuo [*Amér.,* luz mala] | MIL. *~ roulant,* fuego graneado | *~ Saint-Elme,* fuego de San Telmo | *~ d'artifice,* fuegos artificiales | *~x de croisement, de route,* luces de cruce, de carretera | *~x de la rampe,* candilejas | *~x de la Saint-Jean,* hogueras de San Juan | *~x de signalisation,* semáforos (feux rouges) | *Jeter ~ et flammes,* echar chiribitas *ou* chispas | *Mettre à ~ et à sang,* asolar | FIG. *Mettre le ~ aux poudres,* hacer saltar el polvorín. *Ne pas faire long ~,* no durar mucho. *N'y voir que du ~,* no enterarse de nada | MIL. *Ouvrir le ~,* romper el fuego.

feu, e adj Difunto, a ; q.e.p.d. [que en paz descanse] : *~ votre père,* su difunto padre, su padre q.e.p.d.

feuill|age [fœja:ʒ] m Follaje | Hojarasca *f* ‖ **~ard** m TECH. Fleje, llanta *f* ‖ **~e** [fœj] f Hoja | Periódico *m,* hoja (journal) | País *m* (éventail) | IMPR. Cuadernillo *m,* pliego *m* | POP. *Être dur de la ~,* ser algo sordo | *~ amovible,* hoja cambiable | *~ d'argent,* papel de plata | FAM. *~ de chou,* periodicucho | *~ de paie,* hoja de paga | *~ de route,* hoja de ruta, itinerario | *~ de vigne,* hoja de vid, pámpano | *~ d'or,* pan de oro | *~ morte,* hoja seca | *~ volante,* hoja suelta *ou* volante | *Trembler comme une ~,* temblar como un azogado ‖ **~et** m Hoja *f,* pliego, folio (livre) | Hoja *f* (feuille) | Chapa *f* (bois) | Libro (des ruminants) ‖ **~eté** [fœjte] m Hojaldre ‖ **~eté, e** adj V. FEUILLETER ‖ **~eter** vt Hojear (livre) | Hojaldrar (gâteau) ‖ **~eton** [-jtɔ̃] m Folletín | Serial (télévision) ‖ **~u, e** [-jy] adj Hojoso, a ; frondoso, a.

feul|ement m Bufido (des félins) ‖ **~er** vi Bufar (chat).

feutr|age m Enfurtido | Desgaste (usure) ‖ **~e** m Fieltro | Sombrero de fieltro ‖ **~er** vt Enfurtir | — Vi Ponerse como el fieltro.

fève f Haba (plante) | Sorpresa (gâteau des rois).
février m Febrero.
fi interj *Faire ~ de,* hacer poco caso de, despreciar.
fiab|ilité f Fiabilidad ‖ **~le** adj Fiable.
fiacre m Simón, coche de punto.
fiançailles [fjɑ̃sɑ:j] fpl Petición (*sing*) de mano, esponsales *m*, dichos *m* | Noviazgo *msing* (période).
fianc|é, e s Novio, a ‖ **~er** vt Desposar | — Vp Prometerse, desposarse.
fiasco m Fiasco, fracaso.
fiasque f Garrafa.
fibr|anne f Fibrana ‖ **~e** f Fibra | Hebra (viande) ‖ **~eux, euse** adj Fibroso, a ‖ **~ine** f Fibrina ‖ **~ociment** m Fibrocemento, uralita *f* ‖ **~ome** m MÉD. Fibroma.
ficel|age m Atado ‖ **~er** vt Atar, encordelar | FAM. *Être mal ficelé,* ir mal arreglado ‖ **~le** f Bramante, guita *f* | Pistola, flauta (pain) | FAM. Recurso *m*, artificio *m* (truc) | FAM. *Les ~s du métier,* las triquiñuelas del oficio. *On voit la ~,* se le ve el plumero. *Tenir* o *tirer les ~s,* manejar el tinglado, mover los hilos | — Adj/f FAM. Cuco, a; astuto, a.
fich|e f Papeleta, ficha | Ficha (jeu) | Clavija (standard téléphonique) | ÉLEC. Enchufe *m* | *~ d'état civil,* fe de vida (document) ‖ **~er** vt Hincar, clavar | Clavar, fijar | FAM. Largar, soltar (donner), echar (renvoyer), hacer (faire) | FAM. *Fiche-moi la paix!,* ¡déjame en paz! *Je t'en fiche!,* ¡qué más quisieras! (c'est faux), ¡ni hablar! (pas question). *~ en l'air,* tirar por alto (jeter), echar a perder (gaspiller). *~ le camp,* largarse. | — Vp Hincarse, clavarse | FAM. Meterse (idée), reírse, burlarse (se moquer), tomar a broma (ne pas s'intéresser), echarse, tirarse (se jeter) | FAM. *Je m'en fiche,* me importa un bledo. *~ dedans,* colarse, columpiarse. *~ par terre,* caerse. *S'en ~ comme de l'an quarante,* importarle a uno un comino ‖ **~ier** m Fichero | *~ central,* registro central ‖ **~tre!** interj ¡Caramba! ‖ **~u** m Pañuelo ‖ **~u, e** adj FAM. Echado, a (chassé), perdido, a (perdu), estropeado, a; echado a perder (détérioré), arruinado, a (santé), dichoso, a; pijotero, a (caractère), pajolero, a (métier) | FAM. *Être mal ~,* ir mal vestido (mal habillé), estar malucho (santé), estar mal hecho (mal fait). *~ de,* capaz de.
fict|if, ive adj Ficticio, a ‖ **~ion** f Ficción.
fidéicommis m DR. Fideicomiso.
fid|èle adj/s Fiel ‖ **~élité** f Fidelidad.
fiduciaire adj Fiduciario, a (valeur).
fief [fjɛf] m Feudo.
fieffé, e adj Empedernido, a; redomado, a; de siete suelas.
fiel m Hiel *f* | *Amer comme le ~,* amargo como el acíbar ‖ **~leux, euse** adj FIG. Acerbo, a (propos).
fiente [fjɑ̃:t] f Excremento *m*.
fier (se) [səfje] vp Fiarse | *~ à,* fiarse de, confiar en, contar con.
fier, fière [fjɛ:r] adj Altivo, a; altanero, a | Orgulloso, a | Noble, elevado, a | *Être ~ comme Artaban,* ser más orgulloso que don Rodrigo en la horca | *Être ~ de soi,* estar prendado de sí mismo | *Faire le ~,* gallear | *Ne pas être ~,* estar avergonzado (honteux), no tenerlas todas consigo (avoir peur) ‖ **~-à-bras** m Fierabrás, matasiete.
fierté f Orgullo *m*, soberbia, altivez | Dignidad.
fièvre f Fiebre, calentura | FIG. Fiebre | *Avoir une ~ de cheval,* tener un calenturón | *Avoir un peu de ~,* tener destemplanza, tener décimas | *~ aphteuse, de lait, typhoïde,* fiebre aftosa, láctea, tifoidea | *~ jaune,* fiebre amarilla, vómito negro | *~ quarte,* cuartanas | *~ tierce,* tercianas.
fiévr|eusement adv Febrilmente ‖ **~eux, euse** adj Calenturiento, a; febril.
fifre m Pífano ‖ **~lin** m FAM. Pito comino, bledo.
fig|é, e adj Cuajado, a | Estereotipado, a (phrase) | Paralizado, a; petrificado, a; yerto, a ‖ **~er** vt Cuajar, coagular | Paralizar, petrificar | — Vp Cuajarse, coagularse | FIG. Helarse.
fignol|age m FAM. Esmero, refinamiento | Acabado, último toque ‖ **~er** vt/i FAM. Perfilar, dar el último toque.
figu|e f Higo *m* : *~ de Barbarie,* higo chumbo | *~-fleur,* breva | *Mi-~, mi-raisin,* entre bromas y veras, entre chanzas y veras ‖ **~ier** [figje] m Higuera *f* ‖ *~ de Barbarie* o *d'Inde,* chumbera, tuna, nopal, higuera chumba *ou* de Indias.
figur|ant, e s Figurante, comparsa (théâtre) | Extra (cinéma) ‖ **~atif, ive** adj Figurativo, a ‖ **~ation** f Figuración | Comparsa, figurantes *mpl* (théâtre) | Extras *mpl* (cinéma) ‖ **~e** f Figura : *~ géométrique,* figura geométrica | Cara, rostro *m* (visage) | Símbolo *m* | *Faire bonne ~ à qqn,* poner buena cara a uno | *Faire bonne ~ en société,* hacer buen papel en la sociedad | *Faire ~ de,* hacer papel de, estar considerado como | *Faire triste ~,* estar cabizbajo (triste), hacer el

ridículo (être ridicule) | MAR. ~ *de proue,* figurón de proa | *Jeter à la ~,* echar en cara || **~é** m Sentido figurado || **~er** vt Figurar | Representar | — Vi Figurar | Hacer de comparsa *ou* de extra | Constar (par écrit) | — Vp Figurarse, imaginarse || **~ine** f Figurilla, estatuita.

fil [fil] m Hilo | Filo (tranchant) | Alambre (métal) | Cordón, hilo (électrique) | Hebra *f,* fibra *f* (plantes) | Sentido de la fibra (bois) | FIG. Hilo (discours, récit) | Curso, corriente *f* (rivière) | FIG. *Avoir un ~ à la patte,* estar atado de pies y manos. *C'est cousu de ~ blanc,* está más claro que el agua, está cosido con hilo gordo | *Coudre en droit ~,* coser al hilo | FIG. *De ~ en aiguille,* de una cosa a otra. *Donner du ~ à retordre,* dar qué hacer, dar mucha guerra | *En suivant le ~,* al hilo (bois) | *~ à coudre,* hilo [de coser] | *~ à plomb,* plomada | *~ barbelé,* espino artificial, alambrada, alambre de púas | *~ de fer* o *métallique,* alambre | *~ machine,* alambrón | FIG. *Il n'a pas inventé le ~ à couper le beurre,* no ha inventado la pólvora. *Ne tenir qu'à un ~,* estar pendiente de un hilo | *Passer au ~ de l'épée,* pasar a cuchillo *ou* a degüello | *Perdre le ~,* perder el hilo, írsele a uno el hilo || **~age** m Hilado (tissu) | Estirado (métal) || **~ament** m Filamento || **~amenteux, euse** adj Filamentoso, a || **~andière** f Hilandera || **~andre** f Hebra || **~andreux, euse** adj Fibroso, a; hebroso, a | FIG. Enrevesado, a (obscur) || **~ant, e** adj Fugaz (étoile) || **~ariose** f Filariosis || **~asse** f Estopa, hilaza || **~ateur** m Hilador, hilandero || **~ature** f Fábrica de hilados, hilandería | Hilado *m* | FIG. Vigilancia de la policía (poursuite).

fil|e f Fila, hilera : *à la ~,* en fila | Reata (chevaux, etc) | *À la ~* o *en ~ indienne,* en fila india | *Prendre la ~,* ponerse en cola || **~é** m Hilado, hilo || **~er** vt Hilar | Tejer (araignée) | Estirar, tirar (métaux) | Pasar (temps) | FAM. Seguir (la piste, les pas) | MAR. Largar, soltar (câble), marchar, navegar | Hacerse una carrerilla en (bas) | Brujulear (les cartes) | POP. Dar | — Vi Humear (lampe) | Ahilarse (vin) | FAM. Marchar a gran velocidad (aller vite), pasar volando (le temps), gastarse con rapidez, irse de las manos (l'argent) | FAM. *~ à l'anglaise,* despedirse a la francesa. *~ doux,* no replicar.

filet m Red *f* (chasse, pêche) | Red *f,* malla *f* (tennis) | Redecilla *f* (cheveux, bagages, provisions) | Filete, solomillo (bœuf), lomo (porc) | Chorreoncito, poquito (liquide) | Hilo, chorrillo (eau) | Hilo, hililló (voix) | Filete (nerf) | ARCH. Filete, moldura *f* | IMPR. Filete | TECH. Filete, rosca *f* (vis) | *Faux ~,* solomillo bajo | FIG. *Tomber dans le ~,* caer en la trampa *ou* en la red || **~age** [filta:ʒ] m Aterrajado, fileteado, roscado (vis) | Estirado (métal) | Hilado, hila *f* (de textiles) || **~er** vt Aterrajar, filetear, roscar | Estirar.

fil|ial, e adj/f Filial || **~iation** f Filiación || **~ière** f Hilera (métal) | Terraja (vis) | FIG. Trámites *mpl,* tramitación | *Suivre* o *passer par la ~,* seguir el escalafón (profession) || **~iforme** adj Filiforme.

filigran|e m Filigrana *f* || **~er** vt Afiligranar.

filin m MAR. Cabo.

fill|e [fij] f Hija | Muchacha, chica, niña | Mujer de mala vida | *~ à marier,* joven casadera | *~ d'auberge,* moza de posada | *~ de joie, perdue,* mujer de la vida | *~ de salle,* chica de servicio | *~ mère,* madre soltera | *Jeune ~,* muchacha, joven (jeune), soltera (célibataire) | *Petite ~,* niña (enfant) | *Vieille ~,* solterona | *Rester vieille ~,* quedarse para vestir santos *ou* imágenes || **~ette** [-jɛt] f Niña, chiquilla || **~eul, e** [-jœl] s Ahijado, a.

film m Película *f,* film, cinta *(f)* cinematográfica | Capa *f* (couche) | *~ à épisodes,* película en jornadas *ou* de episodios | *~-annonce,* avance, trailer | *~ d'épouvante* o *d'horreur,* película de terror | *~ parlant,* película sonora | *Tourner un ~,* rodar una película || **~age** m Rodaje, filmación *f* || **~er** vt Filmar, rodar.

filon m MIN. Filón | FAM. Filón, ganga *f,* chollo (aubaine).

filou m Ratero, timador (voleur) | Fullero (tricheur) || **~tage** m Ratería *f* (vol) | Fullería *f* (tricherie) || **~terie** f Ratería | Fullería | Timo *m* (escroquerie).

fils [fis] m Hijo | FIG. *Être le ~ de ses œuvres,* deber el triunfo en la vida a sí mismo | *~ aîné,* hijo mayor, primogénito | FAM. *~ à papa,* señorito, señoritingo | *~ cadet,* hijo menor, segundón.

filtr|age f Filtración *f,* filtrado || **~ation** f Filtración || **~e** m Filtro || **~er** vt Filtrar | — Vi Filtrarse.

fin f Fin *m,* final *m* | Fin *m,* término *m* | Fin *m,* objeto *m,* objetivo *m* | Final *m* (mort) | *À bonne ~,* a buen fin | *À cette ~,* con este fin, para este fin | *À la ~ du mois,* a fines de mes | *Arriver à ses ~s,* conseguir sus fines | *À toutes ~s utiles,* para todos los efectos, por si hace falta | *En ~ de compte,* al fin y al cabo, en resumidas cuentas | *Être sur sa ~,* estar a punto de acabarse (se terminer), estar en las últimas (à l'agonie) | FAM. *Faire une ~,* sentar la cabeza (se ranger), casarse | *~ courant, ~ décembre,* a fines del corriente, de diciembre | DR. *~ de non-recevoir,* desestimación de una demanda | *Jusqu'à la ~,* hasta el final | *La ~ des ~s* o *de tout,* el acabóse | *La ~ justifie les moyens,* el fin justifica los medios | *Mener à bonne ~,* llevar a buen término | *Mettre ~,* poner fin, dar fin, poner punto final | *Prendre ~,* acabarse, finalizarse | *Tirer à sa ~,* estar acabándose | — M Fino, finura *f* | *Le ~ du ~,* lo mejor de lo mejor.

fin, e adj Fino, a | Buen, a; hábil | *Jouer au plus ~,* dárselas de enterado | — Adv Finamente.

final, ~e adj/s Final | *Demi-finale,* semifinal || **~iste** adj/s Finalista || **~ité** f Finalidad.

financ|e f Banca, mundo (*m*) financiero | — Pl Dinero *msing,* fondos *m* | Hacienda *sing* [*Amér.,* finanzas] : *ministère des ~,* ministerio de Hacienda | Hacienda (*sing*) pública, erario *msing* (trésor) || **~ement** m Financiación *f,* financiamiento, costeo || **~er** vt/i Financiar, costear, sufragar || **~ier, ère** adj/m Financiero, a; hacendista.

finass|er vi FAM. Trapacear || **~erie** f FAM. Trapacería, triquiñuela.

finaud, e adj/s Ladino, a.

fin|e f Aguardiente (*m*) fino || **~esse** f Tenuidad, delgadez, finura | Fineza, finura (élégance) | FIG. Sutileza, agudeza (subtilité), esbeltez, elegancia (taille), agudeza (ouïe) || **~i, e** adj Acabado, a; terminado, a; concluido, a | Finito, a (limité) | Perfecto, a; acabado, a | Rematado, a; consumado, a | FIG. Acabado, a; perdido, a | — M Remate, acabado | Perfección *f* | Lo finito, lo limitado || **~ir** vt Acabar | Finalizar | Perfeccionar, dar la última mano | *Tout est bien qui finit bien,* acabó por arreglarse | — Vi Acabar | Terminar su vida, morir | *À n'en plus ~,* de nunca acabar, interminable | *En ~,* acabar de una vez || **~issage** m Última mano *f,* acabado, remate || **~ition** f Fin *m,* última mano, acabado *m.*

finlandais, e adj/s Finlandés, esa.

Finlande nprf Finlandia.

finnois, e adj/s Finés, esa.

fiole f Frasco *m.*

fiord [fjɔrd] m Fiord, fiordo.

fioriture f Floritura, floreo *m.*

firmament m Firmamento.

firme f Firma, razón social (société).

fisc m Fisco, tesoro público || **~al, e** adj Fiscal | Impositivo, a; tributario, a || **~alité** f Sistema (*m*) de contribuciones, régimen (*m*) tributario, tributación, fiscalidad.

fiss|ile adj Fisible, físil, fisionable || **~ion** f Fisión.

fissur|ation f Fisura || **~e** f Grieta, hendidura | MÉD. MIN. Fisura | FIG. Fisura, ruptura || **~er** vt Agrietar, hender.

fiston m FAM. Hijito.

fistul|aire adj Fistular || **~e** f MÉD. Fístula.

fix|age m Fijación *f,* fijado || **~ateur, trice** adj/m Fijador, a || **~ation** f Fijación || **~e** adj Fijo, a | — M Sueldo fijo | — Interj *~*!, ¡Firmes! || **~e-chaussettes** m inv Liga *f* || **~er** vt Fijar, hincar | Fijar, dirigir la mirada (regarder) | Mirar de hito en hito, mirar fijamente | Fijar, quedar para (une date) | Atraer, captar (attention) | Asentar (rendre constant) | FIG. *Être fixé,* saber a qué atenerse | *~ son choix,* escoger, elegir | — Vp Establecerse, fijarse || **~ité** f Fijeza.

fjord [fjɔrd] m Fiord, fiordo.

flacon m Frasco.

flage|llation f Flagelación || **~lle** m Flagelo || **~ller** vt Flagelar || **~oler** [flaʒɔle] vi Flaquear, temblar (jambes) || **~olet** [-lɛ] m Frijol, judía (*f*) pocha | MUS. Chirimía *f,* flautín.

flagorn|er vt Adular servilmente || **~erie** f Adulación servil || **~eur, euse** adj/s Adulón, ona; zalamero, a.

flagrant, e adj Flagrante.

flair m Olfato | FAM. Buen olfato, buena vista *f* || **~er** vt Olfatear, husmear | FAM. Prever, presentir.

flamand, e [flamɑ̃, ɑ̃:d] adj/s Flamenco, a (des Flandres).

flamant m Flamenco (oiseau).

flamb|ant, e adj Llameante | FIG. Flamante | *~ neuf,* flamante || **~ard, e** FAM. Fanfarrón, ona || **~eau** m Antorcha *f,* hacha *f* (torche) | Candelero | FIG. Antorcha *f* || **~ée** f Fogarada, candela (feu) | FIG. Llamarada || **~er** vt Soflamar, chamuscar | CULIN. MÉD. Flamear | FAM. Malgastar, quemar (argent) || **~erge** f Tizona, espada.

flamboiement m Brillo, resplandor.

flamboy|ant, e [-bwajɑ̃, ɑ̃:t] adj Resplandeciente, brillante | Flameante | Arrebolado, a (nuage) | ARCH. Flamígero, a; florido, a | — M BOT. Ceibo, seibo || **~er** [-bwaje] vi Llamear.

flamm|e f Llama | MAR. Gallardete *m,* grímpola, banderín *m* | VÉT. Lan-

ceta | FIG. Pasión | — Pl Fuego *msing* || **~èche** f Pavesa || **~erole** f Fuego (*m*) fatuo.
flan m Flan (gâteau) | FAM. *À la ~*, a la buena de Dios | *Une histoire à la ~*, un camelo.
flanc [flɑ̃] m Costado (corps) | Flanco, costado (chose) | Ijar, ijada *f* (animal) | Ladera *f*, pendiente *f*, falda *f* (montagne) | FAM. *Être sur le ~*, estar encamado (alité), estar rendido (exténué) | *Prêter le ~*, presentar blanco (à un adversaire), dar pie, dar pábulo (donner prise) | POP. *Tirer au ~*, escurrir el bulto.
flancher vi FAM. Flaquear, ceder.
Flandre nprf ou **Flandres** nprfpl Flandes *mpl*.
flanelle f Franela.
flân|er vi Vagar, callejear | Gandulear, matar el tiempo || **~erie** [flɑnri] f Callejeo *m* || **~eur, euse** adj/s Azotacalles *m*, callejero, a; mirón, ona.
flanquante adjf/f Albarrana (tour).
flanquer vt Flanquear | Estar al lado, rodear (entourer) | FAM. Echar (dehors), tirar (tomber), soltar, largar (donner) | MIL. Apoyar | — Vp FAM. *~ par terre*, caerse.
flapi, e adj FAM. Reventado, a.
flaque f Charco *m*.
flash [flaʃ] m Flash (photo, cinéma, information) | Fogonazo : *les ~es de l'actualité*, los fogonazos de la actualidad.
flasque adj Fofo, a; flojo, a | — M Brazo (manivelle) | Disco (roue) | Gualdera *f* (canon) | — F Frasco *m*.
flatt|er vt Halagar, adular (louer) | Acariciar | Causar satisfacción, agradar | Favorecer, embellecer | — Vp Jactarse, preciarse || **~erie** f Halago *m*, lisonja | Caricia || **~eur, euse** adj Halagüeño, a; halagador, a; lisonjero, a | — S Adulador, a; lisonjero, a.
flatu|lence f MÉD. Flatulencia || **~osité** f Flato *m*.
fléau [fleo] m AGR. Mayal | FIG. Azote, plaga *f* (cosa), calamidad *f*, peste *f* (persona) | TECH. Astil (balance), aguilón (grue).
flèche f Flecha, saeta | Fiel *m* (balance) | Aguilón *m*, brazo *m* (grue) | ARCH. Aguja (clocher) | GÉOM. Sagita | MAR. Espiga | MÉC. Desviación, torcedura | TECH. Lanza (timon de charrue) | *Faire ~ de tout bois*, no reparar en medios | *Filer comme une ~*, salir disparado | *Monter en ~*, subir rápidamente.
fléchette f Flechilla.
fléch|ir vt Doblar, doblegar | FIG. Ablandar, conmover (attendrir) | — Vi Doblarse, doblegarse | Flaquear, ceder (lâcher pied) | Bajar, disminuir (prix) || **~issement** m Doblegamiento | Flexión *f* | Baja *f* (prix) || **~isseur, euse** adj/m Flexor, a.
flegm|atique adj Flemático, a || **~e** m Flema *f*.
flemm|ard, e [flɛma:r, ard] adj/s FAM. Gandul, a; vago, a || **~e** f FAM. Galbana, gandulería | *Tirer sa ~*, no dar golpe, haraganear.
flétr|ir vt Marchitar, ajar (fleur, teint) | FIG. Mancillar, manchar (réputation), condenar, reprobar (conduite) || **~issure** f Marchitez, ajamiento *m* | FIG. Mancha, deshonra, mancilla.
fleur f Flor : *~ de lis*, flor de lis; *la ~ de l'âge*, la flor de la edad; *en ~*, en flor | *À ~ de*, a flor de | *~ de farine*, harina de flor | *~ de la Passion*, pasiflora | *~ d'oranger*, azahar | FIG. *La fine ~*, la flor y nata || **~aison** f Floración, florescencia || **~er** vi Oler || **~et** m Florete (escrime) | Barreno, taladro (outil) || **~ette** f Florecilla | *Conter ~*, requebrar || **~i, e** adj Florido, a; florecido, a || **~ir*** vi Florecer | FIG. Prosperar, estar floreciente | — Vt Florear, adornar con flores || **~iste** s Florista || **~on** m Florón | IMPR. Viñeta *f*, bullón.
fleuve [flœ:v] m Río.
flex|ibilité f Flexibilidad || **~ible** adj Flexible || **~ion** f Flexión.
flibust|e f Filibusterismo *m* || **~er** vi Piratear | — Vt POP. Hurtar, robar || **~erie** f Filibusterismo *m* || **~ier** m Filibustero (pirate) | Ladrón, bandido (voleur).
flic m POP. Poli, polizonte.
flingu|e m FAM. Chopo, pistolón || **~er** vt POP. Matar a tiros.
flirt [flœrt] m Flirteo, coqueteo | Pretendiente, cortejador || **~er** vi Flirtear, coquetear || **~eur, euse** adj/s Coqueto, a; galanteador, a.
floche adj Floja (soie) | De color (quinte au poker).
flocon m Copo (neige) | Vedija *f* (laine).
floculation f CHIM. Floculación.
flonflon m FAM. Chinchín : *les ~s de la fanfare*, el chinchín de la banda.
flopée f FAM. Cáfila, caterva | *Il en arrive des ~s*, llegan a manadas.
flor|aison f Florescencia, floración || **~al, e** adj Floral || **~alies** fpl Floralias || **~e** f Flora || **~éal** m Floreal.
Florence nprf Florencia.
flori|culture f Floricultura || **~lège** m Florilegio || **~ssant, e** adj Floreciente | Resplandeciente (mine).
flot [flo] m Ola *f*, oleada *f* | Marea (*f*) ascendente | FIG. Mar (sang, larmes), raudal, chorro (lumière),

multitud *f*, tropel, riada *f* (gens) | Flote : *remettre à ~*, sacar a flote; *se remettre à ~*, ponerse a flote | *Couler à ~s*, correr a mares.

flott|abilité f Flotabilidad || **~able** adj Flotable || **~age** m Armadía *f* || **~aison** f Flotación : *ligne de ~*, línea de flotación || **~ant, e** adj Flotante | Flaqueante (chancelant) | Fluctuante, indeciso, a || **~e** f Flota | Flota, armada (bateaux) | POP. Agua (eau), lluvia (pluie) || **~ement** m Flotación *f*, flotamiento | Fluctuación *f*, vacilación *f* || **~er** vi Flotar | Fluctuar, vacilar | POP. Llover || **~eur** m Flotador | Veleta *f*, flotador, corcho (pêche) | Almadiero, ganchero (train de bois) || **~ille** [flɔtij] f Flotilla.

flou, e adj Vago, a; borroso, a (peinture) | Movido, a; borroso, a (photo) | Vaporoso, a (couture) | Confuso, a; vago, a (idée) | — M Imagen (*f*) borrosa, « flou » (photo, cinéma).

fluctu|ation f Fluctuación || **~er** vi Fluctuar.

flu|et, ette [flyɛ, ɛt] adj Delgado, a | Delicado, a; débil, endeble || **~ide** [flɥid] adj/m Fluido, a || **~idité** f Fluidez.

fluor [flyɔ:r] m Flúor || **~escence** f Fluorescencia || **~escent, e** adj Fluorescente || **~ure** m Fluoruro.

flût|e f Flauta (instrument) | Flautista *m* (flûtiste) | Copa (verre) | Barra larga de pan | — Pl FAM. Zancas (jambes) | *~ de Pan* o *de berger*, zampoña | — Interj ¡Caramba! || **~eau** m Pito (sifflet) || **~iste** m Flautista.

fluvial, e adj Fluvial.

flux [fly] m Flujo || **~ion** [flyksjɔ̃] f Fluxión | *~ de poitrine*, pleuresía.

foc m MAR. Foque.

focal, e adj Focal.

fœtus [fetys] m Feto.

fofolle adjf/f FAM. Locuela, loquilla.

foi f Fe : *bonne ~*, buena fe; *profession de ~*, profesión de fe | Fidelidad | *Ajouter ~*, prestar fe, dar crédito | *Digne de ~*, fidedigno | *En ~ de quoi*, en testimonio de lo cual | *En toute bonne ~*, *de bonne ~*, de buena fe | *Faire ~*, dar fe, atestiguar (témoigner), hacer fe, probar (prouver) | *~ de*, a fe de | *Ma ~*, *par ma ~*, *sur ma ~*, a fe mía.

foie [fwa] m Hígado | POP. *Avoir les ~s*, tener canguelo.

foin m Heno | FIG. *Avoir du ~ dans ses bottes*, estar forrado, tener el riñón bien cubierto | POP. *Faire du ~*, armar jaleo | *Faire les ~s*, segar el heno | FAM. *~ de!*, ¡maldito sea! *Mettre du ~ dans ses bottes*, ponerse las botas, forrarse.

foir|ail m Ferial || **~e** f Feria : *~ agricole, aux bestiaux*, feria del campo, de ganado | POP. Tumulto *m*, juerga (bruit), mieditis *m*, cagalera (peur) | *Champ de ~*, ferial, real de la feria | *La ~ d'empoigne*, el puerto de arrebatacapas || **~-exposition** f Feria de muestras || **~er** vi Fallar (fusée) | Pasarse de rosca (vis) | FAM. Fallar, salir rana, fracasar.

fois [fwa] f Vez : *à la ~*, a la vez; *d'autres ~*, otras veces | *Des ~ et des ~*, *maintes et maintes ~*, miles de veces, una y otra vez | *Encore une ~*, una vez más, otra vez | *En une seule ~*, de un golpe | *Il y avait* o *était une ~*, érase una vez, érase que era | *Tout à la ~*, de una vez | *Une ~ n'est pas coutume*, una vez al año no hace daño | *Une ~ pour toutes*, de una vez para siempre, de una vez | *Une ~ que*, en cuanto | *Y regarder à deux ~*, andar con mucho cuidado, mirarlo bien (examiner).

foison f Copia, abundancia | *À ~*, con profusión || **~nant, e** adj Abundante || **~nement** m Abundancia *f*, copia *f* | Esponjamiento (augmentation de volume) || **~ner** vi Abundar | Aumentar de volumen, crecer.

fol, folle adj/s V. FOU.

folâtr|e adj Retozón, ona || **~er** vi Retozar, juguetear || **~erie** f Retozo *m*, jugueteo *m*.

foli|acé, e adj Foliáceo, a || **~ation** f Foliación || **~chon, onne** adj FAM. Locuelo, a | *Ce n'est pas ~*, no es nada del otro mundo || **~e** [fɔli] f Locura : *à la ~*, con locura || *~ de la persécution*, manía persecutoria | *~ des grandeurs*, manía de grandezas, megalomanía || **~é, e** adj Foliado, a || **~o** m Folio || **~ole** f Folíolo *m*, hojuela || **~otage** m Foliación *f* || **~oter** vt Foliar, paginar.

folklor|e m Folklore || **~ique** adj Folklórico, a.

foll|et, ette adj Locuelo, a | *Poil ~*, bozo, vello || **~icule** m Folículo.

foment|ateur, trice adj/s Fomentador, a || **~er** vt Fomentar.

fonç|age m Excavación *f* | Oscurecimiento (couleur).

fonc|é, e adj Oscuro, a || **~er** vt Cavar | Oscurecer, sombrear | — Vi Lanzarse, abalanzarse, arremeter | FAM. Correr, volar || **~ier, ère** adj Relativo a las haciendas *ou* bienes raíces | Hipotecario, a (crédit) | Territorial | FIG. Fundamental, básico, a; innato, a || **~ièrement** adv Profundamente, en el fondo.

fonction f Función, empleo *m* | CHIM. MAT. Función | *En ~*, en ejercicio, en función | *En ~ de*, con arreglo a | *Entrer en ~s*, tomar posesión de un empleo *ou* cargo | *Être ~ de,* depender de (dépendre), ser función de (mathématiques) | *Faire ~ de,* hacer las veces de || **~naire** s Funcionario, a || **~nel, elle** adj Funcional || **~nement** m Funcionamiento || **~ner** vi Funcionar.

fond [fɔ̃] m Fondo (reste, tableau, caractère) | Fondo, culo (bouteille) | Asiento (chaise) | Fondillos *pl* (pantalon) | Tablado (lit) | Foro (théâtre) | *À ~,* a fondo | *À ~ de train,* a todo correr | MAR. *Aller au ~,* irse a pique | *Aller au ~ des choses,* profundizar las cosas | *De ~ en comble,* de arriba abajo, por completo | FIG. *Être à ~ de cale,* no tener ni un céntimo | MAR. *~ de cale,* bodega | *~ de teint,* maquillaje de fondo | *Le fin ~,* el fondo (affaire), lo más recóndito (lieu) || **~amental, e** adj Fundamental.

fondant, e adj/m Fundente.

fondat|eur, rice adj/s Fundador, a || **~ion** f Fundación | — Pl Cimientos *m.*

fond|é, e adj Fundado, a | Autorizado, a | — M *~ de pouvoir,* apoderado || **~ement** m Fundamento | Cimientos *pl* (maison) || **~er** vt Fundar | Cimentar | FIG. Fundamentar, fundar || **~erie** [fɔ̃dri] f Fundición || **~eur** m Fundidor || **~euse** f Fundidora (machine) || **~re** vt Fundir (à haute température) | Derretir (à basse température) | Fundir, vaciar (au moule) | Disolver, deshacer (sucre, etc) | Mezclar (races, couleurs) | FIG. Refundir, combinar | — Vi Derretirse, deshacerse (liquide, de tendresse) | Caer sobre, echarse encima (se précipiter sur) | Abalanzarse, calarse (oiseau de proie) | FAM. Adelgazar (maigrir), prorrumpir (larmes) | — Vp Derretirse | Mezclarse || **~rière** f Bache *m,* hoyo *m* | Terreno (*m*) pantanoso.

fonds [fɔ̃] m Fundo, heredad *f,* finca *f* (terrain) | Fondos *pl* (capital) | Comercio, establecimiento | FIG. Fondo, caudal (connaissances, etc) | — Pl Fondos : *être en ~,* tener fondos | *~ de commerce,* negocio, comercio | COM. *~ de roulement,* fondo de operaciones *ou* de rotación | *~ perdus,* fondo perdido.

fondu, e adj V. FONDRE | Degradado, a; desvanecido, a (couleur) | FIG. Incorporado, a; unido, a (uni) | — M Difuminación *f,* degradación *f* (dessin) | Fundido (cinéma).

fong|icide adj/s Fungicida || **~us** m MÉD. Fungo.

fontaine f Fuente, manantial *m* (source) | Fuente (publique) | *Il ne faut jamais dire : ~ je ne boirai pas de ton eau,* nadie diga de esta agua no beberé.

fontanelle f Fontanela.

fonte f Fundición, arrabio *m,* hierro (*m*) colado (produit) | Fundición (fusion) | Deshielo *m* (dégel) | Derretimiento *m* (métal) | Vaciado *m* (statue) | Funda de arzón, pistolera | IMPR. Fundición, casta, surtido (*m*) de caracteres.

fonts [fɔ̃] mpl Pila *fsing,* fuente (*fsing*) bautismal : *tenir sur les ~,* tener en la pila, sacar de pila.

football [futbo:l] m Fútbol || **~eur** m Futbolista.

for m Fuero | *Dans son ~ intérieur,* en su fuero interno.

forage m Perforación *f,* taladro, horadación *f* | Perforación *f,* sondeo (pétrole).

forain, e adj *Fête ~,* feria, verbena | — M Feriante | Saltimbanqui.

forban m Pirata | FIG. Bandido.

forçat [fɔrsa] m Forzado, galeote (galères) | Presidiario (travaux forcés) | FIG. Esclavo.

forc|e f Fuerza : *~ hydraulique, de l'âge, majeure,* fuerza hidráulica, de la edad, mayor | Resistencia, solidez | Capacidad, conocimientos *mpl* | Categoría (au jeu) | FIG. Fortaleza | — Pl Fuerzas (armées) | *À ~ de,* a fuerza de, a golpe de; de tanto : *~ travailler,* de tanto trabajar | *De ~,* a la fuerza | *De toute sa ~,* con todas sus fuerzas | *Être à bout de ~s,* estar agotado | *Être de ~ à,* ser capaz de | *~ d'âme,* ánimo, valor | *~ de frappe,* fuerza de disuasión *ou* disuasoria, poder disuasivo | *Par la ~ des choses,* por las circunstancias, por no haber otro remedio || **~é, e** adj Forzado, a; forzoso, a | Forzoso, a : *travaux ~s,* trabajos forzosos || **~ément** adv Forzosamente || **~ené, e** adj/s Furioso, a | Loco, a || **~eps** [fɔrsɛps] m MÉD. Fórceps || **~er** vt Forzar | Infringir, quebrantar (enfreindre) | Superar, vencer (surmonter) | Acosar, acorralar (chasse) | Apresurar, acelerar (le pas) | Descerrajar (serrure) | Obligar : *~ à sortir,* obligar a salir | *~ la main,* forzar la mano, obligar moralmente | — Vi Hacer un esfuerzo | — Vp Esforzarse || **~ir** vi FAM. Engordar (grossir).

forcl|ore* vt Privar de un derecho por prescripción || **~usion** f DR. Exclusión, prescripción.

forer vt Barrenar, horadar (percer) | Perforar, abrir (creuser).

forestier, ère adj Forestal.

foret [fɔrɛ] m Taladro, barrena *f* | TECH. Broca *f.*

forêt [fɔrɛ] f Bosque *m* : *~ de pins*, bosque de pinos | Selva : *~ vierge*, selva virgen | FIG. Maraña, espesura, bosque *m* | *~ domaniale*, patrimonio forestal del Estado.

for|eur adjm/m Taladrador, barrenero, horadador ‖ **~euse** f Taladradora, barrenadora.

forfaire* vi Faltar : *~ à l'honneur*, faltar al honor.

forfait m Crimen, fechoría *f* | Destajo, tanto alzado, ajuste (travail) | Impuesto concertado (impôt) | Indemnización *f* (hippisme) | *À ~*, a destajo, a tanto alzado (travail), todo comprendido : *voyage à ~*, viaje todo comprendido | *Déclarer ~*, retirarse, renunciar ‖ **~aire** adj A tanto alzado, a destajo | Global (prix) ‖ **~ure** f Prevaricación | Felonía.

forfanterie f Baladronada, fanfarronada (fanfaronnade).

forg|e f Fragua, forja (fourneau) | Herrería (établissement, maréchal-ferrant) ‖ **~er** vt Forjar, fraguar | FIG. Forjar, labrar, inventar (inventer), falsificar ‖ **~eron** m Herrero | *C'est en forgeant qu'on devient ~*, machacando se aprende el oficio ‖ **~eur** m Forjador.

formalis|er (se) vp Molestarse, picarse (*de*, por) ‖ **~me** m Formalismo ‖ **~te** adj/s Formalista.

formalité f Requisito *m*, formalidad, trámite *m* (condition) | Formalidad (cérémonie) | *Ce n'est qu'une ~*, es puro trámite | *Remplir des ~s*, cumplir (con) los requisitos.

format m Tamaño, formato ‖ **~eur, trice** adj/s Formador, a ‖ **~if, ive** adj Formativo, a ‖ **~ion** f Formación | Alineación (sports) | *~ de combat*, orden de combate | *~ professionnelle*, formación *ou* capacitación profesional.

form|e f Forma : *sous ~ de*, en forma de; *vice de ~*, vicio de forma | Hechura (façon) | Exterior *m*, apariencia | Horma (cordonnier, etc) | IMPR. Molde *m*, forma | — Pl Formas, aspectos *m* | FAM. Modales *m*, maneras | *Dans les ~s*, con arreglo a las formas, con buenas formas | *Donner ~ à*, dar forma a, moldear | *En bonne ~ ou en bonne et due ~*, en debida forma, como es debido, con todos los requisitos | *En ~*, en forma, con todos los requisitos (en règle), en forma (dans de bonnes dispositions) | *Pour la ~*, para cumplir, para que no se diga | *Y mettre les ~s*, hacer las cosas como Dios manda, guardar las formas ‖ **~el, elle** adj Formal ‖ **~er** vt Formar | Instruir, formar | FIG. Concebir (projet), formular (vœux).

formidable adj Formidable, estupendo, a.

formol m Formol (aldehído fórmico).

formul|aire m Formulario ‖ **~ation** f Formulación ‖ **~e** f Fórmula ‖ **~er** vt Formular.

forni|cation f Fornicación ‖ **~quer** vi Fornicar.

fort, ~e [fɔ:r, fɔrt] adj Fuerte : *homme ~*, hombre fuerte; *~ en dessin*, fuerte en dibujo | Poderoso, a | Fuerte, fortificado, a | Grueso, a (femme) | Grande, considerable | Excesivo, a; exagerado, a | Difícil | Acre, fuerte (odeur) | Diestro, a; versado, a (habile) | *C'est ~!, c'est un peu ~!, c'est trop ~!, c'est plus ~ que de jouer au bouchon!*, eso pasa de castaño oscuro *ou* de la raya, es duro de creer | *C'est plus ~ que moi*, no puedo con eso | *Être ~ de*, componerse de (se composer), valerse de (influence) | *Être le plus ~ de*, ser el más adelantado de, ser el primero de | *Se faire ~ de*, comprometerse a (s'engager), estar seguro de (être sûr de) | — M Fuerte, potente | Lado fuerte, fuerte | MIL. FIG. Fuerte | *~ des Halles*, cargador del mercado — Adv Fuerte | Muy, mucho : *vous vous trompez ~*, se equivoca mucho | FAM. *Aller ~*, exagerar | *De plus en plus ~*, cada vez más difícil ‖ **~eresse** f Fortaleza.

fortifi|ant, e adj/m Fortificante ‖ **~cation** f Fortificación ‖ **~er** vt Fortificar | Fortalecer, robustecer.

fortin m MIL. Fortín.

fortiori (a) [afɔrsjɔri] loc adv A fortiori, con mayor motivo.

fortuit, e adj Fortuito, a.

fortun|e f Fortuna, caudal *m* | Suerte : *bonne ~*, buena suerte | *De ~*, improvisado | *Faire contre mauvaise ~ bon cœur*, poner a mal tiempo buena cara | FIG. *Manger à la ~ du pot*, comer a lo que salga *ou* a la pata la llana ‖ **~é, e** adj Afortunado, a.

forum [fɔrɔm] m Foro.

foss|e f Hoyo *m*, hoya, fosa | Foso *m* (garage, athlétisme) | AGR. Zanja | Fosa : *~s nasales*, fosas nasales | Fosa submarina | *~ commune*, fosa común ‖ **~é** m Zanja *f*, foso | Cuneta *f* (route) | MIL. Pozo ‖ **~ette** f Hoyito *m*, hoyuelo *m*.

fossil|e adj/m Fósil ‖ **~isation** f Fosilización ‖ **~iser** vt Fosilizar.

fossoyeur [foswajœ:r] m Sepulturero, enterrador.

fou ou **fol, folle** adj Loco, a (personne, machine, etc) | FIG. Excesivo, a | *Être ~ de*, estar loco por | *~ à lier*, loco de atar | — S Loco, a | *À chaque ~ sa marotte*, cada loco con su tema | *Faire le ~*, hacer locuras | *La ~ du logis*, la imaginación | *S'amuser comme un ~*, pasarlo

bomba | — M Bufón | Alfil (échecs) | Comodín (cartes).
— OBSERV. El adjetivo masculino *fol* sustituye a *fou* delante de un sustantivo masculino que comienza por vocal o h muda (*un fol été*).

foudre f Rayo *m* : *frappé par la* ~, alcanzado por el rayo | FIG. *Comme la* ~, como el rayo, como una centella | *Craindre qqn comme la* ~, temer a uno como al rayo, temer a uno como una vara verde | — M Rayo (de Jupiter) | Cuba *f*, tonel grande | ~ *de guerre*, rayo de la guerra.

foudroy|ant, e [fudrwajɑ̃, ɑ̃:t] adj Fulminante || **~er** vt Fulminar, herir por el rayo | FIG. Matar súbitamente, fulminar (tuer), fulminar (du regard).

fouet [fwɛ] m Látigo : *faire claquer son* ~, restallar *ou* chasquear el látigo | *Coup de* ~, latigazo | *De plein* ~, de frente || **~ter** vt Dar latigazos | Azotar, zurrar (frapper) | Batir (œufs, crème) | Azotar, golpear (pluie) | FIG. Fustigar, excitar.

fou-fou adjm/m FAM. Locuelo, alocado.

fougère f Helecho *m*.

fougu|e [fug] f Fogosidad | Fuga, ardor *m*, entusiasmo *m* || **~eux, euse** [-gø, ø:z] adj Fogoso, a.

fouill|e [fuj] f Registro *m*, cacheo *m* (police) | Excavación (archéologie) || **~er** [-je] vt Hacer excavaciones, excavar | Buscar *ou* rebuscar en, explorar | Registrar, cachear (personne) | Registrar, hurgar (tiroir, poches) | Detallar (détailler) | Hozar (un sanglier) | — Vi Registrar, rebuscar (chercher), escudriñar (fureter) | — Vp POP. *Tu peux te* ~, espérate sentado || **~is** [-ji] m Revoltijo, confusión *f*, batiborrillo.

fouin|ard, e [fwina:r, ard] adj/s FAM. Fisgón, ona; escudriñador, a || **~e** f Garduña | FIG. Hurón *m* (indiscret) || **~er** vi FAM. Meterse, huronear | Curiosear.

foul|age m Enfurtido (drap) | Pisa *f* (raisin) || **~ard** m Fular (tissu) | Pañuelo || **~e** f Muchedumbre, gentío *m* | Multitud, infinidad, mar (abondance) | *En* ~, en tropel, en masa || **~ée** f Pisada, huella (trace) | Zancada, tranco *m* (sports) | *Rester dans la* ~, seguir las zancadas | *Tirer dans sa* ~, tirar sobre la marcha (football) || **~er** vt Prensar, comprimir | Pisar, hollar (sol) | Torcer, producir un esguince (entorse) | Pisar (raisin) | FIG. Oprimir (opprimer), pisotear (piétiner) | TECH. Enfurtir, abatanar | ~ *aux pieds*, pisotear, hollar | — Vp POP. Herniarse || **~eur** m Lagarero (raisin) | Batanero (tissu) | Sobadero (cuir) || **~on** m Batán || **~ure** f Esguince *m*.

four m Horno : ~ *crématoire, à cuve, à réverbère*, horno crematorio, de cuba, de reverbero | FAM. Fracaso (échec) | *Faire noir comme dans un* ~, estar como boca de lobo | *Petits* ~*s*, pastas (petits gâteaux).

fourb|e adj/s Trapacista, pérfido, a || **~erie** f Picardía, engaño *m* || **~i** m POP. Trastos *pl*, avíos *pl*, bártulos *pl* || **~ir** vt Bruñir, acicalar || **~issage** m Bruñido, acicaladura *f*.

fourb|u, e adj Rendido, a (harassé) || **~ure** f VÉT. Infosura, aguadura.

fourch|e f Horca, horquilla | Horquilla (bicyclette) | Bifurcación (chemin) | Horcadura (arbre) || **~er** vi FAM. Enredarse, trabarse (langue) || **~ette** f Tenedor *m* (couvert) | Horquilla (oiseaux) | VÉT. Ranilla | FIG. Gama | FAM. *Avoir un bon coup de* ~, tener buen diente *ou* saque | MÉC. ~ *de débrayage*, horquilla de desembrague || **~u, e** adj Hendido, a (pied).

fourgon m Furgón || **~ner** vi Hurgonear, remover (feu) | Hurgar, revolver (fouiller) || **~nette** f Furgoneta.

fourmi f Hormiga | FAM. *Avoir des* ~*s dans les jambes*, sentir hormigueo. *Être laborieux comme une* ~, ser una hormiga || **~lier** m Hormiguero, torcecuello (oiseau) | Oso hormiguero (tamanoir) || **~lière** f Hormiguero *m* || **~-lion** m Hormiga (*f*) león || **~llement** [furmijmɑ̃] m Hormigueo, hormiguillo (picotement) | Hormigueo (de gens) || **~ller** [-je] vi Estar lleno de, abundar (abonder), pulular de, hormiguear de.

fourn|aise f Hoguera | FIG. Horno *m*, sartén || **~eau** m Horno : *haut* ~, alto horno | Hornillo, fogón (cuisine) | Hornillo (mine) | Cazoleta *f*, tabaquera *f* (pipe) | ~ *à gaz*, hornillo de gas || **~ée** f Hornada || **~i, e** adj Surtido, a; provisto, a (magasin) | Poblado, a; tupido, a (touffu) || **~il** [furni] m Horno (four), amasadero (pétrin) || **~ir** vt Suministrar, abastecer, proveer (approvisionner) | Proporcionar, facilitar (procurer) | Dar, alegar (explications) | Realizar, efectuar (effort) | Dar, producir (produire) | — Vi Abastecer | Servir (cartes) | Cundir (laine, plat) | — Vp Abastecerse, proveerse || **~isseur, euse** s Proveedor, a; abastecedor, a || **~iture** f Suministro *m*, abastecimiento *m*, provisión | Guarnición (accessoire) | ~*s de bureau*, objetos *ou* artículos de escritorio.

fourrag|e m Forraje || **~er** vi Forrajear | FAM. Registrar, hurgar (fouiller) || **~ère** adjf Forrajera | — F MIL. Forrajera.

fourr|é, e adj Forrado de pieles (doublé) | Relleno, a (bonbon, etc) | FAM.

Metido, a (introduit) | — M Espesura *f* (bois), maleza *f* (buisson) || **~eau** m Vaina *f* (épée) | Funda *f*, envoltura *f* (parapluie) | Vestido tubo (robe) | TECH. Manguito || **~er** vt Forrar *ou* guarnecer de pieles | Poner una funda (câble) | FAM. Meter (introduire), atiborrar, atracar (bourrer) | FAM. *~ son nez partout*, meterse en todo | — Vp FAM. Meterse | POP. *~ le doigt dans l'œil*, columpiarse, equivocarse de medio a medio || **~e-tout** m Trastera *f*, desván (pièce) | Maletín, bolso grande (sac) || **~eur** m Peletero || **~ier** m MIL. Furiel || **~ière** f Perrera (chiens) | Depósito *m* (véhicules, animaux, etc) || **~ure** f Piel (peau) | Abrigo (*m*) de piel (manteau) | Forro (*m*) de piel (doublure).

fourv|oiement [furvwamɑ̃] m Descarrío, extravío | Error || **~oyer** [-vwaje] vt Extraviar, descarriar | — Vp Equivocarse, extraviarse.

foutaise f POP. Bagatela, fruslería.

foutu, e adj V. FICHU.

foyer [fwaje] m Hogar, fogón (feu) | Hogar (maison, chaudière) | Residencia *f* (étudiants) | Hogar : *~ du soldat*, hogar del soldado | FIG. Foco, centro | MÉD. PHYS. MATH. Foco | Saloncillo (théâtre) | — Pl FIG. Hogares, país (*sing*) natal.

frac m Frac.

fracas m Estrépito, estruendo || **~sant, e** adj Estruendoso, a | FIG. Estrepitoso, a (défaite), triunfal, resonante (succès) || **~ser** vt Romper | Estrellar (mettre en pièces).

fraction f Fracción, parte | MATH. Fracción, quebrado *m* || **~naire** adj MATH. Fraccionario, a || **~nement** m Fraccionamiento || **~ner** vt Fraccionar.

fractur|e f Fractura, rotura || **~er** vt Fracturar, romper.

fragil|e adj Frágil, quebradizo, a (cassant) | Delicado, a (santé) || **~ité** f Fragilidad | Debilidad.

fragment m Fragmento || **~aire** adj Fragmentario, a || **~ation** f Fragmentación || **~er** vt Fragmentar.

fragon m BOT. Brusco.

frai m Freza *f*, desove (poisson).

fraîche adj V. FRAIS.

fraîch|ement adv Frescamente, al fresco | FIG. Fríamente (peu cordialement), recién, recientemente || **~eur** f Frescura | Fresco *m*, frescor *m* (soir) | FIG. Frescura, lozanía (visage) || **~ir** vi/imp Refrescar.

frais, fraîche [frɛ, frɛʃ] adj Fresco, a (température, aliment) | Fresco, a; lozano, a (teint) | Tierno, a (pain) | Reciente, fresco, a (nouvelle) | Nuevo, a | Frío, a (accueil) | — M Fresco : *prendre le ~*, tomar el fresco | FAM. *Nous voilà ~!*, ¡estamos frescos! | — F Fresca | — Adv Recién | *Il fait ~*, hace fresco.

frais mpl Gastos (dépenses) : *~ de bureau*, gastos de escritorio | DR. Costas *f* | *À grands ~*, costosamente | *À mes ~*, a costa mía | *À peu de ~*, con poco gasto (bon marché), sin mucho esfuerzo (facilement) | *Aux ~ de*, a expensas de, a costa de | *En être pour ses ~*, haber perdido el tiempo | *Faire les ~*, hacer el gasto | *Faire ses ~*, cubrir gastos | *Faux ~*, gastos imprevistos *ou* accesorios | *Se mettre en ~*, meterse en gastos (dépenses), hacer extraordinarios (efforts, etc.).

frais|age m TECH. Fresado, avellanado || **~e** f Fresa : *~ des bois*, fresa silvestre | Fresón *m* (grosse fraise) | Gorguera, cuello (*m*) alechugado | Torno *m*, fresa (dentiste) | Antojo *m* (de la peau) | TECH. Fresa, avellanador *m* | Moco *m* (dindon) | *~ à bois*, lengüeta (menuiserie) || **~er** vt Fresar, avellanar || **~eur, euse** adj/s Fresador, a | — F Fresadora (machine-outil) || **~ier** m Fresa *f*, fresera *f* (plante).

frambois|e f Frambuesa || **~ier** m Frambueso.

franc, franche [frɑ̃, frɑ̃:ʃ] adj Franco, a | Libre | Franco, a; exento de derechos | Verdadero, a | Cabal, completo, a : *deux jours ~s*, dos días cabales | *~ de port*, franco de porte | — Adv Francamente | — M Franco (monnaie) | *Zone ~*, zona del franco.

franc, franque adj/s Franco, a.

français, e adj/s Francés, esa.

France nprf Francia.

franch|ement adv Francamente | Sin vacilación || **~ir** vt Atravesar | Salvar, saltar, franquear (obstacle) | FIG. Salvar, vencer (difficulté) || **~ise** f Franquicia, exención : *~ postale*, franquicia postal; *en ~ douanière*, en franquicia aduanera | Franqueza, sinceridad || **~issement** m Paso, salto.

francis|ation f Afrancesamiento *m* || **~cain, e** adj/s Franciscano, a || **~er** vt Afrancesar || **~que** f Francisca, segur.

franc-maçon [frɑ̃masɔ̃] m Francmasón, masón || **~nerie** f Francmasonería, masonería.

franco préf Franco : *~-espagnol*, francoespañol | — Adv Franco : *~ de port et d'emballage, de bord*, franco de porte y embalaje, a bordo.

François, e nprm/f Francisco, a.

franco|phile adj/s Francófilo, a || **~phobe** adj/s Francófobo, a || **~phone** adj/s De habla francesa, francófono, a || **~phonie** f Francofonía.

franc|-parler [frɑ̃parle] m Franqueza *f*, hablar claro | *Avoir son ~*, hablar con toda confianza; hablar sin rodeos (sans détours) ‖ **~-tireur** [-tirœ:r] m Guerrillero, francotirador.
frang|e f Franja, fleco *m*, cairel *m* | Flequillo *m* (cheveux) | Franja (interférences) ‖ **~er** vt Franjar, franjear ‖ **~in, e** s Pop. Hermano, a ‖ **~ipane** f Pastel (*m*) de almendras.
franquette f Fam. *À la bonne ~*, a la buena de Dios, a la pata la llana.
frapp|age ou **~ement** m Golpeo | Acuñación *f* (monnaie) ‖ **~ant, e** adj Sorprendente, impresionante (ressemblance) | Patente, palpable | Contundente (argument) | Llamativo, a : *un titre ~*, un título llamativo ‖ **~e** f Acuñación (monnaies) | Marca, impresión (empreinte) | Tecleo *m*; pulsación (dactylo) | Impresión (presse) | Pegada (boxe), toque (*m*) de balón (football) | *Faute de ~*, error de máquina ‖ **~er** vt Golpear, pegar | Llamar (porte) | Acuñar (monnaie) | Herir | Estampar | Atacar (maladie) | Dar en, herir (lumière) | Enfriar, helar (boisson) | Afectar (toucher) | Asolar, azotar (épidémie) | Afligir (malheur) | Llamar la atención | Impresionar, sorprender | Gravar (impôt) | Llegar, alcanzar (atteindre) | Castigar (punir) | *~ les regards* o *la vue*, saltar a la vista | — Vi Llamar (porte) | *~ au but*, dar en el blanco | *~ des pieds, des mains*, patear, aplaudir | — Vp Golpearse, darse golpes | Fam. Impresionarse.
frasque f Calaverada, travesura.
fratern|el, elle adj Fraternal ‖ **~isation** f Fraternización ‖ **~iser** vi Fraternizar ‖ **~ité** f Fraternidad.
fratricide adj/s Fratricida | — M Fratricidio (meurtre).
fraud|e f Fraude *m* | Contrabando *m* | *En ~*, fraudulentamente ‖ **~er** vt Defraudar | — Vi Cometer fraude ‖ **~eur, euse** s Defraudador, a ‖ **~uleux, euse** adj Fraudulento, a.
fray|er [frɛje] vt Abrir (chemin) | — Vi Desovar, frezar (poisson) | Fam. Congeniar | — Vp Abrirse : *~ un chemin*, abrirse paso *ou* camino ‖ **~eur** [frɛjœ:r] f Pavor *m*, espanto *m*, susto *m*.
fredaine f Fam. Calaverada.
Frédéric, ique nprm/f Federico, a.
fredon|nement m Tarareo, canturreo ‖ **~ner** vt/i Canturrear, tararear.
frégate f Fragata.
frein [frɛ̃] m Bocado, freno (cheval) | Freno : *~ à main, assisté, à disque*, freno de mano, asistido, de disco | Galga *f* (chariot) | Fig. Freno | *Coup de ~*, frenazo | *Ronger son ~*, tascar el freno ‖ **~age** m Frenado, frenaje (action) | Frenos *pl* (système de freins) | Frenazo (coup de frein) ‖ **~er** vt/i Frenar.
frelater vt Adulterar, alterar.
frêle adj Endeble, débil.
frelon m Abejón, avispón.
freluquet m Fam. Chisgarabís, chiquilicuatro.
frém|ir vi Estremecerse, temblar | Empezar a hervir (liquide) ‖ **~issant, e** adj Tembloroso, a; trémulo, a (de colère) | Fig. Estremecido, a; agitado, a ‖ **~issement** m Temblor | Estremecimiento | Hervor (liquide) | Fig. Vibración *f*.
frên|aie f Fresnada ‖ **~e** m Fresno.
fréné|sie f Frenesí *m* ‖ **~tique** adj Frenético, a.
fréqu|ence [frekɑ̃:s] f Frecuencia : *basse ~*, baja frecuencia; *~ du pouls, porteuse*, frecuencia del pulso, transmisora | *Modulation de ~*, frecuencia modulada ‖ **~ent, e** [-kɑ̃, ɑ̃:t] adj Frecuente ‖ **~entable** adj Frecuentable ‖ **~entatif, ive** adj/m Gram. Frecuentativo, a ‖ **~entation** f Frecuentación, trato *m* | Relaciones *pl*, compañías *pl* ‖ **~enter** vt Frecuentar, ir a menudo | Tratar mucho, alternar con | Salir con | — Vp Tratarse.
frère m Hermano : *~s de lait*, hermanos de leche | Hermano, religioso, fraile | Fray : *~ Louis*, fray Luis | *Faux ~*, traidor | *~ aîné*, primogénito, hermano mayor | *~ d'armes*, compañero de armas | *~ lai*, hermano lego.
fresque f Fresco *m*.
fressure f Asadura, despojos *mpl* (animal).
fret [frɛ] m Flete.
frét|er vt Fletar ‖ **~eur** m Fletador [*Amér.*, fletante].
frétill|ant, e [fretijɑ̃, ɑ̃:t] adj Bullicioso, a | Vivito y coleando (poisson) ‖ **~ement** [-jmɑ̃] m Agitación *f* ‖ **~er** [-je] vi Bullir | Colear (poisson).
fretin m Morralla *f*, pescado menudo.
frette f Abrazadera, virola.
friab|ilité f Friabilidad ‖ **~le** adj Friable.
friand, ~e [frijɑ̃, ɑ̃:d] adj *Être ~ d'une chose*, gustarle mucho a uno una cosa | — M Empanada *f* ‖ **~ise** f Golosina.
fric [frik] m Pop. Parné, pasta *f*.
fricandeau m Fricandó.
fricassée f Fricasé *m*, pepitoria.
fricatif, ive adj/f Fricativo, a.
fric-frac m Fam. Robo con fractura.
friche f Baldío *m*, erial *m* | *En ~*, erial, sin cultivo.
fricot m Fam. Guisado de carne, guisote ‖ **~er** vt Fam. Maquinar, tramar.

friction f Fricción | FIG. Roce || **~ner** vt Friccionar, dar friegas *ou* fricciones.
Frigidaire m Frigorífico, nevera *f*.
frigid|e adj Frígido, a || **~ité** f Frigidez.
frigo m FAM. Frigorífico, nevera *f*.
frigorif|ié, e adj Congelado, a | FIG. Helado hasta los huesos || **~ier** vt Congelar, frigorizar || **~ique** adj/m Frigorífico, a.
frileux, euse adj/s Friolero, a.
frimas [frimɑ] m Escarcha *f*.
frim|e f POP. Pamema | *C'est de la ~*, son pamemas || **~ousse** f FAM. Palmito *m*, cara.
fring|ale f FAM. Carpanta || **~ant, e** adj Fogoso, a | Elegante, apuesto, a || **~uer** vt POP. Vestir || **~ues** [frɛ̃:g] fpl POP. Vestidos *m*, ropa *sing* (vêtements).
frip|er vt Chafar, arrugar (froisser) | Arrugar (rider) || **~erie** f Prendería, ropavejería || **~ier, ère** s Prendero, a; ropavejero, a.
fripon, ~ne adj/s Bribón, ona; pillo, a | Picaresco, a (air) || **~nerie** f Bribonada.
fripouille [fripuj] f POP. Canalla *m*.
frire* vt Freír | — Vi/p Freírse.
fris|e f Frisa | ARCH. Friso *m* | Bambalina (décor) || **~er** vt Rizar (cheveux) | Frisar, rayar en (approcher de) | Estar a dos dedos de | Rozar, rasar (effleurer) | — Vi Rizarse, ensortijarse || **~ette** f Rizo *m* || **~otter** vt Ensortijar.
frisson m Escalofrío, repeluzno | FIG. Escalofrío, estremecimiento || **~nement** m Escalofrío || **~ner** vi Tiritar, sentir escalofríos | FIG. Estremecerse.
frisure f Rizado *m*.
frit, ~e adj Frito, a | FAM. Frito, a; perdido, a | — F Patata frita || **~euse** f Freidora || **~erie** [fritri] f Freiduría.
frittage m TECH. Sinterización *f*.
friture f Fritura, fritada | Pescado (*m*) frito | Aceite *m*, manteca (graisse) | Ruido (*m*) parásito (téléphone).
frivol|e adj Frívolo, a; fútil || **~ité** f Frivolidad.
froc m Hábito, cogulla *f* | POP. Pantalón.
froid, ~e adj Frío, a : *à ~*, en frío | — M Frío : *~ de loup* o *de canard*, frío de perros | Frialdad *f* (froideur) | *Battre ~ à qqn*, tratar con frialdad a uno | *Être en ~ avec qqn*, estar tirante con uno | *Ne pas avoir ~ aux yeux*, tener agallas (courageux), ser de armas tomar (redoutable) | *Prendre ~*, enfriarse, coger frío || **~eur** f Frialdad || **~ure** f Frío *m*.
froiss|ement m Arrugamiento | FIG. Disgusto, pique || **~er** vt Arrugar, ajar (chose) | Magullar (meurtrir) | Ofender, picar.
frôl|ement m Roce, rozamiento || **~er** vt Rozar (*con*).
fromag|e m Queso : *~ de Hollande*, queso de bola | FAM. Chollo, breva *f* (sinécure) || **~er, ère** adj Quesero, a || **~erie** f Quesera, quesería.
froment m Trigo candeal.
fronc|e f Frunce *m*, fruncido *m* || **~ement** m Fruncimiento, frunce || **~er** vt Fruncir.
frond|aison f Frondosidad, fronda || **~e** f Honda, tirador *m* (arme) | BOT. Fronda || **~eur, euse** adj/s Hondero, a | FIG. Criticón, ona (critiqueur), revoltoso, a; sedicioso, a (séditieux).
front m Frente *f* | FIG. Descaro, cara *f* (effronterie) | *De ~*, de frente (par devant), al lado, juntos (côte à côte), a la vez, al mismo tiempo (à la fois) | *Faire ~*, hacer frente, arrostrar | *~ de mer*, paseo marítimo || **~al, e** adj/m Frontal || **~alier, ère** adj/s Fronterizo, a || **~ière** f Frontera | — Adj Fronterizo, a || **~ispice** m Frontispicio, frontis || **~on** m Frontón.
frott|age m Frotamiento || **~ement** m Frotamiento, frote | FIG. Roce, contacto | MÉC. Rozamiento, roce || **~er** vt Frotar, restregar | Encerar (parquet) | Friccionar, frotar | — Vi Rozar | — Vp Frotarse | Rozarse *ou* tratarse con (fréquenter) | FAM. *Qui s'y frotte s'y pique*, el que juega con fuego se quema | FIG. *~ à*, atacar, provocar || **~euse** f Cepillo *m* (parquets) || **~is** m Frotis || **~oir** m Frotador | Rascador (allumette).
frouss|ard, e adj/s POP. Cobarde, cagueta || **~e** f POP. Canguelo *m*, miedítis.
fruct|ifère adj Fructífero, a || **~ification** Fructificación || **~ifier** vi Fructificar || **~ueux, euse** [fryktyø, ø:z] adj Fructuoso, a; fructífero, a.
frug|al, e adj Frugal || **~alité** f Frugalidad.
fruit [frɥi] m Fruto : *~s secs*, frutos secos | Fruta *f* : *la poire est un ~*, la pera es una fruta | FIG. Fruto : *les ~s du travail*, los frutos del trabajo | — Pl Frutos, rentas *f* | *~s confits*, fruta escarchada | *~s de mer*, mariscos || **~é, e** adj Con sabor de fruta || **~erie** f Frutería || **~ier, ère** adj Frutal | — Adj/s Frutero, a.
frusques [frysk] fpl POP. Pingos *m*, trapos *m*.
fruste adj Tosco, a (grossier).
frustr|ation f Frustración || **~er** vt Frustrar, defraudar.

fuchsia [fyksja ou fy∫ja] m Fucsia *f*.

fuel m Fuel.

fug|ace adj Fugaz ‖ **~acité** f Fugacidad ‖ **~itif, ive** adj/s Fugitivo, a ‖ **~ue** f Fuga, escapatoria | MUS. Fuga.

fu|ir* vi Huir | Salirse : *la casserole fuit*, la cacerola se sale | Esquivarse | Correr (s'écouler) | — Vt Huir de, evitar ‖ **~ite** f Huida, fuga | Escape *m* (gaz) | Salida, derrame *m* (liquide) | FIG. Paso *m*, transcurso *m* (temps) | FAM. Indiscreción, filtración | *Être en ~*, ser prófugo | *~ d'eau*, gotera | *Mettre en ~*, hacer huir | *Prendre la ~*, huir, fugarse.

fulgur|ant, e adj Fulgurante ‖ **~ation** f Fulgor *m*, resplandor *m* ‖ **~er** vi Fulgurar.

fulmin|ant, e adj Fulminante ‖ **~ation** f Fulminación ‖ **~er** vt Fulminar | — Vi Estallar | Prorrumpir en amenazas.

fum|age m Ahumado (viande) | Estercoladura *f*, abono (terre) ‖ **~ant, e** adj Humeante | FAM. Bárbaro, a ; sensacional | *~ de colère*, echando fuego por los ojos ‖ **~e-cigarette** ou **~e-cigare** m inv Boquilla *f* ‖ **~ée** f Humo *m* | — Pl Vapores *m* (du vin) | *Il n'y a pas de ~ sans feu*, cuando el río suena agua lleva | *S'en aller en ~*, irse todo en humo, volverse agua de borrajas ‖ **~er** vi Humear, echar humo | Fumar (tabac) | — Vt Fumar (tabac) | Ahumar (aliment) | AGR. Estercolar, abonar | *~ une pipe, la pipe*, fumarse una pipa, fumar en pipa ‖ **~erie** f Fumadero *m* ‖ **~erolle** f Fumarola ‖ **~et** m Olor (mets) | Aroma (vin) ‖ **~eur, euse** adj/s Fumador, a ‖ **~eux, euse** adj Humoso, a | Confuso, a ; borroso, a ‖ **~ier** m Estiércol | FIG. Basura *f*, porquería *f* (chose), canalla (personne).

fumig|ateur m Fumigador ‖ **~ation** f Fumigación ‖ **~ène** adj Fumígeno, a ‖ **~er** vt Fumigar.

fumist|e m Fumista | Deshollinador (ramoneur) | FAM. Bromista, camelista ‖ **~erie** f Camelo *m*.

fum|oir m Fumadero ‖ **~ure** f AGR. Estercoladura, abono *m*.

funambul|e s Funámbulo, a ; volatinero, a ‖ **~esque** adj Funambulesco, a.

funèbre adj Fúnebre | *Pompes ~s*, pompas fúnebres, funeraria.

funér|ailles [fynerα:j] fpl Funeral *msing*, funerales *m* ‖ **~aire** adj Funerario, a.

funeste adj Funesto, a : *un événement ~*, un acontecimiento funesto.

funiculaire adj/m Funicular.

fur m *Au ~ et à mesure*, a medida, poco a poco | *Au ~ et à mesure que*, a medida que, conforme.

furet [fyrɛ] m Hurón (animal) | Anillo, sortija *f* (jeu) ‖ **~er** vi Huronear | FIG. Huronear, fisgonear ‖ **~eur, euse** s Cazador, cazadora con hurón | FIG. Fisgón, ona ; hurón, ona.

fur|eur f Furor *m* | *Faire ~*, causar furor ‖ **~ibard, e** ou **~ibond, e** adj Furibundo, a ; frenético, a ‖ **~ie** f Furia | Ímpetu *m*, ardor *m* | *En ~*, desencadenado ‖ **~ieux, euse** adj Furioso, a | Terrible, violento, a.

furonc|le m Furúnculo, divieso ‖ **~ulose** f Furunculosis.

furtif, ive adj Furtivo, a.

fus|ain m Carboncillo (crayon) | Dibujo al carbón ‖ **~eau** m Huso (pour filer) | Bolillo (pour la dentelle) | Huso : *~ horaire*, huso horario | *~-moteur*, bloque del motor (d'un avion) ‖ **~ée** f Cohete *m* (feu d'artifice, avion) | Espoleta (obus) | TECH. Rueda espiral (montre), manga (essieu) | Bengala (d'alarme) | *~ éclairante*, bengala ‖ **~elage** m Fuselaje ‖ **~eler** vt Ahusar ‖ **~er** vi Deflagrar (poudre) | Crepitar | Estallar (rire) | Brotar (surgir) | Prorrumpir, llover (critiques) ‖ **~ette** f Carrete *m* (de fil) ‖ **~ible** adj/m Fusible.

fusil [fyzi] m Fusil : *~ à lunette, mitrailleur*, fusil con alza automática, ametrallador | Escopeta *f* (chasse) : *~ à deux coups*, escopeta de dos cañones | Chaira *f* (pour aiguiser les couteaux) | FIG. *Changer son ~ d'épaule*, chaquetear, volver la casaca | *Coup de ~*, disparo, tiro (sens propre), clavo (addition excessive) ‖ **~ier** [-lje] m Fusilero | *~ marin*, soldado de infantería de marina ‖ **~lade** [fyzijad] f Tiroteo *m* ‖ **~ler** [-je] vt Fusilar | Fulminar (du regard).

fusion f Fusión ‖ **~nement** m Fusión *f* ‖ **~ner** vt Fusionar | — Vi Fusionarse.

fustig|ation f Fustigación ‖ **~er** vt Fustigar.

fût [fy] m Pipa *f*, tonel | Caja *f* (arme, outils) | Tronco (arbre) | ARCH. Fuste, caña *f*.

fut|aie [fytɛ] f Oquedal *m* ‖ **~aille** [fytα:j] f Tonel *m* ‖ **~é, e** adj FAM. Sagaz | Taimado, a (rusé).

futil|e adj Fútil ‖ **~ité** f Futilidad.

futur, ~e adj/m Futuro, a ‖ **~isme** m Futurismo ‖ **~iste** adj/s Futurista. ‖ **~ologie** f Futurología.

fuy|ant, e [fɥijɑ̃, ɑ̃:t] adj Que huye, huidizo, a | Falso, a (regard) | Deprimido, a (front) | Muy inclinado, a ‖ **~ard, e** adj./s Fugitivo, a.

g

g m G *f*.
gabardine f Gabardina.
gabar|e f MAR. Gabarra ‖ **~it** m Escantillón, plantilla *f* (modèle) | Gálibo (pour wagons) | MAR. Gálibo, vitola *f* | FIG. Dimensión *f;* tamaño, estatura *f*.
gabegie [gabʒi] f FAM. Desbarajuste *m*, desorden *m*.
gabel|le f Gabela (impôt) ‖ **~ou** m FAM. Aduanero; consumero (d'octroi).
gab|ie f MAR. Gavia ‖ **~ier** m Gaviero ‖ **~ion** m Gavión, cestón.
Gabon nprm Gabón.
Gabriel, elle nprmf Gabriel, a.
gâch|age m Mezcla *f* | FIG. Desperdicio (gaspillage), chapuza *f* (bâclage) ‖ **~e** f Cerradero *m* ‖ **~er** vt Amasar (plâtre) | FIG. Malgastar (fortune), echar a perder (vie, travail) | FIG. *~ le métier,* estropear *ou* echar a perder el oficio. *~ son plaisir à qqn,* aguarle la fiesta a uno ‖ **~ette** f Gatillo *m*, disparador *m* (arme) | Gacheta (serrure) ‖ **~eur** m Amasador (plâtre) | Peón de albañil (aide-maçon) | FIG. Chapucero, frangollón ‖ **~is** m Mortero, argamasa *f* (mortier) | FIG. Estropicio (dégât), lío (embrouillement).
gaditain, e adj/s Gaditano, a.
gadoue [gadu] f Barro *m* (boue) | Basuras *pl* (ordures) | Estiércol *m* (engrais).
gaff|e f MAR. Bichero *m* | FAM. Plancha, metedura de pata, coladura, pifia | FAM. *Faire ~,* tener cuidado. *Faire une ~,* meter la pata, tirarse una plancha ‖ **~er** vt MAR. Aferrar | — Vi FAM. Meter la pata, tirarse una plancha, cometer una pifia.
gag m Gag (cinéma).
gaga adj/s FAM. Chocho, a | *Être ~,* chochear, estar chocho.
gag|e m Prenda *f* | FIG. Prueba *f*, testimonio (preuve) | Prenda *f* (jeux) | DR. Pignoración *f* | — Pl Sueldo *sing* | *À ~s,* a sueldo | *Mettre en ~,* empeñar | *Prêter sur ~s,* prestar con fianza ‖ **~er** vt Apostar (parier) | Empeñar (laisser en gage) ‖ **~eur, euse** adj/s Apostador, a ‖ **~eure** [gaʒy:r] f Apuesta | FIG. *C'est une ~,* parece imposible.
gagn|ant, e adj/s Ganador, a | Premiado, a (loterie) | *Jouer ~,* jugar a ganador ‖ **~e-pain** [gaɲpɛ̃] m Sustento ‖ **~er** vt Ganar | Ganarse : *~ sa vie,* ganarse la vida | Merecer, ganarse | Alcanzar (atteindre) | Dirigirse | Extenderse, propalarse (se propager) | FIG. Granjearse, captarse (amitié, etc) | *~ de vitesse,* adelantarse a | — Vi Extenderse | Ganar | Mejorarse | *~ à être connu,* ganar con el trato ‖ **~eur, euse** s Ganador, a; vencedor, a.
gai, e adj Alegre.
gaïac [gajak] m BOT. Guayaco.
gaieté ou **gaîté** [gɛte] f Alegría | *De ~ de cœur,* con agrado (avec plaisir), de intento, deliberadamente.
gaillard, ~e [gaja:r, ard] adj Gallardo, a (hardi) | FIG. Atrevido, a (osé) | — M FAM. Buen mozo | MAR. Castillo (avant), alcázar (arrière) | — F FAM. Real moza | IMPR. Gallarda ‖ **~ise** f FAM. Gallardía | Palabra atrevida.
gain m Ganancia *f* | FIG. Ventaja *f* | Victoria *f* | *Avoir ~ de cause,* ganar el pleito (procès), salirse con la suya (discussion).
gain|e f Funda (pistolet), vaina (épée) | Faja (lingerie) | MIN. *~ d'aération,* manga de ventilación ‖ **~-culotte** f Faja-braga ‖ **~er** vt Envainar (épée) | Forrar (câble) | Enfundar ‖ **~ier** m BOT. Ciclamor.
gaîté f V. GAIETÉ.
gala m Función (*f*) de gala (en tenue de soirée) | Gala *f* (représentation) | Fiesta *f* | *Habit de ~,* traje de gala | *Soirée de ~,* fiesta de etiqueta.
galandage m ARCH. Tabique de panderete.
galant, ~e adj Caballeroso, a | Galante, galano, a | Amoroso, a | *Agir en ~ homme,* portarse como un caballero | — M Galán | FAM. *Un vert ~,* un viejo verde ‖ **~erie** f Galantería | Piropo *m*, requiebro *m* (compliment) | Intriga amorosa.
galantine f Galantina.
galapiat m FAM. Pillo, tunante.
galaxie f Galaxia.
galb|e m ARCH. Perfil | FIG. Perfil; curva *f*, forma (*f*) redondeada ‖ **~é, e** adj Bien perfilado, a | FIG. Torneado, a ‖ **~er** vt Dar perfil *ou* forma elegante.
gale f MÉD. Sarna | FIG. Bicho (*m*) malo | FAM. *Méchant comme la ~,* más malo que la quina.
galée f IMPR. Galerada.
galéjade f Burla, chanza, cuchufleta (plaisanterie).

galène f Galena (sulfure de plomb).
galère f Galera.
galerie f Galería (construction, peinture, mines, théâtre) | AUT. Baca | FAM. Público *m* | FAM. *Amuser la ~,* distraer al auditorio.
galérien m Galeote | Presidiario (bagnard) | FIG. *Travailler comme un ~,* trabajar como un condenado.
galet m Guijarro, canto rodado (pierre) | TECH. Rodaja *f,* rodillo (rouleau).
galetas [galtα] m Sotabanco, desván | FIG. Zaquizamí.
galette f Torta | Galleta (de marin) | FAM. Parné *m,* guita (argent) | *~ des Rois,* roscón de Reyes.
galeux, euse adj/s Sarnoso, a.
galhauban m MAR. Burda *f.*
galibot m Minero joven.
Galice nprf Galicia (Espagne).
Galicie nprf Galitzia (Pologne).
galicien, enne adj/s Gallego, a (Galice) | De la Galitzia (Galicie).
Galilée nprf Galilea.
galiléen, enne adj/s Galileo, a.
galimatias [galimatja] m Galimatías.
galion m MAR. Galeón.
galipette f Voltereta, trecha.
galle f BOT. Agalla.
Galles npr Gales.
gallican, e adj/s Galicano, a.
gallicisme m Galicismo.
gallinacé, e adj ZOOL. Gallináceo, a | — Mpl Gallináceas *f.*
gallium [galjɔm] m Galio (métal).
gallois, e adj/s Galés, esa.
gallon m Galón (mesure).
gallo-romain, e adj/s Galorromano, a.
galoche f Galocha, zueco *m* | MAR. Pasteca (poulie).
galon m Galón.
galop [galo] m Galope | *Au grand* o *triple ~,* a galope tendido ‖ **~ade** f Galopada ‖ **~ant, e** adj Galopante ‖ **~er** vi Galopar | FAM. Correr, trotar ‖ **~in** m Galopín, pilluelo.
galoubet m Caramillo, zampoña *f.*
galurin m FAM. Güito, sombrero.
galvan|ique adj Galvánico, a ‖ **~isation** f Galvanización ‖ **~iser** vt Galvanizar ‖ **~isme** m Galvanismo ‖ **~oplastie** f Galvanoplastia ‖ **~otype** m IMPR. Galvano ‖ **~otypie** f Galvanotipia.
galvaud|er vt Frangollar (saboter) | FIG. Prostituir : *~ son talent,* prostituir su talento | *Expression galvaudée,* frase muy trillada | — Vi Vagar, vagabundear ‖ **~eux, euse** s FAM. Gandul, a.
gamb|ade f Brinco *m* ‖ **~ader** vi Saltar, dar brincos, brincar ‖ **~ette** f POP. Pierna (jambe) ‖ **~iller** [gãbije] vi POP. Brincar (sauter), bailar (danser).
gambit m Gambito (échecs).
gamelle f Escudilla (soldat) | Fiambrera, tartera (ouvrier) | FAM. Batacazo *m* (chute) | *Manger à la ~,* comer rancho.
gamète m BIOL. Gameto.
gamin, ~e s Piluelo, a | Rapaz, a ; chiquillo, a ; muchacho, a (enfant) ‖ **~erie** f Chiquillada, niñería (enfantillage) | Travesura (espièglerie).
gamma m Gamma *f.*
gamm|e f MUS. Escala, gama | FIG. Gama | FIG. *Changer de ~,* cambiar de tono ‖ **~é, e** adj *Croix ~,* cruz gamada, esvástica.
gamo|pétale adj/f BOT. Gamopétalo, a ‖ **~sépale** adj BOT. Gamosépalo, a.
ganache f Barbada (cheval) | FAM. Cernícalo *m* (sot).
gandin m Pisaverde, currutaco.
gang [gãg] m Gang.
Gange nprm Ganges.
ganglion m Ganglión.
gangrène f Gangrena.
gang|ster m Gángster ‖ **~stérisme** m Gangsterismo.
gangue f MIN. Ganga.
ganse f Trencilla, cordón *m.*
gant m Guante | FIG. *Aller comme un ~,* sentar como anillo al dedo | *Boîte à ~s,* guantera (de voiture) | *~ de toilette,* manopla | FIG. *Prendre des ~s,* obrar con miramiento, tratar con guante blanco *ou* con guante de seda | *Relever le ~,* recoger el guante ‖ **~elet** m Guantelete, manopla *f* ‖ **~er** vt Poner guantes, enguantar ‖ **~erie** f Guantería ‖ **~ier, ère** s Guantero, a.
garag|e m Garaje, cochera *f* | Apartadero (chemin de fer) ‖ **~iste** m Garajista.
garance f BOT. Rubia, garanza.
garant, ~e adj/s Fiador, a ; garante : *se porter ~ de,* salir fiador por, hacerse fiador de | — M Garantía *f* ‖ **~i, e** adj Garantizado, a | Respaldado, a (prêt) ‖ **~ie** [garãti] f Garantía, fianza | Resguardo *m* (bancaire) | Respaldo *m,* garantía (d'un prêt) | *Sous ~,* con garantía ‖ **~ir** vt Garantizar | Respaldar (un prêt) | Proteger.
garce f POP. Zorra (de mauvaise vie), bicharraca (méchante).
garçon m Muchacho | Varón (enfant mâle) | Soltero (célibataire) | Mozo : *~ boucher,* mozo de carnicero | *~ coiffeur,* oficial de peluquero | *~ de café,* camarero | *~ de courses,* recadero, mandadero | *~ de recette,* cobrador | *~ d'étage,* camarero de piso | *Petit ~,* niño | *Vieux ~,* solterón ‖ **~ne** f Marimacho *m* (virago) | Mujer libre ‖ **~net** m Niño, muchachito ‖ **~nière** f Marimacho *m* (fille) | Piso (*m*) de soltero (appartement).

garde f Guardia | Guarda (livre, serrure) | Guarnición (épée) | Enfermera | MIL. *Être au ~-à-vous*, estar firmes | *Faire bonne ~*, tener mucho cuidado con | *Se mettre au ~-à-vous*, *~ descendante, montante*, guardia saliente, entrante | *~ nationale*, milicia nacional | *Mettre sous la ~ de*, poner bajo la custodia de | *Monter la ~*, hacer guardia | *Prendre ~ de*, tener cuitado con | *Se mettre au ~-à-vous*, ponerse firmes, cuadrarse | *Se tenir sur ses ~s*, estar sobre aviso | *Sous bonne ~*, a buen recaudo | — M Guarda (gardien) | Guardia (agent) | *~ champêtre*, guarda rural | *~ forestier*, guardabosque | *~ de nuit*, guarda de noche, sereno | *~ des Sceaux*, ministro de Justicia | *~ du corps*, guardaespaldas || **~-barrière** s Guardabarrera || **~-boue** m inv Guardabarros || **~-chasse** m Guarda de caza, guardamonte || **~-chiourme** m Cómitre (galères) | Cabo de vara (prisons) || **~-corps** m inv Parapeto | MAR. Andarivel || **~-côte** m Guardacostas, patrullero || **~-feu** m inv Pantalla *f* || **~-fil** m inv Guiahílo, canal || **~-fou** m Antepecho | Pretil (parapet) || **~-frein** m Guardafrenos || **~-malade** s Enfermero, a || **~-manger** m inv Fresquera *f* || **~-meuble** m Guardamuebles.

gardénia m BOT. Gardenia *f*.

gard|er vt Guardar | Vigilar (surveiller) | Asistir (malade) | Conservar | No quitarse | Guardar : *~ le silence, le lit*, guardar silencio, la cama | Preservar | Proteger, amparar | Retener : *~ à déjeuner*, retener a almorzar | *Dieu m'en garde*, líbreme Dios | — Vp Evitar, abstenerse, guardarse || **~erie** f Guardería || **~e-robe** f Guardarropa || **~eur, euse** adj/s Guardador, a || **~e-voie** m Guardavía || **~ian** m Vaquero || **~ien, enne** s Guardián, ana | Guarda (musée, parc) | Portero, a; conserje | FIG. Salvaguardia | *~ de but*, guardameta | *~ de la paix*, guardia del orden público | *~ de prison*, carcelero | *~ de phare*, torrero.

gardon m Gobio (pez).

gare f Estación (trains) | Atracadero (bateaux) | *~ aérienne*, aeropuerto | *~ de triage*, apartadero | — Interj ¡Cuidado!, ¡ojo!

garenne f Vivar *m*, conejar *m* | — M Conejo de vivar *ou* de monte.

garer vt Aparcar (dans la rue) | Dejar en el garaje | Hacer entrar en la estación; llevar a una vía muerta (train) | FIG. Apartar (mettre de côté) | Preservar, poner a cubierto | — Vp Apartarse | Guarecerse (s'abriter) | Ponerse a cubierto.

gargaris|er (se) vp Hacer gárgaras, gargarizar || **~me** m Gargarismo | Gárgara *f* : *faire des ~s*, hacer gárgaras.

gargot|e f Figón *m*, tasca, bodegón *m* || **~ier, ère** s Figonero, a

gargouill|e [garguj] f Gárgola (toit) | Atarjea, canalón *m* (tuyau de descente) || **~ement** [-jmɑ̃] m Gorgoteo | Borborigmo (intestinal) || **~er** [-je] vi Hacer gorgoteos || **~is** [-ji] m Gorgoteo.

gargoulette f Alcarraza, botijo *m*.

garnement m Bribón, pillo.

garn|ir vt Guarnecer | Proveer (munir) | Adornar | Amueblar | Rellenar (rembourrer) | Reforzar | Llenar (remplir) | Alimentar (feu) || **~ison** f Guarnición || **~issage** m Adorno | Relleno (coussin) || **~iture** f Guarnición | Adorno *m*, aderezo *m* (parure) | Juego *m* (boutons, de cheminée) | Guarnición, aderezo *m* (plat) | TECH. Forro *m* (frein) | IMPR. Imposición | MÉD. Compresa | AUT. Tapicería.

Garonne nprf Garona *m*.

garrigue f Monte (*m*) bajo, carrascal *m*.

garrot m Cruz *f* (animal) | Garrote (supplice) | MÉD. Torniquete, garrote | Tarabilla *f* (d'une scie) | *Hauteur au ~*, alzada || **~te** f Garrote *m* || **~ter** vt Agarrotar.

gars [gɑ] m FAM. Chaval, muchacho, zagal | *Beau ~*, buen mozo.

Gascogne nprf Gascuña | *Golfe de ~*, mar Cantábrico, golfo de Vizcaya.

gascon, ~ne adj/s Gascón, ona || **~nade** f Fanfarronada.

gasoil ou **gas-oil** [gazɔil ou gazwal] m Gasoil, gasóleo.

gaspill|age [gaspija:ʒ] m Despilfarro, derroche || **~er** vt Despilfarrar, derrochar, malgastar (argent) | Desperdiciar (talent, temps) || **~eur, euse** adj/s Despilfarrador, a; derrochador, a.

gastéropode m Gasterópodo.

gastr|algie f Gastralgia || **~ique** adj Gástrico, a || **~ite** Gastritis || **~o-entérite** f Gastroenteritis.

gastronom|e m Gastrónomo || **~ie** f Gastronomía || **~ique** adj Gastronómico, a.

gâteau m Pastel : *~ feuilleté*, pastel de hojaldre | Panal (miel) | Torta *f* (maïs) | FAM. *Avoir part au ~*, sacar tajada. *C'est du ~*, es pan comido | *~ sec*, galleta | *Papa, maman ~*, padrazo, madraza.

gât|er vt Dañar, echar a perder (abîmer) | Estropear, deteriorar | Picar (dent) | FIG. Mimar, consentir (enfant), torcer, falsear (fausser), colmar de atenciones *ou* de regalos | — Vp Echarse a perder | Estropearse

(temps) | FIG. *Cela se gâte,* eso se pone feo || **~erie** f Mimo *m* | Golosina (friandise) || **~eux, euse** adj Chocho, a || **~isme** m Chochez *f.*
gauch|e adj Izquierdo, a | FIG. Torpe, torpón, ona | GÉOM. Alabeado, a | MIL. *À ~, ~!,* ¡izquierda, mar! | POP. *Mettre à ~,* ahorrar | — F Izquierda | Izquierda, zurda (main) | FIG. *Jusqu'à la ~,* hasta más no poder | *Un homme de ~,* un izquierdista || **~er, ère** adj/s Zurdo, a; zocato, a || **~erie** f Torpeza || **~ir** vt Torcer, ladear | Alabear (surface, planche) | — Vi/p Torcerse, ladearse | Alabearse || **~isant, e** adj/s Izquierdista || **~issement** m Torcimiento, ladeo | Alabeo.
gaucho adj/m Gaucho, a.
gaude f BOT. Gualda.
gaudriole f FAM. Chocarrería, chiste (*m*) picante.
gaufr|age m Gofrado, estampado || **~e** f Especie de barquillo (gâteau) | Panal (*m*) de miel || **~er** vt Gofrar, estampar (papier) | Encañonar (étoffe) || **~eur, euse** s Estampador, a || **~ier** m Barquillero, gofradora *f* || **~ure** f Estampado *m.*
gaul|age m AGR. Vareo || **~e** f Vara (bâton) | Caña (*f*) de pescar.
Gaule nprf Galia.
gauler vt AGR. Varear.
gaulois, ~e adj/s Galo, a | FIG. Picante, picaresco, a || **~erie** f Chiste (*m*) picante, broma atrevida.
gausser (se) vp Burlarse, guasearse.
gavage m Cebadura *f.*
gave m Torrente [pirenaico].
gav|é, e adj Ahíto, a; atiborrado, a || **~er** vt Cebar (animal) | FIG. Atiborrar, atracar || **~eur, euse** s Cebador, a.
gavotte f Gavota (danse).
gavroche m Pilluelo, golfillo.
gaz [gɑ:z] m Gas | FAM. Flato (rot) | FIG. *À plein ~,* a todo gas, a toda velocidad.
gaze f Gasa (étoffe).
gazé, e adj/s Gaseado, a.
gazéifi|cation f Gasificación || **~er** vt Gasificar.
gazelle f ZOOL. Gacela.
gazer vi POP. Pitar, carburar.
gazette f Gaceta | FIG. Correveidile *m,* gaceta, gacetilla.
gaz|eux, euse adj Gaseoso, a|| **~ier** m Gasista.
gazo|duc m Gasoducto || **~gène** m Gasógeno || **~line** f CHIM. Gasolina || **~mètre** m Gasómetro.
gazon m Césped | Hierba *f* : *hockey sur ~,* hockey sobre hierba.
gazouill|ant, e [gazujɑ̃, ɑ̃:t] adj Gorjeador, a; gorjeante (oiseau) | Murmurador, a (eau) || **~ement** [-jmɑ̃] m V. GAZOUILLIS || **~er** [-je] vi Gorjear (oiseau) | Balbucear (enfant) | Susurrar, murmurar || **~is** [-ji] m Gorjeo (oiseau) | Balbuceo (enfant) | Murmullo (eau).
geai [ʒɛ] m Arrendajo (oiseau)
géant, e adj/s Gigante, a.
geign|ard, e adj/s FAM. Quejumbrón, ona; quejica, plañidero, a || **~ement** m Gimoteo, queja *f.*
geindre* vi Gemir, gimotear.
gel m Helada *f* | CHIM. Gel.
gélatin|e f Gelatina || **~eux, euse** adj Gelatinoso, a.
gel|ée f Helada | Gelatina (viande) | Jalea (de fruits) | *~ blanche,* escarcha || **~er** vimp Helar | *~ blanc,* escarchar | — Vi/p Helarse | — Vt Helar | FIG. Congelar, bloquear.
gél|if, ive adj Resquebrajadizo, a | Agrietado, a (pierre, bois) || **~ification** f CHIM. Gelificación.
gelinotte f Ganga (oiseau).
gélivure f Grieta.
gélule f Cápsula.
Gémeaux mpl ASTR. Géminis.
gém|eaux mpl Gemelos || **~iné, e** adj Geminado, a | *Fenêtre ~,* ajimez.
gém|ir vi Gemir, quejarse, lamentarse || **~issant, e** adj Gimiente, quejumbroso, a || **~issement** m Gemido.
gemm|age m Sangradura *f,* resinación *f* || **~ation** f BOT. Gemación || **~e** [ʒɛm] f Resina de pino | Yema (pousse) | MIN. Gema || **~er** vt Sangrar [los pinos] || **~eur** m Sangrador, resinero (de pins) | Seringuero (de caoutchouc).
gênant, e adj Molesto, a.
gencive f ANAT. Encía.
gendarm|e m Gendarme (en France), guardia civil (en Espagne) | FAM. Sargento, guardia civil (autoritaire) | Pelo (défaut dans un diamant) || **~er (se)** vp Irritarse, encolerizarse || **~erie** f Gendarmería (en France), guardia civil (en Espagne).
gendre m Yerno, hijo político.
gène m ANAT. Gen, gene.
gên|e f Molestia, malestar *m* | Embarazo *m,* incomodidad (embarras) | FIG. Apuro *m,* escasez (pauvreté) || **~é, e** adj Molesto, a | Violento, a (embarrassé) | Apurado, a (sans argent) | Incómodo, a | Fastidiado, a (ennuyé).
généalog|ie f Genealogía || **~ique** adj Genealógico, a.
gêner vt Molestar, incomodar | Estorbar, entorpecer : *~ la circulation,* estorbar el tráfico | Poner en un apuro [económico] | Fastidiar (ennuyer).
général, ~e adj General | *En ~,* en *ou* por lo general | — M General | *~ d'armée,* capitán general | *~ de corps d'armée,* teniente general | —

F Generala (femme) | Ensayo (*m*) general (représentation) | MIL. Generala || **~isation** f Generalización || **~iser** vt Generalizar || **~issime** m Generalísimo || **~iste** m Internista (médecin) || **~ité** f Generalidad.
générat|eur, trice adj Generador, a | — M Generador | — F GÉOM. Generatriz || **~ion** f Generación.
généreux, euse adj Generoso, a.
générique adj Genérico, a | — M Ficha (*f*) técnica (cinéma).
générosité f Generosidad.
Gênes npr Génova.
genèse f Génesis (origine).
Genèse nprf Génesis *m* (livre).
genêt [ʒ(ə)nɛ] m BOT. Retama *f*.
génétique adj/f Genético, a.
genette f ZOOL. Jineta.
gêneur, euse s Importuno, a; estorbo *m*.
Genève npr Ginebra.
Geneviève nprf Genoveva.
genevois, e adj/s Ginebrino, a.
genévrier m BOT. Enebro.
géni|al, e adj Genial || **~e** m Genio | FIG. Talento, disposición *f* (qualités), carácter, índole *f* (d'une langue) | Cuerpo de ingenieros : *~ maritime*, cuerpo de ingenieros navales | Ingeniería *f* : *~ civil*, ingeniería civil.
genièvre m Enebro (arbre) | Enebrina *f* (baie) | Ginebra *f* (alcool).
génisse f ZOOL. Becerra, novilla | Ternera (boucherie).
génit|al, e adj Genital || **~if** m GRAM. Genitivo.
génocide m Genocidio.
génois, e adj/s Genovés, esa.
genou m ANAT. Rodilla *f* | MAR. Genol | MÉC. Articulación *f*, rótula *f* | Rodillera *f* (d'un pantalon) | *Se mettre à ~x*, arrodillarse, ponerse de rodillas | FAM. *Sur les ~x*, agotado, a || **~illère** [ʒ(ə)nujɛ:r] f Rodillera | MÉC. Articulación, rótula.
genre m Género, especie *f*, clase *f*, tipo | GRAM. Género | *Avoir mauvais ~*, tener mala catadura | *Être unique en son ~*, ser de lo que no hay, ser único | FAM. *Faire du ~*, darse tono | *Tableau de ~*, cuadro de costumbres.
gens [ʒɑ̃] mpl ou fpl Gente *fsing* : *beaucoup de ~*, mucha gente | DR. Gentes : *droit des ~*, derecho de gentes | Gente *fsing* (famille romaine) | *~ de maison*, empleados domésticos | *Jeunes ~*, jóvenes | *Petites ~*, gente menuda | *Vieilles ~*, ancianos.
gent [ʒɛ] f Gente : *la ~ ailée*, la gente alada.
gent, e adj Gentil, apuesto, a.
gentiane f BOT. Genciana.
gentil, ~le [ʒɑ̃ti, ij] adj Amable, simpático, a | Gentil, gracioso, a | Bueno, a (sage) | Mono, a (mignon) | FAM. Bueno, a : *~ somme*, buena cantidad | *Ce n'est pas ~*, no está bien | — M Gentil (païen) || **~homme** [-jɔm] m Hidalgo, gentilhombre || **~hommerie** f Hidalguía || **~hommière** f Casa solariega || **~lesse** [-jɛs] f Amabilidad, gentileza, simpatía | Amabilidad, atención, detalle *m* : *faire des ~s*, tener detalles | Gracia, gentileza || **~let, ette** [-jɛ, ɛt] adj Monín, ina (mignon) | Bastante amable.
gentleman m Gentleman, caballero.
génuflexion f Genuflexión.
géo|centrisme m Geocentrismo || **~désie** f Geodesia || **~désique** adj Geodésico, a || **~graphe** m Geógrafo || **~graphie** f Geografía || **~graphique** adj Geográfico, a.
geôl|e [ʒo:l] f Cárcel, prisión || **~ier, ère** [-lje, ɛ:r] s Carcelero, a.
géo|logie f Geología || **~logique** adj Geológico, a || **~logue** s Geólogo, a || **~mètre** s Geómetra | Agrimensor, perito topógrafo (arpenteur) || **~métrie** f Geometría : *~ dans l'espace, cotée*, geometría del espacio, por planos acotados || **~métrique** adj Geométrico, a || **~physique** f Geofísica || **~politique** f Geopolítica.
Georges [ʒɔrʒ] nprm Jorge.
géorgique adj/fpl Geórgico, a.
géosynclinal m Geosinclinal.
gérance f Gerencia.
géranium [ʒeranjɔm] m BOT. Geranio.
gérant, e s Gerente | *~ d'immeubles*, administrador de fincas urbanas.
gerb|age m AGR. Agavillado || **~e** f Gavilla, haz *m* | Ramo *m* (fleurs) | Surtidor *m*, chorro *m* (eau) | Haz *m*, abanico *m* (fusées) || **~er** vt AGR. Agavillar | Apilar (empiler) || **~eur, euse** adj/s AGR. Agavillador, a | — F Apiladora || **~ier** m AGR. Almiar.
gerc|ement m Agrietamiento || **~er** vt Agrietar | — Vi/p Cortarse, agrietarse (peau) | Resquebrajarse (pierre, etc).
gerçure f Grieta, cortadura.
gérer vt Administrar.
gerfaut m Gerifalte (oiseau).
gériatrie f Geriatría.
germain, e adj *Cousins ~s*, primos hermanos | *Frères ~s*, hermanos carnales | — Adj/s Germano, a.
german|ique adj Germánico, a || **~isant, e** adj/s Germanista || **~isme** m Germanismo || **~iste** s Germanista || **~ium** [ʒɛrmanjɔm] m CHIM. Germanio || **~ophile** adj/s Germanófilo, a || **~ophobe** adj/s Germanófobo, a.
germ|e m Germen | Galladura *f* (œuf) | FIG. *En ~*, en cierne || **~er** vi

Brotar, germinar | Fig. Germinar, nacer || **~icide** adj/m Germicida || **~inal, e** adj/m Germinal || **~inatif, ive** adj Germinativo, a || **~ination** f Germinación.
gérondif m Gram. Gerundio.
géronte m Vejestorio, carcamal | Geronte (théâtre).
gésier m Molleja *f*.
gésir* vi Yacer | Fig. Encontrarse, residir | *Ci-gît*, aquí yace.
gesse f Bot. Almorta.
gestation f Gestación.
geste m Ademán, gesto, movimiento | Señal *f* (signe) | Fig. *Avoir un beau ~*, tener un buen detalle | *Joindre le ~ à la parole*, unir la acción a la palabra | — F Gesta : *chanson de ~*, cantar de gesta.
gesticul|ation f Ademanes *mpl*, gesticulación || **~er** vi Hacer ademanes, gesticular.
gestion f Gestión || **~naire** adj Gestor, a | — M Gerente, gestor.
geyser [ʒezɛ:r] m Géyser, géiser.
ghazel m Zéjel (poésie arabe).
ghetto m Ghetto, judería *f*.
gibbon m Gibón (singe).
gibbosité f Giba, gibosidad.
gibecière f Zurrón *m*, morral *m* (berger) | Bolsa, cartera (écolier).
giberne f Mil. Cartuchera.
gibet m Horca *f* (potence) | Patíbulo, cadalso (échafaud).
gibier m Caza *f* : *gros, petit ~*, caza mayor, menor | Fig. Fam. *~ de potence*, carne de horca.
giboulée f Chubasco *m*, aguacero *m*, chaparrón *m*.
giboyeux, euse [ʒibwajø, ø:z] adj Abundante en caza.
gibus [ʒibys] m Sombrero de muelles.
gicl|ée f Chorro *m* || **~ement** m Salpicadura *f*, rociadura *f* || **~er** vi Saltar | Salpicar, rociar (éclabousser) || **~eur** m Aut. Surtidor, pulverizador, chicler.
gifl|e f Bofetada, guantazo *m* || **~er** vt Abofetear, guantear.
gigant|esque adj Gigantesco, a || **~isme** m Gigantismo.
gigogne adj *Lits, tables ~*, camas, mesas de nido.
gigolo m Fam. Chulo.
gigot m Pierna (*f*) de cordero | *Manches à ~*, mangas de jamón || **~er** vi Patalear, pernear.
gilet m Chaleco | Camiseta *f* (sous-vêtement).
gille [ʒil] m Bufón, payaso | Fig. Memo, bobo.
gimblette f Rosquilla.
gin [djin] m Ginebra *f*.
gingembre m Bot. Jengibre.
gingivite f Méd. Gingivitis.
girafe f Jirafa.
girandole f Girándula (candélabre) | Arracada, pendiente *m*.
giratoire adj Giratorio, a.
girofle m Clavo.
giroflée f Bot. Alhelí *m*.
girolle f Mízcalo *m* (champignon).
giron m Regazo | Fig. Seno | Huella *f* (d'une marche).
girond, e adj Pop. Bien hecho, a.
Gironde nprf Gironda *m*.
girouette f Veleta, giralda (m. us.) | Mar. Cataviento *m* | Fig. Veleta.
gis|ant, e adj Yacente | — M Estatua (*f*) yacente || **~ement** m Min. Yacimiento, criadero | Deriva *f* (angle).
gît [ʒi] V. gésir.
gitan, e adj/s Gitano, a.
gît|e m Morada *f*, albergue (demeure) | Madriguera *f* (animaux), cama *f* (lièvre) | — F Mar. Escora | *Donner de la ~*, dar de banda, escorar || **~er** vi/p Albergarse | Encamarse (animal) | Mar. Dar de banda, escorar.
givr|age m Capa (*f*) de escarcha || **~e** m Escarcha *f* || **~er** vt Escarchar.
glabelle f Entrecejo *m*.
glabre adj Lampiño, a ; glabro, a | Bot. Desnudo, a ; liso, a.
glaç|age m Glaseado || **~ant, e** adj Glacial.
glac|e f Hielo *m* (eau congelée) | Helado *m* (friandise) | Escarchado *m* (d'un gâteau) | Espejo *m* (miroir) | Luna : *armoire à ~*, armario de luna | Ventanilla, cristal *m* (d'une voiture, etc) | Jardín *m*, paño *m* (diamant) | Fig. *Être de ~*, ser como un pedazo de hielo | *~ de poche*, espejillo | Fig. *Rompre la ~*, romper el hielo || **~é, e** adj V. glacer | Fig. Frío, a; glacial || **~er** vt Helar, congelar (le froid) | Escarchar (pâtisserie) | Tech. Glasear | Fig. Dejar helado, paralizar || **~erie** f Cristalería || **~eur** m Tech. Glaseador || **~iaire** adj Glaciar || **~ial, e** adj Glacial || **~iation** f Glaciación || **~ier** m Géol. Glaciar, helero, ventisquero | Heladero (marchand de glaces) | Horchatero (limonadier) | Cristalero (vitrier) || **~ière** f Nevera (réfrigérateur) | Heladora (sorbetière) || **~is** [glasi] m Glacis, explanada *f* (fortification) | Arch. Vertiente (*f*) para la caída del agua.
glaç|on m Témpano, carámbano | Cubito de hielo (pour boissons) | Fig. Témpano || **~ure** f Tech. Vidriado.
gladiateur m Gladiador.
glaïeul [glajœl] m Bot. Gladíolo.
glair|e f Clara (œuf) | Flema (sécrétion) || **~eux, euse** adj Flemoso, a ; viscoso, a.
glais|e f Greda, arcilla | *Terre ~*, tierra gredosa, barro || **~eux, euse**

adj Gredoso, a; arcilloso, a ‖ **~ière** f Gredal *m*.
glaive m Espada *f* | FIG. Guerra *f;* poder.
glanage m Rebusca *f*, espigueo.
gland [glɑ̃] m BOT. Bellota *f* | Madroño, borla *f* (couture) | ANAT. Bálano ‖ **~age** m Bellotera *f* (cueillette) | Montanera *f* (lieu) ‖ **~e** [glɑ̃:d] f ANAT. Glándula ‖ **~ée** f AGR. Derecho (*m*) de montanera | Bellotera (cueillette) ‖ **~ulaire** adj Glandular.
glan|e f AGR. Espigueo *m*, rebusca ‖ **~er** vt AGR. Espigar, rebuscar | FIG. Rebuscar, sacar ‖ **~eur, euse** s Espigador, a.
glap|ir vi Gañir, chillar | FIG. Chillar ‖ **~issant, e** adj Chillón, ona ‖ **~issement** m Gañido, aullido | FIG. Chillido.
glas [glɑ] m Tañido fúnebre | *Sonner le ~*, doblar las campanas, tocar a muerto.
glauque adj Glauco, a.
glèbe f Gleba.
gléner vt MAR. Adujar.
gliss|ade f Resbalón *m*, patinazo *m* | Cupé *m*, paso (*m*) de lado (danse) ‖ **~ant, e** adj Resbaladizo, a; escurridizo, a ‖ **~ement** m Deslizamiento | Resbalamiento (involontaire) | Desmoronamiento, corrimiento (de terrain) ‖ **~er** vi Deslizarse | Resbalar, escurrirse (involontairement) | Dar un resbalón (tomber) | Patinar | Escurrirse, escaparse (échapper) | FIG. Pasar por alto (effleurer), no hacer la menor mella (ne pas affecter) | *Un sourire glissa sur ses lèvres*, esbozó una sonrisa | — Vt Echar, deslizar (introduire) | Deslizar, decir (dire) | Insinuar | — Vp Deslizarse, escurrirse, colarse | Meterse ‖ **~ière** f Corredera, guía.
glob|al adj Global ‖ **~e** m Globo | Fanal de cristal (pour protéger) | Bomba *f* (de lampe) ‖ **~e-trotter** [glɔbtrɔtœ:r] m Trotamundos.
globul|aire adj Globular ‖ **~e** m Glóbulo ‖ **~eux, euse** adj Globuloso, a | Saltón (œil) ‖ **~ine** f Globulina.
gloire f Gloria | Aureola (d'un saint) | *À la ~ de*, en honor a | *Se faire ~ de*, vanagloriarse de | FIG. *Travailler pour la ~*, trabajar por amor al arte.
gloria m Gloria.
gloriette f Glorieta, cenador *m*.
glorieux, euse adj Glorioso, a.
glorifi|cation f Glorificación ‖ **~er** vt Glorificar | — Vp Gloriarse, vanagloriarse.
gloriole f Vanagloria, ufanía.
glos|e f Glosa | FAM. Crítica ‖ **~er** vt/i Glosar | FAM. Criticar ‖ **~saire** m Glosario ‖ **~sateur** m Glosador.
glotte f ANAT. Glotis (du larynx).
glouglou m Gogló.
glouss|ement m Cloqueo | FAM. Risa (*f*) contenida ‖ **~er** vi Cloquear | FAM. Reír ahogadamente.
glouton, ~onne adj/s Glotón, ona ‖ **~nerie** f Glotonería.
glu [gly] f Liga ‖ **~ant, e** [glyɑ̃, ɑ̃:t] adj Viscoso, a; pegajoso, a | FIG. Pegajoso, a; pesado, a.
gluc|ide m Glúcido ‖ **~ose** m ou f Glucosa *f*.
glui m AGR. Bálago.
gluten [glytɛn] m Gluten.
glyc|émie f MÉD. Glicemia, glucemia ‖ **~éride** m Glicérido ‖ **~érine** f ou **~érol** m Glicerina *f* ‖ **~ine** f BOT. Glicina ‖ **~ogène** m BIOL. Glicógeno, glucógeno.
glyphe m Glifo.
gnangnan adj/s FAM. Flojo, a; llorón, ona.
gneiss [gnɛs] m Gneis (roche).
gnognote f POP. Fruslería.
gnole ou **gnôle** f POP. Aguardiente *m*, matarratas *m*.
gnome [gno:m] m Gnomo.
gnon m POP. Porrazo.
go (tout de) loc adv De sopetón, de buenas a primeras.
goal [go:l] m Guardameta, portero (gardien de but) | Gol (but).
gobelet m Cubilete.
gobe-mouches m inv Papamoscas (oiseau) | FIG. Papanatas.
gober vt Sorber | FIG. Tragarse (croire), tragar (apprécier) | FAM. *~ les mouches*, papar moscas | — Vp Estar muy creído de sí mismo, creérselo.
goberger (se) vp Regodearse | Burlarse (se moquer) | Repantigarse (se prélasser).
godasse f POP. Zapato *m*.
godelureau m Pisaverde, currutaco.
god|er vi Abolsarse, arrugarse, hacer pliegues ‖ **~et** m Cubilete (pour boire) | Salserilla *f* (de peintre) | Pliegue | Tabaquera *f* (de pipe) | Cangilón, arcaduz (auget).
godiche ou **godichon, onne** adj/s FAM. Torpe, ganso, a.
godill|e [gɔdij] f MAR. Espadilla ‖ **~er** vi MAR. Cinglar ‖ **~ot** [-jo] m POP. Zapatón.
godron m Cangilón, lechuga *f* (pli) | Alechugado (de jabot) | ARCH. Gallón, moldura (*f*) ovalada | Tenacillas *fpl* (fer) ‖ **~nage** m Abollonado | Encañonado (des tissus) ‖ **~ner** vt Abollonar (vaisselle, orfèvrerie, etc) | Alechugar, encañonar (tissus).
goél|and [gɔelɑ̃] m ZOOL. Gaviota *f* ‖ **~ette** f MAR. Goleta.
goémon m Fuco (algue).

gogo m FAM. Primo, tonto | FAM. *À ~*, a voluntad, a pedir de boca.
goguenard, ~e adj Guasón, ona; burlón, ona ‖ **~ise** f Sorna, guasa.
goguette f FAM. *Être en ~*, estar achispado (ivre), estar de juerga (s'amuser).
goinfr|e m FAM. Glotón, tragón, comilón ‖ **~er (se)** vp FAM. Darse un atracón ‖ **~erie** f FAM. Glotonería.
goitre m MÉD. Bocio, papera *f*.
golf m Golf (sport).
golfe m Golfo.
Golgotha nprm Gólgota.
gomm|age m Engomado ‖ **~e** f Goma | FAM. *À la ~*, de tres al cuarto. *Mettre la ~*, ir a todo gas, darse prisa ‖ **~e-gutte** f Gutagamba ‖ **~er** vt Engomar (enduire) | Borrar con goma (effacer) ‖ **~e-résine** f Gomorresina ‖ **~eux, euse** adj/s Gomoso, a; lechuguino, a.
gond [gɔ̃] m Gozne | FIG. *Mettre hors de ses ~s*, sacar de sus casillas *ou* de quicio. *Sortir de ses ~s*, salir de sus casillas *ou* de quicio.
gondol|age m Alabeo, combadura *f* ‖ **~ant, e** FAM. Mondante ‖ **~e** f Góndola ‖ **~er (se)** vp Alabearse, combarse | FAM. Desternillarse de risa ‖ **~ier** m Gondolero.
gonfl|age m Hinchado, inflado ‖ **~é, e** adj V. GONFLER | FIG. Valiente; fresco, a; atrevido, a ‖ **~ement** m Inflamiento, inflado | Hinchazón *f* (enflure) ‖ **~er** vt Hinchar, inflar | Hacer crecer (fleuve) | FIG. Ahuecar (voix), rellenar, meter paja en (un article) | — Vi Hincharse | — Vp Hincharse | FIG. Engreírse.
gong [gɔ̃ ou gɔ̃:g] m Gong.
goniométrie f Goniometría.
gonocoque m MÉD. Gonococo.
gonzesse f POP. Gachí.
gordien adjm Gordiano.
goret m Gorrino, cerdito | FAM. Gorrino, guarro (sale).
gorge f ANAT. Garganta | Cuello *m* (cou) | Pechos *mpl* (poitrine) | GÉOG. Garganta, quebrada, desfiladero *m* | ARCH. Mediacaña | TECH. Garganta | *Avoir la ~ serrée*, tener un nudo en la garganta | FAM. *Faire des ~s chaudes*, burlarse | FIG. *Rendre ~*, vomitar; restituir. *Rire à ~ déployée*, reir a carcajadas ‖ **~-de-pigeon** adj inv Tornasolado, a.
gorg|é, e adj V. GORGER | Impregnado, a; empapado, a ‖ **~ée** f Trago *m* | *À petites ~s*, a sorbos ‖ **~er** vt Cebar (animal) | FIG. Hartar, atracar (personne), colmar (combler) ‖ **~erette** f Cuello *m*, collarín *m*, gorguera ‖ **~erin** m Gola *f* (armure).
gorille [gɔrij] m Gorila | FAM. Guardaespaldas (garde du corps).
gosier m Gaznate, garguero | *Chanter à plein ~*, cantar a voz en cuello *ou* a voz en grito | FAM. *L'avoir en travers du ~*, tenerlo atravesado en la garganta.
gosse s FAM. Chiquillo, a; chaval, a.
goth [go] m Godo.
gothique adj/m Gótico, a.
gouache f Aguada.
gouaill|e [gwɑ:j] f Guasa, chunga ‖ **~eur, euse** [-jœ:r, ø:z] adj FAM. Guasón, ona; chunguero, a.
goudron m Alquitrán ‖ **~nage** m Asfaltado, alquitranado ‖ **~ner** vt Alquitranar, asfaltar ‖ **~neux, euse** adj Alquitranado, a; asfaltado, a | — F Alquitranadora.
gouet [gwɛ] m BOT. Aro, cala *f* | Hocino (serpe).
gouffre m Sima *f*, precipicio | Remolino, vorágine *f* (en mer) | FIG. Abismo (abîme), pozo sin fondo.
gouge f TECH. Gubia, mediacaña.
goujat [guʒa] m Patán, grosero ‖ **~erie** f Grosería.
goujon m Gobio (poisson) | TECH. Clavija *f*, espárrago (cheville), tarugo (en bois).
goul|ée f FAM. Bocado *m* (bouchée), trago *m* (gorgée) ‖ **~et** m Bocana *f* (d'un port) | Paso estrecho | FIG. *~ d'étranglement*, estrangulamiento ‖ **~ot** m Gollete | FIG. *~ d'étranglement*, estrangulamiento ‖ **~otte** f AGR. Canalillo *m* | ARCH. Canalón *m* ‖ **~u, e** adj/s Tragón, ona.
goupill|e [gupij] f Pasador (*m*) de bisagra (charnière) | Clavija, chaveta (cheville) ‖ **~er** vt Enclavijar, enchavetar; sujetar con pasador | FIG. Arreglar ‖ **~on** m Hisopo (eau bénite) | Limpiatubos (verre de lampe) | Escobilla *f*, limpiabotellas.
gourbi m Choza (*f*) árabe.
gourd, ~e [gu:r, gurd] adj Arrecido, a; yerto, a; entumecido, a ‖ **~e** f Cantimplora (flacon) | BOT. Calabaza | — Adj/f FAM. Zoquete.
gourdin m Garrote, porra *f*.
gourer (se) vp POP. Colarse, columpiarse, equivocarse.
gourgandine f FAM. Pelandusca.
gourmand, ~e adj/s Goloso, a | — M AGR. Chupón ‖ **~er** vt Reprender, reñir ‖ **~ise** f Gula, glotonería (vice) | Golosina (friandise) | FIG. Ansia.
gourm|e f MÉD. Impétigo *m* | VÉT. Muermo *m* | FIG. *Jeter sa ~*, correrla.
gourmet m Gastrónomo, sibarita | Catador (dégustateur).
gourmette f Barbada (cheval) | Pulsera, esclava (bracelet) | Cadena (de montre).
gouss|e f BOT. Vaina | *~ d'ail*, diente de ajo ‖ **~et** m Bolsillo (poche) | Repisa *f* (meuble) | ANAT. Sobaco.

goût [gu] m Gusto (sens) | Sabor : *~ de miel,* sabor a miel | Afición *f* : *avoir du ~ pour la lecture,* tener afición a la lectura | *Dans le ~ de,* a estilo de | *Petit ~,* gustillo | *Prendre ~ à,* aficionarse a | *Tous les ~s sont dans la nature,* sobre gustos no hay nada escrito || **~er** vt Probar | Saborear (savourer) | FIG. Apreciar: gozar de (jouir) | — Vi Merendar | — M Merienda *f*.

goutt|e f Gota | FAM. Aguardiente *m* | MÉD. Gota | *C'est la ~ d'eau qui fait déborder le vase,* la última gota hace rebasar la copa | FAM. *N'y voir ~,* no ver ni gota *ou* ni jota. *Suer à grosses ~s,* sudar la gota gorda | — Adv Nada, ni jota || **~-à-goutte** m Transfusión *(f)* gota a gota || **~elette** f Gotita || **~er** vi Gotear || **~ière** f Canalón *m*, canal *m* || MÉD. Entablillado *m*.

gouvern|ail [guvɛrnaj] m Timón | FIG. Riendas *fpl* || **~ant, e** adj Gobernante | — F Aya (d'un enfant) | Ama de llaves (d'un foyer) | — Mpl Gobernantes || **~e** f Gobierno *m* | — Pl Timonería *sing* || **~ement** m Gobierno || **~emental, e** adj Gubernamental || **~er** vt Gobernar | GRAM. Regir | — Vi MAR. Obedecer al timón || **~eur** m Gobernador | Ayo, preceptor.

goyav|e [gɔja:v] f BOT. Guayaba || **~ier** m BOT. Guayabo.

graal m Grial (vase).

grabat m Camastro.

grabuge m FAM. Gresca *f*, cisco.

grâce f Gracia | Favor *m* | Indulto *m*, gracia (prisonnier) | Gana : *de bonne ~,* de buena gana | *À la ~ de Dieu,* a la buena de Dios | *Coup de ~,* remate | *De ~,* por favor | *Demander ~,* pedir piedad | *Donner le coup de ~,* rematar | *Faire ~ de,* perdonar, dispensar de | *~ à,* gracias a | *Rendre ~(s),* dar gracias | — Interj ¡Piedad!

gracier vt Indultar.

graci|euseté f Atención || **~eux, euse** adj Gracioso, a; gentil | Gratuito, a; gracioso, a | — M Gracioso (bouffon).

gracile adj Grácil.

gracioso m Gracioso (bouffon).

grad|ation f Gradación || **~e** m Grado || **~é** adjm/m Suboficial || **~ient** m Gradiente || **~in** m Grada *f* | MIN. Bancada *f* | — Pl Gradería *fsing* (stade), tendido *sing* (arènes) || **~uation** f Graduación || **~uel, elle** adj/m Gradual || **~uer** vt Graduar.

graill|ement [grajmã] m Ronquera *f*, carraspera *f* || **~er** vi Carraspear || **~on** m Olor a grasa quemada | Restos *pl* | Gargajo (crachat) || **~onner** vi Oler a grasa quemada.

grain m Grano | Cuenta *f* (de chapelet) | MAR. Turbonada *f*, vendaval | Chaparrón (averse) | — Pl Cereales | FAM. *En avoir un ~,* estar chiflado | *~ de beauté,* lunar | *~ de folie,* vena de loco | FIG. *Mettre son ~ de sel,* echar su cuarto a espadas. *Veiller au ~,* estar sobre aviso || **~e** f Pepita (pépin) | Grano *m* (nourriture) | BOT. Semilla | FIG. *En prendre de la ~,* tomar modelo. *Mauvaise ~,* mala hierba | *Monter en ~,* entallecerse, dar grana (plantes), crecer, espigar (grandir) || **~eterie** [grɛnt(ə)ri] f Comercio *(m) ou* tienda de granos || **~etier, ère** s Comerciante en granos.

graiss|age m Engrasado, engrase || **~e** f Grasa | Manteca, sebo *m* (de porc) || **~er** vt Engrasar | Manchar de grasa (tacher) | — Vi Ahilarse (vin) || **~eur, euse** adj/s Engrasador, a || **~eux, euse** adj Grasiento, a | Graso, a (substance).

graminacées ou **graminées** fpl Gramíneas.

gramm|aire f Gramática || **~airien, enne** adj/s Gramático, a || **~atical, e** adj Gramatical.

gramme m Gramo.

gramophone m Gramófono.

grand, e [grã, ã:d] adj Grande | Alto, a (taille) | Largo, a (long) | Mayor : *~ écuyer,* caballerizo mayor | *Alexandre le Grand,* Alejandro Magno | *Être assez ~ pour,* ser ya mayorcito para | *~s personnes,* personas mayores | *Plus ~,* mayor, más grande, más alto | — M Adulto, mayor, persona *(f)* mayor | Grande (d'Espagne) | — Adv Muy : *les yeux ~ ouverts,* los ojos muy abiertos | *En ~,* por lo alto, a lo grande (très bien), de par en par (complètement) | *Voir ~,* ver en grande.

grand|-chose m inv *Pas ~,* poca cosa | *Un pas- ~,* un don nadie, un cualquiera || **~-croix** f inv Gran cruz (d'un ordre) || **~-duc** m Gran duque (titre) || **~-duché** m Gran ducado.

Grande-Bretagne nprf Gran Bretaña.

grande-duchesse f Gran duquesa.

grand|elet, ette adj Grandecito, a || **~eur** f Tamaño *m* (taille) | Magnitud (importance) | FIG. Grandeza | ASTR. Magnitud | *~ d'âme,* magnanimidad | *Sa Grandeur,* su Ilustrísima (évêque) || **~iloquence** f Grandilocuencia, prosopopeya || **~iloquent, e** adj Grandilocuente || **~iose** adj Grandioso, a || **~ir** vi Crecer | *~ d'un coup,* dar un estirón | — Vt Agrandar, aumentar | FIG. Amplificar (amplifier), engrandecer (rendre plus élevé) | — Vp Engrandecerse, parecer más alto || **~issant, e** adj Creciente |

Que crece (enfant) ‖ **~issement** m Engrandecimiento | Crecimiento (croissance) | Aumento, ampliación *f* (optique).
grand-livre m COM. Libro mayor ‖ **~-maman** f FAM. Abuelita ‖ **~-mère** f Abuela ‖ **~-messe** f Misa mayor ‖ **~-oncle** [grɑ̃tɔ̃:kl] m Tío abuelo ‖ **~-papa** m FAM. Abuelito ‖ **~-peine (à)** loc adv A duras penas ‖ **~-père** m Abuelo ‖ **~-rue** f Calle mayor ‖ **~s-parents** mpl Abuelos ‖ **~-tante** f Tía abuela ‖ **~-voile** f Vela mayor.
grange f Granero *m*, troje.
granit|e ou **granit** m Granito, piedra (*f*) berroqueña ‖ **~é** m Granizado (boisson) ‖ **~eux, euse** ou **~ique** adj Granítico, a.
granul|aire adj Granular ‖ **~ation** f Granulación ‖ **~e** m Gránulo ‖ **~é, e** adj/m Granulado, a ‖ **~er** vt Granular ‖ **~eux, euse** adj Granuloso, a.
graphi|e f Grafismo *m*, grafía ‖ **~que** adj Gráfico, a | — M Gráfico, gráfica *f* ‖ **~sme** m Grafismo ‖ **~te** m Grafito.
grapho|logie f Grafología ‖ **~logue** adj/s Grafólogo, a.
grappe f Racimo *m*.
grappill|age [grapija:ʒ] m Rebusca *f* | FIG. Ventajilla *f* ‖ **~er** [-je] vi Rebuscar | — Vt/i FIG. Sacar (recueillir), sisar, sacar provecho (tirer profit), picar (manger) ‖ **~on** [-jɔ̃] m Gajo, racimillo.
grappin m MAR. Rezón, anclote | Gancho (crochet) | FIG. *Mettre le ~ sur*, echar el guante a.
gras, ~e [grɑ, gras] adj Graso, a | Gordo, a (gros) | Grasiento, a; pringoso, a (graisseux) | Fértil, ubérrimo, a | Carnoso, a (plante) | FIG. Resbaladizo, a (glissant), grueso, a (écriture), abundante | *Caractère ~*, negrilla | *Eaux ~s*, lavazas | *Jour ~*, día de carne | *Terrain ~*, campo pesado | — M Gordo (viande) | Parte (*f*) carnosa (d'un membre) | — Adv *Faire ~*, comer carne ‖ **~-double** m Callos *pl* ‖ **~sement** adv Con comodidad | Generosamente, largamente ‖ **~set** m Gordetillo, babilla *f*.
grasseyer [grasɛje] vi Pronunciar guturalmente la letra *r*.
grassouillet, ette adj FAM. Regordete, a; gordinflón, ona.
graticuler vt Cuadricular.
gratifi|cation f Gratificación ‖ **~er** vt Gratificar.
gratin m Gratén | FAM. La flor y nata, la crema ‖ **~é, e** adj POP. Fenomenal; menudo, a ‖ **~er** vt Guisar al gratén.
gratis [gratis] adv Gratis, de balde.
gratitude f Gratitud.
gratt|age m Raspadura *f* ‖ **~e** f AGR. Escardillo *m* | FAM. Sisa ‖ **~e-ciel** m inv Rascacielos ‖ **~e-cul** m inv BOT. Tapaculo ‖ **~e-papier** m inv FAM. Chupatintas ‖ **~e-pieds** m inv Limpiabarros ‖ **~er** vt Raspar (outil) | Rascar (ongle) | Raspear (plume) | Rascar (guitare) | Escarbar (le sol) | FIG. Chupar, raspar (argent), trabajar (travailler), adelantar (dépasser) | — Vp Rascarse ‖ **~eur** m *~ de papier*, emborronador de cuartillas ‖ **~oir** m Raspador (canif) | Raedera *f*, rascador (outil).
gratuit, ~e adj Gratuito, a ‖ **~é** f Gratuidad.
gravats [gravɑ] mpl Cascotes, cascajos, escombros.
grave adj/m Grave.
gravel|eux, euse adj Guijoso, a | FIG. Escabroso, a; indecente ‖ **~le** f Arenilla, cálculos (*mpl*) urinarios.
gravement adv De gravedad : *~ malade*, enfermo de gravedad | Seriamente.
grav|er vt Grabar (*sur*, en) ‖ **~eur** m Grabador.
gravide adj Grávido, a.
gravier m Grava *f*, guijo.
gravillon [gravijɔ̃] m Gravilla *f*, almendrilla *f*, grava (*f*) menuda ‖ **~ner** vt Cubrir con gravilla ‖ **~neur** m Gravilladora *f*.
gravir vt Escalar, subir (monter) | Trepar (alpinisme).
gravitation f Gravitación.
gravité f Gravedad | *Centre de ~*, centro de gravedad.
graviter vi Gravitar.
gravure f Grabado *m*.
gré m Grado : *de bon ~*, de buen grado | Voluntad *f* | *Au ~ de*, al capricho de, a merced de | *Bon ~, mal ~*, de buen o mal grado, de grado o por fuerza | *Contre son ~*, mal de su grado | *De mauvais ~*, de mal grado, de mala gana | *De son plein ~*, por su propia voluntad | *Savoir ~ de*, agradecer, estar agradecido de.
gréage m MAR. Aparejo.
grec, grecque adj/s Griego, a.
Grèce nprf Grecia.
gréco|-latin, e adj Grecolatino, a ‖ **~-romain, e** adj Grecorromano, a.
grecque f ARCH. Greca.
gredin, ~e s Pillo, a; bribón, ona ‖ **~erie** f Bribonería, pillería.
gré|ement [gremɑ̃] m Aparejo ‖ **~er** [gree] vt Aparejar, enjarciar.
greff|age m AGR. Injerto ‖ **~e** [grɛf] m DR. Escribanía *f* | — F AGR. MÉD. Injerto *m* | Trasplante *m* (du cœur, etc) ‖ **~er** vt Injertar | MÉD. Trasplantar (un organe) | FIG. Incorporar ‖ **~eur** m Injertador ‖ **~ier** m Escribano forense ‖ **~on** m Injerto.

grégaire adj Gregario, a.
grège adjf Cruda (soie).
Grégoire nprm Gregorio.
grégorien, enne adj Gregoriano, a.
grègues fpl Gregüescos *m* | FIG. *Tirer ses ~,* tomar las de Villadiego.
grêl|e adj Delgaducho, a; canijo, a | Menudo, a (fin) | ANAT. Delgado, a | — F Granizo *m* | FIG. Granizada, lluvia | *Chute de ~,* granizada || **~é, e** adj Picado de viruelas || **~er** vimp Granizar.
grelin m Calabrote (câble).
grêlon m Granizo.
grelot m Cascabel | FIG. *Attacher le ~,* poner el cascabel al gato || **~tant, e** adj Aterido, a; tiritando || **~tement** m Temblor de frío || **~ter** vi Tiritar, temblar de frío.
grenad|e f BOT. MIL. Granada || **~ier** m BOT. Granado | MIL. Granadero || **~ille** f BOT. Pasionaria || **~in, e** adj/s Granadino, a (de Grenade) | — F Granadina.
gren|aille [grənɑ:j] f Granalla || **~ailler** vt TECH. Granear || **~aison** f BOT. Granazón || **~at** adj/m Granate || **~eler** vt Granear | Puntear (dessin) || **~er** vi BOT. Granar | — Vt TECH. Granear.
grènetis m Gráfila *f*.
grenier m Granero (grange) | Desván (d'une maison) | *~ à foin,* henil.
grenouill|age m FAM. Chanchullos pl || **~e** [grənuj] f Rana : *cuisses de ~,* ancas de rana | FAM. *~ de bénitier,* rata de sacristía || **~ette** f BOT. Ranúnculo *m* | MÉD. Ránula.
gren|u, e adj Granado, a (épi) | Granoso, a (cuir, etc) || **~ure** f Graneado *m*.
grès [grɛ] m Asperón, arenisca *f*, **gres** | Gres (céramique).
gréseux, euse adj Arenisco, a.
grésil m Granizo menudo y duro || **~lement** m Chirrido | Chisporroteo (crépitement) || **~ler** vimp Granizar | — Vi Chirriar | Chisporrotear (crépiter) || **~lon** m Cisco (charbon).
grésoir m TECH. Grujidor.
gressin m Pico, colín (pain).
grève f Playa arenosa (mer) | Arenal *m* (fleuve) | Huelga (arrêt de travail) : *se mettre en ~,* declararse en huelga | *~ perlée, sur le tas, tournante,* huelga intermitente, de brazos caídos, escalonada *ou* alternativa.
grever vt Gravar | FIG. Cargar, recargar (peser sur).
gréviste adj/s Huelguista.
gribouill|age [gribuja:ʒ] m FAM. Garabateo, garabato (écriture), mamarracho (peinture) || **~er** [-je] vi FAM. Garrapatear (écrire), pintarrajear (peindre) || **~eur, euse** [-jœ:r, ø:z] s FAM. Garrapateador, a (qui écrit mal), pintamonas, mamarrachista (peintre) || **~is** [-ji] m FAM. Garrapatos *pl*.
grief [grijɛf] m Queja *f* | *Faire ~ de,* reprochar, quejarse de.
grièvement adv Gravemente, de gravedad.
griff|ade f Arañazo *m*, zarpazo *m* || **~e** f Uña (ongle) | Garra, zarpa (patte) | FIG. Firma, rúbrica (signature), estampilla (cachet), etiqueta | ARCH. Zarpa | BOT. Raíz | TECH. Uña, diente *m* | FAM. Garra (main) | FIG. *Montrer les ~s,* mostrar las garras. *Tomber entre les ~s de,* caer en las garras de || **~er** vt Arañar (égratigner) | Agarrar (avec les griffes) || **~on** m Grifo (animal fabuleux) | Grifón (chien).
griffon|nage m Garabatos *pl*, garambainas *fpl* || **~nement** m Boceto || **~ner** vt/i Garabatear, garrapatear (écrire) | Bosquejar, apuntar (dessiner) | FIG. Escribir de prisa y corriendo.
grignon m Orujo (olive).
grignot|age ou **~ement** m Roedura *f* | FIG. Destrucción (*f*) lenta || **~er** vt/i Roer | Comisquear, comiscar (manger) | FIG. Comer poco a poco (faire diminuer), pellizcar, sacar ventaja (tirer profit).
grigou m FAM. Roñoso, tacaño.
gril [gril] m Parrilla *f* | Enrejado, rejilla *f* (d'une vanne) | Telar (théâtre) || **~lade** [grijad] f Carne asada en la parrilla || **~lage** m Tostado (torréfaction) | Asado (cuisson) | Alambrera *f* (treillis) | Reja *f* (d'une fenêtre) | TECH. Tostado, calcinación *f* (minerai), chamuscado, flameado (textile) || **~lager** vt Enrejar, alambrar || **~le** [grij] f Reja (fenêtre) | Cancela (porte) | Verja (clôture) | Locutorio *m* (parloir) | Casillas *pl*, encasillado *m* (mots croisés) | Carta de ajuste (télévision) | TECH. Rejilla | *~ de statistiques,* red de estadísticas || **~le-pain** m inv Tostador de pan || **~ler** vt Tostar (torréfier) | Asar (cuire) | Enrejar (fenêtre) | Abrasar (trop chauffer) | Quemar (brûler) | Fundir, fundirse (lampe) | Tostar, calcinar (minerai) | FAM. Echar (cigarette), pasar sin detenerse (feu rouge) | — Vi Tostarse | FIG. Achicharrarse, asarse, tostarse | *~ d'envie de,* arder en deseos de || **~loir** m Tostador.
grillon m Grillo (insecte).
grill-room [grilrum] m Parrilla *f*.
grimac|e f Gesto *m*, mueca, cara, mohín *m*, visaje *m* | FIG. Disimulo *m*, fingimiento *m* (feinte), arruga (faux pli) | *Faire la ~,* poner mal gesto

ou mala cara ‖ **~er** vi Gesticular (en parlant), hacer gestos (de douleur), hacer muecas (burlesques) | FIG. Hacer pliegues *ou* arrugas ‖ **~ier, ère** adj/s Gestero, a; gesticulador, a | FIG. Remilgado, a (minaudier), hipócrita.
grim|age m Maquillado ‖ **~e** m Actor de carácter, barba, característico ‖ **~er** vt Maquillar.
grimoire m Libro mágico.
grimp|ant, e adj Trepador, a ‖ **~ée** f Subida ‖ **~er** vi Trepar | Subirse (monter) | Subir, estar empinado (être en pente) | — Vt Escalar ‖ **~ereau** m ZOOL. Trepatroncos ‖ **~ette** f FAM. Repecho *m* ‖ **~eur, euse** s Trepador, a | — M Escalador (cycliste) | — Mpl Trepadoras *f* (oiseaux).
grinc|ement m Chirrido, rechinamiento ‖ **~er** vi Rechinar, chirriar | *~ des dents,* rechinar los dientes.
grincheux, euse adj/s Gruñón, ona; cascarrabias.
gringalet, ette m Mequetrefe, alfeñique.
griotte f Guinda garrafal (cerise).
grippage m TECH. Agarrotamiento.
gripp|al, e adj Gripal ‖ **~e** f MÉD. Gripe | FIG. *Avoir pris en ~,* tener tirria *ou* ojeriza a. *Prendre en ~,* tomar tirria *ou* ojeriza a ‖ **~é, e** adj MÉD. Griposo, a | TECH. Agarrotado, a (moteur) | *Être ~,* estar con gripe ‖ **~ement** m TECH. Agarrotamiento ‖ **~er** vi Agarrotarse | — Vp Agarrotarse (moteur) | MÉD. Coger la gripe.
grippe-sou m FAM. Agarrado, roñoso.
gris, ~e [gri, gri:z] adj Gris | Canoso, a (cheveux) | Cubierto, a; nublado, a (temps) | FAM. Achispado, a (ivre), triste | — M Gris ‖ **~aille** [grizɑ:j] f Grisalla (peinture) ‖ **~ant, e** adj Embriagador, a ‖ **~âtre** adj Grisáceo, a; pardusco, a | Entrecano, a (cheveux) | Sombrío, a.
grisbi m POP. Moni, parné (argent).
gris|é m Matiz gris (dessin) | Retícula *f* ‖ **~er** vt Dar color gris | FIG. Achispar (émécher), emborrachar (enivrer), embriagar (transporter) ‖ **~erie** f Embriaguez.
grisette f Modistilla, costurera.
grison, ~onne adj/s Grisón, ona | — M Rucio (âne) ‖ **~nant, e** adj Entrecano, a ‖ **~ner** vi Encanecer.
grisou m Grisú : *coup de ~,* explosión de grisú.
grive f Tordo *m,* zorzal *m* | *Faute de ~s, on mange des merles,* a falta de pan, buenas son tortas.
grivois, ~e adj Picaresco, a; verde, subido de tono ‖ **~erie** f Broma picaresca, cosa verde.

Groenland nprm Groenlandia *f.*
grog [grɔg] m Grog, ponche.
grogn|ard m Veterano, soldado viejo ‖ **~ement** m Gruñido | FIG. Gruñido, refunfuño ‖ **~er** vi Gruñir | FIG. Refunfuñar ‖ **~eur, euse** ou **~on, onne** adj/s FAM. Gruñón, ona.
groin m Jeta *f,* hocico.
grommeler vt Mascullar | — Vi Refunfuñar.
grond|ement m Gruñido (chien, chat, etc), rugido (lion, etc) | FIG. Fragor, tronido, estruendo ‖ **~er** vi Gruñir (chien, etc), rugir (lion, etc) | FIG. Bramar (les éléments), retumbar (canon, tempête), gruñir, refunfuñar (grogner) | — Vt Regañar, reñir ‖ **~ erie** f Regañina, regaño *m,* reprimenda ‖ **~eur, euse** adj/s Regañón, ona | Gruñón, ona (grognon).
groom [grum] m Botones.
gros, grosse [gro, gro:s] adj Grueso, a; gordo, a | Fuerte, grueso, a : *~ voix,* voz fuerte | Fuerte : *~ fièvre,* calentura fuerte | Tosco, a; basto, a; burdo, a (grossier) | FIG. Fuerte, agitado, a (mer) | Importante, de bulto | Rico, a | — M Grueso | Lo más duro | COM. Comercio al por mayor | *Le ~ de l'été,* la canícula | *Le ~ de l'hiver,* lo más crudo del invierno | *Marchand en ~,* comerciante al por mayor, mayorista | — Adv Grueso | Mucho (beaucoup) | Fuerte : *jouer ~,* jugar fuerte | FIG. *En avoir ~ sur le cœur,* estar con el corazón entristecido | *En ~,* al por mayor (commerce), en líneas generales | — F COM. Gruesa | DR. Copia, traslado *m.*
groseill|e [grɔzɛj] f BOT. Grosella ‖ **~ier** m BOT. Grosellero.
grossesse f Embarazo *m.*
gross|eur f Grueso *m,* tamaño *m* (taille) | Gordura (embonpoint) | Bulto *m* (bosse) ‖ **~ier, ère** adj Grosero, a; tosco, a; basto, a; burdo, a | Grosero, a (impoli) | Burdo, a (mensonge) ‖ **~ièreté** f Grosería | Tosquedad, rudeza (rudesse) ‖ **~ir** vt Engordar | Hacer gordo (faire paraître gros) | Aumentar, amplificar (avec le microscope) | FIG. Exagerar | — Vi Engordar | Crecer (fleuve) | FIG. Aumentar ‖ **~issant, e** adj Creciente | De aumento (verres) ‖ **~issement** m Crecimiento, aumento | Aumento, amplificación *f* (optique) | Engrosamiento (personnes) | Engorde (animaux) ‖ **~iste** m COM. Mayorista.
grotesque adj Grotesco, a.
grotte f Gruta, cueva.
grouill|ant, e [grujɑ̃, ɑ̃:t] adj Hormigueante ‖ **~ement** [-jmɑ̃] m Hormigueo, bullicio ‖ **~er** [-je] vi Hormiguear, hervir, bullir | FAM. Moverse (bouger), rebosar (de monde)

| — Vp FAM. Moverse, menearse, darse prisa.
group|age m Agrupamiento || **~e** m Grupo || **~ement** m Agrupamiento | Agrupación *f* (politique) || **~er** vt Agrupar.
gruau [gryo] m Sémola *f* (blé) | Harina (*f*) de flor.
grue f Grulla (oiseau) | TECH. Grúa | FAM. Zorra (femme légère).
grugeoir [gryʒwa:r] m TECH. Grujidor (de vitrier).
gruger vt FIG. Timar, embaucar.
grum|e f Tronco *m* || **~eau** m Grumo || **~eler (se)** vp Formar grumos, engrumecerse || **~eleux, euse** adj Grumoso, a.
Guadeloupe nprf Guadalupe.
guano m Guano (engrais).
guarani adj/s Guaraní.
guatémaltèque adj/s Guatemalteco, a.
gué m Vado | *Passer à ~*, vadear.
guenille [gənij] f Andrajo *m*, harapo *m* | FIG. Guiñapo *m* | *En ~s*, andrajoso, a; harapiento, a.
guenon f ZOOL. Mono *m* (mâle), mona (femelle) | FIG. Adefesio *m*, mujer fea (femme laide).
guépard m Onza *f* (félin).
guêp|e f Avispa || **~ier** m Avispero (nid) | Abejaruco (oiseau) | FIG. Avispero (situation difficile).
guère adv Casi, apenas | *Il ne s'en est ~ fallu*, poco ha faltado para ello.
guéret m AGR. Barbecho.
guéridon m Velador (table).
guérill|a [gerija] f Guerrilla || **~ero** [-jero] m Guerrillero.
guér|ir vt Curar | Vi Sanarse, curarse || **~ison** f Curación || **~isseur, euse** s Curandero, a.
guérite f Garita.
guerr|e f Guerra : *la ~ en dentelles*, la guerra galana | *À la ~ comme à la ~*, cual el tiempo tal el tiento | *De bonne ~*, en buena lid | *De ~ lasse*, cansado de luchar | *La drôle de ~*, la guerra boba || **~ier, ère** adj/s Guerrero, a || **~oyer** [gɛrwaje] vi Guerrear.
guet m Acecho | Ronda *f*, patrulla *f* (ronde) || **~-apens** [gɛtapɑ̃] m Emboscada *f* | FIG. Asechanza *f*, celada *f*.
guêtre f Polaina.
guett|er vt Acechar || **~eur** m Vigía, atalaya *f* (p. us.) | Centinela, escucha.
gueul|ard, e [gœla:r, ard] adj/s POP. Gritón, ona; vocinglero, a (personne), chillón, ona; llamativo, a (couleur) | — M Bocina *f* (porte-voix) | Tragante, cebadero (haut fourneau) || **~e** [gœl] f Hocico *m*, boca (animaux), fauces *pl* (fauves) | FAM. Jeta (visage), boca (bouche), buen aspecto *m*, buena pinta (bel aspect) | Boca (canon) | TECH. Boca | POP. *Casser la ~*, romper la cara *ou* las narices. *Être fort en ~*, ser deslenguado (mal parler), ser vocinglero (parler fort). *Faire la ~*, poner mala cara | POP. *Grande ~*, bocazas, hablador, boceras | FAM. *~ cassée*, mutilado. *~ de bois*, resaca | FIG. *Se jeter dans la ~ du loup*, meterse en la boca del lobo || **~-de-loup** f BOT. Dragón *m* (fleur) || **~er** vi POP. Gritar, vocear, vociferar || **~es** m BLAS. Gules *pl* || **~eton** m POP. Comilona *f*, francachela *f* || **~etonner** vi POP. Estar de comilona.
gueusaille f Pobretería, canalla.
gueuse [gø:z] f TECH. Lingote (*m*) de arrabio (lingot), lingotera (moule).
gueux, euse [gø, gø:z] adj/s Pordiosero, a; mendigo, a | Pícaro, a; bribón, ona (coquin).
gugusse m FAM. Augusto, payaso.
gui [gi] m BOT. Muérdago | MAR. Botavara *f*.
Gui ou **Guy** nprm Guido.
guibolle f POP. Zanca (jambe).
guiches fpl Patillas (cheveux).
guichet m Portillo, postillo (petite porte) | Taquilla *f*, ventanilla *f* (d'un bureau) | *Jouer à ~ fermé*, actuar con el teatro lleno *ou* con el cartel de no hay billetes || **~ier** m Taquillero | Carcelero (geôlier).
guid|age m Conducción *f* | Dirección *f*, guiado (d'un projectile) || **~e** m Guía | Lazarillo (aveugles) | Guía *f* (livre) | — Fpl Guías, riendas (rênes) || **~e-âne** m Falsilla *f* (pour écrire) | Manual || **~eau** m Mangueta *f* || **~-fil** m inv Guiahílos || **~er** vt Guiar || **~on** m Manillar, guía *f* (bicyclette) | Punto de mira, guión (fusil) | MAR. Gallardete | MIL. Banderín.
guign|e [giɲ] f BOT. Cereza mollar, guinda | FIG. Mala suerte, negra, cenizo *m* || **~er** vi Mirar de reojo | — Vt Mirar de soslayo | FIG. Codiciar, echar el ojo a || **~ier** m Guindo (arbre).
guignol m Guiñol | *Faire le ~*, hacer el payaso.
guillaume m Guillame (rabot).
Guillaume nprm Guillermo.
guilledou [gijdu] m FAM. *Courir le ~*, andar de picos pardos.
guillemets [gijmɛ] mpl Comillas *f*.
guilleret, ette adj Vivaracho, a; alegre | *Être tout ~*, bailarle a uno los ojos de alegría.
guillotin|e f Guillotina || **~er** vt Guillotinar.
guimauve f Malvavisco *m* | *Pâte de ~*, melcocha.
guimbarde f FAM. Carricoche *m*, cacharro *m*, cascajo *m* (voiture) | Guimbarda (rabot) | Galera (chariot).

guimpe f Griñón *m* (de religieuse) | Camisolín (*m*) bordado (de femme).

guind|é, e adj FIG. Tieso, a; estirado, a; afectado, a (affecté), ampuloso, a || **~eau** m MAR. Guindaste, maquinilla *f*, molinete || **~er** vt MAR. Guindar, izar | — Vp Entonarse || **~eresse** f MAR. Guindaleza.

guinée f Guinea (monnaie).

Guinée nprf Guinea.

guingois (de) loc adv De soslayo.

guinguette f Ventorrillo *m*, merendero *m*.

guip|er vt TECH. Revestir || **~ure** f Guipure *m*, encaje (*m*) de malla ancha.

guirlande f Guirnalda.

guise f Guisa, modo *m* : *en ~ de*, a guisa de | *Chacun à sa ~*, cada cual a su antojo.

guitar|e f MUS. Guitarra || **~iste** m Guitarrista.

gustat|if, ive adj Gustativo, a || **~ion** f Gustación.

gutta-percha [gytapɛrka] f Gutapercha.

gutte f Gutagamba.

guttural, e adj/f Gutural.

Guy [gi] nprm Guido.

Guyane [gɥijan] nprf Guayana.

gymkhana m Gymkhana *f*.

gymnas|e m Gimnasio || **~te** s Gimnasta || **~tique** adj Gimnástico, a | — F Gimnasia.

gymnosperme f BOT. Gimnosperma.

gynécée m Gineceo.

gynéco|logie f MÉD. Ginecología || **~logue** ou **~logiste** m Ginecólogo.

gypse m Yeso.

gyro|scope m Giroscopio || **~stat** m Giróstato.

h

h [aʃ] m H *f*.

habil|e adj Hábil | DR. Habilitado, a; capacitado, a || **~eté** f Habilidad || **~itant, e** adj DR. Habilitador, a || **~itation** f DR. Habilitación || **~ité** f DR. Capacidad, habilidad || **~iter** vt DR. Habilitar, capacitar | Facultar.

habill|age [abija:ʒ] m El vestir | Preparación (*f*) de un animal para guisarlo (cuisine) | IMPR. Recorrido (du texte) || **~ement** [-jmɑ̃] m Vestido, ropa *f* | Indumentaria *f* | Vestir (action) | MIL. Vestuario | *Magasin d'~*, tienda de confección || **~er** [-je] vt Vestir | Preparar (cuisine) | Poner, cubrir (recouvrir) | Sentar, ir | IMPR. Hacer un recorrido (dans le texte) | — Vp Vestirse || **~eur, euse** [-jœ:r, ø:z] s Encargado, encargada del vestuario, camarero, a (théâtre).

habit [abi] m Vestido (costume), traje (vêtement) | Frac | Hábito (de religieux) : *prendre l'~*, tomar el hábito | — Pl Ropa *fsing* | *~ de cérémonie, de lumière*, traje de gala, de luces | *~ des dimanches*, traje de fiesta, trapitos de cristianar | *L'~ ne fait pas le moine*, el hábito no hace al monje.

habit|abilité f Habitabilidad || **~able** adj Habitable || **~acle** m Puesto de pilotaje, cabina *f* (fusée) | MAR. Bitácora *f* (de la boussole) || **~ant, e** adj/s Habitante | Vecino, a; habitante || **~at** m Área (*f*) en la que viven animales *ou* vegetales | Condiciones (*fpl*) de alojamiento | Vivienda *f* || **~ation** f Vivienda | *~s à loyer modéré* (H. L. M.), viviendas de renta limitada || **~er** vt/i Vivir (demeurer) | Vivir en, ser vecino de (une ville).

habitu|de f Costumbre, hábito *m* | *Avoir l'~ de*, tener la costumbre de, acostumbrar, soler | *Comme d'~*, como de costumbre | *D'~*, de ordinario, habitualmente || **~é, e** adj Acostumbrado, a; habituado, a | — S Cliente *m*, parroquiano, a (d'un café) | Familiar (d'une maison), asiduo, a; contertulio, a (d'une réunion) || **~el, elle** adj Acostumbrado, a; habitual || **~er** vt Acostumbrar, habituar | — Vp Acostumbrarse, habituarse.

hâbl|erie° f FAM. Fanfarronada, bravata || **~eur, euse**° adj/s FAM. Fanfarrón, ona.

hach|age° m Picadura *f*, picado || **~e**° [aʃ] f Hacha : *~ d'armes*, hacha de armas | Segur (cognée) || **~é, e**° V. HACHER | FIG. Cortado, a (style) || **~er**° vt Picar (viande) | Despedazar (déchiqueter) | Destruir (récoltes) | Plumear (dessin) | Entrecortar (entrecouper) | *~ menu*, desmenuzar, hacer picadillo || **~ette**° f Hachuela, destral *m* || **~e-viande**° m inv Máquina (*f*) de picar carne || **~is**° [aʃi] m Picadillo de carne, de pescado, etc | *~ parmentier*, pastel de carne picada con puré de patatas || **~isch**° [aʃiʃ] m Hachís || **~oir**° m Tajo, picador (planche) | Tajadera *f* (couteau) | Máquina (*f*) de picar carne || **~ures**° fpl Plumeado *m* (dessin) | Trazos *m* (rayures) || **~urer**° vt Plumear (rayer) | Sombrear con trazos (dessin).

hacienda f Hacienda.

hagard, e° adj Despavorido, a; azorado, a (personne) | Extraviado, a; despavorido, a (regard).

hagiographie f Hagiografía.

haie° [ɛ] f Seto *m* : *~ vive,* seto vivo | Hilera, fila (de gens) | *110 mètres ~s,* 110 metros vallas (sports) | *Faire la ~,* hacer calle (passage), cubrir la carrera (pour protéger).

haillon° [ajɔ̃] m Harapo, andrajo | *En ~s,* andrajoso, a; harapiento, a || **~neux, euse**° adj Andrajoso, a; harapiento, a.

hain|e° f Odio *m* : *prendre en ~,* tomar odio a; *par ~ de,* por odio a || **~eux, euse**° adj Rencoroso, a (personne) | De odio (regard).

ha|ïr*° [ai:r] vt Odiar || **~issable**° [aisabl] adj Aborrecible, odioso, a.

Haïti nprf Haití *m.*

halage° m Sirga *f* : *chemin de ~,* camino de sirga.

hâl|e° m Bronceado, tostado || **~é, e**° adj Bronceado, a; tostado, a.

haleine f Aliento *m,* hálito *m* | Aliento *m,* respiración : *perdre ~,* perder el aliento | *À perdre ~,* hasta más no poder | *De longue ~,* de larga duración, de mucho trabajo | *Hors d'~,* jadeando, jadeante; sin aliento | *Reprendre ~,* recobrar *ou* tomar aliento | *Tenir en ~,* tener en vilo.

haler° vt Mar. Halar, jalar | Sirgar (remorquer).

hâler° vt Broncear, tostar.

hal|etant, e° adj Jadeante (essoufflé) | Fig. Anhelante || **~ètement**° m Jadeo || **~eter**° [alte] vi Jadear.

hall° [o:l ou hɔ:l] m Hall (maison) | Vestíbulo (public) | Nave *f* (usine).

halle° f Mercado *m,* plaza.

hallebard|e° f Alabarda | *Pleuvoir des ~s,* caer chuzos de punta || **~ier**° m Alabardero.

hallucin|ant, e adj Alucinante || || **~ation** f Alucinación || **~atoire** adj Alucinador, a || **~er** vt Alucinar. || **~ogène** adj/m Alucinógeno, a.

halo° m Halo.

halo|gène adj/m Halógeno || **~graphie** f Halografía || **~ïde** adj Haloideo, a | — M Haloide.

halte° f Alto *m,* parada (arrêt) | Apeadero *m* (transports) | *Faire ~,* pararse, detenerse | — Interj ¡Alto! | ¡Basta!

halt|ère m Pesa *f,* haltera *f* || **~érophile** adj/s Halterófilo, a || **~érophilie** f Halterofilia.

hamac° [amak] m Hamaca *f* | Mar. Coy.

Hambourg [ɑ̃bu:r] npr Hamburgo.

hameau° m Caserío, aldehuela *f.*

hameçon [amsɔ̃] m Anzuelo | Fig. *Mordre à l'~,* picar en el anzuelo.

hampe° f Asta (drapeau, etc) | Mango *m* (pinceau) | Bot. Cuello *m.*

hamster° m Hámster.

hanche° f Cadera (homme) : *tour de ~s,* perímetro de caderas | Anca (animal).

hand-ball ou **handball**° m Balonmano.

handic|ap° m Handicap (sports) | Fig. Desventaja *f* || **~apé, e**° adj/s Minusválido, a || **~aper**° vt Disminuir las posibilidades de | Dificultar (rendre difficile) | *Être handicapé,* tener desventajas; estar desfavorecido; estar en condiciones de inferioridad.

hangar° m Cobertizo (remise) | Hangar (avions) | Cochera *f* (voitures).

hanneton° [antɔ̃] m Abejorro.

hans|e° [ɑ̃:s] f Hansa || **~éatique**° adj/s Hanseático, a.

hant|é, e° adj Encantado, a (maison) | Obsesionado, a (par une idée) || **~er**° vt Frecuentar | Atormentar (obséder) | Aparecerse en un lugar (revenant) || **~ise**° f Obsesión.

happer° vt Atrapar de un bocado | Fig. Agarrar bruscamente.

harangu|e° [arɑ̃:g] f Arenga | Fam. Sermón *m,* soflama || **~er**° [-ge] vt Arengar | Fam. Sermonear || **~eur, euse**° [-gœ:r, ø:z] s Arengador, a | Fam. Sermoneador, a.

haras° [arɑ] m Acaballadero | Mil. Remonta *f.*

harass|ant, e° adj Abrumador, a; agotador, a; agobiador, a || **~ement**° m Agotamiento || **~er**° vt Abrumar, agobiar, agotar.

harc|elant, e° adj Hostigador, a | Atormentador, a || **~èlement**° m Hostigamiento (tir) | Acoso, acosamiento (importun) || **~eler**° vt Hostigar | Acosar || **~eleur, euse**° adj/s Hostigador, a.

hard|e° f Manada (troupeau) | Traílla (chiens) || **~er**° vt Atraillar (chiens) || **~es**° fpl Trapos *m,* pingajos *m.*

hardi, ~e° adj Intrépido, a; audaz | Atrevido, a; osado, a || **~esse**° f Atrevimiento *m,* audacia | Intrepidez, valor *m* | Insolencia.

harem° [arɛm] m Harén, harem.

hareng° [arɑ̃] m Arenque : *~ saur,* arenque ahumado || **~ère**° [-ʒɛ:r] f Vendedora de arenques | Fam. Verdulera (femme grossière).

hargn|e° f Mal humor *m,* hosquedad | Rabia, coraje *m* || **~eux, euse**° adj Arisco, a; huraño, a (peu sociable) |

● Las palabras que llevan el signo ° tienen la *h* aspirada.

Corajudo, a (avec rage) | Malhumorado, a | Ladrador, a (chien).
haricot° [ariko] m Judía *f*, habichuela *f*, alubia *f*, frijol | ~ *vert*, judía verde | Pop. *La fin des ~s*, el acabóse.
haridelle° f Matalón *m*, penco *m*.
harmoni|ca m Armónica *f* || **~e** f Armonía || **~eux, euse** adj Armonioso, a || **~que** adj/f Armónico, a || **~sation** f Armonización || **~ser** vt Armonizar || **~ste** m Armonista || **~um** [armɔnjɔm] m Armonio.
harnach|ement° m Enjaezamiento (action) | Arreos *pl* (harnais) | Fam. Atavío (accoutrement) || **~er**° vt Enjaezar (cheval) | Ataviar (accoutrer) | — Vp Ataviarse.
harnais° m Arreos *pl*, arneses *pl*, guarniciones *fpl*, jaeces *pl*.
haro° interj *Crier ~ sur le baudet*, aplastar al más débil.
harpagon m Avaro, tacaño.
harp|e° f Mus. Arpa | Arch. Adaraja || **~ie**° f Arpía || **~iste**° s Mus. Arpista.
harpon° m Arpón | Arch. Grapa *f* || **~nage**° m Arponeo || **~ner**° vt Arponear, arponar | Fam. Echar el guante, trincar (arrêter) || **~neur**° m Arponero.
haruspice m Arúspice (devin).
hasard° [aza:r] m Azar, acaso, casualidad *f* : *un pur ~*, una verdadera casualidad | Fortuna *f*, suerte *f* : *un coup de ~*, un golpe de suerte | *À tout ~*, por si acaso | *Au ~*, al azar | *Par ~*, por casualidad | *Par le plus grand des ~s*, por milagro || **~é, e**° adj Arriesgado, a (risqué) || **~er**° vt Arriesgar, exponer | Aventurar (avancer) | Intentar (tenter) | — Vp Arriesgarse (se risquer), aventurarse, atreverse (oser) || **~eux, euse**° adj Arriesgado, a; aventurado, a.
haschisch° [asis] m Hachís.
hât|e° f Prisa : *en toute ~*, a toda prisa | *À la* o *avec* o *en ~*, de prisa | *Avoir ~ de*, tener prisa por *ou* en || **~er**° vt Apresurar, dar *ou* meter prisa | Adelantar, apresurar | ~ *le pas*, apresurar el paso | — Vp Apresurarse, darse prisa || **~if, ive**° adj Temprano, a (fruits) | Hecho de prisa | Apresurado, a (conclusion).
hauban° m Obenque (d'un mât) | Tirante de fijación.
hauss|e° [o:s] f Alza (armes) | Subida (eau, prix) | Alza (Bourse) | *Être en ~*, estar en alza || **~e-col**° m Gola *f* (uniforme) || **~ement**° m Elevación *f*, levantamiento | ~ *d'épaules*, encogimiento de hombros || **~e-pied**° m Alzapié || **~er**° vt Alzar (relever) | Levantar, hacer más alto (construction) | Fig. Subir, elevar (prix), aumentar (augmenter), alzar, levantar (voix) | — Vp Alzarse | ~ *sur la pointe des pieds*, empinarse || **~ier**° m Alcista (Bourse).
haut, ~e° [o, o:t] adj Alto, a; elevado, a : *mur ~*, pared alta | Subido, a : ~ *en couleur*, subido de color | Agudo, a (ton) | Crecido, a (eaux) | Elevado, a (pensées) | Superior, a (magistrature) | Alto, a (société, trahison) | — M Alto, altura *f* (hauteur) | Cima *f*, cumbre *f* (montagne) | *Du ~ de*, desde lo alto de | *Du ~ en bas* o *de ~ en bas*, de arriba abajo | ~ *de casse*, caja alta (typographie) | *Les ~s et les bas*, los altibajos, los altos y bajos | *Le Très-Haut*, el Altísimo | *Tenir le ~ du pavé*, ocupar una elevada posición social | *Tomber de son ~*, quedarse estupefacto; caerse en redondo (tomber) | — Adv Alto | *D'en ~*, de arriba | *En ~*, arriba | ~ *et clair*, lisa y llanamente | ~ *la main*, con facilidad | ~ *les mains*, manos arriba | *Là-haut*, arriba, allá arriba; en lo alto (au ciel) | *Le prendre de ~*, tomar a mal | *Plus ~*, más alto | *Regarder de son ~*, mirar olímpicamente | *Tout ~*, alto, en voz alta (parler) | *Voir plus ~*, véase más arriba || **~ain, e**° adj Altivo, a; altanero, a.
hautbois° [obwa] m Mus. Oboe.
haut|-commissaire° m Alto comisario || **~-commissariat**° m Alta comisaría *f* || **~-de-chausses**° [odʃo:s] m Calzas *fpl* || **~-de-forme**° [odfɔrm] m Chistera *f*, sombrero de copa alta.
haut|e° f Pop. Alta sociedad || **~ement**° adv Altamente | Abiertamente, claramente | Extremadamente, en sumo grado, muy || **~eur**° f Altura | Fig. Altura, grandeza, alteza (idées, sentiments), elevación (vues), altanería, altivez (arrogance) | *À la ~*, de altura | *Être à la ~ de*, estar a la altura de | ~ *au garrot*, alzada | *Prendre de la ~*, tomar altura, ascender | *Tomber de sa ~*, caer cuan largo se es (tomber), quedar anonadado, caerse de espaldas (surprise).
haut|-fond° m Mar. Bajo, bajo fondo, bajío || **~-le-cœur**° [olkœ:r] m inv Naúsea *f*, basca *f* || **~-le-corps**° [olkɔ:r] m inv Sobresalto (sursaut) | Bote (cheval) || **~-parleur**° m Altavoz [*Amér.*, altoparlante] || **~-relief**° m Alto relieve.
hauturier, ère° adj Mar. De altura (navigation).
havan|ais, e° adj/s Habanero, a; habano, a || **~e**° m Habano (cigare) | — Adj Habano, a (couleur).
Havane (La)° npr La Habana.

hâve° adj Macilento, a (très pâle).
havre° m Abra *f* | Remanso : ~ *de paix,* remanso de paz ‖ **~sac**° m Mochila *f*, macuto (de soldat) | Morral, talego (sac).
Haye (La)° [laɛ] npr La Haya.
heaume° [o:m] m Yelmo.
hebdomadaire adj Semanal, hebdomadario, a | — Adjm/m Semanario.
héberg|ement m Hospedaje, alojamiento ‖ **~er** vt Albergar, hospedar.
hébét|ement m Embrutecimiento, alelamiento ‖ **~er** vt Embrutecer, entorpecer, alelar ‖ **~ude** f Embotamiento *m*, entorpecimiento *m*.
hébraï|que adj Hebraico, a ‖ **~ser** vi Hebraizar ‖ **~sme** m Hebraísmo.
hébreu adjm/m Hebreo | Fig. *C'est de l'~,* eso es chino *ou* eso es griego para mí.
hécatombe f Hecatombe.
hectare m Hectárea *f*.
hecto|gramme m Hectogramo ‖ **~litre** m Hectolitro ‖ **~mètre** m Hectómetro.
hédonisme m Hedonismo.
hégémonie f Hegemonía.
hein!° interj ¡Eh!, ¿eh?, ¿cómo?
hélas! [elɑ:s] interj ¡Ay! | Desgraciadamente, por desgracia.
Hélène nprf Elena.
héler° vt Llamar, dar una voz.
hélianthe m Bot. Helianto, girasol.
hélic|e f Hélice ‖ **~oïdal, e** adj Helicoidal ‖ **~optère** m Helicóptero.
héligare m Estación *(f)* terminal de helicópteros.
hélio m Impr. Hueco, helio ‖ **~graphe** m Astr. Heliógrafo ‖ **~graveur** m Impr. Heliograbador ‖ **~gravure** f Impr. Huecograbado *m*, heliograbado *m* ‖ **~mètre** m Heliómetro ‖ **~n** m Helión ‖ **~thérapie** f Helioterapia ‖ **~trope** m Heliotropo.
héliport [elipɔ:r] m Helipuerto.
hélium [eljɔm] m Chim. Helio.
hélix [eliks] m Anat. Zool. Hélice.
hellébore m Eléboro.
hellène adj/s Heleno, a.
hellén|ique adj Helénico, a ‖ **~iser** vt/i Helenizar, grecizar ‖ **~isme** m Helenismo ‖ **~iste** s Helenista.
helvète s Helvético.
helvétique adj Helvético, a.
hémat|ie [emati] f Hematíe *m* ‖ **~ine** f Hematina ‖ **~ite** f Hematites ‖ **~ologie** f Hematología ‖ **~ome** m Hematoma ‖ **~ose** f Hematosis ‖ **~ozoaire** m Hematozoario.
hémi|cycle m Hemiciclo ‖ **~plégie** f Hemiplejía ‖ **~sphère** m Hemisferio ‖ **~stiche** m Hemistiquio.
hémo|globine f Hemoglobina ‖ **~lyse** f Hemolisis ‖ **~lytique** adj Hemolítico, a ‖ **~phile** adj/s Hemofílico, a ‖ **~philie** f Hemofilia ‖ **~ptysie** f Hemoptisis ‖ **~rragie** f Hemorragia | Fig. Sangría (d'argent) ‖ **~rroïdes** fpl Hemorroides, almorranas ‖ **~stase** f Hemostasis ‖ **~statique** adjm Hemostático, a.
hendéca|gone [ɛ̃dekagɔn] adj/m Endecágono, a ‖ **~syllabe** [-sillab] adj/m Endecasílabo, a.
henné° m Alheña *f* (poudre).
henn|ir° vi Relinchar ‖ **~issement**° m Relincho.
Henri nprm Enrique.
hépati|que adj/s Hepático, a ‖ **~te** f Hepatitis.
hepta|èdre m Heptaedro ‖ **~gone** adj/m Heptágono, a ‖ **~syllabe** adj/m Heptasílabo, a.
héraldique adj/f Heráldico, a.
héraut° [ero] m Heraldo | Fig. Paladín, adalid.
herb|acé, e adj Herbáceo, a ‖ **~age** m Agr. Herbajo, pasto, pastizal ‖ **~ager, ère** s Herbajero, a ‖ **~ager** vt Herbajar, apacentar ‖ **~e** f Hierba, yerba | Césped m (gazon) | *Couper l'~ sous le pied,* ganar por la mano, tomar la delantera | *En ~,* en cierne, en hierba | *Fines ~s,* finas hierbas | *Mauvaise ~ croît toujours,* bicho malo nunca muere, la mala hierba crece mucho ‖ **~eux, euse** adj Herboso, a ‖ **~icide** adj/m Herbicida ‖ **~ier** m Herbario (collection de plantes) | Henil (grange) ‖ **~ivore** adj/m Herbívoro, a.
herboris|ation f Herborización ‖ **~er** vi Herborizar ‖ **~te** s Herbolario, a ‖ **~terie** f Herbolario (magasin).
hercul|e m Fam. Hércules | Atleta de feria ‖ **~éen, enne** adj Hercúleo, a.
hercynien, enne adj Herciniano, a.
hère° m *Pauvre ~,* pobre diablo.
hérédit|aire adj Hereditario, a ‖ **~é** f Herencia.
héré|sie f Herejía ‖ **~tique** adj Herético, a | — S Hereje.
hériss|é, e° adj Erizado, a | De punta, erizado, a (cheveux) ‖ **~ement**° m Erizamiento ‖ **~er**° vt Erizar | — Vp Erizarse, ponerse de punta | Fam. Indignarse, enfadarse ‖ **~on**° m Erizo (mammifère) | Deshollinador (du ramoneur) | Fig. Erizo, puerco espín (personne revêche).
hérit|age m Herencia f | Heredad (domaine) ‖ **~er** vt/i Heredar : ~ *d'un oncle,* heredar a *ou* de un tío ‖ **~ier, ère** s Heredero, a.
hermaphrodi|sme m Hermafroditismo ‖ **~te** adj/s Hermafrodita.
hermét|icité f Hermeticidad ‖

 • Las palabras que llevan el signo ° tienen la *h* aspirada.

~ique adj Hermético, a ‖ **~isme** m Hermetismo.
hermine f Armiño *m*.
hern|iaire° adj Herniario, a ‖ **~ie**° f Hernia, quebradura ‖ **~ié, e**° adj Herniado, a ‖ **~ieux, euse**° adj/s Herniado, a; hernioso, a; quebrado, a.
Hérode nprm Herodes | *Être vieux comme ~,* ser más viejo que Matusalén.
héroï|-comique adj Heroicoburlesco,a; heroicocómico, a ‖ **~ne** f Heroína | FIG. Protagonista (roman) ‖ **~que** adj Heroico, a ‖ **~sme** m Heroísmo.
héron° m Garza *f* (oiseau).
héros° [ero] m Héroe.
herpès [ɛrpɛs] m Herpes *fpl*.
hers|e° f AGR. Grada, rastro *m*, rastra | THÉÂTR. MIL. Rastrillo *m* ‖ **~er**° vt AGR. Rastrillar, gradar.
hertz m Hertz, hertzio, hercio ‖ **~ien, enne** adj. PHYS. Hertziano, a.
hésit|ant, e adj Vacilante, indeciso, a ‖ **~ation** f Vacilación, indecisión ‖ **~er** vi Vacilar, titubear | *~ à* o *de* o *sur,* vacilar en.
hétaïre [etaiːr] f Hetaira.
hétéro|clite adj Heteróclito, a ‖ **~doxe** adj Heterodoxo, a ‖ **~doxie** f Heterodoxia ‖ **~gamie** f BIOL. Heterogamia ‖ **~gène** adj Heterogéneo, a ‖ **~généité** f Heterogeneidad.
hêtre° m Haya *f*.
heur [œːr] m Suerte *f* | *Avoir l'~ de plaire,* caer en gracia.
heure [œːr] f Hora : *~ d'été, légale,* hora de verano, oficial | Instante *m*, momento *m* | Actualidad | *À cette ~,* ahora | *À la bonne ~,* muy bien, magnífico | *À l'~,* a la hora : *manger à l'~,* comer a la hora; en hora : *mettre à l'~,* poner en hora; por horas (travailler), por hora : *cent kilomètres à l'~,* cien kilómetros por hora | *À l'~ où,* en el momento en que | *À l'~ qu'il est,* actualmente, hoy en día | *À tout à l'~,* hasta luego | *À toute ~,* a todas horas | *À vos ~s perdues,* a ratos perdidos. | *De bonne ~,* temprano | *De l'~,* por hora : *cinq francs de l'~,* cinco francos por hora | *Dernière ~,* última hora (journal) | *Deux ~s du matin,* las dos de la mañana | *D'~ en ~,* a medida que el tiempo pasa | *En dernière ~,* a última hora | *Être à l'~,* ser puntual | *~ creuse,* hora de poca actividad (transports, usine), hora libre (horaire) | *~ de pointe,* hora punta, hora de mayor afluencia *ou* de mayor aglomeración (transports) *ou* de mayor consumo (électricité, gaz) | *~s de loisir,* tiempo libre | *~s supplémentaires,* horas extraordinarias | *Il est cinq ~s précises,* son las cinco en punto | *La dernière ~,* la hora de la muerte, la última hora | *Ne pas avoir une ~ à soi,* no tener una hora libre | FAM. *Passer un mauvais quart d'~,* pasar un mal rato | *Quelle ~ est-il?,* ¿qué hora es? | *Son ~ est venue* o *a sonné,* le llegó la hora | *Sonner* o *donner l'~,* dar la hora | *Sur l'~,* al instante | *Tout à l'~,* hace poco (il n'y a pas longtemps), dentro de poco (dans un instant) | *Une bonne ~* o *une ~ d'horloge,* una hora larga | *Une petite ~,* una hora escasa.
heur|eusement adv Felizmente | Por suerte, afortunadamente ‖ **~eux, euse** adj Feliz, dichoso, a | Afortunado, a (au jeu) | Feliz (présage, expression) | Acertado, a (réussi) | *Être ~ comme un poisson dans l'eau,* sentirse como el pez en el agua | *Être ~ de,* alegrarse de, tener mucho gusto en | *Faire un ~,* hacer feliz a alguien | *~ comme un roi,* más feliz que nadie | *S'estimer ~,* darse por contento | — Mpl Afortunados, dichosos.
heurt° [œːr] m Golpe, tropezón | FIG. Choque (opposition), contraste (couleurs), desacuerdo, choque (opinion) ‖ **~é, e**° adj FIG. Contrariado, a; lastimado, a (contrarié), contrastado, a (style) ‖ **~er**° vt Chocar, tropezar con *ou* contra, dar en *ou* contra | Oponerse a, enfrentarse a, encararse con | Entrecortar (élocution) | FIG. Contrariar, chocar | *~ de front,* encararse con (affronter), chocar de frente (dans une collision) | — Vi Chocar, tropezar, dar | — Vp Chocar, toparse | Enfrentarse, encararse ‖ **~oir**° m Aldaba *f* (porte) | Tope (butoir).
hévéa m Hevea, jebe.
hexa|èdre [ɛgzaɛdr] m Hexaedro ‖ **~gonal, e** adj Hexagonal ‖ **~gone** m Hexágono.
hiatus [jatys] m Hiato | FIG. Discontinuidad *f*, interrupción *f*.
hibern|al, e adj Hibernal, invernal ‖ **~ant, e** adj Hibernante, invernante ‖ **~ation** f Hibernación ‖ **~er** vi MÉD. Hibernar | Invernar (animaux).
hibou° m Búho, mochuelo.
hic° [ik] m Quid, busilis : *voilà le ~,* ahí está el quid.
hidalgo m Hidalgo.
hid|eur° f Fealdad horrible ‖ **~eux, euse**° adj Horroroso, a; horrible | Repelente (repoussant).
hie° [i] f Pisón *m*.
hier [iɛːr ou jɛːr] adv Ayer : *depuis ~,* desde ayer | *Avant-~,* anteayer | *Avant-~ soir,* anteanoche | *~ matin, ~ soir,* ayer por la mañana, anoche | FAM. *Né d'~,* nacido ayer, bisoño.

hiérarch|ie° f Jerarquía ‖ **~ique**° adj Jerárquico, a | *Par la voie ~*, por conducto reglamentario ‖ **~iser**° vt Jerarquizar.

hiér|atique adj Hierático, a ‖ **~oglyphe** m Jeroglífico ‖ **~oglyphique** adj Jeroglífico, a ‖ **~onymite** m Jerónimo (religieux).

hilar|ant, e adj Hilarante ‖ **~e** adj Risueño, a ‖ **~ité** f Hilaridad.

hindi [indi] m Hindi (langue).

hindou, ~e [ɛ̃du] adj/s Indio, a; hindú (de l'Inde) | Hindú (de l'hindouisme) ‖ **~isme** m Hinduismo ‖ **~stani** m Hindi (langue).

hipp|ique adj Hípico, a ‖ **~isme** m Hipismo ‖ **~ocampe** m Hipocampo ‖ **~odrome** m Hipódromo ‖ **~ologie** f Hipología ‖ **~omobile** adj Hipomóvil ‖ **~ophage** adj/s Hipófago, a ‖ **~ophagie** f Hipofagia ‖ **~ophagique** adj Hipofágico, a ‖ **~opotame** m Hipopótamo.

hirond|eau m Golondrino ‖ **~elle** f Golondrina | — Pl Pop. Mellizos *m* (agents) | *Une ~ ne fait pas le printemps*, una golondrina no hace verano.

hirsute adj Hirsuto, a.

hispan|ique adj Hispánico, a ‖ **~isant, e** ou **~iste** s Hispanista ‖ **~isme** m Hispanismo ‖ **~o-américain, e** adj/s Hispanoamericano, a ‖ **~o-arabe** adj Hispano-árabe ‖ **~o-juif, juive** adj/s Hispanojudío, a ‖ **~o-moresque** adj/s Hispanomorisco, a ‖ **~ophilie** f Hispanofilia ‖ **~ophobie** f Hispanofobia ‖ **~ophone** adj/s Hispanohablante.

hisser° vt Izar (drapeau) | Fig. Subir.

histoire f Historia : *~ naturelle, sainte*, historia natural, sacra *ou* sagrada | Historia, cuento *m* (conte) | Chiste *m* (plaisanterie) | Enredo *m*, lío *m* | Cosa (chose) | Fam. Cuento *m* : *une ~ à dormir debout*, un cuento chino; cuento *m*, bola, mentira (mensonge) | *Ça c'est une autre ~*, eso es harina de otro costal, ésas son otras mangas | *Ce n'est pas la peine d'en faire toute une ~*, no es para tanto | *C'est toute une ~*, es largo de contar | *Chercher des ~s à qqn*, buscarle las cosquillas a uno | *En faire toute une ~*, armar un escándalo | *Et voilà comment on écrit l'~!*, ¡así se escribe la historia! | *Faire des ~s*, poner dificultades | *~ de*, con objeto de; exclusivamente *ou* únicamente para | *~ de voir...*, a ver si... | *Le plus beau de l'~*, lo mejor del caso | *Ne me racontez pas d'~s*, no me venga con cuentos.

hist|ologie f Histología ‖ **~orien, enne** s Historiador, a ‖ **~orier** vt Historiar ‖ **~oriette** f Historieta ‖ **~oriographe** m Historiógrafo ‖ **~orique** adj Histórico, a | — M Reseña (*f*) histórica (exposé) | Historial (évolution).

histrion m Histrión | Fig. Farsante.

hiver [ivɛ:r] m Invierno ‖ **~nage** m Invernada *f* (saison) | Temporada (*f*) de lluvias | Invernadero (endroit pour passer l'hiver) ‖ **~nal, e** adj Invernal, invernizo, a ‖ **~nant, e** adj/s Invernante ‖ **~ner** vi Invernar.

hobereau° m Tagarote, hidalgo de aldea.

hoch|ement° m Meneo | *~ de tête*, cabeceo ‖ **~er**° vt Menear (remuer) | Sacudir (secouer) | Mover (la tête) ‖ **~et**° m Sonajero.

hockey° [ɔkɛ] m Hockey.

holà° interj. Hola | *Mettre le ~*, poner coto a, poner fin a (mettre fin), parar los pies (empêcher de continuer).

hold|ing° [houldiŋ] m Holding ‖ **~-up**° [houldʌp o en francés ɔldœp] m Atraco a mano armada.

hollandais, e° adj/s Holandés, esa.

Hollande° nprf Holanda.

holocauste m Holocausto.

homard° m Bogavante | *Rouge comme un ~*, rojo como un cangrejo.

homélie f Homilía | Fig. Sermón *m*.

homéopath|e adj/s Homeópata ‖ **~ie** [ɔmeɔpati] f Homeopatía ‖ **~ique** adj Homeopático, a.

homérique adj Homérico, a.

homicide adj/s Homicida (meurtrier) | — M Homicidio (meurtre).

homm|age m Homenaje | Ofrenda *f*, regalo (don) | — Pl Respetos | *~ de l'auteur*, cortesía del autor | *Présenter ses ~s*, saludar respetuosamente | *Rendre ~*, rendir culto *ou* homenaje ‖ **~asse** adj Hombruno, a ‖ **~e** [ɔm] m Hombre : *~ de la rue*, hombre de la calle | *Agir en ~*, portarse como un hombre | *Bout d'~*, hombrecillo | *Brave ~*, buena persona, buen hombre | *C'est l'~ qu'il nous faut, c'est notre ~*, es el hombre para el caso | *Être ~ à*, ser persona *ou* hombre capaz de, ser hombre para | *Être un ~ cent pour cent* o *avec un grand H*, ser muy hombre *ou* todo un hombre | *Galant ~*, caballero | *~ à femmes*, hombre mujeriego | *~ à poigne*, hombre enérgico *ou* de puños | *~ d'affaires*, hombre de negocios | *~ de bien*, hombre de pro *ou* de provecho | *~ d'église*, eclesiástico | *~ de lettres*, literato, hombre de letras | *~ de loi*, legista, abogado | *~ de paille*, testaferro | *~ de peine*, peón | *~ des bois*, orangután | *~ d'État*, estadista | *~ du monde*, hombre de (mucho) mundo | *Jeune ~*, joven | *L'~ propose et Dieu dispose*, el hombre propone y Dios dispone | *Pauvre ~*, pobre hombre, infeliz |

● Las palabras que llevan el signo ° tienen la *h* aspirada.

Petit ~, hombrecillo | MAR. *Un ~ à la mer,* hombre al agua | *Un ~ averti en vaut deux,* hombre prevenido vale por dos || **~e-grenouille** m Hombre rana || **~e-sandwich** m Hombre anuncio.
homo|gène adj Homogéneo, a || **~généisation** f Homogeneización || **~généiser** vt Homogeneizar || **~généité** f Homogeneidad || **~logation** f Homologación || **~logue** adj Homólogo, a | — M Colega || **~loguer** vt Homologar || **~nyme** adj/m Homónimo, a || **~nymie** f Homonimia || **~sexualité** f Homosexualidad || **~sexuel, elle** adj/s Homosexual || **~thétie** [ɔmɔtesi] f Homotecia.
homuncule ou **homoncule** m Homúnculo.
Honduras° nprm Honduras *f.*
hondurien, enne adj/s Hondureño, a.
hongre° m adjm/m Castrado (cheval).
Hongrie° nprf Hungría.
hongrois, e° adj/s Húngaro, a.
honnête adj Honrado, a (probe) | Honesto, a; decente | Conveniente, razonable (prix) | *C'est ~,* está bien | — M Lo honrado || **~ment** adv Honradamente | Honestamente, decentemente | Sinceramente || **~té** f Honradez (probité) | Honestidad (décence) | Decoro *m,* recato *m* (bienséance).
honneur m Honor, honra *f* | — Pl Honores, cargos | Triunfos (cartes) | MAR. Salvas (*f*) de artillería | *Avec les plus grands ~s,* con todos los honores | *C'est tout à son ~,* esto le honra | *En l'~ de,* en honor de | FAM. *En quel ~?,* ¿a cuento de qué? | *Faire ~ à,* honrar a | *Faire ~ à ses engagements,* cumplir con su palabra | *Faire ~ à un repas,* hacer honor a una comida | *Faire les ~s d'une maison,* hacer los honores de una casa | *Faites-moi l'~ de,* tenga la bondad de | *~s de la guerre,* honores de la guerra | *~s funèbres,* honras fúnebres | *Il y va de mon ~,* mi honor está en juego | *Rendre les ~s,* rendir honores | *S'en tirer avec ~,* salir airoso | *Sur mon ~,* por mi honor | *Tout est perdu, fors l'~,* todo está perdido, menos el honor.
honnir° vt Deshonrar, deshonorar | *Honni soit qui mal y pense,* vergüenza para quien piense mal, malhaya el que mal piense.
honor|abilité f Honorabilidad, honradez || **~able** adj Honorable (digne d'estime), honroso, a (qui fait honneur) || **~aire** adj Honorario, a | — Mpl Honorarios || **~er** vt Honrar, honorar | Hacer honor a : *~ sa signature,* hacer honor a la firma | Pagar (chèque) | Satisfacer (dette) | *~ de sa présence,* honrar con su presencia | *~ son père et sa mère,* honrar padre y madre | *Très honoré de,* muy honrado con *ou* por | *Votre honorée du 2 août,* su atenta del 2 de agosto (lettre) || **~ifique** adj Honorífico, a.
hont|e° f Vergüenza | *À sa grande ~,* con gran vergüenza suya | *Avoir ~,* tener vergüenza, avergonzarse | *Essuyer la ~,* recibir la afrenta | *Faire ~,* avergonzar, dar vergüenza | *Fausse ~,* vergüenza mal entendida | *Rougir de ~,* ruborizarse, enrojecer de vergüenza || **~eux, euse**° adj Vergonzoso, a | Avergonzado, a | FIG. Vergonzante, vergonzoso, a (timide) | *C'est ~,* es una vergüenza *ou* un escándalo | *N'êtes-vous pas ~?,* ¿no le da a usted vergüenza?
hôpital m Hospital | MIL. *~ de campagne,* hospital de sangre.
hoquet° m Hipo : *avoir le ~,* tener hipo || **~er**° vi Tener hipo, hipar.
horaire adj/m Horario, a | — Adj Por hora : *salaire ~,* salario por hora.
horde° [ɔrd] f Horda.
horion° m Puñetazo, porrazo.
horizon m Horizonte : *à l'~,* en el horizonte | *Un navire à l'~,* un barco a la vista || **~tal, e** adj/f Horizontal || **~talité** f Horizontalidad.
horlog|e f Reloj *m* : *~ parlante,* reloj parlante; *remonter une ~,* dar cuerda a un reloj | FIG. *Réglé comme une ~,* puntual como un reloj || **~er, ère** adj/s Relojero, a || **~erie** f Relojería.
hormis° adv Excepto, salvo, menos.
hormon|al, e adj Hormonal || **~e** f Hormona.
Horn (cap) nprm Cabo de Hornos.
horoscope m Horóscopo.
horr|eur f Horror *m* | Lo horroroso, lo horrible | FAM. Horror *m,* callo *m* (personne laide) | — Pl Horrores *m* | *Avoir ~ de* o *avoir en ~,* horrorizarse de, tener horror a | *C'est une ~,* es horrendo, es repelente | *Être saisi d'~,* estar horrorizado | *Faire ~,* horrorizar || **~ible** adj Horrible, horrendo, a | Horroroso, a (très laid) | — M Lo horroroso || **~ifiant, e** adj Horripilante || **~ifier** vt Horrorizar, horripilar || **~ipilant, e** adj FAM. Horripilante, exasperante || **~ipilation** f Horripilación || **~ipiler** vt Horripilar | FIG. Exasperar.
hors° [ɔ:r] prép Fuera de : *~ série,* fuera de serie; *~ concours,* fuera de concurso | *~ de,* fuera de | *~ d'eau,* al cubrir aguas (maison) | *~ de prix,* inapreciable, incalculable (inestimable), inabordable, carísimo (très cher) | *~ de soi,* fuera de sí | *~ du commun,* fuera de lo normal | *~ ligne,* excep-

cional | ~ *pair,* sin igual, sin par | ~ *saison,* fuera de temporada (hôtels, etc), de temporada baja (avions) | ~ *tout,* de extremo a extremo.
hors|-bord° [ɔrbɔ:r] m inv Fuera borda (bateau) || **~-concours**° m Fuera de concurso || **~-de-cause**° m inv DR. Fuera de causa || **~-d'œuvre** [ɔrdœ:vr] m inv Entremeses *pl* || **~-jeu**° m inv Fuera de juego || **~-la-loi**° m inv Persona (*f*) fuera *ou* al margen de la ley || **~-texte**° m inv IMPR. Lámina (*f*) fuera de texto.
hort|ensia m Hortensia *f* || **~icole** adj Hortícola || **~iculteur** m Horticultor || **~iculture** f Horticultura.
hosanna m Hosanna.
hospice m Hospicio.
hospital|ier, ère adj/s Hospitalario, a || **~isation** f Hospitalización || **~iser** vt Hospitalizar || **~ité** f Hospitalidad.
hostellerie f V. HÔTELLERIE.
hostie f Hostia.
hostil|e adj Hostil || **~ité** f Hostilidad.
hot dog° [hɔtdɔg] m Perro caliente.
hôte, esse [o:t, otɛs] s Huésped, a (personne reçue) | Invitado, a | Hospedero, a (qui reçoit) | Anfitrión *m* | FAM. *Compter sans son ~,* no contar con la huéspeda | *Hôtesse de l'air, d'une exposition,* azafata | *Hôtesse d'une entreprise,* recepcionista.
hôtel m Hotel | ~ *des Monnaies,* Casa de (la) Moneda, la Ceca | ~ *de ville,* Ayuntamiento | ~ *particulier,* palacete || **~-Dieu** m Hospital || **~ier, ère** adj/s Hotelero, a | *École ~,* escuela de hostelería || **~lerie** f Hostelería, industria hotelera | Hospedería | Hostal *m* | Parador *m.*
hotte° f Cuévano *m* (osier) | Campana (cheminée).
hottentot, e° adj/s Hotentote, a.
houblon° m Lúpulo || **~nage**° m Lupulización *f* || **~nier, ère**° adj Del lúpulo | — S Cultivador de lúpulo | — F Campo (*m*) de lúpulo.
houe° [u] f Azada, azadón *m.*
houill|e° [uj] f Hulla : ~ *blanche,* hulla blanca || **~er, ère**° adj Hullero, a; carbonífero, a | *Bassin ~,* cuenca minera | — F Mina de hulla.
houl|e° f MAR. Oleaje *m,* marejada || **~ette**° f Cayado (*m*) de pastor | Báculo *m* (d'évêque) | Almocafre *m* (outil) || **~eux, euse**° adj Agitado, a; encrespado, a (mer) | FIG. Agitado, a; tumultuoso, a.
houpp|e° f Borla (soie, duvet) | Copete *m* (huppe) | Copete *m,* mechón *m* (cheveux) | *Riquet à la Houppe,* Riquete el del Copete || **~elande**° f Hopalanda || **~ette**° f Borla (poudre) | Mechón *m* (cheveux).
houspiller° [uspije] vt FAM. Zarandear, sacudir (maltraiter), regañar, reñir (gronder).
housse° f Funda (de meuble) | Gualdrapa (de cheval).
houx° [u] m Acebo.
hublot° m MAR. Portilla *f,* ojo de buey, ventanilla *f* | Ventanilla *f* (avion).
huche° f Hucha, arca (coffre).
hue !° [y] interj ¡Arre! | *À ~ et à dia,* cada cual por su lado.
hu|ée° [ɥe] f Grita (chasse) | — Pl Abucheo *msing* : *il sortit sous les ~s,* salió bajo un abucheo || **~er**° vt Patear, abuchear, sisear.
huguenot, e° adj/s Hugonote, a.
huil|age [ɥila:ʒ] m Aceitado, engrase || **~e** [ɥil] f Aceite *m* : ~ *d'arachide, d'olive,* aceite de cacahuete *ou* de maní, de oliva; ~ *lourde,* aceite pesado | óleo *m* (peinture, religion) | FAM. *À base d'~ de coude,* a base de clavar los codos (étudier), a fuerza de puño (travailler) | *À l'~,* con aceite (cuisine), al óleo (peinture) | ~ *lampante,* petróleo lampante | ~ *volatile,* esencia | FIG. *Jeter* o *verser de l'~ sur le feu,* echar leña al fuego | FAM. *Les ~s,* los peces gordos || **~er** vt Aceitar, poner aceite | FIG. Engrasar || **~erie** f Aceitería (magasin) | Fábrica de aceite || **~eux, euse** adj Aceitoso, a || **~ier** m Angarillas *fpl,* vinagreras *fpl* | — Adjm/m Aceitero.
huis [ɥi] m Puerta *f* : *à ~ clos,* a puerta cerrada.
huiss|erie f Marco (*m*) de puerta o ventana || **~ier** m Ujier | Ordenanza *f* (ministère) | Portero de estrados (tribunal) | Agente ejecutivo.
huit° [ɥit, ɥi delante de una consonante] adj/m Ocho| Octavo, a (huitième) || **~aine**° f Unos ocho : *une ~ d'enfants,* unos ocho niños | DR. Ocho días || **~ième**° adj Octavo, a | — M Octavo, octava (*f*) parte || **~ièmement**° adv En octavo lugar.
huître f Ostra | ~ *perlière,* madreperla.
huit-reflets° [ɥir(ə)flɛ] m inv Chistera *f,* sombrero de copa.
huîtrier, ère adj Ostrero, a.
hul|otte° f Autillo *m* (chat-huant) || **~uler**° vi Ulular.
humain, e adj/s Humano, a.
human|isation f Humanización || **~iser** vt Humanizar || **~isme** m Humanismo || **~iste** adj/s Humanista || **~itaire** adj Humanitario, a || **~itarisme** m Humanitarismo || **~ité** f Humanidad || *Faire des ~s,* estudiar humanidades.
humble [œ̃:bl] adj/s Humilde : *à mon ~ avis,* a mi humilde parecer | Modesto, a; humilde | *Votre (très) ~ serviteur,* su seguro servidor.

 ● Las palabras que llevan el signo ° tienen la *h* aspirada.

humect|ation f Humedecimiento *m* ‖ **~er** vt Humedecer | Mojar (linge) ‖ **~eur** m Humedecedor, humectador.
humer° vt Sorber | Aspirar, inhalar (aspirer) | Oler (sentir).
humér|al, e adj Humeral ‖ **~us** [ymerys] m Húmero.
humeur f Humor *m*, talante *m* | MÉD. Humor *m* | *~ massacrante* o *de chien*, humor de todos los diablos *ou* de perros | *Ne pas être d'~ à*, no tener humor para, no estar para.
humid|e adj Húmedo, a ‖ **~ificateur** m Humectador, humedecedor ‖ **~ification** f Humedecimiento *m*, humidificación ‖ **~ifier** vt Humedecer ‖ **~ité** f Humedad.
humili|ant, e adj Humillante, humillador, a ‖ **~ation** f Humillación ‖ **~er** vt Humillar ‖ **~ité** f Humildad | *En toute ~*, con toda humildad.
humor|al, e adj Humoral ‖ **~iste** adj/s Humorista ‖ **~istique** adj Humorístico, a.
humour m Humor, humorismo.
humus [ymys] m Humus, mantillo.
hun|e° f MAR. Cofa | *~ de misaine* o *de beaupré*, gavieta ‖ **~ier°** m MAR. Gavia *f*.
Huns° [œ] nprmpl Hunos.
hupp|e° f Moño *m*, copete *m*, penacho *m* | Abubilla (oiseau) ‖ **~é, e°** adj Moñudo, a (oiseau) | FIG. Encopetado, a ; de alto copete.
hurl|ement° m Aullido, aúllo | FIG. Alarido (cri), rugido (vent) ‖ **~er°** vi Aullar (animal) | Aullar, dar alaridos, vociferar (personne) | Rugir (vent) | Cantar muy fuerte | Darse bofetadas (détonner) | — Vt Gritar, cantar muy fuerte ‖ **~eur, euse°** adj/s Aullador, a | — M Aullador (singe).
hurluberlu m FAM. Extravagante.
huron, onne° adj/s Hurón, ona.
hussard° [ysa:r] m Húsar ‖ **~e** f *À la ~*, sin miramientos.
hutte° f Choza.
hybrid|ation f Hibridación ‖ **~e** adj/m Híbrido, a ‖ **~er** vt Proceder a una hibridación ‖ **~isme** m ou **~ité** f Hibridismo *m*, hibridez *f*.
hydr|acide m Hidrácido ‖ **~atation** f Hidratación ‖ **~argyrisme** m Azogamiento ‖ **~atant** adj Hidratante ‖ **~ate** m Hidrato ‖ **~ater** vt Hidratar ‖ **~aulique** adj/f Hidráulico, a ‖ **~avion** m Hidroavión.
hydre f Hidra.
hydro|base f Base para hidroaviones ‖ **~carbonate** m Hidrocarbonato ‖ **~carbure** m Hidrocarburo ‖ **~céphale** adj Hidrocéfalo, a ‖ **~céphalie** f Hidrocefalia ‖ **~dynamique** adj/f Hidrodinámico, a ‖ **~électricité** f Hidroelectricidad ‖ **~-électrique** adj Hidroeléctrico, a ‖ **~fuge** adj Hidrófugo, a ‖ **~génation** f Hidrogenación ‖ **~gène** m Hidrógeno ‖ **~géner** vt Hidrogenar ‖ **~glisseur** m Hidroplano, aerodeslizador (embarcation) ‖ **~graphie** f Hidrografía ‖ **~lyse** f Hidrólisis ‖ **~lyser** vt Hidrolizar ‖ **~mel** m Aguamiel *f*, hidromel ‖ **~métrie** f Hidrometría ‖ **~phile** adj/m Hidrófilo, a ‖ **~phobe** adj/s Hidrófobo, a ‖ **~phobie** f Hidrofobia ‖ **~pisie** f Hidropesía ‖ **~scopie** f Hidroscopia ‖ **~sphère** f Hidrosfera ‖ **~statique** adj/f Hidrostático, a ‖ **~thérapie** f Hidroterapia ‖ **~xyde** m Hidróxido.
hyène f Hiena.
hygiène f Higiene.
hygiénique adj Higiénico, a.
hygro|mètre m Higrómetro ‖ **~métrie** f Higrometría ‖ **~scope** m Higroscopio ‖ **~scopie** f Higroscopia.
hymen [imɛn] m ANAT. Himen.
hymen ou **hyménée** m Himeneo.
hymne [imn] m Himno.
hyper|bole f GÉOM. Hipérbola | Hipérbole (rhétorique) ‖ **~boloïde** m Hiperboloide ‖ **~boréen, enne** adj Hiperbóreo, a ; hiperboreal ‖ **~chlorhydrie** [ipɛrklɔridri] f Hiperclorhidria ‖ **~métrope** adj/s Hipermétrope ‖ **~métropie** f Hipermetropía ‖ **~nerveux, euse** adj Hipernervioso, a ‖ **~sensible** adj/s Hipersensible ‖ **~tendu, e** adj/s Hipertenso, a ‖ **~tension** f Hipertensión ‖ **~trophie** f Hipertrofia ‖ **~trophier** vt Hipertrofiar.
hypno|se [ipno:z] f Hipnosis ‖ **~tique** adj/m Hipnótico, a ‖ **~tiser** vt Hipnotizar ‖ **~tiseur** m Hipnotizador ‖ **~tisme** m Hipnotismo.
hypo|centre m Hipocentro ‖ **~chlorite** [ipɔklɔrit] m Hipoclorito ‖ **~condriaque** adj/s Hipocondríaco, a ‖ **~crisie** f Hipocresía ‖ **~crite** adj/s Hipócrita ‖ **~derme** m Hipodermis *f* ‖ **~dermique** adj Hipodérmico, a ; subcutáneo, a ‖ **~gastre** m Hipogastrio ‖ **~gée** m Hipogeo ‖ **~physe** f Hipófisis ‖ **~sulfite** m Hiposulfito ‖ **~tendu, e** adj Hipotenso, a ‖ **~tension** f Hipotensión ‖ **~ténuse** f Hipotenusa ‖ **~thécaire** adj Hipotecario, a ‖ **~thèque** f Hipoteca | *Bureau des ~s*, registro de la propiedad | *Conservateur des ~s*, registrador de la propiedad | FIG. *Lever une ~*, levantar una hipoteca ‖ **~théquer** vt Hipotecar (terre, propriété) | Garantizar (créance) ‖ **~thèse** f Hipótesis | *Bâtir des ~s*, hacer conjeturas *ou* hipótesis ‖ **~thétique** adj Hipotético, a.
hystér|ie f MÉD. Histerismo *m*, histeria ‖ **~ique** adj/s Histérico, a.

i

i m I *f* | *Droit comme un « I »*, derecho como una vela.
ïambe [iɑ̃:b] m Yambo.
ibère adj/s Ibero, a.
Ibérie nprf Iberia.
ibérique adj Ibérico, a | — S Ibero, a.
ibex [ibɛks] m Íbice (chèvre).
ibis [ibis] m Ibis (oiseau).
iceberg [ajsbɛrg] m Iceberg.
ichtyo|logie [iktjɔlɔʒi] f Ictiología || **~logiste** s Ictiólogo, a || **~phage** [-fa:ʒ] adj/s Ictiófago, a.
ici adv Aquí, acá | *D'~ là*, hasta entonces | *D'~ peu*, dentro de poco | *~-bas*, en este bajo mundo.
icône f Icono *m*.
iconoclaste adj/s Iconoclasta.
iconographie f Iconografía.
ictère m MÉD. Ictericia *f*.
idéal, ~e adj/m Ideal || **~isation** f Idealización || **~iser** vt Idealizar || **~isme** m Idealismo || **~iste** adj/s idealista.
idée f Idea | Opinión | Antojo *m*, capricho *m* (caprice) | *À mon ~*, a mi parecer | *Avoir l'~ de*, ocurrírsele a uno | *Se faire des ~s*, hacerse ilusiones | *Se faire une ~ de*, darse cuenta de | *Venir à l'~*, ocurrirse.
identi|fication f Identificación || **~fier** vt Identificar | — Vp Identificarse (*à*, con) || **~que** adj Idéntico, a || **~té** f Identidad : *carte d'~*, documento nacional de identidad.
idéo|gramme m Ideograma || **~logie** f Ideología || **~logique** adj Ideológico, a || **~logue** s Ideólogo, a.
idiom|atique adj Idiomático, a || **~e** m Idioma.
idiosyncrasie f Idiosincrasia.
idiot, ~e adj/s Idiota | *Faire l'~*, hacer el tonto || **~ie** [idjɔsi] f Idiotez || **~isme** m GRAM. Idiotismo.
idoine adj Idóneo, a.
idolâtr|e adj/s Idólatra || **~er** vt Idolatrar || **~ie** f Idolatría.
idole f Ídolo *m*.
idyll|e f Idilio *m* || **~ique** adj Idílico, a.
if m Tejo (arbre) | Escurrebotellas.
igname [iɲam] f Ñame *m*.
ignare adj/s Ignaro, a; ignorante.
ign|é, e [igne] adj Ígneo, a || **~ifuge** adj/m Ignífugo, a || **~ition** f Ignición.
ignoble adj Innoble.
ignominì|e f Ignominia || **~eux, euse** adj Ignominioso, a.
ignor|ance f Ignorancia, desconocimiento *m* || **~ant, e** adj/s Ignorante || **~é, e** adj Ignorado, a; desconocido, a || **~er** vt Ignorar, desconocer.
iguane [igwan] m Iguana *f* (animal).
il pron pers m Él | — Pron imp [no se traduce] : *~ pleut*, llueve.
île f Isla.
iléj|on ou **~um** m ANAT. Íleon || **~us** m MÉD. Íleo (colique).
ili|aque adj ANAT. Iliaco, a || **~on** m ANAT. Ilion.
illég|al, ~e [il(l)egal] adj Ilegal || **~alité** [il(l)-] f Ilegalidad || **~itime** [il(l)-] adj Ilegítimo, a || **~itimité** [il(l)-] f Ilegitimidad.
ill|ettré, e [il(l)etre] adj/s Analfabeto, a || **~icite** [il(l)-] adj Ilícito, a **~ico** [il(l)-] adv En el acto || **~imité, e** [il(l)-] adj Ilimitado, a || **~isible** [il(l)-] adj Ilegible || **~ogique** [il(l)-] adj Ilógico, a.
illumin|ation f Iluminación || **~er** vt Iluminar.
illusion f Ilusión | Prestidigitación | *Se faire des ~s*, ilusionarse || **~ner** vt Engañar | — Vp Ilusionarse || **~nisme** m Ilusionismo || **~niste** m Ilusionista.
illusoire adj Ilusorio, a.
illustr|ateur m Ilustrador || **~ation** f Ilustración || **~e** adj Ilustre || **~é, e** adj Ilustrado, a | — M Revista (*f*) ilustrada | *~ pour enfants*, tebeo || **~er** vt Ilustrar || **~issime** adj Ilustrísimo, a.
îlot [ilo] m Islote | Manzana *f*, isla *f* (de maisons).
imag|e f Imagen | Estampa (estampe) | *~ d'Épinal*, cromo | *~ de marque*, imagen || **~é, e** adj Lleno de imágenes | Gráfico, a || **~er** vt FIG. Adornar con imágenes (orner), llenar de imágenes (style) || **~erie** f Estampería.
imagin|able adj Imaginable || **~aire** adj Imaginario, a || **~ation** f Imaginación || **~er** vt Imaginar, idear | — Vp Figurarse, imaginarse.
imbattable adj Invencible | Insuperable.
imbécil|e adj/s Imbécil, idiota || **~lité** f Imbecilidad.
imberbe adj Imberbe.
imbiber vt Empapar, embeber.
imbri|cation f Imbricación | FIG. Entrelazamiento *m* || **~quer** vt Imbricar.
imbroglio [ɛ̃brɔljo] m Embrollo, lío.
imbu, ~e adj Imbuido, a | Lleno, a (rempli) | *~ de soi-même*, muy creído de sí mismo.

imbuvable adj No potable | FAM. Insoportable.
imit|able adj Imitable ‖ **~ateur, trice** adj/s Imitador, a ‖ **~ation** f Imitación ‖ **~er** vt Imitar.
imm|aculé, e [im(m)akyle] adj/s Inmaculado, a ‖ **~anent, e** [im(m)-] adj Inmanente ‖ **~angeable** [ɛ̃mɑ̃ʒabl] adj Incomible ‖ **~anquable** [ɛ̃mɑ̃kabl] adj Infalible ‖ **~atériel, elle** [im(m)-] adj Inmaterial.
immatricul|ation [im(m)-] f Matrícula, matriculación ‖ **~er** vt Matricular | Registrar (inscrire).
imm|édiat, e [im(m)-] adj Inmediato, a ‖ **~émorial, e** [im(m)-] adj Inmemorial.
immens|e [im(m)-] adj Inmenso, a ‖ **~ité** f Inmensidad ‖ **~urable** [im(m)-] adj Inmensurable.
immerg|é, e [im(m)-] adj Sumergido, a; inmerso, a ‖ **~er** vt Sumergir, inmergir.
immérité, e [im(m)-] adj Inmerecido, a.
immersion [im(m)-] f Inmersión.
immeuble [im(m)-] adj Inmueble | — M Casa *f*, edificio | DR. Inmueble.
immigr|ant, e [im(m)-] adj/s Inmigrante ‖ **~ation** f Inmigración ‖ **~er** vi Inmigrar.
immin|ence [im(m)-] f Inminencia ‖ **~ent, e** adj Inminente.
imm|iscer (s') [sim(m)ise] vp Inmiscuirse, meterse ‖ **~ixtion** [im(m)iksjɔ̃] f Intromisión.
immobil|e [im(m)-] adj Inmóvil ‖ **~ier, ère** adj Inmobiliario, a | *Société ~*, inmobiliaria | — M Bienes (*pl*) inmuebles ‖ **~isation** f Inmovilización ‖ **~iser** vt Inmovilizar ‖ **~isme** m Inmovilismo ‖ **~ité** f Inmovilidad.
immodéré, e [im(m)-] adj Inmoderado, a.
immol|ation [im(m)-] f Inmolación | FIG. Sacrificio *m* ‖ **~er** vt Inmolar | FIG. Sacrificar.
immond|e [im(m)-] adj Inmundo, a ‖ **~ices** [-dis] fpl Inmundicia *sing*.
immoral, ~e [im(m)-] adj Inmoral ‖ **~iste** adj/s Inmoralista ‖ **~ité** f Inmoralidad.
immort|aliser [im(m)-] vt Inmortalizar ‖ **~alité** f Inmortalidad ‖ **~el, elle** adj/s Inmortal | — F BOT. Siempreviva.
immotivé, e adj Inmotivado, a.
immuable adj Inmutable.
immun|isation [im(m)ynizasjɔ̃] f Inmunización ‖ **~isé, e** adj Inmunizado, a; inmune ‖ **~iser** vt Inmunizar ‖ **~ité** f Inmunidad.
impact [ɛ̃pakt] m Impacto.
impair, e adj Impar | — M FAM. Torpeza *f*, plancha *f* (bévue).
impalpable adj Impalpable.
impardonnable adj Impardonable.
imparfait, e adj Imperfecto, a | — M Imperfección *f* | GRAM. Pretérito imperfecto.
impart|ial, e [ɛ̃parsjal] adj Imparcial ‖ **~ialité** [-sjalite] f Imparcialidad ‖ **~ir** [-ti:r] vt Conceder, otorgar, impartir.
impasse f Callejón (*m*) sin salida | FIG. Atolladero *m* (difficulté) | Déficit (*m*) del presupuesto (budget) | Impás *m* (bridge) | Punto (*m*) muerto, estancamiento *m* (point mort).
impassib|ilité f Impasibilidad ‖ **~le** adj Impasible.
impati|ence [ɛ̃pasjɑ̃:s] f Impaciencia ‖ **~ent, e** adj Impaciente ‖ **~enter** vt Impacientar.
impavide adj Impávido, a.
impay|able [ɛ̃pɛjabl] adj FAM. Inapreciable | POP. Graciosísimo, a ‖ **~é, e** adj No pagado, a.
impeccable adj Impecable.
impénétrable adj Impenetrable.
impénitent, e adj Impenitente.
imper [ɛ̃pɛ:r] m FAM. Impermeable.
impérat|if, ive adj/m Imperativo, a ‖ **~rice** f Emperatriz.
imper|ceptible adj Imperceptible ‖ **~fection** f Imperfección | Desperfecto *m* (défaut matériel).
impéri|al, e adj Imperial | — F Imperial (de voiture) | Perilla (barbe) ‖ **~alisme** m Imperialismo ‖ **~aliste** adj/s Imperialista ‖ **~eux, euse** adj Imperioso, a.
impérissable adj Imperecedero, a; perdurable.
imperméab|ilisation f Impermeabilización ‖ **~iliser** vt Impermeabilizar ‖ **~ilité** f Impermeabilidad ‖ **~le** adj/m Impermeable.
impersonnel, elle adj Impersonal.
impertin|ence f Impertinencia ‖ **~ent, e** adj/s Impertinente.
imperturbable adj Imperturbable.
impétigo m MÉD. Impétigo.
impétrer vt Impetrar.
impétu|eux, euse adj Impetuoso, a; arrebatado, a ‖ **~osité** f Impetuosidad | Ímpetu *m* (violence).
impi|e [ɛ̃pi] adj/s Impío, a ‖ **~été** f Impiedad ‖ **~toyable** [ɛ̃pitwajabl] adj Despiadado, a.
implacable adj Implacable.
implant|ation f Implantación, establecimiento *m* ‖ **~er** Implanter, establecer.
impli|cation f Implicación ‖ **~cite** adj Implícito, a ‖ **~quer** vt Implicar.
implor|ant, e adj Implorante ‖ **~er** vt Implorar.
impoli, ~e adj/s Descortés ‖ **~tesse** f Descortesía, mala educación.

impondérable adj/m Imponderable.
impopul|aire adj Impopular ‖ **~arité** f Impopularidad.
import|ance f Importancia | Importancia, amplitud (grandeur) | *D'~*, importante; mucho ‖ **~ant, e** adj Importante : *faire l'~*, dárselas de importante | FAM. Grande | — M Lo importante ‖ **~ateur, trice** adj/s Importador, a ‖ **~ation** f Importación ‖ **~er** vt Importar | — Vi Importar, tener importancia | *N'importe comment*, de cualquier modo | *N'importe où*, dondequiera | *N'importe quand*, cuando quiera | *N'importe qui*, cualquiera | *N'importe quoi*, lo que sea.
importun, ~e [ɛ̃pɔrtœ̃, -yn] adj/s Importuno, a; molesto, a | — M Impertinente ‖ **~er** vt Importunar ‖ **~ité** f Inoportunidad.
impos|able adj Imponible ‖ **~ant, e** adj Imponente ‖ **~é, e** adj Impuesto, a | — M Contribuyente ‖ **~er** vt Imponer | Gravar con un impuesto (faire payer un impôt) | IMPR. Imponer, ajustar | — Vp Imponerse ‖ **~ition** f Imposición | Impuesto *m* (impôt) | IMPR. Ajuste *m*, imposición.
impossib|ilité f Imposibilidad | *Mettre dans l'~*, imposibilitar, hacer imposible ‖ **~le** adj Imposible | Imposible, insoportable (caractère) | *Faire l'~*, hacer lo imposible | *Par ~*, por si acaso | *Rendre ~*, imposibilitar, hacer imposible.
impost|e f ARCH. Imposta | Montante *m* (menuiserie) ‖ **~eur** m Impostor, a ‖ **~ure** f Impostura.
impôt [ɛ̃po] m Impuesto, contribución *f* | *Des ~s*, tributario, impositivo.
impot|ence f Impotencia ‖ **~ent, e** adj Impotente, impedido, a | Lisiado, a (estropié).
impraticable adj Impracticable | Intransitable, impracticable (chemin).
imprécation f Imprecación.
imprécis, ~e [ɛ̃presi, i:z] adj Impreciso, a ‖ **~ion** f Imprecisión.
imprégner vt Impregnar.
imprenable adj Inexpugnable, inatacable | *Avec vue ~*, sin servidumbre de luces *ou* vistas.
imprésario m Empresario | Apoderado (d'un torero).
imprescriptible adj Imprescriptible.
impression f Impresión | Estampación (textile) ‖ **~nable** adj Impresionable ‖ **~nant, e** adj Impresionante ‖ **~ner** vt Impresionar | *Être impressionné*, impresionarse ‖ **~nisme** m Impresionismo ‖ **~niste** adj/s Impresionista.
imprév|oyance [ɛ̃prevwajɑ̃:s] f Imprevisión ‖ **~oyant, e** [-vwajɑ̃, ɑ̃:t] adj/s Imprevisor, a ‖ **~u, e** adj/m Imprevisto, a.
imprim|ante f Impresora ‖ **~é, e** adj Impreso, a | Estampado, a (tissu) | — M Impreso ‖ **~er** vt Imprimir | Estampar (tissu) | Dar, comunicar, imprimir (donner) | FIG. Imprimir, infundir ‖ **~erie** f Imprenta ‖ **~eur** m Impresor.
improbable adj Improbable.
improductif, ive adj Improductivo, a.
impromptu [ɛ̃prɔ̃pty] m Improvisación *f* | — Adj Improvisado, a | — Adv De repente, improvisadamente.
impropr|e adj Impropio, a ‖ **~iété** f Impropiedad.
improvis|ateur, trice adj/s Improvisador, a ‖ **~ation** f Improvisación ‖ **~er** vt/i Improvisar ‖ **~te (à l')** loc adv De improviso, de repente.
imprud|ence f Imprudencia ‖ **~ent, e** adj/s Imprudente.
impubère adj/s Impúber.
impud|ent, e adj/s Desvergonzado, a ‖ **~eur** f Impudor *m* ‖ **~ique** adj/s Impúdico, a.
impuiss|ance f Impotencia | Incapacidad, ineficacia (incapacité) | MÉD. Impotencia ‖ **~ant, e** adj/s Impotente | Ineficaz, incapaz | MÉD. Impotente.
impuls|if, ive adj/s Impulsivo, a ‖ **~ion** f Impulso *m*.
impun|i, e adj Impune ‖ **~ité** f Impunidad.
impur, ~e adj Impuro, a ‖ **~eté** [ɛ̃pyrte] f Impureza.
imput|able adj Imputable ‖ **~ation** f Imputación ‖ **~er** vt Imputar.
imputrescible adj Imputrescible.
inabordable adj Inaccesible | FIG. Inasequible (cher).
inac|ceptable [inaksɛptabl] adj Inaceptable ‖ **~cessible** adj Inaccesible, inasequible | Insensible ‖ **~coutumé, e** adj Inacostumbrado, a; insólito, a (inhabituel) | Desacostumbrado, a (non habitué).
inachevé, e [inaʃve] adj Sin acabar.
inact|if, ive adj Inactivo, a ‖ **~ion** f Inacción ‖ **~ivité** f Inactividad.
in|adéquat, e [inadekwa, at] adj Inadecuado, a ‖ **~admissible** adj Inadmisible ‖ **~advertance** f Descuido *m*, inadvertencia.
inaltérable adj Inalterable.
ina|mical, e adj Inamistoso, a ‖ **~movible** adj Inamovible | Vitalicio, a (à vie) ‖ **~nimé, e** adj Inanimado, a ‖ **~nition** f Inanición | *Tomber d' ~*, caerse de debilidad.
inaperçu, e adj Inadvertido, a.
inappréciable adj Inapreciable.
inapt|e adj No apto, a; inepto, a | *Rendre ~ à*, incapacitar para ‖ **~itude** f Ineptitud.
inassouvi, ~e adj Insatisfecho, a; no saciado, a ‖ **~ssement** m Insaciabilidad *f*.

inattaquable adj Inatacable.
inatten|du, e adj Inesperado, a ‖ **~tif, ive** adj Desatento, a (distrait) | Descuidado, a ‖ **~tion** f Descuido *m* | Falta de atención.
inaudible adj Inaudible.
inaugur|ation f Inauguración | Descubrimiento *m* (d'une statue) ‖ **~er** vt Inaugurar | FIG. Introducir | Descubrir (une statue).
inavouable [inavwabl] adj Inconfesable | Vergonzoso, a (honteux).
inca adj Incaico, a | — Adj/s Inca.
incalculable adj Incalculable, incontable.
incandesc|ence f Incandescencia | FIG. Ardor *m* ‖ **~ent, e** adj Incandescente | FIG. Ardiente, incandescente.
incap|able adj/s Incapaz ‖ **~acité** f Incapacidad.
incarcér|ation f Encarcelamiento *m* ‖ **~er** vt Encarcelar.
incarn|at, e adj/m Encarnado, a ‖ **~ation** f Encarnación ‖ **~er** vt Encarnar.
incartade f Despropósito *m* (insulte) | Locura, extravagancia | Inconveniencia (parole blessante) | Espantada, extraño *m* (de cheval).
incassable adj Irrompible.
incendi|aire adj/s Incendiario, a ‖ **~e** m Incendio ‖ **~er** vt Incendiar.
incert|ain, e [ɛ̃sɛrtɛ̃, ɛn] adj Incierto, a | Inseguro, a (irrésolu) | Inconstante (temps) | *Être ~ de,* no estar seguro de ‖ **~itude** f Incertidumbre.
incess|amment [ɛ̃sɛsamɑ̃] adv En seguida, inmediatamente (tout de suite) | Sin cesar (sans cesse) ‖ **~ant, e** adj Incesante.
incest|e m Incesto | — S Incestuoso, a ‖ **~ueux, euse** adj/s Incestuoso, a.
inchangé, e adj Sin cambiar, igual.
incid|ence f Incidencia | FIG. Repercusión ‖ **~ent, e** adj Incidente | FIG. Incidental | — Adj/f GRAM. Incidental | — M Incidente.
incinér|ation f Incineración ‖ **~ateur** m Incinerador ‖ **~er** vt Incinerar.
incis|e f Inciso *m* ‖ **~er** vt Hacer una incisión en (arbre), sajar (peau) ‖ **~if, ive** adj Incisivo, a | — F Incisivo *m* (dent) ‖ **~ion** f Incisión | Entalladura (d'arbre).
incit|ation f Incitación ‖ **~ateur, trice** adj/s Incitador, a ‖ **~er** vt Incitar, instigar.
incivil, ~e adj Descortés ‖ **~ité** f Descortesía.
inclém|ence f Inclemencia ‖ **~ent, e** adj Inclemente.
inclin|aison f Inclinación ‖ **~ation** f Inclinación | Afecto *m*, cariño *m* (affection) ‖ **~er** vt Inclinar | — Vi/p Inclinarse.
incl|ure* vt Incluir ‖ **~us, e** [ɛ̃kly, y:z] adj Incluso, a; inclusive | *Ci-~*, adjunto ‖ **~usion** f Inclusión.
incognito [ɛ̃kɔɲito] adv De incógnito | — M Incógnito.
incohérent, e adj Incoherente.
incolore adj Incoloro, a.
incomber vi Incumbir.
incommensurable adj Inconmensurable.
incommod|ant, e adj Molesto, a; incómodo, a ‖ **~e** adj Incómodo, a | Molesto, a (gênant) ‖ **~er** vt Incomodar, molestar | Indisponer, poner enfermo (indisposer) ‖ **~ité** f Incomodidad, molestia, lo incómodo *m* | Indisposición (maladie).
incomparable adj Incomparable.
incompatib|ilité f Incompatibilidad ‖ **~le** adj Incompatible.
incompét|ence f Incompetencia ‖ **~ent, e** adj/s Incompetente.
incomplet, ète adj Incompleto, a.
incompréhens|ible [ɔ̃kɔ̃preɑ̃sibl] adj Incomprensible ‖ **~ion** f Incomprensión.
incompris, e adj/s Incomprendido, a.
incon|cevable adj Inconcebible ‖ **~ditionnel, elle** adj/s Incondicional ‖ **~duite** f Mala conducta.
inconfortable adj Incómodo, a; inconfortable.
incongru, ~e adj Incongruente ‖ **~ité** f Incongruencia.
inconnu, e adj/s Desconocido, a | — M Lo desconocido | — F MATH. Incógnita.
inconsci|ence f Inconsciencia ‖ **~ent, e** adj/s Inconsciente.
inconséquen|ce f Inconsecuencia ‖ **~t, e** adj/s Inconsecuente.
inconsidéré, e adj Desconsiderado, a.
inconsist|ance f Inconsistencia ‖ **~ant, e** adj Inconsistente.
inconsolé, e adj Desconsolado, a.
inconst|ance f Inconstancia ‖ **~ant, e** adj/s Inconstante.
incontest|able adj Incontestable | Indiscutible ‖ **~é, e** adj Indiscutible.
incontin|ence f Incontinencia ‖ **~ent, e** adj Incontinente | — Adv Incontinenti.
inconven|ance f Inconveniencia ‖ **~ant, e** adj Inconveniente.
inconvénient m Inconveniente, inconveniencia *f*.
incorpor|ation f Incorporación ‖ **~er** vt Incorporar.
incorrect, ~e [ɛ̃kɔrɛkt] adj Incorrecto, a ‖ **~ion** f Incorrección.
incorr|igible adj Incorregible ‖ **~uptible** adj Incorruptible.
incrédul|e adj/s Incrédulo, a ‖ **~ité** f Incredulidad.
increvable adj Que no se pincha (pneu) | FAM. Incansable.

incrimin|ation f Incriminación || **~er** vt Incriminar.
incroy|able [ɛ̃krwajabl] adj Increíble || **~ant, e** adj/s Incrédulo, a; descreído, a.
incrust|ation f Incrustación || **~er** vt Incrustar | — Vp Incrustarse | FAM. Pegarse.
incub|ateur m Incubadora *f* || **~ation** f Incubación || **~er** vt Incubar.
inculp|abilité f Inculpabilidad || **~ation** f Inculpación || **~é, e** adj/s Inculpado, a; culpado, a | Procesado, a (cause civile), el reo, la reo (procès criminel) || **~er** vt Inculpar, culpar.
inculquer vt Inculcar.
incult|e adj Inculto, a || **~ivé, e** adj Inculto, a.
incur|able adj/s Incurable || **~ie** [ɛ̃kyri] f Incuria || **~sion** f Incursión.
Inde [ɛ̃:d] nprf India.
indéc|ence f Indecencia || **~ent, e** adj/s Indecente.
indéchiffrable adj Indescifrable.
indécis, ~e [ɛ̃desi, i:z] adj Indeciso, a | Borroso, a (vague) | Dudoso, a (douteux) || **~ion** f Indecisión (hésitation).
indéfectible adj Indefectible.
indéfini, ~e adj/m Indefinido, a | — Adj GRAM. Indeterminado, a || **~ssable** adj Indefinible.
indé|frisable adj/f Permanente || **~lébile** adj Indeleble || **~licatesse** f Indelicadeza || **~maillable** [ɛ̃demɑjabl] adj Indesmallable.
indemn|e [ɛ̃dɛmn] adj Indemne, ileso, a || **~isation** f Indemnización || **~iser** vt Indemnizar || **~ité** f Indemnidad | Indemnización (allocation) | *~ de déplacement*, dieta | *~ de logement*, subsidio de vivienda.
indéniable adj Innegable.
indépend|ance f Independencia || **~ant, e** adj/s Independiente.
indescriptible adj Indescriptible.
indésirable adj/s Indeseable.
indestructible adj Indestructible.
indétermin|ation f Indeterminación || **~é, e** adj Indeterminado, a.
index [ɛ̃dɛks] m Índice (d'un livre, doigt, de l'Église) | Aguja *f*, indicador (aiguille) || **~er** vt Indexar | *Indexé sur l'or*, valor oro.
indicat|eur, trice adj Indicador, a | — M Indicador (appareil) | Guía *f* (guide) || **~if, ive** adj Indicativo, a | — M GRAM. Indicativo | RAD. Sintonía *f* | Prefijo, código territorial, indicativo (téléphone) || **~ion** f Indicación.
indice m Indicio | MATH. Índice.
indien, enne adj/s Indio, a | — Adj Índico, a (Indes Orientales, océan).
indiffér|ence f Indiferencia || **~ent, e** adj/s Indiferente.
indig|ence f Indigencia || **~ent, e** adj/s Indigente.
indigène adj/s Indígena.
indigest|e adj Indigesto, a || **~ion** f Indigestión, empacho *m* | FIG. Saciedad; atracón *m*.
indign|ation f Indignación || **~e** adj Indigno, a || **~er** vt Indignar.
indigo [ɛ̃digo] m Añil, índigo.
indignité f Indignidad.
indiquer vt Indicar, señalar | FIG. Denotar, indicar.
indirect, e adj Indirecto, a.
indiscipline f Indisciplina.
indiscr|et, ète adj Indiscreto, a || **~étion** f Indiscreción.
indiscutable adj Indiscutible.
indispensable adj Indispensable, imprescindible.
indispo|nible adj/s Indisponible || **~sé, e** adj Indispuesto, a || **~ser** vt Indisponer || **~sition** f Indisposición.
indissoluble adj Indisoluble.
indistinct, e [ɛ̃distɛ̃, ɛ̃:kt] adj Indistinto, a.
individu m Individuo | Tipo (péjoratif) || **~aliser** vt Individualizar || **~aliste** adj/s Individualista || **~el, elle** adj Individual.
indivis, ~e [ɛ̃divi, i:z] adj Indiviso, a | *Par ~*, pro indiviso || **~ible** adj Indivisible || **~ion** f Indivisión.
indochinois, e adj/s Indochino, a.
indocil|e adj Indócil || **~ité** f Indocilidad.
indo-européen, enne adj/s Indoeuropeo, a.
indol|ence f Indolencia || **~ent, e** adj/s Indolente.
indolore adj Indoloro, a.
indompt|able [ɛ̃dɔ̃tabl] adj Indomable, indómito, a || **~é, e** [-te] adj Indómito, a | FIG. Incontenible.
indu, e adj Indebido, a | Improcedente | *À une heure ~*, a deshora.
indubitable adj Indudable.
induct|ance f ÉLEC. Inductancia || **~eur, trice** adj/m Inductor, a || **~ion** f Inducción.
indui|re vt Inducir | Deducir (déduire) || **~t, e** [ɛ̃dɥi, it] adj/m Inducido, a.
indulg|ence f Indulgencia || **~ent, e** adj Indulgente (*pour* o *à* o *envers*, con o hacia).
indult [ɛ̃dylt] m Indulto (du Pape).
indurer vt MÉD. Endurecer.
industri|alisation f Industrialización || **~aliser** vt Industrializar || **~e** f Industria || **~el, elle** adj/m Industrial || **~eux, euse** adj Industrioso, a | Mañoso, a (adroit).
inébranlable adj Inquebrantable, firme.

inédit, e adj/m Inédito, a.
ineff|able adj Inefable || **~açable** adj Imborrable || **~icace** adj Ineficaz || **~icacité** f Ineficacia.
inégal, ~e adj Desigual || **~é, e** adj Inigualado, a || **~ité** f Desigualdad.
inélégant, e adj Poco elegante | FIG. Descortés.
inéluctable adj Ineluctable.
inénarrable adj Inenarrable.
inept|e [inɛpt] adj Tonto, a; inepto, a || **~ie** [inɛpsi] f Necedad, inepcia, ineptitud.
inépuisable adj Inagotable.
inert|e adj Inerte || **~ie** [inɛrsi] f Inercia.
inespéré, e adj Inesperado, a.
inestimable adj Inestimable.
inévitable adj Inevitable | Consabido, a (bien connu).
inexact, ~e [inɛgza(kt), akt] adj Inexacto, a || **~itude** f Inexactitud.
inexaucé, e adj Insatisfecho, a.
inexcusable adj Inexcusable.
inexistant, e adj Inexistente.
inexorable adj Inexorable.
inexpéri|ence f Inexperiencia || **~menté, e** adj Inexperto, a; sin experiencia.
inexplicable adj Inexplicable.
inexpressif, ive adj Inexpresivo, a.
inex|primable adj Indecible || **~pugnable** [inɛkspyɲabl] adj Inexpugnable || **~tricable** adj Inextricable.
infaillib|ilité [ɛ̃fajibilite] f Infalibilidad || **~le** adj Infalible.
infaisable [ɛ̃fəzabl] adj Que no puede hacerse.
inf|amant, e adj Infamante || **~âme** adj/s Infame || **~amie** f Infamia.
infant, ~e s Infante, a || **~erie** f Infantería || **~icide** m Infanticidio | — Adj/s Infanticida (meurtrier) || **~ile** adj Infantil || **~ilisme** m Infantilismo.
infarctus [ɛ̃farktys] m MÉD. Infarto.
infatigable adj Incansable, inagotable.
infect, ~e [ɛ̃fɛkt] adj Infecto, a | FAM. Asqueroso, a || **~ant, e** adj Infeccioso, a || **~é, e** adj Infecto, a || **~er** vt Infectar, infestar, infeccionar | FIG. Inficionar (les mœurs) | — Vp Infectarse || **~ieux, euse** [ɛ̃fɛksjø, ø:z] adj Infeccioso, a || **~ion** [-sjɔ̃] f Infección | Peste (puanteur) | FIG. Contagio *m*.
inférer vt Inferir.
inféri|eur, e adj/s Inferior || **~orité** f Inferioridad.
infernal, e adj Infernal.
infester vt Infestar | *Être infesté*, infectarse, infestarse.
infid|èle adj/s Infiel || **~élité** f Infidelidad.
infiltr|at [ɛ̃filtra] m MÉD. Infiltrado || **~ation** f Infiltración || **~er (s')** vp Infiltrarse | Internarse (sports) | FIG. Colarse | *Faire ~*, infiltrar.
infime adj Ínfimo, a.
infini, ~e adj/m Infinito, a || **~té** f Infinidad || **~tésimal, e** adj Infinitesimal || **~tif, ive** adj/m Infinitivo, a || **~tude** f Infinitud.
infirm|ation f DR. Infirmación, invalidación || **~e** adj/s Achacoso, a | Impedido, a (impotent) | Lisiado, a (estropié) || **~er** vt DR. Invalidar | FIG. Quitar valor a || **~erie** f Enfermería || **~ier, ère** s Enfermero, a || **~ité** f Lisiadura | Achaque *m* (maladie) | FIG. Imperfección.
inflamm|able adj Inflamable || **~ation** f Inflamación.
inflation f Inflación || **~nisme** m Inflacionismo || **~niste** adj Inflacionista.
infléchir vt Doblar (courber) | Desviar (dévier) | FIG. Modificar (modifier) | — Vp Encorvarse, desviarse.
inflex|ibilité f Inflexibilidad || **~ible** adj Inflexible || **~ion** f Inflexión.
infliger vt Infligir.
influ|ence f Influencia || **~encer** vt Influir sobre *o* en, influenciar || **~ent, e** adj Influyente || **~er** vi Influir sobre *o* en || **~x** [ɛ̃fly] m Influjo.
in-folio [ɛ̃fɔljo] m inv Infolio.
inform|ateur, trice s Informador, a | Confidente (police) || **~ation** f Información, noticia (nouvelle) | Informe *m* (renseignement) || **~atique** f Informática || **~e** adj Informe || **~é** m DR. Informe, información *f* | *Jusqu'à plus ample ~*, para mejor proveer || **~er** vt Informar, avisar | — Vi Informar | — Vp Informarse.
infortun|e f Infortunio *m*, desgracia || **~é, e** adj/s Desventurado, a; infortunado, a.
infraction f Infracción.
infranchissable adj Infranqueable | FIG. Insuperable.
infra|rouge adj/m Infrarrojo, a || **~structure** f Infraestructura.
infroissable adj Inarrugable.
infructueux, euse [ɛ̃fryktɥø, ø:z] adj Infructífero, a | FIG. Infructuoso, a.
infus, ~e [ɛ̃fy, y:z] adj Infuso, a || **~er** vt Hacer una infusión | MÉD. Inyectar | Infundir (donner) || **~ion** f Infusión || **~oires** mpl Infusorios.
ingéni|er (s') vp Ingeniarse (*à*, en, para) || **~eur** m Ingeniero | *~ des eaux et forêts*, ingeniero de montes | *~ du Génie maritime*, ingeniero naval || **~eux, euse** adj Ingenioso, a || **~osité** f Ingeniosidad | Ingenio *m* (génie).
ingénu, ~e adj/s Ingenuo, a || **~ité** f Ingenuidad.

ingér|ence f Ingerencia ‖ **~er** vt Ingerir.
ingestion f Ingestión.
ingrat, ~e [ɛ̃gra, at] adj/s Ingrato, a | — Adj Poco afortunado, a (disgracieux) ‖ **~itude** f Ingratitud.
ingrédient [ɛ̃gredjɑ̃] m Ingrediente.
inguérissable adj Incurable.
ingurgiter vt Engullir.
inhabil|e [inabil] adj Inhábil (*à*, en) ‖ **~eté** [-lte] f Inhabilidad ‖ **~ité** f Dr. Inhabilidad ‖ **~iter** vt Inhabilitar, incapacitar.
inhabit|able adj Inhabitable ‖ **~é, e** adj Deshabitado, a ‖ **~uel, elle** adj Inhabitual.
inhal|ation [inalasjɔ̃] f Inhalación ‖ **~er** vt Inhalar.
inhér|ence [inerɑ̃:s] f Inherencia ‖ **~ent, e** adj Inherente.
inhib|er vt Inhibir ‖ **~iteur, trice** ou **~itoire** adj Inhibitorio, a ‖ **~ition** f Inhibición.
inhospitalier, ère adj Inhóspito, a; inhospitalario, a.
inhum|ain, e adj Inhumano, a ‖ **~ation** f Inhumación ‖ **~er** vt Inhumar.
inim|aginable adj Inimaginable ‖ **~itable** adj Inimitable ‖ **~itié** f Enemistad.
inintelligible adj Ininteligible.
inintéressant, e adj Sin interés, falto de interés.
ininterrompu, e adj Ininterrumpido, a.
iniqu|e adj Inicuo, a ‖ **~ité** f Iniquidad.
initi|al, e [inisjal] adj/f Inicial ‖ **~ation** f Iniciación ‖ **~ative** f Iniciativa ‖ **~é, e** adj/s Iniciado, a ‖ **~er** vt Iniciar (*à*, en).
inject|er vt Inyectar ‖ **~eur** m Inyector ‖ **~ion** f Inyección.
injonction [ɛ̃ʒɔ̃ksjɔ̃] f Orden terminante, conminación, exhortación.
injur|e f Injuria ‖ **~ier** vt Injuriar, agraviar ‖ **~ieux, euse** adj Injurioso, a; afrentoso, a.
injust|e adj/s Injusto, a ‖ **~ice** f Injusticia ‖ **~ifiable** adj Injustificable ‖ **~ifié, e** adj Injustificado, a.
inlassable adj Incansable.
inné, e [in(n)e] adj Innato, a.
innoc|ence f Inocencia ‖ **~ent, e** adj/s Inocente ‖ **~enter** vt Declarar inocente ‖ **~uité** f Inocuidad, innocuidad.
innombrable adj Innumerable.
innommable adj Que no tiene nombre; despreciable.
innov|ateur, trice adj/s Innovador, a ‖ **~ation** f Innovación ‖ **~er** vt/i Innovar.
inobservance f Inobservancia.
inoccupé, e adj Desocupado, a.
inocul|ation f Inoculación | Fig. Transmisión, propagación ‖ **~er** vt Inocular | Fig. Transmitir, contagiar.
inodore adj Inodoro, a.
inoffensif, ive adj Inofensivo, a.
inond|able [inɔ̃dabl] adj Inundable ‖ **~ation** f Inundación ‖ **~er** vt Inundar.
inopérant, e adj Inoperante, sin efecto.
inopiné, e adj Inopinado, a ‖ **~ment** adv Inopinadamente, impensadamente.
inopportun, ~e [inɔpɔrtœ, yn] adj/s Inoportuno, a ‖ **~ité** f Inoportunidad.
inorganique adj Inorgánico, a.
inoubliable adj Inolvidable.
inouï, e [inwi] adj Inaudito, a.
inoxydable adj Inoxidable.
inqualifiable adj Incalificable.
inqui|et, ète [ɛ̃kjɛ, ɛt] adj Inquieto, a; intranquilo, a; preocupado, a (*de, sur*, por, con) ‖ **~étant, e** adj Inquietante ‖ **~éter** vt Inquietar | — Vp Inquietarse (*de*, por) ‖ **~étude** f Inquietud, preocupación.
inquisit|eur adj/m Inquisidor, a ‖ **~ion** f Inquisición ‖ **~orial, e** adj Inquisitorial.
insaisissable adj Inasequible | Fig. Imperceptible; incomprensible.
insalubr|e adj Insalubre ‖ **~ité** f Insalubridad.
insanité f Locura, insania (folie) | Sandez (parole).
insat|iabilité [ɛ̃sasjabilite] f Insaciabilidad ‖ **~iable** adj Insaciable ‖ **~isfaction** f Insatisfacción ‖ **~isfait, e** adj Insatisfecho, a.
inscr|iption [ɛ̃skripsjɔ̃] f Inscripción | Matrícula (à un cours, à l'Université, immatriculation) | Com. Asiento *m*, registro *m* | Dr. Registro *m* ‖ **~ire*** vt Inscribir | Matricular (marine, université) | Com. Asentar, registrar | Incluir (inclure) | — Vp Inscribirse | Situarse (se situer) | Entrar (rentrer) | Matricularse (université, marine) | Dr. ~ *en faux*, tachar de falso ‖ **~it, e** adj/s Inscrito, a | Matriculado, a | Mar. Alistado, a; matriculado, a | — Spl Inscritos (élections).
insect|e m Insecto ‖ **~icide** adj/m Insecticida ‖ **~ivore** adj/m Insectívoro, a.
insécurité f Inseguridad.
insémination f Inseminación.
insensé, e adj/s Insensato, a.
insensib|ilisation f Insensibilización | Méd. Anestesia local ‖ **~iliser** vt Insensibilizar | Méd. Anestesiar ‖ **~ilité** f Insensibilidad ‖ **~le** adj Insensible.
inséparable adj Inseparable.
insérer vt Insertar | Incluir (inclure).
insertion [ɛ̃sɛrsjɔ̃] f Inserción.

insidieux, euse adj Insidioso, a.
insign|e adj Insigne | — M Insignia *f*, emblema *f* ‖ **~ifiance** f Insignificancia ‖ **~ifiant, e** adj Insignificante.
insinu|ant, e adj Insinuante ‖ **~ation** f Insinuación, indirecta | Introducción ‖ **~er** vt Insinuar | Introducir con habilidad (introduire) | — Vp Insinuarse.
insipid|e adj Insípido, a ; soso, a ‖ **~ité** f Insipidez.
insist|ance f Insistencia ‖ **~ant, e** adj Insistente ‖ **~er** vi Insistir, hacer hincapié en.
insolation f Insolación.
insol|ence f Insolencia ‖ **~ent, e** adj/s Insolente ‖ **~ite** adj Insólito, a.
insoluble adj Insoluble.
insolvab|ilité f Insolvencia ‖ **~le** adj Insolvente.
insomnie [ɛ̃sɔmni] f Insomnio *m*.
insonor|e adj Insonoro, a ‖ **~isation** f Insonorización ‖ **~iser** vt Insonorizar.
insouci|ance f Despreocupación, descuido *m* ‖ **~ant, e** ou **~eux, euse** adj Despreocupado, a.
insoumis, ~e adj Insumiso, a | — M MIL. Prófugo ‖ **~sion** f Insumisión | MIL. Rebeldía.
insoupçonn|able adj Insospechable | FIG. Intachable ‖ **~é, e** adj Insospechado, a.
insoutenable adj Insostenible.
inspect|er vt Inspeccionar ‖ **~eur, trice** s Inspector, a ‖ **~ion** f Inspección.
inspir|ateur, trice adj/s Inspirador, ra ‖ **~ation** f Inspiración ‖ **~er** vt Inspirarse | — Vp Inspirarse (*de*, en).
instab|ilité f Inestabilidad ‖ **~le** adj/s Inestable.
install|ateur m Instalador ‖ **~ation** f Instalación | Toma de posesión (d'un professeur, etc) ‖ **~er** vt Instalar | Dar posesión (d'une fonction) | Montar (une machine) | — Vp Instalarse.
inst|amment [ɛ̃stamɑ̃] adv Insistentemente, encarecidamente ‖ **~ance** f Instancia | Insistencia, encarecimiento *m* | *Affaire en ~*, asunto pendiente ‖ **~ant, e** adj Perentorio, a; apremiante (urgent) | Angustioso, a (angoissant) | — M Instante | *Dans un ~*, dentro de un momento | *Par ~s*, a ratos, por momentos | *Pour l'~*, por el momento, de momento, por ahora ‖ **~antané, e** adj Instantáneo, a | — M Instantánea *f* ‖ **~ar de (à l')** loc adv A ejemplo de, a la manera de, a semejanza de.
instaur|ateur, trice adj/s Instaurador, a ‖ **~ation** f Instauración ‖ **~er** vt Instaurar.
instig|ateur, trice adj/s Instigador, a ‖ **~ation** f Instigación : *sur l'~ de*, a instigación de.
instinct [ɛ̃stɛ̃] m Instinto ‖ **~if, ive** adj Instintivo, a.
instituer vt Instituir (établir) | Nombrar (un héritier).
institut [ɛ̃stity] m Instituto ‖ **~eur, trice** s Maestro, maestra de escuela | — F Institutriz (à domicile) ‖ **~ion** f Institución | Nombramiento *m* (d'un héritier) ‖ **~ionnel, elle** adj Institucional.
instruct|eur adjm/m Instructor ‖ **~if, ive** adj Instructivo, a ‖ **~ion** f Instrucción (directive) | Enseñanza (enseignement) | Sumario *m* (procès) | — Pl Instrucciones.
instrui|re* [ɛ̃strɥi:r] vt Instruir (enseigner) | Informar (informer) | Amaestrar (dresser) | DR. Instruir | — Vp Instruirse ‖ **~t, e** [-ɥi, it] adj Culto, a; instruido, a.
instrument m Instrumento : *~ à cordes*, instrumento de cuerda ‖ **~al, e** adj Instrumental ‖ **~ation** f MUS. Instrumentación ‖ **~er** vi DR. Extender un contrato; actuar (procès-verbal) | MUS. Instrumentar ‖ **~iste** s Instrumentista.
insu m Ignorancia *f* | *À l'~ de*, detrás de | *À mon ~*, sin saberlo yo.
insubmersible adj Insumergible.
insubord|ination f Insubordinación ‖ **~onné, e** adj/s Insubordinado, a.
insuccès [ɛ̃syksɛ] m Fracaso, revés.
insuffis|ance f Insuficiencia ‖ **~ant, e** adj Insuficiente.
insuffl|ation f Insuflación ‖ **~er** vt Insuflar.
insulaire adj/s Insular, isleño, a.
insuline f Insulina.
insult|ant, e adj Insultante, ofensivo, a ‖ **~e** f Insulto *m* ‖ **~er** vt/i Insultar.
insupportable adj Insoportable, inaguantable.
insurg|é, e adj/s Insurrecto, a; insurgente, sublevado, a ‖ **~er (s')** vp Sublevarse, insurreccionarse.
insurmontable adj Invencible, insalvable, insuperable.
insurpassable adj Insuperable.
insurrection f Insurrección ‖ **~nel, elle** adj Insurreccional.
intact, e [ɛ̃takt] adj Intacto, a.
intangible adj Intangible.
intarissable adj Inagotable.
intégr|al, e adj Íntegro, a | MATH. Integral | — F MATH. Integral ‖ **~alité** f Integridad ‖ **~ant, e** adj Integrante ‖ **~ation** f Integración.
intègre adj Íntegro, a | FIG. Recto, a; íntegro, a.
intégr|er vt Integrar ‖ **~ité** f Integridad.

intellect [ɛ̃tɛlɛkt] m Intelecto ‖ **~ualisme** m Intelectualismo ‖ **~uel, elle** adj/s Intelectual.
intellig|ence f Inteligencia | Comprensión (compréhension) ‖ **~ent, e** adj Inteligente ‖ **~ible** adj Inteligible.
intempér|ance f Intemperancia | FIG. Excesos *mpl* ‖ **~ant, e** adj Intemperante ‖ **~ie** [ɛ̃tɑ̃peri] f Inclemencia del tiempo, intemperie.
intempestif, ive adj Intempestivo, a.
intenable [ɛ̃tnabl] adj Insostenible, indefinible | Imposible.
intend|ance f Intendencia | Dirección, administración ‖ **~ant, e** s Intendente, a | Administrador, a (d'un lycée).
intens|e adj Intenso, a ‖ **~if, ive** adj Intensivo, a ‖ **~ification** f Intensificación ‖ **~ifier** vt Intensificar ‖ **~ité** f Intensidad.
intent|er vt Intentar, entablar, incoar (un procès) ‖ **~ion** f Intención | *À l'~ de*, en honor de | *Dans l'~ de*, con intención *ou* ánimo de ‖ **~ionné, e** adj Intencionado, a ‖ **~ionnel, elle** adj Intencional ‖ **~ionnellement** adv Intencionadamente, intencionalmente.
inter [ɛ̃tɛ:r] prép Inter, entre | — M FAM. Conferencia (*f*) interurbana | Teléfono interurbano (téléphone) | Interior (football) ‖ **~action** f Interacción ‖ **~calaire** adj Intercalar ‖ **~caler** vt Intercalar ‖ **~céder** vi Interceder, mediar.
intercept|er vt Interceptar ‖ **~ion** f Interceptación, intercepción.
intercess|eur m Intercesor ‖ **~ion** f Intercesión.
interchangeable [ɛ̃tɛrʃɑ̃ʒabl] adj Intercambiable.
inter|continental, e adj Intercontinental ‖ **~costal, e** adj Intercostal ‖ **~diction** f Prohibición, interdicción | DR. Incapacidad; suspensión de funciones; inhabilitación | *~ de séjour*, interdicción de residencia *ou* de lugar ‖ **~dire*** vt Prohibir, vedar | Impedir (empêcher) | Inhabilitar | DR. Incapacitar | FIG. Dejar cortado, desconcertar (étonner), sobrecoger (troubler) | REL. Poner en entredicho ‖ **~dit, e** adj V. INTERDIRE | — M DR. Incapacitado; desterrado (banni) | REL. Entredicho.
intéress|ant, e adj Interesante ‖ **~ement** m Participación (*f*) en los beneficios ‖ **~er** vt Interesar | Provocar el interés de | Importar (avoir de l'importance) | — Vp Interesarse (*à*, por, en).
intérêt [ɛ̃terɛ] m Interés | *Avoir ~ à*, tener interés en *ou* por, interesarse por | *Dans l'~ de*, en beneficio de | *~s échus*, intereses devengados.
interfér|ence f Interferencia ‖ **~er** vi Interferir.
intéri|eur, e adj Interior | — M Interior | Piso, casa *f* (maison) | *Ministère de l'Intérieur*, Ministerio del Interior ‖ **~m** [ɛ̃terim] m Interinidad *f*, ínterin | *Par ~*, interino, provisionalmente ‖ **~maire** adj/s Interino, a ‖ **~orité** f Interioridad.
interjection f Interjeción | DR. Recurso *m*.
interjeter vt DR. Interponer [apelación] (appel).
interligne m Interlínea *f* | Espacio (musique, dactylographie) | — F IMPR. Regleta, interlínea.
interlocuteur, trice s Interlocutor, a.
interlope adj Intérlope, fraudulento, a | FIG. Equívoco, a.
interloquer vt Desconcertar, sorprender, confundir.
interlude m Interludio.
inter|mède m Intérmedio | Entremés (théâtre) ‖ **~médiaire** adj/s Intermediario, a | *Par l'~ de*, por mediación de, por intermedio de.
interminable adj Interminable, inacabable.
intermitt|ence f Intermitencia : *par ~*, con *ou* por intermitencia ‖ **~ent, e** adj Intermitente.
internat m Internado.
internation|al, e adj/s Internacional ‖ **~alisation** f Internacionalización ‖ **~aliser** vt Internacionalizar.
intern|e adj/s Interno, a ‖ **~é, e** adj/s Internado, a ‖ **~ement** m Internamiento, reclusión *f* ‖ **~er** vt Internar, recluir.
interpell|ateur, trice adj/s Interpelador, a ‖ **~ation** f Interpelación | Ruego *m*, interpelación (d'un député) ‖ **~er** vt Interpelar.
interplanétaire adj Interplanetario, a.
interpol|ation f Interpolación ‖ **~er** vt Interpolar.
interposer vt Interponer | FIG. Hacer intervenir | — Vp Interponerse | Mediar (entre deux).
interpr|étariat m Interpretariado ‖ **~étation** f Interpretación ‖ **~ète** s Intérprete ‖ **~éter** vt Interpretar.
interrègne m Interregno.
interrog|ateur, trice adj/s Interrogante | Examinador, a (à un examen) ‖ **~atif, ive** adj Interrogativo, a ‖ **~ation** f Interrogación : *point d'~*, signo de interrogación | Pregunta (examen) ‖ **~atoire** m Interrogatorio ‖ **~er** vt Interrogar | Preguntar (un élève) | FIG. Consultar.
interrompre* vt Interrumpir.
interrupt|eur m Interruptor ‖ **~ion** f Interrupción | Corte *m* (coupure).

intersection f Intersección | Cruce *m*, intersección (de routes).
intersession f Intermedio *m* (au Parlement).
inter|stice m Intersticio || **~urbain, e** adj Interurbano, a | — M Teléfono interurbano || **~valle** m Intervalo : *par ~s*, a intervalos.
interven|ant, e adj/s Interventor, a || **~ir*** vi Intervenir | Ocurrir (se produire) || **~tion** f Intervención.
interver|sion f Interversión, inversión || **~tir** vt Invertir, intervertir.
interview [ɛ̃tɛrvju] f Interviú *m*, entrevista || **~er** [-vjuve] vt Entrevistarse con, hacer un interviú a.
intestat [ɛ̃tɛsta] adj/s Dr. Intestado, a.
intestin, ~e adj/m Intestino, a | *Gros ~*, intestino grueso | *~ grêle*, intestino delgado || **~al, e** adj Intestinal.
intim|ation f Intimación | Dr. Citación, convocación || **~e** adj/s Íntimo, a || **~é, e** adj Dr. Demandado, a; citado, a || **~er** vt Intimar | Dr. Citar, convocar || **~idation** f Intimidación || **~ider** vt Intimidar || **~ité** f Intimidad.
intitul|é m Título (de livre), encabezamiento (de lettre) | Titular (d'un compte) | Nombre (nom) || **~er** vt Titular, intitular.
intolér|able adj Intolerable, inaguantable || **~ance** f Intolerancia || **~ant, e** adj/s Intolerante.
intonation f Entonación.
intouchable adj/s Intocable | — Mpl Parias.
intoxi|cant, e adj Tóxico, a || **~cation** f Intoxicación || **~quer** vt Intoxicar.
intrados [ɛ̃trado] m Intradós.
intraduisible adj Intraducible.
intraitable adj Intratable | Intransigente (intransigeant) | Inflexible.
intramusculaire adj Intramuscular.
intransférable adj Intransferible, intrasmisible, intransmisible.
intransige|ance [ɛ̃trɑ̃ziʒɑ̃:s] f Intransigencia || **~ant, e** [-ʒɑ̃, ɑ̃:t] adj/s Intransigente.
intransitif, ive adj/m Intransitivo, a.
intransmissible adj Intrasmisible, intransmisible, intransferible.
intraveineux, euse adj Intravenoso, a | — F Inyección intravenosa.
intrépid|e adj/s Intrépido, a || **~ité** f Intrepidez.
intrig|ant, e adj/s Intrigante || **~ue** f Intriga | Amorío *m* (amoureuse) | *D'~*, de enredo (théâtre) || **~uer** vt/i Intrigar.
intrinsèque adj Intrínseco, a.
introduction f Introducción | Presentación (d'une personne).
intro|duire* vt Introducir | Presentar (une personne) | — Vp Introducirse || **~ït** [ɛ̃trɔit] m Introito || **~mission** f Intromisión || **~niser** vt Entronizar || **~spection** f Introspección || **~version** f Introversión || **~verti, e** adj/s Introvertido, a.
intrus, ~e [ɛ̃try, y:z] adj/s Intruso, a || **~ion** f Intrusión.
intuit|if, ive adj/s Intuitivo, a || **~ion** f Intuición | *Avoir l'~ de*, intuir.
inus|able adj Que no se puede desgastar || **~ité, e** adj Inusitado, a; desusado, a.
inutil|e adj/s Inútil || **~isable** adj Inutilizable, inservible || **~iser** vt Inutilizar || **~ité** f Inutilidad.
invaincu, e [ɛ̃vɛ̃ky] adj Invicto, a.
invalid|ation f Invalidación || **~e** adj/s Inválido, a || **~er** vt Invalidar || **~ité** f Invalidez | Nulidad.
invariable adj Invariable.
invasion f Invasión.
invectiv|e f Invectiva || **~er** vt/i Increpar, denostar.
invend|able adj Invendible || **~u, e** adj Sin vender, no vendido, a | — M Artículo sin vender.
invent|aire m Inventario | *Vente après ~*, venta postbalance || **~er** vt Inventar || **~eur, trice** s Inventor, a | Descubridor, a (qui découvre) || **~if, ive** adj Inventivo, a | *Esprit ~*, inventiva || **~ion** f Invención, invento *m* | Descubrimiento *m* (découverte) || **~orier** vt Hacer el inventario.
invers|e adj Inverso, a; contrario, a | — M Lo contrario || **~é, e** adj Inverso, a || **~er** vt Invertir || **~ion** f Inversión.
invertébré, e adj/m Invertebrado, a.
inverti m Invertido, homosexual.
invertir vt Invertir.
investigation f Investigación.
invest|ir vt Conferir, investir (conférer) | Invertir (des fonds) | Fig. Conceder | Mar. Bloquear | Mil. Cercar || **~issement** m Inversión *f* (de fonds) | Mil. Sitio || **~isseur** m Inversionista || **~iture** f Investidura, toma de posesión (d'un président, d'un gouvernement, etc).
invétér|é, e adj Inveterado, a; empedernido, a || **~er (s')** vp Echar raíces, arraigar.
invincible adj Invencible | Irrefutable.
inviolable adj Inviolable.
invisible adj Invisible.
invit|ation f Invitación | Convite *m* (à un repas) || **~e** f Envite *m* (jeux) || **~é, e** adj/s Invitado, a || **~er** vt Invitar, convidar (à un repas) | Sacar, invitar (à danser) | Fig. Invitar | — Vi Envidar (jeux).

invocation f Invocación | REL. Advocación.
involontaire adj Involuntario, a.
invoquer vt Invocar.
invraisembl|able adj Inverosímil ‖ **~ance** f Inverosimilitud.
invulnérable adj Invulnerable.
iod|e m Yodo ‖ **~é, e** adj Yodado, a ‖ **~er** vt Yodar ‖ **~ure** m Yoduro.
ion [jɔ̃] m Ion ‖ **~ien, enne** adj/s Jónico, a ‖ **~ique** adj Jónico, a | Iónico, a (des ions) ‖ **~osphère** f Ionosfera.
iota m Iota *f* (lettre) | FAM. Ápice | FAM. *Il n'y manque pas un ~,* no le falta una jota.
Irak ou **Iraq** nprm Irak, Iraq.
irakien, enne ou **iraquien, enne** adj/s Iraqués, esa; iraquí.
Iran nprm Irán.
iranien, enne adj/s Iranio, a (persan) | Iraní (de l'État actuel).
irascib|ilité f Irascibilidad, iracundia ‖ **~le** adj Irascible, iracundo, a.
iridium [iridjɔm] m Iridio.
iris [iris] m ANAT. Iris | BOT. Lirio ‖ **~er** [irize] vt Irisar.
irlandais, e adj/s Irlandés, esa.
Irlande nprf Irlanda.
iron|ie f Ironía ‖ **~ique** adj Irónico, a ‖ **~iser** vi Ironizar, mostrar ironía.
irradi|ation f Irradiación ‖ **~er** vi/t Irradiar.
irraisonn|able adj Irracional | Irrazonable ‖ **~é, e** adj Descabellado, a.
irrationnel, elle adj Irracional.
irréal|isable adj Irrealizable ‖ **~ité** f Irrealidad.
irrecevable adj Inadmisible.
irré|cupérable adj Irrecuperable ‖ **~cusable** adj Irrecusable ‖ **~ductible** adj Irreductible | MATH. Irreducible ‖ **~el, elle** [ireɛl] adj Irreal ‖ **~flexion** f Irreflexión ‖ **~fléchi, e** adj Irreflexivo, a ‖ **~futable** adj Irrefutable, irrebatible.
irrégul|arité f Irregularidad ‖ **~ier, ère** adj Irregular.
irré|ligieux, euse adj Irreligioso, a ‖ **~ligiosité** f Irreligiosidad ‖ **~médiable** adj Irremediable ‖ **~missible** adj Irremisible.
irremplaçable adj Insustituible, irremplazable.
irré|parable adj Irreparable ‖ **~prochable** adj Intachable, irreprochable ‖ **~sistible** adj Irresistible ‖ **~solu, e** adj Irresoluto, a | No resuelto, a (question, problème).
irrespect [ir(r)ɛspɛ] m Irreverencia *f*, falta (*f*) de respeto ‖ **~ueux, euse** adj Irrespetuoso, a.
irrespirable adj Irrespirable.
irresponsable adj/s Irresponsable.
irrétrécissable [ir(r)etresisabl] adj Inencogible, que no puede encoger.
irrévérenc|e f Irreverencia ‖ **~ieux, euse** adj Irreverente | Irrespetuoso, a.
irréversible adj Irreversible.
irrévocable adj Irrevocable.
irrig|able adj Irrigable, de regadío ‖ **~ateur** m Irrigador ‖ **~ation** f Irrigación | Riego (jardin) ‖ **~uer** vt Irrigar, regar | *Non irrigué,* de secano.
irrit|abilité f Irritabilidad ‖ **~able** adj Irritable ‖ **~ant, e** adj Irritante ‖ **~ation** f Irritación ‖ **~er** vt Irritar | — Vp Irritarse (*de,* con *ou* por).
irruption f Irrupción | *Faire ~,* irrumpir, hacer irrupción.
isabelle adj/s Isabelino, a (couleur).
Isabelle nprf Isabel.
isard [iza:r] m Gamuza *f*, rebeco.
isba f Isba.
ischion m ANAT. Isquion.
islam [islam] m Islam ‖ **~isme** m Islamismo.
islandais, e adj/s Islandés, esa.
Islande nprf Islandia.
iso|bare adj Isobárico, a | — F Isobara ‖ **~cèle** adj GÉOM. Isósceles ‖ **~chrone** [izɔkrɔn] adj Isócrono, a.
isol|ant, e adj/m Aislante; aislador, a ‖ **~ation** f Aislamiento *m* ‖ **~ationnisme** m Aislacionismo ‖ **~ationniste** adj/s Aislacionista ‖ **~ement** m Aislamiento | Apartamiento (écartement) ‖ **~er** vt Aislar | — Vp Apartarse ‖ **~oir** m Cabina (*f*) electoral.
iso|mère adj/m Isómero, a ‖ **~pode** adj/m ZOOL. Isópodo, a ‖ **~therme** adj/f Isotermo, a ‖ **~tope** adjm/m Isótopo.
Israël [israɛl] nprm Israel.
israél|ien, enne adj/s Israelí ‖ **~ite** adj/s Israelita.
issu, e adj Nacido, a (né) | Descendiente | FIG. Procedente, resultante | — F Salida (sortie) | FIG. Fin *m*, final *m* (fin), resultado *m*, desenlace *m* (dénouement), salida (échappatoire) | — Pl Despojos *m* (de boucherie) | *À l'~ de,* al terminar, después de.
isthme [ism] m Istmo.
Italie nprf Italia.
itali|en, enne adj/s Italiano, a | Apaisado, a (photo, dessin, livre) ‖ **~que** adj/s Itálico, a | — M Itálica *f*, cursiva *f* (lettre).
itinér|aire adj/m Itinerario, a ‖ **~ant, e** adj/m Ambulante, itinerante | Volante, itinerante.
ivoire m Marfil | Objeto de marfil.
ivraie [ivrɛ] f BOT. Cizaña.
ivre adj Ebrio, a; embriagado, a ‖ **~sse** f Embriaguez | FIG. Arrebato *m*, entusiasmo *m*.
ivrogn|e, esse adj/s Borracho, a ‖ **~erie** f Embriaguez, borrachera.

j

j [ʒi] m J *f*.
jabiru m Jabirú (oiseau).
jaborandi m BOT. Jaborandi.
jabot [ʒabo] m Buche (oiseaux) | Chorrera *f* (chemise) || **~age** m FAM. Charla *f* | Cotorreo (bavardage) || **~er** vi FAM. Cotorrear || **~eur, euse** adj/s Charlatán, ana.
jacaranda m BOT. Jacarandá *f*.
jacass|e f Urraca (pie) | FAM. Cotorra, charlatana (bavarde) || **~ement** m Cotorreo || **~er** vi Chirriar (la pie) | FAM. Cotorrear || **~erie** f FAM. Charla, cotorreo *m*.
jacent, e [ʒasɑ̃, ɑ̃:t] adj Yacente.
jachère f AGR. Barbecho *m*.
jacinthe [ʒasɛ̃:t] f BOT. Jacinto *m*.
jack m Conmutador telefónico.
jacobin, e adj/s Jacobino, a.
Jacques [ʒa:k] nprm Jaime, Diego, Santiago.
jacquet m Chaquete (jeu) | ZOOL. Ardilla *f* (écureuil).
jactance f Jactancia.
jaculatoire adj Jaculatorio, a.
jade m MIN. Jade (pierre).
jadis [ʒadis] adv Antiguamente, antaño.
jaguar [ʒagwa:r] m Jaguar.
jaill|ir [ʒaji:r] vi Brotar (sourdre) | Saltar (étincelle) | Desprenderse (se dégager) || **~issement** [-jismɑ̃] m Brote, surgimiento.
jais [ʒɛ] m MIN. Azabache.
jalon m Jalón | Hito (repère) || **~nement** m Jalonamiento || **~ner** vt/i Jalonar.
jalous|er vt Envidiar, tener envidia de || **~ie** f Celos *mpl* (en amour) | Envidia | Celosía, persiana (persienne).
jaloux, ouse [ʒalu, u:z] adj Celoso, a (en amour) | Envidioso, a (envieux) | Ansioso, a; deseoso, a (désireux de) | *Rendre ~*, dar celos *ou* envidia.
jamais [ʒamɛ] adv Nunca, jamás | *À (tout) ~* o *pour ~*, para *ou* por siempre jamás | *Au grand ~* o *~ de la vie*, jamás de los jamases, nunca jamás | *~ deux sans trois*, no hay dos sin tres | *Si ~*, si algún día, si por casualidad.
jamb|age m Jambe *f* (cheminée) | Palo, trazo (de lettre) || **~e** [ʒɑ̃:b] f Pierna | Pernil *m* (pantalon) | FIG. *À toutes ~s*, a todo correr | *Cela lui fait une belle ~*, valiente negocio, ¿de qué le sirve? | *~ de bois*, pata de palo | *Par-dessous la ~*, a lo loco, a lo que salga | *Prendre ses ~s à son cou* o *jouer des ~s*, tomar las de Villadiego, poner pies en polvorosa | *Tenir la ~*, dar la lata | *Tirer dans les ~s*, echar la zancadilla | *Traiter par-dessous la ~*, mirar por encima del hombro || **~on** m Jamón : *~ de montagne*, jamón serrano || **~onneau** m Codillo (porc).
janissaire m Jenízaro, genízaro.
jante f Llanta.
janvier m Enero : *le 2 ~ 1975*, el 2 de enero de 1975.
Japon nprm Japón.
japonais, e adj/s Japonés, esa.
japp|ement m Ladrido || **~er** vi Ladrar (aboyer).
jaquette f Chaqué *m* (d'homme) | Chaqueta (de femme) | Sobrecubierta (livre).
jar ou **jars** [ʒa:r] m POP. Germanía *f*.
jardin m Jardín (de fleurs) | Huerto (potager) | *~ d'enfants*, colegio de párvulos | *~ des plantes*, jardín botánico | *~ d'hiver*, invernadero | *~ potager*, huerto, huerta || **~age** m Jardinería *f* (art), horticultura *f* || **~er** vi Entretenerse trabajando en jardinería | — Vt Escamondar || **~ier, ère** s Jardinero, a (fleuriste) | Hortelano, a (maraîcher) | — Adj Del jardín | Hortense | — F Jardinera (meuble) | Menestra, jardinera (mets).
jargon m Jerga *f*, jerigonza *f* | Argot : *~ médical*, argot médico.
Jarnac (coup de) m Puñalada (*f*) trapera.
jarre f Jarra, tinaja.
jarret m Corva *f* (homme) | Corvejón, corva *f*, jarrete (animal) || **~elle** [ʒartɛl] f Liga || **~ière** f Liga, jarretera.
jars [ʒa:r] m Ganso, ánsar.
jas|er vi Charlar (parler) | Cotillear (avec médisance) | Cotorrear (oiseaux) || **~eur, euse** adj/s Charlatán, ana.
jasmin m Jazmín (fleur).
jasp|e m MIN. Jaspe || **~er** vt Jaspear || **~ure** f Jaspeado *m*.
jatte f Cuenco *m* (coupe).
jaug|e [ʒo:ʒ] f Cabida (capacité) | Medida (mesure) | Aforo *m* (d'un récipient) | Varilla graduada (règle) | Indicador (*m*) de nivel (auto) | Galga (de filetage) | MAR. Arqueo *m* || **~eage** [ʒoʒa:ʒ] m Aforo | Arqueo (bateaux) || **~er** vt Aforar | Arquear (bateaux) | FIG. Calibrar, juzgar.

jaun|âtre adj Amarillento, a | Cetrino, a (teint) || **~e** adj Amarillo, a | *Rire ~*, reír con risa de conejo | — M Amarillo (couleur) | FAM. Esquirol, rompehuelgas | *~ d'œuf*, yema de huevo || **~ir** vt Amarillear, poner amarillo | — Vi Ponerse amarillo || **~issant, e** adj Amarillento, a || **~isse** f MÉD. Ictericia | *En faire une ~*, ponerse enfermo || **~issement** m Amarilleo.

Javel (eau de) f Lejía.

javeline f Jabalina.

javelliser vt Esterilizar el agua con hipoclorito de sosa.

javelot [ʒavlo] m Venablo (arme) | Jabalina *f* (sport).

je [ʒə] pron pers Yo.

Jean, Jeanne nprmf Juan, Juana.

jeep [dʒip] f Jeep *m*.

jéjunum [ʒeʒynɔm] m ANAT. Yeyuno.

je-m'en-fichisme ou **je-m'en-foutisme** m POP. Despreocupación *f*.

je-ne-sais-quoi m inv Un no sé qué.

jérémiade f Jeremiada, lloriqueo *m*.

Jérôme nprm Jerónimo.

jerrican [dʒerikan] m Bidón.

jersey [ʒɛrzɛ] m Tejido de punto.

je-sais-tout m inv Sabelotodo.

jésuit|e adj/s Jesuita || **~ique** adj Jesuítico, a || **~isme** m Jesuitismo.

Jésus [ʒezy] nprm Jesús.

Jésus-Christ [ʒezykri] nprm Jesucristo.

jet m Lanzamiento, tiro (lancement) | Rayo, chorro (de lumière) | Chorro (d'un fluide) | Avión de reacción, reactor | BOT. Vástago, retoño | *Arme de ~*, arma arrojadiza | *À un ~ de*, a tiro | *Premier ~*, bosquejo (peinture) | *D'un seul ~*, de un tirón | *Du premier ~*, del primer golpe | *~ d'eau*, surtidor | *Premier ~*, bosquejo (ébauche) | **~ée** f Escollera, espigón *m*, muelle *m*, malecón *m* || **~er** vt Echar | Tirar (par terre, se débarrasser) | Echar (un coup d'œil) | Lanzar (lancer) | Emitir (émettre) | Poner en (dans l'embarras) | Meter (en prison) | Dar (un cri) | Echar, poner (les fondements) | Echar (l'ancre) | Tender (un pont, des filets) | Echar, tender (le filet) | Infundir, inspirar | Sentar (les bases) | *~ à la figure, à la face*, echar en cara | *~ bas*, derribar | — Vp Arrojarse, tirarse, echarse | Desembocar (fleuve) | FIG. Meterse (s'engager) || **~on** m Ficha *f* | FAM. *Faux comme un ~*, más falso que Judas. *Faux ~*, hipócrita.

jeu m Juego | Juego, surtido completo (clés, etc) | Apuesta *f* (enjeu) | Regla (*f*) del juego | Funcionamiento, manejo | MUS. Ejecución *f* | MÉC. Juego, holgura *f* | THÉÂTR. Interpretación *f*, actuación *f* | — Pl MUS. Registros (d'orgue) | *Avoir beau ~*, serle fácil | *Cacher son ~*, disimular sus intenciones | *Ce n'est pas de ~*, no hay derecho | *C'est un ~ d'enfant*, eso es coser y cantar, eso está tirado (très facile) | *Être vieux ~*, estar chapado a la antigua | *Faire le ~ de qqn*, servir los propósitos de uno | *~ de cartes*, baraja (paquet), juego de naipes | *~ d'esprit*, acertijo, adivinanza | *Jouer double ~*, jugar con dos barajas | *Jouer franc ~*, jugar limpio | *Jouer gros ~*, jugar fuerte | *Jouer le ~*, actuar honradamente | *Le ~ n'en vaut pas la chandelle*, la cosa no merece la pena | *Les ~x sont faits*, la suerte está echada | *Mettre en ~*, poner en juego.

jeudi m Jueves.

jeun (à) [aʒœ̃] loc adv En ayunas.

jeune [ʒœn] adj Joven, juvenil | Nuevo, a (neuf) | *~ fille*, chica, joven, muchacha | *~ homme*, muchacho, joven | *~ premier*, galán | *Faire ~*, parecer joven | — M Joven.

jeûn|e [ʒø:n] m Ayuno || **~er** vi Ayunar || **~eur, euse** s Ayunador, a.

jeunesse f Juventud.

jeunet, ette adj FAM. Jovencito, a.

joaill|erie [ʒɔajri] f Joyería || **~ier** [-je] m Joyero.

jockey [ʒɔkɛ] m Jockey.

joie [ʒwa] f Gozo *m*, alegría : *ne pas se tenir de ~*, no caber en sí de gozo | Júbilo *m* (très grande) | Placer *m* (plaisir) | *Faire la ~ de*, ser la alegría de | *S'en donner à cœur ~*, pasárselo en grande.

joignant, e adj Contiguo, a ; rayano, a.

joindre* [ʒwɛ̃:dr] vt Juntar | Reunir, unir (unir) | Reunirse con (une personne) | Entrar en contacto con, dar con (se mettre en rapport) | Localizar (au téléphone) | Añadir, sumar (ajouter) | Adjuntar, incluir (inclure) | FIG. Unir, juntar (allier) | *~ les deux bouts*, ir tirando | — Vi Ajustar, encajar | — Vp Juntarse | Sumarse (à une conversation).

joint, e [ʒwɛ̃, ɛ̃:t] adj Junto, a | Ajustado, a | *Ci-~*, adjunto, a | — M Juntura *f* | Coyuntura *f* (des os) | FIG. Coyuntura *f* | TECH. Junta *f* || **~ure** f Juntura (joint) | Coyuntura (des os) | Nudillo *m* (des doigts).

joker [dʒokə:r ou ʒɔkɛ:r] m Mono, comodín (carte).

joli, ~e adj Bonito, a ; precioso, a ; lindo, a | Bueno, a : *jouer un ~ tour*, hacer una buena jugada | — M Lo bonito | *C'est du ~ !*, ¡muy bonito! || **~esse** f Monería, preciosidad, lindeza || **~ment** adv FAM. Mucho, muy | Perfectamente.

jonc [ʒɔ̃] m Junco (plante) | Junquillo, junco (canne) | Anillo (bague).

jonch|aie [ʒɔ̃ʃɛ] f BOT. Juncal *m*, junqueral *m* ‖ **~ée** f Alfombra de flores ‖ **~er** vt Cubrir, alfombrar, tapizar ‖ **~eraie** ou **~ère** f BOT. Juncal *m*.

jonction f Unión, reunión | *Point de ~*, confluencia.

jongl|er vi Hacer juegos malabares *ou* de manos | FIG. Hacer malabarismos con (les chiffres), burlarse de (les difficultés) ‖ **~erie** f Malabarismo *m*, juegos (*mpl*) malabares *ou* de manos ‖ **~eur** m Juglar (trouvère) | Malabarista (cirque).

jonqu|e f Junco *m* (bateau) ‖ **~ille** [ʒɔ̃kij] f BOT. Junquillo *m*.

Joseph, ine [ʒɔzɛf, in] nprmf José, Josefina *ou* Josefa.

Josette nprf Pepita.

jouable adj Representable (théâtre) | Ejecutable (musique) | Jugable (jeu).

joue [ʒu] f Mejilla, carrillo *m* | MÉC. Cara | TECH. Pestaña | *En ~!*, ¡apunten!, ¡armas! | *Mettre en ~*, apuntar.

jou|er vi Jugar | Actuar (intervenir) | Ser aplicable (une loi) | TECH. Tener juego *ou* holgura | MUS. Tocar | THÉÂTR. Trabajar, actuar, ser intérprete | *À toi de ~*, a ti te toca | *En jouant*, en broma (en plaisantant) | *Faire ~*, utilizar | *~ à la grande dame*, dárselas *ou* echárselas de señora | *~ au plus fin*, dárselas de listo | *~ d'adresse*, obrar con habilidad | *~ de la prunelle*, guiñar el ojo | *~ de malheur*, tener mala suerte | *~ des coudes*, abrirse paso con los codos | *~ des jambes*, poner pies en polvorosa | *~ faux*, desafinar | *~ sur les mots*, andar con equívocos | — Vt Jugar | Jugarse : *~ sa vie*, jugarse la vida | Gastar (une farce) | Imitar | Fingir (simuler) | Engañar (duper) | MUS. Tocar : *~ une valse*, tocar un vals | THÉÂTR. Representar, interpretar (au théâtre ou au cinéma) | Desempeñar (un rôle) | *~ sa situation*, poner en juego su situación | — Vp Jugarse | No hacer caso de | Disputarse | Ventilarse (être en jeu) | Reírse, burlarse (se moquer) | Ocurrir (avoir lieu) | MUS. Tocarse | THÉÂTR. Representarse ‖ **~et** [ʒwɛ] m Juguete ‖ **~eur, euse** adj/s Jugador, a | MUS. Tocador, a | Juguetón, ona (enfant) | *Joueur de guitare, de piano*, etc, guitarrista, pianista, etc.

joufflu, e adj Mofletudo, a.

joug [ʒu] m Yugo.

jou|ir vi Gozar (santé) | Disfrutar (fortune, etc) ‖ **~issance** f Goce *m*, disfrute *m* ‖ **~jou** m FAM. Juguete (jouet).

joule m Julio (unité).

jour m Día | Claridad *f*, luz *f* | Hueco, vano (porte, fenêtre) | Calado (broderie, architecture) | FIG. Aspecto, apariencia *f* | — Pl Días (vie) | *À ~*, calado, a (broderie), al día (au courant) | *À chaque ~ suffit sa peine*, cada día trae su afán | *À pareil ~*, en igual fecha | *Au grand ~*, con toda claridad, en plena luz (clairement) | *Au ~ d'aujourd'hui*, el día de hoy | *Au ~ le ~*, al día | *Au petit ~*, al romper *ou* al despuntar *ou* al rayar el día | *Avoir ses bons et ses mauvais ~s*, tener días | *Clair comme le ~*, claro como el agua, de una claridad meridiana (très clair) | *Demain il fera ~*, mañana será otro día | *Demi-~*, media luz | *De nos ~s*, hoy en día, hoy día, en nuestros días | *De tous les ~s*, de diario, diario, a | *Donner le ~*, dar a luz | *Du ~ au lendemain*, de la noche a la mañana | *D'un ~ à l'autre*, de un día para otro | *En plein ~*, a la luz del día | *Être à son dernier ~*, estar en las últimas | *Être beau comme le ~*, ser más hermoso que el sol | *Faire ~*, ser de día | *Faux ~*, luz engañosa | *~ de l'an*, día de año nuevo | *~ J*, día D | *~ pour ~*, día por día | *Le ~ baisse*, oscurece | *Le ~ se lève*, sale el sol | *Les beaux ~s*, el buen tiempo | *Par ~*, al *ou* por día | *Tous les deux ~s*, cada dos días | *Tous les ~s*, a diario | *Un beau ~*, un buen día, cierto día | *Un grand ~*, un día señalado | *Un ~ ou l'autre*, tarde o temprano | *Un ~ sur deux*, un día sí y otro no | *Voir le ~*, salir a luz.

Jourdain nprm Jordán.

journal m Periódico, diario | Diario (personnel, commercial, maritime) | *~ filmé*, noticiario | *~ parlé*, diario hablado | *~ télévisé*, telediario ‖ **~ier, ère** adj Diario, a | — M Jornalero, bracero ‖ **~isme** m Periodismo ‖ **~iste** s Periodista ‖ **~istique** adj Periodístico, a.

journée f Día *m* (jour), jornada (période) | Jornal *m* (paye) | *À la ~*, a jornal (travail), al día | *À longueur de ~* o *toute la sainte ~*, todo el santo día | *~ continue*, jornada continua.

joute f Justa | Lidia (combat) | Lucha (lutte) | Torneo *m* (tournoi) | *~ oratoire*, torneo oratorio.

jouvenc|eau [ʒuvɑ̃so] m Jovencito, mozalbete ‖ **~elle** f Jovencita.

jouxter [ʒukste] vi Lindar con, tocar.

jovi|al, e adj Jovial ‖ **~alité** f Jovialidad.

joyau [ʒwajo] m Joya *f*.

joyeux, euse [ʒwajø, ø:z] adj/s Alegre, gozoso, a; jubiloso, a | Feliz (heureux).

jubil|ation f FAM. Júbilo *m*, regocijo *m* ‖ **~é** m Jubileo | Bodas (*fpl*) de oro ‖ **~er** vi FAM. Mostrar júbilo.
juch|er vi Posarse (oiseaux) | — Vt Encaramar | — Vp Encaramarse ‖ **~oir** m Percha *f*, palo.
juda|ïque adj Judaico, a ‖ **~ïsme** m Judaísmo.
judas [ʒyda] m Judas (traître) | Mirilla *f* (de porte).
judicature f Judicatura.
judici|aire adj Judicial ‖ **~eux, euse** adj Juicioso, a | Atinado, a; juicioso, a (bien choisi).
judo m Judo, yudo ‖ **~ka** s Judoka, yudoka.
jug|e m Juez | *~ de línea, de silla*, juge de ligne, de touche (sports) ‖ **~é** m *Au ~*, a ojo, al tuntún ‖ **~ement** m Juicio (entendement) | DR. Juicio | Sentencia *f*, fallo (sentence) | *Au ~ de*, según el parecer de | DR. *~ par défaut*, sentencia en rebeldía | *~ sans appel*, sentencia firme *ou* inapelable (sentence définitive) | *Le ~ dernier*, el juicio final | *Mettre qqn en ~*, encausar, enjuiciar a uno | *Passer en ~*, ser juzgado | *Prononcer un ~*, fallar, sentenciar ‖ **~eote** [ʒyʒɔt] f FAM. Sentido (*m*) común, entendederas *pl* ‖ **~er** vt/i Juzgar | Sentenciar, fallar (émettre un jugement) | Enjuiciar, juzgar (examiner) | Figurarse, juzgar (imaginer) | *À en ~ d'après*, a juzgar por | *Au ~*, V. JUGÉ (au) | *~ sur les apparences*, juzgar por las apariencias.
jugul|aire adj/f ANAT. Yugular | — F MIL. Barboquejo *m* ‖ **~er** vt Vencer, yugular.
juif, ive adj/s Judío, a.
juillet [ʒɥijɛ] m Julio : *le 14 ~ 1789*, el 14 de julio de 1789.
juin m Junio.
juiverie f Judería (quartier).
jujub|e m Azufaifa *f* (fruit) ‖ **~ier** m Azufaifo *m* (arbre).
Jules [ʒyl], **Julie** [ʒyli] nprmf Julio, Julia.
jumbo-jet m AVIAT. Jumbo.
jum|eau, elle [ʒymo, ɛl] adj/s Gemelo, a; mellizo, a | — Mpl Gemelos (muscle) ‖ **~elage** m Emparejamiento | Convenio de hermandad (de villes) ‖ **~eler** [ʒymle] vt Emparejar, acoplar | Hermanar (villes) ‖ **~elles** fpl Gemelos *m* (lorgnette) | MAR. Jimelgas.
jument f ZOOL. Yegua.
jumping [djœmpiŋ] m Concurso hípico.
jungle [ʒœ:gl ou ʒɔ̃:gl] f Jungla, selva (forêt).
junior adj/s Junior, juvenil (sports) | Menor (fils).
junte [ʒɔ̃:t ou ʒœ:t] f Junta.
jup|e f Falda [*Amér.*, pollera] | MÉC. Faldón *m* ‖ **~on** m Enaguas *fpl* | *Coureur de ~s*, mujeriego.
jur|é, e adj/s Jurado, a ‖ **~ement** m Juramento ‖ **~er** vt Jurar | *Il ne faut ~ de rien*, nadie diga de esta agua no beberé | — Vi Renegar, jurar, blasfemar | FIG. Chocar, no ir (couleurs) | — Vp Juramentarse.
jurid|iction f Jurisdicción | FAM. Incumbencia ‖ **~ictionnel, elle** adj Jurisdiccional ‖ **~ique** adj Jurídico, a.
juris|consulte m Jurisconsulto ‖ **~prudence** f Jurisprudencia : *faire ~*, sentar jurisprudencia ‖ **~te** m Jurista.
jur|on m Juramento, voto, taco (fam) ‖ **~y** m Jurado (justice) | Tribunal (examens).
jus [ʒy] m Jugo (viande) | Zumo, jugo (fruit) | FAM. Corriente (*f*) eléctrica (courant), vigor, energía (force) | POP. Café solo.
jusque prép Hasta | *Jusqu'à maintenant*, hasta ahora | FAM. *J'en ai ~-là*, estoy hasta la coronilla.
jusquiame f BOT. Beleño *m*.
juste adj Justo, a (équitable) | Certero, a; acertado, a (exact) | Entonado, a (voix) | Afinado, a (instrument) | Estrecho, a (serré) | — M Justo | — Adv Justamente, justo | Precisamente, exactamente | *Au ~*, exactamente | *Comme de ~*, como es lógico | *Frapper ~*, dar en el blanco | *Tomber ~*, dar en el clavo | *Tout ~!*, ¡exactamente! ‖ **~-milieu** m Término medio ‖ **~sse** f Precisión, exactitud | Rectitud (de jugement) | MUS. Afinado *m* (d'un instrument) | FAM. *De ~*, por los pelos | *~ de la voix*, timbre perfecto de la voz.
justic|e f Justicia | *Aller en ~*, poner pleito, ir a los tribunales | *Faire ~ de qqn*, ser justo con uno | *Rendre ~*, hacer justicia | *Rendre la ~*, administrar la justicia | *Se faire ~*, suicidarse; tomarse la justicia por su mano ‖ **~ier, ère** adj/s Justiciero, a.
justifi|able adj Justificable ‖ **~catif, ive** adj Justificativo, a | — M Justificante, justificativo ‖ **~cation** f Justificación ‖ **~er** vt Justificar.
jute m Yute (plante) | *Toile de ~*, tela de saco.
juteux, euse adj Jugoso, a.
juvénile adj Juvenil.
juxtapos|er [ʒykstapoze] vt Yuxtaponer ‖ **~ition** f Yuxtaposición.

k

k m K *f*.
kabyle adj/s Cabila.
kakatoès [kakatɔɛs] m Cacatúa *f*.
kaki adj/m Caqui.
kaléidoscope m Calidoscopio.
kangourou m ZOOL. Canguro.
kaolin m Caolín.
kapok m Capoc, miraguano.
kayac [kajak] m Kayac.
képi m Quepis.
kermesse f Kermesse, quermesse.
kérosène m Keroseno.
khan m Kan (prince).
kick m Pedal de arranque (moto).
kidnapping m Rapto.
kidnapper vt Raptar.
kif-kif adj inv POP. Lo mismo.
kilo m Kilo ‖ **~cycle** m Kilociclo ‖ **~gramme** m Kilogramo ‖ **~grammètre** m Kilográmetro ‖ **~métrage** m Kilometraje ‖ **~mètre** m Kilómetro ‖ **~métrique** adj Kilométrico, a ‖ **~watt** m Kilovatio.
kimono m Quimono, kimono.
kinésithérap|eute s Kinesiterapeuta, masajista ‖ **~ie** f Kinesiterapia.
kiosque [kjɔsk] m Quiosco, kiosco.
klaxon m Claxon, klaxon ‖ **~ner** vi Tocar el claxon.
kleptomane m Cleptómano.
kolkhoz (e) [kɔlko:z] m Koljoz.
krach [krak] m Quiebra *f*.
krypton m Kriptón (gaz).
kyrielle f FAM. Sarta, retahíla.
kyste m MÉD. Quiste.

l

l m L *f*.
la m MUS. La | FIG. *Donner le ~*, llevar la voz cantante.
la art/pron V. LE.
là adv Allí (loin), ahí (près) | Esto, ello (cela) ‖ **~-bas** adv Allá lejos.
label m Marca (*f*) de fábrica, etiqueta *f*.
labeur m Labor *f*, trabajo.
labi|al, e adj/f Labial ‖ **~é, e** adj/f Labiado, a.
laborantin, e s Ayudante, ayudanta de laboratorio.
labor|atoire m Laboratorio ‖ **~ieux, euse** adj Laborioso, a.
labour m Labor *f*, labranza *f* | — Pl Tierra (*fsing*) labrada ‖ **~able** adj Arable, de labrantío ‖ **~age** m Labranza *f* ‖ **~er** vt Labrar (terre), arar (avec la charrue), cavar (avec la bêche) | Lacerar (visage) ‖ **~eur** m Labrador, labriego.
labre m Budión (poisson).
labyrinthe m Laberinto.
lac m Lago | FIG. *Tomber dans le ~*, venirse abajo, fracasar.
laçage m Lazo, lazada *f*.
lac|er vt Atar con lazos *ou* cordones ‖ **~ération** f Laceración ‖ **~érer** vt Lacerar (blesser), desgarrar (déchirer) ‖ **~et** m Cordón (soulier) | Curva *f*, recodo, zigzag (chemin).
lâch|age m Aflojamiento | Lanzamiento (de parachutistes) | Abandono ‖ **~e** adj Flojo, a | — Adj/s FIG. Cobarde ‖ **~er** vt Soltar | Lanzar (une bombe) | Aflojar (desserrer) | Dejar atrás (sports) | FIG. Soltar (sottise), abandonar, dejar (un ami), disparar (coup de feu) | — Vi Soltarse, aflojarse | — M Suelta *f* (pigeons) ‖ **~eté** f Cobardía | Bajeza.
lacis m Red *f*, rejilla *f*.
lacon|ique adj Lacónico, a ‖ **~isme** m Laconismo.
lacrym|al, e adj Lacrimal, lagrimal ‖ **~ogène** adj Lacrimógeno, a.
lacs m Lazo, nudo corredizo (nœud) | Trampa *f* (piège).
lact|aire m Lactario ‖ **~ation** f Lactancia ‖ **~é, e** adj Lácteo, a | Lacteado, a (farine) ‖ **~ose** m Lactosa *f*.
lacune f Laguna.
lacustre adj Lacustre.
là-dessous loc adv Debajo de esto, debajo de eso, ahí debajo.
là-dessus loc adv Sobre eso, en esto | Dicho esto (à ces mots).
ladre adj/s Leproso, a | FIG. Roñoso, a; tacaño, a ‖ **~rie** f Lepra

(maladie), leprosería (hôpital) | FIG. Roñosería, avaricia.
lag|on m Laguna *f* ‖ **~une** f Laguna.
là-haut loc adv Allá arriba.
La Haye npr La Haya.
lai, e adj/s Lego, a | — M Lay, endecha *f* (poème).
laïc adjm/m Laico | — M Laico ‖ **~isation** f Laicización ‖ **~iser** vt Dar carácter laico, laicizar ‖ **~isme** m Laicismo ‖ **~ité** f Laicidad, laicismo *m*.
laid, ~e adj/s Feo, a ‖ **~eron** m FAM. Callo, coco ‖ **~eur** f Fealdad.
laie f Jabalina (animal) | Vereda, senda (sentier).
lain|age m Tejido de lana, lana *f* | Prenda (*f*) de lana ‖ **~e** f Lana | Tejido (*m*) de lana ‖ **~erie** f Lanería ‖ **~eux, euse** adj Lanoso, a ‖ **~ier, ère** adj Lanero, a.
laïque adj Laico, a | Seglar (costume) | — S Laico, a.
laiss|e f Correa (chien), traílla (chasse) | *En ~*, atado ‖ **~é-pour-compte** m Deje de cuenta | FIG. Persona (*f*) despreciada ‖ **~er** vt Dejar | *~ à désirer*, dejar que desear | *~ dire*, dejar hablar | *~ entendre*, dar a entender | *~ faire*, dejar | *~ tomber* o *choir*, dejar de lado, abandonar (affaire), dejar plantado, plantar (un ami), bajar (la voix) | *~ tout aller*, dejar todo de la mano | *Se ~ aller à*, abandonarse a, dejarse llevar por | *Se ~ dire*, dejarse contar | *Se ~ entraîner*, dejarse llevar | *Se ~ faire*, dejarse tentar (tenter), dejarse manejar, ceder ‖ **~er-aller** m inv Abandono, descuido ‖ **~ez-passer** m inv Pase, salvoconducto.
lait m Leche *f* | *~ de chaux*, lechada de cal ‖ **~age** m Producto lácteo ‖ **~ance** ou **~e** f Lecha, lechaza ‖ **~erie** f Lechería (magasin), central lechera (coopérative) ‖ **~eux, euse** adj Lechoso, a ‖ **~ier, ère** adj/s Lechero, a | — M TECH. Escoria *f*.
laiton m Latón.
laitue f Lechuga.
laïus m FAM. Perorata *f*.
lama m Lama (prêtre bouddhiste) | Llama *f* (animal).
lamaneur m Piloto práctico.
lamantin m Manatí (animal).
lambda m Lambda *f* (lettre grecque).
lambeau m Jirón | *Mettre en ~x*, hacer jirones *ou* trizas.
lambin, ~e adj/s Remolón, ona ‖ **~er** vi Remolonear.
lambris m Entablado (mur), artesonado (plafond) ‖ **~ser** vt Artesonar (plafond), estucar (mur).
lam|e f Lámina, hoja, plancha delgada (de métal) | Hoja (épée, couteau, ressort) | Cuchilla (outil) | Tabla (parquet) | Ola (vague) | FIG. *Être une fine ~*, ser buena espada | *~ de fond*, mar de fondo | *~ de rasoir*, hoja *ou* cuchilla de afeitar ‖ **~é, e** adj Laminado, a | — M Lamé (tissu) ‖ **~elle** f Laminilla ‖ **~ellibranches** mpl Lamelibranquios.
lament|able adj Lamentable ‖ **~ation** f Lamento *m*, lamentación ‖ **~er** vi/p Lamentarse (*sur*, de, por).
lamin|age m Laminado, laminación *f* ‖ **~er** vt Laminar ‖ **~eur** adjm/m Laminador ‖ **~oir** m Laminador, laminadora *f*.
lamp|adaire m Lámpara (*f*) de pie | Farol, farola *f* (rue) ‖ **~e** f Lámpara (à pétrole) | Lámpara, válvula (radio) | Bombilla (ampoule) | *~ de poche*, linterna ‖ **~ée** f POP. Trago *m* ‖ **~er** vt POP. Beber a tragos ‖ **~ion** m Farolillo ‖ **~iste** m Lamparista, lamparero | FAM. El último mico ‖ **~isterie** f Lamparería.
lamproie f Lamprea (poisson).
lampyre m Lampíride *f*, lampiro.
lance f Lanza (arme) | Lancero *m* (lancier) | Boquilla de la manga (de pompe) | Asta (drapeau) | *~ d'arrosage*, manga de riego | *~ en arrêt*, lanza en ristre | *Rompre une ~ en faveur de*, romper lanzas por ‖ **~-bombes** adj/m inv Lanzabombas.
lancée f Impulso *m*.
lance|~-flammes adj/m inv Lanzallamas ‖ **~-fusées** adj/m inv Lanzacohetes ‖ **~-grenades** adj/m inv Lanzagranadas.
lancement m Lanzamiento (du disque) | Botadura *f* (bateau) | Tendido (pont) | FIG. Lanzamiento.
lance-mines m inv Lanzaminas.
lancéolé, e adj Lanceolado, a.
lance-pierre(s) m (inv) Tirador, tirachinos, tiragomas.
lancer vt Lanzar | Botar (bateau) | Soltar, dar (des ruades) | FIG. Dar a conocer, lanzar (faire connaître), poner en marcha, lanzar (affaire), soltar (phrase) | Tender (pont) | Lanzar (sports) | — M Lanzamiento (sports) | Suelta *f* (pigeons).
lance|-roquettes adj/m inv Lanza proyectiles, tubo antitanque ‖ **~-torpilles** adj/m inv Lanzatorpedos.
lancette f Lanceta.
lanceur, euse adj/s Lanzador, a.
lancier m Lancero.
lancin|ant, e adj Lancinante, punzante ‖ **~er** vi Lancinar.
landau m Landó.
lande f Landa.
laneret m ZOOL. Alcotán.
langage m Lenguaje.
lang|e m Mantillas *fpl* | Pañal (couche) ‖ **~er** vt Poner los pañales.
langoureux, euse adj Lánguido, a.

langoust|e f Langosta ‖ **~ine** f Cigala (crustacé).
langue f Lengua | Lenguaje *m* : *la ~ des poètes,* el lenguaje de los poetas | FIG. *Avoir la ~ bien pendue,* hablar por los codos (beaucoup). *Donner* o *jeter sa ~ aux chats,* darse por vencido, rendirse | *La ~ pendante,* con la lengua fuera | *~ de vipère,* lengua viperina | *~ verte,* caló, germanía | *Ne pas savoir tenir sa ~,* írsele a uno la lengua, no poder callarse.
languette f Lengüeta.
langu|eur f Languidez ‖ **~ir** vi Languidecer | — Vt Ansiar, suspirar (*de, que,* por) ‖ **~issant, e** adj Lánguido, a.
lanière f Correa, tira de cuero.
lantern|e f Farol *m* | ARCH. Linterna, cupulino *m* | AUT. Faro *m* (phare), luz de población (feu de ville) | FIG. *La ~ rouge,* el farolillo rojo (courses) ‖ **~er** vi FAM. Perder el tiempo | — Vt FAM. Dar largas a.
La Palice (M. de) nprm Perogrullo.
lapalissade f Perogrullada.
laper vt Beber a lengüetadas.
lapereau m Gazapo (lapin).
lapid|aire adj/m Lapidario, a ‖ **~ation** f Lapidación, apedreo *m* ‖ **~er** vt Apedrear, lapidar.
lapin, e s Conejo, a | *Courir comme un ~,* correr como una liebre | *~ domestique, de garenne,* conejo casero *ou* doméstico, de campo *ou* de monte | FAM. *Poser un ~,* dar un plantón.
lapis ou **lapis-lazuli** m MIN. Lapislázuli.
lapon, e adj/s Lapón, ona.
Laponie nprf Laponia.
laps, e adj/m Lapso, a.
lapsus m Lapsus.
laquais m Lacayo.
laqu|e f Laca (vernis) | — M Laca *f* (meuble) ‖ **~er** vt Dar laca | Poner laca en (cheveux).
larbin m FAM. Criado, lacayo.
larcin m Hurto.
lard m Tocino | *Être ni ~ ni cochon,* no ser carne ni pescado | FAM. *Gros ~,* gordinflón ‖ **~er** vt Mechar, lardear | FIG. Acribillar (de coups), llenar [de citas] ‖ **~oire** f Mechera ‖ **~on** m Mecha *f* | POP. Crío, pituso.
lares adj/mpl Lares.
larg|able adj Eyectable (avion) ‖ **~e** adj Ancho, a | Amplio, a (vaste) | FIG. Considerable, grande (grande), liberal, espléndido, a | *Idées ~s,* amplitud de ideas | — M Ancho, anchura *f* | MAR. Mar adentro, alta mar | *Au ~ de,* a la altura de | FAM. *Prendre le ~,* largarse (fuir) | — Adv Holgado | Generoso, espléndido | FAM. *Ne pas en mener ~,* no tenerlas todas consigo ‖ **~ement** adv Ampliamente, abundantemente, con creces | Generosamente, liberalmente | Con mucho (de loin) ‖ **~esse** f Largueza, esplendidez, generosidad ‖ **~eur** f Anchura, ancho *m* | FIG. Amplitud *ou* altura de miras | MAR. Manga (bateau).
largu|e adj/m MAR. Largo, a ‖ **~er** vt MAR. Largar, soltar | Lanzar (paracaidistas).
larm|e f Lágrima : *les ~s aux yeux,* con las lágrimas en los ojos | *Avoir la ~ à l'œil,* estar a punto de llorar | *En ~s* o *tout en ~s,* lloroso, llorando | *Être tout en ~s,* estar hecho un mar de lágrimas | *Faire venir les ~s aux yeux,* hacer saltar las lágrimas | *Pleurer à chaudes ~s,* llorar a lágrima viva ‖ **~ier** m Lagrimal | ARCH. Goterón, salidizo ‖ **~oiement** m Lagrimeo ‖ **~oyant, e** adj Lacrimoso, a; lloroso, a ‖ **~oyer** vi Lagrimear.
larron, onnesse s Ladrón, ona | — M IMPR. Lardón | *Le troisième ~,* el tercero en discordia ‖ *S'entendre comme ~s en foire,* hacer buenas migas.
larve f Larva.
laryn|gite f Laringitis ‖ **~x** [larɛ̃:ks] m Laringe *f.*
las, lasse adj Cansado, a : *de guerre ~,* cansado de luchar.
lascar m Perillán, barbián.
lasc|if, ive adj Lascivo, va ‖ **~iveté** ou **~ivité** f Lascivia.
laser *m* Láser.
lass|ant, e adj Cansado, a ‖ **~er** vt Cansar ‖ **~itude** f Cansancio *m* | FIG. Hastío *m.*
lasso m Lazo.
latent, e adj Latente.
latéral, e adj Lateral.
latex m Látex.
latifundium m (pl *latifundia*) Latifundio.
latin, ~e adj/s Latino, a | — M Latín (langue) | *~ de cuisine,* latín macarrónico ‖ **~iser** vt Latinizar ‖ **~isme** m Latinismo ‖ **~iste** m Latinista ‖ **~ité** f Latinidad.
latino-américain, e adj/s Latinoamericano, a.
latitud|e f Latitud | FIG. Libertad ‖ **~inaire** adj Latitudinario, a.
latrines fpl Letrinas.
latt|e f Listón m ‖ **~er** vt Entarimar ‖ **~is** m Enrejado de listones.
laudanum m Láudano.
laudatif, ive adj Laudatorio, a.
laur|éat, e adj/s Laureado, a; galardonado, a ‖ **~ier** BOT. Laurel ‖ **~ier-rose** m Adelfa *f.*
lav|able adj Lavable ‖ **~abo** m Lavabo | REL. Lavatorio ‖ **~age** m Lavado.
lavallière f Chalina.
lavande f Espliego *m,* lavanda.

lavasse f FAM. Calducho *m* (sauce, etc).
lave f Lava || **~-glace** m Lavaparabrisas || **~-mains** m inv Lavamanos || **~ment** m Lavado | MÉD. Lavativa *f* | REL. Lavatorio (des pieds) || **~r** vt Lavar | Fregar (vaisselle) || **~rie** f Lavadero *m* | Lavandería (automatique) || **~tte** f Trapo (*m*) de fregar | FIG. Juan Lanas (chiffe).
laveur, euse s Lavador, a | **~** *de vitres, de voitures,* lavacristales, lavacoches.
lave-vaisselle m inv Lavavajillas, lavaplatos.
lavis m Aguada *f,* lavado.
lavoir m Lavadero.
laxatif, ive adj/m Laxante.
layette f Canastilla de niño.
lazaret m Lazareto.
le, la art El, la | — Pron pers Lo, le, la.
lé m Ancho de una tela.
leader [li:dər] m Líder, jefe || **~ship** m Liderazgo, liderato.
léchage m Lamido, lameteo | FAM. Coba *f,* lameteo.
lèche f POP. *Faire de la* **~**, dar coba, hacer la pelotilla || **~-bottes** m inv POP. Pelotillero, cobista || **~frite** f Grasera.
léch|er vt Lamer | POP. Hacer la pelotilla, dar coba || **~eur, euse** s POP. Cobista, pelotillero, a (adulateur), besucón, ona (qui embrasse).
leçon f Lección | FIG. *Tirez-en la* **~**, aplíquese el cuento.
lec|teur, trice s Lector, a | — M TECH. Lector || **~ure** f Lectura.
ledit, ladite adj El susodicho, la susodicha.
légal, ~e adj Legal || **~isation** f Legalización || **~iser** vt Legalizar || **~ité** f Legalidad.
légat m Legado || **~aire** s Legatario, a || **~ion** f Legación.
lège adj MAR. Boyante.
légend|aire adj Legendario, a || **~e** f Leyenda | Pie *m* (d'une illustration).
lég|er, ère adj Ligero, a | Leve (faute, blessure) | Libre, atrevido, a (osé) | Fino, a (mince) | Ligero, a (repas, café) | De poco peso (fardeau) | *Être plus* **~** *que,* pesar menos que || **~èreté** f Ligereza | Agilidad | Levedad (faute, blessure) | Soltura (style).
légiférer vi Legislar.
légion f Legión || **~naire** m Legionario.
légis|lateur, trice adj/s Legislador, a || **~latif, ive** adj Legislativo, a || **~lation** f Legislación || **~lature** f Legislatura || **~te** m Legista.
légitim|ation f Legitimación || **~e** adj Legítimo, a | Fundado, a; justificado, a | — F FAM. Costilla, media naranja (femme) || **~er** vt Legitimar | Justificar || **~isme** m Legitimismo || **~ité** f Legitimidad.
legs [lɛ ou lɛg] m Legado, manda *f.*
léguer vt Legar.
légum|e m Verdura *f,* hortaliza *f* (vert) | Legumbre *f* (sec) | — F FAM. *Grosse* **~**, pez gordo || **~ier** m Fuente (*f*) para legumbres || **~ineux, euse** adj/f Leguminoso, a.
leitmotiv m Leitmotiv, tema.
lemme m Lema.
lendemain m Día siguiente, día después | FIG. Porvenir, futuro.
léni|fiant, e adj Calmante || **~fier** vt Calmar || **~tif, ive** adj/m Lenitivo, a.
lent, ~e adj Lento, a (*à,* en, para) || **~e** f Liendre || **~eur** f Lentitud || **~iculaire** ou **~iforme** adj Lenticular, lentiforme || **~ille** f Lenteja (légume) | Lente : **~** *de contact,* lente de contacto.
léon|in, e adj Leonino, a || **~tine** f Leontina (chaîne).
léopard m Leopardo.
lép|idoptères mpl Lepidópteros || **~oride** m Lepórido.
lèpre f Lepra.
lépr|eux, euse adj/s Leproso, a || **~oserie** f Leprosería.
lequel, laquelle pron rel (pl *lesquels, lesquelles*) El cual, la cual, que, el que, la que | Quien, el cual, la cual (personne) | — Pron interr ¿Cuál?
les art mfpl Los, las | — Pron Les, los, las.
lèse adjf Lesa.
léser vt Perjudicar, lesionar, dañar.
lésin|er vi Escatimar en (épargner), tacañear || **~erie** f Tacañería || **~eur, euse** adj/s Tacaño, a.
lésion f Lesión.
lessiv|age m Colada *f,* lavado con lejía | FAM. Rapapolvo (réprimande) || **~e** f Lejía | *Faire la* **~**, hacer la colada || **~é, e** adj V. LESSIVER || **~er** vt Hacer la colada | Echar en lejía | POP. Poner de patitas en la calle (expulser) | FAM. *Être lessivé,* estar hecho polvo (très fatigué) || **~euse** f Cubo (*m*) para la colada.
lest m Lastre || **~e** adj Ligero, a.
létharg|ie f Letargo *m* || **~ique** adj Letárgico, a.
lettre f Letra | Carta : *poster une* **~**, echar una carta | — Pl Letras (faculté) | *À la* **~** o *au pied de la* **~**, al pie de la letra || *Avant la* **~**, antes de tiempo, por adelantado, anticipadamente | *En toutes* **~***s,* con todas sus letras | **~** *circulaire,* circular | **~** *de change,* letra de cambio | **~***s de créance,* cartas credenciales | **~** *recommandée,* carta certificada.
lettré, e adj/s Letrado, a.
leucém|ie f MÉD. Leucemia || **~ique** adj/s Leucémico, a.

leucocyte m Leucocito (globule blanc).
leucome m Leucoma.
leur, leurs adj poss Su, sus | — Pron poss El suyo, la suya, los suyos | El, la, los, las de ellos *ou* ellas : *il préférait sa situation à la ~,* prefería su situación a la de ellos | — Pron pers Les : *il ~ dit,* les dijo | Se : *je la ~ rendrai,* se la devolveré | — M Lo suyo : *ils y mettent du ~,* ponen de lo suyo | *Les ~s,* los suyos (parientes).
leurr|e m Señuelo, añagaza *f* || **~er** vt Amaestrar | FIG. Embaucar, engañar (abuser) | — Vp Engañarse.
lev|age m Levantamiento || **~ain** m Levadura *f* | FIG. Semilla *f,* germen.
levant adjm Naciente, saliente | — M Levante.
lève f TECH. Leva, palanca.
lev|é m Levantamiento, trazado (d'un plan) || **~ée** f Levantamiento *m* | Percepción, recaudación (impôts) | Baza (cartes) | Recogida (du courrier) | Carrera, recorrido *m* (d'un piston) | Marejada (des vagues) | Dique *m* (digue) | Cosecha (de grains) | Suspensión (d'une immunité) | MIL. Leva, reclutamiento *m* | *À la ~ de la séance,* al levantarse la sesión | *~ de scellés,* desembargo || **~er** vt Levantar | Percibir, recaudar (impôts) | Reclutar, hacer una leva (des troupes) | Levantar (séance) | Levantar, alzar (siège) | Levar, levantar (ancre) | Recoger, hacer la recogida (du courrier) | Quitar (enlever) | Hacer desaparecer (faire disparaître) | Allanar, hacer desaparecer, resolver (difficulté), | Quitarse (un masque) | — Vi BOT. Nacer, brotar | Fermentar, leudarse (la pâte) | — Vp Levantarse | Salir (les astres) | Amanecer (le jour) | Aclararse (le temps) | — M Levantamiento, subida *f* | Salida *f,* aparición *f* (d'un astre) | Levantamiento, alzado, trazado (d'un plan) | *À son ~,* al levantarse de la cama | *Du ~ au coucher du soleil,* de sol a sol | *~ de rideau,* sainete, pieza de entrada | *~ du jour,* amanecer | *~ du rideau,* subida del telón.
levier m Palanca *f* | FIG. Incentivo.
lévite f Levita (redingote).
levraut m Lebrato.
lèvre f Labio *m* | *Du bout des ~s,* con la punta de la lengua (boire), con desgana (à contrecœur) | *Être suspendu aux ~s de,* estar pendiente de los labios de | *Sourire du bout des ~s,* sonreír de dientes afuera.
lévrier m Galgo, lebrel.
levure f Levadura.
lexi|cographe m Lexicógrafo || **~cographie** f Lexicografía || **~cologie** f Lexicología || **~que** m Léxico.
lézard m Lagarto | *~ femelle,* lagarta || **~e** f Grieta, cuarteo *m,* resquebrajadura || **~er** vt Agrietar, cuartear | — Vi FAM. Vaguear, gandulear (se prélasser).
liaison f Enlace *m,* unión | Relación, conexión | GRAM. CHIM. MIL. Enlace *m* | Relaciones (*pl*) amorosas | Contacto *m,* conexión (radiophonique) | Trabazón (d'un mélange) | MUS. Ligado *m,* ligadura | *Être en ~,* estar en comunicación *ou* conectado.
liane f Bejuco *m.*
liant, e adj Comunicativo, a ; sociable | — M Argamasa *f* (mortier).
liard m Ochavo.
lias m GÉOL. Liásico, lías || **~ique** adj Liásico, a.
liasse f Fajo *m* (billets), paquete *m* (lettres), legajo *m* (papiers).
libation f Libación.
libell|e m Libelo || **~é** m Redacción *f,* texto || **~er** vt Redactar | Extender (chèque).
libellule f Libélula.
liber m BOT. Líber.
libér|al, e adj/s Liberal || **~alisation** f Liberalización || **~aliser** vt Liberalizar || **~alisme** m Liberalismo || **~alité** f Liberalidad || **~ateur, trice** adj/s Libertador, a ; liberador, a || **~ation** f Liberación | Licenciamiento *m* (soldat) | Exoneración, exención (d'un impôt) | Desprendimiento *m* (de chaleur) | Liberalización (du commerce) || **~é, e** adj/s V. LIBÉRER || **~er** vt Poner en libertad, libertar (un prisonnier) | Liberar (d'une domination) | Exonerar, eximir (exempter) | Licenciar (soldat) | Desprender (chaleur).
libert|aire adj/s Libertario, a || **~é** f Libertad : *en toute ~,* con toda libertad | *~ sous conditions, surveillée,* libertad condicional, vigilada || **~in, e** adj/s Libertino, a || **~inage** m Libertinaje.
libid|ineux, euse adj/s Libidinoso, a || **~o** f Libido.
librair|e s Librero, a || **~ie** f Librería. | Editorial (maison d'éditions).
libre adj Libre | *~ à vous de,* es usted muy libre *ou* muy dueño de | *~ penseur,* librepensador || **~-échange** m Librecambio || **~-échangisme** m Librecambismo || **~-échangiste** adj/s Librecambista || **~-service** m Autoservicio.
librett|iste m MUS. Libretista || **~o** m MUS. Libreto.
Libye nprf Libia.
lice f Liza, palenque *m,* palestra | Lizo *m* (à tisser).
licenc|e f Licencia, permiso *m* | Licenciatura, licencia (études) || **~ié, e** adj/s Licenciado, a || **~iement** m

Despido ‖ **~ier** vt Despedir ‖ **~ieux, euse** adj/s Licencioso, a.
lichen [likɛn] m Liquen.
licit|ation f Licitación ‖ **~e** adj Lícito, a ‖ **~er** vt Licitar.
licol ou **licou** m Cabestro, ronzal, jáquima *f*.
lie [li] f Heces *pl*, poso *m* | FIG. Hez.
liège m Corcho.
Liège npr Lieja.
li|en m Ligadura *f*, atadura *f* | FIG. Lazo, vínculo ‖ **~er** vt Atar, amarrar | Unir, juntar (joindre) | Vincular, unir | Agavillar (en gerbes) | FIG. Ligar, sujetar (assujettir), comprometer (par un contrat), espesar, trabar (sauce), trabar (amitié), entablar (conversation), encadenar (les idées) | MUS. Ligar | *À ~*, de atar, de remate (fou) | *~ les mains*, atar de manos | — Vp Atarse | Espesarse (sauce) | Encadenarse (s'enchaîner) | Intimar con (d'amitié) | FIG. Ligarse.
lierre m Hiedra *f*, yedra *f*.
liesse f Alborozo *m*, júbilo *m*.
lieu m Lugar | Localidad *f*, sitio | *Au ~ de*, en lugar de, en vez de | *Au ~ que*, mientras que | *Avoir ~*, efectuarse, verificarse, tener lugar (se tenir), ocurrir, suceder (arriver) | *Avoir ~ de*, tener razones *ou* motivos para | *En haut ~*, en las altas esferas ‖ *Haut ~*, lugar destacado | *Il n'y a pas ~ de*, no hay por qué | *Il y a ~ de*, conviene que | *~ commun*, tópico, lugar común | *~ d'asile*, sagrado | *Se rendre sur les ~x*, personarse en el lugar, ir al lugar del suceso | *S'il y a ~*, si procede, si es conveniente | *Tenir ~ de*, hacer las veces de, servir de ‖ **~-dit** m Lugar llamado.
lieue f Legua.
lieur, euse s Agavillador, a | — F Agavilladora (machine).
lieutenant m MIL. Teniente (officier) | Lugarteniente (second).
lièvre m ZOOL. Liebre *f*.
liftier, ère s Ascensorista.
ligament m Ligamento ‖ **~eux, euse** adj Ligamentoso, a.
ligatur|e f Ligadura ‖ **~er** vt Hacer una ligadura, ligar.
lign|age m Linaje ‖ **~e** f Línea | Línea, renglón *m* (d'un écrit) | Fila, línea (rangée) | Raya, línea (main) | Sedal *m*, cuerda (fil à pêche) | Caña : *pêcher à la ~*, pescar con caña | Línea (moyens de communication, bataille) | FIG. Línea (conduite, silhouette) | *À la ~*, en párrafo aparte; punto y aparte | *Dans les grandes ~s*, a grandes rasgos | *Entrer en ~ de compte*, entrar en cuenta | *~ d'arrivée*, meta | *~ de faîte* o *de partage des eaux*, línea divisoria de las aguas, línea de cresta | *Sur toute la ~*, en toda la línea ‖ **~ée** f Descendencia, prole | Alcurnia, linaje *m* ‖ **~eux, euse** adj Leñoso, a ‖ **~ite** m Lignito.
ligoter vt Amarrar, atar | Maniatar (les mains).
ligu|e f Liga ‖ **~er** vt Ligar, coligar.
lil|as m inv Lila *f* | — Adj/m inv Lila (couleur) ‖ **~iacées** fpl BOT. Liliáceas.
lilliputien, enne adj/s Liliputiense.
lima|ce f Babosa ‖ **~çon** m ANAT. ZOOL. Caracol.
limage m Limado, limadura *f*.
limaille f Limalla, limaduras *pl*.
limande f Gallo *m*, platija (poisson).
limbe m Limbo | *Être dans les ~s*, estar en el limbo.
lim|e f Lima (outil, fruit) ‖ **~er** vt Limar | FIG. Pulir.
limier m Sabueso.
limit|atif, ive adj Limitativo, a ‖ **~ation** f Limitación ‖ **~e** f Límite *m* | — Adj Límite, tope, máximo *ou* mínimo ‖ **~er** vt Limitar, poner límites ‖ **~rophe** adj Limítrofe.
limoger vt FAM. Destituir.
limon m Limo, légamo (vase) | Limonera *f* (voiture) | Zanca *f*, limón (d'escalier) ‖ **~ade** f Gaseosa | Comercio (*m*) de bebidas ‖ **~adier, ère** s Cafetero, a; botillero, a.
Limousin nprm Lemosín.
limpid|e adj Límpido, a ‖ **~ité** f Limpidez, nitidez.
lin m Lino | *Huile de ~*, aceite de linaza.
linceul m Mortaja *f*, sudario | FIG. Manto, capa *f*.
liné|aire ou **~al, e** adj Lineal ‖ **~ament** m Lineamiento.
ling|e m Ropa (*f*) blanca (de maison) | Ropa (*f*) interior (de corps) | FIG. *Laver son ~ sale en famille*, lavar la ropa sucia en casa | *~ de corps, de maison*, ropa interior, blanca | *~ de table*, mantelería ‖ **~er, ère** adj/s Lencero, a | — F Costurera encargada de la ropa blanca ‖ **~erie** f Lencería | Ropa blanca (de maison), ropa interior (de femme) | Ropero (*m*) donde se guarda la ropa blanca.
lingot m Lingote.
lingu|al, e adj/f Lingual ‖ **~iste** s Lingüista ‖ **~istique** adj/s Lingüístico, a.
lin|iment m Linimento ‖ **~oléum** [linɔleɔm] m Linóleo.
linotte f Pardillo *m* | FIG. *Tête de ~*, cabeza de chorlito.
linotyp|e f Linotipia (machine) ‖ **~ie** f Linotipia (travail) ‖ **~iste** s Linotipista.
linteau m Dintel.
lion, lionne s León, leona.
Lion nprm ASTR. Leo, León.

lionceau m Cachorro de león.
lipp|e f Belfo *m*, bezo *m*, morro *m* | FIG. *Faire la* ~, hacer pucheros (enfant), estar de morros (bouder) || **~u, e** adj Hocicón, ona.
liquation f Licuación.
liqué|faction f Licuefacción || **~fiable** adj Licuable, licuefactible || **~fier** vt Licuefacer | Licuar (métaux).
liquette f POP. Camisa.
liqueur f Licor *m*.
liquid|able adj Liquidable || **~ateur, trice** adj/s Liquidador, a || **~ation** f Liquidación || **~e** adj/m Líquido, a || **~er** vt Liquidar || **~ité** f Liquidez.
lire f Lira (monnaie).
lire* vt Leer | ~ *à haute voix* o *tout haut*, leer en voz alta | ~ *couramment*, leer de corrido | *Lu et approuvé*, conforme, leído y conforme.
lis m Azucena *f* (fleur) | BLAS. Lis.
Lisbonne npr Lisboa.
lisér|é m Ribete, orla *f* || **~er** vt Ribetear.
lis|eur, euse s Lector, a | — F Plegadera (coupe-papier) | Lámpara para leer | Mañanita (vêtement féminin) | Cubierta (d'un livre) || **~ible** adj Legible, leíble.
lisière f Orillo *m* (tissu) | Lindero *m*, linde (terrain) | FIG. Límite *m*.
liss|age m Alisadura *f*, alisado || **~e** adj Liso, a | — F MAR. Barandal *m* | Lizo *m* (à tisser) || **~er** vt Alisar || **~euse** f Máquina alisadora || **~oir** m Alisador.
list|e f Lista | ~ *des employés*, nómina de los empleados || **~eau** ou **~el** ou **~on** m Listón, listel | Grafila *f*, gráfila *f* (monnaies).
lit m Cama *f*, lecho (p. us.) | Tálamo (nuptial) | Cauce, lecho, madre *f* (d'un fleuve) | MAR. Dirección *f* (du vent) | *Du premier* ~, del primer matrimonio (enfant) | ~ *à deux places* o *grand* ~, cama de matrimonio | ~*-cage* o ~ *pliant*, cama plegable | ~ *de camp*, cama de campaña | TECH. ~ *de coulée*, lecho de colada | ~ *de parade*, lecho mortuorio | ~ *de sangle*, catre | ~ *en portefeuille*, petaca | ~ *gigogne*, camas de nido | ~*s jumeaux*, camas separadas.
litanie f FIG. Letanía, sarta, retahíla | — Pl Letanías, letanía *sing* (prières).
lit|eau m Lista *f*, raya *f* | Listón de madera | Lobera *f*, guarida (*f*) del lobo || **~ée** f Camada || **~erie** f Cama, ropa de cama | Tienda de camas.
lithium [litjɔm] m Litio (métal).
litière f Litera | Cama de paja, pajaza (dans les écuries).
litig|e m Litigio || **~ieux, euse** adj Litigioso, a.
litograph|e s Litógrafo, a || **~ie** f Litografía || **~ier** vt Litografiar.
litorne f Zorzal *m* (grive).
litote f Lítote.
litre m Litro.
littér|aire adj Literario, a || **~al, e** adj Literal || **~ateur** m Literato || **~ature** f Literatura.
littoral, e adj/m Litoral.
liturg|ie f Liturgia || **~ique** adj Litúrgico, a.
livid|e adj Lívido, a || **~ité** f Lividez.
living-room [liviŋru:m] m Cuarto de estar.
livr|able adj A entregar, disponible || **~aison** f Entrega | Reparto *m* | ~ *à domicile*, servicio *ou* reparto a domicilio | *Prendre* ~, recoger, recibir || **~e** m Libro : ~ *broché*, libro en rústica | MAR. Libro | *Grand-*~, libro mayor | — F Libra (poids, monnaie) || **~ée** f Librea | Pelaje *m* | Plumaje *m* || **~er** vt Entregar | Remitir, enviar, mandar (envoyer) | Repartir (distribuer) | Entablar, librar (une bataille) | Abandonar | Revelar, confiar (secret) | Dar, abrir (un passage) | — Vp Entregarse | Dedicarse, entregarse | Hacer, llevar a cabo | Confiarse (sentiments) || **~esque** adj Libresco, a || **~et** m Libreta *f*, librito | Cartilla *f* (militaire, de famille) | Libreto (d'un opéra) | ~ *scolaire*, libro escolar || **~eur, euse** s Repartidor, a.
lob m Volea *f*, lob (tennis).
lobby m Camarilla *f*, lobby.
lob|e m Lóbulo || **~é, e** adj Lobulado, a.
local, ~e adj/m Local || **~isation** f Localización || **~iser** vt Localizar || **~ité** f Localidad, lugar *m*.
locat|aire s Inquilino, a (appartement) | Arrendatario, a (de terres) || **~if, ive** adj Locativo, a | De inquilinato (impôt) | Del alquiler, del arrendamiento (prix) | — M GRAM. Locativo || **~ion** f Alquiler *m* (maison), arriendo *m* (de terres) | Reserva | Contaduría (théâtre), venta de localidades | ~*-vente*, alquiler con opción a compra, venta de pisos en régimen de alquiler.
loch [lok] m MAR. Corredera *f* | *Bateau de* ~, guindola.
locomot|eur, trice adj Locomotor, a; locomotor, triz || **~ion** f Locomoción || **~ive** f Locomotora.
locution f Locución, frase.
loess [løs] m GÉOL. Loess (limon).
lof m MAR. Barlovento, orza *f* || **~er** vi MAR. Orzar.
logarithme m Logaritmo.
log|e f Portería (du concierge) | Logia (francs-maçons) | Loggia (du Vatican) | Celdilla (des fruits) | Palco *m*

(pour les spectateurs), camerino *m* (pour les acteurs) | FIG. *Être aux premières ~s,* estar en primera fila | *~ d'avant-scène,* proscenio || **~ement** m Vivienda *f,* alojamiento || **~er** vi Vivir (habiter) | Caber (tenir) | *~ chez l'habitant,* alojarse en una casa particular | — Vt Alojar, dar alojamiento, hospedar | Meter, poner, colocar (mettre) || **~ eur, euse** s Aposentador, a.

loggia f Galería.

logiciel m Logicial, logical.

logique adj/f Lógico, a.

logis m Casa *f,* vivienda *f.*

logistique adj/f Logístico, a.

logogriphe m Logogrifo.

loi f Ley | Dominación, autoridad | Regla (règle) | FIG. *Faire la ~,* dictar la ley | *Nul n'est censé ignorer la ~,* la ignorancia de la ley no excusa su cumplimiento.

loin adv Lejos | *Au ~,* a lo lejos | *De ~,* de lejos (distance), con mucho (quantité) | *Et de ~!,* ¡y con creces!, ¡y con mucho! | *Il y a ~ de ... à ...,* hay una gran diferencia entre ... y ... | *~ de là,* ni mucho menos, ni de lejos | *~ de moi l'idée de,* estoy lejos de pensar en | *Revenir de ~,* librarse de una buena | *Voir de ~,* ver venir las cosas || **~tain, e** adj Lejano, a; remoto, a | — M Lontananza *f,* lejanía *f* | *Dans le ~,* a lo lejos, en la lejanía, en lontananza.

loir m Lirón.

loisir m Ocio | Tiempo disponible, tiempo libre | Distracción *f* | *À ~,* con tiempo; a gusto.

lombaire adj Lumbar.

lombes mpl Lomos.

lombric m Lombriz *f.*

londonien, enne adj/s Londinense.

long, longue adj Largo, a | Tardo, a; lento, a (lent) | Mucho, a; largo, a (temps) | *~ de,* que tiene de largo | — Adv *À la longue,* a la larga | *Au ~, tout au ~* o *tout du ~,* a lo largo | *De ~ en large,* a lo largo y a lo ancho | *En ~, en large et en travers,* con pelos y señales; con todo detalle | — M Largo, longitud *f* | *De tout son ~,* cuan largo es | *Le ~ de,* a lo largo de | *Tout le ~ de,* durante todo el (pendant), a lo largo de.

long-courrier adj De altura (bateau), de larga distancia (avion).

long|e f Ronzal *m,* cabestro *m* | Lomo *m* (de veau) | Correa (lanière) || **~er** vt Costear, bordear | Extenderse a lo largo de || **~eron** m Travesaño, larguero || **~évité** f Longevidad.

longitud|e f Longitud || **~inal, e** adj Longitudinal.

longtemps adv Mucho tiempo.

longu|et m Pico, colín (pain) || **~eur** f Longitud | Largo *m* | Extensión | Duración (durée) | Eslora (bateau) | Cuerpo *m* (de cheval) | FIG. Lentitud | *À ~ de journée,* durante el día entero, todo el santo día | *Avoir des ~s,* hacerse largo | *Faire traîner en ~,* dar largas a.

longue-vue f Anteojo (*m*) de larga vista, catalejo *m.*

looping [lupiŋ] m Rizo (d'un avion).

lopin m Pedazo, trozo | Haza *f,* parcela *f* (de terre).

loquac|e adj Locuaz || **~ité** f Locuacidad.

loque f Andrajo *m.*

loquet m Picaporte, pestillo || **~eau** m Pasador.

loqueteux, euse adj Andrajoso, a; harapiento, a.

lorgn|er vt Mirar de reojo *ou* de soslayo | FIG. Echar el ojo a || **~ette** f Anteojos *mpl,* gemelos *mpl* || **~on** m Quevedos *pl,* lentes *fpl.*

loriot m Oropéndola *f* (oiseau).

lorrain, e adj/s Lorenés, esa.

Lorraine nprf Lorena.

lors [lɔ:r] adv Entonces | *Dès ~ que,* desde que, puesto que | *~ de,* cuando.

lorsque conj Cuando.

losange m Rombo.

lot m Lote, parte *f* | Partida *f* (marchandises) | Premio (loterie) | FIG. Destino, suerte *f* (destin), patrimonio | *Le gros ~,* el premio gordo | *Petits ~s,* pedrea || **~erie** f Lotería || **~i, e** adj Repartido, a | Agraciado, a; favorecido, a || **~ion** f Loción || **~ir** vt Repartir, distribuir en lotes, parcelar | Dar posesión de un lote || **~issement** m Distribución (*f*) por lotes *ou* parcelas.

loto m Lotería *f* (jeu).

lotte f Lota, rape *m.*

louable adj Laudable, loable.

louage m Alquiler (maisons, voitures), arrendamiento, arriendo (de terres).

louang|e f Alabanza, encomio *m,* loor *m* || **~er** vt Alabar, ensalzar || **~eur, euse** adj Encomiástico, a; elogioso, a | — Adj/s Adulador, a.

louch|e adj Bizco, a | FIG. Turbio, a; equívoco, a (trouble), sospechoso, a (suspect) | -F Cucharón *m* || **~er** vi Bizquear || **~eur, euse** adj/s Bizco, a.

louer vt Alquilar (maison) | Arrendar (terres) | Reservar (place) | Alabar (vanter) | *À ~,* se alquila | -Vp Alabarse | Congratularse, felicitarse.

loufoque adj/s FAM. Chaveta, chiflado, a || **~rie** f FAM. Chifladura.

louis m Luis (monnaie).

Louis, e nprmf Luis, a.

loulou m Lulú (chien).

loup m Lobo (animal) | Antifaz (masque) | Error, pifia *f* (erreur) |

FIG. *Être connu comme le ~ blanc,* ser más conocido que la ruda. *Hurler avec les ~s,* bailar al son que tocan. *Le ~ mourra dans sa peau,* genio y figura hasta la sepultura. *Les ~s ne se mangent pas entre eux,* un lobo a otro no se muerden | *~ de mer,* lubina, robalo (poisson), lobo marino (phoque), lobo marino (vieux marin) | FIG. *Quand on parle du ~ on en voit la queue,* hablando del rey de Roma, por la puerta asoma.

loupe f Lupa (lentille) | Lobanillo *m* (tumeur) | Nudo *m* (des arbres).

louper vt FAM. Hacer mal, chapucear (bâcler, mal faire), fallar (rater), perder (manquer).

loup-garou m Coco, duende.

lourd, ~e adj Pesado, a | FIG. Cargado, a; bochornoso, a (temps), pesado, a (aliments, style, sommeil, plaisanterie, boxe, terrain), torpe (lourdaud), fuerte, gravoso, a (charges), cargado (yeux), grave (erreur), fuerte (moneda) | — Adv Mucho : *peser ~,* pesar mucho | *Comme il fait ~!,* ¡qué bochorno hace! || **~aud, e** adj Torpe, tosco, a | — S Pesado, a; zafio, a || **~eur** f Pesadez | Gravedad (faute) | Torpeza (marche).

loustic m FAM. Guasón.

loutre f Nutria (animal).

Louvain npr Lovaina.

louv|e f Loba || **~eteau** m Lobezno | Explorador infantil (scout).

louvo|iement m Rodeos *pl,* zigzagueo || **~yer** vi Bordear, dar bordadas (bateau) | FIG. Andar con rodeos.

lover vt MAR. Adujar.

loy|al, e [lwajal] adj Leal || **~alisme** m Lealtad *f,* fidelidad *f* || **~aliste** adj/s Leal || **~auté** f Lealtad.

loyer [lwəje] m Alquiler (logement), arriendo (terres) | Interés (argent).

lu, e adj V. LIRE.

lubie f FAM. Antojo *m,* capricho *m,* chifladura.

lubri|cité f Lubricidad || **~fiant, e** adj/m Lubrificante, lubricante || **~fication** f Lubrificación, lubricación || **~fier** vt Lubrificar, lubricar || **~que** adj Lúbrico, a.

Luc nprm Lucas.

lucarne f Tragaluz *m.*

lucid|e adj Lúcido, a || **~ité** f Lucidez.

Lucifer nprm Lucifer.

luciole f Luciérnaga (insecto).

lucr|atif, ive adj Lucrativo, a || **~e** m Lucro.

ludique adj Lúdico, a.

luette f Campanilla, úvula.

lueur f Luz, resplandor *m,* fulgor *m* | FIG. Rayo *m,* viso *m.*

luge f Trineo (*m*) pequeño.

lugubre adj Lúgubre | Tétrico, a; lóbrego, a.

lui pron pers Le : *je ~ parlerai,* le hablaré | Se : *dis-le-~,* díselo | — Pron pers m Él : *~, il le sait,* él lo sabe; *je travaille pour ~,* trabajo para él | Le : *l'occasion qui s'est présentée à ~,* la ocasión que se le presentó | Sí : *il parle de ~,* habla de sí | *À ~,* suyo, a | *Avec ~,* consigo | *~-même,* él mismo.

luire* vi Relucir, brillar, resplandecer | FIG. Apuntar, manifestarse.

luis|ance f Brillo *m,* resplandor *m* || **~ant, e** adj Reluciente, brillante | — M Lustre, brillo.

lumbago [lœbago] m MÉD. Lumbago.

lumen [lymɛn] m Lumen (unité).

lumi|ère f Luz | FIG. Luces *pl* (intelligence), lumbrera (homme intelligent) | Oído *m,* fogón *m* (arme) | Lumbrera (locomotive) | Agujero *m,* ojo *m* (d'un outil), lumbrera (du rabot) | *À la ~ de,* a la vista de, a la luz de | *Faire la ~ sur,* esclarecer, aclarar | *Mettre en ~,* poner en evidencia | *Que la ~ soit!,* ¡hágase la luz! || **~gnon** m Pabilo || **~naire** m Luminaria *f* (cierge) | Alumbrado (éclairage) || **~nescence** f Luminiscencia || **~neux, euse** adj Luminoso, a || **~nosité** f Luminosidad.

lun|aire adj Lunar || **~aison** f ASTR. Lunación || **~atique** adj/s Antojadizo, a; lunático, a.

lunch [lœnʃ] m Lunch, almuerzo.

lun|di m Lunes : *~ matin,* el lunes por la mañana || **~e** f Luna | POP. Trasero *m* (postérieur) | *Pleine ~,* luna llena, plenilunio || **~é, e** adj Lunado, a; en forma de media luna | FAM. *Bien ~,* de buen humor.

lunet|ier, ère adj/s óptico, a || **~te** f Anteojo *m* : *~ d'approche,* anteojo de larga vista | ARCH. Luneto *m* | Tragaluz *m,* ventanillo *m* (lucarne) | Ventanilla, cristal *m* (coche) : *~ arrière,* ventanilla *ou* cristal trasero | — Pl Gafas, lentes *m* : *mettre ses ~s,* ponerse las gafas | MAR. *~ d'étambot,* tubo de codaste | *~ de visée,* visor telescópico || **~terie** f Tienda *ou* profesión de óptico.

lunule f Lúnula, blanco (*m*) de las uñas.

lupanar m Lupanar.

lupin m BOT. Altramuz.

lur|ette f *Il y a belle ~,* hace un siglo, hace muchísimo tiempo || **~on, onne** s Barbián, ana | *Gai ~,* jaranero, gran barbián.

Lusitanie nprf Lusitania.

lusitanien, enne ou **lusitain, e** adj/s Lusitano, a; luso, a.

lustr|age m Lustrado || **~e** m Lustre, brillo | Araña *f* (lampe) | Lustro (cinq ans) || **~é, e** adj Lustroso, a ||

~er vt Lustrar, dar brillo ‖ **~ine** f Lustrina.
lut [lyt] m Zulaque.
Lutèce nprf Lutecia (Paris).
lutécium [lytesjɔm] m CHIM. Lutecio (métal).
luth [lyt] m Laúd.
Luther npr Lutero.
luthér|anisme m Luteranismo ‖ **~ien, enne** adj/s Luterano, a.
lutin, ~e adj Vivo, a; despabilado, a (éveillé) | Travieso, a (espiègle) | — M Duende, trasgo (démon) | FIG. Diablillo (espiègle) ‖ **~er** vt Bromear, dar bromas.
lutrin m Atril, facistol.
lutt|e f Lucha : *de haute ~,* en reñida lucha ‖ **~er** vi Luchar ‖ **~eur, euse** s Luchador, a.
lux m Lux (unité).
lux|ation f Luxación ‖ **~e** m Lujo : *s'offrir le ~ de,* permitirse el lujo de.
Luxembourg nprm Luxemburgo.
luxembourgeois, e adj/s Luxemburgués, esa.
luxer vt Dislocar.
luxu|eux, euse adj Lujoso, a ‖ **~re** f Lujuria ‖ **~riance** f Frondosidad | FIG. Exuberancia ‖ **~riant, e** adj Frondoso, a | FIG. Exuberante ‖ **~rieux, euse** adj Lujurioso, a.
luzern|e f BOT. Alfalfa ‖ **~ière** f Alfalfar *m.*
lycé|e m Instituto de segunda enseñanza ‖ **~en, enne** s Alumno de un Instituto de segunda enseñanza.
lymph|atique adj/s Linfático, a ‖ **~atisme** m Linfatismo ‖ **~e** f Linfa ‖ **~ocyte** m Linfocito.
lynch|age [lɛ̃ʃa:ʒ] m Linchamiento ‖ **~er** vt Linchar.
lynx [lɛ̃:ks] m Lince.
lyr|e f Lira ‖ **~ique** adj Lírico, a | — M Lírico (poète) | Lírica *f* (poésie). ‖ **~isme** m Lirismo.
lys [lis] m BLAS. Lis (fleur).

m

m m M *f.*
ma adj poss fsing Mi.
maboul, e adj/s POP. Chiflado, a.
macabre adj Macabro, a; fúnebre.
macadam m Macadán.
macaque m Macaco (singe).
macaron m Mostachón (pâtisserie) | Insignia *f* ‖ **~i** m inv Macarrones *pl* ‖ **~ique** adj Macarrónico, a.
macchabée [makabe] m POP. Fiambre, cadáver.
macéd|oine f Macedonia, ensaladilla (de légumes) | Macedonia, ensalada (de fruits) ‖ **~onien, enne** adj/s Macedonio, a (personne) | — Adj Macedónico, a (choses).
macér|ation f Maceración ‖ **~er** vt/i Macerar | FIG. Mortificar.
mach [mak] m PHYS. Mach.
mâche f Milamores (plante).
mâchefer [mɑʃfɛ:r] m Cagafierro.
mâcher vt Masticar, mascar | FIG. Mascullar | FAM. *~ la besogne à qqn,* darle el trabajo mascado a uno.
machette f Machete *m.*
mâchicoulis [mɑʃikuli] m Matacán.
machin, e s FAM. Éste, ésta; fulano, a (personne) | — M FAM. Chisme, trasto (objet).
machin|al, e adj Maquinal ‖ **~ation** f Maquinación ‖ **~e** f Máquina | Tramoya (théâtre) | FAM. Chisme *m,* cosa | FIG. *Faire ~ arrière,* dar marcha atrás, echarse atrás | *~ à coudre,* máquina de coser | *~ à laver,* lavadora | *~ à sous,* tragaperras | *~s agricoles,* maquinaria agrícola | *Tapé à la ~,* escrito a máquina ‖ **~e-outil** f Máquina herramienta ‖ **~er** vt Maquinar, tramar, urdir ‖ **~erie** f Maquinaria | Tramoya (théâtre) ‖ **~isme** m Maquinismo ‖ **~iste** m Maquinista | Maquinista, tramoyista (théâtre).
mâch|oire f Mandíbula, maxilar *m* (os) | Quijada | Zapata (freins) | TECH. Mordaza (d'étau), boca (de pinces), roldana (de poulie) ‖ **~onner** vt Mascar, mascujar (mâcher) | Mascullar (parler) | Mordisquear (mordiller).
maçon [masɔ̃] m Albañil | Masón (franc-maçon) ‖ **~nage** m Albañilería *f* ‖ **~ner** vt Mampostear, construir (construire) | Revestir con mampostería (revêtir) | Tapar, tabicar (boucher) ‖ **~nerie** f Fábrica, obra de albañilería | Masonería (franc-maçonnerie) | *~ apparente,* mampostería.
macreuse f Espaldilla (viande).
maculer vt/i Macular, manchar.
madame f Señora | *~ Martin,* la señora de Martín | *~ la comtesse,* la señora condesa | *~ Mère,* la Señora madre | *Mesdames, messieurs,* señoras y señores.

madeleine f Magdalena (gâteau).
Madeleine nprf Magdalena.
mademoiselle f (pl *mesdemoiselles*) Señorita.
madrague f Almadraba.
madré, e adj Veteado, a (bois) | — Adj/s FIG. Lagarto, a; astuto, a.
madrépore m Madrépora *f*.
madrier m Madero, tablón.
madrigal m Requiebro (compliment) | Madrigal (poésie).
madrilène adj/s Madrileño, a.
madrure f Veta (du bois).
maestria [maɛstrija] f Maestría.
mafia ou **maffia** f Mafia.
magasin m Almacén, tienda *f* (boutique) | Almacén, depósito (dépôt) | Carga *f* (photographie) | Recámara *f* (arme) | Barrilete (revolver) | *Courir les ~s*, ir de tiendas || **~age** m Almacenaje || **~ier** m Almacenero.
magazine m Revista *f*.
mag|e m Mago || **~icien, enne** s Mago, a | Ilusionista (théâtre) || **~ie** f Magia || **~ique** adj Mágico, a.
magist|ère m Magisterio | REL. Maestrazgo || **~ral, e** adj Magistral | Ex cátedra (cours) || **~rat** m Magistrado || **~rature** f Magistratura | *~ assise* o *du siège*, los jueces y magistrados | *~ debout*, los fiscales.
magma m Magma.
magnanim|e adj Magnánimo, a || **~ité** f Magnanimidad.
magnat [magna] m Magnate, prócer.
magnés|ie f Magnesia || **~ium** [maɲezjɔm] m Magnesio.
magnét|ique adj Magnético, a || **~iser** vt Magnetizar || **~isme** m Magnetismo || **~o** f Magneto || **~ophone** m Magnetófono || **~oscope** m Video, magnetoscopio.
magnifi|cence f Magnificencia || **~er** vt Magnificar || **~que** adj Magnífico, a.
magnitude f Magnitud.
magnoli|a m Magnolia *f* (fleur) || **~er** m Magnolia *f*, magnolio (arbre).
magot m Monigote, figura (*f*) de porcelana | FAM. Gato, hucha *f* (argent).
magouille f FAM. Chanchullos *mpl*.
Mahomet [maɔmɛ] nprm Mahoma.
mahométan, e adj/s Mahometano, a.
mai m Mayo.
maigr|e adj Flaco, a; delgado, a | Magro, a; sin grasa (viande) | De vigilia, de viernes (jour) | Seco, a; árido, a (terre) | Fino, a (fin) | FIG. Malo, a; pobre (pauvre), escaso, a; poco abundante (peu) | — M Magro (viande) | Estiaje (fleuve) | *Faire ~*, comer de vigilia (religion) || **~elet, ette** [mɛgrəlɛ, ɛt] adj/s Delgaducho, a; flacucho, a || **~eur** f Flacura, delgadez | FIG. Escasez (pénurie), sequedad, aridez (sécheresse) || **~ichon, onne** adj Delgaducho, a; flacucho, a || **~ir** vi Adelgazar, ponerse delgado, enflaquecer | — Vt Adelgazar, poner delgado.
mail [maj] m Mazo | Mallo (jeu) | Paseo público, explanada *f*.
maill|e [mɑ:j] f Malla (de filet) | Punto *m* (de tricot) : *~ ajoutée*, punto crecido | Eslabón *m*, anillo *m* (de chaîne) | Nube, mancha (dans les yeux) | FAM. Blanca, cuarto *m* (dinero) | *Avoir ~ à partir avec*, disputarse con, andar de malas con || **~echort** [majʃɔ:r] m Metal blanco, alpaca *f* || **~et** [majɛ] m Mazo || **~on** m Malla (*f*) pequeña | Eslabón, anillo (de chaîne) || **~ot** [majo] m Mantillas *fpl* (d'enfant) | Pañal (lange) | Jersey (tricot) | Camiseta *f* (sports) | Calzón de punto | *~ de bain*, bañador, traje de baño | *~ de corps*, camiseta.
main f Mano | Mano *m* (au jeu de cartes) | Baza (levée au jeu) | FIG. Mano, trabajo *m*, poder *m*, autoridad | IMPR. Mano | *À deux ~s*, con las dos manos, con ambas manos | *À la ~*, a mano | *À ~ levée*, a mano alzada | *À pleines ~s*, a manos llenas | *Avoir en ~*, tener entre manos | *Avoir la haute ~ sur*, tener vara alta en | *Avoir la ~ leste*, tener las manos largas | *Battre des ~s*, aplaudir; tocar palmas | *Coup de ~*, golpe de mano (militaire), mano, ayuda (secours) | *Cousu ~*, cosido a mano | *De la ~ à la ~*, de mano a mano | *De ~ de maître*, con *ou* de mano maestra | *De sa ~*, de su propia mano, de su puño y letra | *Des deux ~s*, con ambas manos | *Donner un coup de ~*, echar una mano | *En sous-~*, bajo mano | *En venir aux ~s*, llegar a las manos | *Faire ~ basse sur*, apoderarse de, meter mano a | *Forcer la ~*, obligar, forzar | *Haut la ~*, sin gran trabajo | *Haut les ~s!*, ¡manos arriba! | *La ~ dans la ~*, cogidos de la mano | *~ courante*, baranda, pasamano | *Mettre la dernière ~ à*, dar la última mano a | *Mettre la ~ à la pâte*, poner manos a la obra | *Mettre la ~ sur qqch.*, echar mano de algo | *Ne pas y aller de ~ morte*, no andarse con chiquitas | FIG. *Passer la ~ dans le dos*, dar la coba | | *Petite ~*, oficiala de modista | *Perdre la ~*, perder la práctica | *Prendre la ~ dans le sac*, coger con las manos en la masa | *Reprendre en ~*, restablecer la situación | *Se faire la ~*, ejercitarse, entrenarse | *Serrer la ~*, dar *ou* estrechar la mano | *Sous la ~*, a mano | *Tendre la ~*, dar la mano || **~-d'œuvre** [mɛ̃dœ:vr] f Mano de obra || **~-forte**

f Ayuda, auxilio *m* || **~levée** [mɛ̃lve] f Desembargo *m* | *Donner ~*, desembargar || **~mise** f Embargo *m*, requisa, confiscación | FIG. Dominio *m*, poder *m*, influencia.

Main nprm Meno.

maint, e adj Varios, as; muchos, as.

maintenant adv Ahora.

maintenir* vt Mantener | Sostener (soutenir).

maintien [mɛ̃tjɛ̃] m Conservación *f*, mantenimiento | Compostura *f*, porte (tenue) | FIG. *Perdre son ~*, desconcertarse.

mair|e m Alcalde | *Adjoint au ~*, teniente de alcalde || **~esse** f Alcaldesa || **~ie** f Ayuntamiento *m*, alcaldía.

mais [mɛ] conj Pero, mas | Sino : *il n'est pas grand ~ petit*, no es alto sino bajo | *~ non*, claro que no | *Non ~*, pero bueno | — Adv Más | — M Pero : *il n'y a pas de ~ qui tienne*, no hay pero que valga.

maïs [mais] m Maíz | *Champ de ~*, maizal.

maison f Casa | *À la ~*, en casa (être), a casa (aller) | FAM. *La ~ du Bon Dieu*, una casa muy acogedora | *~ d'arrêt*, cárcel, prisión | *~ de campagne*, casa de campo, quinta | *~ de charité*, hospicio | *~ de fous*, manicomio | *~ de rapport*, casa de vecindad *ou* de alquiler | *~ de redressement*, reformatorio | *~ de retraite*, asilo de ancianos | *~ close* o *de tolérance*, casa de trato | *~ mère*, casa central | *~ religieuse*, convento | — Adj FAM. Casero, a; propio de la casa || **~née** f Familia, gente de la casa || **~nette** f Casita.

maistrance f MAR. Maestranza.

maître [mɛtr] m Dueño, amo (propriétaire, patron) | Señor (pour un domestique) | Señor (Dieu) | Dueño (des passions) | Maestro (instituteur) | Profesor | Maestre (dans certains métiers) | Maestro (dans certains ordres) | (Vx) Maese | *Coup de ~*, golpe maestro | *En ~*, como dueño y señor | *Être le ~ de*, ser dueño y señor de | *Être ~ de soi*, dominarse | *~ berger*, mayoral | *~ clerc*, primer pasante [de notario] | *~ de maison*, amo de casa | *~ des requêtes*, relator | *~ d'hôtel*, jefe de comedor, « maître d'hôtel » | *~ valet*, caporal | *Passer ~*, ser maestro, llegar a dominar (être habile) | *Prendre pour ~*, tomar como ejemplo | *Trouver son ~*, dar con *ou* hallar la horma de su zapato | — Adj Cabal, todo, capaz, de valor | Capital, clave, maestro, a | FAM. Grande, consumado, a | Dominante, principal, esencial || **~-autel** [mɛtrotɛl] m Altar mayor.

maîtresse f Ama, dueña | Señora (madame) | Maestra (institutrice) | Querida, amante (concubine) | — Adjf Toda : *une ~ femme*, toda una mujer | Maestra : *poutre ~*, viga maestra.

maîtris|able adj Dominable, reprimible || **~e** f Dominio *m* | Habilidad (habileté) | Magisterio *m* (dignité de maître) | Maestría (qualité de maître) | Mandos (*mpl*) intermedios (dans l'industrie) | MUS. Escuela de música sacra (école), coro (*m*) de una iglesia (chœur) | Título (*m*) universitario || **~er** vt Dominar | Dominar, reprimir | Domar (dompter) | — Vp Dominarse, contenerse.

majest|é f Majestad | Majestuosidad || **~ueux, euse** adj Majestuoso, a.

majeur, e adj Mayor : *en ~ partie*, en su mayor parte | Importante, capital | Superior | Mayor de edad (âgé) | — M Dedo medio *ou* del corazón | — F Mayor.

major adj/m MIL. Mayor, teniente coronel mayor | Médico militar (médecin) | Alumno primero de una promoción || **~at** [maʒɔra] m Mayorazgo || **~ation** f Aumento *m*, recargo *m* | DR. Sobrestimación || **~dome** m Mayordomo || **~er** vt Sobrestimar | Aumentar, recargar (hausser) || **~itaire** adj Mayoritario, a | De la mayoría || **~ité** f Mayoría, mayor parte | Mayoría de edad (âge).

Majorque nprf Mallorca.

majorquin, e adj/s Mallorquín, ina.

majuscule adj/f Mayúsculo, a.

mal m (pl *maux*) Mal | Dolor (douleur) | Daño : *se faire ~*, hacerse daño | Perjuicio, daño (dommage) | Mal : *dire du ~*, hablar mal | Enfermedad *f* (maladie) | Maledicencia *f* (médisance) | Pena *f* (peine) | Trabajo (difficulté) | *Avoir le ~ de mer* o *~ au cœur*, marearse | *Avoir ~ à la tête*, dolerle a uno la cabeza | *De deux maux il faut choisir le moindre*, del mal el menos | *Être en ~ de*, tener ganas de | *Haut ~*, epilepsia | *~ au cœur*, mareo, náuseas | MÉD. *~ blanc*, panadizo (panaris) | *~ de mer*, mareo | *~ du pays*, nostalgia, morriña | *Ne vous donnez pas tant de ~*, no se moleste tanto | *Prendre ~*, enfermar | *Se donner du ~*, darse *ou* tomarse trabajo | *Vouloir du ~ à qqn*, desear mal *ou* tener entre ojos a alguien | — Adv Mal | *Aller de ~ en pis*, ir de mal en peor | *Au plus ~*, muy mal, grave | *~ à propos*, inoportunamente | *Mettre à ~*, echar a perder | *Pas ~*, bastante bien | *Prendre ~ qqch.*, tomar algo a mal | *Se mettre ~ avec qqn*, ponerse de

malas con alguien | *Se trouver* ~, desmayarse | *Tant bien que* ~, mal que bien.
malad|e adj Enfermo, a; malo, a | Malo, a (mauvais) | En mal estado (en mauvais état), estropeado, a (abîmé) | POP. Chiflado, a | *Rendre* ~, poner enfermo | *Tomber* ~, enfermar, ponerse enfermo | — S Enfermo, a | ~ *imaginaire,* enfermo de aprensión || **~ie** f Enfermedad, dolencia | FIG. Manía, pasión | *Faire une* ~, caer enfermo (être malade), ponerse enfermo, enfadarse mucho (être contrarié) | *Relever de* ~, salir de una enfermedad || **~if, ive** adj Enfermizo, a.
maladr|esse f Torpeza || **~oit, e** adj/s Torpe, desmañado, a.
malais, e adj/s Malayo, a.
malais|e m Malestar, indisposición *f* | Estrechez *f*, falta *(f)* de recursos (manque d'argent) | FIG. Malestar, desazón *f*, inquietud *f* | *Éprouver un* ~, sentirse indispuesto || **~é, e** adj Difícil, trabajoso, a; penoso, a.
malandrin m Malandrín.
malappris, e adj/s Malcriado, a; grosero, a.
malaria f Malaria.
malavisé, e adj/s Imprudente, indiscreto, a; inoportuno, a.
malax|er vt Amasar, malaxar || **~eur** adjm/m TECH. Amasadora *f*.
malbâti, e adj Mal hecho, a; contrahecho, a.
malchanc|e f Mala suerte, desgracia, desventura || **~eux, euse** adj/s Desgraciado, a; desafortunado, a.
maldonne f Cartas mal dadas, error *m*.
mâle m Macho (animal) | Varón (hommes) | TECH. Macho | — Adj Varonil, viril | FIG. Enérgico, a; viril.
malé|diction f Maldición | Desgracia, infortunio *m* (malheur) || **~fice** m Maleficio, encantamiento || **~fique** adj Maléfico, a.
malencontreux, euse adj Poco afortunado, a; desgraciado, a.
mal-en-point loc adj En mal estado, en mala situación.
malentendu m Error, equivocación *f* | Equívoco, malentendido.
mal|façon f Defecto *(m)* de fabricación | FIG. Fraude *m* || **~faisant, e** [malfəzɑ̃, ɑ̃:t] adj Maléfico, a | Dañino, a (nuisible) || **~faiteur, trice** s Malhechor, a || **~famé, e** adj De mala fama || **~formation** f Malformación.
malgré prép A pesar de | ~ *lui,* a pesar suyo | ~ *que,* a pesar de que | ~ *tout,* a pesar de todo, así y todo, con todo.
malhabile adj Torpe, inhábil.
malheur [malœ:r] m Desgracia *f*, infortunio, desdicha *f* | *À quelque chose* ~ *est bon,* no hay mal que por bien no venga | *De* ~, dichoso, maldito | *Faire un* ~, ocasionar una desgracia | *Porter* ~, traer mala suerte, tener mala sombra | — Interj ¡Maldición! | ~ *à ...!*, ¡ay de ...! || **~eux, euse** adj Desgraciado, a; infeliz, desdichado, a | Aciago, a (funeste) | Desafortunado, a (malchanceux) | Poco afortunado | Infausto, a; desastroso, a | Pobre, desgraciado, a | Maldito, a; dichoso, a (maudit) | Poco agraciado, a (visage) | Mísero, a; miserable | *C'est* ~*!*, ¡es lástima! | *Être* ~ *comme les pierres,* ser el rigor de las desdichas | — S Desgraciado, a; infeliz, desdichado, a.
malhonnêt|e adj Sin *ou* falto de *ou* con poca probidad *ou* honradez | Grosero, a | Deshonesto, a; indecente || **~eté** [malɔnɛtte] f Falta de probidad *ou* honradez | Grosería.
malic|e f Malicia | FAM. Travesura, picardía (espièglerie) || **~ieux, euse** adj/s Malicioso, a | FAM. Travieso, a.
malignité f Malignidad.
malin, igne [malɛ̃, iɲ] adj Maligno, a | FAM. Malicioso, a; travieso, a (espiègle), listo, a; astuto, a (rusé) | *Ce n'est pas* ~, no es muy difícil que digamos (très facile), no es muy inteligente | — M Tunante, vivo | Demonio (diable) | FAM. *Faire le* ~, dárselas de listo.
malingre adj Enclenque, canijo, a.
malintentionné, e adj Malintencionado, a.
malle f Baúl *m*, mundo *m* | Valija, mala (de la poste) | Correo *m* (paquebot postal).
mallé|abilité f Maleabilidad || **~able** adj Maleable.
mallette f Maletín *m*.
malmener vt Maltraer, maltratar | Dejar maltrecho (ennemi).
malnutrition f Desnutrición.
malodorant, e adj Maloliente.
malotru, e adj/s FAM. Grosero, a.
malpropr|e adj/s Desaseado, a; sucio, a (sale) | Grosero, a; mal hecho, a | FIG. Indecente, indecoroso, a || **~eté** f Suciedad, desaseo *m* | FIG. Indecencia, porquería.
mal|sain, e adj Malsano, a; nocivo, a; dañino, a || **~séance** f Inconveniencia, inoportunidad || **~séant, e** adj Inconveniente, inoportuno, a; indecoroso, a; incorrecto, a | **~sonnant, e** adj Malsonante.
malt [malt] m Malta *f* || **~erie** f Fábrica de malta, maltería.
malthusianisme m Maltusianismo.

maltraiter vt Maltratar, dejar malparado.
malveill|ance [malvɛjɑ̃:s] f Malevolencia; mala voluntad ‖ **~ant, e** [-jɑ̃, ɑ̃:t] adj Malévolo, a; malintencionado, a | — S Persona malévola.
malvenu, e adj Inoportuno, a; sin derecho *ou* motivo para.
malversation f Malversación.
mam|an f Mamá | *Belle-~*, suegra, madre política | FAM. *Bonne-~, grand-~*, abuelita. *~ gâteau*, madraza ‖ **~elle** f Mama, teta (fam) | Ubre (de la vache) | Pecho *m*, seno *m* (sein) | FIG. Seno (*m*) nutricio, alimento *m* ‖ **~elon** [mamlɔ̃] m Cerro, montecillo (colline) | Pezón (de sein).
mamm|aire adj Mamario, a ‖ **~ifère** adj/m Mamífero, a.
mammouth [mamut] m ZOOL. Mamut.
mamours mpl FAM. Carantoñas *f*.
management m Gestión (*f*) de empresas.
manager m Empresario, gerente | Apoderado, manager [deportes].
manant m Campesino | FIG. Patán.
manch|e m Mango | Esteva *f* (de charrue) | Mástil (de guitare) | FAM. Zopenco (stupide) | *~ à balai*, palo de escoba (d'un balai), palanca de mando (d'un avion) | — F Manga | Manguera, manga, tubo *m* (tuyau) | Partida, mano *m*, manga (au jeu) | Canal *m*, brazo (*m*) de mar | *~ à air*, manguera de ventilación | *Retrousser ses ~s*, arremangarse ‖ **~eron** m Esteva *f*, mancera *f* ‖ **~ette** f Puño *m* (de chemise) | Manguito *m* | Golpe (*m*) dado con el antebrazo | IMPR. Titular *m* ‖ **~on** m Manguito ‖ **~ot, e** adj Manco, a.
mandant m Mandante, poderdante.
mandarine f Mandarina.
mandat m Mandato, poder, procuración *f* | Mandato, diputación *f* (d'un député) | Mandamiento judicial, auto, orden *f* : *~ de dépôt* o *d'arrêt*, auto de prisión | Orden (*f*) de pago, libranza *f* (ordre de payer) | Misión *f*, mandato, cometido | Giro (postal) ‖ **~aire** m Mandatario, representante | Apoderado (fondé de pouvoir) | *~ aux Halles*, asentador de un mercado ‖ **~er** vt Librar una orden de pago (payer) | Dar poder, comisionar, acreditar (déléguer).
mander vt Mandar, ordenar | Hacer saber, anunciar (annoncer) | Hacer venir, llamar, convocar (appeler).
mandibule f Mandíbula, maxilar *m*.
mando|line f Mandolina | *~ espagnole*, bandurria ‖ **~re** f Bandurria.
mandrin m Mandril, broca *f*, taladro | FIG. Bandido, malandrín.
manécanterie f Escolanía.
manège m Doma *f*, ejercicios (*pl*) de equitación | Picadero (lieu où l'on dresse les chevaux) | *~ de chevaux de bois*, tiovivo, caballitos.
manette f Palanca, manecilla (levier de commande).
mangan|ate m Manganato ‖ **~èse** m Manganeso.
mang|eable [mɑ̃ʒabl] adj Comible, comestible ‖ **~eaille** [-ʒɑ:j] f Pienso *m* (des animaux) | FAM. Manduca, jamancia ‖ **~eoire** [-ʒwa:r] f Comedero *m* | Pesebre *m* (pour gros bétail) ‖ **~er** vt/i Comer, comerse | *Bon à ~*, comestible | FAM. *~ comme quatre*, comer como un descosido | — M Comida *f* ‖ **~e-tout** m inv Tirabeque (haricot, pois) ‖ **~eur, euse** s *Gros ~*, comilón, tragón.
mang|ue f BOT. Mango *m* ‖ **~uier** m Mango.
mani|able adj Manejable | FIG. Tratable, flexible ‖ **~aque** adj/s Maniático, a; maniaco, a ‖ **~cle** f Manopla (gant de protection) ‖ **~e** [mani] f Manía ‖ **~ement** [manimɑ̃] m Manejo ‖ **~er** vt Manejar ‖ **~ère** f Manera, modo *m* | FIG. Estilo *m* | *À la ~ de*, al estilo de, como | FAM. *De la belle ~*, de mala manera | *De ~ à*, con objeto de, para | *De toute ~*, de todos modos | *La ~ forte*, la mano dura, la fuerza | — Pl Modales *m*, maneras | FAM. Remilgos *m*, melindres *m*, cumplidos *m* ‖ **~éré, e** adj Amanerado, a; rebuscado, a.
manifest|ant, e s Manifestante ‖ **~ation** f Manifestación ‖ **~e** adj/m Manifiesto, a | *~ de douane*, sobordo ‖ **~er** vt Manifestar, poner de manifiesto | — Vi Manifestar, hacer una manifestación | Asistir a una manifestación | — Vp Manifestarse.
maniganc|e f FAM. Manejo *m*, artimaña, tejemaneje *m* ‖ **~er** vt FAM. Tramar, urdir, maquinar.
manille [manij] f Argolla (de chaîne) | Malilla (cartes).
Manille npr Manila.
manioc m Mandioca *f*, yuca *f*.
manipul|ateur, trice adj/s Manipulador, a | — M Ilusionista (prestidigitateur) ‖ **~ation** f Manipulación | FIG. Manejo *m*, manoseo *m* (tripotage) | Experiencia (en chimie) ‖ **~e** m Manípulo ‖ **~er** vt Manipular | FIG. Manejar | — Vi Hacer experiencias de química.
manitou ou **grand manitou** m Manitú, mandamás, capitoste.
manivelle f Manivela, manubrio *m*.
manne f Maná *m* | Canasta (panier).
mannequin m Maniquí | Modelo *f*, maniquí *f* (personne).

manœuvr|e [manœ:vr] f Maniobra | FIG. Manejos *mpl*, tejemaneje *m* | — M Bracero, peón || **~er** vt/i Maniobrar | Manejar.
manoir m Casa (*f*) solariega | Casa (*f*) de campo.
manomètre m Manómetro.
manqu|ant, e adj Que falta, faltante | — M Ausente || **~e** m Falta *f* | Carencia *f*, escasez *f* (pénurie) | Fallo, insuficiencia *f* | POP. *À la ~*, camelista | *~ à gagner*, lucro cesante | *~ de*, por falta de || **~é, e** adj Fracasado, a; malogrado, a | Fallido, a; frustrado, a (échoué) | Perdido, a (perdu) | Defectuoso, a || **~ement** m Falta *f* | Infracción *f* | Incumplimiento (à une loi, à la parole) || **~er** vi Faltar | Fracasar, fallar (échouer) | Carecer (être en pénurie de) | Fallar (décevoir) | Fallar, errar (se tromper) | Dejar de, omitir, olvidar (oublier) | Fallar, flaquear, desfallecer (défaillir) | Estar a punto de, faltar poco para (être sur le point de) | *Elle me manque beaucoup*, la echo mucho de menos | *Manque et passe*, falta y pasa (jeu) | *Ne pas ~ de*, no dejar de | — Vt Fallar, echar a perder | Perder, dejar escapar (perdre) | Fallar, no conseguir (ne pas obtenir) | Perder (le train) | Marrar (un tir) | Errar (se tromper) | Malograr (sa vie) | No ver, no encontrar (ne pas trouver) | No acudir, faltar a (un rendez-vous) | *La ~ belle*, librarse de una buena | — Vimp Faltar.
mansard|e f Buhardilla || **~é, e** adj Abuhardillado, a.
mansuétude f Mansedumbre.
mant|e f Manto *m*, capa | *~ religieuse*, predicador, santateresa || **~eau** m Abrigo [*Amér.*, tapado] | Gabán (pour hommes) | Capote (de militaire) | FIG. Manto, capa *f* | *Sous le ~*, a escondidas, solapadamente || **~elet** [mɑ̃tlɛ] m Mantelete (fortification) || **~ille** [-tij] f Mantilla.
manucure s Manicuro, a.
manuel, elle adj/m Manual.
manufactur|e f Manufactura | Fábrica, manufactura (usine) || **~er** vt Manufacturar || **~ier, ère** adj/s Manufacturero, a | — S Fabricante.
manuscrit, e [manyskri, it] adj Manuscrito, a | — M Manuscrito | Original.
manutention f Manipulación, manipulado *m*, manutención | Intendencia militar || **~ner** vt Manipular | Confeccionar, preparar.
mappemonde f Mapamundi *m*.
maquereau [makro] m Caballa *f* (poisson) | POP. Chulo, rufián (proxénète).
maquette f Maqueta.
maquignon m Chalán, tratante de caballos || **~nage** m Chalanería *f*, chalaneo || **~ner** vt Chalanear.
maquill|age [makija:ʒ] m Maquillaje || **~er** vt Maquillar.
maquis [maki] m Matorral, monte bajo, soto | Resistencia *f*, guerrilla *f* | *Prendre le ~*, echarse al monte || **~ard** m Guerrillero, resistente.
marabout [marabu] m Morabito (religieux musulman) | Marabú (oiseau).
marabunta f Marabunta (fourmis).
maraîcher, ère adj Hortense, de huerta | — S Hortelano, a.
mar|ais [marɛ] m Zona (*f*) pantanosa, ciénaga *f* | Marisma *f* (en bordure de mer ou de fleuve) | Huerta *f* (jardin) | *~ salant*, salina || **~asme** m Marasmo.
marâtre f Madrastra.
maraud|er vi Merodear || **~eur, euse** adj/s Merodeador, a.
marbr|e m Mármol | Monumento *ou* estatua (*f*) de mármol | FIG. Mármol, frialdad *f*, dureza *f* | IMPR. Platina *f* || **~er** vt Jaspear, vetar | Amoratar, acardenalar (peau) || **~erie** f Marmolería || **~ier, ère** adj Del mármol | — M Marmolista | — F Cantera de mármol || **~ure** f Jaspeado *m* | Mancha amoratada de la piel.
marc [ma:r] m Marco (monnaie).
marc [ma:r] m Orujo | Hez *f*, poso (lie) | Zurrapa *f*, madre *f* (du café) | Aguardiente de orujo (eau-de-vie).
marcassin m Jabato.
marchand, ~e s Vendedor, a | Comerciante, mercader, a | Traficante *m*, negociante *m* | Tratante *m* (de bestiaux) | *~ ambulant*, vendedor ambulante, buhonero | FIG. *~ de sable*, sueño | *Marchande des quatre-saisons*, verdulera | — Adj Mercante, mercantil (marine) | Comercial || **~age** m Regateo | FIG. Negociaciones *fpl* || **~er** vt/i Regatear | Ajustar a destajo (à forfait) | FIG. Escatimar, regatear || **~eur, euse** adj/s Regateador, a || **~ise** f Mercancía | Género *m*, artículo *m* (denrée).
marche f Marcha | Marcha, andar *m*, manera de caminar (allure) | Marcha [*Amér.*, caminata] (sport) | Camino *m* (chemin) | MUS. Marcha | Peldaño *m*, escalón *m* (d'escalier) | Funcionamiento *m* | Paso *m*, curso *m* (du temps) | Desarrollo *m*, progreso *m* | Movimiento *m* (des astres) | IMPR. Muestra | FIG. Proceder *m*, conducta (conduite) | *~ arrière*, marcha atrás (voiture), retroceso (recul) | *~ à suivre*, método.
marché m Mercado | Plaza *f*, mercado (pour ménagères) | Trato, transacción *f* | Contrato, convención *f* | *Bon ~*, barato, a buen precio | *Faire bon*

~ *de,* tener en poco, despreciar | ~ *à terme,* operación a plazo | FAM. ~ *aux puces,* mercado de cosas viejas, el Rastro (à Madrid) | ~ *de dupes,* engañifa | ~ *noir,* estraperlo, mercado negro | *Par-dessus le* ~, además, por añadidura.

marchepied [marʃəpje] m Estribo (de voiture) | Grada *f,* escalón (degré) | Tarima *f* (estrade) | Taburete (escabeau) | FIG. Escalón, trampolín (moyen de parvenir).

march|er vi Pisar (sur qqch.) | Andar, marchar | Ir, estar, ocupar (occuper) | Ir, caminar (cheminer) | Ir, marchar, hacer | Moverse, desplazarse | Funcionar, andar, marchar (fonctionner) | Transcurrir, pasar (s'écouler) | Marchar, prosperar (affaire) | Ir (aller) | FAM. Aceptar, consentir (accepter), cuajar (réussir), creerse, tragarse (croire) | *Ça marche?,* ¿todo va bien? | *Faire* ~ *qqn,* hacer obedecer a uno (obéir), tomar el pelo a uno (berner), manejar a alguien a su antojo (manier à son gré) || **~eur, euse** adj/s Andador, a; andarín, ina | — S Marchador, a (sports).

marcott|e f AGR. Acodo *m* || **~er** vt Acodar.

mardi m Martes | ~ *gras,* martes de Carnaval.

mare f Charca | Charco *m* (flaque) | FIG. *Traverser la* ~ *aux harengs,* pasar el charco (aller en Amérique).

marécag|e m Ciénaga *f,* terreno pantanoso || **~eux, euse** adj Pantanoso, a; cenagoso, a.

maréchal m MIL. Mariscal || **~-ferrant** m Herrador.

maréchaussée f Gendarmería.

marée f Marea | Pescado (*m*) fresco de mar (poisson) | FIG. Oleada, marejada | ~ *basse,* bajamar | ~ *descendante,* reflujo, marea saliente | ~ *haute,* pleamar | ~ *montante,* flujo, marea entrante.

marelle f Piso *m,* rayuela, tres (*m*) en raya, infernáculo *m* (jeu).

mareyeur, euse [marɛjœ:r, ø:z] s Pescadero, a; marisquero, a.

margarine f Margarina.

marg|e f Margen *m* | Margen (rive) | FIG. Tiempo *m,* espacio *m* | *En* ~, al margen | ~ *bénéficiaire,* margen de beneficio || **~elle** f Brocal *m* || **~er** vt IMPR. Marginar || **~eur, euse** adj/m IMPR. Marginador, a || **~inal, e** adj Marginal | — Adj/s FIG. Marginado, a.

marguerite f Margarita.

Marguerite nprf Margarita.

mari m Marido || **~able** adj Casadero, a || **~age** m Matrimonio (sacrement) | Boda *f,* casamiento (noce) | Tute (jeu de cartes) | FIG. Unión *f,* maridaje, asociación *f,* lazo | Brisca *f* (jeu de cartes) | ~ *de raison,* matrimonio de conveniencia.

Marie [mari] nprf María.

mari|é, e adj/s Casado, a | Novio, a : *les* ~*s,* los novios | *La jeune* ~, la novia | *Les nouveaux* ~*s,* los recién casados || **~er** vt Casar | FIG. Unir, juntar (unir), armonizar, casar (assortir) || **~eur, euse** adj Casamentero, a.

marigot m Bajío.

marin, ~e adj Marino, a | Marinero, a : *navire* ~, buque marinero | Naútico, a (nautique) | — M Marino, marinero || **~ade** f Escabeche *m* (poisson) | Adobo *m,* salmuera (viande) | Conserva || **~age** m Adobo (viande) | Escabechado (poisson) || **~e** f Marina || **~er** vt Escabechar (poisson) | Adobar (viande) | — Vi Estar en escabeche *ou* en adobo || **~ier** m Barquero, lanchero || **~ière** f Blusón *m* (de femme) | Marinera (d'enfant).

mariol ou **mariolle** adjm/m POP. Listo, pillín | *Faire le* ~, hacerse el interesante.

marionnette f Títere *m,* marioneta | — Pl Teatro (*msing*) de marionetas.

marital, e adj Marital.

maritime adj Marítimo, a.

maritorne f FAM. Maritornes (servante).

marivaud|age m Discreteo, galanteo || **~er** vi Discretear, galantear | Andarse con exquisiteces.

mark [mark] m Marco (monnaie).

marketing m Marketing, investigación (*f*) de mercados, comercialización *f,* mercadeo, mercadotecnia *f.*

marmaille [marmɑ:j] f FAM. Chiquillería, gente menuda, prole.

marmelade f Mermelada | FAM. *En* ~, hecho papilla.

marmit|e f Olla, marmita | FAM. Pepino *m* (obus) || **~on** m Pinche.

marmonner vt Mascullar, refunfuñar.

marmoréen, enne adj Marmóreo, a.

marmot m FAM. Crío, chaval | Monigote (figure grotesque).

marmotte f ZOOL. Marmota.

marmotter vt Mascullar.

marmouset m Monigote, mamarracho (figure grotesque) | FAM. Chiquillo (enfant), renacuajo (petit homme).

marn|e f Marga || **~eux, euse** adj Margoso, a || **~ière** f Margal *m.*

Maroc nprm Marruecos.

marocain, e adj/s Marroquí.

maronner vi FAM. Rabiar.

maroquin m Marroquín, tafilete | FAM. Cartera (*f*) de ministro || **~age** m Marroquinería *f,* tafiletería *f* || **~er** vt Tafiletear || **~erie** f Marroquinería, tafiletería || **~ier** m Comerciante en artículos de cuero.

marotte f Manía, capricho *m* | Fraustina (tête en bois) | FIG. *À chacun sa ~*, cada loco con su tema.
marqu|ant, e adj Notable, destacado, a ‖ **~e** f Marca | Señal (signe) | Sello *m* (cachet) | Mancha (tache) | Señal, huella (trace) | Rastro *m* (empreinte) | Signo *m* | Hierro *m*, marca (signe au fer rouge) | FIG. Indicio *m*, signo *m* (indice), prueba, testimonio *m* (témoignage) | Ficha, tanto *m* (jeton) | Tanteo *m* (score) | Vitola (de cigare) | *De ~*, notable, insigne, relevante, destacado | *~ déposée*, marca registrada ‖ **~er** vt/i Señalar, marcar (signaler) | Marcar | Anotar, inscribir (noter) | Marcar (sport) | Dejar huellas (laisser des traces) | Acentuar (accentuer) | FIG. Indicar, revelar (révéler), representar | Mostrar (témoigner) | — Vi Distinguirse, señalarse | Dejar sus huellas (les empreintes).
marquet|er vt Motear | TECH. Taracear ‖ **~erie** f Marquetería, taracea.
marqu|eur, euse adj/s Marcador, a | — M Goleador (sports) | Rotulador (crayon).
marquis [marki] m Marqués ‖ **~at** [-za] m Marquesado ‖ **~e** f Marquesa | Marquesina (auvent).
marraine f Madrina.
marr|ant, e adj POP. Gracioso, a; divertido, a | Sorprendente, extraño, a (étrange) | *Ce n'est pas ~*, menuda gracia tiene ‖ **~e (en avoir)** loc POP. Estar harto, estar hasta la coronilla ‖ **~er (se)** vp POP. Divertirse, desternillarse de risa ‖ **~i, e** adj Pesaroso, a; mohíno, a.
marron m Castaña *f* (fruit) : *~s glacés*, castañas confitadas | Color castaño, marrón (couleur) | Moño (chignon) | POP. Castaña *f*, mojicón, puñetazo | — Adj inv Marrón.
marron, ~onne adj Cimarrón, ona | FIG. Clandestino, a; falso, a; sin título | Marrón (sportif) ‖ **~nier** m Castaño.
mars [mars] m Marzo : *le 5 ~ 1879*, el 5 de marzo de 1879.
Mars nprm Marte.
marseillais, e adj/s Marsellés, esa | — F Marsellesa (hymne).
Marseille [marsɛj] npr Marsella.
marsouin [marswɛ̃] m Marsopa *f*, marsopla *f*.
marsupial, e adj/m ZOOL. Marsupial.
marteau m Martillo | Macillo, martinete (de piano) | Aldaba *f* (heurtoir) | Martillo (de l'oreille, sport) | POP. *Être ~*, estar chiflado | *~ à dame*, pisón | *~ piqueur* o *pneumatique*, martillo neumático ‖ **~-pilon** m Martillo pilón.
mart|el [martɛl] m FIG. *Avoir ~ en tête*, quemarse la sangre, preocuparse mucho ‖ **~elage** [-təla:ʒ] ou **~èlement** [-tɛlmɑ̃] m Martilleo ‖ **~eler** [-təle] vt Martillar, martillear | Recalcar (souligner) | Pulir, limar (polir) | FIG. Pegar (frapper), preocupar (inquiéter) | MUS. Destacar (notes).
marti|al, e [marsjal] adj Marcial ‖ **~en, enne** adj/s Marciano, a.
martin m Estornino ‖ **~-pêcheur** m Martín pescador, alción (oiseau) ‖ **~et** m Martinete | Vencejo, avión (oiseau) | Zorros *pl*, sacudidor (pour dépoussiérer) | Disciplinas *fpl* (fouet) ‖ **~gale** f Gamarra (courroie du cheval) | Trabilla (pour vêtement) | Martingala, combinación (au jeu).
martre f ZOOL. Marta : *~ zibeline*, marta cibelina.
martyr, ~e adj/s Mártir ‖ **~e** m Martirio | FIG. *Souffrir le ~*, sufrir como un condenado ‖ **~iser** vt Martirizar.
marx|isme m Marxismo ‖ **~iste** adj/s Marxista.
mas m Masía *f*, masada *f*.
mascar|ade f Mascarada, mojiganga | Disfraz *m* (déguisement) | FIG. Hipocresía, engañifa (tromperie), carnavalada (manifestation grotesque) ‖ **~on** m Mascarón.
mascotte f FAM. Mascota.
masculin, ~e adj/m Masculino, a ‖ **~ité** f Masculinidad.
masochis|me [mazɔʃism] m Masoquismo ‖ **~te** adj/s Masoquista.
masqu|e m Máscara *f*, careta *f* | Antifaz (loup) | Máscara *f* (personne masquée) | Mascarilla *f* (d'anesthésie, mortuaire, de beauté) | FIG. Fisonomía *f*, rostro, expresión *f* (visage), apariencia *f* | Paño (de la grossesse) ‖ **~er** vt Enmascarar | Disfrazar (déguiser) | Ocultar, esconder, tapar (cacher) | Disimular | Rebozar (cuisine). | *Bal masqué*, baile de disfraces.
massacr|ant, e adj FAM. Insoportable, atroz ‖ **~e** m Matanza *f* (tuerie), carnicería *f* (boucherie), degüello (égorgement) | Estrago, destrozo (ravage) | FIG. Mala ejecución *f*, chapucería *f* | *Jeu de ~*, pimpampum ‖ **~er** vt Degollar (égorger), hacer una carnicería *ou* matanza, matar, exterminar | FIG. Destrozar, estropear (abîmer), ejecutar mal ‖ **~eur, euse** s Degollador, a (égorgeur), asesino, a | FAM. Chapucero, a.
massage m Masaje.
mass|e f Masa | Mole, bulto *m* (corps informe) | COM. Junta | ELEC. Tierra, masa | Maza (d'un dignitaire) | FIG. Caudal *m*, bienes *mpl* (biens) | — Pl Pueblo *msing*, vulgo *msing*, plebe *sing*, masas | *Des ~s*, montones

| *En* ~, en conjunto (ensemble), a montones (en grande quantité) ‖ **~epain** [maspɛ̃] m Mazapán ‖ **~er** vt Amontonar (entasser), agrupar (grouper), concentrar | Dar masaje | Picar (au billard) | — Vp Congregarse, agruparse ‖ **~ette** f Espadaña, anea (plante) | Almádena (marteau) | Maza (arme) ‖ **~eur, euse** s Masajista ‖ **~icot** m TECH. Guillotina *f* ‖ **~ier** m Macero ‖ **~if, ive** adj Macizo, a | En masa, masivo, a | Masivo, a; máxima, a | Total | FIG. Pesado, a; tosco, a (lourd) | — M Macizo ‖ **~ue** f Porra, maza, cachiporra.

mastic m Almáciga *f*, masilla *f* (résine) | IMPR. Empastelamiento.

mastication f Masticación.

mastiquer vt Masticar | Fijar con masilla, enmasillar.

mastoc adj inv FAM. Pesado, a | — M FAM. Mazacote.

mastodonte m Mastodonte.

mastoïdite f MÉD. Mastoiditis.

masturbation f Masturbación.

masure f Casucha, choza, chabola | Ruina, casa en ruinas.

mat [mat] m Mate : *faire* ~, dar mate | *Échec et* ~, jaque mate.

mat, e [mat] adj Mate | Sentado, a (rassis) | Sordo, a; apagado, a (son).

mât [mɑ] m Palo, mástil (de bateau) | Asta *f* (drapeau) | Palo, poste (support) | *Grand* ~, palo mayor | ~ *d'artimon*, palo de mesana | ~ *de beaupré*, palo de bauprés | ~ *de cocagne*, cucaña | ~ *de misaine*, palo de trinquete | *Un trois-* ~*s*, un velero de tres palos.

matador m TAUR. Matador, espada.

matamore m Matamoros.

match [matʃ] m Partido, encuentro | Combate (de boxe) | Partida *f* (partie) | ~ *nul*, empate (football), combate nulo (boxe), tablas (échecs).

maté m Mate.

matelas [matla] m Colchón ‖ **~ser** vt Acolchar, acolchonar | Enguatar | Rellenar (remplir).

matelot [matlo] m Marinero ‖ **~e** f Guiso (*m*) de pescado | *À la* ~, a la marinera.

mater vt Dar mate (échecs) | FIG. Dominar, someter.

mâter vt MAR. Arbolar, poner la arboladura a.

matéri|alisation f Materialización ‖ **~aliser** vt Materializar ‖ **~alisme** m Materialismo ‖ **~aliste** adj/s Materialista ‖ **~alité** f Materialidad ‖ **~aux** mpl Materiales | Documentos, documentación *fsing* ‖ **~el, elle** adj Material | FIG. Materialista | — M Material | Lo esencial, lo indispensable.

matern|el, elle adj Materno, a; maternal | — F Escuela de párvulos ‖ **~ité** f Maternidad | Casa de maternidad (hôpital) | — Pl Partos *m*, alumbramientos *m*.

mathémat|icien, enne s Matemático, a ‖ **~ique** adj/f Matemático, a.

matière f Materia | Causa, motivo *m* (cause) | Pretexto *m* (excuse) | Tema *m* (sujet) | Disciplina, asignatura (études) | *En* ~ *de*, en lo tocante a, tratándose de | ~ *grasse*, grasa | ~ *grise*, materia *ou* sustancia gris | ~ *première*, materia prima | ~*s fécales*, heces fecales.

matin m Mañana *f* | Madrugada *f*, mañana *f* (aube) | *De bon* o *de grand* ~, de madrugada, muy de mañana | *Le petit* ~, el alba, la madrugada | *Un beau* ~, un buen día | — Adv Temprano (tôt) | Por la mañana : *hier* ~, ayer por la mañana.

mâtin m Mastín (chien).

matin|al, e adj Matutino, a; matinal | Madrugador, a; mañanero, a (personne) ‖ **~ée** f Mañana | Función de la tarde (spectacle) | *Faire la grasse* ~, pegársele a uno las sábanas ‖ **~es** [matin] fpl REL. Maitines *m*.

mat|ir vt TECH. Poner mate, quitar el brillo (rendre mat) ‖ **~ité** f Falta de brillo, color (*m*) mate | Sonido (*m*) sordo.

matois, e adj/s Astuto, a; lagarto, a | *Fin* ~, perillán.

matou m Gato.

matraqu|e f Garrote *m* (gros bâton) | Porra, cachiporra ‖ **~er** vt Aporrear | FAM. Dar un palo.

matri|arcat m Matriarcado ‖ **~ce** f Matriz (registre, anatomie, mathématiques) | Matriz, molde *m* (moule) | Cuño *m* (de monnaie) ‖ **~cer** vt Estampar ‖ **~cide** adj/s Matricida | — M Matricidio (crime).

matricul|e f Matrícula | Registro *m* | Certificado (*m*) de inscripción | — M Número de registro ‖ **~er** vt Matricular, registrar.

matrimonial, e adj Matrimonial.

matrone f Matrona | Comadrona (sage-femme).

maturation f Maduración, maduramiento *m*.

mâture f MAR. Arboladura.

maturité f Madurez, sazón.

maud|ire* vt Maldecir ‖ **~it, e** adj Maldito, a | — M El demonio.

maugréer [mogree] vi Renegar, echar pestes *ou* reniegos | Mascullar, refunfuñar (grommeler).

maure ou **more** [mɔ:r] adj/s Moro, a.

mauresque ou **moresque** adj/s Morisco, a; moruno, a.

mausolée m Mausoleo.

maussade adj Huraño, a; desapacible (hargneux) | Desagradable, desabrido, a | Desapacible (temps).
mauvais, e adj/s Malo, a [après un substantif], mal [avant un substantif] | FAM. *La trouver ~,* no hacerle a uno ninguna gracia | — M Lo malo, el mal | — Adv Mal | *Il fait ~,* hace mal tiempo.
mauve f Malva (plante) | — M Color malva | — Adj Malva.
mauviette f Alondra (alouette) | FAM. Alfeñique *m*, escuchimizado, a (chétif), gallina *m* (peureux).
maux [mo] mpl V. MAL.
maxillaire [maksil(l)ɛ:r] adj/m Maxilar.
maxim|a adjpl/mpl Máxima || **~e** f Máxima || **~um** [maksimɔm] m Máximo, lo máximo | *Au ~,* como máximo | — Adj Máximo, a.
maya adj/s Maya.
mayonnaise [majɔnɛ:z] f Mayonesa.
mazette f Caballo (*m*) malo, penco *m* (cheval) | FAM. Remolón, ona | — Interj ¡Caramba!
mazout [mazut] m Fuel-oil, mazut.
me pron pers Me | *~ voici,* aquí estoy yo.
méandre m Meandro | FIG. Rodeo, artificio (détour).
mec [mɛk] m POP. Gachó, tío.
mécan|icien, enne adj/s Mecánico, a | Maquinista (d'un train), chófer, mecánico (chauffeur) || **~ique** adj Mecánico, a | — F Mecánica | Mecanismo *m*, funcionamiento *m*, maquinaria || **~isation** f Mecanización || **~iser** vt Mecanizar || **~isme** m Mecanismo || **~o** m FAM. Mecánico || **~ographe** adj/s Mecanógrafo, a || **~ographie** f Mecanografía | Mecanización contable, contabilidad mecanizada | *Machines de ~,* máquinas de mecanización contable || **~ographique** adj Mecanizado, a.
mécénat m Mecenazgo.
mécène m Mecenas.
méchage m Azuframiento (de tonneau).
méch|amment adv Con maldad, con mala intención || **~anceté** f Maldad | Maldad, mala intención | Jugarreta, mala pasada (mauvais tour) || **~ant, e** adj/s Malo, a; malvado, a | Desagradable | Malintencionado, a (nuisible) | Avieso, a (torve).
mèche f Mecha | Mechón *m* (de cheveux) | Mecha, pabilo *m* (de bougie) | Broca, taladro *m* (pour percer) | Raíz, clavo *m* (de furoncle) | TECH. Eje *m* (axe) | FIG. *Être de ~,* estar de connivencia | FAM. *Éventer* o *vendre la ~,* descubrir el pastel.
mécher vt Azufrar (un tonneau).
mécompte [mekɔ̃:t] m Equivocación *f* | FIG. Desengaño, chasco.
méconn|aissable adj Irreconocible, desfigurado, a || **~aissance** f Desconocimiento *m* | Desagradecimiento *m*, ingratitud | Olvido (*m*) voluntario (oubli) || **~aître*** vt Desconocer, ignorar | No apreciar en su valor (sous-estimer) | Negar, no reconocer (nier) | Desagradecer (être ingrat) || **~u, e** adj/s Desconocido, a ; ignorado, a.
mécontent, ~e adj/s Descontento, a; disgustado, a || **~ement** m Descontento, disgusto, enojo || **~er** vt Descontentar, disgustar, enojar.
mécréant, e s Infiel, impío, a (infidèle) | Descreído, a; incrédulo, a.
médaill|e [medaj] f Medalla | Placa (plaque, insigne) | ARCH. Medallón *m* || **~é, e** adj/s Condecorado con una medalla || **~er** vt Condecorar con una medalla (militaire), premiar *ou* galardonar con una medalla || **~on** m Medallón.
médecin m Médico | *Femme ~,* médica | *~ légiste, traitant,* médico forense, de cabecera || **~e** f Medicina | *Faire sa ~,* estudiar medicina | *~ de groupe, du travail, légale,* medicina de equipo, laboral, forense.
media mpl Media (communication).
médi|an, e adj/f Mediano, a || **~ateur, trice** adj/s Mediador, a | Defensor del pueblo || **~ation** f Mediación || **~atiser** vt Mediatizar || **~ator** m Púa *f*, pulsador || **~atrice** f Mediatriz.
médic|al, e adj Médico, a : *visite ~,* reconocimiento médico || **~ament** m Medicamento, medicina *f* || **~amenter** vt Medicinar || **~astre** m Medicastro || **~ation** f Medicación || || **~inal, e** adj Medicinal.
médiéval, e adj Medieval, medioeval.
médina f Medina, morería.
médiocr|e adj Mediocre, mediano, a; inferior || **~ité** f Mediocridad, medianía | Pobreza (d'esprit).
médire* vi Denigrar, murmurar de.
médis|ance f Maledicencia, murmuración || **~ant, e** adj/s Maldiciente, murmurador, a.
médit|atif, ive adj Meditabundo, a; meditativo, a || **~ation** f Meditación || **~er** vt/i Meditar.
Méditerranée nprf Mediterráneo *m*.
méditerran|é, e adj Mediterráneo, a || **~éen, enne** adj/s Mediterráneo, a.
médium [medjɔm] m Medio.
médius [medjys] m Dedo medio, dedo del corazón *ou* cordial.
médullaire adj Medular.
médus|e f ZOOL. Medusa || **~er** vt FAM. Dejar estupefacto *ou* patidifuso.

meeting [mitiŋ] m Mitin, reunión *f* | Encuentro, manifestación *f*.
méf|aire* vi Obrar mal ‖ **~ait** m Mala acción *f*, fechoría *f* | Daño, perjuicio (résultat).
méfi|ance f Desconfianza, recelo *m* ‖ **~ant, e** adj Desconfiado, a; receloso, a ‖ **~er (se)** vp Desconfiar | *Méfiez-vous!*, ¡ojo!, ¡cuidado!
méga|cycle m Megaciclo ‖ **~phone** m Megáfono.
mégalomanie f Megalomanía.
mégarde f Descuido *m*, inadvertencia.
mégatonne f Megatón *m*.
mégère f FAM. Arpía.
mégir ou **mégisser** vt Curtir en blanco.
mégot [mego] m FAM. Colilla *f*.
meilleur, e [mɛjœ:r] adj Mejor | *Devenir ~*, mejorar | *Il fait ~*, hace mejor tiempo (temps), se está más a gusto (on est mieux) | — S Mejor | *Avoir le ~*, tener la mejor parte.
méjuger vt/i Juzgar mal.
mélancol|ie f Melancolía ‖ **~ique** adj/s Melancólico, a.
mélang|e m Mezcla *f*, mezcolanza *f* ‖ **~er** vt Mezclar | Barajar (les cartes) ‖ **~eur, euse** s Mezclador, a.
mélasse f Melaza.
mêl|é, e adj V. MÊLER | — F Pelea, refriega | Barahúnda, desbarajuste *m* (confusion) | « Melée » (rugby) | FIG. Lucha, conflicto *m* ‖ **~er** vt Mezclar (*à*, con) | Entremezclar | Enredar, enmarañar (emmêler) | Unir, juntar | Desordenar, revolver, mezclar (embrouiller) | FIG. Implicar, complicar, meter (impliquer), unir | — Vp Mezclarse | Acompañar, añadirse (ajouter) | Unirse a, juntarse con, confundirse con | FIG. *Se ~ de* o *à*, meterse en (intervenir).
mélèze m Alerce.
méli-mélo m FAM. Mezcolanza *f*, revoltillo, batiburrillo.
mélisse f Toronjil *m*
melliflue [mɛl(l)ifly] adj Melifluo, a.
mélo|die [melɔdi] f Melodía ‖ **~dieux, euse** adj Melodioso, a ‖ **~dique** adj Melódico, a ‖ **~dramatique** adj Melodramático, a ‖ **~drame** m Melodrama ‖ **~mane** adj/s Melómano, a.
melon [m(ə)lɔ̃] m Melón ‖ **~nière** f Melonar *m*.
mélopée f Melopea, melopeya.
membran|e f Membrana ‖ **~eux, euse** adj Membranoso, a.
membr|e [mɑ̃:br] m Miembro | Socio (d'un club) | Componente (d'une organisation) | Individuo (d'une académie) | Vocal (d'un comité, d'une commission) | GRAM. Período | — Adj/m Partícipe, miembro ‖ **~u, e** adj Membrudo, a; fornido, a ‖ **~ure** f Miembros *mpl* | CONSTR. Larguero *m*, armazón.
même adj Mismo, a | *C'est la ~ chose*, es lo mismo | *De lui-~* o *de soi-~*, por sí mismo, de suyo | *De ~ que*, lo mismo que | *En soi-~*, de por sí, en sí mismo | *Le directeur lui-~*, el mismo director | *Moi-~*, yo mismo | — Adv Hasta, incluso, aun | *À ~ de*, en condiciones de, capaz de | *À ~ le sol*, en el mismo suelo | *De ~*, lo mismo, asimismo | *De ~ que*, así como | *Il en est de ~*, lo mismo ocurre | *~ pas* o *pas ~*, ni siquiera | *~ si*, aun cuando | *Quand ~!*, ¡vaya! | *Quand ~* o *tout de ~*, sin embargo | — S Mismo, a | *Cela revient au ~*, eso viene a ser lo mismo, es lo mismo, lo mismo da.
mémé f FAM. Abuelita.
mémento [memɛ̃to] m Agenda *f* | Compendio, manual (livre) | Recordatorio (souvenir) | REL. Memento.
mémère f FAM. Abuela.
mémoire f Memoria | Recuerdo *m* (souvenir) | *À la ~ de*, en memoria *ou* en recuerdo de | *Mise en ~ de l'information*, almacenamiento de datos | *Pour ~*, a título de información | *Si j'ai bonne ~*, si mal no recuerdo | — M Memoria *f*, informe, relación *f* (rapport) | Tesina *f* (à l'université) | COM. Cuenta *f* | — Pl Memorias *f*.
mémor|able adj Memorable ‖ **~andum** [memɔrɑ̃dɔm] m Memorándum | Anotación *f* (note) | Nota *f* (diplomatique) ‖ **~ial** m Memorial | Monumento conmemorativo | COM. Libro de asientos.
menaçant, e adj Amenazador, a.
menac|e f Amenaza | Amago *m*, indicio *m* (indice) ‖ **~er** vt Amenazar | Poner en peligro | FIG. Amagar.
ménag|e m Gobierno de la casa (direction de la maison) | Menaje, ajuar (meubles) | Limpieza *f*, quehaceres (*pl*) domésticos (soin de la maison) | Ahorro, economía *f*, arreglo (épargne) | Familia *f*, casa *f* | Matrimonio (mari et femme) | *De ~*, casero, a; doméstico, a | *Faire bon ~*, llevarse bien, hacer buenas migas | *Se mettre en ~*, vivir juntos ‖ **~ement** m Miramiento, deferencia *f*, consideración *f* | Precaución *f*, tacto, cuidado (tact) ‖ **~er** vt Tener cuidado con, cuidar (soigner) | Ahorrar, economizar (économiser) | FIG. Aprovechar, emplear bien (profiter), cuidar de, mirar por (veiller à), tratar con miramientos (avoir de la déférence), procurar, facilitar (fournir), reservar (réserver), no cansar (ne pas fatiguer), no malgastar, no abusar de (ne pas abuser), regatear, escatimar (efforts), no herir (ne pas blesser), medir, moderar (expres-

sions) | *N'avoir rien à* ~, no tener cortapisas | — Vp Cuidarse | FIG. Reservarse para una ocasión | *Ne pas* ~, darse por entero || **~er, ère** adj Casero, a; doméstico, a | — F Ama de casa | Servicio (*m*) de cubiertos (couverts) || **~erie** f Casa de fieras (zoo) | Exhibición de fieras (cirque).

mendi|ant, e adj/s Mendigo, a; pordiosero, a | REL. Mendicante (ordre) || **~cité** f Mendicidad, pordioseo *m* || **~er** vi Mendigar, pedir limosna | — Vt Mendigar || **~got, e** s FAM. Pordiosero, a; mendigo, a.

meneau m *Fenêtre à* ~*x*, ajimez.

men|ée [məne] f Ida, rastro *m*, camino *m* (d'un cerf) | FIG. Manejo *m*, tejemaneje *m* (manigance), intriga, ardid *m* (astuce) || **~er** vt/i Conducir, guiar, llevar (guider) | Transportar, llevar | Dirigir | GÉOM. Trazar | FIG. Llevar, dirigir (diriger), guiar (guider) | Encabezar, ir en cabeza de (prendre la tête) | Conducir, presidir (le deuil) | Llevar la delantera, ir ganando por | ~ *à bien*, llevar a cabo | ~ *de front*, llevar conjuntamente | FAM. *Ne pas en* ~ *large*, no llegarle a uno la camisa al cuerpo.

ménestrel m Trovador, ministril.

meneur m Acompañante | FIG. Conductor, cabecilla, jefe, dirigente, instigador (chef) | Animador (d'émission).

menhir [meni:r] m Menhir.

ménine f Menina.

méning|e [menɛ̃:ʒ] f Meninge || **~ite** f MÉD. Meningitis.

ménisque m Menisco.

ménopause f MÉD. Menopausia.

menotte f FAM. Manita, manecita | — Pl Esposas (de prisonnier).

mensong|e m Mentira *f*, embuste | Fábula *f*, ficción *f* (fiction) | FIG. Engaño, falsedad *f*, quimera *f* (illusion) || **~er, ère** adj Mentiroso, a | Falso, a (faux) | Engañoso, a; falaz (décevant).

menstru|ation f Menstruación || **~es** [mɑ̃stry] fpl Menstruación *sing*, menstruo *msing*.

mensu|alité f Mensualidad || **~el, elle** adj Mensual.

mensuration f Medida, mensuración.

ment|al, e adj Mental || **~alité** f Mentalidad, modo (*m*) de pensar.

ment|erie f FAM. Embuste *m* || **~eur, euse** adj/s Mentiroso, a; embustero, a | Engañoso, a (décevant) | — F FAM. Sinhueso (langue).

menth|e [mɑ̃:t] f Menta, hierbabuena || **~ol** m Mentol || **~olé, e** adj Mentolado, a.

mention f Mención | *Faire* ~ *de*, mencionar | ~ *assez bien* o *bien*, notable | ~ *passable*, aprobado | ~ *très bien*, sobresaliente || **~ner** vt Mencionar, mentar, hacer mención de.

mentir* vi Mentir | *Il ment comme il respire*, miente más que habla | *Sans* ~, a decir verdad, sin mentir.

menton m Barbilla *f*, mentón | *Double* ~, papada || **~nière** f Barboquejo *m* (de casque).

menu, ~e adj Menudo, a | Menor (gibier, bétail) | — M Carta *f*, lista (*f*) de platos | Cubierto : ~ *touristique*, cubierto turístico | Menú, minuta *f* : *faire le* ~, hacer el menú | Comida *f* (repas) | *Par le* ~, detalladamente, punto por punto | — Adv En pedacitos, en trozos (en morceaux) | *Hacher* ~, hacer picadillo.

menuet [mənɥɛ] m Minué.

menuis|er vt Adelgazar, afinar (amincir des planches) || **~erie** f Carpintería | Trabajo (*m*) de carpintería (ouvrage) || **~ier** m Carpintero.

Méphistophélès nprm Mefistófeles.

méprendre (se)* vp Confundirse respecto a, equivocarse en | *À s'y* ~, hasta el punto de confundirse.

mépris [mepri] m Desprecio, menosprecio | *Au* ~ *de*, sin tener en cuenta, con desprecio *ou* menosprecio de || **~able** adj Despreciable, menospreciable || **~ant, e** adj Despreciativo, a || **~e** f Error *m*, equivocación || **~er** vt Despreciar, menospreciar.

mer [mɛ:r] f Mar *m* et *f* | *Basse* ~, bajamar | FAM. *Ce n'est pas la* ~ *à boire*, no es cosa del otro mundo | *Haute* ~ o *pleine* ~, alta mar, pleamar | FIG. ~ *d'huile*, balsa de aceite | *Prendre la* ~, hacerse a la mar.
— OBSERV. *Mar* est généralement masculin; néanmoins il est féminin dans le langage des marins et dans certaines locutions.

mercanti m FAM. Mercachifle || **~le** adj Mercantil || **~lisme** m Mercantilismo.

mercenaire adj/s Mercenario, a.

mercerie f Mercería.

merci f Merced, gracia, favor *m* | Merced (ordre) | *À la* ~ *de*, a (la) merced de | *Sans* ~, sin piedad (personne), sin cuartel (combat) | — M Gracias *fpl* | *Dire* ~, dar las gracias | *Grand* ~, mil gracias | ~ *bien* o ~ *beaucoup!*, ¡muchas gracias! | ~ *de*, gracias por.

mercier, ère adj/s Mercero, a.

mercredi m Miércoles : ~ *prochain*, el miércoles que viene | ~ *des cendres*, miércoles de ceniza.

mercur|e m Mercurio, azogue || **~iale** f Discurso (*m*) de apertura de los tribunales | Reprimenda, reprensión (remontrance) | Precio *m*, cotización, tarifa (prix).

merde f POP. Mierda.

mère f Madre | Principal, central : *maison* ~, casa central | FAM. Tía, señá | Madre (du vinaigre) | *Belle-~*, suegra, madre política (mère du conjoint), madrastra (seconde femme du père) | *Fille* ~ o ~ *célibataire*, madre soltera | *Grand-~*, abuela | ~ *patrie*, madre patria ‖ **~-grand** f FAM. Abuela.

méridi|en, enne adj/s Meridiano, a ‖ **~onal, e** adj/s Meridional.

meringue f Merengue *m*.

meris|e f Cereza silvestre ‖ **~ier** m Cerezo silvestre.

mérit|ant, e adj Meritorio, a; merecedor, a; benemérito, a ‖ **~e** m Mérito | *Se faire un* ~ *de qqch.*, vanagloriarse de algo ‖ **~er** vt Merecer, merecerse | Valer | ~ *de*, merecer la pena de ‖ **~oire** adj Meritorio, a.

merl|an m Pescadilla *f* | POP. Rapabarbas, peluquero ‖ **~e** m Mirlo | FAM. *Fin* ~, hombre fino, astuto ‖ **~u** m ou **~uche** f Merluza *f* (colin) | Bacalao (*m*) seco sin salar (morue).

mérou m Mero (poisson).

merveill|e [mɛrvɛj] f Maravilla, portento *m* | *À* ~, de maravilla, a las mil maravillas, divinamente ‖ ~ **eux, euse** [-jø, ø:z] adj Maravilloso, a; portentoso, a; asombroso, a.

mes [mɛ] adj pos pl Mis (avant un substantif), míos, mías (après un substantif).

mésalliance f Casamiento (*m*) desigual | Unión desacertada.

mésange f Paro *m* (oiseau).

mésaventure f Contratiempo *m*, desventura, desgracia.

mescal m Mezcal.

mes|dames fpl Señoras ‖ **~demoiselles** fpl Señoritas.

més|entente f Desacuerdo *m*, desavenencia ‖ **~estimation** f Desestimación, infravaloración ‖ **~estime** f Menosprecio *m*, desestimación ‖ **~estimer** vt Menospreciar, desestimar, infravalorar ‖ **~intelligence** f Desavenencia, desacuerdo *m*.

mésocarpe m BOT. Mesocarpio.

mesquin, ~e [mɛskɛ̃, in] adj Mezquino, a; ruin ‖ **~erie** f Mezquindad, tacañería, ruindad.

mess m MIL. Imperio, comedor de oficiales.

messag|e m Mensaje | Recado, encargo (commission) ‖ **~er, ère** s Mensajero, a; enviado, a | — M Ordinario, recadero (service de marchandises) ‖ **~eries** fpl Mensajería *sing*, servicio (*msing*) de transporte | Despacho (*msing*) de diligencias | ~ *de presse*, agencia distribuidora.

messe f Misa : *dire la* ~, decir misa ; ~ *des morts*, misa de difuntos | *Dire la première* ~, cantar misa | FIG. *Faire des ~s basses*, andar con secreteos | *Grand-~*, misa mayor *ou* cantada | ~ *basse*, misa rezada | ~ *de minuit*, misa del gallo | *Servir la* ~, ayudar a misa.

messi|anique adj Mesiánico, a ‖ **~anisme** m Mesianismo ‖ **~e** [mesi ou mɛsi] m Mesías.

messieurs [mɛsjø] mpl Señores.

mesur|able adj Mensurable ‖ **~age** m Medición *f*, medida *f* ‖ **~e** f Medida | Ponderación | Moderación, mesura, reserva, tino *m* (retenue) | MUS. Compás *m* : *aller en* ~, llevar *ou* guardar el compás | *À* ~, *au fur et à* ~, a medida que, conforme | *Battre la* ~, marcar *ou* llevar el compás | *Dans la* ~ *de*, en relación con, según | *Dans la* ~ *du possible*, dentro de lo que cabe | *Dépasser la* ~, pasarse de la raya | *Être en* ~ *de*, poder, estar en condiciones de | *Outre* ~, más de la cuenta, demasiado | *Sur* ~, a la medida ‖ **~er** vt Medir | Proporcionar, armonizar, ajustar | FIG. Evaluar | — Vp Medirse | Ser comedido *ou* moderado | ~ *avec qqn*, competir, luchar, rivalizar *ou* medirse con uno ‖ **~eur** m Medidor.

méta|bolisme m Metabolismo ‖ **~carpe** m Metacarpo.

métairie f Finca en aparcería | Alquería, cortijo *m*, granja (ferme).

métal m Metal ‖ **~déhyde** m Metaldehído.

métall|ifère adj Metalífero, a ‖ **~ique** adj Metálico, a ‖ **~isation** f Metalización ‖ **~iser** vt Metalizar ‖ **~o** m FAM. Obrero metalúrgico ‖ **~oïde** [metal(l)ɔid] m Metaloide ‖ **~urgie** f Metalurgia ‖ **~urgique** adj Metalúrgico, a ‖ **~urgiste** m Metalúrgico, metalurgista.

métamorph|isme m Metamorfismo ‖ **~ose** f Metamórfosis, metamorfosis ‖ **~oser** vt Metamorfosear.

métaphor|e f Metáfora ‖ **~ique** adj Metafórico, a.

métaphys|icien, enne s Metafísico, a ‖ **~ique** adj/f Metafísico, a.

métatarse m Metatarso.

métay|age [metɛja:ʒ] m Aparcería *f* ‖ ~ **er, ère** [-je, jɛ:r] s Aparcero, a | Cortijero, a (fermier).

métempsycose ou **métempsychose** f Metempsicosis.

météo f FAM. Meteorología.

météor|e m Meteoro ‖ **~isme** m Meteorismo ‖ **~ite** f Meteorito *m* ‖ **~ologie** f Meteorología ‖ **~ologique** adj Meteorológico, a.

méthane m Metano.

méthod|e f Método *m* ‖ **~ique** adj Metódico, a ‖ **~iste** adj/s Metodista.
méthylène m CHIM. Metileno.
méticul|eux, euse adj Meticuloso, a ‖ **~osité** f Meticulosidad.
métier m Oficio | Profesión *f*, carrera *f* (carrière) | Bastidor (à broder) | Papel (rôle) | *Armée de ~*, ejército profesional | *Avoir du ~*, tener mucho oficio | *Chacun son ~*, zapatero a tus zapatos | *Faire ~ de*, tener la profesión de | *Gâcher le ~*, echar a perder *ou* estropear el oficio | *Il n'est point de sot ~*, no hay oficio malo | *~ à tisser*, telar.
métis, isse [metis] adj/s Mestizo, a.
métrage m Medición (*f*) por metros | Metros *pl* (d'une pièce de tissu) | *Court, long ~*, corto, largo metraje (cinéma).
mètre m Metro | *~ à ruban*, cinta métrica.
métrique adj/f Métrico, a.
métro m Metro, metropolitano.
métronome m Metrónomo.
métropol|e f Metrópoli ‖ **~itain, e** adj/m Metropolitano, a.
mets [mɛ] m Plato, manjar.
metteur m *~ en ondes*, director de emisión | IMPR. *~ en pages*, compaginador (à l'imprimerie), confeccionador (à la rédaction) | *~ en scène*, director (cinéma), escenógrafo, director (théâtre).
mettre* vt Poner, colocar (placer) | Meter (introduire) | Echar (verser) | Poner, ponerse (revêtir) | Gastar (dépenser) | Tardar, echar (passer du temps) | Suponer, imaginar (supposer) | Usar de, emplear (employer) | *~ à bas*, derribar | *~ bas*, parir (animal), deponer (les armes) | *~ de côté*, ahorrar | *~ dehors*, echar a la calle | *Y ~ du sien*, poner de su parte | — Vp Ponerse, colocarse | *N'avoir rien à ~*, no tener qué ponerse, no tener con qué vestirse | *~ à la fenêtre*, asomarse a la ventana | *~ à pleurer*, romper *ou* ponerse a llorar | *~ à rire*, echarse a reir | FIG. *~ en quatre*, desvivirse | FAM. *S'en ~ jusque-là*, ponerse como el quico | FIG. *S'y ~*, ponerse a trabajar.
meubl|e [mœbl] adj Mueble | *Terre ~*, tierra blanda *ou* mollar | — M Mueble | — Pl Mobiliario *sing* | *~s-lits*, muebles cama ‖ **~é, e** adj Amueblado, a | — M Piso amueblado ‖ **~er** vt Amueblar | Decorar, adornar | Producir buen efecto | FIG. Rellenar, llenar (remplir) | — Vp Instalarse.
meugl|ement m Mugido, bramido ‖ **~er** vi Mugir, bramar.
meul|e [mø:l] f Almiar *m*, hacina (de foin, etc) | Carbonera (pour charbon) | Rueda, muela (de moulin) | Piedra de afilar (pour aiguiser) ‖ **~er** vt Amolar, afilar (aiguiser) | Moler (broyer) ‖ **~ier, ère** adj Molar, moleño, a | — M Molero | — F Moleña, pedernal *m* (pierre) | Cantera (carrière).
meun|erie [mønri] f Molinería ‖ **~ier, ère** s Molinero, a.
meurt-de-faim [mœrdəfɛ̃] s inv Muerto de hambre, hambriento, a.
meurtr|e [mœrtr] m Homicidio, asesinato ‖ **~ier, ère** [-trije, jɛ:r] s Homicida, asesino, a | — Adj Mortífero, a; mortal | FIG. Sangriento, a (sanglant), destructor, a; peligroso, a (dangereux) | — F Tronera, aspillera ‖ **~ir** vt Magullar, contusionar (personne) | Dañar, machacar (fruit) | FIG. Herir, lastimar, afligir ‖ **~issure** f Magulladura, contusión, cardenal *m* (bleu) | Machucadura (des fruits) | FIG. Herida.
Meuse [mø:z] nprf Mosa *m*.
meute f Jauría | FIG. Manada, banda.
mévente f Venta inferior en calidad y precio.
mexicain, e adj/s Mexicano, a; mejicano, a.
— OBSERV. Au Mexique ce mot s'écrit toujours avec un *x*, de même que le nom du pays et de la capitale.
Mexi|co npr México, Méjico ‖ **~que** nprm México, Méjico.
mezzanine [mɛdzanin] f Entresuelo *m* (au théâtre).
mi pref inv Medio, a; semi : *~-mort*, medio muerto | Medio, a : *à ~-jambe*, a media pierna | *~-lourd*, semipesado (boxe) | — M MUS. Mi (note).
miasme m Miasma.
miaul|ement [mjolmɑ̃] m Maullido ‖ **~er** vi Maullar.
mica m MIN. Mica *f*.
miche f Pan *m*, hogaza.
Michel nprm Miguel.
Michèle nprf Micaela.
micheline f Automotor *m*, autovía *m*, ferrobús *m*.
mi-chemin (à) loc adv A la mitad del camino, a medio camino.
mi-clos, e [miklo, o:z] adj Entornado, a; medio cerrado, a.
micmac [mikmak] m FAM. Intriga *f* (intrigue), embrollo, lío (désordre), tejemaneje (manigance).
mi-corps (à) [amikɔ:r] loc adv Por la mitad del cuerpo, a medio cuerpo.

mi-côte (à) loc adv A media cuesta, en la mitad de la cuesta.
micro m FAM. Micrófono ‖ **~be** m Microbio ‖ **~bus** m Microbús (autobus) ‖ **~film** m Microfilm ‖ **~n** m Micra *f*, micrón ‖ **~phone** m Micrófono ‖ **~scope** m Microscopio ‖ **~scopique** adj Microscópico, a ‖ **~sillon** [mikrɔsijɔ̃] m Microsurco.
midi m Mediodía | Las doce [del día] : *il est ~ dix*, son las doce y diez | Sur, mediodía (sud) | Países (*pl*) meridionales | FIG. *Chacun voit ~ à sa porte*, cada uno habla de la feria como le va en ella. *Chercher ~ à quatorze heures*, buscarle tres pies al gato.
midinette f FAM. Modistilla.
midship [midʃip] m Guardia marina.
mie [mi] f Miga | (Vx) Amiga.
miel m Miel *f* | FIG. *Être tout ~*, ser muy amable ‖ **~leux, euse** adj Meloso, a; almibarado, a; dulzón, ona (sucré) | FIG. Meloso, a; empalagoso, a.
mien, enne [mjɛ̃, mjɛn] adj/pron pos Mío, a | — M Lo mío | — Pl Los míos, mi familia *fsing*.
miette f Migaja | — Pl Añicos *m*, trizas : *mettre en ~s*, hacer añicos *ou* trizas | Restos *m*.
mieux [mjø] adv Mejor | *Aimer ~*, preferir, gustarle a uno más | *À qui ~ ~*, a cual mejor, a más y mejor | *D'autant ~*, con mayor razón | *Faire ~*, hacer mejor (mieux agir), ser mejor | *Tant ~*, mejor, tanto mejor | *Valoir ~*, valer mucho más, ser mejor (avoir plus de valeur), valer más (être préférable) | — Adj Mejor | — M Lo mejor | Mejoría *f* (amélioration) | *Au ~*, lo mejor posible; en la mejor hipótesis | *De ~ en ~*, cada vez mejor | *De mon ~*, lo mejor que puedo, lo mejor posible | *Faire de son ~*, hacer cuanto se pueda *ou* todo lo posible | *Faire pour le ~*, obrar lo mejor posible | *Faute de ~*, a falta de otra cosa mejor.
mièvre adj Amanerado, a; afectado, a | FIG. Delicado, a; débil, enclenque (chétif) ‖ **~rie** f Afectación, remilgo *m*, cursilería.
mignard, ~e [miɲa:r, ard] adj Remilgado, a; melindroso, a; afectado, a ‖ **~ise** f Gracia, delicadeza, preciosidad | Mimo *m* (cajolerie) | FAM. Melindres *mpl*, remilgos *mpl*, afectación.
mignon, ~onne adj Amable, atento, a (gentil) | — Adj/s Mono, a; bonito, a; lindo, a; precioso, a ‖ **~net, ette** adj/s Monín, ina; mono, a | — F Puntilla (dentelle) | Pimienta molida (poivre) | Grava fina (gravier).
migraine f Jaqueca, dolor (*m*) de cabeza.
migrat|eur, trice adj/m Migratorio, a; emigrante | *Oiseaux ~s*, aves de paso ‖ **~ion** f Migración ‖ **~oire** adj Migratorio, a.
mi-jambe (à) loc adv A media pierna.
mijaurée f Remilgada, cursilona.
mijoter vt/i Cocer a fuego lento | FIG. Preparar poco a poco, maquinar, tramar.
mil [mij ou mil] m BOT. Mijo | — Adj num Mil.
milan m Milano (oiseau).
milanais, e adj/s Milanés, esa.
mildiou m Mildiu, mildeu.
mile m Milla *f* (mesure anglaise).
milic|e f Milicia ‖ **~ien, enne** s Miliciano, a.
milieu m Medio, centro | Mitad *f* (moitié) | FIG. Medio, ambiente (sphère sociale) | Término medio (moyenne) | Hampa *f* (pègre, gens de mauvaise vie) | — Pl Medios | Círculos, centros | *Au beau ~, en plein ~*, justo en medio | *Au ~ de*, en medio de | *Vers le ~ de l'année*, hacia mediados de año.
milit|aire adj/m Militar ‖ **~ant, e** adj/s Militante ‖ **~arisation** f Militarización ‖ **~ariser** vt Militarizar ‖ **~arisme** m Militarismo ‖ **~ariste** adj/s Militarista ‖ **~er** vi Militar | FIG. Combatir.
milk-shake [-ʃeik] m Batido.
mille [mil] adj num inv Mil | — M Millar | Milla *f* (mesure) | FAM. *Mettre dans le ~*, dar en el blanco, acertar ‖ **~-feuille** [-fœj] f (pl. *mille-feuilles*) Milenrama (plante) | — M Milhojas (gâteau).
millénaire [mil(l)enɛ:r] adj Milenario, a | — M Milenario, milenio.
mille-pattes m inv Ciempiés.
millet m Mijo | BOT. *~ long*, alpiste.
milli|aire adj Miliar ‖ **~ard** [milja:r] m Mil millones : *27 ~s, 484 millions*, 27 484 millones ‖ **~ardaire** adj/s Multimillonario, a; archimillonario, a ‖ **~ème** [miljɛm] adj/s Milésimo, a | — M Milésima parte *f* ‖ **~er** [milje] m Millar ‖ **~gramme** m Miligramo ‖ **~mètre** m Milímetro ‖ **~on** [miljɔ̃] m Millón ‖ **~onième** adj Millonésimo, a | — M Millonésima parte *f* ‖ **~onnaire** adj/s Millonario, a.
mim|e m Mimo ‖ **~er** vt Remedar, imitar, mimar (imiter) | Expresar con gestos y ademanes, mimar ‖ **~étisme** m Mimetismo ‖ **~ique** adj/f Mímico, a.
mimosa m Mimosa *f* (fleur).
minable adj FAM. Calamitoso, a; lastimoso, a; lamentable.
minaret m Alminar, minarete.

minaud|er vi Hacer melindres *ou* carantoñas *ou* zalamerías || **~erie** f Monería, monada, melindre *m*, zalamería, carantoña || **~ier, ère** adj/s Melindroso, a; zalamero, a.

minc|e adj Delgado, a | Fino, a; ligero, a (fin) | FIG. Pobre (petit), escaso, a; corto, a (réduit) | — Interj ¡Diablos!, ¡caramba! || **~eur** f Delgadez, esbeltez.

mine f Cara, semblante *m*, aspecto *m* | *Faire des ~s*, hacer melindres *ou* muecas | *Faire grise ~*, poner mala cara | *Faire ~ de*, hacer como si | *~ de rien*, como quien no quiere la cosa | *Ne pas payer de ~*, no tener buen aspecto.

min|e f Mina | Barreno *m* (explosif) | Mina, mineral *m* (minerai) || **~er** vt Minar, socavar (creuser) | Minar, poner minas | Barrenar (faire sauter) | FIG. Minar, consumir (consumer), destruir, zapar (détruire) || **~erai** [minrɛ] m Mineral.

minéral, ~e adj/m Mineral || **~iser** vt Mineralizar || **~ogie** f Mineralogía || **~ogique** adj Mineralógico, a | *Numéro ~*, número de matrícula.

minet, ette s FAM. Gatito, a; minino, a (chat).

mineur m Minero (ouvrier) | Minador, zapador (soldat).

mineur, e adj Menor | De poca importancia | — Adj/s Menor de edad, menor.

miniatur|e adj/f Miniatura || **~er** vt Pintar en miniatura || **~iser** vt Miniaturizar || **~iste** adj/s Miniaturista.

minier, ère adj Minero, a | — F Minera, mina a cielo raso.

minim|al, e adj Mínimo, a || **~e** adj/s Mínimo, a | — S Infantil (sports) || **~iser** vt Minimizar, quitar importancia a | Menospreciar (sous-estimer) || **~um** [minimɔm] m Mínimo, minimum | *Au ~*, a lo mínimo, por lo menos.

minist|ère m Ministerio | Intervención *f*, concurso | *~ de l'Éducation nationale, de l'Intérieur, des Affaires étrangères, des Finances, des P. T. T.*, ministerio de Educación Nacional y Ciencia, del Interior, de Asuntos Exteriores [*Amér.*, de Relaciones Exteriores], de Hacienda, de Comunicaciones || **~ériel, elle** adj Ministerial || **~re** m Ministro.

minium [minjɔm] m Minio.

minois [minwa] m FAM. Cara *f*, carita *f*, palmito.

minorit|aire adj Minoritario, a; de la minoría || **~é** f Minoría | Minoría de edad (âge).

Minorque nprf Menorca.

minot|erie f Almacén *m*, fábrica *ou* comercio (*m*) de harinas || **~ier** m Harinero.

minuit [minɥi] m Medianoche *f* | Las doce de la noche.

minus [minys] s Débil mental.

minuscule adj/f Minúsculo, a.

minut|e f Minuto *m* (temps, angle) | Minuta (d'un acte) | *À la ~*, al instante, en seguida | *D'une ~ à l'autre*, de un momento a otro | *La ~ de vérité*, la hora de la verdad | *~!*, ¡un momento!, ¡despacio! || **~er** vt Hacer la minuta | Cronometrar | Minutar || **~erie** f Minutero *m* (d'horloge) | Interruptor (*m*) eléctrico.

minuti|e [minysi] f Minucia, minuciosidad || **~eux, euse** [-sjø, ø:z] adj Minucioso, a; meticuloso, a.

mioche m FAM. Chaval, crío, chico.

mirac|le m Milagro | *Crier au ~*, maravillarse | *Tenir du ~*, ser milagroso | — Adj Milagroso, a : *remède ~*, remedio milagroso || **~uleux, euse** adj Milagroso, a | FIG. Maravilloso, a.

mirador m Mirador | MIL. Torre (*f*) de observación.

mir|age m Espejismo || **~e** [mi:r] f Mira | Carta de ajuste (télévision) | FIG. *Point de ~*, blanco de las miradas, punto de mira || **~er** vt Mirar a través | Apuntar (viser) | Reflejar (refléter) | Codiciar (convoiter) | — Vp Mirarse | Reflejarse (se refléter) || **~ ifique** adj Mirífico, a; maravilloso, a || **~obolant, e** adj FAM. Maravilloso, a; mirífico, a; estupendo, a.

miroir m Espejo | *~ à alouettes*, señuelo, espejuelo.

miroit|ant, e adj Reluciente, espejeante || **~ement** m Espejeo, reflejo, reverberación *f* | FIG. Espejuelo, atractivo || **~er** vt Espejear, relucir, resplandecer, reflejar | *Faire ~*, seducir con, atraer con el señuelo de.

misaine f MAR. Trinquete *m*.

misanthrop|e adjm/m Misántropo || **~ie** f Misantropía.

misc|ellanées [mis(s)ɛlane] fpl Miscelánea *sing* || **~ ible** adj Miscible, mezclable.

mis|e f Postura, puesta, apuesta (pari) | Aportación de fondos (capital) | Subasta (enchère) | Porte *m*, vestimenta, traje *m* (vêtement) | *Être de ~*, ser presentable (personne), ser admisible (un argument), estar de moda (être en vogue), ser correcto *ou* apropiado | *~ à feu*, encendido | *~ à jour*, puesta al día *ou* al corriente | *~ à l'eau*, botadura | *~ à pied*, despido, destitución | *~ au point*, puesta a punto, elaboración (élaboration), acabamiento (finition), enfoque (photographie), aclaración (explication) | *~ bas*, parto | Dr. ~ *en accusation* o *en jugement*, enjuiciamiento | ~ *en boîte*, enlatado (de conserve), tomadura de pelo (moquerie) | ~ *en bouteilles*, embotellado | Dr. ~ *en cause*, auto de demanda | ~ *en chantier*, puesta en astillero (bateau), comienzo de obras | ~ *en demeure*, requerimiento, emplazamiento | ~ *en disponibilité*, cesantía (fonctionnaire), situación de reserva (militaire) | ~ *en garde*, advertencia, aviso | ~ *en jeu*, empleo, uso | ~ *en liberté*, liberación, libertad | ~ *en marche*, arranque, puesta en marcha (démarrage), comienzo | ~ *en œuvre*, puesta en marcha (début), aplicación | ~ *en pages*, compaginación (à l'imprimerie), confección (à la rédaction) | ~ *en place*, colocación | ~ *en plis*, marcado | ~ *en route*, iniciación | ~ *en scène*, escenografía, dirección escénica (théâtre), realización, dirección (cinéma) | ~ *en service*, funcionamiento, puesta en servicio | ~ *en train*, comienzo | ~ *en valeur*, aprovechamiento, revalorización | ~ *hors cause*, declaración de no culpabilidad | ~ *sur pied*, creación, establecimiento; montaje || **~er** vt/i Apostar (parier) | Jugarse (jouer) | Depositar (déposer) | ~ *sur qqch.*, especular en algo | ~ *sur qqn*, contar con uno (compter sur), poner las esperanzas en uno.

misérable adj/s Miserable.

misère f Miseria | Desgracia, calamidad (malheur) | — Pl Fam. Pequeñeces | Fam. *Faire des ~s*, contrariar, hacer rabiar.

miséreux, euse adj/s Desvalido, a; menesteroso, a.

miséricord|e f Misericordia || **~ieux, euse** adj/s Misericordioso, a.

misogyne adj/s Misógino, a.

missel m Misal.

missile m Misil, cohete.

miss|ion f Misión || **~ionnaire** adj/m Misionero, a || **~ive** f Misiva, epístola, carta.

Mississippi nprm Misisipí.

mistral m Mistral.

mitaine f Mitón *m*.

mit|e f Polilla || **~é, e** adj Apolillado, a.

mi-temps [mitɑ̃] f Tiempo *m* (football) | Descanso (temps d'arrêt) | *Travailler à ~*, trabajar media jornada.

miteux, euse adj Fam. Mísero, a; lastimoso, a.

mitiger vt Mitigar, moderar | Suavizar (adoucir).

mitonner vi Cocer a fuego lento | — Vt Preparar cuidadosamente.

mitoyen, enne [mitwajɛ̃, jɛn] adj Medianero, a; intermedio, a.

mitraill|ade f ou **~age** m Descarga (*f*) de metralla, ametrallamiento *m* || **~e** [mitrɑ:j] f Metralla | Fam. Calderilla || **~er** [-je] vt Ametrallar || **~ette** [-jɛt] f Pistola ametralladora, metralleta || **~eur** [-jœ:r] m Soldado ametrallador | — Adjm Ametrallador || **~euse** [-jø:z] f Ametralladora.

mitre f Mitra | Capuchón *m*, sombrerete *m* (de cheminée).

mitron m Mozo de panadero *ou* de pastelero.

mi-voix (à) loc adv A media voz.

mixer ou **mixeur** m Batidora *f*.

mixt|e adj Mixto, a | Conjunto, a || **~ure** f Mixtura, mezcolanza.

mnémotechnique adj Mnemotécnico, a.

mobil|e adj Móvil | Inestable, cambiante (changeant) | Suelto, a (feuille) | — M Soldado de la guardia móvil | Fig. Phys. Móvil || **~ier, ère** adj Mobiliario, a | — M Mobiliario, muebles *pl* || **~isation** f Movilización || **~iser** vt Movilizar | Dr. Declarar mueble || **~ité** f Movilidad.

mocassin m Mocasín.

moche adj Pop. Feo, a; feúcho, a (laid), malo, a (mauvais), molesto, a (ennuyeux).

mod|al, e adj Modal || **~alité** f Modalidad || **~e** m Modo | — F Moda | *Être à la ~*, estar *ou* ser de moda | — Adj De moda, a la moda || **~elage** [mɔdla:ʒ] m Modelado || **~èle** adj/s Modelo.

model|er vt Modelar | Fig. Amoldar, conformar, ajustar (adapter) moldear (façonner) || **~eur, euse** adj/s Modelista, modelador, a.

modéliste adj/s Modelista, diseñador, a.

modér|ateur, trice adj/s Moderador, a | — M Regulador (d'un mécanisme) || **~ation** f Moderación, comedimiento *m* | Templanza (tempérance) || **~é, e** adj/s Moderado, a | Razonable, decente (prix) | Conservador, a; moderado, a || **~er** vt Moderar.

modern|e adj Moderno, a | — M Lo moderno || **~isation** f Modernización || **~iser** vt Modernizar || **~isme** m Modernismo.

modest|e adj Modesto, a || **~ie** [mɔdɛsti] f Modestia.

modicité f Modicidad.

modifi|able adj Modificable || **~cateur, trice** adj Modificador, a || **~cation** f Modificación || **~er** vt Modificar.

modique adj Módico, a.

modiste f Sombrerera.

modul|ation f Modulación | RAD. *~ de fréquence,* frecuencia modulada || **~e** m Módulo | *~ lunaire,* módulo lunar || **~er** vt Modular | Matizar (sons) | — Vi Modular.

moell|e [mwal] f Medula, médula | Tuétano *m* (comestible) | BOT. Pulpa | FIG. Meollo *m* | FAM. *Sucer jusqu'à la ~,* sacar hasta los higadillos | FIG. *Trempé jusqu'à la ~,* calado hasta los huesos *ou* los tuétanos.

mœurs [mœ:r ou mœrs] fpl Costumbres, hábitos *m* | Conducta *sing.*

moi pron pers Yo (sujet) | Mí (complément) : *pour ~,* para mí | Me (complément précédé de l'impératif) : *donne-le-moi,* dámelo | *À ~,* mío, a | *À ~!,* ¡a mí!, ¡socorro! | *Avec ~,* conmigo | *C'est à ~ de,* a mí me toca | *Chez ~,* en mi casa | — M Yo.

moignon m Muñón.

moindre adj Menor | *La ~ des choses,* la más mínima cosa, lo menos | — S Último, a || **~ment (le)** loc adv En lo más mínimo de ningún modo.

moin|e m Fraile, monje | IMPR. Fraile || **~eau** m Gorrión | FAM. *Un vilain ~,* pajarraco.

moins [mwɛ̃] adv Menos | — M Menos : *le plus et le ~,* el más y el menos | Lo menos : *c'est le ~ que nous puissions faire,* es lo menos que podemos hacer | *À ~ de,* por menos de (suivi d'un nom), a menos de (suivi d'un infinitif) | *À ~ que,* a menos que, a no ser que | *Au ~, du ~, tout au ~,* al menos, por lo menos | *D'autant ~ que,* menos aun cuando, tanto menos cuando | *De ~,* menos | *De ~ en ~,* cada vez menos | *En ~,* menos, excepto, salvo | *N'en être pas ~,* no ser por eso menos | *Non ~,* también, no menos | *Pas le ~ du monde,* de ningún modo, ni por asomo, en lo más mínimo || **~-value** [-valy] f Pérdida de valor, depreciación.

moir|e f Muaré *m,* moaré *m* (tissu) | Reflejo *m,* aguas *pl,* visos *mpl* || **~é, e** adj Tornasolado, a | — M Aguas *fpl,* reflejos *pl,* visos *pl* || **~er** vt Tornasolar, dar reflejos *ou* aguas *ou* visos (un tissu).

mois [mwa] m Mes | Mensualidad *f,* mes (salaire).

moïse [mɔi:z] m Moisés, cuna (*f*) de mimbre.

Moïse nprm Moisés.

mois|i, e adj Enmohecido, a; mohoso, a | — M Moho || **~ir** vt/i Enmohecer, cubrirse de moho | FAM. Criar moho || **~issure** f Moho *m.*

moisson f Mies, siega, cosecha, recolección || **~nage** m Siega *f,* cosecha *f,* recolección *f* || **~ner** vt Segar (faucher) | Recoger, cosechar (récolter) | FIG. Segar (couper) || **~neur, euse** s Segador, a | — F Segadora (machine) | *~-batteuse,* segadora trilladora | *~-lieuse,* segadora agavilladora.

moit|e adj Sudoroso, a | Húmedo, a || **~eur** f Trasudor *m* | Humedad (humidité).

moitié f Mitad | FAM. Costilla, media naranja (épouse) | *À ~,* a la mitad; medio : *~ fou,* medio loco; mitad de : *~ prix,* a mital de precio; a medio : *~ fermé,* a medio cerrar; a medias : *faire les choses ~,* hacer las cosas a medias | *De ~,* a medias; doblemente, dos veces.

mol, molle adj V. MOU.

molaire adj Molar | PHYS. Molecular | — F Muela, molar *m.*

môle m Malecón, muelle (de port) | Escollera *f,* rompeolas (brise-lames).

molécul|aire adj Molecular || **~e** f Molécula.

molester vt Molestar, importunar | Maltratar, tratar mal.

molet|er [mɔlte] vt TECH. Moletear | Grafilar : *bague moletée,* aro grafilado || **~te** [mɔlɛt] f Estrella, rodaja (d'éperon) | TECH. Moleta, rueda dentada.

moll|asse adj Blanducho, a; fofo, a | — S FAM. Persona de poco carácter | — F Asperón *m* || **~esse** f Blandura | Suavidad (douceur) | Desidia, flojera (paresse) | Molicie (confort) | FIG. Flojedad (du style) || **~et, ette** adj Blando, a | Mollete (pain) | Pasado por agua (œuf) | — M Pantorrilla *f* || **~eton** m Muletón || **~ir** vi Flojear, flaquear | Reblandecerse, ablandarse (fruit) | Aflojar (se relâcher) | Retroceder, ceder | Disminuir, debilitarse, flaquear (faiblir) | Amainar (vent) | FIG. Aflojar, ceder | — Vt MAR. Arriar || **~usque** m ZOOL. Molusco.

molybdène m Molibdeno.

môme s POP. Muchacho, a; chico, a; chaval, a.

moment m Momento | Rato (instant) | Oportunidad *f,* ocasión *f,* momento (occasion) | PHYS. Momento | *À ce ~-là,* en aquel momento, entonces (temps), en este caso (conséquence) | *À tout ~,* a cada momento | *Au ~ de,* en el momento de, al ir a | *Du ~ que,* puesto que, ya que | *D'un ~ à l'autre,* de un momento a otro | *En ce ~,* ahora, de momento | *Il y en a pour un bon ~,* hay para rato | *Par ~s,* a veces, a ratos, de vez en cuando | *Pour le ~,* por ahora, por el momento | *Sur le ~,* al principio || **~ané, e** adj Momentáneo, a.

momi|e [mɔmi] f Momia || **~fier** vt Momificar.

mon, ma, mes adj poss Mi, mis (avant le substantif) | Mío, a; míos, as (après le substantif).
— OBSERV. Cuando el adjetivo posesivo en francés está delante de un nombre femenino que empieza por vocal o por *h* muda se emplea *mon* en vez de *ma*.
monacal, e adj Monacal.
Monaco nprm Mónaco.
monar|chie [mɔnarʃi] f Monarquía ‖ **~chique** [-ʃik] adj Monárquico, a ‖ **~chisme** [-ʃism] m Monarquismo ‖ **~chiste** [-ʃist] adj/s Monárquico, a ‖ **~que** m Monarca.
monast|ère m Monasterio ‖ **~ique** adj Monástico, a.
monceau m Montón.
mond|ain, e [mɔ̃dɛ̃, ɛn] adj Mundano, a; de sociedad | Mundanal (terrestre) ‖ **~anité** f Mundanería | — Pl Ecos (*m*) de sociedad (dans les journaux) ‖ **~e** m Mundo | Gente *f* (gens) | Sociedad *f*, mundo | Multitud *f*, montón, gran número | Personal doméstico | Gente *f*, familia *f* (famille) | FIG. *Aller dans un ~ meilleur*, pasar a mejor vida (mourir) | *De par le ~*, en el mundo entero | FAM. *Le beau ~*, la buena sociedad | *Le grand ~*, la alta sociedad, el gran mundo | *Le ~ des lettres*, el mundillo literario | *Mettre au ~*, dar a luz | *Se faire un ~ de*, hacerse una montaña de | *Vieux comme le ~*, más viejo que andar para adelante ‖ **~er** vt Mondar ‖ **~ial, e** adj Mundial.
monégasque adj/s Monegasco, a.
monét|aire adj Monetario, a ‖ **~iser** vt Monetizar.
mongol, e adj/s Mongol.
Mongolie nprf Mongolia.
mongol|ien, enne adj/s Mongólico, a ‖ **~isme** m MÉD. Mongolismo.
Monique nprf Mónica.
monit|eur, trice s Maestro, a; monitor, a | Instructor, a; monitor, a (gymnastique) | — M TECH. Monitor ‖ **~or** m MAR. Monitor.
monn|aie [mɔnɛ] f Moneda | Vuelta : *rendre la ~*, dar la vuelta | Dinero (*m*) suelto (petites pièces) | Cambio *m* (change) | *Faire de la ~*, cambiar | *~ de compte*, moneda imaginaria | *Payer en ~ de singe*, pagar con promesas vanas | *Petite, menue ~*, calderilla, dinero suelto | FIG. *Rendre à qqn la ~ de sa pièce*, pagar a uno con la misma moneda ‖ **~ayer** [mɔnɛje] vt Amonedar | FIG. Sacar dinero de (tirer de l'argent), sacar partido de ‖ **~ayeur** [-jœ:r] m Monedero.
mono|bloc adj/m TECH. Monobloque ‖ **~chrome** [mɔnɔkro:m] adj Monocromo, a ‖ **~cle** m Monóculo ‖ **~culture** f Monocultivo *m* ‖ **~game** adj/s Monógamo, a ‖ **~gamie** f Monogamia ‖ **~gamique** adj Monógamo, a ‖ **~gramme** m Monograma ‖ **~graphie** f Monografía ‖ **~lithe** [-lit] m Monolito ‖ **~lithique** adj Monolítico, a ‖ **~logue** m Monólogo ‖ **~loguer** vi Monologar.
monôme m Monomio | FAM. Manifestación (*f*) estudiantil después de un examen.
mono|moteur adjm/m Monomotor ‖ **~place** adj/m Monoplaza ‖ **~plan** adjm/m Monoplano ‖ **~pole** m Monopolio ‖ **~polisation** f Monopolización ‖ **~poliser** vt Monopolizar | FIG. Acaparar ‖ **~syllabe** adj/s Monosílabo, a ‖ **~théisme** m REL. Monoteísmo ‖ **~tone** adj Monótono, a ‖ **~tonie** f Monotonía ‖ **~type** f Monotipo *m* (machine) | — M Monotipia *f* (procédé d'impression).
mon|seigneur [mɔ̃sɛɲœ:r] m Monseñor | Su Ilustrísima (en parlant à un évêque) | Ilustrísimo Señor (en écrivant à un évêque) ‖ **~sieur** [məsjø] m (pl *messieurs*) Señor (suivi du nom) | Don, Señor Don (devant le prénom) | Caballero, señor (sans le nom) | El señor, el señorito (employé par les domestiques) | *Ces messieurs*, los señores | *Cher ~*, muy señor mío (correspondance) | *~ le Ministre*, el señor ministro.
monstr|e adj/m Monstruo ‖ **~ueux, euse** adj Monstruoso, a ‖ **~uosité** f Monstruosidad
mont [mɔ̃] m Monte | *Par ~s et par vaux*, por todos lados | *Promettre ~s et merveilles*, prometer el oro y el moro ‖ **~age** m TECH. Montaje | Puesta (*f*) en escena (d'une pièce de théâtre).
montagn|ard, e adj/s Montañés, esa ‖ **~e** f Montaña, sierra | FIG. Montaña, montón *m* ‖ **~eux, euse** adj Montañoso, a.
montant, e adj Montante, cuesta arriba, ascendente (en pente) | Creciente (marée) | Alto, a; cerrado, a (robe) | Que viene (qui arrive) | MUS. Ascendente | — M Larguero (d'échelle) | Fuerte sabor (goût fort) | COM. Importe (somme) | TECH. Larguero, montante.
mont-de-piété [mɔ̃dpjete] m Monte de piedad [*Amér.* montepío].
mont|e f Monta ‖ **~e-charge** m inv Montacargas, elevador ‖ **~ée** f Subida | Ascensión | Cuesta (côte) | ARCH. Montea ‖ **~e-pente** m Telesquí, telesilla ‖ **~er** vt Subir | Montar, armar (machine) | Poner, instalar, montar (maison) | Organizar, montar (affaire) | Tramar, preparar (un complot) | Estar, montar : *~ la garde*, estar de guardia | Montar (un cheval)

| Engastar (pierre précieuse) | Montar, poner en escena (pièce de théâtre) | Soliviantar, poner en contra (exalter) | Elevar (le ton) | Batir (mayonnaise) | — Vi Montar | Subir : *~ sur une chaise, sur le trône,* subir en una silla, al trono | Ascender (s'élever) | Llegar (arriver) | Crecer (fleuve) | Subir (marée) | Elevarse, importar, alcanzar (une somme) | Elevarse | — Vp Instalarse | Proveerse, equiparse | Encolerizarse, irritarse || **~eur, euse** s Montador, a.

montgolfière f Montgolfiera, montgolfier *m* (aérostat).

monticule m Montículo.

montr|e f Muestra (action de montrer) | Escaparate *m* (étalage) | Reloj *m* : *~-bracelet,* reloj de pulsera | *Contre la ~,* contra reloj | *Faire ~ de,* dar muestras de; hacer alarde de || **~er** vt Enseñar (faire voir) | Mostrar, manifestar | Demostrar, mostrar (prouver) | Presentar | Señalar, indicar : *~ du doigt,* señalar con el dedo | Enseñar (apprendre) | Dar a conocer, hacer saber (faire savoir) | Dar (l'exemple) | — Vp Mostrarse | Aparecer (paraître) | Hacerse ver (se faire voir) | Exhibirse.

montueux, euse adj Montuoso, a.

monture f Cabalgadura, montura (cheval) | Engaste *m,* montura (de pierre) | TECH. Armazón, armadura.

monument m Monumento || **~al, e** adj Monumental | Gigantesco, a; colosal | FAM. Fenomenal.

moqu|er (se) vp Burlarse, reírse, mofarse | Importarle a uno poco, traerle sin cuidado (ne pas se soucier de) | FAM. *S'en moquer,* traerle a uno sin cuidado, darle a uno igual || **~erie** [mɔkri] f Burla, mofa || **~ette** f Moqueta (tapis) | Reclamo *m,* cimbel *m* (chasse) || **~eur, euse** adj/s Burlón, ona | — M Sinsonte (oiseau).

morailles [mɔrɑ:j] fpl VÉT. Acial *msing.*

moraine f Morrena, morena (glacier).

moral, ~e adj Moral | — M Espíritu, mentalidad *f* | Ánimo, moral *f* : *relever le ~,* levantar el ánimo | *Avoir bon ~,* estar animado, ser optimista | — F Moral | Moraleja (d'une fable) || **~isateur, trice** adj/s Moralizador, a || **~iser** vt/i Moralizar || **~iste** adj/s Moralista || **~ité** f Moralidad | Moraleja (d'une fable).

moratoire adj Moratorio, a | — M Moratoria *f.*

morbid|e adj Mórbido, a; morboso, a || **~ité** f Carácter (*m*) mórbido | Morbosidad.

morbleu! interj ¡Demonios!, ¡diantre!, ¡cáspita!

morc|eau [mɔrso] m Pedazo, trozo, cacho | Tajada *f* (tranche) | Terrón (sucre) | Fragmento, trozo | Haza *f* (de terre) | FAM. *Avaler le ~,* tragar la píldora | *Bas ~x,* despojos | *Casser, couper, mettre en ~x,* hacer pedazos *ou* trizas | *Manger un ~,* comer un bocado | *Pour un ~ de pain,* por un mendrugo de pan | *Un ~ de roi,* un bocado de cardenal || **~eler** [-səle] vt Dividir en trozos | Parcelar (terrain) || **~ellement** m División *f,* partición *f* | Parcelación *f* (d'un terrain) | Fragmentación *f.*

mord|acité f Mordacidad || **~ant, e** adj Que muerde, mordiente | Cortante (coupant) | Mordiente, penetrante | FIG. Mordaz, cáustico, a (satirique) | — M Mordiente | Sisa *f* (dorure) | FIG. Mordacidad *f* || **~icus** adv *Soutenir ~,* sostener erre con erre || **~iller** vt Mordisquear.

mordoré, e adj Doradillo, a.

mordre vt Morder | Picar (poisson, insecte) | Corroer (ronger) | Entrar en, penetrar en | FIG. Atacar | *Se faire ~,* ser mordido | — Vi Morder | Estar superpuesto, imbricarse (se superposer) | FIG. Interesarse por (s'intéresser à), tomar gusto (prendre goût), picar (se laisser prendre) | — Vp Morderse.

mordu, e adj/s FAM. Chiflado, a; apasionado, a | — M Hincha, forofo (fan).

more adj V. MAURE.

morfil m Rebaba *f,* filván (d'une lame).

morfondre (se)* vp Aburrirse esperando, cansarse de esperar | Aburrirse (s'ennuyer).

morgue f Altivez, altanería (fierté) | Depósito (*m*) de cadáveres.

moribond, e adj/s Moribundo, a.

moricaud, e [mɔriko, o:d] adj/s FAM. Morenillo, a; morenucho, a.

morigéner vt Reprender, amonestar.

morille [mɔrij] f Cagarria, morilla (champignon).

morion m Morrión (casque).

mormon, e adj/s Mormón, ona.

morne adj Triste, taciturno, a; sombrío, a | Oscuro, a; apagado, a (couleur) | Lúgubre, tétrico, a | Desapacible (temps) | — F Borne *m* (de lance).

mornifle f FAM. Soplamocos *m.*

moros|e adj Taciturno, a; sombrío, a | Moroso, a (qui s'attarde) || **~ité** f DR. Morosidad | Melancolía, taciturnidad.

Morphée nprm Morfeo.

morphin|e f Morfina || **~omane** adj/s Morfinómano, a.

morphologie f Morfología.

morpion m FAM. Ladilla *f* (insecte), escupitajo (gamin), carro (jeu).
mors [mɔ:r] m Bocado, freno (du cheval) | TECH. Tenazas *fpl* | *Prendre le ~ aux dents,* desbocarse (cheval), montar en cólera (s'emporter), partirse el pecho (se donner du mal) ‖ **~e** m ZOOL. Morsa *f* | Morse (alphabet) ‖ **~ure** f Mordedura, mordisco *m* | Picadura (de serpent, d'insecte).
mort, e adj Muerto, a | Seco, a (bois, feuille) | — S Muerto, a | — M Muerto (cartes) | *Aux ~s,* por los caídos | *Jour des ~s,* día de los difuntos | — F Muerte | *À ~!,* ¡muera! | *Être blessé à ~,* estar herido de muerte | TAUR. *Mise à ~,* muerte, estocada.
mortadelle f Mortadela.
mortais|age m Entalladura *f* ‖ **~e** f Muesca, mortaja ‖ **~er** vt Entallar.
mort|alité f Mortalidad, mortandad ‖ **~-aux-rats** f inv Matarratas *m* ‖ **~el, elle** adj/s Mortal ‖ **~e-saison** f COM. Temporada mala, período (*m*) de venta reducida ‖ **~ier** m Mortero, almirez (récipient) | Birrete (bonnet) | Mortero (aggloméran*t*), argamasa *f* | MIL. Mortero ‖ **~ifère** adj Mortífero, a.
mortifi|cation f Mortificación ‖ **~er** vt Ablandar (viande) | Disciplinar, reprimir, mortificar | FIG. Mortificar.
mort-né, e adj/s Mortinato, a; nacido muerto, nacida muerta | — Adj FIG. Abortado, a.
mortuaire adj Mortuorio, a.
moru|e [mɔry] f Bacalao *m*, abadejo *m* ‖ **~tier, ère** adj/m Bacaladero, a.
morv|e f Moco *m* | Muermo *m* (du cheval) ‖ **~eux, euse** adj/s Mocoso, a | — Adj Muermoso, a (cheval).
mosaïque [mɔzaik] adj Mosaico, a | — F Mosaico *m*.
moscovite adj/s Moscovita.
mosquée f Mezquita.
mot [mo] m Palabra *f* | Voz *f*, vocablo, término (terme) | Sentencia *f*, dicho, frase *f* (phrase) | Líneas *fpl*, letras *fpl* (lettre) | Clave *f* (clé) | *À ces ~s,* con *ou* dichas estas palabras | *À demi-~* o *à ~s couverts,* con medias palabras | *Au bas ~,* por lo menos | *Avoir le dernier ~,* salirse con la suya, tener la última palabra | *Avoir son ~ à dire,* tener algo que decir | *Dire, mettre, placer son ~,* meter baza | *Dire un ~,* decir dos palabras | *En un ~,* en una palabra, en fin | *Grand ~,* palabra altisonante | *Gros ~,* palabrota, taco | *Jouer sur les ~s,* andarse con equívocos | *~ à ~,* literalmente, palabra por palabra | *~ d'esprit, ~ pour rire,* ocurrencia, gracia, chiste | *~ d'ordre* o *de passe,* consigna, santo y seña | *~s croisés,* crucigrama, palabras cruzadas | *Ne pas laisser placer un ~ à qqn,* dejar a uno con la palabra en la boca | *Ne pas mâcher ses ~s,* no tener pelos en la lengua | *Ne pas souffler ~,* no decir palabra *ou* ni pío | *Prendre au ~,* coger la palabra | *Se donner le ~,* ponerse de acuerdo | *Un petit ~,* unas líneas *ou* letras, dos palabras.
motard m FAM. Motorista de la policía.
motet [mɔtɛ] m MUS. Motete.
mot|eur, trice adj/s Motor, a *ou* motriz | — M Motor | FIG. Causa *f*, motor ‖ **~if** m Motivo | Motivo, dibujo (dessin) | MUS. Tema, asunto, motivo ‖ **~ion** [mosjɔ̃] f Moción ‖ **~ivation** f Motivación ‖ **~iver** vt Motivar, explicar, justificar.
moto f FAM. Moto, motocicleta ‖ **~culture** f Motocultivo *m* ‖ **~cyclette** f Motocicleta ‖ **~cycliste** s Motociclista, motorista (fam) ‖ **~pompe** f Motobomba, bomba de motor ‖ **~risation** f Motorización ‖ **~riser** vt Motorizar, mecanizar.
motrice f Motriz.
motte f Terrón *m* (de terre) | Pella (de beurre) | Montículo (*m*) de tierra.
motus! [mɔtys] interj ¡Chitón!, ¡silencio!, ¡mutis!
mou ou **mol, molle** adj Blando, a; muelle | Suave (doux) | Flácido, a; fofo, a (flasque) | Bochornoso, a (temps) | Flojo, a (corde) | Poco enérgico, a (style) | Impreciso, a; desvaído, a (couleurs) | Flojo, a; lánguido, a; sin carácter (sans vigueur) | FIG. Muelle (confortable) | — M Bofes *pl* | *Donner du ~,* aflojar (corde).
mouchard, ~e s FAM. Soplón, ona; chivato, a ‖ **~age** m Soplonería *f*, chivatazo ‖ **~er** vt Chivar, chivarse | — Vi Soplonear, dar el chivatazo, chivarse.
mouch|e f Mosca (insecte) | Lunar (*m*) postizo (sur le visage) | Mosca, perilla (barbe) | Zapatilla, botón *m* (de fleuret) | Diana (d'une cible) | *Faire ~,* dar en el blanco | *Fine ~,* persona astuta, lagarto, a | *~ à miel,* abeja | *~ bleue* o *à viande,* moscón | *~s volantes,* chiribitas (vue) | *Prendre la ~,* amoscarse, picarse ‖ **~er** vt Sonar [las narices] | Despabilar (chandelle) | Corregir, castigar, dar una lección | — Vp Sonarse, limpiarse las narices ‖ **~eron** m Mosca (*f*) pequeña | Pabilo (de chandelle) | FAM. Chiquillo ‖ **~eter** [muʃte] vt Poner lunares a, motear | Salpicar, ensuciar (salir) | Embotonar, poner zapatilla (fleuret) ‖ **~ette** f Cepillo

(*m*) bocel (outil) | — Pl Despabiladeras || **~eture** f Mancha, mota, pinta | Moteado *m* (d'un tissu) | Salpicadura (tache) || **~oir** m Pañuelo.
moudre* vt Moler.
moue [mu] f Mohín *m*, mueca de displicencia | *Faire la ~*, hacer hocico, poner mala cara.
mouette [mwɛt] f Gaviota (oiseau).
mouffette f ZOOL. Mofeta.
moufle f Aparejo *m* (de poulies) | Manopla (gant) | — M TECH. Mufla *f*.
mouill|age [muja:ʒ] m Remojo | Aguado, adición (*f*) de agua | MAR. Fondeadero (lieu), fondeo (action) || **~er** [-je] vt Mojar | Humedecer, rociar (humecter) | Bañar (baigner) | Cortar, aguar, bautizar (fam) [le vin] | GRAM. Palatalizar | — Vi MAR. Fondear | — Vp Mojarse | POP. Comprometerse, pringarse || **~ette** f Sopita, barquito *m* || **~ure** [-jy:r] f Mojadura | GRAM. Palatalización.
mouise f FAM. Miseria, apuro *m*.
moul|age m Moldeado, moldeamiento | Vaciado (plâtre), fusión *f* (métal) | Molienda *f* (mouture) || **~e** m Molde | — F Mejillón *m* (mollusque) | FAM. Zoquete *m*, tonto, a || **~er** vt Moldear | Vaciar (couler) | Sacar un molde | Ajustar, ceñir (un vêtement) | — Vp Amoldarse, ajustarse || **~eur** m TECH. Vaciador, moldeador.
moulin m Molino : *~ à vent*, molino de viento | Devanadera *f* (textile) | Molinillo (à café, à poivre) | POP. Motor | *~ à eau*, aceña, molino de agua | *~ à foulon*, batán | *~ à huile*, almazara, molino de aceite | *~ à légumes*, pasapuré | FAM. *~ à paroles*, sacamuelas, cotorra || **~et** m Molinete, molinillo | Carrete (de canne à pêche) | Torniquete | Molinete (mouvement) || **~ette** f Picadora.
moulu, e adj Molido, a.
moulur|e f Moldura | *~ plate*, listel, filete || **~er** vt Moldurar.
mour|ant, e adj/s Moribundo, a | — Adj FIG. Lánguido, a; desfallecido, a || **~ir*** vt Morir, morirse | FIG. Morirse : *~ d'envie de*, morirse de ganas de | *Être bête à ~*, ser tonto de remate | — Vp Morirse, estar muriéndose.
mousquet [muskɛ] m Mosquete || **~aire** [muskətɛ:r] m Mosquetero | *Poignets ~*, puños dobles *ou* vueltos || **~on** m Mosquetón.
mouss|e adj Romo, a; embotado, a | — M MAR. Grumete | — F BOT. Musgo *m* | Espuma (écume) | Crema batida : *~ au chocolat*, crema batida de chocolate || **~eline** f Muselina || **~er** vi Hacer espuma, espumar | FIG. *Faire ~*, hacer rabiar (mettre en colère), elogiar, ensalzar (faire valoir) || **~eux, euse** adj/m Espumoso, a || **~on** f Monzón *m*.
moustach|e f Bigote *m* || **~u, e** adj Bigotudo, a.
moustiqu|aire f Mosquitero *m* || **~e** m Mosquito.
moût [mu] m Mosto | Jugo [de ciertos vegetales].
moutard [muta:r] m POP. Crío, chaval, chiquillo || **~e** f Mostaza | FIG. *La ~ lui monte au nez*, empieza a amostazarse || **~ier** m Tarro de la mostaza, mostacera *f*, mostacero | Fabricante de mostaza | FAM. *Grand ~*, archipámpano.
mouton m Carnero, borrego (animal) | Cordero (viande) | Piel (*f*) de carnero (peau) | Chivato, soplón (mouchard) | FAM. Cordero, borrego (personne sans caractère) | TECH. Martinete, maza *f* | — Pl Cabrillas *f* (vagues) | FAM. Pelotillas (*f*) de polvo | FIG. *Revenons à nos ~s*, volvamos a nuestro asunto *ou* a lo que íbamos || **~né, e** adj Aborregado, a (le ciel avec nuages) | Encrespado, a (mer) | Muy rizado, a; ensortijado, a (cheveux) || **~ner** vt Rizar, ensortijar (cheveux) | — Vi Cabrillear (vagues), encresparse (mer) | — Vp Aborregarse (ciel) || **~neux, euse** adj Aborregado, a (ciel) | Encrespado, a (mer) || **~nier, ère** adj Borreguil, imitador, a; gregario, a.
mouture f Molienda, molturación | Mezcla de harinas (mélange) | FIG. Refrito *m* (refonte).
mouv|ant, e adj Motor, a (qui meut) | Movedizo, a (sable) | FIG. Inestable || **~ement** [muvmɑ̃] m Movimiento | Gesto (du visage) | Arrebato (accès) | Tráfico (circulation) | Movimiento (populaire) | Agrupación *f* (groupement) | Accidentes *pl* (du sol) | Mecanismo, maquinaria *f* (d'une montre) | Variación *f* || **~ementé, e** adj Agitado, a; movido, a || **~ementer** vt Animar, dar movimiento || **~oir*** vt Mover | Impulsar.
moyen, ~enne [mwajɛ̃, jɛn] adj Medio, a | Mediano, a; mediocre | Común, ordinario, a | — M Medio | Posibilidad *f* | Facultad *f* | Medio, recurso (ressources) | DR. Causa *f* | MATH. Medio | *Il n'y a pas ~ de*, no hay manera *ou* modo *ou* forma de | — F Media, cantidad media | Término (*m*) medio (moyen terme) | Promedio *m* (pourcentage moyen) | Nota *ou* calificación media (note) | *En ~*, por término medio, un promedio de || **~âgeux, euse** [mwajɛnaʒø, ø:z] adj Medieval, medioeval || **~nant** prép Mediante, con.

moyeu [mwajø] m Cubo (de roue) | Yema (*f*) de huevo (jaune d'œuf).
mozarabe adj/s Mozárabe.
mu m My *f* (lettre grecque).
mû, mue [my] adj Movido, a.
muc|osité f Mucosidad || **~us** [mykys] m Mucosidad *f*, moco.
mu|e [my] f Muda | Pollera (des poulets) || **~er** [mɥe] vi Pelechar, mudar | Mudar (la voix) | — Vp Cambiarse, transformarse.
muet, ette [mɥɛ, ɛt] adj/s Mudo, a.
muezzin [mɥɛzɛ̃] m Almuecín.
mufle m Jeta *f*, hocico, morro | — Adjm/m FAM. Patán, grosero || **~rie** f Grosería, patanería.
muge m Mújol (poisson).
mug|ir vi Mugir, berrear | FIG. Bramar || **~issement** m Mugido.
muguet [mygɛ] m Muguete, lirio de los valles | MÉD. Muguete.
mul|assier, ère adj Mulero, a; mular || **~âtre** adj Mulato, a || **~âtre, esse** s Mulato, a || **~e** f ZOOL. Mula | Chinela, babucha (chaussure) || **~et** m Mulo | Mújol (poisson) || **~etier, ère** adj Muletero, a | — M Arriero, mulero, muletero.
mulot m Ratón campesino, musgaño.
multi|colore adj Multicolor || **~latéral, e** adj Multilateral || **~millionnaire** adj/s Multimillonario, a || **~national, e** adj/f Multinacional || **~ple** adj Múltiple | MATH. Múltiplo, a | —M Múltiplo.
multipli|able adj Multiplicable || **~cande** m Multiplicando || **~cateur, trice** adj/m Multiplicador, a || **~cation** f Multiplicación | *Table de ~*, tabla de multiplicar || **~cité** f Multiplicidad || **~er** vt Multiplicar | — Vi/p Multiplicarse.
multitude f Multitud, muchedumbre (foule) | Multitud (grand nombre).
munichois, e [mynikwa, wa:z] adj/s Muniqués, esa; de Munich.
municipal, e adj Municipal || **~ité** f Municipio *m*, municipalidad.
munific|ence f Munificencia || **~ent, e** adj Munífico, a.
mun|ir vt Proveer, suministrar (pourvoir) | Abastecer, pertrechar (fournir des munitions) | Dar (donner) | Poner, guarnecer (mettre) | — Vp Proveerse || **~ition** f Munición, municionamiento *m*.
muqueux, euse adj/f Mucoso, a.
mur m Pared *f* (de maison) | Muro | Tapia *f* (de clôture) | Muralla *f*, muro (muraille) | Barrera *f* (au jeu de football) | FIG. Obstáculo, barrera *f* | *Faire le ~*, formar una barrera (football), saltar la tapia, escaparse de noche | *Gros ~*, pared maestra | *Les ~s ont des oreilles*, las paredes oyen | *~ de soutènement*, muro de contención | *~ du son*, barrera del sonido | *~ mitoyen*, medianería, pared medianera.
mûr, e adj Maduro, a (fruits) | Detenido, a (approfondi) | Pasado, a; gastado, a (usé) | FIG. Maduro, a.
mur|age m Tapiado, amurallamiento || **~aille** [myrɑ:j] f Muralla | — Pl Murallas, recinto (*msing*) amurallado || **~al, e** adj Mural.
mûre f Mora | *~ sauvage*, zarzamora.
murène f Murena, morena (poisson).
murer vt Amurallar (entourer de murs) | Tapiar, tabicar | Emparedar (une personne) | FIG. Aislar, encerrar.
mûr|ier m Morera *f* || **~ir** vi/t Madurar || **~issage** ou **~issement** m Maduración *f*, maduramiento.
murmur|ant, e adj Murmurante, murmurador, a || **~e** m Murmullo (personne), susurro, susurreo (vent) || **~er** vt/i Murmurar, susurrar.
musaraigne f Musaraña.
musard, ~e [myza:r, ard] adj/s FAM. Distraído, a; remolón, ona || **~er** vi FAM. Distraerse *ou* entretenerse con tonterías | Vagar, callejear (vagabonder).
musc [mysk] m Almizcle | Almizclero (animal) || **~ade** adj/f Moscada || **~ari** m BOT. Almizcleña *f* || **~at** [myska] adj/m Moscatel.
muscl|e m Músculo || **~é, e** adj Musculoso, a | Duro, a || **~er** vt Desarrollar los músculos.
muscul|aire adj Muscular || **~ature** f Musculatura || **~eux, euse** adj Musculoso, a.
muse f Musa.
museau m Hocico | POP. Jeta *f* | *~ de veau*, morros de ternera (cuisine).
musée m Museo.
musel|er vt Poner bozal | Tapar la boca, amordazar (faire taire) || **~ière** f Bozal *m*.
mus|er vi Vagar, barzonear || **~ette** f Morral *m* (sac) | Cartera (d'écolier) | MUS. Gaita | ZOOL. Musaraña.
muséum [myseɔm] m Museo.
music|al, e adj Musical || **~alité** f Musicalidad || **~ien, enne** adj/s Músico, a || **~ographe** s Musicógrafo, a || **~ologue** s Musicólogo, a.
musique f Música | Banda (fanfare) | FAM. *En avant la ~*, adelante con los faroles. *Je connais la ~*, conozco el asunto | *Mettre en ~*, poner música a | *~ de chambre*, música de cámara.
musqué, e adj Almizclado, a | Almizcleño, a (fruits) | Almizclero, a (rat).
musulman, e adj/s Musulmán, ana.
mut|abilité f Mutabilidad || **~ation** f Mutación | Mudanza, cambio *m*, traslado *m* || **~er** vt Cambiar de destino, trasladar.

mutil|ation f Mutilación | Deterioro *m* (d'une œuvre d'art) || **~er** vt Mutilar.
mutin, ~e adj Travieso, a; revoltoso, a | FAM. Picaresco, a; vivaracho, a (vif) | — M Amotinado, rebelde || **~er (se)** vp Amotinarse || **~erie** f Motín *m*, sublevación | Insubordinación, desobediencia (désobéissance) | Gracia, picardía (d'un visage).
mutisme m Mutismo, silencio.
mutu|aliste adj/s Mutualista || **~alité** f Mutualidad || **~el, elle** adj Mutuo, a | — F Mutualidad.
myél|ine f Mielina || **~ite** f MÉD. Mielitis.
myocarde m ANAT. Miocardio.
myop|e adj/s Miope, corto *ou* corta de vista || **~ie** f Miopía.
myosotis [mjɔzɔtis] M BOT. Miosota *f*, raspilla *f*.
myriade f Miríada.
myrrhe f Mirra.
myrt|e m BOT. Mirto, arrayán || **~ille** [mirtij] f Arándano *m*, mirtillo *m* (airelle).
myst|ère m Misterio || **~érieux, euse** adj Misterioso, a || **~icisme** m Misticismo || **~ificateur, trice** adj/s Bromista, embaucador, a || **~ification** f Engaño *m*, mistificación (tromperie), broma (plaisanterie), burla (moquerie) || **~ifier** vt Burlar, engañar, mistificar || **~ique** adj/s Místico, a.
myth|e [mit] m Mito || **~ique** adj Mítico, a || **~ologie** f Mitología || **~omane** adj/s Mitómano, a.
myxomatose f VÉT. Mixomatosis.

n

n m N *f*.
nabot, e s Enano, a; retaco *m*.
nacarat adj/m Nacarado, a.
nacelle f Navecilla, barquilla | Barquilla (d'un ballon) | Nave, barco *m* (d'un vaisseau spatial).
nacr|e f Nácar *m* || **~er** vt Nacarar.
nag|e f Natación (sport) | Nado *m* (action) | *À la ~*, a nado | FIG. *En ~*, empapado en sudor | *~ libre*, estilo libre || **~eoire** [naʒwa:r] f Aleta || **~er** vi Nadar | Flotar | FAM. Bailar, nadar (être grand) | FIG. Rebosar (de joie) | MAR. Bogar | POP. *~ complètement*, estar pez | FAM. *Savoir ~*, saber nadar y guardar la ropa | — Vt Nadar || **~eur, euse** adj/s Nadador, a.
naguère adv Hace poco, no hace mucho, poco ha.
naïade f Náyade.
naïf, ive [naif, i:v] adj/s Ingenuo, a; cándido, a; inocente.
nain, e [nɛ̃, nɛn] adj/s Enano, a.
naissance f Nacimiento *m* | Linaje *m*, cuna, extracción | ARCH. Arranque *m* | FIG. Nacimiento *m*, origen *m* | *Donner ~ à*, dar a luz (enfanter), dar origen a | *Prendre ~*, nacer.
naissant, e adj Naciente.
naître* vi Nacer | FIG. *Faire ~*, provocar, originar.
naïveté f Ingenuidad, candidez.
naja m Naja *f* (serpent).
nandou m Ñandú (oiseau).
nanisme m Enanismo.
nankin m Nanquín, mahón.
nant|ir vt Garantizar | FIG. Proveer (pourvoir) | — Vp Procurarse, proveerse || **~issement** m Fianza *f*, garantía *f*.
napht|aline f Naftalina || **~e** [naft] m Nafta *f*.
Naples npr Nápoles.
napp|age m Mantelería *f* || **~e** f Mantel *m* (table) | Sábana, sabanilla (d'autel) | GÉOL. Capa || **~eron** [naprɔ̃] m Mantel individual | Salvamanteles (sous-verre) | Tapete.
narciss|e m BOT. Narciso || **~isme** m Narcisismo || **~iste** adj/s Narcisista.
narcotique adj/m Narcótico, a.
nard [na:r] m BOT. Nardo.
narguer vt Provocar con insolencia, mofarse de.
narine f Ventana de la nariz (orifice) | Aleta (aile).
narquois, e [narkwa, wa:z] adj/s Burlón, ona; socarrón, ona.
narr|ateur, trice s Narrador, a || **~ation** f Narración, relato *m* || **~er** vt Narrar, relatar.
narthex [nartɛks] m ARCH. Nártex.
nas|al, e adj/f Nasal || **~alisation** f Nasalización || **~aliser** vt Nasalizar || **~eau** m Ventana (*f*) de la nariz.
nasill|ard, e [nazija:r, ard] adj Gangoso, a || **~ement** [-jmɑ̃] m Nasalización *f*, gangueo || **~er** [-je] vi Ganguear, nasalizar | Parpar (canard) | Hozar (sanglier) || **~eur, euse** [-jœ:r, ø:z] adj Gangoso, a.

nasse f Nasa | Buitrón *m* (filet) | FIG. Trampa, ratonera.
natal, ~e adj Natal ‖ **~ité** f Natalidad.
natat|ion f Natación ‖ **~oire** adj Natatorio, a.
natif, ive adj/s Nativo, a; natural.
nation f Nación ‖ **~al, e** adj Nacional | — F Carretera nacional ‖ **~alisation** f Nacionalización ‖ **~aliser** vt Nacionalizar ‖ **~alisme** m Nacionalismo ‖ **~aliste** adj/s Nacionalista ‖ **~alité** f Nacionalidad.
nativement adv Por naturaleza.
Nativité f Natividad | Navidad (Noël).
natt|e f Estera | Trenza (cheveux) | Coleta (des Chinois) ‖ **~er** vt Entretejer | Cubrir con esteras, esterar (couvrir de nattes) | Trenzar (tresser).
natural|isation f Naturalización | Disecación (empaillage) ‖ **~iser** vt Naturalizar | Disecar (empailler) | — Vp Naturalizarse ‖ **~isme** m Naturalismo ‖ **~iste** adj/s Naturalista | — S Taxidermista, disecador, a.
natur|e f Naturaleza | Naturaleza, temperamento *m*, natural *m* | Clase, naturaleza, especie | Especie : *payer en ~*, pagar en especie | *D'après ~*, del natural | *De ~*, innato, a | *De ~ à*, que pueda; con miras a | *~ morte*, bodegón | *Petite ~*, debilucho, a | — Adj inv Al natural, solo | FAM. Natural | *Grandeur ~*, tamaño natural ‖ **~el, elle** adj Natural | — M Natural, índole *f*, temperamento | Naturalidad *f* (simplicité) | FIG. *Chassez le ~ il revient au galop*, genio y figura hasta la sepultura | — F TAUR. Natural *m* | — Pl Nativos, naturales ‖ **~isme** m Naturalismo (système) | Naturismo (nudisme) ‖ **~iste** adj/s Naturalista | Naturista.
naufrag|e m Naufragio | FIG. Hundimiento, ruina *f* ‖ **~é, e** s Náufrago, a | — Adj Naufragado, a ‖ **~er** vi Naufragar.
nausé|abond, e adj Nauseabundo, a | Repugnante ‖ **~e** f Náusea, arcada | FIG. Asco *m*.
nautique adj Náutico, a | Acuático, a (ski).
naval, e adj Naval | *Chantier ~*, astillero.
navet m BOT. Nabo | FAM. Birria *f*, mamarracho (livre), tostón (film) ‖ **~te** f Naveta (pour encens) | Lanzadera (tissage) | Canilla (de machine à coudre) | Vehículo (*m*) que va y viene de un punto a otro | *Faire la ~*, ir y venir entre dos puntos | *~ aérienne*, puente aéreo | *~spatiale*, transbordador aéreo.
navig|abilité f Navegabilidad ‖ **~ant, e** adj AVIAT. De vuelo ‖ **~ateur** m Navegante ‖ **~ation** f Navegación : *~ au long cours* o *hauturière*, navegación de altura ‖ **~uer** vi Navegar | Pilotar (avion).
navire m Buque, navío | *~-citerne*, buque cisterna, tanque, aljibe | *~-école*, buque escuela | *~-usine*, buque factoría.
navr|ant, e adj Lastimoso, a; desconsolador, a ‖ **~er** vt Afligir, desconsolar | *Je suis navré*, lo siento en el alma *ou* muchísimo.
nazaréen, enne adj/s Nazareno, a.
nazi [nazi] adj/s Nazi ‖ **~sme** m Nazismo.
ne adv No (ante un adverbio de negación) | Si no : *n'eût été son âge*, si no hubiese sido por su edad | *~ ... pas*, no ... : *il ~ fait pas son travail*, no hace el trabajo | *~ ... que*, no ... más que : *je ~ veux que mon confort*, no quiero más que mi comodidad; sólo : *il ~ désire que me favoriser*, sólo quiere favorecerme; no ... sino : *tu ~ fais que des erreurs*, no haces sino errores.
né, e adj Nacido, a | FIG. Nato, a | De nacimiento : *aveugle-~*, ciego de nacimiento | Originado, a (causé) | *Être ~ de*, ser hijo de | *Premier- ~*, primogénito.
néanmoins [neɑ̃mwɛ̃] loc adv Sin embargo, no obstante.
néant m Nada *f* | Nulidad *f* | Poco valor | Ninguno, a : *signes particuliers, ~*, señales particulares, ninguna.
nébul|eux, euse adj/f Nebuloso, a ‖ **~osité** f Nebulosidad.
nécess|aire adj Necesario, a; preciso, a | — M Neceser (trousse) | *Le strict ~*, lo estrictamente necesario | *~ de couture*, costurero | *~ de toilette*, estuche de tocador ‖ **~ité** f Necesidad | FIG. *~ est mère d'industrie*, el hambre aguza el ingenio ‖ **~iter** vt Necesitar ‖ **~iteux, euse** adj/s Necesitado, a; menesteroso, a.
nécro|logie f Necrología ‖ **~logique** adj Necrológico, a ‖ **~mancie** f Nigromancia ‖ **~phage** adj/s Necrófago, a ‖ **~pole** f Necrópolis.
nectar m Néctar ‖ **~ine** f Nectarina.
néerlandais, e adj/s Neerlandés, esa; holandés, esa.
nef [nɛf] f Nave.
néfaste adj Nefasto, a | Fatal, aciago, a; funesto, a.
nèfl|e f Níspero *m* | FAM. *Des ~s!*, ¡naranjas de la China!
néflier m Níspero (árbol).
négat|eur, trice adj/s Negador, a ‖ **~if, ive** adj Negativo, a | — M Negativo (photo) | — F Negativa (refus) ‖ **~ion** f Negación.
néglig|é m Descuido, desaliño | Bata (*f*) de casa ‖ **~eable** [neglіʒabl] adj Despreciable ‖ **~ence** f Negligencia.

descuido *m*, dejadez | Desaliño *m* (style) ‖ **~ent, e** adj/s Negligente, descuidado, a; dejado, a ‖ **~er** vt Descuidar, desatender | Ignorar | Desperdiciar (occasion) | Despreciar, hacer poco caso de | MATH. Despreciar | — Vp Descuidarse.

négoc|e m Negocio ‖ **~iant, e** s Negociante ‖ **~iateur, trice** s Negociador, a | Intermediario, a ‖ **~iation** f Negociación ‖ **~ier** vt Negociar | FAM. *~ un virage*, tomar una curva | — Vi Comerciar, negociar.

nègre, négresse s Negro, a | *~ Parler petit ~*, hablar como los indios | — M FIG. Negro.

négr|ier adj/m Negrero ‖ **~oïde** adj Negroide.

neig|e [nɛ:ʒ] f Nieve | *Chute de ~*, nevada | *~ fondue*, aguanieve ‖ **~er** vimp Nevar ‖ **~eux, euse** adj Nevoso, a; nevado, a.

nenni adv FAM. No, nones.

nénuphar m Nenúfar.

néo|lithique adj/m Neolítico, a ‖ **~logisme** m Neologismo.

néon m Neón (gaz).

néophite s Neófito, a.

néphr|étique adj. MÉD. Nefrítico, a ‖ **~ite** f MÉD. Nefritis.

népotisme m Nepotismo.

nerf [nɛ:r] m Nervio | ARCH. Nervadura *f*, nervio | FIG. *Avoir les ~s à vif*, estar hecho un manojo de nervios. *Avoir les ~s en boule*, tener los nervios de punta | *~ de bœuf*, vergajo | FIG. *Taper sur les ~s*, poner los nervios de punta, atacar los nervios.

nerv|ation f BOT. Nervadura ‖ **~eux, euse** adj/s Nervioso, a | FIG. Enérgico, a ‖ **~osité** f Nerviosismo *m*, nerviosidad ‖ **~ure** f Nervadura.

net, nette [nɛt] adj Nítido, a; límpido, a | Limpio, a (propre) | Neto, a; claro, a | Neto, a (prix) | Bueno, a (vue) | Preciso, a (réponse) | *~ de*, exento de (impôts) | — M Limpio : *mettre au ~*, poner en limpio | Net (tennis) | — Adv De un golpe | En seco, de pronto | Limpio, a : *gagner un million ~*, ganar un millón limpio | FIG. Rotundamente | Claro, con claridad | *Tout ~*, categóricamente.

nett|eté [nɛtte] f Nitidez, limpieza | Franqueza, claridad ‖ **~oiement** [nɛtwamɑ̃] ou **~oyage** m [nɛtwaja:ʒ] m Limpieza *f* ‖ **~oyer** [-ej] vt Limpiar.

neuf [nœf] adj/m Nueve | Noveno, a : *Charles IX*, Carlos noveno | *Pie IX (Neuf)*, Pío IX (Nono).

neuf, neuve [nœf, nœ:v] adj Nuevo, a | *Mettre à ~*, renovar | *Quoi de ~?*, ¿qué hay de nuevo? | *Remettre à ~*, dejar como nuevo.

neurasthén|ie f MÉD. Neurastenia ‖ **~ique** adj/s Neurasténico, a.

neuro|logie f MÉD. Neurología ‖ **~logue** s Neurólogo, a ‖ **~ne** m Neurona *f*.

neutral|isant, e adj/m Neutralizador, a; neutralizante ‖ **~isation** f Neutralización ‖ **~iser** vt Neutralizar ‖ **~ité** f Neutralidad.

neutre adj/s Neutro, a | Neutral (pays).

neutron m PHYS. Neutrón.

neuv|aine f Novena ‖ **~ième** adj/s Noveno, a | — M Novena parte *f*.

neveu m Sobrino.

névr|algie f MÉD. Neuralgia ‖ **~algique** adj Neurálgico, a ‖ **~ite** f MÉD. Neuritis ‖ **~ose** f MÉD. Neurosis ‖ **~osé, e** adj/s Neurótico, a.

New York [njujɔrk] npr Nueva York.

new-yorkais, e adj/s Neoyorquino, a.

nez [ne] m Nariz *f*, narices *fpl* | Olfato (flair) | Proa *f* (navire) | Morro (avion) | Cabo (cap) | *À grand ~*, narigudo, narigón | *Au ~ de*, en las narices de | *Avoir le ~ fin*, tener buen olfato | *Grand ~*, narigón, narizota | FAM. *Mener par le bout du ~*, manejar a su antojo. *Mettre le ~ dans*, meter las narices en. *Montrer son ~*, asomarse | *~ à ~*, cara a cara | *Parler du ~*, hablar con la nariz | FAM. *Piquer du ~*, caerse de narices. *Rire au ~ de qqn*, reírse en las barbas *ou* en las narices de uno | *Saigner du ~*, sangrar por las narices | POP. *Se casser le ~*, quedarse con dos palmos de narices (estupefacto), romperse las narices. *Se manger le ~*, comerse los higadillos.

ni conj Ni.

niais, ~e adj/s Bobo, a; necio, a ‖ **~erie** f Necedad.

nicaraguayen, enne [nikaragwajɛ̃, jɛn] adj/s Nicaragüense.

nich|e f Hornacina, nicho *m* | Perrera (chiens) | FAM. Travesura ‖ **~ée** f Nidada (oiseau) | Camada (autres animaux) | FAM. Prole (enfants) ‖ **~er** vi Anidar (oiseaux) | FAM. Vivir | — Vt FAM. Meter, colocar ‖ **~oir** m Nidal.

nickel m Níquel ‖ **~age** m Niquelado ‖ **~er** vt Niquelar.

Nicolas nprm Nicolás.

Nicole nprf Nicolasa.

nicotine f Nicotina.

nid [ni] m Nido | *~ d'ange*, nana ‖ **~-de-poule** m Bache, hoyo.

nièce f Sobrina.

niell|e f BOT. Neguilla | Tizón *m*, añublo *m* (maladie du blé) ‖ **~er (se)** vp Atizonarse (blé) ‖ **~ure** f Atizonamiento *m*.

nier vt Negar.

nigaud, ~e adj/s Memo, a; bobo, a || **~erie** f Necedad, bobada.
nigua f Nigua.
nihilis|me m Nihilismo || **~te** adj/s Nihilista.
Nil nprm Nilo.
nimb|e [nɛ̃:b] m Nimbo || **~er** vt Nimbar, aureolar || **~us** [nɛ̃bys] m Nimbo.
nipp|er vt FAM. Trajear, ataviar || **~es** [nip] fpl FAM. Pingos *m*, trapos *m*.
nippon, onne adj/s Nipón, ona.
nique f Gesto *m*, mueca | *Faire la ~ à*, burlarse de.
nitouche f Hipócrita | *Sainte ~*, mosquita muerta.
nitr|ate m Nitrato || **~e** m Nitro, salitre || **~eux, euse** adj Nitroso, a || **~ification** f Nitrificación || **~ique** adj Nítrico, a.
nitro|benzène [nitrɔbɛ̃zɛn] m Nitrobenceno || **~gène** m Nitrógeno || **~glycérine** f Nitroglicerina.
niveau m Nivel | *~ à bulle d'air*, nivel de aire.
nivel|er vt Nivelar | Explanar (terrain) | Igualar, nivelar (égaliser) || **~eur, euse** adj/s Nivelador, a || **~lement** m Nivelación *f* | Explanación *f*, nivelación *f* (terrains).
nobiliaire adj/m Nobiliario, a.
nobl|aillon [nɔblajɔ̃] m Hidalgüelo || **~e** adj/s Noble | FIG. Grande, elevado || **~esse** f Nobleza | FIG. Elevación || **~iau** m Hidalgüelo.
noc|e f Boda (cérémonie) | FAM. Juerga : *faire la ~*, ir de juerga | — Pl Nupcias : *premières ~*, primeras nupcias || **~eur, euse** s FAM. Juerguista.
noc|if, ive adj Nocivo, a; dañino, a || **~ivité** f Nocividad.
noct|ambule adj/s Noctámbulo, a; trasnochador, a || **~urne** adj Nocturno, a | — M MUS. Nocturno.
nodule m Nódulo.
noël [nɔɛl] m Navidad *f*, Pascua (*f*) de Navidad | MUS. Villancico | *De ~*, navideño, a | *Joyeux ~*, felices Pascuas | *Présenter ses vœux à Noël*, felicitar las Navidades.
nœud [nø] m Nudo | Nudo (de communication) | MAR. Nudo | ASTR. Nodo | Anillo (de serpent) | Nudillo (articulations) | FIG. Nudo (centre), lazo, vínculo (lien).
noir, ~e adj Negro, a | FIG. Oscuro, a | Sucio, a; negro, a (sale) | POP. *Être ~*, estar morado (ivre) | *Il fait ~*, está oscuro | — S Negro, a | — M Negro (couleur) | Oscuridad *f* | CHIM. Negro | FIG. *Broyer du ~*, tener ideas negras | *~ sur blanc*, con todo detalle | *Voir tout en ~*, ver todo negro | — F MUS. Negra || **~âtre** adj Negruzco, a || **~aud, e** [nwaro, od] adj/s Moreno, a.
noirc|eur f Negrura | Mancha negra (tache) | FIG. Maldad || **~ir** vt Ennegrecer, tiznar | FIG. Manchar, difamar; ensombrecer (assombrir) | — Vi/p Ennegrecerse | Oscurecerse (s'obscurcir) || **~issement** m Ennegrecimiento || **~issure** f Tiznón *m*, mancha negra.
noise f FAM. Camorra, pelea | FAM. *Chercher ~ à qqn*, buscarle a uno la boca.
nois|etier [nwaztje] m Avellano || **~ette** f Avellana | — Adj inv Color de avellana.
noix [nwa] f Nuez | ANAT. Rótula | TECH. Engranaje *m*, piñón *m* | FAM. *À la ~*, de tres al cuarto | *~ de beurre*, cucharadita de mantequilla | *~ de coco*, coco | *~ de galle*, agalla | *~ de veau*, landrecilla de ternera.
nom m Nombre | GRAM. Sustantivo, nombre | Apellido (de famille) | Nombre (prénom) | FIG. Título | *Au ~ de*, en nombre de | *Du ~*, de este nombre | *Le petit ~* o *le ~ de baptême*, el nombre de pila | *~ de guerre*, sobrenombre | FAM. *~ de ~*, ¡canastos!, ¡caramba! | *Sans ~*, incalificable.
nomad|e adj/s Nómada || **~isme** m Nomadismo.
no man's land m Tierra (*f*) de nadie.
nombr|able adj Numerable || **~e** m Número | *Avoir le ~ pour soi*, tener la mayoría consigo | *Bon ~ de*, numerosos, as; muchos, as | *Dans le ~*, en el conjunto, entre ellos | *En ~*, en gran número | *Être du ~ de*, formar parte de | *Faire ~*, hacer bulto | *Le grand ~*, la mayoría, la mayor parte || **~eux, euse** adj Numeroso, a (beaucoup de).
nombril [nɔ̃bri] m Ombligo.
nomenclature f Nomenclatura.
nomin|al, e adj Nominal || **~atif, ive** adj/m Nominativo, a || **~ation** f Nombramiento *m*.
nomm|é, e adj Nombrado, a | Llamado, a; tal (appelé) || **~ément** adv Señaladamente, especialmente || **~er** vt Nombrar, designar | Llamar (appeler) | Calificar.
non adv No | *Dire ~*, decir que no | *~ plus*, tampoco | — M No.
non|-activité [nɔnaktivite] f Cesantía, excedencia | Situación de disponible (militaires) | *En ~*, excedente, cesante (fonctionnaire), disponible (militaire) || **~-agression** [nɔnagrɛsjɔ̃] f No agresión.
nonant|e adj Noventa || **~ième** adj Nonagésimo, a.
nonce m Nuncio.

nonchal|ance f Indolencia, descuido *m*, dejadez ‖ **~ant, e** adj/s Indolente, dejado, a.
nonciature f Nunciatura.
non|-comparution f DR. Incomparecencia ‖ **~-conformisme** m Inconformismo ‖ **~-engagé, e** adj/s No comprometido, a ‖ **~-engagement** m Neutralidad *f* ‖ **~-exécution** f Incumplimiento *m* ‖ **~-existence** f Inexistencia ‖ **~-lieu** m DR. Sobreseimiento.
nonne [nɔn] f Monja.
nonobstant prép No obstante, a pesar de | — Adv Sin embargo, no obstante.
non|-paiement ou **~-payement** [nɔ̃pɛmɑ̃] m Falta (*f*) de pago ‖ **~-sens** m Disparate, absurdo.
nopal m Nopal, chumbera *f*.
nord [nɔ:r] adj/m Norte | *Perdre le ~*, perder el rumbo, desorientarse; perder la cabeza (s'affoler) ‖ **~-africain, e** adj/s Norteafricano, a ‖ **~-américain** adj/s Norteamericano, a ‖ **~-est** m Nordeste ‖ **~ique** adj/s Nórdico, a ‖ **~ir** vi MAR. Nortear ‖ **~-ouest** adj/m Noroeste.
noria f Noria.
normal, ~e adj/f Normal ‖ **~ien, enne** s Normalista ‖ **~isation** f Normalización ‖ **~iser** vt Normalizar ‖ **~ité** f Normalidad.
normand, e adj/s Normando, a.
Normandie nprf Normandía.
norm|atif, ive adj Normativo, a ‖ **~e** f Norma.
Norvège nprf Noruega.
norvégien, enne adj/s Noruego, a.
nos [no] adj poss Nuestros, as.
nostalg|ie f Nostalgia, añoranza ‖ **~ique** adj Nostálgico, a.
notab|ilité f Notabilidad ‖ **~le** adj/m Notable.
notaire m Notario : *par-devant ~*, ante notario.
notamment adv Particularmente.
notari|at m Notaría *f* (charge) | Notariado (corporation) ‖ **~é, e** adj Notariado, a.
not|ation f Notación ‖ **~e** f Nota | Apunte *m* : *prendre des ~s*, tomar apuntes | Cuenta, factura | MUS. Nota | *Avoir une bonne ~*, sacar una buena nota | *Être dans la ~*, estar a tono | *Forcer la ~*, pasarse de la raya ‖ **~er** vt Anotar, apuntar (écrire) | Calificar, poner nota a (un devoir) | Señalar, marcar | Observar, notar (remarquer) | Decir, mencionar ‖ **~ice** f Reseña, nota | *~ d'entretien*, instrucciones | *~ explicative*, folleto explicativo.
notifi|cation f Notificación ‖ **~er** vt Notificar.
not|ion [nosjɔ̃] f Noción ‖ **~oire** [nɔtwa:r] adj Destacado, a; notorio, a ‖ **~oriété** f Notoriedad | *De ~ publique*, público y notorio.
notre [nɔtr] adj poss (pl *nos*) Nuestro, a.
nôtre [no:tr] pron poss Nuestro, a | — M Nuestra parte *f* | — Spl Nuestros, as.
nou|age [nwa:ʒ] ou **~ement** [numɑ̃] m Anudamiento ‖ **~er** vt Anudar | Atar (attacher) | Trabar (lier) | Agarrotar (muscles) | FIG. Contraer, trabar (amitié), tramar, urdir (intrigue), trabar (relations) ‖ **~eux, euse** adj/s Nudoso, a; sarmentoso, a.
nougat m Especie de turrón.
nouille [nuj] f Tallarín *m*, cinta | FAM. Ganso *m*, lelo, a.
nourr|i, e adj Alimentado, a; nutrido, a | FIG. Criado, a (élevé), granado, a (blé), graneado, a (feu), nutrido, a (abondant) ‖ **~ice** f Nodriza | *~ sèche*, ama seca ‖ **~icier, ère** adj Nutricio, a; alimenticio, a; nutritivo, a | Putativo, a (père) ‖ **~ir** vt Alimentar, nutrir | Criar, dar el pecho, amamantar (allaiter) | FIG. Abrigar, acariciar (espoirs) ‖ **~issant, e** adj Alimenticio, a; nutritivo, a ‖ **~isson** m Niño de pecho ‖ **~iture** f Alimento *m*, comida, sustento *m*.
nous pron pers Nosotros, as (sujet) | Nos (complément ou sujet désignant un haut personnage) : *Nous, évêque de*, Nos, obispo de | *À ~*, nuestro, a.
nouveau ou **nouvel, elle** adj Nuevo, a | Novicio, a; novato, a (dans un travail) | — M Lo nuevo | *Il y a du nouveau*, hay novedad | — S Novato, a | — Adv Recién | *À nouveau*, de nuevo.
— OBSERV. *Nouvel* se emplea en vez de *nouveau* ante palabras que empiezan con vocal o *h* muda.
nouveau|-né adj/s Recién nacido, a ‖ **~té** f Novedad.
nouvelle f Noticia | Novela corta (récit) | *Demander des ~s de*, preguntar por | *Fausse ~*, bulo | *La Bonne Nouvelle*, la Buena Nueva | *Vous aurez de mes ~s*, ya oirá hablar de mí | *Vous m'en direz des ~s*, ya verá usted lo que es bueno.
novembre m Noviembre : *le 11 ~ 1918*, el 11 de noviembre de 1918.
novic|e adj/s Novicio, a (religieux) | Novato, a; novel (débutant) ‖ **~iat** m Noviciado | FIG. Aprendizaje.
noyade [nwajad] f Ahogamiento *m*.
noyau [nwajo] m Hueso (d'un fruit) | Núcleo (atomique, de cellule) | FIG. Núcleo ‖ **~tage** m Infiltración *f* ‖ **~ter** vt Establecer núcleos *ou* células en el seno de [una colectividad].
noy|é, e [nwaje] adj/s Ahogado, a | Sumergido, a; anegado, a (submergé) ‖ **~er** m Nogal (arbre) | — Vt

Ahogar | Anegar, inundar | Diluir (couleurs) | FIG. Aclarar (sauce), ahogar, acallar (chagrin), despistar (confondre), cubrir, envolver (envelopper), bañar (de larmes), aguar (le vin) | — Vp Ahogarse | FIG. Perderse.
nu, e adj Desnudo, a | Yermo, a (champ) | Escueto, a (style) | *À ~,* al descubierto | *Mettre à ~,* desnudar | *Tout ~,* en cueros | — M Desnudo.
nuag|e m Nube *f* || **~eux, euse** adj Nublado, a; nubloso, a | FIG. Nebuloso, a.
nuanc|e f Matiz *m* || **~er** vt Matizar.
nubile adj Núbil.
nucléaire adj Nuclear || **~ole** m BIOL. Nucléolo.
nud|isme m Desnudismo || **~iste** adj/s Nudista, desnudista || **~ité** f Desnudez.
nu|e [ny] f Nube | *Porter aux ~s,* poner por las nubes || **~ée** [nɥe] f Nubarrón *m* (gros nuage) | FIG. Nube.
nue-propriété f Nuda propiedad.
nui|re* vt Perjudicar || **~sance** f Ruido (*m*) ambiental || **~sible** adj Perjudicial, nocivo, a; dañino, a.
nuit f Noche : *~ blanche,* noche en blanco | *À la ~ tombante,* al anochecer | *Bonne ~,* buenas noches | *Faire ~,* ser de noche | *La ~ dernière,* anoche | *La ~ tous les chats sont gris,* de noche todos los gatos son pardos | *~ de la Saint-Sylvestre,* Nochevieja | *~ de Noël,* Nochebuena | *Passer la ~ à,* hacer noche en (dormir) || **~amment** adv Por la noche.
nul, nulle adj ind [antes del nombre] Ninguno, a | — Adj qualif [después del nombre] Nulo, a; sin valor : *testament ~,* testamento nulo | FIG. *Être ~,* estar pez, ser una nulidad | — Pron ind Nadie : *~ ne le sait,* nadie lo sabe.
null|ement adv De ningún modo || **~ité** f Nulidad.
numér|aire adjm/m Numerario || **~al, e** adj Numeral || **~ateur** m MATH. Numerador || **~ation** f Numeración | MÉD. *~ globulaire,* recuento de glóbulos || **~ique** adj Numérico, a.
numéro m Número | Matrícula *f* (voiture) | Ejemplar, número (revue) | *C'est un ~,* es un caso | *Un drôle de ~,* un tipo curioso || **~tage** m Numeración *f* || **~ter** vt Numerar || **~ teur** m Numerador.
numismat|e s Numismático, a || **~ique** adj/f Numismático, a.
nuptial, e [nypsjal] adj Nupcial.
nuque f Nuca, cogote *m* (fam).
nurse [nœrs] f Niñera, nurse.
nutrit|if, ive adj Nutritivo, a || **~ion** f Nutrición.
nylon [nilɔ̃] m Nylon, nilón, nailon.
nymph|e f Ninfa || **~éa** m Ninfea nenúfar || **~omanie** f Ninfomanía.

O

o m O *f*.
ô! interj ¡Oh!
oasis [ɔazis] f Oasis *m*.
obédience f Obediencia.
obé|ir [ɔbei:r] vt/i Obedecer || **~issance** f Obediencia || **~issant, e** adj Obediente.
obélisque m Obelisco.
obèse adj/s Obeso, a.
obésité f Obesidad.
object|er vt Objetar | Reprochar, echar en cara || **~eur** m Objetante | *~ de conscience,* objetor de conciencia || **~if, ive** adj/m Objetivo, a || **~ion** f Objeción, reparo *m* || **~iver** vt Objetivar || **~ivité** f Objetividad.
objet [ɔbʒɛ] m Objeto : *faire l'~ de,* ser objeto de; *bureau des ~s trouvés,* depósito de objetos perdidos | GRAM. *Complément d'~ direct,* complemento directo.
oblation f Oblación.
oblig|ataire s Obligacionista || **~ation** f Obligación (devoir, titre) | Compromiso *m* (engagement) | *D'~,* obligatorio (obligé), de precepto, de guardar (fête) || **~atoire** adj Obligatorio, a || **~é, e** adj Obligado, a | Agradecido, a (*de,* por) [reconnaissant] | Necesario, a | — S Agradecido, a || **~eance** [ɔbliʒɑ̃:s] f Complacencia, cortesía | *Avoir l'~ de,* hacer el favor de, tener la bondad de || **~eant, e** [-ʒɑ̃, ɑ̃:t] adj Complaciente, servicial | Atento, a; amable || **~er** vt Obligar | Forzar | Servir, complacer (rendre service) | *Être obligé de,* tener que, verse obligado a | — Vp Obligarse.
obliqu|e adj/f Oblicuo, a | FIG. Torcido, a || **~er** vi Torcer a un lado, oblicuar || **~ité** [ɔblikɥite] f Oblicuidad.
oblitér|ateur m Matasellos || **~ation** f Matado *m* (d'un timbre) | Matasellos *m* (marque) | MÉD. Obliteración || **~er** vt MÉD. Obliterar | Matar, poner el matasellos (timbre) | Borrar (effacer) | Anular.
oblong, gue adj Oblongo, a.

obnubiler vt Obnubilar, obsesionar.
obole f Óbolo *m*.
obsc|ène [ɔpsɛn] adj Obsceno, a ‖ **~énité** f Obscenidad.
obscur, ~e adj Oscuro, a; sombrío, a ‖ **~antisme** m Oscurantismo ‖ **~cir** [ɔpskyrsi:r] vt Oscurecer | — Vp Oscurecerse ‖ **~cissement** m Oscurecimiento ‖ **~ité** f Oscuridad.
obséd|ant, e [ɔpsedɑ̃, ɑ̃:t] adj Obsesivo, a ‖ **~é, e** adj/s Obseso, a; obsesionado, a | Maniaco, a ‖ **~er** vt Atormentar, asediar, importunar | FIG. Obsesionar (*par*, con).
obsèques fpl Exequias, funerales *m*.
obséqui|eux, euse adj Obsequioso, a ‖ **~osité** f Obsequiosidad.
observ|ance [ɔpsɛrvɑ̃:s] f Observancia | Acatamiento *m*, respeto *m* (des lois, etc.) ‖ **~ateur, trice** adj/s Observador, a | Cumplidor, a (des lois, etc) ‖ **~ation** f Observación | Advertencia (réprimande) | Observancia, cumplimiento *m* (des règles) ‖ **~atoire** m Observatorio ‖ **~er** vt Observar | Observar, cumplir (loi) | *Faire ~*, advertir, hacer notar | — Vp Dominarse | Observarse, espiarse.
obsession [ɔpsɛsjɔ̃] f Obsesión.
obstacle m Obstáculo | *Faire ~ à*, obstaculizar, poner obstáculos a.
obstétrique adj **Obstétrico, a** | — F Obstetricia.
obstin|ation [ɔpstinasjɔ̃] f Obstinación, empeño *m* ‖ **~er (s')** vp Obstinarse, empeñarse (*à*, en).
obstruction [ɔpstryksjɔ̃] f Obstrucción ‖ **~nisme** m Obstruccionismo.
obstruer [ɔpstrye] vt Obstruir.
obtempérer [ɔptɑ̃pere] vi Obedecer.
obten|ir* [ɔptəni:r] vt Obtener, conseguir, lograr ‖ **~tion** f Obtención, consecución, logro *m*.
obtur|ateur, trice [ɔptyratœ:r, tris] adj/m Obturador, a ‖ **~ation** f Obturación ‖ **~er** vt Obturar.
obtus, ~e [ɔpty, y:z] adj Obtuso, a.
obus [oby] m Proyectil, granada *f* ‖ **~ier** m Obús (canon).
obvier vi *~ à*, obviar, evitar.
occasion f Ocasión, oportunidad | Mercancía de segunda mano, ocasión | Motivo *m*, causa | *À l'~*, si llega el caso, si se tercia | *À l'~ de*, con motivo de | *D'~*, de segunda mano, de lance, de ocasión ‖ **~nel, elle** adj Ocasional ‖ **~ner** vt Ocasionar, causar (produire).
occident m Occidente ‖ **~al, e** adj/s Occidental.
occip|ital, e adj/m Occipital ‖ **~ut** [ɔksipyt] m Occipucio.
occire* [ɔksi:r] vt Matar.
occlu|re vt Ocluir ‖ **~sif, ive** adj Oclusivo, a ‖ **~sion** f Oclusión.
occulte adj Oculto, a.
occup|ant, e adj/s Ocupante | Inquilino, a (locataire) ‖ **~ation** f Ocupación | Ocupación, trabajo *m*, quehacer *m* ‖ **~er** vt Ocupar | Ocupar, emplear (*à*, en) | Emplear, dar trabajo (avoir des employés) | Tomar (temps) | Entretener (distraire) | *C'est occupé*, está comunicando (téléphone) | — Vp Dedicarse a, ocuparse en | Encargarse de (se charger de) | Hacer, dedicarse a (d'un travail) | Atender : *on s'occupe de vous?*, ¿le atienden? | Hacer caso de (faire attention à) | Entretenerse en.
occurrence f Caso *m*, circunstancia : *en l'~*, en este caso.
océan m Océano.
Océanie nprf Oceanía.
océan|ique adj Oceánico, a ‖ **~ographie** f Oceanografía.
oce|lle m Ocelo | Pinta *f* (du plumage) ‖ **~lot** [ɔslo] m Ocelote.
ocre f Ocre *m* | — Adj Ocre.
oct|aèdre m Octaedro ‖ **~ane** m CHIM. Octano ‖ **~ante** adj Ochenta ‖ **~ave** f REL. MUS. Octava.
octobre m Octubre : *le 6 ~ 1934*, el 6 de octubre de 1934.
octo|génaire adj/s Octogenario, a ‖ **~gone** adj/m Octógono, a.
octr|oi m Concesión *f*, otorgamiento | Consumos *pl*, arbitrios (*pl*) municipales (droits) | Fielato (bureau) | *Employé d'~*, consumero ‖ **~oyer** [ɔktrwaje] vt Conceder, otorgar.
ocul|aire adj/m Ocular ‖ **~iste** adj/s Oculista.
ode f Oda.
odeur f Olor *m*.
odieux, euse adj Odioso, a.
odont|ologie f Odontología ‖ **~ologiste** s Odontólogo, a.
odor|ant, e adj Oloroso, a ‖ **~at** m Olfato ‖ **~iférant, e** adj Odorífero, a.
odyssée f Odisea.
œcumén|ique [ekymenik] adj Ecuménico, a ‖ **~isme** m Ecumenismo.
œdème [edɛm] m Edema.
œil [œj] m (pl *yeux*) Ojo | Mirada *f* (regard) | Vista *f* : *avoir l'~ à*, echar la vista a | Ojo (pain, fromage, etc) | TECH. Ojo | Aguas *fpl* (des pierreries) | Mirilla *f* (judas) | BOT. Yema *f* | *À l'~*, a ojo (en gros), de balde (gratis) | *À l'~ nu*, a simple vista | FAM. *Avoir le compas dans l'~*, tener buen ojo | FIG. *Avoir le mauvais ~*, ser gafe | *Avoir l'~*, tener cuidado | *Avoir l'~ au guet*, estar ojo avizor | *Avoir l'~ sur qqn*, vigilar a alguien | *Avoir qqn à l'~*, no quitar ojo de encima a alguien | *À vue d'~*, a ojos vistas | *Coup d'~*, ojeada, vistazo | FAM. *Coûter les yeux de la tête*, costar un ojo de la cara |

FIG. *Crever les yeux* o *sauter aux yeux*, saltar a la vista. *Dévorer des yeux*, comerse con los ojos. *Entre quatre yeux*, a solas | FAM. *En un clin d'~*, en un santiamén, en un abrir y cerrar de ojos. *Faire de l'~*, guiñar | FIG. *Fermer les yeux sur*, hacer la vista gorda sobre | POP. *Mon ~!*, ¡ni hablar! | *Loin des yeux, loin du cœur*, ojos que no ven, corazón que no siente | FIG. *Ne pas en croire ses yeux*, no dar crédito a sus ojos | *Ne pas fermer l'~*, no pegar ojo | FAM. *~ au beurre noir*, ojo a la funerala | *Ouvrir l'~*, andar ojo alerta, tener cuidado | *Ouvrir de grands yeux*, mirar con asombro | FIG. *Pour ses beaux yeux*, por su linda cara | *Regarder du coin de l'~*, mirar de reojo *ou* de soslayo | FIG. *Regarder d'un bon ~*, mirar con buenos ojos | POP. *Se rincer l'~*, regodearse | FAM. *Taper dans l'~*, hacer tilín, entrar por los ojos. *Tourner de l'~*, darle a uno un soponcio | *Yeux cernés*, ojeras || **~-de-perdrix** m Ojo de gallo (cor) | Ojo de perdiz (tissu).

œill|ade [œjad] f Guiñada, mirada || **~ère** [-jɛ:r] f Anteojera (harnais) | Lavaojos *m* || **~et** [-jɛ] m Clavel (plante) | Ojete (pour lacet).

œnologie [enɔlɔʒi] f Enología.

œsophage [ezɔfa:ʒ] m Esófago.

œuf [œf, pl ø] m Huevo | Hueva *f* (de poisson) | FIG. *Étouffer dans l'~*, cortar de raíz | FAM. *Marcher sur des ~s*, andar *ou* ir pisando huevos | *~ à la coque*, huevo pasado por agua | *~ poché*, huevo escalfado | *~s brouillés*, huevos revueltos | *~s sur le plat*, huevos estrellados *ou* al plato | FAM. *Sortir de l'~*, salir del cascarón.

œuvr|e [œ:vr] f Obra | Engaste *m* (pierre précieuse) | *À l'~!*, ¡manos a la obra! | *Faire ~ de*, obrar como | *Faire ~ de ses dix doigts*, no estar mano sobre mano | *Mettre à l'~*, emplear, poner a trabajar | *Mettre en ~*, poner en práctica, establecer | — M Obra *f* | *Gros ~*, conjunto de paredes maestras || **~er** vi Trabajar, laborar, obrar.

offens|ant, e adj Ofensivo, a || **~e** f Ofensa, agravio *m* || **~er** vt Ofender | — Vp Ofenderse (*de*, por) || **~eur** m Ofensor || **~if, ive** adj/f Ofensivo, a.

offertoire m REL. Ofertorio.

office m Oficio, función *f*, cargo | Oficina *f*, delegación *f* (bureau) | Servicio, oficio | REL. Oficio | Instituto : *~ du logement*, Instituto de la Vivienda | — F Antecocina, « office » *m*, oficio *m*.

offici|ant adjm/m Celebrante || **~el, elle** adj Oficial | — M Funcionario | — Pl Autoridades *f* || **~er** m Oficial | *~ ministériel*, escribano | *~ supérieur*, jefe | — Vi Celebrar, oficiar || **~eux, euse** adj Oficioso, a (sans caractère officiel) | Servicial.

officine f Oficina, laboratorio *m*.

offr|ande f Ofrenda || **~ant** adjm/m Postor : *le plus ~*, el mejor postor || **~e** f Oferta | Ofrecimiento *m* | Proposición || **~ir*** vt Regalar, ofrecer | Obsequiar con, ofrecer | Ofrecer | Convidar a, invitar a | Ofrecer, presentar | Proponer (proposer) | Brindar, deparar (occasion) | Ofrendar (à Dieu) | *~ de*, proponer | — Vp Ofrecerse | Comprarse | *~ le plaisir de*, darse el gusto de.

offusquer vt Chocar, ofender.

ogiv|al, e adj Ojival || **~e** f Ojiva.

ogre, esse s Ogro, ogresa.

ohm [o:m] m Ohm, ohmio.

oïdium m Oidio.

oie [wa] f Ganso *m*, ánade *m*, oca, ánsar *m* | FAM. *Être bête comme une ~*, ser muy ganso | FIG. *~ blanche*, pava.

oignon [ɔɲɔ̃] m Cebolla *f* | Juanete (cor) | Bulbo (de fleur) | FAM. *Occupe-toi de tes ~s*, no te metas en camisa de once varas.

oindre* vt Untar | REL. Ungir.

oiseau [wazo] m Ave *f* : *les ~x de proie*, las aves de rapiña | Pájaro (petit) | FAM. *Drôle d'~*, bicho raro; pajarraco, pájaro de cuenta. *~ rare*, mirlo blanco | FIG. *Petit à petit l'~ fait son nid*, poco a poco hila la vieja el copo || **~-lyre** m Ave (*f*) lira || **~-mouche** m Pájaro mosca.

oisel|et [wazlɛ] m Pajarito || **~eur** [-lœ:r] m Pajarero || **~ier** [wazəlje] m Pajarero (vendeur) || **~lerie** [-zɛlri] f Pajarería.

ois|eux, euse adj Ocioso, a || **~if, ive** adj/s Ocioso, a.

oisillon [wazijɔ̃] m Pajarito.

oisiveté f Ociosidad, ocio *m*.

oison m Ansarón, ansarino.

oléa|cées fpl BOT. Oleáceas || **~gineux, euse** adj/m Oleaginoso, a.

olé|iculture f Oleicultura || **~oduc** m Oleoducto.

olfactif, ive adj Olfativo, a.

olibrius m Figurón, excéntrico.

olig|archie f Oligarquía || **~archique** adj Oligárquico, a.

oliv|acé, e adj Aceitunado, a; oliváceo, a || **~aie** [ɔlivɛ] f Olivar *m* || **~âtre** adj Aceitunado, a || **~e** f Aceituna, oliva | — Adj Color verde oliva, aceitunado, a || **~eraie** [ɔlivrɛ] f Olivar *m* || **~ier** m Olivo | *~ sauvage*, acebuche.

olographe adj Ológrafo, a.

olymp|iade f Olimpiada || **~ien, enne** adj Olímpico, a || **~ique** adj Olímpico, a.
ombilic [ɔ̃bilik] m Ombligo || **~al, e** adj Umbilical.
ombr|age m Umbría *f*, enramada *f* | FIG. Desconfianza *f*, sospecha *f*; sombra *f* | *Prendre ~*, sentirse celoso, quedar resentido || **~agé, e** adj Umbrío, a; sombreado, a || **~ager** vt Sombrear, dar sombra | Cubrir || || **~ageux, euse** adj Espantadizo, a (chevaux) | FIG. Desconfiado, a; receloso, a || **~e** f Sombra | Oscuridad, tinieblas *pl* | Sombreado *m* (d'un dessin) | POP. *À l'~*, en chirona, a la sombra | *À l'~ de*, al amparo de | FIG. *Pas l'~ de*, ni pizca de | *Rester dans l'~*, mantenerse apartado | *Sans l'~ d'un doute*, sin la menor duda || **~é, e** adj Sombreado, a || **~elle** f Sombrilla, quitasol *m* || **~er** vt Sombrear.
oméga m Omega *f* (lettre grecque).
omelette f Tortilla : *~ nature*, tortilla a la francesa.
omettre* vt Omitir.
omis, e [ɔmi, i:z] adj Omitido, a.
omission f Omisión.
omni|bus [ɔmnibys] m Ómnibus || **~potence** f Omnipotencia || **~potent, e** adj Omnipotente, todopoderoso, a || **~um** [ɔmnjɔm] m Ómnium || **~vore** adj Omnívoro, a.
omoplate f Omóplato *m*, omoplato *m*.
on pron pers Se (forme pronominale) : *~ dit tant de choses!*, ¡se dicen tantas cosas! | Uno, a : *~ a ses petites habitudes*, uno tiene sus costumbres | Ellos, ellas [o la 3ª persona del plural] : *~ dit*, dicen | Alguien (sujet indéfini) : *~ vient*, alguien viene | Nosotros, as [o la 1ª persona del plural] : *~ ira tous*, iremos todos.
onagre m Onagro (âne).
once f Onza.
oncle m Tío.
onct|ion f Unción || **~ueux, euse** adj Untuoso, a.
ond|e f Onda | Ola (vague) | RAD. *Grandes ~s*, onda larga; *petites ~s*, onda media || **~ée** f Aguacero *m*, chaparrón *m* || **~ine** f Ondina.
on-dit [ɔ̃di] m Habladuría *f*, hablilla *f*.
ond|oiement [ɔ̃dwamɑ̃] m Ondeo, ondulación *f* | REL. Agua (*f*) de socorro || **~oyant, e** [ɔ̃dwajɑ̃, ɑ̃:t] adj Ondeante, ondulante || **~oyer** [-je] vi Ondear, ondular | — Vt REL. Dar el agua de socorro || **~ulation** f Ondulación || **~ulatoire** adj Ondulatorio, a || **~uler** vt/i Ondular.
onéreux, euse adj Oneroso, a; costoso, a | *À titre ~*, pagando.
ongl|e [ɔ̃:gl] m Uña *f* : *se faire les ~s*, arreglarse las uñas | Garra *f* (animaux) | *Coup d'~*, arañazo | *~ incarné*, uñero || **~ée** f Entumecimiento (*m*) de los dedos || **~et** m Inglete (biseau, angle) | Uñero (de dictionnaire) | Cartivana *f* (reliure) | Uña *f*, muesca *f* (couteaux) | MÉD. Uña *f*.
onguent [ɔ̃gɑ̃] m Ungüento.
onirique adj Onírico, a.
onoma|stique adj/f Onomástico, a || **~topée** f Onomatopeya.
ontolo|gie f Ontología || **~gique** adj Ontológico, a.
onyx [ɔniks] m Ónice.
onz|e [ɔ̃:z] adj/m Once || **~ième** adj/s Undécimo, a; onceno, a | Onzavo, a (fraction).
opacité f Opacidad.
opal|e f Ópalo *m* | — Adj Opalino, a || **~in, e** adj/f Opalino, a.
opaque adj Opaco, a.
opéra m Ópera *f*.
opér|ateur, trice s Operador, a || **~ation** f Operación | FAM. *Par l'~ du Saint-Esprit*, por arte de magia, por obra y gracia del Espíritu Santo | *Salle d'~*, quirófano | **~ationnel, elle** adj Operacional, operativo, a || **~atoire** adj Operatorio, a.
opercule m Opérculo.
opérer vt Operar | Producir | Hacer, realizar, efectuar | — Vi Obrar, operar, producir su efecto | — Vp Producirse.
opérette f Opereta.
ophidien m ZOOL. Ofidio.
ophtalm|ie [ɔftalmi] f MÉD. Oftalmía || **~ologie** f MÉD. Oftalmología || **~ologiste** ou **~ologue** s Oftalmólogo, a.
opin|er vt/i Opinar || **~iâtre** adj Pertinaz, porfiado, a; obstinado, a | Rebelde, tenaz || **~iâtreté** f Tesón *m*, porfía, obstinación | Testarudez (entêtement) || **~ion** f Opinión | Parecer *m*, juicio *m*, opinión (avis).
opi|omane adj/s Opiómano, a || **~um** [ɔpjɔm] m Opio.
opportun, ~e [ɔpɔrtœ̃, yn] adj Oportuno, a | Acertado, a; oportuno, a; pertinente || **~isme** m Oportunismo || **~iste** adj/s Oportunista || **~ité** f Oportunidad (occasion) | Conveniencia, oportunidad.
oppos|able adj Oponible || **~ant, e** adj/s Opositor, a | Oposicionista (membre de l'opposition) || **~é, e** adj Opuesto, a | Contrario, a | — M Lo contrario, lo opuesto | *À l'~ de*, al contrario de || **~er** vt Oponer || **~ition** f Oposición | *Faire ~*, oponerse.
oppress|ant, e adj Oprimente || **~er** vt Oprimir | FIG. Atormentar | *Être oppressé*, respirar con ahogo || **~eur** adjm/m Opresor || **~ion** f Opresión.

opprimer vt Oprimir (assujettir).
opprobre m Oprobio.
opter vi Optar.
opticien, enne s Optico, a.
optim|isme m Optimismo ‖ **~iste** adj/s Optimista ‖ **~um** [ɔptimɔm] adj/m óptimo, a.
option f Opción | *Matière à ~*, asignatura facultativa.
optique adj óptico, a | — F óptica | Fig. Enfoque *m*, punto (*m*) de vista, óptica.
opul|ence f Opulencia ‖ **~ent, e** adj Opulento, a.
opuscule m Opúsculo.
or conj Ahora bien.
or m Oro : *~ en feuilles*, oro en panes *ou* en hojas | *Acheter à prix d'~*, comprar a peso de oro | *Être cousu d'~* o *rouler sur l'~*, apalear el oro, estar forrado | *~ véritable*, oro de ley | *Parler d'~*, hablar en plata *ou* de perlas | *Personne en ~*, pedazo de pan | *Tout ce qui brille n'est pas ~*, no es oro todo lo que reluce.
oracle m Oráculo.
orag|e m Tormenta *f*, tempestad *f* | Fig. Borrasca *f*, tormenta *f* ‖ **~eux, euse** adj Tempestuoso, a; borrascoso, a | Bochornoso, a (chaleur) | Fig. Agitado, a; movido, a; borrascoso, a.
or|aison f Oración ‖ **~al, e** adj/m Oral.
orang|e f Naranja | Adj inv/m Naranja (couleur) | Ámbar (feu) ‖ **~é, e** adj/m Anaranjado, a ‖ **~eade** [ɔrɑʒad] f Naranjada ‖ **~er** m Naranjo | *Fleur d'~*, azahar ‖ **~eraie** [-ʒrɛ] f Naranjal *m* ‖ **~erie** [-ʒri] f Invernadero (*m*) de naranjos.
orang-outan m Zool. Orangután.
orat|eur m Orador ‖ **~oire** adj Oratorio, a | *L'art ~*, la oratoria | — M Oratorio (chapelle) ‖ **~orio** m Mus. Oratorio.
orbite f órbita, cuenca (yeux) | Astr. órbita.
orchestr|al, e [ɔrkɛstral] adj Mus. Orquestal ‖ **~ation** f Mus. Orquestación ‖ **~e** m Mus. Orquesta *f* | Patio de butacas (places de théâtre) | *Fauteuil d'~*, butaca de patio ‖ **~er** vt Orquestar.
orchidée [ɔrkide] f Orquídea.
ordin|aire adj Ordinario, a | Común | Habitual, corriente | Vulgar, del montón, ordinario, a (médiocre) | Corriente : *vin ~*, vino corriente | — M Lo corriente, lo ordinario, lo común | Rel. Ordinario | *À l'~* o *d'~*, comúnmente, de ordinario | *Sortir de l'~*, ser fuera de lo común *ou* de lo corriente ‖ **~al, e** adj Ordinal ‖ **~ateur** m Tech. Ordenador, computador, computadora *f* ‖ **~ation** f Rel. Ordenación.
ordo m Rel. Añalejo (calendrier).
ordonn|ance f Ordenación, disposición | Com. Orden de pago, libramiento *m* | Dr. Decisión judicial (décision d'un juge) | Méd. Receta, prescripción facultativa | Mil. Ordenanza (règlement), ordenanza *m* (soldat) | *Officier d'~*, ayudante de campo ‖ **~ancement** m Orden (*f*) de pago, libramiento | Planificación *f* ‖ **~ateur, trice** adj/s Ordenador, a | — M Ordenador de pagos | Maestro de ceremonias ‖ **~ée** f Math. Ordenada ‖ **~er** vt Ordenar, disponer (ranger) | Mandar, ordenar (imposer) | Méd. Prescribir, recetar | Rel. Ordenar.
ordre m Orden *f* (commandement, distinction, société religieuse) | Orden (rangement, calme, classement, sacrement) | Colegio (des avocats, médecins, etc) | Categoría *f*, orden *f* | Com. Pedido, orden *f* | *À l'~ de*, a la orden de | *Avoir de l'~*, ser ordenado | Mil. *À vos ~s!*, ¡a la orden! | *Billet à ~*, pagaré | *Jusqu'à nouvel ~*, hasta nuevo aviso | *Mot d'~*, consigna, santo y seña | *~ du jour*, orden del día | *Par ~ d'entrée en scène*, por orden de aparición.
ordur|e f Basura | Porquería (immondices) ‖ Fig. Porquería, grosería (grossièreté), tipo (*m*) asqueroso (personne) | *Tas d'~s*, muladar ‖ **~ier, ère** adj Indecente, puerco, a; licencioso, a.
orée f Lindero *m*, linde *m* ou *f*.
oreill|e [ɔrɛj] f Oreja (partie externe) | Oído *m* (ouïe) | Orejera (de fauteuil) | *Avoir l'~ fine*, tener buen oído, ser fino de oídos | *Baisser l'~*, tener las orejas gachas | Fig. *Casser les ~s à qqn*, dar la lata *ou* el tostón a alguien. *Dormir sur ses deux ~s*, dormir tranquilo. *Dresser, prêter, tendre l'~*, aguzar el oído. *Échauffer les ~s*, calentar los cascos. *Écorcher les ~s*, lastimar el oído. *Faire la sourde ~*, hacerse el sordo, hacer oídos de mercader | *Montrer le bout de l'~*, descubrir *ou* enseñar la oreja | *N'écouter que d'une ~*, escuchar a medias | *Ne pas tomber dans l'~ d'un sourd*, no caer en saco roto | *Prêter l'~ à*, dar oídos a ‖ **~er** [-je] m Almohada *f* ‖ **~ette** [-jɛt] f Anat. Aurícula ‖ **~ons** [-jɔ̃] mpl Orejeras *f* (d'un casque) | Méd. Paperas *f*.
Orénoque nprm Orinoco.
ores [ɔ:r] adv (Vx) Ahora | *D'~ et déjà*, desde ahora, de aquí en adelante.
orfèvr|e m Platero, orfebre (m. us.) | *~ en la matière*, ducho en la materia ‖ **~erie** f Platería, orfebrería.
organdi m Organdí.
organ|e m órgano | Voz *f* (voix) ‖ **~igramme** m Organigrama ‖ **~ique**

adj Orgánico, a ‖ **~isateur, trice** adj/s Organizador, a ‖ **~isation** f Organización ‖ **~iser** vt Organizar ‖ **~isme** m Organismo ‖ **~iste** s MUS. Organista.
orgasme m Orgasmo.
org|e [ɔrʒ] f Cebada | *Sucre d'~*, pirulí | — M *~ mondé, perlé*, cebada mondada, perlada ‖ **~eat** [ɔrʒa] m Horchata *f* ‖ **~elet** m MÉD. Orzuelo.
orgie [ɔrʒi] f Orgía.
orgue [ɔrg] m MUS. órgano | *~ de Barbarie*, organillo, órgano de manubrio | MUS. *Point d'~*, calderón.
orgueil [ɔrgœj] m Orgullo (fierté) | Soberbia *f* : *l'~ est un péché*, la soberbia es un pecado ‖ **~leux, euse** adj/s Orgulloso, a.
Orient [ɔrjɑ̃] nprm Oriente | *Extrême-~*, Extremo *ou* Lejano Oriente | *Moyen-~*, Oriente Medio | *Proche-~*, Cercano *ou* Próximo Oriente.
orient m Oriente ‖ **~al, e** adj/s Oriental ‖ **~ation** f Orientación ‖ **~ement** m MAR. Orientación *f* ‖ **~er** vt Orientar.
orifice m Orificio.
oriflamme f Oriflama.
origin|aire adj Oriundo, a; natural, originario, a ‖ **~al, e** adj/s Original | Extravagante, estrafalario, a | **~alité** f Originalidad | Extravagancia ‖ **~e** f Origen *m* | *À l'~*, al principio | *D'~*, genuino, a; de origen (produit), nativo, a (personne) | *Tirer son ~ de*, proceder de ‖ **~el, elle** adj Original.
oripeau m Oropel, relumbrón.
orm|aie [ɔrmɛ] ou **~oie** [ɔrmwa] f Olmeda, olmedo *m* ‖ **~e** m Olmo | FAM. *Attendez-moi sous l'~*, espéreme sentado ‖ **~eau** m Olmo pequeño.
ornement m Ornamento, adorno | REL. Paramento, ornamento ‖ **~al, e** adj Ornamental ‖ **~ation** f Ornamentación, adorno *m* ‖ **~er** vt Ornamentar, adornar.
orner vt Adornar, ornar | FIG. Enriquecer.
ornière f Carril *m*, rodada | FIG. *Sortir de l'~*, salir del atolladero.
ornitho|logie f Ornitología ‖ **~logiste** ou **~logue** s Ornitólogo, a.
oro|génie f Orogenia ‖ **~graphie** f Orografía.
Orphée nprm Orfeo.
orphelin, ~e s Huérfano, a ‖ **~age** m Orfandad *f* ‖ **~at** m Orfanato, asilo de huérfanos | Inclusa *f* (enfants abandonnés).
orphéon m Orfeón.
orteil [ɔrtɛj] m Dedo del pie.
ortho|doxe adj/s Ortodoxo, a ‖ **~doxie** f Ortodoxia ‖ **~graphe** f Ortografía ‖ **~graphique** adj Ortográfico, a ‖ **~pédie** f Ortopedia ‖ **~pédique** adj Ortopédico, a ‖ **~pédiste** adj/s Ortopédico, a; ortopedista.
ortie [ɔrti] f Ortiga.
ortolan m Hortelano (oiseau).
os [ɔs, pl : o] m Hueso | POP. *Il y a un ~*, hay una pega | FIG. *N'avoir que la peau et les ~*, estar en los huesos | FAM. *Ne pas faire de vieux ~*, no llegar a viejo | *~ de seiche*, jibión | FAM. *Tomber sur un ~*, dar en *ou* tropezar con un hueso.
oscill|ant, e [ɔsilɑ̃, ɑ̃:t] adj Oscilante ‖ **~ation** [-lasjɔ̃] f Oscilación ‖ **~atoire** adj Oscilatorio, a ‖ **~er** [-le] vi Oscilar ‖ **~ographe** [-lɔgraf] m Oscilógrafo ‖ **~omètre** [-lɔmɛtr] m Oscilómetro.
oscule m ZOOL. BOT. Poro.
oseille [ozɛj] f BOT. Acedera | POP. Parné *m*, pasta (argent).
oser vt/i Atreverse a, osar.
os|eraie f Mimbreral *m*, mimbral *m* ‖ **~ier** m Mimbre.
osmium [ɔsmjɔm] m Osmio (métal).
osmose f ósmosis, osmosis.
oss|ature f Esqueleto *m*, osamenta | FIG. Armazón ‖ **~elet** [ɔslɛ] m Huesecillo | Taba *f* (jeu) ‖ **~ements** [ɔsmɑ̃] mpl Huesos, osamenta *fsing* ‖ **~eux, euse** adj óseo, a | Huesudo, a (avec des os) ‖ **~ification** f Osificación ‖ **~ifier** vt Osificar ‖ **~uaire** [ɔsɥɛ:r] m Osario.
osten|sible adj Ostensible ‖ **~soir** m Custodia *f* ‖ **~tation** f Ostentación ‖ **~tatoire** adj Ostentoso, a.
ostracisme m Ostracismo.
ostréicult|eur m Ostricultor ‖ **~ure** f Ostricultura.
ostrogoth ou **ostrogot, e** [ɔstrɔgo, ɔt] adj/s Ostrogodo, a | FIG. Bárbaro, a.
otage m Rehén.
otarie f ZOOL. Otaria.
ôt|é prép Excepto, salvo | *~ de*, de (calcul) ‖ **~er** vt Quitar | Quitarse, despojarse de (vêtement) | Restar, quitar (calcul) | Sacar (tirer du doute) | Suprimir | — Vp Quitarse.
otite f MÉD. Otitis.
oto-rhino-laryngologiste [ɔtorinolarɛ̃gɔlɔʒist] m Otorrinolaringólogo.
ottoman, e adj/s Otomano, a | — M Otomán (tissu) | — F Otomana (canapé).
ou conj O, u (devant les mots commençant par o).
— OBSERV. Lorsqu'il sépare deux chiffres *o* porte un accent (3 *ó* 4).
où adv interr Dónde | Adónde, a dónde (avec mouvement) | *~ en sont les choses?*, ¿cómo van las cosas? | — Adv Donde | Adonde (avec mouvement) | *N'importe ~*, donde sea | — Pron rel

Donde, en que, en el cual, en la cual | Adonde, al que, al cual, a la cual (avec mouvement) | En que : *le jour ~ tu es venu,* el día en que viniste.
ouailles [wα:j] fpl REL. Fieles *m,* grey *sing.*
ouat|e [wat] f Algodón *m,* guata ‖ **~ine** f Forro (*m*) algodonado.
oubli m Olvido ‖ **~e** f (Vx) Barquillo *m* ‖ **~er** vt Olvidar | *~ de,* olvidarse de | — Vp Olvidarse | Olvidarse de uno mismo | Faltar al respeto ‖ **~ette** f Mazmorra ‖ **~eux, euse** adj Olvidadizo, a.
ouest [wɛst] adj/m Oeste.
oui [wi] adv Sí | *Mais ~!,* ¡claro que sí! | — M Sí | *Pour un ~, pour un non,* por un quítame allá esas pajas.
ouï|-dire m Rumor, voz (*f*) que corre | *Par ~,* de oídas ‖ **~e** [wi] f Oído *m* | — Pl Agallas (des poissons) | *Être tout ~,* ser todo oídos ‖ **~r*** [wi:r] vt Oír.
ouragan m Huracán.
Oural nprm Ural (fleuve) | Urales *pl* (monts).
ourdir vt Urdir | FIG. Tramar.
ourl|er vt Hacer un dobladillo ‖ **~et** m Dobladillo (couture) | Borde.
ours [urs] m Oso : *~ brun,* oso pardo ‖ **~e** f Osa | ASTR. *Grande, Petite Ourse,* Osa Mayor, Menor ‖ **~in** m ZOOL. Erizo de mar ‖ **~on** m Osezno.
oust! ou **ouste!** interj ¡Fuera!, ¡largo de aquí! (dehors!) | ¡De prisa!, ¡pronto! (vite!).
outarde f Avutarda (oiseau).
outil [uti] m Herramienta *f* | *~s agricoles,* aperos de labranza ‖ **~lage** [-ja:ʒ] m Herramientas *fpl,* utillaje | Aperos *pl* (agricole) | Maquinaria *f* ‖ **~ler** [-je] vt Equipar, proveer de herramientas | FIG. Preparar.
outrag|e m Ultraje, ofensa *f* | Injuria *f* ‖ **~eant, e** [utraʒɑ̃, ɑ̃:t] adj Ultrajante, injurioso, a | Ofensivo, a (propos) ‖ **~er** vt Ultrajar, injuriar | FIG. Atentar contra, ofender.
outranc|e f Exageración, exceso *m* | *À ~,* a ultranza, hasta el extremo ‖ **~ier, ère** adj/s Exagerado, a; excesivo, a.
outre f Odre *m,* pellejo *m.*
outr|e prép Además de (en plus) : *~ cela,* además de esto | Más allá de, tras (au-delà) | *En ~,* además, por añadidura | *~ mesure,* sin medida, desmesuradamente | *~ que,* además de que ‖ **~é, e** adj Exagerado, a | Irritado, a; indignado, a ‖ **~ecuidance** [utrəkɥidɑ̃:s] f Suficiencia, presunción ‖ **~ecuidant, e** adj Presuntuoso, a ; prepotente ‖ **~emer** [-mɛr] m Lapislázuli (pierre) | Azul de ultramar (couleur) ‖ **~e-mer** m Ultramar ‖ **~e-monts** [-mɔ̃] loc adv Allende los montes, tras los montes ‖ **~epasser** vt Sobrepasar, extralimitarse en ‖ **~er** vt Extremar, desmedir (exagérer) | Irritar, indignar ‖ **~e-tombe** loc adv Ultratumba.
ouvert, ~e adj Abierto, a : *grand ~,* abierto de par en par | FIG. Franco, a; abierto, a | Inteligente | Expuesto, a | Reñido, a; duro, a (sports) ‖ **~ure** f Abertura | Boca (port, puits) | Apertura (réunion, exposition, etc) | Salida (cartes) | Vano *m,* hueco *m* (porte, fenêtre) | MUS. Obertura | Proposición (diplomatie) | Apertura (rugby) | *~ de crédits,* alocación de créditos | *~ de la chasse,* levantamiento de la veda | *~ d'esprit,* anchura de miras.
ouvr|able adj Laborable, hábil : *jour ~,* día laborable ‖ **~age** m Obra *f,* trabajo, labor *f* | Obra *f* (livre) | Labor *f* (d'aiguille) | *Avoir le cœur à l'~,* trabajar con ganas | *Table à ~,* costurero ‖ **~ager** vt Labrar | Tallar (bois) ‖ **~ant, e** adj Que se abre | Corredizo, a (toit) ‖ **~é, e** ou **~agé, e** adj Labrado, a | Bordado, a; calado, a (couture) ‖ **~e-boîtes** m inv Abrelatas ‖ **~er** vt Labrar ‖ **~euse** f Acomodadora (théâtre) ‖ **~ier, ère** s Obrero, a; operario, a : *~ électricien,* operario electricista | — Adj Obrero, a ‖ **~ir*** vt Abrir | FIG. Inaugurar, abrir (bal), fundar, abrir (établissement), entablar (pourparlers), poner (radio) | *~ la chasse,* levantar la veda | *~ le feu,* romper el fuego | — Vi Dar, dar acceso (*sur,* a) | Abrir | — Vp Abrirse | Dar (*sur,* a) | Comenzar | FIG. *~ à qqn,* confiarse a alguien ‖ **~oir** m Obrador (pour la lingerie) | Ropero (d'une paroisse).
ovaire m ANAT. Ovario.
oval|e adj Oval, ovalado, a | — M Óvalo ‖ **~isation** f MÉC. Ovalización ‖ **~iser** vt MÉC. Ovalizar.
ovation f Ovación ‖ **~ner** vt Ovacionar, aclamar.
ovin, ~e adj Ovino, a | — M Ovino, óvido.
ov|ipare adj/s Ovíparo, a ‖ **~oïde** adj Ovoide ‖ **~ulaire** adj Ovular ‖ **~ulation** f Ovulación ‖ **~ule** m Óvulo.
oxyd|ant, e adj/m Oxidante ‖ **~ation** f Oxidación ‖ **~e** m Óxido ‖ **~er** vt Oxidar.
oxyg|énation f Oxigenación ‖ **~ène** m Oxígeno ‖ **~éner** vt Oxigenar.
oxyton m GRAM. Oxítono.
oxyure m Oxiuro.
ozone m CHIM. Ozono.

P

p m P *f.*
pacage m Pasto, pastizal (endroit) | Pastoreo (action).
pacha m Bajá, pachá.
pachyderme [paʃidɛrm] adjm/m Paquidermo.
pacif|icateur, trice adj/s Pacificador, a ‖ **~ication** f Pacificación | FIG. Apaciguamiento *m* ‖ **~ier** vt Pacificar | FIG. Apaciguar ‖ **~ique** adj Pacífico, a.
Pacifique nprm Pacífico.
pacifis|me m Pacifismo ‖ **~te** adj/s Pacifista.
pacotille [pakɔtij] f Pacotilla.
pact|e m Pacto ‖ **~iser** vi Pactar, hacer un pacto | FIG. Transigir, contemporizar.
paella f Paella.
paf adj POP. Borracho, a; curda.
pagaie [pagɛ] f Pagaya (aviron).
pagaïe ou **pagaille** [pagaj] f FAM. Desorden *m,* follón *m.*
paganisme m Paganismo.
pag|e f Página | Plana (de journal) | FIG. Episodio *m,* página | Cuartilla, hoja (feuille) | FIG. *Être à la ~,* estar al día *ou* al tanto | IMPR. *Mettre en ~s,* compaginar, confeccionar | *~ de garde,* guarda | *~ de titre,* portada | FIG. *Tournons la ~,* borrón y cuenta nueva, doblemos la hoja | — M Paje ‖ **~eot** [paʒo] m POP. Catre, piltra *f* ‖ **~ination** f Paginación, foliación ‖ **~iner** vt Paginar, foliar.
pagne m Taparrabo.
pagode f Pagoda.
pa|ie [pɛ] ou **~ye** [pɛj] f Paga ‖ **~iement** ou **yement** [pɛmɑ̃] m Pago.
païen, enne [pajɛ̃, jɛn] adj/s Pagano, a.
paierie f Pagaduría.
paill|ard, e [paja:r, ard] adj/s Lascivo, a; verde, libertino, a ‖ **~asse** f Jergón *m* | — M Payaso, bufón (clown) ‖ **~asson** m Felpudo, esterilla *f* | AGR. Pajote ‖ **~e** [pɑ:j] f Paja | TECH. Quebraza, pelo *m* | FIG. *Être sur la ~,* no tener donde caerse muerto | *~ de fer,* estropajo metálico | *Tirer à la courte ~,* echar pajas | FAM. *Une ~!,* ¡una bicoca! | — Adj Pajizo, a; color de paja ‖ **~é, e** adj Pajizo, a | TECH. Que tiene quebrazas *ou* pelos ‖ **~er** m Pajar (grenier) | — Vt Poner asiento y respaldo de enea (chaise) ‖ **~eter** vt Bordar *ou* recamar con lentejuelas | Salpicar (parsemer) ‖ **~ette** [pajɛt] f Lentejuela | Pepita (d'or) | Laminilla, hoja (de mica) | Escama (de savon) ‖ **~is** [pɑji] m AGR. Pajote | Montón de paja (tas) ‖ **~ote** f Choza de paja.
pain m Pan : *~ frais, rassis,* pan tierno, duro | Pastilla *f* (de savon) | Librillo (de cire) | FIG. Pan, sustento | FIG. *Avoir du ~ sur la planche,* haber tela que cortar. *C'est ~ bénit,* le está bien empleado. *Être au ~ sec,* estar a pan y agua | *~ à cacheter,* oblea, lacre | *~ au lait,* bollo de leche | *~ bis,* pan bazo *ou* moreno | *~ complet,* pan integral | *~ de glace,* barra de hielo | *~ de gruau,* pan de flor | *~ de maïs,* borona | *~ de mie,* pan de molde | *~ d'épice,* alajú | *~ de seigle* o *noir,* pan de centeno | *~ mollet,* mollete | *~ perdu,* torrija | FIG. *Se vendre comme des petits ~s,* venderse como rosquillas *ou* panecillos.
pair, ~e adj Par | — M Par (noble) | Par *f,* paridad *f* (parité) | — Pl Pares, iguales, semejantes | *Aller de ~ avec,* correr parejas con, ir a la par de | *Être au ~ dans une maison,* prestar algunos servicios domésticos por la cama y la comida | *Hors de ~* o *hors ~,* sin par, sin igual ‖ **~e** f Par *m* | Pareja (couple) | Yunta (de bœufs) | FAM. *C'est une autre ~ de manches,* eso es harina de otro costal | FIG. *Les deux font la ~,* son tal para cual ‖ **~esse** f Paresa.
paisible adj Apacible | Sosegado, a; tranquilo, a.
paître* vt Apacentar | — Vi Pacer, pastar | FAM. *Envoyer ~,* mandar a paseo *ou* a la porra.
paix [pɛ] f Paz | Tranquilidad, calma | *Faire la ~,* hacer las paces | FAM. *Ficher la ~,* dejar en paz.
Pakistan nprm Paquistán.
pakistanais, e adj/s Paquistaní.
pal m (pl *pals*) Palo (héraldique).
palabr|e f Palabrería, palabreo *m* ‖ **~er** vi Charlotear, palabrear.
paladin m Paladín.
palais [palɛ] m Palacio | ANAT. Paladar | FIG. Paladar, gusto (goût) | *~ de justice,* palacio de justicia, audiencia.
palan m Aparejo, polipasto ‖ **~gre** f Palangre *m* ‖ **~que** f Palanca, estacada ‖ **~quin** m Palanquín.
palastre ou **palâtre** m Palastro.

palat|al, e adj/f Palatal, paladial ‖ **~alisation** f Palatalización ‖ **~aliser** vt Palatalizar (un son) ‖ **~in, e** adj/s Palatino, a
Palatinat nprm Palatinado.
pale f Compuerta de molino | Álabe *m*, paleta (aube) | Pala (d'hélice, d'aviron, etc).
pâle adj Pálido, a | Apagado, a (éteint).
pale|frenier [palfrənje] m Palafrenero, mozo de caballerizas ‖ **~froi** [-frwa] m Palafrén.
paléo|graphie f Paleografía ‖ **~lithique** adj/m Paleolítico, a ‖ **~ntologie** f Paleontología.
Palestine nprf Palestina.
palestre f Palestra.
palet m Chito, chita *f* (jeu) | Tejo (disque).
paletot [palto] m Gabán, abrigo.
palette f Paleta (de peintre) | Álabe *m*, pala (de roue) | Espaldilla (boucherie) | Pala (raquette) | Paletón *m* (de dent).
palétuvier m Mangle.
pâleur f Palidez.
palier m Descansillo, rellano (d'un escalier) | Parte (*f*) plana, nivel (de routes, voies ferrées) | Fig. Grado, nivel, escalón (degré) | Méc. Apoyo, cojinete, « palier ».
palindrome adj *Nombre ~*, capicúa.
palinodie f Palinodia.
pâlir vi Palidecer | — Vt Descolorar.
palis [pali] m Estaca *f* (pieu) | Estacada *f*, empalizada *f* ‖ **~sade** f Empalizada, estacada, vallado *m* ‖ **~sandre** m Palisandro.
palli|atif, ive adj/m Paliativo, a ‖ **~er** vt Paliar | Mitigar (calmer) ‖ **~um** [paljɔm] m Palio.
palm|arès [palmarɛs] m Lista (*f*) de premios (école) | Lista (*f*) de los resultados (sports, concours) | Historial, hoja (*f*) de servicios ‖ **~e** f Bot. Palma (feuille), palmera (arbre) | Palma (insigne) | Aleta (de nageur) ‖ **~é, e** adj Palmeado, a; palmado, a ‖ **~er** [palmɛ:r] m Tech. Palmer, calibrador ‖ **~eraie** [palmərɛ] f Palmeral *m*, palmar *m* ‖ **~ier** m Palmera *f* | *Cœur de ~*, palmito | *~ nain*, palmito | *~ royal*, palmiche, palmicho ‖ **~ipède** adj/m Palmípedo, a ‖ **~iste** m Palmito.
palombe f Paloma torcaz.
palonnier m Balancín (de voiture) | Barra (*f*) de carga | Aviat. Palanca (*f*) de mando del timón.
pâlot, otte adj Paliducho, a.
palourde f Almeja.
palper vt Palpar | Fam. Embolsarse, cobrar.
palpit|ant, e adj Palpitante | Fam. Emocionante | — M Pop. Corazón (cœur) ‖ **~ation** f Palpitación ‖ **~er** vi Palpitar (le cœur).
palplanche f Tablestaca.
paltoquet m Fam. Patán, palurdo.
palud|éen, enne [palydeɛ̃, eɛn] adj Palúdico, a ‖ **~isme** m Méd. Paludismo, malaria *f*.
palustre adj Palustre.
pâm|er ou **~er (se)** vi/p Pasmarse, desfallecer | Extasiarse (s'émerveiller) ‖ **~oison** f Pasmo *m* | Soponcio *m*, patatús *m* (fam) | *Tomber en ~*, desmayarse, darle a uno un soponcio *ou* un patatús.
Pampelune npr Pamplona.
pamphlet [pɑ̃flɛ] m Libelo, panfleto.
pamplemouss|e m Pomelo, toronja *f* ‖ **~ier** m Pomelo, toronjo.
pampre m Pámpano.
pan m Faldón (de vêtement) | Pañal (de chemise) | Lienzo (de mur) | Cara *f*, lado (face) | Palmo, cuarta *f* (empan) | *~ coupé*, chaflán.
panacée f Panacea.
panach|e m Penacho | Fam. Brillo, lustre | Fig. *Faire ~*, volcar dar una vuelta de campana (voiture) ‖ **~é, e** adj Fam. Abigarrado, a (bigarré), heterogéneo, a | — M Clarita, *f*, cerveza (*f*) con gascosa ‖ **~er** vt Empenachar | Abigarrar (bigarrer) | Mezclar (mélanger).
panade f Sopa de pan | Pop. Miseria.
Panama nprm Panamá.
panam|a m Jipijapa, panamá (chapeau) ‖ **~éen, enne** adj/s Panameño, a.
panaméricain, e adj Panamericano, a.
panard, e adj Patizambo, a | — M Pop. Pinrel, queso (pied).
panaris m Méd. Panadizo, uñero.
pancarte f Cartel *m*, pancarta.
pancré|as [pɑ̃krea:s] m Páncreas ‖ **~atique** adj Pancreático, a.
panégyr|ique m Panegírico ‖ **~iste** s Panegirista.
pan|er vt Empanar ‖ **~etière** f Panera (corbeille) | Bolsa del pan (sac) ‖ **~ier** m Cesta *f*, cesto | Canasta *f* (à linge) | Papelera *f* (à papier) | Enceste, cesto (basket-ball) | Miriñaque (crinoline) | Fig. *Le dessus du ~*, lo mejorcito, la flor y nata | *~ à ouvrage*, costurero | *~ à salade*, cesto para escurrir la ensalada (pour la salade), coche celular (de la police) | Fig. *~ de crabes*, nido de víboras. | *~ de la ménagère*, cesta de la compra | *~ percé*, manirroto, saco roto ‖ **~ification** f Panificación ‖ **~ifier** vt Panificar.
panique adj Pánico, a | — F Pánico *m*.
pann|e f Pana (tissu) | Avería (de voiture) | Apagón *m*, corte *m* (d'électricité) | Manteca, grasa de cerdo

(graisse) | Atasco *m*, parada (arrêt) | *Avoir une ~ sèche*, quedarse sin gasolina | MAR. *En ~*, al pairo | FIG. *Rester en ~*, quedarse plantado.
panné, e adj POP. Tronado, a.
panneau [pano] m ARCH. Tablero | Panel (d'une porte) | Cartel, cartelera *f* (affiche), tablero (tableau) | Tabla *f* (peinture) | Red (*f*) de caza (chasse) | Almohadilla *f* (de harnais) | *~ de signalisation* o *indicateur*, señal de tráfico, placa | *~ publicitaire*, valla publicitaria | FIG. *Tomber* o *donner dans le ~*, caer en la trampa || **~eton** m Paletón (de clef).
panonceau m Rótulo, placa *f*.
panoplie f Panoplia.
panoram|a m Panorama || **~ique** adj Panorámico, a | — M Panorámica *f*.
pans|age m Limpieza (*f*) de un animal || **~e** f FAM. Panza, barriga | Panza (d'animal, de récipient) || **~ement** m Cura *f*, apósito || **~er** vt Curar (soigner) | Vendar (bander) | Almohazar, limpiar (cheval) || **~u, e** adj/s Panzudo, a; barrigudo, a.
pantalon m Pantalón, pantalones *pl* | *~ bouffant*, pantalón bombacho || **~nade** f Bufonada | FIG. Farsa.
pantelant, e adj Palpitante | Jadeante (haletant).
panthé|isme m Panteísmo || **~iste** adj/s Panteísta || **~on** m Panteón de hombres ilustres.
panthère [pɑ̃tɛ:r] f Pantera.
pantin m Pelele, títere, muñeco.
pantographe m Pantógrafo.
pantois adjm FAM. Estupefacto, atónito, patidifuso.
pantomime f Pantomima.
pantoufl|ard m FAM. Casero || **~e** f Zapatilla, pantufla.
panure f Pan (*m*) rallado.
paon [pɑ̃] m Pavo real, pavón | FIG. Hombre vanidoso || **~ne** [pan] f Pava real.
pap|a m Papá | POP. *À la ~*, con calma | *Bon-~*, abuelito || **~al, e** adj Papal || **~auté** f Papado *m*, pontificado *m*.
papay|e [papaj] f Papaya (fruit) || **~er** [-je] m Papayo (arbre).
pape m Papa.
papelard, ~e adj Hipócrita | — M Santurrón (faux dévot) | POP. Papelucho || **~ise** f Hipocresía.
pap|erasse f Papelucho *m*, papelote *m* || **~erasserie** [paprasri] f Papeleo *m* || **~eterie** [papɛtri ou paptri] f Papelería (boutique) | Papelera (usine) | Recado (*m*) de escribir (nécessaire) || **~ier** m Papel | Letra *f*, efecto (traite) | — Pl Documentación *fsing*, documentos (d'identité) | FAM. *Être dans les petits ~s de qqn*, estar bien con uno | *Mettre sur le ~*, poner por escrito | FIG. *Noircir du ~*, emborronar cuartillas | *~ à cigarettes*, papel de fumar | *~ à lettres*, papel de cartas *ou* de escribir | *~ à musique*, papel pautado | *~ buvard*, papel secante | *~ carbone*, papel de carbón | *~ collant*, papel engomado *ou* de pegar | *~ couché*, papel cuché | *~ de verre*, papel de lija | *~ écolier* o *couronne*, papel de marca *ou* de cuartillas | *~ glacé*, papel glaseado *ou* de brillo | *~ journal*, papel de periódico | *~ libre*, papel sin sellar | *~ mâché*, cartón piedra | *~ non rogné*, papel de barba | *~ pelure*, papel cebolla | *~ sulfurisé*, papel vegetal | *~ vélin*, papel vitela || **~-calque** m Papel de calcar || **~-émeri** m Papel esmerilado || **~-monnaie** m Papel moneda || **~-parchemin** m Pergamino vegetal.
papilionacé, e adj/fpl Papilionáceo, a.
papille [papij] f ANAT. Papila.
papillon [papijɔ̃] m Mariposa *f* | FIG. Mariposón, veleta *f* (personne) | Cartel pequeño (affiche) | Mariposa *f* (nage) | TECH. Válvula *f*, mariposa *f* | FAM. Papelito de una multa (contravention) || **~ner** vi FAM. Mariposear.
papillot|age [papijɔta:ʒ] m Pestañeo, parpadeo (des yeux) | Deslumbramiento (éblouissement) | Espejeo (miroitement) || **~ant, e** adj Deslumbrador, a || **~e** f Papillote *m* || **~er** vi Pestañear, parpadear.
pap|isme m Papismo || **~iste** adj/s Papista.
papot|age m FAM. Parloteo, cháchara *f* || **~er** vi FAM. Parlotear, chacharear.
papyrus [papirys] m Papiro.
pâque f Pascua (fête juive).
paquebot [pakbo] m Paquebote, buque transatlántico [*Amér.*, paquete].
pâquerette f Margarita, maya.
Pâques [pɑ:k] nprm Pascua *f* [de Resurrección] | Semana (*f*) Santa : *vacances de ~*, vacaciones de Semana Santa | *Faire ses ~s*, comulgar por Pascua Florida, cumplir con la Iglesia.
paquet [pakɛ] m Paquete | Bulto : *~ de linge*, bulto de ropa | FAM. *Faire son ~*, liar el petate. *Mettre le ~*, echar el resto. *~ de cigarettes*, cajetilla *ou* paquete de cigarrillos | *~ de mer*, golpe de mar | FIG. *~ de nerfs*, manojo de nervios | FAM. *Risquer le ~*, jugárselo todo a una carta || **~er** vt Empaquetar, empacar.
par prép Por (lieu, moyen, cause, auteur, ordre) | Con (avec) | En : *voyager ~ avion*, viajar en avión | A : *deux fois ~ jour*, dos veces al día | De : *prendre ~ la main*, coger de la mano | Por *ou* gérondif : *il finit*

~ s'en aller, terminó por marcharse *ou* marchándose | *De ~,* por, en (lieu), en nombre de (personne), en virtud de (loi) | *~-ci, ~-là,* aquí y allá | *~ contre,* en cambio | *~-delà,* más allá | *~-devant,* por delante, ante.

parabol|e f Parábola || **~ique** adj/f Parabólico, a.

parachever vt Acabar, rematar, concluir.

parachut|age m Lanzamiento en paracaídas || **~e** m Paracaídas || **~er** vt Lanzar en paracaídas | FAM. Nombrar de improviso (nommer) || **~isme** m Paracaidismo || **~iste** adj/s Paracaidista.

parad|e f Parada | FIG. Alarde *m,* ostentación | MIL. Desfile *m* | Quite *m,* parada (escrime) | *De ~,* de gala, de lujo || **~er** vi Desfilar | FIG. Pavonearse, darse postín.

para|digme m Paradigma || **~dis** m Paraíso | Gloria *f,* cielo (ciel) | THÉÂTR. Paraíso, gallinero || **~disiaque** adj Paradisiaco, a; paradisíaco, a || **~disier** m Ave *(f)* del paraíso || **~doxal, e** adj Paradójico, a || **~doxe** [paradɔks] m Paradoja *f.*

paraf|e m Rúbrica *f* || **~er** vt Rubricar.

paraffin|e f Parafina || **~er** vt Parafinar.

parage m Paraje (endroit).

paragraphe m Párrafo [*Amér.,* acápite] | Apartado (de loi, d'article).

paraguayen, enne [paragwɛjɛ̃, jɛn] adj/s Paraguayo, a.

paraître* vi Aparecer, salir, surgir | Mostrarse (se montrer) | Parecer (sembler) | Publicarse, salir a luz (être publié) | Representar, aparentar, parecer tener (âge) | Manifestarse | Presentarse, comparecer (comparaître) | FIG. Distinguirse, aparentar, brillar (briller) | *Faire ~,* publicar (publier) | — Vimp Parecer : *à ce qu'il paraît,* según parece | *Il paraît que,* parece (ser) que | *Il y paraît,* se ve, se nota.

parall|axe f ASTR. Paralaje || **~èle** adj/s Paralelo, a || **~élépipède** ou **~élipipède** m Paralelepípedo || **~élisme** m Paralelismo || **~élogramme** m Paralelogramo.

paraly|sant, e adj Paralizador, a; paralizante || **~ser** vt Paralizar || **~sie** f Parálisis || **~tique** adj/s Paralítico, a.

paramécie f Paramecio *m.*

paramètre m Parámetro.

parangon m Parangón, prototipo, modelo | Diamante *ou* perla *(f)* sin defecto.

paranoïaque [paranɔjak] adj/s Paranoico, a.

parapet m Parapeto | Pretil, antepecho, parapeto (garde-fou).

paraph|e m Rúbrica *f* || **~er** vt Rubricar || **~rase** f Paráfrasis || **~raser** vt Parafrasear | FIG. Amplificar, exaltar.

parapluie [paraplɥi] m Paraguas.

parasit|aire adj Parasitario, a || **~e** adj/m Parásito, a.

para|sol m Quitasol, parasol || **~tonnerre** m Pararrayos || **~typhoïde** adj/f MÉD. Paratifoideo, a || **~vent** m Biombo (meuble mobile) | FIG. Tapadera *f,* pantalla f.

parbleu! interj ¡Pues claro!

parc [park] m Parque | Majada *f,* cercado (pour le bétail) | Aprisco, redil (bergerie) | Vivero, criadero (de poissons) | Coto (de chasse) | Estacionamiento, aparcamiento (pour voitures) | Jaula *f,* parque (pour bébé) | *~ à huîtres,* ostrero, criadero de ostras | *~ automobile,* parque automóvil || **~age** m Encierro (d'animaux) | Aparcamiento (de voitures).

parcell|aire adj Parcelario, a || **~e** f Parcela (de terre) | Partícula, ápice *m* || **~ement** m Parcelación *f.*

parce que loc adv Porque | FAM. Porque sí *ou* porque no.

parchemin m Pergamino || **~er** vt Apergaminar.

parcimoni|e f Parsimonia || **~eux, euse** adj Parsimonioso, a.

parcmètre ou **parcomètre** m Parquímetro.

parcour|ir* vt Recorrer | Hojear (livre) || **~s** m Recorrido, trayecto.

pardessus m Abrigo, gabán.

pardi! ou **pardieu!** interj ¡Pues claro!, ¡ya lo creo!

pardon m Perdón | Romería *f,* peregrinación *f* (fête religieuse) | *Je vous demande ~,* usted perdone *ou* dispense *ou* disculpe || **~nable** adj Perdonable, disculpable || **~ner** vt Perdonar | — Vi Perdonar | Perdonar, dispensar, disculpar.

paré, e adj Adornado, a; engalanado, a (orné) | MAR. *~!,* ¡listo!

pare-brise m inv AUT. Parabrisas || **~-chocs** [parʃɔk] m inv Parachoques || **~-feu** m inv Cortafuego.

pareil, eille [parɛj] adj Igual, parecido, a; semejante, similar | Tal, semejante (tel) | *C'est du ~ au même,* es lo mismo | *C'est toujours ~,* es siempre lo mismo | *Sans ~,* sin igual, sin par | — M Igual, semejante | — F *Rendre la ~,* pagar con la misma moneda.

parement m Paramento | Ornamento | Bocamanga *f* (revers) | Frontal (d'autel).

parent, ~e s Pariente, a | — Mpl Padres | Ascendientes (ancêtres) |

Grands-~s, abuelos | ~ *par alliance*, pariente político || **~é** f Parentesco *m* | Parentela, parientes *mpl* (parents) | FIG. Similitud.
parenthèse f Paréntesis *m*.
paréo m Pareo (vêtement).
parer vt Engalanar, adornar (orner) | Parar, evitar (détourner) | Limpiar (nettoyer) | Aderezar (un plat) | MAR. Aparejar | — Vi Precaverse (*à*, de) [se prémunir] | Remediar | Prevenirse (*à*, contra), prever (prévoir) | — Vp Engalanarse (s'orner) | Hacer alarde (se vanter).
pare-soleil m inv Parasol.
paress|e f Pereza, holgazanería || **~er** vi FAM. Holgazanear || **~eux, euse** adj/s Perezoso, a.
parfai|re* vt Perfeccionar, pulir | Completar || **~t, e** adj Perfecto, a | Absoluto, a | — M GRAM. Pretérito perfecto | Helado de café (glace) | Perfección *f*.
parfois [parfwa] adv A veces, de vez en cuando.
parfum [parfœ̃] m Perfume | Gusto (de glace) || **~er** [-fyme] vt Perfumar || **~erie** f Perfumería || **~eur, euse** s Perfumista.
pari m Apuesta *f* | ~ *mutuel*, apuestas mutuas (chevaux), quinielas (football) || **~a** m Paria || **~er** vt Apostar, hacer una apuesta || **~étal, e** adj/m ANAT. Parietal || **~eur, euse** s Apostante | Quinielista (football).
Paris [pari] npr París.
parisien, enne adj/s Parisiense, parisino, a.
parit|aire adj Paritario, a || **~é** f Paridad.
parjur|e adj/s Perjuro, a (personne) | — M Perjurio (action) || **~er (se)** vp Perjurar, jurar en falso.
parking [parkiŋ] m Aparcamiento de coches.
parl|ant, e adj Que habla, parlante | FIG. Expresivo, a | Sonoro, a; hablado, a (cinéma) || **~ement** m Parlamento || **~ementaire** adj Parlamentario, a | — M Diputado, parlamentario || **~ementarisme** m Parlamentarismo || **~ementer** vi Parlamentar || **~er** vt/i Hablar : ~ *fort, bas, tout seul*, hablar alto, bajo, a solas | Hablar de : ~ *affaires*, hablar de negocios | Hablar, mandar (commander) | *C'est une façon de* ~, es un decir | *Faire* ~ *de soi*, dar que decir, dar que hablar | ~ *d'abondance*, improvisar | ~ *de choses et d'autres*, hablar de todo un poco | ~ *en vain*, gastar palabras | ~ *pour* ~ o *pour ne rien dire*, hablar por hablar, hablar porque sí | *Parlons peu mais parlons bien*, hablemos poco y bien | *Trop* ~ *nuit*, quien mucho habla, mucho yerra | POP. *Tu parles!*, ¡qué va!, ¡que te crees tú eso! || — M Habla *f* | Dialecto, lenguaje | *Avoir son franc-~*, no tener pelos en la lengua | *Jamais beau* ~ *n'écorche la langue*, el hablar bien no cuesta dinero || **~eur, euse** s Hablador, a; parlanchín, ina | *Beau* ~, pico de oro, hombre de labia || **~oir** m Locutorio, sala *(f)* de visitas || **~ote** f FAM. Conversación, cháchara.
parmi prép Entre.
parod|ie f Parodia || **~ier** vt Parodiar.
paroi f Pared | Tabique *m* (cloison).
paroiss|e f Parroquia | Parroquia, feligresía (juridiction) || **~ial, e** adj Parroquial || **~ien, enne** s Feligrés, esa | — M Devocionario (missel).
parol|e f Palabra | Voz, habla *m* (voix) | Dicho *m*, frase (sentence) | — Pl Letra *sing* (chanson) | FIG. *C'est* ~ *d'Évangile*, es el Evangelio | *Donner sa* ~, empeñar la palabra | *Il ne lui manque que la* ~, sólo le falta hablar | *Je vous crois sur* ~, me basta con su palabra | *Ma* ~*!*, ¡por Dios! | ~ *(d'honneur)*, palabra (de honor) | *Sur* ~, bajo palabra | *Tenir* ~, cumplir con su palabra || **~ier** m Libretista (d'opéra) | Autor de la letra (d'une chanson).
paronym|e m Parónimo || **~ie** f Paronimia.
parotide f ANAT. Parótida.
paroxysme m Paroxismo.
parpaing [parpɛ̃] m ARCH. Perpiaño (sillar).
parqu|er vt Acorralar, encerrar (enfermer) | MIL. Establecer | Aparcar (une voiture) || **~et** [parkɛ] m Autoridades *(fpl)* judiciales | Ministerio fiscal (ministère public) | Corro de Bolsa (en Bourse) | Entarimado, parquet, parqué (plancher) || **~etage** [-kəta:ʒ] m Entarimado || **~eter** [-kəte] vt Entarimar.
parr|ain m Padrino || **~ainage** m Padrinazgo || **~ainer** vt Apadrinar || **~icide** adj/s Parricida | — M Parricidio (crime).
parsemer vt Sembrar, esparcir (répandre) | Constelar (d'étoiles) | Salpicar.
part [pa:r] f Parte | *À* ~, aparte | *À* ~ *soi*, para sus adentros | *D'autre* ~, por otra parte | *De la* ~ *de*, de parte de | *De* ~ *en* ~, de parte a parte | *De* ~ *et d'autre*, por ambas partes | *En mauvaise* ~, en mala parte | *Faire la* ~ *de*, tener en cuenta | *Faire* ~ *de*, dar parte de | *Nulle* ~, en ninguna parte | *Pour ma* ~, en cuanto a mí | *Prendre* ~ *à*, ser parte en | *Quelque* ~, en alguna parte || **~age** m Reparto, repartición *f* |

Parte *f*, porción *f* (portion) | Partición *f* (d'une succession) | Empate (égalité) | *Avoir en ~*, caer en suerte | *Ligne de ~ des eaux*, línea divisoria de las aguas | *~ d'opinions*, división de opiniones | *Sans ~*, por completo, exclusivamente ‖ **~ager** vt Partir, repartir, dividir (diviser) | Compartir (avoir en commun) | Dotar (douer) | Tomar parte en, participar de (participer à) | *Amour partagé*, amor correspondido.

part|ance f MAR. Leva, partida, salida | *En ~*, en franquía, a punto de salir ‖ **~ant** m Persona (*f*) que se va | Competidor (concurrent) | — Conj Por consiguiente, por lo tanto ‖ **~enaire** s Compañero, a; pareja *f* (au jeu) | Pareja *f* (cavalier) | Socio, a (associé) | Miembro *m* (d'une organisation) | Firmante (signataire).

parterre m Cuadro, arriate (de jardin) | THÉÂTR. Patio de butacas.

parti m Partido | Bando (faction) | Decisión *f*, determinación *f* | MIL. Partida *f*, comando | *En prendre son ~*, resignarse | *~ pris*, prejuicio, idea preconcebida | — Adj FAM. Achispado, a ‖ **~al, e** [parsjal] adj Parcial ‖ **~alité** f Parcialidad.

particip|ant, e adj/s Participante, partícipe | Concursante (à un concours) ‖ **~ation** f Participación | Asistencia, participación ‖ **~e** m Participio | *~ passé*, participio pasivo *ou* de pretérito | *~présent*, participio de presente *ou* activo ‖ **~er** vi Participar, tomar parte (*à*, en) | Participar | Intervenir.

particul|ariser vt Particularizar ‖ **~arité** f Particularidad ‖ **~e** f Partícula ‖ **~ier, ère** adj Particular | Especial, particular | Personal, particular | Peculiar, particular (caractéristique) | — M Particular | FAM. Individuo, quídam.

part|ie [parti] f Parte | Partida (jeux, chasse) | Ramo *m* (domaine) | COM. Partida | — Pl Partes, órganos (*mpl*) genitales | FIG. *Avoir la ~ belle*, llevar las de ganar. *Ce n'est que ~ remise*, es cosa diferida | *En ~s égales*, por partes iguales | *Être ~ dans*, ser parte en (procès) | *Faire ~ de*, formar parte de | *~ de campagne*, jira campestre, excursión al campo | *Prendre qqn à ~*, tomarla con uno ‖ **~iel, elle** [parsjɛl] adj Parcial ‖ **~ir*** vi Salir | Marcharse, irse (s'en aller) | Saltar (sauter) | Arrancar, ponerse en marcha (démarrer) | Dispararse (arme) | Salir, proceder (provenir) | Partir (avoir un point de départ) | *À ~ de*, a partir de | *À ~ d'ici*, desde aquí ‖ **~isan, e** adj/s Partidario, a (adepte) | Seguidor, a; partidario, a (d'une doctrine) | — M Guerrillero ‖ **~itif, ive** adj/m Partitivo, a ‖ **~ition** f Partición, división | MUS. Partitura.

partout adv Por todas partes, en todas partes | *De ~*, de todas partes | *~ ailleurs*, en cualquier otra parte | *~ où*, en cualquier parte donde, donde quiera que | *Quinze ~*, quince iguales, iguales a quince (tennis) | *Un ~*, empatados *ou* empate a uno (foot-ball, etc).

parturiente f (P. us.) Parturienta.

parure f Adorno *m* | Aderezo *m*, juego *m* (bijoux) | Juego (*m*) de ropa interior femenina (lingerie).

parution f Publicación, aparición, salida.

parven|ir* vi Llegar (arriver) | Medrar (s'élever) | Alcanzar, conseguir (obtenir) ‖ **~u, e** s Nuevo rico, nueva rica, advenedizo, a.

parvis [parvi] m Atrio | Plaza *f* (esplanade) | Pórtico (portique).

pas [pα] m Paso : *faire un ~*, dar un paso | Umbral (seuil) | Escalón, paso (marche) | Precedencia *f*, preeminencia *f* (préséance) | Diligencia *f*, paso (démarche) | MUS. Marcha *f* | *À grands ~*, a paso largo, a zancadas | *À ~ comptés*, con pasos contados | *À ~ de loup*, sin meter ruido | *De ce ~*, ahora mismo | *D'un bon ~*, a buen paso | *Faire les cent ~*, rondar la calle | *Faire un faux ~*, dar un paso en falso | *Faux ~*, tropezón, desliz | *Il n'y a que le premier ~ qui coûte*, todo es empezar | *~ de course*, carrera, paso de carga | *Retourner sur ses ~*, volverse atrás | FIG. *Tirer d'un mauvais ~*, sacar de un apuro *ou* de un mal paso | — Adv No | *Ne ... ~*, no [no se traduce *pas*] : *je ne veux ~*, no quiero | *~ du tout*, en absoluto, de ningún modo | *~ mal*, regular | *~ un*, ni uno | *Presque ~*, casi nada, apenas.

pascal, e adj Pascual.

Pascal nprm Pascual.

pas-de-porte m COM. Traspaso, llave *f*.

pass|able adj Pasable, pasadero, a; regular | Aprobado, a (note) ‖ **~ade** f Capricho (*m*) pasajero, antojo *m* (caprice) | Pasada (passage).

passag|e m Paso | Travesía *f* (traversée) | Pasaje (prix d'une traversée) | Tránsito (droit de passage) | Pasaje, pasadizo, callejón (ruelle) | Alfombra (*f*) estrecha (tapis) | Pasaje (d'un livre) | CIN. Pase (projection) | *Au ~*, de paso, al pasar | *De ~*, de paso | *~ à niveau*, paso a nivel | *~ clouté*, paso de peatones | *~ interdit*, prohibido el paso | *Se frayer un ~*, abrirse paso || **~er, ère** adj/s Pasajero, a | *~ clandestin,* polizón (bateau, avion).

pass|ant, e adj De mucho tráfico *ou* tránsito, concurrido, a | — S Transeúnte | — M Presilla *f* (de ceinture) || **~ation** f Transmisión, entrega (de pouvoirs) || **~avant** m Pasamano | Com. Pase.

passe [pɑ:s] f Paso *m* (passage) | Pase *m* (sports, magnétisme) | Tech. Pasada | *Être en ~ de,* estar en trance de | *Mauvaise ~,* mal paso.

passé, e adj Pasado, a | Descolorido, a | *Il est 8 heures passées,* son más de las ocho, son las ocho dadas | — M Pasado | Gram. Pretérito : *~ composé, simple,* pretérito perfecto compuesto, indefinido | — Prép Después de.

passe|-droit [pɑsdrwa] m Atropello || **~-lacet** m Pasador, pasacintas.

passement m Pasamano || **~erie** f Pasamanería || **~ier, ère** s Pasamanero, a.

passe|-montagne m Pasamontañas || **~-partout** m inv Llave (*f*) maestra | Orla *f,* marco (cadre) | Sierra *f* (scie) | — Adj Que sirve para todo || **~-passe** m inv *Tour de ~,* juego de manos, pasapasa | Fig. Jugarreta *f* || **~poil** m Ribete, vivo || **~port** m Pasaporte || **~-purée** m inv Pasapuré.

passer vi Pasar | Representarse (une pièce) | Proyectarse, echarse (film) | Salir (au tableau, à la télévision) | Pasar, transcurrir (s'écouler) | Ascender a : *~ général,* ascender a general | Irse (couleur) | Pasarse (à l'ennemi) | Aprobarse, adoptarse (loi) | Digerirse (digérer) | Marchitarse (se faner) | Ser admitido, introducirse (être introduit) | Fam. Morir, pasar a mejor vida | *En passant,* de paso | Fig. *En ~ par,* resignarse a | Fig. *Faire ~ l'envie de,* quitarle a uno las ganas de | *Mal ~,* sentar mal (un repas, etc) | *~ outre,* hacer caso omiso de | *~ pour,* pasar por | Fig. *~ sur,* pasar por alto | *Y ~,* pasar por ello ; gastarse, irse en ello (être dépensé) | — Vt Pasar (franchir) | Sobrepasar, pasar (dépasser) | Adelantar, pasar (doubler) | Ponerse (enfiler) | Colar, pasar (filtrer) | Pasar por alto (négliger) | Satisfacer (satisfaire) | Seguir (continuer) | Hacer, firmar (contrat) | Concertar (accord) | Representar (une pièce) | Echar, poner (film) | *~ un examen,* examinarse | — Vp Pasar, transcurrir (s'écouler) | Ocurrir, suceder (arriver) | *~ de,* prescindir de, pasar sin.

passereau [pɑsro] m Pájaro.

passerelle f Pasarela | Mar. Puente *m* | *~ télescopique,* pasarela de acceso.

passe-temps m inv Pasatiempo, entretenimiento (divertissement).

passeur, euse s Barquero, a.

passi|ble adj Punible, merecedor, a | Sujeto, a (sujet à) || **~f, ive** adj/m Pasivo, a | — M Gram. Voz (*f*) pasiva.

passiflore f Bot. Pasionaria.

passion f Pasión || **~nant, e** adj Apasionante || **~né, e** adj/s Apasionado, a || **~nel, elle** adj Pasional || **~ner** vt Apasionar.

passivité f Pasividad.

passoire f Colador *m,* pasador *m.*

pastel m Pastel, lápiz de pastel (crayon) | Dibujo al pastel (dessin).

pastèque f Sandía.

pasteur m Pastor.

pasteuriser vt Pasterizar, pasteurizar.

pastich|e ou **~age** m Imitación *f,* plagio, remedo || **~er** vt Remedar, imitar, plagiar.

pastille [pastij] f Pastilla.

pastis [pastis] m Anisado.

pastoral, e adj Pastoral, pastoril | — F Pastoral.

pastour|eau m Pastorcillo, zagal || **~elle** f Pastorcilla, zagala | Pastorela (poésie, danse).

pat adjm Ahogado (aux échecs).

pata|pouf m Fam. Gordinflón (homme) | Batacazo (chute) || **~quès** [patakɛs] m Gazapo.

patate f Bot. Batata, boniato *m* | Fam. Patata, papa (pomme de terre) | *~ douce,* batata.

patati et patata (et) loc Fam. Que patatín patatán.

patatras! [patatrɑ] interj ¡Cataplum!

pataud, e adj/s Fam. Palurdo, a; patán.

patauger vi Chapotear | Fam. Enredarse, atascarse (s'embrouiller).

pât|e f Pasta | Masa (du pain) | Fam. Madera, carácter *m* | Fam. *Bonne ~,* buena persona | *~ de bois,* pulpa de madera | *~ de coings,* carne de membrillo | *~ de fruits,* dulce de fruta | *~ dentifrice,* pasta dentífrica, crema dental || **~é** m Pasta (*f*) de hígado, « foie gras » | Pastel (de viande ou poisson) | Fig. Borrón, mancha (*f*) de tinta | Manzana *f* [*Amér.,* cuadra] (de maisons) | *~ de sable,* flan de arena | *~ en croûte,* empanada || **~ée** f Cebo *m* (pour volaille) | Comida (pour animaux).

patelin, e adj/s Zalamero, a | — M Pop. Pueblo.

patelle f Lapa (mollusque).

patène f Rel. Patena.

patenôtre f (Vx) Padrenuestro *m* | Fam. Rezo *m.*

patent, ~e adj Patente | — F Patente || **~er** vt Patentar.

pater [patɛ:r] m inv Padrenuestro.

patère [patɛ:r] f Pátera (coupe) | Alzapaño *m* (de rideau) | Percha, gancho *m* (pour vêtements).
patern|el, elle adj Paterno, a (parenté) | Paternal (du père) | — M Pop. Padre, viejo (père) || **~ité** f Paternidad.
pâteux, euse adj Pastoso, a.
pathét|ique adj Patético, a || **~isme** m Patetismo.
patho|gène adj Patógeno, a || **~logie** f Patología || **~logique** adj Patológico, a || **~logiste** adj/s Patólogo, a.
patibulaire adj Patibulario, a.
patiemment [pasjamã] adv Pacientemente.
pati|ence [pasjã:s] f Paciencia | Solitario *m* (cartes) | Romaza (plante) | *Prendre en ~,* llevar con paciencia | *Prendre ~,* tener paciencia || **~ent, e** [-sjã, ã:t] adj/s Paciente || **~enter** vi Tener paciencia, armarse de paciencia | Esperar (attendre).
patin m Patín | Solera *f* (rail) | Tech. Zapata *f* (de frein) | Calzo (construction) | Suela *f* (semelle) | *~ à glace,* patín de cuchilla | *~ à roulettes,* patín de ruedas || **~age** m Patinaje | Patinazo (de roues) || **~e** f Pátina || **~er** vt Dar pátina | — Vi Patinar || **~ette** f Patineta || **~eur, euse** s Patinador, a || **~oire** f Patinadero *m,* pista de patinar.
pâtir vi Padecer, sufrir | Resentirse, sufrir las consecuencias.
pâtiss|erie f Pastelería, repostería | Pastel *m,* dulce *m* (gâteau) || **~ier, ère** s Pastelero, a; repostero, a.
patois m Habla (*f*) regional y popular | Fam. Jerga *f* (charabia).
patouiller [patuje] vi Fam. Chapotear.
patraque f Fam. Cacharro *m* | — Adj Fam. Achacoso, a; pachucho, a.
pâtre m Pastor.
patri|arcal, e adj Patriarcal || **~arcat** m Patriarcado || **~arche** m Patriarca || **~cien, enne** adj/s Patricio, a || **~e** f Patria || **~moine** m Patrimonio || **~monial, e** adj Patrimonial || **~otard, e** adj/s Fam. Patriotero, a || **~ote** adj/s Patriota || **~otique** adj Patriótico, a || **~otisme** m Patriotismo.
patron, ~ne s Dueño, a; amo, a (chef) | Patrono, a (saint) | — M Patrono, empresario (employeur) | Jefe (de bureau) | Patrón (modèle) | — F Patrona (de pension) || **~age** m Patrocinio (protection) | Patronato (société) | Círculo recreativo juvenil (d'une paroisse) | *Sous le ~ de,* patrocinado por || **~al, e** adj Patronal | Empresarial || **~at** m Empresariado, patronato, empresarios *pl* || **~ner** vt Patrocinar || **~nesse** adjf Patrocinadora, protectora || **~yme** m Patronímico, nombre patronímico.
patrouill|e [patruj] f Patrulla || **~er** vi Mil. Patrullar || **~eur** m Patrullero (bateau) | Avión de reconocimiento | Soldado que patrulla.
patt|e f Pata | Clavo *m* (clou) | Garabato *m,* garfio *m* (crochet) | Tapa (de chemise) | Lengüeta (de porte-feuille) | Cartera (de poche) | Portañuela (de la braguette) | Garra (de fourrure) | Fam. Pata (jambe), mano (main) | Pop. *Bas les ~s!,* ¡manos quietas! | Fam. *Faire ~ de velours,* esconder las uñas. *Graisser la ~,* untar la mano | Fig. *Montrer ~ blanche,* darse a conocer || **~e-d'oie** [patdwa] f Encrucijada (carrefour) | Pata de gallo (ride) || **~emouille** f Sarga, almohadilla (pour repasser).
pâtur|age m Pasto, dehesa *f* (lieu) | Pastoreo (action) || **~e** f Pasto *m,* pienso *m,* forraje *m* (fourrage) | Dehesa (pâturage) | Fam. Pitanza, comida | Fig. Pasto *m,* comidilla || **~er** vi Pacer, pastar.
paturon m Cuartilla *f* (d'animal).
Paul nprm Pablo | Paulo (pape).
paum|e f Palma (de la main) | Pelota (jeu) | Frontón *m* [*Amér.,* cancha] (terrain) || **~er** vt Pop. Perder.
paupérisme m Pauperismo.
paupière f Anat. Párpado *m.*
paus|e f Pausa | Parada, detención, alto *m* (arrêt) | Mus. Pausa, silencio *m* | Descanso *m* (sports) || **~er** vi Hacer una pausa, descansar.
pauvr|e adj Pobre | Triste | — M Pobre || **~esse** f Pobre, mendiga || **~eté** f Pobreza.
pavage ou **pavement** m Empedrado (de pierres) | Adoquinado (de pavés) | Pavimento (surface) | Empedramiento (action).
pavaner (se) vp Pavonearse.
pav|é m Adoquín (bloc de pierre) | Tarugo (de bois) | Empedrado, adoquinado, pavimento (sol pavé) | Calle *f,* arroyo (rue) | Fig. *Battre le ~,* callejear. *Être sur le ~,* estar en la calle || **~er** vt Solar, pavimentar (recouvrir) | Empedrar (empierrer) | Adoquinar (de pavés).
pavillon [pavijɔ̃] m Pabellón | Chalet (petit), hotelito (grand) | Aut. Techo | *Amener ~,* arriar bandera | Fam. *Baisser ~,* ceder | *~ de complaisance,* pabellón de conveniencia.
pavois m Mar. Empavesada *f* | Pavés (bouclier) || **~er** vt Empavesar (bateau) | Engalanar (édifice) | — Vi Poner colgaduras.
pavot m Adormidera *f.*
pay|able [pɛjabl] adj Pagadero, a; pagable || **~ant, e** [-jã, ã:t] adj Que paga | De pago (que l'on paie) | Fam.

Rentable, provechoso, a; que compensa ‖ **~e** [pɛj] f Paga ‖ **~ement** [pɛmɑ̃] m Pago ‖ **~er** [-je] vt Pagar | Abonar, pagar (dettes) | Recompensar | FIG. *Il me le paiera*, me las pagará | *~ comptant*, pagar al contado | FIG. *~ de*, dar pruebas de, mostrar. *~ de retour*, corresponder. *~ de sa personne*, dar la cara (s'exposer), darse por entero (se consacrer) | — Vi FAM. Rentar, ser productivo, a; compensar | — Vp Pagarse | FIG. Obsequiarse, darse el gusto de (s'offrir) | Cobrar (toucher) | FIG. *~ de*, contentarse con ‖ **~eur, euse** [-jœ:r, ø:z] adj/s Pagador, a.

pays, e [pei, i:z] adj/s Paisano, a | — M País | Tierra *f*, terruño (terroir) | Tierra *f* (contrée) | *Mal du ~*, nostalgia, morriña | *~ de cocagne*, tierra de Jauja | *Voir du ~*, ver mundo ‖ **~age** [-za:ʒ] m Paisaje ‖ **~agiste** adj/s Paisajista ‖ **~an, anne** adj/s Campesino, a ‖ **~annerie** f Gente campesina.

Pays-Bas [peibɑ] nprmpl Países Bajos (nom historique), Holanda *fsing* (nom actuel).

P.C.V. *Communication P.C.V.*, conferencia a cobro revertido.

péage m Peaje.

peau f Piel | Cutis *m* (du visage) | Pellejo *m* (d'animal, du raisin) | Piel (d'un fruit) | Cáscara, piel (de banane, d'orange) | Monda, mondadura (épluchure) | FAM. Nata (du lait) | FAM. Pellejo *m* | FAM. *Avoir qqn dans la ~*, tener a alguien en la masa de la sangre | FIG. *N'avoir que la ~ et les os*, estar en los huesos | *~ de chagrin*, piel de zapa | POP. *Une vieille ~*, un vejestorio | FIG. *Vendre cher sa ~*, vender cara su vida.

peccadille f Pecadillo *m*.

pêche f Pesca : *~ à la ligne*, pesca con caña | BOT. Melocotón [*Amér.*, durazno].

péch|é m Pecado | *À tout ~ miséricorde*, toda falta merece perdón | FAM. *Laid comme les sept ~s capitaux*, más feo que Picio | *~ mignon*, flaco, debilidad ‖ **~er** vi Pecar (*par*, por, de).

pêch|er m BOT. Melocotonero [*Amér.*, duraznero] | — Vt Pescar ‖**~erie** f Pesquería | Explotación de la pesca.

pécheur, cheresse adj/s Pecador, a.

pêcheur, euse adj/s Pescador, a | — Adj Pesquero, a (bateau).

pectoral, e adj/m Pectoral.

pécu|le m Peculio ‖ **~niaire** adj Pecuniario, a.

pédagog|ie f Pedagogía ‖ **~ue** s Pedagogo, a.

pédal|e f Pedal *m* | POP. Marica *m* (homosexuel) | FAM. *Perdre les ~s*, perder los estribos ‖ **~er** vi Pedalear | Ir en bicicleta ‖ **~eur** m Ciclista ‖ **~ier** m Piñón mayor (bicyclette) | Pedal (de l'orgue) ‖ **~o** m Hidropedal.

pédant, ~e adj/s Pedante ‖ **~erie** f ou **~isme** m Pedantería *f*, pedantismo *m*.

pédéraste m Pederasta.

pédestre adj Pedestre.

pédiatr|e s Pedíatra, pediatra ‖ **~ie** f Pediatría.

pédi|cule m ANAT. Pedúnculo | BOT. Pedículo, pedúnculo ‖ **~cure** s Pedicuro, a; callista.

pédoncule m Pedúnculo.

pègre f Hampa.

peign|age f Peinado, cardado ‖ **~e** [pɛɲ] m Peine | Peineta *f* (peigne haut) | Carda *f* (pour la laine) | Rastrillo (pour lin et chanvre) | Venera *f*, peine (mollusque) | FIG. *Passer au ~ fin*, registrar a fondo ‖ **~ée** f POP. Paliza, zurra ‖ **~er** vt Peinar | TECH. Cardar, peinar (textile), rastrillar (lin) | — Vp Peinarse ‖ **~oir** m Bata *f* (robe de chambre) | Albornoz (sortie de bain).

peinard, e adj POP. Tranquilo, a.

peindre* vt Pintar.

pein|e f Pena | Trabajo *m*, esfuerzo *m* (effort) | Pesar *m* (chagrin) | Dificultad | *À grand-~*, a duras penas | *À ~*, apenas | *Ce n'est pas la ~ de*, no merece la pena | *Être dans la ~*, estar afligido | *Faire de la ~*, dar pena | *Perdre sa ~*, perder el tiempo | *Pour la ~*, en premio | *Se donner o prendre la ~ de*, tomarse el trabajo *ou* la molestia de ‖ **~é, e** adj Apenado, a; pesaroso, a ‖ **~er** vt Afligir, apenar | — Vi Penar, padecer, sufrir | Tener dificultad *ou* trabajo.

peint|re m Pintor | *Femme ~*, pintora | *~ en bâtiment*, pintor de brocha gorda ‖ *~-graveur*, grabador ‖ **~ure** f Pintura | *~ à la détrempe*, pintura al temple | *~ à l'eau*, acuarela | *~ à l'huile*, pintura al óleo ‖ **~urlurer** vt/i FAM. Pintarrajear.

péjoratif, ive adj Despectivo, a; peyorativo, a.

pékinois, e adj/s Pequinés, esa; pekinés, esa.

pel|age m Pelaje | Peladura *f*, pelado (action) ‖ **~é, e** adj Pelado, a | — S Pelón, ona; calvo, a ‖ **~er** vt Pelar | Mondar (éplucher) | Descortezar (arbre) | — Vi Mudar la piel.

pêle-mêle adv Confusamente, en desorden.

pèlerin, ~e s Peregrino, a | (Vx) Viajero, a (voyageur) ‖ **~age** m Peregrinación *f* | Romería *f* (à un ermitage) | Lugar de peregrinación (lieu) ‖ **~e** f Esclavina.

pélican m Pelícano, pelicano.

pelisse [pəlis] f Pelliza.

pell|e f Pala | Paleta (à gâteaux) | Recogedor *m* (pour le ménage) | FAM. *À la ~*, a patadas, a espuertas | POP. *Ramasser une ~*, coger una liebre || **~etée** [pɛlte] f Palada, pala | FIG. Multitud, carretada || **~eter** vt Apalear | Palear, remover con la pala || **~eterie** [pɛltri] f Peletería || **~eteuse** f Excavadora, pala cargadora || **~etier, ère** adj/s Peletero, a.

pellicule f Pellejo *m* (peau) | Caspa (des cheveux) | PHOT. Película.

pelo|tari m Pelotari || **~te** [p(ə)lɔt] f Pelota | Bola (boule) | Ovillo *m*, madeja (de laine, de fil) | Acerico *m* (pour épingles) | FAM. *Faire sa ~*, ahorrar || **~ter** [-te] vt Ovillar | POP. Manosear, sobar (caresser) | POP. Dar coba, hacer la pelotilla (aduler) || **~ton** [-tɔ̃] m Pelotón || **~tonner** [-tɔne] vt Ovillar, devanar | — Vp Ovillarse, hacerse un ovillo | FIG. Acurrucarse.

pel|ouse [p(ə)lu:z] f Césped *m* || **~uche** f Felpa (étoffe) | Pelusa || **~ucher** vi Soltar pelusa, deshilacharse || **~ure** f Piel (des fruits) | Pellejo *m* (de raisin) | Mondadura (épluchure).

pelvis [pɛlvis] m ANAT. Pelvis *f*.

pén|al, e adj Penal || **~alisation** f Castigo *m*, penalidad (sports) || **~aliser** vt Infligir un castigo || **~alité** f Penalidad.

penalty m Penalty (football).

pénates [penat] mpl Penates.

penaud, e adj Corrido, a; confuso, a; avergonzado, a.

pench|ant m FIG. Inclinación *f*, propensión *f* || **~er** vt Inclinar | — Vi Inclinarse, ladearse | FIG. Propender a, ser propenso a (être porté à) | Estar en declive (terrain) | — Vp Inclinarse | *~ au-dehors*, asomarse | FIG. *~ sur un problème*, estudiar, examinar un problema.

pend|able adj Que merece la horca | Condenable || **~aison** f Horca | Acción de colgar || **~ant** prép Durante | *~ que*, mientras, mientras que || **~ant, e** adj Colgante | FIG. Pendiente | — M Pareja *f* (objet semblable) | *~s d'oreilles*, pendientes, zarcillos || **~ard, e** s FAM. Granuja, pillo, a || **~eloque** f Colgante *m* (de lustre) | Dije *m* (breloque) || **~entif** m ARCH. Pechina *f* | Colgante, dije (bijou) || **~erie** f Guardarropa *m*, ropero *m* || **~iller** [pɑ̃dije] vi Balancearse, colgar || **~re*** vt Colgar | Ahorcar (un criminel) | — Vi Colgar (*à*, de) | — Vp Colgarse | Ahorcarse (se suicider) || **~u, e** adj V. PENDRE | — M Ahorcado || **~ulaire** adj Pendular || **~ule** m Péndulo, péndola *f* | — F Reloj *m* [de pared *ou* de chimenea].

pêne m Pestillo.

pénétr|able adj Penetrable || **~ant, e** adj Penetrante || **~ation** f Penetración || **~é, e** adj Penetrado, a | Convencido, a | Lleno, a (plein) || **~er** vt/i Penetrar | FIG. Calar, penetrar, entrar | — Vp Convencerse.

pénible adj Penoso, a | FAM. Pesado, a.

péniche f MAR. Gabarra, chalana.

pénicilline f MÉD. Penicilina.

péninsul|aire adj/s Peninsular || **~e** f Península.

pénis [penis] m ANAT. Pene.

pénit|ence f Penitencia : *en* o *pour ~*, como penitencia | Castigo *m* (punition) | *Mettre en ~*, castigar || **~encier** m REL. Penitenciario | Penal (prison) || **~ent, e** adj/s Penitente || **~entiaire** adj Penitenciario, a.

penn|age m Plumaje || **~e** f Pluma | Barbas *pl* (d'une flèche) | MAR. Penol *m* || **~on** m Pendón.

penny [pɛny] m Penique.

pénombre f Penumbra.

pense-bête m Recordatorio.

pens|ée f Pensamiento *m* | Parecer *m* (opinion) | Idea (idée) | Recuerdo *m* (souvenir) | BOT. Pensamiento *m* | *Arrière-~*, segunda intención | *Libre ~*, librepensamiento || **~er** vi/t Pensar, creer | *Je ne pense pas*, no creo | *~ à*, pensar en | *~ à mal*, tener malas intenciones | *Penses-tu!*, ¡ni hablar!, ¡qué va! | *Qu'en pensez-vous?*, ¿qué le parece? || **~eur, euse** s Pensador, a | *Libre ~*, librepensador || **~if, ive** adj Pensativo, a.

pension f Pensión (établissement, indemnité) | Pensionado *m*, colegio (*m*) de internos, internado *m* | *~ de famille*, casa de huéspedes || **~naire** s Huésped, a (hôte), interno, a (dans un collège) | Pensionado, a; pensionista (qui reçoit une pension) | *Demi-~*, medio pensionista || **~nat** m Internado, pensionado || **~ner** vt Pensionar.

penta|èdre [pɛ̃taɛdr] m Pentaedro || **~gone** [-gɔn] adj/m Pentágono, a.

pentathlon m Pentatlón (sports).

pente f Pendiente, cuesta | Inclinación, declive *m* (inclination).

Pentecôte nprf Pentecostés *m*.

penture f Pernio *m* (d'un gond).

pénultième adj/f Penúltimo, a.

pénurie f Penuria, escasez.

pép|ère m FAM. Abuelito | Abuelo (homme âgé) | — Adj FAM. Tranquilo, a (bien tranquille) || **~ettes** fpl POP. Monises *m*, perras (argent) || **~ie** [pepi] f VÉT. Moquillo *m*, pepita | FAM. *Avoir la ~*, tener mucha sed || **~iement** [-mɑ̃] m Pío, piar || **~ier** vi Piar || **~in** m Pipa *f*, pepita *f* |

FAM. Paraguas (parapluie) | POP. Engorro, lío (difficulté) || **~inière** f Vivero *m*, semillero *m* | FIG. Cantera, vivero *m* || **~ite** *f* Pepita.
peppermint [pepərmint] m Pipermín.
pep|sine f CHIM. Pepsina || **~tone** f Peptona.
perçage m Taladro, perforación *f*.
percale f Percal *m*.
perçant, e adj Puntiagudo, a | FIG. Agudo, a (aigu), perspicaz, penetrante.
perc|e f Taladro *m* (outil) | Agujero *m* (trou) | *En ~*, abierto || **~ée** f Abertura, boquete *m* (ouverture) | Paso *m*, claro *m* (dans une forêt) | MIL. Brecha, penetración || **~ement** m Abertura *f*, perforación *f* | Apertura *f* (de rue) || **~e-neige** f inv BOT. Narciso (*m*) de las nieves || **~e-oreille** m Tijereta *f*, cortapicos *inv*.
percept|eur, trice adj Perceptor, a | — M Recaudador de contribuciones || **~ibilité** f Perceptibilidad || **~tible** adj Perceptible || **~if, ive** adj Perceptivo, a || **~ion** f Percepción (sens) | Recaudación (d'impôts) | Oficina del recaudador (bureau).
perc|er vt Horadar, taladrar, agujerear (trouer) | Abrir (rue, fenêtre) | Hender (fendre) | Atravesar (traverser) | Traspasar (transpercer) | Calar (l'eau) | Echar (les dents) | FIG. Penetrar, adivinar | — Vi Abrirse, reventarse (abcès) | Manifestarse, traslucirse | Salir (dents) | FIG. Hacer carrera, abrirse camino || **~eur, euse** s Taladrador, a; perforador, a.
percev|able adj Percibible, cobrable | Perceptible (visible) || **~oir*** vt Percibir, cobrar, recaudar (argent) | FIG. Percibir.
perch|e f Vara (gaule) | Estaca (tuteur) | Pértiga [*Amér.*, garrocha] (sports) | Trole *m* (de tramway) | Brazo *m* (de microphone) | Perca (poisson) | Asta (du cerf) | FIG. *Tendre la ~ à qqn*, echar un cable a alguien | FAM. *Une grande ~*, una espingarda || **~er** vt Encaramar, colocar en un sitio elevado | — Vi Posarse | FAM. Vivir | — Vp Posarse || **~oir** m Percha *f*, vara *f* | Palo (de poulailler) | Varilla *f* (dans une cage).
perclus, e adj Baldado, a; tullido, a.
percolateur m Percolador, cafetera *f*.
percu|ssion f Percusión || **~ter** vt Percutir | — Vi Chocar || **~teur** m Percutor, percusor.
perdant, e adj/s Perdedor, a.
per diem m Dietas *fpl*, viáticos *pl*.
perd|ition f Perdición | *En ~*, en peligro de naufragio || **~re*** vt Perder | — Vi Perder | Perder valor, valer menos | Salirse (fuir) | — Vp Perderse | *Je m'y perds*, no comprendo nada.
perdr|eau m Perdigón || **~ix** [pɛrdri] f Perdiz.
perdu, e adj Perdido, a | Desahuciado, a (malade) | Libre, perdido, a (moment) | *Peine ~*, trabajo inútil | *Se sentir ~*, no hallarse.
père m Padre | FAM. Tío | *Le Saint-Père*, el Padre Santo, el Santo Padre | *Père Noël*, Papá Noel | *~ spirituel*, director *ou* padre espiritual | *Tel ~ tel fils*, de tal palo tal astilla.
pérégrination f Peregrinación.
péremptoire adj Perentorio, a.
pérenniser vt Perpetuar.
pérennité f Perennidad.
péréquation f Perecuación.
perfect|ible adj Perfectible || **~ion** f Perfección || **~ionnement** m Perfeccionamiento || **~ionner** vt Perfeccionar.
perfid|e adj/s Pérfido, a || **~ie** f Perfidia.
perfor|ation f Perforación || **~atrice** f Perforadora || **~er** vt Perforar || **~euse** f Perforadora (machine). || Perforista (personne).
performance f Resultado *m*, marca | Cualidades (*pl*) técnicas, prestación (d'un appareil) | Hazaña (exploit).
perfusion f MÉD. Perfusión.
pergola f Pérgola.
péri|carde m ANAT. Pericardio || **~carpe** m BOT. Pericarpio || **~cliter** vi Periclitar, decaer || **~gée** m Perigeo || **~hélie** m Perihelio.
péril [peril] m Peligro, riesgo | *Au ~ de sa vie*, con riesgo de la vida, a costa de su vida | *Il n'y a pas ~ en la demeure*, nada se pierde con esperar || **~leux, euse** [perijø, ø:z] adj Peligroso, a | Mortal (saut).
périmer (se) vp Caducar (document), prescribir (procès).
périmètre m Perímetro.
périod|e f Período *m*, periodo *m* || **~icité** f Periodicidad || **~ique** adj Periódico, a | — M Publicación (*f*) periódica.
périoste m ANAT. Periostio.
péripétie [peripesi] f Peripecia.
périphér|ie f Periferia | Extrarradio *m* (d'une ville) || **~ique** adj Periférico, a | De circunvalación (boulevard) | — M Periférico (informatique) | Carretera (*f*) de circunvalación (route).
périphrase f Perífrasis.
périple m Periplo.
périr vi Perecer (mourir) | Naufragar (faire naufrage) | Desaparecer (disparaître) | FIG. Morir.
périscope m Periscopio.
périss|able adj Perecedero, a | Caduco, a || **~oire** f Esquife *m*, piragua.

péristyle m ARCH. Peristilo.
périt|oine m ANAT. Peritoneo ‖ **~onite** f MÉD. Peritonitis.
perle f Perla | FAM. Gazapo *m* (erreur).
perlèche f MÉD. Boquera (aux lèvres).
perl|er vt Adornar con perlas (orner) | Mondar, pelar (riz, orge) | FIG. Bordar, hacer de perlas | — Vi Cubrirse de gotas, gotear ‖ **~ier, ère** adj Perlero, a.
perman|ence f Permanencia | Comisaría central (commissariat) | Servicio (*m*) permanente | Estudio *m* (lycée) | *En ~,* permanentemente, sin interrupción ‖ **~ent, e** adj Permanente | De sesión continua (cinéma) | — F Permanente (des cheveux).
permanganate m Permanganato.
perme f FAM. Permi.
perméab|ilibité f Permeabilidad ‖ **~le** adj Permeable.
permettre* vt Permitir | Autorizar, permitir | — Vp Permitirse.
permis, ~e [pɛrmi, i:z] adj Permitido, a; lícito, a | — M Permiso, licencia *f* | *~ de conduire,* carnet de conducir, permiso de conducción *ou* de conducir ‖ **~sion** f Permiso *m* : *demander la ~ de,* pedir permiso para | *En ~,* con *ou* de permiso ‖ **~sionnaire** m Militar con permiso.
permut|ation f Permuta (d'employés) | Permutación ‖ **~er** vt/i Permutar.
pernicieux, euse adj Pernicioso, a.
péroné m Peroné (os).
péronnelle f FAM. Bachillera, parlanchina.
péror|aison f Peroración ‖ **~er** vi Perorar.
Pérou nprm Perú.
perpendiculaire adj/f Perpendicular.
perpétr|ation f Perpetración ‖ **~er** vt Perpetrar, cometer.
perpette (à) loc adv POP. Por siempre jamás (à jamais), en el quinto pino (très loin).
perpétu|ation f Perpetuación ‖ **~el, elle** adj Perpetuo, a ‖ **~er** vt Perpetuar ‖ **~ité** f Perpetuidad.
perplex|e [pɛrplɛks] adj Perplejo, a ‖ **~ité** f Perplejidad.
perquisition f Pesquisa, indagación ‖ **~ner** vi Indagar, hacer pesquisas.
perron m Escalinata *f*.
perroquet m Loro, papagayo | MAR. Juanete.
perruche f Cotorra (oiseau).
perruque f Peluca (faux cheveux).
pers, e [pɛ:r, pɛrs] adj Garzo, a (yeux) | De color azul verdoso.
persan, e ou **perse** adj/s Persa.
Perse nprf Persia.
persécut|er vt Perseguir | Acosar (harceler) ‖ **~eur, trice** adj/s Perseguidor, a | Importuno, a ‖ **~ion** f Persecución.
persévér|ance f Perseverancia ‖ **~ant, e** adj/s Perseverante ‖ **~er** vi Perseverar.
persienne f Persiana.
persifl|age m Burla *f*, guasa *f*, chunga *f*, tomadura (*f*) de pelo ‖ **~er** vt Burlarse de, guasearse de, tomar el pelo a ‖ **~eur, euse** adj/s Burlón, ona; guasón, ona.
persil [pɛrsi] m Perejil ‖ **~lé, e** [-je] adj De pasta verde (fromage) | Entreverado, a (viande).
persique adj Pérsico, a.
persist|ance f Persistencia ‖ **~ant, e** adj Persistente | Perenne (feuille) ‖ **~er** vi Persistir (*à,* en) | Perseverar (*à,* en).
personn|age m Personaje | Individuo ‖ **~aliser** vt Personalizar, personificar ‖ **~alité** f Personalidad ‖ **~e** f Persona | *En ~,* en persona, personalmente (par soi-même), personificado, a | *Être ~ à,* ser capaz de | *Grande ~,* persona mayor | — Pron indéf Nadie | *~ d'autre,* nadie más ‖ **~el, elle** adj Personal | — M Personal | Plantilla *f* (d'une entreprise) | *~ enseignant,* cuerpo docente ‖ **~ification** f Personificación ‖ **~ifier** vt Personificar.
perspective f Perspectiva.
perspicac|e adj Perspicaz ‖ **~ité** f Perspicacia.
persua|der vt Persuadir ‖ **~sif, ive** adj Persuasivo, a ‖ **~sion** f Persuasión.
perte f Pérdida | FIG. Perdición, ruina; condenación (d'une âme) | MIL. Baja (mort) | COM. *À ~,* con pérdida | *À ~ de vue,* hasta perderse de vista | *En pure ~,* para nada | FAM. *Renvoyer qqn avec ~s et fracas,* echar a uno con cajas destempladas.
pertin|ence f Pertinencia ‖ **~ent, e** adj Pertinente.
pertuis m Angostura *f*, hocino (de fleuve) | Paso, brazo de mar estrecho (détroit) | Puerto (col de montagne).
perturb|ateur, trice adj/s Perturbador, a ‖ **~ation** f Perturbación ‖ **~er** vt Perturbar.
péruvien, enne adj/s Peruano, a.
perver|s, e [pɛrvɛ:r, vɛrs] adj/s Perverso, a ‖ **~sion** f Perversión, pervertimiento *m* ‖ **~sité** f Perversidad ‖ **~tir** vt Pervertir | Desnaturalizar, alterar (dénaturer).
pes|age m Peso ‖ **~ant, e** adj Pesado, a | Grave (attiré vers la terre) | Duro, a; penoso, a (pénible) | — M Peso | FIG. *Valoir son ~ d'or,* valer su peso en oro ‖ **~anteur** f Gravedad | Peso *m* | Pesadez (lourdeur) | Torpeza (des mouvements).
pèse m POP. Pasta *f* (argent).
pèse-bébé m Pesabebés.

pesée [pəze] f Peso *m* (poids) | Pesada, peso *m* | Empuje *m*, esfuerzo *m* (effort).

pèse|-lait m inv Galactómetro, pesaleche ‖ **~-lettre** m Pesacartas.

peser vt Pesar | FIG. Examinar, sopesar, ponderar (examiner), pesar, medir, calcular (mesurer) | — Vi Pesar : *~ lourd*, pesar mucho.

pessim|isme m Pesimismo ‖ **~iste** adj/s Pesimista.

pest|e f Peste ‖ **~er** vi Echar pestes ‖ **~iféré, e** adj/s Apestado, a ‖ **~ilent, e** adj Pestilente.

pet [pɛ] m FAM. Pedo.

pétale m BOT. Pétalo.

pétanque f Petanca (jeu).

pétar|ade f Detonaciones *pl*, traquidos *mpl*, traqueteo *m* ‖ **~ader** vi Producir una serie de traquidos *ou* detonaciones ‖ **~d** m Petardo, cohete | FAM. Revólver (pistolet), escándalo | POP. Trasero, asentaderas *fpl*.

pétaudière f FAM. Casa de Tócame Roque.

pet-de-nonne [pɛdnɔn] m Buñuelo de viento, suspiro de monja.

péter vi POP. Peer, peerse | FIG. Estallar, reventar (crever), romper (casser), chasquear (dans le feu).

pète-sec adj/m inv FAM. Mandón, ona.

péteux, euse s FAM. Cagueta.

pétill|ant, e adj Chispeante | Burbujeante, espumoso, a (vin) | Chisporroteante (feu) | FIG. Chispeante ‖ **~ement** m Chisporroteo | Chispas *fpl* (d'esprit) | Burbujeo (du vin) | Brillo (des yeux) ‖ **~er** vi Chisporrotear | Ser espumoso, burbujear (vin) | FIG. Chispear, brillar.

pétiole [pesjɔl] m Peciolo, pecíolo.

petiot, e adj/s FAM. Pequeñín, ina; chiquitín, ina.

petit, ~e [p(ə)ti, it] adj Pequeño, a | Bajo, a (de petite taille) | Escaso, a : *une ~ heure*, una hora escasa | FIG. Humilde (humble), mezquino, a (mesquin), insignificante | *Étant ~*, de pequeño | *~ à ~*, poco a poco | *Se faire ~* o *tout ~*, hacerse chiquito (très discret), humillarse | — S Pequeño, a; niño, a; crío, a | — M Cría *f* (d'animal) | Pollo (d'oiseau) | Cachorro (de chien) | Humilde, pobre ‖ **~-beurre** m Galleta *f* ‖ **~e-fille** f Nieta ‖ **~e-nièce** f Sobrina segunda ‖ **~esse** f Pequeñez ‖ **~-fils** [-fis] m Nieto.

pétition f Petición, instancia, solicitud.

petit|-lait m Suero ‖ **~-maître** m Petimetre ‖ **~-nègre** m FAM. Forma (*f*) incorrecta de hablar un idioma | *Parler ~*, hablar como los indios ‖ **~-neveu** m Sobrino segundo ‖ **~s-enfants** [p(ə)tizɑ̃fɑ̃] mpl Nietos.

pétoche f POP. Canguelo *m*, mieditis.

peton [pətɔ̃] m FAM. Piececito.

pétr|ification f Petrificación ‖ **~ifier** vt Petrificar | FIG. Dejar atónito ‖ **~in** m Artesa *f*, amasadera *f* | FAM. Aprieto, apuro, atolladero ‖ **~ir** vt Amasar (farine, etc) | FIG. Formar, modelar (façonner), llenar (remplir) ‖ **~issage** m Amasamiento ‖ **~isseur, euse** adj/s Amasador, a.

pétrochimie f Petroquímica.

pétrodollar m Petrodólar.

pétrol|e m Petróleo ‖ **~ette** f FAM. Velomotor *m* ‖ **~ier, ère** adj Petrolero, a | — M Petrolero ‖ **~ifère** adj Petrolífero, a.

pétul|ance f Impetuosidad, vivacidad ‖ **~ant, e** adj/s Vivo, a; impetuoso, a.

peu adv/m Poco | *À ~ près*, poco más o menos, aproximadamente | *Depuis ~*, desde hace poco | *Ou ~ s'en faut*, o poco menos | *~ à ~*, poquito a poco, poco a poco | *~ après que*, a poco de | *~ de*, poco, poca; pocos, pocas | *Pour un ~*, por poco | *Pour ~ que*, a poco que | *S'en falloir de ~*, estar en poco, faltar poco | *Sous ~, avant ~* o *dans ~*, dentro de poco | FAM. *Un petit ~, un tant soit ~*, un poquitín, un poquito.

peupl|ade f Pueblo (*m*) primitivo, tribu ‖ **~e** [pœpl] m Pueblo | FAM. Muchedumbre *f* (foule) | — Adj inv Populachero, a; vulgar ‖ **~ement** m Población *f*, asentamiento (colonisation) | Plantación *f*, repoblación *f* (d'un terrain) ‖ **~er** vt Poblar | — Vi Multiplicarse, proliferar ‖ **~eraie** f Alameda ‖ **~ier** m Álamo | *~ noir*, álamo negro, chopo.

peur f Miedo *m*, temor *m*, susto *m* | *À faire ~*, que da *ou* mete miedo, que asusta | *Avoir ~ de*, temer, tener miedo a | *Avoir ~ de son ombre*, desconfiar hasta de su sombra | *De ~ de*, por miedo a, por temor a | *De ~ que*, por temor de que | *Faire ~*, dar miedo, asustar | *J'ai ~ que*, (me) temo que | *~ bleue*, miedo cerval | *Prendre ~*, asustarse ‖ **~eux, euse** adj/s Miedoso, a; temeroso, a.

peut-être [pøtɛtr] adv Puede ser, quizá, tal vez, acaso.

pèze m FAM. Pasta *f* (argent).

phagocyte m Fagocito.

phalang|e f Falange ‖ **~ette** f Falangeta ‖ **~ine** f Falangina ‖ **~iste** s Falangista.

phalanstère m Falansterio.

phalène f Falena.

phanérogame adj/f Fanerógamo, a.

phantasme m Ilusión (*f*) óptica, visión *f*.

pharamineux, euse adj FAM. V. FARAMINEUX.

pharaon m Faraón.
phare m Faro | *~-code,* luz de cruce | *Rouler en ~s,* llevar la luz de carretera.
pharisien m Fariseo.
pharmac|eutique adj Farmacéutico, a ||**~ie** f Farmacia, botica (fam) | Botiquín *m* (armoire) || **~ien, enne** s Farmacéutico, a; boticario, a (fam) || **~ologie** f Farmacología || **~opée** f Farmacopea.
pharyn|gite f Faringitis || **~x** [farɛ̃:ks] m Faringe *f*.
phase f Fase.
Phébus [febys] nprm Febo.
phénicien, enne adj/s Fenicio, a.
phénique adj CHIM. Fénico, a.
phénix [feniks] m Fénix.
phénol m CHIM. Fenol.
phénom|énal, e adj Fenomenal || **~ène** m Fenómeno.
phi m Phi *f* (lettre grecque).
phil|anthrope adj/s Filántropo, a || **~anthropie** f Filantropía || **~anthropique** adj Filantrópico, a || **~atélie** f Filatelia || **~ atéliste** s Filatelista || **~harmonique** adj MUS. Filarmónico, a.
Philippe nprm Felipe.
philippin, e adj/s Filipino, a.
Philippines nprfpl Filipinas.
phil|ippique f Filípica || **~istin** m Filisteo || **~odendron** [filɔdɛ̃drɔ̃] m BOT. Filodendro || **~ologie** f Filología || **~ologue** s Filólogo, a || **~osophale** adjf Filosofal || **~osophe** adj/s Filósofo, a **~osopher** vi Filosofar || **~osophie** f Filosofía || **~osophique** adj Filosófico, a || **~otechnie** [filɔtɛkni] f Filotecnia.
philtre m Filtro, brebaje mágico, bebedizo.
phlébite f MÉD. Flebitis.
phlegmon m MÉD. Flemón, flegmón.
phobie [fɔbi] f Fobia.
phon|ation f Fonación || **~e** m Fon, fono, fonio (unité sonore) || **~ème** m Fonema || **~éticien, enne** s Fonetista || **~étique** adj/f Fonético, a || **~o** ou **~ographe** m Fonógrafo || **~othèque** f Fonoteca.
phoque m Foca *f*.
phos|phate [fɔsfat] m Fosfato || **~phaté, e** adj Fosfatado, a || **~phore** m Fósforo || **~phoré, e** adj Fosforado, a || **~phorescence** f Fosforescencia || **~phorescent, e** adj Fosforescente || **~phoreux, euse** adj Fosforoso, a || **~phorique** adj Fosfórico, a.
photo f FAM. Foto || **~copie** f Fotocopia || **~copier** vt Fotocopiar || **~copieuse** f Fotocopiadora || **~-électrique** adj Fotoeléctrico, a || **~génique** adj Fotogénico, a || **~glyptie** [fɔtɔglipti] f Huecograbado *m* || **~gramme** m Fotograma || **~graphe** s Fotógrafo, a || **~graphie** f Fotografía || **~graphier** vt Hacer *ou* sacar una fotografía, fotografiar | *Se faire ~,* sacarse una fotografía || **~graphique** adj Fotográfico, a || **~graveur** m Fotograbador || **~gravure** f Fotograbado *m* || **~lithographie** f Fotolitografía || **~mécanique** adj Fotomecánico, a || **~mètre** m Fotómetro || **~métrie** f Fotometría || **~n** m Fotón || **~sphère** f Fotosfera || **~typie** f Fototipia.
phras|e f Frase | GRAM. Oración || **~éologie** f Fraseología || **~eur, euse** s Hablador, a.
phréatique adj Freático, a.
phrénique adj Frénico, a.
phrygien, enne adj/s Frigio a.
phtaléine [ftalein] f CHIM. Ftaleína.
phtis|ie [ftizi] f MÉD. Tisis || **~ique** adj/s Tísico, a.
phylloxéra ou **phylloxera** m Filoxera *f*.
phylum m BIOL. Filo.
phys|icien, enne s Físico, a || **~iocrate** adj/s Fisiócrata || **~iologie** f Fisiología || **~iologique** adj Fisiológico, a || **~ionomie** f Fisonomía, fisionomía || **~ionomiste** adj/s Fisonomista || **~iothérapie** f Fisioterapia || **~ique** adj Físico, a | — F Física | — M Físico (aspect) | *Avoir le ~ de l'emploi,* tener toda la cara de lo que uno es (une personne), encajar muy bien en un papel (un acteur).
piaf m POP. Gorrión.
piaffer vi Piafar (cheval) | FIG. *~ d'impatience,* brincar de impaciencia.
piaill|ard, e [pjaja:r, ard] adj/s FAM. Pión, ona (oiseau) || FAM. Chillón, ona (personne) || **~ement** [-jmɑ̃] m Chillido || **~er** [-je] vi Piar | FAM. Chillar (crier) || **~erie** [-jri] f Pío pío *m* (oiseaux) | Griterío *m*, chillido *m* (personnes) || **~eur, euse** [-jœ:r, ø:z] s FAM. Pión, ona (oiseau), chillón, ona (personne).
pian|iste s Pianista || **~o** m Piano | *~ à queue,* piano de cola | *~ droit,* piano vertical | *~ mécanique,* organillo, pianillo || **~oter** vi Teclear.
piastre f Piastra.
piaul|e f POP. Habitación, cuarto *m* || **~er** vi Piar (poulets) | Chillar (enfants).
pic m Pico | *Couler à ~,* irse a pique | FAM. *Tomber à ~,* venir de primera *ou* de perilla *ou* como anillo al dedo.
picaillons [pikajɔ̃] mpl POP. Cuartos, pasta *fsing* (argent).
picaresque adj Picaresco, a.

pichenette f FAM. Papirotazo *m*.
pichet m Jarro.
pickpocket [pikpɔkɛt] m Ratero.
pick-up [pikœp] m Tocadiscos.
picorer vi Picotear, picar (oiseau) | — Vt Picar, comer poco.
picot m Puntilla *f* (dentelle) | Red *f* (filet) ‖ **~ement** m Picor, picazón *f*, comezón *f* ‖ **~er** vt Picotear | Picar (démanger) | FIG. Picar.
picotin m Pienso.
pictural, e adj Pictórico, a.
pie [pi] f Urraca, picaza | FAM. Cotorra | — Adj Pío, a; piadoso, a (pieux) | Pío, a (couleur).
Pie nprm Pío : *Pie IX (Neuf)*, Pío IX (Nono).
pièce f Pieza | Habitación, cuarto *m* (chambre) | Remiendo *m* (raccommodage) | Pedazo *m* (morceau) | Cada uno *m*, unidad : *un franc ~*, un franco cada uno *ou* la unidad | Moneda, pieza (monnaie) | Documento *m* (papiers) | Obra (ouvrage) | Obra de teatro | *De toutes ~s*, completamente | *En ~s détachées*, desarmado | *Mettre en ~s*, hacer pedazos (briser), despedazar, destrozar (critiquer) | *~ à l'appui*, comprobante | *~ d'eau*, estanque | *~ de rechange, détachée*, pieza de recambio, de repuesto | *~ montée*, plato montado | *Tout d'une ~*, de una sola pieza | *Travailler à la ~ o aux ~s*, trabajar a destajo | *Un deux-~s*, un dos piezas (maillot), un conjunto de dos piezas (vêtement), un piso de dos habitaciones (appartement).
pied [pje] m Pie | Pata *f* (support) | Pies *pl* : *au ~ du lit*, a los pies de la cama | *À ~ d'œuvre*, al pie de la obra *ou* del cañón | *À ~ sec*, a pie enjuto | *À ~s joints*, a pie juntillas | FIG. *Au ~ du mur*, entre la espada y la pared. *Au ~ levé*, de repente | *Avoir ~*, hacer pie (dans l'eau) | POP. *Casser les ~s*, dar la lata, fastidiar | *Coup de ~*, puntapié, patada | *En ~*, de cuerpo entero | *Être bête comme ses ~s*, ser tonto de capirote | FIG. *Faire des ~s et des mains*, remover Roma con Santiago | *Marcher sur les ~s*, pisotear | FAM. *Mettre les ~s dans le plat*, meter la pata | *Mettre qqn à ~*, poner a uno en la puerta de la calle, despedir a uno | *~ à coulisse*, pie de rey | *~ de nez*, palmo de narices | *~ en avant*, plancha (football) | *~s et poings liés*, atado de pies y manos | *~s nus* o *nu-~s*, descalzo, a | FAM. *Se casser les ~s*, aburrirse como una ostra | *Sur le ~ de*, a razón de, en plan de | *Sur ~*, en pie, levantado, a (guéri), listo, a (prêt), en pie (plantes), en vivo (bétail) ‖ **~-à-terre** [pjetatɛ:r] m inv Apeadero, vivienda (*f*) de paso ‖ **~-bot** [pjebo] m Patizambo ‖ **~-de-biche** [pjedbiʃ] m Uña *f* (arrache-clou) | Prensilla *f* (couture) | Pinzas (*fpl*) de dentista | Llamador (de sonnette) ‖ **~-de-col** m Tirilla *f* (de chemise) ‖ **~-de-poule** [pjedpul] m Pata (*f*) de gallo ‖ **~-droit** ou **piedroit** m ARCH. Larguero, jambas *fpl* (jambage) | Montante.
piédestal m Pedestal.
piège m Trampa *f*, cepo | *Dresser un ~*, armar una trampa.
piéger vt Coger en la trampa | Colocar minas *ou* un explosivo en.
pie-mère f Piamadre, piamáter.
pierr|aille [pjɛrɑ:j] f Grava, cascajo *m* ‖ **~e** f Piedra | Terrón *m* (de sucre) | MÉD. Piedra, cálculo *m* | *Coup de ~*, pedrada | FIG. *Faire d'une ~ deux coups*, matar dos pájaros de un tiro. *Jeter des ~s dans le jardin de qqn*, tirar piedras al tejado ajeno | *~ à bâtir*, piedra de construcción | *~ à feu*, pedernal, piedra de chispa | *~ d'achoppement*, escollo | *~ de taille*, sillar, piedra de sillería | *~ de touche*, piedra de toque | *~ d'évier*, pila | *~ ponce*, piedra pómez | *~ tombale*, lápida sepulcral.
Pierre nprm Pedro.
pierr|eries fpl Pedrerías, piedras preciosas ‖ **~eux, euse** adj Pedregoso, a | Pétreo, a (comme la pierre).
pierrot m Pierrot (masque) | Gorrión (moineau).
Pierrot nprm Perico, Pedrito.
piété f Piedad.
piét|inement m Pisoteo | FIG. Estancamiento ‖ **~iner** vt Pisotear | — Vi Patear, patalear | FIG. Estancarse, atascarse ‖ **~on** m Peatón, transeúnte ‖ **~onnier, ère** adj Peatonal.
piètre adj Pobre, ruin, sin valor.
pieu m Estaca *f* | POP. Piltra *f*, catre (lit).
pieuvre f Pulpo *m*.
pieux, euse [pjø, ø:z] adj Piadoso, a; pío, a | Devoto, a.
pif m POP. Napias *fpl* (nez).
pifomètre m FAM. *Au ~*, a bulto.
pige f Medida de longitud, escala | IMPR. Regla de calibre; trabajo (*m*) por líneas (journal) | POP. Año *m* (année) | POP. *Faire la ~ à qqn*, adelantar a uno (aller plus vite), dar ciento y raya (faire mieux).
pigeon [piʒɔ̃] m Palomo (oiseau) | FAM. Primo (dupe) | *~ ramier*, paloma torcaz | *~ voyageur*, paloma mensajera ‖ **~ne** [-ʒɔn] f Paloma, pichona ‖ **~neau** [-ʒɔno] m Pichón ‖ **~nier** [-ʒɔnje] m Palomar | FAM. Desván, buhardilla *f*.
piger [piʒe] vt POP. Chanelar, entender (comprendre), mirar (regarder).

pigment m Pigmento ‖ **~ation** f Pigmentación.
pign|e f Piña | Piñón *m* (graine) ‖ **~on** m ARCH. Aguilón | BOT. Piñón | TECH. Piñón, ruedecilla (*f*) dentada | FIG. *Avoir ~ sur rue,* tener casa propia.
pil|age m Machacado, trituración *f* ‖ **~aire** adj Piloso, a ‖ **~astre** m Pilastra *f* ‖ **~e** f Pila | Machón *m*, pila, pilar *m* (de pont) | Cruz, reverso *m* (de monnaie) | PHYS. Pila | *~ ou face,* cara o cruz | FAM. *S'arrêter ~,* pararse en seco. *Tomber ~,* llegar justo (arriver juste), venir al pelo (bien tomber) ‖ **~er** vt Majar, machacar, triturar | POP. Moler a palos ‖ **~eux, euse** adj Piloso, a ‖ **~ier** m Pilar | Poste (poteau) | FIG. Sostén, soporte (soutien), asiduo (habitué), pilar (d'une société).
pill|age [pija:ʒ] m Pillaje, saqueo | Plagio | *Mettre au ~,* saquear ‖ **~ard, e** [-ja:r, ard] adj/s Saqueador, a | Ladrón, ona (voleur) | Plagiario, a ‖ **~er** vt Saquear | Robar (voler) | Plagiar ‖ **~eur, euse** adj/s Saqueador, a | Plagiario, a.
pilon m Mano *f*, maja *f* (de mortier) | Mazo (de moulin) | Pisón (pour la terre) | FAM. Pata *f* (de volaille), pata (*f*) de palo (jambe de bois) | *Mettre un ouvrage au ~,* destruir la edición de una obra ‖ **~nage** m Apisonamiento (de la terre) | Machacado (broyage) | MIL. Machaqueo, martilleo (bombardement) ‖ **~ner** vt Apisonar (la terre) | Machacar (broyer) | MIL. Machacar *ou* martillear a cañonazos *ou* con bombas (bombarder).
pilori m Picota *f*.
pilosité f Pilosidad, vellosidad.
pilot m Pilote, zampa *f* (pieu) ‖ **~age** m AVIAT. Pilotaje, vuelo | MAR. Pilotaje ‖ **~e** m Piloto | MAR. Práctico, piloto | *~ d'essai,* piloto de pruebas | — Adj Piloto, modelo ‖ **~er** vt Pilotar, conducir | CONSTR. Zampear | FAM. Guiar ‖ **~is** m Pilotes *pl*, zampas *fpl*.
pilule f Píldora.
pimbêche adjf/f FAM. Marisabidilla, impertinente.
piment m Guindilla *f*, pimiento chile | FIG. Sal (*f*) y pimienta, sabor | *~ carré,* pimiento morrón ‖ **~er** vt Sazonar con guindilla | FIG. Hacer picante, sazonar, pimentar.
pimpant, e adj Pimpante, peripuesto, a.
pimprenelle f BOT. Pimpinela.
pin m Pino | *~ pignon* o *parasol,* pino piñonero, pino real.
pinacle m Pináculo.
pinacothèque f Pinacoteca.
pinard m POP. Mollate, pirriaque.
pinc|e f Garra (d'oiseau) | Pinza (couture) | Garras *pl* (du pied des animaux) | Tenazas *pl* (de forge) | Boca, pata (de langouste) | POP. Mano, pata (main) | TECH. Pinza (outil), palanca, alzaprima (levier) | Lumbre (de fer à cheval) | — Pl Alicates *m*, pinzas (outil) | *~ à linge,* alfiler de la ropa | *~ à sucre,* tenacillas para el azúcar | *~s à ongles,* alicates ‖ **~é, e** adj Ajustado, a (couture) | Encogido, apretado (lèvres) | FIG. Afectado, a ‖ **~eau** m Pincel | Brocha *f* (de peintre en bâtiment) | Pequeño haz luminoso (faisceau lumineux) | *Coup de ~,* pincelada; brochazo ‖ **~ée** f Pizca | Pulgarada ‖ **~ement** m Pellizco | Encogimiento (des lèvres) | FIG. Escozor, picor | MUS. Punteado ‖ **~e-monseigneur** m Palanqueta *f*, ganzúa *f* ‖ **~e-nez** m inv Quevedos *pl*, lentes *pl* ‖ **~er** vt Pellizcar | Coger (prendre) | Apretar (serrer) | Despuntar (plante) | Ajustar, entallar (ajuster) | FAM. Coger, pescar (attraper) | MAR. MUS. Puntear | — Vi FIG. Picar ‖ **~e-sans-rire** s inv Persona (*f*) graciosa *ou* chistosa que tiene un aspecto serio ‖ **~ette** f Pinza pequeña | — Pl Tenazas | FAM. *Il n'est pas à prendre avec des ~s,* no hay por dónde cogerlo.
pinçon m Pellizco | Cardenal (bleu).
pinède ou **pineraie** f Pinar *m*, pineda.
pingouin m Pingüino.
ping-pong [piŋ-pɔŋ] m Ping pong.
pingr|e adj/s FAM. Agarrado, a; roñica ‖ **~erie** f Roñosería, tacañería, ruindad.
pinson m Pinzón | FAM. *Gai comme un ~,* alegre como unas castañuelas.
pint|ade f Pintada [*Amér.*, gallineta] ‖ **~adeau** m Pollo de pintada.
pinte f Pinta.
pioch|e f Piocha, pico *m*, zapapico *m* ‖ **~er** vt Cavar | Robar (cartes) | FAM. Empollar, estudiar ‖ **~eur, euse** adj/s Cavador, a | FAM. Empollón, ona (étudiant), trabajador, a | — F Excavadora.
piolet m Piolet, bastón de montañero [*Amér.*, piqueta].
pion m Peón (échecs), ficha *f* (dames) | FAM. Vigilante (dans un lycée) | FIG. *Damer le ~ à qqn,* ganarle a uno por la mano ‖ **~cer** vi POP. Dormir ‖ **~ne** f FAM. Vigilanta ‖ **~nier** m MIL. Zapador | FIG. Pionero, precursor; explorador, colonizador.
pip|e f Pipa : *fumer la ~,* fumar en pipa | Pipa, barrica | Tubo *m* (tuyau) | POP. *Casser sa ~,* estirar la pata (mourir) ‖ **~eau** m Caramillo (flûte) | Reclamo para cazar | — Pl Varillas (*f*) enligadas (chasse) ‖ **~elet, ette**

s FAM. Portero, a ‖ **~e-line** [paiplain] m Oleoducto ‖ **~er** vt Cazar con reclamo | FIG. Hacer fullerías con (les dés, les cartes) | FAM. *Ne pas ~ (mot)*, no decir ni pío ‖ **~ette** f Pipeta ‖ **~i** m Pipí, pis.

piqu|age m Picado | Costura *f*, cosido a máquina ‖ **~ant, e** adj Punzante (objet) | Picante (sauce) | Agudo, a; penetrante (froid) | FIG. Picante, mordaz (satirique), excitante | — M Espina *f*, púa *f*, pincho | FIG. Lo chistoso, lo curioso (drôlerie), agudeza *f* (humour) ‖ **~e** f Pica | FIG. Indirecta, pulla | — M Picos *pl* (carte) ‖ **~é, e** adj Picado, a | Cosido a máquina | FAM. Disgustado, a; picado, a (offensé), chiflado, a (fou) | — M Piqué (tissu) | AVIAT. Picado ‖ **~e-assiette** [pikasjɛt] m inv FAM. Gorrón ‖ **~e-nique** m Comida (*f*) campestre ‖ **~er** vt Pinchar | Picar (insecte, froid) | Morder (serpent) | MÉD. Poner una inyección (faire une piqûre) | Coser, pespuntear (coudre) | Coser a máquina | FIG. MUS. Picar | POP. Birlar, robar (voler) | *~ une crise*, coger una rabieta | *~ une tête dans l'eau*, tirarse de cabeza al agua | — Vi Pinchar | AVIAT. Descender en picado | FAM. *Se faire ~*, ser cogido | — Vp Pincharse | Picarse | Agriarse (boisson) | FIG. Presumir (se vanter), enfadarse (se fâcher) ‖ **~et** m Estaca *f* (pieu) | Jalón | Penitencia *f*, poste (punition) | Piquete (militaire, de grève) | *~ d'exécution*, pelotón de ejecución ‖ **~ette** f Aguapié | Pirriaque *m*, vinucho *m* ‖ **~eur** m Montero de caza (chasse) | Capataz (contremaître).

piqûre f Picadura (d'insecte), pinchazo *m* (d'objet) | Pespunte *m* (couture) | MÉD. Inyección.

piranha m Piraña *f* (poisson).

pirat|e m Pirata ‖ **~er** vi Piratear ‖ **~erie** f Piratería.

pire adj Peor | — M Lo peor | *En mettant les choses au ~*, en el peor de los casos.

pirogue f Piragua.

pirouette f Pirueta, voltereta | FIG. Cambio (*m*) brusco.

pis [pi] m Ubre *f*, teta *f* | — Adv Peor | *Au ~ aller*, en el peor de los casos | *De ~ en ~*, cada vez peor | — M Lo peor ‖ **~-aller** m inv Mal menor.

pisci|cole [pissikɔl] adj Piscícola ‖ **~culteur** m Piscicultor ‖ **~culture** f Piscicultura ‖ **~ne** f Piscina [*Amér.*, pileta, alberca].

pisé m Adobe.

piss|e f Orina ‖ **~enlit** m BOT. Cardillo, diente de león | FAM. *Manger les ~s par la racine*, criar malvas ‖ **~er** vi/t POP. Mear ‖ **~eur, euse** s Meón, ona ‖ **~otière** f FAM. Meadero *m*.

pistach|e f Alfóncigo *m* ‖ **~ier** m Alfóncigo (arbre).

pist|e f Pista | Huella (trace) | TECH. *~ sonore*, banda sonora ‖ **~er** vt FAM. Seguir la pista de.

pistil [pistil] m BOT. Pistilo.

pistolet m Pistola *f* | Plantilla *f* (de dessin) | Pistola *f*, pulverizador (pour peindre) | FAM. Tipo, persona (*f*) curiosa | *Coup de ~*, pistoletazo.

piston m Émbolo, pistón | Muelle, botón (ressort) | FAM. Enchufe (recommandation) | MUS. Cornetín de pistón *ou* de llaves | MÉC. *~ plongeur*, chupón ‖ **~onner** vt FAM. Enchufar, recomendar, proteger.

pit|ance f Pitanza ‖ **~eux, euse** adj Lastimoso, a; lamentable ‖ **~ié** f Piedad (invocation) | Lástima : *faire ~*, dar lástima | *Prendre qqn en ~*, tener lástima de uno, compadecer a uno ‖ **~on** m Armella *f*, cáncamo (clou) | Escarpia *f*, alcayata *f* (crochet) | Pico, cresta *f* (montagne) | Pitón (alpinisme) ‖ **~oyable** [pitwajabl] adj Lastimoso, a (piteux) | Lamentable | Piadoso, a; compasivo, a (qui a de la pitié) ‖ **~re** m Payaso, bufón ‖ **~rerie** f Payasada.

pittoresque adj Pintoresco, a | Pictórico, a (de la peinture) | — M Pintoresquismo, lo pintoresco.

pituitaire adj Pituitario, a.

piv|ert m Picamaderos, pájaro carpintero (oiseau) ‖ **~oine** f Peonía (plante) ‖ **~ot** [pivo] m Gorrón, pivote | FIG. Eje, soporte, base *f* | Pivote (sports) | BOT. Nabo, raíz (*f*) vertical ‖ **~oter** vi Girar sobre su eje (tourner) | BOT. Penetrar verticalmente (racine).

plac|age m Enchapado, chapeado | Placaje (rugby) ‖ **~ard** [plaka:r] m Armario empotrado, alacena *f* | Cartel (affiche) | IMPR. Galerada *f* ‖ **~arder** vt Fijar, pegar | Satirizar | IMPR. Sacar galeradas.

plac|e f Sitio *m*, lugar *m* | Plaza (en ville) | Colocación, cargo *m*, puesto *m* (emploi) | Puesto *m* (d'un écolier) | Asiento *m* (en train, voiture) | Localidad, entrada (cinéma, théâtre) | Plaza (ville de garnison) | Importancia | Espacio *m* | *À la ~ de*, en lugar de, en vez de | *À ta ~*, en tu lugar | *Faire une ~*, dejar un sitio | *~ de choix*, lugar preferente | *Prendre ~*, colocarse, tomar sitio | *Se rendre sur ~*, personarse en un lugar | *Sur ~*, en el mismo lugar, sobre el propio terreno | *Voiture de ~*, coche de punto ‖ **~ement** m Colocación *f* | Empleo, colocación *f* (emploi) | Inversión *f* (de capital) | Venta *f* || **~enta** [plasɛ̃ta] m Placenta *f* || **~er** vt Colocar | Poner (mettre) | Vender, colocar (vendre) | Colocar (dans un emploi) | Investir (argent) | Acomodar (au spectacle) | *~ un mot*, decir algo | — M MIN. Placer (d'or) || **~et** [plasɛ] m Petición *f*, instancia *f* | Plácet (diplomatique) | DR. Súplica *f*, demanda *f* || **~eur, euse** s Acomodador, a (au spectacle) | Agente de colocaciones | COM. Corredor, a; representante.

placid|e adj Plácido, a || **~ité** f Placidez.

placier, ère s V. PLACEUR.

plafon|d m Techo | Altura *f* (hauteur) | FIG. Tope, límite | AVIAT. Altura (*f*) máxima | MÉC. Velocidad (*f*) máxima | *Faux ~*, cielo raso || **~nement** m Límite, tope || **~ner** vt Techar | — Vi Llegar al límite *ou* al máximo | Volar lo más alto posible (avion) | Ir a la velocidad máxima (voiture) || **~nier** m Luz (*f*) del techo *ou* cenital, lámpara (*f*) de techo.

plage f Playa | MAR. Cubierta.

plagi|aire m Plagiario || **~at** m Plagio || **~er** vt Plagiar.

plaid [plɛd] m Manta (*f*) de viaje.

plaid|ant, e adj Litigante, pleiteante (en justice) || **~er** vi Litigar, pleitear | Informar, abogar, defender (défendre) | FIG. Abogar (*en faveur de*, por) | Declararse (coupable) | — Vt Defender | Sostener, hablar en favor de (soutenir) || **~eur, euse** s Litigante, pleiteante || **~oirie** f o **~oyer** [plɛdwaje] m DR. Alegato *m*, defensa *f*, informe *m*.

plaie [plɛ] f Llaga (ulcère) | Cicatriz | Herida (blessure) | FIG. Plaga (fléau) | FAM. *Quelle ~!*, ¡qué lata!

plaignant, e adj/s DR. Demandante, querellante.

plain, ~e adj Llano, a; plano, a | *De ~-pied*, al mismo nivel || **~-chant** m MUS. Canto llano || **~dre*** vt Compadecer a, tener lástima de | *Être à ~*, ser digno de compasión | — Vp Quejarse | Presentar una denuncia, denunciar, querellarse || **~e** f Llano *m*, llanura, planicie || **~te** f Queja | Quejido *m*, lamento *m* (lamentation) | Denuncia : *déposer une ~*, presentar una denuncia | DR. Denuncia, querella, demanda | *Porter ~*, denunciar || **~tif, ive** adj Quejumbroso, a; lastimero, a.

plaire* vi Gustar, agradar, placer | — Vimp Querer, desear, gustar : *ce qu'il vous plaira*, lo que quiera | *Plaît-il?*, ¿cómo?, ¿qué desea? | *S'il vous plaît*, por favor | — Vp Complacerse en, estar a gusto con (prendre plaisir à) | Gustarse, agradarse | Estar a gusto, encontrarse a gusto (être bien) | Vivir bien (animal).

plais|ance (de) loc adv De recreo || **~ant, e** adj Agradable, grato, a | Gracioso, a; divertido (amusant) | — M Gracioso, chistoso | Lo gracioso, lo divertido | *Mauvais ~*, bromista pesado || **~anter** vi Bromear, chancearse | *Pour ~*, en broma | — Vt Burlarse de, dar broma a, tomar el pelo a || **~anterie** f Broma, chanza | Chiste *m* (jeu de mots) | *Comprendre la ~*, admitir bromas | *Mauvaise ~*, broma pesada | *Par ~*, de broma || **~antin** m Bromista, guasón || **~ir** m Placer | Gusto : *faire ~ à qqn*, dar gusto a alguien | Goce (jouissance) | Favor (faveur) | Recreo (agrément) | Diversión *f* | Barquillo (oublie) | *À ~*, sin motivo | *Avec ~*, con mucho gusto | *Bon ~*, capricho | *Faire le ~ de*, hacer el favor de | *Gâcher le ~*, aguar la fiesta | *Prendre ~ à*, complacerse en | *Se faire un ~ de*, tener mucho gusto en | *Tout le ~ est pour moi*, el gusto es mío.

plan, e adj Plano, a | — M Plano (dessin, photographie, aviation) | Plan (projet) | Terreno, orden, punto de vista, plano (domaine) | Aspecto | Planta *f* (d'une maison) | *Arrière-~*, segundo término, plano de fondo (peinture), segundo plano (cinéma) | *Gros ~*, primer plano | FAM. *Laisser en ~*, dejar plantado, dejar colgado || **~age** m TECH. Cepillado.

planch|e f Tabla, tablón *m* (de bois) | Plancha (de métal) | Lámina (gravure) | Plancha (natation) | — Pl Tablas (théâtre) | *Faire la ~*, hacer el muerto, hacer la plancha | *~ à dessin*, tablero de dibujo | *~ à repasser*, mesa de planchar | *~ à roulettes*, monopatín | *~ à voile*, tabla a vela | *~ de salut*, tabla de salvación || **~éiage** m Entarimado, entablado || **~éier** [-je] vt Entarimar, entablar || **~er** m Piso, suelo | FIG. Nivel, base *f* | FAM. *Débarrasser le ~*, largarse || **~ette** f Tablilla.

plancton m Plancton.

plan|e f Plana | Cuchilla (de pelletier) || **~er** vi Cernerse (oiseau) | Planear (avion) | Dominar (voir de haut) | FIG. Cernerse, pesar (menacer), estar en las nubes (être absorbé) | — Vt Cepillar, alisar (le bois) | Pulir (métal) || **~étaire** adj/m Planetario, a || **~ète** f Planeta *m* || **~eur** m Planeador (avion) || **~ification** f Planificación || **~ifier** vt Planificar, planear || **~ning** [planiŋ] m Plan de trabajo, planificación *f* || **~isphère** m Planisferio.

planqu|e f POP. Escondite *m* (cachette), enchufe *m* (situation) || **~er** vt POP.

Esconder | — Vp Pop. Esconderse | Mil. Emboscarse (à l'abri), enchufarse (à une bonne place).

plant [plã] m Bot. Planta *f* | Plantío (terrain) || **~ain** m Bot. Llantén, plantaina *f* || **~aire** adj Plantar || **~ation** f Plantación | Instalación de un decorado (théâtre) || **~e** f Planta | *~ potagère,* hortaliza || **~er** vt Plantar | Hincar (enfoncer) | Poner (un clou, etc) | Fijar, montar (installer) | Izar, enarbolar (drapeau, etc) | Fig. Colocar, poner | *~ qqn là,* dejar plantado a uno | — Vp Fam. Plantarse || **~eur** m Plantador | Propietario de una plantación || **~igrade** adj/m Plantígrado, a || **~oir** m Plantador, almocafre || **~on** m Mil. Ordenanza || **~ureux, euse** adj Abundante, copioso, a | Fértil (sol) | Corpulento, a; relleno, a (gros).

plaqu|e f Placa | Plancha, lámina, placa (lame) | Chapa, placa (d'identité) | Phot. Placa | Lápida (commémorative) | Plataforma (de machine) | Fig. Centro *m,* eje *m,* nudo *m* | *~ minéralogique,* matrícula (voiture) | *~ tournante,* placa *ou* plataforma giratoria (ferroviaire), centro, pivote (axe) || **~é** m Tech. Madera *(f)* contrachapada (bois) | Plaqué (métal) || **~er** vt Chapar, contrachapar (bois) | Pegar, adherir (coller) | Hacer un placaje (rugby) | Poner las espaldas en el suelo (lutte) | Pop. Plantar, abandonar | — Vp *~ par terre,* pegarse al suelo || **~ette** f Placa | Opúsculo *m* | Plaqueta (du sang).

plasma m Plasma.

plast|ic m Plástico, goma-2 *f* || **~icité** f Plasticidad || **~icage** m Voladura *(f)* con plástico || **~ification** f Plastificado *m* || **~ifier** vt Plastificar || **~ique** adj Plástico, a | — M Materia *(f)* plástica, plástico | — F Plástica.

plastron m Pechera *f* (de chemise) | Plastrón (cravate) | Peto (de tortue, d'escrime) || **~ner** vi Fig. Pavonearse.

plat, ~e [pla, plat] adj Llano, a | Sereno, a; tranquilo, a (la mer) | Liso, a (lisse) | Plano, a (pieds, chaussures) | Aplastado, a (aplati) | Chato, a (camus) | Lacio, a (cheveux) | Rastrero, a (vil) | Liso (sports) | Fig. Sin sabor, insulso, a; insípido, a (sans attrait) | Vacío, a (vide) | *À ~,* de plano (en largeur), desinflado, a (pneus), descargado, a (batterie), agotado, a (épuisé), muy bajo, a (moral) | — M Fuente *f* | Plato (repas) | Lo llano (d'un pays) | Hoja *f* (d'une épée) | Tech. Pletina *f* | Fam. *En faire tout un ~,* hacerse un mundo de algo | Pop. *Faire du ~,* dar coba (flatter), camelar (baratiner) | *~ à barbe,* bacía | *~ à poisson,* besuguera.

platan|aie [platanɛ] f Platanar *m* || **~e** m Plátano (arbre).

plate|au m Bandeja *f* (plat) | Platillo (de balance) | Escena *f,* escenario, tablado (scène) | Plató (de cinéma) | Batea *f* (wagon) | Pista *f* (gymnastique) | Plato (de bicyclette, d'embrayage) | Géogr. Meseta *f,* planicie *f* | *Haut-~,* altiplanicie [*Amér.,* altiplano] | *~ de fromages,* tabla de quesos | *~ de fruits de mer,* mariscada. || **~-bande** f Arriate *m* | Arch. Platabanda || **~-forme** f Plataforma | Batea (wagon) | Programa (électoral).

plateresque adj Arch. Plateresco, a.

platin|e m Platino | — F Chapa (de serrure) | Platina (de montre, de machine) | Llave (d'arme à feu) | Impr. Cuadro *m,* platina | Muelle *m* (de couteau) || **~er** vt Platinar | *Blonde platinée,* rubia platino.

platitude f Banalidad | Bajeza (bassesse) | Insipidez, sosería | Lugar común *m,* tópico *m* (lieu commun).

platonique adj Platónico, a.

plâtr|age m Enyesado | Escayolado (chirurgie) || **~as** [plɑtra] m Cascote || **~e** m Yeso | Escayola *f* (en chirurgie) | Estatua *(f)* de yeso | *Dans le ~,* escayolado, a | *Essuyer les ~s,* ser telonero (théâtre) || **~er** vt Enyesar | Escayolar (chirurgie) | Enlucir (couvrir de plâtre) || **~erie** f Yesería (usine) || **~eux, euse** adj Yesoso, a || **~ier** m Yesero || **~ière** f Yesera, yesar *m* (carrière) | Yesería (usine).

plausible adj Plausible.

plèbe f Plebe.

plébéien, enne adj/s Plebeyo, a || **~iscite** m Plebiscito || **~isciter** vt Plebiscitar.

pléiade f Pléyade.

plein, e [plɛ̃, plɛn] adj Lleno, a | Pleno, a (terme recherché et utilisé en droit) | Macizo, a; compacto, a (massif) | Completo, a; entero, a (entier) | Lleno, a; relleno, a (gros) | Preñada (enceinte) | Fam. Repleto, a (gavé) | Fig. Lleno, a | *À ~,* de lleno | *En ~,* en pleno, en medio de | *~ de soi-même,* poseído de su persona | — Adv Lleno, a; completamente | — M Lo lleno | Lo grueso, trazo grueso (écriture) | Máximo | *Battre son ~,* estar en marea alta (mer), estar en pleno apogeo | *Faire le ~,* repostar a tope (essence), llenarse completamente, estar abarrotado (de personnes) || **~-emploi** m Pleno empleo.

plén|ier, ère adj Plenario, a | — F Pleno *m,* plenaria || **~ipotentiaire** adj/s Plenipotenciario, a || **~itude** f Plenitud.

pléonasme m GRAM. Pleonasmo.
pléthor|e f Plétora ‖ **~ique** adj Pletórico, a.
pleur [plœ:r] m Llanto, lloro | — Pl Lágrimas *f*, llanto *sing*, lloro *sing* | *Être en ~s*, llorar a lágrima viva ‖ **~ard, e** adj Lloroso, sa; plañidero, a | — S Llorón, ona ‖ **~e-misère** s inv Quejumbroso, a; lloraduelos ‖ **~er** vi/t Llorar : *~ à chaudes larmes*, llorar a lágrima viva ‖ **~ésie** f MÉD. Pleuresía ‖ **~eur, euse** adj/s Llorón, ona | — F Plañidera ‖ **~ite** f MÉD. Pleuritis ‖ **~nichement** m Lloriqueo ‖ **~nicher** vi Lloriquear ‖ **~nicheur, euse** adj/s Llorón, ona; lloricón, ona.
pleutr|e m Vil, cobarde ‖ **~erie** f Vileza, cobardía.
pleuvoir* vi/imp Llover | *~ à verse*, llover a cántaros, diluviar.
plèvre f Pleura.
plexiglas m Plexiglás.
plexus [plɛksys] m Plexo.
pli m Pliegue, doblez *f* | Sobre (enveloppe) | Pliego, carta *f* (lettre) | Raya *f* (de pantalon) | Tabla *f*, pliegue (de jupe) | Arruga *f* (dans un vêtement, ride) | Baza *f* (jeu de cartes) | GÉOL. Pliegue, repliegue | FIG. Hábito, costumbre *f* (habitude) | *Faux ~*, arruga | *Mise en ~s*, marcado | *~ du bras*, coyuntura ‖ **~able** adj Plegable | FIG. Manejable, dócil ‖ **~age** m Doblado, plegado ‖ **~ant, e** adj Flexible | Plegable (escamotable) | FIG. Manejable, dócil | — M Silla (*f*) de tijera ‖ **~e** [pli] f Platija, acedía (poisson) ‖ **~é** m Flexión *f* ‖ **~er** vt Doblar, plegar | Cerrar (un éventail) | Desmontar (une tente) | FIG. Doblegar, someter (assujettir) | MAR. Recoger (les voiles) | — Vi Ceder, curvarse | FIG. Doblegarse (se soumettre) | MIL. Replegarse, retroceder | FAM. *Être plié en deux*, partirse de risa | *Machine à ~*, plegadora ‖ **~eur, euse** adj/s Plegador, a | — F Máquina plegadora, plegadora ‖ **~nthe** [plɛ̃:t] f ARCH. Plinto *m* (de colonne), zócalo *m*, cenefa (de mur) ‖ **~ocène** m GÉOL. Plioceno ‖ **~oir** [plijwa:r] m Plegadera *f* ‖ **~ssage** m Plegado | Plisado (étoffe) ‖ **~ssé** m Plegado (papier), plisado, tableado (étoffe) ‖ **~ssement** m GÉOL. Plegamiento, pliegue ‖ **~sser** vt Plegar | Hacer tablas, plisar (étoffes) | Fruncir, arrugar (le front) | — Vi Tener pliegues, formar tablas (avoir des plis), arrugarse (se froisser) ‖ **~ssure** f Plegado *m* ‖ **~ure** [plijy:r] f Plegado *m* (action) | Taller (*m*) de tableado *ou* plisado (étoffe), taller de plegado (papier).
ploiement [plwamɑ̃] m Vencimiento.
plomb [plɔ̃] m Plomo | Plomo, perdigón (de chasse) | Precinto (sceau) | ÉLEC. Plomo | MAR. Escandallo, sonda *f* | *Mettre les ~s à*, precintar ‖ **~age** m Emplomado | Empaste (d'une dent) | Precintado, precinto (sceau) ‖ **~er** vt Emplomar | Precintar (un colis) | Empastar (une dent) | — Vp Tomar color plomizo ‖ **~erie** f Fontanería ‖ **~ier** m Fontanero ‖ **~ifère** adj Plomífero, a.
plong|e f Inmersión, zambullida | FAM. *Faire la ~*, fregar los platos ‖ **~eant, e** [plɔ̃ʒɑ̃, ɑ̃:t] adj Que se sumerge | De arriba abajo (de haut en bas) | Desde lo alto (d'en haut) | Bajo, a : *capot ~*, morro bajo (auto) ‖ **~ée** [-ʒe] f Talud *m*, declive *m* (talus) | Inmersión, sumersión | Vista desde lo alto | Picado *m* (cinéma) | *En ~*, sumergido | SP. *~ sous-marine*, submarinismo ‖ **~eoir** [-ʒwa:r] m Trampolín, tablón ‖ **~eon** [-ʒɔ̃] m Zambullida *f*, chapuzón | Buceo (sous l'eau) | Salto de trampolín (saut) | Estirada *f* (sports) | Caída *f* (chute) | Somorgujo (oiseau) | *~ de haut vol*, salto de palanca [*Amér.*, clavado] ‖ **~er** vt Sumergir | Hundir, bañar | Hundir, clavar (un poignard) | Hundir, meter (dans sa poche, etc) | FIG. Sumir (dans la tristesse, etc) | *Plongé dans l'obscurité*, a oscuras | — Vi Zambullirse | Bucear (sous l'eau) | Saltar, tirarse (sauter d'un plongeoir) | Dominar | FIG. Desaparecer, hundirse | — Vp Hundirse | Sumirse | Ensimismarse (dans des réflexions) ‖ **~eur, euse** s SP. Submarinista | Saltador, a (qui saute d'un tremplin) | Lavaplatos (dans un restaurant) | — M Buzo (scaphandrier).
plot [plo] m Transmisor eléctrico | Plataforma (*f*) de salida (natation) | ÉLEC. Contacto.
ployer [plwaje] vt Doblar, encorvar, plegar | FIG. Doblegar | — Vi Ceder bajo el peso, vencerse | FIG. Doblegarse, someterse (céder).
plu, e pp de *plaire* y de *pleuvoir*.
pluie [plɥi] f Lluvia | *Faire la ~ et le beau temps*, ser el que hace y deshace, cortar el bacalao.
plum|age m Plumaje ‖ **~ard** m POP. Piltra *f*, catre (lit) ‖ **~e** f Pluma | Plumilla, pluma (de stylo) | *À la ~*, con pluma *ou* de pluma | FAM. *La belle ~ fait le bel oiseau*, el hábito hace al monje. *Laisser des ~s*, salir desplumado *ou* trasquilado ‖ **~eau** m Plumero ‖ **~er** vt Desplumar ‖ **~et** m Plumero, penacho de plumas ‖ **~etis** [plymti] m Bordado de realce ‖ **~eux, euse** adj Plumoso, a; cubierto de plumas | Hecho con plumas ‖

~ier m Plumero, estuche de plumas ‖ **~itif** m FAM. Plumífero, escribiente.
plupart (la) [laplypa:r] f La mayor parte, la mayoría | *~ du temps,* la mayoría de las veces, casi siempre | *Pour ~,* la inmensa mayoría, la mayor parte.
plur|al, e adj Plural ‖ **~aliser** vt Pluralizar ‖ **~alité** f Pluralidad ‖ **~iel, elle** adj/m Plural.
plus [ply o plys] adv Más | *Au ~* o *tout au ~,* a lo sumo, a lo más, cuando más, lo más | *Bien ~,* más aún | *De ~,* además (en outre), de sobra (en trop), más aún (encore) | *De ~ en ~,* cada vez más, más y más | *En ~,* además (en outre), aparte (prix) | *Et qui ~ est,* y lo que es más | *Le ~,* el más : *~ gentil,* el más simpático; más : *celui qui travaille ~,* el que trabaja más | *Ne ... ~,* no ... más, ya no | *Non ~,* tampoco | *Pas ~,* no más | *Pas ~ que,* como tampoco | *~ de,* más de (davantage), basta de, no más (assez), no hay (manque) | *~ ... moins,* cuanto más ... menos | *Qui ~ est,* y además | — M Más ‖ **~ieurs** adj/pron indéf Varios, as; algunos, as ‖ **~-que-parfait** [plyskəparfɛ] m GRAM. Pluscuamperfecto ‖ **~-value** [plyvaly] f Plusvalía | Superávit *m,* excedente *m.*
plutonium [plytɔnjɔm] m Plutonio.
plutôt [plyto] adv Antes, primero (avant) | Más bien (assez) | Un tanto (un peu) | Mejor dicho, más bien (pour mieux dire) | Si no, más bien (sinon).
pluvi|al, e adj Pluvial, de lluvia ‖ **~ale** m Capa (*f*) pluvial ‖ **~er** m Chorlito real ‖ **~eux, euse** adj Lluvioso, a; pluvioso, a ‖ **~osité** f Pluviosidad.
pneu [pnø] m Neumático | Cubierta *f* (sans chambre à air) ‖ **~matique** adj Neumático, a | — M Neumático (de roue) | Continental (dépêche) | — F PHYS. Neumática ‖ **~monie** f Pulmonía, neumonía ‖ **~mothorax** [pnømɔtɔraks] m Neumotórax.
poch|ade f Boceto *m,* apunte *m* (peinture) | Improvisación, entretenimiento *m* (littérature) ‖ **~ard, e** adj/s POP. Borracho, a ‖ **~e** f Bolsillo *m* : *les mains dans les ~,* con las manos en los bolsillos | Bolsa, buche *m* (faux pli) | Rodillera (marque aux genoux) | Bolsa (sous les yeux) | Bolsa, cartera (serviette) | Costal *m,* saco *m* (sac) | Bolsa (sac en papier) | Copo *m* (de filet de pêche) | Red (filet) | Capucha, capuchón *m* (de pieuvre) | MÉD. MIN. MIL. Bolsa | FAM. *Avoir qqn dans sa ~,* tener a alguien en el bolsillo *ou* en el bote | FIG. *Connaître comme sa ~,* conocer como la palma de la mano | *~ de coulée,* caldero de colada ‖ **~er** vt Escalfar (œufs) | Esbozar (ébaucher) | — Vi Formar bolsas (un vêtement) ‖ **~ette** f Bolsillito *m* (petite poche) | Pañuelo (*m*) en el bolsillo superior de la chaqueta | Estuche *m* (de compas) | Funda (de disque) | Librillo *m* (de papier à cigarettes) | Carterilla (d'allumettes) | Sobre *m* (enveloppe) | Bolso (*m*) de mano (sac) ‖ **~euse** f Escalfador *m* ‖ **~oir** m Plantilla (*f*) *ou* chapa (*f*) de estarcir.
podium [pɔdjɔm] m Podio.
poêl|e [pwal] m Estufa *f* | Velo nupcial, yugo (dans les mariages) | Palio (dais) | Paño mortuorio (du cercueil) | — F Sartén (à frire) ‖ **~ée** [-le] f Sartenada ‖ **~on** [-lɔ̃] m Cazo.
po|ème m Poema | Libreto (d'opéra) ‖ **~ésie** f Poesía ‖ **~ète** adj/s Poeta ‖ **~étesse** f Poetisa ‖ **~étique** adj/f Poético, a ‖ **~étiser** vi Poetizar.
pognon m POP. Parné, pasta *f.*
poids [pwa] m Peso | Pesa *f* (d'une balance, d'horloge, en gymnastique) | CHIM. PHYS. Peso | Peso (sport) | FIG. Peso, carga f | *Au ~ de l'or,* a peso de oro | FIG. *Faire le ~,* tener talla, tener las cualidades requeridas | *~ et mesures,* pesas y medidas | *~ lourd,* camión de carga pesado (véhicule), peso pesado (catégorie de boxeur).
poign|ant, e adj Punzante (douleur) | FIG. Desgarrador, a (déchirant), emocionante (émouvant), angustioso, a (angoissant) ‖ **~ard** [pwaɲa:r] m Puñal | TAUR. Puntilla *f* | *Coup de ~,* puñalada ‖ **~arder** vt Apuñalar, acuchillar | FIG. Causar dolor profundo ‖ **~e** [pwaɲ] f Fuerza en los puños | FAM. Energía, fuerza, vigor *m* ‖ **~ée** f Puñado *m* | Empuñadura, puño *m* (d'épée) | Mango *m* (manche) | Asa (de valise, sac, etc) | Picaporte *m,* manilla, tirador *m* (de porte, fenêtre) | Agarrador *m* (de fer à repasser) | Tirador *m* (de tiroir) | Llave (de robinet) | Palanca (du frein) | FIG. Puñado *m* | *Donner une ~ de main,* dar un apretón de manos ‖ **~et** m Muñeca *f* (de la main) | Puño (de chemise).
poil [pwal] m Pelo | FAM. *À ~,* en cueros (nu). *À un ~ près,* por poco. *Au ~,* macanudo, magnífico. *Avoir un ~ dans la main,* no mover ni un dedo. *Être de mauvais ~,* estar de mala uva | *~ á gratter,* picapica | *~ de carotte,* pelirrojo | FAM. *Reprendre du ~ de la bête,* remontar la pendiente ‖ **~er (se)** vp POP. Mondarse de risa ‖ **~u, e** adj Peludo, a: velludo, a | *~* M FAM. Soldado francés de la primera guerra mundial.

poinçon [pwɛ̃sɔ̃] m TECH. Punzón | Buril (de graveur) | Troquel, cuño (monnaies) | Contraste (marque sur l'or) | Taladro (foreuse) | Lezna *f* (de sellier) | *~ de garantie,* sello de contraste || **~nage** ou **~nement** m Marca *f,* sello, contraste | Taladro, perforación *f* | Picado (d'un billet) || **~ner** vt Contrastar (or, etc) | Picar (billets) | Taladrar, perforar || **~neuse** f Perforadora, taladradora.

poindre* vt Punzar, pinchar | — Vi Despuntar, rayar (le jour) | Brotar (plante) | FIG. Despuntar, aparecer.

poing [pwɛ̃] m Puño | *Coup de ~,* puñetazo | FIG. *Dormir à ~s fermés,* dormir a pierna suelta | *Montrer le ~,* amenazar con el puño.

point [pwɛ̃] m Punto (d'écriture, sujet, jeux, imprimerie, musique) | Puntada *f,* punto (couture) | Punto (dentelle) | Punzada *f* (douleur) | Nota *f,* punto (d'un étudiant) | Entero (Bourse) | *À ~,* en su punto (cuisine), a propósito | *À tel ~ que,* hasta tal punto que | *Au ~,* a punto | *Faire le ~,* analizar la situación, recapitular | *Mal en ~,* en mal estado | *Marquer un ~,* apuntarse un tanto (succès), marcar un tanto (sports) | *Mettre au ~,* poner en su punto (perfectionner), poner a punto (une machine), puntualizar (préciser) | *~ à la ligne,* punto y aparte | *~ arrière,* pespunte | *~ de côté,* dolor de costado | *~ de non retour,* situación irreversible | *~ de vue,* punto de vista | *~ d'exclamation* signo de admiración | *~ d'honneur,* pundonor, amor propio | *~ d'interrogation,* signo de interrogación | MUS. *~ d'orgue,* calderón | *~ du jour,* amanecer | *~-virgule,* punto y coma | *~s de suspension,* puntos suspensivos | *Sur le ~ de,* a punto de | *Un ~, c'est tout,* y ya está, y sanseacabó | — Adv No | *Ne ... ~,* no | *~ de,* no hay | *~ du tout,* de ningún modo, en absoluto || **~age** m Puntería *f* (d'une arme) | Enfoque (d'un télescope) | Anotación *f,* control | Recuento (des voix) | Control de entrada y salida (des usines) | Tanteo (jeu) || **~e** f Punta | Remate *m,* extremo *m* | Aguja, punzón *m* (de graveur) | Punta, puntilla (clou) | Pico *m* (de col) | Pañolón *m,* pico *m* (fichu) | Pico *m* (lange) | Guía (de moustache) | Pizca, poco *m* (un peu) | Máximo (*m*) de intensidad (de vitesse, etc) | GÉOGR. MIL. Punta | *Faire des ~s,* bailar de puntas | *La ~ du jour,* el alba | *Marcher sur la ~ des pieds,* andar de puntillas || **~eau** m TECH. Punzón | Aguja (*f*) indicadora (d'un débit) | Listero (d'un chantier) || **~er** vt Apuntar (avec une arme) | Enfocar (avec des jumelles) | Apuntar, anotar (noter) | Marcar, señalar | Puntear (faire des points) | Levantar (dresser) | Tantear (jeux) | Fichar (les heures de travail) | Hacer el recuento de (scrutin) | Aguzar (les oreilles) | — Vi Despuntar (le jour) | Picar (dans une usine) | — Vp FAM. Apostarse (se poster) | Llegar (arriver) || **~eur** m Listero (dans un chantier) || **~euse** f Registrador (*m*) horario || **~illage** [-tija:ʒ] m Punteado || **~illé** [-tije] m Punteado | Línea (*f*) de puntos, trepado || **~iller** vt/i Puntear || **~illeux, euse** [-tijø, ø:z] adj Puntilloso, a; quisquilloso, a || **~u, e** adj Puntiagudo, a; picudo, a | FIG. Agudo, a (voix) || **~ure** f Número *m,* medida.

poir|e f Pera : *~ fondante,* pera de agua | Perilla (électrique) | FAM. Primo *m* (naïf) | POP. Jeta, cara (visage) | FIG. *Couper la ~ en deux,* partir la diferencia | *~ à poudre,* cebador || **~eau** m Puerro | FAM. *Faire le ~,* estar de plantón || **~eauter** vi POP. Esperar mucho || **~ée** f BOT. Acelga || **~ier** m Peral | *Faire le ~,* hacer el pino (gymnastique).

pois [pwa] m Guisante | *À ~,* de lunares (tissu) | *Petits ~,* guisantes | *~ chiche,* garbanzo | *~ de senteur,* guisante de olor.

poison m Veneno | FAM. Mala persona *f,* peste *f* (personne méchante), rollo, persona (*f*) pesada (personne ennuyeuse).

poiss|ard, e adj Populachero, a; grosero, a | — F Rabanera, verdulera || **~e** f POP. Mala pata | POP. *Porter la ~,* ser gafe || **~er** vt Empegar (coller) | FIG. Embadurnar; dejar pegajoso (coller) | POP. Trincar (arrêter) || **~eux, euse** adj Pegajoso, a; peguntoso, a (collant) | Pringoso, a (gluant) || **~on** m Pez (dans l'eau), pescado (pour l'alimentation) | *~ d'avril,* inocentada || **~onnerie** f Pescadería || **~onneux, euse** adj Abundante en peces || **~onnier, ère** s Pescadero, a | — F Besuguera (plat).

Poissons nprmpl ASTR. Piscis.

poitr|ail [pwatraj] m Pecho | Antepecho (harnais) | ARCH. Dintel || **~inaire** adj/s MÉD. Enfermo del pecho || **~ine** f Pecho *m* | Costillar *m* (boucherie).

poivr|ade f Pebrada, pebre *m* || **~e** m Pimienta *f* | FAM. *~ et sel,* entrecano, a || **~é, e** adj Sazonado con pimienta | FIG. Picante, licencioso, a || **~er** vt Sazonar con pimienta | Salpimentar (récit) || **~ier** m Pimentero || **~ière** f Pimentero *m* | Pimental *m*

(plantation) || **~on** m Pimiento morrón.
poivrot, e s Pop. Borracho empedernido, borracha empedernida.
poix [pwa] f Pez.
poker [pɔkɛ:r] m Póker, póquer.
pol|aire adj Polar || **~arisation** f Polarización || **~ariser** vt Polarizar || **~ariseur** m Polarizador || **~arité** f Polaridad.
pôle m Polo.
polém|ique adj/f Polémico, a || **~iser** vi Polemizar || **~iste** Polemista.
pol|i, e adj Pulido, a; liso, a (lisse) | Fig. Pulido, a; esmerado, a (fini), refinado, a (élégant), educado, a; cortés (bien élevé) | — M Pulimento, bruñido || **~ice** f Policía | Póliza (d'assurance) | ~ *secours*, servicio urgente de policía || **~icer** vt Civilizar || **~ichinelle** m Polichinela || **~icier, ère** adj Policiaco, a | — M Policía || **~iomyélite** f Méd. Poliomielitis, parálisis infantil || **~ir** vt Pulir, pulimentar, bruñir | Fig. Pulir || **~issage** m Pulido | Bruñido (métal) || **~isseur, euse** s Pulidor, a; bruñidor, a | — F Pulidora || **~issoir** m Pulidor, bruñidor || **~isson, e** s Tunantuelo, a | Chiquillo travieso (espiègle) | Perdido, a; pillo, a (débauché) | Pícaro, a; granujilla (coquin) | — Adj Fam. Verde, licencioso, a || **~issonnerie** f Pillería | Travesura (espièglerie) | Dicho (*m*) verde, indecencia || **~issure** f Pulimento *m*, bruñido *m* || **~itesse** f Cortesía | Delicadeza, cumplido *m*, atención (prévenance) | *Par* ~, por cumplir.
polit|icien, enne s Político, a || **~ique** adj/s Político, a || **~iser** vi Politizar.
poll|en [pɔl(l)ɛn] m Polen || **~inisation** f Polinización || **~uant, e** adj/m Contaminante || **~uer** vt Contaminar (eau, atmosphère) || **~ution** f Polución | Contaminación (eau) | Contaminación, enrarecimiento *m* (air).
polo m Polo (chemise, jeu).
polochon m Fam. Almohada (*f*) larga, travesaño.
Pologne nprf Polonia.
polonais, e adj/s Polaco, a | — F Mus. Polonesa.
polonium [pɔlɔnjɔm] m Chim. Polonio (métal).
poltron, ~onne adj/s Cobarde || **~nerie** f Cobardía.
poly|chrome [pɔlikrom] adj Policromo, a || **~chromie** f Policromía || **~copie** f Copia hecha con multicopista || **~copier** vt Hacer con multicopista || **~èdre** adjm/m Poliedro || **~game** adj/m Polígamo, a || **~gamie** f Poligamia || **~glotte** adj/s Políglota, a; poligloto, a || **~gone** m Polígono || **~graphe** m Polígrafo || **~mère** adj/m Polímero, a || **~nésien, enne** adj/s Polinesio, a || **~nôme** m Polinomio || **~pe** m Pólipo || **~phasé, e** adj Polifásico, a || **~phonie** f Polifonía || **~technicien** m Politécnico || **~technique** [-tɛknik] adj Politécnico, a || **~théisme** m Politeísmo || **~valent, e** adj Polivalente.
pomm|ade f Pomada || **~ader** vt Untar de pomada || **~e** f Manzana | Cogollo *m*, repollo *m* (de choux, salade) | Pomo *m* (de canne) | Pera (ornement) | Pop. *Ma* ~, mi menda | ~ *d'Adam*, nuez | ~ *d'arrosoir*, alcachofa | ~ *de pin*, piña | ~ *de terre*, patata [*Amér.*, papa] | ~*s chips*, patatas fritas a la inglesa | Pop. *Tomber dans les* ~*s*, darle a uno un patatús *ou* soponcio || **~é, e** adj Repolludo, a | Fam. Rematado, a; de remate || **~eau** m Pomo | Perilla *f* (de la selle) || **~elé, e** [pɔmle] adj Aborregado (ciel) | Tordo, a (cheval) || **~eler (se)** vp Aborregarse || **~er** vi Repollarse, acogollarse || **~eraie** f Manzanar *m* || **~ette** f Perilla | Anat. Pómulo *m* || **~ier** m Manzano.
pomp|age m Aspiración (*f*) con la bomba, extracción (*f*) por medio de la bomba | Bombeo (station) || **~e** f Bomba (machine) | Pompa, pomposidad, fausto *m* (apparat) | — Pl Pompas, placeres (*m*) frívolos | Fam. *Coup de* ~, desfallecimiento | ~ *à essence*, surtidor de gasolina || **~er** vt Sacar con la bomba | Aspirar | Empapar, absorber | Fam. Copiar (à un examen) | Pop. Trincar, beber (boire), cansar (fatiguer), chupar (l'argent) | — Vi Dar a la bomba || **~ette** adj Fam. Achispado, a || **~eux, euse** adj Pomposo, a || **~ier** adj/m Fam. Vulgar, ramplón | — M Bombero (pour le feu) || **~iste** m Encargado de un surtidor de gasolina || **~on** m Borla *f* || **~onner** vt Adornar con borlas | Ataviar (parer) | Fig. Engalanar | — Vp Acicalarse.
ponçage [pɔ̃sa:ʒ] m Pulimento | Acuchillado (du parquet).
ponc|e f Piedra pómez || **~er** vt Dar con piedra pómez (polir) | Acuchillar (parquet) | Estarcir (dessin) || **~euse** f Pulidora || **~if** m Estarcido (dessin) | Tópico, trivialidad *f*.
ponction [pɔ̃ksjɔ̃] f Punción | Fig. *Faire une* ~ *sur*, hacer una sangría en || **~ner** vt Hacer punciones en.
ponctu|alité [pɔ̃ktɥalite] f Puntualidad || **~ation** f Puntuación || **~é, e** adj Marcados los signos de puntuación | Punteado, a; marcado con pun-

tos | Moteado, a (plumage) || **~el, elle** adj Puntual || **~er** vt Puntuar | FIG. Subrayar, acentuar, marcar.

pond|aison f Puesta, postura || **~érable** adj Ponderable || **~ération** f Ponderación || **~éré, e** adj Ponderado, a || **~érer** vt Ponderar, sopesar || **~euse** adjf/f Ponedora, ponedera || **~oir** m Ponedero, nidal || **~re*** vi Poner (oiseaux) | Aovar (animaux) | FAM. Parir, hacer (œuvre littéraire, projet, etc).

pont m Puente : *jeter un ~ sur,* tender un puente sobre | Cubierta *f* (de bateau) | FIG. *Faire le ~,* hacer puente | *~ arrière,* puente trasero | *Faux ~,* sollado | *~ d'envol,* cubierta de vuelos (d'un porte-avions) | *~ roulant,* puente grúa de corredera | *~s et Chaussées,* caminos, canales y puertos | *~ suspendu,* puente colgante | *~ tournant,* puente giratorio || **~e** f Puesta | Punto *m* (jeux) | — M POP. Mandamás || **~er** vi Hacer una puesta (jeux).

pontif|e m Pontífice | FAM. Mandamás, mandón || **~ical, e** adj Pontificio, a; pontifical | — M Pontifical || **~icat** m Pontificado || **~ifier** vi Pontificar.

pont-levis [põlvi] m Puente levadizo.

ponton m Pontón.

pop-corn m Roseta *f,* palomita *f* (de maïs).

pope m Pope (prêtre).

popeline f Popelín *m.*

popote f FAM. Cocina, comida | Imperio *m* (restaurant d'officiers) | — Adj FAM. Casero, a (casanier).

popul|ace f Populacho *m* || **~acier, ère** adj Populachero, a || **~aire** adj Popular | — Fpl Entradas de general || **~ariser** vt Popularizar || **~arité** f Popularidad || **~ation** f Población || **~eux, euse** adj Populoso, a || **~o** m POP. Plebe *f,* populacho.

porc [pɔ:r] m Cerdo, puerco | Carne (*f*) de cerdo (viande) | FIG. Puerco.

porcelaine f Porcelana.

porcelet m Lechón, cochinillo.

porc-épic m Puerco espín.

porche m Porche (d'église), portal, soportal (d'immeuble).

porch|er, ère s Porquerizo, a; porquero, a || **~erie** f Pocilga, porqueriza.

porcin, e adj/m Porcino, a.

por|e m Poro || **~eux, euse** adj Poroso, a.

porion m Contramaestre (mine).

pornographie f Pornografía.

porosité f Porosidad.

porphyre m Pórfido, pórfiro.

port [pɔ:r] m Puerto : *~ franc,* puerto franco | Puerto (col) | Porte (action de porter, maintien, prix du transport) | Posición *f,* aspecto | FIG. Puerto, refugio | *~ d'armes,* tenencia de armas | *~ d'attache,* puerto de matrícula (bateau), domicilio | *~ de plaisance,* puerto deportivo | MAR. *~ en lourd,* carga máxima | *~ illégal,* uso indebido || **~able** adj Transportable | Que puede llevarse (vêtement) || **~ail** [pɔrtaj] m Pórtico || **~ance** f AVIAT. Fuerza de sustentación || **~ant, e** adj TECH. Sustentador, a | *À bout ~,* a boca de jarro | *Bien ~,* con buena salud || **~atif, ive** adj Portátil.

porte f Puerta : *fausse ~,* puerta falsa *ou* excusada | Compuerta (d'écluse) | FIG. *Enfoncer une ~ ouverte,* descubrir el Mediterráneo. *Fermer la ~ au nez,* dar con la puerta en las narices. *Laisser la ~ ouverte à,* dejar la posibilidad de. *Mettre à la ~,* echar a la calle | *~ à glissière,* puerta corredera | *~ de secours,* salida de emergencia | *~ vitrée,* puerta vidriera | FAM. *Prendre la ~,* tomar el portante [irse]. *Se ménager une ~ de sortie,* curarse en salud | — Adj ANAT. Porta || **~-à-faux** m inv Voladizo | *En porte-à-faux,* en vilo, en falso || **~-affiches** m inv Tablón de anuncios, cartelera *f* || **~-aiguilles** m inv Acerico || **~-allumettes** m inv Fosforera *f* || **~-à-~** m inv Venta (*f*) directa *ou* a domicilio || **~-avions** m inv Portaviones, portaaviones || **~-bagages** m inv Portaequipajes || **~-billets** m inv Billetero || **~-bonheur** m inv Amuleto, mascota *f* | Pulsera (*f*) de una pieza || **~-bouquet** m inv Florero || **~-cannes** m inv Bastonera *f* || **~-cartes** [pɔrtəkart] m inv Tarjetero (cartes de visite), portadocumentos (pour papiers d'identité) || **~-cigares** m inv Cigarrera *f* || **~-cigarettes** m inv Pitillera *f* || **~-clefs** [pɔrtəkle] m inv Llavero || **~-croix** m inv Crucero || **~-cure-dents** m inv Palillero || **~-documents** m inv Portadocumentos || **~-drapeau** m Abanderado.

portée f Camada (d'animaux) | Alcance *m* | MUS. Pentágrama *m* | ARCH. Luz.

porte|-enseigne m Abanderado || **~-étendard** m Portaestandarte | Cuja *f* (étui) | Carcaj (de flèches) || **~faix** m Mozo de cuerda || **~-fenêtre** f Puerta vidriera || **~feuille** m [pɔrtəfœj] m Cartera *f* || **~-fort** m inv DR. Fiador || **~-jarretelles** m inv Liguero || **~-malheur** m inv Persona (*f*) *ou* cosa (*f*) de mal agüero, gafe || **~manteau** m Percha *f,* perchero | Portamantas (de voyage) || **~-monnaie** [pɔrtmɔnɛ] m inv Portamonedas, monedero || **~-mous-**

queton m inv Anilla (*f*) portamosquetón | Mosquetón (agrafe) || **~-musc** m Almizclero (ruminant) || **~-outil** [pɔrtuti] m inv TECH. Portaherramientas || **~-parapluies** m inv Paragüero || **~-parole** m inv Portavoz [*Amér.*, vocero] || **~-plume** m inv Palillero.

port|er vt Llevar | Dirigir, fijar (le regard) | Poner, fijar (l'attention) | Manifestar | Producir (un intérêt) | Inducir, incitar (inciter) | Dar, traer (apporter) | Producir, dar (donner) | Llevar en su seno (avoir en gestation) | Poner en, apuntar en, anotar en (noter) | Apuntar (sur une liste) | COM. Asentar (sur les livres) | Meter, ingresar (argent) | Dar, asestar (un coup) | Arrastrar (entraîner) | Causar (préjudice) | Emitir (un jugement) | Tener (affection) | *~ à croire*, hacer creer | *~ son âge*, representar la edad que se tiene | *Se faire ~ malade*, declararse enfermo, darse de baja | — Vi Descansar en, apoyarse en (s'appuyer sur) | Alcanzar (arme) | Surtir efecto, dar resultado | Alcanzar (la vue) | Tratar de, referirse a (traiter de) | Abarcar, referirse a, cubrir (englober) | Sostener (eau de mer) | Estar preñada (être enceinte) | *Être porté sur*, ser aficionado a | *Porté à*, dado a, inclinado a, predispuesto a | *~ sur*, referirse a | — Vp Dirigirse (se diriger) | Estar, encontrarse (santé) | Entregarse, abandonarse (se livrer) | Presentarse como (candidat) | Dejarse llevar (se laisser emporter) | Llevarse, estilarse (un vêtement) | Recaer en (soupçons) | *~ fort pour*, salir fiador de || **~e-savon** m Jabonera *f* || **~e-serviettes** m inv Toallero || **~eur, euse** adj/s Portador, a : *au ~*, al portador | — M Mozo de equipajes | *~ d'eau*, aguador || **~e-voix** m inv Megáfono, bocina *f*, portavoz.

port|ier, ère s Portero, a || **~ière** f Portezuela, puerta (de voiture) | Puerta (de train) || **~illon** m Portillo.

portion f Porción | Ración.

portique m Pórtico | Cuadro sueco (de gymnastique).

porto m Vino de Oporto.

Porto npr GÉOGR. Oporto.

portrait m Retrato : *~ en pied*, retrato de cuerpo entero | FIG. Semblanza *f*, descripción *f* | FAM. Cara *f* (visage) | *C'est tout le ~ de son père*, es el vivo retrato de su padre *ou* es su padre clavado || **~iste** s Retratista || **~urer** vt Retratar.

portuaire adj Portuario, a.

portugais, e adj/s Portugués, esa.

pos|e f Colocación, instalación | Tendido *m* (câbles, voies, conduites) | Sesión (du modèle) | PHOT. Exposición | Foto | Actitud, postura (attitude) | ARCH. Asiento *m* | FIG. Afectación, actitud estudiada || **~é, e** adj Puesto, a; colocado, a | Tranquilo, a; comedido, a (tranquille) | FIG. Sentado, a; admitido, a || **~ément** adv Pausadamente, lentamente || **~emètre** m Fotómetro || **~er** vt Poner, colocar (placer) | Escribir, poner (dans les calculs) | Plantear (un problème) | Dejar (se défaire) | Establecer, asentar (établir) | Hacer (une question) | Deponer, abandonar (les armes) | Enunciar (énoncer) | Poner (conditions) | Presentar (une candidature) | Poner, instalar (l'électricité, le téléphone, le gaz) | Hacer el tendido, tender (voies, câbles) | ARCH. Asentar | FIG. Dar fama *ou* notoriedad *ou* categoría | — Vi Descansar en (s'appuyer) | Posar, servir de modelo (en peinture, etc) | Posar (para una foto) | FIG. Darse postín, presumir | — Vp Posarse, ponerse (les oiseaux) | Aterrizar, posarse, tomar tierra (les avions) | Erigirse en, dárselas de (se vanter) || **~eur, euse** adj/s FAM. Presumido, a; vanidoso, a; postinero, a | — M Instalador.

posit|if, ive adj/m Positivo, a | — M PHOT. Positiva *f* || **~ion** f Posición, postura | MIL. Posición | FIG. Empleo *m*, cargo *m* (emploi) | — Pl Partidas (tarif de douane) || **~ivisme** m Positivismo.

posologie f Posología.

poss|édé, e adj/s Poseído, a; poseso, a | Endemoniado, a | Energúmeno, a (personne violente) || **~éder** vt Poseer, tener | FAM. Dominar | *~ qqn*, pegársela a uno | — Vp Dominarse || **~esseur** m Poseedor, a; posesor, a || **~essif, ive** adj/m Posesivo, a || **~ession** f Posesión || **~ibilité** f Posibilidad || **~ible** adj Posible | *Autant que ~*, dentro de lo posible | *Si ~*, si es posible | — M Lo posible | — Adv Es posible, quizá | *Au ~*, en sumo grado, a más no poder | *Pas ~!*, ¡no me digas!, ¡no es verdad!

postal, e adj Postal.

postdater vt Poner fecha posterior a la verdadera en.

post|e f Posta (de chevaux) | Correo *m*, correos *mpl* (administration, bureau) | *~ restante*, lista de correos [*Amér.*, poste restante] | — M Puesto | Empleo, cargo, puesto (emploi) | Aparato de radio *ou* de televisión | Cuartelillo (de police) | Asiento, partida *f* (d'un compte) | Boca *f* (d'eau, d'incendie) | Cabina *f*, caseta *f* (chemin de fer) | Extensión *f* (téléphone) | *~ de commandement*, puesto de mando;

cuartel general | ~ *de police,* cuerpo de guardia (militaire), puesto de policía | ~ *de secours,* puesto de socorro (sur la route), casa de socorro (dans une ville) | ~ *d'essence,* surtidor de gasolina | ~ *émetteur,* emisora || **~er** vt Apostar, poner | Echar al correo *ou* al buzón (courrier).

postéri|eur, e adj Posterior | — M FAM. Trasero || **~orité** f Posterioridad || **~té** f Posteridad.

posthume adj Póstumo, a.

postiche adj Postizo, a | FIG. Falso, a; artificial | — M Postizo (cheveux).

post|ier, ère s Empleado de correos || **~illon** [pɔstijɔ̃] m Postillón (conducteur) | FAM. Perdigón, cura *f* (salive).

post|opératoire adj Postoperatorio, a || **~poser** vt Posponer || **~-scriptum** [pɔstskriptɔm] m Posdata *f* || **~synchronisation** [-sɛ̃krɔnizasjɔ̃] f Postsincronización.

postul|ant, e adj/s Postulante || **~at** m Postulado || **~er** vt Postular.

posture f Postura | FIG. Situación, posición, postura.

pot [po] m Vasija *f,* cacharro | Tarro, bote (de conserves, médicaments) | Jarra *f* : ~ *à eau,* jarra de agua | Maceta *f,* tiesto (à fleurs) | Olla *f,* puchero (marmite) | FAM. Vaso, copa *f* | POP. *Avoir du ~,* tener potra *ou* suerte | FIG. *Découvrir le ~ aux roses,* descubrir el pastel | FAM. *Payer les ~s cassés,* pagar los vidrios rotos *ou* el pato | ~ *à lait,* lechera, cántaro (pour transporter) | ~ *de chambre,* orinal | FAM. ~ *de colle,* pelmazo, cataplasma | ~ *d'échappement,* silencioso | FAM. *Sourd comme un ~,* más sordo que una tapia | FIG. *Tourner autour du ~,* andar con rodeos || **~able** adj Potable | FAM. Pasable, regular || **~ache** m FAM. Colegial || **~age** m Sopa *f* || **~ager, ère** adj Hortense, hortelano, a | — M Huerta *f,* huerto || **~ard** m POP. Boticario || **~asse** f Potasa || **~asser** vt/i FAM. Empollar || **~assique** adj Potásico, a || **~assium** [pɔtasjɔm] m Potasio || **~-au-feu** [pɔtofø] m inv Olla *f,* puchero (marmite), cocido (mets), carne *(f)* para el cocido (viande) | — Adj FAM. Casero, a; de su casa || **~-de-vin** [podvɛ̃] m Guante, mamelas *fpl* || **~e** m POP. Amigacho || **~eau** m. Poste | Línea *(f)* de llegada, meta *f* (arrivée), línea *(f)* de salida (départ) | FIG. *Au ~,* al paredón || **~elé, e** adj Rollizo, a; regordete || **~ence** f Horca || **~entat** m Potentado || **~entiel, elle** adj/m Potencial || **~erie** [pɔtri] f Vasija de barro *ou* de metal | Alfarería (fabrique, art) || **~iche** f Jarrón *m,* jarro *(m)* de porcelana || **~ier** m Alfarero | Fabricante *ou* vendedor de vasijas || **~in** m FAM. Cotilleo (cancan) | Jaleo (tapage) || **~iner** vi FAM. Chismorrear, cotillear || **~inier, ère** adj/s FAM. Chismoso, a; cotilla | — F FAM. Mentidero *m* || **~ion** f Poción, pócima || **~iron** m BOT. Calabaza *f* || **~-pourri** m FAM. Olla *(f)* podrida (mets) | Popurrí (musique).

pou m Piojo | FAM. *Chercher des ~x à qqn,* buscarle las cosquillas a uno. *Laid comme un ~,* más feo que Picio, feo como un susto.

poubelle f Cubo *(m)* de la basura.

pouc|e m Pulgar (doigt de la main), dedo gordo (du pied) | Pulgada *f* (mesure) | FIG. Pulgada *f,* ápice | FAM. *Donner un coup de ~,* echar una mano (aider), dar un empujón (faire progresser). *Manger sur le ~,* tomar un bocado. *Se tourner les ~s,* estar mano sobre mano, estar con los brazos cruzados | *Sucer son ~,* chuparse el dedo || **~e-pied** [puspje] m Percebe (mollusque).

poudr|age m Espolvoreado || **~e** f Pólvora (explosif) | Polvo *m* | Polvos *mpl* (cosmétique) | FIG. *Jeter de la ~ aux yeux,* engañar con falsas apariencias | *Mettre en ~,* pulverizar, reducir a polvo | ~ *de perlimpinpin,* polvos de la Madre Celestina | FAM. *Prendre la ~ d'escampette,* poner pies en polvorosa || **~er** vt Empolvar || **~erie** f Fábrica de pólvora y explosivos || **~eux, euse** adj Polvoriento, a (couvert de poussière) | En polvo || **~ier** m Polvera *f* (pour cosmétique) || **~ière** f Polvorín *m* || **~oyer** [pudrwaje] vi Levantarse una polvareda.

pouf m Taburete bajo de asiento relleno || **~fer** vi Reventar de risa.

pouill|erie [pujri] f POP. Pordiosería (pauvreté) | Avaricia || **~eux, euse** [-jø, ø:z] adj/s Piojoso, a.

poul|aille [pulɑ:j] f Volatería || **~ailler** m Gallinero | Paraíso, gallinero (théâtre) || **~ain** m Potro (cheval) | Piel *(f)* de potro (fourrure) | FIG. Pupilo || **~arde** f Polla cebada, capón *m* || **~e** f Gallina | Liga, grupo *m,* campeonato *m* (sports) | POP. Zorra (prostituée) | Puesta, polla (jeu) | ~ *d'eau,* polla de agua | ~ *d'Inde,* pava | FIG. ~ *mouillée,* gallina, cobarde || **~et** m Pollo | POP. Poli, policía || **~ette** f Pollita, polla || **~iche** f Potra, potranca || **~ie** [puli] f TECH. Polea, garrucha.

poulpe m Pulpo.

pouls [pu] m Pulso : *tâter le ~,* tomar el pulso | FIG. *Se tâter le ~,* pensarlo bien.
poumon m Pulmón.
poup|ard, e s Rorro [sin fem] | — M Pepona *f* (poupée) || **~e** f MAR. Popa || **~ée** f Muñeca (jouet, mannequin) | Cabezal *m,* soporte *m* (d'un tour) | Copo *m,* husada (pour quenouille) | Dedil *m* (pansement au doigt) | POP. Muchacha, chica, gachí || **~in, e** adj Frescote, a; rubicundo, a; sonrosado, a || **~on, onne** s Nene, a; rorro *m* | Angelote *m* (enfant potelé) || **~onnière** f Guardería infantil.
pour prép Para (but, destination, rapport) | Por (à cause de, au prix de, en faveur de, en qualité de, quant à, à la place de, en échange de) | Por (pour une durée, une quantité de) | *~ que,* para que | — M Pro : *le ~ et le contre,* el pro y el contra | *Peser le ~ et le contre,* sopesar el pro y el contra.
pourboire m Propina *f.*
pourceau m Cerdo, puerco.
pour-cent m inv ou **pourcentage** m Tanto por ciento, porcentaje.
pourchass|er vt Perseguir, hostigar || **~eur** m Perseguidor.
pourfend|eur m Perdonavidas, matasiete || **~re*** vt Partir de un tajo, atravesar de una estocada.
pourlécher (se) vp Relamerse.
pourparlers mpl Conversación *fsing,* negociaciones *f,* trato *sing.*
pourpoint m Jubón | *À brûle-~,* a quemarropa.
pourpr|e f Púrpura (étoffe) | — M Púrpura *f* (couleur) || **~é, e** adj Purpúreo, a || **~in, e** adj/f Purpurino, a.
pourquoi conj/adv Por qué | Para qué (but) | *C'est ~,* por esta razón, por eso | — M Porqué.
pourr|i, e adj Podrido, a | FIG. Asqueroso, a (dégoûtant) | — M Lo podrido || **~ir** vt Podrir, pudrir | — Vi/p Podrirse, pudrirse || **~issoir** m Pudridero || **~iture** f Podredumbre | FIG. Corrupción.
poursuite f Persecución | Prosecución, continuación | — Pl Trámites *m,* diligencias, gestiones (démarches) | *À la ~ de,* en persecución de.
poursuiv|ant, e adj/s Perseguidor, a | Pretendiente (d'une femme) | DR. Demandante || **~re*** vt Perseguir | Proseguir (continuer) | Buscar (rechercher) | Acosar, hostigar (harceler) | DR. Demandar (en justice), perseguir judicialmente.
pourtant adv Sin embargo, no obstante, con todo, a pesar de ello.
pourtour m Contorno, perímetro.
pourv|oi m DR. Apelación *f,* recurso | *~ en grâce,* petición de indulto || **~oir*** vi Subvenir a, atender a, ocuparse de | — Vt Proveer, suministrar, abastecer (fournir) | Colocar a (établir) | Cubrir (occuper) | FIG. Dotar, ornar | — Vp Proveerse | DR. Interponer recurso de, apelar, recurrir || **~oyeur, euse** [purvwajœ:r, ø:z] s Proveedor, a; abastecedor, a.
pourvu, e adj Provisto, a | *~ que ...,* con tal que ..., ojalá ...
poussah m Dominguillo, tentempié.
pouss|e f Brote *m,* retoño *m* (des plantes) | Salida (des dents) || **~e-café** m inv FAM. Copita (*f*) después del café || **~ée** f Empujón *m* | Empuje *m* (d'avion, d'un fluide) | FIG. Acceso *m* (accès), ola (vague) | Estirón *m* (de croissance) || **~e-pousse** m inv Cochecillo chino tirado por un hombre || **~er** vt Empujar | Lanzar, dar (soupir, cri, etc) | Favorecer, apoyar, ayudar (favoriser) | Estimular | Llevar (entraîner) | Impulsar, impeler, dar un impulso (donner une impulsion) | Correr (déplacer) | Extender (étendre) | Echar (racines, rameaux, etc) | Examinar a fondo, adentrarse (approfondir) | Pujar (enchères) | Entornar (la fenêtre, etc) | BOT. Echar, producir | FIG. Incitar a, mover a, inducir a (inciter) | Extremar (aller jusqu'au bout) | — Vi Empujar | Nacer, salir (dents, etc) | Crecer (croître) | Llegar, seguir (poursuivre) | — Vp Empujarse | Echarse a un lado, correrse (faire de la place) || **~ette** f Cochecito (*m*) de niños, coche (*m*) silla | Carrito *m* (provisions).
poussi|er m Polvo de carbón, carbonilla *f* || **~ère** f Polvo *m* | Mota (dans l'œil) | Ceniza (radioactive) | FAM. *Et des ~s,* y pico || **~éreux, euse** adj Polvoriento, a.
poussif, ive adj FAM. Que se ahoga (voiture) | MÉD. Asmático, a.
poussin m Polluelo, pollito | FIG. Nene (enfant).
poussoir m Botón, pulsador.
poutr|age m Viguería *f* || **~e** f Viga || **~elle** f Vigueta.
pouvoir* vt Poder | *Il se peut que,* puede ser que, es posible que | *N'en ~ mais,* no poder más (être épuisé) | *N'en ~ plus,* no poder más | — M Poder | *Au ~ de,* bajo el poder de | *Fondé de ~,* apoderado | *~ d'achat,* poder adquisitivo.
pragmat|ique adj/f Pragmático, a || **~isme** m Pragmatismo.
praire f Almeja grande (mollusque).
prairie f Prado *m,* pradera.
pralin|e f Almendra garapiñada || **~er** vt Garapiñar.
prati|cable adj Practicable | Transitable (chemin) | — M Practicable

(théâtre), grúa (*f*) móvil (cinéma) ‖ **~cien** m MÉD. Práctico facultativo | DR. Escribano, procurador ‖ **~quant, e** adj/s Practicante ‖ **~que** adj Práctico, a | — F Práctica | Procedimiento *m*, práctica (procédé) | Costumbre, uso *m* (usage) | Trato *m* (fréquentation) | — Fpl Prácticas, devociones ‖ **~quer** vt Practicar | Tratar (fréquenter) | — Vi Practicar | — Vp Practicarse | Existir.

pré m Prado.

pré|alable adj Previo, a | — M Condición (*f*) previa | Cuestión (*f*) previa | *Au ~*, previamente, de antemano ‖ **~ambule** m Preámbulo ‖ **~au** m Patio (de prison) | Cobertizo del patio de recreo (écoles), sala (*f*) grande en las escuelas ‖ **~avis** [preavi] m Aviso previo | Notificación (*f*) previa de despido (de congé) | *Avec ~*, de persona a persona (téléphone) ‖ **~aviser** vt Avisar anticipadamente, prevenir ‖ **~bende** [prebɑ̃:d] f Prebenda ‖ **~caire** adj Precario, a ‖ **~caution** f Precaución ‖ **~cédent, e** adj Precedente, anterior | — M Precedente, antecedente ‖ **~céder** vt Preceder ‖ **~cepte** m Precepto ‖ **~cepteur, trice** s Preceptor, a ‖ **~chauffage** m Calentamiento previo, precalentamiento.

prêch|e m Prédica *f* ‖ **~er** vt Predicar | FIG. Recomendar | — Vi Predicar ‖ **~eur, euse** s Predicador, a ‖ **~i-prêcha** m FAM. Sermoneo, letanía *f*.

préci|eux, euse adj Precioso, a | FAM. Amanerado, a; afectado, a | Rebuscado, a (recherché) | Culterano, a (langue) | — M Amaneramiento | — F Marisabidilla ‖ **~osité** f Afectación, amaneramiento *m* | Preciosismo *m*, culteranismo *m* (du style).

précip|ice m Precipicio ‖ **~itation** f Precipitación ‖ **~ité** m Precipitado ‖ **~iter** vt/i Precipitar.

préciput [presipy(t)] m DR. Mejora *f*.

précis, ~e adj Preciso, a | Conciso, a | En punto (heure) | Fijo, a; determinado, a | — M Compendio (livre) ‖ **~er** vt Precisar | Especificar ‖ **~ion** f Precisión.

précité, e adj/s Precitado, a; susodicho, a; antes citado, a.

précoc|e adj Precoz | Temprano, a; precoz (végétaux) ‖ **~ité** f Precocidad.

pré|compter [prekɔ̃te] vt Descontar ‖ **~conçu, e** [-kɔ̃sy] adj Preconcebido, a.

préconis|er vt Preconizar ‖ **~eur** ou **~ateur** m Preconizador.

précontraint, e adj Pretensado, a.

précurseur adjm/m Precursor, a.

prédateur, trice adj De rapiña.

prédécesseur m Predecesor, a; antecesor, a.

prédestin|ation f Predestinación ‖ **~er** vt Predestinar.

prédic|ant m Predicante ‖ **~at** m Predicado ‖ **~ateur, trice** s Predicador, a ‖ **~ation** f Predicación ‖ **~tion** f Predicción.

pré|dilection f Predilección ‖ **~dire*** vt Predecir, vaticinar ‖ **~disposer** vt Predisponer ‖ **~disposition** f Predisposición | MÉD. Propensión ‖ **~dominance** f Predominio *m* ‖ **~dominer** vi Predominar ‖ **~éminence** f Preeminencia ‖ **~éminent, e** adj Preeminente ‖ **~emption** [preɑ̃psjɔ̃] f Derecho (*m*) preferente de compra, derecho (*m*) de retracto ‖ **~établir** vt Preestablecer ‖ **~existant, e** adj Preexistente ‖ **~existence** f Preexistencia ‖ **~exister** vi Preexistir ‖ **~fabriqué, e** adj Prefabricado, a.

préfac|e f Prefacio *m* ‖ **~er** vt Prologar, hacer un prefacio a ‖ **~ier** m Prologuista.

préfecture f Prefectura | *~ de police*, jefatura de policía | *~ maritime*, departamento marítimo.

préfér|able adj Preferible ‖ **~é, e** adj/s Preferido, a; predilecto, a ‖ **~ence** f Preferencia | *De ~*, preferentemente, con preferencia ‖ **~entiel, elle** adj Preferencial, preferente ‖ **~er** vt Preferir.

préfet m Prefecto.

préfix, ~e [prefiks] adj Prefijado, a ‖ **~e** m Prefijo ‖ **~er** vt Fijar antes | Poner un prefijo.

préhisto|ire f Prehistoria ‖ **~rique** adj Prehistórico, a.

préjudic|e m Perjuicio | *Au ~ de*, con menoscabo de, en perjuicio de | *Porter ~ à*, perjudicar a ‖ **~iable** adj Perjudicial.

préjug|é m Prejuicio ‖ **~er** vt Prejuzgar, implicar | Juzgar de antemano | DR. Fallar provisionalmente.

prélart m MAR. Encerado.

prélasser (se) vp Descansar.

prélat m Prelado.

prél|èvement m Deducción *f*, descuento previo | Toma *f* (du sang, etc) | Muestra *f* (échantillon) | DR. Extracción *f* ‖ **~ever** vt Deducir, descontar previamente (déduire) | Tomar, sacar (échantillons, sang, etc).

préliminaire adj/mpl Preliminar.

prélud|e m Preludio ‖ **~er** vi Preludiar | Preludiar, iniciar.

prématuré, e adj/s Prematuro, a | Precoz | BOT. Temprano, a | *~ de sept mois*, sietemesino.

préméditation f Premeditación ‖ **~er** vt Premeditar.

prémices [premis] fpl Primicias.

premier, ~ère adj Primero, a (la forme masculine perd le *o* final lorsqu'elle est suivie d'un nom) : *le ~ livre,* el primer libro *ou* el libro primero | MATH. Primo (numéro) | *Jeune ~,* galán joven | — M Primero | — F Primera | Clase que corresponde al sexto año del bachillerato español | Estreno *m* (théâtre) || **~-né** adjm/m Primogénito.

prémisse f Premisa.

prémonitoire adj Premonitorio, a.

prémunir vt Prevenir, precaver.

prenant, e adj Prensil | Adherente (collant) | DR. Que recibe *ou* cobra | FIG. Sobrecogedor, a (voix).

prendre* vt Tomar, coger (saisir) | Tomar (un aliment, une commande) | Recoger (ramasser, aller chercher qqn) | Dar (être saisi de) | Agarrarse (s'accrocher) | Cobrar, llevar (faire payer) | Llevar (emmener) | Sacar, tomar (des billets) | Coger (froid) | Tomar (conquérir) | Tomar, requerir (temps) | Prender, detener, coger, atrapar (arrêter) | Comer (échecs, dames) | Ocupar | Sacar, tomar (une photo) | Pescar, capturar (poisson) | Cobrar (de l'importance) | Levantar (acte) | Entrar en (contact) | Preguntar por (des nouvelles) | Echar (du ventre) | Salir en (la défense de) | MAR. Hacerse (un bateau) | Pedir (l'avis de) | Asumir (des fonctions) | FAM. Recibir (une gifle, etc) | *À tout ~,* mirándolo bien | *C'est à ~ ou à laisser,* lo toma ou lo deja | *~ au dépourvu,* coger *ou* pillar desprevenido | *~ au sérieux,* tomar en serio | *~ du poids,* engordar | *~ mal,* tomar a mal (se fâcher) | *Qu'est-ce qui lui prend?,* ¿qué le pasa? | *Qu'est-ce qu'il va ~!,* ¡la que se va a ganar! | — Vi Agarrar, echar raíces (plante) | Espesarse (chocolat), tomar consistencia (crème), trabarse (mayonnaise), helarse (glace) | Cuajarse (lait) | Agarrar (vaccin) | Prender (feu) | Cuajar (mode) | Tener éxito (avoir du succès) | Fijarse (couleur) | Pasar por la cabeza, ocurrir (avoir l'idée) | Arrancar de, empezar en (partir de) | Coger, tomar (une direction, un chemin) | Dar, entrar (envie) | Fraguar (ciment) | Encenderse, arder (brûler) | FAM. Ser creído *ou* aceptado | FAM. *Ça ne prend pas,* esto no hay quien se lo trague, esto no pasa | *~ sur soi de,* comprometerse a | — Vimp Ocurrir, suceder (arriver) | — Vp Ponerse, echarse, comenzar (se mettre à) | Cogerse (laisser saisir) | Helarse (geler) | Atacar | Tomarse (remède) | Engancharse (s'accrocher) | *~ pour,* dárselas de, creerse | *S'y ~ bien,* hacerlo *ou* arreglárselas bien.

preneur, euse adj/s Tomador, a | Arrendador, a (à bail) | Comprador, a (acheteur) | — M COM. Tomador.

prénom [prenɔ̃] m Nombre, nombre de pila || **~mé, e** adj/s Llamado, a | DR. Arriba nombrado, susodicho, a.

préoccup|ation f Preocupación || **~er** vt Preocupar.

prépar|ateur, trice s Preparador, a | Practicante (en pharmacie) | Auxiliar (de laboratoire) || **~atif** m Preparativo || **~ation** f Preparación || **~atoire** adj Preparatorio, a || **~er** vt Preparar.

prépondér|ance f Preponderancia || **~ant, e** adj Preponderante.

prépos|é, e s Encargado, a | *~ des douanes,* aduanero | *~ des postes,* cartero || **~er** vt Encargar (*à,* de) || **~ition** f Preposición.

préretraite f Jubilación anticipada.

prérogative f Prerrogativa.

près [prɛ] adv Cerca | *À cela ~,* excepto eso | *À cette somme ~,* poco más o menos, casi | *De ~,* de cerca | *Tout ~,* muy cerca | — Prép Cerca de.

présag|e m Presagio || **~er** vt Presagiar.

presbyt|e adj/s Présbita || **~ère** m Rectoral *f,* casa (*f*) del cura *ou* parroquial || **~érien, enne** adj/s Presbiteriano, a || **~erium** [prɛsbiterjɔm] m Presbiterio || **~ie** f Presbicia.

prescr|iption f Prescripción || **~ire*** vt Prescribir | MÉD. Recetar.

préséance f Precedencia, prelación.

prés|ence f Presencia || **~ent, e** adj Presente | — M Obsequio, presente (cadeau) | Presente (temps actuel) | Asistente (personne) | GRAM. Presente : *~ historique, de narration,* presente histórico | *À ~,* ahora | *Faire ~ de,* regalar || **~entateur, trice** s Presentador, a | Locutor, a (radio, etc) || **~entation** f Presentación || **~enter** vt Presentar || **~entoir** m Presentador.

préserv|atif, ive adj/m Preservativo, a || **~ation** f Preservación || **~er** vt Preservar.

présid|e m Presidio colonial || **~ence** f Presidencia || **~ent, e** s Presidente, a || **~ent-directeur général** m Director gerente || **~entiel, elle** adj Presidencial || **~er** vt Presidir | — Vi Regir, dirigir.

présompt|if, ive [prezɔ̃ptif, i:v] adj Presunto, a || **~ion** [-sjɔ̃] f Presunción || **~ueux, euse** [-tɥø, ø:z] adj/s Presuntuoso, a; presumido, a.

presqu|e adv Casi | *~ pas,* apenas || **~'île** f Península.

press|age m Prensado || **~ant, e** adj Urgente, acuciante (urgent) | Apremiante | Perentorio, a || **~e** f Prensa | Tropel *m*, gentío *m* (foule) | Prisa, urgencia | *Mettre sous ~*, meter en prensa || **~é, e** adj Prensado, a (avec une presse) | Exprimido, a; estrujado, a (comprimé) | Apretado, a (serré) | Acosado, a; perseguido, a (poursuivi) | Ansioso, a; deseoso, a; impaciente | Apremiado, a; acuciado, a (par la soif, etc) | Presuroso, a (qui se hâte) | Urgente | *Être ~*, tener prisa (personne), correr prisa (chose) || **~e-citron** m inv Exprimelimones, exprimidor de limones || **~e-fruits** m inv Exprimidor.

pressent|iment m Presentimiento, corazonada *f* || **~ir*** vt Presentir | FIG. Sondear | Proponer (proposer).

press|e-papiers m inv Pisapapeles || **~e-purée** m inv Pasapuré || **~er** vt Apretar (serrer) | Estrechar (entre les bras) | Prensar (avec une presse) | Exprimir (fruit) | Apretar, pulsar (un bouton) | Hostigar, acosar (harceler) | Acuciar (obliger) | Apresurar (hâter) | Apretar (le pas) | Dar (sur la détente) | — Vi Urgir, correr prisa, ser urgente | Apremiar (le temps) | — Vp Apresurarse, darse prisa (se hâter) | Apretujarse (se serrer) || **~ing** m Taller de planchado || **~ion** f Presión || **~oir** m Lagar (raisin, olives, pommes), prensa *f* (graines) || **~urage** m Prensado | Mosto (moût) || **~urer** vt Prensar | Estrujar, sacar el jugo (fruit) | FIG. Oprimir, abrumar (accabler) || **~uriser** vt Presurizar, sobrecomprimir.

prest|ance f Buena presencia, empaque *m*, prestancia || **~ation** f Prestación | *~s familiales*, subsidios familiares || **~e** adj Pronto, a | Hábil, ágil || **~ement** adv Presto, rápidamente || **~idigitateur** m Prestidigitador ||**~idigitation** f Prestidigitación || **~ige** m Prestigio || **~igieux, euse** adj Prestigioso, a.

présum|é, e adj Presunto, a || **~er** vt/i Presumir.

présupposer vt Presuponer.

présure f Cuajo *m* (coagulation).

prêt, e [prɛ, prɛt] adj Presto, a | Dispuesto, a (disposé) | Listo, a (préparé) | — M Préstamo.

prétend|ant, e s Pretendiente, a || **~re*** vt Pretender | — Vi Pretender, aspirar a || **~u, e** adj Presunto, a; supuesto, a | — S FAM. Prometido, a.

prête-nom m Testaferro.

prétenti|eux, euse adj/s Presumido, a || **~on** f Pretensión.

prêter vt Prestar | — Vi Prestar, dar de sí (s'étendre) | *~ à*, dar motivo a | — Vp Prestarse, consentir.

préteur m Pretor.

prêteur, euse s Prestador, a (occasionnel) | Prestamista (de profession).

prétext|e m Pretexto : *sous le ~ que*, con el pretexto de que || **~er** vt Pretextar.

prétoire m Pretorio | DR. Sala (*f*) de audiencias.

prêtr|e m Sacerdote || **~esse** f Sacerdotisa || **~ise** f Sacerdocio *m*.

préture f Pretoría.

preuve f Prueba | *Faire ~ de*, dar pruebas de, manifestar | *Faire ses ~s*, dar prueba de sus aptitudes | *~s à l'appui*, pruebas al canto.

prévaloir* vi Prevalecer, prevaler | — Vp Valerse, invocar.

prévari|cateur, trice adj/s Prevaricador, a || **~cation** f Prevaricación || **~quer** vi Prevaricar.

préven|ance f Atención, deferencia || **~ant, e** adj Atento, a; solícito, a || **~ir*** [prevni:r] vt Prevenir | Avisar, prevenir (avertir) | Precaver, prevenir prever (prévoir) | FIG. Anticiparse a (devancer) || **~tif, ive** adj Preventivo, a || **~tion** f Prevención | *En ~*, en prisión preventiva || **~torium** [prevɑ̃tɔrjɔm] m Preventorio || **~u, e** adj Prevenido, a | Dispuesto, a | — S Acusado, a; procesado, a; reo, rea.

prév|isible adj Previsible || **~ision** f Previsión | Pronóstico *m* (pronostic) || **~oir*** vt Prever.

prévôt [prevo] m Preboste.

prévoy|ance [prevwajɑ̃:s] f Previsión || **~ant, e** adj Previsor, a; precavido, a.

prévu, e adj Previsto, a.

prie-Dieu m inv Reclinatorio.

pri|er vt Orar, rezar (faire ses prières) | Rogar (demander) | Invitar, convidar (inviter) | *Je vous en prie*, se lo ruego, por favor || **~ère** f Ruego *m*, súplica | REL. Oración, plegaria | *Faire sa ~*, rezar | *~ de*, se ruega | *~ d'insérer*, se ruega la publicación | *~s publiques*, rogativas || **~eur, e** s Prior, a || **~euré** m Priorato.

prim|aire adj Primario, a | FAM. De cortos alcances | — M Primario || **~at** m Primado || **~ate** m Primate (singe) || **~auté** f Primacía, preeminencia || **~e** adj Primo, a | — F Prima | Sobresueldo *m* (d'un salaire) | *De ~ abord*, primeramente | *Faire ~*, ser apreciado || **~er** vi Sobresalir (surpasser) | Tener prelación | — Vt Ser más importante que, superar a (l'emporter sur) | Recompensar, premiar || **~erose** f Malvarrosa || **~esautier, ère** adj Espontáneo, a; vivo, a || **~eur** f Primicia | FIG. Principio *m* (début) | — Pl Frutas *ou* verduras tempranas ‖ **~evère** f BOT. Primavera ‖ **~itif, ive** adj/s Primitivo, a ‖ **~o** adv Primero, en primer lugar ‖ **~ogéniture** f Primogenitura ‖ **~ordial, e** adj Primordial.

princ|e m Príncipe ‖ **~esse** f Princesa | FIG. El Estado ‖ **~ier, ère** adj Principesco, a; de príncipe ‖ **~ipal, e** adj/s Principal | — M Lo principal | El principal | Director de colegio ‖ **~ipat** m Principado ‖ **~ipauté** f Principado *m* ‖ **~ipe** m Principio | Norma *f* | *Partir du ~ que,* dejar por sentado que, sentar el principio de que.

print|anier, ère adj Primaveral ‖ **~emps** [prɛ̃tɑ̃] m Primavera *f* | FIG. Abril, primavera *f* (année).

prior|at m Priorato ‖ **~itaire** adj/s Prioritario, a ‖ **~ité** f Prioridad | Preferencia de paso, mano, prioridad (Code de la route).

pris, ~e [pri, i:z] adj Tomado, a | Cogido, a; agarrado, a | Sacado, a (tiré de) | Lleno, a (rempli) | Atacado, a (d'une maladie) | Helado, a (gelé) | Cuajado, a (caillé) | FIG. Seducido, a (séduit) | FAM. *C'est toujours ça de ~,* menos da una piedra ‖ **~e** f Toma | Toma, conquista | Presa, botín *m* (butin) | Agarradero *m*, asidero *m* (anse) | Toma (de tabac) | Coagulación | Solidificación | Fraguado *m* (du ciment) | Llave, presa (lutte) | Posición (de la raquette de tennis) | Presa (alpinisme, de poissons) | Toma (d'eau, d'air) | ÉLEC. Enchufe *m* | MÉD. Toma (de sang) | FIG. *Donner ~ à la critique,* dar pábulo a las críticas | *Être aux ~s avec,* enfrentarse con | *Lâcher ~,* soltar prenda, ceder | *~ de fonction,* toma de posesión | *~ de son,* grabación, registro de sonido | *~ directe,* directa | *~ en charge,* bajada de bandera (taxis) ‖ **~ée** f Tasación ‖ **~er** vt Valuar, apreciar, tasar | Celebrar, ponderar (faire cas de) | Tener en gran estima (aimer) | Tomar (le tabac) ‖ **~eur, euse** s Tasador, a.

prism|atique adj Prismático, a ‖ **~e** m Prisma.

prison f Cárcel, prisión | MIL. Calabozo *m* | *~ à perpétuité,* cadena perpetua ‖ **~nier, ère** adj/s Preso, a; encarcelado, a | Prisionero, a (de guerre).

priv|atif, ive adj Privativo, a ‖ **~ation** f Privación ‖ **~auté** f Familiaridad excesiva, confianza excesiva ‖ **~é, e** adj Particular | Privado, a (intime) | — M Privado, intimidad *f* ‖ **~er** vt Privar | Castigar (punir).

privil|ège m Privilegio ‖ **~égié, e** adj/s Privilegiado, a.

prix [pri] m Precio (coût) | Premio (récompense) | Pago, castigo (punition) | *À bas ~,* barato | *À aucun ~,* por nada del mundo | *À tout ~,* cueste lo que cueste | *Au ~ de,* a costa de; en comparación con | *Hors de ~,* carísimo | *~ courant,* tarifa, precio corriente | *~ coûtant,* precio de fábrica | *~ de revient,* precio de coste | *~ marchand,* precio de mercado.

prob|abilité f Probabilidad ‖ **~able** adj Probable ‖ **~ant, e** adj Convincente ‖ **~e** adj Probo, a ‖ **~ité** f Probidad.

probl|ématique adj Problemático, a ‖ **~ème** m Problema.

proboscidiens mpl ZOOL. Proboscidios.

procéd|é m Proceder, conducta *f*, modo | Procedimiento, método (méthode) ‖ **~er** vt/i Proceder ‖ **~ure** f DR. Procedimiento *m* (forme) | Proceso *m* (instruction) | Actuación (ensemble d'actes juridiques) | Trámite *m*, gestión (démarche) ‖ **~urier, ère** adj DR. Sumarial.

procès [prɔsɛ] m DR. Proceso, causa *f* | *Faire le ~ de,* acusar, procesar | *Faire un ~ à,* tener un pleito con.

process|ion f Procesión ‖ **~us** [prɔsesys] m Proceso, desarrollo.

procès-verbal m Atestado | Boletín de denuncia *ou* de multa (amende) | Actas *fpl* (d'une séance) : *~ in extenso,* actas literales *ou* taquigráficas.

proch|ain, e adj Próximo, a; que viene : *mardi ~,* el martes que viene | Cercano, a (lieu, avenir) | *Un jour ~,* uno de estos días | — M Prójimo ‖ **~e** adj Cercano, a (lieu) | Próximo, a (temps) | Cerca (près) | Cercano, a (famille) | Allegado, a (de l'entourage) | — Mpl Parientes, deudos, allegados | — Prép Cerca.

Proche-Orient nprm Cercano Oriente, Próximo Oriente.

pro|clamation f Proclamación (action), proclama (écrit) ‖ **~clamer** vt Proclamar ‖ **~création** f Procreación ‖ **~créer** vt Procrear ‖ **~curation** f Poder *m*, procuración | *Donner ~,* dar poderes. *Par ~,* por poderes (mariage, etc) ‖ **~curer** vt Proporcionar, procurar ‖ **~cureur** m Procurador | DR. Fiscal, acusador público.

prodig|alité f Prodigalidad ‖ **~e** m Prodigio, portento ‖ **~ieux, euse** adj Prodigioso, a; portentoso, a ‖ **~ue** adj/s Pródigo, a ‖ **~uer** vt Prodigar.

product|eur, trice adj/s Productor, a ‖ **~if, ive** adj Productivo, a ‖ **~ion** f Producción | Presentación, exhibición ‖ **~ivité** f Productividad.

produi|re* vt Producir | Enseñar, exhibir (montrer) | Presentar | — Vp Producirse | Darse a conocer |

Presentarse ‖ **~t, e** adj Producido, a | — M Producto.
proémin|ence f Prominencia ‖ **~ent, e** adj Prominente.
profan|ateur, trice adj/s Profanador, a ‖ **~ation** f Profanación ‖ **~e** adj/s Profano, a | **~** *en la matière,* lego en la materia ‖ **~er** vt Profanar.
proférer vt Proferir.
profess|er vt Profesar | Ejercer (exercer) | Enseñar (enseigner) ‖ **~eur** m Profesor, a | Catedrático, a (de lycée, d'université) ‖ **~ion** f Profesión ‖ **~ionnalisme** m Profesionalismo ‖ **~ionnel, elle** adj/s Profesional ‖ **~orat** m Profesorado.
profil m Perfil | Línea *f* (ligne) | Sección *f*, corte (coupe) ‖ **~é** m Perfil ‖ **~er** vt Perfilar.
profit m Provecho | Ganancia *f* (gain) | *Au* **~** *de,* en beneficio de, en provecho de | *Mettre à* **~**, aprovechar | Com. **~***s et pertes,* pérdidas y ganancias | *Tirer* **~**, sacar provecho, aprovecharse ‖ **~able** adj Provechoso, a; útil ‖ **~er** vi Sacar provecho de (tirer profit) | Aprovechar (tirer une utilité) | Ser provechoso (être utile) | Crecer (grandir), engordar (grossir) ‖ **~eur, euse** s Aprovechado, a; aprovechón, ona.
profond, ~e adj Profundo, a; hondo, a | Fig. Redomado, a (consommé), oscuro, a (sombre) | Ahuecado, a (voix) ‖ **~eur** f Profundidad | Fig. Hondura, profundidad | *En* **~**, a fondo.
profusion f Profusión.
progénit|eur m Progenitor ‖ **~ure** f Prole, progenie.
programm|ateur, trice adj/s Programador, a ‖ **~ation** f Programación ‖ **~e** m Programa ‖ **~er** vt Programar ‖ **~eur, euse** s Programador, a (électronique).
progr|ès m Progreso, adelanto ‖ **~esser** vi Progresar, adelantar ‖ **~essif, ive** adj Progresivo, a ‖ **~ession** f Progresión ‖ **~essiste** adj/s Progresista.
prohib|er vt Prohibir ‖ **~itif, ive** adj Prohibitivo, a ‖ **~ition** f Prohibición.
proie [prwa] f Presa | Fig. Botín *m*, presa | *En* **~** *à,* presa de, víctima de | *Oiseau de* **~**, ave de rapiña *ou* rapaz | **~** *des flammes,* pasto de las llamas.
project|eur m Proyector ‖ **~ile** m Proyectil | — Adj Propulsor, a ‖ **~ion** f Proyección.
projet m Proyecto | Plan ‖ **~er** vt Proyectar | Planear (planifier) | *Être projeté hors de,* salir despedido fuera de.
prolét|aire adj/s Proletario, a ‖ **~ariat** m Proletariado ‖ **~arien, enne** adj Proletario, a ‖ **~ariser** vt Proletarizar.
prolif|ération f Proliferación ‖ **~ère** adj Prolífero, a ‖ **~érer** vi Proliferar ‖ **~ique** adj Prolífico, a.
prolix|e [prɔliks] adj Prolijo, a ‖ **~ité** f Prolijidad.
prologue m Prólogo.
prolong|ation f Prolongación, prórroga ‖ **~e** f Armón *m* ‖ **~ement** m Prolongamiento | Repercusión *f* ‖ **~er** vt Prolongar.
promen|ade [prɔmnad] f Paseo *m* : *faire une* **~**, dar un paseo ‖ **~er** vt Pasear | Fam. *Envoyer* **~**, mandar a paseo ‖ **~eur, euse** s Paseante ‖ **~oir** m Paseo cubierto | Pasillo (théâtre).
pro|messe f Promesa ‖ **~metteur, euse** adj/s Prometedor, a ‖ **~mettre*** vt/i Prometer | *Cela promet!,* ¡lo que nos espera! (c'est mal parti), empieza bien | — Vp Prometerse | Proponerse ‖ **~mis, e** adj/s Prometido, a ‖ **~miscuité** f Promiscuidad ‖ **~mission** f Promisión ‖ **~montoire** m Promontorio ‖ **~moteur, trice** s Promotor, a ‖ **~motion** f Promoción | Ascenso *m*, promoción (militaire) ‖ **~mouvoir*** vt Promover | Elevar (à une dignité) | Ascender (militaires) | Promocionar (les ventes) | Fig. Llevar a cabo.
prompt, ~e [prɔ̃, prɔ:t] adj Pronto, a | Rápido, a ‖ **~itude** [-tityd] f Prontitud.
promu, e adj Promovido, a | Elevado, a (dignitaire) | Ascendido, a (militaire).
promulg|ation f Promulgación ‖ **~uer** vt Promulgar.
prôn|e m Plática *f* ‖ **~er** vt Predicar (prêcher) | Preconizar, recomendar, encomiar | Fig. Celebrar, ensalzar (vanter).
pronom m Pronombre ‖ **~inal, e** adj Pronominal.
prononc|é, e adj Pronunciado, a | Señalado, a (accusé), saliente (saillant), marcado, a (marqué) | Abultado, a | Firme, formal (ferme) | Fig. Resuelto, a; decidido, a | — M Dr. Fallo ‖ **~er** vt Pronunciar ‖ **~iation** f Pronunciación | Dr. Fallo *m*.
pronosti|c [prɔnɔstik] m Pronóstico ‖ **~quer** vt Pronosticar.
propag|ande f Propaganda ‖ **~andiste** adj/s Propagandista ‖ **~ateur, trice** adj/s Propagador, a | Propalador, a (des bruits) ‖ **~ation** f Propagación ‖ **~er** vt Propagar | Propalar (divulguer).
propane m Propano.
propé f Fam. Preu *m* ‖ **~deutique** f Preuniversitario *m*.

propension f Propensión.
proph|ète m Profeta ‖ **~étie** [prɔfesi] f Profecía ‖ **~étique** adj Profético, a ‖ **~étiser** vt Profetizar.
prophyl|actique adj Profiláctico, a ‖ **~axie** [prɔfilaksi] f Profilaxis, profilaxia.
propice adj Propicio, a.
propitiatoire adj Propiciatorio, a.
propolis f Hámago *m* (des abeilles).
proportion f Proporción | *Toutes ~s gardées,* guardando las proporciones ‖ **~nel, elle** adj Proporcional ‖ **~ner** vt Proporcionar.
propos [prɔpo] m Palabras *fpl,* declaración *f* : *tenir des ~,* hacer declaraciones | Conversación *f,* charla *f* | Propósito, intención *f* (but) | Tema (sujet) | *À ce ~,* a propósito de eso, a este respecto | *À ~,* a propósito, oportunamente | *À quel ~?,* ¿por qué razón? | *À tout ~,* a cada paso | *De ~ délibéré,* de intento, adrede | *Hors de ~,* que no viene a cuento, fuera de lugar | *Mal à ~,* inoportunamente, poco a propósito | *~ galants,* piropos | *Venir à ~,* venir al caso ‖ **~er** vt Proponer ‖ **~ition** f Proposición, propuesta | GRAM. Oración.
propr|e adj Propio, a | Mismo, a; propio, a (même) | Limpio, a (net) | Exacto, a; justo, a | *Au ~,* en sentido propio (sens), en limpio (net) | FAM. *Nous voilà ~s!,* ¡estamos listos! | — M Lo propio | *~ à rien,* inútil | — Mpl Bienes propios, parafernales ‖ **~eté** f Limpieza ‖ **~iétaire** s Propietario, a | Casero, a; dueño, a; propietario, a (d'un immeuble) | *Gros ~ terrien,* latifundista, gran terrateniente ‖ **~iété** f Propiedad | Casa de campo, finca (maison à la campagne) | Posesiones *pl.*
propuls|er vt Propulsar ‖ **~eur** adjm/m Propulsor ‖ **~ion** f Propulsión.
prorata m Prorrata *f,* parte *f* | *Partage au ~,* prorrateo.
prorog|ation f Prórroga, prorrogación ‖ **~er** vt Prorrogar.
pros|aïque adj Prosaico, a ‖ **~aïsme** m Prosaísmo ‖ **~ateur** m Prosista.
proscri|ption f Proscripción | FIG. Abolición ‖ **~re*** vt Proscribir | FIG. Abolir ‖ **~t, e** adj/s Proscrito, a.
prose f Prosa.
prosélyt|e m Prosélito ‖ **~isme** m Proselitismo.
prosodie f Prosodia.
prospect|er vt Hacer una prospección en (minéraux) | Buscar clientes nuevos en (clients) ‖ **~eur** m Prospector ‖ **~ion** f Prospección (recherche) ‖ **~us** [prɔspɛktys] m Prospecto.
prospèr|e adj Próspero, a ‖ **~er** vi Prosperar ‖ **~ité** f Prosperidad.
prostate f ANAT. Próstata.
prosterner vt Hacer prosternarse | — Vp Prosternarse.
prostitu|ée f Prostituta ‖ **~er** vt Prostituir ‖ **~tion** f Prostitución.
prostr|ation f Postración ‖ **~é, e** adj Postrado, a.
protagoniste m Protagonista.
prote m IMPR. Regente.
protect|eur, trice adj/s Protector, a ‖ **~ion** f Protección ‖ **~ionnisme** m Proteccionismo ‖ **~orat** m Protectorado.
protégé, e s Protegido, a.
protège|-cahier m Forro de cuaderno ‖ **~-jambe** m Espinillera *f.*
protéger vt Proteger | Amparar.
protéine f Proteína.
protest|ant, e adj/s Protestante ‖ **~antisme** m Protestantismo ‖ **~ataire** adj/s Protestador, a ‖ **~ation** f Protesta ‖ **~er** vt/i Protestar.
protêt [prɔtɛ] m COM. Protesto.
prothèse f Prótesis.
proto|colaire adj Protocolar, protocolario, a ‖ **~cole** m Formulario | Protocolo (cérémonial, procès-verbal) ‖ **~n** m Protón ‖ **~plasme** m Protoplasma ‖ **~type** m Prototipo ‖ **~zoaires** mpl ZOOL. Protozoos.
protubér|ance f Protuberancia ‖ **~ant, e** adj Protuberante.
prou [pru] adv (P. us.) Mucho | *Peu ou ~,* más o menos.
proue [pru] f MAR. Proa.
prouesse [pruɛs] f Proeza, hazaña.
prouv|able adj Demostrable, probable ‖ **~er** vt Probar, demostrar.
proven|ance f Procedencia | *En ~ de,* procedente de.
provençal, e adj/s Provenzal.
provenir* vi Proceder, provenir.
proverb|e m Proverbio, refrán ‖ **~ial, e** adj Proverbial.
provid|ence f Providencia ‖ **~entiel, elle** adj Providencial.
provinc|e f Provincia, región | *En ~,* en provincias, fuera de la capital ‖ **~ial, e** adj Provincial | — Adj/s Provinciano, a (de la province) ‖ **~ialisme** m Provincialismo.
provis|eur m Director de un Instituto de enseñanza media ‖ **~ion** f Provisión, abastecimiento *m* | COM. Provisión de fondos ‖ **~ionnel, elle** adj Provisional ‖ **~oire** adj Provisional [*Amér.,* provisorio] | — M Lo provisional.
provo|cant, e adj Provocante | Provocativo, a ‖ **~cateur, trice** adj/s Provocador, a ‖ **~cation** f Provocación ‖ **~quer** vt Provocar.
proxénète s Proxeneta, alcahuete, a.
proximité f Proximidad | *À ~ de,* en las cercanías de, cerca de.

prud|e adj/f Gazmoño, a; mojigato, a ‖ **~ence** f Prudencia ‖ **~ent, e** adj/s Prudente ‖ **~erie** f Gazmoñería, mojigatería ‖ **~'homme** [prydɔm] m Hombre experimentado y de buen consejo | Miembro de la Magistratura del Trabajo.

prun|e f Ciruela | FAM. *Pour des ~s,* para nada, en balde ‖ **~eau** m Ciruela (*f*) pasa | FIG. *Noir comme un ~,* negro como el betún ‖ **~elle** f Niña, pupila (des yeux) ‖ **~ier** m Ciruelo.

prurit [pryrit] m MÉD. Prurito (démangeaison).

pruss|ien, enne adj/s Prusiano, a ‖ **~ique** adjm Prúsico.

psalmod|ie f Salmodia ‖ **~ier** vt/i Salmodiar.

psau|me m Salmo ‖ **~tier** m Salterio (recueil de psaumes).

pseudonyme adj/m Seudónimo, a.

psitt m Siseo.

psych|analyse [psikanali:z] f Psicoanálisis, sicoanálisis ‖ **~analyste** adj/s Psicoanalista, sicoanalista ‖ **~iatre** [psikja:tr] s Psiquiatra, siquiatra ‖ **~iatrie** f Psiquiatría, siquiatría ‖ **~ique** [psiʃik] adj Psíquico, a; síquico, a ‖ **~ologie** f Psicología, sicología ‖ **~ologique** adj Psicológico, a; sicológico, a ‖ **~ologue** adj/s Psicólogo, a; sicólogo, a ‖ **~opathe** s Psicópata, sicópata ‖ **~ose** f Psicosis, sicosis.

puant, ~e [pɥɑ̃, ɑ̃:t] adj Hediondo, a; apestoso, a | FIG. Fatuo, a ‖ **~eur** f Hediondez, mal olor *m,* peste.

pub|ère adj/s Púber, a ‖ **~erté** f Pubertad ‖ **~escent, e** adj Pubescente ‖ **~is** [pybis] m ANAT. Pubis.

publi|c, ique adj/m Público, a | *Le grand ~,* el público en general ‖ **cation** f Publicación ‖ **~citaire** adj Publicitario, a | — S Anunciante, agente publicitario ‖ **~cité** f Publicidad, propaganda ‖ **~er** vt Publicar | Pregonar (proclamer).

puc|e f Pulga | FIG. *Avoir la ~ à l'oreille,* tener la mosca detrás de la oreja. *Chercher les ~s à qqn,* buscarle las cosquillas a alquien | — Adj De color pardo ‖ **~eau, elle** adj/s Virgen, virgo (fam) ‖ **~eron** m Pulgón.

puddler vt TECN. Pudelar.

pud|eur f Pudor *m* ‖ **~ibond, e** adj Pudibundo, a; pudoroso, a ‖ **~ibonderie** f Pudibundez ‖ **~ique** adj Púdico, a.

puer [pɥe] vi/t Heder, apestar.

puér|iculture f Puericultura ‖ **~il, e** adj Pueril ‖ **~ilité** f Puerilidad.

pugilat m Pugilato.

puîné, e adj/s Menor (dernier), segundo, a.

puis [pɥi] adv Después, luego | *Et ~,* además, por otra parte.

puis|ard m Pozo negro | Sumidero (égout, de mine) ‖ **~atier** adjm/m Pocero ‖ **~er** vt/i Sacar, tomar.

puisque conj Puesto que, ya que, pues.

puiss|ance f Poder *m* (pouvoir, autorité) | Fuerza (force) | MATH. PHYS. PHIL. Potencia | Potencia (État) | Capacidad | Facilidad | DR. Potestad (paternelle) ‖ **~ant, e** adj Poderoso, a | Potente (machine) | Corpulento, a | — M Poderoso | *Le Tout-Puissant,* el Todopoderoso.

puits [pɥi] m Pozo.

pull-over [pulɔvœ:r o pylɔvɛ:r] m Jersey.

pulluler vi Pulular.

pulmonaire adj Pulmonar.

pulp|e f Pulpa ‖ **~eux, euse** adj Pulposo, a.

pulsation f Pulsación.

pulvér|isateur m Pulverizador ‖ **~isation** f Pulverización | AUT. Petroleado *m* ‖ **~iser** vt Pulverizar | AUT. Petrolear ‖ **~ulent, e** adj Pulverulento, a.

puma m Puma.

puna f MÉD. Soroche *m,* puna | Puna (haute plaine en Amérique).

punaise f Chinche (insecte) | Chincheta, chinche (clou).

punique adj Púnico, a.

pun|ir vt Castigar | Condenar ‖ **~issable** adj Castigable ‖ **~isseur, euse** adj/s Castigador, a ‖ **~itif, ive** adj Punitivo, a ‖ **~ition** f Castigo *m* | DR. Pena | MIL. Arresto *m.*

pupille [pypil] s DR. Pupilo, a | *~ de la nation,* huérfano de guerra | — F Pupila, niña (de l'œil).

pupitre m Pupitre | MUS. Atril.

pur, ~e adj Puro, a | Limpio, a (net) ‖ **~ée** f Puré *m* | POP. Miseria ‖ **~eté** f Pureza.

purg|atif, ive adj Purgativo, a | — M Purga *f,* purgante ‖ **~ation** f Purgación ‖ **~atoire** m Purgatorio ‖ **~e** f Purga, purgante *m* | Desagüe *m,* conducto (*m*) de evacuación | FIG. Purga (politique) ‖ **~er** vt MÉD. Purgar | Purificar, depurar (purifier) | Limpiar (nettoyer) | Purgar, expiar ‖ **~eur** m TECH. Purgador.

purifi|cateur, trice adj/s Purificador, a ‖ **~cation** f Purificación ‖ **~er** vt Purificar.

purin m Aguas (*fpl*) de estiércol.

pur|isme m Purismo ‖ **~iste** adj/s Purista ‖ **~itain, e** adj/s Puritano, a ‖ **~itanisme** m Puritanismo.

purul|ence f Purulencia ‖ **~ent, e** adj Purulento, a.

pus [py] m Pus.

pusillanim|e [pyzil(l)anim] adj Pusilánime ‖ **~ité** f Pusilanimidad.
pustule f Pústula.
put|ain f Pop. Puta, ramera ‖ **~ois** m Turón (animal) | Fig. *Crier comme un ~,* gritar como un desaforado.
putr|éfaction f Putrefacción ‖ **~éfié, e** adj Putrefacto, a ‖ **~éfier** vt Pudrir ‖ **~escible** adj Putrescible ‖ **~ide** adj Pútrido, a.
putsch m Pronunciamento, golpe ‖ **~iste** adj/s Golpista.
puy [pɥi] m Monte, montaña *f.*
puzzle [pœzl] m Rompecabezas.
pygargue m Pigargo (oiseau).
pygmée m Pigmeo.
pyjama m Pijama.
pylône m Pilón | Pilar (pilier) | Tech. Poste (poteau).
pylore m Anat. Píloro.
pyorrhée f Piorrea.
pyramid|al, e adj Piramidal | Fig. Enorme, garrafal ‖ **~e** *f* Pirámide.
pyrénéen, enne adj/s Pirenaico, a.
Pyrénées nprfpl Pirineos *m.*
pyrite f Pirita.
pyro|graphe m Pirógrafo ‖ **~gravure** f Pirograbado *m* ‖ **~mane** adj/s Pirómano, a (incendiaire) ‖ **~sis** m. Méd. Pirosis *f* ‖ **~technie** f Pirotecnia.
pythie [piti] f Pitonisa.
python m Pitón.
pythonisse f Pitonisa.

q

q [ky] m Q *f.*
quadr|agénaire [kwadraʒenɛ:r] adj/s Cuadragenario, a; cuarentón, ona (fam) ‖ **~agésime** f Cuadragésima ‖ **~angulaire** adj Cuadrangular ‖ **~ant** [kwadrɑ̃ ou kadrɑ̃] m Astr. Géom. Cuadrante ‖ **~ature** f Géom. Cuadratura ‖ **~iennal, e** adj Cuadrienal ‖ **~ige** m Cuadriga *f* ‖ **~ilatère** adj/m Cuadrilátero, a ‖ **~illage** [kadrija:ʒ] m Cuadrícula *f* | Cuadriculación *f,* cuadriculado ‖ **~ille** [kadrij] m Cuadrilla *f,* contradanza *f* (danse), lanceros *pl* ‖ **~iller** vt Cuadricular | Fig. Rastrear ‖ **~imoteur** adj/m Cuatrimotor, cuadrimotor ‖ **~upède** adjm/m Cuadrúpedo ‖ **~uple** adj Cuádruple | — M Cuádruplo ‖ **~upler** vt/i Cuadruplicar, cuadriplicar.
quai [kɛ] m Muelle (de port) | Andén (de chemin de fer) | Avenida *f,* paseo (avenue entre l'eau et les maisons).
quaker, quakeresse s Cuáquero, a.
quali|fiable [kalifjabl] adj Calificable ‖ **~ficatif, ive** adj/m Calificativo, a ‖ **~fication** f Calificación | Capacitación, cualificación (d'un ouvrier) ‖ **~fié, e** adj Calificado, a | Capacitado, a (formé) | Cualificado, a (ouvrier) ‖ **~fier** vt Calificar | Cualificar ‖ **~tatif, ive** adj Cualitativo, a ‖ **~té** f Cualidad : *avoir beaucoup de ~s,* tener muchas cualidades | Calidad (manière d'être) : *tissu de bonne ~,* tejido de buena calidad.
quand adv interr Cuándo | — Conj Cuando | Aun cuando (même si) | Fam. *~ même,* a pesar de todo (malgré tout) | *~ même* o *~ bien même,* aun cuando, incluso si.
quant à loc prép En cuanto a, con respecto a, relativo a.
quanta [k(w)ɑ̃ta] mpl Phys. Cuanta.
quant|ième [kɑ̃tjɛm] m Día (jour du mois) ‖ **~itatif, ive** adj Cuantitativo, a ‖ **~ité** f Cantidad, cuantía | Una gran cantidad (un grand nombre) ‖ **~um** [kwɑ̃tɔm] m Cantidad *f* | Cuantía *f* (montant).
quarant|aine [karɑ̃tɛn] f Cuarentena (âge, malade, navire) | Unos (*mpl*) cuarenta, cuarentena (quarante environ) ‖ **~e** adj/m Cuarenta ‖ **~ième** adj/s Cuadragésimo, a; cuarenta | Cuarentavo, a (fraction).
quart [ka:r] m Cuarto (d'une heure) | Cuarta parte *f,* cuarto (fraction) | Botella *(f)* de a cuarto (bouteille) | Mar. Guardia *f* | Mil. Taza *(f)* metálica (gobelet) | Fig. *Passer un mauvais ~ d'heure,* pasar un mal rato ‖ **~eron, onne** adj/s Cuarterón, ona | — M Cuarterón (mesure) | Fig. Puñado (groupe) ‖ **~ette** [kwartɛt] m Cuarteto ‖ **~ier** m Cuarta *(f)* parte (quart) | Gajo, casco (d'orange) | Trozo (morceau) | Cuarto (de bœuf) | Barrio (partie d'une ville) | Astr. Cuarto | Fig. Perdón (pardon) Mil. Cuartel | Casa *f* (au billard) | Fig. *Avoir ~ libre,* estar libre ‖ **~ier-maître** m Mar. Cabo de la Marina.
quartz [kwarts] m Cuarzo ‖ **~eux, euse** [-sø, ø:z] adj Cuarzoso, a.
quasi [kazi] adv Casi ‖ **~ment** adv Fam. Casi.
quaternaire [kwatɛrnɛ:r] adj/m Cuaternario, a.
quatorz|e [katɔrz] adj/m Catorce | — Adj Catorce, decimocuarto, a (rang) ‖

~ième adj/s Decimocuarto, a | Catorzavo, a (fraction).

quatrain [katrɛ̃] m Cuarteto (vers de onze syllabes), cuarteta *f* (vers octosyllabe).

quatre [katr] adj/m Cuatro | — Adj Cuarto, a (quatrième) | FAM. *Se mettre en ~ pour qqn*, desvivirse por alguien. *Se tenir à ~*, dominarse, contenerse ‖ **~-saisons** f inv. BOT. Variedad de fresa | *Marchande des ~*, verdulera ambulante ‖ **~-temps** mpl REL. Témporas *f* ‖ **~-vingtième** adj/s Octogésimo, a | Ochentavo, a (fraction) ‖ **~-vingts** adj/m Ochenta ‖ **~-vingt-dix** adj/m Noventa ‖ **~-vingt-dixième** adj/s Nonagésimo, a | Noventavo, a (fraction).

quatri|ème adj/s Cuarto, a | — F Tercer curso (*m*) de bachillerato ‖ **~ennal, e** adj Cuadrienal.

quatuor [kwatɥo:r] m MUS. Cuarteto.

que pron rel Que: *la table ~ je vois*, la mesa que veo | A quien, al que, a la que, al cual, a la cual : *la personne ~ j'aime*, la persona a quien quiero | — Pron interr Qué | De qué, para qué (à quoi) | *Qu'est-ce ~?*, ¿qué?, ¿qué es lo que? | — Conj Que | Para que (pour que) | Antes que (avant que) | Ya que (puisque) | Que (pour exprimer un souhait, un ordre) | *Aussi ... ~*, tan ... como | *Autant ... ~*, tanto ... como | *C'est ... ~*, es ... donde (lieu), es ... cuando (temps), es ... como (manière) | *~ si!*, ¡claro que sí! | — Adv Qué : *~ c'est joli!*, ¡qué bonito es! | Por qué (pourquoi) | *~ de*, cuánto, a.

quel, ~le adj interr et excl Qué (devant un nom) : *~ dommage!*, ¡qué lástima! | Cuál (devant un verbe) : *~ est votre intention?*, ¿cuál es su intención? | Quién (qui) : *~ est cet homme?*, ¿quién es este hombre? | *~ que*, cualquiera que ‖ **~conque** adj indéf. Cualquiera, cualquier | FAM. Médiocre ‖ **~que** [kɛlk] adj indéf Alguno, a | — Pl Algunos, as; unos, unas : *elle a ~s amies*, tiene unas amigas | Unos cuantos, uno *ou* alguno que otro (un certain nombre de) | *Et ~s*, y pico | *~ chose*, algo | *~ part*, en algun sitio | *~ ... que*, por mucho ... que, por más ... que (quantité), cualquiera que sea ... que (choix) | — Adv Cerca de, aproximadamente, unos, unas (environ) | *~ peu*, un poco, algo | *~ ... que*, por mucho ... que, por más ... que ‖ **~quefois** adv A veces, algunas veces ‖ **~qu'un, e** pron indéf Alguien : *as-tu vu ~?*, ¿viste a alguien? | Alguno, a; uno, a : *~ de mes amis*, alguno de mis amigos ‖ **~ques-uns, unes** [kɛlkəzœ̃, yn] pron indéf pl Varios, as; algunos, as.

quémand|er vt/i Mendigar ‖ **~eur, euse** s Pedigüeño, a.

qu'en-dira-t-on m inv El qué dirán.

quen|elle [kənɛl] f Especie de croqueta ‖ **~otte** f FAM. Dientecillo *m* ‖ **~ouille** [kənuj] f Rueca (instrument) | Copo *m*, husada (quantité de laine).

querell|e [kərɛl] f Disputa, pendencia, querella (altercation) ‖ **~er** [-le] vt Reñir, regañar | — Vp Pelearse ‖ **~eur, euse** [-lœ:r, ø:z] adj/s Pendenciero, a.

quérir ou **querir*** vt Buscar.

question [kɛstjɔ̃] f Pregunta (demande) : *poser une ~*, hacer una pregunta | Cuestión (sujet, matière) | Tema *m*, asunto *m* (affaire) | Problema *m* | (Vx) Tormento *m* (torture) | *En ~*, de que se trata | *Être en ~*, estar puesto en tela de juicio | *Il en est ~*, así parece | *Il est ~ de*, se trata de (il s'agit), parece que (il semble) | *Mettre en ~*, poner en duda (douter), someter a discusión (discuter) | *Pas ~!*, ¡ni hablar! | *~ de confiance*, voto de confianza | *Qu'il n'en soit plus ~*, que no se vuelva a hablar más de esto | *Remettre en ~*, volver a discutir ‖ **~naire** m Cuestionario ‖ **~ner** vt Preguntar, interrogar ‖ **~neur, euse** adj/s Preguntón, ona.

quêt|e [kɛt] f (Vx) Busca, búsqueda (recherche) | Colecta (à l'église) | Cuestación (dans la rue) | *En ~ de*, en busca de, en pos de ‖ **~er** vt Buscar (chercher) | — Vi Hacer la colecta (à l'église) | Postular (dans la rue) ‖ **~eur, euse** adj/s Postulante (dans la rue) | Limosnero, a (religieux).

quetsche [kwɛtʃ] f Ciruela damascena.

queue [kø] f Cola (animaux en général, robe, comète, avion) | Rabo *m* (chiens, chats, taureaux, souris) | Mango *m* (d'ustensile) | FIG. Cola (file d'attente, partie d'un cortège) | Coleta, cola (de cheveux) | Taco (*m*) de billar | Faldón *m* (de jaquette) | Fin *m*, final *m* | BOT. Pecíolo *m* (de feuille), rabillo *m* (de fleurs et fruits) | *À la ~ leu leu*, en fila india | *Coup de ~*, coletazo | *Faire la ~*, hacer cola | *Faire une ~ de poisson*, cerrarse (auto) | *Fausse ~*, pifia (au billard) | FAM. *Finir en ~ de poisson*, quedar en agua de borrajas. *Sans ~ ni tête*, sin pies ni cabeza. *Tenir la ~ de la poêle*, tener la sartén por el mango ‖ **~-de-morue** f Pincel (*m*)

plano (pinceau) ‖ **~-de-pie** f Fam. Chaqué *m* ‖ **~-de-poisson** f *Faire une ~*, cerrarse (une voiture).
queux [kø] m *Maître ~*, cocinero.
qui pron rel Que : *l'homme ~ vient*, el hombre que viene | Quien (celui qui) : *c'est lui ~ l'a fait*, es el quien lo hizo | Quien, quienes, el que, los que, la que, las que, el cual, la cual, los cuales, las cuales (avec une préposition) : *la personne avec ~ je suis venu*, la persona con quien vine | *Celui ~*, el que | *Ce ~*, lo que | *Chez ~*, en cuya casa | *~ que ce soit*, quienquiera *ou* cualquiera que sea | — Pron interr Quién, quiénes : *~ sont-ils?*, ¿quiénes son? | A quién : *~ as-tu rencontré?*, ¿a quién has encontrado?
quia (à) [akɥija] loc adv Sin saber qué hacer | *Être réduit ~*, estar en la mayor miseria | *Mettre ~*, dejar cortado.
Quichotte (Don) nprm Don Quijote.
quiconque pron rel indéf Quienquiera que, cualquiera que | Cualquiera, cualquier (n'importe qui).
quidam [kɥidam] m Fam. Quídam.
quiét|isme [kɥietism] m Quietismo ‖ **~ude** f Quietud, sosiego *m*.
quignon [kiɲɔ̃] m Mendrugo.
quill|e [kij] f Bolo *m* (jeu) | Quilla (de bateau) | Pop. Licencia (du soldat) ‖ **~on** m Gavilán (de l'épée).
quincaill|erie [kɛ̃kajri] f Ferretería, quincallería (magasin) | Quincalla (marchandise) | Fam. Chatarra (ferraille) ‖ **~ier, ère** s Ferretero, a.
quinconce [kɛ̃kɔ̃:s] m Tresbolillo : *en ~*, al tresbolillo.
quinine f Quinina.
quinqu|agénaire [kɥɛ̃kwaʒenɛ:r] adj/s Quincuagenario, a; cincuentón, ona (fam) ‖ **~ennal, e** adj Quinquenal ‖ **~ennat** m Quinquenio.
quinquet [kɛ̃kɛ] m Quinqué (lampe).
quinquina [kɛ̃kina] m Quino (arbre) | Méd. Quina *f* | Vino quinado (vin).
quint, ~e [kɛ̃, kɛ̃:t] adj Quinto, a : *Charles Quint*, Carlos V (quinto) ‖ **~aine** f Estafermo *m* (mannequin) ‖ **~al** m Quintal ‖ **~e** f Mus. Quinta | Escalera (poker) | Méd. Ataque (*m*) ou acceso (*m*) de tos | Fam. Capricho *m* (caprice) ‖ **~efeuille** f Bot. Cincoenrama ‖ **~essence** f Quintaesencia ‖ **~ette** m Mus. Quinteto ‖ **~uple** adj/m Quíntuplo, a ‖ **~upler** vt/i Quintuplicar ‖ **~uplés, ées** ou **~uplets, ettes** spl Quintillizos, as.
quinz|aine [kɛ̃zɛn] f Quincena | Unos quince (environ quinze) ‖ **~e** adj/m Quince ‖ **~ième** adj/s Decimoquinto, a | Quinzavo, a (fraction).
quiproquo [kiprɔko] m Equivocación *f*.
quitt|ance f Recibo *m* ‖ **~e** adj Libre | Exento, a (exempt) | *En être ~ pour*, librarse con (s'en sortir), costarle a uno (coûter) | *Être ~ avec qqn*, estar en paz con alguien | *Être ~ de*, haberse librado de | *~ à*, con riesgo de (au risque de), sin perjuicio que (sous réserve de), incluso si (même si) ‖ **~er** vt Dejar, abandonar | Irse de (s'en aller) | Quitarse (ôter) | Separarse de (se séparer) | Salirse de : *~ son lit*, salirse de su cauce (fleuve) | — Vi Irse (s'en aller) | *Ne quittez pas*, no se retire (téléphone) | *Quitte ou double*, doble o nada (jeu) | — Vp Separarse.
quitus [kitys] m inv Finiquito.
qui-vive m *Être sur le ~*, estar ojo alerta.
quoi [kwa] pron rel Que | *Avoir de ~ vivre*, tener con que vivir | *Il n'y a pas de ~*, de nada, no hay de qué | *Il y a de ~*, no es para menos | *N'importe ~*, cualquier cosa | *~ que*, por más que | *~ qu'il en soit*, sea lo que sea, sea lo que fuere | *Sans ~*, sino | — Pron interr Qué | *À ~ bon?*, ¿para qué? | *~ de neuf?*, ¿qué hay de nuevo? | *Un je-ne-sais-~*, un no sé qué | — Interj ¡Cómo! ‖ **~que** conj Aunque.
quolibet [kɔlibɛ] m Pulla *f*, pullazo | Rechifla *f* (persiflage).
quorum [kɔrɔm] m inv Quórum.
quot|a [kɔta] m Cuota *f*, cupo ‖ **~e-part** f Cuota ‖ **~idien, enne** [kotidjɛ̃, jɛn] adj Diario, a; cotidiano, a | — M Diario, periódico ‖ **~ient** [kɔsjɑ̃] m Math. Cociente, razón *f* ‖ **~ité** [kɔtite] f Cuota, parte | Dr. *~ disponible*, tercio de libre disposición (héritage).

r

r m R *f*.
rabâch|age ou **~ement** m FAM. Machaqueo, machaconería *f*, repetición *f* ‖ **~er** vt Machacar, machaconear, repetir | — Vi Repetirse ‖ **~eur, euse** adj/s FAM. Machacón, ona.
rabais m Rebaja *f*, descuento | *Vendre au ~*, vender con rebaja ‖ **~sement** m Rebaja *f* | FIG. Rebajamiento ‖ **~ser** vt Bajar (descendre) | Rebajar, bajar (prix) | — Vp Rebajarse.
raban m MAR. Rebenque.
rabat m Alzacuello (des ecclésiastiques) | Golilla *f* (des magistrats) | Ojeo (chasse) | Carterilla *f* (de poche) | Solapa *f* (livre) ‖ **~-joie** [rabaʒwa] adj/m inv Aguafiestas ‖ **~tage** m Ojeo (chasse) ‖ **~tement** m Doblamiento | GÉOM. Proyección *f* ‖ **~teur** m Ojeador | FAM. Gancho ‖ **~tre*** vt Bajar | Abatir (abattre) | Doblar (plier) | Relajar, descontar (prix) | Volver (retourner) | Ojear (chasse) | FAM. Enganchar (client) | AGR. Podar, desmochar | GÉOM. Proyectar | FIG. Rebajar | — Vi Torcer, tirar (se diriger) | FIG. *En ~*, ceder | *~ de*, rebajar | — Vp Recaer (retomber) | Volverse (se tourner) | Conformarse (se contenter) | **~tu, e** adj Vuelto, a.
rabbin m Rabino.
rabi|bocher vt FAM. Arreglar (arranger), reconciliar.
rabiot [rabjo] m MIL. Sobras (*fpl*) de rancho (restes) | Suplemento, excedente ‖ **~er** vt POP. Mangar, birlar.
râbl|e m Lomo, rabada *f* | Rabadilla *f* (de lapin) ‖ **~é, e** adj FIG. Fornido, a; robusto, a.
rabot [rabo] m Cepillo, garlopa *f* ‖ **~age** ou **~ement** m Cepillado ‖ **~er** vt Cepillar | FIG. Pulir ‖ **~euse** f Cepilladora ‖ **~eux, euse** adj Áspero, a; rasposo, a | Desigual (inégal) | FIG. Tosco, a.
rab|ougri, e adj Desmirriado, a; canijo, a ‖ **~ougrir** vi Desmedrar, no crecer | — Vt Desmedrar, retrasar el crecimiento | — Vp Encogerse | FIG. Embotarse.
rabrouer vt Tratar con aspereza | Regañar, reprender ásperamente (gronder).
racaille [rakɑ:j] f Chusma, gentuza (gens) | Deshecho *m* (rebut).
raccommod|age m Compostura *f*, arreglo (réparation) | Remiendo (pièce), zurcido (reprise) ‖ **~ement** m Reconciliación *f* ‖ **~er** vt Componer, arreglar (réparer) | Remendar (rapiécer), zurcir (repriser) | Lañar, remendar (vaisselle) | FIG. Reconciliar | — Vp FIG. Reconciliarse.
raccompagner vt Acompañar.
raccord [rakɔ:r] m Empalme | Manguito, unión *f* | Retoque (peinture, maquillage) ‖ **~ement** m Empalme, conexión *f*, enlace | Empalme (chemin de fer) ‖ **~er** vt Empalmar | Enlazar (relier) | Retocar (peinture, maquillage) | ÉLEC. Conectar, enchufar | Ajustar (ajuster).
raccourc|i, e adj V. RACCOURCIR | — M Reducción *f* | Atajo (chemin) | Escorzo (peinture) | *En ~*, en resumen, en síntesis ‖ **~ir** vt Acortar | Abreviar (abréger) | Encoger (rétrécir) | — Vi Acortarse | Menguar (jours) | Encoger (rétrécir) ‖ **~issement** m Acortamiento | Encogimiento (rétrécissement).
raccroc [rakro] m Chiripa *f*, chamba *f* (au billard).
raccrocher vt/i Volver a colgar (suspendre) | Volver a enganchar (des wagons) | Colgar (le téléphone) | Agarrar, recuperar (prendre) | FIG. Detener (arrêter) | Cazar, enganchar (raccoler) | — Vp Agarrarse.
rac|e f Raza | Raza, casta (animal) ‖ **~é, e** adj De raza (animal) | Con clase, fino, a (personne).
rach|at [raʃa] m Rescate (d'un captif) | Perdón, remisión *f* (pardon) ‖ **~eter** vt Rescatar | Volver a comprar (acheter de nouveau) | Comprar (acheter) | FIG. Compensar; redimir (obtenir le pardon) | — Vp Rescatarse, redimirse | FIG. Desquitarse (se rattraper).
rachi|dien, enne adj Raquídeo, a ‖ **~tique** adj/s Raquítico, a ‖ **~tisme** m Raquitismo.
racial, e adj Racial.
racine f Raíz | Sedal *m* (de canne à pêche) | FIG. *Couper à la ~*, cortar *ou* arrancar de raíz | *Prendre ~*, arraigar, echar raíces.
rac|isme m Racismo ‖ **~iste** adj/s Racista.
racl|age ou **~ement** m Raspado, raspadura *f* | Poda *f* (des taillis) ‖ **~e** f Raspador *m*, rascador *m* ‖ **~ée** f POP. Paliza, tunda ‖ **~er** vt Raspar, rascar | Rastrillar (la terre) | FAM. Rascar (un instrument) | — Vp *~ la gorge*, carraspear ‖ **~ette** f V. RACLE ‖ **~eur** m FAM. Rascatripas ‖ **~oir** m Rascador, raedera *f* ‖ **~oire** f Rasero *m*.
racol|age m MIL. Enganche, reclutamiento | Provocación *f* ‖ **~er** vt MIL. Enganchar, reclutar | Echar el gancho,

enganchar, pescar (des clients) || **~eur** m Gancho || **~euse** f Pop. Buscona, fulana.
racont|ar m Fam. Chisme, cotilleo, habladuría *f* || **~er** vt Contar, relatar, referir | Fam. *En ~*, hablar mucho y exageradamente.
racorn|ir vt Endurecer | — Vp Endurecerse | Fam. Apergaminarse | Fig. Perder la sensibilidad, endurecerse || **~issement** m Endurecimiento.
radar m Radar.
rad|e f Rada, ensenada | Fam. *Laisser en ~*, dejar plantado || **~eau** m Balsa *f* | Armadía *f* (train de bois).
rader vt Rasar.
radi|al, e adj Radial || **~an** m Math. Radián || **~ance** f Brillo *m* (brillant) | Irradiación || **~ateur** m Radiador || **~ation** f Phys. Radiación | Cancelación (annulation) | Exclusión, supresión.
radic|al, e adj/m Radical || **~elle** f Raicilla || **~ule** f Bot. Radícula.
radier m Tech. Solera *f* | Encachado (d'un pont) | — Vt Tachar (rayer) | Excluir, dar de baja (exclure).
radiesthés|ie f Radiestesia ||**~iste** s Radiestesista.
radieux, euse adj Radiante | Rebosante de alegría.
radin, e adj/s Fam. Roñoso, a; tacaño, a.
radio f Radio | — M Radiotelegrafista, radiotelefonista || **~-actif, ive** adj Radiactivo, a; radioactivo, a || **~-activité** f Radiactividad, radioactividad || **~diffuser** vt Radiar, radiodifundir || **~diffusion** f Radiodifusión || **~-électricien** m Técnico de radio || **~-électricité** f Radioelectridad || **~-élément** m Radioelemento || **~gramme** m Radiograma || **~graphie** f Radiografía || **~graphier** vt Radiografiar || **~guidage** m Dirección (*f*) por radio || **~logie** f Radiología || **~logue** ou **~logiste** s Radiólogo, a || **~phonie** f Radiofonía || **~phonique** adj Radiofónico, a || **~scopie** f Radioscopia || **~sonde** f Radiosonda || **~technicien** m Radiotécnico || **~télégramme** m Radiotelegrama, radiograma || **~télégraphie** f Radiotelegrafía || **~télégraphiste** m Radiotelegrafista || **~téléphonie** f Radiotelefonía || **~thérapie** f Radioterapia.
radis m Rábano | Fam. Cuarto, perra *f* (argent).
radium [radjɔm] m Radio (métal).
radius [radjys] m Anat. Radio.
radjah [radʒa] m Rajá.
radon m Chim. Radón (gaz).
radot|age m Chochez *f* | Desatino, necedad *f* (sottise) || **~er** vi Chochear, desatinar | Repetirse || **~eur, euse** adj Chocho, a.
radoub [radu] m Mar. Carena *f* : *bassin de ~*, dique de carena || **~er** vt Carenar.
radouc|ir vt Suavizar | Suavizar, templar (temps) | Fig. Aplacar (apaiser), suavizar (rendre traitable) | — Vp Templarse (temps) | Aplacarse (s'apaiser) || **~issement** m Suavización *f* (du caractère) | Mejora *f*, mejoría *f* (du temps).
rafale f Ráfaga.
rafferm|ir vt Fortificar, fortalecer (renforcer) | Endurecer (durcir) | Consolidar | Fig. Afianzar, asegurar || **~issement** m Fortalecimiento | Endurecimiento (durcissement) | Consolidación *f*.
raffin|age m Refinado || **~ement** m Refinamiento || **~er** vt Refinar | — Vi Sutilizar || **~erie** f Refinería || **~eur, euse** adj/s Refinador, a.
raffoler vi Estar loco *ou* chiflado (*de*, por).
raffut m Fam. Jaleo, follón.
raffûter vt Afilar.
rafiot m Barca (*f*) velera | Fam. Barcucho, carraca *f*.
rafistol|age m Fam. Remiendo | Chapuza *f* || **~er** vt Fam. Remendar | Hacer una chapuza a.
rafl|e f Saqueo *m* | Redada, batida (de la police) | Escobajo *m*, raspa (de raisin) | Red (filet) || **~er** vt Saquear, robar | Arramblar con, llevarse (tout emporter).
rafraîch|ir vt Enfriar, refrescar (refroidir) | Retocar (retoucher) | Recortar (couper) | Fig. Refrescar (la mémoire) | *~ les cheveux*, arreglar el cuello (homme), cortar *ou* entresacar el pelo (femme) | — Vi Refrescar | — Vp Tomar un refresco (boire) | Refrescar (temps) || **~issant, e** adj Refrescante || **~issement** m Enfriamiento (de température) | Restauración *f* | Retoque (de vêtement) | Refresco (boisson) | Remozamiento (rajeunissement).
ragaillardir [ragajardi:r] vt Fam. Remozar, revigorizar.
rag|e f Rabia | Pasión | Dolor *m* : *~ de dents*, dolor de muelas | *Faire ~*, causar estragos (tempête), hacer furor (mode) || **~eant, e** [raʒɑ̃, ɑ̃:t] adj Que da rabia || **~er** vi Fam. Rabiar || **~eur, euse** adj/s Fam. Rabioso, a; iracundo, a.
raglan adj/m Raglán.
ragot m Fam. Chisme, cotilleo | Jabato de dos años (sanglier).
ragoût m Guisado, guiso || **~ant, e** adj Apetitoso, a; sabroso, a | Agradable, grato, a (agréable).

rai m Rayo (de lumière) | Radio (d'une roue).
raid [rɛd] m Incursión *f*, correría *f*.
raid|e adj Tieso, a; rígido, a | Tenso, a (tendu) | Empinado, a (pente) | Lacio, a (cheveux) | Fig. Rígido, a; inflexible | Fam. Fuerte (fort), violento, a | *Tomber ~ mort*, caer muerto en redondo || **~eur** f Rigidez | Tiesura, envaramiento *m* (manque de souplesse) | Pendiente (pente) | Fig. Rigidez (rigueur), tensión, tirantez (tension), firmeza, tenacidad (fermeté) || **~illon** [rɛdijɔ̃] m Repecho || **~ir** vt Poner tieso | Estirar, atirantar, poner tirante (tendre) | Fig. Endurecer; radicalizar | — Vi Ponerse tieso | — Vp Ponerse tieso | Fig. Resistir || **~issement** m Rigidez *f*, tiesura *f* | Fig. Tirantez *f*, endurecimiento.
raie [rɛ] f Raya (trait, poisson) | Agr. Surco (*m*) de arado (sillon).
raifort [rɛfɔ:r] m Rábano blanco.
rail [rɑ:j] m Riel, raíl, carril | Ferrocarril (chemin de fer).
raill|er [rɑje] vt Burlarse de, meterse con | — Vi Burlarse, bromear. || **~erie** [-jri] f Burla, broma || **~eur, euse** [-jœ:r, ø:z] adj/s Burlón, ona; bromista.
rainure f Ranura.
raisin m Uvas *fpl* | Uva *f* (grain et sens collectif) | *~ muscat*, uva moscatel | *~s secs*, pasas.
raison f Razón | Motivo *m*, razón (motif) | Juicio *m*, razón (jugement) | *À plus forte ~*, con mayor razón *ou* motivo | *À ~ de*, a razón de | *Avoir ~ de*, hacer bien en (bien faire), poder más que (vaincre) | *Donner ~ à*, dar la razón a || *En ~ de*, con motivo de (à l'occasion de), a causa de (étant donné) | *Entendre ~*, avenirse *ou* atenerse a razones | *Plus que de ~*, más de lo debido | *Se faire une ~*, conformarse || **~nable** adj Razonable | Racional (rationnel) || **~nement** m Raciocinio | Razonamiento (enchaînement d'idées) || **~ner** vi Razonar, raciocinar | Discutir | Pensar | Reflexionar (réfléchir) | — Vt Razonar | Hablar de (parler de) | Hacer entrar en razón || **~neur, euse** adj/s Razonador, a | Respondón, ona (qui discute les ordres).
rajeun|ir vt/i Rejuvenecer | Remozar (une chose) | — Vp Fig. Quitarse años || **~issement** m Rejuvenecimiento | Remozamiento.
rajouter vt Añadir (ajouter) | Volver a añadir.
rajustement ou **réajustement** m Reajuste.
rajuster ou **réajuster** vt Reajustar.
râl|e m Estertor | Zool. *~ d'eau*, polla de agua || **~ement** m Estertor.
ralent|i m Ralentí, marcha (*f*) lenta | Cámara (*f*) lenta (cinéma) || **~ir** vt Aminorar, disminuir (le pas) | Reducir (réduire) | Retrasar (retarder) | — Vi Ir más despacio | Disminuir || **~issement** m Disminución (*f*) de la velocidad | Disminución *f* || **~isseur** m Tech. Moderador.
râl|er vi Tener un estertor | Estar con el estertor de la agonía (moribond) | Fam. Gruñir, protestar || **~eur, euse** adj/s Gruñón, ona; protestón, ona.
ralli|ement [ralimɑ̃] m Reunión *f* | Mil. Toque de llamada | Adhesión *f* || **~er** vt Reunir | Ganar, captar (à une cause) | Incorporarse, volver a (rejoindre) | Regresar a, volver a (rentrer) | Poner de acuerdo | — Vp Reunirse | Adherirse (à une opinion) | Unirse, adscribirse (à un parti).
rallong|e f Larguero *m* (d'une table) | *Table à ~s*, mesa con largueros *ou* extensible || **~ement** m Alargamiento || **~er** vt Alargar | — Vi Alargarse.
rallumer vt Volver a encender | Fig. Avivar, reanimar.
ramag|e m Ramaje | Gorjeo, canto (des oiseaux) | *À ~s*, rameado, a || **~er** vt Ramear (tissu).
ramass|age m Recogida *f* | Reunión *f* | *Service de ~*, transporte escolar (d'enfants), transporte del personal (d'employés) || **~é, e** adj Fam. Rechoncho, a || **~e-miettes** m inv Recogemigas || **~er** vt Recoger | Reunir (ses forces) | Resumir, condensar | Fam. Llevarse (recevoir) | — Vp Acurrucarse, encogerse | Pop. Levantarse (se relever) || **~eur, euse** s Recogedor, a | *~ de balles*, recogepelotas | *~ de mégots*, colillero || **~is** m Montón, revoltijo (de choses) | Pandilla *f* (de personnes).
rambarde f Mar. Batayola, barandilla.
ramdam [ramdam] m Fam. Alboroto, escándalo.
ram|e f Remo *m* (aviron) | Unidad (métro, train) | Agr. Rodrigón *m* | Resma (de papier) || **~eau** m Ramo | Anat. Ramificación *f* | Fig. Rama *f* (d'une famille) || **~ée** f Enramada (abri) | Ramaje *m*, ramada (branches) || **~ener** [ramne] vt Volver a traer, devolver (rendre) | Llevar de nuevo (mener à nouveau) | Traer consigo (amener) | Restablecer (rétablir) | Reducir (réduire) | Reponer (remettre) | Echar (mettre) | Acompañar | Relacionar (mettre en rapport) | — Vp *~ à*, reducirse a || **~er** vi Remar | Pop. Apencar | —

Vt AGR. Rodrigar || **~eur, euse** s Remero, a || **~eux, euse** adj Ramoso, a || **~ier** m Paloma (*f*) torcaz || **~ification** f Ramificación || **~ifier** vt Ramificar || **~illes** [ramij] fpl Ramiza *sing.*
ramoll|i, e adj/s FAM. Alelado, a || **~ir** vt Reblandecer, ablandar | FIG. Aflojar, debilitar | — Vp Reblandecerse, ablandarse | FAM. Volverse imbécil || **~issement** m Reblandecimiento | FIG. Entontecimiento.
ramon|age m Deshollinamiento || **~er** vt Deshollinar || **~eur** m Deshollinador.
ramp|ant, e adj Rastrero, a | ARCH. Inclinado, a; por tranquil || **~e** f Barandilla, baranda | Rampa (plan incliné, pente) | Candilejas *pl* (théâtre) || **~er** vi Arrastrarse, reptar | Trepar (grimper) | FIG. Rebajarse.
ramponneau m FAM. Porrazo, empujón (coup).
ramure f Enramada (branchage) | Cornamenta (d'animal).
rancart (mettre au) loc FAM. Arrinconar, arrumbar.
rance adj Rancio, a.
ranch [rɑ̃ʃ ou rɑ̃tʃ] ou **rancho** [-ʃo ou -tʃo] m Rancho.
rancœur f Rencor *m*, rencilla.
rançon f Rescate *m* | FIG. Precio *m*, tributo *m* || **~ner** vt Pedir precio por la vida de | FIG. Clavar (faire payer cher).
rancun|e f Rencor *m* || **~ier, ère** adj/s Rencoroso, a.
randonnée f Caminata (à pied), circuito *m*, vuelta (en auto).
rang [rɑ̃] m Fila *f* | Puesto (place) | Categoría *f*, rango, clase *f* | Vuelta *f* (tricot, collier) | FAM. *En ~ d'oignons*, en ristra, en hilera | MIL. *En ~s serrés*, en orden cerrado | FIG. *Mettre au ~ de*, colocar entre. *Se mettre sur les ~s*, ponerse entre los candidatos *ou* pretendientes || **~é, e** adj Ordenado, a | Comedido, a; formal, serio, a | Campal (bataille) | — F Hilera, fila || **~ement** m Arreglo || **~er** vt Ordenar, arreglar | FIG. Colocar, poner (mettre), clasificar | Guardar, poner en su sitio (mettre à sa place) | Aparcar (voiture) | Poner en fila (mettre en rang) | — Vp Colocarse | Ponerse en fila (se mettre en rang) | Adoptar, adherirse a (à une opinion) | Apartarse, echarse a un lado (s'écarter) | FIG. Sentar cabeza (mener une vie rangée) | *~ du côté de*, ponerse del lado de, tomar el partido de.
ranim|ation f Reanimación || **~er** vt Reanimar | Avivar (le feu).
rapac|e adj/m Rapaz || **~ité** f Rapacidad | FIG. Avidez.
rapatri|ement [rapatrimɑ̃] m Repatriación *f* || **~er** vt Repatriar.
râp|e f Rallador *m* | TECH. Escofina || **~é, e** adj Raído, a; gastado, a (usé) | Rallado, a (pain, fromage) | — M Queso rallado (fromage) | Rapé (tabac) || **~er** vt Rallar | Raspar (racler) | Limar | FAM. Raer, usar, gastar (user).
rapetisser vt Achicar, empequeñecer, reducir | — Vi Disminuir, achicarse | Acortarse (raccourcir) | Encoger (rétrécir) | — Vp Achicarse.
râpeux, euse adj Rasposo, a; áspero, a (âpre).
Raphaël nprm Rafael.
raphia m Rafia *f*.
rapid|e adj Rápido, a | Muy empinado, a (incliné) | — M Rápido || **~ité** f Rapidez.
rapi|éçage ou **~ècement** m Remiendo || **~écer** vt Remendar.
rapière f Espadón *m*, estoque *m*.
rapin m Pintorzuelo || **~e** f Rapiña | Botín *m* (butin) || **~er** vt/i Rapiñar.
rappel m Llamada *f*, llamamiento | Retirada *f* (d'un ambassadeur) | Revocación *f* (destitution) | Llamada (*f*) a escena (théâtre) | Notificación *f* | FIG. Recuerdo (souvenir) | *~ d'un vaccin*, revacunación || **~er** vt Volver a llamar | Llamar (appeler) | Recordar (un souvenir) | Retirar | Parecerse a, recordar a (ressembler) | *~ à la vie*, volver a la vida | — Vp Recordar, acordarse de | *Pour autant que je me rappelle*, si mal no recuerdo.
rappliquer vi POP. Presentarse.
rapport [rapɔ:r] m Producto, rendimiento | Analogía *f*, similitud *f* | Renta *f* (revenu) | Relación *f* | Informe (compte rendu) | Ponencia *f*, informe (d'une commission) | MATH. Razón *f* | Contacto sexual | FIG. Aspecto | *Avoir ~ à*, referirse a | *En ~ avec*, en relación con | *N'avoir aucun ~ avec*, no tener nada que ver con | *Par ~ à*, en comparación con, respecto a || **~er** vt Volver a traer | Traer (apporter) | Devolver, traer (rendre) | Producir, dar (produire) | Proporcionar (procurer) | Relacionar (rapprocher) | Relatar, referir (raconter) | Informar de | FAM. Acusar (dénoncer) | Alegar, citar | Añadir (ajouter) | Anular (loi, etc) | — Vi Dar beneficio | FAM. Chivarse | Cobrar (à la chasse) | — Vp Corresponder | Adaptarse | Referirse | *S'en ~ à*, remitirse a (s'en remettre), confiar en || **~eur, euse** adj/s Soplón, ona; chivato, a; acusón, ona | — M Ponente [*Amér.*, relator] (d'une assemblée) | GÉOM. Transportador.

rapproch|ement m Acercamiento | Comparación *f* | FIG. Reconciliación *f*, acercamiento ‖ **~é, e** adj V. RAPPROCHER | Seguido, a (enfants) | Junto, a (proche) ‖ **~er** vt Acercar a, arrimar a | Comparar | Acortar, disminuir (les distances) | FIG. Reconciliar; unir | — Vp Acercarse | Parecerse, asemejarse | Unirse.
rapt [rapt] m Rapto.
râpure f Raspadura.
raquette f Raqueta.
rar|e adj Raro, a | Escaso, a (peu abondant) | Ralo, a (barbe, cheveux) ‖ **~éfaction** f Rarefacción, enrarecimiento *m* ‖ **~éfier** vt Rarefacer, enrarecer, rarificar ‖ **~ement** [rarmɑ̃] adv Rara vez ‖ **~eté** [-te] f Rareza.
ras, ~e [rɑ, rɑ:z] adj Raso, a | Corto, a (court) | Afeitado, a (rasé) | Liso, a (lisse) ‖ **~ade** f Vaso (*m*) lleno | Gran trago *m* (grande gorgée) ‖ **~age** m Afeitado ‖ **~ant, e** adj Rasante | FAM. Pesado, a (ennuyeux) ‖ **~ement** m Arrasamiento ‖ **~e-mottes (en)** loc adv A ras de tierra ‖ **~er** vt Afeitar | Rapar (le crâne) | Arrasar (démolir) | FIG. Rozar (frôler) | FAM. Dar la lata, ser una lata (déranger) | *Se faire ~*, afeitarse | — Vp Afeitarse | FAM. Aburrirse (s'ennuyer) | *~ de près*, apurarse la barba ‖ **~eur, euse** s Rapador, a | FAM. Pesado, a; pelma ‖ **~oir** m Navaja (*f*) de afeitar | Maquinilla (*f*) de afeitar (avec lame de sûreté) | — Adj FAM. Pesado, a.
rassasier vt Saciar, hartar.
rassembl|ement m Reunión *f* | Concentración *f* | Grupo, agrupación *f* (groupe) | Recolección *f* (d'objets) | MIL. Formación *f* | MIL. *~!*, ¡a formar! (commandement) ‖ **~er** vt Juntar | Reunir | Concentrar | MIL. Formar.
rasseoir [raswa:r] vt Sentar de nuevo.
rasséréner vt Serenar.
rass|ir vi Endurecerse ‖ **~is, e** adj Sentado, a (assis) | Sereno, a (calme) | Sentado, a; duro, a (pain).
rassur|ant, e adj Tranquilizador, a ‖ **~er** vt Tranquilizar, calmar.
rat m Rata *f* | *Petit ~*, joven bailarina de la Ópera de París | *~ musqué*, ratón almizclero ‖ **~a** m POP. Guisote, rancho | MIL. Rancho ‖ **~age** m Fallo | Fracaso (échec) ‖ **~atiné, e** adj FAM. Arrugado, a; apergaminado, a ‖ **~atiner** vt FAM. Hacer polvo (abîmer), encoger (rapetisser) | — Vp Arrugarse, apergaminarse ‖ **~atouille** [ratatuj] f FAM. Guisote *m*, rancho *m* | *~ niçoise*, pisto ‖ **~-de-cave** m Cerilla *f* (bougie) | Inspector de contribuciones ‖ **~e** f ANAT. Bazo *m* | Rata (animal) ‖ **~é, e** adj Fallado, a | Mal hecho, a | Fracasado, a; frustrado, a | — M Fallo | FIG. Fracasado.
rât|eau m Rastrillo | Raqueta *f* (de croupier) ‖ **~eler** vt Rastrillar ‖ **~elier** m Pesebre (pour les animaux) | FAM. Dentadura (*f*) postiza (fausses dents) | Armero (d'armes) | Taquera *f* (billard) | FIG. FAM. *Manger à tous les ~s*, sacar tajada de todas partes.
rat|er vi Fallar | FIG. Fracasar (échouer) | — Vt Fallar, marrar, errar (son coup) | Perder : *~ le train*, perder el tren | No encontrar | FIG. Dejar escapar (laisser échapper) | Hacer mal | Ser suspendido en (examen).
ratiboiser vt FAM. Limpiar (rafler), pelar (prendre l'argent), cargarse (tuer), arruinar (ruiner).
rati|cide m Raticida ‖ **~ère** f Ratonera.
ratifi|cation f Ratificación ‖ **~er** vt Ratificar.
ratin|age m Frisado (des tissus) ‖ **~e** f Ratina ‖ **~er** vt Frisar.
ratiociner vi Raciocinar.
ration f Ración.
ration|alisation f Racionalización ‖ **~aliser** vt Racionalizar ‖ **~alisme** m Racionalismo ‖ **~aliste** adj/s Racionalista ‖ **~alité** f Racionalidad ‖ **~nel, elle** adj Racional.
rationn|ement m Racionamiento ‖ **~er** vt Racionar.
ratiss|age m Rastrillado | MIL. Operación (*f*) de limpieza ‖ **~er** vt Rastrillar | MIL. Hacer una operación de limpieza.
raton m Ratoncillo ‖ *~ laveur*, mapache, oso lavador.
rattach|ement m Atadura *f* | FIG. Relación *f* (rapport), incorporación *f*, unión *f* | Adhesión *f* ‖ **~er** vt Atar (attacher) | Atar de nuevo | Incorporar, unir | FIG. Relacionar, ligar (relier), unir, vincular | *Être rattaché à*, depender de.
rattrap|age m Recuperación *f* ‖ **~er** vt Volver a coger | Alcanzar, coger (atteindre) | Recuperar | Arreglar, reparar (une bêtise, etc) | — Vp Desquitarse | Recuperarse (se remettre) | Agarrarse (s'accrocher).
ratur|e f Tachadura ‖ **~er** vt Tachar, rayar | Raspar (gratter).
rauque adj Ronco, a.
ravag|e m Estrago ‖ **~er** vt Asolar, causar estragos, destrozar.
raval|ement m Revoque (d'un édifice) ‖ **~er** vt Tragar (avaler) | Revocar (façade) | FIG. Contener, reprimir (retenir), rebajar (rabaisser).
ravaud|age m Zurcido | Remiendo (raccommodage) ‖ **~er** vt Zurcir

(repriser), remendar (raccommoder) || **~eur, euse** s Remendón, ona.
rav|e f Naba || **~ier** m Fuente (*f*) *ou* platillo para los entremeses.
ravigot|e f Salsa verde || **~er** vt FAM. Vigorizar, reanimar.
ravilir vt Envilecer.
ravin m Barranco | Hondonada *f* (vallée encaissée) || **~e** f Torrente *m* | Barranco *m* (ravin) || **~ement** m Abarrancamiento || **~er** vt Abarrancar | FIG. Arrugar (rider).
ravioli mpl Ravioles.
ravir vt Arrebatar, quitar (enlever) | Raptar, robar (voler) | FIG. Encantar | *À ~*, de maravilla, que es un primor.
raviser (se) vp Cambiar de opinión.
raviss|ant, e adj FIG. Encantador, a || **~ement** m Arrebatamiento, arrebato (extase) | Rapto (rapt) | Encanto (enchantement) || **~eur, euse** adj/s Raptor, a | Ladrón, ona (voleur).
ravitaill|ement m Abastecimiento, suministro | MIL. Avituallamiento | *Avion de ~*, avión nodriza || **~er** vt Abastecer, suministrar | MIL. Avituallar | — Vp Repostarse (essence).
raviver vt Avivar (couleur, feu) | Reanimar (donner des forces) | FIG. Refrescar, reavivar (souvenir).
ravoir* vt Recobrar [sólo usado en infinitivo].
ray|age m Estriado (d'une arme) || **~er** [rɛje] vt Rayar | Listar (étoffe) | Tachar (effacer) | Quitar (enlever) | Estriar (canon) | FIG. Excluir, eliminar.
Raymond nprm Raimundo, Ramón.
rayon [rɛjɔ̃] m Rayo | GÉOM. BOT. Radio | Radio, rayo (d'une roue) | Anaquel, estante (étagère) | Sección *f*, departamento (dans un magasin) | FIG. Rayo, destello (lueur), resquicio (d'espoir), radio (d'action) | AUT. *~ de braquage*, radio de giro | FAM. *En connaître un ~*, saber cuántas son cinco, saber un rato de eso | *~ de miel*, panal || **~nage** m Estantería *f*, anaquelería *f* || **~nant, e** adj Radiante (radieux) | Resplandeciente || **~ne** f Rayón *m* || **~nement** m Brillo, resplandor | Radiación *f*, irradiación *f* | Difusión *f*, expansión *f* | FIG. Proyección *f*, irradiación *f*, influencia *f* || **~ner** vi Radiar, irradiar | Brillar | Resplandecer [de felicidad *ou* de alegría] | FIG. Influir, tener proyección | PHYS. Irradiar, emitir radiaciones.
rayure f Raya | Estría (d'arme).
raz [rɑ] m MAR. Paso (canal), corriente (*f*) marina (courant) | *~ de marée*, maremoto.
razzia [ra(d)zja] f Razzia, correría.
ré m MUS. Re.
réact|eur m Reactor || **~if, ive** adj/m Reactivo, a || **~ion** f Reacción || **~ionnaire** adj/s Reaccionario, a.
ré|adaptation f Readaptación || **~adapter** vt Readaptar || **~affirmer** vt Reafirmar || **~agir** vt Reaccionar.
réal m Real (monnaie).
réal|isable adj Realizable || **~isateur, trice** adj/s Realizador, a || **~isation** f Realización || **~iser** vt Realizar | Hacer (faire) | Ejecutar, realizar (exécuter) | Darse cuenta de (se rendre compte) | Cumplir, realizar (vœu) | — Vp Realizarse || **~isme** m Realismo || **~iste** adj/s Realista || **~ité** f Realidad.
réanimation f Reanimación.
réappar|aître vi Reaparecer || **~ition** f Reaparición.
réarm|ement [rearmәmɑ̃] m Rearme || **~er** vt Rearmar.
réassortir vt Surtir de nuevo.
rébarbatif, ive adj Ingrato, a | Poco atractivo, a (peu attrayant) | Árido, a | *Mine ~*, cara huraña *ou* hosca.
rebâtir vt Reedificar.
rebatt|re* vt Apalear (tapis, matelas) | FIG. Machacar, remachar (répéter) || **~u, e** adj FIG. Sobado, a; trillado, a.
rebell|e adj/s Rebelde || **~er (se)** vp Rebelarse.
rébellion f Rebelión.
rebiffer (se) vp FAM. Resistirse | POP. Rebelarse.
rebois|ement m Repoblación (*f*) forestal || **~er** vt Repoblar.
rebond [rәbɔ̃] m Rebote || **~i, e** adj FAM. Rollizo, a || **~ir** vi Rebotar | FIG. Reaparecer, volver a cobrar actualidad || **~issement** m Rebote | FIG. Vuelta (*f*) a la actualidad (d'une affaire), repercusión *f*.
rebord [rәbɔ:r] m Borde | Resalto (saillant).
reboucher vt Volver a tapar.
rebours [r(ә)bu:r] m Contrapelo, revés (d'un tissu) | *À ~*, al revès (à l'envers), a contrapelo (à contre-poil).
rebouteur ou **rebouteux** m Ensalmador.
rebrouss|e-poil (à) loc A contrapelo || **~er** vt Levantar hacia atrás | *~ chemin*, desandar lo andado, dar marcha atrás.
rebuffade f Bufido *m*, feo *m* (affront) | Negativa (refus).
rébus [rebys] m Jeroglífico.
rebut [rәby] m Desecho, desperdicio | FIG. Hez *f*, lo peor | *Mettre au ~*, desechar || **~ant, e** adj Repelente | Engorroso, a; cargante (pénible) || **~er** vt Repeler (repousser) | Desechar (mettre au rebut) | Desanimar (décourager) | Asquear (dégoûter).
récalcitrant, e adj/s Recalcitrante, reacio, a.
recaler vt FAM. Suspender, catear.

récapitul|ation f Recapitulación ‖ **~er** vt Recapitular.
rec|el ou **~èlement** m Encubrimiento, ocultación *f* ‖ **~eler** vt Encubrir, ocultar | FIG. Contener, encerrar ‖ **~eleur, euse** s Encubridor, a.
récemment [resamã] adv Recientemente, hace poco.
recens|ement m Censo, empadronamiento | Inventario, recuento (inventaire) | Recuento (des voix) ‖ **~er** vt Empadronar, hacer el censo | Recontar (compter) ‖ **~ion** f Comparación.
récent, e adj Reciente.
récépissé m Recibo, resguardo.
récept|acle m Receptáculo ‖ **~eur, trice** adj Receptor, a | — M Receptor (radio) | Auricular (de téléphone) ‖ **~ion** f Recepción | Acogida (accueil) | Caída (d'un saut) | Entrega de las llaves (d'un appartement) | Recibo *m* : *accuser ~,* acusar recibo ‖ **~ionnaire** m Verificador (de travaux) ‖ **~ionner** vt Recibir dando la conformidad ‖ **~ionniste** s Recepcionista ‖ **~ivité** f Receptividad.
récession f Recesión.
recette f Ingresos *mpl,* entradas *pl* (rentrées d'argent) | Cobro *m,* recaudación (action de toucher de l'argent) | Recaudación de contribuciones (du percepteur) | Recaudación, taquilla (d'une salle de spectacle) | Receta (de cuisine) | *Faire ~,* ser taquillero (artiste), ser un éxito de taquilla (pièce de théâtre) | *~-perception,* depositaría pagaduría.
recev|abilité f DR. Procedencia ‖ **~able** adj Admisible, procedente | Válido, a ‖ **~eur, euse** s Recaudador, a (des contributions) | Cobrador, a (dans les autobus, etc) | Jefe (d'un bureau de poste) | — M Receptor (de sang) ‖ **~oir*** vt Recibir | Cobrar (toucher) | Aprobar (des élèves à un examen) | — Vi Recibir, tener visitas | *Être reçu,* haber aprobado (examen), haber ingresado (grande école), haber ganado unas oposiciones (concours).
rechange m Repuesto, recambio.
rechaper vt Recauchutar.
réchapper vi Salvarse, librarse.
recharg|e f Recargo *m,* recarga | Recarga (d'accumulateur, etc) | Recambio *m* (rechange) ‖ **~er** vt Recargar | Cargar (appareil photo) | Empedrar (route).
réchaud [reʃo] m Infiernillo (à alcool) | Hornillo (à gaz, électrique).
réchauff|age ou **~ement** m Recalentamiento ‖ **~é** m Cosa (*f*) recalentada | FAM. Refrito, cosa (*f*) sabida ‖ **~er** vt Recalentar | Calentarse (se chauffer) | FIG. Reanimar | — Vp Entrar en calor, calentarse (se chauffer) | Subir (la température) ‖ **~eur** m TECH. Calentador.
rechausser vt ARCH. AGR. Recalzar | Volver a poner los zapatos.
rêche adj Áspero, a.
recherch|e f Busca, búsqueda | Indagación (enquête) | Investigación (scientifique) | FIG. Refinamiento *m,* afectación | *À la ~ de,* en busca de ‖ **~é, e** adj Buscado, a | Afectado, a; rebuscado, a (maniéré) | Solicitado, a : *personne très ~,* persona muy solicitada ‖ **~er** vt Buscar | Investigar (sciences, enquêtes) | Perseguir (poursuivre).
rechigner vi Refunfuñar | Hacer a regañadientes (faire à contrecœur).
rechut|e f Recaída ‖ **~er** vi Recaer, tener una recaída.
récidiv|e f Reincidencia ‖ **~er** vi Reincidir | MÉD. Recaer (malade), reproducirse (maladie) | Rehacer (refaire) ‖ **~iste** adj/s Reincidente.
récif m Arrecife.
récipient m Recipiente.
récipro|cité f Reciprocidad ‖ **~que** adj/f Recíproco, a.
récit m Relato, narración *f* ‖ **~al** m Recital ‖ **~ant, e** adj/s THÉÂTR. Recitador, a | — S Solista ‖ **~ation** f Recitación | Poesía (texte) ‖ **~er** vt Recitar | Contar (raconter) | Rezar (prier) | *Faire ~ les leçons,* tomar las lecciones | *~ les leçons,* dar las lecciones.
réclam|ation f Reclamación ‖ **~e** m Reclamo (chasse) | — F Publicidad, propaganda | Reclamo *m* (objet) ‖ **~er** vt Reclamar | Requerir, exigir (avoir besoin de) | FAM. Llamar (appeler) | — Vi Reclamar | — Vp *~ de,* valerse de.
reclass|ement m Nueva clasificación *f* | Readaptación *f* (des travailleurs) ‖ **~er** vt Volver a clasificar | Readaptar.
reclus, e s Recluso, a | — Adj Recluido, a; encerrado, a.
réclusion f Reclusión.
recoin m Rincón, escondrijo | FIG. Recoveco, repliegue.
récollet, ette s REL. Recoleto, a.
récollection f REL. Retiro *m.*
recoller vt Volver a pegar.
récolt|e f Cosecha, recolección ‖ **~er** vt Cosechar | Recoger (recueillir) | FAM. Cobrar, ganarse.
recommand|able adj Recomendable ‖ **~ation** f Recomendación | Certificado *m,* certificación (courrier) ‖ **~er** vt Recomendar | Certificar (courrier) | — Vp Encomendarse (à Dieu ou aux saints) | *~ de,* valerse de la recomendación de.

recommenc|ement m Repetición *f*, vuelta (*f*) a empezar ‖ **~er** vt Volver a empezar *ou* a hacer | Volver a (refaire qqch.) | Repetir | — Vi Volver a hacerlo.
récompens|e f Recompensa | Premio *m* (prix) ‖ **~er** vt Recompensar | Compensar (dédommager) | Premiar (*de*, por) [donner un prix, une récompense].
recomposer vt Recomponer | Arreglar (arranger) | Reorganizar.
recompter [rəkɔ̃te] vt Recontar.
réconcili|ation f Reconciliación ‖ **~er** vt Reconciliar.
reconduction f Reconducción, prórroga, renovación.
reconduire* vt Despedir | Acompañar | DR. Reconducir, prorrogar.
réconfort m Consuelo ‖ **~ant, e** adj Tónico, a; reconfortante | FIG. Alentador, a; reconfortante | — M Tónico, reconstituyente ‖ **~er** vt Reconfortar, tonificar, entonar (fortifier) | FIG. Reconfortar; consolar.
reconn|aissance f Reconocimiento *m* | Agradecimiento *m*, gratitud (gratitude) | Confesión, reconocimiento *m* (aveu) | Resguardo *m* (reçu) | Exploración ‖ **~aissant, e** adj Agradecido, a ‖ **~aître*** vt Conocer, reconocer | Reconocer | Admitir, reconocer | Confesar, reconocer (avouer) | — Vp Conocerse, reconocerse | Orientarse | Reconocerse (admettre).
reconqu|érir vt Reconquistar | FIG. Recuperar ‖ **~ête** f Reconquista.
reconstitu|ant, e adj/m Reconstituyente ‖ **~er** vt Reconstituir ‖ **~tion** f Reconstitución.
reconstru|ction f Reconstrucción ‖ **~ire** vt Reconstruir.
reconver|sion f Readaptación, reconversión ‖ **~tir*** vt Readaptar, reconvertir.
recopier vt Volver a copiar | Poner en limpio (un brouillon).
record [rəkɔ:r] m Récord, marca *f*, plusmarca *f* ‖ **~man** m Recordman, plusmarquista ‖ **~woman** f Recordwoman, plusmarquista.
recoudre* vt Volver a coser | Coser.
recoup|e f Recorte *m* ‖ **~ement** m *Par ~s*, atando cabos ‖ **~er** vt Recortar | Mezclar (vin) | Retocar (retoucher) | FIG. Coincidir con | — Vi Cortar de nuevo (aux cartes).
recourb|ement m Encorvamiento ‖ **~er** vt Encorvar, doblar.
recour|ir* vi Recurrir | Correr de nuevo (courir de nouveau) ‖ **~s** [rəku:r] m Recurso | *Avoir ~ à*, recurrir a, valerse de | *En dernier ~*, como último recurso | *~ en grâce*, petición de indulto.
recouvr|able adj Recobrable, recuperable ‖ **~ement** m Recubrimiento (action de recouvrir) | Recuperación *f*, recobro (action de recouvrer) | Recaudación *f*, cobranza *f*, cobro (argent) ‖ **~er** vt Recobrar, recuperar | Recaudar, cobrar (toucher) ‖ **~ir*** vt Recubrir, cubrir | Retejar (une toiture) | Revestir, cubrir (revêtir) | Tapar (un lit) | Tapizar (un fauteuil) | FIG. Ocultar, encubrir (cacher) | — Vp Cubrirse.
récré|atif, ive adj Recreativo, a ‖ **~ation** f Recreo *m* ‖ **~er** vt Recrear.
recrépir vt Volver a revocar.
récri|er (se) vp Exclamar | Protestar, clamar ‖ **~mination** f Recriminación ‖ **~miner** vi Recriminar.
récrire* vt Volver a escribir | Contestar por carta (répondre).
recroqueviller (se) [sərəkrɔkvije] vp Abarquillarse (se tordre) | Acurrucarse (se pelotonner).
recrudescen|ce f Recrudecimiento *m* (du froid) | Recrudescencia ‖ **~t, e** adj Recrudescente.
recru|e [rəkry] f MIL. Recluta *m* | Quinto *m* (conscrit) | Neófito, a; nuevo adherente ‖ **~tement** m MIL. Reclutamiento | Contratación *f* (engagement) | *~ sur titres*, selección por méritos ‖ **~ter** vt MIL. Reclutar | Contratar (personne) ‖ **~teur** m Reclutador.
rect|a adv FAM. A toca teja ‖ **~al, e** adj ANAT. Rectal ‖ **~angle** adjm/m Rectángulo ‖ **~angulaire** adj Rectangular ‖ **~eur, trice** adj/m Rector, a ‖ **~ifiable** adj Rectificable ‖ **~ificatif, ive** adj/m Rectificativo, a ‖ **~ification** f Rectificación ‖ **~ifier** vt Rectificar ‖ **~iligne** adj Rectilíneo, a ‖ **~itude** f Rectitud ‖ **~o** m Anverso, recto ‖ **~orat** m Rectoría *f* (maison) | Rectorado (charge, dignité) ‖ **~um** [rɛktɔm] m ANAT. Recto.
reçu, e adj Recibido, a | Aprobado, a (admis) | — M Recibo.
recueil [rəkœj] m Libro, colección *f* ‖ **~lement** [-jmɑ̃] m Recogimiento ‖ **~lir*** [-ji:r] vt Recoger | Juntar, reunir | Acoger, recoger (accueillir) | Conseguir, obtener (obtenir) | — Vp Ensimismarse, recogerse (réfléchir, méditer).
recul [rəkyl] m Retroceso (d'un canon) | Espacio (place) | Alejamiento, distancia *f* (éloignement) | Perspectiva *f* (dans le temps) | Regresión *f* (baisse) | Culatazo (d'une arme) ‖ **~ade** f Retroceso *m* | Retirada (retraite) ‖ **~é, e** adj Lejano, a (lointain) | Remoto, a (temps) ‖ **~er** vt Echar hacia atrás | Aplazar (retar-

der) | Alejar (éloigner) | — Vi Retroceder | FIG. Vacilar (hésiter), echarse atrás (céder) | *Ne ~ devant rien,* no arredrarse por nada | — Vp Echarse atrás || **~ons (à)** loc adv Andando hacia atrás.
récupér|able adj Recuperable || **~ateur** adjm/m Recuperador || **~ation** f Recuperación || **~er** vt Recuperar | Recobrar (santé, forces) | — Vi Recuperarse.
récur|age m Fregado || **~er** vt Limpiar con estropajo de aluminio.
récus|ation f Recusación || **~er** vt Recusar | Rechazar (rejeter) | — Vp DR. Declararse incompetente.
recycl|age m Reconversión *f*, reciclaje || **~er** vt Reconvertir.
rédact|eur, trice s Redactor, a || **~ion** f Redacción.
reddition [rɛddisjɔ̃] f Rendición.
redemander vt Volver a pedir | Volver a preguntar (questionner) | Pedir la devolución de.
rédempt|eur, trice adj/s Redentor, a || **~ion** f Redención.
redescendre vt/i Volver a bajar.
redev|able adj *Être ~ de,* deber || **~ance** f Canon *m*, censo *m* || **~enir*** vi Volver a ser.
rédiger vt Redactar.
redingote f Levita.
redire* vt Repetir | — Vi Censurar, criticar | *Trouver à ~ à tout,* poner peros a todo.
redistribu|er vt Volver a distribuir *ou* a repartir || **~tion** f Nueva distribución, nuevo reparto *m*.
redite f Repetición inútil.
redond|ance f Redundancia || **~ant, e** adj Redundante.
redonner vt Dar de nuevo | Devolver (restituer) | — Vi Reincidir, recaer (retomber).
redorer vt Volver a dorar, redorar.
redoubl|ement m Redoble | Repetición *f* (études) || **~ant, e** s Repetidor, a || **~er** vi Redoblar | Arreciar (pluie, vent) | Aumentar (augmenter) | — Vt Repetir (une classe) | Aumentar | Redoblar (répéter).
redout|able adj Temible || **~e** f MIL. Reducto *m* || **~er** vt/i Temer.
redress|ement m Enderezamiento | Restablecimiento (remise en état) | Recuperación *f*, resurgimiento (d'un pays) | Rectificación *f* || **~er** vt Erguir, enderezar | Enderezar, deshacer (des torts) | Hacer resurgir (un pays) | Restablecer (rétablir) | Corregir (corriger) | Enderezar, poner derecho | ÉLEC. Rectificar | — Vp Erguirse, enderezarse | Incorporarse (dans le lit) | FIG. Erguirse || **~eur** m ÉLEC. Rectificador | *~ de torts,* desfacedor de entuertos.
redû m Resto de cuenta, pico.
rédu|cteur, trice adj/m Reductor, a || **~ctible** adj Reducible, reductible || **~ction** f Reducción | Rebaja (rabais) || **~ire*** vt Reducir (*de,* en) | Disminuir | FIG. *En être réduit à,* no tener más remedio que | *~ en esclavage,* esclavizar | — Vp Reducirse || **~it** [redɥi] m Cuartucho (pièce) | MIL. Reducto.
ré|édifier vt Reedificar || **~éditer** vt Reeditar || **~édition** f Reedición || **~éducation** f Reeducación | MÉD. Reeducación, rehabilitación || **~éduquer** vt Reeducar | MÉD. Reeducar, rehabilitar.
réel, elle [reɛl] adj Real | Efectivo, a | — M Lo real.
réél|ection f Reelección || **~ire*** vt Reelegir.
réescompte [reɛskɔ̃:t] m COM. Redescuento.
réévalu|ation f Revaluación || **~er** vt Revaluar.
réexaminer vt Reexaminar.
réfaction f Refacción.
refaire* vt Rehacer | FAM. Engañar | — Vp Rehacerse, reponerse | Restablecerse (santé).
réfection f Refección, reparación.
réfectoire m Refectorio, comedor.
refend [rəfɑ̃] m ARCH. Pared (*f*) divisoria.
référ|é m DR. Recurso de urgencia || **~ence** f Referencia | *Ayant des ~s,* informado, a || **~endum** [referɛ̃dɔm] m Referéndum || **~er** vt Remitir | — Vi Informar | — Vp Referirse.
refermer vt Cerrar.
refiler vt POP. Colar, pasar.
réfl|échi, e adj Reflejado, a | GRAM. Reflexivo, a | Pensado, a; meditado, a || **~échir** vt Reflejar | — Vi Reflexionar, pensar | — Vp Reflejarse || **~échissant, e** adj Reflector, a; reflectante | Reflectante, reflectorizado, a (plaque) || **~ecteur, trice** adj/m Reflector, a.
refl|et m Reflejo || **~éter** vt Reflejar.
refleurir vi Reflorecer.
réflex|e adj/m Reflejo, a || **~ion** f Reflexión | Idea, pensamiento *m* | *À la ~, ~ faite,* bien mirado, mirándolo bien.
reflu|er [rəflye] vi Refluir | Retroceder, volver (retourner) || **~x** [rəfly] m Reflujo.
refon|dre* vt Refundir || **~te** f Refundición | Reforma.
réform|ateur, trice adj/s Reformador, a || **~e** f Reforma || **~er** vt Reformar | MIL. Dar de baja | Desechar (un cheval) | — Vp Reformarse, corregirse || **~iste** adj/s Reformista.

refoul|ement m Compresión *f* (d'un gaz) | Retroceso (d'un piston) | FIG. Inhibición *f*, represión *f* ; expulsión *f* ‖ **~er** vt Rechazar | Echar, expulsar | Comprimir (gaz, etc) | FIG. Ahogar, contener (retenir), inhibir, reprimir (un désir).

réfract|aire adj Refractario, a ‖ **~er** vt Refractar ‖ **~ion** f Refracción.

refrain m Estribillo | Cantinela *f* (rengaine).

refréner vt Refrenar.

réfrigér|ant, e adj Refrigerante ‖ **~ateur** m Frigorífico, nevera *f*, refrigerador ‖ **~ation** f Refrigeración ‖ **~er** vt Refrigerar.

réfringent, e adj Refringente.

refroid|ir vt Enfriar | FIG. Aplacar, apagar, enfriar | TECH. Refrigerar | — Vi Enfriarse | — Vp Enfriarse, resfriarse ‖ **~issement** m Enfriamiento | MÉD. Resfriado, enfriamiento | TECH. Refrigeración *f* ‖ **~isseur** m Enfriador.

refuge m Refugio | Amparo (moral).

réfugi|é, e adj/s Refugiado, a ‖ **~er (se)** vp Refugiarse.

refus [rəfy] m Negativa *f* : *essuyer un ~*, recibir una negativa | Rechazo, repulsa *f* (rejet) ‖ **~er** vt Negar, rehusar, rechazar (rejeter) | Negarse a (ne pas vouloir) | Negar (nier) | Suspender (à un examen) | — Vp Negarse | Privarse (se priver).

réfut|able adj Refutable, rebatible ‖ **~ation** f Refutación ‖ **~er** vt Refutar.

rega|gner vt Recobrar | FIG. Recuperar | Volver (revenir) ‖ **~in** m FIG. Renuevo.

régal m Placer, delicia *f*, regalo | Festín, regalo ‖ **~ade** f Festín *m* | FAM. *Boire à la ~*, beber a chorro ‖ **~e** f Regalía ‖ **~er** vt FAM. Invitar | Allanar (aplanir) | — Vp Disfrutar, gozar (jouir), regalarse (d'un repas).

regard [rəga:r] m Mirada *f* | TECH. Registro | *Au ~ de*, respecto a | *En ~*, en frente (en face) | *Jeter ses ~s sur*, poner los ojos en ‖ **~ant, e** adj Roñoso, a ‖ **~er** vt Mirar a | FIG. Mirar, considerar (considérer), interesar a, atañer a (concerner) | *Ça me regarde*, esto es asunto mío | *Ça vous regarde?*, ¿y a usted qué le importa? | *~ de haut*, mirar de arriba abajo | FIG. *~ de travers*, mirar con recelo | *~ en face*, mirar a la cara (dans les yeux), enfrentarse (affronter) | — Vi Reparar | — Vp Mirarse.

régate f MAR. Regata.

régence f Regencia.

régénér|ateur, trice adj/s Regenerador, a ‖ **~ation** f Regeneración ‖ **~er** vt Regenerar ‖ **~escence** f Regeneración.

régent, ~e adj/s Regente ‖ **~er** vt Regentar.

régicide adj/s Regicida (assassin) | — M Regicidio (crime).

régie [reʒi] f Administración de rentas (de l'État) | Control *m* (cinéma, télévision) | *La Régie des tabacs*, la Compañía Arrendataria de Tabacos.

regimber vi Respingar.

régim|e m Régimen | Racimo (de bananes, etc) ‖ **~ent** m MIL. Regimiento | FIG. Multitud *f*.

région f Región ‖ **~al, e** adj Regional ‖ **~alisation** f Regionalización ‖ **~aliser** vt Regionalizar ‖ **~alisme** m Regionalismo ‖ **~aliste** adj/s Regionalista.

rég|ir vt Regir | Dirigir, gobernar ‖ **~isseur** m Regidor, administrador | Traspunte, regidor de escena (théâtre) | Jefe de control (du son).

registre m Registro.

réglage m Arreglo | Reglaje, ajuste (d'appareil) | Rayado, pautado (du papier) | Corrección *f* (du tir) | Regulación *f*, graduación *f* (d'une quantité).

règle f Regla | Norma : *~ de conduite*, norma de conducta | — Pl Reglas (menstrues) | *Dans les ~s (de l'art)*, con todas las reglas del arte, con todas las de la ley | *En ~ générale*, por regla general.

règlement m Reglamento | Pago, liquidación *f* (paiement) | Solución *f*, arreglo | *~ de compte*, ajuste de cuenta.

réglement|aire adj Reglamentario, a ‖ **~ation** f Reglamentación ‖ **~er** vt Reglamentar, regular.

régl|er vt Pautar, rayar (papier) | Regular, ajustar (un mécanisme) | FIG. Arreglar, ordenar, regular (ordonner), reglamentar, determinar (décider) | Zanjar, solucionar, resolver (résoudre) | Concluir (mettre fin) | Pagar (payer) | Ajustar (le tir) ‖ **~ette** f Regleta.

réglisse f Regaliz *m*.

réglure f Rayado *m*.

régnant, e adj Reinante.

règne m Reinado | Reino (animal, etc).

régner vi Reinar.

regorger vi Rebosar.

régress|er vi Retroceder ‖ **~if, ive** adj Regresivo, a ‖ **~ion** f Regresión, retroceso *m*.

regret m Pesar, disgusto | Queja *f* (plainte) | Pena *f* (chagrin) | *À ~*, con pesar, a disgusto | *Avec tous mes ~s*, con mi mayor sentimiento | *Avoir*

le ~ de, lamentar, sentir mucho ‖ **~table** adj Lamentable, deplorable, triste | *Il est ~ que,* es una pena que ‖ **~ter** vt Lamentar, sentir, deplorar | Sentir la pérdida de (un mort) | Echar de menos (une personne ou une chose perdue).
regroup|ement m Reagrupamiento ‖ **~er** vt Reagrupar.
régul|arisation f Regularización | Regulación (d'un fleuve) ‖ **~ariser** vt Regularizar ‖ **~arité** f Regularidad ‖ **~ateur, trice** adj/m Regulador, a ‖ **~ation** f Regulación ‖ **~ier, ère** adj Regular | Puntual (exact) | FAM. Leal.
réhabilit|ation f Rehabilitación ‖ **~er** vt Rehabilitar.
réhabituer vt Acostumbrar de nuevo.
rehausser [rəose] vt Realzar | Levantar (élever).
réimpr|ession f Reimpresión ‖ **~imer** vt Reimprimir.
rein m Riñón | FIG. *Avoir les ~s solides,* tener el riñón bien cubierto | *Casser les ~s,* deslomar (rouer de coups), cargarse (un adversaire).
réincarn|ation f Reencarnación ‖ **~er (se)** vp Reencarnarse.
reine f Reina ‖ **~-claude** f Ciruela claudia ‖ **~tte** f Reineta.
réin|scription f Nueva inscripción ‖ **~staller** vt Reinstalar | Reasentar (des réfugiés) ‖ **~tégration** f Reintegro *m* ‖ **~tégrer** vt Reintegrar | Volver a (retourner) | Volver a poner (remettre) | Devolver (rendre) | Rehabilitar (fonctionnaire).
réitér|ation f Reiteración ‖ **~er** vt Reiterar.
rejaill|ir [rəʒaji:r] vi Saltar | Reflejarse (lumière) | FIG. Recaer, repercutir ‖ **~issement** [-jismɑ̃] m FIG. Repercusión *f.*
rejet m Desestimación *f,* rechazo | BOT. Retoño | Rechazo (d'une greffe) ‖ **~er** vt Volver a echar, volver a tirar | Rechazar (repousser) | Achacar, echar (une faute) | —Vp Echarse | Recurrir (se reporter) ‖ **~on** m BOT. Retoño, brote, vástago | FIG. Retoño, vástago.
rejoindre* vt Reunir | Reunirse con | Ir a dar (déboucher) | Alcanzar (rattraper) | FIG. Acercarse a (se rapprocher) | — Vp Juntarse, reunirse | Encontrarse (se retrouver).
réjou|i, e [reʒwi] adj Regocijado, a; alegre ‖ **~ir** vt Regocijar, alegrar | — Vp Regocijarse, alegrarse ‖ **~issance** f Regocijo *m,* alegría | — Pl Festejos *m* ‖ **~issant, e** adj Divertido, a; alegre.
relâch|e m Descanso (repos) | Día de descanso (théâtre) | *Faire ~,* no haber función | — F MAR. Escala ‖ **~ement** m Relajamiento, relajación *f* | Aflojamiento (d'une corde) | Relajación *f* (de la tension) ‖ **~er** vt Aflojar | Relajar (mœurs, discipline) | Soltar, liberar (libérer) | — Vi Hacer escala | — Vp Aflojarse | Relajarse.
relais m Posta *f* (de chevaux) | Relevo (course) | Albergue (auberge) | ÉLEC. Relé | RAD. Repetidor, relé | FIG. *Prendre le ~,* relevar, tomar el relevo.
relanc|e f Envite *m* (au poker) | FIG. Reactivación (de l'économie), resurgimiento *m* (redressement) ‖ **~er** vt Volver a lanzar (lancer de nouveau) | Reenvidar (au poker) | FIG. Reactivar | FAM. Acosar, perseguir, hostigar (harceler), volver a hablar (parler), reanimar (la conversation) ‖ **~eur** m Resto (tennis).
relaps, e adj/s REL. Relapso, a.
relat|er vt Relatar ‖ **~if, ive** adj Relativo, a ‖ **~ion** f Relación | Contacto *m,* relación | Relato *m* (récit) | — Pl Relaciones ‖ **~ivité** f Relatividad.
relax|ation f Relajación, relajamiento *m* ‖ **~er** vt Liberar (délivrer) | — Vp FAM. Relajarse.
relayer [rəlɛje] vt Relevar | — Vp Alternar, alternarse, turnarse.
reléguer vt Relegar, confinar.
relent m Resabio (mauvais goût) | Tufo (mauvaise odeur).
rel|ève f Relevo *m* ‖ **~evé, e** adj V. RELEVER | FIG. Noble, elevado, a (style) | — M Lista *f,* relación *f* (des dépenses) | Lectura *f* (d'un compteur) | ARCH. Trazado | *~ de comptes,* extracto de cuentas ‖ **~èvement** m Levantamiento | Reedificación *f* (d'un mur) | FIG. Rehabilitación *f* (d'un délinquant) | Mejora *f* (amélioration) | Aumento (augmentation) ‖ **~ève-moustache** m inv Bigotera *f* ‖ **~ever** vt Levantar | Reconstruir, reedificar | Remangar (manches, jupe) | Alzar (la tête) | Rehabilitar (un délinquant) | Realzar (rehausser) | Animar (ranimer) | Señalar (signaler) | Notar (remarquer) | Apuntar (noter) | Peraltar (un virage) | Aumentar, subir (augmenter) | Mejorar (améliorer) | Relevar (relayer, révoquer, libérer) | Sazonar, poner picante (épicer) | Recogerse (les cheveux) | Aceptar : *~ le défi,* aceptar el reto | Sacar (erreurs) | — Vi Depender | *~ de,* competer a (être du ressort de), salir de (se remettre) | *~ de ses fonctions,* destituir de su cargo | — Vp Levantarse (se lever) | Recuperarse, reponerse.

relief m Relieve | FIG. Realce, lustre | — Pl Sobras *f* (d'un repas) | *Mettre en* ~, poner de relieve.

reli|er vt Unir, enlazar, reunir | Conectar (connecter) | Empalmar, juntar (câbles, etc) | Relacionar, enlazar (mettre en rapport) | Encuadernar (un livre) || **~eur, euse** s Encuadernador, a.

relig|ieux, euse adj/s Religioso, a | — F Pastelillo (*m*) de crema || **~ion** f Religión.

reliqu|aire m Relicario || **~at** m Resto, saldo | Secuelas *fpl* (d'une maladie) || **~e** f Reliquia.

relire* vt Releer.

reliure f Encuadernación.

relu|ire* vi Relucir, brillar || **~isant, e** adj Reluciente, brillante | FAM. Lucido, a; brillante.

reluquer vt FAM. Echar el ojo a, diquelar.

remâcher vt Rumiar.

rémanent, e adj Remanente.

remani|ement [rəmanimɑ̃] m Revisión *f* | Reajuste | Modificación *f* | Cambio, reforma *f* | Reorganización *f* || **~er** vt Rehacer, retocar (retoucher) | Reajustar | Modificar (modifier) | Cambiar, reformar | Reorganizar.

remari|age m Segundas nupcias *fpl* || **~er** vt Volver a casar.

remarqu|able adj Notable | Extraordinario, a; excelente || **~e** f Nota, advertencia (avis) | Observación || **~er** vt Observar, notar, ver | Darse cuenta de, notar (se rendre compte) | Fijarse en (faire attention à) | Señalar (signaler) | Ver (voir) | Decir (dire) | *Je vous ferai ~ que,* le advierto que | *Se faire ~,* llamar la atención | — Vp Notarse.

rembarquer vt Reembarcar | — Vi/p Reembarcarse.

rembarrer vt FAM. Echar una bronca.

rembl|ai m Terraplén | *De ~,* de acarreo (terres) || **~ayer*** [rɑ̃blɛje] vt Rellenar, terraplenar.

remboîter vt Encajar (un os).

rembourr|age m Relleno || **~é, e** adj Relleno, a (rempli) | Blando, a (moelleux) || **~er** vt Rellenar.

rembours|ement m Reembolso | Reintegro (loterie) | Devolución (*f*) del importe (d'une place) || **~er** vt Reembolsar | Reintegrar (billet de loterie).

rembrunir vt Oscurecer | — Vp Entristecerse | Nublarse (temps).

rem|ède m Remedio, medicina *f* || **~édier** vi Remediar, poner remedio a.

remembrement m Concentración (*f*) parcelaria.

remémorer vt Rememorar, recordar.

remerci|ement [rəmɛrsimɑ̃] m Agradecimiento | — Pl Gracias *f* || **~er** vt Dar las gracias, agradecer | Rehusar cortésmente (refuser) | Despedir (renvoyer) | *Je vous remercie,* muchas gracias, se lo agradezco.

réméré m DR. Retroventa *f*.

remettre* vt Volver a poner, volver a meter (mettre de nouveau) | Volver a ponerse (un vêtement) | Devolver (restituer) | Dar (donner) | Entregar (un prix, des pouvoirs, etc) | Confiar | Remitir (faire grâce de) | Rebajar (une peine) | Aplazar (différer) | Reponer, restablecer (rétablir) | Arreglar (arranger) | Encajar (un os) | Reconocer (reconnaître) | FIG. *En ~,* exagerar. *~ qqn à sa place,* poner a alguien en su sitio | — Vp Reponerse, recuperarse (malade) | Mejorar, despejarse (le temps) | Volver a (recommencer) | Tranquilizarse | Rehacerse (d'une perte) | *S'en ~ à qqn,* remitirse a *ou* contar con alguien.

réminiscence f Reminiscencia.

remis|e f Reposición | Entrega (livraison) | Remesa, envío *m* (envoi) | Entrega (d'un prix) | Perdón *m,* remisión (d'une peine) | Descuento *m,* rebaja (rabais) | Cancelación (d'une dette) | Cochera, cobertizo *m* (hangar) | *~ en état,* arreglo | *~ en jeu,* saque (sports) || **~er** vt Guardar.

rémission f Remisión.

remmaill|age [rɑ̃mɑja:ʒ] m Remiendo (d'un filet) | Cogida (*f*) de los puntos (d'un bas) || **~er** vt Remallar | Coger los puntos de (un bas).

remmener [rɑ̃mne] vt Volver a llevar.

remont|ant m Tónico, estimulante || **~e** f MIL. Remonta || **~ée** f Subida, ascenso *m* || **~e-pente** m inv Telesquí || **~er** vi Volver a subir | Volver a montar (à cheval) | Subir (monter) | Remontarse (dans le temps) | *~ à,* tener su origen en | — Vt Volver a subir | Elevar, levantar (mur) | Dar cuerda (montre) | Reponer (théâtre) | Estimular, animar (stimuler) | Levantar (le moral) | Subirse (ses chaussettes) | — Vp Reponerse, fortificarse || **~oir** m Corona *f* (montre), llave *f* (pendule).

remontrance f Amonestación, reprimenda.

remords [rəmɔ:r] m Remordimiento.

remorqu|age m Remolque || **~e** f Remolque *m* | *À la ~,* a remolque || **~er** vt Remolcar || **~eur, euse** adj/m Remolcador, a.

rémoul|ade f Salsa mayonesa con mostaza || **~eur** m Afilador.

remous m Remolino.

rempart [rɑ̃pa:r] m Muralla *f* | FIG. Defensa *f,* amparo.

rempla|çable adj Reemplazable, sustituible ‖ **~çant, e** s Sustituto, a; reemplazante | Suplente, reserva (sports) ‖ **~cement** m Sustitución *f*, reemplazo ‖ **~cer** vt Sustituir, reemplazar | Cambiar, reemplazar (renouveler).

rempl|i, e adj Lleno, a ‖ **~ir** vt Rellenar | Completar | Ejercer, desempeñar (une fonction) | Satisfacer a, responder a (répondre à) | Emplear (employer) | Ocupar | Cumplir con (devoir, promesse) | Cumplir con, satisfacer : *~ toutes les conditions requises,* satisfacer todos los requisitos | — Vp Llenarse ‖ **~issage** m Relleno | FIG. *Faire du ~,* meter borra, rellenar.

remplumer (se) vp FAM. Engordar (grossir), recobrarse (affaires).

remporter vt Llevarse | FIG. Conseguir, lograr (obtenir), ganar (gagner).

remu|ant, e adj Inquieto, a; bullicioso, a | Revoltoso, a (enfant) ‖ **~e-ménage** [r(ə)mymena:ʒ] m Trajín, barullo ‖ **~er** vt Mover | Remover, mover (les liquides) | FIG. Conmover (émouvoir), poner en movimiento (faire intervenir) | — Vi/p Moverse.

rémunér|ateur, trice adj/s Remunerador, a ‖ **~ation** f Remuneración ‖ **~er** vt Remunerar.

renâcler vi Resoplar | FAM. Refunfuñar.

rena|issance f Renacimiento *m* | — Adj inv Renacentista, renacimiento ‖ **~ître*** vi Renacer | Reaparecer (réapparaître) | FIG. Reponerse.

rénal, e adj ANAT. Renal.

renard [rəna:r] m Zorro | Fisura *f* (d'un réservoir) ‖ **~e** f Zorra ‖ **~eau** m Zorrillo.

renchér|ir vi Encarecerse | FIG. Ponderar, encarecer ‖ **~issement** m Encarecimiento.

rencontr|e f Encuentro *m* | Choque *m*, refriega (choc) | Reunión | Entrevista (entrevue) | Encuentro *m*, partido *m* (match) | *Aller à la ~ de qqn,* salirle a uno al encuentro ‖ **~er** vt Encontrar | Tropezar, dar con (heurter) | Entrevistarse con | Enfrentarse con (match) | — Vp Encontrarse, coincidir | Conocerse (se connaître) | Verse (se voir) | Existir, encontrarse (se trouver) | Enfrentarse (s'affronter).

rend|ement m Rendimiento | Producto (produit) ‖ **~ez-vous** m inv Cita *f* | Cita *f*, encuentro (spatial) | *Donner ~,* citar, dar cita | *Prendre ~,* citarse, quedar (des amis), pedir hora (chez le docteur) | *Sur ~,* pidiendo hora.

rendormir* vt Volver a dormir.

rendre* vt Devolver, restituir (restituer) | Entregar (une ville) | Rendir (les armes) | Producir, rendir (rapporter) | Devolver (la santé) | Volver (faire devenir) | Hacer : *~ heureux,* hacer feliz; *~ service,* hacer un favor; *~ visite,* hacer una visita | Expresar (exprimer) | Reproducir (reproduire) | Traducir (traduire) | Pronunciar, fallar (un verdict) | Emitir (son) | Exhalar (odeur) | Corresponder, devolver (invitation) | Llevar, conducir (mener) | Administrar (la justice) | — Vi Devolver, vomitar (vomir) | Tener éxito (réussir) | Rendir (machine) | Ser productivo (affaire) | — Vp Ir, dirigirse (aller) | Acudir (à un rendez-vous) | Rendirse, someterse (capituler) | Ponerse, volverse (devenir) | Traducirse (se traduire) | Hacerse : *~ utile,* hacerse útil | Someterse, acceder | Reconocer (à l'évidence).

rendu, e adj V. RENDRE | FIG. Cansado, a (fatigué) | — M COM. Devolución *f*.

rêne f Rienda.

renégat, e adj/s Renegado, a.

renferm|é, e adj Reservado, a; poco comunicativo | — M *Sentir le ~,* oler a cerrado ‖ **~er** vt Encerrar | | FIG. Encerrar, entrañar, contener; resumir (résumer) | — Vp Encerrarse | FIG. Ensimismarse, concentrarse.

renfl|ement m Hinchazón *f*, abultamiento ‖ **~er** vt Hinchar (gonfler) | — Vi Hincharse.

renflou|ement [rɑ̃flumɑ̃] ou **~age** [rɑ̃flua:ʒ] m Desencalladura *f* ‖ **~er** vt MAR. Desencallar, poner a flote | FIG. Sacar de apuros, sacar a flote.

renfonc|ement m Hueco (creux) | Hundimiento ‖ **~er** vt Hundir más | Calarse, encasquetarse (le chapeau).

renfor|çage m Refuerzo ‖ **~cement** m Refuerzo (action) | Fortalecimiento ‖ **~cer** vt Reforzar | Extremar (la surveillance) | Intensificar, acentuar | Fortalecer ‖ **~t** m Refuerzo | *À grand ~ de,* con gran cantidad de.

renfrogner (se) vp Enfadarse, enfurruñarse, ponerse ceñudo.

rengager vt Empeñar de nuevo | Volver a contratar (contrat) | MIL. Reenganchar.

rengaine f Canción muy oída (chanson) | FAM. Estribillo *m*, cantinela.

rengainer vt Envainar.

rengorger (se) vp Pavonearse.

reni|ement [rənimɑ̃] m Negación *f* ‖ **~er** vt Negar (nier) | Renegar de (sa famille, etc) | Blasfemar | Desdecirse (se dédire) | Repudiar (abjurer).

renifl|ement m Resoplido || **~er** vi Sorber (aspirer), resoplar (souffler) | — Vt Aspirar por la nariz | FIG. Oler, husmear (flairer).
renne [rɛn] m ZOOL. Reno.
renom [rənɔ̃] m Renombre, fama *f* || **~mé, e** adj Famoso, a; afamado, a; renombrado, a || **~mée** f Fama | Voz pública | *Acquiers bonne ~ et fais la grasse matinée,* cobra buena fama y échate a dormir || **~mer** vt Reelegir (élire) | Nombrar de nuevo (nommer).
renonc|ement m Renuncia *f*, renunciamiento, renunciación *f* || **~er** vi Renunciar || **~iation** f Renuncia.
renoncule f BOT. Ranúnculo *m*.
renou|ement [rənumɑ̃] m Reanudación *f* || **~er** vt Reanudar | Volver a atar (nouer de nouveau) | — Vi Reconciliarse || **~veau** m Primavera *f* | FIG. Renovación *f*, renacimiento, renuevo || **~velable** [rənuvlabl] adj Renovable || **~veler** [-vle] vt Renovar | Cambiar (changer) | Repetir (recommencer) | Dar nueva vida a | — Vi Renovar los votos | — Vp Renovarse | Repetirse || **~vellement** m Renovación *f* | Cambio (changement) | Aumento, incremento (accroissement) | Reposición *f* (des stocks).
rénov|ation f Renovación | Cambio *m* (changement) | Mejora (amélioration) || **~er** vt Renovar.
renseign|ement [rɑ̃sɛɲəmɑ̃] m Información *f* : *service de ~s,* servicio de información | Informe | Dato (donnée) | — Pl Oficina (*fsing*) de información | MIL. Inteligencia *fsing* || **~er** vt Informar.
rent|abilité f Rentabilidad || **~able** adj Rentable, productivo, a || **~e** f Renta | *~ foncière,* renta de bienes raíces | *~ viagère,* renta vitalicia || **~ier, ère** s Rentista.
rentr|ant, e adj Entrante || **~é** m Metido (couture) || **~ée** f Reapertura, apertura, reanudación | Vuelta, regreso *m* (retour) | Ingreso *m*, entrada (d'argent) | Recaudación (impôts) | AGR. Recogida | Reaparición, vuelta a escena (d'un acteur) | *Faire sa ~,* reaparecer, volver a escena || **~er** vi Entrar | Volver a entrar | Volver, regresar (revenir) | Encajar (s'insérer) | Penetrar | Entrar (entrer) | Cobrar (être payé) | Reanudar las clases (élèves) | Reanudar sus sesiones (tribunal, etc) | FAM. Estrellarse (*dans,* contra) [heurter] | *~ dans,* recobrar : *~ son argent,* recobrar su dinero | *~ en soi-même,* reconcentrarse, ensimismarse | — Vt Guardar, recoger (mettre à l'abri) | Meter hacia dentro | Ocultar (cacher) | *~ ses larmes,* reprimir el llanto.
renvers|ant, e adj FAM. Asombroso, a || **~e** f *À la ~,* de espaldas, boca arriba || **~ement** m Caída *f* (chute) | Trastorno (bouleversement) | FIG. Caída *f*, derrumbamiento (effondrement), derrocamiento (d'un régime), inversión *f*, alteración *f* (inversion) || **~er** vt Invertir (inverser) | Trastocar, cambiar completamente (changer) | FAM. Asombrar (étonner) | Derribar (abattre) | Volcar (un récipient) | Derramar (un liquide) | Volcar, tirar al suelo (jeter à terre) | Atropellar (une voiture) | Echar para atrás (mettre en arrière) | FIG. Derribar, derrocar, echar abajo | — Vp Volcarse | Caerse (tomber) | Derramarse (un liquide) | Invertirse.
renvi m Envite (aux cartes) || **~er** vt Envidar.
renvo|i m Devolución *f* | Reexpedición *f* | Destitución *f* | Despido (congé) | Expulsión *f* | DR. Remisión *f* | Aplazamiento (ajournement) | Licencia *f* (des soldats) | Remisión *f*, llamada *f* (dans un texte) | Eructo (éructation) || **~yer*** [rɑ̃vwaje] vt Devolver (rendre) | Reexpedir (réexpédier) | Reflejar (lumière) | Destituir | Despedir (congédier) | Expulsar | Licenciar | Hacer volver (faire retourner) | Restar (tennis) | DR. Remitir | Aplazar (ajourner) | Remitir (à un document) || **~yeur** [-jœ:r] m Restón (tenis).
réorganisation f Reorganización.
réouverture f Reapertura.
repaire m Guarida *f*.
repaître* vt Alimentar | — Vi Pacer (paître) | — Vp Alimentarse.
répand|re* vt Derramar, verter (verser) | Echar, esparcir (éparpiller) | Infundir, inspirar (inspirer) | FIG. Difundir, propalar, propagar (propager), despedir, desprender (exhaler), distribuir | — Vp Derramarse | Aparecer, reflejarse (apparaître) | Manifestarse (se montrer) | Propalarse, difundirse, propagarse | Deshacerse (en compliments) || **~u, e** adj Derramado, a | FIG. Difundido, a.
reparaître* vi Reaparecer.
répar|ateur, trice adj/s Reparador, a || **~ation** f Reparación || **~er** vt Reparar, arreglar (arranger) | Mejorar (améliorer) | Reparar, restablecer (rétablir) | Reparar (une offense).
repart|ie [rəparti] f Réplica, salida || **~ir** vt Replicar | — Vi Volver a irse.
répart|ir vt Repartir, distribuir || **~ition** f Reparto *m*, distribución | Derrama (impôts).
repas [rəpɑ] m Comida *f*.

repass|age m Afilado (aiguisage) | Vaciado (d'un rasoir) | Planchado (du linge) | Repaso (leçon) || **~er** vt/i Volver a pasar | — Vt Afilar (aiguiser) | Vaciar (un rasoir) | Planchar (linge) | Pasar (passer) | Dar, dejar (laisser) | FIG. Repasar (une leçon), examinar de nuevo || **~eur** m Afilador || **~euse** f Planchadora.
repêch|age m Examen suplementario, repesca *f* | Ayuda *f*, socorro | Repesca *f* (sports) | Recuperación *f*, rescate (d'un astronaute) || **~er** vt Volver a pescar | Sacar del agua (retirer de l'eau) | FAM. Sacar de un apuro | Aceptar, admitir a un candidato después de una deliberación *ou* examen, repescar | Recuperar, rescatar (un astronaute) | Repescar (sports).
repent|ant, e ou **~i, e** adj/s Arrepentido, a || **~ir** m Arrepentimiento || **~ir (se)*** vp Arrepentirse.
repérage m Punto de referencia | Marcación *f* (marquage) | Localización *f* | Descubrimiento (découverte).
réper|cussion f Repercusión || **~cuter** vt Repercutir.
rep|ère m Señal *f*, marca *f* | Indicación *f* | Placa *f* (indiquant l'altitude) | *Point de ~*, punto de referencia || **~érer** vt Marcar, señalar | Identificar | Descubrir, localizar | FAM. Ver, notar (voir) | — Vp Orientarse.
répert|oire m Repertorio | Agenda *f*, librito | FIG. Enciclopedia *f* (personne) | Fichero (fichier) | Listín (téléphone) | THÉÂTR. Repertorio || **~orier** vt Hacer un repertorio de | Anotar en un repertorio | Catalogar.
répét|er vt Repetir | THÉÂTR. Ensayar | Repasar (leçons) | Reflejar (refléter) || **~iteur, trice** s Profesor particular | Pasante (de collège) || **~ition** f Repetición | Clase particular | THÉÂTR. Ensayo *m*.
repeupl|ement m Repoblación *f* || **~er** vt Repoblar.
repiquer vt Repicar | AGR. Trasplantar | — Vi Volver a empezar.
répit [repi] m Tregua *f*, respiro.
repl|acer vt Reponer | Colocar de nuevo || **~anter** vt Replantar || **~âtrage** m Revoque, enlucido | FIG. Chapuza *f* (rafistolage), arreglo, parches *pl* (arrangement) || **~âtrer** vt Revocar | Repellar | FIG. Hacer chapuzas (rafistoler), arreglar, poner parches (arranger) || **~et, ète** adj Rechoncho, a.
repli m Doblez *f*, pliegue | FIG. Recoveco | Debilitación *f* (affaiblissement) | Repliegue (des troupes) || **~ement** [rəplimɑ̃] m MIL. Repliegue | Plegadura *f* || **~er** vt Replegar | Doblar (plier) | — Vp Replegarse | Doblarse | Retroceder (la Bourse).
répliqu|e f Réplica | THÉÂTR. Entrada || **~er** vt/i Replicar.
replonger vt Sumergir de nuevo | FIG. Sumir | — Vi Zambullirse de nuevo | Volver a sumergirse | — Vp Volver a sumirse.
repol|ir vt Repulir | **~issage** m Repulido.
répond|ant m Fiador, garante | Crédito, solvencia *f* (solvabilité) | Asistente (à la messe) || **~eur** m Contestador automático || **~re*** vt Contestar, responder | Asegurar (affirmer) | Ayudar (à la messe) || — Vi Responder, contestar | Responder, corresponder | Responder, salir fiador (se porter garant) | Ayudar (à la messe).
répons [repɔ̃] m Responsorio | Responso (pour défunts) || **~e** f Respuesta, contestación.
report [rəpɔ:r] m COM. Suma (*f*) anterior, saldo | Aplazamiento (ajournement) || **~age** m Reportaje || **~er** [rəpɔrtɛ:r] m Reportero || **~er** [rəpɔrte] vt Transportar, trasladar | Llevar (porter) | Aplazar, diferir (ajourner) | Volver (retourner) | — Vp Referirse | Compararse | Recordar (rappeler) | *À ~*, suma y sigue.
repos [rəpo] m Descanso, reposo | Paz *f* (paix) | Tranquilidad *f*, quietud *f*, sosiego | Sueño (sommeil) | Pausa *f* (dans la lecture, etc) | Descansillo (palier) | *De tout ~*, muy fácil, tirado, a (aisé), seguro, a (sûr) || **~ant, e** adj Descansado, a || **~é, e** adj Descansado, a; reposado, a | Fresco, a (teint) | *À tête ~*, con calma || **~e-pied** m Reposapiés || **~er** vt Descansar, reposar (m. us.) | Volver a poner | Calmar, sosegar (calmer) | — Vi Descansar, dormir | Reposarse, sentarse (un liquide) | Descansar (un mort) | Descansar (s'appuyer) | Encontrarse (se trouver) | FIG. Apoyarse, fundarse | — Vp Descansar, reposar | FIG. Apoyarse en.
repouss|age m Repujado || **~ant, e** adj Repulsivo, a; repelente || **~er** vt Rechazar | Repeler, rechazar (une attaque) | Rehusar, rechazar (refuser) | Repeler (répugner) | Empujar (pousser) | Aplazar, diferir (reporter) | TECH. Repujar | — Vi Echar brotes, brotar (plante) | Volver a crecer (croître de nouveau) || **~oir** m Botador (de menuisier), cincel (de tailleur) | Bajapieles (manucure) | FAM. Petardo (femme laide).
répréhens|ible [repreɑ̃sibl] adj Reprensible || **~ion** f Reprensión.
reprendre* vt Volver a tomar, volver a coger (prendre de nouveau) | Repetir (d'un plat) | Recuperar, recobrar (récupérer) | Reintegrar, volver a ocupar

| Readmitir (admettre de nouveau) | Volver a ponerse (remettre) | Estrechar (rétrécir) | Censurar (blâmer) | Corregir (corriger) | Proseguir, reanudar (poursuivre) | Volver a examinar *ou* a estudiar (un problème) | Rehacer (refaire) | Reparar (réparer) | THÉÂTR. Reponer | — Vi Proseguir (poursuite) | Reanudarse (recommencer) | Reactivarse (affaires) | Volver (revenir) | — Vp Volver a empezar (recommencer) | Recobrar el dominio de sí mismo | Corregirse.

représailles fpl Represalias.

représent|ant adj/m Representante || **~atif, ive** adj Representativo, a || **~ation** f Representación, imagen | Función (théâtre) || **~er** vt/i Representar | — Vp Representarse | Figurarse, imaginarse | Darse cuenta de (se rendre compte).

répress|if, ive adj Represivo, a || **~ion** f Represión.

réprim|ande f Reprimenda, reprensión || **~ander** vt Reprender || **~er** vt Reprimir.

repris, ~e [rəpri, i:z] adj Vuelto a tomar | Continuado, a | — M *~ de justice,* persona con antecedentes judiciales || **~age** m Zurcido (couture) || **~e** f Recuperación | Reanudación (recommencement) | Reactivación, recuperación (Bourse) | Nuevo desarrollo *m,* nuevo incremento *m* (essor) | AUT. Poder (*m*) de aceleración, « reprise » | Zurcido *m,* remiendo *m* (à une étoffe) | THÉÂTR. Reestreno *m,* reposición | Asalto *m* (boxe) | Empalme *m* (football) | MUS. Estribillo *m* (refrain) | Reparación | Traspaso *m* (cession d'un fonds) | *À plusieurs ~s,* varias veces, repetidas veces || **~er** vt Zurcir || **~euse** f Zurcidora.

réprobat|eur, trice adj Reprobador, a || **~ion** f Reprobación.

reproch|able adj Reprochable, censurable | DR. Recusable || **~e** m Reproche | Crítica *f* | Defecto (défaut) | Recriminación *f* | Queja *f* (plainte) | Reparo (objection) | *Faire le ~ de,* echar en cara | *Sans ~,* sin tacha || **~er** vt Reprochar | Echar en cara, reprochar | Criticar, censurar | Acusar de (accuser) | Culpar de, echar la culpa de (rendre responsable) | Reprobar, recriminar (incriminer) | DR. Recusar.

reprodu|cteur, trice adj/s Reproductor, a | — M Semental | — F Máquina reproductora || **~ction** f Reproducción || **~ire*** vt Reproducir.

réprouver vt Reprobar.

reptile adj/m Reptil.

repu, e adj Ahíto, a; harto, a.

républi|cain, e adj/s Republicano, a || **~que** f República.

répudi|ation f Repudiación, repudio *m* || **~er** vt Repudiar.

répugn|ance f Repugnancia || **~ant, e** adj Repugnante || **~er** vi Repugnar, repeler | *Il répugne à faire cela,* le repugna hacerlo.

répuls|if, ive adj Repulsivo, a; repelente || **~ion** f Repulsión.

réput|ation f Reputación, fama || **~é, e** adj Famoso, a; reputado, a || **~er** vt Reputar.

requér|able adj Requerible, exigible || **~ant, e** adj/s DR. Demandante || **~ir*** vt Requerir | Pedir, solicitar (demander) | DR. Demandar.

requête f Demanda, solicitud, petición | DR. Demanda, requerimiento *m* | *À la ~ de,* a petición de.

requin m Tiburón.

requinquer vt Vestir bien (personne), dejar nuevo (chose) | FIG. Entonar, animar | — Vp FAM. Reponerse (se remettre), entonarse (se remonter).

requis, e adj Requerido, a; necesario, a.

réquisit|ion f DR. Requerimiento *m,* alegato *m,* informe *m* (demande), informe *m* (du procureur) | Requisición, requisa (saisie) || **~ionner** vt Requisar (biens) | Militarizar (grévistes) || **~oire** m DR. Informe, alegato, requisitoria *f.*

rescapé, e adj/s Superviviente.

resci|nder [rəsɛ̃de] vt Rescindir || **~sion** f Rescisión.

rescousse f Auxilio *m,* socorro *m.*

réseau [rezo] m Red *f* | Redecilla *f* (pour les cheveux, des ruminants).

réserv|ation f Reserva || **~e** f Reserva, coto (*m*) vedado (chasse) | Reserva, recato *m* (circonspection) | Reserva, salvedad : *sous ~ de,* a reserva de, con salvedad de | Reserva (d'indiens, d'animaux) | *À la ~ de,* a excepción de | *En ~,* de reserva | *Sous toute ~,* con muchas reservas || **~é, e** adj Reservado, a || **~er** vt Reservar || **~iste** m MIL. Reservista || **~oir** m Reserva *f* | Depósito (de gaz, d'essence, d'eau) | Vivero (pour poisson) | Alberca *f* (citerne) | FIG. Cantera *f* (pépinière).

résid|ant, e adj/s Residente | — Adj Radicado, a; residente || **~ence** f Residencia || **~ent** m Residente || **~entiel, elle** adj Residencial || **~er** vi Residir | FIG. Residir, radicar, estribar || **~u** m Residuo || **~uaire** [rezidɥɛ:r] adj Residual.

résign|ation f Resignación || **~é, e** adj/s Resignado, a || **~er** vt Resignar, renunciar | — Vp Resignarse | Conformarse con, resignarse a.

résili|able adj Rescindible, anulable || **~ation** f Rescisión, anulación || **~ence** f Resistencia al choque || **~er** vt Rescindir, anular.

résille [rezij] f Redecilla | Rejilla (d'un vitrail).
résin|e f Resina ‖ **~eux, euse** adj Resinoso, a.
résist|ance f Resistencia ‖ **~ant, e** adj/s Resistente ‖ **~er** vi Resistir.
résol|u, e adj Resuelto, a; decidido, a | Solucionado, a (problème) ‖ **~uble** adj Resoluble ‖ **~ution** f Resolución | DR. Rescisión.
réson|ance f Resonancia ‖ **~ateur, trice** adj/m Resonador, a ‖ **~nant, e** adj Resonante, sonoro, a ‖ **~nement** m Resonancia *f* ‖ **~ner** vi Resonar.
résor|ber vt Reabsorber, resorber | FIG. Enjugar, reabsorber (un déficit, etc), acabar con, suprimir (supprimer) ‖ **~ption** [rezɔrpsjɔ̃] f Resorción, reabsorción.
résoudre* vt Resolver, solucionar | DR. Rescindir, anular | *Il a été résolu que,* han resuelto que | — Vp Resolverse | Reducirse, convertirse (se réduire) | Decidirse (se décider).
respect [rɛspɛ] m Respeto | — Pl Saludos respetuosos : *présenter ses ~s,* dirigir sus saludos respetuosos | *Manquer de ~ à,* faltarle el respeto a | *Sauf votre ~,* con perdón de usted | *Tenir en ~,* mantener a raya ‖ **~abilité** f Respetabilidad ‖ **~able** adj Respetable ‖ **~er** vt Respetar | Acatar, respetar (une loi) | — Vp Respetarse | Preciarse (s'estimer) ‖ **~if, ive** adj Respectivo, a ‖ **~ueux, euse** adj Respetuoso, a | — F FAM. Prostituta.
respir|ateur adjm/m Respirador ‖ **~ation** f Respiración ‖ **~atoire** adj Respiratorio, a ‖ **~er** vt/i Respirar | FIG. Reflejar.
resplend|ir vi Resplandecer ‖ **~issant, e** adj Resplandeciente ‖ **~issement** m Resplandor, resplandecimiento.
respons|abilité f Responsabilidad ‖ **~able** adj/s Responsable | — S Encargado, a | *~ syndical,* enlace *ou* delegado sindical.
resquiller [rɛskije] vi FAM. Colarse (se faufiler), sisar (voler).
ressac m Resaca *f.*
ress|aisir vt Coger de nuevo | Reconquistar (reconquérir) | Recobrar (reprendre) | — Vp FIG. Rehacerse, serenarse, reponerse ‖ **~asser** vt Tamizar | FIG. Machacar, repetir (répéter) ‖ **~asseur, euse** s Machacón, ona ‖ **~aut** m Resalto (saillie) | Desnivel (de terrain).
ressembl|ance f Parecido *m,* semejanza ‖ **~ant, e** adj Parecido, a ‖ **~er** vi Parecerse | — Vp Parecerse | *Qui se ressemble s'assemble,* cada oveja con su pareja.
ressemel|age [rəsəmla:ʒ] m Media suela *f* (chaussures) ‖ **~er** [-le] vt Remontar (entièrement) | Echar medias suelas (demi-semelle).
ressent|iment m Resentimiento ‖ **~ir*** vt Sentir | Experimentar (éprouver) | — Vp Resentirse.
resserr|ement m Apretamiento | FIG. Estrechamiento, fortalecimiento (renforcement), contracción *f* (réduction) ‖ **~er** vt Apretar (serrer) | Estrechar (rendre étroit) | Cerrar (fermer) | FIG. Estrechar, afianzar (renforcer), abreviar (abréger), contraer (réduire) | — Vp Estrecharse | Encerrarse (se renfermer) | FIG. Encogerse (le cœur).
ressort [rəsɔ:r] m Resorte, muelle | Incumbencia *f,* competencia *f* (compétence) | DR. Instancia *f* | FIG. Nervio, energía *f,* fuerza *f* (nerf), dinamismo ‖ **~ir*** vi Resaltar, destacarse | Volver a salir (sortir de nouveau) | Resultar, deducirse (résulter) | *Faire ~,* destacar, hacer resaltar | — Vt FAM. Sacar a relucir (dire) ‖ **~issant, e** s Natural, nacional, súbdito, a | — Adj De la jurisdicción de.
ressource f Recurso *m.*
ressuer vi Rezumar (un mur).
ressuscit|é, e adj/s Resucitado, a ‖ **~er** vt/i Resucitar.
restant, e adj Restante | — M Resto.
restaur|ant m Restaurante | Comedor (d'un hôtel) | *~ universitaire,* comedor universitario ‖ **~ateur, trice** s Restaurador, a (de tableaux) | — M Encargado *ou* dueño de un restaurante ‖ **~ation** f Restauración ‖ **~er** vt Restaurar | — Vp Comer.
rest|e m Resto | *Au ~, du ~,* además, por lo demás | *Et (tout) le ~,* y lo demás | *Ne pas demander son ~,* no pedir más explicaciones ‖ **~er** vi Quedar, quedarse | Ser todavía (être encore) | Tardar (mettre longtemps) | Quedarse, permanecer (demeurer) | *En ~ à,* no llegar más lejos que | *En ~ là,* no pasar de ahí | *Restons-en là,* no insistamos | *Y ~,* morir | — Vimp *Il n'en reste pas moins que,* sin embargo, lo cual no quiere decir que | *Il reste,* queda, quedan | *Il reste à,* queda por.
restitu|able adj Restituible ‖ **~er** vt Restituir ‖ **~tion** f Restitución.
restr|eindre* vt Restringir | Limitar, reducir ‖ **~ictif, ive** adj Restrictivo, a ‖ **~iction** f Restricción ‖ **~ingent, e** adj Restringente.
résult|ant, e adj/f Resultante ‖ **~at** m Resultado ‖ **~er** vi Resultar, derivarse | Deducirse, resultar (en déduire).
résum|é, e adj Resumido, a | — M Resumen | Compendio (précis) ‖

~er vt Resumir | — Vp Resumirse | Resumir lo dicho anteriormente.
résurrection f Resurrección | FIG. Reaparición.
retable m Retablo.
rétabl|ir vt Restablecer || **~issement** m Restablecimiento | Dominación *f* (gymnastique).
rétam|er vt Estañar || **~eur** m Estañador.
retaper vt FAM. Componer, arreglar, apañar | — Vp FAM. Restablecerse.
retard [rəta:r] m Retraso : *arriver en ~*, llegar con retraso || **~ataire** adj/s Retrasado, a | Rezagado, a (courses) || **~é, e** adj/s Atrasado, a (mental) | — Adj Retardado, a (mouvement) || **~ement** m *À ~*, de retardo *ou* con mecanismo de relojería (bombe) || **~er** vt Retrasar | Demorar, retrasar | Diferir, aplazar (ajourner) | — Vt/i Atrasar.
retenir* vt Retener (garder) | Retener, detener (arrêter) | Retener, deducir, descontar (déduire) | Contener (contenir) | Sujetar (attacher) | Recordar (se souvenir) | Reservar (dans un hôtel) | MATH. Llevarse (dans une soustraction) | Seleccionar | *Votre demande a retenu toute notre attention*, su solicitud ha merecido nuestro mayor interés | — Vp Contenerse, retenerse | Agarrarse (s'accrocher) | FAM. Aguantarse.
rétention f Retención.
retent|ir vi Resonar, sonar | Repercutirse || **~issant, e** adj Resonante | Ruidoso, a; estrepitoso, a (bruyant) | Sonoro, a (voix) | Retumbante (tonnerre) | Clamoroso, a; rotundo, a (éclatant) || **~issement** m Resonancia *f* | Ruido (bruit) | Estruendo (tonnerre) | FIG. Repercusión *f*, consecuencia *f* | Resonancia *f* (influence).
retenue [rət(ə)ny] f Descuento *m*, deducción | Retención | FIG. Moderación, comedimiento *m*, discreción | Castigo (*m*) sin salir (à l'école) | MATH. Lo que se lleva | *~ d'eau*, embalse.
rétic|ence f Reticencia | Reparo *m* (réserve) | Resistencia || **~ent, e** adj Reticente | Reacio, a.
réticule m Redecilla *f* (petit filet) | Retícula *f* (optique).
rétif, ive adj Repropio, a (cheval) | FIG. Reacio, a.
rétine f ANAT. Retina.
retir|é, e adj Retirado, a | Apartado, a; aislado, a (isolé) || **~er** vt Retirar | Apartar (écarter) | Sacar (sortir, extraire, prendre) | Quitar (enlever) | — Vp Retirarse, irse (s'en aller) | Retirarse, jubilarse (prendre sa retraite) | Recogerse (se coucher).
retomb|ée f ARCH. Arranque *m* | Caída (draperie) | — Pl Lluvia *sing* (radio-active) | FIG. Consecuencias || **~er** vi Recaer | Caer (tomber).
retordre* vt Retorcer.
rétorquer vt Contestar, replicar.
retors, e [rətɔ:r, ɔrs] adj Retorcido, a | — Adj/m FIG. Marrullero, a; ladino, a; astuto, a.
rétorsion f Retorsión.
retouch|e f Retoque *m* || **~er** vt/i Retocar.
retour m Vuelta *f* | Regreso, vuelta *f*, retorno | Reciprocidad *f* | *Par ~ du courrier*, a vuelta de correo | *Par un juste ~ des choses*, en justa compensación | *Payer de ~*, pagar con la misma moneda | *~ à l'envoyeur*, devuélvase al remitente (lettre) | *~ d'âge*, menopausia | *Sans ~*, sin remisión, definitivamente || **~nement** m Vuelta *f*, cambio total | Inversión *f* || **~ner** vt Volver *ou* dar la vuelta a | Volver del revés | Reexpedir (une lettre) | Devolver (rendre) | FIG. Dar vueltas a | AGR. Labrar, roturar (la terre) | FAM. Pegar (une gifle), cambiar por completo (une situation) | FIG. *~ [qqn]*, hacer cambiar de opinión (influencer), conmover (émouvoir) | — Vi Volver, regresar | Devolver (restituer) | FIG. *Savoir de quoi il retourne*, saber de qué se trata *ou* lo que pasa | — Vp Volverse | Dar vueltas (s'agiter) | *S'en ~*, volver, regresar.
retracer vt Trazar de nuevo | FIG. Describir (décrire), recordar (rappeler).
rétract|ation f Retractación || **~er** vt Retraer | FIG. Retractar (désavouer) || **~ile** adj Retráctil || **~ion** f Retracción.
retrait m Contracción *f*, disminución *f* (des matériaux) | Suspensión *f* | Retirada *f* (de la mer, des troupes, d'un permis, d'une loi) | Salida *f* (d'un compte) | Retractación *f* (de la Bourse) | *En ~*, hacia atrás || **~e** f Jubilación (fonctionnaire) | Retiro *m* (militaire) | Pensión, retiro *m* (solde) | Retirada (d'une armée) | Retreta, toque *m* (sonnerie) | Retiro *m* (repos, religion) | *Battre en ~*, batirse en retirada (armée), echarse atrás (céder) | *En ~*, jubilado (fonctionnaire), retirado (militaire) | *Mettre à la ~*, retirar, jubilar || **~é, e** adj/s Retirado, a (militaire) | Jubilado, a (fonctionnaire).
retranch|ement m Supresión *f* | Disminución *f* | Sustracción *f* | MIL. Atrincheramiento | FIG. Reducto, baluarte || **~er** vt Suprimir | Restar, sustraer (soustraire) | — Vp Parapetarse | Encerrarse (s'enfermer) | FIG. Ampararse, escudarse.

retransm|ettre* vt Retransmitir, radiar (radio), televisar (télévision) ‖ **~ission** f Retransmisión.

rétréc|i, e adj Estrechado, a | Encogido, a (tissu) | FIG. Limitado, a (idée), cerrado, a (esprit) ‖ **~ir** vt Estrechar | Encoger (tissu) | — Vi/p Estrecharse | Encoger (tissu) | FIG. Limitarse ‖ **~issement** m Estrechamiento | Encogimiento (tissu).

retremper vt Remojar (mouiller) | Dar un nuevo temple | FIG. Fortalecer | — Vp Fortalecerse | Meterse de nuevo.

rétribu|er vt Retribuir ‖ **~tion** f Retribución.

rétro|actif, ive adj Retroactivo, a ‖ **~activité** f Retroactividad ‖ **~céder** vt DR. Hacer la retrocesión de ‖ **~cession** f DR. Retrocesión ‖ **~fusée** f Retrocohete *m* ‖ **~grade** adj/s Retrógrado, a ‖ **~grader** vt MIL. Degradar | — Vi Retroceder ‖ **~gression** f Retrogresión, retroceso *m* ‖ **~spectif, ive** adj/f Retrospectivo, a.

retrousser vt Remangar, arremangar (manches) | Retorcer (moustaches) | Levantar (lever) | Recoger (jupe) | *Nez retroussé*, nariz respingona.

retrouv|ailles [rətruvɑ:j] fpl Nuevo encuentro *msing* ‖ **~er** vt Encontrar | Volver a encontrar | Recobrar (récupérer) | Reunirse | FIG. Reconocer (reconnaître) | Acordarse de (se souvenir) | — Vp Encontrarse | Reunirse | Coincidir (par hasard) | Encontrarse a sí mismo | Orientarse.

rétroviseur m Retrovisor.

rets [rɛ] m Red *f*.

réun|ion f Reunión ‖ **~ir** vt Reunir | Convocar | Unir | Juntar (rapprocher) | Sumar (atteindre) | — Vp Reunirse.

réuss|i, e [reysi] adj Acertado, a; atinado, a (bien trouvé) | Logrado, a; conseguido, a (bien exécuté) | Que ha tenido éxito (qui a du succès) ‖ **~ir** vt Conseguir, lograr | Llevar a bien (mener à bien) | Sacar (résoudre) | Salirle bien a uno : *l'artiste a réussi son tableau*, el cuadro le ha salido bien al artista | — Vi Ser un éxito (être un succès) | Tener éxito (avoir du succès) | Triunfar (arriver) | Ir bien, sentar bien (aller bien) | Salir bien, salir adelante (se débrouiller) | Tener resultado satisfactorio | BOT. Darse bien | Acertar (deviner juste) | Aprobar (un examen) | *~ à*, llegar a, conseguir, lograr ‖ **~ite** f Éxito *m* | Triunfo *m* | Acierto *m* (trouvaille) | Consecución, logro *m* (d'un projet) | Solitario *m* (cartes).

reval|oir* vt Pagar | Devolver (rendre l'équivalent) ‖ **~orisation** f Revalorización ‖ **~oriser** vt Revalorar, revalorizar.

revanch|ard, e [rəvɑ̃ʃa:r, ard] adj/s Revanchista ‖ **~e** f Desquite *m*, revancha | *En ~*, en cambio.

rêv|asser vi Soñar despierto ‖ **~asserie** f Ensueño *m* | FIG. Quimera ‖ **~e** m Sueño | Ensueño.

revêche adj Arisco, a | FIG. Áspero, a; brusco, a.

réveil [revɛj] m Despertar | Despertador (pendule) | MIL. Diana *f* ‖ **~le-matin** [-matɛ̃] m inv Despertador ‖ **~ler** [-je] vt Despertar | — Vp Despertarse | Espabilar (se dégourdir) ‖ **~lon** [-jɔ̃] m Cena (*f*) de medianoche [en Nochebuena o en Nochevieja] ‖ **~lonner** [-jɔne] vi Cenar a medianoche en Nochebuena o en Nochevieja.

révél|ateur, trice adj/m Revelador, a ‖ **~ation** f Revelación ‖ **~er** vt Revelar | — Vp Revelarse | Demostrarse, aparecer.

revenant m Aparecido, espectro | FIG. Resucitado.

revend|eur, euse adj/s Revendedor, a ‖ **~ication** f Reivindicación ‖ **~iquer** vt Reivindicar, reclamar | Asumir (assumer) ‖ **~re*** vt Volver a vender | FIG. *Avoir d'une chose à ~*, tener algo de sobra, sobrarle a uno algo.

reven|ir* [rəvni:r] vi Volver | Regresar, volver (retourner) | Salir, resultar (coûter) | Acordarse de (se souvenir) | Repetir (un goût) | FAM. Gustar, hacer gracia, caer simpático (plaire) | Retractarse, volverse atrás | Corresponder, tocar (appartenir) | Repetirse | *En ~ à*, volver a | *Faire ~*, rehogar (cuisine) | *Je n'en reviens pas!*, ¡aún no me lo creo! | *~ à*, venir a ser | *~ à dire*, querer decir | *~ à soi*, volver en sí | *~ de*, reponerse (malade), estar de vuelta de (être désabusé), cambiar (changer), cansarse (en avoir assez) | *~ en arrière*, volverse para atrás | *~ sur*, volver a hablar de (parler), retirar (ce qu'on a dit) | FAM. *S'en ~*, volver, regresar ‖ **~te** f Reventa ‖ **~u** m Renta *f* | Provecho (profit) | Ingreso, ganancias *fpl* (bénéfices) | *~ imposable*, líquido imponible | *~ national brut*, producto nacional bruto.

rêver vt Soñar con (voir en rêve) | — Vt/i Soñar | Pensar | Imaginarse | *~ de*, soñar con *ou* en.

réver|bération f Reverberación ‖ **~bère** m Reverbero | Farol, reverbero (dans la rue) ‖ **~bérer** vt Reverberar.

reverdir vi Reverdecer | — Vt Volver verde.
révér|ence f Reverencia || **~enciel, elle** adj Reverencial || **~encieux, euse** adj Reverente || **~end, e** [reverɑ̃, ɑ̃:d] adj/s Reverendo, a || **~er** vt Reverenciar.
rêverie [rɛvri] f Ensueño *m*.
revers [rəvɛ:r] m Revés (envers, tennis, malheur) | Vuelta *f* (de vêtement) | Reverso (de médaille) | Solapa *f* (de col) | Carterilla *f* (d'une poche) | Dorso (main) | Cruz *f* (monnaie) | *À ~,* de revés | FIG. *Le ~ de la médaille,* la otra cara, el lado malo [de un asunto].
réversible adj Reversible.
revêt|ement m Revestimiento | Cubierta *f* (câble) || **~ir*** vt Revestir | Ponerse (un vêtement) | Cubrir (envelopper) | Asumir (assumer).
rêveur, euse adj/s Soñador, a.
revient [rəvjɛ̃] m Coste : *prix de ~,* precio de coste.
revigorer vt Revigorizar.
revirement m Mudanza *f* | FIG. Cambio brusco, viraje | MAR. Virada *f*.
révis|er ou **reviser** vt Revisar | Repasar (leçon) || **~eur** ou **reviseur** m Revisor || **~ion** ou **revision** f Revisión | Repaso *m* (leçon) || **~ionniste** adj/m Revisionista.
revivre* vi Revivir | *Faire ~,* resucitar.
révoc|able adj Revocable || **~ation** f Revocación | MIL. Expulsión.
re|voici adv Aquí está otra vez | *Me ~,* aquí me tiene otra vez || **~voilà** adv Ahí está de nuevo.
revoir* vt Ver de nuevo | Reexaminar, revisar (réviser) | Repasar (leçon) | Representarse (imaginer) | — Vp Volverse a ver | Verse, imaginarse (se souvenir) || — M Adiós, despedida *f* | *Au ~,* hasta la vista, adiós, hasta luego.
révolt|ant, e adj Escandaloso, a; indignante || **~e** f Rebelión, revuelta || **~é, e** adj/s Rebelde, sublevado, a | Indignado, a || **~er** vt FIG. Escandalizar, indignar | Chocar | — Vp Sublevarse, rebelarse.
révolu, ~e adj Cumplido, a (âge) | Pasado, a; caduco, a (périmé).
révolution f Revolución || **~naire** adj/s Revolucionario, a || **~ner** vt Revolucionar | FIG. Agitar; alborotar (ameuter).
revolver [revɔlvɛ:r] m Revólver.
révoquer vt Revocar (annuler) | Despedir (congédier).
revue f Revista | *Passer en ~,* pasar revista a (troupes), analizar, examinar.
révuls|er (se) vp Descomponerse | *Yeux révulsés,* ojos en blanco.
rez-de-chaussée [redʃose] m inv Bajo, planta (*f*) baja, piso bajo.
rhabiller vt Vestir de nuevo.
rhapsodie f Rapsodia.
rhénan, e adj/s Renano, a.
rhéostat m Reóstato, reostato.
rhét|eur m Retórico || **~orique** f Retórica.
Rhin nprm GÉOGR. Rin.
rhin|ite f MÉD. Rinitis || **~océros** [rinɔserɔs] m Rinoceronte.
rhizome m BOT. Rizoma.
rhododendron m BOT. Rododendro.
Rhône nprm GÉOGR. Ródano.
rhubarbe f BOT. Ruibarbo *m*.
rhum [rɔm] m Ron.
rhum|atisant, e [rymatizɑ̃, ɑ̃:t] adj/s Reumático, a || **~atismal, e** adj Reumático, a || **~atisme** m Reumatismo, reúma, reuma || **~e** [rym] m Resfriado, constipado, catarro | *~ des foins,* fiebre del heno.
rhumerie [rɔmri] f Destilería de ron.
ria f Ría (d'un fleuve).
riant, e adj Risueño, a.
ribambelle f Sarta, retahíla.
ribouldingue f FAM. Juerga, jarana.
rican|ement m Risa (*f*) burlona || **~er** vi Reír burlonamente *ou* sarcásticamente || **~eur, euse** adj/s Burlón, ona; socarrón, ona.
rich|ard m Ricacho, ricachón || **~e** adj/s Rico, a | *~ idée,* idea estupenda || **~esse** f Riqueza || **~issime** adj Riquísimo, a.
ricin m BOT. Ricino.
ricoch|er vi Rebotar || **~et** m Rebote | — Pl Cabrillas *f*, pijotas *f* (jeu) | *Par ~,* por carambola, de rebote.
rictus [riktys] m Rictus.
rid|e f Arruga | Onda, pliegue *m* (pli) || **~eau** m Cortina *f* (épais), visillo (fin) | Cortina *f* (de fumée, etc) | Pantalla *f* (de cheminée) | THÉÂTR. Telón : *~ de scène,* telón de boca | *Double ~,* cortina | *~ de fer,* telón metálico (théâtre), telón de acero (frontière) | *~ métallique,* cierre metálico || **~elle** f Adral m || **~er** vt Arrugar.
ridicul|e adj Ridículo, a : *tourner en ~,* poner en ridículo | — M Ridiculez *f*, lo ridículo || **~iser** vt Ridiculizar.
ridoir m MAR. Acollador.
rien [rjɛ̃] pron indéf Nada | *Ça ne fait ~,* no importa | *Cela ne me dit ~,* no me apetece (je n'en ai pas envie), no me suena (ne pas connaître) | *Comme si de ~ n'était,* como si nada | *De ~,* de nada, no hay de qué | *Il n'en est ~,* no hay nada de eso | *Je n'y suis pour ~,* no tengo nada que ver con eso | *N'être ~,* no ser nadie | *Pour ~,* por nada, en balde | *~ à faire,* ni pensarlo | *~ de,* nada : *il n'y a ~ de nouveau,* no hay nada nuevo | *~ de ~, ~ du tout,* nada

de nada | ~ *que cela,* nada más que eso | *Un bon à ~,* un inútil | — M Pequeñez *f,* nadería *f* | Cero (zéro en tennis) | *C'est mieux que ~,* algo es algo | *En un ~ de temps* ou *en moins de ~,* en un santiamén | *Pour un ~,* por nada | *Un ~-du-tout,* un Don Nadie.
rieur, euse adj/s Reidor, a.
rifl|ard m Garlopín (de menuisier) | TECH. Lima (*f*) gruesa | POP. Gran paraguas || **~e** m Rifle.
rig|ide adj Rígido, a || **~idité** f Rigidez || **~olade** f POP. Risa, broma, guasa, chirigota | FAM. Cosa muy fácil, tontería || **~ole** f Reguero *m* | Acequia (petit canal) | Zanja (tranchée) | Arroyuelo *m* (ruisseau) || **~oler** vi POP. Reírse (rire), pasarlo en grande (s'amuser), bromear (plaisanter) || **~olo, ote** adj/s POP. Gracioso, a || **~oriste** adj/s Rigorista || **~oureux, euse** adj Riguroso, a | Crudo, a (temps) || **~ueur** [rigœ:r] f Rigor *m* | Crudeza, rigor *m* (temps) | *À la ~,* si acaso, como máximo (au plus), más o menos (plus ou moins), si es necesario | *Tenir ~,* guardar rencor.
rillettes [rijɛt] fpl Chicharrones *m.*
rim|e f Rima | *Sans ~ ni raison,* sin venir a cuento, sin pies ni cabeza | *N'entendre ni ~ ni raison,* no atender a razones || **~er** vi Rimar | *Cela ne rime à rien,* eso no viene a cuento | — Vt Versificar.
rin|çage m Aclarado (du linge) | Enjuague || **~ceau** m ARCH. Follaje || **~ce-doigts** [rɛ̃sdwa] m inv Enjuague, lavafrutas || **~cer** vt Enjuagar | Aclarar (cheveux, linge).
ring [riŋ] m Ring, cuadrilátero.
ripaill|e [ripɑ:j] f FAM. Francachela, comilona, cuchipanda || **~er** [-je] vi FAM. Estar de comilona.
ripost|e f Réplica | Respuesta (sports) || **~er** vi Replicar | Parar atacando (escrime).
riquiqui adj FAM. Chiquitín, ina.
rire m Risa *f* | *Fou ~,* risa nerviosa | *~ forcé* o *jaune,* risa de conejo || — *Vi Reír, reírse | *Avoir le mot pour ~,* ser chistoso | *Ne pas avoir envie de ~,* no estar para bromas | *Pour ~,* en broma (pour plaisanter), de mentirijillas (pas vrai) | FIG. *Rira bien qui rira le dernier,* al freír será el reír | *~ aux éclats,* reírse a carcajadas | *~ jaune,* reír de dientes afuera | — Vp Reírse.
ris [ri] m MAR. Rizo | *~ de veau,* molleja.
ris|ée f Risotada | Burla, mofa (moquerie) | Hazmerreír *m* (personne dont on se moque) || **~ette** f Risita, sonrisita || **~ible** adj Risible.
risqu|e m Riesgo | *À ses ~s et périls,* por su cuenta y riesgo | *Au ~ de,* con riesgo de | *Prendre des ~s,* arriesgarse || **~er** vt Arriesgar | Arriesgar, jugarse : *~ le tout pour le tout,* jugarse el todo por el todo | Amenazar (menacer) | Atreverse a hacer (oser) | *~ de,* correr el peligro de | *Qui ne risque rien n'a rien,* quien no se arriesga no pasa la mar || **~e-tout** [riskətu] s inv Temerario, a.
rissoler vt/i CULIN. Dorar.
ristourne f Comisión (représentant) | Bonificación anual (assurances) | Rebaja, descuento *m* (réduction) | MAR. Anulación.
rit|e m Rito || **~ournelle** f Ritornelo *m* | Cantinela (refrain) || **~uel, elle** adj/m Ritual.
riv|age m Orilla *f,* ribera *f* || **~al, e** adj/s Rival || **~aliser** vi Rivalizar, competir || **~alité** f Rivalidad || **~e** f Orilla, ribera || **~er** vt Remachar, roblar | FIG. Clavar || **~erain, e** adj/s Ribereño, a | Vecino, a (d'une rue) || **~et** m Remache, roblón | Clavillo (d'un éventail) || **~etage** m Remache || **~eter** vt Remachar, roblar || **~eteuse** o **~euse** f Remachadora || **~ière** f Río *m* | Ría (course de chevaux) | Collar *m* (de diamants) || **~ure** f Remache *m.*
rixe [riks] f Riña.
riz [ri] m Arroz : *~ au lait,* arroz con leche || **~iculteur, trice** s Arrocero, a || **~iculture** f Cultivo (*m*) del arroz || **~ier, ère** adj Arrocero, a | — F Arrozal *m.*
robe f Vestido *m* (de femme), traje *m* | Hábito *m* (de religieux) | Toga (de gens de loi) | Pelo *m,* pelaje *m* (d'animaux) | Capa (du cheval) | *~ de chambre,* bata | *~ du soir,* traje de noche.
robinet m Grifo, llave *f* : *~ d'arrêt,* llave de paso | Canilla *f* (du tonneau) || **~terie** f Fontanería, grifería | Fábrica de grifos (usine).
robot [rɔbo] m Robot, autómata.
robust|e adj Robusto, a | Sólido, a || **~esse** f Robustez | Solidez.
roc m Roca *f,* peña *f* || **~ade** f Carretera de circunvalación || **~aille** [rɔkɑ:j] f Rocalla || **~ailleux, euse** [-jø, jø:z] adj Rocalloso, a ; pedregoso, a || **~ambolesque** adj Fantástico, a.
roch|age m TECHN. Galleo || **~e** f Roca, peña || **~er** m Peñón | — Vi TECHN. Gallear || **~et** m Roquete (surplis) || **~eux, euse** adj Rocoso, a.
rocking-chair [rɔkiŋtʃɛər] m Mecedora *f.*
rococo adj/m Rococó.
rod|age m TECN. Esmerilado (de soupapes) | Rodaje (voiture) || **~er** vt

Esmerilar | Rodar (voiture) | FIG. Experimentar.
rôd|er vi Vagabundear | Merodear (marauder) || **~eur, euse** s Vagabundo, a.
rodomontade f Baladronada.
rogat|ions fpl Rogativas || **~on** m FAM. Sobra *f*, resto.
rogn|e f IMPR. Refilado *m* | POP. Rabia, berrinche *m* || **~er** vt Recortar | FAM. Rebajar | IMPR. Refilar | — Vi POP. Gruñir || **~on** m CULIN. Riñón | MIN. Haba *f* || **~ure** f Recorte *m* | IMPR. Refilado *m* (action de rogner).
rogue f Raba (pour la pêche) | Huevas *pl* (de poisson).
roi m Rey | FAM. *Travailler pour le ~ de Prusse*, trabajar para el obispo.
roide, roideur et **roidir.** V. RAIDE, RAIDEUR y RAIDIR.
roitelet m Reyezuelo.
rôle m Papel : *jouer un grand ~*, desempeñar un gran papel | Cometido, función *f* (fonction) | Nómina *f*, lista *f* (liste) | Registro | *À tour de ~*, por turno, uno tras otro | *Avoir le beau ~*, lucirse.
rom|ain, e adj/s Romano, a | — M IMPR. Letra (*f*) redonda | — F Romana (balance) | Lechuga romana (laitue) || **~an, e** adj/m Romance (langue) | Románico, a (architecture) | — M Novela *f* || **~ance** f Romanza || **~ancer** vt Novelar || **~ancier, ère** s Novelista || **~and, e** adj *Suisse ~*, Suiza de lengua francesa || **~anesque** adj Novelesco, a | Fantasioso, a | Romanticón, ona (esprit) | — M Lo novelesco || **~an-feuilleton** [rɔmɑ̃fœjtɔ̃] m Folletín, novela (*f*) por entregas || **~an-fleuve** m Novelón || **~anichel, elle** s Gitano, a; cíngaro, a || **~aniser** vt Romanizar || **~antique** adj/s Romántico, a || **~antisme** m Romanticismo.
romarin m BOT. Romero.
Rome npr Roma.
romp|re* vt Romper | Partir (le pain) | *À tout ~*, a rabiar, ruidosamente | — Vi Ceder, romperse | Reñir, romper, terminar (des relations) | FIG. Romper || **~u, e** adj Roto, a | FIG. Roto, a; molido, a; rendido, a; extenuado, a (harassé), avezado, a; ducho, a; diestro, a (expérimenté).
ronc|e [rɔ̃:s] f Zarza, espino *m* | FIG. Espina, escollo *m* (difficulté) || **~eraie** [rɔ̃srɛ] f Zarzal *m*.
ronchonn|ement m FAM. Refunfuño, queja *f* || **~er** vi FAM. Refunfuñar, gruñir || **~eur, euse** adj/s FAM. Gruñón, ona; refunfuñón, ona.
rond, ~e [rɔ̃, rɔ̃:d] adj Redondo, a | FIG. Claro, a; decidido, a (décidé), grande, importante | FAM. Regordete, a; rechoncho, a (gros) | POP. Trompa (ivre) | IMPR. Redondo, a (lettre) | — M Redondel, círculo, anillo (cercle) | Raja *f*, rodaja *f* (rondelle) | POP. Blanca *f* (argent) | *~ de serviette*, servilletero, aro para la servilleta | — Adv *En ~*, formando un círculo | *Tourner en ~*, estar dando vueltas | *Tourner ~*, marchar bien || **~ache** f Rodela || **~-de-cuir** m FAM. Chupatintas || **~e** f Ronda | Redondilla (lettre) | Corro *m*, rueda (danse) | MUS. Redonda (note) | *À la ~*, a la redonda (alentour), en corro, por turno || **~eau** m Letrilla *f*, rondel (poème) | MUS. Rondó | Rulo (rouleau) || **~elet, ette** [rɔ̃dlɛ, ɛt] adj Regordete, a; rollizo, a | *Somme ~*, buena cantidad || **~elle** [-dɛl] f Arandela | Rodaja (tranche) || **~ement** adv Sin rodeos (franchement), con decisión | Rápidamente || **~eur** f Redondez | FIG. Armonía (du style) | Franqueza (franchise) | FAM. Curva (du corps) || **~in** m Leño | Palo (gourdin) || **~-point** [rɔ̃pwɛ̃] m Glorieta *f*, rotonda *f* (place) | Encrucijada *f* (carrefour).
ronfl|ant, e adj Sonoro, a | FIG. Rimbombante (style) || **~ement** m Ronquido | FIG. Zumbido || **~er** vi Roncar | FIG. Zumbar (résonner), retumbar (le canon).
rong|er vt Roer (grignoter) | Carcomer (les vers, etc) | Apolillar (les mites) | Socavar (miner) | Corroer (métal) | Minar, consumir (une maladie) | FIG. Consumir, atormentar | — Vp FIG. Atormentarse, carcomerse | Morderse (les ongles, les poings) || **~eur, euse** adj/m Roedor, a | Que corroe.
ronron ou **ronronnement** m Ronroneo (du chat) | FIG. Ruido monótono.
ronronner vi Ronronear.
roque m Enroque (ajedrez).
roquet m Gozque (chien).
roquette f MIL. Cohete *m*.
ros|ace f Rosetón *m* || **~acé, e** adj/f Rosáceo, a || **~aire** m Rosario || **~e** f Rosa | FAM. *Envoyer sur les ~s*, mandar a paseo | *~ pompon*, rosa de pitiminí | *~ trémière*, malvarrosa | — Adj/m Rosa | FIG. *Voir tout en ~*, verlo todo color de rosa || **~é, e** adj Rosado, a | — Adj/m Clarete, rosado (vin) || **~eau** m BOT. Caña *f* || **~ée** f Rocío *m* || **~elière** f Cañaveral *m* | **~eraie** [rozrɛ] f Rosaleda || **~ette** f Roseta | Lazada (nœud) | Botón (*m*) de condecoración (décoration) | Rodaja (d'éperon) || **~ier** m Rosal || **~ir** vi Sonrosarse.
ross|ard [rɔsa:r] m FAM. Vago (fainéant), mala persona *f* (méchant) || **~e** f Rocín *m* (cheval) | FAM. Mala persona | — Adj FAM. Malvado, a

‖ **~ée** f FAM. Paliza, tunda ‖ **~er** vt FAM. Dar una tunda *ou* una paliza ‖ **~erie** f FAM. Mala jugada, jugarreta.
rossignol m Ruiseñor (oiseau) | Ganzúa *f* (crochet) | FIG. Mercancía (*f*) invendible.
rostre m MAR. Espolón, rostro.
rot [ro] m FAM. Regüeldo.
rôt [ro] m Asado.
rot|atif, ive adj/f Rotativo, a ‖ **~ation** f Rotación ‖ **~atoire** adj Rotatorio, a.
roter vi FAM. Regoldar, eructar.
rôt|i m Asado ‖ **~ie** f Tostada.
rotin m Caña *f*.
rôt|ir vt Asar | — Vi/p Asarse | Tostarse (bronzer) ‖ **~issage** m Asado ‖ **~isserie** f Establecimiento (*m*) donde se sirven asados ‖ **~issoire** f Asador *m*.
rot|onde f Rotonda ‖ **~ondité** f Redondez | FAM. Obesidad ‖ **~or** m Rotor ‖ **~ule** f Rótula.
rotur|e f Plebe ‖ **~ier, ère** adj/s Plebeyo, a.
rouage m Rueda *f* | FIG. Mecanismo | — Pl Rodaje *sing*.
roublard, ~e adj/s FAM. Astuto, a; tunante, a ‖ **~ise** f FAM. Astucia, tunantería.
rouble m Rublo.
roucoul|ade f ou **~ement** m Arrullo *m* ‖ **~er** vi Arrullar | FIG. Hacer gorgoritos.
rou|e [ru] f Rueda | FIG. *Faire la ~*, pavonearse, presumir | FAM. *La cinquième ~ du carrosse*, el último mono | *~ à aubes*, rueda de álabes *ou* de paletas | *~ avant*, rueda delantera | *~ à sabots*, noria ‖ **~é, e** [rwe] adj Molido, a (battu) | — Adj/s Lagartón, ona; taimado, a (rusé) ‖ **~er** vt Enrodar (supplice) | *~ de coups*, apalear, moler a palos ‖ **~erie** [ruri] f Astucia, marrullería ‖ **~et** [rwɛ] m Torno (pour filer) | Rueda *f* (d'arquebuse) | TECH. Roldana *f* (d'une poulie), rodete (d'une serrure).
roug|e adj Rojo, a; encarnado, a; colorado, a | Candente (incandescent) | — Adjm/m Tinto (vin) | FAM. Rojo (communiste) | — M Rojo, encarnado, colorado | Rubor, colores *pl* (rougeur) | Carmín, rojo de labios (fard) | — Adv *Se fâcher tout ~*, *voir ~*, ponerse rojo de ira ‖ **~eâtre** [ruʒɑ:tr] adj Rojizo, a ‖ **~eaud, e** [-ʒo, o:d] adj/s FAM. Coloradote, a ‖ **~e-gorge** [ruʒgɔrʒ] m Petirrojo ‖ **~eole** [ruʒɔl] f MÉD. Sarampión *m* ‖ **~eoyer** [-ʒwaje] vi Enrojecer ‖ **~et** m Salmonete (poisson) ‖ **~eur** f Color (*m*) rojo | Rubor *m* (d'émotion ou de honte) | — Pl Manchas rojas (taches) ‖ **~ir** vt Enrojecer, poner rojo | Poner al rojo (le fer) | — Vi Enrojecer, ponerse rojo | FIG. Ruborizarse, ponerse colorado | *Faire ~*, ruborizar ‖ **~issant, e** adj Enrojecido, a | FIG. Sonrojado, a; ruborizado, a.
rouill|e [ruj] f Herrumbre, orín *m*, moho *m* | BOT. Roya ‖ **~er** [-je] vt Enmohecer, poner mohoso, oxidar | FIG. Entorpecer (l'esprit) | BOT. Producir la roya | — Vi/p Enmohecerse.
rouir [rwi:r] vt Enriar.
roul|ade f Voltereta | MUS. Trino *m* ‖ **~age** m Rodaje, rodadura *f* | Apisonamiento (avec un rouleau) | Acarreo (transport) ‖ **~ant, e** adj Que rueda bien | Carretero, a (chemin) | Móvil | Mecánico, a (escalier) | POP. Mondante (drôle) ‖ **~eau** m Rodillo | Rollo (de papier) | Rulo (coiffure) | Cartucho (de pièces) | FAM. *Être au bout de son ~*, estar para el arrastre, no poder más (fatigué) | *~ compresseur*, apisonadora ‖ **~ement** m Rodadura *f* | Circulación *f* | MUS. Trino | Redoble (du tambour) | Fragor (du tonnerre) | FIG. Turno, relevo | *Par ~*, por rotación | *~ à billes*, rodamiento *ou* cojinete de bolas ‖ **~er** vt Rodar, hacer rodar | Enrollar (enrouler) | Liar (cigarette) | Envolver (envelopper) | Pasar el rodillo por (passer le rouleau) | Apisonar (une route) | Arrastrar (entraîner) | FAM. Timar (tromper) | — Vi Rodar | Caerse rodando (tomber) | Dar vueltas (passer par la tête) | Circular | Girar, tratar de (traiter de) | MAR. Balancearse | FAM. *Ça roule*, la cosa va pitando | — Vp Revolcarse ‖ **~ette** f Ruedecilla | Ruleta (jeu, instrument) | Rueda (de patins) | Torno *m*, fresa (du dentiste) | FAM. *Aller comme sur des ~s*, ir como sobre ruedas, ir como una seda ‖ **~is** m Balanceo, balance ‖ **~otte** f Carromato *m* (de forain) | Caravana (de tourisme) ‖ **~ure** f Cebolla (du bois).
roumain, e adj/s Rumano, a.
Roumanie nprf Rumania.
round [raund] m Asalto (boxe).
roupie [rupi] f FAM. Velas *pl* (du nez) | Rupia (monnaie).
roupill|er [rupije] vi POP. Dormir ‖ **~on** [-jɔ̃] m POP. Sueño.
rouquin, e adj/s POP. Pelirrojo, a | — M POP. Tintorro (vin).
rouspét|er vi FAM. Protestar, refunfuñar ‖ **~eur, euse** adj/s FAM. Protestón, ona; gruñón, ona.
roussette f Lija (poisson).
rouss|i m Olor a quemado, chamusquina *f* | *Sentir de ~*, oler a quemado (une chose), oler a cuerno quemado (être suspect) ‖ **~ir** vt Enrojecer |

Chamuscar, quemar (brûler) | CULIN. Hacer dorar | — Vi Enrojecer | Quemarse, chamuscarse.

rout|age m Expedición *f*, encaminamiento || **~e** f Carretera | Ruta, vía (voie de communication) | FIG. Camino *m*, vía | Curso *m*, recorrido *m* (parcours) | *En cours de ~*, en el camino | *En ~!*, ¡en marcha! | FIG. *Faire fausse ~*, equivocarse, errar el camino | *Faire ~ vers*, ir en dirección a | *Grand-~*, carretera general | *~ à grande circulation*, carretera general *ou* de primer orden | *~ départementale*, carretera secundaria *ou* comarcal | *~ glissante*, firme resbaladizo || **~er** vt Expedir || **~ier, ère** adj De camino, de carreteras | *Gare ~*, estación de autocares | — M Corredor de carretera (cycliste) | Camionero (conducteur de camion) | FAM. *Vieux ~*, perro viejo || **~ine** f Rutina || **~inier, ère** adj Rutinario, a; rutinero, a.

rouvr|aie [ruvrɛ] f Robledal *m* || **~e** m Roble.

rouvrir* vt/i Volver a abrir.

roux, rousse [ru, rus] adj Rojizo, a | Pelirrojo, a (cheveux) | — S Pelirrojo, a | — M Color rojizo | CULIN. Salsa (*f*) rubia.

roy|al, e [rwajal] adj Real | FIG. Regio, a | — F Perilla (barbe) || **~alisme** m Monarquismo, realismo || **~aliste** adj/s Monárquico, a; realista | FIG. *Être plus ~ que le roi*, ser más papista que el Papa || **~aume** [-jo:m] m Reino | *Au ~ des aveugles les borgnes sont rois*, en tierra de ciegos el tuerto es rey.

Royaume-Uni nprm Reino Unido.

royauté [rwajote] f Realeza, dignidad real | Monarquía.

ru m Arroyuelo.

ruade f Coz | FIG. Embestida.

ruban m Cinta *f* | *~ magnétique*, cinta magnetofónica.

rub|éole f MÉD. Rubéola || **~icond, e** [rybikɔ̃, ɔ̃:d] adj Rubicundo, a || **~is** [rybi] m Rubí | *Payer ~ sur l'ongle*, pagar a toca teja.

rubrique f Rúbrica | Sección.

ruch|e f Colmena (d'abeilles) | Encañonado (*m*) de tul *ou* encaje (couture) | FIG. Enjambre *m* || **~ée** f Enjambre *m* (essaim) || **~er** m Colmenar | — Vt Encañonar, plisar.

rud|e adj Áspero, a (rêche) | Desigual, áspero, a (raboteux) | Bronco, a (voix) | Rudo, a; duro, a; penoso, a (pénible) | Riguroso, a (rigoureux) | Temible (redoutable) || **~ement** adv Rudamente, duramente | FAM. Muy, un rato || **~esse** f Aspereza | Rudeza (dureté) | Rigor *m* (rigueur) || **~iment** m Rudimento || **~imentaire** adj Rudimentario, a || **~oiement** [rydwamɑ̃] m Maltrato, maltratamiento || **~oyer** vt Maltratar.

ru|e [ry] f Calle | IMPR. Calle | BOT. Ruda | FIG. *Courir les ~s*, encontrarse a la vuelta de la esquina, ser muy corriente | *Grand-~*, calle mayor || **~ée** f Riada, oleada | Embestida, acometida (attaque) || **~elle** f Callejuela, callejón *m* || **~er** vi Cocear, dar coces | — Vp Arrojarse, precipitarse, abalanzarse.

rufian m Rufián.

rugby m Rugby.

rug|ir vi Rugir | — Vt Proferir || **~issant, e** adj Rugiente || **~issement** m Rugido | FIG. Bramido.

rugosité f Rugosidad, aspereza.

rugueux, euse adj Rugoso, a.

ruin|e f Ruina | *Tomber en ~*, caer en ruinas || **~er** vt Arrasar, asolar | FIG. Arruinar, echar a perder (abîmer) | — Vp Arruinarse || **~eux, euse** adj Ruinoso, a.

ruiss|eau m Arroyo | FIG. Río | FIG. *Tirer du ~*, sacar del arroyo || **~elant, e** adj Chorreando : *~ de sueur*, chorreando sudor || **~eler** [rɥisle] vi Chorrear || **~elet** [-slɛ] m Arroyuelo, regato || **~ellement** [-sɛlmɑ̃] m Chorreo, chorro | FIG. Brillo, resplandor (de lumière).

rumeur f Rumor *m*.

rumin|ant, e adj/m Rumiante || **~er** vt/i Rumiar.

rupestre adj Rupestre.

rupin, e adj/s POP. Ricachón, ona | — Adj POP. Elegantón, ona.

rupture f Rotura | Quebrantamiento *m* (du jeûne) | Ruptura (d'un contrat, de relations, etc) | *~ de ban*, quebrantamiento de destierro.

rural, e adj Rural, agrícola, del campo | — Mpl Campesinos.

rus|e f Astucia, ardid *m* || **~é, e** adj/s Astuto, a; artero, a || **~er** vi Usar de ardides, obrar con astucia.

rush [rœʃ] m Esfuerzo final (sports) | Riada *f*, oleada *f*, avalancha *f* (ruée).

Russie nprf Rusia.

rust|aud, e [rysto, o:d] adj/s Rústico, a; tosco, a || **~icité** f Rusticidad || **~ine** f Parche *m* || **~ique** adj Rústico, a || **~re** adj Grosero, a | Basto, a (sans éducation) | — M Patán.

rut [ryt] m Celo (animaux).

rutabaga m Colinabo.

rutil|ant, e adj Rutilante || **~er** vi Rutilar | FIG. Brillar, resplandecer.

rythm|e [ritm] m Ritmo || **~é, e** adj Rítmico, a; cadencioso, a || **~er** vt Ritmar, dar ritmo || **~ique** adj/f Rítmico, a.

S

S m S *f*.
sa adj poss f Su. (V. SON.)
sabbat [saba] m REL. Sábado | Aquelarre (sorciers) | FAM. Algazara *f* || **~ique** adj Sabático, a.
sabl|age m Enarenamiento | Arenado || **~e** m Arena *f* : *~s mouvants,* arenas movedizas || **~é** m Galleta *f* || **~er** vt Enarenar (jardin, etc) | TECH. Arenar | FIG. *~ le champagne,* celebrar con champaña || **~ier** m Ampolleta *f*, reloj de arena || **~ière** f Arenal *m* (carrière) | Arenero *m* (de véhicule) || **~onneux, euse** adj Arenoso, a.
sabord m MAR. Porta *f*, cañonera *f* || **~age** o **~ement** m MAR. Barreno || **~er** vt MAR. Dar barreno, barrenar (un bateau) | FIG. Dar barreno, hacer fracasar | — Vp Suspender voluntariamente su actividad | MAR. Hundir voluntariamente un navío.
sabot m Casco (cheval), pezuña *f* (ruminant) | Zueco, almadreña *f* (chaussure) | Peonza *f* (toupie) | TECH. Zapata *f* (frein) | FAM. *Je te vois venir avec tes gros ~s,* te conozco bacalao aunque vengas disfrazado | *Sabot de Denver,* cepo || **~age** m Sabotaje || **~er** vt Sabotear (train, etc) || **~eur, euse** s Saboteador, a | Chapucero, a.
sabr|e m Sable | *Coup de ~,* sablazo | *~ d'abattis,* machete || **~er** vt Acuchillar, dar sablazos a | FAM. Chapucear (bâcler), criticar (critiquer).
sac m Saco : *~ de blé,* saco de trigo | Bolso (sac à main) | Bolsa *f* (en papier fin), cartucho (en papier fort) | Talego, talega *f* (de toile) | Costal (céréales) | Sayal (de moine) | Bolsa *f* (à ouvrage, de plombier) | Saqueo, saco (pillage) | FIG. *Ils sont à mettre dans le même ~,* son de la misma ralea | *Mettre à ~,* saquear, entrar a saco en | *~ à dos,* mochila | FAM. *~ à malice,* saco de prestidigitator | *~ à pain, à linge,* talega de pan, de ropa sucia | *~ à provisions,* cesta para la compra | *~ de couchage,* saco de dormir | *~ de voyage,* bolsa de viaje | *~ postal,* saca de correspondencia | *Vider son ~,* desahogarse, vaciar el saco (de gré), desembuchar (de force).
saccad|e f Sofrenada (chevaux) | Tirón *m* (secousse) || **~é, e** adj Brusco, a; a tirones | Entrecortado, a (voix) | Irregular (pouls) | Nervioso, a (rire) | Cortado, a (style).
saccag|e m Saqueo, saco || **~er** vt Saquear | Destrozar, hacer polvo | FAM. Revolver (bouleverser) || **~eur, euse** adj/s Saqueador, a.
saccharine [sakarin] f Sacarina.
sacerdo|ce [sasɛrdɔs] m Sacerdocio || **~tal, e** adj Sacerdotal.
sachet m Saquito, bolsita *f* | Sobrecito (safran), sobre (soupe, thé).
sacoche f Bolso *m*, morral *m* | Cartera (bicyclette, écolier, facteur) | Bolsa (à outils).
sacr|amentel, elle adj Sacramental || **~e** m Consagración *f* (évêque) | Coronación *f* (roi) || **~é, e** adj Sagrado, a | ANAT. Sacro, a | FAM. Maldito, a; dichoso, a : *~ menteur!,* ¡maldito embustero! | Imponente, fenomenal | *Le Sacré Collège,* el Sacro Colegio | FAM. *Une ~ chance,* una chamba. *Un ~ temps,* un asco de tiempo || **~é-Cœur** m Sagrado Corazón || **~ement** m Sacramento || **~ément** adv De lo más || **~er** vt Consagrar | Coronar (roi) || **~ificateur, trice** s Sacrificador, a || **~ifice** m Sacrificio || **~ifier** vt Sacrificar | — Vi Ofrecer un sacrificio | *~ à la mode,* seguir la moda || **~ilège** adj/s Sacrílego, a | — M Sacrilegio (acte) || **~ipant** m Bribón || **~istain** m Sacristán || **~istie** [sakristi] f Sacristía || **~o-saint, e** adj Sacrosanto, a || **~um** [sakrɔm] m Sacro, hueso sacro.
sad|ique adj/s Sádico, a || **~isme** m Sadismo.
safran m Azafrán || **~er** vt Azafranar || **~ière** f Azafranal *m*.
sagac|e adj Sagaz || **~ité** f Sagacidad.
sagaie [sagɛ] f Azagaya.
sag|e adj Prudente, cuerdo, a | Moderado, a | Sensato, a (paroles) | Honesto, a (conduite) | Tranquilo, a; bueno, a (enfant) | — M Sabio | Consejero técnico || **~e-femme** f Comadrona, partera || **~esse** f Sabiduría, cordura | Buena conducta, obediencia (enfant) | Sensatez (réponse) | Sabiduría (connaissance) | REL. Sabiduría, sapiencia | *De ~,* del juicio (dent) || **~ittaire** f BOT. Sagitaria | — M ASTR. Sagitario.
sagou|in [sagwɛ̃] m ZOOL. Zagüí, sagüí || **~in, e** adj FAM. Marrano, a.
saign|ant, e adj Sangriento, a; sangrante || **~ée** f Sangría | Sangría, sangradura (du coude) | Caz *m* (canal) || **~ement** m Desangramiento | *~ de nez,* hemorragia nasal || **~er** vt Sangrar (malade) | Desangrar (animal, terrain) | FAM. Chupar la sangre a, sangrar a || *~ qqn à blanc,* desangrarle a uno (médecine), esquilmarle a uno (dépouiller) || — Vi Echar sangre,

sangrar | — Vp FAM. Sacrificarse.

saill|ant [sajɑ̃] m Saliente || **~ant, e** adj Saliente, saledizo, a | Saltón, ona (yeux) | Destacado, a (événement) || **~ie** [saji] f ARCH. Vuelo *m*, voladizo *m*, saliente *m* | Relieve *m* (peinture) | Agudeza, ocurrencia (trait d'esprit) | Protuberancia | ZOOL. Monta (accouplement) || **~ir** [-ji:r] vi Sobresalir, volar (balcon) | — Vt ZOOL. Cubrir, montar.

sain, ~e [sɛ̃, sɛn] adj Sano, a : *être ~ d'esprit*, estar en su sano juicio | Saneado, a (finances) | *~ et sauf*, sano y salvo, ileso || **~doux** m Manteca (*f*) de cerdo || **~ement** adv Sanamente | Juiciosamente (judicieusement) || **~foin** m Pipirigallo.

saint, ~e [sɛ̃, sɛ̃:t] adj Santo, a : *la semaine ~*, la Semana Santa | Sagrado, a : *l'Écriture ~*, la Sagrada Escritura | *La Saint-Jean*, el día de San Juan | *La Saint-Sylvestre*, el día de Nochevieja | *La (très) Sainte Vierge*, la Virgen Santísima | FAM. *Toute la ~ journée*, todo el santo día | — S Santo, a | FIG. *Découvrir ~ Pierre pour habiller ~ Paul*, desnudar a un santo para vestir a otro. *Faire le petit ~*, hacerse el santo. *Ne savoir à quel ~ se vouer*, no saber a qué santo encomendarse. *Prêcher pour son ~*, alabar a su santo | *~ des ~s*, sanctasanctórum || **~-bernard** m Perro de San Bernardo || **~e-nitouche** f FAM. Mosquita muerta || **~-Esprit** m Espíritu Santo || **~eté** f Santidad || **~-frusquin** m Bártulos *pl* || **~-Glinglin (à la)** loc adv FAM. Cuando las ranas críen pelo || **~-Office** m Santo Oficio || **~-Père** m Santo Padre, Padre Santo || **~-Siège** m Santa Sede *f*, Sede (*f*) apostólica.

sais|ie [sɛzi] f DR. Embargo *m* | Incautación | Secuestro *m* (journaux) | Decomiso *m* (douane) || **~ie-arrêt** [-arɛ] f DR. Embargo (*m*) de retención || **~sie-exécution** f DR. Ejecución de embargo (des meubles) || **~ir** vt Agarrar, asir, coger (attraper) | Soasar (cuire à feu vif) | Captar, comprender (idée) | Aprovechar (occasion) | Sobrecoger (froid, peur, etc) | Sorprender, pasmar (surprendre) | DR. Embargar (mobilier), incautarse de (par l'État) | Decomisar (douane) | Someter a : *~ une commission d'un projet*, someter un proyecto a una comisión | Recoger, secuestrar, retirar de la circulación | Apoderarse de (s'emparer de) | Ver (voir) | Oír, sentir (entendre) | *Être saisi de*, tener ante sí (rapport, projet) | *~ les tribunaux*, apelar a la justicia | — Vp DR. Hacerse cargo de | Coger, agarrar || **~issant, e** adj Sorprendente | Penetrante (froid) || **~issement** m Sobrecogimiento.

saison f Estación | AGR. Tiempo *m*, época | Tiempo *m* (fruit) | Temporada (théâtre, sport, vacances) | *De demi-~*, de entretiempo | FAM. *Faire la ~*, hacer su agosto (hôtelier, etc.) | *Morte-~*, temporada de calma | *~ creuse*, baja temporada || **~nier, ère** adj Estacional | De la temporada, temporal | — M Trabajador estacional, temporero.

salad|e f Ensalada (de tomates) | Ensaladilla (russe) | Escarola (scarole), lechuga (laitue) | FAM. Follón *m*, lío *m* | Macedonia (de fruits) || **~ier** m Ensaladera *f*.

salage m Salazón *f*, saladura *f*.

salaire m Salario, jornal (journalier), sueldo (mensuel) | FIG. Recompensa *f* (récompense), castigo (châtiment) | *~ de base*, sueldo base.

salaison f Salazón.

salamalec m Zalema *f*, zalamelé.

salamandre f Salamandra.

salant adjm Salino, a.

salari|al, e adj Salarial || **~at** m Salariado || **~é, e** adj/s Asalariado, a || **~er** vt Asalariar.

salaud, e [salo, o:d] s POP. Puerco, a; sinvergüenza, canalla, marrano, a.

sale adj Sucio, a | FAM. Malo, a : *un ~ tour*, una mala jugada; *un ~ type*, una mala persona.

sal|é, e adj Salado, a | FAM. Subido de tono, verde (grivois), excesivo, a (exagéré) | — M *Petit ~*, saladillo || **~er** vt Salar : *~ du porc*, salar carne de cerdo | Echar *ou* poner sal (dans un plat) | FAM. Cargar (prix).

saleté f Suciedad | Basura, suciedad (ordures) | Mota (dans l'œil) | FAM. Marranada.

sal|eur, euse s Salador, a || **~icylate** m Salicilato || **~ière** f Salero *m* | Hoyuelo (*m*) de la clavícula | Fosa supraorbitaria (chevaux).

saligaud, e s POP. V. SALAUD.

salin, ~e adj Salino, a | — M et f Salina *f* || **~ité** f Salinidad.

salique adj Sálico, a.

sal|ir vt Manchar, ensuciar | Mancillar (souiller) || **~issant, e** adj Sucio, a | Poco sufrido, a (couleur) | Que se mancha *ou* ensucia fácilmente.

saliv|aire adj Salival || **~ation** f Salivación || **~e** f Saliva | FAM. *Dépenser beaucoup de ~ pour rien*, gastar saliva en balde || **~er** vi Salivar.

salle f Sala : *~ des machines*, sala de máquinas | Cuarto *m* : *~ de bains, de police, de séjour*, cuarto de baño, de prevención, de estar | *Faire ~ comble*, tener un lleno (théâtre) | *~ d'armes*, sala de esgrima | *~ d'eau*,

aseo | ~ *de classe,* aula | ~ *des fêtes,* salón de actos | ~ *des pas perdus,* antesala, vestíbulo (tribunaux), pasillos (parlement) | ~ *d'exclusivité,* cine de estreno | ~ *d'opérations,* quirófano.
salmigondis [salmigɔ̃di] m Ropa (*f*) vieja (mets) | FIG. Revoltijo.
salmonidés mpl Salmónidos.
saloir m Saladero.
salon m Salón, sala *f* | Salón, tertulia *f* (littéraire) | Exposición *f* | ~ *d'essayage,* probador.
salop|ard m POP. Cochino ‖ **~e** f POP. Puerca ‖ **~er** vt POP. Chapucear ‖ **~erie** f POP. Porquería, marranada ‖ **~ette** f Peto (*m*) de trabajo, mono *m* | Babero *m* (d'enfant).
salpêtr|e m Salitre, nitro, nitrato ‖ **~ière** f Salitral *m,* salitrera (gisement) | Salitrería (fabrique).
salsepareille f BOT. Zarzaparrilla.
salsifis [salsifi] m BOT. Salsifí.
saltimbanque m Saltimbanqui.
salubr|e adj Salubre ‖ **~ité** f Salubridad.
salu|er vt Saludar | FIG. Acoger (accueillir) ‖ **~t** [saly] m Salvación *f* (vie, âme) | MIL. Saludo | *Armée du* ~, Ejército de Salvación | ~*!,* ¡hola! (bonjour), ¡adiós! (au revoir) ‖ **~taire** adj Saludable ‖ **~tation** f Saludo *m,* salutación | — Pl Recuerdos *m.*
salv|ateur, atrice adj/s Salvador, a ‖ **~e** f Salva.
samaritain, e adj/s Samaritano, a.
samedi m Sábado.
samouraï [samuraj] m Samurai.
samovar m Samovar (bouilloire russe).
sanatorium [sanatɔrjɔm] m Sanatorio.
san-benito m Sambenito.
sanct|ifiant, e adj Santificante ‖ **~ificateur, trice** adj/s Santificador, a ‖ **~ification** f Santificación ‖ **~ifier** vt Santificar.
sanction f Sanción ‖ **~ner** vt Sancionar.
sanctuaire m Santuario.
sandale f Sandalia.
sandwich [sɑ̃dwitʃ] m Bocadillo | Emparedado, sandwich (pain de mie).
sang [sɑ̃] m Sangre *f : donneur de* ~, donante de sangre | FIG. *Avoir du* ~ *de navet,* tener sangre de horchata. *Avoir qqch. dans le* ~, tener algo en la masa de la sangre | *Coup de* ~, hemorragia cerebral | *Être tout en* ~, estar bañado en sangre | *Faire couler le* ~, derramar sangre | FIG. *Laver dans le* ~, lavar con sangre. *Mon* ~ *n'a fait qu'un tour,* se me heló la sangre en las venas. *Ne pas se faire de mauvais* ~, tomar las cosas con tranquilidad. *Se faire du mauvais* ~, quemarse la sangre. *Se ronger les* ~*s,* reconcomerse. *Suer* ~ *et eau,* sudar sangre ‖ **~-froid** [-frwa] m FIG. Sangre (*f*) fría : *de* ~, a sangre fría ‖ **~lant, e** adj Sangriento, a.
sangl|e f Cincha (harnais) | Banda (parachute) ‖ **~er** vt Ceñir, ajustar | Cinchar (cheval).
sanglier m Jabalí.
sanglot m Sollozo ‖ **~er** vt Sollozar.
sang-mêlé s Mestizo, a.
sangsue [sɑ̃sy] f Sanguijuela.
sanguin, ~e [sɑ̃gɛ̃, in] adj Sanguíneo, a | — F Sanguina (dessin, orange) | Sanguinaria (pierre) ‖ **~aire** adj/f Sanguinario, a ‖ **~olent, e** adj Sanguinolento, a.
sanitaire adj Sanitario, a.
sans [sɑ̃] prep Sin : ~ *doute,* sin duda | *Non* ~ *peine,* con mucha dificultad ‖ **~-abri** [sɑ̃zabri] s Desalojado, a ‖ **~-cœur** s Desalmado, a; persona sin hogar ‖ **~crit, e** ou **~krit, e** adj/m Sánscrito, a ‖ **~-culotte** m « Sans-culotte » [revolucionario] | FIG. Descamisado ‖ **~-façon** m Descaro | *Inviter* ~, invitar sin cumplidos ‖ **~-gêne** m Descaro, desparpajo | — S Fresco, a; descarado, a ‖ **~-le-sou** [sɑ̃lsu] s Pobretón, ona ‖ **~-logis** s Desalojado, a; persona sin hogar ‖ **~onnet** m ZOOL. Estornino (pájaro) ‖ **~-souci** adj/s Despreocupado, a; descuidado, a.
santé f Salud : *à votre* ~, a su salud | *Boire à la* ~ *de,* brindar por | *Ministère de la Santé publique,* Ministerio de Sanidad.
saoudite adjf Saudita.
saoul, e [su, sul] *et ses dérivés* V. SOÛL *y sus derivados.*
sapajou m Sajú, mono capuchino.
sap|e f ou **~ement** m Zapa *f* ‖ **~er** vt Zapar, minar | FIG. Socavar | FAM. *Être bien sapé,* ir de tiros largos | — Vp FAM. Maquearse.
saperlipopette! interj ¡Canastos!
sapeur m MIL. Zapador ‖ **~-mineur** m MIL. Minador ‖ **~-pompier** m Bombero.
saphir m Zafiro.
sap|in m Abeto (arbre) | Pino (bois) ‖ **~inière** f Abetal *m* ‖ **~onacé, e** adj Saponáceo, a ‖ **~onaire** f Saponaria ‖ **~ote** f BOT. Zapote *m* (fruit) ‖ **~otier** m BOT. Zapote (arbre).
sapristi! interj ¡Caramba!
sar|abande f MUS. Zarabanda | FAM. Jaleo *m* ‖ **~bacane** f Cerbatana ‖ **~casme** m Sarcasmo ‖ **~castique** adj Sarcástico, a ‖ **~celle** f Cerceta (ave) ‖ **~clage** m AGR. Escarda *f* ‖ **~cler** vt AGR. Escardar, sachar ‖ **~cleur, euse** s AGR. Escardador, a ‖ **~cloir** m Escardillo ‖ **~come** m Sarcoma ‖ **~cophage** m Sarcófago.
Sardaigne nprf Cerdeña.

sardane f Sardana (danse catalane).
sarde adj/s Sardo, a.
sardin|e f Sardina | FAM. Sardineta (galon) | FAM. *Serré comme des ~s,* como sardinas en lata || **~erie** f Conservería de sardinas || **~ier, ère** adj/s Sardinero, a | — M Barco sardinero, sardinera *f.*
sardonique adj Sardónico, a.
sargasse f Sargazo *m.*
sari m Sari (robe indienne).
sarigue f Zarigüeya (animal).
sarment m BOT. Sarmiento.
sarrasin, e adj/s Sarraceno, a | — M Alforfón, trigo sarraceno.
sarrau m Blusa *f,* blusón.
sas [sɑ] m TECH. Cedazo (tamis), cámara *(f)* de la esclusa (d'une écluse), esclusa *(f)* de aire, compartimiento estanco.
satan|é, e adj Endiablado, a (temps) | Maldito, a (sacré) || **~ique** adj Satánico, a.
satelli|sation f Satelización || **~ser** vt Satelizar || **~te** adj/m Satélite.
satiété [sasjete] f Saciedad | *Jusqu'à ~,* hasta la saciedad *ou* hasta más no poder.
satin m Raso, satén || **~age** m Satinado || **~er** vt Satinar || **~ette** f Rasete *m* (tissu).
satir|e f Sátira || **~ique** adj Satírico, a.
satis|faction f Satisfacción || **~faire*** vt Satisfacer | Cumplir *(à,* con) [devoir] || **~faisant, e** [satisfəzɑ̃, ɑ̃:t] adj Satisfactorio, a || **~fait, e** [-fɛ, ɛt] adj Satisfecho, a | *Être très ~ de sa personne,* tener mucha satisfacción de sí mismo, estar muy satisfecho de sí mismo.
satrape m Sátrapa.
satur|ateur m Saturador || **~ation** f Saturación || **~er** vt Saturar.
satyre m Sátiro.
sauc|e [so:s] f Salsa : *lier une ~,* trabar una salsa | FIG. *À toutes les ~s,* bueno para todo. *Mettre à toutes les ~s,* estar siempre con (vêtement), servir para todo, ser el comodín (personne) || **~ée** f FAM. Chubasco *m* || **~er** vt Mojar en salsa, rebañar | FAM. Calar, empapar (tremper) || **~ière** f Salsera.
sauciss|e f Salchicha, longaniza || **~on** m Salchichón.
sauf, sauve [so:f, so:v] adj Salvado, a | *Avoir la vie ~,* salir ileso, salvarse | *L'honneur est ~,* el honor está a salvo.
sauf [so:f] prep Salvo, excepto : *~ erreur ou omission,* salvo error u omisión | *~ votre respect,* con perdón de usted || **~-conduit** m Salvoconducto.
sauge f Salvia (plante).
saugrenu, e adj Descabellado, a; estrafalario, a.
sau|laie [solɛ] ou **~ssaie** [-sɛ] f Salceda, sauceda || **~le** m Sauce, salce | *~ pleureur,* sauce llorón.
saum|âtre adj Salobre | FIG. Desagradable | FIG. *Je l'ai trouvé ~,* me ha hecho poquísima gracia || **~on** m Salmón | — Adj Asalmonado, a || **~oné, e** adj Salmonado, a; asalmonado, a (truite) || **~ure** f Salmuera.
sauna m Sauna *f* (bain).
saup|iquet m Salsa *(f)* picante || **~oudrer** vt Espolvorear | FIG. Salpicar, entreverar (parsemer).
saur [sɔ:r] adj Ahumado, a (fumé).
sauriens [sɔrjɛ̃] mpl ZOOL. Saurios.
saut [so] m Salto : *~ en hauteur, en longueur, à la perche,* salto de altura, de longitud, con pértiga | Brinco (bond) | Salto de agua | FIG. Cambio brusco, salto | *Au ~ du lit,* al salir de la cama | FIG. *Faire un ~ chez qqn,* dar *ou* pegar un salto a casa de uno | *~ périlleux,* salto mortal || **~-de-lit** [sodli] m Salto de cama, bata *f* || **~-de-mouton** m Paso superior (route, etc) || **~e** f MAR. *~ de vent,* salto *(m)* de viento | FIG. *~ d'humeur,* cambio brusco de humor || **~é** m Salteado (cuisine) || **~e-mouton** m Pídola *f* (jeu) || **~er** vi Saltar | Echarse, lanzarse : *~ au cou de qqn,* echarse en brazos de uno | Pasar, saltar (passer) | Estallar (exploser) | Cubrir (étalon) | FAM. Pegar *ou* dar un salto (aller) | FIG. Hundirse (entreprise), caer (gouvernement), saltar, brincar (de joie) | Cambiar bruscamente de dirección (vent) | FAM. *Et que ça saute!,* ¡y volando! | *Faire ~,* saltear (cuire), asaltar (une caisse), descerrajar, forzar (serrure), desbancar (banque), volar (poudrière), derribar (gouvernement), quitar de en medio (qqn) | — Vt Saltar, franquear, salvar (obstacle) | Saltarse (ligne, repas) | Saltear (cuisine) | POP. *La ~,* morirse de hambre || **~erelle** f ZOOL. Saltamontes *m,* langosta || **~erie** [sotri] f FAM. Guateque *m* || **~eur, euse** adj/s Saltador, a | — F Sartén || **~illant, e** adj Brincador, a; saltarín, ina || **~illement** [sotijmɑ̃] m Saltillo, saltito || **~iller** [-je] vi Brincar, dar saltitos || **~oir** m Aspa *f* (croix) | Saltadero (sports) | Collar muy largo | *En ~,* al pecho (ruban).
sauv|age adj Salvaje, bravío, a (animal) | Silvestre (plante) | FIG. Salvaje, huraño, a | — S Salvaje || **~ageon, onne** [sovaʒɔ̃, ɔn] s Insociable (adulte), salvaje (enfant) || **~agerie** [sovaʒri] f Salvajismo *m*

(état) | Salvajada (action) | Insociabilidad, carácter (*m*) huraño || **~egarde** f Salvaguarda, salvaguardia || **~egarder** vt Salvaguardar, salvar || **~e-qui-peut** [sovkipø] m inv Desbandada *f* || **~er** vt Salvar (personne, honneur) | Cubrir (les apparences) | — Vp Salvarse | Escaparse, largarse (s'en aller) | Salirse (liquide) | *Sauve qui peut!*, ¡sálvese quien pueda! || **~etage** [-ta:ʒ] m Salvamento || **~eteur** [-tœ:r] adjm/m Salvador (celui qui sauve) | Salvavidas (qui sert à sauver) || **~ette (à la)** loc adv De prisa y corriendo || **~eur** adjm/m Salvador.

savane f Sabana.

savant, e adj Sabio, a | Hábil (manœuvre) | Amaestrado, a; sabio, a (animal) | Culto, a (mot) | — S Sabio, a | Científico *m*.

sav|ate f Chancla (soulier usé) | Chancleta (sans talon) | FAM. *Traîner la ~*, andar a la cuarta pregunta || **~etier** m Zapatero remendón.

saveur f Sabor *m*.

Savoie [savwa] nprf Saboya.

savoir* vt Saber : *~ de bonne source*, saber de buena tinta | Poder : *je ne saurais le dire*, no podría decirlo | *Comme chacun sait*, como es sabido | FIG. *En ~ long*, saber un rato de eso, tener mucha letra menuda | *Faire ~*, dar a conocer (informer), hacer saber (une autorité) | *~ y faire*, saber arreglárselas | *Un-je-ne-sais-quoi*, un no sé qué | — Vi Saber | — M Saber, sabiduría *f* || **~-faire** m Tacto, tino, mano (*f*) izquierda || **~-vivre** m Mundología *f*, usos (*pl*) sociales.

savon m Jabón : *~ en paillettes, à barbe*, jabón en escamas, de afeitar | FAM. Jabón, bronca *f*, rapapolvo : *passer un ~*, echar una bronca | *Boîte à ~*, jabonera || **~nage** m Enjabonado, enjabonadura *f* || **~ner** vt Enjabonar, jabonar | FAM. Dar un jabón || **~nerie** f Jabonería || **~nette** f Pastilla de jabón || **~neux, euse** adj Jabonoso, a || **~nier, ère** adj/s Jabonero, a | — M Jaboncillo (arbre) | — F Jabonera, saponaria (plante).

savour|er vt Saborear || **~eux, euse** adj Sabroso, a.

Saxe [saks] nprf Sajonia.

saxon, onne adj/s Sajón, ona.

saxophone m Saxofón, saxófono.

saynète [sɛnɛt] f THÉÂTR. Sainete *m*.

sbire m Esbirro.

scabreux, euse adj Escabroso, a.

scalp m Cabellera *f* || **~el** m Escalpelo || **~er** vt Escalpar.

scand|ale m Escándalo : *faire du* o *un ~*, armar un escándalo | **~aleux, euse** adj Escandaloso, a || **~aliser** vt Escandalizar.

scander vt POÉT. Escandir (vers) | MUS. Acompasar.

scandinave adj/s Escandinavo, a

Scandinavie nprf Escandinavia.

scaph|andre m Escafandra *f* || **~andrier** m Buzo.

scapulaire m Escapulario.

scarabée m Escarabajo.

scarifi|cateur m AGR. Escarificador || **~cation** f Escarificación || **~er** vt Escarificar.

scarlatine f Escarlatina.

scarole f Escarola.

scatologie f Escatología.

sceau [so] m Sello | *Sous le ~ du secret*, bajo secreto.

scélérat, e [selera, at] adj/s Facineroso, a; malvado, a (méchant, criminel), perverso, a | FAM. Pillo, a.

scell|é m [sɛle] m Sello, precinto sellado | *Mettre les ~s*, precintar || **~ement** m Empotramiento || **~er** vt Sellar | Precintar (porte) | TECH. Empotrar | FIG. Poner el sello a (confirmer), sellar (amitié).

scénar|io m Argumento (pièce), guión (film) || **~iste** s Guionista (cinéma) | Autor de argumentos (théâtre).

scène [sɛn] f Escena, escenario *m* (théâtre) | Escena (d'un acte) | Escándalo *m*, escena : *faire une ~ à qqn*, armar un escándalo *ou* hacer una escena a uno | Tablas *pl* (art dramatique) | Teatro *m* (lieu) : *cette maison a été la ~ du crime*, esta casa ha sido el teatro del crimen | *Entrer en ~*, salir a escena | *Metteur en ~*, director de escena, escenógrafo | *Mettre en ~*, dirigir | *Mise en ~*, escenificación, escenografía | *Porter à la ~*, llevar a escena | *Sortir de ~*, hacer mutis.

scénique adj Escénico, a.

scept|icisme [sɛptisism] m Escepticismo || **~ique** adj/s Escéptico, a.

sceptre [sɛptr] m Cetro.

schéma [ʃema] m Esquema || **~tique** adj Esquemático, a || **~tiser** vt Esquematizar.

schism|atique [ʃismatik] adj/s Cismático, a || **~e** m Cisma.

schist|e [ʃist] m MIN. Esquisto | Pizarra *f* (bitumineux) || **~eux, euse** adj Esquistoso, a.

schizophr|ène [skizɔfrɛn] adj/s Esquizofrénico, a || **~énie** f Esquizofrenia || **~énique** adj/s Esquizofrénico, a.

sci|able [sjabl] adj Aserradizo, a || **~age** m Aserradura *f*.

sciatique adj/f Ciático, a.

scie [si] f Sierra | FAM. Lata, tostón *m* (chose ennuyeuse), tostón *m* (personne), estribillo *m* (rengaine) | *~ égoïne* o *à main*, serrucho.

sciemment [sjamɑ̃] adv A sabiendas.

scien|ce f Ciencia ‖ **~ce-fiction** f Ciencia ficción ‖ **~tifique** adj/s Científico, a.
sci|er [sje] vt Serrar, aserrar | FAM. Dejar de una pieza (étonner) | MAR. Ciar ‖ **~erie** [siri] f Aserradero *m*, serrería ‖ **~eur** [sjœ:r] m Aserrador, serrador ‖ **~euse** f TECH. Aserradora.
scinder [sɛ̃de] vt Escindir, separar.
scintill|ant, e [sɛ̃tijɑ̃, ɑ̃:t] adj Centelleante | Titilante (étoile) | Brillante (style) ‖ **~ement** [-jmɑ̃] m Centelleo ‖ **~er** [-je] vt Centellear | Titilar (étoile) | FIG. Brillar.
scission [sisjɔ̃] f Escisión.
sciure [sjy:r] f Serrín *m*.
scléro|se [sklero:z] f Esclerosis ‖ **~ser (se)** vp Endurecerse | FIG. Estancarse (habitudes, etc), fosilizarse ‖ **~tique** *f* Esclerótica.
scol|aire adj Escolar | — M Libro de texto ‖ **~arisation** f Escolarización ‖ **~ariser** vt Escolarizar ‖ **~arité** f Escolaridad ‖ **~astique** adj/s Escolástico, a (personne) | — F Escolástica (doctrine) | Escolasticismo *m* (école).
scoliose f MÉD. Escoliosis.
scolopendre f Escolopendra.
scooter [skutœ:r o -tɛ:r] m Scooter.
scorbut [skɔrbyt] m Escorbuto ‖ **~ique** adj/s Escorbútico, a.
score m Tanteo.
scorie [skɔri] f Escoria.
scorpion m ZOOL. Escorpión, alacrán.
Scorpion nprm ASTR. Escorpión, Escorpio.
scottish [skɔtiʃ] f Chotis *m* (danse).
scout [skut] m Scout, explorador ‖ **~isme** m Escutismo.
scraper m TECH. Traílla *f*.
scrib|e m Escriba (antiquité) | Escribiente | FAM. Chupatintas ‖ **~ouillard** [skribuja:r] m FAM. Chupatintas, plumífero.
script [skript] m Escrito (cinéma) ‖ **~-girl** [-gœrl] ou **scripte** [skript] f Script-girl, secretaria de rodaje.
scrofule f Escrófula.
scrotum [skrɔtɔm] m ANAT. Escroto.
scrupul|e m Escrúpulo ‖ **~eux, euse** adj Escrupuloso, a.
scrut|ateur, trice adj/s Escrutador, a ‖ **~er** vt Escudriñar, escrutar ‖ **~in** m Escrutinio, recuento de votos.
sculpt|er [skylte] vt Esculpir ‖ **~eur** m Escultor ‖ **~ural, e** adj Escultural ‖ **~ure** f Escultura | — Pl Dibujos *m* (pneus).
se [sə] pr pers Se.
séance f Sesión : *ouvrir la ~*, abrir la sesión | *~ plénière*, sesión plenaria, pleno | *~ tenante*, acto continuo.
séant, e adj Decente | — M Asentaderas *fpl* | *Être sur son ~*, estar sentado | *Se mettre sur son ~*, incorporarse.
seau m Cubo | FAM. *Il pleut à ~x*, llueve a cántaros.
sébacé, e adj Sebáceo, a.
sébile f Platillo *m*, bacineta, bacinilla.
séb|orrhée f Seborrea ‖ **~um** [sebɔm] m Sebo.
sec, sèche [sɛk, sɛʃ] adj Seco, a (temps, réponse, etc) | Paso, a : seco, a (fruit) | Enjuto, a (maigre) | — M *Au ~*, en seco | — F FAM. Pitillo *m* | — Adv Secamente (parler) | Rotundamente, sin rodeos | *À ~*, en seco (nettoyage), pelado, a (sans argent), vacío, a (vide), seco, a (sans eau) | FAM. *En cinq sec*, en un dos por tres.
séc|ant, e adj/f GÉOM. Secante ‖ **~ateur** m Podadera *f* ‖ **~ession** f Secesión.
séchage m Secado, secamiento.
sèche-cheveux m inv Secador.
séch|er vt Secar | FAM. Fumarse [la clase] | — Vi Secarse | FAM. Estar pez *ou* pegado (ne pas savoir), hacer novillos (un cours) ‖ **~eresse** [seʃrɛs] f Sequedad | AGR. Sequía ‖ **~erie** [-ri] f Secadero *m* ‖ **~oir** m Secadero (lieu) | Secador (appareil) | Tendedero (pour le linge).
second, ~e [səgɔ̃, ɔ̃:d] adj Segundo, a | — M Segundo | Suplente, segundo | Segundo piso (étage) | Padrino (duel) | Subcampeón (sport) | — F Segunda (vitesse, deuxième, devinette, escrime) | Segundo *m* (temps) | *~ o classe de ~*, quinto año de bachillerato ‖ **~aire** adj/m Secundario, a ‖ **~er** vt Secundar (aider).
secouer vt Sacudir | Zarandear (agiter très fort) | Agitar (tête) | FIG. Trastornar (maladie, nouvelle) | FAM. Reñir, sacudir | — Vp Sacudirse | FAM. Reaccionar.
secour|able adj Caritativo, a ‖ **~ir*** vt Socorrer ‖ **~isme** m Socorrismo ‖ **~iste** s Socorrista ‖ **~s** [s(ə)ku:r] m Socorro, auxilio : *porter ~*, prestar auxilio | — Pl Refuerzos (troupes) | Donativos | *De ~*, de repuesto (de rechange), de emergencia (sortie) | *~ routier*, auxilio en carretera.
secousse f Sacudida | FIG. Conmoción.
secret, ète adj/m Secreto, a | *Mettre au ~*, incomunicar | *~ de Polichinelle*, secreto a voces.
secrét|aire s Secretario, a : *~ de mairie*, secretario municipal | — M Escritorio ‖ **~ariat** m Secretaría *f* (bureau) | Secretariado (emploi).
sécrét|er vt Segregar, secretar ‖ **~eur, trice** adj Secretor, a ; secretorio, a ‖ **~ion** f Secreción.

sect|aire adj/s Sectario, a ‖ **~arisme** m Sectarismo ‖ **~e** f Secta.
sect|eur m Sector | Red *f* (électricité) : *brancher sur le ~,* conectar con la red ‖ **~ion** f Sección ‖ **~ionnement** m Seccionamiento | División *f* ‖ **~ionner** vt Seccionar, cortar.
sécul|aire adj Secular ‖ **~arisation** f Secularización ‖ **~ariser** vt Secularizar ‖ **~ier, ère** adj Secular | — M Seglar, lego | Laico.
secundo [səkɔ̃do ou səgɔ̃do] adv En segundo lugar.
sécurité f Seguridad | Seguro *m* (d'une arme) | *Sécurité sociale,* Seguridad Social (organisme), seguros sociales (assurances).
sédatif, ive adj/m Sedativo, a; sedante.
sédentaire adj/s Sedentario, a.
sédiment m Sedimento ‖ **~aire** adj Sedimentario, a ‖ **~ation** f Sedimentación.
séditi|eux, euse adj/s Sedicioso, a ‖ **~on** f Sedición.
sédu|cteur, trice adj/s Seductor, a ‖ **~ction** f Seducción | Atractivo *m* ‖ **~ire*** vt Seducir, cautivar | Sobornar, corromper (témoin) ‖ **~isant, e** adj Seductor, a; atractivo, a.
sefardi adj/s Sefardí, sefardita.
segment m Segmento ‖ **~aire** adj Segmentario, a ‖ **~ation** f Segmentación ‖ **~er** vt Segmentar.
ségrégation f Segregación ‖ **~isme** m Segregacionismo ‖ **~iste** adj/s Segregacionista.
séguedille [segədij] f Seguidilla.
seiche f Sepia, jibia.
séide [seid] m Secuaz, satélite.
seigle m Centeno.
seigneur [sɛɲœ:r] m Señor | *À tout ~ tout honneur,* a tal señor, tal honor | *Faire le ~,* dárselas de señor | *Vivre en grand ~,* vivir a lo grande ‖ **~ial, e** adj Señoril, señorial ‖ **~ie** [-ri] f Señorío *m* | Señoría (titre).
sein [sɛ̃] m ANAT. Pecho | FIG. Seno, centro | *Au ~ de,* dentro de, en el seno de.
Seine nprf Sena *m.*
seing [sɛ̃] m DR. Firma *f* | *Sous ~ privé,* sin legalizar.
séisme m Seísmo.
seiz|e [sɛ:z] adj/m Dieciséis, diez y seis ‖ **~ième** adj Decimosexto, a (ordre) | — Adj/m Dieciseisavo, a (fraction).
séjour m Estancia *f,* permanencia *f* | Temporada (temps) | FIG. Morada *f* ‖ **~ner** vi Permanecer, residir | Estarse (rester) | Estancarse (eau).
sel m Sal *f* : *~ marin,* sal marina.
sélaciens mpl ZOOL. Selacios.
sélect [selɛkt] adj FAM. Selecto, a.
sélect|eur m Selector ‖ **~if, ive** adj Selectivo, a ‖ **~ion** f Selección ‖ **~ionner** vt Seleccionar, escoger ‖ **~ionneur, euse** adj/s Seleccionador, a ‖ **~ivité** f RAD. Selectividad.
self-induction f Auto-inducción.
sell|e f Silla [de montar] | Sillín *m* (de bicyclette) | Banco *m* (de sculpteur) | Faldilla (viande) | Deposición | FIG. *Remettre qqn en ~,* sacarle a uno adelante ‖ **~er** vt Ensillar ‖ **~erie** f Guarnicionería, talabartería | Guarniciones *pl* (harnais) | Guarnés *m* (magasin) ‖ **~ette** f Banquillo *m* (de l'accusé) | Banco *m* (de sculpteur) | FIG. *Mettre* o *tenir qqn sur la ~,* agobiar a preguntas ‖ **~ier** m Guarnicionero, talabartero.
selon [səlɔ̃] prép Según : *~ les cas,* según los casos | Conforme a, según (conformément à) | *C'est ~,* según, depende | *~ lui,* a su modo de ver.
semailles fpl Siembra *sing.*
semain|e f Semana : *la ~ des quatre jeudis,* la semana que no tenga viernes | Salario semanal, semana ‖ **~ier, ère** s Semanero, a | — M Semanario.
sémantique adj/f Semántico, a.
sémaphore m Semáforo.
sembl|able adj/s Semejante ‖ **~ant** m Apariencia *f* | *Faire ~ de,* hacer como si, hacer el paripé de (fam) | *Faire ~ de ne pas voir,* hacer la vista gorda ‖ **~er** vi/imp Parecer : *comme bon vous semblera,* como le parezca | *Ce me semble,* a mi parecer.
semelle f Suela (chaussure) | Plantilla (dans la chaussure) | Soleta (d'un bas) | Solera (poutre) | Zapata (d'ancre) | FIG. *Ne pas avancer d'une ~,* no avanzar ni un paso. *Ne pas quitter qqn d'une ~,* no dejar a uno ni a sol ni a sombra.
sem|ence f AGR. Simiente, semilla | ANAT. Semen *m* | Tachuela (clou) | FIG. Semilla, germen *m* ‖ **~er** vt Sembrar (céréales, discorde) | FAM. Dejar tirado (un concurrent), librarse de (un importun), despistarse de (des poursuivants).
semestr|e m Semestre ‖ **~iel, elle** adj Semestral.
semeur, euse s Sembrador, a.
semi|-aride adj Semiárido, a ‖ **~-automatique** adj Semiautomático, a ‖ **~-circulaire** adj Semicircular ‖ **~-conducteur** m Semiconductor.
sémillant, e adj Vivaracho, a.
sémin|aire m Seminario ‖ **~ariste** m Seminarista.
sémiologie f Semiología.
semi|-perméable adj Semipermeable ‖ **~-remorque** f Semirremolque *m.*
semis [s(ə)mi] m Siembra *f,* sembradura *f* (semailles) | Sembrado (champ) | Almáciga *f,* semillero (plant).

sémit|e adj/s Semita || **~ique** adj Semítico, a || **~isme** m Semitismo.
semi-voyelle [səmivwajɛl] f Semivocal.
semoir m Sembradora *f*.
semonce f Amonestación, reprimenda.
semoule f Sémola.
sempiternel, elle adj Sempiterno, a.
sénat m Senado || **~eur** m Senador || **~orial, e** adj Senatorial, senatorio, a.
sénéchal m Senescal.
sénégalais, e adj/s Senegalés, esa.
sénil|e adj Senil || **~ité** f Senilidad.
senior adj/m Senior (sports).
senne f Chinchorro *m* (filet).
sens [sɑ̃:s] m Sentido : *~ commun*, sentido común | Significado, sentido (mot, etc) | *Abonder dans le ~ de qqn*, abundar en la opinión de uno | *À double ~*, de doble sentido (mot), de dirección doble (rue) | *À mon ~*, a mi entender *ou* juicio | *Bon ~*, sensatez, cordura, buen sentido | *En dépit du bon ~*, en contra del sentido común | *~ dessus dessous*, trastornado, a (moralement), en desorden, patas arriba (en désordre) | *~ devant derrière*, del revés | *~ unique, interdit*, dirección única, prohibida | *Tomber sous le ~*, ser evidente, caer de su peso || **~ation** f Sensación : *faire ~*, causar sensación | *À ~*, sensacionalista (journal, etc) || **~ationnel, elle** adj Sensacional || **~é, e** adj Sensato, a || **~ibilisateur, trice** adj/m Sensibilizador, a || **~ibilisation** f Sensibilización || **~ibiliser** vt Sensibilizar | Despertar *ou* aguzar la sensibilidad | Tocar en (amour-propre) | Conmover (opinion publique) || **~ibilité** f Sensibilidad || **~ible** adj Sensible | Apreciable, notable || **~iblerie** f Sensiblería || **~itif, ive** adj Sensitivo, a | — F Sensitiva (planta) || **~oriel, elle** adj Sensorial, sensorio, a || **~ualisme** m Sensualismo || **~ualiste** adj/s Sensualista || **~ualité** f Sensualidad || **~uel, elle** adj/s Sensual.
sentenc|e f Sentencia || **~ieux, euse** adj Sentencioso, a.
senteur f Olor *m*.
sentier m Sendero, senda *f* | FIG. *Hors des ~s battus*, fuera de los caminos trillados.
sentiment m Sentimiento | *Avoir le ~ que*, parecerle a uno que || **~al, e** adj Sentimental || **~alisme** m Sentimentalismo || **~alité** f Sentimentalidad.
sentine f MAR. Sentina.
sentinelle f Centinela *m*.
sentir* vt Sentir (éprouver qqch.) | Oler (un parfum) | Oler a : *~ le brûlé*, oler a quemado | Saber (avoir le goût de) | FIG. Oler a, tener trazas de | FAM. *Ne pouvoir ~ qqn*, no poder sufrir *ou* no poder tragar a uno | — Vi Oler : *cela sent bon, mauvais*, huele bien, mal | — Vp Sentirse.
seoir* [swa:r] vi Sentar, ir bien | Estar sito : *maison sise dans le centre*, casa sita en el centro | — Vimp Convenir.
sépale m BOT. Sépalo.
sépar|able adj Separable || **~ateur, trice** adj/m Séparador, a || **~ation** f Separación || **~atisme** m Separatismo || **~atiste** adj/s Separatista ||**~aré, e** adj Separado, a | Diferente, distinto, a || **~er** vt Separar | Dividir | — Vp Separarse | Separarse, despedirse | Dividirse.
sépia f Sepia *m* (couleur) | ZOOL. Jibia, sepia.
sept [sɛt] adj/m Siete | Séptimo : *Charles VII*, Carlos séptimo || **~ante** [sɛptɑ̃:t] adj/m Setenta || **~embre** [sɛptɑ̃:br] m Septiembre, setiembre || **~ennal, e** adj Septenal || **~ennat** m Septenio || **~entrion** m Septentrión || **~entrional, e** adj Septentrional || **~icémie** f Septicemia || **~ième** [sɛtjɛm] adj Séptimo, a | — M Séptima (*f*) parte | — F Curso (*m*) de ingreso en bachillerato || **~ièmement** [sɛtjɛmmɑ̃] ou **~imo** [sɛptimo] adv En séptimo lugar.
septique adj Séptico, a.
sept|uagénaire adj/s Septuagenario, a || **~uple** adj/m Séptuplo, a || **~upler** vt Septuplicar.
sépul|cral, e adj Sepulcral || **~cre** m Sepulcro || **~ture** f Sepultura.
séquelle [sekɛl] f Secuela (maladie) | FIG. Sarta, retahíla (série).
séquence [sekɑ̃:s] f Secuencia | Escalera (cartes).
séquestr|ation f Secuestro *m* || **~e** m Secuestro, embargo | *Lever le ~*, desembargar | *Mettre sous ~*, embargar | *~ judiciaire*, depósito judicial || **~er** vt Secuestrar.
séquoia [sekɔja] m Secoya *f* (arbre).
sérail [seraj] m Serallo (harem) | Palacio.
séraph|in m Serafín || **~ique** adj Seráfico, a.
serbe adj/s Servio, a; serbio, a.
Serbie nprf Servia, Serbia.
serein, e adj/m Sereno, a.
sérén|ade f Serenata || **~ité** f Serenidad.
séreux, euse adj/f Seroso, a.
serf, serve [sɛrf, sɛrv] s Siervo, a (esclave).
serge f Sarga (tissu).
sergent m MIL. Sargento | TECH. Cárcel *f* | *~ de ville*, guardia municipal.
sergette f Jerguilla (tissu).

séricicult|eur m Sericicultor, sericultor ‖ **~ure** f Sericicultura, sericultura.
séri|e [seri] f Serie | Categoría (sports) | *Hors ~,* fuera de serie ‖ **~er** vt Seriar.
sérieu|sement adv Seriamente, en serio | Gravemente, de gravedad (malade) ‖ **~x, euse** adj Serio, a | Grave | Importante | — M Seriedad *f,* gravedad *f* | *Prendre au ~,* tomar en serio | *Tenir son ~,* contener la risa.
serin, ~e s Canario, a (oiseau) | FAM. Tonto, a ‖ **~er** vt FAM. Machacar, estar siempre con.
seringue f Jeringuilla (à injections) | Jeringa (à lavements).
serment m Juramento | Promesa (*f*) solemne | *Faire un faux ~,* jurar en falso | *Prêter ~,* prestar juramento, jurar.
sermon m Sermón ‖ **~ner** vt/i Sermonear ‖ **~neur, euse** s Sermoneador, a.
séro|sité f Serosidad ‖ **~thérapie** f Sueroterapia.
serpe f Hocino *m,* podadera.
serpent m Serpiente *f* | *~ à lunettes, à sonnettes,* serpiente de anteojo, de cascabel ‖ **~ement** m Serpenteo ‖ **~er** vi Serpentear, culebrear ‖ **~in** m Serpentín (tuyau) | Serpentina *f* ‖ **~ine** f Serpentina.
serpette f Podadera pequeña.
serpillière f Arpillera (pour emballage) | Bayeta, trapo (*m*) de fregar, aljofifa (pour nettoyer).
serpolet m Serpol, tomillo.
serr|age m Presión *f* | Ajuste (assemblage) ‖ **~e** f Invernadero *m,* invernáculo *m,* estufa | Presión | — Pl Garras ‖ **~é, e** adj Apretado, a | Ceñido, a (vêtement) | Oprimido, a; encogido, a; en un puño (cœur) | FAM. Reñido, a (combat), porfiado, a (discussion), riguroso, a (raisonnement) | — Adv *Jouer ~,* jugar sobre seguro (jeux), obrar con cautela (prudemment) ‖ **~e-fils** [sɛrfil] m inv Borne (électricité) ‖ **~e-frein** m o **~e-freins** m inv Guardafrenos ‖ **~e-joint** m o **~e-joints** [-ʒwɛ̃] m inv TECH. Cárcel *f* ‖ **~ e-livres** m inv Sujetalibros ‖ **~ement** m Estrechamiento, apretón | *~ de cœur,* angustia, congoja ‖ **~e-papiers** m inv Papelera *f* ‖ **~er** vt Apretar (dents, nœud, chaussures) | Dar, estrechar (la main) | Estrechar (étreindre) | Ceñir (la taille) | Guardar, encerrar (ranger) | Ceñirse, pegarse : *~ à droite,* ceñirse a la derecha | Estar estrecho (vêtement) | Ceñirse a (un sujet) | Cerrar, estrechar (les rangs) | Aferrar, cargar (les voiles) | Oprimir (le cœur) | *~ de près,* seguir de cerca | — Vp Estrecharse, apretujarse (foule) | Ceñirse (la taille) ‖ **~e-tête** m inv Casco (pour écouteurs) | Diadema *f* (pour les cheveux) | Cinta (*f*) elástica.
serrur|e f Cerradura | *Forcer une ~,* descerrajar, forzar una cerradura ‖ **~erie** f Cerrajería ‖ **~ier** m Cerrajero.
sert|ir vt Engastar (bijoux) ‖ **~issage** m Engaste, engarce (action) ‖ **~isseur, euse** adj/s Engastador, a.
sérum [serɔm] m Suero.
serv|age m Servidumbre *f* ‖ **~ant** adjm Sirviente | — M MIL. Sirviente | Jugador que saca, saque (sports) ‖ **~ante** f Criada, sirvienta | Trinchero *m* (table) | Tentemozo *m* (support) ‖ **~eur, euse** s Camarero, a | — M Saque, sacador (jeux) | — F Cafetera ‖ **~iabilité** f Obsequiosidad ‖ **~iable** adj Servicial ‖ **~ice** m Servicio (public, domestique, linge, restaurant, militaire) | Servicio, vajilla *f* (faïence) | Favor : *rendre un ~,* hacer un favor | Turno, servicio : *policier de ~,* policía de turno | Juego, servicio (thé, café) | REL. Oficio (office), funeral | Saque, servicio (sports) : *être au ~,* tener el saque ; *enlever le ~,* romper el saque | Intereses *pl* (d'une dette) | *À votre ~,* servidor de Ud., a su disposición | *Mettre en ~,* poner en funcionamiento | *Mort au ~ de la patrie,* muerto en acto de servicio | *Qu'y a-t-il pour votre ~?,* ¿qué se le ofrece?, ¿en qué puedo servirle? | *Rendre de grands ~ à,* prestar un gran servicio a (personne), servir mucho a (chose) | *Rendre un mauvais ~,* hacer un flaco servicio.
serviette f Servilleta (de table) | Toalla (de toilette) | Cartera (documents), cartapacio *m* (d'écolier) ‖ **~-éponge** f Toalla de felpa.
serv|ile adj Servil ‖ **~ilité** f Servilismo *m* ‖ **~ir*** vt Servir (être au service de) | Servir (plat, etc) | Ayudar a (messe) | Atender (un client) | Favorecer, servir (circonstances) | — Vi Servir (*à,* para) | Ser, hacer de (mère, etc) | Servir, hacer el servicio militar | Hacer el saque, sacar, servir (tennis) | — Vp Servirse, valerse | Servirse (repas) | Aprovecharse, servirse (circonstances) ‖ **~iteur** m Servidor : *je suis votre ~,* servidor de Ud. | *~ de Dieu,* siervo de Dios ‖ **~itude** f Servidumbre.
servo|commande f Servomando *m* ‖ **~frein** m Servofreno ‖ **~moteur** m Servomotor.
ses [sɛ] adj poss pl de la 3ª pers Sus.
sésame m BOT. Sésamo, alegría *f.*
session f Período (*m*) de sesiones, reunión (assemblée) | Sesión (concile) |

Vistas *pl* (cour d'assises) | Exámenes *mpl*.
sesterce m Sestercio (monnaie).
set [sɛt] m Set (tennis) | Plató (cinéma).
seuil [sœj] m Umbral (porte, début) | Puertas *fpl* : *au ~ d'un conflit*, a las puertas de un conflicto | GÉOGR. Paso bajo.
seul, ~e adj Solo, a : *vivre ~*, vivir solo | Único, a | Simple | *Cela va tout ~*, eso marcha solo | *Pas un ~*, ni uno | *~ à ~* o *tout ~*, a solas | — S Único, a | *Un ~, une ~*, uno, una || **~ement** m adv Solamente, sólo | Pero, sólo que (mais) | *Pas ~*, ni aun, ni siquiera | *Si ~*, si al menos, si por lo menos.
sève f Savia.
sév|ère adj Severo, a | Grave, importante (pertes) | Sobrio, a; severo, a (sobre) || **~érité** f Severidad.
sévices mpl Sevicia *fsing*, malos tratos.
sévillan, e adj/s Sevillano, a.
Séville [sevij] npr Sevilla.
sévir vi Obrar con severidad | Castigar (punir) | FIG. Reinar.
sevr|age m Destete (enfant) || **~er** vt Destetar | FIG. Privar.
sexagénaire adj/s Sexagenario, a.
sexe m Sexo.
sext|ant m Sextante || **~o** adv Sexto || **~uple** adj/m Séxtuplo, a || **~upler** vt Sextuplicar.
sexu|alité f Sexualidad || **~é, e** adj/m Sexuado, a || **~el, elle** adj Sexual.
seyant, e [sɛjɑ̃, ɑ̃:t] adj Que sienta bien, que favorece (vêtement, etc).
shah [ʃa] m Cha, shah.
shampooing [ʃɑ̃pwɛ̃] m Champú.
shilling [ʃiliŋ] m Chelín (monnaie).
shoot [ʃut] m Chut, tiro || **~er** vi Chutar (football).
shunt [ʃœ̃:t] m ÉLEC. Shunt, derivación *f* | **~age** m Shuntado, puesta (*f*) en cortocircuito de las vías (chemin de fer) || **~er** vt Poner una derivación.
si conj Si : *~ nous le faisions*, si lo hiciéramos | ¡Ojalá! (souhait, regret) | *~ tant est que*, si es cierto que | — Adv Tan : *pas ~ tôt*, no tan pronto | Sí : *mais ~*, claro que sí | Por : *~ peu que ce soit*, por poco que sea | *~ bien que*, tanto que, así que, de tal modo que | — M MUS. Si | Sí.
siamois, e adj/s Siamés, esa.
Sibérie nprf Siberia.
sibyll|e [sibil] f Sibila || **~in, e** [-lɛ̃, in] adj Sibilino, a.
sic adv Sic.
siccatif, ive adj/m Secante.
Sicile nprf Sicilia.
side-car [saidkɑ:r ou sidka:r] m Sidecar (de motocyclette).
sidér|al, e adj Sideral || **~é, e** adj Atónito, a || **~er** vt Dejar atónito.
sidérurg|ie f Siderurgia || **~ique** adj Siderúrgico, a.
siècle m Siglo : *au cours des ~s*, al correr *ou* en el transcurso de los siglos.
siège m Asiento (meuble, de juge, de tribunal, de soupape) | Escaño, puesto (assemblée) | Pescante (cocher) | Capital *f* (empire) | Oficina (*f*) central, sede *f* (administration) | Domicilio social (société) | MÉD. Centro, foco | MIL. Sitio, cerco | *Le Saint-Siège*, la Santa Sede | *Lever le ~*, levantar el sitio (militaire), levantar el vuelo (s'en aller) | *~ épiscopal*, sede *ou* silla episcopal.
siéger vi Ocupar un escaño (parlement) | Celebrar sesión, reunirse | Tener el domicilio *ou* sede, residir | FIG. Residir.
sien, sienne [sjɛ̃, sjɛn] adj et pron poss Suyo, a | — M Lo suyo : *à chacun le ~*, a cada cual lo suyo | *Y mettre du ~*, poner de su parte *ou* lado | — Pl Los suyos (parents) | — Fpl *Faire des ~s*, hacer de las suyas.
sieste f Siesta : *faire la ~*, dormir la siesta.
sieur [sjœ:r] m Señor.
siffl|ant, e adj Sibilante, silbante || **~ement** m Silbido || **~er** vt/i Silbar | Pitar (avec un sifflet) | FIG. Silbar, pitar, abuchear (spectacle) | POP. Soplarse (verre) || **~et** m Pito, silbato (instrument) | — Pl Silbidos, silba *fsing* (de désapprobation) | POP. *Couper le ~*, degollar (tuer), dejar a uno cortado (faire taire) || **~eur, euse** adj/s Silbador, a || **~oter** vi/t Silbotear.
sigillographie f Sigilografía.
sigle m Sigla *f*.
sign|al m Señal *f* : *~ d'alarme*, señal de alarma | Signo : *signaux en morse*, signos Morse | *Donner le ~ du départ*, dar la salida || **~alement** m Filiación *f*, señas *fpl* || **~aler** vt Señalar | Dar a conocer (montrer) | Advertir, apuntar (erreurs) | *Rien à ~*, sin novedad | — Vp Señalarse, distinguirse || **~alétique** adj Descriptivo, a || **~alisation** f Señalización (trafic) | Señalamiento *m* | *~ routière*, señales de tráfico || **~ataire** adj/s Firmante, signatario, a || **~ature** f Firma | IMPR. Signatura || **~e** m Signo (ponctuation) | Señal *f*, seña *f* : *faire des ~s*, hacer señas | Señal *f* : *en ~ de*, en señal de | Muestra *f* (preuve) | Signo (symbole, zodiaque) | *Faire le ~ de la croix*, santiguarse, persignarse | *Faire ~*, avisar | *~ de la croix*, señal de la Cruz | *~ de ralliement*, seña de reunión, contraseña | *~ distinctif*, señal | *Sous le ~ de*, bajo la influencia de (astrologie) ||

~er vt Firmar | — Vp Santiguarse, persignarse || **~et** m Registro || **~ificatif, ive** adj Significativo, a || **~ification** f Significado *m*, significación | DR. Notificación || **~ifier** vt Significar | DR. Notificar.
silenc|e m Silencio | *Passer sous ~*, pasar en silencio *ou* por alto | *Réduire au ~*, acallar || **~ieux, euse** adj Silencioso, a | — M Silenciador.
silex [silɛks] m Sílex, pedernal.
silhouett|e [silwɛt] f Silueta || **~er** vt Siluetar.
silic|ate m Silicato || **~e** f Sílice *m* || **~eux, euse** adj Silíceo, a || **~ium** [silisjɔm] m Silicio || **~one** f Silicona.
sill|age [sija:ʒ] m Estela *f* | *Marcher dans le ~ de qqn*, seguir las huellas de uno || **~on** [-jɔ̃] m Surco | — Pl Arrugas *f* (rides) || **~onner** [-jɔne] vt Hacer surcos en | FIG. Surcar.
silo m Silo.
simagrées fpl Melindres *m*, pamemas.
simiesque adj Simiesco, a.
simil|aire adj Similar || **~arité** f Similitud || **~i** pref Símili, imitación de, artificial || **~icuir** m inv Cuero artificial || **~igravure** f IMPR. Autotipia, similigrabado *m* || **~itude** f Similitud, semejanza || Símil *m* (analogie) | MATH. Semejanza.
simoun m Simún (vent).
simpl|e adj Simple (pur, seul, naïf) | Sencillo, a; fácil | Sencillo, a (sans ornement) | Llano, a; sencillo, a (sans façon) | FAM. *~ comme bonjour*, tirado | *~ d'esprit*, inocente, simple | *~ soldat*, soldado raso | — M Simple (niais, tennis) | *Passer du ~ au double*, duplicarse || **~ement** adv Simplemente, sencillamente | *Tout ~*, nada menos que || **~et, ette** adj Simplón, ona || **~icité** f Sencillez (qualité, mécanisme, etc) | Simpleza (niaiserie) | Simplicidad (pureté) || **~ificateur, trice** adj/s Simplificador, a || **~ification** f Simplificación || **~ifier** vt Simplificar || **~iste** adj/s Simplista.
simul|acre m Simulacro || **~ateur, trice** adj/s Simulador, a | — M *~ de vol*, simulador de vuelo (avion) || **~ation** f Simulación || **~er** vt Simular.
simultané, ~e adj Simultáneo, a || **~ité** f Simultaneidad.
sinapisme m Sinapismo.
sinc|ère adj Sincero, a | Sentido, a (émotion) || **~érité** f Sinceridad | Franqueza.
sinécure f Sinecura.
sing|e m Mono *m*, mona *f* | FIG. Imitamonos (imitateur), macaco (laid) | MIL. FAM. Carne (*f*) en lata | *Faire le ~*, hacer el tonto | *Malin comme un ~*, astuto como un zorro || **~er** vt Remedar, imitar || **~erie** f Jaula de monos | FIG. Mueca, gesto *m* (grimace), remedo *m* (imitation) | FAM. Carantoña.
singleton m Semifallo (bridge).
singul|ariser vt Singularizar || **~arité** f Singularidad | — Pl Rarezas || **~ier, ère** adj/m Singular.
sinistr|e adj/m Siniestro, a || **~é, e** adj/s Siniestrado, a; damnificado, a.
sinologie f Sinología.
sinon conj Si no (autrement) : *fais-le ~ je me fâche*, hazlo si no me enfado | Sino (excepté) : *~ que*, sino que.
sinoque adj/s POP. Guillado, a.
sinu|eux, euse adj Sinuoso, a || **~osité** f Sinuosidad || **~s** [sinys] m Seno || **~site** f Sinusitis || **~soïdal, e** adj Sinusoidal || **~soïde** f Sinusoide.
sion|isme m Sionismo || **~iste** adj/s Sionista.
sioux [sju] m Siux (indien).
siphon m Sifón | Bombillo, sifón (d'évier, etc) || **~né, e** adj POP. Chiflado, a.
sire m Señor (titre) | Majestad *f* (roi) | FAM. *Un triste ~*, un hombre vil.
sirène f Sirena.
sirocco m Siroco (vent).
sirop [siro] m Jarabe, sirope | Almíbar (de fruits).
siroter vt/i FAM. Beber a sorbitos, beborrotear.
sis, e [si, si:z] adj Sito, a; situado, a.
sisal m Sisal, pita *f*.
sism|ique adj Sísmico, a || **~ographe** M Sismógrafo || **~ologie** f Sismología.
sisymbre m BOT. Jaramago.
site m Paraje, vista *f* | Emplazamiento (archéologique) | MIL. Elevación *f*.
sitôt adv Tan pronto | Tan pronto como, en cuanto (dès que) | *~ dit, ~ fait*, dicho y hecho.
sittelle f Herrerillo *m* (oiseau).
situ|ation f Situación | Empleo *m*, colocación, puesto *m* | Posición (sociale) || **~er** vt Situar, localizar.
six [sis, siz, si] adj/m Seis | Sexto, a (sixième) || **~ième** [sizjɛm] adj/s Sexto, a | — M Sexto piso (étage) | — F Primer curso (*m*) de bachillerato || **~ièmement** adv En sexto lugar || **~-quatre-deux (à la)** loc adv FAM. Por las buenas, a la buena de Dios || **~te** f MUS. Sexta.
ski m Esquí : *~ nautique*, esquí acuático | *Faire du ~*, esquiar || **~er** vi Esquiar || **~eur, euse** s Esquiador, a.
skiff m Esquife (bateau).
slalom [slalɔm] m Slalom, prueba (*f*) de habilidad (ski).
slave adj/s Eslavo, a.
slogan m Slogan, lema publicitario.

sloop [slu:p] m MAR. Balandra *f*.
slov|aque adj/s Eslovaco, a ‖ **~ène** adj/s Esloveno, a.
smash [smaʃ o smatʃ] m Mate (tenis).
smill|e [smij] f TECH. Escoda ‖ **~er** vt TECH. Escodar.
smoking [smɔkiŋ] m Smoking, esmoquin.
snack-bar m Cafetería *f*.
snob adj/s Snob, esnob ‖ **~inard** m FAM. Snob ‖ **~inette** f Niña repipi ‖ **~isme** m Snobismo, esnobismo.
sobr|e adj Sobrio, a ‖ **~iété** f Sobriedad.
sobriquet m Apodo, mote.
soc m Reja *f* (charrue).
soci|abilité f Sociabilidad ‖ **~able** adj Sociable ‖ **~al, e** adj Social ‖ **~al-démocrate** adj/s Socialdemócrata ‖ **~aliser** vt Socializar ‖ **~alisme** m Socialismo ‖ **~aliste** adj/s Socialista ‖ **~étaire** adj/s Socio, a | Societario, a; miembro (d'une corporation) ‖ **~été** f Sociedad : *~ anonyme, mère,* sociedad anónima, matriz ‖ **~ologie** f Sociología ‖ **~ologique** adj Sociológico, a ‖ **~ologiste** adj/s Sociologista ‖ **~ologue** s Sociólogo, a.
socle m Zócalo.
socque m Chanclo.
socquette f Calcetín (*m*) bajo.
sod|a m Soda *f* ‖ **~ique** adj Sódico, a ‖ **~ium** [sɔdjɔm] m Sodio.
sœur [sœ:r] f Hermana : *~ consanguine, de lait,* hermana de padre, de leche | REL. Hermana; sor : *~ Marie,* Sor María | *Bonne ~,* hermana, monja | *Demi-~,* hermanastra.
sofa m Sofá.
soi pron pers réfl 3ª pers Sí, sí mismo, sí misma | *À part ~,* para sí, entre sí | *Avec ~,* consigo | *Cela va de ~,* eso cae de su peso | *Chez ~,* en su casa, en su país | *En ~,* consigo (avec soi), en sí, de por sí | *Prendre qqch. sur ~,* tomar la responsabilidad de algo | *Revenir à ~,* volver en sí | *Sur ~,* consigo : *porter sur ~,* llevar consigo ‖ **~-disant** adj Supuesto, a | — Loc adv Por lo que dicen.
soie [swa] f Seda | Cerda, seda (poil) | Espiga (d'une épée) ‖ **~rie** [-ri] f Sedería.
soif f Sed | *Boire à sa ~,* beber hasta hartarse | *Jusqu'à plus ~,* hasta hartarse.
soign|é, e adj Esmerado, a; curioso, a ‖ **~er** vt Cuidar a | Atender a, asistir a (médecin) | Esmerarse : *~ sa façon de parler,* esmerarse al hablar | Pulir (style) | Tratar (dent) | Curar (guérir) | Someter a tratamiento | — Vp Cuidarse ‖ **~eur** m Entrenador (sport) | Preparador (boxe) ‖ **~eux, euse** adj Cuidadoso, a | Esmerado, a (bien fait).
soin m Cuidado | Esmero | Solicitud *f*, cuidado (sollicitude) | — Pl Curas *f* (infirmerie) | *Aux bons ~s de,* al cuidado de (à la charge de), para entregar, suplicada (lettre) | *Avoir ~ de,* ocuparse de | *Confier le ~ de,* encargar | *Donner des ~s à qqn,* prestar asistencia a uno (médecin), cuidar a uno | *Être aux petits ~s avec,* tener mil delicadezas con | *~s médicaux,* curas médicas, asistencia facultativa | *Prendre ~ de,* ocuparse en; esforzarse en.
soir m Tarde *f* : *six heures du ~,* las seis de la tarde | Noche *f* : *demain ~,* mañana por la noche; *à ce ~,* hasta la noche | *Hier (au) ~,* anoche, ayer por la noche ‖ **~ée** f Noche | Reunión, tertulia nocturna | Velada, fiesta de noche, sarao *m* | *En ~,* de noche (spectacle) | *~ dansante,* baile de noche | *~ de gala,* función de gala (théâtre), baile de gala (bal).
soit [swa ou swat] adv Sea, bien está | — Conj Es decir, o sea, cosa de (c'est-à-dire) | Sea, supongamos (supposition) | *~ que,* ya sea | *~ ... ~,* ya ... ya; sea ... sea | *Un tant ~ peu,* un poquito.
soixant|aine [swasɑ̃tɛn] f Sesenta (soixante), unos sesenta | *La ~,* los sesenta (âge) ‖ **~e** [swasɑ̃:t] adj num/m Sesenta ‖ **~ième** adj/s Sexagésimo, a; sesentavo, a.
soja m BOT. Soja *f*.
sol m Suelo (terre, etc) | Terreno : *~ argileux,* terreno arcilloso | MUS. Sol (note) | *À même le ~,* en el suelo.
sol|aire adj Solar ‖ **~arium** [sɔlarjɔm] m Solario.
sold|at m Soldado | Soldadito (de plomb) ‖ **~atesque** adj/f Soldadesco, a ‖ **~e** f Sueldo *m* : *être à la ~ de,* estar a sueldo de | MIL. Paga (officier) : *demi-~,* media paga; sueldo (*m*) base | — M COM. Saldo ‖ **~er** vt Saldar, liquidar | — Vp Resultar.
sole f Lenguado *m* (poisson) | Palma (cheval) | TECH. Solera (d'un four) | AGR. Añojal *m*.
solécisme m Solecismo.
soleil [sɔlɛj] m Sol : *~ levant, couchant,* sol naciente, poniente | Girándula *f*, rueda *f* (feu d'artifice) | BOT. Girasol | *Au grand ~,* a plena luz del día | *Au ~ couchant,* al ponerse el sol | FAM. *Piquer un ~,* ponerse colorado. *Se tenir près du ~,* arrimarse al sol que más calienta | *~ de plomb,* sol de justicia.

solenn|el, elle [sɔlanɛl] adj Solemne ‖ **~iser** [-nize] vt Solemnizar ‖ **~ité** [-nite] f Solemnidad.
solénoïde m Solenoide.
solf|ège m Solfeo ‖ **~ier** vt Solfear.
solid|aire adj Solidario, a ‖ **~ariser** vt Solidarizar ‖ **~arité** f Solidaridad.
solid|e adj Sólido, a | Resistente (matériel) | FIG. Firme, asentado, a (connaissances), sustancial (argument), auténtico, a; verdadero, a (avantages) | — M Sólido ‖ **~ification** f Solidificación ‖ **~ifier** vt Solidificar ‖ **~ité** f Solidez | FIG. Firmeza (esprit, etc).
soli|loque m Soliloquio ‖ **~pède** adj/m Solípedo, a ‖ **~ste** adj/s Solista ‖ **~taire** adj/m Solitario, a ‖ **~tude** f Soledad.
soliv|age m Viguería *f* ‖ **~e** f Viga, vigueta ‖ **~eau** m Vigueta *f*.
sollicit|ation f Solicitación, ruego *m* | FIG. Tentación ‖ **~er** vt Solicitar, pedir | FIG. Incitar, tentar ‖ **~eur, euse** s Solicitador, a; solicitante ‖ **~ude** f Solicitud.
solo adj/m MUS. Solo.
solstice m Solsticio.
solu|biliser vt Solubilizar ‖ **~bilité** f Solubilidad ‖ **~ble** adj Soluble ‖ **~té** m Solución *f*, disolución *f* ‖ **~tion** f Solución (liquide, problème, etc) | DR. Fin *m* (procès).
solv|abilité f Solvencia ‖ **~able** adj Solvente ‖ **~ant** m Disolvente.
somatique adj Somático, a.
sombre adj Sombrío, a | Oscuro, a (couleur) | FIG. Sombrío, a; negro, a (avenir), sombrío, a; melancólico, a | *Il fait ~*, está oscuro, hay poca luz.
sombrer vi MAR. Zozobrar, hundirse | FIG. Hundirse; caer (dans l'oubli).
sombrero m Sombrero de alas anchas.
sommaire adj Sumario, a (bref) | Somero, a (superficiel) | — M Sumario.
sommation f Intimación, conminación : *~ par huissier*, intimación judicial | DR. Requerimiento *m* | Aviso *m*.
somme f Suma (addition) | Suma, cantidad (argent) | *~ toute* o *en ~*, en resumidas cuentas, en suma.
somm|e m Sueño | *Faire un petit ~*, echar una cabezada ‖ **~eil** [sɔmɛj] m Sueño : *tomber de ~*, caerse de sueño | *Dormir du ~ du juste*, dormir el sueño de los justos | FIG. *Le ~ éternel*, el descanso ou sueño eterno. *Mettre une affaire en ~*, aplazar un asunto ‖ **~eiller** vi Dormitar | FIG. Descansar, estar en calma.
sommelier [sɔməlje] m Sumiller.
sommer vt Intimar, conminar, ordenar.
sommet m Cumbre *f*, cima *f*, cúspide *f* | GÉOM. Vértice (angle), cúspide *f* (pyramide). | FIG. Cumbre *f* (réunion).
sommier m Somier | COM. Libro de caja | ARCH. Sotabanco | Yugo (de cloche) | *~s judiciaires*, fichero central.
sommité f Notabilidad, lumbrera.
somn|ambule adj/s Sonámbulo, a ‖ **~ambulisme** m Sonambulismo ‖ **~ifère** adj/m Somnífero, a | FAM. Soporífero, a ‖ **~olence** f Somnolencia ‖ **~olent, e** adj Soñoliento, a ‖ **~oler** vi Dormitar.
somptu|aire adj Suntuario, a ‖ **~eux, euse** adj Suntuoso, a ‖ **~osité** f Suntuosidad.
son m Sonido (bruit) : *~ et lumière*, luz y sonido | Salvado, afrecho (des céréales).
son, sa adj poss 3ª pers Su : *son père, sa maison*, su padre, su casa.
sonar m MAR. Sonar.
sonat|e f Sonata ‖ **~ine** f Sonatina.
sond|age m Sondeo ‖ **~e** f Sonda ‖ **~er** vt Sondear, sondar (terrain, etc) | MÉD. Sondar | FIG. Sondear, tantear (pensée, opinion publique) ‖ **~eur** m Sondeador | Sonda *f* (appareil de sondage).
song|e m Sueño | FIG. Ensueño (illusion) ‖ **~er** vi Soñar (rêver) | Pensar | *N'y songez pas!*, ¡ni lo sueñe ou ni lo piense! | *Songez que*, considere que ‖ **~erie** f Ensueño *m* ‖ **~eur, euse** adj Ensimismado, a; pensativo, a | — S Soñador, a.
sonique adj Del sonido.
sonn|aille [sɔnɑ:j] f Cencerro *m* ‖ **~ailler** [-je] m Cabestro ‖ **~ant, e** adj Sonante | En punto : *midi ~*, las doce en punto ‖ **~é, e** adj Dada (heure) | Cumplido, a (âge) | POP. Chiflado, a (fou), castigado, a (boxeur) ‖ **~er** vi Sonar : *~ creux*, sonar a hueco | Tañer (cloches) | Tocar (clairon) | Tocar el timbre (à la porte) | Dar (heures) | Sonar, llegar (événement) | — Vt Tocar, tañer : *~ la cloche*, tocar la campana | Tocar a (annoncer) | Tocar el timbre, llamar | POP. Dar un palizón (battre) ‖ **~erie** [sɔnri] f Campaneo *m*, repique *m* (cloches) | Timbre *m* (réveil, téléphone, porte), campana (pendule) | MIL. Toque (*m*) de trompeta ‖ **~et** m Soneto ‖ **~ette** f Campanilla | Cascabel *m* (grelot) | Timbre *m* (porte) ‖ **~eur** m Campanero.
sonor|e adj Sonoro, a ‖ **~isation** f Sonorización ‖ **~iser** vt Sonorizar ‖ **~ité** f Sonoridad.
soph|isme m Sofisma ‖ **~iste** adj/s Sofista ‖ **~istication** f Sofisticación ‖ **~istiquer** vt Sofisticar.
soporifique adj/m Soporífico, a.
soprano m Soprano, tiple.
sorb|et m Sorbete ‖ **~etière** f Sorbetera.

sorc|ellerie f Brujería, hechicería ‖ **~ier, ère** s Brujo, a; hechicero, a | FAM. *Ce n'est pas ~*, no es nada del otro jueves.

sordid|e adj Sórdido, a ‖ **~ité** f Sordidez.

sornette f Cuento *m*, camelo *m*.

sort [sɔ:r] m Suerte *f* : *le ~ en est jeté*, la suerte está echada | Fortuna *f* | Destino (destin) | Aojo, sortilegio | *Jeter un ~*, hechizar, aojar | *Tirer au ~*, sortear.

sort|able adj Adecuado, a (adéquat) | FAM. Presentable, decente ‖ **~ant** adj/s Saliente.

sorte f Suerte, clase (espèce) | Clase, tipo *m* (genre) | Clase, índole (nature) | Especie : *une ~ de*, una especie de | Modo *m*, manera (façon) : *de la ~*, de este modo | *De ~ que* o *en ~ que*, de modo que | *En quelque ~*, en cierto modo | *Faire en ~ que*, procurar que.

sortie [sɔrti] f Salida | Invectiva, salida | Mutis *m* (théâtre) | *Faire sa ~*, estrenarse (film) | FAM. *Faire une ~ à qqn*, armar una bronca a uno | *~ de secours*, salida de émergencia.

sortilège m Sortilegio.

sortir* vi Salir | Salirse (de l'ordinaire) | Ser, proceder (d'une école) | Despedir (odeur) | Estrenarse (film) | Librarse (difficulté) | Levantarse (de table) | Irse (de l'esprit) | — Vt Sacar | Publicar (livre) | Poner en venta (produit) | FAM. Echar, expulsar (expulser), decir (dire) | *Au ~ de*, a la salida de | — Vimp Desprenderse (se dégager) | — Vp FAM. *S'en ~*, arreglárselas, componérselas.

sosie [sɔzi] m Sosia.

sot, ~te [so, sɔt] adj/s Tonto, a | *Il n'y a que les ~s pour ne jamais changer d'avis*, de sabios es mudar de opinión ‖ **~tise** f Tontería, necedad | Disparate *m* (bêtise) | Majadería.

sou m Perra (*f*) chica | FAM. Perra *f*, cuarto (argent) | FAM. *De quatre ~s*, de cuatro cuartos. *Être belle comme un ~ neuf*, ser bella como el sol. *Être près de ses ~s*, ser un agarrado. *Être propre comme un ~ neuf*, estar limpio como un chorro de oro | *Gros ~, petit ~*, perra gorda, perra chica | *Jusqu'au dernier ~*, hasta el último céntimo | *N'avoir pas le ~, être sans le ~* o *sans un ~ vaillant*, no tener un real, estar sin blanca, estar pelado | *N'avoir pas un ~ de* o *pas pour un ~ de*, no tener ni pizca de.

soubassement m ARCH. Basamento | Rodapié (d'un lit).

soubresaut m Sobresalto (émotion) | Repullo (sursaut) | Corcovo, espantada *f* (d'un animal).

soubrette f Confidenta (théâtre) | Doncella, criada (domestique).

souche f Cepa, tocón *m* (arbre) | Tronco *m*, origen *m* (famille) | Origen *m* (mot) | Raíz | Matriz (registre) | FAM. Tarugo *m* | *De vieille ~*, de rancio abolengo | FIG. *Dormir comme une ~*, dormir como un tronco.

souchet m BOT. Cotufa *f*.

souci m Preocupación *f*, cuidado | Deseo (désir) | BOT. Maravilla *f* | *C'est là le moindre* o *le cadet de mes ~s*, es lo que menos me preocupa ‖ **~er (se)** vp Preocuparse, inquietarse (*de*, por) ‖ **~eux, euse** adj Cuidadoso, a; atento, a | Inquieto, a; preocupado, a.

soucoupe f Platillo *m*.

soud|able adj Soldable ‖ **~age** m Soldadura *f*.

soudain adv De repente, súbitamente ‖ **~, e** adj Súbito, a; repentino, a.

soudard [suda:r] m Soldadote.

soude f Sosa, barrilla | CHIM. Sosa.

soud|er vt Soldar ‖ **~eur, euse** adj/s Soldador, a.

soudoyer vt Asalariar | Sobornar.

soudure f Soldadura | FAM. *Faire la ~*, empalmar.

souffl|age m Sopladura *f* | Soplado (verre) ‖ **~e** m Soplo (air, inspiration, cardiaque) | Onda (*f*) de choque | Hálito, aliento (haleine) | *À bout de* o *hors de ~*, sin aliento | *Avoir du ~*, tener mucho fuelle | *Dernier ~*, último respiro | *En avoir le ~ coupé*, quitarle a uno el hipo | *Manquer de ~*, faltar la respiración | *Ne tenir qu'à un ~*, estar pendiente de un hilo ‖ **~é, e** adj Abuñuelado, a; inflado, a | — M Soufflé (mets) ‖ **~ement** m Soplo, soplido ‖ **~er** vi Soplar | Resoplar : *~ comme un bœuf*, resoplar como un buey | Respirar (se reposer) | — Vt Soplar, aventar (feu) | Apagar, soplar (bougie) | Hinchar (gonfler) | FIG. Inspirar (idée), apuntar, soplar (leçon), apuntar (théâtre), soplar (jeu de dames) | Volar (explosion) | Soplar (verre) | FAM. Dejar patitieso | *~ un emploi à qqn*, birlar un empleo a uno ‖ **~erie** f Fuelles *mpl* (orgue, forge) | Soplador *m* | TECH. Túnel *m* (aérodynamique) ‖ **~et** m Fuelle (appareil, vêtement, etc) | Bofetón, bofetada *f* (gifle) ‖ **~eter** vt Abofetear ‖ **~eur, euse** s Soplador, a | — M Soplador (verre) | Apuntador (théâtre).

souffr|ance f Sufrimiento *m* | FIG. *En ~*, en suspenso, detenido (objet) ‖ **~ant, e** adj Indispuesto, a (indisposé), malo, a (malade) | Que sufre, doliente (qui souffre) ‖ **~e-douleur** m Sufrelotodo, víctima *f* | Hazmerreír (tête de Turc) ‖ **~eteux, euse**

adj Achacoso, a (malade) ‖ **~ir*** vt/i Sufrir, padecer (douleur) | Soportar, aguantar (qqn) | Permitir | — Vp Sufrirse (se supporter).
soufr|age m Azuframiento ‖ **~e** m Azufre ‖ **~er** vt Azufrar ‖ **~ière** f Azufrera (mine).
souhait [swɛ] m Anhelo, deseo (désir) | Voto (vœu) | *À ~*, a pedir de boca | *À vos ~s!*, ¡Jesús, María y José! | *~s de bonne année*, felicitaciones de Año Nuevo ‖ **~able** adj Deseable ‖ **~er** vt Desear (désirer) | Hacer votos por | Felicitar (bonne année) | FAM. *Je vous en souhaite*, se va Ud. a divertir.
souill|er [suje] vt Manchar | FIG. Manchar, mancillar (déshonorer) ‖ **~on** [-jɔ̃] s FAM. Puerco, a ‖ **~ure** f Mancha | FIG. Mancha, mancilla.
souk [suk] m Zoco (marché).
soûl, ~e [su, sul] adj Harto, a; saciado, a (rassasié) | Borracho, a (ivre) | — M *En avoir tout son ~*, tener todo cuanto se quiere.
soulag|ement m Alivio | Consuelo (moral) ‖ **~er** vt Aligerar, aliviar, descargar (poids) | Aliviar (peine) | Socorrer (aider) | — Vp Aliviarse | FAM. Hacer una necesidad.
soûl|ard, e [sula:r, ard] *ou* **~aud, e** [sulo, o:d] adj/s POP. Borrachín, ina ‖ **~er** vt Emborrachar, embriagar (enivrer) | Hartar (rassasier) | Hartar, saciar (désir, etc) | — Vp Hartarse | Emborracharse ‖ **~erie** f Borrachera.
soul|èvement m Levantamiento | FIG. Sublevación *f*, motín (révolte) ‖ **~ever** [sulve] vt Levantar | Indignar (indigner) | Sublevar, alzar (exciter), provocar (dispute), plantear (problème), ocasionar | *~ le cœur*, revolver el estómago | — Vp Levantarse (s'élever) | Sublevarse, alzarse, rebelarse.
soulier m Zapato | FAM. *Être dans ses petits ~s*, estar violento *ou* volado.
soulign|ement m Subrayado ‖ **~er** vt Subrayar | FIG. Recalcar, hacer hincapié en, subrayar.
soum|ettre* vt Someter (rebelles, projet) | Exponer (exposer) | Subordinar, supeditar | — Vp Someterse, conformarse ‖ **~is, e** adj Sumiso, a ‖ **~ission** f Sumisión | Licitación, oferta ‖ **~issionner** vt Licitar (adjudication, etc).
soupape f Válvula.
soupçon m Sospecha *f* | FAM. Pizca *f*, poquito, gota *f* ‖ **~nable** adj Sospechoso, a ‖ **~ner** vt Sospechar ‖ **~neux, euse** adj Suspicaz, receloso, a.
soupe f Sopa : *~ en sachet*, sopa de sobre | FAM. Rancho *m* | MIL. Rancho *m* (repas), fajina (sonnerie) | FAM. *S'emporter comme une ~ au lait*, irritarse de pronto | *~ populaire*, comedor de beneficiencia | FAM. *Trempé comme une ~*, hecho una sopa.
soupente f Sobradillo *m* (d'escalier).
souper vi Cenar | POP. *Avoir soupé d'une chose*, estar hasta la coronilla de una cosa.
soupeser vt Sopesar.
soupier, ère adj/f Sopero, a.
soupir m Suspiro : *pousser un ~*, dar un suspiro; *rendre le dernier ~*, exhalar el último suspiro | *Jusqu'au dernier ~*, hasta la muerte.
soupirail [supiraj] m Tragaluz.
soupir|ant m Pretendiente ‖ **~er** vi Suspirar.
soupl|e adj Flexible | Ágil, flexible (membres) | FIG. Flexible, dócil ‖ **~esse** f Flexibilidad | Agilidad, soltura (agilité) | Suavidad (douceur).
sourc|e f Fuente, manantial *m* | FIG. Fuente, origen *m* | FIG. *Chose qui coule de ~*, cosa que cae de su peso. *De bonne ~*, de buena tinta. *De ~s dignes de foi*, de fuentes fidedignas ‖ **~ier** m Zahorí.
sourcil [sursi] m Ceja *f* | *Froncer le ~*, fruncir el ceño ‖ **~ier, ère** [-lje, jɛ:r] adj Ciliar ‖ **~ler** [-je] vi Fruncir las cejas | FIG. *Ne pas ~*, quedarse impasible *ou* sin pestañear ‖ **~leux, euse** [-jø, ø:z] adj Altivo, a.
sourd, ~e [su:r, surd] adj/s Sordo, a | *Crier comme un ~*, gritar como un loco | *Il n'est pire ~ que celui qui ne veut pas entendre*, no hay peor sordo que el que no quiere oír | FAM. *~ comme un pot*, más sordo que una tapia ‖ **~ine** f Sordina | FIG. *Mettre une ~*, moderar, poner sordina ‖ **~-muet, ~e-muette** adj/s Sordomudo, a.
sourdre* vi Brotar, manar (eau) | FIG. Surgir, resultar.
souriant, e adj Sonriente, risueño, a.
souric|eau [suriso] m Ratoncillo ‖ **~ière** f Ratonera.
sourire* vi Sonreír, sonreírse | Agradar, convenir (projet) | — M Sonrisa *f* : *elle avait le ~ aux lèvres*, estaba con la sonrisa en los labios.
souris [suri] f Ratón *m* | *~ d'hôtel*, rata de hotel.
sournois, ~e adj/s Hipócrita, solapado, a | Socarrón, ona ‖ **~erie** f Disimulación, hipocresía.
sous [su] prép Debajo de, bajo : *~ la table*, debajo de la mesa | Bajo : *~ clef*, bajo llave; *~ serment*, bajo juramento | Con : *~ le titre de*, con el título de | Dentro de : *~ huitaine*, dentro de ocho días | Durante el reinado de | So : *~ prétexte*, so pretexto; *~ peine*, so pena | A : *~*

réserve de, a reserva de | Ante : ~ *les yeux,* ante los ojos.

sous|-alimentation [suzalimɑ̃tasjɔ̃] f Subalimentación, desnutrición || ~ **-alimenter** vt Subalimentar || ~**-barbe** f Barbada (ganache) || ~**-bois** m Maleza *f* || ~**-chef** m Subjefe, segundo jefe || ~**-commission** f Subcomisión.

sous|cripteur m Suscriptor, suscritor | Firmante (signataire) || ~**cription** f Suscripción, firma || ~**crire*** vt Suscribir, firmar | — Vi Suscribir, convenir | Suscribirse (s'engager à payer) || ~**crit, e** adj Suscrito, a.

sous|-cutané, e adj Subcutáneo, a || ~**-délégué, e** s Subdelegado, a || ~ **-développé, e** adj Subdesarrollado, a || ~**-développement** m Subdesarrollo || ~**-diacre** m Subdiácono || ~ **-directeur, trice** s Subdirector, a || ~**-emploi** [suzɑ̃plwa] m Subempleo, paro encubierto || ~**-entendre*** vt Sobreentender, sobrentender || ~**-entendu, e** adj Sobreentendido, a; sobrentendido, a | — M Supuesto, segunda intención *f* | *Parler par ~s,* hablar con segundas || ~**-estimer** ou ~**-évaluer** vt Subestimar, infravalorar || ~**-exposer** vt PHOT. Subexponer || ~**-fifre** m FAM. Subalterno || ~ **-genre** m Subgénero || ~**-intendant** [suzɛ̃tɑ̃dɑ̃] m Subintendente || ~ **-jacent, e** adj Subyacente || ~**-lieutenant** m Alférez || ~**-locataire** s Subarrendatario, a || ~**-location** f Subarriendo *m* || ~**-louer** vt Subarrendar, realquilar || ~**-main** m Carpeta *f* | FIG. *En ~,* bajo mano, en secreto || ~**-marin, e** adj/m Submarino, a || ~**-multiple** adj/m Submúltiplo, a || ~**-officier** m Suboficial || ~**-ordre** m Subordinado | BOT. Suborden || ~**-pied** [supje] m Trabilla *f* (bande d'étoffe) || ~**-préfecture** f Subprefectura || ~**-préfet** m Subprefecto || ~**-production** f Subproducción || ~**-produit** m Subproducto || ~**-secrétaire** s Subsecretario, a || ~**-secrétariat** m Subsecretaría *f* || ~**-seing** [susɛ̃] m DR. Contrato *ou* escritura *(f)* privada || ~**-signé, e** adj/s Infrascrito, a | *Je ~,* el que suscribe | *Le ~,* el abajo firmante, el infrascrito || ~**signer** vt Firmar || ~**-sol** m Subsuelo (terrain) | Sótano (bâtiment) || ~**-tendre** vt GÉOM. Subtender || ~**-tension** f MÉD. Hipotensión || ~**-titre** m Subtítulo || ~**-titrer** vt Poner subtítulo a, subtitular || ~**traction** [sustraksjɔ̃] f Sustracción, substracción (détournement) | MAT. Resta, substracción || ~**traire*** [sustrɛ:r] vt Sustraer, substraer, robar | MAT. Restar, substraer | — Vp Sustraerse, apartarse || ~**-traitant** m Segundo contratista, subcontratista || ~**-ventrière** f Barriguera (harnais) || ~**-verre** m Cuadrito montado a la inglesa || ~**-vêtement** m Prenda *(f)* interior | — Pl Ropa *(fsing)* interior.

soutane f Sotana.

soute f MAR. Pañol *m*, bodega, cala | Cala de equipaje, bodega (avión) | ~ *à charbon,* carbonera | ~ *à munitions,* polvorín.

souten|able adj Sostenible, sustentable (opinion) | Soportable || ~**ance** f f Defensa *ou* mantenimiento *(m)* de una tesis.

soutènement m Sostenimiento | *De ~,* de contención (mur).

souten|eur [sutnœ:r] m Chulo, rufián || ~**ir*** vt Sostener (poids, attaque) | Mantener, sustentar, sostener (opinion) | Sustentar, amparar (famille) | Mantener (prix) | Afirmar | MIL. Apoyar | — Vp Sostenerse | Ampararse, sostenerse || ~**u, e** adj Constante, persistente | Noble, elevado, a (style) | Sostenido, a (Bourse).

souterrain, e adj/m Subterráneo, a.

soutien m Sostén | Sostenimiento | Protección *f* | Mantenimiento (prix) | MIL. Apoyo || ~**-gorge** m Sostén.

soutir|age m Trasiego (liquide) || ~**er** vt Trasegar (liquide) | Sonsacar (argent, etc).

souvenir m Recuerdo (impression, cadeau) | Memoria *f* : *échapper au ~,* irse de la memoria | *Meilleurs ~s,* muchos recuerdos | ~ *mortuaire,* recordatorio.

souvenir (se)* vp Acordarse | *Je m'en souviendrai,* no se me olvidará.

souvent adv Frecuentemente, a menudo, muchas veces | *Le plus ~,* las más *ou* la mayoría de las veces.

souverain, ~e [suvrɛ̃, ɛn] adj/s Soberano, a (puissance, remède) | Sumo, a; supremo, a (pontife, tribunal) || ~**eté** [-rɛnte] f Soberanía | Supremacía.

sovi|et [sɔvjɛt] m Soviet || ~**étique** adj/s Soviético, a.

soyeux, euse [swajø, ø:z] adj Sedoso, a | — M Negociante en seda.

spacieux, euse adj Espacioso, a.

spadassin m Espadachín | Asesino a sueldo.

spaghetti mpl Espaguetis.

spalt m Espalto (couleur).

sparadrap [sparadra] m Esparadrapo.

sparte m Esparto || ~**rie** f Espartería.

spartiate [sparsjat] adj/s Espartano, a; esparciata | — F Sandalia.

spasm|e m Espasmo || ~**odique** adj Espasmódico, a.

spatial, e adj Espacial : *rendez-vous ~,* encuentro espacial.

spatule f Espátula.

speaker [spikœ:r] m Locutor (radio).
spécial, ~e adj Especial ‖ **~isation** f Especialización ‖ **~iser** vt Especializar | Particularizar, especificar (préciser) | — Vp Especializarse ‖ **~iste** adj/s Especialista ‖ **~ité** f Especialidad.
spéci|eux, euse adj Especioso, a ‖ **~fication** f Especificación ‖ **~fier** vt Especificar ‖ **~fique** adj/m Específico, a ‖ **~men** [spesimɛn] m Muestra *f*, espécimen | Ejemplar.
spect|acle m Espectáculo | *~ permanent*, sesión continua (cinéma) | *Se donner en ~*, ser el espectáculo ‖ **~aculaire** adj Espectacular ‖ **~ateur, trice** s Espectador, a.
spectr|al, e adj Espectral ‖ **~e** m Espectro ‖ **~oscope** m PHYS. Espectroscopio.
spécul|ateur, trice s Especulador, a **~atif, ive** adj Especulativo, a ‖ **~ation** f Especulación ‖ **~er** vi Especular.
spéculum [spekylɔm] m Espéculo.
spéléolog|ie f Espeleología ‖ **~ue** s Espeleólogo, a.
sperm|atozoïde m Espermatozoide, espermatozoo ‖ **~e** m Esperma *m* et *f*.
sphénoïde adj/m Esfenoides.
sphère f Esfera | Bombo *m* (loterie).
sphér|ique adj Esférico, a ‖ **~oïde** m Esferoide.
sphincter [sfɛ̃ktɛ:r] m Esfínter.
sphinx [sfɛ̃:ks] m Esfinge *f*.
spider [spidɛ:r] m AUT. Spider.
spinal, e adj ANAT. Espinal.
spir|ale f Espiral ‖ **~e** f Espira.
spirit|e adj/s Espiritista ‖ **~isme** m Espiritismo ‖ **~ualiser** vt Espiritualizar ‖ **~ualisme** m Espiritualismo ‖ **~ualiste** adj/s Espiritualista ‖ **~ualité** f Espiritualidad ‖ **~uel, elle** adj Espiritual (incorporel) | Sacro, a; religioso, a (concert) | Ingenioso, a; agudo, a (réplique) | *Être ~*, tener gracia, ser gracioso.
spiritueux, euse adj/m Espirituoso, a; espiritoso, a.
spleen [splin] m Esplín (ennui).
splend|eur f Esplendor *m* ‖ **~ide** adj Espléndido, a; esplendoroso, a.
spoli|ateur, trice adj/s Expoliador, a ‖ **~ation** f Expoliación ‖ **~er** vt Expoliar, espoliar.
spongi|aires mpl Espongiarios ‖ **~eux, euse** adj Esponjoso, a.
spontané, ~e adj Espontáneo, a ‖ **~ité** f Espontaneidad.
spor|adique adj Esporádico, a ‖ **~e** f BOT. Espora.
sport [spɔ:r] m Deporte | *Faire du ~*, practicar los deportes | *De ~*, deportivo, a (voiture, vêtement, etc) ‖ **~if, ive** adj Deportivo, a | — S Deportista ‖ **~ivité** f Deportividad.
spot [spɔt] m Punto luminoso | Foco (projecteur) | Cuña *f* (publicité).
sprint [sprint] m Sprint, esprint ‖ **~er** [-tœr o -tɛ:r] m Sprinter, velocista | — Vi Esprintar.
squale [skwal] m ZOOL. Escualo.
squame [skwam] f Escama.
square [skwa:r] m Jardinillo (cour), plaza (*f*) ajardinada.
squelett|e m Esqueleto ‖ **~ique** adj Esquelético, a.
stab|ilisateur, trice adj/m Estabilizador, a ‖ **~ilisation** f Estabilización ‖ **~iliser** vt Estabilizar ‖ **~ilité** f Estabilidad ‖ **~le** adj Estable.
stade m Estadio (sport) | Fase *f* grado, estadio (étape).
staff m Estuco, estaf.
stag|e m Período de práctica | Cursillo (théorique) : *~ de formation*, cursillo de capacitación | Pasantía *f* (avocat) ‖ **~iaire** adj/s Que está de prueba *ou* de práctica | *Professeur ~*, profesor cursillista | — S Cursillista | Pasante (avocat).
stagn|ant, e adj Estancado, a ‖ **~ation** [-gnasjɔ̃] f Estancamiento *m*, estancación ‖ **~er** [-gne] vi Estancarse.
stal|actite f Estalactita ‖ **~agmite** f Estalagmita.
stalle f Silla de coro (église) | Luneta, butaca (théâtre) | Compartimiento (*m* de cuadra [para un caballo].
stance f Estancia (strophe).
stand [stɑ̃:d] m Stand, caseta *f* (exposition) | Barraca (*f*) de tiro al blanco | Puesto de avituallamiento (course).
stand|ard [-da:r] adj Standard, estandard, tipo | De serie, standard (voiture) | — M Centralita (*f*) telefónica ‖ **~ardisation** f Standardización, estandardización ‖ **~ardiser** vt Standardizar, estandardizar, normalizar ‖ **~ardiste** s Telefonista ‖ **~ing** [-diŋ] m Nivel de vida | Categoría *f* (d'un appartement).
staphylocoque m Estafilococo.
star f Estrella de cine.
starie f MAR. Estadía.
starter [startɛ:r] m Juez de salida (course) | Estrangulador, starter (auto).
station f Posición, postura | Pausa, parada (pause) | Estación (métro, météorologique, religieuse, villégiature, etc) | Parada (taxi, autobus) | Emisora, estación emisora (radio) | *~ de poursuite*, estación de seguimiento (de fusées) | *~ thermale*, balneario ‖ **~naire** adj Estacionario, a ‖ **~nement** m Estacionamiento, aparcamiento ‖ **~ner** vi Estacionar, aparcar : *défense de ~*, prohibido aparcar ‖ **~-service** f Estación de servicio.

statique adj/f Estático, a.
statisti|cien m Estadista, estadístico || **~que** adj/f Estadístico, a.
statu|aire adj/f Estatuario, a || **~e** [staty] f Estatua.
statuer vt/i Estatuir.
statuette f Figurina.
stature f Estatura.
statut [staty] m Estatuto || **~aire** adj Estatutario, a || **~airement** adv Según los estatutos.
steamer [sti:mər] m Vapor (bateau).
stéarine f Estearina.
stèle f Estela (monument).
stellaire adj Estelar.
sténo|dactylo(graphe) s Taquimecanógrafo, a || **~dactylographie** f Taquimecanografía || **~graphe** s Taquígrafo, a; estenógrafo, a || **~graphie** f Taquigrafía, estenografía || **~graphier** vt Taquigrafiar, estenografiar || **~typie** f Estenotipia || **~typiste** s Estenotipista.
stentor [stɑ̃tɔ:r] m Esténtor | *De ~,* estentóreo, a (voix).
steppe f Estepa.
stère m Estéreo (mesure).
stéréo|phonie f Estereofonía || **~scope** m Estereoscopio || **~scopie** f Estereoscopia || **~scopique** adj Estereoscópico, a || **~tomie** f Estereotomía || **~type** m Estereotipo (cliché) | Estereotipia *f* (machine) || **~typer** vt Estereotipar || **~typie** Estereotipia.
stéril|e adj Estéril || **~isant, e** adj Esterilizador, a || **~isateur, trice** adj/m Esterilizador, a || **~isation** f Esterilización || **~iser** vt Esterilizar || **~ité** f Esterilidad.
sterling adj inv Esterlina *f* (livre).
sternum [stɛrnɔm] m Esternón (os).
stéthoscope m Estetoscopio.
steward [stjuward ou stiwart] m Camarero, auxiliar [barco o avión].
stigmat|e m Estigma | Llaga *f* (d'un saint) || **~isation** f Estigmatización || **~iser** vt Estigmatizar.
stimul|ant, e adj Estimulante | — M Estimulante, estímulo || **~ation** f Estímulo *m,* estimulación || **~er** vt Estimular || **~us** [-lys] m Estímulo.
stipendier vt Estipendiar, asalariar.
stipul|ation f Estipulación || **~er** vt Estipular.
stock m Existencias *fpl* | Reservas *fpl,* depósito || **~age** m Almacenamiento (réserves), abastecimiento (approvisionnement) || **~er** vt Almacenar.
stockfisch [stɔkfiʃ] m Estocafís, pejepalo, bacalada *f* (poisson).
Stockholm npr Estocolmo.
stoï|cien, enne adj/s Estoico, a || **~cisme** m Estoicismo || **~que** adj/s Estoico, a.
stoma|cal, e adj Estomacal || **~tite** f Estomatitis || **~tologie** f Estomatología || **~tologiste** s Estomatólogo, a.
stop! interj ¡Alto!, ¡pare! | — M Stop | Luz (*f*) de faro (voiture) || **~page** m Zurcido || **~per** vt Parar, detener | Zurcir (repriser) || **~peur, euse** s Zurcidor, a.
store m Toldo, persiana *f* (extérieur) | Cortinilla *f* (intérieur).
strabisme m Estrabismo.
stramoine f Estramonio *m.*
strangulation f Estrangulación.
strapontin m Traspuntín, trasportín.
strass m Estrás (cristal).
stratagème m Estratagema *f.*
strate f Estrato *m.*
strat|ège m Estratega | *~s en chambre,* estrategas de café || **~égie** f Estrategia || **~égique** adj Estratégico, a.
strat|ification f Estratificación || **~ifier** vt Estratificar || **~o-cumulus** [stratokymylys] m Estratocúmulo || **~osphère** f Estratosfera || **~osphérique** adj Estratosférico, a || **~us** [stratys] m Estrato (nuage).
strepto|coque m Estreptococo || **~mycine** f Estreptomicina.
striation f Estriación.
strict, e [strikt] adj Estricto, a.
strident, e adj Estridente.
stri|e [stri] f Estría || **~er** vt Estriar || **~ure** f Estriado *m.*
strontium [strɔ̃sjɔm] m Estroncio (métal).
strophe f Estrofa.
structur|al, e adj Estructural || **~ation** f Estructuración || **~e** f Estructura || **~er** vt Estructurar.
strychnine [striknin] f Estricnina.
stuc m Estuco.
studieux, euse adj Estudioso, a.
studio m Estudio.
stup|éfaction f Estupefacción || **~éfait, e** adj Estupefacto, a || **~éfiant, e** adj/m Estupefaciente || **~éfier** vt Pasmar, dejar estupefacto || **~eur** f Estupor *m.*
stupid|e adj Estúpido, a (bête) | Estupefacto, a; atónito, a || **~ité** f Estupidez.
styl|e m Estilo || **~é, e** adj Con clase (personne) || **~er** vt Formar (former) || **~et** m Estilete || **~isation** f Estilización || **~iser** vt Estilizar || **~iste** s Estilista || **~istique** f Estilística || **~o** m Fam. Estilográfica *f* | *~ à bille,* bolígrafo || **~ographe** m Pluma (*f*) estilográfica || **~ographique** adj Estilográfico, a.
su, e pp de *savoir* Sabido, a.
suaire m Sudario.
suav|e adj Suave || **~ité** f Suavidad.
sub|alterne adj/s Subalterno, a || **~conscience** [sypkɔ̃sjɑ̃:s] f Subconsciencia || **~conscient, e** [-kɔ̃sjɑ̃,

ɑ̃:t] adj/m Subconsciente ‖ **~diviser** vt Subdividir ‖ **~division** f Subdivisión | Mil. Circunscripción.
sub|ir vt Sufrir ‖ **~it, e** adj Súbito, a; repentino, a.
subjecti|f, ive adj Subjetivo, a ‖ **~visme** m Subjetivismo ‖ **~vité** f Subjetividad.
subjonctif adjm/m Subjuntivo.
subjug|ation f Subyugación ‖ **~uer** vt Subyugar.
sublim|ation f Sublimación ‖ **~e** adj Sublime ‖ **~é** m Chim. Sublimado ‖ **~er** vt Sublimar ‖ **~ité** f Sublimidad.
sub|lingual, e [syblɛ̃gwal] adj Sublingual ‖ **~merger** vt Sumergir | Inundar ‖ **~mersible** adj/m Sumergible ‖ **~mersion** f Sumersión ‖ **~odorer** vt Fig. Olerse, barruntar (pressentir) ‖ **~ordination** f Subordinación ‖ **~ordonné, e** adj/s Subordinado, a ‖ **~ordonner** vt Subordinar, supeditar.
suborn|ation f Soborno *m*, sobornación ‖ **~er** vt Sobornar ‖ **~eur, euse** adj/s Sobornador, a.
subrécargue m Mar. Sobrecargo.
subreptice adj Subrepticio, a.
subrog|ation f Dr. Subrogación ‖ **~er** vt Dr. Subrogar.
subséquent, e [sypsekɑ̃, ɑ̃:t] adj Subsecuente, subsiguiente.
subsid|e [sypsid o -zid] m Subsidio ‖ **~iaire** adj Subsidiario, a.
subsist|ance [sybzistɑ̃:s] f Subsistencia ‖ **~ant, e** adj/m Subsistente ‖ **~er** vi Subsistir.
subsonique adj Subsónico, a.
subst|ance [sypstɑ̃:s] f Sustancia, substancia ‖ **~antiel, elle** adj Sustancial, substancial, sustancioso, a; substancioso, a | Fam. Considerable ‖ **~antif, ive** adj/m Sustantivo, a ‖ **~antiver** vt Sustantivar.
— Observ. Le mot *substancia* et ses dérivés, ainsi que tous ceux qui commencent par *subst*, s'écrivent le plus souvent sans *b* (*sustancia*, etc).
substitu|able adj Sustituible ‖ **~er** vt/p Sustituir ‖ **~t** m Sustituto ‖ **~tion** f Sustitución.
substrat o **substratum** m Substrato.
subterfuge [sypterfy:ʒ] m Subterfugio.
subtil, ~e [syptil] adj Sutil ‖ **~isation** f Sutilización ‖ **~iser** vt Sutilizar | Fam. Birlar, limpiar (dérober) ‖ **~ité** f Sutileza, sutilidad.
sub|tropical, e [syptrɔpikal] adj Subtropical ‖ **~urbain, e** [sybyrbɛ̃] adj Suburbano, a.
subven|ir* vi Subvenir, atender, satisfacer ‖ **~tion** f Subvención ‖ **~tionner** vt Subvencionar.
subvers|if, ive adj Subversivo, a ‖ **~ion** f Subversión.
suc m Jugo (gastrique, viande, etc) | Zumo (fruit, etc).
succédané, e adj/m Sucedáneo, a.
succéder vi Suceder | Fig. Heredar (hériter) | — Vp Sucederse.
succès [syksɛ] m Éxito.
success|eur m Sucesor, a ‖ **~if, ive** adj Sucesivo, a ‖ **~ion** f Sucesión ‖ **~oral, e** adj Dr. Sucesorio, a.
succinct, e [syksɛ̃, ɛ̃:t] adj Sucinto, a (réponse, etc) | Fam. Escaso, a.
succion [syksjɔ̃] f Succión.
succomber vi Sucumbir.
succul|ence f Suculencia ‖ **~ent, e** adj Suculento, a.
succursale adj/f Sucursal.
suc|ement m Chupadura *f* ‖ **~er** vt Chupar | Chuparse (son doigt) ‖ **~ette** f Chupete *m* (tétine) | Chupón *m*, pirulí *m* (bonbon) ‖ **~eur, euse** adj/s Chupador, a; chupón, ona.
suç|oir m Bot. Chupón | Trompa *f* (insecte) ‖ **~oter** vt Chupetear.
sucr|age m Azucarado ‖ **~e** m Azúcar *m* o *f* : *~ brut, en morceaux, en poudre*, azúcar mascabado, de cortadillo *ou* en terrones, en polvo | Fam. *Casser du ~ sur le dos de qqn*, cortar un traje a uno | Fig. *Être tout ~ et tout miel*, ser meloso y amable | *~ d'orge*, pirulí | *~ roux*, azúcar morena | *Un ~* o *un morceau de ~*, un terrón de azúcar ‖ **~é, e** adj Azucarado, a | Fig. Meloso, a | — F Melindrosa (femme) ‖ **~er** vt Azucarar, echar azúcar en | Endulzar (adoucir) | — Vp Fam. Echarse azúcar | Pop. Ponerse las botas, aprovecharse de todo ‖ **~erie** f Azucarera, ingenio (*m*) de azúcar | — Pl Golosinas, dulces *m* ‖ **~ier, ère** adj/m Azucarero, a.
sud [syd] adj/m Sur (point cardinal) | Sud (préfixe) : *~-ouest*, sudoeste ‖ **~-africain, e** adj/s Sudafricano, a; surafricano, a ‖ **~-américain, e** adj/s Sudamericano, a; suramericano, a.
sud|ation f Sudación ‖ **~atoire** adj Sudatorio, a.
sud-est adj/m Sudeste, sureste.
sudoripare ou **sudorifère** adj Sudoríparo, a; sudorífero, a.
sud-ouest adj/m Sudoeste, suroeste.
Suède [sɥɛd] nprf Suecia.
suédois, e adj/s Sueco, a.
su|ée [sɥe] f Sudación abundante | Fam. Sudor *m* (peine) ‖ **~er** vi Sudar (transpirer) | Rezumarse (suinter) | Pop. *Faire ~*, cargar, jorobar | *~ à grosses gouttes*, sudar la gota gorda | — Vt Sudar | Rezumar | Fam. *~ sang et eau*, sudar a chorros, sudar tinta ‖ **~eur** f Sudor *m* : *être tout en ~*, estar bañado en sudor.

suff|ire* vi Bastar, ser suficiente | *Cela suffit,* basta, ya está bien | — Vp Bastarse a sí mismo | — Vimp *Il suffit de,* basta con || **~isance** f Cantidad suficiente | Suficiencia, presunción || **~isant, e** adj Suficiente.
suffixe m Sufijo.
suffo|cant, e adj Sofocante, sofocador, a || **~cation** f Sofocación, sofoco *m* || **~quer** vt Sofocar | FAM. Dejar sin respiración, quitar el hipo (étonner) | — Vi Ahogarse.
suffrag|e m Sufragio | Voto (voix) || **~ette** f Sufragista.
sugg|érer [sygʒere] vt Sugerir || **~estif, ive** [-ʒɛstif, i:v] adj Sugestivo, a; sugerente || **~estion** f Sugerencia (proposition) | Sugestión (hypnose) || **~estionner** vt Sugestionar.
suicid|aire adj Suicida || **~e** m Suicidio || **~é, e** s Suicida || **~er (se)** vp Suicidarse.
suie [sɥi] f Hollín *m*.
suif [sɥif] m Sebo.
suint [sɥɛ̃] m Churre (graisse) || **~ement** m Rezumamiento (liquide) | Supuración *f* (plaie) || **~er** vi Rezumarse | MÉD. Supurar.
Suisse nprf Suiza.
suisse adj Suizo, a (objet) | — M Pertiguero (d'église) | — Adj/m Suizo, a || **~sse** f Suiza.
suite f Séquito *m*, cortejo *m* (souverain) | Comitiva, acompañantes *mpl* (ministre) | Serie, sucesión (nombres, etc) | Suite, apartamento *m* (hôtel) | Continuación : *faire ~ à,* ser continuación de | Consecuencia, resultado *m* | Orden *m*, ilación | Escalera (cartes) | *À la ~,* a continuación | *À la ~ de,* después de | *De ~,* seguidamente, seguido, sin interrupción | *Donner ~ à,* dar curso a, cursar | *Faire ~ à une lettre,* responder a una carta | *Par la ~,* más tarde, luego | *Par ~ de,* a *ou* como consecuencia de | *~ à,* en contestación a (lettre) | *Tout de ~,* en seguida.
suiv|ant prep Según (selon) | Siguiendo, en la misma dirección que || **~ant, e** adj Siguiente | — F Doncella || **~eur** m Seguidor || **~i, e** adj Seguido, a | Ordenado, a (raisonnement) | Continuo, a (correspondance) | Concurrido, a (théâtre) | COM. De producción continua | — M Seguimiento (d'um projet) || **~re*** vt Seguir | Oír, escuchar, seguir (discours) | Asistir a, dar (cours) | Comprender | Enterarse | Prestar atención (être attentif) | Dejarse guiar, seguir (imagination) | Ocuparse de (élèves) | Seguir produciendo (articles) | Perseguir (soucis, objectif) | — Vi Seguir | Estar atento (élève) | *À ~,* continuará (article, etc) | *Faire ~,* remítase al destinatario *ou* a las nuevas señas (lettre) | — Vimp Resultar, inferirse, desprenderse | — Vp Seguirse | Encadenarse, eslabonarse (s'enchaîner).
sujet, ette adj Sujeto, a (astreint), sometido, a (soumis), expuesto, a (exposé) | Propenso, a (enclin) | *~ à caution,* en entredicho, que hay que poner en tela de juicio (douteux) | — S Súbdito, a (d'un souverain) | — M Motivo, causa *f* | Asunto, tema : *rentrer dans le vif du ~,* entrar en el meollo del asunto | Sujeto, persona *f* | BOT. GRAM. PHIL. ZOOL. Sujeto | MÉD. Paciente (malade) | MUS. Tema | *À ce ~,* referente a esto | *Au ~ de,* a propósito de, respecto a | *Sortir du ~,* salirse del tema.
sujétion f Sujeción.
sulf|amide m Sulfamida *f* || **~atage** m Sulfatado || **~ate** m Sulfato || **~ater** vt Sulfatar || **~hydrique** adj Sulfhídrico, a || **~ite** m Sulfito || **~onate** m Sulfonato || **~urage** m AGR. Sulfurado || **~uration** f Sulfuración || **~ure** m Sulfuro || **~urer** vt Sulfurar || **~ureux, euse** adj Sulfuroso, a || **~urique** adj Sulfúrico, a || **~uriser** vt Sulfurizar.
sultan m Sultán || **~at** m Sultanía *f*, sultanato || **~e** f Sultana.
summum [sɔm(m)ɔm] m Súmmum, lo sumo.
super m Plomo, súper *f* (essence) || **~carburant** m Supercarburante, gasolina (*f*) plomo || **~cherie** f Superchería || **~fétatoire** adj Redundante || **~ficie** f Superficie || **~ficiel, elle** adj Superficial || **~flu, e** adj Superfluo, a | — M Lo superfluo || **~forteresse** f Superfortaleza.
superbe adj/f Soberbio, a.
supéri|eur, e adj Superior | — S Superior, a || **~orité** f Superioridad.
super|latif, ive adj/m Superlativo, a || **~marché** m Supermercado || **~posable** adj Superponible || **~posé, e** adj Superpuesto, a; sobrepuesto, a || **~poser** vt Superponer, sobreponer || **~position** f Superposición || **~production** f CIN. Superproducción || **~puissance** f Superpotencia || **~sonique** adj Supersónico, a.
superstiti|eux, euse adj/s Supersticioso, a || **~on** f Superstición.
superstructure f Superestructura.
supervis|er vt Supervisar || **~ion** f Supervisión.
supin m Supino.
supinateur adjm/m ANAT. Supinador.
supplant|ation f Suplantación || **~er** vt Suplantar.
supplé|ance [sypleɑ̃:s] f Suplencia || **~ant, e** adj/s Suplente || **~er** [syplee] vt/i Suplir || **~ment** m Suplemento | DR. *~ d'enquête,* nue-

vas diligencias en el sumario || **~mentaire** adj Suplementario, a; adicional | Extraordinario, a (heures) | *Lit ~*, cama supletoria.
suppli|ant, e adj/s Suplicante || **~cation** f Súplica, suplicación.
supplic|e m Suplicio, tortura *f* | FIG. *Être au ~*, estar atormentado || **~ié, e** s Ajusticiado, a || **~ier** vt Ejecutar, ajusticiar.
suppli|er vt Suplicar, rogar || **~que** f Súplica, ruego *m*.
support m Soporte | FIG. Apoyo, sostén || **~able** adj Soportable || **~er** [sypɔrtœ:r o -tɛ:r] m Partidario, a; seguidor, a | Hincha (sports) || **~er** [sypɔrte] vt Sostener (soutenir) | Sufragar (frais) | Soportar (froid) | Soportar, aguantar | Resistir | — Vp Soportarse, tolerarse mutuamente.
suppos|é, e adj Supuesto, a | — Prep Suponiendo, dando por supuesto | *~ que*, en el supuesto de que || **~er** vt Suponer | Indicar || **~ition** f Suposición, supuesto *m*.
suppositoire m Supositorio.
suppôt [sypo] m Agente | FIG. Secuaz | *~ de Satan*, satélite de Satanás.
suppr|ession f Supresión || **~imer** vt Suprimir | — Vp FAM. Suicidarse.
suppur|ant, e adj Supurante || **~ation** f Supuración || **~er** vi Supurar.
supputer vt Suputar.
supra|national, e adj Supranacional || **~nationalité** f Supranacionalidad || **~terrestre** adj Supraterrestre.
suprématie f Supremacía.
suprême adj Supremo, a (chef) | Sumo, a (degré).
sur [syr] prep En : *s'asseoir ~ une chaise*, sentarse en una silla; *~ toute la ligne*, en toda la línea | Sobre, encima de (au-dessus) | Sobre : *avoir de l'influence ~ qqn*, tener influencia sobre uno | En, sobre : *d'accord ~*, de acuerdo en | Acerca de, sobre (au sujet de) | Por : *6 mètres ~ 4*, 6 metros por 4 : *~ l'ordre de*, por mandato de | De, entre (parmi) : *trois fois ~ dix*, tres veces de diez | De cada : *un ~ deux*, uno de cada dos | De : *Francfort-~-le-Main*, Francfort del Meno | Con : *compter ~ qqn*, contar con uno | A, hacia (vers) | A : *~ sa demande*, a petición suya; *donner ~ la rue*, dar a la calle | Bajo : *~ la recommandation de*, bajo la recomendación de | Mediante (grâce à) | Tras : *lettre ~ lettre*, carta tras carta | *~ ce*, en esto.
sur, e adj Ácido, a (aigre).
sûr, e [sy:r] adj Seguro, a | *J'en suis ~ et certain*, estoy convencido de ello.
sur|abondance f Superabundancia || **~abondant, e** adj Superabundante | Superfluo, a || **~abonder** vi Superabundar || **~ah** m Surá (tissu) || **~aigu, ë** adj Sobreagudo, a || **~ajouter** vt Sobreañadir || **~alimentation** f Sobrealimentación || **~alimenter** vt Sobrealimentar || **~anné, e** adj Caduco, a | Anticuado, a || **~baissement** m Rebajamiento || **~baisser** vt Rebajar || **~bau** m Brazola *f* (des écoutilles) || **~charge** f Sobrecarga (poids, timbre-poste) | Recargo *m* (impôts) | Enmienda, corrección || **~charger** vt Sobrecargar | Recargar | Enmendar, corregir | Abrumar (impôts) || **~chauffe** f Recalentamiento *m* || **~chauffer** vt Calentar demasiado | TECH. Recalentar, sobrecalentar || **~chauffeur** m TECH. Recalentador || **~choix** [syrʃwa] m Primera calidad *f* || **~classer** vt Dominar || **~compression** f Supercompresión || **~contre** m Redoble (bridge) || **~contrer** vt Redoblar || **~coupe** f Contrafallo *m* (jeux) || **~couper** vt Contrafallar || **~croît** [syrkrwa] m Aumento | *De* o *par ~*, además, por añadidura.
surdité f Sordera.
surdorer vt Sobredorar.
surdos [syrdo] m Lomera *f* (harnais).
surdoué, e adj Superdotado, a.
sureau m BOT. Saúco, sabuco.
sur|élévation f Alzamiento *m* | Subida, aumento *m* || **~élever** vt Sobrealzar | Aumentar | Sobreedificar (maison) || **~enchère** f Sobrepuja | Demagogia (électorale) | Sobremarca (bridge) || **~enchérir** vi Sobrepujar | FIG. Prometer más que otro || **~enchérissement** m Sobrepuja *f* | Nuevo aumento (prix) || **~enchérisseur, euse** s Pujador, a || **~entraînement** m Sobreentrenamiento || **~entraîner** vt Entrenar con exceso, sobreentrenar || **~estimation** f Sobrestimación, supervaloración || **~estimer** vt Sobrestimar, supervalorar.
sûreté [syrte] f Seguridad | Seguro *m* (d'une arme) | *En ~*, seguro, en seguridad, a salvo.
sur|évaluer vt Sobrestimar || **~excitation** f Sobreexcitación || **~exciter** vt Sobreexcitar || **~exposer** vt PHOT. Sobreexponer || **~exposition** f PHOT. Sobreexposición || **~façage** m TECH. Refrentado || **~face** f Superficie : *faire ~*, salir a la superficie | *~ de réparation*, área de castigo (football) || **~facer** vt TECH. Refrentar || **~faire*** vt Encarecer (prix) | Sobrestimar (vanter) || **~fait, e** adj Sobrestimado, a || **~fil** o **~filage** m Sobrehilado || **~filer** vt Sobrehilar || **~fin, e** adj Superfino, a || **~gelé, e** adj Ultracongelado, a.
surg|ir vi Surgir || **~issement** m Surgimiento.

sur|haussement [syrosmɑ̃] m ARCH. Alzamiento (construction), peralte (arc, voûte) ‖ **~hausser** vt ARCH. Sobrealzar, realzar; peraltar ‖ **~homme** m Superhombre ‖ **~humain, e** adj Sobrehumano, a ‖ **~imposer** vt Recargar los impuestos de (impôts) ‖ **~imposition** f Recargo (*m*) de impuestos ‖ **~impression** f Sobreimpresión.
surin m FAM. Navaja *f*.
surintendant, e s Superintendente, a.
surjet m Punto por encima, rebatido.
sur-le-champ [syrləʃɑ̃] loc adv En el acto | En seguida.
sur|lendemain m Dos días después, a los dos días ‖ **~menage** m Agotamiento ‖ **~mener** vt Hacer trabajar demasiado, agotar ‖ **~montable** adj Superable ‖ **~monter** vt Coronar, rematar (statue) | Rebasar (dépasser) | FIG. Superar, vencer (difficultés) ‖ **~multiplié, e** adj *Vitesse ~,* superdirecta, directa multiplicada | — F Superdirecta ‖ **~nager** vi Sobrenadar | FIG. Subsistir, sobrevivir ‖ **~naturel, elle** adj Sobrenatural | Prodigioso, a ‖ **~nom** [syrnɔ̃] m Sobrenombre, apodo, mote ‖ **~nombre** m Excedente, demasía *f* | *Être en ~,* estar de sobra *ou* de más ‖ **~nommer** vt Apodar | Denominar, llamar ‖ **~numéraire** adj/m Supernumerario, a.
suroît [syrwa] m Sudeste (vent) | Sueste (chapeau) | Impermeable.
sur|passer vt Sobrepasar, superar, rebasar (dépasser) | Aventajar, estar por encima de (être supérieur) | — Vp Superarse ‖ **~paye** [syrpɛj o -pɛ] f Sobrepaga ‖ **~payer** [-pɛje] vt Pagar con sobreprecio ‖ **~peuplé, e** adj Superpoblado, a ‖ **~peuplement** m Superpoblación *f* ‖ **~place** m « Surplace », « standing » (cycliste) ‖ **~plis** m Sobrepelliz *f* ‖ **~plomb** [syrplɔ̃] m Desplomo, vuelo ‖ **~plomber** vi Estar inclinado (mur) | — Vt Dominar ‖ **~plus** [syrply] m Demasía *f* (excès) | Excedente, sobrante | *Au ~,* por lo demás ‖ **~population** f Excedente (*m*) de población, superpoblación ‖ **~prenant, e** adj Sorprendente ‖ **~prendre*** vt Sorprender | Interceptar, descubrir (secret) ‖ **~pression** f TECH. Superpresión ‖ **~prime** f Sobreprima ‖ **~pris, e** adj Sorprendido, a ‖ **~prise** f Sorpresa ‖ **~prise-partie** f Guateque *m*, asalto *m* ‖ **~production** f Sobreproducción, superproducción ‖ **~réalisme** m Surrealismo ‖ **~réaliste** adj/s Surrealista ‖ **~rénal, e** adj Suprarrenal ‖ **~salaire** m Subsidio familiar ‖ **~saut** [syrso] m Sobresalto, repullo (fam) | Arranque (d'énergie) | FIG. Coletazo (d'un régime) | *En ~,* sobresaltado ‖ **~sauter** vi Sobresaltarse | *Faire ~,* sobresaltar ‖ **~seoir*** [syrswa:r] vi Aplazar, diferir | DR. Sobreseer ‖ **~sis** m Plazo, prórroga *f* | *Avec ~,* con la sentencia en suspenso | MIL. *~ d'incorporation,* prórroga ‖ **~taxe** f Recargo *m* | Sobretasa (postale) ‖ **~taxer** vt Poner una sobretasa, recargar ‖ **~tension** f ÉLEC. Supertensión ‖ **~tout** adv Sobre todo | — M Sobretodo, gabán (vêtement) | Centro de mesa (bibelot) ‖ **~veillance** f Vigilancia ‖ **~veillant, e** [syrvɛjɑ̃, ɑ̃:t] adj/s Vigilante | Inspector, a (d'études) ‖ **~veiller** vt Vigilar | — Vp Vigilarse | Observarse (soi-même) | Cuidarse (malade) ‖ **~venir*** vi Sobrevenir ‖ **~vêtement** m Chandal (de sports) ‖ **~vie** [syrvi] f Supervivencia ‖ **~vivance** f Supervivencia ‖ **~vivant, e** adj/s Superviviente ‖ **~vivre*** vi Sobrevivir ‖ **~vol** m Vuelo por encima de ‖ **~voler** vt Sobrevolar | FIG. Tocar por encima (sujet) ‖ **~voltage** m ÉLEC. Sobrevoltaje, sobretensión *f* ‖ **~volter** vt Aumentar el voltaje | FIG. Electrizar, sobreexcitar ‖ **~volteur** m ÉLEC. Elevador de voltaje.
sus [sy o sys] adv Sobre, encima | *En ~,* encima, además | *Courir ~ à qqn,* echarse sobre uno | — Interj ¡Vamos!, ¡anda!
susceptib|ilité f Susceptibilidad ‖ **~le** adj Susceptible (sensible) | Capaz de, apto para.
susciter vt Suscitar | Crear.
suscription f Sobreescrito *m*.
susdit, e [sysdi, it] adj/s Susodicho, a; antedicho, a.
sus|mentionné, e adj Susodicho, a; arriba citado ‖ **~nommé, e** adj/s Susodicho, a; arriba nombrado.
suspect, ~e [syspɛ, ɛkt] adj/s Sospechoso, a ‖ **~er** vt Sospechar de | Poner en duda.
suspen|dre* vt Colgar, suspender (accrocher) | Suspender (interrompre, etc) ‖ **~du, e** adj Suspendido, a; colgado, a | Suspendido, a (voiture) | Cesante (fonctionnaire) | Colgante (pont, jardin) ‖ **~s** [syspɑ̃] adj *En ~,* en suspenso | *Problèmes en ~,* problemas pendientes ‖ **~se** [sœspɛns o syspɑ̃:s] m Suspense (film, etc) ‖ **~sif, ive** adj Suspensivo, a (ponctuation) ‖ **~sion** f Suspensión | Lámpara colgante, colgante *m* | *Points de ~,* puntos suspensivos.
suspicion f Sospecha, recelo *m*.
sustent|ation f Sustentación ‖ **~er** vt Sustentar.
susurr|ement m Susurro ‖ **~er** vt/i Susurrar.

sutur|e f Sutura || **~er** vt Suturar.
suzerain, ~e adj Soberano, a | — M Señor feudal || **~eté** f Soberanía feudal.
svastika f Esvástica.
svelt|e adj Esbelto, a || **~esse** f Esbeltez.
sweater [switœ:r] m Suéter, jersey.
sybarite adj/s Sibarita.
sycomore m BOT. Sicomoro.
syllab|aire m Cartilla *f*, silabario || **~e** f Sílaba || **~ique** adj Silábico, a || **~us** [si(l)labys] m Syllabus.
syllogisme m Silogismo.
sylphide f Sílfide.
sylv|estre adj Silvestre || **~iculteur** m Silvicultor || **~iculture** f Silvicultura.
symbiose f Simbiosis.
symbol|e m Símbolo || **~ique** adj Simbólico, a || **~iser** vt Simbolizar || **~isme** m Simbolismo || **~iste** adj/s Simbolista.
symétr|ie f Simetría || **~ique** adj Simétrico, a.
sympa adj FAM. Simpaticón, ona || **~thie** [sɛ̃pati] f Simpatía || **~thique** adj/m Simpático, a || **~thisant, e** adj/s Simpatizante || **~thiser** vi Simpatizar.
symphon|ie f Sinfonía || **~ique** adj Sinfónico, a.
symposium [sɛ̃pozjɔm] m Simposio.
sympt|omatique adj Sintomático, a || **~ôme** m Síntoma.
synagogue f Sinagoga.
synchro|ne [sɛ̃krɔn] adj Sincrónico, a; síncrono, a || **~nisation** f Sincronización || **~niser** vt Sincronizar || **~nisme** m Sincronismo || **~tron** m Sincrotrón.
synclinal, e adj/m Sinclinal.
syncop|e f Síncope *m* | GRAM. MUS. Síncopa || **~er** vt Sincopar.
synd|ic [sɛ̃dik] m Síndico | Presidente de la comunidad de propietarios || **~ical, e** adj Sindical || **~icalisme** m Sindicalismo || **~icaliste** adj/s Sindicalista || **~icat** m Sindicato (ouvriers) | Comunidad *f* (propriétaires) | **~** *d'initiative*, oficina de turismo || **~iqué, e** adj/s Sindicado, a || **~iquer** vt Sindicar.
syn|drome m MÉD. Síndrome || **~érèse** f Sinéresis || **~ergie** f Sinergia.
synode m Sínodo.
synonym|e adj/m Sinónimo, a || **~ie** f Sinonimia.
synop|sis [sinɔpsis] f Sinopsis | — M CIN. Guión || **~tique** adj Sinóptico, a.
synov|ial, e adj Sinovial || **~ie** f Sinovia.
synt|actique ou **~axique** adj Sintáctico, a || **~axe** f Sintaxis.
synth|èse f Síntesis || **~étique** adj Sintético, a || **~étiser** vt Sintetizar.
syntonisation f RAD. Sintonización.
syphil|is [sifilis] f Sífilis || **~itique** adj/s Sifilítico, a.
syrien, enne adj/s Sirio, a.
syst|ématique adj/f Sistemático, a || **~ématisation** f Sistematización || **~ématiser** vt Sistematizar || **~ème** m Sistema | FAM. **~** *D*, maña, habilidad. *Taper sur le* **~**, quemar la sangre.
systole f Sístole.

t

t m T *f*.
ta adj pos f Tu.
taba|c [taba] m Tabaco | FAM. Estanco (bureau de tabac) | — Pl Tabacalera *fsing* | *Bureau de* **~**, estanco, expendeduría de tabaco | FAM. *Passer à* **~**, zurrar la badana | **~** *à chiquer*, tabaco de mascar | **~** *à priser*, tabaco en polvo, rapé || **~gie** f Fumadero *m*.
tabard [taba:r] m Tabardo.
tabasser vt POP. Sacudir el polvo, zurrar la badana (battre).
tabatière f Tabaquera | Tragaluz *m* (fenêtre).
tabernacle m Tabernáculo | Sagrario, tabernáculo (liturgie catholique).
tabl|e f Mesa : *desservir, mettre la* **~**, quitar, poner la mesa; *se mettre à* **~**, sentarse en la mesa | FIG. Comida (nourriture), comensales *mpl* (convives) | MATH. Tabla : **~** *de multiplication*, tabla de multiplicar | *À* **~***!*, a la mesa, a comer | *Faire* **~** *rase*, hacer tabla rasa | FIG. FAM. *Se mettre à* **~**, cantar de plano (confesar un delincuente) | **~** *de nuit*, mesilla de noche | **~** *des matières*, índice | **~** *roulante*, carrito | *Tables de la Loi*, Tablas de la Ley | **~***s gigognes*, mesas de nido (tables superposées) | *Tenir* **~** *ouverte*, tener mesa franca || **~eau** m Cuadro | Tablero, encerado, pizarra *f* (à l'école) | Paño

(cartes) | FIG. *Jouer o miser sur deux ~x*, jugar a dos paños | MAR. *~ arrière*, espejo de popa | *~ d'affichage*, tablón de anuncios (pour annoncer), marcador (sports) | *~ d'avancement*, escalafón | *~ de bord*, salpicadero (auto), cuadro de instrumentos (avion) || **~ée** f Conjunto (*m*) de comensales || **~er** vi Contar (*sur*, con) || **~ette** f Anaquel *m*, tabla (rayon) | Alféizar *m* (de fenêtre) | Repisa (de cheminée, de radiateur) | Pastilla, tableta (chocolat, médicament) | — Pl Tablillas || **~ier** m Delantal | Babero (pour enfants) | Cortina *f* (de cheminée) | Salpicadero (de voiture) | Tablero (d'un pont).

tabou adj/m Tabú.

tabouret m Taburete (siège) | Escabel (pour les pieds).

tabulat|eur m Tabulador || **~rice** f Tabuladora.

tac m *Riposter du ~ au ~*, responder en los mismos términos.

tache f Mancha | FIG. Tacha, defecto *m* | FIG. *Faire ~ d'huile*, extenderse como mancha de aceite | *~s de rousseur*, pecas.

tâche f Tarea, labor | *À la ~*, a destajo.

tacher vt Manchar | FIG. Mancillar, manchar.

tâch|er vi Tratar de, procurar || **~eron** m Destajista.

tacheter vt Motear.

tachycardie [takikardi] f Taquicardia.

tacit|e adj Tácito, a || **~urne** adj Taciturno, a.

tacot m FAM. Cacharro (véhicule).

tact [takt] m Tacto.

tacticien m Táctico.

tactile adj Táctil.

tactique adj/f Táctico, a.

taffetas [tafta] m Tafetán.

tafia m Tafia *f* (eau-de-vie).

tagal, e adj/s Tagalo, a.

Tage nprm Tajo.

taie [tɛ] f Funda [de almohada] | MÉD. Nube.

taillad|e [tɑjad] f Tajo *m* | Cuchillada (dans une étoffe) || **~er** vt Acuchillar.

taille [tɑ:j] f Corte *m* (coupure) | Filo *m* (tranchant) | Estatura, talla (stature) | Tamaño *m* (grandeur) | Dimension, extensión | Talla, número *m*, medida (de vêtement) | Talle *m*, cintura (ceinture) | Talla (d'un diamant) | Poda (des arbres) | *De ~*, enorme | FIG. *Être de ~ à*, ser capaz de, tener talla para.

taill|é, e [tɑje] adj Listo, a (prêt) | Hecho para (fait pour) | FIG. Proporcionado, a || **~e-crayon** [tɑjkrɛjɔ̃] m Sacapuntas || **~e-mer** m Tajamar (d'un bateau) || **~er** vt Cortar | Podar (arbres) | Afilar, sacar punta (un crayon) | Tallar, labrar (pierre, diamant) | — Vp POP. Largarse || **~eur** m Cantero (de pierres) | Sastre (couturier) | Traje de chaqueta *ou* sastre (costume) || **~is** [taji] m Bosquecillo, monte bajo.

tain m Azogue.

taire* vt Callar | *Faire ~*, mandar callar, acallar | — Vp Callarse.

talc m Talco.

talent m Talento || **~ueux, euse** adj FAM. Talentoso, a.

talion m Talión.

talisman m Talismán.

talmouse f FAM. Bimba (gifle).

taloche f FAM. Pescozón *m* (coup) | Llana (de maçon).

talon m Talón | Tacón (de chaussure) | Extremidad *f* (du pain) | Matriz *f* (de carnet) | Resguardo (d'un reçu) | Montón (dans les jeux de cartes) | Cazoleta *f* (de pipe) | FIG. *Marcher sur les ~s de qqn*, pisarle a uno los talones. *Tourner les ~s*, volver las espaldas || **~ner** vt Seguir de cerca | Espolear (un cheval) | FIG. Acosar || **~nette** f Talón (*m*) reforzado | Plantilla (dans la chaussure) | Talonera (de pantalon).

talquer vt Espolvorear con talco.

talus m Talud, declive | MIL. Escarpa *f*.

talweg [talvɛg] m Vaguada *f*.

tamanoir m Oso hormiguero.

tamar|in ou **~inier** m BOT. Tamarindo || **~is** m BOT. Tamarisco, tamariz, taray.

tambouille [tɑ̃buj] f POP. Guisote *m*.

tambour m Tambor | Cancel (porte) | Bastidor (à broder) | FIG. *Annoncer avec ~ et trompette*, anunciar a bombo y platillos | *~ de basque*, pandereta, pandero || **~in** m Tamboril || **~inage** ou **~inement** m Tamborileo || **~inaire** m Tamborilero || **~iner** vi Tamborilear (avec les doigts) | Repiquetear | Tocar el tambor (jouer du tambour) | — Vt Tocar con el tambor | Pregonar (annoncer) || **~ineur** m Tamborilero || **~-major** m Tambor mayor.

tamis [tami] m Tamiz, cedazo.

Tamise nprf Támesis *m*.

tamiser vt Tamizar, cerner.

tampon m Tapón (bouchon) | Tampón, sello (cachet) | Matasellos (de la poste) | Tampón, almohadilla *f* (pour encrer) | Muñeca *f* (pour frotter) | Tope (chemin de fer) | Taco (cheville) | Tapadera *f* (d'un égout) | FIG. Tapón || **~nement** m Choque | MÉD. Taponamiento || **~ner** vt Taponar (boucher) | Chocar con

(véhicules) | Topar (trains) | Sellar (apposer un cachet) | — Vp Chocar || **~noir** m Taladro.
tam-tam [tamtam] m Gong | Tantán (en Afrique) | FAM. Bombo, publicidad *f;* escándalo (vacarme).
tan [tã] m Casca *f* (écorce de chêne).
tancer vt Reprender.
tanche f Tenca (poisson).
tandem [tãdɛm] m Tándem.
tandis que conj Mientras que.
tandour m Mesa *(f)* camilla.
tangage m MAR. Cabeceo.
tang|ence f Tangencia || **~ent, e** adj Tangente | FAM. Justo, a | — F Tangente || **~ible** adj Tangible.
tango m Tango.
tangon m MAR. Tangón, botalón.
tanguer vi MAR. Cabecear.
tanière f Guarida | FIG. Cuchitril *m.*
tanin m Tanino.
tank [tã:k] m MIL. Tanque | Depósito, tanque (réservoir) || **~er** [tãkɛ:r] m MAR. Petrolero.
tann|age m Curtido || **~ant, e** adj FAM. Cargante || **~é, e** adj Curtido, a | Bronceado, a; tostado, a (peau humaine) || **~er** vt Curtir | FAM. Dar la lata, cargar | POP. Zurrar (frapper) || **~erie** [tanri] f Curtiduría || **~eur** adjm/m Curtidor || **~in** m Tanino.
tant adv Tanto, a; tantos, as | Tanto (à tel point) | De tan, por lo : *je ne peux marcher ~ je suis fatigué,* no puedo andar de tan cansado como estoy *ou* por lo cansado que estoy | *En ~ que,* como, en calidad de | *Si ~ est que,* suponiendo que | *~ bien que mal,* mal que bien | *~ de,* tanto, a | *~ et plus,* tanto y más, muchísimo | *~ mieux,* tanto mejor, mejor | *~ pis,* tanto peor, mala suerte | *~ pis pour toi,* peor para ti | *~ pour cent,* tanto por ciento | *~ que,* mientras; tanto que; hasta donde (jusqu'où), tanto como, todo el tiempo que (tout le temps que) | *~ ... que,* tanto ... como | *~ soit peu,* un tanto, algo | FAM. *Un ~ soit peu,* un poquito.
tantale m Tantalio (métal).
tante f Tía | POP. Marica *m.*
tantième adj Enésimo, a | — M Tanto por ciento, tanto.
tantine f FAM. Tita.
tantinet m Poquito, pizca *f* | *Un ~,* algo, un poco.
tantôt [tãto] adv Luego (après) | Hace poco, antes (avant) | Por la tarde (l'après-midi) | *~ ... ~,* tan pronto ... como, ya ... ya, unas veces ... otras | — M FAM. Tarde *f.*
taon [tã] m Tábano (insecte).
tap|age m Alboroto, jaleo | FIG. Escándalo, ruido || **~ageur, euse** adj/s Alborotador, a; ruidoso, a | — Adj FIG. Llamativo, a (criard), escandaloso, a.
tap|ant, e adj FAM. En punto || **~e** f Cachete *m* (gifle) | Tapón *m* (bouchon) || **~é, e** adj Mecanografiado, a | FAM. Chiflado, a (fou), oportuno, a || **~e-à-l'œil** [tapalœj] adj inv FAM. Llamativo, a | — M inv FAM. Farfolla *f,* camelo || **~ée** f FAM. Porrada, la mar de || **~er** vt Pegar (battre) | FAM. Dar un sablazo (emprunter de l'argent), mecanografiar | — Vi Pegar | Subirse a la cabeza (le vin) | *~ sur,* golpear (battre), poner como un trapo (critiquer), aporrear (le piano) | — Vp POP. Cargarse (une corvée), zamparse (manger, boire) | POP. *~ dessus,* zurrarse la badana || **~ette** f Cachete *m* (gifle) | POP. Marica *m* || **~eur, euse** s FAM. Sablista.
tapinois (en) loc adv FAM. A escondidas, a la chita callando.
tapioca m Tapioca.
tapir (se) vp Agazaparse, agacharse.
tapis [tapi] m Alfombra *f* (pour le parquet) | Tapete (pour un meuble) | Tapiz (tapisserie) | FAM. Lona *f* (boxe) | FIG. *Mettre sur le ~,* poner sobre el tapete | *~-brosse,* felpudo, estera | *~ roulant,* transportador (pour marchandises), pasillo rodante (pour personnes) || **~ser** vt Tapizar (murs, fauteuils) | Empapelar (avec du papier) | Revestir, cubrir (revêtir) || **~serie** f Tapicería | Tapiz *m* (pour les murs) | Colgadura (tenture) | Empapelado *m* (papier) | FIG. *Faire ~,* quedarse en el poyete (au bal) || **~sier, ère** s Tapicero, a | Empapelador, a.
tapoter vt Dar golpecitos.
taqu|er [take] vt IMPR. Nivelar con el tamborilete; igualar || **~et** m Taco, cuña *f* | Uña *f* (d'un mécanisme) || **~in, e** adj/s Guasón, ona || **~iner** vt Hacer rabiar, pinchar || **~inerie** f Broma, guasa || **~oir** m IMPR. Tamborilete.
tarabiscoter vt FIG. Recargar, alambicar, rebuscar.
tarabuster vt FAM. Molestar.
tarare m AGR. Aventadora *f.*
tarasque f Tarasca.
taraud [taro] m TECH. Terraja *f* || **~age** m Roscado, aterrajado.
tard [ta:r] adv Tarde | *Au plus ~,* a más tardar, lo más tarde | — M Anochecer || **~er** vi Tardar *(à, en)* | *Il me tarde de,* estoy impaciente por || **~if, ive** adj Tardío, a.
tar|e f Tara | Defecto *m* (défaut) | FIG. Deterioro *m* (perte de valeur), tara, defecto *m* || **~é, e** adj Averiado, a; deteriorado, a | FIG. Tarado, a.
tarentule f Tarántula.
tarer vt Deteriorar (gâter, abîmer).

taret m ZOOL. Broma *f* (mollusque).
targe f Adarga.
targette f Pestillo *m*, pasador *m*.
targuer (se) vp Hacer alarde, jactarse.
tarière f Taladro *m*.
tarif m Tarifa *f* | Arancel (droit de douane) ‖ **~aire** adj Arancelario, a.
tar|ir vt Agotar, secar | Parar (arrêter) | Acabar con (en finir avec) | — Vi Agotarse, secarse | FIG. Cesar de hablar ‖ **~issable** adj Agotable ‖ **~issement** m Agotamiento.
tarse m ANAT. Tarso.
tartan m Tartán.
tartane f Tartana (bateau).
tartare adj/s Tártaro, a.
tart|e f Tarta | FAM. Tortazo *m*, torta (gifle) ‖ **~elette** f Tartaleta, tartita ‖ **~ine** f Rebanada de pan con mantequilla, miel, mermelada, etc | FAM. Rollo *m*, escrito (*m*) pesado, discurso (*m*) pesado, tostón *m*.
tartr|e m Tártaro | Sarro (des dents) | Incrustación *f*, sarro (des chaudières, etc) ‖ **~ique** adj Tártrico, a.
tartufe m Tartufo, hipócrita, mojigato ‖ **~rie** f Hipocresía, mojigatería.
tas [tɑ] m Montón, pila *f* | Tas (enclume) | FAM. Partida *f*, pandilla *f* (bande), la mar *f*, montón (grand nombre) | FAM. *Taper dans le ~*, escoger a bulto.
tasse f Taza.
tass|ement m Asiento (d'une construction) | Apisonamiento (de la terre) ‖ **~er** vt Apisonar (aplatir) | Apretujar, comprimir (réduire de volume) | Apiñar (personnes) | Apilar, amontonar (mettre en tas) | FIG. *Bien tassé*, bien servido (boisson) | — Vp Hundirse (s'affaisser) | Apiñarse, apretujarse (se serrer) | Volverse achaparrado (rapetisser) | FAM. Calmarse.
tassette f Falda (d'armure).
taste-vin m inv Catavinos.
tât|er vt Tentar, tocar | Tantear, sondear (sonder) | Tomar (le pouls) | — Vi Probar (essayer) | — Vp Tentarse | Reflexionar, pensarlo bien ‖ **~e-vin** [tɑtvɛ̃] m inv Catavinos.
tatillon, ~onne [tatijɔ̃, ɔn] adj/s FAM. Puntilloso, a ‖ **~ner** vi Reparar en minucias.
tât|onnement m FIG. Tanteo, sondeo, titubeo ‖ **~onner** vi Buscar a tientas | FIG. Tantear, titubear ‖ **~ons (à)** [atɑtɔ̃] loc adv A tientas, a ciegas.
tatou|age m Tatuaje ‖ **~er** vt Tatuar.
taudis m Cuchitril, tugurio.
taup|e f Topo *m* | FAM. Clase preparatoria para la Escuela Politécnica | FAM. *Être myope comme une ~*, ver menos que un topo ‖ **~inière** f Topera | FIG. Montículo *m*.
taur|eau m Toro | ASTR. Tauro ‖ **~illon** [torijɔ̃] m Becerro ‖ **~in, e** adj Taurino, a ‖ **~omachie** f Tauromaquia.
tautologi|e f Tautología ‖ **~que** adj Tautológico, a.
taux [to] m Tasa *f* | Tipo de interés (intérêt annuel) | Porcentaje | Índice, coeficiente | *~ de change*, cambio | *~ d'escompte*, tipo de descuento.
tavel|er vt Manchar ‖ **~ure** f Mancha.
tavern|e f (Vx) Taberna | Hostería ‖ **~ier, ère** s Tabernero, a.
tax|ation f Tasación ‖ **~e** [taks] f Tasa, tarifa | Impuesto *m* (impôt) | Arancel *m* (de douane) | *~ à la valeur ajoutée*, impuesto al valor añadido *ou* agregado ‖ **~er** vt Tasar | Gravar (impôt) | FIG. Tachar ‖ **~i** m Taxi | *Chauffeur de ~*, taxista ‖ **~idermie** f Taxidermia ‖ **~imètre** m Taxímetro ‖ **~iphone** m Teléfono público.
tchécoslovaque adj/s Checoslovaco, a.
Tchécoslovaquie nprf Checoslovaquia
tchèque adj/s Checo, a.
te pron pers Te.
té m Te *f* (lettre, équerre).
techn|icien, enne [tɛknisjɛ̃, jɛn] s Técnico *m*, especialista ‖ **~icité** f Tecnicismo *m*, tecnicidad ‖ **~ique** adj/f Técnico, a ‖ **~ocrate** s Tecnócrata ‖ **~ocratie** f Tecnocracia ‖ **~ologie** f Tecnología ‖ **~ologique** adj Tecnológico, a.
teck ou **tek** m Teca *f* (árbol).
tectonique adj/f Tectónico, a.
tee-shirt m Niqui [*Amér.*, playera *f*].
tégument m Tegumento.
teign|e f Polilla (insecte) | FAM. Bicharraco *m* | MÉD. Tiña ‖ **~eux, euse** adj/s Tiñoso, a.
teindre* vt Teñir (*en*, de).
teint [tɛ̃] m Tinte, colorido | Tez *f*, color (du visage) | *Grand ~*, color sólido (tissu) ‖ **~e** f Tinte *m*, color *m* | FIG. Matiz *m* ‖ **~é, e** adj Teñido, a | Ahumado, a (verres) | Moreno, a (peau) ‖ **~er** vt Teñir ‖ **~ure** f Tintura, tinte *m* | FIG. Barniz *m*, baño *m* ‖ **~urerie** [tɛ̃tyrri] f Tintorería, tinte *m* ‖ **~urier, ère** adj/s Tintorero, a.
tel, telle adj indéf Tal, semejante | Tal, este (ce) | *Il n'y a rien de ~ pour*, no hay nada como eso para | *~ que, ~ quel*, tal cual | — Pron indéf Quien, alguien | *Un ~, Une ~*, Fulano, Fulana [de Tal].
télé f FAM. Tele ‖ **~commande** f Telemando *m* ‖ **~communication** f Telecomunicación ‖ **~gramme** m Telegrama ‖ **~graphe** m Telégrafo ‖ **~graphie** f Telegrafía ‖ **~graphier** vt/i Telegrafiar ‖ **~graphique** adj Telegráfico, a ‖ **~graphiste** adj/s Telegrafista ‖ **~guidage** m Dirección

(*f*) a distancia ‖ **~guider** vt Teleguiar, teledirigir ‖ **~imprimeur** m Teleimpresor ‖ **~matique** f Telemática ‖ **~mètre** m Telémetro ‖ **~objectif** m Teleobjetivo ‖ **~pathie** [telepati] f Telepatía ‖ **~phérique** adj/m Teleférico, a ‖ **~phone** m Teléfono | *Coup de ~*, telefonazo ‖ **~phoner** vt/i Telefonear ‖ **~phonie** f Telefonía ‖ **~phonique** adj Telefónico, a ‖ **~phoniste** s Telefonista ‖ **~scopage** m Choque de frente ‖ **~scope** m Telescopio ‖ **~scoper** vt Chocar de frente ‖ **~scopique** adj Telescópico, a ‖ **~scripteur** m Teleimpresor ‖ **~siège** m Telesilla ‖ **~ski** m Telesquí ‖ **~spectateur, trice** s Televidente ‖ **~type** m Teletipo ‖ **~viser** vt Televisar ‖ **~viseur** adjm/m Televisor ‖ **~vision** f Televisión ‖ **~visuel, elle** adj Televisivo, a.

télex m Telex.

tellement adv De tal manera (de telle sorte) | Tan (si) | Tanto (autant) | FAM. *Pas ~*, no tanto; no muy.

tellur|e m Telurio ‖ **~ique** adj Telúrico, a.

témér|aire adj/s Temerario, a ‖ **~ité** f Temeridad.

témoign|age m Testimonio | FIG. Muestra *f* | *Porter ~*, dar testimonio | *Porter un faux ~*, levantar un falso testimonio | *Rendre ~ de*, dar fe de ‖ **~er** vi Testimoniar, atestiguar | Declarar como testigo | — Vt Manifestar | Demostrar (démontrer).

témoin m Testigo *m* y *f* | Padrino (d'un duel) | Testigo (sports, technique) | *Appartement ~*, piso de muestra *ou* piloto | *Prendre à ~*, tomar por testigo | *~ à charge*, testigo de cargo.

tempe f Sien.

tempér|ament m Temperamento | FIG. Carácter, índole *f* (caractère), templanza *f*, moderación *f* | *Vente à ~*, venta a plazos ‖ **~ance** f Templanza ‖ **~ant, e** adj Temperante | Mesurado, a; templado, a (sobre) ‖ **~ature** f Temperatura | Fiebre, calentura (fièvre) ‖ **~é, e** adj Templado, a ‖ **~er** vt Templar | Moderar.

temp|ête f Tempestad, temporal *m* (en mer), tormenta (sur terre) | FIG. Torrente *m* ‖ **~êter** vi Echar pestes ‖ **~étueux, euse** adj Tempestuoso, a.

templ|e m Templo ‖ **~ier** m Templario.

tempor|aire adj Temporal, temporario, a ‖ **~el, elle** adj Temporal | — M Lo temporal | REL. Temporalidades *fpl* ‖ **~isateur, trice** adj/s Contemporizador, a; transigente ‖ **~isation** f Contemporización ‖ **~iser** vi Contemporizar.

temps [tɑ̃] m Tiempo | Época *f*, estación *f*, tiempo (saison) | *À plein ~*, de dedicación exclusiva, de plena dedicación | *À ~*, a tiempo, con tiempo | *Au ~ jadis*, en tiempos remotos | FIG. *Au ~ où les bêtes parlaient*, en tiempos de Maricastaña | *Avec le ~*, con el tiempo, andando el tiempo | *Avoir le ~*, tener tiempo | *Dans le ~*, antiguamente, en tiempos remotos | *De mon ~*, en mis tiempos | *Depuis le ~*, desde entonces | *De ~ en ~*, de vez en cuando | *En même ~*, al mismo tiempo | *En ~ utile*, en tiempo hábil *ou* oportuno, a su debido tiempo | *En ~ voulu*, a tiempo | *Entre-~*, entre tanto | *Gros ~*, temporal | *Il est ~ de*, ya es hora de | *Laisser faire le ~*, dar tiempo al tiempo | *La plupart du ~*, la mayoría de las veces | *~ d'arrêt*, parada | FAM. *~ de chien*, tiempo de perros | *Travailler à plein ~*, trabajar la jornada completa.

tenable adj Defendible.

tenace adj Tenaz.

ténacité f Tenacidad.

tenaill|e f ou **~es** [t(ə)nɑ:j] fpl Tenazas *pl* | MIL. Tenaza *sing* ‖ **~er** vt Atenazar | FIG. Atormentar.

ten|ancier, ère s Colono *m*, cortijero, a (d'une ferme) | Gerente, encargado, a ‖ **~ant, e** adj *Séance ~*, en el acto | — M Mantenedor (dans un tournoi) | FIG. Defensor, partidario (d'une opinion) | Poseedor (d'un titre) | *Connaître les ~s et les aboutissants*, conocer los pormenores | *D'un seul ~*, de una sola pieza.

tend|ance f Tendencia | FIG. Inclinación, propensión ‖ **~ancieux, euse** adj Tendencioso, a.

tender [tɑ̃dɛ:r] m Ténder.

tend|eur m Tensor ‖ **~on** m Tendón.

tend|re adj Tierno, a; blando, a | FIG. Tierno, a (jeune), tierno, a; sensible; cariñoso, a (affectueux) | — *Vt Tender | Estirar (étirer) | Alargar (allonger) | Tapizar (tapisser) | Armar (dresser) | Preparar, tender (un piège) | — Vi Dirigirse, tender ‖ **~resse** f Ternura, cariño *m* | — Pl Caricias ‖ **~reté** f Blandura ‖ **~ron** m Retoño | Ternillas *fpl* (viande) | FAM. Pimpollo, jovencita *f* ‖ **~u, e** adj Tenso, a; tirante | FIG. Tirante.

tén|èbres fpl Tinieblas ‖ **~ébreux, euse** adj Tenebroso, a.

ten|eur f Tenor *m*, contenido *m* | Proporción (dose) ‖ **~eur, euse** s Poseedor, a | — M Tenedor (de livres).

ténia m Tenia *f*, solitaria *f*.

tenir* vt Tener | Mantener (maintenir, entretenir) | Poseer, tener (posséder) | Retener (retenir) | Sujetar (fixer) | Llevar (diriger) | Regentar (bureau de tabac) | Mantener, cuidar (une maison) | Contener (contenir) | Sostener, soportar (soutenir) | Ocupar, coger (de la place) | Cumplir (une promesse, etc) | Proferir (des propos) | Pronunciar (prononcer) | Decir (dire) | Sostener (une conversation) | Tener, celebrar (une réunion) | Guardar (garder) | Desempeñar (un rôle) | Dar por (considérer) | Apoderarse de, dominar (s'emparer de) | *~ à jour,* tener al día | *~ compagnie,* acompañar, hacer compañía | *~ compte de,* tener en cuenta | *~ pour,* tener por, considerar como | *Tiens!,* ¡hombre!, ¡vaya! (exprime la surprise) | — Vi Tocar con, estar contiguo a (être contigu) | Sostenerse (se soutenir) | Estar sujeto (être fixé) | Durar (durer) | Resistir, aguantar (résister) | Cuajar (la neige) | Agarrar (couleur, colle) | Caber (être contenu) | Deberse a (être dû à) | Tener algo de (ressembler) | Tener interés por | Tener empeño en (s'efforcer de) | Querer (vouloir) | Apreciar (apprécier) | Depender | Mantenerse (se maintenir) | *Il vaut mieux ~ que courir,* más vale pájaro en mano que ciento volando | FAM. *Ne pas ~ debout,* no tener ni pies ni cabeza (être incohérent). *Il a de qui ~!,* ¡tiene a quién salir! | *Ne plus ~,* no poder más | *Qu'à cela ne tienne,* que no quede por eso (malgré cela) | *~ bon,* sujetarse bien (clou), resistir, mantenerse firme | *~ pour,* ser partidiario de | *Y ~,* tener mucho interés por ello | — Vimp *Il ne tient qu'à lui,* sólo depende de él | — Vp Agarrarse, cogerse | Estar (se trouver, être) | Quedarse (rester) | Mantenerse (se maintenir) | Comportarse, portarse (se comporter) | Considerarse | Tener lugar, celebrarse (avoir lieu) | Ser lógico *ou* coherente | Estar íntimamente relacionado | *S'en ~ à,* atenerse a | *S'en ~ là,* no ir más allá | *~ mal,* tener una mala postura (position), portarse mal (conduite) | *Se ~ prêt à,* estar dispuesto a | *~ tranquille,* estarse quieto.

tennis [tɛnis] m Tenis : *court de ~,* campo de tenis.

tenon m TECH. Espiga *f.*

ténor m Tenor.

tens|eur adjm/m ANAT. Tensor || **~ion** f Tensión | FIG. Tirantez, tensión.

tentacul|aire adj Tentacular || **~e** m Tentáculo.

tent|ant, e adj Tentador, a || **~ateur, trice** adj/s Tentador, a || **~ation** f Tentación || **~ative** f Tentativa | DR. Intento *m.*

tente f Tienda de campaña [*Amér.,* carpa] | Tienda, cámara (à oxygène).

tenter vt Intentar (essayer) | Tentar (séduire) | *~ de,* tratar de, procurar, intentar | *~ sa chance,* probar fortuna.

tenture f Colgadura (tapisserie) | Papel (*m*) pintado (papier) | Paño (*m*) *ou* colgadura fúnebre.

tenu, e adj Sostenido, a; firme (valeurs en Bourse) | Cuidado, a (soigné) | *Être ~ de,* estar obligado a | *Mal ~,* descuidado | — F Modales *mpl* (comportement) | Porte *m* (allure) | Vestimenta (vêtements) | Reunión, celebración (réunion) | Dignidad | Firmeza, tónica (des valeurs en Bourse) | MIL. Uniforme *m* : *grande ~,* uniforme de gala | FIG. Cuidado *m* (soins), orden *m* | Presentación | FAM. *En petite ~,* en paños menores | *En ~,* de uniforme | *~ de livres,* teneduría de libros | *~ de route,* adherencia | *~ de soirée,* traje de etiqueta | *~ de soirée de rigueur,* se ruega etiqueta | *~ de ville,* traje de calle.

ténu, e adj Tenue.

ténuité f Tenuidad.

tercet m Terceto (vers).

térébenthine f Trementina.

tergal m Tergal.

tergivers|ation f Vacilación, titubeo *m* || **~er** vi Vacilar, titubear.

terme m Término | Alquiler trimestral (loyer trimestriel) | Término, plazo (délai) : *vente à ~,* venta a plazos | Término, vocablo (mot) | COM. Vencimiento | *Aux ~s de,* según | *Avant ~,* antes de tiempo | *Mettre un ~ à,* dar por terminado, poner término a | *Venir à ~,* vencer (une dette).

termin|aison f Terminación || **~al, e** adj Terminal | — M Terminal (d'ordinateur) || **~er** vt/i Terminar | Limitar || **~ologie** f Terminología || **~us** [tɛrminys] m Término, final de línea.

termit|e m Comején, termita *f,* termes || **~ière** f Comejenera, termitero *m.*

ternaire adj Ternario, a.

tern|e adj Apagado, a; sin brillo || **~ir** vt Empañar | Deslustrar (tissu).

terrain m Terreno | Campo (de sports) | *~ à bâtir, vague,* solar | *~ irrigué,* regadío | *~ non irrigué,* secano.

terrass|e f Terraza | AGR. Bancal *m,* terraza || **~ement** m Excavación *f,* movimiento *ou* remoción (*f*) de tierras | Explanación *f,* desmonte || **~er** vt Cavar | Nivelar (égaliser) | Derribar (jeter par terre) | FIG. Vencer (vaincre), abatir, consternar (abattre), fulminar (par une maladie).

terr|e f Tierra | Suelo *m* (sol) | Barro *m* (terre cuite) | *À ~* o *par ~,* en el suelo, al suelo | *Jeter par ~,* derribar, tirar al suelo | *~ à blé,* tierra paniega | *~ à foulon,* tierra de batán | *~ à ~,* prosaico, a |

~ *cuite,* terracota | ~ *glaise,* barro, greda || **~eau** m Mantillo.
Terre-Neuve nprf Terranova.
terre-plein [tɛrplɛ̃] m Terraplén | Explanada *f.*
terrer vt AGR. Echar tierra; enterrar | — Vp FIG. Esconderse | Meterse en una madriguera (un lapin).
terrestre adj Terrestre | Terrenal (paradis) | Terráqueo, a (le globe) | FIG. Terreno, a (intérêts, etc).
terreur f Terror *m.*
terreux, euse adj Terroso, a.
terrible adj Terrible.
terrien, enne adj/s Terrateniente (qui possède des terres) | Rural | Habitante de la tierra, terrícola | FAM. Hombre de tierra adentro.
terrier m Madriguera *f* | Zarcero.
terrif|iant, e adj Terrorífico, a; aterrador, a || **~ier** vt Aterrar, aterrorizar.
terril m Escombrera *f.*
terrine f Lebrillo *m* (récipient) | Terrina, conserva de carnes en tarro.
terri|toire m Territorio || **~torial, e** adj Territorial.
terroir m Terruño, patria (*f*) chica.
terror|iser vt Aterrorizar, asustar || **~isme** m Terrorismo || **~iste** adj/s Terrorista.
terti|aire [tɛrsjɛ:r] adj/s Terciario, a || **~o** adv En tercer lugar, tercero.
tertre m Cerro, colina *f.*
tes [tɛ] adj poss pl Tus.
tessiture f MUS. Tesitura.
tesson m Casco, tiesto.
test [tɛst] m Test, prueba *f* | Caparazón (des mollusques).
tes|tament m Testamento : ~ *authentique,* testamento abierto || **~tamentaire** adj Testamentario, a | *Exécuteur* ~, albacea || **~tateur, trice** s Testador, a || **~ter** vi Testar, hacer testamento | — Vt Someter a un test *ou* a una prueba.
testicule m Testículo.
tétan|ique adj Tetánico, a || **~os** [tetanɔs] m MÉD. Tétanos.
têtard m Renacuajo (grenouille).
tête f Cabeza : *ôter de la* ~, sacar de la cabeza | Cabeza (extrémité) | Cara (visage) | Cabecera (de lit) | Copa (d'arbre) | *À la ~ de,* al frente de | *Avoir ses ~s,* tener sus manías | FIG. *Avoir une ~ sans cervelle,* tener la cabeza a pájaros. *Coup de ~,* cabezonada (caprice), cabezazo (coup) | *De ~,* mentalmente | *Dodeliner de la ~,* dar cabezadas | *En avoir pardessus la ~,* estar hasta la coronilla | *En faire à sa ~,* obrar a su antojo | *En ~ de,* delante de | *En ~ à ~,* a solas, mano a mano | *Faire perdre la ~ à qqn,* hacerle perder la cabeza | FIG. *Grosse ~,* cabezota | *La ~ la première,* de cabeza | *Monter la ~,* hinchar la cabeza | *Ne pas savoir où donner de la ~,* andar *ou* ir de cabeza | *Prendre la ~,* encabezar | *Revenir à tant par ~,* tocar a tanto por cabeza | *Se monter la ~,* hacerse ilusiones | *Se taper la ~ contre les murs,* darse de cabeza contra la pared | *Tenir ~,* resistir | ~ *brûlée,* cabeza loca | ~ *chaude,* persona impulsiva | ~ *chercheuse,* cabeza buscadora (fusée) | ~ *de mort,* calavera | POP. ~ *de pipe,* barba (personne) | ~ *nue,* descubierto | *Tourner la ~,* subir a la cabeza (le vin), hacer perder la cabeza (d'amour) || **~-à-queue** [tɛtakø] m inv Vuelta (*f*) completa de dirección || **~-à-tête** [tɛtatɛt] m inv Entrevista (*f*) a solas | Confidente (canapé) | Tú y yo (service à café) || **~-bêche** loc adv Pies contra cabeza || **~-de-loup** f Escobón *m,* deshollinador *m.*
tét|ée f FAM. Mamada || **~er** vt Mamar || **~ine** f Teta | Tetina (de biberon) || **~on** m FAM. Pecho, teta *f* | TECH. Espiga *f.*
tétra|èdre m Tetraedro || **~logie** f Tetralogía || **~rque** m Tetrarca.
têtu, e adj/s Testarudo, a; terco, a.
teuf-teuf m inv FAM. Cacharro, cafetera *f* (vieille voiture).
teuton, ~onne adj/s Teutón, ona || **~ique** adj Teutónico, a.
texan, e adj/s Tejano, a.
Texas [tɛksas] nprm Tejas.
text|e m Texto || **~ile** adj/m Textil | — M Tejido (tissu) || **~uel, elle** adj Textual || **~ure** f Textura, tejido *m.*
Thaïlande nprf Tailandia.
thalamus [talamys] m ANAT. Tálamo.
thalle m BOT. Talo.
thalweg [talvɛg] m Vaguada *f.*
thaumaturge m Taumaturgo.
thé m Té.
théâtr|al, e adj Teatral || **~e** m Teatro | *Coup de ~,* lance imprevisto.
théière f Tetera.
théis|me m Teísmo || **~te** adj/s Teísta.
thématique adj Temático, a.
thème m Tema | Traducción (*f*) inversa | FAM. *Fort en ~,* empollón.
théo|cratie [teɔkrasi] f Teocracia || **~logal, e** adj Teologal || **~logie** f Teología || **~logien** [-lɔʒjɛ̃] m Teólogo || **~logique** adj Teológico, a.
théor|ème m Teorema || **~icien, enne** s Teórico, a || **~ie** f Teoría || **~ique** adj Teórico, a.
théosoph|e m Teósofo || **~ie** f Teosofía.
thérapeut|e s MÉD. Terapeuta || **~ique** adj/f Terapéutico, a.
Thérèse nprf Teresa.

therm|al, e adj Termal || **~es** [tɛrm] mpl Termas *f* || **~ie** f PHYS. Termia || **~ique** adj Térmico, a.
thermo|cautère m Termocauterio || **~chimie** f Termoquímica || **~dynamique** f Termodinámica || **~-électricité** f Termoelectricidad || **~-électrique** adj Termoeléctrico, a || **~gène** adj Termógeno, a || **~mètre** m Termómetro : **~** *médical*, termómetro clínico || **~nucléaire** adj Termonuclear || **~s** [tɛrmɔs] f Termo *m*, termos *m* || **~stat** m Termostato.
thésauriser vt Atesorar.
thèse f Tesis.
thêta m Theta *f* (lettre grecque).
Thomas [tɔma] nprm Tomás.
thon [tɔ̃] m Atún || **~ier** m Barco atunero.
thor|acique adj Torácico, a || **~ax** m Tórax.
thorium [tɔrjɔm] m Torio.
thrombose [trɔ̃bo:z] f MÉD. Trombosis.
thuriféraire m Turiferario | FIG. Adulón, ona ; cobista.
thym [tɛ̃] m Tomillo.
thymus [timys] m Timo (glande).
thyratron m ÉLEC. Tiratrón.
thyroïd|e adj Tiroideo, a | — F Tiroides || **~ien, enne** adj Tiroideo, a.
tiare f Tiara.
Tibet nprm Tíbet.
tibétain, e adj/s Tibetano, a.
tibia m ANAT. Tibia *f*.
Tibre nprm Tíber.
tic m Tic | Muletilla *f* (de langage).
ticket [tikɛ] m Billete | Entrada *f* (de spectacle) | Cupón (de rationnement) | Ticket : **~** *de caisse*, ticket de caja.
tic-tac m Tictac.
tiède adj Tibio, a ; templado, a.
tiéd|eur f Tibieza || **~ir** vt Templar, entibiar | — Vi Entibiarse.
tien, tienne adj/pron poss Tuyo, a | — S Lo tuyo, la tuya.
tiens! [tjɛ̃] interj ¡Hombre!
tierc|e f Escalerilla (cartes) | Tercera (escrime) || **~é** m Apuesta (*f*) triple gemela || **~er** vt Terciar || **~eron** m ARCH. Braguetón (de voûte).
tiers, tierce [tjɛ:r, tjɛrs] adj Tercer (devant un nom msing), tercero, a | — M Tercio, tercera parte *f* | Tercero, tercera persona *f*.
tige f BOT. Tallo *m*, tronco *m* | Caña (des graminées) | ARCH. Caña | Varilla, barra (barre) | MÉC. Vástago *m*.
tignasse f FAM. Greñas *pl*, pelambrera.
tigre, esse s Tigre, tigre hembra | — F FIG. Fiera.
tilde m Tilde *f*.
tilleul [tijœl] m Tilo (arbre) | Tila *f* (fleur, infusion).
timbal|e f MUS. Timbal *m* | Cubilete *m*, vaso (*m*) metálico | CULIN. Timbal || **~ier** m Timbalero.
timbrage m Timbrado, sellado | *Dispensé du* **~**, franqueo concertado.
timbr|e m Sello [*Amér.*, estampilla] (timbre-poste) | Timbre (fiscal, sonnerie) || **~é, e** adj Timbrado, a (papier) | Sellado, a (enveloppe) | FAM. Tocado de la cabeza || **~e-poste** m Sello de correos [*Amér.*, estampilla] || **~e-quittance** m Timbre móvil, póliza *f* || **~er** vt Sellar | Franquear (lettre).
timid|e adj/s Tímido, a || **~ité** f Timidez.
timonier m Timonel.
timoré, e adj/s Timorato, a.
tinctorial, e adj Tintóreo, a.
tintamarre m Estruendo, batahola *f*.
tint|ement m Tintineo | Tañido (des cloches) | Zumbido (d'oreilles) || **~er** vt/i Tocar, tañer | Zumbar (bourdonner) || **~innabuler** vt Tintinear.
tiqu|e f Garrapata || **~er** vi FAM. Poner mala cara || **~eté, e** adj Moteado, a.
tir m Tiro | **~** *à la cible*, tiro al blanco | **~** *au pigeon d'argile*, tiro al plato | **~** *aux pigeons*, tiro de pichón || **~ade** f Perorata (discours) | Tirada (de vers) | Sarta, ristra (suite) | Parlamento *m* (théâtre) || **~age** m Emisión *f* (d'une traite) | Tiro (de cheminée) | Sorteo (loterie) | IMPR. Tirada *f* | PHOT. Copia *f* (épreuve), positivado (action) | COM. Libramiento | *Droits spéciaux de* **~**, derechos especiales de giro (économie) | IMPR. **~** *à part*, separata | **~** *au sort*, sorteo.
tiraill|ement [tirɑjmɑ̃] m Tirón | Retortijón (d'estomac) | — Pl FAM. Dificultades *f*, tirantez *fsing* || **~er** vt Dar tirones | FIG. Molestar | Atraer en dos direcciones opuestas | — Vi Tirotear || **~eur** m MIL. Tirador.
tirant m Cordón (de bourse) | Tendón, nervio (de viande) | **~** *d'eau*, calado.
tiré, e adj Tirado, a | Sacado, a (extrait) | Cansado, a (visage) | — M COM. Librado.
tire|-au-flanc [tiroflɑ̃] m inv FAM. Vago || **~-botte** m Sacabotas || **~-bouchon** m Sacacorchos | Tirabuzón (cheveux, plongeon) || **~-bouton** m Abotonador, abrochador || **~-clou** m Sacaclavos || **~-d'aile (à)** loc adv A todo vuelo || **~-feu** m inv Botafuego || **~-lait** m inv Sacaleche || **~-larigot (à)** loc adv FAM. *Boire* **~**, beber como una esponja || **~-ligne** m Tiralíneas || **~lire** f Hucha, alcancía.
tir|er vt Tirar de (amener vers soi) | Tirar (une ligne, un livre) | Sacar (déduire, extraire, faire sortir) | Estirar (bas, jupe) | Tirar, disparar (une

arme) | Tomar (prendre) | Correr (un rideau) | Ordeñar (traire) | Quitar (ôter) | Sortear (loterie) | Chutar, tirar, rematar (football) | COM. Extender (un chèque), girar (une traite) | Coger, sacar (eau) | Tirar (bière) | FAM. Tirarse (subir) | PHOT. Revelar, tirar | ~ *au clair,* poner en claro, sacar en limpio | ~ *avantage de,* sacar provecho de | ~ *des plans,* trazar planes | ~ *la langue,* sacar la lengua | ~ *les cartes,* echar las cartas | ~ *les larmes des yeux,* hacer saltar las lágrimas | FIG. FAM. ~ *les vers du nez,* tirar de la lengua | ~ *son origine de,* tener su origen en | — Vi Tirar | Tirar, disparar (une arme) | Tirar a (sur une couleur) | — Vp Salir, librarse (échapper) | Cumplir (accomplir) | POP. Largarse (partir) | *S'en* ~, salir bien (s'en sortir), tirar (vivre modestement) || **~et** m Raya *f* | Guión (trait d'union) || **~ette** f Cordón (*m*) de cortinas | Presilla (des robes) || **~eur, euse** s Tirador, a | COM. Librador, a; girador, a (d'une traite) | Echador, a (des cartes) | — F PHOT. Tiradora || **~oir** m Cajón | MÉC. Corredera *f* | **~-caisse,** caja.

tisane f Tisana.

tison m Tizón, ascua *f* | FIG. Rescoldo || **~ner** vi/t Atizar || **~nier** m Atizador, hurgón.

tiss|age m Tejido | Fábrica (*f*) de tejidos (usine) || **~er** vt Tejer || **~erand, e** s Tejedor, a || **~eranderie** f Tejeduría || **~erin** m Tejedor (oiseau) || **~eur** adjm/m Tejedor || **~u, e** adj Tejido, a | — M Tejido, tela *f* | ANAT. Tejido | FIG. Tejido || **~u-éponge** m Felpa *f* || **~ure** f Textura, trama.

titan m Titán | FIG. *De* ~, titánico, a.

titane m Titanio (métal).

titanesque ou **titanique** adj Titánico, a (gigantesque).

titi m POP. Golfillo de París.

titiller vi Titilar | — Vt Cosquillear.

titr|age m Graduación *f* || **~e** m Título | Ley *f* (d'un métal) | Dosificación *f* (d'une solution) | Graduación *f*, grado (d'alcool) | Tratamiento (de noblesse) | *À des ~s différents,* por razones distintas | *À divers ~s,* por distintos conceptos | *À juste* ~, con mucha razón | *À* ~ *de,* como, en concepto de | *En* ~, titular | IMPR. *Faux* ~, anteportada, portadilla | ~ *au porteur,* título al portador | IMPR. ~ *courant,* titulillo, folio explicativo | ~ *de transport,* billete || **~er** vt Conceder un título | Determinar la graduación de, graduar.

titub|ation f Titubeo *m* || **~er** vi Titubear.

titul|aire adj/s Titular | Numerario, a (professeur, etc) | *Académicien* ~, académico de número | ~ *d'un compte,* cuentacorrentista || **~arisation** f Titularización || **~ariser** vt Titularizar.

toast [to:st] m Brindis (en buvant) | Tostada *f* (pain grillé) | *Porter un* ~ *à,* brindar por.

toboggan m Tobogán.

toc m FAM. Bisutería *f* | TECH. Mandril || **~ade** f FAM. Capricho *m*, chifladura || **~ard, e** adj FAM. Feo, a (laid), malo, a (mauvais) | — M FAM. Caballo de carrera malo.

toccata f MUS. Tocata.

tocsin m Toque de alarma, rebato.

toge f Toga.

tohu-bohu [tɔybɔy] m inv FAM. Confusión *f*, barullo, caos.

toi pron pers Tú (sujet) : *c'est* ~ *qui,* eres tú quien | Te : *tais-*~, cállate | Ti (complément indirect) : *il parle de* ~, habla de ti | *À* ~, tuyo, a | *Avec* ~, contigo.

toil|age m Fondo de un encaje || **~e** f Tela | Lienzo *m* (peinture) | Lona (à bâche) | ~ *cirée,* hule | ~ *d'araignée,* telaraña | ~ *de fond,* telón de foro (théâtre).

toilette f Aseo *m*, limpieza personal | Tocador *m*, lavabo *m* (meuble) | Traje *m*, vestido *m* (vêtement) | *En grande* ~, en traje de gala | *Faire sa* ~, lavarse; arreglarse | *Produits de* ~, productos de tocador | — Pl Servicios *mpl* [*Amér.*, baño *m*] (cabinet).

tois|e f Talla, marca || **~er** vt Tallar, medir la estatura | FIG. Mirar de arriba abajo (avec dédain).

toison f Vellón *m* | FAM. Greñas *pl* (chevelure) | ~ *d'or,* Toisón de Oro (ordre), vellocino de oro (mythologie).

toit m Tejado (d'ardoises, de tuiles) | Techo (de chaume) | FIG. Techo, hogar (maison) | ~ *ouvrant,* techo corredizo || **~ure** f Tejado *m*, techumbre, techado *m*.

tôle f Chapa | POP. Chirona (prison).

tolér|able adj Tolerable || **~ance** f Tolerancia || **~ant, e** adj Tolerante || **~er** vt Tolerar.

tôlerie f Fabricación de chapas de hierro | Objeto (*m*) de chapa (objet) | Chapistería (atelier).

tolet m MAR. Escálamo.

tôlier adjm/m Chapista.

tolite f Tolita, trilita.

tollé m Tole, clamor de indignación.

toluène m Tolueno.

tomate f Tomate *m* (fruit) | Tomate *m*, tomatera (plante).

tombant, e adj Caído, a | Lacio, a (cheveux) | BOT. Inclinado, a | *À la nuit* ~, al anochecer.

tomb|e f Tumba, sepulcro *m* ‖ **~eau** m Tumba *f*.
tomb|ée f Caída | *À la ~ de la nuit* o *du jour*, al atardecer ‖ **~er** vi Caer, caerse | Arrojarse (se jeter) | Fig. Caer | Caer (le jour, la nuit, une fête) | Ponerse, caer (malade) | Caer (vêtement) | Caerse (cheveux) | Caerse (de sommeil) | Decaer (décliner) | Amainar (se calmer) | Bajar (la fièvre) | Caer, cometer (une erreur) | Recaer (retomber) | Dar a (rue, fenêtre) | Encontrar, dar con (trouver) | Coincidir con | Fam. *Bien ~*, venir de perilla. *Laisser ~*, dejar (une affaire), bajar (la voix), plantar (amoureux) | *~ amoureux*, enamorarse | *~ bien*, venir bien | *~ bien bas*, estar por los suelos | *~ •d'accord*, ponerse de acuerdo | *~ dessus*, echarse encima | *~ raide mort*, morirse en el acto | *~ sous le sens*, caer de su peso | *~ sur qqn*, encontrarse con alguien | — Vt Fam. Tumbar, derribar | Quitarse (la veste) ‖ **~ereau** m Volquete | Carretada *f* (contenu) ‖ **~eur** m Luchador que derriba a sus adversarios | Fam. *~ de femmes*, seductor, Tenorio ‖ **~ola** f Tómbola, rifa.
tome m Tomo.
ton, ta, tes adj poss Tu, tus.
ton m Tono | *Donner le ~*, marcar la tónica | *Si vous le prenez sur ce ~*, si lo toma usted así ‖ **~alité** f Tonalidad | Señal de llamada (téléphone).
tond|age m Esquileo (des animaux) | Tundido (des draps) ‖ **~aille** [tɔ̃dɑ:j] f Esquileo *m* ‖ **~aison** f V. tonte ‖ **~eur, euse** s Esquilador, a | — F Tundidora (pour étoffes) | Esquiladora (pour animaux) | Cortacéspedes *m* (à gazon) | Maquinilla de cortar el pelo (pour cheveux) ‖ **~re** vt Esquilar (animal) | Pelar, cortar el pelo (personne) | Fam. Rapar | Tech. Tundir (étoffe) | Cortar el césped (le gazon) | Fig. Esquilmar.
ton|icité f Tonicidad ‖ **~ifiant, e** adj Tónico, a ‖ **~ifier** vt Tonificar, entonar ‖ **~ique** adj Gram. Tónico, a | — Adj/m Tónico, a | — F Mus. Tónica ‖ **~itruant, e** adj Atronador, a; estruendoso, a.
tonnage m Mar. Tonelaje, arqueo.
tonnant, e adj Poét. Tonante | Estruendoso, a.
tonn|e f Tonelada ‖ **~eau** m Tonel | Mar. Tonelada *f* | Rana *f* (jeu) | Vuelta (*f*) de campana (voiture), tonel (avion) ‖ **~elier** m Tonelero ‖ **~elle** f Cenador *m* (dans un jardin) | Arch. Bóveda de medio punto.
tonner vi Tronar, atronar | Retumbar (le canon) | — Vimp Tronar ‖ **~re** m Trueno | Rayo (foudre) | Salva *f* (d'applaudissements) | *Coup de ~*, trueno | Fam. *Du ~*, bárbaro, a.
tonsur|e f Tonsura ‖ **~er** vt Tonsurar.
tonte f Esquila | Lana esquilada (laine) | Corte *m* (coupe).
tonton m Fam. Tito, tío.
tonture f Tundido *m* (des draps) | Lana de esquileo (bourre).
tonus [tɔnys] m Méd. Tono | Fig. Vigor.
topaze f Topacio *m*.
toper vi Darse la mano, chocarla.
topinambour m Bot. Topinambur.
topo m Plano, croquis (plan) | Fam. Gráfico, exposición *f*, explicación *f* ‖ **~graphie** f Topografía ‖ **~nymie** f Toponimia.
toqu|ade f Fam. Capricho *m*, chifladura ‖ **~e** f Birrete *m* (de magistrat) | Gorra (de jockey) | Gorro *m* (de cuisinier) | Montera (de toréador) ‖ **~é, e** adj/s Fam. Chiflado, a; guillado, a (fou) | Loco por (très épris) ‖ **~er (se)** vp Chiflarse por.
torch|e f Antorcha, tea ‖ **~er** vt Limpiar | Pop. Chapucear (mal faire), rebañar (une assiette) | — Vp Limpiarse ‖ **~ère** f Hachón *m* ‖ **~is** [tɔrʃi] m Adobe ‖ **~on** m Paño, trapo de cocina | Fam. Fregona *f* | Fam. *Le ~ brûle*, la cosa está que arde ‖ **~onner** vt Limpiar con un trapo | Pop. Chapucear.
tord|ant, e adj Fam. De caerse de risa ‖ **~-boyaux** [tɔrbwajo] m inv Pop. Matarratas ‖ **~oir** m Torcedero ‖ **~re** vt Torcer | Retorcer (tourner fortement) | — Vp Torcerse | Retorcerse (les mains, la moustache, de douleur, etc) | Mesarse (les cheveux) | Fam. Desternillarse (de rire) ‖ **~u, e** adj Torcido, a.
tore m Arch. Toro, bocel.
tor|éador m Torero ‖ **~éer** vi Torear | *~ à cheval*, rejonear ‖ **~il** m Toril.
tornade f Tornado *m*.
toron m Cable trenzado | Arch. Toro, bocel.
torpédo f Torpedo *m* (voiture).
torpeur f Torpor *m*, entorpecimiento *m*.
torpill|age [tɔrpija:ʒ] m Torpedeo, torpedeamiento ‖ **~e** [tɔrpij] f Torpedo *m* ‖ **~er** vt Torpedear ‖ **~eur** m Torpedero (bateau).
torréf|action f Torrefacción, tostado *m* ‖ **~ier** vt Torrefactar, tostar.
torrent m Torrente ‖ **~iel, elle** adj Torrencial ‖ **~ueux, euse** adj Torrencial, torrentoso, a.
torride adj Tórrido, a.
tors, ~e [tɔ:r, tɔrs] adj Torcido, a | — M Torsión *f* ‖ **~ade** f Canelón *m*, columna (tricot) | Arch. Espirales *pl* | Tech. Empalme *m* (de films) ‖

~ader vt Retorcer | Entorchar || **~e** m Torso || **~ion** f Torsión | Retorcimiento *m*.

tort [tɔ:r] m Culpa *f* (faute) | Daño, perjuicio (préjudice) | Error (erreur) | *À ~*, sin razón, injustamente | *À ~ et à travers*, a tontas y a locas | *À ~ ou à raison*, con razón o sin ella | *Avoir ~*, tener la culpa (être coupable), no tener razón (soutenir une chose fausse), no deber, hacer mal en (ne pas devoir faire) | *Faire ~ à*, perjudicar | *Redresser des ~s*, deshacer entuertos.

torticolis m Tortícolis *f* ou *m*.

tortill|ard [tɔrtija:r] m FAM. Tren carreta || **~ement** [-jmɑ̃] m Retorcimiento | FAM. Contoneo, meneo de caderas || **~er** [-je] vt Retorcer | — Vi FAM. Andar con rodeos | Contonearse (des hanches) | FAM. *Il n'y a pas à ~*, no hay que darle vueltas | — Vp Enroscarse || **~illon** [-jɔ̃] m Moño (coiffure) | Rodete (pour porter un fardeau) | Difumino (dessin).

tortionnaire [tɔrsjɔnɛ:r] adj De tortura | — M Torturador, verdugo.

tortu, e adj Torcido, a.

tortue [tɔrty] f Tortuga | *~ marine*, galápago.

tortu|eux, euse adj Tortuoso, a || **~osité** f Tortuosidad.

tortur|ant, e adj Que tortura || **~e** f Tortura, tormento *m* || **~er** vt Torturar, atormentar.

torve adj Torvo, a; avieso, a.

tôt [to] adv Temprano, pronto (de bonne heure) | Pronto (vite) | *Au plus ~*, cuanto antes, la más pronto (le plus vite possible), no antes de (pas avant) | *Avoir ~ fait de*, no tardar nada en | *Ce n'est pas trop ~!*, ¡a buena hora! | *Le plus ~ possible*, lo antes posible | *Le plus ~ sera le mieux*, cuanto antes mejor | *~ ou tard*, tarde o temprano.

total, ~e adj/m Total | *Au ~*, en resumen, total || **~isateur, trice** adj/m Totalizador, a || **~isation** f Totalización || **~iser** vt Totalizar, sumar || **~itaire** adj Totalitario, a || **~itarisme** m Totalitarismo || **~ité** f Totalidad.

totem [tɔtɛm] m Tótem.

toton m Perinola *f*.

toubib m POP. Médico, galeno.

toucan m Tucán (oiseau).

touch|ant, e adj Conmovedor, a || **~e** f Toque *m* | Tecla (de piano, de machine à écrire) | Traste *m* (de guitare) | Diapasón *m* (de violon) | Pincelada (peinture) | Estilo *m* (d'un écrivain) | Mordida, picada (à la pêche) | Tocado *m* (escrime) | POP. Facha, pinta (aspect) | Línea de banda (ligne), fuera de banda (sortie), saque (*m*) de banda (remise en jeu), toque *m* (de la balle) | *~ d'espacement*, espaciador (machine à écrire) || **~e-à-tout** m inv FAM. Metomentodo, entremetido || **~er** vt Tocar | Cobrar (recevoir de l'argent) | Afectar | Abordar | Dar (donner) | Pisar (fouler) | Tocar (escrime) | Tocar, ser pariente | FAM. Decir (dire) | FIG. Atañer, concernir (concerner), conmover, impresionar (émouvoir), tomar contacto con | MAR. Hacer escala en | *Touchant à*, tocante a, con respecto a | *~ de près*, interesar personalmente (intéresser), ser muy allegado (très lié) | — Vi Tocar | Lindar con, estar junto a (être contigu) | *~ à sa fin*, ir acabándose || — M Tacto.

touer vt MAR. Atoar.

touff|e f Mata | Manojo *m* (bouquet) | Mechón *m* (de cheveux) || **~u, e** adj Tupido, a | Frondoso, a (arbre) | FIG. Prolijo, a.

toujours [tuʒu:r] adv Siempre | Todavía, aún (encore) | Por ahora (pour le moment) | *~ est-il que ...*, lo cierto es que ..., en todo caso.

— OBSERV. Au sens de « continuer à », *toujours* se traduit par *seguir* suivi ou non d'un participe présent : *il travaille toujours ici*, sigue trabajando aquí; *il est toujours aussi satisfait*, sigue tan satisfecho.

toundra [tundra] f Tundra (steppe).

toup|et m Mechón (de cheveux) | Tupé (cheveux relevés) | FAM. Caradura *f*, frescura *f*, tupé || **~ie** [tupi] f Trompo *m*, peonza (jouet) | Torno *m* (outil) || **~iller** [-pije] vt Tornear | — Vi Dar vueltas como un trompo || **~illeuse** f Torno *m*.

tour f Torre | *~ de guet*, atalaya | — M Torno (machine-outil) | Vuelta *f* (action de tourner, promenade, phase des élections) : *faire un ~*, dar una vuelta | Revolución *f* (d'un moteur) | Rodeo (détour) | Faena *f*, jugada *f*, pasada *f* : *mauvais ~*, mala pasada | Circunferencia *f*, perímetro (périmètre) | Sesgo, cariz (aspect) | Giro (locution) | Vez *f*, turno (fois) | Número, suerte *f* (de cirque) | *À ~ de bras*, con todas las fuerzas | *À ~ de rôle*, por turno | *Avoir plus d'un ~ dans son sac*, tener muchos recursos | *Faire le ~ de*, dar la vuelta a | *Fermer à double ~*, cerrar con siete llaves | *~ à ~*, por turno (l'un après l'autre), a veces (parfois) | *~ de force*, hazaña | *~ de main*, habilidad manual | *~ de reins*, lumbago | *~ de taille*, talle | *~ d'horizon*, vista de conjunto, panorama, ojeada.

tourbe f Turba.

tourbillon [turbijɔ̃] m Torbellino (d'air), remolino (d'eau) | FIG. Torbellino || **~ner** vi Arremolinarse | FIG. Girar, dar vueltas.

tour|elle f Torrecilla, garita | MAR. Torre, cúpula | MIL. Torreta || **~ier, ère** adj/s Tornero, a || **~illon** [turijɔ̃] m Gorrón, eje (axe) | Gozne (de porte) | TECH. Muñón giratorio.

touris|me m Turismo || **~te** s Turista || **~tique** adj Turístico, a.

tourmaline f Turmalina.

tourment m Tormento || **~e** f Tormenta || **~é, e** adj Atormentado, a | FIG. Penoso, a (pénible), desigual, accidentado, a (terrain), rebuscado, a (style) || **~er** vt Atormentar, hacer sufrir | FIG. Acosar (harceler) | — Vp Atormentarse || **~eur, euse** adj/s Atormentador, a.

tourn|age m Torneado | Rodaje (d'un film) || **~ant, e** adj Giratorio, a | Sinuoso, a (sinueux) | TECH. De revolución | — M Vuelta *f*, revuelta *f* | FIG. Momento crucial, viraje decisivo, hito (changement), rodeo (détour) | MAR. Remolino || **~é, e** adj Torneado, a; labrado con el torno | Echado a perder (abîmé), cortado, a (lait), agriado, a (vin) | Orientado, a | Hecho, a (fait) | FIG. *Avoir l'esprit mal ~*, ser un malpensado.

tourne|-à-gauche m inv Palanca *f* (levier) | Terraja *f* (de serrurier) || **~broche** m Asador || **~-disque** m Tocadiscos || **~dos** [turnədo] m Filete de vaca grueso, « tournedos ».

tournée f Viaje (*m*) *ou* visita de inspección | Viaje (*m*) de negocios (voyage d'affaires) | Ronda (du facteur) | Gira (de théâtre) | POP. Paliza (raclée) | FAM. Ronda (pour boire).

tournemain m *En un ~*, en un abrir y cerrar de ojos, en un santiamén (en un instant).

tourner vt Dar vueltas a, girar | Enrollar, liar (enrouler) | Volver (la tête) | Pasar (les pages) | Dirigir, volver (le regard) | Rodear (contourner) | FIG. Eludir, evitar, sortear | Tornear (façonner) | Escribir (une lettre), construir (une phrase) | Examinar | Tomar por lo (prendre à) | Rodar (un film) | Trabajar en (un acteur) | *Tournez, s'il vous plaît* o *T. S. V. P.*, véase al dorso | — Vi Girar, dar vueltas | Torcer, doblar (dévier) | Tomar la curva (prendre un virage) | Cambiar (changer) | Echarse a perder (s'abîmer), cortarse (le lait), agriarse (le vin) | Serpentear (serpenter) | Volverse (devenir) | Funcionar (fonctionner) | Inclinarse hacia (se pencher sur) | Girar (une conversation) | *Bien ~*, salir bien (une affaire), salir bueno (une personne) | *Mal ~*, echarse a perder (personne), tomar mal cariz (une affaire) | *~ autour de qqn*, andar rondando a uno | *~ court*, cambiar (conversation), malograrse (une affaire) | *~ en rond*, estar dando vueltas | FAM. *~ rond*, carburar, pitar | *~* Vp Tornarse, volverse | *~ le dos*, darse de espaldas.

tourn|esol m Girasol | Tornasol (colorant) || **~eur** m Tornero || **~evis** [turnəvis] m Destornillador || **~iquet** m Torniquete, molinete (porte) | MAR. Molinete || **~is** [turni] m Modorra *f* || **~oi** m Torneo | Competición *f*, torneo (sports) || **~oiement** [turnwamɑ̃] m Remolino | FIG. Torbellino | Vahído (vertige) || **~oyant, e** [-nwajɑ̃, ɑ̃:t] adj Que gira, que forma remolinos || **~oyer** [-nwaje] vi Arremolinarse | FIG. Dar vueltas | Serpentear.

tournure f Giro *m*, cariz *m*, sesgo *m* (aspect) | Carácter *m* | Porte *m* (attitude) | Giro *m* (d'une phrase) | Viruta (déchet métallique) | *~ d'esprit*, mentalidad, manera de ver las cosas.

touron m Turrón.

tourt|e f Tortada (tarte) | Hogaza redonda (pain) | Borujo *m*, torta de orujo (d'olive) | FAM. Mentecato *m* || **~eau** m Hogaza (*f*) redonda (pain) | Borujo (d'olive) | Buey de mar (crabe).

tourter|eau m Tortolillo | — Pl FIG. Tórtolos || **~elle** f Tórtola.

tous [tus] pl de *tout*. V. TOUT.

touselle f Trigo (*m*) chamorro.

Toussaint nprm Santos | *La ~*, fiesta de Todos los Santos.

touss|er vi Toser || **~oter** vi Tosiquear.

tout, e [tu, tut] adj indéf (pl *tous*, *toutes*) Todo, a | Cualquier (n'importe lequel) | Todo, a; cada : *~ les jours*, todos los días, cada día | Único, a (seul) | *~ les deux jours*, cada dos días | *~ autre*, cualquier otro | *~ ce qui* o *que*, todo cuanto, todo lo que | *~ seul*, solo | *~ un chacun*, cada quisque | *Vous ~*, todos ustedes | — Pron indéf Todo, a | *Après ~*, después de todo, al fin y al cabo | *Avoir ~ de*, parecerse mucho a | *C'est ~*, eso es todo, nada más | FAM. *Comme ~*, sumamente, muy | *En ~*, en total, en conjunto | *En ~ et pour ~*, en total | — Adv Muy (beaucoup, très) | Todo, a; completamente | *C'est ~ comme* o *c'est ~ un*, es lo mismo | *Du ~* o *pas du ~*, de ningún modo, en absoluto | *Du ~ au ~*, totalmente | *Être ~ oreilles*, ser todo oídos | *Malgré ~*, a pesar de todo | *~ à coup*, de repente | *~ à fait*, del todo |

~ *à l'heure,* hace un rato (il y a un instant), dentro de poco, luego (après) | ~ *au moins,* por lo menos | ~ *au plus,* a lo sumo | ~ *autant,* lo mismo | ~ *bas,* bajito | ~ *court,* a secas | ~ *de même,* sin embargo | ~ *de suite,* en seguida | ~ *d'un coup,* de golpe | ~ *en* (devant un gérondif), no se traduce y el verbo se pone en gerundio o va precedido de *mientras* : *parler* ~ *en mangeant,* hablar comiendo, hablar mientras se come | ~ *en bas,* abajo del todo | — M Todo, el todo | Conjunto (ensemble) | Lo importante | FIG. *Risquer le* ~ *pour le* ~, jugarse todo a una carta.

tout-à-l'égout m Sistema de evacuación directa a la cloaca, caño.

toutefois [tutfwa] adv Sin embargo, no obstante | *Si* ~, si es que.

toutou m FAM. Perro.

tout-puissant, toute-puissante adj/s Todopoderoso, a ; omnipotente.

toux [tu] f Tos : *quinte de* ~, ataque de tos.

tox|icité f Toxicidad || **~ine** f Toxina || **~ique** adj/m Tóxico, a.

trac m FAM. Miedo, nerviosismo.

traçage m Trazado.

tracas m Preocupación *f*, inquietud *f* | Molestia *f* (embarras) || **~ser** vt Inquietar, preocupar | Molestar (embarrasser) | — Vi Ajetrearse || **~serie** f Preocupación, fastidio *m* | Molestia (embarras) | Pesadez (importunité) || **~sier, ère** adj/s Molesto, a | Lioso, a (embrouilleur) || **~sin** m FAM. Desazón *f*.

trac|e f Rastro *m*, huella | FIG. Huella | Señal, marca (cicatrice) | Indicio *m* (indice) | Rodada (des roues) | FIG. *Marcher sur les* ~*s de qqn,* seguir los pasos *ou* las huellas de uno || **~é** m Trazado || **~er** vt Trazar | FIG. Pintar | — Vi Rastrear (plante) || **~eur, euse** adj/s Trazador, a.

trachéal, e [trakeal] adj Traqueal || **~e** [traʃe] f Tráquea || **~e-artère** f Traquearteria || **~en, enne** [trakeɛ̃, ɛn] adj Traqueal || **~ite** [trakeit] f Traqueítis || **~otomie** [trakeɔtɔmi] f Traqueotomía.

traçoir m Punzón.

tract [trakt] m Octavilla *f*.

tractation f Trato *m*.

tract|eur m Tractor || **~ion** f Tracción | AUT. Propulsión total | ~ *avant,* tracción delantera.

tradition f Tradición || **~alisme** m Tradicionalismo || **~aliste** adj/s Tradicionalista || **~nel, elle** adj Tradicional.

traduc|teur, trice s Traductor, a || **~tion** f Traducción.

tradui|re* vt Traducir | DR. Citar en *ou* ante la justicia | FIG. Expresar, manifestar, traducir | — Vp FIG. Traducirse, manifestarse || **~sible** adj Traducible.

traf|ic m Circulación *f*, tráfico : ~ *automobile,* tráfico rodado | Tráfico, comercio (commerce) | FAM. Trapicheo, tejemaneje || **~iquant, e** ou **~iqueur, euse** s Traficante || **~iquer** vi Traficar | FIG. FAM. Adulterar (frelater), hacer (faire).

trag|édie f Tragedia || **~édien, enne** s Actor, actriz.

tragi|-comédie f Tragicomedia || **~-comique** adj Tragicómico, a || **~que** adj Trágico, a | — M Tragedia *f* | Trágico (auteur) | Lo trágico : *prendre au* ~, tomar por lo trágico.

trah|ir [trai:r] vt Traicionar | Faltar a (manquer à) : ~ *sa promesse,* faltar a su palabra | Revelar, descubrir (révéler) : ~ *un secret,* descubrir un secreto | Defraudar (décevoir) || **~ison** f Traición : *par* ~, a traición.

traille [trɑ:j] f Balsa transbordadora (bac) | Traína (chalut).

train m Tren (véhicule) | Paso, marcha *f* (d'une bête) | TECH. Carro, tren | *À fond de* ~, a todo correr | *Aller bon* ~, ir a buen tren *ou* a buen paso | *Aller son* ~, seguir su camino | *En* ~ *de,* se traduit par le gérondif : *en* ~ *de courir,* corriendo | *Être en* ~, estar en curso | *Mettre en* ~, animar, excitar (animer), empezar (commencer) | ~ *de banlieue,* tren de cercanías | ~ *de bois flotté,* armadía | ~ *de laminoir,* tren de laminación | ~ *de vie,* tren de vida, modo de vivir | ~ *postal* o *-poste,* tren correo.

traîn|age m Arrastre | Transporte por trineo || **~ant, e** adj Que arrastra, rastrero, a | FIG. Monótono, a ; lánguido, a || **~ard, e** s FAM. Rezagado, a | FIG. Persona pesada (ennuyeuse) | — M Carro de bancada (du tour) || **~asser** vt FAM. Prolongar, dar largas a, hacer durar (prolonger) | Arrastrar | — Vi FAM. Corretear, vagar || **~e** f Arrastre *m* (action de traîner) | Rastra (chose traînée) | Cola (de robe) | Traína, red barredera (filet) | *À la* ~, a remolque ; rezagado (en arrière), atrasado (en retard) || **~eau** m Trineo || **~ée** f Reguero *m* | Estela (de comète) | FAM. Mujer tirada || **~er** vt Tirar de, arrastrar (tirer) | Arrastrar, acarrear (emporter avec soi) | Traer (emporter) | FIG. Arrastrar, llevar | Dar largas a (une affaire) | — Vi Rezagarse, quedarse atrás (rester derrière) | Arrastrar, colgar (pendre) |

Andar rodando (choses) | FAM. Ir tirando | Callejear (flâner) | ~ *en longueur,* ir para largo | — Vp Andar a gatas, arrastrarse (enfant) | Andar con dificultad (marcher péniblement) | Hacerse largo (être long) || **~ière** f Trainera (barco).

train-train m Rutina *f.*

traire* vt Ordeñar.

trait, ~e adj Ordeñada (vache) | — M Tiro (bêtes) | Raya *f,* trazo (ligne) | Trago (en buvant) | Saeta *f* (arme) | Alcance (portée d'une arme) | Rasgo (caractéristique) | Pulla *f* (de satire) | — Pl Rasgos, facciones *f* (du visage) | *À grands ~s,* a grandes rasgos | *Avoir les ~s tirés,* tener la cara cansada | *Avoir ~ à,* referirse a | *D'un ~,* de un tirón | *~ de plume,* plumazo | *~ d'esprit,* agudeza | *~ d'union,* guión (ponctuation), lazo, vínculo (lien) || **~able** adj Tratable, fácil de tratar || **~e** f Tráfico *m* (de marchandises) | Trata (des blanches) | Tirada, trecho *m* (parcours) | Ordeño *m* (des vaches) | COM. Letra de cambio, orden de pago | *D'une ~,* de un tirón || **~é** m Tratado || **~ement** m Tratamiento, trato | Sueldo, paga *f* (salaire) | Tratamiento (en médecine, des matières premières) | *~ de l'information,* proceso de datos, tratamiento de la información || **~er** vt Tratar | Asistir (un malade) | TECH. Tratar, procesar | — Vi Negociar | Hablar, tratar (parler de) | — Vp Negociarse || **~eur** m Casa *(f)* de comidas de encargo.

traîtr|e, esse adj/s Traidor, a || **~ise** f Traición, perfidia.

traj|ectoire f Trayectoria || **~et** m Trayecto, recorrido (parcours) | Travesía *f* (traversée).

tralala m FAM. Aparato, pompa *f,* bambolla *f* (pompe).

tram m FAM. Tranvía.

tramail [tramaj] m Trasmallo, brancada *f* (filet).

tram|e f Trama || **~er** vt Tramar.

traminot m Tranviario.

tramontane f Tramontana (vent).

tramway [tramwɛ] m Tranvía.

tranch|ant, e adj Cortante | FIG. Decisivo, a; tajante | Que contrasta (couleur) | — M Corte, filo || **~e** f Rebanada (de pain), lonja, loncha (de jambon), tajada (de viande), rodaja (de saucisson), raja (de poisson), raja, tajada (de melon) | Canto *m* (de livre, de monnaie) | Placa (de pierre) | Grupo *m* (de chiffres) | Serie | Sorteo *m* (de loterie) | TECH. Cortadera | FIG. Episodio *m* (de la vie, etc) || **~é, e** adj Tajante | FIG. Marcado, a || **~ée** f Zanja | MIL. Trinchera | — Pl MÉD. Cólicos *(m)* agudos || **~er** vt Cortar | FIG. Zanjar, resolver (résoudre) | — Vi Decidir, resolver (décider) | FIG. Resaltar (ressortir), contrastar | *~ net,* cortar en seco || **~et** m Chaira *f* (du cordonnier) || **~euse** f TECH. Cortadora || **~oir** m Tajo.

tranquill|e [trɑ̃kil] adj Tranquilo, a; quieto, a | *Soyez ~,* no se preocupe || **~isant, e** adj Tranquilizador, a | — M MÉD. Calmante, tranquilizante, sedante || **~iser** vt Tranquilizar || **~ité** f Tranquilidad : *en toute ~,* con toda tranquilidad.

trans|action [trɑ̃zaksjɔ̃] f Transacción || **~alpin, e** [-alpɛ̃, in] adj Transalpino, a; trasalpino, a || **~andin, e** adj/m Transandino, a; trasandino, a || **~at** [trɑ̃zat] m FAM. Tumbona *f* || **~atlantique** [-atlɑ̃tik] adj Transatlántico, a; trasatlántico, a | — M Transatlántico, trasatlántico (paquebot) | Tumbona *f* (fauteuil) || **~bordement** m Transbordo || **~border** vt Transbordar || **~bordeur** adjm/m Transbordador.

transcend|ance f Transcendencia, trascendencia || **~ant, e** adj Trascendental, transcendental; trascendente, transcendente | Sobresaliente (supérieur) || **~antal, e** adj Trascendental, transcendental || **~er** vt Transcender, trascender.

transcr|iption f Copia, transcripción | DR. Registro *m* || **~ire*** vt Copiar, transcribir.

transe f Ansia, congoja | Trance *m* (d'un médium) | *Être en ~s,* estar transportado *ou* enajenado.

transept [trɑ̃sɛpt] m Crucero.

trans|fèrement m Traslado || **~férer** vt Transferir, trasferir | Trasladar (une personne) | Traspasar (un fonds de commerce) || **~fert** [trɑ̃sfɛ:r] m Transferencia *f,* trasferencia *f* (de fonds, technologie) | Traslado | Traspaso |(d'un fonds de commerce) | Transmisión *f* (de biens immobiliers).

transfigur|ation f Transfiguración, trasfiguración || **~er** vt Transfigurar, trasfigurar.

transform|able adj Transformable || **~ateur, trice** adj/m Transformador, a || **~ation** f Transformación || **~er** vt Transformar.

transfu|ge m Tránsfuga || **~ser** vt Transfundir, trasfundir | Hacer una transfusión (de sang) || **~sion** f Transfusión, trasfusión.

transgress|er vt Transgredir, infringir || **~eur** m Transgresor, infractor || **~ion** f Transgresión, infracción.

transhum|ance [trɑ̃zymɑ̃:s] f Trashumancia || **~ant, e** adj Trashumante

‖ **~er** vi Trashumar | — Vt Hacer trashumar.
transi, e [trɑ̃si o -zi] adj Transido, a | Aterido, a; transido, a (de froid).
transiger [trɑ̃ziʒe] vi Transigir.
transistor [trɑ̃zistɔ:r] m Transistor.
transit [trɑ̃zit] m Tránsito ‖ **~aire** adj De tránsito ‖ **~er** vt Llevar en tránsito | — Vi Estar en tránsito ‖ **~if, ive** adj/m Transitivo, a ‖ **~ion** f Transición ‖ **~oire** adj Transitorio, a; de transición.
translation f Traslado *m* | GÉOM. Traslación.
translucide adj Translúcido, a; traslúcido, a.
transmett|eur m Transmisor, trasmisor ‖ **~re*** vt Transmitir, trasmitir.
trans|missible adj Transmisible, trasmisible ‖ **~mission** f Transmisión, trasmisión ‖ **~muer** vt Transmutar, trasmutar ‖ **~mutation** f Transmutación, trasmutación.
transocéanique [trɑ̃zɔseanik] adj Transoceánico, a.
transpar|aître* vi Transparentarse, traslucirse ‖ **~ence** f Transparencia ‖ **~ent, e** adj Transparente | — M Falsilla *f* | Transparente (décoration).
transpercer vt Atravesar, traspasar.
transpir|ation f Sudor *m*, transpiración ‖ **~er** vi Sudar, transpirar | FIG. Traslucirse.
transplant|ation f ou **~ement** m Trasplante *m* ‖ **~er** vt Trasplantar.
transport [trɑ̃spɔ:r] m Transporte | Traspaso, cesión *f* (cession) | MUS. Transposición *f* | DR. Visita *f* | FIG. Transporte, arrebato ‖ **~able** adj Transportable ‖ **~er** vt Transportar | Trasladar (transférer) | Deportar (déporter) | DR. Transmitir | Transferir (une somme) | FIG. Arrebatar (ravir) | — Vp Trasladarse ‖ **~eur, euse** adj Transportador, a | — M Transportista (convoyeur) | Transportador (machine) | *~ à bande*, cinta transpordadora.
transpos|er vt Transponer | MUS. Transportar ‖ **~ition** f Transposición | MUS. Transporte *m*.
trans|pyrénéen, enne adj Transpirenaico, a; traspirenaico, a ‖ **~sibérien, enne** adj/m Transiberiano, a.
transsuder vi Trasudar, rezumarse.
transuranien, enne adj/m Transuránico, a.
transvas|ement m Trasiego, trasvase, transvase ‖ **~er** vt Trasegar, trasvasar, transvasar.
transverbérer vt Transverberar.
transvers|al, e adj/f Transversal ‖ **~e** adj Transverso, a.
trap|èze m Trapecio ‖ **~éziste** s Trapecista.
trapp|e f Trampa, trampilla | Puerta *ou* ventana de corredera (à coulisse) | MAR. Escotilla ‖ **~illon** [trapijɔ̃] m Cierre | Escotillón (théâtre) ‖ **~iste** m Trapense.
trapu, e adj Rechoncho, a.
traqu|e f Acosamiento *m*, batida, ojeo *m* ‖ **~enard** [trakna:r] m Trampa *f* ‖ **~er** vt Acosar, acorralar | Acosar, ojear, batir (rabattre le gibier) ‖ **~et** m Moscareta *f* (oiseau) ‖ **~eur** m Acosador, ojeador, batidor.
traumatis|er vt Traumatizar ‖ **~me** m Traumatismo, trauma.
travail [trava:j] m Trabajo | Faena *f* (manuel) | Obra *f* (ouvrage) | Labor *f* (labeur) | Alabeo (du bois) | Potro (pour maintenir un animal) | — Pl Obras *f* : *travaux publics*, obras públicas | Trabajos | *Travaux forcés à perpétuité*, cadena perpetua | *Travaux pratiques*, clases prácticas ‖ **~ler** [-je] vi Trabajar : *~ à l'heure, à la tâche*, trabajar por horas, a destajo | Estudiar (étudier) | Alabearse, trabajar (le bois) | — Vt Labrar, trabajar (façonner) | Trabajar ‖ ‖ **~leur, euse** [-jœ:r, ø:z] adj/s Trabajador, a | Obrero, a (ouvrier) | Estudioso, a (dans les études) ‖ **~lisme** [-jism] m Laborismo ‖ **~liste** [-jist] adj/s Laborista.
travée f Tramo *m* | Bovedilla (d'un toit) | Fila (de bancs).
travelling m Travelling (chariot).
travers m Defecto (défaut) | Ancho, anchura *f* (largeur) | MAR. Través | *À ~*, a través de | *Avaler de ~*, atragantarse | *Avoir l'esprit de ~*, tener el genio atravesado | *Comprendre de ~*, comprender al revés | *De ~, en ~*, de través | *Faire tout de ~*, no hacer nada a derechas | *Passer au ~ de*, librarse de | *Regarder de ~*, mirar con mala cara | *Se regarder de ~*, mirarse de reojo ‖ **~e** f Travesaño *m*, larguero *m* (pièce de bois) | Atajo *m*, trocha (sentier) | Traviesa (de voie ferrée) | Través *m* (parapet) | ARCH. Crucero *m* (d'une fenêtre) | — Pl Contratiempos *m*, reveses *m* ‖ **~ée** f Travesía ‖ **~er** vt Atravesar, cruzar | Traspasar (transpercer) | FIG. Pasar ‖ **~ier, ère** adj Transversal ‖ **~in** m Travesaño, cabezal, almohada (*f*) larga (oreiller) ‖ **~ine** f Travesaño *m* | Cierre *m* (d'écluse).
travest|i, e adj/m Disfrazado, a | — M Disfraz ‖ **~ir** vt Disfrazar | Parodiar | Desnaturalizar, tergiversar | — Vp Disfrazarse.
trébuch|ant, e adj Que tropieza | Sonante (monnaie) ‖ **~ement** m Traspié, tropezón ‖ **~er** vi Tropezar ‖ **~et** m Trabuco (arme).

tréfil|age m Trefilado || **~er** vt Trefilar.
trèfle m Trébol.
tréfonds [trefɔ̃] m Subsuelo | FIG. *Le fonds et le ~,* los pormenores.
treill|age [trɛja:ʒ] m Enrejado, reja *f* (grillage) | Encañado (palissade) | Emparrado (pour la vigne) || **~ager** vt Enrejar | Emparrar (une vigne) || **~e** [trɛj] f Emparrado *m,* parra || **~is** [trɛji] m Enrejado | Cuadrícula *f* (dessin) | FIG. Mono de faena | *~ de roseaux,* encañado.
treiz|e adj/m Trece | Decimotercio (rang) || **~ième** adj num Decimotercio, a; decimotercero, a | — M Trezavo (fraction).
tréma m Diéresis *f,* crema *f.*
trémail [tremaj] m Trasmallo.
trembl|ant, e adj Tembloroso, a; trémulo, a | Vacilante (chancelant) | FIG. Temeroso, a (craintif) || **~e** m Tiemblo, álamo temblón || **~é, e** adj MUS. Tremolado, a || **~ement** m Temblor | Trepidación *f* | FIG. Temblor, temor (crainte), estremecimiento | *Avoir des ~s dans la voix,* tener la voz temblorosa | *~ de terre,* terremoto || **~er** vi Temblar | Estremecerse (frémir) | Tiritar (frissonner) | Temer (avoir peur) | Ser temblorosa (voix) | *Faire ~,* asustar || **~otant, e** adj FAM. Tembloroso, a || **~oter** vi FAM. Temblequear.
trémi|e f Tolva (réservoir) | Comedero *m* (mangeoire).
trémière f Malvarrosa.
trémolo m MUS. Trémolo.
trémousser vi Aletear (un oiseau) | — Vp Agitarse | FIG. Moverse mucho.
tremp|age m Remojo || **~e** f Remojo *m* | TECH. Temple *m* (de l'acier, etc) | FIG. Temple | FAM. Paliza || **~ée** f Remojo *m* || **~er** vt Mojar (mouiller) | Remojar | Empapar (imbiber) | TECH. Templar | FIG. Dar temple | *Être trempé,* estar hecho una sopa | — Vi Estar en remojo, remojarse | FAM. Pringarse | *Faire ~,* poner en remojo | — Vp Remojarse || **~ette** f Sopita | FAM. *Faire ~,* darse un chapuzón.
tremplin m Trampolín | *~ de haut vol,* palanca (piscine).
trémulation f Temblor (*m*) rápido.
trenail [trənaj] m Clavija *f.*
trench-coat [trɛnʃko:t] m Trinchera *f.*
trent|aine f Treintena, unos (*mpl*) treinta || **~e** adj/m Treinta | FAM. *Se mettre sur son ~ et un,* vestirse de punta en blanco || **~ième** adj num Trigésimo, a | — S Treintavo, a | — M La trigésima (*f*) parte.
trépan m MÉD. Trépano (instrument), trepanación *f* (opération) | TECH. Taladro, trépano (pour percer), perforadora *f* || **~ation** f MÉD. Trepanación || **~er** vt Trepanar.
trépas [trepɑ] m Óbito || **~sé, e** adj/s Muerto, a; difunto, a; fallecido, a || **~ser** vi Fallecer, morir.
trépid|ant, e adj Trepidante || **~ation** f Trepidación | Agitación || **~er** vi Trepidar.
trépied [trepje] m Trébedes *fpl* (de cuisine) | PHOT. Trípode.
trépign|ement m Pataleo || **~er** vi Patalear | — Vt Pisotear.
très [trɛ] adv Muy, -ísimo, a [suffixe] : *~ vieux,* viejísimo | FAM. Mucho, a : *j'ai ~ froid,* tengo mucho frío.
Très-Haut m Altísimo (Dieu).
trésor m Tesoro || **~erie** [trezɔrri] f Tesorería || **~ier, ère** s Tesorero, a.
tressaill|ement [tresajmɑ̃] m Estremecimiento, sobresalto || **~ir*** [-ji:r] vi Estremecerse.
tress|e f Trenza | Soga (corde) || **~er** vt Trenzar.
tréteau m Caballete | — Pl THÉÂTR. Tablado *sing,* tablas *f.*
treuil [trœj] m Torno de mano.
trêve f Tregua | *~ de,* basta de.
tri m Selección *f,* clasificación *f* || **~ade** f Tríada || **~age** m Selección *f,* clasificación *f* | Apartado, clasificación *f* (du chemin de fer, du courrier) | Limpia *f* (des grains).
trian|gle m Triángulo | MAR. Guindola *f* || **~gulaire** adj Triangular.
tri|as [trijɑ:s] m GÉOL. Triásico || **~asique** [-zik] adj Triásico, a || **~atomique** adj Triatómico, a.
tribal, e adj Tribal.
tribart m Tramojo | Trangallo, horca *f* (pour chiens) | Horca *f* (pour porcs).
tribord [tribɔ:r] m Estribor.
tribu f Tribu.
tribulation f Tribulación.
tribun m Tribuno || **~al** m Tribunal | *~ pour enfants,* tribunal de menores || **~e** f Tribuna.
tribut [triby] m Tributo | FIG. Retribución *f* || **~aire** adj Tributario, a.
trich|e f FAM. Trampa, fullería || **~er** vt/i Hacer trampas *ou* fullerías | Engañar (tromper) | FIG. Disimular, tapar || **~erie** f Fullería, trampa || **~eur, euse** s Tramposo, a; fullero, a.
trichin|e [triʃin o -kin] f Triquina || **~ose** f MÉD. Triquinosis.
tri|colore adj Tricolor || **~corne** adjm Tricornio | — M Sombrero de tres picos, tricornio.
tricot m Punto, tejido de punto | Prenda (*f*) de punto (vêtement) | Jersey, chaleco de punto (pull-over) | Género de punto (tissu) | *~ de corps,* camiseta || **~age** m Punto de aguja, labor (*f*) de punto || **~é, e** adj De punto || **~er** vt Hacer [algo] de

punto [*Amer.*, tejer] : ~ *une robe*, hacer un vestido de punto | — Vi Hacer punto || **~eur, euse** s Persona que hace punto | — M Telar de tejidos de punto | — F Tricotosa [*Amer.*, tejedora].
trictrac m Chaquete (juego).
tri|cycle m Triciclo || **~dent** m Tridente || **~duum** m Triduo || **~èdre** adj/m Triedro, a || **~ennal, e** adj Trienal || **~ennat** m Trienio.
tri|er vt Escoger, seleccionar, clasificar, separar (choisir) | Limpiar (le grain) | Desborrar (la laine) | Apartar (le minerai) | Clasificar (le courrier) | FIG. ~ *sur le volet*, escoger con mucho cuidado (choisir avec soin) || **~euse** f Clasificadora.
trifouiller vt FAM. Revolver, manosear.
tri|gonométrie f Trigonometría : ~ *rectiligne*, trigonometría plana || **~gonométrique** adj Trigonométrico, a || **~jumeau** adjm/m ANAT. Trigémino || **~latéral, e** adj Trilátero, a || **~lingue** adj Trilingüe.
trill|e [trij] m MUS. Trino || **~er** vi Hacer trinos, trinar.
trillion [triljɔ̃] m Trillón.
tri|lobé, e adj Trilobulado, a || **~logie** f Trilogía.
trimbaler vt Cargar con, acarrear.
trimer vi POP. Trajinar (se fatiguer), apencar (travailler).
trimestr|e m Trimestre || **~iel, elle** adj Trimestral.
tringle f Varilla, barra (des rideaux) | Vástago *m* (tige) | ~ *chemin de fer*, riel (pour les rideaux).
trinité f Trinidad.
trinitrotoluène m Trinitrotolueno.
trinôme m Trinomio.
trinquer vi Brindar | FAM. Beber (boire) | POP. Pagar el pato.
trinquet m Trinquete.
trio m MUS. Terceto, trío | Trío | TECH. Laminador de tres cilindros || **~de** adj Tríodo, a | — F Tríodo *m* || **~let** m MUS. Tresillo | Letrilla *f* (poésie).
triomph|al, e [trijɔ̃fal] adj Triunfal || **~alisme** m Triunfalismo || **~ant, e** adj Triunfante || **~ateur, trice** adj/s Triunfador, a || **~e** m Triunfo | *Porter en* ~, aclamar triunfalmente || **~er** vi Triunfar | Sobresalir, distinguirse (exceller) | Vanagloriarse (tirer vanité de).
tripaille f Mondongo *m*, tripas *pl*.
triparti, e ou **tripartite** adj Tripartito, a.
tripatouiller vt FAM. V. TRIFOUILLER.
trip|e f Tripa | — Pl Callos *m* || **~erie** f Casquería, tripería || **~ette** f Tripilla | POP. *Cela ne vaut pas* ~, eso no vale un pito *ou* un comino.
triphasé, e adj Trifásico, a.
tri|ple adj/m Triple | *En* ~ *exemplaire*, por triplicado || **~plés, ées** spl Trillizos, as (enfants) || **~pler** vt Triplicar || **~plicata** m inv Triplicado || **~plure** f Entretela || **~pode** adj MAR. Trípode || **~porteur** m Triciclo de reparto | Motocarro (avec moteur).
tripot m Garito || **~age** m FAM. Toqueteo, manoseo (action de toucher), chanchullo (opération malhonnête) || **~ée** f POP. Paliza (rossée), montón *m* (tas) || **~er** vt FAM. Manosear | Toquetear | — Vi Hacer chanchullos, trapichear (spéculer).
triptyque m Tríptico.
trique f FAM. Garrote *m*, estaca | FAM. *Sec comme un coup de* ~, más seco que un higo.
trisaïeul, e [trizajœl] s Tatarabuelo, a.
trisoc m Arado de tres rejas.
trist|e adj Triste | *Faire* ~ *figure à*, poner mala cara a | ~ *comme un lendemain de fête*, más triste que un entierro de tercera || **~esse** f Tristeza.
trisyllabe adj/m Trisílabo, a.
triton m Tritón.
tritur|ateur m Triturador || **~ation** f Trituración || **~er** vt Triturar.
trivalent, e adj/m Trivalente.
trivi|al, e adj Grosero, a || **~alité** f Grosería.
troc m Trueque, permuta *f*.
troène m Alheña *f* (arbuste).
troglodyte adj/s Troglodita.
trogn|e f Cara coloradota || **~on** m Troncho (de légume) | Corazón (de fruit) | POP. Cara *f* (visage).
troïka [trɔika] f Troica.
trois [trwa] adj/m Tres | Tercero, a (rang) | *En* ~ *exemplaires*, por triplicado || **~-deux** m inv MUS. Compás de tres por dos || **~-huit** m inv MUS. Compás de tres por ocho || **~ième** adj/s Tercero, a | — F Cuarto (*m*) curso del Bachillerato francés || **~ièmement** adv En tercer lugar || **~-mâts** [trwamα] m inv MAR. Buque de tres palos || **~-pieds** [-pje] m inv Trébedes *fpl* | Trípode || **~-quarts** [-ka:r] m inv Tres cuartos (vêtement, rugby) || **~-quatre** m inv MUS. Compás de tres por cuatro.
trolley [trɔlɛ] m Trole || **~bus** [-bys] m Trolebús.
trombe f Tromba, manga.
tromblon m Trabuco naranjero.
trombone m Trombón : ~ *à pistons*, *à coulisse*, trombón de llaves, de varas | Clip [sujetapapeles].
tromp|e f Trompa | Bocina (d'auto) || **~e-l'œil** [trɔ̃plœj] m Engañifa *f* | Efecto (beaux-arts) || **~er** vt Engañar | Burlar (se soustraire à) | Ser infiel a, engañar a (entre époux)

| Matar (le temps) | — Vp Equivocarse (faire erreur) | Engañarse (s'abuser) || **~erie** f Engaño *m*.

trompet|er vi Tocar la trompeta | — Vt FAM. Cacarear (annoncer) || **~eur** m Trompetero || **~te** f Trompeta | FAM. Cara (visage) | — M Trompeta | *Nez en ~*, nariz respingona || **~tiste** m Trompeta.

trompeur, euse adj/s Engañoso, a | Embustero, a (menteur).

tron|c [trɔ̃] m Tronco | Cepillo (dans une église) | *~ de cône*, cono truncado || **~ce** f Leño *m*, tronco *m* || **~che** f Leño *m*, tronco *m* | POP. Jeta (visage) || **~chet** m Tajo.

tronçon m Trozo | Tramo, ramal (de route, chemin de fer) || **~ner** vt Hacer trozos, trocear | Tronzar (bois).

trôn|e m Trono | Silla *f* (d'évêque) | FAM. Orinal (vase de nuit) || **~er** vi FIG. Darse importancia | Dominar, reinar.

tronquer vt Truncar | Mutilar.

trop [tro] adv Demasiado | Muy (très) | *De ~* o *en ~*, de sobra, de más | *Par ~*, demasiado | *Pas ~*, no mucho | *~ de*, demasiado, a | — M Exceso, demasía *f*.

trophée m Trofeo.

tropi|cal, e adj Tropical || **~que** adj/m Trópico, a.

trop|-perçu m Lo cobrado de más || **~-plein** m Exceso, sobrante (d'un récipient) | Rebosadero, desagüe, aliviadero (écoulement) | AUT. Tubo de desagüe.

troquer vt Trocar.

trot [tro] m Trote | *~ allongé*, trote largo | *~ enlevé*, trote a la inglesa.

trott|e f FAM. Trecho *m*, tirada || **~er** vi Trotar, ir al trote | FAM. Corretear | — Vp POP. Largarse || **~eur, euse** adj/s Trotón, ona (cheval) | — F Segundero *m* (d'une montre) || **~iner** vi Trotar corto (cheval) | Corretear || **~inette** f Patineta || **~oir** m Acera *f* | Andén (de gare, pont) | POP. *Faire le ~*, hacer la carrera (une prostituée).

trou m Agujero, orificio, boquete | Hoyo (dans le sol) | Bache (d'une route) | Roto (de vêtement) | Madriguera *f* (d'animaux), ratonera *f* (de souris) | Ojo (de serrure) | THÉÂTR. Concha *f* (du souffleur) | Piquera *f* (de la fonte), bigotera *f* (du laitier) | Picadura *f* (de variole) | FAM. Poblacho, rincón (village), fallo (de mémoire) | POP. Chirona *f* (prison) | Hoyo (au golf) | FIG. *Faire son ~*, hacerse un hueco | AVIAT. *~ d'air*, bache | POP. *~ de balle*, ojete.

troubadour m Trovador.

troubl|ant, e adj Turbador, a | FIG. Inquietante, sorprendente || **~e** m Disturbio, desorden (désordre) | Desavenencia *f*, disensión *f* (désunion) | Turbación *f*, confusión *f*, rubor | — Pl Disturbios | Trastornos (de la santé) | — Adj Turbio, a | Confuso, a; empañado, a (pas clair) | Desenfocado, a; movido, a (photo) | — Adv Confusamente, poco claro || **~e-fête** s inv Aguafiestas || **~er** vt Enturbiar | Turbar (agiter) | Perturbar, trastornar (perturber) | Desunir | Trastornar, turbar (détraquer) | Aguar, turbar (une fête) | — Vp Enturbiarse | Cubrirse (le ciel) | FIG. Turbarse.

trou|ée f Abertura | MIL. Brecha || **~er** vt Agujerear | MIL. Abrir una brecha en.

troufion m POP. Sorche, guripa (soldat).

trouill|ard, e [truja:r, ard] adj/s POP. Miedoso, a; cagueta || **~e** [truj] f POP. Canguelo *m*, mieditis.

troup|e f Tropa (des soldats) | Tropel *m* (de gens) | Bandada (d'oiseaux) | Compañía (de théâtre) || **~eau** m Rebaño, manada *f* (d'animaux) | Piara *f* (de porcs) | FIG. Rebaño, feligreses *pl* (d'une paroisse), multitud *f* || **~ier** m FAM. Soldado.

trouss|e f Estuche *m* | *Être aux ~s de qqn*, ir pisando los talones a alguien || **~eau** m Manojo (de clefs) | Ajuar, equipo | Canastilla *f* (de nouveau-né).

troussequin [truskɛ̃] m TECH. Gramil.

trousser vt Arremangar, recoger (vêtement) | Remangar (manches) | FAM. *~ une affaire*, despachar rápidamente un negocio.

trouv|able adj Que se puede hallar || **~aille** [truvɑ:j] f Hallazgo *m*, descubrimiento *m* (découverte) | Acierto *m* (réussite) || **~é, e** adj Encontrado, a; hallado, a | Feliz, acertado, a; oportuno, a (heureux) || **~er** vt Encontrar, dar con, hallar | Sorprender, coger (surprendre) | Descubrir, inventar (inventer) | Experimentar, sentir | Acertar (deviner) | Conciliar (le sommeil) | *Aller ~ qqn*, ir a ver a alguien | *La ~ mauvaise*, hacerle a uno poca gracia | *~ à redire*, tener algo que decir | *~ grâce aux yeux de*, caer en gracia a | *~ sympathique*, caer simpático | — Vp Encontrarse, hallarse | *Il se trouve que*, resulta que.

trouvère m Trovero.

troyen, enne adj/s Troyano, a.

truand, ~e [tryɑ̃, ɑ̃:d] s Truhán, ana || **~erie** f Truhanería, hampa.

trublion m Perturbador.

truc [tryk] m Habilidad *f* (adresse) | Máquina *f* (théâtre) | Truco, suerte *f* (tour de main) | Tranquillo (moyen) : *trouver le ~*, dar con el tranquillo | Cosa *f* (chose) | Mecanismo | FAM.

Chisme, cosa *f*, cacharro ‖ **~age** m Falsificación *f* | Fullería *f* (cartes) | Efectos (*pl*) especiales (cinéma).
truchement m Intérprete, intermediario | *Par le ~ de*, mediante, por intermedio de, a través de.
trucider vt FAM. Matar, cargarse.
trucul|ence f Truculencia ‖ **~ent, e** adj Truculento, a.
truell|e f TECH. Llana | Paleta (pour servir) ‖ **~ée** f Paletada.
truff|e f Trufa | POP. Napias *pl* (nez) ‖ **~er** vt Trufar | FIG. Trufar, rellenar.
truie [trɥi] f Cerda.
truit|e f Trucha ‖ **~é, e** adj Atruchado, a (fer) | Salpicado, a; moteado, a (tacheté).
trumeau m Entreventana *f* (mur) | Jarrete (de bœuf).
truqu|age m V. TRUCAGE ‖ **~er** vt Falsificar | Falsear (comptes) | — Vi Andarse con trucos, trapichear ‖ **~eur, euse** s Falsificador, a.
trusquin m TECH. Gramil.
trust [trœst] m Trust ‖ **~er** vt Acaparar, monopolizar.
tsar [tsa:r] m Zar ‖ **~ine** f Zarina ‖ **~iste** adj/s Zarista.
T. S. F., abreviatura de *télégraphie sans fil*, telegrafía sin hilos, radio.
T-shirt m Niqui [*Amér.*, playera *f*].
tsigane [tsigan] s V. TZIGANE.
T. S. V. P., abreviatura de *tournez s'il vous plaît*, véase al dorso.
tu pron pers Tú.
tuant, e adj FAM. Agotador, a; matador, a (pénible), insoportable.
tub|age m Entubado ‖ **~e** m Tubo | Respirador (pêche sous-marine) | FAM. Éxito (chanson) | POP. Chistera *f*, bimba *f* (chapeau) | TECH. Válvula *f* (radio) ‖ **~er** vt Entubar.
tubercul|e m Tubérculo ‖ **~eux, euse** adj/s Tuberculoso, a ‖ **~ose** f Tuberculosis.
tubéreux, euse adj Tuberoso, a | — F BOT. Tuberosa, nardo *m*.
tubulaire adj Tubular.
tue-mouches [tymuʃ] adj Matamoscas (papier).
tu|er vt Matar | Sacrificar (boucherie) | — Vp Matarse | *Se ~ à*, matarse (suivi du gérondif) : *se ~ au travail*, matarse trabajando ‖ **~erie** [tyri] f Matanza, carnicería ‖ **~e-tête (à)** [atytɛt] loc adv A voz en grito, a grito pelado ‖ **~eur, euse** s Asesino, a (assassin), pistolero (à gages) | — M Matarife (aux abattoirs).
tuf m Toba *f* (pierre).
tuil|e f Teja | FAM. Calamidad ‖ **~erie** f Tejar *m*, tejería.
tulip|e f Tulipán *m* (flor) | Tulipa (abat-jour).
tulle m Tul.
tum|éfaction f Tumefacción, hinchazón ‖ **~éfié, e** adj Tumefacto, a; hinchado, a ‖ **~éfier** vt Hinchar, producir tumefacción ‖ **~escent, e** adj Tumescente ‖ **~eur** f Tumor *m*.
tumult|e m Tumulto ‖ **~ueux, euse** adj Tumultuoso, a.
tumulus [tymylys] m Túmulo.
tungstène [tœkstɛn o tɔ̃k-] m Tungsteno, volframio.
tunique f Túnica.
Tunis [tynis] npr Túnez (ville) ‖ **~ie** [-zi] nprf Túnez (pays).
tunisien, enne adj/s Tunecino, a.
tunnel m Túnel.
turban m Turbante.
turbin m POP. Tajo (travail).
turbine f Turbina.
turbiner vi POP. Currelar, apencar.
turbo|-alternateur m Turboalternador ‖ **~compresseur** m Turbocompresor ‖ **~dynamo** f Turbodinamo *m* ‖ **~hélice** m Turbohélice ‖ **~propulseur** m Turbopropulsor ‖ **~réacteur** m Turborreactor.
turbot m Rodaballo ‖ **~ière** f Besuguera.
turbul|ence f Turbulencia ‖ **~ent, e** adj Turbulento, a | — Adj/s Revoltoso, a.
turc, turque adj/s Turco, a | *Fort comme un ~*, más fuerte que un roble.
turf [tœrf o tyrf] m Turf, hipódromo | Deporte hípico, hipismo ‖ **~iste** s Turfista.
turgescence f MÉD. Turgencia.
turlupin|ade f Chiste (*m*) grosero ‖ **~er** vt FAM. Atormentar.
turlut|aine f FAM. Muletilla | Capricho *m* (caprice) ‖ **~utu** m FAM. Flauta *f* | — Interj Ya ya.
turpitude f Infamia | Torpeza, impureza.
Turquie nprf Turquía.
turquoise f Turquesa.
tut|élaire adj Tutelar ‖ **~elle** f Tutela | Tutoría (charge) ‖ **~eur, trice** s Tutor, a | — M BOT. Tutor, rodrigón.
tut|oiement [tytwamɑ̃] m Tuteo ‖ **~oyer** [-twaje] vt Tutear.
tutu m Tonelete, faldilla (*f*) de bailarina.
tuyau [tɥijo] m Tubo | Caño (d'eau) | Cañón (de plume, de cheminée, d'orgue) | Caña *f* (tige creuse) | FAM. Informe | *~ d'arrosage*, manga de riego | *~ d'échappement*, tubo de escape ‖ **~tage** m Encañonado (du linge) | Tubería *f* (tuyauterie) | FAM. Informe confidencial ‖ **~ter** vt Encañonar (linge) | FAM. Informar ‖ **~terie** f Cañería | Tubería (ensemble des tuyaux).
tuyère [tɥijɛ:r] f Tobera.

T.V.A. f I.V.A. *m* (taxe à la valeur ajoutée).
twin-set [twinsɛt] m Conjunto (chandail et cardigan).
tympan [tɛ̃pɑ̃] m Tímpano | MÉC. Piñón de engranaje | TECH. Rueda (*f*) hidráulica elevadora || **~on** m MUS. Tímpano.
type m Tipo | POP. Tipo, tío | *Sale ~*, tiparraco.
typhoïde [tifɔid] adj/f Tifoideo, a.
typhon m Tifón.
typhus [tifys] m Tifus (maladie).
typique adj Típico, a.
typo m FAM. Tipógrafo | — F FAM. Tipografía || **~graphe** adj/s Tipógrafo, a || **~graphie** f Tipografía || **~graphique** adj Tipográfico, a.
tyran m Tirano, a || **~nicide** s Tiranicida (meurtrier) | — M Tiranicidio (meurtre) || **~nie** f Tiranía || **~nique** adj Tiránico, a || **~niser** vt Tiranizar.
tyrien, enne adj/s Tirio, a.
tyrolien, enne adj/s Tirolés, esa.
Tyrrhénienne nprf *Mer ~*, mar Tirreno.
tzar *et ses dérivés*. V. TSAR *y sus derivados*.
tzigane s Cíngaro, a; gitano, a.

U

u m U *f*.
ubiquité [ybikɥite] f Ubicuidad.
uhlan m Ulano.
ukase [ykɑ:z] m Ucase.
Ukraine nrpf Ucrania.
ulc|ération f Ulceración || **~ère** m Úlcera *f* || **~érer** vt Ulcerar | FIG. Lastimar || **~éreux, euse** adj Ulceroso, a.
ult|érieur, e adj Ulterior | Posterior || **~imatum** [yltimatɔm] m Ultimátum || **~ime** adj Último, a.
ultra adj/s Extremista, ultra || **~-court, e** adj Ultracorto, a || **~son** ou **~-son** m Ultrasonido || **~violet, ette** ou **~-violet, ette** adj/m Ultravioleta.
ululer vi/t Ulular.
ulve f BOT. Ova, ulva (algue).
un, une [œ̃, yn] adj num Uno, una (*un* devant un substantif masculin) | *Encore ~*, uno más | *Ne faire qu'~*, no ser más que uno | *Pas ~*, ni uno | *~ à ~*, uno por uno | — Adj qual Uno, a (indivisible) | — Adj ord Primero, a : *page ~*, página primera | — Art indéf Un, una (*un* devant un nom féminin commençant par *a* ou *ha* accentué) | *~ de mes enfants*, un hijo mío *ou* uno de mis hijos | — M Uno | — F FAM. *La ~*, la primera plana | *Cinq colonnes à la ~*, a toda plana.
un, une, uns, unes pron indéf Uno, una, unos, unas | *L'~ après l'autre*, uno tras otro | *L'~ dans l'autre*, uno con otro | *L'~ d'eux*, uno de ellos | *L'~ et l'autre*, ambos, uno y otro, los dos.
unanim|e adj Unánime || **~ité** f Unanimidad : *à l'~*, por unanimidad.
unguis [ɔ̃gɥis] m ANAT. Unguis.
uni, ~e adj Unido, a : *~ à*, unido con | Llano, a; liso, a (plat) | Liso, a (d'une seule couleur) | FIG. Sencillo, a (simple) || **~cellulaire** adj Unicelular || **~cité** f Unicidad || **~colore** adj Unicolor || **~ème** adj Primero, a || **~ficateur, trice** adj/s Unificador, a || **~fication** f Unificación || **~fier** vt Unificar || **~forme** adj/m Uniforme || **~formiser** vt Uniformizar, uniformar || **~formité** f Uniformidad || **~latéral, e** adj Unilateral || **~ment** adv Igualmente | FIG. Sencillamente || **~on** f Unión || **~onisme** m Unionismo || **~que** adj Único, a || **~r** vt Unir | Igualar (égaliser) | — Vp Unirse || **~sson** m Unísono | FIG. Acuerdo || **~taire** adj Unitario, a || **~té** f Unidad.
univers [ynivɛ:r] m Universo || **~aliser** vt Universalizar || **~alité** f Universalidad | DR. Totalidad || **~el, elle** adj Universal | — M Lo universal || **~itaire** adj Universitario, a | — S Catedrático de universidad || **~ité** f Universidad.
upsilon m Ypsilon *f* (lettre grecque).
uranium [yranjɔm] m Uranio.
urb|ain, e adj Urbano, a || **~anification** et **~anisation** f Urbanización || **~aniser** vt Urbanizar || **~anisme** m Urbanismo || **~aniste** adj/s Urbanista || **~anité** f Urbanidad, cortesía.
uré|e f Urea || **~mie** f MÉD. Uremia.
uretère [yrtɛ:r] m ANAT. Uréter.
urètre m ANAT. Uretra *f*.
urg|ence f Urgencia || **~ent, e** adj Urgente | *Être ~*, urgir.
urin|aire adj Urinario, a || **~al** m Orinal [para enfermos] || **~e** f Orina || **~er** vi Orinar || **~oir** m Urinario.
urique adj Úrico, a.
urne f Urna | *Aller aux ~s*, votar.

uro|graphie f Urografía ‖ **~logie** f Urología ‖ **~logue** m Urólogo.
urticaire f MÉD. Urticaria.
urubu m Gallinaza *f*, urubú, aura *f*, zopilote (oiseau de proie).
Uruguay [yrygwɛ, -gɛ] nprm Uruguay.
uruguayen, enne [-gwajɛ̃, jɛn, -gɛɛ̃, ɛn] adj/s Uruguayo, a.
urus [yrys] m Uro.
us [ys] mpl Usos ‖ **~age** m Uso, empleo | Uso, costumbre *f* (coutume) | Uso, disfrute (jouissance) | *À l'~*, con el uso | *À l'~ de*, para uso de | *D'~*, usual | *Être en ~*, estilarse | *Faire ~ de*, hacer uso de, emplear; ejercer (exercer) | *Faisant ~ de*, en uso de | *Hors d'~*, desusado, fuera de uso | *Selon l'~*, al uso, según costumbre ‖ **~agé, e** adj Usado, a ‖ **~ager, ère** s Usuario, a ‖ **~é, e** adj Usado, a | Desgastado, a; gastado, a | Residual (eaux) ‖ **~er** vt Gastar, desgastar (détériorer) | Gastar, consumir (consommer) | Debilitar (la santé) | — Vi Usar, emplear, valerse de | — Vp Desgastarse.
usin|age m Fabricación *f* | Mecanizado, operación (*f*) de mecanizado (avec machine) ‖ **~e** f Fábrica, planta ‖ **~er** vt Mecanizar, trabajar con una máquina herramienta | Fabricar ‖ **~ier, ère** adj Fabril | — M Industrial.
usité, e adj Usado, a; empleado, a.
ustensile m Utensilio.
usuel, elle adj Usual | — M Manual.
usufruit [yzyfrɥi] m Usufructo ‖ **~ier, ère** adj/s Usufructuario, a.
usur|aire adj Usurario, a ‖ **~e** f Usura (intérêt) | Desgaste *m* (détérioration) | FIG. Debilitación | FIG. *Rendre avec ~*, devolver con creces ‖ **~ier, ère** adj/s Usurero, a.
usurp|ateur, trice adj/s Usurpador, a ‖ **~ation** f Usurpación ‖ **~er** vt Usurpar.
ut [yt] m inv MUS. Do, ut.
utér|in, e adj/s Uterino, a ‖ **~us** [yterys] m Útero.
util|e adj Útil | *En temps ~*, a su debido tiempo | — M Lo útil ‖ **~isable** adj Utilizable ‖ **~isateur, trice** adj/s Utilizador, a; usuario, a ‖ **~isation** f Utilización, aprovechamiento *m* ‖ **~iser** vt Utilizar, aprovechar ‖ **~itaire** adj Utilitario, a ‖ **~itarisme** m Utilitarismo ‖ **~ité** f Utilidad | — Pl Figurantes *m* (théâtre).
utop|ie f Utopía ‖ **~ique** adj/s Utópico, a ‖ **~iste** adj/s Utopista.
uv|ée f ANAT. Úvea ‖ **~ule** f ANAT. Úvula, campanilla, galillo *m*.

V

v [ve] m V *f*.
va! interj ¡Anda! | FAM. Vale, bueno.
vac|ance f Vacante | FIG. Vacío *m* | — Pl Vacaciones | *Grandes ~s*, veraneo | *Passer les ~s d'été à*, veranear en | *~s d'été*, veraneo, vacaciones de verano ‖ **~ancier** m Persona (*f*) de vacaciones | Veraneante (en été) ‖ **~ant, e** adj Vacante | Vacío, a (vide) | Desierto, a (prix).
vacarme m Jaleo, estrépito.
vacation f Diligencia | Dietas *pl* (honoraires) | — Pl DR. Vacaciones.
vaccin [vaksɛ̃] m Vacuna *f* ‖ **~ateur, trice** adj/s Vacunador, a ‖ **~ation** f Vacunación ‖ **~e** f Viruela de la vaca (de la vache) | Vacuna ‖ **~er** vt Vacunar.
vach|e f Vaca (animal) | POP. Hueso *m*, persona malintencionada | FAM. *La ~!*, ¡cochino! | — Adj POP. Hueso, malintencionado, a; severo, a ‖ **~er, ère** s Vaquero, a ‖ **~erie** f Vaquería | POP. Cochinada, faena (mauvais tour) ‖ **~erin** m Pastel de nata y merengue (gâteau) ‖ **~ette** f Vaqueta (cuir).
vacill|ant, e [vasijɑ̃, ɑ:t] adj Vacilante ‖ **~ation** [-jasjɔ̃] f Vacilación ‖ **~ement** [-jmɑ̃] m Vacilación *f* ‖ **~er** [-je] vi Vacilar.
vacuité f Vacuidad.
vacuole f Vacuola.
vade-mecum [vademekɔm] m inv Vademécum.
vadrouill|e [vadruj] f MAR. Escobón *m* | POP. *En ~*, de paseo, de picos pardos ‖ **~er** vi POP. Andar de picos pardos, pasearse ‖ **~eur, euse** adj/s POP. Callejero, a.
va-et-vient m inv Vaivén | FIG. Intercambio (échange) | Muelle (de porte) | MAR. Andarivel | ÉLEC. Conmutador.
vagabond, ~e [vagabɔ̃, ɔ̃:d] adj/s Vagabundo, a ‖ **~age** m Vagabundeo | Vagancia *f* (délit) ‖ **~er** vi Vagabundear | DR. Vagar.
vag|in m ANAT. Vagina *f* ‖ **~inal, e** adj Vaginal ‖ **~inite** f MÉD. Vaginitis.

vag|ir vi Llorar, dar vagidos ‖ **~issement** m Vagido.
vagu|e adj Vago, a | Baldío, a (non cultivé) | ANAT. Vago (nerf) | *Terrain ~*, solar | — M Vacío | FIG. Vaguedad *f* : *rester dans le ~*, decir vaguedades | — F Ola (lame) | FIG. Oleada, ola | FAM. *La nouvelle ~*, la nueva ola ‖ **~ement** adv Algo (un peu) | Apenas (à peine).
vaill|ance [vajɑ̃:s] f Valentía, valor *m* | Ánimo *m* (courage) ‖ **~ant, e** adj Valiente, valeroso, a | Animoso, a (courageux) | Trabajador, a (travailleur).
vain, e adj Vano, a.
vain|cre* vt Vencer | FIG. Salvar, vencer | — Vp Vencerse, dominarse ‖ **~cu, e** adj/s Vencido, a ‖ **~queur** m Vencedor | — Adj Vencedor, a; victorioso, a; triunfante, triunfador, a.
vairon m Gobio (poisson).
vaisseau [vɛso] m MAR. Buque, nave *f*, navío | ANAT. BOT. Vaso | ARCH. Nave *f* | *~ spatial*, nave espacial.
vaissel|ier m Vasar ‖ **~le** f Vajilla | *Faire la ~*, fregar los platos | FAM. *S'envoyer la ~ à la tête*, tirarse los trastos a la cabeza.
val m Valle.
valable adj Valedero, a; válido, a | Admisible, aceptable | De valor (personne, œuvre) | Que sirve, que vale.
valence f CHIM. Valencia.
Valence npr Valencia.
valériane f BOT. Valeriana.
valet m Criado, sirviente | Mozo (de ferme, d'écurie) | FIG. Lacayo | Valet, jota *f* (jeu de cartes français), sota *f* (jeu espagnol) | TECH. Barrilete (de menuisier) | *~ de chambre*, ayuda de cámara (chez soi), camarero, mozo (à l'hôtel) | *~ d'établi*, soporte de banco de carpintero | *~ de nuit*, galán de noche (meuble) | *~ de pied*, lacayo.
valétudinaire adj/s Valetudinario, a.
valeur f Valor *m*, valía | Valentía, valor *m* (vaillance) | Equivalencia (quantité) | Intensidad (de couleur) | COM. MATH. MUS. Valor *m* | *Donner de la ~*, dar valor | *Mettre en ~*, dar valor, avalorar (valoriser), hacer fructificar, beneficiar (terres), hacer resaltar (mettre en relief) | *~ marchande*, valor comercial ‖ **~eux, euse** adj Valeroso, a.
valid|ation f Validación ‖ **~e** adj Válido, a | — S Persona válida ‖ **~er** vt Validar ‖ **~ité** f Validez.
valise f Maleta | *Petite ~*, maletín | *~ diplomatique*, valija diplomática.
vall|ée f Valle *m* | Cuenca (de mine) ‖ **~on** m Vallejo ‖ **~onné, e** adj Ondulado, a ‖ **~onnement** m Ondulación *f*.
valoir* vi Valer | Sentar (convenir) | *Autant vaut*, lo mismo da | *À ~ sur*, a cuenta de | *Faire ~*, hacer valer (appliquer), beneficiarse de (tirer parti), aprovechar, beneficiar (terres), realzar (mettre en relief), ensalzar (vanter), valerse de, esgrimir (se prévaloir de) | *Ils se valent*, son tal para cual (personnes), vienen a ser lo mismo (choses) | *Il vaut mieux*, más vale | *Se faire ~*, darse a valer, lucirse | *Vaille que vaille*, mal que bien | — Vt Valer | Equivaler a (équivaloir) | Merecer (mériter) | Dar, proporcionar (donner) | Ser equiparable *o* equivalente a | — Vimp Valer.
valoris|ation f Valorización ‖ **~er** vt Valorizar.
vals|e f Vals *m* ‖ **~er** vi Bailar un vals.
valv|e f Valva (de mollusque) | MÉC. Válvula (soupape) | RAD. Válvula, lámpara ‖ **~ule** f ANAT. Válvula.
vampire m Vampiro.
van m Aventador (crible).
vanadium [vanadjɔm] m Vanadio (métal).
vandal|e adj/s Vándalo, a ‖ **~isme** m Vandalismo.
vanill|e [vanij] f Vainilla (fruit) | Mantecado *m*, vainilla (glace) ‖ **~ier** [-je] m Vainilla *f* (plante).
vanit|é f Vanidad | *Tirer ~ de*, vanagloriarse de ‖ **~eux, euse** adj/s Vanidoso, a.
vann|age m Ahecho (criblage) ‖ **~e** f Compuerta (d'écluse) | Válvula (de tuyau) | FIG. FAM. Pulla (allusion) ‖ **~eau** m Avefría *f* (oiseau) ‖ **~er** vt Ahechar (le grain) | POP. Reventar (fatiguer) ‖ **~erie** f Cestería ‖ **~eux, euse** adj/s Aventador, a ‖ **~ier, ère** s Cestero, a.
vantail [vɑ̃taj] m Hoja *f*, batiente.
vant|ard, e adj/s Jactancioso, a ‖ **~ardise** f Jactancia ‖ **~er** vt Alabar | — Vp Jactarse, vanagloriarse, presumir ‖ **~erie** f Jactancia.
va-nu-pieds s inv Descamisado, a.
vap|eur f Vapor *m* | — M MAR. Vapor (navire) ‖ **~oreux, euse** adj Vaporoso, a | FIG. Nebuloso, a; oscuro, a ‖ **~orisateur** m Vaporizador, pulverizador ‖ **~orisation** f Vaporización ‖ **~oriser** vt Vaporizar.
vaquer vi Vacar, estar vacante *ou* disponible | Interrumpir sus funciones | Dedicarse a, ocuparse en (se consacrer à).
varech [varɛk] m Varec (algue).
vareuse f Marinera (de marin) | Guerrera (d'uniforme) | Chaquetón *m* (veste).
vari|abilité f Variabilidad ‖ **~able** adj/f Variable ‖ **~ant, e** adj Va-

rio, a | — F Variante || **~ation** f Variación.
varice f MÉD. Variz, varice || **~lle** f Varicela, viruelas (*pl*) locas.
vari|er vt Variar | — Vi Variar | Cambiar (changer) || **~été** f Variedad | Tipo *m* (type) | — Pl Variedades (spectacle).
variol|e f Viruela, viruelas *pl* || **~é, e** adj/s Picado de viruelas.
varlop|e f Garlopa (rabot) || **~er** vt Cepillar.
Varsovie npr Varsovia.
vasculaire adj Vascular.
vase m Vaso (récipient) | Jarrón (d'art) | Florero (à fleurs) | FIG. *En ~ clos,* aislado | *~ de nuit,* orinal | — F Limo *m,* cieno *m,* fango *m.*
vaseline [vazlin] f Vaselina.
vas|eux, euse adj Fangoso, a; cenagoso, a | FAM. Hecho polvo (fatigué), mediocre || **~ière** f Cenagal *m.*
vasistas [vazistɑ:s] m Ventanilla *f,* tragaluz (d'une porte).
vaso-moteur, trice adj/m Vasomotor, a (nerfs).
vasque f Pila, pilón *m,* taza (de fontaine) | Centro (*m*) de mesa.
vassal, ~e adj/s Vasallo, a || **~ité** f Vasallaje *m.*
vasselage m Vasallaje, feudo.
vaste adj Vasto, a; extenso, a; amplio, a | FAM. Enorme.
vaticane adjf Vaticana.
vaticin|ation f Vaticinio *m* || **~er** vi Vaticinar.
va-tout [vatu] m inv Resto | FIG. *Jouer son ~,* jugar el todo por el todo, jugarse el resto.
vaudeville [vodvil] m Vodevil, comedia (*f*) ligera.
vau-l'eau (à) [avolo] loc adv Río abajo, aguas abajo | FIG. *S'en aller à ~,* irse a pique, fracasar.
vaurien, enne s Golfo, a.
vautour m Buitre (oiseau).
vautrer (se) vp Revolcarse, tenderse | Arrellanarse, repantingarse (dans un fauteuil).
veau m Ternero, becerro (animal) | Ternera *f* (viande) | Becerro (peau) | FAM. Cacharro (voiture) | FAM. *Pleurer comme un ~,* berrear. *Tuer le ~ gras,* echar la casa por la ventana | *~ de lait,* ternero recental.
vecteur adjm/m Vector.
vécu, e adj Vivido, a.
vedette f MAR. Motora, lancha motora | Estrella (artiste) | Divo, a; astro *m* (acteur connu) | Figura (personnage) | IMPR. *En ~,* en un solo renglón | *Mettre en ~,* poner en primer plano | — Adj Estelar : *combat ~,* combate estelar (de boxe).
végét|al, e adj/m Vegetal || **~arien, enne** adj/s Vegetariano, a || **~atif, ive** adj Vegetativo, a || **~ation** f Vegetación | — Pl MÉD. Vegetaciones || **~er** vi Vegetar.
véhém|ence f Vehemencia || **~ent, e** adj Vehemente.
véhicul|e m Vehículo || **~er** vt Transportar | FIG. Comunicar, transmitir.
veill|e [vɛj] f Insomnio *m,* desvelo *m* | Vela, vigilia (privation volontaire de sommeil) | Víspera (jour précédent) | *À la ~ de,* en vísperas de || **~ée** [-je] f Velada | Vela (d'un malade) | *Faire sa ~ d'armes,* velar las armas | *~ funèbre,* velatorio, velorio (d'un défunt) || **~er** vi Velar, quedarse sin dormir | Vigilar (surveiller) | Tener cuidado con (prendre garde à) | FIG. Cuidar, velar | Hacer guardia (monter la garde) | *~ à ce que,* procurar que | — Vt Velar, cuidar || **~eur, euse** s Vigilante | *~ de nuit,* sereno (des rues), guarda nocturno *ou* de noche | — F Mariposa (à huile) | Lamparilla de noche (lampe) | Piloto *m* (d'appareil) | *Mettre en ~,* poner a media luz (une lumière), disminuir [una actividad] | AUT. *Mettre les phares en ~,* poner luces de población.
vein|ard, e [vɛna:r, ard] adj/s FAM. Potroso, a; chambón, ona; suertudo, a || **~e** f ANAT. Vena | MIN. TECH. Vena, veta | POP. Potra, chamba (chance) | *Avoir une ~ de pendu* o *de tous les diables,* tener una suerte loca *ou* de mil demonios | FAM. *Pas de ~!,* ¡qué mala pata! || **~er** vt Vetear || **~eux, euse** adj ANAT. Venoso, a | Veteado, a (pierre, etc) || **~ule** f Venilla || **~ure** f Veteado *m* (du bois, etc).
vêler vi Parir [la vaca].
vélin m Vitela *f.*
velléit|aire [vɛ(l)leitɛ:r] adj/s Veleidoso, a || **~é** f Veleidad.
vélo m FAM. Bici *f* || **~ce** adj Veloz || **~cipède** m Velocípedo || **~drome** m Velódromo || **~moteur** m Velomotor.
vel|ours [vəlu:r] m Terciopelo | FIG. Lo aterciopelado | *~ côtelé,* pana || **~outé, e** adj Aterciopelado, a | FIG. Suave (vin), untuoso, a (crème) | — M Lo aterciopelado || **~outer** vt Aterciopelar.
velu, e adj Velludo, a.
vélum [velɔm] m Toldo.
venaison f Caza.
vénal, ~e adj Venal || **~ité** f Venalidad.
venant (à tout) [atuv(ə)nɑ̃] loc adv Al primero que llega.
vendable adj Vendible.
vendang|e f Vendimia || **~er** vt/i Vendimiar || **~eur, euse** s Vendimiador, a.

vend|eur, euse s Vendedor, a | Dependiente, a (employé) || **~re*** vt Vender : *~ un meuble cent francs,* vender un mueble en *ou* por cien francos | FIG. Traicionar, vender (trahir) | *~ à perte,* vender con pérdida | *~ à terme* o *à tempérament,* vender a plazos | *~ au comptant,* vender al contado | *~ en gros, au détail,* vender al por mayor, al por menor | — Vp Venderse.

vendredi m Viernes.

vendu, e adj/s Vendido, a.

vénéneux, euse adj Venenoso, a.

vénér|able adj/s Venerable || **~ation** f Veneración || **~er** vt Venerar.

vénerie [vɛnri] f Montería.

vénérien, enne adj Venéreo, a.

veneur m Montero.

vénézuélien, enne adj/s Venezolano, a.

veng|eance [vɑ̃ʒɑ̃:s] f Venganza : *crier ~,* clamar venganza | *Tirer ~,* vengarse || **~er** vt Vengar || **~eur, eresse** adj/s Vengador, a.

véniel, elle adj Venial.

ven|imeux, euse adj Venenoso, a (animal) || **~in** m Veneno.

venir* vi Venir | Proceder, venir (provenir) | Seguir, venir (succéder) | Llegar, venir (arriver) | Entrar (entrer) | Crecer (pousser) | Acercarse (se rapprocher) | Caer, salir (tomber) | *À ~,* venidero, futuro | *En ~,* venir a parar | *En ~ à,* llegar a, venir a (arriver), llegar a, pasar a | *Faire ~,* llamar (personne), mandar traer (chose) | *S'il venait à mourir,* si muriese *ou* muriera | *~ de,* acabar de : *je viens de manger,* acabo de comer.

Venise npr Venecia.

vénitien, enne adj/s Veneciano, a.

vent [vɑ̃] m Viento : *~ arrière, debout,* viento en popa, en contra | Aire (air) | MUS. Viento | Gas, ventosidad *f* (ventosité) | *Autant en emporte le ~,* está escrito en el agua | *Avoir le ~ en poupe,* ir viento en popa | FIG. *Avoir ~ de qqch.,* llegar algo a los oídos de uno, barruntar | *Coup de ~,* ráfaga de viento | POP. *Du ~!,* ¡lárguese! | FAM. *En coup de ~,* de prisa y corriendo | MAR. *Être au ~, sous le ~,* estar a barlovento, a sotavento | FAM. *Être dans le ~,* seguir la moda. *Le ~ a tourné,* se han vuelto las tornas (chance). *Quel bon ~ vous amène?,* ¿qué le trae por aquí? *Tout ça c'est du ~,* todo eso son palabras al aire | *~ de tempête,* vendaval.

ventage m Cribado.

vente f Venta : *~ à crédit, au comptant, au détail, à tempérament* o *à terme, en gros,* venta a crédito, al contado, al por menor, a plazos, al por mayor | *Mettre en ~,* sacar a la venta | *~ aux enchères,* subasta.

vent|er vimp Ventear, soplar el viento || **~eux, euse** adj Ventoso, a || **~ilateur** m Ventilador || **~ilation** f Ventilación | Clasificación | Distribución, desglose *m* (sur différents comptes) || **~iler** vt Ventilar (aérer) | Desglosar, distribuir (un compte) | Clasificar || **~osité** f Ventosidad || **~ouse** f Ventosa.

ventr|al, e adj Ventral || **~e** m Vientre | *À plat ~,* boca abajo | FIG. *Avoir le ~ creux,* tener un vacío en el estómago, tener el vientre vacío | *Sur le ~,* boca abajo | FIG. *~ affamé n'a pas d'oreilles,* el hambre es mala consejera. *~ à terre,* a galope tendido || **~ée** f POP. Panzada || **~icule** m Ventrículo || **~ière** f Ventrera || **~iloque** adj/s Ventrílocuo, a || **~ipotent, e** ou **~u, e** adj FAM. Panzudo, a; barrigón, ona.

venu, e adj Conseguido, a (obtenu) | Venido, a (arrivé) | — Adj/s Llegado, a : *nouveau ~,* recién llegado | — F Llegada, venida.

vêpres [vɛpr] fpl Vísperas.

ver m Gusano | FAM. *Nu comme un ~,* en cueros vivos. *Tirer les ~s du nez,* tirar de la lengua, sonsacar | *~ à soie,* gusano de seda | *~ de terre,* lombriz | *~ luisant,* luciérnaga | FIG. *~ rongeur,* gusanillo de la conciencia | *~ solitaire,* solitaria | *~s intestinaux,* lombrices intestinales.

véracité f Veracidad.

véranda f Veranda, mirador *m.*

verb|al, e adj Verbal || **~aliser** vi Formalizar el atestado (dresser le procès-verbal), proceder contra (poursuivre) | Levantar acta (faire le compte rendu) || **~alisme** m Verbalismo || **~e** m Palabra *f,* voz *f* | REL. GRAM. Verbo || **~iage** m Verborrea *f,* palabrería *f* || **~osité** f Verbosidad.

verd|âtre adj Verdoso, a || **~eur** f Acidez (acidité) | Falta de madurez (fruit) | FIG. Verdor *m* (vigueur), carácter (*m*) licencioso || **~ict** [vɛrdikt] m Veredicto : *~ d'acquittement,* veredicto de inculpabilidad || **~ier** m Verderón (oiseau) || **~ir** vt Pintar de verde | — Vi Verdear, verdecer | Ponerse verde (de peur) | Criar cardenillo (le cuivre) || **~oyant, e** [vɛrdwajɑ̃, ɑ̃:t] adj Verde, verdoso, a || **~oyer** [-dwaje] vi Verdecer || **~ure** f Verde *m,* verdor *m* (couleur) | Plantas *pl* (plantes) | Verdura, hortalizas *pl* (légumes).

véreux, euse adj Que tiene gusanos | FIG. Dudoso, a (douteux), turbio, a (trouble), sospechoso, a (suspect), poco limpio (louche).

verg|e f Vara (de bois) | Varilla (de métal) | MAR. Caña (de l'ancre) | ANAT. Verga | — Pl Varas, azotes *m* || **~er** m Vergel, huerto || **~etures** fpl Estrías, vetas (de la peau) | Verdugones *m* (de coups).
ver|glacé, e adj Helado, a; cubierto de hielo || **~glacer** vimp Formarse hielo en el pavimento || **~glas** [vɛrgla] m Hielo en el pavimento.
vergogne f Vergüenza.
vergue f MAR. Verga.
vér|idique adj Verídico, a (vrai) || **~ifiable** adj Comprobable || **~ificateur, trice** adj/s Verificador, a | *~ des comptes,* interventor de cuentas || **~ification** f Comprobación, verificación | Examen *m,* revisión | Intervención (des comptes) | Contraste *m* (de poids et mesures) || **~ifier** vt Comprobar, verificar | Examinar, revisar | Confirmar, justificar | Intervenir (les comptes).
vérin m TECH. Gato, elevador (cric) | *~ à vis,* elevador de rosca.
vér|isme m Verismo || **~itable** adj Verdadero, a | Legítimo, a : *cuir ~,* cuero legítimo || **~ité** f Verdad | Naturalidad (portrait) | *À la ~,* a decir verdad | FAM. *Dire ses ~s à qqn,* decir a uno cuatro verdades | *~ de La Palice,* perogrullada.
verjus [vɛrʒy] m Agraz.
verm|eil, eille [vɛrmɛj] adj Bermejo, a || **~icelle** m Fideos *pl* (pâtes) | Sopa (*f*) de fideos (soupe) || **~ifuge** adj/m MÉD. Vermífugo, a || **~iller** vi Hozar (le sanglier) || **~illon** [vɛrmijɔ̃] m Bermellón (couleur) || **~ine** f Miseria (parasites) | FIG. Gentuza, chusma || **~isseau** m Gusanillo || **~oulu, e** adj Carcomido, a || **~oulure** f Carcoma.
vermouth m Vermú, vermut.
vernaculaire adj Vernáculo, a.
vern|ir vt Barnizar | Charolar (cuir) POP. *Être verni,* tener chamba *ou* potra | *Souliers vernis,* zapatos de charol || **~is** [vɛrni] m Barniz | Vidriado (pour la porcelaine) | Charol (pour le cuir) | FIG. Barniz, baño, capa *f* | *~ à ongles,* esmalte para uñas || **~issage** m Barnizado | FIG. Inauguración (*f*) *ou* apertura (*f*) de una exposición de arte || **~issé, e** adj Barnizado, a | Vidriado, a (céramique) | Lustroso, a (brillant) | Acharolado, a (cuir) || **~isser** vt Vidriar || **~isseur, euse** s Barnizador, a | Fabricante de barnices.
vérole f Sífilis | *Petite ~,* viruelas.
véronique f BOT. TAUR. Verónica.
verrat [vɛra] m Verraco (porc).
verr|e m Vidrio : *~ à vitres,* vidrio de ventana | Cristal (verre fin) | Vaso (à eau), copa *f* (à vin, alcool) | Cristal, lente (de lunettes) | Copa *f* : *viens prendre un ~,* ven a tomar una copa | Casco (bouteille vide) | — Pl FAM. Gafas *f* (lunettes) | *Qui casse les ~s les paye,* el que la hace la paga | *~ à pied,* copa | *~ de contact,* lente de contacto | *~ grossissant,* cristal de aumento || **~erie** [vɛrri] f Vidriería || **~ier** m Vidriero || **~ière** f Vidriera (d'église) | Cristalera (toit) || **~oterie** f Abalorio *m.*
verrou m Cerrojo, pestillo | Cerrojo (d'arme) | FAM. *Sous les ~s,* a la sombra || **~iller** [vɛruje] vt Echar el cerrojo | Bloquear (une arme) | Encerrar (un prisonnier) | — Vp Encerrarse.
verrue [vɛry] f Verruga | Lunar *m* (grain de beauté).
vers [vɛ:r] m Verso | — Prép Hacia, con dirección a (en direction de) | A (à) | Hacia, alrededor de, a eso de (environ).
versant m Vertiente *f,* ladera *f* (pente) | FIG. Lado, aspecto.
versatil|e adj Versátil || **~ité** f Versatilidad.
vers|e f *Pleuvoir à ~,* llover a cántaros || **~é,e** adj Versado, a || **~eau** m CONSTR. Pendiente *f.*
Verseau nprm ASTR. Acuario.
vers|ement m Pago, entrega *f* (paiement) | Desembolso (déboursement) | Ingreso (à un compte) | *Premier ~,* desembolso inicial, entrada || **~er** vt Verter, derramar (répandre) | Echar (jeter) | Dar (donner) | Entregar, dar, abonar (de l'argent) | Ingresar (à un compte courant) | Pagar, abonar (une cotisation) | Desembolsar (débourser) | Volcar (un véhicule) | — Vi Volcarse (une voiture) | — Vp Echarse | Servirse.
verset m Versículo.
verseuse f Cafetera.
vers|ification f Versificación || **~ifier** vi Versificar | — Vt Versificar, poner en verso || **~ion** f Versión | Traducción directa.
verso m Verso, vuelta *f,* reverso.
versoir m AGR. Vertedera *f.*
vert, ~e [vɛ:r, vɛrt] adj Verde | FAM. Lozano, a (vigoureux), fuerte, severo, a (sévère), verde (licencieux) | — M Verde | AGR. Forraje verde | Disco verde (feu de signalisation) | FAM. *En voir des vertes et des pas mûres,* pasarlas negras *ou* moradas || **~-de-gris** m inv Cardenillo.
vert|ébral, e adj Vertebral || **~èbre** f Vértebra || **~ébré, e** adj/m Vertebrado, a.
vertement adv Agriamente, severamente.
vertical, e adj/f Vertical.
verticille m BOT. Verticilo.

vertig|e m Vértigo ‖ **~ineux, euse** adj Vertiginoso, a.
vertu f Virtud ‖ **~eux, euse** adj Virtuoso, a.
verve f Inspiración, numen *m* | *Être en ~*, estar inspirado *ou* locuaz.
verveine f BOT. Verbena.
vesce [vɛs] f BOT. Arveja.
vésic|al, e adj ANAT. Vesical ‖ **~ule** f Vesícula.
vesou m Guarapo (de la canne à sucre).
vespasienne f Urinario (*m*) público.
vespéral, e adj Vespertino, a.
vesse f POP. Pedo (*m*) sin ruido.
vessie f Vejiga | FAM. *Prendre des ~s pour des lanternes*, confundir la gimnasia con la magnesia.
vessigon m VÉT. Alifafe.
vestale f Vestal.
vest|e f Chaqueta, americana [*Amér.*, saco] | FAM. *Retourner sa ~*, chaquetear | *Tomber la ~*, quitarse la chaqueta | *~ d'intérieur*, batín ‖ **~iaire** m Guardarropa *f*, vestuario.
vestibule m Vestíbulo.
vestige m Vestigio.
vest|imentaire adj De ropa ‖ **~on** m Chaqueta *f*, americana *f* [*Amér.*, saco] (veste).
vêtement m Traje | Ropa *f* (terme général) | FIG. Vestidura *f*.
vétéran m Veterano.
vétérinaire adj/s Veterinario, a.
vétille f Fruslería, pamplina.
vêtir* vt Vestir.
veto m inv Veto | *Mettre* o *opposer son ~ à*, vetar, poner el veto a.
vétust|e adj Vetusto, a ‖ **~é** f Vetustez.
veuf, veuve adj/s Viudo, a.
veul|e adj FAM. Pusilánime ‖ **~erie** f Pusilanimidad.
veuvage m Viudez *f*.
vex|ant, e adj Molesto, a; vejatorio, a; que contraría ‖ **~ateur, trice** adj/s Vejatorio, a ‖ **~ation** [vɛksasjɔ̃] f Vejación, vejamen *m*, molestia ‖ **~atoire** adj Vejatorio, a ‖ **~er** vt Vejar, molestar | — Vp Molestarse, amoscarse, picarse.
via prép Por, vía ‖ **~bilité** f Viabilidad | Calidad de transitable (chemin) ‖ **~ble** adj Viable | Transitable (chemin) | Factible (projet) ‖ **~duc** m Viaducto ‖ **~ger, ère** adj Vitalicio, a | — M Renta (*f*) vitalicia | *Mettre en ~*, hacer un vitalicio sobre.
viande f Carne : *~ hachée, saignante*, carne picada, poco hecha.
viatique m Viático.
vibr|age m Vibración *f*, vibrado ‖ **~atile** adj Vibrátil ‖ **~ation** f Vibración ‖ **~er** vi Vibrar ‖ **~eur** m Vibrador.

vic|aire m Vicario ‖ **~arial, e** adj Vicarial ‖ **~ariat** m ou **~airie** f Vicaría *f*.
vice m Vicio | Resabio (d'un cheval).
vice|-amiral [visamiral] m Vicealmirante ‖ **~-chancelier** m Vicecanciller ‖ **~-consul** m Vicecónsul ‖ **~-président, e** s Vicepresidente, a ‖ **~-reine** f Virreina ‖ **~-roi** m Virrey ‖ **~-royauté** f Virreinato *m*.
vicésimal, e adj Vigesimal.
vice versa loc adv Viceversa.
vichy m Vichy (tissu).
vici|er vt Viciar | Enviciar (une personne) ‖ **~eux, euse** adj/s Vicioso, a | Falso, a; resabiado, a (cheval).
vicinal, e adj Vecinal.
vicissitude f Vicisitud.
vicomt|al, e adj Vizcondal ‖ **~e** m Vizconde ‖ **~é** m Vizcondado ‖ **~esse** f Vizcondesa.
victime f Víctima.
vict|oire f Victoria, triunfo *m* ‖ **~oria** f Victoria (voiture) ‖ **~orieux, euse** adj Victorioso, a.
victuailles [viktɥɑ:j] fpl Vituallas.
vid|age m Vaciamiento ‖ **~ange** f Vaciado *m* | Limpieza (nettoyage) | *Faire la ~*, cambiar el aceite (automobile) ‖ **~anger** vt Vaciar | Cambiar el aceite (d'une voiture) ‖ **~angeur** m Pocero.
vid|e adj Vacío, a | Desprovisto, a (dépourvu) | Vacante (vacant) | — M Vacío | Hueco (creux) | Vacante *f* (place) | *Sous ~*, en vacío | *Tourner à ~*, girar loco (moteur) ‖ **~eo** adj Video | — F Video *m* ‖ **~e-ordures** [vidɔrdy:r] m inv Colector de basuras ‖ **~er** vt Vaciar | Beber (boire) | Desocupar (une maison, etc) | Terminar, liquidar | Destripar, vaciar (volailles) | Limpiar (poisson) | FAM. Echar (renvoyer), agotar (épuiser) ‖ **~eur** m Vaciador.
vie [vi] f Vida | *À la ~, à la mort*, hasta la muerte | *À ~*, vitalicio, a; perpetuo, a | *Avoir la ~ dure*, tener siete vidas como los gatos | *C'est la ~!*, ¡la vida!, ¡la vida es así! | *De ma ~*, en mi vida | *En ~*, vivo, a | *Gagner sa ~*, ganarse la vida | *Jamais de la ~*, nunca jamás (jamais), en modo alguno (nullement) | *Mener la belle ~*, darse buena vida | *Pour la ~*, para toda la vida, de por vida.
vieil [vjɛj] adjm Viejo | *~ ivoire*, marfil cansado.
— OBSERV. *Vieil* se emplea en vez de *vieux* delante de las palabras que empiezan con vocal o h muda (*vieil arbre, vieil homme*).
vieill|ard [vjɛja:r] m Anciano, viejo ‖ **~e** [vjɛj] adjf/f V. VIEUX ‖ **~erie** [-jri] f Antigualla ‖ **~esse** f

Vejez | *Mourir de ~*, morir de viejo || **~i, e** adj Envejecido, a | FIG. Anticuado, a || **~ir** vi Envejecer (devenir vieux), avejentarse (paraître vieux) | FIG. Anticuarse | — Vt Envejecer, avejentar | — Vp Avejentarse, envejecerse || **~issant, e** adj Que envejece || **~issement** m Envejecimiento || **~ot, otte** [-jo, ɔt] adj Avejentado, a | FIG. Anticuado, a.

vielle [vjɛl] f MUS. Zanfonía.

Vienne npr Viena.

vierge f Virgen | — Adj Virgen | FIG. Limpio, a.

Vierge nprf Virgen | ASTR. Virgo *m*.

vietnamien, enne adj/s Vietnamita.

vieux [vjø] ou **vieil, vieille** [vjɛj] adj Viejo, a | Veterano, a (dans une profession) | Inveterado, a (invétéré) | Antiguo, a; de toda la vida (ami) | Anticuado, a (démodé) | Rancio, a (tradition) | Añejo, a (vin) | Viejo, a; usado, a (usé) | *Les ~ jours*, la vejez | *~ garçon, ~ fille*, solterón, ona | *~ jeu*, chapado a la antigua | — M Lo viejo | — S Viejo, a; anciano, a | FAM. *Mon ~!, ma ~!*, ¡hombre!, ¡mujer!

vif, ~ive adj Vivo, a | FIG. Vivo, a; raudo, a (prompt) | Impetuoso, a; vivo, a (impulsif) | Agudo, a; fino, a (aigu) | Mordaz | Intenso, a; grande | Subido, a; vivo, a (couleur, odeur) | — M Lo importante, meollo | DR. Vivo | *Mettre à ~*, poner en carne viva | *Piquer au ~*, herir en lo vivo | *Prendre sur le ~*, reproducir del natural | *Toucher au ~*, tocar en la herida || **~-argent** m Azogue, mercurio | FIG. *Avoir du ~ dans les veines*, tener azogue en las venas.

vigie [viʒi] f Vigía *m* | Atalaya *m* | Garita (de wagon).

vigil|ance f Vigilancia || **~ant, e** adj Vigilante || **~e** m Guarda jurado | — F Vigilia.

vign|e f Vid (plante) | Viña (vignoble) | *Jeune ~*, majuelo | *Pied de ~*, cepa | *~ vierge*, viña loca || **~eron, onne** s Viñador, a || **~ette** f Viñeta | Timbre *m*, estampilla (de droits) | Patente (de voiture) || **~oble** m Viñedo | — Adj Vinícola.

vigogne f Vicuña.

vig|oureux, euse adj Vigoroso, a || **~ueur** f Vigor *m* | *En ~*, vigente, en vigor.

viguier m Veguer.

viking [vikiŋ] m Vikingo.

vil, ~e adj Vil | FIG. Abyecto, a || **~ain, e** adj Feo, a (laid) | Malo, a; ruin (mauvais) | Desagradable, malo, a (désagréable) | — S Villano, a (personne infâme) | Campesino, a; villano, a (paysan) | — M POP. Escándalo.

vilebrequin [vilbrəkɛ̃] m Berbiquí (outil) | Cigüeñal (d'un moteur).

vil|enie [vilni] f Bajeza, villanía || **~ipender** vt Vilipendiar.

vill|a f Chalet *m*, hotelito *m*, villa || **~age** m Aldea *f*, pueblo | *~ de toile*, ciudad de lona || **~ageois, e** [vilaʒwa, wa:z] adj/s Aldeano, a; lugareño, a || **~e** f Ciudad, villa (p. us.) | *En ~*, ciudad, interior (lettres) | *~ d'eau*, estación balnearia, balneario | *~ jumelle*, ciudad hermana || **~égiature** f Veraneo *m* (en été), temporada de descanso y vacaciones.

villosité f Vellosidad.

vin m Vino : *~ mousseux, rouge*, vino espumoso, tinto | FAM. *Cuver son ~*, dormir la mona. *Dans le ~*, borracho. *Être pris de ~*, estar borracho | *~ de messe*, vino de consagrar | *~ rosé* o *clairet*, vino rosado *ou* clarete || **~aigre** m Vinagre || **~aigrer** vt Echar vinagre || **~aigrette** f Vinagreta || **~aigrier** m Vinagrero (fabricant) | Vinagrera *f* (récipient) || **~asse** f Vinaza, vinote *m* | FAM. Vino (*m*) peleón, vinazo *m*.

Vincent nprm Vicente.

vindic|atif, ive adj Vindicativo, a; vengativo, a || **~te** f Vindicta, venganza.

vineux, euse adj Vinoso, a | Fuerte (fort) | Vinícola.

vingt [vɛ̃] adj num Veinte | Vigésimo, a; veinte (rang) | *~ et un*, veintiuno, veinte y uno | — M Veinte || **~aine** [vɛ̃tɛn] f Veintena, unos veinte || **~-cinq** adj/m Veinticinco, veinte y cinco || **~-deux** adj/m Veintidós, veinte y dos || **~-huit** adj/m Veintiocho, veinte y ocho || **~ième** [-tjɛm] adj num/m Vigésimo, a || **~-neuf** [vɛ̃tnœf] adj/m Veintinueve, veinte y nueve || **~-quatre** [-katr] adj/m Veinticuatro, veinte y cuatro || **~-sept** [-sɛt] adj/m Veintisiete, veinte y siete || **~-six** [-sis] adj/m Veintiséis, veinte y seis || **~-trois** [-trwa] adj/m Veintitrés, veinte y tres.

vini|cole adj Vinícola, vitivinícola || **~fication** f Vinificación.

vinyle m Vinilo.

viol m Violación *f*.

violac|é, e adj Violáceo, a || **~er** vi Tirar a violado.

violat|eur, trice adj/s Violador, a || **~ion** f Violación (infraction).

viole f MUS. Viola.

violen|ce f Violencia | *Faire ~ à*, violentar | *Se faire ~*, contenerse || **~t, e** adj Violento, a || **~ter** vt Violentar.

violer vt Violar.

violet, ette adj Violado, a; morado, a; violeta | — M Violeta, morado (couleur) | — F Violeta (fleur).

violon m Violín | Pop. Chirona *f* || **~celle** m Mus. Violonchelo, violoncelo || **~celliste** m Violonchelista, violoncelista || **~eux** m Fam. Rascatripas || **~iste** s Violinista.
vip|ère f Víbora || **~érin, e** adj Viperino, a.
virage m Curva *f*, viraje | Phot. Fig. Viraje | Mar. Virada *f* | *Prendre un ~ à la corde,* ceñirse mucho a la curva.
virago f Virago *m*, marimacho *m*.
vir|ée f Fam. Vuelta (promenade) || **~ement** m Mar. Virada *f* | Com. Transferencia *f* | *~ postal,* giro postal || **~er** vi Girar, dar vueltas | Torcer (changer de direction) | Tomar la curva (en voiture) | Cambiar (de couleur) | Chim. Mar. Virar | Phot. Rebajar, virar | — Vt Com. Transferir | Girar (virement postal) | Fam. Tirar (jeter) | Pop. Echar (expulser) || **~eton** m Viratón, virote || **~eur** m Virador || **~evolte** f Escarceos *mpl* (cheval) || **~evolter** vi Hacer escarceos (cheval) | Dar vueltas (tourner).
virgin|al, e adj Virginal || **~ité** f Virginidad.
virgule f Coma.
viril, ~e adj Viril, varonil || **~iser** vt Virilizar, dar carácter viril || **~ité** f Virilidad.
virole f Tech. Virola | Troquel *m* (monnaie).
virtu|alité f Virtualidad || **~el, elle** adj Virtual || **~ose** s Virtuoso, a || **~osité** f Virtuosidad.
vir|ulence f Virulencia || **~ulent, e** adj Virulento, a || **~us** [virys] m Méd. Virus | Fig. Microbio, virus.
vis [vis] f Tornillo *m* | *Pas de ~,* paso de rosca | Fig. *Serrer la ~ à qqn,* apretarle a uno los tornillos *ou* las clavijas. | *~ femelle,* tuerca | *~ mère,* tuerca matriz | *~ platinée,* platino.
visa m Com. Visto bueno, refrendo | Visado [*Amér.*, visa *f*] (de passeport).
visage m Rostro, cara *f* (figure) | Semblante (aspect) | *Faire bon, mauvais ~,* poner buena, mala cara.
vis-à-vis [vizavi] prép En frente de, frente a (en face) | — M Fam. Persona (*f*) colocada frente a otra | *~ de,* con respecto a (en ce qui concerne), para con (envers).
visc|éral, e [viseral] adj Visceral || **~ère** [-sɛ:r] m Víscera *f*.
viscos|e f Chim. Viscosa || **~ité** f Viscosidad.
vis|ée f Mirada | Puntería (avec une arme) | Fig. Objetivo *m*, mira | *Ligne de ~,* línea de mira || **~er** vt/i Apuntar a | Phot. Enfocar | Fig. Aspirar a, poner la mira en (aspirer à), pretender (tendre) | *Qui vise à,* encaminado a | *Se sentir visé,* darse por aludido | — Vt Visar (passeport) | Refrendar (document) || **~eur** m Visor | Mira *f* (armes) | Phot. Enfocador || **~ibilité** f Visibilidad || **~ible** adj Visible | Fig. Patente, evidente || **~ière** f Visera.
visigoth, e adj/s Visigodo, a.
vision f Visión || **~naire** adj/s Visionario, a || **~neuse** f Visionadora.
visit|andine f Salesa (religieuse) || **~ation** f Rel. Visitación || **~e** f Visita : *~ de politesse,* visita de cumplido | Mar. Fondeo *m* | Mil. Revista | *Rendre ~,* visitar | *~ médicale,* examen *ou* reconocimiento médico || **~er** vt Visitar || **~eur, euse** adj/s Visitante, visitador, a (en visite) | Visitador, a (inspecteur) | Vista *m* (de douane).
vison m Visón.
visqueux, euse adj Viscoso, a.
visser vt Atornillar | Apretar (serrer) | Fam. Apretar los tornillos.
visu|aliser vt Hacer visible, visualizar || **~el, elle** adj Visual.
vit|al, e adj Vital || **~alité** f Vitalidad || **~amine** f Vitamina || **~aminé, e** adj Vitaminado, a.
vite adj Rápido, a; veloz | — Adv De prisa, deprisa, rápidamente | *Au plus ~,* lo más pronto posible | *Faire ~,* ir de prisa, apresurarse | — Interj ¡Pronto!, ¡de prisa!
vitesse f Velocidad | Rapidez (rapidité) | *À toute ~,* a toda velocidad, a todo correr | Fam. *En quatrième ~,* a todo gas, volando | *En ~,* pronto, con rapidez | *Gagner de ~,* tomar la delantera.
viti|cole adj Vitícola || **~culteur** m Viticultor || **~culture** f Viticultura.
vitr|age m Acristalamiento | Vidriera *f* (verrière) || **~ail** m Vidriera *f* || **~e** f Cristal *m* || **~é, e** adj Con cristales | Anat. Phys. Vítreo, a || **~er** vt Poner cristales || **~erie** f Cristalería, vidriería || **~eux, euse** adj Vítreo, a | Vidrioso, a (œil) || **~ier** m Vidriero || **~ifier** vt Vitrificar || **~ine** f Escaparate *m* (de boutique) | Vitrina (armoire).
vitriol m Vitriolo || **~er** vt Echar vitriolo, vitriolar.
vitupérer vt Vituperar.
vivable adj Soportable, tolerable.
vivac|e adj Vivaz | Mus. Vivace || **~ité** f Vivacidad, viveza | Violencia.
viv|ant, e adj Vivo, a; viviente | Vivo, a (langue) | Fig. Animado, a (animé), lleno de vida | *Moi ~,* mientras yo viva | — M Vivo, viviente | Fam. *Bon ~,* hombre regalón, sibarita | *Du ~ de,* en vida de || **~arium** [vivarjɔm] m Vivero || **~at!** [viva]

interj ¡Viva! | — M Viva, vítor, aclamación *f* ‖ **~e!** interj ¡Viva!
vive f Peje (*m*) araña (poisson).
viveur, euse s Vividor, a | — M Calavera (noceur).
vivier m Vivero de peces.
vivifi|ant, e adj Vivificante ‖ **~cateur, trice** adj Vivificador, a ‖ **~cation** f Vivificación ‖ **~er** vt Vivificar.
vivi|pare adj/s Zool. Vivíparo, a ‖ **~section** f Vivisección.
vivoter vi Fam. Ir tirando, ir viviendo.
vivre* vi Vivir | Alimentarse (*de*, con) [se nourrir] | Durar (durer) | *Être facile à ~*, tener buen carácter | — M Alimento | — Pl Víveres.
vizir m Visir.
voc|able m Vocablo, palabra *f* | Advocación *f* (d'une église) ‖ **~abulaire** m Vocabulario ‖ **~al, e** adj Vocal ‖ **~alisation** f Vocalización ‖ **~alise** f Vocalización ‖ **~aliser** vt/i Vocalizar ‖ **~atif** m Vocativo ‖ **~ation** f Vocación ‖ **~iférateur, trice** s Vociferador, a ‖ **~iférations** fpl Vociferaciones ‖ **~iférer** vt/i Vociferar.
vodka f Vodka *m* ou *f*.
vœu [vø] m Voto | Deseo (souhait) | *Faire ~ de*, hacer voto de; prometer | *Former des ~x pour*, formular votos por | *Mes meilleurs ~x*, muchas felicidades, enhorabuena | *Présenter ses ~x*, felicitar (fête), dar la enhorabuena (événement) | *~x de bonheur*, votos de felicidad.
vogue f Boga | Fig. Fama (renommée), boga, moda : *en ~*, en boga, de moda.
voguer vi Bogar (ramer), navegar.
voici prép He aquí, aquí está : *te ~*, hete aquí, aquí estás | Aquí : *le ~ qui vient*, aquí viene | Éste [ésta, esto] es; éstos [éstas] son : *~ mon père*, éste es mi padre | Hace (il y a) : *~ trois ans que je t'attends*, hace tres años que te espero | Ya (déjà) : *nous ~ arrivés*, ya hemos llegado | *~ que*, ya.
voie [vwa] f Vía | Fig. Camino *m* (chemin), medio *m* (moyen), conducto *m* : *par ~ hiérarchique*, por conducto regular | Calle, vía, carril *m* (d'autoroute) | Huella (du gibier) | *Être en bonne ~*, ir por buen camino | *Être en ~ de*, estar en vías de *ou* en trance de | *Mettre sur la ~*, encaminar, encauzar | *Ouvrir la ~ à*, dejar *ou* dar paso a, dar lugar a | *~ de garage*, vía muerta.
voilà prép He ahí, ahí está : *la ~*, hela ahí, ahí está | Ahí : *le ~ qui vient*, ahí viene | Ése [ésa, eso] es; ésos [ésas] son : *~ sa maison*, ésa es su casa | Hace (il y a) : *~ un mois qu'il est arrivé*, hace un mes que llegó | Ya : *nous y ~*, ya estamos | *~ que*, ya | *~ tout*, eso es todo | — Interj ¡Toma!
voil|age m Cortinaje (rideaux) ‖ **~e** m Velo | Fig. Manto | Anat. Velo | Fig. *Jeter un ~ sur*, correr un tupido velo sobre. *Sous le ~ de*, so capa de, con el pretexto de | — F Mar. Vela | Regata (sport) | *À pleines ~s* o *toutes ~s dehors*, a toda vela | *Bateau à ~s*, barco de vela, velero | *Faire ~ sur*, navegar rumbo a | *Mettre à la ~*, hacerse a la vela | Pop. *Mettre les ~s*, ahuecar el ala ‖ **~é, e** adj Velado, a | Fig. Oculto, a (caché), tomada, velada (voix) | Alabeado, a (bois) | Torcido, a (roue) ‖ **~er** vt Poner las velas, aparejar (bateau) | Cubrir, tapar (cacher) | Fig. Disimular, velar | Phot. Velar ‖ **~ette** f Velo *m* ‖ **~ier** m Velero ‖ **~ure** f Mar. Velamen *m* | Tech. Alabeo *m*.
voir* vt/i Ver | Comprender, ver (comprendre) | Prever, ver (prévoir) | Apreciar, ver | Observar, ver | Examinar, ver | Visitar, ver (rendre visite) | Imaginarse, ver (s'imaginer) | Consultar : *~ son médecin*, consultar al médico | Mirar (veiller) | *À ce que je vois*, por lo que veo, por lo visto | Fam. *En avoir vu bien d'autres*, estar curado de espanto. *En faire ~ à qqn*, dar mucha guerra a alguien | *Faire ~*, enseñar (montrer) | *Il ferait beau ~ que*, habría que ver que | *On verra ça*, ya veremos | Fig. *Se faire bien ~*, ser bien mirado | *Tu vas ~ ce que tu vas ~*, ya verás lo que es bueno | *Voyons*, a ver, vamos a ver, veamos | — Vp Verse.
voire adv Incluso, aun.
voirie [vwari] f Servicio (*m*) de vías públicas | Red de comunicaciones (voies de communication) | Servicios (*mpl*) municipales de limpieza (de nettoyage) | Vertedero *m*, basurero *m* (d'ordures).
voisin, ~e adj/s Vecino, a | — Adj Vecino, a; cercano, a (proche) | Semejante, parecido, a (semblable) ‖ **~age** m Vecindad *f* (proximité) | Vecindario (habitants, voisins) | Cercanía *f* (environs) ‖ **~er** vi Ser vecinos de | Estar cerca de (être près de).
voitur|age m Transporte, acarreo ‖ **~e** f Carruaje *m* | Coche *m* [*Amér.*, carro] (automobile) | Coche *m* (wagon, à cheval) | Cochecito (*m*) de niño (d'enfant) ‖ **~er** vt Transportar en coche (personnes) | Acarrear (marchandises) ‖ **~ier** m Carretero (de marchandises) | Cochero (de personnes).
voix [vwa] f Voz : *avoir une belle ~*, tener buena voz | Voto *m* (vote) |

Gram. Voz | *À haute ~,* en voz alta | *À mi-~,* a media voz | *À ~ basse,* en voz baja | *De vive ~,* de viva voz, de palabra | *Grosse ~,* vozarrón | *Mettre aux ~,* poner a votación | Fig. *Ne pas avoir ~ au chapitre,* no tener voz ni voto | *~ prépondérante,* voto de calidad.

vol m Vuelo (d'oiseau, d'avion) | Bandada *f* (groupe d'oiseaux) | Robo (larcin) | *À ~ d'oiseau,* en línea recta (distance), a vuelo de pájaro (vue) | *Prendre son ~,* tomar, levantar *ou* emprender el vuelo | *~ à main armée,* atraco | *~ à voile,* vuelo sin motor | *~ de nuit,* vuelo nocturno || **~age** adj Voluble, versátil | Infiel (infidèle) || **~aille** [vɔlɑ:j] f Aves (*pl*) de corral, volatería | Ave de corral (un seul animal) || **~ailler** m Vendedor de aves || **~ant, e** adj Volante, volador, a | Volante, itinerante | *Feuille ~,* hoja suelta | — M Volante | Com. Reservas *fpl* | Talón (de registre à souche) || **~atil, e** adj Volátil || **~atile** m Volátil || **~atiliser** vt Volatilizar || **~atilité** f Volatilidad.

vol-au-vent [vɔlovɑ̃] m inv Volován, pastel relleno de pescado o carne.

volcan m Volcán || **~ique** adj Volcánico, a || **~isme** m Volcanismo.

vol|ée f Vuelo *m* | Bandada (d'oiseaux) | Repique *m* (de cloches) | Arch. Tramo *m* (d'escalier) | Pop. Paliza (coups) | Voleo *m* (de la balle) | *À la ~,* al vuelo | *Semer à la ~,* sembrar a voleo | *Sonner à toute ~,* echar [las campanas] al vuelo || **~er** vi Volar | — Vt Robar (dérober) || **~et** m Postigo (contrevent) | Tabla (*f*) de cierre (de boutique) | Hoja *f* (d'un triptyque) | Aviat. Alerón | Méc. Válvula *f* | Fig. *Trié sur le ~,* muy escogido || **~eter** [vɔlte] vi Revolotear || **~eur, euse** adj/s Ladrón, ona | *~ à la tire,* carterista | *~ de bestiaux,* cuatrero | *~ de grand chemin,* salteador, bandolero || **~ière** f Pajarera.

volition f Volición.

volley-ball [vɔlɛbo:l] m Balonvolea.

volont|aire adj/s Voluntario, a || **~é** f Voluntad | — Pl Caprichos *m,* antojos *m* | *À ~,* a discreción | Fam. *Faire ses quatre ~s,* hacer su santa voluntad || **~iers** [vɔlɔ̃tje] adv Gustoso, a; de buen grado, con gusto.

volt [vɔlt] m Voltio || **~age** m Voltaje || **~aïque** adj Voltaico, a || **~amètre** m Voltámetro.

volte f Volteo *m* | Parada (sports) || **~-face** f inv Media vuelta : *faire ~,* dar media vuelta | Fig. Cambiazo *m,* cambio (*m*) radical.

voltig|e f Cuerda floja | Ejercicios (*mpl*) de trapecio | Volteo *m* (équitation) | Acrobacia aérea || **~er** vi Revolotear (voler) || **~eur** m Volatinero | Mil. Tirador.

voltmètre m Voltímetro.

volubil|e adj Bot. Voluble | Fig. Locuaz || **~is** [vɔlybilis] m Bot. Enredadera (*f*) de campanillas || **~ité** f Locuacidad.

volum|e m Volumen | Caudal (débit) || **~ineux, euse** adj Voluminoso, a.

volupt|é f Voluptuosidad || **~ueux, ueuse** adj/s Voluptuoso, a.

volute f Voluta.

vomer m Anat. Vómer.

vom|i m Vómito || **~ique** adj/f Vómico, a || **~ir** vt/i Vomitar || **~issement** m Vómito || **~issure** f Vómito *m* || **~itif, ive** adj/m Vomitivo, a.

vorac|e adj Voraz || **~ité** f Voracidad | Fig. Avidez.

vos [vo] adj poss pl de *votre* Vuestros, as | Sus, de usted, de ustedes (avec vouvoiement).

Vosges [vo:ʒ] nprfpl Vosgos *m.*

vot|ant, e adj/m Votante || **~ation** f Votación || **~e** m Voto | Votación *f* (action) || **~er** vi/t Votar || **~if, ive** adj Votivo, a.

votre [vɔtr] adj poss Vuestro, a | Su, de usted, de ustedes (avec vouvoiement).

vôtre [vo:tr] **(le, la)** pron poss sing El vuestro, la vuestra, lo vuestro | El suyo, la suya, lo suyo (personnes qui se vouvoient) | —Pl Los vuestros, las vuestras | Los suyos, las suyas.

vouer [vwe] vt Consagrar, dedicar (consacrer) | Profesar (un sentiment) | *Être voué à l'échec,* estar condenado al fracaso.

vouloir* vt Querer (volonté) | Desear, querer (désir) : *~ du bien à qqn,* desear bien a alguien | Mandar (ordonner) | Hacer el favor de, querer (faire le plaisir de) | *Je veux bien,* no veo inconveniente | *~ bien,* consentir | *Veuillez ...,* tenga a bien, sírvase Vd | — Vi Querer | *En ~ à qqn,* tener algo contra alguien, estar resentido con alguien | *S'en ~ de,* sentir | — M Voluntad *f.*

vous [vu] pron pers Vosotros, as (sujet, avec tutoiement) | Ustedes (sujet, avec vouvoiement à plusieurs personnes) | Usted (sujet, avec vouvoiement à une seule personne) | Vos (en s'adressant à Dieu ou aux saints) | Os (complément, avec tutoiement) | Les, las [a ustedes] (complément, avec vouvoiement à plusieurs personnes) | Le, la [a usted] (complément, avec vouvoiement à une seule personne) | Se (avec un double complément) : *je ~ le dirai,* se lo diré.

voussoir m Arch. Dovela *f.*

voût|e f Bóveda | MAR. Bovedilla | TECH. Copa, bóveda ‖ **~é, e** adj Abovedado, a | Encorvado, a (courbe) ‖ **~er** vt Abovedar | Encorvar (courber) | — Vp Encorvarse.
vouvoiement [vuvwamɑ̃] m Tratamiento de usted *ou* de vos.
vouvoyer [-vwaje] vt Hablar *ou* tratar de usted *ou* de vos.
voyag|e [vwaja:ʒ] m Viaje : *aller en ~,* ir de viaje | *~ de noces,* viaje de novios ‖ **~er** [-ʒe] vi Viajar ‖ **~eur, euse** [-ʒœ:r, ø:z] adj/s Viajero, a | *~ de commerce,* viajante.
voy|ance [vwajɑ̃:s] f Videncia ‖ **~ant, e** adj Vidente | FIG. Llamativo, a; vistoso, a (qui se remarque), chillón, ona (couleur) | — M Indicador, piloto | — F Vidente, pitonisa.
voyelle f [vwajɛl] f Vocal.
voyeur, euse s Mirón, ona.
voyou [vwaju] m Golfo, gamberro.
vrac (en) [ɑ̃vrak] loc adv A granel | En desorden.
vrai, ~e adj Verdadero, a; cierto, a | Legítimo, a (pierre précieuse, etc) | *C'est ~,* es verdad | *Dire ~,* decir la verdad | *Est-ce ~?,* ¿de verdad? | *Pas ~?,* ¿verdad? | *S'il est ~ que,* si es cierto que | — S Auténtico, a | — M Verdad *f* | *À ~ dire,* a decir verdad, la verdad sea dicha | *Être dans le ~,* estar en lo cierto | *Pour de ~,* de veras ‖ **~ment** adv De veras, de verdad.
vraisembl|able adj Verosímil | Probable ‖ **~ance** f Verosimilitud | Probabilidad.
vrill|e [vrij] f BOT. Tijereta, zarcillo *m* | TECH. Barrena | Barrena (avion) : *descendre en ~,* entrar en barrena ‖ **~er** vt Barrenar (percer) | — Vi Enroscarse (se tordre) | Elevarse en espiral | Hacer la barrena (avion).
vromb|ir vi Zumbar ‖ **~issement** m Zumbido.
vu, ~e adj Visto, a | FIG. Considerado, a; visto, a | Estudiado, a | *Au ~ et au su de tous,* a la vista y conocimiento de todos | *~ et approuvé,* visto bueno, visto y conforme | — Prép En vista de | Dado, a; teniendo en cuenta (en raison de) | *~ que,* visto que, en vista de que ‖ **~e** [vy] f Vista | Impresión : *échange de ~s,* cambio de impresiones | Opinión | Proyecto *m* (projet) | Examen *m* | *À la ~ de,* al ver | *À première ~,* a primera *ou* a simple vista | *Avoir des ~s sur,* echar el ojo a | *Avoir en ~,* tener a la vista (projet), tener presente *ou* en cuenta (tenir compte) | *Avoir la ~ courte* o *basse,* ser corto de vista | *Avoir ~ sur,* dar a | *À ~,* a la vista | *À ~ de nez,* a ojo, a ojo de buen cubero | *À ~ d'œil,* a ojos vistas | *Du* o *au point de ~ de,* desde el punto de vista de | FAM. *En mettre plein la ~,* deslumbrar, dar en las narices | *En ~,* a la vista | *En ~ de,* con vistas a, con miras a, con objeto de | *Garder à ~,* vigilar (suspect).
vulcanis|ation f Vulcanización ‖ **~er** vt Vulcanizar.
vulg|aire adj Vulgar ‖ **~arisateur, trice** adj/s Vulgarizador, a ‖ **~arisation** f Vulgarización, divulgación ‖ **~ariser** vt Vulgarizar ‖ **~arité** f Vulgaridad.
vulnér|abilité f Vulnerabilidad ‖ **~able** adj Vulnerable.
vulnéraire adj/f Vulnerario, a.
vulve f ANAT. Vulva.

W

w [dublǝve] m W *f,* v *(f)* doble.
wagon [vagɔ̃] m Vagón (marchandises) | Coche (voyageurs) | *~ plat,* batea ‖ **~-citerne** m Vagón cisterna ‖ **~-foudre** m Vagón cuba ‖ **~-lit** m Coche cama ‖ **~net** m Vagoneta *f* ‖ **~-poste** m Coche de correo ‖ **~-restaurant** m Coche *ou* vagón restaurante ‖ **~-tombereau** m Volquete.
wallon, onne [walɔ̃, ɔn] adj/s Valón, ona.
warrant [warɑ̃] m COM. Warrant, recibo de depósito.
water-closet [watɛrklɔzɛt] m Retrete, water.
water-polo [watɛrpɔlo] m Polo acuático.
water-proof [-pruf] m Impermeable.
watt [wat] m ÉLEC. Vatio ‖ **~man** [watman] m Conductor de tranvía (de tramway), maquinista (de locomotive).
week-end [wikɛnd] m Fin de semana.
welter [wɛltɛ:r] m Peso semimedio (boxe).
western [wɛstɛrn] m Película *(f)* del Oeste.
whisky [wiski] m Whisky.
wisigoth, e [vizigo, ɔt] adj/s Visigodo, a.
wolfram [vɔlfram] m Volframio.

X

X [iks] m X *f*.
Xavier [gzavje] nprm Javier.
xénon [ksenɔ̃] m CHIM. Xenón (gaz).
xéno|phile [ksenɔfil] adj/s Xenófilo, a ‖ **~phobe** [-fɔb] adj/s Xenófobo, a ‖ **~phobie** f Xenofobia.
Xérès [kerɛs] npr Jerez | Vino de Jerez (vin).
xérographie [kserɔgrafi] f Xerografía.
xiphoïde [ksifɔid] adj ANAT. Xifoides.
xylophone [ksilɔfɔn] m Xilófono.

Y

y m Y *f*.
y adv Allí, ahí (là) | — Pron pers A él, a ella, de él, de ella, etc : *ne vous ~ fiez pas*, no se fíe usted de él.
yacht [jak, jɔt] m Yate | Balandro (à voile) ‖ **~ing** m Navegación (*f*) a vela | Navegación (*f*) de recreo.
yankee adj/s Yanqui.
yaourt [jaurt] m. Yogur. ‖ **~ière** f Yogurtera.
yard [jard] m Yarda *f*.
yeuse f Encina (chêne).
yeux [jø] mpl Ojos V. ŒIL.
yoga m Yoga.
yogi [jɔgi] m Yogui, yogi, yoghi.
yogourt m Yogur.
yole f MAR. Yola.
yougoslave adj/s Yugoslavo, a.
Yougoslavie nprf Yugoslavia.
youpala m Tacataca, andaderas *fpl*.
youyou m MAR. Chinchorro (bateau).
Yo-Yo m inv Yoyo (jouet).
ypérite f Yperita (gaz).
ytterbium [itɛrbjɔm] m Iterbio.
yttrium [itrijɔm] m Itrio (métal).
yucca [jyka] m BOT. Yuca *f*.

Z

z m Z *f*.
zèbre m Cebra *f* | POP. Elemento, individuo (personne) | FIG. *Courir comme un ~*, correr como un gamo.
zébr|er vt Rayar ‖ **~ure** f Rayado *m*.
zébu m Cebú.
zèle m Celo : *faire du ~*, mostrar demasiado celo; *pousser le ~ jusqu'à*, extremar el celo hasta.
zélé, e adj/s Celoso, a; afanoso, a.
zénith m ASTR. Cenit | FIG. Apogeo.
zéphyr m Céfiro.
zéro m Cero | FAM. Un cero a la izquierda | FIG. *Repartir à ~*, volver a empezar | — Adj Ninguno, a (aucun).
zeste [zɛst] m Cáscara *f*.
zéza|iement [zezɛmɑ̃] m Ceceo ‖ **~yer** [zezɛje] vi Cecear.
zibeline f Marta cibelina *ou* cebellina.
zieuter vt POP. Diquelar, guipar.
zig ou **zigue** m POP. Gachó, tipo.
zigoto m POP. Gachó.
zigouiller [ziguje] vt FAM. Apiolar.
zigzag m Zigzag | *Faire des ~s*, zigzaguear ‖ **~uer** vi Zigzaguear.
zinc [zɛ̃:g] m Cinc, zinc (m. us.) | POP. Mostrador de un bar (comptoir), cacharro (avion).
zircon m Circón (pierre) ‖ **~ium** [zirkɔnjɔm] m Circonio.
zizanie f Cizaña.
zodiaque m ASTR. Zodiaco.
zon|a m MÉD. Zona ‖ **~e** f Zona | Área (surface) | Chabolismo *m*, chabolas *pl* (bidonville) | *~ de développement*, polo de desarrollo.
zoo [zɔo] m Zoo, parque zoológico ‖ **~logie** f Zoología ‖ **~logique** adj Zoológico, a ‖ **~logue** m Zoólogo ‖ **~technie** f Zootecnia.
zouave [zwa:v] m Zuavo | FAM. *Faire le ~*, hacer el oso, dárselas de payaso.
zoulou adj/s Zulú.
zozoter vi Cecear.
zut! [zyt] interj FAM. ¡Mecachis!
zyeuter vt POP. Diquelar, guipar.
zygote m BIOL. Zigoto.

PRÉCIS DE GRAMMAIRE ESPAGNOLE

ALPHABET

L'alphabet espagnol se compose de 28 lettres de genre féminin, qui sont :

a b c ch d e f g h i j k l ll m
a bc ce che de e efe ge hache i jota ka ele elle eme
n ñ o p q r s t u v x y z
ene eñe o pe cu erre ese te u uve equis i griega zeta

Trois de ces lettres, *ch, ll, ñ,* n'existent pas dans l'alphabet français. Le *w* n'appartient pas en propre à l'alphabet espagnol, mais il sert à transcrire certains mots d'origine étrangère.

ACCENT TONIQUE

L'accent tonique porte généralement sur l'avant-dernière syllabe des mots terminés par *une voyelle,* un *-n* ou un *-s* (escr**i**bo, escr**i**bes, escr**i**ben).
Les mots terminés par *une consonne,* excepté -n, -s, ou par *-y* sont accentués sur la dernière syllabe (agili**dad** ; man**tel** ; a**mor** ; Para**guay**).
Lorsqu'un mot ne suit pas ces règles, il doit obligatoirement porter un accent écrit sur la voyelle tonique (**ár**bol ; can**ción** ; jaba**lí**), même si c'est une majuscule (**Á**frica).
Les diphtongues (*ai, au, ei,* etc.) et les triphtongues (*iai, iei, uai, uei*) ne forment qu'une seule syllabe (**rui**do ; averi**guáis**) ; si l'accent écrit est nécessaire, il porte sur la voyelle forte, c'est-à-dire *a, e, o* (tam**bién**). Quand les deux voyelles sont faibles (*u* et *i*), c'est la dernière qui domine (ru**i**do). L'accentuation d'un *i* ou d'un *u* dans une diphtongue dissocie les deux éléments de cette diphtongue pour en faire deux syllabes distinctes (descon**fí**o ; ata**ú**d). [V. plus loin le paragraphe DIPHTONGUES ET TRIPHTONGUES, page 380.]
Généralement l'accent tonique ne change pas de place en passant du singulier au pluriel (capi**tán**, capi**ta**nes) ; il faut donc, le cas échéant, ajouter ou supprimer l'accent écrit. Il existe cependant trois exceptions : **ré**gimen, re**gí**menes ; ca**rác**ter, carac**te**res ; es**pé**cimen, espe**cí**menes.

OBSERVATION. L'accent écrit sert également à différencier certains mots d'orthographe identique mais de fonction grammaticale distincte, comme l'article *el* et le pronom *él,* la conjonction *si* et l'adverbe ou le réfléchi sí, la conjonction *mas* et l'adverbe *más,* l'adjectif *solo* et l'adverbe *sólo,* les adjectifs démonstratifs *este, esta,* etc., et les pronoms démonstratifs *éste, ésta,* etc., les pronoms relatifs *que, quien,* etc., et les pronoms interrogatifs et exclamatifs *qué, quién,* etc., *dé,* 1re et 3e personne du présent du subjonctif du verbe « dar », et la préposition *de, sé,* 1re personne du présent de l'indicatif du verbe « saber » et 2e de l'impératif du verbe « ser », et le pronom réfléchi *se.*
Le premier élément d'un mot composé s'écrit sans accent (*decimosexto*), sauf s'il s'agit d'un adverbe terminé par le suffixe **-mente** (*fácilmente*) ou de deux adjectifs unis par un tiret (*histórico-crítico*).

Nouvelles règles établies par l'Académie espagnole en 1952 :

Les mots qui se terminent par **-oo** ne portent pas d'accent écrit (*Feijoo*).

La terminaison des infinitifs en **-uir** n'est pas accentuée (*constituir, contribuir, inmiscuir, restituir, huir*).

Les formes verbales monosyllabiques ne portent pas d'accent écrit (*fue, fui, dio, vio*). Il en est de même pour les mots qui ne comportent qu'une seule syllabe (*ni*), sauf si cela risque de créer une ambiguïté quant au sens du terme considéré (*si* conjonction et *sí* adverbe).

Les noms propres étrangers n'ont pas d'accent, excepté s'ils sont passés dans la langue sous une forme hispanisée.

PRONONCIATION

En espagnol, toutes les lettres se prononcent, sauf le **h** lorsqu'il n'est pas aspiré (*h*acha se prononce **atcha**) et le **u** après un *g* ou un *q* (g*u*erra, q*u*erer), excepté s'il est surmonté d'un tréma (verg*ü*enza).

CONSONNES

Les consonnes ne se redoublent jamais en espagnol, sauf le **c** (accesible), le **n** (innovación) et le **r** (carro). Le **ll** est un cas particulier puisqu'il ne représente qu'une seule lettre.

1. **b** et **v** — Ces deux lettres se prononcent pratiquement de la même façon. Elles ont un son qui se rapproche beaucoup du **b** français, surtout au début d'un mot ou après une consonne (el **b**urro, la vaca, el **b**ombón). Ce son est moins prononcé lorsque le **b** ou le **v** sont situés entre deux voyelles.
2. **c** et **qu** — **C** devant *a, o, u* et **qu** ont le son **de k** (**c**asco, **qu**erer). **C** devant *e, i* se prononce approximativement comme le **th** anglais, c'est-à-dire en plaçant la langue entre les dents (**c**eguera ; **c**iudad).
3. **ch** — Cette lettre se prononce comme si elle était précédée d'un *t* (mu**ch**a**ch**o).
4. **d** — Il se prononce généralement comme en français (**d**ame). A la fin des mots ou dans la terminaison *-ado*, le **d** est pratiquement imperceptible (verda**d** ; canta**d**o).
5. **g** — Cette lettre a le même son qu'en français lorsqu'elle est suivie de *a, o, u* ou dans le groupe *gue, gui* (gabarra, guitarra). Elle conserve sa valeur devant le *n* (digno). Quand elle précède un *e* ou un *i*, elle équivaut au **j** espagnol (gestión, gimoteo).
6. **h** — Il est généralement muet (mohíno), sauf dans certaines régions, en Andalousie par exemple, et pour des mots déterminés (**h**olgorio, **h**ipido), où le **h** est aspiré et proche du son du **j** espagnol.
7. **j** — Le son du **j** n'existe pas en français ; c'est une consonne gutturale.
8. **ll** — Cette lettre double se prononce comme le **l mouillé** français (**ll**amar, ga**ll**o). Néanmoins, on lui donne fréquemment le son du **y** aussi bien en Espagne qu'en Amérique latine : c'est ce qu'on appelle le « yeísmo ».
9. **ñ** — Le **n** surmonté du signe ˜, appelé « tilde », a le même son que le groupe français *gn* (niño, año).
10. **r** et **rr** — Ces deux lettres sont toujours roulées en espagnol. Lorsque le **r** est simple et placé entre deux voyelles ou après une consonne autre que l, n, s, il ne comporte qu'une vibration (pe**r**o, ca**r**a) ; par contre, au début d'un mot, après *l, n, s,* et quand il est redoublé, il en comporte plusieurs (**R**amón, al**r**ededor, pe**rr**o).

Signalons que, dans un écrit, lorsqu'un mot a deux **r** il ne peut pas être coupé en fin de ligne après le premier.
11. **s** — Il n'est jamais redoublé en espagnol et a toujours le son des **ss** français (casa, paso).
12. **w** — Cette lettre se prononce comme un **v** lorsqu'elle fait partie d'un mot d'origine allemande (**W**agram) et comme un **u** quand elle se trouve dans un mot anglais, néerlandais ou flamand (whisky; **W**aterloo).
13. **x** — En général, le **x** se prononce comme le groupe **cs** (examen); toutefois on lui donne souvent le son simple du **s**.
14. **z** — Suivi de n'importe quelle voyelle ou à la fin d'un mot, il se prononce comme le **c** précédé d'un *e* ou d'un *i* (azul, rapa**z**).

VOYELLES

Les voyelles **a, e, i, o, u** conservent toujours sensiblement le même son.
1. **a, o, i** — Ces trois lettres se prononcent comme en français (padre, digo).
2. **e** — Il a toujours le son du **é fermé** français (mesa). Cependant, il est légèrement plus ouvert devant *l, n* ou *r* (mantel, germen, comer).
3. **u** — Cette lettre se prononce comme le groupe **ou** français (furia).

SON DU « Y »

Le **y** n'a jamais la valeur de deux **i** qu'il peut avoir en français (mayo). Il faut signaler que dans certains pays de l'Amérique du Sud, surtout en Argentine et dans une plus faible mesure au Chili et en Uruguay, cette lettre se prononce comme le **j** français.

DIPHTONGUES ET TRIPHTONGUES

Une diphtongue est la réunion de deux voyelles qui ne forment qu'une seule syllabe mais qui gardent chacune leur son propre. Elle peut être formée par une voyelle forte et une voyelle faible (**ai, au; ei, eu; oi, ou; ia, ie, io; ua, ue, uo**) ou par deux voyelles faibles (**iu, ui**).
Une triphtongue est la réunion de trois voyelles qui ne forment qu'une seule syllabe. Elle est obligatoirement formée d'une voyelle forte, toujours tonique, placée entre deux faibles (**iai, iei; uai, uei**).

SON DE « TI »

Les deux lettres qui constituent ce groupe conservent toujours leur valeur propre (patio).

L'ARTICLE

	ARTICLE DÉFINI		ARTICLE INDÉFINI	
	singulier	***pluriel***	***singulier***	***pluriel***
MASCULIN	el	los	un	unos
FÉMININ	la	las	una	unas

L'article défini *el* se contracte avec les prépositions *a* et *de* pour donner **al** et **del** (*ir al mercado; volver del colegio*).
On emploie **el** au lieu de *la* devant les mots commençant par *a* ou *ha* toniques (*el agua, el hacha*), sauf s'il s'agit d'un nom propre (*La Haya*). Au pluriel, par contre, on conserve toujours l'article *las* (*tomar las aguas*).
L'article défini est utilisé devant les mots *señor, señora, señorita,* sauf si ces derniers sont au vocatif (*la señorita ha salido; ¡adiós, señorita!*), devant le jour passé ou prochain (*llegó el martes*), pour indiquer l'âge (*murió a los setenta años*) et pour substantiver les verbes (*el vivir, el dormir*).
En revanche, il est omis devant les noms de pays non déterminés (*España, Francia,* mais *la España del Siglo de Oro*) et devant certains mots (*casa, caza, misa, Palacio, paseo, pesca, presidio*) lorsque ceux-ci sont employés dans un sens général comme compléments de lieu (*voy a misa; vuelvo de paseo*). Toutefois, des pays comme *el Brasil, el Canadá, la China, El Ecuador, los Estados Unidos, la India, el Japón, el Paraguay, el Perú, la URSS, el Uruguay,* etc., conservent généralement l'article. En cas de doute, il est cependant préférable de ne pas l'employer.
L'article défini féminin sert à indiquer l'heure (*es la una,* il est une heure; *son las diez,* il est dix heures).

L'article indéfini est moins employé en espagnol qu'en français. On le supprime devant *otro, cierto, medio, igual, semejante, cualquiera, tal, tanto* et *tan* (*vendré otro día,* je viendrai un autre jour). La forme masculine *un* remplace *una* lorsque l'article est suivi d'un mot commençant par *a* ou *ha* toniques (*un árbol, un hacha*).

Bien que le **partitif français** *du, de la, des, de* ne se traduise généralement pas (*acheter de la viande,* comprar carne), l'article indéfini pluriel *unos, unas* peut rendre le français *des* ou *de* lorsqu'il s'agit de mots se présentant d'ordinaire au pluriel (*unas tijeras,* des ciseaux), de noms d'objets allant par paires (*unos guantes preciosos,* de jolis gants), de substantifs qualitativement ou quantitativement restreints (*unos amigos muy extraños,* des amis très bizarres; *unos colegas de su padre,* des collègues de son père), d'un mot situé en début de phrase et remplissant la fonction de sujet (*unos amigos me han ayudado,* des amis m'ont aidé).
Unos, unas sont employés également pour indiquer une quantité approximative et correspondent alors à *quelques, environ, à peu près,* etc. (*tiene unos veinte años,* il a environ vingt ans).

L'article neutre *lo* sert à substantiver des adjectifs, des participes ou des adverbes (*lo interesante del caso; lo dicho; lo muy*). [V. l'article LO dans le corps du dictionnaire, page 259 de la deuxième partie.]

LE NOM

GENRE

On distingue, en plus du masculin et du féminin, le genre « **ambiguo** », c'est-à-dire celui des substantifs qui peuvent prendre les deux genres (*el mar, la mar*), le genre « **común** », s'appliquant aux noms qui sont tantôt masculins, tantôt féminins, selon le sexe de l'être qu'ils représentent (*el joven, la joven*), et le genre des noms **épicènes**, qui n'ont qu'une forme pour les mâles et les femelles (*el leopardo, la perdiz*) et qui requièrent l'adjonction de « macho » ou de « hembra » pour préciser le sexe dont il s'agit.

Sont **masculins** les noms terminés par **-o** (sauf *la mano, la moto, la foto, la dinamo, la radio, la nao, la seo*) ou par **-or** (sauf *la flor, la coliflor, la labor, la sor*) et les substantifs désignant des noms d'hommes, d'animaux mâles, de professions, de titres ou d'emplois concernant des hommes, les mers, les fleuves, les montagnes, les arbres, les métaux, les langues, les divisions du calendrier, les couleurs et les infinitifs substantivés.

Sont **féminins** les noms terminés par **-a** (sauf *el día, el albacea, el mapa, el monarca, el Papa, el patriarca, el planeta, el poeta,* les mots d'origine grecque terminés par *-ma,* comme *el diploma, el problema,* les substantifs terminés par le suffixe *-ista,* comme *un dentista, un turista,* qui sont applicables aux deux genres, et les mots qui désignent d'ordinaire des êtres masculins, tels que *un guardia*), par les suffixes **-ción** (*canción*), **-sión** (*profesión*) ou **-zón** (*razón*), par la lettre **-d** (*la verdad, la red, la virtud*), sauf *el almud, el alud, el ardid, el ataúd, el césped, el laúd, el sud, el talmud,* et tous ceux qui représentent des êtres féminins, des professions, des titres ou des emplois concernant des femmes, et les lettres de l'alphabet.

FORMATION DU FÉMININ

En règle générale :

les substantifs masculins terminés par un **-o** changent cette lettre en **-a** (*el abuelo, la abuela; el león, la leona*) ;

les mots terminés par une consonne ajoutent un **-a** à cette consonne (*el director, la directora*) ;

les noms terminés par **-ante, -ente, -ete, -ote** changent le **-e** final en **-a** (*el confidente, la confidenta*).

Certains substantifs font leur féminin en **-esa** (*el conde, la condesa*), **-isa** (*el poeta, la poetisa*) ou **-triz** (*el actor, la actriz*).

Observation. Il existe aussi des substantifs dont les formes sont complètement différentes au masculin et au féminin (*el hombre, la mujer; el caballo, la yegua; el yerno, la nuera,* etc.).

FORMATION DU PLURIEL

En règle générale :

les mots terminés par une **voyelle atone** ou par **-e** accentué prennent un **-s** (*los niños, los cafés*) ;

les mots terminés par **une consonne**, un **-y** ou **une voyelle accentuée**, sauf **-e**, prennent **-es** (*las paredes, los reyes, los alelíes*). Il existe de nombreuses exceptions, telles que *mamás, papás, sofás, dominós.* On remarquera que les mots terminés par **-z** transforment ce **-z** en **-c** devant la terminaison **-es** (*voz, voces ; luz, luces*) ;

les mots terminés par **-s** ajoutent **-es** lorsqu'ils sont monosyllabiques ou accentués sur la dernière syllabe (*mies, mieses ; francés, franceses*) ;

les mots terminés par **-s** ou par **-x** et qui ne sont pas accentués sur la dernière syllabe sont invariables (*las crisis, los fénix*).

Observation. L'accent tonique devant toujours porter sur la même syllabe, il faut le supprimer ou l'ajouter au pluriel suivant les cas (*estación, estaciones ; crimen, crímenes*). Il existe cependant trois exceptions : *caracteres* (carácter), *regímenes* (régimen) et *especímenes* (espécimen).

DÉRIVATION

L'emploi de suffixes diminutifs ou augmentatifs est très fréquent en espagnol. Bien plus qu'une idée de grandeur, ils introduisent souvent une nuance affective. Leur formation est la même pour les substantifs et les adjectifs.

Les DIMINUTIFS se forment généralement de la façon suivante :

TERMINAISONS	SUFFIXES	EXEMPLES
-a, -o, consonne (sauf -n ou -r)	-ito, a -illo, a -uelo, a	cas*ita* cartel*illo* moz*uela*
-e, -n, -r	-cito, a -cillo, a -zuelo, a	nube*cita* cancion*cilla* pastor*zuelo*
monosyllabes, mots à diphtongue	-ecito, a -ecillo, a -ezuelo, a	pan*ecito* piedr*ecilla* rey*ezuelo*

Les formes **-ito, -cito** et **-ecito** sont de loin les plus employées.
Les AUGMENTATIFS se forment le plus souvent avec le suffixe **-ón, -ona** (*solterón, solterona*), mais il existe aussi les suffixes **-azo, a ; -acho, a ; -achón, ona ; -ote, a** (*manaza, populacho, corpachón, librote*), qui ajoutent fréquemment une nuance péjorative.
Signalons l'existence d'AUTRES SUFFIXES tels que **-azo** (*cañonazo*) et **-ada** (*pedrada*), rendant l'idée de coup, et **-al, -aje, -ar, -edo, -eda,** qui indiquent un lieu planté d'arbres ou d'autres végétaux, ou encore un endroit dans lequel abondent certaines choses, par exemple des matériaux (*pedregal,* terrain pierreux ; *ramaje,* branchage ; *olivar,* oliveraie ; *viñedo,* vignoble ; *arboleda,* bosquet).

L'ADJECTIF

ADJECTIFS QUALIFICATIFS

En espagnol, l'adjectif qualificatif se place généralement comme en français et, comme lui, s'accorde en genre et en nombre avec le nom auquel il se rapporte.
Toutefois, lorsqu'il précède plusieurs substantifs, il ne s'accorde qu'avec le premier (*en sosegada paz y reposo*), sauf s'il s'agit de noms de personne.
Quand il est placé après, on distingue quatre cas : *a*) si les substantifs sont au singulier et de même genre, l'adjectif prend simplement la marque du pluriel (*historia y geografía argentinas*) ; *b*) si les substantifs sont au singulier mais de genre différent, l'adjectif ne s'accorde qu'avec le dernier (*el hombre y la mujer española*) ou, ce qui est préférable, prend la marque du pluriel à la forme masculine (*el hombre y la mujer españoles*) ; *c*) si les substantifs sont au pluriel mais de genre différent, l'adjectif peut s'accorder avec le dernier, bien qu'il vaille mieux le mettre au masculin pluriel (*bailes y canciones francesas* ou *bailes y canciones franceses*) ; *d*) si les substantifs sont de genre et de nombre différents, l'adjectif doit être au masculin pluriel (*la ciudad y los suburbios adormecidos*).

Formation du féminin. — Les adjectifs terminés par **-o** au masculin forment leur féminin en le remplaçant par un **-a** (*cansado, cansada*).

Ceux qui se terminent par **-án, -ín, -ón, -or, -ete, -ote** et ceux qui désignent une nationalité, prennent un **-a** au féminin et perdent, le cas échéant, l'accent écrit (*holgazana, cantarina, gordinflona, trabajadora, regordeta, vulgarota, andaluza*). Mais les comparatifs en **-or** ne changent pas au féminin (*la mejor manera*), de même que certains adjectifs de nationalité comme *árabe, marroquí, etíope* et ceux qui ont une terminaison en **-a,** tels que *belga, persa,* etc.

Les autres ont la même forme pour le masculin et le féminin (*agrícola, azul, cursi, gris, verde, feliz,* etc.).

Formation du pluriel. — Elle est identique à celle des substantifs.

Les comparatifs. — Le comparatif d'**égalité** se forme en plaçant **tan** devant l'adjectif et **como** devant le complément (*soy* ***tan*** *inteligente* ***como*** *tú*).

Les comparatifs de **supériorité** et d'**infériorité** se forment en plaçant respectivement **más** et **menos** avant l'adjectif et **que** avant le complément (*es* ***más*** *simpático* ***que*** *ella pero* ***menos que*** *tú*).

Observation. Lorsque le deuxième terme de la comparaison est une proposition, le *que* français se rend par *de lo que* et le *ne* ne se traduit pas (*es más simpático de lo que parece,* il est plus sympathique qu'il ne le paraît).

Les superlatifs. — Le superlatif **absolu** se forme en faisant précéder l'adjectif de l'adverbe **muy** ou en ajoutant à l'adjectif le suffixe **-ísimo, a** (*muy alto, altísimo*). Ce dernier n'est pas toujours d'un emploi facile, car certains adjectifs ne l'admettent pas ; c'est le cas, par exemple, de *inmortal* ou de *arduo*. D'autre part, il entraîne certaines particularités ; ainsi les adjectifs terminés par **-co, -go** ou **-n** et **-z** font leur superlatif respectivement en **-quísimo** (*blanquísimo*), **-guísimo** (*amarguísimo*) et **-císimo** (*jovencísimo, audacísimo*) ; ceux qui comportent une diphtongue la perdent généralement au superlatif (*valiente, valentísimo*), quoiqu'il soit fréquent de la conserver, comme c'est le cas pour *bueno* et *fuerte,* qui peuvent prendre les deux formes (*bonísimo* ou *buenísimo ; fortísimo* ou *fuertísimo*) ; parmi les adjectifs qui se terminent par **-io,** seuls ceux qui ont un **-í** accentué le conservent devant le suffixe **-ísimo** (*pío, piísimo*) ; quelques adjectifs dont la dernière syllabe est **-ble** font leur superlatif en **-bilísimo** (*agradable, agradabilísimo*), et les adjectifs en **-bre, -cre** et **-ero** font leur superlatif en **-érrimo** (*célebre, celebérrimo ; acre, acérrimo ; áspero, aspérrimo*). *Pobre* et *pulcro* ont deux superlatifs, l'un régulier (*pobrísimo, pulcrísimo*), l'autre d'origine latine (*paupérrimo, pulquérrimo*). A l'heure actuelle, toutes ces formes savantes sont de moins en moins employées et l'on préfère même souvent l'adverbe *muy* au suffixe *-ísimo*.

Le superlatif **relatif** se forme avec les comparatifs de supériorité et d'infériorité devant lesquels on place l'article défini ou un adjectif possessif (*la más simpática de las mujeres*).

Observation. Placé après un nom déterminé, le superlatif s'emploie sans article (*la persona más simpática,* la personne **la** plus sympathique). En outre, si le superlatif est suivi d'un verbe, celui-ci se met à l'indicatif et non au subjonctif comme en français (*la persona más simpática que conozco,* la personne la plus sympathique que je connaisse).

COMPARATIFS ET SUPERLATIFS IRRÉGULIERS		
POSITIF	COMPARATIF	SUPERLATIF
bueno	*mejor*	óptimo
malo	*peor*	pésimo
grande	*mayor*	máximo
pequeño	*menor*	mínimo
alto	*superior*	supremo
bajo	*inferior*	ínfimo

ADJECTIFS NUMÉRAUX

Numéraux cardinaux. — *Uno* (1), *dos* (2), *tres* (3), *cuatro* (4), *cinco* (5), *seis* (6), *siete* (7), *ocho* (8), *nueve* (9), *diez* (10), *once* (11), *doce* (12), *trece* (13), *catorce* (14), *quince* (15), *dieciséis* (16), *diecisiete* (17), *dieciocho* (18), *diecinueve* (19), *veinte* (20), *veintiuno* (21), *veintidós* (22), *treinta* (30), *cuarenta* (40), *cincuenta* (50), *sesenta* (60), *setenta* (70), *ochenta* (80), *noventa* (90), *cien* ou *ciento* (100), *mil* (1 000), *un millón* (1 000 000), *mil millones* (1 000 000 000).
Les nombres qui se situent entre quinze et vingt ou entre vingt et trente peuvent s'écrire en un seul mot ou en trois (*dieciséis* ou *diez y seis; veintidós* ou *veinte y dos*), mais c'est la première forme qui est la plus courante.
Ce n'est qu'entre les dizaines et les unités que l'on intercale obligatoirement la conjonction **y** (*ciento veinte y cinco*).
Uno a un féminin qui est *una* (*una peseta*).
Les centaines s'écrivent en un seul mot et s'accordent en genre et en nombre avec le nom auquel elles se rapportent (*quinientos francos, seiscientas pesetas*).
Millón est variable en nombre et se comporte comme un nom masculin, c'est-à-dire que le chiffre qui le précède doit être lui aussi au masculin (*doscientos millones de personas*).
Le mot « milliard » n'existe pas en espagnol ; il doit se traduire par *mil millones* (*27 milliards,* 27 mil millones).

Numéraux ordinaux. — *Primero* (1°), *segundo* (2°), *tercero* (3°), *cuarto* (4°), *quinto* (5°), *sexto* (6°), *séptimo* (7°), *octavo* (8°), *noveno* (9°), *décimo* (10°), *undécimo* (11°), *duodécimo* (12°), *decimotercero* (13°), *vigésimo* (20°), *trigésimo* (30°), *cuadragésimo* (40°), *quincuagésimo* (50°), *sexagésimo* (60°), *septuagésimo* (70°), *octogésimo* (80°), *nonagésimo* (90°), *centésimo* (100°), *milésimo* (1 000°), *millonésimo* (1 000 000°).
Uno, veintiuno, primero, tercero ont donné par apocope *un, veintiún, primer, tercer* dans les cas que nous allons indiquer au paragaphe relatif à l'apocope.
Dans le langage courant, on emploie l'ordinal de un à neuf inclus (*Felipe Segundo*), le cardinal ou l'ordinal de dix à douze inclus (*la fila duodécima* ou *la fila doce*) et le cardinal pour les autres chiffres (*el siglo veinte*). L'ordinal correspondant à neuf a deux formes : *noveno* et *nono,* la dernière n'étant en général utilisée que pour le pape *Pío IX*.

Au suffixe français **-aine**, qui indique une quantité imprécise, correspond l'espagnol **-ena** (*veintena, cuarentena*), mais celui-ci est moins employé, sauf dans le cas de *docena* (douzaine) et *quincena* (quinzaine). On lui préfère d'ordinaire l'indéfini *unos, unas* (*unas treinta personas*, une trentaine de personnes).

L'ADJECTIF INTERROGATIF

Il existe un adjectif interrogatif qui ne varie ni en genre ni en nombre : **qué** (*¿qué libro quieres?*, quel livre veux-tu ? ; *¿qué frutas prefieres?*, quels fruits préfères-tu ?), et un autre, variable : **cuánto, a** (*¿cuántas casas hay?*, combien y a-t-il de maisons ?). Ces adjectifs peuvent être également exclamatifs (*¡qué calor!*, quelle chaleur !).

LES ADJECTIFS INDÉFINIS

Les principaux adjectifs indéfinis sont : *alguno, ninguno, cierto, varios, cualquiera, poco, bastante, mucho, demasiado, demás, cuanto, todo, cada, tal, otro, uno, tanto*. En ce qui concerne le genre, ces adjectifs sont variables, sauf *bastante, cada, demás* et *tal*. Il en est de même pour le nombre, excepté dans le cas de *cada, demás* et *varios*.

L'APOCOPE

L'apocope est la chute de la voyelle ou de la syllabe finale d'un adjectif lorsque celui-ci se trouve devant un nom.

Perdent **l'o** final devant un nom masculin singulier : *uno, veintiuno, alguno, ninguno, primero, tercero, postrero, bueno* et *malo* (un buen hombre, el tercer libro, etc.).

Santo devient *san* devant le nom d'un saint canonisé (*San Miguel*), sauf devant *Tomás, Tomé, Toribio* et *Domingo* (*Santo Tomás*, etc.). Dans le cas de *Santiago* le qualificatif et le nom propre ont été fondus en un seul nom.

Ciento devient *cien* devant un nom commun ou un nombre qu'il multiplie (*cien francos, cien mil pesetas*).

Grande devient *gran* devant un nom masculin singulier commençant par une consonne (*un gran ruido*). Cette apocope est facultative devant le féminin ou un nom masculin commençant par une voyelle.

Il existe d'autres cas d'apocope. C'est ainsi que les adverbes **tanto** et **cuanto** deviennent *tan* et *cuan* devant un adjectif ou un autre adverbe (*tan pronto, cuan largo era*), **recientemente** devient *recién* devant un participe passé (*recién casado*), et l'indéfini **cualquiera** perd son *-a* final obligatoirement devant un nom masculin singulier (*cualquier hombre*) et, facultativement, devant un substantif féminin singulier.

ADJECTIFS ET PRONOMS

ADJECTIFS ET PRONOMS POSSESSIFS

Les adjectifs **mi, tu, su** sont toujours placés avant le nom auquel ils se rapportent (*mi casa*, ma maison). Par contre, **mío, tuyo, suyo** sont situés après (*la casa mía*, ma maison). L'article ne peut précéder directement l'adjectif possessif, il doit en être séparé par le substantif (*el proyecto mío* et non *el mío proyecto*).

Lorsque la possession se rapporte à la personne désignée par *usted*, il faut ajouter la forme *de usted, de ustedes* après le nom s'il risque d'y avoir ambiguïté (*su libro de usted*, votre livre).

Le possessif est moins fréquemment employé en espagnol qu'en français; il est souvent remplacé par l'article, et dans ce cas on utilise la forme réfléchie du verbe considéré (*se quitó el abrigo,* il a enlevé son manteau).

Les pronoms possessifs servent aussi à traduire les expressions françaises « à moi, à toi, à lui », etc. (*esta casa es mía,* cette maison est à moi).

ADJECTIFS ET PRONOMS POSSESSIFS

		UN POSSESSEUR	
		un objet	***plusieurs objets***
1re pers.	***adj.***	**mío, mía ;** **mi** (mon, ma)	**míos, mías;** **mis** (mes)
	pron.	**mío, mía** (mien, mienne)	**míos, mías** (miens, miennes)
2e pers.	***adj.***	**tuyo, a ;** **tu** (ton, ta)	**tuyos, as ;** **tus** (tes)
	pron.	**tuyo, a** (tien, tienne)	**tuyos, as** (tiens, tiennes)
3e pers.	***adj.***	**suyo, a;** **su** (son, sa)	**suyos, as;** **sus** (ses)
	pron.	**suyo, a** (sien, sienne)	**suyos, as** (siens, siennes)

		PLUSIEURS POSSESSEURS	
		un objet	***plusieurs objets***
1re pers.	***adj.***	**nuestro, a** (notre)	**nuestros, as** (nos)
	pron.	**nuestro, a** (nôtre)	**nuestros, as** (nôtres)
2e pers.	***adj.***	**vuestro, a** (votre)	**vuestros, as** (vos)
	pron.	**vuestro, a** (vôtre)	**vuestros, as** (vôtres)
3e pers.	***adj.***	**suyo, a ;** **su** (leur)	**suyos, as;** **sus** (leurs)
	pron.	**suyo, a** (leur)	**suyos, as** (leurs)

ADJECTIFS ET PRONOMS DÉMONSTRATIFS

DEGRÉ D'ÉLOIGNEMENT (*adverbes de lieu*)		MASCULIN	
		singulier	***pluriel***
aquí (ici)	***adj.***	**este** ce, cet... (-ci)	**estos** ces... (-ci)
	pron.	**éste** celui-ci	**éstos** ceux-ci
ahí (là)	***adj.***	**ese** ce, cet... (-là)	**esos** ces... (-là)
	pron.	**ése** celui-là	**ésos** ceux-là
allí, allá (là-bas)	***adj.***	**aquel** ce, cet... (-là)	**aquellos** ces... (-là)
	pron.	**aquél** celui-là	**aquéllos** ceux-là

DEGRÉ D'ÉLOIGNEMENT (*adverbes de lieu*)		FÉMININ		NEUTRE
		singulier	***pluriel***	***singulier***
aquí (ici)	***adj.***	**esta** cette... (-ci)	**estas** ces... (-ci)	
	pron.	**ésta** celle-ci	**éstas** celles-ci	**esto** ceci
ahí (là)	***adj.***	**esa** cette... (-là)	**esas** ces... (-là)	
	pron.	**ésa** celle-là	**ésas** celles-là	**eso** cela
allí, allá (là-bas)	***adj.***	**aquella** cette... (-là)	**aquellas** ces... (-là)	
	pron.	**aquélla** celle-là	**aquéllas** celles-là	**aquello** cela

Les adjectifs et les pronoms démonstratifs se présentent sous la même forme, mais ces derniers portent un accent écrit sur la voyelle tonique, sauf les neutres *esto, eso* et *aquello* qui ne peuvent être que pronoms.

Il existe trois sortes de démonstratifs, adjectifs ou pronoms, qui établissent des rapports de proximité ou d'éloignement, dans l'espace et dans le temps, entre celui qui parle et la personne ou l'objet dont on parle. **Este** désigne toujours le terme le plus rapproché (*este libro es mío,* ce livre *o* ce livre-ci est à moi), **aquel** le plus lointain (*aquella mañana hacía mucho frío,* ce matin-là il faisait très froid) et **ese** une position intermédiaire ou indéterminée (*esa tienda se encuentra lejos de casa,* cette boutique *o* cette boutique-là est loin de la maison). Ce dernier peut aussi avoir une nuance péjorative (*no me gusta de ninguna manera que salgas con esa gente,* je n'aime pas du tout que tu sortes avec ces gens-là).

Lorsque les démonstratifs français *celui, celle* sont suivis des relatifs *qui* ou *que* ou de la préposition *de,* on les traduit en espagnol par les articles définis correspondants (*celui qui parle,* el que habla ; *celle de ta mère,* la de tu madre).

TRADUCTION DE « C'EST »

C'est moi (c'est toi, etc.) **qui...,** soy yo (eres tú, etc.) quien... : *c'est lui qui a écrit le scénario de ce film,* es él quien ha escrito el guión de esta película.

C'est... que.
Idée de lieu : *aquí es donde,* c'est ici que.
Idée de temps : *hoy es cuando,* c'est aujourd'hui que.
Idée de manière : *así es como,* c'est ainsi que.
Idée de cause : *por eso es por lo que,* c'est pour cela que, c'est pourquoi.

LES PRONOMS

PRONOMS PERSONNELS

SUJET	COMPLÉMENT			
	SANS PRÉPOSITION		APRÈS PRÉPOSITION	RÉFLÉCHI
	direct	*indirect*		
yo (je, moi)	**me** (me)		**mí** (moi)	**me** (me)
tú (tu, toi)	**te** (te)		**ti** (toi)	**te** (te)
él (il, lui)	**le, lo** (le)	**le** (lui)	**él** (lui)	**se** (se)
ella (elle)	**la** (la)	**le** (lui)	**ella** (elle)	
ello (neutre : cela)	**lo** (le)	**le** (lui)	**ello** (cela)	
nosotros, as (nous)	**nos** (nous)		**nosotros, as** (nous)	**nos** (nous)
vosotros, as (vous)	**os** (vous)		**vosotros, as** (vous)	**os** (vous)
ellos (ils, eux)	**los** (les)	**les** (leur)	**ellos** (eux)	**se** (se)
ellas (elles)	**las** (les)		**ellas** (elles)	

Les pronoms sujets ne sont indiqués en espagnol que pour insister (*tú no irás*, toi, tu n'iras pas). C'est la terminaison du verbe qui indique la personne à laquelle il est conjugué (*canto*, je chante ; *cantábamos*, nous chantions).

En espagnol, il faut employer le pronom sujet lorsqu'on est en présence du complément d'un comparatif (*es más alto que yo*, il est plus grand que moi) et après *según, salvo, excepto, entre* (*según él*, d'après lui).

Dans certaines régions d'Espagne et de l'Amérique latine il existe plusieurs cas de mauvais emploi des pronoms compléments. Ce sont : le « laísmo », qui consiste à utiliser *la, las* au lieu de *le, les* au datif du pronom féminin ; le « leísmo », qui correspond à l'emploi du pronom *le* comme seul accusatif singulier, à l'exclusion de la forme *lo ;* et le « loísmo », qui équivaut à l'emploi de *lo* au lieu de *le* au datif et à l'accusatif du pronom masculin. L'Académie espagnole de la langue considère qu'il serait préférable de conserver *le* pour le complément indirect et *lo* pour le complément direct du pronom masculin. Dans le style littéraire on a tendance à choisir *le* lorsqu'il s'agit d'une personne et *lo* quand il est question d'une chose.

Le pronom complément est toujours situé avant le verbe (*te hablo*, je te parle), sauf lorsque ce dernier est à l'infinitif, au gérondif ou à l'impératif, auquel cas le pronom est enclitique (*mirarle, mirándole, mírale*). Dans le style littéraire, on peut également trouver l'enclise du pronom complément si le verbe se trouve au début d'une proposition principale ou indépendante à l'indicatif ou au conditionnel (*diríale la verdad si la ocasión se me presentase*, je lui dirais la vérité si j'en avais l'occasion ; *mirábanle con gran admiración*, ils le regardaient avec une grande admiration).

Quand il y a deux compléments, c'est le pronom indirect qui est placé avant le pronom complément d'objet direct (*me lo dio*, il me l'a donné ; *dámelo*, donne-le-moi). Si les deux pronoms sont à la troisième personne, *lui* et *leur* se traduisent par **se** (*se lo dijo*, il le lui a dit *o* il le leur a dit).

Le *vous* de politesse français, employé lorsqu'on s'adresse à une ou à plusieurs personnes que l'on ne tutoie pas, se traduit en espagnol par **usted** au singulier (en abrégé *Ud.* ou *Vd.*) et **ustedes** au pluriel (en abrégé *Uds.* ou *Vds.*). Ces deux pronoms se construisent toujours avec la 3e personne, du singulier ou du pluriel, et tout ce qui s'y rapporte correspond également à la 3e personne (*si usted me lo pide, le llevaré a su casa*, si vous me le demandez, je vous emmènerai chez vous).

Vos est employé au lieu de *usted* dans le style poétique ou oratoire pour s'adresser à Dieu ou à un haut personnage (*Señor, Vos sois nuestra Providencia*, Seigneur, Vous êtes notre Providence). A l'époque classique (XVIIe siècle), l'emploi de *vos* correspondait à un traitement intermédiaire entre le tutoiement et l'usage de *Vuestra Merced*. D'autre part, dans une grande partie de l'Amérique latine, *vos* a remplacé *tú* dans les relations avec les égaux ou les inférieurs ; c'est ce qu'on appelle le « voseo ».

Lui, elle, eux, elles, précédés d'une préposition simple, se traduisent par **sí** lorsqu'ils représentent la même personne que le sujet (*esta mujer siempre habla de sí*, cette femme parle toujours d'elle). S'il s'agit de la préposition *con* (avec), *mí, ti, sí* s'unissent à elle pour donner *conmigo, contigo, consigo*.

PRONOMS RELATIFS				
MASCULIN				
el cual, **el que**	lequel		**los cuales,** **los que**	lesquels
del cual, **del que**	duquel	PLURIEL	**de los cuales,** **de los que**	desquelles
cuyo, **de quien**	dont		**cuyos,** **de quienes**	dont
al cual, **al que**	auquel		**a los cuales,** **a los que**	auxquels
FÉMININ				
la cual, **la que**	laquelle		**las cuales,** **las que**	lesquelles
de la cual, **de la que**	de laquelle	PLURIEL	**de las cuales,** **de las que**	desquelles
cuyo, **de quien**	dont		**cuyas,** **de quienes**	dont
a la cual, **a la que**	à laquelle		**a las cuales,** **a las que**	auxquelles
POUR LES DEUX GENRES				
quien	qui	PLUR.	**quienes**	qui
que	qui, que, quoi		**que**	qui, que

Que est un pronom relatif invariable dont l'antécédent peut être une personne ou une chose. Il est soit sujet, soit complément (*las personas que vienen,* les personnes qui viennent; *el coche que veo,* la voiture que je vois).

Quien (pl. *quienes*) ne s'applique qu'à des personnes (*fue él quien lo hizo,* c'est lui qui l'a fait). Par conséquent, lorsqu'il est complément, il est toujours précédé d'une préposition (*el hombre a quien veo,* l'homme que je vois). Employé sans antécédent, il peut signifier *celui* ou *celle qui.*

El que, la que, el cual, la cual, etc., s'emploient aussi bien pour des personnes que pour des choses (*el lápiz con el cual* ou *con el que escribo,* le crayon avec lequel j'écris).

Lo cual, lo que sont des pronoms relatifs neutres qui correspondent au français *ce qui, ce que*. Lorsqu'ils sont précédés d'une préposition, ils se traduisent par *quoi* (*después de lo cual, tomó la palabra,* après quoi il prit la parole).

TRADUCTION DE « DONT ». Ce relatif se traduit par **cuyo, cuya, cuyos, cuyas** lorsqu'il est complément d'un nom et qu'il indique l'appartenance (*la maison dont le toit est rouge*, la casa cuyo tejado es rojo), ou par **de quien, de que, del que, del cual,** quand il est complément d'un verbe ou d'un adjectif (*la maison dont je parle*, la casa de la cual hablo ; *un échec dont je ne suis pas responsable*, un fracaso del cual no soy responsable).
Si **cuyo** est précédé d'une préposition, on doit obligatoirement le traduire en français par *duquel, de laquelle*, etc. (*la ciudad en cuyo centro estoy*, la ville au centre de laquelle je me trouve).

TRADUCTION DE « OÙ ». V. la grammaire française, page 430.

PRONOMS INTERROGATIFS

Ils ont la même forme que les pronoms relatifs, mais ils portent toujours un accent écrit, que l'interrogation soit directe ou qu'elle soit indirecte. Ce sont : **qué, quién** et **cuál.**

Qué ne s'emploie que pour les choses et correspond à *que, quoi* (*¿qué ocurre?*, que se passe-t-il ?).

Quién (pl. *quiénes*) ne peut s'appliquer qu'à des personnes et se traduit par *qui* (*¿quién vino?*, qui est venu?).

Cuál (pl. *cuáles*) se rapporte aussi bien aux personnes qu'aux choses et équivaut à *quel, lequel, laquelle*, dont le pluriel est *quels, lesquels, lesquelles* (*¿a cuáles te refieres?*, auxquels fais-tu allusion ?).

OBSERVATION. En espagnol la proposition interrogative est suivie, comme en français, d'un point d'interrogation, mais elle est en outre obligatoirement précédée d'un point d'interrogation renversé.

PRONOMS INDÉFINIS

Les pronoms indéfinis se divisent en deux groupes :

ceux qui s'appliquent aux personnes et qui sont : *alguien* (quelqu'un), *nadie* (personne), *quienquiera*, qui fait au pluriel *quienesquiera* (quiconque, n'importe qui), *cualquiera*, dont le pluriel est *cualesquiera* (quiconque, n'importe qui), *uno* (on), *alguno* (quelqu'un), *ninguno* (aucun), *se* (on).
Signalons que *cualquiera, uno, alguno* et *ninguno* n'admettent pas l'apocope en tant que pronoms ;

ceux qui se rapportent aux choses et qui sont : *algo* (quelque chose), *nada* (rien).
Il ne faut pas oublier que tous les adjectifs indéfinis peuvent également être employés comme pronoms.

L'ADVERBE

Les adverbes **de manière** se forment généralement par dérivation, en ajoutant le suffixe **-mente** au féminin de l'adjectif qui conserve, le cas échéant, son accent écrit (*blando, blandamente ; fácil, fácilmente*). Lorsque plusieurs adverbes se suivent, le premier est traduit par l'adjectif féminin et seul le second, ou le dernier s'il y en a plus de deux, prend le suffixe *-mente* (*lenta y perezosamente*, lentement et paresseusement).
Les adverbes **de quantité** peuvent être des mots simples, comme *más, menos, bastante, demasiado, poco, mucho, tanto, cuanto,* ou des locutions telles que *poco más o menos, a lo menos*, etc. Lorsque

ces mots simples, excepté *más* et *menos*, précèdent un substantif, même sous-entendu, ils s'accordent en genre et en nombre avec celui-ci, car ce sont des adjectifs (*había mucha gente ; ¿Quieres muchas manzanas? — No, pocas*).

Les principaux adverbes **de lieu** sont : *abajo, acá, adelante, adentro, ahí, alrededor, allá, allí, aquí, arriba, atrás, cerca, debajo, delante, dentro, detrás, donde, dondequiera, encima, enfrente, fuera, lejos*, etc.

Les adverbes **de temps** les plus employés sont : *ahora, anoche, antaño, antes, aún, ayer, ¿cuándo ?, después, entonces, hoy, jamás, luego, mañana, nunca, pronto, siempre, tarde, temprano, todavía, ya*, etc.

Contrairement à ce qui se passe en français, l'espagnol n'admet pas la présence d'un adverbe entre l'auxiliaire et le verbe dans les temps composés (*ha hablado bien*, il a bien parlé), sauf lorsque l'auxiliaire est *ser*, bien que cela donne un ton recherché à la phrase.

Les adverbes et locutions adverbiales **de négation** les plus courants sont : *ni, no, no... más, no... más que, no... sino, ya no.*

No traduit le français *non* quand il est employé seul (*¿Lo harás ? — No*, Le feras-tu ? — Non), et il équivaut aux formes *ne, ne... pas* et *ne... point* quand il est accompagné d'un verbe (*no lo haré*, je ne le ferai pas). Cette négation se place toujours avant le verbe.

Les mots négatifs *nunca, jamás, nada, nadie, ninguno, tampoco* et les expressions telles que *en mi vida, en mis días*, etc., doivent se construire sans négation lorsqu'ils précèdent le verbe (*nunca lo haré*, je ne le ferai jamais) ; par contre, s'ils le suivent, il faut employer également *no* devant le verbe (*no lo haré nunca*).

LE VERBE

DIVISION

Les verbes se divisent en :

transitifs, lorsqu'ils ont un complément d'objet direct (*como cerezas*, je mange des cerises) ;

intransitifs, quand l'action reste limitée au sujet ou lorsqu'ils ont un complément d'objet indirect (*como*, je mange ; *voy a España*, je vais en Espagne) ;

pronominaux, lorsque l'action retombe sur le sujet qui l'exécute. Le sujet est alors accompagné d'un pronom personnel réfléchi de la même personne que lui et placé avant le verbe (*el niño se duerme*, l'enfant s'endort). Les pronoms réfléchis *me, te, se, nos, os, se* se placent avant le verbe, sauf à l'infinitif (*dormirse*), à l'impératif (*duérmete*) et au gérondif (*durmiéndose*) où ils sont enclitiques. Les temps composés se conjuguent avec l'auxiliaire **haber** et le participe passé reste toujours invariable (*su madre se ha dormido*, sa mère s'est endormie) ;

impersonnels, lorsqu'ils ne s'emploient qu'à la 3e personne du singulier sans que celle-ci désigne une personne ou un objet déterminé (*llueve*, il pleut ; *hace frío*, il fait froid). Soulignons qu'avec les verbes impersonnels le pronom indéterminé *il* ne se traduit jamais en espagnol. L'expression française *il y a* se traduit généralement par **hay,** 3e personne du singulier du présent de l'indicatif du verbe *haber* (*hay un hombre*, il y a un homme), sauf lorsqu'elle représente une période de temps écoulée, auquel cas elle équivaut à **hace,** 3e personne du singulier du présent de l'indicatif du verbe *hacer* (*hace tres años*, il y a trois ans). Cette tournure française, de même que les verbes *haber* et

hacer, peut être conjuguée à tous les temps (*había* ou *hacía*, il y avait; *hubo* ou *hizo*, il y eut, etc.).
Le verbe **ser** est impersonnel et invariable dans les expressions telles que *es tarde* (il est tard) ou *es de noche* (il fait nuit). Toutefois, il s'accorde avec le numéral indiquant les heures (*son las cinco*, il est cinq heures);

défectifs, lorsqu'ils ne sont employés qu'à certains temps et à certaines personnes (*abolir, atañer, concernir, soler*, etc.);

auxiliaires, lorsqu'ils servent à conjuguer les autres verbes à certains temps (v. plus loin VERBES AUXILIAIRES, page 398).

RÉGIME

L'une des principales caractéristiques de la syntaxe espagnole est l'emploi de la préposition **a** devant un complément d'objet direct désignant soit une personne déterminée, soit un être ou une chose personnifiée, qu'ils soient représentés par un substantif ou un pronom (*no conozco a su padre*, je ne connais pas son père; *no veo a nadie*, je ne vois personne; *mató al toro*, il a tué le taureau; *llamar a la muerte*, appeler la mort).
Les noms de villes et de pays employés sans article doivent être précédés de la préposition **a** (*visité a España durante un mes*, j'ai visité l'Espagne pendant un mois); toutefois, cette règle est de moins en moins respectée (*visité España durante un mes*).
En outre, les verbes qui se construisent généralement avec un nom de personne conservent la préposition **a** même lorsque leur complément d'objet direct représente une chose (*temer a la muerte*, craindre la mort).
Signalons que, quand un verbe a deux compléments de personne, l'un direct et l'autre indirect précédé de *a*, cette préposition est généralement supprimée devant le premier (*dejó su hijo a su madre*, elle a laissé son fils à sa mère).
Cette préposition permet également, le cas échéant, de ne pas confondre le complément avec le sujet (*ayer encontró Pedro a mi padre*, hier Pierre a rencontré mon père), de distinguer un complément de l'attribut qui l'accompagne (*nombraron director a mi padre*, on a nommé mon père directeur), d'indiquer après certains verbes le rapport de succession ou de supériorité qu'ils impliquent (*el antecedente precede al pronombre relativo*, l'antécédent précède le pronom relatif; *el hijo supera en mucho a su padre*, le fils est bien supérieur à son père).
Il n'est pas inutile de souligner l'existence de verbes qui changent de sens selon qu'ils sont suivis ou non de la préposition *a* (*querer*, vouloir; *querer a*, aimer; etc.).
Dans la plupart des cas, la nature et la construction des verbes sont les mêmes en espagnol et en français. Cependant, il arrive qu'un verbe transitif français se traduise par un intransitif en espagnol (*sentir le brûlé*, oler a quemado), et vice versa (*adelantar un cuarto de hora*, avancer d'un quart d'heure), qu'un transitif ou un intransitif en français corresponde à un verbe pronominal en espagnol (*oser*, atreverse a) ou qu'un verbe pronominal en français équivaille à un intransitif en espagnol (*se reposer*, descansar). Il existe également des verbes qui ne se construisent pas avec la même préposition dans les deux langues (*comparer à*, comparar con; *penser à*, pensar en; etc.). Ces différences sont indiquées dans le corps du dictionnaire aux articles correspondants.

La forme passive

Les temps de la forme passive se conjuguent avec l'auxiliaire **ser** et le participe passé du verbe qui s'accorde en genre et en nombre avec le sujet (*las alumnas fueron premiadas,* les élèves ont été récompensées).
Cette forme est beaucoup moins employée en espagnol qu'en français.

L'infinitif

L'infinitif est moins utilisé en espagnol qu'en français. Il est remplacé par le subjonctif après les verbes exprimant un ordre, une défense ou une prière (*te ruego que vengas,* je te prie de venir) et par le gérondif après un verbe de durée (*ha pasado un mes viajando,* il a passé un mois à voyager).
Lorsque l'infinitif est sujet, attribut ou complément d'objet direct, la préposition française *de* ne se traduit pas (*está prohibido aparcar aquí,* il est interdit de se garer ici).
Après un verbe de mouvement on doit obligatoirement employer la préposition **a** aussi bien devant un infinitif que devant un substantif (*ir a trabajar,* aller travailler).
Précédé d'une préposition, l'infinitif exprime diverses circonstances : la simultanéité avec **al** (*al llegar vino a verme,* il est venu me voir en arrivant), la manière ou la concession avec **con** (*con estudiar más conseguirás el diploma,* en étudiant davantage tu obtiendras ton diplôme ; *con ser tan tonto obtiene lo que quiere,* tout en étant aussi bête il obtient ce qu'il veut), la condition avec **de** (*de haberlo pensado lo hubiera hecho,* si j'y avais pensé je l'aurais fait), la cause avec **por** (*no le dejaron entrar por ir mal vestido,* ils ne l'ont pas laissé entrer parce qu'il était mal habillé), une idée négative avec **sin** (*se quedó sin comer,* il n'a pas mangé).
La plupart des infinitifs espagnols peuvent être substantivés pour traduire l'action d'une façon plus vivante (*el andar,* le fait de marcher, la marche). Lorsque l'infinitif substantivé est employé avec un déterminatif autre que l'article défini, il exprime l'idée rendue en français par *la façon de* (*un andar garboso,* une façon de marcher gracieuse, une démarche gracieuse).
Dans le langage parlé, l'infinitif précédé de la préposition *a* peut exprimer un ordre qui s'adresse à plusieurs personnes (*¡a trabajar!,* travaillez !).

L'indicatif

Les temps de ce mode ont en général le même emploi dans les deux langues. Signalons néanmoins que l'espagnol utilise souvent des formes composées qui lui sont propres, telles que l'un des semi-auxiliaires suivi du gérondif pour indiquer la durée, la progression ou la continuité (*está trabajando,* il travaille *ou* il est en train de travailler).
Il faut remarquer en outre que le français a de moins en moins recours au passé simple, qui est remplacé, surtout dans le langage courant, par le passé composé ; de ce fait, le passé simple espagnol est fréquemment traduit par le passé composé français.
En règle générale, le passé simple espagnol traduit une action passée qui est complètement terminée au moment où l'on parle (*se quedó un año en España,* il est resté un an en Espagne), alors que le passé

composé indique que l'action dure encore au moment où l'on parle ou qu'elle a été accomplie à un moment indéterminé (*este año ha hecho muchos progresos,* cette année il a fait beaucoup de progrès).

Le subjonctif

En espagnol l'emploi du subjonctif est beaucoup plus fréquent qu'en français. On l'utilise après un verbe indiquant un ordre, une défense ou une prière (*pídele que lo haga,* demande-lui de le faire).
Après une conjonction de temps ou un relatif, le futur français se rend par le présent du subjonctif en espagnol (*cuando vengas,* quand tu viendras; *harás lo que quieras,* tu feras ce que tu voudras).
La conjonction **si** est suivie de l'imparfait du subjonctif lorsque le verbe de la proposition principale est au conditionnel (*si tuviera tiempo, iría a verte,* si j'avais le temps, j'irais te voir).
L'imparfait du subjonctif a deux formes : l'une terminée en **-ra,** l'autre en **-se.** La première remplace parfois le conditionnel (*hubiera, quisiera*).
Le subjonctif futur est complètement tombé en désuétude; il ne subsiste que dans certaines locutions comme *sea lo que fuere,* quoi qu'il en soit, etc.
La concordance des temps doit être rigoureusement observée en espagnol. C'est ainsi que, lorsque le verbe de la proposition principale est à un temps du passé ou au conditionnel, le verbe d'une subordonnée au subjonctif doit être à l'imparfait (*le dije que no viniera,* je lui ai dit de ne pas venir).

L'impératif

Il ne possède en propre que la seconde personne du singulier et du pluriel; les autres personnes sont empruntées au subjonctif présent, qui sert également à rendre l'impératif négatif (*no te muevas,* ne bouge pas).
Les pronoms personnels compléments doivent être enclitiques (*siéntate,* assieds-toi). Lorsque ce phénomène se produit, la dernière consonne des deux premières personnes du pluriel disparaît (*sentémonos, sentaos*).

Le participe

Il y a deux sortes de participes : le participe passé et le participe présent. Le **participe passé** s'accorde de la façon suivante :
employé *sans auxiliaire,* il s'accorde avec le mot auquel il se rapporte comme un simple adjectif qualificatif (*las casas edificadas,* les maisons construites);
employé *avec l'auxiliaire « haber »,* il reste toujours invariable et ne peut jamais être séparé de l'auxiliaire par un adverbe ou une locution adverbiale (*hemos viajado mucho,* nous avons beaucoup voyagé);
employé *avec l'auxiliaire « ser » et les « semi-auxiliaires »* (andar, encontrarse, estar, hallarse, ir, llevar, quedar, resultar, tener, venir, etc.), il s'accorde avec le mot auquel il se rapporte (*fueron tomados como asesinos,* ils furent pris pour des assassins; *iba muy bien peinada,* elle était très bien coiffée).
Le participe passé permet de former des propositions absolues, analogues à l'ablatif absolu latin, dans lesquelles le nom est toujours placé après le participe (*acabado el trabajo, saldremos,* une fois le

travail terminé *ou* après avoir terminé notre travail, nous sortirons). Certains verbes ont un participe passé irrégulier ; c'est le cas, par exemple, de : *abrir* (abierto), *cubrir* (cubierto), *decir* (dicho), *escribir* (escrito), *hacer* (hecho), *imprimir* (impreso), *morir* (muerto), *poner* (puesto), *resolver* (resuelto), *romper* (roto), *ver* (visto), *volver* (vuelto), et de leurs composés, tels que *entreabrir* (entreabierto), *descubrir* (descubierto), etc.

D'autres ont deux participes, l'un régulier, l'autre irrégulier : *concluir* (concluido, concluso), *confundir* (confundido, confuso), *despertar* (despertado, despierto), *elegir* (elegido, electo), *eximir* (eximido, exento), *soltar* (soltado, suelto), *sujetar* (sujetado, sujeto), etc.

En réalité, presque tous les participes passés irréguliers sont devenus de simples adjectifs, les principales exceptions étant *frito, impreso, preso, provisto* et *roto,* qui ont remplacé les formes régulières (*freído* a disparu devant *frito,* et *rompido* devant *roto*) ou sont employées dans un autre sens qu'elles.

Le **participe présent** se forme avec les terminaisons **-ante, -ente** et **-iente.** Il n'existe que pour un nombre très réduit de verbes et est devenu à l'heure actuelle un véritable adjectif (*referente*) ou même un substantif (*amante*).

Le gérondif

Le gérondif est, de même que l'infinitif, une forme verbale invariable. Employé seul, il peut exprimer la manière et correspond alors au participe présent français précédé de *en* (*le esperaba leyendo,* il l'attendait en lisant).

Le gérondif espagnol précédé de **en** représente une action immédiatement antérieure à celle du verbe principal (*en llegando se lo diré,* aussitôt arrivé, je le lui dirai).

L'idée de durée est rendue par le verbe **estar** et le gérondif (*estar leyendo,* être en train de lire), celle de progression par **ir** et le gérondif (*iba cantando,* il chantait), celle de continuité par **seguir** et le gérondif (*sigue trabajando,* il travaille toujours). **Llevar** et le gérondif permettent d'indiquer la continuité envisagée rétrospectivement (*lleva tres horas esperando,* il attend depuis trois heures *ou* il y a trois heures qu'il attend).

Le gérondif est employé abusivement par les Espagnols eux-mêmes. Il est en effet incorrect de l'utiliser dans les cas suivants :

pour déterminer un nom (*sólo hay dos personas llevando* [au lieu de *que llevan*] *esta tarea*) ;

pour indiquer un fait ne se passant pas au moment où l'on parle (*se van a promulgar leyes estableciendo* [au lieu de *que establecerán*] *una reforma*) ;

lorsque l'action n'est pas immédiatement postérieure à celle du verbe principal (*en 1944, desembarcaron las tropas aliadas en Normandía, ganando al año siguiente* [au lieu de *y ganaron al año siguiente*] *la guerra*) ;

pour remplacer une proposition conjonctive (*hice mi artículo, enviándolo* [au lieu de *y lo envié*] *a la imprenta*) ;

à la place d'un infinitif (*el 12 de octubre, celebrando el Descubrimiento de América* [au lieu de *para celebrar...*], *hubo una gran recepción*) ;

immédiatement après un autre gérondif (*estando viendo* [au lieu de *mientras estaba viendo*] *el espectáculo*) ;

pour éviter la succession de plusieurs propositions indépendantes en les remplaçant par une longue phrase. Nous nous devons toutefois d'indiquer que ce dernier emploi est correct du point de vue grammatical bien qu'il manque d'élégance.

La conjecture et le doute

L'idée de conjecture ou de doute est rendue en espagnol par le futur de l'indicatif lorsqu'elle est exprimée au présent en français (*tendrá cuarenta años,* il doit avoir quarante ans) et par le conditionnel quand elle est à un temps du passé (*tendría cuarenta años,* il devait avoir quarante ans). On peut aussi utiliser **deber de** suivi de l'infinitif (*debe de tener cuarenta años*). Signalons que, alors que le conditionnel français est souvent employé pour annoncer des nouvelles hypothétiques ou non confirmées, l'usage de ce mode en espagnol est à éviter dans ce cas ; il est préférable de le remplacer par une formule telle que « parece ser que », « puede ser que », « quizá » ou « quizás », « tal vez », « acaso », etc., suivie du verbe conjugué à un temps composé (*parece ser que ha habido cuatro muertos,* il y aurait quatre morts).

L'obligation

L'obligation impersonnelle (*il faut*) se traduit par **hay que** suivi de l'infinitif (*hay que trabajar,* il faut travailler), ou par les expressions **es preciso, es necesario, es menester** et **hace falta** suivies également de l'infinitif (*es preciso trabajar*).
L'obligation personnelle (*il faut que je, que tu,* etc., ou *je dois, tu dois,* etc.) est rendue en espagnol soit par **tengo que, tienes que,** etc., et l'infinitif (*tengo que trabajar,* il faut que je travaille *ou* je dois travailler), soit par les expressions **es preciso que, es necesario que, es menester que** et **hace falta que** suivies du subjonctif (*es necesario que trabaje*).

VERBES AUXILIAIRES

Il existe en espagnol deux auxiliaires : *haber* et *ser.*
Haber. — Cet auxiliaire correspond au français *avoir* et sert à former les temps composés de tous les verbes, qu'ils soient transitifs, intransitifs ou pronominaux (*he comido una manzana,* j'ai mangé une pomme ; *he ido a España,* je suis allé en Espagne ; *me he levantado temprano,* je me suis levé de bonne heure). Le participe passé employé avec cet auxiliaire est invariable.
Observation. *Haber* peut être également impersonnel, il équivaut alors à *y avoir* et fait *hay* (il y a) à la 3e personne du singulier du présent de l'indicatif.
Ser. — Cet auxiliaire correspond au français *être* et sert à former les temps de la voix passive (*es apreciado por todos,* il est apprécié par tous). Le participe passé employé avec cet auxiliaire s'accorde en genre et en nombre avec le sujet.
Observation. *Ser* est également un verbe intransitif qui exprime une définition ou une qualité caractéristique du sujet.
À côté de ces auxiliaires on trouve des verbes qui peuvent en tenir lieu. Ce sont surtout *estar* et *tener,* mais nous pouvons citer aussi *andar, encontrarse, hallarse, ir, llevar, quedar, resultar, venir,* etc.
Ser et **estar.** — Voir le verbe *être,* pages 158 et 159 de la première partie, pour connaître les différences d'emploi de ces deux verbes.

HABER

Les temps composés sont en italique

Infinitif : haber
Gérondif : habiendo
Participe : habido

INDICATIF

présent

Yo he
Tú has
Él ha
Nosotros hemos
Vosotros habéis
Ellos han

imparfait

Yo había
Tú habías
Él había
Nosotros habíamos
Vosotros habíais
Ellos habían

passé simple

Yo hube
Tú hubiste
Él hubo
Nosotros hubimos
Vosotros hubisteis
Ellos hubieron

passé composé

Yo he habido
Tú has habido
Él ha habido
Nosotros hemos habido
Vosotros habéis habido
Ellos han habido

passé antérieur

Yo hube habido
Tú hubiste habido
Él hubo habido
Nosotros hubimos habido
Vosotros hubisteis habido
Ellos hubieron habido

plus-que-parfait

Yo había habido
Tú habías habido
Él había habido
Nosotros habíamos habido
Vosotros habíais habido
Ellos habían habido

futur

Yo habré
Tú habrás
Él habrá
Nosotros habremos
Vosotros habréis
Ellos habrán

futur antérieur

Yo habré habido
Tú habrás habido
Él habrá habido
Nosotros habremos habido
Vosotros habréis habido
Ellos habrán habido

CONDITIONNEL

simple

Yo habría
Tú habrías
Él habría
Nosotros habríamos
Vosotros habríais
Ellos habrían

composé

Yo habría habido
Tú habrías habido
Él habría habido
Nosotros habríamos habido
Vosotros habríais habido
Ellos habrían habido

IMPÉRATIF

He tú
Habed vosotros

L'impératif n'a en propre ni 1re ni 3e personne du singulier et du pluriel et emprunte les autres au subjonctif présent.

SUBJONCTIF

présent

Yo haya
Tú hayas
Él haya
Nosotros hayamos
Vosotros hayáis
Ellos hayan

imparfait

Yo hubiera *o* hubiese
Tú hubieras *o* hubieses
Él hubiera *o* hubiese
Nosotros hubiéramos *o* hubiésemos
Vosotros hubierais *o* hubieseis
Ellos hubieran *o* hubiesen

futur

Yo hubiere
Tú hubieres
Él hubiere
Nosotros hubiéremos
Vosotros hubiereis
Ellos hubieren

passé

Yo haya habido
Tú hayas habido
Él haya habido
Nosotros hayamos habido
Vosotros hayáis habido
Ellos hayan habido

plus-que-parfait

Yo hubiera o *hubiese habido*
Tú hubieras o *hubieses habido*
Él hubiera o *hubiese habido*
Nosotros hubiéramos o *hubiésemos habido*
Vosotros hubierais o *hubieseis habido*
Ellos hubieran o *hubiesen habido*

SER

Les temps composés sont en italique

Infinitif : ser
Gérondif : siendo
Participe : sido

INDICATIF

présent

Yo soy
Tú eres
Él es
Nosotros somos
Vosotros sois
Ellos son

imparfait

Yo era
Tú eras
Él era
Nosotros éramos
Vosotros erais
Ellos eran

passé simple

Yo fui
Tú fuiste
Él fue
Nosotros fuimos
Vosotros fuisteis
Ellos fueron

passé composé

Yo he sido
Tú has sido
Él ha sido
Nosotros hemos sido
Vosotros habéis sido
Ellos han sido

passé antérieur

Yo hube sido
Tú hubiste sido
Él hubo sido
Nosotros hubimos sido
Vosotros hubisteis sido
Ellos hubieron sido

plus-que-parfait

Yo había sido
Tú habías sido
Él había sido
Nosotros habíamos sido
Vosotros habíais sido
Ellos habían sido

futur

Yo seré
Tú serás
Él será
Nosotros seremos
Vosotros seréis
Ellos serán

futur antérieur

Yo habré sido
Tú habrás sido
Él habrá sido
Nosotros habremos sido
Vosotros habréis sido
Ellos habrán sido

CONDITIONNEL

simple

Yo sería
Tú serías
Él sería
Nosotros seríamos
Vosotros seríais
Ellos serían

composé

Yo habría sido
Tú habrías sido
Él habría sido
Nosotros habríamos sido
Vosotros habríais sido
Ellos habrían sido

IMPÉRATIF

Sé tú
Sed vosotros

L'impératif n'a en propre ni 1re ni 3e personne du singulier et du pluriel et emprunte les autres au subjonctif présent.

SUBJONCTIF

présent

Yo sea
Tú seas
Él sea
Nosotros seamos
Vosotros seáis
Ellos sean

imparfait

Yo fuera *o* fuese
Tú fueras *o* fueses
Él fuera *o* fuese
Nosotros fuéramos *o* fuésemos
Vosotros fuerais *o* fueseis
Ellos fueran *o* fuesen

futur

Yo fuere
Tú fueres
Él fuere
Nosotros fuéremos
Vosotros fuereis
Ellos fueren

passé

Yo haya sido
Tú hayas sido
Él haya sido
Nosotros hayamos sido
Vosotros hayáis sido
Ellos hayan sido

plus-que-parfait

Yo hubiera o *hubiese sido*
Tú hubieras o *hubieses sido*
Él hubiera o *hubiese sido*
Nosotros hubiéramos o *hubiésemos sido*
Vosotros hubierais o *hubieseis sido*
Ellos hubieran o *hubiesen sido*

GROUPES DE VERBES

En espagnol, il y a trois groupes de verbes qui se caractérisent par la terminaison de l'infinitif.

Le *premier groupe* comprend les verbes terminés en **-ar** à l'infinitif (am**ar**).

Le *deuxième groupe* englobe les verbes terminés en **-er** à l'infinitif (tem**er**).

Le *troisième groupe* renferme les verbes terminés en **-ir** à l'infinitif (part**ir**).

Le deuxième et le troisième groupe ne se différencient que par l'infinitif, les deux premières personnes du pluriel de l'indicatif présent (tem**emos**, tem**éis**; part**imos**, part**ís**) et la deuxième personne du pluriel de l'impératif (tem**ed**; part**id**).

Signalons que le futur et le conditionnel se forment à partir de l'infinitif auquel on ajoute les terminaisons propres a ces deux temps (amar **é**; amar **ía**), et que les deux formes de l'imparfait du subjonctif et le futur de ce mode se conjuguent en remplaçant la terminaison *-ron* de la 3ᵉ personne du pluriel du passé simple par celles qui sont propres à ces temps (ama **ra**; ama **se**; ama **re**).

AMAR (radical *am-*)

Les terminaisons sont en caractères gras
Les temps composés sont en italique

Infinitif : am**ar**
Gérondif : am**ando**
Participe : am**ado**

INDICATIF

présent

Yo am**o**
Tú am**as**
Él am**a**
Nosotros am**amos**
Vosotros am**áis**
Ellos am**an**

imparfait

Yo am**aba**
Tú am**abas**
Él am**aba**
Nosotros am**ábamos**
Vosotros am**abais**
Ellos am**aban**

passé simple

Yo am**é**
Tú am**aste**
Él am**ó**
Nosotros am**amos**
Vosotros am**asteis**
Ellos am**aron**

passé composé

Yo he am**ado**
Tú has am**ado**
Él ha am**ado**
Nosotros hemos am**ado**
Vosotros habéis am**ado**
Ellos han am**ado**

passé antérieur

Yo hube am**ado**
Tú hubiste am**ado**
Él hubo am**ado**
Nosotros hubimos am**ado**
Vosotros hubisteis am**ado**
Ellos hubieron am**ado**

plus-que-parfait

Yo había am**ado**
Tú habías am**ado**
Él había am**ado**
Nosotros habíamos am**ado**
Vosotros habíais am**ado**
Ellos habían am**ado**

futur

Yo am**aré**
Tú am**arás**
Él am**ará**
Nosotros am**aremos**
Vosotros am**aréis**
Ellos am**arán**

futur antérieur

Yo habré am**ado**
Tú habrás am**ado**
Él habrá am**ado**
Nosotros habremos am**ado**
Vosotros habréis am**ado**
Ellos habrán am**ado**

CONDITIONNEL

simple

Yo am**aría**
Tú am**arías**
Él am**aría**
Nosotros am**aríamos**
Vosotros am**aríais**
Ellos am**arían**

composé

Yo habría am**ado**
Tú habrías am**ado**
Él habría am**ado**
Nosotros habríamos am**ado**
Vosotros habríais am**ado**
Ellos habrían am**ado**

IMPÉRATIF

Am**a** tú
Am**ad** vosotros

L'impératif n'a en propre ni 1re ni 3e personne du singulier et du pluriel et emprunte les autres au subjonctif présent.

SUBJONCTIF

présent

Yo am**e**
Tú am**es**
Él am**e**
Nosotros am**emos**
Vosotros am**éis**
Ellos am**en**

imparfait

Yo am**ara** *o* am**ase**
Tú am**aras** *o* am**ases**
Él am**ara** *o* am**ase**
Nosotros am**áramos** *o* am**ásemos**
Vosotros am**arais** *o* am**aseis**
Ellos am**aran** *o* am**asen**

futur

Yo am**are**
Tú am**ares**
Él am**are**
Nosotros am**áremos**
Vosotros am**areis**
Ellos am**aren**

passé

Yo haya am**ado**
Tú hayas am**ado**
Él haya am**ado**
Nosotros hayamos am**ado**
Vosotros hayáis am**ado**
Ellos hayan am**ado**

plus-que-parfait

Yo hubiera o *hubiese* am**ado**
Tú hubieras o *hubieses* am**ado**
Él hubiera o *hubiese* am**ado**
Nosotros hubiéramos o *hubiésemos* am**ado**
Vosotros hubierais o *hubieseis* am**ado**
Ellos hubieran o *hubiesen* am**ado**

TEMER (radical *tem-*)

Les terminaisons sont en caractères gras
Les temps composés sont en italique

Infinitif : tem**er**
Gérondif : tem**iendo**
Participe : tem**ido**

INDICATIF

présent

Yo tem**o**
Tú tem**es**
Él tem**e**
Nosotros tem**emos**
Vosotros tem**éis**
Ellos tem**en**

imparfait

Yo tem**ía**
Tú tem**ías**
Él tem**ía**
Nosotros tem**íamos**
Vosotros tem**íais**
Ellos tem**ían**

passé simple

Yo tem**í**
Tú tem**iste**
Él tem**ió**
Nosotros tem**imos**
Vosotros tem**isteis**
Ellos tem**ieron**

passé composé

Yo he temido
Tú has temido
Él ha temido
Nosotros hemos temido
Vosotros habéis temido
Ellos han temido

passé antérieur

Yo hube temido
Tú hubiste temido
Él hubo temido
Nosotros hubimos temido
Vosotros hubisteis temido
Ellos hubieron temido

plus-que-parfait

Yo había temido
Tú habías temido
Él había temido
Nosotros habíamos temido
Vosotros habíais temido
Ellos habían temido

futur

Yo tem**eré**
Tú tem**erás**
Él tem**erá**
Nosotros tem**eremos**
Vosotros tem**eréis**
Ellos tem**erán**

futur antérieur

Yo habré temido
Tú habrás temido
Él habrá temido
Nosotros habremos temido
Vosotros habréis temido
Ellos habrán temido

CONDITIONNEL

simple

Yo tem**ería**
Tú tem**erías**
Él tem**ería**
Nosotros tem**eríamos**
Vosotros tem**eríais**
Ellos tem**erían**

composé

Yo habría temido
Tú habrías temido
Él habría temido
Nosotros habríamos temido
Vosotros habríais temido
Ellos habrían temido

IMPÉRATIF

Tem**e** tú
Tem**ed** vosotros

L'impératif n'a en propre ni 1re ni 3e personne du singulier et du pluriel et emprunte les autres au subjonctif présent.

SUBJONCTIF

présent

Yo tem**a**
Tú tem**as**
Él tem**a**
Nosotros tem**amos**
Vosotros tem**áis**
Ellos tem**an**

imparfait

Yo tem**iera** *o* tem**iese**
Tú tem**ieras** *o* tem**ieses**
Él tem**iera** *o* tem**iese**
Nosotros tem**iéramos** *o* tem**iésemos**
Vosotros tem**ierais** *o* tem**ieseis**
Ellos tem**ieran** *o* tem**iesen**

futur

Yo tem**iere**
Tú tem**ieres**
Él tem**iere**
Nosotros tem**iéremos**
Vosotros tem**iereis**
Ellos tem**ieren**

passé

Yo haya temido
Tú hayas temido
Él haya temido
Nosotros hayamos temido
Vosotros hayáis temido
Ellos hayan temido

plus-que-parfait

Yo hubiera o *hubiese temido*
Tú hubieras o *hubieses temido*
Él hubiera o *hubiese temido*
Nosotros hubiéramos o *hubiésemos temido*
Vosotros hubierais o *hubieseis temido*
Ellos hubieran o *hubiesen temido*

PARTIR (radical *part-*)

Les terminaisons sont en caractères gras
Les temps composés sont en italique

Infinitif : partir
Gérondif : partiendo
Participe : partido

INDICATIF

présent

Yo parto
Tú partes
Él parte
Nosotros partimos
Vosotros partís
Ellos parten

imparfait

Yo partía
Tú partías
Él partía
Nosotros partíamos
Vosotros partíais
Ellos partían

passé simple

Yo partí
Tú partiste
Él partió
Nosotros partimos
Vosotros partisteis
Ellos partieron

passé composé

Yo he partido
Tú has partido
Él ha partido
Nosotros hemos partido
Vosotros habéis partido
Ellos han partido

passé antérieur

Yo hube partido
Tú hubiste partido
Él hubo partido
Nosotros hubimos partido
Vosotros hubisteis partido
Ellos hubieron partido

plus-que-parfait

Yo había partido
Tú habías partido
Él había partido
Nosotros habíamos partido
Vosotros habíais partido
Ellos habían partido

futur

Yo partiré
Tú partirás
Él partirá
Nosotros partiremos
Vosotros partiréis
Ellos partirán

futur antérieur

Yo habré partido
Tú habrás partido
Él habrá partido
Nosotros habremos partido
Vosotros habréis partido
Ellos habrán partido

CONDITIONNEL

simple

Yo partiría
Tú partirías
Él partiría
Nosotros partiríamos
Vosotros partiríais
Ellos partirían

composé

Yo habría partido
Tú habrías partido
Él habría partido
Nosotros habríamos partido
Vosotros habríais partido
Ellos habrían partido

IMPÉRATIF

Parte tú
Partid vosotros

L'impératif n'a en propre ni 1re ni 3e personne du singulier et du pluriel et emprunte les autres au subjonctif présent.

SUBJONCTIF

présent

Yo parta
Tú partas
Él parta
Nosotros partamos
Vosotros partáis
Ellos partan

imparfait

Yo partiera *o* partiese
Tú partieras *o* partieses
Él partiera *o* partiese
Nosotros partiéramos *o* partiésemos
Vosotros partierais *o* partieseis
Ellos partieran *o* partiesen

futur

Yo partiere
Tú partieres
Él partiere
Nosotros partiéremos
Vosotros partiereis
Ellos partieren

passé

Yo haya partido
Tú hayas partido
Él haya partido
Nosotros hayamos partido
Vosotros hayáis partido
Ellos hayan partido

plus-que-parfait

Yo hubiera o *hubiese partido*
Tú hubieras o *hubieses partido*
Él hubiera o *hubiese partido*
Nosotros hubiéramos o *hubiésemos partido*
Vosotros hubierais o *hubieseis partido*
Ellos hubieran o *hubiesen partido*

MODIFICATIONS ORTHOGRAPHIQUES DE CERTAINS VERBES

On doit modifier la dernière consonne du radical de certains verbes pour deux raisons :

pour respecter les règles de l'orthographe espagnole

VERBES EN -EIR, -CHIR, -LLIR, -ÑER, -ÑIR

INFINITIF		GÉRONDIF	PASSÉ SIMPLE	IMPARFAIT DU SUBJONCTIF	FUTUR DU SUBJONCTIF
-eir	desleír	desliendo	deslió..., deslieron	desliera... desliese...	desliere...
-chir	henchir	hinchendo	hinchó..., hincheron	hinchera... hinchese...	hinchere...
-llir	engullir	engullendo	engulló..., engulleron	engullera... engullese...	engullere...
-ñer	atañer	atañendo	atañó..., atañeron	atañera... atañese...	atañere...
-ñir	astriñir	astriñendo	astriñó..., astriñeron	astriñera... astriñese...	astriñere...

L' « i » **atone** de ces verbes disparaît lorsqu'il se trouve après une consonne mouillée (*ch, ll, ñ*) et avant une voyelle, c'est-à-dire au gérondif, à la 3e personne du singulier et du pluriel du passé simple et aux temps qui en sont dérivés.
Nous avons tenu à signaler les verbes qui se trouvent dans le tableau ci-dessus bien qu'ils soient dans la liste des verbes irréguliers.

VERBES EN -AER, -EER, -OER, -OIR, -UIR

INFINITIF		GÉRONDIF	PASSÉ SIMPLE	IMPARFAIT DU SUBJONCTIF	FUTUR DU SUBJONCTIF
-aer	raer	rayendo	rayó..., rayeron	rayera... rayese...	rayere...
-eer	creer	creyendo	creyó..., creyeron	creyera... creyese...	creyere...
-oer	corroer	corroyendo	corroyó corroyeron	corroyera... corroyese...	corroyere...
-oir	oír	oyendo	oyó..., oyeron	oyera... oyese...	oyere...
-uir	concluir	concluyendo	concluyó..., concluyeron	concluyera... concluyese...	concluyere...

L' **« i » atone** placé entre deux voyelles se transforme en **y** au gérondif, à la 3e personne du singulier et du pluriel du passé simple, et aux temps qui en sont dérivés.

pour conserver la prononciation

VERBES EN -CAR, -GAR, -GUAR, -ZAR

	INFINITIF	PRÉSENT DU SUBJONCTIF	PASSÉ SIMPLE DE L'INDICATIF
-car : c → *qu*	tocar	toque, etc.	toqué
-gar : g → *gu*	pagar	pague, etc.	pagué
-guar : gu → *gü*	amortiguar	amortigüe, etc.	amortigüé
-zar : z → *c*	alcanzar	alcance, etc.	alcancé

Dans ce cas, la dernière consonne du radical se transforme lorsque la terminaison commence par un **-e**, c'est-à-dire au présent du subjonctif et à la 1re personne du passé simple des verbes du 1er groupe.

VERBES EN -CER, -CIR, -GER, -GIR, -GUIR, -QUIR

	INFINITIF	PRÉSENT DE L'INDICATIF	PRÉSENT DU SUBJONCTIF
-cer, -cir : c → *z*	mecer	mezo	meza, mezas, etc.
	resarcir	resarzo	resarza, resarzas, etc.
-ger, -gir : g → *j*	proteger	protejo	proteja, protejas, etc.
	dirigir	dirijo	dirija, dirijas, etc.
-guir : gu → *g*	distinguir	distingo	distinga, distingas, etc.
-quir : qu → *c*	delinquir	delinco	delinca, delincas, etc.

Dans ce cas, la dernière consonne du radical se transforme lorsque la terminaison commence par un **-o** ou par un **-a**, c'est-à-dire à la 1re personne du présent de l'indicatif et au présent du subjonctif des verbes du 2e et du 3e groupe.

ACCENTUATION DES VERBES EN « -IAR » ET EN « -UAR »

Ces verbes portent un accent écrit sur l'**i** ou sur l'**u** du radical aux personnes toniques, c'est-à-dire aux trois personnes du singulier et à la 3e personne du pluriel du présent de l'indicatif (*confío, confías, confía..., confían*), du présent du subjonctif (*gradúe, gradúes, gradúe..., gradúen*) et de l'impératif (*confía*).
Toutefois, certains verbes en **-iar** (*abreviar, acariciar, apreciar, copiar, estudiar,* etc.) et tous les verbes en **-cuar** et en **-guar** font exception à la règle précédente.

GROUPES DE VERBES IRRÉGULIERS

Certains verbes présentant les mêmes irrégularités, il est utile de les regrouper en plusieurs catégories, bien qu'ils figurent dans la liste des verbes irréguliers. On peut les classer ainsi :

ceux dont l'**o** ou l'**e** du radical alternent respectivement avec les diphtongues **ue** et **ie**. De nombreux verbes de la 1re et de la 2e conjugaison, ainsi que *concernir* et *discernir*, entrent dans cette catégorie. Il y a diphtongaison lorsque les voyelles *o* et *e* sont accentuées, c'est-à-dire aux trois personnes du singulier et à la 3e personne du pluriel du présent de l'indicatif (*vuelo, vuelas, vuela..., vuelan*) et du présent du subjonctif (*vuele, vueles, vuele..., vuelen*), ainsi qu'à la 2e personne du singulier de l'impératif ;

ceux dont l'**e** du radical alterne avec un **i**. Tous les verbes de la 3e conjugaison ayant un *e* au radical non suivi d'un *r* ou de *nt*, ainsi que *servir*, entrent dans cette catégorie. L'*e* du radical persiste devant les terminaisons qui commencent par un *i* et se transforme en *i* dans tous les autres cas, donc aux trois personnes du singulier et à la 3e personne du pluriel du présent de l'indicatif (*pido, pides, pide..., piden*), à la 3e personne du singulier et du pluriel du passé simple (*pidió, pidieron*), à la 2e personne du singulier de l'impératif (*pide*), au subjonctif présent (*pida, pidas*, etc.), imparfait (*pidiera* ou *pidiese*, etc.) et futur (*pidiere, pidieres*, etc.), et au gérondif (*pidiendo*) ;

ceux dont l'**e** du radical se transforme tantôt en **i**, tantôt en **ie**. Les verbes de la 3e conjugaison dont l'*e* est suivi d'un *r* ou de *nt*, sauf *servir*, entrent dans cette catégorie. Ils suivent les mêmes règles que ceux du groupe précédent, sauf pour l'indicatif présent, l'impératif et le subjonctif présent, dont les personnes accentuées comportent la diphtongue *ie* au lieu d'un *i* (*miento, mientes, miente..., mienten ; miente ; mienta, mientas, mienta..., mientan*) ;

ceux dont l'**o** du radical se transforme tantôt en **u**, tantôt en **ue**, selon les règles s'appliquant aux verbes du groupe précédent. Cette catégorie comprend essentiellement *morir* et *dormir ;*

ceux dont le radical est terminé par un **c** précédé d'une voyelle. Les verbes de la 2e et de la 3e conjugaison en **-acer**, **-ecer**, **-ocer** et **-ucir**, excepté *hacer, cocer, escocer* et *mecer*, entrent dans cette catégorie. Ils introduisent un **z** devant le *c* lorsque la terminaison commence par un *o* ou par un *a*, c'est-à-dire à la 1re personne du singulier du présent de l'indicatif (*reconozco*) et au présent du subjonctif (*reconozca, reconozcas*, etc.).
Signalons qu'en plus de cette irrégularité les verbes en **-ducir** font leur passé simple en **-duje, -dujiste**, etc. (*conduje*, etc.) et, par conséquent, leur subjonctif imparfait et futur respectivement en **-dujera** ou **-dujese**, etc. (*condujera* ou *condujese*, etc.), et **-dujere**, etc. (*condujere*, etc.) ;

ceux qui se terminent par **-uir**, sauf *inmiscuir*. Ces verbes introduisent un **y** après le *u* devant les voyelles *a, o, e*, soit aux trois personnes du singulier et à la 3e personne du pluriel du présent de l'indicatif (*huyo, huyes, huye..., huyen*) et du subjonctif (*huya, huyas, huya..., huyan*) et à la 2e personne du singulier de l'impératif (*huye*). En outre, rappelons que l' **« i » atone** qui commence la terminaison au gérondif, à la 3e personne du singulier et du pluriel du passé simple et aux temps qui en dérivent, s'écrit *y* puisqu'il se trouve entre deux voyelles (*huyendo ; huyó..., huyeron ; huyera* ou *huyese*, etc. ; *huyere, huyeres*, etc.).

LISTE DES VERBES IRRÉGULIERS

A

abastecer. — Se conjugue comme *parecer.*
ablandecer. — Comme *parecer.*
abnegarse. — Comme *comenzar.*
abolir. — Défectif. Se conjugue seulement aux temps et personnes dont la désinence porte la voyelle *i. Ind. prés.* : abolimos, abolís; *Imparf.* : abolía, abolías, etc.; *P. simple* : abolí, aboliste, abolió, etc.; *Fut.* : aboliré, abolirás, etc.; *Cond.* : aboliría, abolirías, etc.; *Impér.* : abolid; *Subj. prés.* (n'existe pas); *Imparf. subj.* : aboliera, abolieras, etc. (première forme); aboliese, abolieses, etc. (deuxième forme); *Fut. subj.* : aboliere, abolieres, etc.; *Gér.* aboliendo; *Part. pas.* : abolido.
aborrecer. — Comme *parecer.*
absolver. — Comme *volver.*
abstenerse. — Comme *tener.*
abstraer. — Comme *traer.*
acaecer. — Défectif. Comme *parecer.*
acertar. — Comme *comenzar.*
acollar. — Comme *contar.*
acontecer. — Défectif impers. Comme *parecer.*
acordar, acostar. — Comme *contar.*
acrecentar. — Comme *comenzar.*
acrecer. — Comme *nacer.*
adherir. — Comme *sentir.*
adolecer. — Comme *parecer.*
adormecer. — Comme *parecer.*
adquirir. — *Ind. prés.* : adquiero, adquieres, etc.; *Subj. prés.* : adquiera, adquiramos, adquiráis, etc.; *Impér.* : adquiere, adquiera, etc. (Tous les autres temps sont réguliers.)
aducir. — *Ind. prés.* : aduzco, aduces, aducís, etc.; *P. simple* : adujimos, adujisteis, etc.; *Impér.* : aduce, aduzca, aducid, etc.; *Subj. prés.* : aduzca, aduzcas, aduzcaís, etc.; *Imparf. subj.* : adujera, adujeras, adujerais, etc. (première forme); adujese, adujeses, adujeseis, etc. (deuxième forme); *Fut. subj.* : adujere, adujeres, etc.; *Gér.* : aduciendo; *Part. pas.* : aducido.
advenir. — Comme *venir.*
advertir. — Comme *sentir.*
aferrar. — Comme *comenzar.*
afluir. — Comme *huir.*
aforar. — Comme *agorar.*
agorar. — Comme *contar* (avec tréma dans les formes diphtonguées).
agradecer. — Comme *parecer.*
agredir, aguerrir. — Comme *abolir.*
alentar. — Comme *comenzar.*
almorzar. — Comme *contar.*
amanecer. — Comme *parecer* (impers., se conjugue seulement aux troisièmes pers.).
amarillecer. — Comme *parecer.*
amolar. — Comme *contar.*
amortecer. — Comme *parecer.*
andar. — *Ind. p. simple* : anduve, anduviste, anduvo, anduvimos, anduvisteis, anduvieron; *Imparf. subj.* : anduviera, anduvieras, etc. (première forme); anduviese, anduvieses, etc. (deuxième forme); *Fut. subj.* : anduviere, anduvieres, etc.
anochecer. — Défectif impers. Comme *parecer.*
anteponer. — Comme *poner.*
apacentar. Comme *comenzar.*
aparecer. — Comme *parecer.*
apercollar. — Comme *contar.*
apetecer. — Comme *parecer.*
apostar. — Comme *contar* (dans le sens de « parier », « gager »).
apretar. — Comme *comenzar.*
aprobar. — Comme *contar.*
arborecer. — Comme *parecer.*
argüir. — Comme *huir.*
aridecer. — Comme *parecer.*
arrecirse. — Défectif. Comme *abolir.*
arrendar. — Comme *comenzar.*
arrepentirse. — Comme *sentir.*
ascender. — Comme *hender.*
asentar. — Comme *comenzar.*
asentir. — Comme *sentir.*
aserrar. — Comme *comenzar.*
asir. — *Ind. prés.* : asgo, ases, asimos, asís, etc.; *Impér.* : ase, asga, asgamos, asid, etc.; *Subj. prés.* : asga, asgas, asgáis, etc.
asolar. — Comme *contar.*
astreñir. — Comme *teñir.*
atañer. — Défectif. Comme *tañer.*
atardecer. — Comme *parecer.*
atender. — Comme *hender.*
atenerse. — Comme *tener.*
aterirse. — Défectif. Comme *abolir.*
aterrar. — Comme *comenzar* (dans le sens de « renverser », « remplir de terre »; régulier, dans celui de « terrifier »).
atestar. — Comme *comenzar* (dans le sens de « remplir »).
atraer. — Comme *traer.*
atravesar. — Comme *comenzar.*
atribuir. — Comme *huir.*
atronar. — Comme *contar.*
avenir. — Comme *venir.*
aventar. — Comme *comenzar.*
avergonzar. — Comme *contar.*

B

balbucir. — Défectif. Comme *abolir.*
bendecir. — Comme *decir.*
bienquerer. — Comme *querer.*
blandir. — Défectif. Comme *abolir.*
blanquecer. — Comme *parecer.*
bruñir. — Comme *mullir.*
bullir. — Comme *mullir.*

C

caber. — *Ind. prés.* : quepo, cabes, cabe, cabéis, etc. ; *P. simple* : cupe, cupiste, cupo, cupieron ; *Fut.* : cabré, cabrás, cabréis, etc. ; *Cond. prés.* : cabría, cabrías, etc. ; *Impér.* : cabe, quepa, quepamos, etc. ; *Subj. prés.* : quepa, quepas, quepáis, etc. ; *Imparf. subj.* : cupiera, cupieras, cupierais, etc. (première forme) ; cupiese, cupieses, cupieseis, etc. (deuxième forme) ; *Fut. subj.* : cupiere, cupieres, etc.
caer. — *Ind. prés.* : caigo ; *Subj. prés.* : caiga, caigas, caiga, caigamos, caigáis, caigan.
calentar. — Comme *comenzar.*
carecer. — Comme *parecer.*
cegar. — Comme *comenzar.*
ceñir. — Comme *teñir.*
cerner. — Comme *hender.*
cerrar. — Comme *comenzar.*
cimentar. — Comme *comenzar.*
clarecer. — Défectif impers. Comme *parecer.*
cocer. — *Ind. prés.* : cuezo, cueces, cuece, etc. ; *Subj. prés.* : cueza, cuezas, cueza, etc. ; *Impér.* : cuece, cueza, cozamos, etc.
colar. — Comme *contar.*
colegir. — Comme *pedir.*
colgar. — Comme *contar.*
comedirse. — Comme *pedir.*
comenzar. — *Ind. prés.* : comienzo, comienzas, comienza, comenzamos, etc. ; *Subj. prés.* : comience, comiences, comencemos, etc. ; *Impér.* : comienza, comience, comencemos, etc.
compadecer. — Comme *parecer.*
comparecer. — Comme *parecer.*
competir. — Comme *pedir.*
complacer. — Comme *parecer.*
componer. — Comme *poner* .
comprobar. — Comme *contar.*
concebir. — Comme *pedir.*
concernir. — Défectif impers. *Ind. prés.* : concierne, conciernen ; *Subj. prés.* : concierna, conciernan ; *Impér.* : concierna, conciernan ; *Part. prés.* : concerniendo.
concertar. — Comme *comenzar.*
concluir. — Comme *huir.*
concordar. — Comme *contar.*
condescender. — Comme *hender.*
condolerse. — Comme *volver.*
conducir. — Comme *aducir.*
conferir. — Comme *sentir.*
confesar. — Comme *comenzar.*
confluir. — Comme *huir.*
conmover. — Comme *mover.*
conocer. — *Ind. prés.* : conozco, etc. ; *Impér.* : conoce, conozca, conozcamos, conozcan ; *Subj. prés.* : conozca, conozcas, conozcan.
conseguir. — Comme *pedir.*
consentir. — Comme *sentir.*
consolar. — Comme *contar.*
constituir. — Comme *huir.*
constreñir. — Comme *teñir.*
construir. — Comme *huir.*
contar. — *Ind. prés.* : cuento, cuentas, cuenta, contamos, contáis, cuentan ; *Subj. prés.* : cuente, cuentes, cuente, contemos, etc.
contender. — Comme *hender.*
contener. — Comme *tener.*
contradecir. — Comme *decir.*
contraer. — Comme *traer.*
contrahacer. — Comme *hacer.*
contraponer. — Comme *poner.*
contravenir. — Comme *venir.*
contribuir. — Comme *huir.*
controvertir. — Comme *sentir.*
convalecer. — Comme *parecer.*
convenir. — Comme *venir.*
convertir. — Comme *sentir.*
corregir. — Comme *pedir.*
corroer. — Comme *roer.*
costar. — Comme *contar.*
crecer. — Comme *parecer.*
creer. — *Pas. déf.* : creyó, creyeron ; *Imparf. subj.* : creyera, etc. (première forme) ; creyese, etc. (deuxième forme) ; *Fut. subj.* : creyere, creyeres, etc. ; *Gér.* : creyendo.

D

dar. — *Ind. prés.* : doy, das, dais, etc. ; *P. simple* : di, diste, dio, disteis, etc. ; *Imparf. subj.* : diera, dieras, dierais, etc. (première forme) ; diese, dieses, etc. (deuxième forme) ; *Fut. subj.* : diere, dieres, etc.
decaer. — Comme *caer.*
decir. — *Ind. prés.* : digo, dices, dice, decimos, decís, dicen ; *P. simple* : dije, dijiste, dijo, etc. ; *Fut.* : diré, dirás, diréis, etc. ; *Subj. prés.* : diga, digas, digáis, etc. ; *Imparf. subj.* : dijera, dijeras, etc. (première forme) ; dijese, dijeses, etc. (deuxième forme) ; *Fut.* : dijere, dijeres, etc. ; *Cond. prés.* : diría, dirías, etc. ; *Impér.* : di, diga, digamos, de-

cid, etc. ; *Gér.* : diciendo; *Part. pas.* : dicho.
decrecer. — Comme *parecer.*
deducir. — Comme *aducir.*
defender. — Comme *hender.*
deferir. — Comme *sentir.*
degollar. — Comme *contar.*
demoler. — Comme *volver.*
demostrar. — Comme *contar.*
denegar. — Comme *comenzar.*
denostar. — Comme *contar.*
dentar. — Comme *comenzar.*
deponer. — Comme *poner.*
derretir. — Comme *pedir.*
derrocar. — Comme *contar.*
derruir. — Comme *huir.*
desacertar. — Comme *comenzar.*
desacordar. — Comme *contar.*
desaferrar. — Comme *cerrar.*
desagradecer. — Comme *parecer.*
desalentar. — Comme *comenzar.*
desandar. — Comme *andar.*
desaparecer. — Comme *parecer.*
desapretar. — Comme *comenzar.*
desaprobar. — Comme *contar.*
desasir. — Comme *asir.*
desasosegar. — Comme *comenzar.*
desatender. — Comme *hender.*
desavenir. — Comme *venir.*
descender. — Comme *hender.*
descolgar. — Comme *contar.*
descolorir. — Comme *abolir.*
descollar. — Comme *contar.*
descomedirse. — Comme *pedir.*
descomponer. — Comme *poner.*
desconcertar. — Comme *comenzar.*
desconocer. — Comme *conocer.*
desconsolar. — Comme *contar.*
descontar. — Comme *contar.*
desconvenir. — Comme *venir.*
descornar. — Comme *contar.*
desdecir. — Comme *decir.*
desempedrar. — Comme *comenzar.*
desenfurecer. — Comme *parecer.*
desentenderse. — Comme *hender.*
desenterrar. — Comme *comenzar.*
desentorpecer. — Comme *parecer.*
desentumecer. — Comme *parecer.*
desenvolver. — Comme *volver.*
desfallecer. — Comme *parecer.*
desfavorecer. — Comme *parecer.*
desflorecer. — Comme *parecer.*
desgobernar. — Comme *comenzar.*
desguarnecer. — Comme *parecer.*
deshacer. — Comme *hacer.*
deshelar. — Comme *comenzar.*
desherbar. — Comme *comenzar.*
desherrar. — Comme *comenzar.*
deshumedecer. — Comme *parecer.*
desleír. — Comme *reír.*
deslucir. — Comme *lucir.*
desmedirse. — Comme *pedir.*
desmembrar. — Comme *comenzar.*
desmentir. — Comme *sentir.*
desmerecer. — Comme *parecer.*
desobedecer. — Comme *parecer.*
desobstruir. — Comme *huir.*
desoír. — Comme *oír.*
desolar. — Comme *contar.*
desoldar. — Comme *contar.*
desollar. — Comme *contar.*
desosar. — *Ind. prés.* : deshueso, deshuesas, deshuesa, etc. ; *Impér.* : deshuesa, deshuese, etc. ; *Subj. prés.* : deshuese, deshueses, etc.
despavorirse. — Comme *abolir.*
despedir. — Comme *pedir.*
desperecer. — Comme *parecer.*
despertar. — Comme *comenzar.*
desplegar. — Comme *comenzar.*
despoblar. — Comme *contar.*
desteñir. — Comme *teñir.*
desterrar. — Comme *comenzar.*
destituir. — Comme *huir.*
destorcer. — Comme *torcer.*
destruir. — Comme *huir.*
desvanecer. — Comme *parecer.*
desvergonzarse. — Comme *contar*
desvestir. — Comme *pedir.*
detener. — Comme *tener.*
detraer. — Comme *traer.*
devolver. — Comme *volver.*
diferir. — Comme *sentir.*
digerir. — Comme *sentir.*
diluir. — Comme *huir.*
discernir. — *Ind. prés.* : discierno, disciernes, discierne, discernimos, discernís, disciernen; *Subj. prés.* : discierna, disciernas, discernamos, etc. ; *Impér.* : discierne, discierna, discernid, etc.
disconvenir. — Comme *venir.*
discordar. — Comme *contar.*
disentir. — Comme *sentir.*
disminuir. — Comme *huir.*
disolver. — Comme *volver.*
disonar. — Comme *contar.*
displacer. — Comme *nacer.*
disponer. — Comme *poner.*
distender. — Comme *hender.*
distraer. — Comme *traer.*
distribuir. — Comme *huir.*
divertir. — Comme *sentir.*
doler. — Comme *mover.*
dormir. — *Ind. prés.* : duermo, duermes, duerme, dormís, etc. ; *P. simple* : dormí, dormiste, durmió, durmieron; *Impér.* : duerme, duerma, durmamos, dormid, etc. ; *Subj. prés.* : duerma, duermas, duerma, etc. ; *Imparf. subj.* : durmiera, durmieras, etc. (première forme) ; durmiese durmieses, etc. (deuxième forme) ; *Fut. subj.* : durmiere, durmieres, etc. ; *Gér.* : durmiendo.

E

elegir. — Comme *pedir.*
embaír. — Défectif. Comme *abolir.*
embastecerse. — Comme *parecer.*
embebecer. — Comme *parecer.*

embellecer. — Comme *parecer.*
embestir. — Comme *pedir.*
emblandecer. — Comme *parecer.*
emblanquecer. — Comme *parecer.*
embobecer. — Comme *parecer.*
embravecer. — Comme *parecer.*
embrutecer. — Comme *parecer.*
emparentar. — Comme *comenzar.*
empecer. — Comme *parecer.*
empedernir. — Défectif. Comme *abolir.*
empedrar. — Comme *comenzar.*
empequeñecer. — Comme *parecer.*
empezar. — Comme *comenzar.*
empobrecer. — Comme *parecer.*
empodrecer. — Comme *parecer.*
enaltecer. — Comme *parecer.*
enardecer. — Comme *parecer.*
encalvecer. — Comme *parecer.*
encallecer. — Comme *parecer.*
encanecer. — Comme *parecer.*
encarecer. — Comme *parecer.*
encender. — Comme *hender.*
encentar. — Comme *comenzar.*
encerrar. — Comme *comenzar.*
encomendar. — Comme *comenzar.*
encontrar. — Comme *contar.*
encordarse. — Comme *contar.*
encrudecer. — Comme *parecer.*
encruelecer. — Comme *parecer.*
endentar. — Comme *comenzar.*
endurecer. — Comme *parecer.*
enflaquecer. — Comme *parecer.*
enfurecer. — Comme *parecer.*
engrandecer. — Comme *parecer.*
engreír. — Comme *reír.*
engrosar. — Comme *contar.*
engrumecerse. — Comme *parecer.*
engullir. — Comme *mullir.*
enloquecer. — Comme *parecer.*
enlucir. — Comme *lucir.*
enmelar. — Comme *comenzar.*
enmendar. — Comme *comenzar.*
enmohecer. — Comme *parecer.*
enmudecer. — Comme *parecer.*
ennegrecer. — Comme *parecer.*
ennoblecer. — Comme *parecer.*
enorgullecer. — Comme *parecer.*
enrarecer. — Comme *parecer.*
enriquecer. — Comme *parecer.*
enrodar. — Comme *contar.*
enrojecer. — Comme *parecer.*
enronquecer. — Comme *parecer.*
ensangrentar. — Comme *comenzar.*
ensoberbecer. — Comme *parecer.*
ensombrecer. — Comme *parecer.*
ensordecer. — Comme *parecer.*
entallecer. — Comme *parecer.*
entender. — Comme *hender.*
entenebrecerse. — Comme *parecer.*
enternecer. — Comme *parecer.*
enterrar. — Comme *comenzar.*
entontecer. — Comme *parecer.*
entorpecer. — Comme *parecer.*
entrelucir. — Comme *lucir.*
entreoír. — Comme *oír.*
entretener. — Comme *tener.*
entrever. — Comme *ver.*
entristecer. — Comme *parecer.*
entumecer. — Comme *parecer.*
envanecer. — Comme *parecer.*
envejecer. — Comme *parecer.*
envilecer. — Comme *parecer.*
envolver. — Comme *volver.*
equivaler. — Comme *valer.*
erguir. — *Ind. prés.* : irgo *ou* yergo, irgues *ou* yergues, irgue *ou* yergue, erguimos, erguís, irguen *ou* yerguen; *P. simple* : erguí, erguiste, irguió, erguimos, erguisteis, irguieron; *Impér.* : irgue *ou* yergue, irga *ou* yerga, irgamos, etc.; *Subj. prés.* : irga *ou* yerga, irgas *ou* yergas, irga *ou* yerga, irgamos, etc.; *Imparf. subj.* : irguiera, irguieras, etc. (première forme) ; irguiese, irguieses, etc. (deuxième forme) ; *Fut. subj.* : irguiere, irguieres, etc.; *Gér.* : irguiendo.
errar. — *Ind. prés.* : yerro, yerras, yerra, etc.; *Subj. prés.* : yerre, yerres, etc.; *Impér.* : yerra, yerre, erremos, etc.
escabullirse. — Comme *mullir.*
escarmentar. — Comme *comenzar.*
escarnecer. — Comme *parecer.*
esclarecer. — Comme *parecer.*
escocer. — Comme *cocer.*
establecer. — Comme *parecer.*
estar. — *Ind. prés.* : estoy, estás, etc.; *P. simple* : estuve, estuviste, estuvo, estuvimos, etc.; *Impér.* : está, esté, etc.; *Subj. prés.* : esté, estés, etc.; *Imparf. subj.* : estuviera, estuvieras, etc. (première forme) ; estuviese, estuvieses, etc. (deuxième forme) ; *Fut. subj.* : estuviere, estuvieres, etc.
estatuir. — Comme *huir.*
estregar. — Comme *comenzar.*
estremecer. — Comme *parecer.*
estreñir. — Comme *teñir.*
excluir. — Comme *huir.*
expedir. — Comme *pedir.*
exponer. — Comme *poner.*
extender. — Comme *hender.*
extraer. — Comme *traer.*

F

fallecer. — Comme *parecer.*
favorecer. — Comme *parecer.*
fenecer. — Comme *parecer.*
florecer. — Comme *parecer.*
fluir. — Comme *huir.*
fortalecer. — Comme *parecer.*
forzar. — Comme *contar.*
fosforecer. — Comme *parecer.*
fregar. — Comme *comenzar.*
freír. — Comme *reír.*

G

gañir. — Comme *mullir.*
gemir. — Comme *pedir.*
gobernar. — Comme *comenzar.*
gruñir. — *P. simple :* gruñí, gruñiste, etc. ; *Imparf. subj. :* gruñera, gruñeras, etc., *ou* gruñese, gruñeses, etc. ; *Fut. subj. :* gruñere, gruñeres, etc. ; *Gér. :* gruñendo.
guarecer. — Comme *parecer.*
guarnecer. — Comme *parecer.*

H

haber. — V. conjugaison page 399.
hacendar. — Comme *comenzar.*
hacer. — *Ind. prés. :* hago, haces, hace, etc. ; *P. simple :* hice, hiciste, hizo, etc. ; *Fut. :* haré, harás, hará, haremos, etc. ; *Impér. :* haz, haga, hagamos, etc. ; *Cond. prés. :* haría, harías, etc. ; *Subj. prés. :* haga, hagas, etc. ; *Imparf. subj. :* hiciera, hicieras, etc. (première forme) ; hiciese, hicieses, etc. (deuxième forme) ; *Fut. subj. :* hiciere, hicieres, etc. ; *Gér. :* haciendo ; *Part. pas. :* hecho.
heder. — Comme *hender.*
helar. — Comme *comenzar.*
henchir. — *Ind. prés. :* hincho, hinches, hinche, henchimos, henchís, etc. ; *P. simple :* henchí, henchiste, hinchió, etc. ; *Impér. :* hinche, hincha, henchid, etc. ; *Subj. prés. :* hincha, hinchas, etc. ; *Imparf. subj. :* hinchiera, hinchieras, etc. (première forme) ; hinchiese, hinchieses, etc. (deuxième forme) ; *Fut. subj. :* hinchiere, hinchieres, etc. ; *Gér. :* hinchiendo.
hender. — *Ind. prés. :* hiendo, hiendes, hiende, hendemos, hendéis, hienden ; *Impér. :* hiende, hienda, hendamos, etc. ; *Subj. prés. :* hienda, hiendas, etc.
herir. — Comme *sentir.*
herrar. — Comme *comenzar.*
hervir. — Comme *sentir.*
holgar. — Comme *contar.*
hollar. — Comme *contar.*
huir. — *Ind. prés. :* huyo, huyes, huye, huimos, huís, huyen ; *P. simple :* huí, huíste, huyó, etc. ; *Impér. :* huye, huya, huid, etc. ; *Subj. prés. :* huya, huyas, huya, etc.
humedecer. — Comme *parecer.*

I

imbuir. — Comme *huir.*
impedir. — Comme *pedir.*
imponer. — Comme *poner.*
incensar. — Comme *comenzar.*
incluir. — Comme *huir.*
indisponer. — Comme *poner.*
inducir. — Comme *aducir.*
inferir. — Comme *sentir.*
influir. — Comme *huir.*
ingerir. — Comme *sentir.*
inquirir. — Comme *adquirir.*
instituir. — Comme *huir.*
instruir. — Comme *huir.*
interferir. — Comme *sentir.*
interponer. — Comme *poner.*
intervenir. — Comme *venir.*
introducir. — Comme *aducir.*
intuir. — Comme *huir.*
invernar. — Comme *comenzar.*
invertir. — Comme *sentir.*
investir. — Comme *pedir.*
ir. — *Ind. prés. :* voy, vas, va, vamos vais, van ; *P. simple :* fui, fuiste, fue, etc. ; *Imparf. :* iba, ibas, etc. ; *Impér. :* ve, vaya, vayamos, id, vayan ; *Subj. prés. :* vaya, vayas, etc. ; *Imparf. subj. :* fuera, fueras, etc., fueran (première forme) ; fuese, fueses, etc., fuesen (deuxième forme) ; *Fut. subj. :* fuere, fueres, fuere, fuéremos, etc. ; *Gér. :* yendo ; *Part. pas. :* ido.

J

jugar. — Comme *contar.*

L

languidecer. — Comme *parecer.*
licuefacer. — Comme *hacer.*
lucir. — *Ind. prés. :* luzco, luces luce, etc. ; *Impér. :* luce, luzca, luzcamos, lucid, etc. ; *Subj. prés. :* luzca, luzcas, etc.

LL

llover. — Comme *volver* (impers., se conjugue seulement aux troisièmes pers.).

M

maldecir. — Comme *decir.*
malherir. — Comme *sentir.*
malquerer. — Comme *querer.*
maltraer. — Comme *traer.*

manifestar. — Comme *comenzar.*
manir. — Défectif. Comme *abolir.*
mantener. — Comme *tener.*
medir. — Comme *pedir.*
mentar. — Comme *comenzar.*
mentir. — Comme *sentir.*
merecer. — Comme *parecer.*
merendar. — Comme *comenzar.*
moler. — Comme *mover.*
morder. — Comme *mover.*
morir. — Comme *dormir.*
mostrar. — Comme *contar.*
mover. — *Ind. prés. :* muevo, mueves, mueve, movemos, movéis, mueven; *Subj. prés. :* mueva, muevas, etc.; *Impér. :* mueve, mueva, movamos, etc.; *Gér. :* moviendo; *Part. pas. :* movido.
mullir. — *P. simple :* mullí, mulliste, mulló, etc.; *Imparf. subj. :* mullera, mulleras, etc., *ou* mullese, mulleses, etc.; *Fut. subj.* mullere, mulleres, etc.; *Gér. :* mullendo.

N

nacer. — *Ind. prés. :* nazco, naces, nace, etc.; *Subj. prés. :* nazca, nazcas, etc.; *Impér. :* nace, nazcamos, etc.
negar. — Comme *comenzar.*
nevar. — Comme *comenzar* (impers., se conjugue seulement aux troisièmes pers.).

O

obedecer. — Comme *parecer.*
obstruir. — Comme *huir.*
obtener. — Comme *tener.*
ocluir. — Comme *huir.*
ofrecer. — Comme *parecer.*
oír. — *Ind. prés. :* oigo, oyes, oye, oímos, oís, oyen; *Impér. :* oye, oiga; *Subj. prés. :* oiga, oigas, etc.; *Imparf. subj. :* oyera, oyeras, etc. (première forme); oyese, oyeses, etc. (deuxième forme); *Gér. :* oyendo.
oler. — *Ind. prés. :* huelo, hueles, huele, olemos, oléis, huelen; *Subj. prés. :* huela, huelas, etc.; *Impér. :* huele, huela, olamos, oled, huelan.
oponer. — Comme *poner.*
oscurecer. — Comme *parecer.*

P

pacer. — Comme *nacer.*
padecer. — Comme *parecer.*
palidecer. — Comme *parecer.*
parecer. — *Ind. prés. :* parezco, pareces, etc.; *Impér. :* parece, parezca, etc.; *Subj. prés. :* parezca, parezcas, etc.
pedir. — *Ind. prés. :* pido, pides, pide, pedimos, pedís, piden; *P. simple :* pedí, pediste, pidió, etc.; *Impér. :* pide, pida, pidamos, etc.; *Subj. prés. :* pida, pidas, etc.; *Imparf. subj. :* pidiera, pidieras, etc. (première forme); pidiese, pidieses, etc. (deuxième forme); *Fut. subj. :* pidiere, etc.; *Gér. :* pidiendo.
pensar. — Comme *comenzar.*
perder. — Comme *hender.*
perecer. — Comme *parecer.*
permanecer. — Comme *parecer.*
perniquebrar. — Comme *comenzar.*
perquirir. — Comme *adquirir.*
perseguir. — Comme *pedir.*
pertenecer. — Comme *parecer.*
pervertir. Comme *sentir.*
placer. — *Ind. prés. :* plazco, places, place, etc.; *P. simple :* plací, placiste, plació *ou* plugo, placimos, placisteis, etc.; *Impér. :* place, plazca, placed, etc.; *Subj. prés. :* plazca, plazcas, plazca *ou* plegue *ou* plega, etc.; *Imparf. subj. :* placiera, placieras, etc. (première forme); placiese, placieses, placiese *ou* pluguiese, etc. (deuxième forme); *Fut. subj. :* placiere, placieres, placiere *ou* pluguiere, etc.
plegar. — Comme *comenzar.*
poblar. — Comme *contar.*
poder. — *Ind. prés. :* puedo, puedes, puede, podemos, podéis, pueden; *P. simple :* pude, pudiste, pudo, etc.; *Fut. :* podré, podrás, podrá, etc.; *Cond. prés. :* podría, podrías, etc.; *Impér. :* puede, pueda, podamos, etc.; *Subj. prés. :* pueda, puedas, pueda, etc.; *Imparf. subj. :* pudiera, pudieras, etc. (première forme); pudiese, pudieses, etc. (deuxième forme); *Gér. :* pudiendo.
poner. — *Ind. prés. :* pongo, pones, pone, etc.; *P. simple :* puse, pusiste, puso, etc.; *Fut. :* pondré, pondrás, etc.; *Cond. prés. :* pondría, pondrías, etc.; *Impér. :* pon, ponga, pongamos, etc.; *Subj. prés. :* ponga, pongas, etc.; *Imparf. subj. :* pusiera, pusieras, etc. (première forme); pusiese, pusieses, etc. (deuxième forme); *Fut. subj. :* pusiere, pusieres, etc.; *Gér. :* poniendo; *Part. pas. :* puesto.
poseer. — Comme *creer.*
posponer. — Comme *poner.*
predecir. — Comme *decir.*
predisponer. — Comme *poner.*
preferir. — Comme *sentir.*
presentir. — Comme *sentir.*
presuponer. — Comme *poner.*
preterir. — Défectif. Comme *abolir.*

prevalecer. — Comme *parecer.*
prevaler. — Comme *valer.*
prevenir. — Comme *venir.*
prever. — Comme *ver.*
probar. — Comme *contar.*
producir. — Comme *aducir.*
proferir. — Comme *sentir.*
promover. — Comme *mover.*
proponer. — Comme *poner.*
proseguir. — Comme *pedir.*
prostituir. — Comme *huir.*
provenir. — Comme *venir.*

Q

quebrar. — Comme *comenzar.*
querer. — *Ind. prés.* : quiero, quieres, quiere, queremos, queréis, quieren ; *P. simple* : quise, quisiste, quiso, etc. ; *Fut.* : querré, querrás, querrá, etc. ; *Impér.* : quiere, quiera, quered ; *Cond. prés.* : querría, querrías, etc. ; *Subj. prés.* : quiera, quieras, etc. ; *Imparf. subj.* : quisiera, quisieras, etc. (première forme) ; quisiese, quisieses, etc. (deuxième forme) ; *Fut. subj.* : quisiere, quisieres, etc.

R

raer. — *Ind. prés.* : raigo *ou* rayo, raes, etc. ; *Impér.* : rae, raiga *ou* raya, raigamos *ou* rayamos, etc. ; *Subj. prés.* : raiga *ou* raya, raigas *ou* rayas, etc.
rarefacer. — Comme *parecer.*
reaparecer. — Comme *parecer.*
reblandecer. — Comme *parecer.*
rebullir. — Comme *mullir.*
recaer. — Comme *caer.*
recalentar. — Comme *comenzar.*
recluir. — Comme *huir.*
recomendar. — Comme *comenzar.*
recomponer. — Comme *poner.*
reconducir. — Comme *aducir.*
reconocer. — Comme *conocer.*
reconstituir. — Comme *huir.*
reconstruir. — Comme *huir.*
recontar. — Comme *contar.*
reconvenir. — Comme *venir.*
reconvertir. — Comme *sentir.*
recordar. — Comme *contar.*
recostar. — Comme *contar.*
recrudecer. — Comme *parecer.*
reducir. — Comme *aducir.*
reelegir. — Comme *pedir.*
reexpedir. — Comme *pedir.*
referir. — Comme *sentir.*
reflorecer. — Comme *parecer.*
refluir. — Comme *huir.*
reforzar. — Comme *contar.*
refregar. — Comme *comenzar.*
regar. — Comme *comenzar.*
regir. — Comme *pedir.*
regoldar. — Comme *contar.*
rehacer. — Comme *hacer.*
rehuir. — Comme *huir.*
reír. — *Ind. prés.* : río, ríes, ríe, reímos, reís, ríen ; *P. simple* : reí, reíste, rió, etc. ; *Impér.* : ríe, ría, etc. ; *Subj. prés.* : ría, rías, ría, riamos, etc. ; *Imparf. subj.* : riera, rieras, etc. (première forme) ; riese, rieses, etc. (deuxième forme) ; *Fut. subj.* : riere, rieres, etc. ; *Gér.* : riendo.
rejuvenecer. — Comme *parecer.*
relucir. — Comme *lucir.*
remendar. — Comme *comenzar.*
remorder. — Comme *mover.*
remover. — Comme *mover.*
renacer. — Comme *nacer.*
rendir. — Comme *pedir.*
renegar. — Comme *comenzar.*
renovar. — Comme *contar.*
reñir. — Comme *teñir.*
repetir. — Comme *pedir.*
replegarse. — Comme *comenzar.*
repoblar. — Comme *contar.*
reponer. — Comme *poner.*
reprobar. — Comme *contar.*
reproducir. — Comme *aducir.*
requebrar. — Comme *comenzar.*
requerir. — Comme *sentir.*
resentirse. — Comme *sentir.*
resolver. — Comme *volver.*
resollar, resonar. — Comme *contar.*
resplandecer. — Comme *parecer.*
restablecer. — Comme *parecer.*
restituir. — Comme *huir.*
restregar. — Comme *comenzar.*
restriñir. — Comme *mullir.*
retener. — Comme *tener.*
retorcer. — Comme *torcer.*
retraer. — Comme *traer.*
retribuir. — Comme *huir.*
reventar. — Comme *comenzar.*
reverdecer. — Comme *parecer.*
revestir. — Comme *pedir.*
revolcar. — Comme *contar.*
revolver. — Comme *volver.*
robustecer. — Comme *parecer.*
rodar. — Comme *contar.*
roer. — *Ind. prés.* : roo *ou* roigo *ou* royo, etc. ; *Impér.* : roe, roa *ou* roiga *ou* roya, etc. : *Subj. prés.* : roa, roas, etc., *ou* roiga, roigas, etc., *ou* roya, royas, etc. ; *Gér.* : royendo.
rogar. — Comme *contar.*

S

saber. — *Ind. prés.* : sé, sabes, sabe, etc. ; *P. simple* : supe, supiste, supo, etc. ; *Fut.* : sabré, sabrás, sabrá, etc. ; *Impér.* : sabe, sepa, sepamos, etc.; *Cond. prés.* : sabría, sabrías; etc.; *Subj. prés.* : sepa, sepas, etc.; *Imparf. subj.* : supiera, supieras, etc. (première forme); supiese, supieses (deuxième forme); *Fut. subj.* : supiere, supieres. *Gér.* : sabiendo; *Part. pas.* : sabido.

salir. — *Ind. prés.* : salgo, sales, sale, etc.; *Fut.* : saldré, saldrás, saldrá, etc.; *Impér.* : sal, salga, salgamos, etc.; *Cond. prés.* : saldría, saldrías, etc.; *Subj. prés.* : salga, salgas, etc.; *Gér.* : saliendo; *Part. pas.* : salido.

salpimentar. — Comme *comenzar*.

satisfacer. — *Ind. prés.* : satisfago, satisfaces, satisface, etc.; *P. simple* : satisfice, satisficiste, satisfizo, etc.; *Fut.* : satisfaré, satisfarás, satisfará, etc.; *Impér.* : satisfaz *ou* satisface, satisfaga, satisfagamos, etc.; *Cond. prés.* : satisfaría, satisfarías, etc.; *Subj. prés.* : satisfaga, satisfagas, etc.; *Imparf. subj.* : satisficiera, satisficieras, etc. (première forme); satisficiese, satisficieses, etc. (deuxième forme); *Fut. subj.* : satisficiere, satisficieres, etc.; *Part. pas.* : satisfecho.

seducir. — Comme *aducir*.

segar. — Comme *comenzar*.

seguir. — Comme *pedir*.

sembrar. — Comme *comenzar*.

sentar. — Comme *comenzar*.

sentir. — *Ind. prés.* : siento, sientes, siente, sentimos, sentís, sienten; *P. simple* : sentí, sentiste, sintió, sentimos, sentisteis, sintieron; *Impér.* : siente, sienta, sintamos, etc.; *Subj. prés.* : sienta, sientas, etc.; *Imparf. subj.* : sintiera, sintieras, etc. (première forme); sintiese, sintieses, etc. (deuxième forme); *Fut. subj.* : sintiere, sintieres, etc.; *Gér.* : sintiendo.

ser. — V. conjugaison page 400.

serrar. — Comme *comenzar*.

servir. — Comme *pedir*.

sobreentender. — Comme *hender*.

sobreponer. — Comme *poner*.

sobresalir. — Comme *salir*.

sobrevenir. — Comme *venir*.

sobrevolar. — Comme *contar*.

sofreír. — Comme *reír*.

solar, soldar. — Comme *contar*.

soler. — Défectif. Comme *mover*.

soltar, sonar. — Comme *contar*.

sonreír. — Comme *reír*.

soñar. — Comme *contar*.

sosegar. — Comme *comenzar*.

sostener. — Comme *tener*.

soterrar. — Comme *comenzar*.

subarrendar. — Comme *comenzar*.

subvenir. — Comme *venir*.

subvertir. — Comme *sentir*.

sugerir. — Comme *sentir*.

superponer. — Comme *poner*.

suponer. — Comme *poner*.

sustituir. — Comme *huir*.

sustraer. — Comme *traer*.

T

tañer. — *P. simple ind.* : tañí, tañiste, tañó, etc.; *Imparf. subj.* : tañera, tañeras, etc. (première forme); tañese, tañeses, etc. (deuxième forme); *Fut. subj.* : tañere, tañeres, etc.; *Gér.* : tañendo; *Part. pas.* : tañido.

temblar. — Comme *comenzar*.

tender. — Comme *hender*.

tener. — *Ind. prés.* : tengo, tienes, tiene, tenemos, tenéis, tienen; *P. simple* : tuve, tuviste, tuvo, etc.; *Fut.* : tendré, tendrás, etc.; *Impér.* : ten, tenga, tengamos, etc.; *Cond. prés.* : tendría, tendrías, etc.; *Subj. prés.* : tenga, tengas, etc.; *Imparf. subj.* : tuviera, tuvieras, etc. (première forme); tuviese, tuvieses, tuviesen, etc. (deuxième forme); *Fut. subj.* : tuviere, tuvieres, etc.; *Gér.* : teniendo; *Part. pas.* : tenido.

tentar. — Comme *comenzar*.

teñir. — *Ind. prés.* : tiño, tiñes, tiñe, teñimos, teñís, tiñen; *P simple* : teñí, teñiste, tiñó, etc.; *Impér.* : tiñe, tiña, tiñamos, etc.; *Subj. prés.* : tiña, tiñas, etc.; *Imparf. subj.* : tiñera, tiñeras, etc. (première forme); tiñese, tiñeses, etc. (deuxième forme); *Fut. subj.* : tiñere, tiñeres; *Gér.* : tiñendo; *Part. pas.* : teñido *ou* tinto.

torcer. — *Ind. prés.* : tuerzo, tuerces, tuerce, etc.; *Impér.* : tuerce, tuerza, etc.; *Subj. prés.* : tuerza, tuerzas, etc.; *Gér.* : torciendo; *Part. pas.* : torcido *ou* tuerto.

tostar. — Comme *contar*.

traducir. — Comme *aducir*.

traer. — *Ind. prés.* : traigo, traes, trae, etc.; *P. simple* : traje, trajiste, trajo, etc.; *Impér.* : trae, traiga, traigamos, etc.; *Subj. prés.* : traiga, traigas, etc.; *Imparf. subj.* : trajera, trajeras, etc. (première forme); trajese, trajeses, etc. (deuxième forme); *Fut. subj.* : trajere, trajeres, etc.; *Gér.* : trayendo; *Part. pas.* : traído.

transferir, trasferir. — Comme *sentir*.

transgredir. — Defectivo. Comme *abolir*.

transponer. — Comme *poner*.

trascender. — Comme *querer*.

trasegar. — Comme *comenzar*.

traslucirse. — Comme *lucir*.

trastocar. — Comme *contar*.

trastrocar. — Comme *contar*.

trocar. — Comme *contar.*
tronar. — Comme *contar.*
tropezar. — Comme *comenzar.*
tullir. — Comme *mullir.*

V

valer. — *Ind. prés.* : valgo, vales, vale, etc. ; *Fut.* : valdré, valdrás, valdrá, etc. ; *Impér.* : val, valga, valgamos, valed ; *Cond. prés.* : valdría, valdrías, etc. ; *Subj. prés.* : valga, valgas, etc. ; *Gér.* : valiendo ; *Part. pas.* : valido.
venir. — *Ind. prés.* : vengo, vienes, viene, venimos, venís, vienen ; *P. simple* : vine, viniste, vino, etc. ; *Fut.* : vendré, vendrás, etc. ; *Impér.* : ven, venga, vengamos, etc. ; *Cond. prés.* : vendría, vendrías, etc. ; *Subj. prés.* : venga, vengas, etc. ; *Imparf. subj.* : viniera, vinieras, etc. (première forme) ; viniese, vinieses, etc. (deuxième forme) ; *Fut. subj.* : viniere, vinieres, etc. ; *Gér.* : viniendo ; *Part. pas.* : venido.
ver. — *Ind. prés.* : veo, ves, ve, etc. ; *Imparf.* : veía, veías, etc. ; *Impér.* : ve, vea, etc. ; *Subj. prés.* : vea, veas, etc. ; *Gér.* : viendo ; *Part. pas.* : visto.
verdecer. — Comme *parecer.*
verter. — Comme *hender.*
vestir. — Comme *pedir.*
volar. — Comme *contar.*
volcar. — Comme *contar.*
volver. — *Ind. prés.* : vuelvo, vuelves, vuelve, etc. ; *P. simple* : volví, volviste, etc. ; *Impér.* : vuelve, vuelva, etc. ; *Subj. prés.* : vuelva, vuelvas, etc. ; *Gér.* : volviendo ; *Part. pas.* vuelto.
yacer. — *Ind. prés.* : yazco *ou* yazgo *ou* yago, yaces, yace, etc. ; *Impér.* : yace *ou* yaz, yazca *ou* yaga, yazcamos *ou* yazgamos, yaced, yazcan ; *Gér.* : yaciendo ; *Part. pas.* : yacido.

Y

yuxtaponer. — Comme *poner.*

Z

zaherir. — Comme *sentir.*
zambullir. — Comme *mullir.*

LOCUTIONS ET PROVERBES FRANÇAIS	LOCUTIONS ET PROVERBES ESPAGNOLS ÉQUIVALENTS
A beau mentir qui vient de loin	*De luengas tierras, luengas mentiras*
À bon chat, bon rat	*Donde las dan las toman*
À bon entendeur salut	*Al buen entendedor, pocas palabras bastan*
À bon goût et faim il n'y a mauvais pain	*A buen hambre no hay pan duro*
À bon vin point d'enseigne	*El buen paño en el arca se vende*
À chaque fou sa marotte	*Cada loco con su tema*
À chaque jour suffit sa peine	*A cada día su afán*
À cheval donné on ne regarde pas la bride	*A caballo regalado no le mires el diente*
À folle demande, point de réponse	*A palabras necias, oídos sordos*
À la guerre comme à la guerre	*Cual el tiempo tal el tiento*
À l'impossible nul n'est tenu	*Nadie está obligado a lo imposible*
À l'œuvre on reconnaît le maître	*Por la muestra se conoce el paño*
À malin, malin et demi	*A pícaro, pícaro y medio*
À père avare fils prodigue	*A padre ganador, hijo gastador*
À quelque chose malheur est bon	*No hay mal que por bien no venga*
À tout péché miséricorde	*No hay pecado sin remisión*
À tout seigneur tout honneur	*A tal señor, tal honor*
Abondance de biens ne nuit jamais	*Lo que abunda no daña*
Acheter chat en poche	*Comprar a ciegas*
Aide-toi, le Ciel t'aidera	*A Dios rogando y con el mazo dando*
Aller à l'aveuglette	*Dar palos de ciego*
Aller de mal en pis	*Ir de mal en peor*
Aller droit au but	*Ir al grano*
Appeler un chat un chat	*Llamar al pan pan y al vino vino*
Après la pluie, le beau temps	*Después de la tempestad, viene la calma*

Après les vaches grasses, viennent les vaches maigres	*Días de mucho, vísperas de nada*
Arriver à point nommé	*Venir como anillo al dedo*
Attacher le grelot	*Ponerle el cascabel al gato*
Au royaume des aveugles, les borgnes sont rois	*En tierra de ciegos, el tuerto es rey*
Aussitôt dit, aussitôt fait	*Dicho y hecho*
Autant en emporte le vent	*Lo que el viento se llevó*
Autres temps, autres mœurs	*A nuevos tiempos, nuevas costumbres*
Aux chevaux maigres vont les mouches	*A perro flaco todas son pulgas*
Aux grands maux les grands remèdes	*A grandes males grandes remedios*
Avoir de l'esprit jusqu'au bout des doigts	*Tener ingenio por arrobas*
Avoir deux poids et deux mesures	*Aplicar la ley del embudo*
Avoir du foin dans ses bottes	*Tener el riñón bien cubierto*
Avoir du plomb dans l'aile	*Llevar plomo en el ala*
Avoir du sang dans les veines	*Tener riñones*
Avoir la corde au cou	*Estar con la cuerda al cuello*
Avoir la langue bien pendue	*No tener pelos en la lengua*
Avoir la puce à l'oreille	*Tener la mosca detrás de la oreja*
Avoir le compas dans l'œil	*Tener ojo de buen cubero*
Avoir le pied à l'étrier	*Estar con el pie en el estribo*
Avoir les nerfs en boule	*Estar hecho un manojo de nervios*
Avoir les yeux plus grands que le ventre	*Llenar antes el ojo que la tripa*
Avoir l'esprit bouché	*Ser corto de alcances*
Avoir quelqu'un dans le nez	*Tener entre ojos a uno*
Avoir un appétit d'oiseau	*Comer como un pajarito*
Avoir un œil qui dit zut à l'autre	*Tener un ojo aquí y el otro en Pekín*
Avoir une faim de loup	*Tener un hambre canina*
Bien faire et laisser dire	*Obras son amores, que no buenas razones*
Bien mal acquis ne profite jamais	*Bienes mal adquiridos a nadie han enriquecido*
Bon chien chasse de race	*De casta le viene al galgo el ser rabilargo*

Bouffer des briques	*Comerse los codos de hambre*
Casser les pieds à quelqu'un	*Dar la lata a alguien*
Casser sa pipe	*Hincar el pico*
Ce n'est pas aux vieux singes qu'on apprend à faire la grimace	*A perro viejo no hay tus tus*
Ce n'est pas du gâteau	*No es grano de anís*
Ce n'est pas la mer à boire	*No es cosa del otro jueves*
Ce n'est pas un pays de cocagne	*Allí no atan los perros con longanizas*
Ce qui est fait est fait	*Agua pasada no muele molino*
C'est bonnet blanc et blanc bonnet	*Olivo y aceituno todo es uno*
C'est clair comme de l'eau de roche	*Es más claro que el agua*
C'est du pareil au même	*Es tres cuartos de lo propio*
C'est en forgeant qu'on devient forgeron	*Machacando se aprende el oficio*
C'est la croix et la bannière	*Es la cruz y los ciriales*
C'est la goutte d'eau qui fait déborder le vase	*La última gota hace rebasar la copa*
C'est toujours cela de pris	*Peor es nada*
C'est un échange de bons procédés	*Amor con amor se paga*
C'est une autre paire de manches	*Eso es harina de otro costal*
Chacun mesure les autres à son aune	*Piensa el ladrón que todos son de su condición*
Chacun porte sa croix	*Cada cual lleva su cruz*
Chacun pour soi et Dieu pour tous	*Cada uno en su casa y Dios en la de todos*
Chacun sait où son soulier le blesse	*Cada cual sabe donde le aprieta el zapato*
Chacun son métier et les vaches seront bien gardées	*Zapatero a tus zapatos*
Chanter comme un dieu	*Cantar como los ángeles*
Chaque chose en son temps	*Cada cosa en su tiempo, y los nabos en adviento*
Charbonnier est maître chez soi	*Cada cual es rey en su casa*
Charité bien ordonnée commence par soi-même	*La caridad bien entendida empieza por uno mismo*
Chassez le naturel, il revient au galop	*Genio y figura hasta la sepultura*
Chat échaudé craint l'eau froide	*Gato escalado del agua fría huye*

Chercher midi à quatorze heures	*Buscar cinco pies al gato*
Chercher une aiguille dans une botte de foin	*Buscar una aguja en un pajar*
Cherchez la femme	*Es un asunto de faldas*
Chien qui aboie ne mord pas	*Perro ladrador poco mordedor*
Chose promise, chose due	*Lo prometido es deuda*
Comme on fait son lit, on se couche	*Como cebas, así pescas*
Comme un chien dans un jeu de quilles	*Como los perros en misa*
Connais-toi toi-même	*Conócete a ti mismo*
Couler de source	*Caer de su peso*
Coûter les yeux de la tête	*Costar un ojo de la cara*
Crier quelque chose sur les toits	*Dar un cuarto al pregonero*
Croire dur comme fer	*Creer a pie juntillas*
Danser sur la corde raide	*Andar en la cuerda floja*
De deux maux il faut choisir le moindre	*Del mal, el menos*
Découvrir le pot aux roses	*Descubrir el pastel*
Des goûts et des couleurs, on ne discute pas	*Sobre gustos no hay nada escrito*
Déshabiller Pierre pour habiller Paul	*Desnudar a un santo para vestir a otro*
Deux avis valent mieux qu'un	*Cuatro ojos ven más que dos*
Dévorer quelqu'un des yeux	*Comerse con los ojos a uno*
Dieu ne veut pas la mort du pécheur	*Dios aprieta pero no ahoga*
Dire ses quatre vérités à quelqu'un	*Decirle a uno las verdades del barquero*
Dis-moi qui tu hantes, je te dirai qui tu es	*Dime con quien andas y te diré quién eres*
Diviser pour régner	*Divide y vencerás*
Donner des coups d'épée dans l'eau	*Martillar en hierro frío*
Donner le feu vert	*Dar luz verde*
Du temps de ma mère l'Oie	*Del tiempo del rey que rabió*
Échapper d'un cheveu	*Librarse por los pelos*
En avoir plein le dos	*Estar hasta la coronilla*
En avril ne te découvre pas d'un fil	*Abril, aguas mil*
En être de sa poche	*Poner de su bolsillo*
En faire voir de toutes les couleurs	*Hacer pasar las moradas*

En moins de deux	*En menos que canta un gallo*
En un clin d'œil	*En un abrir y cerrar de ojos*
En un tour de main	*Como quien se bebe un vaso de agua*
En voir de toutes les couleurs	*Pasar la de Dios es Cristo*
En voir des vertes et des pas mûres	*Pasarlas moradas*
Enfermer le loup dans la bergerie	*Meter el lobo en el redil*
Enfoncer une porte ouverte	*Descubrir la pólvora*
Entre chien et loup	*Entre dos luces*
Entre l'arbre et l'écorce il ne faut pas mettre le doigt	*Entre padres y hermanos no metas las manos*
Entrer comme dans un moulin	*Entrar como Pedro por su casa*
Entrer par une oreille et sortir par l'autre	*Entrar por un oído y salir por el otro*
Et quand on désespère, on espère toujours	*La esperanza es lo último que se pierde*
Être assis entre deux chaises	*Estar entre dos aguas*
Être au bout de son rouleau	*Acabársele a uno la cuerda*
Être beau comme un dieu	*Ser hermoso como un ángel*
Être bête à manger du foin	*Ser tonto de capirote*
Être comme les deux doigts de la main	*Ser uña y carne*
Être comme un poisson dans l'eau	*Estar como el pez en el agua*
Être connu comme le loup blanc	*Ser más conocido que la ruda*
Être crevé	*Estar hecho polvo*
Être entre l'enclume et le marteau	*Estar entre la espada y la pared*
Être fort comme un Turc	*Ser más fuerte que un roble*
Être gai comme un pinson	*Estar como unas Pascuas*
Être haut comme trois pommes	*No levantar dos pies del suelo*
Être maigre comme un clou	*Estar en los huesos*
Être malade comme un chien	*Estar más malo que los perros*
Être né coiffé	*Haber nacido de pie*
Être plus mort que vif	*Estar con el alma en un hilo*
Être plus royaliste que le roi	*Ser más papista que el papa*
Être sage comme une image	*Ser bueno como un ángel*
Être sans le sou	*Estar a la cuarta pregunta*
Être sourd comme un pot	*Ser más sordo que una tapia*
Être sur des charbons ardents	*Estar en ascuas*

Être sur le pavé	*No tener dónde caerse muerto*
Être suspendu aux lèvres de quelqu'un	*Estar colgado de las palabras de uno*
Être tiré à quatre épingles	*Estar de punta en blanco*
Être tombé de la dernière pluie	*Haberse caído del nido*
Être vieux comme le monde	*Ser más viejo que el andar a pie*
Faire contre mauvaise fortune bon cœur	*Poner a mal tiempo buena cara*
Faire de nécessité vertu	*Hacer de la necesidad virtud*
Faire des châteaux en Espagne	*Hacer castillos en el aire*
Faire des économies de bouts de chandelle	*Hacer economías de chicha y nabo*
Faire dresser les cheveux sur la tête	*Poner los pelos de punta*
Faire d'une pierre deux coups	*Matar dos pájaros de un tiro*
Faire et dire sont deux	*No es lo mismo predicar que dar trigo*
Faire la pluie et le beau temps	*Ser el amo del cotarro*
Faire l'école buissonnière	*Hacer novillos*
Faire l'effet d'une douche froide	*Caer como un jarro de agua fría*
Faire patte de velours	*Esconder las uñas*
Faire quelque chose comme un pied	*Hacer una cosa con los pies*
Faire quelque chose en quatrième vitesse	*Hacer una cosa a uña de caballo*
Faire tout de travers	*No dar pie con bola*
Faire venir l'eau à la bouche	*Hacérsele a uno la boca agua*
Faire venir l'eau à son moulin	*Arrimar el ascua a su sardina*
Fais ce que tu dois, advienne que pourra	*Haz bien y no mires a quien*
Faute de grives on mange des merles	*A falta de pan buenas son tortas*
Filer comme un dératé	*Ir como alma que lleva el diablo*
Finir en eau de boudin	*Volverse agua de cerrajas*
Fourrer son nez partout	*Meterse en camisa de once varas*
Grand bien lui fasse !	*Con su pan se lo coma*
Heureux au jeu, malheureux en amour	*Afortunado en el juego, desgraciado en amores*
Honni soit qui mal y pense	*Malhaya el que mal piense*
Il est Gros-Jean comme devant	*Para este viaje no se necesitan alforjas*

Il est plus facile de dire que de faire	*Del dicho al hecho hay mucho trecho*
Il fait noir comme dans un four	*Está como boca de lobo*
Il faut battre le fer quand il est chaud	*Al hierro candente batir de repente*
Il faut de tout pour faire un monde	*De todo hay en la viña del Señor*
Il faut en prendre et en laisser	*De dinero y calidad, la mitad de la mitad*
Il faut rendre à César ce qui est à César et à Dieu ce qui est à Dieu	*Hay que dar a Dios lo que es de Dios y al César lo que es del César*
Il faut saisir l'occasion par les cheveux	*A la ocasión la pintan calva*
Il faut toujours garder une poire pour la soif	*Quien guarda, halla*
Il faut tourner sept fois sa langue dans sa bouche avant de parler	*Hay que darle siete vueltas a la lengua antes de hablar*
Il faut vivre à Rome comme à Rome	*Cuando a Roma fueres haz como vieres*
Il ment comme il respire	*Miente más que habla*
Il ne faut pas courir deux lièvres à la fois	*No hay que correr dos liebres a la vez*
Il ne faut pas dire : « Fontaine, je ne boirai pas de ton eau »	*Nadie diga « de esta agua no beberé »*
Il ne faut pas lâcher la proie pour l'ombre	*Más vale malo conocido que bueno por conocer*
Il ne faut pas mettre la charrue avant les bœufs	*No hay que empezar la casa por el tejado*
Il ne faut pas mettre tous ses œufs dans le même panier	*No hay que jugárselo todo a una carta*
Il ne faut pas parler de corde dans la maison d'un pendu	*No hay que mentar la soga en casa del ahorcado*
Il ne faut pas remettre au lendemain ce que l'on peut faire le jour même	*No dejes para mañana lo que puedes hacer hoy*
Il ne faut pas réveiller le chat qui dort	*Peor es meneallo*
Il ne faut pas se fier aux apparences	*Una buena capa todo lo tapa*
Il ne faut pas vendre la peau de l'ours avant qu'on ne l'ait mis à terre	*No hay que vender la piel del oso antes de haberlo matado*
Il n'est de si petit métier qui ne nourrisse son maître	*Quien ha oficio, ha beneficio*

Il n'est pire aveugle que celui qui ne veut pas voir	*No hay peor ciego que el que no quiere ver*
Il n'est pire eau que l'eau qui dort	*Del agua mansa me libre Dios, que de la brava me guardaré yo*
Il n'est pire sourd que celui qui ne veut pas entendre	*No hay peor sordo que el que no quiere oír*
Il n'est point de sot métier	*No hay oficio malo*
Il n'est pour voir que l'œil du maître	*El ojo del amo engorda el caballo*
Il n'y a pas âme qui vive	*No hay ni un alma*
Il n'y a pas de fête sans lendemain	*No hay boda sin tornaboda*
Il n'y a pas de fumée sans feu	*Cuando el río suena agua lleva*
Il n'y a pas de petites économies	*Un grano no hace granero, pero ayuda al compañero*
Il n'y a pas de quoi fouetter un chat	*No es cosa del otro mundo*
Il n'y a pas de roses sans épines	*No hay rosa sin espinas*
Il n'y a pas un chat	*No hay ni un gato*
Il n'y a que la vérité qui blesse	*Sólo la verdad ofende*
Il n'y a que le premier pas qui coûte	*En la vida, todo es empezar*
Il n'y a rien de nouveau sous le soleil	*No hay nada nuevo bajo el sol*
Il passera de l'eau sous les ponts	*Habrá llovido para entonces*
Il vaut mieux avoir affaire à Dieu qu'à ses saints	*Más vale irse al tronco, que no a las ramas*
Il vaut mieux être le premier dans son village que le dernier à Rome	*Más vale ser cabeza de ratón que cola de león*
Il vaut mieux être seul que mal accompagné	*Más vale estar solo que mal acompañado*
Il y a anguille sous roche	*Hay gato encerrado*
Il y a loin de la coupe aux lèvres	*De la mano a la boca se pierde la sopa*
Il y a plus de jours que de semaines	*Hay más días que longanizas*
Il y a un commencement à tout	*Principio quieren las cosas*
Il y avait quatre pelés et un tondu	*Había cuatro gatos*
Ils sont tous à mettre dans le même sac	*Son lobos de una misma camada*

Ils sont tous taillés sur le même modèle	*Están todos cortados por la misma tijera*
Jamais avare ne fut riche	*La avaricia es la mayor de las pobrezas*
Jamais beau parler n'écorche la langue	*El hablar bien no cuesta dinero*
Jamais deux sans trois	*No hay dos sin tres*
Jeter de l'huile sur le feu	*Echar leña al fuego*
Jeter le manche après la cognée	*Echar la soga tras el caldero*
Jeter son bien par les fenêtres	*Tirar la casa por la ventana*
Jeux de mains, jeux de vilains	*Juegos de manos, juegos de villanos*
Jurer ses grands dieux	*Jurar por todos los dioses*
La caque sent toujours le hareng	*La cabra tira al monte*
La critique est aisée mais l'art est difficile	*Una cosa es enhebrar, otra es dar puntadas*
La faim fait sortir le loup du bois	*A la fuerza ahorcan*
La fête passée, adieu le saint	*Comida hecha, compañía deshecha*
La fin justifie les moyens	*El fin justifica los medios*
La fortune vient en dormant	*La fortuna viene durmiendo*
La lettre tue mais l'esprit vivifie	*La letra mata mientras que el espíritu vivifica*
La nuit porte conseil	*Hay que consultar con la almohada*
La nuit tous les chats sont gris	*De noche todos los gatos son pardos*
La parole est d'argent, le silence est d'or	*La palabra es plata y el silencio oro*
La plus belle fille du monde ne peut donner que ce qu'elle a	*Nadie puede dar lo que no tiene*
La raison du plus fort est toujours la meilleure	*Allá van leyes donde quieren reyes*
La vérité sort de la bouche des enfants	*No hay más que los niños y los locos que dicen las verdades*
La vertu gît au milieu	*En el término medio está la virtud*
La vie est un songe	*La vida es sueño*
L'amour fait beaucoup, mais l'argent fait tout	*Poderoso caballero es Don Dinero*
L'appétit vient en mangeant	*El comer y el rascar, todo es empezar*

L'argent appelle l'argent	*Dinero llama dinero*
L'argent n'a pas d'odeur	*El dinero no tiene olor*
Laver son linge sale en famille	*Lavar la ropa sucia en casa*
Le devoir avant tout	*Primero es la obligación que la devoción*
Le diable n'est pas aussi noir qu'on le dit	*No es tan fiero el león como lo pintan*
Le loup mourra dans sa peau	*Muda el lobo los dientes, y no las mientes*
Le malheur des uns fait le bonheur des autres	*Mal de muchos, consuelo de tontos*
Le mariage est une loterie	*Casamiento y mortaja, del cielo baja*
Le mieux est l'ennemi du bien	*Lo mejor es enemigo de lo bueno*
Le monde appartient à celui qui se lève tôt	*A quien madruga Dios ayuda*
Le roi est mort, vive le roi !	*A rey muerto, rey puesto*
Le singe est toujours singe, fût-il déguisé en prince	*Aunque la mona se vista de seda, mona se queda*
Le soleil luit pour tout le monde	*El sol sale para todo el mundo*
Le sort en est jeté	*La suerte está echada*
Le temps, c'est de l'argent	*El tiempo es oro*
L'échapper belle	*Librarse de una buena*
Lécher les bottes de quelqu'un	*Bailarle el agua a uno*
L'enfer est pavé de bonnes intentions	*El infierno está empedrado de buenas intenciones*
Les absents ont toujours tort	*Ni ausente sin culpa, ni presente sin disculpa*
Les bons comptes font les bons amis	*Las cuentas claras y el chocolate espeso*
Les conseilleurs ne sont pas les payeurs	*Una cosa es predicar y otra dar trigo*
Les cordonniers sont les plus mal chaussés	*En casa del herrero cuchillo de palo*
Les gros poissons mangent les petits	*El pez grande se come al pequeño*
Les jours se suivent et ne se ressemblent pas	*No todos los días son iguales*
Les loups ne se mangent pas entre eux	*Un lobo a otro no se muerden*
Les morts sont vite oubliés	*El muerto al hoyo y el vivo al bollo*
Les murs ont des oreilles	*Las paredes oyen*

Les paroles s'envolent, les écrits restent	*Las palabras se las lleva el viento*
Les petits ruisseaux font les grandes rivières	*Muchos pocos hacen un mucho*
Les yeux sont le miroir de l'âme	*Los ojos son el espejo del alma*
L'espoir fait vivre	*De esperanza vive el hombre*
L'exception confirme la règle	*No hay regla sin excepción*
L'habit ne fait pas le moine	*El hábito no hace al monje*
L'habitude est une seconde nature	*La costumbre es una segunda naturaleza*
L'homme est un loup pour l'homme	*El hombre es un lobo para el hombre*
L'homme ne vit pas seulement de pain	*No sólo de pan vive el hombre*
L'homme propose et Dieu dispose	*El hombre propone y Dios dispone*
L'occasion fait le larron	*La ocasión hace al ladrón*
Loin des yeux, loin du cœur	*Ojos que no ven, corazón que no siente*
L'oisiveté est mère de tous les vices	*La ociosidad es madre de todos los vicios*
Mains froides, cœur chaud	*Manos frías, corazón ardiente*
Manger à la même écuelle	*Comer en el mismo plato*
Manger comme quatre	*Comer como un sabañón*
Manger du bout des lèvres	*Comer sin ganas*
Mauvaise herbe croît toujours	*Bicho malo nunca muere*
Méfiance est mère de sûreté	*Piensa mal y acertarás*
Mener la danse	*Llevar la batuta*
Mener une vie de chien	*Llevar una vida de perros*
Mettre le couteau sous la gorge	*Poner el puñal en el pecho*
Mettre les pieds dans le plat	*Meter la pata hasta el corvejón*
Mettre son grain de sel	*Echar su cuarto a espadas*
Mieux vaut faire envie que pitié	*Más vale ser envidiado que compadecido*
Mieux vaut mauvais arrangement que bon procès	*Más vale mala avenencia que buena sentencia*
Mieux vaut prévenir que guérir	*Más vale prevenir que curar*
Mieux vaut tard que jamais	*Más vale tarde que nunca*
Monter sur ses grands chevaux	*Subirse a la parra*
Morte la bête, mort le venin	*Muerto el perro, se acabó la rabia*
Mourir à la tâche	*Morir al pie del cañón*
Mourir à petit feu	*Morir a fuego lento*
Nager entre deux eaux	*Nadar entre dos aguas*
Naître sous une bonne étoile	*Nacer con buena estrella*

N'avoir ni feu ni lieu	*No tener casa ni hogar*
N'avoir ni foi ni loi	*No tener ni rey ni roque*
N'avoir ni queue ni tête	*No tener ni pies ni cabeza*
Ne craindre ni Dieu ni le diable	*No temer ni a Dios ni al diablo*
Ne faire ni une ni deux	*No pararse en barras*
Ne pas avoir froid aux yeux	*Tener más valor que un torero*
Ne pas avoir les yeux dans sa poche	*No tener telarañas en los ojos*
Ne pas avoir voix au chapitre	*No tener vela en el entierro*
Ne pas être tombé de la dernière pluie	*No haber nacido ayer*
Ne pas pouvoir sentir quelqu'un	*Tener a uno entre ceja y ceja*
Ne pas savoir sur quel pied danser	*No saber a qué son bailar*
Ne pas souffler mot	*No decir ni pío*
Ne pas tenir debout	*No tenerse en pie*
Ne pas tomber dans l'oreille d'un sourd	*No caer en saco roto*
Ne pas y aller de main morte	*No andarse con chiquitas*
Ne pas y aller par quatre chemins	*No andarse con rodeos*
Nécessité est mère d'industrie	*El hambre aguza el ingenio*
Nécessité n'a point de loi	*La necesidad carece de ley*
Noblesse oblige	*Nobleza obliga*
Nul n'est censé ignorer la loi	*La ignorancia de la ley no excusa su cumplimiento*
Nul n'est parfait	*Quien no cojea, renquea*
Nul n'est prophète en son pays	*Nadie es profeta en su tierra*
Œil pour œil, dent pour dent	*Ojo por ojo, diente por diente*
On apprend à hurler avec les loups	*Quien con lobos anda a aullar se enseña*
On entendrait une mouche voler	*No se oye ni una mosca*
On est toujours puni par où l'on a péché	*En el pecado va la penitencia*
On lui donnerait le bon Dieu sans confession	*Parece que no ha roto un plato en su vida*
On meurt comme on a vécu	*Como se vive se muere*
On n'a rien sans peine	*No hay atajo sin trabajo*
On ne peut demander l'impossible	*No se puede pedir peras al olmo*
On ne peut être à la fois au four et au moulin	*No se puede repicar y andar en la procesión*
On ne peut être juge et partie	*Nadie puede ser juez en causa propia*

On ne peut ménager la chèvre et le chou	*No se puede nadar y guardar la ropa*
On n'est jamais bien servi que par soi-même	*Si quieres ser bien servido, sírvete a ti mismo*
On peut tous les mettre dans le même panier	*Están todos cortados por el mismo patrón*
On reconnaît l'arbre à ses fruits	*Por el fruto se conoce el árbol*
On risque de tout perdre en voulant tout gagner	*La codicia rompe el saco*
Où que tu sois fais ce que tu vois	*Donde quiera que fueres haz lo que vieres*
Ouvrir les yeux comme des soucoupes	*Abrir los ojos como platos*
Paris ne s'est pas fait en un jour	*No se ganó Zamora en una hora*
Parler à mots couverts	*Hablar a medias palabras*
Parlons peu mais parlons bien	*Hablemos poco y bien*
Pas de nouvelles, bonnes nouvelles	*Las malas noticias llegan las primeras*
Patience et longueur de temps font plus que force ni que rage	*Con paciencia se gana el cielo*
Pauvreté n'est pas vice	*Pobreza no es vileza*
Payer les pots cassés	*Pagar los platos rotos*
Payer rubis sur l'ongle	*Pagar a toca teja*
Péché avoué est à demi pardonné	*Pecado confesado es medio perdonado*
Pêcher en eau trouble	*Pescar a río revuelto*
Perdre les pédales	*Perder los estribos*
Personne n'est à l'abri de l'erreur	*Quien tiene boca se equivova*
Petit à petit l'oiseau fait son nid	*Poquito a poco hila la vieja el copo*
Pierre qui roule n'amasse pas mousse	*Piedra movediza nunca moho cobija*
Plus fait douceur que violence	*Más vale maña que fuerza*
Point d'argent, point de Suisse	*Por dinero baila el perro, y por pan, si se lo dan*
Pousser les hauts cris	*Poner el grito en el cielo*
Prendre la balle au bond	*Coger la ocasión por los pelos*
Prendre la clef des champs	*Tomar las de Villadiego*
Prendre la main dans le sac	*Coger con las manos en la masa*
Prendre la poudre d'escampette	*Poner pies en polvorosa*
Propre comme un sou neuf	*Limpio como un chorro de oro*
Quand l'arbre est tombé, tout le monde court aux branches	*Del árbol caído todos hacen leña*

Quand le chat n'est pas là, les souris dansent	*Cuando el gato no está, los ratones bailan*
Quand le diable fut vieux, il se fit ermite	*Harto de carne, el diablo se hace predicador*
Quand le vin est tiré, il faut le boire	*A lo hecho pecho*
Quand les poules auront des dents	*Cuando las ranas críen pelos*
Quand on parle du loup, on en voit la queue	*Hablando del rey de Roma, por la puerta asoma*
Quand on veut noyer son chien, on dit qu'il a la rage	*Quien a su perro quiere matar, rabia le ha de levantar*
Qui aime bien châtie bien	*Quien bien te quiere te hará llorar*
Qui aime Martin aime son chien	*Quien bien quiere a Beltrán bien quiere a su can*
Qui casse les verres, les paye	*Quien rompe, paga*
Qui cherche trouve	*Quien busca halla*
Qui ne dit mot consent	*Quien calla otorga*
Qui ne risque rien n'a rien	*Quien no se arriesga no pasa el mar*
Qui ne sait rien, de rien ne doute	*Quien ignora no duda*
Qui paie ses dettes s'enrichit	*Quien debe y paga no debe nada*
Qui peut le plus peut le moins	*Quien puede lo más, puede lo menos*
Qui se ressemble s'assemble	*Cada oveja con su pareja*
Qui se sent morveux se mouche	*Quien se pica, ajos come*
Qui sème le vent récolte la tempête	*Quien siembra vientos recoge tempestades*
Qui s'y frotte s'y pique	*El que juega con fuego se quema*
Qui trop embrasse mal étreint	*Quien mucho abarca poco aprieta*
Qui tue par l'épée périra par l'épée	*Quien a hierro mata a hierro muere*
Qui va à la chasse perd sa place	*Quien fue a Sevilla perdió su silla*
Qui veut voyager loin ménage sa monture	*A camino largo, paso corto*
Qui vivra verra	*Vivir para ver*
Qui vole un œuf vole un bœuf	*Quien hace un cesto, hará ciento*
Regarder avec des yeux de merlan frit	*Mirar con ojos de carnero degollado*
Regarder où on met les pieds	*Andar con pies de plomo*
Remettre quelqu'un à sa place	*Pararle a uno los pies*

Remuer ciel et terre	*Remover Roma con Santiago*
Rendre à quelqu'un la monnaie de sa pièce	*Pagarle a uno en la misma moneda*
Renvoyer aux calendes grecques	*Dejar para las calendas griegas*
Rester sur sa faim	*Quedarse con ganas*
Retomber sur ses pieds	*Caer de pie como los gatos*
Revenir bredouille	*Volver con las manos vacías*
Revenons à nos moutons	*Volvamos a nuestro asunto*
Rien ne sert de courir, il faut partir à point	*No por mucho madrugar amanece más temprano*
Rira bien qui rira le dernier	*Al freír será el reír*
Sa vie ne tient qu'à un fil	*Su vida está pendiente de un hilo*
Sans bourse délier	*Sin soltar un cuarto*
Savoir où le bât blesse	*Saber de que pie cojea uno*
Se croire sorti de la cuisse de Jupiter	*Creerse descendiente de la pata del Cid*
Se faire du mauvais sang	*Quemarse uno la sangre*
Se lever du pied gauche	*Levantarse con el pie izquierdo*
Se noyer dans un verre d'eau	*Ahogarse en un vaso de agua*
Se répandre comme une traînée de poudre	*Propagarse como un reguero de pólvora*
Se ressembler comme deux gouttes d'eau	*Parecerse como dos gotas de agua*
Se tourner les pouces	*Estar mano sobre mano*
S'en laver les mains	*Lavarse las manos como Pilato*
S'en mordre les doigts	*Morderse uno las manos*
S'ennuyer comme un rat mort	*Aburrirse como una ostra*
Séparer le bon grain de l'ivraie	*Apartar el grano de la paja*
Si l'on rosse ton voisin, tu peux préparer tes reins	*Cuando las barbas de tu vecino veas pelar, echa las tuyas a remojar*
Sortir de ses gonds	*Salir de sus casillas*
Suer à grosse gouttes	*Sudar la gota gorda*
Tant qu'il y a de la vie, il y a de l'espoir	*Mientras hay vida hay esperanza*
Tant va la cruche à l'eau qu'à la fin elle se casse	*Tanto va el cántaro a la fuente que al fin se rompe*
Tel est pris qui croyait prendre	*Ir por lana y volver trasquilado*
Tel maître, tel valet	*De tal amo, tal criado*
Tel père, tel fils	*De tal palo, tal astilla*
Tenir le loup par les oreilles	*Coger al lobo por las orejas*

Tirer la couverture à soi	*Barrer para adentro*
Tirer les marrons du feu	*Sacar las castañas del fuego*
Tomber à pic	*Venir como el agua de mayo*
Tomber comme des mouches	*Caer como moscas*
Toucher la corde sensible	*Tocar la cuerda sensible*
Tourner autour du pot	*Andarse por las ramas*
Tous les chemins mènent à Rome	*Todos los caminos llevan a Roma*
Tout ce qui brille n'est pas or	*No es oro todo lo que reluce*
Tout vient à point à qui sait attendre	*Las cosas de palacio van despacio*
Toute peine mérite salaire	*Todo esfuerzo merece recompensa*
Toute vérité n'est pas bonne à dire	*No todas las verdades son para ser dichas*
Traiter quelqu'un par-dessous la jambe	*Tratar a alguien con la punta del pie*
Travailler pour le roi de Prusse	*Trabajar para el obispo*
Trop parler nuit	*Quien mucho habla, mucho yerra*
Troquer son cheval borgne contre un aveugle	*Salir de Guatemala y meterse en Guatepeor*
Trouver chaussure à son pied	*Dar con la horma de su zapato*
Un clou chasse l'autre	*Un clavo saca otro clavo*
Un de perdu, dix de retrouvés	*Cuando una puerta se cierra, ciento se abren*
Un homme averti en vaut deux	*Hombre prevenido vale por dos*
Un malheur ne vient jamais seul	*Las desgracias nunca vienen solas*
Un tiens vaut mieux que deux tu l'auras	*Más vale pájaro en mano que ciento volando*
Une fois n'est pas coutume	*Una vez al año no hace daño*
Une hirondelle ne fait pas le printemps	*Una golondrina no hace el verano*
Ventre affamé n'a point d'oreilles	*El hambre es mala consejera*
Vivre comme chien et chat	*Vivir como perros y gatos*
Vivre comme un prince	*Vivir a cuerpo de rey*
Vivre d'amour et d'eau fraîche	*Vivir con pan y cebollas*
Voir la paille dans l'œil du prochain et ne pas voir la poutre que l'on a dans le sien	*Ver la paja en el ojo ajeno y no la viga en el nuestro*
Voix du peuple, voix de Dieu	*Voz del pueblo, voz del cielo*
Voler de ses propres ailes	*Volar con sus propias alas*
Vouloir, c'est pouvoir	*Querer es poder*

LOCUTIONS ET PROVERBES ESPAGNOLS	LOCUTIONS ET PROVERBES FRANÇAIS ÉQUIVALENTS
A buen hambre no hay pan duro	*À bon goût et faim il n'y a mauvais pain*
A caballo regalado no le mires el diente	*À cheval donné on ne regarde pas la bride*
A cada día su afán	*À chaque jour suffit sa peine*
A camino largo, paso corto	*Qui veut voyager loin ménage sa monture*
A Dios rogando y con el mazo dando	*Aide-toi, le Ciel t'aidera*
A falta de pan buenas son tortas	*Faute de grives on mange des merles*
A grandes males grandes remedios	*Aux grands maux les grands remèdes*
A la fuerza ahorcan	*La faim fait sortir le loup du bois*
A la ocasión la pintan calva	*Il faut saisir l'occasion par les cheveux*
A lo hecho pecho	*Quand le vin est tiré, il faut le boire*
A nuevos tiempos, nuevas costumbres	*Autres temps, autres mœurs*
A padre ganador, hijo gastador	*À père avare fils prodigue*
A palabras necias, oídos sordos	*À folle demande, point de réponse*
A perro flaco todas son pulgas	*Aux chevaux maigres vont les mouches*
A perro viejo no hay tus tus	*Ce n'est pas aux vieux singes qu'on apprend à faire la grimace*
A pícaro, pícaro y medio	*À malin, malin et demi*
A quien madruga Dios ayuda	*Le monde appartient à celui qui se lève tôt*
A rey muerto, rey puesto	*Le roi est mort, vive le roi!*
A tal señor, tal honor	*À tout seigneur tout honneur*
Abril, aguas mil	*En avril ne te découvre pas d'un fil*
Abrir los ojos como platos	*Ouvrir les yeux comme des soucoupes*
Aburrirse como una ostra	*S'ennuyer comme un rat mort*

Acabársele a uno la cuerda	*Être au bout de son rouleau*
Afortunado en el juego, desgraciado en amores	*Heureux au jeu, malheureux en amour*
Agua pasada no muele molino	*Ce qui est fait est fait*
Ahogarse en un vaso de agua	*Se noyer dans un verre d'eau*
Al buen entendedor, pocas palabras bastan	*À bon entendeur salut*
Al freír será el reír	*Rira bien qui rira le dernier*
Al hierro candente batir de repente	*Il faut battre le fer quand il est chaud*
Allá van leyes donde quieren reyes	*La raison du plus fort est toujours la meilleure*
Allí no atan los perros con longanizas	*Ce n'est pas un pays de cocagne*
Amor con amor se paga	*C'est un échange de bons procédés*
Andar con pies de plomo	*Regarder où on met les pieds*
Andar en la cuerda floja	*Danser sur la corde raide*
Andarse por las ramas	*Tourner autour du pot*
Apartar el grano de la paja	*Séparer le bon grain de l'ivraie*
Aplicar la ley del embudo	*Avoir deux poids et deux mesures*
Arrimar el ascua a su sardina	*Faire venir l'eau à son moulin*
Aunque la mona se vista de seda, mona se queda	*Le singe est toujours singe, fût-il déguisé en prince*
Bailarle el agua a uno	*Lécher les bottes de quelqu'un*
Barrer para adentro	*Tirer la couverture à soi*
Bicho malo nunca muere	*Mauvaise herbe croît toujours*
Bienes mal adquiridos a nadie han enriquecido	*Bien mal acquis ne profite jamais*
Buscar cinco pies al gato	*Chercher midi à quatorze heures*
Buscar una aguja en un pajar	*Chercher une aiguille dans une botte de foin*
Cada cosa en su tiempo, y los nabos en adviento	*Chaque chose en son temps*
Cada cual es rey en su casa	*Charbonnier est maître chez soi*
Cada cual lleva su cruz	*Chacun porte sa croix*
Cada cual sabe donde le aprieta el zapato	*Chacun sait où son soulier le blesse*
Cada loco con su tema	*À chaque fou sa marotte*
Cada oveja con su pareja	*Qui se ressemble s'assemble*
Cada uno en su casa y Dios en la de todos	*Chacun pour soi et Dieu pour tous*

Caer como moscas	*Tomber comme des mouches*
Caer como un jarro de agua fría	*Faire l'effet d'une douche froide*
Caer de pie como los gatos	*Retomber sur ses pieds*
Caer de su peso	*Couler de source*
Cantar como los ángeles	*Chanter comme un dieu*
Casamiento y mortaja, del cielo baja	*Le mariage est une loterie*
Coger al lobo por las orejas	*Tenir le loup par les oreilles*
Coger con las manos en la masa	*Prendre la main dans le sac*
Coger la ocasión por los pelos	*Prendre la balle au bond*
Comer como un pajarito	*Avoir un appétit d'oiseau*
Comer como un sabañón	*Manger comme quatre*
Comer en el mismo plato	*Manger à la même écuelle*
Comer sin ganas	*Manger du bout des lèvres*
Comerse con los ojos a uno	*Dévorer quelqu'un des yeux*
Comerse los codos de hambre	*Bouffer des briques*
Comida hecha, compañía deshecha	*La fête passée, adieu le saint*
Como cebas, así pescas	*Comme on fait son lit, on se couche*
Como los perros en misa	*Comme un chien dans un jeu de quilles*
Como quien se bebe un vaso de agua	*En un tour de main*
Como se vive se muere	*On meurt comme on a vécu*
Comprar a ciegas	*Acheter chat en poche*
Con paciencia se gana el cielo	*Patience et longueur de temps font plus que force ni que rage*
Con su pan se lo coma	*Grand bien lui fasse !*
Conócete a ti mismo	*Connais-toi toi-même*
Costar un ojo de la cara	*Coûter les yeux de la tête*
Creer a pie juntillas	*Croire dur comme fer*
Creerse descendiente de la pata del Cid	*Se croire sorti de la cuisse de Jupiter*
Cual el tiempo tal el tiento	*À la guerre comme à la guerre*
Cuando a Roma fueres haz como vieres	*Il faut vivre à Rome comme à Rome*
Cuando el gato no está, los ratones bailan	*Quand le chat n'est pas là, les souris dansent*
Cuando el río suena agua lleva	*Il n'y a pas de fumée sans feu*

Cuando las barbas de tu vecino veas pelar, echa las tuyas a remojar	*Si l'on rosse ton voisin, tu peux préparer tes reins*
Cuando las ranas críen pelos	*Quand les poules auront des dents*
Cuando una puerta se cierra, ciento se abren	*Un de perdu, dix de retrouvés*
Cuatro ojos ven más que dos	*Deux avis valent mieux qu'un*
Dar con la horma de su zapato	*Trouver chaussure à son pied*
Dar la lata a alguien	*Casser les pieds à quelqu'un*
Dar luz verde	*Donner le feu vert*
Dar palos de ciego	*Aller à l'aveuglette*
Dar un cuarto al pregonero	*Crier quelque chose sur les toits*
De casta le viene al galgo el ser rabilargo	*Bon chien chasse de race*
De dinero y calidad, la mitad de la mitad	*Il faut en prendre et en laisser*
De esperanza vive el hombre	*L'espoir fait vivre*
De la mano a la boca se pierde la sopa	*Il y a loin de la coupe aux lèvres*
De luengas tierras, luengas mentiras	*A beau mentir qui vient de loin*
De noche todos los gatos son pardos	*La nuit tous les chats sont gris*
De tal amo, tal criado	*Tel maître, tel valet*
De tal palo, tal astilla	*Tel père, tel fils*
De todo hay en la viña del Señor	*Il faut de tout pour faire un monde*
Decirle a uno las verdades del barquero	*Dire ses quatre vérités à quelqu'un*
Dejar para las calendas griegas	*Renvoyer aux calendes grecques*
Del agua mansa me libre Dios, que de la brava me guardaré yo	*Il n'est pire eau que l'eau qui dort*
Del árbol caído todos hacen leña	*Quand l'arbre est tombé, tout le monde court aux branches*
Del dicho al hecho hay mucho trecho	*Il est plus facile de dire que de faire*
Del mal, el menos	*De deux maux il faut choisir le moindre*
Del tiempo del rey que rabió	*Du temps de ma mère l'Oie*
Descubrir el pastel	*Découvrir le pot aux roses*
Descubrir la pólvora	*Enfoncer une porte ouverte*
Desnudar a un santo para vestir a otro	*Déshabiller Pierre pour habiller Paul*

Después de la tempestad, viene la calma	*Après la pluie, le beau temps*
Días de mucho, vísperas de nada	*Après les vaches grasses, viennent les vaches maigres*
Dicho y hecho	*Aussitôt dit, aussitôt fait*
Dime con quien andas y te diré quién eres	*Dis-moi qui tu hantes, je te dirai qui tu es*
Dinero llama dinero	*L'argent appelle l'argent*
Dios aprieta pero no ahoga	*Dieu ne veut pas la mort du pécheur*
Divide y vencerás	*Diviser pour régner*
Donde las dan las toman	*À bon chat, bon rat*
Donde quiera que fueres haz lo que vieres	*Où que tu sois fais ce que tu vois*
Echar la soga tras el caldero	*Jeter le manche après la cognée*
Echar leña al fuego	*Jeter de l'huile sur le feu*
Echar su cuarto a espadas	*Mettre son grain de sel*
El buen paño en el arca se vende	*À bon vin point d'enseigne*
El comer y el rascar, todo es empezar	*L'appétit vient en mangeant*
El dinero no tiene olor	*L'argent n'a pas d'odeur*
El fin justifica los medios	*La fin justifie les moyens*
El hábito no hace al monje	*L'habit ne fait pas le moine*
El hablar bien no cuesta dinero	*Jamais beau parler n'écorche la langue*
El hambre aguza el ingenio	*Nécessité est mère d'industrie*
El hambre es mala consejera	*Ventre affamé n'a point d'oreilles*
El hombre es un lobo para el hombre	*L'homme est un loup pour l'homme*
El hombre propone y Dios dispone	*L'homme propose et Dieu dispose*
El infierno está empedrado de buenas intenciones	*L'enfer est pavé de bonnes intentions*
El muerto al hoyo y el vivo al bollo	*Les morts sont vite oubliés*
El ojo del amo engorda el caballo	*Il n'est pour voir que l'œil du maître*
El pez grande se come al pequeño	*Les gros poissons mangent les petits*
El que juega con fuego se quema	*Qui s'y frotte s'y pique*

El sol sale para todo el mundo	*Le soleil luit pour tout le monde*
El tiempo es oro	*Le temps, c'est de l'argent*
En casa del herrero cuchillo de palo	*Les cordonniers sont les plus mal chaussés*
En el pecado va la penitencia	*On est toujours puni par où l'on a péché*
En el término medio está la virtud	*La vertu gît au milieu*
En la vida, todo es empezar	*Il n'y a que le premier pas qui coûte*
En menos que canta un gallo	*En moins de deux*
En tierra de ciegos, el tuerto es rey	*Au royaume des aveugles, les borgnes sont rois*
En un abrir y cerrar de ojos	*En un clin d'œil*
Entrar como Pedro por su casa	*Entrer comme dans un moulin*
Entrar por un oído y salir por el otro	*Entrer par une oreille et sortir par l'autre*
Entre dos luces	*Entre chien et loup*
Entre padres y hermanos no metas las manos	*Entre l'arbre et l'écorce il ne faut pas mettre le doigt*
Es la cruz y los ciriales	*C'est la croix et la bannière*
Es más claro que el agua	*C'est clair comme de l'eau de roche*
Es tres cuartos de lo propio	*C'est du pareil au même*
Es un asunto de faldas	*Cherchez la femme*
Esconder las uñas	*Faire patte de velours*
Eso es harina de otro costal	*C'est une autre paire de manches*
Está como boca de lobo	*Il fait noir comme dans un four*
Están todos cortados por el mismo patrón	*On peut tous les mettre dans le même panier*
Están todos cortados por la misma tijera	*Ils sont tous taillés sur le même modèle*
Estar a la cuarta pregunta	*Être sans le sou*
Estar colgado de las palabras de uno	*Être suspendu aux lèvres de quelqu'un*
Estar como el pez en el agua	*Être comme un poisson dans l'eau*
Estar como unas Pascuas	*Être gai comme un pinson*
Estar con el alma en un hilo	*Être plus mort que vif*
Estar con el pie en el estribo	*Avoir le pied à l'étrier*
Estar con la cuerda al cuello	*Avoir la corde au cou*
Estar de punta en blanco	*Être tiré à quatre épingles*

Estar en ascuas	*Être sur des charbons ardents*
Estar en los huesos	*Être maigre comme un clou*
Estar entre dos aguas	*Être assis entre deux chaises*
Estar entre la espada y la pared	*Être entre l'enclume et le marteau*
Estar hasta la coronilla	*En avoir plein le dos*
Estar hecho polvo	*Être crevé*
Estar hecho un manojo de nervios	*Avoir les nerfs en boule*
Estar mano sobre mano	*Se tourner les pouces*
Estar más malo que los perros	*Être malade comme un chien*
Gato escalado del agua fría huye	*Chat échaudé craint l'eau froide*
Genio y figura hasta la sepultura	*Chassez le naturel, il revient au galop*
Haber nacido de pie	*Être né coiffé*
Haberse caído del nido	*Être tombé de la dernière pluie*
Había cuatro gatos	*Il y avait quatre pelés et un tondu*
Hablando del rey de Roma, por la puerta asoma	*Quand on parle du loup, on en voit la queue*
Hablar a medias palabras	*Parler à mots couverts*
Hablemos poco y bien	*Parlons peu mais parlons bien*
Habrá llovido para entonces	*Il passera de l'eau sous les ponts*
Hacer castillos en el aire	*Faire des châteaux en Espagne*
Hacer de la necesidad virtud	*Faire de nécessité vertu*
Hacer economías de chicha y nabo	*Faire des économies de bouts de chandelle*
Hacer novillos	*Faire l'école buissonnière*
Hacer pasar las moradas	*En faire voir de toutes les couleurs*
Hacer una cosa a uña de caballo	*Faire quelque chose en quatrième vitesse*
Hacer una cosa con los pies	*Faire quelque chose comme un pied*
Hacérsele a uno la boca agua	*Faire venir l'eau à la bouche*
Harto de carne, el diablo se hace predicador	*Quand le diable fut vieux, il se fit ermite*
Hay gato encerrado	*Il y a anguille sous roche*
Hay más días que longanizas	*Il y a plus de jours que de semaines*
Hay que consultar con la almohada	*La nuit porte conseil*

Hay que dar a Dios lo que es de Dios y al César lo que es del César	*Il faut rendre à César ce qui est à César et à Dieu ce qui est à Dieu*
Hay que darle siete vueltas a la lengua antes de hablar	*Il faut tourner sept fois sa langue dans sa bouche avant de parler*
Haz bien y no mires a quien	*Fais ce que tu dois, advienne que pourra*
Hincar el pico	*Casser sa pipe*
Hombre prevenido vale por dos	*Un homme averti en vaut deux*
Ir al grano	*Aller droit au but*
Ir como alma que lleva el diablo	*Filer comme un dératé*
Ir de mal en peor	*Aller de mal en pis*
Ir por lana y volver trasquilado	*Tel est pris qui croyait prendre*
Juegos de manos, juegos de villanos	*Jeux de mains, jeux de vilains*
Jurar por todos los dioses	*Jurer ses grands dieux*
La avaricia es la mayor de las pobrezas	*Jamais avare ne fut riche*
La cabra tira al monte	*La caque sent toujours le hareng*
La caridad bien entendida empieza por uno mismo	*Charité bien ordonnée commence par soi-même*
La codicia rompe el saco	*On risque de tout perdre en voulant tout gagner*
La costumbre es una segunda naturaleza	*L'habitude est une seconde nature*
La esperanza es lo último que se pierde	*Et quand on désespère, on espère toujours*
La fortuna viene durmiendo	*La fortune vient en dormant*
La ignorancia de la ley no excusa su cumplimiento	*Nul n'est censé ignorer la loi*
La letra mata mientras que el espíritu vivifica	*La lettre tue mais l'esprit vivifie*
La necesidad carece de ley	*Nécessité n'a point de loi*
La ocasión hace al ladrón	*L'occasion fait le larron*
La ociosidad es madre de todos los vicios	*L'oisiveté est mère de tous les vices*
La palabra es plata y el silencio oro	*La parole est d'argent, le silence est d'or*
La suerte está echada	*Le sort en est jeté*
La última gota hace rebasar la copa	*C'est la goutte d'eau qui fait déborder le vase*
La vida es sueño	*La vie est un songe*

Las cosas de palacio van despacio	*Tout vient à point à qui sait attendre*
Las cuentas claras y el chocolate espeso	*Les bons comptes font les bons amis*
Las desgracias nunca vienen solas	*Un malheur ne vient jamais seul*
Las malas noticias llegan las primeras	*Pas de nouvelles, bonnes nouvelles*
Las palabras se las lleva el viento	*Les paroles s'envolent, les écrits restent*
Las paredes oyen	*Les murs ont des oreilles*
Lavar la ropa sucia en casa	*Laver son linge sale en famille*
Lavarse las manos como Pilato	*S'en laver les mains*
Levantarse con el pie izquierdo	*Se lever du pied gauche*
Librarse de una buena	*L'échapper belle*
Librarse por los pelos	*Échapper d'un cheveu*
Limpio como un chorro de oro	*Propre comme un sou neuf*
Lo mejor es enemigo de lo bueno	*Le mieux est l'ennemi du bien*
Lo prometido es deuda	*Chose promise, chose due*
Lo que abunda no daña	*Abondance de biens ne nuit jamais*
Lo que el viento se llevó	*Autant en emporte le vent*
Los ojos son el espejo del alma	*Les yeux sont le miroir de l'âme*
Llamar al pan pan y al vino vino	*Appeler un chat un chat*
Llenar antes el ojo que la tripa	*Avoir les yeux plus grands que le ventre*
Llevar la batuta	*Mener la danse*
Llevar plomo en el ala	*Avoir du plomb dans l'aile*
Llevar una vida de perros	*Mener une vie de chien*
Machacando se aprende el oficio	*C'est en forgeant qu'on devient forgeron*
Mal de muchos, consuelo de tontos	*Le malheur des uns fait le bonheur des autres*
Malhaya el que mal piense	*Honni soit qui mal y pense*
Manos frías, corazón ardiente	*Mains froides, cœur chaud*
Martillar en hierro frío	*Donner des coups d'épée dans l'eau*
Más vale estar solo que mal acompañado	*Il vaut mieux être seul que mal accompagné*
Más vale irse al tronco, que no a las ramas	*Il vaut mieux avoir affaire à Dieu qu'à ses saints*
Más vale mala avenencia que buena sentencia	*Mieux vaut mauvais arrangement que bon procès*

Más vale malo conocido que bueno por conocer	*Il ne faut pas lâcher la proie pour l'ombre*
Más vale maña que fuerza	*Plus fait douceur que violence*
Más vale pájaro en mano que ciento volando	*Un tiens vaut mieux que deux tu l'auras*
Más vale prevenir que curar	*Mieux vaut prévenir que guérir*
Más vale ser cabeza de ratón que cola de león	*Il vaut mieux être le premier dans son village que le dernier à Rome*
Más vale ser envidiado que compadecido	*Mieux vaut faire envie que pitié*
Más vale tarde que nunca	*Mieux vaut tard que jamais*
Matar dos pájaros de un tiro	*Faire d'une pierre deux coups*
Meter el lobo en el redil	*Enfermer le loup dans la bergerie*
Meter la pata hasta el corvejón	*Mettre les pieds dans le plat*
Meterse en camisa de once varas	*Fourrer son nez partout*
Miente más que habla	*Il ment comme il respire*
Mientras hay vida hay esperanza	*Tant qu'il y a de la vie, il y a de l'espoir*
Mirar con ojos de carnero degollado	*Regarder avec des yeux de merlan frit*
Morderse uno las manos	*S'en mordre les doigts*
Morir a fuego lento	*Mourir à petit feu*
Morir al pie del cañón	*Mourir à la tâche*
Muchos pocos hacen un mucho	*Les petits ruisseaux font les grandes rivières*
Muda el lobo los dientes, y no las mientes	*Le loup mourra dans sa peau*
Muerto el perro, se acabó la rabia	*Morte la bête, mort le venin*
Nacer con buena estrella	*Naître sous une bonne étoile*
Nadar entre dos aguas	*Nager entre deux eaux*
Nadie diga « de esta agua no beberé »	*Il ne faut pas dire : « Fontaine, je ne boirai pas de ton eau »*
Nadie es profeta en su tierra	*Nul n'est prophète en son pays*
Nadie está obligado a lo imposible	*À l'impossible nul n'est tenu*
Nadie puede dar lo que no tiene	*La plus belle fille du monde ne peut donner que ce qu'elle a*
Nadie puede ser juez en causa propia	*On ne peut être juge et partie*
Ni ausente sin culpa, ni presente sin disculpa	*Les absents ont toujours tort*
No andarse con chiquitas	*Ne pas y aller de main morte*

No andarse con rodeos	*Ne pas y aller par quatre chemins*
No caer en saco roto	*Ne pas tomber dans l'oreille d'un sourd*
No dar pie con bola	*Faire tout de travers*
No decir ni pío	*Ne pas souffler mot*
No dejes para mañana lo que puedes hacer hoy	*Il ne faut pas remettre au lendemain ce que l'on peut faire le jour même*
No es cosa del otro jueves	*Ce n'est pas la mer à boire*
No es cosa del otro mundo	*Il n'y a pas de quoi fouetter un chat*
No es grano de anís	*Ce n'est pas du gâteau*
No es lo mismo predicar que dar trigo	*Faire et dire sont deux*
No es oro todo lo que reluce	*Tout ce qui brille n'est pas or*
No es tan fiero el león como lo pintan	*Le diable n'est pas aussi noir qu'on le dit*
No haber nacido ayer	*Ne pas être tombé de la dernière pluie*
No hay atajo sin trabajo	*On n'a rien sans peine*
No hay boda sin tornaboda	*Il n'y a pas de fête sans lendemain*
No hay dos sin tres	*Jamais deux sans trois*
No hay mal que por bien no venga	*À quelque chose malheur est bon*
No hay más que los niños y los locos que dicen las verdades	*La vérité sort de la bouche des enfants*
No hay nada nuevo bajo el sol	*Il n'y a rien de nouveau sous le soleil*
No hay ni un alma	*Il n'y a pas âme qui vive*
No hay ni un gato	*Il n'y a pas un chat*
No hay oficio malo	*Il n'est point de sot métier*
No hay pecado sin remisión	*À tout péché miséricorde*
No hay peor ciego que el que no quiere ver	*Il n'est pire aveugle que celui qui ne veut pas voir*
No hay peor sordo que el que no quiere oír	*Il n'est pire sourd que celui qui ne veut pas entendre*
No hay que correr dos liebres a la vez	*Il ne faut pas courir deux lièvres à la fois*
No hay que empezar la casa por el tejado	*Il ne faut pas mettre la charrue avant les bœufs*
No hay que jugárselo todo a una carta	*Il ne faut pas mettre tous ses œufs dans le même panier*
No hay que mentar la soga en casa del ahorcado	*Il ne faut pas parler de corde dans la maison d'un pendu*

No hay que vender la piel del oso antes de haberlo matado	*Il ne faut pas vendre la peau de l'ours avant qu'on ne l'ait mis à terre*
No hay regla sin excepción	*L'exception confirme la règle*
No hay rosa sin espinas	*Il n'y a pas de roses sans épines*
No levantar dos pies del suelo	*Être haut comme trois pommes*
No pararse en barras	*Ne faire ni une ni deux*
No por mucho madrugar amanece más temprano	*Rien ne sert de courir, il faut partir à point*
No saber a qué son bailar	*Ne pas savoir sur quel pied danser*
No se ganó Zamora en una hora	*Paris ne s'est pas fait en un jour*
No se oye ni una mosca	*On entendrait une mouche voler*
No se puede nadar y guardar la ropa	*On ne peut ménager la chèvre et le chou*
No se puede pedir peras al olmo	*On ne peut demander l'impossible*
No se puede repicar y andar en la procesión	*On ne peut être à la fois au four et au moulin*
No sólo de pan vive el hombre	*L'homme ne vit pas seulement de pain*
No temer ni a Dios ni al diablo	*Ne craindre ni Dieu ni le diable*
No tener casa ni hogar	*N'avoir ni feu ni lieu*
No tener dónde caerse muerto	*Être sur le pavé*
No tener ni pies ni cabeza	*N'avoir ni queue ni tête*
No tener ni rey ni roque	*N'avoir ni foi ni loi*
No tener pelos en la lengua	*Avoir la langue bien pendue*
No tener telarañas en los ojos	*Ne pas avoir les yeux dans sa poche*
No tener vela en el entierro	*Ne pas avoir voix au chapitre*
No tenerse en pie	*Ne pas tenir debout*
No todas las verdades son para ser dichas	*Toute vérité n'est pas bonne à dire*
No todos los días son iguales	*Les jours se suivent et ne se ressemblent pas*
Nobleza obliga	*Noblesse oblige*
Obras son amores, que no buenas razones	*Bien faire et laisser dire*
Ojo por ojo, diente por diente	*Œil pour œil, dent pour dent*
Ojos que no ven, corazón que no siente	*Loin des yeux, loin du cœur*
Olivo y aceituno todo es uno	*C'est bonnet blanc et blanc bonnet*
Pagar a toca teja	*Payer rubis sur l'ongle*
Pagar los platos rotos	*Payer les pots cassés*

Pagarle a uno en la misma moneda	*Rendre à quelqu'un la monnaie de sa pièce*
Para este viaje no se necesitan alforjas	*Il est Gros-Jean comme devant*
Pararle a uno los pies	*Remettre quelqu'un à sa place*
Parece que no ha roto un plato en su vida	*On lui donnerait le bon Dieu sans confession*
Parecerse como dos gotas de agua	*Se ressembler comme deux gouttes d'eau*
Pasar la de Dios es Cristo	*En voir de toutes les couleurs*
Pasarlas moradas	*En voir des vertes et des pas mûres*
Pecado confesado es medio perdonado	*Péché avoué est à demi pardonné*
Peor es meneallo	*Il ne faut pas réveiller le chat qui dort*
Peor es nada	*C'est toujours cela de pris*
Perder los estribos	*Perdre les pédales*
Perro ladrador poco mordedor	*Chien qui aboie ne mord pas*
Pescar a río revuelto	*Pêcher en eau trouble*
Piedra movediza nunca moho cobija	*Pierre qui roule n'amasse pas mousse*
Piensa el ladrón que todos son de su condición	*Chacun mesure les autres à son aune*
Piensa mal y acertarás	*Méfiance est mère de sûreté*
Pobreza no es vileza	*Pauvreté n'est pas vice*
Poderoso caballero es Don Dinero	*L'amour fait beaucoup, mais l'argent fait tout*
Poner a mal tiempo buena cara	*Faire contre mauvaise fortune bon cœur*
Poner de su bolsillo	*En être de sa poche*
Poner el grito en el cielo	*Pousser les hauts cris*
Poner el puñal en el pecho	*Mettre le couteau sous la gorge*
Poner los pelos de punta	*Faire dresser les cheveux sur la tête*
Poner pies en polvorosa	*Prendre la poudre d'escampette*
Ponerle el cascabel al gato	*Attacher le grelot*
Poquito a poco hila la vieja el copo	*Petit à petit l'oiseau fait son nid*
Por dinero baila el perro, y por pan, si se lo dan	*Point d'argent, point de Suisse*
Por el fruto se conoce el árbol	*On reconnaît l'arbre à ses fruits*
Por la muestra se conoce el paño	*À l'œuvre on reconnaît le maître*

Primero es la obligación que la devoción	*Le devoir avant tout*
Principio quieren las cosas	*Il y a un commencement à tout*
Propagarse como un reguero de pólvora	*Se répandre comme une traînée de poudre*
Quedarse con ganas	*Rester sur sa faim*
Quemarse uno la sangre	*Se faire du mauvais sang*
Querer es poder	*Vouloir, c'est pouvoir*
Quien a hierro mata a hierro muere	*Qui tue par l'épée périra par l'épée*
Quien a su perro quiere matar, rabia le ha de levantar	*Quand on veut noyer son chien, on dit qu'il a la rage*
Quien bien quiere a Beltrán bien quiere a su can	*Qui aime Martin aime son chien*
Quien bien te quiere te hará llorar	*Qui aime bien châtie bien*
Quien busca halla	*Qui cherche trouve*
Quien calla otorga	*Qui ne dit mot consent*
Quien con lobos anda a aullar se enseña	*On apprend à hurler avec les loups*
Quien debe y paga no debe nada	*Qui paie ses dettes s'enrichit*
Quien fue a Sevilla perdió su silla	*Qui va à la chasse perd sa place*
Quien guarda, halla	*Il faut toujours garder une poire pour la soif*
Quien ha oficio, ha beneficio	*Il n'est de si petit métier qui ne nourrisse son maître*
Quien hace un cesto, hará ciento	*Qui vole un œuf vole un bœuf*
Quien ignora no duda	*Qui ne sait rien, de rien ne doute*
Quien mucho abarca poco aprieta	*Qui trop embrasse mal étreint*
Quien mucho habla, mucho yerra	*Trop parler nuit*
Quien no cojea, renquea	*Nul n'est parfait*
Quien no se arriesga no pasa el mar	*Qui ne risque rien n'a rien*
Quien puede lo más, puede lo menos	*Qui peut le plus peut le moins*
Quien rompe, paga	*Qui casse les verres, les paye*
Quien se pica, ajos come	*Qui se sent morveux se mouche*
Quien siembra vientos recoge tempestades	*Qui sème le vent récolte la tempête*

Quien tiene boca se equivova	*Personne n'est à l'abri de l'erreur*
Remover Roma con Santiago	*Remuer ciel et terre*
Saber de que pie cojea uno	*Savoir où le bât blesse*
Sacar las castañas del fuego	*Tirer les marrons du feu*
Salir de Guatemala y meterse en Guatepeor	*Troquer son cheval borgne contre un aveugle*
Salir de sus casillas	*Sortir de ses gonds*
Ser bueno como un ángel	*Être sage comme une image*
Ser corto de alcances	*Avoir l'esprit bouché*
Ser el amo del cotarro	*Faire la pluie et le beau temps*
Ser hermoso como un ángel	*Être beau comme un dieu*
Ser más conocido que la ruda	*Être connu comme le loup blanc*
Ser más fuerte que un roble	*Être fort comme un Turc*
Ser más papista que el papa	*Être plus royaliste que le roi*
Ser más sordo que una tapia	*Être sourd comme un pot*
Ser más viejo que el andar a pie	*Être vieux comme le monde*
Ser tonto de capirote	*Être bête à manger du foin*
Ser uña y carne	*Être comme les deux doigts de la main*
Si quieres ser bien servido, sírvete a ti mismo	*On n'est jamais bien servi que par soi-même*
Sin soltar un cuarto	*Sans bourse délier*
Sobre gustos no hay nada escrito	*Des goûts et des couleurs, on ne discute pas*
Sólo la verdad ofende	*Il n'y a que la vérité qui blesse*
Son lobos de una misma camada	*Ils sont tous à mettre dans le même sac*
Su vida está pendiente de un hilo	*Sa vie ne tient qu'à un fil*
Subirse a la parra	*Monter sur ses grands chevaux*
Sudar la gota gorda	*Suer à grosse gouttes*
Tanto va el cántaro a la fuente que al fin se rompe	*Tant va la cruche à l'eau qu'à la fin elle se casse*
Tener a uno entre ceja y ceja	*Ne pas pouvoir sentir quelqu'un*
Tener el riñón bien cubierto	*Avoir du foin dans ses bottes*
Tener entre ojos a uno	*Avoir quelqu'un dans le nez*
Tener ingenio por arrobas	*Avoir de l'esprit jusqu'au bout des doigts*
Tener la mosca detrás de la oreja	*Avoir la puce à l'oreille*
Tener más valor que un torero	*Ne pas avoir froid aux yeux*
Tener ojo de buen cubero	*Avoir le compas dans l'œil*

Tener riñones	*Avoir du sang dans les veines*
Tener un hambre canina	*Avoir une faim de loup*
Tener un ojo aquí y el otro en Pekín	*Avoir un œil qui dit zut à l'autre*
Tirar la casa por la ventana	*Jeter son bien par les fenêtres*
Tocar la cuerda sensible	*Toucher la corde sensible*
Todo esfuerzo merece recompensa	*Toute peine mérite salaire*
Todos los caminos llevan a Roma	*Tous les chemins mènent à Rome*
Tomar las de Villadiego	*Prendre la clef des champs*
Trabajar para el obispo	*Travailler pour le roi de Prusse*
Tratar a alguien con la punta del pie	*Traiter quelqu'un par-dessous la jambe*
Un clavo saca otro clavo	*Un clou chasse l'autre*
Un grano no hace granero, pero ayuda al compañero	*Il n'y a pas de petites économies*
Un lobo a otro no se muerden	*Les loups ne se mangent pas entre eux*
Una buena capa todo lo tapa	*Il ne faut pas se fier aux apparences*
Una cosa es enhebrar, otra es dar puntadas	*La critique est aisée mais l'art est difficile*
Una cosa es predicar y otra dar trigo	*Les conseilleurs ne sont pas les payeurs*
Una golondrina no hace el verano	*Une hirondelle ne fait pas le printemps*
Una vez al año no hace daño	*Une fois n'est pas coutume*
Venir como anillo al dedo	*Arriver à point nommé*
Venir como el agua de mayo	*Tomber à pic*
Ver la paja en el ojo ajeno y no la viga en el nuestro	*Voir la paille dans l'œil du prochain et ne pas voir la poutre que l'on a dans le sien*
Vivir a cuerpo de rey	*Vivre comme un prince*
Vivir como perros y gatos	*Vivre comme chien et chat*
Vivir con pan y cebollas	*Vivre d'amour et d'eau fraîche*
Vivir para ver	*Qui vivra verra*
Volar con sus propias alas	*Voler de ses propres ailes*
Volvamos a nuestro asunto	*Revenons à nos moutons*
Volver con las manos vacías	*Revenir bredouille*
Volverse agua de cerrajas	*Finir en eau de boudin*
Voz del pueblo, voz del cielo	*Voix du peuple, voix de Dieu*
Zapatero a tus zapatos	*Chacun son métier et les vaches seront bien gardées*

ESPAÑOL-FRANCÉS

a

a f A *m.*

a prep À : ~ *mi derecha,* à ma droite; *ir al campo,* aller à la campagne; *dilo* ~ *tu amiga,* dis-le à ton amie; ~ *las cinco,* à cinq heures; *ir* ~ *pie,* aller à pied; *patatas* ~ *cinco pesetas el kilo,* des pommes de terre à cinq pesetas le kilo; *de tres* ~ *cuatro días,* de trois à quatre jours | Dans, à : *caer al mar,* tomber dans la mer | Chez : *ir al peluquero,* aller chez le coiffeur | De : ~ *este lado,* de ce côté; *moler* ~ *palos,* rouer de coups; ~ *sangre fría,* de sang-froid; *amor* ~ *la verdad,* amour de la vérité | Après : *al poco tiempo,* peu après | Le (fecha) : *¿~ cuánto estamos?,* le combien sommes-nous? | Par : ~ *la fuerza,* par force; ~ *millares,* par milliers; *al día,* par jour | En : *traducir al español,* traduire en espagnol | À force de : ~ *disgustos,* à force de donner *o* d'avoir des soucis | ~ *que,* je parie que.
— OBSERV. *A* ne se traduit pas après un verbe de mouvement s'il est suivi d'un autre verbe et devant le complément d'objet direct (*atreverse a hacer algo,* oser faire qqch.).

abac|ería f Épicerie || **~ero, a** s Épicier, ère.

abacial adj Abbatial, e.

ábaco m ARQ. Abaque | Boulier.

abad m Abbé (de monasterio) | Curé (párroco).

abadejo m Morue *f* (pescado).

abad|esa f Abbesse || **~ía** f Abbaye.

abajo adv Dessous (debajo) | En bas (en sitio inferior) | À bas : *¡ ~ el tirano!,* à bas le tyran! | ~ *del todo,* tout en bas | *Venirse* ~, s'écrouler, s'effondrer.

abalanzar vt Équilibrer | Lancer, jeter | — Vp S'élancer, se jeter.

abaliz|amiento m Balisage || **~ar** vt Baliser.

abalorio m Verroterie *f.*

abander|ado m Porte-drapeau || **~amiento** m MAR. Nationalisation *f* | MIL. Enrôlement || **~ar** vt MAR. Mettre sous pavillon | FIG. Être le porte-drapeau de.

abandon|ar vt Abandonner | Quitter (irse) | FIG. Négliger (descuidar), perdre (calma) | — Vp S'abandonner, se laisser aller | Se confier || **~ismo** m Défaitisme || **~ista** s Défaitiste || **~o** m Abandon.

abanic|ar vt Éventer || **~o** m Éventail | Roue *f* (del pavo real).

abarat|amiento m Baisse *f,* diminution (*f*) du prix *o* du coût | Réduction (*f*) de prix || **~ar** vt Baisser [le prix de] | — Vp Baisser, diminuer.

abarca f Sandale (calzado) | Sabot *m* (zueco).

abarcar vt Embrasser (ceñir) | Entourer, cerner (rodear) | FIG. Comprendre, renfermer (contener), embrasser (con la mirada), s'occuper à la fois de | *Amér.* Accaparer | *Quien mucho abarca poco aprieta,* qui trop embrasse mal étreint.

abarquill|amiento m Gauchissement (tabla) | Gondolage (cartón) || **~ar** vt Gondoler (cartón) | Gauchir (alabear) | Rouler (arrollar).

abarraganamiento m Concubinage.

abarranc|amiento m Embourbement (enlodamiento) | Ravinement | MAR. Échouement || **~ar** vt Raviner | — Vp S'embourber | — Vi MAR. (S') échouer.

abarrot|ar vt MAR. Arrimer | Bonder, surcharger (atestar) | Encombrer, remplir (llenar) | *Amér.* Accaparer, monopoliser || **~e** m MAR. Ballot | — Pl *Amér.* Articles d'épicerie et de

bazar; épicerie *fsing* (tienda), quincaillerie *fsing* (ferretería) ‖ **~ero, a** s *Amér.* Épicier, ère.
abast|ecedor, a adj|s Fournisseur, euse; pourvoyeur, euse ‖ **~ecer*** vt Approvisionner, ravitailler | **~ecido, a** adj Approvisionné, e ‖ **~ecimiento** m Approvisionnement | Ravitaillement (de víveres) : *comisaría de ~s,* service de ravitaillement ‖ **~ero** m *Amér.* Boucher en gros ‖ **~o** m Approvisionnement, ravitaillement | *Amér.* Abattoir | — Pl Ravitaillement *sing* | *Dar ~,* satisfaire | *No dar ~,* ne pas y arriver.
abatan|ado, a adj Foulé, e ‖ **~ar** vt Fouler (paño) | FIG. Battre.
abate m Abbé.
abat|imiento m Abattement (desánimo) | Abaissement (humillación) ‖ **~ir** vt Abattre (derribar) | FIG. Abattre (orgullo, ánimo), humilier, abaisser | MAR. Amener (banderas), abattre (rumbo), incliner | Démonter (descomponer) | Abattre (naipes) | MAT. Abattre | — Vi MAR. Dériver | — Vp S'abattre | S'humilier | Se laisser abattre, se décourager (desanimarse).
abazón m Bajoue *f,* abajoue *f.*
abdic|ación f Abdication ‖ **~ar** vt Abdiquer (*en,* en faveur de).
abdom|en m ANAT. Abdomen | **~inal** adj Abdominal, e.
abec|é m ABC ‖ **~edario** m Alphabet | Abécédaire (libro).
abedul m BOT. Bouleau.
abej|a f Abeille | *~ maesa* ou *maestra* ou *reina,* reine | *~ neutra* ou *obrera,* ouvrière ‖ **~ar** m Rucher ‖ **~arrón** m Bourdon ‖ **~aruco** m Guêpier ‖ **~ero, a** s Apiculteur, trice | — M Guêpier ‖ **~ón** m Bourdon (abejorro) | Faux bourdon (zángano) ‖ **~orreo** m FAM. Bourdonnement ‖ **~orro** m Bourdon (himenóptero) | Hanneton (coleóptero).
abemolar vt Adoucir (voz) | MÚS. Bémoliser.
aberenjenado, a adj. Aubergine (color).
aberra|ción f Aberration ‖ **~ante** adj Aberrant, e ‖ **~ar** vi Errer (extraviarse) | Aberrer (p. us.), se tromper (equivocarse).
abertura f Ouverture | Crique (ensenada) | Fente, crevasse (grieta) | Trouée, passage *m* (entre montañas) | Fente (de traje) | FIG. Ouverture, largeur (de espíritu), franchise, sincérité.
abeto m Sapin.
abierto, a adj Ouvert, e | Découvert, e | FIG. Ouvert, e (cara), franc, franche; épanoui, e (flor) | *~ de par en par,* grand ouvert.
abigarr|ado, a adj Bigarré, e; bariolé, e ‖ **~amiento** m Bariolage, bigarrure *f* ‖ **~ar** vt Bigarrer, barioler.
abisal adj Abyssal, e.
abisel|amiento m Biseautage ‖ **~ar** vt Biseauter.
Abisinia nprf Abyssinie.
abisinio, a adj/s Abyssin, e; abyssinien, enne.
abism|al adj Abyssal, e ‖ **~ar** vt Engloutir, plonger dans un abîme | Humilier, confondre | — Vpr S'abîmer (hundirse) | FIG. S'abîmer (en pensamientos), se plonger (en trabajo) ‖ **~o** m Abîme.
abjur|ación f Abjuration ‖ **~ar** vt/i Abjurer : *~ de su fe,* abjurer sa foi.
ablación f Ablation.
abland|abrevas s inv FAM. Nullité *f,* incapable ‖ **~ador** m Attendrisseur ‖ **~amiento** m Ramollissement, amollissement | FIG. Adoucissement, assouplissement ‖ **~ar** vt Ramollir, amollir, attendrir | FIG. Radoucir (calmar), attendrir, fléchir : *~ a sus padres,* attendrir ses parents | — Vi Se radoucir (tiempo) | Tomber, se calmer (viento) | — Vp FIG. Se laisser attendrir ‖ **~ecer*** vt Ramollir.
ablativo m Ablatif.
ablución f Ablution.
abneg|ación f Abnégation, dévouement *m* ‖ **~ado, a** adj. Dévoué, e ‖ **~arse*** vpr Se dévouer, se sacrifier.
abob|ado, a adj Niais, e; bête (tonto) | Hébété, e; ahuri, e (alelado) ‖ **~amiento** m Abêtissement, bêtise *f* ‖ **~ar** vt Abêtir | Ébahir (dejar pasmado) | — Vp S'abêtir.
aboc|ado, a adj Qui a du bouquet (vino) | *Estar ~ a,* courir droit à (una catástrofe), être acculé à (un acto) ‖ **~amiento** m Abouchement ‖ **~ar** vi Aboutir à, déboucher sur.
abocard|ado, a adj Évasé, e ‖ **~ar** vt Évaser.
abocetar vt Esquisser, ébaucher.
abocin|ado, a adj Évasé, e | Rampant (arco) ‖ **~amiento** m Évasement ‖ **~ar** vi FAM. Tomber en avant | — Vt Évaser.
abochorn|ado, a adj. FIG. Honteux, euse (avergonzado), gêné, e; confus, e (molesto) ‖ **~ar** vt Suffoquer | FIG. Faire rougir, vexer, faire honte | — Vp FIG. Avoir honte, rougir.
abofetear vt Gifler | FIG. Bafouer, piétiner (no hacer caso).
abog|acía f Barreau *m,* profession d'avocat | Plaidoirie (alegato) | *~ de pobres,* assistance judiciaire ‖ **~ada** f Avocate ‖ **~illo** m FAM. Avocassier, avocaillon ‖ **~ado** m Avocat | *~ de secano,* avocat sans cause ‖ **~ar** vi

Plaider (*por, en* ou *a favor de,* en faveur de) | FIG. Intercéder.
abolengo m Ascendance *f,* lignée *f* | Patrimoine, héritage | *De rancio ~,* de vieille souche (familia), de vieille tradition (cosa).
abol|ición f Abolition || **~icionismo** m Abolitionnisme || **~icionista** adj/s Abolitionniste || **~ir*** vt Abolir, abroger.
aboll|adura f Bosselure, bosse || **~ar** vt Bosseler, cabosser.
abomb|ado, a adj Bombé, e | *Amér.* Hébété, e (atontado), éméché, e (achispado) || **~ar** vt Bomber | FIG. Assourdir, étourdir | — Vp *Amér.* S'enivrer (emborracharse), pourrir, se corrompre.
abomin|able adj Abominable || **~ación** f Abomination, horreur || **~ar** vt Abominer (p. us.), avoir en horreur | — Vi Maudire.
abon|able adj Digne de crédit | Payable (pagadero) | Amendable (tierra) || **~ado, a** adj V. ABONAR | FIG. Sûr, e (de confianza), parfait, e; idéal, e : *es terreno ~ para tal ideología,* c'est un terrain parfait pour une telle idéologie | — S Abonné, e || — M AGR. Fumage, fumure *f,* épandage d'engrais || **~anzar** vi Se calmer || **~ar** vt Verser, payer (pagar) | Créditer (en una cuenta) | Accréditer | Cautionner, garantir (salir fiador) | Allouer (atribuir) | Abonner (suscribir) | Affirmer, certifier (dar por cierto) | Améliorer, bonifier (mejorar) | AGR. Fumer, engraisser, bonifier | — Vi Se calmer | — Vp S'abonner, prendre un abonnement || **~aré** m Billet à ordre || **~o** m Payement (pago) | Engrais (fertilizante) | Abonnement (suscripción) | Caution *f,* garantie *f* | Crédit (en una cuenta) | *En ~ de,* à l'appui de (en apoyo de).
abord|able adj Abordable || **~aje** m Abordage || **~ar** vt/i Aborder || **~o** m Abordage.
aborigen adj/s Aborigène.
aborrascarse vp Devenir orageux.
aborrec|er* vt Détester, abhorrer (p. us.) | Abandonner son nid (pájaro) | Ennuyer, lasser (fastidiar) || **~ible** adj Haïssable, exécrable || **~ido, a** adj Détesté, e | FIG. Ennuyé, e || **~imiento** m Haine *f,* aversion *f* (odio) | Répugnance *f,* dégoût | Ennui, lassitude *f* (aburrimiento).
aborreg|ado, a adj Moutonneux, euse; pommelé, e (cielo) || **~arse** vp Se moutonner, se pommeler.
aborricarse vp S'abrutir.
abort|ar vi Avorter (provocado), faire une fausse couche (involuntario) | FIG. Avorter || **~ivo, a** adj/m Abortif, ive || **~o** m Avortement (voluntario) | Fausse couche *f* (accidental) | FIG. Avortement (fracaso), avorton (persona raquítica).
abotagarse o **abotargarse** vp Se boursoufler (piel), bouffir (cara).
aboton|ador m Tire-bouton || **~adura** f Boutonnage *m* || **~ar** vt Boutonner.
abovedar vt ARQ. Voûter.
abra f Crique (ensenada) | Petite vallée | Crevasse (en el suelo) | *Amér.* Clairière.
abras|ador, a adj Brûlant, e || **~amiento** m Embrasement || **~ante** adj Brûlant, e || **~ar** vt Embraser, brûler | FIG. Gaspiller (fortuna), faire rougir (avergonzar), mourir de : *le abrasa la sed,* il meurt de soif | — Vp Se brûler | FIG. Se consumer || **~ión** f Abrasion || **~ivo, a** adj/m Abrasif, ive.
abraz|adera f Anneau *m* | TECN. Bride, collier *m* | IMPR. Crochet *m,* accolade || **~ar** vt Prendre dans ses bras | Serrer [dans ses bras], étreindre | Entourer, ceindre (rodear) | FIG. Embrasser, comprendre (abarcar), embrasser (adoptar) || **~o** m Accolade *f* (con amistad), étreinte *f* (con ternura) | *~s,* affectueusement (en una carta) | *Dar un ~,* embrasser, donner l'accolade.
abrelatas m inv Ouvre-boîtes.
abrev|adero o **~ador** m Abreuvoir || **~ar** vt Abreuver.
abrevi|ación f Abréviation || **~ado, a** adj Abrégé, e (corto) | Sommaire || **~amiento** m Abrègement || **~ar** vt/i Abréger || **~atura** f Abréviation | *En ~,* en abrégé.
abribonarse vp S'encanailler.
abridor, a adj Qui ouvre | — M Spatule (*f*) du greffoir (para injertar) | *~ de ostras,* écailler.
abrig|ada f o **~adero** m Abri *m* | *Amér.* Repaire *m* (guarida) || **~año** m Abri | AGR. Paillasson || **~ar** vt Abriter | FIG. Nourrir (esperanza, etc), tenir chaud (ropa), protéger | — Vp FIG. Se couvrir (con ropa) || **~o** m Abri | Manteau (prenda de vestir) | *De ~,* chaud, e (ropa), énorme, de taille (tontería) | *Para ~,* pour se protéger.
abril m Avril : *el 5 de ~ de 1908,* le 5 avril 1908 | FIG. Printemps | *En ~, aguas mil,* en avril ne te découvre pas d'un fil || **~eño, a** adj Du mois d'avril, printanier, ère.
abrillantar vt Polir, faire briller | FIG. Donner de l'éclat.
abrir vt Ouvrir | Percer, ouvrir (calle) | Fendre (cabeza) | Creuser (surco) | Écarter (separar) | Couper les pages de (un libro) | *Amér.* Déboiser | —

Vi Ouvrir, s'ouvrir | S'ouvrir, s'épanouir (flor) | *A medio ~,* entrouvert | *En un ~ y cerrar de ojos,* en un clin d'œil | — Vp S'ouvrir | S'épanouir, s'ouvrir (flor) | Se craqueler (agrietarse) | Se fendre (cabeza) | Percer (absceso) | S'éclaircir, se dégager (tiempo).
abroch|ador m Tire-bouton ‖ **~ar** vt Boutonner (con botones), agrafer (con broche), lacer (con lazos), attacher (cinturón).
abrog|ación f Abrogation ‖ **~ar** vt Abroger.
abrojo m BOT. Chardon | MIL. Chausse-trape *f* | — Pl Ronces *f*, broussailles *f* (zarzas) | MAR. Ecueils, brisants | FIG. Peines *f*.
abroncar vt FAM. Ennuyer, fâcher (disgustar), houspiller (regañar), huer (abuchear), faire rougir (avergonzar).
abroquelarse vp Se couvrir d'un bouclier | FIG. Se protéger, se défendre.
abrum|ador, a adj Écrasant, e; accablant, e ‖ **~ar** vt Écraser, accabler (agobiar) | Ennuyer, assommer (fastidiar) | Accabler (abatir).
abrupto, a adj Abrupt, e.
absceso m MED. Abcès.
abscisa f GEOM. Abscisse.
absent|ismo m Absentéisme ‖ **~ista** adj/s Absentéiste.
ábside m ARQ. Abside *f*.
absintio m Absinthe *f*.
absol|ución f Absolution | Acquittement *m* (de un reo) ‖ **~uta** f Affirmation catégorique | MIL. Libération définitive ‖ **~utamente** adv Absolument | En aucun cas (de ninguna manera) ‖ **~utismo** m Absolutisme ‖ **~utista** adj/s Absolutiste ‖ **~uto, a** adj Absolu, e | *En ~,* absolument (enteramente), pas du tout (de ninguna manera) ‖ **~utorio, a** adj Absolutoire | D'acquittement (veredicto) ‖ **~ver*** vt Acquitter, absoudre (reo) | Absoudre, pardonner (pecador) | Délier (promesa, etc).
absor|bente adj/m Absorbant, e | Exclusif, ive (carácter) ‖ **~ber** vt Absorber ‖ **~bible** adj Absorbable ‖ **~ción** f Absorption ‖ **~to, a** adj Absorbé, e; plongé, e (sumido) | Étonné, e; ébahi, e (extrañado).
abstemio, a adj/s Abstème.
absten|ción f Abstention ‖ **~cionismo** m Abstentionnisme ‖ **~cionista** adj/s Abstentionniste ‖ **~erse*** vp S'abstenir.
abstin|encia f Abstinence ‖ **~ente** adj/s Abstinent, e.
abstra|cción f Abstraction | **~cto, a** adj Abstrait, e | *En ~,* abstraitement, dans l'abstrait | *Lo ~,* l'abstrait ‖ **~er*** vt Abstraire | — Vi *~ de,* faire abstraction de, omettre | — Vp S'abstraire, s'absorber ‖ **~ído, a** adj FIG. Distrait, e; absorbé, e (ocupado), isolé, e (aislado).
absuelto, a adj Absous, absoute (pecador) | Acquitté, e (reo).
absurd|idad f Absurdité ‖ **~o, a** adj Absurde | *Lo ~,* l'absurde | — M Absurdité *f*.
abubilla f Huppe (ave).
abuche|ar vt Huer, siffler, conspuer (pitar) | Chahuter (armar jaleo) ‖ **~o** m Huées *fpl* | Cris (en un espectáculo) | Chahut (de los alumnos).
abuel|a f Grand-mère, aïeule (m. us.) | FIG. Grand-mère, vieille femme | FAM. *!Cuéntaselo a tu ~!,* à d'autres! | *No tener ~,* ne pas se donner de coups de pied ‖ **~ita** f FAM. Grand-maman, bonne-maman ‖ **~ito** m FAM. Grand-papa, bon-papa ‖ **~o** m Grand-père, aïeul (m. us.) | FIG. Grand-père, vieillard | — Pl Grands-parents | Aïeux (antepasados).
abuhardillado, a adj Mansardé, e.
ab|ulia f MED. Aboulie ‖ **~úlico, a** adj/s Aboulique.
abult|ado, a adj Gros, grosse; volumineux, euse | Épais, épaisse | Enflé, e (hinchado) | FIG. Grossi, e; exagéré, e ‖ **~amiento** m Grossissement | Renflement, proéminence *f* (hinchazón) ‖ **~ar** vt Grossir | FIG. Grossir, exagérer; dégrossir, ébaucher (desbastar, esbozar) | — Vi Être gros *o* volumineux | Prendre de la place, être encombrant (ocupar sitio).
abund|amiento m Abondance *f* | *A mayor ~,* à plus forte raison (con más razón), en plus, en outre (además) ‖ **~ancia** f Abondance ‖ **~ante** adj Abondant, e ‖ **~antemente** adv Abondamment ‖ **~ar** vi Abonder | *~ en las ideas de,* abonder dans le sens de | *Lo que abunda no daña,* abondance de biens ne nuit pas.
¡abur! interj Salut!, au revoir!
aburgues|amiento m Embourgeoisement **~arse** vp S'embourgeoiser.
aburr|ido, a adj Qui s'ennuie | Ennuyeux, euse (que aburre) | Las, lasse; dégoûté, e (harto) | *Estar ~ con,* en avoir assez de ‖ **~imiento** m Ennui | Lassitude *f*, dégoût (hastío) ‖ **~ir** vt Ennuyer | Abandonner, laisser | — Vp S'ennuyer.
abus|ar vt/i Abuser ‖ **~ivo, a** adj Abusif, ive ‖ **~o** m Abus ‖ **~ón, ona** adj/s Profiteur, euse.
abyec|ción f Abjection ‖ **~to, a** adj Abject, e.
acá adv Ici, là (aquí) | Près : *más ~,* plus près | En deçà de, en avant de | *~ y allá,* çà et là | *¿De cuándo ~?,* depuis quand?
acabado, a adj V. ACABAR | Fini, e (producto) | FIG. Achevé, e; par-

fait, e (perfecto), accompli, e; consommé, e : *un historiador* ~, un historien consommé; fini, e (viejo, destrozado), épuisé, e (agotado), usé, e (salud) | — M Achèvement | Tecn. Finissage, finition *f* || **~or, a** adj/s Finisseur, euse.

acaball|adero m Haras || **~ado, a** adj Chevalin, e || **~ar** vt Saillir.

acaballonar vt Faire des ados.

acab|amiento m Achèvement (conclusión) | Accomplissement, parachèvement (terminación perfecta) | Tecn. V. acabado || **~ar** vt Finir, achever, terminer | Achever (rematar) | — Vi Finir, se terminer : ~ *en punta*, se terminer par une pointe | Finir : *ven cuando acabes*, viens quand tu auras fini | Devenir : *¡ es para ~ loco!*, il y a de quoi devenir fou! | ~ *con*, en finir avec, venir à bout de (terminar), rompre avec (reñir), achever (agotar) | ~ *de*, venir de | *No ~ de comprender*, ne pas arriver à comprendre | — Vp Finir, prendre fin | Se terminer | Fig. *Se acabó*, un point c'est tout || **~óse** m Le comble (el colmo), le fin du fin (lo mejor).

acacia f Bot. Acacia *m*.

acad|emia f Académie | École : ~ *de idiomas*, école de langues || **~émico, a** adj Académique | Universitaire (título) | — S Académicien, enne | ~ *correspondiente*, correspondant de l'Académie.

acaec|edero, a adj Éventuel, elle || **~er*** vi Arriver, survenir, avoir lieu | — Vimp Arriver || **~imiento** m Événement.

acalor|ado, a adj Échauffé, e | Fig. Échauffé, e (excitado), vif, vive; passionné, e; chaud, e (violento), ardent, e; enflammé, e (entusiasta) || **~amiento** m Échauffement | Chaleur *f* (tiempo) | Fig. Ardeur *f* || **~ar** vt Chauffer | Encourager (fomentar), échauffer, enflammer, exciter | — Vp S'échauffer | Fig. S'emporter (irritarse), s'enflammer (entusiasmarse).

acallar vt Faire taire | Apaiser, assouvir (el hambre).

acamar vt Coucher, courber.

acampada f Camping *m*.

acampanado, a adj En forme de cloche | Cloche, évasée (falda).

acampar vt/i/p Camper.

acanal|ado, a adj Encaissé, e (encajonado) | Cannelé, e (estriado) | À côtes (calcetines) || **~adura** f Cannelure, strie. || **~ar** vt Canneler, strier.

acanallar vt Encanailler.

acantilado, a adj Escarpé, e (abrupto) | — M Mar. Falaise *f* | Pente (*f*) abrupte.

acanto m Acanthe *f*.

acanton|amiento m Mil. Cantonnement || **~ar** vt Cantonner.

acapar|ador, a adj/s Accapareur, euse || **~amiento** m Accaparement || **~ar** vt Accaparer.

acápite m *Amér.* Paragraphe, alinéa | *Amér. Punto* ~, point à la ligne.

acaracolado, a adj En colimaçon, en spirale.

acaramel|ado, a adj Caramélisé, e | Fig. Obséquieux, euse; doucereux, euse; mielleux, euse (voz) || **~ar** vt Caraméliser | — Vp Fig. Être tout sucre et tout miel.

acardenalar vt Meurtrir, couvrir de bleus.

acarici|ador, a adj Caressant, e || **~ar** vt Caresser.

acarre|ador m Transporteur || **~amiento** m V. acarreo || **~ar** vt Transporter | Charroyer (en carro) | Charrier (arrastrar) | Fig. Entraîner, occasionner || **~o** m Transport | Charroi (en carro) | Charriage (arrastre) | *De* ~, de charriage, de remblai (tierras).

acarton|ado, a adj Cartonné, e | Fam. Desséché, e; parcheminé, e || **~ar** vt Durcir | — Vp Fam. Se dessécher, se ratatiner.

acaso m Hasard | — Adv Peut-être | Par hasard | *Por si* ~, au cas où, à tout hasard | *Si* ~, à la rigueur, peut-être (quizá), au cas où, si par hasard (si por casualidad).

acat|ador, a adj Respectueux, euse || **~amiento** m Obéissance *f* | Soumission *f* | Respect, observance *f* (de leyes) || **~ar** vt Respecter | Obéir à.

acatarrarse vp S'enrhumer | Fam. *Amér.* S'enivrer.

acaudal|ado, a adj Riche, fortuné, e || **~ar** vt Thésauriser | Fig. Amasser, accumuler.

acaudillar vt Commander, être à la tête de.

acc|eder vi Accéder | Acquiescer, consentir | Accepter de, consentir à || **~esible** adj Accessible || **~esión** f Accession | Consentement *m* | Accessoire *m* (complemento) | Med. Accès (*m*) de fièvre || **~ésit** m Accessit || **~eso** m Accès | Voie (*f*) d'accès | Fig. Poussée *f* : ~ *de fanatismo*, poussée de fanatisme | ~ *de tos*, quinte de toux || **~esoria** f Dépendance | Annexe || **~esorio, a** adj/m Accessoire || **~esorista** m Accessoiriste.

accident|ado, a adj/s Accidenté, e || **~al** adj Accidentel, elle || **~ar** vt Causer un accident, accidenter | — Vp Être victime d'un accident || **~e** m Accident | Syncope *f*, évanouissement | *Por* ~, par accident *o* hasard, accidentellement.

acci|ón f Action | Geste *m* : *unir la ~ a la palabra,* joindre le geste à la parole | Attitude | ¡ ~ !, silence, on tourne! (cine) ‖ **~onamiento** m Mise (*f*) en marche *o* en mouvement ‖ **~onar** vi Gesticuler | — Vt Actionner, faire marcher ‖ **~onariado** m Actionnariat ‖ **~onario, a** *o* **~onista** s Actionnaire.

acebo m Bot. Houx.

acebuche m Olivier sauvage.

acecinar vt Boucaner | — Vp Fig. Se dessécher, se ratatiner.

acech|anza f Guet *m* ‖ **~ar** vt Guetter ‖ **~o** m Guet | *Al* ou *en ~* à l'affût (esperando), aux aguets (vigilando) ‖ **~ón, ona** adj/s Fam. Guetteur, euse.

aced|ar vt Aigrir | — Vp S'aigrir | Se faner, se flétrir (ajarse) ‖ **~era** f Bot. Oseille ‖ **~ía** f Aigreur, acidité | Plie (pescado) | Fig. Aigreur, âpreté ‖ **~o, a** adj Aigre, acide.

acéfalo, a adj/m Acéphale.

aceit|ado m Graissage ‖ **~e** m Huile *f* : *~ de cacahuete,* huile d'arachide | Pétrole : *~ bruto, lampante,* pétrole brut, lampant ‖ **~era** f Marchande d'huile | Burette (vasija) | — Pl Huilier *msing* ‖ **~ería** f Huilerie ‖ **~ero** adjm/m Huilier | — M Marchand d'huile ‖ **~oso, a** adj Huileux, euse ‖ **~una** f Olive ‖ **~unado, a** adj Olivâtre ‖ **~uno, a** adj Olivâtre | — M Olivier.

aceler|ación f Accélération | *Poder de ~,* reprise ‖ **~ador, a** adj/m Accélérateur, trice ‖ **~amiento** m Accélération *f* ‖ **~ar** vt Accélérer | Hâter, presser, accélérer (paso) ‖ **~atriz** adjf Accélératrice ‖ **~ón** m Coup d'accélérateur | Fig. Coup de fouet.

acelga f Bot. Bette.

ac|émila f Bête de somme | Fam. Butor *m,* âne *m* ‖ **~emilero** m Muletier.

acendr|ado, a adj Fig. Pur, e ‖ **~amiento** m Épuration *f* ‖ **~ar** vt Épurer | Affiner (metal) | Purifier.

acent|o m Accent ‖ **~uación** f Accentuation ‖ **~ar** vt Accentuer | Détacher : *~ todas las sílabas,* détacher toutes les syllabes.

aceña f Moulin (*m*) à eau.

acepción f Acception | *Sin ~ de personas,* sans acception de personne.

acepill|adora f Raboteuse ‖ **~adura** f Brossage *m* (de la ropa) | Rabotage *m* (de la madera) | Copeau *m* (viruta) ‖ **~ar** vt Brosser (ropa) | Raboter (madera) | Fig. Polir, civiliser.

acept|able adj Acceptable ‖ **~ación** f Acceptation | Approbation | Succès *m : tener poca ~,* avoir peu de succès ‖ **~ar** vt Accepter ‖ **~o, a** adj Agréé, e; bien accueilli, e.

acequia f Canal (*m*) d'irrigation.

acera f Trottoir *m* | Rangée de maisons.

acer|ación f Aciération ‖ **~ado, a** adj Aciéré, e | Fig. Acéré, e | — M Aciérage ‖ **~ar** vt Acérer (soldar) | Aciérer (convertir) | Fig. Acérer.

acerb|idad f Aigreur, âpreté ‖ **~o, a** adj Aigre, âpre | Fig. Acerbe.

acerca de adv Sur, au sujet de.

acerc|amiento m Rapprochement ‖ ‖ **~ar** vt Rapprocher, approcher | Fig. Rapprocher (personas) | — Vp Approcher, s'approcher (*a,* de) | Fig. Approcher : *~ a la vejez,* approcher de la vieillesse; rejoindre, se rapprocher : *esto se acerca a mis ideas,* cela rejoint mes idées | Aller (ir).

acer|ía f Aciérie ‖ **~ico** m Pelote (*f*) à épingles | Coussin (almohada) ‖ **~o** m Acier | Fig. *Cruzar el ~,* croiser le fer.

acérrimo, a adj Fig. Très fort, e; robuste (vigoroso), tenace, acharné, e.

acerrojar vt Verrouiller.

acert|adamente adv Adroitement, avec succès | Bien | À juste titre (con toda la razón) | Par bonheur (por suerte) ‖ **~ado, a** adj V. acertar | Opportun, e | Adroit, e; habile | Heureux, euse; réussi, e (conseguido) | *Lo ~,* le mieux, le plus raisonnable (lo mejor), le bien-fondé (lo fundado) ‖ **~ante** adj/s Gagnant, e (ganador) ‖ **~ar*** vt Atteindre (dar en el blanco) | Trouver (encontrar) | Deviner, trouver | Réussir, avoir du succès (hacer con acierto) | — Vi Deviner juste, trouver | Réussir (conseguir) | Venir : *acertó a pasar,* il vint à passer | *~ con,* trouver ‖ **~ijo** m Devinette *f.*

acervo m Tas, monceau, amas (montón) | Biens (*pl*) possédés en commun | Fig. Trésor, patrimoine.

acetato m Acétate.

acético, a adj Acétique.

acet|ileno m Acétylène ‖ **~ona** f Acétone ‖ **~osa** f Oseille.

aciago, a adj Funeste, malheureux, euse; malencontreux, euse | De mauvais augure (persona).

acial m Vet. Morailles *fpl.*

acíbar m Aloès | Fig. Amertume *f* | *Amargo como el ~,* amer comme le fiel.

acibarar vt Rendre amer | Fig. Aigrir.

acical|ado, a adj V. acicalar | Fig. Tiré à quatre épingles, élégant, e | — M Fourbissage ‖ **~adura** f o **~amiento** m Fourbissage *m* ‖ **~ar** vt Fourbir | Fig. Parer, orner | — Vp Se pomponner, se faire beau.

acicate m Éperon à broche | FIG. Aiguillon, stimulant || **~ar** vt Stimuler, éperonner, aiguillonner.
acid|ez f Acidité || **~ificación** f Acidification || **~ificar** vt Acidifier || **~ímetro** m Acidimètre.
ácido, a adj/m Acide | — Adj FIG. Amer, ère | — M FIG. Acide (LSD).
acidular vt Aciduler.
acierto m Réussite *f* | Trouvaille *f* : *este título es un* ~, ce titre est une trouvaille | FIG. Adresse *f*, habileté *f*, sagesse *f*, bon sens (cordura), excellente idée *f* | Réponse (*f*) juste.
ácimo adj Azyme.
acimut m Azimut.
ácino m ANAT. Acinus.
ación m Étrivière *f*.
aclam|ación f Acclamation || **~ador** m Acclamateur || **~ar** vt Acclamer | Nommer, appeler.
aclar|ación f Éclaircissement *m*, explication || **~ado** m Rinçage || **~ar** vt Éclaircir | Rincer (la ropa) | FIG. Éclairer (la mente), éclaircir (explicar), tirer au clair (enterarse) — Vi S'éclaircir (tiempo) | Se lever, pointer (día) | — Vp S'éclaircir | FIG. S'expliquer, se comprendre; voir clair (enterarse) || **~atorio, a** adj Explicatif, ive.
aclimat|ación f Acclimatation || **~ar** vt Acclimater.
acné f MED. Acné.
acobardar vt Faire peur à, intimider | — Vp Avoir peur, être intimidé.
acod|adura f AGR. Marcottage *m* || **~alar** vt ARQ. Étrésillonner, étayer || **~ar** vt Étayer (apuntalar) | Couder (doblar) | AGR. Marcotter | — Vp S'accouder (*en*, à, sur) || **~illar** vt Couder, courber || **~o** m AGR. Marcotte *f*.
acog|edor, a adj Accueillant, e || **~er** vt Accueillir, recevoir | Protéger, secourir | — Vp Se réfugier | Recourir à, faire valoir (pretexto, etc.) | Recourir à (persona) || **~ida** f Accueil *m* || **~ido, a** adj V. ACOGER | Bénéficiant de (a la ley) || **~imiento** m Accueil.
acogollar vi AGR. Bourgeonner | — Vt AGR. Couvrir, mettre sous cloche *o* sous châssis | — Vp AGR. Pommer.
acogotar vt Assommer (matar) | Colleter (coger por el cuello).
acojin|amiento m Capitonnage | MEC. Refoulement || **~ar** vt Capitonner | — Vp Refouler.
acol|ada f Accolade || **~ar** vt BLAS. Accoler.
acolch|ar vt Capitonner (muebles) | Matelasser, rembourrer (rellenar) | Matelasser (en costura) | FIG. Amortir || **~onar** vt Matelasser.
acólito m Acolyte | Enfant de chœur.
acoll|ador m MAR. Ridoir || **~ar** vt* AGR. Butter | MAR. Calfater (calafatear), rider (cuerdas).
acomet|edor, a adj/s Assaillant, e; entreprenant, e | Combatif, ive || **~er** vt Assaillir, attaquer (asaltar) | Foncer sur, attaquer (embestir) | FIG. Entreprendre (emprender), éprouver (sensación), prendre (idea, sueño, enfermedad) | Déboucher (galería, cañería) | ~ *a*, se mettre à || **~ida** f Attaque | Branchement *m* (cañería) || **~imiento** m Attaque *f*, agression *f* | Entreprise *f* (inicio) | Branchement (cañería) || **~ividad** f Agressivité, combativité.
acomod|able adj Accommodable || **~ación** f Accommodation | Accommodement *m* (arreglo) | Aménagement (de un piso) || **~adizo, a** adj Accommodant, e; arrangeant, e || **~ado, a** adj V. ACOMODAR | Convenable, commode (conveniente) | À l'aise, aisé, e (con bastante dinero) | Cossu, e : *casa* ~, maison cossue || **~ador, a** s Placeur *m*, ouvreuse *f* (espectáculos) || **~amiento** m Accommodement, arrangement (convenio) | Commodité *f*, convenance *f* (comodidad) | Aménagement (de un sitio) || **~ar** vt Arranger (ordenar) | Accommoder | Aménager (un sitio) | Adapter, régler | Régler (una lente) | Placer (un espectador) | Installer (cómodamente) | Accommoder (ojo) | FIG. Raccommoder, réconcilier | *Amér.* Placer, offrir un emploi | — Vi Convenir, arranger | — Vp Se placer (en un espectáculo) | S'installer (cómodamente) | Se placer : ~ *de criada*, se placer comme domestique | FIG. S'accommoder, s'arranger : ~ *con todo*, s'accommoder de tout | S'adapter || **~aticio, a** adj Accommodant, e; arrangeant, e || **~o** m Place *f*.
acompañ|ado, a adj Accompagné, e || **~amiento** m Accompagnement | Suite *f*, cortège (comitiva) | Figuration *f* (teatro) || **~anta** f Dame de compagnie || **~ante** adj/s Accompagnateur, trice | — Mpl Suite *fsing* || **~ar** vt Accompagner | Tenir compagnie à (hacer compañía) | Raccompagner, reconduire : *te acompañaré en coche a tu casa*, je te reconduirai chez toi en voiture | Suivre (un entierro) | Joindre, inclure (adjuntar) | FIG. Partager : *le acompaño en su sentimiento*, je partage votre douleur | MÚS. Accompagner (*con*, à).
acompas|ado, a adj Rythmé, e; cadencé, e | Cadencé, e (paso) | FIG. Posé, e (persona) || **~ar** vt Rythmer | FIG. Régler (*con*, sur).

acomplejar vt Complexer.
aconchab|amiento m Entente *f* ‖ **~arse** vp S'entendre, s'acoquiner.
acondicion|ado, a adj V. ACONDICIONAR ‖ **~ador** m Climatiseur | **~** *de escaparates*, étalagiste ‖ **~amiento** m Arrangement, aménagement | Conditionnement (del aire), climatisation *f* (de un piso) ‖ **~ar** vt Arranger, préparer | Emballer, conditionner (mercancías) | Aménager (un sitio) | Conditionner (aire), climatiser (piso).
acongojar vt Angoisser (angustiar) | Affliger (entristecer).
acónito m BOT. Aconit.
aconsej|ador, a adj/s Conseiller, ère ‖ **~ar** vt Conseiller | — Vp Prendre conseil (*con, de,* de).
aconsonantar vt Faire rimer | — Vi Rimer.
acontec|er* vi Arriver, avoir lieu, survenir ‖ **~imiento** m Événement.
acopi|ar vt Amasser, entasser (amontonar) | Rassembler (reunir) ‖ **~o** m Provision *f*, approvisionnement | Abondance *f*.
acopl|amiento m Accouplement | Assemblage (ensambladura) ‖ **~ar** vt Accoupler | Assembler | Adapter | Rendre homogène (un equipo).
acoquin|amiento m Peur *f* (miedo) | Découragement (desánimo) ‖ **~ar** vt FAM. Décourager, abattre | — Vp FAM. Prendre peur (asustarse), se décourager (desanimarse), reculer (rajarse)
acoraz|ado m Cuirassé (buque) ‖ **~ar** vt Cuirasser, blinder | — Vp FIG. Se cuirasser, s'endurcir.
acorch|ado, a adj V. ACORCHAR | Empâté, e (boca) ‖ **~ar** vt Recouvrir de liège | — Vp Devenir spongieux | Devenir cotonneux (fruta) | FIG. S'engourdir (entumecerse).
acord|ar* vt Se mettre d'accord pour, être convenu de | Décider de | Arrêter, convenir de (precio, etc) | Résoudre, décider (resolver) | MÚS. Accorder | — Vi S'accorder, concorder | — Vp Se rappeler, se souvenir de | Penser : **~** *de una persona*, penser à qqn | Se mettre *o* tomber d'accord ‖ **~e** adv D'accord | Identique (sentimientos) | **~** *a*, conforme à, en accord avec | — M MÚS. Accord ‖ **~eón** m Accordéon ‖ **~eonista** s Accordéoniste.
acordon|amiento m Laçage (con lazo) | Crénelage (de monedas) | Cordon de soldats *o* de policiers ‖ **~ar** vt Lacer (zapatos) | Créneler (moneda) | Entourer d'un cordon (de soldados o policías) | Investir, encercler : **~** *una ciudad*, investir une ville.
acorral|ado, a adj V. ACORRALAR | Aux abois (ciervo) ‖ **~amiento** m Parcage (del ganado) ‖ **~ar** vt Parquer (ganado) | Mettre aux abois (venado) | FIG. Acculer, traquer (arrinconar), acculer, confondre (confundir), coincer (dejar sin salida).
acorrer vt Secourir, aider (ayudar) | — Vi Accourir (acudir).
acort|amiento m Raccourcissement ‖ **~ar** vt Raccourcir | FIG. Réduire, diminuer | — Vp Diminuer, raccourcir (día) | Être à court d'idées.
acos|ador, a adj/s Poursuivant, e | — M Traqueur (caza) ‖ **~amiento** m Poursuite *f*, harcèlement | Traque *f* (caza) ‖ **~ar** vt Poursuivre, harceler | Traquer (en la caza) | Assaillir, harceler (con preguntas).
acostar* vt Coucher | MAR. Accoster | — Vp Se coucher | Coucher (dormir).
acostumbr|ado, a adj Habitué, e; accoutumé, e | Habituel, elle ‖ **~ar** vt Habituer, accoutumer (m. us.) | Avoir l'habitude de (soler) | — Vp Prendre l'habitude de | S'habituer à.
acot|ación f Bornage *m* | Annotation, note | Cote (en topografía) | Indication scénique (teatro) ‖ **~amiento** m V. ACOTACIÓN | FIG. Délimitation *f* ‖ **~ar** vt Borner, délimiter (terreno) | Marquer, fixer (fijar) | Interdire (prohibir) | Annoter | Accepter, admettre | FIG. Délimiter, choisir (escoger) | Coter (topografía).
acre m Acre *f* | — Adj Acre | FIG. Aigre, mordant, e.
acrec|entamiento m Accroissement, augmentation *f* ‖ **~entar*** vt Accroître, augmenter ‖ **~er*** vt Accroître, augmenter | — Vi Croître, augmenter ‖ **~imiento** m Accroissement, augmentation *f*.
acredit|ación f Accréditation ‖ **~ado, a** adj V. ACREDITAR | Réputé, e ‖ **~ar** vt Accréditer | COM. Créditer, porter au crédit | FIG. Révéler, consacrer (artista), confirmer | — Vp S'accréditer | Présenter ses lettres de créance (embajador) | Être connu, devenir réputé (hacerse famoso) | **~** *de*, se faire une réputation de.
acreedor, a adj/s Créancier, ère | Créditeur, trice | **~** *a*, digne de.
acribar vt Cribler.
acribillar vt Cribler, percer | FIG. Cribler (de deudas), assaillir (de solicitudes).
acrimonia f Acrimonie.
acriollarse vp *Amér.* Prendre les habitudes du pays.
acrisol|ado, a adj Parfait, e ‖ **~ar** vt Affiner, purifier | FIG. Faire briller (la verdad).
acristal|amiento m Vitrage ‖ **~ar** vt Vitrer.
acritud f Âcreté.

acr|obacia f Acrobatie ‖ **~óbata** adj/s Acrobate ‖ **~obático, a** adj Acrobatique.
acrom|ático, a adj Achromatique ‖ **~atismo** m Achromatisme.
acr|ópolis f ARQ. Acropole ‖ **~ótera** o **~otera** f Acrotère *m.*
acta f Acte *m* : *~ notarial,* acte notarié | Compte rendu *m,* procès-verbal *m* (de una sesión) | Dossier *m* (expediente) | — Pl Compte rendu *msing,* procès-verbal *msing* | Registres *m* (para las notas de examen) | Actes (de concilio) | *Levantar ~,* dresser (un) procès-verbal (multar), faire un constat (atestado), rédiger un procès-verbal (de una reunión), dresser un acte (derecho).
act|itud f Attitude ‖ **~ivación** f Activation ‖ **~ivar** vt Activer ‖ **~ividad** f Activité | Action : *esfera de ~,* champ d'action ‖ **~ivismo** m Activisme ‖ **~ivista** adj/s Activiste ‖ **~ivo, a** adj Actif, ive | *En ~,* en activité, en fonction | — M Actif ‖ **~o** m Acte | Action *f* | Acte (teatro) | Assemblée *f* (en la universidad) | Séance *f* (de una asamblea) : *~ inaugural,* séance inaugurale | Cérémonie *f,* manifestation *f* | *~ continuo* ou *seguido,* tout de suite *o* immédiatement après | *En el ~,* sur-le-champ | *Muerto en ~ de servicio,* mort au service de la patrie ‖ **~or, ra** s Acteur, trice (de un asunto) | DR. Demandeur, demanderesse ‖ **~or, triz** s Acteur, trice (artista).
actu|ación f Conduite | Comportement *m* | Rôle *m* (papel) | Activité | Jeu *m* (de un actor) | Numéro (en el circo, etc) | DR. Procédure | — Pl Dossiers (*m*) d'un procès ‖ **~al** adj Actuel, elle | *El cinco del ~,* le cinq courant ‖ **~alidad** f Actualité | — Pl Actualités (cine) | *En la ~,* actuellement ‖ **~alización** f Mise à jour, actualisation | Recyclage *m* (capacitación) | COM. Actualisation ‖ **~alizar** vt Actualiser, mettre à jour | COM. Actualiser ‖ **~ar** vi Agir | Remplir des fonctions | Soutenir une thèse | Se présenter (examen) | Jouer (actor) | DR. Instruire un procès | *~ de,* jouer le rôle de ‖ **~ario** m DR. Actuaire.
acua|fortista s Aquafortiste ‖ **~rela** f Aquarelle ‖ **~relista** s Aquarelliste ‖ **~rio** m Aquarium (de peces).
Acuario m Verseau (astrología).
acuartel|amiento m Casernement ‖ **~ar** vt Caserner.
acuático, a adj Aquatique | Nautique (esquí).
acuatinta f Aquatinte.
acuci|ador, a adj Pressant, e (estimulante) | Avide (ansioso) ‖ **~amiento** m Stimulation *f* | Convoitise *f* (deseo) | Empressement ‖ **~ante** adj Pressant, e; urgent, e ‖ **~ar** vt Presser | Convoiter (anhelar).
acuchill|ado o **~amiento** m Ponçage (del suelo) ‖ **~ar** vt Poignarder (apuñalar) | Passer au fil de l'épée (pasar a cuchillo) | Taillader (vestidos) | Garnir de crevés (mangas) | Raboter (madera) | Poncer (suelo).
acudir vi Arriver, venir : *en seguida acudo,* je viens tout de suite | Se rendre, aller (ir) | Secourir (auxiliar) | Fréquenter (ir a menudo) | Recourir à | Accourir (ir de prisa).
acueducto m Aqueduc.
ácueo, a adj Aqueux, euse.
acuerdo m Accord | Harmonie *f,* entente *f* | Sagesse *f,* bon sens (cordura) | Avis, conseil (parecer) | Décision *f,* résolution *f* | (Ant.) Souvenir | *Amér.* Conseil des Ministres | *De ~,* d'accord | *De ~ con,* conformément à, en accord avec.
acuidad f Acuité.
acuífero, a adj Aquifère.
acular vt Acculer.
acullá adv Là-bas, par-là.
acumul|ación f o **~amiento** m Accumulation *f* ‖ **~ador** m Accumulateur ‖ **~ar** vt Accumuler | Cumuler (empleos, etc) | — Vp S'accumuler | Se rassembler (agruparse).
acunar vt Bercer.
acuñ|ación f Frappe (de monedas) ‖ **~ador** m Monnayeur ‖ **~ar** vt Frapper | Caler, coincer (poner cuñas) | — Vi Battre monnaie.
acuos|idad f Aquosité ‖ **~o, a** adj Aqueux, euse.
acupuntura f Acupuncture | *Especialista en ~,* acupuncteur.
acurrucarse vp Se blottir, se pelotonner.
acus|ación f Accusation ‖ **~ado, a** adj/s Accusé, e ‖ **~ador, a** adj/s Accusateur, trice ‖ **~ar** vt Accuser | Dénoncer (delatar) | Annoncer (juegos) ‖ **~ativo, a** adj/m Accusatif, ive ‖ **~atorio, a** adj Accusatoire ‖ **~e** m Accusé : *~ de recibo,* accusé de réception | Annonce *f* (juegos) ‖ **~etas** o **~ete** m FAM. *Amér.* Mouchard, cafard ‖ **~ica** o **~ón, ona** s FAM. Rapporteur, euse; mouchard, e.
acústico, a adj/f Acoustique.
achac|able adj Imputable ‖ **~ar** vt Imputer, attribuer ‖ **~oso, a** adj Malade, souffreteux, euse (enfermizo) | Indisposé, e; souffrant, e (ligeramente enfermo) | Défectueux, euse.
achaflanar vt Chanfreiner.
achampanado, a o **achampañado, a** adj Champagnisé, e; façon champagne.

achancharse vp *Amér.* S'affaiblir.
achantar vt FAM. Faire peur, intimider | — Vp FAM. Se dégonfler (rajarse).
achaparrado, a adj Court et touffu (árbol) | FIG. Trapu, e; tassé, e.
achaque m Malaise, ennui de santé, indisposition *f* (malestar) | Infirmité *f* | FIG. Prétexte, excuse *f* | *~s de la vejez*, infirmités de l'âge.
acharolar vt Vernir.
achat|amiento m Aplatissement || **~ar** vt Aplatir | — Vp *Amér.* Perdre courage, se dégonfler.
achic|ado, a adj Enfantin, e || **~ador** m MAR. Écope *f* || **~amiento** m Rapetissement | Vidange *f* (del agua) | FAM. Dégonflage (acobardamiento) || **~ar** vt Diminuer, réduire | MAR. Écoper | Vider (una mina, etc) | FIG. Humilier, rabaisser | FAM. Descendre (matar), faire honte (avergonzar) | — Vp FAM. Se dégonfler.
achicoria f BOT. Chicorée.
achicharrar vt Brûler | FIG. Brûler, griller (calentar con exceso), agacer, tourmenter (fastidiar) | *Amér.* Aplatir, écraser | — Vp Brûler (un guiso) | Griller (con el sol).
achinado, a adj Bridé, e (ojos) | Oriental, e (cara) || *Amér.* Métis, isse (mestizo), vulgaire (plebeyo).
achique m Écopage.
achisp|ado, a adj Gris, e; éméché, e || **~ar** vt Griser (embriagar).
achocolatado, a adj Chocolat.
achocharse vp FAM. Devenir gâteux, radoter.
achol|ado, a adj *Amér.* Au teint cuivré (cobrizo), penaud, e; honteux, euse (avergonzado) || **~arse** vp FAM. *Amér.* Rougir, avoir honte.
achubascarse vp Se couvrir.
achuch|ar vt FAM. Aplatir, écraser (aplastar), bousculer, pousser (empujar) | Exciter (perro) || **~ón** m FAM. Poussée *f* (empujón) | — Pl Bousculade *fsing.*
achulado, a o **achulapado, a** adj Vulgaire, canaille (grosero) | Drôle (gracioso) | Effronté, e (descarado).
adagio m Adage | MÚS. Adagio.
adalid m Chef | FIG. Champion.
adamantino, a adj Adamantin, e.
adamasc|ado m Damassure *f* || **~ar** vt Damasser.
adán m FAM. Homme négligé *o* sans soin (descuidado), va-nu-pieds (desharrapado), homme paresseux o sans volonté (haragán).
Adán nprm Adam.
adapt|able adj Adaptable || **~ación** f Adaptation || **~ador, a** s Adaptateur, trice || **~ar** vt Adapter.
adaraja f ARQ. Harpe, pierre d'attente.
adarga f Targe, bouclier *m.*
adarme m FIG. Brin | *No importar un ~*, s'en moquer complètement.
adarve m Chemin de ronde.
adecentar vt Nettoyer (limpiar) | Arranger (arreglar).
adecu|ación f Adaptation | Aménagement *m* (arreglo) || **~ado, a** adj Adéquat, e; approprié, e || **~ar** vt Approprier, accommoder, adapter.
adefesio m FAM. Épouvantail (persona fea), polichinelle (persona ridícula) | Extravagance *f* | *Estar hecho un ~*, être fichu comme l'as de pique.
adehala f Gratification.
adelant|ado, a adj Avancé, e | Qui avance (reloj) | En avance (pago) | Évolué, e (país) | *Por ~*, d'avance, à l'avance || — M Gouverneur | FIG. Précurseur, pionnier | *~ de mar*, capitaine d'une expédition maritime || **~amiento** m Avance *f*, avancement | Dépassement (de un coche) | Progrès, essor || **~ar** vt Avancer | Accélérer, hâter (apresurar) | Dépasser (dejar atrás) | — Vi Avancer | Progresser, faire des progrès | — Vp S'avancer | Dépasser (dejar atrás) | Devancer : *~ a su época*, devancer son siècle || **~e** adv Plus loin (más allá) | En avant | *De hoy en ~*, désormais, à partir de maintenant | *Más ~*, plus tard | — Interj Entrez! (pase) | Continuez! (siga) | En avant! (avance) || **~o** m Avance *f* | Avancement : *el ~ de las obras*, l'avancement des travaux | Progrès.
adelfa f Laurier-rose *m.*
adelgaz|amiento m Amincissement | Amaigrissement (mayor) || **~ar** vt/i Amincir, maigrir | Faire maigrir (quitar peso) | Amenuiser (disminuir).
ademán m Expression *f* | Geste (movimiento) | — Pl Façons *f*, manières *f* (modales) | Manifestations *f* | *En ~ de*, en signe de, avec l'air de | *Hacer ~ de*, faire mine de (aparentar), faire signe de (ordenar).
además adv En plus, de plus, en outre | *~ de*, en plus de, outre.
adentr|arse vp Pénétrer, s'enfoncer || **~o** adv À l'intérieur, dedans | *Mar ~*, au large, en pleine mer | *Tierra ~*, à l'intérieur du pays | — Interj Entrez! | — Mpl For (*sing*) intérieur | *Hablar para sus ~*, parler à son bonnet.
adepto, a adj/s Partisan, e | Adepte (de una secta o doctrina).
aderez|ar vt Parer, orner (adornar) | Faire cuire, préparer (guisar) | Accommoder (arreglar) | Assaisonner (aliñar) | Apprêter (las telas) | Apprêter, préparer (disponer) | FIG. Agrémenter (amenizar) || **~o** m Parure *f*, ornement (adorno) | Parure *f*

(joyas) | Assaisonnement (aliño) | Apprêt (de las telas) | Préparation *f*.
adeud|ado, a adj Dû, e (debido) | Endetté, e (que debe) || **~ar** vt Devoir | Com. Débiter | — Vp S'endetter, faire des dettes || **~o** m Dette *f*, endettement | Com. Débit.
adhe|rencia f Adhérence | Tenue de route (de un coche) || **~rente** adj/s Adhérent, e || **~rir*** vt Coller, fixer (pegar) | — Vi/p Adhérer | Fig. Se rallier, s'associer (a una opinión) || **~sión** f Adhésion || **~sivo, a** adj/m Adhésif, ive.
adiamantado, a adj Diamantin, e.
adic|ión f Addition || **~ional** adj Additionnel, elle; supplémentaire || **~ionar** vt Additionner.
adicto, a adj Attaché, e; fidèle; dévoué, e | — S Partisan, e.
adiestr|ador, a adj/s Dresseur, euse || **~amiento** m Dressage (animal) | Instruction *f*, entraînement (persona) || **~ar** vt Dresser | Instruire, exercer, entraîner | Guider, diriger | — Vp S'exercer, s'entraîner (*en*, à).
adiner|ado, a adj/s Riche, fortuné, e || **~arse** vp S'enrichir.
adintelado, a adj Déprimé, e.
adiós m Adieu | *Decir ~*, dire au revoir (despedida) | Fig. *Decir ~ a*, faire son deuil de (dar por perdido) | — Interj Adieu! | Au revoir! (hasta luego).
adipos|idad f Adiposité || **~o, a** adj Adipeux, euse.
adir vt Dr. Accepter [un héritage].
aditivo m Additif.
adivin|ación f Divination (de adivino) | Solution, résolution || **~ador, a** s Devin, devineresse || **~anza** f Divination | Devinette (acertijo) || **~ar** vt Deviner || **~atorio, a** adj Divinatoire || **~o, a** s Devin, devineresse.
adjetiv|ación f Fig. Qualificatif *m* || **~al** adj Adjectival, e || **~ar** vt Adjectiver | Fig. Qualifier || **~o, a** adj/m Adjectif, ive.
adjudic|ación f Adjudication || **~ador, a** adj/s Adjudicateur, trice || **~ar** vt Adjuger || **~atario, a** s Adjudicataire.
adjunt|ar vt Joindre (en cartas) | Adjoindre || **~o, a** adj Adjoint, e : *profesor ~*, professeur adjoint | Ci-joint, e (en cartas) | — S Adjoint, e | Assistant, e (profesor).
adjur|ación f Adjuration || **~ar** vt Adjurer.
adminículo m Adminicule | — Pl Choses *f*, accessoires, trucs.
administr|ación f Administration || **~ado, a** adj/s Administré, e || **~ador, a** adj/s Administrateur, trice || **~ar** vt Administrer || **~ativo, a** adj Administratif, ive | — M Employé de bureau.
admir|able adj Admirable || **~ación** f Admiration | Étonnement *m* (asombro) | Gram. Point (*m*) d'exclamation || **~ador, a** adj/s Admirateur, trice || **~ar** vt Admirer | Étonner (sorprender) | Être émerveillé (quedarse admirado) | — Vp S'étonner | Être en admiration devant || **~ativo, a** adj Admiratif, ive.
admi|sible adj Admissible || **~sión** f Admission || **~tir** vt Admettre | Accorder, consentir (conceder).
adob|ado m Daube *f* || **~ador, a** adj/s Apprêteur, euse || **~adura** f o **~amiento** m Daube *f* (carne) | Apprêt *m* (pieles) || **~ar** vt Apprêter, préparer | Mettre en daube (carne) | Préparer à la marinade (pescado) | Apprêter (pieles) || **~e** m Brique (*f*) crue || **~o** m Apprêt, préparation *f* | Daube *f* (carne), marinade *f* (pescado) | Apprêt (pieles).
adocenado, a adj Vulgaire, commun, e; ordinaire, banal, e.
adoctrin|amiento m Endoctrinement || **~ar** vt Endoctriner.
adolecer* vi Tomber malade (enfermar) | Souffrir de (estar aquejado) | Fig. Être en proie à (pasión), souffrir de (defecto).
adolesc|encia f Adolescence || **~ente** adj/s Adolescent, e.
Adolfo nprm Adolphe.
adonde adv Où || **~quiera** adv N'importe où.
adop|ción f Adoption || **~tado, a** adj/s Adopté, e || **~tar** vt Adopter || **~tivo, a** adj Adoptif, ive | D'adoption : *patria ~*, patrie d'adoption.
adoqu|ín m Pavé | Fam. Empoté, cruche *f* | Fig., fam. *Comer adoquines*, manger des briques || **~inado** m Pavage, pavement || **~inar** vt Paver.
ador|able adj Adorable || **~ación** f Adoration || **~ador, a** adj/s Adorateur, trice || **~ar** vt Adorer | — Vi Prier || **~atriz** f Adoratrice.
adorm|ecedor, a adj Endormant, e | Fig. Calmant, e || **~ecer*** vt Assoupir, endormir | Fig. Endormir, calmer | — Vp S'endormir, s'assoupir | Fig. S'engourdir (entumecerse), s'endormir (relajarse), s'adonner, s'abandonner (aficionarse) || **~ecimiento** m Assoupissement | Fig. Engourdissement (miembro), apaisement (alivio) || **~idera** f Pavot *m* (flor) | Stupéfiant *m* || **~ilarse** o **~itarse** vp S'assoupir, somnoler.
adorn|ador, a adj/s Décorateur, trice || **~ar** vt Orner, parer | Fig. Embellir : *~ una historia*, embellir une histoire | Souligner, exalter (enaltecer) || **~ista** m Décorateur || **~o** m Ornement, garniture *f* (de cosas) | Parure *f*

(de personas) | TAUR. Fioriture *f* | *De* ~, d'agrément (planta).

adosar vt Adosser.

adqui|ridor adjm/m Acquéreur || **~rir*** vt Acquérir || **~sición** f Acquisition || **~sitivo, a** adj Acquisitif, ive | *Poder* ~ ou *capacidad* ~, pouvoir d'achat.

adral m Ridelle *f* (de carro).

adrede adv Exprès, à dessein.

adrenalina f Adrénaline.

Adriático nprm Adriatique *f*.

adscri|bir vt Assigner, attribuer | Affecter, destiner || **~pción** f Assignation, attribution | Affectation.

aduan|a f Douane || **~ero, a** adj/s Douanier, ère.

aduar m Douar (de beduinos) | Campement (de gitanos).

aduc|ción f Adduction || **~ir*** vt Alléguer || **~tor** adjm/m Adducteur.

adueñarse vp S'approprier, s'emparer.

adujar vt MAR. Lover, gléner.

adul|ación f Flatterie, adulation || **~ador, a** adj/s Flatteur, euse; adulateur, trice || **~ar** vt Aduler, flatter || **~ón, ona** adj/s Flagorneur, euse; flatteur, euse.

adulter|ación f Adultération | Falsificación, frelatage *m* (de alimentos) || **~ar** vi Commettre un adultère | — Vt Adultérer, falsifier, frelater | Corrompre || **~ino, a** adj Adultérin, e || **~io** m Adultère.

adúltero, a adj/s Adultère | — Adj Adultéré, e | Corrompu, e.

adulto, a adj/s Adulte.

adulzar vt TECN. Adoucir.

adusto, a adj FIG. Sévère, austère : *rostro* ~, visage sévère | Très chaud, e; torride | Brûlé, e (quemado).

adven|edizo, a adj/s FIG. Arriviste (arribista), parvenu, e (nuevo rico) | Étranger, ère (forastero) || **~imiento** m Avènement | Arrivée *f*, venue *f* (llegada) || **~ir*** vi Arriver || **~ticio, a** adj Adventice (ocasional, salvaje) | Adventif, ive (raíces, bienes).

adverbi|al adj Adverbial, e || **~o** m Adverbe.

advers|ario, a s Adversaire || **~ativo, a** adj Adversatif, ive || **~idad** f Adversité || **~o, a** adj Adverse, contraire, défavorable | Adverse, opposé, e.

advert|encia f Avertissement *m*, remarque (observación) | Avertissement *m*, sommation | Avertissement *m*, avant-propos *m* (prólogo) || **~ido, a** adj Avisé, e; averti, e; prévenu, e || **~ir*** vt Remarquer, observer, constater (darse cuenta) | Signaler (señalar, indicar), faire remarquer | Avertir, prévenir (avisar) | Conseiller : *te advierto que no lo hagas,* je te conseille de ne pas le faire.

adviento m Avent.

advocación f REL. Vocable *m*, invocation : *bajo la ~ de la Virgen,* sous l'invocation de la Vierge.

adyacente adj Adjacent, e.

aeración f Aération, aérage *m*.

aéreo, a adj Aérien, enne | *Transportador* ~, aérocâble.

aer|io m Aérium || **~obio, a** adj/m Aérobie || **~obús** m Aérobus || **~oclub** m Aéro-club || **~odeslizador** m Hydroglisseur || **~odinámico, a** adj/f Aérodynamique || **~ódromo** m Aérodrome || **~ofagia** f MED. Aérophagie || **~ofobia** f Aérophobie || **~ógrafo** m Aérographe || **~olito** m Aérolithe, aérolite || **~ómetro** m Aéromètre || **~omotor** m Aéromoteur || **~omoza** f Hôtesse de l'air || **~omozo** m Steward || **~onauta** s Aéronaute || **~onaútico, a** adj/f Aéronautique || **~onaval** adj Aéronaval, e || **~onave** f Aéronef *m* || **~oplano** m Aéroplane || **~opostal** adj Aéropostal, e || **~opuerto** m Aéroport || **~osol** m Aérosol || **~ostático, a** adj/f Aérostatique || **~óstato** m Aérostat || **~otecnia** o **~otécnica** f Aérotechnique || **~otécnico, a** adj Aérotechnique || **~otransportado, a** adj Aéroporté, e || **~ovía** f Route aérienne.

afab|ilidad f Affabilité || **~le** adj Affable.

afam|ado, a adj Fameux, euse; renommé, e; réputé, e || **~ar** vt Rendre fameux.

afán m Labeur, travail | Ardeur *f*, empressement | Désir véhément | Efforts *pl* : *poner todo su ~ en,* porter tous ses efforts sur | *Cada día trae su ~,* à chaque jour suffit sa peine | *El ~ de lucro,* l'appât du gain.

afan|ar vi Travailler dur, se donner de la peine | — Vt Tourmenter, ennuyer (molestar) | POP. Faucher, piquer, rafler (robar) | — Vp S'efforcer de, s'évertuer à || **~oso, a** adj Pénible, laborieux, euse (penoso) | Désireux, euse; impatient, e; avide (deseoso) | Empressé, e (atento) | Zélé, e (concienzudo).

afarolarse vp *Amér.* Se troubler (turbarse), se fâcher (enfadarse).

afasia f MED. Aphasie.

afe|amiento m Enlaidissement | FIG. Reproche, blâme (censura) || **~ar** vt Enlaidir | FIG. Reprocher, blâmer.

afecci|ón f Affection || **~onarse** vp S'attacher à, prendre en affection.

afect|ación f Affectation || **~ar** vt Affecter | Frapper : *hipoteca que afecta todos los bienes,* hypothèque qui frappe tous les biens | Endommager, abîmer (dañar) ‖ **~ísimo, a** adj Très affectionné, e | *Suyo ~*, bien à vous, votre très dévoué (cartas) ‖ **~ividad** f Affectivité ‖ **~ivo, a** adj Affectif, ive ‖ **~o, a** adj Affectionné, e; cher, chère; attaché, e | Affecté, e (destinado) | Atteint, e (aquejado) | — M Affection *f*, attachement | MED. Affection *f* ‖ **~uoso, a** adj Affectueux, euse.

afeit|ado m Rasage | TAUR. Épointage (de los cuernos) ‖ **~ar** vt Raser (los pelos) | Farder (poner afeites) | Orner (adornar) | TAUR. Épointer | — Vp Se raser ‖ **~e** m Fard (cosmético) | Parure *f*, toilette *f* (aderezo).

afelpado, a adj Pelucheux, euse.

afemin|ación f Efféminatìon ‖ **~ado, a** adj/s Efféminé, e ‖ **~amiento** m Effémination *f* ‖ **~ar** vt Efféminer.

aferente adj ANAT. Afférent, e.

aféresis f GRAM. Aphérèse.

aferr|ado, a adj Obstiné, e : opiniâtre (persona) | Ancré, e (idea) ‖ **~amiento** m Accrochage, prise *f* | MAR. Mouillage | FIG. Obstination *f*, entêtement ‖ **~ar*** vt Saisir (agarrar) | MAR. Carguer, ferler (velas), gaffer (con garfio), mouiller, jeter l'ancre (anclar) | — Vi MAR. Mordre, s'accrocher (ancla) | — Vp S'accrocher | FIG. S'entêter, s'obstiner | *~ a* ou *en una opinión*, ne pas démordre d'une opinion.

Afganistán nprm Afghanistan.

afgano, a adj/s Afghan, e.

afianz|amiento m Cautionnement, garantie *f* | Affermissement, consolidation *f* ‖ **~ar** vt Cautionner, garantir | Affermir, consolider, raffermir : *~ estructuras*, consolider des structures | Soutenir (sostener) | Saisir, cramponner (agarrar) | — Vp FIG. Se stabiliser (afirmarse).

afición f Penchant *m*, goût *m* : *tener ~ a la lectura*, avoir du goût pour la lecture | *De ~*, amateur | *La ~*, les amateurs | *Por ~*, en amateur.

aficion|ado, a adj/s Amateur (sin fem), passionné, e : *~ al fútbol*, amateur de football | Amateur (no profesional) : *teatro de ~s*, théâtre d'amateurs | *Ser muy ~ a*, aimer beaucoup, être très amateur de ‖ **~ar** vt Faire aimer, attacher à (persona, país) | Faire prendre goût à, donner le goût *o* la passion de (cosa) | — Vp S'attacher à, aimer (persona) | Prendre goût à, aimer (cosas).

afidios mpl Aphidiens (insectos).

afil|adera adjf *Piedra ~*, pierre à aiguiser | — F Affiloir *m*, pierre à aiguiser ‖ **~ado, a** adj V. AFILAR | Pointu, e (diente) | Aigu, ë (voz) | En lame de couteau (cara alargada) | — M Aiguisage, repassage, affilage ‖ **~ador, a** adj/s Aiguiseur, euse | — M Rémouleur, aiguiseur (persona) | Cuir (correa) | — F Affûteuse ‖ **~adura** f Aiguisage *m*, aiguisement *m*, affilage *m* ‖ **~amiento** m Amincissement (cara, nariz, dedos) ‖ **~ar** vt Aiguiser, affûter (volver cortante) | Affiler (sacar punta) | Tailler, aiguiser (lápiz) | *Amér.* Faire la cour | — Vp Se tirer (los rasgos) | S'effiler (la nariz) ‖ **~iación** f Affiliation ‖ **~iado, a** adj/s Affilié, e; adhérent, e ‖ **~iar** vt Affilier | — Vp S'affilier, adhérer ‖ **~igranado, a** adj Filigrané, e; en filigrane | FIG. Menu, e (persona), délicat, e; fin, e (cosa) ‖ **~igranar** vt Filigraner | FIG. Polir (embellecer).

afín adj Contigu, ë; limitrophe | Analogue | Qui a des affinités | Connexe : *la economía y problemas afines*, l'économie et les problèmes connexes | *Ideas afines*, idées voisines | — Mpl Proches, parents par alliance.

afin|ación f Affinage *m* (afinado) | FIG. Raffinement *m* | MÚS. Accordage *m*, accordement *m* (instrumento), justesse (canto) ‖ **~ado, a** adj Juste, accordé, e | — M Affinage (depuración) | Accordage (de instrumento) ‖ **~ador** m Accordeur ‖ **~adura** f o **~amiento** m V. AFINACIÓN ‖ **~ar** vt Affiner (depurar) | FIG. Affiner, dégrossir (pulir) | MÚS. Accorder (instrumento), jouer *o* chanter juste | Achever, terminer, mettre la dernière main (acabar) | *~ la puntería*, ajuster son tir ‖ **~carse** vp Se fixer, s'établir ‖ **~idad** f Affinité | Alliance (parentesco).

afirm|ación f Affirmation | Affermissement *m* (consolidación) ‖ **~ado** m Chaussée *f*, macadam ‖ **~ar** vt Affirmer, assurer (garantizar) | Consolider | Affermir, raffermir, consolider (reforzar) | — Vp Prendre appui (en los estribos) ‖ **~ativo, a** adj/f Affirmatif, ive | *En caso ~*, dans l'affirmative.

aflautado, a adj Flûté, e | Aigu, ë; pointu, e; criard, e (voz).

afli|cción f Affliction, peine, tristesse ‖ **~ctivo, a** adj DR. Afflictif, ive | Affligeant, e (triste) ‖ **~gente** adj Affligeant, e ‖ **~gido, a** adj/s Affligé, e ‖ **~gir** vt Affliger | — Vp Être affligé (*con* o *de*, de *ou* par).

afloj|amiento m Relâchement | Desserrage (de un tornillo) ‖ **~ar** vt Relâcher (soltar) | Desserrer, défaire (nudo) | Détendre (muelle) | FIG. Relâcher (severidad), réduire (prétentions) | FAM. Lâcher, abouler (dinero), cracher, casquer (pagar) | *~ el paso*, ralentir le pas | — Vi Diminuer, baisser (calor) | Céder | POP. Cracher, casquer (pagar) | — Vi/p Se relâcher, se détendre (cuerda) | FIG. Se relâcher, faiblir.

aflor|amiento m Affleurement ‖ **~ar** vi Affleurer.

aflu|encia f Affluence | Afflux *m* : *~ de refugiados*, afflux de réfugiés | FIG. Faconde ‖ **~ente** adj Affluent, e | Nombreux, euse | FIG. Verbeux, euse; bavard, e (hablador) | — M Affluent ‖ **~ir*** vi Affluer | Confluer (río) | Se jeter (en el mar) | Aboutir (calle) ‖ **~jo** m Afflux (de sangre).

afonía f Aphonie, extinction de voix.

afónico, a o **áfono, a** adj Aphone.

afor|ador m Jaugeur ‖ **~amiento** m V. AFORO | Exemption *f*, privilège (fuero) ‖ **~ar*** vt Jauger | Estimer, évaluer (valorar) | Taxer (mercancía) | Accorder des privilèges ‖ **~ismo** m Aphorisme ‖ **~o** m Jaugeage | Évaluation *f*, estimation *f* | Taxation *f* | Débit : *el ~ de un río*, le débit d'un fleuve | Capacité *f* (cabida).

afortunado, a adj Heureux, euse (feliz) | Chanceux, euse; qui a de la chance (con suerte) | Fortuné, e (de buena fortuna) | *Poco ~*, malheureux (no acertado), ingrat, disgracieux (feo), d'assez mauvais goût, pas très heureux.

afrances|ado, a adj Francisé, e | — M Personne (*f*) de culture et de goûts français ‖ **~ar** vt Franciser | — Vp Se franciser | Prendre le parti de Napoléon (durante la guerra de la Independencia).

afrecho m Son [du blé].

afrent|a f Affront *m* | Déshonneur *m* (deshonra) | Atteinte (al honor) ‖ **~ar** vt Faire affront à | Humilier | — Vp Rougir (*de, por*, de) ‖ **~oso, a** adj Ignominieux, euse | Déshonorant, e (deshonroso) | Infâme (vergonzoso) | Outrageant, e (insultante).

África nprf Afrique.

africada adjf/f GRAM. Affriquée.

african|ismo m Africanisme ‖ **~o, a** adj/s Africain, e.

afro adj Afro (peinado).

afrodisiaco, a adj/m Aphrodisiaque.

afront|amiento m Affrontement ‖ **~ar** vt Affronter | Confronter : *~ dos testigos*, confronter deux témoins.

aft|a f Aphte *m* ‖ **~oso, a** adj Aphteux, euse.

afuera adv Dehors | — Interj Hors d'ici!, dehors! | — Fpl Alentours *m*, environs *m* | Banlieue *sing*.

afuste m MIL. Affût.

agachadiza f Bécasse (ave).

agachar vt Baisser | — Vp Se baisser | S'accroupir (en cuclillas) | FIG. Tendre le dos (dejar pasar), se cacher (retirarse) ‖ *Amér.* Céder.

agall|a f BOT. Galle | ANAT. Amygdale | ZOOL. Ouïe | — Pl Angine *sing* | FAM. Cran *msing* (valor).

agamuzar vt Chamoiser.

ágape m Agape *f*.

agarr|ada f FAM. Accrochage *m* ‖ **~adera** f *Amér.* Poignée | — Pl FAM. Piston *msing* (enchufe) ‖ **~adero** m Poignée *f* (asa) | Mouche (mango) | FAM. Piston (enchufe) ‖ **~ado, a** adj/s FAM. Radin, e (avaro) ‖ **~ador** m Poignée *f* | FAM. Agent (guardia) ‖ **~ar** vt Attraper, saisir, accrocher | Tenir : *agárrale por la cintura*, tiens-le par la taille | FAM. Décrocher (obtener), surprendre (sorprender), gagner (ganar), accrocher (atrapar), ramasser (recibir), attraper : *~ un resfriado, un ladrón*, attraper un rhume, un voleur | Prendre (tomar) | *~ un buen susto*, avoir très peur | — Vi Prendre | Attacher (un alimento) | *Amér.* Prendre (dirección) | — Vp S'accrocher | Prendre : *el humo se me agarra a la garganta*, la fumée me prend à la gorge | FIG. Saisir, se raccrocher à : *~ a cualquier pretexto*, saisir *o* se raccrocher à n'importe quel prétexte | Tenir, s'agripper (sujetarse) | Attacher (un alimento) | FAM. Se disputer.

agarrot|ado, a adj Raide (tieso) | Raidi, e; engourdi, e (entumecido) | Bloqué, e; grippé, e (un motor) ‖ **~amiento** m Raidissement (músculo) | Grippage (motor) ‖ **~ar** vt Garrotter (atar) | Raidir (poner rígido) | Serrer (apretar) | — Vp Bloquer, (se) gripper (motor) | S'engourdir (músculo).

agasaj|ado, a adj/s Invité, e ‖ **~ar** vt Recevoir (acoger) | Bien accueillir | Loger (alojar) ‖ **~o** m Prévenance *f* | Cadeau (regalo) | Invitation *f*, réception *f*.

ágata f Agate.

agav|anza f o **~anzo** m Églantier *m* ‖ **~e** f Agave *m*, agavé *m*.

agavillar vt Mettre en gerbes, gerber, botteler | — Vp Former une bande.

agazapar vt FAM. Attraper | Vp Se blottir, se cacher.

agenci|a f Agence : *~ de viajes*, agence de voyages | Bureau *m* : *~ de colocaciones*, bureau de placement | Cabinet (*m*) d'affaires (gestoría) | Démarche (trámite) | *~ ejecutiva*, étude d'huissier ‖ **~ar** vt Préparer | FIG. Procurer | — Vp FAM. S'arranger, se débrouiller (arreglarse) | Se procurer (obtener) ‖ **~oso, a** adj Actif, ive; diligent, e.

agenda f Agenda *m* | Ordre (*m*) du jour (de una reunión) | *~ de entrevistas*, carnet de rendez-vous.

agente m Agent : **~** *de Cambio y Bolsa*, agent de change | Représentant | **~** *ejecutivo*, huissier.

agigant|ado, a adj Gigantesque | FIG. Prodigieux, euse | *A pasos* **~***s*, à pas de géants || **~ar** vt Grossir démesurément.

ágil adj Agile | Souple (flexible) | Alerte, vif, ive (vivo).

agil|idad f Agilité | Souplesse (flexibilidad) | Habileté || **~izar** vt Rendre agile | Accélérer (trámites) | Assouplir (flexibilizar).

agio m COM. Agio || **~taje** m Agiotage || **~tista** m Agioteur.

agit|ación f Agitation || **~ador, a** adj/s Agitateur, trice || **~anado, a** adj Qui a l'air d'un bohémien || **~ar** vt Agiter | FIG. Troubler : **~** *los ánimos*, troubler les esprits | — Vp S'agiter.

aglomer|ación f Agglomération || **~ado** m Aggloméré (combustible) | Agglomérat (material) || **~ar** vt Agglomérer | — Vp S'agglomérer | S'attrouper (gente).

aglutin|ación f Agglutination || **~ante** adj/m Agglutinant, e || **~ar** vt Agglutiner.

agn|osticismo m Agnosticisme || **~óstico, a** adj/s Agnostique.

agobi|ado, a adj Accablé, e : **~** *de trabajo*, accablé de travail | Épuisé, e (cansado) || **~ador, a** adj Accablant, e || **~ante** adj Épuisant, e; accablant, e : *tarea* **~**, tâche accablante | Fatigant, e; épuisant, e : *niño* **~**, enfant épuisant | Ennuyeux, euse (molesto) || **~ar** vt Courber (el cuerpo) | FIG. Épuiser, accabler (causar), ennuyer (molestar) | Déprimer (desanimar) || **~o** m Accablement | Angoisse *f* (angustia) | Oppression *f* (sofocación) | Ennui (aburrimiento).

agolparse vp Se presser, se rassembler | FIG. S'entasser.

agonía f Agonie | FIG. Souffrance, agonie (aflicción), désir (*m*) ardent (ansia).

agónico, a adj De l'agonie | Moribond, e (moribundo).

agoni|oso, a adj FAM. Exigeant, e || **~zante** adj/s Agonisant, e || **~zar** vt Assister | — Vi Agoniser | FIG. **~** *por*, mourir d'envie de.

agor|ar* vt Augurer, prédire || **~ero, a** s Devin, devineresse | — Adj De malheur, de mauvais augure.

agost|adero m Pâturage d'été || **~amiento** m Dessèchement || **~ar** vt Dessécher | — Vi Paître || **~eño, a** adj Du mois d'août || **~o** m Août (mes) | Moisson *f* (cosecha) | Profit (beneficio) | FAM. *Hacer su* **~**, faire son beurre.

agot|ador, a adj Épuisant, e || **~amiento** m Épuisement || **~ar** vt Épuiser | — Vp S'épuiser, s'exténuer | *Se me ha agotado la paciencia*, ma patience est à bout.

agracejo m Épine-vinette *f* | Raisin vert (uva).

agraci|ado, a adj Joli, e (bonito) | Gracieux, euse (gracioso) | Favorisé, e : **~** *por la suerte*, favorisé par le sort | Gagnant : *el billete* **~**, le billet gagnant | *Poco* **~**, ingrat, e | — M Heureux gagnant || **~ar** vt Accorder une grâce | Remettre (un premio).

agrad|able adj Agréable : **~** *de sabor*, de saveur agréable || **~ar** vi Plaire || **~ecer*** vt Remercier : *le agradezco su oferta*, je vous remercie de votre offre | Être reconnaissant (estar agradecido) || **~ecido, a** adj Reconnaissant, e || **~ecimiento** m Reconnaissance *f*, gratitude *f* || **~o** m Plaisir (gusto) : *ser del* **~** *de uno*, faire plaisir à qqn | Complaisance *f*, affabilité *f* | *Con* **~**, avec plaisir, volontiers.

agram|adera f Broyeuse || **~ar** vt Broyer || **~iza** f Chènevotte.

agrandar vt Agrandir | Grossir, amplifier (amplificar) | Augmenter (aumentar) | — Vp Augmenter.

agrario, a adj Agraire | Agricole | *La clase* **~**, la classe paysanne.

agrav|ación f Aggravation || **~ante** adj Aggravant, e | — M Circonstance (*f*) aggravante || **~ar** vt Aggraver | Augmenter : **~** *los impuestos*, augmenter les impôts | — Vp S'aggraver.

agravi|ador, a adj Offensant, e | — M Offenseur || **~ar** vt Offenser : **~** *de palabras*, offenser en paroles | Nuire à (perjudicar) | Accabler (oprimir) | Grever (con impuestos) | Aggraver (aumentar) | — Vp S'aggraver | S'offenser (ofenderse) || **~o** m Offense *f*, injure *f*, affront | Tort (perjuicio) | *Deshacer* **~***s*, redresser des torts.

agraz m Verjus | FAM. Peine *f* | *En* **~**, encore vert, en herbe.

agredir* vt Attaquer, agresser.

agreg|ación f Agrégation | Addition (añadido) || **~ado** m Agrégat | Annexe *f* (añadidura) | Attaché : **~** *cultural*, attaché culturel | Adjoint | Maître-assistant (profesor) || **~aduría** f Bureau (*m*) *o* fonction d'un attaché || **~ar** vt Agréger | Ajouter (añadir) | Affecter (destinar) | — Vp S'ajouter (*a, con*, à) | S'unir.

agremán m Entre-deux.

agremiar vt Réunir en corporation.

agres|ión f Agression || **~ividad** f Agressivité || **~ivo, a** adj Agressif, ive || **~or, a** adj Assaillant, e | — S Agresseur (sin fem).

agreste adj Agreste | Inculte (inculto) | FIG. Rude (tosco).

agr|ete adj Aigrelet, ette || **~iado, a** adj V. AGRIAR || **~iar** vt Aigrir | — Vp S'aigrir | Tourner (leche).
agrícola adj Agricole.
agricult|or, a s Agriculteur, trice || **~ura** f Agriculture.
agridulce adj Aigre-doux, aigre-douce.
agriet|amiento m Formation (*f*) de crevasses (suelo), de lézardes (pared) *o* de gerçures (piel) | Fendillement (loza) || **~ar** vt Crevasser (tierra) | Gercer (piel) | Lézarder (pared) | Fendiller (loza).
agrilla f Oseille.
agrimens|or m Arpenteur, géomètre || **~ura** f Arpentage *m*.
agrio, a adj Aigre | FIG. Rude (duro), accidenté, e (terreno), sévère (severo), revêche (carácter) | — M Aigreur *f* | — Pl Agrumes.
agrisado, a adj Gris, e; grisâtre.
agr|onomía f Agronomie || **~ónomo** adjm/m Agronome || **~opecuario, a** adj Agricole, agro-pastoral, e.
agrup|ación f o **~amiento** m Groupement *m* | Mouvement *m* : *~ de jóvenes*, mouvement de jeunesse || **~ar** vt Grouper.
agua f Eau | Pluie (lluvia) | Versant *m* (de tejado) | Larmes *pl* (lágrimas) | MAR. Voie d'eau (agujero) | — Pl Eau *sing*, reflet *msing* (de piedra preciosa), moiré *msing* (de telas) | MAR. Eaux : *~s jurisdiccionales*, eaux territoriales | Eaux (balneario) | Marée *sing* | Sillage *msing* (estela) | *~ cruda* ou *gorda*, eau dure | *~ de Colonia*, eau de Cologne | *~ de manantial*, eau de roche | *~ de olor*, eau de toilette | *~ de socorro*, ondoiement | *~ de fregar*, eau de vaisselle | *~ fuerte*, eau-forte | *~ nieve*, neige fondue | *~s mayores*, selles | *~s menores*, urine | *~s residuales, negras* ou *sucias*, eaux résiduaires, usées | FIG. *Echar ~ en el mar*, porter de l'eau à la mer *o* à la rivière. *Estar entre dos ~s*, être perplexe. *Nadie diga de esta ~ no beberé*, il ne faut jamais dire : fontaine je ne boirai pas de ton eau. *Quedar en* ou *volverse ~ de borrajas*, finir en queue de poisson, s'en aller en eau de boudin. *Ser más claro que el ~*, être clair comme de l'eau de roche. *Venir como el ~ de mayo*, tomber à pic.
aguacate m BOT. Avocatier (árbol), avocat (fruto).
agua|cero m Averse *f* | — Pl FIG. Ennuis || **~char** vt Noyer, inonder || **~chirle** m Piquette *f* (vino malo) | FAM. Lavasse *f* (café malo) || **~da** f MAR. Provision d'eau douce; eau : *hacer ~*, faire de l'eau | MIN. Inondation | Gouache (pintura) || **~dero** m Abreuvoir || **~do, a** adj Coupé, e (vino, leche) || **~dor** m Porteur d'eau || **~ducho** m Buvette *f* || **~dura** f Fourbure (caballo) || **~fiestas** adj/s inv Trouble-fête, rabat-joie || **~fuerte** f Eau-forte || **~fuertista** s Aquafortiste || **~manil** m Pot à eau (jarro) | Cuvette *f* (palangana) || **~manos** m inv Lave-mains || **~mar** m Méduse *f* || **~marina** f Aigue-marine || **~miel** f Hydromel *m* | *Amér.* Suc (*m*) de l'agave || **~nieve** f Neige fondue || **~nieves** f inv Bergeronnette (ave) || **~noso, a** adj Détrempé, e.
aguant|able adj Supportable || **~aderas** fpl Patience *sing* | Endurance *sing*, résistance *sing* || **~ar** vt Supporter | Essuyer (una tempestad) | Contenir, réprimer (contener) | Tolérer | Attendre (esperar) | Résister | Tenir : *aguanta esta tabla aquí*, tiens cette planche ici | — Vi Résister | — Vp Se taire (callarse) | Se contenir (contenerse) | Prendre son parti (*con*, *de*) [conformarse] | FAM. *¡Que se aguante!*, tant pis pour lui ! || **~e** m Endurance *f*, résistance *f* | Patience *f* | Tolérance *f*.
aguapié m Piquette *f* (vino malo).
aguar vt Mélanger d'eau, couper | Délayer (desleir) | FIG. Gâter (estropear), troubler (turbar) | — Vp Être inondé, e | FIG. Se gâter.
aguardar vt Attendre | — Vp Attendre, s'arrêter.
aguard|entoso, a adj Spiritueux, euse; alcoolisé, e | D'eau-de-vie | *Voz ~*, voix rauque *o* éraillée (ronca), voix avinée (de beber) || **~iente** m Eau-de-vie *f*.
aguarrás m Essence (*f*) de térébenthine.
agua|sal f Saumure || **~turma** f BOT. Topinambour *m* || **~verde** f ZOOL. Méduse.
agud|eza f Finesse (de un instrumento, del oído) | Acuité (de los sentidos) | FIG. Perspicacité (subtilidad), esprit *m* (ingenio), piquant *m* (gracia), mot (*m*) d'esprit (chiste), trait (*m*) d'esprit (rasgo de ingenio) || **~izamiento** m Aggravation *f* | Intensification *f* || **~izar** vt Aiguiser | FIG. Accentuer | — Vp S'aggraver | FIG. S'accentuer, s'intensifier || **~o, a** adj Mince, fin, e; subtil, e (sutil) | Aigu, ë (puntiagudo) | Coupant, e (cortante) | FIG. Spirituel, elle (gracioso), mordant, e (satírico), vif, vive (vivo), aigu, ë (dolor, crisis, voz), perçant, e (vista) | GEOM. MÚS. Aigu, ë | GRAM. Accentué sur la dernière syllabe, oxyton.
agüero m Augure, présage.
aguerrir* vt Aguerrir.

aguij|ada f Aiguillon *m* ‖ **~ar** vt Aiguillonner | — Vi Se hâter ‖ **~ón** m Pointe (*f*) de l'aiguillon | Pointe *f* (punta) | ZOOL. BOT. FIG. Aiguillon ‖ **~onear** vt Aiguillonner.

águila f Aigle *m* | FIG. Aigle *m*, as *m* : *ser un ~ para los negocios,* être un as en affaires | — M Aigle de mer (pez) | Cigare (puro).

aguil|eño, a adj Aquilin, e (nariz) | Long, longue (rostro) ‖ **~era** f Aire (nido) ‖ **~ón** m Flèche *f*, fléau (de grúa) | Tuile (*f*) creuse (teja) | ARQ. Pignon ‖ **~ucho** m Aiglon.

aguinaldo m Étrennes *fpl.*

aguj|a f Aiguille | AGR. Greffon *m* | Burin *m* (de grabador) | Talon (*m*) de collier (carne) | — Pl Aiguillage *msing* (de ferrocarril) | *~ de gancho,* crochet | *~ de marear,* boussole | FIG. *Buscar una ~ en un pajar,* chercher une aiguille dans une botte *o* meule de foin ‖ **~erar** o **~erear** vt Percer, trouer ‖ **~ero** m Trou (orificio) | FIG. *Tener más ~s que un colador* ou *que un pasador,* être comme une écumoire ‖ **~eta** f Aiguillette (cordón) | — Pl Courbatures (dolor) ‖ **~ón** m Grande aiguille *f* | Épingle (*f*) à cheveux (pasador).

aguoso, a adj Aqueux, euse.

agusan|ado, a adj Véreux, euse (fruto) | Vermoulu, e (madera) ‖ **~arse** vp Devenir véreux, euse (fruto) | Être vermoulu (madera).

agustin|iano, a adj/s Augustinien, enne ‖ **~o, a** adj/s Augustin, e.

agutí m ZOOL. Agouti.

aguz|adura f y **~amiento** m Aiguisement *m* ‖ **~anieves** f inv Bergeronnette ‖ **~ar** vt Aiguiser | Tailler (lápiz) | FIG. Aiguillonner (estimular), aiguiser (el apetito) | *~ el ingenio,* tendre son esprit | *~ las orejas,* dresser l'oreille.

ahech|aduras fpl Criblures ‖ **~ar** vt Cribler, vanner ‖ **~o** m Vannage.

aherrojar vt Enchaîner (encadenar) | FIG. Opprimer.

aherrumbrarse vp Se rouiller.

ahí adv Là | *~ está,* le voilà | FAM. *~ me las den todas,* c'est le cadet de mes soucis | *De ~ que,* il s'ensuit que | *He ~,* voilà.

ahij|ado, a s Filleul, e | FIG. Protégé, e ‖ **~ar** vt Adopter | FIG. Attribuer | — Vi Enfanter.

ahilar vi Aller en file | — Vp Défaillir (desmayarse) | Filer (vino) | Maigrir (adelgazar) | S'étioler (ajarse).

ahínco m Véhémence *f* | Acharnement (empeño).

ahitar vt Causer une indigestion à | Borner (un terreno) | — Vp Se gaver | Avoir une indigestion.

ahíto, a adj Qui a une indigestion | Rassasié, e (lleno) | FIG. Fatigué, e | FAM. *Estar ~,* n'en plus pouvoir.

ahog|adero m Étuve *f* ‖ **~ado, a** adj/s Noyé, e | — Adj Étouffé, e (asfixiado) | Haletant, e (jadeante) | FIG. Harcelé, e (apurado) | Pat (en el ajedrez) | FIG. *Estar* ou *verse ~,* avoir la corde au cou | **~ador, a** adj Étouffant, e ‖ **~ar** vt Noyer | Étouffer (sofocar, asfixiar) | Étrangler (estrangular) | Inonder (inundar) | Faire pat (ajedrez) | — Vp Se noyer | S'étouffer (asfixiarse) | S'étrangler (por accidente) | Étouffer (de calor) ‖ **~o** m Étouffement | Angoisse *f* (angustia) | FIG. Embarras (financiero) | **~uío** m Étouffement.

ahond|amiento m Approfondissement ‖ **~ar** vt Creuser, approfondir | — Vi Creuser, pénétrer | FIG. Approfondir | —Vp S'enfoncer ‖ **~e** m Creusement, approfondissement.

ahora adv Maintenant, à présent | FIG. Tout à l'heure (luego), tout de suite (en seguida) | *~ que,* remarquez bien que (note que), mais (pero) | *De ~ en adelante,* désormais | *Desde ~,* dès à présent | *Hasta ~,* à tout à l'heure (hasta luego), jusqu'à présent (hasta la fecha) | *Por ~,* pour l'instant | — Conj Soit que, que | *~* ou *~ bien,* or (sin embargo), mais (pero) | *~ mismo,* tout de suite, à l'instant même. | *~ o nunca,* c'est le moment ou jamais.

ahorc|ado, a adj/s Pendu, e ‖ **~adura** f Pendaison ‖ **~ajarse** vp Se mettre à califourchon ‖ **~ar** vt Pendre | FIG. Abandonner | *¡Que me ahorquen si...!,* je veux bien être pendu si...! | — Vp Se pendre.

ahorita adv FAM. Tout de suite.

ahormar vt Mettre en forme | FIG. Dresser (educar), habituer (acostumbrar) | — Vp Se former (zapatos, etc) | FIG. Se plier, s'habituer.

ahornar vt Enfourner.

ahorquillar vt Étayer (un árbol) | Courber.

ahorr|ador, a adj Économe | — S Économe | Épargnant, e ‖ **~ar** vt Économiser, épargner | FIG. Épargner | Gagner (tiempo) | — Vi Économiser, faire des économies | — Vp S'épargner | Épargner | Éviter ‖ **~ativo, a** adj Économe ‖ **~o** m Économie *f* | Épargne *f* : *Caja de ~s,* caisse d'épargne.

ahuec|ador m Panier, crinoline *f* (miriñaque) ‖ **~ar** vt Creuser | Ameublir (la tierra) | Faire gonfler (un vestido) | FIG. Enfler [la voix] | POP. *~ el ala,* mettre les voiles | — Vp Se creuser | FAM. Être bouffi d'orgueil.

ahum|ada f Feu *m* [servant de signal] || **~ado, a** adj Enfumé, e (sitio) | Fumé, e (alimento, gafas) | Éméché, e (ebrio) | — M Fumage || **~ar** vt Fumer | Boucaner (acecinar) | Enfumer (un sitio) | — Vi Fumer | Enivrer (embriagar) | — Vp Prendre un goût de fumée | Noircir (ennegrecerse) | FAM. Se saouler (con vino).

ahusado, a adj Fuselé, e.

ahuyentar vt Mettre en fuite | FIG. Chasser | — Vp S'enfuir.

aíllo m *Amér.* Race *f*, lignée *f* (entre los incas), communauté (*f*) agraire.

aimara o **aimará** adj/s Aymara.

air|ado, a adj Furieux, euse; en colère || **~ar** vt Fâcher, irriter.

air|e m Air | Vent (viento) | FIG. Air (parecido, aspecto), vanité *f* (vanidad), frivolité *f* | MÚS. Mouvement, air (canción) | FIG. Chic, allure *f* (garbo) | FAM. Attaque *f* | *Al ~ libre,* en plein air, au grand air | *Darse ~s de,* prendre des airs de | *Darse un ~ a,* ressembler à | *Mudar de ~s,* changer d'air | — Interj FAM. De l'air! || **~eado, a** adj Aéré, e | Aigre (agrio) || **~ear** vt Aérer | FIG. Faire connaître | — Vp Prendre l'air || **~ón** m Héron (ave) | Aigrette *f* (penacho) || **~osamente** adv Avec grâce *o* élégance, gracieusement || **~osidad** f Grâce, élégance || **~oso, a** adj Aéré, e | Venteux, euse (ventoso) | FIG. Gracieux, euse (garboso), élégant, e | *Quedar* o *salir ~,* s'en tirer avec honneur *o* brillamment.

aisl|acionismo m Isolationnisme || **~acionista** adj/s Isolationniste || **~ado, a** adj Isolé, e | Mis à l'écart (apartado) || **~ador, a** adj/m Isolant, e || **~amiento** m Isolement | Isolation *f* (térmico, etc) || **~ante** adj/m Isolant, e || **~ar** vt Isoler | Mettre à l'écart (apartar).

¡ajá! interj FAM. Voilà! (aprobación) | Eh bien! (sorpresa).

ajamonado, a adj FAM. Bien en chair.

ajar vt Défraîchir, user (estropear una tela) | Faner, flétrir (plantas) | FIG. Flétrir (humillar), froisser (vejar) | — Vp Se faner, se flétrir.

ajardinar vt Aménager des espaces verts.

ajedrez m Échecs *pl* || **~ado, a** adj En damier.

ajenjo m Absinthe *f*.

ajeno, a adj D'un autre, d'autrui | Étranger, ère (extraño) | En dehors de (fuera de) | Libre | Différent, e | Contraire à (contrario a).

ajetre|ado, a adj Occupé, e; affairé, e | Mouvementé, e || **~arse** vp S'affairer (atarearse) | Se démener, se donner du mal (cansarse) || **~o** m Déploiement d'activité | Affairement (trajín) | Agitation *f* | Animation *f* | Grande fatigue *f*, éreintement (cansancio).

ají m Piment rouge | Sauce (*f*) au piment (salsa) | *Amér.* Cohue *f*.

ajiaceite m Ailloli (salsa).

ajillo m Sorte d'ailloli.

ajimez m Fenêtre (*f*) à meneaux.

ajo m Ail | Gousse (*f*) d'ail (diente de ajo) | FIG. Histoire *f* | *~ cebollino,* ciboulette | *~ chalote,* échalote | *Estar en el ~,* être dans le coup. — OBSERV. *Ail* tiene dos plurales : *aulx,* poco usado, y *ails.*

¡ajo! o **¡ajó!** interj A, re, a, re (hablando a un niño).

ajolote m Axolotl (animal).

ajonjolí m BOT. Sésame.

ajorca f Bracelet *m*.

ajornalar vt Louer *o* prendre à la journée.

ajuar m Mobilier (muebles) | Trousseau (de novia).

ajuici|ado, a adj Sage || **~ar** vt Assagir | Traduire en jugement (juzgar).

ajumarse vp POP. Se saouler.

ajust|ado, a adj V. AJUSTAR | — M Ajustage || **~ador** m Ajusteur (obrero) | IMPR. Metteur en pages || **~amiento** m Ajustement | Réglage | Relevé (de una cuenta) || **~ar** vt Ajuster | Arranger (arreglar) | Aménager (disponer) | Réconcilier (enemigos) | Engager (contratar) | Convenir de (un precio) | Régler (una cuenta) | IMPR. Mettre en pages | Assener (dar) | TECN. Ajuster | — Vi Aller (adaptarse) | Serrer (ceñir) | FIG. Cadrer | — Vp S'adapter | Se conformer à | Être conforme | Coller (vestido) | Serrer (apretar) | Convenir (estar de acuerdo) || Se rendre : *~ a razones,* se rendre à la raison || **~e** m TECN. Ajustage | Réglage | Accord (acuerdo) | Fixation *f* (de precio) | IMPR. Imposition | COM. Règlement (de cuenta) | FOT. Cadrage | Engagement, embauche (de criado, obrero) | FIG. *~ de cuenta,* règlement de compte.

ajustici|ado, a s Personne (*f*) exécutée || **~ar** vt Exécuter.

al prep Au, à la (a, hacia), chez (en casa de), dans (en), par (por) [seguida de un sustantivo masculino] | En, comme (simultaneidad), puisque (ya que) [seguida del infinitivo] | *Traducir ~,* traduire en.

ala f Aile | File (fila) | Bord *m* (sombrero, etc) | Lobe *m* (hígado) | FAM. *Ahuecar el ~,* se débiner (irse) FIG. *Cortar las ~s,* décourager. | POP. *Del ~,* balle (dinero) | — Interj. Allons! (para incitar) | Holà! (para llamar).

Alá nprm Allah.

alab|ado m Louange *f* | **~ador, a** adj/s Louangeur, euse ‖ **~amiento** m Louange *f* ‖ **~anza** f Éloge *m*, louange | Vantardise (jactancia) ‖ **~ar** vt Louer, faire des éloges, vanter | — Vp Se vanter (jactarse) | Se réjouir (alegrarse).

alabard|a f Hallebarde ‖ **~ero** m Hallebardier | — Pl La claque *fsing* (en el teatro).

alabastro m Albâtre.

álabe m MEC. Aube *f* (de rueda hidráulica), dent *f*.

alabe|ar vt Gauchir (torcer) | Gondoler (abarquillar) | Bomber (encorvar) ‖ **~o** m Gauchissement | Gondolement.

alacena f Placard *m*.

alacrán m Scorpion | Esse *f* (de corchete) | *Amér.* Mauvaise langue *f*.

alacridad f Alacrité, joie.

alad|a f Battement (*m*) d'aile ‖ **~ares** mpl Cheveux sur les tempes.

aladierna f BOT. Alaterne *m*.

alado, a adj Ailé, e.

alajú m Sorte de pain d'épice.

alamar m Fermail (presilla) | Brandebourg (adorno) | Gland (de toreros).

alambi|camiento m FIG. Complexité *f*, complication *f* ‖ **~car** vt Distiller (destilar) | FIG. Éplucher (examinar), tarabiscoter (complicar), étudier (un precio) ‖ **~que** m Alambic.

alambr|ada f Barbelés *mpl* | Grillage *m* (reja) ‖ **~ado** m Grillage | Clôture (*f*) de fils de fer (cercado) ‖ **~ar** vt Grillager | Clôturer avec des barbelés (cercar) ‖ **~e** m Fil de fer | *~ de púas*, barbelé ‖ **~era** f Grillage *m* | Toile métallique | Garde-manger *m* (alacena) ‖ **~ista** s Funambule.

alameda f Allée de peupliers | Promenade (paseo).

álamo m Peuplier.

alarde m Étalage (ostentación) | Démonstration *f* | MIL. Parade *f* | *Hacer ~ de*, se vanter, afficher, faire montre de ‖ **~ar** vi Parader | Se vanter (jactarse) | Se croire (creerse) | Tirer vanité de (envanecerse).

alarg|adera f Rallonge (de compás) ‖ **~ado, a** adj Allongé, e ‖ **~amiento** m Prolongement (en el espacio) | Prolongation *f* (en el tiempo) | Allongement ‖ **~ar** vt Allonger | Étirer (estirar) | Étendre (extender) | Prolonger (en el tiempo) | Rallonger (un vestido) | Passer (dar) | Différer (diferir) | FIG. Examiner, augmenter (aumentar), faire traîner en longueur (dar largas) | — Vp S'allonger | S'étendre | Rallonger (hacerse más largo) | S'éloigner (alejarse) | FAM. Pousser jusqu'à, aller (ir), passer (pasar).

alarido m Cri, hurlement.

alarife m Maçon.

alarm|a f Alarme : *voz de ~*, cri d'alarme | Alerte : *falsa ~*, fausse alerte | Inquiétude ‖ **~ante** adj Alarmant, e ‖ **~ar** vt Alarmer | Avertir (advertir) | — Vp S'inquiéter ‖ **~ista** s Alarmiste.

alazán, ana o **alazano, a** adj/s Alezan, e.

alba f Aube | *Al rayar el ~*, à l'aube.

albacea s Exécuteur, exécutrice testamentaire.

albahaca f Basilic *m*.

albanés, esa adj/s Albanais, e.

Albania nprf Albanie.

albañal o **albañar** m Égout.

albañil m Maçon : *peón de ~*, aide-maçon ‖ **~ería** f Maçonnerie.

albar adj Blanc, blanche.

albarán m Écriteau « à louer » ‖ COM. Bulletin de livraison.

albard|a f Bât *m* (de caballería) | Barde (de tocino) | *Amér.* Selle ‖ **~ar** vt Bâter ‖ **~ero** m Sellier ‖ **~illa** f Selle de dressage | Coussinet *m* (almohadilla) | Poignée (mango) | Chaperon *m* (tejadillo) | AGR. Ados *m* | Barde (de tocino) | Petit pain *m*.

albaricoque m Abricot (fruto), abricotier (árbol) ‖ **~ro** m Abricotier.

albarrana adjf/f Flanquante (torre).

albatros m Albatros.

albayalde m Céruse *f*, blanc d'Espagne.

albear vi Blanchir | *Amér.* Poindre (el día), se lever tôt.

albedrío m Arbitre : *libre ~*, libre arbitre | Fantaisie *f* (capricho) | Coutume *f* (costumbre).

albéitar m Vétérinaire.

alberca f Bassin *m* | Citerne (depósito) | Piscine.

albérchigo m Alberge *f* [sorte de pêche] | Albergier (árbol) | Abricotier (albaricoquero).

alberg|ar vt Héberger, loger | FIG. Abriter (encerrar), nourrir (la esperanza), éprouver (sentir) | — Vi/p Loger ‖ **~ue** m Logement | Auberge *f* (posada) | Asile, refuge | *~ de carretera*, relais.

albigense adj/s Albigeois, e.

albillo, a adj/s *Uva ~*, chasselas.

albin|ismo m Albinisme ‖ **~o, a** adj/s Albinos.

albóndiga f Boulette, croquette.

albor m Blancheur *f* | Aube *f* (alba) | Début (principio) ‖ **~ada** f Aube (alba) | MÚS. Aubade ‖ **~ear** vimp Poindre [le jour].

albornoz m Burnous (de los árabes) | Peignoir (de baño).

alborot|adizo, a adj Turbulent, e ‖ **~ado, a** adj Turbulent, e | FIG. Troublé, e (turbado), mouvementé, e ‖ **~ador, a** adj Tapageur, euse | Chahuteur, euse (colegial) | Sédi-

tieux, euse | — S Agitateur, trice | Séditieux, euse (sedicioso) | Chahuteur, euse (colegial) || **~amiento** m V. ALBOROTO || **~ar** vi Faire du tapage | S'agiter | — Vt Troubler (perturbar) | Ameuter (amotinar) | Mettre sens dessus dessous (desordenar) | — Vp Se troubler (turbarse) | S'emporter (de ira) | Devenir agitée (el mar) || **~o** m Vacarme, tapage (jaleo) | Émeute *f* (motín) | Désordre | Trouble (sobresalto) | Inquiétude *f*.
alboroz|ar vt Réjouir || **~o** m Grande joie *f*, allégresse *f*.
albricias fpl Cadeau *msing* (regalo) | — Interj Chic!
albufera f Lagune.
álbum m Album.
alb|umen m BOT. Albumen || **~úmina** f Albumine || **~uminado, a** adj Albuminé, e || **~uminoideo, a** adj/m Albuminoïde.
albur m Ablette *f*, dard (pez) | FIG. Hasard, coup de hasard | *Amér.* Calembour, jeu de mots.
albura f Blancheur | Blanc *m* (de huevo) | BOT. Aubier *m*.
alcabala f Impôt ancien sur les ventes.
alcacel o **alcacer** m BOT. Orge (*f*) verte | Champ d'orge.
alcachofa f Artichaut *m* | Pomme, crépine (de ducha) | Crapaudine (de un tubo) || **~do, a** adj En forme d'artichaut | — M Plat d'artichauts.
alcade m V. ALCALDE.
alcahuet|e, a s Entremetteur, euse | FAM. Cancanier, ère (chismoso) || **~ear** vi Servir d'entremetteur || **~ería** f Métier d'entremetteur.
alcaide m (Ant.) Gouverneur d'une forteresse | Geôlier (de prisión).
alcald|ada f Abus (*m*) de pouvoir || **~e** m Maire | **~** *mayor*, juge de paix || **~esa** f Femme du maire, mairesse (fam) || **~ía** f Mairie (edificio) Dignité de maire | Juridiction du maire.
álcali m Alcali.
alcal|ímetro m Alcalimètre || **~inidad** f Alcalinité || **~ino, a** adj/m Alcalin, e || **~inotérreo** adjm/m Alcalino-terreux || **~izar** vt Alcaliniser || **~oide** m Alcaloïde || **~oideo, a** adj Alcaloïde.
alcance m Portée *f* | FIG. Talent (talento), importance *f*; envergure *f* (envergadura), portée *f* | Levée (*f*) supplémentaire (correo) | Déficit (en las cuentas) | Nouvelle (*f*) de dernière heure (noticia) | *Al ~ de*, à portée de | FIG. *Corto de ~s*, borné, bouché. | *Dar ~ a uno*, rattraper qqn.
alcancía f Tirelire.
alcanfor m Camphre || **~ada** f BOT. Camphrée || **~ar** vt Camphrer || **~ero** m BOT. Camphrier.
alcantarill|a f Égout *m* (cloaca) | Bouche d'égout || **~ado** m Égouts *pl*, tout-à-l'égout || **~ar** vt Construire des égouts dans || **~ero** m Égoutier.
alcanz|ado, a adj Dans la gêne, à court d'argent (sin dinero) || **~ar** vt Atteindre | Rattraper (atrapar) | Saisir (entender) | Rejoindre (reunirse con) | FIG. Avoir connu (conocer), atteindre (un objetivo), affecter (atañer), percevoir (con los sentidos), obtenir | Passer (dar) | Remporter (un éxito) | Pouvoir attraper (un tren) | Accrocher (coger) | — Vi Arriver (llegar) | Échoir (caer en suerte) | Suffire (bastar) | Porter (proyectil) | — Vp Se rejoindre.
alcaparr|a f Câprier *m* (arbusto) | Câpre (fruto) || **~era** f o **~ero** o **~o** m Câprier *m*.
alcaraván m Butor.
alcarraza f Alcarazas *m*.
alcarria f Plateau (*m*) dénudé.
alcatraz m Pélican (ave).
alcaucí o **alcaucil** m Artichaut.
alcayata f Piton *m* (escarpia).
alcazaba f Forteresse | Casbah (en África del Norte).
alcázar m Alcazar, palais royal (palacio) | Forteresse *f* (fuerte) | MAR. Gaillard d'arrière.
alce m ZOOL. Élan.
alción m Martin-pêcheur (ave) | Alcyon.
alcista s Haussier | — Adj À la hausse (en la Bolsa).
alcoba f Chambre à coucher | FIG. Alcôve.
alco|hol m Alcool || **~holemia** f Alcoolémie || **~hólico, a** adj/s Alcoolique || **~holímetro** m Alcoomètre || **~holismo** m Alcoolisme || **~holizar** vt Alcooliser.
alcoómetro m Alcootest, alcotest.
alcor m Coteau.
Alcorán nprm Coran.
alcornoque m BOT. Chêne-liège | FIG. Andouille *f*, buse *f* (imbécil).
alcotán m ZOOL. Laneret.
alcotana f Décintroir *m* (de albañil) | Piolet *m* (de alpinista).
alcurnia f Lignée, lignage *m* : *de alta ~*, de haute lignée.
alcuza f Burette à huile.
alcuzcuz m Couscous.
aldab|a f Heurtoir *m* (llamador) | Barre (para cerrar) | — Pl FAM. Appuis *m*, piston *msing* (relaciones) || **~illa** f Crochet *m* (de cerradura) || **~ón** m Heurtoir | Poignée *f* (asa).
alde|a f Village *m* || **~no, a** adj/s Villageois, e | Campagnard, e (campesino) | FIG. Rustre.
aldehído m QUÍM. Aldéhyde.
alderredor adv V. ALREDEDOR.
¡ale! interj Allons!, allez!

ale|ación f Alliage *m* ‖ **~ar** vi Battre des ailes | Fig. Agiter les bras (un niño), se remettre (reponerse) | — Vt Allier ‖ **~atorio, a** adj Aléatoire.
aleccion|ador, a adj Instructif, ive; plein d'enseignements | Exemplaire (ejemplar) ‖ **~ar** vt Enseigner, instruire | Faire la leçon (reprender) | Dresser (formar) | Apprendre (aprender).
alechugado m Godron (pliegue).
aledaño, a adj Voisin, e | Accessoire (accesorio).
aleg|ación f Allégation | Exposé *m*, plaidoirie (de un abogado) ‖ **~ar** vt Alléguer, dire | Faire valoir (méritos) | Invoquer (invocar) | — Vi Plaider (un abogado) | *Amér.* Disputer ‖ **~ato** m Dr. Plaidoirie *f* | Fig. Plaidoyer | *Amér.* Dispute *f*.
aleg|oría f Allégorie ‖ **~órico, a** adj Allégorique.
alegr|ar vt Réjouir (regocijar) | Égayer (dar luz) | Animer (animar) | Émoustiller (el vino) | Fig. Réjouir (la vista), agrémenter, aviver | — Vp Se réjouir | Sourire (sonreir) | S'animer (animarse) | Fam. Être gai (achisparse) | *Me alegro de verle*, je suis heureux de vous voir ‖ **~e** adj Gai, e | Joyeux, euse (contento) | Heureux, euse (feliz) | Réjouissant, e (regocijante) | Fam. Gris, e (achispado) | Leste (libre) | Hardi, e (atrevido) ‖ **~ete, a** adj Un peu gai, enjoué, e ‖ **~ía** f Joie : *tener mucha ~*, éprouver une grande joie | Gaieté (buen humor) | Bot. Sésame *m* | — Pl Fêtes publiques | Chanson et danse de « flamenco » de Cadix.
alegro m Mús. Allégro.
alegrón m Fam Grande joie *f*.
alej|amiento m Éloignement | Distance *f*.
alejandrino m Alexandrin.
Alejandro nprm Alexandre.
alejar vt Éloigner | Écarter (separar) | — Vp S'éloigner.
alelar vt Hébéter.
alelí m Bot. Giroflée *f*.
aleluya m y f Rel. Alléluia *m* | — M Pâques | — F Image pieuse (estampa) | Fam. Navet *m* (cuadro malo) | — Pl Fam. Vers (*m*) de mirliton (verso), joie *sing* (alegría).
alemán, ana adj/s Allemand, e.
Alemania nprf Allemagne.
alent|ado, a adj Encouragé, e ‖ **~ador, a** adj Encourageant, e | Réconfortant, e ‖ **~ar*** vi Respirer | — Vt Encourager (animar) | *Amér.* Applaudir | — Vp S'enhardir | Se remettre (reponerse).
aleonado, a adj Fauve (color).
alerce m Mélèze (árbol).
al|ergia f Allergie ‖ **~érgico, a** adj Allergique.
aler|o m Auvent, avant-toit (tejado) | Garde-boue (guardabarros) Fig. *Estar en el ~*, être en suspens *o* incertain ‖ ‖ **~ón** m Aileron.
alert|a adv Sur ses gardes | *Estar ojo ~*, avoir l'œil aux aguets | — F Alerte : *dar la voz de ~*, donner l'alerte | — Interj Alerte! ‖ **~ar** vt Alerter, donner l'alerte | Avertir (avisar).
alet|a f Nageoire (de pez) | Aile (de nariz, de coche, de casa) | Ailette (radiador, proyectil) | Empennage *m* (bomba) | Palme (para nadar) ‖ **~ada** f Coup (*m*) d'aile ‖ **~argamiento** m Léthargie *f* (letargo) | Engourdissement ‖ **~argar** vt Engourdir ‖ **~azo** m Coup d'aile ‖ **~ear** vi Battre des ailes | Agiter les bras (un niño) ‖ **~eo** m Battement d'ailes | Fig. Battements *pl* (del corazón), souffle (de la muerte).
alevín o **alevino** m Alevin.
alev|osía f Traîtrise (traición) : *con* ou *por ~*, par traîtrise | Fourberie (maña) | Perfidie ‖ **~oso, a** adj Traître, esse; fourbe | Perfide.
alfa f Alpha *m* (letra) ‖ **~bético, a** adj Alphabétique ‖ **~betización** f Alphabétisation ‖ **~betizar** vt Alphabétiser ‖ **~beto** m Alphabet.
alfajor m Espèce de pain d'épice | *Amér.* Macaron.
alfalf|a f Bot. Luzerne ‖ **~al** o **~ar** m Champ de luzerne.
alfanje m Alfange (sable) | Espadon (pez).
alfaque m Mar. Barre *f*.
alfar m Atelier de potier | Argile *f* (arcilla) ‖ **~ería** f Poterie ‖ **~ero** m Potier.
alféizar m Arq. Tablette *f* (en el interior), rebord (al exterior).
alfeñi|carse vp Fam. Maigrir (adelgazar), faire des chichis (remilgarse) ‖ **~que** m Sucre d'orge | Fam. Gringalet (flaco), chichis *pl* (remilgos).
alf|erecía f Med. Attaque d'épilepsie ‖ **~érez** m Sous-lieutenant (oficial) | Porte-drapeau (abanderado) | Mar. *~ de navío*, enseigne de vaisseau.
alfil m Fou (ajedrez).
alfil|er m Épingle *f* | Fam. *No caber un ~*, être plein à craquer ‖ **~erazo** m Coup d'épingle | Fig. Pique *f* (pulla) ‖ **~etero** o **~erero** m Aiguillier, étui à aiguilles.
alfombr|a f Tapis *m* ‖ **~ar** vt Recouvrir de tapis | Fig. Tapisser ‖ **~ado** m Tapis *pl* (conjunto) ‖ **~illa** f Carpette (alfombra pequeña) | Paillasson *m* (esterilla).
alfóncigo m Pistachier (árbol) | Pistache *f* (fruto).
Alfonso nprm Alphonse.
alforfón m Sarrasin, blé noir.

alforjas fpl Besace *sing* | Provisions (víveres).
alforz|a f Pli *m* | FAM. Cicatrice || **~ar** vt Faire un pli à.
alga f BOT. Algue.
algalia f Civette (perfume) | MED. Sonde.
alga|rabía f (Ant.) Arabe *m* (idioma) | FIG. Hébreu *m*, charabia *m* (galimatías), vacarme *m* (jaleo) || **~ada** f MIL. Razzia | Troupe à cheval (tropa) | Vacarme *m* (jaleo).
algarrob|a f BOT. Vesce (forraje), caroube (fruto) || **~era** f o **~ero** m o **~o** m Caroubier *m*.
algazara f FIG. Vacarme *m* (jaleo) | Cris *mpl* (gritos).
álgebra f Algèbre | MED. Art (*m*) du rebouteux.
algebr|aico, a o **algébrico, a** adj Algébrique.
algebrista s Rebouteux.
algidez f Algidité.
álgido, a adj Algide.
algo pron indef Quelque chose | Un peu (un poco) | N'importe quoi (cualquier cosa) | — Adv Un peu, assez | — M Assez | Un je-ne-sais-quoi (parecido) | *~ así como*, une sorte de; environ (aproximadamente) | *~ es ~*, c'est mieux que rien | *Por ~ será*, il y a sûrement une raison.
algod|ón m Cotonnier (arbusto) | Coton (semilla, tejido) | Barbe (*f*) à papa (golosina) || **~onal** m Champ de coton || **~onar** vt Ouater || **~onero, a** adj/s Cotonnier, ère | — M Cotonnier (planta) | — F Cotonnerie (fábrica) || **~onoso, a** adj Cotonneux, euse.
alguacil m Gendarme | TAUR. Alguazil.
alguien pron indef Quelqu'un : *~ me lo dijo*, quelqu'un me l'a dit.
alg|ún adj (Apócope de *alguno*) Quelque || **~uno, a** adj Quelque | Un peu de (un poco de) | — Pron L'un, l'une (*sing*), quelques-uns, quelques-unes (*pl*) | Quelqu'un (alguien) | *~ que otro*, quelques (adj), quelques-uns (pron) | *No... ~*, ne... aucun (ninguno), ne... pas du tout (nada).
alhaj|a f Bijou *m* | Joyau *m* (de gran valor) | FIG. Perle; bijou *m* || **~ar** vt Parer de bijoux | Meubler (amueblar).
alhelí m Giroflée *f*.
alheña f Troène *m* (arbusto) | Henné *m* (polvo) | Fleur de troène | Rouille (de las mieses).
alhóndiga f Halle au blé.
alhucema f Lavande.
ali|ado, a adj/s Allié, e || **~anza** f Alliance || **~ar** vt Allier.
alias adv Autrement dit, dit, alias | — M Surnom (apodo).
alibí m Alibi (coartada).
alicaído, a adj FIG. Affaibli, e (debilitado), morne (triste).
alicante m ZOOL. Vipère (*f*) cornue | Nougat (dulce).
alicat|ado, a adj Orné d'azulejos | Carrelé, e (cocina, etc) | — M Décor d'azulejos | Carrelage (de cocina) || **~ar** vt Orner d'azulejos | Carreler.
alicates mpl Pince *fsing*.
Alicia nprf Alice.
aliciente m Attrait | Intérêt (interés) | Stimulant (incentivo).
alicortar vt Rogner les ailes (cortar) | Blesser à l'aile (herir) | FIG. Couper les ailes (a uno).
alícuota adjf/f Aliquote.
alien|able adj Aliénable || **~ación** f Aliénation || **~ado, a** adj/s Aliéné, e || **~ador, a** o **~ante** adj Aliénant, e || **~ar** vt Aliéner || **~ista** adj/s Aliéniste (médico).
aliento m Haleine *f* | Encouragement (estímulo) | Vigueur *f*, courage (ánimo) | Souffle (soplo) | *Estar sin ~*, être hors d'haleine (jadeante), être découragé (desanimado).
alifafe m VET. Vessigon | FAM. Infirmité *f*, ennui de santé.
aligátor m Alligator.
aligerar vt Alléger, rendre plus léger | Abréger (abreviar) | FIG. Soulager (calmar), atténuer (atenuar) | Presser, hâter (apresurar) | — Vi/p Se dépêcher (apresurarse).
alijo m Contrebande *f*.
alimaña f Vermine, bête nuisible.
aliment|ación f Alimentation | Nourriture (comida) || **~ar** vt Nourrir | Alimenter (un enfermo, ríos, máquinas, fuego) | Entretenir (mantener) | — Vp Se nourrir || **~icio, a** adj Alimentaire (pensión, artículos) | Nourrissant, e (nutritivo) || **~o** m Nourriture *f*, aliment | — Pl DR. Pension (*fsing*) alimentaire. | *De mucho ~*, très nourrissant.
alimón (al) o **alalimón** loc adv *Hacer algo al ~*, faire qqch. à deux | TAUR. *Torear al ~*, combattre un taureau ensemble.
alindar vt Borner (limitar) | Embellir | — Vi Toucher, être contigu, ë.
aline|ación f Alignement *m* | Formation (deportes) || **~ar** vt Aligner | — Vp Faire partie (en un equipo).
aliñ|ar vt Arranger (componer) | Assaisonner (un plato) | Aromatiser (licores) | FAM. Expédier (liquidar) | Préparer le taureau pour une mise à mort rapide || **~o** m Apprêt | Assaisonnement (aderezo) | Ingrédient | Parure *f* (adorno) | Propreté *f* (aseo).
alioli m Ailloli (salsa).

alis|ador, a adj/s Polisseur, euse | — M Polissoir (instrumento) || **~adura** f Polissage *m* | — Pl Raclures || **~ar** vt Polir (pulir) | Aplanir (allanar) | Lisser (pelo).
alisar m o **aliseda** f Aulnaie *f*.
alisio adjm/m Alizé.
aliso m Aulne (árbol) | Alisier.
alist|ado, a adj Rayé, e (rayado) | Enrôlé, e (en el ejército) | — M Engagé volontaire || **~amiento** m MIL. Enrôlement (reclutamiento), engagement (voluntario) | Inscription *f* | Classe *f* (quinta) | FIG. Enrôlement (en un partido, etc) || **~ar** vt Enrôler | — Vp S'enrôler | S'engager (en el ejército) | FIG. Se ranger | *Amér.* Se préparer (arreglarse).
aliteración f Allitération.
alivi|adero m Trop-plein, déversoir || **~ar** vt Alléger (aligerar) | Soulager (mitigar, confortar) | Calmer | Adoucir (suavizar) | Réconforter (alentar) | Dégager (el vientre) | Égayer (el luto) | — Vp Aller mieux || **~o** m Allégement (de una carga) | Soulagement (físico) | Réconfort (moral) | Amélioration *f* (mejoría) | Adoucissement (de una pena, sufrimiento) | *~ de luto*, demi-deuil.
aljaba f Carquois *m*.
aljama f Synagogue | Mosquée (mezquita) | Réunion de Maures *o* de Juifs.
aljibe m Citerne *f* | Réservoir (de agua) | MAR. Bateau-citerne.
aljofaina f Cuvette.
aljófar m Perle *f*.
aljofifa f Serpillière.
alma f Âme | ARG. Baliveau *m* (viga) | Bobèche (de una espada) | FIG. Foyer *m* (centro) | FAM. *~ de cántaro*, cruche, gourde | *~ de Dios*, bonne âme | *~ viviente*, âme qui vive | FIG. *Caérsele a uno el ~ a los pies*, s'effondrer | *Con toda el ~*, de grand cœur | *De mi ~*, de mon cœur | *Estar con el ~ en un hilo*, être mort d'inquiétude | *Llegar al ~*, aller droit au cœur | *Partir el ~*, fendre le cœur | *Sentir en el ~*, être désolé.
almac|én m Magasin (tienda, de un arma, de imprenta) | Entrepôt (depósito) || **~enaje** m Magasinage (derecho) | Emmagasinage || **~enamiento** m Emmagasinage, entreposage, stockage | Stocks *pl* | *~ de datos*, mise en mémoire de l'information || **~enar** vt Emmagasiner, stocker | Mettre en mémoire (datos) | FIG. Accumuler || **~enero** m Magasinier || **~enista** m Marchand | Entreposeur | Grossiste (mayorista).
almácig|a f Mastic *m* (masilla) | AGR. Pépinière.
almádana o **almádena** f TECN. Casse-pierres *m*, massette.
almadía f Train (*m*) de bois flotté.
almadraba f Madrague (red) | Pêche au thon (pesca).
almadreña f Sabot *m*.
almagr|a f o **~e** m Ocre (*f*) rouge || **~al** m Terrain ocreux.
almanaque m Almanach | Annuaire (anuario) | Calendrier (calendario).
almártiga f Licou *m*.
almazara f Moulin (*m*) à huile.
almeja f Clovisse.
almen|a f Créneau *m* || **~ar** vt Créneler || **~ara** f Feu (*m*) de signal | Chandelier *m* (candelero).
almendr|a f Amande | FAM. Caillou *m* (guijarro) | *~s garapiñadas*, pralines || **~ada** f Lait (*m*) d'amande || **~ado** m Pâte (*f*) d'amandes || **~al** m Amandaie *f* || **~era** f o **~ero** m BOT. Amandier *m* || **~illa** f TECN. Lime à bout arrondi | Gravier *m* (grava) || **~o** m Amandier.
almete m Armet.
almiar m Meule *f*, gerbier.
alm|íbar m Sirop || **~ibarado, a** adj Doucereux, euse | FAM. Mielleux, euse || **~ibarar** vt Confire, baigner dans du sirop.
almid|ón m Amidon || **~onado** m Empesage || **~onar** vt Empeser, amidonner
almilla f Gilet *m*, justaucorps *m* (jubón) | TECN. Tenon *m* (espiga).
alminar m Minaret.
almirant|a f Vaisseau (*m*) amiral | Amirale (mujer) || **~azgo** m Amirauté *f* || **~e** m Amiral.
almirez m Mortier en métal.
almizcl|ar vt Musquer || **~e** m Musc || **~eño, a** adj Musqué, e | — F BOT. Muscari *m* || **~ero, a** adj Musqué, e | — M Porte-musc (rumiante) | — F Desman *m* (roedor).
almocafre m Plantoir.
almocárabes o **almocarbes** mpl Entrelacs *sing*.
almohad|a f Oreiller *m* (de cama) | Coussin *m* (cojín) | Taie d'oreiller (funda) | ARQ. Bossage *m* || **~ado, a** adj ARQ. Bosselé, e || **~illa** f Coussinet *m* | Sachet *m* (bolsita) | Tampon (*m*) encreur (para sellar) | Panneau *m* (de arreos) | Pattemouille (para planchar) | ARQ. Bosse || **~illado, a** adj Rembourré, e (acolchado), capitonné, e | ARQ. Bosselé, e | — M ARQ. Bossage | Capitonnage (relleno) || **~illar** vt ARQ. Bosseler | Rembourrer, capitonner || **~ón** m Coussin | ARQ. Coussinet (de arco).
almohaz|a f Étrille || **~ar** vt Étriller.
almoneda f Vente aux enchères (subasta) | Soldes *mpl* (rebajas) | Antiquités *pl* (antigüedades).
almorranas fpl Hémorroïdes.
almorta f BOT. Gesse.

almorzar* vi Déjeuner | — Vt Déjeuner de, manger au déjeuner.
almotacén m Vérificateur des poids et mesures.
almuerzo m Déjeuner.
¡aló! interj. Allô!
aloc|ado, a adj Étourdi, e | Écervelé, e (sin seso) | Irréfléchi, e (inconsiderado) | Bizarre (extraño) || **~arse** vp Devenir fou o folle | FIG. S'affoler : *se aloca por nada*, il s'affole pour rien.
alocución f Allocution.
áloe o **aloe** m Aloès.
aloj|amiento m Logement | MIL. Camp || **~ar** vt Loger | — Vp Loger, se loger || **~o** m *Amér.* Logement.
alón m Aile *f*.
alondra f Alouette.
alopatía f MED. Allopathie.
alopecia f MED. Alopécie.
aloque adjm/m Clairet, rosé (vino).
alotropía f Allotropie.
alpaca f Alpaga *m* | Maillechort *m* (metal).
alpargat|a f Espadrille || **~ería** f Fabrique o magasin (*m*) d'espadrilles.
Alpes nprmpl Alpes *f*.
alpestre adj Alpestre.
alpin|ismo m Alpinisme || **~ista** s Alpiniste || **~o, a** adj Alpin, e.
alpiste m BOT. Millet long | POP. Pinard (vino), tord-boyaux (aguardiente) || **~lado, a** adj POP. Rond, e (borracho) || **~larse** vp POP. Se soûler.
alquería f Ferme (granja) | Hameau *m* (aldea).
alquil|ar vt Louer | *Se alquila*, à louer || **~er** m Location *f* | Loyer (suma de dinero).
alquim|ia f Alchimie || **~ista** m Alchimiste.
alquitar|a f Alambic *m* || **~ar** vt Distiller | FIG. Alambiquer.
alquitr|án m Goudron || **~anado** m MAR. Toile (*f*) goudronnée | Goudronnage (carreteras) || **~anar** vt Goudronner.
alrededor adv Autour, tout autour | Aux alentours, alentour (cerca de) | FAM. **~** *de*, environ, à peu près (cantidad), aux environs de (tiempo, distancia) | — Mpl Alentours, environs : *vive en los* **~***es de la ciudad*, il habite dans les environs de la ville.
Alsacia nprf Alsace.
alsaciano, a adj/s Alsacien, enne.
alta f Bulletin (*m*) de sortie | Entrée (ingreso) || Incorporation (en una actividad) | MIL. Inscription | *Dar de* **~** ou *el* **~**, inscrire (registrar), donner l'exeat (a un enfermo).
altan|ería f FIG. Orgueil *m* (orgullo), arrogance || **~ero, a** adj FIG. Hautain (altivo), orgueilleux, euse.
altar m Autel | **~** *mayor*, maître-autel | FIG. *Poner en un* **~**, mettre sur un piédestal.
altavoz m Haut-parleur.
altea f Guimauve.
alter|abilidad f Altérabilité || **~able** adj Altérable || **~ación** f Altération | Émeute (motín) | Dispute (altercado) | Dérèglement *m* (del pulso) | **~** *del orden*, désordre, trouble || **~ar** vt Altérer, changer | — Vp S'altérer | S'émouvoir, se troubler (turbarse) | Se fâcher (enojarse) | S'énerver (excitarse).
alterc|ación f o **~ado** m Démêlé *m*, altercation || **~ar** vi Se quereller.
altern|ación f Alternance || **~ador** m ELEC. Alternateur || **~ancia** f Alternance || **~ar** vt Alterner | Faire alterner | Assoler (cultivos) | — Vi Se relayer, alterner | Fréquenter (tener trato con) | Sortir (ir a fiestas) | MAT. Intervertir | — Vp Se relayer || **~ativa** f Alternance, alternative | Choix *m* (elección) | Solution | TAUR. Alternative || **~ativo, a** adj Alternatif, ive || **~o, a** adj Alternatif, ive | Alterne (hojas) | *Días* **~***s*, tous les deux jours.
alt|eza f Altesse (tratamiento) | Hauteur (altura) | FIG. Grandeur, élévation (de sentimientos) || **~ibajos** mpl Aspérités *f* (de terreno) | FAM. Hauts et bas, vicissitudes *f* || **~ilocuencia** f Grandiloquence || **~illano** m *Amér.* Plateau || **~illo** m Coteau, colline *f* | *Amér.* Combles *pl* | Entresol || **~ímetro** m Altimètre || **~iplanicie** f Haut plateau *m* || **~iplano** m *Amér.* Haut plateau || **~ísimo, a** adj Très haut | — M *El Altísimo*, le Très-Haut || **~isonante** y **~ísono, a** adj Pompeux, euse | Ronflant, e (apellido) || **~itud** f Altitude || **~ivez** f Hauteur, arrogance || **~ivo, a** adj Hautain, e || **~o, a** adj Grand, e (persona) | Haut, e; élevé, e (elevado) | Fort, e (fuerte) | FIG. Haut, e; beau, belle (bello) | *A* **~***s horas de la noche*, à une heure très avancée de la nuit | *En las* **~***s esferas*, en haut lieu | — M Hauteur *f*, haut | Colline *f* (colina) | Étage élevé (piso) | MÚS. Alto | MIL. Halte *f* | — Adv Haut | À haute voix (voz) | *Hacer algo por lo* **~**, faire qqch. en grand | *Pasar por* **~**, V. PASAR. | *Por todo lo* **~**, de premier ordre | — Interj Halte! || **~oparlante** m *Amér.* Haut-parleur || **~ozano** m Monticule.
altramuz m BOT. Lupin.
altruis|mo m Altruisme || **~ta** adj/s Altruiste.
altura f Altitude | Hauteur : *salto de* **~**, saut en hauteur | Niveau *m* (nivel) | FIG. Mérite *m* (mérito),

élévation | — Pl Hauteurs (cumbres) | FIG. *A estas ~s*, à présent | *~ de miras*, largeur de vues | *De ~*, au long cours (navegación) | *Quedar a la ~ del betún*, être au-dessous de tout.
alub|a f Haricot *m*.
alucin|ación f Hallucination || **~ado, a** adj/s Halluciné, e || **~ador, a** o **~ante** adj Trompeur, euse (engañoso) | Hallucinant, e (impresionante) || **~amiento** m Hallucination *f* || **~ar** vt Halluciner | Tromper (engañar) || **~ógeno, a** adj/m Hallucinogène.
alud m Avalanche *f*.
alud|ido, a adj En question, mentionné, e | *Darse por ~*, se sentir visé || **~ir** vi Parler de, faire allusion à | Se référer à (referirse).
alumbr|ado, a adj Éclairé, e | FAM. Éméché, e (achispado) | — Adj/s Illuminé, e (hereje) | — M Éclairage || **~amiento** m Éclairage | Source *f* (fuente) | Accouchement (parto) || **~ar** vt Éclairer | FIG. Instruire | Découvrir [des eaux souterraines] | TECN. Aluner | — Vi Enfanter, accoucher (parir) | Éclairer | — Vp S'éclairer | FAM. S'enivrer || **~e** m Alun.
alúmina f Alumine.
aluminio m Aluminium.
alumn|ado m Effectif scolaire || **~o, a** s Élève.
alun|ado, a adj Lunatique | Fou, folle (loco) || **~izaje** m Alunissage || **~izar** vi Alunir.
alus|ión f Allusion || **~ivo, a** adj Allusif, ive | *~ a*, sur.
aluvi|al adj Alluvial, e || **~ón** m Crue *f* (inundación) | Alluvions *fpl* | FIG. Multitude *f*.
álveo m Lit (de río).
alveol|ar adj Alvéolaire | GRAM. Dental, e || **~o** m Alvéole.
alza f Hausse || **~cuello** m Rabat || **~da** f Hauteur au garrot (del caballo) | DR. Pourvoi *m* || **~do** adjm *A tanto ~*, à forfait | — M ARQ. Levé | Hauteur *f* (altura) | Rebelle | IMPR. Assemblage || **~miento** m Action (*f*) de lever | Soulèvement (de personas) | Surenchère *f* (puja) | COM. Banqueroute (*f*) frauduleuse | IMPR. Assemblage || **~paño** m Patère *f* (gancho) | Embrasse *f* (de cortinas) || **~prima** f Levier *m* (palanca) | Cale (calce) || **~r** vt Lever | Élever (una pared, la voz) | Relever (algo caído) | Soulever (a poca altura) | Enlever (quitar) | Dresser (establecer) | Élever (la hostia) | FIG. Soulever (sublevar), lever (quitar) | IMPR. Assembler | *~ el vuelo*, prendre son vol | *~ velas*, mettre à la voile | — Vp Se lever (levantarse) | S'élever (elevarse) | S'emparer (apoderarse) | FIG. Se soulever (sublevarse), s'élever | COM. Faire une banqueroute frauduleuse | DR. Faire *o* interjeter appel (recurrir).
allá adv Là-bas | Autrefois (tiempo) | *~ él*, tant pis pour lui, c'est son affaire | *~ se las componga*, qu'il se débrouille | *~ se va*, c'est à peu près la même chose | *~ usted si*, libre à vous de | *El más ~*, l'au-delà | *No ser muy ~*, ne pas être fameux.
allan|amiento m Aplanissement | DR. Violation *f* : *~ de morada*, violation de domicile || **~ar** vt Aplanir. | DR. Violer | — Vp S'effondrer | FIG. Se soumettre (someterse).
alleg|ado, a adj Ramassé, e; réuni, e | Proche (cercano) | — Adj/s Parent, e (pariente) | Partisan, e (partidiario) | Intime de | — Mpl Entourage *sing* || **~ar** vt Ramasser (recoger) | Approcher (acercar) | Ajouter (añadir) | — Vi Arriver (llegar) | — Vp S'approcher.
allegr|etto m MÚS. Allégretto || **~o** m MÚS. Allégro.
allende adv Au-delà de (más allá de) | Outre (además).
allí adv Là | Y : *voy ~ mañana*, j'y vais demain | Alors (entonces).
ama f Maîtresse de maison (señora de la casa) | Propriétaire | Gouvernante (ama de llaves) | Nourrice (de niños) | *Del ~ de casa*, ménager, ère.
amab|ilidad f Amabilité, gentillesse || **~le** adj Aimable (*a*, *con* ou *para con*, avec *o* envers) | Gentil, ille (gentil).
amado, a adj/s Aimé, e; bien aimé, e; chéri, e.
amaestr|ado, a adj Dressé, e | Savant, e (pulga) || **~amiento** m Dressage || **~ar** vt Dresser.
amag|ar vi Promettre de, être sur le point de (estar a punto de) | S'annoncer (anunciarse) | Menacer (amenazar) | Esquisser (esbozar) | — Vp Se cacher || **~o** m Menace *f*, signe (amenaza) | MED. Symptôme (síntoma) | Feinte *f*, attaque (*f*) simulée | Semblant, geste | Esquisse *f* (esbozo) | Commencement (comienzo) | Tentative *f*.
amainar vt Amener (las velas) | — Vi Se calmer | Tomber, faiblir (viento) | FIG. Modérer, réduire.
amalgam|a f Amalgame *m* || **~ar** vt Amalgamer.
amamant|amiento m Allaitement || **~ar** vt Allaiter.
amanceb|amiento m Concubinage || **~arse** vp Vivre en concubinage.
amanec|er* vimp Faire jour, poindre [le jour] | — Vi Arriver au lever du jour (llegar al alba) | Apparaître [à l'aube] (aparecer) | Se réveiller le matin (despertarse) | FIG. Apparaître.

amanecer m o **amanecida** f Point (m) du jour, aube *f*.
amaner|ado, a adj Maniéré, e ‖ **~amiento** m Affectation *f* ‖ **~arse** vp Avoir un style affecté | Faire des manières.
amanita f BOT. Amanite.
amanojar vt Botteler.
amans|amiento m Apprivoisement ‖ **~ar** vt Dompter (domar) | Apprivoiser | FIG. Calmer, maîtriser (domar) | — Vp S'apprivoiser | S'adoucir.
amante adj Qui aime | — Adj/s Ami, e; amant, e (amigo) | Amoureux, euse (enamorado) | — M Amant | Amateur (que sabe apreciar) | MAR. Câble | — F Maîtresse.
amantillo m MAR. Balancine *f*.
amanuense m Secrétaire, employé aux écritures | Copiste.
amañ|ar vt Combiner | Truquer | — Vp Se débrouiller ‖ **~o** m Adresse *f* (maña) | FIG. Ruse *f* (ardid) | — Pl Outils (aperos).
amapola f BOT. Coquelicot *m*.
amar vt Aimer.
amar|aje m Amerrissage ‖ **~ar** vi Amerrir.
amaranto m BOT. Amarante *f*.
amarar vi Amerrir.
amarg|ado, a adj Amer, ère | FIG. Aigri, e | — S Pessimiste, personne aigrie ‖ **~ar** vi Être amer | — Vt Rendre amer | FIG. Affliger (afligir), aigrir ‖ **~o, a** adj Amer, ère | — M Amertume *f* (sabor) | *Amér.* Maté amer ‖ **~or** m Amertume *f* ‖ **~ura** f Amertume | Ennui *m* (penas).
amaricado, a o **amariconado, a** adj FAM. Efféminé, e.
amarill|ar o **~ear** o **~ecer*** vi Jaunir | Pâlir (palidecer) ‖ **~ento, a** adj Jaunâtre | Jaune (amarillo) ‖ **~eo** m Jaunissement ‖ **~o, a** adj/m Jaune.
amarr|a f MAR. Amarre | — Pl FAM. Piston *msing* (relaciones) ‖ **~adero** m MAR. Bitte (*f*) d'amarrage (poste), anneau d'amarre (argolla) ‖ **~adura** f Amarrage *m* ‖ **~aje** m Droit d'amarrage ‖ **~ar** vt MAR. Amarrer | Attacher (atar) | Lier (gavillas) | — Vp FAM. S'assurer | Attacher (atarse) ‖ **~e** m Amarrage.
amartel|amiento m Passion *f*, amour passionné ‖ **~ar** vt Rendre jaloux, ouse (dar celos) | Rendre amoureux, euse (enamorar) | — Vp S'éprendre passionnément de.
amartillar vt Marteler (golpear) | Armer (las armas).
amas|adera f Pétrin *m* ‖ **~ador, a** adj/s Pétrisseur, euse | Masseur, euse (masajista) | — F Malaxeur *m* ‖ **~adura** f o **~amiento** m Pétrissage *m* | MED. Massage *m* ‖ **~ar** vt Pétrir | TECN. Gâcher [du plâtre] | MED. Masser | FIG. Amasser (dinero) ‖ **~ijo** m Pâte (*f*) pétrie (masa) | Gâchis (de yeso, cal) | FAM. Fatras (mezcla).
amatista f Améthyste.
amatorio, a adj D'amour.
amazacotado, a adj Lourd, e | Pâteux, euse (pastoso) | FIG. Lourd, e.
amazona f Amazone, écuyère.
Amazonas nprm Amazone.
amazónico, a adj Amazonien, enne.
ambages mpl FIG. Ambages | *Andarse con ~*, prendre des détours.
ámbar m Ambre | Nectar | *~ negro*, jais | *Disco ~*, feu orange.
Amberes npr Anvers.
ambici|ón f Ambition ‖ **~onar** vt Ambitionner ‖ **~oso, a** adj/s Ambitieux, euse.
ambidextro, a adj/s Ambidextre.
ambient|ación f Ambiance | Bruitage *m* (radio) ‖ **~al** adj De l'environnement ‖ **~ar** vt Créer l'ambiance de | — Vp S'adapter ‖ **~e** adj Ambiant, e | *Medio ~*, environnement | — M Milieu | Air ambiant, atmosphère *f* (atmósfera) | FIG. Ambiance *f*, milieu (medio), climat, atmosphère *f* | Perspective *f*.
ambigú m Ambigu, lunch (comida) | Buffet (lugar).
ambig|üedad f Ambiguïté ‖ **~uo, a** adj Ambigu, ë | GRAM. Des deux genres.
ámbito m Enceinte *f* (recinto) | Milieu, atmosphère *f* (ambiente), cadre (campo, límites).
ambl|adura f Amble *m* ‖ **~ar** vi Ambler.
ambón m ARQ. Ambon.
ambos, as adjpl Les deux | *De ~ partes* ou *por ~ lados*, de part et d'autre, des deux côtés | — Pron pl Tous (les) deux, toutes (les) deux.
ambrosía f Ambroisie (manjar) | FIG. Nectar *m*.
ambul|ancia f Ambulance | *~ de correos*, bureau ambulant ‖ **~anciero, a** s Ambulancier, ère ‖ **~ante** adj Ambulant, e | Itinérant, e (diplomático, misión) | — M *Amér.* Marchand ambulant | Ambulancier ‖ **~atorio, a** adj Ambulatoire | — M Dispensaire.
ameba f Amibe.
amedrent|amiento m Peur *f*, frayeur *f* ‖ **~ar** vt Effrayer, apeurer | — Vp S'effrayer | Être intimidé, e.
amelga f AGR. Planche.
amelonado, a adj En forme de melon | FAM. Amouraché, e.
amén m inv FAM. Amen | — Adv Amen, ainsi soit-il | FAM. *~ de*, en plus de | FIG. *En un decir ~*, en un clin d'œil.

amenaz|a f Menace ‖ **~ador, a** o **~ante** adj Menaçant, e ‖ **~ar** vt/i Menacer.
amenguar vt Amoindrir.
amen|idad f Aménité | Agrément *m* (encanto) ‖ **~izar** vt Égayer | Agrémenter (adornar) | Animer ‖ **~o, a** adj Agréable, amène (m. us.).
amento m Bot. Chaton.
América nprf Amérique.
american|a f Veston *m*, veste ‖ **~ismo** m Américanisme ‖ **~ista** s Américaniste ‖ **~ización** f Américanisation ‖ **~izar** vt Américaniser ‖ **~o, a** adj/s Américain, e | Latino-Américain, e (de Hispanoamérica) | Américain, e (del Norte).
ameritar vt *Amér.* Mériter.
amerizar vi Amerrir.
ametrall|adora f Mitrailleuse ‖ **~amiento** m Mitraillage, mitraillade *f* ‖ **~ar** vt Mitrailler.
amianto m Amiante.
amiba f Amibe.
amida f Quím. Amide.
amig|a f Amie | Maîtresse (concubina, maestra) | École de filles ‖ **~able** adj Amiable : *~ componedor,* amiable compositeur ‖ **~ablemente** adv À l'amiable.
amígdala f Anat. Amygdale.
amigdalitis f Med. Amygdalite.
amig|o, a adj/s Ami, e | Amateur (aficionado) | — Adj Amical, e (amistoso) | *Ganar ~s,* se faire des amis | *Ser ~ de,* aimer, aimer à (apreciar) ‖ **~ote** m Fam. Copain.
amilan|amiento m Peur *f* ‖ **~ar** vt Effrayer | Décourager (desanimar).
amin|a f Quím. Amine | **~ado, a** adj Aminé, e.
aminor|ación f Diminution ‖ **~ar** vt Diminuer | Ralentir (la marcha).
amist|ad f Amitié | Liaison (concubinato) | Fig. Affinité | — Pl Amis *m* ‖ **~ar** vt Réconcilier | Rendre amis | — Vp Devenir amis | Se réconcilier ‖ **~osamente** adv Amicalement | À l'amiable ‖ **~oso, a** adj Amical, e | À l'amiable (amigable).
amito m Rel. Amict.
amn|esia f Amnésie ‖ **~ésico, a** adj/s Amnésique ‖ **~istía** f Amnistie ‖ **~istiado, a** adj/s Amnistié, e ‖ **~istiar** vt Amnistier.
amo m Maître | Propriétaire | Patron.
amodorr|ado, a adj Assoupi, e ‖ **~amiento** m Somnolence *f* ‖ **~arse** vp S'assoupir.
amojamar vt Boucaner | — Vp Maigrir, se dessécher.
amojon|amiento m Bornage ‖ **~ar** vt Borner.
amol|adera f Meule (rueda), pierre à aiguiser (piedra) ‖ **~ador** m Rémouleur ‖ **~ar*** vt Aiguiser.
amold|amiento m Moulage ‖ Fig. Ajustement (ajuste), adaptation *f* ‖ **~ar** vt Mouler | Ajuster | Régler (regular) | — Vp Se mouler | Fig. S'adapter.
amonedar vt Monnayer.
amonest|ación f Admonestation (advertencia) | Ban *m* (de boda) ‖ **~ar** vt Admonester (p. us.), réprimander | Publier les bans (de una boda).
amon|iacal adj Ammoniacal, e ‖ **~iaco, a** adj Ammoniac, aque | — M Ammoniaque *f*.
amonita f Zool. Ammonite.
amonton|amiento m Entassement ‖ **~ar** vt Entasser | Amonceler (acumular) | Amasser (reunir) | — Vp S'entasser, s'amonceler.
amor m Amour | — Pl Amours *f* o *m* | Galanteries *f* (requiebros) | *Al ~ de la lumbre,* au coin du feu | *De mil ~es,* avec grand plaisir | *En ~ y compaña,* en bonne intelligence | *Hacer el ~,* faire la cour | *Por ~ de,* pour l'amour de ; à cause de.
amoral adj/s Amoral, e ‖ **~idad** f Amoralité.
amorat|ado, a adj Violacé, e ‖ **~ar** vt Rendre violacé | — Vp Devenir violet.
amorcillos mpl Amours.
amordaz|amiento m Bâillonnement ‖ **~ar** vt Bâillonner | Museler (un animal).
amorfo, a adj Amorphe.
amor|ío m Fam. Amourette *f* ‖ **~oso, a** adj Tendre, affectueux, euse | D'amour | Amoureux, euse | Fig. Agréable | Agr. Doux, douce (tierra).
amort|ajamiento m Ensevelissement ‖ **~ajar** vt Ensevelir | Tecn. Assembler [le tenon et la mortaise] ‖ **~ecer*** vt Amortir ‖ **~iguación** f Amortissement *m* ‖ **~iguador** m Tecn. Amortisseur ‖ **~iguamiento** m Amortissement ‖ **~iguar** vt Amortir | Fig. Atténuer ‖ **~izable** adj Amortissable ‖ **~ización** f Com. Dr. Amortissement *m* ‖ **~izar** vt Com. Dr. Amortir.
amoscarse vp Se fâcher.
amostazar vt Irriter | — Vp Fam. S'emporter | *Empieza a ~,* la moutarde lui monte au nez.
amotin|ado, a adj/s Insurgé, e (insurrecto), rebelle ‖ **~ador** m Émeutier ‖ **~amiento** m Émeute *f* (motín), révolte *f* (rebelión), mutinerie *f* (de soldados) ‖ **~ar** vt Soulever | Fig. Déchaîner (turbar) | — Vp Se soulever, se révolter | Se mutiner (soldados) | Fig. Se déchaîner (turbarse).
amovible adj Amovible.
ampar|ador, a adj/s Protecteur, trice ‖ **~ar** vt Protéger | — Vp S'abriter | Se mettre sous la protection de ‖

~o m Protection *f* | Abri (refugio) | Appui (apoyo) | Refuge.
amper|aje m Ampérage || **~ímetro** m Ampèremètre || **~io** m Ampère | **~** *hora*, ampère-heure.
ampli|ación f Agrandissement *m* (local, foto, etc) | Extension | Accroissement *m* (aumento) | Élargissement *m* | Augmentation (de capital) || **~adora** f FOT. Agrandisseur *m* || **~ar** vt Agrandir (local, foto) | Étendre (extender) | Augmenter (aumentar) | Élargir (ensanchar) | Développer (desarrollar) | Amplifier (amplificar) || **~ficación** f Amplification || **~ficador, a** adj/m Amplificateur, trice || **~ficar** vt Amplifier | Agrandir || **~o, a** adj Ample | Étendu, e (extendido) | Vaste (vasto) | Grand, e (grande) | Considérable || **~tud** f Ampleur (extensión) | Amplitude (de una oscilación) | Étendue | Importance | Envergure (envergadura) | *Con* **~**, largement.
ampo m Blancheur (*f*) éclatante.
ampoll|a f Ampoule | Bulle (burbuja) || **~eta** f Sablier *m*.
ampulos|idad f FIG. Emphase, enflure || **~o, a** adj FIG. Ampoulé, e; enflé, e: emphatique.
amput|ación f Amputation || **~ar** vt Amputer.
amueblar vt Meubler.
amujerado, a adj Efféminé, e.
amuleto m Amulette *f*.
amura f MAR. Amure.
amurallar vt Entourer de murailles.
ana f Aune (medida).
anabaptista adj/s Anabaptiste.
anábasis f Anabase.
anacarado, a adj Nacré, e.
anacardo m Anacardier (árbol) | Anacarde (fruto).
ana|coluto m Anacoluthe *f* || **~conda** f ZOOL. Anaconda *m* || **~coreta** s Anachorète || **~crónico, a** adj Anachronique || **~cronismo** m Anachronisme.
ánade m o f ZOOL. Canard *m*.
anaerobio, a adj/m Anaérobie.
anafe m Réchaud à charbon.
anagrama m Anagramme *f*.
anal adj ANAT. Anal, e.
anal|ectas fpl Analectes *m*, florilège *msing* || **~es** mpl Annales *f*.
analfabet|ismo m Analphabétisme || **~o, a** adj/s Analphabète.
analg|esia f MED. Analgésie || **~ésico, a** adj/m Analgésique.
an|álisis m Analyse *f* || **~alista** s Analyste | Annaliste || **~alítico, a** adj Analytique || **~alizar** vt Analyser || **~alogía** f Analogie || **~alógico, a** adj Analogique || **~álogo, a** adj Analogue.
ananá o **ananás** m Ananas.

anaquel m Rayon, étagère *f* (de armario) | Tablette *f* (de muro) || **~ería** f Rayonnage *m*.
anaranjado, a adj Orangé, e | — M Orange (color).
an|arquía f Anarchie || **~árquico, a** adj Anarchique || **~arquismo** m Anarchisme || **~arquista** adj/s Anarchiste.
anastigmático, a adj/m Anastigmatique, anastigmat.
anastomosis f Anastomose.
anatem|a m Anathème || **~atizar** vt Anathématiser, jeter l'anathème sur.
anatife m Anatife (percebe).
anat|omía f Anatomie || **~ómico, a** adj Anatomique | — S Anatomiste || **~omista** s Anatomiste.
anca f Hanche (del caballo) | FAM. Fesse (nalga) | — Pl Croupe *sing* | **~***s de rana*, cuisses de grenouille.
ancestral adj Ancestral, e.
ancian|idad f Vieillesse (período de la vida) | Ancienneté (calidad de anciano) || **~o, a** adj/s Vieux, vieille | — S Vieillard, personne âgée.
ancl|a f Ancre : *levar, echar* **~***s*, lever, jeter l'ancre || **~adero** m MAR. Mouillage, ancrage || **~aje** m MAR. Ancrage | Droit de mouillage, ancrage (derecho) | CONSTR. Ancrage || **~ar** vt/i Mouiller, ancrer [un navire] || **~ote** m MAR. Grappin.
ancón m o **anconada** f Anse *f*.
áncora f Ancre.
anch|ar vt/i Élargir || **~o, a** adj Large | Épais, épaisse (espeso) | Grand, e (grande) | FIG. *Quedarse tan* **~**, ne pas s'affoler | — M Largeur *f* | Écartement (ferrocarril) | *A sus anchas*, à son aise.
anchoa o **anchova** f Anchois *m*.
anchur|a f Largeur | FIG. Sans-gêne *m* (descaro), largeur || **~** *de espaldas*, carrure très large || **~oso, a** adj Vaste.
anda f *Amér*. Brancard *m*.
andad|as fpl Empreintes | FAM. *Volver a las* **~**, retomber dans les mêmes erreurs || **~eras** fpl Youpala *msing*, chariot *msing* (para niño) || **~o, a** adj Fréquenté, e; animé, e | Vulgaire (corriente) | Usé, e (usado) || **~or, a** adj/s Bon marcheur, bonne marcheuse | Rapide | Vagabond, e | — Mpl Lisières *f* (tirantes) | Chariot *sing*, youpala *sing* (de niño) || **~ura** f Marche.
Andalucía nprf Andalousie.
andaluz, ~a adj/s Andalou, ouse || **~ada** f FAM. Gasconnade.
andami|aje m Échafaudage || **~o** m Échafaudage | — Pl Échafaudage *sing*.
andan|a f Rangée (hilera) || **~ada** f Bordée (descarga) | Promenoir *m*

(gradería) | FAM. Bordée (de injurias).
¡andando! interj FAM. En avant!, en route!
and|ante adj/m MÚS. Andante | — Adj Errant, e || **~anza** f Aventure | Événement *m* (suceso) | Chance (suerte) || **~ar*** vi Marcher | Se déplacer (desplazarse) | FAM. Aller (ir) | Se trouver (encontrarse) | FIG. Être (estar) | Y avoir (haber) | *¡Anda!*, allons! (para animar), allons donc! (desconfianza), et voilà! | *~ con*, avoir, être (con adjetivo en francés), manier (manejar), avoir (tener, llevar) | *~ con cuidado*, faire attention | *~ en*, fouiller (registrar), s'occuper de | *~ tras*, courir après | — Vt Parcourir | — Vp S'en aller (irse) | *~ con* ou *en*, user de (usar), s'occuper de; utiliser || — M Marche *f* | — Pl Démarche *fsing*, allure *fsing* || **~ariego, a** adj/s Bon marcheur, bonne marcheuse | Vagabond, e (errante) | Flâneur, euse (callejero) || **~arín, ina** adj/s Marcheur, euse.
andarivel m Va-et-vient (en un río) | MAR. Garde-corps.
andas fpl Brancard *msing*.
andén m Quai (de estación) | Promenoir (paseo) | Trottoir (de puente) | Parapet (pretil) | Accotement, bas-côté (de carretera) | *Amér.* Trottoir.
Andes nprmpl Andes *f*.
andesita f Andésite.
andin|ismo m *Amér.* Alpinisme [dans les Andes] || **~ista** s *Amér.* Alpiniste || **~o, a** adj/s Andin, e.
andoba o **andóbal** m FAM. Type, individu.
andorga f FAM. Panse.
Andorra nprf Andorre.
andorrano, a adj/s Andorran, e.
andraj|o m Guenille *f*, haillon (harapo) | FIG. Loque *f* (cosa, persona) || **~oso, a** adjs/s Déguenillé, e.
Andr|ea nprf Andrée || **~és** nprm André.
androceo m BOT. Androcée.
andrógino, a adj/s Androgyne.
andullo m Carotte (*f*) de tabac.
andurriales mpl Coin (*sing*) perdu.
anea f BOT. Massette | Paille (silla).
an|écdota f Anecdote || **~ecdótico, a** adj Anecdotique.
aneg|ación f o **~amiento** m Inondation *f* || **~adizo, a** adj Inondable || **~ar** vt Inonder | Noyer (ahogar) | — Vp Se noyer | Être inondé (inundarse) | FIG. Fondre (en lágrimas).
anejo, a adj Annexe | — M Annexe *f*.
anélidos mpl ZOOL. Annélides *f*.
an|emia f Anémie || **~émico, a** adj/s Anémique | — Adj Anémié, e.
anemómetro m FÍS. Anémomètre.
anémona f BOT. Anémone.
anest|esia f Anesthésie || **~esiar** vt Anesthésier || **~ésico, a** adj/m Anesthésique || **~esista** s Anesthésiste.
aneurisma m MED. Anévrisme.
anex|ar vt Annexer || **~ión** f Annexion || **~ionar** vt Annexer || **~ionismo** m Annexionisme || **~o, a** adj Annexe | — M Annexe *f*.
anfi|bio, a adj/s Amphibie | — Mpl ZOOL. Amphibiens || **~bología** f Amphibologie || **~teatro** m Amphithéâtre | TEATR. Poulailler || **~trión** m Amphitryon | Hôte (que invita).
ánfora f Amphore.
anfractuosidad f Anfractuosité.
angarillas fpl Brancard *msing* | Bât (*msing*) garni de paniers (de caballo) | Huilier *msing* (vinagreras).
ángel m Ange : *~ caído, de la Guarda*, ange déchu, gardien | FIG. Charme.
ang|elical adj Angélique || **~élico, a** adj Angélique | — M Angelot || **~elito** m Angelot | Enfant de chœur (inocentón) | FIG. *Estar con los ~s*, être dans les nuages || **~elón** m FAM. Enfant joufflu || **~elote** m Angelot | FAM. Poupon, onne (niño gordo).
ángelus m Angélus.
angina f MED. Angine.
angiospermas fpl BOT. Angiospermes.
angl|icanismo m Anglicanisme || **~icano, a** adj/s Anglican, e || **~icismo** m Anglicisme || **~icista** s Angliciste || **~ófilo, a** adj/s Anglophile || **~ófobo, a** adj/s Anglophobe || **~onormando, a** adj/s Anglonormand, e || **~oparlante** adj/s Anglophone || **~osajón, ona** adj/s Anglo-saxon, onne.
angost|arse vp Se resserrer, se rétrécir || **~o, a** adj Étroit, e || **~ura** f Étroitesse | Gorge (paso).
angström m Angström (unidad).
anguila f Anguille.
angula f Civelle.
angul|ar adj Angulaire | — M TECN. Cornière *f*.
ángulo m Angle.
anguloso, a adj Anguleux, euse.
angurria f FAM. Incontinence d'urine.
angusti|a f Angoisse | Peine, chagrin *m* (pena) | — Pl Affres (de la muerte) | *Dar ~s*, impressionner || **~ado, a** adj Angoissé, e | Envieux, euse (envidioso) | Affolé, e (inquieto) || **~ar** vt Angoisser | Affoler (inquietar) || **~oso, a** adj Angoissant, e | Anxieux, euse; angoissé, e.
anhel|ante adj Essoufflé, e (sin aliento) | Désireux, euse (deseoso) || **~ar** vi Haleter | — Vt/i Aspirer à | Souhaiter, désirer (desear) || **~o** m Désir ardent | — Pl Désirs || **~oso, a** adj Haletant, e (respiración) | Avide.

anh|ídrido m Anhydride ‖ **~idro, a** adj Anhydre.
anidar vi Nicher, faire son nid | — Vt Loger (acoger) | — Vi/p Demeurer (morar) | — Vp Se nicher.
anilina f QUÍM. Aniline.
anill|a f Anneau *m* | — Pl Anneaux *m* (de gimnasia) ‖ **~ar** vt Anneler ‖ **~o** m Anneau | Bague *f* (sortija) | TAUR. Arène *f* | Furet (juego) | *Amér.* Périphérique | *~ de boda,* alliance | FIG. *Sentar como ~ al dedo,* aller comme un gant. *Viene como ~ al dedo,* cela tombe à pic.
ánima f Âme | *~ bendita,* âme du purgatoire.
anim|ación f Animation | Entrain *m,* allant *m* (ánimo) | Ambiance (buen ambiante) ‖ **~ado, a** adj Animé, e | Encouragé, e (alentado) | Plein de vie (alegre), en forme ‖ **~ador, a** adj/s Animateur, trice ‖ **~adversión** f Animadversion ‖ **~al** adj Animal, e | FIG. Brute | — M Animal, bête *f* | FIG. Animal ‖ **~alada** f FAM. Ânerie | Atrocité, horreur (atrocidad) ‖ **~álculo** m ZOOL. Animalcule ‖ **~alejo** m Bestiole *f* ‖ **~alidad** f Animalité ‖ **~alista** adjm/m Animalier (escultor, etc) ‖ **~alizar** vt Animaliser ‖ **~alucho** m Vilaine bête *f* (desagradable) | Bestiole *f* (pequeño) ‖ **~ar** vt Animer | FIG. Encourager (alentar) : *~ con promesas,* encourager par des promesses | Intensifier (intensificar) | Égayer (alegrar) | Mettre de l'ambiance (en fiestas) | Remonter (entonar) | — Vp S'enhardir (enardecerse) | S'animer | Se dépêcher (apresurarse) | Se décider ‖ **~ismo** m Animisme.
ánimo m Âme *f* (alma) | Esprit : *presencia de ~,* présence d'esprit | Esprit (mente) | FIG. Courage (valor) : *sin ~,* sans courage; intention *f : con ~ de,* dans *o* avec l'intention de | *Dar ~s,* encourager | *Estado de ~,* état d'esprit | — Interj Courage!
animos|idad f Animosité ‖ **~o, a** adj Courageux, euse.
aniñado, a adj Enfantin, e | Puéril, e.
aniquil|ación f Annihilation ‖ **~amiento** m Anéantissement ‖ **~ar** vt Annihiler (quitar la fuerza) | Réduire à néant | Anéantir | Bouleverser (perturbar).
an|ís m Anis (planta, confite) | Eau-de-vie (*f*) anisée (licor) ‖ **~isado** m Anisette *f* ‖ **~isar** vt Aniser ‖ **~isete** m Anisette *f*.
aniversario, a adj/m Anniversaire.
ano m ANAT. Anus.
anoche adv Hier soir | La nuit dernière (durante la noche) ‖ **~cer*** vimp Commencer à faire nuit | Arriver *o* se trouver à la tombée de la nuit dans un endroit (llegar) | *Al ~,* à la nuit tombée | — Vt FIG. Obscurcir ‖ — M Crépuscule, nuit (*f*) tombante ‖ **~cida** f V. ANOCHECER m ‖ **~cido** adv La nuit tombée.
anodino, a adj Anodin, e | — M Calmant.
ánodo m FÍS. Anode *f*.
anofeles m Anophèle.
an|omalía f Anomalie ‖ **~ómalo, a** adj Anomal, e.
anona f BOT. Anone.
anonad|ación f o **~amiento** m Accablement *m,* anéantissement *m* ‖ **~ar** vt Anéantir (aniquilar), accabler (apocar).
an|onimato m Anonymat ‖ **~ónimo, a** adj Anonyme | — M Anonymat | Écrit anonyme (escrito).
anorak m Anorak.
anorexia f MED. Anorexie.
anormal adj/s Anormal, e ‖ **~idad** f Anomalie | Caractère (*m*) anormal.
anot|ación f Annotation ‖ **~ador, a** adj/s Annotateur, trice ‖ **~ar** vt Noter, prendre note de | Annoter (un escrito).
anquilos|amiento m Ankylose *f* ‖ **~ar** vt Ankyloser | — Vp FIG. Être paralysé, e ‖ **~is** f MED. Ankylose.
ánsar m Oie *f*.
ansarino o **ansarón** m Oison.
ansi|a f Anxiété, angoisse | Désir (*m*) ardent, avidité, convoitise (codicia) | — Pl Nausées (náuseas) | Affres (de la muerte) ‖ **~ar** vt Convoiter | Désirer ardemment (desear ávidamente) ‖ **~edad** f Anxiété (angustia) | Avidité, désir (*m*) ardent ‖ **~oso, a** adj Anxieux, euse | Désireux, euse; avide (deseoso) | Égoïste.
anta f ZOOL. Élan *m*.
antag|ónico, a adj Antagonique ‖ **~onismo** m Antagonisme ‖ **~onista** adj/s Antagoniste.
antaño adv Jadis, autrefois (antiguamente) | L'année dernière (el año pasado).
antártico, a adj Antarctique.
Antártida nprf Antarctide.
ante m ZOOL. Élan | Daim (piel) | Chamois (color).
ante prep Devant (delante de) | Avant (antes) | Devant, étant donné (dado) | Auprès de (un organismo) | *~ notario,* par-devant notaire ‖ **~anoche** adv Avant-hier soir ‖ **~ayer** adv Avant-hier ‖ **~brazo** m Avant-bras ‖ **~cámara** f Antichambre.
antece|dente adj/m Antécédent, e | Précédent, e | DR. *~s penales,* casier judiciaire ‖ **~der** vt/i Précéder ‖ **~sor, a** s Prédécesseur (sin fem) | Ancêtre (antepasado).

ante|coro m Avant-chœur ‖ **~data** f Dr. Antidate ‖ **~datar** vt Antidater ‖ **~dicho, a** adj/s Susdit, e ‖ **~diluviano, a** adj Antédiluvien, enne ‖ **~firma** f Formule de politesse au bas d'une lettre (fórmula) | Titre (*m*) du signataire (título) ‖ **~iglesia** f Parvis *m* ‖ **~lación** f Anticipation | *Con* ~, à l'avance ‖ **~mano (de)** loc adv D'avance.
antena f Antenne.
ante|ojera f Œillère (de caballo) | Étui (*m*) à lunettes (estuche) ‖ **~ojo** m Lunette *f* | — Pl Lunettes *f* (lentes) | Jumelles *f* (prismáticos) ‖ **~pasado, a** adj Passé, e | — Mpl Ancêtres ‖ **~pecho** m Parapet | Appui (de ventana) ‖ **~penúltimo, a** adj/s Antépénultième ‖ **~poner*** vt Mettre devant | Fig. Préférer à ‖ **~portada** f Impr. Faux titre *m* ‖ **~proyecto** m Avant-projet ‖ **~puerto** m Avant-port.
antera f Bot. Anthère.
anterior adj Antérieur, e | Précédent, e ‖ **~idad** f Antériorité | *Con* ~, auparavant (antes), à l'avance ‖ **~mente** adv Précédemment, avant | Ci-dessus (más arriba).
antes adv/prep Avant | ~ *de*, avant | ~ *de anoche*, avant-hier soir | ~ *de ayer*, avant-hier | ~ *que*, avant | ~ *que nada*, avant tout | *Cuanto* ~, dès que possible | *Mucho* ~, bien avant | — Adv Plutôt | — Conj Plutôt.
ante|sala f Antichambre ‖ **~víspera** f Avant-veille.
anti|aéreo, a adj Antiaérien, enne ‖ **~alcohólico, a** adj Antialcoolique ‖ **~atómico, a** adj Antiatomique ‖ **~bala** adj Pare-balles ‖ **~biótico** m Antibiotique ‖ **~ciclón** m Anticyclone.
anticip|ación f Anticipation : *con* ~, par anticipation ‖ **~ado, a** adj Anticipé, e | *Por* ~, à l'avance ‖ **~ar** vt Anticiper (p. us.), avancer le moment *o* la date de | Avancer (adelantar) | — Vp Devancer | Fig. Prévenir (prever) | Dire à l'avance | Être en avance (estar adelantado) | Arriver avant terme ‖ **~o** m Avance *f* | Acompte (deuda) | Dr. Provision *f*.
anti|clerical adj/s Anticlérical, e ‖ **~clericalismo** m Anticléricalisme ‖ **~colonialismo** m Anticolonialisme ‖ **~comunista** adj/s Anticommuniste ‖ **~concepción** f Contraception ‖ **~concepcional** o **~conceptivo, a** adj/m Anticonceptionnel, elle ; contraceptif, ive ‖ **~congelante** m Antigel ‖ **~constitucional** adj Anticonstitutionnel, elle ‖ **~cresis** f Dr. Antichrèse ‖ **~cristo** m Antéchrist.
anticu|ado, a adj Vieilli, e | Démodé, e (pasado de moda) | Désuet, ète (en desuso) | Vieux, vieille (viejo) ‖ **~arse** vp Vieillir, se démoder ‖ **~ario** m Antiquaire (persona), magasin d'antiquités (tienda).
anti|cuerpo m Anticorps ‖ **~deslizante** adj/m Antidérapant, e ‖ **~detonante** adj/m Antidétonant, e.
antídoto m Med. Antidote.
anti|escorbútico, a adj Antiscorbutique ‖ **~espasmódico, a** adj/m Med. Antispasmodique ‖ **~faz** m Masque | Loup (para los ojos).
antí|fona f Rel. Antienne ‖ **~geno** m Med. Antigène.
antig|ualla f Vieillerie ‖ **~ubernamental** adj Antigouvernemental, e ‖ **~üedad** f Antiquité | Ancienneté (en un empleo) | — Pl Antiquités ‖ **~uo, a** adj Antique (anticuado, vetusto, de la Antigüedad) | Ancien, enne (último, pasado, viejo) | Démodé, e (pasado de moda) | *De* ~, de longue date | — M Antique | — Pl Anciens.
anti|higiénico, a adj Antihygiénique ‖ **~imperialismo** m Anti-impérialisme.
antílope m Antilope *f*.
antillano, a adj/s Antillais, e.
Antillas nprfpl Antilles.
anti|militarismo m Antimilitarisme | **~militarista** adj/s Antimilitariste ‖ **~monárquico, a** adj Antimonarchique ‖ **~monio** m Quím. Antimoine ‖ **~niebla** adj Antibrouillard ‖ **~nomia** f Antinomie ‖ **~nómico, a** adj Antinomique ‖ **~oxidante** adj/m Antirouille ‖ **~papa** m Antipape ‖ **~parásito, a** o **~parasitario, a** adj/m Antiparasite ‖ **~parras** fpl inv Fam. Lunettes ‖ **~patía** f Antipathie ‖ **~pático, a** adj Antipathique | Désagréable | — S Personne désagréable ‖ **~pirético, ca** adj/m Antipyrétique ‖ **~pirina** f Med. Antipyrine.
antípoda m Antipode.
antiquísimo, a adj Très ancien, enne.
anti|rrábico, a adj Antirabique ‖ **~rradar** adj Antiradar (defensa contra el radar) ‖ **~rrepublicano, a** adj/s Antirépublicain, e ‖ **~rrevolucionario, a** adj/s Antirévolutionnaire ‖ **~rrobo** m Antivol ‖ **~semita** adj/s Antisémite ‖ **~semitismo** m Antisémitisme ‖ **~sepsia** f Med. Antisepsie ‖ **~séptico, a** adj/m Antiseptique ‖ **~social** adj Antisocial, e ‖ **~tanque** adj Antichar ‖ **~terrorismo** m Antiterrorisme.
antítesis f Antithèse.
antitetánico, a adj Antitétanique.
anti|tético, a adj Antithétique ‖ **~toxina** f Antitoxine ‖ **~tuberculoso, a** adj Antituberculeux, euse.
antoj|adizo, a adj Capricieux, euse | Fantasque (extravagante) ‖ **~arse** vp

Avoir envie de (desear) | Avoir l'idée de (ocurrirse) | Avoir l'impression | Penser (opinar) || **~ito** m *Amér.* Amuse-gueule || **~o** m Caprice, lubie *f* (capricho) | Envie *f* (mujeres, uñas) | *Vivir a su ~*, vivre à sa guise.
antología f Anthologie | FAM. *De ~*, magnifique.
Antonia nprf Antoinette.
Antonio nprm Antoine.
ant|onimia f Antonymie || **~ónimo** m Antonyme.
antonomasia f Antonomase.
antorcha f Torche, flambeau *m*.
antra|ceno m Anthracène || **~cita** f Anthracite *m* | — Adj Anthracite (color).
ántrax m MED. Anthrax.
antro m Antre.
antrop|ofagia f Anthropophagie || **~ófago, a** adj/s Anthropophage || **~ología** f Anthropologie || **~ólogo, a** s Anthropologue || **~ometría** f Anthropométrie || **~ométrico, a** adj Anthropométrique || **~opiteco** m Anthropopithèque.
anu|al adj Annuel, elle || **~alidad** f Annuité (renta) | Annualité || **~ario** m Annuaire.
anub|arrado, a adj Nuageux, euse || **~lar** vt Obscurcir | FIG. Ternir | — Vp Se couvrir.
anudar vt Nouer | Attacher (atar) | FIG. Renouer | — Vp Attacher (atar) | Nouer (la corbata).
anuencia f Assentiment *m*.
anul|ación f Annulation | Décommandement *m* (de un encargo) || **~ar** adj/m Annulaire | — Vt Annuler | Révoquer (una persona) | Décommander (un encargo) | — Vp S'annuler.
anunci|ación f Annonciation || **~ador, a** adj/s Annonciateur, trice | Annonceur *m* (en un periódico) || **~ante** m Annonceur || **~ar** vt Annoncer | Afficher (en cartel) | Faire de la publicité pour || **~o** m Annonce *f* | Affiche *f*, pancarte *f* (cartel) | Publicité *f* | *~ por palabras*, petites annonces.
anuo, a adj Annuel, elle.
anuria f MED. Anurie, anurèse.
anverso m Face *f* (de moneda) | Recto (de página).
anzuelo m Hameçon.
añad|a f Temps (*m*) général de l'année || **~ido** m Addition *f*, ajouté || **~idura** f Addition, ajouté *m* | Supplément *m* | *Por ~*, en outre, par surcroît, par-dessus le marché (fam) || **~ir** vt Ajouter.
añagaza f Appeau *m* (caza) | FIG. Leurre *m*, ruse (ardid).
añ|al adj Annuel, elle (anual) | Âgé d'un an | — M Agneau d'un an || **~alejo** m REL. Ordo || **~ejar** vt Vieillir | — Vp Vieillir (el vino) || **~ejo, a** adj Vieux, vieille.
añicos mpl Miettes *f*, morceaux.
añil m Indigo.
añinos mpl Agnelin *sing* (piel) | Agneline *fsing* (lana).
año m An : *tiene 20 ~s*, il a 20 ans; *el ~ 10 antes de J. C.*, l'an 10 avant J.-C. | Année *f* : *~ bisiesto*, année bissextile | Agneau (piel) | — Pl Années *f* | Temps *sing* (tiempo) | *~ económico*, exercice financier | *~ nuevo*, nouvel an | *Hace ~s*, il y a des années | *Por los ~s 1800*, vers 1800 | *Un ~ con otro*, bon an mal an || **~jal** m AGR. Sole *f* || **~jo** m Veau *o* agneau d'un an.
añor|anza f Regret *m* (pesar) | Nostalgie || **~ar** vt Regretter, avoir la nostalgie de.
añublo m AGR. Nielle *f*.
aoj|amiento m Mauvais œil, sort || **~ar** vt Jeter un sort sur || **~o** m Mauvais œil, sort.
aoristo m Aoriste.
aort|a f Aorte || **~itis** f Aortite.
aovar vi Pondre.
apabullar vt FAM. Aplatir | FIG. Renverser (pasmar), faire taire (callar).
apacent|adero m Pâturage || **~amiento** m Pâturage (acción) | Pâture *f* (pasto) || **~ar*** vt Paître, faire paître | FIG. Repaître (satisfacer) | — Vp Paître | FIG. Se repaître.
apac|ible adj Paisible, calme | Affable (afable) || **~iguador, a** adj Apaisant, e | — S Pacificateur, trice || **~iguamiento** m Apaisement | Pacification *f* || **~iguar** vt Apaiser, calmer | Pacifier | — Vp S'apaiser, se calmer.
apache m Apache.
apadrin|amiento m Parrainage || **~ar** vt Parrainer, être le parrain de | FIG. Servir de témoin (en un desafío), parrainer.
apag|ado, a adj Éteint, e | Terne (sin brillo) | FIG. Effacé, e (persona), étouffé, e (ruido), éteint, e (voz, mirada) || **~ador** m Éteignoir | MÚS. Étouffoir || **~amiento** m Extinction *f* | Étouffement (de un sonido) || **~ar** vt Éteindre | Faner, ternir (color) | Étouffer (sonido) | Éteindre, détremper (cal) | Étancher (la sed) | FIG. Apaiser (calmar), atténuer (atenuar) | — Vp S'éteindre || **~avelas** m inv Éteignoir || **~ón** m Coupure *f*, panne *f* [d'électricité].
apaisado, a adj Oblong, gue; en largeur | Italien, enne (dibujo, libro).
apalabrar vt Décider *o* convenir verbalement de | Arrêter (contratar) | — Vp S'entendre verbalement.
Apalaches nprmpl Appalaches *f*.

apalancar vt MEC. Lever | Soulever (levantar) | Appuyer (apoyar).

apale|ar vt Battre | AGR. Gauler (frutos), éventer (granos) || FIG. ~ *oro,* remuer l'argent à la pelle || **~o** m Bastonnade *f* | AGR. Éventage (del grano), gaulage (de frutos).

apañ|ado, a adj Foulé, e (tejido) | FAM. Adroit, e (hábil), bricoleur, euse (mañoso), pratique (práctico), utile (útil), bien arrangé, e (arreglado) | *¡Estamos ~s!,* nous voilà bien! || **~ar** vt FAM. Arranger (preparar) | Réparer (reparar), arranger (arreglar) | Prendre (coger) | — Vp FAM. S'arranger, se débrouiller (arreglárselas), se procurer (encontrar) || **~o** m FAM. Arrangement (arreglo), raccommodage (compustura), adresse *f* (habilidad), ami, e (amante), liaison.

apar|ador m Buffet (mueble) || **~ato** m Apparat, pompe *f* (boato) | Appareil | Poste (de radio) | Machine *f* (máquina) || **~atoso, a** adj Pompeux, euse (vistoso) | Spectaculaire | Qu'on remarque (que se nota).

aparc|amiento m Stationnement (acción) | Parking (sitio) || **~ar** vt Garer | — Vi Se garer | Stationner.

aparcer|ía f Métayage *m* || **~o, a** s AGR. Métayer, ère | Copropriétaire.

apare|amiento m Accouplement || **~ar** vt Accoupler, apparier | — Vp S'accoupler.

aparec|er* vi Apparaître | Paraître (un libro) | Figurer (en una lista) | FAM. Arriver (llegar), venir; faire son apparition | — Vp Apparaître || **~ido** m Revenant || **~imiento** m Apparition *f*.

aparej|ador m Préparateur (preparador) | ARQ. Conducteur de travaux (jefe de obras) || **~ar** vt Apprêter (preparar) | Disposer (disponer) | MAR. Gréer | Harnacher (caballos) || **~o** m Préparation *f* | Matériel (material) | Harnais (arreo) | ARQ. Appareil | MEC. Palan, moufle *f* | MAR. Gréement | IMPR. Impression *f* | — Pl Attirail *sing* (material) | Outillage *sing* (herramientas).

apar|entar vt Feindre, simuler | Faire semblant | Sembler, avoir l'air (parecer) | Faire (edad) | Paraître (dejar ver, parecer) | — Vi Se faire remarquer || **~ente** adj Apparent, e | Propre (adecuado) || **~ición** f Apparition | Parution (publicación) || **~iencia** f Apparence | FAM. Façade.

apart|adero m Gare (*f*) de triage (estación) | Voie (*f*) de garage (vía) | Refuge (en un camino) | TAUR. Enceinte (*f*) où l'on choisit les taureaux || **~ado** m Cabinet particulier (en bar, restaurante) | Boîte (*f*) postale (de correos) | TEATR. Aparté | Section *f* (de oficina) | Alinéa (párrafo) | TAUR. Mise (*f*) au toril des taureaux | *~ de localidades,* vente de billets || **~amento** m Appartement || **~amiento** m Écartement | Tri, triage (selección) | Appartement (piso) || **~ar** vt Écarter, éloigner | Mettre de côté (separar) | Détourner (la mirada, disuadir) | Se mettre à (empezar) | TECN. Trier | — Vp S'écarter | FIG. S'éloigner | Se pousser (correrse) || **~e** adv De côté (de lado) | À part : *bromas ~,* plaisanterie à part | En plus (además) | *~ de,* en dehors de | *Dejando ~,* abstraction faite de | — M TEATR. Aparté | Paragraphe (párrafo) || **~ijo** m Petit tas.

apasion|ado, a adj Passionné, e | Partisan, e (partidario) | Ardent, e (ardiente) || **~amiento** m Passion *f* || **~ante** adj Passionnant, e || **~ar** vt Passionner | — Vp Se passionner.

ap|atía f Apathie || **~ático, a** adj/s Apathique || **~átrida** adj/s Apatride.

ape|adero m Halte *f*, petite gare *f* | Pied-à-terre (casa) || **~ar** vt Faire descendre [de cheval ou de voiture] | FAM. Faire démordre (disuadir) | Arpenter (medir) | ARQ. Étayer (apuntalar) | *~ el tratamiento,* laisser les titres de côté | — Vp Mettre pied à terre, descendre (bajarse) | FAM. Renoncer à (renunciar).

apechugar vi FAM. Se coltiner (cargar con), affronter (enfrentar).

apedre|ado, a adj Lapidé, e || **~ar** vt Lapider | — Vimp Grêler | — Vp Être grêlé (cosechas) || **~o** m Lapidation *f*.

apeg|ado, a adj Attaché, e || **~arse** vp S'attacher à || **~o** m Attachement, affection *f* | Intérêt (interés) | *Tener ~ a,* tenir à.

apel|ación f DR. Appel *m* : *recurso de ~,* recours en appel || **~ante** adj/s DR. Appelant, e || **~ar** vi DR. Faire appel | FIG. Faire appel, s'en remettre (confiar en), avoir recours (recurrir) | DR. *~ a,* recourir à, saisir || **~ativo** m Nom, appellation *f*.

apelmaz|ado, a adj Compact, collé, e | Lourd, e; indigeste || **~amiento** m Compacité *f* || **~ar** vt Comprimer, tasser.

apelotonar vt Pelotonner.

apellid|ar vt Nommer | Dénommer, surnommer (apodar) | FIG. Appeler (llamar) | — Vp Se nommer || **~o** m Nom de famille | Surnom (apodo).

apen|ar vt Peiner, faire de la peine, affliger | — Vp S'affliger || **~as** adv À peine, presque pas | Péniblement (penosamente) | Dès que (en cuanto).

apencar vi FAM. Bosser (trabajar), se coltiner (cargar con), affronter (las consecuencias).

apéndice m Appendice.
apendicitis f Appendicite.
Apeninos nprmpl Apennins.
aperador m Contremaître (capataz).
apercib|imiento m Préparation *f* | Action (*f*) d'apercevoir | DR. Sommation *f* ‖ **~ir** vt Préparer | Avertir | Percevoir (percibir) ‖ DR. Faire une sommation | — Vp Se préparer.
apercollar* vt Colleter | FAM. Assommer (matar), rafler (robar).
apergamin|ado, a adj Parcheminé, e ‖ **~arse** vp Se racornir.
aperitivo, a adj/m Apéritif, ive.
apero m Matériel agricole | — Pl Outils, instruments, matériel *sing*.
aperre|ado, a adj FAM. De chien ‖ **~ar** vt FAM. Assommer (molestar) | — Vp FAM. S'entêter (obstinarse), s'éreinter (cansarse) ‖ **~o** m FAM. Tracas, ennui (molestia), éreintement, fatigue *f* (cansancio), colère *f* (ira).
apertur|a f Ouverture | Percement *m* (de calle) | Entrée de jeu (ajedrez) | Ouverture (rugby, caza, crédito) | **~** *de curso*, rentrée des classes ‖ **~ista** adj D'ouverture (política) | — Adj/s Partisan de l'ouverture.
apesadumbrar o **apesarar** vt Attrister, chagriner | — Vp S'affliger.
apest|ado, a adj/s Empesté, e | Pestiféré, e | FIG. Infesté, e ‖ **~ar** vt Donner la peste | FAM. Assommer (fastidiar) | — Vi Puer, empester (heder) ‖ **~oso, a** adj Puant, e.
apétalo, a adj BOT. Apétale.
apet|ecedor, a adj Séduisant, e | Désirable ‖ **~ecer*** vt Désirer | Avoir envie de (tener ganas) | — Vi Plaire, faire envie | Avoir envie de ‖ **~ecible** adj Désirable, appétissant, e ‖ **~ecido, a** adj Voulu, e (deseado) | Recherché, e; souhaité, e ‖ **~encia** f Appétence (deseo), appétit *m* ‖ **~ito** m Appétit | Appât (incentivo) ‖ **~itoso, a** adj Appétissant, e | Délicieux, euse; savoureux, euse (sabroso).
apiadar vt Apitoyer | — Vp S'apitoyer.
ápice m Extrémité *f* (extremo) | Accent (acento) | FIG. Sommet (apogeo), rien (nimiedad) | Hic (dificultad) | *Ni un* **~**, pas le moins du monde; pas un brin de.
apícola adj Apicole.
apicult|or, a s Apiculteur, trice ‖ **~ura** f Apiculture.
apil|amiento m Empilement, entassement ‖ **~ar** vt Empiler | Entasser (el grano).
apimplarse vp FAM. Se soûler.
apimpollarse vp Bourgeonner.
apiñ|amiento m Entassement ‖ **~ar** vt Entasser | Serrer (apretar) | — Vp S'entasser.
apio m BOT. Céleri.
apiolar vt FAM. Zigouiller (matar).
apiparse o **apiporrarse** vp FAM. S'empiffrer, se caler les joues.
apison|adora f Rouleau (*m*) compresseur, cylindre *m* ‖ **~amiento** m Damage, cylindrage ‖ **~ar** vt Damer, tasser, cylindrer.
aplac|amiento m Apaisement ‖ **~ar** vt Apaiser, calmer | Étancher (la sed) | — Vp Se calmer.
aplan|adera f TECN. Hie, demoiselle ‖ **~adora** f *Amér*. Rouleau (*m*) compresseur ‖ **~amiento** m Aplanissement | Effondrement (derrumbamiento) | FAM. Abattement ‖ **~ar** vt Aplanir | Niveler (suelo) | FAM. Abattre.
aplast|ante adj Écrasant, e ‖ **~amiento** m Aplatissement | FIG. Écrasement ‖ **~ar** vt Aplatir | Écraser | FAM. Réduire à néant (aniquilar), décontenancer (desarmar) | Écraser (un adversario) | — Vp S'aplatir.
aplatan|ado, a adj FAM. Ramolli, e ‖ **~arse** vp FAM. Être ramolli.
aplau|dir vt/i Applaudir ‖ **~so** m Applaudissement : *con el* **~** *de*, aux applaudissements de | Éloges *pl* (elogios).
aplaz|amiento m Ajournement, renvoi | Citation *f* (citación) ‖ **~ar** vt Ajourner, différer, remettre, renvoyer | Reculer (retrasar) | Citer (citar).
aplebeyar vt Avilir, dégrader.
aplic|able adj Applicable ‖ **~ación** f Application (ejecución) | Mise en œuvre ‖ **~ado, a** adj Appliqué, e ‖ **~ar** vt Appliquer | — Vp S'appliquer | FIG. *Aplíquese el cuento*, tirez-en la leçon.
aplique f Applique.
aplom|ado, a adj Plombé, e (plomizo) | FIG. Équilibré, e ‖ **~ar** vt Mettre d'aplomb | — Vp S'effondrer (derrumbarse) | FIG. Se remettre d'aplomb ‖ **~o** m Sérieux (juicio) | Aplomb.
apocado, a adj Pusillanime, timide.
apocal|ipsis m Apocalypse *f* ‖ **~íptico, a** adj Apocalyptique.
apoc|amiento m Timidité *f* ‖ **~ar** vt Amoindrir, diminuer | Limiter | FIG. Faire peur (asustar) | — Vp FIG. S'avilir (humillarse), s'effrayer (asustarse).
apócope f GRAM. Apocope.
apócrifo, a adj Apocryphe.
apodar vt Surnommer.
apoder|ado m Mandataire, fondé de pouvoir | Manager (de deportista) | Imprésario (de torero) ‖ **~ar** vt Déléguer des pouvoirs à | — Vp S'emparer.
apodo m Surnom.
ápodo, a adj/m ZOOL. Apode.
apófisis f ANAT. Apophyse.
apogeo m Apogée.

apolill|ado, a adj Mité, e (ropa) | Vermoulu, e (madera) || **~adura** f Trou (*m*) fait par les mites || **~amiento** m Dégâts (*pl*) faits par les mites (en telas) | Vermoulure *f* (en madera) || **~ar** vt Ronger (la polilla) | — Vp Être vermoulu, e (madera), être mangé par les mites (telas).

apolítico, a adj Apolitique.

Apolo nprm Apollon.

apolog|ético, a adj/f Apologétique || **~ía** f Apologie || **~ista** adj/s Apologiste.

apólogo m Apologue.

apoltronarse vp Fainéanter.

apo|plejía f Apoplexie || **~plético, a** adj/s Apoplectique.

aporcar vt AGR. Butter.

aporre|ado, a adj Battu, e | Misérable | Coquin, e (bribón) || **~ar** vt Battre, frapper | — Vi Frapper, cogner | Pianoter (el piano) | — Vp Se battre | FIG. S'éreinter (trabajar) || **~o** m Bastonnade *f*, volée *f*.

aport|ación f Apport *m* || **~ar** vi MAR. Aborder | FIG. Arriver à (llegar), échouer | — Vt Apporter, faire un apport | FIG. Fournir (facilitar) || **~e** m *Amér.* Apport.

aposent|ador, a s Logeur, euse | — M MIL. Fourrier || **~amiento** m Logement || **~ar** vt Loger, héberger | — Vp Se loger | Descendre (en un hotel) || **~o** m Chambre *f* (habitación) | Demeure *f* (morada) | *Tomar ~ en*, loger à, descendre à *o* dans.

aposición f GRAM. Apposition.

apósito m Pansement, bandage.

aposta o **apostas** adv À dessein, exprès.

apost|adero m MAR. Port militaire || **~ante** s Parieur, euse || **~ar*** vt/i Parier (*por*, sur) | Poster (colocar gente) | — Vp Parier | Se poster (en un lugar).

ap|ostasía f Apostasie || **~óstata** adj/s Apostat, e || **~ostatar** vi Apostasier.

apostill|a f Apostille || **~ar** vt Apostiller | — Vp MED. Se couvrir de croûtes.

ap|óstol m Apôtre || **~ostolado** m Apostolat || **~ostólico, a** adj Apostolique.

ap|ostrofar vt Apostropher || **~óstrofe** m o f Apostrophe *f* || **~óstrofo** m Apostrophe *f*.

apostura f Prestance, allure.

apo|tema f Apothème *m* || **~teósico, a** adj D'apothéose || **~teosis** f Apothéose || **~teótico, a** adj D'apothéose.

apoy|ar vt Appuyer | FIG. Confirmer, appuyer | — Vi/p S'appuyer, reposer sur || **~atura** f MÚS. Appoggiature | FIG. Appui *m* || **~o** m Appui | MEC. Palier.

apreci|able adj Appréciable | FIG. Estimable || **~ación** f Appréciation, estimation || **~ador, a** adj/s Appréciateur, trice || **~ar** vt Apprécier, estimer | — Vp Enregistrer | Apparaître (aparecer) || **~ativo, a** adj Appréciatif, ive || **~o** m Appréciation *f*, estimation *f* | FIG. Estime *f*.

aprehen|der vt Appréhender (temer, coger) | Concevoir (concebir) || **~sión** f Appréhension (temor, captura) | Compréhension (comprensión) || **~sivo, a** adj Perspicace.

apremi|ante adj Urgent, e; pressant, e | DR. Contraignant, e || **~ar** vt Contraindre, forcer (obligar) | Presser (urgir) | DR. Contraindre | — Vi Presser || **~o** m Contrainte *f* | Urgence *f* (urgencia) | DR. Contrainte *f*.

aprend|er vt Apprendre | — Vp Apprendre || **~iz, a** s Apprenti, e || **~izaje** m Apprentissage.

aprens|ión f Appréhension (recelo) | Peur (miedo) | Scrupules *mpl* | — Pl Imaginations || **~ivo, a** adj Craintif, ive | Peureux, euse (miedoso).

apres|amiento m Prise *f*, saisie *f* || **~ar** vt Saisir | MAR. Arraisonner.

aprest|ar vt Apprêter || **~o** m Préparatifs *pl* | TECN. Apprêt (cueros, tejidos, etc).

apresur|ado, a adj Pressé, e | FIG. Hâtif, ive || **~amiento** m Empressement, hâte *f* || **~ar** vt Presser, hâter | — Vp S'empresser, se hâter | *No ~*, prendre son temps.

apret|adamente adv Fortement, étroitement | De justesse | Petitement || **~ado, a** adj Serré, e | FIG. Serré, e; difficile (difícil), chiche (tacaño) || **~adura** f Serrement *m* || **~ar*** vt Serrer | Presser (comprimir, apoyar, activar, acosar) | FIG. Affliger (afligir) | — Vi Redoubler (la lluvia) | Se mettre (a correr) | *~ de firme*, taper dur (el sol) || **~ón** m Serrement | Pincement (dolor) | FAM. Besoin pressant (necesidad), embarras (apuro), sprint (carrera) | *~ de manos*, poignée de mains || **~ujar** vt FAM. Presser très fort | — Vp FAM. Se serrer || **~ujón** m FAM. Serrement || **~ura** f Gêne (apuro) | Foule (gentío) | Bousculade (empujones) | Disette (escasez).

aprieto m Gêne *f* | FIG. Embarras | Situation (*f*) critique | *Poner en un ~*, embarrasser | *Salir del ~*, se tirer d'affaire.

aprisa adv Vite, rapidement.

aprisco m Bercail (establo), parc à moutons (al aire libre).

aprisionar vt Emprisonner | FIG. Enchaîner, lier (atar).

aprob|ación f Approbation | Adoption (adopción) | *Sonrisa de ~*, sourire approbateur || **~ado, a** adj Approuvé, e | Reçu, e (en un examen) | — M Mention (*f*) passable (nota) || **~ador, a** adj/s Approbateur, trice || **~ar*** vt Approuver | Réussir (un examen), admettre à un examen (el profesor) | Adopter || **~ativo, a** o **~atorio, a** adj Approbatif, ive.

apropi|ación f Appropriation || **~adamente** adj De façon appropriée, convenablement || **~ado, a** adj Approprié, e; adéquat, e || **~ar** vt Approprier, adapter | — Vp S'approprier, s'emparer.

apropincuarse vp S'approcher.

aprovech|able adj Utilisable || **~ado, a** adj Très économe | FIG. Appliqué, e (estudioso) | Conçu, e (diseñado) | Employé, e (empleado) | Débrouillard, e (apañado) | — Adj/s Profiteur, euse || **~amiento** m Profit, parti | Utilisation *f* | Exploitation *f* (explotación) | Mise (*f*) en valeur (de tierras) | Aménagement (de un río) || **~ar** vi Profiter à, servir | En profiter | Progresser (adelantar) | *¡Que aproveche!*, bon appétit! | — Vt Profiter de | Utiliser | Mettre en valeur (tierras) | Aménager (ríos) | Exploiter (explotar) | — Vp Profiter de | En profiter || **~ón, ona** s FAM. Profiteur, euse.

aprovision|amiento m Approvisionnement, ravitaillement || **~ar** vt Approvisionner, ravitailler.

aproxim|ación f Approximation | Proximité | Rapprochement *m* (acercamiento) || **~adamente** adv Approximativement, à peu près || **~ado, a** adj Approximatif, ive || **~ar** vt Approcher | — Vp S'approcher | Approcher || **~ativo, a** adj Approximatif, ive.

ápside m Apside *f*.

apt|itud f Aptitude | Disposition | Compétence (capacidad) || **~o, a** adj Apte | *~ para el servicio*, bon pour le service (militar) | *No apta para menores*, interdit aux moins de seize ans (película).

apuest|a f Pari *m* || **~o, a** adj De belle prestance, beau, belle.

apulgararse vp Se piquer de petites taches (la ropa).

apunarse vp *Amér.* Avoir le mal des montagnes.

apunt|ación f Annotation (nota) | Pointage *m* (de armas) | MÚS. Notation || **~ado, a** adj Pointu, e | ARQ. En ogive || **~ador** m TEATR. Souffleur | — S Secrétaire de plateau (script de cine) || **~alamiento** m Étaiement, étayage || **~alar** vt Étayer | ARQ. Arc-bouter, arc-buter || **~amiento** m Pointage (con un arma) | Marque *f* (señal) | Note *f* (nota) | FIG. Indication *f* || **~ar** vt Pointer (un arma) | Viser (dirigir la puntería) | Montrer (señalar) | Manifester (mostrar) | Signaler (recalcar) | Prendre note de, noter (anotar) | Convenir de (concertar) | Esquisser (un dibujo) | Souffler (soplar la lección, en el teatro) | — Vi Poindre (el día) | Pousser (la barba) | FIG. Viser (dirigirse) | Mettre en joue, viser (con arma) | MIL. *¡Apunten!*, en joue! | — Vp S'aigrir (el vino) | FAM. S'inscrire | FIG. *~ un tanto*, marquer un point || **~e** m Annotation *f*, note *f* | Croquis (dibujo) | TEATR. Souffleur | — Pl Notes *f* [de cours] (en clase) : *sacar ~*, prendre des notes | Cours (*sing*) polycopié (apuntes de clase).

apuntillar vt Achever, donner le coup de grâce [au taureau].

apuñalar vt Poignarder.

apur|adamente adv Avec gêne *o* embarras | Dans la gêne (en apuros) | FAM. Exactement || **~ado, a** adj Gêné, e (molesto, sin dinero) | À court de (tiempo) | Épuisé, e (agotado) | Précis, e (exacto) | FIG. Difficile, périlleux, euse (peligroso) || **~amiento** m Épuration *f* | Épuisement (agotamiento) | FIG. Éclaircissement (aclaración) || **~ar** vt Épurer (una cosa) | Purifier (purificar) | Épuiser (agotar) | FIG. Éclaircir (aclarar), faire de la peine, peiner (afligir), épuiser (agotar) | Harceler (apremiar) | Finir, aller jusqu'au bout de | Dégager (cuando se corta el pelo) | *Apurándolo mucho*, tout au plus | — Vp S'affliger | S'inquiéter, s'en faire (inquietarse) | *Amér.* Se hâter | *~ la barba*, se raser de près || **~o** m Gêne *f*, embarras | Tristesse *f* (tristeza) | Difficulté *f* | *Amér.* Hâte *f* (prisa) | *Estar en ~s*, être dans la gêne | *Sacar de ~*, tirer d'affaire *o* d'embarras.

aquejar vt Peiner (afligir) | FIG. Frapper (atacar) | *Estar aquejado de*, souffrir de (sufrir), être atteint de, souffrir de (enfermedad).

aquel, aquella adj dem Ce, cette; cet (cuando el sustantivo comienza por vocal o *h* muda) [pl *ces*] | — M FAM. Charme (gracia), un petit quelque chose (un no sé qué).

aquél, aquélla, aquello pron dem Celui-là, celle-là; cela (pl : ceux-là, celles-là) | Celui, celle (con relativo).

aquelarre m Sabbat.

aquende adv De ce côté-ci de, en deçà de.

aquenio m BOT. Akène.

aquerenciarse vp S'attacher (animales).
aqueste, ta, to pron dem V. ÉSTE, ÉSTA, ESTO.
aquí adv Ici | FIG. Là (con prep) | Alors (entonces) | Maintenant (ahora) | ~ *está,* voici | ~ *estoy,* me voici | ~ *yace,* ci-gît | ~ *y allá,* çà et là | *De* ~ *a poco,* d'ici peu | *De* ~ *en adelante,* dorénavant | *He* ~, voici.
aquiescencia f Acquiescement *m.*
aquietar vt Apaiser | Rassurer (calmar) | — Vp S'apaiser.
aquilat|ado, a adj Éprouvé, e || ~**amiento** m Aloyage || ~**ar** vt Éprouver (el oro) | Estimer la valeur (de una joya) | Affiner (afinar) | FIG. Juger.
aquilino, a adj Aquilin, e.
aquilón m Aquilon.
Aquisgrán npr Aix-la-Chapelle.
ara f Autel *m* (altar)) | Pierre d'autel (piedra) | *En* ~*s de,* sur l'autel de, en l'honneur de; au nom de | — M ZOOL. Ara.
árabe adj/s Arabe.
ar|abesco, a adj Arabesque | — M Arabesque *f*
Arabia nprf Arabie.
ar|ábico, a o **ábigo, a** adj Arabe | Arabique | — M Arabe (idioma).
arable adj Arable.
arácnidos mpl ZOOL. Arachnides.
arad|a f Labourage *m* (acción), terre labourée, labours *mpl* (tierra) | Ouvrée (jornal) || ~**o** m Charrue *f* | ~ *viñador,* déchausseuse || ~**or, a** adj/s Laboureur, euse | — M Acare (ácaro) || ~**ura** f Labourage *m.*
aragonés, esa adj/s Aragonais, e.
arambel m Draperie *f* (colgadura) | FIG. Haillon (harapo).
arancel m Tarif douanier (tarifa) | Droit de douane || ~**ario, a** adj Douanier, ère | *Derechos* ~*s,* droits de douane.
arándano m BOT. Airelle *f,* myrtille *f.*
arandela f Bobèche (de bujía) | TECN. Rondelle | Raquette (de esquí) | Rondelle (de lanza).
arañ|a f ZOOL. Araignée | Lustre *m* (lámpara) || ~**ar** vt Griffer | Égratigner (rasguñar) | Érafler (raspar) | FIG. Grappiller (recoger) | — Vp S'égratigner || ~**azo** m Coup de griffe | Égratignure *f* (rasguño).
ar|ar vt AGR. Labourer | FIG. Sillonner (surcar), ronger (consumir) || ~**atorio, a** adj Aratoire.
araucano, a adj/s Araucan, e.
araucaria f BOT. Araucaria *m.*
arbitr|aje m Arbitrage || ~**al** adj Arbitral, e || ~**ar** vt Arbitrer | — Vp S'ingénier à || ~**ariedad** f Arbitraire *m,* procédé (*m*) arbitraire || ~**ario, a** adj Arbitraire || ~**io** m Volonté *f* | Libre arbitre (albedrío) | Fantaisie *f* (capricho) | Expédient, recours (medio) | DR. Arbitrage | — Pl Taxes (*f*) municipales, droits d'octroi || ~**ista** m Stratège en chambre.
árbitro m Arbitre.
árbol m Arbre | Noyau (escalera) | MAR. Mât (palo) | TECN. Arbre.
arbol|ado, a adj Boisé, e | — M Bois || ~**adura** f MAR. Mâture || ~**ar** vt Arborer | MAR. Mâter | Battre, arborer (bandera) | — Vp Se cabrer || ~**eda** f Bois *m,* bosquet *m.*
arbor|ecer* vi Croître || ~**escencia** f Arborescence || ~**escente** adj Arborescent, e || ~**icultor** m Arboriculteur || ~**icultura** f Arboriculture.
arbotante m ARQ. Arc-boutant.
arbusto m Arbrisseau, arbuste.
arca f Coffre *m* (cofre) | Coffre-fort *m* (caja de caudales) | Arche (de Noé) | — Pl ANAT. Flancs *m* | Coffres *m* (de caudales).
arcabu|cero m Arquebusier || ~**z** m Arquebuse *f.*
arcada f Arcade (arcos) | Arche (de puente) | — Pl Nausées (náuseas).
arcaduz m Conduite *f* (caño) | Godet (de noria).
arca|ico, a adj Archaïque || ~**ísmo** m Archaïsme.
arcángel m Archange.
arcano, a adj Secret, ète | — M Arcane, secret | — Pl FIG. Coulisses *f,* arcanes.
arce m BOT. Érable.
arcediano m Archidiacre.
arcén m Accotement, bas-côté (de carretera).
arcill|a f Argile (greda) | Terre glaise (tierra) || ~**oso, a** adj Argileux, euse.
arcipreste m Archiprêtre.
arco m Arc | Archet (de violín) | Cerceau (de tonel) | ANAT. Arcade *f* | ARQ. Arc (bóveda), arche *f* (de puente) | ARQ. ~ *carpanel* ou *zarpanel, de herradura, de medio punto, escarzano, peraltado, rebajado,* arc en anse de panier, en fer à cheval, en plein cintre, bombé, surhaussé, surbaissé | ~ *iris,* arc-en-ciel.
arcón m Grand coffre | MIL. Caisson.
archi|diácono m Archidiacre || ~**diócesis** f Archevêché *m* || ~**ducado** m Archiduché || ~**duque, duquesa** s Archiduc, archiduchesse || ~**pámpano** m FAM. Grand moutardier || ~**piélago** m Archipel.
archiv|ador m Classeur || ~**ar** vt Classer (clasificar) | Mettre aux archives, archiver | FIG. Classer (dejar de lado) || ~**ero, a** o ~**ista** s Archiviste || ~**o** m Archives *fpl.*

archivolta f ARQ. Archivolte.
ard|entía f Ardeur | Brûlures *pl* (de estómago) || **~er** vi Brûler | FIG. Être dévoré : *~ en celos*, être dévoré de jalousie; brûler (de deseos) | *Arderle a uno la boca*, avoir la bouche en feu | FIG. *La cosa está que arde*, le torchon brûle. | — Vt Brûler | — | — Vp Brûler.
ardid m Ruse *f*.
ardiente adj Ardent, e.
ardilla f ZOOL. Écureuil *m*.
ardimiento m Embrasement | FIG. Courage, bravoure *f* (valor).
ardite m Liard | FAM. *Me importa un ~*, je m'en moque comme de l'an quarante.
ardor m Ardeur *f* | Feu : *en el ~ de la acción*, dans le feu de l'action | — Pl Brûlures *f* (de estómago) || **~oso, a** adj Ardent, e.
arduo, a adj Ardu, e.
área f Aire | GEOM. Surface | Are *m* (medida agraria) | Massif *m* (de flores), carré *m* (de hortalizas) | Zone (zona) | *~ de gol*, terrain d'en-but.
aren|a f Sable *m* : *~s movedizas*, sables mouvants | Arènes *pl* (redondel) | — Pl MED. Calculs *m*, sable *msing* | Poudre *sing* (de oro) || **~al** m Banc de sable | Sablière *f* (cantera) | Sables (*pl*) mouvants (arenas movedizas) || **~ar** vt Ensabler (enarenar) | Sabler (frotar con arena) || **~ero** m Sablière *f*.
areng|a f Harangue || **~ar** vt Haranguer.
aren|iiia f Sable *m* | — Pl MED. Sable *msing*, calculs *m* | Salpêtre *msing* (salitre) || **~isco, a** adj Sablonneux, euse (arenoso) | En grès : *vaso ~*, vase en grès | — F Grès *m* || **~oso, a** adj Sablonneux, euse.
arenque m Hareng : *~ ahumado*, hareng saur.
areola o **aréola** f Aréole.
areó|metro m Aréomètre || **~pago** m Aréopage.
arete m Petit anneau | Boucle (*f*) d'oreille (pendiente).
arga|dijo o **~dillo** m Dévidoir || **~masa** f Mortier *m* || **~masar** vt Gâcher [du mortier] | Cimenter.
Argel nprm Alger || **~ia** nprf Algérie.
argelino, a adj/s Algérien, enne (de Argelia) | Algérois, e (de Argel).
argent|ífero, a adj Argentifère.
Argentina nprf Argentine.
argentino, a adj Argentin, e (voz) | Argenté, e (plateado) | — Adj/s Argentin, e.
argolla f Anneau *m* | Carcan *m* (castigo) | MAR. Boucle | FAM. Veine.
argón m QUÍM. Argon (gas).
argo|nauta m Argonaute || **~s** m FIG. Argus (persona) | Argus (pájaro).
argot m Jargon : *~ médico*, jargon médical | Argot (germanía).
argucia f Argutie.
argüir* vt Déduire, conclure (deducir) | Prouver (probar) | Reprocher [qqch. à qqn] | Rétorquer (contestando) | — Vi Argumenter | Discuter.
argument|ación f Argumentation | Argument *m* || **~ar** vi Argumenter, discuter | — Vt Conclure (concluir) | Démontrer (probar) | Dire, alléguer (decir) || **~o** m Argument | Sujet (asunto) | Scénario (de película) | Résumé (resumen).
aria f MÚS. Aria.
Ariadna o **Ariana** nprf Ariane.
arid|ecer* vt Rendre aride | — Vp Devenir aride || **~ez** f Aridité.
árido, a adj Aride | — Mpl COM. Céréales *f* | TECN. Agrégats.
Aries nprm Bélier (constelación).
ariete m MIL. Bélier.
arillo m Boucle (*f*) d'oreille.
arimez m ARQ. Avant-corps.
ario, a adj/s Aryen, enne.
arisco, a adj Sauvage, farouche (salvaje) | Bourru, e; intraitable, revêche (huraño) | Rébarbatif, ive : *cara ~*, visage rébarbatif.
arista f Arête | Bavure (de métal).
arist|ocracia f Aristocratie || **~ócrata** adj/s Aristocrate || **~ocrático, a** adj Aristocratique.
Aristófanes nprm Aristophane.
Aristóteles nprm Aristote.
aritmético, a adj/f Arithmétique | — S Arithméticien, enne.
arlequ|ín m Arlequin | FIG. Pantin, polichinelle (persona ridícula) | FAM. Glace (*f*) panachée (helado) || **~inada** f Arlequinade.
arm|a f Arme | Défense (de animal) | *¡A las ~s!*, aux armes! | FIG *De ~s tomar*, qui n'a pas froid aux yeux | *¡Descansen ~s!*, reposez, armes! | *Poner en ~s*, armer; soulever | *Velar las ~s*, faire sa veillée d'armes || **~ada** f Flotte | MIL. Marine | Escadre (escuadra) || **~adía** f Radeau *m*, train (*m*) de bois flotté || **~adijo** m Piège || **~adillo** m Tatou (animal) || **~ado, a** adj Armé, e | *Hormigón ~*, béton armé || **~ador** m Armateur (naviero) | Assembleur (ajustador) || **~adura** f Armure (armas) | Armature (armazón) | Squelette *m* (esqueleto) | Charpente (de tejado) | Carcasse (de neumático) | Assemblage *m* (montura) || **~amentista** adj De l'armement (industria) | *Amér.* Militariste | *Carrera ~*, course aux armements || **~amento** m Armement || **~ar** vt Armer | Monter (máquina, mueble,

tienda de campaña) | FIG. Disposer (preparar), organiser ; causer ; produire, susciter ; faire : ~ *jaleo,* faire du bruit | FAM. ~ *una* ou ~ *la,* faire un esclandre ; faire du grabuge. | — Vp Armer | FIG. S'armer ; éclater, se produire (estallar), se préparer.

arma|rio m Armoire *f* : ~ *de luna,* armoire à glace | ~ *empotrado,* placard || **~toste** m Monument, objet encombrant || **~zón** f Armature | Charpente (maderamen) | Châssis *m* (bastidor) | TECN. Monture | FIG. Charpente | — M Squelette, carcasse *f.*

armella f Piton *m.*

Armenia nprf Arménie.

armenio, a adj/s Arménien, enne.

armer|ía f Armurerie | Musée (*m*) de l'armée (museo) | Blason *m* || **~o** m Armurier (fabricante) | Râtelier (para las armas).

armilar adj Armillaire.

armiño m Hermine *f.*

armisticio m Armistice.

armón m Avant-train, prolonge *f* (de cañón).

arm|onía f Harmonie || **~ónico, a** adj Harmonique | — F Harmonique (sonido) | Harmonica *m* (instrumento) || **~onio** m Harmonium || **~onioso,a** adj Harmonieux, euse || **~onización** f Harmonisation || **~onizar** vt Harmoniser | — Vi Être en harmonie.

arnés m Harnois | — Pl Harnais *sing* | FAM. Attirail *sing.*

árnica f Arnica.

aro m Cercle (de tonel) | Cerceau (juguete) | Anneau de fer (argolla) | Arum (flor) | *Amér.* Bague *f* (sortija), boucle (*f*) d'oreille (pendiente) | FIG. *Pasar por el ~,* s'incliner, en passer par là.

arom|a m Arôme || **~ar** vt Parfumer || **~ático, a** adj Aromatique || **~atización** f Aromatisation || **~atizar** vt Aromatiser || **~o** m BOT. Cassie *f.*

arp|a f Harpe : *tañer el ~,* pincer de la harpe || **~ado, a** adj Denté, e || **~ar** vt Griffer (rasguñar) | Déchirer (desgarrar) || **~egio** m MÚS. Arpège || **~ía** f Harpie || **~illera** f Serpillière || **~ista** s Harpiste || **~ón** m Harpon || **~onar** o **~onear** vt Harponner || **~oneo** m Harponnage. || **~onero** m Harponneur.

arque|amiento m Jaugeage (de un barco) || **~ar** vt Arquer (combar) : *piernas arqueadas,* jambes arquées | Cambrer (el cuerpo) | Arçonner (la lana) | MAR. Jauger | — Vi FAM. Avoir des nausées | — Vp Se courber || **~o** m Courbure *f* | Cambrure *f* (del cuerpo) | MAR. Jauge *f* | Tonnage (tonelaje) | COM. Caisse *f.*

arque|ología f Archéologie || **~ológico, a** adj Archéologique || **~ólogo, ga** s Archéologue.

arqu|ería f Arcature || **~ero** m Archer || **~eta** f Coffret *m.*

arquetipo m Archétype.

arquidiócesis f Archidiocèse *m.*

Arquímedes nprm Archimède.

arquitect|o, ta Architecte || **~ónico, a** adj/f Architectonique || **~ura** f Architecture || **~ural** adj Architectural, e.

arquitrabe m ARQ. Architrave *f.*

arrabal m Faubourg || **~ero, a** adj/s Faubourien, enne.

arracada f Boucle d'oreille, girandole.

arracimarse vp Se réunir *o* se disposer en grappes.

arraig|ado, a adj Enraciné, e | — M MAR. Amarrage || **~ar** vi S'enraciner | — Vt Enraciner | — Vp S'enraciner | S'établir, se fixer (establecerse) || **~o** m Enracinement | Biens-fonds *pl* (bienes raíces).

arramblar vt Ensabler | — Vt/i FAM. Emporter, rafler, embarquer (robar) : ~ *con todo,* tout rafler.

arranc|aclavos m inv Arrache-clou || **~ada** f Démarrage (*m*) brusque (de coche) | Départ *m* (de una carrera) | Bond (*m*) en avant (salto para adelante) | Arraché *m* (halterofilia) || **~adero** m Départ || **~ado, a** adj Arraché, e | FAM. Ruiné, e (arruinado), très mauvais, e (malísimo) || **~ador, a** adj/s Arracheur, euse | — F AGR. Arracheuse | — M AUT. Démarreur || **~adura** f o **~amiento** m Arrachement *m* || **~ar** vt Arracher | Mettre en marche, faire démarrer (un motor) | ~ *de cuajo,* ou *de raíz,* déraciner; extirper | — Vi Démarrer (un vehículo) | Se mettre à courir (echar a correr) | S'élancer (lanzarse) | FIG. Provenir, découler (proceder), commencer (empezar), partir : *la calle arranca de la plaza,* la rue part de la place | — Vp Commencer, se mettre : *se arrancó a cantar,* il se mit à chanter | S'élancer.

arranque m Arrachage (acción de sacar) | Départ (de un corredor) | Démarrage (de vehículo, máquina) | FIG. Élan (ímpetu), accès (de humor), boutade *f,* sortie *f* (ocurrencia), audace *f* (audacia), début (principio), point de départ (comienzo) | ANAT. Attache *f,* articulation *f* | ARQ. Point de départ, départ | TECN. Démarreur (de motor), démarrage (acción de poner en marcha) | MIN. Abattage.

arrapiezo m Haillon, loque *f* (harapo) | FAM. Gamin (niño).

arras fpl Arrhes.

arras|amiento m Aplanissement (igualamiento) | Rasement (destrucción) || **~ar** vt Aplanir (allanar) | Raser (destruir) | Remplir à ras bord (llenar) | Ravager, dévaster (asolar) | — Vi/p S'éclaircir (el cielo) | *Ojos arrasados en lágrimas,* yeux remplis de larmes.

arrastr|ado, a adj Misérable; coquin, e (pícaro) | — F FAM. Traînée (mujer pública) || **~ar** vt Traîner | FIG. Entraîner (llevar a), convaincre (convencer) | — Vi Traîner | Jouer atout (juegos) | — Vp Ramper (reptar) | Se traîner | FIG. Traîner en longueur (durar mucho) || **~e** m Traînage | MEC. Entraînement | FAM. *Estar para el ~,* être au bout de son rouleau (persona), ne plus valoir grand-chose (cosa).

arrayán m Myrte.

¡arre! interj Hue!

¡arrea! interj Allons! (de prisa!), oh, là, là! (sorpresa).

arrear vt Exciter [les bêtes] | Harnacher (poner los arreos) | Orner, parer (adornar) | Hâter (dar prisa) | FAM. Flanquer (dar) | — Vi Aller vite.

arrebañ|adura f FAM. Ramassage *m* | — Pl Miettes, déchets *m* || **~ar** vt Ramasser | FAM. Rafler (robar) | Saucer (un plato).

arrebat|adizo, a adj FIG. Irritable || **~ado, a** adj Emporté, e | FIG. Violent, e (violento) | Très rouge (colorado) || **~ador, a** adj Captivant, e (cautivador) | Entraînant, e (que arrastra) || **~ar** vt Enlever, arracher (quitar) | Entraîner (llevar tras sí) | Ravir, enthousiasmer, transporter | — Vp S'emporter || **~o** m Emportement (furor) | Accès, mouvement : *~ de cólera,* mouvement de colère | Extase *f,* transport.

arrebol m Couleur (*f*) rouge [des nuages] | Fard rouge (afeite) | Rougeur *f* (rubor) || **~ar** vt Rougir | Enflammer : *la aurora arrebola el cielo,* l'aurore enflamme le ciel | — Vp Se teindre en rouge | Flamboyer, rougeoyer, être embrasé (el cielo).

arrebozarse vp S'envelopper.

arrebujar vt Chiffonner | — Vp S'envelopper.

arreciar vt Redoubler : *arrecia la lluvia,* la pluie redouble.

arrecife m Récif.

arrecirse* vp Être transi *o* engourdi de froid.

arrechucho m FAM. Accès (ataque), indisposition *f,* petit malaise (achaque de salud).

arredr|amiento m Effroi, peur *f* || **~ar** vt Écarter (apartar) | Faire reculer (hacer ceder), effrayer, faire peur (asustar) | — Vp Avoir peur (temer) : *no ~ por nada,* n'avoir peur de rien.

arregl|ado, a adj Réglé, e | Modéré, e (moderado), arrangé, e (compuesto), ordonné, e (ordenado), rangé, e; réglé, e (vida) | Raisonnable (precio) | FAM. *¡Estamos ~s!,* nous voilà bien! || **~ar** vt Régler | Arranger, réparer (componer) | Aménager (instalar) | Arranger (adaptar) | Ranger (ordenar) | Régler, arranger (resolver) | FIG. Réparer (un error) | FAM. Corriger, arranger (castigar) | — Vp S'arranger | S'habiller (vestirse) | FAM. *Arreglárselas,* se débrouiller, s'arranger || **~o** m Accord, arrangement | Règlement (asunto, cuentas) | Réparation *f* (compostura) | MÚS. Arrangement | FAM. Concubinage | *Con ~ a,* conformément à (conforme con), par rapport à (en relación con), en fonction de.

arrellanarse vp Se caler, s'enfoncer, se carrer (en un sillón).

arremangar vt Retrousser | — Vp Retrousser les manches.

arremet|er vt/i Foncer (*a, contra,* sur) | FIG. S'attaquer (*contra,* à) || **~ida** f Attaque | Bousculade (empujón).

arremolinarse vp Tournoyer, tourbillonner | Tourbillonner (el agua) | FIG. S'entasser (la gente).

arrend|able adj Affermable || **~ador, a** adj/s Loueur, euse | — M Fermier || **~ajo** m Geai (pájaro) || **~amiento** m Affermage (de una finca rural) | Location *f* (de una casa) | Bail (contrato) || **~ar*** vt Louer | Affermer (una granja) || **~atario, a** adj/s Fermier, ère | Locataire (inquilino) | *Compañía Arrendataria de Tabacos,* Régie des tabacs.

arreo m Parure *f* (adorno) | — Pl Harnais *sing* (arnés) | FAM. Attirail *sing* (trastos).

arrepent|ido, a adj/s Repentant, e; repenti, e | — F Repentie || **~imiento** m Repentir || **~irse*** vp Se repentir.

arrest|ado, a adj Audacieux, euse (audaz) | Détenu, e (preso) || **~ar** vt MIL. Mettre aux arrêts | Arrêter | — Vp Se lancer || **~o** m MIL. Arrêts *pl* | Détention *f* (reclusión) | Audace *f* (arrojo).

arriano, a adj/s Arien, enne.

arriar vt MAR. Amener (bandera, vela), affaler (cable) | — Vp Être inondé (inundarse).

arriate m Plate-bande *f* | AGR. Planche *f* | Chaussée *f* (calzada).

arriba adv En haut | Là-haut (allá arriba) | Dessus, au-dessus (encima) | Ci-dessus, plus haut (en un escrito)

| ~ *del todo,* tout en haut | *Calle ~,* en remontant la rue | *De ~ abajo,* de haut en bas; de fond en comble (completamente) | *¡Manos ~!,* haut les mains! | *Más ~,* plus (más), ci-dessus (en un escrito) | *Para ~,* passé, plus de | *Río ~,* en amont | — Interj Debout! (levántate) | Courage! (ánimo) | *¡~ España!,* vive l'Espagne!

arrib|ada f MAR. Accostage *m* (de un barco) | Arrivage *m* (llegada) || **~ar** vi MAR. Accoster | FIG. Arriver || **~ismo** m Arrivisme || **~ista** adj/s Arriviste || **~o** m MAR. Arrivée *f* (de un barco) | Arrivage (de mercancías).

arriendo m Affermage (de una finca) | Location *f* (de una casa) | Bail (contrato).

arriero m Muletier.

arriesg|ado, a adj Risqué, e; dangereux, euse (peligroso) | Hasardeux, euse (aventurado) | Hardi, e; audacieux, euse (audaz) || **~ar** vt Risquer : *~ la vida,* risquer sa vie | — Vp Risquer (*a,* de) | Se risquer à.

arrim|ar vt Approcher : *arrima tu mesa a la mía,* approche ta table de la mienne | Adosser (adosar) | Appuyer (apoyar) | FIG. Abandonner (dejar), reléguer (arrinconar) | FAM. Donner, flanquer (dar) | — Vp S'appuyer (apoyarse) | S'approcher (acercarse) | FIG. Se réunir (juntarse), se mettre sous la protection [de qqn] || **~o** m Approche *f* | FIG. Appui (apoyo) | Penchant (inclinación) | Mur mitoyen (pared) | FIG. *Tener buen ~,* avoir de bons appuis.

arrincon|amiento m Abandon || **~ar** vt Mettre dans un coin | Abandonner, mettre au rebut (cosa) | FIG. Négliger, délaisser (persona) | Acculer (acosar) | — Vp FAM. Se renfermer, vivre dans son coin.

arriscado, a adj Hardi, e (audaz) | Casse-cou (temerario) | Agile (ágil) | Accidenté, e.

arroba f Arrobe, arobe | FIG. *Por ~s,* à foison.

arrob|ado, a adj En extase || **~ador, a** adj Ravissant, e || **~amiento** m Extase *f,* ravissement || **~ar** vt Ravir | — Vp Tomber en extase.

arrocero, a adj Rizier, ère; du riz | — S Riziculteur, trice (cultivador).

arrodillarse vp S'agenouiller.

arrodrigar o **arrodrigonar** vt AGR. Échalasser (la vid).

arrog|ancia f Arrogance (soberbia) | Élégance || **~ante** adj Arrogant, e (altanero) | Élégant, e | Vaillant, e (valiente) || **~arse** vp S'arroger.

arroj|adizo, a adj De jet : *arma ~,* arme de jet || **~ado, a** adj FIG. Hardi, e (valiente), téméraire (temerario) || **~ar** vt Lancer | Jeter (echar) | Darder : *~ rayos,* darder ses rayons | FIG. Atteindre (alcanzar un valor), démontrer, faire apparaître : *según lo que arrojan las estadísticas,* d'après ce que démontrent les statistiques; signaler (señalar) | FAM. Rendre (vomitar) | — Vp Se jeter | Se précipiter | FIG. Se lancer, se jeter à corps perdu (en una actividad) || **~o** m Courage, hardiesse *f.*

arroll|ador, a adj Entraînant, e | FIG. Irrésistible || **~ar** vt Enrouler (enrollar) | Entraîner (arrastrar) | Emporter (llevar) | Renverser (atropellar) | FIG. Confondre (dejar sin habla), renverser, passer outre.

arrop|ar vt Couvrir (con ropa) | Border (en una cama) | Envelopper (envolver) | FIG. Protéger | — Vp Se couvrir | FIG. S'appuyer || **~e** m Moût cuit | Sirop (jarabe) || **~ía** f Pâte de guimauve.

arrostrar vt Affronter | Faire face : *~ las consecuencias de algo,* faire face aux conséquences de qqch. | — Vp Se mesurer (rivalizar).

arroy|ada f Ravine, ravin *m* | Crue (inundación) || **~adero** m Ravin, ravine *f* || **~ar** vt Raviner | — Vp Se raviner | AGR. Se rouiller || **~o** m Ruisseau | Caniveau (en la calle) | FIG. Rue *f* : *tirar al ~,* jeter à la rue; flot, torrent (gran abundancia) | *Amér.* Rivière *f* (río) | FIG. *Sacar del ~,* tirer de la boue *o* du ruisseau || **~uelo** m Ruisselet.

arroz m Riz : *~ con leche,* riz au lait || **~al** m Rizière *f.*

arrug|a f Ride (en el cuerpo) | Pli *m* (en la ropa) || **~ar** vt Rider | Chiffonner (ropa, papel) | Plisser (hacer pliegues) | — Vp Se rétrécir (encogerse) | Se froisser, se chiffonner.

arruin|amiento m Ruine *f* || **~ar** vt Ruiner.

arrull|ar vi Roucouler || — Vt FIG. Bercer en chantant (a un niño) || **~o** m Roucoulement | Berceuse *f* (canción de cuna).

arrumaco m FAM. Cajolerie *f,* câlinerie *f* (mimo), minauderie *f,* simagrée *f* (melindre).

arrum|ar vt MAR. Arrimer || **~azón** f MAR. Arrimage *m.*

arrumbar vt Mettre au rancart (arrinconar) | — Vi MAR. Mettre le cap sur | — Vp MAR. Déterminer sa position.

arsenal m Arsenal.

arsénico, a adj Arsénique | — M Arsenic.

arte m o f Art *m* | *~s de adorno,* arts d'agrément | *~s de pesca,* attirail de pêche | *~s domésticas,* arts ména-

gers | ~*s y oficios*, arts et métiers | *Bellas ~s*, beaux-arts | *El séptimo ~*, le septième art (cine) | *No tener ~ ni parte en algo*, n'être pour rien dans qqch. | *Por ~ de birlibirloque* on *de magia*, comme par enchantement | *Por buenas o malas ~s*, par des moyens o procédés honnêtes ou malhonnêtes || **~facto** m Engin | Machine *f* (máquina).
artejo m Jointure *f*, articulation *f* (nudillo) | Article (de los insectos).
artemisa f BOT. Armoise.
arteria f ANAT. Artère.
artería f Ruse, astuce.
arteri|al adj Artériel, elle || **~osclerosis** f Artériosclérose || **~tis** f MED. Artérite.
artero, a adj Astucieux, euse; rusé, e.
artes|a f Pétrin *m* (de panadero) | Auge (de albañil) || **~anal** adj Artisanal, e || **~anía** f Artisanat *m* | Ouvrage (*m*) d'artisanat (obra) || **~ano, a** adj/s Artisan, e || **~iano** adjm Artésien (pozo) || **~illa** f Auge || **~ón** m Baquet (cubo) | ARQ. Caisson || **~onado, a** adj ARQ. Lambrissé, e | — M Plafond à caissons || **~onar** vt ARQ. Lambrisser.
ártico, a adj Arctique.
articul|ación f Articulation || **~ado, a** adj Articulé, e | — M Texte, articles *pl* (de ley) | — Pl Articulés || **~ar** adj Articulaire || — Vt Articuler || **~ista** m Journaliste, chroniqueur.
artículo m Article | *En el ~ de la muerte*, à l'article de la mort | *Hacer el ~*, faire l'article.
art|ífice s FIG. Artisan *m* | Auteur *m* (autor) | Artiste || **~ificial** adj Artificiel, elle | *Fuegos ~es*, feux d'artifice || **~ificiero** m Artificier || **~ificio** m Artifice | Machine *f*, engin (aparato) | FIG. Astuce *f*, artifice (astucia) || **~ificioso, a** adj Artificieux, euse (cauteloso) | Ingénieux, euse || **~ilugio** m FAM. Mécanique *f*, engin, machine *f* | FIG. Subterfuge.
artill|ar vt Armer de canons || **~ería** f Artillerie || **~ero** m Artilleur.
art|imaña f Ruse (astucia) | Piège *m* (trampa) || **~ista** adj/s Artiste || **~ístico, a** adj Artistique.
artr|ítico, a adj/s Arthritique || **~itis** f MED. Arthrite || **~itismo** m Arthritisme.
arúspice m Haruspice.
arvej|a f BOT. Vesce | Petit pois *m* (guisante) || **~o** m Petit pois.
arzobisp|ado m Archevêché || **~al** adj Archiépiscopal, e | *Palacio ~*, archevêché || **~o** m Archevêque.
arzón m Arçon.
as m As.
asa f Anse | Manche *m* (mango) | Poignée (de maleta).
asá adv FAM. *Así que ~*, d'une façon ou d'une autre.
asad|ero m Broche *f* || **~o** m Rôti || **~or** m Broche *f* (varilla) | Rôtissoire *f* (aparato) || **~ura** f Foie *m* (víscera) | FAM. Flegme *m* (pachorra) | — Pl Abats *m*, fressure *sing*.
asaetear vt Percer de flèches (herir) | Lancer des flèches (lanzar) | FIG. Harceler.
asalari|ado, a adj/s Salarié, e || **~ar** vt Salarier.
asalmonado, a adj Saumoné, e | Rose saumon (color).
asalt|ante adj/s Assaillant, e || **~ar** vt Assaillir | FIG. Venir (idea) || **~o** m Assaut : *tomar por ~*, prendre d'assaut | Attaque *f* ; round, reprise *f* (boxeo) | FAM. Surprise-partie *f* (fiesta).
asambl|ea f Assemblée | MIL. Rassemblement *m* || **~eísta** s Membre d'une assemblée | Congressiste.
asar vt Rôtir : *~ en* ou *a la parrilla*, rôtir sur le gril | Importuner (molestar) | — Vp FAM. Rôtir, étouffer.
asargado, a adj Sergé, e.
asaz adv POÉT. Assez.
ascalonia f BOT. Échalote.
ascen|dencia f Ascendance || **~dente** adj/s Ascendant, e || **~der*** vi Monter | Atteindre (alcanzar, sumar) | FIG. Monter en grade (en un empleo), accéder au grade de : *~ a capitán*, accéder au grade de capitaine | — Vt Promouvoir || **~dido, a** adj Promu, e || **~diente** adj/m Ascendant, e || **~sión** *f* Ascension | Montée (subida) | Ascension (fiesta) | Accession (al trono) || **~sional** adj Ascensionnel, elle || **~sionista** s Ascensionniste || **~so** m Ascension *f*, montée *f* (subida) | FIG. Avancement (empleo), promotion *f* || **~sor** m Ascenseur | *~ de subida y bajada*, ascenseur et descenseur || **~sorista** s Liftier, ère.
asc|eta s Ascète || **~ético, a** adj/f Ascétique || **~etismo** m Ascétisme.
asco m Dégoût | *Dar ~*, dégoûter | *Estar hecho un ~*, être dégoûtant | *Hacer ~ (de todo)*, faire le difficile o le dégoûté | *Poner cara de ~*, prendre un air dégoûté | *¡Qué ~!*, c'est dégoûtant! | FAM. *Ser un ~*, ne rien valoir, être dégoûtant | *Tomar ~ a*, prendre en dégoût.
ascua f Braise, charbon (*m*) ardent | FIG. *Arrimar el ~ a su sardina*, tirer la couverture à soi. *Estar en ~s*, être sur des charbons ardents. *Ser un ~ de oro*, être beau comme un astre.
ase|ado, a adj Propre (limpio) || Soigné, e (elegante) || **~ar** vt Laver |

Nettoyer (limpiar) | Arranger (componer) | Parer, orner (ataviar) | — Vp Se laver | Se préparer (componerse).

asech|amiento m o **~anza** f Piège *m*, embûche *f* || **~ar** vt Tendre des pièges *o* des embûches.

asedi|ar vt Assiéger (sitiar) | FIG. Harceler, assiéger || **~o** m Siège (sitio) | FIG. Harcèlement.

asegur|ado, a adj/s Assuré, e : *~ en un millón de pesetas*, assuré pour un million de pesetas || **~ador, a** adj D'assurances | — M Assureur || **~ar** Vt Assurer : *~ contra* ou *de incendio*, assurer contre l'incendie | Affermir (consolidar) | Rassurer (tranquilizar) | Assurer (afirmar) | — Vp S'assurer.

asemejar vt Rendre semblable | — Vi Ressembler | — Vp Se ressembler (entre varios) | Ressembler (a uno).

asenso m Assentiment.

asent|ada f Séance | *De una ~*, en une seule fois || **~aderas** fpl FAM. Fesses, séant *msing* || **~adillas (a)** adv En amazone || **~ado, a** adj Placé, e | FIG. Stable (estable), sage (cuerdo), assis, e (reputación) || **~ador** m Poseur (instalador) | Fournisseur (abastecedor) | Mandataire aux Halles (de un mercado) | Cuir à rasoir (suavizador) | Ciseau à froid (de herrero) || **~amiento** m Installation *f* | Emplacement (emplazamiento | COM. Inscription *f* | FIG. Sagesse *f* (juicio) || **~ar*** vt Asseoir (sentar) | Placer (colocar) | Établir (establecer) | Fonder : *~ una ciudad*, fonder une ville | Assener (un golpe) | Aplatir (aplanar) | Supposer (suponer) | Convenir que *o* de (decidir) | Fixer (fijar) | Établir (contrato, convenio) | Établir, poser (principio) | Assurer (afirmar) | Noter, enregistrer (escribir) | COM. Inscrire | — Vi Convenir | — Vp S'asseoir | Se fixer, s'établir | S'adapter (encajarse) | S'affirmer | Déposer (líquidos) || **~imiento** m Assentiment || **~ir*** vi Acquiescer || **~ista** m Fournisseur | Entrepreneur (contratista).

aseo m Propreté *f* (limpieza) | Soin (cuidado) | Toilette *f* : *cuarto de ~*, cabinet de toilette | Cabinet de toilette (cuarto) | Hygiène *f*.

as|epsia f Asepsie || **~éptico, a** adj Aseptique.

asequible adj Accessible.

aserción f Assertion.

aserr|adero m Scierie *f* || **~ado, a** adj Dentelé, e | — M Sciage || **~ador, a** adj/s Scieur, euse || **~adura** f Sciage *m* | Trait (*m*) de scie (corte) | — Pl Sciure *sing* (serrín) || **~ar*** vt Scier || **~ín** m Sciure *f*.

asert|ivo, a adj Affirmatif, ive || **~o** m Assertion *f*.

asesin|ar vt Assassiner | FIG. Tuer || **~ato** m Assassinat, meurtre || **~o, a** adj Assassin, e | — S Assassin (sin fem), meurtrier, ère.

asesor, ~ra adj/s Conseiller, ère | — M Assesseur (magistrado) | *~ agrónomo*, agronome conseil || **~amiento** m Consultation *f* | Conseil (consejo) | Assistance *f* : *~ técnico*, assistance technique || **~ar** vt Conseiller | — Vp Consulter : *~ con* ou *de un letrado*, consulter un homme de loi || **~ía** f Bureau (*m*) d'un conseiller (oficina) | Charge de conseiller (cargo) | Bureau (*m*) d'études.

asestar vt Braquer (un arma, la vista) | Assener (un golpe).

asever|ación f Affirmation || **~ar** vt Assurer, affirmer.

asexual o **asexuado, a** adj Asexué, e; asexuel, elle (p. us.).

asfalt|ado m Asphaltage || **~ar** vt Asphalter || **~o** m Asphalte.

asfixi|a f Asphyxie || **~ado, a** adj/s Asphyxié, e || **~ante** adj Asphyxiant, e || **~ar** vt Asphyxier | FIG. Étouffer.

asfódelo m BOT. Asphodèle.

así adv Ainsi | Comme celui-là *o* celle-là *o* cela (como éste) : *un amigo ~*, un ami comme celui-là | Aussi (también) | Alors (entonces) | Par conséquent, aussi (por consiguiente) | Même si (aunque), puisse (ojalá) [con el subjuntivo] : *~ te mueras*, même si tu meurs | *~, ~*, comme ci, comme ça | *~ como*, ainsi que (y también), dès que (en cuanto), comme (como), de même que (del mismo modo) | *~ ... como*, comme, aussi bien... que | *~ como ~*, de toute manière | FAM. *~ de*, comme ça : *~ grande*, grand comme ça | *~ es*, c'est comme ça | *~ es como*, c'est ainsi que | *~ mismo*, de même | *~ que*, dès que (en cuanto), aussi (por eso), donc (por consiguiente) | *~ y todo*, malgré tout | *¿Cómo ~?*, comment ça? | *¿No es ~?*, n'est-ce-pas?

Asia nprf Asie.

asiático, a adj/s Asiatique.

asidero m Manche (mango), anse *f* (asa) | FIG. Occasion *f*, prétexte; appui (apoyo).

asidu|idad f Assiduité || **~o, a** adj Assidu, e | — S Habitué, e.

asiento m Siège : *~ giratorio*, siège pivotant | Place *f* (sitio, lugar reservado) | Assise *f* (base) | Emplacement (emplazamiento) | Fond (fondo) | Pose *f* (colocación) | Lie *f*, dépôt (poso) | ARQ. Tassement des matériaux (de una construcción), assiette *f* (de una viga) | Traité (tratado) | Contrat | Com. Inscription *f*, enregistrement (en un libro), chapitre (de un presupuesto), poste (en una cuenta) | Note *f* (anotación) | Tecn. Siège | Fig. Stabilité *f* (estabilidad), sagesse *f*, bon sens (juicio) | *Tomar* ~, s'asseoir, prendre un siège.

asign|able adj Assignable || **~ación** f Assignation | Attribution (atribución) | Allocation : ~ *de créditos*, allocation de crédits | Traitement *m* (sueldo) || **~ado** m Assignat || **~ar** vt Assigner | Accorder, allouer (un crédito) || **~atura** f Matière.

asil|ado, a s Pensionnaire d'un asile | ~ *político*, réfugié politique || **~ar** vt Donner asile | — Vp Trouver asile || **~o** m Asile.

asim|etría f Asymétrie || **~étrico, a** adj Asymétrique.

asimil|able adj Assimilable || **~ación** f Assimilation || **~ar** vt/i Assimiler | — Vi Ressembler à | — Vp S'assimiler | Se ressembler (asemejarse) || **~ativo, a** adj Assimilateur, trice.

asimismo adv De la même manière | Aussi, de même (también).

as|íntota f Asymptote || **~intótico, a** adj Asymptote.

asir* vt Prendre (tomar), saisir (agarrar) | — Vi Prendre racine | — Vp Se saisir | S'accrocher à (agarrarse) | Fig. Saisir, profiter (valerse) | Fam. Se disputer (reñir).

Asiria nprf Assyrie.

asist|encia f Assistance (auditorio) | Présence (presencia) | Soins *mpl* (de médico) | Secours *mpl* (socorros) | — Pl Aliments *m*, pension (*sing*) alimentaire || **~enta** f Femme de ménage || **~ente** m Assistant | Mil. Ordonnance *f* | Présent (presente) | — Pl Assistance *fsing* (auditorio) | — F Assistante (social) || **~ir** vt Assister (ayudar) | Soigner : *le asiste un buen médico*, c'est un bon médecin qui le soigne | — Vi Assister, aller : ~ *a clase*, aller au cours | Être présent | Fournir de la couleur jouée (naipes).

asm|a f Asthme *m* || **~ático, a** adj/s Asthmatique.

asn|a f Ânesse | — Pl Chevrons *m* (vigas) || **~al** adj D'âne | Fam. Bête (tonto) | — Adjf Asine (raza) || **~illa** f Étançon *m* (puntal) | Tréteau *m* (caballete) || **~o** m Âne | Fig. *Apearse* ou *caerse de su* ~, reconnaître son erreur.

asoci|ación f Association || **~ado, a** adj/s Associé, e || **~ar** vt Associer || || **~ativo, va** adj Associatif, ive.

asol|ador, a adj/s Dévastateur, trice || **~amiento** m Dévastation *f* || **~anar** vt Agr. Brûler || **~ar*** vt Dévaster, ravager | Agr. Brûler | — Vp Déposer (los líquidos) || **~eada** f *Amér*. Insolation || **~ear** vt Mettre au soleil | Ensoleiller | — Vp Se chauffer au soleil (tomar el sol) | Brunir (tostarse) | Attraper une insolation || **~eo** m Insolation *f*.

asomar vi Apparaître | Sortir (salir) | — Vt Montrer (enseñar) | ~ *la cabeza a* ou *por la ventana*, mettre la tête à la fenêtre | — Vp Se montrer (mostrarse) | Se pencher (por la ventana) | Regarder vaguement, jeter un coup d'œil (mirar por encima).

asombr|amiento m Étonnement || **~ar** vt Ombrager (dar sombra) | Foncer, obscurcir (oscurecer) | Fig. Effrayer (asustar), étonner, ahurir (dejar atónito, sorprender) | — Vp Fig. S'effrayer (asustarse), s'étonner : *no* ~ *de* ou *con* ou *por nada*, ne s'étonner de rien || **~o** m Frayeur *f* (susto) | Étonnement (sorpresa) | Ahurissement (estupefacción) | Fam. Revenant (aparecido) || **~oso, a** adj Étonnant, e | Ahurissant, e.

asomo m Apparence *f* | Ombre *f* : *sin el menor* ~ *de duda*, sans l'ombre d'un doute | Indice (indicio) | Soupçon (sospecha) | *Ni por* ~, en aucune manière, nullement, pas le moins du monde.

ason|ada f Émeute || **~ancia** f Assonance | Fig. Rapport *m* (relación) || **~antado, a** adj Assonancé, e || **~antar** vi Être assonant | — Vt Faire rimer par assonance || **~ante** adj/s Assonant, e.

asp|a f Croix de Saint-André *o* en forme de X | Mat. Signe (*m*) de multiplication | Dévidoir *m* (devanadera) | Aile (de molino) | Corne (cuerno) || **~adera** f Dévidoir *m* || **~ado, a** adj En forme de croix || **~ar** vt Dévider (hilo) | Crucifier (crucificar) | Fam. Mortifier (mortificar) | — Vp ~ *a gritos*, pousser de grands cris.

aspáragus m Asparagus.

aspavientos mpl Simagrées *f*.

aspecto m Aspect (apariencia) | Domaine (terreno) | Mine *f* (estado de salud) | Allure *f* (porte) | *En ciertos* ~*s*, à certains égards | *En todos los* ~*s*, à tous points de vue.

asper|eza f Aspérité | Âpreté (del carácter) | Fig. *Limar* ~*s*, arrondir les angles.

asperjar vt Asperger (rociar).

áspero, a adj Âpre (al gusto) | Rugueux, euse (al tacto) | Dur, e (duro) | Violent, e | Mauvais, e (tiempo).

asperón m Grès.

aspers|ión f Aspersion || **~orio** m Aspersoir, goupillon.

áspid o **áspide** m Aspic (víbora).

aspillera f Meurtrière.

aspir|ación f Aspiration ‖ **~ador, a** m y f Aspirateur *m* ‖ **~ante** adj/s Aspirant, e ‖ **~ar** vt/i Aspirer.
aspirina f Aspirine.
asque|ar vt/i Dégoûter ‖ **~rosidad** f Saleté ‖ **~roso, a** adj Dégoûtant, e; écœurant, e (repelente) | Dégoûté, e (que siente asco) | — S Dégoûtant, e.
asta f Bois *m* (palo) | Lance (lanza) | Hampe, bois *m* (de bandera) | Manche *m* (mango) | Corne (cuerno) | — Pl Bois *m* (del ciervo) | *A media ~*, en berne.
astenia f MED. Asthénie.
aster|isco m Astérisque ‖ **~oide** m Astéroïde.
astigm|ático, a adj/s Astigmate ‖ **~atismo** m Astigmatisme.
astil m Manche (mango) | Fléau (de balanza) | Bois (de flecha) | Tuyau (de pluma).
astill|a f Éclat *m* (trozo pequeño) | Écharde (de leña) | Esquille (de hueso) | *Hacer ~s*, réduire en miettes ‖ **~ar** vt Casser, fendre ‖ **~ero** m MAR. Chantier naval, arsenal | Râtelier (de armas).
astrac|án m Astrakan ‖ **~anada** f FAM. Farce.
astrágalo m Astragale.
astral adj Astral, e.
astr|eñir* vt Astreindre (obligar) | Resserrer (apretar) ‖ **~ingencia** f Astringence ‖ **~ingente** adj/m Astringent, e ‖ **~ingir** vt V. ASTREÑIR.
astr|o m Astre | FIG. Vedette *f* (de espectáculo) ‖ **~olabio** m Astrolabe ‖ **~ología** f Astrologie ‖ **~ológico, a** adj Astrologique ‖ **~ólogo** m Astrologue ‖ **~onauta** m Astronaute ‖ **~onáutico, ca** adj/f Astronautique ‖ **~onave** f Astronef *m* ‖ **~onomía** f Astronomie ‖ **~onómico, a** adj Astronomique ‖ **~ónomo** m Astronome.
astroso, a adj Sale (sucio) | Déguenillé, e (harapiento) | Négligé, e (desaseado) | Malheureux, euse (desgraciado) | FIG. Méprisable, misérable (despreciable).
astucia f Astuce, ruse.
asturiano, a adj/s Asturien, enne.
Asturias nprfpl Asturies.
astuto, a adj Astucieux, euse; rusé, e.
asueto m Congé.
asumir vt Assumer.
asunción f Action d'assumer | FIG. Élévation (a una dignidad).
Asunción nprf REL. Assomption.
asunto m Sujet (tema) | Question *f* | Affaire *f* (negocio) | Fait (caso) : *el ~ es que*, le fait est que | Ennui (molestia) | *~s exteriores*, Affaires étrangères.
asust|adizo, a adj Craintif, ive; peureux, euse | Ombrageux, euse (caballo) ‖ **~ar** vt Faire peur à, effrayer | — Vp Avoir peur (*de, por, con*, de).
atabal m MÚS. Timbale *f* ‖ **~ero** m Timbalier.
atac|ado, a adj FAM. Timide (tímido), avare, mesquin, e (avaro) ‖ **~ador, a** adj/s Attaquant, e ‖ **~ante** adj/m Attaquant, e ‖ **~ar** vt Attaquer | Bourrer (un arma).
atad|eras fpl FAM. Jarretières (ligas) ‖ **~ero** m Attache *f* | FIG. Lien ‖ **~ijo** m FAM. Paquet mal ficelé ‖ **~o, a** adj FIG. Embarrassé, e (apocado) | — M Paquet ‖ **~or, a** adj/s Lieur, euse | — F AGR. Lieuse ‖ **~ura** f Attache | Fixation (de esquíes) | FIG. Lien *m* (unión), entrave (traba).
ataguía f Batardeau *m*.
ataharre m Culière *f* (arreo).
ataj|ar vi Couper, prendre un raccourci (tomar un atajo) | Raccourcir, couper (acortar) | — Vt Barrer le chemin (cortar el camino) | Couper (cortar), diviser (dividir), séparer | FIG. Arrêter (parar), interrompre (interrumpir), souligner (subrayar) | Enrayer : *~ el aumento de la delincuencia*, enrayer l'augmentation de la délinquance | — Vp FIG. Se troubler | FAM. S'enivrer (emborracharse) ‖ **~o** m Raccourci (camino) | FIG. Moyen (medio) | Séparation *f* | Coupure *f* (corte) | *No hay ~ sin trabajo*, on n'a rien sans peine.
atalaje m FAM. Attirail.
atalay|a f Tour de guet (torre para vigilar) | Beffroi *m* (torre para dar la alarma) | Éminence (lugar elevado) | — M Vigie *f* ‖ **~ar** vt Guetter | FIG. Épier (espiar).
atañer* vi Concerner | Incomber à, être du ressort de (incumbir) | *En lo que atañe a*, en ce qui concerne.
ataque m Attaque *f* | Crise *f* (de nervios, epiléptico) | *~ de risa*, fou rire | *~ de tos*, quinte de toux.
atar vt Attacher | FIG. Lier | *Loco de ~*, fou à lier | — Vp Attacher, lacer : *~ los zapatos*, lacer ses chaussures | FIG. S'embrouiller (hablando), s'embarrasser (turbarse), s'en tenir à (limitarse a).
ataraxia f Ataraxie.
atarazana f Arsenal *m*.
atardecer* vi Décliner *o* tomber [le jour] ‖ — M Soir, tombée (*f*) du jour.
atare|ado, a adj Affairé, e; occupé, e ‖ **~ar** vt Donner un travail à faire | — Vp S'affairer.
atarjea f Conduite d'eau (cañería) | Égout *m* (alcantarilla) | *Amér.* Réservoir (*m*) d'eau (depósito).

atarugar vt Cheviller | Boucher (taponar) | FAM. Clouer le bec (acallar), bourrer (llenar) | — Vp Rester court (no contestar) | Se troubler (turbarse) | FAM. Se gaver (atracarse).

atasc|adero m Bourbier | FIG. Obstacle || **~ar** vt Boucher (atorar) | Étouper (con estopa) | Coincer (mecanismo) | FIG. Arrêter (un negocio), gêner (molestar) | — Vp S'embourber, s'enliser (vehículo) | Se boucher (atorarse) | Se coincer (mecanismo) | S'embrouiller (embrollarse) || **~o** m Obstruction *f* | Enlisement, embourbement (de un vehículo) | Embouteillage (de tráfico) | Obstacle (obstáculo) | Coincement (de mecanismo) | Enrayage (de arma).

ataúd m Cercueil.

ataujía f Damasquinage *m*.

at|aviar vt Parer | — Vp Se parer | S'habiller (vestirse) || **~ávico, a** adj Atavique || **~avío** m Parure *f* | FIG. Vêtements *pl* (ropa), accoutrement (vestimenta ridícula) || **~avismo** m Atavisme.

ataxia f MED. Ataxie.

ateísmo m Athéisme.

atelaje m Attelage (caballos) | Harnais (arreos).

atemorizar vt Effrayer | — Vp S'effrayer (*de, por,* de).

atemperar vt Tempérer, modérer | Adapter | — Vp Se modérer | S'accommoder à *o* de (arreglarse) | S'adapter.

atenazar vt Tenailler.

Atenas npr Athènes.

aten|ción f Attention : *poner ~ en* ou *a,* prêter attention à | Politesse (cortesía) | Soin *m* (cuidado) | Intérêt *m* (interés) | — Pl Égards *m,* attentions, prévenances | Gentillesses (amabilidades) | Affaires (ocupaciones) | *En ~ a,* eu égard à, étant donné | *Llamar la ~,* attirer l'attention (atraer), rappeler à l'ordre (reprender) || **~der*** vt S'occuper de | Accueillir, recevoir (acoger) | Assurer : *~ el servicio permanente,* assurer la permanence | Satisfaire (petición, ruego) | — Vi Faire attention à | Etre attentif (atento) || *~ al teléfono,* répondre au téléphone.

atenerse* vp S'en tenir (a una cosa) | S'en remettre (a una persona).

ateneo m Athénée.

ateniense adj/s Athénien, enne.

atent|ado, a adj Prudent, e | Silencieux, euse | — M Attentat || **~ar** vi Attenter (*contra, a,* à) | Porter atteinte (contra el honor, la moral) | Commettre un attentat || **~o, a** adj Attentif, ive | Attentionné, e; gentil, ille; prévenant, e (amable) | Soucieux, euse (cuidadoso) | *Su atenta,* votre honorée (carta).

atenu|ación f Atténuation || **~ante** adj Atténuant, e | — M Circonstance (*f*) atténuante || **~ar** vt Atténuer.

ateo, a adj/s Athée.

aterciopelado, a adj Velouté, e.

ater|ido, a adj Transi de froid || **~irse*** vp Être transi de froid.

aterrador, a adj Effroyable, terrifiant, e.

aterrajar vt Fileter (tornillo), tarauder (tuerca).

aterrar* vt Renverser (echar a tierra) | MIN. Décombrer | Atterrer, effrayer, terrifier (asustar) | — Vi MAR. Aborder | Atterrir (aterrizar) | — Vp S'effrayer, être atterré.

aterriz|aje m Atterrissage || **~ar** vi Atterrir.

aterrorizar vt Terroriser, terrifier.

atesor|amiento m Thésaurisation *f* || **~ar** vt Amasser, thésauriser | FIG. Réunir.

atest|ación f Attestation (escrita) | Déposition (oral) || **~ado** m Attestation *f* | Acte (acta) | Contravention *f,* procès-verbal (multa) : *hacer un ~,* dresser une contravention, dresser un procès-verbal || **~ado, a** adj Plein à craquer (lleno de gente) || **~ar*** vt Bourrer, remplir (llenar) | Encombrer (ocupar mucho sitio) | Bonder (de gente) | DR. Attester, témoigner de | — Vp FAM. Se bourrer (atracarse) || **~iguar** vt Témoigner de *o* que, déclarer que | FIG. Démontrer.

atez|ado, a adj Bruni, e; hâlé, e (piel) | Noir, e (negro) || **~ar** vt Brunir, hâler (la piel) | Noircir (ennegrecer) | — Vp Brunir.

atiborrar vt Bourrer | — Vp FAM. Se gaver, se bourrer, s'empiffrer.

aticismo m Atticisme.

ático, a adj/s Attique | — M ARQ. Attique, dernier étage.

atiesar vt Raidir, tendre.

atild|ado, a adj Soigné, e; élégant, e | FIG. Recherché, e || **~ar** vt FIG. Critiquer | — Vp FIG. Se parer, se pomponner (fam) [acicalarse].

atin|ado, a adj Judicieux, euse (juicioso) | Bien choisi, e; réussi, e (acertado) | Opportun, e; adéquat, e || **~ar** vi Trouver (encontrar) | Tomber *o* deviner juste (acertar) | Réussir (lograr) | Viser juste (dar en el blanco).

atiplado, a adj Aigu, ë.

atirantar vt Raidir, tendre.

atisb|ar vt Guetter (acechar) | Regarder, observer || **~o** m Guet (acecho) | FIG. Soupçon (asomo), lueur *f* (de inteligencia).

¡atiza! interj Oh, là, là!, fichtre!, sapristi!
atiz|adero o **~ador** m Tisonnier ‖ **~ar** vt Tisonner, attiser (el fuego) | Moucher (una luz) | FIG. Attiser (fomentar) | FAM. Flanquer (dar) : *~ un puntapié,* flanquer un coup de pied | — Vp FAM. Siffler (beber).
atlántico, a adj/m Atlantique.
Atlántida nprf Atlantide.
atlant|ismo m Atlantisme ‖ **~ista** adj/s Atlantiste.
atlas m Atlas.
atl|eta s Athlète ‖ **~ético, a** adj Athlétique ‖ **~etismo** m Athlétisme.
atm|ósfera o **~osfera** f Atmosphère ‖ **~osférico, a** adj Atmosphérique.
atoar vt Touer, remorquer.
atocinado, a adj FAM. Gras, grasse.
atocha f Alfa *m,* sparte *m.*
atolón m Atoll.
atolondr|ado, a adj/s Écervelé, e; étourdi, e ‖ **~amiento** m Étourderie *f,* inconséquence *f* ‖ **~ar** vt Étourdir | — Vp FIG. Perdre la tête.
atoll|adero m Bourbier | FIG. Impasse *f : las negociaciones están en un ~,* les négociations sont dans une impasse | FAM. *Estar en un ~* (una persona), être dans le pétrin *o* dans de beaux draps. *Sacar del ~,* tirer d'affaire *o* d'une mauvaise passe ‖ **~ar** vi/p S'enliser, s'embourber.
at|ómico, a adj Atomique ‖ **~omismo** m Atomisme ‖ **~omista** adj/s Atomiste ‖ **~omístico, a** adj/f Atomistique ‖ **~omización** f Atomisation ‖ **~omizador** m Atomiseur ‖ **~omizar** vt Atomiser.
átomo m Atome | *~ gramo,* atome-gramme.
atonía f MED. Atonie.
atónito, a adj Abasourdi, e; stupéfait, e.
átono, a adj Atone.
atont|ado, a adj V. ATONTAR ‖ **~amiento** m Étourdissement, abrutissement (por un ruido) | Abêtissement (embrutecimiento) | Abrutissement (por una medicina) ‖ **~ar** vt Étourdir, abrutir (el ruido, un golpe) | Abêtir, abrutir (embrutecer) | Entêter (un perfume) | — Vp Être étourdi | S'abêtir, s'abrutir ‖ **~olinar** vt FAM. Abrutir.
ator|amiento m Engorgement (atascamiento) | Enlisement (en el fango) ‖ **~ar** vt Engorger, boucher, obstruer | — Vi/p S'obstruer | S'embourber (en el lodo) | *Amér.* S'étrangler.
atorment|ador, a adj/s Pénible (cosa), tourmenteur, euse (persona) ‖ **~ar** vt Tourmenter | FIG. Torturer | — Vp Se tourmenter.
atornillar vt Visser.
atoro m *Amér.* Engorgement | FIG. Embarras, gêne (apuro).
atortolar vt FAM. Troubler, faire perdre la tête | *Estar muy atortolados,* être comme deux tourtereaux.
atosigar vt Empoisonner (envenenar) | FIG. Harceler (dar prisa) | FAM. Empoisonner (fastidiar).
atrabiliario, a adj Atrabilaire.
atrac|adero m MAR. Débarcadère ‖ **~ador** m Brigand, malfaiteur, voleur à main armée ‖ **~ar** vt MAR. Amarrer | FAM. Gaver (hartar) | Dévaliser, voler à main armée (robar) | — Vi MAR. Amarrer | — Vp FAM. Se gaver, s'empiffrer (hartarse).
atracción f Attraction | Attirance (por una persona).
atrac|o m Agression *f* | Attaque *(f)* à main armée ‖ **~ón** m Gavage | *Darse un ~,* se gaver, se goinfrer.
atra|ctivo, a adj Attractif, ive | FIG. Attirant, e; séduisant, e (persona), attrayant, e; séduisant, e (cosa) | — M Attrait, charme (encanto) | FIG. Appât : *el ~ de la ganancia,* l'appât du gain ‖ **~er*** vt Attirer.
atragant|amiento m Étouffement (sofoco), étranglement (ahogo) ‖ **~arse** vp S'étrangler, avaler de travers (tragar mal) | Se mettre en travers du gosier (en la garganta) | FAM. Se troubler (turbarse), perdre le fil (cortarse) | FIG. FAM. *Atragantársele algo a uno,* avoir qqch. sur l'estomac. *Atragantársele a uno una persona,* ne pas pouvoir avaler qqn.
atraillar vt Harder (perros).
atramparse vt Se boucher (atascarse).
atranc|ar vt Barrer (una puerta) | Boucher (obstruir) | — Vp Se boucher, s'obstruer | Se coincer (mecanismo) | S'embourber (en el lodo) | *Amér.* S'obstiner, s'entêter ‖ **~o** m Bourbier (cenagal) | Engorgement (atoramiento) | FIG. Gêne *f,* embarras (apuro).
atrap|amoscas m inv BOT. Attrape-mouches ‖ **~ar** vt FAM. Attraper (coger), décrocher (conseguir).
atr|ás adv Derrière | En arrière : *quedar ~,* rester en arrière | Exprime le temps écoulé : *unos días ~,* il y a quelques jours | *Hacia ~* ou *para ~,* en arrière | FIG. *Volverse* ou *echarse para ~,* revenir sur ce que l'on a dit, se dédire ‖ **~asado, a** adj En retard : *estar ~ en los estudios,* être en retard dans ses études | Arriéré, e (pago) | Sous-développé, e (pueblo) | FIG. Endetté, e (con deudas) ‖ **~asar** vt Retarder | Retarder de : *mi reloj atrasa diez minutos,* ma montre retarde de dix minutes | — Vp Rester en arrière (quedarse atrás) | Être en retard (estar con retraso) | S'endetter

(entramparse) ‖ **~aso** m Retard : *tener un ~ de diez minutos,* avoir dix minutes de retard | — Pl Arriérés, arrérages.

atraves|ado, a adj V. ATRAVESAR | En travers | Louche (bizco) | FIG. Pervers, e | FAM. *Tener a uno ~,* ne pas pouvoir souffrir qqn *Tener el genio ~,* avoir l'esprit de travers ‖ **~ar*** vt Mettre en travers | Traverser (cruzar) | Percer, transpercer (traspasar) | Franchir (franquear) | Parier (apostar) | — Vp Se mettre en travers | FIG. Intervenir dans, se mêler de | Se disputer (tener pendencia).

atrayente adj Attrayant, e (cosa), attirant, e (persona).

atrenzo m *Amér.* Épreuve *f.*

atrev|erse vt Oser | Être insolent, manquer de respect (faltar al respeto) ‖ **~ ido, a** adj Audacieux, euse; hardi, e (audaz) | Insolent, e (descarado) | Osé, e : *una película ~,* un film osé | — S Audacieux, euse | Insolent, e ‖ **~imiento** m Audace *f,* | Insolence *f,* effronterie *f.*

atribu|ción f Attribution ‖ **~ir*** vt Attribuer | — Vp S'attribuer.

atribular vt Affliger, attrister | — Vp Être affligé, e.

atribut|ivo, a adj Attributif, ive ‖ **~o** m Attribut | Apanage : *las grandes ideas son el ~ del genio,* les grandes idées sont l'apanage du génie.

atrición f Attrition.

atril m Pupitre à musique | Lutrin (facistol).

atrincher|amiento m Retranchement ‖ **~ar** vt Retrancher | — Vp Se retrancher.

atrio m ARQ. Atrium (de casa romana), parvis (pórtico), vestibule.

atrito, a adj Affligé, e.

atrocidad f Atrocité | FAM. Bêtise, énormité.

atrofi|a f Atrophie ‖ **~ar** vt Atrophier.

atron|ado, a adj Étourdi, e ‖ **~ador, a** adj Assourdissant, e (ruido) | Tonitruant, e : *voz ~,* voix tonitruante ‖ **~ar*** vt Assourdir (con ruido) | Étourdir (con un golpe) | Foudroyer (matar de un golpe) | Assommer (en el matadero).

atropar vt Rassembler.

atropell|adamente adv Avec précipitation, à la hâte | *Hablar ~,* bafouiller, bredouiller ‖ **~ado, a** adj Qui agit avec précipitation | Précipité, e : *discurso ~,* discours précipité ‖ **~ar** vt Renverser : *ser atropellado por un coche,* être renversé par une voiture | Bousculer (empujar) | FIG. Passer outre; piétiner (hacer caso omiso), outrager (ultrajar), malmener (maltratar) | — Vp Se bousculer (empujarse) | Bredouiller, bafouiller (al hablar) ‖ **~o** o **~amiento** m Bousculade *f* (empujón) | Accident | FIG. Infraction *f* (de la ley), violation *f* (de principios), outrage (insulto) | Bredouillement, bafouillement (hablando).

atropina f QUÍM. Atropine.

atroz adj Atroce | FAM. Énorme; atroce.

attrezz|ista m Accessoiriste ‖ **~o** m Accessoires *pl.*

atruchado, a adj Truité, e (hierro).

atuendo m Toilette *f,* tenue *f.*

atufar vt FIG. Fâcher, irriter (enfadar) | — Vi Sentir mauvais (oler mal) | — Vp Se fâcher (*por, con, de,* pour) [enfadarse] | Être incommodé, e (por un olor) | S'asphyxier (por el tufo).

at|ún m Thon | FAM. Idiot, e : *pedazo de ~,* espèce d'idiot ‖ **~unero, a** s Marchand, marchande de thon (vendedor) | — M Pêcheur de thon (pescador) | Thonier (barco).

aturd|ido, a adj Étourdi, e ‖ **~idor, a** adj Étourdissant, e ‖ **~imiento** m Étourdissement | FIG. Étourderie *f* (descuido), maladresse *f* (torpeza) ‖ **~ir** vt Étourdir | FIG. Stupéfier, ahurir (pasmar).

aturullar o **aturrullar** vt FAM. Démonter, troubler | — Vp FAM. S'embrouiller, se troubler (turbarse) | S'affoler (perder la cabeza).

atusar vt Tondre (cortar) | Lisser (alisar) | Caresser (acariciar) | — Vp FIG. Se pomponner (componerse).

aud|acia f Audace ‖ **~az** adj/s Audacieux, euse.

audi|ble adj Audible ‖ **~ción** f Audition ‖ **~encia** f Audience | Tribunal *m,* cour, audience (de justicia) | Palais (*m*) de justice (Palacio de Justicia) | *~ de lo criminal, territorial,* cour d'assises, d'appel ‖ **~ograma** m Audiogramme ‖ **~ómetro** m Audiomètre ‖ **~ovisual** adj Audiovisuel, elle ‖ **~tivo, a** adj Auditif, ive ‖ **~tor** m Auditeur | COM. Commissaire aux comptes, audit ‖ **~torio** m Auditoire | FIG. Audience *f.*

auge m Essor | ASTR. Apogée | *~ económico,* expansion économique.

augur m Augure (adivino) ‖ **~al** adj Augural, e ‖ **~ar** vt Augurer, prédire ‖ **~io** m Augure, présage.

augusto, a adj Auguste | — M Auguste (payaso).

aula f Salle (en un colegio) | Amphithéâtre *m* (en la universidad) | *~ magna,* grand amphithéâtre.

aulaga f BOT. Ajonc *m.*

aull|ador, a adj/s Hurleur, euse | — M Singe hurleur (mono) ‖ **~ar** vi Hurler ‖ **~ido** m Hurlement.

aúllo m Hurlement (lobos, perros, etc).
aument|ar vt Augmenter : ~ *algo en un tercio,* augmenter qqch. d'un tiers | Grossir (lentes) | — Vi Augmenter || **~ativo, a** adj/m Augmentatif, ive || **~o** m Augmentation *f* | Grossissement (de lente) | Majoration *f,* augmentation *f* (de precio).
aun adv Même | Cependant (sin embargo) | ~ *así,* et encore | ~ *cuando,* même si | ~ *sí,* si encore.
aún adv Encore, toujours : ~ *no lo sé,* je ne le sais toujours pas, je ne le sais pas encore | ~ *no,* pas encore.
aunar vt Unir, allier | Conjuguer (esfuerzos) | Unifier (unificar).
aunque conj Quoique, bien que (con el subjuntivo en francés) [a pesar de que] | Même si (con el indicativo en francés) [incluso si].
¡aúpa! interj Hop là! | FAM. *De* ~, formidable, du tonnerre (estupendo), gratiné, e; carabiné, e (de miedo).
aupar vt FAM. Hisser | FIG. Exalter.
aura f Urubu *m* (buitre) | FIG. Faveur populaire, approbation générale | MED. Aura.
áureo, a adj D'or | Doré, e (dorado).
aureol|a f Auréole || **~ar** vt Auréoler | — Adj Auréolaire.
aur|ícula f Oreillette ; auricule || **~icular** adj Auriculaire | — M Auriculaire (dedo) | Écouteur (teléfono).
aurífero, a adj Aurifère.
auroc m Aurochs.
aurora f Aurore.
auscult|ación f Auscultation || **~ar** vt Ausculter.
ausen|cia f Absence || **~tarse** vp S'absenter || **~te** adj/s Absent, e || **~tismo** m Absentéisme.
auspici|ar vt *Amér.* Protéger, patronner || **~o** m Auspice : *con buenos* ~*s,* sous d'heureux auspices | Protection *f,* faveur *f* || **~oso, a** adj *Amér.* De bon augure.
auster|idad f Austérité | Sévérité || **~o, a** adj Austère.
austral adj Austral, e.
Australia nprf Australie.
australiano, a adj/s Australien, enne.
Austria nprf Autriche.
austriaco, a adj/s Autrichien, enne.
autar|cía f Autarcie || **~quía** f Autarchie.
aut|enticidad f Authenticité || **~éntico, a** adj Authentique | FAM. Vrai, e (de verdad) | Véritable (verdadero) | — S Vrai, e || **~entificar** o **~entizar** vt Authentifier.
autillo m Chat-huant.
autismo m Autisme.
auto m DR. Arrêt, arrêté (sentencia), acte (de un pleito) | Drame religieux (sacramental) | FAM. Auto *f,* voiture *f* (coche) | — Pl Procédure (*fsing*) judiciaire | ~ *de comparecencia,* assignation | ~ *de fe,* autodafé | ~ *de prisión,* mandat d'arrêt *o* de dépôt.
aut|oadhesivo va, adj Autocollant, e || **~obiografía** f Autobiographie || **~obiógrafo, a** s Autobiographe || **~obomba** f Autopompe || **~obús** m Autobus | ~ *de línea,* autocar, car || **~ocar** m Autocar, car || **~oclave** f Autoclave *m* || **~ocracia** f Autocratie || **~ócrata** adj/s Autocrate || **~ocrático, a** adj Autocratique || **~ocrítica** f Autocritique || **~óctono, a** adj/s Autochtone || **~odeterminación** f Autodétermination || **~odidacto, a** adj/s Autodidacte || **~odirigido, a** adj Autoguidé, e || **~ódromo** m Autodrome || **~oencendido** m Auto-allumage || **~oescuela** f Auto-école || **~ofinanciación** f o **~ofinanciamiento** m Autofinancement *m* || **~ógeno, a** adj Autogène || **~ogestión** f Autogestion || **~ogiro** m Autogire || **~ografía** f Autographie || **~ógrafo, a** adj/m Autographe || **~oinducción** f Auto-induction, self-induction || **~omación** f Automation || **~ómata** m Automate || **~omaticidad** f Automaticité || **~omático, a** adj Automatique | — M Bouton-pression || **~omatismo** m Automatisme || **~omatización** f Automatisation || **~omatizar** vt Automatiser || **~omedicación** f Automédication || **~omotor** m Automotrice *f,* autorail | Automobile *f* || **~omóvil** adj Automobile | — M Automobile *f* || **~omovilista** s Automobiliste || **~onomía** f Autonomie || **~onomista** adj/s Autonomiste || **ónomo, a** adj Autonome || **~ooruga** m Autochenille *f* || **~opista** f Autoroute || **~oplastia** f Autoplastie || **~opropulsado, a** adj Autopropulsé, e || **~opropulsión** f Autopropulsion || **~opropulsor** m Autopropulseur || **~opsia** f Autopsie || **~opsiar** vt Autopsier.
autor, a s Auteur (sin fem) || **~idad** f Autorité | Officiel *m* (personalidad) | *Ser* ~, faire autorité (autor, libro) || **~itario, a** adj Autoritaire || **~ización** f Autorisation : *pedir* ~ *para salir,* demander l'autorisation de sortir || **~izar** vt Autoriser | Légaliser (documento) | Confirmer, prouver | Accréditer | Consacrer (por el uso).
auto|rretrato m Autoportrait || **~servicio** m Self-service || **~stop** m Auto-stop || **~sugestión** f Autosuggestion || **~vacuna** f Autovaccin *m* || **~vía** m Autorail.
auxili|ar adj/s Auxiliaire, adjoint, e; assistant, e : *catedrático* ~, professeur adjoint | GRAM. Auxiliaire | — M Assistant (profesor) | ~ *de farmacia,*

préparateur en pharmacie | ~ *de laboratorio,* laborantin | ~ *de vuelo,* steward | — Vt Aider, assister || **~o** m Secours, aide *f*, assistance *f* | ~ *en carretera,* secours routier | *Auxilio Social,* Assistance publique | *Prestar ~,* porter secours, venir en aide | — Interj Au secours!
aval m COM. Aval | Garantie *f*.
avalancha f Avalanche.
avalar vt Avaliser, se porter garant de (garantizar).
avalentonado, a adj Crâne, fanfaron, onne.
aval|orar vt Valoriser (dar valor) | Évaluer, estimer (valorar) | Encourager (animar) || **~uación** f Évaluation, estimation || **~uar** vt Évaluer, estimer || **~úo** m Évaluation *f*.
avan|ce m Avance *f*, progression *f* | Progrès | Acompte, avance *f* (de dinero) | Budget (presupuesto del Estado) | Devis (presupuesto de una obra) | Bilan (balance) | MEC. Avance *f* | Film-annonce | ~ *informativo,* flash d'information || **~te** adv MAR. En avant || **~trén** m MIL. Avant-train || **~zada** f MIL. Avancée || **~zar** vt/i Avancer | *Avanzado de* ou *en edad,* d'un âge avancé | ~ *en edad,* prendre de l'âge || **~zo** m Budget (presupuesto del Estado) | Devis (presupuesto de una obra) | Bilan (balance).
avar|icia f Avarice | Avidité (codicia) || **~icioso, a** o **~iento, a** adj/s Avaricieux, euse; avare || **~o, a** adj/s Avare.
avasall|ador, a adj Asservissant, e | — Adj/s Asservisseur, euse || **~amiento** m Asservissement | Soumission *f* (sometimiento) || **~ar** vt Asservir, soumettre.
avatar m Avatar.
ave f Oiseau *m* : ~ *del Paraíso,* oiseau de paradis | ~ *de corral,* volaille | ~ *de rapiña,* oiseau de proie | ~ *lira,* oiseau-lyre || **~cilla** f Petit oiseau *m*.
avecin|ar vt Domicilier | — Vp Se domicilier | S'établir | S'approcher (acercarse) | Approcher : *se avecina el fin del mundo,* la fin du monde approche | Se rapprocher (parecerse) || **~dar** vt Domicilier | — Vp S'établir.
ave|chucho m Vilain oiseau || **~fría** f ZOOL. Vanneau *m* | FIG. Glaçon *m*.
avejentar vt Vieillir prématurément | — Vi/p Vieillir.
avejigar vt Former des ampoules.
avellan|a f Noisette || **~ado, a** adj Ratatiné, e (arrugado) | De couleur noisette | — M TECN. Fraisage || **~ador** m MEC. Fraise (*f*) conique || **~ar** m Coudraie *f* | — Vt MEC. Fraiser | — Vp Se rider, se ratatiner || **~eda** f Coudraie || **~era** f Noisetier *m* || **~o** m Noisetier, coudrier.
avemaría f Ave *m* | Angélus (*m*) du soir | *Al ~,* à la nuit tombante.
avena f Avoine : ~ *loca,* folle avoine.
aven|amiento m Drainage || **~ar** vt Drainer || **~ate** m Accès *o* coup de folie || **~encia** f Accord *m* | *Más vale mala ~ que buen pleito,* un mauvais accommodement vaut mieux qu'un bon procès || **~ida** f Crue (de un río) | Avenue (calle) || **~ido, a** adj *Estar bien* ou *mal avenido con,* être bien *o* mal avec, s'entendre bien *o* mal avec || **~ir*** vt Accorder, mettre d'accord | — Vi Advenir (suceder) | — Vp S'accorder, se mettre d'accord | S'entendre | Se conformer (amoldarse) | S'accommoder (*con, a,* de) | FAM. Se débrouiller (arreglárselas).
aventador, a adj/s Vanneur, euse | — M Van (criba) | Éventail (abanico) | TECN. Clapet | — F AGR. Tarare *m* (máquina)
aventaj|ado, a adj Remarquable (notable) | Avancé, e (adelantado) | Avantageux, euse (ventajoso) || **~ar** vt Dépasser, surpasser, l'emporter sur (ser superior) | Favoriser, avantager (favorecer) | Devancer (ir por delante) | Préférer (preferir).
avent|amiento m Éventement | AGR. Vannage || **~ar*** vt Éventer | AGR. Vanner | Disperser : ~ *cenizas,* disperser des cendres | *Amer.* FIG. Balancer | — Vp FAM. Mettre les voiles (irse) | MAR. Se gonfler d'air.
aventur|a f Aventure | Hasard *m* (casualidad) | Risque *m* (peligro) || **~ado, a** adj Risqué, e; hasardeux, euse (arriesgado) | Aventureux, euse (poco seguro) || **~ar** vt Aventurer | Risquer, hasarder (arriesgar) | — Vp Se risquer, s'aventurer || **~ero, a** adj Aventureux, euse | — S Aventurier, ère.
avergonz|ado, a adj Honteux, euse || **~ar*** vt Faire honte | — Vp Avoir honte.
aver|ía f Avarie (daño) | Panne (de motor) || **~iado, a** adj V. AVERIARSE | En panne (motor) || **~iarse** vp Tomber en panne (motor) | S'avarier (mercancía) | S'abîmer (estropearse) | Avoir une avarie (buque).
averigu|able adj Vérifiable || **~ación** f Vérification | Enquête (investigación) | Recherche (busca) || **~ar** vt Vérifier | Rechercher, enquêter sur (buscar) : ~ *las causas de un accidente,* enquêter sur les causes d'un accident | Se renseigner sur (informarse) | Savoir : *conseguir ~ la verdad,* réussir à savoir la vérité | — Vp FAM. S'entendre avec.
averno m POÉT. Enfer.

aversión f Aversion : *cobrarle ~ a uno,* prendre qqn en aversion.
avestruz m Autruche *f.*
avetado, a adj Veiné, e.
avez|ado, a adj Habitué, e (acostumbrado) | Rompu, e (ejercitado) | Expérimenté, e || **~ar** vt Accoutumer *o* habituer à | Endurcir (curtir) | — Vp S'habituer à.
avi|ación f Aviation || **~ador, a** s Aviateur, trice.
aviar vt Arranger, préparer | Préparer (un manjar) | FAM. Rendre service (ayudar), arranger (venir bien) | FAM. *¡Aviado estoy!,* me voilà bien! | — Vp S'arranger, se préparer | FAM. Se débrouiller | Se dépêcher (apresurarse).
avicult|or, a s Aviculteur, trice || **~ura** f Aviculture.
avidez f Avidité.
ávido, a adj Avide.
aviejar vt Vieillir | — Vi/p Vieillir prématurément.
avieso, a adj Retors, e : *espíritu ~,* esprit retors | Torve (mirada).
avillan|ado, a adj Roturier, ère || **~ar** vt Avilir | Encanailler.
avinagr|ado, a adj Aigre | FIG. Amer, ère; acariâtre (áspero), aigri, e (amargado) || **~ar** vt Aigrir.
avío m Apprêts *pl,* préparatifs *pl* | Provisions *(fpl)* de bouche (víveres) | *Amér.* Prêt | — Pl FAM. Affaires *f,* attirail *sing* | Nécessaire *sing* (neceser) | Ingrédients (de cocina) | *Hacer ~,* rendre service | FAM. *Ir a su ~,* ne penser qu'à soi.
avi|ón m Avion : *~ de reacción, nodriza, sin piloto,* avion à réaction, de ravitaillement, téléguidé | Martinet (pájaro) | *~ de bombardeo,* bombardier | *~ sin motor,* planeur || **~oneta** f Avion *(m)* de tourisme, avionnette.
avis|ado, a adj Avisé, e; prudent, e | *Mal ~,* malavisé || **~ador** adjm/m Avertisseur || **~ar** vt Aviser, avertir | Annoncer (anunciar) | Prévenir : *me avisaste demasiado tarde,* tu m'as prévenu trop tard | Appeler : *~ al médico,* appeler le médecin || **~o** m Avis : *~ al público,* avis au public | Nouvelle *f* (noticia) | Avertissement (advertencia) | Note *f* (nota) | Annonce *f* (anuncio) | Précaution *f* (precaución) | Prudence *f* (prudencia) | FIG. Avertissement | *Andar* ou *estar sobre ~,* être *o* se tenir sur ses gardes | *Con ~,* avec préavis (teléfono) | *Poner sobre ~,* mettre sur ses gardes | *Hasta nuevo ~,* jusqu'à nouvel ordre.
avisp|a f Guêpe || **~ado, a** adj FAM. Éveillé, e; vif, vive || **~ar** vt Fouetter (con látigo) | FAM. Éveiller, dégourdir (espabilar) | — Vp FIG. Se réveiller | S'inquiéter (preocuparse) || **~ero** m Guêpier | Rayon (panal) | FIG. Guêpier | MED. Anthrax || **~ón** m Frelon.
avistar vt Apercevoir | — Vp Se réunir, se rencontrer.
avitaminosis f Avitaminose.
avituall|amiento m Ravitaillement || **~ar** vt Ravitailler.
aviv|ador, a adj Vivifiant, e || **~ar** vt Exciter, stimuler | Raviver, ranimer, aviver (activar) | Rafraîchir (colores) | FIG. Rallumer (pasión), enflammer (acalorar) | *~ el paso,* presser le pas | — Vi/p Reprendre des forces | FAM. Se remuer.
avizor adjm *Estar ojo ~,* avoir l'œil au guet || **~ar** vt Guetter, épier.
avutarda f ZOOL. Outarde.
axial o **axil** adj Axial, e.
axil|a f ANAT. Aisselle || **~ar** adj Axillaire.
axiom|a m Axiome || **~ático, a** adj Axiomatique.
¡ay! interj Aïe! (dolor) | Hélas! (aflicción) | *¡~ de él!,* malheur à lui! (amenaza), le malheureux! (compasión) | *¡~ del que...!,* malheur à celui qui (amenaza), malheureux celui qui (compasión) | — M Plainte *f,* soupir.
aya f Gouvernante.
ayer adv Hier : *~ por la tarde,* hier après-midi | FIG. Hier (hace poco tiempo), autrefois (antes) | *Antes de ~,* avant-hier.
ayo m Précepteur.
ayote m *Amér.* Courge *f* | FIG. *Amér. Dar ~s,* recaler (en un examen), éconduire (a un enamorado).
ayud|a f Aide | Secours *m* (socorro) | Lavement *m* (lavativa) | Appui *m* : *encontrar ~s,* trouver des appuis | — Pl EQUIT. Aides | *~ mutua,* entraide | *~ por carestía de vida,* indemnité de cherté de vie | *Con ~ de,* à l'aide de | — M Valet : *~ de cámara,* valet de chambre || **~ante** m Aide, assistant, adjoint | Assistant (profesor) | MIL. Adjudant | *~ de campo,* aide de camp | *~ técnico sanitario,* auxiliaire de santé || **~ar** vt Aider || *~ a misa,* servir la messe | — Vp S'aider (uno al otro) | S'entraider (entre varios) | S'aider (valerse).
ayun|ador, a o **~ante** s Jeûneur, euse || **~ar** vi Jeûner || **~as (en)** loc adv À jeun | FIG. *Quedarse en ~,* ne rien comprendre (no entender), ne rien savoir (no saber) || **~o, a** adj À jeun | FIG. Privé, e (privado) | FIG. *Estar ~ de,* ne pas être au courant de (no saber) | — M Jeûne | *Guardar el ~,* jeûner.
ayuntamiento m Conseil municipal (institución) | Hôtel de ville, mairie

f (edificio) | Réunion *f* | Copulation *f* (cópula).
azabache m Jais.
azacán m Homme de peine | Porteur d'eau (aguador).
azad|a f Houe || **~illa** f Sarcloir *m* || **~ón** m Houe *f*.
azafat|a f Hôtesse de l'air (en el avión) | Dame d'atour (en palacio) | *~ recepcionista*, hôtesse (de una exposición, etc) || **~e** m Corbeille (*f*) d'osier.
azafr|án m Safran || **~anal** m Safranière *f* || **~anar** vt Safraner.
azagaya f Sagaie, javelot *m*.
azahar m Fleur (*f*) d'oranger.
azalea f Bot. Azalée.
azar m Hasard | Malheur (desgracia) | *Los ~es de la vida*, les vicissitudes de la vie || **~amiento** m Effarement (miedo) | Embarras (confusión) || **~ar** vt Faire rougir | — Vp Rougir, avoir honte (avergonzarse) | Se troubler, être gêné (turbarse) | Ne pas réussir (malograrse) || **~oso, a** adj Malheureux, euse (desgraciado) | Hasardeux, euse (arriesgado).
ázimo adjm/m Azyme.
azimut m Astr. Azimut.
azo|ado, a adj Azoté, e || **~ato** m Azotate, nitrate.
azocar vt Mar. Souquer.
ázoe m (P. us.) Azote.
azófar m Laiton.
azog|ado, a adj Étamé, e (espejo) | Fig. Agité, e | Fig. *Temblar como un ~*, trembler comme une feuille || **~amiento** m Étamage | Fig. Surexcitation *f* | Med. Hydrargyrisme, tremblement mercuriel || **~ar** vt Étamer (espejos) | Éteindre (la cal) | — Vp Être atteint d'hydrargyrisme | Fig. Être surexcité || **~ue** m Mercure, vif-argent | Fig. *Tener ~ en las venas*, avoir du vif-argent dans les veines.
azor m Autour (ave) || **~amiento** m V. azaramiento || **~ar** vt V. azarar | Effrayer (asustar).
Azores nprfpl Açores.
azorrarse vp S'assoupir.
azot|acalles s inv Fam. Flâneur, euse; coureur (*m*) de rues || **~ador, a** adj Cinglant, e (lluvia, etc). || **~aina** f Fam. Volée (paliza) | Fessée (a los niños) || **~amiento** m Fouettement || **~ar** vt Fouetter (dar azotes) | Battre (pegar) | Fouetter, cingler (lluvia) | Battre (viento, mar) | S'abattre sur : *el ciclón azotó la isla*, le cyclone s'abattit sur l'île || **~e** m Fouet (látigo) | Coup de fouet (latigazo) | Fessée *f* (a los niños) | Lanière *f* (tira de cuero) | Fig. Coup de fouet (del viento, del mar), fléau (plaga, mala persona) | — Pl Fouet *sing* (suplicio) | *Dar ~s*, fouetter.
azotea f Terrasse | Fig. Fam. *Estar mal de la ~*, avoir une araignée dans le plafond.
azteca adj/s Aztèque.
azúcar m o f Sucre *m* | *~ blanco* ou *de flor*, sucre raffiné | *~ de cortadillo* ou *en terrones*, sucre en morceaux | *~ mascabada* o *morena*, cassonade | *Fábrica de ~*, sucrerie.
azucar|ado, a adj Sucré, e || **~ar** vt Sucrer | — Vp Se cristalliser || **~era** f Sucrier *m* | Sucrerie (fábrica) || **~ería** f Sucrerie || **~ero, a** adj Sucrier, ère | — M Sucrier || **~illo** m Sucre spongieux.
azucena f Lis *m*, lys *m* | *~ de agua*, nénuphar.
azud m o **azuda** f Roue (*f*) hydraulique | Barrage *m* (presa).
azufaif|a f Jujube *m* (fruto) || **~o** m Jujubier (árbol).
azufr|ado, a adj Soufré, e | — M Soufrage || **~amiento** m Soufrage | Méchage (de las cubas) || **~ar** vt Soufrer | Mécher (las cubas) || **~e** m Soufre || **~era** f Soufrière (mina).
azul adj Bleu, e | *Amér.* Indigo (añil) | *~ celeste, marino, oscuro*, bleu ciel, marine, foncé | *La Costa ~*, la Côte d'Azur | — M Bleu || **~ado, a** adj Bleuté, e; bleuâtre | — M Bleuissage || **~ar** vt Bleuter, bleuir || **~ear** vi Être bleu (ser azul) | Bleuir (ponerse azul) | Tirer sur le bleu (tirar a azul) | — Vt Bleuter (con añil) || **~ejo** m Azulejo, carreau de faïence émaillée | — Adj Bleuâtre || **~enco, a** adj Bleuté, e || **~ete** m Bleu (para la ropa) || **~ino, a** adj Bleuâtre, bleuté, e || **~oso, a** adj Bleuté, e.
azumbr|ado, a adj Fig. Éméché, e (borracho) || **~e** f Mesure de liquides (2,016 litros).
azurita f Min. Azurite.
azuzar vt Exciter (a los perros) | Fig. Pousser, exciter, asticoter (fam).

b

b f B *m*.
bab|a f Bave | Lait *m* (de plantas) | FIG. *Caérsele a uno la* ~, être aux anges || **~ador** m Bavoir, bavette *f* || **~aza** f Bave (baba) | Limace (babosa) || **~ear** vi Baver || **~el** m o f Capharnaüm *m*, foutoir *m* || **~ero** m Bavoir, bavette *f* (de niños) | Salopette *f* (pantalón) | Blouse *f* (bata) | Tablier (guardapolvo).
Babia npr FAM. *Estar en* ~, être dans les nuages.
Babil|onia npr Babylone | FIG. Capharnaüm *m*, foutoir *m*.
babilla f Grasset *m*.
bable m Asturien (dialecte).
babor m MAR. Babord.
babos|a f Limace || **~ear** vi Baver || **~o, a** adj Baveux, euse | FIG. Niais, e; sot, sotte | — M FIG. Morveux.
babucha f Babouche.
baca f Galerie (de coche) | Impériale (de diligencia).
bacala|da f Stockfisch *m* || **~dero, a** o **~ero, a** adj/m Morutier, ère || **~o** m Morue *f* | FIG. *Cortar el* ~, faire la pluie et le beau temps. *Te conozco* ~ *aunque vengas disfrazado*, je te vois venir avec tes gros sabots.
bacan|al f Bacchanale || **~te** f Bacchante.
bacarrá m Baccara.
bacía f Cuvette | Plat (*m*) à barbe (del barbero).
bacil|ar adj MED. Bacillaire || **~o** m Bacille.
bac|ín m Vase de nuit (orinal) | Sébile *f* (para limosna) || **~ineta** f Sébile || **~inete** m Bassinet || **~inica** o **~inilla** f Sébile | Vase (*m*) de nuit.
bacteri|a f Bactérie || **~cida** adj/m Bactéricide || **~ología** f Bactériologie || **~ólogo, a** s Bactériologiste.
báculo m Bâton (cayado) | Crosse *f* (de obispo) | Bourdon (de peregrino) | FIG. Appui, soutien | FIG. ~ *de la vejez*, bâton de vieillesse.
bache m Trou, nid-de-poule, ornière *f* (carretera) | Trou d'air (avión) | — Pl Moments difficiles.
bachiller, ~a s Bachelier, ère || **~ato** m Baccalauréat (examen) | Études (*fpl*) secondaires (estudios) || **~ear** vi FAM. Palabrer.
badaj|ada f o **~azo** m Coup (*m*) de cloche | FAM. Sottise *f* (tontería) || **~o** m Battant (campana).
badana f Basane | FIG. *Ser un* ~ être flemmard | POP. *Zurrar la* ~, passer à tabac, tanner le cuir.
badén m Cassis (bache) | Rigole *f* (arroyo).
baderna f MAR Baderne.
badila f Pelle à feu.
badulaque adj/s FIG. Idiot, e.
bagaje m Bagages *pl* | Bête (*f*) de somme (acémila) | FIG. Bagage.
bagatela f Bagatelle.
bahía f Baie.
bail|able adj Dansable || ~ **ador, a** s Danseur, euse || **~aor, a** s Danseur, euse (flamenco) || **~ar** vt/i Danser | Tourner (peonza) | FIG. Nager (en algo ancho) | FIG. ~ *al son que tocan*, hurler avec les loups | *Sacar a* ~, faire danser || **~arín, ina** s Danseur, euse | — F Ballerine || **~e** m Danse *f* | Bal (lugar) | Ballet | ~ *de máscaras* ou *de disfraces*, bal masqué *o* costumé | ~ *de noche*, soirée dansante | ~ *de San Vito*, danse de Saint-Guy | FIG. *Dirigir el* ~, mener la danse | *Té* ~, thé dansant.
bail|e m Bailli || **~ía** f o **~iaje** m Bailliage *m*.
bailotear vi Dansotter.
baja f Baisse | MIL. Perte | Congé *m* : ~ *de* ou *por enfermedad*, congé de maladie | *Dar de* ~, porter disparu; réformer (en la mili), délivrer *o* donner un arrêt de travail (a un empleado), congédier, licencier (despedir), rayer des cadres, exclure (de una sociedad) | *Darse de* ~, se retirer; démissionner; se faire porter malade; cesser d'être membre (de un club), arrêter (en una suscripción) | *Estar dado de* ~, être en congé de maladie | *Jugar a la* ~, jouer à la baisse | *Ser* ~, être porté disparu (un soldado), cesser d'appartenir à (en una sociedad, etc).
bajá m Pacha.
baj|ada f Baisse | Descente | Baisser *m* (del telón) | ~ *de aguas*, tuyau de descente | ~ *de bandera*, prise en charge (taxi) || **~amar** f Marée basse, basse mer || **~apieles** m inv Repoussoir || **~ar** vi Descendre | Baisser (disminuir) | FIG. Baisser | *No bajará de dos horas*, il ne faudra pas moins de deux heures | — Vt Descendre | Baisser, courber (la cabeza) | Rabattre (las alas de un sombrero) | Diminuer | Baisser (el tono) | Baisser (cortina, párpados) |

FIG. Abaisser, rabaisser, rabattre | — Vp Se baisser | Descendre || **~ero, a** adj Inférieur, e; de dessous || **~ete** m Baryton || **~eza** f Bassesse | ~ *de ánimo*, lâcheté || **~ial** m *Amér.* Terre (*f*) basse.

bajines o **bajini (por)** loc adv FAM. En dessous (disimuladamente), tout bas (bajito), sous cape (reir).

baj|ío m Banc de sable, bas-fond (arena) | Terre (*f*) basse | Dépression *f*, marigot (anegadizo) || **~ito** adv Tout bas || **~o, a** adj Bas, basse | Petit, e (estatura) | Baissé, e (ojos) | Faible, bas, basse (cifra) | Pâle, terne (color) | GEOG. MÚS. Bas, basse | FIG. Bas, basse | Creux, euse (temporada) | ~ *vientre*, bas-ventre | — Adv Bas | Au-dessous, en dessous (abajo) | — M Bas-fond | Rez-de-chaussée (piso) | MÚS. Basse *f* | ~ *cantante, profundo*, basse chantante, basse-contre | — Pl Dessous (ropa interior) | Bas *sing* (de pantalones) | — Prep. Sous | Au-dessous de : ~ *cero*, au-dessous de zéro | Sur : ~ *palabra*, ~ *mi honor*, sur parole, sur mon honneur | *Por* ~, au bas mot | *Por lo* ~, en cachette (disimuladamente), tout bas (bajito), au bas mot (por lo menos) || **~ón** m MÚS. Basson (fagot) | FIG. Grande baisse *f* | Chute *f* | Déclin (salud) | Dégradation *f*, détérioration *f* (situación) | *Dar un* ~, baisser || **~onazo** m TAUR. Coup d'épée porté trop bas || **~onista** m Basson || **~orrelieve** m Bas-relief || **~ura** f *De* ~, côtière, littorale (pesca).

bakelita f Bakélite.

bala f Balle | Boulet *m* (de artillería) | *Amér.* Poids *m* (deporte). | — M POP. Voyou, vaurien | FIG. ~ *perdida*, écervelé (tarambana), tête brûlée (temerario) | ~ *rasa*, tête brûlée.

balada f Ballade.

baladí adj Futile, sans importance, insignifiant, e.

baladr|ón, ona adj/s Fanfaron, onne; bravache || **~onada** f Fanfaronnade, bravade || **~onear** vi Faire le fanfaron.

bálago m Glui, paille *f*.

balalaica f Balalaïka.

balanc|e m Balancement | COM. Bilan (estado de cuentas) | Balance *f* (cuenta) | MAR. Roulis || **~ ear** vi Balancer, se balancer | MAR. Rouler | FIG. Balancer | — Vt Mettre en équilibre || **~eo** m MAR. Roulis | Balancement || **~ín** m Balancier | Balancine *f* (avión) | Palonnier (de un vehículo) | Culbuteur (de motor) | Fauteuil à bascule, rocking-chair (mecedora).

balandr|a f MAR. Sloop *m* || **~ismo** m Voile *f* (deporte) || **~ista** s Yachtman, yachtwoman || **~o** m MAR. Cotre | Yacht | Voilier (velero).

bálano o **balano** m ANAT. Gland.

balanza f Balance | FIG. Comparaison, mise en balance.

balar vi Bêler.

balarrasa f FAM. Tête brûlée.

balast|ar vt Ballaster || **~era** f Ballastière || **~o** m Ballast (grava).

bala|ustrada f Balustrade || **~ustre** o **~ústre** m Balustre.

balazo m Coup de feu (tiro) | Trou de balle (boquete) | Blessure (*f*) de balle.

balboa m Balboa (moneda).

balbuc|ear vi/t Balbutier || **~eo** m Balbutiement || **~ir*** Balbutier.

balcón m Balcon | ~ *corrido*, grand balcon.

balconcillo m Balcon (espectáculo).

baldaquín o **baldaquino** m Baldaquin.

bald|ado, a adj/s Impotent, e || **~ar** vt Estropier | FAM. *Estar baldado*, être rompu *o* éreinté.

balde m Seau (cubo) | MAR. Baille *f* | *Caer como un* ~ *de agua fría*, faire l'effet d'une douche froide | *De* ~, gratis, à l'œil | *En* ~, en vain.

baldear vt Laver à grande eau (lavar) | Écoper (achicar).

baldío, a adj Inculte, en friche | FIG. Vain, e | Vagabond, e | — M Terrain inculte.

bald|ón m Affront, injure *f* || **~onar** o **~onear** vt Outrager, injurier.

baldos|a f Carreau *m* (pequeño), dalle (grande) || **~ado** m Carrelage, dallage || **~ador** m Carreleur, dalleur || **~ar** vt Carreler, daller || **~illa** f o **~ín** m Carreau *m*.

baldragas adj/m inv FAM. Chiffe (*f*) molle.

balear vt *Amér.* Blesser (herir) | Tuer (matar) | Fusiller (fusilar) | — Adj/s Baléare, des Baléares.

baleo m Paillasson (estera) | *Amér.* Coups (*pl*) de feu.

balido m Bêlement.

balín m Balle (*f*) de petit calibre | Plomb.

balista f Baliste.

balístico, a adj/f Balistique.

baliz|a f Balise || **~ador** m Baliseur || **~aje** m Balisage || **~ar** vt Baliser.

balne|ario, a adj Balnéaire | — M Station (*f*) balnéaire | Station (*f*) thermale || **~oterapia** f Balnéothérapie.

bal|ompié m Football || **~ón** m Ballon | ~ *alto*, chandelle || **~oncesto** m Basket-ball || **~onmano** m Handball || **~onvolea** m Volleyball.

balot|aje m *Amér.* Ballottage ‖ **~ina** f Ballotine (manjar).
balsa f Radeau *m* (embarcación) | Mare (charca) | BOT. Balsa *m* | FIG. *~ de aceite,* mer d'huile.
balsam|ero m Balsamier ‖ **~ina** f Balsamine.
bálsamo m Baume.
báltico, a adj/s Baltique, balte.
baluarte m Bastion.
baluma o **balumba** f Tas *m* (montón), fatras *m* (lío) | Tapage *m* (ruido), pagaille (desorden).
ballen|a f Baleine ‖ **~ato** m Baleineau ‖ **~ero, a** adj/s Baleinier, ère.
ballest|a f Arbalète (arma) | Ressort (*m*) à lames (de coche) ‖ **~ero** m Arbalétrier.
ballet m Ballet.
ballueca f Folle avoine.
bamba f Raccroc *m* (billar) | Bamba (baile).
bamb|alear vi Chanceler, vaciller ‖ **~alina** f Frise (teatro) | *Detrás de las ~s,* dans les coulisses ‖ **~ino, a** s *Amér.* Bambin, e; gamin, e ‖ **~ochada** f Bambochade ‖ **~olear** vi/p Osciller, branler (cosa) | Chanceler, vaciller (persona) ‖ **~oleo** m Balancement ‖ **~olla** f FAM. Esbroufe, tralala *m* (aparato) | Épate (fanfarronería).
bambú m Bambou.
banal adj Banal, e.
banan|a f Banane (fruto) | Bananier *m* (árbol) ‖ **~anal** o **~anar** m *Amér.* Bananeraie *f* ‖ **~ero, a** adj/m Bananier, ère ‖ **~o** m Banane *f* (fruto) | Bananier (árbol).
banasta f Banne, manne.
banc|a f Banquette, banc *m* | Banque (establecimiento, comercio, juego) | *Amér.* Siège *m* (parlamento) | *Copar la ~,* faire banco ‖ **~ada** f Banc *m* | MEC. Bâti *m,* banc *m* | MIN. Gradin *m* ‖ **~al** m Carré (verduras) | Terrasse *f,* gradin (en una montaña) ‖ **~ario, a** adj Bancaire ‖ **~arrota** f Banqueroute ‖ **~o** m Banc | Banque *f* (establecimiento) | MAR. GEOL. Banc | Établi (carpintero) | ARQ. Soubassement | Banque *f* (de datos, órganos) | *~ de fábrica,* banc d'œuvre | *~ de Fomento,* Banque de Développement | *~ de hielo,* banquise | *~ de pruebas,* banc d'essai | *~ Hipotecario,* Crédit foncier.
band|a f Bande | Écharpe (faja) | Bandelette (momia) | Rive (orilla) | Côté *m* (lado) | Aile (de partido) | MAR. Bande : *dar de ~,* donner de la bande; bord *m* : *de ~ a ~,* bord sur bord | MÚS. Fanfare | Touche (fútbol) : *sacar de ~,* faire la touche; *saque de ~,* remise en touche; *fuera de ~,* sortie en touche | MAR. *Arriar en ~,* larguer les amarres | *~ sonora,* bande sonore | FIG. *Cerrarse a la ~,* ne rien vouloir entendre ‖ **~ada** f Bande | Bande, volée (pájaros) ‖ **~azo** m MAR. Coup de roulis | Balade *f* (paseo) | Embardée *f* (coche) | *Dar ~s,* flâner, errer ‖ **~earse** vp Se débrouiller.
bandeja f Plateau *m* | *Amér.* Plat *m.*
bander|a f Drapeau *m* | MAR. Pavillon *m* | Bannière (de cofradía) | *Arriar ~,* amener pavillon | FAM. *De ~,* du tonnerre | MAR. *Salir con ~s desplegadas,* avoir les honneurs de la guerre ‖ **~ía** f Faction, parti *m* ‖ **~illa** f TAUR. Banderille | IMPR. Becquet *m* | Amuse-gueule *m* (tapa) ‖ **~illear** vi Planter des banderilles ‖ **~illero** m Banderillero ‖ **~ín** m Guidon, fanion (bandera) | Porte-fanion, enseigne (soldado) | *~ de enganche,* bureau de recrutement ‖ **~ola** f Banderole, flamme.
band|idaje m Banditisme, brigandage ‖ **~ido** m Bandit, brigand ‖ **~o** m Ban | Arrêté (de la alcadía, etc) | Faction *f,* parti | Bande *f* (bandada).
bandoler|a f Bandoulière | *A la* ou *en ~,* en bandoulière (terciado), en écharpe (brazo) ‖ **~ismo** m Banditisme, brigandage ‖ **~o** m Bandit, brigand, voleur de grand chemin.
bandoneón m Bandonéon.
bandurria f Mandoline espagnole, mandore.
banjo m Banjo.
banqu|ero, a adj/s Banquier, ière ‖ **~eta** f Banquette | Tabouret *m* ‖ **~ete** m Banquet ‖ **~etear** vt/i Banqueter ‖ **~illo** m Banc des accusés, sellette *f* | Billot (zapatero) ‖ **~isa** f Banquise.
bañ|adera f *Amér.* Baignoire ‖ **~adero** m Bauge *f* ‖ **~ado** m *Amér.* Marais (pantano) | Prairie (*f*) inondable ‖ **~ador** m Maillot *o* costume de bain ‖ **~ar** vt Baigner | Enrober (manjar) ‖ **~era** f Baignoire ‖ **~ero** m Maître nageur ‖ **~ista** s Baigneur, euse | Curiste (que toma aguas) ‖ **~o** m Bain (mar, sol) | Baignade *f* (río) | Baignoire *f* (bañera) | Couche *f* (pintura) | Enrobage (manjar) | FIG. Vernis, teinture *f* | QUÍM. Bain | *Amér.* Toilettes *fpl* (excusado) | — Pl Établissement (*sing*) de bains | Bagne *sing* (prisión) | *~ (de) maría,* bain-marie | *Casa de ~s,* établissement de bains, bains publics | FAM. *Dar un ~,* donner une leçon.
bao m MAR. Bau.
baobab m Baobab.
baptisterio m Baptistère.
baquelita f Bakélite.
baquet|a f Baguette | FIG. *Llevar* ou *tratar a la ~,* mener à la baguette ‖

~eado, a adj Endurci, e; aguerri, e || **~ear** vt MIL. Passer par les baguettes | FIG. Habituer, aguerrir | Ennuyer.
baqu|ía f Expérience | *Amér.* Habileté || **~iano, a** adj/s Connaisseur, euse; expert, e | — M Guide.
bar m Bar (café, unidad).
barahúnda f Vacarme *m* (alboroto) | Mêlée (confusión).
baraj|a f Jeu (*m*) de cartes | FIG. *Jugar con dos ~s,* miser sur deux tableaux, jouer double jeu || **~ar** vt Battre (naipes) | FIG. Mêler, embrouiller (mezclar) | Brasser (ideas).
barand|a f Rampe (escalera) | Balustrade | Barre d'appui (balcón) | Bande (billar) || **~al** m Socle *o* tablette (*f*) d'appui | Rampe *f* (barandilla) || **~illa** f V. BARANDA | MAR. Rambarde.
barat|ija f Bagatelle, babiole | Camelote || **~illero, a** s Brocanteur, euse; marchand de bric-à-brac || **~illo** m Bric-à-brac || **~o, a** adj Bon marché | Facile | — Adv Bon marché, à bon marché | — M Liquidation *f* || **~ura** f Bon marché *m,* bas prix *m.*
baraúnda f V. BARAHÚNDA.
barba f Barbe (pelo) : *gastar ~,* porter la barbe | Menton *m* (parte de la cara) | Fanon *m* (ballena) | FAM. *Con toda la ~,* accompli. *En las ~s de,* (au nez et) à la barbe de. *Por ~,* par tête de pipe. *Tirarse de las ~s,* s'arracher les cheveux | — M Barbon, père noble (comediante).
barbacana f Barbacane.
barbacoa f Barbecue *m.*
barb|ada f Ganache, sous-barbe (caballo) | Gourmette (freno) | Barbue (pez) || **~ado, a** adj Barbu, e.
barbar|idad f Barbarie, cruauté | Horreur, atrocité | Énormité, sottise | FIG. *Una ~,* énormément, beaucoup || **~ie** f Barbarie || **~ismo** m Barbarisme.
bárbaro, a adj/s Barbare | — Adj FIG. Barbare | Audacieux, euse | Formidable, du tonnerre.
barbech|ar vt Mettre en jachère || **~era** f o **~o** m Jachère *f.*
barber|ía f Boutique du barbier *o* du coiffeur || **~il** adj Du barbier || **~o** m Barbier | Coiffeur (peluquero).
barbián, ana s FAM. Luron, onne.
barbi|blanco, a adj À barbe blanche || **~lampiño, a** adj À la barbe peu fournie, glabre || **~lindo** o **lucio** adjm Efféminé || **~lla** f ANAT. Menton *m* | Adent *m* (para ensamblar).
barbitúrico, a adj/m Barbiturique.
barb|o m Barbeau (pez) || **~oquejo** m Mentonnière *f,* jugulaire *f* || **~otar** vi Marmotter, bredouiller || **~oteo** m Clapotis || **~udo, a** adj Barbu, e | — M Barbet (salmonete).
barbull|a f FAM. Chahut *m,* vacarme *m* || **~ador, a** s Bafouilleur, euse || **~ar** vi Bafouiller.
barc|a f Barque || **~aje** m Batelage (precio) || **~arola** f Barcarolle || **~aza** f Barcasse | Bac *m* (transbordador) | *~ de desembarco,* péniche de débarquement.
barcelonés, esa adj/s Barcelonais, e.
barco m Bateau | Nacelle *f* (nave espacial) | *~ bomba,* bateau-pompe | *~ del práctico,* bateau-pilote | *~ faro,* bateau-phare | *~ mercante* ou *de carga,* bateau marchand, cargo | *~ ómnibus,* bateau-mouche.
bard|a f Barde (armadura) | Couronnement (*m*) en ronces || **~al** m Mur chaperonné de ronces || **~ana** f BOT. Bardane || **~ar** vt Barder | Hérisser de ronces.
bardo m Barde.
baremo m Barème.
bargueño m Cabinet espagnol.
bar|ia f Barye || **~icentro** m Barycentre || **~io** m Baryum || **~isfera** f Barysphère || **~ita** f QUÍM. Baryte.
barítono m MÚS. Baryton.
barlo|a f MAR. Amarre || **~ar** vt MAR. Accoster || **~ventear** vi MAR. Louvoyer || **~vento** m Dessus du vent | *Estar a ~,* être au vent.
barman m Barman.
barn m Barn (unidad).
barniz m Vernis | Crème *f* (afeite) || **~ado** m Vernissage || **~ador, a** s Vernisseur, euse || **~ar** vt Vernir.
baró|grafo m Barographe || **~metro** m Baromètre.
bar|ón, onesa s Baron, onne || **~onía** f Baronnie, baronnage *m.*
barqu|ero, a s Batelier, ère || **~illa** f MAR. Bateau (*m*) de loch | Nacelle (globo), fuseau-moteur *m* (avión) || **~illero** m Marchand d'oublies || **~illo** m Oublie *f,* gaufre *f* || **~ín** m Soufflet de forge || **~inazo** m Cahot (tumbo) | Renversement (vuelco) || **~itos** mpl FAM. Mouillettes *f,* trempettes *f.*
barra f Barre | Bâton *m* (lacre, carmín) | Tringle (cortina) | Baguette (pan) | Pain *m* (hielo) | Comptoir *m,* bar *m* (mostrador) | MAR. Barre | *~ de carga,* palonnier. | FIG. *No pararse en ~s,* ne faire ni une ni deux, ne pas s'arrêter à quoi que ce soit.
barrabás m FIG. Démon | Scélérat || **~ada** f FAM. Rosserie, tour (*m*) pendable (mala jugada) | Monstruosité | Bêtise.
barrac|a f Baraque | Stand *m* (feria) | Chaumière (choza) | *Amér.* Hangar

m (cobertizo) | Étal *m* (mercado) || **~ón** m Grande baraque *f*.
barragana f Concubine.
barran|ca f Ravin *m* || **~cal** m Terrain ravineux || **~co** m Ravin | Précipice | FIG. Difficulté *f* || **~coso, a** adj Raviné, e || **~quera** f Ravin *m*.
barred|ero, a adj Qui balaie | *Red ~*, traîne | — M Écouvillon (escoba) | — F Balayeuse (máquina) || **~or, a** adj/s Balayeur, euse | — F Balayeuse (municipal) | *~-regadora*, arroseuse-balayeuse.
barren|a f Mèche, foret *m* (sin mango), vrille (con mango) | Tarière (madera) | MIN. Barre à mine | *Entrar en ~*, descendre en vrille (avión) || **~ado, a** adj FAM. Piqué, e (loco) || **~ador** m Mineur || **~adora** f Foreuse || **~ar** vt Percer, forer (taladrar) | Miner (roca) || MAR. Saborder | FIG. Torpiller, faire échouer (proyecto), enfreindre (ley).
barrendero, a s Balayeur, euse.
barren|ero m Foreur || **~o** m Grande vrille *f* (barrena) | Trou de vrille | MIN. Trou de mine | *Dar ~*, saborder.
barreño m Terrine *f* (de barro) | Bassine *f*, cuvette *f*.
barrer vt Balayer | FIG. *~ para addentro*, tirer la couverture à soi.
barrera f Barrière | Barrage *m* (cierre) | Mur *m* (fútbol) | Obstacle *m* | *~ del sonido*, mur du son.
barretina f Bonnet (*m*) catalan.
barriada f Quartier *m*.
barrica f Barrique.
barricada f Barricade.
barrido m Balayage | FIG. *Valer tanto para un ~ como para un fregado*, être bon à tout faire.
barrig|a f Ventre *m* : *echar ~*, prendre du ventre | Panse (de vasija) || **~ón, ona** o **~udo, a** adj FAM. Ventru, e; bedonnant, e || **~uera** f Sous-ventrière.
barril m Baril, tonneau | Baril (de petróleo) | FIG. *~ de pólvora*, poudrière || **~ero** m Tonnelier || **~ete** m Barrillet (revólver) | Valet (carpintero) | *Amér.* Cerf-volant (cometa).
barrilla f Soude (planta).
barrio m Quartier : *~s bajos*, bas quartiers | Faubourg (arrabal) || *~ de las latas*, bidonville | FAM. *Irse al otro ~*, partir pour l'autre monde || **~bajero, a** adj Faubourien, enne.
barrista m Gymnaste qui travaille à la barre fixe.
barritar vi Barrir.
barr|izal m Bourbier || **~o** m Boue *f* (lodo) | Terre *f* (de alfarería) | Argile *f* (arcilla) | MED. Point noir | FAM. *Estar comiendo ~*, manger les pissenlits par la racine.
barroco, a adj/m Baroque.
barroso, a adj Boueux, euse | Argileux, euse | Terreux, euse (color).
barrote m Barreau.
barrunt|ador, a adj Prophétique || **~amiento** m Pressentiment || **~ar** vt Pressentir, sentir | Présumer (suponer) || **~o** m Pressentiment | Soupçon | Indice | *Tener ~s de*, avoir vent de.
bartola (a la) loc adv FAM. Sans s'en faire | POP. *Tumbarse ~*, ne pas s'en faire, se la couler douce (no hacer nada), s'étendre comme un veau (echarse).
bártulos mpl FAM. Affaires *f* | FAM. *Liar los ~*, plier bagage.
barullo m FAM. Tohu-bohu, pagaille *f* (alboroto), cohue *f* (multitud) | FAM. *A ~*, à la pelle.
barzonear vi Flâner, se balader.
basa f ARQ. Base.
basalto m Basalte.
bas|amento m ARQ. Soubassement || **~ar** Baser | FIG. Baser, fonder.
basca f Nausée, haut-le-cœur *m*.
báscula f Bascule.
basculador m Basculeur.
base f Base | FIG. Fondement *m* | Pilier *m* (soporte) | *A ~ de*, à coups de (con), grâce à | POP. *A ~ de bien*, tout ce qu'il y a de mieux | *~ imponible*, assiette de l'impôt | *Salario ~*, salaire de base | *Teniendo como ~*, sur la base de.
básico, a adj. QUÍM. Basique | De base | Fondamental, e.
Basilea npr Bâle.
basílica f Basilique.
basilisco m Basilic | FAM. *Estar hecho un ~*, être fou de rage.
basta f Bâti *m*, faufilure | Piqûre.
bast|ante adv Assez | — Adj Assez de, pas mal (fam) || **~ar** vi Suffire | *¡Basta!*, assez!, cela suffit! | *Basta y sobra*, c'est amplement suffisant, en voilà assez | *Hasta decir basta*, jusqu'à satiété.
bastard|a f Bâtarde || **~ear** vi S'abâtardir, dégénérer | — Vt Abâtardir || **~eo** m Abâtardissement, dégénérescence *f* || **~ía** f Bâtardise | FIG. Vilenie || **~illa** adjf/f Italique || **~o, a** adj/s Bâtard, e.
bast|e m Bâti (hilván) | Coussinet (silla de montar).
basteza f Grossièreté.
bast|idor m Châssis | TECN. Dormant (en carpintería) | Métier à broder (de bordadora) | — Pl Coulisses *f* | *Entre ~es*, dans les coulisses || **~imentar** vt Approvisionner || **~imento** m Approvisionnement, provisions *fpl* | Bâtiment, embarcation *f* || **~ión** m Bastion || **~o, a** adj Grossier, ère | — M Baste (naipes) | Coussinet de selle || **~ón** m Canne

f | Bâton (insignia, de esquí) | ~ *de montañero,* piolet || **~onada** f o **~onazo** m Coup (*m*) de canne *o* de bâton | Bastonnade *f* (paliza) || **~oncillo** m Badine *f* | ANAT. Bâtonnet || **~onear** vt Bâtonner || **~onera** f Porte-parapluies *m*, porte-cannes *m* || **~onero** m Fabricant *o* marchand de cannes | Maître de ballet.
basur|a f Ordures *pl* | Saleté (porquería) | Crottin *m* (de caballo) || **~ero** m Boueux, éboueur (hombre) | Voirie *f*, décharge *f* (sitio).
bata f Robe de chambre | Blouse (para trabajar).
batacazo m Chute *f* (caída).
batahola f FAM. Raffut *m*, tapage *m*.
batall|a f Bataille : ~ *campal,* bataille rangée | Assaut *m* (esgrima) | Empattement *m* (de carruaje) || **~ador, a** adj/s Batailleur, euse || **~ar** vi Batailler | Hésiter (vacilar) || **~ón** m MIL. Bataillon || **~ón, ona** adj Combatif, ive | Turbulent, e | *Cuestión* ~, question très débattue.
bat|án m Foulon, fouloir | *Tierra de* ~, terre à foulon || **~anar** vt Fouler [draps] || **~anero** m Foulon, fouleur.
batata f Patate douce.
batayola f MAR. Bastingage *m*, batayole.
batea f Plateau *m* (bandeja) | Bac *m* (embarcación) | Wagon (*m*) plat.
bateador m Batteur (béisbol).
batel m Canot || **~ero, a** s Batelier, ère.
batería f Batterie | Rampe (teatro) | *Aparcar en* ~, ranger en épi | ~ *de luces,* lumières de la rampe | — M Batteur (músico).
batiborrillo o **batiburrillo** m FAM. Méli-mélo, fouillis | Galimatias.
baticola f Trousse-queue *m*.
bat|ida f Battue || **~ido, a** adj Battu, e | Fouetté, e (nata) | Chatoyant, e (tela) || — M Battage | Batte *f* (oro) | Barattage (mantequilla) | « Milk-shake », lait parfumé (refresco) || **~idor** m MIL. Éclaireur | Batteur (cacería) | Batte *f* (mantequilla) | Batteur (metal) | Démêloir (peine) || **~idora** f Mixer *m*, mixeur *m*, batteur *m* (de cocina) | Batteuse (metal) || **~iente** adj Battant, e || — M Battant (puerta) | MAR. Brisant.
batimetría f Bathymétrie.
batihoja m Batteur d'or.
bat|imiento m Battement || **~ín** m Veste (*f*) d'intérieur || **~intín** m Gong || **~ir** vt Battre | Fouetter (nata) | Baratter, battre (mantequilla) | Abattre (derribar) | Monter (mayonesa) | — Vp Se battre.
batiscafo m Bathyscaphe.
batista f Batiste (tela).
batracio m ZOOL. Batracien.
Batuecas nprfpl FAM. *Estar en las* ~, être dans les nuages.
baturrillo m FAM. V. BATIBORRILLO.
baturro, a adj/s Paysan aragonais, paysanne aragonaise.
batuta f MÚS. Baguette | *Llevar la* ~, diriger l'orchestre (orquesta), faire la pluie et le beau temps, mener la danse (mandar).
baúl m Malle *f* | ~ *mundo,* grande malle.
bauprés m MAR. Beaupré.
baut|ismal adj Baptismal, e || **~ismo** m Baptême | *Pila del* ~, fonts baptismaux | FAM. *Romper el* ~, casser la figure || **~ista** m Baptiste || **~isterio** m Baptistère || **~izar** vt Baptiser || **~izo** m Baptême.
bauxita f Bauxite.
Baviera nprf Bavière.
baya f Baie (fruto).
bayadera f Bayadère.
bayet|a f Flanelle (tela) | Serpillière (para fregar) || **~ón** m Molleton.
bayo, a adj Bai, e (caballo).
Bayona npr Bayonne.
bayonés, esa adj/s Bayonnais, e.
bayoneta f Baïonnette : *calar la* ~, mettre la baïonnette au canon.
baza f Levée, pli *m* (naipes) | FIG. Atout *m* | FIG. *Meter* ~ *en,* fourrer son nez dans (un asunto), mettre son grain de sel (conversación). *No dejar meter* ~, ne pas laisser placer un mot.
bazar m Bazar.
bazo, a adj Bis, e || — M ANAT. Rate *f*.
bazofia f Restes *mpl* | FIG. Ratatouille (comida mala) | Saleté (cosa sucia).
bazuca m Bazooka.
be f B *m* (letra).
beat|a f Dévote | FAM. Bigote || **~ería** f o **erio** m Bigoterie *f* || **~ificación** f Béatification || **~ificar** vt Béatifier || **~ífico, a** adj Béatifique | Béat, e (sonrisa) || **~ísimo, a** adj ~ *Padre,* Très Saint-Père || **~itud** f Béatitude || **~o, a** adj/s Bienheureux, euse | Dévot, e (piadoso) | FAM. Bigot, e.
Beatriz nprf Béatrice.
bebé m Bébé.
beb|edero m Abreuvoir (animales), auge (pájaros) || **~edizo, a** adj Buvable || — M MED. Potion *f* | Philtre | Breuvage empoisonné || **~edor, a** adj/s Buveur, euse || **~er** vi/t Boire : ~ *de la botella,* boire à la bouteille | FIG. ~ *en las fuentes de,* puiser aux sources de | FAM. ~ *los vientos por,* être très amoureux de | — Vp Boire || **~estible** adj FAM. Buvable || — M Boisson *f* || **~ible** adj Buvable || **~ida** f Bois-

son | *La ~ y la comida,* le boire et le manger || **~ido, a** adj Gris, e; pris de boisson || **~istrajo** m FAM. Bibine *f,* breuvage désagréable || **~orrotear** vt/i FAM. Siroter.
beca f Bourse (de estudios).
beca|cina f Bécassine || **~da** f Bécasse.
bec|ado, a o **~ario, a** s Boursier, ère || **~ar** vt Accorder une bourse à.
becerr|a f Génisse || **~ada** f Course de jeunes taureaux || **~il** adj Relatif au veau || **~illo** m Veau (cuero) || **~ista** m Torero qui combat de très jeunes taureaux || **~o** m Veau (animal, cuero) | Cartulaire (libro) | *~ de oro,* veau d'or | *~ marino,* veau marin, phoque.
becuadro m MÚS. Bécarre.
bechamel o **bechamela** f Béchamel.
bedel m Appariteur.
beduino, a adj/s Bédouin, e.
bef|a f Raillerie, moquerie | *Hacer ~ de,* se moquer de || **~ar** vt Se moquer de, railler || **~o, a** adj/m V. BELFO.
begonia f Bégonia *m* (flor).
begum f Bégum.
behetría f Ville libre dont les habitants avaient le droit d'élire leur seigneur.
beige adj/m Beige (color).
béisbol m Base-ball.
bejuco m Liane *f* (planta).
bel m Bel (unidad sonora).
beldad f Beauté.
belén m Crèche *f* (de Jesús) | FAM. Pagaille *f,* pagaye *f* (confusión), capharnaüm, foutoir (lugar desordenado) | FAM. *Meterse en belenes,* se fourrer dans un guêpier.
Belén npr Bethléem | FAM. *Estar en ~,* être dans les nuages.
beleño m BOT. Jusquiame *f.*
belfo, a adj Lippu, e | — M Babine *f* (de perro, etc), lèvre *f* (caballo) | Lippe *f* (labio inferior grueso).
belga adj/s Belge.
Bélgica nprf Belgique.
belic|ismo m Bellicisme || **~ista** adj/s Belliciste.
bélico, a adj De guerre | *Enfrentamiento ~,* affrontement armé.
beli|cosidad f Caractère (*m*) belliqueux || **~coso, a** adj Belliqueux, euse || **~gerancia** f Belligérance || **~gerante** adj/s Belligérant, e.
belinógrafo m Bélinographe.
belinograma m Bélinogramme.
belio m Bel (unidad sonora).
Beltrán nprm Bertrand.
belvedere m Belvédère.
bella|cada f Friponnerie || **~co, a** adj/s Coquin, e; fripon, onne (astuto) | Scélérat, e (malo) | *Mentir como un ~,* mentir comme un arracheur de dents || **~dona** f BOT. Belladone || **~quear** vi Commettre des friponneries || **~quería** f Friponnerie.
bell|eza f Beauté || **~ido, a** adj Beau, belle || **~o, a** adj Beau (*bel* delante de vocal), belle | FIG. *La Bella durmiente del bosque,* la Belle au bois dormant.
bellot|a f Gland *m* | FAM. *Animal de ~,* cochon (cerdo), cloche, nouille (tonto) || **~e** m Dent *f* (de clavo) || **~era** f Glandée, glandage *m.*
bemb|o, a adj *Amér.* Lippu, e | Nigaud, e (bobo) | — M y f Lippe *f* (labio) || **~ón, ona** adj/s *Amér.* Lippu, e.
bemol adj/m MÚS. Bémol || **~ar** vt MÚS. Bémoliser.
benc|eno m Benzène || **~ina** f Benzine | Essence (gasolina).
bend|ecir* vt Bénir : *bendecido por los dioses,* béni des dieux || **~ición** f Bénédiction | *Echar la ~,* donner sa bénédiction || **~ito, a** adj Béni, e; bénit, e | FAM. Benêt, bébête (tonto) | — M Benêt (bobo) | Bonasse (bonachón) | FIG. *Dormir como un ~,* dormir comme un bienheureux. | *Reír como un ~,* rire aux anges.
benedictino, a adj/s Bénédictin, e.
benefactor, a adj/s Bienfaiteur, trice.
benefic|encia f Bienfaisance | *~ pública,* assistance publique || **~iación** f Exploitation || **~iado, a** s Bénéficiaire | — M Bénéficier (eclesiástico) || **~iador, a** adj/m Bénéficiaire || **~iar** vt Faire du bien | Faire valoir, mettre en valeur (una cosa) | Cultiver (tierra) | Exploiter (mine), traiter (mineral) | *Ser beneficiado por,* être l'objet d'une dotation de la part de | — Vi/p Bénéficier | Tirer profit, profiter. || **~iario, a** s Bénéficiaire || **~icio** m Bienfait | Bénéfice (ganancia) | Avantage (sociales) | FIG. Bénéfice, profit (provecho) | REL. Bénéfice | Exploitation *f* (mine), traitement (mineral) | *A ~ de inventario,* sous bénéfice d'inventaire | *De ~,* bénéficiaire | *En ~ de,* au profit de | *Remanente de ~s,* bénéfices rapportés | *Sacar un ~,* tirer profit, profiter, tirer parti || **~ioso, a** adj Avantageux, euse; profitable (provechoso), bienfaisant, e.
benéfico, a adj Bienfaisant, e | Bénéfique | *Fiesta ~,* fête de bienfaisance.
bene|mérito, a adj Digne d'honneur, méritant, e | *La Benemérita,* la Garde civile || **~plácito** m Approbation *f,* agrément || **~volencia** f Bienveillance.
benévolo, a adj Bienveillant, e | Bénévole (oyente).
bengala f Fusée [éclairante] | Feu (*m*) de Bengale.
bengalí adj/s Bengali.

benign|idad f Bénignité | Douceur (clima) || **~o, a** adj Bénin, bénigne | Doux, douce (clima).
benjamín, ina s Benjamin, e (hijo).
benjuí m Benjoin (bálsamo).
benzol m Benzol.
beodo, a adj/s Ivre.
berberecho m Coque *f* (molusco).
berber|í adj/s Berbère || **~isco, ca** adj/s Barbaresque.
berbiquí m Vilebrequin.
beréber o **berebere** adj/s Berbère.
berenjen|a f Bot. Aubergine | Fam. *¡Ni qué ~s!*, des nèfles! || **~al** m Champ d'aubergines | Fig. Pagaille *f*, pagaye *f* (lío) | Fam. *Meterse en un ~*, se mettre dans de beaux draps, se fourrer dans un guêpier.
bergamota f Bot. Bergamote.
bergantín m Mar. Brigantin.
beri m Fam. *Con las del ~*, avec une mauvaise intention.
beril|io m Béryllium (metal) || **~o** m Min. Béryl.
berkelio m Berkélium.
berlin|a f Berline (coche) || **~és, esa** adj/s Berlinois, e.
berme|jear vi Tirer sur le vermeil || **~jo, ja** adj Vermeil, eille | Rougeâtre (rojizo) | Roux, ousse (caballo) || **~llón** m Vermillon.
bernardo, a adj/s Bernardin, e.
Bernardo nprm Bernard.
berr|aco m Braillard (niño) || **~ear** vi Mugir, beugler (becerros) | Fig. Brailler (gritar), pleurer comme un veau (llorar) || **~enchín** m V. berrinche || **~endo, a** adj Tacheté, e (toro) || **~ido** m Beuglement, mugissement (becerro) | Fig. Hurlement, cri (grito) || **~inche** m Fam. Rogne *f*, colère *f* (rabieta) | Gros chagrin, contrariété *f* (de los niños).
berro m Bot. Cresson.
berr|ocal m Terrain rocheux || **~oqueña** adjf *Piedra ~*, granite, granit || **~ueco** m Perle (*f*) baroque | Rocher de granite.
berza f Bot. Chou *m* (col).
berzas o **berzotas** s inv Fam. Andouille *f* (idiota).
besa|lamano m Billet non signé, portant en tête l'abréviation B. L. M. et le nom de l'expéditeur || **~manos** m inv Baisemain.
besamela o **besamel** f Béchamel (salsa).
besana f Agr. Billonnage *m*.
bes|ar vt Embrasser (*en*, sur) || **~ito** m Petit baiser, bise *f* || **~o** m Baiser.
besti|a f Bête | Fig. Brute : *¡tío ~!*, espèce de brute! | Âne *m* (ignorante) | *~ de carga, de tiro*, bête de somme, de trait || **~al** adj Bestial, e | Fam. Du tonnerre, extraordinaire (magnífico), énorme, gigantesque || **~alidad** f Bestialité | Fam. Énormité | *Una ~ de*, un tas de.
besucón, ona adj/s Fam. Lécheur, euse.
besug|o m Daurade *f*, dorade *f*, rousseau | Fam. Niais, moule *f* (tonto) || **~uera** f Plat (*m*) à poisson.
besuquear vt Bécoter.
beta f Bêta *m* (letra, rayos).
betarraga f Betterave (remolacha).
betatrón m Fís. Bêtatron.
bético, a adj/f Bétique.
betún m Bitume (brea) | Cirage (para el calzado) | Fig. *Negro como el ~*, noir comme un pruneau | Fam. *Quedar a la altura del ~*, être au-dessous de tout.
betunero m Cireur (de zapatos).
bevatrón m Fís. Bévatron.
bezo m Lippe *f*.
bibelot m Bibelot.
biberón m Biberon.
Biblia nprf Bible.
bibli|ofilia f Bibliophilie || **~ografía** f Bibliographie || **~ógrafo** m Bibliographe || **~omanía** f Bibliomanie || **~oteca** f Bibliothèque || **~otecario, a** s Bibliothécaire.
bicameralismo m Bicamérisme, bicaméralisme.
bicarbonato m Bicarbonate.
bicéfalo, a adj/m Bicéphale.
bicentenario m Bicentenaire.
biceps adj/m Biceps.
bici f Fam. Vélo *m*, bécane || **~cleta** f Bicyclette || **~clo** m Bicycle.
bicoca f Fam. Babiole, bagatelle | Occasion, bonne affaire (ganga) | Bicoque (fortificación) | Fam. *Por una ~*, pour rien, pour une bouchée de pain.
bicolor adj Bicolore.
bicóncavo, a adj Biconcave.
biconvexo, a adj Biconvexe.
bicorn|e adj Bicorne || **~io** m Bicorne.
bich|a f Couleuvre || **~arraco** m Sale bête *f* || **~ero** m Mar. Gaffe *f* || **~o** m Bestiole *f* | Fam. Taureau | Fam. *~ malo*, sale individu, sale type. *~ malo nunca muere*, mauvaise herbe croît toujours. *Todo ~ viviente*, tout le monde, tout un chacun.
bidé m Bidet.
bidón m Bidon.
biela f Bielle : *fundir una ~*, couler une bielle.
bield|ar vt Éventer || **~o** m Bident, fourche (*f*) à faner.
bien m Bien | *~ supremo*, souverain bien | *~es gananciales*, acquêts | *~es mostrencos*, biens jacents | *~es públicos*, bien public | *~es raíces*, biens-fonds | — Adv Bien | Bon :

oler ~, sentir bon | *Como ~ le parezca*, comme bon vous semble | *Sentar ~*, faire du bien (alimento), aller bien (vestido) | *Tener a ~*, vouloir, vouloir bien | *Tomar a ~*, bien prendre | *¡Ya está ~!*, cela suffit!
bienal adj/f Biennal, e.
bien|andante adj Heureux, euse || **~andanza** f Bonheur *m* | Chance, réussite (éxito) || **~aventurado, a** adj/s Bienheureux, euse || **~aventuranza** f Béatitude | Bonheur *m* || **~estar** m Bien-être || **~hablado, a** adj Courtois, e; poli, e || **~hechor, a** adj/s Bienfaiteur, trice || **~intencionado, a** adj Bien intentionné, e || **~io** m Espace de deux ans || **~querer*** vt Estimer, apprécier || **~quistar** vt Mettre d'accord || **~quisto, a** adj Bien vu, e || **~teveo** m Mirador || **~venida** f Bienvenue || **~venido, a** adj/s Bienvenu, e.
biés m Biais.
bifásico, a adj Biphasé, e.
bife m *Amér.* Bifteck.
bifocal adj Bifocal, e; à double foyer (lentes).
biftec m Bifteck.
bifurc|ación f Bifurcation || **~arse** vp Bifurquer.
bigamia f Bigamie.
bígamo, a adj/s Bigame.
bígaro m Bigorneau.
bigorn|eta f Bigorneau *m* || **~ia** f Bigorne (yunque).
bigot|e m Moustache *f* | FAM. *Estar de ~*, être du tonnerre || **~era** f Relève-moustache *m* | Compas (*m*) à balustre | TECN. Trou (*m*) de coulée || **~udo, a** adj Moustachu, e.
bigudí m Bigoudi.
bilabial adj/f Bilabial, e.
bilateral adj Bilatéral, e.
bilbaíno, a adj/s De Bilbao | — F Béret *m*.
bilingü|e adj/s Bilingue || **~ismo** m Bilinguisme.
bilis f Bile.
billar m Billard || **~ista** m Joueur de billard.
billet|aje m Les billets *pl* || **~e** m Billet (en general) | Ticket (metro, andén) | *~ de ida*, aller simple | *~ de ida y vuelta*, billet d'aller et retour | *Medio ~*, demi-place | *No hay ~s*, complet || **~era** f o **~ero** m Portefeuille *m*, porte-billets *m*.
billón m Billion.
bimba f FAM. Tube *m* (chistera), talmouse (puñetazo).
bimensual adj Bimensuel, elle.
bimetalismo m Bimétallisme.
bimotor adj/m Bimoteur, trice.
bin|a f AGR. Binage *m* || **~adera** f o **~ador** m Binette *f* || **~adora** f Binette, bineuse (máquina) || **~adura** f Binage *m* || **~ar** vt/i Biner || **~ario, a** adj Binaire || **~azón** f Binage *m* || **~óculo** m Binocle || **~omio** m Binôme.
bio|degradable adj Biodégradable || **~física** f Biophysique || **~génesis** f Biogenèse || **~grafía** f Biographie || **~grafiar** vt Écrire la biographie de || **~gráfico, a** adj Biographique.
biógrafo, a s Biographe.
bio|logía f Biologie || **~lógico, a** adj Biologique.
biólogo, a s Biologiste.
biomasa f Biomasse.
biombo m Paravent.
bio|psia f Biopsie || **~química** f Biochimie || **~químico, a** s Biochimiste || **~sfera** f Biosphère || **~topo** m Biotope.
bióxido m Bioxyde.
bipartito, a adj Bipartite.
bípedo, a adj/m Bipède.
bipla|no m Biplan || **~za** adj/m Biplace.
bipolar adj Bipolaire.
birl|ar vt FAM. Chiper, faucher || **~ibirloque (por arte de)** loc adv Comme par enchantement || **~ocha** f Cerf-volant *m*.
birreactor adjm/m Biréacteur.
birrefring|encia f Biréfringence || **~ente** adj Biréfringent, e.
birreme f MAR. Birème.
birre|ta f Barrette (de cardenal) || **~te** m Barrette *f* (cardenal) || Toque *f* (magistrados) | Bonnet (gorro).
birria f FAM. Horreur (cosa fea), cochonnerie (sin valor).
bis adv Bis || **~abuelo, a** s Arrière-grand-père, arrière-grand-mère, bisaïeul, e | — Mpl Arrière-grands-parents, bisaïeux.
bisagra f Charnière.
bisar vt Bisser.
bisbis|ar o **~ear** vt Chuchoter || **~eo** m Chuchotement.
biscuit m Biscuit (porcelana).
bisec|ción f Bissection || **~tor, triz** adj/f Bissecteur, trice.
bisel m Biseau || **~ado** m Biseautage || **~ar** vt Biseauter.
bisiesto adj Bissextile.
bismuto m Bismuth.
bisnieto, a s Arrière-petit-fils, arrière-petite-fille | — Mpl Arrière-petits-enfants.
bisojo, a adj/s Bigle.
bisonte m Bison | *~ hembra*, bisonne.
bisoño, a adj/s Débutant, e; novice | — M Nouvelle recrue *f* (soldado).
bistec o **bisté** m Bifteck.
bisturí m Bistouri.
bisul|fato m Bisulfate || **~fito** m Bisulfite || **~furo** m Bisulfure.
bisurco adj *Arado ~*, bisoc.
bisutería f Bijouterie de fantaisie.

bit|a f MAR. Bitte ‖ **~ácora** f MAR. Habitacle *m* | *Cuaderno de ~*, livre de bord.
bitoque m Fausset (tonel).
bituminoso, a adj Bitumineux, euse.
bival|ente adj Bivalent, e ‖ **~valvo, a** adj/m Bivalve.
Bizancio nprm Byzance *f*.
bizarr|ear vi Faire preuve de courage *o* de générosité ‖ **~ía** f Courage *m* | Générosité | Prestance, allure ‖ **~o, a** adj Courageux, euse; brave | Généreux, euse; large | De belle prestance.
bizcaitarra s Nationaliste basque.
bizco, a adj Louche, bigle | — S Loucheur, euse; bigle | FAM. *Dejar ~*, laisser baba.
bizcoch|ar vt Biscuiter, recuire ‖ **~o** m Gâteau | *~ borracho*, baba au rhum.
bizcotela f Biscotin *m*.
biznieto, a s Arrière-petit-fils, arrière-petite-fille.
bizque|ar vi Loucher, bigler ‖ **~ra** f Strabisme *m*.
Blancanieves nprf Blanche-Neige.
blanco, a adj Blanc, blanche | *~ como el papel*, blanc comme un linge | — S Blanc, blanche (de raza) | — M Blanc (color) | Blanc (ojo) | Cible *f* (tiro) | But (objetivo) | *~ de la uña*, lunule | FIG. *Dar en el* ou *hacer ~*, frapper au but, faire mouche (en el tiro), tomber juste, mettre dans le mille (acertar). *Ser el ~ de las burlas*, être en butte aux plaisanteries. *Ser el ~ de las miradas*, être le point de mire | *Tirar al ~*, faire un carton | — F MÚS. Blanche | *~ doble*, double-blanc (dominó) | FAM. *No tener una ~* ou *estar sin ~*, ne pas avoir un radis, être sans le sou.
blanc|or m o **~ura** f Blancheur *f* ‖ **~ote** adj Très blanc *o* blanche ‖ **~uzco, a** adj Blanchâtre.
bland|ear vi Faiblir, fléchir, céder ‖ **~engue** adj/s Faible, mollasse | — M Lancier de la province de Buenos Aires ‖ **~enguería** f Mollesse ‖ **~ir*** vt Brandir ‖ **~ o, a** adj Mou, molle (colchón, etc) | Tendre (tierno) | Doux, douce (palabras, drogas, etc) | Mou, molle, faible (carácter) ‖ **~ucho, a** adj Mollasse ‖ **~ura** f Mollesse | Affabilité, douceur.
blanqu|eado m o **~eadura** f o **~eamiento** m V. BLANQUEO ‖ **~ear** vt Blanchir (poner blanco) | Chauler, blanchir, badigeonner (pared) | Blanchir (azúcar) | — Vi Blanchir, devenir blanc | Tirer sur le blanc ‖ **~ecer*** vt Blanchir ‖ **~ecino, a** adj Blanchâtre | Blafard, e (luz) ‖ **~eo** m Badigeonnage, chaulage | TECN. Blanchiment | Blanchissage (azúcar). ‖ **~ición** f TECN. Blanchiment *m*.
blasfem|ador, a adj/s Blasphémateur, trice ‖ **~ar** vi Blasphémer ‖ **~ia** f Blasphème *m* ‖ **~o, a** adj/s Blasphémateur, trice.
blas|ón m Blason ‖ **~onar** vi Se vanter, se targuer, faire étalage.
blast|odermo m Blastoderme ‖ **~ómero** m Blastomère.
bledo m Blette *f* | FAM. *No importar* ou *no dársele a uno un ~*, s'en ficher, s'en moquer pas mal.
blenda f MIN. Blende.
blenorragia f Blennorragie.
blind|aje m Blindage ‖ **~ar** vt Blinder (un barco, etc).
bloc m Bloc ‖ **~ao** m Blockhaus.
blonda f Blonde (encaje).
bloom m TECN. Bloom (desbaste).
bloque m Bloc | *~ del motor*, bloc-moteur | FIG. *De un solo ~*, tout d'une pièce ‖ **~ado** m IMPR. Blocage ‖ **~ear** vt Bloquer ‖ **~eo** MIL. Blocus | Blocage (del dinero).
bluff m Bluff.
blusa f Corsage *m*, chemisier *m*, blouse.
boa f Boa *m* (reptil) | — M Boa (pieles).
boato m Faste, ostentation *f*.
bob|ada f Bêtise, sottise ‖ **~alicón, ona** adj/s Bébête, crétin, e ‖ **~ear** vi Faire *o* dire des bêtises ‖ **~ería** f Sottise.
bóbilis bóbilis (de) loc adv A l'œil (gratis), sans le moindre effort (fácilmente).
bobin|a f Bobine ‖ **~ado** m Bobinage ‖ **~ar** vt Embobiner, bobiner.
bob|o, a adj/s Sot, sotte; niais, e | — M Bouffon (teatro).
boca f Bouche | Pince (crustáceo) | Bec *m* (vasija) | Entrée (puerto) | Gueule (horno) | Débouché *m* (calle) | Goût *m*, bouquet *m* (vino) | — Pl Bouches, embouchure *sing* (río) | *A ~ de jarro*, à bout portant | FIG. *Andar en ~ de las gentes*, être dans toutes les bouches. *A pedir de ~*, à souhait | *~ abajo, arriba*, sur le ventre, sur le dos | *~ del estómago*, creux de l'estomac | FAM. *Buscarle a uno la ~*, chercher noise à qqn. *Calentársele a uno la ~*, s'emporter. *Darle a uno en la ~*, casser la figure à qqn (pegar), en boucher un coin à qqn (asombrar). *Despegar la ~*, ouvrir la bouche | FIG. *El que tiene ~ se equivoca*, il n'y a que celui qui ne dit rien qui ne se trompe jamais. *En ~ cerrada no entran moscas*, la parole est d'argent. *Estar como ~ de lobo*, faire noir comme dans un four (estar muy oscuro) | FAM. *Hablar uno por ~ de ganso*, répéter comme un perroquet !

FIG. *Hacer ~,* ouvrir l'appétit. *Írsele la ~ a uno,* ne pas savoir tenir sa langue. *No decir esta ~ es mía,* ne pas souffler mot. *Se me hace la ~ agua,* l'eau m'en vient à la bouche. *Venir a pedir de ~,* bien tomber.
boca|calle f Débouché (*m*) *o* entrée d'une rue ‖ **~caz** f Saignée, prise d'eau ‖ **~dillo** m Sandwich | Bulle *f* (de tebeo) ‖ **~do** m Bouchée *f* | Becquée *f* (pájaro) | Morsure *f,* coup de dent (mordisco) | Mors (del caballo) | FIG. *~ de cardenal,* morceau de roi | *Con el ~ en la boca,* la bouche encore pleine.
boca|l m Bocal ‖ **~manga** f Ouverture de la manche, poignet *m* ‖ **~na** f Goulet *m* (de un puerto) ‖ **~nada** f Bouffée | *~ de gente, de viento,* flot de gens, coup de vent ‖ **~za** f FAM. Grande bouche ‖ **~zas** m inv FAM. Grande gueule *f* (hablador).
bocel m ARQ. Tore.
boceras m inv FAM. Grande gueule *f.*
boceto m Esquisse *f,* ébauche *f.*
bocina f Corne, trompe (coche), klaxon *m,* avertisseur *m* | Porte-voix *m* (para hablar) | Pavillon *m* (gramófonos) | *Tocar la ~,* corner (antes), klaxonner (ahora) ‖ **~zo** m FAM. Coup de gueule.
bocio m Goitre.
bock m Chope *f* (cerveza).
bocoy m Tonneau.
bocha f Boule | — Pl Jeu (*msing*) de boules.
bochinche m FAM. Tapage (ruido), boui-boui (cafetucho).
bochorn|o m Chaleur (*f*) lourde | FIG. Honte *f,* rougeur *f* ‖ **~oso, a** adj Lourd, e; orageux, euse (tiempo) | Honteux, euse.
boda f Noce, mariage *m* | — Pl FIG. Noces (de plata, etc).
bodeg|a f Cave | Grenier *m* (granero) | Bar *m* | Dock *m* (puerto) | MAR. Cale, soute ‖ **~ón** m Gargote *f,* bistrot (restaurante) | Nature (*f*) morte (pintura).
bodijo o **bodorrio** m FAM. Mésalliance *f* | Mariage pauvre.
bodoque m FAM. Cruche *f.*
bodrio m Ratatouille *f* | FIG. Cochonnerie *f* (cosa mal hecha).
bofe m o **bofes** mpl Mou *sing* (ternera) | FAM. *Echar el* ou *los ~,* souffler comme un bœuf (jadear), travailler d'arrache-pied.
bofetada f o **bofetón** m Gifle *f* | FAM. Gamelle *f* (caída).
boga f MAR. Nage (con remo) | FIG. Vogue, mode ‖ **~r** vi MAR. Ramer, nager ‖ **~vante** m Homard.
bogie o **boggie** m Bogie, boggie (carretón).
bohemi|a f Bohème (vida) ‖ **~o, a** adj/s Bohémien, enne (de Bohemia) | Bohème (vida).
bohío m *Amér.* Hutte *f,* case *f.*
boicot m Boycottage ‖ **~eador, a** s Boycotteur, euse ‖ **~ear** vt Boycotter ‖ **~eo** m Boycottage.
boina f Béret *m.*
boj m BOT. Buis.
bojeo m Tour, périmètre.
bol m Bol.
bol|a f Boule | Bille (billar, canica) | Cirage *m* (betún) | FAM. Bobard *m,* mensonge *m* | FAM. *¡Dale ~!,* encore!, ce n'est pas fini? | *Echar ~ negra,* blackbouler | FAM. *Meter una ~,* monter un bateau | *¡Ruede la ~!,* vogue la galère!
bolchev|ique adj/s Bolchevique ‖ **~ismo** m Bolchevisme ‖ **~ista** adj/s Bolcheviste.
bol|eadoras fpl *Amér.* Lasso (*msing*) terminé par des boules de pierre ‖ **~ear** vt Lancer, jeter | *Amér.* Blackbouler (votación), coller, recaler (examen) ‖ **~era** f Bowling *m* ‖ **~ero, a** adj/s Menteur, euse | — M Boléro (baile y chaquetilla) | *Amér.* Cireur (limpiabotas).
bolet|a f Billet (*m*) d'entrée | Bon *m* (vale) | *Amér.* Bulletin *m* ‖ **~ín** m Bulletin | Billet | Dépêche *f* (de prensa) | *~ de alojamiento,* billet de logement | *~ Oficial,* Journal officiel ‖ **~o** m Bolet (hongo) | Billet (billete).
boliche m Cochonnet (petanca) | Jeu de quilles | Bowling (bolera) | Bilboquet (juguete) | *Amér.* Échoppe *f.*
bólido m Bolide.
bolígrafo m Stylo à bille.
bolillo m Fuseau.
bolin|a f MAR. Sonde (sonda), bouline (cuerda).
bolívar m Bolivar (moneda).
Bolivia nprf Bolivie.
boliviano, a adj/s Bolivien, enne | — M Boliviano (moneda).
bolo m Quille *f* (juego) | *~ alimenticio,* bol alimentaire | — Pl Bowling *sing* (local).
bols|a f Bourse (para dinero) | Sacoche (de tela o cuero) | Sac *m,* poche (de papel) | Trousse (de herramientas) | Poche, faux pli *m* (en vestidos) | Bourse (comercio, medicina) | Poche (ajos, pus, calamares, gas) | ANAT. Bourse | Bouillotte (de agua) | Bourse (de un boxeador) ‖ **~illo** m Poche *f* (vestido) | Portemonnaie (portamonedas) ‖ **~ín** m Coulisse *f* (en la Bolsa) ‖ **~ista** m Boursier ‖ **~ita** *f* Sachet *m* (azafrán, etc) ‖ **~o** m Sac à main (de mujer).
boll|adura f Bosse ‖ **~ar** vt Cabosser, bosseler ‖ **~ería** f Pâtisserie ‖ **~o** m Petit pain au lait (dulce) |

Bosse *f* (bulto) | POP. *¡Se va a armar un ~!*, il va y avoir du pétard!
bomb|a f TECN. Pompe | MIL. Bombe | FIG. Bombe, coup (*m*) de théâtre | FAM. *Pasarlo ~*, s'amuser comme un fou || **~acha** f *Amér.* Pantalon (*m*) bouffant || **~acho, cha** adj. De golf | — M Pantalon de golf || **~ardear** vt Bombarder || **~ardeo** m Bombardement || **~ardero, a** adj De bombardement | — M Bombardier || **~ear** vt Pomper | Arquer, bomber || **~eo** m Pompage || **~ero** m Pompier || **~ así** m Basin (tela) || **~illa** f Ampoule, lampe (eléctrica) | *Amér.* Pipette (para beber mate) || **~illo** m Siphon | *Amér.* Ampoule *f* || **~ín** m Chapeau melon | Pompe (*f*) à bicyclette || **~o** m Grosse caisse *f* (tambor) | Sphère *f* (de lotería) | FIG. Bruit, tam-tam (publicidad) | FIG. *Anunciar a ~ y platillos*, annoncer avec tambour et trompette | FAM. *Darse ~*, s'envoyer des fleurs || **~ón** m Chocolat | FAM. *Ser un ~*, être jolie à croquer || **~ona** f Bonbonne | Bouteille (butano) || **~onera** f Bonbonnière || **~onería** f Confiserie.
bon|achón, ona adj FAM. Bonasse, débonnaire, bon enfant | — S Brave homme, brave femme || **~ achonería** f Bonasserie.
bonaerense adj/s De Buenos Aires.
bonancible adj Calme || **~anza** f MAR. Bonace | FIG. Prospérité | Calme *m*.
bondad f Bonté | *Tenga la ~ de*, ayez la bonté de, ayez l'obligeance de || **~adosamente** adv Avec bonté || **~adoso, a** adj Bon, bonne; gentil, ille; doux, douce.
bonet|a f MAR. Bonnette || **~e** m Bonnet (eclesiástico, colegiales, graduados) | Barrette *f* (eclesiástico) | FIG. Prêtre séculier | Compotier | ZOOL. Bonnet || **~ería** f Bonneterie | *Amér.* Mercerie || **~ero, a** s Bonnetier, ère | *Amér.* Mercier, ère.
boniato m BOT. Patate *f*.
bonific|ación f Bonification | Ristourne || **~ar** vt Bonifier.
bonísimo, a adj Très bon, très bonne.
boni|tamente adv Joliment | Adroitement || **~to, a** adj Joli, e | FIG. *¡Muy ~!*, c'est du joli!, c'est du propre! | — M Bonite *f*, thon : *~ en aceite*, thon à l'huile.
bono m Bon.
bonzo m Bonze.
boñiga f o **boñigo** m Bouse *f*.
boqu|eada f Dernier soupir *m* | FAM. *Dar las últimas ~s*, rendre le dernier soupir, agoniser (persona), agoniser (cosa) || **~ear** vi Ouvrir la bouche | Expirer, agoniser, râler (morir) | FAM. Expirer, agoniser (acabarse) || **~era** f MED. Perlèche | Saignée, prise d'eau (para regar) || **~erón** m Anchois (pez) || **~ete** m Trou (agujero) | Passage étroit | Brèche *f*, ouverture *f* (en una pared), trouée *f* (en un bosque, militar) || **~iabierto, a** adj Qui a la bouche ouverte | Bouche bée (asombro) || **~iancho, a** adj Qui a la bouche large | Évasé, e (jarro, etc) || **~iduro, a** adj Fort en bouche (caballo) || **~illa** *f* Porte-cigarettes *m*, fume-cigarette *m* | Fume-cigare *m* | Filtre *m* (de cigarrillo), bout *m* : *~ con filtro*, bout filtre | MÚS. Embouchure, bec *m* (instrumentos) | Mortaise (escopleadura) | Embouchoir *m* (fusil) | Ouverture | Fermoir *m* (de bolso) | Tétine (de biberón) | TECN. Buse (de tobera) | Raccord *m* (de dos tubos) | *De ~*, en l'air (promesas) || **~irrubio, a** adj Bavard, e (parlanchín) | Naïf, ive; candide.
borato m QUÍM. Borate.
bórax m QUÍM. Borax.
borboll|ar vi Bouillonner | Barboter (gas) | FIG. Bafouiller (hablar mal) || **~eo** m V. BORBOTEO || **~ón** m V. BORBOTÓN || **~onear** vi Bouillonner.
borbónico, a adj Bourbonien, enne.
borbot|ar vi V. BORBOLLAR || **~eo** m Bouillonnement | Barbotage (gas) || **~ón** m Bouillonnement | *A ~es*, à gros bouillons (agua hirviendo), à flots (sangre), précipitamment (hablar).
borceguí m Brodequin.
bord|a f MAR. Bord *m* | FIG. *Arrojar, echar* ou *tirar por la ~*, jeter pardessus bord || **~ada** f MAR. Bordée, bord *m* : *dar una ~*, tirer un bord || **~ado, da** adj Brodé, e | FIG. *Salir ~*, être très réussi | — M Broderie *f* || **~ador, a** s Brodeur, euse || **~ adura** f Broderie || **~ar** vt Broder : *~ en calado*, broder à jour | FIG. Fignoler, soigner (obra).
bord|e m Bord | POP. Salaud (persona mala) | *~ con ~*, bord à bord | *Estar al ~ de*, être sur le point de | *Llenar hasta el ~*, remplir à ras bord || **~ear** vi MAR. Tirer des bords, louvoyer | Longer, border (costear) | Arriver à ras bord | — Vt Encadrer, entourer | FIG. Friser (el ridículo).
bordelés, esa adj/s Bordelais, e.
bord|illo m Bord (acera) || **~o** m MAR. Bord : *subir a ~*, monter à bord | Bordée *f* || **~ón** m Bourdon (bastón, imprenta, música) | Refrain || **~oncillo** m Refrain, ritournelle *f* || **~oneo** m Bourdonnement.
boreal adj Boréal, e.
Borgoña nprf Bourgogne.
borgoñón, ona adj/s Bourguignon, onne.

boricado, a adj QUÍM. Boriqué, e.
bórico, a adj QUÍM. Borique.
borinqueño, a adj/s Portoricain, e.
borla f Gland *m* (adorno) | Pompon *m* | Houppe, houppette (polvo) | Bonnet (*m*) de docteur (universidad).
born|e m Morne *f* (lanza) | Borne *f* (aparatos eléctricos) | BOT. Cytise *f* || **~eadura** f Gauchissement *m* || **~ear** vt Tourner, faire le tour | — Vi MAR. Virer | — Vp Gauchir (madera) || **~eo** m Gauchissement.
boro m QUÍM. Bore.
borona f Millet *m* (mijo) | Maïs *m* | Pain (*m*) de maïs.
borra f Bourre (lana, pelo) | Boue, dépôt *m*, lie | FIG. Fadaises *pl* | FIG. *Meter ~*, faire du remplissage.
borrable adj Effaçable.
borrach|era f Cuite (pop.) : *agarrar una ~*, attraper une cuite | Beuverie, soûlerie | FIG. Exaltation, ivresse || **~ín** m FAM. Poivrot || **~o, a** adj Ivre, soûl, e; saoul, e | Rouge (color) | Ivre (de ira), enivré, e (por el éxito) | *Amér.* Blet, ette (fruta) | FAM. *~ como una cuba*, complètement rond, soûl comme une bourrique. *Estar ~ perdido*, être ivre mort | — S Ivrogne, esse : *un ~ perdido*, un ivrogne invétéré || **~uelo** m Beignet au miel.
borrad|o, a adj Effacé, e (con goma) | Biffé, e (tachado) | FIG. Effacé, e (sin personalidad) || **~or** m Brouillon | Cahier de brouillon | COM. Brouillard, brouillon, main (*f*) courante | Gomme *f* || **~ura** f Biffage *m* (tachado), rature (en una carta).
borrar vt Biffer, barrer, raturer | Effacer (con esponja), gommer (con goma) | FIG. Effacer, faire disparaître | — Vp S'effacer, disparaître (de la memoria).
borrasc|a f Bourrasque (temporal), tempête, tourmente (tempestad) | FIG. Risque *m*, péril *m* | Orgie || **~oso, a** adj Orageux, euse | FIG. Orageux, euse; tumultueux, euse (vida, conducta).
borreg|ada f Troupeau (*m*) de moutons || **~o, a** s Agneau, agnelle | Nigaud, e (tonto) | Mouton *m* (servil) || **~uil** adj Moutonnier, ère; grégaire.
borr|ica f Ânesse | FAM. Bourrique || **~icada** f Troupeau (*m*) d'ânes | Promenade à ânes | FAM. Ânerie (tontería) || **~ico** m Âne (asno) | Baudet, chevalet (de carpintero) | FAM. Bourrique *f* | FIG. *Apearse de su ~*, reconnaître son erreur. *Caerse del ~*, tomber de haut. *Ser muy ~*, être très bête *o* bouché || **~icón** o **icote** adj/s Âne (necio) | Cheval (muy fuerte) | FIG. *Ser muy ~ para las matemáticas*, être brouillé avec les mathématiques || **~illa** f Duvet *m* (de frutas) || **~iquete** m Baudet, chevalet (caballete) || **~iquillo** o **iquito** m Bourricot, petit âne | FIG. *El ~ por delante, para que no se espante*, on ne doit jamais se nommer le premier.
borr|ón m Pâté, tache (*f*) d'encre | FIG. Tache *f* (defecto, deshonor) | Gribouillage (escrito) | FIG. *~ y cuenta nueva*, passons l'éponge, tournons la page || **~onear** vt Griffonner (palabras) | Barbouiller (papel) || **~oso, a** adj Boueux, euse (líquido) | Confus, e (escritura) | Flou, e (foto, pintura) | Fumeux, euse; nébuleux, euse (idea) | IMPR. Bavocheux, euse.
boruj|o m Tourteau d'olive, tourte *f* || **~ón** m Grosse bosse *f*.
bosc|aje m Bocage || **~oso, a** adj Boisé, e.
bosque m Bois, forêt *f* : *~ comunal, del Estado*, forêt communale, domaniale || **~jar** Vt Ébaucher, esquisser (pintura, proyecto) | FIG. Brosser || **~jo** m Ébauche *f*, esquisse *f* || **~te** m Bosquet.
bosta f Bouse (bovinos), crottin *m* (caballo).
bostez|ador, a adj/s Bâilleur, euse || **~ar** vi Bâiller || **~o** m Bâillement.
bota f Gourde (para el vino) | Tonneau *m* (cuba) | Botte (de montar), chaussure montante (zapato) | *~ de esquiar*, chaussure de ski | FIG. *Estar con las ~s puestas*, avoir le pied à l'étrier, être prêt à partir | FAM. *Morir con las ~s puestas*, mourir debout. *Ponerse las ~s*, mettre du foin dans ses bottes, faire son beurre.
bota|da f V. BOTADURA || **~do, a** adj *Amér.* Trouvé, e (expósito) | Effronté, e | Très bon marché | FAM. Mis à la porte (expulsado) | — S Enfant trouvé | Effronté, e || **~dor** m MAR. Gaffe *f* (bichero) | Davier (de dentista) | Repoussoir, chasse-clou (sacaclavos) || **~dura** f MAR. Lancement *m*.
bota|fuego m Boutefeu || **~fumeiro** m Encensoir || **~lón** m MAR. Bout-dehors || **~na** f Bouchon *m* (tapón), bonde (de un tonel).
botánic|a f Botanique || **~o, a** adj Botanique | — S Botaniste.
bot|ar vt Lancer, jeter (arrojar) | Lancer, mettre à l'eau (un barco) | Mettre la barre à : *~ a babor*, mettre la barre à bâbord | FAM. Ficher dehors, flanquer à la porte | Botter (deporte) | — Vi Rebondir (pelota) | Sauter, bondir | Cabrioler (caballo) | — Vp *Amér.* Se jeter || **~aratada** f FAM. Bêtise (tontería) || **~arate** m FAM. Idiot | *Amér.* Dépensier || **~arel** m ARQ. Arc-boutant ||

~asilla f MIL. Boute-selle *m* ‖ **~avara** f MAR. Gui *m*, bôme ‖ **~e** m Bond (salto, pelota) | Boîte *f* (lata) | Pot (tarro) | MAR. Canot : *~ salvavidas* ou *de salvamento*, canot de sauvetage | Coup (pica o lanza) | Haut-le-corps (caballo) | FAM. Poche *f* (bolsillo) | Cagnotte *f* (en un bar) | DEP. *~ neutro*, chandelle | FIG. *Chupar del ~*, être un profiteur. *Dar ~s de alegría*, sauter de joie. *Dar el ~*, ficher dehors. *Darse el ~*, se tirer (irse). *De ~ en ~*, plein à craquer. *Estar en el ~*, être dans la poche *o* dans le sac.

botell|a f Bouteille : *beber de la ~*, boire à la bouteille ‖ **~azo** m Coup de bouteille ‖ **~ero** m Casier à bouteilles, porte-bouteilles | Panier à bouteilles | Fabricant *o* marchand de bouteilles ‖ **~ín** m Petite bouteille *f* ‖ **~ón** m Grande bouteille *f* | *Amér.* Dame-jeanne *f*.

botepronto m Coup de pied tombé (rugby) | Demi-volée *f* (fútbol).

botic|a f Pharmacie | Médicaments *mpl* | FIG. *Hay de todo como en ~*, on trouve tout ce qu'on veut *o* de tout ‖ **~aria** f Femme du pharmacien | Pharmacienne ‖ **~ario** m Pharmacien.

botij|a f Cruche | *Amér.* Magot *m* (dinero) ‖ **~ero, a** s Fabricant *o* marchand de cruches ‖ **~o** m Gargoulette *f*, cruche *f*.

botill|ería f Débit (*m*) de boissons, buvette ‖ **~ero** m Barman | Sommelier.

botín m Guêtre *f* (polaina) | Bottine *f*, bottillon (calzado) | Butin (despojo tomado al enemigo).

botina f Bottine, bottillon *m*.

botiquín m Pharmacie (*f*) portative | Trousse (*f*) à pharmacie | Armoire (*f*) à pharmacie (mueble) | Infirmerie *f*.

bot|o m Botte *f* ‖ **~o, a** adj Émoussé, e | FIG. Obtus, e ‖ **~ón** m Bouton (vestido, flor) | Bourgeon (renuevo) | Bouton, poussoir (de timbre) | Bout, bouton (del florete) | POP. *Amér.* Flic (poli) | *~ automático*, bouton-pression | *~ de muestra*, échantillon | RAD. *~ de sintonización*, bouton de recherche de station | *Dar al ~*, tourner le bouton ‖ **~onadura** f Boutons *mpl* (de un vestido) ‖ **~onazo** m Touche *f* (esgrima) ‖ **~ones** m inv Chasseur, groom (hotel) | Garçon de courses (recadero).

bototo m *Amér.* Calebasse *f*.

bou m Pêche (*f*) au boulier | Chalutier (barco).

bóveda f ARQ. Voûte : *~ de cañón, de medio punto*, voûte en berceau *o* en plein cintre | Crypte | ANAT. Voûte : *~ palatina*, voûte du palais.

bovedilla f ARQ. Entrevous *m* | MAR. Voûte.

bóvidos mpl Bovidés.

bovino, a adj/s Bovin, e.

box m Box.

boxe|ador m Boxeur ‖ **~ar** vi Boxer ‖ **~o** m Boxe *f*.

boy|a f Bouée | Flotteur *m*, bouchon *m* (de una red) ‖ **~ada** f Troupeau (*m*) de bœufs ‖ **~ante** adj MAR. Lège | Prospère; heureux, euse ‖ **~ar** vi Être renfloué *o* remis à flot (barco) | Flotter ‖ **~era** o **eriza** f Bouverie, étable à bœufs ‖ **~erizo** m Bouvier ‖ **~ero** m Bouvier | ASTR. Bouvier.

boz|a f MAR. Bosse ‖ **~al** adj/s Blanc-bec, nouveau, elle | Sot, otte (tonto) | Sauvage (caballo) | *Amér.* Indien *o* étranger qui parle mal espagnol | — M Muselière *f* | *Amér.* Licou (cabestro) ‖ **~o** m Duvet | *A este niño ya le apunta el ~*, la moustache de ce garçon commence à pousser.

brac|eada f Mouvement (*m*) violent des bras ‖ **~eaje** m MAR. Profondeur *f* ‖ **~ear** vi Agiter *o* remuer les bras | Nager la brasse | FIG. S'efforcer | Brasser (velas) ‖ **~eo** m Mouvement des bras | Brasse *f* (natación) | Brassage (velas) ‖ **~ero** m Manœuvre (peón) ‖ **~ista** s Nageur, nageuse de brasse.

bráctea f BOT. Bractée.

braga f Culotte, slip *m* (de mujer) | Lange *m*, couche (de bebé) | — Pl Braies ‖ **~do, a** adj FAM. Décidé, e; culotté, e | Faux, fausse (malintencionado) ‖ **~dura** f Entrecuisse *m* (del animal) | Entrejambe *m*, enfourchure (del pantalón).

bragazas m inv FAM. Chiffe *f*, nouille *f*.

brague|ro m Bandage herniaire ‖ **~ta** f Braguette ‖ **~tazo** m FAM. *Dar un ~*, épouser une femme riche ‖ **~tón** m Tierceron (de bóveda).

brahm|án m Brahmane ‖ **~anismo** m Brahmanisme.

bram|a f Rut *m* | Temps (*m*) de brame ‖ **~ante** m Ficelle *f* ‖ **~ar** vi Mugir (toro) | Bramer (venado) | Barrir (elefante) | FIG. Mugir (viento, mar, etc), gronder (trueno), rugir (de ira) | FAM. Brailler, hurler ‖ **~ido** m Mugissement (toro), barrissement, barrit (elefante) | Mugissement (viento, etc) | FAM. Rugissement, hurlement.

bran|cada f Tramail *m* (red) ‖ **~cal** m Longeron ‖ **~dal** m MAR. Hauban.

branqu|ial adj ANAT. Branchial, e ‖ **~ias** fpl Branchies ‖ **~iópodos** mpl ZOOL. Branchiopodes.

braña f Pâturage (*m*) d'été (pasto de verano).
braqui|al adj Brachial, e; du bras ‖ **~cefalia** f Brachycéphalie ‖ **~céfalo, a** adj Brachycéphale ‖ **~ópodos** mpl Brachiopodes.
bras|a f Braise | FIG. *Estar como en ~s* ou *en ~,* être sur des charbons ardents. *Pasar como sobre ~s por un asunto,* passer rapidement sur un sujet. ‖ **~ca** f Brasque ‖ **~eado, a** adj À la braise ‖ **~erillo** m Chaufferette *f* ‖ **~ero** m Brasero | *Amér.* Foyer (hogar) ‖ **~il** m Bois du Brésil, brésillet.
Brasil nprm Brésil.
brasil|eño, a o **~ero, a** adj/s Brésilien, enne ‖ **~ilete** m Brésillet.
brav|amente adv Bravement, vaillamment | Cruellement | Magnifiquement | FAM. Copieusement, abondamment ‖ **~ata** f Bravade, fanfaronnade ‖ **~ear** vi Faire le bravache ‖ **~era** f Regard *m*, trou (*m*) d'aération (horno) ‖ **~eza** f Courage *m* | Violence (de los elementos) ‖ **~ío, a** adj Sauvage | — M Férocité *f* (bravura) ‖ **~o, a** adj Brave, vaillant, e | Féroce, sauvage, combatif, ive (animal) | De combat (toro) | Sauvage (naturaleza, raza) | Déchaîné, e (elementos) | Vantard, e (valentón) | Bourru, e (de mal carácter) | En colère (enfadado) | — M Bravo (aplauso) ‖ **~ucón, ona** adj/s FAM. Bravache, fanfaron, onne ‖ **~uconada** o **~uconería** f Fanfaronnade ‖ **~ura** f Férocité (animal) | Combativité (toro) | Bravade (bravata).
braz|a f Brasse (medida, modo de nadar) | *Nadar a la ~,* nager la brasse ‖ **~ada** f Brasse (nadador) | Brassée | *Amér.* Brasse (medida) ‖ **~ado** m Brassée *f* ‖ **~al** m Brassard (armadura, manga) | Saignée *f* (de un río) ‖ **~alete** m Bracelet (pulsera) | Brassard (manga) ‖ **~o** m Bras | Patte (*f*) antérieure *o* de devant (de cuadrúpedo) | Branche *f* (candelero, etc) | Perche *f*, bras (micrófono) | FIG. Bras, pouvoir | État (en las Cortes) | — Pl Bras | *A ~,* à bras | *A ~ partido,* à bras-le-corps (sin armas), à bras raccourcis, à tour de bras (de poder a poder) | *~ de cruz,* croisillon | *~ secular,* bras séculier | FIG. *Con los ~s abiertos,* à bras ouverts, les bras ouverts. *Cruzarse de ~s,* se croiser les bras. *Dar su ~ a torcer,* lâcher prise (ceder), en mettre sa main au feu | *Del ~,* bras dessus, bras dessous | *Echarse en ~s de uno,* se jeter dans les bras de qqn | FIG. *Estar atado de ~s,* être pieds et poings liés. *Estar con los ~s cruzados,* rester les bras croisés, se tourner les pouces | FAM. *Estar hecho un ~ de mar,* être beau comme un astre *o* comme le jour | *Ir del ~* ou *dándose el ~* ou *cogidos del ~,* se donner le bras, aller bras dessus, bras dessous | FIG. *No dar su ~ a torcer,* ne pas se laisser faire, ne pas en démordre ‖ **~ola** f MAR. Surbau *m* ‖ **~uelo** m Avant-bras (caballo) | Épaule *f*, (carnero), jambonneau (cerdo).
bre|a f Brai *m* ‖ **~ar** vt FAM. *~ a palos,* rouer de coups.
brebaje m Breuvage.
brécol m BOT. Brocoli.
brecha f Brèche | Trouée, percée | FIG. Impression, effet *m* | *Batir en ~,* battre en brèche | *Hacerse una ~ en la frente,* s'ouvrir le front.
breg|a f Lutte (pelea), querelle, dispute | Travail (*m*) dur | *Andar a la ~,* travailler d'arrache-pied, trimer ‖ **~ar** vi Lutter | Trimer (trabajar) | Se démener, se mettre en quatre | — Vt Pétrir (amasar) | Travailler (el toro).
breñ|a f Broussaille ‖ **~al** m Terrain broussailleux ‖ **~oso, a** adj Broussailleux, euse.
Bretaña nprf Bretagne.
brete m Fers *pl* (reo) | FIG. Difficulté *f*, situation (*f*) difficile.
breva f Figue-fleur | Cigare (*m*) aplati | FAM. Aubaine, veine (suerte), fromage *m* (buena colocación).
brev|e adj Bref, ève | Quelque : *~s palabras,* quelques mots | *En ~,* bientôt, d'ici peu (pronto), bref (en pocas palabras) | — M Bref | — F Brève ‖ **~edad** f Brièveté | *Con ~,* brièvement ‖ **~ete** m En-tête (membrete) ‖ **~iario** m Bréviaire.
brez|al m Bruyère *f* (terreno) ‖ **~o** m Bruyère *f* (planta).
brib|ón, ona adj/s Coquin, e; fripon, onne ‖ **~onada** f Friponnerie ‖ **~onear** vi Mener une vie de fripon ‖ **~onería** f Friponnerie.
bricolage o **bricolaje** m Bricolage.
brida f Bride | Collerette (de un tubo) | FIG. *A toda ~,* à toute bride, à bride abattue.
bridge f Bridge (juego).
bridón m Cheval de selle.
brigada f Brigade | Troupe (de bestias) | Adjudant *m* (grado) | Brigade, équipe (trabajadores).
Brijoriginaln o **Brijanes** nprm FAM. *Saber más que ~* ou *ser más listo que ~,* être malin comme un singe.
brill|ante adj/m Brillant, e ‖ **~antemente** adv Brillamment ‖ **~antez** f Fís. Brillance | Éclat *m* ‖ **~antina** f Brillantine ‖ **~ar** vi Briller | FIG. Briller, rayonner ‖ **~azón** f *Amér.* Mirage *m* (en la pampa) ‖ **~o** m Éclat, brillant | Éclat, gloire *f* |

Lustre (esplendor) | *Sacar ~ a,* faire reluire, cirer (zapatos), faire briller, astiquer (metal, madera).
brinc|ador, a adj Bondissant, e || **~ar** vi Bondir, sauter | FAM. Bondir (de ira) | FIG. *Está que brinca,* il est fou furieux (de ira), il ne tient plus en place (alegría) || **~o** m Bond, saut : *pegar un ~,* faire un bond | Pendeloque *f* (joya) | FIG. *En dos ~s* ou *en un ~,* en moins de deux.
brind|ar vi Porter un toast, boire (*por, à*) | Boire à la santé (*por,* de) | Trinquer | — Vt Offrir (posibilidad, etc) | *~ el toro,* dédier le taureau | — Vp Offrir, proposer : *se brindó a pagar,* il offrit de payer || **~is** m Toast : *echar un ~,* porter un toast.
brío m Courage, énergie *f* | Brio (hablar) | Fougue *f*, entrain | Abattage (de un actor, etc) | Grâce *f*, élégance *f*.
brios|amente adv Courageusement | Avec entrain | Avec brio || **~o, a** adj Courageux, euse | Fougueux, euse (fogoso).
briqueta f Briquette.
brisa f Brise.
brisca f Mariage *m* (juego).
bristol m Bristol (cartulina).
británico, a o **britano, a** adj/s Britannique.
brizn|a f Brin *m* (hilo, etc) | Fil *m* (judía) || **~oso, a** adj Filamenteux, euse; filandreux, euse.
broc|a f Broche (de bordadora) | Foret *m*, tarière (taladro) | Broquette (clavo) || **~ado, a** adj Broché, e (tela) | — M Brocart || **~al** m Margelle *f* (pozo) | Chape *f* (de una vaina) | Embouchure *f* (de un odre) || **~amantón** m Grande broche (*f*) en pierreries || **~atel** m Brocatelle *f*.
broch|a f Brosse, gros pinceau *m* | Queue-de-morue (pincel) | Houppette (para polvos) | Dé (*m*) chargé *o* pipé | TECN. Broche | *~ de afeitar,* blaireau || **~ada** f Coup (*m*) de pinceau || **~ado, a** adj Broché, e (tela) || **~al** m ARQ. Chevêtre || **~azo** m Coup de pinceau || **~e** m Broche *f* | *Amér.* Trombone (para sujetar) | — Pl *Amér.* Boutons de manchettes | FIG. *El ~ final* ou *el ~ de oro,* le couronnement, le bouquet, l'apothéose || **~eta** f Brochette || **~o** adjm Aux cornes très rapprochées (toro).
brodequín m Brodequin.
brom|a f Plaisanterie, blague : *~ pesada,* mauvaise plaisanterie, sale blague | Taret *m* (molusco) | Bruit *m* (bulla) | *Basta de ~s* ou *dejémonos de ~s,* trêve de plaisanteries, suffit | *~ aparte* ou *sin ~,* blague à part | *Dar una ~ a,* faire une blague à | *En ~,* pour rire | *Entre ~s y veras,* mi-figue, mi-raisin | *Es pura ~,* c'est de la rigolade | *No estar para ~s,* ne pas avoir envie de rire *o* de plaisanter | *Saber tomar las ~s,* comprendre *o* savoir prendre la plaisanterie | *Tomar a ~,* tourner en dérision (ridiculizar), ne pas prendre au sérieux || **~azo** m Grosse plaisanterie *f* || **~ear** vi Plaisanter, blaguer || **~ista** adj/s Farceur, euse; blagueur, euse.
brom|o m Brome || **~uro** m Bromure.
bronca f Bagarre, rixe (riña) | Réprimande, savon *m* (fam.) [reprensión] | Chahut *m* | Huées *pl* (gritos) | Scène : *~ familiar,* scène de famille | FAM. *Echar una ~,* passer un savon, sonner les cloches.
bronc|e m Bronze || **~eado, a** adj Bronzé, e | — M Bronzage || **~eador** m Huile (*f*) de bronzage || **~eadura** f Bronzage *m* || **~ear** vt Bronzer | — Vp Se faire bronzer || **~ería** f Bronzes *mpl* || **~íneo, a** adj Bronzé, e (del color del bronce) | De bronze || **~ista** m Bronzeur.
bronco, ~a adj Âpre, rude | Rauque, désagréable (sonido) | FIG. Revêche (carácter) || **~neumonía** f Bronchopneumonie.
bronqu|ear vt Réprimander, gronder || **~edad** o **~era** f Rudesse || **~ial** adj Des bronches || **~io** m Bronche *f* || **~iolos** mpl Bronchioles *f* || **~itis** f Bronchite.
broqu|el m Bouclier || **~elarse** vp Se couvrir, se mettre à l'abri d'un bouclier | Se protéger || **~eta** f Brochette.
brot|adura f Pousse | Jaillissement *m* (fuente) || **~ar** vi Pousser (plantas) | Bourgeonner (renuevos) | Jaillir (fuente, lágrimas) | Apparaître | — Vt Produire || **~e** m BOT. Bourgeon, pousse *f* | Jaillissement (agua, lágrimas) | FIG. Début, apparition *f*.
broza f Feuilles (*pl*) mortes | Résidus *mpl*, débris *mpl* | Broussailles *pl* | FIG. Remplissage *m* (por escrito), verbiage *m*, bla-bla *m* (hablando) | IMPR. Brosse.
bruces (a o **de)** loc adv À plat ventre | *Caer de ~,* s'étaler de tout son long, tomber à plat ventre.
bruj|a f Sorcière | ZOOL. Chouette || **~ear** vi Se livrer à la sorcellerie || **~ería** f Sorcellerie || **~o** m Sorcier.
brújula f Boussole.
brujulear vt Filer [les cartes] | FAM. Deviner | — Vi Flâner.
brum|a f Brume || **~ario** m Brumaire || **~azón** f Brume épaisse || **~oso, a** adj Brumeux, euse.

bruñ|ido m Bruni, poli | Brunissage, polissage ‖ **~idor, a** s Brunisseur, euse | — M TECN. Brunissoir, polissoir ‖ **~idura** f o **~imiento** m Brunissage *m*, polissage *m* ‖ **~ir*** vt Polir (metal, piedra), brunir (metal) | Lustrer (espejo) | Fourbir (armas) | *Amér.* Embêter, raser (fastidiar).
brusco, a adj Brusque | — M Fragon épineux.
Bruselas npr Bruxelles.
bruselense adj/s Bruxellois, e.
brusquedad f Brusquerie.
brut|al adj Brutal, e | FAM. Énorme ‖ **~alidad** f Brutalité | FAM. Énormité ‖ **~alizar** vt Brutaliser ‖ **~o, a** adj Bête, idiot, e | Brut, e : *petróleo ~*, pétrole brut | *En ~*, brut | — S Imbécile, idiot, e | Rustre | FIG. Sauvage | — M Brute *f* | *El noble ~*, le cheval.
bruza f Brosse ‖ **~dor** m IMPR. Baquet.
bu m FAM. Croque-mitaine (coco).
bub|a f MED. Pustule | — Pl Bubons *m* ‖ **~ón** m Bubon ‖ **~ónico, a** adj Bubonique.
bucal adj Buccal, e.
bucanero m Boucanier.
búcaro m Cruche *f*.
buce|ador m Scaphandrier (buzo) | Pêcheur de perles ‖ **~ar** vi Plonger (el buzo) | Nager sous l'eau | FIG. Sonder, explorer.
buceo m Plongée *f* (buzo) | Plongeon (nadador).
bucle m Boucle *f*.
bucólico, a adj Bucolique | — F FAM. Boustifaille, mangeaille (comida).
buch|ada f Gorgée ‖ **~e** m Jabot (aves) | Estomac (animales) | Gorgée *f* (trago) | Poche *f* (pliegue) | FAM. Panse *f* : *llenarse el ~*, se remplir la panse | Cœur (pecho) | *Amér.* Goitre (bocio).
Buda nprm Bouddha.
budín m Pudding (pastel) | Pain (de espinacas, etc).
budinadora f TECN. Boudineuse.
budión m Labre (pez).
bud|ismo m Bouddhisme.
buen adj (apocope de *bueno* devant un substantif ou un verbe substantivé) V. BUENO ‖ **~amente** adv Tout bonnement (sencillamente) | Facilement | De bonne foi ‖ **~aventura** f Bonne aventure ‖ **~azo, a** adj Bonasse | — S Brave homme, brave femme ‖ **~o, a** adj Bon, bonne | Sage (quieto) | En bonne santé : *estar ~*, être en bonne santé | FIG. Bon, bonne; beau, belle : *~ voz*, *~ bofetada*, belle voix, bonne gifle | Drôle de : *~ sinvergüenza*, drôle d'effronté | *A la ~ de Dios*, à la bonne franquette (sin cumplido), au petit bonheur (a lo que salga) | *¡~ la has hecho!*, tu en as fait de belles! | *¡Buenas!*, salut! | *Dar por ~*, approuver | *De buenas a primeras*, de but en blanc (de repente), de prime abord (a primera vista) | *De las ~s*, magistral, e | FAM. *Estar de buenas*, être bien luné o de bonne humeur | *Estaría ~ que*, il ne manquerait plus que | *Por las ~s*, de bon gré | *¿Qué dice de ~?*, quoi de neuf? | *Un ~ día*, un beau jour | — M Bon | *Lo ~ es que*, le mieux o le plus fort c'est que | *Lo ~, si breve, dos veces ~*, plus c'est court mieux c'est | — F Belle (juego) | — Interj Bon!, bien!
buey m Bœuf | *~ de mar*, tourteau | *~ marino*, lamantin (manatí).
búfalo, a s Buffle, bufflonne.
bufanda f Cache-nez *m*, cache-col *m*, écharpe.
bufar vi Souffler (toro) | S'ébrouer (caballo) | Feuler (gato) | FIG. Écumer de colère.
bufete m Bureau (mesa) | Cabinet, étude *f* (abogado).
bufido m Mugissement (toro) | Ébrouement (caballo) | Feulement (gato) | FIG. Explosion *f* (de ira) | Remontrance *f* (bronca).
buf|o, a adj Bouffe | — S Bouffon, onne ‖ **~ón, ona** adj/s Bouffon, onne ‖ **~onada** f Bouffonnerie ‖ **~onesco, a** adj Bouffon, onne.
buganvilla f Bougainvillée.
buharda o **buhardilla** f Lucarne (ventana) | Mansarde (habitación).
búho m Hibou | *~ real*, grand duc.
buhon|ería f Pacotille, camelote (mercancías) | Éventaire *m* (puesto) ‖ **~ero** m Colporteur (ambulante) | Camelot (charlatán).
buído, a adj Aiguisé, e | Cannelé, e.
buitre m Vautour | FIG. Corbeau.
buitrón m Seine *f*, senne *f*.
buj|e m Frette *f* ‖ **~ería** f Colifichet *m*, babiole ‖ **~ía** f Bougie.
bula f Bulle.
bulb|o m Bulbe ‖ **~oso, a** adj Bulbeux, euse.
bulldog m Bouledogue.
bulldozer m Bulldozer.
bulerías fpl Bulerias [air et danse andalous].
buleto m Bref (del Papa).
bulevar m Boulevard.
Bulgaria nprf Bulgarie.
búlgaro, a adj/s Bulgare.
bulimia f MED. Boulimie.
bulo m FAM. Canard, bobard.
bulto m Volume, taille *f* | Silhouette *f*, forme (*f*) vague | Grosseur *f*, bosse *f* (hinchazón) | Paquet, colis (paquete) | Ballot (lío) | Taie *f* (de almohada) | Corps | FAM. *A ~*, au jugé, au pifomètre | FIG. *Buscar el ~*, chercher

noise | *De* ~, de taille | *De mucho* ~, encombrant, e | *Escoger a* ~, taper dans le tas | *Escurrir el* ~, se défiler, se dérober | *Hacer* ~, faire nombre.

bull|a f Tapage *m*, vacarme *m*, chahut *m* (ruido) | Cohue, foule (de gente) | Bousculade (atropello) | *Meter* ~, bousculer.

bullabesa f Bouillabaisse.

bull|anga f Agitation, tumulte *m* || **~anguero, a** adj/s Tapageur, euse; turbulent, e; bruyant, e.

bullarengue m Tournure *f*.

bull|ebulle s FIG. Personne qui a la bougeotte | — M Agitation *f* || **~icio** m Brouhaha, tumulte (ruido) | Agitation *f* | Bousculade *f* (atropello) | Grouillement (de la muchedumbre) || **~icioso, a** adj Bruyant, e (ruidoso) | Remuant, e; turbulent, e | Séditieux, euse || **~idor, a** adj Vif, vive; remuant, e || **~ir*** vi Bouillir | Bouillonner (a borbotones) | Grouiller (insectos) | Frétiller (peces) | FIG. Remuer, s'agiter | Fourmiller, grouiller (gente) | Foisonner, abonder (cosas) || **~ón** m Bouillon (tinte, pliegue) | Fleuron (encuadernación).

buniato m BOT. Patate.

buñ|olería f Boutique du marchand de beignets || **~olero, a** s Marchand de beignets || **~uelo** m Beignet | FIG. Navet (cosa mala) | ~ *de viento*, pet-de-nonne | FIG. *Hacer un* ~, bâcler son travail.

buque m Bateau, vaisseau (barco) | Coque *f* (casco) | ~ *aljibe*, bateau-citerne | ~ *factoría*, navire-usine | ~ *insignia*, vaisseau amiral.

buqué m Bouquet (aroma).

burbuj|a f Bulle || **~eante** adj Pétillant, e || **~ear** vi Faire des bulles.

burda f MAR. Galhauban *m*.

burdégano m Bardot.

burdel m Bordel.

Burdeos npr Bordeaux.

burdo, a adj Grossier, ère.

bureo m FAM. *Estar* ou *irse de* ~, faire la noce *o* la foire.

bureta f Burette.

burg|alés, esa adj/s De Burgos || **~o** m Bourg || **~omaestre** m Bourgmestre || **~ués, esa** adj/s Bourgeois, e || **~uesía** f Bourgeoisie.

buril m Burin || **~ar** vt Buriner, graver au burin.

burl|a f Moquerie (mofa) | Plaisanterie (chanza) | Tromperie (engaño) | *De* ~*s*, pour rire | *Hacer* ~, se moquer || **~adero** m TAUR. Refuge || **~ador, a** adj/s Moqueur, euse | — M Séducteur, Don Juan || **~ar** vt Plaisanter | Se moquer de | Tromper (engañar) | *Burla burlando*, en badinant | — Vp Se moquer || **~esco, a** adj Burlesque || **~ete** m Bourrelet || **~ón, ona** adj/s Moqueur, euse.

bur|ó m Bureau || **~ocracia** f Bureaucratie || **~ócrata** s Bureaucrate || **~ocrático, a** adj Bureaucratique. || **~ocratismo** m Bureaucratisation *f* || **~ocratizar** vt Bureaucratiser || **~ótica** f Bureautique.

burr|a f Ânesse || **~ada** f FAM. Ânerie, bêtise (necedad), énormité (barbaridad), flopée, tas *m*, tapée (multitud) || **~iciego, a** adj Qui ne voit pas clair || **~o** m Âne (animal) | Baudet (de carpintero) | FIG. Âne, âne bâté (idiota) | FIG. *A* ~ *muerto, cebada al rabo*, il est trop tard. *Apearse* ou *caerse de su* ~, reconnaître son erreur | FAM. *No ver tres en un* ~, n'y voir goutte.

bursátil adj Boursier, ère.

buruj|o m Pelote *f* (lana) | Tourteau d'olive || **~ón** m Bosse *f* (chichón).

bus m Bus, autobus.

busarda f *Amér.* FAM. Estomac *m*.

busc|a f Recherche || **~ador, a** adj/s Chercheur, euse || **~apiés** m inv Serpenteau || **~apleitos** m inv Chicaneur || **~ar** vt Chercher | *Quien busca halla*, qui cherche trouve | *Te la has buscado*, tu l'as cherché, tu as gagné || **~avidas** s inv Débrouillard, e || **~ón, ona** adj/s Chercheur, euse | — M Filou (ratero), aventurier | — F POP. Racoleuse (ramera).

busilis m FAM. Hic.

búsqueda f Recherche.

busto m Buste.

butaca f Fauteuil *m* : ~ *de patio*, fauteuil d'orchestre.

butano m Butane : *bombona de* ~, bouteille de butane.

buten (de) loc adv FAM. Épatant, e; du tonnerre, au poil.

butifarra f Saucisse catalane.

buyo m Chique *f* (insecto).

buzo m Plongeur, scaphandrier | Bleu (mono de trabajo).

buzón m Boîte (*f*) aux lettres (correo) | Bonde *f* (tapón).

C

c f C *m.*
¡ca! interj FAM. Pas question!
cabal adj Juste, exact, e | Parfait, e; accompli, e (perfecto) | Total, e; complet, ète | *Estar en sus ~es,* avoir toute sa tête.
cábala f Cabale | FIG. Conjecture.
cabalg|ada f Chevauchée, cavalcade || **~adura** f Monture (de silla) | Bête de somme (de carga) || **~ar** vi Chevaucher, aller à cheval | — Vt Monter | Couvrir, saillir (cubrir) || **~ata** f Cavalcade, défilé *m* | Chevauchée (correría) | *La ~ de los Reyes Magos,* le défilé des Rois mages.
cabalístico, a adj Cabalistique.
caball|a f Maquereau *m* (pez) || **~ar** adj Chevalin, e || **~eresco, a** adj Chevaleresque | De chevalerie : *poema ~,* poème de chevalerie || **~erete** m FAM. Gommeux, petit monsieur || **~ería** f Monture | MIL. Cavalerie | Chevalerie (orden) | Équitation | *~ andante,* chevalerie errante || **~eriza** f Écurie || **~erizo** m Écuyer | Garçon d'écurie (criado) || **~ero, a** adj À cheval, monté, e : *~ en un asno,* monté sur un âne | — M Chevalier (noble) | Monsieur (señor) | Homme : *trajes para ~s,* costumes pour hommes | Galant homme | *~ andante,* chevalier errant | *Comportarse como un ~,* se conduire en gentleman || **~erosidad** f Noblesse, générosité || **~eroso, a** adj Chevaleresque | Galant, e || **~ete** m Faîte (del tejado) | Chevalet (tortura, soporte, de pintor) | Sellette *f* (de escultor) | Mitre *f* (de chimenea) | Dos (de la nariz) | AGR. Billon | **~ista** m Cavalier (jinete) | Écuyer | — F Écuyère || **~itos** mpl Manège (*sing*) de chevaux de bois (tiovivo) | Petits chevaux (juego) || **~o** m Cheval : *~ de carrera, de tiro,* cheval de course, de trait | Cavalier (jinete, ajedrez, naipes) | Baudet (para serrar) | *A mata ~,* à bride abattue | FIG. *~ de batalla,* cheval de bataille | *~ de mar,* hippocampe | *~ de vapor,* cheval-vapeur | *~ padre,* étalon || **~ón** m AGR. Billon, ados || **~uno, a** adj Chevalin, e.
cabañ|a f Cabane (casita) | Troupeau *m* (rebaño) | Cheptel *m* (riqueza ganadera) | Bétail *m* (ganado).
cabaret m Cabaret, boîte (*f*) de nuit.
cabec|ear vi Hocher la tête (balancear) | Dodeliner de la tête (dormirse) | Faire une tête (fútbol) | MAR. Tanguer | Pencher (inclinarse) | Cahoter (dar tumbos) || **~eo** m Hochement de tête | Dodelinement (ligera oscilación) | Cahot (de un vehículo) | MAR. Tangage || **~era** f Tête | Chevet *m,* tête (de la cama) | Haut bout *m* (de la mesa) | Source (de un río) | Chef-lieu *m* (capital) | IMPR. Frontispice *m* (en un libro), manchette ; nom *m* (de periódico) | *Estar a la ~ de la mesa,* présider || **~il** m Bourrelet || **~illa** s FAM. Étourdi, e | — M Chef de file.
cabell|era f Chevelure || **~o** m Cheveu (pelo) | Cheveux *pl,* chevelure *f* (cabellera) | — Pl Barbes *f* (de maíz) | FIG. *Asirse de un ~,* saisir le moindre prétexte. *Cortar un ~ en el aire,* saisir tout à demi-mot || **~udo, a** adj Chevelu, e.
caber* vi/t Tenir, entrer, rentrer | Être à, appartenir : *no me cabe decirlo,* ce n'est pas à moi de le dire | Incomber, revenir (incumbir) | Pouvoir : *cabe decir,* on peut dire | — Vt Contenir (contener) | *Dentro de lo que cabe,* autant que possible, dans la mesure du possible | *No cabe más,* c'est plein (lleno), c'est le comble (el colmo) | *No ~ en sí,* être bouffi d'orgueil | *¿Quepo yo?,* y a-t-il une place pour moi ? | *Si cabe,* si c'est possible | *Todo cabe en él,* il est capable de tout.
cabestr|illo m Écharpe *f* (venda) || **~o** m Licou (rienda) | Sonnailler (buey).
cabez|a f Tête | Sommet *m* (de un monte) | — M Tête *f,* chef (jefe) | *A la ~,* en tête, devant (delante de), à la tête de (al frente de) | *Andar* ou *ir de ~,* ne pas savoir où donner de la tête | *~ buscadora,* tête chercheuse (de cohete) | *~ de cordada,* premier de cordée | *~ de espárrago,* pointe d'asperge | *~ de partido,* chef-lieu d'arrondissement | *Darse de ~ contra la pared,* se taper la tête contre les murs | *De ~,* par cœur, de tête (de memoria), tête baissée (de lleno), la tête la première | *De mi ~,* de mon cru | FAM. *Estar mal de la ~,* être piqué o timbré | *Sacar de la ~,* ôter de la tête (idea) | *Sentar la ~,* se calmer, se ranger | *Tener la ~ a pájaros,* avoir une tête sans cervelle | *Tirarse de ~,* plonger | *Traerle a uno de ~,* rendre qqn fou, faire perdre la tête à qqn | *Venir a la ~,* venir à l'esprit || **~ada** f Coup (*m*) de tête | Dodelinement (*m*) de la tête (al dormirse) | Salut (*m*) de la tête (saludo)

| MAR. Tangage *m* | FAM. *Dar ~s,* dodeliner de la tête. *Echar una ~,* faire un petit somme || **~al** m Oreiller (almohada), traversin (larga) | TECN. Avant-train (de coche), poupée *f* (de torno) || **~azo** m Coup de tête | Tête *f* (fútbol) || **~ón, ona** adj/s FAM. Qui a une grosse tête | FIG. FAM. Cabochard, e ; têtu, e (terco) || **~onada** f FAM. Coup (*m*) de tête (capricho) || **~onería** f FAM. Entêtement *m* || **~ota** f FAM. Grosse tête | — S FAM. Cabochard, e || **~udo, a** adj Qui a une grosse tête | FAM. Cabochard, e (terco), capiteux, euse (bebida) | — M Muge (pez) | — Pl Nains, grosses têtes *f* (en fiestas) || **~uela** f Petite tête | BOT. Bouton (*m*) de rose (capullo), pointe (de espárrago).

cabida f Capacité | Place.

cabila adj/s Kabyle.

cabild|ada f FAM. Coup (*m*) de force || **~ear** vi Intriguer || **~eo** m Manœuvres (*fpl*) électorales || **~o** m Chapitre (de iglesia) | Conseil municipal (ayuntamiento) | Réunion *f* | Salle (*f*) de réunion.

cabilla f MAR. Cheville.

cabina f Cabine | *~ electoral,* isoloir.

cabinera f *Amér.* Hôtesse de l'air.

cabizbajo, a adj Tête basse.

cable m Câble | Encablure *f* (medida) | FAM. *Echar un ~,* tendre la perche || **~ar** vt Câbler || **~grafiar** vi Câbler || **~grama** m Câblogramme, câble.

cabo m Bout (extremidad, pedazo) | Manche (mango) | Colis (paquete) | MAR. Cordage | GEOGR. Cap | MIL. Caporal (de escuadra) | Brigadier (de policía) | — Pl Attaches *f* (tobillo, muñeca) | Accessoires [de l'habillement] | Queue (*f*) et crinière *f* (del caballo) | *Al ~,* à la fin | *Al ~ de,* au bout de | *Atando ~s,* par recoupements | *Atar ~s,* réunir des renseignements, procéder par recoupements | *~ de vara,* garde-chiourme | *De ~ a rabo,* d'un bout à l'autre | *Llevar a ~,* mener à bien, réaliser, venir à bout de || **~taje** m MAR. Cabotage.

cabr|a f Chèvre | *~ montés,* chamois | FAM. *Estar como una ~,* être piqué *o* timbré || **~ahigo** m BOT. Figuier sauvage (árbol), figue (*f*) sauvage (fruto) || **~ajo** m Homard || **~ear** vt FAM. Crisper (enojar) | POP. Emmieller, empoisonner | — Vp FAM. Se mettre en rogne (irritarse), se fâcher (enfadarse) || **~eo** m FAM. *Coger un ~,* piquer une crise. *Dar un ~,* mettre de mauvais poil. *Tener un ~,* être de mauvais poil *o* en colère || **~ero, a** s Chevrier, ère || **~estante** m MAR. Cabestan || **~ia** f TECN. Chèvre || **~illa** f TECN. Baudet *m* | — Pl Moutons *m* (olas) | Ricochets *m* (juego) || **~illear** vi Moutonner (el mar) || **~illeo** m Moutonnement || **~io** m ARQ. BLAS. Chevron || **~ío, a** adj Caprin, e | — M Troupeau de chèvres || **~iola** f Cabriole || **~iolé** m Cabriolet || **~itilla** f Chevreau *m* (piel) || **~ito** m Chevreau, cabri || **~ón** m ZOOL. Bouc | FAM. Salaud (mala persona), cocu (cornudo), souteneur (rufián) || **~onada** f FAM. Tour (*m*) de cochon, vacherie || **~uno, a** adj Caprin, e.

cabuya f BOT. Agave *m* | Fibre d'agave | MAR. Cordage *m.*

caca f FAM. Caca *m* | FAM. Cochonnerie (suciedad).

cacahuete m Cacahuète *f,* cacahouète *f* | *Aceite de ~,* huile d'arachide.

cacao m Cacaoyer, cacaotier (árbol) | Cacao (grano, sustancia) | FAM. *Cacao mental,* salade, confusion.

cacare|ar vi Caqueter | — Vt FAM. Crier sur les toits (propagar), vanter (ensalzar) || **~o** m Caquetage (acción), caquet (ruido) | FIG. Concert de louanges (alabanzas).

cacatúa f ZOOL. Cacatoès *m.*

cacera f Rigole, canal (*m*) d'irrigation.

cacería f Partie de chasse | Chasse.

cacerola f Casserole (con mango), marmite (con asas).

caci|cazgo o **~cato** m Caciquat || **~que** m Cacique | FAM. Coq du village (gallo del pueblo), personnage influent || **~quismo** m Caciquisme.

caco m Filou (ladrón).

caco|fonía f Cacophonie || **~fónico, a** adj Cacophonique.

cacto o **cactus** m Cactus.

cacumen m FAM. Esprit (caletre), flair (agudeza), perspicacité *f.*

cacha f Plaque (de cuchillo), manche *m* (mango) | FAM. Fesse (nalga), joue (carrillo) | FAM. *Hasta las ~s,* jusqu'au cou.

cachalote m Cachalot.

cacharr|azo m FAM. Coup (golpe), chute *f* (caída) || **~ería** f Magasin (*m*) de faïences et de poteries || **~ero, a** s Marchand de poteries || **~o** m Pot (recipiente) | Poterie *f* (vasija) | FAM. Truc (chisme), clou (máquina, bicicleta), tacot, guimbarde *f* (coche) | — Pl Affaires *f* | Ustensiles.

cachaz|a f FAM Calme *m,* lenteur (lentitud) | Flegme *m* | Tafia *m* || **~udo, a** adj/s Flegmatique.

cachear vt Fouiller [qqn].

cachemira f Cachemire *m* (tejido).

Cachemira nprf Cachemire *m.*

cacheo m Fouille *f.*

cachet|ada f *Amér.* Gifle || **~e** m FAM. Joue *f* (carrillo) | Claque *f*, gifle *f* (bofetada) | Coup de poing (golpe) | Fesse *f* (nalga) || **~ear** vt Gifler || **~ero** m Poignard | Torero qui donne le coup de grâce || **~udo, a** adj Joufflu, e.
cachimba f o **cachimbo** m Pipe *f*.
cachi|polla f Éphémère *m* || **~porra** f Massue || **~vache** m Ustensile | Babiole *f* (fruslería) | Truc, machin (chisme).
cacho m Morceau.
cachond|earse vp POP. Se ficher de (guasearse), prendre à la rigolade (no tomar en serio) || **~eo** m POP. Moquerie *f* (burla), rigolade *f* (guasa) | *Armar ~*, chahuter || **~ez** f Rut *m* (de los animales) | FIG. Sensualité || **~o, a** adj En rut, en chaleur (animal) | POP. Sensuel, elle (sensual), marrant, e (gracioso).
cachorro, a s Chiot (sin fem) [cría del perro] | Lionceau *m* (del león) | Petit *m* (de otros mamíferos).
cachunde m Cachou.
cachupín, ina s Espagnol, Espagnole [établi au Mexique].
cada adj Chaque | Tous les, toutes les [avec un nom au pluriel] : *~ dos días*, tous les deux jours | *~ cual* ou *~ uno, ~ una*, chacune, e | *~ día*, tous les jours | *~ dos por tres*, à tout bout de champ | FAM. *¡Le dio ~ bofetada!*, il lui a donné une de ces gifles! | *Uno de ~ diez*, un sur dix.
cadalso m Échafaud (patíbulo).
cad|áver m Cadavre | Corps : *levantamiento del ~*, levée du corps || **~avérico, a** adj Cadavérique | Cadavéreux, euse (como un cadáver).
caddy m Caddie.
cadejo m Touffe (*f*) de cheveux.
cadena f Chaîne | Série | DR. Emprisonnement *m*, travaux (*mpl*) forcés, détention : *~ perpetua*, travaux forcés à perpétuité.
cadencia f Cadence.
cadeneta f Chaînette | Guirlande de papier (adorno).
cadera f ANAT. Hanche.
cadete m MIL. Cadet.
Cádiz npr Cadix.
cadmio m QUÍM. Cadmium.
caduc|ar vi Être périmé, expirer | Radoter (chochear) || **~eo** m Caducée || **~idad** f Caducité | DR. Déchéance; péremption, prescription || **~o, a** adj Caduc, caduque | FIG. Périmé, e.
caedizo, a adj Instable, branlant, e.
caer* vi Tomber : *~ al suelo*, tomber par terre | FIG. Tomber (declinar, morir, acabarse, etc), trouver (adivinar), se trouver (situarse), donner sur (dar a), entrer : *~ dentro de las atribuciones*, entrer dans les attributions | *~ bien* ou *mal*, tomber bien o mal (venir bien o mal), aller bien o mal (sentar bien o mal), plaire, déplaire (agradar o no) | *~ en redondo*, s'écrouler | FIG. *Estar al ~*, être sur le point d'arriver | *¡Ya caigo!*, j'y suis!, j'ai compris! | — Vp Tomber : *~ de sueño*, tomber de sommeil | FIG. *~ de tonto*, être bête comme tout | *~ redondo*, tomber raide | FIG. *No tener dónde ~ muerto*, être sur le pavé.
café m Café (grano, bebida, establecimiento) | BOT. Caféier (cafeto) | *~ solo*, café noir | FIG. *Estrategas de ~*, stratèges en chambre | FAM. *Tener mal ~*, être un mauvais coucheur | — Adj Café (color).
cafe|ína f Caféine || **~tal** m Caféière *f* || **~tera** f Cafetière | FAM. Tacot *m* (coche) || **~tería** f Snack-bar *m* || **~tero, a** adj Relatif au café | Amateur de café | — S Cafetier, ère || **~tín** o **~tucho** m FAM. Bistrot || **~to** m Caféier.
cáfila f FAM. Bande (grupo) | FIG. Flopée (gran cantidad).
cafre adj/s Cafre | FIG. Sauvage.
cag|ada f Excrément *m* || **~ado, a** adj/s POP. Trouillard, e || **~afierro** m Mâchefer || **~ajón** m Crottin || **~alera** f POP. Foire (miedo) || **~ar** vt/i POP. Chier | — Vt FAM. Cochonner | *~la*, mettre les pieds dans le plat | — Vp POP. Avoir la trouille || **~arria** f Morille (seta) || **~arruta** f Crotte || **~atintas** m FAM. Gratte-papier || **~ón, ona** o **ueta** adj/s POP. Trouillard, e.
caíd m Caïd.
caíd|a f Chute | Pente (declive, tapicería colgante) | Retombée (de paño) | FIG. Chute (falta, hundimiento), trait (*m*) d'esprit (salida) | Réception (de un salto) | *~ de la tarde*, tombée de la nuit | *~ del telón*, baisser du rideau || **~o, a** adj Tombé, e | FIG. Défaillant, e (desfallecido), abattu, e | Tombant, e : *hombros ~s*, épaules tombantes | — Mpl Morts.
caimán m ZOOL. Caïman.
Caín nprm Caïn | FAM. *Pasar las de ~*, en voir de toutes les couleurs.
cairel m Frange *f*.
Cairo (El) npr Le Caire.
caj|a f Boîte (pequeña) | Caisse (de gran tamaño, registradora) | Tiroir-caisse *m* (cajón) | Cercueil *m* (ataúd) | Boîtier *m* (de reloj, de cámara) | Buffet *m* (del órgano) | Cage (de ascensor) | IMPR. Casse | *~ baja*, bas de casse | MÚS. Caisse (tambor) | Fût *m* (de fusil) | *~ craneana*,

boîte crânienne | ~ *de ahorros,* caisse d'épargne | TECN. ~ *de cambios,* boîte de vitesses | ~ *de caudales,* coffre-fort | ~ *torácica,* cage thoracique | FAM. *Echar a uno con ~s destempladas,* renvoyer qqn avec pertes et fracas | *Ingresar en ~,* encaisser || **~ero, a** s Caissier, ère || **~etilla** f Paquet (*m*) de cigarettes o de tabac | Boîte : ~ *de cerillas,* boîte d'allumettes || **~etín** m ELEC. Baguette *f* | TECN. Boîtier | IMPR. Cassetin.

cajiga f BOT. Chêne (*m*) rouvre.

caj|ista s IMPR. Compositeur, trice | ~ *de imprenta,* ouvrier typographe || **~ón** m Caisse *f* (caja) | Tiroir (de mueble) | Compartiment | Caisson (obras) | IMPR. Casseau | FIG. ~ *de sastre,* fouillis | FAM. *De ~,* évident, e; ordinaire || **~onera** f AGR. Châssis *m.* || **~uela** f *Amér.* AUT. Coffre *m.*

cal f Chaux : ~ *apagada* ou *muerta,* chaux éteinte | *A* ou *de ~ y canto,* à double tour (cerrado).

cala f Entame (trozo) | MED. Suppositoire *m* | Sonde | MAR. Cale, soute | GEOGR. Anse, crique | BOT. Arum *m* | FIG. Sondage *m* | *A ~ y cata,* à la tranche, à la coupe || **~bacear** vt FAM. Coller, recaler (en un examen), repousser (un pretendiente) || **~bacera** f BOT. Courge || **~bacín** m BOT. Courgette *f* | FAM. Gourde *f,* courge *f* || **~bacino** m Calebasse *f,* gourde *f* (recipiente) || **~baza** f BOT. Courge; citrouille (grande) | Calebasse, gourde (recipiente) | FAM. Gourde, courge (persona) | FAM. *Dar ~s,* coller, recaler (examen), éconduire (pretendiente) || **~bobos** m inv FAM. Crachin, bruine *f* || **~bozo** m Cachot || **~brote** m MAR. Grelin || **~da** f Bouffée (de cigarrillo) || **~do** m Broderie (*f*) à jour (bordado) | Découpure *f* (recorte) | MAR. Tirant d'eau, calaison *f* | MEC. Calage.

calafate m MAR. Calfat || **~ar** vt MAR. Calfater (barcos) | Calfeutrer (juntura) || **~o** m Calfatage.

calamar m ZOOL. Calmar, encornet.

calambre m MED. Crampe *f* | Décharge (*f*) électrique.

calami|dad f Calamité | Fléau *m* (plaga) | FAM. *Ser una ~,* être un bon à rien || **~na** f Calamine.

cálamo m MÚS. Chalumeau | POÉT. Roseau (planta), plume *f* (para escribir)

calamocano, a adj FAM. Éméché, e.

calandra o **calandria** f Calandre.

calaña f Modèle *m,* forme (muestra) | FIG. Nature (persona), qualité (cosa) espèce, acabit *m* : *son de la misma ~,* ils sont du même acabit.

calañés adjm *Sombrero ~,* chapeau à bords relevés.

calar vt Tremper (con un líquido) | Transpercer, traverser (atravesar) | Broder à jours (bordar) | Ajourer (agujerear) | Enfoncer (un sombrero) | Entamer (fruta) | FIG. Percer, deviner (adivinar), saisir (entender), pénétrer | MAR. Caler | Mettre au canon (bayoneta) | *Amér.* Extraire [un échantillon] avec la sonde | — Vi MAR. Caler | — Vp Être trempé | Enfoncer (sombrero) | Fondre (ave) | FAM. Se fourrer (meterse) | MEC. Caler | ~ *las gafas,* chausser ses lunettes.

calaver|a f Tête de mort | — M Viveur, noceur (juerguista), tête (*f*) brûlée (cabeza loca) || **~ada** f Frasque, fredaine.

calcáneo m ANAT. Calcanéum.

calc|añal o **~añar** o **~año** m Talon || **~ar** vt Calquer, décalquer | FIG. Calquer | Fouler (pisar).

calcáreo, a adj Calcaire.

calce m Jante *f* (de rueda) | Coin (cuña) | Cale *f* (calza).

calcedonia f Calcédoine.

calcet|a f Bas *m* | *Hacer ~,* tricoter || **~ín** m Chaussette *f.*

calc|ificación f Calcification || **~ificar** vt Calcifier || **~inación** f Calcination || **~inar** vt Calciner || **~io** m Calcium.

calco m Calque || **~grafía** f Chalcographie || **~manía** f Décalcomanie || **~pirita** f Chalcopyrite.

calcul|ador, a adj/s Calculateur, trice || **~ar** vt Calculer | FIG. Calculer, évaluer; penser, croire, supposer (creer).

cálculo m Calcul | Évaluation *f,* calcul | FIG. Calcul (conjetura), prudence *f* | MED. Calcul.

calda f Chauffage *m* (calentamiento) | Chauffe (introducción del combustible) | TECN. Chaude (metales) | — Pl Eaux thermales.

Caldea nprf Chaldée.

calde|amiento m Chauffe *f,* chauffage || **~ar** vt Chauffer | Rougir (metal) | — Vp Se chauffer | Rougir || **~o** m Chauffe *f,* chauffage || **~o, a** adj/s Chaldéen, enne || **~ra** f Chaudière | Chaudron *m* (caldero) | MIN. Puisard *m* | *Amér.* Bouilloire (para infusiones), cratère *m* || **~rada** f Chaudière, chaudronnée || **~rería** f Chaudronnerie || **~rero** m Chaudronnier || **~rilla** f Petite monnaie || **~ro** m Chaudron | TECN. Poche *f* : ~ *de colada,* poche de coulée || **~rón** m MÚS. Point d'orgue.

cald|illo m Jus, sauce *f* || **~o** m Bouillon | Consommé (sopa) | Assaisonnement (salsa) | — Pl Liquides alimentaires | Crus : *los ~s de Jerez,* les

crus de Xérès | ~ *corto*, court-bouillon | FAM. *Poner a* ~, passer un savon (regañar). || **~oso, a** adj Qui a beaucoup de jus || **~ucho** m Lavasse *f*.
calé m Gitan.
calefacción f Chauffage *m* : ~ *central, por fuel-oil*, chauffage central, au mazout | TECN. Chauffe (caldeo)
calend|ario m Calendrier : ~ *de taco*, calendrier à effeuiller || **~as** fpl Calendes.
calent|ador, a adj Chauffant, e | — M Calorifère (aparato) | Chauffe-eau (para calentar agua), chauffe-bain (de baño) | Bassinoire *f*, chauffe-lit (de cama) | TECN. Réchauffeur || **~amiento** m Chauffage || **~ar*** vt Chauffer, faire chauffer | Échauffer (los músculos) | FIG. Chauffer | FAM. Flanquer une raclée (azotar) | — Vp Se chauffer | Chauffer (el fuego) | FIG. S'échauffer || **~ón** m *Darse un* ~, se mettre à chauffer || **~ura** f MED. Fièvre, température | Bouton (*m*) de fièvre (en los labios) || **~uriento, a** adj Fiévreux, euse; fébrile || **~urón** m Grosse fièvre *f*, fièvre (*f*) de cheval.
calera f Carrière de pierre à chaux (cantera) | Four (*m*) à chaux.
cales|a f Calèche || **~ero** m Postillon.
caleta f Crique.
caletre m FAM. Jugeote *f*.
calibr|ación f o **~ado** m Calibrage *m* || **~ador** m Calibre, calibreur | Jauge *f* : ~ *micrométrico*, jauge micrométrique | Alésoir (de un tubo) || **~ar** vt Calibrer (medir) | Aléser (mandrilar) | FIG. Jauger (juzgar) || **~e** m Calibre | Alésage (diámetro interior) | FIG. Importance *f*.
calicata f MIN. Sondage *m*.
calicó m Calicot (tela).
calidad f Qualité | Choix *m* : *eran artículos de primera* ~, c'étaient des articles de premier choix | FIG. Importance | Condition | — Pl Qualités.
cálido, a adj Chaud, e.
calidoscopio m Kaléidoscope.
calient|apiés m inv Chaufferette *f*, chauffe-pieds || **~aplatos** m inv Chauffe-plats, chauffe-assiettes || **~e** adj Chaud, e | *En* ~, sur-le-champ (en el acto), à chaud (operación).
califa f Calife || **~to** m Califat.
calific|able adj Qualifiable || **~ación** f Qualification | Note (de un ejercicio) || **~ar** vt Qualifier | Noter (un ejercicio) || **~ativo, a** adj/m Qualificatif, ive.
calígine f Obscurité, ténèbres *pl*.
caliginoso, a adj Obscur, e.
cal|igrafía f Calligraphie || **~igrafiar** vt Calligraphier || **~ígrafo** m Calligraphe.
calina f Brume (niebla) | Chaleur.
cáliz m Calice | *Apurar el* ~ *hasta las heces*, boire le calice jusqu'à la lie.
caliz|a f Calcaire *m* (roca) | Pierre à chaux (carbonato de calcio) || **~o, a** adj Calcaire.
calm|a f Calme *m* | Accalmie (en los negocios) | Calme *m*, nonchalance, décontraction | MAR. ~ *chicha*, calme plat | *En* ~, calme || **~ante** adj/m Calmant, e || **~ar** vt Calmer | Apaiser (sosegar) | — Vi/p Se calmer | Tomber (el viento) || **~oso, a** adj Calme | FAM. Nonchalant, e; indolent, e.
caló m Parler des gitans.
calofrío m Frisson.
calomelanos mpl Calomel *sing*.
cal|or m Chaleur *f* | *Dar* ~, encourager (animar), tenir chaud | *Entrar en* ~, s'échauffer (acalorarse), se réchauffer | *Hace* ~, il fait chaud | *Tener* ~, avoir chaud || **~oría** f Calorie || **~órico, a** adj Calorique || **~orífero, a** adj/m Calorifère || **~orífico, a** adj Calorifique || **~orífugo, a** adj/m Calorifuge || **~orimetría** f Calorimétrie || **~orímetro** m Calorimètre.
calumni|a f Calomnie || **~ador, a** adj/s Calomniateur, trice || **~ar** vt Calomnier || **~oso, a** adj Calomnieux, euse.
caluroso, a adj Chaud, e | FIG. Chaleureux, euse.
calv|a f Calvitie (calvicie) | Clairière (en un bosque) | Partie râpée (de una piel) || **~ario** m Calvaire || **~ero** m Clairière *f* || **~icie** f Calvitie.
calvin|ismo m Calvinisme || **~ista** adj/s Calviniste.
calvo, a adj/s Chauve | — Adj Dénudé, e; pelé, e (terreno), râpé, e (tejido).
calz|a f Cale | FAM. Bas *m* (media) | — Pl Chausses || **~ada** f Chaussée || **~ado, a** adj Chaussé, e | — M Chaussure *f* | Chaussures *fpl* : *tienda de* ~, magasin de chaussures || **~ador** m Chausse-pied || **~apiés** m inv Cale-pied || **~ar** vt Chausser : ~ *el 37*, chausser du 37 | Porter (llevar puesto) | Caler (poner un calce) | — Vp Se chausser | Mettre (ponerse) || **~o** m Cale *f* (calce), coin (cuña) || **~ón** m Culotte *f* | — Pl Culotte *fsing* || **~onazos** m inv FAM. Femmelette *f* || **~oncillos** mpl Caleçon *sing*.
call|ada f Silence *m* | *A la* ~, en tapinois | *Dar la* ~ *por respuesta*, ne pas daigner répondre || ~ **ado, a** adj Silencieux, euse; discret, ète | Réservé, e (comedido) || **~andico** o **~andito** adv FAM. En tapinois || **~ar** vi/p Se taire | *Quien calla*

otorga, qui ne dit mot consent | — Vt Taire | Passer sous silence (omitir).
call|e f Rue | Voie (de autopista) | Allée (en un parque) | IMPR. Rue | DEP. Couloir *m* | FAM. *Azotar ~s*, battre le pavé | *~ abajo*, en descendant la rue | FAM. *Echar a la ~*, mettre dehors. *Echar por la ~ de en medio*, foncer droit au but | *Hacer ~*, faire la haie | *Irse a la ~*, sortir | FAM. *Llevarse de ~*, convaincre, embobiner ‖ **~eja** f Ruelle ‖ **~ejear** vi Flâner, courir les rues ‖ **~ejero, a** adj Flâneur, euse | De la rue (de la calle) | Ambulant, e : *venta ~*, vente ambulante | — M Répertoire des rues d'une ville ‖ **~ejón** m Ruelle *f* | *~ sin salida*, impasse ‖ **~ejuela** f Ruelle | FIG. Échappatoire.
call|icida m Coricide ‖ **~ista** s Pédicure ‖ **~o** m MED. Cor (en los pies), durillon, callosité *f* (en manos y pies), cal (de fractura) | FAM. Horreur *f* (muy feo) | — Pl Tripes *fpl* (plato) ‖ **~osidad** f Callosité ‖ **~oso, a** adj Calleux, euse.
cama f Lit *m* : *~s separadas*, *de nido*, lits jumeaux, gigogne | Portée (camada) | Gîte *m*, lit *m* (de liebre) | FIG. Couche (capa) | *~ turca*, cosy ‖ **~da** f Portée, nichée | Couche (capa) | Bande (grupo) ‖ **~feo** m Camée ‖ **~león** m Caméléon.
camándula f FAM. Malice, ruse (astucia), hypocrisie.
camandulero, a adj/s FAM. Hypocrite | — S Cagot, e (beato).
cámara f Chambre (habitación, consejo, cuerpo legislativo, de aire, del ojo, de arma de fuego, de horno) | Caméra (cine) | MAR. Carré *m*, chambre | Sas *m* (de esclusa) | Tente (de oxígeno) | — Pl Selles (excremento) | *A ~ lenta*, au ralenti | *~ fotográfica*, appareil photographique | *~ frigorífica*, chambre froide | *~ oscura*, chambre noire | — M Cameraman.
camarad|a m Camarade ‖ **~ería** f Camaraderie.
camar|era f Serveuse (de café, etc) | Servante (sirvienta) | Caméristе (en casa principal) | Habilleuse (de teatro) ‖ **~ero** m Garçon de café | Valet de chambre (en un hotel) | Habilleur (de teatro).
camar|illa f Coterie, clan *m* | Lobby *m* (en el Parlamento) | Box *m* (de un dormitorio) ‖ **~ín** m Niche *f* | Loge *f* (de actores) | Cabinet (despacho, tocador) ‖ **~ista** f Camériste.
camarlengo m Camerlingue.
camarón m Crevette (*f*) grise.
camarote m MAR. Cabine *f*.
camastr|o m Grabat ‖ **~ón, ona** s FAM. Finaud, e.

cambalache m FAM. Échange, troc ‖ *Amér.* Bric-à-brac ‖ **~ar** vt FAM. Échanger.
cambi|able adj Échangeable ‖ **~adizo, a** adj Inconstant, e; changeant, e ‖ **~ador** m Échangeur ‖ **~ante** adj Changeant, e | — M Chatoiement (viso) | Moiré (tela) ‖ **~ar** vt Changer | Échanger (trocar) | Faire la monnaie de (transformar en moneda fraccionaria) | Renverser, inverser (invertir) | — Vi Changer | Faire de la monnaie | AUT. Changer de vitesse | — Vp Se changer ‖ **~azo** m Volte-face *f* | FAM. *Dar el ~ a uno*, rouler qqn ‖ **~o** m Échange (canje) | COM. Cours du change | Monnaie *f* (moneda fraccionaria) | Changement (modificación) | FIG. Volte-face *f*, revirement (de opinión) | *A ~ de*, en échange de | *~ de impresiones*, échange de vues | *~ de velocidades*, changement de vitesse (de coche), dérailleur (de bicicleta) | *~ de agujas* ou *de vía*, aiguillage | *En ~*, en revanche, par contre (al contrario), en contrepartie (para compensar) ‖ **~sta** m Changeur.
Camboya nprf Cambodge *m*.
camboyano, a adj/s Cambodgien, enne.
cámbrico, a adj/m Cambrien, enne.
camel|ar vt FAM. Baratiner (a una chica), enjôler (embaucar), aimer (querer) ‖ **~eo** m FAM. Boniment, baratin ‖ **~ia** f Camélia *m* ‖ **~ista** s FAM. Fumiste (cuentista), baratineur, euse | — Adj FAM. À la gomme ‖ **~o** m FAM. Baratin (galanteo), fumisterie *f*, chiqué (tongo), histoire *f* (mentira), tape-à-l'œil (farfolla) | FAM. *Dar el ~ a uno*, rouler qqn | *De ~*, à la gomme.
camell|a f Chamelle | AGR. Billon *m* ‖ **~ero** m Chamelier ‖ **~o** m Chameau ‖ **~ón** m AGR. Cavaillon, billon.
cameraman m Cameraman.
cam|erino m Loge *f* ‖ **~ero, a** adj De grand lit (sábana, etc).
Camerún nprm Cameroun.
camill|a f Lit (*m*) de repos | Brancard *m* (angarillas) | Tandour (mesa redonda) ‖ **~ero** m Brancardier.
camin|ador, a adj Marcheur, euse ‖ **~ante** s Voyageur, voyageuse à pied ‖ **~ar** vi Voyager (viajar) | Marcher (andar) | Suivre son cours (río, astro) | — Vt Marcher, parcourir (recorrer) | **~ata** f FAM. Longue promenade, randonnée (paseo), trotte (distancia) | *Amér.* DEP. Marche ‖ **~ero, a** adj *Peón ~*, cantonnier ‖ **~o** m Chemin : *~ de herradura*, chemin muletier | Voyage, route *f* (viaje) | Route *f*, chemin (itinerario) | FIG. Voie, *f*, chemin (vía), chemin (medio) | *Abrirse*

~, se frayer un chemin (al andar), faire son chemin (en la vida) | ~ *de*, en direction de, vers (hacia), en allant à (yendo a) | ~ *de Santiago*, voie lactée | ~*s, canales y puertos*, Ponts et chaussées | ~ *trillado*, chemin battu (frecuentado), sentier battu (tema corriente) | *De* ~, en chemin, en passant | *En el* ~, en route | *Errar el* ~, faire fausse route | *Salirle a uno al* ~, aller à la rencontre de qqn | *Todos los* ~*s van a Roma*, tous les chemins mènent à Rome.

cami|ón m Camion | *Amér.* Autocar ; autobus | FAM. *Está como un* ~, elle est drôlement bien || **~onaje** m Camionnage || **~onero** m Camionneur, routier || **~oneta** f Camionnette.

camis|a f Chemise | Peau, enveloppe (de semilla) | Dépouille (de serpiente) | ~ *de dormir*, chemise de nuit | ~ *de fuerza*, camisole de force | FAM. *Meterse en* ~ *de once varas*, se mêler des affaires d'autrui. *No llegarle a uno la* ~ *al cuerpo*, ne pas en mener large || **~ería** f Chemiserie || **~ero, a** s Chemisier, ère | *Traje* ~, robe chemisier || **~eta** f Chemisette | Gilet (*m*) de corps (ropa interior) | Maillot *m* (para deportes) || **~ón** m Chemise (*f*) de nuit.

camorr|a f FAM. Bagarre || **~ear** vi FAM. Chercher la bagarre || **~ista** adj/s Bagarreur, euse.

camote m *Amér.* Patate (*f*) douce.

camp|al adjf *Batalla* ~, bataille rangée || **~amento** m Campement (acción) | Camp, campement (lugar).

campan|a f Cloche | Manteau *m* (parte exterior de la chimenea), hotte (parte interior) | TECN. Caisson *m* | Couvre-feu *m* (queda) | ~ *de buzo*, cloche à plongeur | *Dar vuelta de* ~, capoter | *Echar las* ~*s al vuelo*, faire sonner les cloches à toute volée, carillonner (repicar), carillonner, crier sur tous les toits (cacarear) || **~ada** f Coup (*m*) de cloche | FIG. Scandale *m* || **~ario** m Clocher || **~ear** vi Sonner les cloches | *Amér.* Épier || **~eo** m Tintement || **~ero** m Fondeur de cloches (fundidor) | Sonneur, carillonneur (que toca) || **~il** adj Pour cloches | — M Clocher, campanile || **~illa** f Clochette | Sonnette (para llamar) | ANAT. Luette | — Pl Liseron *msing* | FAM. *De muchas* ~*s*, très important || **~illazo** m Coup de sonnette || **~illear** vi Carillonner || **~illeo** m Tintement | Carillon (timbre) || **~te** adj FAM. Satisfait, e | Décontracté, e (tranquilo) || **~udo, a** adj En forme de cloche | FIG. Ronflant, e.

campánula f BOT. Campanule.

camp|aña f Campagne || **~añol** m Campagnol (ratón) || **~eador** adjm/m (Ant.) Guerrier illustre || **~ear** vi AGR. Aller paître dans les champs | FIG. Apparaître (aparecer) | Verdoyer (verdear) || **~echano, a** adj FAM. Bon enfant (bonachón), simple, sans façon (sin cumplidos) || **~eche** m BOT. Campêche || **~eón** m Champion || **~eonato** m Championnat | FAM. *De* ~, formidable || **~ero, a** adj Rustique | En plein air (al aire libre) | — M Jeep *f* || **~esino, a** adj Champêtre (del campo) | Campagnard, e; paysan, anne | — S Paysan, anne || **~estre** adj Champêtre || **~ing** m Camping || **~iña** f Champ *m* (terreno) | Campagne (campo) || **~ista** m Campeur || **~o** m Champ (terreno) | Campagne *f* : *pasar un mes en el* ~, passer un mois à la campagne | FIG. Camp (partido), champ : ~ *de actividad*, champ d'activité ; domaine (ámbito) | DEP. Terrain (fútbol), terrain, court (tenis) | ELEC. FÍS. MED. Champ | MIL. Camp ; champ (de batalla, tiro) | *A* ~ *raso*, à ciel ouvert (sin techo), à la belle étoile, en rase campagne (fuera) | *A* ~ *traviesa*, à travers champs | ~ *santo*, cimetière || **~osanto** m Cimetière | **~us** m Campus.

camuesa f Calville (manzana).

camufl|aje m MIL. Camouflage || **~ar** vt MIL. Camoufler.

can m Chien.

cana f Cheveu (*m*) blanc | *Echar una* ~ *al aire*, faire une incartade.

Canadá nprm Canada.

canadiense adj/s Canadien, enne | — F Canadienne (pelliza).

canal m Canal | Circuit | Chenal (de puerto) | Conduite *f* (conducto) | Chaîne *f* (televisión) | — F Carcasse (de animal) | Cannelure (de columna) | *Abrir en* ~, ouvrir de haut en bas | ~ *maestra*, gouttière || **~izable** adj Canalisable || **~ización** f Canalisation || **~izar** vt Canaliser || **~izo** m MAR. Chenal, passe *f* || **~ón** m Descente *f* (vertical) | Gouttière *f* (en el tejado) | ARQ. Cornière *f*.

canalones mpl Cannellonis.

canall|a f Canaille | — M Canaille *f* || **~ada** f Canaillerie || **~esco, a** adj Vil, e | Canaille.

canana f Cartouchière.

canapé m Canapé.

Canarias nprfpl Canaries.

canario, a adj/s Canarien, enne | — M ZOOL. Canari | — F ZOOL. Serine.

canast|a f Corbeille | Panier *m* (cesta) | DEP. Panier *m* (tanto) || **~ero** m Vannier || **~illa** f Layette (ropa) | Corbeille : ~ *de matrimonio*, corbeille

de mariage ‖ **~illo** m Corbeille *f* (cesto) ‖ **~o** m Corbeille *f* | — Interj *¡~s!*, sapristi!
cáncamo m Piton.
cancán m Cancan (baile) | Jupon.
cancanear vi FAM. Flâner.
cancel m Tambour de porte ‖ **~a** f Grille, porte en fer forgé ‖ **~ación** f Annulation ‖ **~ador** m Composteur ‖ **~ar** vt Annuler | Décommander (una invitación) | Régler (deuda) | Composter (un billete).
cáncer m Cancer | FIG. Plaie *f*.
cancer|arse vp MED. Devenir cancéreux | FIG Se corrompre ‖ **~bero** m Cerbère ‖ **~ígeno, a** adj Cancérigène ‖ **~ólogo** m Cancérologue ‖ **~oso, a** adj Cancéreux, euse.
canciller m Chancelier | *Amer.* Ministre des Affaires étrangères ‖ **~ía** f Chancellerie | *Amer.* Ministère (*m*) des Affaires étrangères.
canci|ón f Chanson | *~ de cuna*, berceuse ‖ **~oncilla** f Chansonnette ‖ **~onero** m Recueil de poésies lyriques | Compositeur de chansons ‖ **~onista** s Compositeur de chansons.
cancro m Chancre.
canch|a f DEP. Terrain *m* (de fútbol), court *m* (de tenis), hippodrome; fronton *m* (de pelota vasca).
candado m Cadenas.
cande adj Candi ‖ **~al** adj *Pan ~*, pain blanc | *Trigo ~*, froment.
candel|a f Chandelle | Chaton *m* (del castaño) | FAM. Feu *m* | FAM. *Arrimar ~*, rosser ‖ **~abro** m Candélabre ‖ **~aria** f Chandeleur ‖ **~ero** m Chandelier | Lampe (*f*) à huile ‖ **~illa** f Petite chandelle | MED. Bougie | BOT. Chaton *m*.
candente adj Incandescent, e | FIG. À l'ordre du jour (actual), brûlant, e (grave).
candidat|o, a s Candidat, e ‖ **~ura** f Candidature : *presentar su ~*, poser sa candidature | Liste de candidats.
candidez f Candeur | FIG. Naïveté.
cándido, a adj Candide | Naïf, ïve.
candil m Lampe (*f*) à huile ‖ **~ejas** fpl Feux (*m*) de la rampe.
candor m Candeur *f* ‖ **~oso, a** adj Candide.
canel|a f Cannelle | FAM. Délice *m* ‖ **~é** m Côte *f* (de calcetines) ‖ **~ón** m Torsade *f* (género de punto) ‖ **~ones** mpl Cannellonis.
canesú m Empiècement (de vestido).
cangilón m Godet (de noria) | Cruche *f* (vasija) | Godron (pliegue).
cangrejo m Crabe (de mar), écrevisse *f* (de río).
canguelo m POP. Frousse *f*, trouille *f*.
canguro m ZOOL. Kangourou.
can|íbal adj/s Cannibale ‖ **~ibalismo** m Cannibalisme ‖ **~ica** f Bille ‖ **~ícula** f Canicule ‖ **~icular** adj Caniculaire.
caniche m Caniche.
cánidos mpl ZOOL. Canidés.
can|ijo, a adj FAM. Malingre, chétif, ive (enclenque), grêle (débil) ‖ **~illa** f ANAT. Os (*m*) long | TECN. Canette, bonde ‖ **~illero** m Bonde *f* ‖ **~ino, a** adj Canin, e | — M Canine *f*.
canje m Échange ‖ **~able** adj Échangeable ‖ **~ar** vt Échanger.
cano, a adj Blanc, blanche.
canoa f Canoë *m* (piragua), canot *m* (bote muy ligero).
canódromo m Cynodrome.
can|on m Canon | Redevance *f* (pago) ‖ **~onicato** m Canonicat ‖ **~ónico, a** adj Canonique ‖ **~óniga** f FAM. Sieste avant le repas ‖ **~ónigo** m Chanoine ‖ **~onización** f Canonisation ‖ **~onizar** vt Canoniser ‖ **~onjía** f Canonicat *m* | FAM. Sinécure.
canoro, a adj Chanteur, euse (ave) | Mélodieux, euse.
canoso, a adj Chenu, e ; grisonnant, e.
cans|ado, a adj Fatigué, e; las, lasse | FIG. Fatigant, e (que cansa), ennuyeux, euse; fatigant, e (fastidioso) ‖ **~ancio** m Fatigue *f*, lassitude *f* ‖ **~ar** vt Fatiguer | FIG Ennuyer, fatiguer | FIG. *Estar cansado*, en avoir assez | — Vp Se fatiguer (*en*, à) | FIG. Se lasser ‖ **~ino, a** adj Fatigué, e | Fatigant, e (pesado) | Traînant, e (voz).
cantábrico, a adj Cantabrique | *Mar Cantábrico*, golfe de Gascogne.
cant|ador, a s Chanteur, euse ‖ **~ante** adj Chantant, e : *café ~*, café chantant | — S Chanteur, euse ‖ **~ar** m Chanson *f* | *El Cantar de los ~es*, le Cantique des cantiques | *¡Ése es otro ~!*, c'est une autre chanson ‖ — Vi/t Chanter | — Vi Annoncer (naipes) | FAM. Avouer, chanter (confesar) | FIG. FAM. *~ de plano*, se mettre à table (confesar). *Cantarlas claras*, ne pas mâcher ses mots.
cántara f Cruche (jarra) | Bidon (*m*) de lait (metálico).
cantarín, ina adj Chantant, e.
cántaro m Cruche *f* | *Llover a ~s*, pleuvoir à verse *o* à seaux.
cant|ata f Cantate ‖ **~atriz** f Cantatrice ‖ **~autor** m Auteur interprète
cante m Chant populaire.
canter|a f Carrière | FIG. Pépinière ‖ **~ía** f ARQ. Ouvrage (*m*) en pierre de taille (obra), pierre de taille (sillar) ‖ **~o** m Tailleur de pierres | Carrier (obrero).
cántico m Cantique.

cantidad f Quantité | Somme : *abonar una ~ de 1 000 pesetas,* payer une somme de 1 000 pesetas.
cántiga o **cantiga** f Chanson.
cantil m Falaise *f* || **~ena** f Cantilène | FAM. Rengaine.
cantimplora f Gourde | Bidon *m* (de soldado).
cantin|a f Cantine | Buvette (en la estación) || **~ero, a** s Cantinier, ère.
cant|o m Chant | Coin (ángulo), bord (borde), bout (extremidad) | Côté (lado) | Tranche *f* (de libro, moneda) | Croûton (de pan) | Dos (de cuchillo, peine) | Épaisseur *f* (espesor) | Caillou, pierre *f* (guijarro) | *Al ~,* à l'appui | *~ llano,* plain-chant | *~s rodados,* galets | FIG. *Darse con un ~ en los dientes,* s'estimer content *o* heureux || **~ón** m Canton (en Suiza) || **~onal** adj Cantonal || **~onera** f Cantonnière | Coin *m* (encuadernación) || **~or, a** adj/s Chanteur, euse | — M Chantre (poeta) || **~oral** m Livre de chœur || **~urrear** o **~urriar** vi FAM. Chantonner, fredonner || **~urreo** m Chantonnement, fredonnement.
cánula f MED. Canule.
canut|ero m Étui à épingles || **~illo** m *De ~,* côtelé || **~o** m Étui à aiguilles | Tube | POP. Joint.
cañ|a f BOT. Chaume *m,* tige (tallo), roseau *m* | ANAT. Os (*m*) du bras *o* de la jambe (hueso), moelle (tuétano) | Canon *m* (del caballo) | Tige (de bota) | Demi *m* (de cerveza) | Verre *m* (vaso) | Ligne (de pescar) | Fût *m* (fuste) | MAR. Barre (del timón), verge (del ancla) | Chanson andalouse | *~ de azúcar,* canne à sucre | *~ de Indias,* rotin | *~ de pescar,* canne à pêche, ligne || **~acoro** m BOT. Balisier || **~ada** f Vallon *m,* gorge (entre montañas) | Chemin (*m*) creux (camino) || **~afístula** f BOT. Casse || **~amal** o **~amar** m Chènevière *f* || **~amazo** m Étoupe *f* | Canevas (para bordar) || **~amiel** f Canne à sucre.
cáñamo m Chanvre | *Amér.* Ficelle *f* (bramante).
cañ|amón m BOT. Chènevis || **~ar** o **~averal** m Roselière *f,* cannaie *f* (de cañas) plantation (*f*) de canne à sucre (de caña de azúcar) || **~ería** f Canalisation, conduite || **~í** adj/s Gitan, e || **~o** m Tuyau, tube (tubo) | Égout (albañal) | Tuyau (órgano) | Jet (chorro) || **~ón** m MIL. Canon | GEOGR. Cañon | Tuyau | Douille *f* (candelabro) | *Escopeta de dos cañones,* fusil à deux coups | — Adj FAM. Formidable, du tonnerre || **~onazo** m Coup de canon || **~oneo** m Canonnade *f* || **~onera** f MIL. Embrasure | MAR. Sabord *m* || **~onero** m Canonnière *f.*
cañuto m V. CANUTO y derivados.
caob|a f Acajou *m* (madera) || **~o** m BOT. Acajou (árbol).
caolín m Kaolin.
ca|os m Chaos || **~ótico, a** adj Chaotique.
capa f Cape (vestido) | Couche : *~ de aire, de pintura,* couche d'air, de peinture | Enveloppe (envoltorio) | Robe (de un animal) | GEOL. Couche (de rocas), nappe (de gas, de líquido) | FIG. Couche (social), prétexte *m;* apparence | *~ pluvial,* pluvial | FIG. *Estar de ~ caída,* filer un mauvais coton (salud, negocios), tirer le diable par la queue (recursos). *Hacer de su ~ un sayo,* n'en faire qu'à sa tête. *So ~ de,* sous prétexte de, sous le couvert de.
capac|idad f Capacité | Possibilité | DR. Habilité || **~itación** f Formation : *~ profesional,* formation professionnelle | Qualification || **~itado, a** adj Qualifié, e | DR. Habile, capable || **~itar** vt Former | DR. Habiliter.
capacho m Couffin, cabas.
cap|adura f Castration || **~ar** vt Châtrer, castrer | FIG. Diminuer || **~arazón** m Caparaçon | Couverture *f* (cubierta) | Carapace *f* (de tortuga, de crustáceo) | Carcasse *f* (de ave) || **~arrosa** f Couperose.
capataz m Contremaître.
capaz adj Capable, habile (diestro) | Apte : *~ para un empleo,* apte à un emploi | Susceptible, capable | Pouvant contenir (que contiene) | Assez grand pour (lo bastante grande para) | Spacieux, euse.
capazo m Grand cabas.
capcioso, a adj Captieux, euse.
cape|a f Course de jeunes taureaux pour amateurs || **~ar** vt TAUR. Faire des passes avec la cape | FAM. Monter le coup (engañar), se tirer de, surmonter (superar) | MAR. Être à la cape.
capelo m Chapeau de cardinal.
capell|án m REL. Chapelain; aumônier (militar), prêtre (sacerdote) || **~anía** f Chapellenie.
capeo m TAUR. Jeu de cape.
caperu|cita f Petit capuchon | *Caperucita Roja,* le Petit Chaperon rouge || **~za** f Chaperon *m.*
capicúa m Nombre palindrome.
capilar adj/m Capillaire || **~idad** f Capillarité.
capill|a f Chapelle : *~ ardienta,* chapelle ardente | Capuchon *m* (capucha) | FAM. Moine *m* (monje), clan *m,* chapelle (camarilla) | *Estar en ~,* être en chapelle (un condenado a muerte), être sur des charbons ardents (espe-

rar) ‖ **~o** m Béguin (gorro) | Bouton (capullo).
capirot|azo m Chiquenaude *f* ‖ **~e** m Chaperon | Cagoule *f* (de penitente) | Chiquenaude *f* (capirotazo) | FAM. *Tonto de ~,* bête à manger du foin.
capisayo m Pèlerine *f.*
capit|ación f Capitation ‖ **~al** adj Capital, e | Essentiel, elle | — M Capital (caudal) | *~ circulante,* fonds de roulement | — F Capitale | *~ de provincia,* chef-lieu de département ‖ **~alismo** m Capitalisme ‖ **~alista** adj/s Capitaliste ‖ **~alización** f Capitalisation ‖ **~alizar** vt/i Capitaliser ‖ **~án** m Capitaine | MAR. Commandant, capitaine | Chef (jefe) | *~ general,* dignité comparable à celle de maréchal | *~ general de Región,* général commandant une région militaire ‖ **~ana** f MAR. Vaisseau (*m*) amiral ‖ **~anear** vt Commander ‖ **~anía** f Charge de capitaine | Bureau (*m*) du capitaine ‖ **~el** m ARQ. Chapiteau ‖ **~oste** m FAM. Caïd, grand manitou.
capitul|ación f Capitulation | — Pl Contrat (*msing*) de mariage ‖ **~ar** adj Capitulaire | — Vi Capituler.
capítulo m Chapitre | *~s matrimoniales,* contrat de mariage | *Llamar a ~,* chapitrer, sermonner
capó o **capot** m AUT. Capot.
capoc m Kapok (fibra).
cap|ón m Chapon (pollo) | FAM. Pichenette *f* (golpe) ‖ **~ona** f MIL. Contre-épaulette.
caporal m Contremaître | AGR. Maître valet.
capot m AUT. Capot.
capot|a f Capote ‖ **~ar** vi Capoter ‖ **~azo** m TAUR. Passe (*f*) de cape ‖ **~e** m Capote *f* | TAUR. Cape *f* | FAM. Moue *f* (mueca) | FIG. *Echar un ~,* tendre la perche, donner un coup de main. *Hablar para su ~,* parler à son bonnet. *Para mi ~,* en mon for intérieur ‖ **~ear** vt TAUR. Leurrer [le taureau] avec la cape | FAM. Surmonter (una dificultad).
capricornio m Capricorne.
caprich|o m Caprice | Coup de tête (cabezonada) ‖ **~oso, a** adj Capricieux, euse.
caprino, a adj Caprin, e.
cápsula f Capsule | ANAT. Capsule (suprarrenal), bourse (sinovial, articular) | Gélule (medicamento).
capsular vt Capsuler.
capt|ación f Captage *m* | DR. Captation ‖ **~ar** vt Capter | Saisir, comprendre (entender), gagner (amistad) ‖ **~ura** f Capture | Arrestation (detención) | Prise (de pescado) ‖ **~urar** vt Capturer | Arrêter (detener).
capuch|a f Capuchon *m,* capuche ‖ **~ina** f BOT. Capucine ‖ **~ino, a** s Capucin, e ‖ **~ón** m Capuchon
capullo m Cocon (de insecto) | BOT. Bouton (de flor), cupule *f* (de bellota)
capuz m Capuchon.
caqui m Kaki.
cara f Visage *m,* figure, face (de hombre) | Tête (de animal) | Mine (aspecto) | Air *m,* tête : *no pongas esa ~,* ne fais pas cette tête-là | Face (parte anterior) | Côté *m* (lado) | FAM. Audace, toupet *m,* culot *m* (descaro) | FIG. *Caérsele a uno la ~ de vergüenza,* mourir de honte | *~ de pocos amigos,* visage renfrogné | *Cruzar la ~,* flanquer une paire de claques | *Dar la ~,* faire face (enfrentarse), prendre qqch. sur soi (ocuparse) | *Echar a ~ o cruz,* jouer à pile ou face | *Echar en ~,* reprocher | *Hacer ~,* faire face o front | *Mirar con mala ~,* regarder de travers | *No saber qué ~ poner,* ne pas savoir quelle figure faire | *Poner ~ de,* faire une tête de | *Poner ~ larga* ou *mala ~,* faire la tête, faire grise mine | *Por su linda ~,* pour ses beaux yeux | *¡Qué ~ dura!,* quel toupet! | *Tener mucha ~,* ne pas manquer de culot | FIG. *Verse las ~s,* se retrouver, s'expliquer | — Adv Face à | *~ a ~,* face à face, nez à nez; en tête à tête (solos), en face (directamente) | *De ~,* de front (de frente), en face (en frente) | *De ~ a,* vis-à-vis de | — Adj/s FAM. Culotté, e.
carab|a f FAM. *Éste es la ~,* il est impayable. *Esto es la ~,* ça, c'est le comble. ‖ **~ela** f Caravelle ‖ **~ina** f Carabine (arme) | Chaperon *m* (de una señorita) | FAM. *Es la ~ de Ambrosio,* c'est un cautère sur une jambe de bois ‖ **~inero** m Carabinier | Grosse crevette, *f* (crustáceo).
caracol m Escargot (molusco terrestre) | Bigorneau (de mar) | Accroche-cœur (rizo) | ANAT. Limaçon | *De ~,* en colimaçon (escalera) | — Interj *¡~es!,* mince! ‖ **~a** f Conque ‖ **~ada** f Plat (*m*) d'escargots ‖ **~ear** vi Caracoler ‖ **~illo** m Café à petits grains.
carácter m (pl *caracteres*) Caractère | Condition *f,* qualité *f* (condición).
caracter|ístico, a adj Caractéristique | — S Barbon *m* (actor), duègne *f* (actriz) | — F Caractéristique ‖ **~izado, a** adj Distingué, e; remarquable (notable) ‖ **~izar** vt Caractériser ‖ **~ología** f Caractérologie
caradura s FAM. Personne (*f*) culottée | — F FAM. Culot *m,* toupet *m* | — Adj FAM. Culotté, e; gonflé, e.
¡ caramba ! interj Mince !, zut ! | Diable! (enfado) | Tiens! (sorpresa).
carámbano m Glaçon.

carambola f Carambolage *m* | FAM. Coup (*m*) double (doble resultado), hasard *m* (casualidad).
caramel|ización f Caramélisation || **~izar** vt Caraméliser || **~o** m Bonbon (golosina) | Caramel (azúcar fundido y pasta de azúcar).
caramillo m MÚS. Chalumeau.
carantoñas fpl Cajoleries.
caraota f *Amér.* Haricot *m.*
carátula f Masque *m* (careta) | FAM. Planches *pl* (teatro) | *Amér.* Frontispice *m*, page de titre (de libro), couverture (de revista).
caravan|a f Caravane | FAM. Groupe *m* | File de voitures | *En ~*, en file indienne || **~ero** m Caravanier.
caravanserrallo m Caravansérail.
¡caray! interj Mince!, zut!
carb|ón m Charbon : *~ de leña*, charbon de bois | Fusain, charbon (para dibujar) | *~ en polvo*, poussier || **~onada** f Charbonnée, grillade || **~onato** m Carbonate || **~oncillo** m Fusain || **~oneo** m Carbonisation *f* || **~onera** f Meule (para hacer carbón) | Charbonnier *m* (para guardar) | Mine de houille || **~onería** f Charbonnerie || **~onero, a** adj/s Charbonnier, ère || **~ónico, a** adj Carbonique || **~onífero, a** adj Carbonifère || **~onilla** f Escarbille || **~onización** f Carbonisation || **~onizar** vt Carboniser || **~ono** m Carbone || **~onoso, a** adj Charbonneux, euse || **~uncio** o **~unco** m MED. Charbon || **~úncuIo** m Escarboucle *f.*
carbur|ación f Carburation || **~ador** m Carburateur || **~ante** m Carburant || **~ar** vt Carburer || **~o** m Carbure.
carca adj/m FAM. Carliste | FIG. Réactionnaire.
carcaj m Carquois | Porte-étendard.
carcaj|ada f Éclat (*m*) de rire | *Reír a ~s*, rire aux éclats | *Soltar la ~*, éclater de rire || **~ear** vi Rire aux éclats.
carcamal m FAM. Vieille barbe *f*, vieille carcasse *f.*
cárcel f Prison | TECN. Serre-joints *m* (herramienta), coulisse (ranura).
carcel|ario, a adj De la prison || **~ero, a** adj De la prison | — S Geôlier, ère; gardien, gardienne de prison.
carcom|a f ZOOL. Artison *m* | Vermoulure (polvillo) | FAM. Hantise (preocupación) || **~er** vt Ronger | FIG. Ronger, miner, consumer | — Vp Se ronger || **~ido, a** adj Mangé aux vers, vermoulu, e.
card|a f Cardage *m* | Carde (instrumento) || **~ado** m TECN. Cardage | Crêpage (del pelo) || **~ador, a** s Cardeur, euse || **~án** f Cardan *m* || **~ar** vt Carder (lana) | Crêper (pelo).
cardenal m Cardinal | Bleu (equimosis) || **~ato** m Cardinalat || **~icio, a** adj Cardinalice.
cardencha f Chardon (*m*) à foulon.
cardenillo m Vert-de-gris.
cárdeno, a adj Violacé, e.
card|iaco, a adj/s Cardiaque || **~illo** m BOT. Pissenlit || **~inal** adj Cardinal, e || **~iografía** f Cardiographie || **~iograma** m Cardiogramme || **~iología** f Cardiologie || **~iólogo** m Cardiologue || **~o** m Cardon (comestible) | Chardon (espinoso) | *~ borriquero*, chardon aux ânes.
carear vt Confronter | — Vp S'aboucher (entrevistarse) | S'expliquer.
carecer* vi Manquer de.
caren|a f MAR. Carénage *m*, radoub *m* || **~ar** vt MAR. Caréner, radouber (un barco).
caren|cia f Manque *m* | Carence : *enfermedad por ~*, maladie par carence.
carenero m MAR. Carénage.
carente adj Manquant, e; dépourvu, e.
careo m Confrontation *f.*
car|ero, a adj Qui vend cher || **~estía** f Disette (hambre) | Pénurie (escasez) | Cherté : *la ~ de la vida*, la cherté de la vie.
careta f Masque *m* | *~ antigás*, masque à gaz.
carg|a f Charge (peso, impuesto, ataque, de pólvora, de condensador) | Chargement *m* (acción) | Cargaison (lo contenido) | Cartouche (de estilógráfica) | FOT. Magasin *m* | MIL. *~ cerrada*, charge en colonne serrée | *Llevar la ~ de*, prendre en charge || **~adero** m Lieu de chargement || **~ado, a** adj Chargé, e | Lourd, e; bas, basse (tiempo) | Épais, aisse (ambiente) | Lourd, e (ojos) | Tassé, e; fort, e (bebida) | FAM. *Estar ~*, être gris (borracho) || **~ador, a** adj/s Chargeur, euse | — M MIL. TECN. Chargeur | *Amér.* Portefaix | *~ de muelle*, docker | — F Pelleteuse || **~amento** m Cargaison *f*, chargement || **~ante** adj FAM. Rasoir, casse-pieds || **~ar** vt Charger | MAR. Carguer | FIG. Grever (de impuestos), attribuer, mettre sur le dos (atribuir) | FAM. Embêter, raser (molestar), refiler (dar) | Couper (naipes) | — Vi S'abattre (el viento) | FIG. Prendre, emporter (coger), porter (llevar) | Appuyer sur (estribar en) | Se charger de (ocuparse de) | Retomber (recaer) | Tomber (el acento) | *~ con uno*, avoir qqn sur les bras | — Vp Se charger | FAM. Bousiller, esquinter (estropear), se taper (hacer), descendre (matar), couler (hundir),

recaler, coller (en un examen) || **~azón** f MAR. Chargement *m*, cargaison | Lourdeur (pesadez) | Amoncellement *m* (de nubes) || **~o** m Charge *f* (protección) | FIG. Poste, charge *f*, place *f* (puesto), reproche, critique *f* | COM. Débit | MAR. Cargo | DR. Charge *f* : *testigo de ~*, témoin à charge | *A ~ de*, à la charge de (uno), à condition que (con tal que) | *Alto ~*, haut fonctionnaire | *~ de acusación*, chef d'accusation | *~ de conciencia*, cas de conscience | *Con ~ a*, au compte de | *Correr a ~ de*, être à la charge de | *Hacerse ~ de algo*, se rendre compte de qqch. (darse cuenta), se charger de qqch. (ocuparse) | *Hacerse ~ de alguien*, se charger de qqn || **~uero** m *Amér.* Cargo (barco), bête (*f*) de somme (acémila).

cari|acontecido, a adj Soucieux, euse || **~ancho, a** adj Au visage large || **~ar** vt MED. Carier || **~átide** f ARQ. Caryatide, cariatide.

Caribdis npr Charybde | *Librarse de ~ y caer en Escila*, tomber de Charybde en Scylla.

caribe adj/s Caraïbe | *Mar Caribe*, mer des Caraïbes.

caricato m Fantaisiste.

caricatur|a f Caricature || **~esco, a** adj Caricatural, e || **~ista** m Caricaturiste || **~izar** vt Caricaturer.

caricia f Caresse.

caridad f Charité.

caries f Carie.

cari|lampiño, a adj Imberbe || **~largo, a** adj FAM. Qui a le visage allongé || **~lla** f Page [de papier].

cariño m Affection *f*, tendresse *f* (ternura) | Amour (esmero) : *hacer algo con ~*, faire qqch. avec amour | Caresse *f* (caricia) | — Pl Sentiments affectueux (en une carta) | *¡~mío!*, mon amour! | *Tomar ~ a*, prendre en affection (a uno), s'attacher (a una cosa) || **~so, a** adj Affectueux, euse.

carioca adj/s De Rio de Janeiro.

carism|a m Charisme || **~ático, a** adj Charismatique.

caritativo, a adj Charitable.

cariz m Aspect | FIG. Tournure *f*.

carl|anca f Collier (*m*) à pointes || **~inga** f Carlingue.

carl|ismo m Carlisme || **~ista** adj/s Carliste.

Carl|omagno nprm Charlemagne || **~os** nprm Charles.

carmañola f Carmagnole.

carm|elita adj/s Carmélite | — M Carme (fraile) || **~en** m Carmel (orden) | Villa *f* [à Grenade] || **~enadura** f Démêlage *m* (lana) || **~enador** m Démêloir || **~enar** vt Démêler, peigner || **~esí** adj/m Cramoisi, e || **~ín** adj/m Carmin | *~ de labios*, rouge à lèvres.

carn|ada f Appât *m* || **~adura** f Chair || **~al** adj Charnel, elle | Germain, e (primo, hermano) | Au premier degré (tío, sobrino) || **~aval** m Carnaval || **~avalada** f Mascarade (acto grotesco) || **~avalesco, a** adj Carnavalesque || **~aza** f FAM. Bidoche (carne), chair (de persona) || **~e** f Chair (del cuerpo, de los frutos) | Viande (comestible) | FIG. *~ de gallina*, chair de poule | *~ de horca*, gibier de potence | *~ de membrillo*, pâte de coing | *~ de pluma, de pelo*, gibier à plume, à poil | *~ picada*, viande hachée (de vaca), chair à saucisse (de cerdo) | *Criar* ou *echar ~s*, grossir | *De* ou *en ~ y hueso*, en chair et en os | *En ~s vivas*, nu | *Metido en ~s*, bien en chair | *Ni ~ ni pescado*, ni chair ni poisson | *Poner toda la ~ en el asador*, risquer le tout pour le tout || **~ear** vt *Amér.* Abattre et dépecer les animaux de boucherie || **~ero** m Mouton | *~ padre*, bélier || **~estolendas** fpl Carnaval *msing* || **~et** o **~é** m Carnet | Agenda, carnet d'adresses | *~ de conducir*, permis de conduire | *~ de identidad*, carte d'identité || **~icería** o **~ecería** f Boucherie | FIG. Carnage *m*, boucherie || **~icero, a** adj/s Carnassier, ère | FIG. Sanguinaire | — S Boucher, ère (vendedor) || **~ívoro a** adj/s Carnassier, ère | Carnivore (que come carne) || **~osidad** f MED. Excroissance | Embonpoint *m* (gordura) || **~oso, a** adj Charnu, e | Gras, grasse : *planta ~*, plante grasse.

caro, a adj Cher, ère | — Adv Cher : *salir ~*, revenir cher.

carota s FAM. Culotté, e.

carótida f ANAT. Carotide.

carpa f Carpe (pez) | AGR. Grappillon *m* (racimillo) | Tente (tienda).

carpanel adj En anse de panier (arco).

carpanta f FAM. Fringale.

Cárpatos nprmpl Carpates *f*.

carpe m BOT. Charme || **~lo** m BOT. Carpelle *f*.

carpet|a f Sous-main *m* (para escribir) | Chemise (para documentos) || **~azo, a (dar)** loc Classer.

carpinter|ía f Charpenterie | Menuiserie (oficio, taller) | *~ metálica*, charpentes métalliques || **~o** m Charpentier (en obras gruesas) | Menuisier.

carpo m ANAT. Carpe.

carr|aca f FAM. Vieux raflot *m* (barco viejo) | MEC. Cliquet *m* | MÚS. Crécelle || **~ada** f Charretée | FAM. Tapée, flopée (montón) || **~asca** f BOT. Yeuse, chêne (*m*) des garrigues || **~ascal** m Garrigue *f*.

carrasp|ear vi Se racler la gorge | Parler d'une voix enrouée (hablar con voz ronca) || **~eo** m o **~era** f Enrouement *m* | *Tener ~*, être enroué.

carrer|a f Course (recorrido, deportes) : *~ de vallas*, course de haies | Cours *m* (calle, de los astros) | Trajet *m*, parcours (trayecto) | Rangée (fila) | Carrière : *~ política*, carrière politique | Profession : *~ liberal*, profession libérale | Études *pl* (estudios) | FIG. Chemin *m* : *hacer ~*, faire son chemin; vie (vida), échelle (en las medias) | *~ a campo traviesa*, cross-country | *~ de armamentos*, course aux armements | *Cubrir la ~*, faire la haie | *Dar ~ a uno*, payer ses études à qqn | DEP. *Tomar ~*, prendre de l'élan (para saltar) || **~illa** f Échelle (en una media) | *De ~*, par cœur (de memoria), d'un trait (seguido) | *Tomar ~*, prendre de l'élan.

carret|a f Charrette || **~ada** f Charretée | Tas *m* (montón) | FAM. *A ~s*, à foison, à la pelle || **~e** m Bobine *f* | Moulinet (de caña de pescar) | FOT. Rouleau || **~era** f Route | *~ de enlace* ou *de empalme*, bretelle de raccordement | *~ general*, grande route || **~ería** f Charronnage *m* || **~ero** adjm Carrossable | — M Charron (constructor) | Charretier (conductor) || **~illa** f Brouette | Chariot *m* (para niños), diable *m* | TECN. Chariot *m* | *De ~*, par cœur (de memoria), d'un trait (seguido) || **~ón** m Charrette *f* | Voiture (*f*) à bras | Bogie, boggie (ferrocarril).

carricoche m FAM. Carriole *f*.

carril m Ornière *f* | Sillon (surco) | Chemin | Rail (de vía férrea) | Voie *f* (de autopista) | Couloir (de autobús).

carrill|ada f Bajoue || **~o** m Joue *f* (mejilla) | Table (*f*) roulante (para servir) | Triporteur (carro) | FAM. *Comer a dos ~s*, manger comme quatre || **~udo, a** adj Joufflu, e.

carrito m Table (*f*) roulante | Poussette *f* (para la compra).

carro m Chariot | Voiture *f* (vehículo en general) | IMPR. Train | MEC. Chariot | MIL. Char | *Amér.* Automobile *f*, voiture *f* (coche), tramway (tranvía), wagon | MEC. *~ de bancada*, traînard | ASTR. *Carro Mayor, Menor*, Grand Chariot, Petit Chariot | FAM. *Parar el ~*, se calmer; clouer le bec (confundir), mettre le holà || **~cería** f Carrosserie || **~cero** m Carrossier || **~mato** m Chariot couvert | Roulotte *f* (de circo).

carroña f Charogne.

carr|oza f Carrosse *m* | Char *m* (de carnaval) | *~ fúnebre*, corbillard || **~ozado** m Carrossage || **~ozar** vt Carrosser || **~uaje** m Voiture *f* | Convoi (fila de coches).

carta f Lettre : *~ certificada*, lettre recommandée; *echar una ~*, poster une lettre | Carte (naipe, lista de platos, mapa) | Charte : *~ del Atlántico*, charte de l'Atlantique | *A ~ cabal*, cent pour cent, parfait; parfaitement | *A ~s vistas*, cartes sur table | *~s credenciales*, lettres de créance | *~ de ajuste*, mire (televisión) | *~ de hidalguía*, titre *o* lettre de noblesse | *~ de pago*, quittance, reçu | *Carta Magna*, Grande Charte | *Echar las ~s*, tirer les cartes | *Jugárselo todo a una ~*, jouer le tout pour le tout | *Poner las ~s boca arriba*, jouer cartes sur table.

cartabón m Équerre *f*.

Cartagena npr Carthagène.

cartaginés, esa adj/s Carthaginois, e.

Cartago npr Carthage.

cartapacio m Cartable, serviette *f* (para libros) | Carton [à dessin] (para dibujo) | Carnet de notes (cuaderno) | Dossier (de documentos).

cartearse vp Correspondre, entretenir une correspondance.

cartel m Affiche *f* (anuncio) | Alphabet mural (alfabeto) | Cartel (trust) | *Se prohibe fijar ~es*, défense d'afficher | *Tener buen ~*, être très coté.

cártel m Cartel (trust).

cartel|era f Rubrique des spectacles || **~ero** m Afficheur, colleur d'affiches.

carteo m Échange de correspondance.

cárter m TECN. Carter.

carter|a f Portefeuille *m* (de bolsillo) | Cartable *m* (de colegial), serviette (de mano), porte-documents *m* | Sacoche (de cobrador) | COM. Portefeuille *m* | Rabat *m*, patte, revers *m* (en costura) | *~ de pedidos*, carnet de commandes | *Tener en ~ un asunto*, avoir une affaire dans ses dossiers || **~ía** f Emploi (*m*) de facteur || **~illa** f Rabat *m*, revers *m* (de bolsillo) | Pochette (de cerillas) || Bureau (*m*) de poste (correos) || **~ista** m Pickpocket || **~o** m Facteur.

cart|ilaginoso, a adj Cartilagineux, euse || **~ílago** m Cartilage.

cartilla f Abécédaire *m*, alphabet *m* (libro) | Livret *m* (militar, de ahorros) | Carte : *~ de racionamiento*, carte de rationnement | FIG. *Leerle a uno la ~*, faire la leçon à qqn.

cartivana f Onglet *m*.

cart|ografía f Cartographie || **~ógrafo** m Cartographe || **~omancia** f Cartomancie || **~mántico, a** s Cartomancien, enne || **~ón** m Carton | Cartouche *f* (de cigarrillos) | *~ piedra*, carton-pâte || **~onaje** m Cartonnage || **~oné (en)** adv Cartonné, e.

cartuch|era f MIL. Cartouchière ‖ **~o** m MIL. Cartouche f | Sac (bolsa de papel) | Cornet (cucurucho) | Rouleau (de moneda).
cartuj|a f Chartreuse ‖ **~o** adjm/m Chartreux.
cartulina f Bristol *m*.
carúncula f ANAT. Caroncule.
casa f Maison : *~ de campo,* maison de campagne | Immeuble *m*, maison (edificio de pisos) | Case (división) | Quartier *m* (del billar) | *A ~ de,* chez | *Aquí tiene Ud. su ~, aquí está Ud. en su ~* vous êtes ici chez vous | *~ central,* maison mère | *~ consistorial,* hôtel de ville | *~ cuna,* crèche | *~ de baños,* établissement de bains | *~ de cambio,* bureau de change | *~ de correos,* poste | *~ de fieras,* ménagerie | *~ de huéspedes,* pension de famille | *~ de la Moneda,* hôtel de la Monnaie o des Monnaies | *~ de socorro,* clinique d'urgence | *~ de trato,* maison de tolérance o close | *~ de vecindad,* immeuble, maison de rapport | *~ solariega,* manoir | FIG. *Empezar la ~ por el tejado,* mettre la charrue avant les bœufs | *En ~,* à la maison, chez moi, toi, etc | FAM. *La ~ de Tócame Roque,* la cour du roi Pétaud | *Levantar ~,* déménager | *Poner ~,* s'installer | *Sacar la ~ adelante,* faire marcher la maison | *Tirar la ~ por la ventana,* jeter l'argent par les fenêtres.
casaca f Casaque | FAM. Mariage *m* | FIG. *Volver ~,* retourner sa veste.
casación f DR. Cassation.
casad|ero, a adj En âge d'être marié, e; à marier ‖ **~o, a** adj/s Marié, e.
casamata f MIL. Casemate.
casam|entero, a adj/s Marieur, euse ‖ **~iento** m Mariage.
casar vt Marier | DR. Casser (anular) | FIG. Assortir, marier (colores), raccorder (tejidos) | — Vi/p Se marier.
casca f Tan *m* (para curtir).
cascabel m Grelot | FIG. *Poner el ~ al gato,* attacher le grelot ‖ **~ear** vt FAM. Leurrer | — Vi FAM. Agir à la légère ‖ **~eo** m Bruit de grelots ‖ **~ero, a** adj FAM. Écervelé, e.
cascabillo m Balle f (del grano).
casc|ada f Cascade ‖ **~ado, a** adj Cassé, e (persona) | Éraillé, e; cassé, e (voz) | Vétuste (cosa) | Cassé, e; fêlé, e (un objeto, etc) ‖ **~adura** f Fêlure ‖ **~ajal** o **~ajar** m Endroit caillouteux ‖ **~ajo** m Gravier, caillou (guijarro) | Gravats *pl* (escombros) | FAM. Croulant (viejo), tacot (coche), rebut, vieillerie *f* (trasto), ferraille *f* (moneda) ‖ **~anueces** m inv Casse-noix, casse-noisettes ‖ **~ar** vt Fêler | Casser (romper) | FIG. Casser (voz) | FAM. Cogner (golpear), épuiser, briser (agotar), claquer (gastar), coller (dar) | — Vi FAM. Bavarder (charlar), casquer (pagar), casser sa pipe (morir).
cáscara f Coquille (de huevo) | Coque (de fruto seco) | Écorce (de tronco) | Peau (de fruta) | Croûte (de queso) | Zeste *m* (de limón) | *¡~s!,* zut!
cascar|illa f Clinquant *m* (oropel) | *Jugar de ~,* jouer pour du beurre ‖ **~ón** m Coquille *f* | Écorce (*f*) épaisse (corteza) | MAR. *~ de nuez,* coquille de noix ‖ **~rabias** s inv FAM. Grincheux, euse.
casco m Casque | Coiffe *f* (del sombrero) | Tesson (de botella) | Éclat (de vidrio, de obús) | Crâne (cráneo) | BOT. Tunique *f* (de cebolla) | Fût (tonel) | Bouteille *f* | Périmètre urbain, enceinte *f* (de ciudad) | MAR. Coque *f* | Sabot (de caballo) | Bonnet (de sostén) | — Pl Tête (*fsing*) de veau o de mouton | FAM. *Ligero de ~s,* écervelé. *Romperse* ou *calentarse los ~s,* se creuser la cervelle ‖ **~tes** mpl Gravats, décombres.
caseína f Caséine.
cas|ería f Maison de campagne ‖ **~erío** m Hameau (pueblecito) | Ferme *f* (cortijo) | Maison (*f*) de campagne (casa de campo) ‖ **~ero, a** adj Domestique | De ménage, maison : *tarta ~,* tarte maison | Familial, e; de famille | D'intérieur (prenda) | Casanier, ère (amante del hogar) | — S Propriétaire | Gérant, e | Intendant, e (administrador) ‖ **~erón** m Grande bâtisse *f* ‖ **~eta** f Maisonnette | Baraque | Cabine (de baños) | Stand *m* (de exposición) *~ del timón,* cockpit (barco).
casete m o f Cassette *f*.
casi adv Presque | *~, ~ ...,* pas loin de (hacia), pour un peu (por poco).
casia f Cassie, cassier *m*.
casill|a f Cabane, maisonnette | Maison (de peón) | Guichet *m* (taquilla) | Case (división) | — Pl Grille *sing* (de crucigrama) | *Amér. ~ postal,* boîte postale | FIG. *Sacar a uno de sus ~s,* mettre qqn hors de soi, pousser qqn à bout ‖ **~ero** m Casier.
casimir m Cachemire.
casino m Casino | Cercle, club.
casis m Cassis (licor).
caso m Cas | Histoire *f* (suceso) | Hasard (casualidad) | DR. Affaire *f* | *~ que* o *en ~ de que,* au cas où | *El ~ es que,* le fait est que | *En ~ de que,* au cas où | *En el peor de los ~s,* en mettant les choses au pire | *En último ~,* en dernier recours | FAM. *¡Es un ~!,* c'est un cas à part! | *Eso no viene al ~,* cela n'a rien à voir | *Hacer ~ de,* s'occuper de, tenir

compte de | *Hacer ~ omiso de,* passer outre à, faire peu de cas de; ignorer | *Llegado el ~, si llega el ~,* le cas échéant | *No hacerle ~ a uno,* négliger qqn (desatender), ne pas écouter qqn (desobedecer) | *Poner por ~,* supposer | *Vamos al ~,* venons-en au fait | *Venir* ou *hacer al ~,* tomber bien, venir à propos.

casona f Grande bâtisse.

casorio m FAM. Noce *f,* mariage.

caspa f Pellicules *pl* (en el pelo).

Caspio, a adj/s Caspien, enne.

¡cáspita! interj FAM. Sapristi!

casqu|ería f Triperie || **~ero** m Tripier || **~ete** m Calotte *f* || **~illo** m TECN. Frette *f,* bague *f* (anillo), douille *f* (de lámpara, de cartucho) || **~ivano, a** adj FAM. Écervelé, e.

cassette m o f Cassette *f.*

casta f Race | FIG. Sorte, espèce | IMPR. Fonte | Caste (clase social).

castañ|a f Châtaigne, marron *m* (fruto) | Chignon *m* (moño) | FAM. Marron *m,* châtaigne (puñetazo) | *~ confitada,* marron glacé | *~ pilonga,* châtaigne séchée | FIG. *Sacar las ~s del fuego,* tirer les marrons du feu || **~al** o **~ar** m o **~eda** f Châtaigneraie *f* || **~azo** m FAM. Marron, châtaigne *f* || **~ero, a** s Marchand, marchande de châtaignes || **~etazo** m Claquement des doigts *o* des castagnettes || **~etear** vt Jouer des castagnettes | — Vi Claquer des dents (los dientes) | Craquer (los huesos) || **~eteo** m Claquement de dents (de dientes) | Craquement (de huesos) || **~o, a** adj Châtain, e; marron | — M Châtaignier, marronnier | FAM. *Pasar de ~ oscuro,* être un peu fort || **~uelas** fpl MÚS. Castagnettes.

castellan|a f Châtelaine || **~izar** vt Hispaniser || **~o, a** adj/s Castillan, e | — M Castillan, espagnol (lengua) | Châtelain (señor).

casti|cidad f o **~cismo** m Pureté *f* | Respect (*m*) des usages, traditionalisme *m* || **~dad** f Chasteté.

castig|ador m FAM. Don Juan, bourreau des cœurs || **~ar** vt Punir, châtier | FIG. Affliger; malmener (maltratar), corriger (corregir) | FAM. Faire marcher (una mujer) | TAUR. Exciter [le taureau] avec des banderilles || **~o** m Punition *f,* châtiment | Correction (*f*) d'un texte | DEP. Pénalité *f* | DEP. *Área de ~,* surface de réparation. *~ máximo,* penalty (fútbol), coup de pied de réparation *o* de pénalité (rugby).

Castilla nprf Castille | *~ la Nueva,* Nouvelle-Castille | *~ la Vieja,* Vieille-Castille.

castillo m Château fort, château | Bouquet (de fuegos artificiales) | MAR. *~ de popa, de proa,* gaillard d'arrière, d'avant | *Hacer* ou *levantar ~s en el aire,* bâtir des châteaux en Espagne.

castina f Castine (fundente).

cast|izo, a adj Pur, e; vrai, e (puro) | Châtié, e (lenguaje) | Typique || **~o, a** adj Chaste || **~or** m Castor.

castr|ación f Castration || **~ar** vt Châtrer, castrer | FIG. Affaiblir.

castrense adj Militaire.

casual adj Fortuit, e; imprévu, e; casuel, elle (p. us.) || **~idad** f Hasard *m* | *Dar la ~,* advenir, arriver par hasard || **~mente** adv Par hasard.

casu|ario m Casoar (ave) || **~cha** f Bicoque, baraque || **~ista** m Casuiste || **~ística** f Casuistique || **~lla** f Chasuble.

cata f Dégustation | Échantillon *m* (muestra) || **~bolismo** m Catabolisme || **~caldos** m inv FAM. Touche-à-tout || **~clismo** m Cataclysme || **~cumbas** fpl Catacombes || **~dor, a** s Dégustateur, trice | Prospecteur, trice | *~ de vino,* tâte-vin, taste-vin || **~dura** f Dégustation | FAM. Mine, tête (aspecto) || **~falco** m Catafalque || **~faro** o **~foto** m Catadioptre, cataphote || **~lán, ana** adj/s Catalan, e || **~lejo** m Longue-vue *f* || **~lepsia** f MED. Catalepsie || **~léptico, a** adj/s Cataleptique.

Catalina nprf Catherine.

cat|álisis f Catalyse || **~alizador** adjm/m Catalyseur || **~alizar** vt Catalyser || **~alogar** vt Cataloguer || **~álogo** m Catalogue.

Cataluña nprf Catalogne.

cata|plasma f Cataplasme *m* | FAM. Pot (*m*) de colle (pelmazo) || **¡~plum!** interj Patatras! || **~pulta** f Catapulte || **~pultar** vt Catapulter.

catar vt Goûter (probar), déguster (vino) | Châtrer (colmena).

catarata f Cataracte | *Las ~s del Niágara,* les chutes du Niagara.

catarr|o m Rhume, catarrhe (m. us.) || **~oso, a** adj Enrhumé, e; catarrheux, euse (m. us.).

catarsis f Catharsis.

catastr|al adj Cadastral, e || **~o** m Cadastre.

cat|ástrofe f Catastrophe, désastre *m* || **~astrófico, a** adj Catastrophique, désastreux, euse.

cata|vino m Tâte-vin *inv,* taste-vin *inv* || **~vinos** m inv Dégustateur de vins | FAM. Poivrot (borracho).

catch m Catch (lucha) | *Luchador de ~,* catcheur.

cate m FAM. Baffe *f* (bofetada), coup de poing (puñetazo) FAM. *Dar un ~ en un examen,* coller à un examen ||

~ar vt Chercher (buscar) | FAM. Recaler, coller (suspender).
catec|ismo m Catéchisme || **~úmeno, a** s Catéchumène.
cátedra f Chaire | *Oposición a una ~*, agrégation.
catedr|al adj/f Cathédrale || **~ático, a** s Professeur [d'université, dans un lycée].
categ|oría f Catégorie | Classe | Échelon *m* (grado) | Rang *m*, classe (social) | *Dar ~*, classer || **~órico, a** adj Catégorique.
catenario, a adj/f Caténaire.
catequ|esis f Catéchèse || **~ista** s Catéchiste || **~izar** vt Catéchiser.
caterva f Bande | Tas *m* (montón) | FAM. Flopée.
catéter m MED. Cathéter.
cateto, a adj FAM. Paysan, anne (campesino), rustre (palurdo, grosero) | — M GEOM. Côté | — S Paysan, anne : croquant, e; cul-terreux (sin fem).
catión m FÍS. Cation.
catódico, a adj Cathodique.
cátodo m Cathode *f*.
cat|olicismo m Catholicisme || **~ólico, a** adj/s Catholique.
catón m FIG. Censeur | Premier livre de lecture.
cator|ce adj/m Quatorze | Quatorzième (rango) || **~ceno, a** adj Quatorzième || **~zavo, a** adj/s Quatorzième.
catre m Lit [pour une personne] | FAM. Pieu (cama)
caucásico, a adj/s Caucasien, enne.
Caúcaso nprm Caucase.
cauce m Lit (de un río) | Canal, rigole *f* (acequia) | Cuvette *f* (de un canal) | FIG. Voie *f* (vía), cours (curso).
cauci|ón f Caution, garantie | Cautionnement *m* (fianza) | Couverture (en Bolsa).
cauch|era f Caoutchoutier *m* || **~o** m Caoutchouc || **~utado** m Caoutchoutage || **~utar** vt Caoutchouter.
caudal m Fortune *f*, capital | Débit (de río) | FIG. Abondance *f*, quantité *f* || **~oso, a** adj Abondant, e; de grand débit | Riche, fortuné, e (rico).
caudillo m Capitaine, chef | Caudillo [en Espagne].
Caudinas adjfpl *Horcas ~*, fourches Caudines.
caus|a f Cause | Raison, motif *m* (razón) | DR. Procès *m*, cause, affaire || **~ador, a** s Auteur *m*, cause *f* || **~ahabiente** m DR. Ayant cause || **~al** adj Causal, e | — F Cause || **~alidad** f Causalité | Origine || **~ante** adj Qui est la cause | — M Cause *f* || **~ar** vt Causer, occasionner.
causticidad f Causticité.
caústico, a adj/m Caustique.

cautel|a f Précaution, prudence || **~oso, a** adj Fin, e; rusé, e (astuto) | Prudent, e.
cauter|io m Cautère | FIG. Remède énergique || **~ización** f Cautérisation || **~izar** vt MED. Cautériser.
cautiv|ador, a adj Captivant, e | **~ar** vt Faire prisonnier, capturer | FIG. Captiver || **~erio** m o **~idad** f Captivité *f* || **~o, a** adj/s Captif, ive.
cauto, a adj Prudent, e; avisé, e.
cav|a adjf ANAT. Cave | — F AGR. Binage *m* || **~adura** f Creusage *m*, creusement *m* (excavación) | TECN. Terrassement *m* | AGR. Binage *m* || **~ar** vt Creuser | Bêcher (con laya), biner (con azada) | TECN. Terrasser | — Vi FIG. Creuser, pénétrer, approfondir; méditer.
cavern|a f Caverne || **~ícola** adj/s Troglodyte || **~oso, a** adj Caverneux, euse | Caverneux, euse; creux euse (voz).
caviar m Caviar.
cavidad f Cavité.
cavil|ación f Réflexion, méditation || **~ar** vi Réfléchir, méditer || **~oso, a** adj Pensif, ive (pensativo) | Préoccupé, e; soucieux, euse.
cay|ado m Houlette *f* (de pastor) | Crosse *f* (de obispo) | Crosse *f* (de la aorta) || **~o** m Caye, îlot rocheux, récif.
caz m Saignée *f*, canal de dérivation.
caz|a f Chasse : *ir de ~*, aller à la chasse | Gibier *m* : *~ mayor, menor*, gros, petit gibier | *~ en puesto*, chasse à l'affût | *~ furtiva*, braconnage || — M Chasseur, avion de chasse || **~ador, a** adj/s Chasseur euse | — M MIL. Chasseur | *~ furtivo*, braconnier | — F Blouson *m*, vareuse || **~adotes** m inv Coureur de dots || **~alla** f Eau-de-vie d'anis || **~ar** vt Chasser | FAM. Dénicher (encontrar), attraper (coger) | *~ furtivamente*, braconner || **~atorpedero** m MAR. Contre-torpilleur || **~carria** f Crotte, boue (barro) || **~o** m Louche *f* (cucharón) | Casserole *f* || **~oleta** f Petite casserole | Bassinet *m* (de arma) | Fourneau *m* (de pipa) || **~ón** m Chien de mer || **~uela** f Casserole, terrine (de arcilla) | Cocotte (de fundición) | Ragoût *m* (guiso) | Bonnet *m* (de sostén) | Poulailler *m*, paradis *m* (teatro) || **~urro, a** adj Renfermé, e (huraño) | Bourru, e (rudo) | Niais, e (tonto) | Têtu, e (tozudo) | Roublard, e (astuto, taimado).
ce f C *m* (letra).
ceb|a f Nourriture, gavage *m* | Chargement *m* (de horno) || **~ada** f Orge || **~adal** m Champ d'orge || **~adera** f Musette || **~adero** m Marchand

d'orge | TECN. Gueulard [de haut fourneau] || **~ador** m Flasque *f*, poire (*f*) à poudre || **~adura** f Gavage *m*, engraissement *m* (de animal) | Amorçage *m* (de un arma) | *Amér.* Contenu (*m*) d'une calebasse de maté || **~ar** vt Gaver, engraisser (animal) | Amorcer (arma, máquina) | Appâter (peces) | FIG. Nourrir (alimentar), encourager (fomentar) | TECN. Charger (horno) | *Amér.* Préparer (el mate) | — Vi Pénétrer (clavo, tornillo) | — Vp S'acharner || **~ellina** adj/f Zibeline || **~iche** m *Amér.* Soupe (*f*) de poisson froide || **~o** m Nourriture *f* (para animales) | Appât (en el anzuelo) | Amorce *f* (de arma) | FIG. Appât || **~olla** f Oignon *m* | Crépine (de fregadero) | FIG. Roulure (de madera) || **~ollar** m Oignonière *f* || **~olleta** f Ciboulette || **~ollino** m Ciboule *f* || **~ón, ona** adj Gras, grasse | — M Porc engraissé.

cebra f Zèbre *m* | *Paso de ~*, passage pour piétons || **~do, da** adj Zébré, e.

cebú m Zébu.

Ceca f Hôtel (*m*) de la Monnaie | FAM. *Ir de la ~ a la Meca*, aller à droite et à gauche.

cece|ar vi Zézayer | — Vt Héler || **~o** m Zézaiement.

Cecilia nprf Cécile.

cecina f Viande boucanée *o* séchée au soleil.

ceda f Z *m* (letra).

cedazo m Tamis, sas.

ceder vt Céder | — Vi Céder | Renoncer (*en*, à) | Se calmer (viento).

cedilla f Cédille.

cedro m Cèdre.

cédula f Billet *m* | Cédule (de reconocimiento de deuda) | *Amér.* Carte d'identité (documento de identidad).

cefal|algia f MED. Céphalalgie || **~ópodos** mpl Céphalopodes || **~otórax** m Céphalothorax.

céfiro m Zéphyr (viento, lienzo).

ceg|ar* vi Devenir aveugle | — Vt Aveugler | FIG. Combler (tapar), boucher (atorar), aveugler || **~ato, a** adj/s FAM. Bigleux, euse.

cegesimal adj Cégésimal, e.

ceguedad o **ceguera** f Cécité | FIG. Aveuglement *m*

ceiba f Fromager *m* (árbol).

ceibo m Fromager | Flamboyant.

cej|a f Sourcil *m* (del ojo) | Rebord *m* (borde saliente) | Passepoil *m* (galón) | Crête (cumbre) | FIG. *Tener algo entre ~ y ~*, avoir qqch. dans la tête. *Tener a alguien entre ~ y ~*, ne pas pouvoir voir qqn || **~ar** vi Reculer | FIG. Renoncer (*en*, à), céder || **~ijunto, a** adj FIG. Renfrogné, e.

celacanto m Cœlacanthe.

cel|ada f Salade (del casco) | FIG. Embuscade, guet-apens *m*; piège *m* (trampa) || **~ador, a** s Surveillant, e || **~aje** m Claire-voie *f* || **~ar** vt Surveiller (vigilar) | Veiller à.

celd|a f Cellule || **~illa** f Cellule | BOT. Loge | FIG. Niche (hornacina).

cele|bérrimo, a adj Très célèbre || **~bración** f Célébration || **~brante** adj/s Célébrant, e || **~brar** vt Célébrer | Tenir (reunión) | Se réjouir de (alegrarse) | Conclure, passer (contrato, convenio) | Fêter (festejar) | Disputer (un partido) | Avoir (conversación) | — Vp Avoir lieu.

célebre adj Célèbre.

celebridad f Célébrité.

celemín m Boisseau (medida).

celeridad f Célérité, rapidité.

celest|e adj Céleste | — Adj/m Bleu ciel || **~ial** adj Céleste | FIG. Parfait, e; divin, e || **~ina** f Entremetteuse.

celibato m Célibat.

célibe adj/s Célibataire.

celo m Zèle (cuidado) | Jalousie *f* (envidia) | Rut, chaleur *f* (de los animales) | — Pl Jalousie *fsing* | *Dar ~s*, rendre jaloux | *Tener ~s*, être jaloux || **~fán** m Cellophane *f* || **~sía** f Jalousie (ventana) | Treillis *m* (enrejado) || **~so, a** adj/s Zélé, e (esmerado) | Jaloux, ouse (que tiene celos) | Méfiant, e (receloso).

celt|a s Celte | — Adj Celtique, celte || **~íbero, a** adj/s Celtibère.

céltico, a adj/s Celtique.

célula f Cellule | *~ fotoeléctrica*, cellule photo-électrique.

celul|ar adj Cellulaire || **~itis** f MED. Cellulite || **~oide** m Celluloïd | FIG. *Llevar al ~*, porter à l'écran || **~osa** f Cellulose.

cellisca f Bourrasque de neige fondue.

cement|ación f Cémentation || **~ar** vt Cimenter (con cemento) | Cémenter (un metal) || **~erio** m Cimetière || **~o** m Ciment | Béton (hormigón) | Cément (de los dientes).

cen|a f Dîner *m*, souper *m* | Cène (de Jesucristo) || **~áculo** m Cénacle || **~acho** m Cabas || **~ador** m Tonnelle *f* || **~agal** m Bourbier | FAM. Pétrin, bourbier || **~agoso, a** adj Fangeux, euse; bourbeux, euse; boueux, euse || **~ar** vi Dîner, souper | — Vt Dîner de, manger au dîner.

cenceño, a adj Maigre.

cencerr|ada f Charivari *m* || **~ear** vi Sonnailler | Faire du bruit (hacer ruido) | FAM. Gratter (un instrumento) || **~eo** m Bruit de sonnailles | Tapage (ruido) || **~o** m Sonnaille *f* | FIG. *A ~s tapados*, en catimini. *Más loco que un ~*, fou à lier.

cendal m Voile | — Pl Barbes *f* (de pluma).
cenefa f Bordure, lisière | Plinthe (de la pared).
cenicero m Cendrier.
Cenicienta nprf Cendrillon.
ceniciento, a adj Cendré, e.
cenit m Zénith.
ceniz|a f Cendre | Oïdium *m* (de la vid) | — Pl Cendres | Poussières : *~s radiactivas*, poussières radioactives || **~o** m Oïdium (de la vid) | FAM. Trouble-fête (aguafiestas), poisse *f*, guigne *f* (mala suerte) | FAM. *Ser un ~*, porter la poisse.
ceno|bio m Monastère || **~bita** s Cénobite || **~tafio** m Cénotaphe || **~te** m *Amér.* Puits naturel.
cens|atario, a s DR. Censitaire || **~o** m Recensement | DR. Redevance *f* (tributo), rente *f* (renta), bail (arrendamiento) | FIG. Charge *f* | *~ electoral*, corps électoral | FAM. *Ser un ~*, grever le budget || **~or** m Censeur | *~ jurado de cuentas*, expert comptable || **~ual** adj Censitaire || **~ualista** s Censier, ère || **~ura** f Censure : *moción de ~*, motion de censure | Blâme *m* | *Voto de ~*, blâme || **~urable** adj Censurable, blâmable || **~urar** vt Censurer.
centauro m Centaure.
centavo, a adj/s Centième | — M *Amér.* Centime, cent | FAM. *Estar sin un ~*, ne pas avoir le sou.
centell|a f Éclair *m* (relámpago) | Foudre (rayo) | Étincelle (chispa) | FIG. Lueur, trace || **~eante** adj Étincelant, e; scintillant, e || **~ear** vi Scintiller, étinceler || **~eo** m Scintillement | Clignotement (de la luz).
cent|ena f Centaine || **~enal** o **~ar** m Champ de seigle || **~enar** m Centaine *f* | Centenaire (centenario) || **~enario, a** adj/s Centenaire || **~eno, a** adj Centième | — M BOT. Seigle || **~esimal** adj Centésimal, e || **~ésimo, a** adj/s Centième | — M Centime (moneda) || **~iárea** f Centiare *m* || **~igrado, a** adj/m Centigrade || **~igramo** m Centigramme || **~ilitro** m Centilitre || **~ímetro** m Centimètre.
céntimo, a adj Centième | — M Centime (moneda).
centinela m Sentinelle *f*.
centolla f o **centollo** m Araignée (*f*) de mer.
centr|ado m Centrage || **~al** adj Central, e | — F Centrale | Central *m* (telefónica) | Standard *m* (teléfono interior) | Maison mère (casa matriz) | *~ de correos*, grande poste, bureau de poste principal || **~alismo** m Centralisme || **~alita** f Standard *m* (de teléfono) || **~alización** f Centralisation || **~alizar** vt Centraliser || **~ar** vt Centrer | Pointer (un arma) | FIG. Préciser; axer (girar alrededor de) | — Vt/i DEP. Centrer | — Vp FIG. Être axé, tourner autour.
céntrico, a adj Central, e.
centr|ifugación f Centrifugation || **~ifugador, a** adj/s Centrifugeur, euse || **~ifugar** vt Centrifuger || **~ífugo, a** adj Centrifuge || **~ípeto, a** adj Centripète || **~ista** adj/s Centriste || **~o** m Centre | Milieu (medio) | FIG. But (objetivo), foyer (corazón), cercle (club) | *~ de mesa*, chemin de table (tapete), surtout, coupe (recipiente) | FIG. *Estar en su ~*, être dans son élément || **~oamericano, a** adj/s De l'Amérique centrale, centraméricain, e.
centuplicar vt Centupler.
céntuplo, a adj/m Centuple.
centuri|a f Siècle *m* (siglo) | Centurie (romana) || **~ón** m Centurion.
ceñ|ido, a adj Économe | Ajusté, e (entallado) | Moulant, e (ropa) || **~idor** m Ceinture *f* || **~ir*** vt Serrer (apretar) | Entourer, ceindre (rodear) | Mouler (ajustar) | — Vp Se modérer, se restreindre (en los gastos) | Se limiter à | Se faire (amoldarse) | Coller (pegarse) | Serrer (un tema, a un lado) || **~o** m Froncement de sourcils | FIG. Aspect imposant et menaçant | *Fruncir el ~*, froncer les sourcils || **~udo, a** adj Renfrogné, e.
cepa f Cep *m*, pied (*m*) de vigne (vid) | Souche (de árbol) | FIG. Souche (origen).
cepill|ado m Rabotage (carpintería) | Brossage (de un vestido) || **~adora** f Raboteuse || **~ar** Brosser | Raboter (carpintería) | — Vp POP. Coller, recaler (en un examen), zigouiller (matar) || **~o** m Tronc (para limosna) | Rabot (carpintería) | Brosse *f* : *~ para las uñas*, brosse à ongles | *Al ~*, en brosse (pelo).
cepo m Rameau (rama) | Traquenard, piège (trampa) | Tronc (para limosna) | Billot (para el yunque) | Cep (tormento) || Sabot de Denver (autos). || || **~rro** m Sarment sec | FAM. Cruche *f*, ballot (estúpido).
cera f Cire | Fart *m* (para esquí) | — Pl Alvéoles (*m*) d'une ruche.
cer|ámico, a adj/f Céramique || **~amista** s Céramiste.
cerbatana f Sarbacane || Cornet (*m*) acoustique.
cerbero m Cerbère.
cerca f Clôture, enceinte | — Adv Près | *~ de*, près de (casi), environ, près de (aproximadamente), auprès de (con una persona) | *Embajador ~ de la Santa Sede*, ambassadeur près le Saint-Siège *o* auprès du Saint-Siège ||

~do m Enclos (huerto) | Clôture *f* (valla) || **~nía** f Proximité | — Pl Alentours *m*, environs *m* (alrededores) | Banlieue *sing* (suburbios) || **~no, a** adj Proche (próximo) | Voisin, e (vecino) | *Cercano Oriente*, Proche-Orient || **~r** vt Clore, clôturer | MIL. Assiéger, encercler | Entourer (rodear).

cerc|én (a) loc adv Ras, à ras || **~enar** vt Rogner | FIG. Réduire (disminuir) || **~eta** f Sarcelle (ave) | — Pl Dagues (del ciervo).

cerciorar vt Assurer.

cerco m Cercle | Ceinture *f* (de las ruedas) | Cerne (de mancha) | ASTR. Halo | Cadre (marco) | MIL. Siège | Tour (vuelta) | *Amér.* Clôture *f*.

cercha f TECN. Cerce.

cerda f Soie (del cerdo) | Crin *m* (del caballo) | Truie (hembra del cerdo) || **~da** f FAM. Cochonnerie.

Cerdaña nprf Cerdagne.

Cerdeña nprf Sardaigne.

cerdo m Porc, cochon | **~** *marino*, marsouin.

cereal m Céréale *f* || **~ista** adj/m Céréalier, ère.

cereb|elo m Cervelet || **~ral** adj/s Cérébral, e || **~ro** m Cerveau.

ceremoni|a f Cérémonie | Façons *pl*, manières *pl*, cérémonie (cumplidos) | *De* **~**, cérémonieux, euse | *Por* **~**, par politesse || **~al** m Cérémonial || **~oso, a** adj Cérémonieux, euse.

céreo, a adj De cire.

cerez|a f Cerise | **~** *gordal*, bigarreau | **~** *mollar*, guigne | **~** *silvestre*, merise || **~al** m Cerisaie *f* || **~o** m Cerisier | **~** *silvestre*, merisier.

cerill|a f Allumette | Rat-de-cave *m* (vela) | Cérumen (en los oídos) || **~era** f o **~ero** m Boîte (*f*) d'allumettes | Marchand, marchande d'allumettes et de cigarettes (vendedor) | Poche (*f*) pour les allumettes.

cern|edor m Blutoir, tamis || **~er*** vt Tamiser | FIG. Observer | — Vi Être en fleur (florecer) | Bruiner (lloviznar) | — Vp Planer || **~ícalo** m ZOOL. Buse *f* | FAM. Cruche *f*, butor *m*, buse *f* (tonto) | POP. Cuite *f* (borrachera) || **~idillo** m Bruine *f* (llovizna) || **~ido** m Criblage, blutage || **~idura** f Criblage *m*, blutage *m* | — Pl Criblure *sing*.

cero m Zéro | FAM. *Ser un* **~** *a la izquierda*, être une nullité *o* un zéro.

cer|oso, a adj Cireux, euse || **~ote** m Poix (*f*) de cordonnier | FAM. Frousse *f* (miedo).

cerr|adero m Gâche *f* (de cerradura) || **~ado, a** adj Fermé, e | Caché, e (oculto) | Couvert, e (cielo) | Dru, e (lluvia) | Touffu, e (espeso) | Abondant, e | Nourri, e (aplausos) | Noir, e (noche) | FAM. Renfermé, e (poco expansivo), bouché, e (torpe) | À l'accent très marqué | — M Clôture *f* | FAM. Personne (*f*) bornée | *Oler a* **~**, sentir le renfermé || **~ador** m Fermoir || **~adura** f Serrure (para cerrar) | Fermeture (acción de cerrar) || **~ajería** f Serrurerie || **~ajero** m Serrurier || **~ar*** vt Fermer : **~** *con llave*, fermer à clef | Barrer (camino) | Boucher (conducto) | Refermer (herida) | Serrer (apretar) | Clore (discusión, contrato, cuenta) | Conclure (trato) | — Vi Fermer | — Vp Se fermer | AUT. Faire une queue de poisson | FIG. S'obstiner | Se couvrir, se boucher (el cielo) || **~azón** f Obscurité | FIG. Étroitesse d'esprit || **~ero, a** y **~il** adj Accidenté, e (terreno) | Sauvage (animal) | FAM. Rustre || **~o** m Coteau, colline *f* (colina), tertre (otero) | FAM. *Irse por los* **~***s de Úbeda*, divaguer || **~ojo** m Verrou.

cert|amen m Duel (desafío) | FIG. Concours || **~ero, a** adj Adroit, e | Juste | Sûr, e (seguro) || **~eza** o **~idumbre** f Certitude | Exactitude.

certific|ación f Certification | Recommandation (de carta) | Certificat *m* (certificado) || **~ado, a** adj Recommandé, e (carta) | — M Certificat | | Brevet d'études (diploma) | — Pl Objets recommandés | **~** *de penales*, extrait de casier judiciaire || **~ar** vt Certifier | Recommander (carta).

cerúleo, a adj Céruléen, enne.

cerumen m Cérumen.

cerusa f Céruse (albayalde).

cerv|al adj Du cerf | *Miedo* **~**, peur bleue || **~atillo** m ZOOL. Porte-musc || **~ato** m ZOOL. Faon.

cerve|cería f Brasserie || **~cero** m Brasseur || **~za** f Bière : **~** *negra*, bière brune.

cervical adj Cervical, e.

cérvidos mpl ZOOL. Cervidés.

cerviz f Nuque | *Doblar, levantar la* **~**, courber, lever la tête.

ces|ación f Cessation || **~ante** adj Révoqué de ses fonctions, mis à pied | Suspendu, e; en disponibilité (funcionario) | *Dejar* **~**, révoquer *o* relever de ses fonctions | — S Fonctionnaire en disponibilité || **~antía** f Mise à pied (de funcionario), révocation (despido) | Disponibilité | Pension (sueldo) || **~ar** vi Cesser | **~** *en un cargo*, cesser ses fonctions | *Sin* **~**, sans cesse, sans discontinuer.

César nprm César.

ces|áreo, a adj Césarien, enne | — Adjf/f Césarienne || **~e** m Cessation *f* | Révocation (*f*) d'un fonctionnaire || **~ión** f Cession || **~ionario, a** s Cessionnaire.

césped m Gazon, pelouse *f* (hierba).
cest|a f Panier *m* | Chistera *m* [pour la pelote basque] | FIG. *~ de la compra,* panier de la ménagère | *~ de Navidad,* colis de Noël | FAM. *Llevar la ~,* tenir la chandelle ‖ **~ería** f Vannerie ‖ **~ero, a** s Vannier, ère ‖ **~o** m Panier, corbeille *f* | Manne *f* (cesto grande) ‖ **~ón** m MIL. Gabion.
cesura f Césure.
cetáceo m ZOOL. Cétacé.
cetr|ería f Fauconnerie ‖ **~ero** m Fauconnier ‖ **~ino, a** adj Olivâtre ‖ **~o** m Sceptre | Perchoir (para halcones).
cian|osis f MED. Cyanose ‖ **~uro** m QUÍM. Cyanure.
ciar vi Reculer | MAR. Scier (remar) | Renoncer (*en,* à).
ciático, a adj/f MED. Sciatique.
cibelina adj/f Zibeline.
cibernética f Cybernétique.
cicat|ear vi FAM. Lésiner ‖ **~ería** f Lésinerie, ladrerie ‖ **~ero, a** adj/s Avare, ladre | — M Coupeur de bourses (ratero).
cicatriz f Cicatrice ‖ **~ación** f Cicatrisation ‖ **~ante** adj/m Cicatrisant, e ‖ **~ar** vt Cicatriser.
ciclam|en o **~ino** m BOT. Cyclamen ‖ **~or** m BOT. Gainier.
cíclico, a adj Cyclique.
cicl|ismo m Cyclisme ‖ **~ista** adj/s Cycliste ‖ **~o** m Cycle ‖ **~ocross** m Cyclo-cross ‖ **~oide** f GEOM. Cycloïde ‖ **~omotor** m Cyclomoteur ‖ **~ón** m Cyclone | FIG. Ouragan.
cíclope m Cyclope.
ciclópeo, a adj Cyclopéen, enne.
ciclotrón m FÍS. Cyclotron.
cicuta f Ciguë.
Cid nprm Le Cid Campéador | — M FIG. Homme valeureux.
cidr|a f BOT. Cédrat *m* ‖ **~o** m BOT. Cédratier, cédrat.
ciego, a adj Aveugle | FIG. Aveuglé, e : *~ de ira,* aveuglé par la colère; aveuglé, e; bouché, e (cañería) | — S Aveugle | — M ANAT. Cæcum | *A ciegas,* à l'aveuglette; les yeux fermés | *En tierra de ~s el tuerto es rey,* au royaume des aveugles, les borgnes sont rois.
ciel|ito m *Amér.* Danse (*f*) et chanson (*f*) populaire en Argentine ‖ **~o** m Ciel | *A ~ raso,* à la belle étoile | *~ de la boca,* voûte *o* voile du palais | *~ raso,* faux plafond | FIG. *Llovido del ~,* tombé du ciel. *Ser un ~,* être un amour. *Ver el ~ abierto,* voir les cieux ouverts | — Interj *¡Mi ~!,* mon amour! | — Pl Ciel!
ciempiés m inv ZOOL. Mille-pattes.
cien adj Cent (apócope de ciento).
ciénaga f Marécage *m.*
ciencia f Science | *A* ou *de ~ cierta,* en connaissance de cause; de bonne source.
cieno m Vase *f,* bourbe *f.*
científico, a adj Scientifique | — S Savant, e; scientifique.
ciento adj/m Cent | Centième (rango) | — M Cent | Centaine *f* (centenar) | *Darle ~ y raya a uno,* être cent fois supérieur à qqn.
cierne m *En ~,* en fleur (vid), en herbe (trigo, persona), en puissance, en germe, embryonnaire (cosa).
cierre m Fermeture *f* | Fermoir (de bolso) | Clôture *f* (de la Bolsa, de una sesión, de un inventario) | *~ de cremallera,* fermeture Éclair *o* à glissière | *~ metálico,* rideau de fer (de tienda) | *~ patronal,* lock-out.
cierto, a adj Certain, e | Sûr, e (seguro) | *Lo ~,* ce qui est certain, la vérité | — Adv Certainement, certes | *Lo ~ es que,* toujours est-il que | *No por ~,* bien sûr que non, certainement pas | *Por ~,* certes | *Por ~ ...,* à propos ... | *Por ~ que,* bien sûr que.
cierv|a f Biche ‖ **~o** m Cerf | *~ volante,* cerf-volant.
cierzo m Bise *f.*
cifr|a f Chiffre *m* | Nombre *m* | Abréviation | *En ~,* obscurément ; en abrégé ‖ **~ar** vt Chiffrer | Résumer | *~ en,* placer dans *o* en | — Vp Se chiffrer, s'élever.
cigala f Langoustine.
cigarr|a f Cigale ‖ **~al** m Villa *f* [à Tolède] ‖ **~era** f Cigarière | Buraliste (vendedora) | Porte-cigares (para puros) | Blague à tabac (petaca) ‖ **~illo** m Cigarette *f* ‖ **~o** m Cigare (puro) | Cigarette *f* (cigarrillo) ‖ **~ón** m Sauterelle *f.*
cig|oñal m Chadouf ‖ **~üeña** f Cigogne ‖ **~üeñal** m Manivelle *f* | MEC. Vilebrequin.
cili|ar adj Ciliaire ‖ **~cio** m Cilice.
cil|indrada f Cylindrée ‖ **~indrado** m TECN. Cylindrage ‖ **~indrar** vt Cylindrer ‖ **~índrico, a** adj Cylindrique ‖ **~indro** m Cylindre | *~ compresor,* rouleau compresseur.
cilio m Cil : *~s vibrátiles,* cils vibratiles.
cima f Sommet *m,* cime (de montaña) | Cime (de árbol) | FIG. Fin.
cimarr|a (hacer la) loc *Amér.* Faire l'école buissonnière ‖ **~ón, ona** adj *Amér.* Marron, onne (animal que huye), sauvage (salvaje) | — M Maté sans sucre.
cimbalero m MÚS. Cimbalier.
címbalo m Clochette *f* | — Pl MÚS. Cymbales *f.*
cimbel m Moquette *f* (ave) | FIG. Leurre.
cimborrio m ARQ. Ciborium.

cimbr|a f Arq. Cintre *m* | Mar. Courbure || **~ar** vt V. CIMBREAR || **~eante** adj Flexible | Ondulant, e || **~ear** vt Faire vibrer [un objet flexible] | Fam. Cingler (golpear) | Arq. Cintrer | — Vp Vibrer | Se plier (doblarse) || **~eño, a** adj Flexible || **~eo** m Ploiement | Cintrage.

cim|entación f Fondation, fondements *mpl* || **~entar*** vt Cimenter (fijar con cemento) | Cémenter | Arq. Jeter les fondations | Fig. Consolider, cimenter || **~era** f Cimier *m* || **~ero, a** adj Fig. Dominant, e || **~ientos** mpl Arq. Fondations *f* | Fig. Origine *fsing;* fondement *sing,* base *fsing* || **~itarra** f Cimeterre *m.*

cinabrio m Min. Cinabre.

cinc m Zinc.

cincel m Ciseau || **~ador** m Ciseleur || **~adura** f Ciselure || **~ar** vt Ciseler.

cinc|o adj/m Cinq | Cinquième (rango) | — M Cinq | *Son las ~,* il est cinq heures || **~oenrama** f Bot. Quintefeuille || **~uenta** adj/m Cinquante | Cinquantième (rango) | *Los ~,* la cinquantaine || **~uentavo, a** adj/s Cinquantième || **~uentenario** m Cinquantenaire || **~uentena** f Cinquantaine || **~uentón, ona** adj/s Quinquagénaire.

cinch|a f Sangle || **~ar** vt Sangler (la cincha) | Cercler (un tonel) || **~o** m Ceinture *f* | Cercle (tonel).

cine m Cinéma : *~ sonoro, de estreno, de sesión continua,* cinéma parlant, d'exclusivité, permanent || **~asta** m Cinéaste || **~-club** m Ciné-club || **~gético, a** adj/f Cynégétique || **~mateca** f Cinémathèque || **~mática** f Cinématique || **~matografía** f Cinématographie || **~matografiar** vt Cinématographier || **~matográfico, a** adj Cinématographique || **~matógrafo** m Cinématographe.

cinerario, a adj/f Cinéraire.

cinético, a adj/f Cinétique.

cingalés, esa adj/s Cingalais, e.

cíngaro, a adj/s Tzigane.

cinglar vi Mar. Godiller.

cíngulo m Cordelière *f* (de monje).

cínico, a adj/s Cynique.

cinismo m Cynisme.

cint|a f Ruban *m* | Galon *m* (de lana, etc) | Film *m,* bande (película) | Lacet *m* (lazo) | *~ adhesiva,* ruban adhésif | *~ magnetofónica,* bande magnétique | *~ métrica,* mètre à ruban | *~ transportadora,* transporteur à bande || **~o** m Ceinturon (para sable, etc) | Ceinture *f* || **~ura** f Ceinture | Taille, ceinture (talle) | Fam. *Meter a uno en ~,* faire entendre raison à qqn || **~urón** m Ceinturon (para el sable) | Ceinture *f* (de cuero, etc) | Fam. *Apretarse el ~,* se mettre *o* se serrer la ceinture. *~ verde,* ceinture verte (*espacios verdes*) *~ salvavidas,* ceinture de sauvetage.

cipr|és m Bot. Cyprès || **~esal** m Bot. Cyprière *f.*

ciprio, a o **cipriota** adj/s Cypriote, chypriote.

circ|ense adj Du cirque || **~o** m Cirque || **~ón** m Zircon || **~onio** m Zirconium.

circu|ito m Circuit || **~lación** f Circulation || **~lar** adj/f Circulaire | — Vi Circuler || **~latorio, a** adj Circulatoire.

círculo m Cercle | Club, cercle | — Pl Milieux (medios), entourage *sing.*

circumpolar adj Circumpolaire.

circun|cidar vt Circoncire || **~cisión** f Circoncisión || **~ciso, a** adj/m Circoncis, e || **~dante** adj Environnant, e || **~dar** vt Environner, entourer || **~ferencia** f Circonférence || **~flejo** adj/m Circonflexe || **~locución** f o **~loquio** m Circonlocution *f* || **~scribir** vt Circonscrire | — Vp Se limiter || **~scripción** f Circonscription || **~spección** f Circonspection || **~specto, a** adj Circonspect, e || **~stancia** f Circonstance || **~stanciado, a** adj Circonstancié, e || **~stancial** adj Circonstanciel, elle || **~stante** s Assistant, e || **~valación** f Circonvallation | *Línea de ~,* ligne de ceinture || **~vecino, a** adj Environnant, e || **~volución** f Circonvolution.

cir|ial m Chandelier || **~ílico, a** adj Cyrillique || **~ io** m Cierge.

cirro m Cirrus (nube) | Med. Squirre | Bot. Cirre || **~sis** f Med. Cirrhose.

ciruel|a f Prune | *~ claudia,* reine-claude | *~ damascena,* quetsche | *~ pasa,* pruneau || **~o** m Prunier.

ciru|gía f Chirurgie || **~jano** m Chirurgien.

cisco m Charbonnaille *f,* poussier, grésillon | Fam. Foin, grabuge | *Hacer ~,* mettre en pièces.

cism|a m Schisme | Fig. Discorde *f* || **~ático, a** adj/s Schismatique.

cisne m Cygne.

cisterciense adj/s Cistercien, enne.

cistern|a f Citerne | Chasse d'eau (retrete) || **~illa** f Chasse d'eau.

cistitis f Med. Cystite.

cisura f Incision.

cit|a f Rendez-vous *m* | Citation (de una obra) || **~ación** f Dr. Citation || **~ar** vt Donner rendez-vous | Citer (una obra) | Dr. Citer, traduire (*ante,* en) | Taur. Provoquer | — Vp Prendre rendez-vous.

cítara f Cithare.

citarista m Cithariste (músico).
citerior adj Citérieur, e.
cítiso m BOT. Cytise.
cítola f Claquet *m* (tarabilla).
cito|logía f Cytologie ‖ **~plasma** m Cytoplasme.
citrato m Citrate.
cítrico, a adj Citrique (ácido) | — Mpl Agrumes.
ciudad f Ville | Cité (universitaria, obrera, jardín) | ~, en ville (cartas) | *~ de lona,* village de toile | *~ hermanada,* ville jumelée ‖ **~ania** f Citoyenneté | *Derecho de ~,* droit de cité ‖ **~ano, a** s Citadin, e (de una ciudad) | Citoyen, enne (de un Estado) ‖ **~ela** f Citadelle.
cívico, a adj Civique.
civ|il adj Civil, e | *Casarse por lo ~,* se marier civilement | — M FAM. Gendarme | Civil (paisano) ‖ **~ilización** f Civilisation ‖ **~ilizado, a** adj/s Civilisé, e ‖ **~ilizador, a** adj/s Civilisateur, trice ‖ **~ilizar** vt Civiliser ‖ **~ismo** m Civisme.
cizall|a f Cisailles *pl* (tijeras) | Cisaille (metal) ‖ **~ar** vt Cisailler.
cizaña f Ivraie | FIG. Ivraie; zizanie.
clac f FAM. Claque (teatro).
clam|ar vt Clamer, crier | — Vi Implorer | Crier : *~ contra la injusticia,* crier à l'injustice | FIG. Réclamer ‖ **~or** m Clameur *f* | Plainte *f* (queja) | Acclamation *f* | Glas (toque fúnebre) ‖ **~orear** vt Réclamer | Implorer (suplicar) | Se plaindre (quejarse) | Clamer | — Vi Sonner le glas ‖ **~oreo** m Clameur *f* ‖ **~oroso, a** adj Retentissant, e | Plaintif, ive (quejoso).
clan m Clan.
clandestin|idad f Clandestinité ‖ **~o, a** adj Clandestin, e.
claqu|e f FAM. Claque (teatro) ‖ **~é** m Claquettes *fpl* (baile) ‖ **~eta** f Claquette (cine) | — Pl Claquette *sing* (tablillas).
clar|a f Blanc (*m*) de l'œuf | Clarté (claridad) | Éclaircie (de lluvia) | Endroit (*m*) dénudé (en el cráneo) | *Levantarse con las ~s del día,* se lever au point du jour ‖ **~aboya** f Lucarne ‖ **~ear** vt Éclairer | Éclaircir (aclarar) | — Vi Poindre (el día) | S'éclaircir | — Vp S'éclaircir | Être transparent | FAM. Se découvrir | Être visible ‖ **~ecer*** vi Poindre (el día) ‖ **~ete** adjm/m Rosé, clairet (vino) ‖ **~idad** f Clarté | FIG. Vérité | *De una ~ meridiana,* clair comme le jour ‖ **~ificación** f Clarification | FIG. Éclaircissement *m* ‖ **~ificar** vt Clarifier | FIG. Éclaircir ‖ **~ín** m Clairon ‖ **~inete** m Clarinette *f* ‖ **~inetista** m Clarinettiste ‖ **~ión** m Craie *f* ‖ **~isa** adjf/f Clarisse ‖ **~ita** f Panaché *m* ‖ **~ividencia** f Clairvoyance ‖ **~ividente** adj/s Clairvoyant, e ‖ **~o, a** adj Clair, e | Clairsemé, e (poco abundante) | Illustre, noble | TAUR. Franc, franche | *~ que,* il est bien évident que | *Más ~ que el agua,* clair comme de l'eau de roche | — M Jour (agujero) | Espace, blanc | Pause *f* (en un discurso) | Clairière *f* (en un bosque) | Clair : *~ de luna,* clair de lune | — Adv Clairement, net | *A las claras,* clairement, au grand jour | *Poner* ou *sacar en ~,* tirer au clair | — Interj Bien sûr!, naturellement!, évidemment! ‖ **~oscuro** m Clair-obscur.
clase f Classe | Cours *m* : *~ ex cátedra,* cours magistral *o* ex catedra | FIG. Genre *m* (género), sorte, espèce; classe (categoría) | — Pl MIL. Hommes (*m*) de troupe | *~s pasivas,* pensionnés de l'État | *Dar ~,* donner un *o* des cours (el profesor), suivre un cours (el alumno)
clasicismo m Classicisme.
clásico, a adj Classique.
clasific|ación f Classification | Classement *m* (alfabética, etc) | Triage *m* (de correo, etc) | Cote (de una película) ‖ **~ador, a** adj/s Classificateur, trice | — M Classeur | — F Trieuse (de tarjetas perforadas) ‖ **~ar** vt Classer | Trier (seleccionar).
claudicar vi FIG. Céder (ceder), faillir (faltar), défaillir (disminuir).
Claudio, a nprmf Claude.
claustr|ar vt Cloîtrer ‖ **~o** m Cloître | FIG. Conseil académique, assemblée (*f*) des professeurs (en la Universidad). ‖ **~ofobia** f Claustrophobie.
cláusula f Clause | GRAM. Phrase.
clausur|a f Clôture | Fermeture (cierre) | *Monja de ~,* sœur cloîtrée ‖ **~ar** vt Clôturer, clore | Fermer.
clav|a f Massue ‖ **~ado, a** adj Clouté, e | Juste (exacto) | FIG. Cloué, e : *~ en la cama,* cloué au lit; fixé, e (mirada) | *Es su padre ~,* c'est son père tout craché | — M Clouage | *Amér.* Plongeon de haut vol (natación) ‖ **~ar** vt Clouer | Enfoncer (meter) | FIG. Fixer (fijar) | FAM. Rouler (engañar), faire payer très cher (ser caro) | — Vp S'enfoncer | *Amér.* Plonger (en el agua) ‖ **~azón** f Clouage *m* ‖ **~e** f Clef, clé | Clef, chiffre *m* (texto cifrado) | ARQ. MÚS. FIG. Clef | *Dar en la ~,* trouver | — M MÚS. Clavecin | — Adj Clef ‖ **~el** m Œillet ‖ **~ellina** f Petit œillet *m* ‖ **~eteado** m Cloutage ‖ **~etear** vt Clouter ‖ **~icordio** m MÚS. Clavecin ‖ **~ícula** f Clavicule ‖ **~ija** f Cheville (de madera o metal), goupille (de metal),

fiche (eléctrica) | MÚS. Cheville | FIG. *Apretar las ~s a uno*, serrer la vis à qqn || **~o** m Clou | Clou de girofle (especia) | Clou (furúnculo) | FIG. Douleur (*f*) poignante | POP. Coup de fusil (cosa cara), ardoise *f* (deudas) | *Dar en el ~*, tomber juste.
claxon m Klaxon | *Tocar el ~*, klaxonner.
clearing m COM. Clearing.
clemátide f BOT. Clématite.
clem|encia f Clémence || **~ente** adj Clément, e.
clementina f Clémentine.
Cleopatra nprf Cléopâtre.
clept|omanía f Cleptomanie || **~ómano, a** adj/s Cleptomane.
clerical adj/m Clérical, e || **~ismo** m Cléricalisme.
clérigo m Ecclésiastique | Prêtre (sacerdote) | Clerc (hombre letrado).
clero m Clergé || **~fobia** f Anticléricalisme *m*.
cliché m Cliché.
cliente s Client, e || **~la** f Clientèle.
clim|a m Climat || **~ático, a** adj Climatique || **~atización** f Climatisation || **~atizar** vt Climatiser || **~atología** f Climatologie || **~atológico, a** adj Climatologique.
clímax m Climax | Apogée.
clínic|a f Clinique || **~o, a** adj Clinique | — M Clinicien.
clip m Trombone (sujetapapeles) | Clip (pendiente) | Pince *f* (para papel de dibujo).
clíper m Clipper.
clis|ar vt Clicher || **~é** m Cliché.
clítoris m ANAT. Clitoris.
cloaca f Cloaque *m* | Égout *m*.
Clodoveo nprm Clovis.
cloque|ar vi Glousser || **~o** m Gloussement.
clor|ato m Chlorate || **~hídrico, a** adj Chlorhydrique || **~o** m Chlore || **~ofila** f Chlorophylle || **~ofílico, a** adj Chlorophyllien, enne || **~oformizar** vt Chloroformer || **~oformo** m Chloroforme || **~uro** m Chlorure.
club m Club.
clueca f Poule couveuse.
co|acción f Contrainte || **~accionar** vt Contraindre || **~acusado, a** s Coaccusé, e || **~adjutor, a** s Coadjuteur, trice || **~adyuvar** vi Contribuer, aider || **~agulación** f Coagulation || **~agulante** adj/m Coagulant, e || **~agular** vt Coaguler || **~águlo** m Coagulum | Caillot (de sangre) || **~alición** f Coalition || **~artada** f Alibi *m* || **~artar** vt Limiter || **~autor, a** s Coauteur (sin fem).
coba f FAM. Blague (embuste), lèche (adulación) | *Darle ~ a uno*, lécher les bottes de qqn.
cobalto m Cobalt (metal).
cobard|e adj/s Lâche || **~ía** f Lâcheté.
cobaya f o **cobayo** m Cobaye *m*.
cobert|era f Couvercle *m* || **~izo** m Auvent (saledizo) | Hangar (cochera) | Remise *f* (para máquinas) | Abri (refugio) || **~or** m Couverture *f* (manta) | Dessus-de-lit (colcha) || **~ura** f Couverture.
cobij|a f Faîtière (teja) | *Amér.* Couverture (manta) || **~ar** vt Couvrir | Héberger (albergar), nourrir (alimentar), protéger || **~o** m Protection *f* | Accueil (acogida) | Hospitalité *f*, hébergement | Refuge, abri.
cobista s FAM. Lèche-bottes (adulador).
cobla f Fanfare (en Cataluña).
cobra f Cobra *m* (serpiente).
cobr|ador m Receveur | Encaisseur (recaudador) || **~anza** f Encaissement *m*, recouvrement *m* (recaudación) | Paye (del sueldo) || **~ar** vt Être payé, toucher (ser pagado) | Encaisser (entrar en caja) | Prendre (tomar) | Reprendre (recuperar) | Sentir, prendre : *~ cariño a alguien*, prendre qqn en affection | Acquérir (adquirir) | Rapporter (perro de caza) | FIG. FAM. *¡Vas a ~!*, qu'est-ce que tu vas prendre! | — Vp Se payer || **~e** m Cuivre || **~eño, a** adj Cuivreux, euse || **~izo, a** adj Cuivré, e; cuivreux, euse (color) || **~o** m Paye *f* | Encaissement, recouvrement (cobranza).
coca f Coca *m* (arbusto) | Coca (hoja) | Cocaïne || **~ína** f Cocaïne || **~inómano, a** s Cocaïnomane.
cocción f Cuisson, coction.
cóccix m inv ANAT. Coccyx.
cocear vi Ruer | FIG. Résister.
coc|er* vt/i Cuire | — Vi Cuire, fermenter (vino) | Bouillir (hervir) | — Vp Cuire || **~ido** m Pot-au-feu.
cociente m Quotient.
cocimiento m Cuisson *f* | Décoction *f* (tisana).
cocin|a f Cuisine | Cuisinière (aparato) || **~ar** vt Cuisiner | — Vi Cuisiner, faire la cuisine || **~ero, a** s Cuisinier, ère || **~illa** f Réchaud *m*.
coco m Cocotier (árbol) | Noix (*f*) de coco (fruto) | Ver (de la fruta) | FAM. Croque-mitaine (bu), grimace *f* (mueca), boule *f* (cabeza), chignon (moño de pelo) | FAM. *Ser un ~*, être un épouvantail *o* un laideron.
cocodrilo m Crocodile.
cocot|al m Lieu planté de cocotiers || **~ero** m Cocotier.
cóctel m Cocktail.
coctelera f Shaker *m* (recipiente).
cochambr|e f FAM. Crasse (suciedad), cochonnerie (porquería) || **~oso, a** adj FAM. Sale, crasseux, euse.

coche m Voiture *f* | Wagon, voiture *f* (de tren) | ~ *cama*, wagon-lit | ~ *celular*, fourgon cellulaire | ~ *de línea*, autocar, car | ~ *de punto*, voiture de place (alquiler) | ~ *fúnebre*, corbillard | ~ *restaurante*, wagon-restaurant | ~ *silla*, poussette ‖ **~cito** m Petite voiture *f* (juguete) | Fauteuil roulant (para inválidos) | Voiture *(f)* d'enfant (de niño) ‖ **~ra** adjf Cochère | — F Remise, garage *m* | Dépôt *m* (depósito) ‖ **~ro** m Cocher.
cochifrito m Ragoût de mouton (cordero) *o* de chevreau (cabrito).
cochin|a f Truie ‖ **~ada** f FAM. Cochonnerie, tour *(m)* de cochon, vacherie ‖ **~ero, a** adj De mauvaise qualité | *Trote* ~, petit trot ‖ **~illa** f Cloporte *m* | Cochenille ‖ **~illo** m Cochon de lait ‖ **~o, a** s FAM. Cochon, onne | — Adj FAM. Cochon, onne (sucio), sale (malo), dégoûtant, e (repugnante) | *Tiempo* ~, sale temps, temps de cochon | — M Cochon, porc.
cochiquera f o **cochitril** m FAM. Porcherie *f*.
coch|o, a adj Cuit, e ‖ **~ura** f Cuisson (cocción).
cod|al adj Coudé, e | — M Marcotte *f* (de la vid) | ARQ. Étrésillon (puntal) | Bras (de sierra) ‖ **~aste** m MAR. Étambot ‖ **~azo** m Coup de coude ‖ **~ear** vi Jouer des coudes | — Vp Coudoyer, côtoyer : ~ *con príncipes*, côtoyer des princes | Fréquenter (tratar) ‖ **~eo** m Coudoiement.
codeso m BOT. Cytise.
codeudor, a s Codébiteur, trice.
códice m Codex, manuscrit ancien.
codici|a f Cupidité | FIG. Convoitise (envidia), soif (deseo) | TAUR. Combativité ‖ **~ar** vt Convoiter.
codicilo m Codicille.
codicioso, a adj Cupide | FAM. Travailleur, euse (laborioso).
codific|ación f DR. Codification | Codage *m* ‖ **~ar** vt DR. Codifier | Coder.
código m Code : ~ *de la circulación, postal*, code de la route, postal | ~ *territorial*, indicatif (teléfono).
codillo m Coude (de los solípedos), épaule *f* (demás animales) | Épaule *f* (cocina) | Fourche *f* (de dos ramas).
codo m Coude | Coudée *f* (medida) | *Dar con el* ~, donner un coup de coude | FAM. *Empinar el* ~, lever le coude. *Hablar por los ~s*, jaser comme une pie, avoir la langue bien pendue.
codorniz f Caille.
coeficiente m Coefficient | Taux (índice).
coerc|er vt Contraindre (obligar) | Contenir (contener) | Retenir (sujetar) ‖ **~ión** f Coercition ‖ **~itivo, a** adj Coercitif, ive.
co|etáneo, a adj/s Contemporain, e ‖ **~existencia** f Coexistence ‖ **~existir** vi Coexister.
cofa f Hune : ~ *mayor*, grande hune.
cofia f Résille (red) | Coiffe (tocado) | Coiffe (de planta, de proyectil).
cofrad|e s Confrère ‖ **~ía** f Confrérie (hermandad) | Association.
cofre m Coffre ‖ **~cito** m Coffret.
cog|er vt Prendre (tomar) | Saisir (agarrar) | Cueillir, ramasser (recoger) | Surprendre (sorprender) | Attraper (una enfermedad, un acento) | Atteindre, rattraper (alcanzar) | Renverser (echar al suelo) | TAUR. Blesser, encorner (herir) | FAM. Attraper (arrestar), occuper, prendre : ~ *mucho sitio*, prendre beaucoup de place | FIG. Comprendre, saisir (entender) | *Le cogió de buen humor*, il était de bonne humeur à ce moment-là | *No se sabe por dónde cogerlo*, il n'est pas à prendre avec des pincettes | — Vi Prendre | FAM. Tenir (caber) | — Vp Se prendre (pillarse) | S'attraper (pegarse) ‖ **~estión** f Cogestion ‖ **~ida** f Cueillette | TAUR. Coup *(m)* de corne ‖ **~ido, a** adj Pris, e | Blessé, e; encorné, e (un torero) | — M Fronce *f* | Pli (pliegue).
cogollo m Cœur (de lechuga, de col) | Bourgeon, pousse *f* (brote) | FAM. Cœur (centro), le dessus du panier (lo mejor).
cogorza f POP. Cuite.
cogot|azo m Calotte *f* ‖ **~e** m Nuque *f*.
cogujada f Cochevis *m* (ave).
cogulla f Habit *m*, froc *m* (hábito) | Coule, cagoule (capucha).
cohabit|ación f Cohabitation ‖ **~ar** vi Cohabiter.
cohech|ar vt Suborner, corrompre ‖ **~o** m Subornation *f*, corruption *f*.
coheredero, a s Cohéritier, ère.
co|herencia f Cohérence | FÍS. Cohésion ‖ **~herente** adj Cohérent, e ‖ **~hesión** f Cohésion ‖ **~hesivo, a** adj Cohésif, ive.
cohete m Fusée *f* | *Amér.* Mine *f* (barreno).
cohibir vt Réprimer | Intimider.
cohombro m Concombre.
cohonestar vt Présenter sous un jour favorable | Concilier.
cohorte f Cohorte.
coincid|encia f Coïncidence | Point *(m)* de convergence (misma opinión) ‖ **~ir** vi Coïncider | Se rencontrer | ~ *con*, tomber en même temps que | ~ *en* être d'accord pour *o* sur.
coito m Coït.
coj|ear vi Boiter (persona) | Être bancal, boiter (mueble) | FAM. Agir mal (obrar mal), clocher (no ir bien) ‖ **~era** f Claudication.

coj|ín m Coussin || **~inete** m Coussinet | Coussinet, palier (de rodamiento) | ~ *de bolas,* roulement à billes || **~itranco, a** adj/s Boiteux, euse || **~o, a** adj/s Boiteux, euse | — Adj Bancal, e; boiteux, euse (mueble) || **~uelo, a** adj Légèrement boiteux, euse | *El diablo ~,* le diable boiteux.

col f Chou *m.*

cola f Queue | Traîne (de un vestido) | Colle (para pegar) | FIG. *Hacer ~,* faire la queue. *Tener* ou *traer ~,* avoir des suites.

colabor|ación f Collaboration || **~acionista** adj/s Collaborationniste | — S Collaborateur, trice || **~ador, a** adj/s Collaborateur, trice || **~ar** vi Collaborer.

colación f Collation | *Traer* ou *sacar a ~,* faire mention de, ressortir.

colad|a f Lessive | Coulée (de lava) | TECN. Coulée || **~era** f Passoire || **~ero** m Passoire *f* | Couloir (paso) | MIN. Galerie *f* || **~o, a** adj *Aire ~,* vent coulis || **~or** m Passoire *f* | Cuve *f* (para lavar) || **~ora** f Lessiveuse || **~ura** f Filtrage *m* | Marc *m,* résidus *mpl* (residuos) | FAM. Gaffe, erreur.

colapso m MED. Collapsus | Effondrement.

colar* vt Passer, filtrer | Lessiver (con lejía) | Couler (un metal) | FAM. Refiler (dar) | — Vi Passer | Prendre (ser creído) | — Vp FAM. Se glisser, se faufiler (meterse), resquiller (en una cola), se gourer (equivocarse), faire une gaffe (meter la pata).

colateral adj/s Collatéral, e.

colch|a f Couvre-lit *m,* dessus-de-lit *m* || **~ón** m Matelas | TECN. *~ de aire,* coussin d'air || **~onero, a** s Matelassier, ère || **~oneta** f Matelas (*m*) étroit | Coussin *m* (cojín).

colear vi Remuer la queue | Se balancer | — Vt TAUR. Retenir [un taureau] par la queue | FAM. *Todavía colea,* l'affaire n'est pas terminée.

colec|ción f Collection | Assortiment *m,* gamme (variedad) || **~cionar** vt Collectionner || **~cionista** s Collectionneur, euse || **~ta** f Collecte || **~tar** vt Collecter, recouvrer (recaudar) | Recueillir (recoger) || **~tividad** f Collectivité || **~tivismo** m Collectivisme || **~tivización** f Collectivisation || **~tivizar** vt Collectiviser || **~tivo, a** adj Collectif, ive | — M GRAM. Collectif | Collectif (grupo) | *Amér.* Petit autobus, microbus || **~tor** adj/m Collecteur | *~ de basuras,* vide-ordures | *~ (de energía) solar,* capteur solaire.

colédoco adjm/m ANAT. Cholédoque.

coleg|a m Collègue | Homologue (de un ministro) || **~iado, a** adj Associé, e | — S Membre (*m*) d'une corporation || **~ial** adj Collégial, e | Collégien, enne (de los colegiales) | — M Écolier (de un colegio), collégien, lycéen (de un instituto) || **~iala** f Écolière, collégienne, lycéenne || **~iarse** vp Se réunir en corporation || **~iata** f Collégiale || **~io** m Collège | École *f* (escuela) | Corporation *f* | Ordre (de profesiones liberales) | *~ de internos,* internat | *~ de párvulos,* école maternelle || **~ir*** vt Réunir | Déduire (inferir).

coleóptero m ZOOL. Coléoptère.

cólera f Colère : *montar en ~,* se mettre en colère | — M MED. Choléra.

col|érico, a adj Colérique | — Adj/s MED. Cholérique.

colesterol m Cholestérol.

colet|a f Queue | Natte (trenza) | Couette (pelo sin trenzar) | FAM. Addition (añadido) || **~azo** m Coup de queue | FIG. Sursaut, soubresaut || **~o** m FAM. For intérieur.

colg|adizo m Appentis || **~ado, a** adj Suspendu, e | Pendu, e (ahorcado) | FAM. Déçu, e (burlado) | FIG. *Dejar a uno ~,* laisser qqn en plan || **~ador** m IMPR. Étendoir | Crochet (gancho) | Portemanteau (perchero) || **~adura** f Tenture || **~ajo** m Lambeau | Pendeloque *f* (dije) || **~ante** adj Pendant, e; suspendu, e | Suspendu, e (puente, jardín) | — M ARQ. Feston | Pendeloque *f* (dije) || **~ar*** vt Pendre, suspendre | Étendre (la ropa) | Accrocher : *~ un cuadro,* accrocher un tableau | Tapisser (adornar) | FAM. Pendre (ahorcar), coller (en un examen), refiler, coller (dar), imputer, attribuer | — Vi Pendre à, être suspendu à | Pendre (ser demasiado largo) | Raccrocher (teléfono) | — Vp Se pendre à.

coli|bacilo m Colibacille || **~bacilosis** f MED. Colibacillose || **~brí** m Colibri.

cólico, a adj Colique | — M Colique *f.*

coliflor f Chou-fleur *m.*

colig|ación f Alliance || **~ado, a** adj/s Allié, e; coalisé, e || **~arse** vp S'unir, se coaliser, se liguer.

colill|a f Mégot *m* || **~ero, a** s Ramasseur, ramasseuse de mégots.

colimador m Collimateur.

colín m Gressin, longuet (pan).

colina f Colline | Graine de chou (de col) || **~bo** m Chou-rave.

colind|ante adj Limitrophe, contigu, ë || **~ar** vi Être contigu.

colirio m MED. Collyre.

coliseo m Colisée.

colisión f Collision | FIG. Choc *m.*

colitis f MED. Colite.

colm|ado, a adj Plein, e | — M Bistrot, gargote *f* (tasca) || **~ar** vt

Remplir à ras bord | Combler (rellenar) | FIG. Combler : ~ *de favores*, combler de faveurs || **~ena** f Ruche | FIG. Fourmilière || **~enar** m Rucher || **~enero, a** s Apiculteur, trice || **~illo** m Canine *f* | Défense *f* (de elefante, jabalí, etc) | Croc (de perro) || **~o** m Comble | Chaume (techo de paja) | *Para* ~, par-dessus le marché | *Para* ~ *de bienes, de desgracia* ou *de males*, pour comble de bonheur, de malheur.
coloc|ación f Placement *m* : *oficina de* ~, bureau de placement | Situation | Emploi *m* (empleo) | Pose (instalación) | Emplacement *m* (sitio) || **~ar** vt Placer | Mettre, poser (poner) | FIG. Placer (en un empleo) | *Estar colocado*, travailler, avoir une situation | — Vp Se placer | Trouver du travail *o* une situation.
colodión m Collodion.
colo|fón m IMPR. Cul-de-lampe | Note (*f*) finale | FIG. Clou, couronnement || **~idal** adj Colloïdal, e || **~ide** m Colloïde || **~ideo, a** adj Colloïdal, e; colloïde.
Colombia nprf Colombie.
colombiano, a adj/s Colombien, enne.
colon m ANAT. Côlon.
Colón npr Colomb.
colonia f Colonie | Eau de Cologne (perfume) | Ruban (*m*) de soie (cinta) | Nouveau quartier, *m* | *Amér.* Quartier | ~ *obrera*, cité ouvrière.
Colonia npr Cologne.
colon|ial adj Colonial, e || **~ialismo** m Colonialisme || **~ización** f Colonisation | AGR. Colonisation, peuplement *m* || **~izador, a** adj/s Colonisateur, trice || **~izar** vt Coloniser || **~o** m Colon.
coloquio m Colloque, conversation *f*.
color m Couleur *f* | FIG. Opinion *f*, couleur *f* | — Pl Couleurs *f* (bandera) | *A todo* ~, en couleurs | ~ *sólido*, grand teint | *So* ~ *de*, sous couleur de | *Subido de* ~, haut en couleur | **~ación** f Coloration || **~ado, a** adj Coloré, e | Rouge (rojo) | FIG. Grivois, e (palabras) | *Ponerse* ~, rougir | — M Rouge || **~ante** adj/m Colorant, e || **~ar** vt Colorer, colorier || **~ear** vt Colorer, colorier | FIG. Colorer | — Vi Rougir || **~ete** m Rouge, fard || **~ido** m Coloris | FIG. Couleur *f* || **~ín** m Chardonneret (ave) | FAM. Rougeole *f* (sarampión) | — Pl Couleurs (*f*) criardes || **~ista** m Coloriste.
colos|al adj Colossal, e | FIG. Formidable || **~o** m Colosse.
columbario m Columbarium.
columbrar vt Apercevoir | FIG. Prévoir, deviner.
column|a f Colonne | Torsade (de jersey) || **~ata** f Colonnade.
columpi|ar vt Balancer | — Vp Se balancer | FAM. Se dandiner (al andar) | POP. Se gourer (equivocarse) || **~o** m Balançoire *f*.
colusión f DR. Collusion.
colutorio m MED. Collutoire.
coll|ado m Coteau (cerro) | Col (entre dos montañas) || **~ar** m Collier | Chaîne *f* (cadena) || **~arín** m Rabat (alzacuello) | Collet (sobrecuello) | Collerette *f* (de tubo, de botella) || **~era** f Collier *m* | FIG. Chaîne.
coma f Virgule | MÚS. Comma *m* | — M MED. Coma.
comadr|e f Sage-femme (partera) | Marraine (madrina) | FAM. Entremetteuse (alcahueta) || **~ear** vi FAM Cancaner, faire des commérages || **~eja** f ZOOL. Belette || **~eo** m FAM. Commérage, cancan, potin || **~ero, a** adj/s Potinier, ère; cancanier, ère || **~ona** f Sage-femme (partera) | Commère (vecina).
comand|ancia f Commandement *m* || **~ante** m Commandant || **~ita** f COM. Commandite || **~itar** vt Commanditer || **~itario, a** adj/m Commanditaire || **~o** m Commando.
comarc|a f Contrée, région || **~al** adj Régional, e || **~ano, a** adj Voisin, e.
comatoso, a adj Comateux, euse.
comb|a f Courbure | Corde (juego) || **~ar** vt Courber, tordre | Gauchir (alabear).
combat|e m Combat || **~iente** adj/s Combattant, e | *Ex* ~, ancien combattant || **~ir** vi Combattre | — Vt Combattre | Battre, frapper (viento, olas) | FIG. S'attaquer à, combattre || **~ividad** f Combativité || **~ivo, a** adj Combatif, ive.
combin|ación f Combinaison | Cocktail *m* (bebida) || **~ado** m Combiné | Cocktail (bebida) | Combinat (industrial) || **~ar** vt Combiner.
comburente adj/m Comburant, e.
combust|ibilidad f Combustibilité || **~ible** adj/m Combustible || **~ión** f Combustion || **~óleo** m Fuel-oil.
comedero, a adj Mangeable | — M Mangeoire *f* (para animales) | Salle (*f*) à manger (comedor).
comedi|a f Comédie | Théâtre *m* | FIG. Comédie || **~ante, a** s Comédien, enne || **~do, a** adj Modéré, e; réservé, e | Posé, e (tranquilo) | Poli, e; courtois, e (cortés) || **~miento** m Modération *f*, retenue *f* | Courtoisie *f* (cortesía) || **~ógrafo, a** s Auteur de pièces de théâtre || **~rse*** vp Se contenir, se modérer.
com|edor m Salle (*f*) à manger | Restaurant, cantine *f* | Réfectoire (en un colegio) | ~ *universitario*, restaurant

universitaire | *Jefe de ~,* maître d'hôtel || **~ején** m Termite || **~ejenera** f Termitière || **~endador** m Commandeur || **~ensal** s Convive.
comentlador, a s Commentateur, trice || **~ar** vt Commenter || **~ario** m Commentaire || **~arista** s Commentateur, trice.
comenzar* vt/i Commencer.
comer m Manger | *Ser de buen ~,* avoir bon appétit | — Vt/i Manger | Déjeuner (al mediodía), dîner (cenar) | Consommer, manger (consumir) | Ronger, manger (destrozar) | Manger, faire passer (los colores) | Prendre (ajedrez o damas) | Démanger (sentir comezón) | — Vp Manger | FIG. Manger (no pronunciar, gastar), sauter, omettre (omitir) | FIG. *Está para comérsela,* elle est à croquer. *Se lo come la envidia,* il crève d'envie.
comerci|al adj Commercial, e | Commerçant, e : *calle ~,* rue commerçante || **~alismo** m Mercantilisme || **~alización** f Commercialisation || **~alizar** vt Commercialiser || **~ante** adj/s Commerçant, e || **~ar** vi Faire le commerce [*con, en,* de] (negociar) | Commercer, faire du commerce || **~o** m Commerce | *~ al por mayor, al por menor,* commerce de gros, de détail | *Libre ~,* libre-échange.
comestible adj/m Comestible | *Tienda de ~s,* épicerie.
cometa m ASTR. Comète *f* | — F Cerf-volant *m* (juguete).
comet|er vt Commettre | Confier (encargar) | Employer || **~ido** m Tâche *f*, mission *f* | Mandat | Devoir (deber).
comezón f Démangeaison.
comic|astro m Cabotin || **~idad** f Comique *m*.
comicios mpl Comices | Élections *f*.
cómico, a adj/m Comique | — Adj/s Comédien, enne | *~ de la legua,* comédien ambulant | FIG. *¡Es un ~!,* c'est un farceur!
comid|a f Nourriture (alimento) | Repas *m* : *hacer tres ~s al día,* faire trois repas par jour | Déjeuner *m* (almuerzo) || **~illa** f FAM. Occupation favorite; sujet (*m*) de conversation || **~o, a** adj Qui a mangé | *~ y bebido,* nourri.
comienzo m Commencement, début | *Dar ~,* commencer.
comil|ón, ona adj/s FAM. Glouton, onne | — S Goinfre || **~ona** f FAM. Gueuleton *m*.
comillas fpl Guillemets *m*.
comino m BOT. Cumin | FAM. *No me importa un ~,* je m'en moque comme de l'an quarante. *No valer un ~,* ne pas valoir tripette.
comis m Commis (ayudante de camarero).
comis|ar vt Confisquer || **~aría** f Commissariat *m* || **~ario** m Commissaire | *Amér.* Inspecteur de police || **~car** vt Grignoter || **~ión** f Commission | Accomplissement *m* (de un delito) || **~ionado, a** adj Mandaté, e | — S Mandataire || **~ionar** vt Commissionner, mandater || **~ionista** m Commissionnaire || **~o** m DR. Confiscation *f* || **~ura** f Commissure.
comit|é m Comité || **~ente** m Commettant || **~iva** f Suite, cortège *m*.
como adv Comme (de la manera que) | Que (después de tan, tanto) : *tan bueno ~ él,* aussi bon que lui | Au point de (hasta el punto de) | En tant que, comme, en (en calidad de) | Dans le rôle de (en el papel de) | *~ sea,* n'importe comment | — Conj Comme (cuando) | Comme, étant donné que (ya que) | Si (condición) | *Así ~,* dès que, aussitôt que (tan pronto como), de même que (del mismo modo que) | *Así fue ~,* c'est ainsi que | *~ quiera que,* étant donné que | *~ si* (con subjuntivo), comme si (con indicativo) | *~ si tal cosa,* comme si de rien n'était | *Hacer ~ si,* faire semblant de.
cómo adv Comme (exclamación) | Comment (de qué manera, interrogación) | *¿ ~ así ?,* comment donc ? | *¡~ es eso!,* par exemple! | *¡~ no!,* bien sûr! | *¡~ que no!,* bien sûr que non! | — M Comment.
cómoda f Commode.
comod|idad f Commodité, confort *m* | Intérêt *m* (interés) | Avantage *m* (ventaja) | — Pl Aises || **~ín** m Joker, fou (naipes) | FIG. Bouche-trou (persona), formule (*f*) passe-partout (palabra).
cómodo, a adj Confortable : *un sillón ~,* un fauteuil confortable | Commode | Facile | À l'aise : *póngase ~,* mettez-vous à l'aise | V. COMODÓN.
comod|ón, ona adj FAM. Qui aime ses aises (que le gusta la comodidad), qui ne s'en fait pas (tranquilo) || **~oro** m Commodore.
comoquiera adv N'importe comment.
compac|idad f Compacité || **~to, a** adj Compact, e | — M AUT. Compacte *f*.
compadecer* vt Compatir à | Plaindre, avoir pitié de (tener piedad de) | — Vp Compatir (*de, con,* à) | Plaindre, avoir pitié de.
compadre m Parrain (padrino) | Compère, ami | *Amér.* Fanfaron || **~ar** vi FAM. *Amér.* Crâner.
compagin|ación f Assemblage *m* | FIG. Conciliation | IMPR. Mise en

pages || **~ador** m IMPR. Metteur en pages || **~ar** vt Assembler, réunir | FIG. Concilier | IMPR. Mettre en pages | — Vp S'accorder.
compañ|erismo m Camaraderie *f* || **~ero, a** s Compagnon, compagne | Camarade (camarada) | Collègue (colega) | Partenaire (en el juego) | FIG. Pendant *m* (que hace pareja) || **~ía** f Compagnie | Troupe, compagnie (de teatro) | Fréquentation : *malas ~s*, mauvaises fréquentations | *~ de la legua*, troupe de comédiens ambulants | *Hacer ~*, tenir compagnie.
compar|able adj Comparable || **~ación** f Comparaison | *En ~ con*, en comparaison de, par rapport à | *Ni punto de ~*, aucune comparaison || **~ar** vt Comparer || **~ativo, a** adj/m Comparatif, ive || **~ecencia** f DR. Comparution || **~ecer*** vi Comparaître || **~eciente** adj/s DR. Comparant, e.
compar|sa f Figuration (teatro) | Mascarade (en carnaval) | Suite (séquito) | — S TEATR. Comparse; figurant, e || **~timiento** m Compartiment | Répartition *f* (reparto) || **~tir** vt Répartir (distribuir) | Partager : *~ el poder, una opinión*, partager le pouvoir, une opinion.
compás m Compas | MAR. Compas, boussole *f* | MÚS. Mesure *f* | *Al ~*, en mesure | *Al ~ de*, au rythme de | *~ de corredera*, pied à coulisse | MÚS. *~ de dos por cuatro*, deux-quatre | *~ de espera*, temps d'arrêt | MÚS. *~ de tres por cuatro*, mesure à trois temps. *~ mayor*, deux-temps. *~ menor*, mesure à quatre temps.
compas|ión f Compassion, pitié || **~ivo, a** adj Compatissant, e.
compat|ibilidad f Compatibilité || **~ibilizar** vt Concilier || **~ible** adj Compatible.
compatriota s Compatriote.
compeler vt Contraindre, forcer.
compendi|ar vt Abréger, résumer || **~o** m Résumé, abrégé || **~oso, a** adj Abrégé, e
compenetr|ación f Compénétration || **~arse** vp Se compénétrer.
compens|ación f Compensation | Dédommagement *m* (indemnización) || **~ador, a** adj/m Compensateur, trice || **~ar** vt Compenser | Dédommager (indemnizar) | Payer (ser valedero) | *No me compensa hacer esto*, ça ne vaut pas la peine de faire cela || **~atorio, a** adj Compensatoire.
compet|encia f Ressort *m*, domaine *m* (incumbencia) | Compétence (capacidad) | Concurrence (rivalidad) || **~ente** adj Compétent, e | Approprié, e (adecuado) || **~er** vi Relever de, être du ressort *o* de la compétence de (ser de la incumbencia de) | Appartenir en droit || **~ición** f Compétition | Concurrence (rivalidad) || **~ido, a** adj Disputé, e || **~idor, a** adj/s Compétiteur, trice | Concurrent, e (comercio, examen) | — M Partant (carrera) || **~ir*** vi Concourir | Rivaliser : *~ en esfuerzos*, rivaliser d'efforts | COM. Concurrencer || **~itividad** f Compétitivité || **~itivo, va** adj Compétitif, ive | Concurrentiel, elle : *situación ~*, position concurrentielle.
compil|ación f Compilation || **~ar** vt Compiler.
compinche s FAM. Copain, copine (amigo), acolyte (acompañante).
complac|encia f Complaisance | Plaisir *m*, satisfaction || **~er*** vt Complaire, plaire | Obliger, rendre service (ayudar) | — Vp Se complaire | Avoir plaisir à (gustar de) | Avoir le plaisir de, être heureux de (tener el placer de) || **~ido, a** adj Satisfait, e || **~iente** adj Complaisant, e.
complej|idad f Complexité || **~o, a** adj/m Complexe.
complement|ar vt Compléter || **~ario, a** adj Complémentaire || **~o** m Complément : *~ directo*, complément d'objet direct.
complet|ar vt Compléter || **~o, a** adj Complet, ète | *Por ~*, complètement.
complexión f Complexion.
complic|ación f Complication || **~ar** vt Compliquer | Mêler (mezclar) | *~ en*, impliquer dans, mêler à | — Vp Se compliquer.
cómplice s Complice.
compl|icidad f Complicité || **~ot** m FAM. Complot.
complutense adj/s D'Alcalá de Henares.
compon|edor, a s Compositeur, trice | — M IMPR. Composteur || **~enda** f Arrangement *m*, accommodement *m*, compromis *m* | FAM. Combine || **~ente** adj/s Composant, e | Membre | Élément || **~er*** vt Composer | Réparer (arreglar una cosa) | Arranger (un asunto) | Décorer (adornar) | Réconcilier | Remettre en place (huesos) | FAM. Remettre (fortalecer) | — Vi Composer | — Vp S'arranger (una mujer) | Se mettre d'accord, s'entendre (ponerse de acuerdo) | FAM. *Componérselas*, se débrouiller.
comport|amiento m Conduite *f*, comportement || **~ar** vt Supporter, souffrir (sufrir) | Comporter, comprendre (contener) | — Vp Se comporter, se conduire.
compos|ición f Composition | FIG. Mesure, discrétion | *Hacer ~ de lugar*, peser le pour et le contre || **~itor, a** s MÚS. Compositeur, trice.

Compostela (Santiago de) npr Saint-Jacques-de-Compostelle.
compostura f Composition | Réparation (arreglo) | Contenance (actitud) | Tenue (modales) | Maintien *m* (porte) | Retenue (mesura) | Toilette (aseo) | Accord *m*, arrangement *m*, entente (convenio).
compota f Compote.
compr|a f Achat *m* | *Hacer la ~*, faire le marché | *Ir a la ~*, aller au marché | *Ir de ~s*, faire des courses || **~ador, a** s Acheteur, euse || **~ar** vt Acheter : *~ a plazos, fiado*, acheter à tempérament, à crédit || **~aventa** f Contrat (*m*) d'achat et de vente.
compren|der vt Comprendre | *Todo comprendido*, tout compris | *Viaje todo comprendido*, voyage à forfait || **~sible** adj Compréhensible || **~sión** f Compréhension || **~sivo, a** adj Compréhensif, ive.
compres|a f Compresse | Méd. Garniture périodique || **~ible** adj Compressible || **~ión** f Compression || **~ivo, a** adj Compressif, ive || **~or** adjm/m Compresseur : *cilindro ~*, rouleau compresseur.
comprim|ible adj Compressible || **~ido, a** adj/m Comprimé, e || **~ir** vt Comprimer | Fig. Réprimer (sonrisa), retenir (lágrimas), entasser (amontonar) | — Vp Se comprimer | Se retenir (refrenarse).
comprob|ación f Vérification (averiguación) | Constatation (observación) | Preuve (prueba) || **~ante** adj Probant, e | — M Preuve *f* | Dr. Pièce (*f*) justificative | Reçu (recibo) || **~ar*** vt Vérifier (averiguar) | Constater (observar) | Contrôler (examinar) | Prouver, démontrer (demostrar).
compromet|edor, a adj Compromettant, e || **~er** vt Compromettre | Engager | — Vp Se compromettre | S'engager : *~ a defender una causa*, s'engager à défendre une cause | *Amér.* Se fiancer || **~ido, a** adj Compromis, e | Engagé, e (por una promesa).
compromis|ario m Dr. Arbitre | Représentant || **~o** m Compromis (convenio) | Engagement (obligación) | Embarras (apuro).
compuerta f Vanne, porte.
compuesto, a adj Composé, e | Arrangé, e (arreglado) | Pomponné, e (una mujer) | Fig. Réservé, e | — M Composé | — Fpl Bot. Composées.
compuls|a f Dr. Copie conforme || **~ar** vt Dr. Compulser | Comparer, confronter || **~ión** f Dr. Contrainte.
compun|ción f Componction || **~gido, a** adj Contrit, e; affligé, e || **~girse** vp S'affliger (*por*, de).
comput|ador m o **~adora** f Calculateur *m*, ordinateur *m* || **~ar** vt Calculer.
cómputo m Calcul | Comput.
comulg|ante adj/s Communiant, e || **~ar** vi Communier.
com|ún adj Commun, e | Courant, e; commun, e (corriente) | *Fuera de lo ~*, qui sort de l'ordinaire | *Por lo ~*, généralement | — M Communauté *f* (comunidad) | Commun : *el ~ de los mortales*, le commun des mortels | Communaux *pl* (tierras) | — Pl Communes *f* || **~una** f *Amér.* Commune || **~unero, a** adj Populaire.
comunic|able adj Communicable | Fig. Sociable || **~ación** f Communication | Correspondance | Rapport *m*, relation (relación) | — Pl Postes, télégraphes, téléphones | Moyens (*m*) de communication (medios de transporte) || **~ado, a** adj Desservi, e : *barrio bien ~*, quartier bien desservi | — M Communiqué || **~ador, a** adj Communicateur, trice || **~ante** adj Communicant, e | — S Correspondant, e || **~ar** vt Communiquer | — Vi Communiquer | Être occupé, e (teléfono) | Desservir (poner en comunicación) | — Vp Communiquer | — Se communiquer (propagarse) || **~ativo, a** adj Communicatif, ive.
comun|idad f Communauté | — Pl Hist. Communes | *~ de propietarios*, syndicat de propriétaires, copropriété || **~ión** f Communion || **~ismo** m Communisme || **~ista** adj/s Communiste || **~izante** adj/s Communisant, e.
con prep Avec : *comer ~ un tenedor*, manger avec une fourchette | À, au : *igualarse ~*, s'égaler à; *café ~ leche*, café au lait | Avec (acompañamiento) | Auprès de (cerca de) | Contre (contra) | De : *estar contento ~ uno*, être content de qqn; *~ voz ronca*, d'une voix enrouée | Par (por medio de) | Envers, pour, avec (para con) | Sur (sobre) | Dans : *~ objeto de*, dans le but de | En : *~ buena salud*, en bonne santé | En (con el participio presente) : *~ decir esto no se arreglan la cosas*, en disant cela, on n'arrange pas les choses | Comme, du fait que (ya que) | Bien que (a pesar de que) | *~ ello*, pour cela | *~ que*, ainsi, alors | *~ sólo*, il suffit de | *~ tal que* ou *~ que*, pourvu que, du moment que | *~ todo* ou *~ todo y ~ eso*, malgré tout | *Para ~*, envers.
conato m Effort | Intention *f* | Début (principio) | Dr. Tentative *f*.
conca|denar o **~tenar** vt Enchaîner || **~tenación** f Enchaînement *m*.

concavidad f Concavité (de lente).
cóncavo, a adj Concave.
conceb|ible adj Concevable ‖ **~ir*** vt Concevoir.
conceder vt Accorder | Décerner (un premio) | Admettre (admitir).
concej|al m Conseiller municipal ‖ **~ero** m *Amér.* Conseiller municipal ‖ **~il** adj Municipal, e ‖ **~o** m Conseil municipal.
conc|entración f Concentration | **~** *parcelaria*, remembrement ‖ **~entrado, a** adj/m Concentré, e ‖ **~entrar** vt Concentrer ‖ **~éntrico, a** adj Concentrique.
concep|ción f Conception | *Inmaculada Concepción*, Immaculée Conception ‖ **~tismo** m Conceptisme ‖ **~tista** adj/s Conceptiste ‖ **~to** m Concept | Pensée *f* (pensamiento) | Notion *f*, idée *f* | Trait d'esprit (agudeza) | Opinion *f*, jugement (juicio) | Raison *f* (razón) | *En ~ de*, à titre de, en tant que | *En mi ~*, à mon avis | *En ningún ~*, nullement, en aucun cas | *Formarse ~ de*, se faire une idée de | *Por todos los ~s*, à tous égards ‖ **~tualismo** m Conceptualisme ‖ **~tuar** vt Estimer, considérer, juger ‖ **~tuoso, a** adj Ingénieux, euse (agudo) | Sentencieux, euse | Précieux, euse (estilo).
concern|iente adj Relatif, ive ‖ **~ir*** vi Concerner.
concert|ación f Concertation ‖ **~ante** adj/s MÚS. Concertant, e ‖ **~ar*** vt/i Concerter | S'entendre sur, convenir de (ponerse de acuerdo) | Conclure (acuerdo, negocio) | FIG. Concerter | — Vi Concorder | — Vp Se concerter | Se mettre d'accord ‖ **~ista** s Concertiste.
conces|ión f Concession | Remise (entrega) | Délivrance (de un permiso) ‖ **~ionario** adj/m Concessionnaire.
concien|cia f Conscience | *A ~*, consciencieusement | *Ser ancho de ~*, avoir la conscience large | *Tener la ~ limpia*, avoir la conscience tranquille ‖ **~ciar** o **~tizar** vt Sensibiliser | — Vp Prendre conscience ‖ **~zudo, a** adj Consciencieux, euse.
concierto m MÚS. Concert (espectáculo), concerto (obra) | FIG. Accord, harmonie *f*, concert.
concili|ábulo m Conciliabule ‖ **~ación** f Conciliation ‖ **~ador, a** adj Conciliant, e | — Adj/s Conciliateur, trice ‖ **~ar** adj Conciliaire | — M Membre d'un concile ‖ — Vt Concilier, mettre d'accord | *~ el sueño*, trouver le sommeil | — Vp Se concilier ‖ **~o** m Concile.
concis|ión f Concision ‖ **~o, a** adj Concis, e.
concitar vt Inciter, pousser | Attirer.
conciudadano, a s Concitoyen, enne.
cónclave o **conclave** m Conclave.
conclu|ir* vt Finir, terminer (acabar) | Conclure, déduire (deducir) | Décider (decidir) | — Vi Conclure, en finir | Se terminer, s'achever (acabar) | Conclure (dar la conclusión) | — Vp Finir, prendre fin, se terminer ‖ **~sión** f Conclusion : *sacar una ~*, tirer une conclusion ‖ **~so, a** adj Conclu, e ‖ **~yente** adj Concluant, e.
concomitan|cia f Concomitance ‖ **~te** adj Concomitant, e.
concord|ancia f Concordance | GRAM. Accord *m* (entre palabras), concordance (entre tiempos) | MÚS. Accord *m* ‖ **~ar*** vt Mettre d'accord | — Vi Concorder, être d'accord | GRAM. S'accorder ‖ **~ato** m Concordat ‖ **~e** adj D'accord | Opportun, e ‖ **~ia** f Concorde | Accord *m*.
concre|ción f Concrétion ‖ **~tamente** adv Concrètement | En particulier, plus précisément ‖ **~ar** vt Concrétiser | FIG. Préciser | Matérialiser | — Vp Se limiter | Se matérialiser | Se concrétiser, prendre corps ‖ **~to, a** adj Concret, ète | *En ~*, en somme | — M Concrétion *f* | *Amér.* Béton (hormigón).
concubin|a f Concubine ‖ **~ato** m Concubinage.
conculcar vt Violer, transgresser.
concupiscen|cia f Concupiscence ‖ **~te** adj Concupiscent, e.
concurr|encia f Assistance (público) | Coïncidence | Concurrence (rivalidad) ‖ **~ente** adj/s Assistant, e | Concurrent, e; participant, e (en un concurso) | Simultané, e | Concurrent, e (competidor) ‖ **~ido, a** adj Fréquenté, e | Passant, e (calle) ‖ **~ir** vi Se rendre à (ir) | Assister (presenciar) | Coïncider | Contribuer à, concourir à | Concourir (en un concurso).
concurs|ante s Participant, e ‖ **~ar** vt DR. Convoquer | — Vi Concourir ‖ **~o** m Affluence *f* (de público) | Concours (ayuda, examen, prueba) | Adjudication *f*.
concusión f Concussion.
concha f Coquille (de molusco), carapace (de tortuga) | Écaille : *peine de ~*, peigne en écaille | Baie (bahía) | *~ del apuntador*, trou du souffleur (teatro) ‖ **~bar** vt Associer | — Vp S'associer | S'aboucher : *~ con malhechores*, s'aboucher à des malfaiteurs.
cond|ado m Comté (territorio) | Dignité (*f*) de comte ‖ **~al** adj Comtal ‖ **~e** m Comte.
condecor|ación f Décoration ‖ **~ar** vt Décorer (*con*, de).

conden|a f DR. Condamnation (sentencia) | Peine || **~able** adj Condamnable | REL. Damnable | Blâmable (censurable) || **~ación** f Condamnation | REL. Damnation || **~ado, a** adj/s Condamné, e | REL. Damné, e | FIG. Maudit, e; sacré, e | FIG. *Sufrir como un ~*, souffrir le martyre. *Trabajar como un ~*, travailler comme un nègre *o* un galérien || **~ar** vt Condamner | REL. Damner | — Vp Se déclarer coupable | Se damner.
condens|ación f Condensation || **~ador** m FÍS. Condensateur | MEC. Condenseur || **~ar** vt Condenser.
condesa f Comtesse.
condescend|encia f Condescendance || **~er*** vi Condescendre || **~iente** adj Condescendant, e.
condestable m Connétable.
condici|ón f Condition | Qualité (calidad) | Naturel *m*, caractère *m* | — Pl Dispositions (aptitudes) | *Estar en condiciones de*, être en mesure de, être à même de || **~onado, a** adj Conditionné, e || **~onal** adj Conditionnel, elle || **~onar** vi Convenir | — Vt Conditionner.
condiment|ar vt Assaisonner, épicer, condimenter || **~o** m Condiment.
condiscípulo, a s Condisciple.
condol|encia f Condoléance || **~erse*** vp S'apitoyer sur, plaindre.
condonar vt Remettre [une peine].
cóndor m Condor.
conduc|ción f Conduite || **~ente** adj Approprié, e; convenable | Conduisant || **~ir*** vt Conduire | — Vi Conduire | Convenir, être approprié | Mener, conduire (llevar) | — Vp Se conduire, se comporter || **~ta** f Conduite || **~tancia** f ELEC. Conductance || **~tibilidad** f Conductibilité || **~tible** adj Conductible || **~tividad** f Conductivité || **~to** m Conduit (tubo), conduite *f* (cañería) | FIG. Intermédiaire | *Por ~ regular* ou *reglamentario*, par la voie hiérarchique || **~tor, a** adj/s Conducteur, trice | — M *Amér.* Receveur (cobrador).
condumio m FAM. Mangeaille *f*.
conect|ador m TECN. Connecteur || **~ar** vt Connecter, brancher | Accoupler (acoplar) | Relier (enlazar) | FIG. Mettre en rapport | RAD. *~ con*, donner *o* prendre l'antenne.
conej|a f Lapine || **~al** o **~ar** m Clapier || **~era** f Garenne | Clapier *m*, cabane à lapins (jaula) | FIG. Terrier *m*, repaire *m* || **~illo** m Petit lapin, lapereau | *~ de Indias*, cobaye, cochon d'Inde || **~o** m Lapin.
conex|ión f Connexion | ELEC. Prise | Liaison (relación, enlace) | Raccordement *m* (empalme) || **~o, a** adj Connexe.
confabul|ación f Complot *m*, confabulation || **~ar** vi Conférer | — Vp Se concerter, comploter.
confecci|ón f Confection | Habillement *m* : *sindicato de la ~*, syndicat de l'habillement || IMPR. Mise en pages || **~onador, a** s Confectionneur, euse | — M IMPR. Metteur en pages || **~onar** vt Confectionner || **~onista** s Confectionneur, euse.
confeder|ación f Confédération || **~ado, a** adj/s Confédéré, e || **~al** adj Confédéral, e || **~ar** vt Confédérer.
confer|encia f Conférence : *~ en la cumbre*, conférence au sommet | Communication (de teléfono) : *conferencia a cobro revertido*, communication P.C.V. | *Poner una ~ a*, téléphoner à || **~enciante** s Conférencier, ère || **~enciar** vi S'entretenir || **~ir*** vt Conférer (conceder) | Attribuer (atribuir) | Comparer | — Vi Conférer.
confes|ar* vt Confesser | Avouer, confesser (reconocer) | — Vp Se confesser || **~ión** f Confession | Aveu *m* || **~ionario** o **~onario** m Confessionnal || **~o, a** adj Qui s'est confessé, e | — Adj/s Convers, e || **~or** m Confesseur.
confeti mpl Confetti (papelillos).
confi|ado, a adj Confiant, e; crédule | Vaniteux, euse (vanidoso) || **~anza** f Confiance : *con toda ~*, en toute confiance | *Tener mucha ~ con alguien*, être très intime *o* familier avec qqn || **~ar** vt Confier | — Vi Avoir confiance | Compter sur (contar con) | Espérer, avoir espoir (tener esperanza) | — Vp Se confier || **~dencia** f Confidence || **~dencial** adj Confidentiel, elle || **~dente** adj Fidèle, sûr, e | — S Confident, e | — M Indicateur de police, mouton (de policía) | Causeuse *f*, tête-à-tête (sofá).
configur|ación f Configuration || **~ar** vt Configurer.
confín adj Limitrophe | — Mpl Confins | *Por todos los confines del mundo*, aux quatre coins du monde.
confin|ación f Confinement *m* || **~ado** m Exilé || **~amiento** m Confinement || **~ante** adj Limitrophe || **~ar** vi Confiner | — Vt Exiler, confiner, reléguer.
confirm|ación f Confirmation || **~ar** vt Confirmer.
confisc|ación f Confiscation || **~ar** vt Confisquer.
confit|ado, a adj Confit, e | Glacé, e (castañas) | FIG. Plein d'espoir || **~ar** vt Confire | FIG. Adoucir || **~e** m Sucrerie *f* || **~ería** f Confiserie | Pâtisserie (pastelería) || **~ero, a** s Confiseur, euse.
conflagración f Conflagration.

conflicto m Conflit : **~** *laboral*, conflit social | FIG. Histoire *f* (lío).
conflu|encia f MÉD. Confluence | Confluent *m*, confluence (de ríos) || **~ente** adj/m Confluent, e || **~ir*** vi Confluer | Se réunir (personas).
conform|ación f Conformation || **~ador** m Conformateur || **~ar** vt Conformer (*con*, à) | — Vi Être d'accord | — Vp Se conformer (*con*, *a*, à) | Se résigner (resignarse) | Se contenter (*con*, de) || **~e** adj Conforme (*con*, à) | Résigné, e | Lu et approuvé (documento) | D'accord | — Conj Selon (según) | Conformément à | Comme (tal como) | Dès que, aussitôt que (tan pronto como) | À mesure que (a medida que) | — Interj D'accord! || **~idad** f Conformité | Accord *m* (acuerdo) | Résignation | *En* **~** *con*, conformément à || **~ismo** m Conformisme || **~ista** adj/s Conformiste.
confort m Confort || **~able** adj Confortable || **~ador, a** adj Réconfortant, e || **~ante** adj Réconfortant, e || **~ar** vt Réconforter.
confratern|idad f Confraternité || **~izar** vi Fraterniser.
confront|ación f Confrontation || **~ar** vt Confronter | — Vi **~** *con*, confiner à, être contigu à.
conf|undido, a adj Confus, e || **~undir** vt Confondre | — Vp Se confondre | Se tromper (equivocarse) || **~usión** f Confusion | Désordre *m*, confusion (desorden) || **~uso, a** adj Confus, e || **~utar** vt Réfuter.
congel|able adj Congelable || **~ación** f Congélation | FIG. Blocage *m*, gel *m* || **~ador** m Congélateur, freezer || **~ar** vt Congeler | FIG. Geler | — Vp Se congeler (agua), se figer (aceite).
cong|énere adj/s Congénère || **~eniar** vi Sympathiser || **~énito, a** adj Congénital, e | FIG. Foncier, ère.
congest|ión f o **~ionamiento** m Congestion *f* | Encombrements *mpl* (del tráfico). || **~ionar** vt Congestionner.
conglomer|ación f Conglomération || **~ado** m Conglomérat | FIG. Mélange || **~ar** vt Conglomérer.
conglutin|ación f Conglutination || **~ar** vt Conglutiner.
congoj|a f Angoisse (angustia) | Chagrin *m*, douleur (pena) | Évanouissement *m* (desmayo) || **~oso, a** adj Angoissé, e | Affligé, e (entristecido).
congoleño, a o **congolés, esa** adj/s Congolais, e.
congraciarse vp Gagner *o* s'attirer les bonnes grâces [de qqn] | Gagner.
congratul|ación f Congratulation || **~ar** vt Congratuler | — Vp Se féliciter, se congratuler.
congre|gación f Congrégation || **~gar** vt Réunir, rassembler || **~sista** s Congressiste || **~so** m Congrès.
congrio m Congre.
congru|a f Portion congrue || **~encia** f Congruence || **~ente** adj Congruent, e; congru, e || **~o, a** adj Congru, e.
conicidad f Conicité.
cónico, a adj/f Conique.
conífero, a adj Conifère | — Fpl Conifères *m*.
conjetur|a f Conjecture || **~ar** vt Conjecturer.
conjug|able adj Conjugable || **~ación** f Conjugaison || **~ar** vt Conjuguer.
conjun|ción f Conjonction || **~tar** vt Rendre cohérent || **~tiva** f ANAT. Conjonctive || **~tivitis** f MÉD. Conjonctivite || **~tivo, a** adj Conjonctif, ive | — F ANAT. Conjonctive || **~to, a** adj Conjoint, e | Mixte | — M Ensemble | *En* **~**, dans l'ensemble.
conjur|a o **~ación** f Conjuration || **~ado, a** adj/s Conjuré, e || **~ador** m Conjurateur || **~ar** vi Conspirer | — Vt Conjurer || **~o** m Exhortation *f*.
conllevar vt Aider à porter | FIG Supporter, endurer (soportar).
conmemor|ación f Commémoration commémoraison || **~ar** vt Commémorer || **~ativo, a** adj Commémoratif, ive.
conmigo pron pers Avec moi.
conmin|ación f Menace || **~ar** vt Menacer, intimer, enjoindre || **~ativo, a** o **~atorio, a** adj Comminatoire, d'intimidation.
con|miseración f Commisération || **~moción** f Commotion, choc *m* | FIG. Choc *m*, émotion; secousse (trastorno) || **~mocionar** vt Commotionner || **~movedor, a** adj Émouvant, e; touchant, e || **~mover*** vt Émouvoir, ébranler, toucher | Ébranler, perturber (hacer vacilar) | — Vp S'émouvoir.
conmut|a o **~ación** f Commutation || **~able** adj Commuable || **~ador** m ÉLEC. Commutateur || **~ar** vt Commuer | Échanger (cambiar).
connaturalizarse vp S'habituer, se faire à.
conniv|encia f Connivence || **~ente** adj Connivent, e.
connotación f Connotation.
connubio m Hymen, mariage.
cono m Cône.
conoc|edor, a adj/s Connaisseur euse; expert, e | — Adj Informé de (enterado de) || **~er*** vt Connaître | Reconnaître (distinguir) | S'y connaître (ser entendido) | *Dar a* **~**, faire

connaître *o* savoir | — Vp Se connaître | *Se conoce que,* apparemment || **~ible** adj Connaissable || **~ido, a** adj Connu, e | — S Connaissance *f,* relation *f* || **~imiento** m Connaissance *f* | MAR. Connaissement | — Pl Savoir *sing,* connaissances *f* | *Con ~ de causa,* en connaissance de cause | *Perder el ~,* perdre connaissance | *Poner en ~ de,* porter à la connaissance de.

conque conj Ainsi donc, alors | Donc (por consiguiente).

conquist|a f Conquête || **~ador, a** adj/s Conquérant, e | — M Conquistador (de América) | FAM. Séducteur, don Juan || **~ar** vt Conquérir.

consabido, a adj Bien connu, e; traditionnel, elle | Précité, e (citado).

consagr|ación f REL. Consécration (del pan y del vino), sacre *m* (de un obispo) | FIG. Consécration || **~ar** vt Consacrer | Sacrer (un rey, un obispo) | FIG. Consacrer | *Vino de ~,* vin de messe | — Vp Se consacrer.

consangu|íneo, a adj/s Consanguin, e || **~inidad** f Consanguinité.

consciente adj Conscient, e ||**~mente** adv Consciemment.

conse|cución f Obtention | Réalisation (de un deseo) | Réussite (éxito) | Satisfaction (de una aspiración) | Consécution (encadenamiento) || **~cuencia** f Conséquence | *A* ou *como ~ de,* par suite de, à la suite de | *Por ~,* par conséquent ||**~cuente** adj Conséquent, e || **~cutivo, a** adj Consécutif, ive || **~guir*** vt Obtenir | Remporter (una victoria) | Obtenir, trouver (proporcionar) | Atteindre (un objetivo) | Se faire, acquérir (fama) | Arriver à, réussir à (llegar a) | *Dar por conseguido,* tenir pour acquis.

consej|a f Conte *m,* histoire || **~ero, a** s Conseiller, ère || **~o** m Conseil | *Celebrar ~,* tenir conseil.

consen|so m Consentement | Consensus || **~tido, a** adj Gâté, e (mimado) || **~timiento** m Consentement || **~tir*** vt/i Consentir | FIG. Tolérer; permettre (permitir), gâter (mimar) | Céder (ceder) | FIG. Laisser faire, permettre.

conserje m Concierge || **~ría** f Conciergerie, loge (del conserje) | Réception (de un hotel).

conserv|a f Conserve || **~ación** f Conservation || **~ador, a** adj/s Conservateur, trice || **~ar** vt Conserver, garder | Faire des conserves de || **~atorio, a** adj/m Conservatoire || **~ería** f Conserverie || **~ero, a** adj Des conserves | — S Fabricant, fabricante de conserves.

consider|able adj Considérable || **~ación** f Considération, estime | Fait *m,* considération (motivo) | Attention (atención) | Égards *mpl,* respect *m* | *De ~,* considérable | *Amér. De mi ~,* cher Monsieur [début d'une lettre] | *En ~ a,* en raison *o* en considération de || **~ado, a** adj Réfléchi, e | Considéré, e (respetado) || **~ando** m Considérant, attendu (motivo) || **~ar** vt Considérer | *Considerándolo todo,* tout bien considéré | *Considerando que,* attendu que.

consign|a f Consigne || **~ación** f Consignation | Dépôt *m* (de dinero) | Allocation (de créditos) || **~ar** vt Consigner | Allouer (créditos) || **~atario** m Consignataire.

consigo pron pers Avec soi | *Llevar ~,* emporter (cosa), emmener (persona), entraîner (acarrear) | *Traer ~,* comporter; entraîner (acarrear).

consiguiente adj Résultant, e | *Por ~,* par conséquent.

consist|encia f Consistance || **~ente** adj Consistant, e || **~ir** vi Consister || **~orial** adj Consistorial, e | *Casa ~,* hôtel de ville (ayuntamiento), mairie (alcaldía) || **~orio** m Consistoire | Conseil municipal | Hôtel de ville.

consocio, a s Coassocié, e.

consol|a f Console || **~ación** f Consolation || **~ador, a** adj/s Consolateur, trice || **~ar*** vt Consoler.

consolid|ación f Consolidation || **~ar** vt Consolider.

consomé m Consommé.

consonan|cia f Consonance | FIG. Accord *m,* conformité || **~te** adj Consonant, e | — F Consonne.

consor|cio m Association *f* | Consortium (comercial) | Union *f,* entente *f* (unión), ménage (matrimonio) || **~te** s Conjoint, e | — Pl DR. Consorts | *Príncipe ~,* prince consort.

conspicuo, a adj Illustre.

conspir|ación f Conspiration || **~ador, a** s Conspirateur, trice || **~ar** vt/i Conspirer.

constancia f Constance | Certitude, preuve (certeza).

Constancia nprf Constance.

constante adj/f Constant, e || **~mente** adv Constamment.

Constan|tino nprm Constantin || **~tinopla** npr Constantinople || **~za** npr Constance.

const|ar vi Être certain (estar seguro) | Comporter, comprendre (estar compuesto) | Être établi (estar demostrado) | Figurer (estar escrito) | *Hacer ~,* faire remarquer, constater | *Que conste que,* qu'il soit entendu que || **~atar** vt Constater.

constelación f Constellation.

constern|ación f Consternation || **~ar** vt Consterner | — Vp Être consterné.
constip|ado m Rhume || **~arse** vp S'enrhumer.
constitu|ción f Constitution || **~cional** adj Constitutionnel, elle || **~ir*** vt Constituer | — Vp Se constituer || **~tivo, a** adj Constitutif, ive || **~yente** adj/m Constituant, e.
constr|eñimiento m Contrainte *f* || **~eñir*** vt Contraindre, forcer || **~icción** f Constriction || **~ictor** adjm/m Constricteur || **~ucción** f Construction | Bâtiment *m* (edificio, empleo) || **~uctivo, a** adj Constructif, ive || **~uctor, a** adj/s Constructeur, trice || **~uir*** vt Construire.
con|substancial adj Consubstantiel, elle || **~suegro, a** s Père et mère d'un époux par rapport aux parents de l'autre.
consuelo m Consolation *f* | Soulagement (alivio).
consuetudinario, a adj Consuétudinaire | *Derecho ~,* droit coutumier.
cónsul m Consul.
consul|ado m Consulat || **~ar** adj Consulaire.
consult|a f Consultation | Cabinet (*m*) de consultation (consultorio) || **~ación** f Consultation || **~ante** adj Consultant, e || **~ar** vt/i Consulter | Voir, vérifier (comprobar) || **~ivo, a** adj Consultatif, ive || **~or, a** adj/s Consultant, e | — M Consulteur | *Ingeniero ~,* ingénieur-conseil || **~orio** m Cabinet (de médico, dentista) | Étude *f* (de abogado) | Dispensaire (en un hospital) | Service (técnico).
consum|ación f Consommation || **~ado, a** adj Consommé, e | FIG. Achevé, e; accompli, e | FAM. Parfait, e; infini, e || **~ar** vt Consommer || **~ero** m Gabelou || **~ible** adj Consommable | Consumable || **~ición** f Consommation (bebida) || **~ido, a** adj FAM. Maigre (flaco), exténué, e (agotado), tourmenté, e (preocupado) || **~idor, a** s Consommateur, trice || **~ir** vt Consumer (destruir) | Consommer (comer, beber, gastar) | FAM. Miner, ronger, consumer (debilitar), épuiser (agotar) | FIG. Absorber, prendre (tiempo) | — Vp Se consumer || **~o** m Consommation *f* | Octroi (fielato) | — Pl Droits d'octroi.
consun|ción f MED. Consomption || **~o (de)** loc adv D'un commun accord, de concert.
contab|ilidad f Comptabilité : *~ por partida doble,* comptabilité en partie double || **~ilizar** vt Comptabiliser || **~le** adj Racontable (decible) | — S Comptable.
contacto m Contact | Rapport, contact (relación), liaison *f*, contact (enlace).
cont|ado, a adj Compté, e | Conté, e (dicho) | Rare (escaso) | — M *Amér.* Paiement | *Al ~,* comptant || **~ador, a** adj/s Compteur, euse | — M Comptable (contable) | Comptoir (de una tienda) | Compteur : *~ de agua,* compteur d'eau || **~aduría** f Comptabilité | Bureau (*m*) du comptable (oficina) | Bureau (*m*) de location (teatro) || **~agiar** vt Contaminer | Transmettre, passer | — Vp Se transmettre | FIG. Se communiquer || **~agio** m Contagion *f* | Contage (agente de contagio) || **~agioso, a** adj/s Contagieux, euse || **~ainer** m TECN. Container || **~aminación** f Contamination | Pollution (del ambiente) || **~aminante** adj/m Polluant, e || **~aminar** vt Contaminer | Polluer (el ambiente) | — Vp Être contaminé (*con,* par) || **~ante** adjm Comptant || **~ar*** vt Compter | Raconter, conter (referir) | Dire (un cuento) | Tenir compte de (tener en cuenta) | — Vi Compter | Disposer de, avoir (tener) | *~ con uno,* compter sur qqn | *Y pare usted de ~,* un point c'est tout.
contempl|ación f Contemplation | — Pl Ménagements *m*, égards *m* || **~ar** vt Contempler | Envisager || **~ativo, a** adj/s Contemplatif, ive.
contempor|áneo, a adj/s Contemporain, e || **~ización** f Temporisation || **~izador, a** adj/s Temporisateur, trice || **~izar** vi Temporiser.
conten|ción f Contention | Soutènement *m*, retenue (muro) | Maintien *m* (de precios) || **~cioso, a** adj/m DR. Contentieux, euse | *Lo ~,* le contentieux || **~der*** vi Lutter, se battre | FIG. Disputer; rivaliser || **~diente** adj Opposé, e | — S Adversaire || **~edor** m Container (caja) || **~er** vt Contenir | Retenir || **~ido, a** adj Réprimé, e; contenu, e (reprimido) | — M Contenu | Teneur *f* (de un pacto, de un cuerpo).
content|adizo, a adj Facile à contenter || **~ar** vt Contenter | — Vp Se contenter (*con,* de) || **~o, a** adj Content, e (*con, de,* de) | — M Contentement, joie *f*, satisfaction *f* | *No caber en sí de ~,* être fou de joie.
contera f Embout *m*, bout *m* (de bastón), bouterolle (de espada) | Capuchon *m* (de lápiz).
contertulio, a s Habitué d'un cercle *o* d'une réunion.
contest|ación f Réponse | Débat *m* (discusión) | Contestation (impugnación) || **~ador** m Répondeur (teléfono) || **~ar** vt Répondre à | Contester, discuter (impugnar).

contextlo m Contexte || **~ura** f Contexture.
contienda f Guerre, conflit *m* (guerra) | FIG. Dispute, altercation.
contigo pron pers Avec toi.
contig|üidad f Contiguïté || **~uo, a** adj Contigu, ë.
contin|encia f Continence || **~ental** adj Continental, e | — M Pneu (despacho) || **~ente** adj/m Continent, e | — M Contenant (lo que contiene) | Contenance *f*, maintien (actitud).
conting|encia f Contingence | Éventualité || **~ente** adj/m Contingent, e.
continu|ación f Continuation | Suite (lo que sigue) | *A* **~**, ensuite (después), à la suite (detrás) || **~ador, a** s Continuateur, trice || **~ar** vt Continuer | Poursuivre (proseguir) | — Vi Continuer, durer | Poursuivre, continuer : *continúo con mi trabajo*, je poursuis mon travail | Être toujours : **~** *en un mismo sitio*, être toujours à la même place | *Continuará*, à suivre (revista o película) || **~idad** f Continuité || **~o, a** adj Continu, e (no dividido) | Continuel, elle (incesante).
contone|arse vp Se dandiner, se déhancher || **~o** m Dandinement, déhanchement.
contorn|ar o **~ear** vt Contourner | TECN. Chantourner || **~o** m Contour | Pourtour, tour (vuelta) | — Pl Alentours, environs.
contorsi|ón f Contorsion || **~onista** s Contorsionniste.
contra prep Contre | Sur : *ganar una victoria* **~** *el enemigo*, remporter une victoire sur l'ennemi | En face (en frente) | *En* **~**, à l'encontre, contre | — M Contre : *el pro y el* **~**, le pour et le contre | MÚS. Pédale (*f*) de l'orgue | — F Difficulté, hic *m* | Contre *m* (esgrima) | FAM. *Llevar la* **~** *a uno*, faire obstacle à qqn (poner obstáculos), contredire qqn.
contra|almirante m Contre-amiral || **~atacar** vt Contre-attaquer || **~ataque** m Contre-attaque *f* || **~bajo** m Contrebasse *f* | Contrebassiste, contrebasse *f* (músico) || **~balancear** vt Contrebalancer || **~bandear** vi Faire de la contrebande || **~bandista** adj/s Contrebandier, ère || **~bando** m Contrebande *f* || **~barrera** f Seconde rangée de places dans les arènes (toros) || **~calle** f Contre-allée.
contracción f Contraction.
contracep|ción f Contraception || **~tivo, a** adj/m Contraceptif, ive.
contracorriente f Contre-courant *m*.
contr|áctil adj Contractile || **~acto, a** adj Contracté, e || **~actual** adj Contractuel, elle.
contra|chapado o **~chapeado** m Contre-plaqué || **~chapar** o **~chapear** vt Contre-plaquer || **~danza** f Contredanse || **~decir*** vt Contredire || **~dicción** f Contradiction || **~dictorio, a** adj Contradictoire.
contraer* vt Contracter | FIG. Contracter, attraper (enfermedad), resserrer (reducir) | **~** *matrimonio*, se marier.
contra|espionaje m Contre-espionnage || **~fagot** m MÚS. Contrebasson || **~fallo** m Surcoupe *f* (naipes) || **~filo** m Contre-pointe *f* || **~firma** f Contreseing *m* || **~fuerte** m Contrefort || **~hacer*** vt Contrefaire | Déguiser, simuler, contrefaire (fingir) || **~haz** f Envers (revés) || **~hecho, a** adj Contrefait, e || **~hechura** f Contrefaçon || **~hilo** m Contre-fil || **~indicación** f Contre-indication || **~indicar** vt Contre-indiquer || **~lecho (a)** loc adv En délit (piedras) || **~lto** m MÚS. Contralto || **~luz** m Contre-jour || **~maestre** m Contremaître | Porion (en la mina) || **~manifestación** f Contre-manifestation || **~mano (a)** loc adv En sens interdit || **~marca** f Contremarque || **~marcha** f Contremarche || **~ofensiva** f Contre-offensive || **~orden** f Contrordre *m* || **~partida** f Contrepartie || **~paso** m Contre-pas | MÚS. Contrepartie *f* || **~pelo (a)** loc adv À rebrousse-poil || **~peso** m Contrepoids || **~poner*** vt Opposer | Comparer, confronter || **~posición** f Opposition | Comparaison | Contraste *m* || **~producente** adj Qui a des effets contraires, qui fait plus de mal que de bien | Contre-indiqué, e (medicina) || **~proyecto** m Contre-projet || **~prueba** f Contre-épreuve || **~punta** f MEC. Poupée mobile || **~punto** m MÚS. Contrepoint || **~quilla** f MAR. Carlingue.
contrari|ar vt Contrarier || **~edad** f Contrariété | Obstacle *m* (impedimento) | Désappointement *m* (desengaño) | Ennui *m* (molestia) || **~o, a** adj Contraire, opposé, e | FIG. Nocif, ive; contraire (perjudicial) | Adverse | — S Adversaire | *Al* **~** ou *por lo* **~**, au contraire | *De lo* **~**, dans le cas contraire, sinon | *Llevar la contraria a uno*, contrarier qqn, faire obstacle à qqn (poner obstáculos), contredire qqn (contradecir).
Contrarreforma f Contre-Réforme.
contra|rrestar vt Contrecarrer (oponerse) | Résister || **~rrevolución** f Contre-révolution || **~sentido** m Contresens | Non-sens (disparate) || **~seña** f Signe (*m*) de reconnaissance | Contremarque | MIL. Mot (*m*) de passe.

contrast|ar vt Résister à | Essayer (joya) | Poinçonner (oro y plata) | Étalonner, contrôler (pesos y medidas) | Essayer (joyas) | — Vi Contraster | Être très différent || **~e** m Résistance *f* | Contraste (oposición) | Poinçon (en las joyas) | Étalonnage, contrôle (de pesas y medidas) | Contrôle (control) | Contrôleur (el que controla) | Essayeur (de joyas) | Étalonneur, contrôleur (de medidas) | Poinçonneur (de metales preciosos).
contrat|a f Contrat *m* | Embauche (ajuste) | Adjudication (del Gobierno) || **~ación** f Contrat *m* | Engagement *m*, embauche (ajuste) | (Ant.) Commerce *m* || **~ante** adj/s Contractant, e || **~ar** vt Commercer | Passer un contrat avec (un contrato) | Engager (empleado, artista), embaucher (obrero) || **~iempo** m Contretemps (suceso imprevisto) || **~ipo** m Contretype || **~ista** s Entrepreneur, euse | Adjudicataire || **~o** m Contrat | Engagement (compromiso) || **~orpedero** m MAR. Contre-torpilleur || **~uerca** f Contre-écrou *m*.
contra|valor m Contre-valeur *f* || **~vención** f Contravention (infracción) || **~veneno** m Contrepoison || **~venir*** vi Contrevenir || **~ventana** f Volet *m*, contrevent *m* || **~ventor, a** adj/s Contrevenant, e || **~yente** adj/s Contractant, e.
contribu|ción f Contribution || **~ir*** vi Contribuer || **~yente** adj/s Contribuable.
contrición f Contrition.
contrincante m Concurrent, rival.
contristar vt Affliger, contrister.
contrito, a adj Contrit, e; affligé, e.
control m Contrôle || **~ador** m Contrôleur || **~ar** vt Contrôler.
controver|sia f Controverse || **~tible** adj Contestable || **~tir*** vi/t Controverser (discutir) | Contester (impugnar).
contum|acia f Contumace || **~az** adj Opiniâtre, tenace | — Adj/s DR. Contumace || **~elia** f Injure, affront *m*.
contund|ente adj Contondant, e | FIG. Frappant, e; de poids || **~ir** vt Contusionner, meurtrir.
conturb|ación f Trouble *m*, inquiétude || **~ar** vt Troubler, inquiéter.
contus|ión f Contusion || **~o, a** adj Contus, e.
convalec|encia f Convalescence || **~er*** vi Être en convalescence | Se remettre (recuperarse) || **~iente** adj/s Convalescent, e.
convalid|ación f Ratification, confirmation | Validation || **~ar** vt Ratifier, confirmer | Valider.
convecino, a adj/s Voisin, e.
convenc|edor, a adj Convaincant, e || **~er** vt Convaincre || **~ido, a** adj Convaincu, e || **~imiento** m Conviction *f*.
conven|ción f Convention || **~cional** adj Conventionnel, elle || **~iencia** f Convenance | Opportunité | Place (de un criado) | — Pl Avantages *m* (beneficios) | Fortune *sing* || **~iente** adj Convenable | Satisfaisant, e (que satisface) | *Ser* **~**, convenir || **~io** m Convention *f* | Accord (acuerdo) | Pacte (pacto) || **~ir*** vt/i Convenir (estar de acuerdo, ser adecuado) | S'accorder, se mettre d'accord (ponerse de acuerdo) | *Eso me conviene*, cela me plaît (me gusta), cela m'arrange (me viene bien) | *Sueldo a* **~**, salaire à débattre | — Vimp Importer | — Vp Se convenir, s'accorder.
convent|o m Couvent | Assemblée *f*, réunion *f* || **~ual** adj Conventuel, elle.
converg|encia f Convergence || **~ente** adj Convergent, e || **~er** o **~ir** vi Converger.
convers|ación f Conversation | Entretien *m* (entrevista) | Échange (*m*) de vues (cambio de impresiones) | **~** *a solas*, tête-à-tête | *Tener mucha* **~**, avoir de la conversation || **~ador, a** adj/s Causeur, euse || **~ar** vi Converser, parler (hablar) | S'entretenir de (tratar).
conver|sión f Conversion | Convertissement *m* (de monedas) | TECN. Convertissage *m* || **~so, a** adj Converti, e | — S Convers, e || **~tibilidad** f Convertibilité || **~tible** adj Convertible || **~tidor** m TECN. Convertisseur || **~tir*** vt Changer, transformer | Convertir, changer (dinero) | REL. Convertir | — Vp REL. Se convertir | Se changer, se transformer | FIG. Devenir.
convex|idad f Convexité || **~o, a** adj Convexe.
convic|ción f Conviction || **~to, a** adj/s DR. Convaincu, e.
convid|ada f FAM. Tournée || **~ado, a** s Convive | Invité, e || **~ar** vt Convier, inviter | Offrir (ofrecer) | FIG. Inciter.
convincente adj Convaincant, e.
convite m Invitation *f* | Fête *f*, banquet (fiesta).
conviv|encia f Vie en commun, cohabitation || Coexistence || **~ir** vi Vivre ensemble, cohabiter | Coexister.
convoc|ación f Convocation || **~ar** vt Convoquer (citar) | Réunir | Acclamer | Déclencher (una huelga) || **~atoria** f Convocation | Session (examen).
convoy m Convoi.
convuls|ión f Convulsion | FIG. Trouble (disturbio) || **~ionar** vt

Convulsionner | Convulser | Secouer, troubler || **~ivo, a** adj Convulsif, ive || **~o, a** adj Convulsé, e.
conyugal adj Conjugal, e.
cónyuge s Conjoint, e.
coñac m Cognac.
coord|enada f GEOM. Coordonnée || **~ador, a** adj/s Coopérateur, trice || **~ar** vi Coopérer || **~ativo, a** adj/f Coopératif, ive.
coord|enada f GEOM. Coordonnée || **~inación** f Coordination || **~inador, a** adj/s Coordonnateur, trice || **~inar** vt Coordonner | Ordonner, classer.
copa f Coupe : **~** *de champaña*, coupe de champagne | Verre (*m*) à pied (vaso) | Verre *m* (trago) | Coupe (trofeo) | Tête, cime (de árbol) | Brasero *m* | Bonnet *m* (del sostén) | Calotte (del sombrero) | TECN. Voûte | — Pl Couleur du jeu de cartes espagnol.
copar vt Accaparer, rafler (tomar) | MIL. Encercler.
copart|icipación f Coparticipation || **~ícipe** adj/s Coparticipant, e | Copartageant, e (que comparte).
copear vi Boire quelques verres.
copec m Kopeck (moneda).
cop|ela f Coupelle || **~ero** m Échanson | Étagère (*f*) à verres (estante) || **~ete** m Houppe *f* (de cabellos) | Huppe *f*, aigrette *f* (de pájaro) | Cime *f* (de un monte) | FIG. Toupet (audacia) | *De alto* **~**, huppé || **~etín** m Petit verre || **~etudo, a** adj Huppé, e.
copi|a f Abondance, profusion | Exemplaire *m* (ejemplar) | Copie (reproducción) : *sacar* **~**, tirer *o* faire une copie; **~** *legalizada*, copie certifiée conforme | Épreuve (de fotografía) || **~ar** vt Copier || **~loto** m Copilote || **~ón, ona** s FAM. Copieur, euse || **~oso, a** adj Copieux, euse | Abondant, e || **~sta** m Copiste.
copl|a f Couplet *m* (estrofa) | Chanson | — Pl FAM. Vers *m*, poèmes *m* | FAM. *Andar en* **~s**, être dans toutes les bouches | **~s** *de ciego*, chansons des rues (canciones), vers de mirliton (versos malos) || **~ero** o **~ista** m FIG. Rimailleur.
copo m Flocon (de nieve, de trigo) | Touffe *f* (de lana) | Poche *f* (de red).
copón m REL. Ciboire.
copra f Coprah *m*, copra *m*.
copro|ducción f Coproduction || **~piedad** f Copropriété || **~pietario, a** adj/s Copropriétaire.
copto, a adj/s Copte.
copudo, a adj Touffu, e.
cópula f GRAM. Copule | Copulation.
copulativo, a adj/f GRAM. Copulatif, ive.
coque m Coke || **~ría** f Cokerie.
coquet|a adj/f Coquette | — F Coiffeuse (tocador) || **~ear** vi Faire la coquette | Flirter || **~eo** m Flirt || **~ería** f Coquetterie || **~ón, ona** adj FAM. Gentil, ille; coquet, ette | — M FAM. Dandy | — F FAM. Coquette.
coquina f Petite clovisse.
coquización f Cokéfaction.
coracero m Cuirassier.
coraj|e m Irritation *f*, colère *f* (ira) | Courage (valor) || **~ina** f FAM. Explosion *o* accès (*m*) de colère || **~udo, a** adj Irrité, e | *Amér.* Courageux, euse.
coral m Corail : **~es**, coraux | — Adj Choral, e (canto) | — F MÚS. Choral *m* (composición), chorale (coro).
corambre f Cuirs *mpl*, peaux *pl*.
Corán nprm Coran.
coraz|a f Cuirasse | MAR. Blindage *m*, cuirasse | Carapace, cuirasse (de tortuga) || **~ón** m Cœur | FIG. Courage (valor) | *Con todo mi* **~**, de tout mon cœur | FAM. **~** *de melón*, cœur d'artichaut | *De* **~**, de bon cœur, franchement | *De todo* **~**, de grand cœur, de tout cœur | *Hablar al* **~**, aller droit au cœur | *Hablar con el* **~** *en la mano*, parler à cœur ouvert | *No caberle a uno el* **~** *en el pecho*, avoir un très grand cœur (ser muy bueno), être fou de joie (estar muy contento) | *Partir el* **~**, fendre le cœur | *Ser todo* **~**, avoir un grand cœur || **~onada** f Pressentiment *m* | Élan *m*, impulsion.
corbat|a f Cravate.
corbeta f MAR. Corvette.
Córcega nprf Corse.
corcel m Coursier (caballo).
corcino m ZOOL. Faon (pequeño corzo).
corcov|a f Bosse || **~ado, a** adj/s Bossu, e || **~ar** vt Courber, plier || **~ear** vi Faire des courbettes || **~eta** s FAM. Bossu, e || **~o** m Courbette *f*, cabriole *f* | FIG. Courbure *f*.
corch|ea f MÚS. Croche || **~ete** m Agrafe *f* | Crochet (de carpintería, en imprenta) | FIG. Sergent de ville || **~o** m Liège | Bouchon (tapón, flotador) | Ruche *f* (colmena) | — Pl Ceinture (*fsing*) de liège, bouée *fsing*.
¡córcholis! Interj Mince!, zut!
cord|ada f Cordée || **~aje** m Cordages *pl* | MAR. Manœuvre *f* (jarcia) || **~al** adjf *Muela* **~**, dent de sagesse || **~el** m Corde *f* | Cordeau (cuerda delgada).
corder|a f Agnelle | FIG. Agneau *m* || **~illo** m Agnelet | Agnelin (piel) || **~o** m Agneau (animal) | Agneau (carne de cordero menor), mouton (carne de cordero mayor) | FIG. Agneau | **~** *lechal*, agneau de lait.

cordial adj/m Cordial, e || **~idad** f Cordialité, caractère (*m*) cordial.
cordillera f Cordillère, chaîne.
Córdoba npr Cordoue.
cordobés, esa adj/s Cordouan, e.
cord|ón m Cordon | Lacet (de zapato) | Cordelière *f* (corbata) | ARQ. Cordelière *f* | ANAT. Cordon | FIG. Cordon : *~ de policía*, cordon de police | *Amér.* Bordure (*f*) du trottoir | — Pl Aiguillettes *f* (de militar) || **~oncillo** m Cordonnet | Cordon (de moneda) | Passepoil (de costura).
cordura f Sagesse, bon sens *m*.
Corea nprf Corée.
coreano, a adj/s Coréen, enne.
corear vt Composer des chœurs | FIG. Faire chorus ; scander en chœur.
coreo|grafía f Chorégraphie || **~gráfico, a** adj Chorégraphique.
coreógrafo m Chorégraphe.
coriáceo, a adj Coriace.
corifeo m Coryphée.
corintio, a adj/s Corinthien, enne.
Corinto npr Corinthe.
corista s Choriste | — F Girl (music-hall).
cormorán m Cormoran (mergo).
corn|ada f Coup (*m*) de corne || **~amenta** f Cornes *pl* | Ramure, bois *mpl* (de ciervo) || **~amusa** f MÚS. Cornemuse || **~ear** vt Encorner || **~eja** f Corneille || **~ejo** m BOT. Cornouiller.
corneo, a adj/f Corné, e.
córner m Corner (saque de esquina).
corn|eta f MÚS. Cornet *m* : *~ de llaves*, cornet à pistons | Cornette (bandera) | MIL. Clairon *m* | — M MIL. Clairon | Cornettiste || **~ete** m Cornet (de la nariz) || **~etín** m Cornet à pistons | Cornettiste (músico) || **~ezuelo** m Ergot (del centeno) || **~ijal** m Coin, angle (esquina) || **~isa** f Corniche || **~isamento** o **~isamiento** m ARQ. Entablement || **~o** m MÚS. Cor.
Cornualles npr Cornouailles.
corn|ucopia f Corne d'abondance || **~udo, a** adj Cornu, e | — Adjm/m FAM. Cocu || **~úpeta** o **~úpeto** m Taureau.
coro m Chœur | *Hacer ~*, faire chorus || **~ides** f ANAT. Choroïde || **~jo** m Corossol (fruta) || **~la** f Corolle || **~lario** m Corollaire.
coron|a f Couronne | Sommet (*m*) de la tête (coronilla) || **~ación** f Couronnement *m* || **~amiento** m Couronnement || **~ar** vt Couronner | Damer (juego de damas) || **~ario, a** adj Coronaire || **~el, a** s Colonel, elle || **~illa** f Sommet (*m*) de la tête | Tonsure (de los sacerdotes) | FAM. *Estar uno hasta la ~*, en avoir par-dessus la tête, en avoir plein le dos.
coroza f Caroche (de los condenados).
corp|achón o **~azo** m FAM. Carcasse *f* || **~iño** m Corsage sans manches, corselet | *Amér.* Soutien-gorge (sostén) || **~oración** f Corporation | Assemblée || **~oral** adj Corporel, elle || **~orativismo** m Corporatisme || **~orativo, a** adj Corporatif, ive || **~óreo, a** adj Corporel, elle || **~ulencia** f Corpulence || **~ulento, a** adj Corpulent, e.
Corpus nprm REL. Fête-Dieu *f*.
corp|uscular adj Corpusculaire || **~úsculo** m Corpuscule.
corral m Basse-cour *f* (para aves) | Cour *f* (patio) | Parc (de pesca) | *Amér.* Enclos || **~iza** f Basse-cour, cour || **~ón** m Grande cour *f*.
corre|a f Courroie | Ceinture (cinturón) | Bracelet *m* (de reloj) | FIG. Souplesse (flexibilidad) | FAM. *Tener ~*, avoir bon dos, être patient (tener aguante), avoir de la résistance (ser fuerte) || **~aje** m Buffleterie *f* (de soldado) | Harnais || **~azo** m Coup de courroie.
correc|ción f Correction | *~-modelo*, corrigé || **~cional** adj Correctionnel, elle | — M Maison (*f*) de correction o de redressement || **~tivo, a** adj/m Correctif, ive || **~to, a** adj Correct, e || **~tor, a** adj/s Correcteur, trice | IMPR. Corrigeur, euse.
corred|ero, a adj Coulissant, e | — F Coulisse (de puerta, etc) | ZOOL. Cloporte *m* | TECN. Tiroir *m* | MAR. Loch *m* | *De ~*, à coulisse, à glissière || **~izo, a** adj Coulant, e (nudo) | Ouvrant, e; coulissant, e (techo) || **~or, a** adj/s Coureur, euse | — M COM. Courtier | Agent | Eclaireur (soldado) | Couloir (pasillo) | GÉOGR. Corridor | — F Coureur *m* (ave) || **~uría** f Courtage *m*.
correg|ible adj Corrigible || **~idor** m Corrégidor (antiguo magistrado) | Maire (antiguo alcalde) || **~ir*** vt Corriger.
correhuela f BOT. Liseron *m*.
correla|ción f Corrélation || **~cionar** vt Mettre en rapport, relier || **~tivo, a** adj/m Corrélatif, ive.
correligionario, a adj/s Coreligionnaire.
correo m Courrier | Poste *f* (servicio postal) | Bureau de poste (oficina) | Train-poste (tren) | — Pl Poste *f sing* | *Lista de ~s*, poste restante.
correoso, a adj Souple, flexible | Mou, molle (pan) | Coriace (carne).
correr vi Courir | Couler (agua) | FIG. Passer (el tiempo), aller vite (ir de prisa), courir (noticia), avoir cours (moneda), être compté (sueldo, interés), glisser (deslizar) | *A todo*

~, à toute vitesse | *¡Corre!*, vite! (de prisa) | *~ parejo*, aller de pair | — Vt Faire courir | Courir (acosar) | Combattre (toro) | Parcourir (recorrer) | Courir (una carrera) | Pousser, déplacer (desplazar) | Tirer (cortina, cerrojo) | Dénouer (desatar) | Confondre, faire rougir (avergonzar) | FAM. *Correrla*, faire la noce | *Estar corrido*, être confus | — Vp FIG. Se pousser (para dejar sitio) | FAM. Rougir (de vergüenza) | Couler (vela, maquillaje) | Filer (media) | Baver (tinta), décharger (color) || **~ía** f Incursion, raid *m* | Voyage (*m*) rapide.

correspon|dencia f Correspondance || **~der** vi Communiquer | Rendre (devolver) | Revenir (incumbir) | Être à : *te corresponde hacerlo*, c'est à toi de le faire | Correspondre (concordar) | *Como corresponde*, comme de juste | — Vp Correspondre | S'aimer (amarse) || **~diente** adj/s Correspondant, e || **~sal** adj/s Correspondant, e || **~salía** f Correspondance (de un periódico).

corret|aje m COM. Courtage || **~ear** vi FAM. Battre le pavé, flâner (vagar), s'ébattre (niños).

correvedile o **correveidile** s FAM. Rapporteur, euse; cancanier, ère.

corr|ida f Course (carrera) | Course de taureaux, corrida | *De ~*, à la hâte (de prisa), couramment (hablar) || **~ido, a** adj Bon, bonne : *un kilo ~*, un bon kilo | Cursive (escritura) | FIG. Confus, e (avergonzado), qui a beaucoup d'expérience (experimentado) | *De ~*, couramment (hablar), à livre ouvert (traducir) | — M Hangar | Chanson et danse mexicaines || **~iente** adj Courant, e | Ordinaire | Coulant, e (estilo) | Moyen, enne (medio) | *~ y moliente*, courant, ordinaire | *Salirse de lo ~*, sortir de l'ordinaire | — F Courant *m* | Cours *m* (curso de un río) | Coulée (de lava) | *Al ~*, au courant | *Ir contra la ~*, remonter le courant | FIG. *Llevar la ~*, ne pas contrarier || **~ientemente** adv Couramment.

corr|illo m Cercle | FIG. Corbeille *f* (en la Bolsa) || **~imiento** m GEOL. Glissement (de tierras) | Coulée *f* (acción de correr) | MED. Fluxion *f* | FIG. Confusion *f* || **~o** m Cercle | Ronde *f* (danza) | FIG. Corbeille *f* (en la Bolsa), compartiment (sector) | *Bailar en ~*, faire la ronde | FIG. *Hacer ~ aparte*, faire bande à part.

corrobor|ación f Corroboration || **~ar** vt Fortifier (fortificar) | Corroborer.

corroer* vt Corroder, ronger | FIG. Ronger.

corromper vt Corrompre.

corros|ión f Corrosion || **~ivo, a** adj/m Corrosif, ive.

corrup|ción f Corruption || **~tela** f Abus *m* || **~tible** adj Corruptible | **~to, a** adj Corrompu, e || **~tor, a** adj/s Corrupteur, trice.

corrusc|ante adj Croustillant, e (pan) || **~o** m FAM. Croûton.

cors|ario, a adj/m Corsaire || **~é** m Corset || **~etería** f Fabrique *o* boutique de corsets || **~etero, a** adj/s Corsetier, ère || **~o, a** adj/s Corse | — M MAR. Course *f*.

cort|a f Coupe || **~acéspedes** m inv Tondeuse *f* || **~acircuitos** m inv ELEC. Coupe-circuit || **~adera** f Tranche (para cortar metal) || **~ado, a** adj Coupé, e | FIG. Confus, e (confuso), tourné, e (salsa, leche) | *Dejar ~*, interdire | — M Café crème || **~ador, a** adj/s Coupeur, euse | — F TECN. Trancheuse || **~adura** f Coupure | Gorge, défilé *m* (desfiladero) | — Pl Rognures || **~afrío** m TECN. Ciseau à froid || **~afuego** m Coupe-feu, pare-feu || **~alápices** m inv Taille-crayon || **~ante** adj Coupant, e | — M Couperet || **~apapeles** m inv Coupe-papier || **~apisa** f Condition, restriction | Obstacle *m* (traba) | Bordure (guarnición) | FIG. Charme *m* (gracia) || **~aplumas** m inv Canif || **~apuros** m inv Coupe-cigares || **~ar** vt Couper | Trancher (separar netamente) | FIG. Fendre (hendir), trancher (decidir), couper | — Vi Couper | — Vp Se couper | FIG. Se troubler (turbarse) | Tourner (salsa, leche) | Gercer (la piel) | Se faire couper (el pelo) || **~aúñas** m inv Coupe-ongles || **~e** m Coupure *f* | Tranchant, fil (filo) | Coupe *f* (de pelo, de un traje, del trigo, de la cara, en los naipes, dibujo) | Tranche *f* (de un libro) | — F Cour | Suite (séquito) | *Amér.* Cour de justice || **~edad** f Petitesse (poca extensión) | Brièveté (brevedad) | FIG. Manque *m* (falta), timidité | **~ejar** vt Faire la cour à, courtiser || **~ejo** m Cour *f* | Cortège (séquito).

Cortes nprfpl HIST. États (*m*) généraux | Cortes [parlement en Espagne].

cort|és adj Courtois, e; poli, e || **~esanía** f Courtoisie || **~esano, a** adj De la cour | Courtois, e (cortés) | — S Courtisan, e || **~esía** f Courtoisie, politesse | Cadeau *m* (regalo) | Formule de politesse (en las cartas) | *~ del autor*, hommage de l'auteur || **~eza** f Écorce | Zeste *m* (de los agrios) | Croûte (del pan) | Couenne (del tocino) | *~ terrestre*, écorce *o* croûte terrestre || **~ical** adj ANAT. Cortical, e || **~ijero, a** s

Fermier, ère (granjero) | Contre-maître (capataz) || **~ijo** m Ferme *f* || **~ina** f Rideau *m* | Courtine (fortificación) || **~inaje** m Rideaux *pl* || **~inilla** f Rideau *m* || **~isona** f MÉD. Cortisone || **~o, a** adj Court, e | FIG. Timide | *A la ~ o a la larga*, tôt ou tard | *~ de vista*, myope | — Adv Court | *Quedarse ~*, être au-dessous du nombre *o* de la vérité || **~ocircuito** m ÉLEC. Court-circuit || **~ometraje** m CIN. Court métrage.

Coruña (La) npr La Corogne.

corv|a f ANAT. Jarret *m* || **~adura** f Courbure || **~ejón** m Jarret | Ergot (de las aves) | Cormoran (pájaro) || **~ejos** mpl Jarret *sing* || **~eta** f Courbette || **~o, a** adj Courbé, e | Crochu, e (nariz).

corzo, a s Chevreuil, chevrette.

cosa f Chose | — Pl Affaires (objetos) | FAM. Idées | *A ~ hecha*, exprès (adrede), à coup sûr (seguro) | FAM. *Como quien no quiere la ~*, mine de rien. *Como si tal ~*, comme si de rien n'était | *~ de*, environ, à peu près | *Amér. ~ que*, afin que | *Cualquier ~*, n'importe quoi | *Esa es la ~*, voilà le hic | *Es ~ de ver*, c'est à voir | *Eso es ~ mía*, c'est mon affaire | *Las ~s de palacio van despacio*, tout vient à point à qui sait attendre | *No hay tal ~*, il n'en est rien | *No es ~ del otro mundo* ou *del otro jueves*, ce n'est pas la mer à boire (es fácil), ça ne casse rien (no es una maravilla) | *No sea ~ que*, au cas où | FAM. *Poquita ~*, minable | *Ser ~ de*, être bien de (ser característico).

cosaco m Cosaque.

coscoja f BOT. Chêne (*m*) kermès.

coscorrón m Coup [donné sur la tête].

cosecante f MAT. Cosécante.

cosech|a f Récolte | Cueillette (de frutas), moisson (de cereales) | Cru *m* (vino) | FIG. Moisson, abondance (acopio), cru *m* (idea) || **~adora** f Moissonneuse-lieuse || **~ar** vi Faire la récolte | Moissonner (cereales) | — Vt Récolter | Cueillir (frutas) | Moissonner (cereales) | FIG. Cueillir, recueillir || **~ero, a** s Propriétaire récoltant.

coselete m Corselet (coraza, insecto).

coseno m MAT. Cosinus.

cos|epapeles m inv Agrafeuse *f* || **~er** vt Coudre | Piquer (a máquina) | FAM. *Eso es ~ y cantar*, ça va tout seul, c'est un jeu d'enfant || **~ido, a** adj Cousu, e | Piqué, e (máquina) | — M Couture *f*.

cosijo m *Amér.* Contrariété *f*, ennui.

cosmético, a adj/m Cosmétique.

cósmico, a adj Cosmique.

cosm|ogonía f Cosmogonie || **~ografía** f Cosmographie || **~ología** f Cosmologie || **~onauta** s Cosmonaute || **~opolita** adj/s Cosmopolite || **~os** m Cosmos.

coso m Arènes *fpl* | Cours (calle).

cosquill|as fpl Chatouillement *msing* | Chatouilles (fam) | FIG. *Buscarle a uno las ~*, provoquer qqn, chercher les poux à qqn (provocarle) | *Hacer ~*, chatouiller | *Tener ~*, être chatouilleux || **~ear** vt Chatouiller || **~eo** m Chatouillement || **~oso, a** adj Chatouilleux, euse.

costa f GÉOGR. Côte | Dépense, frais *mpl* (gasto) | — Pl DR. Dépens *m* | *A ~ de*, aux dépens de (a expensas de), à force de (a consecuencia de) | *A poca ~*, à peu de frais | *A toda ~*, à tout prix | *Costa Azul, del Sol*, Côte d'Azur, du Soleil.

Costa de Marfil nprf Côte-d'Ivoire.

cost|ado m Côté | MIL. MAR. Flanc | FIG. FAM. *Mirar por los cuatro ~s*, examiner sur toutes les coutures || **~al** adj Costal, e | — M Sac | Étai (puntal) || **~alada** f o **~alazo** m Culbute *f*, chute (*f*) sur le côté *o* sur le dos || **~anera** f Côte || **~anero, a** adj En pente (inclinado) | Côtier, ère (costero) || **~anilla** f Ruelle en pente || **~ar*** vi Coûter | Avoir peine à (tener dificultad en) | — Vt Coûter | *Cueste lo que cueste*, coûte que coûte.

cost|e m Coût, prix | *A precio de ~*, au prix coûtant | *~, seguro y flete*, C. A. F., coût, assurance, fret | *Precio de ~*, prix de revient || **~ear** vt Payer | Financer | MAR. Longer la côte | — Vp Couvrir les frais, rentrer dans ses frais | FAM. S'offrir || **~eño, a** adj Côtier, ère || **~eo** m Financement || **~era** f Côte || **~ero, a** adj Côtier, ère | — M Côtier (barco) || **~illa** f ANAT. Côte | Côtelette (chuleta) | Côte (de una cosa) | FAM. Moitié (esposa) | — Pl FAM. Dos *msing* || **~illaje** o **~illar** m Ensemble des côtes du corps || **~o** m Prix, coût | Dépense *f*, frais *pl* (gasto) || **~oso, a** adj Coûteux, euse.

costr|a f Croûte || **~oso, a** adj Croûteux, euse.

costumbr|e f Coutume | Habitude, coutume (hábito) | — Pl Mœurs | *De* o *por ~*, d'habitude | *Sacar a uno de sus ~s*, déranger qqn dans ses habitudes || **~ismo** m Peinture (*f*) des mœurs d'un pays || **~ista** adj De mœurs | — M Écrivain spécialisé dans le *costumbrismo* | Peintre de genre.

costur|a f Couture | Piqûre (a máquina) || **~era** f Couturière | *~ de ropa blanca*, lingère || **~ero** m Table (*f*) à ouvrage (mesa) | Chiffonnier (meuble) | Nécessaire de

couture (caja) ‖ **~ón** m Couture (*f*) grossière | Balafre *f*, cicatrice *f*, couture *f* (cicatriz).
cota f Cotte (vestido, armadura) : *~ de mallas*, cotte de mailles | Cote (en topografía) | Cote (nivel).
cotangente f MAT. Cotangente.
cotarr|o m Asile de nuit (asilo) | FAM. *Alborotar el ~*, mettre la pagaille. *Dirigir el ~*, mener la danse.
cotej|ar vt Confronter, comparer ‖ **~o** m Comparaison *f*, confrontation *f*.
coterráneo, a adj/s Compatriote.
cotidiano, a adj Quotidien, enne.
cotiledón m BOT. Cotylédon.
cotill|a s FAM. Cancanier, ère ‖ **~ear** vi FAM. Cancaner ‖ **~eo** m FAM. Commérage, cancans *pl* ‖ **~ero, a** s Cancanier, ère ‖ **~ón** m Cotillon.
cotiz|ación f COM. Cote, cours (*m*) de la Bourse | Cotisation ‖ **~ante** adj/s Cotisant, e ‖ **~ar** vt Coter | — Vi Cotiser | — Vp Être coté, e.
coto m Clos (terreno) | Réserve *f* (terreno acotado) | Borne *f* (hito) | Cours (precio) | FIG. Terme, limite *f* | *~ de caza*, chasse gardée | FIG. *Poner ~ a*, fermer la porte à.
cotonada f Cotonnade (tela).
cotorr|a f ZOOL. Perruche (perico), pie (urraca) | FAM. Perruche, pie ‖ **~ear** vi FAM. Jacasser ‖ **~eo** m FAM. Bavardage ‖ **~era** f FAM. Pie.
cotufa f Topinambour *m* (tubérculo), souchet *m* (chufa).
coturno m Cothurne.
covach|a f Caveau *m* (cueva) | FAM. Taudis *m* (tugurio) ‖ **~uela** f FAM. Ministère *m*, secrétariat *m*; bureau *m* ‖ **~uelista** m FAM. Rond-de-cuir.
cow-boy m Cow-boy (vaquero).
coxcojilla o **coxcojita** f Marelle | *A ~*, à cloche-pied.
coy m MAR. Hamac ‖ **~ote** m Coyote (lobo) ‖ **~unda** f Courroie du joug (del yugo) | FIG. Lien (*m*) conjugal; domination, assujettissement *m* ‖ **~untura** f ANAT. Jointure, articulation | FIG. Occasion (oportunidad), conjoncture (situación).
coz f Ruade | Coup (*m*) de pied en arrière (patada) | Recul *m* (de arma) | *Dar coces*, ruer, lancer des ruades.
crac m Krach, faillite *f*.
crácking m Cracking (del petróleo).
crampón m Crampon.
cran m IMPR. Cran.
craneal o **craneano, a** adj Crânien, enne.
cráneo m Crâne.
crápula f Crapule (libertinaje) | — M Crapule *f* (hombre).
crapuloso, a adj Crapuleux, euse | — M Crapule *f*.
craso, a adj Gras, grasse | FIG. Crasse.
cráter m Cratère (de volcán) ‖ **~a** f Cratère *m* (vasija).
crawl [kro:l] m Crawl (natación).
cre|ación f Création ‖ **~ador, a** adj/s Créateur, trice ‖ **~ar** vt Créer
crec|er* vi Croître, augmenter (aumentar) | Allonger (alargarse) | Grandir (un niño) | Pousser (pelo, plantas) | Croître (la Luna) | Grossir (río) | S'agrandir (extenderse) | Augmenter (punto) | — Vp FIG. Se redresser ‖ **~es** fpl Augmentation (*sing*) de volume | FIG. Avantages *m*, intérêts *m* | *Con ~*, largement | *Devolver con ~*, rendre au centuple ‖ **~ida** f Crue ‖ **~ido, a** adj Important, e ; grand, e | — Mpl Augmentations *f* (punto) ‖ **~iente** adj Croissant, e | *Cuarto ~*, premier quartier *o* croissant de la Lune | — F Crue ‖ **~imiento** m Croissance *f* | Accroissement, augmentation *f* (aumento) | Grossissement (de un río).
credencial adj De créance | — Fpl Lettres de créance.
credibilidad f Crédibilité.
crediticio, a adj De crédit.
crédito m Crédit | DR. Créance *f* | *~ inmobiliario*, crédit foncier | *Dar ~*, faire foi (conceder fe), faire crédit (acreditar) | *Dar ~ a*, croire.
credo m Credo.
credulidad f Crédulité.
crédulo, a adj/s Crédule.
cre|ederas fpl FAM. Crédulité *sing* ‖ **~encia** f Croyance ‖ **~er*** vt/i Croire : *~ en Dios, en la virtud*, croire en Dieu, à la vertu | Penser | *Cualquiera creería que*, c'est à croire que | FAM. *¡Ya lo creo!*, je pense bien!, je crois bien!, bien sûr! | — Vp Se croire | *Creérselas*, s'en croire | *No me lo creo*, je n'y crois pas | FAM. *¡Que te crees tú eso!*, tu peux toujours courir! (ni hablar), tu parles! (ni pensarlo) ‖ **~íble** adj Croyable ‖ **~ído, a** adj Crédule, confiant, e | Présomptueux, euse | *~ de sí mismo*, imbu de soi-même, content de soi.
crema f Crème | Cirage *m* (betún) | GRAM. Tréma *m* | FIG. Crème, gratin *m* | *~ dental*, pâte dentifrice | — Adj inv Crème ‖ **~ción** f Crémation ‖ **~llera** f Crémaillère | Fermeture à glissière ‖ **~tística** f FAM. Argent *m* ‖ **~torio, a** adj Crématoire.
cremoso, a adj Crémeux, euse.
crencha f Raie (en el pelo) | Bandeau *m* (pelo).
creosota f QUÍM. Créosote.
crepé m Crépon (papel) | Crêpe (tela, caucho laminado).
crepit|ación f Crépitement *m*, crépitation ‖ **~ar** vi Crépiter.
crep|uscular adj Crépusculaire ‖ **~úsculo** m Crépuscule.

cresa f Couvain *m* (huevos de insectos).
Creso nprm Crésus.
cresp|o, a adj Crépu, e ‖ **~ón** m Crêpe, crépon.
crest|a f Crête ‖ **~ado, a** adj Crêté, e ‖ **~ería** f ARQ. Crête | Crénelure (fortificación).
cret|a f Craie.
Creta nprf Crète.
cret|áceo, a adj/m Crétacé, e | — Adj Crayeux, euse (gredoso) ‖ **~ense** adj/s Crétois, e.
cretin|ismo m MED. Crétinisme | Crétinerie *f* (estupidez) ‖ **~o, a** adj/s Crétin, e.
cretona f Cretonne.
creyente adj/s Croyant, e.
cría f Élevage *m* | Nourrisson *m* (niño) | Petit *m* (de animal) | Portée (camada) | Couvée (de aves).
cri|ada f Bonne, employée de maison | *~ para todo*, bonne à tout faire ‖ **~adero** m Pépinière *f* (de plantas) | Élevage (de animales) | Parc (de ostras) | MIN. Gisement ‖ **~adilla** f ANAT. Testicule *m* | *~ de tierra*, truffe ‖ **~ado, a** adj Élevé, e | — M Domestique, employé de maison ‖ **~ador** m Éleveur ‖ **~andera** f *Amér.* Nourrice ‖ **~anza** f Élevage *m* (de animales) | Allaitement *m* (de niños de pecho) | FIG. Éducation ‖ **~ar** vt Allaiter, nourrir (niño) | Élever (animal) | Élever, éduquer (educar) | Faire pousser (planta) | Produire (producir) | Créer (crear) | — Vp Être élevé | Se nourrir (alimentarse) | Pousser (crecer) | Se former (cosas) ‖ **~atura** f Créature | Nourrisson *m* (niño de pecho) | FIG. Enfant *m*.
crib|a f Crible *m* ‖ **~ado** m Criblage ‖ **~aduras** fpl Criblure *sing* ‖ **~ar** vt Cribler.
cricket m Cricket (deporte).
crim|en m Crime ‖ **~inal** adj/s Criminel, elle ‖ **~inalidad** f Criminalité ‖ **~inología** f Criminologie.
crin f Crin *m* ‖ — Pl Crinière *sing*.
crío m FAM. Bébé (niño de pecho), gosse (niño).
criollo, a adj/s Créole.
cript|a f Crypte ‖ **~ógamo, a** adj/f BOT. Cryptogame ‖ **~ografía** f Cryptographie ‖ **~ón** m Crypton, krypton (gas).
criquet m Cricket (deporte).
cris|álida f Chrysalide ‖ **~antemo** m BOT. Chrysanthème ‖ **~is** f Crise.
crisma m Chrême | — F FAM. Figure : *romper la ~*, casser la figure.
crismas m Carte (*f*) de Noël.
crisol m Creuset.
Crisóstomo adjm Chrysostome.
crispar vt Crisper | Taper sur les nerfs (los nervios) | — Vp Se crisper.
cristal m Cristal : *~ de roca*, cristal de roche | Carreau, vitre *f* (de ventana) | Verre (vidrio, lente, esfera) | AUT. Glace *f* | FIG. Miroir (espejo) | *Amér.* Verre (vaso) ‖ **~era** f Armoire vitrée (armario) | Porte vitrée (puerta) | Verrière (de un techo) ‖ **~ería** f Cristallerie (fábrica) | Verrerie (objetos) | Service (*m*) de verres (juego de mesa) ‖ **~ino, a** adj/m Cristallin, e ‖ **~ización** f Cristallisation ‖ **~izador, a** adj Cristallisant, e ‖ **~izar** vt/i Cristalliser | Se cristalliser.
cristian|ar vt FAM. Baptiser ‖ **~dad** f Chrétienté | Christianisme *m* (virtud) ‖ **~ismo** m Christianisme ‖ **~izar** vt Christianiser ‖ **~o, a** adj/s Chrétien, enne | FIG. *Hablar en ~*, parler un langage chrétien, parler espagnol.
Crist|ina nprf Christine ‖ **~o** m Le Christ | Crucifix, Christ (crucifijo) ‖ **~óbal** nprm Christophe.
cristus m Alphabet.
criterio m Critère | Notion *f* | Jugement, discernement (juicio) | DEP. Critérium.
critic|able adj Critiquable ‖ **~ar** vt Critiquer | Reprocher ‖ **~ismo** m Criticisme.
crítico, a adj Critique | — M Critique | — Adj/s Critiqueur, euse.
criticón, ona adj/s Critiqueur, euse.
Croacia nprf Croatie.
croar vi Coasser (ranas).
croata adj/s Croate.
crom|ado m Chromage ‖ **~ar** vt Chromer ‖ **~ático, a** adj Chromatique ‖ **~atina** f Chromatine ‖ **~atismo** m Chromatisme ‖ **~o** m Chrome (metal) | Image *f* (grabado) ‖ **~osoma** m Chromosome.
crónico, a adj/f Chronique.
cron|icón m Chronique *f* ‖ **~ista** s Chroniqueur, euse ‖ **~ograma** m Échéancier, calendrier ‖ **~ología** f Chronologie ‖ **~ológico, a** adj Chronologique ‖ **~ometrador** m Chronométreur ‖ **~ometraje** m Chronométrage ‖ **~ometrar** vt Chronométrer ‖ **~ómetro** m Chronomètre.
croquet m Croquet (juego).
croqueta f Croquette.
croquis m Croquis.
cross-country m Cross-country.
crótalo m Crotale.
croupier m Croupier.
cruc|e m Croisement | Intersection *f* (de carreteras) | ELEC. Court-circuit ‖ **~ería** f Croisée d'ogives ‖ **~ero** m Porte-croix (en las procesiones) | Croisement (encrucijada) | ARQ. Transept, croisée *f* | Traverse *f*, croisillon (de ventana) | MAR. Croiseur (navío), croisière *f* (viaje) ‖ **~eta** f Croisil-

lon *m* (de enrejado) | MAR. Hune | Traverse (crucero) | MEC. Crosse || **~ial** adj Crucial, e || **~ificar** vt Crucifier || **~ifijo** m Crucifix || **~ifixión** f Crucifixion (de Cristo) | Crucifiement *m* || **~igrama** m Mots (*pl*) croisés.

crud|eza f Crudité | FIG. Rigueur (rigor), dureté (dureza) || **~o, a** adj Cru, e | Vert, e (no maduro) | Indigeste | Brut, e (petróleo) | Grège, écru, e (seda) | FIG. Rigoureux, euse; rude | *En ~*, cru, e | — M Brut (petróleo).

cruel adj/s Cruel, elle || **~dad** f Cruauté.

cruento, a adj Sanglant, e.

cruj|ía f Couloir *m* (pasillo) | Salle commune (en un hospital) | ARQ. Espace (*m*) entre deux murs de soutènement | MAR. Coursive || **~ido** m Craquement | Froufrou (de tela) | Grincement (de dientes) | Claquement (de un látigo) || **~iente** adj Croquant, e; croustillant, e || **~ir** vi Craquer | Grincer (los dientes) | Crisser (arena, hojas) | Froufrouter (seda).

crustáceo, a adj/m Crustacé, e.

cruz f Croix | Pile (de una moneda) | Garrot *m* (de animal) | Fourche (de árbol) | *Cruz de los Caídos*, monument aux morts | *Cruz Roja*, Croix-Rouge | FAM. *~ y raya*, c'est fini. *Es la ~ y los ciriales*, c'est la croix et la bannière || **~ada** f Croisade || **~ado, a** adj Croisé, e | Barré, e (cheque) | — M Croisé | — Pl Hachures *f* || **~amiento** m Croisement || **~ar** vt Croiser | Traverser (atravesar) | Barrer (cheque) | Décorer (condecorar) | Faire (apuestas) | — Vi MAR. Croiser | — Vp Se croiser : *~ de brazos*, se croiser les bras | Échanger (cambiar) | Croiser (con alguien).

cruzeiro m Cruzeiro (moneda).

cuadern|a f MAR. AVIAC. Couple *m* || **~illo** m Carnet (librito) | Cahier | IMPR. Feuillet || **~o** m Cahier.

cuadr|a f Écurie | *Amér.* Pâté (*m*) de maisons || **~adillo** m Carrelet (regla) | Morceau : *azúcar de ~*, sucre en morceaux || **~ado, a** adj Carré, e | FIG. Parfait, e | — M Carré | Carrelet (regla) || **~agenario, a** adj/s Quadragénaire || **~agésima** f Quadragésime || **~agésimo, a** adj/s Quarantième || **~angular** adj Quadrangulaire || **~ante** m ASTR. GEOM. Quadrant | Cadran (reloj) || **~ar** vt Rendre carré | MAT. Élever au carré | TECN. Équarrir (tronco) | Cadrer (colocar) | — Vi Cadrer, s'accorder | Tomber juste (ser exacto) | *Amér.* Plaire, convenir | — Vp MIL. Se mettre au garde-à-vous | TAUR. Se planter ferme sur les quatre pattes || **~atura** f Quadrature | Débitage *m* (madera) || **~ícula** f o **~iculado** m o **~iculación** f Quadrillage *m* || **~icular** vt Quadriller (papel), graticuler (un dibujo) || **~idimensional** adj FÍS. À quatre dimensions || **~ienal** adj Quatriennal, e || **~iga** f Quadrige *m* || **~il** m Hanche *f* (cadera), croupe *f* (de animal) || **~ilátero, a** adj/m Quadrilatère | — M Ring (boxeo) || **~ilongo, a** adj Rectangulaire | — M Rectangle || **~illa** f Bande (pandilla) | Équipe (de obreros) | TAUR. « Cuadrilla », équipe qui accompagne le matador | Quadrille *m* (baile) || **~illero** m Chef d'équipe || **~imotor** adjm/m Quadrimoteur || **~igentésimo, a** adj/s Quatre-centième || **~iplicar** vt/i Quadrupler || **~o** m Carré, rectangle | Carreau : *tela de ~s*, tissu à carreaux | Tableau (pintura) | IMPR. Platine *f* | Parterre (de jardín) | FIG. Tableau | TECN. MIL. Cadre | Tableau (teatro) | *~ de mandos*, tableau de bord || **~úpedo, a** adjm/m Quadrupède.

cuádruple adj Quadruple.

cuadruplicar vt/i Quadrupler.

cuádruplo m Quadruple.

cuaj|ada f Caillé *m* || **~ado, a** adj Caillé, e | FAM. Saisi, e; figé, e (de extrañeza) | FIG. Ahuri, e (asombrado), figé, e (inmóvil) || **~ar** m ANAT. Caillette *f* | — Vt Coaguler | Cailler (la leche) | FIG. Surcharger (recargar), réussir (conseguir) | — Vi FAM. Réussir (tener éxito), prendre (ser adoptado), plaire (gustar), devenir (volverse) | *Estar cuajado*, être endormi | — Vp Se coaguler, se figer | Se cailler, cailler (leche) | Prendre (hielo, crema) | FIG. Se remplir (llenarse) || **~arón** m Caillot || **~o** m Présure *f* | Caillette *f* (cuajar) | FAM. Calme | *Arrancar de ~*, déraciner (árbol), extirper, couper à la racine (cosas malas).

cual pron rel Qui, lequel, laquelle, lesquels, lesquelles (precedido de un artículo) | Comme, tel que (tal como) [sin artículo] | *A ~ más*, à qui mieux mieux | *Al ~, a la ~*, auquel, à laquelle | *Cada ~*, chacun | *~ o ~* ou *tal ~*, quelques rares | *Del ~, de la ~*, duquel, de laquelle, dont | *De lo ~*, ce dont; d'où (por consiguiente) | *Después de lo ~*, après quoi | *En el ~*, où, dans lequel | *Lo ~*, ce qui, ce que | *Por lo ~*, c'est pourquoi | *Sin lo ~*, sans quoi | — Adv Tel que, comme | *Tal ~*, tel quel, tel que (como estaba), comme ci, comme ça (así así).

cuál adj/pron interr Quel, quelle, quels, quelles | Qui, lequel, laquelle, lesquels, lesquelles : *¿~ de los tres?*, lequel des trois? | — Pron indet L'un, l'autre, l'une, l'autre, etc | *~ más, ~ menos,* plus ou moins | — Adv Comment, comme.

cualesquiera pron indef pl V. CUALQUIERA.

cual|idad f Qualité ‖ **~ificación** f Qualification ‖ **~ificado, a** adj Qualifié, e ‖ **~ificar** vt Qualifier. ‖ **~itativo, a** adj Qualitatif, ive.

cualquier adj indef Apócope de *cualquiera* V. CUALQUIERA.

cualquiera adj/pron indef (pl *cualesquiera*) N'importe qui, quiconque | N'importe lequel, n'importe laquelle : *~ de los dos,* n'importe lequel des deux | N'importe quel, n'importe quelle (delante de un sustantivo) | Quel que, quelle que (delante de verbo) | Tout, e (todo) | Personne (nadie) | On (se, uno) | Quelconque (detrás del sustantivo) : *un día ~,* un jour quelconque | *~ que,* quiconque | *Cualquier cosa,* n'importe quoi | *Cualquier cosa que,* quoi que | *Cualquier otro,* tout autre | *Una ~,* une femme quelconque, une femme de rien | *Un ~,* le premier venu.

cuan adv Combien, comme ‖ *Tan... ~,* aussi... que.

cuán adv Comme, combien (exclamativo) | Que, comme : *¡~ hermoso es!,* qu'il est beau!

cuando conj Quand, lorsque | Même si, quand bien même (aunque) | Puisque, du moment que (puesto que) | Que | Pendant : *~ la guerra,* pendant la guerre | *Aun ~,* même si, quand bien même | *~ más, menos,* tout au plus, moins | *~ no,* sinon | *~ quiera que,* à quelque moment que | *De ~ en ~,* de temps en temps | — Adv Quand | *~ ... ~,* tantôt... tantôt | *~ quiera,* n'importe quand.
— OBSERV. *Cuando* porte un accent écrit dans les phrases exclamatives et interrogatives, directes ou indirectes.

cuanta mpl Fís. Quanta.

cuant|ía f Quantité | Montant *m* (importe) | Qualité, importance (de una persona) | DR. Importance ‖ **~ioso, a** adj Considérable, important, e ‖ **~itativo, a** adj Quantitatif, ive ‖ **~o, a** adj Combien de | Autant (tanto) | Que de, quel, quelle (qué) | Tout, e (todo) | *~ más... más,* plus... plus | *Unos ~s,* quelques | — Pron Combien | Tous ceux qui (todos los que) | Tout ce que (todo lo que) | *Todo ~,* tout ce que | *Unos ~s,* quelques-uns | — Adv Combien (cómo) | Combien (qué cantidad) | Combien de temps (tiempo) | *¿A ~ estamos?,* le combien sommes-nous? | *¿Cada ~?,* tous les combien? | *~ antes,* dès que possible, au plus vite | *~ antes mejor,* le plus tôt sera le mieux | *~ más,* à plus forte raison (con más razón), tout au plus (no más que) | *~ más... más,* plus... plus | *En ~,* dès que | *En ~ a,* quant à | *Por ~,* parce que (porque).
— OBSERV. *Cuanto* et *cuanta* portent un accent écrit dans les phrases exclamatives et interrogatives.

cuáquero, a s Quaker, eresse.

cuarent|a adj Quarante | — M Quarante | Quarantième (rango) | *Unos ~,* une quarantaine | — Fpl FAM. *Cantar a uno las ~,* dire ses quatre vérités à qqn ‖ **~avo, a** adj/s Quarantième ‖ **~ena** f Quarantaine ‖ **~ón, ona** adj/s Quadragénaire.

cuaresma f Carême *m.*

cuart|a f Quart *m* | Empan *m* (palmo) | ASTR. Quadrant *m* ‖ **~ear** vt Diviser en quatre | Dépecer (descuartizar) | Mettre en pièces (fragmentar) | — Vp Se lézarder, se fendre (una pared) | FIG. S'ébranler, être ébranlé ‖ **~el** m MIL. Quartier (general), caserne *f* (de tropas) | Quartier (barrio) | *Sin ~,* sans merci ‖ **~elada** f o **~azo** m Putsch *m,* pronunciamiento *m* ‖ **~eo** m Écart, feinte *f* (del cuerpo) | Crevasse *f,* lézarde *f* (grieta) ‖ **~erón, ona** adj/s Quarteron, onne | — M Quart | Vasistas (de ventana) | Panneau (de puerta) | Quarteron (medida) ‖ **~eta** f Quatrain *m* ‖ **~eto** m Quatrain (poema) | MÚS. Quatuor, quartette ‖ **~illa** f Feuillet *m* | Paturon *m* (de animal) | *Papel de ~s,* papier écolier ‖ **~illo** m Chopine *f* ‖ **~o, a** adj Quatrième | Quatre (rango) | *Cuarta parte,* quart | — M Quart (cuarta parte) | Chambre *f* (habitación) | Pièce *f* (parte de la casa) | Appartement (piso) | Quartier (de un vestido, de animal, de la Luna) | MAR. Quart | MIL. Faction *f* | FAM. Sou | — Pl FAM. Argent *sing,* fric *sing* | *~ de aseo,* cabinet de toilette | *~ de baño,* salle de bains | *~ de dormir,* chambre à coucher | *~ de estar,* salle de séjour | FOT. *~ oscuro,* chambre noire | FAM. *De tres al ~,* de rien du tout (de poco valor), à la gomme (sin talento) | FAM. *Echar su ~ a espadas,* placer son mot. *No andar bien de ~s,* être à sec. *Sacar ~s,* gagner de l'argent (ganar), soutirer de l'argent (pedir dinero) ‖ **~ucho** m FAM. Taudis (tugurio), cagibi (habitación pequeña).

cuarz|o m Quartz ‖ **~oso, a** adj Quartzeux, euse.

cuaternario, a adj/m Quaternaire.

cuatr|ero, a adj/s Voleur, voleuse de bestiaux | *Amér.* Voyou *m* (bribón), blagueur, euse (guasón) ‖ **~ienal** adj

Quadriennal, e ‖ **~ienio** m Période (*f*) de quatre ans ‖ **~imotor** adjm/m Quadrimoteur ‖ **~o** adj/m Quatre | *De ~ en ~*, quatre à quatre | *Las ~*, quatre heures ‖ **~ocientos, as** adj/m Quatre cents.
Cuba npr Cuba | *~ libre*, rhum coca | Fig. Fam. *¡Más se perdió en ~!*, on en a vu d'autres!
cub|a f Cuve (recipiente y contenido) | Tonneau *m* (tonel) | Fam. *Estar borracho como una ~*, être rond ‖ **~ano, a** adj/s Cubain, e ‖ **~ero** m Tonnelier | Fam. *A ojo de buen ~*, à vue de nez, au juger, au pifomètre ‖ **~eta** f Petit tonneau *m* (tonel) | Cuvette (de laboratorio) ‖ **~icación** f Cubage *m* ‖ **~icar** vt Cuber.
cúbico, a adj Mat. Cubique (raíz), cube : *un metro ~*, un mètre cube.
cubiert|a f Couverture | Housse (funda) | Pneu *m* (neumático) | Mar. Pont *m* : *~ de popa, de proa*, arrière-pont, avant-pont | Gaine (de un cable) | Fig. Couverture, prétexte *m* ‖ **~o, a** adj Couvert, e | — M Couvert | Menu (en el restaurante) | Abri (abrigo) | *A ~*, à l'abri, à couvert | *Poner los ~s*, mettre le couvert.
cubil m Tanière *f* ‖ **~ete** m Timbale *f* (utensilio de cocina, guiso, vaso de metal) | Glaçon (de hielo) | Gobelet (para los dados) ‖ **~etear** vi Fig. Intriguer ‖ **~eteo** m Tour de passe-passe | Fig. Intrigue *f* ‖ **~etero** m Prestidigitateur | Timbale *f* (cubilete) ‖ **~ote** m Cubilot.
cub|ismo m Cubisme ‖ **~ista** adj/s Cubiste ‖ **~ito** m Cube, glaçon (de hielo).
cúbito m Anat. Cubitus.
cubo m Seau (recipiente portátil) | Cuveau (cuba pequeña) | Douille *f* (de bayoneta) | Moyeu (de rueda) | Boîte *f* (caja) | Mat. Cube | *~ de la basura*, boîte à ordures, poubelle.
cubre|cadena m Carter ‖ **~cama** m Couvre-lit, dessus-de-lit ‖ **~piés** m inv Couvre-pieds ‖ **~rradiador** m Couvre-radiateur, cache-radiateur ‖ **~tiestos** m inv Cache-pot.
cubrir vt Couvrir | Cacher (ocultar) | Fig. Satisfaire (satisfacer), couvrir (gastos, la voz), pourvoir à (una vacante), couvrir, protéger | Ne pas avoir pied (en el agua) | Couvrir, saillir (un animal) | — Vp Se couvrir.
cucañ|a f Mât (*m*) de cocagne.
cucaracha f Cafard *m*.
cuclill|las (en) loc adv Accroupi, e | *Ponerse en ~*, s'accroupir ‖ **~o** m Coucou (ave).
cuc|o, a adj Fam. Joli, e (bonito), mignon, onne (mono) | — Adj/s Rusé, e; malin, maligne (astuto) | — M Coucou (ave) | Fam. Tricheur | — Pl Fam. Culotte *fsing* (de mujer) ‖ **~urbitáceo, a** adj/f Cucurbitacé, e ‖ **~urucho** m Cornet (de papel) | Cagoule *f* (capucha).
cuchar|a f Cuiller | Louche (para servir) | Tecn. Godet *m*, cuiller | *~ autoprensora*, benne preneuse ‖ **~ada** f Cuillerée ‖ **~illa** f Petite cuiller ‖ **~ón** m Cuiller (*f*) à pot | Louche *f* (para servir).
cuché adjm Couché (papel).
cuchich|ear vi Chuchoter ‖ **~eo** m Chuchotement.
cuchifrito m Porcelet rôti.
cuchill|a f Couperet *m*, couteau *m* | Lame (de arma blanca) | Lame de rasoir (hoja de afeitar) | Plane (de curtidor) | *Amér.* Chaîne de montagnes (de montes) ‖ **~ada** f Coup (*m*) de couteau *o* d'épée | Estafilade (herida en la cara) | — Pl Crevés *m* (de vestidos) | Fig. Dispute *sing* ‖ **~ería** f Coutellerie ‖ **~ero** m Coutelier ‖ **~o** m Couteau | *Pasar a ~*, passer au fil de l'épée.
cuchipanda f Fam. Ripaille, bombance (comilona), bombe (juerga) | *Ir de ~*, faire la bombe (ir de juerga), gueuletonner, faire bombance (darse una comilona).
cuchitril m Taudis (tugurio), cagibi (habitación pequeña).
cuchufleta f Plaisanterie, galéjade.
cuello m Cou : *sacar el ~*, tendre le cou | Col (de vestido, de camisa, de un objeto) | Goulot (de botella) | Bot. Hampe *f* | Encolure *f* (número de cuello) | Collet (de un diente, adorno de piel) | Collier (carnicería) | *~ de pajarita* ou *palomita*, col cassé | *~ postizo*, faux col | *~ vuelto*, col roulé *o* rabattu.
cuenc|a f Écuelle de bois (escudilla) | Orbite (del ojo) | Vallée (valle) | Bassin *m* (de río, mina, mar) ‖ **~o** m Terrine *f*.
cuenta f Compte *m* : *sacar las ~s*, faire les comptes | Note (factura) | Addition (en el restaurante, etc) | Grain *m* (de rosario o collar) | Fig. Charge (obligación), affaire (cuidado) | *Abonar en ~*, créditer | *A ~*, en acompte | *¿A ~ de qué?*, pourquoi? | *Adeudar* ou *cargar en ~*, débiter | *A fin de ~s*, tout compte fait | Fig. *Ajustarle a uno las ~s*, régler son compte à qqn. *Caer en la ~*, y être | *Cerrar una ~*, arrêter un compte | *Coger por su ~*, s'occuper de | *~ corriente*, compte courant | *~ (hacia) atrás*, compte à rebours | *~ pendiente*, impayé | Fig. *~s del Gran Capitán*, comptes d'apothicaire | *Dar ~ de*, rendre compte de, faire savoir | *Darse ~ de*, se rendre compte de | *De ~*, d'importance | *En resumi-*

das ~s, en fin de compte, en somme | *Entrar en ~,* entrer en ligne de compte | *Esto corre de* ou *por mí ~,* c'est à ma charge, je m'en occupe | *Habida ~ de* ou *teniendo en ~ que,* compte tenu de *o* de ce que | *Las ~s claras,* les bons comptes font les bons amis | *Más de la ~,* plus que de raison | *Perder la ~ de,* ne pas se rappeler de | *Por ~ de,* pour le compte de | *Por mí ~,* quant à moi | *Tener ~,* être avantageux | *Tener ~ de,* s'occuper de | *Tener* ou *tomar en ~,* tenir compte de, considérer, prendre en considération | *Teniendo en ~,* compte tenu de || **~correntista** s Titulaire d'un compte courant || **~gotas** m inv Compte-gouttes || **~hílos** m inv Compte-fils || **~kilómetros** m inv Compteur kilométrique || **~rrevoluciones** m inv TECN. Compte-tours.

cuent|ista adj/s Conteur, euse | FAM. Cancanier, ère (chismoso), rapporteur, euse (soplón), baratineur, euse (que dice mentiras), farceur, euse (bromista) || **~o** m Conte | Histoire *f* (relato) | FAM. Cancan (chisme), histoire *f*, boniment (mentira), histoire *f* (disgusto) | *A ~ de,* à propos de | *~ chino* ou *~ de nunca acabar,* conte *o* histoire à dormir debout; histoire à n'en plus finir | *~ de viejas,* conte de bonne femme | *Dejarse de ~s,* aller droit au but | *No venir a ~,* ne rien avoir à voir (no tener nada que ver), ne rimer à rien (no ser oportuno) | *Tener mucho ~,* être très comédien, bluffer | *Venir a ~,* venir à propos | *Venir con ~s,* raconter des histoires.

cuerd|a f Corde | Ficelle (más fina) | Chaîne (de reloj) | Ressort *m* (resorte) | ANAT. GEOM. MÚS. Corde | FIG. *Acabársele a uno la ~,* être au bout de son rouleau | *Bajo ~,* en cachette (a escondidas) | *~ floja,* corde raide | *Dar ~ al reloj,* remonter la montre *o* l'horloge | FIG. *Dar ~ a uno,* faire parler qqn. *Tener ~ para rato,* en avoir encore pour longtemps || **~o, a** adj/s Raisonnable | Sage, prudent, e (sensato).

cuern|a f Cornes *pl* | Bois *mpl,* ramure (del ciervo) | Récipient *(m)* en corne | Cor *(m)* de chasse (trompa) || **~o** m Corne *f* | MÚS. Cor | FAM. *Mandar al ~,* envoyer au diable. *No valer un ~,* ne pas valoir grand-chose. *Oler a ~ quemado,* sentir le roussi. *Poner los ~s,* cocufier. *¡Váyase al ~!,* allez au diable! | — Interj Zut!

cuero m Cuir | Outre *f* (odre) | *~ cabelludo,* cuir chevelu | *En ~s,* tout nu, toute nue, à poil (fam).

cuerpo m Corps | Étage (de cohete) | Volume (libro) | Longueur *f* (deportes) | *A ~,* sans manteau | *A ~ descubierto,* à corps perdu | *A ~ gentil,* en taille | *A medio ~,* à mi-corps | *~ a ~,* corps à corps | *~ electoral,* collège électoral | *~ facultativo,* faculté | *De ~ entero,* en pied (retrato) | *De medio ~,* en buste (retrato), à mi-corps | *En ~ y alma,* corps et âme | FIG. *Estar a ~ de rey,* être comme un coq en pâte | *Formar ~ con,* faire corps avec | *Hurtar el ~,* faire un écart | *Tomar ~,* prendre corps *o* forme (proyecto), prendre consistance (salsa) | FIG. *Tratar a uno a ~ de rey,* se mettre en quatre pour qqn.

cuervo m Corbeau | *~ marino,* cormoran.

cuesco m Noyau | FAM. Pet (pedo).

cuesta f Côte, pente | *A ~s,* sur le dos; sur les épaules (responsabilidad) | *Ir ~ abajo,* descendre (bajar), décliner (decaer) | *Ir ~ arriba,* monter.

cuestación f Quête (colecta).

cuesti|ón f Question | Affaire (asunto) | Dispute (riña) || **~onable** adj Discutable || **~onar** vt Controverser, débattre | Mettre en question || **~onario** m Questionnaire.

cueva f Grotte, caverne | Cave (subterráneo, cabaret).

cuévano m Hotte *f*.

cueza f o **cuezo** m Auge *f*.

cuid|ado m Soin (atención) | Charge *f* (cargo) | Affaire *f* (incumbencia) | Souci (preocupación) | Attention *f* : *tener ~,* faire attention | Prudence *f* (precaución) | Peur *f* (temor) | — Pl Soins | *Al ~ de,* aux bons soins de | *Andarse con ~,* faire attention | *¡ ~ !,* attention! | *De ~,* grave, gravement (enfermo), dangereux, dont il faut se méfier (persona muy peligrosa) | *Estar al ~ de,* s'occuper de | FAM. *Me trae sin ~,* je m'en fiche | *¡Pierda usted ~!,* ne vous en faites pas! | *Poner ~ en,* faire attention à | *Salir de ~,* être hors de danger || **~adoso, a** adj Soigneux, euse | Soucieux, euse (atento) || **~ar** vt Soigner (asistir) | S'occuper de | Entretenir, prendre soin de (conservar) | FIG. Soigner | — Vi *~ de,* prendre soin de, veiller à | — Vp Se soigner | *~ de,* se soucier de, prendre soin de, faire attention à.

cuit|a f Peine, souci *m* || **~ado, a** adj Affligé, e | FIG. Timoré, e (apocado).

cuja f Porte-étendard *m*.

culantrillo m BOT. Capillaire *f*.

culat|a f Culasse (de motor, de cañón) | Crosse (de escopeta) | FIG. Arrière *m* (parte posterior), fond *m* || **~azo** m

Coup de crosse | Recul (retroceso).
culebr|a f Couleuvre | Serpent *m* || **~ear** vi Serpenter, zigzaguer || **~eo** m Zigzag || **~ina** f MIL. Couleuvrine || **~ón** m Grosse couleuvre *f* | FAM. Fine mouche *f*.
culinario, a adj Culinaire.
culmin|ación f Culmination | FIG. Couronnement *m* || **~ante** adj Culminant, e || **~ar** vi Culminer | FIG. Avoir pour couronnement.
culo m POP. Cul, derrière (asentaderas) | FIG. Cul (fondo) | FAM. *~ de mal asiento*, personne qui ne tient pas en place. *~ de pollo*, couture mal faite | *~ de vaso*, fond d'un verre (de copa), bouchon de carafe (piedra).
culombio m FÍS. Coulomb.
culp|a f Faute : *echar la ~ a uno*, rejeter la faute sur qqn | Tort *m;* torts *mpl* | *Echar la ~ de*, reprocher | *La ~ es de*, c'est la faute de | *No tengo la ~*, ce n'est pas ma faute | *Por ~ de*, à cause de | *Tener la ~ de*, être coupable *o* responsable de || **~abilidad** f Culpabilité || **~abilizar** vt Culpabiliser || **~able** adj/s Coupable | Fautif, ive || **~ado, a** adj/s Coupable | Accusé, e ; inculpé, e (acusado) || **~ar** vt Inculper | Accuser | Reprocher, rendre responsable | — Vp S'accuser.
cult|eranismo m Cultéranisme, cultisme || **~ismo** m Cultisme || **~ivable** adj Cultivable || **~ivador, a** adj/s Cultivateur, trice || **~ivar** vt Cultiver || **~ivo** m Culture *f* || **~o, a** adj Cultivé, e | Savant, e : *palabra ~*, mot savant | — M REL. Culte || **~ura** f Culture || **~ural** adj Culturel, elle.
cumbre f Sommet *m* | FIG. Apogée *m* | Sommet *m* (reunión) || **~ra** f ARQ. Faîtage *m*.
cúmplase m Visa, ordre d'exécution.
cumpl|eaños m inv Anniversaire || **~idero, a** adj Qui expire (plazo) || **~ido, a** adj Accompli, e; révolu, e (años) | Complet, ète | Accompli, e (perfecto) | Long, longue (largo) | Bon, bonne : *le dio una cucharada ~*, il lui a donné une bonne cuillerée | Poli, e (cortés) | — M Compliment | — Pl Politesses *f* | *Andarse con ~s*, faire des façons | *De ~*, de politesse | *Por* ou *para ~*, par pure politesse | *Sin ~s*, sans façon || **~idor, a** adj Sérieux, euse | Qui remplit (una obligación) | Qui tient (una promesa) | — S Personne qui tient sa parole || **~imentar** vt Complimenter | Recevoir, accueillir (acoger) | DR. Exécuter (órdenes) || **~imiento** m Accomplissement, exécution *f* | Application *f* | Respect (acatamiento) | Réalisation *f* (de un deseo) | Compliment (cortesía) | FIG. Achèvement (perfección), complément || **~ir** vt Accomplir | Exécuter (ejecutar) | Faire (hacer) | Tenir (promesa) | Combler (deseo) | Remplir, respecter (respetar) | Avoir (edad) | Respecter (ley) | — Vi Tenir sa parole | Faire son devoir (su deber) | Respecter | Convenir, falloir (deber) | Échoir (vencer un plazo) | MIL. Avoir fait son temps | *~ con todos*, ne manquer à personne | *Para* ou *por ~*, par politesse | — Vp S'accomplir | Avoir lieu (tener lugar) | Expirer (plazo).
cúmulo m Accumulation *f* | Cumulus (nube) | FIG. Tas (montón), concours (de circunstancias).
cun|a f Berceau *m* | FIG. Origine, naissance | *Casa ~*, hospice d'enfants trouvés || **~dir** vi Se répandre (extenderse) | Fournir (dar de sí) | Gonfler (hincharse) | Avancer, progresser | Se multiplier || **~ear** vt Bercer || **~eiforme** adj Cunéiforme || **~ero, a** adj/s Enfant trouvé | — Adj FAM. Sans marque; de second ordre || **~eta** f Fossé *m* (de carretera) | Caniveau *m* (de calle) | Accotement *m* (arcén).
cuñ|a f Cale (calce) | Coin *m* (instrumento) | Semelle compensée (suela) | Spot *m* (publicidad) | FAM. Piston *m*, appui *m* || **~ado, a** s Beau-frère, belle-sœur || **~o** m Coin | Empreinte *f*, poinçon (huella) | FIG. Marque *f*, empreinte *f* | *De nuevo ~*, nouveau.
cuota f Quote-part | Quota *m* (cupo) | Cotisation | Frais *mpl* (gastos).
cupé m Coupé (coche) | Glissade *f* (ballet).
Cupido nprm Cupidon.
cupl|é m Chanson *f*, couplet || **~etista** s Chanteur, euse.
cup|o m Quote-part *f* | MIL. COM. Contingent | *Amér.* Capacité *f* | *Fijar un ~*, contingenter || **~ón** m Coupon | Billet (de lotería) | Bon : *~ de pedido*, bon de commande.
cuproso, a adj Cuivreux, euse.
cúpula f ARQ. Coupole | BOT. Cupule | MAR. Tourelle.
cuquería f FAM. Ruse.
cur|a m Prêtre, curé, abbé (sacerdote) | *Casa del ~*, cure | *~ párroco*, curé | FAM. *Este ~*, moi | — F Soin *m* | Traitement *m* (tratamiento) | Cure (en un balneario) | Pansement *m* (apósito) | *No tener ~*, être incurable | *Tener ~*, être guérissable || **~able** adj Guérissable, curable || **~ación** f Guérison; traitement *m;* pansement *m* (apósito) || **~ado, a** adj FIG. Endurci, e | Séché, e (seco) | *Amér.* Ivre (borracho) || **~ador, a** s DR. Curateur, trice | — M Guérisseur ||

~alotodo m Panacée *f* (panacea) || **~andero, a** s Guérisseur, euse || **~ar** vi Guérir | — Vt Soigner (cuidar) | Panser (una herida) | Sécher (alimentos) | Tanner (pieles) | Culotter (pipa) | *Amér.* Culotter la calebasse appelée maté | — Vp Se soigner | Guérir (sanar) || **~are** m Curare (veneno) || **~ativo, a** adj Curatif, ive || **~ato** m Cure *f*.
curda f Pop. Cuite | — Adj Pop. Paf, soûl, e (borracho).
cureña f Affût *m* (del cañón).
cureta f Méd. Curette (legra).
curia f Curie | Justice.
curiana f Blatte, cafard *m* (cucaracha).
curie m Fís. Curie.
curios|ear vi Fam. Mettre son nez partout | — Vt Fouiner dans (fisgonear) | Regarder avec curiosité || **~idad** f Curiosité | Propreté (limpieza) | Indiscrétion | Soin *m* (cuidado) || **~o, a** adj Curieux, euse | Propre (limpio) | Soigneux, euse (cuidadoso) | — S Curieux, euse.
curista s Curiste.
currelar vi Pop. Bosser, trimer (trabajar).
curriculum vitae m Curriculum vitae.
Curro, a nprm/f François, Françoise.
curr|uca f Zool. Fauvette.
currusc|ante adj Croustillant, e || **~ar** vi Croustiller.
currutaco, a adj Gommeux, euse.
curs|ado, a adj Expérimenté, e | Versé, e (instruido) || **~ar** vt Suivre (un cours) | Faire ses études (hacer la carrera) | Faire : *~ derecho*, faire son droit | Donner suite à (un asunto) | Transmettre (órdenes) | Envoyer (cartas).
cursi adj Fam. De mauvais goût (sin gusto), guindé, e (afectado), snob; maniéré, e (amanerado), poseur, euse (presumido) | — S Snobinard, e | Poseur, euse (presumido) | — F Pimbêche || **~lada** o **~lería** f Fam. Snobisme *m*; mauvais goût *m* (falta de gusto), chose de mauvais goût.
curs|illista s Stagiaire || **~illo** m Cours | Cycle de conférences | Stage : *~ de capacitación*, stage de formation. || **~ivo, a** adj/f Cursif, ive || **~o** m Cours | Année (*f*) scolaire (año escolar) | Courant (transcurso) | Course *f* (de un astro) | *Dar ~ a*, donner cours à (una pasión), donner *o* faire suite à (un asunto) || **~or** m Tecn. Curseur, coulisseau.
curt|ido, a adj Fig. Expérimenté, e; chevronné, e (experimentado) | Basanné, e (piel) | — M Tannage | — Pl Cuirs || **~idor** m Tanneur || **~iduría** f Tannerie || **~imiento** m Tannage | Fig. Hâle (de la piel), endurcissement || **~ir** vt Tanner (cuero) | Fig. Hâler (piel), endurcir, aguerrir (acostumbrar) | — Vp S'endurcir à.
curv|a f Courbe | Tournant *m*, virage *m* (de carretera) | Boucle (de río) | Fam. Rondeur (del cuerpo) || **~atura** f Courbure || **~ilíneo, a** adj Curviligne || **~ímetro** m Curvimètre || **~o, a** adj Courbe.
cusca f Fam. *Hacer la ~*, ennuyer.
cuscurr|ear vi Croustiller || **~o** m Croûton.
cúspide f Sommet *m* | Fig. Faîte *m*, comble *m*.
custodi|a f Garde, surveillance (vigilancia) | Gardien *m* (guardia) | Rel. Ostensoir *m* || **~ar** vt Garder, surveiller | Protéger, défendre || **~o** adjm/m Gardien | — M Gardien, garde | Custode [inspecteur religieux].
cutáneo, a adj Cutané, e.
cúter m Mar. Cotre.
cuti f Méd. Cuti.
cutí m Coutil (tela).
cut|ícula f Cuticule || **~irreacción** f Cuti-réaction || **~is** m Peau *f* [du visage].
cuyo, a pron rel Dont le, dont la, dont les | De qui, duquel, de laquelle, desquels (después de una preposición) : *en ~ fondo*, au fond duquel | *A ~ efecto*, à cet effet | *En ~ caso*, auquel cas | *Para ~ fin*, à cette fin | *Por ~ causa*, à cause de quoi, c'est pourquoi.

ch

ch f Ch *m.*
cha m Chah, shah (soberano).
chabacan|ada o **~ería** f Grossièreté, vulgarité ‖ **~o, a** adj Ordinaire; quelconque | Vulgaire, grossier, ère (vulgar).
chabol|a f Hutte | Cabane (caseta) | Baraque (casa mala) | — Pl Bidonville *msing* (barrio de las latas) ‖ **~ismo** m Bidonvilles *pl.*
chacal m ZOOL. Chacal.
chácara f *Amér.* Ferme (chacra).
chacarero, a adj/s *Amér.* Fermier, ère.
chacin|a f Charcuterie ‖ **~ería** f Charcuterie (tienda) ‖ **~ero, a** s Charcutier, ère.
chacó m Shako.
chacolí m Chacoli (vino vasco).
chacot|a f Plaisanterie | FAM. *Tomar a ~*, prendre à la rigolade; *hacer ~ de*, se moquer de ‖ **~ear** vi Blaguer, plaisanter ‖ **~ero, a** adj/s FAM. Farceur, euse; blagueur, euse; moqueur, euse.
chacra f *Amér.* Ferme, métairie.
chacha f FAM. Bonne.
cháchara f FAM. Bavardage *m*, papotage *m* | — Pl *Amér.* Babioles.
chachar|ear vi FAM. Bavarder, papoter ‖ **~ero, a** adj/s FAM. Bavard, e.
chacho, a s FAM. Gars, fille.
chafallar vt FAM. Bâcler, gâcher.
chafar vt Écraser (aplastar) | Froisser, chiffonner (arrugar) | FAM. Confondre (en una discusión), écraser (humillar), flanquer par terre (hacer fracasar).
chafarrinar vt Barbouiller.
chaflán m Chanfrein (bisel), pan coupé (esquina).
chaflanar vt Chanfreiner.
chaira f Tranchet *m* (de zapatero) | Fusil *m* (de afilar).
chal m Châle ‖ **~ado, a** adj FAM. Toqué, e; cinglé, e (tonto), fou, folle d'amour (enamorado) ‖ **~án** m Maquignon | *Amér.* Dresseur (de chevaux) ‖ **~ana** f Chaland *m* ‖ **~anear** vt FAM. Maquignonner ‖ **~aneo** m o **~anería** f Maquignonnage *m* ‖ **~ar** vt Affoler, rendre fou | — Vp S'amouracher (*por*, de) ‖ **~é** m Pavillon, villa *f* ‖ **~eco** m Gilet ‖ **~et** m Pavillon, villa *f* ‖ **~ina** f Lavallière ‖ **~ote** m BOT. Échalote *f* ‖ **~upa** f Chaloupe (barco de vela) | Canot *m* (bote).
chamaco, a s *Amér.* Gars, fille.
chamada o **chamarasca** f Bourrée (leña menuda) | Flambée (llama).
chamaril|ear vt Échanger, troquer (cambiar) | Brocanter (trastos) ‖ **~eo** m Brocante *f* ‖ **~ero, a** s Brocanteur, euse.
chamariz m Verdier (ave).
chamarra f Pelisse.
chamb|a f FAM. Raccroc *m* (billar), veine (suerte) ‖ **~elán** m Chambellan ‖ **~ergo** m Chapeau à large bord ‖ **~ón, ona** adj/s FAM. Veinard, e (con suerte).
cham|bra f Blouse ‖ **~icera** f Brûlis *m* (monte quemado) ‖ **~iza** f Graminée sauvage | Bourrée (leña) ‖ **~icera** f Brûlis *m* ‖ **~izo** m Chaumine *f* (choza) | Tison (tizón) | FAM. Tripot (garito), taudis (tugurio) ‖ **~ota** f Chamotte (arcilla) ‖ **~pán** o **~aña** m Champagne ‖ **~piñón** m Champignon ‖ **~pú** m Shampooing ‖ **~uchina** f *Amér.* Populace ‖ **~ullar** vi POP. Parler, causer (hablar), baragouiner (un idioma).
chamus|car vt Flamber | Roussir (quemar) ‖ **~quina** f Roussi *m* (olor a quemado) | FAM. Bagarre (pelea).
chance|ar vi Plaisanter, blaguer ‖ **~ro, a** adj Blagueur, euse.
chanciller m Chancelier ‖ **~ía** f Chancellerie.
chancl|a f Savate | Pantoufle (zapatilla) ‖ **~eta** f Savate | — S FAM. Savate *f* ‖ **~o** m Socque (de madera) | Caoutchouc (de caucho) | Claque *f* (de un zapato).
chancro m MED. Chancre.
chancha f *Amér.* Truie (cerda)
chanchería f *Amér.* Charcuterie.
chanchi adv FAM. Formidable.
chancho, a adj *Amér.* Sale (sucio) | — M *Amér.* Porc, cochon (cerdo).
chanchull|ero, a adj/s Intrigant, e ‖ **~o** m FAM. Tripotage, manigance *f.*
chandal m Survêtement.
chanelar vi POP. Piger (entender), connaître (saber).
chang|ador m *Amér.* Porteur ‖ **~ar** vi *Amér.* Bricoler ‖ **~uear** vi *Amér.* Plaisanter ‖ **~uero, a** adj/s *Amér.* Blagueur, euse.
chantaj|e m Chantage ‖ **~ista** s Maître chanteur (sin fem).
chantre m Chantre.
chanza f Plaisanterie.
chap|a f Plaque | Capsule (de botella) | Tôle : *~ ondulada*, tôle ondulée ‖

~ado, a adj TECN. Plaqué, e : ~ *de oro*, plaqué or | FIG. ~ *a la antigua*, vieux jeu | — M Tôlage.
chapale|ar vi Barboter || **~o** m Barbotage || **~ta** f MEC. Clapet *m*.
chapar vt TECN. Plaquer.
chaparr|al m Bosquet d'yeuses | Maquis (monte bajo) || **~ón** m Averse *f* | FAM. Pluie *f* | *Llover a chaparrones*, pleuvoir à verse.
chape|ado, a adj Plaqué, e | *Amér.* Riche | — M TECN. Placage || **~ar** vt Couvrir de plaques | Plaquer || **~o** m FAM. Couvre-chef.
chapist|a adjm/m Tôlier || **~ería** f Tôlerie.
chapitel m ARQ. Flèche *f* (de torre).
chap|otear vi FAM. Barboter || **~oteo** m Barbotage || **~ucear** vt Bâcler, saboter || **~ucería** f Bâclage *m*, sabotage *m* | Rafistolage *m* (arreglo rápido) | Bricolage *m* (arreglo de aficionado) | Camelote (obra mal hecha) || **~ucero, a** adj Bâclé, e | — S Bâcleur, euse; bricoleur, euse || **~urrar** o **~urrear** vt Baragouiner || **~urreo** m Baragouinage || **~uz** m o **~uza** f Bricole *f* | Bâclage *m* (acción de hacer mal algo) | Rafistolage *m* (arreglo) | Plongeon *m* (zambullida) || **~uzar** vt/i Plonger | — Vp Se baigner || **~uzón** m Plongeon | *Darse un* ~, faire trempette.
chaqué m (pl *chaqués*) Jaquette *f*.
chaquet|a f Veston *m*, veste [*Amér.*, saco] || **~e** m Jacquet || **~ear** vi FIG. Retourner sa veste (cambiar de opinión), fuir (huir) || **~illa** f Veste courte (para mujeres) | Boléro *m* (de torero) || **~ón** m Vareuse *f*, veste *f*.
charada f Charade.
charanga f MÚS. Fanfare (banda), bastringue *m* (orquesta) | Bastringue *m* (ruido).
charc|a f Mare || **~o** m Flaque *f* | FAM. *Pasar el* ~, traverser la mare aux harengs (ir a América).
charcutería f Charcuterie.
charl|a f FAM. Bavardage *m* | Causerie (disertación) || **~ar** vi FAM. Bavarder, causer || **~atán, ana** adj/s Bavard, e | — M Charlatan (curandero) | Camelot (vendedor ambulante) || **~atanear** vi Bavarder || **~atanería** f Charlatanerie || **~atanismo** m Charlatanisme || **~ista** s Conférencier, ère || **~otear** vi FAM. Bavarder, papoter || **~oteo** m FAM. Bavardage, papotage.
charnela f Charnière.
charol m Vernis || **~ar** vt Vernir.
charqui m Viande (*f*) boucanée.
charr|ada f Balourdise (torpeza) | FIG. Ornement (*m*) de mauvais goût (adorno) || **~án** m Mufle || **~anada** f Muflerie | Mauvais tour *m* (mala jugada) || **~etera** f MIL. Épaulette || **~o, a** adj/s Paysan, paysanne de Salamanque | — M *Amér.* Cavalier mexicain | — Adj FAM. Balourd, e; rustre (rústico), de mauvais goût.
chasc|a f Brindilles *pl* || **~ar** vi Craquer (madera) | Claquer (lengua, látigo) || **~arrillo** m Plaisanterie *f* || **~o** m Niche *f*, tour (broma) | FIG. Fiasco, échec (fracaso), déception *f* (desengaño).
chasis m Châssis | FAM. *Quedarse en el* ~, ne plus avoir que la peau et les os.
chasqu|ear vt Jouer des tours à (gastar bromas) | Duper (engañar) | Faire claquer (el látigo) | — Vi Craquer (madera) | Claquer (látigo, lengua) | — Vp Avoir une déception | Essuyer un échec (fracasar) || **~ido** m Craquement | Claquement | Détonation *f* (de aviones).
chat|a f Chaland *m* (barco) | Bassin *m* (orinal) | Wagon (*m*) plat || **~arra** f Ferraille || **~arrero** m Ferrailleur || **~o, a** adj Camus, e; aplati, e (nariz) | FIG. Plat, e (cosa) | — M FAM. Verre.
chav|al, a o **~ea** s FAM. Gamin, e; gosse || **~eta** f TECN. Clavette | FAM. *Estar* ~, être cinglé; *perder la* ~, perdre la boule || **~o** m Ancienne monnaie *f* | FAM. Sou, liard.
che interj Eh!, tiens!
checar vt *Amer.* Contrôler, vérifier | Enregistrer (el equipaje).
chec|o, a adj/s Tchèque || **~oslovaco, a** adj/s Tchécoslovaque.
Checoslovaquia nprf Tchécoslovaquie.
chelín m Shilling.
chep|a f FAM. Bosse || **~oso, a** adj Bossu, e.
cheque m Chèque | ~ *cruzado*, chèque barré | ~ *nominativo*, chèque à ordre | ~ *sin fondos*, chèque sans provision || **~ar** vt *Amér.* Contrôler, vérifier | MED. Faire un bilan de santé. || **~o** m *Amér.* Contrôle, vérification *f* | MED. Bilan de santé.
cheviot m Cheviotte *f*.
chic m Chic (distinción).
chic|a f Fille, jeune fille | Bonne (criada) : ~ *para todo*, bonne à tout faire | FAM. Petit sou *m* (cinco céntimos) || **~anear** vt/i *Amér.* Chicaner || **~ano** m Américain d'origine mexicaine || **~le** m Chewing-gum || **~ler** m Gicleur || **~o, a** adj Petit, e | — S Garçon, fille | — M Enfant (niño) || **~olear** vi FAM. Flirter || **~oleo** m FAM. Propos (*pl*) galants, compliments *pl* || **~ote** m MAR. Extrémité (*f*) de cordage | *Amér.* Fouet (látigo).
chicha f Chicha (bebida) | FAM. Viande | MAR. *Calma* ~, calme plat

| FAM. *De ~ y nabo,* à la noix, quelconque, à la gomme.
chícharo m Petit pois.
chicharr|a f Cigale | FIG. Crécelle, pie (parlanchín) || **~ero** m FAM. Étuve *f* || **~ón** m FIG. Viande (*f*) carbonisée | — Pl Sorte de rillettes.
chich|e m FAM. *Amér.* Babiole *f* (chuchería), téton (pecho) || **~ear** vi/t Siffler || **~ón** m Bosse *f* || **~onera** f Bourrelet *m* (de niño) | Casque *m*.
chifarrada f Marque d'une blessure.
chifl|a f Sifflement *m* (silbido) | Sifflet *m* (pito) || **~ado, a** adj/s FAM. Toqué, e; cinglé, e | FAM. *Estar ~ por,* raffoler de | — M FAM. Mordu || **~adura** f Sifflement *m* | FAM. Manie, toquade || **~ar** vi/t Siffler | FAM. *Esto me chifla,* j'adore ça | — Vp Avoir une toquade pour (una persona), raffoler de (una cosa) || **~ido** m Coup de sifflet (con un silbato) | Sifflement (hecho con la boca).
chilaba f Djellaba.
Chile nprm Chili.
chil|e m Piment || **~eno, a** adj/s Chilien, enne || **~indrina** f FAM. Vétille (nadería).
chill|ar vi Crier | Glapir (animales) | Grincer (chirriar) | Protester | FIG. Crier (colores) || **~ería** f Criaillerie | Remontrance (riña) || **~ido** m Cri perçant | Glapissement (de animal) | Grincement || **~ón, ona** adj/s Criard, e.
chimenea f Cheminée.
chimpancé m ZOOL. Chimpanzé.
China nprf Chine.
china f Petit caillou *m* | FIG. *Tocarle a uno la ~,* être désigné par le sort || **~zo** m Coup de caillou (golpe).
chinch|ar vt FAM. Enquiquiner, empoisonner (molestar), descendre (matar) || **~e** f Punaise | — S FAM. Enquiquineur, euse || **~eta** f Punaise || **~illa** f Chinchilla *m* || **~ín** m Flonflon || **~orrero, a** adj/s Cancanier, ère || **~orro** m MAR. Senne *f* (red), youyou (bote) || **~oso, a** adj FAM. Assommant, e; enquiquinant, e | — S Enquiquineur, euse.
chin|ela f Mule || **~esco, a** adj Chinois, e || **~gar** vt POP. Picoler (beber), embêter (molestar) | — Vp FAM. Se fâcher (enfadarse), se soûler (emborracharse) || **~ita** f Petit galet *m* | FIG. *Poner ~s en el camino,* mettre des bâtons dans les roues || **~o, a** adj/s Chinois, e | *Amér.* Indien, enne (indio), métis, isse (mestizo), mulâtre, esse (mulato) | FIG. *Eso es ~ para mí,* pour moi c'est de l'hébreu | — M Chinois (passoire) | Galet (piedra) | *Amér.* Gosse (niño) | — F *Amér.* Campagnarde (campesina), servante (criada), amie (amante), compagne (compañera) | Toupie (peonza).
chipén (de) loc adv POP. Au poil, du tonnerre, formidable.
chipirón m Calmar, encornet.
Chipre npr Chypre.
chipriota adj/s Chypriote.
chiquero m Porcherie *f* | TAUR. Toril.
chiqui|licuatro m FAM. Gringalet || **~llada** f Gaminerie, enfantillage *m* || **~llería** f Marmaille || **~llo, a** s Gamin, e; gosse | Marmot *m* (nene) || **~to, a** adj/s Tout petit, toute petite | FAM. *No andarse con chiquitas,* y aller carrément (no vacilar), ne pas y aller de main morte (no escatimar nada) | — S Gosse | — M Verre (de vino).
chiribit|a f Étincelle | — Pl Mouches volantes (de la vista) | FAM. *Echar ~s,* être furibond, jeter des étincelles *o* feu et flammes || **~il** m Galetas (desván) | Cagibi (cuchitril).
chirigot|a f FAM. Plaisanterie, blague | *A ~,* à la rigolade || **~ero, a** adj/s Farceur, euse.
chirim|bolo m FAM. Machin, truc || **~ía** f MÚS. Chalumeau *m* || **~oya** f. BOT. Anone (fruto) || **~oyo** m BOT. Anone *f* (árbol).
chirip|a f Raccroc *m* (billar) | FAM. Veine, coup (*m*) de veine | *De* ou *por ~,* par miracle (de milagro), par hasard (por casualidad).
chiripá m *Amér.* Culotte (*f*) de gaucho
chirla f Petite clovisse (almeja).
chirlo m Balafre *f*, estafilade *m*.
chirona f FAM. Tôle, taule, violon *m* (cárcel, prisión).
chirri|ar vi Grincer (ruedas) | Piailler (pájaros) | FAM. Brailler || **~ido** m Cri (de pájaro) | Grincement (ruido desagradable) | Pétillement, crépitement (del fuego) | Grésillement (del aceite) | FAM. Cri, braillement.
chisgarabís m FAM. Gringalet, freluquet.
chism|e m Cancan, ragot, potin | FAM. Babiole *f* (objeto), machin, truc (cosa) || **~ear** vi Cancaner, potiner || **~ografía** f FAM. Commérage *m*, cancan *m* || **~orrear** vi Potiner, cancaner || **~orreo** m Commérage, cancan || **~oso, a** adj/s Cancanier, ère.
chisp|a f Étincelle | Goutte (gotita) | FIG. Brin *m*, miette (pedazo), esprit *m* (ingenio) | FAM. Cuite (borrachera) | *~ de inteligencia,* lueur d'intelligence | FIG. *Echar ~s,* être furibond, jeter des étincelles *o* feu et flammes | *Ni ~,* pas du tout || **~azo** m Étincelle *f* | Brûlure *f* (quemadura) || **~eante** adj Étincelant, e | Pétillant, e (fuego, ojos) | FIG. Spirituel, elle (ingenioso), étincelant, e; pétillant, e; brillant, e || **~ear** vi

Étinceler | FIG. Pétiller (de alegría), être brillant | Pleuviner (lloviznar) || **~o, a** adj FAM. Gris, e; éméché, e || **~orroteante** adj Pétillant, e || **~orrotear** vi Pétiller, crépiter | ELEC. RAD. Cracher || **~orroteo** m FAM. Crépitement, grésillement | ELEC. RAD. Crachement.

chisquero m Briquet à amadou.

chist|ar vi Parler | *Sin ~*, sans mot dire, sans broncher || **~e** m Plaisanterie *f* (agudeza) | Histoire *(f)* drôle, blague *f* (cuento gracioso) | *Con ~*, avec esprit | *Tener ~*, être drôle || **~era** f FAM. Chapeau *(m)* haut de forme | Chistera (juego de pelota) || **~oso, a** adj Spirituel, elle; drôle (gracioso) | Blagueur, euse (bromista).

chit|a f ANAT. Astragale *m* | Palet *m* (juego) | FAM. *A la ~ callando*, en tapinois, en douce, en douceur || **~o** m Bouchon, palet (juego).

¡chitón! interj FAM. Chut!

chiv|a f Chevrette || **~ar** vt POP. Casser les pieds | — Vp FAM. S'embêter (aburrirse), rapporter, moucharder (soplonear) || **~atazo** m FAM. Mouchardage || **~atear** vi FAM. Rapporter, moucharder || **~ato, a** s FAM. Donneur, euse (delator), cafard, e; rapporteur, euse (acusica) | — M Mouton (soplón) | Chevreau (chivo) | Voyant (indicador) || **~o, a** s Chevreau *m*, chevrette *f*; cabri *m*.

choc|ante adj Choquant, e | Désagréable (desagradable) || **~ar** vi Heurter (topar) | Entrer en collision | FIG. Choquer; se battre (pelear) | FAM. Toper : *¡ chócala!*, tope là!

chocarrer|ía f Grosse plaisanterie, gaudriole || **~o, a** adj Égrillard, e | — S Plaisantin *m*, blagueur, euse.

choclo m Socque | *Amér.* Épi de maïs très tendre.

chocolat|e m Chocolat | *~ a la taza, para crudo*, chocolat à cuire, à croquer || **~era** f Chocolatière | FAM. Tacot *m* || **~ería** f Chocolaterie || **~ero, a** adj/s Amateur de chocolat | — S Chocolatier, ère || **~ín** m o **~ina** f Tablette *(f)* de chocolat (alargado), chocolat *m*, croquette (redondo).

chocha o **chochaperdiz** f Bécasse.

choch|ear vi Radoter (repetir algo) | Radoter, devenir gâteux, retomber en enfance | FAM. Perdre la tête || **~era** o **~ez** f Radotage *m* | Gâtisme *m* (por la vejez) | FAM. Toquade || **~o, a** adj Radoteur, euse | Gâteux, euse | — M Sucrerie *f* (dulce).

chófer m Chauffeur.

cholo, a adj *Amér.* Métis, isse | — F FAM. Caboche, caillou *m* (cabeza).

choll|a f FAM. V. CHOLA. || **~o** m FAM. Aubaine *f* (ganga), fromage (sinecura).

chop|era f Peupleraie || **~o** m Peuplier noir | FAM. Flingue (fusil).

choque m Choc | FIG. Heurt (oposición) | Tamponnement (de vehículos) | Collision *f* || **~zuela** f Rotule.

chori|cería f Charcuterie || **~cero, a** s Charcutier, ère || **~zo** m Saucisson au piment, « chorizo » | POP. Filou.

chorlito m ZOOL. Chevalier | FAM. *Cabeza de ~*, tête de linotte | *~ real*, pluvier (pájaro).

chorra f POP. Veine, pot *m* (suerte).

chorr|eadura f Écoulement *m* | Tache (mancha) || **~ear** vi Couler | Dégouliner (gotear) | FIG. Couler à flots | — Vt Verser (verter) | Ruisseler de, dégouliner de || **~eo** m Écoulement | FIG. Flot || **~era** f Rigole (surco de agua) | Jabot *m* (de camisa) || **~illo** m Petit jet | Filet (pequeña cantidad) || **~o** m Jet | FIG. Pluie *f* (gran cantidad), flot | *Beber al ~*, boire à la régalade | *Llover a ~s*, pleuvoir à torrents.

chot|earse vp FAM. Se ficher de || **~eo** m FAM. Moquerie *f* (burla), rigolade *f* || **~is** m Scottish *f* (baile madrileño) || **~o, a** s Cabri, chevrette (cabrito) | Veau *m* (ternero).

chova f Choucas *m*.

choza f Hutte (bohío) | Cabane | Chaumière (con techo de paja).

chompa f *Amér.* Pull-over *m*.

christmas m Carte *(f)* de Noël.

chubas|co m Averse *f* | MAR. Grain | FIG. Nuage || **~quero** m Ciré.

chubesqui m Poêle (estufa).

chuch|ear vi Chuchoter || **~ería** f Babiole (fruslería) | Friandise (golosina) || **~o** m FAM. Toutou (perro).

chufa f BOT. Souchet *m*.

chufl|a o **~eta** f FAM. Plaisanterie, blague (broma), raillerie (burla) || **~etear** vi FAM. Plaisanter.

chul|ada f FAM. Grossièreté (grosería), saillie, boutade (agudeza), aplomb *m* (descaro) || **~apo, a** o **~apón, ona** s Gommeux, euse || **~ear** vt Railler | — Vp Se payer la tête de (burlarse) | Crâner (presumir) || **~ería** f Grâce piquante | Crânerie (bravata) | Désinvolture (desenfado) || **~esco, a** adj Crâne | Faubourien, enne (populachero) || **~eta** f Côtelette, côte | FAM. Antisèche (de estudiante), baffe (torta) || **~o, a** adj Effronté, e (descarado) | Crâne (arrogante) | *Amér.* Beau, belle | — M TAUR. Valet | Souteneur (rufián) | Gigolo | POP. Type | — S Joli garçon, jolie fille | Garçon *o* fille du bas peuple de Madrid.

chumacera f MEC. Crapaudine.

chumb|era f BOT. Nopal *m*, figuier *(m)* de Barbarie || **~o, a** adj *Higo ~*,

figue de Barbarie | *Higuera ~*, figuier de Barbarie.
chung|a f FAM. Farce, plaisanterie (broma), persiflage *m* (burla) | *Estar de ~*, plaisanter || **~arse** o **~uearse** vp FAM. Plaisanter (bromear), se moquer (burlarse).
chupa f Justaucorps *m* (prenda) | FIG. *Poner a uno como ~ de dómine*, traîner qqn dans la boue.
chup|ada f Bouffée (de humo) | Sucement *m* || **~ado, a** adj Maigre (delgado) | Serré, e (ajustado) | *Amér.* Ivre | FAM. *Está ~*, c'est simple comme bonjour || **~ador** m Tétine *f* (de biberón) | Sucette *f* (chupete) || **~ar** vt Sucer | Absorber, boire | FAM. Soutirer (dinero) | — Vp Se lécher (los dedos) | Maigrir (adelgazar) | FAM. *¡Chúpate esa!*, avale ça! || **~atintas** s inv FAM. Rond-de-cuir, gratte-papier || **~ete** m Tétine *f* (de biberón) | Sucette *f* || **~etear** vi Suçoter || **~eteo** m Sucement || **~ón, ona** adj/s Suceur, euse | — M AGR. Gourmand (brote) | Bouffée *f* (chupada) | MEC. Piston plongeur | Sucette *f* (caramelo) | Tétine *f* (de biberón) | — S Parasite (sin fem), profiteur, euse.
churrasco m *Amér.* Grillade *f* (carne).
churr|e m FAM. Suint | FIG. Crasse *f* (suciedad) || **~ería** f Commerce (*m*) de beignets || **~ete** o **~etón** m Tache *f*, saleté *f* || **~etoso, a** adj Sale, crasseux, euse.
churrigueresco, a adj Churrigueresque | FIG. Surchargé, e; rococo.
churro m Beignet | FAM. Bricolage (chapuza), navet (tostón), cochonnerie *f* (cosa sin valor).
churrusc|arse vp Brûler || **~o** m Croûton de pain brûlé.
churumbel m POP. Gosse, mioche, marmot.
chusc|ada f Plaisanterie, cocasserie, facétie || **~o, a** adj Plaisant, e; cocasse, facétieux, euse.
chusma f Chiourme (de galeotes) | Populace (muchedumbre) | Racaille (mala gente).
chut m Shoot || **~ar** vi Shooter, botter, tirer | FAM. *Esto va que chuta*, ça marche à merveille. *¡Y va que chuta!*, ça suffit!
chuzo m Pique *f* (arma) | Épieu (del sereno) | *Amér.* Cravache *f* | FIG. *Caer ~s de punta*, pleuvoir à seaux, tomber des hallebardes.

d

d f D *m*.
dable adj Possible | Faisable.
daca [contracción de *da acá*] Donne | *A toma y ~*, donnant, donnant.
dactil|ar adj Digital, e : *huellas ~s*, empreintes digitales || **~ógrafo, a** s Dactylographe, dactylo (fam) || **~oscopia** f Dactyloscopie.
dadaísmo m Dadaïsme.
dádiva f Don *m* | Présent *m* (regalo).
dadivos|idad f Générosité || **~o, a** adj Généreux, euse.
dad|o m Dé (juego) | ARQ. TECN. Dé | *Cargar los ~s*, piper les dés | — Adj Donné, e [V. DAR] | Enclin, e; porté, e (inclinado) | Sonné, e (hora) | *~ que*, étant donné que | FAM. *Ir ~*, être gâté, être bien loti | *Ser ~ a*, avoir un penchant pour || **~or, a** adj/s Donneur, euse | — M Porteur | COM. Tireur, donneur d'ordre.
daga f Dague | *Amér.* Coutelas *m*.
daguerro|tipia f Daguerréotypie || **~tipo** m Daguerréotype.
dalia f Dahlia *m*.
dálmata adj/s Dalmate
dalmática f Dalmatique.
dalton|iano, a adj/s Daltonien, enne || **~ismo** m Daltonisme.
dall|a f o **~e** m Faux *f* || **~ar** vt Faucher.
dama f Dame | Dame (jeu) | Suivante (criada primera) | — Pl Dames (juego) | *~ joven*, jeune première, ingénue || **~juana** f Dame-jeanne.
damas|cado, a adj Damassé, e || **~co** m Damas (tela) | Variété d'abricot (albaricoque) || **~quillo** m Abricot || **~quinado** m Damasquinage || **~quinar** vt Damasquiner || **~quino, a** adj Damassé, e (tela).
damisela f Demoiselle.
damnific|ado, a adj/s Sinistré, e || **~ar** vt Endommager.
dáncing m Dancing.
danés, esa adj/s Danois, e.
dantesco, a adj Dantesque.
Danubio nprm Danube.
danz|a f Danse | FAM. Affaire [louche] (negocio sucio), bagarre, querelle (riña) || **~ante** adj Dansant, e | — S Danseur, euse || **~ar** vt/i Danser | FAM. Se mêler de (intervenir), courir (correr), valser (ir de

un lado a otro) ‖ **~arín, ina** s Danseur, euse.

dañ|able adj Nuisible ‖ **~ado, a** adj Endommagé, e; gâté, e; abîmé, e (fruta), avarié, e | Méchant, e; pervers, e (hombre) ‖ **~ar** vt Nuire à (perjudicar) | Abîmer, endommager (estropear) | Condamner (condenar) | — Vp S'abîmer, s'endommager ‖ **~ino, a** adj Nuisible ‖ **~o** m Dommage (deterioro) | Tort (error) | Dégât (estrago) | Mal : *hacerse ~*, se faire mal | *Hacer ~*, faire mal (doler), faire du tort *o* du mal (perjudicar) ‖ **~oso, a** adj Nuisible.

dar* vt Donner | Faire (causar) : *~ gusto*, faire plaisir | Avoir : *me da miedo, vergüenza de*, j'ai peur, honte de | Faire (hacer) : *~ una vuelta*, faire un tour | Réciter (lección) | Pousser : *~ un grito*, pousser un cri | Sonner (hora) | Passer, donner (cine) | Suivre (clase) | FIG. Gâcher : *me dio la noche*, il m'a gâché la soirée | Présenter : *~ la enhorabuena, el pésame*, présenter ses félicitations, ses condoléances | Donner, souhaiter : *~ los buenos días*, souhaiter le bonjour | FAM. *Ahí me las den todas*, je m'en fiche | *Al ~ las diez*, sur le coup de 10 heures | *¡Dale!*, vas-y! (¡anda!), encore! (¡otra vez!) | *Dale que dale*, allez, du nerf (¡ánimo!), encore! | *~ a conocer*, faire connaître, faire savoir | *~ a entender*, donner à entendre, laisser entendre | *~ de*, donner à | *~ en qué pensar*, donner à penser | *~ por*, tenir pour, considérer | *~ que hablar*, faire parler de soi (persona), faire couler de l'encre (cosa) | *~ que hacer*, donner du fil à retordre | *~ qué pensar*, donner à penser | *Donde las dan las toman*, à bon chat, bon rat | *Me va a dar algo*, il va m'arriver qqch. | — Vi Frapper (golpear) | Sonner (hora) | Appuyer, presser (un botón) | Tourner (girar) | Mettre en marche, actionner (accionar) | *Da lo mismo* ou *da igual*, ça revient au même | *~ a*, donner sur (ventana) | *~ a la luz*, allumer | *~ con*, trouver (una cosa), rencontrer (persona) | *~ de*, tomber sur | *~ de sí*, s'allonger, prêter (tela), se faire (zapatos) | *~ en*, saisir, comprendre | *~ por*, se mettre à | *Me da lo mismo* ou *lo mismo me da*, ça m'est égal | *Me da no sé qué*, ça me gêne | *¿Qué más da?*, peu importe, qu'est-ce que ça peut faire? | — Vp Se rendre, se livrer (entregarse) | S'adonner, se mettre à (ponerse a) | Se consacrer (dedicarse a) | Se heurter, se cogner (chocar con) | Importer, faire (importar) | Faire : *~ una comilona*, faire un gueuleton | AGR. Donner, venir | *~ a conocer*, se faire connaître | *~ bien algo a uno*, être doué pour (estar dotado), bien marcher, se défendre (ir bien) | FAM. *Dársela a uno*, rouler qqn, avoir qqn | *Dárselas de*, faire le, jouer le *o* à | *~ por aludido*, se sentir visé | *~ por contento*, s'estimer heureux | *~ por enterado*, se le tenir pour dit | *~ por vencido*, s'avouer vaincu | *Poco se me da que*, ça m'est bien égal que | *Que ~ pueda*, que l'on puisse imaginer.

dardo m Dard | FIG. Trait (dicho satírico).

dares y tomares loc FAM. *Andar en ~*, se disputer *o* avoir des démêlés pour des bêtises.

dársena f MAR. Bassin *m*, darse | Dock *m* (rodeado de muelles).

datar vt Dater (fechar) | COM. Créditer | — Vi Dater de.

dátil m Datte *f* | — Pl POP. Doigts.

datilera f Dattier *m*.

dativo, a adj/m Datif, ive.

dato m Donnée *f* (noción) | Renseignement (noticia) | *Sacar ~s*, prendre des notes (apuntes).

de prep De (seguido de un sustantivo, después de un adj., causa, entre) : *llorar ~ alegría*, pleurer de joie; *el bribón ~ mi hermano*, mon coquin de frère; *caerse ~ cansado*, tomber de fatigue | En, de (materia) : *una silla ~ madera*, une chaise en bois | À (característica, destino, después de un adj., después de otro verbo) : *fácil ~ hacer*, facile à faire; *dar ~ comer*, donner à manger | En (modo, por) : *~ paisano*, en civil | Comme (como, para) : *fue ~ embajador*, il est allé comme ambassadeur | D'entre (entre) : *cinco ~ nosotros*, cinq d'entre nous | Si (suposición) : *~ saberlo antes, no venía*, si je l'avais su plus tôt, je ne serais pas venu | Étant : *la conocí ~ pequeña*, je l'ai connue étant enfant | Ôté de (resta) | Sur : *uno ~ cada tres*, un sur trois | *~ que, ~ quien*, dont.

deambul|ar vi Déambuler ‖ **~atorio** m ARQ. Déambulatoire.

de|án m Doyen ‖ **~anato** m Doyenné, décanat.

debajo adv Dessous | *~ de*, sous, en dessous de | *Por ~*, au-dessous, en dessous, par-dessous.

debat|e m Débat ‖ **~ir** vt Débattre.

deb|e m COM. Débit (de una cuenta) | Doit : *el ~ y el haber*, le doit et l'avoir ‖ **~elar** vt Réprimer ‖ **~er** m Devoir : *cumplir con sus ~es*, s'acquitter de *o* remplir ses devoirs | *Creo mi ~*, je crois de mon devoir de | — Vt Devoir | *~ de*, devoir | — Vp Se devoir | Être dû (ser debido a) | *Lo que se debe*, le dû ‖ **~idamente**

adv Dûment | Comme il faut, convenablement || **~ido, a** adj Dû, due | Convenable (conveniente) | Pertinent, e; opportun, e (oportuno) | Juste (justo) | *A su ~ tiempo,* en temps utile | *Como es ~,* comme il faut *o* convient | *~ a,* à cause de, par suite de (a causa de), étant donné (teniendo en cuenta) | *Más de lo ~,* plus que de raison.
débil adj/s Faible.
debil|idad f Faiblesse | Fig. Faible *m*, faiblesse | *Caerse de ~,* tomber d'inanition || **~itación** f o **~itamiento** m Affaiblissement || **~itar** vt Affaiblir, débiliter | — Vp S'affaiblir, faiblir | Fig. Faiblir, fléchir, mollir || **~ucho, a** adj Faiblard, e.
debitar vt *Amér.* Débiter.
débito m Dette *f* (deuda) | Devoir (deber).
debut m Teatr. Début (estreno) || **~ar** vi Débuter.
década f Décade.
decad|encia f Décadence | Déchéance (moral) || **~ente** adj/s Décadent, e.
decaedro m Décaèdre.
decaer* vi Déchoir, tomber en déchéance (venir a menos) | Dépérir (declinar) | Tomber (caer) | Décliner, s'affaiblir (debilitar) | Fig. Baisser, perdre (perder).
decágono m Décagone.
decagramo m Décagramme.
decaído, a adj Déchu, e | Abattu, e (desalentado) | Peu animé, e (poco animado).
decaimiento m Décadence *f*, déchéance *f* | Abattement (desaliento) | Méd. Dépérissement, affaiblissement.
dec|alitro m Décalitre || **~álogo** m Décalogue | **~ámetro** m Décamètre.
decan|ato m Décanat, doyenneté *f* || **~o, a** s Doyen, enne | Bâtonnier (del Colegio de abogados).
decant|ación f Décantage *m*, décantation || **~ar** vt Décanter (líquido) | Vanter, célébrer (celebrar).
decap|ado m Décapage, décapement || **~ar** vt Décaper.
decapit|ación f Décapitation || **~ar** vt Décapiter.
decapsular vt Décapsuler.
decasílabo, a adj/m Décasyllabe.
decen|a f Dizaine | *A ~s,* par dizaines || **~al** adj Décennal, e.
decencia f Décence | *Con ~,* décemment.
decen|io m Décennie *f* || **~o, a** adj Dixième.
decente adj Décent, e (correcto) | Honnête (honesto) | Convenable (conveniente) | Confortable | Propre, soigné, e (aseado).
decepci|ón f Déception || **~onado, a** adj Déçu, e || **~onante** adj Décevant, e || **~onar** vt Décevoir | Désappointer (contrariar).
deceso m Décès.
decibel o **decibelio** m Décibel.
decid|ido, a adj Décidé, e; résolu, e | Ferme, solide (firme) || **~ir** vt Décider (de) | — Vp Se décider || **~or, a** adj/s Diseur, euse.
dec|igramo m Décigramme || **~ilitro** m Décilitre || **~imal** adj Décimal, e | — M Décimale *f* || **~ímetro** m Décimètre.
décim|o, a adj/s Dixième | Dix (rey) | — M Dixième (lotería) | — F Poét. Dizain *m* | — Pl Légère fièvre *sing.*
decim|octavo, a adj/s Dix-huitième || **~ocuarto, a** adj/s Quatorzième || **~onono, a** o **~onoveno, a** adj/s Dix-neuvième || **~oquinto, a** adj/s Quinzième || **~oséptimo, a** adj/s Dix-septième || **~osexto, a** adj/s Seizième || **~otercero, a** o **~otercio, a** adj/s Treizième.
decir m Parole *f*, sentence *f* | Dire | *Es un ~,* c'est une façon de parler | *Los ~es,* les on-dit.
decir* vt Dire | Dire, rapporter (contar) | Ordonner, dire (mandar) | *A ~ verdad,* à vrai dire | *Como quien dice,* comme qui dirait | *Con esto queda dicho todo,* c'est tout dire | *Dar que ~,* faire parler de soi | *Decirlo todo,* en dire long | *~ para sí,* se dire | *~ que no,* dire non | *Dicho de otro modo,* autrement dit | *Dicho sea de paso,* soit dit en passant | *Dicho sea entre nosotros,* entre nous soit dit | *Dicho y hecho,* aussitôt dit, aussitôt fait | *¿Diga?* ou *¿dígame?,* allô! (teléfono) | *¡Dígámelo a mí!,* à qui le ditesvous! | *Digan lo que digan,* quoiqu'on (en) dise, il n'y a pas à dire | *El qué dirán,* le qu'en-dira-t-on | *Es ~,* c'est-à-dire | *¡Haberlo dicho!,* il fallait le dire! | *Huelga decirle que,* inutile de vous dire que | *Lo dicho, dicho,* ce qui est dit est dit | *Lo que tu digas,* comme tu voudras | *Ni que ~ tiene,* inutile de dire, il va sans dire | *No hay más que ~,* c'est tout dire | *¡No me diga!,* pas possible!, par exemple! | *O mejor dicho,* ou plutôt, ou plus exactement | *Por decirlo así,* pour ainsi dire | *Por más que diga,* il a beau dire | *Que digamos,* pas particulièrement | — Vp Se dire | *Lo menos que puede ~,* le moins qu'on puisse dire.
decis|ión f Décision || **~ivo, a** adj Décisif, ive.
declam|ación f Déclamation || **~ar** vt/i Déclamer || **~atorio, a** adj Déclamatoire.
declar|ación f Déclaration | Propos *mpl* (palabras) | Dr. Déposition, déclaration | Annonce (bridge) | *~ de*

no culpabilidad, mise hors cause | ~ *de quiebra,* dépôt de bilan | *Prestar una ~ jurada,* faire une déclaration sous la foi du serment || **~ante** adj/s Déclarant, e | DR. Déposant, e ; témoin || **~ar** vt/i Déclarer | DR. Déposer, faire une déclaration | Avouer (confesar) | — Vp Se déclarer | Faire une déclaration d'amour | ~ *culpable,* plaider coupable | ~ *enfermo,* se faire porter malade | ~ *en quiebra,* déposer son bilan.

declin|ación f ASTR. GRAM. Déclinaison | FIG. Déclin *m* (decadencia) || **~ar** vi S'incliner, être en pente (inclinarse) | ASTR. Décliner | FIG. Décliner, baisser (dar un bajón), dévier (desviar) | — Vt DR. Décliner (rechazar) | GRAM. Décliner.

declive m o **declividad** f Pente *f,* déclivité *f,* inclinaison *f.*

decodific|ador m Décodeur || **~ar** vt Décoder.

decolor|ación f Décoloration || **~ante** m Décolorant || **~ar** vt Décolorer.

decomis|ar vt Confisquer, saisir || **~o** m Confiscation *f,* saisie *f.*

decor|ación f Décoration | TEATR. Décor *m* || **~ado** m Décor || **~ador, a** adj/s Décorateur, trice || **~ar** vt Décorer || **~ativo, a** adj Décoratif, ive || **~o** m Respect | Dignité *f* (dignidad) | Réserve *f,* retenue *f* (recato) | Décorum, convenances *fpl* (conveniencias) | ARQ. Décoration *f* | *Con ~,* dignement, correctement || **~oso, a** adj Convenable, correct, e ; décent, e | Honorable | Digne, respectable (digno) | Correct, e; sérieux, euse (serio).

decrec|er* vi Décroître, diminuer || **~iente** adj Décroissant, e.

decr|épito, a adj Décrépit, e || **~epitud** f Décrépitude.

decret|al f Décrétale || **~ar** vt Décréter || **~o** m Décret | ~ *ley,* décret-loi.

decúbito m Décubitus : ~ *supino, prono,* décubitus dorsal, ventral.

decuplar o **decuplicar** vt Décupler.

décuplo, a adj/m Décuple.

dechado m Modèle, exemple.

dedal m Dé à coudre | Doigtier (dedil) || **~era** f BOT. Digitale.

dédalo m Dédale.

dedic|ación f Dédicace | Dévouement *m* | *De ~ exclusiva* ou *de plena ~,* à plein temps *o* à temps complet || **~ar** vt Dédier | Dédicacer, dédier (libro) | Consacrer (dinero, tiempo) | Adresser (palabras) | — Vp S'adonner, se consacrer | S'occuper (ocuparse) | Se vouer, se consacrer (consagrarse) | Se livrer (entregarse) | Passer son temps || **~atoria** f Dédicace.

ded|il m Doigtier, doigt || **~illo** m Petit doigt | *Saber al ~,* savoir sur le bout du doigt || **~o** m Doigt : *yema del ~,* bout du doigt | *Contar con los ~s,* compter sur ses doigts | FIG. *Cogerse los ~s,* se laisser prendre | FAM. *Chuparse los ~s,* s'en lécher les babines | ~ *anular,* annulaire | ~ *auricular, meñique* ou *pequeño,* auriculaire, petit doigt | ~ *cordial,* doigt du milieu, médius | ~ *del pie,* orteil | ~ *gordo,* pouce | ~ *índice,* index | FIG. *Nombrar a ~,* désigner ; *no mover un ~ de la mano,* ne rien faire de ses dix doigts | *Señalar con el ~,* montrer du doigt.

deduc|ción f Déduction || **~ir*** vt Déduire.

defecar vt Déféquer.

defec|ción f Défection || **~tivo, a** adj/m Défectif, ive || **~to** m Défaut : *sacar ~s a todos,* trouver des défauts à tout le monde | Défectuosité *f* | *A ~ de,* à défaut de, faute de || **~tuosidad** f Défectuosité || **~tuoso, a** adj. Défectueux, euse.

defen|der* vt Défendre | DR. Plaider, défendre || **~dible** adj Défendable || **~dido, a** adj DR. Défendu, e | Intimé, e (en apelación) || **~sa** f Défense | DR. Défense (juicio), plaidoyer *m,* plaidoirie (alegato) | Défense (deportes) | — Pl Défenses (colmillos, murallas) | *En ~ de,* en faveur de, à la défense de | — M Arrière (deportes) || **~sivo, a** adj Défensif, ive | — F Défensive : *estar a la ~,* être sur la défensive | Défense (deportes) : *jugar a la ~,* jouer la défense || **~sor, a** adj/s Défenseur (sin fem) | ~ *del pueblo,* médiateur.

defer|encia f Déférence || **~ente** adj Déférent, e || **~ir*** vi S'en remettre à, s'appuyer sur | — Vt DR. Déférer.

defici|encia f Déficience || **~ente** adj Déficient, e | Médiocre | ~ *mental,* arriéré || **~entemente** adv Insuffisamment | Médiocrement.

déficit m Déficit.

deficitario, a adj Déficitaire.

defin|ible adj Définissable || **~ición** f Définition || **~ido, a** adj Défini, e || **~ir** vt Définir || **~itivo, a** adj Définitif, ive | *En definitiva,* en définitive, en fin de compte.

deflac|ión f Déflation || **~ionista** adj Déflationniste.

deflagr|ación f Déflagration || **~ador** m Déflagrateur || **~ar** vi S'enflammer.

deflector m Déflecteur.

deform|ación f Déformation || **~ar** vt Déformer || **~e** adj Difforme || **~idad** f Difformité.

defraud|ación f Fraude || **~ado, a** adj Déçu, e || **~ador, a** adj/s Fraudeur, euse || **~ar** vt Frauder |

Décevoir, frustrer (decepcionar) | Trahir (traicionar).
defuera adv Dehors, au-dehors.
defunción f Décès *m* : *partida de* ~, acte de décès | *Cerrado por* ~, fermé pour cause de décès.
degener|ación f Dégénérescence (de células) | Dégénération (de una familia) || **~ar** vi Dégénérer | — Vp Dégénérer, s'abâtardir.
deglu|ción f Déglutition || **~tir** vi/t Déglutir.
degoll|ación f Décollation | Égorgement *m* (degüello) || **~adura** f Blessure à la gorge || **~ar*** vt Égorger | Décoller, décapiter (decapitar) || **~ina** f FAM. Boucherie, tuerie, massacre *m*.
degrad|ación f Dégradation | FIG. Dégradation, avilissement *m* | Fondu *m* (dibujo) || **~ador** m FOT. Dégradateur || **~ante** adj Dégradant, e || **~ar** vt Dégrader | FIG. Dégrader, avilir.
degüello m Égorgement | *Entrar a* ~, massacrer | *Pasar a* ~, passer au fil de l'épée | FAM. *Tirar a uno a* ~, s'acharner contre *o* sur qqn.
degustación f Dégustation.
dehesa f Pâturage *m*.
de|icida adj/s Déicide || **~icidio** m Déicide || **~idad** f Divinité, déité || **~ificar** vt Déifier (persona) | Diviniser (cosa) || **~ísmo** m Déisme.
dej|ación f Abandon *m*, cession || **~ada** f Amorti *m* (tenis) || **~adez** f Laisser-aller *m* | Négligence, abandon *m* (descuido) || **~ado, a** adj Négligent, e | Indolent, e (flojo) | Apathique, abattu, e (decaído) | ~ *de la mano de Dios*, abandonné des dieux | — S Personne négligente || **~ar** vt Laisser | Déposer (depositar) | Quitter (abandonar) | Cesser, arrêter (cesar) | Rapporter (dar dinero) | *¡Déjalo!*, laisse tomber! | FIG. *Dejar a salvo*, faire abstraction de | FAM. ~ *como nuevo*, remettre à neuf | ~ *correr*, laisser faire *o* courir | FAM. ~ *chiquito*, surpasser | ~ *dicho*, dire | ~ *que*, laisser, permettre de | ~ *que desear*, laisser à désirer | *Dejémoslo así*, restons-en là | — Vi *No* ~ *de*, ne pas manquer de, ne pas oublier de | — Vp Se faire : ~ *rogar*, se faire prier | Se laisser | Se négliger, se laisser aller (descuidarse) | FAM. ~ *caer*, se présenter, débarquer | ~ *de*, arrêter de | ~ *ir*, se laisser aller | ~ *ver*, apparaître, se montrer || **~illo** m Accent | Arrière-goût (gusto) || **~e** o **~o** m Accent, intonation *f* (tono) | Abandon (dejación) | Nonchalance *f* (descuido) | Arrière-goût (gusto, sentimiento) | COM. *Deje de cuenta*, laissé-pour-compte.
del art [contr. de *de el*] Du (delante de los nombres masculinos que comienzan por una consonante) | De l' (en los demás casos). [V. DE.]
dela|ción f Délation.
delantal m Tablier.
delante adv Devant | ~ *de*, devant || **~ra** f Devant *m* (de casa, prenda, etc) | Avant *m* (de coche) | Premier rang *m* (primera fila) | Avance (adelanto) | Avants *mpl* (deportes) | *Tomar la* ~, gagner de vitesse || **~ro, a** adj Qui va devant | Avant (en un vehículo) | — M Avant (deportes) | Devant (prenda).
delat|ar vt Dénoncer || **~or, a** adj/s Dénonciateur, trice; délateur, trice.
delco m AUT. Delco.
dele o **deleátur** m IMPR. Deleatur.
deleble adj Délébile.
delectación f Délectation.
deleg|ación f Délégation || **~ado, a** adj/s Délégué, e || **~ar** vt Déléguer.
deleit|able adj Délectable || **~ación** f o **~amiento** m Délectation *f* || **~ar** vt Enchanter, charmer (encantar) | Délecter | — Vp Prendre un vif plaisir, aimer beaucoup, se délecter || **~e** m Délectation *f* | Plaisir, délice (placer) || **~oso, a** adj Délicieux, euse; délectable.
deletéreo, a adj Délétère.
deletre|ar vt/i Épeler || **~o** m Épellation *f*.
deleznable adj Détestable, horrible | Fragile, peu résistant, e (frágil).
delf|ín m Dauphin || **~ina** f Dauphine (esposa del Delfín).
delgad|ez f Minceur, finesse | Maigreur (flaqueza) || **~o, a** adj Mince, fin, e | Maigre, mince (flaco) | Grêle (intestino) | *Ponerse* ~, maigrir, mincir || **~ucho, a** adj Maigrichon, onne; maigrelet, ette.
deliber|ación f Délibération || **~ante** adj Délibérant, e || **~ar** vi Délibérer || **~atorio, a** adj DR. Délibératoire.
delicad|eza f Délicatesse | Attention, marque de délicatesse || **~o, a** adj Délicat, e | Dégoûté, e (melindroso) | — S Difficile.
delici|a f Délice *m* | — Pl Délices || **~oso, a** adj Délicieux, euse.
delictivo, a o **delictuoso, a** adj Délictueux, euse.
delicuescen|cia f Déliquescence || **~te** adj Déliquescent, e.
delimit|ación f Délimitation || **~ar** vt Délimiter.
delincuen|cia f Délinquance || **~te** adj/s Délinquant, e.
deline|ación f Délinéation || **~ante** m Dessinateur industriel || **~ar** vt Dessiner des plans.

delinquir vi Commettre un délit.
deliquio m Évanouissement (desmayo) | Extase *f* (éxtasis).
delir|ante adj Délirant, e ‖ **~ar** vi Délirer ‖ **~io** m Délire | *~ de grandezas*, folie des grandeurs.
delito m Délit (poco grave) | Crime (muy grave).
delta f Delta *m* (letra) | — M Delta (de río).
demacr|ación f Émaciation, amaigrissement *m* | Affaiblissement *m*, dépérissement *m* (debilitación) ‖ **~ado, a** adj Émacié, e; amaigri, e ‖ **~arse** vp S'émacier, maigrir.
demag|ogia f Démagogie ‖ **~gógico, a** adj Démagogique ‖ **~ogo** m Démagogue.
demand|a f Demande, requête (solicitud) | Quête (limosna) | Com. Demande | Commande (pedido) | Recherche (busca) | *Presentar una ~*, intenter une action | *Satisfacer* ou *estimar una ~*, faire droit à une requête ‖ **~ado, a** s Dr. Défendeur, eresse ‖ **~ante** adj/s Dr. Demandeur, eresse | Plaidant, e ‖ **~ar** vt Dr. Poursuivre, demander | Convoiter, désirer (desear).
demaquill|ador m Démaquillant ‖ **~ar** vt Démaquiller.
demarc|ación f Démarcation ‖ **~ar** vt Délimiter.
dem|ás adj/pron ind Autre, autres | *Lo ~*, le reste | — Adv Du reste, au reste, d'ailleurs | *Por ~*, inutile, en vain | *Por lo ~*, cela dit, à part cela, du reste, d'ailleurs | *Y ~*, et caetera, et le reste ‖ **~asía** f Excès *m* | Insolence, audace (osadía) | *En* ou *con ~*, à l'excès ‖ **~asiado, a** adj Trop de : *~s libros*, trop de livres | Trop : *~ bueno*, trop bon | Excessif, ive | — Adv Trop.
demen|cia f Démence ‖ **~te** adj Dément, e; démentiel, elle | — S Dément, e.
demérito m Démérite.
dem|ocracia f Démocratie ‖ **~ócrata** adj/s Démocrate ‖ **~ocrático, a** adj Démocratique ‖ **~ocratización** f Démocratisation ‖ **~ocratizar** vt Démocratiser ‖ **~ografía** f Démographie ‖ **~ográfico, a** adj Démographique ‖ **~ógrafo, a** s Démographe.
demol|edor, a adj/s Démolisseur, euse ‖ **~er*** vt Démolir ‖ **~ición** f Démolition.
demon|iaco, a adj Démoniaque, possédé, e ‖ **~io** m Démon | Fam. *De mil ~s*, du tonnerre, de tous les diables, du diable | *¡~!*, diable!, mince! | *¡Qué ~s!*, que diable! | *Ser el mismísimo ~*, être le diable en personne ‖ **~tre** m Fam. Démon, diable.
demor|a f Retard *m*, délai *m* (retraso) | Attente (teléfono) ‖ **~ar** vt Retarder (retrasar) | Remettre à plus tard | — Vi Tarder (tardar) | Demeurer, s'arrêter (detenerse).
demostr|ación f Démonstration ‖ **~ador, a** s Démonstrateur, trice ‖ **~ar*** vt Démontrer | Montrer (denotar) | Faire preuve de (dar prueba de) | Prouver (probar) ‖ **~ativo, a** adj/m Démonstratif, ive.
demudar vt Changer (cambiar) | Altérer (alterar) | — Vp S'altérer, changer.
denario m Denier.
deneg|ación f Dénégation | Dr. Débouté *m*, déni *m* | *~ de demanda*, fin de non-recevoir | *~ de paternidad*, désaveu de paternité ‖ **~ar*** vt Refuser, dénier | Dr. Débouter.
dengues mpl Minauderies *f*, façons *f*, chichis.
denigr|ación f Dénigrement *m* ‖ **~ador, a** o **~ante** adj Dénigrant, e ‖ **~ar** vt Dénigrer | Injurier (injuriar).
denodado, a adj Courageux, euse; vaillant, e.
denomin|ación f Dénomination | Appellation (marca) ‖ **~ador** m Mat. Dénominateur ‖ **~ar** vt Dénommer.
denostar* vt Insulter, injurier.
denotar vt Dénoter | Signifier (significar) | Indiquer, dénoncer, montrer (mostrar).
dens|idad f Densité | Épaisseur (espesor) ‖ **~ímetro** m Densimètre ‖ **~o, a** adj Dense | Épais, aisse; dense (espeso).
dent|ado, a adj Denté, e; en dents de scie | Dentelé, e (hoja) | — M Dents *fpl* ‖ **~adura** f Denture, dents *pl* | *~ postiza*, dentier ‖ **~al** adj Dentaire | — Adj/f Gram. Dental, e ‖ **~ar*** vt Denter | — Vi Percer *o* faire ses dents ‖ **~ario, a** adj Dentaire ‖ **~ellada** f Coup (*m*) de dent ‖ **~ellado, a** adj Dentelé, e ‖ **~ellar** vi Claquer des dents ‖ **~ellear** vt Mordiller ‖ **~ellón** m Arq. Denticule | Dent (*f*) de serrure ‖ **~era** f Agacement *m* | Fig. Envie | *Dar ~*, agacer les dents ‖ **~ición** f Dentition ‖ **~ículo** m Arq. Denticule ‖ **~ífrico, a** adj/m Dentifrice ‖ **~ista** m Dentiste, chirurgien-dentiste.
dentro adv Dans (con complemento) | Dedans, au-dedans, à l'intérieur | *A ~*, dedans | *~ de poco*, d'ici peu, sous peu | *Meter hacia ~*, rentrer | *Por ~*, en dedans, à l'intérieur, au-dedans, par-dedans.
denud|ación f Geol. Dénudation ‖ **~ar** vt Dénuder.
denuedo m Courage, intrépidité *f*.

denuesto m Insulte *f*, injure *f*.
denunci|a f Dénonciation | Plainte (queja) | ~ *de multa*, procès-verbal || **~ación** f Dénonciation || **~ador, a** o **~ante** adj/s Dénonciateur, trice || **~ar** vt Dénoncer.
deparar vt Procurer, accorder (conceder) | Présenter, offrir, proposer.
departament|al adj Départemental, e || **~o** m Département (división territorial o administrativa) | Service | Compartiment (de vagón) | Rayon (de tienda) | *Amér*. Appartement (piso).
departir vi Deviser, causer, parler, s'entretenir.
depauperar vt Appauvrir | MED. Affaiblir (debilitar).
depend|encia f Dépendance | Succursale (sucursal) | Affaire annexe (asunto) | — Pl Dépendances, appartenances | Communs *m* (edificios para la servidumbre) || **~er** vi Dépendre, relever de || **~ienta** f Employée, vendeuse || **~iente** adj Dépendant, e | — M Employé, vendeur.
depil|ación f Épilation, dépilation || **~ar** vt Épiler, dépiler || **~atorio, a** adj/m Dépilatoire.
deplor|able adj Déplorable || **~ar** vt Déplorer.
depon|ente adj/m GRAM. Déponent, e || **~er*** vt Déposer, poser (dejar) | Déposer (destituir) | FIG. Bannir | — Vi DR. Déposer.
deport|ación f Déportation || **~ar** vt Déporter.
deport|e m Sport | ~ *de remo*, aviron | ~ *de vela*, yatching, voile || **~ista** adj/s Sportif, ive || **~ividad** f Esprit (*m*) sportif, sportivité || **~ivo, a** adj Sportif, ive | De sport | Sport *inv* (traje) | De plaisance (puerto) | — M Voiture (*f*) de sport.
deposición f Déposition | Élimination (evacuación del vientre).
deposit|ador, a o **~ante** adj/s Déposant, e || **~ar** vt Déposer (dejar) | Entreposer, laisser en dépôt (mercancías) | — Vp Se déposer | Se fonder (fundar) || **~aría** f Dépôt *m* | Caisse des dépôts, trésorerie | ~ *pagaduría*, recette-perception || **~ario, a** s Dépositaire.
depósito m Dépôt (de una suma, de un líquido, militar) | Réservoir (de agua, gasolina, etc) | Entrepôt (almacén) | DR. ~ *judicial*, consignation | *En* ~, consignée (botella).
deprav|ación f Dépravation || **~ar** vt Dépraver.
deprec|ación f Déprécation, prière || **~ar** vt Supplier, prier.
depreci|ación f Dépréciation || **~ar** vt Déprécier.
depredación f Déprédation.
depr|esión f Dépression || **~esivo, a** adj Déprimant, e; dépressif, ive || **~esor, a** o **~imente** adj Déprimant, e || **~imir** vt Déprimer | — Vp Être déprimé *o* aplati | Former une dépression (terreno).
deprisa adv Vite.
depuesto, a adj V. DEPONER.
depur|ación f Épuration, dépuration | AGR. Nettoyage *m* (de semillas) || **~ador** adjm/m Dépurateur, épurateur || **~ar** vt Épurer, dépurer || **~ativo, a** adj/m MED. Dépuratif, ive.
derech|a f Droite (mano) | *A la* ~, à droite, sur la droite | *No hacer nada a* ~*s*, faire tout de travers || **~ista** m Droitier | Membre de la droite (política) || **~o, a** adj Droit, e || **~o** m Droit : ~ *canónico, consuetudinario, mercantil, político*, droit canon, coutumier, commercial, constitutionnel | Endroit (de una tela, prenda) | — Pl Vacations *f* (de juez) | *Con* ~, à bon droit | *Con pleno* ~, de plein droit | *¿Con qué* ~*?*, de quel droit? | *De* ~, de droit, à juste titre | ~ *habiente*, ayant droit | ~*s arancelarios*, droits de douane | *Estudiar* ~, faire son droit | *No hay* ~, ce n'est pas permis (no está permitido), ce n'est pas de jeu (fuera de las reglas) | *Según* ~, selon la justice | — Adv Droit : *ir* ~, marcher droit || **~ura** f Rectitude, droiture.
derelicción f Déréliction.
deriv|a f Dérive | *Plano de* ~, dérive (avión) || **~ación** f Dérivation || **~ado, a** adj/m Dérivé, e | — F MAT. Dérivée || **~ar** vi Dériver, découler | — Vt Dériver | Acheminer (dirigir) | — Vp Dériver, découler || **~ativo, a** adj/m Dérivatif, ive.
derm|atología f MED. Dermatologie || **~atólogo, a** s Dermatologue.
dérmico, a adj Dermique.
derm|is f Derme *m* || **~orreacción** f Cuti-réaction.
derog|ación f Dérogation || **~ar** vt Déroger à (un contrato) | Abroger (una ley) || **~atorio, a** adj Dérogatoire.
derram|a f Répartition, assiette (impuesto) || **~amiento** m Effusion *f* | Dispersion *f* | Épanchement, écoulement (chorreo) | Propagation *f* (propagación) || **~ar** vt Répandre | Renverser, verser (verter) | Verser (lágrimas) | Verser, faire couler (sangre) | Déborder de (rebosar) | Répartir (impuestos) | — Vp Se répandre | MED. S'épandre | Déboucher, se jeter (río) || **~e** m Dispersion *f* (esparcimiento) | Épanchement, écoulement, dégorgement (líquido) | Trop-plein (exceso) | Fuite *f* (escape) | Embranchement, bifurcation *f* (de un valle) | ARQ. Ébrasement, ébrasure

f | Pente *f* (declive) | MED. ~ *sinovial*, épanchement de synovie || **~o** m ARQ. Ébrasement, ébrasure *f*.
derredor m Tour | *Al* ou *en* ~, autour.
derrelicto, a adj Abandonné, e | — M MAR. Épave *f*.
derrengar vt Éreinter (cansar).
derret|imiento m Fonte *f* | Fusion *f*, fonte *f* || **~ir*** vt Fondre | FIG. Gaspiller (derrochar) | — Vp Fondre | FIG. Brûler pour (enamorarse), se faire du mauvais sang (inquietarse).
derrib|ar vt Abattre, démolir | Renverser, faire tomber (tirar) | Abattre (un avión) | FIG. Renverser (hundir), réprimer (reprimir) | — Vp Se jeter par terre (tirarse) | Tomber (caerse) || **~o** m Démolition *f* | Chantier de démolition (obras) | — Pl Matériaux de démolition.
derrick m Derrick.
derroc|amiento m Renversement || **~ar*** vt Renverser.
derroch|ador, a adj/s Gaspilleur, euse; dissipateur, trice || **~ar** vt Gaspiller, dilapider, dissiper || **~e** m Gaspillage, dissipation *f* | FIG. Profusion *f* | Débauche *f* (de ingenio, etc).
derrot|a f Échec *m*, défaite (fracaso) | Échec *m*, revers *m* (revés) | MIL. Déroute, défaite | Débâcle (desastre) | Chemin *m* (camino) | MAR. Route, cap *m* (rumbo) || **~ar** vt Battre, vaincre (vencer) | MIL. Mettre en déroute, défaire | MAR. Dériver, dérouter | Gaspiller (derrochar) | Ruiner (la salud) | TAUR. Donner des coups de corne || **~e** m TAUR. Coup de corne || **~ero** m MAR. Route *f* (rumbo) | FIG. Chemin, voie *f*, marche (*f*) à suivre (medio) || **~ismo** m Défaitisme || **~ista** adj/s Défaitiste.
derrubi|ar vt Affouiller, éroder || **~o** m Affouillement, érosion *f* | Éboulis (tierra).
derruir* vt Démolir, abattre (tirar) | Miner (socavar).
derrumb|amiento m Écroulement (desplome) | Éboulement (desmoronamiento) | FIG. Renversement (derribo), effondrement (caída) || **~ar** vt Abattre | Précipiter (despeñar) | — Vp S'écrouler, crouler, s'effondrer || **~e** m Éboulement | Écroulement (desplome) | Précipice (precipicio).
derviche m Derviche, dervis.
desabastec|er vt Démunir, désapprovisionner || **~imiento** m Désapprovisionnement.
desabollar vt Débosseler | Redresser (enderezar).
desaborido, a adj/s Fade, insipide | FIG. Fade, quelconque.
desabotonar vt Déboutonner.
desabr|ido, a adj Fade, insipide (soso) | Dur, e; acerbe (severo) | Heurté, e (estilo) | Maussade (triste) | Acariâtre, hargneux, euse (huraño) || **~igado, a** adj Désabrité, e | Découvert, e (descubierto) | Pas assez couvert (poco vestido) || **~igar** vt Mettre à découvert | Découvrir (desarropar) | — Vp Se découvrir || **~imiento** m Fadeur *f*, insipidité *f* | Caractère maussade (tiempo) | FIG. Dureté *f*, rudesse *f*, aigreur *f* (rudeza), chagrin (pena) || **~ir** vt Affadir | FIG. Mécontenter (enfadar), chagriner (apenar) || **~ochar** vt Déboutonner (desabotonar) | Dégrafer, décrocher (quitar los corchetes) | — Vp Se déboutonner | Se dégrafer.
desacat|amiento m V. DESACATO || **~ar** vt Manquer de respect à | Ne pas obéir à (desobedecer) | Enfreindre (leyes) || **~o** m Désobéissance *f* | Infraction *f* (a las leyes) | Manque de respect, insolence *f* (falta de respeto) | DR. Outrage.
desac|ertado, a adj Maladroit, e; malheureux, euse; malencontreux, euse || **~ertar*** vi Se tromper (errar) | Manquer d'adresse *o* de tact (no tener tino) || **~ierto** m Erreur *f* (error) | Sottise *f*, maladresse *f*, erreur *f* (torpeza).
desaconsejar vt Déconseiller.
desacopl|amiento m Désaccouplement || **~ar** vt Désaccoupler | TECN. Découpler.
desacord|ar* vt MÚS. Désaccorder || **~e** adj Discordant, e.
desacostumbr|ado, a adj Inhabituel, elle; inaccoutumé, e; peu commun, e || **~ar** vt Désaccoutumer, déshabituer, faire perdre l'habitude.
desacreditar vt Discréditer.
desactiv|ado m Désamorçage || **~ar** vt Désamorcer.
desacuerdo m Désaccord.
desadoquinar vt Dépaver.
desafec|ción f Désaffection || **~to, a** adj Dépourvu d'affection | Opposé, e; contraire | — M Désaffection *f*.
desaferrar* vt Détacher | MAR. Lever (el ancla) | — Vp MAR. Déraper.
desaf|iar vt Défier, lancer un défi à | FIG. Défier | Braver, défier (afrontar) | — Vp Se défier.
desafici|ón f Désaffection, froideur || **~onar** vt Désaffectionner | Dégoûter (desganar).
desafin|ación f MÚS. Désaccord *m* || **~ar** vt MÚS. Désaccorder | — Vi MÚS. Chanter faux (cantar), jouer faux (tocar) | FAM. Déraisonner, dérailler (desvariar).
desafío m Défi (reto) | Duel (combate) | Rivalité *f*, concurrence *f*.

desaf|orado, a adj Démesuré, e; énorme | Épouvantable, violent, e; furieux, euse (fuerte) | Acharné, e (encarnizado) | *Gritar como un* ~, crier comme un putois || **~ortunado, a** adj Malheureux, euse; infortuné, e || **~uero** m Atteinte (*f*) *o* infraction (*f*) aux lois *o* aux usages | Privation (*f*) d'un droit | FIG. Inconvenance *f*, écart (desacato), excès, abus (abuso).

desagrad|able adj Désagréable || **~ar** vi Déplaire || **~ecer*** vt Se montrer ingrat envers | Payer d'ingratitude || **~ecido, a** adj/s Ingrat, e (*con* ou *para*, envers) || **~ecimiento** m Ingratitude *f* || **~o** m Mécontentement, contrariété *f*, désagrément | *Causar* ~, déplaire, contrarier | *Con* ~, à contrecœur | *Mostrar* ~, être mécontent *o* contrarié.

desagravi|ar vt Dédommager, réparer || **~o** m Satisfaction *f*, réparation *f* (de una ofensa) | Dédommagement (de un perjuicio).

desagreg|ación f Désagrégation || **~ar** vt Désagréger.

desag|uadero m Déversoir (vertedero) | Dégorgeoir (de canal) | Drain (en obras) || **~uar** vt Épuiser, tarir (quitar el agua), assécher (desecar) | — Vi Déboucher (río) || **~üe** m Écoulement | Déversoir (desaguadero) | ~ *directo*, tout-à-l'égout.

desaguisado, a adj Contraire à la loi *o* à la raison | — M Offense *f* (ofensa), injustice *f* (injusticia), sottise *f*, erreur *f* (error).

desahog|adamente adv Librement, sans gêne, sans contrainte | À l'aise || **~ado, a** adj Effronté, e (descarado) | Dégagé, e; peu encombré, e (despejado) | À l'aise, aisé, e (adinerado) || **~ar** vt Soulager (aliviar) | FIG. Donner libre cours à (dejar libre), déverser, décharger (descargar), épancher, ouvrir (abrir), soulager (aliviar) | MED. Dégager | — Vp Se mettre à l'aise (ponerse a gusto) | Se détendre, se reposer (descansar) | Se libérer (de las deudas) | FIG. S'épancher, s'ouvrir à (confiarse) || **~o** m Soulagement (alivio) | Bien-être, aisance *f*, aise *f* (vida acomodada) | Épanchement (del corazón) | Désinvolture *f*, sans-gêne (descaro) | Liberté (*f*) de langage (al hablar) | Dégagement, débarras (desván).

desahuci|ar vt Ôter tout espoir (descorazonar) | MED. Condamner (a un enfermo) | Expulser, donner congé à (inquilino) || **~o** m Congé (a un inquilino) | Expulsion *f*.

desair|ado, a adj Repoussé, e; éconduit, e (rechazado) | Gênant, e (molesto) | Sans grâce, lourd, e (sin garbo) || **~ar** vt Dédaigner (desdeñar), mépriser (despreciar) | Éconduire, repousser, renvoyer (rechazar) | Vexer, outrager (ultrajar) || **~e** m Affront (afrenta) | Lourdeur *f* (falta de garbo) | Mépris (desprecio).

desajust|ar vt Désajuster | Dérégler (tiro) | FIG. Déranger || **~e** m Désajustement | Dérèglement (tiro).

desalabe|ar vt Dégauchir || **~o** m Dégauchissage, dégauchissement.

desal|adura f Dessalage *m*, dessalaison, dessalement *m* || **~ar** vt Dessaler (quitar la sal) | Couper les ailes (cortar las alas).

desalbardar vt Débâter.

desal|entador, a adj Décourageant, e || **~entar*** vt Essoufler | FIG. Décourager | — Vp Se décourager || **~iento** m Découragement.

desaliñ|ado, a adj Négligé, e; débraillé, e || **~ar** vt Froisser, chiffonner || **~o** m Négligé, débraillé, laisser-aller (aspecto) | Négligence *f*, manque de soin (descuido).

desalm|ado, a adj/s Scélérat, e (malo) | — Adj Cruel, elle; inhumain, e (cruel) || **~arse** vp FIG. Convoiter, désirer ardemment.

desaloj|ado, a s Sans-logis, sans-abri || **~amiento** m Expulsion *f* | Déménagement (cambio de domicilio) || **~ar** vt Déloger (expulsar) | Évacuer, quitter (abandonar) | MAR. Déplacer, jauger | — Vi Déménager (mudarse) | Déloger, décamper (irse).

desalquilar vt Donner congé (despedir) | Libérer un logement (dejar libre) | — Vp Être libre (piso).

desamarrar vt MAR. Larguer les amarres, démarrer | FIG. Détacher (desatar), écarter, éloigner (alejar).

desambientar vt Désorienter | *Estar desambientado*, manquer d'ambiance.

desamor m Manque d'affection, froideur *f*, indifférence *f* | Haine *f*, inimitié *f* (odio).

desamortiz|ación f Désamortissement *m* || **~ar** vt Désamortir.

desampar|ar vt Abandonner, délaisser (dejar) | Quitter (un sitio) | DR. Renoncer à | MAR. Désemparer || **~o** m Abandon, délaissement | Détresse *f* (aflicción) | DR. ~ *de apelación*, désertion d'appel.

desamueblar vt Démeubler, dégarnir | *Pisos desamueblados*, appartements vides *o* non meublés.

desandar* vt Refaire en sens inverse || ~ *lo andado*, revenir sur ses pas, rebrousser chemin.

desangelado, a adj Sans charme.

desangrar vt Saigner | FIG. Assécher (agotar), saigner (empobrecer) | — Vp Saigner | Perdre beaucoup de sang (perder mucha sangre).

des|animar vt Décourager, abattre | — Vp Se décourager, se laisser abattre || **~ánimo** m Découragement.
desanudar vt Dénouer | FIG. Démêler (desembrollar).
desapacible adj Rude, brusque, acerbe (rudo) | Désagréable | Maussade (tiempo).
desaparear vt Déparier, désaccoupler.
desapar|ecer* vi Disparaître || **~ecido, a** adj/s Disparu, e || **~ecimiento** m Disparition *f* || **~ejar** vt MAR. Dégréer || **~ición** f Disparition.
desapeg|ar vt Décoller, détacher (despegar) | FIG. Détacher, faire perdre l'affection | — Vp Se détacher || **~o** m FIG. Détachement, indifférence *f* | Manque d'intérêt, répugnance *f* (repugnancia).
desapercibido, a adj Non préparé, e; au dépourvu | Inaperçu, e (sin ser visto).
desaplicado, a adj Inappliqué, e | — S Paresseux, euse.
desapolillar vt Chasser les mites de.
desapr|ensión f Sans-gêne *m*, indélicatesse || **~ensivo, a** adj/s Sans-gêne || **~etar*** vt Desserrer || **~obación** f Désapprobation (reprobación) | Désaveu *m* (desautorización) || **~obador, a** adj Désapprobateur, trice || **~obar*** vt Désapprouver (censurar) | Désavouer (desautorizar) || **~ovechado, a** adj V. DESAPROVECHAR. | Inappliqué, e; indolent, e | FIG. Infructueux, euse || **~ovechar** vt Ne pas profiter de (no aprovechar) | Mal employer, gaspiller (malgastar) | Rater, perdre (ocasión).
desapuntalar vt Enlever les étançons *o* les étais, dépiler.
desarbol|adura f Démâtage *m* || **~ar** vt MAR. Démâter | — Vp Démâter.
desarenar vt Dessabler, désensabler.
desarm|able adj Démontable || **~ante** adj Désarmant, e || **~ar** vt Désarmer | Démonter (descomponer) | Désamorcer (bomba) | FIG. Désarmer, désarçonner | — Vi Désarmer || **~e** m Désarmement | Démontage (desmontadura) | Désamorçage (bomba).
desarraig|ar vt Déraciner || **~o** m Déracinement.
desarrapado, a adj/s Déguenillé, e.
desarregl|ado, a adj Déréglé, e | Désordonné, e | En désordre | Négligé, e || **~ar** vt Mettre en désordre, déranger (desordenar) | Dérégler, détraquer (descomponer) | FIG. Déranger, bouleverser || **~o** m Désordre (desorden) | Dérèglement, détraquement (de un mecanismo) | FIG. Désordre | — Pl Troubles.
desarroll|ar vt Développer, dérouler | Développer | MAT. Développer (función) | Avoir (hacer, tener) | — Vp Se développer | Se produire, avoir lieu (suceder) || **~o** m Déroulement | FIG. Déroulement | Développement, croissance *f* (crecimiento) | Développement, essor, expansion *f* (incremento) | GEOM. TECN. Développement.
desarropar vt Dévêtir (quitar la ropa) | Découvrir (descubrir) | — Vp Se dévêtir | Se découvrir (en la cama).
desarrugar vt Défroisser, défriper, déchiffonner (ropa) | Dérider (rostro) | Défroncer (entrecejo).
desarticul|ación f Désarticulation | FIG. Démembrement *m* (de un partido), démantèlement *m* || **~ar** vt Désarticuler | FIG. Démembrer; démanteler (industria, etc).
desarzonar vt Désarçonner.
desase|ado, a adj Malpropre, sale (sucio), négligé, e (descuidado) | — S Personne (*f*) négligée || **~ar** vt Salir || **~o** m Malpropreté *f*, manque de soin | Saleté *f* (suciedad).
desas|imiento m Dessaisissement | FIG. Désintéressement, détachement (desinterés) || **~ir*** vt Lâcher (soltar) | Détacher (desprender) | — Vp Se dessaisir, se défaire.
desasistir vt Abandonner, délaisser.
desasos|egar* vt Inquiéter, troubler agiter || **~iego** m Agitation *f*, inquiétude *f*, trouble, désarroi.
desastr|ado, a adj Malpropre (sucio) | Loqueteux, euse; dépenaillé, e (harapiento) | Malheureux, euse (desgraciado) | Déréglé, e; désordonné, e (desordenado) | — S Personne (*f*) négligée || **~e** m Désastre | Nullité *f*, propre à rien (nulidad) || **~oso, a** adj Désastreux, euse.
desat|adura f Détachement *m* | Déliement *m* || **~ar** vt Détacher, défaire | Dénouer (una cinta) | Défaire, déficeler (un paquete) | Délacer (los zapatos) | Déboutonner (desabotonar) | Détacher (soltar) | FIG. Éclaicir, élucider, dénouer, résoudre (resolver), délier (la lengua) | — Vp Se détacher, se défaire (lo atado) | Délacer (zapatos) | FIG. Se mettre en colère, s'emporter (encolerizarse), trop parler (hablar), se déchaîner (desencadenarse), éclater (estallar) || **~ascador** m Dégorgeoir || **~ascar** vt Débourber, désembourber (desatollar) | Déboucher (una cañería) | FIG. Dépêtrer, tirer (sacar de un apuro) || **~asco** m Dégorgeage, dégorgement (de tubo).
desaten|ción f Inattention (distracción) | Impolitesse, incorrection manque (*m*) d'égards, désobligeance (descortesía) || **~der*** vt Ne pas prêter attention à | Négliger (descuidar) | Opposer un refus à (negar) || **~to, a**

adj Distrait e (distraído) | Impoli, e; désobligeant, e; incorrect, e.
desatin|ado, a adj Absurde, insensé, e (absurdo) | Fou, folle (sin juicio) || **~ar** vt Troubler (turbar) | — Vi Déraisonner, dire des absurdités (desvariar) | Commettre une erreur (desacertar) || **~o** m Bêtise *f*, maladresse *f* (torpeza) | Sottise *f*, ânerie *f*, ineptie *f* (tontería) | Erreur *f* (error) | Déraison *f* (insensatez).
desat|orar vt Déboucher (desatascar) | MAR. Désarrimer | MIN. Déblayer || **~ornillar** vt Dévisser || **~racar** vt MAR. Larguer [les amarres] | — Vi MAR. Déborder, larguer les amarres || **~raillar** vt Découpler (perros) || **~rancar** vt Ôter la barre de.
desautoriz|ación f Désaveu *m*, désapprobation | Interdiction || **~ar** vt Désavouer, désapprouver (desaprobar) | Interdire (prohibir).
desaven|encia f Désaccord *m*, différend *m* (desacuerdo) | Brouille, mésentente (enemistad) || **~ido, a** adj En désaccord || **~ir*** vt Brouiller, fâcher || **~tajado, a** adj Désavantagé, e | Désavantageux, euse (poco ventajoso).
desav|iar vt Déranger || **~ío** m Dérangement, ennui.
desayun|ar vi/t Déjeuner, prendre son petit déjeuner | — Vp Déjeuner || **~o** m Petit déjeuner.
desaz|ón f Fadeur, insipidité (insipidez) | FIG. Peine, chagrin *m*, ennui *m* (pesar), contrariété (disgusto), malaise *m* (malestar) || **~onado, a** adj Fade, insipide (soso) | FIG. Indisposé, e; mal à l'aise (indispuesto), ennuyé, e; inquiet, ète (intranquilo) || **~onar** vt Affadir | FIG. Indisposer, fâcher (disgustar), agacer, ennuyer (molestar) | — Vp S'irriter, se fâcher (enfadarse) | S'inquiéter (preocuparse) | FIG. Éprouver un malaise, se sentir mal à l'aise.
desbancar vt Faire sauter la banque | FIG. Supplanter, évincer (suplantar).
desband|ada f Débandade || **~arse** vp MIL. Se débander | Rester à l'écart (apartarse) | Se disperser (dispersarse).
desbarajust|ar vt Déranger, mettre sens dessus dessous || **~e** m Désordre, pagaille *f*.
desbarat|ado, a adj Désordonné, e | Cassé, e (roto) | Déconfit, e; défait, e (un ejército), défait, e (deshecho) || **~amiento** m Désordre, confusion *f* (desorden) | Gaspillage (gasto) | Écroulement (de proyectos, etc) || **~ar** vt Démantibuler (descomponer) | Gaspiller, dissiper (malgastar) | Déjouer (hacer fracasar) | Bouleverser, détruire (deshacer) | MIL. Tailler en pièces, déconfire | — Vi Déraisonner, parler à tort et à travers (disparatar) | — Vp Tomber en morceaux | FIG. S'emporter (descomponerse).
desbarb|ado m o **~adura** f Ébarbage *m* || **~adora** f Ébarbeuse || **~ar** vt Ébarber | Couper les racines (raíces).
desbarrar vi FAM. Déménager, déraisonner, dire des bêtises.
desbast|ar vt Dégrossir | Dégrossir (metales) | Ébaucher (esbozar) | FIG. Dégrossir, civiliser || **~e** m Dégrossissage | TECN. Bloom (de acero), ébauchage (esbozo) | FIG. Décrassage | *En ~*, dégrossi.
desbloque|ar vt Débloquer || **~o** m COM. MIL. Déblocage | FOT. Dégagement de l'obturateur | Dégagement.
desbobinado m Débobinage.
desboc|ado, a adj Emballé, e; emporté, e (caballo) | FIG. Débridé, e (imaginación), intenable (inaguantable) | — Adj/s FAM. Effronté, e; insolent, e (descarado) || **~amiento** m Emballement (caballo) | FIG. Insolence *f*, effronterie *f* (descaro) || **~arse** vp S'emballer (caballo).
desbord|amiento m Débordement | FIG. Emportement (cólera), dérèglement (desenfreno) || **~ante** adj Débordant, e || **~ar** vi Déborder | — Vp Déborder | S'emporter, se déchaîner (exaltarse).
desborrar vt Débourrer.
desbravar vt Dresser, dompter (domar) | — Vi/p S'apprivoiser (hacerse más sociable) | S'apaiser, se calmer (calmarse) | S'éventer (vino).
desbridar vt Débrider.
desbr|iznar vt Hacher, couper menu (desmenuzar) | Réduire en miettes (hacer migas) || **~oce** m Défrichage, défrichement || **~ozar** vt Débroussailler, défricher (la maleza) | FIG. Défricher || **~ozo** m Défrichage | Broussailles *fpl* (maleza) | Branchages *pl* (ramas) | FIG. Défrichage, défrichement.
desbullador, a s Écailler, ère.
descabal adj Dépareillé, e; incomplet, ète || **~ar** vt Dépareiller, désassortir | Entamer, rogner (empezar) | — Vp Être dépareillé || **~gar** vi Descendre de cheval.
descabell|ado, a adj Saugrenu, e; sans queue ni tête (absurdo), insensé, e (insensato) || **~ar** vt TAUR. Tuer [le taureau] par un « descabello » || **~o** m TAUR. « Descabello » [coup d'épée à la nuque] | Épée (*f*) utilisée à cette fin.
descabezar vt Décapiter (decapitar) | Étêter (árbol) | FIG. Entamer, attaquer (comenzar) | MIL. Opérer une conversion | *~ un sueño*, faire *o* piquer un somme | — Vp AGR. S'égrener | FAM. Se casser la tête.

descafeinar vt Décaféiner (el café).
descalabr|adura f Blessure à la tête | Cicatrice || **~ar** vt Blesser à la tête (herir) | Malmener (maltratar) | Nuire, causer préjudice à (perjudicar) | Battre (derrotar) | — Vp Se blesser à la tête || **~o** m Échec (fracaso), désastre.
descalaminar vt Décalaminer.
descalce m Déchaussage, déchaussement (de un árbol).
descalcific|ación f Décalcification || **~ar** vt Décalcifier.
descalific|ación f Disqualification || **~ar** vt Disqualifier.
descalz|ar vt Déchausser | Décaler (quitar un calzo) | AGR. Déchausser | — Vp Se déchausser | Se déferrer (caballo) || **~o, a** adj Déchaussé, e; nu-pieds | FIG. Dénué de tout (pobre) | Adj/m REL. Déchaux, déchaussé.
descamar vt Desquamer (escamar).
descaminar vt Égarer, fourvoyer, dérouter | FIG. Fourvoyer, dévoyer (descarriar) | *Ir descaminado,* faire fausse route, avoir tort.
descamisado, a adj Sans chemise | FAM. Dépoitraillé, e | FIG. Déguenillé, e (harapiento, andrajoso) | — M Va-nu-pieds.
descamp|ado, a adj Déboisé, e; découvert, e | *En ~,* en rase campagne | — M Endroit désert || **~ar** vi Cesser de pleuvoir.
descans|adamente adv Tranquillement, sans fatigue || **~ado, a** adj Reposé, e; détendu, e | De tout repos (tranquilo) | Tranquille, reposant, e (sosegado) | Sûr, e (seguro) || **~ar** vi Reposer | Se reposer (reparar las fuerzas) | S'arrêter (pararse) | S'appuyer, reposer (apoyarse) | Connaître un répit (respirar) | Cesser, laisser un répit (cesar) | Se calmer (calmarse) | Reposer, rester en jachère (tierra) | Se détendre (relajarse) | Se reposer sur (tener confianza) | — Vt Reposer | Appuyer (apoyar) || **~illo** m Palier || **~o** m Repos | Pause *f* (pausa) | Interclasse (recreo) | Palier (rellano) | MIL. Repos | Support, appui (apoyo) | Mi-temps *f* (deportes) | Entracte (espectáculos) | FIG. Soulagement, réconfort (alivio).
descantillar o **descantonar** vt Ébrécher | FIG. Défalquer, déduire.
descapot|able adj Décapotable | — M Décapotable *f* (auto) || **~ar** vt Décapoter.
descar|ado, a adj/s Effronté, e; insolent, e || **~arse** vp Parler *o* agir avec insolence, être insolent.
descarg|a f Décharge | MAR. Déchargement *m* || **~adero** m Débarcadère, quai de marchandises || **~ador** m Déchargeur | Débardeur, docker (que descarga los barcos) | *~ de puerto* ou *de muelle,* docker || **~ar** vt Décharger | Assener (golpes) | — Vi Frapper, battre (dar golpes) | Aboutir, déboucher (río) | Crever (nube) | — Vp Se décharger | Éclater (tempestad) | S'abattre (granizada) || **~o** m Déchargement | COM. DR. FIG. Décharge *f* | *En ~ de conciencia,* par acquit de conscience | *En su ~,* à sa décharge || **~ue** m Déchargement.
descarn|adura f Décharnement *m* | Déchaussement *m,* dénudation (de los dientes) || **~ar** vt Décharner | Déchausser (dientes) | FIG. Éroder | — Vp Se décharner | Se déchausser (dientes).
descaro m Effronterie *f,* insolence *f,* impudence *f.*
descarr|iamiento m Égarement, fourvoiement || **~iar** vt Égarer, fourvoyer (descaminar) | Écarter du devoir (apartar) | — Vp FIG. S'égarer || **~iladura** f o **~ilamiento** m Déraillement *m* (tren) | FIG. Égarement *m,* écart *m* (descarrío) || **~ilar** vi Dérailler (un tren) || **~ío** m V. DESCARRIAMIENTO.
descart|ar vt Écarter, éliminer, rejeter | — Vp Écarter (en los naipes) || **~e** m Écart (naipes) | Rejet, refus (negativa) | FIG. Excuse *f,* échappatoire *f* (excusa).
descasar vt FIG. Déranger, déclasser | Dépareiller | — Vp Divorcer.
descasc|ar o **~arar** vt Écorcer, décortiquer, peler (la piel), écaler (la cáscara) || **~arillar** vt Décortiquer | — Vp S'écailler (las uñas).
descastado, a adj/s Peu affectueux, euse.
desceb|adura f Désamorçage (bomba) || **~ar** vt Désamorcer.
descen|dencia f Descendance || **~dente** adj Descendant, e || **~der*** vi/t Descendre || **~diente** adj/s Descendant, e || **~dimiento** m Descente *f* | Descente (*f*) de Croix (religión) || **~so** m Descente *f* | Décrue *f* (de un río) | FIG. Déclin, décadence *f* (decadencia) | Diminution *f,* réduction *f* (reducción) | Baisse *f* (baja).
descentr|ado, a adj V. DESCENTRAR | — M Décentrage || **~alización** f Décentralisation || **~alizar** vt Décentraliser || **~ar** vt Décentrer | FIG. Désaxer.
descepar vt Déraciner.
descerezar vt Décortiquer (café).
descerrajar vt Forcer une serrure | FIG. Tirer (disparar).
descifr|ado m Déchiffrage || **~amiento** m Déchiffrement || **~ar** vt/i Déchiffrer | Décoder (con clave).
descimbrar vt ARQ. Décintrer.

desclasific|ación f Déclassement *m* ‖ **~ar** vt Déclasser.

desclavar vt Déclouer.

descobajar vt Égrapper, égrener.

descoc|ado, a adj Effronté, e; déluré, e | Farfelu, e (extravagante) ‖ **~amiento** m Effronterie *f* ‖ **~arse** vp FAM. Être effronté, e; avoir du toupet | Perdre la tête (desear locamente).

descolg|amiento m o **~adura** f Décrochage *m*, décrochement *m* ‖ **~ar*** vt Décrocher | Enlever [les tentures, les tapisseries] (quitar las colgaduras) | — Vp Se décrocher | Se laisser glisser (dejarse escurrir) | Dévaler (bajar) | FAM. Tomber du ciel, débarquer.

descoloniz|ación f Décolonisation ‖ **~ar** vt Décoloniser.

descolor|ación f o **~amiento** m Décoloration *f* ‖ **~ante** adj/m Décolorant, e ‖ **~ar** vt Décolorer, défraîchir, pâlir (ajar) | Décolorer (cabello) ‖ **~ido, a** adj Décoloré, e; passé, e | Sans couleur, pâle (pálido) | FIG. Décoloré, e; terne, plat, e (estilo) ‖ **~ir*** vt V. DESCOLORAR.

descoll|ante adj De premier ordre, qui se distingue | Marquant, e; saillant, e ‖ **~ar*** vi Surpasser (dominar) | Se distinguer (distinguirse) | Ressortir (destacar) | Se dresser (monte).

descombr|ar vt Dégager, désencombrer, débarrasser, déblayer (despejar) | FIG. Dégager, débarrasser ‖ **~o** m Dégagement, déblaiement.

descomed|idamente adv Avec excès, sans mesure | Grossièrement, avec insolence ‖ **~ido, a** adj Excessif, ive | Grossier, ère; insolent, e (insolente) | *Ser ~*, manquer de mesure ‖ **~imiento** m Inconvenance *f*, grossièreté *f* | Démesure *f* ‖ **~irse*** vp Dépasser les bornes | Être insolent, manquer de respect (faltar al respeto).

descompaginar vt Bouleverser, déranger.

descompas|ado, a adj Excessif, ive; disproportionné, e ‖ **~arse** vp Manquer de respect à (faltar al respeto), y aller un peu fort avec (excederse).

descomp|ensación f Décompensation ‖ **~oner*** vt Déranger (desordenar) | Décomposer (separar los elementos) | Détraquer, dérégler (un mecanismo) | FIG. Irriter, exaspérer (irritar), décomposer (corromper), rendre malade (poner enfermo) ‖ **~osición** f Décomposition | FIG. Désagrégation | Altération (del rostro) | Dérangement *m* (del vientre) ‖ **~ostura** f Négligence (desaliño) | Décomposition | Effronterie (descaro) | Détraquement *m* (desarreglo).

descompres|ión f Décompression ‖ **~or** m Détendeur.

descompuesto, a adj V. DESCOMPONER | Défait, e (cara).

descomunal adj Énorme | Démesuré, e (desmedido) | FIG. Démesuré, e; immodéré, e (inmoderado), extraordinaire.

desconc|ertante adj Déconcertant, e; déroutant, e ‖ **~ertar*** vt FIG. Déconcerter | — Vp Se démettre (dislocarse) | S'oublier, s'emporter (descomedirse) | Se démonter (turbarse) ‖ **~ierto** m Désordre, confusion *f* | Désarroi (desasosiego).

desconch|ado m o **~adura** f Écaillement *m*, écaillage *m* (de la loza) | Décrépissage *m* (de un muro) ‖ **~ar** vt Décrépir | Écailler, ébrécher (loza) ‖ **~ón** m Écaille *f*.

descon|ectar vt TECN. Débrayer | ELEC. Débrancher ‖ **~exión** f Débranchement *m*.

desconfi|ado, a adj/s Méfiant, e ‖ **~anza** f Méfiance, défiance ‖ **~ar** vi Se défier, se méfier | *¡Desconfíe!*, attention!, gare!

descong|elador m Dégivreur (nevera) ‖ **~elar** vt Dégeler | Dégivrer (nevera) | FIG. Dégeler (créditos) ‖ **~estión** f Décongestion ‖ **~estionar** vt Décongestionner.

desconoc|er* vt Ne pas connaître | Ignorer | Ne pas savoir | FIG. Ne pas reconnaître | Renier, désavouer (desmentir) | Méconnaître (conocer mal) | Enfreindre (infringir) ‖ **~ido, a** adj/s Inconnu, e | — Adj Méconnaissable (que ha cambiado) | Méconnu, e; ignoré, e (ignorado) ‖ **~imiento** m Ignorance *f* (ignorancia) | Méconnaissance *f* (de los deberes, etc) | Ingratitude *f*.

desconsider|ación f Déconsidération | Manque (*m*) d'égards (falta de respeto) ‖ **~ar** vt Déconsidérer.

descons|oladamente adv Tristement, avec accablement ‖ **~olado, a** adj Inconsolé, e; inconsolable | Éploré, e (afligido) | Triste, chagrin, e (triste) ‖ **~olador, a** adj Désolant, e; navrant, e; affligeant, e ‖ **~olar*** vt Affliger, navrer, désoler ‖ **~uelo** m Chagrin, peine *f*, affliction *f*.

descontar* vt Décompter | Déduire, rabattre, retenir (rebajar) | Déduire, enlever (quitar) | FIG. Rabattre (quitar mérito) | COM. Escompter | *Dar por descontado*, être sûr de, tenir pour sûr | *Por descontado*, à coup sûr.

descontent|adizo, a adj/s Difficile à contenter ‖ **~ar** vt Mécontenter, fâcher ‖ **~o, a** adj/s Mécontent, e | — M Mécontentement : *el ~ del pueblo*, le mécontentement du peuple.

desconvenir* vi/p Diverger (discrepar) | Ne pas aller ensemble.
desconvocar vt Annuler (huelga).
descop|ar vt Écimer ‖ **~e** m Écimage.
descoque m FAM. Culot, effronterie *f*.
descorazon|ador, a adj Décourageant, e ‖ **~amiento** m Découragement ‖ **~ar** vt Décourager.
descorch|ador m Tire-bouchon ‖ **~ar** vt Écorcer, décortiquer (corcho) | Déboucher (botella) ‖ **~e** m Débouchage | Décortication *f*, décorticage.
descornarse* vp FAM. Se casser la tête (pensar), se fatiguer (cansarse).
descoronar vt Découronner.
descorrer vt Tirer, ouvrir.
descort|és adj/s Impoli, e; grossier, ère | Discourtois, e (falto de delicadeza) ‖ **~esía** f Impolitesse, incivilité (grosería) | Manque (*m*) de courtoisie, discourtoisie, désobligeance (desatención).
descortez|amiento m Écorçage, décorticage ‖ **~ar** vt Écorcer | Enlever la croûte (al pan) | Décortiquer (alcornoque) | FAM. Dégrossir.
descos|er vt Découdre ‖ **~ido, a** adj Décousu, e | Indiscret, ète; trop bavard, e (indiscreto), décousu, e; sans suite (sin trabazón) | — M Couture (*f*) défaite | FAM. *Comer como un ~*, manger comme quatre | POP. *Correr como un ~*, courir comme un dératé | FAM. *Reír como un ~*, rire à gorge déployée.
descot|ar vt Échancrer, décolleter ‖ **~e** m Décolleté.
descoyuntar vt Disloquer | Désarticuler | MED. Démettre, luxer, déboîter | — Vp Se démettre, se luxer | FAM. *~ de risa*, se tordre de rire.
descrédito m Discrédit.
descre|ído, a adj/s Incroyant, e; mécréant, e ‖ **~imiento** m Manque de foi, incrédulité *f*.
descr|ibir vt Décrire | Dépeindre, décrire (relatar) ‖ **~ipción** f Description ‖ **~iptible** adj Descriptible ‖ **~iptivo, a** adj Descriptif, ive ‖ **~ito, a** adj Décrit, e.
descuaj|ar vt Décoaguler, liquéfier | FAM. Décourager (desanimar), désespérer (desesperar) | AGR. Déraciner, arracher | — Vp FIG. Se liquéfier ‖ **~eringar** vt FAM. Démantibuler | *Estar descuajeringado*, être éreinté ‖ **~e** o **~o** m AGR. Déracinement.
descuartiz|amiento m Écartèlement (suplicio) | Dépeçage, dépècement, équarrissage ‖ **~ar** vt Écarteler | Dépecer, équarrir (despedazar) | FAM. Mettre en pièces.
descub|ierta f MIL. Reconnaissance, découverte ‖ **~ierto, a** adj Découvert, e | Tête nue (sin sombrero) | — M COM. Découvert | *Al ~*, à découvert | *En ~*, à découvert ‖ **~ridor, a** adj/s Découvreur, euse | Inventeur, trice | — Adj MAR. De reconnaissance | — M MIL. Éclaireur ‖ **~rimiento** m Découverte *f* | Inauguration *f* (estatua, lápida) ‖ **~rir** vt Découvrir | Dévoiler, inaugurer (inaugurar) | FIG. Découvrir, révéler, dévoiler (revelar) | — Vp Se découvrir (quitarse el sombrero) | FIG. S'ouvrir (abrirse), tirer son chapeau (de admiración).
descuento m Escompte | Décompte, déduction *f* | Retenue *f* (retención) | Remise *f*, rabais (rebaja) | *~ comercial*, escompte en dehors | *~ racional*, escompte en dedans.
descuid|ado, a adj/s Négligent, e | Nonchalant, e (indolente) | Distrait, e (distraído) | Insouciant, e (despreocupado) | Négligé, e (desaliñado, dejado de lado) | *Coger ~*, prendre au dépourvu ‖ **~ar** vt Négliger | Décharger (liberar) | Distraire (distraer) | *Descuide usted*, ne vous inquiétez pas, soyez tranquille | — Vp Négliger | Oublier, négliger (olvidar) | Se distraire (distraerse) | Se négliger (en la ropa) | *En cuanto se descuida usted*, si vous ne faites pas attention, au premier moment d'inattention ‖ **~o** m Négligence *f* | Inattention *f*, distraction *f* (distracción) | Incorrection *f* (falta) | Faux pas, faute *f* (desliz) | *Al menor ~*, au premier moment d'inattention | *Con* ou *por ~*, par inadvertance, par mégarde | *En un ~*, au moment le plus inattendu.
desde adv Depuis (tiempo, lugar) | Depuis, de (procedencia) | Dès, depuis : *~ el amanecer*, dès l'aube | *~ entonces*, dès lors, depuis lors, depuis | *~ hace*, *~ hacía*, depuis | *~ hace tiempo*, depuis longtemps | *~ luego*, bien sûr, bien entendu.
desdecir* vi Être indigne de (ser indigno de) | Ne pas être d'accord avec, aller mal avec (no ir con) | Contredire (contradecir) | Détonner (colores) | — Vp Se dédire (retractarse) | Revenir sur (volverse atrás) | Se raviser (cambiar de opinión) | Renier (negar).
desdén m Dédain, mépris.
desdentado, a adj/m Édenté, e.
desdeñ|able adj Méprisable, dédaignable ‖ **~ar** vt Dédaigner, mépriser | — Vp Dédaigner de, ne pas daigner ‖ **~oso, a** adj/s Dédaigneux, euse.
desdibujarse vp S'effacer, s'estomper.
desdich|a f Malheur *m* (desgracia) | Infortune (infelicidad) | *Por ~*, par malheur ‖ **~ado, a** adj/s Malheureux, euse.

desdobl|amiento m Dédoublement | Dépliage (despliegue) || **~ar** vt Déplier (extender) | Dédoubler (separar).

desdoro m Déshonneur | *Sin ~ de,* sans ternir, sans porter préjudice à.

dese|able adj Désirable, souhaitable || **~ar** vt Désirer | Souhaiter : *~ mucha suerte,* souhaiter beaucoup de chance | *Es de ~,* il est souhaitable.

desec|ación f o **~amiento** m Dessèchement *m* (natural) | Assèchement *m* (artificial) | Dessiccation *f* (química) || **~ar** vt Dessécher | Assécher (artificialmente) | FIG. Dessécher.

desech|ar vt Rejeter, chasser | Dédaigner, mépriser (despreciar) | Refuser (rehusar) | Bannir, écarter (un temor) | Mettre au rebut (tirar) || **~o** m Rebut | Résidu | Déchet (desperdicio) | FIG. Mépris (desprecio).

desell|adura f Descellement *m* || **~ar** vt Décacheter (carta), desceller (precinto).

desemb|alaje m Déballage || **~alar** vt Déballer || **~aldosar** vt Décarreler || **~arazado, a** adj Débarrassé, e (libre) | Désinvolte (desenvuelto) | Alerte (vivo) || **~arazar** vt Débarrasser | Tirer d'embarras (sacar de apuro) | — Vp Se débarrasser || **~arazo** m Débarras | Aisance *f,* désinvolture *f* (desenfado) || **~arcadero** m Débarcadère || **~arcar** vt/i Débarquer || **~arco** m Débarquement || **~argar** vt DR. Lever l'embargo || **~argo** m DR. Mainlevée *f* || **~arque** m Débarquement || **~ocadura** f Embouchure (río) | Issue, sortie, débouché *m* (salida) || **~ocar** vi Déboucher, se jeter (río) | Déboucher (calles) | FIG. Aboutir || **~olsar** vt Débourser, verser || **~olso** m Déboursement | Versement : *primer ~,* versement initial | — Pl Dépenses *f,* frais (gastos) || **~orrachar** vt Dessoûler, dégriser || **~otar** vt FIG. Dégourdir || **~ozar** vt Découvrir | FIG. Mettre au grand jour || **~ragar** vt Débrayer || **~rague** m Débrayage || **~riagar** vt Dégriser, désenivrer || **~rollar** vt Débrouiller, éclaircir || **~uchar** vi FAM. Se mettre à table, vider son sac, avouer (confesar).

desemej|ante adj Différent, e; dissemblable || **~anza** f Dissemblance, différence || **~ar** vi Différer de, ne pas ressembler à | — Vt Défigurer.

desemp|acar vt Déballer || **~achar** vt Soulager, dégager l'estomac | — Vp Se soulager (el estómago) || **~almar** vt Déconnecter || **~añar** vt Démailloter | Enlever la buée de (un cristal) || **~apelar** vt Enlever le papier || **~aque** o **~aquetado** m Dépaquetage, déballage || **~aquetar** vt Dépaqueter, déballer || **~arejar** vt Dépareiller || **~astar** vt Déplomber (diente) || **~atar** vt Départager (votos) | Prendre l'avantage (deportes) | Jouer un match d'appui || **~ate** m Match d'appui || **~edrar*** vt Dépaver || **~eñar** vt Dégager | Remplir, exercer (ejercer) | Accomplir, remplir (realizar) | Jouer (papel) | Acquitter les dettes (absolver) | — Vp Se libérer de ses dettes | Se tirer d'affaire (salir de apuro) || **~eño** m Dégagement | Exercice (de un cargo) | Acquittement (de deudas) | Accomplissement (de un deber) | Exécution *f* (de un papel) || **~ernar** vt Déboulonner || **~leo** m Chômage (paro) | Sous-emploi || **~olvar** vt Dépoussiérer, épousseter (quitar el polvo) | FIG. Rafraîchir, tirer de l'oubli || **~otramiento** m Descellement || **~otrar** vt Desceller.

desenc|adenamiento m Déchaînement | Déclenchement (acción de provocar) | FIG. Déferlement, déchaînement || **~adenar** vt Déchaîner | Déclencher (provocar) | FIG. Déchaîner, donner libre cours à | — Vp FIG. Se déchaîner, déferler | Se déchaîner (tempestad) || **~ajamiento** m Déboîtement, déplacement (huesos) | Décrochement (mandíbula) | Altération (*f*) des traits (rostro) || **~ajar** vt Déboîter, démettre, déplacer (huesos) | Décrocher (mandíbula) | Décoincer (desajustar) | Désunir (separar) | Altérer [les traits, le visage] | *Ojos desencajados,* yeux exorbités | — Vp S'altérer || **~ajonamiento** m TAUR. Sortie (*f*) des taureaux hors des cages de transport || **~ajonar** vt TAUR. Faire sortir les taureaux des cages de transport | TECN. Décoffrer || **~alladura** f Déséchouage *m,* déséchouement *m* || **~allar** vt Renflouer, remettre à flot || **~aminar** vt V. DESCAMINAR || **~antar** vt Désenchanter | Désillusionner, désappointer (desengañar) | — Vp Être déçu || **~anto** m Désenchantement | Déception *f,* désappointement (decepción) || **~apotar** vt FIG. Découvrir | — Vp S'éclaircir (el cielo) || **~arnar** vt Désincarner || **~asquillar** vt Désenrayer (arma) || **~lavijar** vt Décheviller, déclaveter | FIG. Séparer || **~ofrado** m Décoffrage || **~ofrar** vt Décoffrer || **~oger** vt Tendre | — Vp FIG. S'enhardir || **~onar** vt Calmer l'inflammation | FIG. Calmer, apaiser | — Vp Se calmer | S'adoucir (suavizarse) || **~uadernar** vt Débrocher, enlever la couverture (libro).

desenchuf|ado o **~e** m Débranchement || **~ar** vt Débrancher || **~e** m Débranchement.

desendiosar vt Humilier, mortifier | Démystifier.

desenf|adadamente adv Avec désinvolture, sans se gêner || **~adaderas** fpl Ressources || **~adado, a** adj Désinvolte (desembarazado) | Gai, e; joyeux, euse (alegre) || **~adar** vt Calmer, apaiser || **~ado** m Franchise *f* (franqueza) | Désinvolture *f*, aplomb (aplomo) | Aisance *f* (facilidad) | Insouciance *f* (despreocupación) || || **~ocar** vt FOT. Faire perdre la mise au point | FIG. Mal envisager || **~renado, a** adj Effréné, e | Débridé, e (desbocado) || **~renar** vt Débrider | — Vp FIG. S'emporter (enfadarse), s'abandonner au vice (enviciarse) | Se déchaîner (desencadenarse) || **~reno** m Dérèglement (vicio) | Déchaînement (de las pasiones) || **~undar** vt Tirer de la housse (mueble), dégainer (arma) || **~urecer*** vt Apaiser, calmer.

deseng|anchar vt Décrocher | Débrancher (vagones) | Dételer (carro) | Détacher, désassocier (desolidarizar) || **~anche** m Décrochement, débranchement (vagones) || **~añado, a** adj/s Désabusé, e | Déçu, e || **~añar** vt Détromper, désabuser | Décevoir (decepcionar) || **~año** m Désillusion *f*, désappointement | — Pl Déceptions *f*, désenchantements || **~astar** vt Dessertir || **~omar** vt Dégommer || **~rasado** m Dégraissage || **~rasar** vt Dégraisser, décrasser (limpiar) | Dessuinter, dégraisser (lana) | — Vi FAM. Maigrir || **~rase** m Dégraissage, décrassement (limpieza) | Dégraissage.

desenhebrar vt Désenfiler.

desenl|ace m Dénouement || **~adrillar** vt Décarreler || **~azar** vt Dénouer | — Vp Avoir un dénouement, se terminer || **~odar** vt Débourber || **~osar** vt Dédaller (losas) | Décarreler (ladrillos) | Dépaver (los adoquines de una calle).

desenm|arañar vt Démêler | FIG. Débrouiller (desenredar), éclaircir (aclarar) || **~ascarar** vt Démasquer || **~ohecimiento** m Dérouillement.

desenoj|ar vt Calmer, apaiser | — Vp Se calmer || **~o** m Apaisement, rassérènement.

desenr|edar vt Démêler, débrouiller (desembrollar) | FIG. Démêler, dénouer (una intriga), mettre en ordre (arreglar) | — Vp Se débrouiller, s'en sortir (salir de apuro) || **~edo** m Débrouillement | Issue *f*, solution *f* (solución) | Dénouement, issue *f* (desenlace) || **~ollamiento** m Déroulement || **~ollar** vt Dérouler || **~oscar** vt Dévisser.

desens|amblar vt Désassembler || **~artar** vt Désenfiler || **~illar** vt Desseller.

desentend|erse* vp Se désintéresser de || **~ido, a** adj *Hacerse el ~*, faire l'innocent (hacerse el inocente), faire la sourde oreille (hacerse el sordo).

desenterr|amiento m Déterrement, exhumation *f* || **~ar*** vt Déterrer, exhumer.

desentibar vt Déboiser (mina).

desentierro m Déterrement.

desentonar vi Détonner, chanter faux | FIG. Détonner | — Vt Désaccorder.

desentorpecer* vt Dégourdir, se dégourdir.

desentrañ|amiento m Connaissance *f* || **~ar** vt Percer, pénétrer | — Vp Se dépouiller, se saigner aux quatre veines.

desentren|amiento m Manque d'entraînement || **~ar** vi *Estar desentrenado*, manquer d'entraînement | — Vp Manquer d'entraînement.

desentumec|er* vt Dégourdir, se dégourdir || **~imiento** m Dégourdissement.

desenvainar vt/i Dégainer.

desenv|oltura f Désinvolture | Effronterie, hardiesse (descaro) | Dissipation (indisciplina) | Lucidité d'esprit (juicio) | Aisance, facilité d'élocution (al hablar) || **~olver*** vt Défaire, développer (paquete) | Dérouler (desenrollar) | FIG. Développer (desarrollar), éclaircir (aclarar) | — Vp Se développer | Se dérouler (negocio) | FIG. Se tirer d'affaire, se débrouiller, s'en tirer (arreglárselas) || **~olvimiento** m Déroulement | Développement (desarrollo) || **~uelto, a** adj Désinvolte, dégagé, e; sans gêne | Débrouillard, e (vivo).

desenyesar vt Déplâtrer.

dese|o m Désir | Souhait (anhelo) | Souhait, vœu (voto) | Envie *f* (gana) | *A medida del ~*, à souhait || **~oso, a** adj Désireux, euse.

desequilibr|ado, a adj/s Déséquilibré, e || **~ar** vt Déséquilibrer | FIG. Désaxer || **~io** m Déséquilibre.

deser|ción f Désertion | DR. Désertion d'appel || **~tar** vi Déserter.

desértico, a adj Désertique.

desertor m Déserteur.

desescayolar vt Déplâtrer.

desesper|ación f Désespoir *m* : *con la mayor ~*, au plus grand désespoir | Énervement *m*, rage (rabia) | *Me da ou causa ~*, il me désespère, il fait mon désespoir | *Ser una ~*, être désespérant || **~ado, a** adj/s Désespéré, e || **~ante** adj Désespérant, e || **~anza** f Désespérance || **~anzar** vt Désespérer, enlever tout espoir à

| — Vp Se désespérer ‖ **~ar** vt Désespérer | Exaspérer (irritar) | — Vi Désespérer | *Estar desesperado*, être au désespoir | — Vp Se désespérer, être au désespoir | S'exaspérer.

desestabilizar vt Déstabiliser.

desestim|a f Mésestime, mépris *m* | Dr. Débouté *m* ‖ **~ación** f Mésestime, mépris *m* (desprecio) | Dr. Déboutement *m*, débouté *m* | *~ de una demanda*, fin de non-recevoir ‖ **~ar** vt Mésestimer | Mépriser (despreciar) | Repousser, rejeter (rechazar) | Dr. Débouter.

desfacedor, a adj/s Fam. *~ de entuertos*, redresseur de torts.

desfachat|ado, a adj Fam. Sans gêne, effronté, e; culotté, e ‖ **~ez** f Fam. Sans-gêne *m*, culot *m*.

desfalc|ar vt Détourner, escroquer (sustraer) ‖ **~o** m Détournement, escroquerie *f*.

desfallec|er* vi Défaillir | S'évanouir (desmayarse) | — Vt Affaiblir ‖ **~ido, a** adj Évanoui, e ‖ **~iente** adj Défaillant, e ‖ **~imiento** m Défaillance *f* | Évanouissement (desmayo).

desfas|aje m Déphasage ‖ **~ar** vt Déphaser ‖ **~e** m Déphasage.

desfavor|able adj Défavorable ‖ **~ecer*** vt Défavoriser, désavantager (perjudicar).

desfigur|ación f o **~amiento** m Défiguration *f* ‖ **~ar** vt Défigurer | Altérer, déformer, dénaturer (alterar) | Estomper, effacer (borrar) | Fig. Contrefaire, déguiser (la voz) | — Vp Fig. Se troubler, avoir les traits altérés (turbarse).

desfil|adero m Défilé ‖ **~ar** vi Défiler ‖ **~e** m Défilé.

desflor|ación f o **~amiento** m Défloration *f* | Flétrissement *m* (ajamiento) ‖ **~ar** vt Déflorer (desvirgar) | Défleurir (las flores) | Faner, flétrir (marchitar) | Fig. Effleurer (no profundizar) ‖ **~ecer*** vi Défleurir ‖ **~ecimiento** m Défloraison *f*.

desfogar vt Donner libre cours à | — Vp Donner libre cours à | Se défouler, se soulager (descargarse) | Se détendre (reposarse).

desfoliación f Défoliation.

desfond|amiento m Effondrement ‖ **~ar** vt Défoncer | Effondrer (hundir) | — Vp Se défoncer, être défoncé | Fig. Être épuisé, s'effondrer ‖ **~e** m Défonçage, défoncement | Fig. Défaillance *f*, effondrement (cansancio).

desform|ación f Déformation ‖ **~ar** vt Déformer.

desfruncir vt Défroncer.

desgaire m Nonchalance *f* | Geste de mépris (desprecio) | *Al ~*, nonchalamment, négligemment.

desgajar vt Arracher | Casser, disloquer (romper) | — Vp S'arracher (*de*, *à*) | Fig. S'écarter (apartarse), se détacher (despegarse).

desgalichado, a adj Dégingandé, e.

desgan|a f Dégoût *m*, répugnance | Inappétence (falta de apetito) | *Con* ou *a ~*, à contrecœur ‖ **~ado, a** adj Sans appétit | Sans enthousiasme ‖ **~ar** vt Couper l'appétit à | — Vp Perdre l'appétit.

des|gañitarse vp S'égosiller, s'époumoner ‖ **~garbado, a** adj Dégingandé, e ‖ **~garbarse** vp Se dégingander ‖ **~gargantarse** vp Fam. S'égosiller, s'époumoner.

desgarr|ador, a adj Déchirant, e ‖ **~amiento** m Déchirement, rupture *f* | Déchirure *f* (de un músculo) ‖ **~ar** vt Déchirer ‖ **~o** m Déchirure *f* (muscular) | Déchirement (aflicción) | Fig. Impudence *f*, effronterie *f* (descaro), fanfaronnade *f* (jactancia) ‖ **~ón** m Accroc (roto) | Lambeau (colgajo) | Déchirure *f* (muscular).

desgast|ar vt User | Fig. Gâter (viciar) | — Vp S'user ‖ **~e** m Usure *f* | Fig. Affaiblissement.

desglasar vt Déglacer (papel).

desglos|ar vt Détacher (separar) | Faire le découpage, découper (película) | Ventiler, faire le détail de (gastos) | Dr. Disjoindre ‖ **~e** m Découpage (película) | Ventilation *f* (de cuenta) | Dr. Disjonction *f*.

desgob|ernado, a adj Dissolu, e (disoluto) | Déréglé, e; désordonné, e (desordenado) ‖ **~ernar*** vt Perturber | Mal gouverner (gobernar mal) | Démettre, déboîter (huesos) | — Vp Se démettre (huesos) ‖ **~ierno** m Mauvaise tenue *f*, désordre (desorden) | Désordre, dérèglement, inconduite *f* (mala conducta) | Mauvaise administration *f* | Mauvais gouvernement.

desgomar vt Dégommer.

desgraci|a f Malheur *m* : *labrarse la propia ~*, faire son propre malheur ; *ser* ou *verse perseguido por la ~*, jouer de malheur | Disgrâce (pérdida de favor) | Lourdeur, maladresse (torpeza) ‖ **~ado, a** adj Malheureux, euse | Disgracieux, euse (sin gracia) | Désagréable (desagradable) | Pauvre, malheureux, euse (pobre) | — Adj/m Disgracié, e | — S Malheureux, euse | *Ser un ~*, être un pauvre type ‖ **~ar** Abîmer (estropear) | Blesser (herir) | Estropier (lisiar) | — Vp Tourner mal, rater (fallar) | Se brouiller (desavenirse).

desgran|adora f Égreneuse ‖ **~ar** vt Égrener ‖ **~e** m Égrenage.

desgras|ar vt Dégraisser ‖ **~e** m Dégraissage.

desgrav|ación f Dégrèvement *m* || **~ar** vt Dégrever.

desgreñ|ado, a adj Échevelé, e; hirsute || **~ar** vt Écheveler, ébouriffer | — Vp Être échevelé | Fig. Se crêper le chignon (reñir).

desgu|ace m Démolition *f*, dépeçage, dépècement (de un barco) | Casse *f* (de coches) || **~arnecer*** vt Dégarnir || **~azar** vt Dégrossir (madera) | Mar. Démolir, dépecer || **~inzado** m Défilage (papel) || **~inzar** vt Défiler.

des|habitado, a adj Inhabité, e || **~habitar** vt Dépeupler || **~habituar** vt Déshabituer || **~hacer*** vt Défaire | Défaire, battre (vencer) | Faire fondre, dissoudre (disolver) | Délayer (desleir) | Fig. Détruire (destruir), déjouer (intriga) | Annuler (contrato) | Redresser (agravios) | — Vp Se défaire | Se briser, se casser (romperse) | S'éreinter, se démener (afanarse) | Se mettre en quatre (desvivirse por) | *~ de*, se défaire de, se débarrasser de | *~ en*, fondre en (fundirse), se répandre en (elogios), être rongé de (celos), se confondre en (excusas), fondre en (lágrimas) | *~ por algo*, avoir une envie folle de qqch. | *Estar deshecho*, être dans tous ses états (de inquietud), être bouleversé (consternado), être fourbu (de cansancio) || **~harrapado, a** adj/s Déguenillé, e || **~hebrar** vt Effilocher (sacar hilos) | Désenfiler (aguja) || **~hecho, a** adj Défait, e || **~helador** m Dégivreur || **~helar*** vt Dégeler | Dégivrer (una nevera) | — Vp Se dégeler, dégeler | Dégeler, débâcler (río) | Dégivrer (nevera) || **~herbar*** vt Désherber || **~heredado, a** adj/s Déshérité, e || **~heredar** vt Déshériter || **~hermanar** vt Désassortir, dépareiller || **~herrar*** vt Déferrer (caballo) | Ôter les fers à (prisionero) || **~herrumbrar** vt Dérouiller || **~hidratación** f Déshydratation || **~hidratar** vt Déshydrater || **~hielo** m Dégel | Dégivrage (de nevera, coche, etc) | Débâcle *f* (de río) | Fig. Dégel || **~hierba** f Désherbage *m* || **~hilachar** vt Effiler, effilocher | Effranger (desflecar) || **~hilar** vt Effiler, effilocher | Fig. Couper menu || **~hilvanado, a** adj Défaufilé, e; débâti, e | Fig. Décousu, e || **~hilvanar** vt Défaufiler, débâtir || **~hinchamiento** m Désenflure *f* || **~hinchar** vt Désenfler | Dégonfler (balón) | Fig. Exhaler (cólera) | — Vp Désenfler | Se dégonfler (balón, neumático) | Fam. En rabattre (disminuir sus pretensiones), se dégonfler (rajarse) || **~hojar** vt Effeuiller || **~hoje** m Effeuillement, effeuillaison *f*, défoliation *f* || **~hollinador** m Tête-de-loup *f*, hérisson | Ramoneur (limpiachimeneas) || **~hollinar** vt Ramoner || **~honestidad** f Indécence, déshonnêteté || **~honesto, a** adj Impudique, indécent, e (persona) | Malséant, e (cosas) || **~honor** m Déshonneur | Honte *f*, déshonneur (vergüenza) | Affront (afrenta) || **~honorar** vt Déshonorer || **~honra** f Déshonneur *m* | Honte (vergüenza) | *Tener a ~*, juger déshonorant || **~honrar** vt Déshonorer | — Vp Se déshonorer || **~honroso, a** adj Déshonorant, e; honteux, euse; indigne || **~hora** f Moment (*m*) inopportun | — Pl Heures supplémentaires | *A ~*, à une heure indue (fuera de tiempo), mal à propos, à contretemps (fuera de propósito) || **~huesamiento** m Désossement || **~huesar** vt Désosser | Dénoyauter (fruta) || **~humedecer*** vt Sécher.

desiderata mpl Desiderata (deseos).

desidi|a f Négligence | Nonchalance (despreocupación) || **~oso, a** adj Négligent, e | Nonchalant, e; mou, molle (despreocupado).

desierto, a adj Désert, e | Désertique | Vacant, e (premio) | — M Désert.

design|ación f Désignation || **~ar** vt Désigner | Indiquer (indicar) || **~io** m Dessein, projet : *con el ~ de*, dans le dessein de.

desigual adj Inégal, e | Accidenté, e; inégal, e; raboteux, euse (terreno) | Fig. Changeant, e (tornadizo), inégal, e (variable) | *Salir ~*, n'être pas égal, ne pas coïncider || **~ar** vt Rendre inégal *o* différent | Traiter différemment (tratar de manera diferente) | — Vp Prendre l'avantage, se distinguer (aventajarse) || **~dad** f Inégalité.

desilus|ión f Désillusion || **~ionante** adj Décevant, e || **~ionar** vt Désillusionner, décevoir.

desimanar o **desimantar** vt Désaimanter.

desincrust|ación f Détartrage *m* || **~ar** vt Détartrer.

desinencia f Gram. Désinence.

desinfec|ción f Désinfection || **~tante** adj/m Désinfectant, e || **~tar** vt Désinfecter.

desinfl|ado o **~amiento** m Dégonflage, dégonflement || **~ar** vt Dégonfler.

desintegr|ación f Désintégration || **~ar** Désintégrer.

desinter|és m (pl *desintereses*) Désintéressement | Indifférence *f*, désintérêt (indiferencia) || **~esarse** vp Se désintéresser.

desintoxic|ación f Désintoxication || **~ar** vt Désintoxiquer.

desist|imiento m Désistement ‖ **~ir** vi Renoncer à | Se désister (un candidato).
deslabonar vt Démailler.
deslastr|adura f Délestage *m* ‖ **~ar** vt Délester ‖ **~e** m Délestage.
deslav|ado m o **~adura** f Lavage (*m*) superficiel | Délavage *m* ‖ **~ar** vt Délaver, déteindre (desteñir) ‖ **~azado, a** adj FIG. Décousu, e (estilo) ‖ **~azar** vt Délaver.
desleal adj Déloyal, e ‖ **~tad** f Déloyauté.
desle|imiento m Délayage ‖ **~ír*** vt Délayer.
deslengu|ado, a adj FIG. Insolent, e | FAM. Fort en gueule (grosero) ‖ **~arse** vp FAM. Parler sans retenue (con insolencia), se laisser aller à des écarts de langage (groseramente).
desli|ar vt Délier, détacher (desatar) | Défaire (deshacer) | Clarifier, coller (vino) ‖ **~gadura** f Déliement *m* ‖ **~gar** vt Délier, dénouer | FIG. Dégager, délier (librar), débrouiller (desenredar) | MÚS. Détacher, piquer | — Vp Se détacher, perdre contact (perder contacto) | Se dégager, se libérer | S'éloigner (alejarse).
deslind|ar vt Borner, délimiter | FIG. Préciser, délimiter (precisar), distinguer (distinguir), éclaircir (aclarar) ‖ **~e** m Bornage, délimitation *f*.
desliz m Glissade *f* (personas) | Glissement (cosas) | FIG. Faux pas, faute *f* (falta) : *tener un ~*, faire un faux pas ‖ **~amiento** m Glissement (cosas), glissade (personas) ‖ **~ar** vt Glisser | — Vi/p Glisser : *~ entre las manos*, glisser des mains | — Vp Se glisser, se faufiler (escurrirse) | Coulisser (cinta) | FIG. Faire un faux pas, avoir un moment de faiblesse (cometer una falta), être sur la pente (ir hacia), filer, s'enfuir (escaparse).
deslomar vt Casser les reins | — Vp FAM. S'éreinter.
desluc|ido, a adj Terne, sans éclat, peu brillant, e ‖ **~imiento** m Manque d'éclat *o* de grâce ‖ **~ir*** vt Abîmer, gâcher (estropear) | Déparer (afear) | Discréditer (desacreditar).
deslumbr|ador, a o **~ante** adj Éblouissant, e ‖ **~amiento** m Éblouissement | FIG. Aveuglement (ceguera) ‖ **~ar** vt Éblouir, aveugler | FIG. Fasciner, éblouir (fascinar), jeter de la poudre aux yeux, éblouir (confundir), épater (asombrar).
deslustr|ado, a adj FAM. Décati, e | — M Dépolissage ‖ **~ar** vt Délustrer, ternir | Décatir (paño) | Déglacer (papel) | Dépolir (cristal) | FIG. Discréditer (desacreditar), déshonorer (deshonrar) ‖ **~e** m Ternissure *f* | Décatissage (del paño) | Déglaçage (del papel) | Dépolissage (del cristal) | FIG. Tache *f*, discrédit (descrédito), déshonneur (deshonra).
desmadej|ado, a adj Mou, molle (débil), dégingandé, e (desgarbado) ‖ **~amiento** m Faiblesse *f*, mollesse *f* (debilidad), dégingandement (desgarbo) ‖ **~ar** vt Affaiblir, couper bras et jambes | — Vp Se dégingander.
desmadr|arse vp FAM. Dépasser les bornes ‖ **~e** m FAM. Pagaille *f*.
desmallar vt Démailler.
desmán m Excès | Abus (abuso) | Malheur (desdicha) | ZOOL. Desman.
desmand|ado, a adj Désobéissant, e (desobediente) | Rebelle (rebelde) | À l'écart (desbandado) ‖ **~amiento** m Désobéissance *f* ‖ **~ar** vt Donner un contrordre (dar contraorden) | Annuler (una orden) | — Vp Dépasser les bornes (descomedirse) | Désobéir (desobedecer) | Faire bande à part (separarse) | Regimber (caballo) | S'écarter du troupeau (toro).
desmano (a) loc adv Hors de portée | *Me coge ~*, ce n'est pas sur mon chemin.
desmantel|amiento m Démantèlement | MAR. Dématage | FIG. Abandon ‖ **~ar** vt Démanteler | MAR. Démâter | FIG. Abandonner.
desmañ|a f Maladresse ‖ **~ado, a** adj/s Maladroit, e.
desmaquill|ador m Démaquillant ‖ **~ar** Démaquiller.
desmarcarse vp DEP. Se démarquer.
desmay|ado, a adj Évanoui, e (sin sentido) | Découragé, e (desanimado) | Épuisé, e (agotado) | Faible, affamé, e (hambriento) | Indolent, e | Pâle, éteint, e (color) ‖ **~ar** vt Causer un évanouissement, faire défaillir | Adoucir, estomper, éteindre (color) | — Vi Se décourager | — Vp S'évanouir, tomber en défaillance, défaillir ‖ **~o** m Évanouissement | Défaillance *f* (desfallecimiento).
desmed|ido, a adj Démesuré, e ‖ **~irse*** vp Dépasser les bornes.
desmedr|ado, a adj Chétif, ive ‖ **~ar** vt Détériorer | — Vi Déchoir, décliner, baisser, dépérir | — Vp Se détériorer, déchoir.
desmejor|a f o **~amiento** m Détérioration *f* | Affaiblissement *m*, dépérissement *m* (debilitación) ‖ **~ar** vt Détériorer, abîmer | — Vi/p Perdre la santé, s'affaiblir, dépérir (debilitarse) | Se dégrader, se détériorer.
desmelenar vt Écheveler | — Vp FAM. S'emballer.
desmembr|ación f o **~amiento** m Démembrement *m* ‖ **~ar*** vt Démembrer | FIG. Démembrer, disloquer.

desmemori|ado, a adj Qui a une mauvaise mémoire ‖ **~arse** vp Perdre la mémoire.
desment|ida f Démenti *m* ‖ **~ido** m *Amér.* Démenti ‖ **~ir*** vt/i Démentir.
desmenuz|able adj Friable ‖ **~amiento** m Émiettement ‖ **~ar** vt Émietter | Hacher menu (picar) | FIG. Examiner de près, passer au crible.
desmerec|er* vt Démériter de | — Vi Être inférieur à (ser inferior), perdre de sa valeur, baisser (perder valor) ‖ **~imiento** m Démérite.
desmesur|a f Excès *m*, démesure ‖ **~ado, a** adj Démesuré, e; excessif, ive ‖ **~ar** vt Dérégler, déranger | — Vp Dépasser les bornes, parler *o* agir sans retenue.
des|migajar o **~migar** vt Émietter, réduire en miettes ‖ **~militarización** f Démilitarisation ‖ **~militarizar** vt Démilitariser ‖ **~mineralizar** vt Déminéraliser ‖ **~mirriado, a** adj FAM. Rabougri, e; chétif, ive; malingre.
desmoch|ar vt Étêter, écimer (árbol) | FIG. Mutiler (obra) ‖ **~e** m Étêtement, écimage (árbol).
desmonetizar vt Démonétiser.
desmont|able adj Démontable | Amovible (que se quita) | — M **~** *para neumáticos*, démonte-pneu ‖ **~aje** m Démontage ‖ **~ar** vt Démonter | Désarmer (arma) | Déboiser (cortar árboles) | Défricher (campo) | Déblayer (quitar tierra) | Niveler (allanar) | Désarçonner (desarzonar) | — Vi Mettre pied à terre ‖ **~e** Déboisement (de árboles) | Déblaiement, terrassement (de un terreno) | Déblai (escombros) | Défrichement, défrichage (de una tierra).
desmoraliz|ación f Démoralisation ‖ **~ador, a** o **~ante** adj Démoralisant, e ‖ **~ar** vt Démoraliser.
desmoron|adizo, a adj Friable ‖ **~amiento** m Éboulement (derrumbamiento) | Éboulis (escombros) | Effritement (de la roca, tierra, etc) | FIG. Effritement, décomposition *f*, dégradation *f* ‖ **~ar** vt Ébouler, abattre (derrumbar) | Effriter (reducir a polvo) | FIG. Miner, saper, ruiner | — Vp S'ébouler (derrumbarse) | S'effriter (roca) | Tomber en ruine (casa) | FIG. S'écrouler (venirse abajo), tomber (el crédito, etc), s'effriter.
desmoviliz|ación f Démobilisation ‖ **~ar** vt Démobiliser.
desmultiplicación f Démultiplication | Braquet *m* (de bicicleta).
desnarigado, a adj Camus, e (chato) | Sans nez (sin nariz).
desnat|adora f Écrémeuse ‖ **~ar** vt Écrémer.
desnaturaliz|ación f Dénaturalisation | Dénaturation (alteración) ‖ **~ado, a** adj Dénaturé, e | Dénaturalisé, e (sin nacionalidad) ‖ **~ar** vt Dénaturaliser | Dénaturer (alterar).
desnivel m Dénivellement, dénivellation *f* | FIG. Déséquilibre : **~** *entre las regiones*, déséquilibre entre les régions ‖ **~ación** f Dénivellement *m*, dénivellation ‖ **~ar** vt Déniveler.
desnucar vt Rompre la nuque *o* le cou à | — Vp Se rompre le cou.
desnud|ar vt Déshabiller, dévêtir | FIG. Dépouiller, dénuder (despojar) | — Vp Se déshabiller ‖ **~ez** f Nudité ‖ **~ismo** m Nudisme ‖ **~ista** adj/s Nudiste ‖ **~o, a** adj Nu, e | Déshabillé, e (sin vestido) | FIG. Nu, e (sin nada), dénué de (falto de), clair, e; évident, e (patente) | *Al* **~**, à nu | *La verdad* **~**, la vérité toute nue | — M Nu.
desnutrición f Dénutrition, sous-alimentation, malnutrition.
desobed|ecer* vt Désobéir à ‖ **~iencia** f Désobéissance ‖ **~iente** adj/s Désobéissant, e.
desobligar vt Dégager, libérer (liberar) | Désobliger (causar disgusto).
desobstruir* vt Désobstruer.
desocup|ación f Désœuvrement *m*, oisiveté (ocio) | Chômage *m* (paro) ‖ **~ado, a** adj/s Désœuvré, e; oisif, ive (ocioso) | — Adj Libre : *un piso* **~**, un appartement libre | Inhabité, e (deshabitado) ‖ **~ar** vt Débarrasser (dejar libre) | Vider (vaciar) | Abandonner, quitter, évacuer (dejar) | — Vp Se libérer, se débarrasser.
desodor|ante adj|m Désodorisant, e ‖ **~izar** vt Désodoriser.
des|oír* vt Faire la sourde oreille à, ne pas écouter (no escuchar) | Faire fi de, ne pas tenir compte de (no tener en cuenta).
desol|ación f Désolation ‖ **~ador, a** adj Désolant, e (que aflige) | Dévastateur, trice ‖ **~ar*** vt Désoler | Ravager (asolar) | — Vp Se désoler ‖ **~dar*** vt Dessouder.
desolidarizarse vp Se désolidariser.
desoll|adero m Abattoir ‖ **~ador** adjm/m Écorcheur ‖ **~adura** f Écorchure (arañazo) | Écorchement *m* (de las reses) ‖ **~amiento** m Dépouillement ‖ **~ar*** vt Écorcher, dépouiller (animales) | FAM. Endommager (causar daño), matraquer, faire payer trop cher (vender caro), ruiner, plumer (en el juego), éreinter, esquinter (criticar) ‖ **~ón** m FAM Écorchure *f*.
desopilar vt MED. Désopiler.
desorbit|ado, a adj Exorbitant, e ‖ **~ar** vt Grossir, exagérer (exagerar) |

Amér. Affoler | — Vp Sortir de son orbite.

desorden m Désordre | Désordre, trouble (disturbio) | Excès (exceso) | FIG. Désordre, dérèglement || **~ado, a** adj Désordonné, e | FIG. Déréglé, e || **~ar** vt Mettre en désordre, déranger, désordonner | — Vp Se dérégler.

desorej|ado, a adj/s FAM. Dévergondé, e | *Amér.* Qui chante faux, qui n'a pas d'oreille | — Adj Sans anses (vasija) || **~ar** vt Couper les oreilles.

desorganiz|ación f Désorganisation || **~ador, a** adj/s Désorganisateur, trice || **~ar** vt Désorganiser | Désagréger, décomposer, dissoudre (desagregar).

desorient|ación f Désorientation | FIG. Perplexité, embarras *m* (perplejidad) || **~ar** vt Désorienter | FIG. Désorienter, troubler, déconcerter (turbar), égarer (extraviar).

desosar* vt V. DESHUESAR.

desorillar vt Couper la lisière, déborder.

desov|ar vi Frayer (peces) | Pondre (anfibios) || **~e** m Frai (peces) | Ponte *f* (anfibios).

des|ovillar vt FIG. Débrouiller, démêler, éclaircir (aclarar), encourager (animar) || **~oxidación** f Désoxydation | TECN. Décapage *m*, décapement *m* || **~oxidante** adj/m Désoxydant, e | TECN. Décapant, e || **~oxidar** vt Désoxyder | TECN. Décaper (un metal).

despabil|aderas fpl Mouchettes || **~ado, a** adj Éveillé, e (despierto) | FIG. Vif, vive; éveillé, e (vivo), débrouillard, e; dégourdi, e (avispado), intelligent, e (listo) || **~ar** vt Moucher (vela) | FIG. Dégourdir (avivar el ingenio), expédier (despachar), dilapider (dilapidar), subtiliser, voler (robar) | FAM. Expédier (matar) | — Vp Se réveiller, s'éveiller (despertarse) | FIG. Se secouer, se remuer (sacudirse) | *Amér.* Filer (marcharse).

despaci|o adv Lentement, doucement || **~oso, a** adj Lent, e || **~to** adv FAM. Tout doucement, lentement.

despach|aderas fpl Brusquerie *sing*, dureté *sing* (brusquedad) | Savoir-faire *msing* | *Tener buenas ~*, avoir de la repartie || **~ado, a** adj V. DESPACHAR | FAM. Effronté, e (descarado), expéditif, ive (rápido) || **~ante** m *Amér.* Agent en douane (de aduana), vendeur (dependiente) || **~ar** vt Envoyer (mandar) | Expédier (paquete), envoyer (carta) | Régler (negocio) | Conclure (convenio) | Vendre (mercancías) | Servir (a un cliente) | Débiter (vender al por menor) | Renvoyer, congédier (despedir) | FAM. Expédier (hacer rápidamente, matar) | — Vi Se dépêcher (darse prisa) | Avoir un entretien (sobre un asunto) | — Vp Se débarrasser, se défaire (librarse de) | Se dépêcher (apresurarse) || **~o** m Expédition *f*, envoi (envío) | Acheminement, expédition *f* (del correo) | Débit, vente *f* (venta) | Bureau (oficina) | Guichet (taquilla) | Débit (tienda) | Dépêche *f* (carta diplomática) | Communiqué (comunicado) | Titre (título) | Conclusion *f*, réalisation *f* (de un negocio) | MIL. Brevet | *Amér.* Épicerie *f* (tienda), bureau (puesto).

despachurrar vt V. DESPANCHURRAR.

despaldar o **despaldillar** o **despaletillar** vt Démettre l'épaule | FIG. Rompre l'échine, rosser.

despampan|ante adj FAM. Sensationnel, elle; épatant, e; extraordinaire (sorprendente), tordant, e (gracioso) || **~ar** vt AGR. Épamprer (vid), ébourgeonner (brotes) | FAM. Épater, ébahir (sorprender) | — Vp FAM. Se tordre (de risa).

despanchurrar o **despanzurrar** vt FAM. Étriper, écrabouiller, écraser (aplastar), éventrer (reventar).

desparejar vt Dépareiller, désassortir (descabalar) | Désaccoupler (animales).

desparpajo m FAM. Désinvolture *f*, sans-gêne, aplomb (aplomo) | Bagou (labia) | *Amér.* Désordre, fouillis.

desparram|ado, a adj V. DESPARRAMAR | Large (amplio), ouvert, e (abierto) || **~ar** vt Répandre | Éparpiller, disperser (esparcir) | Gaspiller, dissiper (derrochar) | —Vp Se répandre | FIG. Se distraire, s'amuser.

despatarr|ada f FAM. Grand écart *m* || **~ar** vt FAM. Écarter largement les jambes | FIG. Épater (asombrar) | — Vp Écarter les jambes | FIG. Tomber les quatre fers en l'air (caerse).

despavesar vt Moucher (vela).

despavor|ido, a adj Épouvanté, e; affolé, e; effrayé, e || **~irse*** vp S'effrayer, s'épouvanter, s'affoler.

despectivo, a adj Méprisant, e : *tono ~*, ton méprisant | GRAM. Péjoratif, ive : *término ~*, terme péjoratif.

despech|ar vt Dépiter | Désespérer (desesperar) | FAM. Sevrer (destetar) || **~o** m Dépit | FAM. Sevrage (destete) | *A ~ de*, en dépit de, malgré | *A ~ de todos*, envers et contre tous || **~ugado, a** adj FAM. Débraillé, e; dépoitraillé, e || **~ugar** vt Enlever le blanc [d'une volaille] | — Vp FAM. Se débrailler.

despedaz|amiento m Dépeçage, dépècement || **~ar** vt Dépecer, déchiqueter

| Mettre en pièces (hacer pedazos) | FIG. Déchirer (el corazón).

desped|ida f Adieux *mpl* | Renvoi *m*, licenciement *m*, congé *m* (de un empleado) ‖ **~ir*** vt Jeter, lancer (lanzar) | Projeter (proyectar) | Renvoyer (funcionario) | Congédier, renvoyer (personal doméstico), licencier, renvoyer (obrero, empleado) | Mettre dehors, mettre à la porte (echar) | Expulser (expulsar) | Éconduire (desairar) | Dégager, répandre (olor) | Reconduire, accompagner (acompañar) | — Vp Prendre congé, faire ses adieux à | Dire au revoir (decir adiós) | Se quitter (separarse) | Donner son congé (un empleado) | Renoncer à, faire son deuil de (renunciar a) | FAM. ~ *a la francesa*, filer à l'anglaise.

despedregar vt Épierrer.

despeg|ado, a adj Décollé, e | FIG. Détaché, e; indifférent, e (indiferente), revêche (áspero) ‖ **~amiento** m Détachement, indifférence *f* ‖ **~ar** vt Décoller | Détacher (separar) | — Vi Décoller (avión) ‖ **~o** m Détachement, indifférence *f* ‖ **~ue** m Décollage, envol.

despeinar vt Décoiffer, dépeigner.

despej|ado, a adj Sûr de soi, désinvolte (seguro de sí) | Éveillé, e; déluré, e (listo) | Ouvert, e ; *espíritu ~*, esprit ouvert | Vaste, spacieux, euse (amplio) | Dégagé, e (cielo, vía, frente) ‖ **~ar** vt Débarrasser | Dégager, déblayer (limpiar) | Dégager (frente, cabeza) | FIG. Balayer (quitar), se débarrasser de (librarse de), éclaircir (aclarar) | MAT. DEP. Dégager | — Vp Prendre de l'assurance (adquirir soltura) | S'éclaircir, se découvrir (cielo), se dégager (tiempo) | Se distraire, se divertir | *Salir a ~*, aller prendre l'air ‖ **~o** m Débarras | Déblaiement (de cosas pesadas) | Dégagement (de un camino) | Aisance *f*, désinvolture *f* (soltura) | Intelligence *f*, vivacité (*f*) d'esprit (talento) | Dégagement (esgrima).

despeluzar o **despeluznar** vt Ébouriffer | Hérisser (erizar).

despellejar vt Écorcher, dépouiller | FIG. Dire du mal de (criticar).

despensa f Garde-manger *m* | Provisions *pl* (provisiones).

despeñ|adero m Précipice ‖ **~ar** vt Précipiter, jeter, pousser | — Vp Se précipiter, se jeter.

despepitar vt Enlever les pépins *o* les grains, dénoyauter | — Vp S'égosiller (gritar) | Parler étourdiment (hablar sin concierto) | ~ *por algo*, brûler d'envie d'avoir qqch.

desperdici|ar vt Gaspiller (derrochar) | Gâcher (emplear mal) | Perdre (perder) | Ne pas profiter de (no aprovechar) ‖ **~o** m Gaspillage (derroche) | Déchet, reste (residuo).

desperdigar vt Disperser.

desperecer* vi Mourir | — Vp Désirer ardemment, mourir d'envie de.

desperezarse vp S'étirer.

desperfecto m Détérioration *f*, dommage, dégât (deterioro) | Imperfection *f*, défaut (defecto) | *Sufrir ~s*, être endommagé.

despernada f Grand écart *m* (ballet).

despert|ador m Réveille-matin, réveil ‖ **~ar*** vt Réveiller, éveiller | FIG. Éveiller (la atención), susciter (el interés), réveiller (recuerdos), ouvrir (el apetito) | — Vi/p S'éveiller, se réveiller | — M Éveil, réveil.

despiadado, a adj Impitoyable | Inhumain, e (inhumano).

despido m Licenciement (en una empresa) | Renvoi, congé (personal doméstico).

despierto, a adj Éveillé, e; réveillé, e | FIG. Vif, vive; dégourdi, e; éveillé, e.

despilfarr|ador, a adj/s Gaspilleur, euse ‖ **~ar** vt Gaspiller ‖ **~o** m Gaspillage (derroche) | Dépense (*f*) inconsidérée, folie *f* (gasto) | Profusion *f* (abundancia).

despimpollar vt AGR. Ébourgeonner.

despintar vt Effacer une peinture | Délaver (deslavar) | FIG. Défigurer, changer (cambiar) | — Vi Déparer | — Vp S'effacer (pintura), passer (lo teñido).

despiojar vt Épouiller, enlever les poux.

despist|ado, a adj/s Distrait, e; ahuri, e | *Estoy ~*, je suis complètement perdu ‖ **~ar** vt Dépister, dérouter | Mettre sur une fausse piste (orientar mal) | FIG. Faire perdre la tête (turbar), égarer (extraviar), désorienter (desorientar), dérouter (desconcertar) | — Vp S'égarer (perderse) | Déraper, faire une embardée (coche) | Dérouter, semer (desorientar) | FIG. S'affoler, perdre la tête (perder la cabeza) ‖ **~e** m Dérapage, embardée *f* (coche) | FIG. Distraction *f*, étourderie *f* (distracción), perplexité *f*, confusion *f* (confusión), désorientation *f*.

desplant|ador m AGR. Déplantoir ‖ **~ar** vt AGR. Dépiquer, déplanter | Dévier de la verticale | — Vp Perdre l'équilibre ‖ **~e** m Mauvaise attitude *f* (danza) | Effronterie *f*, impudence *f* (descaro) | Sortie *f*, incartade *f* (salida de tono).

desplaz|amiento m Déplacement ‖ **~ar** vt Déplacer | *Persona desplazada,* personne déplacée.
despl|egable m Dépliant ‖ **~egar*** vt Déplier | Déployer (bandera, vela) | FIG. Éclaircir (aclarar), montrer, faire preuve de (demostrar) | MIL. Déployer ‖ **~iegue** m Dépliage | MIL. Déploiement | *~ de combate,* dispositif de combat.
desplom|ar vt Faire pencher, incliner | — Vp S'incliner, pencher | Se laisser tomber (en un sillón) | S'écrouler, s'effondrer (derrumbarse) | S'abattre (caer pesadamente) | S'écrouler, s'effondrer (persona) ‖ **~e** m Écroulement (caída) | Saillie *f* (salidizo) ‖ **~o** m Surplomb.
desplumar vt Déplumer, plumer | FIG. Plumer (sacar dinero) | — Vp Perdre ses plumes, se déplumer.
despobl|ación f Dépeuplement *m,* dépopulation | *~ forestal,* déboisement ‖ **~ado** m Endroit inhabité o désert | *En ~,* en rase campagne ‖ **~amiento** m Dépeuplement, dépopulation *f* ‖ **~ar*** vt Dépeupler | Débarrasser de (despojar) | *~ de árboles,* déboiser | — Vp Se vider, être déserté, se dépeupler (lugar) | Se dégarnir (el pelo).
despoj|ar vt Dépouiller | Spolier (espoliar) | Enlever, ôter (quitar) | — Vp Se dépouiller | Se débarrasser de, enlever (quitarse) ‖ **~o** m Dépouille *f* (resto) | Dépouillement (acción) | Butin (botín) | — Pl Abats (de animal) | Restes (de comida) | Matériaux de démolition (escombros) | Dépouilles *f* (botín) | Restes (cadáver).
despolarizar vt Dépolariser.
despolitizar vt Dépolitiser.
desportill|adura f o **~amiento** m Ébrèchement *m* | Éclat *m,* fragment *m* (astilla) | Brèche *f* (mella) ‖ **~ar** vt Ébrécher.
despos|ado, a adj/s Jeune marié, e | — Adj Qui a les menottes (preso) ‖ **~ar** vt Marier | — Vp Épouser, se marier (casarse) | Se fiancer (contraer esponsales).
despose|er vt Déposséder ‖ **~ído, a** adj Démuni, e ‖ **~imiento** m Dépossession *f,* dépouillement.
desposorios mpl Fiançailles *f* (esponsales) | Mariage *sing,* noces *f* (boda).
déspota adj/m Despote.
desp|ótico, a adj Despotique | FIG. Despote ‖ **~otismo** m Despotisme.
despotricar vi FAM. Parler à tort et à travers (hablar sin reparo), déblatérer (criticar).
despreci|able adj Méprisable | Minime, insignifiant, e; négligeable (mínimo) | De peu de valeur (de poca monta) ‖ **~ar** vt Mépriser, dédaigner | — Vp Dédaigner, mépriser ‖ **~ativo, a** adj Méprisant, e; dédaigneux, euse ‖ **~o** m Mépris | Dédain (desdén) | Affront (afrenta).
desprend|er vt Détacher (separar) | Dégager (olor, vapor, etc) | Projeter (chispas) | — Vp Se détacher | Se dégager (emanar) | Jaillir (chispas) | Se décoller (retina) | FIG. Se dessaisir, se défaire (deshacerse de), se dégager, découler (deducirse) | *Por lo que se desprende de,* d'après ce que l'on peut déduire de ‖ **~ido, a** adj Généreux, euse (generoso), désintéressé, e ‖ **~imiento** m Générosité *f,* désintéressement | Détachement (desapego) | Éboulement (de tierra) | Éboulis (de rocas) | Dégagement (emanación) | Décollement (retina) | Descente (*f*) de Croix (pintura).
despreocup|ación f Insouciance | Négligence (descuido) | Absence de préjugés (falta de prejuicios) ‖ **~ado, a** adj/s Insouciant, e | Sans préjugés (sin prejuicios) ‖ **~arse** vp Se défaire d'un préjugé | Négliger, ne pas se soucier de (descuidarse) | Se distraire, se détendre (distraerse).
desprestigi|ar vt Discréditer, affaiblir le prestige (desacreditar) | Décrier (criticar) | — Vp Perdre son prestige ‖ **~o** m Perte (*f*) de prestige, discrédit.
desprevenido, a adj Dépourvu, e | Imprévoyant, e (poco precavido) | Au dépourvu, à l'improviste : *coger ~,* prendre au dépourvu.
desproporci|ón f Disproportion ‖ **~onar** vt Disproportionner.
despropósito m Sottise *f,* ânerie *f,* absurdité *f* (tontería) | Coq-à-l'âne (patochada) | Gaffe *f,* impair (metedura de pata) | *Con ~,* hors de propos, à contretemps.
desprov|eer vt Démunir ‖ **~isto, a** adj Dépourvu, e; dénué, e | Démuni, e; dénué, e; dépourvu, e (privado, falto).
después adv Après | Ensuite, puis (a continuación) | Plus tard, après (más tarde) | *~ de* (con participio pasado), une fois | *~ de hacerlo,* après l'avoir fait | *~ de todo,* après tout | *~ que,* après (con sustantivo o pronombre), après que, quand (con verbo).
despunt|ar vt Épointer, casser la pointe (quitar la punta) | Émousser (embotar) | — Vi Bourgeonner (planta) | FIG. Poindre (día), briller, montrer de l'esprit (tener agudeza), se distinguer (destacar) ‖ **~e** m Épointage | Émoussement (embotadura).

desquici|amiento m Bouleversement (trastorno) | Déséquilibre (desequilibrio) ‖ **~ar** vt Dégonder (puerta) | FIG. Ébranler, faire chanceler (hacer vacilar), bouleverser, déséquilibrer (trastornar), désaxer, déséquilibrer (desequilibrar).

desquijarar vt Démantibuler.

desquit|ar vt Rattraper, reprendre (recuperar) | Dédommager (resarcir) | — Vp Se dédommager (resarcirse) | Se rattraper (recuperar) | Prendre sa revanche | Se défouler (desfogarse) ‖ **~e** m Revanche *f*.

des|ramar vt Ébrancher, émonder ‖ **~ratización** f Dératisation ‖ **~ratizar** vt Dératiser ‖ **~riñonar** vt Éreinter, casser les reins ‖ **~rizar** vt Défriser.

destac|ado, a adj Remarquable (notable) | Saillant, e (saliente) | De choix : *un lugar ~*, une place de choix ‖ **~amento** m MIL. Détachement ‖ **~ar** vt MIL. Détacher | FIG. Faire ressortir, souligner, mettre en évidence (recalcar), distinguer (distinguir) | — Vi/p Briller, se faire remarquer, se distinguer (sobresalir) | — Vp Se détacher, ressortir (resaltar) | Se détacher (corredor) ‖ **~onar** vt Éculer (zapatos).

destaj|ero, a o **~ista** s Personne travaillant à forfait ‖ **~o** m Forfait (contrato de trabajo) | Entreprise (*f*) *o* travail à forfait (trabajo) | *A ~*, à forfait, à la pièce, à la tâche (trabajo), forfaitaire (precio).

destap|ar vt Déboucher (desatorar, destaponar) | Découvrir (quitar la tapa) | — Vp Se découvrir | FIG. S'ouvrir à (confiarse), se révéler (revelarse), dévoiler son jeu ‖ **~onar** vt Déboucher.

destartalado, a adj Disproportionné, e; mal conçu, e (desproporcionado) | Disloqué, e; démantibulé, e (descompuesto).

destejer vt Détisser, défaire | FIG. Détruire, défaire.

destell|ar vt Briller, étinceler (brillar) | Scintiller (centellear) | — Vt Émettre ‖ **~o** m Scintillement (centelleo) | Éclair (luz repentina) | Feu, éclat (resplandor) | FIG. Éclair, lueur *f* : *~ de genio*, éclair de génie.

destempl|ado, a adj Emporté, e; irrité, e (irritado) | Dérangé, e (desconcertado) | MÚS. Désaccordé, e | MED. Légèrement fiévreux, euse | Peu harmonieux, euse; criard, e (cuadro) | TECN. Détrempé, e (acero) ‖ **~anza** f Intempérie (del tiempo) | Intempérance (abuso) | FIG. Emportement *m* (impaciencia), excès *m* (exceso) | MED. Fièvre légère ‖ **~ar** vt Déranger | MÚS. Désaccorder | Détremper (acero) | — Vp Se déranger, se dérégler | MED. Avoir un peu de fièvre | FIG. S'emporter (irritarse) | TECN. Se détremper (acero) ‖ **~e** m MÚS. Désaccord, dissonance *f* | MED. Légère fièvre *f* | FIG. Altération *f*, désordre (desorden) | TECN. Détrempe *f* (acero).

desteñir* vt Déteindre | — Vp Déteindre.

desternillarse vp *~ de risa,* se tordre de rire, rire à gorge déployée.

desterrar* vt Exiler, bannir (exilar) | Enlever la terre (quitar la tierra) | FIG. Bannir, chasser (alejar) | — Vp S'expatrier, s'exiler.

destet|ar vt Sevrer ‖ **~e** m Sevrage.

destiempo (a) loc adv À contretemps, mal à propos.

destierro m Exil (exilio) | Bannissement (proscripción) | Exil, lieu d'exil (lugar).

destil|ación f Distillation | Distillat *m* (producto) | Écoulement *m*, flux *m* (de humores) ‖ **~ado** m Distillat ‖ **~ador** m Distillateur ‖ **~ar** vt Distiller | Filtrer (filtrar) | Exsuder (exudar) | — Vi Dégoutter (gotear) | Suinter (rezumar) | — Vp Être extrait de *o* obtenu par distillation de ‖ **~ería** f Distillerie.

destin|ación f Destination ‖ **~ar** vt Destiner | Envoyer (enviar) | Affecter, envoyer (militar, empleado, etc) | Affecter, destiner (suma) | — Vp Se destiner ‖ **~atario, a** s Destinataire ‖ **~o** m Destinée *f*, destin (hado) | Destination *f*, affectation *f* (afectación) | Place *f*, emploi, situation *f* (empleo) | *Con ~ a*, à destination de.

destitu|ción f Destitution ‖ **~ir*** vt Destituer | *~ de su cargo,* relever de ses fonctions.

des|tocarse vp Se découvrir ‖ **~torcedura** f Détorsion ‖ **~torcer*** vt Détordre | Redresser (enderezar) | — Vp MAR. Dériver ‖ **~torcido, a** adj Détors, e.

destornill|ado, a adj/s FIG. Étourdi, e (atolondrado), cinglé, e; toqué, e (loco) ‖ **~ador** m Tournevis ‖ **~ar** vt Dévisser | — Vp Se dévisser | FIG. Perdre la tête, divaguer.

destrabar vt Désentraver | Dégager (desprender).

destral m Hache *f*, hachette *f*.

destrenzar vt Dénatter.

destreza f Adresse, habileté, dextérité.

destrip|ar vt Étriper | Éventrer (reventar) | Écrabouiller (despachurrar) ‖ **~aterrones** m inv FAM. Paysan, croquant, cul-terreux.

destron|amiento m Détrônement | **~ar** vt Détrôner.

destroncar vt Couper, abattre (árbol) | Fig. Disloquer, démettre (dislocar), éreinter (cansar), interrompre, couper (interrumpir).

destroz|ar vt Mettre en pièces, déchirer (desgarrar) | Briser, casser, démolir, mettre en pièces (romper) | Abîmer (estropear) | Défaire (deshacer) | Mil. Défaire, mettre en déroute | Fig. Briser, déchirer (el corazón), démolir (salud), bouleverser, détruire (planes), épuiser, éreinter (agotar) | — Vp Se briser || **~o** m Destruction *f* | Désastre | Déroute *f* (derrota) | — Pl Débris (pedazos), dégâts (daño) || **~ón, ona** adj/s Brise-tout.

destru|cción f Destruction || **~ctivo, a** adj Destructif, ive || **~ctor, a** adj/s Destructeur, trice | Fig. Démolisseur, euse | — M Mar. Destroyer || **~ir*** vt Détruire | Anéantir, détruire (aniquilar) | Fig. Ruiner, détruire, anéantir (esperanza, proyecto), démolir, réduire à néant (argumento) | — Vp Mat. S'annuler.

desuello m Écorchement | Écorchure *f* (herida) | Fig. Toupet, effronterie *f* (descaro).

desuncir vt Dételer [les bœufs].

desun|ión f Désunion | Division || **~ir** vt Désunir | Diviser (dividir).

desus|ado, a adj Désuet, ète (anticuado) | Inusité, e (poco usado) | Inhabituel, elle (poco corriente) || **~ar** vt Ne plus avoir l'habitude de || **~o** m Désuétude *f*.

desustanciar vt Affaiblir (debilitar) | Annihiler, neutraliser (desvirtuar).

des|vaído, a adj Pâle, terne, éteint, e; passé, e (descolorido) || **~valido, a** adj/s Déshérité, e.

desvalij|amiento m Dévalisement || **~ar** vt Dévaliser.

desvalimiento m Abandon, délaissement.

desval|orar vt Dévaluer (moneda) | Dévaloriser, dévaluer (cosa) || **~orización** f Dévaluation (moneda) | Dévalorisation (cosa) || **~orizar** vt Dévaloriser, dévaluer, déprécier (cosa) | Dévaluer (moneda).

desván m Grenier.

desvanec|edor m Fot. Dégradateur || **~er*** vt Dissiper | Pâlir, effacer (colores) | Fig. Dissiper | — Vp S'évanouir | Pâlir, s'effacer (colores) | S'évanouir (desmayarse) | S'effacer (recuerdos) || **~imiento** m Évanouissement (desaparición, desmayo) | Effacement (de colores) | Dissipation *f* (de dudas).

desvar|iar vi Délirer | Déraisonner, divaguer (desatinar) || **~ío** m Délire (delirio) | Fig. Absurdité *f*, extravagance *f* (desatino), égarement, divagation *f* (divagación), folie *f* (locura), monstruosité *f* (monstruosidad), vicissitude *f*, caprice (capricho).

desvel|ado, a adj Éveillé, e || **~ar** vt Empêcher de dormir, tenir éveillé | — Vp Se réveiller (despertarse) | Fig. Se donner du mal, se mettre en quatre (desvivirse por) || **~o** m Insomnie *f* | Mal, peine *f* (esfuerzo) | Souci, inquiétude *f* (preocupación) | Dévouement : *el ~ por la causa común*, le dévouement à la cause commune.

desvencij|ado, a adj Branlant, e; déglingué, e (fam) [destrozado] | Détraqué, e (desarreglado) | Délabré, e (casa) || **~ar** vt Détraquer, déglinguer (fam) [desarreglar] | Délabrer (casa).

desvendar vt Débander.

desventaj|a f Désavantage *m* | Inconvénient *m* (inconveniente) || **~oso, a** adj Désavantageux, euse.

desventur|a f Malheur *m*, infortune || **~ado, a** adj/s Malheureux, euse; infortuné, e (desgraciado) | Avare, ladre (avaro) | Innocent, e (tonto).

desverg|onzado, a adj/s Effronté, e (descarado) | Dévergondé, e (sinvergüenza) || **~onzarse*** vp Manquer de respect à, être insolent avec | Se dévergonder (descomedirse) || **~üenza** f Effronterie (descaro) | Insolence, grossièreté (grosería) | Dévergondage *m* (mala conducta).

desvestir* vt Dévêtir, déshabiller.

desv|iación f Déviation | Fig. Écart *m* || **~iacionismo** m Déviationnisme || **~iacionista** adj/s Déviationniste || **~iar** vt Dévier | Détourner, écarter (apartar) | Dérouter (barco, avión) | Détourner (río)) | — Vp Dévier | Tourner (torcer) | S'éloigner, s'écarter (alejarse) | Se perdre (extraviarse) | Dériver (barco).

desvincular vt Délier | Détacher (separar).

desvío m Déviation *f* | Fig. Détachement, désaffection *f* (desapego).

desvirtuar vt Affaiblir | Fausser (alterar) | Fig. Dénaturer.

desvitalizar vt Dévitaliser.

desvivirse vp Désirer vivement, mourir d'envie de (desear) | Être fou de (estar loco por) | Se dépenser, se mettre en quatre (preocuparse por).

desyemar vt Ébourgeonner.

desyerbar vt Désherber, sarcler.

detall m *Al ~*, au détail | *Vender al ~*, détailler, vendre au détail || **~adamente** adv En détail || **~ar** vt Détailler || **~e** m Détail | Fig. Attention *f*, gentillesse *f* (amabilidad) | *Amér.* Commerce au détail | *Con ~s, con todo ~*, en détail | *Tener un buen ~*, avoir un beau geste || **~ista** s Détaillant, e.

detec|ción f Détection ‖ **~tar** vt Détecter ‖ **~tive** m Détective ‖ **~tor, a** adj/m Détecteur, trice.
deten|ción f Arrêt *m* | Attention (cuidado) | Retard *m*, délai *m* (demora) | DR. Détention ‖ **~er*** vt Arrêter (parar, arrestar) | Détenir (mantener preso) | Retarder, retenir (retrasar) | Détenir, garder, conserver (guardar, algo) | — Vp S'arrêter (pararse) | S'attarder (retrasarse) ‖ **~idamente** adv Longuement, attentivement, avec attention ‖ **~ido, a** adj/s Détenu, e (preso) | — Adj Long, longue; minutieux, euse; approfondi, e (minucioso) ‖ **~imiento** m Arrêt (arresto) | Retard (demora) | Soin, minutie *f*, attention *f* (cuidado) ‖ **~tación** f DR. Détention ‖ **~tador, a** adj/s DR. Détenteur, trice ‖ **~tar** vt DR. Détenir ‖ **~tor, a** adj/s Détenteur, trice.
detergente adj/m Détergent, e; détersif, ive.
deterior|ación f Détérioration ‖ **~ar** vt Abîmer, détériorer (estropear) | FIG. Détériorer | — Vp Se détériorer | FIG. Se détériorer, se dégrader ‖ **~o** m Détérioration *f*.
determin|ación f Détermination | Décision ‖ **~ado, a** adj V DETERMINAR | GRAM. Défini, e ‖ **~ante** adj/m Déterminant, e ‖ **~ar** vt Déterminer | Fixer, déterminer (fijar) | Décider, déterminer (decidir) | DR. Statuer sur, se prononcer sur | — Vp Se déterminer, se décider ‖ **~ativo, a** adj/m Déterminatif, ive ‖ **~ismo** m Déterminisme.
deters|ión f Détersion ‖ **~ivo, a** o **~orio, a** adj/m Détersif, ive; détergent, e.
detest|able adj Détestable ‖ **~ar** vt Détester, avoir en horreur, avoir horreur de.
deton|ación f Détonation ‖ **~ador** m Détonateur ‖ **~ante** adj/m Détonant, e ‖ **~ar** vi Détoner.
detra|cción f Médisance, dénigrement *m* (murmuración) ‖ **~ctor, a** adj/s Détracteur, trice ‖ **~er*** vt Soustraire (sustraer) | Dévier | FIG. Détracter, dénigrer (desacreditar).
detrás adv Derrière | *~ de*, derrière.
detrimento m Détriment : *en ~ de*, au détriment de.
detrito o **detritus** m Détritus.
deud|a f Dette : *contraer ~s*, faire des dettes ‖ **~o, a** s Parent, e | — Mpl Parenté *f* ‖ **~or, a** adj/s Débiteur, trice | FIG. *Ser ~ de alguien*, avoir des dettes envers qqn.
devalu|ación f Dévaluation ‖ **~ar** vt Dévaluer.
devan|adera f Dévidoir *m* ‖ **~ado** m Bobinage, enroulement ‖ **~ar** vt Dévider (hacer un ovillo) | Bobiner, enrouler (hacer un carrete).
devane|ar vi Divaguer, délirer ‖ **~o** m Amourette *f*, caprice (amorío) | Divagation *f*, élucubration *f* (delirio) | Frivolité *f*, bagatelle *f* (nadería).
devast|ación f Dévastation ‖ **~ador, a** adj/s Dévastateur, trice ‖ **~ar** vt Dévaster (destruir) | Ravager (asolar).
devengar vt Gagner, toucher (salario) | Rapporter (intereses) | *Intereses devengados*, intérêts échus.
devenir m FIL. Devenir.
devoci|ón f Dévotion | FIG. Sympathie, dévotion (afición) | Coutume, habitude (costumbre) ‖ **~onario** m Paroissien, missel.
devol|ución f Restitution, renvoi *m* | Remboursement (reembolso) | COM. Rendu *m* | Retour *m* (correo) : *~ al remitente*, retour à l'expéditeur | Dégagement *m* (de palabra) ‖ **~ver*** vt Rendre, restituer | FIG. Rendre (favor, visita), rendre, dégager de (palabra) | Retourner, renvoyer, réexpédier (correo) | Rembourser (reembolsar) | Retourner : *~ el cumplido a alguien*, retourner son compliment à qqn | FAM. Rendre (vomitar).
devor|ador, a adj Dévorant, e ‖ **~ar** vt Dévorer | FIG. Dévorer (destruir, tragar), dissiper (arruinar) | FIG. *~ con los ojos*, dévorer des yeux.
devot|ería f FAM. Bigoterie ‖ **~o, a** adj/s Dévot, e | Pieux, euse (piadoso) | Dévoué, e (servicial) : *su muy devote*, votre tout dévoué | — M Patron (santo).
devuelto, a pp de *devolver*.
dey m Dey.
deyección f Déjection.
día m Jour | Journée *f* : *un ~ hermoso*, une belle journée | Le... (quantième) : *el ~ seis de mayo*, le six mai | Fête *f* (onomástica) | Temps (tiempo) : *hace buen ~*, il fait beau temps | — Pl Jours (vida) | *A ~s*, certains jours | *Al ~*, à jour (al corriente), au jour le jour (con estrechez), par jour (diario) | *Al otro ~* ou *al ~ siguiente*, le lendemain | *Al romper* ou *al despuntar* ou *al rayar el ~*, au petit jour | *¡Buenos ~s!*, bonjour! | *Cada ~ más, cada ~ menos*, de plus en plus, de moins en moins | *Cada dos ~s*, tous les deux jours | *Cierto ~*, un beau jour | *Cualquier ~*, un de ces jours | *Dar los buenos ~s*, dire bonjour | *Del ~*, du jour (fresco), à la mode (de moda) | *De un ~ para otro*, d'un jour à l'autre | *~ D*, jour J | *~ de Año Nuevo*, jour de l'an | *~ de la Madre*,

fête des Mères | ~ *por* ~, jour pour jour | *El ~ de hoy*, au jour d'aujourd'hui | *El ~ de mañana*, demain (mañana), plus tard (más tarde) | *El mejor ~* ou *el ~ menos pensado*, un beau jour, quand on s'y attend le moins | *En los ~s de*, du vivant de, au temps de | *En mis ~s*, de mon temps | *En su ~*, en son temps, en temps voulu | *Estar al ~*, être à jour (sin retraso), être à la page (al corriente, de moda) | *Hacerse de ~*, paraître [le jour] | *Hoy ~* ou *hoy en ~* ou *en nuestros ~s*, de nos jours, à notre époque, à l'heure actuelle | *Mañana será otro ~*, demain il fera jour | *Por ~*, par jour | *Ser de ~*, faire jour | *Si algún ~*, si jamais | *Tener ~s*, avoir ses bons et ses mauvais jours | FAM. *Todo el santo ~*, à longueur de journée, toute la sainte journée | *Un buen ~*, un beau jour | *Un ~ de éstos*, un de ces jours | *Un ~ señalado*, un grand jour | *Un ~ sí y otro no*, un jour sur deux.

diab|etes f MED. Diabète *m* ‖ **~ético, a** adj/s Diabétique.

diab|la f FAM. Diablesse ‖ **~lear** vi Faire le diable ‖ **~ejo** o **~lillo** m Diable, diablotin ‖ **~lo** m Diable | *¡Como ~s!* ou *¡qué ~s!*, que diable! | *De mil ~s*, du diable, de tous les diables | *~ cojuelo*, diable boîteux | *Irse al ~*, aller au diable ‖ **~lura** f Diablerie | Niche (travesura) | Merveille, prouesse (hazaña) ‖ **~ólico, a** adj Diabolique.

diábolo o **diávolo** m Diabolo.

diacon|ado o **~ato** m Diaconat ‖ **~isa** f Diaconesse.

diácono m Diacre.

diadema f Diadème *m* (joya en la cabeza) | Serre-tête *m* (para el pelo).

diáfano, a adj Diaphane.

diafragma m Diaphragme.

diagn|osticar vt Diagnostiquer ‖ **~óstico, a** adj Diagnostique | — M Diagnostic.

dia|gonal adj/f Diagonal, e ‖ **~grama** m Diagramme.

dial|ectal adj Dialectal, e ‖ **~éctico, a** adj/f Dialectique | — S Dialecticien, enne ‖ **~ecto** m Dialecte | Langue *f* (idioma).

dialogar vt/i Dialoguer.

diálogo m Dialogue.

dialoguista s Dialoguiste.

diamant|ado, a adj Diamanté, e ‖ **~ar** vt Diamanter ‖ **~e** m Diamant ‖ **~ífero, a** adj Diamantifère ‖ **~ino, a** adj Diamantin, e ‖ **~ista** m Diamantaire.

diámetro m GEOM. Diamètre | Alésage (de cilindro de motor).

diana f MIL. Diane | Mouche (blanco).

diapasón m MÚS. Diapason.

diapositiva f FOT. Diapositive.

diari|amente adv Journellement, quotidiennement, chaque jour ‖ **~ero, a** s *Amér.* Marchand, marchande de journaux ‖ **~o, a** adj Journalier, ère; quotidien, enne | — M Journal, quotidien (periódico) | Journal (relación cotidiana) | COM. Livre-journal, journal | Dépense (*f*) quotidienne (gasto) | *A* ou *de ~*, tous les jours | *~ hablado*, journal parlé | *Traje de ~*, habit de tous les jours.

diarrea f MED. Diarrhée.

diáspora f Diaspora.

diástole f Diastole.

diatónico, a adj MÚS. Diatonique.

diatriba f Diatribe.

dibuj|ante adj/s Dessinateur, trice ‖ **~ar** vt/i Dessiner | FIG. Peindre (describir) | — Vp FIG. Se dessiner, se préciser ‖ **~o** m Dessin : *~ al carbón, a pulso, del natural*, dessin au fusain, à main levée, d'après nature | *~s animados*, dessins animés.

dicci|ón f Diction | Mot *m* (palabra) ‖ **~onario** m Dictionnaire ‖ **~onarista** s Lexicographe.

diciembre m Décembre.

dico|tiledón o **~tiledóneo, a** adj/s BOT. Dicotylédone ‖ **~tomía** f Dichotomie.

dict|ado m Dictée *f* (ejercicio) | — Pl FIG. Préceptes, commandements ‖ **~ador** m Dictateur ‖ **~adura** f Dictature ‖ **~áfono** m Dictaphone ‖ **~amen** m Opinion *f* | Avis (parecer) | Rapport (informe) | *~ médico*, diagnostic | *~ pericial*, expertise ‖ **~aminar** vt Opiner, estimer (opinar) | Conseiller (aconsejar) | Se prononcer (fallar) | Prescrire (médico) | DR. Rapporter ‖ **~ar** vt Dicter | Édicter (ley), passer (decreto), donner (órdenes), prendre (disposiciones) | Faire (una conferencia, clases, etc) ‖ **~atorial** adj Dictatorial, e ‖ **~erio** m Insulte *f*.

dich|a f Bonheur *m* (felicidad) | Chance (suerte) | *Por ~*, par bonheur, heureusement ‖ **~arachero, a** adj/s FAM. Bavard, e ‖ **~o, a** pp de *decir*. V. DECIR | — Adj dem Ce, cette | — M Pensée *f*, sentence *f*, mot | Phrase *f*, parole *f*, propos *pl* (frase) | Dicton (refrán) | FAM. Injure *f*, insulte *f* (insulto) | DR. Déposition *f*, déclaration *f* | — Pl Consentement *sing* (de los desposados) | Fiançailles *f* (esponsales) | *~ gracioso*, bon mot, mot pour rire ‖ **~oso, a** adj Heureux, euse (*con*, de) | FAM. Ennuyeux, euse; assommant, e (molesto), de malheur, sacré, e; maudit, e (maldito).

didáctico, a adj/f Didactique.
dieci|nueve adj/m Dix-neuf | Dix-neuvième (siglo) ‖ **~nueveavo, a** adj/s Dix-neuvième ‖ **~ochavo, a** adj/s Dix-huitième ‖ **~ocheno, a** adj Dix-huitième ‖ **~ocho** adj/m Dix-huit | Dix-huitième (siglo) ‖ **~séis** adj/s Seize | Seizième (siglo) ‖ **~seisavo, a** adj/s Seizième ‖ **~seiseno, a** adj Seizième ‖ **~siete** adj/m Dix-sept | Dix-septième (siglo) ‖ **~sieteavo, a** adj/s Dix-septième.
diedro adjm/m Dièdre.
Diego nprm Jacques.
dieléctrico, a adj/m Diélectrique.
diente m Dent *f* : *~ picado*, dent gâtée | ARQ. Pierre (*f*) d'attente (adaraja) | — Pl Dents *f*, dentelure *fsing* (de sello, etc) | FAM. *Aguzarse los ~s*, se faire la main. *Alargársele a uno los ~s*, en avoir l'eau à la bouche | *Dar ~ con ~, castañetearle a uno los ~s*, claquer des dents | *~ de ajo*, gousse d'ail | *~ de león*, pissenlit | *~s postizos*, fausses dents | *Echar los ~s*, faire *o* percer ses dents | FIG. *Hablar entre ~s*, parler entre ses dents | FAM. *Reir de ~s afuera*, rire jaune. *Tener a uno entre ~s*, avoir une dent contre qqn. *Tener buen ~*, avoir un bon coup de fourchette.
diéresis f GRAM. Diérèse | Tréma *m*, diérèse (signo ortográfico).
diesel adjm/m Diesel (motor).
diestr|a f Droite, main droite ‖ **~o, a** adj Droit, e | Adroit, e; habile (hábil) | *A ~ y siniestro*, à tort et à travers | — M Matador, torero.
diet|a f Diète (congreso) | MED. Diète | Régime *m* : *~ láctea*, régime lacté | — Pl Honoraires *m*, vacation *sing* (de juez) | Indemnité (*sing*) parlementaire (diputado) | Indemnité (*sing*) de déplacement (empleado) | Per diem *msing*, indemnité (*sing*) de séjour ‖ **~ario** m Agenda ‖ **~ético, a** adj/f Diététique.
diez adj Dix | Dixième (siglo) | — M Dix | Dizaine *f* (del rosario) | *Son las ~*, il est dix heures | *Unos ~*, une dizaine ‖ **~mar** vt Décimer ‖ **~milésimo, a** adj/s Dix-millième ‖ **~milímetro** m Dixième de millimètre ‖ **~millonésimo, a** adj/s Dix-millionième ‖ **~mo** m Dîme *f*.
difam|ación f Diffamation : *proceso por ~*, procès en diffamation. ‖ **~ador, a** adj/s Diffamateur, trice ‖ **~ar** vt Diffamer ‖ **~atorio, a** adj Diffamatoire, diffamant, e.
difásico, a adj Diphasé, e.
difer|encia f Différence | Différend *m* (controversia) | Décalage *m* (horario) | *A ~ de*, contrairement à, à la différence de | *Con la sola ~ de que*, à cette différence près que ‖ **~enciación** f Différenciation | MAT. Différentiation ‖ **~encial** adj/s Différentiel, elle ‖ **~enciar** vt Différencier | MAT. Différentier, différencier | — Vi Différer, diverger | — Vp Différer (no estar de acuerdo) | Être différent, différer (ser diferente) | Se distinguer (destacarse) ‖ **~ente** adj Différent, e ‖ **~ido, a** adj Différé, e | En différé (emisión) ‖ **~ir*** vt/i Différer.
difí|cil adj Difficile (*de*, à) | Ingrat, e : *cara ~*, visage ingrat ‖ **~icultad** f Difficulté : *poner dificultades*, faire des difficultés | Ennui *m*, difficulté (problema) | Inconvénient *m* (inconveniente) | — Pl Difficultés, embarras *m* (apuros) | Ennuis *m* (molestias) ‖ **~icultar** vt Rendre difficile, compliquer | Gêner (estorbar) ‖ **~icultoso, a** adj Difficultueux, euse; difficile | FAM. Disgracieux, euse; ingrat, e (rostro) | Compliqué, e (complicado).
difrac|ción f Diffraction ‖ **~tar** vt Diffracter.
dift|eria f MED. Diphtérie ‖ **~érico, a** adj/s Diphtérique.
difum|ar o **~inar** vt Estomper ‖ **~inación** f Estompage *m* (acción) | Fondu *m* (resultado) ‖ **~ino** m Estompage (acción) | Estompe *f* (lápiz) | *Dibujo al ~*, estompe.
difundir vt Répandre | Propager (propagar) | Diffuser (luz, radio) | Propager, répandre (divulgar).
difunto, a adj/s Défunt, e | — Adj Feu, e; *mi ~ padre*, feu mon père | *Día de los ~s*, jour des morts.
difus|ión f Diffusion ‖ **~o, a** adj Diffus, e ‖ **~or** m Diffuseur.
dig|erible o **~estible** adj Digestible, digeste ‖ **~erir*** vt Digérer | FIG. Digérer, avaler (tragar), assimiler (asimilar) ‖ **~estión** f Digestion ‖ **~estivo, a** adj/m Digestif, ive.
digit|ación f MÚS. Doigté *m* ‖ **~al** adj Digital, e | — F BOT. Digitale ‖ **~alina** f Digitaline.
dígito m MAT. Nombre simple.
dign|arse vp Daigner ‖ **~atario** m Dignitaire ‖ **~idad** f Dignité ‖ **~ificar** vt Rendre *o* déclarer digne ‖ **~o, a** adj Digne.
digresión f Digression.
dije m Pendeloque *f*, breloque *f* | FAM. Perle *f* (persona valiosa), bijou (cosa preciosa).
dilacerar vt Dilacérer | FIG. Lacérer (dañar).
dilación f Retard *m* (retraso) | Délai *m* (demora).
dilapid|ación f Dilapidation ‖ **~ador, a** adj/s Dilapidateur, trice ‖ **~ar** vt Dilapider.

dilat|ación f Dilatation ‖ **~adamente** adv Largement (anchamente) | Longuement (detalladamente) ‖ **~ador, a** adj Dilatant, e ‖ **~ar** vt Dilater | FIG. Retarder, différer (retrasar), faire traîner en longueur (dar largas), répandre (difundir) | — Vp Se dilater | FIG. S'étendre (extenderse) | *Amér.* Tarder (tardar) ‖ **~orio, a** adj DR. Dilatoire | — Fpl Retard *msing*, atermoiements *m*.
dilec|ción f Dilection ‖ **~to, a** adj Aimé e ; très cher, ère.
dilema m Dilemme.
diletant|e m Dilettante ‖ **~ismo** m Dilettantisme.
diligen|cia f Diligence (actividad, coche) | Démarche (gestión) | DR. Diligence, poursuite | *~s previas*, enquête ‖ **~ciar** vt Faire les démarches nécessaires pour obtenir ‖ **~te** adj Diligent, e.
dilucidar vt Élucider.
dilu|ción f Dilution ‖ **~ir*** vt Diluer, délayer (desleir) | QUÍM. Étendre, diluer.
diluv|iano, a adj Diluvien, enne ‖ **~iar** vi Pleuvoir à verse *o* à torrents ‖ **~io** m Déluge | FIG. Déluge, torrent (gran cantidad).
dimanar vi Couler (agua) | Provenir, émaner (proceder), découler (resultar).
dimensión f Dimension | *Dimensiones exteriores*, encombrement, dimensions hors-tout.
dimensional adj Dimensionnel, elle.
dimes y diretes loc FAM. Chamailleries *fpl*, discussions *fpl*.
diminu|ción f Diminution ‖ **~tivo, a** adj/m Diminutif, ive ‖ **~to, a** adj Très petit, e; tout petit, toute petite.
dimi|sión f Démission | *Hacer ~ de*, démissionner de ‖ **~sionario, a** adj/s Démissionnaire ‖ **~tente** o **~tido, a** adj/s Démissionnaire ‖ **~tir** vi Se démettre, démissionner, donner sa démission.
dina f FÍS. Dyne.
Dinamarca nprf Danemark *m*.
dinamarqués, esa adj/s Danois, e.
din|ámico, a adj/f Dynamique ‖ **~amismo** m Dynamisme ‖ **~amita** f Dynamite ‖ **~amitar** vt Dynamiter ‖ **~amitero, a** s Dynamiteur, euse ‖ **~amo** f Dynamo.
dínamo f Dynamo.
din|astía f Dynastie ‖ **~ástico, a** adj Dynastique.
diner|ada f o **~al** m o **~alada** f Grosse somme *f*, fortune *f*, somme *(f)* folle ‖ **~o** m Argent | Denier (moneda antigua) | FAM. Richesse *f*, argent (riqueza) | *De ~*, riche, qui a de l'argent | *~ al contado* ou *contante*, argent comptant | *~ contante y sonante*, espèces sonnantes et trébuchantes | *~ efectivo* ou *en metálico*, espèces | *~ suelto*, petite monnaie (calderilla), monnaie (moneda suelta) | *Hacer ~*, faire fortune, s'enrichir | *Invertir ~*, placer de l'argent.
dinosaurio m Dinosaure.
dintel m ARQ. Linteau.
diñar vt POP. *Diñarla*, casser sa pipe | — Vp POP. Se barrer, se tirer (irse).
diocesano, a adj/s Diocésain, e.
diócesis f Diocèse *m*.
diodo m ELEC. Diode *f*.
Diógenes nprm Diogène.
dionisiaco, a adj/fpl Dionysiaque.
Dionisio, a nprmf Denis, e.
dioptría f Dioptrie.
dios m Dieu, le bon Dieu (fam) | — Pl Dieux | *A ~ gracias*, Dieu merci, grâce à Dieu | *Alabado sea ~*, Dieu soit loué | *A la buena de ~*, au petit bonheur | *Anda* o *vete con ~*, adieu!, va en paix | *Como ~ manda*, comme il faut | FAM. *¡Con ~!*, adieu! | *¡~!*, *¡~ mío!*, mon Dieu! | *¡~ dirá!*, on verra bien! | *~ Hombre*, Dieu fait homme | *¡~ lo quiera!*, plaise à Dieu! | *~ mediante*, Dieu aidant, si Dieu le veut | *~ Padre, ~ Hijo*, Dieu le Père, Dieu le Fils | *Estaba de ~*, c'était à prévoir, c'était écrit | *Jurar por todos los ~es*, jurer ses grands dieux | *No quiera ~*, à Dieu ne plaise | FAM. *Pasar la de ~ es Cristo*, en voir de toutes les couleurs | *¡Por ~!*, mon Dieu! (¡Dios mío!), je vous en prie (por favor) | *¡Quiera ~!*, plaise à Dieu! | FAM. *Se armó la de ~ es Cristo*, il y a eu du grabuge | *Si ~ quiere*, s'il plaît à Dieu | FAM. *Todo ~*, tout le monde | *¡Válgame ~!*, grand Dieu! | *¡Vaya por ~!*, mon Dieu!, eh bien!
— OBSERV. Dios s'écrit obligatoirement avec une majuscule lorsqu'il représente l'Être suprême.
diosa f Déesse.
diplodoco m Diplodocus (fósil).
diplom|a m Diplôme ‖ **~acia** f Diplomatie ‖ **~ado, a** adj/s Diplômé, e ‖ **~ar** vt *Amér.* Diplômer ‖ **~ático, a** adj Diplomatique | FAM. Diplomate (sagaz) | — M Diplomate (persona) | — F Diplomatique (ciencia).
dipsomanía f Dipsomanie.
díptero, a adj/m Diptère.
díptico m Diptyque.
diptong|ar vt Diphtonguer ‖ **~o** m Diphtongue *f*.
diput|ación f Députation | *Amér.* Hôtel *(m)* de ville | *~ provincial*, conseil général ‖ **~ado** m Député | *~ provincial*, conseiller général ‖ **~ar** vt Députer, déléguer, mandater.

dique m MAR. Digue *f* (malecón), dock (en la dársena) | FIG. Frein (freno) | **~** *de carena,* bassin de radoub | **~** *flotante,* dock flottant | **~** *seco,* cale sèche | *Poner un* **~** *a,* endiguer.

diquelar vt POP. Reluquer (mirar), piger (entender).

dir|ección f Direction | Adresse (señas) | Sens *m* : **~** *única,* sens unique | Directorat *m,* direction (función de director) | **~** *a distancia,* téléguidage | **~** *escénica,* mise en scène | **~** *por radio,* radioguidage | *En* **~** *a,* en direction de || **~ectivo, a** adj Directif, ive | Directeur, trice (rector) | — F Comité (*m*) directeur, direction | Directive (orden) || **~ecto, a** adj Direct, e | — M Direct (boxeo) | — F Prise directe (coche) || **~ector, a** adj/s Directeur, trice | **~** *de emisión,* metteur en ondes | **~** *de escena,* metteur en scène | **~** *de orquesta,* chef d'orchestre | **~** *espiritual,* directeur de conscience *o* spirituel || **~ectoral** adj Directorial, e || **~ectorio, a** adj Directif, ive | — M Répertoire (de direcciones) | Guide (guía) | Directoire (asamblea) || **~ectriz** adj/f Directrice | — Fpl Directives (instrucciones) || **~igente** adj/s Dirigeant, e || **~igible** adj/m Dirigeable || **~igir** vt Diriger | Adresser (palabra, carta) | Dédier (dedicar) | Mettre en scène (cine, teatro) | — Vp Se diriger vers, gagner (ir hacia) | S'adresser (hablar) || **~igismo** m Dirigisme || **~igista** adj/s Dirigiste.

dirim|ente adj DR. Dirimant, e || **~ir** vt Faire cesser, régler (resolver) | Annuler (anular).

discern|ible adj Discernable || **~imiento** m Discernement | DR. Nomination (*f*) à une charge | **~ir*** vt Discerner | Conférer une charge (encargar) | DR. Nommer à une tutelle *o* à une charge.

disciplin|a f Discipline || **~ante** adj/s Pénitent, e || **~ar** vt Discipliner | Flageller (azotar) | — Vp Se discipliner || **~ario, a** adj/m Disciplinaire.

discípulo, a s Disciple | Élève (alumno, escolar).

disc|o m Disque | Feu (semáforo) | FAM. Barbe *f* (pesadez), chanson *f* (cantinela) | **~** *de señales,* disque (ferrocarril) | **~** *selector,* cadran (teléfono) || **~óbolo** m Discobole || **~ófilo, a** s Discophile || **~oidal** o **~oideo, a** adj Discoïdal, e; discoïde.

díscolo, a adj Indocile, turbulent, e.

dis|conforme adj Pas d'accord || **~conformidad** f Désaccord *m,* divergence (discrepancia) || **~continuidad** f Discontinuité || **~continuo, a** adj Discontinu, e || **~conveniencia** f Discordance || **~convenir*** vi Ne pas être d'accord (no estar de acuerdo) | Ne pas aller ensemble (desentonar).

discord|ancia f Discordance, désaccord *m* | Divergence (de opiniones) || **~ante** adj Discordant, e || **~ar*** vi Être en désaccord | Diverger (diferir) | Discorder (colores, música) || **~e** adj D'un avis différent, pas d'accord | MÚS. Discordant, e; dissonant, e || **~ia** f Discorde | DR. *Tercero en* **~**, tiers arbitre.

discoteca f Discothèque.

discr|eción f Discrétion | Réserve, retenue, discrétion (reserva) | Intelligence, bon sens *m* (cordura) | Vivacité d'esprit, esprit *m,* finesse (ingenio) | *A* **~** *de,* à la disposition de || **~ecional** adj Facultatif, ive | Discrétionnaire (arbitrario) | *Servicio* **~**, service spécial (autobús) || **~epancia** f Divergence, discordance || **~epante** adj Divergent, e || **~epar** vi Diverger, être en désaccord | Être différent, différer || **~etear** vi Faire le bel esprit | Marivauder || **~eteo** m FAM. Beaux discours *pl* | Marivaudage (en amor) | Affectation (*f*) d'esprit (ostentación) || **~eto, a** adj Discret, ète (reservado) | Intelligent, e; sage, sensé, e (cuerdo) | Fin, e; spirituel, elle (agudo) | — S Personne (*f*) sage *o* sensée | Personne (*f*) d'esprit || **~iminación** f Discrimination || **~iminar** vt Discriminer || **~iminatorio, a** adj Discriminatoire.

disculp|a f Excuse | *Dar* **~***s,* fournir des excuses | *Pedir* **~***s a alguien,* présenter des excuses à qqn || **~able** adj Excusable, pardonnable || **~ar** vt Disculper | FIG. Excuser : *discúlpeme,* excusez-moi.

discurrir vi Penser, réfléchir (*en,* à) | Parcourir, aller (andar) | Couler (líquido) | Passer (tiempo) | Se passer | — Vt Imaginer, inventer.

discurs|ear vi FAM. Faire des discours, pérorer || **~ista** s Discoureur, euse || **~ivo, a** adj Réfléchi, e; méditatif, ive (meditativo) | Discursif, ive || **~o** m Discours | Raisonnement (razonamiento) | Cours (del tiempo).

discu|sión f Discussion || **~tible** adj Discutable, sujet à discussion || **~tir** vt/i Discuter | Débattre (precio) | Contester : *libro muy discutido,* livre très contesté.

disec|ación f Dissection | Empaillage *m,* empaillement *m* || **~ador, a** s Dissecteur, euse | Empailleur, euse || **~ar** vt Disséquer | Empailler (conser-

var un animal muerto) || **~ción** f Dissection | Empaillage *m*.
disemin|ación f Dissémination || **~ar** vt Disséminer.
disensión f Dissension.
disentería f MED. Dysenterie.
disent|imiento m Dissentiment || **~ir*** vi Ne pas être d'accord, diverger | Différer (diferir).
diseñ|ador m Dessinateur || **~ar** vt Dessiner || **~o** m Dessin | Description *f* (descripción) | Conception *f*.
disert|ación f Dissertation | Exposé *m*, conférence (conferencia) || **~ar** vi Disserter || **~o, a** adj Disert, e.
disform|ar vt Déformer || **~e** adj Difforme || **~idad** f Difformité.
disfraz m Déguisement | Travesti, déguisement (traje) | FIG. Déguisement, fard (disimulación), masque (apariencia) || **~ar** vt Déguiser | FIG. Déguiser (disimular), masquer (encubrir), travestir, maquiller (transformar) | — Vp Se déguiser, se travestir (*de*, en).
disfrut|ar vt Posséder (poseer) | Profiter de (aprovechar) | — Vi Jouir | S'amuser (divertirse) || **~e** m Jouissance *f*.
disfum|ar o **~inar** vt Estomper || **~ino** m Estompe *f*.
disgreg|ación f Désagrégation || **~ar** vt Désagréger.
disgust|ado, a adj Fâché, e (enfadado) | Déçu, e (decepcionado) | Contrarié, e; désolé, e (pesaroso) || **~ar** vt Déplaire | Contrarier, désoler (contrariar) | Fâcher (enfadar) | — Vp Se fâcher (enfadarse) | En avoir assez de (hartarse) || **~o** m Contrariété *f* | Ennui, contrariété *f*, désagrément, déboire (desagrado) | Malheur, ennui (revés) | Chagrin, peine *f* (pena) | Dégoût (tedio) | Brouille *f* (desavenencia) . | *A ~*, à contrecœur, à regret | *Estar a ~ en*, ne pas se plaire à.
disid|encia f Dissidence || **~ente** adj/s Dissident, e.
disilábico, a o **disílabo, a** adj Dissyllabique, dissyllabe | — M Dissyllabe.
disimetría f Dissymétrie.
disimétrico, a adj Dissymétrique.
disimil|ación f Dissimilation || **~ar** vt Dissimiler.
disimilitud f Dissimilitude.
disimul|ación f Dissimulation || **~ador, a** adj/s Dissimulateur, trice || **~ar** vt Dissimuler | Excuser, pardonner (disculpar) | Cacher, dissimuler (ocultar) | — Vi Feindre le contraire de ce que l'on pense || **~o** m Dissimulation *f* | Indulgence *f*, tolérance *f* (tolerancia) | Déguisement, détours *pl*, dissimulation *f* (rodeos) | *Con ~*, en cachette.
disip|ación f Dissipation || **~ador, a** adj/s Dissipateur, trice || **~ar** vt Dissiper | — Vp Se dissiper, s'évaporer (desaparecer) | Se ruiner (arruinarse).
dislate m Sottise *f*, bourde *f*.
dislo|cación o **~cadura** f Dislocation | Déboîtement *m* (huesos) | Déplacement *m* (vértebras) || **~car** vt Disloquer | Déboîter, démettre (huesos) | Fouler (tobillo) | Déplacer (vértebras) | FAM. *Estar dislocado*, être fou de joie || **~que** m Dislocation *f* | FAM. Merveille *f* (maravilla), folie *f* (locura) | *Es el ~*, c'est le comble.
disminu|ción f Diminution | Abaissement *m* (de la temperatura) || **~ir*** vt/i Diminuer.
disoci|ación f Dissociation || **~ar** vt Dissocier.
disol|ubilidad f Solubilité, dissolubilité || **~uble** adj Soluble, dissoluble || **~ución** f Dissolution | QUÍM. Solution || **~uto, a** adj/s Dissolu, e || **~vente** adj/m Dissolvant, e | — M Solvant || **~ver*** vt Dissoudre | FIG. Disperser.
dison|ancia f Dissonance || **~ante** adj Dissonant, e; discordant, e || **~ar*** vi Dissoner | FIG. Manquer d'harmonie (no concordar).
dispar adj Différent, e; dissemblable || **~ada** f *Amér.* Fuite (fuga) || **~ador** m Tireur | Détente *f* (de arma) | FOT. Déclencheur, déclic | Échappement (de reloj) || **~ar** vt Tirer un coup de, décharger (descargar) | Tirer (apuntar) | Jeter, lancer (arrojar) | Décocher (flecha) | — Vi Tirer, faire feu (hacer fuego) | FIG. Déraisonner (decir tonterías) | *Amér.* S'enfuir | FAM. *Estar disparado*, ne pas tenir en place. *Salir disparado*, partir comme une flèche | — Vp Se décharger, partir (arma) | Se précipiter (arrojarse) | S'emballer (caballo, motor) | FIG. Monter en flèche (precios) || **~atado, a** adj Absurde, extravagant, e | Disparate (inconexo) || **~atar** vi Déraisonner, dire *o* faire des absurdités || **~ate** m Sottise *f*, idiotie *f*, absurdité *f* (tontería) || **~ejo, a** adj Inégal, e; dissemblable || **~idad** f Disparité || **~o** m Décharge *f* | Coup de feu (tiro) | Décochement (de una flecha) | Tir, shoot (fútbol) | FIG. Sottise *f* (disparate), attaque *f* (ataque).
dispendi|o m Gaspillage || **~oso, a** adj Dispendieux, euse.
dispens|a f Dispense || **~able** adj Dispensable || **~ador, a** adj/s Dispensateur, trice || **~ar** vt Dispenser (distribuir, eximir de) | Excuser, pardonner (disculpar) | *Dispense usted,*

pardon, excusez-moi || **~ario** m Dispensaire.
dispepsia f MED. Dyspepsie.
dispers|ar vt Disperser || **~ión** f Dispersion || **~o, a** adj Dispersé, e.
displic|encia f Froideur, sécheresse (en el trato) | Nonchalance (descuido) | Découragement *m* (desaliento) || **~ente** adj Déplaisant, e | Acrimonieux, euse; acerbe (desabrido) | Nonchalant, e (descuidado).
disp|oner* vt Disposer, ordonner | — Vi Disposer | — Vp Se disposer || **~onibilidad** f Disponibilité || **~onible** adj Disponible | En disponibilité, en non-activité (empleado) || **~osición** f Disposition | Disposition, agencement *m* (de una casa) | FIG. Disposition | Ordonnance (ordenación) | FIG. Disposition | *A su ~,* à votre service | *~ de ánimo,* état d'esprit | *~ escénica,* mise en scène | *Estar en ~ de,* se trouver en état de | DR. *Tercio de libre ~,* quotité disponible | *Última ~,* dernières volontés || **~ositiva** adjf *Parte ~,* dispositif || **~ositivo** m Dispositif || **~uesto, a** adj Disposé, e | Dispos, e | Prêt, e (preparado) | Serviable (servicial) | *Lo ~,* les dispositions.
disput|a f Dispute | *Sin ~,* sans conteste || **~ar** vt/i Disputer, discuter (discutir) | Disputer (reñir) | — Vp Se disputer.
disquisición f Étude (examen) | Digression.
disruptor m Déflecteur (avión) | ELEC. Disrupteur.
dist|ancia f Distance : *mantener a ~,* tenir à distance | MEC. *~ entre ejes,* empattement || **~anciar** vt Éloigner, écarter (apartar) | Distancer (dejar atrás) | *Estar distanciado,* être en froid *o* brouillé, ne plus voir | — Vp Se séparer (separarse) | Ne plus voir (no ver) || **~ante** adj Distant, e | Éloigné, e (alejado) || **~ar** vi Être éloigné de | FIG. Être loin : *dista de ser bueno,* il est loin d'être bon.
disten|der* vt Distendre | — Vp Se claquer (músculo) || **~sión** f Distension | Claquage *m* (de un músculo) | Détente (en política).
distin|ción f Distinction | Considération (miramiento) | *A ~ de,* à la différence de || **~guido, a** adj Distingué, e || **~guir** vt Distinguer | Rendre hommage (homenajear) | — Vp Se distinguer || **~tivo, a** adj Distinctif, ive | — M Signe distinctif | Insigne (señal) | Qualité (*f*) distinctive || **~to, a** adj Distinct, e | Différent, e (diferente).
distorsión f Distorsion.
distra|cción f Distraction | Dissipation, dérèglement *m* (de costumbres) || **~er*** vt Distraire | Distraire, amuser, délasser (divertir) | Distraire, détourner (fondos) | Détourner (desviar) | — Vp Se distraire || **~ído, a** adj Distrayant, e | — Adj/s Distrait, e.
distribu|ción f Distribution | Répartition (reparto) || **~idor, a** adj/s Distributeur, trice || **~ir*** vt Distribuer.
distrito m District, secteur, territoire | Arrondissement (en una ciudad) | Secteur (marítimo) | Code (postal) | *~ universitario,* Académie.
disturb|ar vt Perturber, troubler || **~io** m Trouble.
disua|dir vt Dissuader || **~sión** f Dissuasion || **~sivo, a** adj De dissuasion : *fuerza ~,* force de dissuasion.
disuelto, a adj Dissous, oute.
disyun|ción f Disjonction, séparation || **~tivo, a** adj/f Disjonctif, ive | — F Alternative, choix *m* || **~tor** m Disjoncteur.
dita f Caution | *Amér.* Dette (deuda) | *Vender a ~,* vendre à crédit.
ditirámbico, a adj Dithyrambique.
ditirambo m Dithyrambe.
diurético, a adj/m Diurétique.
diurno, a adj Diurne.
diva f Déesse | Diva (cantante) | FIG. Vedette (estrella).
divag|ación f Divagation || **~ador, a** adj Divagateur, trice || **~ar** vi Divaguer.
diván m Divan.
diverg|encia f Divergence || **~ente** adj Divergent, e || **~ir** vi Diverger.
diver|sidad f Diversité || **~sificación** f Diversité, diversification || **~sificar** vt Diversifier || **~sión** f Divertissement *m,* distraction | MIL. Diversion || **~so, a** adj Divers, e | Divers, e; différent, e (diferente) | Plusieurs (varios) || **~tido, a** adj Amusant, e; drôle; divertissant, e || **~tir*** vt Divertir, amuser | Détourner, éloigner (apartar) | — Vp Se distraire, s'amuser (distraerse) | Se divertir (a costa de alguien).
divid|endo m Dividende || **~ir** vt Diviser | Partager (repartir) | *Divide y vencerás,* diviser pour régner.
divieso m Furoncle.
divin|atorio, a adj Divinatoire || **~idad** f Divinité | FIG. Dieu *m,* divinité || **~ización** f Divinisation || **~izar** vt Diviniser | FIG. Déifier, se faire un dieu de || **~o, a** adj Divin, e | Mystique, religieux, euse (místico) | FIG. Divin, e.
divis|a f Devise (moneda, lema, pensamiento) | Insigne *m,* devise (señal) | DR. Divis *m* (partición) | TAUR. Cocarde || **~ar** vt Distinguer, apercevoir.

divis|ibilidad f Divisibilité ‖ **~ible** adj Divisible ‖ **~ión** f Division | GRAM. Trait (*m*) d'union | FIG. Partage *m*, divergence (discrepancia), division, discorde (disensión) ‖ **~or, a** adj Sous-multiple | — M Diviseur ‖ **~orio, a** adj Qui divise, diviseur (sin fem).

divo, a adj Divin, e | — M Dieu (pagano) | — S Chanteur, diva (de ópera) | FIG. Vedette *f* (estrella).

divorci|ar vt Séparer, prononcer le divorce de | — Vp Divorcer : *se ha divorciado de su marido,* elle a divorcé de son mari ‖ **~o** m Divorce.

divulg|ación f Divulgation | Vulgarisation (de conocimientos) ‖ **~ador, a** adj/s Divulgateur, trice ‖ **~ar** vt Divulguer.

do m MÚS. Do, ut | FAM. *Dar el ~ de pecho,* se surpasser | — Adv Où (donde), d'où (de donde).

dobl|adillo m Ourlet : *sacar el ~,* donner l'ourlet ‖ **~ado, a** adj Doublé, e | Plié, e (plegado) ‖ **~adura** f Pli *m* ‖ **~aje** m Doublage, postsynchronisation (cine) ‖ **~amiento** m Pliage ‖ **~ar** vt Plier | Courber, plier, recourber (curvar) | Tordre (torcer) | Fléchir, plier, courber (ceder) | Tourner (dar vuelta) | Doubler (duplicar) | Rabattre (dobladillo) | Contrer (naipes) | FIG. Plier, soumettre, réduire (someter) | Doubler (cine) | Fausser (una llave) | — Vi Doubler (duplicar) | Tourner (en una calle) | Plier (ceder) | Sonner [le glas] (las campanas) | TAUR. S'écrouler | — Vp Se plier | Se courber (encorvarse) | Ployer, se courber (árbol) | Plier, se plier à (ceder) ‖ **~e** adj Double : *con* ou *a ~ sentido,* à double sens | FIG. Faux, fausse; fourbe, double (hipócrita) | *Ser ~ de,* être deux fois plus | — M Double | Pli (pliegue) | Glas (toque de campana) | Chope *f* (de cerveza) | Doublure *f* (cine) | Double (tenis) | *~ contra sencillo,* deux contre un | *~ especial,* cascadeur (cine) | *~ o nada,* quitte ou double | *El ~ que,* deux fois plus que | — Adv Double ‖ **~egable** adj Pliable | FIG. Souple ‖ **~egar** vt Plier | FIG. Assouplir, plier, faire fléchir, soumettre (carácter) | — Vp Se plier | Fléchir, se plier (ceder) ‖ **~ete** m GRAM. Doublet | Doublé (caza) ‖ **~ez** m Pli | — F Fausseté, duplicité (falsedad) ‖ **~ón** m Doublon.

doc|e adj/m Douze : *el 12 de agosto de 1980,* le 12 août 1980 | *Las ~ de la noche,* minuit | *Las ~ del día,* midi | *Unos ~,* une douzaine ‖ **~ena** f Douzaine | *A* ou *por ~s,* à la douzaine, par douzaines.

docente adj Enseignant, e : *cuerpo ~,* corps enseignant | D'enseignement : *centro ~,* centre d'enseignement.

dócil adj Docile | Obéissant, e.

docilidad f Docilité.

dock m Dock ‖ **~er** m Docker.

doct|o, a adj/s Savant, e ‖ **~or, a** s Docteur (sin fem) : *~ en ciencias,* docteur ès sciences | MED. Docteur, doctoresse ‖ **~orado** m Doctorat ‖ **~oral** adj Doctoral, e ‖ **~orar** vt Conférer le titre de docteur | — Vp Être reçu docteur.

doctrin|a f Doctrine | Enseignement *m* (enseñanza) | Catéchisme *m* (catecismo) | Mission (misión religiosa) ‖ **~ar** vt Instruire | FIG. Endoctriner ‖ **~ario, a** adj/s Doctrinaire ‖ **~o** m Orphelin élevé dans un collège.

document|ación f Documentation | Papiers *mpl* (de identidad) ‖ **~al** adj/m Documentaire ‖ **~alista** s Documentaliste ‖ **~ar** vt Documenter ‖ **~o** m Document | — Pl Papiers (de identidad) | *~ justificativo,* pièce justificative | *~ Nacional de Identidad,* carte d'identité.

dodecaedro m Dodécaèdre.

dodecafónico, a adj Dodécaphonique.

dodecágono m Dodécagone.

Dodecaneso nprm Dodécanèse.

dodecasílabo, a adj/m Dodécasyllabe (verso).

dogal m Licou (para animal).

dogaresa f Dogaresse.

dogm|a m Dogme ‖ **~ático, a** adj/s Dogmatique ‖ **~atismo** m Dogmatisme ‖ **~atizar** vi Dogmatiser.

dogo m Dogue.

doladera f Doloire.

dólar m Dollar.

dol|encia f Indisposition, maladie, infirmité ‖ **~er*** vi Avoir mal à, faire mal : *me duele la cabeza,* j'ai mal à la tête, la tête me fait mal | Souffrir (sufrir) | Regretter (sentir) | *Estar dolido,* être peiné | — Vp Regretter (lamentar) | Plaindre, avoir pitié de (compadecer) | Se plaindre (quejarse) | S'affliger (afligirse) ‖ **~iente** adj Qui fait mal, douloureux, euse (que duele) | — Adj/s Malade, souffrant, e (enfermo).

dolmen m Dolmen.

dolo m DR. Dol (fraude).

dolor m Douleur *f* | Mal : *tener ~ de muelas,* avoir mal aux dents | FIG. Peine *f*, chagrin (pena) | *~ de corazón,* contrition | *~ de costado,* point de côté | *~ de estómago,* mal à l'estomac, crampe d'estomac ‖ **~ido, a** adj Endolori, e | FIG. Affligé, e; désolé, e; brisé de douleur ‖ **~oso, a** adj Douloureux, euse | Désolant, e; lamentable, déplorable (de lamentar).

doloso, a adj DR. Dolosif, ive.

dom|a f Domptage *m* (de fieras) | Dressage (adiestramiento) | FIG. Domestication, domptage *m* (de las pasiones) ‖ **~able** adj Domptable ‖ **~ador, a** s Dompteur, euse (de fieras) | Dresseur, euse (de otros animales) ‖ **~adura** f Domptage *m* | Dressage *m* (adiestramiento) ‖ **~ar** vt Dompter | Dresser (adiestrar) | Briser (zapatos) ‖ **~eñar** vt Assouplir, dompter, soumettre (someter) | Maîtriser, dompter (domar) ‖ **~esticación** f Domestication, apprivoisement *m* | Domptage *m* (animal salvaje) ‖ **~esticar** vt Apprivoiser (amansar) | Domestiquer ‖ **~esticidad** f Domesticité ‖ **~éstico, a** adj Domestique | Ménager, ère : *aparatos ~s*, appareils ménagers | — S Domestique, employé, employée de maison.

domicili|ar vt Domicilier | — Vp Être domicilié ‖ **~ario, a** adj Domiciliaire | — S Habitant, e ‖ **~o** m Domicile | *~ social*, siège social.

domin|ación f Domination | Rétablissement *m* (gimnasia) | — Pl REL. Dominations ‖ **~ador, a** adj/s Dominateur, trice ‖ **~anta** adjf Dominatrice | — F FAM. Femme forte ‖ **~ante** adj Dominant, e (que sobresale) | Dominateur, trice : *espíritu ~*, esprit dominateur | — F Dominante ‖ **~ar** vt Dominer | Dominer, contrôler (tener control) | Dominer, maîtriser (los nervios, una rebelión) | Maîtriser (incendio) | Posséder (un idioma) | — Vi Dominer, surplomber | — Vp Se dominer, se maîtriser.

dómine m FAM. Professeur de latin | FIG. Magister (pedante).

doming|o m Dimanche : *el ~ pasado*, dimanche dernier; *lo haré el ~*, je le ferai dimanche | *Hacer ~*, ne pas travailler, faire la fête.

Domingo, a nprmf Dominique.

domingu|ero, a adj FAM. Du dimanche ‖ **~illo** m Poussah.

domin|ical adj Dominical, e.

Dominica nprf Dominique.

Dominicana (República) nprf République Dominicaine.

dominic|ano, a adj/s Dominicain, e ‖ **~o, a** adj/s Dominicain, e (religioso).

dominio m Domaine | Autorité *f*, pouvoir (autoridad) | Domination *f* (señorío) | FIG. Maîtrise *f*, parfaite connaissance *f* (de un idioma) | Maîtrise *f* (de las pasiones) | Empire sur, maîtrise (*f*) de (control) | Dominion (état) | *Perder el ~ de sí mismo*, perdre le contrôle de soi-même | *Recobrar el ~ de sí mismo*, reprendre ses esprits.

dominó m Domino.

domo m ARQ. Dôme.

don m Don (regalo, talento) : *~ de gentes*, don de plaire | Monsieur [devant un prénom] : *señor ~ Fulano de Tal*, monsieur Un tel.

Don Quijote nprm Don Quichotte.

don|ación f Donation, don *m* ‖ **~ador, a** adj/s Donneur, euse | — S Donateur, trice ‖ **~aire** m Grâce *f*, élégance *f*, allure *f* | Esprit, finesse *f* ‖ **~ante** adj/s Donneur, euse | — S Donateur, trice ‖ **~ar** vt Faire don de, offrir ‖ **~atario, a** s Donataire ‖ **~ativo** m Don, présent.

doncel m Damoiseau.

doncell|a f Jeune fille (joven) | Demoiselle (señorita) | Femme de chambre (criada) | Pucelle (virgen) ‖ **~ez** f Virginité.

donde adv Où | Là où (allá) : *~ tú me dijiste*, là où tu m'as dit | Chez (a casa de) | *A ~*, où (con movimiento) | *~ sea*, n'importe où | *En ~*, où | *¡Mira por ~!*, tu as vu? | *Por ~*, d'où | *¿Por ~?*, pourquoi? (¿por qué?), par où? (¿por qué sitio?) ‖ **~quiera** adv N'importe où | Partout où (en todas partes).

— OBSERV. *Dónde* interrogatif est toujours accentué.

dondiego m BOT. Belle-de-nuit *f* | *~ de día*, belle-de-jour.

donos|o, a adj Spirituel, elle (chistoso) | Enlevé, e (estilo) | Beau, belle; drôle, fameux, euse (con ironía) : *¡~ ocurrencia!*, drôle d'idée! ‖ **~ura** f Esprit *m*, finesse | Grâce (gracia).

doña f Madame [devant le prénom].

dop|ar vt Doper ‖ **~ing** m Doping.

doquier o **doquiera** adv N'importe où | *Por ~*, partout.

dor|ada f Daurade, dorade (pez) ‖ **~ado, a** adj Doré, e | D'or (de oro) | Rissolé, e (cocina) | — M Dorure *f* ‖ **~adura** f Dorure, dorage *m*, doré *m* ‖ **~ar** vt Dorer | *Hacer ~*, rissoler (cocina).

Dordoña nprf Dordogne.

dórico, a adj Dorique | — Adj/m Dorien, enne (lengua).

dorífora f Doryphore *m*.

dorio, a adj/s Dorien, enne.

dorm|idera f BOT. Pavot *m* ‖ **~ido, a** adj Endormi, e | FIG. Endormi, e; engourdi, e | — F Somme *m* (sueño) ‖ **~ilón, ona** adj/s FAM. Grand dormeur, grande dormeuse | — F Chaise longue (tumbona) ‖ **~ir*** vi Dormir | Coucher, passer la nuit (pasar la noche) | *¡A ~!*, au lit! | FIG. *Ser de mal ~*, être mauvais coucheur | — Vt Endormir, faire dormir | — Vp S'endormir | FIG. S'engourdir, s'endormir (entumecerse), dormir (descansar) ‖ **~itar** vi Sommeiller, somno-

ler ‖ **~itivo, a** adj/m Dormitif, ive | FIG. Soporifique ‖ **~itorio** m Chambre (*f*) à coucher (alcoba) | Dortoir (común).
dors|al adj Dorsal, e | — M Dossard ‖ **~o** m Dos | Verso (de una página).
dos adj/m Deux | *De ~ en ~*, deux par deux | *~ a ~*, deux par deux | *~ por ~*, deux fois deux | *Ellos ~* ou *entre los ~*, à eux deux | FAM. *En un ~ por tres*, en moins de deux | *Los ~*, tous deux, tous les deux | FIG. *No hay ~ sin tres*, jamais deux sans trois | *Una de ~*, de deux choses l'une ‖ **~cientos, as** adj/s Deux cents | Deux cent... (seguido de otra cifra).
dosel m Dais (palio) | Ciel de lit (de cama).
dos|ificación f Dosage *m* ‖ **~ificador** m Doseur ‖ **~ificar** vt Doser ‖ **~is** f Dose | *~ de recuerdo*, rappel [d'un vaccin].
dot|ación f Dotation | MAR. Équipage *m* (tripulación) | Personnel *m* (personal) | Dot (dote) ‖ **~ar** vt Doter | Pourvoir, doter (proveer) | Douer, doter (favorecer) | Affecter (renta, dignidad) | Équiper (tripular) ‖ **~e** f Dot | — Pl Don *msing*, aptitude *sing*, qualité *sing* (cualidad).
dovela f ARQ. Voussoir *m*.
dozavo, a adj/s Douzième.
dracma f Drachme.
draconiano, a adj Draconien, enne.
drag|a f Drague | Dragueur *m*, dragueuse (barco) ‖ **~ado** m Dragage, draguage ‖ **~ador, a** adj/s Dragueur, euse ‖ **~aminas** m inv Dragueur de mines ‖ **~ar** vt Draguer.
dragea f Dragée (píldora).
dragón m Dragon.
dram|a m Drame ‖ **~ático, a** adj Dramatique | — F Art (*m*) dramatique ‖ **~atismo** m Dramatique ‖ **~atizar** vt Dramatiser ‖ **~aturgo** m Dramaturge, auteur dramatique.
drape|ado m Drapé ‖ **~ar** vt Draper.
drástico, a adj/s Drastique | — Adj Draconien, enne.
dren|aje m Drainage ‖ **~ar** vt Drainer.
driblar vt Dribbler.
dril m Coutil (tela).
drive m Drive (pelota rasante).
driza f MAR. Drisse.
drog|a f Drogue ‖ **~adicto, a** adj/s Drogué, e ; toxicomane ‖ **~ado** m Dopage, doping ‖ **~ar** vt Droguer | Doper ‖ **~uería** f Droguerie, marchand (*m*) de couleurs ‖ **~uero, a** o **~ista** s Droguiste.
dromedario m Dromadaire.
druida, esa s Druide, esse.
drupa f BOT. Drupe.
dual|idad f Dualité ‖ **~ismo** m Dualisme, dualité.
dubitativo, a adj Dubitatif, ive.
duc|ado m Duché (territorio) | Titre de duc *o* de duchesse (título) | Ducat (moneda) ‖ **~al** adj Ducal, e.
ducentésimo, a adj/s Deux-centième.
dúctil adj Ductile | Souple (maleable) | FIG. Accommodant, e.
ductilidad f Ductilité | FIG. Souplesse.
duch|a f Douche | FIG. *~ de agua fría*, douche écossaise ‖ **~ar** vt Doucher | — Vp Prendre une douche, se doucher.
ducho, a adj Expert, e; fort, e; ferré, e.
dud|a f Doute *m* | *No cabe ~* ou *no hay ~* ou *sin lugar a ~s*, il n'y a pas de doute | *Sacar de ~s*, dissiper les doutes | *Salir de ~*, savoir à quoi s'en tenir | *Sin ~ alguna*, sans aucun doute ‖ **~able** adj Douteux, euse ‖ **~ar** vi Douter | Se demander (preguntarse) | Hésiter à (vacilar) | — Vt Douter de ‖ **~oso, a** adj Hésitant, e | Douteux, euse (incierto).
duela f Douve.
duelo m Duel (combate) | Douleur (*f*) profonde, chagrin (dolor) | Deuil (luto) | Cortège funèbre (cortejo) | — Pl Fatigues *f*, peines *f*.
duende m Lutin, esprit follet | — Pl Charme *sing* (encanto).
dueñ|a f Maîtresse | Dame (señora) | Duègne (dama de compañía) | Propriétaire (de una casa) ‖ **~o** m Maître | Propriétaire (propietario) | *~ y señor*, seigneur et maître | *Hacerse ~ de*, se rendre maître de | *Ser ~ de sí mismo*, être maître de soi | *Ser muy ~ de*, être parfaitement libre de.
Duero nprm Douro.
dul|ce adj Doux, douce | Sucré, e (azucarado) | — M Confiture *f* | Entremets (manjar) | — Pl Sucreries *f*, friandises *f* | *~ de fruta*, pâte de fruits ‖ **~cera** f Compotier *m* ‖ **~cería** f Confiserie ‖ **~cificar** vt Adoucir, dulcifier ‖ **~zaina** f MÚS. Sorte de pipeau ‖ **~zarrón, ona** o **~zón, ona** adj Douceâtre | FIG. Doucereux, euse (persona) ‖ **~zor** m o **~zura** f Douceur *f*.
dumping m COM. Dumping.
duna f Dune.
dúo m MÚS. Duo.
duo|decimal adj Duodécimal, e ‖ **~décimo, a** adj/s Douzième ‖ **~deno, a** adj (P. us.) Douzième | — M ANAT. Duodénum.
dúplex m Duplex.

dupl|icación f Reproduction, duplication ‖ **~icado, da** adj Doublé, e (doblado) | En *o* par duplicata | Bis (número de calle) | *Por ~*, en double [exemplaire] ‖ **~icado** m Duplicata, double ‖ **~icador** m Duplicateur ‖ **~icar** vt Doubler, multiplier par deux | Reproduire (reproducir) | — Vp Doubler ‖ **~icidad** f Duplicité ‖ **~o, a** adj/m Double.

duqu|e m Duc ‖ **~esa** f Duchesse.

dur|abilidad f Durabilité ‖ **~able** adj Durable ‖ **~ación** f Durée | Longueur (longitud) ‖ **~adero, a** adj Durable ‖ **~aluminio** m Duralumin ‖ **~amadre** o **~amáter** f ANAT. Dure-mère ‖ **~ante** adv/prep Pendant | Durant ‖ **~ar** vi Durer | Rester, demeurer, être encore (quedarse) ‖ **~azno** m Variété de pêche | Pêcher (árbol) | *Amér.* Pêche *f* ‖ **~eza** f Dureté | Durillon *m* (callo) ‖ **~ita** f Durit.

durmiente adj Dormant, e | — M Traverse *f* (de ferrocarril) | CONSTR. Dormant.

duro, a adj Dur, e | FIG. Dur, e (cruel, penoso), heurté, e (estilo), anguleux, euse (perfil), tranché, e (color) | — Adv Fort, fortement (fuerte) | Dur | *Darle ~ al trabajo*, abattre de la besogne | — M Douro (cinco pesetas).

dux m Doge.

e

e f E *m*.

e conj Et.

ebanist|a m Ébéniste ‖ **~ería** f Ébénisterie.

ébano m Ébène *f* (madera).

ebri|edad f Ébriété ‖ **~o, a** adj/s Ivre.

Ebro nprm Èbre.

ebullición f Ébullition.

eccehomo m *Estar hecho un ~*, être dans un piteux état.

eccema m Eczéma ‖ **~toso, a** adj Eczémateux, euse.

eclampsia f MED. Éclampsie.

ecl|ecticismo m Éclectisme ‖ **~éctico, a** adj/s Éclectique.

eclesiástico, a adj/m Ecclésiastique.

ecl|ipsar vt Éclipser ‖ **~ipse** m Éclipse *f* ‖ **~ipsis** f Ellipse (elipsis) ‖ **~íptico, a** adj/f Écliptique.

eclisa f TECN. Éclisse.

eco m Écho : *hacerse ~ de una declaración*, se faire l'écho d'une déclaration | *~s de sociedad*, mondanités, carnet du jour *o* mondain (reseña en los periódicos).

ecología f Écologie.

ecológico, a adj Écologique.

ecologista o ecólogo, a s Écologiste.

econ|omato m Économat ‖ **~omía** f Économie : *~ política, planificada*, économie politique, dirigée | FAM. *Hacer ~s de chicha y nabo* ou *del chocolate del loro*, faire des économies de bouts de chandelle ‖ **~ómico, a** adj Économique | Économe (persona) | Financier, ère : *situación ~*, situation financière | Ladre (avaro) ‖ **~omista** s Économiste ‖ **~omizar** vt Économiser.

ecónomo, a s Économe.

ectoplasma m Ectoplasme.

ecu|ación f Équation ‖ **~ador** m Équateur ‖ **~ánime** adj D'humeur égale ‖ **~animidad** f Égalité d'humeur | Impartialité ‖ **~atorial** adj Équatorial, e ‖ **~atoriano, a** adj/s Équatorien, enne.

ecuestre adj Équestre.

ecum|énico, a adj Œcuménique ‖ ‖ **~enismo** m Œcuménisme.

eczema m Eczéma.

ech|ado, a adj FAM. *~ para adelante*, hardi, intrépide (hombre) ‖ **~adora** f | *~ de buenaventura*, diseuse de bonne aventure | *~ de cartas*, tireuse de cartes ‖ **~amiento** m Jet ‖ **~ar** vt Jeter : *~ por la borda, chispas*, jeter par-dessus bord, des étincelles | Envoyer, lancer (pelota) | Verser (agua, lágrimas) | Mettre (carta, sal, etc) | Répandre, dégager (olor) | Jeter, tendre (redes) | Jeter, mettre dehors, expulser (expulsar) | Congédier, renvoyer, mettre à la porte | Rejeter (culpa, responsabilidad) | Pousser (raíces) | Percer, faire (dientes) | Commencer à pousser (hojas, pelo) | Mettre (remiendo, multa, cerrojo) | Tirer, pousser (cerrojo) | Poser (ventosas) | Parier (apostar) | Dire (buenaventura, patrañas) | Réciter (versos) | Faire (sermón, cálculos, cuentas, partida de cartas, etc) | Chanter (canción) | Donner : *¿qué edad le echas?*, quel âge lui donnes-tu? | Passer, donner, jouer (película) | Mettre (tardar) | Coucher, mettre au lit | Jeter, lancer (mirada) | *~ a*, se mettre à, commencer à (llorar, correr, etc) | *~ abajo*, renverser, abattre (derribar).

détruire, démolir (destruir) | ~ *a perder,* abîmer, endommager (estropear), manquer, rater (salir mal) | ~ *atrás,* pencher | ~ *a volar,* prendre son vol, s'envoler | ~ *de,* donner à (beber, comer, etc) | ~ *de menos,* s'ennuyer de, regretter, manquer : *echo de menos a mis hijos,* mes enfants me manquent | ~ *de ver,* remarquer | FIG. *Echarlo todo a rodar,* envoyer tout promener *o* bouler | ~ *por,* prendre : ~ *por la derecha,* prendre à droite (tomar), entrer dans (escoger una carrera) | ~ *por largo,* calculer largement | — Vp Se jeter (arrojarse) | Se verser (de beber) | S'étendre, se coucher, s'allonger | Couver (aves) | Tomber (viento) | Ramener (pelo) | FIG. S'adonner à (bebida), s'offrir (comprarse) | MAR. Se coucher | *Amér.* Porter (zapatos) | FAM. ~ *a morir* ou *a temblar,* se mettre à trembler, être pris de peur | ~ *a perder,* se gâter, s'abîmer (cosa), mal tourner (persona) | FIG. ~ *atrás,* faire machine arrière, se raviser | ~ *de ver,* être évident | ~ *encima,* tomber dessus (caer), gagner (noche) | *Echárselas de,* faire le.

echarpe m Écharpe *f* (chal).

edad f Âge *m* : *no aparentar su* ~, ne pas faire son âge; *la Edad Media,* le Moyen Âge | Époque | Temps *m* : *por aquella* ~, en ce temps-là | *De cierta* ~, d'un certain âge | *De corta* ou *poca* ~, en bas âge | *De* ~, âgé | *De* ~ *provecta,* d'un grand âge | *De* ~ *temprana,* en pleine jeunesse | *De más* ~, plus âgé | *De mediana* ~, entre deux âges | ~ *de la razón* ou *del juicio,* âge de raison | ~ *del pavo,* âge ingrat | *Edad Moderna,* Temps modernes | *En* ~ *escolar,* d'âge scolaire | *Entrado en* ~, âgé | *Mayor, menor* ~, majorité, minorité | *Ser mayor* ou *menor de* ~, être majeur *o* mineur | *Tener* ~ *para,* être en âge de.

edecán m Aide de camp.

edelweiss m BOT. Edelweiss.

edema f Œdème *m.*

edén m Eden.

edición f Édition : ~ *príncipe, en rústica,* édition princeps, brochée.

edicto m Édit.

edific|ación f Construction, édification (edificio) | FIG. Édification (ejemplo) || **~ador, a** adj/s Bâtisseur, euse (que construye) | — Adj Édifiant, e || **~ante** o **~ativo, a** adj Édifiant, e || **~ar** vt Édifier, bâtir, construire | FIG. Édifier | — Vp S'édifier, se construire || **~io** m Édifice, bâtiment | Immeuble (casa).

edil m Édile.

edit|ar vt Éditer | Publier || **~or, a** adj D'édition | — S Éditeur, trice | — F Éditeur *m,* maison d'édition, éditions *pl* (casa) || **~orial** adj De l'édition | — M Éditorial | — F Maison d'édition, éditions *pl* || **~orialista** m Éditorialiste.

edredón m Édredon.

Eduardo nprm Édouard.

educ|ación f Éducation || **~ado, a** adj Élevé, e; éduqué, e : *mal* ~, mal élevé | Poli, e || **~ador, a** adj/s Éducateur, trice || **~ando, a** adj/s Élève | — M Enfant de troupe || **~ar** vt Élever (criar) | Éduquer, élever (formar) | — Vp Être élevé || **~ativo, a** adj Éducatif, ive.

edulcorar vt Édulcorer.

efe f F *m.*

efebo m Éphèbe.

efect|ismo m Effet, tape-à-l'œil || **~ista** adj Qui aime faire de l'effet || **~ividad** f Caractère (*m*) effectif || **~ivo, a** adj Effectif, ive | *Hacerse* ~, prendre effet | — M Effectif | *En* ~, en espèces : *pagar en* ~, payer en espèces || **~o** m Effet : *causar buen* ~, faire un bel effet | Trompe-l'œil (pintura) | — Pl Effets (bienes) | *Causar gran* ~, faire de l'effet | *~s de comercio,* effets de commerce | *~s sonoros,* bruitage (cine, etc) | FAM. *Hacer un* ~ *bárbaro,* faire un effet bœuf | *Llevar a* ~, mettre à exécution | *Surtir* ~, faire de l'effet (medicina), prendre effet (ley) || **~uar** vt Effectuer, faire.

efemérides fpl Éphéméride *sing.*

effervesc|encia f Effervescence || **~ente** adj Effervescent, e.

efic|acia f Efficacité || **~az** adj Efficace.

efigie f Effigie.

efímero, a adj Éphémère | — F Éphémère *m* (cachipolla).

efluvio m Effluve.

efracción f Effraction.

efus|ión f Effusion | MED. Épanchement *m* || **~ivo, a** adj Expansif, ive.

égida f Égide.

egipcio, a adj/s Égyptien, enne.

Egipto nprm Égypte *f.*

egiptólogo, a s Égyptologue.

égloga f Églogue.

ego|céntrico, a adj Égocentrique || **~centrismo** m Égocentrisme || **~ísmo** m Égoïsme || **~ísta** adj/s Égoïste.

egregio, a adj Illustre.

egresar vi *Amér.* Sortir (escuela, facultad, etc).

eider m Eider (pato de flojel).

eira m Eyra (puma).

eje m Axe : ~ *de revolución,* axe de révolution | Essieu (de rueda) | Arbre : ~ *de levas, motor,* arbre à

cames, moteur | FIG. *Partir a uno por el ~*, jouer un sale tour à qqn.
ejecu|ción f Exécution (proyecto, condenado, deudor, música) | Jeu *m* (actor) | Saisie (embargo) | DR. *~ de embargo*, saisie-exécution | *Poner en ~*, mettre à exécution || **~tante** s Exécutant, e || **~tar** vt Exécuter (proyecto, condenado, reclamar un pago) | Jouer (teatro) | DR. Saisir (embargar) | — Vi Exécuter || **~tivamente** adv Rapidement || **~tivo, a** adj Exécutif, ive | Expéditif, ive (rápido) | — M Exécutif | Cadre supérieur || **~tor, a** s Exécuteur, trice || **~torio, a** adj Exécutoire. | — F Lettres (*pl*) de noblesse | DR. Exécutoire *m*.
ejempl|ar adj Exemplaire | — M Exemplaire (unidad) | Numéro (de una revista) | Spécimen | FAM. *¡Menudo ~!*, drôle de numéro! || **~aridad** f Caractère (*m*) exemplaire || **~arizar** vt Servir d'exemple à || **~ificar** vt Démontrer *o* illustrer par des exemples || **~o** m Exemple : *a ~ de*, à l'exemple de | *Tomar por ~* ou *como ~*, prendre comme exemple *o* pour modèle.
ejerc|er vt/i Exercer (profesión, autoridad) | — Vt Faire usage de, exercer (derecho) || **~icio** m Exercice | Devoir, exercice (de un alumno) | *~ económico*, exercice financier | *En ~*, en exercice (en activo) || **~itación** f Entraînement *m*, exercice *m* || **~itar** vt Exercer (memoria) | Entraîner (tropas), former (en un oficio) | — Vp S'exercer.
ejército m Armée *f*.
ejido m Terrain communal | Parcelle (*f*) de terre communale distribuée en usufruit à un paysan (México).
el art msing Le : *~ pozo*, le puits | Celui : *~ que habla*, celui qui parle | *~ cual*, lequel | *¡~ ...que!*, quel, quelle : *¡~ susto que me dio!*, quelle peur il m'a faite! | *Es... ~ que*, c'est ... qui.
él pron pers msing Il : *~ viene*, il vient | Lui : *es ~*, c'est lui; *lo hizo ~*, c'est lui qui l'a fait; *hablo de ~*, je parle de lui | *~ mismo*, lui-même.
elabor|ación f Élaboration | Établissement *m*, élaboration (presupuesto) || **~ar** vt Élaborer.
el|ástica f Tricot *m*, gilet (*m*) de corps (camiseta) | Maillot *m* (en deportes) || **~asticidad** f Élasticité || **~ástico, a** adj Élastique | — M Élastique | — Pl Bretelles *f*.
Elba nprm Elbe (río) | — F Elbe (isla).
ele f L *m*.
eléboro m Hellébore, ellébore.
elec|ción f Élection : *~ por sufragio universal*, élection au suffrage universel | Choix *m* : *a ~ de*, au choix de || **~tivo, a** adj Électif, ive || **~to, a** adj/s Élu, e || **~tor, a** adj/s Électeur, trice || **~torado** m Électorat || **~toral** adj Électoral, e.
electr|icidad f Électricité || **~icista** adj/s Électricien, enne.
eléctrico, a adj Électrique | — M FAM. Électricien.
electr|ificación f Électrification || **~ificar** vt Électrifier || **~ización** f Électrisation || **~izar** vt Électriser || **~oacústica** f Électro-acoustique || **~ocardiografía** f Électrocardiographie || **~ocardiógrafo** m Électrocardiographe || **~ocardiograma** m Électrocardiogramme || **~ocoagulación** f Électrocoagulation || **~ocución** f Électrocution || **~ocutar** vt Électrocuter || **~ochoque** m Électrochoc || **~odinámico, a** adj/f Électrodynamique || **~odo** m Électrode *f* || **~odoméstico** adjm Électroménager | — Mpl Appareils électroménagers || **~oencefalograma** m Électro-encéphalogramme || **~ófono** m Électrophone || **~ógeno, a** adj Électrogène || **~oimán** m Électro-aimant || **~ólisis** f Électrolyse || **~olítico, a** adj Électrolytique || **~ólito** m Électrolyte || **~olizador** m Électrolyseur || **~olizar** vt Électrolyser || **~omagnético, a** adj Électromagnétique || **~omagnetismo** m Électromagnétisme || **~omecánico, a** adj/f Électromécanique || **~ometalurgia** f Électrométallurgie || **~omotor, a** adj Électromoteur, trice || **~ón** m Électron || **~ónico, a** adj/f Électronique | *Especialista en ~*, électronicien || **~ón-voltio** m Électron-volt || **~oquímica** f Électrochimie || **~ostático, a** adj/f Électrostatique || **~oterapia** f Électrothérapie.
elefan|cía f Éléphantiasis *m* || **~ciaco, a** adj/s Éléphantiasique || **~ta** f Éléphant (*m*) femelle, éléphante || **~te** m Éléphant || **~tiásico, a** adj/s Éléphantiasique || **~tiasis** f Éléphantiasis *m* || **~tillo** m Éléphanteau.
eleg|ancia f Élégance || **~ante** adj/s Élégant, e || **~antemente** adv Élégamment || **~antón, ona** adj Chic.
eleg|ía f Élégie || **~iaco, a** adj Élégiaque.
eleg|ibilidad f Éligibilité || **~ible** adj Éligible || **~ido, a** adj/s Élu, e || **~ir*** vt Choisir (escoger) | Élire : *~ por votación*, élire aux voix | *A ~*, au choix (en un restaurante, etc).
element|al adj Élémentaire | Fondamental, e || **~o** m Élément | FAM. Individu, numéro.
Elena nprf Hélène.

elenco m Catalogue, liste *f* | Distribution *f* (reparto de cine), troupe *f* (compañía).
elev|ación f Élévation | Noblesse (del estilo) || **~adamente** adv De façon élevée || **~ado, a** adj Élevé, e | Soutenu, e (style) | MAT. **~** *a*, puissance : *tres ~ a cuatro*, trois puissance quatre || **~ador, a** adj Élévateur, trice | — M Élévateur (montacargas, músculo) | Vérin : *~ de rosca*, vérin à vis | Transformateur à élévateur (televisión) | *Amér.* Ascenseur || **~amiento** m FIG. Élévation *f* || **~ar** vt Élever (peso, monumento, protestas, etc) || — Vp S'élever : *~ de la tierra*, s'élever au-dessus du sol | FIG. S'élever, monter (gastos), être transporté (enajenarse), s'enorgueillir (engreírse).
elidir vt GRAM. Élider
elimin|ación f Élimination || **~ador, a** adj/s Éliminateur, trice || **~ar** vt Éliminer || **~atorio, a** adj/f Éliminatoire.
el|ipse f GEOM. Ellipse || **~ipsis** f GRAM. Ellipse || **~ipsoidal** adj Ellipsoïdal, e || **~ipsoide** m Ellipsoïde || **~íptico, a** adj Elliptique.
elisabetiano, a adj Élisabéthain, e.
Elíseo, a adj/m Élysée.
élite f Élite.
élitro m Élytre (ala).
elixir m Élixir.
elocu|ción f Élocution || **~encia** f Éloquence : *~ del foro*, éloquence du barreau || **~ente** adj Éloquent, e.
elogi|able adj Digne d'éloges || **~ador, a** adj/s Louangeur, euse || **~ar** vt Louer, faire l'éloge de || **~o** m Éloge || **~oso, a** adj Élogieux, euse.
elongación f Élongation.
elucid|ación f Élucidation || **~ar** vt Élucider.
elucubr|ación f Élucubration || **~ar** vt Élucubrer.
elud|ible adj Évitable || **~ir** vt Éluder.
ell|a pron pers fsing Elle : *lo hice por ~*, je l'ai fait pour elle | C'est elle qui (enfático) : *lo dijo ~*, c'est elle qui l'a dit | *Aquí fue ~*, il y a eu du grabuge || **~as** pron pers fpl Elles || **~e** f Double l, ll *m* (letra) || **~o** pron pers neutro Cela : *~ no me gusta*, cela ne me plaît pas | *De ~*, en : *no hablemos más ~*, n'en parlons plus | *~ es*, c'est | *En ~*, y : *no pienso ~*, je n'y pense pas | *No se inmutó por ~*, il ne se troubla pas pour autant || **~os** pron pers pl Eux, ils | *¡A ~* ou *a por ~!*, allons-y!, en avant!
emaciado, a adj Émacié, e.
eman|ación f Émanation || **~ar** vt Émaner.
emancip|ación f Émancipation || **~ador, a** adj/s Émancipateur, trice || **~ar** vt Émanciper | FIG. Affranchir (esclavos).
embadurn|ador, a adj/s Barbouilleur, euse || **~ar** vt Barbouiller | Enduire (dar una mano) | — Vp S'enduire.
emba|imiento m Duperie *f* || **~ír*** vt Duper.
embajad|a f Ambassade | FIG. Commission | FAM. *¡Brava* ou *linda ~!*, belle proposition! || **~or, a** s Ambassadeur, drice.
embal|ador, a s Emballeur, euse || **~aje** o **~amiento** m Emballage | Conditionnement (envasado) || **~ar** vt Emballer | Conditionner.
embaldos|ado, a adj Dallé, e; carrelé, e | — M Dallage, carrelage || **~ar** vt Daller, carreler.
embalsam|ador, a adj Qui embaume | — M Embaumeur || **~amiento** m Embaumement || **~ar** vt Embaumer.
embals|ar vt Retenir [l'eau] | — Vp Former une mare || **~e** m Réservoir, bassin (balsa) | Barrage, retenue (*f*) d'eau (pantano).
emballen|ado, a adj Baleiné, e | — M Baleinage || **~ar** vt Baleiner.
embanastar vt Mettre dans une corbeille.
embanderar vt Pavoiser.
embaraz|ada adjf Enceinte | — F Femme enceinte || **~ador, a** adj Embarrassant, e || **~ar** vt Embarrasser (a uno) | Gêner (una cosa) | — Vp Être embarrassé, e || **~o** m Embarras (obstáculo) | Gaucherie *f* (falta de soltura) | Grossesse *f* (de mujer) || **~oso, a** adj Embarrassant, e (pregunta) | Encombrant, e; embarrassant, e (voluminoso).
embarc|ación f Embarcation (barco) | Embarquement *m* (embarco) | Voyage (*m*) en bateau || **~adero** m Embarcadère || **~ador** m Chargeur [d'un bateau] || **~ar** vt Embarquer | — Vp S'embarquer (pasajero, en un pleito, etc) || **~o** m Embarquement (personas).
embarg|ar vt Gêner, embarrasser (estorbar) | FIG. Saisir (sorprender), accabler, briser (el dolor) | DR. Séquestrer, mettre sous séquestre, saisir | MAR. Mettre l'embargo sur | FIG. *Embargarle a uno la felicidad*, nager dans le bonheur || **~o** m Indigestion *f* (empacho) | FIG. Saisissement (de los sentidos) | DR. Saisie *f*, séquestre | MAR. Embargo, saisie *f* | *Sin ~*, cependant, néanmoins.
embarque m Embarquement (de mercancías).

embarrancar vi MAR. S'échouer | — Vp S'embourber (atascarse) | MAR. S'échouer.

embarrar vt Crotter (manchar de barro) | — Vp Se crotter (mancharse) | Devenir boueux.

embarril|ado o **~amiento** m Mise (*f*) en barrique || **~ar** vt Encaquer (arenque), enfûtailler (vino).

embarull|ador, a adj/s Brouillon, onne || **~ar** vt FAM. Embrouiller (liar), bâcler (chapucear).

embast|ar vt Bâtir, faufiler (hilvanar) | Piquer (colchón) || **~e** m Bâti (costura).

embastecerse* vp S'abrutir.

embate m MAR. Coup de mer | Assaut (asalto).

embauc|ador, a adj/s Trompeur, euse (que engaña), enjôleur, euse (engatusador) || **~amiento** m Duperie *f*, tromperie *f* (engaño) | Séduction *f* || **~ar** vt Leurrer, tromper (engañar) | Séduire, enjôler (seducir).

embaular vt Mettre dans une malle.

embeb|ecer* vt Ravir (encantar) | Distraire | — Vp Être fasciné par | Être ébahi (pasmado) || **~ecimiento** m Ravissement || **~er** vt Absorber, boire | Imbiber : **~** *en agua*, imbiber d'eau | Renfermer | Rétrécir | — Vi Rétrécir, se rétrécir | — Vp FIG. S'absorber (en la lectura), se plonger (en un negocio) | S'imbiber.

embelec|amiento m Leurre || **~ar** vt Tromper, leurrer (engañar) | Séduire (seducir) || **~o** m Leurre (engaño).

embeles|ador, a adj Ravissant, e (encantador) | Ensorcelant, e | — S Ensorceleur, euse || **~amiento** m V. EMBELESO || **~ar** vt Ravir, charmer | Éblouir, émerveiller | FIG. Ensorceler | — Vp Être transporté par | **~o** m Ravissement, enchantement | Ensorcellement (embrujo).

embellec|edor m Enjoliveur (tapacubos) || **~er*** vt/i Embellir || **~imiento** m Embellissement.

emberr|enchinarse vp FAM. Piquer une colère.

embest|ida f Charge, attaque || **~idor, a** adj Assaillant, e || **~ir*** vt Assaillir, attaquer | Charger, s'élancer *o* se ruer sur *o* vers : **~** *a uno*, s'élancer sur qqn | FAM. Emboutir (chocar) | — Vi Attaquer, charger.

embetunar vt Cirer (zapatos) | Goudronner, bitumer (asfaltar).

embijar vt Colorer *o* peindre en rouge.

emblandecer* vt Ramollir, amollir | — Vp FIG. Se radoucir (enternecerse).

emblanquec|er* vt/p Blanchir || **~imiento** m Blanchiment, blanchissage.

emblema m Emblème | MIL. Écusson.

embob|ado, a adj Ébahi, e (asombrado) | Hébété, e (sin reacción) || **~amiento** m Ébahissement (asombro) | Hébétude *f*, hébètement (alelamiento) || **~ar** vt Ébahir (asombrar) | Enjôler (embaucar) || **~ecer*** vt Rendre stupide.

emboc|ado, a adj Qui a du bouquet (vino) || **~adura** f MÚS. Embouchure | Devant (*m*) de la scène (teatro) | Bouquet *m* (vino).

embodegar vt Mettre en cave.

embol|ada f Coup (*m*) de piston || **~ado** m TEATR. Rôle sacrifié | FAM. Supercherie *f* (engaño) || **~ar** vt Cirer (zapatos) | Bouler les cornes [taureau] || **~ia** f Embolie.

émbolo m MEC. Piston.

embolsar vt Empocher (dinero).

emboquill|ado, a adj À bout filtre (cigarrillo) || **~ar** vt Garnir d'un bout filtre.

emborrach|amiento m Ivresse *f* || **~ar** vt Enivrer, soûler | — Vp S'enivrer, se soûler.

emborrascarse vp Se gâter (el tiempo) | Se fâcher.

emborrizar vt Paner (carne) | Rouler, passer (en harina).

emborron|ador, a s **~** *de papel*, barbouilleur || **~ar** vt Griffonner (escribir mal) | **~** *papel*, noircir du papier.

embosc|ada f Embusquade | Guet-apens | FIG. Embûche || **~ado** m MIL. Embusqué || **~ar** vt MIL. Embusquer | — Vp MIL. S'embusquer | FIG. S'embusquer, se planquer (fam).

embot|ado, a adj Émoussé, e || **~adura** f o **~amiento** m Émoussement *m* | Encroûtement *m* (intelectual) || **~ar** vt Émousser | FIG. Émousser, engourdir (adormecer) | — Vp S'émousser | FAM. S'encroûter.

embotell|ado, a adj Embouteillé, e; en bouteille | FIG. Préparé longtemps à l'avance (discurso) | — M Embouteillage, mise (*f*) en bouteilles || **~adora** f Machine à embouteiller || **~amiento** m Embouteillage, mise (*f*) en bouteilles | Embouteillage, encombrement (coches) || **~ar** vt Embouteiller, mettre en bouteilles | — Vp FIG. Apprendre par cœur.

embotonar vt Moucheter (florete).

embovedar vt ARQ. Voûter.

emboz|ar vt Cacher le bas du visage | FIG. Cacher, déguiser | — Vp Se draper (en la capa) || **~o** m Pan [de la cape] | Rabat (sábana) | FIG. Déguisement (disfraz), dissimulation *f* |

FAM. *Hablar con ~,* parler à mots couverts. *Quitarse el ~,* jeter le masque.
embrag|ar vt/i Embrayer ‖ **~ue** m Embrayage.
embravec|er* vt Irriter, rendre furieux ‖ **~ido, a** adj Irrité, e; furieux, euse | Démontée, déchaînée (mar) ‖ **~imiento** m Irritation *f*, fureur *f*.
embrea|do m Goudronnage ‖ **~ar** vt Goudronner.
embriag|ado, a adj Ivre ‖ **~ador, a** o **~ante** adj Enivrant, e ‖ **~amiento** m Enivrement ‖ **~ar** vt Enivrer, soûler | FIG. Enivrer, griser (gloria) ‖ **~uez** f Ivresse, ébriété, enivrement *m* | FIG. Ivresse, griserie.
embridar vt Brider (caballo).
embri|ología f Embryologie ‖ **~ólogo** m Embryologiste ‖ **~ón** m Embryon | *Estar en ~,* être à l'état d'embryon (niño), être à l'état embryonnaire (cosa) ‖ **~onario, a** adj Embryonnaire.
embrocar vt Transvaser (líquido) | Renverser | TECN. Brocher.
embroch|alado m ARQ. Enchevêtrure *f* ‖ **~alar** vt ARQ. Enchevêtrer.
embroll|adamente adv D'une manière embrouillée *o* confuse | En désordre ‖ **~ador, a** adj/s Brouillon, onne ‖ **~o** m Embrouillement (enredo) | Imbroglio, confusion *f* | Mensonge | FIG. Guêpier (atolladero) ‖ **~ar** vt Embrouiller (enmarañar) | Brouiller (personas) | — Vp S'embrouiller ‖ **~ón, ona** adj/s Brouillon, onne.
embrom|ador, a adj/s Blagueur, euse ‖ **~ar** vt Mystifier | Se moquer de | *Amér.* Ennuyer.
embruj|ador, a adj/s Ensorceleur, euse ‖ **~ar** vt Ensorceler, envoûter ‖ **~o** o **~amiento** m Maléfice, ensorcellement | Sortilège, envoûtement.
embrutec|edor, a adj Abrutissant, e ‖ **~er*** vt Abrutir | — Vp S'abrutir ‖ **~imiento** m Abrutissement.
embuch|ado m Charcuterie *f* | FIG. Remplissage (añadidura), fraude (*f*) électorale (fraude) ‖ **~ar** vt Gaver (aves) | FAM. Engloutir (tragar).
embudo m Entonnoir | Trou (de obús).
embust|e m Mensonge ‖ **~ero, a** adj/s Menteur, euse.
embut|idera f Emboutissoir *m* ‖ **~ido** m Charcuterie *f* | Marqueterie *f* | TECN. Emboutissage ‖ **~ir** vt Marqueter (taracear) | Faire de la charcuterie | Intercaler | TECN. Emboutir | FAM. *Embutido en su abrigo,* engoncé dans son manteau | — Vt/p FAM. Avaler, engloutir.
eme f M *m*.
emerg|encia f Émergence | FIG. Urgence (urgencia), circonstance, cas *m* ‖ **~ente** adj Émergent, e | Résultant, e (que resulta) ‖ **~er** vi Émerger, surgir | Sortir | Résulter.
emérito, a adj Émérite.
emersión f Émersion.
emético, a adj/m Émétique.
emigr|ación f Émigration | Évasion, exode *m* (capitales) ‖ **~ado, a** adj/s Émigré, e ‖ **~ante** adj/s Émigrant, e ‖ **~ar** vi Émigrer : *~ a* ou *hacia la Argentina,* émigrer en Argentine ‖ **~atorio, a** adj Migratoire, d'émigration.
emin|encia f Éminence ‖ **~ente** adj Éminent, e.
emir m Émir ‖ **~ato** m Émirat.
emi|sario m Émissaire ‖ **~sión** f Émission | Tirage *m* (de una letra) ‖ **~sor, a** adj Émetteur, trice | RAD. *Centro ~* ou *estación ~,* poste émetteur *o* station émettrice | — M Emetteur (aparato) | — F Poste (*m*) émetteur, station émettrice ‖ **~tir** vt Émettre | Porter, émettre (un juicio) | Promulguer | — Vi RAD. Émettre.
emoci|ón f Émotion ‖ **~onado, a** adj Ému, e ‖ **~onal** adj Émotif, ive (choque) | Émotionnel, elle (proceso) ‖ **~onante** adj Émouvant, e | Impressionnant, e | Palpitant, e (muy interesante) ‖ **~onar** vt Émouvoir | Impressionner | — Vp S'émouvoir, être ému.
emoliente adj/m Émollient, e.
emolumentos mpl Émoluments.
emot|ividad f Émotivité ‖ **~ivo, a** adj/s Émotif, ive.
empac|ador, a adj Emballeur, euse | De conditionnement : *planta ~ de pescado,* usine de conditionnement de poisson ‖ **~ar** vt Emballer | — Vp S'entêter, se buter.
empach|ado, a adj Qui a une indigestion ‖ **~ar** vt Charger l'estomac | Cacher (ocultar) | Embarrasser (estorbar) ‖ **~o** m Embarras gastrique | Embarras, gêne *f* ‖ **~oso, a** adj Lourd, e (alimento) | Gênant, e.
empadron|amiento Recensement (censo) | Enregistrement | Rôle (impuestos) ‖ **~ar** vt Recenser, enregistrer | Établir les rôles (impuestos) | Cataloguer | — Vp Se faire enregistrer.
empajar vt Empailler, pailler.
empalag|amiento m Écœurement ‖ **~ar** vt Écœurer | Ennuyer (fastidiar) ‖ **~o** m Ecœurement, dégoût | Ennui ‖ **~oso, a** adj Écœurant, e | Ennuyeux, euse; assommant, e (fastidioso) | Mielleux, euse (palabras) | À l'eau de rose (película, novela).
empalar vt Empaler.
empalizada f Palissade.

empalm|adura f V. EMPALME ‖ **~ar** vt Embrancher, raccorder | FIG. Enchaîner (ideas) | TECN. Assembler, raccorder, relier | Coller (película) | — Vi S'embrancher (carretera) | Correspondre (tren, etc) | S'enchaîner (sucederse) | FAM. Faire la soudure avec ‖ **~e** m Embranchement, raccordement (trenes) | Correspondance *f* (comunicaciones) | Bretelle *f* (carreteras) | Liaison *f* | TECN. Assemblage, raccord (tubos), épissure *f* (cables) | Reprise *f* (fútbol).

empalletado m MAR. Bastingage.

empan|ada f Pâté (*m*) en croûte, friand *m* | FIG. Manigances *pl* ‖ **~adilla** f Chausson *m* (pastel) | Friand *m* ‖ **~ado, a** adj Pané, e (carne) ‖ **~ar** vt Paner.

empanelado m Revêtement | Panneau.

empantanar vt Inonder | Embourber | FIG. Laisser croupir *o* en plan | — Vp Être inondé, e | S'embourber | FIG. Croupir, rester en plan, piétiner.

empañar vt Embuer (cristal) | Ternir | *Voz empañada,* voix couverte *o* voilée.

empap|amiento m Absorption *f* ‖ **~ar** vt Tremper | Détremper (suelo) | Boire, absorber (esponja) | Imbiber | Éponger (con un trapo) | *Estar empapado,* être trempé | *Estar empapado en sudor,* être trempé *o* en nage | — Vp S'imbiber de | Être absorbé, e | Pénétrer | Être trempé, e | FIG. Se pénétrer de, s'imprégner de (compenetrarse), se mettre dans la tête.

empapel|ado m Tapisserie *f* | Papier peint ‖ **~ador** m Tapissier ‖ **~ar** vt Empaqueter, envelopper | Tapisser | FAM. Traîner devant les tribunaux.

empaque m Empaquetage | Container (del paracaídas) | FAM. Allure *f* (aspecto) | Abattage (de un actor) ‖ **~tado** o **~tamiento** m Empaquetage ‖ **~tador, a** s Emballeur, euse ‖ **~tar** vt Empaqueter, emballer | Entasser | Expédier (enviar).

empared|ado, a adj/s Emmuré, e | Reclus, e | — M Sandwich ‖ **~amiento** m Emmurement ‖ **~ar** vt Emmurer | FIG. Enfermer.

emparejar vt Assortir | Accoupler, appareiller (réunir) | Égaliser | Niveler (tierra) | — Vi Rattraper | — Vi/p Faire la paire, être assorti | — Vp *Amér.* Se débrouiller.

emparentar* vi S'apparenter, s'allier à | — Vt Apparenter.

emparr|ado m Treille *f* | Treillage, berceau (armazón) | *En ~,* en espalier (viña) ‖ **~ar** vt Treillager ‖ **~illado** m ARQ. Armature *f* | Grillade *f* ‖ **~illar** vt Griller (asar) | ARQ. Construire une armature.

empast|ar vt Empâter | Cartonner | Plomber (diente) ‖ **~e** m Plombage (diente) | Empâtement (pintura) ‖ **~elamiento** m IMPR. Mastic ‖ **~elar** vt FAM. Transiger, composer.

empat|ar vi DEP. Égaliser (igualar), faire match nul (en un partido), tenir en échec (un equipo), être « ex aequo » avec qqn (en una carrera) | *Amér.* S'emboîter | *Empatados a dos,* deux partout (fútbol) | *Estar empatados,* être à égalité | *Salir empatados,* partager les voix (votación) | — Vp Être en ballottage (elección) ‖ **~e** m Ballottage (elección) | Partage (de opiniones) | Résultat nul (concurso) | Match nul (deportes) | Partie (*f*) nulle (ajedrez) | *~ a dos,* deux partout (fútbol) | *~ a quince,* égalité à quinze (tenis).

empaves|ado, a adj Pavoisé, e | Voilé, e (monumento) | — M Pavois, pavoisement (buque) ‖ **~ar** vt Pavoiser | Voiler (ocultar).

empavon|ado o **~amiento** m TECN. Bleuissage (metales) ‖ **~ar** vt Bleuir.

empec|er* vi Empêcher : *lo que no empece,* ce qui n'empêche pas ‖ **~inado, a** adj Têtu, e ‖ **~inamiento** m Obstination *f* ‖ **~inar** vt Poisser (untar con pez) | Crotter (ensuciar) | — Vp S'obstiner, s'entêter.

empedarse vp *Amér.* Se soûler.

empedern|ido, a adj Endurci, e; invétéré, e; impénitent, e; enragé, e | Insensible, dur (corazón) ‖ **~ir*** vt Endurcir.

empedr|ado, a adj Pavé, e | Empierré, e | Pommelé, e (caballo, cielo) | Grêlé, e (cara) | — M Pavage | Empierrement | Ragoût (guiso) ‖ **~ador** m Paveur ‖ **~amiento** m Pavage | Empierrement ‖ **~ar*** vt Paver (con adoquines) | Empierrer (con piedras) | FIG. Semer, truffer (llenar).

empeg|a f Poix ‖ **~ar** vt Poisser, empoisser.

empeine m Bas-ventre | Cou-de-pied (del pie) | Empeigne *f* (del zapato) | Dartre *f* (herpes).

empelotarse vp Être en désordre | Se chamailler | FAM. *Amér.* Se déshabiller (desnudarse).

empell|ar vt Pousser ‖ **~ón** m Poussée *f* | FAM. *A empellones,* brutalement.

empenachar vt Empanacher.

empenaje m Empennage (avión).

empeñ|ado, a adj Acharné, e (riña) | Engagé, e (palabra) ‖ **~ar** vt Engager, mettre en gage (cosa) | Engager (palabra, fe) | FIG. Engager, embarquer | — Vp S'obstiner, s'entêter

| Insister | S'engager (batalla) | S'efforcer de, s'appliquer | S'endetter | FAM. *Por más que te empeñes*, tu auras beau faire || **~ero, a** s *Amér.* Prêteur, euse [sur gage] || **~o** m Engagement | Acharnement, opiniâtreté *f* | Constance *f*, persévérance *f* | Effort | *En ~*, en gage | *Poner* ou *tomar ~ en*, s'efforcer de | *Tener ~ en*, tenir à || **~oso, a** adj *Amér.* Opiniâtre.

empeor|amiento m Aggravation *f* | Détérioration, *f*, dégradation *f* (situación) || **~ar** vt Aggraver, empirer | — Vi/p Empirer, s'aggraver, se détériorer, se dégrader | Aller plus mal (enfermo).

empequeñec|er* vt Rapetisser, amoindrir || **~imiento** m Rapetissement, amoindrissement.

emper|ador m Empereur | Espadon (pez) || **~atriz** f Impératrice.

emperejilarse vp FAM. Se mettre sur son trente et un.

emperifollarse vp FAM. Se mettre sur son trente et un.

emperr|amiento m FAM. Entêtement (obstinación), rage *f* || **~arse** vp FAM. S'entêter (obstinarse), se mettre en rage.

empezar* vt/i Commencer | *~ de nuevo* ou *volver a ~*, recommencer | *Haber empezado con nada*, être parti de rien | *Todo es ~*, il n'y a que le premier pas qui coûte.

empicarse vp Se passionner pour.

empiece m FAM. Commencement.

empin|ado, a adj Dressé, e | Raide, en pente | Très haut, e | Cabré, e (animal) | Sur la pointe des pieds (persona) | FIG. Suffisant, e (orgulloso) || **~adura** f o **~amiento** m Action (*f*) de dresser *o* de se dresser || **~ar** vt Dresser, mettre debout | Incliner, renverser (botella) | — Vp Se cabrer (caballo) | Se dresser sur la pointe des pieds | Se dresser, s'élever | Monter.

empingorot|ado, a adj FIG. Huppé, e || **~arse** vp Grimper | FIG. Monter sur ses ergots (engreírse).

empíreo m Empyrée.

emp|írico, a adj Empirique || **~ismo** m Empirisme.

empizarrar vt Ardoiser.

emplasto m Emplâtre.

emplaz|amiento m DR. Assignation *f* | Emplacement | Site (arqueológico) || **~ar** vt DR. Assigner | Convoquer | Placer.

emple|ado, a adj/s Employé, e || **~ador, a** s Employeur, euse || **~ar** vt Employer | *Bien empleado le está* ou *lo tiene bien empleado*, c'est bien fait pour lui | — Vp S'employer, être employé, e || **~o** m Emploi : *pleno ~*, plein-emploi | Situation *f* | Grade (militar).

emplom|ado m Plombage || **~ar** vt Plomber.

emplum|ar vt Emplumer | *Amér.* Tromper, rouler (engañar), renvoyer (despedir) | — Vi Se couvrir de plumes | *Amér.* Détaler (huir).

empobrec|er* vt Appauvrir | — Vi/p S'appauvrir || **~imiento** m Appauvrissement.

empodrecer* vi Pourrir.

empolv|ado, a adj Poussiéreux, euse | Poudré, e | — M Poudrage || **~amiento** m Poudroiement || **~ar** vt Couvrir de poussière | Couvrir | Poudrer (cara, etc) | — Vp Se poudrer | Se couvrir de poussière.

empoll|ado, a adj FAM. Calé, e; fort, e | — S FAM. Grosse tête *f* || **~ar** vt Couver (aves) | FAM. Ruminer (meditar), potasser, bûcher (estudiar) | — Vp FAM. Potasser, bûcher (lección) || **~ón, ona** adj/s Bûcheur, euse (alumno).

emponzoñ|ador, a adj/s Empoisonneur, euse || **~amiento** m Empoisonnement | FIG. Corruption *f* || **~ar** vt Empoisonner | FIG. Envenimer (riña).

emporio m Grand centre commercial | FIG. Haut lieu (ciencias, artes).

empotr|amiento m Scellement | Encastrement || **~ar** vt Sceller | Encastrer (armario, etc).

emprend|edor, a adj Entreprenant, e || **~er** vt Entreprendre | FAM. *Emprenderla con uno*, s'en prendre à qqn.

empres|a f Entreprise | Société, compagnie | Devise (emblema) || **~ariado** m Patronat || **~arial** adj Patronal, e (del empresario) | De l'entreprise || **~ario, a** s Entrepreneur, euse | Employeur, euse; patron, onne | — M Imprésario (teatro) | DEP. Manager | Chef d'entreprise | — Pl Patronat *sing.*

empréstito m Emprunt.

empringar vt Graisser.

empuj|ar vt Pousser | Bousculer | Chasser (expulsar) || **~e** m Poussée f | FIG. Energie *f*, allant | *Tomar al primer ~*, emporter d'emblée || **~ón** m Coup, poussée (*f*) rude | Bourrade *f* | *A empujones*, rudement (bruscamente), de force (a la fuerza), sans égard (sin cuidado) | FAM. *Dar un ~*, donner un coup de pouce | *Tratar a empujones*, rudoyer.

empuñ|adura f Poignée (espada, etc) | Pied-de-biche *m* (de campanilla) | *Hasta la ~*, jusqu'à la garde || **~ar** vt Empoigner, saisir | FIG. Décrocher (empleo) || **~idura** f MAR. Empointure.

emul|ación f Émulation ‖ **~ador, a** adj/s Émule ‖ **~ar** vt/p Rivaliser avec.

émulo, a adj/s Émule.

emuls|ión f Émulsion ‖ **~ionar** vt Émulsionner ‖ **~ivo, a** adj/m Émulsif, ive ‖ **~or** m Émulseur.

en prep En : **~** *Francia,* en France; **~** *1973,* en 1973; *estar* **~** *guerra,* être en guerre | A, au : *vivir* **~** *Madrid,* **~** *Chile,* vivre à Madrid, au Chili; **~** *esa época,* **~** *el siglo XX,* à cette époque, au XXe siècle | A : *lento* **~** *obrar,* lent à agir; **~** *voz alta,* à voix haute; *ir* **~** *bicicleta,* aller à bicyclette | Dans, sur : *leer* **~** *el periódico,* lire dans le journal | Sur : *sentarse* **~** *una silla,* s'asseoir sur une chaise | Dans : **~** *mi juventud,* dans ma jeunesse | De : **~** *nuestros días,* de nos jours; *no he dormido* **~** *toda la noche,* je n'ai pas dormi de la nuit | Par : **~** *una tarde calurosa,* par un chaud après-midi | Dès que, aussitôt que (con gerundio) | En, par : *viajar* **~** *tren,* voyager par le train | Si, du moment que : **~** *haciendo lo que te digo,* si tu fais ce que je te dis | **~** *cambio,* par contre | **~** *cuanto,* aussitôt que, dès que | **~** *cuanto a,* quant à | **~** *donde* ou **~** *que,* où | **~** *esto,* sur ce, là-dessus | **~** *que,* où : *el año* **~** *que te conocí,* l'année où je t'ai connu | *¿***~** *qué quedamos?,* que décidons-nous?, alors? | **~** *tanto que,* tandis que | *Vender* **~** *veinte pesetas,* vendre vingt pesetas.

enaceitar vt Huiler.

enagu|achar vt Détremper (terreno) | Gonfler (estómago) ‖ **~as** fpl Jupon *msing* ‖ **~illas** fpl Petit jupon *msing.*

enajen|able adj Aliénable ‖ **~ación** f Aliénation (cesión, mental) | Affolement *m* | Ravissement *m* ‖ **~ador, a** s Aliénateur, trice ‖ **~amiento** m V ENAJENACIÓN ‖ **~ar** vt Aliéner (ceder) | FIG. Mettre hors de soi, rendre fou, folle (ira), enivrer (gloria), transporter (embelesar) | — Vp Perdre tout contrôle (no dominarse) | Être ravi *o* transporté (estar embelesado) | Perdre, s'aliéner (perder).

enalbardar vt Bâter | CULIN. Enrober, barder.

enaltec|er* vt Exalter, louer ‖ **~imiento** m Exaltation *f.*

enamor|adizo, a adj Qui tombe souvent amoureux ‖ **~ado, a** adj/s Amoureux, euse | — Adj Épris, e ‖ **~amiento** m Amour, passion *f* ‖ **~ar** vt Rendre amoureux | Faire la cour | — Vp Tomber amoureux ‖ **~iscarse** ou **~icarse** vp FAM. S'amouracher.

enan|ismo m Nanisme ‖ **~o, a** adj/s Nain, naine | FAM. *Trabajar como un* **~**, travailler comme un nègre.

enarbolar vt Arborer | MAR. Battre | Brandir (arma).

enarcar vt Arquer, courber | Cercler (tonel) | **~** *las cejas,* ouvrir de grands yeux.

enardec|er* vt Échauffer, exciter (pasiones) ‖ **~imiento** m Échauffement.

enaren|amiento m Ensablement ‖ **~ar** vt Sabler, ensabler | — Vp S'ensabler (barco).

enastar vt Emmancher (arma).

encabestr|amiento m Enchevêtrement (caballo) ‖ **~ar** vt Enchevêtrer.

encabez|amiento m Recensement (padrón) | En-tête (carta) | Manchette *f* (periódico) | Abonnement (impuestos) ‖ **~ar** vt Recenser | Mener, prendre la tête de | Ouvrir, commencer (lista, suscripción) | Placer en tête, commencer | TECN. Coiffer | Alcooliser (vino).

encabritarse vp Se cabrer | Monter en chandelle (avión).

encachado m Radier (de puente).

encaden|amiento m Enchaînement | FIG. Engrenage, enchaînement ‖ **~ado** m ARQ. Chaîne *f* | Enchaîné (cine) ‖ **~ar** vt Enchaîner.

encaj|ador m Encaisseur (boxeo) ‖ **~adura** f Emboîtement *m* (hueso) ‖ **~ar** vt Emboîter, encastrer | Remboîter, remettre | Faire joindre | FIG. Essuyer, supporter (crítica, golpe) | FAM. Refiler (colar), placer, caser (observación), assener, flanquer (golpe) | TECN. Enchâsser, enclaver | — Vi Joindre (unir) | S'emboîter, s'encastrer | FIG. Convenir, aller (ir bien), encaisser (boxeo), entrer, cadrer (caber) | FIG. **~** *muy bien en un papel,* avoir le physique de l'emploi | *Estar encajado en,* s'être fait *o* adapté *o* habitué à | — Vp Se glisser, se fourrer (introducirse) | Se coincer | Enfiler (vestido) | Enfoncer (sombrero) | FAM. Se déplacer, faire le voyage (viajar), se ranger (llevar una vida ordenada) ‖ **~e** m Dentelle *f* | Emboîtement, encastrement | Remboîtage (hueso) | *Amér.* Encaisse *f* (fondos) | Traits *pl* (de la cara) ‖ **~ero, a** s Dentellier, ère ‖ **~onado, a** adj Encaissé, e (río) | Creux, euse (camino) | — M ARQ. Encaissement | Coffrage (muro) ‖ **~onamiento** m Encaissement (río, camino) | Encaissage ‖ **~onar** vt Encaisser | Acculer, coincer | ARQ. Coffrer (pared), renforcer | Mettre dans une cage (toro) | — Vp S'encaisser.

encalabrinar vt Étourdir, tourner la tête | Exciter | — Vp S'entêter.
encal|ado m Badigeonnage || **~ador** m Badigeonneur || **~adora** f Chauleuse || **~adura** f Badigeon *m* || **~ar** vt Blanchir à la chaux, chauler.
encalmarse vp Se calmer.
encalvecer* vi Devenir chauve.
encall|adero m Échouage || **~adura** f o **~amiento** m Échouement *m*, ensablement *m* || **~ar** vi Échouer, s'échouer | FIG. Être dans une impasse || **~ecer*** vi/p Devenir calleux, euse | Durcir | FIG. S'endurcir.
encamarse vp S'aliter (enfermo) | Gîter (la caza).
encamin|amiento m Acheminement | Routage (correo) || **~ar** vt Acheminer | Diriger, montrer le chemin | FIG. Diriger, orienter | *Bien encaminado*, en bonne voie (negocio) | — Vp Se diriger vers | Se mettre en route | FIG. Tendre (esfuerzos).
encampan|ado, a adj En forme de cloche | FAM. *Amér. Dejar a uno ~*, laisser tomber qqn || **~arse** vp S'évaser, s'élargir.
encanallarse vp S'encanailler.
encandil|ado, a adj Brillant, e (ojo) || **~amiento** m Lueur *f* || **~ar** vt Éblouir | — Vp Pétiller, briller, s'allumer (ojos).
encanecer* vi Blanchir, grisonner (pelo) | FIG. Blanchir, vieillir (envejecer).
encanij|amiento m Maigreur *f* || **~arse** vp Se rabougrir | *Estar encanijado*, être tout maigrichon.
encant|ado, a adj Enchanté, e : *~ de conocerle*, enchanté de vous connaître | FIG. Distrait, e (distraído), hanté, e (casa) || **~ador, a** adj Enchanteur, eresse; ravissant, e | Charmant, e (simpático) | — S Charmeur, euse (de serpientes) || **~amiento** m Enchantement | Incantation *f* || **~ar** vt Enchanter, ravir : *encantado con su viaje*, enchanté de son voyage || **~e** m Encan, enchères *fpl* | Salle (*f*) des ventes || **~o** m Enchantement | Charme (gracia) | *Este niño es un ~*, cet enfant est adorable *o* un amour.
encañ|ada f Gorge (monte) || **~ado** m Conduite *f* (canalización) | AGR. Treillis de roseaux (valla), drain (tubo de desagüe), drainage | TECN. Lattis || **~ar** vt Canaliser (aguas) | AGR. Drainer || **~izada** f AGR. Paillasson *m* || **~onado** m Tuyautage (planchado) || **~onar** vt Canaliser | Braquer, pointer (arma) | Tuyauter.
encapill|adura f MAR. Capelage *m* || **~ar** vt Capeler.
encapot|ado, a adj Couvert, e (cielo) || **~amiento** m Obscurcissement (cielo) || **~ar** vt Couvrir d'un manteau | — Vp Se couvrir (cielo) | Froncer les sourcils.
encaprich|amiento m Entichement, toquade *f* | Caprice || **~arse** vp S'entêter | Se mettre dans la tête (una idea) | FAM. S'amouracher de, s'enticher de.
encapuchar vt Encapuchonner.
encarado, a adj *Bien, mal ~*, à la mine aimable, à la mine renfrognée.
encaram|ar vt Jucher, hisser | FIG. Faire monter, élever | — Vp Grimper, se jucher | FIG. S'élever, grimper || **~iento** m Confrontation *f* (personas) | Affrontement (dificultad).
encarar vt Affronter | Braquer, pointer (arma) | *Amér.* Envisager | Heurter (chocar) | — Vp Affronter | Épauler (arma) | *~ con uno*, tenir tête à qqn.
encarcel|ación f o **~amiento** m Emprisonnement *m* | DR. Incarcération *f*, écrou *m* || **~ar** vt Emprisonner | DR. Incarcérer, écrouer | TECN. Sceller.
encarec|er* vt Élever le prix de (hacer más caro) | FIG. Louer, vanter (elogiar), faire valoir, mettre l'accent sur (insistir), recommander | — Vi Augmenter, renchérir || **~idamente** adv Instamment | Vivement, chaleureusement || **~ido, a** adj Chaudement recommandé *o* loué | Chaleureux, euse (elogio) || **~imiento** m Enchérissement, augmentation *f* (precio) | Hausse (*f*) du coût (de la vida) | Recommandation *f*.
encarg|ado, a s Préposé, e; employé, e | Responsable (de un cargo) | *~ del vestuario*, costumier (teatro) | *~ de negocios*, chargé d'affaires || **~ar** vt Charger, demander | Commander (hacer un encargo) | Faire faire, commander | Recommander (aconsejar) | — Vp Se charger | S'occuper de || **~o** m Commission *f*, course *f* | COM. Commande *f* | *Como hecho de ~*, comme sur mesure | *De ~*, sur mesure (a la medida), sur commande (a petición).
encariñarse vp Prendre goût à | S'attacher, prendre en affection.
encarna f Curée (caza).
encarn|ación f Incarnation | Carnation (color) || **~ado, a** adj Incarné, e | Rouge | — M Rouge, incarnat || **~adura** f Acharnement *m* || **~amiento** m MED. Cicatrisation *f* || **~ar** vi S'incarner | Se cicatriser | — Vt Incarner, personnifier | Appâter (pesca) | — Vp Faire curée (perros) | FIG. S'acharner || **~e** m Curée *f* (caza) || **~izadamente** adv Avec acharnement || **~izado, a** adj Acharné, e | Injecté de sang || **~iza-**

miento m Acharnement ‖ **~izar** vt Déchaîner, rendre féroce | — Vp S'acharner.
encarpetar vt Ranger *o* classer dans un dossier | FIG. Faire traîner en longueur (dar largas a un asunto), classer (dar por terminado).
encarril|amiento m Voie *f* ‖ **~ar** vt Diriger, engager | Aiguiller (tren) | Remettre sur ses rails | FIG. Remettre en bonne voie (expediente), mettre sur la voie, aiguiller (orientar), engager, emmancher (empezar) | — Vp Se coincer (cuerda).
encart|ar vt Encarter, insérer | Impliquer | — Vi FIG. Coller, marcher (ir bien), cadrer | — Vp FAM. *Si se encarta*, si l'occasion se présente ‖ **~e** m IMPR. Encart.
encarton|ado m Encartage, encartonnage ‖ **~ador** m Cartonneur ‖ **~ar** vt Cartonner.
encasill|ado m Quadrillage | Grille *f* (crucigrama) | ‖ **~ar** vt Inscrire dans les cases d'un quadrillage | Répartir | Classer (persona) | FIG. Enfermer | — Vp FIG. Se limiter.
encasquetar vt Enfoncer sur la tête (sombrero) | FIG. Fourrer dans la tête (idea), faire avaler (imponer) | — Vp Se mettre *o* se fourrer dans la tête | Enfoncer (sombrero).
encasquill|amiento m Enrayage (arma) ‖ **~ador** m *Amér.* Maréchal-ferrant ‖ **~ar** vt *Amér.* Ferrer (caballo) | — Vp S'enrayer.
encastill|ado, a adj FIG. Enfermé, e | Altier, ère ‖ **~amiento** m Isolement | Obstination *f* ‖ **~arse** vp Se réfugier, se retrancher | FIG. S'enfermer, se retrancher (en una opinión), se cantonner (abstraerse), se draper (en su dignidad).
encastrar vt Encastrer.
encauchar vt Caoutchouter.
encáustico, a adj Encaustique | — M Encaustique *f* (cera).
encauz|amiento m Canalisation *f* | Endiguement, endigage ‖ **~ar** vt Diriger, endiguer, canaliser | FIG. Mettre sur la voie, aiguiller (orientar), canaliser.
encebollado m Civet (de liebre, etc).
enc|efalalgia f Encéphalalgie ‖ **~efalitis** f Encéphalite ‖ **~éfalo** m Encéphale ‖ **~efalograma** m Encéphalogramme.
encelar vt Rendre jaloux | — Vp Devenir jaloux.
encella f Clayon (de queso).
encenag|ado, a adj Plein, pleine de boue | Embourbé, e | FIG. Corrompu, e ‖ **~amiento** m Embourbement, enlisement | Envasement | FIG. Croupissement (vicio) ‖ **~arse** vp S'embourber, s'enliser | Se rouler dans la boue | Se salir de boue | FIG. Se vautrer, croupir.
encend|ajas fpl Brindilles ‖ **~edor** m Briquet (mechero) ‖ **~er*** vt Allumer | FIG. Enflammer (fiebre), consumer (celos) | — Vp S'allumer | S'enflammer | Rougir (ruborizarse) ‖ **~ido, a** adj Allumé, e | Rouge vif (color) | Ardent, e (mirada) | En feu (cara) | Empourpré, e (de ira) | — M Allumage | Mise *(f)* à feu (cohete) ‖ **~imiento** m Embrasement | FIG. Ardeur *f*.
encentar* vt Entamer.
encep|ar vi S'enraciner (planta) | MAR. Engager (ancla) | TECN. Assembler ‖ **~e** m Enracinement.
encer|ado, a adj Ciré, e | Cireux, euse (color) | — M Cirage, encaustiquage | Couche *(f)* de cire | Tableau noir (pizarra) | MAR. Prélart ‖ **~ador, a** adj/s Cireur, euse ‖ **~amiento** m Cirage ‖ **~ar*** vt Cirer.
encerr|adero m Parc (redil) | Toril ‖ **~ar** vt Enfermer | Renfermer, contenir, receler | — Vp FIG. Se retirer du monde | *~ en una idea*, s'entêter ‖ **~ona** f FAM. Retraite (retiro), guet-apens *m*, piège *m*.
encest|ar vi Faire un panier (baloncesto) ‖ **~e** m Panier.
encía f Gencive.
encíclico, a adj/f Encyclique.
enciclop|edia f Encyclopédie ‖ **~édico, a** adj Encyclopédique ‖ **~edista** adj/s Encyclopédiste.
encierro m Réclusion *f*, retraite *f* | Parcage (ganado) | Parc (dehesa) | Cachot | Toril.
encim|a adv Dessus : *ahí ~*, là-dessus | En plus (además) | FAM. En plus, par-dessus le marché | *~ de*, sur (sobre), au-dessus de (más arriba) *Echarse ~*, arriver sur; tomber sur (ocurrir), se charger de (trabajo), endosser (responsabilidad), se mettre à dos (enemistarse) | *~ de que*, en plus du fait que | *Estar por ~ de*, être au-dessus de, surpasser | *Pasar por ~ de un arroyo*, enjamber un ruisseau | *Por ~*, par-dessus (sobre), en plus (además), superficiellement, rapidement | *Por ~ de*, par-dessus (sobre), malgré, en dépit de ‖ **~ar** vt Surélever | — Vp S'élever.
encin|a f Chêne *(m)* vert, yeuse ‖ **~al** o **~ar** m Chênaie *f* ‖ **~o** m Chêne vert, yeuse *f*.
encint|a adjf Enceinte ‖ **~ado** m Bord de trottoir ‖ **~ar** vt Enrubanner.
enclaustr|amiento m Claustration *f* ‖ **~ar** vt Cloîtrer.

enclav|ado m Enclave *f* || **~ar** vt Clouer | Transpercer | Enclouer (caballo) | Enclaver || **~e** m Enclave *f* || **~ijar** vt Cheviller.
enclenque adj/s Chétif, ive.
enclítico, a adj Enclitique.
encobrar vt Cuivrer.
encocorar vt Fam. Embêter.
encofr|ado m Tecn. Coffrage || **~ar** vt Tecn. Coffrer.
encog|er vt Rétrécir | Contracter | Fig. Troubler | — Vi Rétrécir | — Vp Se rétrécir | Fig. Se serrer (corazón), se démonter (apocarse) || **~ido, a** adj Fig. Timide (tímido), noué, e; serré, e (estómago), serré, e (corazón) || **~imiento** m Rétrécissement (tela) | Pincement (labios) | Fig. Timidité *f*.
encol|ado m Encollage || **~ar** vt Encoller | Coller.
encolerizar vt Irriter, mettre en colère.
encomend|ar* vt Recommander, confier (confiar) | Charger (encargar) | — Vp S'en remettre à, se confier à | Se vouer : *no saber a qué santo ~*, ne pas savoir à quel saint se vouer || **~ero** m Commissionnaire.
encomi|ador, a adj/s Louangeur, euse || **~ar** vt Louer, vanter || **~asta** s Louangeur, euse || **~ástico, a** adj Élogieux, euse || **~enda** f Commission (encargo) | Commanderie (dignidad) | Croix (condecoración) | Recommandation | *Amér.* Colis *m* (paquete postal) || **~o** m Louange *f*, éloge.
encon|ado, a adj Passionné, e; acharné, e || **~adura** f o **~amiento** m Inflammation *f*, envenimement *m* (de una herida) | Fig. Rancune *f* (rencor), hostilité *f* || **~ar** vt Enflammer, envenimer | Fig. Envenimer (discusión), exaspérer (irritar) || **~o** m Rancune *f* | Animosité *f*, hostilité *f*.
encontr|adizo, a adj *Hacerse el ~*, faire semblant de rencontrer qqn par hasard || **~ado, a** adj Opposé, e; contraire (intereses) || **~ar*** vt Trouver | Rencontrer (dar con) | *~ con quien hablar*, trouver à qui parler | — Vi Heurter | — Vp Se rencontrer (dos personas) | Se trouver (estar) | Etre | Se retrouver (reunirse) | Rencontrer, se heurter | Se sentir, se trouver : *me encuentro mejor*, je me sens mieux | Se heurter, s'opposer (opiniones) | S'accorder (coincidir) | *~ con*, rencontrer, tomber sur (hallar), heurter (tropezar), se heurter à, devoir affronter (problemas) || **~ón** o **~onazo** m Choc, collision *f*.
encopet|ado, a adj Huppé, e; collet monté || **~arse** vp Prendre de grands airs (engreírse).
encorajarse o **encorajinarse** vp Se mettre en rage, se fâcher | Être stimulé.
encord|arse* vp S'encorder (alpinismo) || **~elar** vt Ficeler.
encorn|ado, a adj Encorné, e || **~adura** f Cornes *pl*.
encorralar vt Parquer (rebaño).
encorsetar vt Corseter.
encorv|adura f o **~amiento** m Courbure *f* || **~ar** vt Courber | Recourber | Voûter (persona) | — Vp Se courber | Se recourber | Se voûter (persona) | Ployer (bajo una carga).
encostrarse vp S'encroûter.
encresp|amiento m Frisage (pelo) | Hérissement | Moutonnement (mar) | Bouillonnement (pasiones) | Échauffement (discusión) | Irritation *f* || **~ar** vt Friser | Hérisser | Irriter | — Vp Être agitée, moutonner (mar) | S'agiter (pasiones) | S'envenimer (discusión) | S'embrouiller (negocio).
encrucijada f Carrefour *m*.
encru|decer* vt Irriter | — Vi Refroidir (tiempo) || **~elecer*** vt Endurcir le cœur | — Vp S'endurcir.
encuadern|ación f Reliure || **~ador, a** s Relieur, euse || **~ar** vt Relier | *~ en rústica*, brocher.
encuadr|amiento o **~e** m Fot. Cadrage | Mil. Encadrement | Cadre (límite) || **~ar** vt Encadrer | Fig. Faire partie de | Embrigader (incorporar) | Reclasser (readaptar) | Fot. Cadrer.
encub|amiento m Encuvage || **~ar** vt Encuver.
encubiert|a f Fraude || **~amente** adv En secret || **~ o, a** adj Caché, e | Couvert, e (palabras).
encubr|idor, a adj/s Receleur, euse | Complice || **~imiento** m Dissimulation *f* | Recel, recèlement || **~ir** vt Cacher, dissimuler | Receler.
encuentro m Rencontre *f* (personas, coincidencia, deportes) | Fig. Trouvaille *f* (hallazgo), choc, opposition *f* (contradicción) | Rendez-vous (de dos cosmonautas en el espacio) | Mil. Accrochage | *Ir al ~ de*, aller à la rencontre de, aller au-devant de | *Salir al ~ de*, aller au-devant de (ir en busca de), contredire (oponerse), devancer (prevenir), faire face (dificultad).
encuest|a f Enquête | *Hacer una ~*, faire une enquête, enquêter || **~ado, a** s Personne interrogée.
encumbr|amiento m Élévation *f* | Exaltation *f* | Ascension *f* (progreso) || **~ar** vt Élever | Fig. Faire l'éloge de, vanter (ensalzar) | *~ hasta las nubes*, porter aux nues | — Vp S'élever | Fig. Progresser (desarrollarse),

prendre de grands airs (envanecerse).
encurt|idos mpl Conserves (*f*) au vinaigre ‖ **~ir** vt Confire dans le vinaigre.
enchap|ado m Placage, plaqué ‖ **~ar** vt Plaquer.
encharc|amiento m Inondation *f* ‖ **~ar** vt Inonder | — Vp Être inondé | ~ *los pulmones,* avoir une hémorragie interne aux poumons.
enchil|ada f *Amér.* Galette de maïs au piment ‖ **~ado, a** adj *Amér.* Rouge ‖ **~ar** vt *Amér.* Assaisonner de piments | — Vp *Amér.* Se fâcher.
enchiquerar vt Mettre au toril | FAM. Coffrer (encarcelar).
enchironar vt FAM. Coffrer.
enchuf|ado, a adj FAM. Pistonné, e (recomendado), planqué, e (en un puesto) | — S FAM. Type pistonné, personne qui a du piston (protegido), embusqué, e (soldado) ‖ **~ar** vt Brancher (lámpara) | Raccorder (tubos) | FAM. Pistonner | — Vp FAM. Se faire pistonner (ser recomendado), se planquer (en un puesto) ‖ **~e** m Prise (*f*) de courant | Embranchement (eléctrico) | Raccord (tubos) | FAM. Piston (influencia), planque *f* (puesto).
ende (por) loc adv Par conséquent.
endebl|e adj Faible, chétif, ive ‖ **~ez** f Faiblesse.
ende|cágono, a adj/m Hendécagone ‖ **~casílabo, a** adj/m Hendécasyllabe.
endecha f Complainte (melodía) | Quatrain *m* (poesía).
end|emia f Endémie ‖ **~émico, a** adj Endémique.
endemon|iado, a adj Diabolique, démoniaque | Satané, e (tiempo) | Endiablé, e (ritmo) | — Adj/s Possédé, e; démoniaque ‖ **~iar** vt Ensorceler | Rendre furieux, euse.
endentar* vt MEC. Endenter.
enderez|ado, a adj Favorable ‖ **~ador, a** adj/s Redresseur, euse ‖ **~amiento** m Redressement ‖ **~ar** vt Redresser (poner derecho, restablecer) | Adresser (dirigir) | Corriger | | TECN. Dresser | — Vi Se diriger | — Vp Se disposer à.
endeud|amiento m Endettement ‖ **~arse** vp S'endetter.
endiabl|ado, a adj Endiablé, e | Diabolique ‖ **~ar** vt Ensorceler.
endibia f Endive.
endilgar vt FAM. Acheminer (dirigir), refiler, coller (un trabajo), faire avaler (historia).
endino, a adj FAM. Méchant, e.
endiñar vt POP. Flanquer (dar).
endiosar vt Diviniser | — Vp S'enorgueillir.
endo|cardio m Endocarde ‖ **~carpio** m Endocarpe ‖ **~cráneo** m Endocrâne ‖ **~crino, a** adj Endocrinien, enne | — Adjf Endocrine ‖ **~crinología** f Endocrinologie ‖ **~dermo** m Endoderme ‖ **~gamia** f Endogamie.
endógeno, a adj Endogène.
endomingar vt Endimancher.
endoplasma m Endoplasme.
endos|ante adjm/m Endosseur ‖ **~ar** vt Endosser ‖ **~atario** o **~ador** m Endossataire.
endosc|opia f Endoscopie ‖ **~opo** m Endoscope.
endósmosis f Endosmose.
endoso m Endossement, endos.
endosperma m Endosperme.
endotelio m Endothélium.
endrino, a adj Noir, e.
endulzar vt Sucrer | FIG. Adoucir.
endur|ar vt Endurcir | Économiser | Endurer (soportar) | Ajourner (diferir) ‖ **~ecer*** vt Durcir | FIG. Endurcir ; durcir | — Vp S'endurcir ‖ **~ecimiento** m Durcissement | FIG. Endurcissement | Obstination *f*.
ene f N *m.* | X : *hace ~ años,* il y a X années.
enea f Massette | Paille (silla).
enebro m Genévrier (árbol).
enem|iga f Inimitié, antipathie ‖ **~igo, a** adj/s Ennemi, e | — M Le Malin (demonio) | *Al ~ que huye puente de plata,* à l'ennemi qui fuit, faites un pont d'or ‖ **~istad** f Inimitié ‖ **~istar** vt Brouiller, fâcher : *~ a dos personas,* brouiller deux personnes.
en|ergético, a adj/f Énergétique ‖ **~ergía** f Énergie ‖ **~érgico, a** adj Énergique ‖ **~ergúmeno** m Énergumène.
enero m Janvier.
enerv|amiento m Énervement ‖ **~ante** adj Énervant, e ‖ **~ar** vt Énerver | Affaiblir.
enésimo, a adj MAT. N : *potencia ~,* puissance N | *Te lo digo por ~ vez,* je te le dis pour la n[ième] fois.
enfad|adizo, a adj Irritable ‖ **~ar** vt Agacer, contrarier | Fâcher, mettre en colère | — Vp Être agacé | Se fâcher, se mettre en colère ‖ **~o** m Irritation *f* | Fâcherie *f*, brouille *f* | Colère *f* ‖ **~osamente** adv De mauvais gré, à contrecœur | D'une façon désagréable ‖ **~oso, a** adj Ennuyeux, euse (molesto) | Déplaisant, e (desagradable) | Agaçant, e (enervante).
enfangarse vp Se couvrir de fange | FIG. Tremper (negocios sucios).
enfard|ar vt Emballer, empaqueter ‖ **~elar** vt Emballer, empaqueter.
énfasis m Emphase *f* | *Poner ~ en,* mettre l'accent sur.
enfático, a adj Emphatique.
enferm|ar vi Tomber malade | — Vt Rendre malade | Affaiblir ‖ **~edad** f

Maladie : *salir de una ~*, relever de maladie ‖ **~ería** f Infirmerie ‖ **~ero, a** s Infirmier, ère (hospital) | Garde ‖ **~izo, a** adj Maladif, ive | Insalubre (comarca) | Malsain, e ‖ **~o, a** adj/s Malade : *~ de aprensión*, malade imaginaire; *ponerse ~*, tomber malade | FIG. *Poner ~*, rendre malade. *Ponerse ~*, en être malade ‖ **~ucho, a** adj Souffreteux, euse.

enfervorizar vt Encourager.

enfeudar vt Inféoder.

enfil|ada f Enfilade ‖ **~ado** m Enfilage ‖ **~ar** vt Enfiler (ensartar) | Aligner | MIL. Braquer.

enfisema m Emphysème.

enfitéutico, a adj Emphytéotique.

enflaquec|er* vt Amaigrir | Affaiblir | — Vi Maigrir | Faiblir ‖ **~imiento** m Amaigrissement | Affaiblissement (debilitación).

enfo|cador m FOT. Viseur ‖ **~car** vt FOT. Mettre au point; centrer (imagen) | Pointer (gemelos) | FIG. Envisager ‖ **~que** m FOT. Mise (*f*) au point (aparato), centrage, cadrage (imagen) | Façon (*f*) d'envisager *o* d'aborder [un problème], optique *f*.

enfoscarse vp S'absorber | Se couvrir (cielo).

enfrascar vt Mettre dans un flacon | — Vp S'engager dans un fourré | Se plonger (ocupación).

enfrent|amiento m Affrontement ‖ **~ar** Affronter, faire face à | Mettre en présence | Opposer, dresser (personas) | — Vi Être en face de | — Vp Affronter, faire front *o* face à (afrontar) | S'affronter (entre dos) | Rencontrer (un equipo) | Se rencontrer (dos equipos) ‖ **~e** adv En face : *~ mía*, en face de moi | Contre | *En la página de ~*, à la page ci-contre.

enfri|ador, a adj Refroidissant, e | — M Refroidisseur | — F Chambre froide ‖ **~amiento** m Refroidissement ‖ **~ar** vt/i Refroidir | — Vp Se refroidir | Prendre froid, attraper froid.

enfundar vt Mettre dans une housse (vestido), mettre dans sa taie (almohada) | Engainer, gainer | Rengainer (pistola).

enfurec|er* vt Rendre furieux | — Vp S'emporter | Se déchaîner (el mar) ‖ **~imiento** m Fureur *f*.

enfurruñarse vp Se fâcher.

enfurt|ido m Foulage | Feutrage ‖ **~ir** vt Fouler (paño) | Feutrer (fieltro).

engaitar vt FAM. Rouler (engañar).

engalanar vt Parer | Décorer | Habiller avec élégance, pomponner | MAR. Pavoiser.

engalgar vt Freiner (coche), caler (rueda).

engall|ado, a adj Arrogant, e ‖ **~amiento** m Arrogance *f* ‖ **~arse** vp Prendre de grands airs.

enganch|amiento m Accrochage | MIL. Enrôlement, recrutement ‖ **~ar** vt Accrocher | Atteler (caballo) | Enclencher (engranar) | MIL. Enrôler, recruter | FAM. Embaucher (a una persona para un trabajo), racoler, rabattre (clientes), attraper (borrachera), décrocher (colocación), mettre la main sur | MAR. Engager (ancla) | Encorner (torero) | — Vp S'accrocher | S'engager ‖ **~e** m Crochet | Accrochage (vagones) | Attelage | Enclenche *f* (trinquete) | MIL. Enrôlement, recrutement.

engañ|abobos m inv Attrape-nigaud ‖ **~adizo, a** adj Crédule ‖ **~ador, a** adj Trompeur, euse ‖ **~ar** vt Tromper | Duper | FAM. *¡A mí no me engañan!*, on ne me la fait pas! | — Vp Se tromper | S'abuser, se leurrer ‖ **~ifa** f Tromperie, marché (*m*) de dupes ‖ **~o** m Erreur *f* : *salir del ~*, revenir de son erreur | Leurre | Tromperie *f*, duperie *f* | TAUR. Cape *f* | *Deshacer un ~*, rétablir la vérité | *Llamarse a ~*, se laisser abuser ‖ **~oso, a** adj Trompeur, euse.

engarce m Enfilage | Fil (de collar) | Sertissage, enchâssement (anillo) | FIG. Enchaînement.

engargolado m Rainure *f*.

engarz|adura f V. ENGARCE ‖ **~ar** vt Enfiler (perlas, etc) | Enchâsser, sertir | Friser | FIG. Enchaîner (enlazar), amener (idea).

engast|ador m Sertisseur ‖ **~adura** f Sertissage *m* | Monture (guarnición) ‖ **~ar** vt Enchâsser, enchatonner, sertir | Monter (en una sortija) ‖ **~e** m Sertissage, enchâssement | Chaton (cerco), monture *f* (guarnición).

engatus|ador, a adj/s Enjôleur, euse ‖ **~amiento** m Enjôlement ‖ **~ar** vt FAM. Entortiller, embobiner, enjôler (embaucar).

engavillar vt Botteler, gerber.

engendr|ador, a adj Générateur, trice ‖ **~amiento** m Engendrement ‖ **~ar** vt Engendrer ‖ **~o** m Engendrement | Avorton | FIG. Élucubration *f* | FAM. *Mal ~*, sale gosse! (niño).

englobar vt Englober.

engolado, a adj Collet monté, guindé, e.

engolfar vt Absorber | — Vi/p MAR. Gagner le large | — Vp FIG. S'absorber, se plonger (meditación).

engolillado, a adj V. ENGOLADO.

engolosinar vt Allécher | — Vp Prendre goût (*con*, à) [aficionarse].

engom|ado m o **~adura** f Encollage *m* | Apprêtage *m* ‖ **~ar** vt Gommer, engommer (con pegamento), encoller (con cola) | Apprêter (tejidos) | *Papel engomado,* papier collant.

engord|ar vi Grossir | Faire grossir | — Vt Engraisser (cebar) | Grossir de : *~ dos kilos,* grossir de deux kilos || **~e** m Engraissement, embouche *f*.

engorr|o m FAM. Ennui, embarras, pépin, difficulté *f* || **~oso, a** adj Ennuyeux, euse | Délicat, e.

engran|aje m Engrenage || **~ar** vt/i MEC. Engrener | FIG. Enchaîner.

engrandec|er* vt Agrandir | FIG. Louer, vanter | — Vp S'élever || **~imiento** m Agrandissement | FIG. Éloge.

engras|ado m Graissage || **~ador, a** adj/s Graisseur, euse || **~asamiento** m MEC. Graissage (engrase), encrassement (bujía) || **~ar** vt Graisser, lubrifier | — Vp MEC. S'encrasser || **~e** m Graissage (operación) | Lubrifiant (materia).

engre|ído, a adj Suffisant, e (presumido) | Infatué, e (creído) || **~imiento** m Suffisance *f* || **~ír*** vt Remplir d'orgueil | — Vp S'enorgueillir, se rengorger.

engros|amiento m Grossissement | Augmentation *f* || **~ar*** vt/i Grossir.

engrud|ar vt Empeser (ropa) | Coller (papel) | — Vp Épaissir || **~o** m Empois | Colle (*f*) de pâte.

engruesar vi Grossir.

engrumecerse* vp Se grumeler.

enguachinar vt Tremper.

enguantarse vp Se ganter.

enguatar vt Ouater (vestido), molletonner (tejido), rembourrer (sillón), capitonner (camión).

enguijarrar vt Caillouter.

enguirnaldar vt Enguirlander.

engull|imiento m Engloutissement || **~ir*** vt Engloutir.

engurruñar vt Chiffonner | — Vp Se replier, se contracter.

en|hacinar vt Entasser || **~harinar** vt Enfariner || **~hebrado** o **~hebramiento** m Enfilage || **~hebrador, a** s Enfileur, euse || **~hebrar** vt Enfiler | FIG. Débiter | *Una cosa es ~, otra es dar puntadas,* la critique est aisée, mais l'art est difficile || **~hiesto, a** adj Dressé, e.

enhora|buena f Félicitations *pl*, compliments *mpl* | *Dar la ~,* féliciter, présenter ses félicitations | *Estar de ~,* rayonner de joie | *Mi más cordial ~,* tous mes vœux | — Adv Heureusement que (afortunadamente) | Très bien (de acuerdo) || **~mala** adv Mal à propos, malencontreusement | *Haber nacido ~,* être né sous une mauvaise étoile.

enhorn|ado m Enfournage, enfournement || **~ar** vt Enfourner.

enigm|a m Enigme *f* || **~ático, a** adj Énigmatique.

enilismo m Œnilisme.

enjabon|ado m o **~adura** f Savonnage *m* || **~ar** vt Savonner | FIG. Passer un savon à (reprender), passer la main dans le dos (adular).

enjaez|amiento m Harnachement || **~ar** vt Harnacher.

enjalbeg|ador m Badigeonneur || **~adura** f Badigeonnage *m* || **~ar** vt Badigeonner, chauler.

enjalm|a f Bât *m* || **~ar** vt Bâter (albardar).

enjambr|ar vt Essaimer || **~e** m Essaim.

enjarciar vt MAR. Gréer.

enjaret|ado m Caillebotis || **~ar** vt Coulisser | FAM. Débiter (discurso), expédier (trabajo).

enjaul|amiento m Encagement || **~ar** vt Encager, mettre en cage | FAM. Coffrer (aprisionar).

enjeb|ar vt Dégraisser (tejido) || **~e** m Alun | TECN. Alunage.

enjoyar vt Parer de bijoux | FIG. Orner, parer.

enjuag|adientes m inv Rince-bouche || **~ado** m o **~adura** f Rinçage *m* || **~ar** vt Rincer || **~atorio** o **~ague** m Rinçage | Rince-doigts *inv* | FIG. Intrigue *f*.

enjug|ador m Séchoir || **~amanos** m inv *Amér.* Serviette (*f*) de toilette || **~amiento** m Essuyage || **~ar** vt Sécher | Éponger | Essuyer (platos, lágrimas) | FIG. Éponger, résorber (déficit), neutraliser (diferencia) | — Vp Se sécher | S'éponger (frente).

enjuici|amiento m DR. Mise (*f*) en accusation *o* en jugement | FIG. Examen, jugement | *Ley de ~ civil,* Code de procédure civile || **~ar** vt DR. Mettre en accusation (a uno), instruire un procès | FIG. Juger.

enjund|ia f Graisse | FIG. Force (vigor), substance (contenido), poids *m* (argumento), étoffe, envergure (persona) || **~ioso, a** adj Gras, grasse | FIG. Riche, dense.

enjuto, a adj Sec, sèche | Desséché, e.

enlace m Enchaînement | Rapport, liaison *f* (relación) | Union *f* (casamiento) | Liaison *f* (pronunciación, química, militar) | Correspondance *f* (tren, etc) | *Carretera de ~,* bretelle de raccordement | *~ matrimonial,* mariage | *~ sindical,* délégué *o* responsable syndical.

enladrill|ado m Carrelage || **~ador** m Carreleur || **~ar** vt Carreler.

enlat|ado m Mise (*f*) en boîte || **~ar** vt Latter | Mettre en boîte (conservas).

enlaz|adura f o **~amiento** m V. ENLACE || **~ar** vt Lier, attacher | Rattacher, relier (ideas) | Prendre au lasso | Assurer la liaison (transportes) | — Vp S'unir, se marier (novios) | Être lié (ideas, etc).
enligar vt Engluer.
enlodar o **enlodazar** vt Crotter (manchar) | FIG. Déshonorer.
enloquec|edor, a adj Affolant, e || **~er*** vt Affoler (turbar) | Rendre fou, folle | — Vi Devenir fou, folle || **~imiento** m Perte (*f*) de la raison, folie *f*.
enlos|ado m Carrelage | Dallage || **~ar** vt Carreler | Daller.
enluc|ido, a adj Badigeonné, e | Blanc, blanche | Fourbi, e (arma) | — M Enduit, crépi (pared) || **~idor** m Plâtrier || **~imiento** m Crépissage || **~ir*** vt Badigeonner, crépir (enjalbegar) : *~ una pared*, crépir un mur | Enduire (con un revestimiento) | Fourbir (armas).
enlutar vt Endeuiller | — Vp Porter le deuil | FIG. S'assombrir.
enmader|ado o **~amiento** m Boiserie *f* || **~ar** vt Poser les boiseries sur | Édifier la charpente de.
enmadrarse vp S'attacher excessivement à sa mère (niño).
enmangar vt Emmancher.
enmarañ|amiento m Enchevêtrement (cosas) | Embrouillement (asunto) || **~ar** vt Emmêler, embrouiller.
enmarcar vt Encadrer.
enmaridar vi/p Se marier.
enmascar|ado, a s Masque *m* || **~amiento** m MIL. Camouflage || **~ar** vt Masquer | MIL. Camoufler.
enmasillar vt Mastiquer, mettre du mastic.
enmelar* vt FIG. Adoucir.
enm|endador, a adj Correcteur, trice || **~endar*** vt Corriger | Réparer (daño) | Amender (juicio, texto, tierra) | — Vp Se corriger | Bouger (toro) || **~ienda** f Correction | Amendement *m* | *Propósito de ~*, bonne résolution.
enmohec|er* vt Rouiller (métal) | Moisir (materia orgánica) | — Vp Rouiller, se rouiller (metal) | Moisir | FIG. Se rouiller (músculo, etc) || **~imiento** m Moisissure *f* | Rouille *f*.
enmudecer* vt Faire taire | FIG. Rendre muet (temor, etc) | — Vi Devenir muet | FIG. Se taire, rester muet.
enmugrec|er vt Encrasser || **~imiento** m Encrassement.
ennegrec|er* vt/i Noircir || **~imiento** m Noircissement.
ennoblec|er* vt Anoblir | FIG. Ennoblir || **~imiento** m Anoblissement.
enoj|adizo, a adj Irritable || **~ado, a** adj En colère || **~ar** vt Irriter, fâcher | Ennuyer | Offenser | — Vp Se mettre en colère, se fâcher | Être irrité | Se fâcher, se brouiller (reñir) | Se déchaîner (mar, viento) || **~o** m Colère *f* | Fâcherie *f*, bouderie *f* (enfado) | *Causar ~*, irriter, mettre en colère || **~oso, a** adj Ennuyeux, euse; fâcheux, euse | Déplaisant, e (desagradable) | Contrariant, e.
enología f Œnologie.
enorgullec|er* vt Enorgueillir || **~imiento** m Orgueil.
enorm|e adj Énorme || **~idad** f Énormité.
enquiciar vt Fixer sur ses gonds (puerta).
enquist|ado m Enkystement || **~amiento** m Enkystement || **~arse** vp S'enkyster | FIG. *Estar enquistado en*, se greffer sur (una cosa), s'incruster (una persona).
enrabiar vt Mettre en colère.
enraizar vi S'enraciner.
enram|ada f Ramure, branchage *m* | Ramée (cobertizo).
enrarec|er* vt Raréfier | — Vi/p Se raréfier || **~imiento** m Raréfaction *f*.
enras|ar vt Araser (allanar) | — Vi Se trouver au même niveau || **~e** m Arasement | Nivellement.
enray|amiento m Enrayement || **~ar** vt Enrayer (rueda).
enred|adera adjf Grimpante (planta) | — F Liseron *m* || **~ar** vt Prendre dans un filet | Embrouiller, emmêler | Brouiller (meter cizaña) | Impliquer, mêler à (complicar) | Engager, embarquer (liar) | MAR. Engager (ancla) | — Vi Être turbulent, e (niño) | — Vp S'embrouiller, s'emmêler | Se compliquer (asunto) | S'empêtrer, s'embourber (en un negocio) || **~ijo** m FAM. Enchevêtrement || **~o** m Enchevêtrement | Confusion *f* | Imbroglio | Mensonge, intrigue *f* (engaño) | Intrigue *f* (teatro) | Espièglerie *f* (travesura) || **~oso, a** adj Embrouillé, e | Turbulent, e (niño) | Intrigant, e.
enrej|ado m Grillage | Grilles *fpl* (rejas) | Treillis (celosía) || **~ar** vt Grillager | *Amér.* Repriser (zurcir la ropa).
enrevesado, a adj Embrouillé, e; compliqué, e (enredado).
enriar vt Rouir.
Enrique nprm Henri.
enriquec|er* vt Enrichir | — Vi/p S'enrichir || **~imiento** m Enrichissement.
Enriqueta nprf Henriette.
enrisc|ado, a adj Accidenté, e.

enristrar vt Mettre en chapelet (ensartar) | Mettre en arrêt (lanza).
enrocar vt Roquer (ajedrez).
enrodar* vt Rouer (suplicio).
enrojec|er* vt/p Rougir | — Vt Empourprer (ira) || **~imiento** m Rougeoiement (metal) | Rougeur *f* (del rostro).
enrol|amiento m Enrôlement || **~ar** vt Enrôler.
enroll|amiento m Enroulement | Bobinage || **~ar** vt Enrouler.
enronquec|er* vt Enrouer || **~imiento** m Enrouement.
enroque m Roque (ajedrez).
enrosc|adura f o **~amiento** m Enroulement *m* || **~ar** vt Enrouler.
ensac|ado m Ensachement, ensachage || **~ar** vt Ensacher.
ensalad|a f Salade | FIG. Salade (ideas), pagaille, micmac *m* (lío) | MÚS. Pot-pourri *m* || **~era** f Saladier *m* || **~illa** f Macédoine | Bonbons *mpl* | FIG. Pagaille, micmac *m*.
ensalivar vt Couvrir de salive.
ensalm|ador, a s Rebouteux, euse | Guérisseur, euse || **~ar** vt Remettre (hueso) | Guérir || **~o** m Remède de bonne femme | *Como por ~*, comme par enchantement.
ensalz|ador, a adj/s Louangeur, euse || **~amiento** m Exaltation *f* | Louange *f*, éloge || **~ar** vt Louer, exalter | — Vp Se vanter.
ensambl|ado m Assemblage || **~ador** m Assembleur || **~adura** f o **~aje** m Assemblage *m*, montage *m* || **~ar** vt Assembler, monter.
ensanch|ador m Demoiselle *f* [de gantier] || **~amiento** m Élargissement | Évasement (de un jarro) || **~ar** vt Élargir | Agrandir | Évaser (tubo) | FIG. Gonfler, dilater (alegría) | — Vp FIG. Se rengorger (engreírse) || **~e** m Élargissement (carretera) | Agrandissement (ciudad) | Expansion *f* (zona) | Nouveau quartier (barrio) | Évasement (orificio) | Ourlet (costura).
ensangrentar* vt Ensanglanter | — Vp Baigner dans le sang.
ensañ|amiento m Acharnement || **~ar** vt Rendre furieux | — Vp S'acharner.
ensart|ador, a s Enfileur, euse || **~ar** vt Enfiler (perlas) | Embrocher (atravesar) | FIG. Débiter (disparates) || **~e** m Enfilage (perlas).
ensay|ar vt Essayer | Répéter (espectáculo) | Dresser (animal) | — Vi Répéter (teatro) | — Vp S'essayer, s'exercer || **~ista** m Essayiste || **~o** m Essai | Répétition *f* (teatro) : *~ general*, répétition générale.
enseguida o **en seguida** adv Tout de suite, sur-le-champ.
ensenada f Anse, crique (bahía).
enseñ|a f Enseigne || **~ado, a** adj *Bien o mal ~*, bien ou mal élevé || **~anza** f Enseignement *m* : *~ laboral* ou *técnica*, enseignement technique | *Primera ~* ou *~ primaria*, enseignement primaire | *Segunda ~* ou *~ media*, enseignement secondaire || **~ar** vt Apprendre : *~ a hablar*, apprendre à parler | Enseigner (dar clases) | Montrer (indicar).
enseñorearse vp S'emparer.
enseres mpl Effets (ropa) | Outils (herramientas) | Ustensiles.
ensill|adura f Dos (*m*) du cheval || **~ar** vt Seller (caballo).
ensimism|ado, a adj Absorbé, e; plongé, e (libro, etc) | Concentré, e (reconcentrado) | Songeur, euse || **~amiento** m Réflexion (*f*) profonde, méditation *f* || **~arse** vp S'absorber, se concentrer | *Amér.* Faire l'important (envanecerse).
ensoberbecer* vt Enorgueillir.
ensombrecer* vt Assombrir | FIG. Noircir (situación).
ensordec|edor, a adj Assourdissant, e || **~er*** vt Assourdir | Rendre sourd (provocar sordera) | — Vi Devenir sourd || **~imiento** m Assourdissement | Surdité *f* (sordera).
ensortijar vt Boucler (cabellos) | Enrouler autour de.
ensuci|amiento m Encrassement (motor) | Saleté *f* (suciedad) || **~ar** vt Salir | Encrasser, salir | FIG. Souiller (virtud), salir, flétrir (reputación).
ensueño m Rêve | Rêverie *f*.
entabl|ado m Plancher || **~amento** m ARQ. Entablement || **~ar** vt Commencer, entamer | Amorcer, entamer (conversación) | Engager (combate) | Entamer (pleito) | Parqueter, planchéier || **~erarse** vp Se réfugier contre les barrières (toro) || **~illado** m MED. Gouttière || **~illar** vt Éclisser.
entall|a f Entaille || **~adura** f o **~amiento** m Entaille *f* (en un árbol) | Encoche *f* (muesca) | TECN. Mortaisage *m* | Sculpture *f* | Ciselure *f* | Gravure *f* || **~ar** vt Entailler (árbol, etc) | Sculpter | Ciseler | Graver | Cintrer, ajuster (vestido) | TECN. Mortaiser | — Vi Être ajusté (vestido) || **~ecer*** vi Germer.
entarim|ado m Plancher, parquet | Parquetage, planchéiage (acción) || **~ar** vt Parqueter, planchéier.
ente m Réalité *f* | Être, créature *f* : *~ de razón*, être de raison | Firme *f*, société *f* | FAM. Phénomène || **~co, a** adj Chétif, ive; maladif, ive.
entena f MAR. Antenne.
entend|ederas fpl FAM. Jugeote *sing*, comprenette *sing* || **~edor, a**

adj/s Connaisseur, euse | Intelligent, e | *Al buen ~ pocas palabras* ou *al buen ~ con pocas palabras basta*, à bon entendeur salut || **~er*** vt Comprendre : *~ inglés*, comprendre l'anglais | Croire, penser | Entendre (exigir, significar) | Voir (imaginar) : *ya entiendo*, je vois | *A mi ~*, à mon avis | *Dar a ~*, donner à entendre, laisser entendre | *Hacer como quien lo entiende todo*, prendre un air entendu | — Vi S'y entendre, s'y connaître | S'occuper de | DR. Connaître | — Vp Se comprendre | S'entendre, se mettre d'accord | Se mettre en rapport, entrer en contact | Avoir une liaison | *¡Él ou allá se las entienda!*, qu'il se débrouille! || **~idamente** adv Intelligemment || **~ido, a** adj Entendu, e; compris, e | Compétent, e | FAM. Calé, e (instruido), au courant | *Darse por ~*, faire celui *o* celle qui a compris | *¡Entendido!*, entendu!, d'accord!, compris! | *No darse por ~*, faire la sourde oreille | — S Connaisseur, euse || **~idura** f FAM. Jugeotte || **~imiento** m Entendement, intelligence *f* | Entente *f* | Jugement, bon sens | Esprit : *corto ~*, esprit borné.

entenebrecerse* vp S'obscurcir.

entente f Entente : *~ cordial*, entente cordiale.

enter|ado, a adj Au courant : *estar ~*, être au courant | FAM. Calé, e (entendido) | *Amér.* Poseur, euse | *Darse por ~*, se le tenir pour dit | *No darse por ~*, faire la sourde oreille | — M Connaisseur || **~ar** vt Informer | — Vp S'informer | Apprendre (noticia) | Se rendre compte | Se renseigner (informarse) | FAM. *¿Te enteras?*, tu as compris?, tu me suis?

entereza f Intégrité | Fermeté, force (carácter), énergie (energía), discipline.

enteritis f MED. Entérite.

enternec|edor, a adj Attendrissant, e || **~er*** vt Attendrir || **~imiento** m Attendrissement.

entero, a adj Entier, ère | FIG. Robuste (fuerte), entier, ère (carácter), intègre, droit, e | — M Entier | Point (Bolsa) | *Amér.* Versement (dinero) | *Darse por ~ a*, se donner *o* se consacrer entièrement à.

enterr|ador m Fossoyeur | ZOOL. Enfouisseur || **~amiento** m Enterrement | Tombeau (tumba) | Enfouissement || **~ar*** vt Enterrer, ensevelir (persona) | Enfouir, enterrer (cosa) | Enterrer (olvidar) | — Vp FIG. S'enterrer.

entib|ación f o **~ado** m MIN. Boisage *m*, coffrage *m* || **~ador** m MIN. Boiseur || **~ar** vt MIN. Boiser, coffrer | — Vi S'appuyer.

entibiar vt Attiédir, tiédir | FIG. Modérer (pasiones).

entidad f Société, organisme *m* : *~ privada*, société privée | Compagnie (de seguros) | Établissement *m* (bancaria) | FIL. Entité | *De ~*, important.

entierro m Enterrement, ensevelissement | Tombeau, sépulture *f* | FAM. Trésor caché | FAM. *Más triste que un ~ de tercera*, triste comme un lendemain de fête.

entint|ado m IMPR. Encrage || **~ador** adjm IMPR. Encreur || **~ar** vt Encrer | Tacher d'encre.

entoldar vt Tendre une bâche sur *o* au-dessus de, couvrir | Tendre [de tapisseries] | — Vp Se couvrir (cielo).

entom|ología f Entomologie || **~ólogo, a** s Entomologiste.

enton|ación f MÚS. Intonation | FIG. Arrogance (arrogancia), redressement *m* (de las cotizaciones) || **~ado, a** adj Arrogant, e | Juste (voz) : *cantar ~*, chanter juste | FIG. Remonté, e (en forma), animé, e (Bolsa) || **~ar** vt MÚS. Entonner | Actionner les soufflets (del órgano) | Ragaillardir, remonter | Harmoniser | — Vi Chanter juste | S'harmoniser | — Vp Parader, poser (engreírse) | Se remonter (fortalecerse).

entonces adv Alors : *hasta ~*, jusqu'alors | *Desde ~*, depuis lors, dès lors | *En* ou *por aquel ~*, à cette époque, à cette époque-là.

entonelar vt Entonner (toneles).

entontec|er* vt Abrutir (con el trabajo) | Abêtir, rendre stupide | — Vp S'abêtir || **~imiento** m Abrutissement.

entorch|ado m Filé (para bordar) | MIL. Galon | Titre (título) || **~ar** vt TECN. Filer, torsader.

entornar vt Entrebâiller, entrouvrir (puerta) | Fermer à demi, ouvrir à moitié (ojos) | — Vp S'entrouvrir.

entorno m Environnement.

entorpec|er* vt Engourdir (sentidos) | Gêner, paralyser (estorbar) | Retarder | Alourdir (adormecer) | — Vp S'engourdir | FIG. Être gêné *o* embarrassé || **~imiento** m Engourdissement, torpeur *f* | Arrêt, stagnation *f* (en los asuntos) | Obstacle, gêne *f* | MEC. Enrayement.

entrada f Entrée : *puerta de ~*, porte d'entrée; *derecho de ~*, droit d'entrée | Accès *m* (paso) | Début *m* (carrera) | Réplique (teatro) | Monde *m*, affluence (público) | Recette (lo recaudado) | Ticket *m*, billet *m*, place (cine, etc) | COM. Recette, entrée | Arrivée (de teléfono) | Apport (*m*) personnel | Bouche, arrivée (de aire) |

Dar ~ a, donner accès à (conducir), faire entrer, admettre | *De ~,* d'emblée, dès le début | *De primera ~,* de prime abord | *Media ~,* demi-place (cine) | *Se prohibe la ~,* défense d'entrer | *Tener ~s (en la frente),* avoir le front dégarni.

entram|ado m Lattis, treillis ‖ **~ar** vt Latter.

entrambos, as adj ind pl Les deux. | — Pron ind pl Tous [les] deux, toutes [les] deux | *~ lo acabaron,* ils l'ont fini à eux deux.

entrampar vt Prendre au piège | FAM. *Estar entrampado,* être criblé de dettes | — Vp Tomber dans un piège | FAM. S'endetter.

entrante adj Qui commence | Rentrant (ángulo) | — M Enfoncement.

entrañ|a f ANAT. Viscère *m* | — Pl Entrailles | Cœur *msing : de buenas ~s,* qui a bon cœur | FAM. *Dar hasta las ~s,* donner jusqu'à sa chemise. *Sacar las ~s,* éventrer. *Echar las ~s,* vomir tripes et boyaux ‖ **~able** adj Intime | Cher, chère (amado) | Profond, e (deseos) ‖ **~ablemente** adv Affectueusement ‖ **~ar** vt Enfouir, introduire | Renfermer (contener) | — Vp S'introduire | FIG. Se lier intimement | Gagner (la simpatía).

entrar vi Entrer (pasar, ingresar) | Entrer, rentrer (caber) | Commencer | Être pris : *le entró sueño,* il a été pris de sommeil | Se mettre (en cólera) | Se jeter (ríos) | Passer (en contrabando) | Passer (velocidad) | MÚS. Faire son entrée | Attaquer (toro) | *~ a matar,* s'apprêter à donner l'estocade (matador) | *~ a servir,* se placer (criado) | *~ bien,* bien tomber | FAM. *No entro ni salgo,* ce n'est pas mon affaire. *No me entra la geometría,* je n'arrive pas à me faire entrer la géométrie dans la tête | — Vt Entrer, rentrer | Introduire | Envahir | Passer (de contrabando) | FIG. Attaquer.

entre prep. Entre : *vacilar ~ dos partidos,* hésiter entre deux partis | Parmi : *~ mis amigos,* parmi mes amis | Chez : *~ los romanos,* chez les Romains | Dans (en) | Mi ... mi, *~ dulce y agrio,* mi-aigre, mi-doux | En soi-même, à part soi (para sus adentros) | À : *lo hicimos ~ dos,* nous l'avons fait à deux | *~ nosotros* ou *dicho sea ~ nosotros,* entre nous soit dit, entre nous | *~ otras cosas,* entre autres, notamment | *~ que,* pendant que | *~ tanto,* entretemps | *~ todos serán unos veinte,* en les comptant tous ils doivent être une vingtaine | *Por ~,* parmi ‖ **~abierto, a** adj Entrouvert, e ‖ **~abrir** vt Entrouvrir | Entrouvrir, entrebâiller (puerta) ‖ **~acto** m Entracte ‖ **~ayudarse** vp S'entraider ‖ **~barrera** f Couloir *m* (plaza de toros) ‖ **~cano, a** adj Gris, e; grisonnant, e; poivre et sel (pelo) ‖ **~cejo** m Espace entre les sourcils, glabelle *f* (p. us.) | *Fruncir el ~,* froncer les sourcils ‖ **~coro** m Chœur (iglesia) ‖ **~cortar** vt Entrecouper | FIG. Hacher (elocución) ‖ **~cote** m Entrecôte *f* ‖ **~cruzar** vt Entrecroiser ‖ **~cubierta** f Entrepont *m* ‖ **~dicho, a** adj Interdit, e | — M Défense *f* | Interdit (censura eclesiástica) | *Poner en ~,* mettre en question ‖ **~dós** m Entre-deux.

entreg|a f Remise : *~ de los premios,* remise des prix | Livraison (de un encargo) | Dévouement *m* (dedicación) | Reddition | Passe (fútbol) ‖ **~ar** vt Remettre (dar) | Livrer (pedido, por traición) | Rendre (el alma) | *Para ~,* aux bons soins (carta) | — Vp Se livrer (darse) | Se livrer, se rendre (ciudad) | *~ a la justicia,* se livrer à la justice, se constituer prisonnier | *~ al sueño,* s'abandonner au sommeil.

entrelaz|amiento m Entrelacement | FIG. Imbrication *f* ‖ **~ar** vt Entrelacer.

entre|línea f Interligne *m* ‖ **~linear** vt Interligner ‖ **~listado, a** adj Rayé, e (tela) ‖ **~lucir*** vi Transparaître ‖ **~medias** adv Au milieu | Pendant ce temps ‖ **~més** m Intermède (teatro) | Hors-d'œuvre (manjar) | MÚS. Entremets ‖ **~meter** vt Mêler, entremêler | — Vp Se mêler de *o* à ‖ **~metido, a** adj/s Indiscret, ète | — S Touche-à-tout (metomentodo) ‖ **~mezclar** vt Entremêler.

entren|ador m Entraîneur ‖ **~amiento** m Entraînement ‖ **~ar** vt/i Entraîner.

entre|oír* vt Entendre vaguement ‖ **~paño** m ARQ. Panneau | Tablette *f* (anaquel) ‖ **~pierna** f Entrejambe *m* | — Pl Entrejambe *msing* ‖ **~puente** m MAR. Entrepont ‖ **~rrenglonar** vt Interligner ‖ **~rrieles** mpl Entre-rail *sing,* écartement (*sing*) de la voie ‖ **~saca** o **~sacadura** f Triage *m,* choix *m* | Coupe (bosque) ‖ **~sacar** vt Trier, choisir | Tirer (conclusión) | Rafraîchir, éclaircir (pelo) | AGR. Éclaircir ‖ **~sijo** m Mésentère | FIG. Mystère | *Tener muchos ~s,* présenter beaucoup de difficultés (cosa), cacher son jeu (persona) ‖ **~suelo** m Entresol | Premier balcon (teatro) ‖ **~tanto** adv Entre-temps, pendant ce temps, cependant | Sur ces entrefaites (en esto) | *~ que,* jusqu'à ce que ‖

~tejer vt Brocher (tela) | FIG. Mêler, truffer (escrito) || **~tela** f Tissu (*m*) d'apprêt, triplure | — Pl FAM. Entrailles || **~tenedor, a** adj Amusant, e || **~tener*** vt Distraire, amuser | FIG. Tromper (muerte, hambre), faire traîner en longueur (dar largas), entretenir, bercer (con esperanzas, promesas, etc), occuper, prendre (tomar tiempo) | — Vp S'amuser, se distraire | FIG. Perdre son temps (perder el tiempo), se mettre en retard (retrasarse), s'attarder || **~tenido, a** adj Amusant, e | Délassant, e | Occupé, e || **~tenimiento** m Amusement | Occupation *f* | Passe-temps | Entretien (conversación, cuidado) | MIL. Diversion *f* || **~tiempo** m Demi-saison *f* (traje) || **~ventana** f Trumeau *m* (en una pared) || **~ver*** vt Entrevoir || **~verar** vt Entremêler || **~vero** m *Amér.* Foule *f* (gentío), confusion *f* || **~vía** f Entre-rail *m*, entrevoie || **~vista** f Entrevue, entretien *m* | Interview (periodista) || **~vistador, a** s Enquêteur, euse (para encuestas) || **~vistarse** vp Avoir une entrevue *o* un entretien avec, rencontrer | Interviewer.

entristec|edor, a adj Attristant, e || **~er*** vt Attrister || **~imiento** m Tristesse *f*.

entroj|amiento m Engrangement || **~ar** vt Engranger.

entromet|er vt V. ENTREMETER || **~ido, a** adj Indiscret, ète || **~imiento** m Ingérence *f*.

entromparse vp POP. Se cuiter | *Amér.* Se fâcher.

entronc|amiento m Lien, parenté *f* | Rattachement | Alliance *f* (parentesco) || **~ar** vt Rattacher | — Vi Être apparenté *o* lié à | S'allier à.

entron|ización f o **~izamiento** m Intronisation *f* || **~izar** vt Introniser | FIG. Exalter | — Vp Faire l'important.

entronque m Parenté *f*.

entruch|ada f o **~ado** m FAM. Machination *f* || **~ar** vt FAM. Embobiner (engañar).

entub|ado m TECN. Tubage || **~ar** vt Tuber.

entuerto m Dommage (agravio) | Tort : *deshacer ~s*, redresser des torts.

entum|ecer* vt Engourdir, endormir | Tuméfier (hinchar) | *Dedos entumecidos*, doigts gourds (frío) || **~ecimiento** m Engourdissement | Tuméfaction *f* || **~irse** vp S'engourdir.

enturbiar vt Troubler | FIG. Embrouiller (enredar).

entusi|asmar vt Enthousiasmer || **~asmo** m Enthousiasme || **~asta** o **~ástico, a** adj/s Enthousiaste.

enumer|ación f Énumération | Récapitulation (resumen) | DR. Dénombrement *m* || **~ar** vt Énumérer || **~ativo, a** adj Énumératif, ive.

enunci|ación f o **~ado** m Énoncé *m*, énonciation *f* || **~ar** vt Énoncer.

envainar vt Engainer | Rengainer, remettre au fourreau.

envalenton|amiento m Hardiesse *f* || **~ar** vt Enhardir (dar valor) | Encourager | — Vp S'enhardir | Être encouragé *o* stimulé | S'enorgueillir | Prendre de l'assurance.

envanec|er* vt Enorgueillir || **~imiento** m Vanité *f*.

envar|amiento m Engourdissement | Raideur *f* (tiesura) || **~ar** vt Engourdir | Engoncer | — Vp S'engourdir, se raidir.

envas|ado, a adj En boîte, en conserve | En bouteille | — M Emballage, mise (*f*) en conserve *o* en bouteille || **~ar** vt Mettre dans un récipient | Empaqueter, emballer | Ensacher || **~e** m Ensachement | Récipient (recipiente), boîte *f* (caja), bouteille *f* | Emballage | Paquet (fardo).

envejec|er* vt/i Vieillir || **~ido, a** adj Vieilli, e | FIG. Expérimenté, e || **~imiento** m Vieillissement.

envenen|ador, a adj/s Empoisonneur, euse || **~amiento** m Empoisonnement | FIG. Envenimement | Pollution *f* (del aire) || **~ar** vt Empoisonner | Envenimer (discusión).

enverg|adura f Envergure || **~ar** vt MAR. Enverguer || **~ue** m MAR. Drisse *f*.

envés m Verso (de página) | BOT. Envers | FAM. Dos (espalda).

envi|ado, a adj/s Envoyé, e || **~ar** vt Envoyer | *~ de*, envoyer comme *o* en tant que | *~ por*, envoyer chercher.

enviciar vt Dépraver, corrompre, débaucher | Vicier | Exciter à la débauche | *Estar enviciado en*, ne plus pouvoir se passer de | — Vp Se dépraver, se corrompre, se débaucher | Prendre la mauvaise habitude de | Se jeter dans la débauche.

envidar vt Renvier [aux cartes] | *~ en falso*, bluffer.

envidi|a f Envie : *dar ~*, faire envie | Émulation | Envie, jalousie | *Tener ~ a uno*, envier qqn || **~able** adj Enviable || **~ar** vt Envier, jalouser | *Más vale ser envidiado que envidioso* ou *que compadecido*, il vaut mieux faire envie que pitié || **~oso, a** adj/s Envieux, euse | Jaloux, ouse || **~osamente** adv Jalousement.

envilec|edor, a adj Avilissant, e || **~er*** vt Avilir | Déshonorer || **~imiento** m Avilissement | Déshonneur (deshonra).

envío m Envoi.

envite m Renvi | FIG. Coup, poussée *f* (empujón).
enviudar vi Devenir veuf *o* veuve.
env|oltorio m Paquet || **~oltura** f Enveloppe (lo que envuelve) | Emballage *m* | Maillot *m* (pañales) || **~olvente** adj/f Enveloppant, e || **~olver*** vt Envelopper | Enrouler (enrollar) | Enrober (medicamentos) | Emmailloter (niño) | Mêler, impliquer (en un asunto) | — Vp S'envelopper | Être enveloppé | S'enrouler (*en*, sur *o* autour de) | FIG. Se mêler (mezclarse), se draper (en su dignidad) || **~olvimiento** m Enveloppement | Enroulement | Emmaillotement || **~uelto, a** adj Enveloppé, e | Enroulé, e; roulé, e | FIG. Enveloppé, e (en misterio), mêlé, e.
enyes|ado m o **~adura** f Plâtrage *m* | MED. Plâtre *m* || **~ar** vt Plâtrer.
enza|zar vt Couvrir de ronces | — Vp Se prendre dans les ronces | FIG. S'empêtrer, se fourrer (en un asunto), s'embarquer (en una discusión), se disputer.
enzima f Enzyme.
eñe f Ñ, nom de l'*n* mouillé en espagnol.
eoceno adjm/m Éocène.
eolio, a adj/s Éolien, enne.
eperlano m Éperlan (pez).
épica f Poésie épique.
epi|carpio m Épicarpe || **~cea** f Épicea *m* || **~centro** m Épicentre.
épico, a adj Épique.
epic|ureísmo m Épicurisme || **~úreo, a** adj/s Épicurien, enne.
epid|emia f Épidémie || **~émico, a** adj Épidémique.
epi|dérmico, a adj Épidermique || **~dermis** f Épiderme *m*.
Epifanía nprf Épiphanie.
epífisis f Épiphyse.
epi|gastrio m Épigastre || **~glotis** f Épiglotte.
ep|ígrafe m Épigraphe *f* || **~igrama** m Épigramme *f* || **~ilepsia** f Épilepsie || **~iléptico, a** adj/s Épileptique.
ep|ilogar vt Résumer | Conclure || **~ílogo** m Épilogue | Récapitulation *f* | Résumé, abrégé.
episcop|ado m Épiscopat || **~al** adj Épiscopal, e.
epis|ódico, a adj Épisodique || **~odio** m Épisode.
ep|ístola f Épître || **~istolar** adj Épistolaire || **~istolario** m Livre des Épîtres.
epi|tafio m Épitaphe *f* || **~telial** adj Épithélial, e || **~telio** m Épithélium.
epíteto m Épithète *f*.
época f Époque | Temps *m* : *~ de la siembra*, temps des semailles; *en mi ~*, de mon temps | *Hacer ~*, faire date.
epopeya f Épopée.
épsilon f Epsilon *m*.
equi|ángulo, a adj Équiangle || **~dad** f Équité || **~distancia** f Équidistance || **~distante** adj Équidistant, e || **~distar** vi Être équidistant, e.
équidos mpl Équidés.
equi|látero, a adj Équilatéral, e || **~librar** vt Équilibrer || **~librio** m Équilibre | FIG. *Hacer ~s*, faire de l'acrobatie || **~librismo** m Équilibrisme || **~librista** s Équilibriste.
equimosis f Ecchymose.
equin|o m Oursin | — Pl Équidés || **~o, a** adj Chevalin, e; équin, e.
equinoccio m Équinoxe.
equinodermo m Échinoderme.
equip|aje m Bagages *pl* || **~ar** vt Équiper || **~arable** adj Comparable || **~aración** f Comparaison || **~arar** vt Comparer | Mettre sur un pied d'égalité || **~o** m Équipe *f* (jugadores, trabajadores) | Équipement (de soldados, eléctrico, etc) | Trousseau (novia, colegial) | Instruments *pl* (quirúrgico) | Chaîne *f* (estereofónico).
equis f X *m*.
equit|ación f Équitation || **~ativo, a** adj Équitable.
equival|encia f Équivalence || **~ente** adj/m Équivalent, e || **~er*** vi Équivaloir à, valoir | GEOM. Être égal à | *Eso equivale a decir*, cela revient à dire.
equ|ivocación f Erreur || **~ivocadamente** adv Par erreur || **~ivocado, a** adj Erroné, e || **~ívocamente** adj D'une manière équivoque || **~ivocar** vt Tromper | *Estar equivocado*, se tromper | — Vp Se tromper | Prendre (*con*, pour) [confundir] || **~ívoco, a** adj Équivoque | Douteux, euse | — M Équivoque *f*, malentendu | *Amér.* Erreur *f* | *Andar con ~s*, jouer sur les mots.
era f Ère | AGR. Aire (para el trigo), carreau *m*, carré *m* (de hortalizas) | Carreau *m* (de mina).
eral m Jeune taureau.
erario m Trésor.
ere f R *m*.
er|ección f Érection || **~éctil** adj Érectile || **~ecto, a** adj Dressé, e.
erg o **ergio** m Fís. Erg.
ergot|ista adj/s Ergoteur, euse || **~izar** vi FAM. Ergoter.
ergu|imiento m Redressement || **~ir*** vt Lever | Dresser, redresser | — Vp Se dresser | FIG. Se rengorger.
erial adj En friche | — M Friche *f*, terrain en friche.
erigir vt Ériger.
erisipela f Érysipèle *m*, érésipèle *m*

eriz|amiento m Hérissement ‖ **~ar** vt Hérisser | FIG. *~ el pelo,* faire dresser les cheveux sur la tête | — Vp Se hérisser, se dresser ‖ **~o** m Hérisson | *~ de mar,* oursin | *Ser suave como un ~,* être un fagot d'épines.

ermit|a f Ermitage *m* ‖ **~año** m Ermite | ZOOL. Bernard-l'ermite.

eros|ión f Érosion ‖ **~ionar** vt Éroder ‖ **~ivo, a** adj Érosif, ive.

er|ótico, a adj Érotique ‖ **~otismo** m Érotisme.

err|abundo, a adj Errant, e | FIG. Vagabond, e (imaginación) ‖ **~adamente** adv Faussement ‖ **~adicar** vt Déraciner | Supprimer ‖ **~ado, a** adj Faux, fausse ; erroné, e | Manqué, e ; raté, e (tiro) | *Estar ~,* être dans l'erreur ‖ **~ante** adj Errant, e ‖ **~ar*** vi Errer (vagar) | Se tromper (equivocarse) | — Vt Manquer, rater : *~ el golpe,* manquer son coup ‖ **~ata** f Erratum *m* ‖ **~ático, a** adj Erratique ‖ **~e** f Rr *m* | FAM. *~ que ~,* coûte que coûte. *Sostener ~ con ~* ou *~ que ~,* soutenir mordicus ‖ **~óneo, a** adj Erroné, e ‖ **~or** m Erreur *f* : *estar en un ~,* être dans l'erreur | *~ de imprenta,* coquille, faute d'impression | *~ de máquina,* faute de frappe.

eruct|ar vi Éructer ‖ **~o** m Éructation *f.*

erud|ición f Érudition ‖ **~ito, a** adj/s Érudit, e | FAM. *~ a la violeta,* personne d'une érudition superficielle.

erup|ción f Éruption ‖ **~tivo, a** adj Éruptif, ive.

esbelt|ez f Sveltesse ‖ **~o, a** adj Svelte.

esbirro m Sbire.

esboz|ar vt Ébaucher, esquisser ‖ **~o** m Ébauche *f,* esquisse *f.*

escabech|ado, a adj V. ESCABECHAR | — M Marinage ‖ **~ar** vt Mariner (conservar) | FAM. Descendre (matar), recaler, coller (examen) ‖ **~e** m Marinade *f* : *atún en ~,* marinade de thon | Poisson mariné ‖ **~ina** f Ravages *mpl,* massacre *m.*

escabel m Escabeau, tabouret.

escabroso, a adj Accidenté, e (terreno) | FIG. Scabreux, euse (difícil), rude (carácter).

escabullirse* vp Glisser des mains, échapper | S'éclipser, s'esquiver (marcharse).

escacharrar vt Casser | FIG. Abîmer, esquinter (estropear).

escafandra f Scaphandre *m.*

escal|a f Échelle (graduación, escalera) | Escale (en un viaje) | Dégradé *m* (prenda de punto) | MIL. Tableau (*m*) d'avancement | MÚS. Gamme, échelle | *En gran ~,* sur une grande échelle | MIL. *~ de reserva,* cadre de réserve | MAR. *~ real,* échelle de coupée ‖ **~ada** f Escalade ‖ **~ador** m Grimpeur ‖ **~afón** m Tableau d'avancement | Échelon (grado) | MIL. Cadre ‖ **~amiento** m Escalade *f.*

escálamo m MAR. Tolet.

escalar vt Escalader | FIG. Monter.

Escalda nprm Escaut.

escald|adera f TECN. Échaudoir *m* ‖ **~ado** m Échaudage ‖ **~adura** f Échaudage *m* | Brûlure (quemadura) | FIG. Expérience cuisante ‖ **~ar** vt Échauder, ébouillanter | Chauffer à blanc | FIG. Échauder.

escaler|a f Escalier *m* : *~ de caracol,* escalier en colimaçon | Suite, séquence (naipes), quinte (póker) | Échelle : *~ de tijera,* échelle double | *De ~ abajo,* de bas étage | *~ de mano,* échelle | *~ mecánica* ou *automática,* escalier roulant *o* mécanique, escalator ‖ **~illa** f Tierce (naipes) | Passerelle (avión).

escalf|ado, a adj Poché (huevo) | Boursouflé, e (pared) ‖ **~ador** m Chaufferette *f* (para calentar) | Pocheuse *f* (para huevos) ‖ **~ar** vt Pocher (huevos) ‖ **~eta** f Chaufferette.

escal|inata f Perron *m* ‖ **~o** m Escalade *f* ‖ **~ofrío** m Frisson ‖ **~ón** m Échelon (escala, empleo) | Marche *f,* degré (escalera) | *Cortar el pelo en ~es,* faire des échelles dans les cheveux ‖ **~onamiento** m Échelonnement | Étalement (vacaciones) | Étagement ‖ **~onar** vt Échelonner | Étaler (pagos) | Étager (a diferentes niveles).

escalope m Escalope *f.*

escalp|ar vt Scalper ‖ **~elo** m MED. Scalpel.

escam|a f Écaille (pez, serpiente, coraza) | Squame (de la piel) | FIG. Méfiance | *Quitar las ~s,* écailler ‖ **~ado, a** adj FAM. Méfiant, e | — F Broderie pailletée ‖ **~adura** f Écaillage *m,* écaillement *m* ‖ **~ar** vt Écailler | FAM. Rendre méfiant | FAM. *Estar escamado,* être sur ses gardes. *Esto me ha escamado siempre,* cela m'a toujours paru suspect | — Vp FAM. Se méfier ‖ **~ón, ona** adj Méfiant, e.

escamond|a f Émondage *m,* élagage *m* ‖ **~ar** vt AGR. Émonder, élaguer | FIG. Élaguer | Nettoyer à fond | Laver (cara) | *Estar muy escamondado,* être très propre.

escamot|ar vt Escamoter ‖ **~eador, a** s Escamoteur, euse ‖ **~ear** vt Escamoter ‖ **~eo** m Escamotage.

escamp|ada f Éclaircie ‖ **~ar** vimp Cesser de pleuvoir, ne plus pleuvoir ‖ **~avía** f MAR. Vedette, garde-côte *m.*

escanc|iador m Échanson ‖ **~iar** vt Verser à boire | — Vi Boire du vin.

esc|andalera f FAM. Esclandre *m*, scandale *m* ‖ **~andalizar** vt Scandaliser | — Vp Se scandaliser, être scandalisé | Se fâcher | Crier au scandale (protestar) ‖ **~ándalo** m Scandale | Esclandre, éclat (alboroto) | Tapage (ruido) : *~ nocturno*, tapage nocturne | *Armar un ~*, faire un *o* du scandale | *Armar* ou *formar un ~ a uno*, faire une scène à qqn ‖ **~andalosa** f MAR. Flèche d'artimon | FAM. *Echar la ~*, engueuler ‖ **~andaloso, a** adj Scandaleux, euse | FIG. Tapageur, euse (que mete jaleo), criant, e (injusticia).
escandall|ar vt MAR. Sonder | COM. Contrôler, visiter (mercancías) ‖ **~o** m Sonde *f*, plomb | Contrôle | FIG. Essai (prueba).
Escandinavia nprf Scandinavie.
escandinavo, a adj/s Scandinave.
escandir vt Scander (versos).
escantillón m TECN. Modèle, gabarit | MAR. Échantillon, échantillonnage.
escaño m Banc | Siège (parlamento).
escap|ada f Escapade | Échappée (ciclista) ‖ **~amiento** m Escapade *f*, fugue *f* ‖ **~ar** vi Échapper : *de buena hemos escapado*, nous l'avons échappé belle | Réchapper (con suerte) | S'échapper (irse) | *~ bien*, en être quitte à bon compte, bien s'en tirer | — Vp S'échapper, se sauver | S'échapper (gas, deportes, etc) | S'évader | Glisser (de las manos).
escaparat|e m Vitrine *f* | Vitrine *f*, étalage, devanture *f* (tienda) | *Amér.* Armoire *f* ‖ **~ista** s Étalagiste.
escap|atoria f Échappatoire | Issue (salida) | Escapade | Échappée (ciclista) ‖ **~e** m Fuite *f* (gas) | Issue *f* (salida) | Échappement (motor) | Détente *f* (de reloj) | *A ~*, à toute allure *o* vitesse | *Correr a ~*, courir à perdre haleine.
escapulario m Scapulaire.
escaque m Case *f* (ajedrez) | ARQ. Damier | — Pl Échecs (ajedrez) ‖ **~ado, a** adj En échiquier, en damier.
escarabaj|ear vi Griffonner, gribouiller | Se remuer | FAM. Chiffonner, tracasser (preocupar) ‖ **~eo** m Gribouillage, griffonnage | Gesticulation *f* | FAM. Préoccupation *f*, tracas ‖ **~o** m ZOOL. Scarabée | TECN. Défaut (tejido) | — Pl Griffonnages.
escaramujo m Églantier.
escaramuza f Escarmouche.
escarapela f Cocarde.
escarb|adientes m inv Cure-dent ‖ **~ador** m Tisonnier ‖ **~aorejas** m inv Cure-oreille ‖ **~ar** vt Gratter | Fouiller (hozar, registrar) | Curer (dientes) | Tisonner (la lumbre) | Faire des recherches (averiguar).
escarcela f Escarcelle | Carnassière (de cazador).
escarceo m MAR. Clapotis | — Pl Virevolte *fsing* (del caballo) | FIG. Tergiversations *f* (rodeos), premiers pas.
escarch|a f Gelée blanche | Givre *m* ‖ **~ado, a** adj Givré, e | Candi (fruta) | Glacé, e (dulce) ‖ **~ar** vimp Geler | — Vt Givrer | Glacer (dulces).
escard|a f Échardonnoir *m* (instrumento) | Sarclage *m* (operación) ‖ **~adera** f Sarcloir *m* ‖ **~ador, a** s Sarcleur, euse ‖ **~ar** vt AGR. Échardonner, sarcler | FIG. Trier ‖ **~illar** vt Sarcler ‖ **~illo** m Sarcloir.
escari|ado m TECN. Alésage ‖ **~ador** m TECN. Alésoir ‖ **~ar** vt TECN. Aléser (agujero) ‖ **~ficación** f Scarification ‖ **~ficador** m AGR. Scarificateur ‖ **~ficar** vt Scarifier.
escarlat|a adj/f Écarlate ‖ **~ina** f Scarlatine.
escarmenar vt Démêler (pelo).
escarm|entado, a adj Échaudé, e : *estar ~*, avoir été échaudé | *De los ~s salen los avisados*, chat échaudé craint l'eau froide ‖ **~entar*** vt Corriger, donner une leçon | — Vi Apprendre à ses dépens | Se corriger (enmendarse) | *~ en cabeza ajena*, profiter de l'expérience d'autrui | *Nadie escarmienta en cabeza ajena*, on apprend toujours à ses dépens | *No escarmienta nunca*, il est incorrigible ‖ **~iento** m Leçon *f*, exemple | Punition *f* (castigo).
escarn|ecedor, a adj/s Moqueur, euse ‖ **~ecer*** vt Bafouer ‖ **~ecimiento** o **~io** m Moquerie *f* | Outrage.
escarol|a f Scarole.
escarp|a f Escarpement *m* ‖ **~ado, a** adj Escarpé, e ‖ **~adura** f Escarpement *m* ‖ **~ar** vt Couper en pente raide | Gratter (raspar) ‖ **~elo** m Grattoir | Scalpel ‖ **~idor** m Démêloir (peine).
escarpín m Escarpin (calzado) | Chausson (calzado interior).
escas|amente adv Petitement, chichement (vivir) | Tout au plus, à peine | Faiblement, légèrement | De justesse (ganar) ‖ **~ear** vt Lésiner sur (escatimar) | Épargner, économiser | — Vi Manquer, se faire rare ‖ **~ez** f Manque *m* | Pénurie (penuria) | Disette : *año de ~*, année de disette | Exiguïté, petitesse (recursos) | Ladrerie | *Con ~*, à peine (apenas), chichement (con mezquindad), pauvrement ‖ **~o, a** adj Peu abondant, e | Très peu de (tiempo) | Maigre, mince : *~ salario*, maigre salaire | À peine, tout juste : *dos meses ~s*, deux mois tout juste | Petit, e : *una hora ~*, une petite heure | Rare

(víveres) | Faible, maigre, rare : *~ vegetación*, maigre végétation | Limité, e; faible (recursos) | Malheureux, euse : *cinco pesetas ~s*, cinq malheureuses pesetas | Quelque (alguno) | Avare (avaro) | *Andar ~ de*, être à court de.
escatimar vt Lésiner sur | Réduire (disminuir) | FIG. Ménager, épargner (fuerzas) | Marchander (regatear).
escatología f Scatologie.
escayol|a f Plâtre *m* (yeso) | Stuc *m* || **~ado, a** adj Plâtré, e | Dans le plâtre, plâtré, e (cirugía) | — M Plâtrage || **~ar** vt MED. Plâtrer, mettre dans le plâtre.
esc|ena f Scène : *director de ~*, metteur en scène; *hacer una ~*, faire une scène | *Llevar a ~*, porter à la scène | *Salir a ~*, entrer en scène | *Volver a la ~*, faire sa rentrée || **~enario** m Scène *f* (teatro) | Plateau (cine) | FIG. Cadre (lugar), théâtre (de un acontecimiento) | *Pisar el ~*, monter sur scène || **~énico, a** adj Scénique || **~enificación** o **~enografía** f Mise en scène || **~enógrafo** m Metteur en scène.
esc|epticismo m Scepticisme || **~éptico, a** adj/s Sceptique.
esc|indir vt Scinder || **~isión** f Scission.
esclarec|er* vt Éclairer (iluminar, entendimiento) | FIG. Éclaircir, tirer au clair (duda), rendre illustre | — Vi Se lever, paraître [le jour] || **~idamente** adv Brillamment || **~ido, a** adj Illustre || **~imiento** m Éclaircissement | FIG. Illustration *f* (celebridad).
esclavina f Pèlerine (capa).
esclav|ismo m Esclavagisme || **~ista** adj/s Esclavagiste || **~itud** f Esclavage *m* || **~izar** vt Réduire en esclavage || **~o, a** adj/s Esclave | — F Gourmette (pulsera).
escler|osis f Sclérose || **~ótica** f Sclérotique.
esclus|a f Écluse | *~ de aire*, sas || **~ero, a** s Éclusier, ère.
escob|a f Balai *m* | Genêt (*m*) à balais || **~ajo** m AGR. Rafle *f* || **~azo** m Coup de balai || **~én** m MAR. Écubier || **~era** f Genêt *m* (retama) || **~illa** f Brosse (cepillo) | Balayette | Balai *m* (de dinamo) || **~illón** m MIL. Écouvillon || **~ón** m Tête-de-loup *f* (deshollinador) | Balai.
escoc|edura f MED. Inflammation | Brûlure | FIG. Douleur cuisante || **~er*** vi Brûler, cuire | FIG. Chagriner, blesser, faire mal | — Vp S'enflammer (piel) | FIG. Se froisser (picarse).
escocés, esa adj/s Écossais, e.
Escocia nprf Écosse.
escod|a f TECN. Smille || **~ar** vt TECN. Smiller.
escofin|a f TECN. Râpe || **~ar** vt TECN. Râper.
escog|er vt Choisir | Trier | *A ~*, au choix | *Tener de sobra donde ~*, n'avoir que l'embarras du choix | *Tener donde ~*, avoir le choix || **~idamente** adv Bien, parfaitement || **~ido, a** adj Choisi, e | De choix | D'élite (tropa) || **~imiento** m Choix.
escol|anía f Manécanterie || **~ano** m Élève || **~apio** m Frère *o* élève des Écoles Pies || **~ar** adj Scolaire : *edad ~*, âge scolaire | — M Élève || **~aridad** f Scolarité || **~arización** f Scolarisation || **~arizar** vt Scolariser || **~ástica** f Scolastique || **~asticismo** m Scolastique *f* | Parti pris || **~ástico, a** adj/s Scolastique.
escoliosis f Scoliose.
escolopendra f Scolopendre.
escolt|a f Escorte | Escorteur *m* (barco) || **~ar** vt Escorter | Convoyer | Encadrer (ladrón).
escoll|era f Brise-lames *m* || **~o** m Écueil | MAR. Échouage.
escombr|ar vt Déblayer || **~era** f Dépotoir *m*, décharge publique | Terril *m* (de mina) || **~os** mpl Décombres | Éboulis (de mina).
escond|er vt Cacher | — Vp Se cacher | Se dérober (de las miradas) || **~idamente** adv o **~idas (a)** loc adv En cachette | À l'insu de (una persona) || **~ite** m Cachette *f* | Cache-cache (juego) || **~rijo** m Cachette *f*.
escopet|a f Fusil (*m*) de chasse, fusil *m* | FAM. *Aquí te quiero ver ~*, montre nous ce que tu sais faire || **~azo** m Coup de fusil | FAM. Sale coup || **~ear** vt Tirailler | — Vp FIG. Se renvoyer la balle || **~eo** m Fusillade *f* | FAM. Escarmouche *f* | Assaut : *~ de cortesías*, assaut de politesse || **~ero** m Fusilier (soldado) | Armurier.
escopl|adura o **~eadura** f TECN. Mortaisage *m* (acción), mortaise (muesca) || **~ear** vt Mortaiser || **~o** m TECN. Bédane, ciseau à bois.
escor|a f MAR. Gîte (inclinación), accore (puntal) || **~ar** vi MAR. Gîter (barco).
escorb|útico, a adj/s Scorbutique || **~uto** m Scorbut.
escori|a f Scorie | Laitier *m* (de altos hornos) | FIG. Déchet *m* (cosa vil), racaille (de la sociedad) || **~al** m Tas de scories.
Escorial (El) nprm Escurial (l').
Escorpio nprm ASTR. Scorpion.
escorpión m Scorpion.
Escorpión nprm ASTR. Scorpion.
escorzo m Raccourcir (en pintura).

escot|a f MAR. Écoute ‖ **~ado, a** adj Échancré, e | Décolleté, e | — M Décolleté ‖ **~adura** f Échancrure (corte) | Décolleté *m* (cuello) | Entournure (manga) | TEATR. Trappe ‖ **~ar** vt Échancrer, décolleter (vestido) | — Vi Payer son écot ‖ **~e** m Décolleté | Échancrure *f* (corte) | Écot (gasto) | *Pagar a ~,* payer chacun son écot, partager les frais ‖ **~era** f MAR. Trou (*m*) d'écoute ‖ **~illa** f MAR. Écoutille ‖ **~illón** m Trappe *f*.

escozor m Cuisson *f*, brûlure *f* | FIG. Douleur (*f*) cuisante (dolor), pincement (de celos).

escri|ba m Scribe ‖ **~banía** f Greffe *m* (despacho, profesión) | Bureau *m*, secrétaire *m* (mueble) | Écritoire ‖ **~bano** m Greffier | Secrétaire (Ayuntamiento) ‖ **~biente** s Employé, employée de bureau *o* aux écritures ‖ **~bir** vt Écrire | *~ a máquina,* taper *o* écrire à la machine ‖ **~to, a** adj Écrit, e | *Está ~ en el agua,* autant en emporte le vent | — M Écrit | DR. Pourvoi | Script (cine) ‖ **~tor, a** s Écrivain ‖ **~torio** m Bureau (mesa, despacho) | Secrétaire (armario) ‖ **~torzuelo** m Écrivaillon ‖ **~tura** f Écriture | Écrit *m* (obra) | DR. Acte *m* : *~ pública, notarial,* acte authentique, notarié | Titre *m* (de propiedad) ‖ **~turar** vt Passer un contrat [devant notaire] | Engager (artista).

escrófula f Scrofule.

escroto m Scrotum.

escr|úpulo m Scrupule | Minutie *f* (esmero) ‖ **~upulosidad** f Minutie, soin (*m*) scrupuleux ‖ **~upuloso, a** adj Scrupuleux, euse | FIG. Délicat, e.

escrut|ador, a adj/s Scrutateur, trice ‖ **~ar** vt Scruter | Dépouiller un scrutin (votos) ‖ **~inio** m Scrutin, dépouillement | Examen.

escuadr|a f Équerre | MIL. Caporal *m* (cabo), escouade | Escouade, équipe (obreros) | MAR. Escadre | Lucarne (fútbol) ‖ **~ar** vt Équarrir ‖ **~eo** m Arpentage ‖ **~illa** f Escadrille ‖ **~ón** m Escadron.

escuálido, a adj Maigre.

escualo m ZOOL. Squale.

escuch|a f Écoute : *estación de ~,* table d'écoute | Sentinelle | *Estar a la ~,* être aux écoutes ‖ **~ador, a** s Écouteur, euse ‖ **~ar** vt Écouter : *~ música,* écouter de la musique | *Estar escuchando,* être à l'écoute (radio, etc).

escuchimizado, a adj Chétif, ive.

escud|ar vt Couvrir d'un bouclier | Protéger | — Vp FIG. S'abriter *o* se retrancher derrière (ampararse), se draper (en la dignidad) ‖ **~ería** f DEP. Écurie (equipo) ‖ **~ero** m Écuyer (paje) | Noble (hidalgo) | Laquais ‖ **~ete** m Écusson | BOT. Nénuphar ‖ **~illa** f Écuelle ‖ **~o** m Bouclier, écu | Écu (moneda) | Armes *fpl,* armoiries *fpl,* blason (ciudad, país) | Écu, écusson.

escudriñ|ador, a adj/s Investigateur, trice (que busca) | Curieux, euse ‖ **~amiento** m Examen minutieux | Furetage (indiscreción) ‖ **~ar** vt Fouiller du regard | Examiner en détail, passer au crible | Scruter (horizonte).

escuela f École : *~ de párvulos, municipal,* école maternelle, communale; *tener buena ~,* être à bonne école | Enseignement *m* | *~ de ingenieros agrónomos,* école nationale d'agriculture | *Formar ~,* faire école.

escueto, a adj Concis, e; succinct, e | Sobre, dépouillé, e (estilo).

escul|pir vt Sculpter ‖ **~tor, a** s Sculpteur (sin fem) ‖ **~tura** f Sculpture ‖ **~tural** adj Sculptural, e.

escup|idera f Crachoir *m* | Vase (*m*) de nuit (orinal) ‖ **~ido, a** adj FIG. Tout craché, e (parecido) ‖ **~idura** f Crachat *m* | Gerçure (labios) ‖ **~ir** vi Cracher | — Vt Cracher : *~ a uno,* cracher au visage de qqn | FIG. Cracher, rejeter ‖ **~itajo** o **~itinajo** o **~o** m Crachat.

escurr|ebotellas m inv If ‖ **~eplatos** m inv Égouttoir ‖ **~idero** m Égouttoir ‖ **~idizo, a** adj Glissant, e | Fuyant, e (que elude) | Qui se faufile facilement | FAM. *Hacerse el ~,* s'éclipser ‖ **~ido, a** adj Serrée dans sa jupe (mujer) | Mince (de caderas) | FAM. Déluré, e ‖ **~idor** m Égouttoir | Essoreuse *f* (de lavadora) ‖ **~iduras** fpl Fonds *msing* (lo que queda en el fondo) | Coulées (pintura) ‖ **~imiento** m Égouttage, égouttement | Écoulement ‖ **~ir** vt Égoutter | — Vi S'égoutter (líquido) | Glisser, être glissant (suelo) | — Vp Glisser | FAM. Se faufiler, s'échapper (huir), se couper (en la conversación), se gourer (equivocarse).

escutismo m Scoutisme.

esdrújulo, a adj/s Accentué sur l'antépénultième syllabe.

ese f S *m* | Zigzag *m* (carretera) | Esse (gancho) | *Andar haciendo ~s,* zigzaguer.

ese, esa, esos, esas adj dem Ce *o* ce...-là, cette *o* cette...-là, ces *o* ces...-là : *esa mujer,* cette femme-là.

ése, ésa, ésos, ésas pron dem m y f Celui-là, celle-là, ceux-là, celles-là : *prefiero ésos,* je préfère ceux-là | Lui, elle, eux, elles : *ése lo sabe,* lui le sait | *En una de ésas,* un de ces quatre matins | *Ése del que* ou *de quien,* celui dont | *Ése que,* celui qui *o* que | *Llegaré a ésa mañana,* j'arriverai demain dans votre ville | *Ni por ésas,* à aucun prix, jamais de la vie | *¡No me vengas con ésas!,* ne me reconte pas d'histoires!

esenci|a f Essence : *~ de rosas,* essence de roses | Parfum *m* (perfume) | *En o por ~,* par essence | *Quinta ~,* quintessence || **~al** adj Essentiel, elle | *En lo ~,* pour l'essentiel.

esfenoides adj/m Sphénoïde.

esf|era f Sphère | Cadran *m* (reloj) | *~ de acción* ou *de actividad,* champ d'action, sphère d'activité | *En las altas ~s,* dans les hautes sphères, en haut lieu || **~érico, a** adj Sphérique | — M FAM. Balle *f,* ballon || **~eroide** m Sphéroïde.

esfinge f Sphinx *m.*

esfínter m Sphincter.

esf|orzado, a adj Vaillant, e || **~arse** vp S'efforcer de, faire un effort pour || **~uerzo** m Effort.

esfum|ación f Estompage *m* || **~ar** vt Estomper | — Vp Disparaître || **~inar** vt Estomper || **~ino** m Estompe *f.*

esgrim|a f Escrime : *practicar la ~,* faire de l'escrime | *Maestro de ~,* maître d'armes || **~idor, a** s Escrimeur, euse || **~ir** vt FIG. Manier (arma), présenter, faire valoir (argumento), brandir (palo), agiter (un peligro).

esguince m Foulure *f,* entorse *f* | Écart (del cuerpo).

eslab|ón m Chaînon, maillon (de cadena) | Briquet | Fusil (para afilar) | MAR. *~ giratorio,* émerillon || **~onamiento** m Enchaînement || **~onar** vt Enchaîner.

eslavo, a adj/s Slave.

esl|inga f MAR. Élingue || **~ora** f MAR. Longueur (barco).

eslov|aco, a adj/s Slovaque || **~eno, a** adj/s Slovène.

esmalt|ado m Émaillage || **~ador, a** s Émailleur, euse || **~ar** vt Émailler || **~e** m Émail | Vernis (para uñas).

esmer|ado, a adj Soigné, e (trabajo) | Soigneux, euse (persona) || **~alda** f Émeraude || **~arse** vp S'appliquer, faire de son mieux | Soigner : *~ al hablar,* soigner sa façon de parler || **~il** m Émeri : *papel de ~,* papier-émeri *o* d'émeri || **~ilado** m TECN. Rodage (válvulas), durcissage || **~ilar** vt Durcir, polir à l'émeri | Roder (válvulas) || **~o** m Soin (cuidado) | Élégance *f* (aseo) | *Estar vestido con ~,* avoir une tenue soignée | *Poner ~ en,* s'appliquer à.

esmirriado, a adj Chétif, ive.

esmoquin m Smoking.

esnob adj/s Snob || **~ismo** m Snobisme.

eso pron dem neutro Cela, ça : *~ no me gusta,* ça ne me plaît pas | *A ~ de,* vers | *¡~!* ou *¡~ es!,* c'est ça!, tout juste! | *~ mismo,* tout juste | *~ que,* ce que : *~ que ves,* ce que tu vois | *¡~ sí que es...!,* voilà...!, çà c'est...! | *¡~ sí que no!,* ah ça non! | *Por ~,* c'est pourquoi, c'est pour cela que | *Y ~ que,* et pourtant.
— OBSERV. Véase la observación después del art. ESTO.

esos, esas adj dem V. ESE.

ésos, ésas pron dem pl V. ÉSE.

esófago m Œsophage.

esot|érico, a adj Ésotérique || **~erismo** m Ésotérisme.

esotro, esotra, esotros, esotras adj dem Cet autre, cette autre, ces autres | — Pron Celui-là, celle-là, ceux-là, celles-là.

espabil|aderas fpl Mouchettes || **~ar** vt V. DESPABILAR.

espac|iador m Barre *(f) o* touche *(f)* d'espacement (máquina de escribir) || **~ial** adj Spatial, e : *encuentro ~,* rendez-vous spatial || **~iamiento** m Échelonnement | Espacement || **~iar** vt Espacer | Répandre (divulgar) | Échelonner (pagos) | — Vp Se répandre, se divulguer | FIG. S'étendre (dilatarse), se distraire || **~io** m Espace : *~ vital,* espace vital | Place *f* : *no hay ~,* il n'y a pas de place | Laps (de tiempo) | Interligne (dactilografía) | Espacement (hueco) | Émission *f* (televisión) | FIG. Lenteur *f* | TECN. *~ de dilatación,* joint de dilatation || **~ioso, a** adj Spacieux, euse.

espachurrar vt Écrabouiller.

espad|a f Épée : *meter la ~ hasta la guarnición,* enfoncer l'épée jusqu'à la garde; *sacar la ~,* tirer l'épée | FIG. Lame, épée : *ser buena ~,* être une fine lame; figure, autorité (personalidad) | TAUR. Matador | — Pl « Espadas » [couleur au jeu de cartes espagnol] | *Cruzar la ~ con uno,* croiser le fer avec qqn | *~ de dos filos,* épée à deux tranchants | *Estar entre la ~ y la pared,* être entre l'enclume et le marteau, avoir le dos au mur | *Quienes matan por la ~ por la ~ morirán,* quiconque se sert de l'épée périra par l'épée || **~achín** m Spadassin | Fine lame *f* || **~aña** f BOT. Massette | ARQ. Campanile *m* || **~illa** f MAR. Godille (remo) | Épingle à chignon || **~ín** m Épée *(f)* de cérémonie || **~ón** m Rapière *f.*

espaguetis mpl Spaghetti.

espald|a f Dos *m* (cuerpo, vestido) | Derrière *m* | — Pl Dos *msing* (persona o cosa) : *de ~,* de dos | *A ~s de,* par-derrière, à l'insu de, dans le dos de | *Caerse de ~s*, tomber sur le dos *o* à la renverse | *Cargado de ~s*, voûté, le dos voûté | *Dar* ou *volver la ~ a uno*, tourner le dos à qqn | *Echarse una cosa sobre las ~s*, se charger d'une chose | *Esta noticia me tira de ~s*, cette nouvelle me renverse | *Guardar las ~s*, garder ses arrières | *Hablar por las ~s*, dire du mal de qqn dans son dos | *Herir por la ~*, tirer dans le dos | *Poner de ~s*, faire toucher les épaules (lucha) | *Tener buenas ~s* ou *tener anchas las ~s*, avoir bon dos *o* le dos large | *Tener guardadas las ~s*, être couvert *o* bien protégé | *Volver la ~*, tourner le dos *o* les talons || **~ar** m Dos (coraza) | Dossier (respaldo) | AGR. Espalier | Carapace *f* (de tortuga) || **~arazo** m Accolade *f* | Consécration *f* || **~arse** vp S'adosser || **~era** f AGR. DEP. Espalier *m* || **~illa** f Omoplate | Épaule (caballo) | Palette, épaule (cerdo) | Macreuse (de vaca) || **~ón** m Épaulement.

espalto m Spalt (color).

espant|able adj Épouvantable || **~ada** f Fuite | Écart *m*, dérobade (caballo) | *Dar una ~*, détaler (huir), tout lâcher (desistirse), se dérober (caballo) || **~adizo, a** adj Ombrageux, euse || **~ador, a** adj Effrayant, e || **~ajo** m Épouvantail || **~amoscas** m inv Chasse-mouches || **~apájaros** m inv Épouvantail || **~ar** vt Effrayer, épouvanter | Chasser (moscas) | Mettre en fuite (adversario) | — Vp S'effrayer, être épouvanté | S'étonner (admirarse) || **~o** m Frayeur *f*, épouvante *f* | Fantôme | FAM. *Estar curado de ~*, en avoir vu bien d'autres || **~oso, a** adj Effrayant, e; épouvantable.

España nprf Espagne | *La ~ de pandereta*, l'Espagne d'opérette.

españ|ol, a adj/s Espagnol, e || **~olada** f Espagnolade || **~olismo** m Hispanisme | Caractère espagnol.

esparadrapo m Sparadrap.

esparav|án m Éparvin (tumor) || **~el** m Épervier (red).

esparciata adj/s Spartiate.

esparc|ido, a adj Répandu, e; parsemé, e (diseminado) | Semé, e | FIG. Détendu, e (alegre) || **~imiento** m Épanchement (líquido) | Éparpillement | AGR. Épandage | FIG. Distraction *f* (recreo), détente *f*, délassement || **~ir** vt Répandre (producto, noticia) | Éparpiller | Joncher, parsemer | — Vp Se répandre | FIG. Se délasser, se détendre (descansar), se distraire (recrearse).

esp|árrago m BOT. Asperge *f* | Perche *f* (palo) | TECN. Goujon | FAM. Asperge *f*, grande perche *f* | FAM. *Mandar a freír ~s*, envoyer promener *o* sur les roses || **~arraguera** f Carré (*m*) d'asperges.

esparrancarse vp Écarter les jambes.

espartano, a adj/s Spartiate.

espart|ena f Espadrille || **~ería** f Sparterie || **~o** m Alfa, sparte.

espasm|o m Spasme || **~ódico, a** adj Spasmodique.

espátula f Spatule.

espec|ería f Boutique d'épices || **~ia** f Épice || **~ial** adj Spécial, e | *En ~*, spécialement || **~ialidad** f Spécialité || **~ialista** adj/s Spécialiste | Expert (perito) || **~ialización** f Spécialisation || **~ializado, a** adj Spécialisé, e | Qualifié, e; spécialisé, e (obrero) || **~ializar** vt Spécialiser || **~ie** f Espèce (humana, árboles) | Sorte, espèce (género) | Affaire (asunto) | Bruit *m*, nouvelle (noticia) | *En ~*, en nature (pagar) || **~iería** f Boutique d'épices || **~ificación** f Spécification || **~ificar** vt Spécifier, préciser || **~ífico, a** adj/m Spécifique.

espécimen m Spécimen.

especioso, a adj Spécieux, euse.

espect|acular adj Spectaculaire || **~áculo** m Spectacle | *Ser el ~*, se donner en spectacle || **~ador, a** s Spectateur, trice || **~ral** adj Spectral, e || **~ro** m Spectre || **~roscopio** m Spectroscope.

especul|ación f Spéculation || **~ador, a** adj/s Spéculateur, trice || **~ar** vi Spéculer | FIG. Miser : *~ en algo*, miser sur qqch. || **~ativo, a** adj Spéculatif, ive.

espéculo m MED. Spéculum.

espej|ear vi Miroiter | Reluire || **~eo** m Mirage | Miroitement | Reflet || **~ería** f Miroiterie || **~ero** m Miroitier || **~illo** m Glace (*f*) de poche || **~ismo** m Mirage (ilusión) || **~o** m Miroir, glace *f* | FIG. Miroir, reflet | Modèle, exemple | *Como un ~*, brillant comme un miroir | *~ de cuerpo entero*, grand miroir | MAR. *~ de popa*, tableau arrière | *Mirarse en uno como en un ~*, prendre qqn comme modèle | *Mírate en este ~*, que cela te serve d'exemple || **~uelo** m MIN. Gypse | Miroir à alouettes (caza) | FIG. Miroitement | Reflet | — Pl Verres de lunettes.

espele|ología f Spéléologie || **~ólogo, a** s Spéléologue.

espeluz|ar vt Surprendre || **~nante** adj FAM. Effrayant, e || **~nar** vt Effrayer, faire dresser les cheveux sur la tête || **~no** m Frisson [d'horreur].

esper|a f Attente | DR. Délai *m* | Calme *m* | Affût *m* : *cazar a ~*, chasser à l'affût | *En ~ de*, dans l'espoir de | *En ~ de su repuesta*, dans l'attente de votre réponse, en attendant votre réponse | *En la ~ de que*, en attendant que ‖ **~antista** adj/s Espérantiste ‖ **~anto** m Espéranto ‖ **~anza** f Espérance (sentimiento, virtud) | Espoir *m* (de una cosa precisa, confianza) | *Alimentarse de ~s,* se bercer d'illusions, se nourrir d'espoir | *Como última ~,* en désespoir de cause, en dernier recours | *De ~ vive el hombre,* l'espoir fait vivre | *La ~ es lo último que se pierde,* et quand on désespère on espère toujours | *Llenar la ~,* combler les vœux | *Tener ~s de,* espérer, avoir l'espoir que ‖ **~anzador, a** adj Encourageant, e ‖ **~anzar** vt Donner de l'espoir, faire espérer ‖ **~ar** vt Attendre (aguardar) | Espérer (desear) | *Cuando menos se lo esperaban,* quand ils s'y attendaient le moins | *Nada se pierde con ~,* il n'y a pas péril en la demeure | *Quien espera desespera,* il n'y a rien de pire que l'attente | — Vp S'attendre à | FAM. *¡Espérate sentado!,* tu peux toujours attendre *o* courir!

esperma m *o* f Sperme *m* | *Amér.* Bougie *f* ‖ **~tozoide** o **~tozoo** m Spermatozoïde.

esperpento m FAM. Épouvantail, horreur *f* (muy feo), ânerie *f* (estupidez).

espes|ado o **~amiento** m Épaississement ‖ **~ar** m Fourré | — Vt Épaissir, faire épaissir | Presser (apretar) | — Vp S'épaissir, épaissir (líquido, bosque, hierba) | Devenir touffu, e (árbol) | Prendre, épaissir (chocolate) ‖ **~o, a** adj Épais, aisse (líquido, etc) | Dense, épais, aisse (bosque) | Touffu, e (árbol) | Dru, e (trigo) ‖ **~or** m Épaisseur *f* | Fourré (matorral).

espet|ar vt Embrocher | FAM. Sortir, débiter (sermón), décocher (pregunta) ‖ **~ón** m Broche *f* (asador).

esp|ía s Espion, onne | *~ doble,* agent double | — F MAR. Remorque ‖ **~iar** vt Épier (acechar) | Espionner | MAR. Remorquer.

espich|ar vt Piquer | — Vi FAM. Claquer, casser sa pipe (morir) ‖ **~e** m Cheville *f* (estaquilla).

espig|a f BOT. Épi *m* | Chevron *m* (tela) | TECN. Soie (espada), tenon *m* (herramienta), cheville (clavija) | MAR. Flèche ‖ **~adera** f Glaneuse ‖ **~ado, a** adj Monté en graine (planta) | FIG. Grand, e; élancé, e (persona) ‖ **~ador, a** s Glaneur, euse ‖ **~ar** vt Glaner | — Vi Monter en épi | FIG. Glaner | — Vp Grandir beaucoup, pousser (persona) | Monter en graine (planta) ‖ **~ón** m Jetée *f* (malecón) | Aiguillon | Pointe *f* | Épi de maïs | Pic (montaña) ‖ **~ueo** m Glanage ‖ **~uilla** f Chevron *m* (tela).

espín m Porc-épic (puerco espín).

espin|a f Épine (vegetal, dificultad) | Écharde (astilla) | Arête (del pez) | Colonne vertébrale, épine dorsale | FAM. *Eso me da mala ~,* ça ne me dit rien qui vaille (parece raro), cela me tracasse (me preocupa) | *Sacarse la ~,* se tirer d'un mauvais pas (salir de apuro), prendre sa revanche (desquitarse) ‖ **~aca** f Épinard *m* ‖ **~al** adj Spinal, e ‖ **~ar** m Buisson, ronces *fpl* | — Vt Piquer ‖ **~azo** m Épine (*f*) dorsale, échine *f* | Échine *f* (carne) | ARQ. Clef (*f*) de voûte | FIG. *Doblar el ~,* courber l'échine. *Romperse el ~,* se casser les reins ‖ **~el** m Cordeau ‖ **~eta** f MÚS. Épinette ‖ **~garda** f Fusil (*m*) arabe | FAM. Grande perche, grande bringue ‖ **~illa** f Tibia *m* | Bouton *m* (grano) ‖ **~illera** f DEP. Protège-jambe *m* ‖ **~o** m BOT. Aubépine *f* | *~ artificial,* fil de fer barbelé ‖ **~oso, a** adj Épineux, euse.

espionaje m Espionnage.

espir|a f Spire ‖ **~ación** f Expiration ‖ **~ador** adjm Expirateur ‖ **~al** adj En spirale | — F Spirale | Torsade (adorno) | Volute (de humo) ‖ **~ar** vt Exhaler (olor) | Expirer (aire) | — Vi Expirer | Reprendre haleine.

esp|iritismo m Spiritisme ‖ **~iritista** adj/s Spirite ‖ **~iritoso, a** adj Spiritueux, euse (licor), capiteux, euse (vino) ‖ **~íritu** m Esprit (alma, aparecido, genio, ingenio, sentido) | Âme *f* : *grandeza de ~,* grandeur d'âme | — Pl Démons | *~ de sal,* esprit-de-sel | *~ de vino,* esprit-de-vin | *Levantar el ~,* donner du courage ‖ **~iritual** adj Spirituel, elle ‖ **~iritualidad** f Spiritualité ‖ **~iritualismo** m Spiritualisme ‖ **~iritualista** adj/s Spiritualiste ‖ **~iritualizar** vt Spiritualiser ‖ **~irituoso, a** adj Spiritueux, euse (licor).

espita f Cannelle, cannette (grifo).

esplanada f Esplanade.

espl|éndido, a adj Splendide | Magnifique | Libéral, e; généreux, euse | Resplendissant, e ‖ **~endor** m Splendeur *f* | Éclat (resplandor) ‖ **~endoroso, a** adj Resplendissant, e; splendide.

espliego m BOT. Lavande *f*.

esplín m Spleen (tedio).

espol|ear vt Éperonner (caballo) | Stimuler (estimular) | Pousser à, inciter à ‖ **~eta** f Fusée (de proyectil) | Fourchette (del ave) | *Quitar la ~,* désamorcer (bomba).

espoliar vt Spolier, dépouiller.

espolón m Ergot (de ave) | Éperon (de barco, montaña, botánica, construcción) | Môle, jetée *f* (malecón) |

FAM. *Tener muchos espolones,* avoir beaucoup d'expérience.

espolvorear vt Épousseter | Saupoudrer.

espongiarios mpl Spongiaires.

esponj|a f Éponge | FIG. Sangsue, profiteur, euse | FAM. *Beber como una ~,* boire comme un trou *o* une éponge | FIG. *Pasar la ~ por,* passer l'éponge sur | FAM. *Ser una ~,* tenir le vin (aguantar) || **~ado** m Sirop de sucre || **~ar** vt Rendre spongieux, euse | Gonfler, enfler (hinchar) | *Pelo esponjado,* cheveux bouffants | — Vp Se rengorger | FAM. Prendre des couleurs || **~oso, a** adj Spongieux, euse.

esponsales mpl Fiançailles *f.*

espont|anearse vp S'ouvrir, parler à cœur ouvert || **~aneidad** f Spontanéité || **~áneo, a** adj Spontané, e | — M Amateur qui saute dans l'arène au cours d'une corrida.

espor|a f BOT. Spore || **~ádico, a** adj Sporadique.

esport|adas (a) loc adv À la pelle, à profusion || **~illa** f Couffin *m* || **~illero** m Porteur (mozo) || **~illo** m Cabas.

espos|a f Épouse | — Pl Menottes (de los presos) || **~ado, a** adj/s Jeune marié, e || **~ar** vt Mettre les menottes (a un preso) | *Me llevaron esposado a la comisaría,* on m'a emmené, menottes aux mains, au commissariat || **~o** m Époux.

esprint m Sprint || **~ar** vi Sprinter.

espuela f Éperon *m* (del jinete) | FIG. Aiguillon *m,* stimulant *m* | FAM. Coup (*m*) de l'étrier (última copa) | *Picar con las dos ~s,* piquer des deux | *Picar* ou *dar ~s,* donner de l'éperon | *Poner ~s,* stimuler.

espuerta f Cabas *m* (cesta) | FAM. *A ~s,* à la pelle, à profusion.

espulg|ar vt Épouiller | Éplucher (examinar) || **~o** m Épluchage (examen).

espum|a f Écume (del agua) | Mousse (jabón, champán, nylon, etc) | FAM. Crème, fleur (lo mejor) | *~ de foie gras,* mousse de foie gras | *Hacer ~,* mousser (jabón, etc), écumer, faire de l'écume (olas) || **~adera** f Écumoire || **~ajear** vi Écumer (de ira) || **~ajo** m Écume *f* (saliva) || **~ante** adj Écumant, e (olas) | Mousseux, euse (vino) || **~ar** vt Écumer | — Vi Mousser (jabón, etc) || **~arajo** m Écume *f* (de saliva) | FAM. *Echar ~s por la boca* ou *de cólera,* écumer de rage *o* de colère || **~illa** f Crêpe (*m*) mince (tela) | *Amér.* Meringue || **~illón** m Crêpe de soie || **~oso, a** adj Écumeux, euse (ola) | Mousseux, euse (vino, jabón) | *Ser ~,* pétiller (bebida).

espúreo, a o **espurio, a** adj Bâtard, e.

esput|ar vt Cracher || **~o** m Crachat.

esqueje m AGR. Bouture *f.*

esquela f Billet *m* | Carte (invitación) | Lettre de faire-part | Faire-part *m* : *~ de defunción* ou *mortuoria,* faire-part de décès.

esquel|ético, a adj Squelettique || **~eto** m Squelette | *Amér.* Formulaire | *Estar hecho un ~,* n'avoir que la peau et les os.

esquem|a m Schéma || **~ático, a** adj Schématique || **~atizar** vt Schématiser.

esqu|í m Ski : *~ acuático,* ski nautique || **~iador, a** s Skieur, euse || **~iar** vi Skier, faire du ski.

esquife m Skiff (barco).

esquil|a f Sonnaille (cencerro) | Clochette | Tonte (esquileo) | ZOOL. Crevette (camarón) || **~ador, a** s Tondeur, euse || **~ar** vt Tondre || **~eo** m Tonte *f.*

esquilm|ar vt Récolter | AGR. Épuiser (suelo) | FIG. Appauvrir | FAM. Tondre | FAM. *~ a uno,* saigner qqn à blanc.

esquimal adj/s Esquimau, aude.

esquin|a f Coin *m* : *doblar la ~,* tourner au coin | Angle *m,* coin *m* (intersección) | *Amér. Doblar la ~,* passer l'arme à gauche (morir) | *Las cuatro ~s,* les quatre coins (juego) | FAM. *¡Te espero en la ~!,* je t'attends au tournant! || **~ado, a** adj Anguleux, euse | En angle | Rébarbatif, ive (carácter) || **~ar** vt Placer en coin || **~azo** m Coin | FAM. *Dar el ~ a uno,* fausser compagnie à qqn | *Dar ~,* semer (persona).

esquirla f Esquille, éclat *m.*

esquirol m FAM. Jaune, briseur de grève.

esquist|o m Schiste || **~oso, a** adj Schisteux, euse.

esquiv|ar vt Esquiver || **~ez** f Froideur || **~o, a** adj Revêche.

esquizofr|enia f Schizophrénie || **~énico, a** adj/s Schizophrène, schizophrénique.

estab|ilidad f Stabilité | Équilibre *m* || **~ilización** f Stabilisation || **~ilizador, a** adj Stabilisateur, trice; stabilisant, e | — M Stabilisateur, empennage (avión) || **~ilizar** vt Stabiliser || **~le** adj Stable || **~lecedor, a** s Fondateur, trice || **~lecer*** vt Établir | Dresser (planes) | DR. Stipuler | — Vp S'établir (instalarse) || **~lecimiento** m Établissement || **~lo** m Étable | FIG. *~s de Augías,* écuries d'Augias.

estac|a f Pieu *m* | AGR. Bouture | Cheville || **~ada** f Palissade (cercado) | Estacade | Champ (*m*) clos (de un desafío) | FAM. *Dejar a uno en la ~,* laisser qqn en plan *o* en rade. *Quedarse en la ~,* rester sur le carreau (morir), rester le bec dans l'eau (fracasar) || **~ado** m Champ clos || **~ar** vt Attacher à un pieu | Palissader | — Vp Demeurer immobile, se figer || **~azo** m Coup de bâton | Échec (fracaso).

estaci|ón f Saison : *las cuatro estaciones,* les quatre saisons | Époque (temporada) | Gare (ferrocarril) : *~ de apartado* ou *de clasificación,* gare de triage | Station (metro, turismo, meteorológica, religiosa, etc) | *~ de seguimiento,* station de poursuite (de cohetes) | *~ de servicio,* station-service | RAD. *~ emisora,* station émettrice, poste émetteur | *~ terminal,* terminus (autobuses), aérogare (aviones) || **~onal** adj Saisonnier, ère || **~onamiento** m Stationnement (aparcamiento) : *prohibido el ~,* stationnement interdit | Parking (lugar) || **~onar** vt Garer, parquer (coche) | — Vp Ne pas avancer, être stationnaire || **~onario, a** adj Stationnaire | Étale (mar) | Saisonnier, ère (paro).

estad|a f Séjour *m* || **~ía** f Séjour *m* | Pose (ante el pintor) | MAR. Estarie, starie || **~io** m Stade || **~ista** m Homme d'État | Statisticien | FAM. *Los ~s de café,* les stratèges en chambre || **~ístico, a** adj/f Statistique | — M Statisticien || **~o** m État (condición, nación, documento, etc) : *en buen ~,* en bon état ; *~ de alma* ou *de ánimo,* état d'âme ; *asunto de ~,* affaire d'État | Administration *f* | *~ civil,* situation de famille (situación), état civil | *~ de caja,* bordereau de caisse | *~ de la nieve,* bulletin d'enneigement | *~ de soltero, de viudo,* célibat, veuvage | *~ llano* ou *común,* Tiers État | *~ Mayor,* état-major | *Estar en ~ de merecer,* être bonne à marier | *Tomar ~,* se marier (casarse), entrer en religion.

Estados Unidos nprmpl États-Unis.

estaounidense adj/s Américain, e ; des États-Unis.

estaf|a f Escroquerie || **~ador, a** s Escroc || **~ar** vt Escroquer.

estafermo m Quintaine *f* (muñeco) | FAM. Gourde *f* (necio).

estafeta f Estafette (correo) | Bureau (*m*) de poste | Valise diplomatique | *~ móvil,* bureau ambulant (de correos).

estafilococo m Staphylocoque.

estal|actita f Stalactite || **~agmita** f Stalagmite.

estall|ar vt Éclater, exploser (bomba) | Sauter (polvorín) | Éclater (neumático, motín, incendio, escándalo, risa, aplausos) | FIG. Bondir (palabras), bondir, sauter (alegría) | Craquer (vestido) || **~ido** m Éclatement (bomba, neumático, etc) | Explosion *f* (polvorín, etc) | Éclat (de ira, de risa, trueno) | Claquement (látigo) | Craquement (vestido) | *Dar un ~,* éclater.

estambr|ar vt Tordre (lana) || **~e** m Brin de laine | BOT. Étamine *f*.

Estambul npr Istanbul.

estamento m État [des Cortès d'Aragon] | Classe *f*.

estameña f Étamine (tela).

estamp|a f Image | Estampe | Impression (imprenta) | FIG. Marque (huella), image (símbolo), apparence, aspect *m* (figura) | FAM. *Tener mala ~,* avoir l'air antipathique (ser antipático), ne pas avoir de chance (tener mala suerte) || **~ación** f Estampage *m* | Impression (grabación) | Gaufrage *m* (papel) || **~ado** m Imprimé | Emboutissage (chapa) || **~ador** m Estampeur | Gaufreur (papel) || **~ar** vt Estamper | Imprimer | Gaufrer (papel) | Projeter, lancer (arrojar) | FAM. Flanquer, coller (dar) | TECN. Étamper (metal), emboutir (chapa) | Apposer *o* mettre [le cachet] (sello) || **~ería** f Imagerie || **~ero** m Marchand de gravures | Imagier (artista) | Graveur || **~ía (de)** loc adv En quatrième vitesse (rápido) || **~ido** m Détonation *f* | Explosion *f* | Éclatement || **~illa** f Estampille | Griffe (sello con firma) | Vignette (impuesto) || *Amér.* Timbre *m* (de correos) || **~illado** m Estampillage | Cachet de la poste || **~illar** vt Estampiller.

estanc|ación f **~amiento** m Étanchement *m* (sangre) | Retenue *f* (embalse) | Stagnation *f* (agua, negocio) | Impasse *f* : *el estancamiento de la conferencia,* l'impasse dans laquelle se trouve la conférence | Enlisement *m*, piétinement *m* (negociaciones) | Monopolisation *f* (mercancías) || **~ado, a** adj Dormant, e ; stagnant, e (agua) | Stagnant, e (negocio) || **~ar** vt Étancher (sangre) | Retenir (embalsar) | Monopoliser, mettre en régie | Laisser en suspens (negocio) | — Vp Stagner (líquido, asunto) | S'enliser, piétiner (negociaciones) | Être dans une impasse (conferencia) | Se scléroser (instituciones) || **~ia** f Séjour *m* (permanencia) | Demeure (morada) | Pièce [de séjour] (habitación) | Journée d'hôpital | Nuit (noche) | Stance (poesía) | *Amér.* Ferme || **~iero** m *Amér.*

Fermier ‖ **~o, a** adj Étanche | — M Bureau de tabac | Monopole, régie *f* | Bistrot (taberna).

estandard adj Standard ‖ **~ización** f Standardisation ‖ **~izar** vt Standardiser.

estandarte m Étendard.

estanqu|e m Étang | Bassin (en un jardín) ‖ **~ero, a** o **~illero, a** s Buraliste ‖ **~idad** f Étanchéité.

estant|e m Bibliothèque *f* (mueble) | Étagère *f*, rayon (anaquel) | Bâti (de máquina de coser) ‖ **~ería** f Rayonnage *m*, étagères *pl.*

estantigua f Fantôme *m* | Fam. Grand escogriffe *m.*

estañ|ado m Étamage (metales) ‖ **~ador** m Étameur ‖ **~ar** vt Étamer, rétamer ‖ **~o** m Étain.

estar* vi Être : *está en Sevilla,* il est à Séville ; *el suelo está húmedo,* le sol est humide ; *la puerta está cerrada,* la porte est fermée | Rester, séjourner : *estuve seis días en Málaga,* je suis resté six jours à Malaga | Aller : *~ bien, malo, mejor,* aller bien, mal, mieux (salud) ; *esta falda te está muy bien,* cette jupe te va bien | Suivi du gérondif, être en train de : *estaba durmiendo,* il était en train de dormir | — Vp Rester : *~ quieto,* rester tranquille | Suivi du gérondif, être en train de.

Expresiones diversas. *Aquí estoy y aquí me quedo,* j'y suis, j'y reste | *Así estamos,* nous en sommes là | *~ a,* être le (fecha) : *¿a cuánto estamos?,* le combien sommes-nous ? ; être à (precio) | *~ a la que salga,* être à l'affût de tout ce qui se présente | *~ al caer,* aller sonner (las horas), s'annoncer, être imminent | *~ a matar,* être à couteaux tirés, s'en vouloir à mort | *~ con uno,* être avec qqn (encontrarse), être d'accord avec qqn (coincidir) | *~ de,* être en : *está de viaje,* il est en voyage ; être à : *estamos de cacería,* nous sommes à la chasse ; être comme *o* en qualité de : *está aquí de embajador,* il est ici comme ambassadeur ; être [habillé] en : *está de paisano,* il est en civil | *~ en,* être à : *estoy en Madrid, en ayunas,* je suis à Madrid, à jeun ; être en : *estamos en España,* nous sommes en Espagne ; être : *en esto está la dificultad,* voilà où est la difficulté ; être au courant (saber), y être (entender) | *~ en sí,* savoir ce que l'on fait | *~ en todo,* avoir l'œil à tout ; penser à tout | *~ hecho,* être [devenu] : *estás hecho un sabio,* tu es devenu un vrai savant | *~ para,* être sur le point de : *estoy para salir,* je suis sur le point de sortir ; avoir envie de, être d'humeur à : *no estoy para bromas,* je ne suis pas d'humeur à plaisanter ; être en état de | *~ para todo,* s'occuper de tout | *~ por,* être à, rester à : *todo esto está por hacer,* tout ceci reste à faire ; être pour (partidario), être tenté de | *~ sin,* ne pas être : *está sin hacer,* ce n'est pas fait | *~ sobre uno,* être toujours derrière qqn | *~ (una cosa) por ver,* être à voir *o* à vérifier | *Estoy que no puedo ni moverme,* je suis dans un tel état que je ne peux même plus bouger | *Estoy que va a llover,* je crois *o* je pense qu'il va pleuvoir | *Si estuviese en su lugar,* si j'étais vous, si j'étais à votre place | *Ya está,* ça y est | *¡Ya está bien !,* ça suffit ! | *Ya que estamos,* puisque nous y sommes, tant qu'à faire.

estarc|ido m Poncif (dibujo) ‖ **~ir** vt Poncer (dibujo).

estatal adj Étatique.

estático, a adj Statique | Fig. Figé, e | — F Statique.

estat|ificar vt Étatiser (nacionalizar) ‖ **~ismo** m Étatisme | Immobilité *f.*

estatu|a f Statue ‖ **~ario, a** adj/f Statuaire ‖ **~ir*** vt/i Statuer ‖ **~ra** f Taille, stature ‖ **~tario, a** adj Statutaire ‖ **~to** m Statut.

estay m Mar. Étai, galhauban.

este m Est.

este, esta, estos, estas adj dem m y f Ce *o* cet *o* ce...-ci *o* cet...-ci, cette...-*o* cette... -ci, ces *o* ces... -ci : *estas casas,* ces maisons-ci.
— Observ. *Cet* se emplea en lugar de *ce* delante de un sustantivo masculino que empieza por vocal o *h* muda (*cet effort, cet habit*).

éste, ésta, éstos, éstas pron dem m y f Celui-ci, celle-ci, ceux-ci, celles-ci : *prefiero ésta a la otra,* je préfère celle-ci à l'autre | Lui, elle, eux, elles | *Ésta,* la ville de celui qui parle ou écrit : *hecho en ésta* (Madrid) *a 10 de mayo,* fait à Madrid le 10 mai | Fam. *Ésta y nunca* ou *no más,* on ne m'y reprendra plus.

estearina f Stéarine.

Esteban nprm Étienne.

estel|a f Sillage *m* (rastro) | Stèle (monumento) | Fig. Vestige *m* ‖ **~ar** adj Stellaire | Fig. Culminant, e | Vedette : *fue el combate ~,* ce fut le combat vedette (boxeo).

esten|ografía f Sténographie ‖ **~ografiar** vt Sténographier ‖ **~ógrafo, a** s Sténographe ‖ **~otipia** f Sténotypie ‖ **~otipista** s Sténotypiste.

estent|or m Stentor ‖ **~óreo, a** adj De stentor (voz).

estepa f Steppe.

éster m Quím. Ester.

ester|a f Natte | Passage *m* (alfombra estrecha) | Tapis-brosse *m* (felpudo) || **~ar** vt Recouvrir de tapis.
estercol|adura f o **~amiento** m AGR. Fumure *f* || **~ar** vt AGR. Fumer || **~ero** m Tas de fumier, fumier | FIG. Porcherie *f* (sitio muy sucio).
est|éreo m Stère || **~ereofonía** f Stéréophonie || **~ereoscópico, a** adj Stéréoscopique || **~ereoscopia** f Stéréoscopie || **~ereoscopio** f Stéréoscope || **~ereotipado, a** adj FIG. Toute faite (expresión), stéréotypé, e (sonrisa) || **~ereotipador** m IMPR. Clicheur || **~ereotipar** vt Stéréotyper || **~ereotipia** f Stéréotypie (arte) | Stéréotype *m* (máquina) || **~ereotipo** m Stéréotype (cliché) || **~ereotomía** f Stéréotomie.
esterero m Nattier.
est|éril adj Stérile || **~erilidad** f Stérilité || **~erilización** f Stérilisation || **~erilizador, a** adj Stérilisant, e (producto) | Stérilisateur, trice (aparato) | — M Stérilisateur || **~erilizar** vt Stériliser.
esterilla f Petite natte | Paillasson *m* (felpudo) | **~** *de baño*, tapis de bain.
esterlina adjf Sterling (libra).
esternón m Sternum.
estero m Estuaire (estuario).
estertor m Râle | *Estar en los últimos ~es*, être à l'article de la mort.
est|eta s Esthète || **~ético, a** adj/f Esthétique.
estetoscopio m Stéthoscope.
estev|a f Mancheron *m* (arado) || **~ado, a** adj Aux jambes arquées.
estiaje m Étiage.
estib|a f MAR. Chargement *m* (carga), arrimage *m* || **~ador** m Arrimeur || **~ar** vt Tasser | MAR. Arrimer (la carga).
estiércol m Fumier.
estigma m Stigmate || **~tización** f Stigmatisation || **~tizar** vt Stigmatiser.
estil|ar vi/p S'employer, être en usage (palabra) | Se porter, être à la mode (vestido) | Se pratiquer (practicarse) | Avoir l'habitude de, se faire || **~ete** m Stylet || **~ista** s Styliste || **~ística** f Stylistique || **~ización** f Stylisation || **~izado, a** adj Stylisé, e | Profilé, e (avión, coche) || **~izar** vt Styliser || **~o** m Style | Langage : *es un ~ muy suyo*, c'est un langage bien à lui | DEP. Nage *f* : **~** *mariposa, libre*, nage papillon, libre | Façon *f* (a modo de) | *A ~ de*, dans le goût de | *Al ~ de*, à la manière, à la mode | *De buen* o *mal ~*, de bon *ou* de mauvais ton | *Por el ~*, du même genre (parecido), à peu près la même chose | *Todo está por el ~*, tout est à l'avenant || **~ográfico, a** adj Stylographique | — F Stylo *m*, stylographe *m*.
estim|a f Estime || **~able** adj Estimable || **~ación** f Estimation | Évaluation (presupuesto) | Appréciation (aprecio) | Estime | DR. **~** *de una demanda*, prise en considération d'une demande | **~** *propia*, amour-propre | *Según ~ común*, de l'avis général || || **~ado, a** adj Estimé, e | Cher, ère : **~** *señor*, Cher Monsieur (carta) || **~ar** vt Estimer, apprécier, avoir de l'estime pour : **~** *en mucho a*, avoir beaucoup d'estime pour | Estimer (valorar) | Estimer, penser, considérer | — Vp S'estimer | Évaluer || **~ativa** f Jugement *m* | Instinct *m* || **~ativo, a** adj De référence || **~atorio, a** adj Estimatif, ive.
est|imulación f Stimulation || **~imulante** adj/m Stimulant, e || **~imular** vt Stimuler | FIG. Inciter, pousser, encourager || **~ímulo** m Stimulation *f* (incitación) | Encouragement | Stimulant | ZOOL. Stimulus.
estío m Eté (verano).
estipendi|ar vt Rémunérer, stipendier || **~ario** m Salarié || **~o** m Rémunération *f*, rétribution *f* (salario).
estipul|ación f Stipulation || **~ar** vt Stipuler.
estir|adamente adv À peine, tout juste || **~ado, a** adj FIG. Tiré à quatre épingles (esmerado), poseur, euse (presumido), compassé, e (tieso), radin, e (avaro) | — F Plongeon *m* (fútbol) | — M TECN. Étirage || **~aje** m TECN. Étirage || **~ar** vt Étirer | Allonger (alargar), étendre (extender) | Faire durer (el dinero) | FAM. *Amér.* Descendre (matar) | — Vp S'étirer || **~ón** m Secousse *f*, saccade *f* | Poussée *f* [de croissance] | FAM. *Dar un ~*, pousser comme une asperge.
estirpe f Souche (origen) | Lignée, lignage *m*, famille | *De real ~*, de sang royal.
estival adj Estival, e | D'été : *solsticio ~*, solstice d'été.
esto pron dem neutro Ceci, cela, ça, c' : **~** *no me gusta*, ça ne me plaît pas ; **~** *es verdad*, c'est vrai | *Con ~*, avec ça, malgré ça | *En ~*, sur ce, sur ces entrefaites, là-dessus | **~** *es*, c'est-à-dire (es decir), c'est ça (de acuerdo) | *No hay como ~ para*, il n'y a rien de tel pour | *No por ~*, cela n'empêche pas que.
— OBSERV. *Ça* es la contracción de *cela* y se emplea particularmente en la lengua hablada. *C'* sustituye a *ce* cuando precede una palabra que empieza por una *e*.
estocada f Estocade : **~** *en lo alto*, estocade bien portée | Botte (esgrima).

estocafís m Stockfisch (bacalao seco).
Estocolmo npr Stockholm.
estof|a f Étoffe brochée | Qualité, aloi *m* (gente) ‖ **~ado, a** adj À l'étuvée, à l'étouffée (cocina) | — M Plat cuit à l'étouffée (guiso) | Daube *f* (adobado) | **~** *de vaca,* bœuf mode ‖ **~ar** vt Broder | Faire cuire à l'étuvée *o* à l'étouffée.
estoic|ismo m Stoïcisme ‖ **~o, a** adj/s Stoïcien, enne; stoïque.
estola f Étole.
estolidez f Stupidité.
est|omacal adj Stomacal, e ‖ **~omagar** vt Dégoûter, écœurer | Rester sur l'estomac (empachar) ‖ **~ómago** m Estomac | FIG. FAM. *Hacerse el ~ a,* se faire à. *Revolver el ~,* soulever le cœur. *Tener a uno sentado en el ~* ou *en la boca del ~,* ne pas pouvoir digérer qqn. *Tener el ~ en los pies* ou *ladrarle a uno el ~* ou *tener el ~ pegado al espinazo,* avoir l'estomac dans les talons. *Tener el ~ vacío,* avoir l'estomac creux *o* un creux dans l'estomac. *Tener buen ~* ou *mucho ~,* avoir de l'estomac.
estom|atitis f Stomatite ‖ **~atología** f Stomatologie ‖ **~atólogo, a** s Stomatologiste.
estonio, a adj/s Estonien, enne.
estopa f Étoupe.
estoque m Estoc | Épée *f* ‖ **~ador** m Matador (torero) ‖ **~ar** vt Porter une estocade.
estorb|ar vt Gêner, embarrasser | Gêner, encombrer (el paso) | FIG. Entraver (negociaciones) ‖ **~o** m Gêne *f*, embarras | Obstacle, entrave *f*.
estornino m Étourneau (ave).
estornud|ar vi Éternuer ‖ **~o** m Éternuement | Ébrouement (animales).
estos, estas V. ESTE.
éstos, éstas V. ÉSTE
estrabismo m Strabisme.
estrado m Estrade *f* | — Pl DR. Salle (*fsing*) d'audience, tribunal *sing*.
estrafalario, a adj Bizarre; extravagant, e (persona) | Biscornu, e; saugrenu, e (idea) | — S Extravagant, e.
estrag|ar vt Gâter, corrompre | Abîmer, gâter | Ravager ‖ **~o** m Ruine *f*, destruction *f* | Ravage, dégât | FIG. Ravage (años, miedo) | *Causar ~s,* ravager, faire des ravages *o* des dégâts | *Hacer ~s,* faire des ravages (epidemia, etc) ‖ **~ón** m Estragon.
estrambótico, a adj Extravagant, e.
estramonio m Stramoine.
estrangul m MÚS. Anche *f* ‖ **~ación** f Étranglement *m*, strangulation ‖ **~ado, a** adj MED. Étranglé, e (hernia) ‖ **~ador, a** adj/s Étrangleur | — M Starter (coche) ‖ **~amiento** m Étranglement | Goulet *o* goulot d'étranglement ‖ **~ar** vt Étrangler.
estrapada f Estrapade.
estraper|lear vi Faire du marché noir ‖ **~ista** s Trafiquant, e ‖ **~o** m Marché noir.
estrás m Strass (cristal).
estrat|agema f Stratagème *m* ‖ **~ega** m Stratège ‖ **~egia** f Stratégie ‖ **~égico, a** adj Stratégique | — M Stratège.
estrat|ificación f Stratification ‖ **~ificar** vt Stratifier ‖ **~o** m Strate *f* (geología) | Stratus (nube) | FIG. Couche *f* (social) ‖ **~ocúmulo** m Strato-cumulus ‖ **~osfera** f Stratosphère ‖ **~osférico, a** adj Stratosphérique.
estrave m MAR. Étrave *f*.
estraza f Chiffon (*m*) de grosse toile | *De ~,* gris (papel).
estrech|amente adv Étroitement | FIG. Strictement (exactamente), petitement (con poco dinero), à l'étroit (en poco espacio) ‖ **~amiento** m Rétrécissement (calle, vestido) | Resserrement (relaciones) | Serrement (de manos) ‖ **~ar** vt Rétrécir (vestido) | FIG. Resserrer (amistad), serrer (mano, entre los brazos) | Réduire | Talonner (arrinconar) | — Vp Se serrer | S'étrangler, se resserrer (valle) | Se rétrécir (carretera) | FIG. Se restreindre (reducir los gastos), se rapprocher (amigos) ‖ **~ez** f Étroitesse | Situation critique (apuro) | Intimité | MED. Rétrécissement *m* | FIG. *Pasar estrecheces,* avoir des ennuis d'argent. *Vivir con ~,* vivre petitement (modestamente), vivre à l'étroit (en poco sitio) ‖ **~o, a** adj Étroit, e (calle, espíritu, amistad) | Juste, serré, e (pequeño) | Radin, e (avaro) | Strict, e (moral) | — M Période (*f*) critique (apuro) | Détroit ‖ **~ura** f V. ESTRECHEZ.
estreg|adera f Brosse dure | Décrottoir *m* ‖ **~adura** f o **~amiento** m Frottement *m* ‖ **~ar*** vt Frotter.
estrell|a f Étoile : **~** *de mar, fugaz* étoile de mer, filante | Star, vedette, étoile (artista) | FAM. *Estar de mala ~,* avoir la guigne. *Haber nacido con buena ~* ou *tener ~,* être né sous une bonne étoile. *Ver las ~s,* voir trente-six chandelles ‖ **~ado, a** adj Étoilé, e | Sur le plat (huevos) ‖ **~amar** f Étoile de mer ‖ **~ar** adj Stellaire | — Vt Briser (romper) | Écraser | Cuire sur le plat | Étoiler, consteller | — Vp Se briser | S'écraser : **~** *contra* ou *en la pared,* s'écraser contre le mur | FIG. Échouer (fracasar) | FIG. **~** *en,* se casser les dents sur ‖ **~ato** m Rang de vedette (cine).

estremec|edor, a adj Violent, e (choque) ‖ **~er*** vt Ébranler | Faire tressaillir *o* frémir *o* trembler | Bouleverser (impresionar) | — Vp Sursauter | Tressaillir, trembler | Frémir, frissonner ‖ **~imiento** m Ébranlement (sacudida) | Sursaut | Tressaillement | Émotion *f*, bouleversement (emoción).

estren|ar vt Étrenner, mettre pour la première fois | TEATR. Donner la première, représenter pour la première fois (obra), créer | Passer en exclusivité (película) | *~ una casa*, essuyer les plâtres | — Vp Débuter (en un empleo) | Sortir (película) | Être représenté pour la première fois (comedia) ‖ **~o** m Débuts *pl* (en un empleo) | TEATR. Première *f* (primera representación), nouveauté *f* | *De ~*, d'exclusivité (cine).

estreñ|imiento m Constipation *f* ‖ **~ir*** vt Constiper.

estr|épito m Fracas ‖ **~epitoso, a** adj Bruyant, e | FIG. Retentissant, e; fracassant, e (fracaso, etc).

estrepto|coco m Streptocoque ‖ **~micina** f Streptomycine.

estr|ía f Strie | ARQ. Cannelure | Rayure (arma) ‖ **~iación** f Striation ‖ **~iado** m Rayage (cañón) | Striure *f* ‖ **~iar** vt Strier, canneler | Rayer (cañón).

estrib|ación f Contrefort *m* ‖ **~ar** vi S'appuyer | FIG. Résider ‖ **~era** f Étrivière ‖ **~illo** m Refrain | FIG. Refrain, rengaine *f* ‖ **~o** m Étrier (de jinete, del oído) | Base *f* (fundamento) | ARQ. Culée *f*, butée *f* | Contrefort, chaînon (de un monte) | *Hacer ~ con las manos*, faire la courte échelle | *Perder los ~s*, vider les étriers (jinete), perdre les pédales (desbarrar).

estribor m MAR. Tribord.

estricnina f Strychnine.

estricto, a adj Strict, e.

estrid|encia f Bruit (*m*) strident ‖ **~ente** adj Strident, e.

estro m Souffle, inspiration *f*.

estrofa f Strophe.

estroncio m QUÍM. Strontium.

estrop|ajo m Lavette *f* | *~ metálico*, éponge métallique ‖ **~ajosamente** adv En bredouillant ‖ **~ajoso, a** adj Qui bafouille | Pâteux, euse (lengua) | Déguenillé, e (andrajoso) | Filandreux, euse (carne).

estrop|ear vt Abîmer | Gâcher, gâter (negocio, etc) | Estropier (un miembro) | Gâcher (argamasa) | *Estar estropeado*, ne pas fonctionner (no funcionar), être abîmé (roto) ‖ **~icio** m FAM. Bruit de casse | Fracas | Dégât (daño).

estructur|a f Structure ‖ **~ación** f Structuration ‖ **~al** adj Structural, e ‖ **~ar** vt Structurer.

estruend|o m Fracas | Grondement (tormenta) | *Despertar con gran ~*, réveiller en fanfare ‖ **~oso, a** adj Bruyant, e | Tonitruant, e (voz).

estruj|adora f Presse-citron *m* ‖ **~adura** f **~amiento** m Pressage *m* | Foulage *m* (uva) ‖ **~ar** vt Presser | Fouler (uva) | Tordre (ropa) | FIG. Serrer (el cuello), presser comme un citron (explotar), accabler (gravar), épuiser (agotar) | — Vp FIG. Se presser (gente).

estuario m Estuaire.

estuco m Stuc | Staff (para molduras).

estuche m Étui (de gafas) | Coffret, écrin (para joyas) | Trousse *f* (de médico) | Pochette *f* (de compás) | Boîte *f* (de violín) | *~ de tocador*, nécessaire de toilette.

estudi|ante s Étudiant, e ‖ **~antil** adj D'étudiant, estudiantin, e ‖ **~antina** f Orchestre (*m*) d'étudiants ‖ **~ar** vt Étudier | Faire des études : *~ medicina*, faire des études de médecine | Travailler | Se pencher sur, étudier (problema) | — Vp S'étudier (observarse) ‖ **~o** m Étude *f* (sala, trabajo, proyecto) | Studio (de cine, radio) | Studio (piso pequeño) | Atelier (de artista) | *Dar ~s a*, faire faire des études à | *En ~*, à l'étude | *Tener ~s*, avoir fait des études ‖ **~oso, a** adj Studieux, euse | — M Spécialiste | Chercheur (investigador).

estuf|a f Poêle *m* | Serre (invernadero) | Étuve | Cuisinière (fogón) | Radiateur *m* | FAM. *Criar en ~*, élever dans du coton ‖ **~illa** f Manchon *m* (para las manos) | Chaufferette (para los pies) ‖ **~ista** m Fumiste.

estup|efacción f Stupéfaction, stupeur ‖ **~efaciente** adj/m Stupéfiant, e ‖ **~efacto, a** adj Stupéfait, e | *Dejar ~*, stupéfier ‖ **~endo, a** adj Excellent, e; extraordinaire, formidable.

est|upidez f Stupidité ‖ **~úpido, a** adj Stupide | — S Imbécile ‖ **~upor** m Stupeur *f*.

esturión m Esturgeon.

esvástica f Svastika, croix gammée.

etapa f Étape : *quemar ~s*, brûler les étapes.

etcétera loc adv Et caetera, etc.

éter m Éther.

etéreo, a adj Éthéré, e.

etern|idad f Éternité ‖ **~izar** vt Éterniser ‖ **~o, a** adj Éternel, elle.

ético, a adj Éthique (moral) | Étique (flaco) | — M Moraliste | — F Éthique (moral).

et|ileno m Éthylène ‖ **~ílico, a** adj Éthylique ‖ **~ilismo** m Éthylisme ‖ **~ilo** m Éthyle.
etim|ología f Étymologie ‖ **~ológico, a** adj Étymologique.
etíope adj/s Éthiopien, enne.
Etiopía nprf Éthiopie.
etiquet|a f Étiquette (ceremonia, membrete) | Cérémonie | *De ~*, d'apparat (cena), de gala (fiesta), de soirée (traje) | *Recibir sin ~*, recevoir sans façon | *Se ruega* ou *se suplica ~*, tenue de soirée de rigueur ‖ **~ado** m Étiquetage ‖ **~adora** f Étiqueteuse ‖ **~ar** vt Étiqueter ‖ **~ero, a** adj Cérémonieux, euse.
etnia f Ethnie (raza).
étnico, a adj Ethnique.
etn|ografía f Ethnographie ‖ **~ógrafo, a** s Ethnographe ‖ **~ología** f Ethnologie ‖ **~ólogo, a** s Ethnologue, ethnologiste.
etrusco, a adj/s Étrusque.
eucalipto m Eucalyptus.
eucar|istía f Eucharistie ‖ **~ístico, a** adj Eucharistique.
euclidiano, a adj Euclidien, enne.
eufemismo m Euphémisme.
euf|onía f Euphonie ‖ **~ónico, a** adj Euphonique.
euf|oria f Euphorie ‖ **~órico, a** adj Euphorique.
eunuco m Eunuque.
eurasiático, a adj/s Eurasien, enne.
Europa nprf Europe.
europ|eísmo m Sens de l'Europe ‖ **~eísta** adj/s Européen, enne (política) ‖ **~eizar** vt Européaniser ‖ **~eo, a** adj/s Européen, enne.
éuscaro, a adj/s Basque.
eutanasia f Euthanasie.
evacu|ación f Évacuation ‖ **~ar** vt Évacuer | Exécuter, effectuer.
evad|ido, a adj/s Évadé, e ‖ **~dir** vt Fuir (peligro) | Éviter, éluder (dificultad) | — Vp S'évader.
evalu|ación f Évaluation ‖ **~ar** vt Évaluer.
evanescen|cia f Évanescence ‖ **~te** adj Évanescent, e.
evang|élico, a adj Évangélique ‖ **~elio** m Évangile | *Esto es el ~*, c'est parole d'Évangile ‖ **~elismo** m Évangélisme ‖ **~elista** m Évangéliste ‖ **~elización** f Évangélisation ‖ **~elizador, a** adj/s Évangélisateur, trice ‖ **~elizar** vt Évangéliser.
evapor|ación f Évaporation ‖ **~ador** m Évaporateur ‖ **~ar** vt Évaporer ‖ **~izar** vt/i Vaporiser.
evas|ión f Évasion | Échappatoire (evasiva) ‖ **~iva** f Faux-fuyant *m*, échappatoire ‖ **~ivo, a** adj Évasif, ive : *respuesta ~*, réponse évasive.
evento m Événement | *A todo ~*, à tout hasard.
event|ual adj Éventuel, elle ‖ **~ualidad** f Éventualité.
evicción f Dr. Éviction.
evid|encia f Évidence : *con toda ~*, de toute évidence | *Ponerse en ~*, se mettre en évidence (persona), se dégager (hechos) ‖ **~enciar** vt Mettre en évidence | — Vp Être manifeste *o* évident, sauter aux yeux | S'affirmer (talento) ‖ **~ente** adj Évident, e ‖ **~entemente** adv Évidemment.
evit|ación f *En ~ de*, afin d'éviter ‖ **~ar** vt Éviter.
evoc|ación f Évocation ‖ **~ador, a** adj Évocateur, trice ‖ **~ar** vt Évoquer ‖ **~atorio, a** adj Évocatoire.
evolu|ción f Évolution ‖ **~cionar** vi Évoluer ‖ **~cionismo** m Évolutionnisme ‖ **~cionista** adj/s Évolutionniste ‖ **~tivo, a** adj Évolutif, ive.
ex pref Ex, ancien, enne : *~ ministro*, ancien ministre.
exacción f Exaction (abuso) | Taxe (impuesto).
exacerb|ación f Exacerbation ‖ **~ar** vt Exacerber.
exact|itud f Exactitude ‖ **~o, a** adj Exact, e | — Adv Exactement.
ex aequo loc adv/m Ex aequo.
exager|ación f Exagération ‖ **~ado, a** adj Exagéré, e | Excessif, ive (severidad) | *Eres muy ~*, tu exagères tout ‖ **~ar** vt/i Exagérer.
exalt|ación f o **~amiento** m Exaltation *f* | Élévation *f* (ascenso) ‖ **~ador, a** o **~ante** adj Exaltant, e ‖ **~ar** vt Exalter.
exam|en m Examen | Dr. Interrogatoire (de testigos) | Visite *f* (médico) ‖ **~inador, a** s Examinateur, trice ‖ **~inando, a** s Candidat, e [à un examen] ‖ **~inar** vt Examiner | Faire passer un examen (a un candidato) | Envisager (porvenir) | — Vp Passer un examen.
exangüe adj Exangue | Fig. Épuisé, e (agotado).
exánime adj Inanimé, e | Épuisé, e.
exasper|ación f Exaspération ‖ **~ador, a** o **~ante** adj Exaspérant, e ‖ **~ar** vt Exaspérer, énerver.
excarcelar vt Mettre en liberté (preso) | — Vp Sortir de prison.
excav|ación f Excavation (zanja) | Fouille (arqueología) ‖ **~ador, a** adj/s Excavateur, trice | — F Pelleteuse | *~ de mandíbulas*, benne preneuse | *~ mecánica*, pelle mécanique ‖ **~ar** vt Creuser | Faire des fouilles | Agr. Déchausser.
exced|encia f Congé *(m)* de convenance personnelle | Disponibilité (de

un funcionario) || **~ente** adj Excédant, e; excédentaire | En non-activité (funcionario) | — M Excédent (sobra) || **~er** vt/i Excéder, dépasser | Surpasser (personas) | — Vi/p Dépasser les bornes | *Excederse a sí mismo*, se surpasser.
excel|encia f Excellence || **ente** adj Excellent, e || **~situd** f Grandeur || **~so, a** adj Éminent, e | — M *El Excelso*, le Très-Haut.
exc|entricidad f Excentricité || **~éntrico, a** adj/s Excentrique | — F MÉC. Excentrique *m*.
excep|ción f Exception | *Estado de ~*, état d'exception *o* de siège || **~cional** adj Exceptionnel, elle || **~to** adv Excepté, à part, sauf, hormis || **~tuar** vt Excepter, faire exception | Faire une exception | — Vp Être excepté, e.
exces|ivo, a adj Excessif, ive || **~o** m Excès (velocidad, etc) | Excédent (de equipaje, etc) | Abus (de poder) | *Con ~*, trop | *En ~*, à l'excès.
excipiente m Excipient.
excit|abilidad f Excitabilité || **~able** adj Excitable || **~ación** f Excitation || **~ador, a** adj/s Excitateur, trice || **~ante** adj/m Excitant, e || **~ar** vt Exciter.
exclam|ación f Exclamation | Point (*m*) d'exclamation || **~ar** vi S'exclamer, s'écrier || **~ativo, a** o **~atorio, a** adj Exclamatif, ive.
exclu|ir* vt Exclure || **~sión** f Exclusion || **~siva** f Exclusion | Exclusivité, exclusive (privilegio) | *En ~*, exclusivement || **~sive** adv Exclusivement | Non compris || **~sividad** f Exclusivité || **~sivo, a** adj Exclusif, ive.
excom|ulgar vt Excommunier || **~unión** f Excommunication.
excori|ación f Excoriation || **~ar** vt Excorier, écorcher.
excre|cencia f Excroissance || **~ción** f Excrétion || **~mento** m Excrément.
exculp|ación f Disculpation || **~ar** vt Disculper.
excursi|ón f Excursion | *Ir de ~*, faire une excursion, excursionner || **~onista** s Excursionniste.
excus|a f Excuse : *deshacerse en ~s*, se confondre en excuses || **~able** adj Excusable || **~ado, a** adj Excusé, e | Inutile (innecesario) | Exempt, e; exempté, e | Dérobé, e (puerta) | — M Cabinets *pl* (retrete) || **~ar** vt Excuser | Éviter | Ne pas avoir besoin de | Exempter | Esquiver, refuser (responsabilidad) | — Vp S'excuser, faire *o* présenter des excuses.
exeat m Exeat.
execr|able adj Exécrable || **~ación** f Exécration || **~ar** vt Exécrer.

ex|égesis f Exégèse || **~egeta** m Exégète.
exen|ción f Exemption | Exonération || **~to, a** adj Exempt, e | Libre : *~ de toda obligación*, libre de toute obligation | Net, nette; exempt, e; exonéré, e (de impuestos) | *~ de aduanas*, en franchise douanière.
exequias fpl Funérailles.
exergo m Exergue.
exfoli|ación f Exfoliation || **~ar** vt Exfolier.
exhal|ación f Exhalation | Exhalaison (emanación) | Étincelle | Foudre (rayo) | *Pasar como una ~*, passer comme un éclair || **~ar** vt Exhaler.
exhaust|ivo, a adj Exhaustif, ive || **~o, a** adj Épuisé, e.
exhib|ición f Exhibition | Exposition (pintura, etc) | Présentation (costura) | Projection (cine) | *~ de fieras*, ménagerie || **~icionismo** m Exhibitionnisme || **~icionista** s Exhibitionniste || **~idor** m Exploitant (de un cine) || **~ir** vt Exhiber | Exposer | Présenter | Projeter | — Vp S'exhiber (mostrarse en público).
exhort|ación f Exhortation || **~ar** vt Exhorter || **~o** m DR. Commission (*f*) rogatoire.
exhum|ación f Exhumation || **~ar** vt Exhumer.
exig|encia f Exigence || **~ente** adj Exigeant, e || **~ible** adj Exigible || **~ir** vt Exiger.
exig|üidad f Exiguïté || **~uo, a** adj Exigu, ë.
exil|iado, a o **~ado, a** adj/s Exilé, e || **~iar** o **~ar** vt Exiler || **~io** m Exil.
eximio, a adj Illustre.
eximir vt Exempter | — Vp Se libérer (de una obligación).
exist|encia f Existence | — Pl Stock msing, stocks *m* || **~encial** adj Existentiel, elle || **~encialismo** m Existentialisme || **~ente** adj Existant, e || **~ir** vi Exister.
éxito m Succès : *~ de prestigio*, succès d'estime | Réussite *f* | Résultat | *Tener ~*, réussir (triunfar), avoir du succès (actor), marcher (empresa).
exitoso, a adj *Amér.* Qui a du succès.
éxodo m Exode.
exoner|ación f Exonération || **~ar** vt Exonérer.
exorbitante adj Exorbitant, e.
exorc|ismo m Exorcisme || **~izar** vt Exorciser.
exordio m Exorde.
ex|ótico, a adj Exotique || **~otismo** m Exotisme.
expan|dirse vp S'étendre || **~sible** adj Expansible || **~sión** f Expansion | Délassement *m* (recreo) | Épanouis-

sement *m* (del espíritu) | Développement *m*, expansion (producción) | Détente (producida por un gas) || **~sionarse** vp S'épancher | Se délasser (recrearse) || **~sionismo** m Expansionnisme || **~sionista** adj/s Expansionniste || **~sivo, a** adj Expansif, ive.

expatri|ación f Expatriation || **~arse** vp S'expatrier.

expect|ación f Attente, expectation || **~ativa** f Expectative | Perspective | *Contra toda ~*, contre toute attente.

expector|ación f Expectoration || **~ar** vt Expectorer.

exped|ición f Expédition || **~icionario, a** adj/s Expéditionnaire || **~idor, a** adj/s Expéditeur, trice || **~ientar** vt Instruire (proceso) || **~iente** m Expédient | Dr. Affaire *f* : *instruir un ~*, instruire une affaire | Dossier (documentos) | Enquête *f* (administrativa) | — Pl Démarches *f* | *Cubrir el ~*, sauver les apparences | *Dar ~*, expédier [une affaire] | *Instruir un ~ a un funcionario*, faire un procès à un fonctionnaire || **~ienteo** m Lenteur (*f*) de la procédure || **~ir*** vt Expédier (enviar, derecho, hacer rápidamente) | Délivrer (pasaporte) || **~itivo, a** adj Expéditif, ive || **~ito, a** adj Dégagé, e (vía) | Prompt, e (rápido).

expeler vt Expulser (a uno) | Rejeter | Med. Éliminer (cálculo).

expen|dedor, a adj/s Dépensier, ère | — S Vendeur, euse (vendedor) | Caissier, ère | Buraliste (de tabaco) || **~deduría** f Débit *m* | Guichet *m* | *~ de tabaco*, bureau de tabac || **~der** vt Débiter (vender al por menor) | Dépenser | Écouler [fausse monnaie] || **~sas** fpl Dépens *m* | *A ~ de*, aux dépens de.

experi|encia f Expérience || **~mentación** f Expérimentation || **~mental** adj Expérimental, e || **~mentar** vt Expérimenter | Faire l'expérience de (probar) | Éprouver, ressentir | Souffrir | Essuyer, subir (derrota) | Subir (ser objeto de) | Roder (método) || **~mento** m Expérience *f* (ensayo) | Expérimentation *f*.

experto, a adj/m Expert, e.

expi|ación f Expiation || **~ar** vt Expier | Purger (una pena) || **~ativo, a** adj Expiateur, trice || **~atorio, a** adj Expiatoire.

expir|ación f Expiration || **~ar** vi Expirer.

explan|ación f Nivellement *m* | Terrassement *m* | Fig. Explication || **~ada** f Esplanade | Terre-plein *m* | Mil. Glacis *m* || **~ar** vt Aplanir, niveler | Fig. Expliquer.

explayar vt Étendre | — Vp S'étendre (al hablar) | Se confier, s'ouvrir (*con*, à) [confiarse].

expletivo, a adj Explétif, ive.

explic|ación f Explication || **~aderas** fpl Fam. Facilité (*sing*) d'élocution || **~ar** vt Expliquer || **~ativo, a** adj Explicatif, ive.

explícito, a adj Explicite.

explor|ación f Exploration | Prospection (minas) | Balayage *m* (televisión) | Reconnaissance (expedición) || **~ador, a** adj/s Explorateur, trice | — M Mil. Éclaireur | Scout, éclaireur || **~ar** vt Explorer | Prospecter | Balayer || **~atorio, a** adj Exploratoire | Med. Explorateur, trice.

explos|ión f Explosion | *~ de grisú*, coup de grisou | *Hacer ~*, exploser || **~ivo, a** adj/m Explosif, ive.

explot|able adj Exploitable || **~ación** f Exploitation || **~ador, a** adj/s Exploitant, e | Exploiteur, euse || **~ar** vt Exploiter (mina, etc) | — Vi Exploser (bomba, etc).

expoli|ación f Spoliation || **~ador, a** adj/s Spoliateur, trice || **~ar** vt Spolier (despojar).

expon|encial adj Exponentiel, elle || **~ente** m Mat. Exposant | Représentant | Exemple, preuve *f* || **~er*** vt Exposer.

export|able adj Exportable || **~ación** f Exportation || **~ador, a** adj/s Exportateur, trice || **~ar** vt Exporter.

exp|osición f Exposition | Salon *m* : *~ del automóvil*, salon de l'automobile | Exposé *m* (narración) | Pétition, requête | Dr. *~ de motivos*, exposé des motifs | Fot. *Tiempo de ~*, temps de pose || **~osímetro** m Fot. Posemètre, exposemètre || **~ósito, a** adj Trouvé, e (niño) | — S Enfant (*m*) trouvé || **~ositor, a** s Exposant, e (en una feria).

exprés m Express (tren, café).

expres|able adj Exprimable || **~ado, a** Exprimé, e | Mentionné, e || **~ar** vt Exprimer || **~ión** f Expression : *reducir a la más mínima ~*, réduire à sa plus simple expression | — Pl Amitiés (recuerdos) || **~ionismo** m Expressionnisme || **~ionista** m Expressionniste || **~ivo, a** adj Expressif, ive | Chaleureux, euse | Affectueux, euse || **~o, a** adj Exprimé, e | Exprès, esse (especificado) | — Adj/m Express (tren).

exprim|elimones m inv o **~idor** m Presse-citron || **~ir** vt Exprimer, presser.

expropi|ación f Expropriation || **~ador, a** adj Expropriateur, trice || **~ar** vt Exproprier.

expuesto, a adj Exposé, e.

expuls|ar vt Expulser ‖ **~ión** f Expulsion.
expurgar vt Expurger.
exquisito, a adj Exquis, e.
extasiarse vp S'extasier.
éxtasis f Extase.
extático, a adj Extasié, e.
extemporáneo, a adj Hors de propos, intempestif, ive.
exten|der* vt Étendre (alas, influencia) | Dérouler (mapa) | Dresser, rédiger (acta) | Délivrer (certificado) | Libeller (cheque) | — Vp S'étendre, gagner, se propager | Se répandre ‖ **~samente** adv Longuement ‖ **~sible** adj Extensible | À rallonges (mesa) ‖ **~sión** f Étendue (país, discurso) | Extension (acción, gramática) | Longueur | Acception (sentido) | Poste *m* (teléfono) ‖ **~sivo, a** adj Extensif, ive (cultivo, etc) ‖ **~so, a** adj Étendu, e (alargado, amplio) | Long, gue (viaje, etc) | *Por ~*, in extenso, en détail ‖ **~sor** adjm/m Extenseur.
extenu|ación f Exténuation | Maigreur ‖ **~ante** adj Exténuant, e ‖ **~ar** vt Exténuer.
exterior adj/m Extérieur, e ‖ **~idad** f Extériorité ‖ **~ización** f Extériorisation ‖ **~izar** vt Extérioriser.
extermin|ador, a adj/s Exterminateur, trice ‖ **~ar** vt Exterminer ‖ **~io** m Extermination *f*.
extern|ado m Externat ‖ **~o, a** adj Externe (medicamento) | Extérieur, e | — Adj/s Externe.
extin|ción f Extinction ‖ **~guir** vt Éteindre ‖ **~to, a** adj Éteint, e | *Amér.* Défunt, e ‖ **~tor, a** adj/m Extincteur, trice.
extirp|ación f Extirpation ‖ **~ar** vt Extirper | MED. Abaisser (catarata).
extorsión f Extorsion | FIG. Dommage *m*, préjudice *m*.
extra adj Extra | Supplémentaire (horas) | — M FAM. À-côté (gratificación) | Extra (gasto, comida) | Figurant (cine) | — Pl Figuration *fsing* (teatro).
extra|cción f Extraction (muela, origen, etc) ‖ **~ctar** vt Résumer ‖ **~cto** m Extrait (obra, sustancia) | Relevé (cuentas) ‖ **~ctor** m Extracteur ‖ **~dición** f Extradition ‖ **~dós** m Extrados ‖ **~er*** vt Extraire ‖ **~íble** adj Extractible ‖ **~judicial** adj Extrajudiciaire ‖ **~legal** adj Extra-légal, e ‖ **~limitarse** vp Dépasser les bornes ‖ **~muros** adv Extra-muros.
extranj|ero, a adj/s Étranger, ère ‖ **~is (de)** loc adv FAM. En cachette.
extrañ|ar vt Étonner | Être étonné | N'être pas habitué | Être sauvage (con desconocidos) | Bannir, exiler | *Amér.* Regretter | *No es de ~*, cela n'a rien d'étonnant | — Vp S'étonner | S'exiler, s'expatrier ‖ **~eza** f Étrangeté | Étonnement *m* ‖ **~o, a** adj Étranger, ère | Étrange, bizarre (raro) | *Hace ~ oírle cantar*, ça fait drôle de l'entendre chanter | *Serle a uno ~ una cosa*, ne pas être habitué à une chose | — S Étranger, ère (ajeno). | — M Dérobade *f* (del caballo).
extra|oficial adj Officieux, euse ‖ **~ordinario, a** adj Extraordinaire | Supplémentaire (horas) | — M Courrier extraordinaire | Extra (plato suplementario) | Numéro spécial (de periódico) ‖ **~polación** f Extrapolation ‖ **~polar** vt Extrapoler ‖ **~rradio** m Petite banlieue *f*, banlieue (*f*) proche, périphérie *f* ‖ **~terreno, a** o **~terrestre** adj Extra-terrestre.
extravag|ancia f Extravagance ‖ **~ante** adj/s Extravagant, e.
extrav|ersión f Extraversion ‖ **~ertido, a** adj Extraverti, e; extroverti, e.
extrav|iado, a adj Perdu, e | Débauché, e | Hagard, e (mirada) ‖ **~iar** vt Égarer | — Vp S'égarer | Se perdre (mirada) | Sortir du droit chemin (llevar mala vida) | Se fourvoyer (equivocarse) ‖ **~ío** m Égarement | Écart (de conducta) | Dérèglement (de las costumbres).
Extremadura nprf Estrémadure.
extrem|ar vt Pousser à l'extrême | Renforcer (vigilancia) | — Vp Se surpasser ‖ **~aunción** f Extrême-onction ‖ **~eño, a** adj/s D'Estrémadure ‖ **~idad** f Extrémité ‖ **~ismo** m Extrémisme ‖ **~ista** m Extrémiste ‖ **~o, a** adj Extrême | — M Extrémité *f* (cabo, situación) | Extrême (casos opuestos, matemática) | Point, sujet (tema) | Ailier, extrême (fútbol) | *De ~ a ~*, d'un bout à l'autre, d'un extrême à l'autre | *En último ~*, en désespoir de cause, en dernier ressort ‖ **~oso, a** adj Excessif, ive.
extrínseco, a adj Extrinsèque.
extroversión f Extroversion.
extrusión f TECN. Extrusion.
exuber|ancia f Exubérance ‖ **~ante** adj Exubérant, e.
exudación f Exsudation.
exult|ación f Exultation ‖ **~ar** vt Exulter.
exutorio m MED. Exutoire.
exvoto m Ex-voto.
eyacul|ación f Éjaculation ‖ **~ar** vt Éjaculer.
eyec|ción f Éjection ‖ **~table** adj Éjectable (asiento) | Largable (avión) ‖ **~tar** vt Éjecter.
eyrá m ZOOL. Eyra.

f

f f F *m*.

fa m MÚS. Fa.

fabada f Sorte de cassoulet.

fabordón m Faux-bourdon.

fábrica f Fabrication | Fabrique (precio, marca) | Usine (siderúrgica) | Fabrique (muebles) | Manufacture (tabaco) | Bâtiment *m* | *De* ~, en maçonnerie, en dur (construcción) | ~ *de azúcar,* sucrerie | ~ *de hilados,* filature | ~ *de papel,* papeterie.

fabric|ación f Fabrication ‖ **~ante** m Fabricant ‖ **~ar** vt Fabriquer | Construire, bâtir | FIG. Forger, inventer (mentira) | Faire (fortuna).

fabril adj Manufacturier, ère.

fábula f Fable.

fabul|ario m Fablier ‖ **~ista** m Fabuliste ‖ **~oso, a** adj Fabuleux, euse.

faca f Couteau (*m*) recourbé | Coutelas *m* (cuchillo grande).

facci|ón f Faction | — Pl Traits *m* (cara) ‖ **~oso, a** adj/s Factieux, euse.

faceta f Facette | FIG. Facette, aspect *m*.

faci|al adj Facial, e | De la face (cirugía) ‖ **~es** f MED. Faciès *m*.

fácil adj Facile, aisé, e : ~ *de digerir, de creer,* facile à digérer, à croire | Facile (enfant) | Probable | — Adv Facilement.

facil|idad f Facilité : *~es de pago,* facilités de paiement ‖ **~itar** vt Faciliter | Fournir, procurer (proporcionar) | Ménager (entrevista) ‖ **~ón, ona** adj Simple comme bonjour.

facineroso, a adj/s Scélérat, e.

facistol m Lutrin (atril).

facón m *Amér.* Grand couteau.

facsímil o **facsímile** m Fac-similé.

fact|ibilidad f Faisabilité ‖ **~ible** adj Faisable ‖ **~icio, a** adj Factice ‖ **~or** m Facteur : ~ *humano, rhesus,* facteur humain, rhésus ‖ **~oría** f Comptoir *m* | Usine (fábrica) ‖ **~orial** f MAT. Factorielle ‖ **~ótum** m Factotum ‖ **~ura** f Facture | *Libro de ~s,* facturier ‖ **~uración** f Facturation | Chiffre (*m*) d'affaires (volumen de negocios) | Enregistrement *m* (equipaje) ‖ **~urar** vt Facturer | Enregistrer (equipaje).

facul|tad f Faculté (poder, universidad, derecho) | MED. Force, résistance | Moyen *m* : *esto me resta ~es,* cela m'enlève mes moyens | — Pl Facultés, dispositions ‖ **~tar** vt Autoriser, habiliter ‖ **~tativo, a** adj Facultatif, ive | Facultatif, ive; à option (asignatura) | Médical, e : *cuadro* ~, personnel médical | Scientifique, technique | De santé : *parte* ~, bulletin de santé | — M Médecin | Chirurgien (cirujano).

facund|ia f Faconde, bagou *m* ‖ **~o, a** adj Éloquent, e | Loquace.

fach|a f FAM. Allure : *tener buena* ~, avoir de l'allure | Panne : *en* ~, en panne (barco) | FAM. *Estar hecho una* ~, être fichu comme l'as de pique | — M FAM. Polichinelle ‖ **~ada** f Façade | Frontispice *m* (libro) ‖ **~enda** f FAM. Épate | — M FAM. Crâneur ‖ **~endear** vi Faire de l'épate, crâner ‖ **~endista, ~endón, ona** o **~endoso, a** adj/s FAM. Poseur, euse | Vantard, e ‖ **~oso, a** adj *Amér.* Poseur, euse | Vantard, e.

fading m RAD. Fading.

faen|a f Travail *m* | Occupation (quehacer) | Travail *m*, faena (toro) | MAR. Pêche | FAM. Sale tour (*m*), sale blague : *hacer una* ~, jouer un sale tour | *Las ~s de la casa,* le travail de la maison, le ménage. ‖ **~ar** vi MAR. Pêcher | Travailler.

fagocito m Phagocyte.

fagot m MÚS. Basson ‖ **~ista** m Basson, bassoniste.

fais|án m Faisan ‖ **~ana** f Faisane, faisande, poule faisane.

faj|a f Bande (terreno, periódico, niño) | Ceinture (de embarazo) | Gaine (de mujer) | Écharpe (insignia) | Bague (puro) | ARQ. Bandeau *m* | ~ *intermedia,* bande médiane (carretera) ‖ **~a-braga** f Gaine-culotte (prenda) ‖ **~adura** f Emmaillottement *m* ‖ **~ar** vt Mettre une ceinture | Bander (poner una venda) | Emmailloter (niño) | Mettre sous bande (periódico) | *Amér.* Donner, flanquer (golpe) ‖ **~ín** m Ceinture *f* (de militar) ‖ **~ina** f AGR. Tas (*m*) de gerbes | Petit bois *m* | MIL. Fascine (haz de ramas), la soupe (toque) ‖ **~o** m Liasse *f* (billetes) | — Pl Maillot *sing* (mantillas).

falacia f Tromperie.

falan|ge f Phalange ‖ **~geta** f Phalangette ‖ **~gina** f Phalangine ‖ **~gista** s Phalangiste ‖ **~sterio** m Phalanstère.

falaz adj Fallacieux, euse.

fald|a f Jupe : ~ *tubo,* jupe fourreau | Flanc *m* (monte) | Tassette (armadura) | Bord *m* (sombrero) | Giron *m* genoux *mpl* (regazo) | — Pl Basques (faldillas) | FAM. *Aficionado a* ou *amigo de las ~s*, coureur de jupons. *Es un asunto de ~s*, cherchez la femme || **~ear** vt Contourner (un monte) | Longer (ir a lo largo de) || **~ero, a** adj De la jupe | FAM. *Hombre ~*, coureur de jupons | *Perro ~*, chien de manchon || **~illas** fpl Basques (vestido) || **~ón** m Basque *f* (frac) | Pan, queue *f* (chaqueta, camisa) | Pente *f* (tejado) | Chambranle (chimenea) | TECN. Jupe *f* (pistón) | Robe *f* : *~ de cristianar*, robe de baptême | FIG. *Estar colgado de* ou *agarrado a los faldones de uno*, être pendu aux basques de qqn.

falena f Phalène.

fal|ibilidad f Faillibilité || **~ible** adj Faillible.

fals|a f MÚS. Dissonance | Transparent *m* (falsilla) || **~ario, a** adj/s Faussaire (falsificador) | Menteur, euse (embustero) || **~arregla** f Fausse équerre | Transparent *m* (falsilla) || **~eamiento** m Contrefaçon *f*, falsification *f* || **~ear** vt Fausser (verdad, cerradura) | Falsifier (declaración) | ARQ. Faire perdre l'aplomb | — Vi Perdre l'aplomb | MÚS. Sonner faux || **~edad** f Fausseté | Faux *m* : *atacar de ~*, s'inscrire en faux || **~eo** m ARQ. Déviation *f* || **~eta** f Fioriture || **~ete** m Bonde *f* || **~ía** f FAM. Fausseté || **~ificación** f Falsification, contrefaçon | DR. Faux *m* || **~ificador, a** adj/s Falsificateur, trice || **~ificar** vt Falsifier (moneda, documento) | Contrefaire (firma) | Frelater (líquido) | Truquer, contrefaire (objetos antiguos) | *~ un documento*, faire un faux || **~illa** f Transparent *m*, guide-âne *m* (para escribir) || **~o, a** adj Faux, fausse | Vicieux, euse (caballo) | *Más ~ que Judas*, faux comme un jeton | *Puerta ~*, porte dérobée | — S Hypocrite | — M Renfort (de tela) | *En ~*, en faux | *Envidar en ~*, bluffer (juego de naipes) | *Estar en ~*, porter à faux | *Jurar en ~*, porter un faux témoignage | *Lo ~ y lo verdadero*, le faux et le vrai | *Tachar de ~*, s'inscrire en faux.

falt|a f Manque *m* : *~ de dinero*, manque d'argent | Faute : *coger en ~*, prendre en faute | Défaut *m* (defecto) | Absence | *A ~ de* ou *por ~ de*, faute de, à défaut de : *a ~ de otra cosa*, faute de mieux | *Caer en ~*, commettre une faute, être en défaut | *Echar en ~*, remarquer l'absence de (notar la ausencia), manquer, regretter l'absence de (echar de menos) | *~ de pago*, non-paiement | *~ de sentido*, non-sens | *Hacer caer en ~ a uno*, mettre qqn dans son tort o en défaut | *Hacer ~*, falloir; avoir besoin de, falloir; faire défaut, manquer | *Incurrir en ~*, commettre une faute | DEP. *Sacar una ~*, tirer un coup de pied de pénalité | *Si hace ~*, s'il le faut, au besoin | *Toda ~ merece perdón*, à tout péché miséricorde || **~ar** vi Manquer : *~ a su palabra*, manquer à sa parole | Faire défaut, manquer (cualidad) | Rater (arma) | Céder (cuerda) | Manquer, être absent, e | Rester (quedar) | Manquer, faillir (a un deber) | Manquer, manquer de respect (desmandarse) | Forfaire (al honor) | Falloir (hacer falta) | Falloir, faillir : *poco faltó para que le matase*, il a failli le tuer | *Falta mucho para ello*, il s'en faut de beaucoup | *Falta que lo pruebes*, encore faut-il que tu le prouves | *Falta y pasa*, manque et passe | *Nada faltó para que*, il s'en est fallu de peu pour que | *No faltaba más* ou *lo que faltaba* ou *sólo faltaba eso*, il ne manquait plus que ça || **~o, a** adj Dépourvu, e | Privé, e; vide | *Estar ~ de*, être à court de, manquer de || **~ón, ona** adj *Amér.* Irrespectueux, euse | Peu sûr, e.

faltriquera f Poche | Gousset *m* (del chaleco) | FAM. *Rascarse la ~*, mettre la main à la poche, payer.

fal|úa f MAR. Vedette, felouque || **~ucho** m Felouque *f*.

fall|a f Faille (tela, geología) | *Amér.* Faute | — Pl « Fallas », fêtes de la Saint-Joseph à Valence (Espagne) || **~ar** vt Couper (naipes) | DR. Prononcer (una sentencia) | Décerner (un premio literario) | Rater, manquer (un golpe) | — Vi Manquer, faillir | Échouer, rater (fracasar) | Lâcher, céder (frenos, etc) | Rater (golpe, puntería) | Avoir des ratés (motor, coche).

falleba f Espagnolette, crémone.

fallec|er* vi Décéder, mourir || **~imiento** m Décès, mort *f*.

fall|ido, a adj Manqué, e; échoué, e (proyecto) | Déçu, e; frustré, e (esperanza) | Failli, e (que ha quebrado) || **~o, a** adj Qui renonce à une couleur (naipes) | — M Renonce *f* (renuncio) | Coupe *f* (en las cartas) | DR. Arrêt, sentence *f*, jugement : *emitir un ~*, prononcer un jugement | FIG. Décision *f* (decisión), faute *f*, erreur *f* (falta), faille *f* (defecto) | MEC. Raté (motor) | *Tener ~s de memoria*, avoir des absences, avoir des trous de mémoire.

fama f Renommée, réputation | *De ~*, renommé, e | *Cobra buena ~ y échate a dormir*, acquiers bonne renommée et fais la grasse matinée | *Conquistar ~*, se rendre célèbre | *Dar ~*, faire connaître, rendre célèbre | *De mala ~*, de mauvaise réputation (persona), de mauvaise réputation, mal famé, e (lugar) | *Es ~*, on dit | *Tener ~ de*, avoir la réputation de | *Tener mucha ~*, être très renommé *o* très célèbre.

famélico, a adj Famélique.

famili|a f Famille : *la ~ política*, la belle famille; *parecido de ~*, air de famille ‖ **~iar** adj Familial, e | Familier, ère (natural, sencillo, campechano) | — M Familier (íntimo) | Parent, membre de la famille | — Pl Entourage *sing* ‖ **~aridad** f Familiarité ‖ **~arizar** vt Familiariser.

famoso, a adj Fameux, euse; célèbre, renommé, e.

fámul|a f FAM. Soubrette ‖ **~o** m FAM. Domestique.

fanal m MAR. Fanal | Globe, cloche (*f*) de verre | Aquarium | — Pl FAM. Grands yeux.

fan|ático, a adj/s Fanatique ‖ **~atismo** m Fanatisme.

fandango m Fandango | FAM. Micmac, imbroglio (lío), chambard (jaleo).

fanerógamo, a adj/f BOT. Phanérogame.

fanfarr|ear vi Fanfaronner ‖ **~ia** f Fanfaronnade | Fanfare (charanga) ‖ **~ón, ona** adj/s Fanfaron, onne ‖ **~onada** f Fanfaronnade ‖ **~onear** vi Fanfaronner, faire le fanfaron, crâner ‖ **~onería** f Fanfaronnerie.

fang|al m Bourbier ‖ **~o** m Boue *f*, fange *f* (lodo) | Vase *f* (en un río) ‖ **~oso, a** adj Boueux, euse; fangeux, euse | Vaseux, euse (río).

fant|asear vi Rêver ‖ **~asía** f Imagination, fantaisie | Fiction | FAM. Prétention | Fantaisie (artículo) ‖ **~aseo** m Rêverie *f* ‖ **~asioso, a** adj/s Qui a beaucoup d'imagination | Présomptueux, euse; prétentieux, euse ‖ **~asma** m Fantôme (espectro) | Chimère *f* | FAM. Bêcheur (vanidoso) | — F Épouvantail *m* | — Adj Fantôme ‖ **~asmagoría** f Fantasmagorie ‖ **~asmal** adj Fantomatique ‖ **~asmón, ona** adj/s FAM. Bêcheur, euse ‖ **~ástico, a** adj Fantastique | Sensationnel, elle; fantastique ‖ **~ochada** f Loufoquerie, invention ‖ **~oche** m Fantoche | Bêcheur (presumido) | Fantaisiste (cuentista) | FIG. Pantin (títere).

faquir o **fakir** m Fakir.

farad o **faradio** m ELEC. Farad.

faramall|a f FAM. Boniment *m*, baratin *m* (charla) | Camelote | *Amér.* Bluff *m* | — Adj/s Baratineur, euse ‖ **~ear** *Amér.* vi Bluffer ‖ **~ero, a** o **~ón, ona** adj/s FAM. Baratineur, euse | *Amér.* Vantard, e.

far|ándula f Profession de bateleur | Troupe (compañía) | Farandole (baile) | FIG. Boniment *m*, baratin *m* ‖ **~andulero, a** s Comédien, enne | Bonimenteur, euse; baratineur, euse (camelista).

faraón m Pharaon.

fard|a f Balluchon *m* | TECN. Mortaise ‖ **~ar** vt Équiper, habiller | — Vi Poser, classer, faire bien | Crâner (presumir) ‖ **~o** m Ballot | FAM. *Un ~ de vanidad*, une bonne dose de vanité ‖ **~ón** m FAM. Petit bêcheur, poseur.

farf|allón, ona o **~alloso, a** adj Bègue ‖ **~olla** f Spathe (maíz) ‖ FIG. Clinquant *m*, tape-à-l'œil *m* ‖ **~ulla** f FAM. Bredouillage *m*, bafouillage *m* | — Adj/s Bafouilleur, euse ‖ **~ullador, a** adj/s FAM. Bafouilleur, euse; bredouilleur, euse ‖ **~ullar** vt FAM. Bredouiller, bafouiller | Bâcler (trabajo) ‖ **~ullero, a** adj/s FAM. Bredouilleur, euse; bafouilleur, euse | Bâcleur, euse (de un trabajo).

farináceo, a adj Farinacé, e; farineux, euse | — F Farineuse.

faring|e f Pharynx *m* ‖ **~itis** f Pharyngite.

fario m FAM. *Tener mal ~*, avoir la poisse *o* la guigne. *Traer mal ~*, porter la poisse.

fariseo m Pharisien.

farma|céutico, a adj Pharmaceutique | — S Pharmacien, enne ‖ **~cia** f Pharmacie ‖ **~cología** f Pharmacologie ‖ **~copea** f Pharmacopée.

farniente m Farniente.

far|o m Phare ‖ **~ol** m Réverbère : *~ de gas*, réverbère à gaz | Lanterne *f* : *~ a la veneciana*, lanterne vénitienne | Fanal (locomotora) | FAM. Bluff, chiqué (exageración), bluffeur (fachendoso) | TAUR. Passe (*f*) de cape | *Amér.* Véranda *f* | FAM. *Adelante con los ~es*, en avant la musique. *Tirarse* ou *echarse un ~* ou *~es*, bluffer ‖ **~ola** f Réverbère *m*, lampadaire *m* (alumbrado público) | Bec (*m*) de gaz | Fanal *m* | Phare *m* (faro) ‖ **~olear** vi FAM. Bluffer, faire de l'épate | Bluffer (en el juego) ‖ **~oleo** m Épate *f*, esbroufe *f* ‖ **~olería** f FAM. Fanfaronnerie ‖ **~ero, a** adj/s FAM. Fanfaron, onne; bluffeur, euse | — M Allumeur de réverbères ‖ **~olillo** o **~olito** m Lampion, lanterne (*f*) vénitienne | BOT. Campanule *f* | FIG. *El ~ rojo*, la lanterne rouge (el último).

farra f FAM. *Amér.* Bombe, noce, bringue (juerga).

fárrago m Fatras.

farragoso, a adj Confus, e; décousu, e.

farr|uco, a adj/s FAM. Galicien, enne | — Adj FAM. Culotté, e (valiente)

| FAM. *Ponerse ~,* se buter (testarudo), se rebiffer (rebelarse), faire le flambard (engreírse) || **~uto, a** adj *Amér.* Chétif, ive.

fars|a f Farce | Tromperie (engaño) | Comédie, plaisanterie || **~ante** m Acteur qui joue des farces | — Adjm/m FAM. Comédien.

fas o por nefas (por) loc adv FAM. À tort ou à raison.

fascículo m Fascicule.

fascin|ación f Fascination || **~ador, a** adj/s Fascinateur, trice || **~ante** adj Fascinant, e || **~ar** vt Fasciner, charmer.

fasc|ismo m Fascisme || **~ista** adj/s Fasciste.

fase f Phase (cambio, luna) | Tranche (de una obra) | Étape.

fastidi|ar vt Dégoûter (causar asco) | Fatiguer (molestar) | Ennuyer, embêter, assommer, enquiquiner (dar la lata) | — Vp Se lasser | *¡Fastídiate!,* bien fait, tant pis pour toi! || **~o** m Dégoût (asco), nausée *f* | Ennui, corvée *f* | *¡Qué ~!,* quel ennui!, quelle barbe! || **~oso, a** adj Fastidieux, euse (penoso) | Fâcheux, euse (enojoso) | Ennuyeux, euse; assommant, e; barbant, e (pesado).

fast|o, a adj Faste | — M Faste, pompe *f* || **~uosidad** f Faste *m,* somptuosité || **~uoso, a** adj Fastueux, euse.

fat|al adj Fatal, e | Très mauvais, e; lamentable (pésimo) | FAM. *Estoy ~,* ça ne vas pas du tout | — Adv Très mal, affreusement mal || **~alidad** f Fatalité || **~alismo** m Fatalisme || **~alista** adj/s Fataliste || **~almente** adv Fatalement | Affreusement mal || **~ídico, a** adj Fatidique.

fatig|a f Fatigue (cansancio, mecánica) | Essoufflement *m* (respiración) | — Pl Ennuis *m,* tracas *m* (molestias) | Peines, chagrins *m* | Nausées | FAM. *Dar ~,* ennuyer, gêner || **~ador, a** o **~ante** adj Fatigant, e || **~ar** vt Fatiguer | Forcer, fouler (caballo) || **~osamente** adv Péniblement || **~oso, a** adj Fatigué, e (cansado) | Fatigant, e; pénible | Oppressé, e (respiración).

fatu|idad f Fatuité || **~o, a** adj/s Fat, e; présomptueux, euse.

fauces fpl Gosier *msing* | Gueule *sing* (animal).

faun|a f Faune || **~o** m Faune.

fausto, a adj Heureux, euse | — M Faste (pompa).

fautor, a s Fauteur, trice.

favor m Faveur *f* | Faveur *f,* grâce *f* : *solicitar un ~,* demander une faveur | Service : *hacer un ~,* rendre service | *A ~ de,* à la faveur de (gracias a), à l'actif de | *De ~,* de faveur (billete) | *En ~ de,* en faveur de, à l'actif de (en beneficio de) | *Hacer el ~ de,* faire le plaisir de *o* l'amitié de; faire le plaisir de, avoir l'obligeance de (tener a bien) | *Hágame el ~ de decirme,* pourriez-vous me dire | *Pedir algo por ~,* demander qqch. poliment (cortésmente), demander qqch. en grâce (suplicando) | *Por ~,* s'il te (vous) plaît, je te (vous) prie | *Voto a ~,* voix pour || **~able** adj Favorable (*para,* à) || **~ecedor, a** adj Qui favorise | Flatteur, euse (retrato, etc) | — S Protecteur, trice || **~ecer*** vt Favoriser | Servir, favoriser, jouer en faveur de | Avantager, flatter | Être seyant, avantager (peinado, etc) | *Amér.* Protéger, abriter | *Ser favorecido con,* gagner, remporter (premio) | *Ser favorecido por,* bénéficier (circunstancias atenuantes) | — Vp Recourir (*de,* à) [valerse de] || **~ecido, a** adj/s Favorisé, e || **~itismo** m Favoritisme || **~orito, a** adj/s Favori, ite.

faya f Faille (tejido).

faz f Face : *~ a ~,* face à face.

fe f Foi : *buena ~,* bonne foi; *hacer ~,* faire foi; *prestar ~,* ajouter foi | Foi, confiance : *tener (una) ~ ciega en,* avoir une confiance aveugle en | Acte *m,* certificat *m,* extrait *m* : *~ de bautismo,* acte *o* extrait de baptême | Foi, fidélité | *A ~ de,* foi de | *A ~ mía,* par ma foi, ma foi, sur ma foi | *Dar ~ de,* rendre compte *o* témoignage de, faire foi de | *De buena ~,* de bonne foi, en toute bonne foi | *~ de erratas,* errata | *~ de vida,* fiche d'état civil.

fea|ldad f Laideur | Indignité (conducta) || **~mente** adv Laidement, honteusement | Très mal.

Febo nprm Phébus (Sol).

febrero m Février.

febril adj Fébrile || **~mente** adv Fiévreusement.

fecal adj Fécal, e.

fécula f Fécule.

feculento, a adj/m Féculent, e.

fecund|ación f Fécondation || **~ador, a** adj/s Fécondateur, trice || **~ante** adj Fécondant, e || **~ar** vt Féconder || **~idad** f Fécondité || **~izar** vt Féconder || **~o, a** adj Fécond, e | FIG. Fertile, fécond, e.

fech|a f Date : *~ tope,* date limite; *señalar ~,* prendre date | Jour *m* (día) | *A estas ~s ya habrá llegado,* il doit être arrivé à présent | *A ~ fija,* à date fixe | *Con ~ de,* en date de | *De ~ reciente,* de fraîche date | *De larga ~,* de longue date | *En ~ próxima,* un jour prochain, prochainement | *Hasta la ~,* jusqu'à présent,

jusqu'à maintenant | *Poner la ~,* mettre la date, dater || **~ador** m Timbre dateur (matasellos) | Composteur (para billetes) || **~ar** vt Dater.
fechoría f Forfait *m.*
feder|ación f Fédération || **~ado, a** adj/s Fédéré, e || **~al** adj/m Fédéral, e || **~alismo** m Fédéralisme || **~alista** adj/s Fédéraliste || **~alizar** vt Fédéraliser || **~ar** vt Fédérer.
Federico nprm Frédéric.
fehaciente adj Qui fait foi | Aveuglant, e (evidente).
feldespato m Feldspath.
felic|idad f Bonheur *m,* félicité (m. us.) | *~es* ou *muchas ~es,* mes félicitations, mes compliments (enhorabuena), mes meilleurs vœux (año nuevo, cumpleaños), bonne fête (santo) || **~itación** f Félicitation | — Pl Souhaits *m,* vœux *m* || **~itar** vt Féliciter | Souhaiter : *~ las Navidades,* souhaiter un joyeux Noël | — Vp Se féliciter.
feligr|és, esa s Paroissien, enne || **~esía** f Paroisse.
felino, a adj/m Félin, e.
Felipe nprm Philippe.
feliz adj Heureux, euse | *Desearle a uno un ~ Año Nuevo,* souhaiter à qqn une bonne et heureuse année | *~ viaje,* bon voyage | *Hacer a alguien ~,* rendre qqn heureux || **~mente** adv Heureusement.
fel|ón, ona adj/s Félon, onne || **~onía** f Félonie.
felp|a f Peluche : *oso de ~,* ours en peluche | Tissu-éponge *m* (para toallas, etc) | FAM. Raclée (paliza), savon *m* (reprensión) || **~udo, a** adj Pelucheux, euse | — M Paillasson.
femen|il adj Féminin, e || **~ino, a** adj/m Féminin, e.
fementido, a adj Déloyal, e.
femin|idad f Féminité || **~ismo** m Féminisme || **~ista** adj/s Féministe.
femoral adj/f Fémoral, e.
fémur m Fémur.
fenec|er* vi Mourir | Périr | Finir || **~imiento** m Trépas, mort *f.*
fenicio, a adj/s Phénicien, enne.
fénico, a adj Phénique.
fénix m Phénix.
fenol m Phénol.
fen|omenal adj Phénoménal, e | FIG. Monumental, e (tontería), sensationnel, elle; formidable || **~ómeno** m Phénomène | — Adj FAM. Sensationnel, elle; formidable.
feo, a adj Laid, e; vilain, e | *~ asunto es ese,* sale affaire | FAM. *~ como un susto* ou *más ~ que Picio,* laid comme un pou *o* comme les sept péchés capitaux | *La cosa se está poniendo ~,* ça tourne mal, ça sent le brûlé | — M Affront | Grossièreté *f* | Laideur *f* (fealdad) | — Adv *Amér.* Mauvais : *oler ~,* sentir mauvais.
fer|acidad f Fertilité || **~az** adj Fertile, fécond, e.
féretro m Cercueil, bière *f.*
feri|a f Foire : *~ de muestras,* foire-exposition; *~ del campo, de ganado,* foire agricole, aux bestiaux; *real de la ~,* champ de foire | Fête foraine (verbena) | *Amér.* Pourboire *m* (propina) | — Pl Étrennes (regalos) | FIG. *Cada uno habla de la ~ como le va en ella,* chacun voit midi à sa porte || **~ado, a** adj Férié, e || **~al** adj De (la) foire | — M Champ de foire || **~ante** adj/s Forain, e | Exposant, e; participant, e (feria de muestras) || **~ar** vt Acheter à la foire | — Vi Chômer (no trabajar).
ferment|ación f Fermentation || **~ar** vi Fermenter | — Vt Faire fermenter || **~o** m Ferment.
Fernando nprm Ferdinand, Fernand.
fer|ocidad f Férocité || **~oz** adj Féroce | Farouche (salvaje).
férreo, a adj De fer (voluntad).
ferrete|ría f Quincaillerie | Forge | Ferronnerie (taller) || **~ro, a** adj/s Quincaillier, ère | Ferronnier, ère.
ferr|obús m Autorail, micheline *f* || **~ocarril** m Chemin de fer || **~ocarrilero, a** adj Ferroviaire || **~oso, a** adj Ferreux, euse || **~oviario, a** adj Ferroviaire, de chemin de fer | — M Cheminot (empleado) || **~uginoso, a** adj Ferrugineux, euse.
fértil adj Fertile.
fertil|idad f Fertilité || **~ización** f Fertilisation || **~ante** adj Fertilisant, e | — M Engrais (abono) || **~izar** vt Fertiliser.
férula f Férule.
férvido, a adj Fervent, e.
ferv|iente adj Fervent, e || **~or** m Ferveur *f* || **~orosamente** adv Avec ferveur || **~oroso, a** adj Fervent, e.
fest|ejar vt Fêter, faire fête à | Courtiser (galantear) | — Vp Faire la fête (divertirse) | Festoyer || **~ejo** m Fête *f* (fiesta) | Bon accueil | Galanterie *f* | — Pl Fêtes *f,* réjouissances *f,* festivités *f* || **~ín** m Festin || **~ival** m Festival || **~ividad** f Fête, festivité | FIG. Joie (alegría), esprit *m* (agudeza) || **~ivo, a** adj De fête (traje, aspecto) | FIG. Spirituel, elle (chistoso), joyeux, euse (alegre) | *Día ~,* jour de fête, jour férié *o* chômé.
fest|ón m Feston || **~onear** vt Festonner.
fetén adj POP. Au poil, formidable (estupendo), vrai, e; cent pour cent (castizo).
fetich|e m Fétiche || **~ismo** m Fétichisme || **~ista** adj/s Fétichiste.
fetidez f Fétidité.

fétido, a adj Fétide | Puant, e : *bomba* ~, boule puante.
feto m Fœtus | FAM. Avorton.
feúco, a o **feúcho, a** adj FAM. Moche, pas très joli, e; pas très beau, belle.
feud|al adj Féodal, e || **~alidad** f Féodalité || **~alismo** m Féodalisme || **~o** m Fief | Hommage, vasselage.
fi|abilidad f Fiabilité || **~able** adj Fiable (seguro) | Solvable (solvente) || **~ado, a** adj Confié, e | À crédit : *comprar* ~, acheter à crédit || **~ador, a** s Répondant, e; garant, e; caution *f* : *salir* ou *ser* ~ *de*, se porter *o* être garant de | — M Caution *f* (fianza) | Agrafe *f* (presilla) | TECN. Cliquet d'arrêt (arma), verrou de sûreté (cerrojo), crochet (garfio).
fiambr|e adj Froid, e | FAM. Passé, e; éventé, e (noticia) | — M Plat froid | POP. Macchabée (cadáver) | *Amér.* Enterrement, réunion (*f*) ennuyeuse | POP. *Dejar* ~, refroidir (matar) | *~s variados*, assiette anglaise || **~era** f Gamelle (para alimentos) | *Amér.* Garde-manger *m* || **~ería** f *Amér.* Charcuterie.
fi|anza f Caution, garantie (garantía) | Caution, cautionnement *m* (prenda) : *dar* ou *prestar* ~, déposer une caution | Caution, garant *m* (fiador) | ~ *de arraigo*, hypothèque || **~ar** vt Se porter caution, cautionner | Vendre à crédit | — Vi Avoir confiance (confiar) | — Vp Se fier, avoir confiance (*de, en,* à) | COM. *No se fía*, la maison ne fait pas de crédit.
fiasco m Fiasco.
fibr|a f Fibre | Nerf *m* (vigor) || **~ana** f Fibranne || **~ina** f Fibrine || **~ocemento** m Fibrociment || **~oma** m Fibrome || **~oso, a** adj Fibreux, euse.
fic|ción f Fiction || **~ticio, a** adj Fictif, ive | D'emprunt : *nombre* ~, nom d'emprunt.
fich|a f Fiche | Pion *m* (damas) | Domino *m* | Jeton *m* (teléfono) | ~ *de asistencia*, jeton de présence | CIN. ~ *técnica*, générique | *Sacar ~s*, faire des fiches || **~aje** m Inscription *f* (deportes) || **~ar** vt Mettre sur fiche | Dresser la fiche anthropométrique | Engager (un jugador de fútbol) | FIG. Classer (juzgar mal) | — Vi Signer un contrat (deporte) | Pointer (empresa) | *Estar fichado por la policía*, figurer sur les registres de la police || **~ero** m Fichier.
fide|digno, a adj Digne de foi || **~icomiso** m DR. Fidéicommis | Sous mandat *o* tutelle : *Estado en* ou *bajo* ~, état sous mandat || **~lidad** f Fidélité.
fideo m Vermicelle | FAM. Échalas (persona delgada).
fiduciario, a adj Fiduciaire.
fiebre f Fièvre : ~ *láctea*, fièvre de lait | ~ *del heno*, rhume des foins | FIG. ~ *electoral*, fièvre électorale.
fiel adj Fidèle | Juste, exact, e | — M Fidèle | Contrôleur (verificador) | Fléau, aiguille *f* (balanza) | Vis *f* (tijeras) | *Inclinar el ~ de la balanza*, faire pencher la balance || **~ato** m Octroi.
fieltro m Feutre.
fier|a f Fauve *m*, bête féroce | FIG. Brute | *Luchar como una* ~, se battre comme un forcené *o* comme un lion || **~abrás** m Fier-à-bras || **~eza** f Cruauté, férocité || **~o, a** adj Cruel, elle; féroce | FIG. Affreux, euse; horrible (espantoso), dur, e.
fiesta f Fête : ~ *de guardar*, fête d'obligation | — Pl Cajoleries | FIG. *Aguar la* ~, troubler la fête | ~ *solemne*, fête carillonnée | *Hacerle ~s a uno*, faire fête à qqn | *La ~ brava* ou *nacional*, la course de taureaux | FIG. *No estar para ~s*, ne pas avoir envie de plaisanter *o* de rire | FAM. *Tengamos la ~ en paz*, tâchez de vous tenir tranquille | *Y como fin de* ~, et pour clôturer (espectáculo).
fig|ón m Gargote *f* || **~onero, a** s Gargotier, ère.
figulino, a adj En terre cuite.
figur|a f Forme | Figure (naipe, baile, matemáticas) | Santon *m* (de un nacimiento) | FIG. Aspect *m*, figure (aspecto), allure (silueta), vedette (artista), figure, personnage *m* || **~ación** f Figuration | Idée || **~adamente** adv Au sens figuré || **~ado, a** adj Figuré, e || **~ante** s TEATR. Figurant, e || **~ar** vt Figurer | Représenter | Feindre, simuler | — Vi Figurer | — Vp Se figurer, s'imaginer, croire | Se douter || **~ativo, a** adj Figuratif, ive || **~illa** o **~ita** f Santon *m* (belén) | Figurine *f* (estatuita) || **~ín** m Dessin *o* figurine (*f*) de modes | Journal de modes | Costume (cine) | FAM. Gommeux (currutaco) || **~rón** m FAM. Olibrius, excentrique (chiflado), poseur (presumido) | FAM. *Hacer de* ~, être figurant | MAR. ~ *de proa*, figure de proue.
fi|jación f Fixation || **~ado** m FOT. Fixage || **~ador, a** adj/m Fixateur, trice || **~apelo** m Fixateur || **~ar** vt Fixer (sujetar, mirar) | FIG. Fixer, arrêter (precio, fecha, plan) | ~ *carteles*, afficher, coller des affiches | ~ *domicilio en*, élire domicile à | — Vp Se fixer | Être affiché, e (carteles, etc) | FIG. Remarquer, voir

(notar), regarder, observer, faire attention | *¡Fíjate!*, tu te rends compte! || **~asellos** m inv Charnière *f* (filatelia) || **~eza** f Fixité || **~o, a** adj Fixe | *De ~*, sûrement, sans faute | — Adv Fixement | — M Fixe (sueldo).
fila f File : *en ~*, à la file | Rang *m* (teatro, etc) | Haie (gente) | MIL. Rang *m*, ligne | *Alistarse en las ~s de*, se ranger sous la bannière de | MIL. *Cerrar* ou *estrechar las ~s*, serrer les rangs | *En ~ india*, en file indienne, à la queue leu leu | MIL. *En ~s*, sous les drapeaux. *Llamar a ~s*, rappeler sous les drapeaux. *¡Rompan ~s!*, rompez! [les rangs] | FAM. *Tener ~ a uno*, avoir pris qqn en grippe.
filament|o m Filament || **~oso, a** adj Filamenteux, euse.
fil|antropía f Philanthropie || **~antrópico, a** adj Philanthropique || **~ántropo, a** adj/s Philanthrope || **~ariosis** f Filariose || **~armónico, a** adj Philarmonique || **~atelia** f Philatélie || **~atélico, a** adj De philatélie || **~atelista** s Philatéliste.
filet|e m Filet (solomillo, pescado, moldura, nervio, tuerca, imprenta) | Bifteck (vaca) | Escalope *f* (ternera) || **~eado, a** adj Fileté, e | — M Filetage (tornillo) || **~ear** vt Fileter (tornillo) | Orner de filets.
filfa f FAM. Blague (mentira).
fili|ación f Filiation | Signalement *m* (señas personales) | MIL. Enrôlement *m* || **~al** adj/f Filial, e || **~ar** vt Prendre le signalement | — Vp MIL. S'enrôler | S'affilier.
filibust|erismo m Flibusterie *f*, flibuste *f* || **~ero** m Flibustier.
fili|forme adj Filiforme || **~grana** f Filigrane *m*.
fil|ípica f Philippique | Semonce (reprensión) || **~ipino, a** adj/s Philippin, e.
Filipinas nprfpl Philippines.
filisteo m Philistin.
film m Film || **~ación** f Filmage *m* (rodaje) || **~ar** vt Filmer || **~oteca** f Cinémathèque.
filo m Fil, tranchant (corte) | BIOL. Phylum | *Amér.* Bord | *Al ~ del mediodía*, sur le coup de midi | *Dar ~ a*, aiguiser, repasser | *Dormir hasta en el ~ de una navaja*, dormir n'importe où | MAR. *~ del viento*, ligne du vent || **~dendro** m BOT. Philodendron.
fil|ología f Philologie || **~ólogo, a** s Philologue.
filón m Filon.
fil|osofador, a adj/s Raisonneur, euse || **~osofal** adjf Philosophale || **~osofar** vi Philosopher || **~osofía** f Philosophie || **~osófico, a** adj Philosophique || **~ósofo, a** adj/s Philosophe || **~otecnia** f Philotechnie.
filoxera f Phylloxéra *m*, phylloxera *m*.
filtr|ación f Filtration, filtrage *m* | FIG. Fuite (indiscreción) || **~ado, a** adj Filtré, e || **~ador** m Filtre || **~ar** vt/i Filtrer | — Vp S'infiltrer, filtrer (agua) | S'évanouir (dinero) || **~o** m Filtre (aparato, fotografía) | Philtre (bebida).
filván m Morfil (de cuchillo).
fimo m Fumier (estiércol).
fin m Fin *f* : *con el único ~ de*, à seule fin de | Fin *f*, but (objeto) | Finition *f* (acabado) | *A ~ de*, afin de | *A ~es de*, à la fin de : *~ del mes*, à la fin du mois; fin : *~ del corriente*, fin courant | *Al ~*, à la fin, enfin | *Al ~ del mundo*, au bout du monde | *Al ~ y al cabo* ou *al ~ y a la postre* ou *en ~ de cuentas*, en fin de compte, en définitive, finalement | *Con buen ~*, avec les meilleures intentions | *Dar* ou *poner ~ a*, mettre fin à, terminer | *El ~ justifica los medios*, la fin justifie les moyens | *En ~*, enfin, bref | *Un sin ~ de cosas*, une foule de choses || **~ado, a** s Défunt, e || **~al** adj/f Final, e | — M Fin *f* | Fin *f* (muerte) | Bout (calle) | Issue *f* (de un combate) | MÚS. Final | *~ de línea*, terminus (transportes) || **~alidad** f Finalité | But *m* (objeto) || **~alista** adj/s Finaliste || **~alización** f Fin, terme *m* || **~alizar** vt Finir, mettre fin à | — Vi Prendre fin, cesser, finir || **~amiento** m Décès (muerte).
finan|ciación f o **~ciamiento** m Financement *m* || **~ciar** vt Financer || **~ciero, a** adj/s Financier, ère || **~zas** fpl Finances (hacienda).
finar vi Décéder.
finca f Propriété | Ferme (granja) | *~ urbana*, immeuble.
finés, esa adj/s Finnois, e.
fineza f Finesse | Délicatesse, gentillesse | Cadeau *m* (regalo).
fing|idamente adv Trompeusement || **~ido, a** adj Feint, e | FIG. Trompeur, euse (engañoso), d'emprunt (nombre) || **~imiento** m Feinte *f* || **~ir** vt/i Feindre, simuler (asombro, enfermedad) | Feindre de, faire semblant de (aparentar) | — Vp Feindre d'être, faire semblant d'être | Faire, se faire passer pour.
finiquit|ar vt Solder, liquider (cuenta) | FIG. Liquider (matar) || **~o** m COM. Solde (de una cuenta) | Quitus.
finisecular adj De la fin du siècle.
finito, a adj Fini, e (magnitud) | *Lo ~ y lo infinito*, le fini et l'infini.
finlandés, esa adj/s Finlandais, e.
Finlandia nprf Finlande.

fin|o, a adj Fin, e | Poli, e (bien educado) | Distingué, e | *Por lo ~*, élégamment || **~olis** adj/s FAM. Snobinard, e.
fint|a f Feinte (esgrima) | Dribble *m* (fútbol) || **~ar** vt/i Feinter.
finura f Finesse | Politesse | Délicatesse.
fiord o **fiordo** m Fjord, fiord.
firma f Signature | Firme (razón social) | DR. Seing *m* | *~ en blanco*, blanc-seing.
firmamento m Firmament.
firm|ante adj/s Signataire | *El abajo ~*, le soussigné || **~ar** vt/i Signer.
firm|e adj Ferme | Solide | Sûr, e (tiempo, pie) | FIG. Ferme, constant, e (decidido), arrêté, e (opinión) | *A pie ~*, de pied ferme | MIL. *¡~s!*, garde-à-vous!, fixe! | — M Terrain ferme | Chaussée *f* (carretera) | Empierrement (macadam) | — Adv Fermement | *Beber de ~*, boire sec | *De ~*, ferme (mucho), dur (reciamente) | COM. *En ~*, ferme : *vender ~*, vendre ferme | *Llueve de ~*, il pleut pour de bon || **~eza** f Fermeté (carácter) | Solidité (construcción).
fisc|al adj Fiscal, e | — M Procureur [de la République], accusateur public (ministerio público) | Employé du fisc | — Pl Magistrature (*fsing*) debout | *~ del Tribunal supremo*, avocat général || **~alía** f Ministère (*m*) public | *~ de tasas*, service du rationnement || **~alidad** f Fiscalité || **~alización** f Contrôle *m*, surveillance (examen) | Critique || **~alizador, a** adj/s Contrôleur, euse | Critiqueur, euse || **~alizar** vt Contrôler | Surveiller || **~o** m Fisc.
fisg|ador, a adj/s Curieux, euse | Moqueur, euse || **~ar** vt Épier, guetter (atisbar) | Fouiner, fureter (curiosear) | Flairer (husmear) | — Vi Railler, se moquer || **~ón, ona** adj/s Moqueur, euse | Curieux, euse || **~onear** vt FAM. Épier | Fouiner, fureter || **~oneo** m Indiscrétion *f*.
fisible adj Fissile.
físico, a adj Physique | Physique, matériel, elle (imposibilidad) | *Amér.* Maniéré, e | — M Physique (aspecto) | — F Physique (ciencia) | — S Physicien, enne.
físil adj Fissile.
fis|iócrata adj/s Physiocrate || **~iología** f Physiologie || **~iológico, a** adj Physiologique || **~ión** f Fission || **~ionable** adj Fissible || **~ionomía** f Physionomie || **~ioterapia** f Physiothérapie.
fis|onomía f Physionomie || **~onomista** adj/s Physionomiste.
fístula f Fistule.
fistular adj Fistulaire.
fisura f MED. MIN. Fissure | Fêlure (grieta).
flácido, a adj Faible (débil) | Flasque, mou, molle (flojo).
flac|o, a adj Maigre | Faible | — M Point faible (punto flaco) | Faible (cariño) || **~ucho, a** adj FAM. Maigrichon, onne || **~ura** f Maigreur.
flagel|ación f Flagellation || **~ar** vt Flageller | Blâmer (criticar) || **~o** m Fouet (azote) | Flagelle | Fléau (calamidad).
flagrante adj Flagrant, e : *en ~ delito*, en flagrant délit.
flam|ante adj FIG. Brillant, e; resplendissant, e (brillante), flambant neuf (nuevo), récent, e (reciente) || **~eado** m Grillage (textil) || **~eante** adj Flamboyant, e || **~ear** vi Flamber : *plátanos flameados*, bananes flambées | Battre, flotter (bandera) | Faseyer (vela) | — Vt Flamber.
flamen|co, a adj/s Flamand, e (de Flandes) | Flamenco (cante, etc) | *Amér.* Maigre | FAM. *Ponerse ~*, faire le flambard | — M ZOOL. Flamant || **~quería** f FAM. Crânerie.
flamígero, a adj ARQ. Flamboyant, e.
flámula f Flamme (gallardete).
flan m Crème (*f*) caramel (dulce) | Flan (pastel) | *~ de arena*, pâté de sable.
flanco m Flanc.
Flandes nprmpl Flandres *f*, Flandre *fsing*.
flanquear vt Flanquer.
flap m Volet (de avión).
flaqu|ear vi Faiblir (memoria) | Menacer ruine (edificio) | Être sur le point de céder (viga) | FIG. Faiblir, fléchir, mollir, flancher | *Flaquearle a uno las piernas*, avoir les jambes en coton || **~eza** f Maigreur | FIG. Faiblesse.
flash m Flash.
flat|o m Flatuosité *f* | Point de côté (dolor) | *Amér.* Mélancolie *f* | *Echar ~s*, faire des rots, roter (un bebé) || **~ulencia** f Flatulence.
flaut|a f MÚS. Flûte | Ficelle (pain) || **~ín** m MÚS. Flageolet || **~ista** s Flûtiste, flûte *f*.
flebitis f MED. Phlébite.
fleco m Frange *f*.
flech|a f Flèche || **~ador** m Archer || **~ar** vt Bander (arco) | Percer de flèches | FAM. Séduire | FAM. *Ir flechado*, aller en courant | — Vp S'enticher || **~aste** m MAR. Enfléchure *f* || **~azo** m Coup de flèche | FAM. Coup de foudre (amor) || **~ero** m Archer || **~illa** f Fléchette.
flegmón m MED. Phlegmon.
fleje m TECN. Feuillard (llanta), cercle métallique (toneles), lame (*f*) d'acier (de somier).

flem|a f Flegme *m* ‖ **~ático, a** Flegmatique ‖ **~ón** m Phlegmon.
flequillo m Petite frange *f* (tela) | Frange *f* (pelo).
flet|ador m MAR. Affréteur (que alquila), fréteur (que da en alquiler) ‖ **~amento** o **~amiento** m Affrètement ‖ **~ante** m *Amér.* Fréteur ‖ **~ar** vt MAR. Fréter (alquilar), affréter (tomar alquilado) | *Amér.* Louer | — Vp FAM. *Amér.* S'en aller, se barrer ‖ **~e** m MAR. Fret | *Amér.* Charge *f* (carga), cheval de selle.
flex|ibilidad f Flexibilité | Assouplissement *m* (gimnasia) | Souplesse (carácter) ‖ **~ibilización** f Assouplissement *m* ‖ **~ibilizar** vt Assouplir ‖ **~ible** adj Flexible | FIG. Souple | — M Fil électrique | Chapeau mou ‖ **~ión** f Flexion | Fléchissement *m* ‖ **~or, a** adj/m Fléchisseur, euse.
flirt|eo m Flirt ‖ **~ear** vi Flirter.
floculación f QUÍM. Floculation.
floj|amente adv Mollement, nonchalamment ‖ **~ear** vi Se relâcher | Faiblir, fléchir ‖ **~edad** f Faiblesse | FIG. Mollesse, nonchalance ‖ **~era** f Faiblesse | FAM. Flemme ‖ **~o, a** adj Lâche (nudo) | Mou, molle, flasque (carne) | Faible (vino) | FIG. Mou, molle (sin vigor), faible (excusa, conocimientos) | Doux, douce (fuego) | *Amér.* Lâche (cobarde).
flor f Fleur : *~ de azahar, de la edad,* fleur d'oranger, de l'âge | FAM. Compliment *m* | *A ~ de,* à fleur de | *En ~,* en fleur, en fleurs | FIG. *La ~* ou *la ~ y nata,* la fine fleur, la fleur, le dessus du panier ‖ **~a** f Flore ‖ **~ación** f Floraison ‖ **~al** adj Floral, e ‖ **~alias** fpl Floralies ‖ **~ar** vi Fleurir ‖ **~eado, a** adj Fleuri, e | De gruau (pan) ‖ **~eal** m Floréal ‖ **~ear** vt Fleurir | — Vi Vibrer | Exécuter des arpèges sur la guitare | FAM. Faire des compliments | FIG. Broder (sobre un tema) ‖ **~ecer*** vi Fleurir | FIG. Être florissant (prosperar) | — Vp Moisir ‖ **~ecido, a** adj Feuri, e | Moisi, e (mohecido) ‖ **~eciente** adj Fleurissant, e | Florissant, e (próspero) ‖ **~ecimiento** m Floraison *f*.
Florencia npr Florence.
flor|eo m Marivaudage | Baliverne *f* (dicho vano) | Fioriture *f* | MÚS. Arpège, floriture *f* ‖ **~ería** f Magasin (*m*) de fleurs | **~ero, a** s Fleuriste | — M Vase [à fleurs] ‖ **~escencia** f Floraison ‖ **~esta** f Bocage *m*, bosquet *m* | Anthologie (florilegio) ‖ **~ete** m Fleuret ‖ **~icultor, a** s Fleuriste, horticulteur (sin fem) ‖ **~icultura** f Floriculture ‖ **~idamente** adv Élégamment ‖ **~ido, a** adj Fleuri, e | ARQ. Flamboyant, e | *Lo más florido,* la fine fleur, l'élite ‖ **~ilegio** m Florilège ‖ **~ista** s Fleuriste ‖ **~itura** f Fioriture (adorno) ‖ **~ón** m Fleuron.
flot|a f Flotte ‖ **~abilidad** f Flottabilité ‖ **~able** adj Flottable ‖ **~ación** f Flottement *m* | Flottaison (línea, moneda) ‖ **~ador, a** adj Flottant, e | — M Flotteur | Bouée *f* (para nadar) | Flotteur, nageoire *f* (avión) ‖ **~amiento** m Flottement ‖ **~ante** adj Flottant, e ‖ **~ar** vi Flotter ‖ **~e** m Flottage | *Poner a ~,* mettre à flot (barco) | FIG. *Poner* ou *sacar a ~ un negocio,* remettre une affaire à flot, renflouer une affaire. *Ponerse a ~,* se remettre à flot. *Salir a ~,* se tirer d'affaire, s'en tirer ‖ **~illa** f Flotille.
fluctu|ación f Fluctuation | FIG. Flottement *m*, hésitation ‖ **~ar** vi Fluctuer, flotter | FIG. Fluctuer, hésiter (vacilar), varier, changer.
flu|idez f Fluidité ‖ **~idificar** vt FIG. Rendre plus fluide (el tráfico) ‖ **~ido, a** adj/m Fluide ‖ **~ir*** vi Couler, s'écouler ‖ **~jo** m Flux | COM. *~ de efectivo,* cashflow.
flúor m Fluor.
fluor|escencia f Fluorescence ‖ **~escente** adj Fluorescent, e ‖ **~uro** m Fluorure.
fluvial adj Fluvial, e.
fluxión f Fluxion.
fobia f Phobie.
foca f Phoque *m.*
foc|al adj Focal, e ‖ **~o** m Foyer | MED. Siège, foyer (enfermedad) | FOT. Champ : *fuera de ~,* hors du champ | Projecteur (luz).
fofo, a adj Flasque, mou, molle.
fog|arada f Flambée ‖ **~ata** f Flambée, feu *m* | Feu (*m*) de joie ‖ **~ón** m Fourneau (de cocina) | Foyer (fuego) | Lumière *f* (arma de fuego) ‖ **~onazo** m Éclair (de un disparo) | FOT. FIG. Flash ‖ **~onero** m Chauffeur (de máquina de vapor) ‖ **~osidad** f Fougue ‖ **~oso, a** adj Fougueux, euse ‖ **~uear** vt Nettoyer (un arma de fuego) | FIG. Aguerrir (soldado), former (principiante) | — Vp FIG. Se faire, se roder ‖ **~ueo** m *De ~,* à blanc (cartucho, tiro).
foli|áceo, a adj Foliacé, e ‖ **~ación** f Foliotage *m* ‖ **~ado, a** adj Folié, e ‖ **~ar** vt Folioter.
folículo m Follicule.
folio m Feuillet (libro) | Folio (registro) | *De a ~,* énorme, gigantesque | *En ~,* in-folio | *~ explicativo,* titre courant (libro).
folíolo m BOT. Foliole *f.*
folkl|ore m Folklore ‖ **~órico, a** adj Folklorique.

foll|aje m Feuillage | ARQ. Rinceau | FIG. Digression *f*, verbiage (palabrería) || **~etín** m Feuilleton || **~etinesco** adj De feuilleton || **~eto** m Brochure *f*, notice *f* || **~ón, ona** adj Poltron, onne | — M FAM. Micmac, salade *f* (lío), pagaille *f* (desorden), histoire *f* (asunto), chahut, potin (alboroto) | FAM. *Ser un ~*, être barbant *o* rasoir (pesado).

foment|ador, a adj/s Fomentateur, trice || **~ar** vt Chauffer doucement | FIG. Fomenter (disturbios), encourager, favoriser (expansión) || **~o** m Chaleur *f* | FIG. Aide *f*, encouragement (ayuda), promotion *f* (ventas), développement (desarrollo) | MED. Enveloppement.

fon m Phone (unidad sonora) || **~ación** f Phonation.

fond|a f Pension, hôtel (*m*) modeste | Buffet *m* (en las estaciones) || **~eadero** m MAR. Mouillage || **~ear** vt Sonder (el fondo) | Visiter, fouiller (un barco) | FIG. Examiner, sonder (persona), examiner, approfondir (una cosa) | — Vi MAR. Mouiller, mouiller l'ancre | — Vp *Amér.* S'enrichir || **~eo** m MAR. Visite *f* (del cargamento), mouillage (acción de fondear) || **~ero** m *Amér.* Restaurateur || **~illo** m DR. Caisse (*f*) noire | — Pl Fond (*sing*) de culotte || **~ista** m Restaurateur | Hôtelier | Nageur *o* coureur de fond (deportes) || **~o** m Fond : *~ del mar*, fond de la mer | Fonds (de biblioteca o editorial) | Profondeur *f* | FIG. Fonds : *~ monetario*, fonds monétaire | Fonds (erudición, virtud, etc). | Fond : *la forma y el ~*, la forme et le fond | Résistance *f*, endurance *f* | Fente *f* (esgrima) | — Pl COM. Fonds | *Bajos ~s*, bas-fonds | MAR. *Dar ~*, mouiller | *De cuatro en ~*, en colonne par quatre | MAR. *Doble fondo*, ballast | *Echar a ~*, couler | *El ~*, le fin fond (de un asunto) | COM. *~ de operaciones* ou *de rotación*, fonds de roulement | *~ perdido*, fonds perdus | *~s disponibles*, disponibilités | *Irse a ~*, couler, sombrer (barco) | *Tirarse a ~*, se fendre (esgrimidor) || **~ón, ona** adj FAM. Bien assis, e || **~ucho** m Gargote *f*.

fon|ema m Phonème || **~ético, a** adj/f Phonétique || **~etista** s Phonéticien, enne.

fon|io o **~o** m Phone (unidad sonora) || **~ocaptor** m TECN. Pick-up || **~ógrafo** m Phonographe || **~olocalización** f Repérage (*m*) par le son || **~oteca** f Phonothèque.

fontan|ela f ANAT. Fontanelle || **~ería** f Plomberie || **~ero** m Plombier.

foque m Foc (vela triangular).

for|ajido, a adj/s Hors-la-loi || **~al** adj Relatif aux Fueros || **~astero, a** adj/s Étranger, ère.

forcej|ar o **~ear** vi Faire de grands efforts (esforzarse), se démener (afanarse) | Résister | Lutter || **~eo** m Effort | Lutte *f*.

fórceps m MED. Forceps.

forense adj Relatif au tribunal | Légiste : *médico ~*, médecin légiste | — M Médecin légiste.

forest|ación f *Amér.* Reboisement *m* || **~al** adj Forestier, ère ; de forêt.

forj|a f Forge | Mortier *m* (argamasa) || **~ador** m Forgeur || **~ar** vt Forger | Fabriquer (inventar) | — Vp Se forger, se faire (ilusiones, reputación).

form|a f Forme : *obrar con buenas ~s*, agir dans les formes ; *vicio de ~*, vice de forme | Moyen *m* (manera) | IMPR. Forme (molde), format *m* (formato) | *Dar ~*, donner une forme, façonner | *De ~ que*, de (telle) sorte que | *De ninguna ~*, en aucune façon | *De todas ~s*, de toute façon | *En debida ~*, en bonne et due forme, en règle | *En ~ de*, sous forme de | *Guardar las ~s*, y mettre les formes || **~ación** f Formation | MIL. Formation, rassemblement *m* || **~ador, a** adj/s Formateur, trice || **~al** adj Formel, elle | FIG. Sérieux, euse ; bien (persona), dans les règles (con todos los requisitos) || **~alidad** f Formalité | FIG. Sérieux *m* (seriedad) || **~alismo** m Formalisme || **~alista** adj/s Formaliste || **~alizar** vt Achever, terminer | Légaliser (expediente) | Régulariser (situación) | Concrétiser (concretar) | Signer || **~ar** vt Former | FIG. Former, façonner | Composer, constituer | Faire | MIL. Rassembler | *~ filas*, former les rangs (personas) | *~ parte de*, faire partie de | — Vi MIL. Se ranger, former les rangs | MIL. *¡A ~!*, rassemblement ! | — Vp Se former, se faire || **~ativo, a** adj Formatif, ive || **~ato** m Format.

formidable adj Formidable.

formol m QUÍM. Formol.

formón m TECN. Ciseau à bois.

fórmul|a f Formule.

formul|ación f Formulation || **~ar** vt Formuler (críticas) | Former (votos) || **~ario** m Formulaire.

fornic|ación f Fornication || **~ar** vi Forniquer.

fornido, a adj Robuste.

foro m Forum | Barreau : *elocuencia del ~*, éloquence du barreau | TEATR. Fond : *telón de ~*, toile de fond | *Hablar al ~*, parler à la cantonnade.

forofo, a s FAM. Supporter (sin fem), fan (sin fem), admirateur, trice.

forraj|e m Fourrage | FAM. Fatras (fárrago) || **~ear** vt Fourrager || **~era** adjf/f Fourragère.

forr|ar vt Doubler (vestido) | Gainer (cable) | Fourrer (con pieles) | Recouvrir (sillón, etc) | Couvrir (libro) | Border, doubler (barco) | FAM. *Estar bien forrado* ou *estar forrado de oro*, rouler sur l'or, être cousu d'or | — Vp *Amér.* S'empiffrer, se gaver (comer), s'enrichir || **~o** m Doublure *f* (vestido) | Garniture *f* (frenos) | Housse *f* (butaca) | Couverture *f* (libro) | MAR. Bordé : *~ de cubierta*, bordé de pont | *~ de cuaderno*, protège-cahier | FAM. *Ni por el ~*, pas le moins du monde.

fort|achón, ona adj FAM. Costaud, e || **~alecedor, a** adj Fortifiant, e || **~alecer*** vt Fortifier | Renforcer || **~alecimiento** m Fortification *f* | FIG. Affermissement || **~aleza** f Force | MIL. Forteresse || **~ificación** f Fortification || **~ificante** adj/m Fortifiant, e || **~ificar** vt Fortifier | *Plaza fortificada*, place forte || **~ín** m MIL. Fortin.

fortiori (a) loc adv Á fortiori.

fortísimo, a adj Très fort, e.

fort|uito, a adj Fortuit, e || **~una** f Fortune : *la rueda de la ~*, la roue de la fortune | Chance (suerte) | *Por ~*, heureusement | *Probar ~*, tenter fortune, tenter sa chance || **~unón** m FAM. Grosse fortune *f*.

forzado, a adj Forcé, e; contraint, e | Tiré par les cheveux (broma) | — M Forçat || **~amiento** m Crochetage (de una cerradura) || **~ar*** vt Forcer (puerta, paso, mano, etc) | Crocheter (cerradura) | Forcer, obliger (persona) | — Vp Se forcer || **~osamente** adv Forcément || **~oso, a** adj Forcé, e; inévitable | Forcé, e (trabajos) | *~ es reconocer*, il faut bien reconnaître || **~udo, a** adj Fort, e; costaud, e | — M Costaud.

fosa f Fosse.

fosf|atado, a adj Phosphaté, e || **~ato** m Phosphate || **~orado, a** adj Phosphoré, e || **~orecer*** vi Être phosphorescent || **~orera** f Boîte d'allumettes (caja) | Fabrique d'allumettes | Poche pour les allumettes (bolsillo) || **~orero, a** adj/s Allumettier, ère || **~orescencia** f Phosphorescence || **~orescente** adj Phosphorescent, e || **~órico, a** adj Phosphorique.

fósforo m QUÍM. Phosphore | Allumette *f* (cerilla) | *Amér.* Amorce *f*.

fosforoso, a adj Phosphoreux, euse.

fósil adj/m Fossile.

fosiliz|ación f Fossilisation || **~ar** vp Fossiliser.

foso m Fosse *f* (hoyo, garaje, salto) | Fossé (fortaleza) | TEATR. Dessous | AGR. Fossé, tranchée *f*.

foto f Photo || **~copia** f Photocopie || **~copiadora** f Photocopieuse || **~copiar** vt Photocopier || **~eléctrico, a** adj Photo-électrique || **~génico, a** adj Photogénique || **~grabado** m Photogravure *f* || **~grabador** m Photograveur || **~grafía** f Photographie | *Sacarse una ~*, se faire photographier || **~grafiar** vt Photographier || **~gráfico, a** adj Photographique.

fotógrafo, a s Photographe.

foto|grama m Photogramme || **~litografía** f Photolithographie || **~mecánica** f Photomécanique || **~metría** f Photométrie.

fotómetro m Photomètre.

fotón m Photon.

foto|sfera f Photosphère || **~tipia** f IMPR. Phototypie.

frac m Frac, habit.

fracas|ar vi Échouer | Manquer, rater || **~o** m Échec : *sufrir un ~*, essuyer un échec | FAM. Four (fiasco).

fracc|ión f Fraction || **~ionamiento** m Fractionnement || **~ionar** vt Fractionner || **~ionario, a** adj MAT. Fractionnaire | *Moneda ~*, appoint, petite monnaie.

fractur|a f Fracture | Effraction : *robo con ~*, vol avec effraction || **~ar** vt Fracturer.

frag|ancia f Parfum *m*, bonne odeur || **~ante** adj Parfumé, e | *En ~*, en flagrant délit || **~anti (in)** loc adv En flagrant délit.

fragata f Frégate.

frágil adj Fragile.

fragilidad f Fragilité.

fragment|ación f Fragmentation | Morcellement *m* (de la propiedad) || **~ar** vt Fragmenter | Morceler || **~ario, a** adj Fragmentaire || **~o** m Fragment | Fragment, passage (discurso, etc) | — Pl Bribes *f* (de una conversación).

fragor m Fracas, grondement (trueno) || **~oso, a** adj Bruyant, e.

fragos|idad f Épaisseur (de una selva) || **~o, a** adj Accidenté, e | Bruyant, e (ruidoso).

fragu|a f Forge || **~ado** m Prise *f* (del cemento) || **~ador, a** adj/s Faiseur, euse (de enredos) || **~ar** vt Forger (hierro) | FIG. Forger, fabriquer (mentiras), se forger (quimeras) | — Vi Prendre (el cemento).

frail|e m Moine, religieux, frère | IMPR. Moine, feinte *f* | FAM. *~ de misa y olla*, moine ignorant || **~ero, a** o **~esco, a** adj FAM. Monacal, e || **~ía** f État (*m*) monacal.

frambues|a f Framboise ‖ **~o** m Framboisier.
francachela f FAM. Noce, bringue.
franc|és, esa adj/s Français, e | FAM. *Despedirse a la ~*, filer à l'anglaise | — M Français (lengua) ‖ **~esilla** f BOT. Renoncule | Baguette (pan).
Francia nprf France.
francisc|a f Francisque (segur) ‖ **~ano, a** o **~o, a** adj/s Franciscain, e.
Francisco, a nprm/f François, e.
francmas|ón m Franc-maçon ‖ **~onería** f Franc-maçonnerie.
franc|o, a adj Franc, franche (mirada, puerto) | Ouvert, e; franc, franche (cara) | Exempt, e (exento) | *~ de servicio*, libre de service | — Adj/s HIST. Franc, franque | — Pref Franco : *amistad ~ belga*, amitié franco-belge | — M Franc (moneda) | — Adv Franco (sin gastos) : *~ a bordo*, franco de bord : *~ de porte y embalaje*, franco de port et d'emballage ‖ **~oespañol, a** adj/s Franco-espagnol, e ‖ **~ófilo, a** adj/s Francophile ‖ **~ófobo, a** adj/s Francophobe ‖ **~ofonía** f Francophonie ‖ **~ófono, a** adj Francophone. ‖ **~ote, a** adj FAM. Très franc, très franche ‖ **~otirador** m Franc-tireur.
franchute m FAM. Français.
franela f Flanelle.
frangoll|ar vt FAM. Bâcler (trabajo) ‖ **~o** m Blé cuit | FAM. Bâclage | *Amér.* Ratatouille *f* (guiso malo).
franj|a f Frange ‖ **~ar** o **~ear** vt Franger.
franqu|eamiento m Affranchissement (franqueo) | Franchissement (paso) ‖ **~ear** vt Affranchir, exempter (eximir) | Accorder (conceder) | Dégager (desembarazar) | Ouvrir | Franchir (salvar) | Affranchir (una carta, un esclavo) | — Vp S'ouvrir, parler à cœur ouvert, parler franchement. ‖ **~eo** m Affranchissement | *~ concertado*, dispensé du timbrage ‖ **~eza** f Franchise, sincérité | Franc-parler *m* ‖ **~ía (en)** loc adv MAR. En partance ‖ **~icia** f Franchise (postal, aduanera).
frasco m Flacon | FAM. *¡Toma del ~, Carrasco!*, ça c'est envoyé!
frase f Phrase : *gastar ~s*, faire des phrases | *~ hecha* ou *acuñada* ou *estereotipada*, phrase *o* expression toute faite *o* consacrée | *~ proverbial*, locution proverbiale ‖ **~ología** f Phraséologie.
frasquera f Coffret (*m*) à flacons.
fratern|al adj Fraternel, elle ‖ **~idad** f Fraternité ‖ **~ización** f Fraternisation ‖ **~izar** vi Fraterniser ‖ **~o, a** adj Fraternel, elle.
fratricid|a adj/s Fratricide (criminal) ‖ **~io** m Fratricide (acto).
fraud|e m o **~ulencia** f Fraude *f* | *Cometer ~*, frauder, commettre des fraudes ‖ **~ulentamente** adv Frauduleusement, en fraude ‖ **~ulento, a** adj Frauduleux, euse.
fraustina f Marotte (cabeza de madera).
fray m Frère.
frazada f Couverture de lit.
freático, a adj Phréatique.
frecu|encia f Fréquence : *alta, baja ~*, haute, basse fréquence ; *~ transmisora*, fréquence porteuse | *Con ~*, fréquemment | *~ modulada*, modulation de fréquence ‖ **~entable** adj Fréquentable ‖ **~entación** f Fréquentation ‖ **~entador, a** adj/s Habitué, e ‖ **~entar** vt Fréquenter ‖ **~entativo, a** adj/m GRAM. Fréquentatif, ive ‖ **~ente** adj Fréquent, e.
freg|adero m Évier ‖ **~ado** m Récurage (cacerolas) | Lavage (platos, pavimento) | FAM. Histoire *f*, affaire (*f*) embrouillée | FAM. *Lo mismo sirve para un ~ que para un barrido*, il est bon à tout, on le met à toutes les sauces ‖ **~ador** m Évier | Lavette *f* (estropajo) ‖ **~adura** f V. FREGADO ‖ **~ar*** vt Frotter | Récurer (cacerolas) | Laver (platos) | *Amér.* Ennuyer, embêter | *~ la loza* ou *los platos*, faire *o* laver la vaisselle (en casa), faire la plonge (en un restaurante) ‖ **~ona** f Laveuse de vaisselle | Plongeuse (restaurante) | FAM. Souillon.
fre|idor, a s Personne qui fait des fritures | — F Friteuse ‖ **~iduría** f Friterie ‖ **~imiento** m Friture *f* ‖ **~ír*** vt Frire, faire frire | FIG. *Al ~ será el reír*, rira bien qui rira le dernier | FAM. *~ a preguntas*, bombarder *o* accabler de questions.
fréjol m Haricot.
fren|ado o **~aje** m Freinage ‖ **~ar** vt/i Freiner ‖ **~azo** m Coup de frein ‖ **~esí** m Frénésie *f* ‖ **~ético, a** adj Frénétique | FAM. *Poner ~*, exaspérer. *Ponerse ~*, se mettre en boule, devenir fou ‖ **~etismo** m Frénésie *f*.
frénico, a adj Phrénique.
fren|illo m ANAT. Filet, frein | FIG. *No tener ~ en la lengua*, parler à tort et à travers ‖ **~o** m Frein, mors (de caballo) | Frein : *~ asistido, de mano, de disco*, frein assisté, à main, à disque | FIG. Frein | *Amér.* Faim *f* | — Pl Freinage *sing* | FAM. *Tascar el ~*, ronger son frein.
frente f Front *m* (de la cara, militar, político) | Face (objeto) | *De ~*, de front, avec fougue (entusiasmo), de plein fouet (choque) | — M MIL. *¡De ~!, ¡mar!*, en avant, marche! |

En ~, en face, devant | *Estar al* ~ *de*, être à la tête de | ~ *a* ou ~ *de*, en face de (enfrente de), face à, par rapport à (con relación a) | ~ *a* ~, face à face; en tête à tête (conversación) | ~ *de corte*, front de taille (minas) | *Hacer* ~, tenir tête, faire face *o* front | *Mirar* ~ *a* ~, regarder en face | *Poner* ~ *a* ~, opposer.

fres|a f Fraisier *m* (planta) | Fraise (fruta, instrumento) || **~ado** m TECN. Fraisage || **~ador, a** adj/s Fraiseur, euse | — F Fraiseuse (máquina) || **~ar** vt TECN. Fraiser.

fresc|a f Frais *m* (aire fresco) | Fraîche : *pasear con la* ~, se promener à la fraîche | FAM. Drôlesse, fille *o* femme légère (mujer), impertinence | FIG. *Contarle cuatro* ~*s a uno*, dire ses quatre vérités à qqn || **~achón, ona** adj FAM. Frais, fraîche; vigoureux, euse (robusto), culotté, e (descarado) || **~ales** s inv FAM. Dévergondé, e | Personne sans-gêne (descarado) || **~amente** adv Fraîchement | Avec sans-gêne (descaradamente) || **~o, a** adj Frais, fraîche (clima, alimento, noticia) | FAM. Calme, impassible (sereno), culotté, e (descarado), dévergondé, e (que no tiene vergüenza) | Léger, ère (tela) | FAM. *Estamos* ~*s*, nous voilà frais *o* bien. *Estar* ou *quedar* ~, faire chou blanc (fracasar) | *Ponerse* ~, s'habiller légèrement | — Adv Frais | — S Personne (*f*) sans gêne, effronté, e | — M Frais | Fraîcheur *f* (temperatura) | Fresque *f* (pintura) | *Amér.* Rafraîchissement (refresco) | *Al* ~, au frais (en un sitio frío), à la belle étoile (al sereno) || **~or** m Fraîcheur *f* || **~ote, a** adj Très frais, très fraîche | Au teint frais | FAM. Sans-gêne, culotté, e (descarado) || **~ura** f Fraîcheur | FAM. Toupet *m*; sans-gêne *m*, culot *m* (descaro), impertinence, insolence (impertinencia), laisser-aller *m* (descuido), calme *m*, impassibilité.

fresera f Fraisier *m*.

fresn|eda f Frênaie || **~o** m Frêne.

fresón m Fraise *f*.

fresquera f Garde-manger *m*.

frez|a f Fiente (excremento) | Fumier *m* (estiércol) | Frai *m* (desove) || **~ada** f Couverture de lit || **~ar** vi Frayer (peces).

friab|ilidad f Friabilité || **~le** adj Friable.

frialdad f Froideur | Frigidité | FIG. Niaiserie (necedad).

fricandó m Fricandeau.

fricativo, a adj/f Fricatif, ive.

fricci|ón f Friction | *Dar fricciones*, frictionner || **~onar** vt Frictionner.

friega f Friction | Raclée (zurra) | *Dar* ~*s*, frictionner || ~ **platos** m inv Lave-vaisselle.

frigidez f Frigidité.

frígido, a adj Froid, e | Frigide.

frigio, a adj/s Phrygien, enne.

frigor|ífico, a adj/m Frigorifique | *Cámara* ~, chambre froide | — M Réfrigérateur (armario frigorífico) || **~izar** vt Frigorifier.

frijol o **fríjol** m *Amér.* Haricot.

frío, a adj Froid, e | FIG. *Dejar* ~, ahurir (sorprender), ne faire ni chaud ni froid (dejar indiferente) | — M Froid : ~ *de perros*, froid de loup | *En* ~, à froid | FIG. *Eso no le da* ~ *ni calor*, cela ne lui fait ni chaud ni froid | FAM. *Hace un* ~ *que pela*, il fait un froid de canard.

friol|ento, a adj/s Frileux, euse || **~era** f Bagatelle || **~ero, a** adj/s Frileux, euse.

fris|a f Frise || **~ado** m Ratinage || **~ar** vt Friser, ratiner (tejidos) | — Vi Friser (acercarse) || **~o** m Frise *f*.

fritada f Friture.

fritaje m TECN. Frittage.

frit|o, a adj Frit, e | FAM. *Estar* ~, être grillé, être fichu (perdido), être endormi (dormido), en avoir assez (estar harto). *Estar* ~ *por hacer algo*, mourir d'envie de faire qqch. *Tener* ou *traer* ~, casser les pieds, enquiquiner (fastidiar) || **~ura** f Friture.

frivolidad f Frivolité.

frívolo, a adj Frivole.

frond|a f BOT. Fronde | — Pl Frondaison *sing*, feuillage *msing* || **~osidad** f Frondaison || **~oso, a** adj Touffu, e (bosque), luxuriant, e (vegetación), feuillu, e (árbol).

front|al adj/m Frontal, e | — M Parement (de altar) || **~alero, a** adj/s Frontalier, ère || **~era** f Frontière | Limite || **~erizo, a** adj Frontalier, ère | En face | Frontière (país) || **~is** m Frontispice || **~ispicio** m Frontispice || **~ón** m Fronton.

frot|ación f Frottement *m* || **~ador** m Frottoir || **~adura** f o **~amiento** m Frottement *m* || **~ar** vt Frotter || **~e** m Frottement.

fruct|ífero, a adj Fructifère, fructueux, euse || **~ificación** f Fructification || **~ificar** vi Fructifier || **~uoso, a** adj Fructueux, euse.

frug|al adj Frugal, e || **~alidad** f Frugalité.

fruición f Délectation.

frunc|e m Fronce *f* || **~ido, a** adj Froncé, e | — M Fronce *f* (tela) | Froncement (frente) || **~imiento** m Froncement || **~ir** vt Froncer.

frusler|ía f Bagatelle, vêtille || **~o, a** adj Futile, frivole.

frustr|ación f Frustration || **~ado, a** adj Frustré, e (esperanzas) | Manqué, e (conspiración) | Raté, e (escritor, etc) || **~ar** vt Frustrer | Décevoir (defraudar) | Manquer (fallar) | — Vp Échouer.

frut|a f Fruit *m* | *~ del tiempo,* fruits de saison| *~ de sartén,* beignet | *~ escarchada,* fruits confits | *~ temprana,* primeurs || **~al** adj Fruitier, ère || **~ería** f Fruiterie || **~ero, a** adj/s Fruitier, ère | — M Coupe (*f*) à fruits || **~illa** f *Amér.* Fraise || **~o** m Fruit : *~s de hueso,* fruits à noyau; *~s del trabajo,* fruits du travail | — Pl Dr. Fruits (ingresos) | *Dar ~,* fructifier, donner des fruits | Fig. *~ seco,* fruit sec. *Por el ~ se conoce el árbol,* on connaît l'arbre à son fruit. *Sacar ~,* tirer profit *o* avantage.

ftaleína f Quím. Phtaléine.

fu m Fam. *Ni ~ ni fa,* comme ci comme ça (ni bien ni mal). *No me hace ni ~ ni fa,* ça ne me fait ni chaud ni froid.

fucil|ar vi Poét. Briller, fulgurer || **~azo** m Fulguration *f*.

fuco m Goémon (alga).

fucsia f Bot. Fuchsia *m*.

fuego m Feu : *a ~ lento,* à petit feu, à feu doux; *~s artificiales,* feux d'artifice | *A ~ vivo,* à feu vif, à grand feu | *A ~ y a sangre,* à feu et à sang | *Alto el ~,* cessez-le-feu | Fig. *Echaba ~ por los ojos,* ses yeux lançaient des éclairs (estar furioso) *El que juega con ~ se quema,* il ne faut pas jouer avec le feu. *Estar entre dos ~s,* être pris entre deux feux || *¡~, ~!,* au feu! | *~ a discreción,* feu à volonté | *~ de San Telmo,* feu Saint-Elme | *~ fatuo,* feu follet | Mil. *~ graneado,* feu roulant | *Marcar a ~,* marquer au fer rouge (reses) | Fig. *Meter ~,* animer, stimuler | *Prender ~ a,* mettre le feu à | Mil. *Romper el ~,* ouvrir le feu | *Tocar a ~,* sonner le tocsin.

fuelle m Soufflet | Pli (en la ropa) | Outre *f* (de la gaita) | Fam. *Tener mucho ~,* avoir du coffre *o* du souffle.

fuel o **fuel-oil** m Mazout, fuel.

fuente f Fontaine | Source (manantial) | Plat *m* (plato grande) | Fig. Source : *~ de divisas,* source de devises; origine | *Beber en buenas ~s,* tenir ses renseignements de bonne source | *De ~s fidedignas,* de sources dignes de foi | *En ~s bien informadas,* dans les milieux bien informés | *~ bautismal,* fonts baptismaux | *~ de horno,* plat allant au four.

fuer m *A ~ de,* en qualité de, à titre de | *A ~ de hombre honrado,* foi d'honnête homme.

fuera adv Dehors : *echar ~,* mettre dehors | Au-dehors : *la calma reina aquí pero no ~,* le calme règne ici mais pas au-dehors | Hors : *~ de propósito,* hors de propos | *Cenar ~,* dîner en ville | *De ~ de temporada,* hors saison (precios, etc) | *Desde ~,* du dehors, de l'extérieur | *Esto es ~ de lo común* ou *de lo corriente,* ça sort de l'ordinaire | *¡~!,* dehors!, hors d'ici! | *~ de,* en dehors de, hors de; hors, hormis, à part | *~ de alcance,* hors de portée | *~ de casa,* absent | Dr. *~ de causa,* hors de cause | *~ de concurso,* hors concours | Dep. *~ de juego,* hors-jeu | *~ de lo normal,* pas courant | *~ de lugar,* hors de propos, déplacé | *~ de que,* en dehors du fait que, outre le fait que | *~ de texto,* hors-texte | *Hacia ~,* en dehors | *Poner ~ de sí,* mettre hors de soi (irritar), transporter (encantar) | *Por ~,* du dehors, en apparence (en apariencia), à l'extérieur || **~borda** m Mar. Hors-bord.

fuero m Coutume *f* | Dr. « Fuero », privilège | — Pl Arrogance *fsing* | *A ~,* selon la coutume | *De ~,* de droit | *En mi ~ interno* ou *interior,* dans mon for intérieur | *~s municipales,* libertés municipales.

fuerte adj Fort, e (persona, olor, moneda) | Solide, résistant, e (tela, etc) | Dur, e (duro) | Fig. Accidenté, e (terreno) | — M Fort | — Adv Fort : *pegar ~,* taper fort | Beaucoup : *comer ~,* manger beaucoup | *Jugar ~,* jouer gros.

fuerza f Force : *~ centrífuga, mayor, de la edad,* force centrifuge, majeure, de l'âge | Solidité | — Pl Mil. Forces | Fam. *A éste se le va la ~ por la boca,* il est surtout fort en paroles | *A la ~,* de force (por fuerza), forcément | Fig. *A la ~ ahorcan,* on ne fait pas toujours ce qu'on veut | *Cobrar ~s,* se remettre, reprendre des forces | *Con más ~,* de plus belle | *Con todas sus ~s,* de toute sa force | *Es ~ confesarlo,* il faut le reconnaître | *~ de disuasión* o *disuasoria,* force de frappe | *Hacer ~,* faire pression | *Sacar ~s de flaqueza,* prendre son courage à deux mains | *Sacar ~s para,* trouver la force de.

fug|a f Fuite : *poner en ~,* mettre en fuite | Fugue (escapatoria, música) | Fuite (gas, etc) | Fig. Évasion (capitales), fougue (ardor) | **~acidad** f Fugacité || **~arse** vp S'enfuir || **~az** adj Fugace | **~itivo, a** adj/s Fugitif, ive || **~uillas** s inv Personne qui a la bougeotte.

ful adj Fam. Faux, fausse; en toc (falso), raté, e (fallido), mauvais, e (malo).

fulano, a s Un tel, une telle | *Don Fulano de tal,* Monsieur Un tel | *Ese ~,* ce type-là | *Una ~,* une grue | *Un ~,* un individu.

fular m Foulard.

fulastre o **fulastrón, ona** adj FAM. Pourri, e (malo), bâclé, e (mal hecho), à la gomme (de poco valor) | — S Fumiste.

fulcro m TECN. Point d'appui.

fulg|ente adj Brillant, e ‖ **~ir** vi Briller ‖ **~or** m Éclat, lueur *f*, fulguration *f* ‖ **~urante** adj Fulgurant, e ‖ **~urar** vi Fulgurer.

fulmin|ación f Fulmination | Foudroiement *m* (por el rayo) ‖ **~ador, a** adj Fulminant, e ‖ **~ante** adj Foudroyant, e (apoplejía, tiro) | Fulminant, e (mirada) | — M Amorce *f* (bala) | Détonateur ‖ **~ar** vt Foudroyer (por el rayo) | FIG. Foudroyer (mirada), lancer (bombas), fulminer, lancer (amenazas), terrasser, foudroyer (enfermedad) | — Vi Fulminer.

full|ear vi Tricher ‖ **~ería** f Tricherie | Astuce ‖ **~ero, a** adj/s Tricheur, euse.

fum|ada f Bouffée ‖ **~adero** m Fumoir | Fumerie *f* (de opio, etc) ‖ **~ador, a** adj/s Fumeur, euse ‖ **~ar** vi/t Fumer : *~ en pipa,* fumer la pipe | — Vp Fumer | FAM. Manger, griller (gastar), sécher (la clase) ‖ **~arada** f Bouffée (de humo) | Charge d'une pipe ‖ **~arola** f Fumerolle ‖ **~igación** f Fumigation ‖ **~igador** m Fumigateur ‖ **~igar** vt Fumiger, désinfecter ‖ **~igatorio** m Brûle-parfum ‖ **~ígeno, a** adj Fumigène ‖ **~ista** m Fumiste (reparador).

fun|ambulesco, a adj Funambulesque ‖ **~ámbulo, a** s Funambule.

funci|ón f Fonction (cargo) | Représentation (espectáculo) | Fête | Réunion (fiesta privada) | FAM. Scène (pelea) | *~ de gala* ou *de etiqueta,* soirée de gala | *~ de la tarde,* matinée | *~ de noche,* soirée | *No hay ~,* relâche (teatro) ‖ **~onal** adj Fonctionnel, elle ‖ **~onamiento** m Fonctionnement | Marche *f* (de un motor) | *Poner en ~,* mettre en service ‖ **~onar** vi Fonctionner, marcher | *No funciona,* en dérangement (teléfono, etc) ‖ **~onario, a** s Fonctionnaire.

funda f Housse (tela, plástico) | Taie (almohada) | Étui *m* (violín, gafas, fusil) | Gaine (puñal, pistola) | Fourreau *m* (espada, paraguas) | Pochette (de disco) | *~ de arzón,* fonte.

fund|ación f Fondation ‖ **~acional** adj Constitutif, ive (acta) ‖ **~adamente** adv Avec fondement ‖ **~amentación** f Fondements *mpl* ‖ **~amental** adj Fondamental, e ‖ **~amentalmente** adv Fondamentalement | Foncièrement ‖ **~amentar** vt Jeter les fondements *o* les fondations de (cimientos) | FIG. Fonder (tomar como base), jeter les fondements de (sentar las bases) | — Vp Reposer (basarse) ‖ **~amento** m Fondement, fondation *f* (de un edificio) | FIG. Fondement | *No tener ~,* ne pas tenir debout | *Tener ~s para,* avoir de bonnes raisons de *o* pour ‖ **~ar** vt Fonder | *Lo bien fundado,* le bien-fondé | — Vp S'appuyer, reposer (estribar) | FIG. S'appuyer, se fonder.

fund|ente adj/m Fondant, e ‖ **~ible** adj Fusible ‖ **~ición** f Fonte | Fonderie (lugar) | IMPR. Fonte | TECN. *~ de acero,* aciérie ‖ **~ido** m Fondu (cine) ‖ **~idor** m Fondeur ‖ **~idora** f Fondeuse (máquina) ‖ **~ir** vt Fondre (metal) | Couler (estatua) | — Vp Fondre (derretirse) | FIG. Se fondre (unirse) | Couler (biela) | Griller (bombilla) | FAM. *Amér.* Faire faillite.

fundo m Fonds, propriété (*f*) foncière.

fúnebre adj Funèbre.

funer|al adj Funéraire | — M Obsèques *fpl* | Messe (*f*) d'anniversaire | Funérailles *fpl* (entierro) | — Pl Funérailles *f*, obsèques *f* ‖ **~ala (a la)** loc adv Renversés (fusiles) | FAM. Au beurre noir (ojo) ‖ **~ario, a** adj Funéraire | — F Entreprise de pompes funèbres | — M Employé des pompes funèbres.

funesto, a adj Funeste.

fung|icida adj/m Fongicide ‖ **~o** m MED. Fongus.

funicular adj/m Funiculaire.

furg|ón m Fourgon ‖ **~oneta** f Fourgonnette | *~ familiar,* familiale.

fur|ia f Furie | Hâte, fougue | *Amér.* *A toda ~,* en toute hâte | *Estar hecho una ~,* être furieux, être fou de colère | *Poner hecho una ~,* mettre en rage ‖ **~ibundo, a** adj Furibond, e; furibard, e (fam) | Furieux, euse (combate) ‖ **~ioso, a** adj Furieux, euse | FIG. Énorme (muy grande) ‖ **~or** m Fureur *f* | FIG. Fougue *f* | *Con ~,* à la folie | *Hacer* ou *causar ~,* faire fureur ‖ **~riel** m MIL. Fourrier ‖ **~tivo, a** adj Furtif, ive ‖ **~únculo** m Furoncle ‖ **~unculosis** f Furonculose.

fus|a f MÚS. Triple croche ‖ **~elaje** m Fuselage ‖ **~ible** adj/m Fusible.

fusil m Fusil : *~ ametrallador, con alza automática,* fusil mitrailleur, à lunette | *Echar el ~ a la cara, encararse el ~,* épauler son fusil ‖ **~amiento** m Exécution *f* | FAM. Plagiat (plagio) ‖ **~ar** vt Fusiller | FAM. Plagier, piller ‖ **~ería** f

Troupe armée de fusils || **~ero** m Fusilier (soldado).
fusil|ón f Fusion (metal) | Fonte (nieve) | Fusion, fusionnement *m* (sociedades) || **~onar** vt/p Fusionner (sociedades).
fust|a f Tige (vara) | Cravache (látigo) || **~e** m Fût, hampe *f* (lanza) | Arçon (de silla de montar) | ARQ. Fût (de columna) | Bâton (vara) | FIG. Poids, importance *f*, envergure *f* (importancia), fond (fundamento) || **~igación** f Fustigation || **~igar** vt Fustiger.
fútbol m Football.
futbol|ín m Baby-foot, football de table || **~ista** m Footballeur, joueur de football || **~ístico, a** adj De football.
futesa f POP. Foutaise, bagatelle.
fútil adj Futile.
futileza o **futilidad** f Futilité.
futur|a f DR. Survivance || **~ismo** m Futurisme || **~ista** adj/s Futuriste || **~o, a** adj/m Futur, e | **~** *imperfecto*, *perfecto* ou *anterior*, futur simple, antérieur | — M Avenir || **~ología** f Futurologie.

g

g f G *m*.
gabacho, a adj/s FAM. Français, e.
gab|án m Pardessus || **~ardina** f Gabardine.
gabarr|a f Péniche, gabare (m. us.) || **~o** m Pépie *f* (gallinas).
gabela f Gabelle | FIG. Charge, obligation.
gabinete m Cabinet | Boudoir (de señora) | FIG. *De ~*, en chambre (estratega).
Gabón nprm Gabon.
Gabriel, a nprmf Gabriel, elle.
gacela f ZOOL. Gazelle.
gacet|a f Gazette | (Ant.) Journal officiel | FIG. Gazette || **~illa** f Échos *mpl*, nouvelles (*pl*) brèves | FIG. Gazette || **~illero** m Journaliste (periodista) | Échotier.
gacha f o **gachas** fpl Bouillie *sing*.
gacheta f Gachette (cerradura).
gach|é o **~ó** m POP. Type || **~í** f POP. Gonzesse, fille || **~o, a** adj Courbé, e (doblado) | Penché, e (inclinado) | Tombant, e (oreja) | Bas encorné, e (buey) | *A gachas*, à quatre pattes.
gachupín m *Amér.* Espagnol.
gaditano, a adj/s Gaditain, e.
gaf|a f MAR. Gaffe | — Pl Lunettes : *~ bifocales*, lunettes à double foyer || **~ar** vt POP. Porter la poisse | — Vp POP. Tomber à l'eau || **~e** m FAM. Oiseau de malheur | *Ser ~*, avoir le mauvais œil, porter la poisse || **~o, a** adj Qui a les doigts crochus | Lépreux, euse.
gag m Gag.
gait|a f MÚS. Cornemuse, biniou *m* (en Bretaña) | FAM. Corvée (cosa pesada), histoire, comédie (cosa difícil) | FAM. *No me vengas con ~s*, ne m'ennuie pas. *Templar ~s*, arrondir les angles || **~ero** m Joueur de cornemuse.
gaje m Gage | FAM. *Los ~s del oficio*, les inconvénients o les aléas du métier.
gajo m Branche *f* (rama) | Quartier (de naranja, etc) | Grappillon (uvas) | Bouquet (cerezas) | Dent *f* (horca).
gala f Habit (*m*) de fête | Gala *m* (representación) | Grâce, élégance | Fine fleur (los más selecto) | — Pl Atours *m* (vestidos) | Bijoux *m* (joyas) | *Función de ~*, soirée de gala | *Hacer ~ de*, faire étalage de | *Tener a ~*, mettre un point d'honneur à.
galactómetro m Pèse-lait.
galán m Galant (ant.), chevalier servant | Beau garçon | *~ de noche*, valet de nuit | TEATR. *~ joven*, jeune premier. *Segundo ~*, second rôle.
galan|cete m Jeune homme élégant | TEATR. Jeune premier || **~o, a** adj Élégant, e || **~te** adj Galant, e || **~teador** adjm/m Galant || **~tear** vt Courtiser, faire la cour à || **~teo** m Cour *f* (requiebro) || **~tería** f Galanterie.
galantina f Galantine.
galanura f Elégance | Grâce.
galápago m Tortue *f* | Moule à briques | Selle (*f*) anglaise (silla).
galard|ón m Récompense *f*, prix || **~onado, a** adj/s Lauréat, e || **~onar** vt Récompenser | Couronner.
galaxia f ASTR. Galaxie.
galban|a f FAM. Flemme, paresse.
galena f Galène.
galeno m FAM. Toubib, médecin.
gal|eón m MAR. Galion || **~eote** m Galérien || **~eoto** m Entremetteur || **~era** f MAR. Galère | Guimbarde,

chariot (*m*) à quatre roues (carro) | IMPR. V. GALERADA || — Pl Galères (condena) | FIG. *Remar en la misma ~*, être logé à la même enseigne || **~erada** f IMPR. Galée (composición), placard *m* (prueba) || **~ería** f Galerie | Cantonnière (de cortinas).
Gales npr Galles.
galés, esa adj/s Gallois, e.
galg|a f Meule (de molino) | TECN. Frein *m* (freno), jauge (para medir) || **~o, a** s Lévrier, levrette | FIG. *Correr como un ~*, courir comme un lapin | Fam. *¡Échele un ~!*, vous pouvez toujours courir!
Galia nprf Gaule.
gálibo m Gabarit.
galicano, a adj/s Gallican, e.
Galicia nprf Galice (España).
galicismo m Gallicisme.
Galilea nprf Galilée.
galileo, a adj/s Galiléen, enne.
galillo m Luette *f* (úvula).
galimatías m Galimatias, charabia.
galio m Gallium (metal).
Galitzia nprf Galicie (Polonia).
galo, a adj/s Gaulois, e.
galocha f Galoche (zapato).
galón m Galon (cinta) | Gallon (medida).
galop|ada f Galopade || **~ante** adj Galopant, e || **~ar** vi Galoper || **~e** m Galop | *A ~ tendido*, au grand *o* triple galop || **~ear** vi Galoper || **~ín** m Marmiton (pinche) | Mousse (grumete) | FAM. Galopin (pilluelo).
galorromano, a adj/s Gallo-romain, e.
galpón m *Amér.* Hangar.
galvánico, a adj Galvanique.
galvan|ismo m Galvanisme || **~ización** f Galvanisation || **~izar** vt Galvaniser || **~o** m IMPR. Galvanotype || **~oplastia** f Galvanoplastie || **~otipia** f Galvanotypie.
galladura f Cicatricule, germe *m* (del huevo).
gallard|a f IMPR. Gaillarde || **~ear** vi Se vanter, en étaler || **~ete** m Flamme *f* (banderola), drapeau (bandera) || **~ía** f Allure, élégance, prestance (porte) | Hardiesse, cran *m* (valor) || **~o, a** adj Qui a de l'allure | Hardi, e; gaillard, e (p.us.) [valeroso] | FIG. Excellent, e.
gallear vi FIG. Se dresser sur ses ergots (alzar la voz), se distinguer (sobresalir), en étaler, crâner (pavonearse) | TECN. Rocher | — Vp Élever la voix, hausser le ton.
gallego, a adj/s Galicien, enne | *Amér.* Espagnol, e [péjoratif].
galleo m TECN. Rochage | TAUR. Écart | FIG. Crânerie *f*.
gallera f *Amér.* Enceinte où se déroulent les combats de coqs.
galleta f Gâteau (*m*) sec, biscuit (*m*) sec | Galette (de marinero) | FAM. Tarte (bofetada).
gall|ina f Poule (ave) | FIG. *Estar como ~ en corral ajeno*, être dans ses petits souliers | *~ ciega*, colin-maillard (juego) | *~ de Guinea*, pintade | — M FIG. Poule (*f*) mouillée, mauviette *f* (miedoso) || **~ináceo, a** adj ZOOL. Gallinacé, e | — Fpl ZOOL. Gallinacés *m* || **~inaza** f Urubu (buitre) | Fumier (*m*) de poule (estiércol) | Fiente || **~inazo** m Urubu (buitre) || **~inero** m Poulailler || **~ineta** f ZOOL. Bécasse (chocha) | *Amér.* Pintade (pájaro) || **~ito** m Jeune coq | FIG. *~ del pueblo*, coq du village || **~o** m Coq (ave) : *~ de monte* ou *silvestre*, coq de bruyère | Limande *f* (pez) | FIG. Couac, canard (nota falsa), despote (mandón) | POP. Crachat (esputo) | FIG. *En menos que canta un ~*, en un clin d'œil. *~ del pueblo*, coq du village | *~ de riña* ou *de pelea*, coq de combat.
gallón m ARQ. Godron.
gam|a f Gamme | ZOOL. Daine || **~ado, a** adj *Cruz ~*, croix gammée.
gamarra f ÉQUIT. Martingale.
gamba f Crevette rose, bouquet *m*.
gamberr|ada f FAM. Tour (*m*) pendable || **~ismo** m Dévergondage | Délinquance (*f*) juvénile || **~o, a** adj/s Dévoyé, e | — M Voyou, blouson noir | — F Grue (ramera).
gambet|a f ÉQUIT. Courbette | Entrechat *m* (danza) || **~eo** m Feinte *f*, dribbling (deportes).
gambito m Gambit.
gameto m BIOL. Gamète.
gamezno m ZOOL. Faon.
gamma f Gamma *m* (letra griega).
gamo m ZOOL. Daim | FIG. *Correr como un ~*, courir comme un zèbre.
gamonal m *Amér.* Cacique || **~ismo** m *Amér.* Caciquisme.
gamo|pétalo, a adj/f BOT. Gamopétale || **~sépalo, a** adj BOT. Gamosépale.
gamuza f Chamois *m*, isard *m* (animal) | Peau de chamois.
gana f Envie : *tener ~* ou *~s de*, avoir envie de | — Pl Appétit *msing* | *De buena, mala ~*, de bon gré *o* de bon cœur, de mauvais gré *o* à contrecœur | *Hace lo que le da la (real) ~*, il n'en fait qu'à sa tête, il fait ce qui lui chante | *Quedarse con las ~s*, rester sur sa faim | FIG. *Tenerle ~s a uno*, avoir une dent contre qqn | *Venir en ~*, avoir envie de.
ganad|ería f Élevage *m* (cría) | Bétail *m* (ganado) | Troupeau *m* (rebaño) || **~ero, a** adj D'élevage | — S Éleveur, euse || **~o** m Bétail : *~ mayor, menor*, gros, petit bétail |

FAM. Gens *pl* | *~ caballar, porcino, ovino*, espèce chevaline, porcine, ovine.
gan|ador, a adj/s Gagnant, e : *jugar a ~*, jouer gagnant || **~ancia** f Gain *m* | Bénéfice *m*, profit *m* || **~ancial** adj Bénéficiaire | — Pl DR. Acquêts (comunidad de bienes) || **~ancioso, a** adj Lucratif, ive | Gagnant, e.
ganapán m Portefaix | FAM. Malotru (grosero), débrouillard (buscavidas).
ganar vt Gagner | FIG. Surpasser (superar) | FIG. *¡A idiota no hay quién te gane!*, comme idiot, tu n'as pas ton pareil! | — Vi Gagner | *Llevar las de ~*, avoir tous les atouts dans son jeu | — Vp Gagner | FIG. Gagner, récolter | FAM. *¡La que se va a ~!*, qu'est-ce qu'il va prendre! *Se lo ha ganado*, il l'a bien mérité.
ganch|ero m Flotteur de bois || **~illo** m Crochet (aguja) | Épingle (*f*) à cheveux (horquilla) | *Labor de ~*, crochet || **~o** m Crochet (garfio, aguja, en boxeo) | FAM. Rabatteur, racoleur (que atrae a los clientes), chic, chien (atractivo) | *Amér.* Épingle (*f*) à cheveux (horquilla), aide *f* (auxilio) | POP. *Echar el ~*, racoler. *Mujer de ~*, entraîneuse || **~udo, a** adj Crochu, e.
gandul, ~a adj/s FAM. Feignant, e; flemmard, e || **~ear** vi Paresser, fainéanter || **~ería** f Fainéantise.
gang m Gang (banda).
ganga f MIN. Gangue | Gelinotte (ave) | FIG. Aubaine, occasion, bonne affaire (cosa), filon *m* (situación).
Ganges nprm Gange.
ganglio m Ganglion.
gangos|ear vi Nasiller || **~o, a** adj Nasillard, e; qui parle du nez | *Hablar ~*, parler du nez.
gangrena f Gangrène.
gángster m Gangster.
gangsterismo m Gangstérisme.
gangue|ar vi Nasiller, parler du nez || **~o** m Nasillement.
gans|ada f FAM. Bêtise, sottise || **~arón** m Oison || **~ear** vi FAM. Faire *o* dire des sottises || **~ería** f FAM. Sottise || **~o, a** s Oie *f* (hembra), jars *m* (macho) | FAM. Oie *f* (tonto) | FAM. *Hacer el ~*, faire l'imbécile. *Ser muy ~*, être bête comme une oie *o* comme ses pieds.
ganzúa f Rossignol *m*, crochet *m*, pince-monseigneur (garfio).
gañán m Valet de ferme | FIG. Rustre.
gañ|ido m Glapissement || **~ir*** vi Glapir (aullar), croasser (aves).
gañote m FAM. Gosier, avaloire *f* | POP. *De ~*, à l'œil.
garabat|ear vi Griffonner (escribir) | Saisir avec un crochet (agarrar) | FIG. Tergiverser || **~eo** m Griffonnage, gribouillage | FIG. Détours *pl* || **~o** m Griffonnage, gribouillage (escritura) | Crochet (garfio) | FIG. Chien (atractivo) | — Pl Pattes (*f*) de mouche (escritura).
garaj|e m Garage || **~ista** m Garagiste.
garambaina f Fanfreluche | — Pl FAM. Grimaces, simagrées (muecas), pattes de mouche, gribouillis *m* (escritura).
garant|e adj/s Garant, e || **~ía** f Garantie : *con ~*, sous garantie || **~izado, a** adj Garanti, e | Sous garantie (con garantía) || **~izar** vt Garantir.
garañón m Âne reproducteur | *Amér.* Étalon (semental).
garapiñar vt Congeler (helar) | Praliner | *Almendra garapiñada*, praline, amande pralinée.
garapullo m Fléchette *f* (rehilete) | TAUR. Banderille *f*.
garbanzo m Pois chiche | — Pl FAM. Croûte *fsing* (comida) | FIG. *~ negro*, brebis galeuse.
garb|ear vi Se rengorger | — Vp FAM. Faire un tour (pasearse), se débrouiller (arreglárselas) || **~eo** m FAM. Tour, balade *f* (paseo) || **~o** m Prestance *f*, allure *f* (porte) | Élégance *f* | Grâce *f* | FIG. Générosité *f* || **~oso, a** adj Élégant, e; qui a de l'allure | Gracieux, euse | FIG. Généreux, euse.
gardenia f BOT. Gardénia *m*.
garduña f ZOOL. Fouine.
garete (irse al) loc FAM. Aller au diable.
garfio m Crochet, croc.
gargaj|ear vi FAM. Cracher || **~o** m FAM. Crachat.
gargant|a f Gorge | FIG. Cou-de-pied *m* | FAM. *Tenerlo atravesado en la ~*, l'avoir en travers du gosier, ne pas pouvoir l'avaler || **~illa** f Collier *m*.
gárgara f Gargarisme *m* | FAM. *Mandar a hacer ~s*, envoyer paître.
gargar|ismo m Gargarisme || **~izar** vi Se gargariser.
gárgol m Rainure *f* || **~a** f ARQ. Gargouille.
garita f Guérite | Vigie (de vagón).
garito m Tripot.
garlito m Nasse *f* (red) | FIG. Piège (trampa).
garlop|a f Varlope || **~ín** m Riflard.
Garona nprm Garonne *f*.
garra f Griffe (fieras, felinos), serre (aves) | FAM. Main; nerf *m*, ressort *m* (vigor) | MAR. Crochet *m*, grappin *m* | FAM. *Caer en las ~s de*, tomber entre les griffes de. *Echar la ~ a*, mettre le grappin sur | *~s de astracán*, pattes d'astrakan.
garraf|a f Carafe | Dame-jeanne (damajuana) || **~al** adj FIG. FAM.

Monumental, e; énorme ‖ **~ón** m Grande carafe *f* | Dame-jeanne *f*.
garrapat|a f Tique *m* (insecto) ‖ **~eador, a** s Gribouilleur, euse; griffonneur, euse ‖ **~ear** vt Gribouiller, griffonner ‖ **~o** m Griffonnage, gribouillage | — Pl Pattes (*f*) de mouche, gribouillis.
garrar vi MAR. Chasser (ancla).
garroch|a f Croc *m* (palo con gancho) | Aiguillon *m* (aguijada) | TAUR. « Garrocha », pique | *Amér.* Perche (pértiga).
garrot|e m Gourdin, bâton (palo) | MED. Garrot | Garrotte *f* (suplicio) | AGR. Bouture *f* | *Dar ~*, garrotter ‖ **~illo** m MED. Croup.
garrucha f Poulie.
garúa o **garuja** f *Amér.* Bruine.
garzo, a adj Pers, e (color) | — M Agaric | — F Héron *m* (ave).
garzota f Aigrette.
gas m Gaz | FIG. *A todo ~*, à plein gaz, en quatrième vitesse ‖ **~a** f Gaze | Crêpe *m* (para el luto).
gascón, ona adj/s Gascon, onne.
Gascuña nprf Gascogne.
gas|eado, a adj/s Gazé, e ‖ **~eoso, a** adj Gazeux, euse | — F Limonade ‖ **~ificación** f Gazéification ‖ **~ificar** vt Gazéifier ‖ **~ista** m Gazier ‖ **~oducto** m Gazoduc ‖ **~ógeno** m Gazogène ‖ **~oil** o **~óleo** m Gas-oil ‖ **~olina** f Essence (para motores) | QUÍM. Gazoline | *~ plomo*, supercarburant ‖ **~olinera** f Canot (*m*) *o* vedette à moteur (lancha) | Pompe à essence, poste (*m*) d'essence (surtidor) ‖ **~ómetro** m Gazomètre.
gast|ado, a adj V. GASTAR | FIG. Usé, e ‖ **~ador** m Sapeur (soldat) ‖ **~ar** vt Dépenser (dinero, tiempo, fuerzas) | User, consommer | User, détériorer, abîmer (estropear) | Porter (llevar) | Avoir (tener) | FIG. User, ruiner (salud) | Faire : *~ una broma*, faire une farce | FAM. *Gastarlas*, agir, se conduire. *Ya verá como las gasto*, vous verrez de quel bois je me chauffe | — Vp S'user | FAM. Se porter, se faire (estilarse).
gasterópodo m Gastéropode.
gast|o m Dépense *f* | Débit (de agua, gas, etc) | — Pl Frais : *~ accesorios*, faux frais; *cubrir ~*, rentrer dans ses frais | *Con poco ~*, à peu de frais | *~s e ingresos*, entrées et sorties | *Hacer el ~ de*, faire les frais de ‖ **~oso, a** adj Dépensier, ère.
gastralgia f Gastralgie.
gástrico, a adj Gastrique.
gastr|itis f Gastrite ‖ **~oenteritis** f Gastro-entérite ‖ **~onomía** f Gastronomie ‖ **~onómico, a** adj Gastronomique ‖ **~ónomo** m Gastronome.
gat|a f ZOOL. Chatte | FAM. Madrilène | Manivelle (manubrio) | *Amér.* Domestique ‖ **~as (a)** loc adv À quatre pattes ‖ **~azo** m Matou, gros chat | FAM. Escroquerie *f* (engaño) ‖ **~ear** vi Grimper (trepar) | FAM. Marcher à quatre pattes ‖ **~era** f Chatière (agujero) ‖ **~ería** f Chatterie ‖ **~illo** m Détente *f*, gachette *f* (arma) | Davier (dentista) ‖ **~ito** m Chaton, petit chat ‖ **~o** m ZOOL. Chat : *~ callejero*, chat de gouttière; *~ de Angora*, chat angora | FIG. Magot (dinero) | TECN. Cric (manual), vérin (hidráulico) | FAM. Madrilène (de Madrid), filou (ratero), fin matois (astuto) | *Amér.* Domestique | FAM. *Dar ~ por liebre*, rouler. *Defenderse como un ~ panza arriba*, se défendre comme un lion | *El ~ con botas*, le Chat botté | FIG. *Esto lo sabe hasta el ~*, tout le monde le sait. *~ escaldado del agua fría huye*, chat échaudé craint l'eau froide | FAM. *Había cuatro ~s*, il y avait quatre pelés et un tondu. | FIG. *Hay ~ encerrado*, il y a anguille sous roche. *Llevarse el ~ al agua*, avoir *o* prendre le dessus | FAM. *No hay ni un ~*, il n'y a pas un chat ‖ **~uno, a** adj Félin, e; du chat ‖ **~uña** f BOT. Bugrane ‖ **~uperio** m Méli-mélo (mezcla) | Imbroglio (embrollo), intrigue *f* (intriga), tromperie *f* (engaño).
gauch|ada f FIG. *Amér.* Service *m* (ayuda) ‖ **~esco, a** adj Du gaucho ‖ **~o, a** adj Gaucho | *Amér.* Sympathique; rusé, e (astuto), rustre (grosero), bon cavalier, bonne cavalière (buen jinete) | — M Gaucho.
gavanz|a f BOT. Églantine ‖ **~o** m BOT. Églantier.
gaveta f Tiroir *m* (cajón).
gavi|a f MAR. Hunier *m* (vela), hune (cofa) ‖ **~ero** m MAR. Gabier ‖ **~eta** f MAR. Hune de misaine *o* de beaupré ‖ **~lán** m Épervier (ave) | Bec (de las plumas) | Quillon (de una espada) | BOT. Fleur (*f*) du chardon | MAR. Crochet ‖ **~lla** f Gerbe (cereales) | Fagot *m* (sarmientos) | FIG. Bande ‖ **~ota** f Mouette (ave).
gavota f Gavotte (baile).
gayo, a adj Gai, e.
gayola f Cage (jaula) | FAM. Taule, violon *m* (cárcel).
gazapo m Lapereau (conejillo) | FIG. Renard, fin matois (astuto), lapsus (pronunciación), sottise *f*, bourde *f* (disparate) | IMPR. Coquille *f* (error).
gazmoñ|ería f Tartuferie (devoción fingida) | Bigoterie (beatería) | Pruderie ‖ **~o, a** adj/s Tartufe, faux dévot, fausse dévote | Bigot, e (santurrón) | Prude (de fingida virtud).
gaznápiro, a adj/s Balourd, e; niais, e.
gaznate m ANAT. Gorge *f*, gosier.

gazpacho m Soupe (*f*) froide andalouse à base de tomates.
gazuza f FAM. Fringale, faim de loup.
ge f G *m* (letra).
géiser m Geyser.
gel m QUÍM. Gel ‖ **~atina** f QUÍM. Gélatine | Gelée (de carne) | Gélatine (de fruta) ‖ **~atinoso, a** adj Gélatineux, euse.
gélido, a adj Glacé, e; gelé, e.
gelificación f QUÍM. Gélification.
gem|a f Gemme ‖ **~ación** f Gemmation.
gemelo, a adj/s Jumeau, elle | — Mpl Jumelles *f* (anteojos) | Boutons de manchettes (botones).
gemido m Gémissement.
Géminis nprmpl ASTR. Gémeaux.
gemir* vi Gémir, geindre.
gen o **gene** m BIOL. Gène.
genciana f BOT. Gentiane.
gendarm|e m Gendarme ‖ **~ería** f Gendarmerie.
gene|alogía f Généalogie ‖ **~alógico, a** adj Généalogique ‖ **~ración** f Génération ‖ **~rador, a** adj/m Générateur, trice.
general adj Général, e | *Por lo ~*, en général | — M Général | **~a** f Générale ‖ **~idad** f Généralité | *Con ~*, en général ‖ **~ísimo** m Généralissime ‖ **~ización** f Généralisation ‖ **~izar** vt Généraliser.
gener|ar vt Engendrer ‖ **~atriz** f GÉOM. Génératrice.
genérico, a adj Générique.
género m Genre | Sorte *f* (clase) | Article, marchandise *f* (mercancía) | Tissu (tejido) | GRAM. Genre | *~ chico*, comédie de mœurs | *~ de punto*, tricot.
generos|idad f Générosité ‖ **~o, a** adj Généreux, euse.
génesis f Genèse (origen).
Génesis nprm Genèse *f* (libro).
genético, a adj/f Génétique.
geni|al adj Génial, e ‖ **~alidad** f Originalité, excentricité | Génie *m* (genio) | Coup (*m*) de génie, idée géniale | Œuvre géniale ‖ **~azo** m FAM. Sale caractère ‖ **~o** m Caractère | Humeur *f* : *estar de mal ~*, être de mauvaise humeur | Génie | FIG. *~ y figura hasta la sepultura*, chassez le naturel il revient au galop.
genit|al adj Génital, e ‖ **~ivo** m GRAM. Génitif.
genízaro m Janissaire.
genocidio m Génocide.
genol m MAR. Genou.
Génova npr Gênes.
genovés, esa adj/s Génois, e.
Genoveva nprf Geneviève.
gent|e f Monde *m* : *¡hay una de ~!*, il y a un monde fou! | Gens *mpl* o *fpl* : *mucha ~*, beaucoup de gens | Gens (familia romana) | Gent : *la ~ alada*, la gent ailée | — Pl Gentils (paganos) | *Derecho de ~s*, droit des gens | *~ menuda*, enfants, petit monde (niños), petites gens (plebe) | *Hacer ~*, faire nombre | *¡Qué ~!*, quels drôles de gens! ‖ **~ecilla** f Petites gens *pl* ‖ **~il** adj Gentil, ille | — M Gentil (pagano) ‖ **~ileza** f Grâce, élégance | Gentillesse (amabilidad) | Politesse (cortesía) ‖ **~ilhombre** m Gentilhomme ‖ **~ilicio** m Nom des habitants d'une ville ‖ **~ilmente** adv Avec grâce ‖ **~ío** m Foule *f*, monde ‖ **~leman** m Gentleman ‖ **~uza** f FAM. Racaille, populace.
genuflexión f Génuflexion.
genuino, a adj Authentique, vrai, e.
ge|ocentrismo m Géocentrisme ‖ **~odesia** f Géodésie ‖ **~odésico, a** adj Géodésique ‖ **~ofísica** f Géophysique ‖ **~ografía** f Géographie ‖ **~ográfico, a** adj Géographique ‖ **~ógrafo, a** s Géographe ‖ **~ología** f Géologie ‖ **~ológico, a** adj Géologique ‖ **~ólogo, a** s Géologue ‖ **~ómetra** s Géomètre ‖ **~ometría** f Géométrie : *~ del espacio, por planos acotados*, géométrie dans l'espace, cotée ‖ **~ométrico, a** adj Géométrique ‖ **~opolítica** f Géopolitique ‖ **~órgico, a** adj/fpl Géorgique ‖ **~osinclinal** m Géosynclinal.
geranio m BOT. Géranium.
geren|cia f Gérance ‖ **~te** s Gérant, e | *Director ~*, président-directeur général.
geriatría f MED. Gériatrie.
gerifalte m Gerfault (ave) | FIG. Huile *f* (pez gordo).
germ|anía f Argot *m* (jerga) ‖ **~ánico, a** adj Germanique ‖ **~anio** m Germanium (metal) ‖ **~anismo** m Germanisme ‖ **~anista** adj/s Germanisant, e | — S Germaniste ‖ **~ano, a** adj/s Germain, e ‖ **~anófilo, a** adj/s Germanophile ‖ **~anófobo, a** adj/s Germanophobe.
germ|en m Germe ‖ **~icida** adj/m Germicide ‖ **~inación** f Germination ‖ **~inal** adj/m Germinal, e ‖ **~inar** vi Germer ‖ **~inativo, a** adj Germinatif, ive.
geronte m Géronte (teatro).
gerundio m GRAM. Gérondif; participe présent.
gesta f Geste.
gest|ación f Gestation | Grossesse (de una mujer) ‖ **~ar** vt Engendrer | — Vp Être engendré.
gest|ear vi Faire des grimaces, grimacer ‖ **~ero, a** adj/s Grimacier, ère ‖ **~iculación** f Grimace (mueca) | Gesticulation (ademán) ‖ **~iculador, a** adj Grimacier, ère ‖ **~icular** vi Grimacer, faire des grimaces

(muecas) | Gesticuler (ademanes) || **~ión** f Gestion | Démarche (trámite) || **~ionar** vt/i Faire des démarches (trámites) | Traiter, négocier | Essayer de (se) procurer || **~o** m Grimace *f* (mueca) | Visage, mine *f*, air (semblante) | Geste (ademán) | *De buen ~*, de bonne humeur | *Fruncir el ~*, froncer les sourcils || **~or, a** s Gérant, e | — Adj/m Gestionnaire || **~oría** f Agence (administrativa) | Cabinet *m* (de negocio).
géyser m Geyser.
ghetto m Ghetto.
gib|a f Bosse || **~ado, a** adj Bossu, e || **~ón** m Gibbon (mono) || **~osidad** f Gibbosité || **~oso, a** adj Bossu, e.
gigant|e, a adj/s Géant, e || **~esco, a** adj Gigantesque || **~ez** f o **~tismo** m Gigantisme *m*.
gigote m Hachis (carne picada).
gilí adj/s FAM. Crétin, e.
gimn|asia f Gymnastique | FAM. *Confundir la ~ con la magnesia*, prendre des vessies pour des lanternes || **~asio** m Gymnase || **~asta** s Gymnaste || **~ástico, a** adj Gymnastique.
gimnosperma f BOT. Gymnosperme.
gimot|eador, a adj/s Pleurnicheur, euse || **~ear** vi Pleurnicher || **~eo** m Pleurnichement.
ginebra f Gin *m*, genièvre *m* (licor).
Ginebra npr Genève.
ginebrino, a adj/s Genevois, e.
ginec|eo m Gynécée || **~ología** f Gynécologie || **~ólogo** m Gynécologue.
gingivitis f MED. Gingivite.
gir|a f Excursion | Tournée (de artista) || **~alda** f Girouette || **~ándula** f Girandole | Soleil *m* (fuegos artificiales) || **~ar** vt/i Tourner | COM. Tirer (letra de cambio), virer (una suma) | AUT. Braquer | Faire, rendre (visita) | FIG. Tourner, rouler, être axé (tratar) || **~asol** m BOT. Tournesol, soleil || **~atorio, a** adj Giratoire (movimiento) | Tournant, e (que gira) | Pivotant, e (alrededor de un eje) || **~o** m Tour | AUT. Braquage | FIG. Tournure *f* (aspecto, expresión), virage (cambio) | COM. Virement | *Derechos especiales de ~*, droits spéciaux de tirage | *~ negociable*, effet de commerce | *~ postal*, virement *o* mandat postal | *~ telegráfico*, mandat télégraphique.
Gironda nprm Gironde *f*.
gir|oscopio m Gyroscope || **~óstato** m Gyrostat.
gitan|ear vi FIG. Fricoter, se livrer à de menus trafics || **~ería** f Flagornerie, flatterie (halago) | Menus trafics *mpl* | Troupe de gitans | Action propre d'un gitan || **~ismo** m Mœurs (*fpl*) des gitans | Mot gitan, tournure (*f*) gitane || **~o, a** adj/s Gitan, e.
glabro, a adj Glabre (lampiño).
glac|iación f Glaciation || **~ial** adj Glacial, e || **~iar** m Glacier | — Adj Glaciaire || **~is** m Glacis.
gladiador m Gladiateur.
gladíolo m BOT. Glaïeul.
glándula f ANAT. Glande.
glandular adj Glandulaire.
glas|é m Taffetas glacé || **~eado, a** adj Glacé, e | — M Glaçage || **~eador** m Glaceur || **~ear** vt Glacer.
glauco, a adj Glauque.
gleba f Glèbe.
glic|emia f MED. Glycémie || **~érido** m Glycéride || **~erina** f Glycérine, glycérol *m* || **~ina** f BOT. Glycine || **~ógeno** m BIOL. Glycogène.
glifo m Glyphe.
glob|al adj Global, e || **~o** m Globe (esfera, lámpara) | Ballon (aeróstato, juguete) | Chandelle *f* (fútbol) | FAM. Canard, fausse nouvelle *f* | FAM. *Deshincharse como un ~*, se dégonfler comme une baudruche | FIG. *En ~*, en bloc || **~ular** adj Globulaire || **~ulina** f Globuline.
glóbulo m Globule.
globuloso, a adj Globuleux, euse.
glori|a f Gloire | Ciel *m*, paradis *m* | Joie, bonheur *m* (alegría) | *Dar ~*, faire plaisir | *Estar en la ~*, être aux anges | *Hacer ~ de*, se glorifier de | *Oler a ~*, sentir merveilleusement bon | *¡Que Santa Gloria goce!*, Dieu ait son âme! | *Saber a ~*, être délicieux *o* exquis | — M Gloria || **~arse** vp Se glorifier || **~eta** f Tonnelle, gloriette (cenador) | Rond-point *m* (encrucijada) || **~ficación** f Glorification || **~ficar** vt Glorifier || **~oso, a** adj Glorieux, euse.
glos|a f Glose, commentaire *m* | Note (observación) || **~ador, a** s Critiqueur, euse | — M Glossateur, commentateur || **~ar** vt Gloser, commenter | Critiquer || **~ario** m Glossaire.
glot|is f ANAT. Glotte || **~ón, ona** adj/s Glouton, onne || **~onería** f Gloutonnerie.
glucemia f MED. Glycémie.
glúcido m Glucide.
glu|cógeno m Glycogène || **~cosa** f Glucose *m* o *f* || **~ten** m Gluten.
glúteo, a adj/m Fessier, ère : *~ mayor*, grand fessier.
gneis m Gneiss (roca).
gnomo m Gnome.
gob|ernación f Gouvernement *m* | *Ministerio de la Gobernación*, ministère de l'Intérieur [en Espagne] || **~ernador, a** adj Gouvernant, e | — M Gouverneur | *~ civil*, préfet | — F Femme du gouverneur || **~ernalle** m MAR. Gouvernail || **~ernante** adj/s Gouvernant, e || **~ernar*** vt/i Gouverner | Conduire (ir delante) ||

~ierno m Gouvernement | Gouverne *f* (regla) | Information *f* | MAR. Gouvernail | ~ *civil,* préfecture.
gobio m Goujon (pez).
goce m Jouissance *f* | Plaisir.
godo m Goth | *Amér.* Espagnol.
gofr|ado m Gaufrage || **~adora** f Gaufrier *m* || **~ar** vt Gaufrer.
gol m DEP. But, goal | *Área de ~,* terrain d'en-but (rugby) | *Tiro a ~,* tir au but.
gol|a f Gosier *m,* gorge (garganta) | Gorgerin *m* (armadura) | MIL. Hausse-col *m* | ARQ. Cimaise | MAR. Goulet *m.*
goleador m DEP. Buteur.
goleta f MAR. Goélette.
golf m Golf (deporte).
golf|a f FAM. Dévergondée (sinvergüenza), dévoyée (perdida) || **~ear** vi Faire le polisson || **~ería** f FAM. Friponnerie || **~o** m FAM. Voyou, dévoyé (perdido), dévergondé, effronté (sinvergüenza) | GEOGR. Golfe.
Gólgota nprm Golgotha.
golilla f Rabat *m* | — M Basochien | — Pl Basoche *fsing,* gens de robe.
golondrin|a f Hirondelle (ave) | Bateau-mouche *m,* vedette (barco) | *Una ~ no hace verano,* une hirondelle ne fait pas le printemps || **~o** m Hirondeau (ave) | MED. Ganglion.
golos|ina f Friandise (cosa dulce) || **~o, a** adj/s Gourmand, e.
golpe m Coup | Foule *f,* affluence *f* (gente) | FIG. Coup dur, choc (desgracia), étonnement (asombro), trait d'esprit (agudeza), saillie *f,* boutade *f* (salida), coup : *~ de efecto, de Estado, de vista,* coup de théâtre, d'État, d'œil | *A ~ de,* à coups de | FIG. *Dar el ~,* épater, étonner (asombrar), faire sensation. *De ~,* soudain, tout à coup. *De ~ y porrazo,* tout à coup, à l'improviste (sin avisar), de but en blanc (de repente). *Errar* ou *fallar el ~,* manquer *o* rater son coup | *~ de mar,* coup *o* paquet de mer | *~ de tos,* quinte de toux | FAM. *No dar ~,* se la couler douce, ne rien faire de ses dix doigts || **~ar** vt/i Frapper | — Vp Se cogner || **~o** m Coup, frappement || **~tazo** m Grand coup | *Cerrar de un ~,* claquer || **~teo** m Coups (*pl*) répétés | AUT. Cognement.
golpista adj/s Putschiste.
gollet|azo m TAUR. Estocade (*f*) dans le cou || **~e** m Cou (cuello) | Goulot (de botella).
gom|a f Gomme | Caoutchouc *m* : *suelas de ~,* semelles en caoutchouc | Élastique *m* | *Borrar con ~,* gommer | *~ de pegar,* colle | *~-2,* plastic | *~ espuma,* caoutchouc mousse || **~orresina** f Gomme-résine || **~oso, a** adj/s Gommeux, euse.
góndola f Gondole (embarcación).
gondolero m Gondolier.
gong m Gong.
gon|iometría f Goniométrie || **~ococo** m MED. Gonocoque.
gord|etillo m Grasset || **~iano** adjm Gordien || **~inflón, ona** adj FAM. Grassouillet, ette || **~o, a** adj Gros, grosse | Gras, grasse (carne) | FIG. Important, e; sérieux, e; énorme | — M Gras (de carne) | FAM. Gros lot (lotería) | — F FAM. Pièce de 10 centimes | FAM. *Armar la ~,* faire les quatre cents coups. *Estar sin una ~,* être sans le sou || **~ura** f Graisse | Embonpoint *m* (corpulencia).
gorgojo m Charançon | FIG. Nabot.
gorg|orito m Bulle *f* | — Pl MÚS. Roulades *f* || **~oteo** m Gargouillement, gargouillis || **~uera** f Collerette (cuello) | Gorgerin *m* (de armadura).
gori m FAM. Raffut : *armar ~,* faire du raffut.
gorigori m FAM. Chant funèbre.
gorila m ZOOL. Gorille.
gorje|ador, a o **~ante** adj Gazouillant, e || **~ar** vi Gazouiller | MÚS. Faire des roulades || **~o** m Gazouillement.
gorr|a f Casquette | Bonnet *m* (de niño) | Toque (de jockey) | MIL. Bonnet (*m*) à poil | FAM. *De ~,* à l'œil, gratis. *Pasar la ~,* tendre la main. *Vivir de ~,* vivre en parasite || **~ino** m Goret || **~ión** m Moineau || **~o** m Bonnet : *~ de dormir,* bonnet de nuit | Toque *f,* bonnet (de cocinero) | MIL. Calot || **~ón, ona** s Parasite (sin fem), pique-assiette (sin fem) || **~onear** vi FAM. Vivre en parasite || **~onería** f Parasitisme *m.*
gota f Goutte | *La última ~ hace rebasar la copa,* c'est la goutte d'eau qui fait déborder le vase | FAM. *No ver ni ~,* n'y voir goutte. *Sudar la ~ gorda,* suer à grosses gouttes.
gote|ar vi Dégoutter, tomber goutte à goutte | Couler (grifo) | Pleuviner (llover) || **~o** m Dégouttement | Coulure *f* (de pintura) || **~ra** f Gouttière (canalón) | Fuite d'eau | — Pl Infirmités || **~rón** m ARQ. Larmier (canalón).
gótico, a adj/m Gothique | FAM. *Niño ~,* bêcheur.
goz|ar vi Jouir (disfrutar) | Se réjouir (alegrarse) | FAM. *Gozarla,* passer du bon temps | — Vp Se plaire, se complaire.
gozne m Gond.
goz|o m Joie *f* : *no caber en sí de ~,* ne pas se tenir de joie | — Pl Cantique (*sing*) en l'honneur de la Vierge | FIG. *Mi ~ en un pozo,* c'est bien ma veine || **~oso, a** adj Joyeux, euse.
gozque m Roquet (perro).

grab|ación f Enregistrement *m* ‖ **~ado** m Gravure *f* | Enregistrement (grabación) ‖ **~ador** m Graveur | *~ de cinta,* magnétophone ‖ **~ar** vt Graver (*en,* sur) | Enregistrer (discos, etc).
gracejo m Esprit (chiste) | Badinage.
gracia f Grâce | Charme *m* (atractivo) | Plaisanterie, bon mot *m* (chiste) | FAM. Drôle de tour *m* (mala pasada) | — Pl Remerciements *m,* mercis *m* | *Caer en ~,* plaire | *Dar ~s,* rendre grâces | *Dar las ~s,* remercier, dire merci | *¡~s!,* merci! | *~s a,* grâce à | *~s por,* merci de | *Hacer ~,* être sympathique; amuser (divertir) | *Hacer poca ~,* ne pas plaire beaucoup | *Muchas ~s,* merci beaucoup *o* bien | *Tener ~,* être drôle | *Y ~s si,* on peut s'estimer heureux si.
grácil adj Gracile.
gracios|idad f Beauté, charme *m* ‖ **~o, a** adj Drôle, amusant, e (divertido) | Gracieux, euse; charmant, e (encantador) | Gracieux, euse; gratuit, e | — M Gracioso, bouffon (teatro) | FAM. *Hacerse el ~,* faire le pitre | — F Soubrette (teatro).
grad|a f Degré *m,* marche (peldaño) | Gradin *m* (de anfiteatro) | AGR. Herse | MAR. Chantier *m,* cale ‖ **~ación** f Gradation ‖ **~ar** vt AGR. Herser ‖ **~ería** f Degrés *mpl* | Gradins *mpl* (de estadio) ‖ **~iente** m Gradient ‖ **~o** m Degré | Teneur *f* (alcohol), grade (aceite) | Stade (fase) | Grade (título) | Année *f* (de un curso) | Grade (geometría) | Degré (álgebra) | Gré (voluntad) : *de buen o mal ~,* bon gré, mal gré; *mal de su ~,* contre son gré ‖ **~uable** adj Réglable ‖ **~uación** f Graduation | Degré *m,* titre *m* (alcohol) | FÍS. Titrage *m* | MIL. Grade *m* ‖ **~uado, a** adj Gradué, e | — Adj/s Diplômé, e ‖ **~ual** adj/m Graduel, elle ‖ **~ar** vt Graduer | Échelonner (escalonar) | Titrer (vino, alcohol, etc) | MIL. Élever au grade de, nommer | — Vp MIL. Être élevé au grade de | Recevoir le titre *o* le diplôme de.
grafía f Graphie.
gráf|ica f Graphique *m* ‖ **~ico, a** adj/m Graphique | FIG. Imagé, e.
gráfila f Grènetis *m* (de moneda).
graf|ilar vt Moleter ‖ **~ismo** m Graphisme ‖ **~ito** m Graphite ‖ **~ología** f Graphologie ‖ **~ólogo, a** s Graphologue.
gragea f Dragée.
grajo m Crave (ave).
grama f BOT. Chiendent *m.*
gram|ática f Grammaire | FAM. *~ parda,* débrouillardise, système D ‖ **~atical** adj Grammatical, e ‖ **~ático, a** adj Grammatical, e | — S Grammairien, enne.
gramil m Trusquin.
gramíneas fpl BOT. Graminées.
gramo m Gramme.
gramófono m Gramophone.
gramola f Phonographe *m.*
gran [apocope de *grande* devant un substantif singulier] adj Grand, e : *un ~ puerto,* un grand port.
gran|a f Graine (semilla) | Grenaison (granazón) | ZOOL. Cochenille | — Adj/f Écarlate ‖ **~ada** f Grenade (fruto, proyectil) | Obus *m* (de cañón) ‖ **~adero** m MIL. Grenadier ‖ **~adino, a** adj/s Grenadin, e | — F Grenadine ‖ **~ado, a** adj Grenu, e | FIG. Remarquable (notable), mûr, e; expert, e (maduro), épanoui, e (adolescente) | FIG. *Lo más ~,* la crème ‖ **~alla** f Grenaille ‖ **~ar** vi BOT. Monter en graine | FIG. S'épanouir ‖ **~ate** adj/m Grenat ‖ **~azón** f Grenaison | FIG. Épanouissement *m.*
Gran Bretaña nprf Grande-Bretagne.
grand|e adj/m Grand, e | *A lo ~,* en grand ‖ **~ecito, a** adj Grandelet, ette ‖ **~eza** f Grandeur ‖ **~ilocuencia** f Grandiloquence ‖ **~ilocuente** adj Grandiloquent, e ‖ **~iosidad** f Magnificence, grandeur ‖ **~ioso, a** adj Grandiose ‖ **~or** m Grandeur *f* ‖ **~ote, a** o **~ullón, ona** adj FAM. Trop grand.
gran|eado, a adj Grené, e | Roulant (fuego) | — M Grenure *f* ‖ **~ear** vt Semer (grano) | TECN. Grener ‖ **~el (a)** loc adv En vrac (trigo), au détail (mercancía) | FIG. À foison ‖ **~ero** m Grange *f,* grenier ‖ **~ítico, a** adj Granitique, graniteux, euse ‖ **~ito** m MIN. Granite ‖ **~izada** f Grêle ‖ **~izado** m Boisson (*f*) glacée, granité (p.us.) ‖ **~izar** vimp Grêler ‖ **~izo** m Grêle *f* (lluvia helada) | Grêlon (grano).
granj|a f Ferme | Exploitation [agricole] : *~ avícola,* exploitation avicole ‖ **~earse** vp Gagner (afecto) | Acquérir (reputación) ‖ **~ero, a** s Fermier, ère.
gran|o m Grain | Graine *f* (semilla) | MED. Bouton | FIG. *Ir al ~,* aller au fait *o* droit au but. *No es ~ de anís,* ce n'est pas une petite affaire ‖ **~oso, a** adj Grenu, e ‖ **~uja** f Raisin (*m*) égrappé | — M FAM. Galopin, garnement (pilluelo), voyou, fripouille (canalla) ‖ **~ujada** f Friponnerie ‖ **~ujiento, a** adj Boutonneux, euse ‖ **~ulación** f Granulation ‖ **~ulado, a** adj/m Granulé, e ‖ **~ular** adj Granulaire | — Vt Granuler.
gránulo m Granule.
granuloso, a adj Granuleux, euse.

granza f Garance | — Pl Criblures.
grao m Plage *f* | Port [à Valence].
grapa f Crampon *m* (laña) | Agrafe (para sujetar) | *Coser con ~s,* agrafer | *Sujeción con ~s,* agrafage.
gras|a f Graisse | Crasse (suciedad) | — Pl Scories, crasses | FAM. *Criar ~,* grossir || **~era** f Pot (*m*) à graisse | Lèchefrite || **~ero** m Crassier || **~iento, a** adj Graisseux, euse || **~o, a** adj Gras, grasse.
gratén m CULIN. Gratin.
gratific|ación f Gratification || **~ar** vt Gratifier.
grátil m Envergure *f* (de las velas).
grat|is adv Gratis || **~itud** f Gratitude || **~o, a** adj Agréable || **~uidad** f Gratuité || **~uito, a** adj Gratuit, e.
grava f Gravier *m.*
grav|amen m Charge *f* || **~ar** vt Grever | Peser sur (cargar) || **~e** adj Grave | — M MÚS. Grave || **~edad** f Gravité | FÍS. Pesanteur : *leyes de la ~,* lois de la pesanteur; gravité : *centro de ~,* centre de gravité | *De ~,* gravement.
grávido, a adj Gravide.
gravilla f Gravillon *m* || **~dora** f Gravillonneur *m.*
gravit|ación f Gravitation || **~ar** vi Graviter | FIG. Reposer, s'appuyer (apoyarse), peser sur (pesar).
gravoso, a adj Lourd, e; pesant, e (pesado) | Onéreux, euse (costoso).
grazn|ar vi Croasser || **~ido** m Croassement.
greca f ARQ. Grecque.
Grecia nprf Grèce.
greco|latino, a adj Gréco-latin, e || **~rromano, a** adj Gréco-romain, e.
gred|a f Glaise || **~al** m Glaisière *f* || **~oso, a** adj Glaiseux, euse | *Tierra ~,* terre glaise.
greg|ario, a adj Grégaire || **~oriano, a** adj Grégorien, enne.
Gregorio nprm Grégoire.
greg|uería f Brouhaha *m* (tumulto) | Sorte d'aphorisme || **~üescos** mpl Grègues *f.*
gremi|al adj Corporatif, ive | — M Membre d'une corporation || **~o** m Corporation *f* | Corps de métier (de artesanos).
greñ|a f Tignasse (pelo) | Enchevêtrement *m* (maraña) | FAM. *Andar a la ~,* se crêper le chignon || **~udo, a** adj Ébouriffé, e.
gres m Grès.
gresca f Vacarme *m* (ruido) | Bagarre, querelle (riña).
grey f Troupeau *m* | FIG. Famille (individuos), ouailles *pl* (fieles).
grial m Graal (vaso).
griego, a adj/s Grec, grecque.
griet|a f Crevasse | Lézarde, crevasse (pared) | Gerçure, crevasse (piel) || **~eado** m Craquelage || **~earse** vp Se crevasser | Se craqueler (cerámica).
grifa f Marihuana.
grif|ería f Robinetterie || **~o, a** adj Ébouriffé, e (desgreñado), crépu, e (crespo) | — M Griffon (animal fabuloso) | Robinet (llave o caño) || **~ón** m Griffon (perro) | Robinet (grifo).
grilletes mpl Fers (de preso) | *~ real,* courtilière.
grillo m Grillon (insecto) | BOT. Tige *f* | — Pl Fers (de preso).
grima f Déplaisir *m,* dégoût *m,* horreur.
grímpola f MAR. Flamme, banderole.
gringo, a adj/s Étranger, ère | — M Américain du Nord, yankee.
griñón m Béguin, guimpe *f* (de monja) | Brugnon (fruto).
grip|al adj Grippal, e || **~e** f MED. Grippe : *estar con ~,* avoir la grippe || **~oso, a** adj Grippé, e.
gris adj/m Gris, e | — M FAM. Vent, bise *f* || **~áceo, a** adj Grisâtre || **~alla** f Grisaille || **~ón, ona** adj/s Grison, onne || **~ú** m Grisou : *explosión de ~,* coup de grisou.
grit|a f Criaillerie (gritería) | Huée (reprobación) || **~ar** vt/i Crier : *~ a alguien,* crier après qqn; *~ desaforadamente,* crier à tue-tête | Siffler, huer (como reprobación) || **~ería** f o **~erío** m Cris *mpl,* criaillerie *f* || **~o** m Cri : *dar ~s,* pousser des cris | Appel : *~ de socorro,* appel au secours | *A ~ pelado* ou *limpio,* à grands cris | FIG. *El último ~,* le dernier cri. *Estar en un ~,* n'en plus pouvoir. *Pedir a ~s,* réclamer à cor et à cri. *Poner el ~ en el cielo,* pousser les hauts cris || **~ón, ona** adj FAM. Criard, e; braillard, e.
Groenlandia nprf Groenland *m.*
grog m Grog (ponche).
grosell|a f BOT. Groseille || **~ero** m BOT. Groseillier.
groser|ía f Grossièreté || **~o, a** adj Grossier, ère.
grosor m Grosseur *f.*
grotesco, a adj Grotesque.
grúa f Grue.
grueso, a adj Gros, grosse | Épais, aisse | Fort, e | Gras, grasse (tipografía) | MAR. Gros, grosse | — M Grosseur *f* (volumen) | Épaisseur *f* (grosor) | Gros (mayor parte) | Plein (de letra) | GEOM. Épaisseur *f* | — F Grosse (doce docenas) | — Adv Gros.
grujidor m TECN. Grugeoir.
grulla f Grue (ave).
grumete m MAR. Mousse.
grum|o m Grumeau | Caillot (sangre) || **~oso, a** adj Grumeleux, euse.

gruñ|ido m Grognement ‖ **~ir*** vi Grogner ‖ **~ón, ona** adj FAM. Grognon, onne; ronchon, onne.
grup|a f Croupe : *a la ~* ou *a ~s*, en croupe | FIG. *Volver ~s*, tourner bride ‖ **~era** f Coussin *m* (de la silla) | Croupière (baticola) ‖ **~o** m Groupe.
gruta f Grotte.
guacal m *Amér.* Cageot, caisse *f* | Calebassier (árbol) | Calebasse *f* (fruto).
guacamayo m Ara (ave).
gua|camole m *Amér.* Salade (*f*) d'avocats hachés ‖ **~camote** m *Amér.* Yucca ‖ **~chapear** vt Barboter dans ‖ **~cho, a** adj *Amér.* Orphelin, e.
Guadalupe nprf Guadeloupe.
guadamecí m Maroquin.
guadañ|a f Faux ‖ **~ador, a** s Faucheur, euse ‖ **~ar** vt Faucher.
guagua f Bagatelle | *Amér.* Bébé *m* (niño), autobus *m* | POP. *De ~*, à l'œil.
guajiro, a s Paysan, paysanne de Cuba | — F Air (*m*) populaire cubain.
guajolote m *Amér.* Dindon.
gual|da f BOT. Gaude ‖ **~dera** f Flasque *m* (de un cañón) ‖ **~do, a** adj Jaune ‖ **~drapa** f Housse.
guan|ábana f Corossol *m*, annone (fruto) ‖ **~ábano** m Corossolier (árbol) ‖ **~o** m Guano (estiércol).
guant|ada f o **~azo** m FAM. Claque *f*, gifle *f* ‖ **~e** m Gant | FAM. Pot-de-vin, dessous-de-table | FAM. *Dar un ~*, graisser la patte. *Echar el ~ a*, mettre le grappin sur | FIG. *Recoger el ~*, relever le gant *o* le défi. *Tratar con ~ blanco* ou *con ~ de seda*, prendre des gants avec ‖ **~ear** vt Gifler ‖ **~elete** m Gantelet ‖ **~ería** Ganterie ‖ **~ero, a** s Gantier, ère | — F Boîte à gants (de coche).
guap|etón, ona adj FAM. Beau, belle | — M FAM. Joli cœur ‖ **~eza** f FAM. Bravoure, crânerie (ánimo), recherche, affectation dans la mise ‖ **~o, a** adj Beau, belle | Bien mis, e (elegante) | Brave, vaillant, e | — M Bagarreur (pendenciero) | FAM. Joli garçon | *Echárselas de ~*, crâner (fanfarronear), jouer les jolis cœurs ‖ **~ura** f FAM. Beauté.
guaraní adj/s Guarani.
guarapo m Vesou (de caña).
guarda s Garde | Gardien, enne (museo, parque) | Surveillant, e (vigilante) | *~ de caza*, garde-chasse | *~ de noche* ou *nocturno*, veilleur de nuit | *~ jurado*, vigile | *~ rural*, garde champêtre | — F Garde (vigilancia) | Observance (de la ley) | Page de garde (de libro) | — Pl Gardes (cerradura) ‖ **~barrera** s Garde-barrière ‖ **~barros** m inv Garde-boue ‖ **~bosque** m Garde forestier ‖ **~brisa** m Pare-brise (de coche) ‖ **~cantón** m Bouteroue *f*, borne *f* ‖ **~coches** m inv Gardien de voitures ‖ **~costas** m inv Garde-côte (barco) ‖ **~dor, a** adj/s Gardeur, euse ‖ Observateur, trice (de la ley) | Avare ‖ **~espaldas** m inv Garde du corps ‖ **~frenos** m inv Garde-frein ‖ **~gujas** m inv Aiguilleur ‖ **~infante** m Vertugadin ‖ **~lmacén** m Magasinier ‖ **~malleta** f Cantonnière ‖ **~mano** m Garde *f* (de espada) ‖ **~meta** m Gardien de but ‖ **~monte** m Garde-chasse ‖ **~muebles** m inv Garde-meuble ‖ **~polvo** m Tablier, blouse *f* (bata) | Housse *f* (funda) ‖ **~r** vt Garder | Ranger (poner en su sitio) | Observer (ley) | Garder : *~ silencio, cama*, garder le silence, le lit | — Vp Se garder | Éviter, se garder | Garder (conservar) ‖ **~rropa** m Garde-robe *f* | Vestiaire | Costumier, accessoiriste (teatro) ‖ **~rropía** f Magasin (*m*) d'accessoires ‖ **~rruedas** m inv Bouteroue *f*, borne *f* ‖ **~sellos** m inv (Ant.) Garde des Sceaux ‖ **~vía** m Garde-voie.
guardería f Garde, surveillance | *~ infantil*, crèche, garderie d'enfants.
guardia f Garde | MAR. Quart *m* : *entrar de ~*, prendre le quart | *~ civil*, gendarmerie | *~ entrante, saliente*, garde montante, descendante | MIL. *Hacer ~*, monter la garde | — M Garde : *~ de corps*, garde du corps | Agent [de police] (del tráfico) | Gardien de la paix (del orden público) | *~ civil*, gendarme | *~ marina*, midship | *~ urbano*, gardien de la paix ‖ **~marina** m Midship.
guardián, ana s Gardien, enne.
guar|ecer* vt Protéger | Abriter, mettre à l'abri | — Vp Se réfugier, s'abriter | Se protéger ‖ **~ida** f Repaire *m* | FIG. Retraite.
guarismo m Chiffre (cifra), nombre (número).
guarn|ecer* vt Garnir | Crépir (revocar) | MIL. Être en garnison ‖ **~ecido** m Crépi ‖ **~ición** f Garniture | Garde (espada) | Chaton *m*, sertissure (joya) | MIL. Garnison | Harnais *m* (arreos) ‖ **~icionar** vt MIL. Établir une garnison ‖ **~icionería** f Bourrellerie, sellerie ‖ **~icionero** m Bourrelier, sellier.
guarr|ada o **~ería** f FAM. Cochonnerie ‖ **~o, a** s Cochon *m*, truie *f* | FAM. Cochon, onne.
guas|a f Blague, plaisanterie (burla) | Gouaille (chunga) | *En ~*, pour rire | *Estar de ~*, plaisanter | FIG. *Tener mucha ~*, ne pas être drôle du tout | *Tomar a ~*, prendre à la rigolade | — M Empoisonneur ‖ **~earse** vp FAM.

Blaguer (bromear), se moquer (reírse) ‖ **~ón, ona** adj/s Blagueur, euse; farceur, euse (bromista) | Moqueur, euse (burlón).
guat|a f Ouate ‖ **~ear** vt Ouater.
guatemalteco, a adj/s Guatémaltèque.
guateque m Surprise-partie *f*.
¡guay! interj Hélas!
guayab|a f Goyave (fruto) | *Amér.* Blague, mensonge *m* ‖ **~o** m Goyavier (árbol) | FAM. Belle gosse *f* (jovencita).
Guayana nprf Guyane.
gubern|amental adj Gouvernemental, e ‖ **~ativamente** adv Officiellement ‖ **~ativo, a** Gouvernemental, e | Préfectoral, e.
gubia f TECN. Gouge (escoplo).
guedeja f Longue chevelure | Crinière (del léon).
guerr|a f Guerre : *~ galana,* guerre en dentelles | FAM. *Dar mucha ~,* donner beaucoup de mal, donner du fil à retordre | *La ~ boba,* la drôle de guerre ‖ **~ear** vi Guerroyer, faire la guerre ‖ **~ero, a** adj/s Guerrier, ère | — F Tunique (militar), vareuse (marina) ‖ **~illa** f Guérilla | Ligne de tirailleurs | Corps (*m*) franc, bande de partisans (partida) | Bataille (juego) | *Marchar en ~,* marcher en tirailleur ‖ **~illero** m Guérillero, franc-tireur, partisan.
guía s Guide | — F Guide *m* (libro) | Indicateur *m* (de ferrocarriles) | Annuaire *m* (de teléfono) | Cheval (*m*) de tête (caballo) | MEC. Glissière | TECN. Tringle chemin de fer (para cortinas) | — Pl Guides (riendas) | Pointes (del bigote) | — M Guidon (de bicicleta).
guiado m Guidage (de proyectil).
guiahílos m Guide-fil.
guiar vt Guider | Conduire | FIG. Mener | — Vp Se laisser guider *o* conduire | *~ por unos consejos,* suivre des conseils.
Guido nprm Guy.
guij|a f Caillou *m* ‖ **~arral** m Terrain caillouteux ‖ **~arro** m Caillou (piedra) | Galet (canto rodado) ‖ **~arroso, a** adj Caillouteux, euse ‖ **~o** m Cailloutis, gravier.
guillado, a adj FAM. Cinglé, e.
guillame m TECN. Guillaume.
guillarse vp FAM. Décamper, filer (largarse), se toquer de (chiflarse por).
Guillermo nprm Guillaume.
guillotin|a f Guillotine | Massicot *m* (de encuadernador) ‖ **~ar** vt Guillotiner | Couper au massicot (papel).
guimbarda f TECN. Guimbarde.
guind|a f Guigne, griotte | *~ garrafal,* griotte ‖ **~aleza** f MAR. Guinderesse ‖ **~ar** vt Guinder, hisser (elevar) | FAM. Souffler (robar), pendre (ahorcar) ‖ **~aste** m MAR. Guindeau ‖ **~illa** f Piment (*m*) rouge | — M POP. Flic (guardia) ‖ **~o** m Guignier [arbre] ‖ **~ola** f MAR. Triangle *m* (andamio), bouée de sauvetage (boya), bateau (*m*) de loch.
guinea f Guinée (moneda).
Guinea nprf Guinée.
guiñ|ada f Clignement (*m*) d'œil | MAR. Embardée ‖ **~apo** m Haillon, guenille *f*, loque *f* | FIG. Guenille *f* ‖ **~ar** vt/i Cligner de l'œil | MAR. Faire des embardées | — Vp Se faire des clins d'œil ‖ **~o** m Clin d'œil ‖ **~ol** m Guignol.
gui|ón m Guidon (pendón) | Croix (*f*) de procession (cruz) | Scénario (cine) | GRAM. Trait d'union (de nombre compuesto), tiret (raya) | FIG. Guide ‖ **~onista** s Scénariste (cine).
guipar vt POP. Reluquer (ver).
guipure m Guipure *f*.
güira f BOT. Calebassier *m* | Calebasse (fruto) | FAM. *Amér.* Caillou *m* (cabeza).
guirigay m FAM. Baragouin, charabia (galimatías), brouhaha (gritería).
guirlache m Sorte de nougat.
guirnalda f Guirlande.
guisa f Guise | *A ~ de,* en guise de | *De tal ~,* de telle manière.
guis|ado m CULIN. Ragoût | FAM. Histoire *f* ‖ **~ante** m Pois (planta) | Petit pois (legumbre) | *~ de olor,* pois de senteur | *~ mollar,* pois mange-tout ‖ **~ar** vi Cuisiner, faire la cuisine | — Vt Cuisiner, préparer, accommoder | FIG. Préparer, disposer ‖ **~o** m Ragoût | Plat | — Pl Cuisine *fsing* (comida) ‖ **~ote** m FAM. Tambouille *f* ‖ **~otear** vt/i Cuisiner.
guita f Ficelle | FAM. Galette (dinero).
guitarr|a f MÚS. Guitare ‖ **~ero** m Luthier ‖ **~ista** s Guitariste.
güito m FAM. Galurin (sombrero).
gul|a f Gourmandise ‖ **~es** mpl BLAS. Gueules *sing* ‖ **~usmear** vi Renifler les plats | Fouiner (curiosear).
gumía f Poignard *m*, dague mauresque.
guripa m FAM. Troufion (soldado).
gurripato m Petit moineau | FAM. Gosse (niño).
gurrumino, a adj FAM. Chétif, ive (enclenque), mesquin, e | — S Gosse.
gusan|ear vi Fourmiller, grouiller ‖ **~illo** m Petit ver | FAM. Virus | FAM. *~ de la conciencia,* ver rongeur. *Matar el ~,* tuer le ver ‖ **~o** m Ver : *~ de luz,* ver luisant | Ver de terre (lombriz) | Chenille *f* (oruga) | FIG. Ver | FAM. *Criar ~s,* manger les pissenlits par la racine | *~ de seda,* ver à soie.
gusarapo m Vermisseau.

gust|ación f Gustation ‖ **~ar** vt Goûter | — Vi Aimer, plaire : *el café le gusta,* il aime le café, le café lui plaît | Plaire : *esto es lo que gusta,* c'est ce qui plaît | *¡Así me gusta!,* à la bonne heure! | *Como le guste,* comme vous voudrez, comme il vous plaira | *~ de,* aimer | — Vp Se plaire ‖ **~ativo, a** adj Gustatif, ive ‖ **~azo** m FAM. Plaisir immense | FAM. *Darse el ~ de,* s'offrir la satisfaction de. *Un ~ por un trancazo,* le jeu en vaut bien la chandelle ‖ **~illo** m Petit goût (cierto sabor) | Arrière-goût (sabor que queda) ‖ **~o** m Goût : *tener ~ a,* avoir le goût de | Goût (cualidad) | Parfum (de helado) | Plaisir : *dar ~,* faire plaisir | Bon plaisir (voluntad) | *A ~,* bien, à l'aise | *Con ~,* avec plaisir, volontiers | *Darse el ~ de,* s'offrir la satisfaction de | *El ~ es mío,* tout le plaisir est pour moi | *Mucho* ou *tanto ~ en conocerle,* enchanté de faire votre connaissance | *No hay ~ sin disgusto,* il n'y a pas de bonheur sans mélange | *Sobre ~s no hay nada escrito,* tous les goûts sont dans la nature | *Tener mucho ~ en,* avoir beaucoup de plaisir à, se faire un plaisir de ‖ **~oso, a** adj Savoureux, euse | Plaisant, e (agradable) | *Lo haré ~,* je le ferai avec plaisir.

guta|gamba f Gomme-gutte ‖ **~percha** f Gutta-percha.

gutural adj/f Guttural, e.

gymkhana f Gymkhana *m.*

h

h f H *m* | FAM. *Llámele Ud. H,* appelez ça comme vous voudrez, c'est la même chose | *Por H o por B,* pour une raison ou pour une autre.

haba f BOT. Fève (planta), graine (de cacao), grain *m* (de café) | Boule (para votar) | Cloque (roncha) | MIN. Rognon *m* | FAM. *En todas partes cuecen ~s,* c'est partout pareil, nous sommes tous logés à la même enseigne | FIG. *Esas son ~s contadas,* ça ne fait pas l'ombre d'un doute.

Habana (La) npr La Havane.

haban|ero, a adj/s Havanais, e ‖ **~o, a** adj/s Havanais, e| Havane (color) | — M Havane (cigarro puro).

habar m Champ de fèves.

haber* vt Avoir, posséder | Avoir (conseguir) | Arrêter (un ladrón) | — V aux Avoir : *he dicho,* j'ai dit | Être (con vi de movimiento o de estación) : *he salido,* je suis sorti; *nos hemos quedado,* nous sommes restés | Être (con verbo pronominal de movimiento, etc) : *me he levantado,* je me suis levé | — Vimp Y avoir : *las había muy hermosas antes,* il y en avait de très belles auparavant; *hay poca gente aquí,* il y a peu de gens ici; *poco tiempo ha,* il y a peu de temps | Y avoir, être (ser) : *los hay que,* il y en a o il en est qui | *Allá se las haya,* qu'il s'arrange, qu'il se débrouille | *Bien haya quien,* heureux celui qui | *~ de,* devoir : *han de salir,* ils doivent partir; falloir : *ha de venir,* il faut qu'il vienne | *~ que,* falloir | *Habérselas con uno,* avoir affaire à qqn | *¡Habrase visto!,* vous vous rendez compte! | *No ~ más que pedir,* n'y avoir rien à redire | *No ~ más que ver,* n'y avoir rien d'autre à voir | *No hay tal cosa,* ce n'est pas vrai | *¿Qué hay?,* ça va?, comment ça va? | *¿Qué hay de nuevo?,* quoi de neuf? | *¿Qué le he de hacer?,* que voulez-vous que j'y fasse? | *Ya no hay más,* il n'y en a plus.

haber m COM. Avoir | Crédit | FIG. *Tener en su ~,* avoir à son actif | — Pl Avoir *sing* (bienes) | Émoluments (retribución).

habichuela f Haricot *m.*

habiente adj Ayant | *~* ou *~s derecho* ou *derecho ~* ou *~s,* ayant droit.

hábil adj Habile, adroit, e | DR. Habile, apte | Ouvrable (día) | *~ para un empleo,* apte à un emploi | FAM. *Ser ~ en,* s'y connaître en.

habil|idad f Habileté, adresse | DR. Habilité | Talent *m* (capacidad) | *Prueba de ~,* slalom (esquí) ‖ **~idoso, a** adj Habile, adroit, e ‖ **~itación** f DR. Habilitation | Comptabilité (cargo) ‖ **~itado, a** adj Habile | — M Officier comptable, payeur ‖ **~itador, a** adj DR. Habilitant, e | — M Suppléant (auxiliar) ‖ **~itar** vt DR. Habiliter | Pourvoir : *~ con fondos,* pourvoir de fonds | COM. Commanditer | *~ una casa,* aménager une maison.

habit|abilidad f Habitabilité ‖ **~able** adj Habitable ‖ **~ación** f Habitation | Pièce : *piso con dos ~s,* appartement de deux pièces | Chambre (cuarto de dormir) ‖ **~ante** adj/s Habitant, e ‖ **~ar** vt/i Habiter.

hábito m Habit (vestido) | Habitude *f* (costumbre) | Robe *f* (de monje) | FIG. *El ~ hace al monje,* la belle plume fait le bel oiseau. *El ~ no hace al monje,* l'habit ne fait pas le moine | *Tomar el ~,* prendre l'habit.

habitu|ación f Accoutumance | Habitude ‖ **~ado, a** s Habitué, e ‖ **~al** adj Habituel, elle ‖ **~ar** vt Habituer | — Vp S'habituer ‖ **~d** f Rapport *m,* liaison (entre dos cosas) | Habitude (costumbre).

habl|a f Parole : *perder el ~,* perdre la parole | Langue (idioma) | Parler | Langage (de los niños) | Expression : *prensa de ~ francesa,* presse d'expression française | Discours *m* | MAR. *Al ~,* à portée de voix | *Al ~ Miguel,* Michel à l'appareil (en el teléfono) | *Estar al ~* ou *en ~ con,* être en pourparlers *o* en rapport avec | *Negarle el ~ a uno,* ne pas adresser la parole à qqn | *Ponerse al ~ telefónica con uno,* engager une conversation téléphonique avec qqn ‖ **~ado, a** adj Parlé, e | Parlant, e (cine) | *Bien ~,* poli | *Mal ~,* grossier ‖ **~ador, a** adj/s Bavard, e ‖ **~aduría** f Cancan *m,* potin *m,* commérage ‖ **~ar** vi Parler | FIG. Fréquenter (dos novios) | *Dar mucho que ~,* faire beaucoup parler de soi, faire du bruit (cosa o persona), faire couler beaucoup d'encre (asunto) | *El ~ bien no cuesta dinero,* jamais beau parler n'écorche la langue | *~ alto, bajo,* parler fort, bas | *~ a solas,* parler tout seul | *~ bien, mal de uno,* dire du bien, du mal de qqn | *~ claro* ou *a las claras,* ne pas mâcher ses mots | *~ de todo un poco,* parler de choses et d'autres | *~ de tú, de Ud a uno,* dire tu à qqn *o* tutoyer qqn, dire vous à qqn *o* vouvoyer qqn | *~ gangoso* ou *con la nariz,* parler du nez | *~ largo y tendido,* parler longuement | *~ por ~, ~ porque sí,* parler pour parler *o* pour ne rien dire | *Hablemos poco y bien,* parlons peu mais parlons bien | FAM. *Ni ~,* pas question, rien à faire | *No hay más que ~,* c'est tout dit, il n'y a pas à y revenir | *Quien mucho habla, mucho yerra,* trop parler nuit | *Sólo le falta ~,* il ne lui manque que la parole | — Vt Parler : *habla (el) francés,* il parle (le) français | Dire (disparates) | — Vp Se parler | Se fréquenter, se parler | Parler ‖ **~illa** f Cancan *m,* potin *m,* ragot *m* ‖ **~ista** s Puriste.

habón m Cloque *f,* ampoule *f* (roncha).

hacecillo m Faisceau.

haced|ero, a adj Faisable ‖ **~or, a** adj/s Auteur (sin fem), créateur, trice | *El Sumo* ou *el Supremo ~,* le Créateur (Dios).

hacend|ado, a adj/s Fortuné, e | — S Propriétaire foncier | *Amér.* Éleveur, euse (ganadero) ‖ **~ar*** vt Conférer la propriété d'une terre | — Vp S'établir (vivir) ‖ **~ero, a** adj Actif, ive ; travailleur, euse; laborieux, euse ‖ **~ista** m Financier | *Amér.* Gros propriétaire ‖ **~ístico, a** adj Financier, ère ‖ **~oso, a** adj Actif, ive.

hacer* vt Faire : *~ un pastel, un milagro,* faire un gâteau, un miracle; *~ reír, daño,* faire rire, mal | Dresser (lista, contrato) | Faire, accoutumer | Faire, contenir | Croire (pensar) | Faire (las uñas, la barba) | Faire (obligar) | TEATR. Faire, jouer le rôle de | *El que la hace la paga,* qui casse les verres les paye | *~ bien en,* faire bien de | *~ otro tanto,* faire de même, en faire autant | *~ una cosa arrastrando,* faire une chose de mauvais gré | *~ una de las suyas,* faire des siennes | *Haz bien y no mires a quién,* que ta main gauche ignore le bien que fait ta main droite | FAM. *¡La hizo!,* c'est du joli! | *Por más que haga* ou *haga lo que haga,* quoi qu'il fasse, il a beau faire | *Ser el que hace y deshace,* avoir la haute main sur, faire la pluie et le beau temps.

— Vi Faire (importar) | Convenir, aller | *Cien francos más o menos no le hace,* il n'est pas à cent francs près | *~ de,* faire fonction de; servir de; faire le, la : *hace de tonto,* il fait l'idiot; faire le, la; jouer le, la (blasonar) | *~ como,* faire celui *o* celle qui | *~ como si,* faire semblant de | *~ para,* faire tout son possible pour | *~ por la vida,* manger (comer).

— Vimp Faire (calor, frío, etc) | Y avoir : *hace tres días,* il y a trois jours | *Desde hace dos años,* depuis deux ans. — Vp Se faire : *~ sacerdote, tarde, viejo,* se faire prêtre, tard, vieux | Devenir (volverse) | Se changer, se transformer | Se faire, s'habituer | *~ atrás,* reculer | *~ de* ou *con,* se procurer (procurarse), s'approprier (apropiarse), s'emparer de; contrôler (en deportes) | *~ de nuevo con,* reprendre | *~ de rogar,* se faire prier | *~ fuerte,* se retrancher (fortificarse), se buter (en una idea) | *Se me hace que va a llover,* il me semble qu'il va pleuvoir.

hacia prep Vers | *~ arriba,* en l'air (mirar) | *~ atrás,* en arrière (ir).

hacienda f Ferme, propriété rurale (finca rural) | Hacienda (en Amérique)

| Fortune, biens *mpl* | Finances *pl* : *ministerio de Hacienda,* ministère des Finances | ~ *pública,* finances publiques, trésor public.

hacin|a f Meule, gerbier *m* | FIG. Tas *m*, monceau *m* || **~ación** f Entassement *m* || **~amiento** m Entassement || **~ar** vt Entasser | FIG. Accumuler | — Vp S'entasser, se presser (amontonarse).

hach|a f Hache : *~ de armas,* hache d'armes | Torche (antorcha), flambeau *m* (de cera) | FAM. As *m*, crack *m* || **~azo** m Coup de hache | Coup de corne (toro) || **~e** f H *m* (letra) || **~ear** vt Dégrossir à coups de hache | — Vi Donner des coups de hache.

hachís m Hachisch, haschisch.

hach|o m Torche *f* (antorcha) | Promontoire || **~ón** m Torche *f* (antorcha), flambeau (de cera) || **~uela** f Hachette.

had|a f Fée : *cuento de ~s,* conte de fées || **~o** m Destin, destinée *f*.

hagiografía f Hagiographie.

haiga m POP. Grosse bagnole *f*, voiture (*f*) américaine.

Haití nprm Haïti *f*.

halag|ador, a adj Flatteur, euse || **~ar** vt Flatter | Plaire (agradar) || **~o** m Flatterie *f* (lisonja) | Cajolerie *f* (mimo) || **~üeño, a** adj Flatteur, euse (lisonjero) | FIG. Prometteur, euse; encourageant, e (alentador, esperanzador).

halar vt MAR. Haler.

halc|ón m Faucon || **~onería** f Fauconnerie || **~onero** m Fauconnier.

hálito m Haleine *f*.

halo m Halo.

hal|ógeno, a adj/m Halogène || **~oide** m Haloïde || **~oideo, a** adj/m Haloïde.

halter|a f Haltère *m* || **~ofilia** f Haltérophilie || **~ófilo, a** adj/s Haltérophile.

hall m Entrée *f*, hall.

hall|ado, a adj Trouvé, e || **~ar** vt Trouver | Rencontrer (persona) | — Vp Se trouver (encontrarse) | Être : *~ enfermo,* être malade | *~ con una cosa,* trouver une chose | *~ en todo,* se mêler de tout | *No ~,* ne pas être à son aise, ne pas être dans son élément, se sentir perdu || **~azgo** m Découverte *f* | Trouvaille *f*.

hamaca f Hamac *m* | Chaise longue (tumbona) | *Amér.* Balançoire (columpio).

hámago m Propolis *f* (abejas).

hamaqu|ear vt *Amér.* Bercer || **~ero** m Fabricant de hamacs | Crochet de hamac (gancho).

hambr|e f Faim : *aplacar, engañar el ~,* assouvir, tromper sa faim | Famine : *salario de ~,* salaire de famine | FAM. Soif, faim (deseo) | *A buen ~ no hay pan duro,* la faim n'a pas de goût | *El ~ es mala consejera,* ventre affamé n'a pas d'oreilles | *El ~ aguza el ingenio,* nécessité est mère d'industrie | *~ calagurritana,* grande famine | *~ canina,* boulimie (enfermedad), faim de loup | *Matar de ~,* affamer | *Matar el ~,* tuer la faim | *Quejarse de ~,* crier famine || **~ear** vi Avoir faim || **~iento, a** adj/s Affamé, e || **~ón, ona** adj FAM. Très affamé, e; mort, morte de faim.

Hamburgo npr Hambourg.

hamp|a f Pègre, milieu *m* || **~esco, a** adj De la pègre, du milieu || **~ón** m adj/m Bravache.

hámster m Hamster.

handicap m Handicap.

hangar m Hangar (cobertizo).

hans|a *f* Hanse || **~eático, a** adj Hanséatique.

harag|án, ana adj/s Fainéant, e || **~anear** vi Fainéanter, tirer sa flemme || **~anería** f Fainéantise (pereza).

harap|iento, a adj En haillons, en guenilles, déguenillé, e || **~o** m Haillon, guenille *f* | *Andar hecho un ~,* être en haillons, être dépenaillé || **~oso, a** adj V. HARAPIENTO.

harem o **harén** m Harem.

harin|a f Farine : *~ de flor,* fleur de farine | Poudre fine, poussière | *Almacén, fábrica* ou *comercio de ~,* minoterie | FIG. *Donde no hay ~, todo es mohína,* quand le foin manque au râtelier les chevaux se battent | FAM. *Eso es ~ de otro costal,* c'est une autre affaire, c'est une autre paire de manches | *Metido en ~,* mal cuit (pan), absorbé [en una empresa], plongé jusqu'au cou (en un asunto), bien en chair (gordo) || **~ero, a** adj Relatif à la farine | — M Minotier || **~oso, a** adj Farineux, euse.

harmonía f *y sus derivados* V. ARMONÍA *et ses dérivés.*

harnero m Crible (criba).

harp|a f MÚS. Harpe || **~ía** f Harpie || **~illera** f Serpillière.

hart|ada f Indigestion (hartazgo) || **~ar** vt Rassasier | FIG. Satisfaire (deseo), fatiguer, lasser (cansar), ennuyer, assommer (fastidiar) | *~ de palos,* rouer de coups | — Vp Se rassasier | Se gaver (comer demasiado) | FIG. Se lasser, en avoir assez | *~ de dormir,* dormir tout son soûl | *Hasta ~,* jusqu'à plus soif, jusqu'à satiété || **~azgo** m Indigestion *f*, rassasiement | *Darse un ~,* se rassasier (saciarse), avoir une indigestion (estar harto) || **~o, a** adj Rassasié, e; repu, e (de comer) | FIG. Fatigué, e; las, lasse (cansado) | FAM. *Estar ~ de,* en avoir assez *o* marre; être dégoûté (asqueado), être gavé (saciado) | — Adv Assez (bastante), trop (demasiado) || **~ón** m FAM. Indigestion *f* | *Amér.* Glouton || **~ura** f Rassasiement *m* | Abondance | FIG. Satisfaction (de un deseo), indigestion.

hasta prep Jusque : *~ aquí,* jusqu'ici | Jusqu'à, à : *desde París ~ Madrid,* de Paris à Madrid | Avant : *no acabaré ~ mañana,* je n'aurai pas fini avant demain | *~ ahora* ou *~ la fecha,* jusqu'à maintenant, jusqu'à présent | *¡ ~ ahora!,* à tout de suite, à tout à l'heure | *¿~ cuándo?,* jusqu'à quand? | *~ el punto que,* à un tel point que | *~ la vista* ou *~ otra,* au revoir | *~ luego, ~ después, ~ pronto,* à tout à l'heure, à tout de suite, à bientôt | *~ mañana,* à demain | *~ más no poder,* on ne peut plus; jusqu'à n'en plus pouvoir | *~ tanto que,* tant que | — Conj Même, jusqu'à.

hast|iado, a adj Dégoûté, e; écœuré, e || **~iar** vt Dégoûter, écœurer | Ennuyer, excéder || **~ío** m Dégoût (asco) | Ennui, lassitude *f.*

hat|ajo m Petit troupeau | FIG. Tas (montón) || **~illo** m Petit troupeau | Balluchon (paquete) | FAM. *Tomar* ou *coger el ~,* faire son balluchon, plier bagage || **~o** m Troupeau (rebaño) | Provisions (*fpl*) des bergers | FIG. Bande *f,* tas (de gente) | Balluchon | FAM. *Andar con el ~ a cuestas,* rouler sa bosse. *Liar uno el ~,* faire son balluchon.

haya f BOT. Hêtre *m.*

Haya (La) npr La Haye.

hayal o **hayedo** m Bois de hêtres.

haz m Faisceau (de cosas, de luz) | Gerbe *f* (cereales, etc) | Fagot (leña) | Botte *f* (gavilla) | Liasse *f* (fajo) | — F Face, visage *m* (rostro) | Face (lado) | BOT. Endroit *m* : *el ~ y el envés,* l'endroit et l'envers | Surface, face (de la tierra) | Surface (del agua).

haza f Champ *m,* lopin *m.*

hazaña f Exploit *m,* prouesse, haut fait *m* | *Las ~s de Hércules,* les travaux d'Hercule.

hazmerreír m Risée *f* : *ser el ~ del pueblo,* être la risée du village.

he adv *~ aquí,* voici; *heme aquí,* me voici; *hele aquí,* le voici.

hebdomadario, a adj Hebdomadaire.

hebilla f Boucle.

hebra f Brin *m* (de hilo) | Fil *m* (de verduras) | Fibre (carne) | Filament *m* | FIG. Fil *m* (del discurso) | MIN. Veine, filon *m* | *Amér. De una ~,* d'une haleine, d'une traite | FAM. *Pegar la ~,* tailler une bavette, entamer une conversation.

hebra|ico, a adj Hébraïque || **~ísmo** m Hébraïsme || **~izar** vt Hébraïser.

hebreo, a adj/s FAM. Juif, juive (usurero) | — Adjm/m Hébreu.

hecatombe f Hécatombe.

hect|área f Hectare *m* || **~ogramo** m Hectogramme || **~olitro** m Hectolitre || **~ómetro** m Hectomètre.

hecha (de esta) loc adv Dès lors.

hechi|cería f Sorcellerie | FIG. Ensorcellement *m,* envoûtement *m* || **~cero, a** adj/s Sorcier, ère | FIG. Ensorcelant, e; ensorceleur, euse || **~zar** vt Ensorceler, jeter un sort *o* un charme sur | FIG. Ensorceler, envoûter || **~zo** m Sortilège | Envoûtement, ensorcellement | FIG. Ensorceleur (persona que hechiza).

hech|o, a pp de *hacer* Fait, e : *hemos hecho,* nous avons fait | *A lo ~ pecho,* ce qui est fait est fait | *Estar ~,* être devenu | — Adj Fait, e : *bien ~,* bien fait | *~ y derecho,* accompli, parfait | — M Fait : *~ consumado, probado, de armas,* fait accompli, avéré, d'armes | *De ~,* en fait, en réalité (realmente) | *Es un ~ que,* le fait est que | *Hechos de los Apóstoles,* Actes des Apôtres | *~s y milagros,* faits et gestes | *Por el ~ de que,* du fait que || **~ura** f Façon : *pagar por la ~ de un sastre,* payer la façon d'un costume | Créature : *~ de Dios,* créature de Dieu | FIG. Œuvre, ouvrage *m* (obra).

hed|er* vi Puer (oler mal) || **~iente** o **~iento, a** adj Puant, e; fétide || **~iondamente** adv D'une manière infecte || **~iondez** f Puanteur || **~iondo, a** adj Puant, e; infect, e | FIG. Répugnant, e (repugnante).

hedonismo m Hédonisme.

hedor m Puanteur *f.*

hegemonía f Hégémonie.

hel|able adj Congelable || **~ada** f Gelée | *~ blanca,* gelée blanche, givre || **~adera** f Sorbetière | *Amér.* Réfrigérateur *m* || **~adería** f Glacier *m* || **~adero** m Glacier, marchand de glaces || **~ado, a** adj Glacé, e; gelé, e | FIG. *Quedarse ~,* être abasourdi (por una noticia) | — M Glace *f* : *~ de vainilla,* glace à la vanille || **~ora** f Sorbetière (para hacer helados) | Glacière (nevera) || **~amiento** m Congélation *f* || **~ar*** vt Geler, glacer (agua) | Figer (aceite, grasa) | Frapper (champaña) | FIG. Glacer, transir : *~ de espanto,* glacer de peur | — Vp Geler, se glacer, se congeler (líquidos) | Figer (aceite) | Geler (planta) | FIG. Geler, mourir de froid | — Vimp Geler.

helecho m BOT. Fougère *f.*

hel|énico, a adj Hellénique ‖ **~enismo** m Hellénisme ‖ **~enista** s Helléniste | **~enizar** vt Helléniser ‖ **~eno, a** adj/s Hellène.
heler|a f *Amér.* Réfrigérateur *m* ‖ **~o** m Glacier (ventisquero).
helgadura f Écartement (*m*) entre les dents.
helianto m Hélianthe, tournesol.
hélice f Hélice | Anat. Zool. Hélix *m*.
helic|oidal adj Hélicoïdal, e ‖ **~óptero** m Hélicoptère | *Estación terminal de ~s*, héligare.
helio m Hélium (gas) | Impr. Hélio.
heli|ograbado m Impr. Héliogravure *f* ‖ **~ograbador** m Impr. Héliograveur ‖ **~ógrafo** m Astr. Héliographe ‖ **~ómetro** m Héliomètre ‖ **~ón** m Hélion ‖ **~oterapia** f Héliothérapie ‖ **~otropo** m Héliotrope ‖ **~puerto** m Héliport.
helvético, a adj Helvétique | — S Helvète.
hema|tíe m Hématie *f* ‖ **~tina** f Hématine ‖ **~tites** f Hématite ‖ **~tología** f Hématologie ‖ **~toma** m Hématome ‖ **~tosis** f Hématose ‖ **~tozoario** m Hématozoaire.
hembr|a f Femelle (de animal) | Fam. Fille (hija), fille, femme ‖ **~illa** f Femelle (de piezas) | Piton *m* (armella) ‖ **~uno, a** adj Relatif aux femelles.
hemeroteca f Département (*m*) des périodiques.
hemi|ciclo m Hémicycle ‖ **~plejía** f Hémiplégie ‖ **~sferio** m Hémisphère ‖ **~stiquio** m Hémistiche.
hemo|filia f Hémophilie ‖ **~fílico, a** adj/s Hémophile ‖ **~globina** f Hémoglobine ‖ **~lisis** f Hémolyse ‖ **~lítico, a** adj Hémolytique ‖ **~ptisis** f Hémoptysie ‖ **~rragia** f Hémorragie | Saignement *m* : *~ nasal*, saignement de nez ‖ **~rroides** fpl Hémorroïdes ‖ **~stasis** f Hémostase ‖ **~stático, a** adj/m Hémostatique.
hen|aje m Agr. Fenaison *f*, foins *pl* ‖ **~ar** m Pré à foin (prado) | Fenil, grenier à foin.
hench|imiento m Gonflement | Remplissage ‖ **~ir*** vt Emplir, remplir | Gonfler | *Henchido de orgullo*, bouffi o gonflé d'orgueil | — Vp Se bourrer (de comida).
hend|edura o **~idura** f Fente, crevasse (grieta) | Fêlure (en una vasija) ‖ **~er*** vt Fendre ‖ **~ido, a** adj Fourchu, e (pie) ‖ **~iente** m Fendant (golpe).
hen|ificación f Agr. Fenaison ‖ **~ificadora** f Faneuse ‖ **~ificar** vt Faner ‖ **~il** m Fenil ‖ **~o** m Foin | *Segar el ~*, faire les foins | *Siega del ~*, fenaison.

hep|ático, a adj/s Hépatique ‖ **~atitis** f Hépatite.
hept|aedro m Heptaèdre ‖ **~ágono, a** adj/m Heptagone ‖ **~asílabo, a** adj/m Heptasyllabe.
her|áldico, a adj/f Héraldique ‖ **~aldo** m Héraut.
herb|áceo, a adj Herbacé, e ‖ **~ajar** vt Herbager, mettre à l'herbage | — Vi Être à l'herbage ‖ **~aje** m Herbage | Droit de pâture ‖ **~ajero, a** s Herbager, ère ‖ **~ario, a** adj Relatif aux herbes | — M Herbier (colección de plantas) | Botaniste | Panse (*f*) des ruminants ‖ **~icida** adj/m Herbicide ‖ **~ívoro, a** adj/m Herbivore ‖ **~olario, a** s Herboriste | — M Herboristerie *f* ‖ **~orización** f Herborisation ‖ **~orizar** vi Herboriser ‖ **~oso, a** adj Herbeux, euse.
herciniano, a adj Hercynien, enne.
hercio m Hertz.
hercúleo, a adj Herculéen, enne.
hércules m Fam. Hercule.
hered|ad f Propriété, domaine *m*, héritage *m* (hacienda) ‖ **~ado, a** adj Fortuné, e ‖ **~ar** vi Hériter, faire un héritage | — Vt Hériter : *~ una fortuna*, hériter d'une fortune ‖ **~ero, a** adj/s Héritier, ère : *~ presunto*, héritier présomptif | *~ universal*, légataire universel ‖ **~itario, a** adj Héréditaire.
herej|e s Hérétique ‖ **~ía** f Hérésie.
herencia f Hérédité | Héritage *m* (bienes heredados) | Fam. *Lo trae* ou *lo tiene de ~*, c'est de famille.
herético, a adj Hérétique.
her|ida f Blessure | Plaie (llaga) | Fig. Offense, injure (ofensa), blessure (del alma, etc) | *Abrir de nuevo una ~*, rouvrir une blessure | *~ contusa*, contusion | Fig. *Hurgar en la ~*, retourner le couteau dans la plaie. *Renovar la ~*, rouvrir la blessure *o* la plaie. *Tocar en la ~*, mettre le doigt sur la plaie ‖ **~ido, a** adj/s Blessé, e : *~ de gravedad*, grièvement blessé ; *~ de muerte*, mortellement blessé ‖ **~ir*** vt Blesser : *~ de muerte*, blesser à mort | Frapper (rayo del sol) | Mús. Jouer, pincer | Fig. Blesser (el oído), choquer (palabra), blesser, froisser, heurter (ofender) | *~ el aire con sus gritos*, déchirer l'air de ses cris | *~ en lo vivo*, piquer au vif | — Vp Se blesser.
hermafrodi|ta adj/s Hermaphrodite ‖ **~tismo** m Hermaphrodisme.
herman|a f Sœur | *~ política*, belle-sœur ‖ **~able** adj Fraternel, elle ‖ **~ado, a** adj Fig. Assorti, e (aparejado), conforme (idéntico), jumelé, e (ciudad) ‖ **~amiento** m Fraternisation *f* | Conformité *f* | Assortiment | Jumelage (ciudades) ‖ **~ar** vt Assor-

tir | Réunir | Unir par les liens de la fraternité, rendre frères (personas) | Jumeler (ciudades) | Accorder (ideas) | — Vp S'assortir (cosas) | Fraterniser (personas) || **~astro, a** s Demi-frère, demi-sœur || **~dad** f Fraternité | Confrérie (cofradía) | Amicale, association | FIG. Assortiment *m*, ressemblance || **~o** m Frère : *~ mayor*, frère aîné; *~ lego*, frère lai; *~ de leche*, frère de lait | *~ político*, beau-frère.

herm|eticidad f Herméticité || Étanchéité (estanquidad) || **~ético, a** adj Hermétique, étanche || **~etismo** m Hermétisme.

hermos|amente adv Avec beauté | Admirablement || **~eamiento** m Embellissement || **~ear** vt Embellir || **~o, a** adj Beau, belle : *~ día*, belle journée | *Más ~ que el sol*, beau comme le jour || **~ura** f Beauté | FIG. Merveille, beauté | *¡Qué ~!*, que c'est beau!

herni|a f Hernie || **~iado, a** adj/s Hernieux, euse (persona) | — Adj Hernié, e | FAM. *No se ha ~*, il ne s'est pas foulé || **~iario, a** adj Herniaire || **~ioso, a** adj/s Hernieux, euse.

Herodes nprm Hérode.

héroe m Héros.

hero|ico, a adj Héroïque || **~icoburlesco, a** o **~icocómico, a** adj Héroï-comique || **~ína** f Héroïne || **~ísmo** m Héroïsme.

herpes fpl Herpès *msing*.

herr|ada f Baquet *m* (cubo) || **~ador** m Maréchal-ferrant || **~adura** f Fer (*m*) à cheval | *Mostrar las ~s*, ruer (dar coces), détaler, prendre ses jambes à son cou (huir) || **~aje** m Ferrure *f* || **~amental** m Outillage, les outils *pl* | Trousse (*f*) à outils || **~amienta** f Outil *m* | Outillage *m* | FIG. Cornes *pl* (de un toro), arme (arma), instrument *m* || **~ar*** vt Ferrer (caballería, bastón) | Marquer au fer (ganado, prisionero) || **~ería** f Forge (taller) || **~erillo** m Sittelle *f* || **~ero** m Forgeron | *Amér.* Maréchal-ferrant || **~ete** m Ferret || **~etear** vt Ferrer || **~ín** m Rouille *f* || **~umbrar** vt Rouiller || **~umbre** f Rouille | Goût (*m*) de fer || **~umbroso, a** adj Rouillé, e.

hertz m Hertz || **~iano, a** adj Hertzien, enne || **~io** m Hertz.

herv|idero m Bouillonnement | FIG. Grouillement, fourmilière *f* (de gente), foyer (foco) || **~idor** m Bouilloire *f* || **~ir*** vt/i Bouillir | Bouillonner | FIG. Grouiller, fourmiller (de gente) | FIG. *~ en*, abonder en, foisonner en. *~ en cólera*, bouillir de colère. *~ en deseos*, mourir d'envie || **~or** m Ébullition *f* | Bouillonnement | FIG. Ardeur *f*, vivacité *f* | *Dar un ~ al agua*, porter l'eau à ébullition.

hetaira f Hétaïre.

heter|óclito, a adj Hétéroclite || **~odoxia** f Hétérodoxie || **~odoxo, a** adj Hétérodoxe || **~ogamia** f Hétérogamie || **~ogeneidad** f Hétérogénéité || **~ogéneo, a** adj Hétérogène.

hético, a adj MED. Phtisique | FIG. Étique, maigre.

hetiquez f MED. Phtisie.

hevea m Hévéa.

hex|aedro m Hexaèdre || **~agonal** adj Hexagonal, e || **~ágono** m Hexagone.

hez f Lie | — Pl Selles (excrementos) | *Heces fecales*, matières fécales.

hi s Fils (hijo).

hiato m Hiatus.

hibern|ación f Hibernation || **~al** adj Hivernal, e | Hibernal, e : *sueño ~*, sommeil hibernal || **~ante** adj Hibernant, e || **~ar** vi MED. Hiberner.

hibrid|ación f Hybridation || **~ismo** m o **~ez** f Hybridité *f*, hybridisme *m*.

híbrido, a adj/m Hybride.

hidalg|adamente adv Noblement || **~o** m Hidalgo, gentilhomme | *~ de aldea*, hobereau | *~ de gotera*, petit gentilhomme, noblaillon | — Adj Noble || **~uez** o **~uía** f Noblesse | FIG. Générosité, grandeur d'âme.

hidra f Hydre.

hidr|ácido m Hydracide || **~atación** f Hydratation || **~atante** adj Hydratant || **~atar** vt Hydrater || **~ato** m Hydrate || **~áulico, a** adj/f Hydraulique.

hidr|oavión m Hydravion | *Base para hidroaviones*, hydrobase || **~ocarbonato** m Hydrocarbonate || **~ocarburo** m Hydrocarbure || **~ocefalia** f Hydrocéphalie || **~océfalo, a** adj/s Hydrocéphale || **~odinámico, a** adj/f Hydrodynamique || **~oelectricidad** f Hydro-électricité || **~oeléctrico, a** adj Hydro-électrique || **~ófilo, a** adj/m Hydrophile || **~ofobia** f Hydrophobie || **~ófobo, a** adj/s Hydrophobe || **~ófugo, a** adj Hydrofuge || **~ogenación** f Hydrogénation || **~ogenar** vt Hydrogéner || **~ógeno** m Hydrogène : *~ pesado*, hydrogène lourd || **~ografía** f Hydrographie || **~ólisis** f Hydrolyse || **~olizar** vt Hydrolyser || **~omel** m Hydromel || **~ometría** f Hydrométrie || **~opedal** m Pédalo || **~opesía** f Hydropisie || **~oplano** m Hydroglisseur || **~oscopia** f Hydroscopie || **~osfera** f Hydrosphère || **~ostático, a** adj/f Hydrostatique || **~oterapia** f Hydrothérapie || **~óxido** m Hydroxyde.

hiedra f BOT. Lierre *m*.

hiel f Fiel *m* | FIG. Fiel *m*, amertume | — Pl Peines, chagrins *m* | FAM. *Echar* ou *sudar uno la ~*, se tuer au travail, suer sang et eau.

hielo m Glace *f* : *~ en barras*, pains de glace | Verglas (en la carretera) | FIG. Froideur *f* | *Estar cubierto de ~*, être verglacé (camino) | FAM. *Estar hecho un ~*. être glacé *o* frigorifié. *Romper el ~*, rompre la glace.

hiena f Hyène.

hierático, a adj Hiératique.

hierba f Herbe : *finas ~s*, fines herbes | Paille (defecto en la esmeralda) | — Pl Poison *msing* | Ans *m* (animales) | *En ~*, en herbe | *~ buena*, menthe | FAM. *La mala ~ crece mucho*, mauvaise herbe croît toujours. *Mala ~*, mauvaise graine. *Y otras ~s*, et j'en passe || **~buena** f Menthe (planta) || **~jo** m Mauvaise herbe *f*.

hieroglífico m Hiéroglyphe.

hierro m Fer : *~ forjado, candente*, fer forgé, rouge | Marque *f* | Fer (de lanza, etc) | — Pl Fers (grillos) | *A ~ y fuego*, à feu et à sang | FIG. *Al ~ candente batir de repente*, il faut battre le fer quand il est chaud | *~ colado* ou *fundido*, fonte | *~ comercial*, fer marchand | FAM. *Machacar en ~ frío*, donner des coups d'épée dans l'eau | *Quien a ~ mata a ~ muere*, quiconque se sert de l'épée périra par l'épée.

higa f Amulette | FIG. Moquerie (burla), mépris *m* (desprecio) | FAM. *No me importa una ~*, je m'en moque comme de l'an quarante || **~dilla** f Foie *m* || **~dillo** m Foie (de animales pequeños) | FIG. *Comerse los ~s*, se manger le nez (reñir). *Echar los ~s*, se tuer au travail. *Sacar hasta los ~s*, sucer jusqu'à la moelle.

hígado m Foie | — Pl FIG. Courage *sing* | FAM. *Echar los ~s*, se tuer au travail.

higi|ene f Hygiène || **~énico, a** adj Hygiénique.

higo m BOT. Figue *f* : *~ chumbo* ou *de tuna*, figue de Barbarie | FAM. *De ~s a brevas*, tous les trente-six du mois. *Más seco que un ~*, sec comme un coup de trique. *No dársele a uno un ~ de algo*, se moquer de qqch. comme de l'an quarante. *No valer un ~*, ne pas valoir tripette.

higr|ometría f Hygrométrie || **~ómetro** m Hygromètre || **~oscopia** f Hygroscopie || **~oscopio** m Hygroscope.

higuera f BOT. Figuier *m* | *~ chumba* ou *de Indias*, figuier de Barbarie *o* d'Inde | FAM. *Estar en la ~*, être dans la lune.

hij|a f Fille | *~ política*, belle-fille || **~astro, a** s Beau-fils, belle-fille [d'un premier mariage] || **~o** m Fils : *~ menor, mayor*, fils cadet, aîné | Enfant *m* : *tiene dos ~s*, il a deux enfants | — Pl Fils, descendants | FAM. *Cualquier* ou *cada ~ de vecino*, n'importe qui, tout un chacun | *Es ~ de su padre*, c'est bien le fils de son père | *~ bastardo* ou *espurio*, bâtard | *~ de la cuna* ou *de la tierra*, enfant trouvé | *~ de leche*, nourrisson | *~ mío*, mon fils, mon enfant, mon petit | *~ natural*, fils naturel | *~ predilecto*, enfant préféré *o* chéri (de una familia), enfant chéri (de una comunidad) || **~odalgo** m Hidalgo || **~uela** f Pièce (añadido) | Annexe (cosa aneja) | Petit matelas *m* (colchón) | Chemin (*m*) de traverse | DR. Biens (*mpl*) formant une part d'héritage || **~uelo** m Rejeton (retoño).

hil|a f File (hilera) | Boyau *m* (tripa) | Filage *m* (acción de hilar) | — Pl MED. Charpie *sing* || **~acha** f o **~acho** m Effilochure *f* | — Pl *Amér.* Haillons *m* (andrajos) | *Amér. Mostrar (uno) la ~*, montrer le bout de l'oreille || **~achoso, a** o **~achudo, a** adj Effiloché, e || **~ada** f File, rang *m*, rangée | ARQ. Assise || **~ado** m Filage | Filé | *Fábrica de ~s*, filature || **~ador, a** s Fileur, euse | — M Filateur || **~andería** f Filature || **~andero, a** s Fileur, euse | — M Filateur | Filature *f* | — F Filandière || **~ar** vt Filer (hilo) | FIG. Réfléchir, raisonner (discurrir), ourdir, tramer (intriga) | FAM. *~ delgado* ou *muy fino*, couper les cheveux en quatre, chercher la petite bête | *Máquina de ~*, métier à tisser || **~aracha** f Effilochure, effilure.

hilar|ante adj Hilarant, e (gas) || **~idad** f Hilarité.

hil|atura f Filature || **~aza** f Filé *m* (hilado) | Fil (*m*) grossier | Corde (de una tela) | FAM. *Descubrir la ~*, montrer le bout de l'oreille || **~era** f File, rangée, rang *m* | Fil (*m*) fin | TECN. Filière, banc (*m*) d'étirage | ARQ. Faîtage *m* | *En ~*, en file, en rang d'oignons || **~ete** m Filet (hilo) || **~o** m Fil : *~ de coser*, fil à coudre; *sábanas de ~*, draps de fil; *telegrafía sin ~*, télégraphie sans fil | Filet (voz, luz, sangre) | FIG. Fil (vida, discurso) | *Al ~*, en suivant le fil (madera, etc) | *Coser al ~*, coudre en droit fil | FIG. *Estar cosido con ~ gordo*, être cousu de fil blanc. *Estar pendiente de un ~*, ne tenir qu'à un fil. *Írsele a uno el ~, perder el ~*, perdre le fil. *Mover los ~s*, tenir *o* tirer les ficelles. *Por el ~ se saca el ovillo*, de fil en aiguille on arrive à tout savoir.

hilv|án m Bâti, faufilage | *Amér.* Ourlet (dobladillo) || **~anado, a** adj

Faufilé, e | — M Surfilage | Bâti || **~anar** vt Bâtir, faufiler | Fig. Tramer, bâtir (historia) | Fam. Bâcler, expédier (hacer muy de prisa).
himen m Anat. Hymen || **~eo** m Hymen, hyménée | Épithalame.
himno m Hymne.
himplar vi Rugir (pantera, onza).
hinc|adura f Fixation || **~apié** m *Hacer ~,* tenir bon (mantenerse firme), souligner, mettre l'accent sur (insistir) || **~ar** vt Ficher, fixer (fijar), planter (plantar) | Enfoncer (estaca) | — Vp Se fixer | *~ de rodillas,* se mettre à genoux, s'agenouiller.
hinch|a f Fam. Haine, antipathie | — S Fam. Supporter, fan, mordu, e (aficionado) || **~ado, a** adj Gonflé, e | Boursouflé, e (piel), ballonné, e (vientre), bouffi, e; boursouflé, e (cara) | Fig. Arrogant, e; orgueilleux, euse (orgulloso), ampoulé, e; enflé, e (estilo) | *~ de orgullo,* bouffi d'orgueil || **~amiento** m Enflure *f*, boursouflure *f* || **~ar** vt Gonfler (pelota, etc) | Enfler, gonfler (río) | Ballonner (vientre) | Boursoufler (piel) | Bouffir, gonfler, enfler (cuerpo) | Fig. Gonfler, enfler, exagérer (noticia), enfler, rendre ampoulé (estilo) | Fam. *~ la cabeza,* bourrer le crâne, monter la tête | — Vp S'enfler, se gonfler (cuerpo), se boursoufler, se bouffir (cara) | Med. Enfler (miembro), se ballonner (vientre) | Fig. S'enorgueillir, se gonfler; ne pas arrêter (no parar), se rassasier, se soûler (hartarse) | Fam. *~ de comer,* s'empiffrer, se bourrer *o* se gaver de nourriture || **~azón** f Enflure, boursouflure, gonflement *m* | Grosseur | Ballonnement *m* | Bouffissure | Fig. Arrogance, orgueil *m* (vanidad), affectation, enflure (estilo).
hind|i m Hindoustani, hindi || **~ú** adj/s Hindou, e || **~uismo** m Hindouisme.
hinojo m Bot. Fenouil | — Pl Genoux : *se puso de ~s delante de mí,* il s'est mis à genoux devant moi.
hipar vi Hoqueter, avoir le hoquet | Pleurnicher, geindre (gimotear) | Fig. *~ por,* brûler de, désirer vivement.
hip|érbola f Geom. Hyperbole || **~érbole** f Hyperbole (exageración) || **~erboloide** m Hyperboloïde || **~erbóreo, a** o **~erboreal** adj Hyperboréen, enne || **~erclorhidria** f Hyperchlorhydrie || **~ercrisis** f Crise violente || **~ermétrope** adj/s Hypermétrope || **~ermetropía** f Hypermétropie || **~ernervioso, a** adj/s Hypernerveux, euse || **~ersensible** adj/s Hypersensible || **~ertensión** f Hypertension || **~ertenso, a** adj Hypertendu, e || **~ertrofia** f Hypertrophie || **~ertrofiar** vt Hypertrophier.
hípico, a adj Hippique.
hipido m Pleurnichement.
hipismo m Hippisme.
hipn|osis f Hypnose || **~ótico, a** adj/m Hypnotique || **~otismo** m Hypnotisme || **~otizador** m Hypnotiseur || **~otizar** vt Hypnotiser.
hipo m Hoquet | Fig. Envie *f* | Fam. *Que quita el ~,* à vous couper le souffle. *Quitar el ~,* laisser baba, couper le souffle.
hipocampo m Hippocampe.
hip|ocentro m Hypocentre || **~oclorito** m Hypochlorite || **~ocondriaco, a** adj/s Hypocondriaque || **~ocresía** f Hypocrisie || **~ócrita** adj/s Hypocrite || **~odérmico, a** adj Hypodermique || **~odermis** f Hypoderme *m* || **~ódromo** m Hippodrome || **~ofagia** f Hippophagie || **~ofágico, a** adj Hippophagique || **~ófago, a** adj/s Hippophage || **~ófisis** f Hypophyse || **~ogastrio** m Hypogastre || **~ogeo** m Hypogée || **~ología** f Hippologie || **~omóvil** adj Hippomobile || **~opótamo** m Hippopotame || **~osulfito** m Hyposulfite.
hipotec|a f Hypothèque | *Levantar una ~,* lever une hypothèque || **~ar** vt Hypothéquer || **~ario, a** adj Hypothécaire | Foncier, ère (crédito).
hipo|tensión f Hypotension || **~tenso, a** adj Hypotendu, e || **~tenusa** f Hypothénuse.
hip|ótesis f Hypothèse || **~otético, a** adj Hypothétique.
hiriente adj Blessant, e.
hirsuto, a adj Hirsute.
hirviente adj Bouillant, e.
hisop|ar o **~ear** vt Asperger [avec un goupillon] || **~azo** m Aspersion *f* || **~illo** m Badigeon (para la garganta) || **~o** m Goupillon, aspersoir | *Amér.* Blaireau (brocha de afeitar), brosse *f*, pinceau (pincel).
hispalense adj/s Sévillan, e.
hisp|ánico, a adj Hispanique || **~anidad** f Caractère (*m*) espagnol | Monde (*m*) hispanique || **~anismo** m Hispanisme || **~anista** s Hispanisant, e; hispaniste || **~anizar** vt Espagnoliser || **~ano, a** adj/s Espagnol, e.
Hispanoamérica nprf Amérique espagnole.
hispano|americano, a adj/s Hispano-américain, e || **~árabe** adj/s Hispano-arabe || **~filia** f Hispanophilie || **~fobia** f Hispanophobie || **~hablante** adj/s Qui parle espagnol, de langue espagnole, hispanophone (que habla español) || **~judío, a** adj/s Hispano-juif, hispano-juive || **~morisco, a** adj/s Hispano-moresque.

hist|eria f Hystérie ‖ **~érico, a** adj/s Hystérique ‖ **~erismo** m Hystérie *f*.
histología f Histologie.
histori|a f Histoire | Historique *m* (relación cronológica) | *¡Así se escribe la ~!*, et voilà comment on écrit l'histoire! | FAM. *Dejarse de ~s*, aller au fait | *~ clínica*, dossier médical | *~ natural, sacra* ou *sagrada*, histoire naturelle, sainte | *Pasar a la ~*, rester dans l'histoire (futuro), être du domaine de l'histoire, appartenir au passé (pasado) ‖ **~ado, a** adj Historié, e | Lourdement décoré, e; surchargé, e ‖ **~ador, a** s Historien, enne ‖ **~al** m Historique (reseña) | Curriculum vitae (profesional) | Palmarès (deportes) | Dossier (médico) ‖ **~ar** vt Écrire l'histoire de, historier | Faire l'historique de.
histórico, a adj Historique | GRAM. *Presente ~*, présent historique *ou* de narration | *Reseña ~*, historique.
histor|ieta f Historiette | Bande dessinée ‖ **~iógrafo** m Historiographe.
histrión m Histrion.
hit|ar vt Borner (amojonar) ‖ **~o, a** adj Noir, e (caballo) | Voisin, e; contigu, ë | Fixe, ferme | — M Borne *f* (mojón) | FIG. But (blanco de tiro), jalon | *Mirar de ~ en ~*, regarder fixement (cosa, persona), dévisager, regarder avec insistance (persona). *Ser un ~*, marquer, faire date.
hocic|ar vt Fouiller, vermiller (jabalí, puerco) | — Vi Tomber, piquer du nez (caerse) | Cogner du nez | FIG. Capituler, s'incliner (ceder), buter, heurter, trébucher (con una dificultad), se donner des baisers (besar) | MAR. Piquer du nez ‖ **~azo** m FAM. Chute *f* | POP. *Dar un ~*, ramasser une pelle, se casser la figure ‖ **~o** m Museau (de los animales) | Groin (de puerco, jabalí) | Boutoir (de jabalí) | Mufle (extremidad del morro) | Lippe *f* (labios) | POP. Gueule *f* (cara), moue *f* (mueca de disgusto) | FAM. *Caer* ou *dar de ~s*, se casser la figure. *Dar con la puerta en los ~s*, fermer la porte au nez. *Estar de* ou *hacer* ou *poner ~*, bouder. *Meter el ~ en todo*, fourrer son nez partout.
hocino m Gouet, serpe *f* | Déplantoir | Pertuis (río).
hociqu|ear vi V. HOCICAR ‖ **~ito** m *Poner ~*, faire la bouche en cœur.
hockey m Hockey.
hogaño adv FAM. Cette année | À l'heure actuelle, de nos jours (hoy en día).
hogar m Foyer | Âtre (de chimenea) | FIG. Foyer (casa) | —Pl Foyers | *Sin ~*, sans-abri ‖ **~eño, a** adj Familial, e (tradición) | Domestique (tareas) | Casanier, ère ; pantouflard, e (fam) [amante del hogar].
hogaza f Miche, pain (*m*) de ménage.
hoguera f Bûcher *m*, grand feu *m* | Bûcher *m* (suplicio) | Brasier *m* | *~s de San Juan*, feux de la Saint-Jean.
hoj|a f Feuille (árbol, papel, metal, etc) | Feuille, pétale *m* | Feuillet *m*, folio *m* | Page (página) | Volet *m* (tríptico) | Lame (espada, cuchillo, etc) | Battant *m*, vantail *m* (puerta) | Moitié (vestido) | Feuille (diario) | AGR. Sole | TECN. Paille (monedas) | FIG. *Doblar la ~*, tourner la page | *~ cambiable*, feuille amovible | *~ de lata*, fer-blanc | MIL. *~ de movilización*, fascicule de mobilisation | *~ de paga*, bulletin *o* feuille de paie | *~ de ruta*, feuille de route *o* de déplacement | *~ de servicios*, état de services (militares), palmarès (deportistas) | *~ de vid*, feuille de vigne | *~ seca*, feuille morte | *~ suelta* ou *volante*, feuille volante | *Sin vuelta de ~*, sans aucun doute | *Tener ~*, sonner faux | *Volver la ~*, changer d'avis (mudar de parecer), changer de conversation ‖ **~alata** f Fer-blanc *m* ‖ **~alatería** f Ferblanterie ‖ **~alatero** m Ferblantier ‖ **~aldrado, a** adj Feuilleté, e ‖ **~aldrar** vt Feuilleter ‖ **~aldre** m Pâte (*f*) feuilletée, feuilleté ‖ **~arasca** f Feuilles (*pl*) mortes, fanes *pl* | FIG. Verbiage *m*, paroles (*pl*) en l'air ‖ **~ear** vt Feuilleter, parcourir (libro) ‖ **~oso, a** adj Feuillu, e ‖ **~uela** f Petite feuille | Crêpe (tortita) | Tourteau (*m*) d'olive | TECN. Lamelle (metal) | BOT. Foliole.
¡hola! interj Hola! | FAM. Bonjour, salut | *Amér.* Allô (teléfono).
Holanda nprf Hollande (provincia), Pays-Bas *mpl* (país).
holandés, esa adj/s Hollandais, e | — F Papier (*m*) commercial.
holding m Holding.
holg|achón, ona adj FAM. Fainéant, e; flemmard, e ‖ **~adamente** adv À l'aise, largement ‖ **~ado, a** adj Large, ample (ancho) | FIG. À l'aise, aisé, e (con medios de fortuna), oisif, ive; désœuvré, e | Trop grand, e (zapatos) ‖ **~anza** f Oisiveté, désœuvrement *m* | Plaisir *m*, amusement *m* | Repos *m* ‖ **~ar*** vi Se reposer | Souffler (tomar aliento) | Être de trop *o* inutile | Ne pas travailler, ne rien faire | S'amuser, se divertir | *Huelga añadir que*, inutile d'ajouter que | *¡Huelgan los comentarios!*, sans commentaire! | — Vp Se réjouir, être content, e | S'amuser, se divertir ‖ **~azán, ana** adj/s Paresseux, euse; fainéant, e ‖ **~azanear** vi Fainéanter, paresser ‖ **~aza-**

nería f Fainéantise, paresse || **~orio** m FAM. Noce *f*, foire *f* || **~ura** f Largeur, ampleur (anchura) | Aisance, bien-être *m* | Réjouissance | MEC. Jeu *m* | *Vivir con ~*, vivre largement.

holocausto m Holocauste (sacrificio, víctima).

holl|ar* vt Fouler, marcher sur | FIG. Fouler aux pieds, piétiner (tener en poco), mépriser (despreciar) || **~ejo** o **~ejuelo** m Peau *f* (de la uva, etc) || **~ín** m Suie *f* | FAM. Bagarre *f*.

hombr|ada f Action généreuse *o* virile || **~adía** f Virilité, courage *m* || **~e** m Homme : *~ de letras*, homme de lettres | Monsieur (señor) | *Buen ~*, brave homme | *El ~ de la calle*, l'homme de la rue, monsieur Tout-le-monde | *El ~ propone y Dios dispone*, l'homme propose et Dieu dispose | *¡~!*, mon vieux! (cariño), quoi! (asombro), tiens! (sorpresa), allons donc! (incredulidad), eh bien! (admiración), vraiment! (ironía), bah! (duda), sans blague! (no me digas) | *¡~ al agua!*, un homme à la mer! | *~ anuncio*, homme-sandwich | *~ de agallas*, homme qui a du cran *o* du courage | *~ de armas tomar*, homme qui n'a pas froid aux yeux | *~ de (mucho) mundo*, homme du monde | *~ de negocios*, homme d'affaires | FAM. *~ de pelo en pecho*, dur à cuire | *~ de pro* ou *de provecho*, homme de bien | *~ mujeriego*, homme à femmes, coureur de jupons | *~ prevenido vale por dos*, un homme averti en vaut deux | *~ público*, homme public, politicien | *~ rana*, homme-grenouille | *Ser ~ capaz de* ou *ser ~ para*, être homme à | *Ser muy ~* ou *todo un ~*, être un homme cent pour cent *o* un homme avec un grand H || **~ear** vi Se donner des airs d'homme | *Amér.* Protéger || **~ecillo** m BOT. Houblon | Petit homme, bout d'homme || **~era** f Épaulette (vestido) | Épaulière (armadura) | Rembourrage *m* (chaqueta) || **~etón** m Gaillard, costaud || **~ía** f Qualité d'homme | *~ de bien*, honnêteté || **~o** m Épaule *f* : *~s caídos*, épaules tombantes | *A* ou *en ~s*, sur les épaules | FIG. *Arrimar* ou *meter el ~*, travailler dur, donner un coup de collier (trabajar fuerte), donner un coup de main (ayudar) | *Echarse al ~ una cosa*, prendre qqch. sur son dos | *Encogerse de ~s*, hausser les épaules | FAM. *Estar ~ a ~*, être coude à coude *o* main dans la main | FIG. *Hurtar el ~*, éviter un travail, se défiler | *Llevar a ~s*, porter sur les épaules; porter en triomphe | *Mirar por encima del ~*, regarder par-dessus l'épaule, traiter par-dessous la jambe | *Sacar en* ou *a ~s*, porter en triomphe | *Salir a ~s*, être porté en triomphe || **~uno, a** adj FAM. Hommasse (mujer), viril, e; d'homme (voz).

homenaj|e m Hommage || **~ear** vt Rendre hommage à.

home|ópata adj/s Homéopathe || **~opatía** f Homéopathie || **~opático, a** adj Homéopathique.

homérico, a adj Homérique.

homi|cida adj/s Homicide (asesino) || **~cidio** m Homicide (asesinato) || **~lía** f Homélie.

hom|ogeneidad f Homogénéité || **~ogeneización** f Homogénéisation || **~ogeneizar** vt Homogénéiser || **~ogéneo, a** adj Homogène || **~ologación** f Homologation || **~ologar** vt Homologuer || **~ólogo, a** adj Homologue, semblable || **~onimia** f Homonymie || **~ónimo, a** adj/m Homonyme || **~sexual** adj/s Homosexuel, elle || **~osexualidad** f Homosexualité || **~otecia** f Homothétie.

homúnculo m Homoncule, homuncule.

hond|a f Fronde || **~ear** vt Sonder (fondear) | Décharger (una embarcación) || **~ero, a** adj/s Frondeur, euse || **~o, a** adj Profond, e | Bas, basse; encaissé, e (terreno) | Flamenco, gitan (cante) | — M Fond || **~ón** m Fond | Œil, chas (aguja) || **~onada** f Creux *m*, dépression, bas-fond *m* (terreno) | Cuvette (depresión) | Enfoncement *m* | Ravin *m* (barranco) || **~ura** f Profondeur | FIG. *Meterse en ~s*, approfondir la question.

Honduras nprf Honduras *m*.

hondureño, a adj/s Hondurien, enne.

honest|idad f Honnêteté, décence | Modestie, pudeur | Bienséance, savoir-vivre *m* (urbanidad) | Vertu (castidad) || **~o, a** adj Décent, e; honnête | Pudique, modeste | Raisonnable.

hongo m Champignon | Melon (sombrero) | FIG. *Crecer como ~s*, pousser comme des champignons | *Criadero de ~s*, champignonnière | *~ atómico*, champignon atomique | *~ yesquero*, amadouvier.

honor m Honneur : *hombre de ~*, homme d'honneur | — Pl Honneurs : *~es de la guerra*, honneurs de la guerre | *Con todos los ~es*, avec les plus grands honneurs | *En ~ a la verdad*, pour dire les choses comme elles sont | *En ~ de*, en l'honneur de | *Hacer ~ a una comida*, faire honneur à un repas | *Hacer ~ a la firma*, honorer sa signature | *Mi ~ está en juego*, il y va de mon honneur | *Rendir ~es*, rendre les honneurs | *Todo está perdido menos el ~*, tout est perdu fors l'honneur || **~abilidad** f Honorabilité || **~able** adj Honorable || **~ar** vt

Honorer ‖ **~ario, a** adj Honoraire | *Cargo ~*, poste honorifique | — Mpl Honoraires (emolumentos) ‖ **~ífico, a** adj Honorifique.

honr|a f Honneur *m* | Vertu, probité | Bonne réputation, considération (fama) | — Pl Obsèques, honneurs (*m*) funèbres | *Tener uno a mucha ~ una cosa*, être très fier d'une chose | *Y a mucha ~*, et j'en suis fier ‖ **~adamente** adv Honnêtement | Honorablement ‖ **~adez** f Honnêteté ‖ **~ado, a** adj Honnête | Honorable | Honoré, e : *muy ~ con* ou *por*, très honoré de ‖ **~ar** vt Honorer : *~ con su presencia*, honorer de sa présence | Faire honneur, honorer : *~ a su país*, faire honneur à son pays | *Esto le honra*, c'est tout à son honneur | *~ padre y madre*, honorer son père et sa mère ‖ **~illa** f Question d'honneur | *Por la negra ~*, pour une question d'honneur ‖ **~oso, a** adj Honorable.

hopalanda f Houppelande.

hop|ear vi Remuer la queue | FIG. Courir (correr) ‖ **~eo** m Mouvement de la queue ‖ **~o** m Queue (*f*) touffue | Huppe *f*, toupet.

hora f Heure : *~ de verano, oficial*, heure d'été, légale | *A buena ~*, ce n'est pas trop tôt, à la bonne heure | FIG. *A buena ~ mangas verdes*, trop tard | *A la ~*, à l'heure | *A todas ~s*, à toute heure | *A última ~*, en dernière heure, au dernier moment | *Dar ~*, fixer une heure *o* un rendez-vous | *Dar la ~*, sonner *o* donner l'heure (reloj) | *En buena ~*, à la bonne heure (enhorabuena) | *En mala ~*, au mauvais moment | *Haber nacido en buena* ou *mala ~*, être né sous une bonne *o* mauvaise étoile | *~ de la verdad*, minute de vérité | *~ de mayor afluencia* ou *de mayor aglomeración* [transports] ou *de mayor consumo* [électricité, gaz], *~ punta*, heure de pointe | *~ de menor consumo*, heure creuse (electricidad, gas) | *~ de poca actividad*, heure creuse (transporte, fábrica) | *~ libre*, heure creuse (horario) | *~s extraordinarias*, heures supplémentaires | *~s muertas*, moments perdus | *Le llegó la ~*, son heure est venue *o* a sonné | *Media ~*, demi-heure | FAM. *No da ni la ~*, il donne tout à regret | *No tener una ~ libre*, ne pas avoir une heure à soi | *No ver uno la ~ de*, ne pas voir le moment où | *Pasar las ~s en blanco*, passer une nuit blanche (no dormir), passer son temps à ne rien faire | *Pedir ~*, demander un rendez-vous, prendre rendez-vous | *Pidiendo ~*, sur rendez-vous | *Poner en ~*, mettre à l'heure, régler (reloj) | *Por ~*, à l'heure (velocidad), horaire (salario), de l'heure : *cinco francos por ~*, cinq francs de l'heure | *Por ~s*, à l'heure; par moments | *¿Qué ~ es?* [*Amér. ¿qué ~s son?*], quelle heure est-il? | *¿Qué ~s son éstas de llegar?*, est-ce que c'est une heure pour arriver? | FIG. *Tener muchas ~s de vuelo*, avoir de la pratique *o* du métier | *Una ~ escasa*, une petite heure | *Una ~ larga*, une bonne heure, une heure d'horloge | *Ya es ~ de*, il est [grand] temps de.

horad|ación f Percement *m*, perforation | TECN. Forage *m* ‖ **~ador, a** adj/s Perceur, euse | TECN. Foreur, euse ‖ **~ar** vt Percer | TECN. Forer.

horario, a adj Horaire : *husos ~s*, fuseaux horaires | — M Horaire (trenes, horas de trabajo) | Emploi du temps (escolar) | Aiguille (*f*) des heures, grande aiguille *f* (reloj).

horc|a f Fourche (instrumento) | Potence, gibet *m* (suplicio) | Carcan *m* (para condenados) | Tribart *m* (para perros y cerdos) | Chapelet *m* (de ajos) | *Amér.* Cadeau *m* | FIG. *Merecer la ~*, mériter la corde | *Señor de ~ y cuchillo*, justicier ‖ **~adura** f Fourche, enfourchure ‖ **~ajadas (a)** loc adv À califourchon ‖ **~ajadura** f Entrecuisse *m* ‖ **~ajo** m Collier [d'attelage] | Confluent (ríos) ‖ **~ar** vt *Amér.* Pendre (ahorcar).

horchat|a f Orgeat *m* (bebida) ‖ **~ería** f Boutique du limonadier, buvette ‖ **~ero, a** s Limonadier, ère; glacier (sin fem).

horda f Horde.

horero m *Amér.* Grande aiguille *f* (reloj).

horizont|al adj/f Horizontal, e ‖ **~alidad** f Horizontalité ‖ **~e** m Horizon : *en el ~*, à l'horizon.

horma f Forme (zapatos, sombreros) | Forme, embauchoir *m* (zapatos) | Mur (*m*) en pierres sèches | FIG. *Dar con* ou *hallar la ~ de su zapato*, trouver chaussure à son pied (encontrar lo deseado), trouver à qui parler, trouver son maître (encontrar resistencia).

hormig|a f Fourmi | MED. Démangeaison, fourmillement *m* | *~ blanca*, fourmi blanche, termite | *~ león*, fourmi-lion | FAM. *Por el pelo de una ~*, à un poil près. *Ser una ~*, être économe; être laborieux comme une fourmi ‖ **~ón** m Béton : *~ armado, pretensado* ou *precomprimido*, béton armé, précontraint ‖ **~onado** m Bétonnage ‖ **~onera** f Bétonnière ‖ **~ueante** adj Grouillant, e ‖ **~uear** vi Fourmiller, grouiller (bullir) | *Me hormiguean las piernas*, j'ai des fourmis dans les jambes ‖ **~ueo** m Fourmillement, grouillement (gente) |

Sentir ~ en las piernas, avoir des fourmis dans les jambes ‖ **~uero** m Fourmilière *f* | ZOOL. Fourmilier (pájaro) | FIG. Fourmilière *f* | *Oso ~*, tamanoir, fourmilier ‖ **~uillo** m Démangeaison *f*, fourmillement | Chaîne *f* (de obreros) | FAM. *Parece que tiene ~*, il a la bougeotte, il ne tient pas en place ‖ **~uita** f FAM. Fourmi, abeille (persona trabajadora y ahorrativa).

hormon|a f Hormone ‖ **~al** adj Hormonal, e.

horn|acina f ARQ. Niche ‖ **~acho** m Excavation *f* ‖ **~ada** f Fournée ‖ **~aguera** f Charbon (*m*) de terre, houille ‖ **~aza** f TECN. Four (*m*) à creuset ‖ **~era** f Sole, aire (del horno) ‖ **~ija** f Petit bois *m* (leña) ‖ **~illa** f o **~illo** m Fourneau *m* : *~ de gas*, fourneau à gaz | Réchaud *m* ‖ **~o** m Four : *~ de panadero*, four à pain *o* de boulanger | Trou (de abeja) | FIG. Fournaise *f*, étuve *f* | *Alto ~*, haut fourneau | *~ crematorio, de cuba, de reverbero*, four crématoire, à cuve, à réverbère | FAM. *No está el ~ para bollos* ou *para tortas*, ce n'est vraiment pas le moment, le moment est mal choisi.

Hornos (Cabo de) nprm Cap Horn.

horóscopo m Horoscope (predicción) | Devin (adivino).

horqu|eta f Fourche (bieldo) | Fourche, enfourchure (árboles) | *Amér.* Coude *m* (río), bifurcation (camino) ‖ **~illa** f Fourche (horca, bicicleta) | Épingle à cheveux | Fourchette (aves) | MED. Maladie des cheveux, cheveux (*mpl*) fourchus | MEC. *~ de desembrague*, fourchette de débrayage.

horrendo, a adj Horrible, affreux, euse.

hórreo m Grenier (granero).

horrible adj Horrible.

hórrido, a adj Horrible.

horr|ificar vt Horrifier ‖ **~ífico, a** adj Horrible ‖ **~ipilación** f Horripilation ‖ **~ipilante** adj Horripilant, e ‖ **~ipilar** vt Horripiler, donner la chair de poule | Faire dresser les cheveux sur la tête | Déplaire, répugner ‖ **~ísono, a** adj Effroyable, horrible (ruido).

horro, a adj Affranchi, e (esclavo) | Libre, débarrassé, e.

horror m Horreur *f* : *decir ~es*, dire des horreurs | FIG. *~es*, terriblement (mucho) | *Tener ~ a la mentira*, avoir horreur du mensonge, avoir le mensonge en horreur ‖ **~izado, a** adj Épouvanté, e; horrifié, e ‖ **~izar** vt Épouvanter, horrifier | — Vp S'effrayer | Avoir horreur de, avoir en horreur ‖ **~oso, a** adj Horrible, épouvantable, affreux, euse | *Lo ~*, l'horrible, l'horreur, ce qu'il y a d'horrible.

hort|aliza f Légume *m*, légume (*m*) vert | *Cultivos de ~s*, cultures maraîchères | *~s tempranas*, primeurs ‖ **~elano, a** adj Potager, ère | Jardinier, ère | — S Jardinier, ère (horticultor) | Maraîcher, ère | — M ZOOL. Ortolan ‖ **~ense** adj Potager, ère; jardinier, ère | Maraîcher, ère : *cultivos ~*, cultures maraîchères ‖ **~ensia** f Hortensia *m* ‖ **~era** f Écuelle (escudilla) | — M FAM. Calicot (dependiente), gommeux (gomoso) ‖ **~ícola** adj Horticole ‖ **~icultor** m Horticulteur ‖ **~icultura** f Horticulture.

hosanna m Hosanna.

hosco, a adj Renfrogné, e.

hosped|aje o **~amiento** m Logement, pension *f*, hébergement | Pension *f* (precio) ‖ **~ar** vt Loger, héberger | — Vp Se loger, prendre pension, loger ‖ **~ería** f Hôtellerie | Logement *m*, pension ‖ **~ero, a** s Hôtelier, ère.

hosp|icio m Hospice | Asile ‖ **~ital** m Hôpital | MIL. *~ de sangre*, hôpital de campagne ‖ **~italario, a** adj/s Hospitalier, e ‖ **~italidad** f Hospitalité ‖ **~italización** f Hospitalisation ‖ **~italizar** vt Hospitaliser.

hosquedad f Rudesse, âpreté | Hargne (mal humor).

host|al m Hôtellerie *f*, auberge *f* ‖ **~elero, a** s Hôtelier, ère; aubergiste ‖ **~ería** f Auberge ‖ **~elería** f Hôtellerie | Hôtellerie, auberge (hostal) | *Escuela de ~*, école hôtelière.

hostia f Hostie | FAM. Coup *m*.

hostig|ador, a adj/s Harceleur, euse | — Adj Harcelant, e ‖ **~amiento** m Harcèlement : *tiro de ~*, tir de harcèlement ‖ **~ar** vt Fustiger, fouetter | Harceler (perseguir).

hostil adj Hostile ‖ **~idad** f Hostilité ‖ **~izar** vt Harceler (hostigar), attaquer | *Amér.* S'opposer.

hotel m Hôtel | Pavillon, villa *f* ‖ **~ero, a** adj/s Hôtelier, ère | *Industria ~*, hôtellerie, industrie hôtelière ‖ **~ito** m Pavillon, villa *f*.

hotentote, a adj/s Hottentot, e.

hoy adv Aujourd'hui | *De ~ a mañana*, d'un moment à l'autre | *De ~ en adelante*, désormais, dorénavant | *En el día de ~*, aujourd'hui même | *~ día, ~ en día*, de nos jours, à l'heure actuelle, aujourd'hui | *~ por ~*, actuellement, de nos jours | *~ por ti, mañana por mí*, à charge de revanche.

hoy|a f Fosse | Tombe, fosse (sepultura) | Creux *m*, cuvette (hondonada) | *Amér.* Vallée ‖ **~anca** f Fosse commune ‖ **~ar** vt *Amér.* Faire des trous dans ‖ **~ita** f o **~ito** m Fossette *f* || **~o** m Trou | Fosse *f* (foso) | Marque (*f*) de la petite vérole, trou | Fossette *f* (mejilla) || **~uelo** m Fossette *f*.

hoz f AGR. Faucille | Gorge (valle) | FIG. *De ~ y de coz*, par tous les moyens || **~ada** f Coup (*m*) de faucille || **~ar** vt Vermiller (jabalí).

huacal m V. GUACAL.

huaico m *Amér.* Cuvette *f* (hondonada), décharge *f* (basura).

hua|ngo m Natte *f*, tresse *f* || **~sca** f *Amér.* Courroie (correa), fouet *m* (látigo) || **~sipungo** m Lopin de terre attribué aux Indiens de l'Équateur.

huch|a f Tirelire | Huche (arca) | FIG. Économies *pl*, magot *m*, bas (*m*) de laine || **~ear** vi Appeler (caza).

hueco, ~a adj Creux, euse (cóncavo) | Vide, creux, euse (vacío) | Libre : *un sitio ~*, une place vide | Creux, euse (voz, estilo) | FIG. Vaniteux, euse; suffisant, e | Spongieux, euse (esponjoso) | Moelleux, euse (mullido) | Meuble (tierra) | — M Creux | Vide | Espace vide | ARQ. Ouverture *f*, vide (abertura), enfoncement (puerta), embrasure *f*, baie *f* (vano) | IMPR. Hélio | FAM. Vide, place (*f*) libre (empleo vacante) | Cage *f* (escalera, ascensor) | FIG. *Hacer su ~* ou *hacerse un ~*, faire son trou. *Sonar a ~*, sonner creux || **~grabado** m Héliogravure *f*, gravure (*f*) en creux.

huelg|a f Grève : *declararse en ~* ou *declarar la ~*, se mettre en grève, faire la grève | Partie de plaisir | *~ de brazos caídos* ou *cruzados*, grève des bras croisés *o* sur le tas | *~ del hambre*, grève de la faim | *~ escalonada* ou *alternativa* ou *por turno*, grève tournante | *~ intermitente*, grève perlée || **~uista** adj/s Gréviste || **~uístico, a** adj De grève.

huell|a f Trace, empreinte, marque | Empreinte : *~ digital* o *dactilar*, empreinte digitale | Foulée (animal) | Giron *m* (escalón) | IMPR. Empreinte | *Dejar ~s*, marquer, laisser des traces | *Seguir las ~s de*, suivre les traces de, marcher sur les traces de.

huerfanato m Orphelinat.

huérfano, a adj/s Orphelin, e | FIG. Abandonné, e | *Asilo de ~s*, orphelinat.

huero, a adj FIG. Vide, creux, euse | *Amér.* Blond, e (rubio) | FAM. *Salir ~*, tomber à l'eau (malograrse).

huert|a f Grand jardin (*m*) potager | Huerta | Verger *m* (frutales) || **~ano, a** adj/s Cultivateur, cultivatrice des « huertas » | — Adj Maraîcher, ère || **~o** m Verger (árboles frutales) | Jardin potager, potager (hortalizas).

hues|a f Fosse, sépulture, tombe || **~o** m ANAT. Os | Corne *f* (peine, botón, etc) | Noyau (fruta) | FAM. Bête (*f*) noire (cosa desagradable), personne (*f*) pas commode, vache *f*, rosse *f* (persona mala), travail difficile | — Pl Ossements | FAM. *Choca esos ~s*, tope-là. *Dar con los ~s en el suelo*, se flanquer par terre. *Dar con sus ~s*, échouer (venir a parar). *Dar en* (*un*) *~* ou *tropezar con un ~*, tomber sur un os | FIG. *Estar* ou *quedarse en los ~s*, n'avoir que la peau et les os, être maigre comme un clou. *Estoy por sus ~s*, j'en suis amoureux fou || *~ sacro*, sacrum | FAM. *La sin ~*, la langue, la menteuse. *No dejar a uno ~ sano*, rompre les os a qqn. *No poder uno con sus ~s*, être éreinté. *Róete ese ~*, attrape. *Ser un ~ duro de roer*, être un dur à cuire. *Soltar la sin ~*, laisser aller sa langue (hablar), vomir des injures. *Tener los ~s duros*, avoir passé l'âge [de faire certains travaux]. *Tener los ~s molidos*, être moulu || **~udo, a** adj Osseux, euse.

huésped, a s Hôte, esse | Hôte, esse; invité, e | Aubergiste, hôtelier, ère | *Estar de ~ en casa de*, être l'hôte *o* l'invité de | *~ de una pensión*, pensionnaire | FAM. *No contar con la ~*, compter sans son hôte. *Hacérsele* ou *figurársele a uno huéspedes los dedos*, prendre ses désirs pour des réalités.

hueste f Armée, troupe | FIG. Partisans *mpl*.

huesudo, a adj Osseux, euse.

huev|a f Frai *m*, œuf *m* (de pescado) || **~ar** vi Commencer à pondre (las aves) || **~era** f Marchande d'œufs | Coquetier *m* || **~ero** m Coquetier | Marchand d'œufs || **~o** m Œuf | Œuf à repriser | FAM. *Andar* ou *ir pisando ~s*, marcher sur des œufs | *~ escalfado*, œuf poché | *~ estrellado* ou *al plato*, œuf sur le plat | *~ huero*, œuf clair non fécondé | *~ pasado por agua*, œuf à la coque | *~s revueltos*, œufs brouillés | FAM. *No es tanto por el ~, sino por el fuero*, c'est une question de principe. *Parecerse como un ~ a otro ~*, se ressembler comme deux gouttes d'eau. *Parecerse como un ~ a una castaña*, être le jour et la nuit. *Se lo puse a ~*, je le lui ai donné tout mâché.

hugonote adj/s Huguenot, e.

huid|a f Fuite | FIG. Échappatoire | Dérobade (caballo) || **~izo, a** adj Fuyant, e || **~or, a** adj/s Fuyard, e.

huin|cha f *Amér.* Ruban *m* (cinta) || **~che** m *Amér.* Treuil.

huipil m *Amér.* Chemise (*f*) de femme.

huir* vi Fuir | S'enfuir, prendre la fuite | *~ de* (con infinitivo), éviter de : *~ hacer algo*, éviter de faire qqch.

hule m Toile *(f)* cirée | Alaise *f* (para los nenes) | FAM. Billard *m* (mesa de operación) | *Amér.* Caoutchouc | FIG. *Hubo ~,* le sang a coulé (en una corrida) ‖ **~ría** f *Amér.* Plantation d'hévéas ‖ **~ro** m *Amér.* Récolteur de caoutchouc.

hull|a f Houille : *~ blanca,* houille blanche | *Mina de ~,* houillère.

human|ar vt Humaniser | — Vp S'humaniser | Se faire homme (Dios) | *Amér.* Condescendre ‖ **~idad** f Humanité | FAM. Corpulence, embonpoint *m* | — Pl Humanités : *estudiar ~,* faire ses humanités | FAM. *Este cuarto huele a ~,* cette pièce sent le fauve ‖ **~ismo** m Humanisme ‖ **~ista** adj/s Humaniste ‖ **~ístico, a** adj Relatif à l'humanisme ‖ **~itario, a** adj Humanitaire ‖ **~itarismo** m Humanitarisme ‖ **~ización** f Humanisation ‖ **~izar** vt Humaniser ‖ **~o, a** adj/s Humain, e | *Todo cabe en lo ~,* les hommes sont capables de tout, tout est possible.

hum|arada f Grande fumée ‖ **~arazo** m Fumée *(f)* épaisse ‖ **~areda** f Grande fumée ‖ **~azo** m Fumée *(f)* épaisse ‖ **~eada** f *Amér.* Fumée ‖ **~eante** adj Fumant, e ‖ **~ear** vi Fumer (carbón, etc) | FIG. Ne pas être encore éteint, être encore chaud (riña), se vanter (vanagloriarse).

hum|ectación f Humectation ‖ **~ectador** m Humecteur, humidificateur ‖ **~ectar** vt Humecter ‖ **~edad** f Humidité ‖ **~edecedor** m Humecteur, humidificateur ‖ **~edecer*** vt Humidifier, humecter | — Vp S'humecter ‖ **~edecimiento** m Humectation *f*, humidification *f*.

húmedo, a adj Humide | Moite (de sudor).

humera f FAM. Cuite (borrachera).

humeral adj Huméral, e.

húmero m Humérus.

humidificación f Humidification.

hum|ildad f Humilité : *con toda ~,* en toute humilité ‖ **~ilde** adj/s Humble : *a mi ~ parecer,* à mon humble avis ‖ **~illación** f Humiliation ‖ **~illadero** m Calvaire (cruz) ‖ **~illador, a** o **~illante** adj Humiliant, e ‖ **~illar** vt Humilier | Abaisser, rabattre (bajar) | *~ la cabeza,* baisser la tête (toro) ‖ **~illo** m FIG. Vanité *f*, fierté *f*.

humo m Fumée *f* | Vapeur *f* (vapor) | — Pl Foyers (casas) | FIG. Vanité *fsing*, prétention *fsing*, suffisance *fsing* | FAM. *A ~ de pajas,* à la diable, à la légère. *Bajarle a uno los ~s,* rabattre le caquet à qqn, remetre qqn à sa place. *¡Cuántos ~s tiene!,* pour qui se prend-il? *Echar algo a ~ de pajas,* prendre qqch. à la légère. *Echar ~,* fumer (chimenea) | FIG. *Irse todo en ~,* s'en aller en fumée. *Le sube el ~ a las narices,* la moutarde lui monte au nez (ira). *Se le bajaron los ~s,* il a mis de l'eau dans son vin. *Se le subieron los ~s a la cabeza,* il est devenu prétentieux. *Tener muchos ~s,* être orgueilleux.

humor m Humeur *f* : *buen, mal ~,* bonne, mauvaise humeur | Caractère, naturel (índole) | MED. Humeur *f* | FIG. Esprit (agudeza), humour (gracia) | FAM. *~ de todos los diablos* ou *de perros,* humeur massacrante *o* de chien | *No tener ~ para,* ne pas être d'humeur à | *Remover los ~es,* agiter les esprits | *Seguirle el ~ a uno,* ne pas contrarier qqn | *Si estás de ~,* si le cœur t'en dit ‖ **~ada** f Caprice *m*, fantaisie | Bon mot *m* (chiste) ‖ **~ado, a** adj *Bien, mal ~,* de bonne, de mauvaise humeur ‖ **~al** adj Humoral, e ‖ **~ismo** m Humour ‖ **~ista** adj/s Humoriste | — M Chansonnier ‖ **~ístico, a** adj Humoristique.

hum|oso, a adj Fumeux, euse ‖ **~us** m Humus.

hund|ido, a adj Enfoncé, e | Creux, euse; cave (mejillas) | Cave, enfoncé, e (ojos) ‖ **~imiento** m Enfoncement | Affaissement, effondrement (terreno) | Éboulement (tierra) | Écroulement (casa) | Effondrement (casa, moral, etc) | Naufrage (barco) | Engloutissement (fortuna) ‖ **~ir** vt Enfoncer (estaca) | Affaisser (suelo) | Plonger (puñal) | Couler (barco) | FIG. Confondre (confundir), accabler (abrumar), ruiner (arruinar), engloutir (fortuna), couler (persona, negocio), creuser (enflaquecer) | — Vp S'écrouler, s'effondrer (casa) | S'enfoncer (caer) | S'affaisser, s'effondrer (suelo) | S'ébouler (tierra) | S'effondrer (imperio, moral, etc) | Se creuser (mejillas) | Rentrer, s'enfoncer (ojos) | Couler, sombrer (barco) | S'abîmer, s'enfoncer (avión).

húngaro, a adj/s Hongrois, e.

Hungría nprf Hongrie.

Hunos nprmpl Huns.

huracán|án m Ouragan ‖ **~anado, a** adj Impétueux, euse; violent, e.

huraño, a adj Sauvage, bourru, e.

hurg|ador m Tisonnier ‖ **~ar** vt/i Remuer (mover) | Toucher (tocar) | Tisonner (fuego) | FIG. Exciter, taquiner | FAM. *Peor es hurgallo,* il ne faut pas réveiller le chat qui dort, il vaut mieux ne pas revenir là-dessus ‖ **~ón** m Tisonnier ‖ **~onear** vi Tisonner, fourgonner ‖ **~onero** m Tisonnier.

hurguillas s inv Touche-à-tout.

hur|ón m Zool. Furet | Fam. Fureteur (sagaz), ours mal léché (desagradable) || **~ón, ona** adj/s Huron, onne | — F Femelle du furet || **~onear** vi Fureter || **~onera** f Terrier *m* | Fam. Tanière, gîte *m* (persona).
hurt|adillas (a) loc adv En cachette, en tapinois, à la dérobée || **~ar** vt Dérober, voler | Tricher (engañar en el peso) | Plagier | — Vp Fig. Se dérober (a los ojos), se cacher (esconderse), s'esquiver (zafarse) || **~o** m Larcin, vol.
husada f Quenouille.
húsar m Hussard.
husillo m Vis (*f*) de pression (molino) | Fuseau (huso) | Mec. Broche *f*.
husm|a f Flair *m* (husmeo) | Fam. *Andar a la ~,* fureter, fouiner || **~eador, a** adj/s Fam. Fureteur, euse; fouinard, e || **~ear** vt Flairer | Fam. Fouiner, fureter (indagar), flairer (presentir) | — Vi Sentir, être faisandé, e (carne) || **~eo** m Flair || **~o** m Fumet (olor), faisandage (carne).
huso m Fuseau (para hilar) | Dévidoir (para la seda) | Fuselage (avión) | Min. Arbre | *~ horario,* fuseau horaire | Fam. *Más derecho que un ~* ou *tieso como un ~,* droit comme un I. *Ser más tieso que un ~,* se tenir raide comme un piquet *o* comme un manche à balai.

i

i f I *m*.
Iberia nprf Ibérie.
ib|érico, a adj Ibérique, ibère || **~ero, a** adj/s Ibère.
Iberoamérica nprf Amérique latine.
ibón m Lac de montagne (en Aragón).
íbice m Ibex (cabra).
ibis m Ibis (ave).
iceberg m Iceberg.
icono m Icône *f* || **~clasta** adj/s Iconoclaste || **~grafía** f Iconographie.
ictericia f Med. Ictère *m* (p. us.), jaunisse
icti|ófago, a adj/s Ichtyophage || **~ología** f Ichtyologie || **~ólogo, a** s Ichtyologiste.
ida f Aller *m* | Menée (de un ciervo) | *~s y venidas,* allées et venues.
ide|a f Idée | Image, souvenir *m* (imagen) | Idée, intention | *¡Ni ~!,* aucune idée || **~al** adj/m Idéal, e || **~alismo** m Idéalisme || **~alista** adj/s Idéaliste || **~alización** f Idéalisation || **~alizar** vt Idéaliser || **~ar** vt Imaginer | Inventer, concevoir | Envisager, projeter (planear) || **~ario** m Idéologie *f*.
idéntico, a adj Identique.
ident|idad f Identité : *documento nacional de ~,* carte d'identité || **~ificación** f Identification || **~ificar** vt Identifier | — Vp S'identifier (*con,* à) | Montrer ses papiers.
ide|ograma m Idéogramme || **~ología** f Idéologie || **~ológico, a** adj Idéologique || **~ólogo, a** s Idéologue | Théoricien.
id|ílico, a adj Idyllique || **~ilio** m Idylle *f*.
idiom|a m Langue *f*, idiome (p. us.) | Langage (palabras) || **~ático, a** adj Idiomatique.
idiosincrasia f Idiosyncrasie.
idiot|a adj/s Idiot, e || **~ez** f Idiotie || **~ismo** m Gram. Idiotisme || **~izar** vt Rendre idiot.
ido, a adj Fam. Dans la lune (distraído), toqué, e (chiflado).
id|ólatra adj/s Idolâtre || **~olatrar** vt Idolâtrer || **~olatría** f Idolâtrie.
ídolo m Idole *f*.
id|oneidad f Aptitude || **~óneo, a** adj Propre, convenable, idoine | Apte (capaz).
iglesia f Église.
ignaro, a adj/s Ignare.
ígneo, a adj Igné, e.
ign|ición f Ignition | Mise à feu (de cohete) || **~ífugo, a** adj/m Ignifuge.
ignomini|a f Ignominie || **~oso, a** adj Ignominieux, euse.
ignor|ancia f Ignorance || **~ante** adj/s Ignorant, e || **~ar** vt Ignorer.
igual adj Égal, e | Semblable, pareil, eille (semejante) | — M Égal | *Al ~ que,* à l'égal de | *Es ~,* ça ne fait rien | *~es a quince* ou *quince ~es,* égalité à quinze (tenis) | *~ que,* comme | *Me da ~,* ça m'est égal | *Por ~,* autant | *Sin ~,* sans égal, sans pareil || **~a** f Égalisation | Convention (ajuste) | Prime (prima) | Fam. Mutuelle || **~ación** f Égalisation | Fig. Arrangement *m* (convenio) || **~amiento** m Égalisation *f* |

Arrangement (convenio) || **~ar** vt Égaler | FIG. Considérer comme égal | Égaliser (cosas) | Aplanir, niveler (allanar) | Conclure (un contrato) | — Vi Égaler | DEP. Égaliser | — Vp Se valoir, être égal | S'égaliser (cosas) || **~atorio** m Mutuelle *f* Centre médical || **~dad** f Égalité | Uniformité | Similitude (semejanza) | *En ~ de condiciones,* dans les mêmes conditions | *~ de opiniones,* identité de vues || **~itario, a** adj/s Égalitaire.
iguana f Iguane *m* (animal).
ij|ada f Flanc *m* | Ventre *m* (de los peces) || **~ar** m Flanc.
ilación f Enchaînement *m* | Liaison.
ilativo, a adj Copulatif, ive.
ileg|al adj Illégal, e || **~alidad** f Illégalité || **~ible** adj Illisible || **~itimidad** f Illégitimité || **~ítimo, a** adj Illégitime.
íleo m MED. Iléus || **~n** m ANAT. Iléon, iléum.
ileso, a adj Indemne, sain et sauf, saine et sauve.
iliaco, a adj ANAT. Iliaque.
ilícito, a adj Illicite.
ilicitud f Illégalité.
ilimitado, a adj Illimité, e.
ilion m Os iliaque.
ilógico, a adj Illogique.
ilumin|ación f Illumination | Éclairage *m* (alumbrado) | Enluminure (pintura) || **~ar** Illuminer | Éclairer (dar claridad) | Enluminer (estampas) | — Vp FIG. S'éclairer.
ilus|amente adv D'une façon fausse | À tort || **~ión** f Illusion | FIG. Plaisir *m*, joie (alegría), espoir *m* (esperanza) || **~ionar** vt FIG. Remplir de joie | — Vp Se faire des illusions, s'illusionner | Se réjouir (alegrarse) || **~ionismo** m Illusionnisme || **~ionista** s Illusionniste || **~o, a** adj/s Utopiste, rêveur, euse | Dupe (engañado) || **~orio, a** adj Illusoire.
ilustr|ación f Illustration | Instruction (saber) | Magazine (*m*) illustré (revista) || **~ado, a** adj Cultivé, e; instruit, e (culto) | Éclairé, e (despotismo) | Illustré, e || **~ador** m Illustrateur || **~ar** vt Illustrer | Rendre célèbre (dar fama) | Éclairer (el entendimiento) | Instruire (instruir) | — Vp S'illustrer || **~e** adj Illustre, célèbre || **~ísimo, a** adj Illustrissime | *Su Ilustrísima,* Sa Grandeur (obispo).
imag|en f Image | Image de marque (opinión) || **~inable** adj Imaginable || **~inación** f Imagination | Idée || **~inar** vt Imaginer || **~inario, a** adj Imaginaire || **~inativa** f Imagination | Sens (*m*) commun || **~inero** m Sculpteur.
im|án m Aimant (hierro) | FIG. Attrait, aimant (atractivo) || **~anar** vt Aimanter || **~antación** f Aimantation || **~antar** vt Aimanter.
imb|écil adj/s Imbécile || **~ecilidad** f Imbécillité || **~erbe** adj Imberbe || **~ornal** m Dalot || **~orrable** adj Ineffaçable.
imbric|ación f Imbrication || **~ar** vt Imbriquer.
imbu|ido, a adj Imbu, e || **~ir*** vt Inculquer, inspirer.
imit|able adj Imitable || **~ación** f Imitation || **~ador, a** adj/s Imitateur, trice || **~amonos** m inv FAM. Imitateur || **~ar** vt Imiter.
impaci|encia f Impatience || **~entar** vt Impatienter || **~ente** adj Impatient, e.
impacto m Impact | FIG. Coup (golpe), répercussion *f*.
impalpable adj Impalpable.
impar adj Impair, e || **~cial** adj Impartial, e || **~cialidad** f Impartialité || **~tir** vt Impartir | Demander (pedir) | Donner (la bénédiction).
impás m Impasse *f* (bridge).
impas|ibilidad f Impassibilité || **~ible** adj Impassible.
imp|avidez f Intrépidité, courage *m* || **~ávido, a** adj Impavide, intrépide.
impecable adj Impeccable.
imped|ido, a adj/s Impotent, e; infirme || **~imento** m Empêchement | Obstacle (traba) || **~ir*** vt Empêcher.
impel|ente adj Foulant, e (bomba) || **~er** vt Pousser | FIG. Exciter.
impenetrable adj Impénétrable.
impenitente adj Impénitent, e.
impens|adamente adj Inopinément | Sans y penser (sin pensarlo) || **~ado, a** adj Inopiné, e; imprévu, e.
imper|ante adj Régnant, e || **~ar** vi Régner | FIG. Régner, dominer || **~ativo, a** adj/m Impératif, ive || **~ceptible** adj Imperceptible || **~dible** m Épingle (*f*) de nourrice || **~donable** adj Impardonnable || **~ecedero, a** adj Impérissable.
imperfec|ción f Imperfection || **~to, a** adj Imparfait, e | GRAM. *Pretérito ~,* imparfait.
imperial adj/f Impérial, e || **~ismo** m Impérialisme || **~ista** adj/s Impérialiste.
imperi|o m Empire | FIG. Domination *f*, pouvoir (poder), orgueil (orgullo) | MIL. Mess | — Adj Empire || **~oso, a** adj Impérieux, euse.
imperme|abilidad f Imperméabilité | TECN. Étanchéité || **~abilización** f Imperméabilisation || **~bilizar** vt Imperméabiliser || **~able** adj/m Imperméable.

imper|sonal adj Impersonnel, elle ‖ **~térrito, a** adj Imperturbable, impassible.
impertin|encia f Impertinence ‖ **~ente** adj/s Impertinent, e | — Mpl Face-à-main *sing* (lentes).
imperturbable adj Imperturbable.
impétigo m MED. Impétigo.
impetrar vt Impétrer (p. us.), obtenir | Solliciter.
ímpetu m Élan, impétuosité *f*.
impetu|osidad f Impétuosité ‖ **~oso, a** adj Impétueux, euse.
imp|iedad f Impiété ‖ **~ío, a** adj/s Impie.
implacable adj Implacable.
implant|ación f Implantation ‖ **~ar** vt Implanter | Introduire (introducir) | — Vp S'implanter.
impl|icación f Implication ‖ **~icar** vt Impliquer | Empêcher (impedir) ‖ **~ícito, a** adj Implicite.
implor|ante adj Implorant, e ‖ **~ar** vt Implorer.
imponderable adj/m Impondérable.
impon|ente adj Imposant, e | FAM. Formidable, sensationnel, elle | — S Déposant, e ‖ **~er*** vt Imposer | Renseigner, mettre au courant (informar) | Placer (dinero) | Remettre, conférer (condecoración) | FIG. Imposer (respeto, etc) | IMPR. Imposer, mettre en pages | — Vi FIG. En imposer | — Vp S'imposer | Se mettre au courant ‖ **~ible** adj Imposable.
impopular adj Impopulaire ‖ **~idad** f Impopularité.
import|ación f Importation ‖ **~ador, a** adj/s Importateur, trice ‖ **~ancia** f Importance | *Darse uno ~*, faire l'important | *De ~*, important, e ‖ **~ante** adj Important, e | *Dárselas de ~*, faire l'important ‖ **~ar** vt Importer | Valoir, coûter (valer) | Monter à, s'élever à (sumar) | FIG. Entraîner (acarrear), comporter (contener), impliquer | — Vi/imp Importer | Avoir de l'importance | Intéresser (interesar) | *No importa*, ça ne fait rien ‖ **~e** m Montant | Prix (precio).
importun|ar vt Importuner ‖ **~o, a** adj/s Inopportun, e | Importun, e.
impos|ibilidad f Impossibilité ‖ **~ibilitado, a** adj/s Impotent, e (inválido) | Empêché, e (impedido) ‖ **~ibilitar** vt Rendre impossible | Empêcher, mettre dans l'impossibilité (impedir) | — Vp Devenir impotent, e ‖ **~ible** adj Impossible : *hacer ~*, rendre impossible | Dégoûtant, e (sucio) | — M Impossible ‖ **~ición** f Imposition | Dépôt *m* (depósito) | Impôt *m* (impuesto) | Remise (de condecoraciones) | IMPR. Imposition ‖ **~itivo, a** adj Des impôts, fiscal, e.
impost|a f ARQ. Imposte ‖ **~or, a** s Imposteur | — Adj Trompeur, euse ‖ **~ura** f Imposture.
impot|encia f Impuissance ‖ **~ente** adj/s Impuissant, e | Impotent, e (sin fuerza).
impracticable adj Irréalisable | Impraticable (camino).
imprec|ación f Imprécation ‖ **~ar** vt/i Proférer des imprécations.
imprecis|ión f Imprécision ‖ **~o, a** adj Imprécis, e.
impregnar vt Imprégner | FIG. Empreindre (rostro, etc).
impremedit|ación f Absence de préméditation ‖ **~ado, a** adj Non prémédité, e.
imprenta f Imprimerie | FIG. Presse.
imprescindible adj Indispensable.
imprescriptible adj Imprescriptible.
impres|ión f Impression | Enregistrement *m* (en disco) | *Cambio de impresiones*, échange de vues ‖ **~ionable** adj Impressionnable ‖ **~ionante** adj Impressionnant, e ‖ **~ionar** vt Impressionner | Enregistrer (el sonido) | Frapper, faire impression (afectar) | Toucher (conmover) | — Vp Être impressionné, e ‖ **~ionismo** m Impressionnisme ‖ **~ionista** adj/s Impressionniste ‖ **~o, a** adj/m Imprimé, e ‖ **~or** m Imprimeur. ‖ **~ora** f Imprimante (máquina).
imprevis|ión f Imprévoyance (de alguien) | Imprévision (de algo) ‖ **~or, a** adj/s Imprévoyant, e ‖ **~to, a** adj/m Imprévu, e | — Mpl Dépenses (*f*) imprévues.
imprimir vt Imprimer | FIG. Écrire (en el rostro) | IMPR. Tirer.
improbable adj Improbable.
ímprobo, a adj Malhonnête | Ingrat, e; pénible (penoso).
im|procedencia f Manque (*m*) d'opportunité ‖ **~procedente** adj Indu, e; inconvenant, e | Inadéquat, e; non fondé, e (inadecuado) | Irrecevable (inadmissible) ‖ **~productivo, a** adj Improductif, ive ‖ **~pronta** f Empreinte ‖ **~properio** m Injure *f*, insulte *f*.
impropi|edad f Impropriété ‖ **~o, a** adj Impropre | Peu conforme.
improvis|ación f Improvisation ‖ **~ador, a** adj/s Improvisateur, trice ‖ **~ar** vt Improviser ‖ **~o, a** ou **~to, a** adj Imprévu, e | *Al* ou *de improviso*, à l'improviste.
imprud|encia f Imprudence ‖ **~ente** adj/s Imprudent, e.
imp|úber adj/s Impubère ‖ **~údico, a** adj/s Impudique ‖ **~udor** m Impudeur *f*.
impuesto, a adj Imposé, e | *~ de* ou *en*, au courant de | — M Impôt

| *~ al valor añadido* ou *agregado,* taxe à la valeur ajoutée | *~ concertado,* forfait.
impugn|able adj Contestable, réfutable || **~ación** f Attaque, contestation || **~ar** vt Contester.
impuls|ar vt Pousser || **~ión** f Impulsion || **~ivo, a** adj/s Impulsif, ive || **~o** m Impulsion *f* | Élan (arranque) || **~or, a** s Promoteur, trice.
impun|e adj Impuni, e || **~idad** f Impunité.
impur|eza f Impureté || **~o, a** adj Impur, e.
imput|able adj Imputable || **~ación** f Imputation || **~ar** vt Imputer.
imputrescible adj Imputrescible.
in|acabable adj Interminable || **~accesible** adj Inaccessible | FIG. Inabordable || **~acción** f Inaction || **~aceptable** adj Inacceptable || **~acostumbrado, a** adj Inaccoutumé, e || **~actividad** f Inactivité || **~activo, a** adj Inactif, ive || **~adecuado, a** adj Inadéquat, e || **~admisible** adj Inadmissible || **~advertencia** f Inadvertance || **~advertido, a** adj Inattentif, ive (distraído) | Inaperçu, e || **~agotable** adj Inépuisable | Intarissable (fuente) | Infatigable (incansable) || **~aguantable** adj Insupportable || **~alterable** adj Inaltérable || **~amistoso, a** adj Inamical, e || **~amovible** adj Inamovible || **~anición** f Inanition || **~animado, a** adj Inanimé, e || **~apelable** adj Sans appel || **~apetente** adj Sans appétit || **~aplazable** adj Urgent, e || **~apreciable** adj Inappréciable || **~apropiado, a** adj Inadéquat, e || **~apto, a** adj Inapte || **~arrugable** adj Infroissable || **~asequible** adj Inaccessible || **~atacable** adj Inattaquable || **~audible** adj Inaudible || **~audito, a** adj Inouï, e.
inaugur|ación f Inauguration || **~ar** vt Inaugurer.
inca adj/s Inca || **~ico, a** adj Inca.
in|calculable adj Incalculable || **~calificable** adj Inqualifiable.
incandesc|encia f Incandescence || **~ente** adj Incandescent, e.
incansable adj Infatigable.
incap|acidad f Incapacité || **~acitar** vt Inhabiliter || **~az** adj/s Incapable.
incaut|ación f Saisie, confiscation || **~arse** vp Saisir, confisquer || **~o, a** adj Imprudent, e | Naïf, ive.
incendi|ar vt Incendier | — Vp Prendre feu, brûler || **~ario, a** adj/s Incendiaire || **~o** m Incendie | FIG. Feu (fuego).
incens|ar* vt Encenser || **~ario** m Encensoir.
incentivo m Stimulant (estímulo) | Attrait (atractivo).
incertidumbre f Incertitude.
incesante adj Incessant, e.
incest|o m Inceste || **~uoso, a** adj/s Incestueux, euse; inceste.
incid|encia f FÍS. Incidence | FIG. Incidence (consecuencia) || **~ental** adj/f GRAM. Incident, e || **~ente** adj/m Incident, e || **~ir** vi Tomber [dans une faute] | MED. Inciser | GEOM. Tomber.
incienso m Encens.
incierto, a adj Incertain, e.
inciner|ación f Incinération || **~ador** m Incinérateur || **~ar** vt Incinérer.
incipiente adj Naissant, e (cosa) | Débutant, e (persona).
incis|ión f Incision || **~ivo, a** adj Incisif, ive | — M Incisive *f* (diente) || **~o** m Incise *f* | Sous-alinéa.
incit|ación f Incitation, encouragement *m* || **~ador, a** adj/s Incitateur, trice || **~ar** vt Inciter, pousser, encourager.
inclem|encia f Inclémence || **~ente** adj Inclément, e.
inclin|ación f Inclination | Inclinaison (posición oblicua) | FIG. Inclination, penchant *m* (predilección), tendance (tendencia) || **~ar** vt Incliner, pencher | — Vi/p Incliner, se pencher | *~ por,* pencher pour.
ínclito, a adj Illustre.
inclu|ir* vt Inclure | Insérer (introducir) | Renfermer (contener) | Inscrire (inscribir) | *Sin ~,* non compris | *Todo incluido,* tout compris || **~sa** f Hospice (*m*) des enfants trouvés || **~sero, a** s FAM. Enfant trouvé || **~sión** f Inclusion || **~sive** adv Inclus, y compris || **~so, a** adj Inclus, e | — Prep. Même, y compris | — Adv. Même (hasta) | Ci-inclus (en una carta).
incoar vt Entamer, commencer | Intenter (un pleito).
incógnito, a adj Inconnu, e | — M Incognito | *De ~,* incognito | — F MAT. Inconnue.
in|coherente adj Incohérent, e || **~coloro, a** adj Incolore || **~cólume** adj Indemne || **~comible** adj Immangeable || **~comodar** vt Incommoder, gêner | Fâcher (disgustar) | Vexer (vejar) | Ennuyer (molestar) | — Vp Se fâcher, se vexer || **~comodidad** f Incommodité | Gêne (molestia) | Manque (*m*) de confort | Malaise *m* (malestar) | Mécontentement *m* (disgusto) || **~cómodo, a** adj Incommode | Incommodant, e (molesto) | Incommodé, e | Mal à l'aise | Inconfortable (sin comodidad) | — M Incommodité *f*, gêne *f*.

incomp|arable adj Incomparable || **~arecencia** f DR. Non-comparution || **~atibilidad** f Incompatibilité || **~atible** adj Incompatible || **~etencia** f Incompétence || **~etente** adj Incompétent, e || **~leto, a** adj Incomplet, ète.
incompr|endido, a adj/s Incompris, e || **~ensible** adj Incompréhensible || **~ensión** f Incompréhension.
incomunic|ación f Manque (*m*) de communication, isolement *m* || **~ado, a** adj Privé de communication, isolé, e || **~ar** vt Priver de communications, isoler | — Vp S'isoler (aislarse).
in|concebible adj Inconcevable || **~concluso, a** adj Inachevé, e || **~concuso, a** adj Indubitable | Sûr, e (seguro) || **~condicional** adj/s Inconditionnel, elle || **~conexión** f Manque (*m*) de connexion || **~conexo, a** adj Sans connexion, sans rapport || **~confesable** adj Inavouable || **~conformismo** m Non-conformisme || **~confortable** adj Inconfortable || **~confundible** adj Caractéristique, personnel, elle | Unique.
incongru|encia f Incongruité || **~ente** adj Incongru, e.
incon|mensurable adj Incommensurable || **~movible** adj Inébranlable || **~quistable** adj Imprenable.
inconscien|cia f Inconscience || **~te** adj/s Inconscient, e.
inconsecuen|cia f Inconséquence || **~te** adj/s Inconséquent, e.
inconsist|encia f Inconsistance || **~ente** adj Inconsistant, e.
inconst|ancia f Inconstance || **~ante** adj Incertain (tiempo) | — Adj/s Inconstant, e.
incont|able adj Incalculable || **~enible** adj Irrépressible || **~estable** adj Incontestable.
incontin|encia f Incontinence || **~ente** adj Incontinent, e | — Adv Incontinent || **~enti** adv À l'instant, incontinent.
incontrovertible adj Irréfutable.
inconveni|encia f Inconvenance | Inconvénient *m* | Grossièreté (grosería), impertinence (insolencia) || **~ente** adj Inconvenant, e | Impoli, e (descortés) | — M Inconvénient | Raison *f* (motivo).
incordi|ar vt FAM. Empoisonner, enquiquiner || **~o** m MED. Bubon | FAM. Corvée *f*, enquiquinement (molestia), enquiquineur, euse; casse-pieds *inv* (persona).
incorpor|ación f Incorporation || **~ar** vt Incorporer | Rattacher (unir) | — Vp S'incorporer | S'asseoir dans son lit, se redresser (en la cama).
incorr|ección f Incorrection || **~ecto, a** adj Incorrect, e || **~egible** adj Incorrigible.
incorrupt|ible adj Incorruptible || **~o, a** adj Non corrompu, e.
incr|edulidad f Incrédulité || **~édulo, a** adj/s Incrédule | REL. Incroyant, e || **~eíble** adj Incroyable || **~ementar** vt Développer, augmenter, accroître || **~emento** m Développement | Accroissement, augmentation *f* (aumento).
increpar vt Invectiver, réprimander (reñir) | Apostropher (insultar).
incrimin|ación f Incrimination || **~ar** vt Incriminer.
incruento, a adj Non sanglant, e.
incrust|ación f Incrustation || **~ar** vt Incruster.
incub|ación f Incubation || **~adora** f Couveuse, incubateur *m* || **~ar** vt/i Couver.
inculcar vt Inculquer.
inculp|abilidad f Inculpabilité | *Veredicto de ~*, verdict d'acquittement || **~ación** f Inculpation || **~ado, a** adj/s Inculpé, e || **~ar** vt Inculper, accuser.
inculto, a adj Inculte (persona) | Inculte, incultivé, e (terreno) | — S Ignorant, e.
incumb|encia f Ressort *m*, compétence || **~ir** vi Incomber, être du ressort *o* de la compétence de.
incumpli|miento m Non-exécution *f*, manquement || **~ir** vt Manquer à.
incur|able adj/s Incurable || **~ia** f Incurie.
incur|rir vi Encourir (atraer, caer en) | Commettre (cometer) || **~sión** f Incursion.
indag|ación f Investigation | DR. Enquête || **~ar** vt Rechercher, enquêter sur || **~atorio, a** adj D'enquête.
indebido, a adj Indu, e | Illicite.
indec|encia f Indécence | Obscénité || **~ente** adj Indécent, e | Malhonnête (deshonesto) | Grossier, ère (grosero) | Infâme (muy malo) | Incorrect, e || **~ible** adj Indicible || **~isión** f Indécision || **~iso, a** adj Indécis, e.
inde|coroso, a adj Irrévérencieux, euse | Indécent, e || **~fectible** adj Indéfectible.
indefenso, a adj Sans défense.
indefin|ible adj Indéfinissable || **~ido, a** adj/m Indéfini, e.
indeleble adj Indélébile.
indelicadeza f Indélicatesse.
indemn|e adj Indemne || **~ización** f Indemnisation, dédommagement *m* | Indemnité (compensación) || **~izar** vt Indemniser, dédommager.
independ|encia f Indépendance || **~iente** adj/s Indépendant, e ||

~izar vt Rendre indépendant.
indes|cifrable adj Indéchiffrable || **~criptible** adj Indescriptible || **~eable** adj/s Indésirable || **~mallable** adj Indémaillable || **~tructible** adj Indestructible.
indetermin|ación f adj Indétermination || **~ado, a** adj Indéterminé, e | GRAM. Indéfini, e.
indexar vt Indexer.
India nprf Inde.
indiano m Émigrant revenu riche d'Amérique.
Indias nprfpl Amérique *sing.*
indic|ación f Indication | Repère *m* (señal) || **~ador, a** adj Indicateur, trice | — M Indicateur || **~ar** vt Indiquer | Faire signe || **~ativo, a** adj/m Indicatif, ive.
índice m Indice (indicio), coeficiente | Index (tabla, dedo) | Catalogue (catálogo) | Aiguille *f* (aguja) | MAT. Indice (de una raíz) | Taux (porcentaje) | REL. Index.
indicio m Indice | Trace *f* (huella).
índico, a adj Indien, enne.
indifer|encia f Indifférence || **~ente** adj/s Indifférent, e.
indígena adj/s Indigène.
indig|encia f Indigence || **~ente** adj/s Indigent, e.
indigest|arse vp Ne pas bien digérer | FAM. Ne pas pouvoir sentir (una persona) || **~ión** f Indigestion || **~o, a** adj Indigeste.
indign|ación f Indignation || **~ante** adj Révoltant, e || **~ar** vt Indigner || **~idad** f Indignité || **~o, a** adj Indigne.
índigo m Indigo (color).
indio, a adj/s Indien, enne | FIG. *Hablar como los ~s,* parler petit nègre.
indirect|a f Allusion, insinuation | FAM. Pique, coup (*m*) de patte || **~o, a** adj Indirect, e.
indisciplin|a f Indiscipline || **~arse** vp Manquer à la discipline.
indiscre|ción f Indiscrétion || **~to, a** adj/s Indiscret, ète.
in|discutible adj Indiscutable | Incontestable || **~disoluble** adj Indissoluble || **~dispensable** adj Indispensable.
indis|poner* vt Indisposer | — Vp Être indisposé, e | FIG. Se fâcher (enfadarse) || **~ponible** adj Indisponible || **~posición** f Indisposition || **~puesto, a** adj Indisposé, e.
indistinto, a adj Indistinct, e.
individu|al adj Individuel, elle | — M Simple (tenis) || **~alista** adj/s Individualiste || **~alizar** vt Individualiser || **~o, a** adj Individuel, elle | — M Individu | Membre (miembro) | Personne *f.*
indivis|ible adj Indivisible || **~ión** f Indivision || **~o, a** adj Indivis, e : *pro ~,* par indivis.
in|dócil adj Indocile || **~docilidad** f Indocilité || **~docto, a** adj Ignorant, e.
indo|chino, a adj/s Indochinois, e || **~europeo, a** adj/s Indo-européen, enne.
índole f Caractère *m* | Genre *m*, sorte (género, tipo) | Nature (naturaleza).
indol|encia f Indolence || **~ente** adj/s Indolent, e.
in|doloro, a adj Indolore || **~domable** adj Indomptable || **~dómito, a** adj Indompté, e | Indomptable (indomable).
induc|ción f Induction || **~ido** adj/m Induit, e || **~ir*** vt Induire | Pousser, conduire (mover a) | Déduire (deducir) | ELEC. Induire || **~tancia** f ELEC. Inductance || **~tor, a** adj/m Inducteur, trice.
indudable adj Indubitable.
indulg|encia f Indulgence || **~ente** adj Indulgent, e (*con* ou *hacia,* pour *o* envers *o* à).
indult|ar vt Gracier || **~o** m Grâce *f*, remise (*f*) de peine | Indult (del Papa).
indument|aria f Vêtement *m*, habillement *m* || **~o** m Vêtement.
industri|a f Industrie || **~al** adj/m Industriel, elle || **~alización** f Industrialisation || **~alizar** vt Industrialiser || **~arse** vp S'ingénier || **~oso, a** adj Industrieux, euse.
in|édito, a adj/m Inédit, e || **~educado, a** adj Impoli, e || **~efable** adj Ineffable.
inefic|acia f Inefficacité || **~az** adj Inefficace.
ine|luctable adj Inéluctable || **~ludible** adj Inévitable || **~narrable** adj Inénarrable.
inencogible adj Irrétrécissable.
inep|cia f Ineptie || **~titud** f Ineptie | Inaptitude (incapacidad) || **~to, a** adj Inepte | — M Incapable, nullité *f.*
inequívoco, a adj Indubitable, évident, e; non équivoque.
iner|cia f Inertie || **~te** adj Inerte.
Inés nprf Agnès.
inesperado, a adj Inespéré, e; inattendu, e.
inest|abilidad f Instabilité || **~able** adj/s Instable.
in|estimable adj Inestimable || **~evitable** adj Inévitable.
inexact|itud f Inexactitude || **~o, a** adj Inexact, e.
inex|cusable adj Inexcusable || **~istente** adj Inexistant, e || **~orable** adj Inexorable || **~periencia** f Inexpérience || **~perto, a** adj Inexpérimenté, e || **~plicable** adj

Inexplicable ‖ **~presivo, a** adj Inexpressif, ive ‖ **~pugnable** adj Inexpugnable, imprenable ‖ **~tricable** adj Inextricable.

infal|ibilidad f Infaillibilité ‖ **~ible** adj Infaillible.

infam|ación f Diffamation ‖ **~ante** adj Infamant, e ‖ **~ar** vt Rendre infâme ‖ **~e** adj/s Infâme ‖ **~ia** f Infamie.

infan|cia f Enfance ‖ **~ta** f Infante | Fillette (niña) ‖ **~te** m Enfant (niño) | Infant (hijo del rey) | Fantassin (soldado) ‖ **~tería** f Infanterie ‖ **~ticida** adj/s Infanticide ‖ **~ticidio** m Infanticide (asesinato) ‖ **~til** adj Infantile | Enfantin, e (inocente) ‖ **~tilismo** m Infantilisme.

infarto m MED. Engorgement (aumento), infarctus (de miocardio).

infatuar vt Rendre fat | — Vp S'engouer | S'enorgueillir, se griser.

infausto, a adj Malheureux, euse.

infec|ción f Infection ‖ **~cionar** vt Infecter ‖ **~cioso, a** adj Infectieux, euse ‖ **~tar** vt Infecter ‖ **~to, a** adj Infect, e (pestilente) | Infecté, e.

infeliz adj/s Malheureux, euse.

inferior adj/s Inférieur, e ‖ **~idad** f Infériorité.

inferir* vt Déduire, inférer (p. us.) [deducir] | Causer (causar).

infernáculo m Marelle *f* (juego).

infernal adj Infernal, e.

infestar o **inficionar** vt Infester | Infecter (corromper) | — Vp Être infesté, e.

infi|delidad f Infidélité | Manque (*m*) de loyauté (deslealtad) ‖ **~el** adj/s Infidèle.

infiern|illo m Réchaud ‖ **~o** m Enfer | *El ~ está empedrado de buenas intenciones*, l'enfer est pavé de bonnes intentions | FAM. *En el quinto ~*, au diable [vauvert], à tous les diables.

infiltr|ación f Infiltration ‖ **~ado** m MED. Infiltrat ‖ **~ar** vt Faire s'infiltrer | — Vp S'infiltrer.

ínfimo, a adj Infime.

infin|idad f Infinité ‖ **~itesimal** adj Infinitésimal, e ‖ **~itivo, a** adj/m Infinitif, ive ‖ **~ito, a** adj/m Infini, e | — Adv Infiniment ‖ **~itud** f Infinitude, infinité.

infirmación f Infirmation.

inflaci|ón f Inflation ‖ **~onismo** m Inflationnisme ‖ **~onista** adj Inflationniste.

inflado m Gonflage, gonflement.

inflam|able adj Inflammable ‖ **~ación** f Inflammation ‖ **~ar** vt Enflammer.

infl|amiento m Gonflement | Enflure *f* (hinchazón) ‖ **~ar** vt Gonfler | FIG. Exagérer, enfler, grossir | — Vp Se gonfler | FIG. Se rengorger, se gonfler.

inflex|ibilidad f Inflexibilité ‖ **~ible** adj Inflexible ‖ **~ión** f Inflexion.

infligir vt Infliger.

influ|encia f Influence ‖ **~enciar** vt Influencer ‖ **~ir*** vi Influer, avoir une influence | FIG. Influencer ‖ **~jo** m Influence *f* | Flux (flujo) | MED. Influx ‖ **~yente** adj Influent, e.

infolio m inv In-folio (libro).

inform|ación f Information | Renseignement *m* (informe, dato) | DR. Enquête | — Pl Informations (radio, televisión) | Références (de un criado) ‖ **~ado, a** adj Informé, e | Avec des références (criado) ‖ **~ador, a** adj D'information | — S Informateur, trice ‖ **~al** adj Peu sérieux, euse | — S Fumiste ‖ **~ante** m Informateur | Rapporteur (ponente) ‖ **~ar** vt Informer | Faire savoir (dar a conocer) | Renseigner (dar informaciones) | — Vi DR. Informer de *o* sur (un crimen), instruire; plaider (abogar) | Rapporter (hacer un informe) | — Vp S'informer, se renseigner | Prendre des renseignements : *~ sobre una criada*, prendre des renseignements sur une domestique ‖ **~ática** f Informatique ‖ **~e** adj Informe | — M Information *f*, renseignement | Rapport (de policía, de una comisión) | Mémoire (memoria) | DR. Plaidoirie *f* (exposición), dossier (expediente) | — Pl Références *f* (de un empleado).

infortun|ado, a adj/s Infortuné, e ‖ **~io** m Infortune *f*.

infosura f VET. Fourbure.

infrac|ción f Infraction ‖ **~tor** m Transgresseur.

infraestructura f Infrastructure.

in fraganti loc adv En flagrant délit.

infranqueable adj Infranchissable.

infra|rrojo, a adj/m Infrarouge ‖ **~scrito, a** adj/s Soussigné, e : *el ~*, je soussigné | — Adj Ci-dessous | — S La personne en question ‖ **~valorar** vt Sous-estimer.

infringir vt Enfreindre, transgresser.

infructífero, a o **infructuoso, a** adj Infructueux, euse.

ínfulas fpl Fanons *m* (de mitra) | FIG. Prétention *sing*.

inf|undado, a adj Sans fondement, non fondé, e ‖ **~undio** m Bobard (fam), fausse nouvelle *f* ‖ **~undir** vt Inspirer : *~ respeto*, inspirer le respect | Donner (ánimo, etc) | Inculquer (inculcar) ‖ **~usión** f Infusion ‖ **~uso, a** adj Infus, e ‖ **~usorios** mpl Infusoires.

ingeni|ar vt Inventer | — Vp S'ingénier | *Ingeniárselas,* s'arranger || **~ería** f Génie *m* : *~ civil,* génie civil || **~ero** m Ingénieur | *Cuerpo de ~s,* génie | *~ de montes,* ingénieur des Eaux et Forêts | *~ naval,* ingénieur du Génie maritime || **~o** m Génie (persona, talento, divinidad) | Esprit (agudeza) | Ingéniosité *f,* adresse *f* (habilidad) | Engin : *~ espacial,* engin spatial | *~ de azúcar,* raffinerie de sucre || **~osidad** f Ingéniosité | FIG. Subtilité || **~oso, a** adj Ingénieux, euse | Spirituel, elle (divertido).

ingente adj Énorme.

ingenu|idad f Ingénuité, naïveté || **~o, a** adj/s Ingénu, e; naïf, ïve.

inger|encia f Ingérence || **~ir*** vt Ingérer.

ingestión f Ingestion.

Inglaterra nprf Angleterre.

ingle f ANAT. Aine.

inglés, esa adj/s Anglais, e (de Inglaterra) | — M Anglais (idioma).

inglete m Onglet.

ingrat|itud f Ingratitude || **~o, a** adj/s Ingrat, e.

ingravidez f Apesanteur, absence de pesanteur.

ingrávido, a adj Léger, ère | Sans pesanteur.

ingre|diente m Ingrédient || **~sar** vi Rentrer (dinero) | Entrer (en una escuela, hospital) | — Vt Déposer, verser | *~ en caja,* encaisser || **~so** m Entrée *f* (entrada) | Admission *f* | Recette *f,* rentrée *f* (de dinero), dépôt (depósito), versement (en una cuenta) | — Pl Recettes *f.*

inh|ábil adj Inhabile (*en,* à) | *Día ~,* jour férié *o* chômé || **~abilidad** f Inhabileté | DR. Incapacité, inhabilité || **~abilitar** vt DR. Déclarer incapable, inhabiliter | Interdire (prohibir) | — Vp Devenir inhabile.

inhabitable adj Inhabitable.

inhabitual adj Inhabituel, elle.

inhal|ación f Inhalation || **~ar** vt Inhaler.

inher|encia f Inhérence || **~ente** adj Inhérent, e.

inhib|ición f Inhibition | Refoulement *m* (de tendencias condenables) || **~ir** vt MED. Inhiber | Refouler | — Vp S'abstenir de || **~itorio, a** adj Inhibiteur, trice; inhibitoire.

inhospitalario, a o **inhóspito, a** adj Inhospitalier, ère.

inhum|ación f Inhumation || **~ano, a** adj Inhumain, e || **~ar** vt Inhumer.

inici|ación f Initiation | Début *m,* commencement *m* (principio) | Mise en train (puesta en marcha) || **~ado, a** adj/s Initié, e || **~al** adj/f Initial, e || **~ar** vt Initier (*en,* à) | Commencer | — Vp S'initier | Commencer || **~ativa** f Initiative.

inicuo, a adj Inique.

in|igualado, a adj Inégalé, e || **~imaginable** adj Inimaginable || **~imitable** adj Inimitable || **~inteligible** adj Inintelligible || **~interrumpido, a** adj Ininterrompu, e.

iniquidad f Iniquité.

injert|ar vt Greffer || **~o** m AGR. MED. Greffe *f.*

injuri|a f Injure || **~ar** vt Injurier || **~oso, a** adj Injurieux, euse.

injust|icia f Injustice || **~ificable** adj Injustifiable || **~ificado, a** adj Injustifié, e || **~o, a** adj/s Injuste.

in|maculado, a adj Immaculé, e | *La Inmaculada,* l'Immaculée Conception || **~manente** adj Immanent, e || **~material** adj Immatériel, elle.

inmedi|ación f Contiguïté | — Pl Environs *m,* abords *m,* alentours *m* (alrededores) || **~ato, a** adj Immédiat, e | Contigu, ë.

inmejorable adj Parfait, e; excellent, e.

inmemorial adj Immémorial, e | *De tiempo ~,* de toute éternité.

inmens|idad f Immensité || **~o, a** adj Immense | FAM. Formidable, extraordinaire || **~urable** adj Immensurable.

inmerecido, a adj Immérité, e.

inmer|gir vt Immerger || **~sión** f Immersion | Plongée (de submarino) || **~so, a** adj Immergé, e.

inmigr|ación f Immigration || **~ante** adj/s Immigrant, e || **~ar** vi Immigrer.

inmin|encia f Imminence || **~ente** adj Imminent, e.

inmiscuirse vp S'immiscer.

in|mobiliario, a adj Immobilier, ère | — F Société immobilière || **~moderado, a** adj Immodéré, e.

inmol|ación f Immolation || **~ar** vt Immoler.

inmoral adj Immoral, e || **~idad** f Immoralité || **~ista** adj/s Immoraliste.

inmortal adj Immortel, elle || **~idad** f Immortalité || **~izar** vt Immortaliser.

inmotivado, a adj Immotivé, e.

inm|óvil adj Immobile || **~ovilidad** f Immobilité || **~ovilismo** m Immobilisme || **~ovilización** f Immobilisation || **~ovilizar** vt Immobiliser.

inmueble adj/m Immeuble.

inmund|icia f Immondice || **~o, a** adj Immonde.

inmun|e adj Exempt, e (exento) | Immunisé, e || **~idad** f Immunité || **~ización** f Immunisation || **~izar** vt Immuniser.

inmut|able adj Immuable ‖ **~ar** vt Altérer, changer | — Vp S'altérer (el semblante) | Se troubler (turbarse).
in|nato, a adj Inné, e ‖ **~necesario, a** adj Superflu, e ‖ **~negable** adj Indéniable ‖ **~noble** adj Ignoble ‖ **~nocuidad** f Innocuité ‖ **~nocuo, a** adj Inoffensif, ive.
innov|ación f Innovation ‖ **~ador, a** adj/s Innovateur, trice ‖ **~ar** vt/i Innover.
innumerable adj Innombrable.
inobediente adj Désobéissant, e.
inobservancia f Inobservance.
inoc|encia f Innocence ‖ **~entada** f FAM. Bêtise (bobada) | Plaisanterie, farce (broma) | Poisson (*m*) d'avril (el día de los Inocentes) ‖ **~ente** adj/s Innocent, e | Naïf, ïve; simple d'esprit (simple) ‖ **~entón, ona** adj/s Niais, e | — S Bêta, bêtasse ‖ **~uidad** f Innocuité.
inocul|ación f Inoculation ‖ **~ar** vt Inoculer.
inocuo, a adj Inoffensif, ive.
in|odoro, a adj Inodore | — M Water-closet (retrete) ‖ **~ofensivo, a** adj Inoffensif, ive ‖ **~olvidable** adj Inoubliable ‖ **~operante** adj Inopérant, e ‖ **~opia** f Indigence, dénuement *m* | FIG. *Estar en la ~*, être dans les nuages ‖ **~opinadamente** adv Inopinément ‖ **~opinado, a** adj Inopiné, e ‖ **~oportunidad** f Inopportunité ‖ **~oportuno, a** adj/s Inopportun, e ‖ **~orgánico, a** adj Inorganique ‖ **~oxidable** adj Inoxydable ‖ **~quebrantable** adj Incassable | FIG. Inébranlable.
inquiet|ante adj Inquiétant, e ‖ **~ar** vt Inquiéter | — Vp S'inquiéter (*por*, de) ‖ **~o, a** adj Inquiet, ète (*por, con*, sur, de) | FIG. Agité, e ‖ **~ud** f Inquiétude | FIG. Agitation.
inquilin|ato m Location *f* (alquiler) | Loyer (precio) ‖ **~o, a** s Locataire.
inquina f Aversion, haine.
inqui|rir* vt Enquêter sur, s'informer de ‖ **~sición** f Enquête, recherche | Inquisition (tribunal) ‖ **~sidor** adj/m Inquisiteur, trice ‖ **~sitorial** adj Inquisitorial, e.
insaciab|ilidad f Insatiabilité | Inassouvissement *m* (de un deseo) ‖ **~le** adj Insatiable.
insalubr|e adj Insalubre ‖ **~idad** f Insalubrité.
insalvable adj Insurmontable.
insan|able adj Incurable ‖ **~ia** f Insanité ‖ **~o, a** adj Dément, e.
insatisf|acción f Insatisfaction ‖ **~echo, a** adj Insatisfait, e | Inexaucé, e (no cumplido) | Inassouvi, e (no saciado).
inscri|bir vt Inscrire ‖ **~pción** f Inscription ‖ **~to, a** adj/s Inscrit, e.
insect|icida adj/m Insecticide ‖ **~ívoro, a** adj/m Insectivore ‖ **~o** m Insecte.
insegur|idad f Insécurité ‖ **~o, a** adj Incertain, e.
inseminación f Insémination.
insensat|ez f Manque (*m*) de bon sens | Bêtise (tontería) ‖ **~o, a** adj/s Insensé, e.
insens|ibilidad f Insensibilité ‖ **~ibilización** f Insensibilisation ‖ **~ibilizar** vt Insensibiliser ‖ **~ible** adj Insensible.
inseparable adj Inséparable.
inser|ción f Insertion ‖ **~tar** vt Insérer ‖ **~vible** adj Inutilisable.
insidi|a f Embûche, piège *m* ‖ **~oso, a** adj Insidieux, euse.
insign|e adj Insigne ‖ **~ia** f Insigne *m* | Enseigne (estandarte) | Bannière (pendón) | Décoration (condecoración) ‖ **~ificancia** f Insignifiance ‖ **~ificante** adj Insignifiant, e.
insinu|ación f Insinuation (indirecta) | Observation ‖ **~ante** adj Insinuant, e ‖ **~ar** vt Insinuer | Suggérer (sugerir) | — Vp S'insinuer | Faire des avances (a una mujer).
ins|ipidez f Insipidité ‖ **~ípido, a** adj Insipide.
insist|encia f Insistance ‖ **~ente** adj Insistant, e ‖ **~entemente** adv Instamment, avec insistance ‖ **~ir** vi Insister.
insolación f Insolation.
insol|encia f Insolence ‖ **~entarse** vp Devenir *o* être insolent ‖ **~ente** adj/s Insolent, e.
insólito, a adj Insolite.
insol|uble adj Insoluble ‖ **~vencia** f Insolvabilité ‖ **~vente** adj Insolvable | — S Personne insolvable.
insomnio m Insomnie *f*.
insonor|ización f Insonorisation ‖ **~izar** vt Insonoriser ‖ **~o, a** adj Insonore.
in|soportable adj Insupportable. ‖ **~sospechable** adj Insoupçonnable ‖ **~sospechado, a** adj Insoupçonné, e ‖ **~sostenible** adj Insoutenable | Intenable (insoportable).
inspec|ción f Inspection | Contrôle *m* ‖ **~cionar** vt Inspecter ‖ **~tor, a** adj/s Inspecteur, trice | Surveillant, e (de estudios).
inspir|ación f Inspiration ‖ **~ador, a** adj/s Inspirateur, trice ‖ **~ar** vt Inspirer | — Vp S'inspirer (*en*, de).
instal|ación f Installation | Pose (colocación) ‖ **~ador** m Installateur ‖ **~ar** vt Installer | Poser (gas, electricidad) | — Vp S'installer.

inst|ancia f Instance (solicitud) | Pétition | Exigence (exigencia) | DR. Instance | *A ~ de,* à la demande de | *En última ~,* en dernier ressort || **~antáneo, a** adj Instantané, e | — F Instantané *m* || **~ante** adj Instant, e | — M Instant, moment || **~ar** vt Insister (insistir) | Prier instamment | — Vi Presser, être urgent.
instaur|ación f Instauration || **~ador, a** adj/s Instaurateur, trice || **~ar** vt Instaurer.
instig|ación f Instigation || **~ador, a** adj/s Instigateur, trice || **~ar** vt Inciter.
instint|ivo, a adj Instinctif, ive || **~o** m Instinct.
institu|ción f Institution || **~cional** adj Institutionnel, elle || **~ir*** vt Instituer || **~to** m Institut | Lycée (de segunda enseñanza) | Office : *~ de Moneda Extranjera, de la Vivienda,* Office des changes, du logement | *~ laboral,* collège technique || **~triz** f Institutrice.
instru|cción f Instruction || **~ctivo, a** adj Instructif, ive || **~ctor, a** s Moniteur, trice (de gimnasia) | — Adjm/m Instructeur || **~ido, a** adj Instruit, e || **~ir*** vt Instruire | Former (niño, criado) | DR. Instruire | — Vp S'instruire.
instrument|ación f Instrumentation || **~al** adj Instrumental, e | — M Instruments *pl* || **~ar** vt Instrumenter | — Vp DR. Entrer en vigueur || **~ista** s Instrumentiste || **~o** m Instrument | Acte (acta) | MÚS. Instrument : *~ de cuerda,* instrument à cordes | MÚS. *~s de madera,* les bois. *~s de metal,* les cuivres.
insubordin|ación f Insubordination || **~ado, a** adj/s Insubordonné, e || **~ar** vt Soulever, révolter.
insufici|encia f Insuffisance || **~ente** adj Insuffisant, e.
insufl|ación f Insufflation || **~ar** vt Insuffler.
insufrible adj Insupportable.
ínsula f Île.
insul|ar adj/s Insulaire || **~ina** f MED. Insuline || **~so, a** adj Fade, insipide | FIG. Plat, e.
insult|ante adj Insultant, e || **~ar** vt/i Insulter || **~o** m Insulte *f.*
insumergible adj Insubmersible.
insu|misión f Insoumission || **~miso, a** adj/s Insoumis, e || **~perable** adj Imbattable, insurpassable | Insurmontable (dificultad) | Extrême, suprême (extremo).
insurgente adj/s Insurgé, e.
insurrec|ción f Insurrection || **~cional** adj Insurrectionnel, elle || **~cionarse** vp S'insurger || **~to, a** adj/s Insurgé, e.
insustituible adj Irremplaçable.
intacto, a adj Intact, e.
intachable adj Irréprochable.
intangible adj Intangible.
integr|ación f Intégration | Rattachement *m* (de un territorio) | Fusion : *~ bancaria,* fusion bancaire || **~al** adj Intégral, e | Intégrant, e (parte) | — F Intégrale || **~ante** adj Intégrant, e | — M Membre || **~ar** vt Composer | Faire partie de (formar parte de) | Compléter | Intégrer || **~idad** f Intégrité.
íntegro, a adj Intégral, e | FIG. Intègre (honrado).
intel|ecto m Intellect, entendement || **~ectual** adj/s Intellectuel, elle || **~ectualismo** m Intellectualisme || **~igencia** f Intelligence | MIL. Service (*m*) de renseignements || **~igente** adj Intelligent, e || **~igible** adj Intelligible.
intemerata f FAM. Hardiesse | FAM. *Formar la ~,* faire un scandale. *Saber la ~,* en savoir un bout.
intemp|erancia f Intempérance || **~erante** adj Intempérant, e || **~erie** f Intempérie | *A la ~,* en plein air || **~estivo, a** adj Intempestif, ive.
intenci|ón f Intention | Volonté, intention (voluntad) | *Con ~,* exprès | *Con la ~ de,* dans l'intention de | *Mala ~,* malveillance | *Primera ~,* franchise | *Segunda ~,* arrière-pensée || **~onadamente** adv Exprès, intentionnellement || **~onado, a** adj Intentionné, e || **~onal** adj Intentionnel, elle | Volontaire.
intend|encia f Intendance || **~ente, a** s Intendant, e.
intens|idad f Intensité || **~ificación** f Intensification || **~ificar** vt Intensifier | — Vp S'intensifier, se renforcer || **~ivo, a** adj Intensif, ive | Accéléré, e (enseñanza) || **~o, a** adj Intense.
intent|ar vt Tenter de, essayer de | DR. Intenter || **~o** m Tentative *f,* essai | Intention *f,* projet (intención) | *Como de ~,* comme par un fait exprès | *De ~,* exprès || **~ona** f FAM. Tentative téméraire.
inter prep Inter || **~acción** f Interaction || **~calar** vt Intercaler | — Adj Intercalaire || **~cambiable** adj Interchangeable || **~cambiar** vt Échanger || **~cambio** m Échange || **~ceder** vi Intercéder || **~cepción** o **~ceptación** f Interception || **~ceptar** vt Intercepter | Barrer, couper (camino) | Interrompre (circulación) || **~cesión** f Intercession || **~cesor, a** s Intercesseur *m,* médiatrice *f* || **~continental** adj Intercontinental, e || **~costal** adj

Intercostal, e || **~dicción** f Interdiction | ~ *de residencia* ou *de lugar,* interdiction de séjour.

inter|és m Intérêt | — Pl Biens (de fortuna) | *De* ~, digne d'intérêt, intéressant, e || **~esante** adj Intéressant, e || **~esar** vt/i Intéresser | Être intéressant, e : *interesa saber si,* il est intéressant de savoir si | Avoir intérêt à (ser conveniente) | — Vp S'intéresser (*por, en,* à).

interfecto, a s Dr. Victime *f* | Fam. Individu *o* personne en question.

interfer|encia f Interférence | Fig. Ingérence, intervention || **~ir*** vi Interférer.

ínterin m Intérim | — Adv Pendant que.

interin|idad f Intérim *m* || **~o, a** adj/s Intérimaire | — Adj Par intérim : *presidente* ~, président par intérim | Provisoire, intérimaire (provisional).

interior adj Intérieur, e | — M Intérieur | En ville (carta) | Intérieur, inter (fútbol) | — Pl Entrailles *f* (entrañas) || **~idad** f Intériorité | — Pl Vie (*sing*) privée (vida privada), dessous *m* (secretos).

interjección f Interjection.

interlínea f Interligne *m* (espacio) | Interligne (regleta).

interlocutor, a s Interlocuteur, trice.

intérlope adj Interlope.

interludio m Interlude.

intermedi|ario, a adj/s Intermédiaire || **~o, a** adj Intermédiaire | — M Intermède, intervalle | Entracte (entreacto) | Intermède (de teatro) | Intersession *f* (en el Parlamento) | *Por ~ de,* par l'intermédiaire de.

interminable adj Interminable.

intermit|encia f Intermittence : *con* ou *por* ~, par intermittence || **~ente** adj Intermittent, e | — M Aut. Clignotant.

internacional adj/s International, e **~ización** f Internationalisation || **~izar** vt Internationaliser.

intern|ado, a adj/s Interné, e | — M Internat (colegio) || **~amiento** m Internement || **~ar** vt Interner | — Vp Pénétrer (penetrar) | S'enfoncer (en un bosque) | Fig. Approfondir (profundizar) | Dep. S'infiltrer || **~ista** adj/s Généraliste (médico) || **~o, a** adj Interne | Intérieur, e (interior) | Med. Général, e | — S Interne.

interpel|ación f Interpellation || **~ador, a** o **~ante** adj/s Interpellateur, trice || **~ar** vt Interpeller.

inter|planetario, a adj Interplanétaire || **~polación** f Interpolation || **~polar** vt Interpoler || **~poner*** vt Interposer | Dr. Interjeter [appel].

interpret|ación f Interprétation || **~ar** vt Interpréter || **~ariado** m Interprétariat.

intérprete s Interprète.

interregno m Interrègne.

interrog|ación f Interrogation : *signo de* ~, point d'interrogation || **~ante** adj Interrogateur, trice | — M Question *f* || **~ar** vt Interroger || **~ativo, a** adj Interrogatif, ive || **~atorio** m Interrogatoire.

interr|umpir vt Interrompre || **~upción** f Interruption, arrêt *m* || **~uptor** m Interrupteur.

inter|sección f Intersection || **~sticio** m Interstice || **~urbano, a** adj Interurbain, e || **~valo** m Intervalle : *a ~s,* par intervalles.

interven|ción f Intervention | Contrôle *m* (oficio) || **~ir*** vi Intervenir | Arriver, survenir (acaecer) | Participer (tomar parte) | — Vt Contrôler, vérifier | Med. Opérer, faire une intervention | Saisir (embargar). || **~tor, a** adj/s Intervenant, e | — M Contrôleur, vérificateur | ~ *de cuentas,* commissaire aux comptes.

interver|sión f Interversion || **~tir** vt Intervertir.

interviú f Interview.

intestado, a adj/s Dr. Intestat.

intestin/al adj Intestinal, e || **~o, a** adj/m Intestin, e : ~ *delgado, grueso,* intestin grêle, gros intestin.

intim|ación f Intimation, sommation | Mise en demeure (emplazamiento) || **~ar** vt Intimer (orden) | Sommer (a alguien) | — Vi Se lier d'amitié || **~idación** f Intimidation || **~idad** f Intimité || **~idar** vt Intimider.

íntimo, a adj Intime | — M Intime, familier.

intitular vt Intituler.

intocable adj/s Intouchable.

intoler|able adj Intolérable || **~ancia** f Intolérance || **~ante** adj/s Intolérant, e.

intoxic|ación f Intoxication || **~ar** vt Intoxiquer.

intradós m Intrados.

intraducible adj Intraduisible.

intramuscular adj Intramusculaire.

intranquil|idad f Inquiétude || **~o, a** adj Inquiet, ète.

intransferible adj Intransférable, intransmissible.

intransig|encia f Intransigeance || **~ente** adj/s Intransigeant, e.

intrans|itable adj Impraticable (camino) || **~itivo, a** adj/m Intransitif, ive.

intransmisible o **intrasmisible** adj Intransmissible, intransférable.

intratable adj Intraitable.

intravenoso, a adj Intraveineux, euse.
intr|epidez f Intrépidité | Hardiesse, témérité (osadía) || **~épido, a** adj/s Intrépide.
intrig|a f Intrigue || **~ante** adj/s Intrigant, e || **~ar** vt/i Intriguer.
intr|incado, a adj Embrouillé, e | Touffu, e; inextricable (bosque) || **~incamiento** m Embrouillement, complexité *f* || **~incar** vt Embrouiller || **~íngulis** m Arrière-pensée *f* (segunda intención), difficulté *f*, hic (dificultad), dessous *pl* (secretos) || **~ínseco, a** adj Intrinsèque.
introduc|ción f Introduction || **~ir*** vt Introduire | Amener (provocar) | — Vp S'introduire.
intro|ito m REL. Introït | Début (principio) || **~misión** f Intromission || **~spección** f Introspection || **~versión** f Introversion || **~vertido, a** adj/s Introverti, e.
intrus|ión f Intrusion || **~o, a** adj/s Intrus, e.
intu|ición f Intuition || **~ir*** vt Deviner, pressentir (adivinar) | Sentir, avoir le sens de || **~itivo, a** adj/s Intuitif, ive.
inund|able adj Inondable || **~ación** f Inondation || **~ar** vt Inonder.
inusitado, a adj Inusité, e.
inusual adj Inhabituel, elle.
in|útil adj/s Inutile | FAM. *Un ~*, un bon *o* un propre à rien || **~utilidad** f Inutilité || **~utilizable** adj Inutilisable || **~utilizar** vt Inutiliser | Mettre hors d'état (estropear).
invadir vt Envahir.
inv|alidación f Invalidation | DR. Infirmation || **~alidar** vt Invalider | DR. Infirmer || **~alidez** f Invalidité || **~álido, a** adj/s Invalide.
invariable adj Invariable.
invas|ión f Invasion || **~or, a** adj Envahissant, e | — Adj/s Envahisseur, euse.
invectiva f Invective.
inven|cible adj Invincible | Insurmontable (insuperable) || **~ción** f Invention || **~dible** adj Invendable || **~tar** vt Inventer || **~tario** m Inventaire | *Hacer el ~*, faire l'inventaire, inventorier || **~tiva** f Esprit (*m*) inventif, imagination || **~tivo, a** adj Inventif, ive || **~to** m Invention *f* || **~tor, a** s Inventeur, trice.
invern|áculo m Serre *f* || **~ada** f Hiver *m* || **~adero** m Serre *f* (para plantas) | Hivernage (refugio de invierno) || **~al** adj Hivernal, e || **~ar*** vi Hiverner || **~izo, a** adj Hivernal, e.
inveros|ímil adj Invraisemblable || **~imilitud** f Invraisemblance.
inver|sión f Inversion | Placement *m*, investissement *m* (de fondos) || **~sionista** m Investisseur || **~so, a** adj Inversé, e ; renversé, e | Inverse (contrario) | *A* ou *por la ~*, à l'inverse || **~tebrado, a** adj/m Invertébré, e || **~tido** m Inverti || **~tir*** vt Intervertir (cambiar) | Invertir (simétricamente) | Inverser | Renverser (volcar) | Passer, mettre (tiempo) | Investir, placer (capital).
investidura f Investiture.
investig|ación f Investigation, enquête (policiaca, fiscal) | Recherche (estudio, encuesta, exploración) | *~ del mercado*, étude de *o* du marché || **~ador, a** s Chercheur, euse (científico) || **~ar** vi Faire des recherches (científicas) | — Vt Enquêter sur.
investir* vt Investir.
inveterado, a adj Invétéré, e.
invicto, a adj Invaincu, e.
invierno m Hiver.
inviolable adj Inviolable.
invisible adj Invisible.
invit|ación f Invitation || **~ado, a** adj/s Invité, e || **~ar** vt Inviter | Engager (incitar).
invoc|ación f Invocation || **~ar** vt Invoquer.
involucrar vt Insérer | Mélanger.
involuntario, a adj Involontaire.
involuta f MAT. Enveloppée.
invulnerable adj Invulnérable.
inyec|ción f MED. Piqûre | Injection : *motor de ~*, moteur à injection || **~tar** vt Injecter || **~tor** m TECN. Injecteur.
ion m Ion.
iónico, a adj Ionique.
ionosfera f Ionosphère.
ir* vi Aller | Être (estar) | *Con el gerundio* [indique que l'action est en train de se réaliser ou en est à son commencement] : *va andando*, il marche; *va refrescando*, il fait de plus en plus froid | *Con el participio pasado* [indique le résultat de l'action] : *ya van hechos dos ejercicios*, on a déjà fait deux exercices | *A eso voy*, c'est justement ce que je veux dire *o* là où je veux en venir | *¿Cómo le va?*, comment ça va? | FAM. *Estar ido*, être dans les nuages (absorto), être cinglé (chiflado) | *~ a*, aller à *o* au *o* en : *~ a Madrid, a México, a España*, aller à Madrid, au Mexique, en Espagne | *~ a dar a*, aboutir à | *~ a parar*, en venir (llegar), se trouver (encontrarse), finir par être (acabar como) | *~ con*, aller avec; agir : *~ con cuidado*, agir prudemment; avoir (tener) | *~ de*, aller en : *~ de viaje*, aller en voyage; aller à :

~ *de caza*, aller à la chasse; être en : ~ *de paisano*, être en civil | ~ *para*, aller sur | ~ *por*, aller chercher (en busca de), avoir environ (tener aproximadamente) | ~ *tras*, courir après (correr), poursuivre (perseguir), suivre (seguir), aller derrière (estar detrás) | FAM. *¡Qué va!*, tu parles!, penses-tu!, allons donc! | *Vamos a ver*, voyons | *¡Vaya!*, allons! (impaciencia, incredulidad), quand même! (indignación), quoi! (sorpresa), quel, quelle [suivi d'un substantif] : *¡vaya calor!*, quelle chaleur! | *¡Ya voy!*, je viens!, j'arrive! | — Vp S'en aller, partir (marcharse) | Glisser (resbalar) | Fuir (un líquido) | S'épuiser (consumirse) | Passer (color) | ~ *abajo*, s'écrouler, s'effondrer | FAM. *¡Vete a saber!*, allez savoir !

ira f Colère ‖ **~cundia** f Irascibilité | Colère ‖ **~cundo, a** adj/s Irascible, colérique.

Irak o **Iraq** nprm Irak, Iraq.

Irán nprm Iran.

iraní o **iranio, a** adj/s Iranien, enne.

iraqués, esa o **iraquí** adj/s Irakien, enne; iraquien, enne (de Irak).

irascib|ilidad f Irascibilité ‖ **~le** adj Irascible.

ir|idio m Iridium ‖ **~is** m Arc-en-ciel (en el cielo) | Iris (del ojo) | Opale *f* (ópalo) ‖ **~isación** f Irisation ‖ **~isar** vt Iriser.

Irlanda nprf Irlande.

irlandés, esa adj/s Irlandais, e.

ir|onía f Ironie ‖ **~ónico, a** adj Ironique ‖ **~onizar** vt Ironiser.

irr|acional adj Irraisonnable (carente de razón) | Irrationnel, elle (contrario a la razón) | — M Animal.

irr|adi|ación f Irradiation | FIG. Rayonnement ‖ **~ar** vi/t Irradier | FIG. FÍS. Rayonner.

irrazonable adj Déraisonnable.

irreal adj Irréel, elle ‖ **~idad** f Irréalité ‖ **~izable** adj Irréalisable.

irre|batible adj Irréfutable ‖ **~conocible** adj Méconnaissable ‖ **~cuperable** adj Irrécupérable ‖ **~cusable** adj Irrécusable ‖ **~ducible** o **~ductible** adj Irréductible ‖ **~flexión** f Irréflexion ‖ **~flexivo, a** adj Irréfléchi, e ‖ **~futable** adj Irréfutable ‖ **~gular** adj Irrégulier, ère ‖ **~gularidad** f Irrégularité ‖ **~levante** adj Peu important, e ; secondaire ‖ **~ligiosidad** f Irréligiosité ‖ **~ligioso, a** adj Irréligieux, euse ‖ **~mediable** adj Irrémédiable ‖ **~misible** adj Irrémissible ‖ **~parable** adj Irréparable ‖ **~prochable** adj Irréprochable ‖ **~sistible** adj Irrésistible ‖ **~soluto, a** adj Irrésolu, e ‖ **~spetuoso, a** adj Irrespectueux, euse ‖ **~spirable** adj Irrespirable ‖ **~sponsable** adj/s Irresponsable ‖ **~verencia** f Irrévérence ‖ **~verente** adj Irrévérencieux, euse ‖ **~versible** adj Irréversible ‖ **~vocable** adj Irrévocable.

irrig|able adj Irrigable ‖ **~ación** f Irrigation ‖ **~ador** m Irrigateur ‖ **~ar** vt Irriguer.

irris|ión f Dérision | FAM. Risée (objeto de burla) ‖ **~orio, a** adj Dérisoire.

irrit|abilidad f Irritabilité ‖ **~able** adj Irritable ‖ **~ación** f Irritation ‖ **~ante** adj Irritant, e ‖ **~ar** vt Irriter | FIG. Exciter, exacerber (pasiones) | — Vp S'irriter (*con* ou *por*, de), se mettre en colère.

irrogar vt Causer, occasionner.

irrompible adj Incassable.

irru|mpir vi Faire irruption ‖ **~pción** f Irruption.

Isabel nprf Isabelle, Élisabeth.

isabelino, a adj Élisabéthain, e | Isabelle (color).

isba f Isba.

isidro, a s FAM. Croquant, e; provincial, e.

isla f GEOGR. Île | Îlot *m* (de casas).

islam m Islam ‖ **~ismo** m Islamisme.

Islandia nprf Islande.

isl|andés, esa adj/s Islandais, e ‖ **~eño, a** adj/s Insulaire ‖ **~ote** m Îlot (isla pequeña).

is|obara f Isobare ‖ **~obárico, a** adj Isobare ‖ **~ócrono, a** adj Isochrone ‖ **~ómero, a** adj/m Isomère ‖ **~ópodo, a** adj/m ZOOL. Isopode ‖ **~ósceles** adj GEOM. Isocèle ‖ **~otermo, a** adj/f Isotherme ‖ **~ótopo** adjm/m Isotope.

isquion m ANAT. Ischion.

Israel nprm Israël.

israel|í adj/s Israélien, enne ‖ **~ita** adj/s Israélite.

istmo m Isthme.

Italia nprf Italie.

italiano, a adj/s Italien, enne.

itálico, a adj/s Italique | — F Italique *m* (letra).

iterbio m Ytterbium (metal).

itiner|ante adj Itinérant, e ‖ **~ario, a** adj/m Itinéraire.

itrio m Yttrium (metal).

I.V.A. m T.V.A. *f* (impuesto al valor añadido).

izar vt Hisser.

izquierd|ista adj De gauche ‖ **~o, a** adj Gauche | — S Gaucher, ère (zurdo) | — F Main gauche (mano) | Gauche (lado, dirección, política) | *A la ~*, à gauche | *Un hombre de ~s*, un homme de gauche.

j

j f J *m* (letra).
jab|alí m ZOOL. Sanglier ‖ **~alina** f ZOOL. Laie | Javelot *m* (deportes) | Javeline (arma) ‖ **~ato** m ZOOL. Marcassin | FIG. *Ser un ~,* être un lion (valiente).
jábega f Seine, senne (red) | Embarcation de pêche.
jabeque m MAR. Chebec | FAM. Balafre *f*, estafilade *f* (herida).
jabirú m Jabiru (pájaro).
jab|ón m Savon : *~ de afeitar, en escamas,* savon à barbe, en paillettes | FAM. Savon (reprensión) : *dar* ou *echar un ~,* passer un savon ‖ **~onar** vt Savonner ‖ **~oncillo** m Craie *f* : *~ de sastre,* craie tailleur | Savonnette *f* (pastilla) | BOT. Savonnier ‖ **~onera** f Boîte à savon | BOT. Saponaire ‖ **~onería** f Savonnerie ‖ **~onero, a** adj Savonnier, ère | Blanc sale (toro) | — M Fabricant de savon ‖ **~oneta** f Savonnette ‖ **~onoso, a** adj Savonneux, euse.
jaborandi m BOT. Jaborandi.
jaca f Bidet *m*, petit cheval *m* | Cheval *m* (en general).
jácara f Romance *m* | Danse espagnole | Sérénade | FAM. Histoire (mentira).
jacarandá f BOT. Jacaranda *m*.
jacar|andoso, a adj FAM. Guilleret, ette; joyeux, euse ‖ **~é** m *Amér.* Caïman ‖ **~ear** vi FAM. Aller en bande en chantant dans les rues | Faire du tapage (alborotar).
jacinto m BOT. Jacinthe *f*.
jaco m Rosse *f*, haridelle *f*.
jacobino, a adj/s Jacobin, e.
jact|ancia f Vantardise, jactance (p. us.) ‖ **~ancioso, a** adj/s Vantard, e; fanfaron, onne ‖ **~arse** vp Se vanter, se targuer.
jaculatorio, a adj Jaculatoire | — F Oraison jaculatoire.
jade m Jade (piedra).
jade|ante adj Haletant, e; essoufflé, e ‖ **~ar** vi Haleter ‖ **~o** m Halètement, essoufflement.
jaez m (pl *jaeces*) Harnais | FIG. Caractère; sorte *f*, genre (género), espèce *f*, acabit (despectivo).
jaguar m ZOOL. Jaguar.
Jaime nprm Jacques.
jalar vt FAM. Bouffer | *Amér.* Tirer.
jalea f Gelée.
jale|ar vt Exciter (azuzar) | Acclamer (ovación) | Encourager (animar) ‖ **~o** m Cris *pl*, applaudissements *pl* | Danse (*f*) populaire andalouse | FAM. Tapage, boucan (ruido), foire *f* (diversión), histoire *f* (escándalo) | *Armar ~,* faire du chahut ‖ **~oso, a** adj/s Chahuteur, euse | — Adj Bruyant, e.
jalma f Bât *m*.
jal|ón m Jalon ‖ **~onamiento** m Jalonnement ‖ **~onar** vt/i Jalonner.
jamancia f POP. Mangeaille.
jamar vt/i POP. Bouffer (comer).
jamás adv Jamais | *~ de los jamases* ou *nunca ~,* au grand jamais, jamais de la vie | *Para* ou *por siempre ~,* à tout jamais.
jamba f ARQ. Jambage *m* (chimenea).
jamelgo m Rosse *f*, bidet.
jamón m Jambon | FAM. *¡Y un ~!*, et puis quoi encore!
jamona adjf FAM. Replète, bien en chair | — F FAM. Grosse dondon.
jangada f Radeau *m* (balsa) | Train (*m*) de bois (armadía) | FAM. Sottise (tontería), mauvais tour *m* (trastada).
Japón nprm Japon.
japonés, esa adj/s Japonais, aise.
japuta f Chabot *m* (pez).
jaque m Échec (ajedrez) : *dar ~ y mate,* faire échec et mat | *Dar ~a,* mettre en échec | *Tener en ~,* tenir en échec ‖ **~ca** f Migraine.
jáquima f Licou *m*, licol *m*.
jara f BOT. Ciste *m*.
jarabe m Sirop | Danse (*f*) populaire du Mexique | FAM. *~ de pico,* promesse en l'air (promesas vanas), bagou (labia).
jaramago m BOT. Sisymbre.
jaran|a f FAM. Noce, foire (juerga), tapage *m* (ruido), blague (engaño), tricherie (trampa) ‖ **~ear** vi FAM. Faire la noce *o* la foire ‖ **~ero, a** adj Chahuteur, euse.
jarcia f MAR. Cordage *m*, agrès *mpl* | — Pl MAR. Gréement *msing*.
jard|ín m Jardin | *~ botánico,* jardin des plantes ‖ **~inera** f Jardinière (mueble) | Baladeuse (tranvía) | Jardinière (de verduras) ‖ **~inería** f Jardinage *m* ‖ **~inero, a** s Jardinier, ère.
jareta f Coulisse (dobladillo) | FAM. Bavardage *m*.
jaretón m Ourlet très large.
jarope m Sirop | FIG. Breuvage.
jarr|a f Jarre | Pot *m* | Chope (de cerveza) | *De* ou *en ~s,* les poings sur les hanches ‖ **~ete** m Jarret ‖ **~etera** f Jarretière ‖ **~o** m Pot |

Broc (de metal) | Pichet (para bebidas) | *A ~s*, à seaux || **~ón** m Vase (de cristal) | Potiche *f* (de porcelana).
jaspe m Jaspe || **~ado, a** adj Jaspé, e; marbré, e | — M Jaspure *f* || **~ar** vt Jasper, veiner.
Jauja npr Pays de cocagne.
jau|la f Cage (para animal) | Cabanon *m* (para locos) | Parc *m* (para niños) | Cage (minas) | Cabine (de ascensor) | Box *m* (garaje) || **~ría** f Meute.
Javier nprm Xavier.
jazmín m BOT. Jasmin.
jebe m Alun | *Amér.* Caoutchouc.
jedive m Khédive.
jeep m Jeep *f* (automóvil).
jef|a f Chef *m*, supérieure || **~atura** f Dignité et fonctions de chef | Direction | *~ de policía*, préfecture de police || **~e** m Chef | Patron (de trabajo) | MIL. Officier supérieur | *~ de comedor*, maître d'hôtel | *~ de cordada*, premier de cordée.
jemiquear vi Geindre.
jengibre m BOT. Gingembre.
jenízaro m Janissaire (soldado).
jeque m Cheik.
jer|arca m Haut dignitaire || **~arquía** f Hiérarchie | Dignitaire *m* (personalidad) || **~árquico, a** adj Hiérarchique || **~arquizar** vt Hiérarchiser.
jeremiada f Jérémiade.
Jerez m Xérès (vino).
jerg|a f Grosse toile | FIG. Jargon *m*, argot *m* (lenguaje), charabia *m* (galimatías) || **~ón** m Paillasse *f* (colchón) | FAM. Patapouf (persona gruesa) || **~uilla** f Sergette (tela).
jeribeque m Grimace *f*.
jerigonza f Jargon *m* (jerga) | Charabia *m* (galimatías).
jering|a f Seringue | FAM. Ennui *m* || **~ar** vt Injecter avec une seringue | FAM. Raser, empoisonner (fastidiar) || **~uilla** f Seringue | BOT. Seringat *m*.
jeroglífico, a adj Hiéroglyphique | — M Hiéroglyphe | Rébus (juego).
Jerónimo nprm Jérôme.
jersey m Pull-over.
Jesucristo nprm Jésus-Christ.
jesu|ita adj/s Jésuite || **~ítico, a** adj Jésuitique || **~itismo** m Jésuitisme.
Jesús nprm Jésus | FAM. *En un decir ~*, en un clin d'œil | *¡Jesús!*, à vos souhaits!
jet|a f Museau *m* | POP. Tête, gueule (cara) | Groin (del cerdo) | POP. *Poner ~*, faire la tête || **~udo, a** adj Lippu, e.
jibi|a f ZOOL. Seiche || **~ón** m Os de seiche (hueso de la jibia).
jícara f Tasse.
jifero m Couteau de boucher | Boucher, tueur (matarife).
jilguero m Chardonneret (ave).
jimelgas fpl MAR. Jumelles.
jindama f POP. Trouille.
jinet|a f ZOOL. Genette | Écuyère || **~e** m Cavalier, écuyer.
jipar vi Hoqueter.
jipi o **jipijapa** m Panama (sombrero).
jira f Morceau *m* | Lambeau *m* (jirón) | Pique-nique *m*, partie de campagne.
jirafa f Girafe.
jirón m Lambeau (pedazo).
jitomate m *Amér.* Tomate *f*.
jockey m Jockey.
jocos|idad f Drôlerie | Plaisanterie (chiste) || **~o, a** adj Amusant, e; drôle, comique.
jocund|idad f Gaieté, joie || **~o, a** adj Joyeux, euse; jovial, e.
jofaina f Cuvette.
jolgorio m FAM. Foire *f*, noce *f* | Allégresse *f* (alegría).
jollín m FAM. Bagarre.
jónico, a adj Ionique.
jopo m Queue *f* | — Interj Ouste!
Jordán nprm Jourdain.
Jorge nprm Georges.
jorn|ada f Journée | Étape (viaje) | Épisode *m* (película) | *Trabajo de media ~, de ~ entera*, travail à mi-temps, à plein temps || **~al** m Journée *f*, salaire | *A ~*, à la journée || **~alero** m Journalier.
jorob|a f Bosse | FAM. Corvée (molestia) || **~ado, a** adj/s Bossu, e | FAM. Embêté, e || **~ar** vt FAM. Casser les pieds, embêter, empoisonner.
José nprm Joseph.
Josefa o **Josefina** nprf Joséphine.
jota f J *m* (letra) | « Jota », danse et musique aragonaise | Valet *m* (naipe) | FIG. Brin *m*, rien *m* | FAM. *No decir ni ~*, ne pas dire un mot. *No entender ni ~*, n'y rien comprendre. *No le falta una ~*, il n'y manque pas un iota.
jov|en adj Jeune | — S Jeune homme *m*, jeune fille *f* | *Los jóvenes*, les jeunes (gens) || **~encito, a** adj FAM. Jeunet, ette || **~ial** adj Jovial, e || **~ialidad** f Jovialité, enjouement *m*.
joy|a f Bijou *m*, joyau *m* (m. us.) | FIG. Bijou *m*, perle (persona valiosa) || **~el** m Petit bijou || **~ería** f Bijouterie, joaillerie || **~ero** m Bijoutier, joaillier (persona) | Écrin *o* coffret à bijoux (caja).
Juan, a nprmf Jean, Jeanne | FIG. *Ser un Juan Lanas*, être une lavette *o* une chiffe (molle).
juanete m Pommette (*f*) saillante (pómulo) | Oignon (callo) | MAR. Perroquet (vela).

jubil|ación f Retraite (retiro) | Jubilation (alegría) | **~** *anticipada,* préretraite || **~ado, a** adj/s Retraité, e || **~ar** vt Mettre à la retraite | — Vi Jubiler (alegrarse) | — Vp Prendre sa retraite | Se réjouir (alegrarse) || **~eo** m Jubilé.
júbilo m Allégresse *f*, joie *f*, jubilation *f*.
jubiloso, a adj Joyeux, euse.
jubón m Pourpoint.
jud|aico, a adj Judaïque || **~aísmo** m Judaïsme || **~ería** f Juiverie (barrio judío).
judía f BOT. Haricot *m*.
judic|atura f Judicature | Magistrature (cuerpo constituido) || **~ial** adj Judiciaire.
judío, a adj/s Juif, ive.
judo m Judo || **~ka** s Judoka.
juego m Jeu (recreo) | Jeu, assortiment (variedad) | Service (à café, thé) | Garniture *f* (botones, chimenea) | Parure *f* : **~** *de cama,* parure de lit | Train (de neumáticos) | MEC. Jeu (holgura) | *A* **~**, assorti, e | *Fuera de* **~**, hors-jeu | *Hacer* **~***s malabares,* jongler | *Hacer* **~**, aller ensemble | **~** *de manos,* tour de passe-passe | *Poner en* **~**, mettre en jeu (arriesgar), faire jouer (servirse).
juerg|a f FAM. Noce, bringue, foire : *estar de* **~**, faire la foire || **~uearse** vp FAM. Faire la noce (divertirse), prendre à la rigolade (no tomar en serio), se moquer (burlarse) || **~uista** adj/s FAM. Noceur, euse.
jueves m Jeudi | FAM. *No es cosa del otro* **~**, ça ne casse rien (corriente), ce n'est pas sorcier (muy fácil).
juez m Juge : **~** *de menores,* juge pour enfants | DEP. **~** *de silla, de línea,* juge de ligne, de touche (tenis).
jug|ada f Coup *m* (juego) | FIG. Mauvais tour *m* || **~ador, a** adj/s Joueur, euse || **~ar*** vi/t Jouer | **~** *fuerte,* jouer gros jeu | **~** *limpio,* jouer franc jeu | **~** *una mala pasada,* jouer un mauvais tour | — Vp Jouer : **~** *la vida,* jouer sa vie | Être en jeu, se jouer | *Jugársela a uno,* jouer un mauvais tour à qqn || **~arreta** f FAM. Coup (*m*) mal joué | FIG. Mauvais tour *m*, sale tour *m*.
juglar m Jongleur || **~esco, a** adj Des jongleurs || **~ía** f Art (*m*) des jongleurs.
jug|o m Jus | MED. Suc | FIG. Profit : *sacarle* **~** *a,* tirer profit de | Moelle *f* | FIG. *Sacar el* **~** *a uno,* presser qqn comme un citron || **~oso, a** adj Juteux, euse | FIG. Substantiel, elle; lucratif, ive | Savoureux, euse.
juguet|e m Jouet | Divertissement (teatro) || **~ear** vi Jouer, s'amuser (divertirse) | Folâtrer (retozar) || **~ería** f Magasin (*m*) de jouets || **~ón, ona** adj Joueur, euse | Folâtre (retozón).
juicio m Jugement (discernimiento, opinión) | Raison *f*, esprit | Bon sens, sagesse *f* (sensatez) | DR. Jugement | *A* **~** *de,* de l'avis de | *A* **~** *de peritos,* au dire des experts | *A mi* **~**, à mon avis | *Asentar el* **~**, devenir raisonnable | *El* **~** *final,* le jugement dernier | *Estar en su* **~**, avoir tous ses esprits | *Falto de* **~**, fou | *No está en su sano* **~**, il n'a pas toute sa tête | *Quitar el* **~**, faire perdre la tête || **~so, a** adj Judicieux, euse; sensé, e | *Volverse* **~** s'assagir.
julepe m Jeu de cartes | FAM. Réprimande *f* (reprensión) | FAM. *Darse un* **~**, se tuer au travail.
julio m Juillet.
Julio, a nprmf Jules, Julie.
jumbo m AVIAC. Jumbo-jet.
jumento, a s Âne, ânesse.
jun|cal adj Svelte, élancé, e | — M Jonchaie *f*, joncheraie *f*, jonchère *f* || **~o** m BOT. Jonc | Baguette *f* (de marco) | MAR. Jonque *f* || **~gla** f Jungle || **~io** m Juin : *el 15 de* **~** *de 1800,* le 15 juin 1800.
júnior adj/s Junior (deporte).
junqu|era f BOT. Jonc *m* | Jonchaie (juncal) || **~eral** m Jonchaie *f* || **~illo** m BOT. Jonquille *f* | Baguette *f* (varilla) | Jonc (bastón).
junt|a f Assemblée | Réunion, séance (sesión) | Conseil *m* : **~** *administrativa,* conseil d'administration | Comité *m* (de empresa) | Bureau *m* (oficina) | Junte (militar) | TECN. Joint *m* || **~amente** adv Ensemble || **~ar** vt Joindre, unir | Assembler (piezas) | Réunir, rassembler | Amasser (dinero) | — Vp Se joindre | Se réunir, se rassembler | Se rapprocher, s'approcher (acercarse) | Avoir une liaison (con una mujer) || **~o, a** adj Joint, e | Côte à côte | Ensemble : *vivir* **~***s,* vivre ensemble | Réuni, e | — Adv *Aquí* **~**, tout près | *En* ou *por* **~**, en tout | **~** *a,* près de (cerca de), contre || **~ura** f Joint *m*, jointure | Articulation.
jur|a f Serment *m*, prestation de serment || **~ado, a** adj Juré, e | Assermenté, e | — Adj/s Juré, e | — M Jury | **~** *de cuentas,* expert comptable | **~** *de empresa,* comité d'entreprise || **~amentar** vt Assermenter | — Vp Prêter serment | Se jurer, se faire le serment de || **~amento** m Serment : *tomar* **~** *a,* recevoir le serment de | Jurement | Juron (blasfemia) | *Bajo*

~, sous la foi du serment || **~ar** vt Jurer, prêter serment | ~ *en falso,* faire *o* prêter un faux serment | Fam. *Jurársela a uno,* jurer de se venger de qqn | — Vi Jurer (blasfemar) || **~ídico, a** adj Juridique || **~isconsulto** m Jurisconsulte || **~isdicción** f Juridiction | Compétence || **~isdiccional** adj Juridictionnel, elle || **~isprudencia** f Jurisprudence : *sentar* ~, faire jurisprudence || **~ista** m Juriste.
just|a f Joute || **~icia** f Justice | *Administrar (la)* ~, rendre la justice | *De* ~, à bon droit | *En* ~, de droit | *Hacer* ~, rendre justice | *Tomarse la* ~ *por su mano,* se faire justice || **~iciero, a** adj/s Justicier, ère || **~ificable** adj Justifiable || **~ificación** f Justification || **~ificante** m Pièce (*f*) justificative, justificatif || **~ificar** vt Justifier || **~ificativo, a** adj/m Justificatif, ive || **~illo** m Gilet || **~ipreciar** vt Estimer à son juste prix || **~iprecio** m Évaluation *f* || **~o, a** adj Juste | *Más de lo* ~, plus que de raison | — M Juste | — Adv Juste | Exactement.
juven|il adj Juvénile, jeune | — S Junior (deportes) || **~tud** f Jeunesse.
juzg|ado m Tribunal | Judicature *f* || **~ar** vt/i Juger | Juger, estimer | *A* ~ *por,* à en juger d'après | ~ *por las apariencias,* juger sur les apparences.

k

k f K *m.*
kan m Khan (príncipe).
kayac m Kayak.
kermesse f Kermesse.
keroseno m Kérosène.
kil|o m Kilo || **~ociclo** m Kilocycle || **~ográmetro** m Kilogrammètre || **~ogramo** m Kilogramme || **~ometraje** m Kilométrage || **~ométrico, a** adj Kilométrique || **~ómetro** m Kilomètre || **~ovatio** m Kilowatt.
kimono m Kimono.
kinesiterap|euta s Kinésithérapeute || **~ia** f Kinésithérapie.
kiosco m Kiosque.
klaxon m Klaxon | *Tocar el klaxon,* klaxonner.
koljoz m Kolkhoze, kolkhoz.
kriptón m Krypton (gas).

l

l f L *m* (lettre).
la m Mús. La (nota).
la art f La | — Pron pers La : ~ *saludo,* je la salue | Celle : ~ *del sombrero negro,* celle au chapeau noir || Fam. ~ *de,* la quantité de.
laberinto m Labyrinthe.
labi|a f Fam. Bagou *m* || **~ado, a** adj/f Labié, e || **~al** adj/f Labial, e || **~o** m Lèvre *f* | *En cuanto mueve los* ~*s,* dès qu'il ouvre la bouche | *Estar pendiente* ou *colgado de los* ~*s de,* être suspendu aux lèvres de | ~ *leporino,* bec-de-lièvre | *No despegar* ou *no descoser los* ~*s,* ne pas desserrer les dents.
labor f Travail *m,* labeur *m* (p. us.) | Agr. Labour *m* (labranza) | Ouvrage *m* (de costura) | Tabac (*m*) manufacturé | Min. Excavation | — Pl Travaux (*m*) de la terre | *Sus* ~*es,* sans profession (fórmula administrativa) || **~able** adj Ouvrable (día) | Agr. Labourable || **~al** adj Du travail : *agregado, accidente* ~, attaché, accident du travail | *Enseñanza* ~, enseignement technique | *Universidad* ~, école d'enseignement technique || **~ar** vi Travailler || **~atorio** m Laboratoire | *Ayudante de* ~, laborantin, e || **~ear** vt Travailler | Min. Faire des excavations || **~eo** m Agr. Labourage | Min. Exploitation *f* || **~iosidad** f Application au travail, goût (*m*) pour le travail || **~ioso, a** adj Laborieux, euse || **~ismo** m Travaillisme || **~ista** adj/s Travailliste.

labr|ador, a adj/s Paysan, anne | — S Cultivateur, trice | — M Agriculteur | Propriétaire terrien || **~antío, a** adj Cultivable || **~anza** f Culture, labourage *m* | Labour *m* (aperos) || **~ar** vt Travailler (madera, piedra) | Façonner (mármol) | Ouvrager, ouvrer (plata) | AGR. Labourer (arar), cultiver | Tailler (piedras preciosas) | FIG. Travailler à; bâtir, forger (construir), faire, causer (provocar) | Fabriquer (chocolate) | Battre (monedas) | — Vi Travailler : *~ en madera*, travailler le bois || **~iego, a** s Paysan, anne | Cultivateur, trice.

laca f Laque (resina, para el pelo) | Laque *m* (mueble) || *~ para uñas*, vernis à ongles | *Poner ~ en* ou *dar ~ a*, laquer.

lacayo m Laquais.

lacer|ación f Lacération || **~ante** adj Blessant, e (palabras), aigu, ë (dolor físico), poignant, e (dolor moral), déchirant, e (grito) || **~ar** vt Lacérer | FIG. Blesser (herir), meurtrir (el corazón) || **~o** m Chasseur au lasso.

lacio, a adj Raide (cabellos, etc) | FIG. Faible, abattu, e.

lac|ónico, a adj Laconique || **~onismo** m Laconisme.

lacr|a f Marque, trace (de una enfermedad) | FIG. Tare (tara), défaut *m*, vice *m* (defecto), cancer *m*, gangrène, fléau *m* (miseria) || **~ado** m Cachetage (carta) || **~ar** vt Cacheter à la cire (carta) || **~e** m Cire (*f*) à cacheter | *Barra de ~*, pain à cacheter | — Adj Rouge (color).

lacrim|al adj Lacrymal, e || **~ógeno, a** adj Lacrymogène || **~oso, a** adj Larmoyant, e.

lact|ancia f Lactation, allaitement *m* || **~ar** vt Allaiter | — Vi Se nourrir de lait || **~ario** m Lactaire (hongo) || **~eado, a** adj Lacté, e (harina).

lácteo, a adj Lacté, e | Laitier, ère (industria) | *Producto ~*, laitage.

lactosa f Lactose *m*.

lacustre adj Lacustre.

lad|ear vt Pencher, incliner | Tordre (doblar) || **~eo** m Inclinaison *f* | Écartement, déviation *f* | Gauchissement (torcimiento) || **~era** f Versant *m* || **~illa** f Morpion *m* || **~illo** m IMPR. Manchette *f*, titre marginal || **~ino, a** adj Rhéto-roman, e (rético) | — Adj/s Malin, igne || **~o** m Côté | GEOM. Côté | Place *f* (sitio) : *déjame un ~*, laisse-moi une place | *Dar de ~*, laisser de côté (cosa), laisser tomber (persona) | *De un ~ para otro*, un peu partout | *De uno y otro ~*, de tous côtés | *Hacerse* ou *echarse a un ~*, s'écarter | *~ flaco*, point faible.

ladr|ar vi Aboyer || **~ido** m Aboiement (del perro).

ladrill|ar m Briqueterie *f* || **~o** m Brique *f* | Carreau (del suelo) | Plaque *f* (de chocolate) | FAM. Chose (*f*) barbante.

ladr|ón, ona adj/s Voleur, euse | — M Douille (*f*) voleuse (electricidad) | Larron (en el Evangelio) | *¡Ladrones!*, au voleur! | *Piensa el ~ que todos son de su condición*, chacun mesure les autres à son aune.

lagar m Pressoir || **~ero** m Fouleur.

lagart|a f Lézard (*m*) femelle | FIG. Femme rusée || **~ear** vi FIG. Louvoyer || **~ija** f Petit lézard *m* || **~o** m Lézard | FIG. Renard, fine mouche *f* | *Amér.* Caïman || **~ón, ona** adj/s Roué, e.

lago m Lac | FIG. Mare *f* (de sangre) | Fosse *f* (de leones).

lágrima f Larme : *con las ~s en los ojos*, les larmes aux yeux | *Estar hecho un mar de ~s*, être tout en larmes | *Hacer saltar las ~s*, faire venir les larmes aux yeux | *Lo que no va en ~s va en suspiros*, il passe sa vie à se plaindre | *Llorar a ~ viva*, pleurer à chaudes larmes.

lagrim|al adj Lacrymal, e | — M Larmier (del ojo) || **~ear** vi Larmoyer || **~eo** m Larmoiement.

laguna f Lagune | FIG. Lacune.

lagunar m ARCH. Caisson (techo).

laic|idad f Laïcité || **~ismo** m Laïcisme || **~ización** f Laïcisation || **~izar** vt Laïciser || **~o, a** adj/s Laïque.

lama m Lama (sacerdote budista).

lambda f Lambda *m* (letra griega).

lamé m Lamé (tejido).

lamelibranquios mpl Lamellibranches.

lament|able adj Lamentable || **~ación** f Lamentation || **~ar** vt/i Regretter, être désolé de (sentir) | Déplorer | — Vp Se lamenter, se désoler (*de, por*, sur) | Se plaindre (quejarse) || **~o** m Lamentation *f*.

lam|er vt Lécher || **~ido** o **~eteo** m Léchage.

lámina f Lame | Plaque (de mármol) | Planche (grabado) | FIG. Aspect *m*, allure.

lamin|ación f o **~ado** m Laminage *m* || **~ador** adjm/m Lamineur (cilindro, obrero) | — M Laminoir (máquina) || **~adora** f Laminoir *m* || **~ar** vt Laminer || **~illa** f Lamelle.

lampar vi FAM. Brûler *o* mourir d'envie (*por*, de).

lámpara f Lampe (para iluminar, de radio) | FAM. Tache d'huile | *~ de pie*, lampadaire | *~ de techo*, plafonnier (coche).

lampar|ería f Lampisterie ‖ **~ero** o **~ista** m Lampiste ‖ **~ón** m Tache (*f*) d'huile | — Pl Écrouelles *f*.

lampiño, a adj Imberbe.

lampiro m o **lampíride** f Lampyre *m*.

lamprea f Lamproie (pez).

lan|a f Laine | *Tejido de ~*, lainage ‖ **~ar** adj À laine (ganado).

lance m Situation *f*, circonstance *f*, conjoncture *f* | Circonstance (*f*) critique | Incident | Affaire *f* (de honor) | Lancement, jet (lanzamiento) | Coup (en el juego) | Événement, péripétie *f* (en un drama) | Taur. Passe (*f*) de cape | *De ~*, d'occasion | *~ de fortuna*, coup de hasard, hasard ‖ **~olado, a** adj Lancéolé, e ‖ **~ro** m Lancier ‖ **~ta** f Lancette.

lancin|ante adj Lancinant, e ‖ **~ar** vi Lanciner.

lanch|a f Mar. Canot *m*, chaloupe | *~ bombardera, de desembarco, rápida* ou *motora*, canonnière, péniche de débarquement, vedette ‖ **~ero** m Marinier.

landa f Lande.

landó m Landau (coche).

landrecilla f Noix (carne).

lan|ería f Lainerie ‖ **~ero, a** adj Lainier, ère.

langost|a f Langouste (crustáceo) | Sauterelle (insecto) | Fig. Plaie, fléau *m* (plaga) ‖ **~ino** m Gros bouquet, grosse crevette *f*.

languid|ecer* vi Languir ‖ **~ez** f Langueur | Indolence, apathie.

lánguido, a adj Languissant, e | Langoureux, euse (miradas).

lanoso, a adj Laineux, euse.

lanza f Lance | Timon *m* (del coche) | Lancier *m*, lance (soldado) | *~ en ristre*, lance en arrêt | Fig. *Medir ~s con alguien*, se mesurer avec qqn. *Romper ~s por*, rompre une lance en faveur de ‖ **~bombas** m inv Lance-bombes ‖ **~cohetes** m inv Lance-fusées ‖ **~da** f Coup (*m*) de lance ‖ **~dera** f Navette ‖ **~dor, a** adj/s Lanceur, euse ‖ **~fuego** m Boutefeu ‖ **~granadas** m inv Lance-grenades ‖ **~llamas** m inv Lance-flammes ‖ **~miento** m Lancement, jet | Lancer, jet (de la jabalina) | Lâchage, largage (paracaidistas) | Fig. Lancement ‖ **~minas** m inv Lance-mines ‖ **~platos** m inv Ball-trap (de tiro) ‖ **~proyectiles** adj/m inv Lance-roquettes ‖ **~ar** vt Lancer | Lancer, jeter (arrojar) | Larguer, lâcher (paracaidistas) | Fig. Lancer, pousser (suspiros, gritos), lancer (miradas) ‖ **~torpedos** adj/m inv Lance-torpilles.

lañ|a f Agrafe, crampon *m*, bride ‖ **~ar** vt Cramponner, agrafer | Raccommoder (loza).

lapa f Patelle, bernique (molusco) | Fam. Crampon *m*, pot (*m*) de colle.

lapicer|a f *Amér.* Porte-crayon *m* ‖ **~o** m Porte-crayon | Crayon (lápiz).

lápida f Plaque (conmemorativa) | Pierre tombale, dalle funéraire (sepulcral).

lapid|ación f Lapidation ‖ **~ar** vt Lapider ‖ **~ario, a** adj/m Lapidaire.

lapislázuli m Lapis-lazuli.

lápiz m Crayon | *~ de labios*, crayon *o* bâton *o* tube de rouge à lèvres.

lapo m Fam. Crachat.

lapón, ona adj/s Lapon, e.

Laponia nprf Laponie.

lapso, a adj Rel. Laps, e | — M Laps (de tiempo) | Lapsus (error).

lapsus m Lapsus (error).

laque m *Amér.* Lasso à boules.

lard|ear vt Larder (mechar) ‖ **~ón** m Impr. Larron.

lares adj/mpl Lares.

larg|a f Taur. Passe de cape | — Pl Retard *msing* | *A la ~*, en long (en extensión), à la longue (tiempo) | *Dar ~s a un asunto*, faire traîner une affaire en longueur ‖ **~ar** vt Lâcher (soltar) | Fam. Lâcher, dire (decir), flanquer, allonger (bofetada), coller (una multa), faire avaler (un discurso), se débarrasser (deshacerse), jeter, lancer (arrojar), refiler, donner (una propina) | Mar. Déployer (velas), larguer (cable), jeter (lastre) | — Vp Fam. Prendre le large, filer (irse) | Mar. Prendre le large ‖ **~o, a** adj Long, longue | Grand, e (persona) | Fig. Astucieux, euse; rusé, e (astuto), long, longue, nombreux, euse (muchos), bon, bonne : *una hora ~*, une bonne heure; bien compté, au bas mot : *dos millones ~s*, deux millions au bas mot | Gram. Long, longue | *Caer cuan ~ es uno*, tomber de tout son long | *Hacerse ~*, traîner en longueur | *~ rato* ou *tiempo*, longtemps | — M Longueur *f* | Long : *un metro de ~*, un mètre de long | Mar. Largue | Mús. Largo | — Adv Largement | *A lo ~*, au *o* tout au *o* tout du long | *A lo ~ y a lo ancho*, de long en large | *Ir para ~*, traîner en longueur | *~ y tendido*, longuement, abondamment | *Ponerse de ~*, faire son entrée dans le monde ‖ **~uero** m Montant | Rallonge *f* (de mesa) | Longeron (de coche) | Traversin (almohada) ‖ **~ueza** f Largesse ‖ **~uirucho, a** adj Dégingandé, e ‖ **~ura** f Longueur.

laring|e f Larynx *m* ‖ **~itis** f Méd. Laryngite.

larva f Larve.

las art fpl Les | Ses : *tiene ~ hijas bien*, ses filles vont bien | *A ~*, aux | — Pron Les : *~ vi*, je les vis |

Celles : ~ *de París,* celles de Paris | En : ~ *hay,* il y en a.
lasca f Éclat (*m*) de pierre.
lasciv|ia f Lascivité, lasciveté || **~o, a** adj Lascif, ive.
láser m Laser.
lástima f Pitié : *tengo ~ de él,* j'ai pitié de lui | Plainte, lamentation (queja) | Dommage *m* : *es ~,* c'est dommage | *Dar ~,* faire pitié, faire de la peine | *De ~,* à faire pitié | *Hecho una ~,* dans un état lamentable | *Ser digno de ~,* être à plaindre.
lastim|ar vt Faire mal, blesser | FIG. Blesser, offenser || **~oso, a** adj Pitoyable.
lastre m Lest.
lata f Fer-blanc *m* | Boîte (de conserva) | Bidon *m* | FAM. Embêtement *m,* ennui *m* (molestia), raseur, euse; casse-pieds *m* (persona) | FAM. *Dar la ~,* casser les pieds, raser. *¡Qué ~!,* quelle barbe!
latente adj Latent, e.
lateral adj Latéral, e.
látex m Latex.
lat|ido m Battement (corazón) | Élancement (dolor) || **~iente** adj Qui bat (pulso) || **~ifundio** m Grande propriété (*f*) rurale, latifundium || **~ifundista** m Grand propriétaire foncier || **~igazo** m Coup de fouet | Claquement de fouet | Coup (trago).
látigo m Fouet.
latiguillo m Refrain (estribillo) | Ficelle *f,* ruse (*f*) de métier | Chiqué (actor).
lat|ín m Latin | — Pl Mots latins | ~ *macarrónico,* latin de cuisine | *Saber ~,* être très malin; en savoir long || **~inajo** m FAM. Mot latin, citation (*f*) latine || **~inidad** f Latinité || **~iniparla** f *Culta ~,* basbleu || **~inismo** m Latinisme || **~inista** m Latiniste || **~inizar** vt Latiniser || **~ino, a** adj/s Latin, e.
Latinoamérica nprf Amérique latine.
latinoamericano, a adj/s Latino-américain, e.
latir vi Battre (corazón, pulso) | Élancer (herida).
lat|itud f Latitude | Étendue (extensión) || **~itudinario, a** adj Latitudinaire || **~o, a** adj Large (ancho) | Étendu, e (extenso) | Grand, e; vaste | *En sentido ~,* au sens large || **~ón** m Laiton || **~oso, a** adj FAM. Ennuyeux, euse; rasoir | — S Raseur, euse; casse-pieds *m*.
latrocinio m Larcin, vol.
laucha f *Amér.* Souris.
laúd m MÚS. Luth.
laud|able adj Louable || **~atorio, a** adj Laudatif, ive.
láudano m Laudanum.
laudo m Arbitrage.
laur|eado, a adj Couronné, e | — S Lauréat, e | Décoré de la « Laureada » | — F Croix de l'ordre de Saint-Ferdinand || **~ear** vt Couronner de lauriers | FIG. Récompenser, couronner | Décorer de la « Laureada » || **~el** m BOT. Laurier || **~o** m FIG. Gloire *f*.
lav|a f Lave || **~able** adj Lavable || **~abo** m Lavabo || **~acoches** m inv Laveur de voitures || **~acristales** m inv Laveur de vitres || **~adero** m Lavoir (público) | Buanderie *f* (en una casa) || **~ado** m Lavage | Lavis (aguada) | FAM. Savon, réprimande *f* || **~ador, a** adj/s Laveur, euse | — F Machine à laver || **~afrutas** m inv Rince-doigts || **~amanos** m inv Lavabo || **~anda** f Lavande (espliego) || **~andería** f Blanchisserie | Laverie automatique || **~andero, a** s Blanchisseur, euse || **~aparabrisas** m inv Lave-glace (coche) || **~aplatos** s inv Plongeur, euse | *Máquina ~,* machine à laver la vaisselle || **~ar** vt Laver || **~ativa** f Lavement *m* || **~atorio** m REL. Lavabo (de la misa), lavement (de pies) || **~avajillas** m inv Machine (*f*) à laver la vaisselle || **~otear** vt Laver vite et mal.
laxante adj/m Laxatif, ive.
lay m Lai (poema).
laya f Nature, genre *m* (especie) | AGR. Bêche.
lazada f Nœud *m,* laçage *m*.
lazareto m Lazaret.
lazarillo m Guide d'aveugle.
lazo m Nœud (nudo) | Collet, lacet, lacs (caza) | Lasso (de cuerda) || FIG. Lien (vínculo), piège (trampa) | *Atar con ~s,* lacer | FIG. *Caer en el ~,* tomber dans le piège.
le pron pers Lui (en dativo) : ~ *doy,* je lui donne | Le (en acusativo) : ~ *veo,* je le vois | Vous (en 2ª pers) : ~ *vi ayer,* je vous ai vu hier.
leal adj Loyal, e | Fidèle | — Adj/s Loyaliste || **~tad** f Loyauté | Fidélité, loyalisme *m*.
lebr|ato m Levraut || **~el** m Lévrier || **~illo** m Bassine *f,* cuvette *f* (grande), terrine *f* (pequeño).
lección f Leçon | *Dar la ~,* réciter la leçon (discípulo) | *Servir de ~ para,* apprendre à | *Tomar la ~,* faire réciter la leçon.
lect|ivo, a adj De classe || **~or, a** s Lecteur, trice | — M TECN. Lecteur || **~orado** m o **~oría** f Poste (*m*) de lecteur dans une université || **~ura** f Lecture.
lech|a f Laitance, laite || **~ada** f Lait (*m*) de chaux || **~al** adj/s Qui tète, de lait || **~aza** f Laitance, laite || **~e** f Lait *m* : *café con ~,* café au lait || **~ecillas** fpl Ris (*msing*)

de veau ‖ **~era** f Crémière | Bidon (*m*) de lait | Pot (*m*) à lait (jarro) ‖ **~ería** f Débit (*m*) de lait, laiterie ‖ **~ero, a** adj/s Laitier, ère ‖ **~igada** f Portée ‖ **~o** m Lit, couche *f* | Lit (río, etc). | *~ de colada*, lit de coulée ‖ **~ón** m Cochon de lait ‖ **~oso, a** adj Laiteux, euse.
lechug|a f Laitue (planta) | Fraise, collerette (cuello) | FAM. *Ser más fresco que una ~*, avoir du toupet ‖ **~uino** m FIG. Petit-maître, gommeux.
lechuz|a f ZOOL. Chouette ‖ **~o** m FAM. Hibou.
leer vt Lire | *~ en voz alta*, lire à haute voix *o* tout haut | *~ de corrido*, lire couramment | *~ por encima*, parcourir.
leg|ación f Légation ‖ **~ado** m Legs (manda) | Légat (del Papa) ‖ **~ajo** m Liasse (*f*) de papiers | Dossier (carpeta).
legal adj Légal, e ‖ **~idad** f Légalité ‖ **~ización** f Légalisation ‖ **~izar** vt Légaliser | *Copia legalizada*, copie certifiée conforme.
légamo m Limon, vase *f*.
legañ|a f Chassie ‖ **~oso, a** adj Chassieux, euse.
leg|ar vt Léguer ‖ **~atario, a** s Légataire.
legendario, a adj Légendaire.
legible adj Lisible.
legi|ón f Légion ‖ **~onario** m Légionnaire.
legis|lación f Législation ‖ **~lador, a** adj/s Législateur, trice ‖ **~lar** vi Légiférer ‖ **~lativo, a** adj Législatif, ive ‖ **~latura** f Législature ‖ **~ta** m Légiste.
leg|ítima f Réserve légale ‖ **~itimación** f Légitimation ‖ **~itimar** vt Légitimer ‖ **~itimidad** f Légitimité ‖ **~itimismo** m Légitimisme ‖ **~ítimo, a** adj Légitime | Authentique, d'origine | Véritable.
lego, a adj Laïque | Lai, e (hermano) | FIG. Profane, non initié, e (sin conocimiento) | — M Frère convers.
legra f Curette ‖ **~do** m Curetage.
legua f Lieue.
leguleyo m FAM. Avocaillon.
legum|bre f Légume *m* | *Fuente para ~s*, légumier ‖ **~inoso, a** adj/f Légumineux, euse.
leído, a adj Très cultivé, e | *~ y conforme*, lu et approuvé.
leitmotiv m Leitmotiv (tema).
lejanía f Éloignement *m* | *En la*(*s*) *~*(*s*), dans le lointain, au loin.
lejano, a adj Lointain, e | Éloigné, e.
lejía f Lessive | Eau de Javel.
lejos adv Loin | *A lo ~*, au loin | *De ~*, de loin | *~ de*, loin de | *Ni de ~*, loin de là.
lelo, a adj/s Sot, sotte | *Quedarse ~*, rester bouche bée.
lema m Devise *f* | Nom d'emprunt (en un concurso) | MAT. Lemme.
Lemosín nprm Limousin.
lenc|ería f Lingerie ‖ **~ero, a** adj/s Linger, ère.
leng|ua f Langue | *Andar en ~s*, être sur toutes les lèvres | *Buscar la ~*, chercher noise | *Calentársele a uno la ~*, s'échauffer | *Con la ~ fuera*, la langue pendante | *Con la punta de la ~*, du bout des lèvres (beber) | *De ~ en ~*, de bouche en bouche | *Hacerse ~s de*, ne pas tarir d'éloges sur | *Írsele a uno la ~*, ne pas savoir tenir sa langue | *~ de estropajo*, bafouillage, bredouillement | *~ viperina*, langue de vipère | *Tirarle a uno de la ~*, tirer les vers du nez à qqn ‖ **~uado** m Sole *f* (pez) ‖ **~uaje** m Langage (modo de hablar) | Langue *f* ‖ **~uaraz** adj/s Mauvaise langue; bavard, e ‖ **~üeta** f Languette | Fraise à bois (carpintería).
lenitivo, a adj Lénitif, ive.
lent|e m o f Lentille *f* (óptica), verre *m* (de gafas) | — Pl Lunettes *f* (gafas) ‖ **~eja** f Lentille ‖ **~ejuela** f Paillette ‖ **~icular** o **~iforme** adj Lenticulaire, lentiforme ‖ **~itud** f Lenteur ‖ **~o, a** adj Lent, e (*en, para*, à).
leñ|a f Bois (*m*) à brûler | FAM. Volée, raclée (paliza) | *Dar* ou *repartir ~*, administrer une volée | FIG. *Echar ~ al fuego*, jeter de l'huile sur le feu ‖ **~ador** m Bûcheron ‖ **~o** m Bûche *f* | FIG. *Dormir como un ~*, dormir comme une souche ‖ **~oso, a** adj Ligneux, euse.
Leo nprm ASTR. Lion.
le|ón, ona s Lion, onne | *Cachorro de ~*, lionceau ‖ **~onado, da** adj Fauve (color) ‖ **~onera** f Cage aux lions | FAM. Chantier *m*, bazar *m*, capharnaüm *m* ‖ **~onino, a** adj Léonin, e ‖ **~ontina** f Léontine (cadena) ‖ **~opardo** m Léopard ‖ **~otardo** m Collant (media).
Lepe npr *Saber más que ~*, en savoir long.
lep|idópteros mpl Lépidoptères ‖ **~órido** m Léporide ‖ **~orino, a** adj De lièvre.
lepr|a f Lèpre ‖ **~osería** f Léproserie ‖ **~oso, a** adj/s Lépreux, euse.
lerdo, a adj/s Gauche, maladroit, e; lourd, e.
les pron pers Leur (a ellos) : *~ doy mi coche*, je leur donne ma voiture | *Vous* (a ustedes) : *~ digo*, je vous dis.
les|a adjf Lèse ‖ **~ión** f Lésion | Blessure (herida) | Dommage *m* (daño) ‖ **~ionado, a** adj/s Blessé, e

|| **~ionar** vt Léser, faire tort (perjudicar) | Endommager (dañar) | Blesser, causer une lésion || **~ivo, a** adj Nuisible, préjudiciable.

let|anía f Litanie || **~árgico, a** adj Léthargique || **~argo** m Léthargie *f*.

letra f Lettre | Écriture (escritura) | Paroles *pl* (canción) | COM. Traite, lettre de change | — Pl Mots *m* : *me escribió dos ~*, il m'a écrit deux mots | Lettres (facultad) | *Al pie de la ~*, au pied de la lettre, à la lettre | *Con todas sus ~s*, en toutes lettres | *~ de imprenta* ou *de molde*, caractère d'imprimerie | *~s a la vista*, engagement à vue || **~do, a** adj Lettré, e; instruit, e | — M Avocat, homme de loi (abogado).

letrero m Écriteau, panonceau | Enseigne *f* (de una tienda).

letrilla f Rondeau *m*.

letrinas fpl Latrines.

leuc|emia f Leucémie || **~émico, a** adj/s Leucémique || **~ocito** m Leucocyte || **~oma** m Leucome.

leudarse vp Lever (la masa).

lev|a f Levée de soldats | MEC. Came (árbol), levier *m* (palanca) | MAR. Départ *m* || **~adizo** adjm *Puente ~*, pont-levis || **~adura** f Levain *m* (pan), levure (cerveza, pastel) || **~antada** f Épaulé *m* (halterofilia) || **~antamiento** m Levée *f* | Érection *f* (estatua), construction *f* (edificio) | Haussement (de cejas) | Levé, lever (de mapa) | Soulèvement (sedición) | Ouverture *f* (caza) | Levée *f* (cadáver) | TECN. Levage || **~antar** vt Lever | Soulever | Élever (construir) | Faire (un chichón) | Dresser (un plano, un obstáculo, un acta) | Lever (ancla, telón, sesión, prohibición, excomunión, sitio, tropas, voz) | Soulever (el estómago, dificultades, el pueblo) | Relever (economía, error) | Porter, faire (falso testimonio) | Remonter (el ánimo) | Ouvrir (la veda) | — Vp Se lever | S'élever (en el aire) | Se soulever (rebelarse) || **~ante** m Levant || **~antisco, a** adj Turbulent, e || **~ar** vt Lever (ancla).

leve adj Léger, ère || **~dad** f Légèreté.

levita f Redingote, lévite (ant.).

lexi|cógrafo m Lexicographe || **~cografía** f Lexicographie || **~cología** f Lexicologie.

léxico m Lexique.

ley f Loi | Affection : *tener ~ a*, avoir en affection | Titre *m*, aloi *m* (de un metal) | — Pl Droit *msing* : *estudiar ~s*, faire son droit | *A toda ~*, selon les règles | *Con todas las de la ~*, dans les règles de l'art | *De ~*, véritable, pur (metal) | FIG. *Dictar la ~*, faire la loi | FAM. *~ del embudo*, deux poids et deux mesures.

leyenda f Légende.

lezna f Alêne.

liana f Liane (bejuco).

liar vt Lier, attacher (atar) | Rouler (cigarrillo) | FAM. Embobiner, rouler (engañar), mêler (mezclar) | — Vp S'envelopper, se rouler (enrollarse) | S'embrouiller (trabucarse) | FAM. Se mêler (meterse), avoir une liaison (amancebarse) | FIG. *~ a palos*, en venir aux coups.

lías o **liásico** m GEOL. Lias.

liásico, a adj Liasique.

lib|ación f Libation || **~ar** vt Sucer (chupar) | Butiner (abejas).

libelo m Libelle, pamphlet.

libélula f Libellule.

líber m BOT. Liber.

liber|ación f Libération | Mise en liberté (presos) || **~ado, a** adj/s Libéré, e || **~ador, a** adj/s Libérateur, trice || **~al** adj/s Libéral, e || **~alidad** f Libéralité || **~alismo** m Libéralisme | Libération *f* (del comercio) || **~alizar** vt Libéraliser | — Vp Devenir libéral || **~ar** vt Libérer | FIG. Dégager.

libert|ad f Liberté : *con entera ~*, en toute liberté || **~ador, a** adj/s Libérateur, trice || **~ar** vt Libérer || **~ario, a** adj/s Libertaire || **~inaje** m Libertinage || **~ino, a** adj/s Libertin, e || **~o, a** s Affranchi, e.

Libia nprf Libye.

libid|inoso, a adj/s Libidineux, euse || **~o** f Libido.

libra f Livre (peso, moneda).

libraco m FAM. Bouquin.

libr|ado m COM. Tiré || **~ador, a** adj/s Libérateur, trice | — S COM. Tireur, euse || **~amiento** m Délivrance *f* | Ordre de paiement | Tirage (letra de cambio) || **~ar** vt Sauver, tirer (de peligro) | Affranchir, libérer (liberar) | Délivrer (de un cuidado) | Libérer, dégager (obligación) | Livrer (batalla) | Tirer (letra de cambio) | *Salir bien librado*, bien s'en tirer | — Vi Avoir un jour de congé (obreros) | — Vp Échapper à, éviter | *~ de una buena*, l'échapper belle || **~e** adj Libre : *es usted muy ~ de ir*, libre à vous d'y aller.

librea f Livrée.

libre|cambio m Libre-échange || **~cambismo** m Libre-échangisme || **~cambista** adj/s Libre-échangiste || **~pensador** m Libre penseur.

libr|ería f Librairie (tienda) | Bibliothèque (estante) || **~ero, a** s Libraire || **~esco, a** adj Livresque || **~eta** f Livret *m*, cahier *m* || **~etista** m MÚS. Librettiste, parolier || **~eto** m MÚS. Livret, libretto ||

~illo m Cahier de papier à cigarette (de papel de fumar) | Pain (de cera) || **~o** m Livre : ~ *en rústica,* livre broché | Feuillet (de los rumiantes) | FAM. *Ahorcar los ~s,* jeter ses livres au feu | ~ *mayor,* grand-livre | *Llevar los ~s,* tenir les livres.

licenci|a f Permission, licence (permiso) | Licence (de estudios, de exportación, libertad, en poesía) | Permis *m* (de caza) | MIL. Libération| Congé *m* (por enfermedad) | MIL. *Dar la ~,* libérer || **~ado, a** adj/s Licencié, e || **~amiento** m Licenciement (empleado) | Examen de licence (estudiantes) | Libération *f* (soldado) || **~ar** vt Licencier, congédier (echar) | Conférer le grade *o* donner le diplôme de licencié (estudiante) | Autoriser | Libérer (soldado) | — Vp Passer sa licence (estudiante) || **~atura** f Licence || **~oso, a** adj Licencieux, euse.

liceo m Société (*f*) littéraire | Lycée.

licit|ación f Licitation | Appel (*m*) d'offres (de una obra) || **~ar** vt Liciter, enchérir.

lícito, a adj Licite.

licor m Liqueur *f* | ~ *de cacao,* crème de cacao.

licu|able adj Liquéfiable || **~ación** f Liquéfaction | TECN. Liquation || **~ado** m *Amér.* Milk-shake || **~efacción** f Liquéfaction || **~efacer*** vt Liquéfier || **~efactible** adj Liquéfiable.

lid f Lutte, combat *m* | FIG. Discussion | *En buena ~,* de bonne guerre.

líder m Leader.

liderato o **liderazgo** m Leadership.

lid|ia f Combat *m* || **~iador** m Torero || **~iar** vt Combattre (un toro) | *Harto de ~,* de guerre lasse | — Vi Combattre | FIG. Batailler; avoir affaire (*con,* à).

liebre f Lièvre *m* | FAM. *Coger una ~,* ramasser une pelle, prendre un billet de parterre (caerse) | FIG. *Donde menos se piensa salta la ~,* ça arrive toujours au moment où l'on s'y attend le moins.

Lieja npr Liège.

liendre f Lente.

lienzo m Tissu, étoffe *f* | Toile *f* (cuadro) | Pan (de pared).

lig|a f Jarretelle, jarretière (de mujeres), fixe-chaussettes *m,* jarretelle (de hombres) | Ligue (confederación) | Alliage *m* (aleación) | Glu (pegamento) | Championnat *m* (campeonato) | *Hacer buena ~ con uno,* s'entendre *o* faire bon ménage avec qqn || **~ado** m Liaison *f* || **~adura** f Ligature | MÚS. Liaison | FIG. Lien *m,* attache || **~amento** m Ligament || **~amentoso, a** adj Ligamenteux, euse || **~ar** vt Lier, attacher (atar) | Relier, rattacher (unir) | Allier (metales) | FIG. Lier, contracter (amistad), unir, lier (unir) | MED. Ligaturer | MÚS. Lier, couler | — Vi Réunir des cartes de même couleur | FIG. Draguer (con otra persona) || **~azón** f Liaison (enlace).

liger|eza f Légèreté || **~o, a** adj Léger, ère || **~o** adv Vite.

lignito m Lignite (carbón).

ligu|ero m Porte-jarretelles | — Adjm De championnat || **~illa** f Championnat *m,* poule.

lij|a f Roussette (pez) | Papier (*m*) de verre || **~ar** vt Polir au papier de verre.

lil|a f Lilas *m* | — Adj/m Lilas (couleur) | — Adj/s FAM. Sot, sotte || **~iáceas** fpl BOT. Liliacées.

liliputiense adj/s Lilliputien, enne.

lim|a f Lime (árbol, herramienta) | ARQ. Arêtier *m* | FIG. *Comer como una ~,* manger comme quatre | ~ *hoya, tesa,* cornière, arête || **~ado** m o **~adura** f Limage *m* || **~alla** f Limaille || **~ar** vt Limer | FIG. ~ *asperezas,* arrondir les angles.

limbo m Limbe | REL. Limbes *pl* | FIG. *Estar en el ~,* être dans les limbes.

limeño, a adj/s De Lima.

limit|ación f Limitation || **~ar** vt Limiter, borner | — Vi Limiter || **~ativo, a** adj Limitatif, ive.

límite m Limite *f* | Plafond (tope).

limítrofe adj Limitrophe.

limo m Limon, boue *f.*

lim|ón m Citron | Limon (escaleras) | ~ *natural,* citron pressé || **~onada** f Citronnade || **~onera** f Limon *m.*

limosna f Aumône.

limpi|a f Nettoyage *m* | — M FAM. Cireur (limpiabotas) || **~abarros** m inv Décrottoir || **~abotas** m inv Cireur (de zapatos) || **~abotellas** m inv Goupillon || **~achimeneas** m inv Ramoneur || **~ado** m Nettoyage || **~aparabrisas** m inv Essuie-glace (coche) || **~ar** vt Nettoyer | Essuyer (el sudor) | Ramoner (chimeneas) | Trier (lentejas) | FAM. Chiper, faucher (robar) || **~atubos** m inv Goupillon || **~auñas** m inv Cure-ongles || **~dez** f Limpidité.

límpido, a adj Limpide.

limpi|eza f Propreté, netteté | Nettoyage *m* (acción), nettoiement *m* (de la calle) | Ménage *m* (casero) | FIG. Pureté, intégrité (honradez), adresse (destreza) || **~o** adv Franc-jeu (jugar) || **~o, a** adj Propre | Net, nette | Libre, exempt de | FAM. Sans un sou (sin dinero) | *En ~,* en substance; net (ganancia), au propre, au clair (escrito) | FIG. *Sacar en ~,* tirer au clair.

linaj|e m Lignée *f*, souche *f*, lignage | FIG. Genre, espèce *f* || **~udo, a** adj De haute noblesse.
linaza f *Aceite de ~*, huile de lin.
lince m ZOOL. Lynx.
linch|amiento m Lynchage || **~ar** vt Lyncher.
lind|ante adj Contigu, uë; attenant, e | Limitrophe || **~ar** vi Toucher à, être contigu à, être limitrophe de || **~e** f Limite, bornes *pl* | Lisière, orée (bosque) || **~ero, a** adj V. LINDANTE | — M V. LINDE.
lind|eza f Gentillesse || **~o, a** adj Joli, e; beau, belle; gentil, ille | FAM. *De lo ~*, terriblement, beaucoup, joliment.
línea f Ligne | *En toda la ~*, sur toute la ligne | *~ divisoria de las aguas* ou *de cresta*, ligne de faîte *o* de partage des eaux.
line|al adj Linéaire, linéal, e || **~amiento** m Linéament.
linf|a f Lymphe || **~ático, a** adj/s Lymphatique || **~atismo** m Lymphatisme || **~ocito** m Lymphocyte.
lingote m Lingot | Gueuse *f* : *~ de primera fusión* ou *de arrabio*, gueuse de fonte.
ling|ual adj/f Lingual, e || **~üista** s Linguiste || **~üístico, a** adj/f Linguistique.
linimento m Liniment.
lin|o m Lin || **~óleo** m Linoléum.
linotip|ia f Linotypie (trabajo), linotype (máquina) || **~ista** s Linotypiste.
linterna f Lanterne | Lampe de poche (de bolsillo).
lío m Paquet, ballot (paquete) | FAM. Confusion *f*, embrouillement, imbroglio (embrollo), histoire *f* (complicación), pagaille *f* (desorden), cassetête (dificultad), salade *f* (mezcla), liaison *f* (amancebamiento) | FAM. *Armar un ~*, faire toute une histoire. *Estar hecho un ~*, s'y perdre. *Hacerse un ~*, s'embrouiller.
lioso, a adj FAM. Qui aime faire des histoires (persona), embrouillé, e (cosa).
liquen m Lichen.
liquid|able adj Liquidable || **~ación** f Liquidation || **~ador, a** adj/s Liquidateur, trice || **~ar** vt Liquider || **~ez** f Liquidité.
líquido, a adj/m Liquide | *~ imponible*, revenu imposable.
lira f MÚS. Lyre | Lire (monnaie).
lírico, a adj/m Lyrique | — F Lyrique *m* (género de poesía).
lirio m Iris | *~ blanco*, lis | *~ de los valles*, muguet.
lirismo m Lyrisme.
lirón m ZOOL. Loir (mamífero roedor).
Lisboa npr Lisbonne.
lisi|ado, a adj/s Estropié, e; impotent, e | FAM. Moulu, e (cansado) || **~ar** vt Estropier.
liso, a adj Plat, e | Uni, e (tela).
lisonj|a f Flatterie || **~eador, a** adj/s Flatteur, euse || **~ear** vt Flatter || **~ero, a** adj Flatteur, euse.
list|a f Rayure (raya) | Carte (restaurante) | Liste (enumeración) | Feuille d'appel, liste (de alumnos) | Appel *m* : *pasar ~*, faire l'appel | Liteau *m* (raya de color) | *~ de correos*, poste restante || **~el** m Listeau, listel || **~ero** m Pointeur || **~ín** m Répertoire téléphonique.
listo, a adj Intelligent, e | Vif, vive (vivo) | Malin, igne (astuto), avisé, e (sagaz) | Prêt, e (preparado) | *Andar ~*, faire attention | *Dárselas de ~, faire le malin* | *¡Estamos ~s!*, nous voilà bien! | *Pasarse de ~*, vouloir être trop malin.
listón m Baguette *f*, latte *f* (carpintería), listeau, listel, liston (moldura).
litera f Litière (coche) | Couchette (barco, tren) | Lit (*m*) superposé.
liter|al adj Littéral, e | In extenso (actas) || **~ario, a** adj Littéraire || **~ato, a** s Homme, femme de lettres || **~atura** f Littérature.
litig|ante adj Plaignant, e | — S Plaideur, euse || **~ar** vi Plaider | Être en litige || **~io** m Litige || **~ioso, a** adj Litigieux, euse.
litio m Lithium (metal).
lit|ografía f Lithographie || **~ografiar** vt Lithographier || **~ógrafo, a** s Lithographe.
litoral adj/m Littoral, e.
lítote f Litote.
litri adj FAM. Gommeux, euse.
litro m Litre.
lit|urgia f Liturgie || **~úrgico, a** adj Liturgique.
livian|dad f Légèreté || **~o, a** adj Léger, ère.
lividez f Lividité.
lívido, a adj Livide.
liza f Lice, combat *m*.
lizo m Lisse *f* (telar).
lo pron pers Le : *no ~ es*, il ne l'est pas; *~ miro*, je le regarde | — Art def neutro Ce qui est, ce qu'il y a de (seguido de un adjetivo) : *~ divertido del caso*, ce qui est drôle dans cette affaire | Le, la, l' (con un sustantivo en francés) : *~ contrario*, le contraire | Ce qui est à, ce qui concerne (con pronombre posesivo) : *esto es ~ mío*, voici ce qui est à moi; *sólo se interesa por ~ suyo*, il ne s'intéresse qu'à ce qui le concerne | *A ~*, à la manière de, à la façon de | *De ~ más*, des plus | *De ~ que*,

ce dont | ~ *cual,* ce qui (sujeto), ce que (complemento) | ~ *de* (con sustantivo), ce qui concerne les affaires de; (con infinitivo), l'idée de, le projet de, la question de | ~ *que,* ce qui (sujeto), ce que (complemento), combien (cuanto), comme (como) | ~ *que sea,* n'importe quoi | *Todo ~ ... que,* aussi ... que.

lo|a f Louange || **~able** adj Louable || **~ar** vt Louer.

lob|anillo m Loupe *f* || **~ato** o **~ezno** m Louveteau || **~o, a** s Loup, louve | ~ *marino,* loup de mer | Fig. *Un ~ a otro no se muerden,* les loups ne se mangent pas entre eux.

lóbrego, a adj Lugubre, sombre.

lobulado, a adj Lobé, e.

lóbulo m Lobe.

loc|al adj/m Local, e || **~alidad** f Localité, lieu *m* (lugar) | Place (espectáculo) | *Reserva* ou *venta de ~es,* location || **~alista** adj Régional, e; d'intérêt local || **~alización** f Localisation | Repérage *m* || **~alizar** vt Trouver, savoir où se trouve | Situer (lugar) | Joindre (persona) | Repérer, localiser | Circonscrire (incendio) || **~ativo, a** adj/m Locatif, ive.

loción f Lotion.

loco, a adj/s Fou (*fol* delante de palabra que empieza con vocal), folle | *A lo ~,* sans réfléchir | *Cada ~ con su tema,* à chaque fou sa marotte | *Hacerse el ~,* faire l'innocent | ~ *de atar, perdido,* fou à lier, furieux.

loco|moción f Locomotion || **~motor, a** o **~triz** adj Locomoteur, trice | — F Locomotive.

locu|acidad f Loquacité || **~az** adj Loquace || **~ción** f Locution || **~ra** f Folie | *Con ~,* à la folie || **~tor, a** s Speaker, speakerine; présentateur, trice || **~torio** m Parloir (convento) | Cabine (*f*) téléphonique.

lod|azal o **~azar** m Bourbier || **~o** m Boue *f.*

loess m Geol. Loess (cieno).

logaritmo m Logarithme.

loggia f Loge (del Vaticano) | Arq. Loggia (galería).

logia f Loge (de masones).

logical o logicial m Logiciel.

lógico, a adj Logique | Normal, e | *Como es ~,* comme de juste *o* de bien entendu | — F Logique.

logístico, a adj/f Logistique.

logogrifo m Logogriphe.

logr|ar vt Obtenir, remporter | Réussir à, parvenir à | Réaliser, combler, satisfaire || **~ero, a** s Usurier, ère | Profiteur, euse || **~o** m Obtention *f* | Réussite *f,* succès | Satisfaction *f.*

loma f Coteau *m,* colline.

lombriz f Ver (*m*) de terre, lombric *m* | Ver *m* (intestinal).

lomo m Échine *f,* dos | Filet (carne de cerdo), entrecôte *f* (de vaca), longe *f* (de ternera) | Dos (de libro) | — Pl Anat. Lombes *f.*

lona f Toile | Bâche (para cubrir) | Chapiteau *m* (circo).

loncha f Tranche (lonja).

londinense adj/s Londonien, enne.

long|animidad f Magnanimité || **~aniza** f Saucisse || **~evidad** f Longévité || **~evo, a** adj Très âgé, e || **~itud** f Longueur | Long *m* | Astr. Longitude || **~itudinal** adj Longitudinal, e.

longui adj Fam. *Hacerse el ~,* faire la sourde oreille.

lonja f Tranche (de jamón) | Bourse de commerce | Entrepôt (*m*) de laine | Parvis (*m*) d'une église | Esplanade.

lontananza f Lointain *m.*

loor m Louange *f.*

loquer|a f Cabanon *m* || **~o** m Gardien d'une maison de fous.

Lorena nprf Lorraine.

lorenés, esa adj/s Lorrain, e.

loro m Perroquet (animal) | Fam. Guenon *f* (mujer fea).

los art mpl Les | — Pron pers Les : ~ *he visto,* je les ai vus | En : ~ *hay,* il y en a | Ceux : ~ *que he comprado,* ceux que j'ai achetés.

los|a f Dalle (grande), carreau *m* (pequeña) | ~ *sepulcral,* pierre tombale || **~eta** f Petite dalle, carreau *m.*

lota f Lotte (rape).

lot|e m Lot || **~ería** f Loterie | Loto *m* (juego de niños).

Lovaina npr Louvain.

loza f Faïence || **~nía** f Vigueur | Jeunesse | Fraîcheur || **~no, a** adj Frais, fraîche (tez) | Vigoureux, euse.

lubina f Bar *m* (robalo).

lubric|ación f Lubrification || **~ante** adj/m Lubrifiant, e || **~ar** vt Lubrifier || **~idad** f Lubricité.

lúbrico, a adj Lubrique.

lubrific|ación f Lubrification || **~ante** adj/m Lubrifiant, e || **~ar** vt Lubrifier.

Lucas nprm Luc.

lucense adj/s De Lugo.

luc|ero m Étoile *f* | *El ~ del alba* ou *de la mañana* ou *de la tarde,* étoile du matin *o* du soir, étoile du Berger (Venus) || **~idez** f Lucidité || **~ido, a** adj Brillant, e | Élégant, e | Gracieux, euse | Fam. *¡Estamos ~s!,* nous voilà propres!

lúcido, a adj Lucide.

luciérnaga f Ver (*m*) luisant, luciole.

Lucifer nprm Lucifer.

luc|imiento m Éclat, lustre || **~io** m Brochet (pez) || **~ir*** vi Briller, luire | Profiter (ser provechoso) | Fig. Faire de l'effet | — Vt Éclairer, illuminer | Fig. Montrer, faire valoir (enseñar),

arborer, porter (un vestido) | — Vp Se parer, se faire beau | FIG. Se tirer avec honneur, réussir.
lucr|arse vp Profiter | S'enrichir || **~ativo, a** adj Lucratif, ive || **~o** m Lucre, gain | *~ cesante,* « lucrum cessans », manque à gagner | *~s y daños,* profits et pertes.
luctuoso, a adj Triste.
lucubración f Élucubration.
luch|a f Lutte : *en reñida ~,* de haute lutte || **~ador, a** s Lutteur, euse || **~ar** vi Lutter | Se battre | *Cansado de ~,* de guerre lasse.
ludibrio m Honte *f* | Risée *f* (irrisión) | *Y para mayor ~ suyo,* et à sa plus grande honte.
lúdico, a adj Ludique.
luego adv Tout de suite | Ensuite, après | — Conj Donc : *pienso, ~ existo,* je pense, donc je suis | *~ que,* dès que.
luengo, a adj Long, longue.
lugar m Lieu | Place *f* (sitio) | Village, bourg (pueblo), localité *f*, lieudit | Passage (de un libro) | Position *f*, place *f* (puesto) | Moment (tiempo) | *En cualquier ~,* n'importe où | *En el mismo ~,* sur place | *En ~ de,* au lieu de | *Fuera de ~,* hors de propos | *Sin ~ a dudas,* sans aucun doute | *Tener ~,* avoir lieu (suceder), avoir de la place, tenir (caber), tenir lieu de, servir de (remplazar), avoir le temps || **~eño, a** adj/s Villageois, e || **~teniente** m Lieutenant.
lúgubre adj Lugubre.
luis m Louis (moneda).
Luis, a nprmf Louis, e.
luj|o m Luxe : *permitirse el ~ de,* s'offrir le luxe de || **~oso, a** adj Luxueux, euse || **~uria** f Luxure || **~urioso, a** adj Luxurieux, euse.
lulú m Loulou (perro).
lumb|ago m Lumbago || **~ar** adj Lombaire.
lumbre f Feu *m* (chimenea, etc) : *al amor de la ~,* au coin du feu | Lumière (luz) | Jour *m* (de ventana) | Pinces *pl* (herradura) | *Dar ~,* donner du feu || **~ra** f Lucarne, claire-voie (en el techo) | Lumière (de cepillo, de locomotora) | FIG. Lumière (inteligente).
lumen m Lumen (unidad).
lumin|aria f Lumière | Luminaire (vela) || **~iscencia** f Luminescence || **~osidad** f Luminosité || **~oso, a** adj Lumineux, euse || **~otecnia** f Technique de l'éclairage || **~otécnico** m Éclairagiste.
lun|a f ASTR. Lune | Miroir *m*, glace (espejo), vitre, glace (de escaparate) | FIG. Égarement (*m*) des lunatiques | *~ creciente, menguante,* lune croissante, décroissante *o* premier, dernier quartier | *~ llena,* pleine lune | FIG. *Quedarse a la ~ de Valencia,* rester le bec dans l'eau || **~ación** f ASTR. Lunaison || **~ado, a** adj Luné, e || **~ar** adj Lunaire | — M Grain de beauté | Pois (tejido) | Ombre *f*, léger défaut | *~ postizo,* mouche || **~ático, a** adj Lunatique.
lunch m Lunch.
lunes m Lundi : *el ~ por la mañana,* lundi matin | FIG. *Cada ~ y cada martes,* tous les jours.
luneto m ARQ. Lunette *f*.
lunfardo, a adj Argotique | — M Argot de Buenos Aires.
lúnula f Lunule.
lupa f Loupe || **~nar** m Lupanar.
lúpulo m Houblon.
Lusitania nprf Lusitanie.
lusitano, a o **luso, a** adj/s Lusitain, e; lusitanien, enne.
lustr|abotas m inv *Amér.* Cireur || **~ado** m Lustrage || **~ar** vt Lustrer | Cirer (zapatos) || **~e** m Lustre || **~ina** f Lustrine || **~o** m Lustre || **~oso, a** adj Lustré, e.
Lutecia npr Lutèce (París).
lutecio m Lutécium (metal).
luter|anismo m Luthéranisme || **~ano, a** adj/s Luthérien, enne.
Lutero npr Luther.
luto m Deuil | *De ~,* en deuil | *~ riguroso,* grand deuil | *Llevar ~ por,* porter le deuil de.
lux m Lux (unité).
luxación f Luxation.
Luxemburgo nprm Luxembourg.
luxemburgués, esa adj/s Luxembourgeois, e.
luz f (pl *luces*) Lumière | Éclairage *m* (iluminación) | Électricité | Courant *m* (corriente) | ARQ. Jour *m* (ventana) | Portée (de puente) | — Pl Éclairage *msing* (de un automóvil) | Lumières, culture *sing* | Intelligence *sing* | *A la ~ de,* à la lumière de | *A la ~ del día,* en plein jour | *A todas luces,* de toute évidence | *Dar a la ~,* allumer | *Dar a ~,* donner le jour (parir), publier | *Dar ~,* éclairer | *En plena ~,* au grand jour | *Luces de tráfico,* feux de signalisation | *~ de Bengala,* feu de Bengale | *~ de carretera, de cruce, de población,* feu de route *o* phare, feu de croisement *o* code, lanterne *o* veilleuse | *~ intermitente,* clignotant (coche) | *Amér. ~ mala,* feu follet (fuego fatuo) | *Sacar a ~,* publier, faire paraître (publicar), étaler, mettre au grand jour (descubrir) | *Salir a ~,* paraître (libro), se faire jour (manifestarse).

ll

ll f Double l, *m*.

llag|a f Plaie ‖ **~ar** vt Causer *o* faire une plaie à.

llam|a f Flamme : *arder en ~s,* être en flammes | Lama *m* (animal) ‖ **~ada** f Appel *m* | Rappel *m* (al orden) | Renvoi *m* (remisión) | *Señal de ~,* tonalité (teléfono) ‖ **~ado, a** adj Appelé, e | Dénommé, e | Dit, e (sobrenombre) | Soi-disant (supuesto) | Prétendu, e | Qu'on appelle | — M *Amér.* Appel ‖ **~ador** m Heurtoir (aldaba) | Bouton de sonnette ‖ **~amiento** m Appel | *~ al orden,* rappel à l'ordre ‖ **~ar** vt Appeler | Sonner (con el timbre) | Attirer (la atención) | — Vi Sonner (con el timbre), frapper à la porte (con la aldaba) | Appeler : *~ por teléfono,* appeler au téléphone | *No meterse donde no le llaman,* ne pas se mêler de ce qui ne vous regarde pas | *Llamarse de tú, de usted,* se tutoyer, se vouvoyer ‖ **~arada** f Flambée | FIG. Feu (*m*) de paille (pasión pasajera), emportement *m,* accès *m* (del ánimo) ‖ **~ativo, a** adj Criard, e; voyant, e | Qui attire l'attention | Frappant, e ‖ **~eante** adj Flambant, e | FIG. Flamboyant, e ‖ **~ear** vi Flamber | Flamboyer.

llan|a f Truelle (de albañil) | Page (d'écriture) ‖ **~amente** adv Simplement ‖ **~ero, a** s *Amér.* Habitant, habitante de la plaine ‖ **~eza** f Simplicité, franchise : *con toda ~,* en toute simplicité ‖ **~ista** m Rouleur (ciclista) ‖ **~ ito, a** s Habitant, habitante de Gibraltar ‖ **~o, a** adj Plat, e | Simple, affable | GRAM. Paroxyton | — M Plaine *f* (llanura) ‖ **~ote, a** adj Très simple.

llant|a f Jante (coche) | Feuillard *m* (pieza de hierro) | *~ de goma,* pneu ‖ **~én** m BOT. Plantain ‖ **~era** o **~ina** f Crise de larmes ‖ **~o** m Pleurs *pl,* larmes *fpl* | *Enjugar el ~,* essuyer les larmes ‖ **~ón** m TECN. Brame (*f*) brute.

llanura f Plaine.

llares fpl Crémaillère *sing.*

llav|e f Clef, clé (para abrir) | Clef (de tuercas) | Robinet *m* (grifo) | Remontoir *m* (reloj) | MÚS. Clef, piston *m* | Interrupteur *m* (de luz) | Accolade (corchete) | Clef, prise (en lucha) | Platine (de arma de fuego) | FIG. Clef | *Echar la ~,* fermer à clef | *Guardar con siete ~s,* enfermer à double tour | *~ de paso,* robinet d'arrêt | *~ inglesa,* clef anglaise (herramienta), coup-de-poing (arma) | *~ maestra,* passe-partout ‖ **~ero** m Porte-clefs ‖ **~ín** m Petite clef *f.*

lleg|ada f Arrivée ‖ **~ar** vi Arriver | Atteindre (una cantidad) | *~ a ser,* devenir | — Vp Aller, se rendre | S'approcher.

llen|ado m Remplissage | Embouteillage (botellas) ‖ **~ar** vt Remplir | FIG. Satisfaire (satisfacer), combler (de favores), occuper (el tiempo), remplir (un cometido, de amor), couvrir (de injurias) | — Vp Se remplir | Se couvrir (mancharse) | Se rassasier (de comer) ‖ **~o, a** adj Plein, e; rempli, e | *Dar de lleno,* frapper en plein | — M *Hay un ~ en el teatro,* le théâtre fait salle comble | *Hay un ~ en la plaza de toros,* les arènes sont combles.

llev|adero, a adj Supportable, tolérable ‖ **~ar** vt Porter | Emporter (una cosa a lo lejos) | Emmener : *llévame a casa,* emmène-moi chez moi | Transporter | Amener (conducir) | Supporter | Aller, conduire, mener (un camino) | Porter (un vestido) | Avoir sur soi (dinero) | Avoir (tener) | Demander, prendre (durar) | Être depuis (estar en un sitio) | Contenir (contener) | Demander, faire payer, prendre (precio) | Être chargé de, s'occuper de (un negocio) | Conduire, diriger, mener (dirigir) | Tenir (las cuentas) | Présenter, renfermer (presentar) | Amener, causer (provocar) | Conduire, mener, entraîner (causar) | MAT. Retenir (un número) | Avoir de plus (años, estatura, etc) | Avoir une avance de | *~ adelante su familia,* faire vivre sa famille | *~ adelante una cosa,* poursuivre qqch.; mener qqch. à bien | *~ consigo,* emporter (una cosa), emmener (una persona), entraîner (acarrear) | *~ las de ganar,* avoir tous les atouts dans la main | *~ las de perder,* n'avoir aucune chance | *~ y traer,* faire des commérages | *No llevarlas todas consigo,* ne pas en mener large | — Vp Emporter (una cosa) | Remporter (un premio) | Obtenir, gagner (ganar) | Se porter (estilarse) | Retenir (aritmética) | Avoir (un susto) | Recevoir (una bofetada) | *~ bien,* bien s'entendre | *~ todo por delante,* tout bousculer, tout emporter.

llor|ado, a adj Regretté, e || **~aduelos** s inv Pleurnicheur, euse; pleuremisère || **~ar** vi Pleurer : *~ a lágrima viva,* pleurer à chaudes larmes | *~ de risa,* rire aux larmes | *Romper a ~,* éclater en sanglots | — Vt Pleurer | Pleurer sur (lamentarse) || **~icón, ona** adj/s Pleurnicheur, euse || **~iquear** vi Pleurnicher || **~iqueo** m Pleurnichement || **~o** m Pleurs *pl,* larmes *fpl* || **~ón, ona** adj/s Pleurnicheur, euse || **~oso, a** adj En pleurs | Larmoyant, e (ojos) | Éploré, e (triste).

llov|edizo, a adj Qui laisse passer la pluie | *Agua ~,* eau de pluie || **~er*** vi/imp Pleuvoir : *~ a cántaros,* pleuvoir à verse | *Habrá llovido para entonces,* il passera de l'eau sous le pont | *Llovido del cielo,* tombé du ciel | *Llueve sobre mojado,* ce n'est pas la première fois | FAM. *Me escucha como quien oye ~,* c'est comme si je chantais || **~izna** f Bruine, crachin *m* || **~iznar** vimp Bruiner.

llueca adjf Couveuse (gallina).

lluvi|a f Pluie | FIG. *~ de palos,* volée de coups de bâton | *~ radiactiva,* retombées radioactives || **~oso, a** adj Pluvieux, euse.

m

m f M *m.*

maca f Tache sur un fruit, tavelure | FIG. Défaut *m* || **~bro, a** adj Macabre || **~co, ca** adj *Amér.* Laid, e; difforme (feo), niais, e (necio) | — M Macaque.

macadán m Macadam.

macan|a f Massue des Indiens d'Amérique (arma) | FAM. Vieux machin *m,* truc *m* (cosa), vieillerie (antigualla) | *Amér.* Gourdin *m* (garrote), matraque (porra), bourde (despropósito), mensonge *m* (mentira) || **~ada** f *Amér.* Bêtise || **~eador, a** adj/s *Amér.* Farceur, euse || **~ear** vi *Amér.* Blaguer || **~udo, a** adj FAM. Formidable, épatant, e; du tonnerre.

macarrón m Macaron | — Pl Macaroni (pâtes) || **~ico, a** adj FAM. Macaronique.

maced|onia f Macédoine || **~ónico, a** o **~onio, a** adj/s Macédonien, enne.

macer|ación f Macération || **~ar** vt/i Macérer, faire macérer | Faire dégorger (los pepinos, etc) | — Vp FIG. Se mortifier || **~o** m Massier.

macet|a f Pot (*m*) à fleurs (tiesto) | Pot (*m*) de fleurs (lleno de flores) | Petit maillet *m* (mazo) | Masse (de escultor) || **~ero** m Jardinière *f.*

macilento, a adj Émacié, e; hâve.

macillo m Marteau (de piano).

macizo, a adj Massif, ive | FIG. De poids, solide | — M Massif (montañas, de plantas) | Bloc (de edificios).

mácula f Tache (mancha).

macular vt Maculer, souiller.

macuto m Sac à dos | MIL. Havresac.

mach m Fís. Mach.

macha|cado m Pilonnage, broyage, concassage || **~cador, a** adj/s Pileur, euse | Broyeur, euse | — F Broyeur, concasseur *m* || **~cante** m FAM. Pièce (*f*) de cinq pesetas || **~car** vt Piler | Broyer, concasser (moler) | Pilonner (bombardear) | FAM. Répéter, rabâcher, ressasser | — Vi FAM. Être assommant, e (aburrir), rabâcher (repetir), potasser, bûcher (estudiar) || **~cón, ona** adj/s FAM. Rabâcheur, euse (que repite), raseur, euse (pesado), bûcheur, euse (estudioso) || **~conería** f FAM. Rabâchage *m* || **~da** f Action virile || **~martillo (a)** loc adv Solidement | Obstinément | Sur tous les tons | Dur comme fer (creer) || **~queo** m Pilage | Broyage (molido) | FIG. Pilonnage (bombardeo) | FAM. Rabâchage (repetición).

machear vi FAM. Jouer les durs.

mach|ete m Machette *f,* coutelas || **~ihembrado** m Assemblage, emboîtement || **~ismo** m FAM. Virilité *f* [au Mexique] || **~o** adjm Mâle | FIG. Fort (fuerte), viril | — M Mâle | Crochet (de un corchete) | TECN. Pièce (*f*) mâle, mâle (pieza), martinet (maza), enclume *f* (yunque) | *~ cabrío,* bouc | *~ de aterrajar,* taraud || **~ón** m ARQ. Pile *f,* pilier || **~orra** o **~ota** f FAM. Virago || **~ote** m Maillet (mazo) | FAM. Un homme cent pour cent | — Adjm Viril | Courageux (valiente) || **~ucar** vt Écraser (aplastar) | Meurtrir (fruta) | Bosseler.

madeja f Écheveau *m.*

mader|a f Bois *m* | Corne (del casco de los caballos) | FAM. Étoffe, aptitudes *pl,* dispositions *pl* | MÚS. Bois *mpl* | *Instrumentos de ~,* les bois | *~ contrachapeada,* contre-plaqué | *~ de construcción,* bois de charpente *o* d'œuvre ‖ **~aje** o **~amen** m Charpente *f* | Boisage (entibado) ‖ **~ero, a** adj Du bois | — M Marchand de bois ‖ **~o** m Madrier, pièce (*f*) de bois | FAM. Bûche *f*, souche *f* (necio).

madr|astra f Belle-mère, marâtre ‖ **~aza** f FAM. Maman gâteau ‖ **~e** f Mère | Lie (del vino) | Marc *m* (del café) | Mère (del vinagre) | TECN. Mèche | *La ~ del cordero*, le nœud de l'affaire | *~ de leche*, nourrice | *~ patria*, mère patrie | *~ política*, belle-mère | *~ soltera*, mère célibataire | *Salir de ~*, sortir de son lit, déborder (río) ‖ **~eperla** f Huître perlière ‖ **~épora** f Madrépore *m* ‖ **~eselva** f BOT. Chèvrefeuille *m* ‖ **~igal** m Madrigal (poesía) ‖ **~iguera** f Terrier *m*, tanière | FIG. Repaire *m* (guarida) ‖ **~ileño, a** adj/s Madrilène ‖ **~ina** f Marraine | Témoin *m* (de boda) ‖ **~oñera** f Sorte de mantille avec des glands ‖ **~oño** m Arbousier (árbol), arbouse (fruto) | Pompon, gland (borla).

madrug|ada f Aube, petit matin *m*, petit jour *m* | Matin *m* (mañana) | Lever (*m*) matinal (acción de madrugar) | *De ~*, à l'aube, de bon matin, au petit jour ‖ **~ador, a** adj Matinal, e | — S Personne (*f*) matinale ‖ **~ar** vi Se lever de bonne heure ‖ **~ón** m Lever matinal | *Darse un ~*, se lever de très bonne heure.

madur|ación f Maturation, mûrissage *m*, mûrissement *m* ‖ **~amiento** m Maturation *f* ‖ **~ar** vt/i Mûrir ‖ **~ez** f Maturité ‖ **~o, a** adj Mûr, e.

maese m (Ant.) Maître.

maestr|a f Maîtresse d'école, institutrice | Professeur *m*, maîtresse (profesor) | FIG. Apprentissage *m* ‖ **~anza** f Société d'équitation | MAR. Maistrance | MIL. Ateliers (*mpl*) militaires ‖ **~azgo** m REL. Magistère ‖ **~e** m Maître ‖ **~esala** m Maître d'hôtel ‖ **~ía** f Maîtrise | Maestria ‖ **~o, a** adj Maître, esse : *viga ~*, poutre maîtresse | Dressé, e (adiestrado) | — M Maître | Instituteur, maître d'école (profesor de primera enseñanza) | Professeur | MÚS. Maestro | *~ de obras*, entrepreneur | *Ser ~*, être passé maître.

mafia f Mafia, maffia.

magdalena f Madeleine (pastel).

Magdalena nprf Madeleine.

magia f Magie | FIG. Envoûtement *m*, magie, charme *m*.

mágico, a adj Magique.

magín m FAM. Jugeote *f* (buen sentido), imagination *f* | *Sacarse del ~ una idea*, avoir une idée.

magisterio m Magistère, enseignement | Corps enseignant, enseignants *pl* (maestros) | Profession (*f*) d'instituteur (empleo) | FIG. Gravité (*f*) affectée.

magistr|ado m Magistrat ‖ **~al** adj Magistral, e ‖ **~atura** f Magistrature | *~ del Trabajo*, Conseil des prud'hommes.

magma m Magma.

magn|animidad f Magnanimité ‖ **~ánimo, a** adj Magnanime ‖ **~ate** m Magnat ‖ **~esia** f Magnésie ‖ **~esio** m Magnésium ‖ **~ético, a** adj Magnétique ‖ **~etismo** m Magnétisme ‖ **~etizar** vt Magnétiser ‖ **~eto** f Magnéto ‖ **~etófono** m Magnétophone ‖ **~etoscopio** m Magnétoscope ‖ **~ificar** vt Magnifier ‖ **~ificencia** f Magnificence ‖ **~ífico, a** adj Magnifique ‖ **~itud** f Grandeur | FIG. Importance, grandeur, dimension (importancia), envergure (amplitud) | ASTR. Magnitude ‖ **~o, a** adj Grand, e ‖ **~olia** f Magnolia *m* (flor), magnolier *m* (árbol) ‖ **~olio** m Magnolier.

mago, a adj/s Magicien, enne | Mage (los Reyes).

magro, a adj/m Maigre.

maguer conj Quoique.

maguey m Agave.

magull|adura f o **~amiento** m Meurtrissure *f* ‖ **~ar** vt Meurtrir, contusionner | Abîmer (fruta).

Mahoma nprm Mahomet.

mahometano, a adj/s Mahométan, e.

mah|ón m Nankin (tela) ‖ **~onesa** f Mayonnaise.

maitines mpl Matines *f*.

ma|íz m Maïs ‖ **~izal** m Champ de maïs.

maj|ada f Bergerie, parc *m* | Fumier *m* (estiércol) ‖ **~adería** f Bourde, sottise ‖ **~adero, a** adj/s Sot, sotte, imbécile ‖ **~ado** m Purée *f* ‖ **~adura** f Pilage *m*, broiement *m* ‖ **~ar** vt Piler, broyer | FAM. Embêter (aburrir), battre (pegar), écraser (aplastar) | *~ a palos*, rouer de coups ‖ **~areta** adj/s FAM. Cinglé, e.

majest|ad f Majesté ‖ **~uosidad** f Majesté ‖ **~uoso, a** adj Majestueux, euse.

maj|eza f FAM. Élégance, chic *m* ‖ **~o, a** adj/s Élégant, e | — Adj FAM. Bien mis, e (compuesto), mignon, onne (mono), joli, e (bonito), sympathique.

majuelo m BOT. Aubépine *f*.

mal adj Mauvais, e | — M Mal | Malheur (desgracia) | *Del ~ el menos*, de deux maux il faut choisir le moindre | *~ menor*, pis-aller | *No hay ~ que por bien no venga*, à quelque chose malheur est bon | — Adv Mal | Mauvais : *oler ~*, sentir mauvais | Difficilement | *Ir de ~ en peor*, aller de mal en pis | *~ que bien*, tant bien que mal | ~ *que le pese,* ne vous en déplaise | *Menos ~ que,* heureusement que, encore heureux que | *No está ~,* ce n'est pas mal | *Por ~ que venga,* au pis-aller | *Salir ~,* échouer | *Ser un ~ pensado,* avoir l'esprit mal tourné | *Tomar a ~,* prendre mal, prendre en mauvaise part.

malabar|es adjpl *Juegos ~,* jongleries, tours d'adresse || **~ismo** m Jongleries *fpl,* tours (*pl*) d'adresse || **~ista** s Jongleur, euse.

malagueño, a adj/s Habitant de Málaga | — F Chanson populaire de Málaga.

maland|ante adj Malheureux, euse; malchanceux, euse || **~anza** f Malheur *m,* mésaventure || **~rín, ina** adj Coquin, e | — M Malandrin, coquin, mandrin.

malaria f Paludisme *m,* malaria.

malaventur|a o **~anza** f Malchance, malheur *m* || **~ado, a** adj/s Malchanceux, euse; malheureux, euse.

malaxar vt Malaxer.

malayo, a adj/s Malais, e.

mal|baratar vt Gaspiller (malgastar) | Vendre a vil prix (vender) || **~carado, a** adj Peu avenant, e; rébarbatif, ive || **~casar** vt Faire faire un mauvais mariage | Mésallier (con uno de condición inferior) || **~contento, a** adj/s Mécontent, e || **~criado, a** adj/s Mal élevé, e; malappris, e || **~criar** vt Mal élever | Gâter (mimar).

mald|ad f Méchanceté || **~ecir*** vt Maudire | — Vi Médire, dire du mal || **~iciente** adj/s Médisant, e || **~ición** f Malédiction | Imprécation || **~ito, a** adj/s Maudit, e; damné, e (condenado) | — Adj Maudit, e; satané, e; sacré, e | De malheur | Malheureux, euse (desgraciado).

male|abilidad f Malléabilité || **~able** adj Malléable.

male|ante adj Corrupteur, trice | Pervers, e (perverso) | Malin, igne (maligno) | — M Mauvais sujet, malfaiteur || **~ar** vt Corrompre, pervertir.

malecón m Jetée *f,* môle.

male|dicencia f Médisance || **~ficio** m Maléfice.

mal|éfico, a adj Malfaisant, e (dañino) | Maléfique || **~entendido** m Malentendu || **~estar** m Malaise.

malet|a f Valise | Coffre (*m*) à bagages (de un coche) | — M Empoté (torpe) || **~ero** m Malletier | Coffre à bagages (de un coche) | Porteur (en las estaciones) || **~illa** m Apprenti torero || **~ín** m Mallette *f,* petite valise *f* | Trousse *f* (de médico).

mal|evo, a adj Malveillant, e; méchant, e || **~evolencia** f Malveillance || **~évolo, a** adj Méchant, e; malveillant, e.

maleza f Mauvaises herbes *pl* | Broussailles *pl* (zarzas) | Maquis *m* (soto).

mal|formación f Malformation || **~gastador, a** adj/s Gaspilleur, euse || **~gastar** vt Gaspiller, dissiper | User (salud) || **~hablado, a** adj Grossier, ère | — M Grossier personnage || **~hadado, a** adj Infortuné, e || **~haya** adj FAM. Maudit, e | ~ *el que mal piense,* honni soit qui mal y pense || **~hecho, a** adj Contrefait, e; difforme || **~hechor, a** adj Malfaisant, e | — S Malfaiteur, trice || **~herir*** vt Blesser grièvement || **~humorado, a** adj De mauvaise humeur.

malici|a f Malignité, malice | Méchanceté (maldad) | Malice (astucia) || **~arse** vp Soupçonner (sospechar) | Se débaucher || **~oso, a** adj Malicieux, euse.

malign|idad f Malignité || **~o, a** adj Malin, igne (pernicioso) | Pervers, e | Méchant, e (malo).

mal|illa f Manille (juego) || **~intencionado, a** adj Malintentionné, e; malveillant, e || **~mandado, a** adj/s Désobéissant, e || **~mirado, a** adj Mal vu, e || **~o, a** adj Mauvais, e | Méchant, e (inclinado al mal) | Malade, souffrant, e (enfermo) | Désagréable, mauvais, e | Difficile | FAM. Peu doué, e (sin habilidad) | Vilain, e; espiègle (travieso) | *Estar de malas,* ne pas avoir de chance (no tener suerte), être de mauvaise humeur (estar de mal humor) | *Estar de malas con la justicia,* avoir maille à partir avec la justice | *¡Malo!,* mauvais signe! | *Ponerse de malas con alguien,* se mettre mal avec qqn | *Por las malas,* de force | — M Le méchant (en el cine).

malogr|ado, a adj Malheureux, euse; infortuné, e || **~ar** vt Perdre, laisser passer | Rater (la vida) | — Vp Échouer, tourner court (fracasar) | Ne pas répondre aux espérances (autor, etc) | Être perdu, e (perderse) | Avoir une mort prématurée.

mal|oliente adj Malodorant, e || **~parar** vt Mettre mal en point, maltraiter | *Dejar malparado,* mettre dans un piteux état | *Salir malparado,* mal se tirer [d'une affaire] || **~parir** vi Faire une fausse couche || **~parto** m Fausse couche *f* || **~pensado, a** adj/s Qui a l'esprit mal tourné || **~querencia** f Malveillance | Antipathie || **~querer*** vt Ne pas aimer || **~quistarse** vp Se fâcher, se brouiller || **~sano, a** adj Malsain, e | Maladif, ive (enfermizo) || **~sonante** adj Malsonnant, e.

malt|a f Malt *m* | *Fábrica de ~*, malterie || **~ería** f Malterie.
mal|traer* vt Maltraiter, malmener | *Llevar a ~*, en faire voir de toutes les couleurs || **~tratar** vt Maltraiter, malmener | Molester (importunar) || **~trecho, a** adj En piteux état.
maltusianismo m Malthusianisme.
malucho, a adj FAM. Patraque, mal fichu, e.
malva f BOT. Mauve | — Adj/m Mauve (color).
malvado, a adj/s Méchant, e; scélérat, e.
malv|arrosa f BOT. Rose trémière || **~avisco** m Guimauve *f*.
malvers|ación f Malversation | *~ de fondos*, détournement de fonds || **~ador, a** adj/s Concussionnaire || **~ar** vt Détourner [des fonds].
mall|a f Maille | Filet *m* (red) | *Amér.* Maillot *m* || **~o** m Maillet (mazo) | Mail (juego).
Mallorca nprf Majorque.
mallorquín, ina adj/s Majorquin, e.
mam|a f Mamelle | Sein *m* (pecho) | FAM. Maman || **~á** f FAM. Maman || **~acallos** m inv FAM. Nigaud || **~ada** f Tétée | FAM. Cuite (borrachera) || **~adera** f Tire-lait *m* | *Amér.* Tétine || **~ado, a** adj POP. Rond, e; soûl, e (borracho) | *Amér.* Niais, e || **~ar** vt Téter | FAM. Sucer avec le lait, acquérir dès l'enfance | Décrocher, dénicher, dégoter (encontrar) | Avaler, engloutir (tragar) | — Vp POP. Se soûler (emborracharse), se taper (cargarse, hacer) || **~ario, a** adj ANAT. Mammaire.
mamarrach|ada f FAM. Croûte (cuadro), navet *m* (libro, película), ânerie, bourde (necedad) || **~o** m FAM. Imbécile (tonto), fantoche (títere), croûte *f* (cuadro malo), navet (libro, película).
mamela f POP. Pot-de-vin *m*.
mam|ífero, a adj/m Mammifère || **~ila** f Mamelle (de la hembra) | Téton *m* (del hombre) || **~ón, ona** adj/s Qui tète encore, au sein | Goulu, e (que mama demasiado) | — M. Nourrisson | *Amér.* Papayer (papayo), papaye *f* (papaya), anone *f* (chirimoya).
mamotreto m Gros bouquin.
mampar|a f Paravent *m* (biombo) | Porte capitonnée || **~o** m MAR. Cloison *f*.
mamporro m FAM. Coup, gnon.
mamposte|ar vt Maçonner || **~ría** f Maçonnerie.
mamut m ZOOL. Mammouth.
maná m Manne *f*.
manada f Troupeau *m* (rebaño) | Bande (bandada).
manager m Manager.
man|antial m Source *f* | — Adj De source || **~ar** vi Jaillir.
manatí m ZOOL. Lamantin.
manceb|a f Maîtresse, concubine || **~ía** f Maison close *o* de tolérance || **~o** m Jeune homme (joven) | Célibataire, garçon (soltero) | Commis, garçon (dependiente) | Préparateur (de farmacia).
mancera f Mancheron *m* (del arado).
mancill|a f FIG. Souillure, flétrissure || **~ar** vt Souiller, flétrir.
manco, a adj/s Manchot, e | — Adj FIG. Boiteux, euse | FIG. FAM. *No ser ~*, n'être pas mal.
mancom|ún (de) loc adv De concert, d'un commun accord || **~unar** vt Réunir, associer | Mettre en commun | Unir | DR. Rendre solidaires || **~unidad** f Union, association | Fédération (de provincias) | Copropriété (de una casa).
manch|a f Tache | FIG. Souillure, tache || **~ar** vt Tacher | Salir, tacher (ensuciar) | FIG. Souiller, tacher, salir, noircir || **~ego, a** adj/s De la Manche [province d'Espagne] | — M Fromage de la Manche || **~ón** m Grosse tache *f*.
mand|a f Don *m*, legs *m* (legado) | Offre, promesse || **~adero, a** s Commissionnaire | — M Chasseur, groom (botones) || **~ado** m Commission *f*, course *f* (recado) | Ordre (orden) | Mandat (encargo) || **~amás** m FAM. Grand manitou | Ponte | Chef de file (jefe) || **~amiento** m Commandement | Ordre (orden) | Mandat (de arresto) | DR. Mandement || **~anga** f FAM. Flegme *m*, calme *m* | POP. Came, cocaïne || **~ante** m Mandant || **~ar** vt Ordonner, donner l'ordre de (ordenar) | Commander (dirigir) | Envoyer (enviar) | Léguer (por testamento) | Vouloir (querer) | *~ hacer*, faire faire | *~ por*, envoyer chercher | — Vi Commander | *¡Mande!*, à vos ordres! (¿qué desea?), pardon (en América) | — Vp *Amér.* Vouloir (servirse), s'en aller (irse) || **~arina** f Mandarine || **~atario** m Mandataire | *Amér.* Chef, président || **~ato** m Ordre, commandement (orden) | Mandat (procuración, soberanía, cometido) | DR. *~ judicial*, exploit.
mandíbula f Mâchoire, mandibule | Maxille *m* (de insectos, etc) | FAM. *Reír a ~ batiente*, rire à gorge déployée.
mandil m Tablier (delantal).
mandioca f Manioc *m* (planta) | Tapioca *m* (fécula).
mand|o m Commandement | Cadre (jefe) | MEC. Commande *f* | — Pl Timonerie *fsing* (de barco), gouvernes

f (de avión) | ~ *a distancia,* télécommande | ~*s intermedios,* maîtrise || **~oble** m Coup d'épée porté à deux mains | FAM. Ramponneau, coup (golpe) || **~olina** f Mandoline || **~ón, ona** adj Autoritaire | — S Personne (*f*) autoritaire.

mandria adj/s Idiot, e | Poltron, onne (cobarde).

mandril m TECN. Mandrin || **~ado** m TECN. Alésage || **~adora** f Aléseuse (máquina) | Alésoir *m* (herramienta) || **~ar** vt Aléser.

manduca f FAM. Boustifaille, mangeaille || **~r** vt/i FAM. Bouffer, manger || **~toria** f FAM. Boustifaille.

manecilla f Aiguille (de reloj) | Fermoir *m* (de libro) | Manette (palanca).

manej|able adj Maniable || **~ar** vt/i Manier | Utiliser (utilizar) | Conduire (conducir) | FIG. Diriger, mener (dirigir), gérer (administrar), brasser (dinero) | *Amér.* Conduire (un coche) | — Vp Se déplacer tout seul | Se conduire (portarse) | Se débrouiller (arreglárselas) || **~o** m Maniement | Conduite *f* (de negocios), manège, manigances *fpl*, menées *fpl* (intriga) | *Amér.* Conduite *f* (de un coche).

manera f Manière, façon | — Pl Manières | *A ~ de,* en guise de | *A su ~ de ver,* à son avis | *De cualquier ~,* n'importe comment | *De mala ~,* très mal, de la belle manière | *De ninguna ~,* en aucune façon, pas du tout | *De otra ~,* autrement | *En gran ~,* beaucoup, largement | *No hay ~,* il n'y a pas moyen | *Sobre ~,* excessivement.

manezuela f Poignée.

mang|a f Manche (del vestido) | Tuyau *m* (de riego) | Trombe (tromba) | Fusée de l'essieu (de carruaje) | Filtre *m* | Manche, bouche (de aire) | Largeur (anchura de un buque) | — Pl Bénéfices *m*, profits *m* | *Ésas son otras ~s,* ça c'est une autre histoire *o* une autre affaire | *Estar en ~s de camisa,* être en bras de chemise | FAM. *Hacer ~s y capirotes de,* faire bon marché de | *~ de jamón,* manche à gigot | MIN. *~ de ventilación,* gaine d'aération | FIG. *Ser de ~ ancha* ou *tener ~ ancha,* avoir les idées larges, être coulant || **~anato** m Manganate || **~aneso** m Manganèse || **~ante** adj/s FAM. Voleur, euse || **~ar** vt FAM. Chiper, chaparder || **~o** m Manche | Queue *f* (de la sartén) | Manette *f*, poignée *f* (puño) | BOT. Manguier (árbol), mangue *f* (fruta) || **~onear** vi FAM. S'occuper de tout (dirigir), commander (mandar), se mêler de tout (entremeterse) || **~oneo** m Direction *f*, commandement.

mangu|era f Tuyau (*m*) d'arrosage | Manche (ventilador, de bomba) | Trombe || **~eta** f Guideau *m* || **~illa** f Épuisette (red) || **~ito** m Manchon | Gant (guante) | Manchette *f* (para proteger las mangas) | MEC. Manchon, fourreau.

maní m BOT. Arachide *f*, cacahouète *f*.

man|ía f Manie | FAM. *Tenerle ~ a uno,* avoir pris qqn en grippe || **~iaco, a** o **~iático, a** adj/s Maniaque.

maniatar vt Lier les mains.

manicomio m Asile d'aliénés.

manicuro, a s Manucure | *Hacerse la ~,* se faire les ongles.

manido, a adj Faisandé, e (carne) | FIG. Rebattu, e; banal, e.

manifest|ación f Manifestation | Déclaration | Démonstration || **~ante** s Manifestant, e || **~ar*** vt Manifester | Montrer, témoigner (demostrar) | Faire savoir, déclarer (declarar) | — Vi Manifester.

manifiesto, a adj/m Manifeste | *Poner de ~,* mettre en évidence.

manigua f o **manigual** m *Amér.* Maquis *m* (soto), forêt *f* (selva).

manija f Poignée | Entrave (maniota) | Manette (palanca).

Manila npr Manille.

mani|largo, a adj FIG. Qui a la main leste || **~lla** f Bracelet *m* (pulsera) | Aiguille (de reloj) | Poignée (de puerta o ventana) || **~llar** m Guidon (de bicicleta).

maniobra f Manœuvre || **~r** vt/i Manœuvrer.

maniota f Entrave.

manipul|ación f o **~ado** m Manipulation *f* | Manutention *f* (de mercancías) || **~ador, a** adj/s Manipulateur, trice; manutentionnaire || **~ar** vt Manipuler | Manutentionner (mercancías).

manípulo m Manipule.

maniquí m Mannequin | FIG. Pantin.

manir* vt Faisander | FIG. Tripoter (manosear).

manirroto, a adj/s Prodigue, gaspilleur, euse.

manito, a s *Amér.* Frère, sœur | Ami, e; mon vieux, ma vieille.

manitú m Manitou.

manivela f Manivelle.

manjar m Mets, plat | FIG. Récréation *f*, délassement (deleite), nourriture *f* (de dioses).

mano f Main | Patte de devant (de animal) | Pied *m* (de cerdo, etc) | FIG. Patte (destreza), bras *m* (persona que ejecuta algo), couche (capa de color) | Pilon *m* (mortero) | Aiguille (de reloj) | Volée (paliza) | Partie (de juego) | Priorité (de los coches) | IMPR. Main | *Amér.* V. MANITO |

FIG. *Abrir la ~*, se montrer plus tolérant | *A ~*, à portée de la main, sous la main; à la main | *A ~ alzada*, à main levée | *A ~ derecha*, à droite | *A ~s llenas*, à pleines mains | FIG. *Bajo ~*, en sous main | *Coger con las ~s en la masa*, prendre la main dans le sac (ladrón), prendre sur le fait (in fraganti) | *Cogidos de la ~*, la main dans la main | *Con las dos* ou *con ambas ~s*, à deux mains | *Cosido a ~*, cousu main | *Dar de ~*, laisser, abandonner | *Dar la ~*, donner la main (coger), serrer la main (estrechar) | *Dar la última ~ a*, mettre la dernière main à | *Dejar de la ~ algo*, laisser qqch. de côté | *De la ~ a la boca se pierde la sopa*, il y a loin de la coupe aux lèvres | *De ~ a ~*, de la main à la main | *De* ou *con ~ maestra*, de main de maître | *De segunda ~*, d'occasion | *De su propia ~*, de sa main | *Echar ~ de algo*, mettre la main sur qqch. | *Echar una ~*, donner un coup de main | *En ~s de*, entre les mains de | *Estar ~ sobre ~*, se tourner les pouces | *Golpe de ~*, coup de main | *Irse de las ~s*, glisser des mains, échapper | *Írsele a uno la ~*, avoir la main leste (pegar), avoir la main lourde (dar demasiado), forcer la note (exagerar) | *Llegar a las ~s*, parvenir (obrar en poder), en venir aux mains (pelearse) | *~ a ~*, corrida à laquelle ne participent que deux matadors; tête-à-tête (entrevista) | *~ de obra*, main-d'œuvre | *~ dura*, manière forte | *~s a la obra*, au travail, à l'œuvre | *¡ ~s arriba¡*, haut les mains! | *Meter ~ a*, faire main basse sur | *No estar ~ sobre ~*, faire œuvre de ses dix doigts | *Poner en ~s de*, confier | *Poner ~s a la obra*, mettre la main à la pâte | *Tener entre ~s*, avoir en main | *Tener las ~s largas*, avoir la main leste | *Tener ~ izquierda*, savoir s'y prendre | *Traerse entre ~s*, fabriquer, manigancer.

mano m Main *f* (naipes).

man|ojo m Botte *f* (haz) | FIG. Poignée *f* (puñado) | *A ~s*, à foison, en abondance | FIG. *~ de nervios*, paquet de nerfs ‖ **~ómetro** m Manomètre ‖ **~opla** f Gantelet *m* | Gant (*m*) de toilette | Moufle (guante) | Manicle (de los obreros) | Coup-de-poing *m* (arma contundente) ‖ **~orreductor** m Détendeur ‖ **~osear** vt Tripoter ‖ **~oseo** m Tripotage ‖ **~otada** f o **~otazo** m Tape *f* ‖ **~otear** vt Frapper de la main | — Vi Gesticuler ‖ **~salva (a)** loc adv Sans danger, sans risque.

mans|edumbre f Douceur, mansuétude ‖ **~ión** f Demeure ‖ **~o, a** adj Doux, douce | Paisible (apacible) | Domestique, dressé, e | Calme, tranquille | — M Sonnailler (de un rebaño) | TAUR. Bœuf conducteur.

mant|a f Couverture | FAM. Volée de coups (paliza) | FIG. *Liarse la ~ a la cabeza*, passer par-dessus tout | FAM. *Tirar de la ~*, découvrir le pot aux roses ‖ **~ear** vt Berner.

mantec|a f Graisse (grasa) | Saindoux *m* (del cerdo) | Beurre *m* (mantequilla, de cacao) | Crème du lait | FAM. Graisse (gordura) | *Untar ~*, beurrer ‖ **~ada** f Tartine de beurre | Petit gâteau (*m*) au beurre (bollo) ‖ **~ado** m Gâteau au saindoux (bollo) | Glace (*f*) à la vanille (helado) ‖ **~oso, a** adj Gras, grasse | Onctueux, euse (untuoso).

mantel m Nappe *f* ‖ **~ería** f Service (*m*) de table, linge (*m*) de table ‖ **~ete** m Mantelet (fortificación).

manten|edor m Tenant (en un torneo) | Animateur (de una fiesta) | Soutien (de familia) ‖ **~encia** f Maintien *m* | Soutien *m* (apoyo) | Entretien *m* (cuidado) | Subsistance ‖ **~er*** vt Nourrir (alimentar) | Entretenir | Maintenir (sostener) | FIG. Maintenir | Garder (guardar) | Tenir (a distancia, una conversación) | Soutenir (precios) | — Vp Se nourrir (alimentarse) | Vivre (vivir) | Se maintenir (permanecer) | Se tenir, rester (quedar) | Tenir ‖ **~imiento** m Subsistance *f* | Subsistance *f*, nourriture *f* (alimento) | Entretien (conservación) | Maintien (del orden, etc.) | Soutien (precios).

manteo m Berne *f* | Manteau (capa).

mantequ|ería f Crémerie (tienda) ‖ **~ero** m Beurrier ‖ **~illa** f Beurre *m* : *~ fresca*, beurre frais.

mant|illa f Mantille (tocado) | Lange *m* (de niño) | Housse (de caballo) | — Pl Langes *m*, maillot *msing* ‖ **~illo** m Terreau, humus (suelo) | Fumier fermenté (estiércol) ‖ **~o** m Mante *f*, cape *f* | Châle (chal) | Manteau (de chimenea, de ceremonia) | FIG. Manteau | FIG. *Coger bajo su ~*, prendre sous son aile ‖ **~ón** m Châle.

manu|al adj/m Manuel, elle ‖ **~brio** m Manivelle *f*.

Manuel, a nprmf Emmanuel, elle.

manuela f Fiacre *m*.

manufactur|a f Manufacture | Fabrication | Produit (*m*) manufacturé (producto) ‖ **~ar** vt Manufacturer ‖ **~ero, a** adj Manufacturier, ère.

manumitir m DR. Affranchir.

manuscrito, a adj/m Manuscrit, e.

manutención f Manutention (de mercancías) | Entretien *m* (mantenimiento).

manzan|a f Pomme (fruto) | Pâté (*m*) de maisons (de casas) | Pommeau *m*

(de la espada) | *Amér.* Pomme d'Adam (nuez) || **~ar** m Pommeraie *f* || **~illa** f Manzanilla *m* (vino) | BOT. Camomille || **~o** m Pommier.
maña f Adresse, habileté | Astuce, ruse | Habitude (costumbre) | *Darse ~ para*, s'ingénier à, faire tout pour.
mañan|a f Matin *m* | Matinée : *¡hermosa ~!*, belle matinée! | *~ por la ~*, demain matin | *~ será otro día*, demain il fera jour | *Muy de ~*, de très bonne heure | — M Le lendemain, l'avenir | — Adv Demain | *Hasta ~*, à demain | *Pasado ~*, après-demain || **~ero, a** adj Matinal, e || **~ita** f Liseuse (prenda).
maño, a adj/s FAM. Aragonais, e.
mañoso, a adj Adroit, e; habile | FAM. Bricoleur, euse (apañado) | Malin, igne; astucieux, euse (astuto).
mapa m Carte *f* | FAM. *Desaparecer del ~*, disparaître de la circulation.
mapache m Raton laveur.
mapamundi m Mappemonde *f*.
maquearse vp FAM. Se saper.
maqueta f Maquette.
maquill|ado o **~aje** m Maquillage | *~ de fondo*, fond de teint || **~ar** vt Maquiller.
máquina f Machine | Appareil *m* (de fotografía) | Locomotive, machine (locomotora) | Bicyclette | Auto, voiture (coche) | *Escrito a ~*, tapé à la machine | *~ de afeitar*, rasoir | *~ de coser*, machine à coudre | *~herramienta*, machine-outil.
maquin|ación f Machination || **~al** adj Machinal, e || **~ar** vt Machiner, tramer || **~aria** f Machines *pl*, matériel *m* | Machinerie | Mécanique (funcionamiento) | FIG. Appareil *m* (aparato) || **~illa** f Petite machine | MAR. Guindeau *m* (guindaste) | *~ de afeitar*, rasoir || **~ismo** m Machinisme || **~ista** m Machiniste | Mécanicien (del tren).
mar m y f Mer *f* | *Alta ~*, haute mer, le large | FAM. *A ~es*, abondamment, à flots. *Arar en el ~* ou *echar agua en el ~*, porter de l'eau à la rivière *o* à la mer | *Hacerse a la ~*, prendre la mer | FAM. *La ~*, une foule, un tas, énormément. *La ~ de bien*, drôlement bien | *~ de fondo*, lame de fond; climat de tension.
marabú m Marabout (ave).
marabunta f Marabunta (hormiga).
maraña f Buisson *m*, broussaille (maleza) | FIG. Enchevêtrement *m* (confusión), affaire embrouillée (asunto), tissu *m* (de mentiras).
marasmo m Marasme.
maravill|a f Merveille | Surprise, étonnement *m* (asombro) | *A las mil ~s* ou *de ~*, à merveille || **~ar** vt Surprendre, étonner (sorprender) | Émerveiller (fascinar) || **~oso, a** adj Merveilleux, euse.
marbete m Étiquette *f*.
marc|a f Marque | Trace, marque (cicatriz) | Marquage *m* (acción) | Record *m* (deporte), performance (resultado) | FAM. *De ~ mayor*, de premier ordre (excelente), de belles dimensions (grande), de première, gratiné, e; énorme | *~ registrada*, marque déposée || **~adamente** adv Nettement || **~ado** m Mise (*f*) en plis || **~ador, a** adj/s Marqueur, euse | — M Tableau d'affichage (deportes) | Marquoir (para la ropa) | *de paso*, régulateur cardiaque || **~pasos** minv Régulateur cardiaque || **~ar** vt Marquer | Composer (un número de teléfono) | Faire une mise en plis (pelo) | MÚS. Battre (el compás) | — Vi/p Marquer.
marcial adj Martial, e.
marciano, a adj/s Martien, enne.
marco m Cadre | ARQ. Encadrement | FIG. Cadre | Mark (moneda).
marcha f Marche | Départ *m* (salida) | Fonctionnement *m* | *Dar ~ atrás*, faire marche arrière | *Sobre la ~*, en même temps | *Tirar sobre la ~*, tirer dans sa foulée (fútbol) || **~dor, a** s Marcheur, euse || **~mo** m Plomb | FIG. Marque *f*, cachet, empreinte *f* || **~nte, a** s Client, e || **~r** vi Marcher | — Vp S'en aller, partir (irse).
marchit|ar vt Faner, flétrir || **~o, a** adj Fané, e; flétri, e.
mare|a f Marée | FIG. Marée, flot *m* (gran cantidad) | *~ saliente, entrante*, marée descendante, montante || **~ar** vt MAR. Diriger, gouverner | Écœurer, faire mal au cœur (perfume) | Donner mal au cœur (dar náuseas) | FAM. Assommer, embêter (fastidiar), étourdir (aturdir) | — Vp Avoir mal au cœur | Avoir le mal de mer (en un barco) | Être étourdi, e (estar aturdido) || **~jada** f Houle, mer houleuse | FIG. Effervescence (agitación), vague (oleada), rumeur || **~magno** o **~ mágnum** m FAM. Nuée *f*, foule *f* (de personas), profusion *f* (de cosas) || **~moto** m Raz de marée || **~o** m Mal au cœur (náusea) | Mal de mer (en barco) | Vertige | FAM. Ennui.
marfil m Ivoire || **~eño, a** adj D'ivoire.
marg|a f Marne | Serge (tela) || **~al** m Marnière *f* || **~arina** f Margarine || **~arita** f Marguerite.
marg|en m Marge *f* | Bord (borde) | Apostille *f* | FIG. Marge *f*, facilité *f* | COM. Marge *f* | *Al ~*, en marge | *Dar ~*, donner l'occasion | *~ de beneficio*, marge bénéficiaire | *Por escaso ~*, de justesse | — F Marge, rive (de un río) || **~inado, a** adj/s

Marginal, e ‖ **~inador, a** adj/m IMPR. Margeur, euse ‖ **~inal** adj Marginal, e ‖ **~inar** vt Marger, laisser une marge | Marginer (anotar).
margoso, a adj Marneux, euse.
María nprf Marie.
marica f Pie (urraca) | — M FAM. Pédale *f*, tapette *f*.
Maricastaña nprf *En tiempos de ~*, du temps que la reine Berthe filait.
maricón m POP. Pédale *f*.
marid|aje m Ménage | FIG. Union *f*, mariage, harmonie *f* ‖ **~o** m Mari.
mari|macho m FAM. Femme (*f*) hommasse, virago *f* ‖ **~mandona** f Femme autoritaire, gendarme *m* (fam) ‖ **~morena** f FAM. Dispute, bagarre.
marin|a f Marine ‖ **~ar** vt Faire mariner ‖ **~era** f Vareuse | Marinière (blusa) ‖ **~ería** f Équipage *m* ‖ **~ero, a** adj Marin, e | Marinier, ère | — M Marin, matelot | — F *A la ~*, à la marinière; à la matelote ‖ **~o, a** adj/m Marin, e.
marioneta f Marionnette.
maripos|a f Papillon *m* | Veilleuse (lamparilla) | Papillon *m* (natación) | MÉC. Écrou (*m*) à oreilles ‖ **~ear** vi FIG. Papillonner ‖ **~ón** m FAM. Papillon (hombre).
mariquita f Coccinelle | — M FAM. Pédale *f*.
marisabidilla f FAM. Bas-bleu *m*.
mariscada f Plateau (*m*) de fruits de mer.
mariscal m Maréchal.
mar|isco m Coquillage | — Pl Fruits de mer ‖ **~isma** f Marais (*m*) au bord de la mer ‖ **~isquero, a** s Mareyeur, euse.
marital adj Marital, e.
marítimo, a adj Maritime.
maritornes f FAM. Maritorne (moza).
marketing m Marketing.
marmita f Marmite.
mármol m Marbre.
marm|olería f Marbrerie ‖ **~olillo** m FIG. Niais (tonto) | Taureau indolent ‖ **~olista** m Marbrier ‖ **~óreo, a** adj Marmoréen, enne.
marmota f ZOOL. Marmotte | FAM. Bonne (criada).
maroma f Grosse corde, câble *m* | MAR. Cordage *m*.
marqu|és m Marquis ‖ **~esa** f Marquise ‖ **~esado** m Marquisat ‖ **~esina** f ARQ. Marquise.
marquetería f Marqueterie.
marrajo, a adj Rusé (toro) | FIG. Roublard, e (malicioso) | — M Requin (tiburón).
marran|a f Truie | FAM. Cochonne (sucia) | TECN. Arbre *m* (de noria) ‖ **~ada** o **~ería** f FAM. Cochonnerie ‖ **~o** m Cochon.
marrar vt/i Manquer, rater.
marras (de) loc adv FAM. De jadis (de antes) | En question (de que se trata).
marro m Palet (juego de la chita).
marrón adj/m Marron (colorido).
marroqu|í adj/s Marocain, e ‖ **~ín** m Maroquin ‖ **~inería** f Maroquinerie | Maroquinage *m* (acción).
Marruecos nprm Maroc.
marrull|ería f Roublardise, ruse ‖ **~ero, a** adj/s Roublard, e; rusé, e.
Marsella npr Marseille.
marsellés, esa adj/s Marseillais, e | — F Marseillaise (himno).
mars|opa o **~opla** f ZOOL. Marsouin *m* ‖ **~upial** adj/m Marsupial, e.
marta f ZOOL. Marte, martre.
Marte npr Mars.
martes m Mardi | *El ~ pasado*, mardi dernier | *~ de Carnaval*, mardi gras.
martill|ar vt Marteler ‖ **~azo** m Coup de marteau ‖ **~ear** vt Marteler ‖ **~eo** m Martelage, martèlement | Pilonnage (bombardeo) | FIG. Martèlement ‖ **~o** m Marteau | *~ neumático*, marteau piqueur *o* pneumatique | *~ pilón*, marteau-pilon.
mart|ín pescador m ZOOL. Martin-pêcheur ‖ **~inete** m ZOOL. Héron | TECN. Martinet (martillo mecánico).
martingala f Martingale (juego, trabilla) | Truc *m*, artifice *m* (artimaña).
mártir adj/s Martyr, e.
martir|io m Martyre ‖ **~izar** vt Martyriser.
marxis|mo m Marxisme ‖ **~ta** adj/s Marxiste.
marzo m Mars.
mas m Mas (masada) | — Conj Mais.
más adv Plus | Davantage, plus : *no te digo ~*, je ne t'en dis pas davantage | Plus de, davantage de (delante de un sustantivo) | De plus (después de un sustantivo) | Encore : *quédate un poco ~*, reste encore un peu | Encore (otra vez) | FAM. Vraiment, tellement (muy) | *A cual ~*, à qui mieux mieux | *A lo ~*, (tout) au plus | *A ~*, en plus, en outre | *A ~ y mejor*, à qui mieux mieux | *Cada vez ~*, de plus en plus | *Como el que ~*, comme personne | *Cuando ~*, au plus, tout au plus | *De ~*, en trop, de trop | *El que ~ y el que menos*, tout un chacun | *Lo ~*, tout au plus | *Los ~ de*, la plupart de | *~ aún*, bien plus | *~ bien*, plutôt | *~ y ~*, de plus en plus | *No ~*, pas plus, pas davantage | *No ... ~*, ne ... plus | *Por ~ que*, avoir beau (con infinitivo), quoi que (con subjuntivo), malgré (con sustantivo) | *¿Qué ~?*, quoi d'autre, quoi encore? | *Quien ~ quien menos*, tout un chacun | *Sin ~ ni ~*, tout simplement | *Y lo que es ~*, et qui plus est | *Y ~*, et, et encore | — M Plus | *El ~ allá*, l'au-delà.

masa f Masse | Pâte (mezcla, del pan) | TECN. Masse | FIG. Totalité (conjunto), masse (pueblo, abundancia) | FIG. *En la ~ de la sangre,* dans la peau | *~ coral,* manécanterie.
masada f Mas *m,* métairie.
masaj|e m Massage | *Dar ~s,* masser || **~ista** s Masseur, euse.
masc|ada f Chique (de tabaco) || **~ar** vt Mâcher | Mâchonner (mascar mal) | Chiquer (tabaco).
máscara f Masque *m* | Loup *m* (antifaz) | — Pl Cavalcade (*sing*) de masques | Mascarade *sing.*
mascar|ada f Mascarade | Bal (*m*) masqué (baile) || **~illa** f Masque *m* (de belleza, de anestesia, mortuoria) || **~ón** m Mascaron | MAR. Figure (*f*) de proue.
mascota f Mascotte.
mascujar vt V. MASCULLAR.
masculin|idad f Masculinité || **~o, a** adj/m Masculin, e.
mascullar vt FAM. Marmotter.
masía f Ferme (en Cataluña).
masilla f Mastic *m.*
masivo, a adj Massif, ive.
mas|ón m Franc-maçon || **~onería** f Franc-maçonnerie.
masoquis|mo m Masochisme || **~ta** adj/s Masochiste.
masteler|illo m MAR. Cacatois | Mât (mástil pequeño) || **~o** m MAR. Perroquet | *~ mayor* ou *de gavia,* grand mât de hune.
mastic|ación f Mastication || **~ar** vt Mâcher, mastiquer | FIG. Réfléchir.
mástil m Mât (palo) | Perroquet (mastelero) | Manche (de guitarra).
mastín m Mâtin (perro).
mastodonte m Mastodonte.
mastoiditis f MED. Mastoïdite.
mastuerzo ajm/m FAM. Imbécile.
masturbación f Masturbation.
mata f Pied *m* (de una planta) | Touffe (de hierba, de cabello) | Plantation || **~cán** m Mâchicoulis (fortificación) || **~dero** m Abattoir | FAM. Corvée *f* (trabajo penoso) || **~do** m Oblitération *f* (de un sello) || **~dor, a** adj/s Tueur, euse (que mata) | Meurtrier, ère (asesino) | FAM. Tuant, e (cansado), assommant, e (pesado) | — M TAUR. Matador || **~dura** f Plaie produite par le bât || **~moros** m inv Matamore || **~moscas** adj inv Tue-mouches (papel) | — M inv Chasse-mouches || **~nza** f Meurtre *m* (asesinato) | Massacre *m,* tuerie (de muchas personas) | Abattage *m* (de animales) | Époque où se fait l'abattage des porcs | Charcuterie (productos del cerdo).
matar vt Tuer | Éteindre (apagar) | Abattre (animales) | Ternir (brillo) | Adoucir (suavizar) | FIG. Tuer; faire mourir (de miedo), assommer (molestar), ruiner, couler (arruinar) | *Estar a ~ con,* en vouloir à mort à | FIG. *Matarlas callando,* agir en douce | *~ un sello,* oblitérer un timbre | *¡Que me maten si ...!,* je veux bien être pendu si... ! | — Vp Se tuer.
mata|rife m Tueur *o* boucher d'abattoir || **~rratas** m inv Mort-aux-rats *f* | FAM. Tord-boyaux (aguardiente) || **~sanos** m inv FAM. Mauvais médecin, médicastre || **~sellos** m inv Oblitérateur | Tampon (marca) || **~siete** m FAM. Matamore, fanfaron.
mate adj Mat, e | — M Mat, échec au roi (ajedrez) | Smash (tenis) | *Amér.* Calebasse *f* (vasija), maté (bebida) | *Dar ~,* mater, faire mat.
matemático, a adj/f Mathématique | — S Mathématicien, enne.
materia f Matière | MED. Pus *m* | FIG. Sujet *m,* matière (tema), affaire (asunto) | *~ prima,* matière première || **~l** adj Matériel, elle | FIG. Matérialiste | — M Matériel (instrumentos) | Matériau (de construcción) | Cuir (cuero) | — Pl Matériaux | *~ de oficina, escolar,* fournitures de bureau, scolaires || **~lidad** f Matérialité || **~lismo** m Matérialisme || **~lista** adj/s Matérialiste || **~lización** f Matérialisation || **~lizar** vt Matérialiser.
matern|al adj Maternel, elle || **~idad** f Maternité || **~o, a** adj Maternel, elle.
matinal adj Matinal, e.
matiz m Nuance *f* || **~ar** vt Nuancer.
matojo m Buisson.
matón m FAM. Dur.
matorral m Buisson | Maquis, garrigue *f* (montebajo).
matraca f Crécelle | FAM. *Dar la ~* assommer, casser les pieds.
matraz m QUÍM. Ballon.
matrero, a adj Rusé, e; astucieux, euse | *Amér.* Vagabond, e.
matriarcado m Matriarcat.
matricid|a adj/s Matricide (asesino) || **~io** m Matricide (crimen).
matr|ícula f Matricule (lista) | Inscription (en la universidad) | Immatriculation (de un coche) | AUT. Plaque d'immatriculation (placa), numéro (*m*) minéralogique | *Con ~ de honor,* avec les félicitations du jury || **~iculación** f Inscription, immatriculation || **~icular** vt Immatriculer | Inscrire (en la universidad) | — Vp S'inscrire.
matrimoni|al adj Matrimonial, e || **~o** m Mariage (unión, sacramento) | Ménage (marido y mujer) | *Contraer ~ con,* se marier avec, épouser | *~ de conveniencia,* mariage de raison.

matr|iz f ANAT. MAT. TECN. Matrice | Écrou *m* (tuerca) | Souche, talon *m* (de un registro) | — Adjf FIG. Mère || **~ona** f Matrone | Sage-femme (partera).
matute m Contrebande *f*.
matutino, a adj Matinal, e; du matin (de la mañana).
maula f Rebut *m* | Coupon *m* (retal) | Ruse, tromperie (engaño) | — S FAM. Bon, bonne à rien | — M Mauvais payeur (mal pagador).
maull|ar vi Miauler || **~ido** m Miaulement.
mausoleo m Mausolée.
maxilar adj/m Maxillaire.
máxim|a f Maxime (sentencia) | Température maximale | — Adj V. MÁXIMO || **~e** adv Surtout || **~o, a** adj Le plus grand, la plus grande | Massif, ive | Maximal, e | — M Maximum | *Como ~*, au maximum, tout au plus || **~um** m Maximum.
may|a f Pâquerette | — Adj/s Maya || **~al** m AGR. Fléau.
mayo m Mai.
mayonesa f Mayonnaise
mayor adj Plus grand, e (comparativo) | Plus grand, e (superlativo seguido del subjuntivo en francés) | Majeur, e | Âgé, e (de edad) | Aîné, e (de más edad) | Grand, e (dignidades) | *Al por ~*, en gros (comercio) | *~ de edad*, majeur | *~ edad*, majorité | — M Major (oficial) | — S Aîné, e | — Pl Grands-parents (abuelos) | Ancêtres (antepasados) | *Los ~*, les grandes personnes || **~al** m Maître berger (pastor) | Contremaître (en una ganadería) || **~azgo** m Majorat | Fils aîné, héritier d'un majorat (heredero), aînesse *f* || **~cito** adj *Ser ya ~ para*, être assez grand pour || **~domía** f AVIAC. Traiteur *m* || **~domo** m Majordome, maître d'hôtel || **~ía** f Majorité || **~ista** m Marchand en gros, grossiste | — Adj En gros (comercio) || **~itario, a** adj Majoritaire || **~mente** adv Surtout.
mayúsculo, a adj/f Majuscule | — Adj FAM. Monumental, e; énorme.
maz|a f Massue (arma) | Masse (insignia) | MEC. Mouton *m* || **~acote** m FAM. Chose (*f*) lourde *o* mastoc || **~amorra** f *Amér.* Bouillie de maïs || **~apán** m Massepain || **~ar** vt Baratter || **~morra** f Cachot *m* || **~o** m Maillet, mailloche *f* | Paquet (manojo) | Mail (paseo) | FAM. Raseur (pelma) || **~orca** f Épi *m* (de maíz).
mazut m Mazout.
me pron pers Me, m' : *~ dice*, il me dit; *~ ha dicho*, il m'a dit | Moi : *dime*, dis-moi.
meadero m FAM. Urinoir, pissotière *f*.
meandro m Méandre.
mear vi/p POP. Uriner, pisser.
¡mecachis! interj FAM. Mince!, zut!
mec|ánica f Mécanique | Mécanisme *m* || **~ánico, a** adj Mécanique | — S Mécanicien, enne; mécano (fam) | — M Chauffeur (chófer) || **~anismo** m Mécanisme || **~anización** f Mécanisation | *~ contable*, mécanographie || **~anizado, a** adj TECN. Mécanographique | MIL. Motorisé, e | — M TECN. Usinage || **~anizar** vt Mécaniser | TECN. Usiner || **~anografía** f Dactylographie || **~anografiar** vt Dactylographier, écrire *o* taper à la machine || **~anógrafo, a** s Dactylographe | — F Dactylo (*fam*).
mecedor, a adj Berceur, euse | — M Escarpolette *f*, balançoire *f* | — F Rocking-chair *m*, fauteuil (*m*) à bascule.
mecen|as m inv Mécène || **~azgo** m Mécénat.
mecer vt Bercer | Balancer.
mech|a f Mèche | Lardon *m* (tocino) | FAM. *Aguantar ~*, tenir bon | POP. *A toda ~*, à toute vitesse || **~ar** vt Larder || **~ero** m Briquet (encendedor) | Bec (de lámpara) | Brûleur (de gas) || **~ón** m Mèche *f*.
medall|a f Médaille || **~ón** m Médaillon.
media f Bas *m* (para las piernas) | Moyenne (promedio) | Demie (media hora) | *Hacer ~*, tricoter | *Sacar una buena ~*, faire une bonne moyenne (coche) | — Mpl Media (medios de comunicación) || **~caña** f Gorge (moldura) | Moulure (listón) | TECN. Gouge (gubia) || **~ción** f Médiation | *Por ~ de*, par l'intermédiaire de || **~do, a** adj À moitié plein, e; à moitié vide | *A ~s de*, vers le milieu de || **~dor, a** adj/s Médiateur, tricc | Intermédiaire || **~na** f Médiane || **~nería** f Mur (*m*) mitoyen | Mitoyenneté || **~nero, a** adj Placé au milieu | Mitoyen, enne (pared) | — Adj/s Médiateur, trice | — M Voisin (vecino) | Métayer (aparcero) || **~nía** f Médiocrité | Moyenne (promedio) || **~no, a** adj Moyen, enne (medio) | Médiocre (regular) | Médian, e (línea) || **~noche** f Minuit *m* | FIG. Petit sandwich (*m*) au jambon || **~nte** prep. Moyennant | Grâce à || **~r** vi Être à moitié écoulé | Être au milieu de | Passer, s'écouler (transcurrir) | S'interposer, intervenir | Intercéder | *Mediado el mes*, vers le milieu du mois || **~tizar** vt Médiatiser || **~triz** f Médiatrice.
medic|ación f Médication || **~amento** m Médicament || **~ar** vt Donner des médicaments || **~astro** m Médicastre || **~ina** f Médecine (arte) | Médicament *m* | *~ de equipo, forense, interna, laboral*, médecine de

groupe, légale, générale, du travail ‖ **~inal** adj Médicinal, e ‖ **~inar** vt Administrer des remèdes | — Vp Prendre des médicaments.

medición f Mesure, mesurage *m*.

médico, a adj Médical | — M Médecin | *~ de cabecera,* médecin traitant | *~ forense,* médecin légiste | — F Doctoresse, femme médecin.

medid|a f Mesure | Taille (de traje) | *A la ~,* sur mesure | *A ~ de,* selon, conformément à | *A ~ que,* au fur et à mesure que ‖ **~or** m Mesureur | *Amér.* Compteur.

mediero, a s Métayer, ère.

medi|eval adj Médiéval, e ‖ **~evo** m Moyen Âge ‖ **~na** f Médina, quartier (*m*) maure ‖ **~o** m Milieu (centro, ambiente) | Moyen (procedimiento, posibilidad) | Demi (mitad) | Demi (deportes) | Mesure *f* (medida) | Médium (espiritismo) | — Pl Moyens | *De por ~,* au milieu | *En los ~s allegados a,* dans l'entourage de | *Estar corto de ~s,* être à court d'argent | *No hay ~,* il n'y a pas moyen | *Por ~ de,* au milieu de; au moyen de, grâce à (gracias a), par l'intermédiaire de | *Quitarse de en ~,* s'écarter; disparaître (irse) ‖ **~o, a** adj Demi, e | Demi *inv* (delante de un sustantivo) | Mi- : *a ~ pierna,* à mi-jambe | Moyen, enne (promedio) : *temperatura ~,* température moyenne | — Adv À demi, demi- *inv* | À moitié, à demi | *A medias,* à moitié ; de moitié ; demi- : *verdad ~,* demi-vérité | *A medio,* à moitié : *~ terminar,* à moitié fini ‖ **~ocre** adj Médiocre ‖ **~ocridad** f Médiocrité ‖ **~odía** m Midi ‖ **~oeval** adj Médiéval, e.

mediopensionista adj/s Demi-pensionnaire.

medir* vt Mesurer | — Vp Se mesurer | Se contenir (moderarse).

medit|abundo, a adj Pensif, ive ; méditatif, ive ‖ **~ación** f Méditation ‖ **~ar** vt/i Méditer ‖ **~ativo, a** adj Méditatif, ive.

mediterráneo, a adj Méditerranéen, enne.

Mediterráneo nprm Méditerranée *f* | FIG. *Descubrir el ~,* enfoncer une porte ouverte.

médium m Médium.

medr|ar vi FIG. Prospérer, faire fortune ‖ **~oso, a** adj/s Peureux, euse.

medula o **médula** f Moelle.

medular adj Médullaire.

medusa f ZOOL. Méduse.

Mefistófeles nprm Méphistophélès.

megaciclo m Mégacycle.

megafonía f Sonorisation.

megáfono m Mégaphone.

megalomanía f Mégalomanie, folie des grandeurs.

megatón m Mégatonne *f*.

mejicano, a adj/s Mexicain, e.

Méjico nprm Mexique (país) | Mexico (capital).

mejill|a f Joue ‖ **~ón** m Moule *f*.

mejor adj Meilleur, e | *Cada vez ~,* de mieux en mieux | *Es lo ~ que hay,* c'est ce qu'il y a de mieux | *Lo ~ del caso,* le plus beau de l'histoire | *Lo ~ posible,* le mieux possible, au mieux, pour le mieux ; de mon (ton, son) mieux | — Adv Mieux | Le *o* la mieux : *el libro ~ hecho,* le livre le mieux fait | Plutôt (más bien) | Tant mieux (tanto mejor) | *A cual ~,* à qui mieux mieux | *A lo ~,* peut-être, si cela se trouve (quizá) | *~ dicho,* pour mieux dire, ou plutôt | *~que ~,* tant mieux | — S Meilleur, e ‖ **~a** f Amélioration | Progrès *m*, amélioration (adelanto) | Augmentation (de sueldo) | Enchère (puja) | DR. Avantage *m* ‖ **~able** adj Améliorable ‖ **~amiento** m Amélioration *f* | Adoucissement ‖ **~ar** vt Améliorer | Faire du bien à (un enfermo) | Augmenter (aumentar) | Réformer (reformar) | Améliorer le sort de | Enchérir (pujar) | DR. Avantager | — Vi Aller mieux (estar mejor) | S'améliorer (tiempo) | Prospérer | Se remettre (prosperar de nuevo) ‖ **~ía** f Amélioration | Avantage *m*, supériorité (ventaja).

mejunje m Mixture *f*.

melanc|olía f Mélancolie ‖ **~ólico, a** adj/s Mélancolique.

mel|aza f Mélasse ‖ **~cocha** f Pâte de guimauve.

melée f Mêlée (rugby).

melen|a f Chevelure, cheveux (*mpl*) longs | Crinière (del león) | FAM. Crinière, toison ‖ **~udo, a** adj Chevelu, e.

melifluo, a adj Melliflu, e.

melindr|e m FIG. Minauderies *fpl*, manières *fpl* | *Andarse con ~s,* minauder, faire des chichis ‖ **~oso, a** adj/s Minaudier, ère (mujer) | Capricieux, euse (niño).

melocot|ón m Pêche *f* (fruto) | Pêcher (árbol) ‖ **~onero** m Pêcher (árbol).

mel|odía f Mélodie ‖ **~ódico, a** adj Mélodique ‖ **~odioso, a** adj Mélodieux, euse ‖ **~odrama** m Mélodrame ‖ **~odramático, a** adj Mélodramatique ‖ **~ómano, a** adj/s Mélomane.

mel|ón m Melon | FAM. Cornichon (imbécil) ‖ **~onada** f FAM. Ânerie, niaiserie ‖ **~onar** m Melonnière *f* ‖ **~onero** m Maraîcher qui cultive les melons | Marchand de melons.

melope|a f Mélopée | FAM. Cuite (borrachera) ‖ **~ya** f Mélopée.

melos|idad f Douceur ‖ **~o, a** adj Mielleux, euse; doucereux, euse.
mell|a o **~adura** f Brèche | Ébrèchement *m* (de la loza) | FIG. Dommage *m*, diminution | FAM. *Hacer mella*, faire impression (impresionar), entamer (menoscabar) ‖ **~ar** vt Ébrécher | FIG. Entamer, ternir | — Vp Perdre ses dents.
mellizo, a adj/s Jumeau, elle.
membran|a f Membrane ‖ **~oso, a** adj Membraneux, euse.
membrete m En-tête.
membrillo m BOT. Cognassier (árbol), coing (fruto).
membrudo, a adj Robuste.
memento m REL. Mémento.
mem|ez f Niaiserie, bêtise ‖ **~o, a** adj/s Sot, sotte; idiot, e; niais, e.
memor|able adj Mémorable ‖ **~ándum** o **~ando** m Mémorandum ‖ **~ia** f Mémoire (facultad) | Souvenir *m* (recuerdo) | Mémoire *m* (documento) | Rapport *m* (informe) | Bordereau *m* (factura) | Mémoire *m* (de ordenador) | — Pl Mémoires *m* (relación) | Compliments *m*, bon souvenir *msing* (recuerdos) | *De ~*, par cœur | *Hacer ~ de*, se souvenir de | *Irse de la ~*, sortir de la tête | *Si la ~ no me falla*, si j'ai bonne mémoire | *Traer a la ~*, rappeler | *Venir a la ~*, se souvenir de ‖ **~ial** m Mémorial | Requête *f* (petición) | Bulletin (boletín) ‖ **~ión** m Bonne mémoire *f* | Personne (*f*) qui apprend tout par cœur.
mena f Minerai *m*.
menaje m Mobilier (de una casa) | Matériel (de escuela) | Ménage (ajuar) | Batterie *f* (de cocina).
menci|ón f Mention ‖ **~onar** vt Mentionner, nommer | Signaler, faire remarquer (señalar).
menda (mi) loc POP. Ma pomme, bibi.
mendaz adj Menteur, euse (persona) | Mensonger, ère (cosa).
mend|icante adj/s REL. Mendiant, e ‖ **~icidad** f Mendicité ‖ **~igar** vt/i Mendier ‖ **~igo, a** adj/s Mendiant, e.
mendrugo m Croûton, morceau.
mene|ar vt Remuer | FIG. Diriger | FAM. *Peor es meneallo*, il vaut mieux ne pas aborder le sujet | — Vp S'agiter, bouger, remuer | FAM. Se remuer ‖ **~o** m Mouvement | Dandinement (contoneo) | Agitation *f* | FAM. Cahot (dificultad), volée *f* (vapuleo).
menester m Besoin, nécessité *f* (necesidad) | Occupation *f* | — Pl FAM. Outils, attirail *sing* (instrumentos) | *Haber ~ de algo*, avoir besoin de qqch. | *Ser ~*, falloir, être nécessaire ‖ **~oso, a** adj/s Nécessiteux, euse.
menestra f Sorte de ragoût (con carne) | Macédoine de légumes, jardinière (de verduras) | — Pl Légumes (*m*) secs ‖ **~l** m Ouvrier, artisan.
mengano, a s Un tel, Une telle | *Fulano y Mengano*, Un tel et Un tel.
mengu|a f Diminution | Manque *m* (falta) | FIG. Discrédit *m* | *En ~ de*, au détriment de ‖ **~ado, a** adj Limité, e | — M Point de diminution (punto) ‖ **~ante** adj Décroissant, e | — F Baisse (de un río) | Marée descendante (del mar) | Dernier quartier *m* (de la Luna) ‖ **~ar** vi Diminuer, tomber | Décroître (la Luna) | FIG. Baisser, décliner (persona), diminuer (punto) | — Vt Diminuer.
menhir m Menhir.
menina f Ménine.
mening|e f ANAT. Méninge ‖ **~itis** f MED. Méningite.
menisco m Ménisque.
Meno nprm Main.
menopausia f MED. Ménopause.
menor adj Plus petit, e (más pequeño) | Moindre (más mínimo) | MÚS. Mineur, e | *Al por ~*, au détail | *El ~*, le plus petit | *Por ~*, en détail (por extenso), au détail (venta) | — Adj/s Mineur, e (de edad) | *Hermano ~*, cadet, jeune frère | — Pl Les petits (en el colegio) | Classe (*fsing*) élémentaire (clase).
Menorca nprf Minorque.
menos adv Moins (comparación) | Moins de (delante de un sustantivo) : *hay ~ gente*, il y a moins de monde | De moins (después de un sustantivo) : *cien francos ~*, cent francs de moins | Le moins (superlativo) : *el alumno ~ inteligente*, l'élève le moins intelligent | *Cada vez ~*, de moins en moins | *Cuando ~*, (tout) au moins | *De ~*, en moins | *Echar de ~*, s'ennuyer de, regretter | *Lo ~*, au moins (por lo menos), le moins | *~ aun cuando*, d'autant moins que | *¡~ mal!*, heureusement! | *Ni mucho ~*, loin de là, tant s'en faut | *No ser por eso ~*, n'en être pas moins | *Por lo* ou *a lo ~*, au moins | *Ser lo de ~*, être ce qui compte le moins, ne pas avoir d'importance | *Si al ~* ou *por lo ~*, si seulement, si encore | *Tanto ~*, d'autant moins | *Tener en ~*, dédaigner, mépriser | *Venir a ~*, déchoir | — Prép Sauf, excepté | MAT. Moins | — M Moins ‖ **~cabar** vt Amoindrir, diminuer | Entamer (mermar) | FIG. Discréditer ‖ **~cabo** m Diminution *f*, amoindrissement | Dommage, dégât (daño) | FIG. Discrédit | *Con ~ de*, au détriment de ‖ **~preciable** adj Méprisable ‖ **~preciar** vt Mépriser | Dédaigner (desdeñar) | Minimiser, sous-estimer (infravalorar) ‖ **~pre-**

cio m Mépris : *con ~ de su vida,* au mépris de sa vie.
mensaj|e m Message ‖ **~ero, a** adj/s Messager, ère.
menstruación f o **menstruo** m Menstruation *f* | Menstrues *fpl.*
mensual adj Mensuel, elle ‖ **~idad** f Mensualité, mois *m* (salario) | Mensualité (renta).
ménsula f ARQ. Console | Support *m.*
mensur|able adj Mesurable ‖ **~ación** f Mensuration.
menta f BOT. Menthe.
ment|al adj Mental, e ‖ **~alidad** f Mentalité | Esprit *m* ‖ **~ar*** vt Mentionner, nommer ‖ **~e** f Esprit *m* | Propos *m,* intention (propósito) | *Tener en la ~,* avoir en tête (pensar en), envisager, avoir en vue (proyectar) | *Traer a la ~,* rappeler | *Venir a la ~,* traverser l'esprit.
mentecato, a adj/s Sot, sotte.
ment|idero m FAM. Potinière *f* ‖ **~ido, a** adj Mensonger, ère ‖ **~ir*** vi Mentir | Tromper, induire en erreur (equivocar) | *Miente más que habla,* il ment comme il respire ‖ **~ira** f Mensonge *m* | FAM. Albugo *m* (en las uñas) | *Decir ~ para sacar verdad,* plaider le faux pour savoir le vrai | *Parece ~,* c'est incroyable ‖ **~irijillas (de)** o **~irillas (de)** loc adv FAM. Pour rire ‖ **~iroso, a** adj/s Menteur, euse | — Adj FIG. Mensonger, ère ‖ **~ís** m Démenti.
mentol m Menthol ‖ **~ado, a** adj Mentholé, e.
mentón m Menton.
menú m Menu.
menud|ear vt Répéter, recommencer | Raconter minutieusement (contar) | — Vi Abonder, arriver souvent | Se multiplier ‖ **~encia** f Minutie (esmero) | Petitesse (pequeñez) | Bagatelle, bricole (fruslería) | Détail *m* ‖ **~eo** m Répétition (*f*) fréquente, fréquence *f* | *Venta al ~,* vente au détail ‖ **~illo** m Boulet | — Pl Abattis (de ave) ‖ **~o, a** adj Petit, e (pequeño) | Menu, e (delgado) | Minutieux, euse (exacto) | Sacré, e; drôle de! : *¡~trabajo!,* drôle de travail! | *A ~,* souvent | — Mpl Abats (de res), abattis (de ave) | Menue monnaie *fsing.*
meñique adj Petit | — M Petit doigt.
meollo m Cervelle *f* (seso) | Moelle *f* (médula) | FIG. Substance *f,* moelle *f*; jugement, cervelle *f* (juicio).
meón, ona s FAM. Pisseur, euse.
mequetrefe m FAM. Gringalet.
merc|achifle m FAM. Mercanti ‖ **~adear** vi Commercer ‖ **~adeo** m Marketing, commercialisation *f* ‖ **~ader** m Marchand ‖ **~adería** f Marchandise ‖ **~ado** m Marché | *Investigación de ~s,* étude de marché | *~ de cosas viejas,* marché aux puces ‖ **~adotecnia** f Marketing *m,* commercialisation ‖ **~ancía** f Marchandise ‖ **~ante** adj/s Marchand, e ‖ **~antil** adj Mercantile (codicioso) | Commercial, e ‖ **~antilismo** m Mercantilisme ‖ **~ar** vt Acheter.
merced f Grâce, faveur | Merci *m* (orden) | *A (la) merced de,* à la merci de | *~ a,* grâce à.
mercenario, a adj/s Mercenaire.
mercer|ía f Mercerie ‖ **~o, a** adj/s Mercier, ère.
mercurio m Mercure.
merec|edor, a adj/s Méritant, e ‖ **~er*** vt/i Mériter | Mériter de (con infinitivo) | Valoir, mériter : *~ la pena,* valoir la peine ‖ **~ido** m Dû | *Llevar su ~,* avoir son dû.
merend|ar* vi Goûter, prendre son goûter | — Vt Manger à son goûter | — Vp FAM. *~ algo,* ne faire qu'une bouchée d'une chose ‖ **~ero** m Guinguette *f* (con baile) | Buvette *f* ‖ **~ona** f Goûter (*m*) magnifique.
merengue m Meringue *f.*
meretriz f Prostituée.
mergo m Cormoran.
meridi|ano, a adj Méridien, enne | Éclatant, e (luz) | — M Méridien | — F Méridienne ‖ **~onal** adj/s Méridional, e.
merienda f Goûter *m* | Repas *m* (en excursiones) | FIG. *~ de negros,* foire, pagaille.
mérito m Mérite | *De ~,* de mérite (persona), méritoire (cosa) | *Hacer ~s,* faire du zèle.
meritorio, a adj Méritoire (cosa) | Méritant, e; de mérite (persona) | — M Stagiaire (empleado).
merluza f Colin *m,* merlu *m,* merluche | FAM. Cuite (borrachera).
merm|a f Diminution | Perte (pérdida) ‖ **~ar** vt/i Diminuer | Amenuiser (reducir) | FIG. Entamer.
mermelada f Confiture | Marmelade.
mero, a adj Simple, pur, e; seul, e | — M Mérou (pez).
merode|ador, a adj/s Maraudeur, euse ‖ **~ar** vi Marauder ‖ **~o** m Maraude *f,* maraudage.
mes m Mois | Mensualité *f,* mois (salario) | Règles *fpl* (menstruo).
mesa f Table | Bureau *m* (escritorio) | GEOGR. Plateau *m* (meseta) | Palier *m* (de escalera) | Bureau *m* (de asamblea) | *¡A la ~!,* à table! | *~ electoral,* bureau de vote | *~s de nido,* tables gigognes | *Poner la ~,* mettre la table *o* le couvert | *Quitar la ~,* desservir la table | *Sentarse en la ~,* se mettre à table | *Tener ~ franca,* tenir table ouverte.
mesana f MAR. Artimon *m.*
mesarse vp S'arracher [les cheveux].

mescal m *Amér.* V. MEZCAL.
mes|eta f GEOGR. Plateau *m* | Palier *m* (descansillo) || **~iánico, a** adj Messianique || **~ianismo** m Messianisme || **~ías** m Messie || **~illa** f Petite table | Palier *m* (descansillo) | *~ de noche,* table de nuit || **~nada** f Compagnie de gens d'armes, suite | FIG. Groupe *m,* troupe || **~ocarpio** m Mésocarpe || **~ón** m Auberge *f,* hôtellerie *f* || **~onero, a** s Hôtelier, ère; aubergiste | — Adj D'auberge.
mestizo, a adj/s Métis, isse.
mesur|a f Mesure, retenue, modération | Respect *m,* politesse (respeto) || **~ado, a** adj Mesuré, e; modéré, e; circonspect, e || **~ar** vt Modérer | Mesurer.
meta f But *m,* objectif *m* | Réalisation (consecución) | DEP. Buts *mpl* (portería), ligne d'arrivée, arrivée (llegada) || **~bolismo** m Métabolisme || **~carpo** m Métacarpe || **~físico, a** adj/f Métaphysique | — S Métaphysicien, enne.
met|áfora f Métaphore || **~afórico, a** adj Métaphorique.
met|al m Métal | FIG. Timbre (de la voz), genre (calidad) | *~ blanco,* maillechort || **~aldehído** m Métaldéhyde || **~álico, a** adj Métallique | — M Espèces *fpl* (dinero) || **~alífero, a** adj Métallifère || **~alización** f Métallisation || **~alizar** vt Métalliser || **~aloide** m Métalloïde || **~alurgia** f Métallurgie || **~alúrgico, a** adj Métallurgique | — M Métallurgiste, métallo (fam) || **~alurgista** m Métallurgiste.
metamorf|ismo m Métamorphisme || **~osear** vt Métamorphoser || **~osis** f Métamorphose.
metamórfosis f Métamorphose.
metano m Méthane.
metatarso m Métatarse.
metedor m Lange, couche *f.*
metempsicosis f Métempsycose.
meteor|ismo m Météorisme || **~ito** m Météorite *f,* aérolithe || **~o** m Météore || **~ología** f Météorologie || **~ológico, a** adj Météorologique.
meter vt Mettre (poner) | Passer en contrebande *o* en fraude | FIG. Faire entrer (en un negocio) | FAM. Fourrer, mettre (implicar) | Faire (causar) | Rentrer (una costura) | Serrer (apretar) | Jouer, mettre (apostar) | Engager, mettre (introducir) | Passer (velocidad) | FAM. Flanquer, administrer (un golpe) | FAM. *A todo ~,* à toute vitesse | — Vp Se mettre | FIG. Se fourrer (introducirse), s'engager (penetrar) | Se faire, devenir (volverse) | *~ a,* se faire, devenir (con sustantivo), se mettre à (con verbo) | *~ con,* embêter, taquiner (molestar), attaquer | *~ en,* se jeter dans, plonger dans (vicios), s'engager dans (negocio), entrer dans (explicaciones), se mêler de (ocuparse), aller à (ir).
meticulos|idad f Méticulosité || **~o, a** adj Méticuleux, euse.
metido m Coup (golpe) | Rentré (en costura) | FAM. Sortie *f* (reprensión).
metileno m QUÍM. Méthylène.
metódico, a adj Méthodique.
metodista adj/s Méthodiste.
método m Méthode *f.*
metomentodo s FAM. Touche-à-tout.
metraje m Métrage : *corto, largo ~,* court, long métrage.
metrall|a f Mitraille || **~eta** f Mitraillette.
métrico, a adj/f Métrique.
metro m Mètre (medida) | Métro (transporte) | — Pl Métrage *sing* (de tela) || **~logía** f Métrologie.
metrónomo m Métronome.
metrópoli f Métropole.
metropolitano, a adj/m Métropolitain, e.
mexicano, a adj/s Mexicain, e.
México nprm Mexique (país) | México (ciudad).
mezcal m *Amér.* Mescal (aguardiente) | Agave (pita).
mez|cla f Mélange *m* | Mortier *m* (argamasa) || **~clador, a** s Mélangeur, euse | — F Mélangeur *m* || **~clar** vt Mêler (*con,* à), mélanger (*con,* avec) || **~colanza** f Mélange *m* | FAM. Méli-mélo *m,* bric-à-brac *m* (batiburrillo) | Mixture (de líquidos).
mezquin|dad f Mesquinerie || **~o, a** adj Mesquin, e.
mezquita f Mosquée.
mi m MÚS. Mi.
mi adj pos Mon *m,* ma *f* | — Pl Mes.
mí pron pers Moi [avec une préposition] : *para ~,* pour moi.
miaja f Miette.
miasma m Miasme.
mica f MIN. Mica *m.*
Micaela nprf Michèle.
mico m Singe (mono) | FAM. *Ser el último ~,* être la cinquième roue du carrosse.
micra f Micron *m.*
micro|bio m Microbe || **~bús** m Microbus (autobús) || **~film** m Microfilm.
micró|fono m Microphone, micro (fam) || **~n** m Micron.
micro|scópico, a adj Microscopique || **~scopio** m Microscope || **~surco** adjm/m Microsillon | **~teléfono** m Combiné.
mied|itis f FAM. Frousse || **~o** m Peur *f* : *tener ~ a,* avoir peur de | *De ~,* du tonnerre, formidable | *Por ~ a,* de peur de | *Que da* ou *mete ~,* à faire peur || **~oso, a** adj/s Peureux, euse.

miel f Miel *m* | FAM. ~ *sobre hojuelas,* encore mieux ‖ **~ga** f BOT. Luzerne ‖ **~ina** f Myéline ‖ **~itis** f Myélite.
miembro m Membre | — Pl Membres, membrure *fsing* (cuerpo).
miente f (Ant.) Esprit *m*, pensée | *Traer a las ~s,* rappeler.
mientras adv/conj Pendant que, tandis que | Tant que : ~ *viva, no lo olvidaré,* tant que je vivrai, je ne l'oublierai pas | ~ *más,* plus | ~ *que,* tandis que | ~ *tanto,* pendant ce temps.
miércoles m Mercredi : *el ~ que viene,* mercredi prochain.
mierda f POP. Merde.
mies f Moisson.
miga f Miette | Mie (parte blanda del pan) | FAM. Substance, moelle | — Pl Pain (*msing*) réduit en miettes imbibé de lait et frit | FIG. *Hacer buenas ~s,* faire bon ménage | *Hacer ~s,* émietter (el pan), réduire en miettes (hacer trizas), lessiver (cansar) | FIG. *Tener mucha ~,* être plein d'intérêt ‖ **~ja** f Miette.
migra|ción f Migration ‖ **~torio, a** adj Migrateur, trice (ave) | Migratoire.
Miguel nprm Michel.
mijo m BOT. Millet, mil.
mil adj Mille | Mil (en las fechas) | — M Mille (signo) | — Pl Milliers.
milagro m Miracle ‖ **~so, a** adj Miraculeux, euse.
milamores f inv Mâche (planta).
milanés, esa adj/s Milanais, e.
milano m ZOOL. Milan.
mildeu o **mildiu** m Mildiou.
mil|enario, a adj/m Millénaire ‖ **~enio** m Millénaire ‖ **~enrama** f BOT. Mille-feuille ‖ **~ésimo, a** adj/m Millième | — F Millième *m* ‖ **~hojas** m inv Mille-feuille (pastel).
mili f FAM. Service (*m*) militaire, régiment *m* ‖ **~ar** adj Milliaire ‖ **~cia** f Milice (tropa) | Service (*m*) militaire | Carrière militaire (profesión) ‖ **~ciano, a** adj De la milice | — S Milicien, enne.
mil|igramo m Milligramme ‖ **~ímetro** m Millimètre.
milit|ante adj/s Militant, e ‖ **~ar** adj/m Militaire | — Vi Servir dans l'armée | FIG. Militer ‖ **~arismo** m Militarisme ‖ **~arista** adj/s Militariste ‖ **~arización** f Militarisation ‖ **~arizar** vt Militariser | Réquisitionner (huelguistas) ‖ **~arote** m FAM. Militaire, culotte (*f*) de peau.
milpiés m inv Cloporte.
mill|a f Mille *m* (medida itineraria) | Mile (medida inglesa) ‖ **~ar** m Millier | Mille | — Pl Milliers (gran cantidad) : *a ~,* par milliers ‖ **~ón** m Million | *A millones,* par millions | *Mil millones,* un milliard ‖ **~onada** f FIG. Petite fortune ‖ **~onario, a** adj/s Millionnaire ‖ **~onésimo, a** adj/s Millionième.
mimar vt Dorloter, cajoler | Gâter (un niño) | Pourrir (mimar con exceso) | Mimer (teatro).
mimbre m o f Osier *m* | Baguette (*f*) d'osier (varita) ‖ **~ra** f Osier *m* (arbusto) | Oseraie (mimbreral) ‖ **~ral** m Oseraie *f*.
mimetismo m Mimétisme.
mímico, a adj/f Mimique.
mim|o m Mime (teatro) | Câlinerie *f*, cajolerie *f* (cariño) | Gâterie *f* (con los niños) ‖ **~osa** f BOT. Mimosa *m* ‖ **~oso, a** adj Minaudier, ère (melindroso) | Câlin, e (afectuoso) | Gâté, e (mimado) | Délicat, e (delicado).
min|a f Mine ‖ **~ador, a** adj Mineur, euse | — M Sapeur-mineur (soldado) ‖ **~ar** vt Miner | FIG. Miner, ronger (consumir) ‖ **~arete** m Minaret ‖ **~eral** adj/m Minéral, e | — M Minerai ‖ **~eralizar** vt Minéraliser ‖ **~eralogía** f Minéralogie ‖ **~eralógico, a** adj Minéralogique ‖ **~ería** f Travail (*m*) des mines (laboreo) | Industrie minière (industria) | Mineurs *mpl* ‖ **~ero, a** adj Minier, ère | — M Mineur.
mingo m Bille (*f*) rouge (billar) | FIG. *Poner el ~,* se faire remarquer.
miniatur|a f Miniature ‖ **~ista** s Miniaturiste ‖ **~izar** vt Miniaturiser.
minifundio m Petite propriété *f*.
minimizar vt Minimiser.
mínim|o, a adj Minime, très petit, e | Minutieux, euse | Minimal, e | — M REL. Minime | Minimum | *El más ~,* le moindre | *Lo más ~,* le moins du monde ‖ **~um** m Minimum.
minino, a s FAM. Minet, ette (gato) | — Adj/s FAM. Petit, e.
minio m Minium.
ministeri|al adj Ministériel, elle ‖ **~o** m Ministère | ~ *de Asuntos* ou *Relaciones* (en América) *Exteriores, de Comunicaciones, de Educación Nacional y Ciencia, de Gobernación, de Hacienda,* ministère des Affaires étrangères, des P. T. T., de l'Éducation nationale, de l'Intérieur, des Finances.
ministril m Ménestrel (trovador).
ministro m Ministre.
minor|ía f Minorité | ~ *de edad,* minorité ‖ **~ista** m Détaillant (comerciante) | — Adj Au détail ‖ **~itario, a** adj Minoritaire.
minuci|a f Minutie | — Pl Petits détails *m* ‖ **~osidad** f Minutie ‖ **~oso, a** adj Minutieux, euse.
minué m Menuet.
minúsculo, a adj/f Minuscule.
minusválido, a adj/s Handicapé, e.

minut|a f Menu *m* (comida) | Minute (borrador, actas) | Bordereau *m* (factura) | Note (apunte) | Liste ‖ **~ar** vt Minuter (tiempo) ‖ **~ero** m Aiguille (*f*) des minutes | Minuterie *f* ‖ **~o** m Minute *f*.

mío, a pron pos Mien, mienne (con artículo) | À moi (sin artículo) | Mon *m*, ma *f*, mes *pl* (después del sustantivo) : *la casa ~,* ma maison | FIG. Mon cher, ma chère (querido) | FIG. *Esta es la ~,* c'est à moi de jouer | *Lo ~,* mes affaires | *Los ~s,* les miens | *Un amigo ~,* un de mes amis.

miocardio m ANAT. Myocarde.

miop|e adj/s Myope ‖ **~ía** f Myopie.

miosota f BOT. Myosotis *m*.

mir|a f Mire | Viseur *m*, mire (escopeta) | FIG. Intention, dessein *m* (intención), but *m* (objetivo), vue (opinión) | *Con ~s a,* en vue de, ayant pour but de ‖ **~ada** f Regard *m* | Yeux *mpl* (ojos) | Coup (*m*) d'œil (ojeada) | Œillade (guiño) | *Seguir con la ~,* suivre des yeux ‖ **~ado, a** adj Circonspect, e; réservé, e (receloso) | Vu, e (considerado) | Soigneux, euse (cuidadoso) ‖ **~ador** m Mirador ‖ **~amiento** m Regard | Prudence *f*, circonspection *f* | — Pl Égards, ménagements ‖ **~ar** vt/i Regarder | FIG. Penser à, réfléchir à (reflexionar) | Regarder, voir (informarse) | Veiller (cuidar) | *Bien mirado todo* ou *mirándolo bien,* réflexion faite | *~ a,* penser à (interesarse), donner sur (dar a) | *~ de arriba abajo,* regarder de haut en bas | *~ de reojo,* regarder du coin de l'œil | *Mirarlo bien,* y regarder à deux fois | *~ por,* veiller sur, prendre soin de | *~ por encima,* jeter un coup d'œil | — Vp Se regarder ‖ **~íada** f Myriade ‖ **~ífico, a** adj Mirifique ‖ **~illa** f Judas *m*, œil *m* (en una puerta) | TECN. Fente de visée.

miriñaque m Crinoline *f* (de falda).

mirlo m Merle (ave).

mirón, ona adj/s Badaud, e; curieux, euse | — M Voyeur (malsano).

mirra f Myrrhe.

mirt|illo m Myrtille *f* ‖ **~o** m Myrte (arrayán).

misa f Messe | *Ayudar a ~,* servir la messe | *Cantar ~,* dire sa première messe | *Decir ~,* dire la messe | *~ de difuntos,* messe des morts | *~ del gallo,* messe de minuit | *~ mayor* ou *cantada,* grand-messe | *~ rezada,* messe basse | FAM. *No saber de la ~ la media,* savoir trois fois rien ‖ **~l** m Missel.

mis|antropía f Misanthropie ‖ **~ántropo** adjm/m Misanthrope.

misc|elánea f Miscellanées *pl*, morceaux choisis *mpl* ‖ **~ible** adj Miscible.

miser|able adj/s Misérable | Avare, mesquin, e (tacaño) ‖ **~ia** f Misère | Avarice, mesquinerie (avaricia) | Vermine (piojos) ‖ **~icordia** f Miséricorde ‖ **~icordioso, a** adj/s Miséricordieux, euse.

mísero, a adj/s V. MISERABLE.

misil m Missile (cohete).

mis|ión f Mission ‖ **~ionero, a** adj/s Missionnaire ‖ **~iva** f Missive.

mismo, a adj Même | *Ahora ~,* à l'instant | *Así ~,* de la même façon (de la misma manera), aussi (también) | *El ~ director,* le directeur lui-même | *Él ~,* lui-même | *En el ~ suelo,* à même le sol | *Es lo ~,* c'est la même chose, c'est tout comme | *Eso viene a ser lo ~,* cela revient au même | *Lo ~,* la même chose | *Lo ~ que,* de même que | *Lo ~ da,* cela revient au même (es igual), ça m'est égal (igual me da) | *Mañana ~,* dès demain | *Por sí ~,* de soi-même, de lui-même | *Volver a las ~s,* retomber dans les mêmes erreurs | *Yo ~,* moi-même.

misógino, a adj/s Misogyne.

misterio m Mystère ‖ **~so, a** adj Mystérieux, euse.

misticismo m Mysticisme.

místico, a adj/s Mystique | — F Mystique (parte de la teología) | Littérature mystique (género literario).

mistific|ación f Mystification ‖ **~ar** vt Mystifier.

mistral m Mistral (viento).

mitad f Moitié | Milieu *m* (centro) | FAM. Moitié (esposa) | *A la ~ del camino,* à moitié chemin, à mi-chemin | *Partir por la ~,* couper o partager en deux (cortar), empoisonner (molestar) | — Adv Moitié, mi- : *~ hombre, ~ animal,* mi-homme, mi-animal.

mítico, a adj Mythique.

mitigar vt Mitiger | Calmer | Freiner, enrayer (parar) | Pallier (paliar).

mitin m Meeting.

mito m Mythe ‖ **~logía** f Mythologie.

mitómano, a adj/s Mythomane.

mitón m Mitaine *f* (guante).

mitra f Mitre.

mixomatosis f VET. Myxomatose.

mixt|o, a adj Mixte | — M Allumette *f* (fósforo) | Amorce *f* ‖ **~ura** f Mixture, mélange *m*.

mízcalo m Girolle *f* (seta).

mnemotécnico, a adj Mnémotechnique.

mobiliario, a adj Mobilier, ère | — M Mobilier, meubles *pl*.

moblaje m Ameublement, mobilier.

mocasín m Mocassin.

moce|ar vi FAM. Faire le jeune homme ‖ **~dad** f Jeunesse ‖ **~tón, ona** s Grand gaillard, belle fille.
moción f Motion (proposición) | Mouvement *m*.
mocito, a adj Tout jeune, très jeune | — S Tout jeune homme, toute jeune fille.
moco m Morve *f* | Mucosité *f* | Champignon (del pabilo) | Écoulement (de una vela) | Caroncule *f* (del pavo) | *Limpiar los ~s*, moucher | FAM. *Llorar a ~ tendido*, pleurer à chaudes larmes. *No es ~ de pavo*, ce n'est pas de la rigolade ‖ **~so, a** adj/s Morveux, euse | FIG. Insignifiant, e.
mochales adj inv POP. *Estar ~*, être toqué (loco). *Estar ~ por*, raffoler de, être éperdument amoureux de.
mochila f Havresac *m* (de soldado) | Sac (*m*) à dos (de excursionista).
mocho, a adj Émoussé, e (sin punta) | Écorné, e (sin cuernos) | Ébranché, e (sin ramas) | Étêté, e (mondado de copa) | FAM. Tondu, e (pelado).
mochuelo m ZOOL. Hibou | FAM. Corvée *f* | FIG. *Cada ~ a su olivo*, chacun à ses affaires | FAM. *Cargar con el ~*, avoir tout sur le dos.
moda f Mode | *Estar* ou *ser de ~*, être à la mode | *Fuera* ou *pasado de ~*, démodé, passé de mode.
modal adj Modal, e | — Mpl Manières *f* | *Tener malos ~*, manquer de formes, mal se conduire ‖ **~idad** f Modalité | Catégorie.
model|ado m Modelage | Modelé (de un rostro) ‖ **~ador, a** adj/s Modeleur, euse ‖ **~ar** vt Modeler ‖ **~ista** s Modeleur, euse | Modéliste (de costura) ‖ **~o** adj/s Modèle | Mannequin *m* (maniquí) | *~ publicitario*, cover-girl.
moder|ación f Modération ‖ **~ador, a** adj/s Modérateur, trice | — M TECN. Ralentisseur ‖ **~ar** vt Modérer.
modern|ismo m Modernisme ‖ **~ización** f Modernisation ‖ **~izar** vt Moderniser ‖ **~o, a** adj Moderne.
modest|ia f Modestie ‖ **~o, a** adj Modeste.
modicidad f Modicité.
módico, a adj Modique.
modific|able adj Modifiable ‖ **~ación** f Modification ‖ **~ador, a** adj/s Modificateur, trice ‖ **~ar** vt Modifier.
modismo m GRAM. Idiotisme.
modis|ta s Couturier, ère ‖ **~tilla** f Cousette, midinette (aprendiza de modista) ‖ **~to** m Couturier.
modo m Manière *f*, façon *f* | GRAM. MÚS. Mode | — Pl Manières *f* (modales) | *A ~ de*, en guise de, en manière de | *De ~ que*, de manière que, en sorte que | *De ningún ~*, en aucune façon | *De todos ~s*, de toute manière, de toute façon | *~ adverbial*, locution adverbiale | *~ de ver*, façon de voir, point de vue ‖ **~rra** f Sommeil (*m*) pesant (sueño pesado) | Engourdissement *m*, assoupissement *m* (sopor) | VET. Tournis *m* ‖ **~rrarse** vp Blettir ‖ **~rro, a** adj Blet, te ‖ **~so, a** adj Sage.
modul|ación f Modulation ‖ **~ar** vi/t Moduler.
módulo m Module | MÚS. Modulation *f* | *~ lunar*, module lunaire.
mof|a f Raillerie, moquerie | *Hacer ~ de*, se moquer de ‖ **~ar** vi Railler | — Vp Se moquer de.
mofeta f ZOOL. Mouffette.
moflet|e m FAM. Grosse joue *f* ‖ **~udo, a** adj Joufflu, e.
mogollón m FAM. Pagaille *f* (lío) | *De ~*, gratis, à l'œil.
mogote m Butte *f* (montículo) | Meule *f* (hacina) | Dague *f* (del ciervo).
moharra f Fer (*m*) de lance.
mohín m Grimace *f*, moue *f* ‖ **~o, a** adj Boudeur, euse; triste | Fâché, e (disgustado).
moho m Moisissure *f*, moisi (hongos) | Rouille *f* (del hierro) | Vert-de-gris (del cobre) | *Criar ~*, moisir ‖ **~so, a** adj Moisi, e | Rouillé, e (metal).
moisés m Moïse (cuna).
Moisés nprm Moïse.
moj|adura f Mouillure ‖ **~ama** f Thon (*m*) salé ‖ **~ar** vt Mouiller, tremper | Humecter (rociar) | FAM. Arroser (una victoria) | — Vi FIG. Avoir son mot à dire | — Vp Se mouiller.
moji|cón m FAM. Torgnole *f*, marron (golpe) ‖ **~ganga** f Mascarade | Farce (teatro) | FIG. Farce, moquerie.
mojigat|ería f Hypocrisie, tartuferie | Bigoterie (beatería) | Pruderie (virtud fingida) ‖ **~o, a** adj/s Hypocrite, tartufe | Bigot, e (beato) | Prude.
mojón m Borne *f* (hito) | Tas (montón) | Crotte *f* (excremento).
molar adj ANAT. Molaire | — M Molaire *f*.
mold|e m Moule | Aiguille *f* (en costura) | FIG. Modèle | IMPR. Forme *f* | *De ~*, à propos, à pic (oportuno), bien; d'imprimerie (letras) ‖ **~eado** m Moulage ‖ **~eador, a** adj/m Mouleur, euse ‖ **~eamiento** m Moulage ‖ **~ear** vt Mouler | Moulurer (moldurar) | FIG. Modeler ‖ **~ura** f Moulure ‖ **~urar** vt Moulurer.
mol|e f Masse ‖ **~écula** f Molécule ‖ **~ecular** adj Moléculaire.
mol|edor, a adj/s Broyeur, euse ‖ **~edura** f Mouture, broyage *m* | FIG.

Fatigue (cansancio) ‖ **~eño, a** adj/f Meulier, ère ‖ **~er*** vt Moudre | Broyer (machacar) | FIG. Éreinter, fatiguer (cansar) ‖ **~ero** m Meulier.

molest|ar vt Gêner, déranger (incomodar) | Ennuyer (fastidiar) | Offenser, blesser (ofender) | Gêner, faire mal (dañar) | — Vp Se déranger, se gêner | Prendre la peine (tomarse el trabajo) | Se vexer (picarse) | *No se moleste,* ne vous dérangez pas ‖ **~ia** f Ennui *m,* tracas *m* | Dérangement *m* (fastidio) | Inconvénient *m* | Gêne (incomodidad) | FIG. Peine (trabajo) | — Pl Indispositions (de salud) | *Si no es ~,* si cela ne vous gêne pas ‖ **~o, a** adj Ennuyeux, euse (fastidioso) | Désagréable (incómodo) | Embarrassant, e; gênant, e (que estorba) | Agaçant, e (irritante) | FIG. Ennuyé, e; fâché, e (enfadado), mal à l'aise (incómodo) | *Lo ~,* l'ennui ‖ **~oso, a** adj V. MOLESTO.

molet|a f Molette ‖ **~ear** vt Moleter.

molibdeno m Molybdène.

molicie f Mollesse.

mol|ido, a adj V. MOLER | FIG. Éreinté, e; rompu, e; vanné, e | En poudre (azúcar) ‖ **~ienda** f Broyage *m,* broiement *m* (trituración) | Mouture (del trigo) | FAM. Fatigue (cansancio), corvée (fastidio) ‖ **~iente** adj *Corriente y ~,* courant, ordinaire ‖ **~inería** f Meunerie, minoterie ‖ **~inero, a** adj/s Meunier, ère ‖ **~inete** m Moulinet | Ventilateur | MAR. Guindeau | Tourniquet (puerta) ‖ **~inillo** m Moulin : *~ de café,* moulin à café | Moulinet ‖ **~ino** m Moulin : *~ de viento,* moulin à vent.

molturación f Mouture (del trigo) | Broyage *m.*

molusco m ZOOL. Mollusque.

moll|ar adj Tendre | FIG. Lucratif, ive ‖ **~ate** m POP. Pinard ‖ **~eja** f Gésier *m* (de ave) | Ris *m* (de ternera, cordero) ‖ **~era** f ANAT. Sommet (*m*) de la tête | FIG. Cervelle, jugeote (seso) | FAM. *Cerrado de ~,* bouché | *Ser duro de ~,* avoir la tête dure ‖ **~ete** m Chair *f* (del brazo) | Joue *f* (moflete) | Pain mollet (bollo).

moment|áneo, a adj Momentané, e ‖ **~o** m Moment | Instant | FÍS. Moment | *A ~s* ou *por ~s,* par moments, parfois | *Del ~,* actuel | *De ~* ou *por el ~,* pour le moment, pour l'instant | *De un ~ a otro,* d'un moment à l'autre | *En aquel ~,* à ce moment-là | *En el ~ de,* au moment de | *En el ~ que,* dès lors que, du moment que | *En todo ~,* à chaque instant.

momi|a f Momie ‖ **~ficar** vt Momifier ‖ **~o** m Aubaine *f,* occasion *f* (ganga) | Surplus, supplément | FAM. *De ~,* à l'œil, gratis.

mona f Guenon (hembra del mono) | Macaque *m* (mono) | FIG. Singe *m* | FAM. Cuite (borrachera) | FAM. *Dormir la ~,* cuver son vin.

monacal adj Monacal, e.

Mónaco nprm Monaco.

monada f Gentillesse (amabilidad) | Jolie chose | Flatterie (halago) | Cajolerie (mimo) | — Pl Minauderies (melindres) | Singeries, pitreries (gestos) | *Ser una ~,* être mignon *o* joli.

monaguillo m Enfant de chœur.

mon|arca m Monarque ‖ **~arquía** f Monarchie ‖ **~árquico, a** adj Monarchique | — S Monarchiste ‖ **~arquismo** m Monarchisme ‖ **~asterio** m Monastère ‖ **~ástico, a** adj Monastique.

mond|a f Taille, émondage *m* (de árboles) | Épluchage *m* (de fruta) | Épluchure (desperdicios) | Nettoyage *m* (limpia) | POP. *Esto es la ~,* ça c'est le comble (es el colmo), c'est tordant (divertido) ‖ **~adientes** m inv Cure-dent ‖ **~adura** f V. MONDA ‖ **~ante** adj FAM. Crevant, e; tordant, e (divertido) ‖ **~ar** vt Nettoyer, débarrasser de (limpiar) | Monder (cebada, etc) | Tailler, émonder, élaguer (árboles) | Éplucher, peler (frutas, etc) | Curer (río) | Tondre (pelar) | FAM. Plumer (en el juego) | — Vp FAM. *~ de risa,* se tordre de rire ‖ **~o, a** adj Pur, e; net, nette | FAM. *~ y lirondo,* pur et simple.

mondongo m Boyaux *pl,* tripes *fpl.*

mone|da f Monnaie | Pièce de monnaie | *~ contante y sonante,* espèces sonnantes et trébuchantes | *~ imaginaria,* monnaie de compte | *~ suelta* o *fraccionaria,* appoint, petite monnaie | FIG. *Pagar a uno con la misma ~,* rendre à qqn la monnaie de sa pièce ‖ **~dero** m Monnayeur | Porte-monnaie | *~ falso,* faux-monnayeur ‖ **~gasco, a** adj/s Monégasque ‖ **~ría** f V. MONADA ‖ **~tario, a** adj Monétaire ‖ **~tizar** vt Monétiser | Monnayer.

mongol adj/s Mongol, e.

Mongolia nprf Mongolie.

mongólico, a adj/s Mongolien, enne.

mongolismo m MED. Mongolisme.

Mónica nprf Monique.

moni m FAM. Fric, galette *f,* argent.

moni|caco m FAM. Gringalet ‖ **~gote** m Polichinelle, pantin (muñeco) | Bonhomme (dibujo).

monín, ina o **monino, a** adj FAM. Mignon, onne.

monises mpl Fric *sing,* galette *fsing.*

monitor, a s Moniteur, trice | — M MAR. Monitor | TECN. Moniteur.

monj|a f Religieuse, nonne, bonne sœur (fam) ‖ **~e** m Moine.

mono, a adj FAM. Joli, e; mignon, onne | — M Singe (animal) | Jocker (en los naipes) | Gribouillage, bonhomme (monigote) | Salopette *f*, bleu (traje de trabajo) || FAM. *El último* ~, la cinquième roue du carrosse | ~ *capuchino*, sapajou | TAUR. ~ *sabio*, valet d'arène.

mono|bloque adj/m Monobloc || **~cromo, a** adj Monochrome.

monóculo m Monocle.

mono|cultivo m Monoculture *f* || **~gamia** f Monogamie.

monógamo, a adj/s Monogame | — Adj Monogamique.

mono|grafía f Monographie || **~grama** m Monogramme || **~lítico, a** adj Monolithique || **~lito** m Monolithe || **~logar** vi Monologuer.

monólogo m Monologue.

mono|manía f Idée fixe, marotte (fam) || **~mio** m MAT. Monôme || **~motor** adjm/m Monomoteur || **~patín** m Planche (*f*) à roulettes || **~plano** adjm/m Monoplan || **~plaza** adj/m Monoplace || **~polio** m Monopole || **~polización** f Monopolisation || **~polizar** vt Monopoliser || **~sabio** m TAUR. Valet d'arène || **~sílabo, a** adj/s Monosyllabe || **~teísmo** m REL. Monothéisme || **~tipia** f Monotype *m* (procedimiento) || **~tipo** m Monotype *f* (máquina) || **~tonía** f Monotonie.

monótono, a adj Monotone.

monseñor m Monseigneur.

monserga f FAM. Histoire, baliverne; barbe (tostón), sermon *m*.

monstruo adj/m Monstre || **~sidad** f Monstruosité || **~so, a** adj Monstrueux, euse.

mont|a f Monte (manera de montar) | Somme, montant *m*, total *m* (suma) | Valeur, importance || **~acargas** m inv Monte-charge || **~ado, a** adj Monté, e || **~ador, a** s Monteur, euse || **~aje** m Montage | Organisation *f* || **~anera** f Glandage *m* (sitio con bellotas) | *Derecho de* ~, glandée || **~ante** m Montant | Imposte *f* (carpintería) || **~aña** f Montagne | *Amér.* Maquis *m* (monte bajo) || **~añero, a** s Alpiniste || **~añés, esa** adj/s Montagnard, e | Habitant de la région de Santander || **~añismo** m Alpinisme || **~añoso, a** adj Montagneux, euse || **~ar** vi Monter (subir) | Monter (ir a caballo) | Avoir de l'importance | Se mettre (en cólera) | *Tanto monta*, c'est pareil, cela revient au même | — Vt Monter | Monter à, s'élever à (sumar) | Installer (instalar) | Armer (un arma) || **~araz** adj Sauvage || **~e** m Montagne *f* | Mont (aislado o con nombre) | Bois (bosque) | Banque *f* (juego) | Mont-de-piété | *Echarse* ou *hacerse al* ~, prendre le maquis | ~ *alto*, forêt, futaie | ~ *bajo*, taillis, maquis, garrigue | ~ *de Piedad*, mont-de-piété | ~ *pío*. V. MONTEPÍO | FIG. *No todo el* ~ *es orégano*, tout n'est pas rose || **~ea** f ARQ. Montée || **~ecillo** m Monticule, mamelon || **~epío** m Caisse (*f*) de secours | *Amér.* Mont-de-piété || **~era** f Bonnet *m* | Toque (de los toreros) | Verrière, toiture vitrée (tejado de cristales) || **~ería** f Vénerie | Chasse à courre (caza mayor) || **~erilla** m Maire d'un village || **~ero** m Veneur | Rabatteur (ojeador) || **~és, esa** adj Sauvage || **~ículo** m Monticule || **~illa** m Vin de Montilla || **~o** m Montant || **~ón** m Tas | FAM. Masse *f*, tas | *A montones*, à foison, en masse | *Del* ~, quelconque || **~onera** f *Amér.* Troupe de rebelles à cheval || **~onero** m *Amér.* Guérillero, franc-tireur || **~uoso, a** adj Montueux, euse || **~ura** f Monture | Harnais *m* (arreos) | Support *m*.

monument|al adj Monumental, e || **~o** m Monument | REL. Reposoir.

monzón m o f Mousson *f*.

moñ|a f Ruban *m* (lazo) | Chignon *m* (moño) | TAUR. Nœud (*m*) de rubans | FAM. Cuite (borrachera) || **~o** m Chignon (de pelo) | Nœud de rubans (lazo) | Huppe *f* (de pájaro) | — Pl Colifichets (adornos) | *Ponerse* ~*s*, se vanter (presumir), s'envoyer des fleurs (halagarse) || **~udo, a** adj Huppé, e.

moqu|ear vi Couler [le nez] || **~ero** m Mouchoir || **~eta** f Moquette || **~illo** m Rhume des chiens (catarro) | Pépie *f* (de las aves) | FAM. *Pasar el* ~, en voir de toutes les couleurs.

mor de (por) loc adv À cause de.

mora f BOT. Mûre | DR. Retard *m* (demora) || **~bito** m Marabout || **~da** f Maison, demeure (casa) | Séjour *m* (estancia) || **~do, a** adj/m Violet, ette | FAM. *Estar* ~, être noir (borracho). *Pasarlas moradas*, en voir de dures. *Ponerse* ~, s'empiffrer || **~dor, a** adj/s Habitant, e | Locataire (vecino de una casa).

moral adj Moral, e | — M Mûrier (árbol) | — F Morale (ética) : *dar una lección de* ~, faire la morale | Moral *m* (ánimo) : *levantar la* ~, remonter le moral || **~eja** f Moralité, morale || **~idad** f Moralité || **~ista** adj/s Moraliste || **~izador, a** adj/s Moralisateur, trice || **~izar** vt/i Moraliser.

morapio m POP. Rouge, pinard.

morar vi Habiter, demeurer.

moratorio, a adj Moratoire | — F Moratoire *m*, délai *m*.

mórbido, a adj Morbide.

morbo m Maladie *f* ‖ **~sidad** f Morbidité ‖ **~so, a** adj Malade (enfermo) | Morbide.
morcill|a f Boudin *m* ‖ **~ero, a** s Charcutier, ère.
mord|acidad f Mordacité, mordant *m* ‖ **~az** adj Mordant, e ‖ **~aza** f Bâillon *m* | TECN. Mâchoire ‖ **~edura** f Morsure ‖ **~er*** vt Mordre | Piquer, mordre (una serpiente, etc) ‖ **~ido, a** adj Mordu, e | — F Touche ‖ **~iente** adj/m Mordant, e ‖ **~iscar** o **~isquear** vt Mordiller ‖ **~isco** o **~iscón** m Morsure *f*, coup de dent | Morceau que l'on arrache d'un coup de dent (pedazo).
mor|eno, a adj/s Brun, e | Bronzé, e (por el sol) | Nègre, négresse (de raza negra) | — F Murène (pez) | Moraine (de un glaciar).
morera f BOT. Mûrier *m*.
morería f Quartier (*m*) maure, médina.
Morfeo nprm Morphée.
morfin|a f Morphine ‖ **~ómano, a** adj/s Morphinomane.
morfología f Morphologie.
moribundo, a adj/s Moribond, e.
moriger|ado, a adj Honnête, rangé, e; sage | Modéré, e ‖ **~ar** vt Modérer, régler.
morilla f Morille (seta).
morillo m Chenet.
morir* vi Mourir | *Haber muerto*, être mort | *Ser muerto*, être tué | — Vp Mourir | *~ de ganas de*, mourir d'envie de | *~ por*, aimer à la folie, être fou de.
morisco, a adj/s Mauresque, maure | Morisque (moro bautizado).
mor|isqueta f Grimace ‖ **~laco, a** adj/s Finaud, e; malin, igne | — M FAM. Taureau ‖ **~món, ona** s Mormon, e ‖ **~o, a** adj/s Maure, more | Mahométan, e | FIG. *Hay ~s en la costa*, c'est dangereux, attention! ‖ **~ocho, a** adj *Amér.* Brun, e ‖ **~ondo, a** adj Nu, e (árbol).
moros|idad f Retard *m* | Lenteur, paresse (pereza) | Inexactitude (poca puntualidad) | DR. Morosité ‖ **~o, a** adj En retard, retardataire | Lent, e; traînant, e (lento) | Paresseux, euse; nonchalant, e (perezoso) | Morose (que se detiene).
morr|al m Musette *f*, gibecière *f* | MIL. Havresac ‖ **~alla** f Fretin *m* | FIG. Menu fretin *m* (gente), fatras *m* (cosas) ‖ **~ena** f Moraine ‖ **~illo** m Cou, collier (de animal) | Moellon (mampostería) ‖ **~iña** f Mal (*m*) du pays, nostalgie | Abattement *m*, tristesse ‖ **~ión** m Morion (casco) ‖ **~o** m Tête *f* (parte redonda) | Crosse *f* (de pistola) | Colline *f* (colina) | Museau (hocico) | FAM. Lippe *f* (de persona) | Capot (de coche) | Nez (de avión) | — Pl Museau *sing* (de ternera) | FAM. *Estar de ~s*, bouder | POP. *Romper los ~s*, casser la figure ‖ **~ocotudo, a** adj FAM. Formidable (imponente), terrible, énorme (grande), magnifique ‖ **~ón** m FAM. Coup, gnon (golpe), chute *f* (caída) ‖ **~ongo, a** s FAM. Chat, chatte; matou *m* (gato).
morsa f ZOOL. Morse *m*.
morse m Morse (alphabet).
mortadela f Mortadelle.
mort|aja f Linceul *m* | TECN. Mortaise ‖ **~al** adj Mortel, elle | Certain, e; concluant, e (cierto) | FAM. Ennuyeux à mourir, mortel, elle | Périlleux, euse (salto) | — S Mortel, elle ‖ **~alidad** f Mortalité ‖ **~andad** f Mortalité ‖ **~ecino, a** adj FIG. Mourant, e (que se apaga), blafard, e (débil), éteint, e (apagado) ‖ **~erete** m Brique *f* ‖ **~ero** m Mortier ‖ **~ífero, a** adj Meurtrier, ère ‖ **~ificación** f Mortification ‖ **~ificar** vt Mortifier | Ennuyer, blesser (molestar) ‖ **~inato, a** adj/s Mort-né, e ‖ **~uorio, a** adj Mortuaire.
mor|ucho, a adj FAM. Brunet, ette ‖ **~ueco** m Bélier ‖ **~uno, a** adj/s Maure, mauresque.
Mosa nprm Meuse *f*.
mosaico, a adj Mosaïque (de Moisés) | — M Mosaïque *f* (baldosa).
mosca f Mouche (insecto, barba) | FAM. Fric *m* (dinero), poison *m* (persona molesta), ennui *m* (desazón) | — Pl Étincelles (chispas) | FAM. *Estar ~*, se méfier | FIG. *~ muerta*, sainte nitouche | FIG. *Por si las ~s*, au cas où | FAM. *Tener la ~ detrás de la oreja*, avoir la puce à l'oreille ‖ **~da** adjf Muscade ‖ **~rda** f Mouche à viande ‖ **~rdón** m Mouche (*f*) bleue (moscón) | Frelon (abejón) | FAM. Raseur, casse-pieds (pesado) ‖ **~rdoneo** m Bourdonnement ‖ **~reta** f Traquet *m* (pájaro).
moscatel adj/m Muscat.
moscón m Mouche (*f*) à viande, mouche (*f*) bleue | FAM. Raseur, casse-pieds (pesado).
moscovita adj/s Moscovite.
mosquearse vp FIG. Se piquer, prendre la mouche (enfadarse), soupçonner (sospechar).
mosquet|e m Mousquet ‖ **~ero** m Mousquetaire ‖ **~ón** m Mousqueton.
mosquit|a f Fauvette | FAM. *~ muerta*, sainte nitouche ‖ **~ero** m Moustiquaire *f* ‖ **~o** m Moustique | Moucheron (mosca pequeña).
mosta|cero m *ou* **~cera** f Moutardier *m* ‖ **~cilla** f Cendrée, plomb (*m*) de chasse ‖ **~cho** m Moustache *f* (bigote) ‖ **~chón** m Maca-

ron ‖ **~za** f Moutarde | Cendrée, plomb (*m*) de chasse.

mosto m Moût.

mostr|ador m Comptoir ‖ **~ar*** vt Montrer | — Vp Se montrer.

mostrenco, a adj DR. Vacant, e (bienes) | FAM. Lourdaud, e.

mot|a f Nœud *m* (en el paño) | Petite tache (mancha) | Léger défaut *m* (defecto) | Motte, monticule *m* | Poussière (en el ojo) ‖ **~e** m Sobriquet, surnom (apodo) ‖ **~eado** m Moucheture *f* ‖ **~ear** vt Moucheter, tacheter | Marqueter ‖ **~ejar** vt Traiter de, qualifier de ‖ **~el** m Motel ‖ **~ete** m MÚS. Motet.

motín m Émeute *f* | Mutinerie *f*, insurrection *f* (de tropas).

motiv|ación f Motivation ‖ **~ar** vt Donner lieu à, motiver ‖ **~o** m Motif | Raison *f*, cause *f*, motif (causa) | Motif (artes) | *Con este ~*, à cette occasion | *Con mayor ~*, à plus forte raison | *Con ~ de*, à l'occasion de | *Dar ~ a*, donner lieu à.

moto f Moto ‖ **~bomba** f Motopompe ‖ **~carro** m Triporteur à moteur ‖ **~cicleta** f Motocyclette ‖ **~ciclista** s Motocycliste ‖ **~cultivo** m Motoculture *f* ‖ **~nave** f Bateau (*m*) à moteur ‖ **~r, a** adj Moteur, trice | Mouvant, e | — M Moteur ‖ **~ra** f Canot (*m*) à moteur, vedette ‖ **~rista** s Motocycliste ‖ **~rización** f Motorisation ‖ **~rizar** vt Motoriser ‖ **~segadora** f Faucheuse mécanique ‖ **~volquete** m Basculeur.

motriz adjf/f Motrice.

mov|edizo, a adj Mouvant, e | FIG. Inconstant, e; changeant, e ‖ **~er*** vt Remuer, mouvoir | Remuer (el café, etc) | FIG. Pousser (incitar), provoquer, susciter (provocar), faire agir (hacer obrar), faire : *~ a risa*, faire rire | Déplacer (desplazar) | — Vp Bouger | Remuer | Se déplacer | FIG. Se remuer ‖ **~ido, a** adj Mû, e; poussé, e | FOT. Flou, e.

móvil adj Mobile | FIG. Mouvant, e | Roulant, e (ferrocarriles) | Fiscal (sello) | — M Mobile.

movil|idad f Mobilité ‖ **~ización** f Mobilisation ‖ **~izar** vt Mobiliser.

movimiento m Mouvement | Soulèvement, mouvement (revuelta) | FIG. Accès, crise *f* (ataque) | COM. *~ de existencias*, rotation des stocks.

moz|a f Jeune fille | Domestique, servante (criada) | Battoir *m* (para lavar) | Belle (juego) | *Buena ~*, belle femme, belle fille ‖ **~albete** m Jeune garçon ‖ **~árabe** adj/s Mozarabe ‖ **~o, a** adj Jeune | *En sus años ~s*, dans sa jeunesse | — S Jeune homme *m*, jeune fille *f* | Célibataire, garçon *m*, jeune fille *f* | — M Garçon (camarero) | Domestique (criado) | Porteur (de estación) | Valet (de cuadra) | Conscrit (soldado) | *~ de cordel* ou *de cuerda*, portefaix, commissionnaire | *~ de estoques*, valet du matador ‖ **~uelo, a** s Garçonnet *m*, garçon *m*, fillette *f*, jeune fille *f*.

muaré m Moire *f*.

mucamo, a s *Amér.* Domestique.

muc|osidad f Mucosité ‖ **~oso, a** adj/f Muqueux, euse.

muchach|ada f Marmaille (chiquillería) | Bande de garçons (pandilla) | Gaminerie (travesura) ‖ **~o, a** s Enfant (niño) | — M Domestique, garçon (criado) | Jeune homme, garçon (joven) | — F Bonne, domestique (criada) | Jeune fille (joven).

muchedumbre f Foule.

mucho, a adj Beaucoup de : *~ gente*, beaucoup de monde | Nombreux, euse (con *los*, *sus*, etc) : *sus ~s quehaceres*, ses nombreuses occupations | *Los ~s que*, tous ceux qui *o* que | *~s piensan que*, beaucoup pensent que | *Son ~s los que*, nombreux sont ceux qui | — Adv Beaucoup | Longtemps (largo tiempo) | *Con ~*, de beaucoup, de loin | *~ antes, después*, bien avant, plus tard | *~ mejor, peor*, bien meilleur, pire | *Ni con ~*, tant s'en faut, loin de là | *Ni ~ menos*, loin de là | *Por ~ que*, avoir beau, quoique : *por ~ que trabaje*, il a beau travailler | *Tener en ~*, tenir en grande estime.

mud|a f Linge (*m*) propre *o* de rechange (ropa) | Mue (de la voz, de los animales) | Déménagement *m* (mudanza) ‖ **~able** adj Changeant, e ‖ **~anza** f Changement *m* (cambio) | Déménagement *m* (cambio de domicilio) | Emménagement *m* (instalación) ‖ **~ar** vt/i Changer | Muer (un animal, la voz) | Muter (cambiar de destino) | Emménager (instalarse) | — Vp Se changer, changer de linge (de ropa) | Déménager (de domicilio).

mud|ez f Mutisme *m* ‖ **~o, a** adj/s Muet, ette.

mueble adj/m Meuble | — Pl Mobilier *sing*, meubles | *~s cama*, meubles-lits.

mueca f Grimace.

muela f Meule (piedra) | Molaire (diente molar) | Dent : *dolor de ~s*, mal aux dents | Butte (cerro elevado) | *~ cordal* ou *del juicio*, dent de sagesse | *~ picada*, dent gâtée.

muelle adj Doux, douce (suave) | Mou, molle (blando) | Moelleux, euse (cama, sillón, etc.) | Voluptueux, euse | — M MAR. Quai (andén), môle (malecón) | Ressort (resorte).

muérdago m BOT. Gui.

muermo m Morve *f* (del caballo) ‖ **~oso, a** adj Morveux, euse.

muert|e f Mort | Meurtre *m*, homicide *m* (homicidio) | TAUR. Mise à mort | *A ~*, à mort, à outrance | FAM. *De mala ~*, de rien du tout, minable | *Estar herido de ~*, être blessé à mort | *Hasta la ~*, à la vie et à la mort || **~o, a** adj/s Mort, e | FAM. Tué, e (matado) | FIG. Éteint, e; terne (color) | — M Mort (naipes) | FAM. *Cargar con el ~*, avoir tout sur le dos | *Estar más que ~*, être mort et enterré | FIG. *Hacer el ~*, faire la planche | *Tocar a ~*, sonner le glas | *Un ~ de hambre*, un crève-la-faim.
muesca f Mortaise, encoche | Entaille, marque (en el ganado).
muestr|a f Échantillon *m* | Montre (acción) | Prélèvement *m* : *sacar una ~*, faire un prélèvement | Spécimen *m* (de un libro) | Enseigne (de una tienda) | Exposition | FIG. Preuve (prueba), signe *m* (señal), témoignage *m* | *Dar ~s de*, faire preuve de | *Para ~ basta un botón*, un simple échantillon suffit || **~ario** m Échantillonnage || **~eo** m Échantillonnage.
mufla f TECN. Moufle *m*.
mug|ido m Mugissement, beuglement || **~ir** vi Mugir, beugler | FIG. Mugir (viento).
mugr|e f Crasse, saleté || **~iento, a** adj Crasseux, euse; sale.
muguete m BOT. MED. Muguet.
mujer f Femme | *~ de su casa*, femme d'intérieur || **~iego, a** adj Féminin, e | *A la ~* ou *a ~s*, en amazone | — M Coureur de jupons *o* de filles || **~il** adj Féminin, e | Efféminé, e (afeminado) || **~ío** m Femmes *fpl* || **~ona** f Matrone || **~zuela** f Femme légère.
mújol m Muge, mulet (pez).
mul|a f Mule (animal, calzado) | FIG. Brute, animal *m* (bruto), âne *m* (idiota) || **~adar** m Dépotoir (vertedero) | Fumier (estiércol) | Tas d'ordures (basura) || **~ar** adj Mulassier, ère || **~ato, a** adj/s Mulâtre, esse | FIG. Brun, e || **~ero, a** adj Muletier, ère (mular) | Mulassier, ère (relativo a la producción) | — M Muletier || **~eta** f Béquille | TAUR. « Muleta » | FIG. Appui *m* (sostén) || **~etero, a** adj/m Muletier, ère || **~etilla** f TAUR. « Muleta » | Bouton *m* (botón) | Canne (bastón) | FIG. Refrain *m* (estribillo) || **~etón** m Molleton (tela) || **~o** m Mulet | FAM. Âne, animal (idiota), mule *f* (testarudo), brute *f* (bruto).
mult|a f Amende | Contravention (para un coche) || **~ar** vt Condamner à une amende.
multi|color adj Multicolore || **~copiar** vt Polycopier || **~copista** f Machine à polycopier || **~lateral** adj Multilatéral, e || **~millonario, a** adj/s Multimillionnaire, milliardaire || **~nacional** adj/f Multinational, e.
múltiple adj Multiple.
multiplic|able adj Multipliable || **~ación** f Multiplication || **~ador, a** adj/m Multiplicateur, trice || **~ando** m Multiplicande || **~ar** vt Multiplier | *Tabla de ~*, table de multiplication || **~idad** f Multiplicité.
múltiplo, a adj/m MAT. Multiple.
multitud f Multitude.
mull|ido, a adj Moelleux, euse | Douillet, ette (blando y cómodo) || **~ir*** vt Battre (la lana) | AGR. Ameublir.
mund|anal adj Mondain, e || **~anería** f Mondanité || **~ano, a** adj Mondain, e || **~ial** adj Mondial, e | — M Championnat du monde || **~illo** m Monde (sociedad) || **~o** m Monde | Grande malle *f* (baúl) | FIG. *Correr ~*, courir le monde | *El gran ~*, le grand monde | FIG. *Irse al otro ~*, partir pour l'autre monde. *Medio ~*, beaucoup de monde. *Ponerse el ~ por montera*, jeter son bonnet par-dessus les moulins. *Tener ~*, avoir du monde. *Valer un ~*, coûter les yeux de la tête. *Ver ~*, voir du pays || **~ología** f Connaissance du monde, expérience | Savoir-vivre *m* (reglas mundanas).
munición f MIL. Munition | Plomb (*m*) de chasse (perdigones) | Charge d'une arme à feu (carga).
municip|al adj Municipal, e | — M Agent (guardia) || **~alidad** f Municipalité || **~io** m Municipalité *f* (término municipal) | Commune *f* (vecinos) | Conseil municipal | Hôtel de ville, mairie *f* (alcaldía).
mun|ificencia f Munificence || **~ífico, a** adj Munificent, e.
muniqués, esa adj/s Munichois, e.
muñec|a f Poignet *m* (del brazo) | Poupée (juguete) | Mannequin *m* (maniquí) | Tampon *m* (para barnizar) | *Amer*. Maquette || **~o** m Baigneur, poupée *f* (juguete) | Marionnette *f* (títere) | Bonhomme (dibujo, de nieve).
muñequilla f Tampon *m*.
muñón m Moignon | MIL. Tourillon.
mur|al adj Mural, e | — M Fresque *f*, peinture (*f*) murale || **~alla** f Muraille | — Pl Remparts *m*.
murciélago m ZOOL. Chauve-souris *f*.
murena f Murène (pez).
murga f Troupe de musiciens | FAM. *Dar la ~*, raser, barber, embêter. *¡Qué ~!*, quelle barbe! | — M FAM. Casse-pieds (persona molesta).
murm|ullo m Murmure | Bourdonnement (zumbido) || **~uración** f Médisance, critique || **~urador, a** adj/s Médisant, e || **~urante** adj Murmu-

rant, e | Médisant, e (maldiciente) || **~urar** vt/i Murmurer | FIG. Marmotter; marmonner (con hostilidad) | Médire (criticar).
muro m Mur | Muraille *f* | *~ de contención,* mur de soutènement.
murria f FAM. Cafard *m.*
musaraña f Musaraigne | FIG. Bestiole (animalejo) | FIG. *Mirar a* ou *pensar en las ~s,* bayer aux corneilles.
muscul|ar adj Musculaire || **~atura** f Musculature.
músculo m Muscle.
musculoso, a adj Musculeux, euse | Musclé, e (robusto).
muselina f Mousseline.
museo m Musée (de arte, etc) | Muséum (de historia natural).
musgaño m Mulot.
musgo m Mousse *f.*
música f Musique : *~ de cámara,* musique de chambre | FAM. *Irse con la ~ a otra parte,* plier bagage | FIG. *~ celestial,* du vent | FAM. *Venir con ~s,* raconter des histoires.
musical adj Musical, e | — M Comédie (f) musicale || **~idad** f Musicalité.
músico, a adj Musical, e | De musique | — M Musicien, enne.
musicó|grafo, a s Musicographe || **~logo, a** s Musicologue.
musitar vt/i Marmotter, susurrer.
muslo m Cuisse *f.*
musti|arse vp Se faner, se flétrir || **~o, a** adj Triste, morne | Fané, e; flétri, e (planta).
musulmán, ana adj/s Musulman, e.
mut|abilidad f Mutabilité || **~ación** f Changement *m,* mutation.
mutil|ación f Mutilation || **~ar** vt Mutiler.
mutis m TEATR. Sortie (*f*) de la scène | *Hacer ~,* se taire (callarse), s'en aller (irse), sortir de scène || **~mo** m Mutisme.
mutu|al adj/f Mutuel, elle || **~alidad** f Mutualité | Mutuelle || **~alista** adj/s Mutualiste || **~o, a** adj/s Mutuel, elle | Réciproque | — F Mutuelle.
muy adv Très | Fort (más ponderativo) | Bien, très | Tout (con adverbio de manera) | *Por ~ ... que,* avoir beau; tout ... que | *Ser ~ de,* être bien de.
my f Mu *m* (letra griega).

n

n f N *m* (letra) | X... (fulano).
nabo m BOT. Navet.
nácar m Nacre *f.*
nacar|ado, a adj Nacré, e | — Adj/m Nacarat || **~ar** vt Nacrer || **~ino, a** adj De nacre, nacré, e.
nac|er* vi Naître | Pousser, naître (vegetal) | Se lever (el día) | Prendre sa source, naître (río) | FIG. Naître, germer || **~ido, a** adj Né, e | *Recién ~,* nouveau-né | — S Personne née || **~iente** adj Naissant, e | — M Levant (oriente) || **~imiento** m Naissance *f* | Source *f* (río) | Crèche *f* (portal de Belén) | *De ~,* de naissance, né.
nación f Nation.
nacional adj National, e | — Mpl Ressortissants, nationaux || **~idad** f Nationalité || **~ismo** m Nationalisme || **~ista** adj/s Nationaliste || **~ización** f Nationalisation || **~izar** vt Nationaliser.
nada f Néant *m* | Rien *m* | — Pron Rien | Rien de (con adj) : *no hay ~ nuevo,* il n'y a rien de nouveau | — Adv Pas du tout | *Casi ~,* presque pas | *Como si ~,* comme si de rien n'était | *En ~ estuvo que,* il s'en fallut de peu que | *~ de,* rien de (con adj), pas du tout (con sustantivo) : *~ de paciencia,* pas de patience du tout | *¡~ de eso!,* pas question! | *~ de ~,* rien de rien, rien du tout | *~ más,* simplement | *~ más llegar,* à peine arrivé | *~ más y ~ menos,* un point, c'est tout | *No hay ~ de eso,* il n'en est rien | *No ser ~,* être une nullité | *Peor es ~,* c'est mieux que rien | *Tener en ~,* faire peu de cas de | *Y ~ más,* un point, c'est tout.
nad|ador, a adj/s Nageur, euse || **~ar** vi/t Nager | FIG. *~ en sudor,* être en sueur *o* en nage | FAM. *Saber ~ y guardar la ropa,* savoir nager, ménager la chèvre et le chou.
nad|ería f Bagatelle, rien *m,* bricole || **~ie** pron ind Personne : *~ más,* personne d'autre | — M Personne (*f*) insignifiante, nullité *f* | *Un don ~,* un rien-du-tout, un pas-grand-chose.
nado m Nage *f* : *a ~,* à la nage.

nafta f Naphte *m* | *Amér.* Essence (gasolina) ‖ **~lina** f Naphtaline.
naipe m Carte (*f*) à jouer.
naja f Naja *m* (serpiente).
najarse vp Pop. Ficher le camp.
nalga f Fesse.
nana f Nid (*m*) d'ange (traje de niño) | Fam. Mémé (abuela) | Berceuse (canción) | *Amér.* Nourrice.
nanquín m Nankin (tela).
nao f Nef (nave).
napa f Agneau (*m*) tanné (piel).
napias f pl Fam. Pif *msing*, blair *m sing* (narices).
Nápoles npr Naples.
naranj|a f Orange | Fig. *Media ~*, moitié (esposa), coupole (cúpula) | Fam. *¡ ~s!*, des nèfles! | — Adj/m Orange (color) ‖ **~ada** f Orangeade ‖ **~o** m Oranger.
narcis|ismo m Narcissisme ‖ **~ista** adj/s Narcissiste ‖ **~o** m Narcisse.
narcótico, a adj/m Narcotique.
nardo m Bot. Nard.
nar|igón, ona adj/s Qui a un grand nez, à long nez | — M Grand nez ‖ **~igudo, a** adj À grand nez ‖ **~iz** f Nez *m* | Narine (orificio nasal) | Naseau *m* (de los animales) | Fig. Odorat *m*, nez *m* (olfato), flair *m*, nez *m* (perspicacia) | — Pl Nez *msing* | Fig. Fam. *Caerse de narices*, piquer du nez. *Dar en las narices*, en mettre plein la vue. *En las mismas narices de*, au nez (et à la barbe) de. *Estar hasta las narices*, en avoir plein le dos | *Hablar con la ~*, parler du nez | Fam. *Hacer algo por narices*, faire qqch. parce qu'on en a envie. *Hinchar las narices*, taper sur les nerfs. *Meter las narices en*, mettre le nez dans | Pop. *¡Narices!*, des nèfles! *¡Ni qué narices!*, tu parles!, mon œil! | Fam. *Quedarse con dos palmos de narices*, se casser le nez. *Reírse en las narices de uno*, rire au nez de qqn | Pop. *Romper las narices*, casser la figure. *Romperse las narices*, se casser le nez (no encontrar a nadie), rester le bec dans l'eau | *Sangrar por las narices*, saigner du nez ‖ **~izota** f Fam. Grand nez *m*.
narr|ación f Narration, récit *m* ‖ **~ador, a** s Narrateur, trice ‖ **~ar** vt Raconter ‖ **~ativa** f Narration, récit *m* | Facilité pour raconter.
nártex m Arq. Narthex.
nasa f Nasse (pescado) | Casier *m* (crustáceos).
nasal adj/f Nasal, e ‖ **~ización** f Gram. Nasalisation | Nasillement *m* ‖ **~izar** vt Nasaliser | — Vi Parler du nez, nasiller.
nata f Crème fraîche | Crème (de la leche) | Fig. Crème | *La flor y ~*, le gratin | *~ batida*, crème fouettée.
natación f Natation (deporte) | Nage (acción).
natal adj Natal, e ‖ **~icio** m Naissance *f*, jour de la naissance | Anniversaire (cumpleaños) ‖ **~idad** f Natalité.
natatorio, a adj Natatoire.
natillas fpl Crème (*sing*) renversée.
nat|ividad f Nativité | Noël (Navidad) ‖ **~ivo, a** adj Natif, ive | Naturel, elle; inné, e | Maternel, elle (lengua) | D'origine : *profesor ~*, professeur d'origine | — S Natif, ive ‖ **~o, a** adj Né, e | Dr. De droit.
natural adj Naturel, elle | Originaire, natif, ive | — M Naturel, nature *f* | Ressortissant, natif, naturel (de un país) | Taur. Naturelle *f* | *Al ~*, au naturel | *Pintar del ~*, peindre d'après nature ‖ **~eza** f Nature | Naturel *m*, nature ‖ **~idad** f Naturel *m*, simplicité (sencillez) | Vérité (de un retrato) ‖ **~ismo** m Naturalisme | Naturisme (desnudismo) ‖ **~ista** adj/s Naturaliste | — Adj Méd. Naturel, elle ‖ **~ización** f Naturalisation ‖ **~izar** vt/p Naturaliser.
natur|ismo m Naturisme ‖ **~ista** adj/s Naturiste.
naufrag|ar vi Naufrager, faire naufrage | Fig. Échouer ‖ **~io** m Naufrage.
náufrago, a adj/s Naufragé, e.
náusea f Nausée.
nauseabundo, a adj Nauséabond, e.
náutico, a adj Nautique | — F Science nautique, navigation.
navaj|a f Couteau (*m*) de poche | Canif *m* (cortaplumas) | Couteau *m* (molusco) | Défense (del jabalí) | *~ de afeitar*, rasoir | *~ de muelle*, couteau à cran d'arrêt ‖ **~azo** m Coup de couteau.
naval adj Naval, e.
nave f Vaisseau *m*, nef (barco) | Arq. Nef | Hall *m* (en una fábrica) | Hangar *m* (cobertizo) | Vaisseau *m* (espacial) | *~ lateral*, bas-côté | Fig. *Quemar las ~s*, brûler ses vaisseaux, couper les ponts ‖ **~cilla** f Navette (para el incienso) | Nacelle (barca) ‖ **~gabilidad** f Navigabilité ‖ **~gación** f Navigation | *~ de altura*, navigation au long cours *o* hauturière ‖ **~gador, a** o **~gante** adj Navigant, e | — M Navigateur ‖ **~gar** vi Naviguer | — Vt Mar. Filer ‖ **~ta** f Petite nef (barco) | Navette (para incienso).
Navid|ad f Nativité | Noël *m* (fiesta) | — Pl Noël *msing* : *felicitar las ~*, souhaiter un bon Noël.
navideño, a adj De Noël.
nav|iero, a adj Naval, e | — M Armateur | — F Compagnie de navigation ‖ **~ío** m Navire, vaisseau.

náyade f Naïade (mitología, planta).
nazareno, a adj/s Nazaréen, enne | — M Pénitent.
nazi adj/s Nazi || **~smo** m Nazisme.
neblina f Brouillard *m*.
nebulos|idad f Nébulosité || **~o, a** adj/f Nébuleux, euse.
necedad f Sottise, niaiserie, bêtise.
neces|ario, a adj Nécessaire | *Lo ~*, le nécessaire | *Ser ~*, falloir, être nécessaire || **~er** m Nécessaire (estuche) || **~idad** f Nécessité | Besoin *m* | Faim, inanition (hambre) | *Tener ~ de*, avoir besoin de | *Verse en la ~ de*, se voir dans l'obligation de || **~itado, a** adj/s Nécessiteux, euse | — Adj Dans le besoin (pobre) | *Andar ~ de*, avoir besoin de, être à court de || **~itar** vt Nécessiter, requérir (exigir) | Avoir besoin de (dinero, ayuda) | Demander : *se necesitan mecanógrafas*, on demande des dactylographes | Falloir (ser necesario) | — Vi Avoir besoin de.
necio, a adj/s Sot, sotte; niais, e.
necr|ófago, a adj/s Nécrophage || **~ología** f Nécrologie || **~ológico, a** adj Nécrologique || **~ópolis** f Nécropole (cementerio).
néctar m Nectar.
nectarina f Nectarine, brugnon *m*.
neerlandés, esa adj/s Néerlandais, e.
nef|ando, a adj Abominable, infâme, odieux, euse || **~asto, a** adj Néfaste.
nefr|ítico, a adj MED. Néphrétique || **~itis** f MED. Néphrite.
neg|ación f Négation | Refus *m* (negativa) | FIG. Opposé *m*, négation || **~ado, a** adj FIG. Incapable (incapaz), bouché, e (estúpido) | — M FIG. Nullité *f* || **~ador, ora** adj/s Dénégateur, trice; négateur, trice || **~ar*** vt Nier | Démentir | Refuser (un permiso) | Renier (abandonar) | FIG. Refuser, ne pas accorder | — Vp Refuser de, se refuser à || **~ativa** f Refus *m* | Négation || **~ativo, a** adj/m Négatif, ive.
neglig|encia f Négligence || **~ente** adj/s Négligent, e.
negoci|ación f Négociation || **~ado** m Bureau, service || **~ador, a** s Négociateur, trice || **~ante** s Négociant, e | — M Homme d'affaires || **~ar** vt/i Négocier | Commercer, faire du commerce | Faire le commerce (*en*, de) || **~o** m Affaire *f* : *volumen de ~s*, chiffre d'affaires | Négoce (comercio) | Fonds de commerce, affaire *f* (casa comercial).
negr|ear vi Tirer sur le noir || **~ero** adjm/m Négrier || **~illa** o **~ita** f IMPR. Caractère (*m*) gras || **~o, a** adj/s Noir, e | FIG. Triste, sombre | — M FIG. Nègre (escritor mercenario) | FIG. *Estar ~ con*, être furieux après *o* à cause de | *Pasarlas negras* ou *verse ~*, en voir de toutes les couleurs. *Poner ~*, agacer (poner nervioso), agonir d'injures (insultar). *Ver todo ~*, voir tout en noir | — F MÚS. Noire | FAM. *Tener la ~*, avoir la poisse || **~oide** adj Négroïde || **~or** m o **~ura** f Noirceur *f* | Obscurité *f* || **~uzco, a** adj Noirâtre.
neguilla f Nigelle, nielle.
nene, a s Bébé *m* | Petit, e.
nenúfar m Nénuphar.
neófito, a s Néophyte.
neo|lítico, a adj/m Néolithique || **~logismo** m Néologisme.
neón m Néon (gas).
neoyorquino, a adj/s New-yorkais, e.
nepotismo m Népotisme.
nerv|adura f ARQ. Nervure, nerf *m* | BOT. Nervation || **~io** m Nerf | ARQ. BOT. Nervure *f* | *Estar hecho un manojo de ~s*, avoir les nerfs à vif. *Poner los ~s de punta* ou *atacar los ~s*, taper sur les nerfs | *Tener los ~s de punta*, avoir les nerfs en boule || **~iosidad** f Nervosité | Énervement *m* (irritación) || **~iosismo** m Nervosité *f* || **~ioso, a** adj/s Nerveux, euse | Énervé, e (irritado) | *Poner ~*, énerver.
nesga f Biais *m*, lé *m* (en un vestido) | Pointe (pieza triangular).
net m Let, net (tenis).
neto, a adj Net, nette | *En ~*, net.
neumático, a adj/f Pneumatique | — M Pneu, pneumatique (de rueda).
neumo|nía f MED. Pneumonie || **~tórax** m Pneumothorax.
neur|algia f MED. Névralgie || **~álgico, a** adj Névralgique || **~astenia** f MED. Neurasthénie || **~asténico, a** adj/s Neurasthénique || **~itis** f MED. Névrite || **~ología** f MED. Neurologie || **~ólogo, a** s Neurologue || **~ona** f Neurone *m* || **~osis** f MED. Névrose || **~ótico, a** adj/s Névrosé, e.
neutr|al adj Neutre || **~alidad** f Neutralité || **~alización** f Neutralisation || **~alizador, a** o **~alizante** adj/m Neutralisant, e || **~alizar** vt Neutraliser || **~o, a** adj Neutre || **~ón** m FÍS. Neutron.
nev|ada f Chute de neige || **~ado, a** adj Enneigé, e; couvert de neige | Neigeux, euse | — M *Amér.* Mont, montagne *f* || **~ar*** vimp Neiger || **~asca** f Chute de neige (nevada) | Tempête de neige (ventisca) || **~atilla** f Bergeronnette (ave) || **~era** f Glacière, réfrigérateur *m* || **~isca** f Légère chute de neige || **~oso, a** adj Neigeux, euse.
nexo m Lien, trait d'union (vínculo) | Rapport, liaison *f* (relación).
ni conj Ni | Ne... même pas : *~ me habla*, il ne me parle même pas | ~

que, même si (aun si), comme si | ~ *uno,* pas un | ~ *nada,* même pas (ni siquiera), rien (nada) | ~ *siquiera,* ne... même pas.
nicaragüense adj/s Nicaraguayen, enne.
Nicolás, asa nprmf Nicolas, Nicole.
nicotina f Nicotine.
nicho m ARQ. Niche *f.*
nid|ada f Nichée || **~al** m Pondoir, nichoir (ponedero) || **~o** m Nid | FIG. ~ *de víboras,* panier de crabes.
niebla f Brouillard *m* | BOT. Nielle.
nieto, a s Petit-fils, petite-fille | — Mpl Petits-enfants.
nieve f Neige.
nigromancia f Nécromancie.
nigua f Nigua (parásito).
nihil|ismo m Nihilisme || **~ista** adj/s Nihiliste.
Nilo nprm Nil.
nilón m Nylon.
nimb|ar vt Nimber || **~o** m Nimbe (aureola) | Nimbus (nube).
nimi|edad f Petitesse, mesquinerie | Bagatelle (fruslería) || **~o, a** adj Insignifiant, e; dérisoire, minime.
ninf|a f Nymphe || **~ea** m BOT. Nymphéa || **~omanía** f Nymphomanie.
ning|ún adj indef (apócope de *ninguno*) Aucun || **~uno, a** adj indef Aucun, e | Nul, nulle, aucun, e : ~ *esperanza,* nul espoir | — Pron indef Aucun, e | Personne, nul, nulle (nadie) | *Como* ~, comme personne.
niñ|a f Petite fille, enfant | Jeune fille (joven) | Pupille (del ojo) | FIG. *Querer como a la ~ de sus ojos,* tenir comme à la prunelle de ses yeux || **~ada** f Enfantillage *m,* gaminerie || **~ear** vi Faire l'enfant || **~era** f Bonne d'enfant || **~ería** f V. NIÑADA || **~ez** f Enfance | — Pl Enfantillages *m* || **~o, a** adj Jeune, petit, e | Enfant | — M Petit garçon, enfant | Enfant (hijo) | *Desde* ~, dès l'enfance | ~ *bonito,* enfant gâté, chouchou | ~ *de pecho,* nourrisson.
nipón, ona adj/s Nippon, onne.
níquel m Nickel.
niquel|ado m o **~adura** f Nickelage *m* || **~ar** vt Nickeler.
niqui m Tee-shirt, T-shirt (camiseta).
nís|pero m BOT. Néflier (arbusto), nèfle *f* (fruto) || **~pola** f Nèfle.
nitidez f Éclat *m* (brillo) | Pureté | Netteté.
nítido, a adj Net, nette.
nitrato m QUÍM. Nitrate.
nítrico, a adj Nitrique.
nitr|ificación f QUÍM. Nitrification || **~o** m Nitre, salpêtre || **~obenceno** m Nitrobenzène || **~ogenado, a** adj Azoté, e || **~ógeno** m Azote, nitrogène (p. us.) || **~oglicerina** f Nitroglycérine.
nivel m Niveau | FIG. Échelon | TECN. Étage | ~ *de aire,* niveau à bulle d'air | *Sobre el ~ del mar,* au-dessus du niveau de la mer || **~ación** f Nivellement *m* || **~ador, a** adj/s Niveleur, euse || **~amiento** m Nivellement || **~ar** vt Niveler | Niveler, terrasser, égaliser (terreno) | FIG. Mettre sur un même pied (igualar), équilibrer ; corriger | — Vp FIG. Se mettre au même niveau (*con,* que).
no adv Non (en respuestas) | Ne... pas (delante de un verbo) : ~ *viene,* il ne vient pas | Ne (con otra negación) : ~ *vino nadie,* il n'est venu personne | Pas (en frases sin verbo) : *¿por qué ~?,* pourquoi pas? | *¿A que ~?,* chiche! | *¿Cómo ~?,* bien sûr! | *Decir que ~,* dire non | FAM. *¡Eso sí que ~!,* ça alors non! | ~ *bien,* à peine | ~ *es que,* non pas que | ~ *más,* seulement, ne ... que (sólo), assez de : ~ *lloriqueos,* assez de pleurnichements; dès que (en cuanto) | ~ *obstante,* malgré (a pesar de), cependant (sin embargo) | ~ ... *sino,* ne pas... mais ; ne... que (sólo) | ~ *ya,* non seulement | *¡Qué ~!,* bien sûr que non! | — M Non.
nob|iliario, a adj/m Nobiliaire || **~le** adj/s Noble || **~leza** f Noblesse.
noción f Notion | Idée.
nociv|idad f Nocivité || **~o, a** adj Nocif, ive | Nuisible.
noct|ámbulo, a adj/s Noctambule || **~urno, a** adj Nocturne | De nuit : *avión* ~, avion de nuit | — M MÚS. Nocturne.
noche f Nuit | Soirée | *Buenas ~s,* bonsoir, bonne nuit | *Cerrada la ~,* une fois la nuit tombée | *De la ~ a la mañana,* du jour au lendemain | *De ~,* la nuit (por la noche), en soirée (espectáculo), de nuit | *De ~ todos los gatos son pardos,* la nuit tous les chats sont gris | FIG. *Es la ~ y el día,* c'est le jour et la nuit | *Hacer ~ en,* passer la nuit à (dormir), faire nuit à | *Hacerse de ~* ou *ser de ~,* faire nuit || **~buena** f Nuit de Noël || **~vieja** f Nuit de la Saint-Sylvestre.
nodo m Nœud.
No-Do m Actualités *fpl* (documental cinematográfico en España).
nodriza f Nourrice | *Avión ~,* avion de ravitaillement.
nódulo m Nodule.
nog|al m BOT. Noyer || **~alina** f Brou (*m*) de noix (color) || **~uera** f Noyer *m.*
nómada adj/s Nomade.
nomadismo m Nomadisme.
nombr|adía f Renom *m,* renommée || **~ado, a** adj Nommé, e | Fameux, euse; renommé, e || **~amiento**

m Nomination *f* ‖ **~ar** vt Nommer ‖ **~e** m GRAM. Nom | Prénom (nombre de pila) | Nom (fama) | *De este ~,* du nom | *En ~ de,* au nom de | *Poner de ~,* nommer, appeler | *~ de pila,* prénom, nom de baptême.

nomenclatura f Nomenclature.

nomeolvides m inv BOT. Myosotis.

nómina f Liste | État (*m*) du personnel | Feuille de paye (hoja de paga) | Paye (sueldo) | *Estar en ~,* faire partie du personnel | *~ de salarios,* bordereau des salaires.

nomin|ación f Nomination ‖ **~al** adj Nominal, e ‖ **~ativo, a** adj/m Nominatif, ive ‖ **~illa** f Feuille de paiement d'une pension | Bordereau (*m*) de paye.

nonada f Bagatelle.

nonagésimo, a adj/s Quatre-vingt-dixième.

nones mpl Impair *sing* | FAM. *Decir ~,* refuser catégoriquement.

nono, a adj Neuvième | *Pío Nono,* Pie neuf.

nopal m Nopal, figuier de Barbarie.

noquear vt Mettre knock-out.

noray m MAR. Bitte *f.*

nordeste m Nord-est.

nórdico, a adj/s Nordique.

noreste m Nord-est.

noria f Noria | Grande roue (en una feria).

norm|a f Règle, norme | Principe *m* ‖ **~al** adj/f Normal, e ‖ **~alidad** f Normalité | État (*m*) normal ‖ **~alista** s Normalien, enne (alumno) ‖ **~alización** f Retour (*m*) à une situation normale | Normalisation, standardisation (industria) ‖ **~alizar** vt Régulariser | Rétablir (situación) | Normaliser, standardiser.

Normandía nprf Normandie.

normando, a adj/s Normand, e.

normativo, a adj Normatif, ive | — F Règlement *m.*

nor|oeste m Nord-ouest ‖ **~te** adj/m Nord | — M FIG. Guide | Vent du Nord ‖ **~teafricano, a** adj/s Nord-africain, e.

Norteamérica nprf Amérique du Nord.

norte|americano, a adj/s Américain, e; des Etats-Unis ‖ **~ar** vi MAR. Nordir ‖ **~ño, a** adj Du Nord.

Noruega nprf Norvège.

noruego, a adj/s Norvégien, enne.

nos pron pers Nous ‖ **~otros, as** pron pers Nous : *entre ~,* entre nous | Nous autres (para insistir).

nost|algia f Nostalgie ‖ **~álgico, a** adj Nostalgique.

nota f Note : *sacar una buena ~,* avoir une bonne note | Remarque (observación) | Notice (reseña) | MÚS. Note | FIG. FAM. *Dar la ~,* se faire remarquer (singularizarse), donner le ton.

notab|ilidad f Notabilité ‖ **~le** adj Remarquable (admirable) | Notable (importante) | — M Notable | Mention (*f*) bien *o* assez bien (en exámenes).

not|ación f Annotation | MÚS. MAT. Notation ‖ **~ar** vt Remarquer (observar) | Noter (un escrito) | Trouver : *te noto cansado,* je te trouve fatigué | Sentir | — Vp Se voir | Se sentir.

notar|ía f Notariat *m* (profesión) | Cabinet *m,* étude (oficina) ‖ **~iado, a** adj Notarié, e | — M Notariat (corporación) ‖ **~io** m Notaire : *ante ~,* par-devant notaire | *~ de diligencias,* huissier.

not|icia f Nouvelle | *Dar ~s,* donner de ses nouvelles *o* signe de vie | *No tener ~ de,* ne pas être au courant de ‖ **~iciario** m Journal parlé, informations *fpl* (radio) | Actualités *fpl* (cine) ‖ **~iciero, a** adj D'information | — S Journaliste | — M Journal ‖ **~ición** m FAM. Nouvelle (*f*) sensationnelle ‖ **~icioso, a** adj Informé, e; renseigné, e ‖ **~ificación** f Notification | *~ previa de despido,* préavis ‖ **~ificar** vt Notifier | Informer, faire savoir.

notor|iedad f Notoriété ‖ **~io, a** adj Notoire, connu, e | *Público y ~,* de notoriété publique..

novat|ada f Brimade (en el cuartel) | Bizutage *m* (en el colegio) | *Pagar la ~,* essuyer les plâtres ‖ **~o, a** adj/s Nouveau, nouvelle; novice | — M Bizut, bizuth.

novecientos, as adj/m Neuf cents.

novedad f Nouveauté | Nouveau *m,* neuf *m* : *¿hay ~?,* quoi de nouveau? | Nouvelle (noticia) | Changement *m* (cambio) | *Sin ~,* sans encombre (sin dificultad), rien de nouveau (nada nuevo), rien à signaler (nada particular).

novedoso, a adj Nouveau, elle.

novel adj/s Nouveau, débutant, e; novice ‖ **~a** f Roman *m* : *~ por entregas,* roman-feuilleton | *~ corta,* nouvelle | *~ rosa,* roman à l'eau de rose ‖ **~ar** vt Romancer | — Vi Écrire des romans | FIG. Raconter des histoires ‖ **~ero, a** adj/s Curieux, curieuse de tout | Inconstant, e | Fantaisiste ‖ **~esco, a** adj Romanesque ‖ **~ista** s Romancier, ère ‖ **~ón** m Roman-fleuve.

noven|a f Neuvaine ‖ **~o, a** adj/s Neuvième | *~ parte,* neuvième ‖ **~ta** adj/m Quatre-vingt-dix.

novi|a f V. NOVIO ‖ **~azgo** m Fiançailles *fpl.*

novici|ado m Noviciat ‖ **~o, a** adj/s Novice | FIG. Nouveau, elle.

noviembre m Novembre.
novilunio m Nouvelle lune *f*.
novill|a f Génisse ‖ **~ada** f TAUR. Course de jeunes taureaux ‖ **~ero** m Bouvier qui a la garde des jeunes taureaux | TAUR. Torero combattant de jeunes taureaux ‖ **~o** m Jeune taureau | FAM. *Hacer ~s,* faire l'école buissonnière.
novio, a s Fiancé, e (prometido) | Petit ami, petite amie (amigo) | Jeune marié, e (recién casado) | *Los ~s,* les mariés | *Traje de novia,* robe de mariée | *Viaje de ~s,* voyage de noce.
novísimo, a adj Tout nouveau, toute nouvelle | Dernier, ère.
nub|arrada f Averse, ondée ‖ **~arrón** m Gros nuage, nuée *f* ‖ **~e** f Nuage *m* | FIG. Nuée (cantidad), nuage *m* (disgusto) | Taie (ojo) | FIG. *Caer de las ~s,* tomber des nues. *Estar por las ~s,* être hors de prix. *~ de verano,* nuage. *Pasar como una ~ de verano,* ne pas durer. *Poner por las ~s,* porter aux nues.
núbil adj Nubile.
nub|lado, a adj Nuageux, euse | FIG. Troublé, e | — M Nuage | FIG. Nuée *f* (multitud) ‖ **~lar** vt Assombrir | Cacher (ocultar) | — Vp S'obscurcir, se couvrir de nuages, s'assombrir (cielo) | Se brouiller (vista) ‖ **~lo** m AGR. Nielle *f* ‖ **~loso, a** Nuageux, euse | FIG. Sombre ‖ **~osidad** f Nébulosité ‖ **~oso, a** adj Nuageux, euse.
nuca f Nuque.
nuclear adj Nucléaire.
núcleo m Noyau | Cœur (de reactor) | FIG. Noyau, centre.
nucléolo m BIOL. Nucléole.
nudillo m Nœud, jointure *f*.
nudista adj/s Nudiste.
nudo m Nœud | *Tener un ~ en la garganta,* avoir la gorge serrée.
nudo, a adj *~ propiedad,* nue-propriété.
nudoso, a adj Noueux, euse.
nuera f Belle-fille, bru.
nuestro, a adj pos Notre [pl *nos*] | À nous : *un amigo ~,* un ami à nous | — Pron pos Nôtre, nôtres | À nous | *Lo ~,* ce qui est à nous | *Los ~s,* les nôtres.
nueva f Nouvelle.
Nueva York npr New York.
nuev|e adj/m Neuf | *Son las ~,* il est neuf heures ‖ **~o, a** adj Nouveau, nouvelle (reciente) | Neuf, neuve (nada usado) | FIG. Novice | *Dejar como ~,* remettre à neuf | *De ~,* à o de nouveau | *Lo ~,* la nouveauté; le neuf | *¿Qué hay de ~?,* quoi de neuf?
nuez f Noix | ANAT. Pomme d'Adam
nul|amente adv En vain | Sans effet ‖ **~idad** f Nullité | Néant *m* ‖ **~o, a** adj Nul, nulle | *~ y sin valor,* nul et non avenu.
numen m Divinité *f* | Inspiration *f*.
numer|able adj Nombrable ‖ **~ación** f Numération (cuenta) | Numérotage *m,* numérotation | Chiffres *mpl* (sistema) ‖ **~ador** m MAT. Numérateur | Numéroteur (aparato) ‖ **~al** adj Numéral, e ‖ **~ar** vt Dénombrer (contar) | Numéroter (poner un número) ‖ **~ario, a** adj/m Numéraire | Titulaire (profesor, etc).
numérico, a adj Numérique.
número m Nombre (cantidad) | Chiffre (cifra) | Numéro (en una serie, de revista, lotería, etc) | Pointure *f* (medida) | Taille *f* (de traje) | GRAM. Nombre | *De ~,* titulaire (académico, etc) | FIG. *Hacer ~s,* faire des comptes.
numeroso, a adj Nombreux, euse.
numismático, a adj/f Numismatique | — S Numismate.
nunca adv Jamais | *~ jamás,* au grand jamais.
nunci|atura f Nonciature ‖ **~o** m Nonce | FIG. Présage, signe précurseur (presagio), messager, porteur (portador).
nupci|al adj Nuptial, e ‖ **~as** fpl Noces, mariage *msing* | *De segundas ~,* du second lit (hijos).
nutria f ZOOL. Loutre.
nutr|icio, a adj Nourricier, ère ‖ **~ición** f Nutrition ‖ **~ido, a** adj Nourri, e | Dense, épais, épaisse ‖ **~ir** vt Nourrir | — Vp Se nourrir (*con,* de) ‖ **~itivo, a** adj Nourrissant, e; nutritif, ive.
nylon m Nylon.

ñ

ñ f Ñ *m*.
— OBSERV. Cette lettre, qui n'existe pas en français, se prononce comme *gn* dans *agneau*.
ñame m BOT. Igname *f*.
ñandú m ZOOL. Nandou.
ñaña f *Amér.* Grande sœur | Bonne d'enfants (niñera).
ñato, a adj *Amér.* Camus, e.
ñeque adj *Amér.* Vigoureux, euse | — M Vigueur *f*.
ñoñ|ería o **~ez** f Niaiserie ‖ **~o, a** adj/s Niais, e; sot, sotte | Douillet, ette; délicat, e.

O

o f O *m*.
o conj Ou.
oasis m Oasis *f*.
obcec|ación f Aveuglement *m* ‖ **~ar** vt Aveugler | Éblouir (ofuscar) | — Vp Être aveuglé.
obed|ecer* vt/i Obéir à ‖ **~iencia** f Obéissance | REL. Obédience ‖ **~iente** adj Obéissant, e.
obelisco m Obélisque.
obenque m MAR. Hauban.
obertura f MÚS. Ouverture.
obes|idad f Obésité ‖ **~o, a** adj/s Obèse.
óbice m Obstacle, empêchement.
obisp|ado m Évêché ‖ **~o** m Évêque | FAM. *Trabajar para el ~,* travailler pour le roi de Prusse.
óbito m Décès.
obj|eción f Objection ‖ **~etante** m Objecteur ‖ **~etar** vt Objecter ‖ **~etivar** vt Objectiver ‖ **~etividad** f Objectivité ‖ **~etivo, a** adj/m Objectif, ive ‖ **~eto** m Objet | But, fin *f*, objet (intención) | Fourniture *f* (de escritorio) | *Con ~ de,* dans le but de, afin de ‖ **~etor** m Objecteur (de conciencia).
obl|ación f Oblation ‖ **~ea** f Pain (*m*) à cacheter | Cachet *m* (sello) | Hostie (hostia).
oblicu|ar vi Obliquer | — Vt Infléchir ‖ **~idad** f Obliquité ‖ **~o, a** adj/f Oblique.
oblig|ación f Obligation | Devoir *m* | COM. Obligation ‖ **~acionista** s Obligataire ‖ **~ado, a** adj/s Obligé, e ‖ **~ar** vt Obliger | — Vp S'obliger, s'engager ‖ **~atoriedad** f Caractère (*m*) obligatoire ‖ **~atorio, a** adj Obligatoire.
obliter|ación f MED. Oblitération ‖ **~ar** vt MED. Oblitérer.
oblongo, a adj Oblong, gue.
obnubilar vt Obnubiler.
oboe m MÚS. Hautbois.
óbolo m Obole *f*.
obra f Œuvre, ouvrage *m* | Œuvre, travail *m* | Œuvre (poder, buena acción, producción artística) | Ouvrage *m* (libro) | Construction | Chantier *m* (de construcción) | *Es ~ de,* c'est l'affaire de | *~ de teatro,* pièce de théâtre | *~ maestra,* chef-d'œuvre | *~s públicas,* travaux publics | *Por ~ de,* par l'action de | *Por ~ y gracia del Espíritu Santo,* par l'opération du Saint-Esprit ‖ **~dor** m Atelier (taller) | Ouvroir (para ropa) ‖ **~r** vt Faire (hacer) | Bâtir (construir) | — Vi Agir | Travailler, œuvrer (trabajar) | Se trouver, être | Aller à la selle (defecar) | *~ como,* faire œuvre de.
obrero, a adj/s Ouvrier, ère.
obscen|idad f Obscénité ‖ **~o, a** adj Obscène.
obscuro *y sus derivados* V. OSCURO *et ses dérivés.*
obsequi|ador, a o **~ante** adj Prévenant, e; attentionné, e | Qui offre (que regala) ‖ **~ar** vt Offrir, faire cadeau de | Offrir | Combler de prévenances (agasajar) ‖ **~o** m Cadeau (regalo) | Hommage (de un libro) | Prévenance *f*, attention *f* (agasajo) ‖ **~osidad** f Obligeance | Obséquiosité (exceso de cumplidos) ‖ **~oso, a** adj Obligeant, e; empressé, e | Obséquieux, euse (atento en exceso).
observ|ación f Observation | Observation, remarque (advertencia, nota) ‖ **~ador, a** adj/s Observateur, trice ‖ **~ancia** f Observance, observation ‖ **~ar** vt Observer | Remarquer (notar) | Constater (comprobar) | — Vp Se surveiller ‖ **~atorio** m Observatoire.
obs|esión f Obsession | Hantise (gran preocupación) ‖ **~esionado, a** adj/s Obsédé, e ‖ **~esionar** vt Obséder (*con,* par) ‖ **~esivo, a** adj Obsédant, e ‖ **~eso, a** adj/s Obsédé, e.
obst|aculizar vt Entraver, mettre un obstacle à (poner trabas) | Faire obstacle à (oponerse) ‖ **~áculo** m Obstacle ‖ **~ante (no)** adv Cependant, néanmoins (sin embargo) | Malgré (a pesar de) ‖ **~ar** vi Empêcher | — Vimp S'opposer à.
obst|etricia f MED. Obstétrique ‖ **~étrico, a** adj Obstétrique.
obstin|ación f Obstination (terquedad), opiniâtreté (empeño) ‖ **~ado, a** adj Obstiné, e (terco), opiniâtre (empeñado) ‖ **~arse** vp S'obstiner, s'entêter (*en,* à).
obstru|cción f Obstruction ‖ **~ccionismo** m Obstructionnisme ‖ **~ir*** vt Obstruer | FIG. Entraver | — Vp S'obstruer, se boucher.
obten|ción f Obtention ‖ **~er*** vt Obtenir.
obtur|ación f Obturation ‖ **~ador, a** adj/m Obturateur, trice ‖ **~ar** vt Obturer.
obtuso, a adj Obtus, e.
obús m Obus (proyectil) | Obusier (cañón).
obvi|ar vt Obvier à, pallier | Empêcher, s'opposer à (impedir) ‖

~o, a adj Évident, e; clair, e | *~ es decir,* inutile de dire.
oca f Oie (ánsar).
ocasi|ón f Occasion | *Dar ~ a,* donner lieu à (dar lugar a), provoquer (causar) | *De ~,* d'occasion | *En cierta ~,* un jour, une fois || **~onal** adj Occasionnel, elle || **~onar** vt Occasionner (dar lugar a) | Causer, être la cause de, provoquer.
ocaso m Coucher (de un astro) | Couchant (oeste) | FIG. Déclin | Crépuscule | Fin *f*.
occident|al adj/s Occidental, e || **~e** m Occident.
occip|ital adj/m Occipital, e || **~ucio** m Occiput.
Oceanía nprf Océanie.
oc|eánico, a adj Océanique || **~éano** m Océan || **~eanografía** f Océanographie.
ocel|o m Ocelle || **~ote** m Ocelot.
ocio m Oisiveté *f* (inacción) | Loisir (tiempo libre) | Délassement, distraction *f* || **~sidad** f Oisiveté || **~so, a** adj/s Oisif, ive (inactivo) | — Adj Oiseux, euse (inútil).
oclu|ir* vt Occlure | — Vp Se fermer || **~sión** f Occlusion || **~sivo, a** adj Occlusif, ive.
ocre m Ocre *f* | — Adj Ocre.
oct|aedro m Octaèdre || **~ano** m Octane || **~ava** f Octave || **~avilla** f Feuille de papier | Tract *m* (hoja de propaganda) || **~avo, a** adj/s Huitième || **~ogenario, a** adj/s Octogénaire || **~ogésimo, a** adj/s Quatre-vingtième || **~ógono, a** adj/m Octogone || **~ubre** m Octobre : *el 6 de ~ de 1934,* le 6 octobre 1934.
ocul|ar adj/m Oculaire || **~ista** adj/s Oculiste.
ocult|ación f Dissimulation | Recel *m* (encubrimiento) || **~ar** vt Cacher | Receler (encubrir) | — Vp Se cacher || **~is (de)** loc En catimini, en tapinois || **~o, a** adj Occulte (secreto) | Caché, e (escondido).
ocup|ación f Occupation | Profession, métier *m* (empleo) || **~ante** adj/s Occupant, e || **~ar** vt Occuper | Prendre (espacio) | — Vp S'occuper.
ocurr|encia f Mot (*m*) d'esprit (chiste) | Idée : *¡vaya ~!,* quelle drôle d'idée! | Circonstance, occasion || **~ente** adj FIG. Spirituel, elle || **~ir** vi Arriver | Venir à l'esprit *o* à l'idée, passer par la tête | Avoir l'idée de | *Ocurra lo que ocurra,* quoi qu'il advienne | *¡Se le ocurre cada cosa!,* il a de ces idées! | *Se me ocurre que,* je pense que.
och|ava f Huitième *m* || **~avo** m Liard (moneda) || **~enta** adj/s Quatre-vingts || **~entón, ona** adj/s FAM. Octogénaire || **~o** adj/m Huit | Huitième || **~ocientos, as** adj/m Huit cents.
oda f Ode.
odi|ar vt Détester, haïr || **~o** m Haine *f* | *Tener ~ a uno,* détester *o* haïr qqn | *Tomar* ou *cobrar ~ a,* prendre en haine || **~oso, a** adj Odieux, euse; détestable.
odisea f Odyssée.
odont|ología f Odontologie || **~ólogo** m Chirurgien-dentiste, odontologiste.
odor|ante adj Odorant, e || **~ífero, a** adj Odorant, e; odoriférant, e.
odre m Outre *f*.
oeste adj/m Ouest.
ofen|der vt Offenser, outrager | — Vp S'offenser (*por,* de) | Se fâcher (reñir) || **~sa** f Offense, outrage *m* || **~sivo, a** adj Offensant, e | — Adj/f Offensif, ive (arma) || **~sor** m Offenseur.
ofert|a f Offre | Don *m* (regalo) || **~ar** vt Offrir || **~orio** m REL. Offertoire.
office m Office *f* (en una casa).
ofici|al adj Officiel, elle | Légal, e (hora) | — M Ouvrier (obrero) | Garçon (de peluquero) | Employé (oficinista) | MIL. Officier | *Primer ~,* maître clerc (de notaría) || **~ala** f Ouvrière | Employée (oficinista) | *~ de modistería,* petite main || **~alidad** f MIL. Cadres *mpl,* officiers *mpl* | Caractère (*m*) officiel || **~ante** m Officiant || **~ar** vt REL. Célébrer | — Vi REL. Officier || **~na** f Bureau *m* | *~ de Turismo,* syndicat d'initiative || **~nista** s Employé, employée de bureau || **~o** m Métier (profesión) | Office, fonctions *fpl* | Rapport, communication *f* (nota oficial) | REL. Office | Office *f* (antecocina) | *Machacando se aprende el ~,* c'est en forgeant qu'on devient forgeron | *No hay ~ malo,* il n'est point de sot métier || **~oso, a** adj Officieux, euse (no oficial).
ofidio m ZOOL. Ophidien.
ofimática f Bureautique.
ofrec|er* vt Offrir | Présenter, offrir | — Vp S'offrir | Se proposer, s'offrir | *¿Qué se le ofrece?,* que désirez-vous? || **~imiento** m Offre *f*.
ofrend|a f Offrande || **~ar** vt Offrir.
oftalm|ía f Ophtalmie || **~ología** f Ophtalmologie || **~ólogo, a** s Ophtalmologiste, ophtalmologue.
ofusc|ación f o **~amiento** m Aveuglement *m* || **~ar** vt Aveugler | — Vp Être aveuglé.
ogro, ogresa s Ogre, ogresse.
¡oh! interj Ô!
ohm u **ohmio** m Ohm.
oí|ble adj Audible || **~da** f *De ~s,* par ouï-dire || **~do** m Oreille *f* (órga-

no) | Ouïe *f*, oreille *f* (sentido) | Lumière *f* (de arma) | *Aguzar el ~*, prêter l'oreille | *Dar ~s a*, écouter, prêter l'oreille à (escuchar), ajouter foi (creer) | *De ~*, d'oreille | FIG. *Hacer ~s de mercader*, faire la sourde oreille | *Ha llegado a mis ~s*, j'ai appris | *Lastimar el ~*, écorcher les oreilles | *Ser fino de ~s* ou *tener buen ~*, avoir l'oreille fine | *Ser todo ~s*, être tout ouïe.

oídio m Oïdium.

oír* vt Entendre | Écouter (escuchar) | *¡Oiga!*, allô! (teléfono) | *~ misa*, entendre la messe | *¡Oye!*, dis donc!

ojal m Boutonnière *f* (en la ropa) | Œil, orifice (agujero).

¡ojalá! interj Je l'espère! | Pourvu que, Dieu veuille que | *¡~ viniera!*, si seulement il venait!

oje|ada f Coup (*m*) d'œil : *echar* ou *dar una ~*, jeter un coup d'œil | FIG. Tour (*m*) d'horizon || **~ador** m Rabatteur (caza) || **~ar** vt Regarder | Rabattre (caza) || **~o** m Battue *f* (caza) || **~ra** f Cerne *m* | Œillère (lavaojos) | *Tener ~s*, avoir les yeux cernés || **~riza** f Rancune, haine | *Tener ~ a uno*, avoir pris qqn en grippe | *Tomar ~ a uno*, prendre qqn en grippe || **~roso, a** adj Qui a les yeux cernés *o* battus || **~te** m Œillet (para un cordón) | POP. Trou de balle (ano).

ojiv|a f Ogive || **~al** adj Ogival, e; en ogive.

ojo m Œil | Chas (de aguja) | Trou (de cerradura) | Œil (pan, queso, de una herramienta) | Arche *f* (de puente) | Anneau (de llave, de tijera) | *Andar ~ alerta*, ouvrir l'œil | *A ~*, au jugé, à l'œil | FAM. *A ~ (de buen cubero)*, à vue de nez, au jugé | *A ~s vistas*, à vue d'œil | FIG. *Comerse con los ~s*, dévorer des yeux | FAM. *Costar un ~ de la cara*, coûter les yeux de la tête | *Echar el ~ a*, jeter son dévolu sur | FAM. *Entrar por los ~s*, taper dans l'œil | FIG. *En un abrir y cerrar de ~s*, en un clin d'œil | FIG. *Mirar con buenos ~s*, regarder d'un bon œil. *No dar crédito a sus ~s*, ne pas en croire ses yeux | *No pegar ~*, passer une nuit blanche, ne pas fermer l'œil | *No quitar ~ a alguien*, avoir qqn à l'œil | *¡~!*, attention! | FAM. *~ a la funerala*, œil au beurre noir | *~ de gallo*, œil-de-perdrix | *~s que no ven, corazón que no siente*, loin des yeux, loin du cœur | FIG. *Ser el ~ derecho*, être le chouchou | *Tener buen ~*, avoir le compas dans l'œil | FAM. *Tener entre ~s a uno*, ne pas pouvoir sentir qqn.

ojota f *Amér.* Sandale.

ola f MAR. Vague | FIG. Poussée : *~ inflacionista*, poussée inflationniste; vague : *~ de calor*, vague de chaleur.

¡ole! u **¡olé!** interj Bravo!

oleáceas fpl BOT. Oléacées.

oleada f Grande vague, lame (ola) | Paquet (*m*) de mer | FIG. Remous *m* (de gente), vague (de acontecimientos).

oleaginoso, a adj/m Oléagineux, euse.

oleaje m Houle *f*.

oleicultura f Oléiculture.

óleo m Huile *f*.

oleo|ducto m Pipe-line, oléoduc || **~so, a** adj Huileux, euse.

oler* vt Sentir : *huele bien, mal*, cela sent bon, mauvais | FIG. Flairer, renifler | — Vi Sentir : *~ a tabaco*, sentir le tabac | — Vp FIG. Sentir; pressentir, soupçonner; se douter : *me lo olía*, je m'en doutais.

olfat|ear vt Flairer || **~ivo, a** adj Olfactif, ive || **~o** m Odorat | Flair (animal) | FIG. Flair, nez (perspicacia).

oliente adj Qui sent, odorant, e | *Mal ~*, malodorant, e.

olig|arquía f Oligarchie || **~árquico, a** adj Oligarchique.

ol|impiada f Jeux (*mpl*) olympiques | Olympiade || **~ímpico, a** adj Olympien, enne | Olympique (juegos).

olis|car vt Flairer | — Vi Sentir mauvais || **~quear** vt FAM. Renifler.

oliv|a f Olive || **~áceo, a** adj Olivacé, e || **~ar** m Oliveraie *f*, olivaie *f*, bois d'oliviers || **~arero, a** adj De l'olivier, de l'olive || **~o** m Olivier | *~ y aceituno todo es uno*, c'est bonnet blanc et blanc bonnet.

olm|eda f u **~edo** m Ormaie *f*, ormoie *f* || **~o** m Orme.

ológrafo, a adj Olographe.

olor m Odeur *f* | Senteur *f*, parfum (buen olor) || **~oso, a** adj Parfumé, e; odorant, e.

olvid|adizo, a adj Oublieux, euse | FIG. Ingrat, e; qui a la mémoire courte | *Hacerse el ~*, feindre d'oublier | *Ser ~*, ne pas avoir de mémoire || **~ar** vt Oublier | — Vp S'oublier (estar olvidado) | Oublier : *se me olvidó decírtelo*, j'ai oublié de te le dire || **~o** m Oubli | *Echar en el ~*, oublier | *Sacar del ~*, tirer de l'oubli.

olla f Marmite (vasija) | Pot-au-feu *m* (guiso) | FIG. *~ de grillos*, pétaudière | *~ de presión*, autocuiseur | *~ podrida*, pot-pourri.

ombligo m Nombril, ombilic.

omega f Omega *m* (letra).

ominoso, a adj Abominable.

omi|sión f Omission | Négligence (descuido) || **~so, a** adj Omis, e | Négli-

gent, e (descuidado) ‖ **~tir** vt Omettre | Passer sous silence.
ómnibus m Omnibus.
omn|ímodo, a adj Universel, elle; général, e ‖ **~ipotencia** f Toute-puissance, omnipotence ‖ **~ipotente** adj Omnipotent, e; tout-puissant, e.
ómnium m Omnium.
omnívoro, a adj/s Omnivore.
omóplato u **omoplato** m Omoplate *f*.
onagro m Onagre (asno).
once adj/m Onze ‖ **~no, a** adj/s Onzième.
ond|a f Onde (mar, física, radio) | Cran *m*, ondulation (en el pelo) | Souffle *m* (expansiva) | RAD. *~ media*, petites ondes; *~ larga*, grandes ondes ‖ **~eado, a** adj Ondulé, e (pelo) ‖ **~eante** adj Ondoyant, e ‖ **~ear** vi Ondoyer | Flotter (ropa, pelo) ‖ **~eo** m Ondoiement, ondulation *f* ‖ **~ina** f Ondine ‖ **~ulación** f Ondulation ‖ **~ulante** adj Ondulant, e ‖ **~ular** vt/i Onduler (pelo) | Ondoyer ‖ **~ulatorio, a** adj Ondulatoire.
oneroso, a adj Onéreux, euse.
ónice m Onyx.
onírico, a adj Onirique.
onom|ástico, a adj Onomastique | *Día ~*, fête | — F Fête [d'une personne] ‖ **~atopeya** f Onomatopée.
ontol|ogía f Ontologie ‖ **~ógico, a** adj Ontologique.
onza f Once ‖ **~vo, a** adj/m Onzième.
opac|idad f Opacité ‖ **~o, a** adj Opaque | Sourd, e (ruido).
opalino, a adj Opalin, e; opale | — F Opaline.
ópalo m Opale *f*.
opción f Option.
ópera f Opéra *m*.
oper|ación f Opération ‖ **~acional** adj Opérationnel, elle ‖ **~ador, a** s Opérateur, trice ‖ **~ar** vt Opérer | — Vi Faire de l'effet, opérer (surtir efecto) ‖ **~ario, a** s Ouvrier, ère ‖ **~ativo, a** adj Opérationnel, elle ‖ **~atorio, a** adj Opératoire.
opérculo m Opercule.
opereta f Opérette.
opimo, a adj Riche | Abondant, e.
opin|able adj Discutable ‖ **~ar** vt/i Penser | Donner son opinion | Avoir une opinion ‖ **~ión** f Opinion | Avis *m*, opinion (parecer) | *En mi ~*, à mon avis.
opi|o m Opium ‖ **~ómano, a** adj/s Opiomane.
opíparo, a adj Splendide, somptueux, euse (magnífico) | Plantureux, euse (copioso).
opon|ente s Adversaire, rival, e ‖ **~er*** vt Opposer | — Vp S'opposer ‖ **~ible** adj Opposable.
Oporto npr Porto.
oportun|idad f Occasion | Opportunité (conveniencia) | Chance (posibilidad) ‖ **~ismo** m Opportunisme ‖ **~ista** adj/s Opportuniste ‖ **~o, a** adj Opportun, e | Adéquat, e; opportun, e (adecuado).
opos|ición f Opposition | Concours *m* (examen) : *hacer una ~ a*, passer le concours de | *~ a cátedra*, concours en vue d'obtenir une chaire ‖ **~icionista** adj/s Opposant, e ‖ **~itar** vi Passer un concours ‖ **~itor, a** s Adversaire, opposant, e | Candidat, e; concurrent, e (en un examen).
opr|esión f Oppression ‖ **~esor, a** adj Qui opprime | — M Oppresseur ‖ **~imente** adj Oppressant, e ‖ **~imir** vt Presser : *~ un botón*, presser un bouton | Oppresser (respiración) | FIG. Opprimer (tiranizar), serrer (corazón).
oprobio m Opprobre.
optar vi Opter | Choisir (escoger).
óptico, a adj/f Optique | — S Opticien, enne.
optim|ismo m Optimisme ‖ **~ista** adj/s Optimiste.
óptimo, a adj Excellent, e; parfait, e | — Adj/m Optimum.
opuesto, a adj Opposé, e.
opul|encia f Opulence ‖ **~ento, a** adj Opulent, e.
opúsculo m Opuscule.
oqued|ad f Creux *m*, cavité ‖ **~al** m Futaie *f*.
ora conj Tantôt, soit.
or|ación f Prière, oraison (m. us.) | Discours *m* (discurso) | Phrase | GRAM. Discours *m* : *parte de la ~*, partie du discours | — Pl Prières | Angélus *msing* (toque de campana) | *~ de ciego*, litanie ‖ **~áculo** m Oracle ‖ **~ador** m Orateur | Prédicateur ‖ **~al** adj/m Oral, e.
orangután m Orang-outan (mono).
orar vi Prier.
orate s Fou, folle.
oratorio, a adj/m Oratoire | — M MÚS. Oratorio | — F Art (*m*) oratoire, éloquence.
orbe m Sphère *f* (esfera) | Monde, univers.
órbita f Orbite.
orca f Épaulard *m* (cetáceo).
órdago (de) loc adv FAM. Épatant, e; du tonnerre (estupendo), fini, e : *un tonto de ~*, un idiot fini; gratiné, e : *tontería ~*, idiotie gratinée.
orden f Ordre *m* (mandato, dignidad, instituto religioso, pedido) | DR. Mandat *m* : *~ de comparecer*, mandat d'amener | Arrêté *m* (decisión) | *¡A la ~!*, à vos ordres! | *A la ~ de*, à

l'ordre de | ~ *de expedición,* bon de livraison | COM. ~ *de pago,* ordonnancement, ordonnance de payement | ~ *formal,* injonction | — M Ordre (arreglo, clasificación, tranquilidad, sacramento) | Domaine (sector) | *Llamar al* ~, rappeler à l'ordre | ~ *del día,* ordre du jour | *Por* ~ *de aparición,* par ordre d'entrée en scène | *Sin* ~ *ni concierto,* à tort et à travers || **~ación** f Ordre *m,* ordonnance (disposición) | REL. Ordination | Aménagement *m* : ~ *rural,* aménagement rural || **~ada** f GEOM. Ordonnée || **~ador, a** adj/s Ordonnateur, trice | — M TECN. Ordinateur || **~amiento** m Ordonnance *f* (ley) | Législation *f* | Rangement (arreglo) || **~anza** f Ordonnance (reglamento) | Ordre *m,* disposition (mandato) | MIL. Ordonnance || **~ar** vt Ordonner (mandar) | Ordonner, mettre en ordre, ranger (poner en orden) | REL. Ordonner | — Vp REL. Se faire ordonner.

ordeñ|ar vt Traire || **~o** m Traite *f* (de vacas).

¡órdiga! interj *¡Anda la* ~*!,* oh là là!

ordinal adj Ordinal, e.

ordinari|ez f Vulgarité | Grossièreté (grosería) || **~o, a** adj Ordinaire (corriente) | Vulgaire (vulgar) | Grossier, ère | — S FAM. Personne (*f*) vulgaire | — M Ordinaire (gastos) | Messager (recadero).

orear vt Aérer, rafraîchir (refrescar) | Mettre à l'air, faire sécher (exponer al aire) | — Vp Sécher (secarse) | FIG. Prendre l'air.

orej|a f Oreille | Languette, oreille (de zapato) | *Aguzar las* ~*s,* dresser *o* tendre l'oreille | *Apearse por las* ~*s,* vider les arçons | *Con las* ~*s gachas,* l'oreille basse | *Descubrir* ou *enseñar la* ~, montrer le bout de l'oreille | *Haberle visto las* ~*s al lobo,* l'avoir échappé belle | *Hacer* ~*s de mercader,* faire la sourde oreille || **~era** f Oreillon *m* (de un casco) | Appui-tête *m,* oreille (de sillón) || **~ón** m Oreille (*f*) d'abricot *o* de pêche.

oreo m Brise *f,* air | Aération *f* (ventilación).

orfan|ato m Orphelinat (asilo) || **~dad** f Orphelinage *m* (estado de huérfano) | FIG. Abandon *m.*

orfebre m Orfèvre || **~ría** f Orfèvrerie.

Orfeo nprm Orphée.

orfeón m Orphéon.

organdí m Organdi.

orgánico, a adj Organique.

organigrama m Organigramme.

organ|illo m Orgue de Barbarie, piano mécanique || **~ismo** m Organisme || **~ista** s MÚS. Organiste || **~ización** f Organisation || **~izador, a** adj/s Organisateur, trice || **~izar** vt Organiser.

órgano m Organe | MÚS. Orgue | ~ *de manubrio,* orgue de Barbarie.

orgasmo m Orgasme.

orgía f Orgie.

orgullo m Orgueil (arrogancia) | Fierté *f* (sentimiento legítimo) || **~so, a** adj/s Orgueilleux, euse | Fier, ère (ufano) | *Ser más* ~ *que don Rodrigo en la horca,* être fier comme Artaban.

orient|ación f Orientation | MAR. Orientement *m* || **~al** adj/s Oriental, e || **~ar** vt Orienter | — Vp S'orienter | FIG. Se repérer || **~e** m Orient.

Oriente nprm Orient | *Cercano* ou *Próximo* ~, Proche-Orient | *Extremo* ou *Lejano* ~, Extrême-Orient | ~ *Medio,* Moyen-Orient.

orífice m Orfèvre.

orificio m Orifice.

oriflama f Oriflamme.

orig|en m Origine *f* | *En su* ~, à l'origine | *Tener su* ~ *en,* tirer sa source *o* son origine de || **~inal** adj Original, e | Originel, elle (relativo al origen) | — S Original, e (persona) | — M Original (texto) || **~inalidad** f Originalité || **~inar** vt Causer, provoquer, être à l'origine de | — Vp Avoir *o* tirer son origine *o* sa source (proceder) | Prendre naissance (nacer) || **~inario, a** adj Originaire.

orill|a f Bord *m* (del mar) | Rive, berge (de un río) | Lisière (de un bosque, de tela) | Trottoir *m* (acera) || **~ar** vt Border | FIG. Contourner, éviter (dificultad), régler (asunto) || **~o** m Lisière *f* (de tejido).

or|ín m Rouille *f* | — Pl Urine *fsing* || **~ina** f Urine || **~inal** m Pot de chambre | Urinal (para enfermos) || **~inar** vt/i Uriner.

Orinoco nprm Orénoque.

oriundo, a adj Originaire.

orl|a f Bordure (de tela) | Encadrement *m* (marco) || **~adura** f Bordure || **~ar** vt Border | Encadrer.

ornament|ación f Ornementation || **~al** adj Ornemental, e || **~ar** vt Ornementer || **~o** m Ornement.

orn|ar vt Orner | Parer (en el vestido) || **~ato** m Ornement | Parure *f* (adorno).

ornit|ología f Ornithologie || **~ólogo, a** s Ornithologue, ornithologiste.

oro m Or | — Pl « Oro », couleur des cartes espagnoles | FIG. *Apalear* ~, rouler sur l'or. *Comprar a peso de* ~, acheter à prix d'or. *Guardar como* ~

en paño, garder précieusement. *Hacerse de ~,* faire fortune. *No es ~ todo lo que reluce,* tout ce qui brille n'est pas or | *~ de ley,* or véritable | *~ en panes,* or en feuilles | *~ en polvo,* poudre d'or | *Pedir el ~ y el moro,* demander la Lune.
oro|genia f Orogénie ‖ **~grafía** f Orographie.
orondo, a adj Ventru, e (vasija) | FAM. Fier, ère; orgueilleux, euse.
oropel m Oripeau | FIG. Clinquant.
oropéndola f Loriot *m* (ave).
orquest|a f MÚS. Orchestre *m* ‖ **~ación** f Orchestration ‖ **~al** adj Orchestral, e ‖ **~ar** vt Orchestrer.
orquídea f Orchidée.
ortiga f Ortie.
orto m Lever [d'un astre] ‖ **~doxia** f Orthodoxie ‖ **~doxo, a** adj/s Orthodoxe ‖ **~grafía** f Orthographe ‖ **~gráfico, a** adj Orthographique ‖ **~pedia** f Orthopédie ‖ **~pédico, a** adj Orthopédique | — S Orthopédiste ‖ **~pedista** adj/s Orthopédiste.
oruga f ZOOL. MEC. Chenille.
orujo m Marc.
orvallo m Bruine *f* (llovizna).
orz|a f Pot *m* (vasija) | MAR. Lof *m* ‖ **~ar** vi MAR. Lofer, aller au lof.
orzuelo m Piège (trampa) | MED. Orgelet (en el ojo).
os pron pers Vous.
osa f Ourse | ASTR. *Osa Mayor, Menor.* Grande, Petite Ourse.
osa|día f Hardiesse, audace ‖ **~do, a** adj Hardi, e; osé, e; audacieux, euse.
osamenta f Squelette *m* | Ossements *mpl* (conjunto de huesos).
osar vt/i Oser.
osario m Ossuaire.
oscil|ación f Oscillation ‖ **~ante** adj Oscillant, e ‖ **~ar** vi Osciller ‖ **~atorio, a** adj Oscillatoire ‖ **~ógrafo** m Oscillographe ‖ **~ómetro** m Oscillomètre.
ósculo m Baiser (de paz, etc).
oscur|antismo m Obscurantisme ‖ **~ecer*** vt Obscurcir, assombrir | Foncer (color) | — Vi Commencer à faire sombre ‖ **~ecimiento** m Obscurcissement ‖ **~idad** f Obscurité | Ombre (tinieblas) ‖ **~o, a** adj Obscur, e | Foncé, e; sombre (color) | FIG. Sombre, obscur, e | *A oscuras,* dans l'obscurité | FIG. *Quedarse a oscuras,* n'y rien comprendre.
óseo, a adj Osseux, euse.
osezno m ZOOL. Ourson.
osific|ación f Ossification ‖ **~ar** vt Ossifier.
osmio m Osmium (metal).
ósmosis u **osmosis** f Osmose.
oso m ZOOL. Ours : *~ pardo,* ours brun | FAM. *Hacer el ~,* faire l'imbécile (hacer reir), faire la cour (cortejar) | *~ hormiguero,* fourmilier, tamanoir | *~ lavador,* raton laveur.
osten|sible adj Ostensible ‖ **~tación** f Ostentation | *Hacer ~ de,* faire étalage de ‖ **~tar** vt Montrer (mostrar) | Étaler, faire ostentation de (hacer alarde de) | Afficher (ideas) ‖ **~toso, a** adj Magnifique | Ostentatoire (aparatoso).
ostión m Grande huître *f.*
ostr|a f Huître | FAM. *Aburrirse como una ~,* s'ennuyer à mourir ‖ **~acismo** m Ostracisme ‖ **~ero, a** s Écailler, ère; marchand d'huîtres (vendedor) | — M Parc à huîtres, clayère *f* (vivero) ‖ **~icultor** m Ostréiculteur ‖ **~icultura** f Ostréiculture.
ostrogodo, a adj/s Ostrogoth, e; ostrogot, e.
otario, a adj/s *Amér.* Idiot, e | — F ZOOL. Otarie.
ote|ar vt Guetter | Scruter : *~ el horizonte,* scruter l'horizon ‖ **~ro** m Tertre, butte *f.*
otitis f MED. Otite.
otomán m Ottoman (tela).
otomano, a adj/s Ottoman, e | — F Ottomane (sofá).
otoñ|ada f Saison d'automne ‖ **~al** adj Automnal, e; d'automne ‖ **~o** m Automne.
otorg|amiento m Concession *f,* octroi | Consentement, permission *f* (permiso) | DR. Passation *f* ‖ **~ar** vt Octroyer, concéder, consentir | Accorder (dar) | Décerner, attribuer (atribuir) | Conférer, donner (poderes) | Passer [un acte] par-devant notaire.
otorrinolaringólogo m MED. Oto-rhino-laryngologiste.
otro, a adj Autre : *ven ~ día,* viens un autre jour | *Entre otras cosas,* notamment | *¡Otra!* ou *¡Otra vez!,* bis!, encore! | *Por otra parte,* d'autre part | — Pron Autre | FAM. *¡Ésta es otra!,* voilà la dernière! | *¡Hasta otra!,* à bientôt!, à la prochaine! | *Otros dos,* deux autres | *Otros pocos,* quelques autres | *Otro tanto,* autant.
otrosí adj En outre.
ova f BOT. Ulve (alga).
ovaci|ón f Ovation ‖ **~onar** vt Ovationner, faire une ovation à.
oval u **ovalado, a** adj Ovale.
ovaliz|ación f Ovalisation ‖ **~ar** vt Ovaliser.
óvalo m Ovale.
ovario m Ovaire.
ovas fpl Frai *msing* (hueva).
ovej|a f Brebis (hembra del carnero) | Mouton *m* (carnero) | FIG. Brebis, ouaille | *Amér.* Lama *m* | FIG. *Cada*

~ *con su pareja,* qui se ressemble s'assemble | FAM. **~** *negra,* brebis galeuse || **~uno, a** adj De brebis, ovin, e.
óvido m Ovin.
ovill|ar vt Mettre en pelote | — Vp Se pelotonner || **~o** m Pelote *f* | FIG. Tas (montón) | *Hacerse un* **~**, se pelotonner (acurrucarse), s'embrouiller (confundirse).
ovino, a adj/m Ovin, e.
ov|íparo, a adj/s Ovipare || **~oide** adj Ovoïde || **~ulación** f Ovulation || **~ular** adj Ovulaire.
óvulo m Ovule.
oxid|ación f Oxydation || **~ante** adj/m Oxydant, e || **~ar** vt Oxyder | — Vp S'oxyder, se rouiller.
óxido m Oxyde | Rouille *f* (orín).
ox|igenación f Oxygénation || **~igenar** vt Oxygéner || **~ígeno** m Oxygène || **~ítono** m GRAM. Oxyton || **~iuro** m Oxyure.
¡oxte! interj Zut! | *Sin decir* **~** *ni moxte,* sans rien dire.
oyente adj/s Auditeur, trice | Auditeur, auditrice libre (estudiante).
ozono m QUÍM. Ozone.

p

p f P *m.*
pabellón m Pavillon | Immeuble (vivienda) | Drapeau (bandera) | Baldaquin | MIL. Faisceau (de fusiles) | MAR. **~** *de conveniencia,* pavillon de complaisance.
pabilo m Mèche *f.*
Pablo nprm Paul.
pábulo m Aliment | FIG. *Dar* **~** *a las críticas,* donner prise à la critique.
paca f Balle (fardo).
pacato, a adj Paisible, calme.
pacer* vt/i Paître.
paci|encia f Patience | Lenteur (lentitud) | *Acabársele a uno la* **~**, perdre patience, être à bout | *Llevar con* **~**, prendre en patience || **~ente** adj/s Patient, e || **~enzudo, a** adj Très patient, e.
pac|ificación f Pacification | FIG. Apaisement *m* || **~ificador, a** adj/s Pacificateur, trice || **~ificar** vt Pacifier | FIG. Apaiser (apaciguar), réconcilier || **~ífico, a** adj Pacifique.
Pacífico nprm Pacifique (océano).
pacif|ismo m Pacifisme || **~ista** adj/s Pacifiste.
Paco, a nprmf François, e.
pacotill|a f Pacotille || **~ero** m *Amér.* Colporteur.
pact|ar vt/i Faire un pacte, convenir de, pactiser || **~o** m Pacte, accord.
pachá m Pacha.
pach|ón, ona adj/s Basset (perro) || **~orra** f FAM. Mollesse, indolence; flegme *m* (tranquilidad) || **~orrudo, a** adj FAM. Lent, e (lento), flegmatique || **~ucho, a** adj Blet, ette (fruta) | FIG. Faible, patraque.
padec|er* vt/i Souffrir de | Endurer (aguantar) | Être atteint de (estar enfermo de) | Subir (soportar) | Connaître, éprouver (pasar) || **~imiento** m Épreuve *f*, souffrance *f*.
padr|astro m Beau-père (marido de la madre) | Envie *f* (en las uñas) || **~azo** m FAM. Papa gâteau || **~e** m Père | Prêtre, curé (sacerdote) | Mon Père (dirigiéndose a un sacerdote) | Origine *f* | — Pl Parents | Ancêtres, pères (antepasados) | FAM. *De* **~** *y muy señor mío,* de première classe | *Padre Nuestro,* Notre Père, Pater (oración) | **~** *político,* beau-père | *Padre Santo,* le Saint-Père | FAM. *Un susto* **~**, une peur bleue | — Adj *Amér.* FAM. Formidable || **~enuestro** m Notre Père, Pater || **~inazgo** m Parrainage || **~ino** m Parrain | Témoin (boda, desafío) | FIG. Protecteur, appui || **~ón** m Cens, recensement (censo) | Modèle.
paella f Paella.
pag|a f Paye, paie (sueldo) | Solde (de militar) | Paiement *m* (pago) | FIG. Châtiment *m* (castigo), réciprocité || **~able** adj Payable || **~adero, a** adj Payable | — M Échéance *f* || **~ado, a** adj Payé, e | Partagé, e (mutuo) | **~** *de sí mismo,* imbu de sa personne || **~ador, a** adj/s Payeur, euse || **~aduría** f Trésorerie, paierie.
pagan|ismo m Paganisme || **~o, a** adj/s Païen, enne | — M FAM. Victime *f*, celui qui paie.
pag|ar vt Payer | FIG. Rendre (una visita, el afecto) | *Me las pagará,* il me le paiera | **~** *al contado,* payer comptant | *Pagarle a uno con la misma moneda,* rendre à qqn la monnaie de sa pièce | — Vp Se payer || **~aré** m Billet à ordre.
pagaya f Pagaie.
página f Page.
pagin|ación f Pagination || **~ar** vt Paginer.

pago m Paiement, payement | Domaine, terres *fpl* (heredad) | Clos (viñedo) | FIG. Prix (precio), rançon *f* (tributo) | *Amér.* Pays; village.
pagoda f Pagode.
paguro m Bernard-l'ermite.
paila f Poêle.
paipai m Éventail.
pairo m MAR. Panne *f* : *al ~,* en panne.
pa|ís m Pays | Feuille *f* (del abanico) ‖ **~isaje** m Paysage ‖ **~isajista** adj/s Paysagiste ‖ **~isano, a** adj/s FAM. Pays, e | Compatriote (del mismo país) | — S *Amér.* Paysan, anne | — M Civil : *vestido de ~,* (habillé) en civil.
Países Bajos nprmpl Pays-Bas.
paj|a f Paille | FIG. *En un quítame allá esas ~s,* en un clin d'œil | FAM. *Por un quítame allá esas ~s,* pour un oui pour un non | *Sacar* ou *echar ~s,* tirer à la courte paille ‖ **~ar** m Pailler, grenier à foin.
pájara f Oiseau *m* | Cocotte (de papel) | FAM. Fine mouche (mujer astuta), sale bête (mujer mala).
pajar|era f Volière ‖ **~ería** f Oisellerie ‖ **~ero** m Oiselier (vendedor) | Oiseleur (cazador) ‖ **~ita** f Cocotte (de papel) | Cerf-volant *m* (cometa) | *~ de las nieves,* bergeronnette ‖ **~ito** m Petit oiseau, oisillon | *Comer como un ~,* avoir un appétit d'oiseau.
pájaro m Oiseau | Passereau (orden) | FIG. Vieux renard (astuto) | FIG. *Matar dos ~s de un tiro,* faire d'une pierre deux coups | *~ carpintero,* pivert | FAM. *~ de cuenta,* drôle d'oiseau.
pajarraco m FAM. Vilain oiseau | FIG. Drôle d'oiseau.
pajaza f Litière (en cuadras).
paje m Page.
paj|izo, a adj Jaune paille (color) | De paille ‖ **~olero, a** adj FAM. Fichu, e; sacré, e ‖ **~oso, a** adj De paille, plein de paille ‖ **~ote** m AGR. Paillasson, paillis ‖ **~uela** f Mèche soufrée | Allumette soufrée.
pala f Pelle (instrumento) | Pelletée (contenido) | Raquette (de ping pong) | Pala (de pelota vasca) | Batte (de béisbol) | Pale (de hélice, de remo) | Battoir *m* (para lavar) | Empeigne (de calzado) | Pointe (de camisa) | Palette (de un diente) | *~ cargadora,* pelle mécanique, pelleteuse.
palabr|a f Parole (habla, promesa) | Mot *m* (vocablo) | Propos *m* (declaración) | Verbe (teología) | *Bajo ~,* sur parole | *Coger la ~,* prendre au mot | *Con medias ~s,* à mots couverts, à demi-mot | *Cumplir con su ~,* tenir parole | *Decir dos ~s,* dire un mot | *Dejar a uno con la ~ en la boca,* ne pas laisser placer un mot à qqn | *De ~,* de vive voix | *Dichas estas ~s,* cela dit | *Empeñar la ~,* donner sa parole | *Gastar ~s,* parler en vain | *Me basta con su ~,* je vous crois sur parole | *¡~!,* parole [d'honneur] | *~ de matrimonio,* promesse de mariage | *~ por ~,* mot à mot | *~s cruzadas,* mots croisés | *~s mayores,* injures ‖ **~ear** vi Palabrer ‖ **~eo** m Palabre *f* ‖ **~ería** f o **~erío** m FAM. Verbiage *m,* bavadarge *m,* palabre *f* ‖ **~ero, a** adj/s Bavard, e ‖ **~ita** f Petit mot *m* | Mot *m* ‖ **~ota** f FAM. Gros mot *m* (taco), mot (*m*) à coucher dehors (palabra extraña).
palac|ete m Hôtel particulier | Petit palais ‖ **~iego, a** adj Du palais, de cour | — Adj/s Courtisan, e ‖ **~io** m Palais | Château.
palad|ar m ANAT. Palais | Saveur *f,* goût (sabor) | FIG. Goût (gusto) ‖ **~ear** vt Savourer, déguster ‖ **~ial** adj/f Palatal, e.
paladín m Paladin | FIG. Champion (defensor).
paladino, a adj Clair, e; manifeste.
palafr|én m Palefroi ‖ **~enero** m Palefrenier.
palanca f Levier *m* | Manette (manecilla) | Poignée (del freno) | Tremplin (*m*) de haut vol (trampolín) | Palanque (fortificación) | FIG. Piston *m* (influencia) | *~ de mando,* manche à balai (avión) | *~ de mando del timón,* palonnier.
palangan|a f Cuvette ‖ **~ero** m Table (*f*) de toilette.
palangre m Palangre *f.*
palanqu|era f Palissade ‖ **~eta** f Petit levier *m* | Pince-monseigneur ‖ **~illa** f TECN. Billette (en acier) ‖ **~ín** m Palanquin.
palastro m Tôle *f* (chapa) | Palastre, palâtre (de cerradura).
palatal adj/f Palatal, e ‖ **~ización** f Palatalisation ‖ **~izar** vt Palataliser.
Palatinado nprm Palatinat.
palatino, a adj/s Palatin, e (de palacio) | ANAT. Du palais.
palco m Tribune *f* | Loge *f* (teatro) : *~ de proscenio,* loge d'avant-scène | *~ de platea,* baignoire.
palear vt Pelleter.
palenque m Enceinte *f* (recinto) | Palissade *f* | *Amér.* Poteau (poste) | FIG. *~ político,* arène politique.
pale|ografía f Paléographie ‖ **~olítico, a** adj/m Paléolithique ‖ **~ontología** f Paléontologie.
Palestina nprf Palestine.
palestra f Palestre | FIG. Échiquier *m* | *Salir a la ~,* entrer en lice.
palet|a f Petite pelle | Pelle à gâteaux (de postre) | Truelle (llana) | Palette (de pintor, de un diente, de raqueta,

de reloj, de noria) | Pale (de ventilador) | Bat *m* (de criquet) | ANAT. Omoplate || **~ada** f Pelletée | Truellée || **~illa** f ANAT. Omoplate | Épaule (carnicería) || **~o, a** adj FAM. Paysan, anne; rustre | — S FAM. Croquant, e || **~ón** m Panneton (de llave) | Palette *f* (dientes).

pali|ar vt Pallier || **~ativo, a** adj/m Palliatif, ive.

palid|ecer* vi Pâlir || **~ez** f Pâleur.

pálido, a adj Pâle.

paliducho, a adj FAM. Pâlot, otte.

palill|ero m Porte-cure-dents (de mondadientes) | Porte-plume || **~o** m Bâtonnet | Cure-dent (mondadientes) | Baguette *f* (de tambor) | Fuseau (para encaje) | — Pl Baguettes *f* | FAM. Banderilles *f* | Castagnettes *f*.

palinodia f Palinodie.

palio m Pallium | Dais (dosel).

paliqu|e m FAM. Causerie *f*, conversation *f* | *Estar de ~*, faire un brin de causette || **~ear** vi FAM. Bavarder.

pal|isandro m Palissandre || **~itoque** o **~itroque** m Bout de bois (palo) | TAUR. Banderille *f* | Bâton (escritura) || **~iza** f Volée [de coups], raclée (pop) || **~izada** f Palissade.

palm|a f Palmier *m* (árbol) | Palme (hoja) | Dattier *m* (datilera) | Paume (de la mano) | FIG. Palme | — Pl Applaudissements *m* : *~ de tango*, applaudissements scandés | *Batir* ou *dar ~s*, applaudir | *Conocer como la ~ de la mano*, connaître comme sa poche || **~ada** f Claque, tape | — Pl Battements (*m*) de mains | Applaudissements *m* (aplausos) | *Dar ~s*, battre des mains || **~ado, a** adj Palmé, e || **~ar** adj ANAT. Palmaire | FIG. Évident, e | — M Palmeraie *f* | FAM. *Más viejo que un ~*, vieux comme Hérode | — Vi FAM. Casser sa pipe, mourir || **~ario, a** adj Évident, e || **~atoria** f Férule (de maestro) | Bougeoir *m* (candelero) || **~eado, a** adj Palmé, e || **~ear** vi Applaudir | Battre des mains || **~er** m TECN. Palmer || **~era** f Palmier *m* (árbol) | Palme (hoja) | Dattier *m* (datilera) | Palmier *m* (pastel) || **~eral** m Palmeraie *f* || **~eta** f Férule || **~iche** o **~icho** m Palmier royal | Chou palmiste (fruto) || **~ípedo, a** adj/m Palmipède || **~ista** f *Amér.* Chiromancienne || **~ito** m Palmiste, palmier nain | Cœur de palmier (comestible) | FAM. Minois (cara), allure *f* (aspecto) || **~o** m Empan (medida) | *~ a ~*, pas à pas | *~ de narices*, pied de nez || **~otear** vi Battre des mains || **~oteo** m Applaudissement.

palo m Bâton | Bout de bois (trozo de madera) | Bois (madera) | Coup de bâton (golpe) | Manche (mango) | BLAS. Pal | FAM. Banderille *f* (toros) | Mât (mástil) | Quille *f* (billar) | Couleur *f* (de los naipes) | Crosse *f* (del juego de hockey) | Club (golf) | Gibet (suplicio) | *Amér.* Arbre | FIG. *Dar ~s de ciego*, taper dans le tas (golpear sin cuidado), tâtonner (tantear) | FAM. *Dar un ~*, esquinter, démolir (criticar), matraquer, faire payer très cher | *De tal ~ tal astilla*, tel père, tel fils | *~ de bauprés*, mât de beaupré | *~ de mesana*, mât d'artimon | *~ de rosa*, bois de rose | *~ de trinquete*, mât de misaine | *~ dulce*, bois de réglisse | *~ mayor*, grand mât || **~duz** m Bâton de réglisse.

palom|a f Pigeon *m* | Colombe | FIG. Agneau *m* (persona bondadosa) | FAM. Anisette à l'eau (bebida) | — Pl Moutons *m* (olas) | *~ mensajera*, pigeon voyageur | *~ torcaz*, palombe, pigeon ramier || **~ar** m Pigeonnier, colombier || **~eta** f Écrou (*m*) papillon || **~illa** f Teigne, mite (polilla) | Petit papillon *m* (mariposa) | Console (soporte) | MEC. Crapaudine | — Pl Moutons *m* (del mar) || **~ino** m Pigeonneau || **~ita** f Pop-corn *m*, maïs (*m*) grillé | Anisette à l'eau (bebida) || **~o** m Pigeon | FAM. Niais, dindon.

palote m Baguette *f* | Bâtonnet (escritura).

palp|ar vt Palper, tâter | — Vi Tâtonner || **~itación** f Palpitation || **~itante** adj Palpitant, e | Frémissant, e || **~itar** vi Palpiter | Battre (latir).

pálpito m Pressentiment.

pal|údico, a adj Paludéen, enne || **~udismo** m MED. Paludisme.

palurdo, a adj/s FAM. Paysan, anne; rustre.

palustre m Truelle *f*.

pamela f Capeline (sombrero).

pamema f FAM. Histoire | Simagrée.

pampa f Pampa, plaine.

pámpan|a f Feuille de vigne || **~o** m Pampre | Feuille (*f*) de vigne (hoja).

pampero, a adj De la pampa | — S Habitant de la pampa.

pamplin|a f Mouron *m* (planta) | FAM. Bêtise, fadaise | — M Niais, sot || **~ero, a** adj Niais, e; sot, sotte.

Pamplona npr Pampelune.

pamplonés, esa o **pamplonica** adj/s De Pampelune.

pan m Pain : *~ duro, tierno*, pain dur o rassis, frais | FIG. Blé (trigo) | Pâte *f* (masa) | Feuille *f* (hoja de metal) | *A falta de ~, buenas son tortas*, faute de grives, on mange des merles | FAM. *¡Con su ~ se lo coma!*, grand bien lui fasse! *Es ~ comido*, c'est du tout cuit | *Estar a ~ y a*

agua, être au pain sec | *Llamar al ~ ~ y al vino vino*, appeler un chat un chat | *~ bazo* ou *moreno*, pain bis | *~ de centeno*, pain de seigle *o* noir | *~ de flor*, pain de gruau | *~ de molde*, pain de mie | *~ integral*, pain complet | *~ rallado*, chapelure, panure | FIG. *Pedazo de ~*, excellente personne | *Vivir con ~ y cebolla*, vivre d'amour et d'eau fraîche.
pana f Velours (*m*) côtelé.
panacea f Panacée.
panad|ería f Boulangerie ‖ **~ero, a** s Boulanger, ère.
panadizo m Panaris, mal blanc.
panal m Rayon (de colmena) | Pâte (*f*) sucrée et parfumée.
Panamá nprm Panama.
panam|á m Panama (jipijapa) ‖ **~eño, a** adj/s Panaméen, enne.
panamericano, a adj Panaméricain, e.
pancarta f Pancarte.
pancista adj/s FAM. Opportuniste.
páncreas m ANAT. Pancréas.
pancreático, a adj Pancréatique.
Pancho nprm FAM. François.
pancho, a adj FAM. *Quedarse tan ~*, ne pas s'émouvoir.
pande|ar o **~arse** vi/p Fléchir (viga), se bomber ‖ **~o** m Courbure *f*, bombement.
pandereta f o **pandero** m Tambourin *m*, tambour (*m*) de basque.
pandilla f Bande | Équipe | Clique (camarilla).
pando, a adj Bombé, e.
pandorga f Cerf-volant *m* (cometa) | FAM. Grosse mère (mujer).
panecillo m Petit pain.
paneg|írico m Panégyrique ‖ **~irista** s Panégyriste.
panel m Panneau.
panera f Corbeille à pain, panetière.
pánfilo, a adj FAM. Mou, molle; flemmard, e (remolón), sot, sotte (tonto).
panfleto m Pamphlet.
paniaguado m FAM. Protégé.
pánico, a adj Panique | — M Panique *f*.
panific|ación f Panification ‖ **~ar** vt Panifier.
pan|izo m Maïs ‖ **~ocha** o **~oja** f Épi *m*.
panoli adj/s POP. Idiot, e.
pan|oplia f Panoplie ‖ **~orama** m Panorama | Tour d'horizon (estudio) ‖ **~orámico, a** adj Panoramique | — F Panoramique *m*.
panoso, a adj Farineux, euse.
panqueque m *Amér.* Crêpe *f*.
pantalón m o **pantalones** mpl Pantalon *sing* (de hombre) | Culotte *fsing* (de mujer) | Culottes *fpl* (de niños) | *~ bombacho*, pantalon bouffant | *~ corto*, short | *~ vaquero*, blue-jean.
pantalonero, a s Culottier, ère.
pantalla f Abat-jour *m* (de lámpara) | Écran *m* (cine, chimenea) | AVIAC. Panneau *m* | FIG. Paravent *m* | *~ acústica*, enceinte.
pantan|o m Marais, marécage | Lac de barrage (embalse) | Barrage (presa) ‖ **~oso, a** adj Marécageux, euse | FIG. Difficile.
pante|ísmo m Panthéisme ‖ **~ísta** adj/s Panthéiste ‖ **~ón** m Panthéon | Caveau de famille (sepultura).
pantera f Panthère.
pant|ógrafo m Pantographe ‖ **~omima** f Pantomime.
pantorrilla f Mollet *m*.
pantufla f Pantoufle.
panz|a f Panse, ventre *m* ‖ **~ada** f FAM. Ventrée (hartazgo) ‖ **~udo, a** adj Ventru, e.
pañ|al m Lange, couche *f* (de niño) | Pan (de camisa) | — Pl Couches *f*, maillot *sing* (para recién nacido) | FIG. Enfance *fsing* (niñez) | FIG. *Estar en ~es*, en être à ses débuts ‖ **~ería** f Draperie ‖ **~ero, a** adj Du drap | — S Drapier, ère ‖ **~o** m Drap (de lana) | Tissu, étoffe *f* (tela) | Lé (ancho de una tela) | Torchon (trapo) | Tenture *f* (colgadura) | Ternissure *f* (falta de brillo) | Envie *f* (mancha en la piel) | Masque (que tiene una mujer embarazada) | Tableau (de mesa de juego) | MED. Serviette *f* | — Pl Draperies *f* | FIG. *Conocer el ~*, connaître la musique. *Jugar a dos ~s*, miser sur deux tableaux | *~ de altar*, nappe d'autel | *~ de billar*, tapis de billard | FIG. *~s calientes*, palliatifs, remèdes inefficaces | *~s menores*, sous-vêtements | FIG. *Ser el ~ de lágrimas de alguien*, être le confident de qqn.
pañol m MAR. Soute *f* | *~ de municiones*, dépôt de munitions.
pañ|olón m Châle | Grand mouchoir (pañuelo) ‖ **~uelo** m Mouchoir (para la nariz) | Foulard (en la cabeza), fichu (en los hombros).
pap|a m Pape | FIG. *Ser más papista que el Papa*, être plus royaliste que le roi | — F Pomme de terre | — Pl FAM. Nourriture *sing* (comida) | FAM. *No saber ni ~ de*, ne rien savoir de ‖ **~á** m FAM. Papa.
papada f Double menton *m* | Fanon *m* (del buey).
papado m Papauté *f* (dignidad) | Pontificat (duración).
papagayo m Perroquet.
papal adj Papal, e.
papalina f Bonnet (*m*) à oreilles (gorra) | Coiffe (de mujer) | FAM. Cuite (borrachera).
pap|amoscas m inv Gobe-mouches ‖ **~anatas** m inv FAM. Nigaud (tonto), badaud (mirón) ‖ **~ar** vt Avaler.

papay|a f Papaye (fruto) ‖ **~o** m Papayer (árbol).
papel m Papier | Morceau de papier (pedazo) | TEATR. Rôle : *desempeñar un ~*, jouer un rôle | COM. Papier-monnaie (billete) | — Pl Papiers (documentación) | Journaux (periódicos) | FAM. Cajoleries *f* | *Hacer buen ~*, faire bonne figure | *~ carbón*, papier carbone | *~ cebolla*, papier pelure | *~ de calcar*, papier-calque | *~ cuché*, papier couché | *~ de barba*, papier non rogné | *~ de escribir* ou *de cartas*, papier à lettres | *~ de fumar*, papier à cigarettes | *~ de lija*, papier de verre | *~ de marca* ou *de cuartillas*, papier écolier | *~ de periódico*, papier journal | *~ engomado* ou *de pegar*, papier collant | *~ esmerilado*, papier-émeri | *~ glaseado* ou *de brillo*, papier glacé | *~ moneda*, papier-monnaie | *~ pautado*, papier à musique | *~ secante*, papier buvard | *~ sin sellar*, papier libre | *~ vegetal*, papier sulfurisé | *~ vitela*, papier vélin ‖ **~eo** m Paperasserie *f* ‖ **~era** f Classeur *m* (meuble) | Papeterie (fábrica) | Corbeille à papier (cesto) ‖ **~ería** f Papeterie (tienda) | Paperasse (papeles) ‖ **~ero, a** adj/s Papetier, ère | FIG. Poseur, euse; prétentieux, euse (presumido), comédien, enne (simulador) ‖ **~eta** f Billet *m* | Fiche | Bulletin *m* (de voto) | Petit papier *m* (en un examen) | Question d'examen | FIG. Affaire difficile (asunto), corvée (incordio) ‖ **~illos** mpl Confetti ‖ **~ucho** m Paperasse *f*.
papera f MED. Goitre *m* (bocio) | — Pl MED. Oreillons *m*.
papila f ANAT. Papille.
papilionáceo, a adj/fpl Papilionacé, e.
papilla f Bouillie | FAM. *Hacer ~*, réduire en bouillie.
papillote m Papillote *f*.
papiro m Papyrus.
pápiro m POP. Faflot (billete).
papirotada f o **papirotazo** m o **papirote** m Chiquenaude *f*, pichenette *f*.
pap|ismo m Papisme ‖ **~ista** adj/s Papiste.
papo m Fanon (de animal) | Double menton (en las personas) | Jabot (buche) | MED. Goitre (bocio).
paqu|ebote m MAR. Paquebot ‖ **~ete** m Paquet (cajetilla) | Paquet, colis (bulto) | Paquebot (buque) | FIG. Paquet | FAM. Blague *f* (embuste).
paquidermo adjm Pachyderme.
Paquistán nprm Pakistan.
paquistaní adj/s Pakistanais, e.
par adj Pair | — M Paire *f* | Pair (dignidad) | Deux (dos) | ELEC. Couple | *Abrir de ~ en ~*, ouvrir tout grand | *A la ~*, au pair (monedas), ensemble (junto), également | *A la ~ que*, en même temps que, tout en (con el gerundio) | *Ir a la ~ de*, aller de pair avec | *Sin ~*, sans égal.
para prep Pour, à, de (destino) | Vers (hacia), à (a), auprès de (cerca de) | Pour (tiempo, comparación) | Pour, en ce qui concerne (en cuanto a) | *Dar ~*, donner de quoi | *~ con*, envers, à l'égard de | *~ mí*, à mon avis | *~ que*, pour que | *¿~ qué?*, pourquoi? | *Ser ~*, être bon à; être à | *Tener ~ sí que*, avoir dans l'idée que, penser que.
parabién m Félicitation *f* | *Dar el ~*, féliciter, présenter ses félicitations.
par|ábola f Parabole ‖ **~abólico, a** adj/f Parabolique.
para|brisas m inv Pare-brise ‖ **~caídas** m inv Parachute | *Lanzar en ~*, parachuter ‖ **~caidismo** m Parachutisme ‖ **~caidista** adj/s Parachutiste ‖ **~choques** m inv Pare-chocs.
parad|a f Arrêt *m* | Station (de taxis) | Barrage *m* (presa) | Relais *m* (para cambiar caballos) | Parade (teatro, militar) ‖ **~ero** m Endroit | Destination *f* | Demeure *f*, maison *f* (morada) | FIG. Terme (término) | *No conozco su ~*, je ne sais pas où il se trouve.
paradisiaco, a o **paradisíaco, a** adj Paradisiaque.
parado, a adj Arrêté, e | Immobile | En chômage (sin trabajo) | FIG. Lent, e (lento), oisif, ive (desocupado) | *Bien, mal ~*, en bon, en mauvais état | *Quedarse ~*, rester interdit | *Salir bien, mal ~*, bien, mal s'en tirer | — M Chômeur.
parad|oja f Paradoxe *m* ‖ **~ójico, a** adj Paradoxal, e.
parador m Auberge *f* (mesón) | « Parador » [hôtel luxueux de l'État].
parafin|a f Paraffine ‖ **~ar** vt Paraffiner.
par|afrasear vt Paraphraser ‖ **~áfrasis** f Paraphrase.
paraguas m inv Parapluie.
paraguayo, a adj/s Paraguayen, enne | — F Pêche, brugnon *m*.
paragüero m Marchand de parapluies | Porte-parapluies (meuble).
paraíso m Paradis | TEATR. Paradis, poulailler.
paraje m Endroit, site | État, situation *f* (estado) | — Pl Parages.
paral m MAR. Coulisse *f*.
paralaje f ASTR. Parallaxe.
paralel|as fpl Barres parallèles ‖ **~epípedo** m Parallélépipède, parallélipipède ‖ **~ismo** m Parallélisme ‖ **~o, a** adj/s Parallèle ‖ **~ogramo** m Parallélogramme.

par|álisis f Paralysie ‖ **~alítico, a** adj/s Paralytique ‖ **~alización** f Paralysie ‖ **~alizador, a** o **alizante** adj Paralysant, e ‖ **~alizar** vt Paralyser.

paramecio m Paramécie *f*.

paramento m Ornement (adorno) | Caparaçon (de caballo) | ARQ. Parement.

paramera f Région désertique.

parámetro m Paramètre.

páramo m Étendue (*f*) désertique | FIG. Endroit glacial, pôle Nord.

parang|ón m Modèle, parangon (p. us.) | Comparaison *f*, rapprochement ‖ **~onar** vt Comparer.

paraninfo m Grand amphithéâtre.

paranoico, a adj/s Paranoïaque.

parapet|arse vp S'abriter, se protéger | Se barricader (encerrarse) | FIG. Se retrancher ‖ **~o** m Parapet | Enceinte *f*, clôture *f* (cerca).

parar vi Arrêter, s'arrêter (detenerse) | Cesser, arrêter (cesar) | Aboutir (llegar a) | FIG. Tomber entre les mains de | Loger, habiter (alojarse) | Descendre (en un hotel) | Chômer (no trabajar) | FIG. S'en tenir, s'arrêter (contentarse con), décider de (decidir) | *Ir a ~*, en arriver | *Ir a ~ en*, aboutir à; échouer | *Sin ~*, sans arrêt | — Vt Arrêter | Parer (precaver) | — Vp S'arrêter | *~ en seco*, s'arrêter net *o* pile.

pararrayo m o **pararrayos** m inv Paratonnerre.

par|asitario, a adj Parasitaire ‖ **~ásito, a** adj/m Parasite.

parasol m Parasol | FOT. Pare-soleil.

paratifoideo, a adj/f MED. Paratyphoïde.

parcel|a f Parcelle | Particule ‖ **~ación** f Parcellement *m*, morcellement *m* ‖ **~ario, a** adj Parcellaire.

parcial adj Partiel, elle | Partial, e (injusto) ‖ **~idad** f Partialité | Parti *m*, clan *m* (grupo).

parco, a adj Sobre | Modéré, e | Chiche, mesquin, e (mezquino) | Faible (escaso).

parche m Emplâtre (emplasto) | Pièce *f* (remiendo) | Rustine *f* (de neumático) | Raccord (pintura) | Peau (*f*) de tambour | Tambour (tambor) | MED. Timbre | — Pl FIG. Replâtrage *sing* | FIG. *Pegar un ~ a uno*, rouler qqn. *Poner ~s a*, replâtrer.

¡pardiez! interj. FAM. Pardi!

pard|illo, a adj/s Campagnard, e | — M Bouvreuil (ave) ‖ **~o, a** adj Brun, e | Gris, e; sombre (gris) | Sourd, e (voz) | *Amér*. Mulâtre, esse ‖ **~usco, a** adj Brunâtre.

parear vt Apparier, assortir (formar pares) | Accoupler (animales) | TAUR. Poser les banderilles.

parec|er m Avis, opinion *f* | Physique, air | *~ de peritos*, dire *o* rapport d'experts | *Según el ~ de*, au dire de, d'après | — *Vi/imp Avoir l'air, paraître, sembler | Paraître, apparaître (aparecer) | Trouver, penser (juzgar) | Être d'accord, vouloir bien (consentir) | Convenir, aller (ser conveniente) | Vouloir (querer) | *Al ~*, apparemment | *Como le parezca*, comme vous voudrez | *Parece que*, on dirait que | *Parece (ser) que*, il paraît que | *Si le parece bien*, si bon vous semble, si cela vous va | — Vp Ressembler | Se ressembler ‖ **~ido, a** adj Pareil, eille; semblable (semejante) | Ressemblant, e | — M Ressemblance *f*.

pared f Mur *m* (muro) | Paroi (tabique) | FIG. Face (cara) | FIG. *Las ~es oyen*, les murs ont des oreilles | *~ maestra*, gros mur | *~ medianera*, mur mitoyen ‖ **~ón** m Gros mur | Pan de mur (en ruinas) | *¡Al ~!*, au poteau!

parej|a f Paire (par) | Couple *m* (hombre y mujer, macho y hembra) | Deux gendarmes (guardias) | Cavalier, ère (en el baile) | Partenaire *m y f* (en el juego) | *Correr ~s con*, aller de pair avec | *Por ~s*, deux par deux ‖ **~o, a** adj Pareil, eille | Régulier, ère | Plat, e (llano).

parent|ela f Parenté (parientes) ‖ **~esco** m Parenté *f* (lazo de familia).

paréntesis m inv Parenthèse *f*.

pareo m Assortiment, union *f* | Pareo (prenda).

paresa f Pairesse.

parhilera f ARQ. Faîtage *m*.

paria m Paria.

parida adjf/f *Recién ~*, nouvelle accouchée (mujer), qui vient de mettre bas (animal).

paridad f Parité.

pariente, a s Parent, e | *~ político*, parent par alliance | — F POP. Bourgeoise (mujer).

parietal adj/m Pariétal, e.

parihuelas fpl Civière *sing*, brancard *msing*.

paripé m FAM. *Dar el ~*, donner le change (engañar). *Hacer el ~*, se donner de grands airs (presumir), jouer la comédie; faire semblant.

parir vi/t Mettre bas (animales) | Enfanter, accoucher (la mujer) | *Parirás con dolor*, tu enfanteras dans la douleur.

París npr Paris.

parisino, a o **parisiense** adj/s Parisien, enne.

paritario, a adj Paritaire.

parl|amentar vi Parlementer | FAM. Bavarder ‖ **~amentario, a** adj/m

Parlementaire ‖ **~amentarismo** m Parlementarisme ‖ **~amento** m Parlement | Pourparlers *pl* (ajuste) | Discours (discurso) | TEATR. Tirade *f* ‖ **~anchín, ina** adj/s FAM. Bavard, e ‖ **~ante** adj Parlant, e ‖ **~ar** vi Bavarder ‖ **~otear** vi FAM. Papoter, bavarder ‖ **~oteo** m FAM. Papotage, bavardage.

parné o **parnés** m POP. Fric, pognon.

paro m Mésange *f* (ave) | Arrêt, débrayage (suspensión del trabajo) | Chômage (forzoso) | ~ *cardíaco*, arrêt du cœur | ~ *encubierto*, sous-emploi.

parodi|a f Parodie ‖ **~ar** vt Parodier.

paronimia f Paronymie.

parónimo m Paronyme.

parótida f ANAT. Parotide.

paroxismo m Paroxysme.

parpade|ar vi Ciller, papilloter (ojos) | Vaciller, trembloter (luz) ‖ **~o** m Cillement, clignement (de ojos) | Tremblotement (de la luz).

párpado m ANAT. Paupière *f*.

parpar vi Nasiller, cancanner (pato).

parque m Parc.

parquedad f Parcimonie (ahorro) | Mesure, modération | Petitesse (pequeñez).

parquet o **parqué** m Parquet.

parquímetro m Parcmètre, parcomètre.

parra f Treille (vid) | ~ *virgen*, vigne vierge | FAM. *Subirse a la* ~, monter sur ses grands chevaux, se fâcher.

parrafada f FAM. Causerie (charla), laïus *m* (perorata) | *Echar una* ~, tailler une bavette.

párrafo m Paragraphe | FAM. *Echar un* ~, tailler une bavette, bavarder | *En* ~ *aparte*, à la ligne.

parral m Treille *f*.

parrand|a f FAM. Noce, foire (juerga) | Troupe de musiciens (cuadrilla) ‖ **~ear** vi FAM. Faire la noce *o* la foire.

parricid|a s Parricide (criminal) ‖ **~io** m Parricide (crimen).

parrilla f Gril *m* | Foyer *m* (de horno, de locomotora) | Grill-room *m* (restaurante) | Clayette (de frigorífico) | *A la* ~, sur le gril, grillé.

párroco m Curé.

parroqui|a f REL. Paroisse | Clientèle (clientes) ‖ **~al** adj Paroissial, e ‖ **~ano, a** s Client, e.

parsimoni|a f Parcimonie | Mesure, modération (medida) ‖ **~oso, a** adj Parcimonieux, euse.

parte f Partie | Part (en un reparto) | Participation | Endroit *m* (sitio) | Côté *m* (lado) | Parti *m* (partido) | Partage *m* (porción) | TEATR. Rôle *m* (papel), acteur *m*, actrice | — Pl ANAT. Parties | *A* ou *en otra* ~, ailleurs | *Dar* ~ *de*, avertir de; faire part de | *De* ~ *a* ~, de part en part (de un lado a otro), complètement | *De* ~ *de*, de la part de (en nombre de), du côté de (a favor de) | *En alguna* ~, quelque part | *En mala* ~, en mauvaise part | *En ninguna* ~, nulle part | *En todas* ~*s*, partout | *Formar* ~ *de*, faire partie de | *La mayor* ~, la plupart | *Poner de su* ~, y mettre du sien | *Por ambas* ~*s*, de part et d'autre | *Por mi* ~, pour ma part; de mon côté | *Por otra* ~, par ailleurs, d'autre part | *Por* ~*s*, séparément | *Por* ~*s iguales*, en parties égales | *Ser* ~ *en*, participer à (participar), être partie (en un juicio) | — M Rapport (informe) | Dépêche *f* (telegrama) | Bulletin (de guerra, facultativo, meteorológico) | Communiqué | Faire-part (de boda).

parter|a f Sage-femme, accoucheuse ‖ **~o** m Accoucheur.

part|ible adj Divisible, partageable ‖ **~ición** f Partage *m* | Partition, division (de un territorio) | MAT. Division, partage *m* ‖ **~icipación** f Participation | Communication (aviso) | Faire-part *m* (de boda) ‖ **~icipante** adj/s Participant, e ‖ **~icipar** vt Annoncer, communiquer | — Vi Participer à | Participer, tenir | Avoir part (*de*, à) | Partager (compartir) ‖ **~ícipe** adj/s Participant à | Bénéficiaire de | *Ser* ~ *en*, prendre part à, participer à ‖ **~icipio** m Participe | ~ (*de*) *presente* ou *activo*, participe présent | ~ *pasivo* ou *de pretérito*, participe passé ‖ **~ícula** f Particule | Parcelle (parcela) ‖ **~icular** adj Particulier, ère | Personnel, elle | Privé, e (privado) | — M Sujet, question *f*, matière *f* (asunto) | Particulier (persona) | Civil ‖ **~icularidad** f Particularité ‖ **~icularizar** vt Particulariser | Préférer, favoriser ‖ **~ida** f Départ *m* (salida) | MAR. Partance | Acte *m* (de nacimiento, defunción, etc) | Extrait *m* (copia) | COM. Poste *m* (en una cuenta o presupuesto), lot *m* (cantidad) | Bande (cuadrilla) | MIL Parti *m* | Partie (juego) | FAM. Tour *m* ‖ **~idario, a** adj/s Partisan, e | — M Guérillero, partisan ‖ **~ido** m Parti | Camp (lado) | Profit, parti (provecho) | Appui (amparo) | Moyen, procédé (medio) | Équipe *f* (de jugadores) | Partie *f* (juego) | Match (de fútbol) | District (distrito) | ~ *judicial*, arrondissement | *Sacar* ~, tirer profit *o* parti, profiter ‖ **~ir** vt Diviser (dividir) | Partager (repartir) | Casser (romper) | Fendre, casser (la leña) | Couper (con cuchillo) | Rompre (con las manos) | Briser (el corazón) | — Vi Partir | — Vp Partir (irse) | Se casser (romperse) | Se diviser ‖

~itivo, a adj/m Partitif, ive || **~itura** f Mús. Partition.
part|o m Accouchement (de una mujer) | Mise bas *f* (de un animal) | FIG. Enfantement (producción), fruit (resultado) || **~urienta** f Parturiente (p.us.), accouchée.
parv|a f AGR. Airée | FIG. Tas *m* (montón), casse-croûte *m* (comida) || **~edad** f Petitesse | Collation (comida ligera) || **~o, a** adj Petit, e.
párvulo, a adj/s Petit, e | FIG. Innocent, e | — M Enfant.
pasa f Raisin (*m*) sec.
pas|able adj Passable || **~acalle** m Passacaille *f* || **~acintas** m inv Passe-lacet || **~ada** f Passage *m* | TECN. Passe | *De ~*, en passant | *Hacer una mala ~*, jouer un mauvais tour || **~adero, a** adj Passable | Supportable (aguantable) | Praticable (transitable) || **~adizo** m Corridor | Passage || **~ado, a** adj Passé, e | Dernier, ère : *el mes ~*, le mois dernier | *~ de moda*, démodé | *~ mañana*, après-demain | — M Passé || **~ador** m Passoire *f* (colador) | Targette *f* (pestillo) | Passe-lacet (pasacintas) | Barrette *f* (para el pelo) | Agrafe *f* (broche) | TECN. Goujon | — Pl Boutons de manchettes (gemelos).
pasaj|e m Passage (paso, trozo, precio, billete, calle) | Passagers (*pl*) d'un navire | *Amér.* Billet || **~ero, a** adj Passager, ère (que dura poco) | Passant, e (frecuentado) | — Adj/s Passager, ère (viajero).
pasaman|ería f Passementerie || **~ero, a** s Passementier, ère || **~o** m Passement (galón) | Rampe *f* (barandal).
pasamontañas m inv Passe-montagne.
pas|ante adj Passant, e | — M Stagiaire (de abogado, de médico) | Clerc (de notario) | Répétiteur (de colegio) || **~antía** f Place de répétiteur (en facultades) *o* de stagiaire (en profesiones) | Stage *m* || **~apasa** m Tour de passe-passe || **~aportar** vt FAM. Expédier || **~aporte** m Passeport | FIG. Carte (*f*) blanche (permiso) || **~apuré** m Passe-purée, presse-purée || **~ar** vt Passer | Transmettre, passer (transmitir) | Passer avec succès, être reçu à (un examen) | Traverser, passer (atravesar) | Doubler, dépasser (un coche) | FIG. Dépasser (superar), franchir (franquear), endurer, souffrir (soportar), avoir (miedo, hambre, etc), laisser passer (consentir) | Sauter (omitir) | Tourner (las páginas) | Dessécher (fruta) | *Pasarlo bien*, s'amuser | *Pasarlo mal*, s'ennuyer (aburrirse), avoir des difficultés | *~ por alto*, passer sur, laisser de côté (omitir), oublier (olvidar) | — Vi Passer | Entrer | Devenir (volverse) | Circuler, passer | Se passer (transcurrir) | Arriver, se passer (suceder) | Être reçu à un examen (aprobar) | Passer son tour (en juegos) | *Esto no pasa*, ça ne prend pas | *Ir pasando*, vivoter | *~ a ser*, devenir | *~ con*, s'arranger de *o* avec (arreglarse), faire un stage chez (ir de pasante) | *~ de*, dépasser, avoir plus de | *~ por*, passer pour (ser considerado), endurer, supporter (soportar), tolérer, admettre | *~ por ello*, y passer | *~ por encima*, parcourir (un escrito), passer par-dessus (hacer la vista gorda) | *~ sin*, se passer de; s'empêcher de | — Vp Passer | Passer les bornes (excederse) | Oublier (olvidar) | Se gâter (fruta) | Se faner, passer (flores) | *Pasarse de*, être trop | *Pasárselo en grande*, s'amuser comme un fou || **~arela** f Passerelle | *~ de acceso*, passerelle télescopique (en aeropuertos) || **~atiempo** m Passe-temps.
pascu|a f Pâque (fiesta judía) | Noël (Navidad) | Pâques (de Resurrección) | L'Épiphanie (los Reyes) | Pentecôte (Pentecostés) | FAM. *Estar como unas ~s*, être gai comme un pinson. *Hacer la ~*, enquiquiner, casser les pieds || **~al** adj Pascal, e.
Pascual nprm Pascal.
pase m Permis | Laissez-passer (autorización) | Carte (*f*) d'invitation | DEP. TAUR. Passe *f* | Passage (de un film) | *Amér.* Passeport || **~ante** adj/s Promeneur, euse | FAM. *~ en corte*, flâneur || **~ar** vt Promener | — Vi Se promener | — Vp Se promener || **~íllo** m Défilé (de toreros) || **~o** m Promenade *f* | FAM. *Mandar a ~*, envoyer promener.
pasillo m Couloir, corridor | TEATR. Promenoir (localidad), saynète *f* (obra).
pas|ión f Passion || **~ional** adj Passionnel, elle || **~ionaria** f BOT. Passiflore || **~ividad** f Passivité || **~ivo, a** adj/m Passif, ive.
pasm|ar vt Ébahir, stupéfier (asombrar) | Geler, glacer (helar) | Faire défaillir (desmayar) | — Vp Être ébahi (asombrado) | Geler, être glacé (helarse) | S'évanouir (desmayarse) || **~o** m Refroidissement (enfriamiento) | Évanouissement, pâmoison *f* (desmayo) | FIG. Étonnement, stupéfaction *f* (asombro) || **~oso, a** adj Stupéfiant, e; ahurissant, e.
paso, a adj Sec, sèche | — Adv Doucement, lentement | — M Pas (distancia, movimiento, huella) : *dar un ~*, faire un pas | Passage (acción, sitio) | Allure *f* (ritmo) | Degré, marche *f* (peldaño) | Piste *f* (rastro) | Progrès (adelanto) | Démarche *f* (gestión) | Moment critique | MEC. Pas |

Abrirse ~, se frayer un passage | *A buen ~*, d'un bon pas | *A cada ~*, à chaque instant | *A ese ~*, à ce train-là | *Al ~ que*, tandis que, comme | *A ~ largo*, à grands pas | *Con ~s contados*, à pas comptés | *Cortar el ~*, barrer le chemin | *Dar ~ a* ou *dejar ~ a*, laisser passer (dejar pasar), ouvrir la voie (acarrear) | *Dar un ~ en falso*, faire un faux pas | *De ~*, en passant, au passage ; de passage | *Dicho sea de ~*, soit dit en passant | *Llevar el ~*, marcher au pas | *~ a nivel*, passage à niveau | *~ de carga*, pas de course o de charge | *~ del ecuador*, passage de la ligne ; milieu des études | *~ de peatones*, passage clouté | *Prohibido el ~*, passage interdit | FAM. *Sacar de un mal ~*, tirer d'un mauvais pas. *Salir al ~ de*, aller au-devant de. *Salir del ~*, se tirer d'affaire | *Seguir los ~s de*, suivre qqn (ir detrás), marcher sur les traces de qqn.

past|a f Pâte | Reliure, couverture cartonnée (de libro) | FIG. Étoffe : *tener ~ de escritor*, avoir l'étoffe d'un écrivain | POP. Fric *m* (dinero) | — Pl Pâtes (tallarines) | Petits fours *m* (pastelillos), petits gâteaux *m* || **~ar** vt/i Paître || **~el** m Gâteau | Pâté (de carne) | Pastel (color) | FAM. Salade *f* (lío) | FAM. *Descubrir el ~*, découvrir le pot aux roses (adivinar), vendre la mèche (chivarse) || **~eleo** m FAM. Temporisation *f*; lèche *f* (coba) || **~elería** f Pâtisserie || **~elero, a** s Pâtissier, ère | FAM. Lécheur, euse (cobista) || **~elillo** m Petit gâteau | Petit pâté (de carne) || **~erizar** o **~eurizar** vt Pasteuriser || **~illa** f Morceau *m* (trozo) | Pastille | Cachet *m* (tableta) | *~ de café con leche*, caramel | *~ de jabón*, savonnette || **~izal** m Pâturage, herbage || **~o** m Pâturage (sitio) | Pâture *f* (acción) | Fourrage (hierba) | *A todo ~*, à discrétion | *De ~*, ordinaire (vino) | *Ser ~ de*, être la proie de || **~or** m Berger, pâtre (zagal) | Pasteur (sacerdote) || **~ora** f Bergère || **~oral** adj/f Pastoral, e || **~orcillo, a** s Pastoureau, elle || **~orear** vt/i Paître || **~orela** f Pastourelle || **~oreo** m Pâturage || **~oril** adj Pastoral, e || **~oso, a** adj Pâteux, euse.

pata f Patte (pierna de animal) | Pied *m* (pie de animal) | FAM. Patte (del hombre) | Pied *m* (de mueble) | Patte (de vestidos) | Cane (hembra del pato) | *A la ~ coja*, à cloche-pied | FIG. *A la ~ la llana*, sans façons | FAM. *A ~*, à pattes. *Creerse descendiente de la ~ del Cid*, se croire sorti de la cuisse de Jupiter | FAM. *Estirar la ~*, casser sa pipe (morir). *Mala ~*, poisse, guigne, déveine. *Metedura de ~*, gaffe. *Meter la ~*, faire une gaffe, mettre les pieds dans le plat. *~ de banco*, bourde | *~ de gallo*, pied-de-poule (tela), patte-d'oie (arruga), bêtise (tontería) | *~ de palo*, jambe de bois | FAM. *~s arriba*, les quatre fers en l'air (caído), sens dessus dessous (desordenado).

pataca f BOT. Topinambour *m*.

patada f Coup (*m*) de pied | FAM. Pas *m* (paso) | FAM. *A ~s*, abondamment, à la pelle. *Echar a alguien a ~s*, flanquer qqn dehors. *Hacer algo a ~s*, bâcler qqch. *Hacer algo en dos ~s*, faire une chose en moins de deux.

patal|ear vi Trépigner (en el suelo) | Gigoter (en la cuna) || **~eo** m Trépignement || **~eta** f FAM. Crise de nerfs.

patán m FAM. Paysan, rustre (rústico), balourd (palurdo).

patat|a f Pomme de terre | Patate (batata) || **~al** o **~ar** m Champ de pommes de terre.

patatín patatán (que) loc FAM. Et patati et patata.

patatús m FAM. Évanouissement, malaise | FAM. *Darle a uno un ~*, tourner de l'œil.

patear vt FAM. Donner des coups de pied (dar patadas), mépriser (despreciar), piétiner (pisotear), huer, siffler (abuchear), passer un savon (reprender) | — Vi FAM. Trépigner (impacientarse), se démener.

patena f REL. Patène.

patent|ar vt Breveter, patenter (invento) | Déposer (marca) || **~e** adj Évident, e ; patent, e | — F Patente | Brevet *m* || **~izar** vt Mettre en évidence, manifester.

pateo m FAM. Trépignement | Piétinement (pisoteo).

pátera f Patère (vaso).

patern|al adj Paternel, elle || **~idad** f Paternité || **~o, a** adj Paternel, elle.

patético, a adj Pathétique.

patetismo m Pathétisme.

pat|ibulario, a adj Patibulaire || **~íbulo** m Échafaud.

pati|cojo, a adj/s FAM. Boiteux, euse || **~difuso, a** adj FAM. Épaté, e ; bouche bée.

patilla f Patte (pelo en las sienes) | Favori *m* | Branche (de gafas) | — Pl Guiches (peinado femenino).

patín m Patin | Béquille *f* (fusil, avión) | Chausson (de recién nacido) | *~ de cuchilla, de ruedas*, patin à glace, à roulettes.

pátina f Patine.

patin|adero m Patinoire *f* || **~ador, a** s Patineur, euse || **~aje** m Patinage

|| **~ar** vi Patiner | Déraper (vehículo) || **~azo** m Dérapage (de un vehículo) | FAM. Bourde *f* | FAM. *Dar un ~*, faire une gaffe || **~eta** f Patinette, trottinette.

pati|nillo m Courette *f*, petit patio || **~o** m Cour *f* | Patio (en una casa española) | TEATR. *~ de butacas*, orchestre.

pati|ta f FAM. *Poner de ~s en la calle*, flanquer à la porte || **~tieso, a** adj Paralysé des jambes | FAM. Ahuri, e; stupéfait, e | FAM. *Dejar ~*, ahurir, stupéfier || **~tuerto, a** adj Bancal, e | FAM. Tordu, e (torcido) ||**~zambo, a** adj Cagneux, euse | Panard, e (caballo) | — M Pied-bot.

pato m Canard | FAM. *Pagar el ~*, payer les pots cassés | *~ de flojel*, eider || **~chada** f Sottise, ânerie.

pat|ógeno, a adj Pathogène || **~ología** f Pathologie || **~ológico, a** adj Pathologique || **~ólogo, a** adj/s Pathologiste.

patoso, a adj FAM. Assommant, e (cargante), maladroit, e; pataud, e (torpe), bébête (tontaina).

patraña f FAM. Bateau *m*, blague, bobard *m* (mentira).

patria f Patrie | *~ chica*, ville natale.

patriarc|a m Patriarche || **~ado** m Patriarcat || **~al** adj Patriarcal, e | — F Église patriarcale | Patriarcat *m*.

patricio, a adj/s Patricien, enne | Noble.

patrimoni|al adj Patrimonial || **~o** m Patrimoine | FIG. Apanage, lot | *~ forestal del Estado*, forêt domaniale.

patri|o, a adj De la patrie | Paternel, elle || **~ota** adj/s Patriote || **~otería** f Chauvinisme *m* || **~otero, a** adj/s FAM. Chauvin, e; patriotard, e || **~ótico, a** adj Patriotique || || **~otismo** m Patriotisme.

patrocin|ador, a adj/s Qui patronne | — Adjf Patronnesse || **~ar** vt Patronner | Protéger, appuyer (a uno) || **~io** m Patronage | Appui, protection *f*.

patr|ón m Patron | Étalon (monedas) | FIG. *Cortado por el mismo ~*, fait sur le même modèle || **~onal** adj Patronal, e || **~onato** m Patronat | Patronage (asociación benévola) | Fondation *f* | Institut | Centre | Société *f* | Office (oficio) || **~onímico** m Patronyme || **~ono, a** s Patron, onne | — F Hôtesse, patronne (de pensión).

patrull|a f Patrouille | FIG. Bande || **~ar** vi Patrouiller | Croiser (barco de guerra) || **~ero** adjm/m Patrouilleur.

Paula nprf Paule.

paular m Marécage | — Vi FAM. *Sin ~ ni maular*, sans mot dire.

paulatino, a adj Lent, e.

Paulo nprm Paul (papa).

paup|erismo m Paupérisme || **~érrimo, a** adj Très pauvre.

paus|a f Pause (parada) | Lenteur (lentitud) | MÚS. Pause, silence *m* || **~ado, a** adj Lent, e; calme | — Adv Lentement, calmement.

paut|a f Règle | Ligne (raya) | FIG. Modèle *m* | *Amér.* Transparent *m* (falsilla) || **~ado** m Réglage (del papel) || **~ar** vt Régler, rayer | FIG. Régler | MÚS. Tracer des portées sur (pentagrama).

pav|a f Dinde | FAM. Mégot (colilla) | FIG. Oie blanche (tonta) | *Amér.* Bouilloire | *~ real*, paonne | FAM. *Pelar la ~*, faire la cour || **~ada** f FAM. Sottise.

pavés m Pavois (escudo grande).

pavesa f Flammèche, brandon *m*.

pávido, a adj Craintif, ive.

paviment|ar vt Paver (con adoquines) | Daller (con losas) | Carreler (con ladrillos) || **~o** m Pavé, pavage | Carrelage | Dallage.

pav|ipollo m Dindonneau | FAM. Cloche *f* (bobo) || **~isoso, a** o **~itonto, a** adj FAM. Cloche, sot, sotte | — S Cruche *f*, gourde *f* (bobo) || **~o** m Dindon | FAM. Âne, cloche *f* | *~ real*, paon | FAM. *Subírsele a uno el ~*, piquer un fard || **~ón** m Paon | TECN. Brunissage || **~onado, a** adj Bleu foncé | Bruni, e (acero) | — M Bruni, brunissage (del acero) || **~onar** vt TECN. Brunir || **~onear** vt Leurrer | — Vi/p Se pavaner.

pav|or m Frayeur *f*, épouvante *f* || **~oroso, a** adj Effrayant, e; épouvantable.

payador m *Amér.* Chanteur ambulant.

payas|ada f Pitrerie, clownerie || **~o** m Clown, pitre.

pay|és, esa s Paysan, anne || **~o, a** adj/s Paysan, anne.

paz f Paix | — Pl Paix *sing* | *Dejar en ~*, laisser tranquille, ficher la paix | *Estar en ~*, être en état de paix (países), être quitte (no deberse nada) | *Hacer las paces*, faire la paix.

pazguato, a adj/s Niais, e; nigaud, e.

pazo m Château, manoir (en Galicia).

pe f P *m* | *De ~ a pa*, d'un bout à l'autre.

pe|aje m Péage || **~ana** f Socle *m* | Marches *pl* (del altar) || **~atón** m Piéton || **~atonal** adj Piétonnier, ère.

pebet|e m Parfum à brûler (perfume) | FAM. Puanteur *f* (mal olor) | Mèche *f* (de cohete) || **~ero** m Brûle-parfum.

pebrada f o **pebre** m y f Poivrade *f* | Poivre *m* (pimienta).

peca f Tache de rousseur.

pec|adillo m Peccadille *f* || **~ado** m Péché | Défaut (defecto) || **~ador, a** adj/s Pécheur, cheresse || **~aminoso, a** adj Coupable || **~ar** vi Pécher

(*con, de,* par) | Fig. *No peca de generoso,* ce n'est pas la générosité qui l'étouffe.
pecera f Aquarium *m;* bocal *m* (redondo).
pecina f Fange.
pecio m Épave *f.*
pecíolo o **peciolo** m Bot. Pétiole.
pécora f Bête à laine | Fam. *Mala ~,* chipie.
pecoso, a adj Criblé de taches de rousseur.
pectoral adj/m Pectoral, e.
pecuario, a adj De l'élevage | *Industria ~,* élevage.
peculiar adj Propre, particulier, ère; caractéristique || **~idad** f Particularité.
pec|ulio m Pécule || **~uniario, a** adj Pécuniaire.
pech|era f Plastron *m* (de camisa) | Devant *m* (delantero) | Jabot *m* (chorrera) | Poitrail *m* (arnés de caballo) | Fam. Poitrine (pecho) || **~ero, a** adj/s Roturier, ère | — M Bavoir (babero) || **~ina** f Coquille (venera) | Arq. Pendentif *m* || **~o** m Anat. Poitrine *f* | Sein : *dar el ~ a un nene,* donner le sein à un nourrisson | Poitrail (de animal) | Fig. Cœur (corazón), courage (valor), voix *f* (voz) | — Pl Poitrine *fsing,* gorge *fsing* (de mujer) | Fam. *Echarse entre ~ y espalda,* s'envoyer (alimento), se taper (trabajo). *Partirse el ~,* se donner beaucoup de mal | *Sacar el ~,* bomber le torse *o* la poitrine | Fig. *Tomarse a ~ una cosa,* prendre qqch. à cœur || **~uga** f Blanc *m* (de ave) | Fam. Poitrine (pecho).
pedag|ogía f Pédagogie || **~ogo, a** s Pédagogue.
pedal m Pédale *f* | Pédalier, pédale *f* (del órgano) || **~ear** vi Pédaler.
pedáneo adjm Dr. *Juez ~,* juge de paix.
pedant|e adj/s Pédant, e || **~ería** f Pédanterie, pédantisme *m* || **~ismo** m Pédantisme.
pedazo m Morceau | *A ~s,* en morceaux, en pièces | *Hacer ~s,* mettre en morceaux *o* en pièces | Fam. *~ de,* espèce de (insulto) | Fig. *Por un ~ de pan,* pour une bouchée de pain.
pederasta m Pédéraste.
pedernal m Silex | Pierre (*f*) à fusil *o* à feu (piedra de chispa).
ped|estal m Piédestal | Socle (peana) | Fig. Appui (base) || **~estre** adj Pédestre | À pied (carrera) | Fig. Plat, e (llano), vulgaire, terre à terre (vulgar).
pediatr|a s Pédiatre || **~ía** f Pédiatrie.
pedículo m Pédoncule, pédicule.
pedicuro, a s Pédicure.
ped|ido m Com. Commande *f* | Demande *f* (petición) || **~igüeño, a** adj/s Fam. Quémandeur, euse || **~imento** m Demande *f* | Dr. Requête *f* || **~ir*** vt Demander (solicitar) | Commander (encargar) | Mendier (mendigar) | Demander (requerir) | *~ prestado,* emprunter.
pedo m Fam. Pet (ventosidad), cuite *f* (borrachera).
pedr|ada f Coup (*m*) de pierre | Fig. *Caer como ~ en ojo de boticario,* tomber à pic || **~ea** f Jet (*m*) de pierres | Grêle (granizo) | Fam. Petits lots *mpl* (lotería) || **~egal** m Terrain pierreux *o* rocailleux || **~egoso, a** adj Rocailleux, euse; pierreux, euse || **~era** f Carrière || **~ería** f Pierreries *pl* || **~isco** m Grêle *f* (granizo) | Rocaille *f* (pedregal) || **~izo, a** adj Rocailleux, euse.
Pedro nprm Pierre.
pedrusco m Grosse pierre *f.*
pedúnculo m Pédoncule, pédicule.
peer o **peerse** vi/p Pop. Péter.
peg|a f Collage *m* (pegadura) | Enduit (*m*) de poix (cola) | Fam. Attrape (chasco), colle (pregunta difícil), os *m* (inconveniente), anicroche (engorro), difficulté (dificultad), volée (zurra) || **~ada** f Frappe (boxeo) || **~adizo, a** adj Collant, e | Contagieux, euse (risa) | Faux, fausse (postizo) | *Música ~,* musique accrocheuse *o* que l'on retient facilement || **~ado** m Emplâtre (parche) | Fam. *Estar ~,* être nul | *Oler a ~,* sentir le brûlé || **~adura** f Collage *m* || **~ajoso, a** adj Collant, e | Gluant, e (viscoso) | Contagieux, euse | Fam. Mielleux, euse (meloso), assommant, e (cargante) || **~amento** m Colle *f* || **~ar** vt Coller | Poser, fixer (fijar) | Coudre (coser) | Pousser (gritos) | Faire (saltos) | Tirer (con un arma) | Battre, frapper (golpear) | Donner, flanquer (golpes) | Coller, passer (contagiar) | Mettre (fuego) | — Vi Prendre (fuego, planta) | Aller (sentar bien o mal) | Toucher (tocarse) | Heurter (tropezar) | — Vp Se coller | Serrer (un vehículo) | Attacher (guiso) | Se battre (golpearse) | Fig. Coller (molestar), s'attraper (cogerse), se transmettre; mener (llevar) | Accrocher, être facile à retenir (música) | *Pegársela a uno,* rouler qqn || **~atina** f Autocollant *m* || **~o (dar el)** loc Fam. Rouler, donner le change (engañar) || **~ote** m Emplâtre | Fam. *¡Qué ~!,* quel crampon! ; quelle horreur!
pein|ado m Coiffure *f* | Peignage (textiles) || **~ador, a** s Coiffeur, euse | — F Peigneuse (para la lana) || **~adura** f Coiffure || **~ar** vt Peigner,

coiffer (el pelo) | Peigner (la lana) || **~e** m Peigne || **~eta** f Grand peigne *m*, peigne (*m*) de mantille.
peje m Poisson | **~** *araña*, vive.
pejiguera f FAM. Corvée.
pekinés, esa adj/s Pékinois, e.
pel|adilla f Dragée (almendra) | FIG. Caillou *m* (guijarro) || **~ado, a** adj Tondu, e (sin pelo) | Pelé, e (la piel) | Dénudé, e; pelé, e (terreno) | Décharné, e (hueso) | Rond (número) | FAM. *Estar ~*, être fauché || **~adura** f Écorçage *m* (de árboles) | Épluchage *m* (de frutas) | Épluchure (mondadura) || **~afustán** m FAM. Pauvre type || **~agatos** m inv FAM. Pauvre diable || **~aje** m Pelage | FAM. Allure *f* (apariencia) || **~ambre** m Poil, pelage (pelo) | Peaux *fpl* (pieles) | — F FAM. Tignasse || **~ambrera** f Poil (*m*) épais | FAM. Tignasse || **~ar** vt Couper (el pelo) | Éplucher, peler (mondar) | Décortiquer (mariscos) | Plumer (ave) | Dénuder | FAM. Plumer (sacar dinero) | FAM. *Duro de ~*, dur (cosa), dur à cuire (persona) | — Vp Se faire couper les cheveux | FAM. *Pelárselas*, se dépêcher.
peldaño m Marche *f*, degré | Échelon (escalón).
pele|a f Bataille, lutte | Combat *m* (animales) || **~ar** vi Combattre, lutter | Se battre (batallar) | Se disputer (discutir) | — Vp Se battre | FAM. Se disputer.
pelechar vi Se couvrir de poils *o* de plumes | Muer (mudar) | FIG. Se remplumer.
pelele m Pantin (muñeco) | Barboteuse *f* (traje de niño corto), esquimau (largo).
peleón, ona adj/s Bagarreur, euse | *Vino ~*, piquette.
peleter|ía f Pelleterie | Magasin (*m*) de fourrures (tienda) || **~o, a** adj/s Pelletier, ère | — M Fourreur.
peliagudo, a adj FIG. Ardu, e; épineux, euse (difícil).
pelícano o **pelicano** m Pélican.
película f Pellicule | Film *m* (cine) | FAM. *De ~*, du tonnerre | *~ del Oeste*, western | *~ de terror*, film d'épouvante *o* d'horreur.
peligr|ar vi Être en danger | *Hacer ~*, mettre en danger, menacer || **~o** m Danger, péril | *Correr el ~ de*, courir le risque de, risquer de | *Correr ~*, être en danger | *En ~ de naufragio*, en perdition || **~oso, a** adj Dangereux, euse | Périlleux, euse (arriesgado).
pel|illo m Petit poil (pelo) | FAM. Vétille *f*, rien (nadería) | FAM. *Echar ~s a la mar*, passer l'éponge. *No tener ~s en la lengua*, ne pas mâcher ses mots || **~inegro, a** adj Aux cheveux noirs (persona), au pelage noir (animal) || **~irrojo, a** adj/s Roux, rousse; rouquin, e (fam) || **~irrubio, a** adj/s Blond, e.
pelma o **pelmazo, a** adj/s FAM. Enquiquineur, euse; casse-pieds.
pel|o m Poil | Cheveu (cabello) | Cheveux *pl* (cabellera) | Pelage, poil (de animal) | Duvet (de ave) | Gendarme (en un diamante) | TECN. Paille *f* | *A contra ~*, à rebroussepoil | *Al ~*, au quart de poil (con precisión), dans le sens du poil (tela) | *A ~*, nu-tête (sin sombrero), à poil, à cru (montando a caballo) | FIG. *Buscarle ~s al huevo*, chercher la petite bête. *Coger la ocasión por los ~s*, saisir l'occasion aux cheveux. *Con ~s y señales*, en long, en large et en travers | FAM. *De medio ~*, quelconque, très ordinaire | FIG. *Depender de un ~*, ne tenir qu'à un cheveu. *No tener ~s en la lengua*, ne pas mâcher ses mots. *No ver el ~ a uno*, ne pas voir qqn | *Poner los ~s de punta*, faire dresser les cheveux | FAM. *Por los ~s*, de justesse; d'un cheveu. *Tomarle el ~ a uno*, faire marcher qqn, se payer la tête de qqn | FIG. *Venir al ~*, tomber à pic || **~ón, ona** adj/s Tondu, e (esquilado) | Chauve (calvo) | FAM. Fauché, e (sin dinero).
pelot|a f Balle | Boule (bola) | Pelote basque (juego vasco) | Ballon *m* (de fútbol) | Paume (frontón) | *En ~*, à poil, tout nu || **~ari** m Joueur de pelote basque, pelotari || **~era** f FAM. Dispute || **~illa** f Petite balle | FAM. Lèche (adulación) | FAM. *Hacer la ~*, lécher les bottes, faire de la lèche || **~illera** f FAM. Lécheuse || **~illero** m FAM. Lécheur, lèche-bottes || **~ón** m Peloton.
pel|uca f Perruque | FAM. Savon *m* (reprensión) || **~udo, a** adj Velu, e; poilu, e | Chevelu, e (de mucho cabello) || **~uquería** f Salon (*m*) de coiffure || **~uquero, a** s Coiffeur, euse || **~uquín** m Petite perruque *f* | FAM. *Ni hablar del ~*, il n'en est pas question || **~usa** f Duvet *m* | Peluche (de telas) | Moutons *mpl* (bajo la cama) | FAM. Jalousie (entre niños) || **~usilla** f FAM. Jalousie.
pelvis f ANAT. Pelvis *m*, bassin *m*.
pella f Motte (de mantequilla) | Panne, graisse (grasa) | FAM. *Hacer ~*, sécher (en la escuela).
pell|eja f Peau || **~ejo** m Peau *f* | Outre *f* (odre) | FAM. Pochard (borracho) | FAM. *Jugarse el ~*, risquer sa peau. *No tener más que el ~*, n'avoir que la peau et les os || **~iza** f Pelisse.

pellizc|ar vt Pincer || **~o** m Pincement | Pinçon (hematoma) | Pincée *f*, petite quantité *f* | FIG. Pincement.
pen|a f Peine | Chagrin *m*, peine : *dar* ~, faire de la peine | Mal *m*, difficulté | Penne (pluma de ave) | — Pl Mal *msing* | *A duras ~s*, à grand-peine | *A ~s*, à peine | *Merecer* ou *valer la ~*, valoir la peine | *¡Qué ~!*, quel dommage! | *Ser de ~*, être lamentable || **~acho** m Huppe *f* (de ave) | Panache | *~ de plumas*, plumet || **~ado, a** s Condamné, e || **~al** adj Pénal, e | — M Prison *f*, pénitencier || **~alidad** f Peine, souffrance | DEP. Pénalisation, pénalité | DR. Pénalité || **~alty** m DEP. Penalty || **~ar** vt Condamner à une peine, punir | — Vi Souffrir, peiner.
penates mpl Pénates.
penca f BOT. Feuille charnue | Fouet *m* (azote) | *Amér.* Régime (*m*) de bananes.
penco m FAM. Rosse *f*, canasson.
pendejo, a s FAM. *Amér.* Crétin, e.
pendenci|a f Dispute, querelle, bagarre (fam) || **~ero, a** adj Querelleur, euse; bagarreur, euse (fam).
pend|er vi Pendre | Dépendre (depender) | FIG. Être en suspens || **~iente** adj Pendant, e; suspendu, e | FIG. En suspens; en cours (en curso), en attente, en instance (en espera) | — F Pente, côte (cuesta) | Versant *m* (vertiente) | — M Boucle (*f*) d'oreille.
péndola f Balancier *m*, pendule *m* (del reloj) | Pendule *m* | POÉT. FAM. Plume.
pendón m Bannière *f* (bandera) | Pennon (insignia feudal) | Rejeton (de un árbol) | FAM. Grue *f* (mujer de mala vida).
péndulo m Pendule.
pene m ANAT. Pénis.
penetr|able adj Pénétrable | FIG. Accessible || **~ación** f Pénétration || **~ante** adj Pénétrant, e | Perçant, e (voz) || **~ar** vt/i Pénétrer.
penicilina f MED. Pénicilline.
pen|ínsula f Péninsule | Presqu'île (más pequeña) || **~insular** adj/s Péninsulaire.
penique m Penny (moneda).
penit|encia f Pénitence | *Como* ~, en *o* pour pénitence || **~enciaría** f Pénitencier *m* (cárcel) || **~enciario, a** adj Pénitentiaire | — M Pénitencier || **~ente** adj/s Pénitent, e.
penoso, a adj Pénible | Peiné, e (afligido).
pens|ado, a adj V. PENSAR | *El día menos* ~, le jour où l'on s'y attend le moins | *Ser un mal* ~, avoir l'esprit mal tourné || **~ador, a** s Penseur, euse || **~amiento** m Pensée *f* || **~ar*** vt/i Penser, réfléchir (*en*, à) | Penser (tener intención de) | Prévoir, concevoir (concebir) | *¡Ni pensarlo!*, pas question! | *Pensándolo bien*, réflexion faite, tout bien considéré | *Piense lo que piense*, ne vous en déplaise, quoi que vous en pensiez || **~ativo, a** adj Pensif, ive.
pensi|ón f Pension || **~onado, a** adj/s Pensionné, e; pensionnaire | — M Pensionnat, pension *f* (colegio) || **~onar** vt Pensionner || **~onista** s Pensionnaire (de colegio) | Pensionné, e; pensionnaire (del Estado).
pent|aedro m Pentaèdre || **~ágono, a** adj/m Pentagone || **~ágrama** o **~agrama** m MÚS. Portée *f* || **~atlón** m Pentathlon (deporte).
Pentecostés nprm Pentecôte *f*.
penúltimo, a adj/s Avant-dernier, ère; pénultième (p. us.).
penumbra f Pénombre.
penuria f Pénurie.
peñ|a f Rocher *m* | Cercle *m* (de amigos) || **~aranda (en)** loc POP. Au clou (empeñado) || **~ascal** m Rochers *pl* || **~asco** m Rocher || **~ascoso, a** adj Rocheux, euse || **~ón** m Rocher.
peón m Manœuvre (obrero) | Ouvrier agricole (en el campo) | Toupie *f* (juguete) | Pion (damas, ajedrez) | TAUR. Péon | *~ caminero*, cantonnier | *~ de albañil*, aide-maçon.
peonía f Pivoine (planta).
peonza f Toupie.
peor adj Pire, moins bien | Plus mauvais, e | *En el ~ de los casos*, en mettant les choses au pire | — Adv Pis | *Cada vez* ~, de pire en pire | *Mucho* ~, bien pire | *~ para él*, tant pis pour lui | *Tanto* ~, tant pis.
Pep|a nprf Josianne | *¡Viva la ~!*, vive la Joie! || **~e** nprm José.
pepin|illo m Cornichon || **~o** m Concombre | FAM. Marmite *f* (obús) | *Me importa un* ~, je m'en fiche comme de l'an quarante, je m'en fiche, ça m'est égal.
pepita f Pépin *m* (de fruta) | Pépite (de oro) | Pépie (de aves).
Pepita nprf Josette.
pepitoria f Fricassée de poule *o* de poulet | FIG. Méli-mélo *m*.
pepona f Poupard *m*.
pep|sina f Pepsine || **~tona** f Peptone.
peque|ñajo, a s FAM. Nabot *m* || **~ñez** f Petitesse | Enfance (infancia) | FIG. Bagatelle (cosa insignificante) || **~ñín, ina** o **~ñuelo, a** adj Tout petit, toute petite | — Adj/s Petiot, e || **~ño, a** adj/s Petit, e | *De* ~, étant enfant.
pequinés, esa adj/s Pékinois, e.
per|a f Poire : *~ de agua*, poire fondante | Barbiche (barba) | FIG. Siné-

cure (empleo) | FIG. *Pedir ~s al olmo,* demander l'impossible || **~al** m Poirier.

peralt|ar vt ARQ. Surhausser (arco) | Relever (carretera) || **~e** m ARQ. Surhaussement | Virage relevé (curva).

perca f Perche (pez).

percal m Percale *f* | FAM. *Conocer bien el ~,* connaître la musique.

percance m Contretemps | Inconvénient.

percatarse vp S'apercevoir (reparar) | Se renseigner, s'informer.

percebe m Pouce-pied, pousse-pied (molusco) | FAM. Cloche *f* (necio).

perc|epción f Perception (sensación) || **~eptibilidad** f Perceptibilité || **~eptible** adj Perceptible (que se siente) | Percevable (visible) || **~eptivo, a** adj Perceptif, ive || **~eptor, a** adj/s Percepteur, trice || **~ibible** adj Percevable || **~ibir** vt Percevoir.

percolador m Percolateur.

percu|sión f Percussion || **~sor** o **~tor** m Percuteur || **~tir** vt Percuter.

perch|a f Cintre *m* (en un armario) | Portemanteau *m* (colgador fijo) | Perche (pértiga) | Perchoir *m* (para las aves) || **~ero** m Portemanteau.

perd|edor, a adj/s Perdant, e || **~er*** vt/i Perdre | Rater, manquer (tren, ocasión) | Manquer de, perdre (respeto) | FIG. Abîmer (estropear), ruiner (arruinar), perdre, baisser (decaer) | Fuir (desinflarse) | *Echar a ~,* abîmer, endommager (estropear), manquer | — Vp Perdre | Se perdre | Être fou (*por,* de) [estar loco] | *Hasta ~ de vista,* à perte de vue || **~ición** f Perte | Ruine | Perdition (condenación eterna).

pérdida f Perte | *Con ~,* à perte | COM. *~s y ganancias,* profits et pertes.

perd|idamente adv Éperdument || **~ido, a** adj Perdu, e | FAM. Très sale; couvert, e (cubierto), invétéré, e (empedernido) | FAM. *Estar ~ por,* être fou de. *Ponerse ~,* se cochonner | — S Dévoyé, e (golfo).

perd|igón m Perdreau (pollo de perdiz) | Chanterelle *f* (perdiz de reclamo) | Plomb de chasse (munición) | FAM. Postillon (saliva), crotte (*f*) de nez (moco) || **~iz** f Perdrix (ave).

perdón m Pardon | *Con ~,* avec votre permission, sauf votre respect.

perdon|able adj Pardonnable || **~ar** vt Pardonner | Excuser de (dispensar) | Manquer, rater (perder) | Faire grâce de (omitir) | Renoncer à (renunciar) | Exempter (exceptuar) | *¡Perdone usted!,* pardon!, excusez-moi! || **~avidas** m inv FAM. Matamore.

perdur|able adj Éternel, elle; perpétuel, elle | Durable || **~ar** vi Durer longtemps | Subsister.

perec|edero, a adj Périssable | Qui a une fin || **~er*** vi Périr | Mourir | — Vp *~ por,* mourir d'envie de.

perecuación f Péréquation.

peregrin|ación f Pérégrination (viaje) | Pèlerinage *m* (a un santuario) || **~ar** vi Aller en pèlerinage | Voyager (viajar) || **~o, a** adj Voyageur, euse | De passage (aves) | Exotique | Étrange, bizarre (raro) | — S Pèlerin, e.

perejil m Persil.

peren|dengue m Fanfreluche *f,* colifichet (adorno) | Pendant d'oreille || **~gano, a** s Un tel, Une telle.

perenn|e adj Permanent, e; perpétuel, elle | Persistant, e (hoja) | Éternel, elle (eterno) || **~idad** f Perpétuité, pérennité.

perentorio, a adj Péremptoire | Urgent, e.

perez|a f Paresse || **~oso, a** adj/s Paresseux, euse | — M ZOOL. Paresseux (mono).

perfec|ción f Perfection || **~cionamiento** m Perfectionnement || **~cionar** vt Perfectionner | Parfaire | Améliorer || **~tible** adj Perfectible || **~to, a** adj Parfait, e.

perfidia f Perfidie.

pérfido, a adj/s Perfide.

perfil m Profil | Contour, silhouette *f* (contorno) | Délié (de las letras) | FIG. Portrait (retrato) | TECN. Profilé, profil | — Pl Silhouette *fsing* | *Medio ~,* trois quarts || **~ado, a** adj Profilé, e | Effilé, e (rostro) | Bien dessiné, e (nariz, boca) || **~ar** vt Profiler | FIG. Parfaire | — Vp Se profiler | FIG. Se dessiner (dibujarse), se découper (resaltar).

perfor|ación f Perforation | Percement *m* | TECN. Poinçonnement *m* (taladro), forage *m* (de un pozo) || **~adora** f Perforeuse, perceuse (taladradora), perforatrice (de tarjetas) || **~ar** vt Perforer | Percer (túnel) | Poinçonner (taladrar), forer (un pozo) || **~ista** f Perforeuse (persona).

perfum|ador m Brûle-parfum | Vaporisateur || **~ar** vt Parfumer | — Vi Embaumer | — Vp Se parfumer || **~e** m Parfum || **~ería** f Parfumerie || **~ista** s Parfumeur, euse.

perfusión f MED. Perfusion.

pergamino m Parchemin | *~ vegetal,* papier-parchemin.

perg|eñar vt Ébaucher || **~eño** m Allure *f.*

pérgola f Pergola | Terrasse.

peri|cardio m Péricarde || **~carpio** m Péricarpe.

pericil|a f Compétence | Habileté, adresse, expérience (práctica) || **~al** adj D'expert.
periclitar vi Péricliter.
perico m Perruche *f* (ave) | FAM. Pot de chambre (orinal).
Perico nprm FAM. Pierrot.
pericón m Grand éventail.
per|iferia f Périphérie || **~iférico, a** adj/m Périphérique || **~ifollo** m BOT. Cerfeuil | — Pl FAM. Fanfreluches *f* (adorno) || **~ífrasis** f Périphrase || **~igeo** m ASTR. Périgée || **~ihelio** m ASTR. Périhélie.
perilla f Barbiche (barba) | Poire (interruptor) | Pomme (adorno) | Pommeau *m* (de silla de montar) | Lobe *m* (de oreja) | FAM. *De ~* ou *de ~s,* à point, à propos.
perillán m FAM. Coquin, fripon.
perímetro m Périmètre.
perinola f Toton *m* (juguete).
peri|odicidad f Périodicité || **~ódico, a** adj Périodique | — M Journal || **~odismo** m Journalisme || **~odista** m Journaliste || **~odístico, a** adj Journalistique || **~odo** m V. PERÍODO.
período m Période *f* | Règles *fpl* (menstruación) | *~ de sesiones,* session.
periostio m ANAT. Périoste.
peripecia f Péripétie.
periplo m Périple.
peripuesto, a adj FAM. Pomponné, e; tiré à quatre épingles.
periqu|ete m FAM. Instant | *En un ~,* en un clin d'œil || **~ito** m Perruche *f.*
peris|copio m Périscope || **~tilo** m ARQ. Péristyle.
perit|ación f o **~aje** m Expertise *f* || **~o, a** adj Compétent, e | Expert, e | — M Expert | Sous-ingénieur | *~ mercantil,* expert comptable | *~ tasador,* commissaire-priseur.
periton|eo m ANAT. Péritoine || **~itis** f MED. Péritonite.
perju|dicar vt Nuire à, porter atteinte à, léser | Nuire à, faire du tort à (en lo moral) || **~dicial** adj Préjudiciable, nuisible || **~icio** m Dommage, préjudice | Tort (daño moral) | *Causar ~,* nuire, porter préjudice | *En ~ mío,* à mes dépens | *Sin ~ que,* quitte à.
perjur|ar vi Se parjurer | Jurer souvent | — Vp Se parjurer || **~io** m Parjure || **~o, a** adj/s Parjure (persona).
perl|a f Perle | *De ~s,* à merveille, on ne peut mieux | *Hablar de ~s,* parler d'or | *Venir de ~s,* tomber à pic | — Adj inv Perle || **~ero, a** adj Perlier, ère.
perman|ecer* vi Rester | Demeurer, rester, séjourner (residir) || **~encia** f Permanence | Séjour *m* (estancia) | Durée (duración) | Constance (perseverancia) || **~ente** adj Permanent, e | — F Permanente (del pelo).
permanganato m Permanganate.
perme|abilidad f Perméabilité || **~able** adj Perméable.
permi m FAM. Perme *f* (permiso) || **~so** m Permission *f* : *dar ~ para,* donner la permission de | Permis (de residencia, de caza, etc) | Licence *f* | Tolérance *f* (moneda) | *Con* ou *de ~,* en permission | *~ de conducción* ou *de conducir,* permis de conduire || **~tir** vt Permettre.
permut|a f Permutation, échange *m* || **~ación** f Permutation || **~ar** vt Permuter.
pern|ear vi Gigoter || **~era** f Jambe de pantalon || **~icioso, a** adj Pernicieux, euse; dangereux, euse || **~il** m Hanche et cuisse *f* (de un animal) | Jambe *f* (de pantalón) | Jambon (de cerdo) || **~io** m Penture *f* (de gozne) || **~iquebrar*** vt Rompre les jambes, casser une jambe || **~ituerto, a** adj Bancal, e || **~o** m Boulon || **~octar** vi Découcher (pasar la noche fuera) | Passer la nuit, coucher (dormir).
pero conj Mais | — M FAM. Défaut (defecto), inconvénient; objection *f* (reparo) | *No hay ~ que valga,* il n'y a pas de mais qui tienne | *Poner ~s,* trouver à redire.
perogrullada f FAM. Lapalissade.
Perogrullo nprm Monsieur de La Palice.
perol m Bassine *f* | Casserole *f.*
peroné m Péroné (hueso).
peror|ación f Péroraison || **~ar** vi Parler | FAM. Pérorer || **~ata** f Discours *m,* tirade, laïus *m.*
perpendicular adj/f Perpendiculaire.
perpetr|ación f Perpétration || **~ar** vt Perpétrer, commettre.
perpetu|ación f Perpétuation || **~ar** vt Perpétuer || **~idad** f Perpétuité || **~o, a** adj Perpétuel, elle | Éternel, elle (nieves) | — F BOT. Immortelle.
perpiaño m Parpaing (piedra).
perplej|idad f Perplexité || **~o, a** adj Perplexe.
perquirir* vt Rechercher | Perquisitionner (hacer pesquisas).
perr|a f Chienne (animal) | FAM. Cuite (borrachera), sou *m* (dinero), colère (rabieta), entêtement *m* (obstinación) | — Pl FAM. Argent *msing* || **~ada** f Meute | FAM. Vacherie, tour (*m*) de cochon || **~era** f Chenil *m* | Fourrière (de perros sin dueño) | FAM. Colère (rabieta) || **~ería** f Meute (jauría) | FAM. Tour (*m*) pendable *o* de cochon (mala pasada), saleté (insulto) || **~o, a** adj FAM. Épouvantable | — M Chien (animal) | FAM. Sou (moneda) | FIG. *Allí no atan los ~s con longanizas,* ce n'est

pas un pays de cocagne. *Darse a ~s*, enrager | FAM. *De ~s*, de chien | *Muerto el ~ se acabó la rabia*, morte la bête, mort le venin | *~ caliente*, hot dog | *~ de casta*, chien de race | *~ de muestra*, chien d'arrêt | *~ guardián*, chien de garde | *~ policía*, chien policier | *~ rastrero*, limier | FIG. *~ sarnoso*, brebis galeuse | FAM. *~ viejo*, vieux renard.

persa adj/s Persan, e | Perse (de la Persia antigua).

perse|cución f Persécution | Poursuite (acosamiento) | *En ~ de*, à la poursuite de || **~cutorio, a** adj *Manía ~*, folie o manie de la persécution || **~guidor, a** adj/s Persécuteur, trice | DR. Poursuivant, e || **~ guimiento** m V. PERSECUCIÓN || **~guir*** vt Poursuivre (seguir) | Persécuter (a los cristianos, a los infieles, etc) | FIG. Rechercher, poursuivre (procurar), briguer (pretender).

persever|ancia f Persévérance || **~ante** adj/s Persévérant, e || **~ar** vi Persévérer | Persister à, continuer à.

Persia nprf Iran *m* (hoy), Perse (antiguamente).

persiana f Persienne, store *m*.

pérsico, a adj Persique | — M Pêcher (árbol) | Pêche *f* (fruto).

persignar vt Faire le signe de la croix sur | — Vp Se signer.

persist|encia f Persistance | Obstination || **~ente** adj Persistant, e || **~ir** vi Persister (*en*, à, dans).

person|a f Personne | Personnalité (hombre importante) | Personnage *m* (en una obra) | *~ mayor*, grande personne | *Ser una buena ~*, être très gentil || **~aje** m Personnage || **~al** adj Personnel, elle | Particulier, ère | — M Personnel | FAM. Monde, gens *pl* | *~ docente*, enseignants || **~alidad** f Personnalité || **~alizar** vt Personnaliser || **~arse** vp Se présenter | Se rendre sur les lieux | Se rencontrer (reunirse) | DR. Comparaître || **~ificación** f Personnification || **~ificar** vt Personnifier.

perspect|iva f Perspective | Point (*m*) de vue | Recul *m* (en el tiempo).

perspic|acia o **~acidad** f Excellente vue | FIG. Perspicacité || **~az** adj Pénétrant, e (mirada) | Perspicace.

persu|adir vt Persuader | — Vp Se persuader, croire || **~asión** f Persuasion || **~asivo, a** adj Persuasif, ive.

perten|ecer* vi Être, appartenir || **~eciente** adj Appartenant || **~encia** f Possession | Propriété, possession (propiedad) | Appartenance (adhesión) | Dépendance.

pértig|a f Perche || **~o** m Timon.

pertiguero m Suisse (de iglesia).

pertin|acia f Obstination | FIG. Persistance || **~az** adj Tenace, obstiné, e | Persistant, e.

pertin|encia f Pertinence || **~ente** adj Pertinent, e.

pertrech|ar vt Munir, équiper (proveer) | FIG. Préparer | — Vp Se munir (*de, con*, de) || **~os** mpl Munitions *f* | Équipement *sing* | Attirails (utensilios) | Outils (instrumentos).

perturb|ación f Perturbation | Trouble *m* (disturbio, emoción) || **~ador, a** adj Perturbateur, trice | Embarrassant, e (desconcertante) | — S Perturbateur, trice || **~ar** vt Perturber, troubler | Troubler (desasosegar).

Perú nprm Pérou | FIG. *Valer un ~*, valoir une fortune.

peruano, a adj/s Péruvien, enne.

perver|sidad f Perversité || **~sión** f Perversion || **~so, a** adj/s Pervers, e || **~timiento** m Perversion *f* || **~tir*** vt Pervertir | — Vp Se pervertir, se corrompre.

perviv|encia f Survivance || **~ir** vi Survivre.

pes|a f Poids *m* | — Pl Haltères *m* (gimnasia) || **~abebés** m inv Pèse-bébé || **~acartas** m inv Pèse-lettre || **~ada** f Pesée || **~adez** f Lourdeur, poids *m* | Lourdeur, pesanteur (del estómago) | Lenteur (lentitud) | FIG. Obstination; ennui *m* (molestia) | FAM. *¡Qué ~!*, que c'est ennuyeux! || **~adilla** f Cauchemar *m* || **~ado, a** adj Lourd, e | Pesant, e; pénible (penoso) | FIG. Profond, e; lourd, e (sueño), lourd, e (tardo), ennuyeux, euse; assommant, e (molesto) || **~adumbre** f Lourdeur (pesadez) | FIG. Ennui *m* (molestia), chagrin *m* (pesar) || **~aleche** m Pèse-lait.

pésame m Condoléances *fpl* : *dar el ~*, présenter ses condoléances | *Mi más sentido ~*, toutes mes condoléances.

pesar m Chagrin, peine *f* (pena) | Regret (arrepentimiento) | *A ~ de*, malgré; bien que | *A ~ de que*, bien que | *A ~ de todo*, malgré tout, tout de même | *A ~ mío*, contre mon gré | — Vt Peser | Regretter (arrepentirse) | — Vi Peser | *Mal que le pese*, ne lui *o* vous en déplaise | *Pese a*, malgré, en dépit de || **~aroso, a** adj Peiné, e; désolé, e; chagriné, e.

pesc|a f Pêche : *~ con caña*, pêche à la ligne | Poisson *m* (pescado) | FAM. *Y toda la ~*, et tout et tout || **~adería** f Poissonnerie || **~adero, a** s Poissonnier, ère || **~adilla** f Merlan *m* || **~ado** m Poisson || **~ador, a** adj/s Pêcheur, euse || **~ante** m Siège du cocher | Support (consola) | MAR. Bossoir || **~ar** vt Pêcher | FAM. Attraper (coger), pincer (pillar), décrocher (lograr).

pesc|ozón m Calotte *f*, coup sur la nuque ‖ **~uezo** m Cou (cuello) | Collet (carne).
pesebre m Râtelier | Crèche *f* (nacimiento de Jesús).
peseta f Peseta | Pop. *Cambiar la ~*, dégobiller, rendre (vomitar).
pesim|ismo m Pessimisme ‖ **~ista** adj/s Pessimiste.
pésimo, a adj Très mauvais, e.
peso m Poids | Peso (moneda) | Balance *f* (balanza) | Pesage | Fig. Poids (importancia), charge *f*, poids (gravamen) | Fig. *A ~ de oro*, à prix d'or. *Caerse de* ou *por su ~*, aller de soi, tomber sous le sens | *~ pesado*, poids lourd (boxeo).
pespunt|e m Point arrière (costura) ‖ **~ear** vt Piquer, coudre.
pesqu|era f Pêcherie ‖ **~ería** f Pêche (acción) | Pêcherie (sitio) ‖ **~ero, a** adj De pêche | — M Bateau de pêche ‖ **~is** m Fam. Jugeote *f* (cacumen), flair (olfato).
pesquisa f Recherche, enquête | Perquisition (en una casa).
pestañ|a f Cil *m* | Galon *m* (adorno de una tela) | Bord *m* (en una costura) | Rebord *m* (borde) | Tecn. Joue | Boudin *m* (de rueda) ‖ **~ear** vi Cligner des yeux | *Sin ~*, sans sourciller ‖ **~eo** m Clignement d'yeux.
pest|e f Peste | Fam. Puanteur (mal olor), corruption; poison *m* (malvado) | — Pl Jurons *m* | *Echar ~s*, pester ‖ **~ilente** adj Pestilentiel, elle.
pestillo m Targette *f* (cerrojo) | Pêne (de la cerradura).
pesuña f V. pezuña.
petaca f Blague à tabac | Porte-cigares *m* (para habanos) | Porte-cigarettes *m*, étui (*m*) à cigarettes (para pitillos) | Fig. Lit (*m*) en portefeuille (cama) | *Amér.* Malle.
pétalo m Bot. Pétale.
petardo m Pétard | Fam. Escroquerie *f* (estafa), épouvantail, horreur *f* (mujer fea).
petate m Natte *f* (estera) | Sac de marin | Fam. Balluchon, bagages *pl* (maletas) | Fam. *Liar el ~*, plier bagage.
petenera f Chanson populaire espagnole | Fig. *Salirse por ~s*, s'en tirer par une pirouette.
petici|ón f Demande | Requête (oficial) | Pétition | *A ~ de*, à la demande de | *~ de indulto*, pourvoi *o* recours en grâce | *~ de mano*, demande en mariage.
petimetre, a s Petit-maître *m*, précieuse *f*.
petirrojo m Rouge-gorge (pájaro).
peto m Plastron | Bavette *f* (de un delantal) | Taur. Caparaçon.
pétreo, a adj Pierreux, euse | De pierre; dur, e.
petrific|ación f Pétrification ‖ **~ar** vt Pétrifier.
petrodólar m Pétrodollar.
petr|oleado m Aut. Pulvérisation *f* ‖ **~olear** vt Aut. Pulvériser ‖ **~óleo** m Pétrole ‖ **~olero, a** adj/m Pétrolier, ère ‖ **~olífero, a** adj Pétrolifère | Pétrolier, ère ‖ **~oquímica** f Pétrochimie.
petul|ancia f Arrogance, fierté ‖ **~ante** adj/s Fier, ère; arrogant, e.
peyorativo, a adj Péjoratif, ive.
pez m Poisson | Fam. *Estar ~*, être ignare | *~ gordo*, gros bonnet (persona importante) | *Sentirse como el ~ en el agua*, être heureux comme un poisson dans l'eau | — F Poix.
pez|ón m Bout de sein (del pecho) ‖ **~onera** f Chapeau *m* (de rueda).
pezuña f Sabot *m* (de animal).
piadoso, a adj Pieux, euse | Miséricordieux, euse.
piafar vi Piaffer.
piamadre o **piamáter** f Pie-mère.
pian|illo m Piano mécanique ‖ **~ista** s Pianiste ‖ **~o** m Piano | *~ de cola*, piano à queue | *~ de manubrio*, orgue de Barbarie | *~ vertical*, piano droit.
piar vi Piailler (el pollo) | Pépier (las aves) | Fam. Râler (protestar) | *~ por*, réclamer | — M Pépiement.
piara f Troupeau *m* [de porcs].
piastra f Piastre.
pibe, a s Fam. *Amér.* Gosse.
pic|a f Pique (arma, toros) | Pic *m* (herramienta) ‖ **~acho** m Pic (de montaña) ‖ **~adero** m Manège (de caballos) | Fam. Garçonnière *f* (piso) ‖ **~adillo** m Hachis | *Hacer ~*, mettre en pièces ‖ **~ado, a** adj Piqué, e | Gâté, e (diente) | Culin. Haché, e | Houleuse (mar) | Grêlé, e (de viruelas) | Fig. Froissé, e; vexé, e (ofendido) | — M Piqûre *f* | Piqué (avión) | Poinçonnage (de un billete) | Cognement (de un motor) | Hachis (de la carne) | Plongée *f* (cine) ‖ **~ador** m Taur. Picador | Dresseur de chevaux (adiestrador) | Mineur (minero) | Hachoir (de cocina) | **~adora** f Moulinette ‖ **~adura** f Piqûre | Morsure (de serpiente) | Coup (*m*) de bec (aves) | Tache (en las frutas) | Trou *m* (viruela, diente) | Tabac (*m*) à fumer ‖ **~amaderos** m inv Pic, pivert (pájaro) ‖ **~ante** adj Piquant, e | Relevé, e; épicé, e (comida) | Fig. Acerbe, piquant, e | — M Saveur (*f*) piquante | Fig. Piquant (de las palabras) ‖ **~apedrero** m Tailleur de pierre ‖ **~apica** f Poil (*m*) à gratter

|| **~apleitos** m inv FAM. Chicaneur (pleitista), avocat sans cause || **~aporte** m Loquet | Clef *f* (llave) | Poignée (*f*) de porte | Marteau de porte (aldaba) || **~ar** vt Piquer (herir) | Poinçonner (billete) | Mordre, piquer (serpiente) | Piquer (insecto) | Picorer (comer las aves) | Mordre à (pez) | Donner des coups de bec à (aves) | Grappiller (comer) | Gratter, démanger (escocer) | Hacher (la carne) | Tailler (piedras) | Masser (billar) | MÚS. Détacher (desligar) | FIG. Provoquer, exciter; froisser, vexer (enojar) | — Vi Piquer | Taper (el sol) | Pointer (en una fábrica) | Cogner (un motor) | FIG. Mordre (dejarse engañar) | *~ en,* avoir des dons de | *~ muy alto,* avoir les dents longues | — Vp Se piquer | Se gâter (dientes) | Moutonner (el mar) | FIG. Se froisser, se vexer (enojarse) | *~ de,* se piquer d'être.

picar|día f Fourberie, friponnerie (bellaquería) | Ruse (astucia) | Espièglerie (travesura) | Malice (malicia) | Grivoiserie (procacidad) || **~esco, a** adj Picaresque | Espiègle, mutin, e (travieso) | — F Bande de coquins (pandilla) | Vie louche (mala vida) | Roman (*m*) picaresque.

pícaro, a adj/s Vaurien, enne; fripon, onne; voyou (sin fem) [bribón] | Malin, igne (astuto) | FIG. Coquin, e | — M « Pícaro » (en literatura).

picatoste m Rôtie *f*, croûton.

picaza f Pie (ave).

picazón f Picotement *m*, démangeaison.

picea f BOT. Épicéa *m*.

Picio nprm FAM. *Más feo que ~,* laid comme un pou.

pic|o m Bec (de ave) | Pointe *f* (ropa, saliente, pañal) | Angle, coin (esquina) | Pic (herramienta, montaña) | Croûton (pan) | Gressin, longuet (panecillo alargado) | Appoint (de una suma) | — Pl Piques (naipes) | FAM. *Cerrar el ~,* la fermer (callarse), rabattre le caquet (hacer callar). *De ~,* en paroles. *Hincar el ~,* casser sa pipe. *Irse del ~,* être trop bavard. *~ de oro,* beau parleur (elocuente). *Y ~,* et quelques, environ || **~ón, ona** adj Susceptible | — M Épinoche *f* (pez) | Charbon menu, charbonnaille *f* || **~or** m Démangeaison *f* (escozor), picotement (en los ojos) || **~ota** f Pilori *m* | Bigarreau *m* (cereza) || **~otazo** m Coup de bec || **~otear** vt Picoter, picorer (aves) | Becqueter (mordisquear) | FIG. Grignoter (comer).

pictórico, a adj Pictural, e.

picudo, a adj Pointu, e.

pich|ón m Pigeonneau (palomo) | Pigeon : *tiro de ~,* tir au pigeon.

pídola f Saute-mouton *m*.

pie m Pied | Patte *f* (pata) | Légende *f* (de foto o dibujo) | Bas (de un escrito) | Nom du signataire (membrete) | FIG. Base *f* | *Al ~ de,* à côté, près de | *Al ~ de la obra* ou *del cañón,* à pied d'œuvre | *A ~ enjuto,* à pied sec | *A ~ juntillas,* à pieds joints | FIG. *Con ~s de plomo,* avec prudence. *Dar ~ a,* donner lieu *o* prise à | *De ~,* debout | *De ~s a cabeza,* de la tête aux pieds | *En ~,* sur pied | *Hacer ~,* avoir pied | FIG. *Nacer de ~,* naître coiffé | FAM. *No dar ~ con bola,* faire tout de travers | FIG. *No tener ni ~s ni cabeza,* n'avoir ni queue ni tête. *Pararle a uno los ~s,* remettre qqn à sa place | *~ de rey,* pied à coulisse | FAM. *Poner ~s en polvorosa,* prendre la poudre d'escampette. *Sacar los ~s del plato,* se dévergonder.

piedad f Pitié (compasión) | Piété (religiosa o filial).

piedra f Pierre | Grêle (granizo) | MED. Calcul *m*, pierre | FAM. *Menos da una ~,* c'est toujours ça de pris | *~ berroqueña,* granit | *~ de chispa,* pierre à feu | *~ de construcción,* pierre à bâtir | *~ de sillería* o *sillar,* pierre de taille | *~ de toque,* pierre de touche | *~ pómez,* pierre ponce | FIG. *Tirar ~s al tejado ajeno,* jeter des pierres dans le jardin de qqn.

piel f Peau | Cuir *m* (cuero) | Fourrure (de animal, prenda) | Peau (de frutas) | — Pl Fourrure *sing* (abrigo) | FIG. *~ de gallina,* chair de poule | *~ de zapa,* peau de chagrin | FAM. *Ser de la ~ del diablo,* avoir le diable au corps.

piélago m Haute mer *f*.

pienso m Aliment (del ganado) | Picotin (del caballo).

pierna f Jambe | Patte (de animal) | Cuisse (de ave) | Cuissot *m* (de caza mayor) | Gigot *m* (de carnero) | FAM. *Dormir a ~ suelta,* dormir à poings fermés. *Estirar las ~s,* se dégourdir les jambes.

pierrot m Pierrot (careta).

pieza f Pièce | FAM. *Dejar de una ~,* scier, ahurir | *De una sola ~,* tout d'une pièce, d'un seul morceau | *~ de recambio, de repuesto,* pièce de rechange, pièce détachée.

pífano m MÚS. Fifre.

pifi|a f Fausse queue (billar) | FAM. Gaffe || **~ar** vi Faire une fausse queue (billar) | FAM. Faire une gaffe.

pigargo m Pygargue (pájaro).

pigment|ación f Pigmentation || **~o** m Pigment.

pigmeo, a s Pygmée.

pignor|ación f Engagement *m* || **~ar** vt Engager.

pijama m Pyjama (ropa para dormir).
pijota f Petit merlan *m* | *Hacer ~s,* faire des ricochets.
pijoter|ía f FAM. Bricole (pequeñez), bêtise (tontería) ‖ **~o, a** adj/s FAM. Assommant, e (pesado), sacré, e; fichu, e | *Amér.* Chiche (avaro).
pil|a f Pile, tas *m* (montón) | FIG. Tas *m* (serie) | Bassin *m*, vasque (de fuente) | Évier *m* (fregadero) | Bénitier *m* (de agua bendita) | Fonts (*mpl*) baptismaux (para bautizar) | Auge (bebedero) | ARQ. FÍS. Pile | *Sacar de ~,* tenir sur les fonts baptismaux, être parrain *o* marraine ‖ **~ar** m Borne *f* (mojón) | ARQ. Pilier (columna), pile *f* (de puente) | FIG. Pilier ‖ **~astra** f Pilastre *m*.
píldora f Pilule.
pileta f Petit bénitier *m* | Petit bassin *m* (fuente) | *Amér.* Piscine.
pilón m Bassin, vasque *f* (de fuente) | Auge *f* (bebedero) | Mortier (mortero) | ARQ. Pylône | Pain de sucre.
píloro m ANAT. Pylore.
pilorriza f BOT. Coiffe.
pilos|idad f Pilosité ‖ **~o, a** adj Pileux, euse.
pilot|aje m Pilotage ‖ **~ar** o **~ear** vt Piloter.
pilote m Pilot, pieu (estaca) | — Pl Pilotis *sing* (zampas).
piloto m Pilote | AUT. Feu arrière, stop; feu de position | Lampe (*f*) témoin, voyant | Veilleuse *f* (en aparatos de gas) | — Adj Pilote.
piltra f POP. Pieu *m*, plumard *m*.
piltrafa f FAM. Carne (carne mala) | *Hacer ~s,* mettre en charpie.
pill|ada f FAM. Friponnerie | Polissonnerie (de niños) ‖ **~aje** m Pillage ‖ **~apilla** m *Jugar al ~,* jouer à chat *o* à courir ‖ **~ar** vt Piller (saquear) | Prendre | FAM. Attraper, coincer | *~ desprevenido,* prendre au dépourvu ‖ **~astre** o **~astrón** m FAM. Coquin (bribón), polisson (niño) ‖ **~ear** vi Faire des friponneries ‖ **~ería** f FAM. V. PILLADA ‖ **~ete** o **~ín** m FAM. Galopin, polisson ‖ **~o, a** s FAM. Coquin, e ‖ **~uelo, a** s FAM. Garnement *m*, polisson, onne.
pim|ental m Poivrière *f* (plantación) ‖ **~entar** vt Pimenter ‖ **~entero** m Poivrier (arbusto) | Poivrière *f* (utensilio) ‖ **~entón** m Poivron | Paprika doux | Piment rouge [moulu] (polvo) ‖ **~ienta** f Poivre *m* | FAM. Sel *m*, piquant *m* ‖ **~iento** m Piment (planta) | Poivron (fruto) | Piment rouge [moulu] (pimentón) | FAM. *Importar un ~,* s'en moquer | *~ chile,* piment | *~ morrón,* poivron.
pimpampum m Jeu de massacre.
pimpante adj Pimpant, e.
pimpinela f BOT. Pimprenelle.
pimplar vt FAM. Siffler (beber) | — Vi FAM. Picoler.
pimpollo m Rejeton, rejet (vástago) | Arbrisseau (arbolito) | Bouton de rose (capullo) | FAM. Chérubin (niño), beau garçon (joven).
pinacoteca f Pinacothèque.
pináculo m Pinacle.
pinar m Pinède *f*, pineraie *f*.
pincel m Pinceau ‖ **~ada** f Coup (*m*) de pinceau, touche | MED. Badigeonnage *m* (de la garganta) | FIG. Touche, trait *m*.
pinch|ar vt Piquer | FIG. Énerver, agacer (irritar), fâcher (enojar) | — Vi Crever (neumático) | — Vp Se piquer | Crever (neumático) | FAM. Se taquiner ‖ **~aúvas** m inv FAM. Pauvre type (infeliz) ‖ **~azo** m Piqûre *f* | Crevaison *f* (de neumático) | FIG. Coup d'épingle, pique *f* ‖ **~e** m Marmiton ‖ **~o** m Pointe *f* | Piquant (de animal, planta) | CULIN. Brochette *f* | *~ moruno,* chiche kebab.
pindonguear vi FAM. Vadrouiller.
pineda f Pinède, pineraie.
pínfano m MÚS. Tympanon.
ping|ajo m FAM. Lambeau, loque *f* ‖ **~o** m FAM. Loque *f* | Dévergondée *f* (mujer) | — Pl FAM. Frusques *f* (trapos) | *Andar de ~,* vadrouiller.
ping pong m Ping-pong.
pingüe adj Gras, grasse | Gros, grosse | Rentable | Abondant, e.
pingüino m Pingouin.
pin|itos mpl FAM. Premiers pas ‖ **~o, a** adj Raide | — M Pin | — Pl FAM. Premiers pas | *~ piñonero* ou *real,* pin parasol, pin pignon | FAM. *En el quinto ~,* au diable, à tous les diables, au diable vauvert | *Hacer el ~,* faire le poirier *o* l'arbre droit.
pinrel m POP. Panard (pie).
pint|a f Tache (mancha) | Atout *m* (triunfo) | Pinte (medida) | FIG. Allure, air *m*, aspect *m* (aspecto) | Ocelle *m* (de las plumas) | — M Voyou, vaurien (golfo) ‖ **~ada** f Pintade ‖ **~ado, a** adj Peint e | Fardé, e (rostro) | Tacheté, e (con manchas) | FIG. Pareil, eille; semblable | *El más ~,* le plus malin | FAM. *Es su padre ~,* c'est son père tout craché. *No puedo verlo ni ~,* je ne peux pas le voir en peinture. *Venir como ~,* aller à merveille | — M Peinture *f* ‖ **~amonas** m inv FAM. Barbouilleur ‖ **~ar** vt Peindre | Dessiner (dibujar) | Tracer (escribir) | FIG. Dépeindre, peindre (describir), avoir de l'importance | FAM. *No ~ nada,* être déplacé; ne pas avoir son mot à dire | — Vp Se maquiller, se farder (la cara) | FIG. Se refléter, se peindre ‖ **~arrajar** o **~arrajear** vt FAM. Barbouiller, peintur-

lurer ‖ **~iparado, a** adj Tout pareil, toute pareille | À propos (a propósito) | Juste, parfaitement bien | *Ir ~,* aller à merveille.
pint|or m Peintre | *~ de brocha gorda,* peintre en bâtiment ‖ **~ora** f Femme peintre ‖ **~oresco, a** adj Pittoresque ‖ **~oresquismo** m Pittoresque ‖ **~ura** f Peinture : *~ al óleo, al temple,* peinture à l'huile, à la détrempe ‖ **~urero, a** adj/s FAM. Coquet, ette; prétentieux, euse.
pinza f Pince.
pinzón m Pinson.
piñ|a f Pomme de pin, pigne, cône *m* (del pino) | Ananas *m* | FAM. Coup (*m*) de poing | FIG. Groupe (*m*) uni ‖ **~ata** f Panier (*m*) à friandises | *Domingo de ~,* premier dimanche de Carême ‖ **~ón** m Pignon | FIG. *Estar a partir un ~,* s'entendre comme larrons en foire ‖ **~oñate** m Croquant.
Pío nprm Pie : *Pío IX (Nono),* Pie IX (neuf).
pío, a adj Pie (piadoso) | Pieux, euse (devoto) | Charitable (compasivo) | Pie (color) | — M Pépiement (de las aves) | Piaillerie *f* (del pollo) | FAM. *No decir ni ~,* ne pas souffler mot.
piocha f Pioche.
pioj|illo m Pou des oiseaux ‖ **~o** m Pou ‖ **~oso, a** adj Pouilleux, euse.
piola f Saute-mouton *m.*
piolet m Piolet.
pión, ona adj Piailleur, euse | FAM. Râleur, euse (gruñón).
pionero m Pionnier.
piorrea f MED. Pyorrhée.
pipa f Pipe : *fumar en ~,* fumer la pipe | Barrique | Pépin *m* (pepita) | Graine (de girasol) | MÚS. Pipeau *m* | TECN. Doigt *m* (del distribuidor).
pipermín m Peppermint.
pipeta f Pipette.
pipí m FAM. Pipi.
pipiolo m FAM. Bleu, novice, bizut.
pipirigallo m BOT. Sainfoin.
pipirrana f Salade de concombres et de tomates.
pipudo, a adj FAM. Du tonnerre.
piqu|e m Brouille *f* (resentimiento) | Point d'honneur (amor propio) | *A ~,* à pic | *A ~ de,* sur le point de (a punto de) | *Echar a ~,* couler (barco), couler, anéantir (empresa) | *Irse a ~,* couler ‖ **~é** m Piqué ‖ **~era** f Bonde (de tonel) | TECN. Trou (*m*) de coulée ‖ **~eta** f Pic *m,* pioche | *Amér.* Piolet *m* (de montañero) ‖ **~ete** m Piquet.
pira f Bûcher *m.*
piragua f Pirogue | Canoë *m* | Kayac *m.*
pir|amidal adj Pyramidal, e ‖ **~ámide** f Pyramide.
piraña f *Amér.* Piranha *m* (pez).
pirarse vp POP. Se tirer (irse).
pirat|a adj/m Pirate ‖ **~ear** vi Pirater | FIG. Voler (robar) ‖ **~ería** f Piraterie.
pirenaico, a adj/s Pyrénéen, enne.
pirindola f Toton *m.*
pirindolo m FAM. Truc (chisme).
Pirineos nprmpl Pyrénées *f.*
piripi adj FAM. Éméché, e.
pir|ita f Pyrite ‖ **~ograbado** m Pyrogravure *f* ‖ **~ógrafo** m Pyrographe ‖ **~ómano, a** adj/s Pyromane.
pirop|ear vt FAM. Dire des galanteries ‖ **~o** m FAM. Compliment, galanterie *f* [dans la rue].
pirosis f MED. Pyrosis *m.*
pirotecnia f Pyrotechnie.
pirrarse vp FAM. Raffoler (*por,* de).
pirriaque m POP. Piquette *f,* pinard.
pirueta f Pirouette.
pirulí m Sucette *f,* sucre d'orge.
pirulo m Gargoulette *f* (botijo).
pis m FAM. Pipi.
pis|a f Foulage *m* (paño) | Pressurage *m,* foulage *m* (uva, etc) | Accouplement *m* (de animales) ‖ **~ada** f Pas *m,* trace (huella) | Pas *m* (paso) | Foulage *m* (de paños) ‖ **~adura** f Trace, pas *m* ‖ **~apapeles** m inv Presse-papiers ‖ **~ar** vt Marcher sur | Fouler (pisotear) | Couvrir (el macho) | FIG. Piétiner, fouler aux pieds | FAM. Souffler, enlever (quitar), appuyer (acelerador), monter sur (escenario) ‖ **~averde** m FAM. Dandy.
pisc|ícola adj Piscicole ‖ **~icultor** m Pisciculteur ‖ **~icultura** f Pisciculture ‖ **~ina** f Piscine.
Piscis nprmpl ASTR. Poissons.
piscolabis m FAM. Collation *f.*
pis|o m Étage (de una casa) | Appartement (vivienda) | Sol (suelo) | Plancher (de madera) | Chaussée *f* (de la calle) | GEOL. Étage (capa) | Marelle *f* (juego de niños) | *~ bajo,* rez-de-chaussée | *~ de muestra* ou *piloto,* appartement témoin | *~ de soltero,* garçonnière | *~ principal,* premier étage (de una casa), corbeille (teatro) ‖ **~ón** m Hie *f,* demoiselle *f,* pilon (para la tierra) ‖ **~otear** vt Piétiner, fouler aux pieds ‖ **~oteo** m Piétinement ‖ **~otón** m *Dar un ~ a uno,* marcher sur le pied de qqn.
pista f Piste | Court *m* (de tenis) | *Seguir la ~ de,* suivre à la piste (perseguir), suivre la piste de, filer (policía), ne pas perdre de vue.
pistilo m BOT. Pistil.
pisto m Ratatouille (*f*) niçoise | FAM. *Darse ~,* faire de l'épate.
pistol|a f Pistolet *m* (arma) | Ficelle (pan) ‖ **~era** f Étui (*m*) à pistolet ‖ **~ero** m Bandit | Tueur [à gages] ‖ **~etazo** m Coup de pistolet.

pist|ón m Piston (émbolo) | Amorce *f*, capsule *f* (de arma) | MÚS. Piston, clef *f* || **~onudo, a** adj POP. Formidable, épatant, e; du tonnerre.

pit|a f BOT. Agave *m* | Sifflets *mpl*, huées *pl* (abucheo) || **~ada** f Coup (*m*) de sifflet | FAM. Impair *m*, gaffe.

pitanza f Pitance, ration | FAM. Pitance (alimento).

pit|ar vi Siffler | FAM. Marcher, gazer | FAM. *Salir pitando*, filer, déguerpir | — Vt Siffler || **~ido** m Sifflement | Coup de sifflet.

pitill|era f Étui (*m*) à cigarettes, porte-cigarettes *m* || **~o** m Cigarette *f*.

pítima f FAM. Cuite (borrachera).

pitío m Sifflement aigu.

pito m Sifflet | Bec (de vasija) | FAM. Sèche *f*, cigarette *f* | FAM. *Entre ~s y flautas*, entre une chose et l'autre. *No me importa un ~*, je m'en fiche comme de l'an quarante. *No valer un ~* ou *tres ~s*, ne pas valoir tripette. *Ser el ~ del sereno*, être la cinquième roue du carrosse.

pitón m Python (serpiente) | Corne *f* (de toro).

pitonisa f Pythie (de Delfos) | Pythonisse, voyante (adivinadora).

pitorr|earse vp FAM. Se moquer || **~eo** m FAM. Rigolade *f*, plaisanterie *f* || **~o** m Bec (de vasija).

pitraco m FAM. Bidoche *f* (carne).

pituitario, a adj Pituitaire.

pituso, a adj Mignon, onne (bonito) | — S FAM. Gosse, enfant.

pivote m TECN. DEP. Pivot.

piyama m *Amér.* Pyjama.

pizarr|a f Ardoise | Tableau *m* (encerado) || **~al** m Ardoisière *f* || **~eño, a** adj Ardoiseux, euse; ardoisier, ère || **~ero** m Ardoisier || **~ín** m Crayon d'ardoise || **~oso, a** adj V. PIZARREÑO.

pizc|a f FAM. Petit morceau *m*, miette (pedacito), pincée (de sal, etc), goutte (gota), un tout petit peu (un poquito) | FAM. *Ni ~*, pas du tout.

pizpireta adjf FAM. Guillerette.

placa f Plaque | Plaquette (medalla) | Panneau (*m*) indicateur (para señalar) | Panonceau *m* (rótulo) || **~je** m Placage (rugby).

pláceme m Félicitation *f*.

placenta f Placenta *m*.

plac|entero, a adj Joyeux, euse (alegre) | Agréable, délicieux, euse | Amusant, e (divertido) || **~er** m Plaisir (gusto) | Agrément (viaje, etc) | Bon plaisir (voluntad) | Placer, gisement aurifère | MAR. Banc de sable (arena) | — *Vi Plaire.

plácet m Placet (diplomático).

placidez f Placidité.

plácido, a adj Placide | Tranquille | Agréable (grato).

plag|a f Plaie, fléau *m* | Calamité, catastrophe | Mal *m*, maux *mpl* (daño o enfermedad) | FIG. Fléau *m* (agricultura), invasion, épidémie (invasión), foison (de cosas buenas) || **~ar** vt Couvrir | Remplir, bourrer (llenar) | *Estar plagado de*, être surchargé de; être couvert *o* criblé de.

plagi|ar vt Plagier || **~ario** m Plagiaire | Pasticheur || **~o** m Plagiat | Pastichage (imitación).

plan m Plan | Projet (intención) | FAM. Petit ami, petite amie | MED. Régime | MIN. Étage (piso) | *En ~ de*, comme, en; à titre de.

plana f Page (página) | Plaine (llanura) | TECN. Plane | *A toda ~*, sur toute la page, sur toute la largeur | FIG. *Enmendar la ~*, trouver à redire. *En primera ~*, en vedette | MIL. *~ mayor*, état-major.

plancton m Plancton.

planch|a f Plaque (de metal) | Fer (*m*) à repasser (utensilio) | Repassage *m* (ropa planchada) | FAM. Gaffe, impair *m* | Pied (*m*) en avant (fútbol) | Planche (natación) || **~ado** m Repassage | — Adjm FAM. *Amér.* Sans le rond || **~ador, a** s Repasseur, euse || **~ar** vt Repasser : *mesa de ~*, planche à repasser || **~azo** o **~ón** m FAM. Gaffe *f*.

plan|eador m Planeur || **~eamiento** m Projet || **~ear** vt Faire le plan de | Planifier (planificar) | Projeter, avoir en projet | Envisager (considerar) | Préparer, organiser | — Vi Planer | Faire des plans || **~eo** m Vol plané.

planeta m Planète *f* || **~rio, a** adj/m Planétaire.

plan|icie f Plaine (llanura) | Plateau *m* (meseta) || **~ificación** f Planification || **~ificar** vt Planifier || **~illa** f *Amér.* Liste, tableau *m* || **~isferio** m Planisphère || **~o, a** adj Plat, e | GEOM. Plan, e | — M Plan | *De ~*, clairement | *~ de deriva*, dérive | *~ de fondo*, arrière-plan | *Primer ~*, gros plan.

plant|a f BOT. Plante | Plante (del pie) | Plan *m* (plano) | Étage *m* (piso) | Usine (fábrica) | Centrale | *Hacer de nueva ~*, refaire entièrement (realizar de nuevo) | *~ baja*, rez-de-chaussée | *Tener buena ~*, avoir une belle allure || **~ación** f Plantation || **~ador** m Planteur (hombre), plantoir (instrumento) || **~aina** f BOT. Plantain *m* || **~ar** adj Plantaire | — Vt Planter | FIG. Implanter | FAM. Envoyer (golpe), mettre (poner), laisser tomber, plaquer (abandonar), laisser sans voix (callar) | FIG. *Dejar plantado*, poser un lapin.

Dejar todo plantado, tout planter là. *Quedarse plantado*, rester en carafe | — Vp FAM. Se planter (ponerse), arriver (llegar), s'arrêter (pararse), s'installer || **~e** m Débrayage (huelga) | *Dar un ~ a alguien*, remettre qqn à sa place || **~eamiento** m Exposé, énoncé || **~ear** vt Projeter, organiser | Poser (una cuestión) | FIG. Instaurer, établir | — Vp Se poser || **~el** m Pépinière *f* || **~ificar** vt Établir | FAM. Lâcher (plantar), fourrer (meter) | — Vp FAM. Débarquer || **~ígrado, a** adj/m Plantigrade || **~illa** f Semelle (suela) | Personnel *m*, effectif *m* | Tableau (*m*) *o* liste des effectifs | Pistolet *m* (de dibujo) || **~ío** m Plantation *f* || **~ón** m FAM. *Dar un ~*, poser un lapin.

plañ|idero, a adj Plaintif, ive | — F Pleureuse || **~ido** m Plainte *f*.

plaqu|é m Plaqué (metal) || **~eta** f Plaquette (de sangre).

plasma m Plasma || **~r** vt Former | — Vp Se concrétiser.

plasta f Pâte molle.

plasticidad f Plasticité.

plástico, a adj Plastique | — M Plastique | Plastic (explosivo) | — F Plastique.

plastific|ado m Plastification *f* || **~ar** vt Plastifier.

plastrón m Plastron.

plata f Argent *m* | Argenterie (objetos de plata) | *Amér*. Argent *m* (dinero) | FIG. *Hablar en ~*, parler d'or, parler clairement.

platabanda f ARQ. Plate-bande.

plataforma f Plate-forme | FIG. Prétexte *m*; tremplin *m*.

platanal o **platanar** m Bananeraie *f*; platanaie *f*.

plátano m Bananier (árbol frutal) | Banane *f* (fruta) | Platane (árbol).

platea f TEATR. Orchestre *m*, parterre *m* | *Amér*. Fauteuil *m*.

plate|ado, a adj Argenté, e | — M Argenture *f* || **~ar** vt Argenter.

plater|esco, a adj Plateresque || **~ía** f Orfèvrerie | Bijouterie (joyería) || **~o** m Orfèvre | Bijoutier (joyero).

plática f Conversation, entretien *m* | Causerie (religiosa).

platicar vi Parler, converser | Dire.

platija f Plie, limande (pez).

platillo m Soucoupe *f* (de taza) | Petite assiette *f* (plato) | Disque (pieza) | Plateau (de balanza) | MÚS. Cymbale *f* | *~ volante*, soucoupe volante.

platin|a f TECN. Platine | IMPR. Marbre *m* || **~ar** vt Platiner || **~o** m Platine (métal) | — Pl AUT. Vis (*f*) platinées.

plato m Assiette *f* (vasija) | Plat (manjar) | Plateau (de balanza, de bicicleta, de embrague) | *Al ~*, sur le plat | FIG. *Pagar los ~s rotos*, payer les pots cassés | *~ montado*, pièce montée | *Primer ~*, entrée.

plató m Plateau (de cine).

platónico, a adj Platonique.

platudo, a adj FAM. *Amér*. Riche.

plausible adj Plausible.

play|a f Plage | *Amér*. Parking *m* || **~era** f Chemise-veste | *Amér*. Tee-shirt *m* (niqui) | — Pl Sandales.

plaza f Place | Marché m (mercado) | Place (sitio) | Emploi *m*, place (empleo) | Ville (ciudad) | Place forte (ciudad fortificada) | *~ de toros*, arènes | *~ mayor*, grand-place | *Sentar ~*, s'engager dans l'armée | | *Sentar ~ de*, passer pour.

plazo m Délai | Échéance *f* (vencimiento) | Terme (término) | *Comprar a ~s*, acheter à crédit *o* à terme *o* à tempérament | *~ de despedida*, délai de préavis.

plazoleta f Petite place | Rond-point *m* (glorieta) | Square *m* (jardín).

pleamar f Marée haute.

pleb|e f Plèbe || **~eyo, a** adj/s Plébéien, enne || **~iscitar** vt Plébisciter || **~iscito** m Plébiscite.

pleg|able adj Pliant, e | Pliable | Ployable (flexible) || **~adera** f Coupe-papier *m* | Plioir *m* || **~ado** m o **~adura** f Pliage *m*, pliure *f* | Plissé *m* (tableado) | Plissage *m* (acción de tablear) | Plissure *f* (pliegues) || **~ador, a** adj/s Plieur, euse | — M Plioir | — F IMPR. Machine à plier || **~amiento** m GEOL. Plissement || **~ar*** vt Plier | Plisser (tela) | — Vp Se plier.

plegaria f Prière.

pleit|eante adj Plaidant, e | — S Plaideur, euse || **~ear** vi DR. Plaider | FIG. Discuter || **~esía** f Hommage *m* || **~ista** adj/s Chicanier, ère || **~o** m DR. Procès | Affaire *f* (caso) | Querelle *f*, dispute *f* | *Tener un ~ con*, faire un procès à.

plen|ario, a adj Plénier, ère || **~ilunio** m Pleine lune *f* || **~ipotenciario, a** adj/s Plénipotentiaire || **~itud** f Plénitude | FIG. Épanouissement *m* || **~o, a** adj Plein, e | — M Plénière *f*, séance (*f*) plénière.

pleonasmo m Pléonasme.

pletina f TECN. Plat *m*, fer (*m*) plat.

plétora f Pléthore.

pletórico, a adj Pléthorique.

pleur|a f Plèvre || **~esía** f MED. Pleurésie || **~itis** f MED. Pleurite.

plexiglás m Plexiglas.

plexo m Plexus.

pléyade f Pléiade.

plica f Pli (*m*) cacheté.

plieg|o m Pli (pliegue, documento cerrado) | Papier, feuille (*f*) de papier (papel) | IMPR. Cahier, signature *f* |

Cahier (de condiciones) ‖ **~ue** m Pli | GEOL. Plissement, pli.
plinto m ARQ. Plinthe *f*, socle | Cheval-arçons (gimnasia).
plioceno m GEOL. Pliocène.
plis|ado m Plissage | Plissé (tablas) ‖ **~ar** vt Plisser.
plom|ada f Fil (*m*) à plomb | Plombée de una red ‖ **~ar** vt Plomber ‖ **~ero** m Couvreur (de tejados) ‖ **~ífero, a** adj Plombifère | FAM. Assommant, e ‖ **~o** m Plomb | Fil à plomb (plomada) | ELEC. Fusible, plomb | FAM. Super (gasolina) | FAM. *Ser un ~*, être assommant.
plum|a f Plume | Fléau *m*, flèche (de grúa) | *~ estilográfica*, stylo ‖ **~ado, a** adj Emplumé, e ‖ **~aje** m Plumage ‖ **~azo** m Trait de plume.
plúmbeo, a adj De plomb.
plum|eado m Hachures *fpl* (pintura) ‖ **~ear** vt Hachurer ‖ **~ero** m Plumeau | Plumier (estuche) | Plumet (penacho) | *Amér*. Porte-plume | FAM. *Se le ve el ~*, on voit la ficelle ‖ **~ífero** m FAM. Plumitif ‖ **~illa** f Plume (de estilográfica) ‖ **~ón** m Duvet | Édredon (colcha) ‖ **~oso, a** adj Plumeux, euse.
plur|al adj/m Pluriel, elle | — Adj Plural, e ‖ **~alidad** f Pluralité ‖ **~alizar** vt Pluraliser, mettre au pluriel ‖ **~iempleado** m Cumulard ‖ **~iempleo** m Cumul d'emplois.
plus m MIL. Supplément de solde | Gratification *f* | Prime *f* | *~ de carestía de vida*, indemnité de cherté de vie ‖ **~cuamperfecto** m Plus-que-parfait ‖ **~marca** f Record *m* ‖ **~marquista** s Recordman, recordwoman ‖ **~valía** f Plus-value.
plúteo m Étagère *f*, rayon.
plutonio m MIN. Plutonium.
pluvi|al adj Pluvial, e ‖ **~osidad** f Pluviosité ‖ **~oso, a** adj Pluvieux, euse.
pobl|ación f Ville (ciudad) | Agglomération (conjunto de casas) | Localité (lugar) | Population (habitantes) | Peuplement *m* (acción de poblar) | Boisement *m* (forestal) ‖ **~acho** m Trou, bled ‖ **~ado, a** adj Peuplé, e | Garni, e (con cosas) | Boisé, e (monte) | Planté, e (plantado) | Fourni, e (la barba) | — M Localité *f*, agglomération *f* ‖ **~ador, a** adj/s Habitant, e ‖ **~ar*** vt Peupler | Planter (plantar) | Boiser (con árboles) | — Vp Se peupler | Se couvrir de feuilles (árbol).
pobr|e adj Pauvre | — Adj Pauvre, esse | *¡~ de ti si...!*, gare à toi si! | *Sacar de ~*, tirer de la pauvreté, sauver de la misère ‖ **~etear** vi Faire le pauvre ‖ **~eza** f Pauvreté.
pocero m Puisatier.
pocilga f Porcherie.
pócima o **poción** f Potion.
poco, a adj Peu de | Rare, peu abondant, e (con ser, parecer, etc) | — Adv Peu | Bien peu (muy poco) | Peu de temps (poco tiempo) | Pas grand-chose (no mucho) | *A ~ de*, peu après que | *A ~ que*, pour peu que | *Dentro de ~*, sous peu | *Desde hace ~*, depuis peu | *Estar en ~*, *faltar ~*, s'en falloir de peu | *Hace ~*, il n'y a pas longtemps | *No ~*, beaucoup, très | *O ~ menos*, ou peu s'en faut | *~ a ~*, petit à petit, peu à peu | *~ más o menos*, à peu près | *~ o mucho*, peu ou prou | *Por ~*, pour un peu | *Tener en ~*, estimer peu (persona), faire bon marché de (consejo, etc) | — M Peu.
pocho, a adj Pâle, terne | Blet, ette (fruta) | FIG. Abîmé, e (estropeado), patraque (pachucho).
pod|a f Taille, élagage *m* ‖ **~adera** f Serpe, sécateur *m* ‖ **~ador** m Élagueur, émondeur ‖ **~ar** vt Tailler, élaguer, émonder | FIG. Élaguer.
podenco, a adj/m Épagneul, e.
poder m Pouvoir | Possession *f* | Puissance *f* (fuerza, capacidad) | — Pl Pouvoirs | *Dar ~es*, donner procuration | *Dar ~ para*, autoriser à, charger de | *De ~ a ~*, à égalité | *Obrar en ~*, être entre les mains | *~ adquisitivo*, pouvoir d'achat | MIL. *~ disuasivo*, force de frappe | *Por ~es*, par procuration (matrimonio, etc) | — *Vt Pouvoir | — Vimp Se pouvoir, être possible | *A más no ~*, on ne peut plus, au possible | *A ~ ser*, si possible | *No ~ más*, n'en plus pouvoir | *No puede ser*, c'est impossible | *¿Se puede?*, peut-on entrer? ‖ **~dante** m Commettant ‖ **~habiente** s Fondé *o* fondée de pouvoir ‖ **~ío** m Puissance *f* ‖ **~oso, a** adj/s Puissant, e.
podio m Podium.
podr|edumbre f Pourriture, putréfaction | Pus *m* ‖ **~ido, a** adj Pourri, e ‖ **~ir** vt V. PUDRIR.
poe|ma m Poème ‖ **~sía** f Poésie ‖ **~ta** adj/m Poète.
poético, a adj/f Poétique.
poet|isa f Poétesse ‖ **~izar** vt Poétiser.
póker m Poker (jeu) | Carré, poker (cuatro cartas iguales).
polaco, a adj/s Polonais, e.
polaina f Guêtre.
polar adj Polaire ‖ **~idad** f Polarité ‖ **~ización** f Polarisation ‖ **~izador** m Polariseur ‖ **~izar** vt Polariser.
polea f Poulie.
pol|émico, a adj/f Polémique ‖ **~emista** s Polémiste ‖ **~emizar** vi Polémiser.

polen m BOT. Pollen.
poli m FAM. Flic | — F Police || **~cía** f Police | — M Policier || **~ciaco, a** adj Policier, ère
poli|cromía f Polychromie || **~cromo, a** adj Polychrome.
polichinela m Polichinelle.
poli|edro adjm/m Polyèdre || **~fásico, a** adj Polyphasé, e || **~fonía** f Polyphonie || **~gamia** f Polygamie.
polí|gamo, a adj/m Polygame || **~gloto, a** o **poligloto, a** adj/s Polyglotte || **~gono** m Polygone | *~ industrial,* zone industrielle || **~grafo** m Polygraphe.
polilla f Mite.
polímero, a adj/m Polymère.
polinesio, a adj/s Polynésien, enne.
polinomio m MAT. Polynôme.
polinización f Pollinisation.
poliomielitis f Poliomyélite.
polipasto m Palan, moufle *f.*
pólipo m Polype.
polisón m Pouf, crinoline *f.*
poli|técnico, a adj Polytechnique | — M Polytechnicien || **~teísmo** m Polythéisme.
política f Politique | Politesse (cortesía).
político, a adj Politique | Courtois, e (cortés) | Beau-, belle- (pariente) : *padre ~,* beau-père | Par alliance (parientes) | — M Homme politique, politicien.
politizar vt Politiser.
polivalente adj Polyvalent, e.
póliza f Police (de seguros) | Timbre-quittance *m* (sello).
poliz|ón m Passager clandestin || **~onte** m FAM. Flic.
polo m Pôle | Esquimau (helado) | Polo (camisa, juego) | Zone *f,* pôle (de desarrollo) | FIG. Pôle | *~ acuático,* water-polo.
polonesa f MÚS. Polonaise.
Polonia nprf Pologne.
polonio m QUÍM. Polonium.
poltr|ón, ona adj Paresseux, euse | — F Bergère (sillón) || **~onear** vi Paresser || **~onería** f Paresse.
polución f Pollution.
polv|areda f Nuage (*m*) *o* tourbillon (*m*) de poussière || **~era** f Poudrier *m* || **~o** m Poussière *f* | Poudre *f* (materia pulverizada) | Pincée *f* (poquito) | — Pl Poudre *fsing* (cosmético) | FAM. *Estar hecho ~,* être épuisé *o* crevé. *Hacer ~,* défaire (vencer), rouer de coups (pegar), réduire en miettes (romper), couper bras et jambes (cansar), ficher par terre (estropear) | *~ de carbón,* poussier | *~s de la Madre Celestina,* poudre de perlimpinpin (polvos mágicos).
pólvora f Poudre (explosivo) | Feux (*mpl*) d'artifice (pirotecnia) | FIG. Mauvais caractère *m* (mal genio), vivacité | *Fábrica de ~ y explosivos,* poudrerie.
polvor|ear vt Saupoudrer || **~iento, a** adj Poussiéreux, euse (sucio) | Poudreux, euse (empolvado) || **~ín** m Poudrière *f* || **~ón** m Sorte de sablé.
poll|a f Poulette (gallina joven) | Poule (juegos) | Pari *m* (apuesta) | FAM. Jeune fille | *~ cebada,* poularde | *~ de agua,* poule d'eau || **~ear** vi Sortir || **~era** f Youpala *m,* chariot (*m*) d'enfant | Éleveuse (gallinero) | Jupon *m* (enagua) | *Amér.* Jupe (falda) || **~ería** f Marchand (*m*) de volailles (tienda) || **~ino, a** s Ânon *m,* petite ânesse *f* || **~ito, a** s FAM. Petit, e (niño), jeune garçon, jeune fille (joven) | — M Poussin || **~o** m Poussin (pollito) | Poulet (más crecido) | Petit (de las aves) | POP. Crachat | FAM. Jeune homme | — Pl FAM. Jeunes gens | *~ bien, ~ pera,* gandin | *~ tomatero,* poulet de grain || **~uelo** m Poussin.
pomada f Pommade.
pomelo m Pamplemousse (fruta) | Pamplemoussier (árbol).
pómez adjf *Piedra ~,* pierre ponce.
pomo m Pommeau | Bouton (de puerta) | Flacon (frasco).
pomp|a f Pompe (lujo) | Bulle (de jabón) || **~onearse** vp FAM. Se pavaner || **~osidad** f Pompe, apparat *m* || **~oso, a** adj Pompeux, euse.
pómulo m ANAT. Pommette *f.*
ponche m Punch || **~ra** f Bol (*m*) à punch.
poncho m Poncho.
ponder|able adj Digne d'éloge (elogiable) | Pondérable || **~ación** f Mesure, pondération | Éloge (*m*) exagéré | *Estar por encima de toda ~,* être au-dessus de tout éloge || **~ado, a** adj Pondéré, e; mesuré, e || **~ar** vt Peser, examiner | Pondérer (equilibrar) | Vanter (celebrar) || **~ativo, a** adj Excessif, ive | Pondéré, e (reflexivo) | Qui équilibre.
pon|edero, a adj Mettable | — Adjf Pondeuse (ave) | — M Pondoir || **~edora** adjf Pondeuse | — F Couveuse || **~encia** f DR. Charge de rapporteur | Rapport *m,* exposé *m* (informe) || **~ente** adj/m DR. Rapporteur || **~er*** vt Mettre | Mettre, poser (colocar) | Installer (instalar) | Placer, mettre (situar) | Poser (condiciones, etc) | Miser (en el juego) | Planter (un clavo) | Rendre (con adjetivo) : *~ triste,* rendre triste | Porter, mettre (llevar) | Jeter, mettre : *~ en un apuro,* jeter dans l'embarras | Supposer, mettre (suponer) | Parier (apostar) | Mettre (tardar) | Donner (un nombre, un mote) | Traiter de

(llamar a alguien) | Exposer (exponer) | Amener (traer) | Poser (el gas, el teléfono, etc) | Passer (película), jouer, donner (en el teatro) | Pondre (gallina) | FAM. ~ *como nuevo,* bien arranger, remettre à neuf | ~ *mal a uno,* maltraiter qqn, dire du mal de qqn | ~ *malo a uno,* rendre qqn malade | — Vp Se mettre | Devenir (volverse) | S'habiller (vestirse) | Mettre, passer (ropa) | Se coucher (astros) | Se tacher, se salir (ensuciarse) | Tomber (enfermo) | Répondre (al teléfono) | S'y mettre (comenzar) | Parier (apostar) | Arriver, être (llegar) | Se placer (colocarse) | Se poser (ave, avión) | ~ *bueno,* se rétablir, se remettre | ~ *malo,* tomber malade; se rendre malade || **~iente** m Couchant, ouest (occidente) | Vent d'ouest.

pontaje o **pontazgo** m Péage.

pont|ificado m Pontificat || **~ifical** adj/m Pontifical, e || **~ificar** vt Pontifier || **~ífice** m Pontife || **~ificio, a** adj Pontifical, e.

pontón m Ponton.

ponzoñ|a f Venin *m* (de animal) | Poison *m* (de vegetal) | FIG. Poison *m* || **~oso, a** adj Empoisonné, e | Venimeux, euse (animal).

popa f MAR. Poupe.

pope m Pope (sacerdote).

popelín m Popeline *f*.

popote m *Amér.* Paille *f*.

popul|achero, a adj Populacier, ère | Au goût du peuple || **~acho** m Bas peuple, populace *f*, populo || **~ar** adj Populaire | Du peuple || **~aridad** f Popularité || **~arizar** vt Populariser || **~oso, a** adj Populeux, euse.

popurrí m MÚS. Pot-pourri.

poquedad f Petitesse | Pusillanimité.

póquer m V. PÓKER.

por prep Par (agente, causa, sitio, modo, distribución) | À cause de (por causa de) | De : *inquieto ~ su salud,* inquiet de sa santé | Parce que (porque) | Pour (destino, plazo, para, a causa de, a cambio de, en vez de, como, a favor de, precio) | À (en, fecha, sin, modo, distribución) | Vers (hacia) | Dans (en) | En (época) | Selon (conforme) | Quant à, en ce qui concerne (en cuanto a) | Sur (superficie) | *Ir, mandar ~,* aller, envoyer chercher | *No hay ~ qué hacerlo,* il n'y a pas lieu de le faire | *~ entre,* à travers, entre | *~ eso,* c'est pourquoi | *~ lo ... que,* tellement, tant | *~ más que...* V. MÁS | *~ que,* parce que | *~ qué,* pourquoi.

porcelana f Porcelaine.

porcentaje m Pourcentage.

porcino, a adj/m Porcin, e.

porción f Part (división) | Partie (parte) | Portion | FIG. Quantité; grand nombre *m*.

porcuno, a adj/m Porcin, e.

porche m Porche | Portique (atrio) | Arcade *f* (soportal).

pordios|ear vi Mendier || **~eo** m o **~ería** f Mendicité *f* || **~ero, a** adj/s Mendiant, e.

porf|ía f Obstination, entêtement *m* | *A ~,* à l'envi, à qui mieux mieux || **~iado, a** o **~iador, a** adj/s Obstiné, e | — Adj Acharné, e; serré, e || **~iar** vi S'entêter (obstinarse) | Se disputer | S'acharner à (intentar porfiadamente) | Lutter, rivaliser | Insister.

pórfido o **pórfiro** m Porphyre.

pormenor m Détail | À-côté (cuestión secundaria) | — Pl Tenants et aboutissants || **~izar** vt Raconter en détail, détailler.

pornografía f Pornographie.

por|o m Pore || **~osidad** f Porosité || **~oso, a** adj Poreux, euse.

poroto m *Amér.* Haricot.

porqu|e conj Parce que (motivo) | Pour que (para que) || **~é** m FAM. Pourquoi, cause *f*, motif.

porquer|ía f FAM. Cochonnerie, saleté || **~iza** f Porcherie || **~izo, a** o **~o, a** s Porcher, ère.

porr|a f Massue (arma) | Bâton (*m*) blanc (de guardia) | Matraque (de caucho) | Caisse commune (en los juegos) | Beignet *m* (churro) | FAM. *Irse a la ~,* être fichu (estropearse). *Mandar a la ~,* envoyer paître | — Interj Zut! || **~ada** f Tas *m* (montón) || **~azo** m Coup || **~illo (a)** loc À foison || **~ita** f Caisse commune || **~ón** m Cruche *f* [à long bec].

porta adjf ANAT. Porte | — F MAR. Sabord *m* (portañola).

portaaviones m inv Porte-avions.

port|ada f Portail *m* (de casa) | IMPR. Couverture (de revista) | Page de titre (de libro) | FIG. Façade || **~adilla** f IMPR. Faux titre *m* || **~documentos** m inv Porte-documents (cartera) | Porte-cartes || **~ador, a** adj/s Porteur, euse.

porta|equipajes m inv Porte-bagages, galerie *f* (en un coche) || **~estandarte** m Porte-étendard || **~folio** m *Amér.* Porte-documents || **~fusil** m Bretelle (*f*) de fusil || **~herramientas** m inv TECN. Porte-outil.

portal m Vestibule (zaguán) | Porche | Arcades *fpl* (soportal) | Portique | Crèche *f* (de Navidad) || **~ón** m MAR. Coupée *f*.

porta|maletas m inv Coffre (de coche) || **~mantas** m inv Portemanteau || **~monedas** m inv Porte-monnaie.

portante m Amble | FAM. *Tomar el ~,* filer, s'en aller.
portañica o **portañuela** f Patte de la braguette.
portañola f MAR. Sabord *m.*
portarse vp Se conduire, se comporter : *~ mal,* mal se conduire.
portátil adj Portatif, ive.
portaviones m inv Porte-avions.
portavoz m Porte-voix (bocina) | Porte-parole (persona).
portazgo m Péage.
portazo m Claquement de porte.
porte m Port, transport | Conduite *f* (comportamiento) | Allure *f* (compostura) || **~ador, a** adj/s Porteur, euse || **~ar** vt Porter (llevar).
portent|o m Prodige, merveille *f* || **~oso, a** adj Prodigieux, euse; merveilleux, euse.
porteño, a adj/s De Buenos Aires.
porteo m Port, transport.
port|ería f Loge de concierge (habitación) | Emploi (*m*) de concierge (empleo) | But *m* (fútbol) || **~ero, a** s Concierge | Portier, ère (de convento) | — M Gardien de but (fútbol) || **~ezuela** f Petite porte | Portière (de coche).
pórtico m Portique | Porche (cubierto) | Portail | Parvis (atrio).
port|illa f MAR. Hublot *m* || **~illo** m Portillon (puerta pequeña) | Poterne *f* | Guichet (postigo) | Col (entre montañas) || **~ón** m Grande porte *f* | Porte (*f*) de vestibule.
portuario, a adj Portuaire.
portugués, esa adj/s Portugais, e.
porvenir m Avenir.
pos (en) loc adv Derrière | *Ir en ~ de,* poursuivre, être à la recherche de.
pos|ada f Auberge (mesón) | Petit hôtel *m* | Demeure, domicile *m* (morada) | Hospitalité || **~aderas** fpl FAM. Derrière *msing,* postérieur *msing* || **~adero, a** s Hôtelier, ère (de hotel) | Patron, onne (de pensión) | Aubergiste (de mesón) || **~ar** vi Se poser (ave) | Poser (para foto o pintura) | Reposer (descansar) | — Vp Déposer (un líquido), retomber (partículas) | Se poser (ave).
posdata f Post-scriptum *m.*
pose f Pose.
pose|edor, a adj/s Possesseur *m* | Détenteur, trice (de un récord, etc) || **~er** vt Posséder | Détenir (un récord) | — Vp Se dominer || **~ído, a** adj/s Possédé, e | — Adj Dominé, e | Imbu de sa personne || **~sión** f Possession | — Pl Propriété *sing* | *Estar en ~ de,* détenir | *Tomar ~ de un cargo,* entrer en fonctions || **~sionar** vt Mettre en possession | — Vp Prendre possession de | S'emparer (apoderarse) || **~sivo, a** adj/m Possessif, ive || **~so, a** adj/s Possédé, e || **~sor, a** adj/s Possesseur (sin fem).
posguerra f Après-guerre *m* o *f.*
posib|ilidad f Possibilité | Occasion (oportunidad) | Chance : *tiene ~es de éxito,* il a des chances de succès || **~ilitar** vt Faciliter | Permettre (permitir) | Rendre possible || **~le** adj Possible | *En* ou *dentro de lo ~,* autant que possible | *Si es ~,* si possible | — Mpl Moyens (fortuna).
posición f Position (postura) | Situation | Rang *m* (rango) | Mise, pose (acción de poner) | MIL. Position.
positivado m FOT. Tirage.
positiv|ismo m Positivisme || **~o, a** adj/m Positif, ive | — F FOT. Positif *m.*
poso m Lie *f* (de vino) | Marc (de café) | FIG. Fond.
posología f Posologie.
posponer* vt Subordonner | Mettre en second lieu (estimar menos).
post|a f Poste, relais *m* (de caballos) | Chevrotine (bala) | *A ~,* exprès || **~al** adj Postal, e | — F Carte postale (tarjeta).
postbalance m *Venta ~,* vente après inventaire.
postdata f Post-scriptum *m.*
poste m Poteau | Piquet (estaca) | TECN. Pylône.
postema f MED. Abcès *m.*
posterg|ación f Ajournement *m* | Mise à l'écart || **~ar** vt Ajourner (aplazar) | Laisser en arrière (dejar atrás) | Mettre à l'écart | Négliger (descuidar).
poster|idad f Postérité || **~ior** adj Postérieur, e || **~ioridad** f Postériorité | *Con ~,* par la suite.
postigo m Volet (de ventana).
postilla f MED. Croûte.
postillón m Postillon (conductor).
post|ín m FAM. Pose *f* (presunción) | Chic | *Darse ~,* crâner, poser || **~inero, a** adj/s FAM. Poseur, euse.
postizo, a adj Postiche | Faux, fausse (falso) | Artificiel, elle | — M Postiche (de pelo).
postoperatorio, a adj Postopératoire.
postor m Enchérisseur, offrant | *Al mayor* ou *al mejor ~,* au plus offrant.
postr|ación f Prostration | Accablement *m* (desánimo) | Abaissement *m* (humillación) | Prosternation || **~ado, a** adj Prostré, e || **~ar** vt Abattre | FIG. Abaisser (humillar), affaiblir, accabler (debilitar) | — Vp S'agenouiller (arrodillarse) | S'affaiblir (debilitarse) | Être accablé, e (por las desgracias) || **~e** adj Dernier, ère | — M Dessert | *A la ~,* à la fin || **~er** adjm *o* **~ero, a** adj/s Dernier, ère || **~imería** f Fin.

postsincronización f Postsynchronisation (cinematografía).
postul|ado m Postulat ‖ **~ante, a** adj/s Postulant, e | Quêteur, euse (que hace una colecta) ‖ **~ar** vt Postuler | Préconiser | — Vi Quêter (hacer una colecta).
póstumo, a adj Posthume.
postura f Posture, position | Pose (posición) | FIG. Attitude (actitud), position | Ponte (de los huevos) | Enchère (en almoneda) | Pacte *m* | Pari *m* (apuesta) | Mise (en juegos).
postventa o **posventa** adj *Servicio ~*, service après-vente.
potable adj Potable.
potaje m Plat de légumes secs | FIG. Bazar (mezcla confusa).
pot|asa f Potasse ‖ **~ásico, a** adj Potassique ‖ **~asio** m Potassium.
pote m Pot (tarro) | Marmite *f* (olla) | Ragoût (cocido) | FAM. *Darse ~*, crâner, poser.
poten|cia f Puissance ‖ **~ciación** f MAT. Élévation ‖ **~cial** adj/m Potentiel, elle | GRAM. Conditionnel ‖ **~ciar** vt Donner de la puissance à | Permettre (facultar) ‖ **~tado** m Potentat ‖ **~te** adj Puissant, e.
potestad f Puissance, pouvoir *m*.
potingue m FAM. Médicament (medicina), breuvage (brebaje), cosmétique.
potosí m FIG. *Ser un ~*, être une mine d'or. *Valer un ~*, valoir son pesant d'or *o* un empire.
potr|a f Pouliche | FAM. Veine, pot *m* (suerte) ‖ **~ada** f Troupeau (*m*) de poulains ‖ **~anca** f Jeune pouliche ‖ **~illo** m Jeune poulain ‖ **~o** m Poulain | Chevalet (de tormento) | Travail (para veterinarios o herradores) | Cheval de bois (gimnasia) ‖ **~oso, a** adj/s FAM. Veinard, e.
poy|ete m Petit banc de pierre | FAM. *Quedarse en el ~*, rester vieille fille (solterona), faire tapisserie (en un baile) ‖ **~o** m Banc de pierre.
poz|al m Margelle *f* (brocal) ‖ **~o** m Puits | Fosse *f* (hoyo) | Cagnotte *f* (en los naipes) | *~ negro*, puisard.
práctica f Pratique | Expérience | Méthode | — Pl Travaux (*m*) pratiques (clases) | *Período de ~s*, stage (de formación profesional).
practic|able adj/m Praticable ‖ **~ante** adj/s Infirmier, ère | Préparateur, trice (de botica) | Pratiquant, e (en religión) ‖ **~ar** vt Pratiquer | Faire (hacer) | — Vi REL. Pratiquer, être pratiquant.
práctico, a adj Pratique | Expérimenté, e | — M Pilote [côtier].
prad|era f Prairie ‖ **~o** m Pré | Promenade *f* (paseo).
pragm|ático, a adj/f Pragmatique ‖ **~atismo** m Pragmatisme.
preámbulo m Préambule (prólogo).
prebenda f Prébende.
preboste m Prévôt.
precalentamiento m Préchauffage.
precario, a adj Précaire.
pre|caución f Précaution ‖ **~caver** vt Prévenir, prévoir (prever) | — Vp Se prémunir, parer ‖ **~cavido, a** adj Prévoyant, e.
preced|encia f Antériorité | Préséance (preeminencia) | Supériorité ‖ **~ente** adj Précédent, e | Précédant (con complemento) | — M Précédent ‖ **~er** vt Précéder.
precept|ivo, a adj Obligatoire | — F Préceptes *mpl* ‖ **~o** m Précepte | *De ~*, d'obligation (fiestas) ‖ **~or, a** s Précepteur, trice.
preces fpl Prières.
preci|ado, a adj Estimé, e; apprécié, e ‖ **~ar** vt Apprécier | — Vp Être content de soi (ser engreído) | Se vanter de (jactarse) | Se respecter.
precint|ado m Plombage ‖ **~ar** vt Sceller, plomber | DR. Sceller, mettre les scellés sur ‖ **~o** m Pose (*f*) des scellés | Plomb (marchamo) | DR. Scellés *pl* | Cachet (de botella).
precio m Prix : *~ corriente, de coste, de fábrica, de mercado*, prix courant, de revient, coûtant, marchand.
precios|idad f Charme *m*, beauté (encanto) | Personne *o* chose ravissante ‖ **~ismo** m Préciosité *f* ‖ **~o, a** adj Précieux, euse | FIG. Ravissant, e; très joli, e.
precip|icio m Précipice ‖ **~itación** f Précipitation ‖ **~itado** m Précipité ‖ **~itar** vt/i Précipiter.
precis|ar vt Indiquer, déterminer | Avoir besoin de (necesitar) | Demander, rechercher (requerir) | Préciser | Obliger à | — Vimp Falloir ‖ **~ión** f Précision | Besoin *m* (necesidad) ‖ **~o, a** adj Précis, e | Nécessaire | Précis, e; exact, e (exacto) | *El día ~ de*, le jour même de | *Ser ~*, falloir.
precitado, a adj Précité, e.
preclaro, a adj Illustre.
precocidad f Précocité.
preconcebido, a adj Préconçu, e.
preconiz|ador, a s Préconiseur (sin fem), préconisateur (sin fem) ‖ **~ar** vt Préconiser, prôner.
precoz adj Précoce.
pre|cursor, a adj Précurseur (sin fem) | Précurseur, avant-coureur | — M Précurseur ‖ **~decesor, a** s Prédécesseur (sin fem) ‖ **~decir*** vt Prédire ‖ **~destinación** f Prédestination ‖ **~destinar** vt Prédestiner.
prédica f Prêche *m*.
predic|ación f Prédication ‖ **~ado** m GRAM. Attribut, prédicat (m. us.) ‖

~ador, a s Prédicateur, trice | — M Mante (*f*) religieuse (insecto) || **~amento** m FIG. Influence *f* || **~ante** m Prédicant || **~ar** vt/i Prêcher.

predicción f Prédiction.

predilec|ción f Prédilection || **~to, a** adj Préféré, e | De prédilection.

predio m Propriété *f*, fonds.

pre|disponer* vt Prédisposer || **~disposición** f Prédisposition || **~dominancia** f Prédominance || **~dominar** vt/i Prédominer | FIG. Dominer || **~dominio** m Prédominance *f*.

preemin|encia f Prééminence, primauté || **~ente** adj Prééminent, e.

preestablecer vt Préétablir.

preexist|encia f Préexistence || **~ente** adj Préexistant, e || **~ir** vi Préexister.

prefabricado, a adj Préfabriqué, e.

prefacio m Préface *f*.

prefect|o m Préfet || **~ura** f Préfecture.

prefer|encia f Préférence | Prédilection | Tribunes *pl* (localidad) | *Con ~*, de préférence | *~ de paso*, priorité || **~encial** adj Préférentiel, elle || **~ente** adj Qui préfère | Préférentiel, elle | Préférable (que se prefiere) | De choix (excelente) || **~ible** adj Préférable || **~ido, a** adj/s Préféré, e || **~ir*** vt Préférer, aimer mieux | Aimer (gustar).

prefij|ado, a adj Préfixé, e || **~o, a** adj/m GRAM. Préfixe | — M Indicatif (teléfono).

preg|ón m Annonce (*f*) publique | Cri [de marchands] || **~onar** vt Crier, annoncer publiquement | FIG. Publier, claironner (revelar), vanter (alabar) || **~onero, a** adj/s Divulgateur, trice | — M Crieur public.

pregunt|a f Demande, question | FAM. *Estar a la cuarta ~*, être fauché || **~ar** vt Demander | Interroger, questionner (interrogar) | *~ por*, prendre des nouvelles de; demander || **~ón, ona** adj/s FAM. Questionneur, euse.

prehist|oria f Préhistoire || **~órico, a** adj Préhistorique.

pre|juicio m Préjugé | Parti pris (idea preconcebida) || **~juzgar** vt Préjuger || **~lación** f Préséance | *Tener ~*, primer || **~lado** m Prélat || **~liminar** adj/m Préliminaire || **~ludiar** vi/t Préluder à || **~ludio** m Prélude || **~maturo, a** adj/s Prématuré, e || **~meditación** f Préméditation || **~meditar** vt Préméditer.

premi|ado, a adj/s Lauréat, e | Gagnant, e | Récompensé, e; primé, e || **~ar** vt Récompenser (*por*, de) | Décerner un prix (en un certamen) || **~o** m Récompense *f* | Prix (en escuela, examen) : *reparto de ~s*, distribution des prix | Lot (lotería) : *~ gordo*, gros lot.

premioso, a adj Urgent, e; pressant, e || Lourd, e (pesado) | FIG. Rigide, strict, e (rígido), emprunté, e (tieso), lourd, e (estilo), lourdaud, e (tardo)

premisa f Prémisse.

premonitorio, a adj Prémonitoire.

premura f Instance | Urgence (urgencia) | Hâte (prisa).

prend|a f Gage *m* (garantía) | Arrhes *pl* (señal) | Objet (*m*) de valeur | Vêtement *m* (ropa) | FIG. Bijou *m* (joya), personne aimée | COM. Nantissement *m* | — Pl Gages *m* (juego) | FIG. *No soltar ~*, ne rien dire. *Soltar ~*, lâcher prise || **~arse** vp S'éprendre || **~edor** m Broche *f* | Agrafe *f* (de estilográfica) || **~er** vt Saisir (asir) | Arrêter, prendre (detener) | Faire prisonnier (encarcelar) | Attacher, fixer (sujetar) | Accrocher (enganchar) | Mettre (fuego) | *Amér* Allumer (encender) | — Vi S'enraciner (arraigar) | Prendre (fuego, vacuna) || **~ería** f Friperie || **~ero, a** s Fripier, ère || **~imiento** m Arrestation *f*.

prens|a f Presse | Pressoir *m* (de uva) | *Meter en ~*, mettre sous presse || **~ado** m Pressurage, pressage || **~ar** vt Presser | Pressurer (la uva, etc) || **~il** adj Prenant, e || **~illa** f Pied-de-biche *m*.

preñ|ado, a adj Enceinte (mujer) | Pleine (animal) | FIG. Plein, e; chargé, e (cargado), gonflé, e || **~ar** vt Féconder (mujer) | Couvrir (animal) | FIG. Remplir || **~ez** f Gestation (de animal) | Grossesse (de mujer).

preocup|ación f Préoccupation, souci *m* || **~ar** vt Préoccuper | — Vp Se préoccuper, se soucier (*por*, de) | *No se preocupe*, ne vous en faites pas.

prepar|ación f Préparation || **~ado** m Préparation *f* || **~ador, a** s Préparateur, trice | — M Entraîneur (deportes) | Soigneur (boxeo) || **~amiento** m Préparation *f* || **~ar** vt Préparer || **~ativo** m Préparatif || **~atorio, a** adj Préparatoire | — M Année (*f*) préparatoire

preponder|ancia f Prépondérance || **~ante** adj Prépondérant, e || **~ar** vi Peser davantage (ser más pesado) | Prévaloir (prevalecer).

preposición f Préposition.

prepotente adj Tout-puissant, toute puissante | Outrecuidant, e.

prerrogativa f Prérogative.

presa f Prise | Proie (de un animal) | Barrage *m* (embalse) : ~ *de contención*, barrage de retenue | — Pl Crocs *m* (colmillo) | Serres (de ave) | *Hacer* ~, saisir, attraper | ~ *de*, en proie à ; la proie de.

presagi|ar vt Présager || **~o** m Présage, augure.

presbicia f Presbytie.

présbita adj/s Presbyte.

presb|iteriano, a adj/s Presbytérien, enne || **~iterio** m Presbytérium || **~ítero** m Prêtre.

prescindir vi Faire abstraction de (no tener en cuenta) | Se passer de (estar sin) | *Prescindiendo de*, abstraction faite de.

prescr|ibir vt Prescrire | — Vi Être périmé, e || **~ipción** f Dr. Prescription | Méd. ~ *facultativa*, ordonnance.

pres|encia f Présence | Aspect *m*, allure, prestance (figura) || **~enciar** vt Être témoin de (testigo) | Assister à | Être présent, e || **~entación** f Présentation || **~entador, a** s Présentateur, trice | Présentoir (dispositivo) || **~entar** vt Présenter | Poser (candidatura, etc) | Déposer (una queja, un proyecto, etc) | Fig. Présenter, offrir (ofrecer), proposer (proponer) | — Vp Se présenter || **~ente** adj/m Présent, e | *Hacer* ~, porter à la connaissance | *Tener* ~, se souvenir (recordar), ne pas oublier.

present|imiento m Pressentiment || **~ir*** vt Pressentir.

preserv|ación f Préservation || **~ar** vt Préserver || **~ativo, a** adj/m Préservatif, ive.

presid|encia f Présidence || **~encial** adj Présidentiel, elle || **~ente** m Président.

presidi|ario m Forçat, bagnard || **~o** m Bagne (prisión) | Forçats *pl* (presidiarios) | Travaux (*pl*) forcés.

presidir vt Présider | Présider à | ~ *un entierro*, conduire le deuil.

presilla f Tirette (para colgar vestidos) | Passant *m* (de cinturón) | Point (*m*) de boutonnière (de ojal) | Ganse (cordoncillo).

pres|ión f Pression || **~ionar** vt Appuyer, presser (apretar) | Faire pression sur.

preso, a adj Pris, e | Emprisonné, e (detenido) | — S Prisonnier, ère.

prest|ación f Prestation | Allocation (subsidio) | Tecn. Performance || **~ado, a** adj Prêté, e (a alguien) | Emprunté, e (de alguien) | D'emprunt | *Pedir* ~, emprunter || **~ador, a** adj/s Prêteur, euse || **~amista** s Prêteur, euse ; bailleur (*m*) de fonds.

préstamo m Prêt (hecho a alguien) | Emprunt (de alguien).

prestancia f Prestance (compostura).

prest|ar vt Prêter | Rendre (un servicio, un testimonio) | Faire (declaración) | — Vi Être utile, servir | Prêter (dar de sí) | — Vp Se prêter || **~atario, a** s Emprunteur, euse.

presteza f Agilité, promptitude.

prestidigit|ación f Prestidigitation || **~ador** m Prestidigitateur.

prestig|io m Prestige || **~ioso, a** adj Prestigieux, euse.

presto, a adj Preste | Prêt, e; préparé, e (dispuesto) | — Adv Rapidement, prestement (rápidamente).

pres|umido, a adj/s Prétentieux, euse | Coquet, ette || **~umir** vt Présumer | — Vi Se donner de grands airs | Se vanter (jactarse) | Se croire (creerse) | Être prétentieux || **~unción** f Prétention, présomption || **~unto, a** adj Présumé, e (supuesto) | Présomptif, ive | Prétendu, e || **~untuoso, a** adj/s Présomptueux, euse; prétentieux, euse.

presuponer* vt Présupposer.

presupuest|ar vi Établir un budget || **~ario, a** adj Budgétaire || **~ívoro** m Fam. Budgétivore || **~o, a** adj/s Présupposé, e | — M Budget | Motif, cause *f* | Devis (de una obra).

presurizar vt Pressuriser.

presuroso, a adj Pressé, e | Empressé, e (diligente).

pretencioso, a adj Prétentieux, euse.

pretend|er vt Prétendre à (solicitar) | Essayer, chercher à, prétendre (procurar) || **~iente, a** adj/s Prétendant, e | Aspirant, e; candidat, e.

pretensado, a adj Précontraint, e.

pretensión f Prétention.

pret|erición f Omission || **~erir*** vt Omettre | Oublier || **~érito** m Gram. Passé | ~ *imperfecto*, imparfait | ~ *indefinido, perfecto compuesto*, passé simple, composé.

pretext|ar vt Prétexter || **~o** m Prétexte | *Con el* ~ *de que*, sous le prétexte que.

pretil m Garde-fou, parapet.

pretina f Ceinture.

pret|or m Préteur || **~oría** f Préture || **~orio** m Prétoire.

pre|u m Fam. Propé *f* || **~universitario** m Propédeutique *f*.

preval|ecer* vi Prévaloir | L'emporter sur (sobresalir) || **~er*** vi Prévaloir | — Vp Se prévaloir, tirer avantage.

prevaric|ación f Prévarication || **~ador, a** adj/s Prévaricateur, trice || **~ar** vi Prévariquer.

preven|ción f Disposition, précaution (precaución) | Prémunition (protección) | Prévention (contra accidentes) | Méfiance, prévention (desconfianza) | Préjugé *m* (prejuicio) | Poste *m* (de policía) | Prévention (cárcel) || **~ido, a** adj Préparé, e | Averti, e; prudent, e || **~ir*** vt Préparer, disposer | Prévenir (un peligro) | Prévoir (prever) | Devancer (anticipar) | Éviter, empêcher | Prévenir, avertir (avisar) | Prémunir (proteger) | — Vp Se préparer | Se prémunir (protegerse) | Parer (*contra*, à) || **~tivo, a** adj Préventif, ive || **~torio** m Préventorium.

prev|er* vt Prévoir || **~iamente** adv Au préalable || **~io, a** adj Préalable || **~isible** adj Prévisible || **~isión** f Prévision | Estimation (evaluación) | Prévoyance : *caja de ~*, caisse de prévoyance || **~isor, a** adj Prévoyant, e || **~isto, a** adj Prévu, e.

prez s Gloire *f*.

prieto, a adj Ferme (carne) | Serré, e (apretado) | Très foncé, e (color).

prim|a f Prime (premio, parte del día) | Cousine (pariente) | MÚS. Chanterelle (cuerda) || **~acía** f Primauté || **~ada** f FAM. Bêtise || **~ado** m Primat || **~ario, a** adj/m Primaire | — F École primaire || **~ate** m Primate (mono) || **~avera** f Printemps *m* (estación) | Primevère (flor) || **~averal** adj Printanier, ère || **~er** adj Premier || **~era** f Prime (juego) | Première (velocidad, clase) | *A la ~*, du premier coup || **~erizo, a** adj Débutant, e || **~ero, a** adj/s Premier, ère | *A primeros de*, au début de | — Adv D'abord | Premièrement | Avant, plus tôt (antes) | Plutôt (más bien) || **~icias** fpl Prémices | FIG. Primeur *sing* || **~itivo, a** adj/s Primitif, ive || **~o, a** adj Premier, ère : *materias ~s*, matières premières | — S Cousin, e : *~ hermano* ou *carnal*, cousin germain; *~ segundo*, cousin issu de germain | FAM. Idiot, e : poire *f*, dupe *f* || **~ogénito, a** adj/s Aîné, e; premier-né, e || **~ogenitura** f Primogéniture, aînesse || **~or** m Délicatesse *f* (finura) | Habileté *f* (destreza) | Merveille *f*, splendeur *f* (maravilla) | *Que es un ~*, à merveille, à ravir || **~ordial** adj Primordial, e || **~oroso, a** adj Exquis, e; charmant, e (encantador) | Habile (diestro) | Délicat, e; soigné, e.

princ|esa f Princesse || **~ipado** m Principauté *f* (territorio) | Principat (título) || **~ipal** adj Principal, e | — M Principal | Patron (jefe de una fábrica, etc) | Premier étage (piso).

príncipe m Prince.

princip|esco, a adj Princier, ère || **~ianta** f Débutante, apprentie || **~iante** adj/s Débutant, e || **~iar** vt/i Commencer || **~io** m Commencement, début | Principe (máxima) | Entrée *f* (comidas) | Rudiment | *A ~s de*, au début de | *~ quieren las cosas*, il y a un commencement à tout.

pring|ar vt Graisser | Saucer (con pan) | Tacher (manchar) | FAM. Faire tremper [dans une affaire], noircir, salir (la fama) | — Vi FAM. Bosser (trabajar) | — Vp Tacher (manchar) | Tremper, se mouiller (en un asunto) || **~oso, a** adj Graisseux, euse; gras, asse || **~ue** s Graisse *f* | Crasse *f*, saleté *f* (suciedad).

prior, ~a s Prieur, e || **~ato** m Prieuré | Priorat (cargo) || **~idad** f Priorité || **~itario, a** adj Prioritaire.

prisa f Hâte | Rapidité (rapidez) | *Correr ~*, presser, être urgent | *Dar ~*, presser | *Darse ~*, se presser, se dépêcher, se hâter | *De ~*, vite | *Tener ~*, être pressé.

prisi|ón f Prison (cárcel) | Emprisonnement *m*, détention (encarcelamiento) | FIG. Lien *m* (atadura) | *~ preventiva*, détention préventive, dépôt | — Pl Fers *m* (grillos) || **~onero, a** adj/s Prisonnier, ère.

prism|a m Prisme || **~ático, a** adj Prismatique | — Mpl Jumelles *f*.

prístino, a adj Originel, elle; primitif, ive | Pur, e.

priv|ación f Privation || **~adamente** adv En privé || **~ado, a** adj Privé, e | Particulier, ère | — M Familier, favori | Privé || **~anza** f Faveur || **~ar** vt Priver | Interdire (prohibir) | — Vi Être en faveur | Avoir du succès (tener éxito) | Avoir la haute main (tener mucha influencia) | — Vp Se priver || **~ativo, a** adj Privatif, ive | Propre (propio) | *Ser ~ de*, être l'apanage de.

privilegi|ado, a adj/s Privilégié, e || **~ar** vt Accorder un privilège || **~o** m Privilège.

pro m Profit *m* | *En ~ de*, en faveur de | *Hombre de ~*, homme de bien | *El ~ y el contra*, le pour et le contre | — Prep En faveur de, au profit de.

proa f MAR. Proue.

prob|abilidad f Probabilité | Chance || **~able** adj Probable (casi cierto) | Prouvable || **~ador, a** s Essayeur, euse (sastre) | — M Salon d'essayage || **~ar*** vt Éprouver, mettre à l'épreuve (experimentar) | Prouver (demostrar) | Essayer (ropa) | Goûter (con el paladar) | Essayer, tenter (tratar de) | — Vi Convenir | *~ a*, essayer de | — Vp Essayer (ropa) || **~eta** f Éprouvette.

probidad f Probité.

problem|a m Problème : *sacar un ~*, résoudre un problème | Question *f* (asunto) || **~ático, a** adj Problématique | — F Problèmes *mpl*.
probo, a adj Probe.
proboscidios mpl Proboscidiens.
proc|acidad f Effronterie, insolence || **~az** adj Effronté, e ; insolent, e.
proced|encia f Origine | Provenance (de tren, barco, etc) | Bien-fondé *m* (de una idea) | Dr. Recevabilité || **~ente** adj Originaire | En provenance (tren, barco) | Pertinent, e ; sensé, e (sensato) | Dr. Recevable || **~er** m Conduite *f*, procédé | — Vi Procéder (ejecutar) | Provenir, venir | Agir, se comporter (portarse) | Convenir (ser conveniente) | Être pertinent (ser sensato) || **~imiento** m Procédé, méthode *f* | Dr. Procédure *f*.
proceloso, a adj Orageux, euse.
prócer m Homme illustre.
proces|ado, a adj/s Accusé, e ; inculpé, e || **~al** adj Du procès || **~amiento** m Poursuite *f* | Tecn. Traitement || **~ar** vt Instruire un procès | Inculper, accuser (acusar) | Tecn. Traiter || **~ión** f Procession || **~o** m Procès (pleito) | Dr. Procédure *f* | Cours (transcurso) | Processus (evolución) | Anat. Procès | *~ de datos*, traitement de l'information.
proclam|a f Proclamation || **~ación** f Proclamation || **~ar** vt Proclamer.
procre|ación f Procréation || **~ar** vt Procréer.
procur|ación f Procuration || **~ador** m Procureur (fiscal) | Avoué (abogado) | *~ en Cortes*, membre du Parlement, député || **~ar** vt Essayer de, tâcher de (tratar de) | Procurer, fournir (facilitar) | Donner (ocasionar) | — Vp Se procurer.
prodig|alidad f Prodigalité | Abondance || **~ar** vt Prodiguer || **~io** m Prodige || **~ioso, a** adj Prodigieux, euse.
pródigo, a adj Prodigue.
produc|ción f Production || **~ir*** vt Produire || **~tividad** f Productivité || **~tivo, a** adj Productif, ive | Rentable (negocio) || **~to** m Produit || **~tor, a** adj/s Producteur, trice | — S Travailleur, euse.
proemio m Préface *f*, avant-propos.
proeza f Prouesse.
profan|ación f Profanation || **~ador, a** adj/s Profanateur, trice || **~ar** vt Profaner || **~o, a** adj/s Profane.
profecía f Prophétie.
proferir* vt Proférer, prononcer.
profes|ar vt Professer | Vouer (dedicar) | — Vi Rel. Prononcer ses vœux || **~ión** f Profession || **~ional** adj/s Professionnel, elle || **~ionalismo** m Professionnalisme || **~or, a** s Professeur *m* || **~orado** m Professorat, enseignants *pl*, professeurs *pl*.
prof|eta m Prophète || **~ético, a** adj Prophétique || **~etizar** vt Prophétiser.
profil|áctico, a adj Prophylactique || **~axis** o **~axia** f Prophylaxie.
prófugo, a adj/s Fugitif, ive | — M Insoumis (soldado).
profund|idad f Profondeur || **~izar** vt/i Approfondir || **~o, a** adj Profond, e.
profus|ión f Profusion || **~o, a** adj Abondant, e.
progen|ie f Race, descendance, progéniture || **~itor** m Progéniteur || **~itura** f Progéniture.
programa m Programme || **~ción** f Programmation || **~dor, a** adj/s Programmateur, trice | — S Programmeur, euse (electrónica) || **~r** vt Programmer.
progres|ar vi Progresser, faire des progrès || **~ión** f Progression || **~ista** adj/s Progressiste || **~ivo, a** adj Progressif, ive || **~o** m Progrès.
prohib|ición f Défense, interdiction, prohibition || **~ir** vt Défendre, interdire, prohiber || **~itivo, a** adj Prohibitif, ive.
prohijar vt Adopter.
prohombre m Grand homme.
prójimo m Prochain | Fam. Individu.
prole f Progéniture.
proletar|iado m Prolétariat || **~io, a** adj Prolétaire, prolétarien, enne | — S Prolétaire || **~izar** vt Prolétariser.
prol|iferación f Prolifération || **~iferar** vi Proliférer || **~ífero, a** adj Prolifère || **~ífico, a** adj Prolifique.
prolij|idad f Prolixité || **~o, a** adj Prolixe | Exhaustif, ive.
prologar vt Préfacer.
prólogo m Préface *f*, prologue.
prologuista m Préfacier.
prolong|ación f Prolongation || **~amiento** m Prolongement || **~ar** vt Prolonger.
promedio m Milieu | Moyenne *f* (término medio).
promesa f Promesse | Fig. Espoir *m* (persona que va a triunfar).
promet|edor, a adj/s Prometteur, euse || **~er** vt/i Promettre | Assurer, affirmer (asegurar) | — Vp Se promettre | Se fiancer (desposarse) || **~ido, a** adj/s Promis, e.

prominen|cia f Proéminence ‖ **~te** adj Proéminent, e.
promiscuidad f Promiscuité.
promisión f Promission.
promoci|ón f Promotion | *Partido de ~,* match de barrage ‖ **~onar** vt Promouvoir (las ventas) | — Vi Jouer un match de barrage.
promontorio m Promontoire.
promo|tor, a adj/s Promoteur, trice ‖ **~ver*** vt Promouvoir (elevar) | Favoriser | Provoquer, occasionner.
promulg|ación f Promulgation ‖ **~ar** vt Promulguer.
pronom|bre m GRAM. Pronom ‖ **~inal** adj Pronominal.
pron|osticar vt Pronostiquer ‖ **~óstico** m Pronostic | Prévisions *(fpl)* météorologiques | MED. Diagnostic.
pront|itud f Promptitude ‖ **~o, a** adj Prompt, e | Rapide | Prêt, e (dispuesto) | — M Mouvement d'humeur | — Adv Vite, rapidement | Tôt (temprano) | *Amér.* Soudain | *Al ~,* tout d'abord | *De ~,* soudain | *Hasta ~,* à bientôt | *Por de* ou *por lo ~,* pour le moment | *Tan ~ ... como,* dès que ‖ **~uario** m Résumé | Abrégé (compendio) | Agenda.
pronunci|ación f Prononciation ‖ **~ado, a** adj Prononcé, e | FIG. Accusé, e ‖ **~amiento** m Soulèvement, putsch, « pronunciamiento » | *Amer.* Déclaration *f* ‖ **~ar** vt/i Prononcer.
propag|ación f Propagation ‖ ‖ **~ador, a** adj/s Propagateur, trice ‖ **~anda** f Propagande | Publicité (comercial) ‖ **~andista** adj/s Propagandiste ‖ **~ar** vt Propager | FIG. Répandre, diffuser (noticias), divulguer (revelar) | — Vp Se propager.
propal|ación f Divulgation ‖ **~ar** vt Divulguer, propager, répandre.
propano m Propane.
propasar vt Outrepasser | — Vp Dépasser les bornes.
propen|der vi Tendre vers (tender a), avoir un penchant pour (aficionarse) ‖ **~sión** f Penchant *m,* propension | MED. Prédisposition ‖ **~so, a** adj Enclin, e ; porté, e.
propici|ar vt Favoriser ‖ **~atorio, a** adj Propitiatoire ‖ **~o, a** adj Propice | Adéquat, e (adecuado) | *Ser ~ a,* être porté à.
propie|dad f Propriété | *Dicho con ~,* proprement dit | *Hablando con ~,* à proprement parler | *~ horizontal* ou *de casa por pisos,* copropriété ‖ **~tario, a** adj/s Propriétaire.
propin|a f Pourboire *m* ‖ **~ar** vt Administrer (dar).
propincuo, a adj Proche.
propio, a adj Propre | Naturel, elle | Lui-même, elle-même, etc : *el ~ interesado,* l'intéressé lui-même | *En sentido ~,* au sens propre | *Es muy ~ de él,* c'est bien de lui | *Lo ~,* comme, la même chose | *Ser ~ de,* être caractéristique de, être le propre de | — M Messager.
proponer* vt Proposer.
proporci|ón f Proportion | Taille (tamaño) ‖ **~onal** adj Proportionnel, elle ‖ **~onar** vt Proportionner | Fournir, procurer (facilitar) | Rapporter (procurar) | Adapter | — Vp Se procurer.
prop|osición f Proposition | Offre (oferta) ‖ **~ósito** m Intention *f* | Dessein (proyecto) | But, propos (objeto) | Sujet (materia) | *A ~,* à propos (oportunamente), exprès (a posta) | *Con el ~ de,* dans le but de, dans le dessein de | *De ~,* de propos délibéré ‖ **~uesta** f Proposition.
propugnar vt Défendre.
propuls|ar vt Rejeter (rechazar) | Propulser (impeler) ‖ **~ión** f Propulsion ‖ **~or, a** adj/m Propulseur.
prorrat|a f Prorata *m* ‖ **~eo** m Partage au prorata.
prórroga f Prorogation | MIL. Sursis *m* | Prolongation.
prorrog|ación f Prorogation ‖ **~ar** vt Proroger.
prorrumpir vi Jaillir (brotar) | FIG. Éclater (estallar), fuser (surgir).
prosa f Prose ‖ **~ico, a** adj Prosaïque ‖ **~ísmo** m Prosaïsme.
prosapia f Lignée, lignage *m.*
proscenio m TEATR. Avant-scène *f.*
proscr|ibir vt Proscrire ‖ **~ipción** f Proscription ‖ **~ito, a** adj/s Proscrit, e.
prose|cución f Poursuite ‖ **~guir*** vt Poursuivre, continuer.
pros|elitismo m Prosélytisme ‖ **~élito** m Prosélyte.
prosista m Prosateur.
prosodia f Prosodie.
prospec|ción f Prospection | *Hacer una ~,* prospecter ‖ **~to** m Prospectus ‖ **~tor** m Prospecteur.
prosper|ar vi Prospérer ‖ **~idad** f Prospérité.
próspero, a adj Prospère.
próstata f MED. Prostate.
prosternarse vp Se prosterner.
prost|itución f Prostitution ‖ **~ituir*** vt Prostituer ‖ **~ituta** f Prostituée.
protagon|ista s Protagoniste *m* | Héros, héroïne (de una novela) | Acteur principal, actrice principale ‖ **~izar** vt Jouer.

protec|ción f Protection ‖ **~cionismo** m Protectionnisme ‖ **~tor, a** adj/s Protecteur, trice ‖ **~torado** m Protectorat.

proteg|er vt Protéger ‖ **~ido, a** s Protégé, e; favori, ite.

prot|eico, a o **~eínico, a** adj Protéique ‖ **~eína** f Protéire.

prótesis f Prothèse.

protest|a o **~ación** f Protestation ‖ **~ador, a** adj/s Protestataire ‖ **~ante** adj/s Protestataire | Rel. Protestant, e ‖ **~antismo** m Protestantisme ‖ **~ar** vt/i Protester | *Amér.* Prêter serment ; s'engager à ‖ **~atario, a** adj/s Contestataire ‖ **~o** m Com. Protêt.

protocol|ar o **~ario, a** adj Protocolaire ‖ **~o** m Protocole.

protón m Proton.

proto|plasma m Protoplasme ‖ **~tipo** m Prototype ‖ **~zoarios** o **~zoos** mpl Protozoaires.

protuber|ancia f Protubérance ‖ **~ante** adj Protubérant, e.

provecto, a adj Ancien, enne.

provech|o m Profit : *en ~ de,* au profit de | Bien : *gran ~ le haga,* grand bien vous fasse | Fam. *¡Buen ~!,* bon appétit ! | *De ~,* utile ; profitable (provechoso) | *Sacar ~,* tirer profit *o* parti, profiter ‖ **~oso, a** adj Profitable (aprovechable).

prove|edor, a s Fournisseur, euse | — M Mil. Pourvoyeur | *~ de fondos,* bailleur de fonds ‖ **~er** vt Pourvoir | Approvisionner (abastecer) | Fournir (proporcionar) | Préparer | Dr. *Para mejor ~,* jusqu'à plus ample informé | — Vp Se pourvoir.

provenir* vi Provenir, venir.

provenzal adj/s Provençal, e.

proverbi|al adj Proverbial, e ‖ **~o** m Proverbe.

providenci|a f Providence | Mesure (medida) ‖ **~al** adj Providentiel, elle ‖ **~ar** vt Prendre [des mesures].

provinci|a f Province | Département *m* (división territorial) ‖ **~al** adj Provincial, e ‖ **~alismo** m Provincialisme ‖ **~ano, a** adj/s Provincial, e.

provis|ión f Provision | Mesure (medida) ‖ **~ional** adj Provisoire, provisionnel, elle ‖ **~or** m Fournisseur ‖ **~orio, a** adj *Amér.* Provisoire ‖ **~to, a** adj Pourvu, e.

provoc|ación f Provocation ‖ **~ador, a** adj/s Provocateur, trice ‖ **~ante** adj Provocant, e ‖ **~ar** vt Provoquer ‖ **~ativo, a** adj Provocant, e | Agressif, ive | Provocateur, trice.

proxeneta s Proxénète (rufián).

proximidad f Proximité.

próximo, a adj Proche (cercano) | Prochain, e (en el tiempo) | *Estar ~ a,* être près de | *Próximo Oriente,* Proche-Orient.

proyec|ción f Projection | Fig. Rayonnement *m,* influence ‖ **~tar** vt Projeter | Envisager, projeter (intentar) ‖ **~til** m Projectile ‖ **~to** m Projet ‖ **~tor** m Projecteur | Réflecteur.

pruden|cia f Prudence | Modération | Sagesse (cordura) ‖ **~cial** adj Prudent, e | Fam. Approximatif, ive ‖ **~te** adj Prudent, e | Raisonnable.

prueba f Preuve | Épreuve (en un examen) | Composition (en clase) | Essai *m* (ensayo) | Essayage *m* (de sastre) | Mat. Dr. Preuve | Fot. Impr. Épreuve | Dégustation (de bebida) | Fig. Preuve ; épreuve | *A ~,* à l'essai | *A ~ de,* à l'épreuve de | *Dar ~s de,* faire preuve de.

prurito m Prurit | Fig. Envie *f.*

prusiano, a adj/s Prussien, enne.

prúsico adjm Prussique.

psico|análisis m Psychanalyse *f* ‖ **~analista** adj/s Psychanalyste ‖ **~logía** f Psychologie ‖ **~lógico, a** adj Psychologique.

psicó|logo, a adj/s Psychologue ‖ **~pata** s Psychopathe.

psicosis f Psychose.

psiquiatr|a s Psychiatre ‖ **~ía** f Psychiatrie.

psíquico, a adj Psychique.

púa f Pointe | Piquant *m* (de erizo) | Dent (de peine).

púber, a adj/s Pubère.

pub|ertad f Puberté ‖ **~escente** adj Pubescent, e ‖ **~is** m Anat. Pubis.

public|ación f Publication ‖ **~ar** vt Publier | — Vp Paraître, être publié, e ‖ **~idad** f Publicité ‖ **~itario, a** adj Publicitaire.

público, a adj Public, publique | *Es ~ que,* il est bien connu que | *~ y notorio,* de notoriété publique | — M Public | Fig. Monde | Audience *f* | *~ en general,* grand public.

pucher|azo m Fam. Truquage électoral ‖ **~o** m Marmite *f* | Pot-au-feu (cocido) | Fam. Pitance *f* (alimento) | Fam. *Hacer ~s,* faire la lippe.

pudelar vt Tecn. Puddler.

pud|endo, a adj Honteux, euse ‖ **~ibundez** f Pudibonderie ‖ **~ibundo, a** adj Pudibond, e.

púdico, a adj Pudique.

pudiente adj/s Riche.

pudor m Pudeur *f* ‖ **~oso, a** adj Pudique | Pudibond, e.

pudr|idero m Pourrissoir ‖ **~ir** vt Pourrir, putréfier | — Vp Pourrir, se pourrir | FIG. Croupir (en un lugar).

puebl|acho m FAM. Patelin, bled ‖ **~erino, a** adj Villageois, e | FIG. Provincial, e ‖ **~o** m Ville *f* | Village (más pequeño) | Peuple (gente).

puente m Pont : *tender un ~ sobre*, jeter un pont sur | MAR. Passerelle *f* | MED. Bridge (dientes) | FIG. *Hacer ~*, faire le pont | *~ colgante*, pont suspendu | *~ grúa de corredera*, pont roulant | *~ levadizo*, pont-levis | *~ trasero*, pont arrière.

puerc|a f Truie | FAM. Cochonne ‖ **~o, a** adj Sale, cochon, onne | — M Porc | FAM. Cochon (sucio) | *~ espín*, porc-épic.

puer|icultura f Puériculture ‖ **~il** adj Puéril, e ‖ **~ilidad** f Puérilité.

puerro m Poireau.

puerta f Porte : *~ falsa* ou *excusada*, fausse porte | Portière (de coche, vagón) | Buts *mpl* (deportes) | *A ~ cerrada*, à huis clos | FIG. *Dar con la ~ en las narices*, fermer la porte au nez | *~ corredera*, porte à glissière | *~ vidriera*, porte vitrée (interior), porte-fenêtre (exterior) | *Sacar de ~*, faire le dégagement (fútbol).

puerto m Port | Défilé, col, port (en la montaña) | *~ de amarre* ou *de matrícula*, port d'attache | *~ de arrebatacapas*, foire d'empoigne | *~ deportivo*, port de plaisance.

pues conj Puisque (ya que) | Parce que, car (porque) | Donc (conclusión) : *así, ~*, ainsi donc | Eh bien! (consecuencia) | Oui (afirmación) | Heu! (duda) | Comment? (interrogación) | *¡ ~ claro!*, bien sûr | *¿Y ~?*, et alors?

puest|a f Coucher *m* | Mise (en una apuesta) | Ponte (de huevos) | Mise : *~ en marcha*, mise en marche | *~ de largo*, débuts *o* entrée dans le monde ‖ **~o** m Petite boutique *f*, marchand, marchande *f* (tiendecita) | Étal (en el mercado) | Poste, situation *f* (empleo) | Place *f* (lugar) | Affût (en la caza) | MIL. Poste | *~ de policía*, poste de police | *~ de socorro*, poste de secours | — Conj *~ que*, puisque (ya que), étant donné que, du moment que.

púgil o **pugilista** m Boxeur.

pugilato m Pugilat.

pugn|a f Lutte | Opposition ‖ **~ar** vi Lutter, combattre | Insister.

puj|a f Enchère ‖ **~ante** adj Fort, e; robuste ‖ **~anza** f Force, vigueur ‖ **~ar** vt Enchérir | Lutter (luchar) | — Vi Surenchérir, monter (subasta) ‖ **~o** m Envie *f* | Tentative *f*.

pulcr|itud f Soin *m* | Propreté (limpieza) ‖ **~o, a** adj Propre, soigné, e.

pulg|a f Puce | FAM. *Tener malas ~s*, avoir mauvais caractère ‖ **~ada** f Pouce *m* ‖ **~ar** m Pouce (dedo) ‖ **~ón** m Puceron ‖ **~uillas** s inv Personne (*f*) qui a la bougeotte.

pul|ido, a adj Poli, e | Beau, belle (bonito) | Soigné, e (cuidado) | — M Polissage ‖ **~idor** m Polissoir (instrumento) | TECN. Polisseuse *f* ‖ **~imentar** vt Polir ‖ **~imento** m Polissure *f*, ponçage | Poli ‖ **~ir** vt Polir | Mettre la dernière touche à (dar el último toque) | Orner (adornar) | FIG. Travailler; dégrossir (civilizar) | FAM. Faucher (hurtar), bazarder (vender) | — Vp Se polir.

pulm|ón m Poumon ‖ **~onar** adj Pulmonaire ‖ **~onía** f Pneumonie.

pulp|a f Pulpe | *~ de madera*, pâte de bois ‖ **~ería** f *Amér.* Épicerie ‖ **~ero** m *Amér.* Épicier.

púlpito m Chaire *f*.

pulp|o m Poulpe, pieuvre *f* ‖ **~oso, a** adj Pulpeux, euse.

pulquérrimo, a adj Très propre.

puls|ación f Pulsation | Frappe (en mecanografía) ‖ **~ador** m Bouton, poussoir ‖ **~ar** vt Jouer de (tocar) | Appuyer sur (botón, etc) | FIG. Sonder (tantear) | — Vi Battre (el pulso) ‖ **~era** f Bracelet *m* ‖ **~o** m Pouls : *tomar el ~*, tâter le pouls | *A ~*, à la force du poignet | *Echar un ~*, faire bras de fer.

pulular vi Pulluler.

pulver|ización f Pulvérisation ‖ **~izador** m Pulvérisateur | Gicleur (del carburador) | Pistolet (para pintar) ‖ **~izar** vt Pulvériser ‖ **~ulento, a** adj Pulvérulent, e.

pulla f Grossièreté | Trait (*m*) d'esprit (palabra picante) | Quolibet *m*, boutade (chirigota) | FAM. Pique, vanne (indirecta).

puma m ZOOL. Puma.

puna f *Amér.* Puna.

punci|ón f Ponction | Douleur (punzada) ‖ **~onar** vt Ponctionner.

pundonor m Point d'honneur ‖ **~oso, a** adj Digne | Consciencieux, euse (concienzudo).

púnico, a adj Punique.

punitivo, a adj Punitif, ive.

punt|a f Pointe | Bout *m* (extremo) | Corne (asta de toro) | Clou *m* (clavo) | FIG. Grain *m*, brin *m* (un poco) | Troupeau *m* (de ganado) | — Pl Dentelle *sing* (encaje) | *A ~ de*, à force de | *Bailar de ~s*, faire des pointes | FIG. *Ponerse de ~*, se hérisser (el pelo) | *Sacar ~ a*, aiguiser (afilar), mal interpréter || **~ada** f Point *m* | Pique (indirecta) || **~al** m ÉTAI (madero) | Appui (sostén) | Fondement | FIG. Pilier || **~apié** m Coup de pied || **~eado** m Pointillé (serie de puntos) | Pointillage (acción) || **~ear** vt MÚS. Pincer (cuerda), pointer (nota) | Pointiller (trazar puntos) | Pointer || **~era** f Bout *m* || **~ería** f Pointage *m* | Tir *m* (tiro) | Adresse, précision | *Tener buena ~*, être bon tireur || **~ero, a** adj Le meilleur || **~iagudo, a** adj Pointu, e || **~illa** f Dentelle fine (encaje) | TAUR. Poignard *m* | Petite pointe (clavo) | FIG. Coup (*m*) de grâce | *De ~s*, sur la pointe des pieds || **~illoso, a** adj Pointilleux, euse | Tatillon, onne (reparón) || **~o** m Point (señal, costura, medida, juegos, examen, coeficiente) | Endroit, point (lugar) | Tricot (ropa) | Maille *f* (de labor de aguja) | Ponte *f* (bacarrá) | FIG. Un peu | Thème (asunto) | *Al ~*, sur le champ, aussitôt | *A ~*, à temps (a tiempo), au point (hecho) | *A ~ de*, sur le point de | *Coger los ~s de*, remmailler (media) | *En su ~*, à point (cocina) | *Hacer ~*, tricoter | *Hasta tal ~ que*, à tel point que | *Poner a ~*, mettre au point (máquina) | *Poner en su ~*, mettre au point (perfeccionar) | *~ crecido*, maille ajoutée (tejido) | *~ de admiración*, point d'exclamation | *~ de vista*, point de vue | *~s suspensivos*, points de suspension | *~ y aparte*, point à la ligne | *~ y coma*, point-virgule || **~uación** f Ponctuation | Nombre (*m*) de points || **~ual** adj Ponctuel, elle | Précis, e; exact, e | — Adv À l'heure || **~ualidad** f Ponctualité | Exactitude, précision || **~ualizar** vt Préciser | Fixer (fijar) | Raconter en détail (contar) || **~uar** vt Ponctuer.

punz|ada f Piqûre | Élancement *m* (dolor) | Point *m* (en el costado) | FIG. Souffrance morale | *Dar ~s*, élancer || **~ante** adj Piquant, e | Lancinant, e (dolor) | FIG. Poignant, e (en lo moral), mordant, e (satírico) || **~ar** vt Piquer | Lanciner, élancer (un dolor) | FIG. Tourmenter || **~ón** TECN. Pointeau; burin (buril), poinçon (para monedas).

puñ|ada f Coup (*m*) de poing || **~ado** m Poignée *f* | *A ~s*, à foison (mucho) || **~al** m Poignard | FIG. *Estar con el ~ en el pecho*, avoir le couteau sur la gorge || **~alada** f Coup (*m*) de poignard | FIG. *~ trapera*, coup de Jarnac || **~eta** f POP. *Hacer la ~*, empoisonner || **~etazo** m Coup de poing || **~etero, a** adj/s POP. Empoisonneur, euse | — Adj POP. Empoisonnant, e; de chien || **~o** m Poing | Poignet (de camisa) | Poignée *f* (mango) | *De su ~ y letra*, de sa propre main | FIG. *Roerse los ~s*, se ronger les poings.

pupa f Bouton (*m*) de fièvre (en los labios) | Croûte (postilla) | Bobo *m* (lenguaje infantil).

pupil|a f Pupille | FAM. *Tener ~*, avoir du flair || **~aje** m Tutelle *f* | Pension *f* (casa de huéspedes) || **~o, a** s Pupille | Pensionnaire (huésped).

pupitre m Pupitre.

puré m Purée *f* | Soupe (*f*) passée | FAM. *Hacerse ~*, être réduit en bouillie.

pureza f Pureté | FIG. Virginité.

purg|a f Purge || **~ación** f Purgation | — Pl MED. Blennorragie *sing* || **~ador** m TECN. Purgeur || **~ante** adj/s Qui purge | — M Purge *f*, purgatif || **~ar** vt Purger | Nettoyer (limpiar) | Faire dégorger (los caracoles) | FIG. Purifier (purificar), expier, purger (una condena) | — Vp Se purger || **~ativo, a** adj Purgatif, ive || **~atorio** m Purgatoire.

purific|ación f Purification || **~ador, a** adj/s Purificateur, trice || **~ar** vt Purifier.

puris|mo m Purisme || **~ta** adj/s Puriste.

puritan|ismo m Puritanisme || **~o, a** adj/s Puritain, e.

puro, a adj/s Pur, e | *De puro*, à force de (de tanto), tant : *~ cansado*, tant il est fatigué; tout en : *~ oro*, tout en or | — M Cigare (cigarro).

púrpura f Pourpre *m* (color) | Pourpre (tela).

purp|urado m Cardinal || **~úreo, a** adj Pourpré, e || **~urino, a** adj/f Purpurin, e.

purul|encia f Purulence || **~ento, a** adj Purulent, e.

pus m MED. Pus.

pusil|ánime adj/s Pusillanime || **~animidad** f Pusillanimité.

pústula f Pustule.

puta f POP Putain.

putre|facción f Putréfaction || **~facto, a** adj Putréfié, e; pourri, e || **~scible** adj Putrescible, pourrissable.

pútrido, a adj Pourri, e | Putride.

puy|a f TAUR. Fer *m* [de la pique], coup (*m*) de pique | FIG. Pique || **~azo** m Coup de pique | FIG. Pique *f*.

q

q f Q *m.*
que pron rel Qui (sujeto) : *el hombre ~ viene,* l'homme qui vient | Que (complemento) : *el hombre ~ veo,* l'homme que je vois | Lequel, laquelle, lesquels, lesquelles (con preposición) : *el lápiz con ~ escribo es rojo,* le crayon avec lequel j'écris est rouge | Quoi : *es en lo ~ pienso,* c'est ce à quoi je pense | Où : *el día ~ llegaste,* le jour où tu es arrivé | *Al ~, a la ~,* à qui (personas), où (hacia donde) | *De ~, del ~, de la ~, de los ~,* dont | *Es por lo ~,* c'est pourquoi | *Lo ~,* ce qui, ce que; comme (como) | *Lo ... que,* combien (cuánto) | *Por más ~,* V. MÁS | *Por más ... que,* quelque ... que | *Yo ~ tú,* à ta place | — Conj Que | De (con verbos de orden o ruego, seguido del infinitivo en francés) : *te dije ~ vinieras,* je te dis de venir | Que ne (con verbos como temer, dudar, impedir) : *temo ~ venga,* je crains qu'il ne vienne | Car (porque) : *date prisa ~ es tarde,* dépêche-toi car il est tard | Ou (sino) : *cállate ~ te pego,* tais-toi ou je te bats | *A ~,* je parie que | *El ~,* le fait que | *Estar ~,* être dans un tel état que | *~ no,* non, mais non (claro que no), mais pas, et non pas (pero no), sans que (sin que) | *¡~ sí!,* oui!, mais oui!
qué adj interr y excl Quel, quelle, quels, quelles | — Pron interr Que, qu'est-ce-que (fam) : *¿~ dices?,* que dis-tu? | Quoi : *¿ de ~ se trata?,* de quoi s'agit-il? | *El ~ dirán,* le qu'en-dira-t-on | *No hay de ~,* il n'y a pas de quoi | *¿Para ~?,* pour quoi faire?, à quoi bon? | *¿Por ~?,* pourquoi? | *¿~?,* quoi? | *¿~ es lo que?,* qu'est-ce-que? | *¿~hay?,* comment ça va? | *¿~ hay de nuevo?,* quoi de neuf? | *¿~ más da?,* qu'importe? | *¿~ tal?,* comment : *¿~ te parece este libro?,* comment trouves-tu ce livre? | FAM. *¿~ tal?,* (comment) ça va? | *Un no sé ~,* un je-ne-sais-quoi | *¿Y ~?,* et alors? | — Adv Comme, que | *¡~ bien!,* chic!, chic alors! | *¡~ de ...!,* que de ...!
quebr|ada f Ravin *m,* vallée encaissée | *Amér.* Torrent *m* ‖ **~adero** m FAM. *~ de cabeza,* casse-tête ‖ **~adizo, a** adj Cassant, e | FIG. Fragile ‖ **~ado, a** adj Cassé, e (roto) | Accidenté, e (terreno) | FIG. Éteint, e (color), brisé, e (voz) | — Adj/s Failli, e (comerciante) | — M MAT. Fraction *f* ‖ **~adura** f Cassure | Fissure (grieta) | MED. Hernie ‖ **~antamiento** m Cassement | FIG. Violation *f,* infraction *f* (de la ley), violation *f,* rupture *f* (de un compromiso), rupture *f* (del ayuno) ‖ **~antar** vt Casser, briser (romper) | Concasser (machacar) | Fendre (hender) | FIG. Violer, enfreindre, transgresser (la ley), briser (el ánimo), ébranler, affaiblir (la salud) ‖ **~anto** m Affaiblissement (de la salud) | Abattement (del ánimo) | Affliction *f* | Perte *f* (pérdida) ‖ **~ar*** vt Casser, briser, rompre | Plier (doblar) | FIG. Briser, casser (voz), interrompre | — Vi Rompre | COM. Faire faillite | — Vp Se briser, se rompre, se casser ‖ **~aza** f Paille (en el metal).
qued|a f Couvre-feu *m* ‖ **~ar** vi Rester | Devenir (volverse) | Être (ser) | En rester : *ahí quedó la conversación,* la conversation en resta là | *¿En qué quedamos?,* que décidons-nous? | *Por mí que no quede,* je n'y vois pas d'inconvénient, je suis d'accord | *Queda de usted su afmo y s.s.,* je vous prie d'agréer, Monsieur, mes salutations distinguées | *~ bien,* faire bien (hacer buen efecto), aller bien (sentar bien), s'en tirer brillamment (hacer algo perfectamente), s'en tirer à son avantage (salir bien), bien se conduire (portarse bien) | *~ en,* convenir de, décider que (decidir), dire que (decir), promettre | *~ mal,* ne pas faire bien (sentar mal), mal s'en tirer (hacer algo mal), mal se conduire (portarse mal) | *~ para,* prendre rendez-vous pour | *~ por,* rester à | *Que no quede por eso,* qu'à cela ne tienne | — Vp Rester, demeurer (permanecer) | Séjourner, rester, passer (estar cierto tiempo) | Devenir : *~ ciego,* devenir aveugle | Rester : *~ soltero,* rester célibataire | *~ con,* garder (guardar), prendre (tomar), avoir encore : *~ con hambre,* avoir encore faim | FIG. *Se quedó conmigo,* il m'a eu ‖ **~o, a** adj Calme | Bas, basse (voz) | — Adv Doucement, bas.
quehacer m Travail, besogne *f* | — Pl Affaires *f,* occupations *f* | Travaux (trabajo).
quej|a f Plainte | Reproche *m,* grief *m* (crítica) | *Tener ~ de,* avoir à se plaindre de ‖ **~arse** vp Se plaindre ‖ **~ica** o **~icoso, a** adj/s Ronchonneur, euse; râleur, euse ‖ **~ido** m

Gémissement, plainte *f* : *dar ~s*, pousser des gémissements.
quejig|al m Rouvraie *f* (robledal) || **~o** m Bot. Chêne rouvre.
quej|oso, a adj Mécontent, e || **~umbroso, a** adj Plaintif, ive; geignard, e; ronchonneur, euse (fam).
quelonios mpl Chéloniens.
quem|a f Brûlage *m* (acción) | Feu *m* (fuego) | Incendie *m* (incendio) | Soldes *mpl* (saldos) | Fig. *Huir de la ~*, fuir le danger || **~adero** m Incinérateur (de basura) || **~ado** m Brûlé | Brûlis (chamicera) | *Oler a ~*, sentir le brûlé || **~ador** m Brûleur || **~adura** f Brûlure | *~ de sol*, coup de soleil || **~ar** vt Brûler | Fam. Brûler, griller (el sol), cuire (la piel) | Com. Vendre au rabais | Fig. User (gastar), flamber (tirar el dinero), surentraîner (un deportista) | — Vi Brûler | — Vp Se brûler | Brûler (un plato) | Fig. Brûler (juegos) | Se galvauder, galvauder sa réputation (actor) || **~arropa (a)** loc adv À brûle-pourpoint (contestación) | À bout portant (disparo) || **~azón** f Brûlure | Démangeaison (comezón).
quena f *Amér.* Flûte indienne.
quepis m Képi.
querell|a f Plainte || **~ante** adj/s Plaignant, e || **~arse** vp Dr. Porter plainte.
quer|encia f Instinct (*m*) qui ramène les animaux vers un endroit favori | Attachement (*m*) de l'animal pour certains endroits | Lieu (*m*) favori de l'animal (sitio) || **~er*** vt Vouloir : *¿quiere venir?*, voulez-vous venir? | Aimer : *la quiero mucho*, je l'aime beaucoup | *Como quien no quiere la cosa*, comme si de rien n'était | *Como quiera*, comme vous voudrez | *Como quiera que*, puisque, comme | *Cuando quiera*, n'importe quand | *Donde quiera*, n'importe où | *~ mal a uno*, en vouloir à qqn | *Sin ~*, sans le vouloir, sans le faire exprès | — Vp S'aimer | — M Affection *f* (afecto), amour || **~ido, a** adj Aimé, e (amado) | Cher, ère : *~ tío*, cher oncle | Chéri, e (después del sustantivo) : *mi amor ~*, mon amour chéri | — Adj/s Chéri, e | — M Ami (amante) | — F Maîtresse (amante).
queroseno m Kérosène.
querubín m Chérubin.
ques|era f Fromagère (comerciante) | Fromagerie (fábrica) | Assiette à fromage (plato) | Cloche à fromage (campana para queso) || **~ería** f Fromagerie || **~ero, a** adj/s Fromager, ère | — S Amateur de fromage || **~o** m Fromage | Pop. Panard (pie) | Fam. *Dársela con ~ a uno*, rouler qqn (engañar), tromper qqn (al marido, a la mujer) | *~ de bola*, fromage de Hollande.
quevedos mpl Pince-nez *sing*, lorgnon *sing* (anteojos).
¡quiá! interj Fam. Allons donc!
quiasma m Anat. Chiasma.
quicio m Tecn. Gond | Fig. *Sacar de ~ a uno*, faire sortir qqn de ses gonds, pousser qqn à bout, mettre qqn hors de soi o hors de ses gonds. *Salir de ~*, sortir de ses gonds.
quico m Fam. *Ponerse como el ~*, se taper la cloche, s'en mettre jusque-là.
quid m Hic | *Dar en el ~*, frapper juste.
quídam m Quidam (fulano).
quiebr|a f Cassure (rotura) | Crevasse, fente (grieta) | Com. Faillite; krach *m* (crac) || **~o** m Écart (del cuerpo) | Dribble (fútbol) | Mús. Roulade *f*.
qui|en pron rel Qui : *el hombre a ~ hablo*, l'homme à qui je parle | Celui qui, celle qui (el que, la que) : *~ te lo promete miente*, celui qui te le promet ment | Quelqu'un (alguien) : *ya buscaré ~ lo haga*, je chercherai quelqu'un pour le faire | *A ~*, que (complemento directo), à qui, auquel, à laquelle (indirecto) | *Como ~*, comme si | *Como ~ dice*, comme qui dirait, pour ainsi dire | *De ~*, dont | *Es ... ~*, c'est ... qui | *Hay ~ dice*, il y en a qui disent | *No es ~ para hacer esto*, il n'est pas qualifié pour faire cela || **~én** pron interr Qui || **~enquiera** pron indef Quiconque | *~ que sea*, qui que ce soit.
quiet|ismo m Quiétisme || **~o, a** adj Tranquille : *¡estáte ~!*, reste tranquille! | Immobile || **~ud** f Quiétude, tranquillité.
quijada f Anat. Mâchoire.
quijot|ada f Folle entreprise || **~e** m Cuissard, cuissot (armadura).
Quijote (Don) nprm Don Quichotte.
quijotesco, a adj Digne de don Quichotte.
quilate m Carat.
quilo m Biol. Chyle.
quilla f Mar. Quille | Bréchet *m* (de las aves) | Mar. *Dar de ~*, coucher.
quim|era f Chimère | Fig. Querelle (contienda), chimère (imaginación) || **~érico, a** adj Chimérique.
químico, a adj Chimique | — S Chimiste | — F Chimie.
quimo m Biol. Chyme.
quimono m Kimono.
quina f Quinquina *m* | Fam. *Más malo que la ~*, dégoûtant (cosa), méchant comme la gale (persona). *Tragar ~*, avaler des couleuvres.
quincall|a f Quincaillerie (objetos) || **~ería** f Quincaillerie (tienda).
quinc|e adj Quinze | *Unos ~*, une quinzaine | — M Quinze | Fig. *Dar*

~ ***y raya a,*** être nettement supérieur à ‖ **~ena** f Quinzaine ‖ **~enal** adj Bimensuel, elle ‖ **~uagenario, a** adj/s Quinquagénaire ‖ **~uagésimo, a** adj/m Cinquantième.

quingentésimo, a adj/s Cinq centième.

quiniel|as fpl Concours (*msing*) de pronostics, pari (*msing*) mutuel ‖ **~ista** s Parieur, euse.

quinientos, as adj Cinq cents | Cinq cent (seguido de otra cifra).

quin|ina f Quinine ‖ **~o** m Quinquina (árbol).

quinqué m Quinquet (lámpara).

quinquen|al adj Quinquennal, e ‖ **~io** m Quinquennat, espace de cinq ans.

quinqui m Pop. Malfaiteur.

quint|a f Villa, maison de campagne (casa) | MIL. Conscription (reclutamiento), contingent *m*, classe (reemplazo) | MÚS. Quinte ‖ **~aesencia** f Quintessence ‖ **~al** m Quintal ‖ **~ero** m Fermier ‖ **~eto** m MÚS. Quintette ‖ **~illizos, as** spl Quintuplés, ées.

quint|o, a adj Cinquième | Cinq (cinco) | Quint : *Carlos V* (Quinto), Charles Quint | *La ~ parte,* le cinquième | — M Cinquième | MIL. Conscrit (soldado) ‖ **~uplicar** vt Quintupler.

quíntuplo, a adj/m Quintuple.

quinzavo, a adj/s Quinzième.

quiosco m Kiosque.

quiquiriquí m Cocorico.

quir|ófano m Salle (*f*) d'opération ‖ **~omancia** f Chiromancie ‖ **~omántico, a** s Chiromancien, enne ‖ **~úrgico, a** adj Chirurgical, e.

quisicosa f FAM. Énigme, colle.

quisque pron FAM. *Cada ~,* tout un chacun.

quisquill|a f Vétille (pequeñez) | Crevette (camarón) | — Adj/s V. QUISQUILLOSO | *Color ~,* rose pâle, saumon clair ‖ **~oso, a** adj Pointilleux, euse | Chatouilleux, euse (susceptible) | — S Personne pointilleuse *o* chatouilleuse.

quiste m MED. Kyste.

quita|esmalte m Dissolvant (de uñas) ‖ **~manchas** adjm/m inv Détachant ‖ **~nieves** m inv Chasse-neige.

quit|ar vt Enlever, ôter | Retirer (retirar) | Débarrasser (librar de) | Arracher (arrancar) | Dérober (robar) | Empêcher (impedir) | MAT. Ôter (restar) | FIG. Ôter, enlever | *De quita y pon,* amovible | FIG. *¡Qué me quiten lo bailado!,* c'est toujours ça de pris! | *~ de encima* ou *de en medio,* débarrasser (liberar), supprimer (matar) | *~ la razón,* donner tort | — Vp S'enlever, s'ôter | Enlever, ôter, retirer | *~ años,* se rajeunir ‖ **~asol** m Parasol ‖ **~e** m Parade *f* (esgrima) | TAUR. « Quite » [pour détourner l'attention du taureau] | FIG. *Estar al ~,* être prêt à venir en aide.

quitina f QUÍM. Chitine.

quizá o **quizás** adv Peut-être.

quórum m Quorum.

r

r f R *m*.

raba f Rogue (hueva).

rabad|a f Râble *m* ‖ **~illa** f Croupion *m* (de ave), râble *m* (de conejo) | Chute des reins (de hombre).

raban|era f Marchande des quatre-saisons | FAM. Poissarde (mujer grosera) ‖ **~illo** m Radis.

rábano m Radis | *~ blanco,* raifort.

rabi|a f Rage | FIG. Rage, colère | *Dar ~,* mettre en colère, faire rager | *Tenerle ~ a uno,* ne pas pouvoir voir qqn | *Tomarle ~ a uno,* prendre qqn en grippe ‖ **~ar** vi Avoir la rage (enfermedad) | FIG. Enrager, rager | FIG. *A ~,* enragé (mucho), à tout rompre (aplaudir) | *Estar a ~ con uno,* être fâché à mort avec qqn | FAM. *~ por,* mourir d'envie de.

rabi|corto, a adj À queue courte ‖ **~eta** f FAM. Colère ‖ **~largo, a** adj À longue queue ‖ **~llo** m Petite queue *f* | BOT. Queue *f* | Coin (del ojo).

rabino, a adj/s FAM. Savantasse, pédant, e; qui sait tout (sabihondo), bêcheur, euse (presumido), enquiquineur, euse (cargante) | — M Rabbin.

rabioso, a adj Enragé, e | FIG. Furieux, euse; en colère (enojado), rageur, euse (con rabia), enragé, e (fanático), criard, e (color).

rab|o m Queue *f* | Coin (del ojo) | FAM. *Aún está el ~ por desollar,* le plus dur reste à faire ‖ **~ona** f FAM. *Hacer ~,* faire l'école buissonnière.

racial adj Racial, e (propio de la raza).
racimo m Grappe *f* | Régime (de dátiles, de plátanos).
raci|ocinar vi Raisonner | Ratiociner (con pedantería) || **~ocinio** m Raisonnement || **~ón** f Ration | Portion (en un bar) || **~onal** adj Rationnel, elle | Raisonnable (dotado de razón) | — M Être doué de raison || **~onalidad** f Rationalité || **~onalismo** m Rationalisme || **~onalista** adj/s Rationaliste || **~onalización** f Rationalisation || **~onalizar** vt Rationaliser || **~onamiento** m Rationnement | MIL. Distribution (*f*) de vivres || **~onar** vt Rationner.
rac|ismo m Racisme || **~ista** adj/s Raciste.
racor m Raccord | AUT. Durit *f*.
racha f Rafale | FIG. Série; vague (oleada) | FAM. Courte période de chance | FAM. *Estar de ~*, être en veine.
rada f Rade || **~r** m Radar.
radi|ación f Radiation || **~actividad** f Radio-activité || **~activo, a** adj Radio-actif, ive || **~ador** m Radiateur || **~al** adj Radial, e || **~án** m MAT. Radian || **~ante** adj Rayonnant, e | FIG. Radieux, euse; rayonnant, e || **~ar** vi Irradier | — Vt Irradier | Radiodiffuser, diffuser, retransmettre.
radic|ación f Enracinement *m* | MAT. Extraction de racine | FIG. Établissement *m* || **~al** adj/m Radical, e || **~ar** vi Résider (residir) | Se trouver, être situé (estar) | FIG. *~ en*, être dû à, résider dans | — Vp S'établir (establecerse) | S'enraciner (arraigarse).
radícula f BOT. Radicule.
radiestes|ia f Radiesthésie || **~ista** s Radiesthésiste.
radio m Rayon | ANAT. Radius | QUÍM. Radium | *~ de giro*, rayon de braquage (de vehículo) | — F Radio, poste (*m*) de radio || **~actividad** f Radio-activité || **~activo, a** adj Radio-actif, ive || **~difundir** vt Radiodiffuser (una emisión) || **~difusión** f Radiodiffusion || **~electricidad** f Radioélectricité || **~elemento** m Radioélément || **~escucha** s Auditeur, trice || **~fonía** f Radiophonie || **~fónico, a** adj Radiophonique || **~grafía** f Radiographie || **~grafiar** vt Radiographier || **~grama** m Radiogramme, radiotélégramme || **~logía** f Radiologie.
radiólogo, a s Radiologiste, radiologue.
radio|scopia f Radioscopie || **~sonda** f Radiosonde || **~técnico** m Radiotechnicien || **~telefonía** f Radiotéléphonie || **~telegrafía** f Radiotélégraphie || **~telegrafista** m Radiotélégraphiste || **~terapia** f Radiothérapie || **~transmisor** m Émetteur || **~yente** s Auditeur, trice.
radón m QUÍM. Radon (gas).
ra|edera f Racloir *m* || **~edura** f Raclement *m*, raclage *m* | Usure, élimage *m* (desgaste) || **~er*** vt Racler | FAM. Râper, élimer (traje) | FIG. Rayer (de una lista).
Rafael nprm Raphaël.
ráfaga f Rafale | Éclair *m*, jet *m* (de luz).
rafia f Raphia *m*.
raglán adj/m Raglan.
raído, a adj Râpé, e.
raig|ambre f Racines *pl* || **~ón** m Grosse racine *f* | Racine *f* (de diente) | Chicot (de diente roto).
raíl o **rail** m Rail.
Raimundo nprm Raymond.
raíz f Racine | *A ~ de*, à la suite de | *Bienes raíces*, biens-fonds | *Cortar* ou *arrancar de ~*, couper à la racine | *Echar raíces*, prendre racine | FIG. *Sacar de ~*, extirper.
raja f Tranche | Coupure (corte) | Fente (hendidura) | Fêlure (en un plato) | Fissure (grieta).
rajá m Radjah.
raj|adura f Fente || **~amiento** m FAM. Dégonflage || **~ar** vt Couper en tranches | Fendre (hender) | — Vi FAM. Se vanter (jactarse) | — Vp Se fendre | FAM. Se dégonfler (acobardarse) || **~atabla (a)** loc adv Coûte que coûte, à tout prix.
ral|ea f Espèce, race (raza) | Engeance, acabit *m* (calaña) | *De baja ~*, de bas étage || **~entí** m Ralenti || **~o, a** adj Rare, clairsemé, e (árboles, pelo) | Mince (tela) | Espacé, e (dientes).
rall|ador m Râpe *f* || **~ar** vt Râper | FAM. Raser.
ram|a f Branche | FAM. *Andarse por las ~s*, tourner autour du pot | *En ~*, brut || **~ada** f o **~aje** m Branchage *m*, ramure *f* || **~al** m Embranchement (de vía) | Ramification *f* | Tronçon (tramo) | Brin (de cuerda) | *~ de conexión*, bretelle (carretera) || **~alazo** m Rafale *f* (ráfaga) | FIG. Marque (*f*) sur la peau | FIG. *Tener un ~ de*, avoir quelque chose de.
rambla f Ravin *m* | Cours *m*, promenade, avenue (paseo).
rame|ado, a adj À ramages || **~ar** vt Ramer (tejido).
ramera f Prostituée.
ramific|ación f Ramification || **~arse** vp Se ramifier.
ramillete m Bouquet | FIG. Recueil, collection *f*.
ram|iza f Ramilles *pl* | Branchages *mpl* (ramas) || **~o** m Rameau (rama pequeña) | Bouquet (ramillete) |

Gerbe *f* (ramillete grande) | Botte *f* (manojo) | FIG. Branche *f* (subdivisión), secteur | FIG. FAM. Grain : *~ de locura,* grain de folie.

Ramón nprm Raymond.

ramonear vt Tailler (podar) | Brouter (un animal).

ramoso, a adj Rameux, euse.

rampa f Rampe.

rampl|ón, ona adj FIG. Vulgaire, quelconque, de mauvais goût || **~onería** f Vulgarité, mauvais goût *m*.

rana f Grenouille (animal) | Tonneau *m* (juego) | FAM. *Cuando las ~s críen pelos,* quand les poules auront des dents. *Salir ~,* rater.

ranci|arse vp Rancir, devenir rance || **~o, a** adj Rance | FIG. Vieux jeu (anticuado), ancien, enne; vieux, vieille (antiguo) | — M Rance.

ranch|era f *Amér.* Chanson populaire || **~ería** f Campement *m* || **~ero** m MIL. Cuisinier | *Amér.* Fermier || **~o** m MIL. Soupe *f* | MAR. Carré d'équipage (alojamiento), quart (marinos de servicio) | *Amér.* Ranch, rancho (finca), chaumière *f* (bohío) | FIG. *Hacer ~ aparte,* faire bande à part.

randa f Dentelle | — M FAM. Filou.

rango m Rang | *Amér.* Générosité *f*.

ranilla f Fourchette (del caballo).

ránula f MED. Grenouillette.

ranúnculo m BOT. Renoncule *f*.

ranura f Rainure | Fente (hendidura).

rapabarbas m inv FAM. Barbier.

rapacidad f Rapacité.

rap|apolvo m FAM. Savon (reprensión) | FAM. *Echar un ~,* passer un savon, sonner les cloches || **~ar** vt Raser (afeitar) | Tondre (el pelo) | FAM. Chiper (robar) | — Vp Se raser (afeitarse) | Se faire tondre.

rapaz adj/m Rapace | — M Gamin, gosse || **~a** f Gamine, gosse, petite fille.

rape m Baudroie *f* (pez).

rape (al) loc adv Ras (pelado).

rapé m Rapé (tabaco).

rapidez f Rapidité.

rápido, a adj/m Rapide.

rapiñ|a f Rapine | *Ave de ~,* oiseau de proie || **~ar** vt/i FAM. Rapiner.

rapos|a f Renard *m* (zorro), renarde *f* (zorra) || **~o** m Renard.

rapsodia f Rhapsodie.

rapt|ar vt Enlever, kidnapper || **~o** m Enlèvement, rapt, kidnapping | Extase *f* (éxtasis) | Impulsion *f* (impulso) | Transport, élan | Accès (ataque) | MED. Syncope *f* || **~or, a** adj/s Ravisseur, euse.

raqueta f Raquette | Râteau *m* (de croupier).

raqu|ídeo, a adj Rachidien, enne || **~ítico, a** adj/s Rachitique || **~itismo** m Rachitisme.

rar|efacción f Raréfaction | Rareté (del aire) || **~efacer*** vt Raréfier || **~efacto, a** adj Raréfié, e || **~eza** f Rareté | Bizarrerie, extravagance || **~ificar** vt Raréfier || **~o, a** adj Rare | FIG. Bizarre, drôle, étrange (extraño).

ras m *A ~ de,* au ras de, à ras de | *~ con ~,* au même niveau; à ras || **~ante** adj Rasant, e | En rase-mottes (vuelo) | — F Pente (cuesta) | *Cambio de ~,* haut d'une côte || **~ar** vt Raser | Racler (raspar).

rasc|acielos m inv Gratte-ciel || **~adera** f Étrille (cepillo) || **~ador** m Grattoir, raclette *f* | Frottoir (para cerillas) || **~adura** f o **~amiento** m Grattement *m* || **~ar** vt Gratter | Racler (raspar) | FAM. Gratter, racler (un instrumento) | — Vp Se gratter | *Amér.* S'enivrer || **~atripas** m inv FAM. Racleur, violoneux (violinista).

raser|a f Écumoire || **~o** m Racloire *f* | FIG. *Medir por el mismo ~,* mettre sur un pied d'égalité.

rasete m Satinette *f*.

rasg|ado, a adj Déchiré, e | FIG. Fendu, e (boca), en amande (ojos) | — M Déchirure *f* || **~adura** f Déchirure || **~ar** vt Déchirer || **~o** m Trait || **~ón** m Déchirure *f* || **~uear** vt Plaquer des accords *o* des arpèges sur (tocar un instrumento) | — Vi Faire des traits de plume || **~ueo** m Arpèges *pl*, accords *pl* || **~uñar** vt Égratigner (arañar) | Esquisser (un boceto) || **~uño** m Égratignure *f* | Éraflure *f* (superficial) | Esquisse *f* (boceto).

raso, a adj Ras, e | Plat, e (llano) | Découvert, e; dégagé, e (descubierto) | Simple (soldado) | *Al ~,* à la belle étoile (al aire libre), ras (muy corto) | — M Satin.

rasp|a f Arête (de pescado) | BOT. Rafle (escobajo) | *Amér.* Réprimande, savon *m* | — Pl Barbes (del trigo) || **~ado** m MED. Curetage (legrado) | Raclage (raedura) || **~ador** m Grattoir | TECN. Racloir, raclette *f* || **~adura** f Grattage *m* | Raclage *m* (raspado) | Râpure (residuo del raspado) | *Amér.* Cassonade (azúcar) || **~ar** vt Gratter | Racler (superficialmente) | Voler (robar) | Raturer (tachar) | TECN. Râper | *Amér.* Réprimander || **~ear** vi Gratter (la pluma) || **~illa** f BOT. Myosotis *m* || **~oso, a** adj Râpeux, euse.

rastr|a f Trace (huella) | Herse (grada) | *A la ~* ou *a ~s,* en traînant (arrastrando), à contrecœur (de mala gana) | FAM. *Andar a ~s,* se traîner || **~al** m Cale-pied (de bicicleta) || **~ear** vt Suivre la piste de | Traîner (pesca) | — Vi Raser le sol (avión) | FIG. S'informer, enquêter || **~ero, a**

adj Rampant, e | FIG. Vil, e; terre à terre (prosaico) || **~illado** m Ratissage || **~illar** vt AGR. Râteler, ratisser (con el rastro), herser (con la grada) || **~illo** m Râteau (rastro) | Herse *f* (fortificación, teatro) || **~o** m AGR. Râteau; herse *f* (grada) | Abattoir (matadero) | FIG. Trace *f* (huella), piste *f* | *El Rastro*, le marché aux puces de Madrid || **~ojadora** f AGR. Déchaumeuse || **~ojar** vt/i AGR. Chaumer, déchaumer || **~ojera** f Chaumes *mpl* || **~ojo** m Chaume (paja) | Chaumes *pl* (campo segado).

rasurar vt Raser.

rat|a f Rat *m* | Rate (hembra) | FIG. *No hay ni una ~*, il n'y a pas un chat | FAM. *~ de sacristía*, grenouille de bénitier || **~ear** vt Chaparder (robar) | — Vi AUT. Avoir des ratés || **~ería** f Filouterie, vol *m* || **~ero, a** s Pickpocket (carterista) || **~icida** m Raticide, mort-aux-rats *f*.

ratific|ación f Ratification || **~ar** vt Ratifier | — Vp Être ratifié, e.

ratina f Ratine.

rato m Moment, instant | *Al poco ~*, peu de temps après | *A ~s*, par moments | *De ~ en ~*, de temps en temps | *Hace mucho ~ que*, il y a longtemps que | FAM. *¡Hasta otro ~!*, à la prochaine!, à bientôt! *Hay para ~*, il y en a pour un bon moment | *Para pasar el ~*, pour passer le temps | *Pasar un mal ~*, passer un mauvais quart d'heure *o* un mauvais moment | FAM. *Un ~*, rudement, drôlement.

rat|ón m Souris *f* | *~ almizclero*, rat musqué | *~ campesino*, mulot || **~onera** f Souricière (trampa para ratones) | Ratière (para ratas) | Trou (*m*) de souris (madriguera) || **~onero, a** o **~onesco, a** o **~onil** adj Des souris | *Música ~*, cacophonie.

raud|al m Torrent | Flot (de luz) | *A ~es*, à flots || **~o, a** adj Rapide, violent, e.

ravioles mpl Ravioli.

ray|a f Raie | Rayure (lista) | Pli *m* (del pantalón) | Tiret *m* (puntuación) | Trait *m* (alfabeto morse) | ZOOL. Raie | FIG. *Mantener a ~*, tenir à distance *o* en respect. *Pasarse de la ~*, dépasser les bornes. *Poner ~ a*, mettre un frein à || **~adillo** m Cotonnade (*f*) rayée || **~ado, a** adj Rayé, e | — M Rayure *f* | Réglure *f* (pauta) || **~ano, a** adj Limitrophe | *~ en*, proche de || **~ar** vt Rayer | Souligner (subrayar) |— Vi Confiner (*con*, à), être limitrophe (*con*, de) | FIG. Friser | Poindre (el día) || **~o** m Rayon | Foudre *f* (meteoro) | FIG. *Echar ~s y centellas*, être furibond. *¡Que le parta un ~!*, qu'il aille se faire pendre ailleurs!

rayón m Rayonne *f* (tela).

rayuela f Marelle (juego).

raza f Race | *De ~*, racé, e; de race.

raz|ón f Raison : *dar la ~ a*, donner raison à | MAT. Rapport *m*, relation | *A ~ de*, à raison de | *Atenerse* ou *avenirse a razones, entrar en ~*, entendre raison | *Con mayor ~*, à plus forte raison | *Con mucha ~, con toda la ~*, à juste titre | *Con ~ o sin ella*, à tort ou à raison | *Dar ~ de*, renseigner sur | *No tener ~*, avoir tort | *Quitar la ~ a*, donner tort à qqn || **~onable** adj Raisonnable || **~onador, a** adj/s Raisonneur, euse || **~onamiento** m Raisonnement || **~onar** vi Raisonner | Parler (hablar) | — Vt Justifier.

razzia f Razzia.

re m MÚS. Ré.

reabsorber vt Résorber.

reac|ción f Réaction || **~cionar** vi Réagir || **~cionario, a** adj/s Réactionnaire.

reacio, a adj Rétif, ive; récalcitrant, e; réticent, e.

react|ivación f Relance (de la economía) | Reprise (en la Bolsa) || **~ivar** vt Relancer (economía) | — Vp Reprendre || **~ivo, a** adj/m Réactif, ive || **~or** m Réacteur | Avion à réaction.

re|adaptación f Réadaptation | Reconversion (de un trabajador) || **~adaptar** vt Réadapter | Reconvertir (trabajador) || **~afirmar** vt Réaffirmer || **~agrupamiento** m Regroupement || **~agrupar** vt Regrouper || **~ajustar** vt Rajuster, réajuster | Remanier (las leyes) || **~ajuste** m Rajustement, réajustement | Remaniement.

real adj Réel, elle (verdadero) | | Royal, e (regio, del rey) | Beau, belle (hermoso) | *Lo ~*, le réel | — M Réal (moneda) | Champ de foire (ferial) | MIL. Camp | *No valer un ~*, ne pas valoir un sou | *Sentar sus ~es*, s'installer || **~ce** m Relief | FIG. Relief; éclat (esplendor) || **~eza** f Royauté || **~idad** f Réalité || **~ismo** m Réalisme | Royalisme (fidelidad a la monarquía) || **~ista** adj/s Réaliste | Royaliste (monárquico) || **~izable** adj Réalisable ||. **~ización** f Réalisation || **~izador, a** adj/s Réalisateur, trice || **~izar** vt Réaliser | Effectuer, faire (hacer) | — Vp Se réaliser.

realquilar vt Sous-louer.

realzar vt Surélever, relever, rehausser | FIG. Rehausser.

re|animación f Ranimation, réanimation || **~animar** vt Ranimer, réanimer | FIG. Remonter (salud), relancer (conversación) ‖ **~anudación** f o **~anudamiento** m Reprise *f* | Rentrée *f* (de las clases, del Parlamento) ‖ **~anudar** vt Renouer | Reprendre (seguir) | Rétablir (restablecer) | — Vp Reprendre ‖ **~aparecer*** vi Réapparaître | Faire sa rentrée (artista) ‖ **~aparición** f Réapparition | Rentrée (artista) ‖ **~apertura** f Réouverture | Rentrée (de curso) ‖ **~armar** vt Réarmer ‖ **~arme** m Réarmement ‖ **~asentar** vt Réinstaller ‖ **~ata** f Trait *m*, harnais *m* (correa) | File, attelage (*m*) en file (de caballos) | *De ~*, en file ‖ **~avivar** vt Raviver.

rebaba f Bavure | Morfil *m* (de una cuchilla).

rebaj|a f Réduction, remise (descuento) | Rabais *m* : *vender con ~*, vendre au rabais ‖ **~amiento** m FIG. Rabaissement ‖ **~ar** vt Baisser (bajar) | Faire une réduction de (hacer un descuento) | Mettre au rabais (mercancías) | FIG. Rabaisser, humilier (humillar), diminuer, réduire (reducir) | FOT. Virer | — Vp S'abaisser | Se faire porter malade (un empleado) | MIL. Être exempté *o* dispensé.

rebalsar vt/i Retenir les eaux.

rebanada f Tranche.

rebañar vt Manger *o* ramasser les restes de | FIG. Ramasser (recoger).

rebaño m Troupeau.

rebarbado m TECN. Ébarbage.

rebasar vt Dépasser, aller au-delà de.

rebat|ible adj Réfutable ‖ **~ido** m Surjet (punto de costura) ‖ **~iña** f Bagarre ‖ **~ir** vt Réfuter (un argumento) | Repousser (rechazar) | Parer (un golpe) | Baisser (rebajar) ‖ **~o** m Tocsin, alarme *f* | MIL. Attaque (*f*) par surprise.

rebec|a f Cardigan *m* ‖ **~o** m Chamois, isard.

rebel|arse vp Se rebeller, se révolter ‖ **~de** adj/s Rebelle | DR. Contumace ‖ **~día** f Rébellion, révolte | DR. Contumace | MIL. Insoumission | DR. *En ~*, par défaut, par contumace ‖ **~ión** f Rébellion | Révolte.

rebenque f Fouet | MAR. Raban.

reblandec|er* vt Ramollir ‖ **~imiento** m Ramollissement.

reborde m Rebord.

rebos|adero m Trop-plein (desagüe) ‖ **~ante** adj Débordant, e | Resplendissant, e (de salud) ‖ **~ar** vi Déborder | FIG. Déborder (de ánimo), regorger (de salud, de dinero).

rebot|ar vi Rebondir | — Vt River (un clavo) | Repousser (rechazar) | — Vp Se troubler (turbarse) ‖ **~e** m Rebond (de pelota) | Ricochet (de bala, piedra) | *De ~*, par ricochet.

rebotica f Arrière-boutique (de farmacia).

reboz|ar vt CULIN. Enrober | — Vp Se couvrir le visage avec son manteau ‖ **~o** m Mantille *f* | CULIN. Enrobage, enrobement | FIG. Prétexte | *Sin ~*, franchement, ouvertement.

rebull|icio m Tumulte ‖ **~ir*** vi Commencer à s'agiter | — Vp S'agiter.

rebusc|a f Recherche | Grappillage *m* (de uvas) | Glanage *m* (de cereales) | FIG. Rebut *m* (desecho) ‖ **~ado, a** adj Recherché, e ‖ **~ar** vt Rechercher | Glaner (espigar) | — Vi Grappiller (en las viñas).

rebuzn|ar vi Braire ‖ **~o** m Braiment.

recabar vt Obtenir | Demander, solliciter.

recad|ero, a s Commissionnaire | — M Garçon de courses ‖ **~o** m Commission *f* | Message (mensaje) | Accessoires *pl* (accesorios) | *Amér.* Selle *f* | *~ de escribir*, écritoire.

reca|er* vi Retomber | Rechuter (enfermo) | FIG. Retomber; échoir (caer en suerte) ‖ **~ída** f Rechute.

recal|ar vt Pénétrer dans | — Vi Nager sous l'eau | MAR. Atterrir | *Amér.* Arriver ‖ **~car** vt Serrer (apretar) | Bourrer (rellenar) | FIG. Souligner (hacer hincapié), appuyer sur (acentuar), ressasser, répéter (repetir) ‖ **~citrante** adj Récalcitrant, e ‖ **~entamiento** m Réchauffement ‖ **~entar*** vt Réchauffer | Surchauffer (calentar demasiado) | FIG. Échauffer, exciter ‖ **~món** m Accalmie *f* ‖ **~zar** vt ARQ. Rechausser.

recam|ado m Broderie (*f*) en relief ‖ **~ar** vt Broder en relief.

recámara f Garde-robe (vestuario) | Magasin *m* (de armas) | Fourneau *m* (de mina) | FIG. Réserve.

recambio m Rechange | Recharge *f*, cartouche *f* (de pluma estilográfica) | Pièce (*f*) de rechange (pieza).

recapacitar vt/i Remémorer (recordar) | Réfléchir à *o* sur (pensar).

recapitul|ación f Récapitulation ‖ **~ar** vt Récapituler.

recarg|a f Recharge ‖ **~ar** vt Recharger | Surcharger (cargar demasiado) | Alourdir (hacer pesado) | Grever (el presupuesto) | Majorer (un precio) | Aggraver (una condena) | FIG. Encombrer (la memoria) ‖ **~o** m Surcharge *f* (de impuestos) | Majoration *f* (recarga) | Surtaxe *f* (sobretasa) | Aggravation *f* (de pena).

recat|ado, a adj Prudent, e; circonspect, e | Réservé, e | Honnête ‖ **~ar** vt Cacher | — Vp Se défier ‖ **~o** m Réserve *f*, circonspection *f* | Pudeur *f* (pudor) | Honnêteté *f* (en la mujer).

recauchutar vt Rechaper.

recaud|ación f Recette (de un espectáculo) | Perception (cobro, sitio) || **~ador** m Percepteur, receveur || **~ar** vt Recueillir (recibir) | Percevoir (impuestos) | Mettre en sûreté (asegurar) || **~o** m Précaution *f* | Dr. Caution *f* | *A buen ~*, en lieu sûr, en sûreté.
recel|ar vt Soupçonner, pressentir (barruntar) | Craindre (temer) | Se méfier (desconfiar) || **~o** m Méfiance *f* | Soupçon (sospecha) | Crainte *f* (temor) || **~oso, a** adj Méfiant, e | Craintif, ive (temeroso).
recensión f Notice, compte rendu *m*.
recental adj De lait | — M Jeune animal.
recep|ción f Réception || **~cionista** s Réceptionniste | — F Hôtesse (de una empresa) || **~táculo** m Réceptacle || **~tividad** f Réceptivité || **~tor, a** adj Récepteur, trice | — M Med Receveur | Récepteur (radio).
recesión f Récession.
recet|a f Recette (de cocina, fórmula) | Ordonnance (del médico) || **~ar** vt Med. Ordonner, prescrire.
recib|idor m Salon | Entrée *f* (entrada) | Antichambre *f* (antesala) || **~imiento** m Réception *f* | Accueil (acogida) | Entrée *f* | Salon | Antichambre *f* (antesala) || **~ir** vt/i Recevoir | Accueillir (acoger) | *Recibí*, pour acquit (en un cheque) || **~o** m Reçu, récépissé, quittance *f* | Réception *f* (recibimiento) | Petit salon | Antichambre *f*.
reciclaje m Recyclage.
reciedumbre f Force, vigueur.
recién adv Récemment, nouvellement | Nouveau, elle (nuevo) | *Estar ~ llegado*, venir d'arriver.
reciente adj Récent, e.
recinto m Enceinte *f*.
recio, a adj Robuste, vigoureux, euse | Fort, e (grueso) | Rigoureux, euse (tiempo) | Impétueux, euse | Dru, e (lluvia) | — Adv Fort, haut (hablar) | Dru (llover).
recipiente m Récipient.
rec|iprocidad f Réciprocité || **~íproco, a** adj/f Réciproque.
recit|ación f Récitation || **~ador, a** s Récitant, e || **~al** m Récital || **~ar** vt Réciter.
reclam|ación f Réclamation || **~ar** vt Réclamer | Appeler (las aves) | — Vi Réclamer || **~o** m Appeau (pito) | Chanterelle *f* (perdiz) | Réclame *f* (de publicidad) | Appel (llamada) | Réclamation *f* | Fig. Attrait.
reclin|ar vt Incliner, pencher | — Vp S'appuyer (apoyarse) || **~atorio** m Prie-Dieu.
reclu|ir* vt Incarcérer | Reclure (encerrar) || **~sión** f Réclusion | Retraite (refugio) || **~so, a** adj/s Reclus, e.
reclut|a m Mil. Recrue *f*, conscrit | — F Recrutement *m* || **~ador** m Recruteur || **~amiento** m Recrutement || **~ar** vt Recruter.
recobr|able adj Recouvrable || **~ar** vt Recouvrer, retrouver | Reprendre (aliento, ánimo) | — Vp Se dédommager (desquitarse) | Revenir à soi (volver en sí) | Se remettre (recuperarse) || **~o** m Recouvrement.
recocina f Office *m*.
recochine|arse vp Fam. Se payer la tête de (burlarse), se délecter, se régaler (disfrutar) || **~o** m Fam. Moquerie *f* (burla), délectation *f*.
recodo m Coude (de río) | Tournant (de carretera) | Détour (de camino) | Angle (ángulo) | Recoin (rincón).
recogedor m Pelle *f* (de basuras).
recog|emigas m inv Ramasse-miettes || **~epelotas** m inv Ramasseur de balles || **~er** vt Reprendre | Recueillir (reunir) | Ramasser (algo en el suelo) | Prendre (coger) | Cueillir (flores) | Accueillir (acoger) | Retrousser (la falda) | Saisir (diario) | Lever : *~ el correo*, lever le courrier | — Vp Se recueillir (ensimismarse) | Se retirer (retirarse) | Retrousser (la falda) | Relever (el pelo) || **~ida** f Levée (del correo) | Ramassage *m* | Récolte (cosecha) | Saisie (de un periódico) || **~ido, a** adj V. recoger | Trapu, e (animal) | Fig. Retiré, e (retirado) || **~imiento** m Recueillement.
recol|ección f Récolte (cosecha) | Collecte || **~ectar** vt Récolter | Collecter || **~eto, a** adj Tranquille | — S Rel. Récollet, ette.
recomend|able adj Recommendable || **~ación** f Recommandation || **~ar*** vt Recommander.
recompens|a f Récompense || **~ar** vt Récompenser.
recomponer* vt Recomposer | Réparer (arreglar).
reconcentrar vt Concentrer | — Vp Se concentrer | Rentrer en soi-même.
reconcili|ación f Réconciliation || **~ar** vt Réconcilier.
reconcom|erse vp Fig. Se consumer, se ronger les sangs || **~io** m Remords (remordimiento) | Doute, soupçon.
recóndito, a adj Secret, ète; caché, e.
reconduc|ción f Dr. Reconduction || **~ir*** vt Dr. Reconduire.
reconfort|ante adj/m Réconfortant, e || **~ar** vt Réconforter.
reconoc|er* vt Reconnaître | Med. Examiner | Fouiller (registrar) | — Vp Se reconnaître || **~imiento** m Reconnaissance *f* | Aveu (confesión)

| Fouille *f* (registro) | ~ *médico,* examen *o* visite médicale.
reconquist|a f Reconquête || **~ar** vt Reconquérir.
reconstitu|ción f Reconstitution || **~ir*** vt Reconstituer || **~yente** adj/m Reconstituant, e.
reconstru|cción f Reconstruction || **~ir*** vt Reconstruire.
recontar* vt Recompter | Recenser (votos).
reconven|ción f Reproche *m* || **~ir*** vt Reprocher, faire des reproches.
reconver|sión f Reconversion | Recyclage *m* (nueva formación) || **~tir*** vt Reconvertir | Recycler.
recopil|ación f Résumé *m*, abrégé *m* (compendio) | Recueil *m*, compilation || **~ar** vt Compiler.
récord m Record.
record|ar* vt Rappeler (traer a la memoria, parecerse a) | Se souvenir de, se rappeler (acordarse de) | — Vi/p S'éveiller || **~atorio** m Souvenir mortuaire (estampa) | Pense-bête (medio para recordar) | Rappel (advertencia) | FIG. Leçon *f* (lección).
record|man m Recordman || **~woman** f Recordwoman.
recorr|er vt Parcourir | Fouiller (registrar) || **~ido** m Parcours | MEC. Course *f* | IMPR. Habillage.
recort|able m Découpage (juego) || **~ado** m Découpage || **~ar** vt Découper | Couper (cortar) | Profiler (perfilar) | — Vp Se découper || **~e** m Découpage | Découpure *f* (fragmento) | Coupure *f* : ~ *de prensa,* coupure de presse | Recoupe *f* (metal, tela) | — Pl Rognures *f*, chutes *f* | ~ *de plantilla,* compression du personnel.
recostar* vt Appuyer (apoyar) | Pencher (inclinar) | — Vp S'appuyer | Se pencher | Se renverser sur le dos.
recoveco m Détour.
recre|ar vt Récréer, distraire (entretener) | Réjouir (la vista) | — Vp Se distraire | Se délasser (solazarse) | Se réjouir (*con,* de) [alegrarse] || **~ativo, a** adj Récréatif, ive.
recrecimiento m Augmentation *f* | Montée *f* (de un río).
recreo m Récréation *f* (colegio) | Agrément : *viaje de* ~, voyage d'agrément | Plaisir (placer) | *De* ~, de plaisance (barco, casa).
recr|ía f Élevage *m* | **~iar** vt Élever.
recrimin|ación f Récrimination | Reproche *m* || **~ar** vt Récriminer | Reprocher | — Vp S'incriminer, s'accuser.
recrud|ecer* vi Être en recrudescence | Redoubler (redoblar) | Empirer (empeorar) || **~ecimiento** m o **~escencia** f Recrudescence *f* || **~escente** adj Recrudescent, e.

rect|al adj Rectal, e || **~angular** adj Rectangulaire || **~ángulo** adjm/m Rectangle.
rectific|able adj Rectifiable || **~ación** f Rectification || **~ador** m ELEC. Redresseur || **~ar** vt Rectifier || **~ativo, a** adj/m Rectificatif, ive.
rect|ilíneo, a adj Rectiligne || **~itud** f Rectitude || **~o, a** adj Droit, e | GRAM. Propre (sentido) | — Adv Tout droit | — M ANAT. Rectum | Recto (de página) | — F Droite || **~or, a** adj Recteur, trice | Directeur, trice (principio) | — M Recteur | Dirigeant (dirigente) || **~orado** m Rectorat || **~oral** f Presbytère *m* || **~oría** f Rectorat *m* | Cure (del cura).
recua f Troupeau *m* | FAM. Troupe.
recuadr|ar vt Quadriller (cuadricular) | Encadrer (enmarcar) || **~o** m Entrefilet, encadré (en un periódico).
recubrir vt Recouvrir | Couvrir.
recuento m Vérification (*f*) d'un compte | Dépouillement, recensement (de votos) | Dénombrement (enumeración) | ~ *de glóbulos,* numération globulaire.
recuerdo m Souvenir | Mémoire *f* (memoria) | Rappel (evocación) | *Muchos* ~*s,* bons *o* meilleurs souvenirs.
recuper|able adj Récupérable | Recouvrable || **~ación** f Récupération | Recouvrement *m* (recobro) | Rattrapage *m* (de un retraso) | Redressement *m* (de un país) | Reprise (de los negocios, etc) | Repêchage *m* (de un astronauta) || **~ador** adjm/m Récupérateur || **~ar** vt Récupérer | Retrouver, recouvrer (salud, etc) | Reprendre (volver a tomar) | Regagner (confianza, cariño) | Rattraper (un retraso) | Repêcher (un astronauta) | — Vp Se remettre (un enfermo) | Récupérer (haber descansado) | Reprendre (negocios).
recur|rir vi Recourir, avoir recours, faire appel || **~so** m Recours | Ressource *f*, moyen (medio) | Ressource *f* (riqueza, capacidad) | DR. Recours, pourvoi ; appel | *Como último* ~, en dernier recours | *No hay otro* ~, il n'y a pas d'autre solution | DR. ~ *de urgencia,* référé.
recus|ación f Récusation, rejet *m* || **~ar** vt Récuser, rejeter.
rechace m Rejet.
rechaz|amiento m Refus || **~ar** vt Repousser | Rejeter (una petición) | Réfuter | Nier (negar) | Refuser (rehusar) | Éconduire (a un pretendiente) || **~o** m Contrecoup (rebote) | Refoulement (retroceso) | Refus, rejet (negación) | Rejet (de trasplante) | *De* ~, par contrecoup.

rechifl|a f Sifflement (*m*) prolongé | FIG. Moquerie, persiflage *m* (burla), huées *pl* (abucheo) ‖ **~ar** vt Siffler longuement | — Vp Se moquer.

rechin|amiento m Grincement | Crissement ‖ **~ar** vi Grincer | Crisser (la arena) | FIG. Rechigner (gruñir) | ~ *los dientes*, grincer des dents.

rechistar vi Chuchoter | *Sin* ~, sans mot dire (sin contestar), sans broncher (sin protestar).

rechoncho, a adj FAM. Trapu, e.

rechupete (de) loc adv FAM. Délicieux, euse ; formidable.

red f Filet *m* | Réseau *m* (de carreteras, ferroviaria, de teléfono, eléctrica) | Grille (de estadísticas) | FIG. Piège *m* (trampa), réseau *m* (de espionaje) | ~ *barredera*, traîne.

redac|ción f Rédaction ‖ **~tar** vt Rédiger ‖ **~tor, a** s Rédacteur, trice.

red|ada f MAR. Coup (*m*) de filet | FIG. Rafle (de policía) ‖ **~año** m Crépine *f* (del cordero) ‖ **~ecilla** f Filet *m* | Résille, filet *m* (para el pelo) | Réseau *m* (de rumiantes).

reden|ción f Rédemption | Rachat *m* (rescate) | Salut *m* | FIG. Remède *m* ‖ **~tor, a** adj/s Rédempteur, trice.

redescuento m Réescompte.

redicho, a adj Redit, e | Rebattu, e (trillado) | — Adj/s FAM. Poseur, euse ; prétentieux, euse.

redil m Bercail.

redimir vt Racheter.

rédito m Intérêt.

redobl|ar vt Redoubler (repetir) | Redoubler de (aumentar) | River (clavo) | — Vi Battre le tambour ‖ **~e** m Redoublement | Roulement (de tambor).

redoma f QUÍM. Cornue.

redomado, a adj Fieffé, e.

redond|a f Région | MÚS. Ronde | *A la* ~, à la ronde ‖ **~ear** vt Arrondir ‖ **~el** m Rond, cercle | TAUR. Arène *f* ‖ **~ez** f Rondeur | Rotondité (de la Tierra) ‖ **~illa** f Quatrain *m* (poesía) | Ronde (letra) ‖ **~o, a** adj Rond, e | FIG. Clair, e (sin rodeos), total, e (completo) | *Caerse* ~, tomber raide | *En* ~, à la ronde ; tout net, catégoriquement | — M Rond | Bavette *f* (carne) | — F Ronde (letra).

redorar vt Redorer.

reduc|ción f Réduction ‖ **~ible** adj Réductible ‖ **~ido, a** adj Réduit, e | Petit, e (pequeño) | Faible (escaso) | Étroit, e (estrecho) ‖ **~ir*** vt Réduire (*en*, de) | — Vp Se réduire | Se résoudre, revenir (equivaler) | Se limiter ‖ **~tible** adj Réductible ‖ **~to** m Réduit | FIG. Retranchement ‖ **~tor, a** adj/m Réducteur, trice.

redund|ancia f Redondance ‖ **~ante** adj Redondant, e ‖ **~ar** vi Aboutir : ~ *en*, aboutir à.

re|edición f Réédition ‖ **~edificar** vt Réédifier, rebâtir, reconstruire ‖ **~editar** vt Rééditer ‖ **~educación** f Rééducation ‖ **~educar** vt Rééduquer ‖ **~elección** f Réélection ‖ **~elegir*** vt Réélire ‖ **~embarcar** vt Rembarquer ‖ **~embolsar** vt Rembourser ‖ **~embolso** m Remboursement ‖ **~emplazable** adj Remplaçable ‖ **~emplazante** s Remplaçant, e ‖ **~emplazar** vt Remplacer ‖ **~emplazo** m Remplacement | Classe *f* (quinta) ‖ **~encarnación** f Réincarnation ‖ **~encarnarse** vp Se réincarner ‖ **~enganchar** vt MIL. Rengager ‖ **~estrenar** vt Reprendre (teatro) ‖ **~estreno** m Reprise *f* (teatro) ‖ **~examinar** vt Réviser, revoir, réexaminer ‖ **~expedición** f Renvoi *m* ‖ **~expedir*** vt Renvoyer.

refacción f Refection | Réfaction (descuento).

refajo m Jupon.

refección f Réfection.

refectorio m Réfectoire.

refer|encia f Référence | Renvoi *m* (remisión) | *Con* ~ *a*, en ce qui concerne | *Hacer* ~ *a*, faire allusion à | *Punto de* ~, point de repère ‖ **~éndum** m Référendum ‖ **~ente** adj Relatif à ‖ **~ir*** vt Rapporter, raconter | — Vp Se rapporter | Faire allusion, parler de (aludir).

refil|ado m IMPR. Rogne *f*, rognure *f* | **~ar** vt IMPR. Rogner.

refilón (de) loc adv En passant | De travers (de soslayo) | En écharpe (vehículo).

refin|ado, a adj Raffiné, e | — M Raffinage ‖ **~ador, a** adj/s Raffineur, euse ‖ **~amiento** m Raffinement, recherche *f* ‖ **~ar** vt Raffiner | FIG. Polir | — Vp Apprendre les bonnes manières ‖ **~ería** f Raffinerie ‖ **~o, a** adj Surfin, e | — M Raffinage.

refl|ectante adj Réfléchissant, e ‖ **~ector, a** adj Réfléchissant, e | — M Réflecteur | Projecteur ‖ **~ectorizado, a** adj Réfléchissant, e ‖ **~ejar** vt Réfléchir, refléter | FIG. Traduire, refléter | — Vp Se refléter, se réfléchir | Se répercuter ‖ **~ejo, a** adj Réfléchi, e | Réflexe (movimiento) | — M Reflet | Réflexe (del cuerpo) ‖ **~exión** f Réflexion ‖ **~exionar** vi Réfléchir ‖ **~exivo, a** adj Réfléchissant, e (reflector) | Réfléchi, e (que piensa) | Pronominal, e ; réfléchi, e (verbo).

reflorecer* vi Refleurir.

reflu|ir* vi Refluer ‖ **~jo** m Reflux.

refocil|ación f Réjouissance, joie || **~arse** vp Se réjouir (*con,* de) | Se délecter.
reform|a f Réforme | Modification || **~ador, a** adj/s Réformateur, trice || **~ar** vt Réformer | Transformer || **~atorio** m Maison (*f*) de correction o de redressement || **~ista** adj/s Réformiste.
reforzar* vt Renforcer.
refrac|ción f Réfraction || **~tar** vt Réfracter || **~tario, a** adj Réfractaire.
refr|án m Proverbe || **~anero** m Recueil de proverbes.
refreg|ar* vt Frotter | FAM. Ressortir (un reproche) || **~ón** m FAM. Frottement ; marque *f*.
refrenar vt FIG. Refréner.
refrend|ar vt Viser (pasaporte) | Contresigner (legalizar) | Ratifier (una ley) | FIG. Cautionner (afianzar) || **~ario, a** adj/s Contresignataire || **~ata** f Contreseing *m* || **~o** m Visa (firma) | Approbation *f*.
refrent|ado m TECN. Surfaçage (pulido) || **~ar** vt TECN. Surfacer (pulir).
refresc|ante adj Rafraîchissant, e || **~ar** vt Rafraîchir | FIG. Raviver | — Vi Se rafraîchir (tiempo) | Rafraîchir (líquido) | Fraîchir (viento) | — Vp Se rafraîchir || **~o** m Rafraîchissement | *De* **~**, de renfort.
refriega f Rencontre.
refriger|ación f Réfrigération | Refroidissement *m* (enfriamiento) || **~ador** m Réfrigérateur || **~ante** adj/m Réfrigérant, e | — Adj Rafraîchissant, e (refrescante) || **~ar** vt Réfrigérer | Congeler | FIG. Réconforter | TECN. Refroidir (motor), réfrigérer || **~io** m Rafraîchissement | Collation *f* (comida).
refringente adj Réfringent, e.
refrito m Mouture *f* (refundición).
refuerzo m Renfort ; renforcement | FIG. FOT. Renforcement.
refugi|ado, a adj/s Réfugié, e || **~ar** vt Réfugier || **~o** m Refuge | **~** *atómico,* abri antiatomique.
refulg|ente adj Resplendissant, e || **~ir** vi Resplendir, briller.
refund|ición f Refonte || **~ir** vt Refondre.
refunfuñ|ar vi FAM. Grogner, ronchonner || **~o** m Ronchonnement || **~ón, ona** adj/s Ronchonneur, euse.
refut|able adj Réfutable || **~ación** f Réfutation || **~ar** vt Réfuter.
regad|era f Arrosoir *m* | Rigole (canalillo) || **~ío, a** adj Irrigable | — M Terrain d'irrigation (campo) | Arrosage, irrigation *f* | *De* **~**, irrigable || **~or, a** s Arroseur, euse.
regal|ado, a adj Offert, e | Doux, douce (suave) | FAM. Délicieux, euse ; donné, e (barato), agréable || **~ar** vt Offrir, faire cadeau de | Flatter (halagar) | Être un plaisir pour (vista, oído) | — Vp Se régaler || **~ía** f Régale | Redevance (por una patente) | FIG. Privilège *m* || **~iz** m Réglisse *f* || **~o** m Cadeau, présent | Régal (placer, festín) | Aisance *f*, confort || **~ón, ona** adj FAM. Qui aime ses aises (cómodo), délicat, e ; agréable.
regañ|adientes (a) loc adv À contrecœur, en rechignant || **~ar** vi Se fâcher | — Vt Gronder || **~ina** f o **~o** m Gronderie *f* || **~ón, ona** adj/s FAM. Bougon, onne ; ronchonneur, euse.
reg|ar* vt Arroser | FIG. Répandre || **~ata** f MAR. Régate | DEP. Voile | Rigole (reguera).
regat|e m Feinte *f* (del cuerpo) | Dribbling (con el balón) | FAM. Échappatoire *f* || **~ear** vt Marchander | Détailler (vender al por menor) | — Vi Chipoter (poner dificultades) | Dribbler (con el balón) | Feinter (con el cuerpo) | MAR. Courir une régate || **~eo** m Marchandage | Vente (*f*) au détail | Dribbling (con el balón) | Feinte *f* (del cuerpo) || **~o** m Ruisselet || **~ón, ona** adj/s Détaillant, e (al por menor) | Marchandeur, euse | — M Bouterolle *f* (contera) | Bout (punta) | Pique *f* (de bastón de esquí).
regazo m Giron.
regencia f Régence.
regener|ación f Régénération, régénérescence || **~ador, a** adj/s Régénérateur, trice || **~ar** vt Régénérer.
reg|entar vt Diriger | Gérer (administrar) | FIG. Régenter || **~ente** adj/s Régent, e | IMPR. Prote || **~icida** adj/s Régicide (asesino) || **~icidio** m Régicide (crimen) || **~idor** m Échevin, conseiller municipal (concejal) | Régisseur (administrador) | **~** *de escena,* régisseur.
régimen m Régime.
reg|imiento m Régiment || **~io, a** adj Royal, e || **~ión** f Région || **~ional** adj Régional, e || **~ionalismo** m Régionalisme || **~ionalista** adj/s Régionaliste || **~ionalización** f Régionalisation || **~ionalizar** vt Régionaliser || **~ir*** vt Régir | — Vi Être en vigueur | — Vp Se guider.
registr|ador, a adj/s Enregistreur, euse | Contrôleur, euse | **~** *de la propiedad,* conservateur des hypothèques || **~ar** vt Fouiller | Contrôler | Enregistrer (anotar, comprobar) | Inscrire (inscribir) | Immatriculer (matricular) | — Vi Fouiller | — Vp Fouiller | S'inscrire (matricularse) | Se produire (ocurrir) || **~o** m Enregistrement | Registre (libro, de instrumento, de voz) | Contrôle | Fouille *f* (en la

aduana) | ~ *civil,* état civil | ~ *de antecedentes penales,* casier judiciaire | ~ *del sonido,* prise de son.

regl|a f Règle | — Pl Règles (menstruo) | *Con todas las ~s del arte,* dans les règles de l'art | *Por ~ general,* en règle générale || **~aje** m Réglage || **~amentación** f Réglementation || **~amentar** vt Réglementer | Régler (decidir) || **~amentario, a** adj Réglementaire || **~amento** m Règlement || **~eta** f Réglette.

regocij|ado, a adj Joyeux, euse || **~ar** vt Réjouir || **~o** m Joie *f,* réjouissance *f* | *Con gran ~ de,* à la grande joie de.

regode|arse vt Se délecter | Se régaler (regalarse) | Se réjouir (alegrarse) || **~o** m Délectation *f* | Satisfaction *f,* plaisir.

regoldar* vi FAM. Roter.

regordete, a ajd FAM. Grassouillet, ette; rondelet, ette.

regres|ar vi Revenir, rentrer || **~ión** f Régression | Recul *m* (retroceso) | Retour *m* (vuelta) || **~ivo, a** adj Régressif, ive || **~o** m Retour.

regüeldo m FAM. Rot.

reguer|a f Rigole || **~o** m Traînée *f* (señal) : *extenderse como un ~ de pólvora,* se répandre comme une traînée de poudre | Rigole *f* (reguera).

regul|ación f Régulation | Contrôle *m* (de precios, cambios) | Régularisation (de un río) | Réglementation | Réglage *m* (graduación) || **~ador, a** adj/m Régulateur, trice || **~ar** adj Régulier, ère | FAM. Comme ci, comme ça, ni bien ni mal (pasable), moyen, enne; médiocre | — Vt Régler | Contrôler (precios, cambios) | Réglementer | Régulariser (río) || **~aridad** f Régularité || **~arización** f Régularisation || **~arizar** vt Régulariser.

regusto m Arrière-goût.

rehabilit|ación f Réhabilitation | MED. Rééducation || **~ar** vt Réhabiliter | MED. Rééduquer | Réintégrer (funcionario).

rehacer* vt Refaire | — Vp Se refaire | FIG. Se remettre (serenarse).

rehén m Otage.

rehilete m Fléchette *f* | TAUR. Banderille *f.*

rehogar vt Faire mijoter (cocer) | Faire revenir (freír, calentar).

rehuir* vt Fuir | Refuser (rechazar) | Esquiver, éviter | — Vi Fuir.

rehusar vt Refuser.

reidor, a adj/s Rieur, euse.

reimpr|esión f Réimpression || **~imir** vt Réimprimer.

rein|a f Reine || **~ado** m Règne || **~ante** adj Régnant, e || **~ar** vi Régner.

reincid|encia f Récidive || **~ente** adj/s Récidiviste || **~ir** vi Récidiver | Retomber (recaer).

reineta f Reinette (manzana).

reingres|ar vi Rentrer || **~o** m Retour.

reino m Royaume (de un rey) | Règne (animal, végétal).

Reino Unido nprm Royaume-Uni.

reinstalar vt Réinstaller.

reintegr|ar vt Réintégrer | Rendre, restituer (devolver) | Rembourser, (lotería) | Rejoindre, reprendre (puesto, cargo) | — Vp Être réintégré à | Reprendre (actividades) || **~o** m Paiement (pago) | Remboursement (lotería) | Réintégration *f.*

reír* vi Rire : *~ a carcajadas,* rire aux éclats | — Vt Rire de, trouver drôle | — Vp Rire | Se moquer, rire (burlarse).

reiter|ación f Réitération || **~ar** vt Réitérer.

reivindic|ación f Revendication || **~ar** vt Revendiquer.

rej|a f Grille (de ventana) | Grillage *m* (de alambres) | AGR. Soc *m* (del arado), labour *m* (labranza) || **~illa** f Grillage *m* | Guichet *m* (de confesionario, etc) | Filet *m* (en el tren) | Grille (de horno, alcantarilla, chimenea, lámpara) | *De ~,* canné, e (silla) | *~ del radiador,* calandre (coche) || **~ón** m TAUR. « Rejón », javelot | Pique *f* | Poignard (puñal) || **~oneador** m Toréador à cheval || **~onear** vt/i Toréer à cheval || **~oneo** m TAUR. Combat à cheval.

rejuvenec|er* vt/i Rajeunir | — Vp Rajeunir || **~imiento** m Rajeunissement.

relaci|ón f Relation | Rapport *m,* relation | Liste | Relevé *m* (detalle) | Récit *m,* rapport *m* (relato) | Rapport *m* (informe, matemáticas) | — Pl Relations (amigos) | *Con ~ a,* par rapport à | *Tener relaciones con,* fréquenter (ser novios) || **~onado, a** adj Relatif à, concernant (referente) | Lié à (ligado) | Qui a des relations || **~onar** vt Rattacher, relier | Mettre en rapport (varias personas) | Rapporter (relatar)| — Vp Se rattacher, être lié | Se rapporter (referirse) | Se mettre en rapport (personas).

relaj|ación f o **~amiento** m Relâchement *m* | Relaxation *f* (músculo) | MED. Décontraction *f* || **~ar** vt Relâcher | Décontracter (músculo) | Détendre (descansar).

relam|erse vp Se pourlécher | FAM. *~ de gusto,* s'en lécher les babines || **~ido, a** adj Affecté, e.

rel|ámpago adj/m Éclair | *Luz ~*, flash ‖ **~ampagueante** adj Étincelant, e ‖ **~ampaguear** vi Faire des éclairs | FIG. Étinceler (centellear), lancer des éclairs (ojos).
relanz|amiento m Relance f ‖ **~ar** vt Relancer.
relapso, a adj/s REL. Relaps, e.
relat|ar vt Raconter, relater | Rapporter (referir) ‖ **~ividad** f Relativité ‖ **~ivo, a** adj Relatif, ive ‖ **~o** m Récit | Rapport, compte rendu (informe) ‖ **~or, a** s Narrateur, trice | — M Rapporteur (ponente) | DR. Maître des requêtes.
relé m ELEC. Relais.
releer vt Relire.
relegar vt Reléguer.
relente m Fraîcheur (*f*) nocturne.
relev|ante adj Éminent, e; remarquable ‖ **~ar** vt Relayer (sustituir) | Remplacer | Relever (revocar) | — Vp Se relayer ‖ **~o** m MIL. Relève *f* | Relais (deportes, etc).
relicario m Reliquaire.
relieve m Relief | *Bajo ~*, bas-relief | FIG. *De ~*, important | *Poner de ~*, mettre en relief ; révéler.
relig|ión f Religion ‖ **~ioso, a** adj Religieux, euse | FIG. Scrupuleux, euse | — S Religieux, euse.
relinch|ar vi Hennir ‖ **~o** m Hennissement.
reliquia f Relique | FIG. Vestige *m*; séquelle, trace.
reloj m Horloge *f* | Montre *f* (de pulsera) | Pendule *f* (de mesa, de pared) | *~ de arena*, sablier | *~ de sol*, cadran solaire | *~ despertador*, réveille-matin ‖ **~ería** f Horlogerie ‖ **~ero, a** s Horloger, ère.
reluc|iente adj Reluisant, e; brillant, e ‖ **~ir*** vi Briller, luire | Étinceler (resplandecer) | FIG. *Sacar a ~*, faire ressortir, ressortir.
relumbr|ante adj Brillant, e | Éblouissant, e ‖ **~ar** vi Briller, étinceler ‖ **~ón** m Éclair | FIG. Faux brillant (brillante falso), clinquant (oropel) | *De ~*, clinquant.
rellano m Palier (de escalera).
rellen|ar vt Remplir (llenar) | Farcir (cocina) | Rembourrer (un mueble) | Combler (un hueco) | — Vp Se remplir ‖ **~o, a** adj Rempli, e | Plein, e | Farci, e (cocina) | Fourré, e (caramelo, pastel) | — M Farce *f* (cocina) | Remplissage (llenado) | Rembourrage (de un asiento).
remach|adora f Riveteuse, riveuse ‖ **~ar** vt River, riveter | FIG. Ancrer, mettre dans la tête (infundir), marteler, appuyer sur (palabras), couronner ‖ **~e** m Rivetage, rivure *f* | Rivet (roblón) | FIG. Fin *f*, couronnement.
remallar vt Remmailler.
remanente adj Rémanent, e | — M Reste | *~ de beneficios*, bénéfices rapportés.
remangar vt Relever, retrousser | — Vp Retrousser, relever.
remanso m Nappe (*f*) d'eau dormante | FIG. Refuge, havre.
remar vi Ramer.
remat|ado, a adj Fini, e; achevé, e | *Loco ~*, fou à lier ‖ **~ar** vt Achever | DR. Adjuger (subasta) | Arrêter [un point] (costura) | FIG. Parachever; mettre fin à (acabar), couronner | — Vi Se terminer ‖ **~e** m Fin *f*, terme | Achèvement (última mano) | Pointe *f* | DR. Adjudication *f* | Arrêt (costura) | Tir au but (fútbol) | FIG. ARQ. Couronnement | *De ~*, complètement | *Por ~*, à la fin.
remedar vt Contrefaire, imiter.
remedi|ar vt Remédier à | Éviter, empêcher (evitar), arranger (arreglar) | *No poder remediarlo*, n'y rien pouvoir ‖ **~o** m Remède | *No hay más ~ que*, il n'y a rien d'autre à faire que | *No hay ~*, on n'y peut rien | *Poner ~ a*, remédier à.
remedo m Imitation *f* | Contrefaçon *f*
rememorar vt Remémorer.
remend|ar* vt Raccommoder | Rapiécer (echar remiendos) | FIG. Corriger ‖ **~ón, ona** adj/s Ravaudeur, euse
remero, a s Rameur, euse.
remesa f Envoi *m*, expédition.
remeter vt Remettre | Border (las sábanas).
remiendo m Raccommodage | Remmaillage (de una red) | Rafistolage (chapucería) | Pièce *f* (de tela).
remilg|ado, a adj Minaudier, ère; maniéré, e ‖ **~o** m Minauderie *f* | *Hacer ~s*, faire des manières; faire la fine bouche.
reminiscencia f Réminiscence.
remirado, a adj Scrupuleux, euse.
rem|isión f Remise (entrega) | Rémission, pardon *m* (perdón) | Renvoi *m* (en un texto, aplazamiento) | **~iso, a** adj Réticent, e | Indécis, e (flojo) ‖ **~itente** s Expéditeur, trice ‖ **~itir** vt Remettre (enviar, aplazar perdonar) | Délivrer (entregar) | Renvoyer (en un texto) | — Vi Faiblir, se calmer | Renvoyer | — Vp S'en remettre | Se reporter (referirse).
remo m Rame *f*, aviron | Aviron (deporte) | — Pl Membres (del hombre) | Ailes *f* (alas) | *Barca de ~* bateau à rames.
remoción f Terrassement *m*.
remoj|ar vt Tremper | Faire tremper (ropa, legumbres, etc) | FAM. Arroser (un éxito) | — Vp Tremper | Se

tremper || **~o** m Trempage | *Darse un ~,* se baigner | *Poner en ~,* faire tremper || **~ón** m Douche *f* (lluvia).
remolacha f Betterave.
remolc|ador, a adj/m Remorqueur, euse || **~ar** vt Remorquer.
remolino m Remous (del agua) | Tourbillon (aire, polvo, agua, etc) | Épi (del cabello) | Tournoiement (movimiento giratorio) | FIG. Remous.
remol|ón, ona adj/s Lambin, e || **~onear** vi Lambiner.
remolque m Remorque *f* | Remorquage | *A ~,* à la remorque, à la traîne.
remont|a f MIL. Remonte (servicio), haras *m* (de sementales) || **~ar** vt Ressemeler (calzado) | MIL. Remonter | — Vp Remonter.
remoquete m Sobriquet, surnom.
rémora f FIG. Obstacle *m*.
remord|er* vt Causer du remords, ronger || **~imiento** m Remords.
rem|oto, a adj Lointain, e; éloigné, e | Reculé, e (en el tiempo) | *Ni la más ~ probabilidad,* pas la moindre probabilité || **~over*** vt Déplacer | Remuer (un líquido) | Enlever (quitar) | FIG. Remuer ; déplacer | — Vp S'agiter, remuer.
remoz|amiento m Rajeunissement || **~ar** vt Rajeunir | FIG. Rafraîchir | FAM. Ragaillardir | — Vp Rajeunir, se rajeunir.
remplazable, remplazante, remplazar y remplazo. V. REEMPLAZABLE, REEMPLAZANTE, REEMPLAZAR et REEMPLAZO.
remuner|ación f Rémunération || **~ador, a** adj/s Rémunérateur, trice || **~ar** vt Rémunérer.
renac|entista adj Renaissance || **~er*** vi Renaître || **~imiento** m Renaissance *f* | FIG. Redressement, relèvement (de un pueblo), renouveau | — Adj inv Renaissance.
renacuajo m ZOOL. Têtard | FAM. Avorton.
renal adj Rénal, e.
renano, a adj/s Rhénan, e.
rencill|a f Querelle | Ressentiment *m*, rancune, rancœur (rencor) || **~oso, a** adj Querelleur, euse | Rancunier, ère (rencoroso).
renco, a adj Boiteux, euse.
rencor m Rancune *f* | Rancœur *f* (amargura) | *Guardar ~,* tenir rigueur || **~oso, a** adj Rancunier, ère.
rend|ición f Reddition || **~ido, a** adj Rendu, e; soumis, e (sumiso) | Épuisé, e (cansado) || **~ija** f Fente || **~imiento** m Soumission *f* | Respect, déférence *f* | Épuisement (fatiga) | Rendement (producción) || **~ir*** vt Vaincre, soumettre (vencer) | Rendre (entregar, producir, vomitar) | Épuiser (agotar) | — Vp Se rendre | Se soumettre (someterse) | S'épuiser (cansarse) | FAM. Donner sa langue au chat (juego).
reneg|ado, a adj/s Renégat, e || **~ar*** vi Renier | Blasphémer | FAM. Jurer.
renegrido, a adj Noirâtre.
renglón m Ligne *f* | FIG. Article (de una cuenta), chapitre | *A ~ seguido,* tout de suite après.
reniego m Juron.
reno m ZOOL. Renne.
renombr|ado, a adj Renommé, e || **~e** m Renom | Renommée *f* (fama) | Surnom (apodo).
renov|able adj Renouvelable || **~ación** f Renouvellement *m* | Rénovation (de votos) | Renouveau *m* (renacimiento) | Remise à neuf | DR. Reconduction (de un contrato, etc) || **~ar*** vt Renouveler | Rénover (cambiar) | Rénover, remettre à neuf (restaurar) | Renouer (amistad, alianza) | — Vp Se renouveler.
renquear vi FAM. Clopiner.
rent|a f Rente | Revenu *m* (ingresos) | Rapport *m* (inmueble) | Fermage *m* (de un arrendatario) | *A ~,* à bail | *~ de bienes raíces,* rente foncière | *~ pública,* dette publique | *~ vitalicia,* rente viagère || **~able** adj Rentable || **~ar** vt Rapporter | Renter (conceder una renta) | *Amér.* Louer (alquilar) || **~ista** s Rentier, ère.
renuevo m Renouveau | BOT. Rejeton (de árbol), rejet (de planta).
renunci|a f Renonciation, abandon *m* | Renoncement *m* || **~ación** f o **~amiento** m Renoncement *m* || **~ar** vi Renoncer | Abandonner | Se démettre (de un cargo) | Déclarer forfait (en una competición) | — Vp Renoncer || **~o** m Renonce *f* (naipes).
reñ|ido, a adj Brouillé, e; fâché, e (enfadado) | Acharné, e; disputé, e (partido, lucha), serré, e (competido) | Incompatible || **~ir*** vi Se disputer, se quereller | Se fâcher, se brouiller (enfadarse) | *~ por,* livrer bataille pour, se battre pour | — Vt Gronder, réprimander (regañar) | Disputer.
reo s Inculpé, e | Accusé, e | *~ de Estado,* criminel d'État.
reojo (mirar de) loc Regarder du coin de l'œil | Regarder de travers (con enfado).
reorganización f Réorganisation | Remaniement *m* (de un gobierno, etc).
reóstato o **reostato** m Rhéostat.
repanchingarse o **repantigarse** vp S'enfoncer, se vautrer.
repar|able adj Réparable | Remarquable (notable) || **~ación** f Réparation || **~ador, a** adj/s Réparateur, trice || **~ar** vt Réparer |

Remarquer (notar) | Rattraper (una falta) | — Vi Remarquer (notar) | S'arrêter (*en*, à) [examinar] | *No repara en nada*, rien ne l'arrête || **~o** m Réparation *f* | Objection *f* | Remarque *f*, observation *f* (advertencia) | Réticence *f*, réserve *f* | Reproche | *No andar con ~s*, ne pas hésiter | *No tener ~ en*, être capable de.

repart|ición f Partage *m*, répartition | Livraison (distribución) || **~idor, a** s Livreur, euse || **~ir** vt Répartir, partager | Distribuer | Livrer (llevar a domicilio) || **~o** m Répartition *f* | Partage, répartition *f* | Distribution *f* | Livraison *f* (a domicilio) | *Tocar en un ~*, échoir en partage.

repas|ar vt Repasser | Revoir (volver a ver, a estudiar) | Réviser (revisar) | Repriser, raccommoder (la ropa) || **~o** m Révision *f* (de una lección) | Raccommodage, reprisage (de la ropa) | FAM. Savon (riña) | *Dar un ~ a*, revoir rapidement.

repatri|ación f Rapatriement *m* || **~ar** vt Rapatrier.

repecho m Côte *f*, raidillon.

repel|ente adj Rebutant, e | FIG. Répugnant, e; repoussant, e (asqueroso), hideux, euse (muy feo) || **~er** vt Repousser (rechazar) | Chasser (expulsar) | FIG. Rebuter (disgustar), répugner || **~o** m Contre-poil | Fibre *f* (de la madera) | FIG. Dégoût, répugnance *f* | *Dar un ~*, soulever le cœur || **~ón** m Galop (galope) | Action (*f*) de tirer les cheveux | *A repelones*, à contrecœur || **~uco** o **~uzno** m Frisson.

repellar vt Replâtrer.

repent|e m FAM. Accès (ataque) | Brusque pressentiment | Idée (*f*) soudaine | *De ~*, soudain, tout à coup (de pronto), subitement (muerte) || **~ino, a** adj Subit, e; soudain, e || **~izar** vt/i MÚS. Déchiffrer.

repercu|sión f Répercussion | FIG. Répercussion, retentissement *m*, bruit *m* (ruido) || **~tir** vi Se répercuter | — Vt Répercuter | — Vp Retentir.

repertorio m Répertoire.

repesca f Repêchage *m* || **~r** vt Repêcher.

repet|ición f Répétition | Redoublement *m* (escuelas) | MÚS. Reprise || **~idor, a** adj/s Redoublant, e (alumno) | — M RAD. Relais || **~ir*** vt Répéter | Recommencer, refaire (volver a empezar) | Redoubler (un curso) | Reprendre (un plato) | — Vi Revenir | *Estar repetido*, faire double emploi (ser inútil), être en double (dos iguales) | — Vp Se répéter | Revenir (volver) | Revenir (sabor).

repicar vt Sonner (campanas) | — Vi Carillonner (campanas) | Battre (el tambor).

repipi adj/s FAM. Crâneur, euse; prétentieux, euse; bêcheur, euse.

repique m Carillonnement, volée *f* (de campanas) || **~tear** vi Carillonner (campanas) | Battre (tambor) | FIG. Tambouriner (la lluvia, etc) || **~teo** m Carillonnement (campanas) | Tambourinage (tambor, etc) | Crachement (de ametralladora).

repisa f ARQ. Console | Étagère (estante).

replantar vt AGR. Replanter, repiquer | Transplanter.

replegarse* vp Se replier.

repleto, a adj Plein, e; rempli, e (lleno) | Replet, ète (rechoncho) | Repu, e (ahíto).

réplica f Réplique | Repartie, riposte (respuesta viva) | *Sin ~*, sans conteste (sin discusión), muet, ette.

replic|ar vt/i Répliquer, riposter || **~ón, ona** adj/s Raisonneur, euse.

repliegue m Repli | FIG. Recoin | MIL. Repliement, repli.

repobl|ación f Repeuplement *m* | *~ forestal*, reboisement || **~ar*** vt Repeupler | Reboiser (de árboles).

repollo m Chou pommé.

reponer* vt Remettre | Reprendre (teatro) | Réparer (restablecer) | Remettre (salud) | Reprendre (fuerzas) | Répondre | — Vp Se remettre.

reportaje m Reportage.

reportarse vp Se calmer.

reporte m *Amer.* Rapport.

reportero m Reporter.

repos|acabezas m inv Appui-tête || **~ado, a** adj Reposé, e | Calme || **~apiés** m Repose-pied || **~ar** vi/p Reposer | Se reposer | Se délasser (solazarse).

reposición f Remise en place | Reprise (cine, teatro) | Renouvellement *m* (de existencias).

reposo m Repos.

repost|ar vi/p MAR. S'approvisionner | Se ravitailler (gasolina) || **~ería** f Pâtisserie || **~ero** m Pâtissier.

repren|der vt Réprimander | Blâmer (censurar) || **~sible** adj Répréhensible || **~sión** f Réprimande || **~sivo, a** adj De blâme.

represa f Barrage *m*, retenue d'eau.

represalia f Représaille.

represent|ación f Représentation || **~ante** adj/m Représentant, e || **~ar** vt Représenter | Paraître, faire (parecer) | Jouer (teatro) | — Vp Se représenter || **~ativo, a** adj Représentatif, ive.

repr|esión f Répression | Refoulement *m* (de un sentimiento, de un deseo) || **~esivo, a** adj Répressif, ive

|| **~imenda** f Réprimande, remontrance || **~imir** vt Réprimer | FIG. Refouler; retenir.
reprob|ación f Réprobation || **~ador, a** adj Réprobateur, trice || **~ar*** vt Réprouver (condenar) | Reprocher | *Amér.* Coller (en un examen).
reproch|able adj Reprochable || **~ar** vt Reprocher || **~e** m Reproche.
reproduc|ción f Reproduction || **~ir*** vt Reproduire || **~tor, a** adj/s Reproducteur, trice.
repropio, a adj Rétif, ive (caballo).
rept|ar vi Ramper || **~il** adj/m Reptile.
rep|ública f République || **~ublicano, a** adj/s Républicain, e.
repudi|ación f Répudiation | FIG. Désaveu *m* || **~ar** vt Répudier | FIG. Renier, désavouer || **~o** m Répudiation *f*.
repuest|a f Riposte (deportes) || **~o** m Provisions *fpl* (comestibles) | Pièce (*f*) de rechange (pieza) | *De ~*, en réserve, de rechange.
repugn|ancia f Répugnance | Incompatibilité | *Dar ~*, dégoûter || **~ante** adj Répugnant, e || **~ar** vi Répugner, dégoûter.
repuj|ado m TECN. Repoussage || **~ar** vt Repousser.
repul|ido, a adj Tiré à quatre épingles | — M Repolissage || **~ir** vt Repolir | FIG. Parer (acicalar).
repuls|a f Rejet *m*, refus *m* || **~ar** vt Rejeter, refuser || **~ión** f Répulsion | Rejet *m* || **~ivo, a** adj Répulsif, ive.
repullo m Sursaut, soubresaut.
reput|ación f Réputation || **~ado, a** adj Réputé, e || **~ar** vt Réputer.
requebrar* vt Faire sa cour à | Flatter (adular).
requemar vt Brûler | Hâler (la tez) | Échauffer (le sang) | — Vp Brûler | FIG. Se consumer.
requer|ible adj Requérable || **~imiento** m DR. Assignation *f*, sommation *f* (intimación), requête *f* (demanda) || **~ir*** vt Requérir, prier (rogar) | Requérir, avoir besoin de (necesitar) | Exiger, requérir (exigir) | Requérir, appeler (merecer) | DR. Intimer | *~ de amores*, parler d'amour, faire la cour.
requesón m Fromage blanc (queso) | Lait caillé (cuajada).
requetebién adv FAM. Très bien.
requiebro m Galanterie *f*.
requis|a f Réquisition || **~ar** vt Réquisitionner || **~ito** m Condition (*f*) requise | Formalité *f* | *Con todos los ~s*, en bonne et due forme | *Ser ~ indispensable*, être de règle || **~itoria** f DR. Réquisitoire *m*.
res f Bête, animal *m* : *~ vacuna*, bête à cornes.
resabi|ado, a adj Vicieux, euse || **~ar** vt Rendre vicieux | — Vp Contracter un vice || **~o** m Vice | Arrière-goût (sabor).
resaca f MAR. Ressac *m* | COM. Retraite | FAM. Gueule de bois.
resalado, a adj FAM. Qui a beaucoup de charme; plein d'esprit.
resalt|ar vi Ressortir, se détacher (destacar) | Saillir, faire saillie (un balcón) | Rebondir (rebotar) | FIG. Se distinguer || **~e** m Saillie *f* || **~o** m Saillie *f*, ressaut.
resarc|ible adj Indemnisable || **~imiento** m Dédommagement, indemnisation *f* || **~ir** vt Dédommager, indemniser.
resbal|adizo, a adj Glissant, e || **~ar** vi/p Glisser | Déraper (coche) | FIG. Faire un faux pas (cometer un desliz) || **~ón** m Glissade *f* | Dérapage (coche) | FIG. Faux pas (desliz).
rescat|ar vt Racheter (un cautivo, etc) | Délivrer (libertar) | Recueillir, repêcher (recoger) | FIG. Arracher (al olvido) | — Vp Se racheter || **~e** m Rachat | Rançon *f* (dinero) | Repêchage (de un astronauta).
resc|indible adj DR. Résiliable || **~indir** vt DR. Résilier, rescinder || **~isión** f DR. Résiliation, résolution, rescision.
rescoldo m Braises *fpl* | FIG. Lueur *f*, reste.
resec|ar vt Dessécher || **~o, a** adj Desséché, e | FIG. Sec, sèche.
resent|ido, a adj/s Plein de ressentiment, fâché, e || **~imiento** m Ressentiment, rancœur *f* || **~irse*** vp Se ressentir | *~ con* ou *contra uno*, en vouloir à qqn | *~ de la pierna*, avoir encore mal à la jambe, garder une faiblesse à la jambe.
reseñ|a f Signalement *m* | Notice (nota) | Compte rendu *m* (de una obra) | *~ histórica*, historique || **~ar** vt Rédiger le signalement de | Faire le compte rendu de.
reserv|a f Réserve | Réservation (en hotel, avión, etc) | — S Remplaçant, e (deportes) | *A ~ de*, sous réserve de | *Con muchas ~s*, sous toute réserve | *De ~*, en réserve | *~ mental*, arrière-pensée || **~ación** f Réservation || **~ado, a** adj Réservé, e | Confidentiel, elle | — M Cabinet particulier | Petite salle *f* || **~ar** vt Réserver | Retenir, réserver (en un hotel) | FIG. Ménager || **~ista** m MIL. Réserviste || **~ón, ona** adj FAM. Très réservé, e | TAUR. Peu combatif, ive (toro).
resfri|ado, a adj Refroidi, e | Enrhumé, e (acatarrado) | — M Rhume

(catarro) | Refroidissement (enfriamiento) || **~ar** vt/i Refroidir | — Vp S'enrhumer | Se refroidir, prendre froid || **~ío** m V. RESFRIADO.

resguard|ar vt Défendre, protéger || **~o** m Défense *f* | Garantie *f* (bancario) | Récépissé, reçu (recibo) | Reconnaissance *f* (vale) | Talon (de un recibo).

resid|encia f Résidence | Séjour *m* (estancia) | Siège *m* (de una administración) | Foyer *m* (de estudiantes) || **~encial** adj Résidentiel, elle || **~ente** adj/s Résidant, e | — M Résident || **~ir** vi Résider, habiter | FIG. Résider (radicar).

residu|al adj Résiduel, elle | Résiduaire (aguas) || **~o** m Résidu | Reste (sobra) | — Pl Déchets.

resign|ación f Résignation || **~ado, a** adj/s Résigné, e || **~ar** vt Résigner.

resin|a f Résine || **~ación** f Gemmage *m* (de pinos) || **~ero** m Gemmeur || **~oso, a** adj Résineux, euse.

resist|encia f Résistance || **~ente** adj/s Résistant, e || **~ir** vi Résister | — Vt Résister à | Supporter (aguantar) | — Vp Se débattre (forcejear) | Se refuser à (negarse).

resma f Rame (de papel).

resol|uble adj Résoluble || **~ución** f Résolution | Décision, détermination | *En ~*, en résumé || **~ver*** vt Résoudre | Régler (dificultad, diferencia) | Résoudre de, décider de (decidir) | *Han resuelto que,* il a été résolu que | — Vp Se résoudre.

resollar* vi Respirer bruyamment | FIG. Donner signe de vie.

reson|ador, a adj/m Résonateur, trice || **~ancia** f Résonance | FIG. Retentissement *m*, bruit *m* (repercusión) || **~ante** adj Résonnant, e | FIG. Retentissant, e || **~ar*** vi Résonner | FIG. Retentir.

resopl|ar vi Souffler | S'ébrouer, souffler (caballo) || **~ido** m Souffle | Ébrouement (del caballo).

resor|ber vt Résorber || **~ción** f Résorption.

resorte m Ressort | DEP. Détente *f* | — Pl FIG. Ficelles *f*.

respald|ar m Dossier | — Vt FIG. Appuyer (una demanda), garantir, cautionner (garantizar) | — Vp S'adosser || **~o** m Dossier | Dos, verso (de un papel) | FIG. Appui (apoyo), garantie *f*, caution *f* (garantía).

respect|ar vi Concerner, se rapporter à || **~ivo, a** adj Respectif, ive || **~o** m Rapport | *Al ~* ou *a este ~*, à ce sujet, à cet égard | *Con ~ a* ou *~ a*, quant à (en cuanto a), par rapport à (con relación a) | *~ a mí,* en ce qui me concerne.

respet|abilidad f Respectabilité || **~able** adj Respectable | — M FAM. Le public || **~ar** vt Respecter || **~o** m Respect | *Campar por sus ~s,* n'en faire qu'à sa tête (independizarse), faire bande à part (hacer rancho aparte) | *Faltarle el ~ a,* manquer de respect à || **~uoso, a** adj Respectueux, euse : *una actitud respetuosa,* une attitude respectueuse | *Dirigir sus saludos ~s,* présenter ses respects.

resping|ado, a adj Retroussé, e || **~ar** vi Regimber | Remonter (la falda) || **~o** m FIG. Sursaut (sobresalto) || **~ón, ona** adj Regimbeur, euse | FAM. Retroussé, e (nariz).

respir|ación f Respiration | Haleine (aliento) || **~adero** m Soupirail | Trou d'aération || **~ador, a** adjm/m Respirateur || **~ar** vt/i Respirer | FIG. *No ~*, ne pas souffler mot || **~atorio, a** adj Respiratoire || **~o** m Respiration *f* | FIG. Repos (descanso), répit (tregua).

respland|ecer* vi Resplendir | Rayonner (de alegría, etc) | FIG. Briller || **~eciente** adj Resplendissant, e | FIG. Brillant, e; éclatant, e || **~or** o **~ecimiento** m Éclat | FIG. Resplendissement.

respond|er vt/i Répondre || **~ón, ona** adj/s Raisonneur, euse.

responsab|ilidad f Responsabilité || **~ilizarse** vp Assumer la responsabilité || **~le** adj/s Responsable.

responso o **responsorio** m Répons.

respuesta f Réponse.

resquebr|adura o **~ajadura** f Fissure (grieta) | Fêlure (cascadura) | Craquelure (del barniz) || **~ajadizo, a** adj Fragile || **~ajar** vt Fendiller | Craqueler (pintura, barniz) — Vp Se fendiller | Craquer (techo) | Se craqueler (pintura).

resquemor m Tourment | Remords (remordimiento).

resquicio m Fente *f*, jour (de puerta) | Fente (hendidura) | FIG. Occasion *f*, moment libre | Lueur *f* (de esperanza).

resta f Soustraction (operación) | Reste *m* (residuo).

restablec|er* vt Rétablir | — Vp Être rétabli | Se rétablir, se remettre (salud) || **~imiento** m Rétablissement.

restallar vi Claquer (látigo) | Craquer (crujir).

restante adj Restant, e.

restañar vt Rétamer | Étancher (le sang) | — Vi Claquer (restallar).

restar vt Soustraire, ôter | FIG. Enlever, retirer (quitar) | Renvoyer (tenis) | — Vi Faire une soustraction |

Rester (quedar) | *En lo que resta del año,* d'ici la fin de l'année.
restaur|ación f Restauration | Rétablissement *m* || **~ador, a** s Restaurateur, trice || **~ante** m Restaurant || **~ar** vt Restaurer.
restitu|ción f Restitution || **~ible** adj Restituable || **~ir*** vt Restituer, rendre.
rest|o m Reste, restant | Va-tout (cartas) | Relanceur (tenis) | — Pl Ruines *f* | Dépouille *fsing* (de un muerto) | FAM. *Echar el ~,* jouer le tout pour le tout, mettre le paquet || **~ón** m Renvoyeur (tenis).
restregar* vt Frotter énergiquement.
restric|ción f Restriction || **~tivo, a** adj Restrictif, ive.
restring|ente adj Restringent, e | — M Astringent || **~ir** vt Restreindre | MED. Resserrer.
restriñir* vt Resserrer.
resucit|ado, a adj/s Ressuscité, e | — M FIG. Revenant || **~ar** vt/i Ressusciter.
resuelto, a adj Résolu, e; décidé, e | Assuré, e.
resuello m Souffle : *dejar sin ~,* couper le souffle.
result|a f Suite, conséquence, effet *m* | Décision | *De ~s,* à la suite de || **~ado** m Résultat | *Tener por ~,* avoir pour effet | *Tener ~ satisfactorio,* réussir || **~ando** m DR. Attendu || **~ante** adj/f Résultant, e || **~ar** vi Résulter | Être (ser) | Rester, demeurer (seguir siendo) | S'ensuivre, résulter, ressortir (derivarse) | Aller (ir bien) | *Me está resultando largo,* je trouve cela long | *Resulta que,* il se trouve que.
resum|en m Résumé | Exposé (sumario) || **~ir** vt Résumer.
resur|gimiento m Renaissance *f* | FIG. Redressement (de un país), relance *f* (económico) || **~gir** vi Réapparaître.
resurrección f Résurrection.
retablo m Retable.
retaco m Fusil court | FAM. Pot à tabac, nabot, e (enano).
retador, a adj/s Provocateur, trice.
retaguardia f Arrière-garde.
retahíla f Ribambelle, kyrielle | Chapelet *m* (sarta) | Litanie.
retal m Coupon (de tela).
retama f Genêt *m* (planta).
retar vt Défier, lancer un défi.
retard|ado, a adj Retardé, e (movimiento) | *De efecto ~,* à retardement (bombe) || **~o** m Retard | Retardement (bomba).
retazo m Morceau | Coupon (retal).
ret|én m Piquet (de bomberos, etc) | Renfort (refuerzo) | Réserve *f* | *~ de grasa,* bague d'étanchéité || **~ención** f Rétention | Retenue || **~enedor** m Entrebâilleur (cadena) || **~ener*** vt Retenir || **~entiva** f Mémoire.
retic|encia f Réticence || **~ente** adj Réticent, e.
retícula f Réticule *m.*
retina f ANAT. Rétine.
retintín m Tintement | FAM. Ton moqueur, persiflage.
retir|ada f MIL. Retraite : *batirse en ~,* battre en retraite | Rappel *m* (embajador) | Retrait *m,* enlèvement *m* (acción de quitar) || **~ado, a** adj Retiré, e | Écarté, e (lejos) | — Adjm MIL. En retraite | — Adj/s Retraité, e || **~ar** vt Retirer, enlever | Mettre à la retraite (jubilar) | Reprendre (la palabra) | Rappeler (un embajador) | — Vp Se retirer | *No se retire,* ne quittez pas (teléfono) || **~o** m Retraite *f.*
reto m Défi | Menace *f* (amenaza) | *Aceptar el ~,* relever le défi.
retocar vt Retoucher | Raccorder (maquillaje).
retoñ|ar vi BOT. Bourgeonner | FIG. Se reproduire || **~o** m Rejeton | BOT. Rejet.
retoque m Retouche *f* | Raccord (del maquillaje).
retorc|er* vt Retordre | Tordre (estrujar, torcer) | Tortiller (torcer mucho) | Retrousser (el bigote) | Contourner (estilo) | FIG. Retourner | — Vp Se tordre | Se tortiller || **~ido, a** adj Tordu, e; retors, e | FIG. Mal tourné, e (espíritu).
retóric|a f Rhétorique | — Pl FAM. Histoires, balivernes || **~o** m Rhéteur.
retornelo m MÚS. Ritournelle *f.*
retorno m Retour | Échange (cambio).
retorsión f Rétorsion.
retort|a f Cornue || **~ero** m Tour | FAM. *Andar al ~,* ne pas savoir où donner de la tête. *Traer a uno al ~,* faire tourner qqn en bourrique || **~ijón** m Entortillement | Mal au ventre (dolor de tripas).
retoz|ar vi Folâtrer, s'ébattre, batifoler (juguetear) | Bondir (saltar) | Gambader (brincar) || **~o** m Bond (brinco) | Folâtrerie *f* | — Pl Ébats || **~ón, ona** adj Folâtre.
retr|acción f Rétraction || **~actación** f Rétractation | Retrait *m* (en Bolsa) || **~actar** vt Rétracter | — Vp Se rétracter, se dédire | Rétracter || **~áctil** adj Rétractile | Escamotable (tren de aterrizaje) || **~acto** m DR. Préemption *f.*
retra|er* vt Détourner de | — Vp Se retirer | S'abstenir (abstenerse) ||

~ído, a adj Retiré, e | FIG. Renfermé, e || **~imiento** m FIG. Réserve *f*, caractère renfermé.
retranqueado, a adj En retrait.
retransm|isión f Retransmission || **~itir** vt Retransmettre.
retras|ado, a adj/s Retardataire | Arriéré, e (niño) || **~ar** vt Retarder | Ralentir (aminorar la velocidad) | — Vi Retarder de | — Vp Se retarder | Prendre du retard (tener retraso) | Se mettre en retard | Être *o* arriver en retard (llegar con retraso) || **~o** m Retard : *llegar con ~*, arriver en retard.
retrat|ar vt Faire le portrait de (pintar) | Photographier | FIG. Peindre | — Vp Se refléter | Se faire photographier || **~o** m Portrait | Photographie *f* | FIG. Portrait | *Es el vivo ~ de su padre*, c'est tout le portrait de son père.
retrechero, a adj Roublard, a (astuto) | Pétillant, e | Enjôleur, euse.
retreparse vp Se renverser en arrière.
retret|a f MIL. Retraite || **~e** m Cabinets *pl*, toilettes *fpl*.
retribu|ción f Rétribution || **~ir*** vt Rétribuer.
retro|actividad f Rétroactivité || **~activo, a** adj Rétroactif, ive || **~ceder** vi Reculer | Se reporter (referirse) | Se replier (valores) | Régresser (disminuir) | AUT. Rétrograder || **~cesión** f DR. Rétrocession | *Hacer la ~ de*, rétrocéder || **~ceso** m Recul | Régression *f* | Marche (*f*) arrière (de máquina) | Aggravation *f* (de enfermedad) | Refoulement (de un pistón) || **~cohete** m Rétrofusée *f*.
retrógrado, a adj/s Rétrograde.
retro|gresión f Rétrogression || **~spectivo, a** adj/f Rétrospectif, ive || **~trén** m MIL. Arrière-train || **~venta** f DR. Réméré *m* || **~visor** m Rétroviseur.
retruécano m Calembour, jeu de mots.
retumb|ante adj Retentissant, e | FIG. Ronflant, e (style) || **~ar** vi Retentir, résonner | Tonner (cañón).
reum|a o **reúma** m MED. Rhumatisme || **~ático, a** adj/s Rhumatisant, e | — Adj Rhumatismal, e || **~atismo** m Rhumatisme.
reun|ión f Réunion | Rassemblement *m* (de mucha gente) | Rencontre (encuentro) | Entretien *m* (conversación) | Session (de una asamblea) || **~ir** vt Réunir, rassembler | Recueillir (recoger) | Collectionner (sellos, etc) | — Vp Se réunir, se rassembler | Rejoindre, retrouver (unirse) | Siéger (una asamblea).
revacunación f MED. Rappel *m*, piqûre de rappel.
rev|álida f Examen (*m*) de fin d'études | Baccalauréat *m* (de bachillerato) || **~alidarse** vp Passer l'examen de fin d'études || **~alorar** o **~alorizar** vt Revaloriser || **~alorización** f Mise en valeur || **~aluación** f Réévaluation. || **~aluar** vt Réévaluer.
revanch|a f Revanche || **~ista** adj/s Revanchard, e.
revel|ación f Révélation || **~ado** m FOT. Développement || **~ador, a** adj/s Révélateur, trice | Dénonciateur, trice | — M FOT. Révélateur || **~ar** vt Révéler | FOT. Développer.
revendedor, a adj/s Revendeur, euse.
reventa f Revente.
revent|ar* vt Crever | Éclater (estallar) | Céder (ceder) | FAM. Mourir d'envie | — Vt Crever, faire éclater | Écraser (aplastar) | FAM. Crever, claquer (cansar), assommer (fastidiar) | — Vp Crever | Percer (absceso) | S'écraser (aplastarse) | Éclater (un neumático) | FIG. Se crever (de cansancio) || **~ón** m Éclatement.
reverber|ación f Réverbération || **~ar** vt/i Réverbérer || **~o** m Réverbère | Lampe (*f*) à huile *o* à pétrole.
reverdecer* vi Reverdir.
rever|encia f Révérence || **~encial** adj Révérenciel, elle || **~enciar** vt Révérer || **~endo, a** adj/s Révérend, e | — Adj FAM. Énorme || **~ente** adj Révérencieux, euse.
rev|ersible adj Réversible || **~erso** m Revers, envers | FIG. *El ~ de la medalla*, l'opposé || **~és** m Revers | *Al ~*, à l'envers | *De ~* ou *por el ~*, à l'envers.
revest|imiento m Revêtement || **~ir*** vt Revêtir | Recouvrir | — Vp Se revêtir | FIG. S'armer.
revigorizar vt Ragaillardir, revigorer.
revis|ar vt Réviser, reviser | Revoir (volver a ver) | Contrôler (billetes) || **~ión** f Révision, revision | Contrôle *m* (de billetes) | MIL. Conseil (*m*) de révision || **~ionista** adj/s Révisionniste || **~or** m Réviseur, reviseur | Contrôleur (de billetes) || **~ta** f Revue, magazine *m* (prensa) | Revue (espectáculo) | Inspection | *Pasar ~ a*, passer en revue | *~ de modas*, journal de mode.
revivir vi Revivre.
revoc|able adj Révocable || **~ación** f Révocation | Rappel *m* (de embajador) || **~ar** vt Révoquer (anular) | Dissuader (disuadir) | Repousser (rechazar) | Ravaler (una pared) || **~o** m Ravalement.
revolcar* vt Renverser | — Vp Se rouler, se vautrer.
revolotear vi Voltiger.
revolt|ijo o **~illo** m Fouillis (desorden) | Méli-mélo (mezcolanza) |

Œufs (*pl*) brouillés (huevos) ‖ **~oso, a** adj Turbulent, e | Séditieux, euse; rebelle (rebelde).
revoluci|ón f Révolution ‖ **~onar** vt Révolutionner ‖ **~onario, a** adj/s Révolutionnaire.
revolver* vt Remuer | Fouiller dans (rebuscar) | Bouleverser, mettre sens dessus dessous (desordenar) | Soulever (el estómago) | FIG. Troubler (turbar) | — Vp Remuer (moverse) | Se retourner (darse la vuelta) | Se rouler (revolcarse).
revólver m Revolver.
revoque m Ravalement | Crépi (mezcla de cal y arena) | Replâtrage.
revuelo m Second vol | FIG. Trouble, confusion *f* | *Levantar ~*, faire du bruit.
revuelt|a f Révolte, sédition | Tournant *m*, détour *m* (vuelta) | Coin *m* (esquina) ‖ **~o, a** adj Brouillé, e (tiempo, huevos) | Démontée (mar) | Turbulent, e (revoltoso) | Embrouillé, e; confus, e.
rey m Roi | FIG. *Hablando del ~ de Roma, por la puerta asoma*, quand on parle du loup on en voit la queue.
reyerta f Dispute, querelle.
reyezuelo m Roitelet.
rezag|ado, a s Retardataire ‖ **~ar** vt Laisser en arrière | Retarder (retrasar) | — Vp Rester en arrière, traîner.
rez|ar vt Réciter, dire (una oración) | Dire (una misa, un escrito) | — Vi Prier, dire sa prière | Prier : *~ a Dios*, prier Dieu | Dire (decir) | S'appliquer à, être valable pour | *Eso no reza conmigo*, cela ne me regarde *o* ne me concerne pas | *Misa rezada*, messe basse ‖ **~o** m Prière *f* | Office.
rezón m MAR. Grappin.
rezong|ar vi FAM. Grogner, rouspéter ‖ **~ón, ona** adj/s FAM. Grognon, onne; rouspéteur, euse.
rezumar vt Laisser s'écouler (fluir) | FIG. Dégager (desprender) | — Vi Suinter (pared, etc) | Perler (sudor) | — Vp Suinter.
ría f GEOGR. Ria | Rivière (carreras de caballos).
ria|cho o **~chuelo** m Ruisseau ‖ **~da** f Crue | Inondation | FIG. Flot *m*, ruée.
ribazo m Berge *f*, talus.
riber|a f Rive, rivage *m*, berge (río) | Rivage *m* (mar) ‖ **~eño, a** adj/s Riverain, e.
ribete m Liséré, passepoil (adorno) | Bordure *f* | — Pl Traces *f*, côtés ‖ **~ar** vt Border, passepoiler | FIG. Border.
ricach|o, a s FAM. Rupin, e; richard (sin fem) ‖ **~ón, ona** adj/s Rupin, e.
ricino m BOT. Ricin.
rico, a adj Riche | Exquis, e; délicieux, euse (exquisito) | Adorable (bonito) | FAM. Mignon, onne; petit, e | — S Riche.
rictus m Rictus.
rid|iculez f Extravagance, ridicule *m* ‖ **~iculizar** vt Ridiculiser ‖ **~ículo, a** adj/m Ridicule : *poner en ~*, tourner en ridicule.
riego m Arrosage | Irrigation *f* (regadío) | Irrigation *f* (sanguíneo).
riel m Rail | Tringle (*f*) chemin de fer (cortinas).
rielar vi Brasiller (mar) | Scintiller (estrellas).
rienda f Rêne | FIG. Rêne, bride | *A ~ suelta*, à bride abattue | *Dar ~ suelta a*, donner libre cours à.
riesgo m Risque | *Con ~ de*, quitte à, au risque de | *Con ~ de su vida*, au péril de sa vie.
rif|a f Tombola, loterie ‖ **~ar** vt Tirer au sort | — Vp FIG. Se disputer.
rifirrafe m FAM. Bagarre *f*.
rifle m Rifle.
rigidez f Rigidité, raideur.
rígido, a adj Rigide | Raide.
rig|or m Rigueur *f* | *En ~*, en réalité | *Ser el ~ de las desdichas*, être malheureux comme les pierres ‖ **~orista** adj/s Rigoriste ‖ **~uroso, a** adj Rigoureux, euse.
rim|a f Rime | Tas *m* (montón) ‖ **~ar** vi/t Rimer.
rimbombante adj Retentissant, e | Ronflant, e (estilo) | Voyant, e (llamativo).
rimero m Tas, pile *f*.
Rin nprm Rhin.
rinc|ón m Coin ‖ **~onera** f Encoignure.
ring m Ring (boxeo).
ringlera f File, rangée.
ringorrango m Fioriture *f*.
rinitis f MED. Rhinite.
rinoceronte m Rhinocéros.
riña f Rixe, dispute (pelea) | Combat *m* (de gallos).
riñ|ón m ANAT. Rein | CULIN. Rognon | FIG. Cœur, centre (corazón) | FAM. *Costar un ~*, coûter les yeux de la tête | FIG. *Tener el ~ bien cubierto*, avoir les reins solides, avoir du foin dans ses bottes | FAM. *Tener riñones*, avoir de l'estomac ‖ **~onada** f Reins *mpl* | FAM. *Costar una ~*, coûter les yeux de la tête.
río m Rivière *f* | Fleuve (mayor) | FIG. Ruisseau (de lágrimas, sangre, etc) | *Cuando el ~ suena agua lleva*, il n'y a pas de fumée sans feu | *~ abajo*, en aval | *~ arriba*, en amont | *Pescar en ~ revuelto*, pêcher en eau trouble.
ripio m Résidu | Gravats *pl* (escombros) | FIG. Remplissage (palabras

inútiles) | POET. Cheville *f* | *No perder* ~, avoir l'oreille à tout.
riostra f TECN. Entretoise.
riqu|eza f Richesse || **~ísimo, a** adj Richissime.
risa f Rire *m* | Risée (burla) | *Dar* ~, faire rire | *Desternillarse de* ~, se tordre de rire | *¡Qué* ~*!*, que c'est drôle! | ~ *de conejo*, rire jaune o forcé | ~ *nerviosa*, fou rire.
risco m Roc, rocher escarpé.
ris|ible adj Risible || **~ita** f Risette || **~otada** f Éclat (*m*) de rire | *Dar* ~*s*, rire aux éclats.
ristra f Chapelet *m* | FAM. File, série | *En* ~, en rang d'oignons.
ristre m Arrêt (lanza).
risueño, a adj Souriant, e | Joyeux, euse; gai, e (alegre) | FIG. Riant, e | Favorable.
ritmar vt Rythmer.
rítmico, a adj/f Rythmique | — Adj Rythmé, e.
ritmo m Rythme.
rito m Rite.
ritornelo m Ritournelle *f*.
ritual adj/m Rituel, elle | *Ser de* ~, être de tradition.
riv|al adj/s Rival, e || **~alidad** f Rivalité || **~alizar** vi Rivaliser.
riz|ado, a adj Frisé, e | Moutonné, e (mar) | — M Frisure *f* || **~ador** m Fer à friser || **~ar** vt Friser | Rider (el agua) | Plisser (plegar) | — Vp Friser (pelo) | Se rider (mar) || **~o, a** adj Bouclé, e | — M Boucle *f* | AVIAT. Looping, boucle *f* | MAR. Ris || **~oma** m BOT. Rhizome.
robalo o **róbalo** m Bar (pez).
robar vt Voler | Dérober (hurtar) | Enlever (raptar) | FIG. Conquérir, ravir (el alma, el corazón) | Piocher (cartas).
roblar vt River.
robl|e m Chêne, chêne rouvre || **~edal** o **~edo** m Chênaie *f*, rouvraie *f*.
roblón m Rivet.
robo m Vol.
robot m Robot.
robust|ecer* vt Fortifier || **~ez** f Robustesse || **~o, a** adj Robuste.
roc|a f Roche | Roc *m* (picacho) || **~alla** f Rocaille || **~alloso, a** adj Rocailleux, euse.
roce m Frôlement, effleurement | Frottement (rozamiento) | FIG. Contact | Friction *f* (digusto).
roci|ada f Aspersion | Rosée (rocío) | FIG. Grêle, pluie (lluvia), savon *m* (reprimenda) || **~ar** vt Asperger | Arroser (regar) | Arroser (una comida) | Mouiller (mojar) | — Vi Se déposer [la rosée].
rocín m Rosse *f* | FIG. Rustre.
rocío m Rosée *f*.
rococó adj/m Rococo.
rocoso, a adj Rocheux, euse (con rocas).
roda f MAR. Étrave.
rodaballo m Turbot (pez).
rod|ada f Ornière || **~aja** *f* Rondelle | Darne (de pescado) | Rosette (de espuela) | TECN. Galet *m* || **~aje** m Rouages *pl* | Rodage (de un motor) | Tournage (de película) || **~amiento** m Roulement | ~ *de bolas*, roulement à billes.
Ródano nprm Rhône.
rod|apié m Soubassement | Frise *f* (fresco) || **~ar*** vi Rouler | Dégringoler, dévaler (bajar) | FIG. Traîner | *Echarlo todo a* ~, ficher tout en l'air | — Vt Rouler | Roder (un motor) | Tourner (película) || **~ear** vt Entourer | Contourner (dar la vuelta) | — Vp S'entourer || **~ela** f Rondache (escudo) || **~eo** m Détour | Tour (vuelta) | FIG. Détour : *andarse con* ~*s*, user de détours [tergiverser] | *Dejémonos de* ~*s*, parlons net | *No andarse con* ~*s*, ne pas y aller par quatre chemins || **~ete** m Chignon (de cabellos) | Bourrelet (para la carga) | Rouet (de cerradura).
rodill|a f Genou *m* | *De* ~*s*, à genoux | **~era** f Genouillère | Poche (marca en las rodillas) | — Pl Genoux (*m*) d'un pantalon || **~o** m Rouleau : ~ *apisonador, entintador*, rouleau compresseur, encreur.
rododendro m BOT. Rhododendron.
rodrig|ar vt AGR. Échalasser, ramer || **~ón** m AGR. Échalas, tuteur, rame *f*.
ro|edor, a adj/s Rongeur, euse || **~edura** f Grignotage *m* || **~er*** vt Ronger | Grignoter (comer) | FIG. *Duro de* ~, dur à avaler | — Vp Se ronger.
rog|ar* vt Prier | Supplier, prier (suplicar) | *Se ruega ...*, prière de || **~ativa** f Prière publique | — Pl Rogations.
roído, a adj Rongé, e.
roj|izo, a adj Rougeâtre | Roux, rousse (pelo) || **~o, a** adj Rouge | Roux, rousse (pelo) | *Ponerse* ~, rougir | — Adj/m FAM. Rouge (comunista) | — M Rouge.
roldana f TECN. Rouet *m* (de polea).
roll|izo, a adj Potelé, e; dodu, e; rondelet, ette || **~o** m Rouleau | Bille *f* (de madera) | FAM. Casse-pieds (pelma) | FAM. *¡Vaya* ~*!*, quelle barbe!
Roma npr Rome | *Remover* ~ *con Santiago*, remuer ciel et terre.
romadizo m Rhume de cerveau.
rom|ana f Romaine || **~ance** adj/m Roman, e | — M Espagnol, langue (*f*) espagnole || **~ánico, a** adj Roman, e || **~anizar** vt Romaniser || **~ano, a** adj/s Romain, e || **~anticismo** m Romantisme || **~ántico, a**

adj/s Romantique || **~anticón, ona** adj Romanesque || **~anza** f Romance || **~aza** f BOT. Patience.
rombo m GEOM. Losange.
rom|ería f Pèlerinage *m* | Fête patronale (fiesta) || **~ero, a** s Pèlerin, e | — M BOT. Romarin.
romo, a adj Émoussé, e (sin punta) | Camus, e; camard, e (nariz).
romp|ecabezas m inv Casse-tête (acertijo) | Puzzle (juego) || **~ehielos** m inv Brise-glace || **~ehuelgas** m inv Briseur de grève || **~enueces** m inv Casse-noisettes, casse-noix || **~eolas** m inv Brise-lames || **~er** vt Casser, briser (quebrar) | Rompre | Déchirer (rasgar) | Abîmer (estropear) | Fendre (hender) | FIG. Rompre (un contrato), violer (una ley), ouvrir (hostilidades, fuego) | — Vi Déferler, briser (olas) | FIG. Rompre | **~** *a,* se mettre à : *rompió a llorar,* il se mit à pleurer | — Vp Casser, rompre | Se casser, se briser, se rompre | Ne pas marcher, être en panne (averiarse) || **~ible** adj Cassable || **~iente** m MAR. Brisant || **~imiento** m Rupture *f* | Fente *f* (quiebra) | Déferlement (de las olas).
ron m Rhum | *Destilería de* **~**, rhumerie.
ronc|ar vi Ronfler | FIG. Mugir (mar, viento) || **~o, a** adj Rauque (áspero) | Enroué, e (con ronquera).
roncha f Éruption cutanée.
rond|a f Ronde | Tournée (del cartero) | Orchestre (*m*) de jeunes gens (tuna) | FAM. Tournée (invitación) | Boulevard (*m*) extérieur (calle) || **~ar** vi Faire une ronde | Rôder (merodear) | — Vt Tourner autour (dar vueltas) | FIG. Guetter (acechar), friser (edad), faire la cour (a una mujer) | **~** *la calle,* faire les cent pas || **~el** m Rondeau (poema) || **~ó** m MÚS. Rondeau.
rondón (de) loc adv Sans crier gare.
ronqu|era f Enrouement *m* | *Tener* **~**, être enroué || **~ido** m Ronflement.
ronrone|ar vi Ronronner || **~o** m Ronronnement, ronron.
ronzal m Licou, longe *f*.
roñ|a f Crasse (mugre) | Rouille (moho) | Gale (del carnero) | FAM. Radinerie (tacañería) | — Adj/s Radin, e || **~ería** f FAM. Radinerie || **~ica** adj/s FAM. Radin, e; pingre || **~osería** f FAM. Radinerie || **~oso, a** adj Crasseux, euse (mugriento) | Galeux, euse (carnero) | Rouillé, e (mohoso) | — Adj/s FAM. Radin, e (avaro).
rop|a f Vêtement *m* (prenda) | Vêtements *mpl : quitarse la* **~**, ôter ses vêtements | *A quemarropa,* à brûle-pourpoint (de improviso), à bout portant (de muy cerca) | *Hay* **~** *tendida,* il y a des oreilles indiscrètes | FIG. *Lavar la* **~** *sucia en casa,* laver son linge sale en famille | **~** *blanca,* linge de maison, lingerie | **~** *de cama,* literie | **~** *hecha,* confection | **~** *interior,* linge; dessous (de mujer) | **~** *vieja,* salmigondis (plat cuisiné) || **~aje** m Draperie *f* (artes) | Vêtements *pl* (ropa) | FIG. Couverture *f* || **~avejero, a** s Fripier, ère || **~ero** m Armoire (*f*) à linge, lingerie *f* (de ropa blanca) | Penderie *f* (guardarropa) | Ouvroir (de una parroquia) || **~illa** f Pourpoint *m*.
roque m FAM. *Estar* **~**, être endormi.
roqu|edal m Terrain rocailleux || **~eño, a** adj Rocheux, euse.
roquete m Rochet (de sacerdote).
rorro m Bébé | *Amér.* Poupée *f*.
ros|a f Rose : **~** *de pitiminí,* rose pompon | — Adj/m Rose (color) | FIG. *Verlo todo color de* **~**, voir tout en rose || **~áceo, a** adj/f Rosacé, e || **~ado, a** adj Rose (rosa) | Rosé, e | — Adjm/m Rosé (vino) || **~al** m Rosier || **~aleda** f Roseraie || **~ario** m Chapelet | Rosaire [trois chapelets] | FIG. Chapelet.
rosc|a f Filet *m* (de tornillo) | Couronne (pan) | FAM. Bourrelet (*m*) de graisse | Rond *m* (de humo) | FAM. *Hacer la* **~** *a uno,* lécher les bottes à qqn | FIG. *Pasarse de* **~**, dépasser les bornes (pasarse de los límites), foirer (tornillo) | *Paso de* **~**, pas de vis | **~** *de Arquímedes,* vis d'Archimède || **~ado** m TECN. Filetage || **~o** m Couronne (*f*) de pain | Gimblette *f* (bollo) | Bouée *f* (para nadar) || **~ón** m Couronne *f* | **~** *de Reyes,* galette des Rois.
ros|eta f Rosette | — Pl Pop-corn *msing* (de maíz) || **~etón** m ARQ. Rosace *f* | Rougeur *f* || **~icler** m Teinte (*f*) rosée de l'aurore.
rosquilla f Gimblette | FIG. *Venderse como* **~s**, se vendre comme des petits pains.
rostro m Visage, figure *f* | MAR. Rostre, éperon.
rot|a f Déroute || **~ación** f Rotation | *Por* **~**, par roulement || **~ativo, a** adj Rotatif, ive | — F IMPR. Rotative | — M Journal || **~atorio, a** adj Rotatoire || **~o, a** adj Cassé, e; brisé, e (quebrado) | Rompu, e | Déchiré, e (desgarrado) | Abîmé, e (estropeado) | — M Trou, déchirure *f* (en la ropa) | *Amér.* Homme du peuple || **~onda** f Rotonde || **~or** m Rotor.
rótula f Rotule.
rotul|ación f Composition du texte || **~ador** m Marqueur, crayon feutre

(lápiz) || **~ar** vt Dessiner des lettres | Mettre la légende à (a un plano).
rótulo m Enseigne *f* | Écriteau (letrero) | Panonceau (placa) | Nomenclature *f* (de un mapa).
rotundo, a adj Catégorique | Retentissant, e; éclatant, e (éxito, etc).
rotur|a f Rupture | Cassure (quiebra) | Fracture (de un hueso) | Déchirure (desgarro) || **~ación** f AGR. Défrichage *m*, défrichement *m* || **~adora** f AGR. Défricheuse, défonceuse || **~ar** vt AGR. Défricher.
roya f BOT. Rouille.
roz|adura f Éraflure | Écorchure (más profundo) || **~agante** adj Fringant, e || **~amiento** m Frôlement (roce) | MEC. Friction *f*, frottement || **~ar** vt Frôler, effleurer | Érafler (causar un arañazo) | Raser (ir muy cerca) | AGR. Essarter (un terreno) | FIG. Frôler, friser | — Vp Se frôler, s'effleurer | FIG. Se frotter.
rub|éola f MED. Rubéole || **~í** m Rubis || **~ia** f BOT. Garance | FAM. Femme blonde (mujer), peseta (moneda), commerciale (coche) || **~icundez** f Rougeur | Rousseur (del pelo) || **~icundo, a** adj Rubicond, e | Roux, rousse (pelo) || **~io, a** adj/s Blond, e | — M Blond (color) | Grondin (pez).
rublo m Rouble (moneda).
rubor m Rougeur *f* | FIG. Honte *f* (vergüenza) || **~izar** vt Faire rougir | — Vp Rougir || **~oso, a** adj Rougissant, e.
rúbrica f Rubrique (de periódico) | Paraphe *m* (de firma) | *Ser de ~*, être de rigueur.
rubricar vt Parapher | FIG. Signer (firmar), terminer, couronner.
rubro m COM. *Amér.* Poste (partida).
rucio o **rucho** m Baudet (asno).
ruda f BOT. Rue | FIG. *Ser más conocido que la ~*, être connu comme le loup blanc.
rud|eza f Rudesse || **~imentario, a** adj Rudimentaire || **~imento** m Rudiment || **~o, a** adj Rude | Grossier, ère (basto).
rueca f Quenouille.
rued|a f Roue | Darne (de pescado) | Meule (de molino) | Ronde (corro) | Rouet *m* (de arcabuz) | FIG. *Ir como sobre ~s*, aller comme sur des roulettes | *~ delantera*, roue avant | *~ de paletas* ou *de álabes*, roue à aubes | *~ de prensa*, conférence de presse || **~ecilla** f Roulette | **~o** m TAUR. Arène *f* | Paillasson (esterilla) | FIG. *Echarse al ~*, descendre dans l'arène.
ruego m Prière *f* | Interpellation *f* (de un diputado) | *Con el ~ de que*, en vous priant de.
rufián m Rufian | Souteneur (chulo).
rugby m Rugby.
rug|ido m Rugissement | FIG. Hurlement || **~iente** adj Rugissant, e || **~ir** vi Rugir | Hurler (el viento).
rugos|idad f Rugosité || **~o, a** adj Rugueux, euse.
ruibarbo m BOT. Rhubarbe *f*.
ruid|o m Bruit | *Ruido ambiental*, nuisance || **~oso, a** adj Bruyant, e | Retentissant, e (estrepitoso) | FIG. Tapageur, euse : *publicidad ~*, publicité tapageuse.
ruin adj Misérable | Vil, e; bas, basse | Mesquin, e (mezquino) || **~a** f Ruine | Délabrement *m* (de un edificio) | FIG. Ruine (de fortuna), perte (pérdida), décadence (moral), effondrement *m* (caída) || **~dad** f Bassesse | Mesquinerie (tacañería) || **~oso, a** adj Ruineux, euse | Délabré, e; en ruine (edificio).
ruiseñor m Rossignol.
rul|eta f Roulette || **~o** m Rouleau.
Rumania nprf Roumanie.
rumano, a adj/s Roumain, e.
rumb|o m MAR. AVIAC. Cap, route *f* | Direction *f* | FIG. Pompe *f*, faste (lujo), générosité *f*, largesse *f* | MAR. *Cambiar de ~*, se dérouter | FIG. *Perder el ~*, perdre le nord | *~ a*, en direction de *o* vers, le cap sur | *Sin ~ fijo*, sans but, au hasard || **~oso, a** adj FAM. Pompeux, euse (lujoso), généreux, euse; large (dadivoso).
rumi|ante adj/m Ruminant, e || **~ar** vt/i Ruminer | FAM. Ruminer, remâcher (pensar), grommeler (gruñir, rezongar).
rumor m Rumeur *f* | FIG. Bruit : *corre el ~*, le bruit court || **~ear** vt/i Murmurer | — Vp Courir le bruit || **~oso, a** adj Murmurant, e; gazouillant, e.
runr|ún m Rumeur *f* || **~unearse** vp Courir le bruit, murmurer.
rupestre adj Rupestre.
rupia f Roupie (moneda).
ruptura f Rupture | Fracture.
rural adj Rural, e | De campagne | Terrien, enne (propietario) | Champêtre (guarda).
Rusia nprf Russie.
ruso, a adj/s Russe.
rusticidad f Rusticité.
rústico, a adj Rustique | *En ~*, broché (encuadernación) | — M Campagnard, paysan | Rustaud (palurdo).
ruta f Route, itinéraire *m*, parcours *m* | FIG. Voie, chemin *m* (camino).
rutil|ante adj Rutilant, e || **~ar** vi Rutiler.
rutin|a f Routine || **~ario, a** o **~ero, a** adj Routinier, ère.
ruzafa f Jardin *m*.

S

s f S *m*.
sábado m Samedi : *el ~ por la noche,* samedi soir | *Tener ~ inglés,* faire la semaine anglaise.
sábalo m Alose *f* (pez).
sabana f Savane (llanura).
sábana f Drap *m* [de lit] : *~ bajera, encimera,* drap de dessous, de dessus | Nappe d'autel | FAM. *Pegársele a uno las ~s,* faire la grasse matinée (levantarse tarde), ne pas pouvoir se tirer du lit.
sabandija f Bestiole | FIG. Sale bête (persona vil).
sabanilla f Nappe d'autel.
sabañón m Engelure *f* | FAM. *Comer como un ~,* manger comme quatre.
sabático, a adj Sabbatique.
sabedor, a adj Informé, e; au courant.
sabelotodo s Je-sais-tout, savantasse.
saber m Savoir | *El ~ no ocupa lugar,* on n'en sait jamais trop.
saber* vt Savoir : *~ leer,* savoir lire | Être fort (saber mucho) | Apprendre (enterarse) | Connaître (conocer) | *¡Conque ya lo sabes!,* tiens-le-toi pour dit! | *¡Lo sabré yo!,* je le sais mieux que personne! | *Que yo sepa,* que je sache, à ma connaissance | FAM. *~ arreglárselas,* savoir comment s'y prendre *o* y faire. *~ cuántas son cinco,* en savoir long, en connaître un rayon | FIG. *Se las sabe todas,* il est au courant de tout (estar al tanto), il a plus d'un tour dans son sac (tener experiencia) | *Sin saberlo yo,* à mon insu | *¡Tú qué sabes!,* qu'est-ce que tu en sais! | *Un no sé qué,* un je-ne-sais-quoi | *Van a ~ quien soy yo,* ils vont avoir de mes nouvelles | — Vi Savoir : *queda por ~,* reste à savoir | *~ a,* avoir le goût de; donner l'impression de, faire l'effet de | *~ de,* avoir des nouvelles (tener noticias), s'y connaître en (entender de), connaître (conocer) | *~ mal,* avoir mauvais goût (comida), déplaire, gêner (molestar), ne pas être apprécié | — Vp Se savoir : *todo llega a ~,* tout finit par se savoir | Savoir, avoir appris (lección).
sab|idillo, a adj/s FAM. Pédant, e | — M Je-sais-tout | — F Bas-bleu *m* (mujer) || **~ido, a** adj Connu, e : *~ es que,* il est bien connu que | Qui prétend tout savoir | *Como es ~,* comme chacun sait (como todos saben), cela va sans dire (no hace falta decirlo) || **~iduría** f Sagesse | Savoir *m,* science || **~iendas (a)** loc adv Sciemment (a propósito), en connaissance de cause || **~ihondo, a** adj/s FAM. Pédant, e || **~io, a** adj/s Savant, e | Sage (prudente) | FIG. *De ~s es mudar de opinión,* il n'y a que les sots pour ne jamais changer d'avis.
sabl|azo m Coup de sabre | Emprunt | FAM. *Dar un ~ a uno,* taper qqn || **~e** m Sabre || **~ear** vi FAM. Taper (pedir dinero) || **~ista** adj/s FAM. Tapeur, euse.
sabor m Goût, saveur *f* | FIG. Saveur *f* | *Mal ~ de boca,* mauvais goût (alimento), impression désagréable | FIG. *~ local,* couleur locale. *Sin ~,* plat, fade || **~ear** vt Savourer | — Vp Se délecter, se régaler || **~eo** m Dégustation *f*.
sabot|aje m Sabotage || **~eador, a** s Saboteur, euse || **~ear** vt Saboter.
Saboya nprf Savoie.
sabroso, a adj Délicieux, euse; savoureux, euse.
sabuco m Sureau.
sabueso m FIG. Limier, fin limier.
saca f Extraction | Sac *m* (costal) | Sac (*m*) postal (correo) || **~bala** f Tire-balle *m* || **~bocados** m inv Emporte-pièce || **~botas** m inv Tire-botte || **~corchos** m inv Tire-bouchon || **~cuartos** o **~dinero(s)** m inv Babiole *f* | — S Quémandeur, euse || **~dera** f Épuisette (red para el pescado) || **~dor, a** adj/s Tireur, euse | — M Servant, serveur (tenis) || **~leche** m inv Tire-lait || **~liña** f Astuce || **~manchas** m inv Détachant || **~muelas** s inv FAM. Arracheur, arracheuse de dents | — M Charlatan (vendedor) | Moulin à paroles (hablador) || **~puntas** m inv Taille-crayon.
sacar vt Tirer (lengua, número, película, extraer) | Sortir : *sacó la pistola,* il sortit son pistolet | Enlever, ôter (quitar) | Arracher (diente, ojo) | Puiser, tirer (agua, fuerzas) | Prendre (billete) | Faire faire (pasaporte) | Retirer (ir a buscar) | Lancer, créer (moda) | Prélever (muestras) | Remporter, obtenir (mayoría) | Relever (error) | Déduire, conclure | Faire (fichas, papeletas) | Montrer, faire voir (enseñar) | Donner (apodo) | Trouver (encontrar) | Gagner (premio) | Sortir, retirer (dinero del banco, etc) | Donner (en costura) | Faire sortir, tirer (de prisión) | FIG. Tirer, arracher (palabra), sortir, ressortir (una historia),

dégager (grupos, etc), ôter, dissiper, enlever (de dudas) | DEP. Servir, faire le service (tenis), faire la touche, remettre en touche (fútbol, etc), donner le coup d'envoi (desde el centro), dégager (de la portería), botter (un córner) | Extraire (raíz cuadrada) | Faire, prendre (fotos) | ~ *a bailar,* inviter à danser | ~ *adelante,* élever dignement (familia), faire prospérer (negocio) | ~ *a pasear a uno,* emmener qqn en promenade | ~ *a relucir,* faire ressortir (poner de relieve), ressortir (mencionar) | ~ *del centro,* engager (fútbol) | ~ *de sí a uno,* mettre qqn hors de soi | ~ *una conclusión,* tirer *o* dégager une conclusion | — Vp Enlever (quitarse) | Se faire faire (foto).

sacarina f Saccharine.

sacatapón m Tire-bouchon.

sacerd|ocio m Sacerdoce || **~otal** adj Sacerdotal, e || **~ote** m Prêtre || **~otisa** f Prêtresse.

saci|ar vt Rassasier | Assouvir (venganza) | — Vp Se rassasier (hartarse) | FIG. Se satisfaire (con poco), s'abreuver (de sangre) || **~edad** f Satiété.

saco m Sac (costal) | Blouse *f* (bluson) | Sac, pillage | MAR. Anse *f* (ensenada) | *Amér.* Veste *f* (chaqueta), sac à main (bolso) | *Entrar* ou *meter a ~,* mettre à sac, saccager | FIG. *No caer en ~ roto,* ne pas tomber dans l'oreille d'un sourd. *No echar una cosa en ~ roto,* prendre bonne note de qqch. | ~ *de prestidigitador,* sac à malice | FIG. ~ *de mentiras,* tissu de mensonges | ~ *de dormir,* sac de couchage | FIG. ~ *roto,* panier percé (manirroto) | FAM. *Vaciar el ~,* vider son sac.

sacra f Canon *m* (en la misa) || **~mentado, a** adj Administré, e (con el viático) | Consacré, e (hostia) || **~mental** adj Sacramentel, elle | — F Cimetière *m* (de San Isidro en Madrid) || **~mentar** vt Administrer les derniers sacrements | Consacrer (hostia) || **~mento** m Sacrement.

sacrific|ado, a adj Dévoué, e || **~ador, a** s Sacrificateur, trice || **~ar** vt Sacrifier | Abattre (res) | — Vp Se sacrifier || **~io** m Sacrifice.

sacr|ilegio m Sacrilège, profanation *f* || **~ílego, a** adj/s Sacrilège.

sacrist|án m Sacristain || **~ía** f Sacristie.

sacro, ~a adj Sacré, e (vía, anatomía) | Saint, e : *Sacra Familia,* Sainte Famille | *El Sacro Colegio,* le Sacré Collège | — M Sacrum (hueso inferior de la columna vertebral) || **~santo, a** adj Sacro-saint, e.

sacud|ida f Secousse || **~ido, a** adj Secoué, e | FIG. Sauvage (arisco), déluré, e (desenfadado) || **~idura** f o **~imiento** m Secouement *m* | Secousse *f* || **~ir** vt Secouer (mover, reñir) | Battre (alfombra) | FAM. Flanquer (bofetada), flanquer une volée (pegar) | — Vp Se secouer | FIG. Se libérer de, se débarrasser de | POP. Les lâcher, cracher (dinero).

sachar vt Sarcler.

sádico, a adj/s Sadique.

sadismo m Sadisme.

saet|a f Flèche (arma) | Aiguille de montre (manecilla) | Boussole | Chant (*m*) religieux || **~ada** f o **~azo** m Coup (*m*) de flèche | Blessure *f* || **~era** f Meurtrière (aspillera) | Vasistas *m,* lucarne (ventana) || **~ero** m Archer || **~ín** m Bief (de molino).

sag|acidad f Sagacité || **~az** adj Sagace | Astucieux, euse.

sagitar|ia f BOT. Sagittaire || **~io** m ASTR. Sagittaire.

sagr|ado, a adj Sacré, e | Saint, e : *Sagrada Familia,* Sainte Famille | *Sagrado Corazón,* Sacré-Cœur | — M Asile : *acogerse a ~,* demander asile || **~ario** m Tabernacle | Sanctuaire.

sagüí m ZOOL. Sagouin.

sahum|ado, a adj Parfumé, e || **~ador** m Brûle-parfum || **~adura** f Fumigation | Fumée, vapeur | Substance aromatique.

sainet|e m TEATR. Saynète *f* (pieza corta), lever de rideau || **~ero** o **~ista** m Auteur de saynètes.

saíno m ZOOL. Pécari.

saj|a o **~adura** f Incision || **~ar** vt Inciser, couper.

sajón, ona adj/s Saxon, onne.

Sajonia nprf Saxe.

sajú m Sapajou (mono).

sal f Sel *m* : ~ *común,* sel ordinaire | FIG. Sel *m,* piquant *m* | — Pl Sels *m* | FIG. *Con su ~ y pimienta,* avec tout son piquant | *Echar ~,* mettre du sel, saler | ~ *morena* ou *de cocina,* gros sel, sel de cuisine.

sala f Salle : ~ *de espera, de estar,* salle d'attente, de séjour | Salon *m* | Chambre, cour : ~ *de lo Criminal,* chambre criminelle, cour d'assises | DR. ~ *de Apelación, de Justicia,* cour d'appel, de justice | ~ *de baile,* boîte de nuit | ~ *de batalla,* bureau du tri (correos) | ~ *de esgrima,* salle d'armes | ~ *de fiestas,* salle de bal (de baile), salle des fêtes (en el ayuntamiento) | ~ *de prevención,* salle de police.

salad|ar m Marais salant | Pré salé || **~ero** m Saloir | Fabrique (*f*) de salaisons || **~o, a** adj Salé, e | FIG.

Gracieux, euse (gracioso), spirituel, elle; drôle (ingenioso); mignon, onne (majo) || **~or, a** s Saleur, euse || **~ura** f Salage *m*, salaison.

salamandra f Salamandre.

salar vt Saler | *Amér.* Déshonorer | — M *Amér.* Saline *f*.

salari|ado m Salariat || **~al** adj Salarial || **~ar** vt Salarier || **~o** m Salaire : *~ base* ou *básico*, salaire de base | *Fijación de ~s máximos*, blocage des salaires | *~ a destajo, por hora*, salaire aux pièces, horaire *o* à l'heure.

salazón f Salaison.

salceda f Saulaie, saussaie.

salcochar vt Cuire à l'eau salée.

salchich|a f Saucisse || **~ería** f Charcuterie || **~ero, a** s Charcutier, ère || **~ón** m Saucisson.

sald|ar vt Solder || **~o** m Solde : *~ deudor*, solde débiteur | *~ de cuenta*, arrêté de compte.

saledizo, a adj En saillie, saillant, e | — M ARQ. Avant-corps; encorbellement (balcón, etc)

saler|o m Salière *f* | Grenier à sel | FAM. Charme, piquant (gracia), élégance *f*, chic || **~oso, a** adj FAM. Qui a du charme *o* du piquant (chica), drôle, plein d'esprit (divertido).

salesa f Visitandine.

Salesas nprfpl Palais (*msing*) de Justice [à Madrid].

salicilato m Salicylate.

sálico, a adj Salique.

sal|ida f Sortie : *~ de emergencia* ou *de incendio*, sortie de secours | Départ *m* : *la ~ del tren*, le départ du train | Issue : *calle sin ~*, voie sans issue | Fuite (líquido) | Saillie (parte saliente) | Lever *m* (de un astro) | Publication, parution (libro) | Tirage *m* (periódico) | FIG. Issue (medio, fin), débouché *m* (posibilidad), solution | FAM. Boutade (ocurrencia), repartie (réplica) | Redressement *m* (de un avión) | COM. Écoulement *m*, vente (venta), débouché *m* (mercados), sortie (transporte), débit *m*, retrait *m* (de una cuenta) | Entrée (de un actor) | Ouverture (naipes) | Pousse (de los dientes) | *Dar la ~*, donner le signal du départ | COM. *Dar ~ a*, écouler | *De ~*, de prime abord | *Encontrar ~ a sus productos*, trouver un débouché pour ses produits | FIG. *Prepararse una ~*, se ménager une porte de sortie | *~ de caja*, débit | *~ del cascarón* ou *del huevo*, éclosion | FAM. *~ de pie* ou *de pata de banco*, bourde, ânerie | *~ de tono*, sortie, éclat | *~ libre del agua*, écoulement | DEP. *~ nula*, faux départ | *Tener ~*, aboutir (calle) | FIG. *Tener ~ para todo*, avoir réponse à tout || **~idero** m Issue *f*, sortie *f* || **~idizo** m V. SALEDIZO || **~ido, a** adj Saillant, e | En chaleur (animales) || **~iente** adj Saillant, e | MIL. Descendant, e (guardia) | — M Saillie *f* (relieve) | Angle (pico) | TECN. Ergot.

salin|a f Salin *m*, marais (*m*) salant | Saline (establecimiento industrial) || **~idad** f Salinité || **~o, a** adj Salin, e.

salir* vi Sortir : *~ de casa*, sortir de chez soi | Partir (marcharse) | Paraître (en un periódico) | Passer (en la televisión) | Se lever (astro) | Lever, pousser (plantas), pousser (pelo, dientes) | Faire saillie (relieve) | Sortir, paraître (publicarse) | S'élever (voz) | Avoir la main (juego) | Être élu, e | Partir, disparaître (una mancha) | DEP. Prendre le départ | Entrer en scène (teatro) | FIG. Se sortir, se tirer (de un mal paso), se révéler, être (ser), marcher (examen), revenir [à l'esprit] (acordarse) | Se présenter (oportunidad) | Trouver (encontrar) | — *A lo que salga*, au petit bonheur la chance | *~ a*, ressembler à (parecerse a), revenir à, coûter (costar), aboutir à, donner sur (calle) | FIG. *~ adelante*, s'en tirer, réussir | *~ barato, caro*, revenir bon marché, coûter cher | *~ bien, mal*, réussir, échouer *o* rater (cosa), bien, mal s'en tirer (persona) | *~ con*, obtenir (conseguir), sortir (decir) | *~ de*, cesser d'être, ne plus être (dejar de ser), venir d'être nommé; écouler, vendre (vender) | *~ de duda*, savoir à quoi s'en tenir. | FIG. *~ disparado*, partir comme une flèche | *~ en defensa de*, prendre la défense de | *~ mal parado*, mal finir | FAM. *~ pitando* ou *de estampía*, filer, partir en quatrième vitesse | *~ por*, prendre la défense de (en una pelea), se porter garant de (salir fiador de) | *¡Tiene a quien ~!*, il a de qui tenir! | — Vp Sortir | Fuir (depósito) | S'échapper (gas) | Quitter (río, coche) | Déborder (rebosar) | Sortir, s'écarter (del tema) | *No se sale de pobre*, il est toujours aussi pauvre | FIG. *~ con la suya*, arriver à ses fins (quedar vencedor), n'en faire qu'à sa tête (obrar a su antojo).

salitr|al m Salpêtrière *f* || **~e** m Salpêtre || **~era** f Salpêtrière (yacimiento) || **~ería** f Salpêtrière (fábrica).

saliv|a f Salive | FIG. *Gastar ~ en balde*, dépenser beaucoup de salive pour rien || **~ación** f Salivation || **~adera** f *Amér.* Crachoir *m* || **~ajo** m Crachat || **~al** adj Salivaire || **~ar** vi Saliver | *Amér.* Cracher.

salmantino, a adj/s De Salamanque.
salm|o m Psaume ‖ **~odia** f Psalmodie ‖ **~odiar** vt/i Psalmodier.
salm|ón m Saumon ‖ **~onado, a** adj Saumoné, e ‖ **~onete** m Rouget.
sal|muera f Saumure ‖ **~obre** adj Saumâtre.
sal|ón m Salon (sala, exposición, etc) | Salle *f* : *~ de actos,* salle des fêtes; *~ de espera,* salle d'attente ‖ **~oncillo** m Foyer (teatro) | Cabinet particulier (de un café).
salpic|adero m Tableau de bord (coche) ‖ **~adura** f Éclaboussement *m* (acción) | Éclaboussure (efecto) ‖ **~ar** vt Éclabousser (líquido) | Tacheter, moucheter (manchitas) | FIG. Parsemer, émailler (citas), consteller (de estrellas) ‖ **~ón** m Bœuf en salade (cocina) | Éclaboussure *f* | *~ de mariscos,* cocktail de fruits de mer.
salpimentar* vt Saupoudrer de sel et de poivre, assaisonner | FIG. Assaisonner, pimenter.
salpullido m Éruption (*f*) cutanée.
sals|a f Sauce : *trabar una ~,* lier une sauce; *~ de tomate,* sauce tomate | FIG. Assaisonnement, *m,* sauce | FAM. Charme *m* (salero) | FIG. *En su propia ~,* dans son élément ‖ **~era** f Saucière ‖ **~ereta** o **~erilla** f Godet *m* (de pintor).
salsifí m Salsifis.
salt|abanco (s) m Charlatan | Montreur de marionnettes ‖ **~abardales** o **~abarrancos** s inv FAM. Écervelé, e ‖ **~adero** m Sautoir ‖ **~ador, a** adj/s Sauteur, euse : *~ de pértiga,* sauteur à la perche | Plongeur, euse (de trampolín) | — M Corde (*f*) à sauter ‖ **~amontes** m inv Sauterelle (*f*) verte ‖ **~ar** vi Sauter : *~ a la comba,* sauter à la corde | Bondir (brincar) | Rebondir (pelota) | Éclater (estallar) | S'élancer dans | Jaillir (brotar) | Partir, sauter (tapón) | FIG. Sauter (de un tema a otro), bondir, sauter (de ira) | Sauter, exploser | FIG. Sortir, lâcher (impertinencia) | FAM. *Estar a la que salta,* être prêt à profiter de la première occasion. | *Saltó y dijo,* il se mit à dire | — Vt Sauter (obstáculo, omitir) | Faire sauter (con explosivo) | Couvrir, saillir (animales) | Crever (ojo) | — Vp Sauter (omitir, olvidar) | Brûler : *~ un semáforo,* brûler un feu rouge ‖ **~arín, ina** adj Sautillant, e | — Adj/s Danseur, euse | FIG. Écervelé, e (atolondrado) ‖ **~eado** m Sauté (cocina) ‖ **~eador** m Brigand ‖ **~eamiento** m Brigandage ‖ **~ear** vt Voler à main armée | Espacer (visitas) | Faire sauter (cocina) | FIG. Assaillir (por la duda).
salterio m Psautier.
saltimbanqui m Saltimbanque.
salt|o m Saut, bond : *dar* ou *pegar un ~,* faire un bond | Chute *f* (de agua) | Précipice | Dénivellation *f* | Omission *f* | Saut : *~ de altura,* saut en hauteur | Plongeon, saut (de trampolín) : *~ del ángel,* saut de l'ange | Saute-mouton (juego) | FIG. Tremplin | *A ~ de mata,* à la diable (de cualquier manera), au jour le jour (vivir), au déboulé (liebre) | *Dar ~s de alegría,* sauter de joie | *En un ~,* d'un bond; en moins de deux (rápidamente) | FIG *Ir en un ~ a,* faire un saut jusqu'à | *~ de cama,* saut-de-lit | MAR. *~ de viento,* saute de vent | *~ mortal,* saut périlleux ‖ **~ón, ona** adj Sauteur, euse | Globuleux, euse, à fleur de tête (ojos).
salubr|e adj Salubre ‖ **~idad** f Salubrité.
salud f Santé : *mirar por su ~,* ménager sa santé | Salut *m* : *la ~ eterna,* le salut éternel | *A su ~* ou *~ y pesetas* ou *~,* à votre santé, à la vôtre | FIG. *Curarse en ~,* se ménager une porte de sortie | *Gastar ~,* jouir d'une bonne santé ‖ **~able** adj Salutaire ‖ **~ar** vt Saluer | *Le saluda atentamente,* veuillez agréer mes salutations distinguées ‖ **~o** m Salut | Salutation *f* | *~s respetuosos,* mes respects | *Un ~ a X,* mon meilleur souvenir à X.
salutación f Salutation.
salv|a f Salve | Tonnerre *m,* salve (de aplausos) | Jugement (*m*) de Dieu, ordalie | Plateau *m* (bandeja) ‖ **~ación** f Salut *m* : *tabla de ~,* planche de salut | *No tener ~,* être incurable (enfermo) ‖ **~ado** m Son (afrecho) ‖ **~ador, a** adj/s Sauveur (sin fem); salvateur, trice | Sauveteur [sin fem] (accidente) ‖ **~aguarda** f Sauvegarde ‖ **~aguardar** vt Sauvegarder ‖ **~aguardia** f Sauvegarde | FIG. Gardien, gardienne.
salvaj|ada f Acte (*m*) de sauvagerie | Horreur, atrocité ‖ **~aje** adj/s Sauvage | — S Sauvageon, onne ‖ **~ina** f Bêtes sauvages *pl* | Gibier *m* (carne) ‖ **~ajismo** m Sauvagerie *f.*
salv|amanteles m inv Dessous-de-plats *o* de-bouteille ‖ **~amento** m Sauvetage : *bote de ~,* canot de sauvetage | Salut (salvación) ‖ **~ar** vt Sauver (de un peligro) | Franchir, sauter (obstáculo) | Enjamber, franchir (puente) | Éviter, contourner (dificultad) | Exclure, écarter (posibilidad) | FIG. Racheter | — Vp Se sauver | Réchapper (de un accidente) | *¡Sálvese quien pueda!,* sauve qui

peut! || **~avidas** m inv Bouée (*f*) de sauvetage (boya) | Ceinture (*f*) de sauvetage | Canot de sauvetage || **~e** interj Salut! || **~edad** f Réserve, exception : *con ~ de,* sous réserve de, à l'exception de | Certification (documento) || **~ia** f Sauge || **~o, a** adj Sauf, sauve | FAM. *Le dieron un golpe en ~ sea la parte,* il a reçu un coup sur le derrière | — Adv Sauf, excepté, hormis | *A ~,* sain et sauf (ileso), sauf, sauve | *Dejar a ~,* sauvegarder (preservar), épargner | *Poner a ~,* mettre en lieu sûr | *Ponerse a ~,* se mettre à l'abri | *~ unas pocas excepciones,* à quelques exceptions près. || **~oconducto** m Sauf-conduit.

samaritano, a adj/s Samaritain, e.

sambenito m San-benito [des condamnés de l'Inquisition] | FIG. Discrédit (mala fama), tabou (tabú) | *Le han colgado el ~ de embustero,* on lui a fait une réputation de menteur.

samovar m Samovar.

samurai m Samouraï.

san adj (apócope de *santo*) Saint : *por ~ Juan,* à la Saint-Jean. | **~bernardo,** saint-bernard (perro).

san|able adj Guérissable || **~ar** vt/i Guérir || **~atorio** m Sanatorium | Clinique *f* | Hôpital.

sanci|ón f Sanction || **~onar** vt Sanctionner | Sanctionner, prendre une sanction contre.

sancochar vt Blanchir (un guiso), faire revenir (carne).

sanctasanctórum m Saint des saints | FIG. Fin du fin (lo mejor).

sandalia f Sandale.

sandez f Sottise.

sandía f Pastèque.

sandio, a adj/s Niais, e; sot, sotte.

sandung|a f FAM. Charme *m* (encanto), allure (donaire) || **~uero, a** adj FAM. Charmant, e.

sandwich m Sandwich.

sane|ado, a adj Assaini, e (terreno, moneda) | À l'aise | Sain, e || **~amiento** m Assainissement | DR. Garantie *f* | *Artículos de ~,* appareils sanitaires || **~ar** vt Assainir | DR. Garantir.

sangr|adera f Lancette || **~ador** m Chirurgien, barbier | FIG. Vanne *f* | *~ de pinos,* résinier, gemmeur || **~adura** f Saignée | Gemmage *m* (resinación de las pinos) || **~ante** adj Saignant, e || **~ar** vt Saigner | Gemmer (pino) | IMPR. Composer en alinéa | — Vi Saigner | — Vp Se faire saigner || **~e** f Sang *m* : *estar chorreando ~,* perdre beaucoup de sang | *A ~ y fuego,* à feu et à sang | FIG. *Chupar la ~ a uno,* saigner qqn à blanc. *Derramar ~,* faire couler le sang | *Echar ~ por las narices,* saigner du nez | *Estar bañado en ~,* être tout en sang | *Lavar con ~,* laver dans le sang (afrenta) | *Llevar* ou *tener en la* (*masa de la*) *~,* avoir dans le sang (algo), avoir dans la peau (uno) | FIG. *No llegó la ~ al río,* il n'y a pas eu de mal. *Quemarle* ou *freírle a uno la ~,* exaspérer qqn. *Quemarse uno la ~,* se faire du mauvais sang | *Sacar ~,* faire une prise de sang | *~ fría,* sang-froid : *a ~ fría,* de sang-froid | FIG. *Se me heló la ~ en las venas,* mon sang n'a fait qu'un tour. *Sudar ~,* suer sang et eau. *Tener mala ~,* être méchant. *Tener ~ de horchata,* être flegmatique (tranquilo), avoir du sang de navet || **~egorda** s FAM. Chiffe *f* || **~ía** f Saignée | IMPR. Alinéa *m* | TECN. Coulée | « Sangria » [boisson rafraîchissante] | FIG. *Hacer una ~ en,* faire une ponction sur. *~ monetaria,* saignée, hémorragie monétaire || **~iento, a** adj Sanglant, e (llaga, batalla, etc) | Sanguinaire (animal).

sangu|ijuela f Sangsue || **~ina** f Sanguine (dibujo, naranja) || **~inaria** f Sanguine (piedra) | BOT. Sanguinaire || **~inario, a** adj Sanguinaire || **~íneo, a** adj Sanguin, e || **~inolento, a** adj Sanguinolent, e.

sánico, a adj *Papel ~,* papier hygiénique.

san|idad f Service (*m*) sanitaire | Hygiène (medidas) | *Ministerio de Sanidad,* ministère de la Santé publique || **~itario, a** adj Sanitaire | — M MIL. Officier du service de santé || **~o, a** adj Sain, e : *~ y salvo,* sain et sauf | En bon état, intact, e | FIG. *Cortar por lo ~,* trancher dans le vif. *Estar más ~ que una manzana,* se porter comme un charme *o* comme le Pont-Neuf.

San Quintín np Saint-Quentin | FAM. *Se armó la de ~,* il y a eu du grabuge.

sánscrito, a adj/m Sanskrit, e.

sanseacabó loc Un point c'est tout (nada más) | Ça suffit (basta) | La fin de tout (colmo) | C'est une affaire réglée.

santanderino, a adj/s De Santander.

santateresa f ZOOL. Mante religieuse.

Santiago nprm Jacques (persona) | Saint-Jacques (orden).

santiamén m Instant | *En un ~,* en un clin d'œil, en moins de rien.

sant|idad f Sainteté || **~ificación** f Sanctification || **~ificador, a** adj/s Sanctificateur, trice || **~ificante** adj Sanctifiant, e || **~ificar** vt Sanctifier || **~iguamiento** m Signe de croix

‖ **~iguar** vt Faire le signe de la croix sur | — Vp Faire le signe de la croix, se signer ‖ **~ísimo, a** adj Très saint, e | FAM. *Todo el ~ día,* toute la sainte journée | — M Saint sacrement ‖ **~o, a** adj/s Saint, e : *Semana Santa,* semaine sainte | — M Fête *f* : *hoy es mi ~,* aujourd'hui c'est ma fête | Statue *f* | FAM. *Adorar el ~ por la peana,* courtiser la mère pour avoir la fille. *Alabar a su ~,* prêcher pour son saint. *Alzarse* ou *cargar con el ~ y la limosna,* tout embarquer *o* rafler. *Aquello fue llegar y besar el ~,* ça a marché comme sur des roulettes. *¿A ~ de qué?,* en quel honneur? | FIG. *Desnudar a un ~ para vestir a otro,* découvrir saint Pierre pour habiller saint Paul. *Hacerse el ~,* faire le petit saint. *Írsele a uno el ~ al cielo,* perdre le fil de ses pensées (conversación), sortir complètement de la tête (olvidarse). *No es ~ de mi devoción,* je ne le porte pas dans mon cœur. | FIG. *No saber a qué ~ encomendarse,* ne savoir à quel saint se vouer | FAM. *Quedarse para vestir ~s,* rester vieille fille, coiffer sainte Catherine. *Ser bueno como un ~,* être sage comme une image | *~ y seña,* mot de passe, consigne | FAM. *Tener el ~ de espaldas,* ne pas avoir de veine, avoir les dieux contre soi. *Todo el ~ día,* toute la sainte journée, à longueur de journée. *Todos los ~s tienen novena,* mieux vaut tard que jamais ‖ **~ón** m FAM. Tartufe (hipócrita), pontife (persona influyente) ‖ **~oral** m Vie (*f*) des saints | Martyrologe | *~ del día,* fête à souhaiter ‖ **~uario** m Sanctuaire ‖ **~urrón, ona** adj/s Bigot, e (beato) | Tartufe (sin fem) ‖ **~urronería** f Bigoterie, tartuferie.

sañ|a f Fureur, rage | Acharnement *m* (porfía) ‖ **~udo, a** adj Furieux, euse | Acharné, e.

sapiencia f Sagesse | Connaissances *pl,* savoir *m.*

sapo m Crapaud | FAM. *Echar ~ y culebras* ou *gusarapos,* pester, tempêter.

sapon|áceo, a adj Saponacé, e ‖ **~aria** f Saponaire.

saque m Service (tenis) : *romper el ~,* enlever le service | Dégagement (fútbol) | Remise (*f*) en jeu (durante el partido) | Servant, serveur (jugador) | *Hacer el ~,* servir, faire le service | *Hacer el ~ de puerta,* dégager (fútbol) | *~ de banda,* touche (fútbol) | *~ de centro,* coup d'envoi, engagement | *~ de esquina,* corner | FAM. *Tener buen ~,* avoir une bonne descente (beber), avoir un bon coup de fourchette (comer) ‖ **~ador, a** adj/s Pillard, e ‖ **~amiento** m Pillage ‖ **~ar** vt Piller, mettre à sac ‖ **~o** m Pillage, sac.

saquito m Sachet.

sarampión m Rougeole *f* | FIG. Maladie *f.*

sarao m Soirée *f* (reunión).

sarape m *Amér.* Poncho.

sarc|asmo m Sarcasme ‖ **~ástico, a** adj Sarcastique.

sarcófago m Sarcophage.

sarcoma m Sarcome.

sardana f Sardane (danza).

sardin|a f Sardine | FIG. *Estar como ~s en banasta* ou *en lata,* être serré comme des sardines ‖ **~ero, a** adj/s Sardinier, ère | — F Sardinier *m* (barco) ‖ **~eta** f Sardine (galón).

sardo, a adj/s Sarde.

sardónico, a adj Sardonique.

sarga f Serge (tela) | Pattemouille (para planchar).

sargazo m Sargasse *f.*

sargent|a f Hallebarde | FAM. Grenadier *m,* gendarme *m,* dragon *m* ‖ **~o** m Sergent | FAM. Gendarme, dragon ‖ **~ona** f FAM. Grenadier *m.*

sari m Sari (traje indio).

sarm|entoso, a adj Rabougri, e (árbol) | FIG. Décharné, e ‖ **~iento** m BOT. Sarment.

sarn|a f Gale | FAM. *Más viejo que la ~,* vieux comme le monde ‖ **~oso, a** adj/s Galeux, euse.

sarpullido m Éruption (*f*) cutanée.

sarraceno, a adj/s Sarrasin, e.

sarr|illo m Tartre ‖ **~o** m Dépôt (sedimento) | Tartre (caldera, dientes).

sarta f Chapelet *m* (ristra) | FIG. File (de personas), ribambelle (de niños), kyrielle (de citas), chapelet *m,* tissu *m* (de mentiras).

sart|én f Poêle | FIG. Fournaise (lugar caluroso) | FAM. *Tener la ~ por el mango,* tenir la queue de la poêle ‖ **~enada** f Poêlée.

sartorio m Couturier (músculo).

sastre m Tailleur | FAM. *Entre ~s no se paga la hechura,* entre collègues on peut se rendre de petits services | *~* ou *traje ~,* tailleur | *~ de señoras,* couturier ‖ **~ría** f Métier (*m*) de tailleur | Atelier (*m*) *o* boutique de tailleur.

satánico, a adj Satanique.

sat|élite adj/m Satellite ‖ **~elización** f Satellisation ‖ **~elizar** vt Satelliser.

satin|ado, a adj Satiné, e (papel, tela, etc) | — M Satinage ‖ **~ar** vt Satiner.

sátira f Satire.

satírico, a adj Satirique.

sátiro m Satyre.

satis|facción f Satisfaction | *A ~,* à volonté | *Tener mucha ~ de sí mismo,*

être très satisfait de sa personne || **~facer*** vt/i Satisfaire | Réparer (afrenta) | Subvenir (necesidades) | Assouvir (pasiones) | Répondre à (demanda) | Acquitter (una deuda) | ~ *todos los requisitos,* remplir toutes les conditions requises | — Vp Se venger || **~faciente** adj Satisfaisant, e || **~factorio, a** Satisfaisant, e || **~fecho, a** adj Satisfait, e; content, e | Suffisant, e; content de soi (vanidoso) | *Darse por ~,* se contenter de.
sátrapa m Satrape.
satur|ación f Saturation || **~ado, a** adj Saturé, e || **~ador** m Saturateur || **~ar** vt Saturer.
sauce m Saule : ~ *llorón,* saule pleureur || **~da** f o **~dal** m Saulaie *f,* saussaie *f.*
saúco m BOT. Sureau.
saudade f Nostalgie.
saudí adjf Saoudite.
sauna f Sauna *m* (baño).
saurios mpl ZOOL. Sauriens.
savia f Sève.
saxofón o **saxófono** m Saxophone.
say|a f Jupe (falda) | Jupon *m* (enaguas) || **~al** m Bure *f* (tela) || **~o** m Casaque *f* | FAM. *Cortar a uno un ~,* casser du sucre sur le dos de qqn. *Decir para su ~,* dire à part soi.
saz|ón f Maturité *f* | Goût *m,* saveur | Assaisonnement *m* | FIG. Occasion | *A la ~,* à ce moment-là | *En ~,* à point (fruta), au bon moment || **~onado, a** adj Assaisonné, e | FIG. Piquant, e (humorístico) || **~onar** vt Assaisonner | FIG. Mettre au point (madurar), agrémenter (amenizar) | — Vp Arriver à maturité, mûrir.
scout m Scout (explorador).
se pr pers Se : *mi padre ~ pasea,* mon père se promène | Vous : *cállese, cállense,* taisez-vous; *~ lo diremos,* nous vous le dirons | On : *~ me entregaron dos cartas,* on m'a remis deux lettres; *aquí ~ habla demasiado,* ici on parle trop; *~ dice que,* on dit que | Lui, leur : *~ lo diré,* je le lui *o* leur dirai.
sebáceo, a adj Sébacé, e.
seb|o m Suif, graisse *f* | ANAT. Sébum || **~orrea** f Séborrhée || **~oso, a** adj Gras, grasse | Graisseux, euse (grasiento).
sec|a f Sécheresse | MED. Petit ganglion *m* || **~adero** m Séchoir | Sécherie *f* (de pescado) || **~ado** m Séchage | Essorage (de la ropa) || **~ador** m Séchoir | Sèche-cheveux, séchoir (pelo) | *Amér.* Serviette *f* (toalla) || **~amiento** m Séchage || **~ano** m Terrain non irrigué | Banc de sable | *Campo de ~,* champ de culture sèche, terrain non irrigué || **~ante** adj/m Buvard | Siccatif, ive (pintura) | — Adj/f MAT. Sécant, e || **~ar** vt Sécher (ropa, etc) | Essorer (con máquina) | Essuyer (platos) | Dessécher (desecar) | Tarir (fuente, pozo) | Assommer (aburrir) | DEP. Marquer | — Vp Sécher | Se faire sécher | Se dessécher (río, suelo) | Tarir | FIG. Dépérir (persona, animal), se dessécher (alma).
secci|ón f Section (cortadura, grupo, parte) | Coupe (dibujo) | Partie (capítulo) | Rayon *m* (almacén) | IMPR. Page, chronique (periódico) || **~onamiento** m Sectionnement || **~onar** vt Sectionner.
secesión f Sécession.
seco, a adj Sec, sèche : *terreno ~,* terrain sec | À sec : *río ~,* rivière à sec | Desséché, e (planta) | Séché, e (flores) | FIG. Sec, sèche (persona, corazón, ruido, etc) | *A secas,* tout court | FIG. *Dejar ~,* laisser sur le carreau | *En seco,* à sec (limpieza), net, pile : *parar en seco,* s'arrêter pile; au sec (fuera del agua) | FIG. *Estar ~,* avoir la pépie (tener sed). *Parar a uno en seco,* clouer le bec à qqn. *Quedar ~,* tomber raide mort.
secoya f Séquoia *m* (árbol).
secreción f Sécrétion.
secret|a f Enquête secrète || **~ar** vt Sécréter || **~aría** f Secrétariat *m* | *Amér.* Ministère *m* || **~ariado** m Secrétariat || **~ario, a** s Secrétaire | *Amér.* Ministre | *~ de rodaje,* script-girl || **~ear** vi FAM. Faire des messes basses || **~eo** m FAM. Mystères *pl* | *Andar con ~s,* faire des messes basses || **~o, a** adj Secret, ète | — M Secret : *~ a voces,* secret de polichinelle | MÚS. Table *(f)* d'harmonie | *Bajo ~ de confesión,* sous le sceau de la confession || **~or, a** o **~orio, a** adj Sécréteur, trice.
sect|a f Secte || **~ario, a** adj/s Sectaire || **~arismo** m Sectarisme.
sector m Secteur.
secuaz adj/s Séide, acolyte.
secuela f Séquelle, suite.
secuencia f Séquence.
secuestr|ar vt Séquestrer (embargar, raptar) | Saisir (periódico) | Détourner (avión) || **~o** m Séquestration *f* (persona) | Séquestre (bienes) | Saisie *f* (periódico) | Détournement (avión).
secul|ar adj/m Séculier, ère (seglar) | — Adj Séculaire || **~arización** f Sécularisation (religioso) | Désaffectation (iglesia) || **~arizar** vt Séculariser (religioso) | Désaffecter (una iglesia).
secund|ar vt Seconder | Assister (médico) || **~ario, a** adj/m Secondaire.
sed f Soif : *rabiar de ~,* mourir de soif | *Apagar la ~,* étancher la soif, désaltérer | *Quitar la ~,* désaltérer.

sed|a f Soie (textil, cerda) | Fig. *Entrar como una ~,* entrer comme dans du beurre. *Hecho una ~,* doux comme un agneau. *Ir* ou *marchar como una ~,* aller comme sur des roulettes || **~al** m Ligne *f* (pesca).
sed|ante adj/m Calmant, e; sédatif, ive || **~ativo, a** adj/m Sédatif, ive.
sede f Siège *m* (episcopal, organización social) | *Santa Sede,* Saint-Siège.
sedentario, a adj/s Sédentaire.
sed|eño, a adj Soyeux, euse || **~ería** f Soierie | Magasin (*m*) de soieries || **~ero, a** adj De la soie.
sedici|ón f Sédition || **~oso, a** adj/s Séditieux, euse.
sediento, a adj Assoiffé, e | Fig. Desséché, e (campo), avide, assoiffé, e (de riquezas).
sediment|ación f Sédimentation || **~ar** vt Déposer || **~ario, a** adj Sédimentaire || **~o** m Sédiment | Dépôt (en líquidos).
sedoso, a adj Soyeux, euse.
seduc|ción f Séduction || **~ir*** vt Séduire || **~tor, a** adj/s Séducteur, trice | — Adj Séduisant, e.
sefardí o **sefardita** adj/s Sefardi.
seg|adera f Faucille, faux || **~ador** m Faucheur || **~adora** adjf/f Moissonneuse : ~ *trilladora,* moissonneuse-batteuse; ~ *agavilladora,* moissonneuse-lieuse | Faucheuse || **~ar*** vt Faucher.
seglar adj/s Laïque | — M Séculier.
segment|ación f Segmentation || **~ar** vt Segmenter || **~ario, a** adj Segmentaire || **~o** m Segment.
segreg|ación f Ségrégation || **~acionismo** m Ségrégationisme || **~acionista** adj/s Ségrégationiste || **~ar** vt Séparer.
segu|ida f Suite | *En ~,* aussitôt, tout de suite (sin esperar), aussitôt après (acto continuo) || **~idamente** adv De suite (en seguida) | Aussitôt | Aussitôt après || **~idilla** f Séguedille || **~ido, a** adj Suivi, e | De suite (días) | Rapproché, e (niños) | En ligne droite (camino) | — Adv Tout droit : *vaya seguido,* allez tout droit || **~idor, a** adj Qui suit | — M Partisan | Supporter (en deportes) | Suiveur (ciclismo) || **~imiento** m Suite *f,* succession *f* | Suivi (de un proyecto) || **~ir*** vt Suivre (ir detrás, discurso, opinión, etc) | Continuer (camino) | Continuer, poursuivre (investigaciones) | Fig. *El que la sigue la mata,* on arrive toujours à ses fins | — Vi Suivre | Être toujours : *sigue en París,* il est toujours à Paris | Continuer à *o* de | *¡Que siga bien!,* bonne continuation ! | ~ *con su trabajo,* poursuivre son travail | ~ *siendo,* être toujours, rester | *¡Sigamos!,* enchaînons! | *Sigue,* à suivre (folletín), T. S. V. P. (carta) | — Vp Se suivre | S'ensuivre.
según prep Selon, suivant : ~ *que,* selon que | Selon, d'après : ~ *ellos,* d'après *o* selon eux | Comme : *sigue todo ~ estaba,* tout est comme avant | À mesure que, au fur et à mesure que (conforme) | À ce que : ~ *dicen,* à ce qu'on dit | ~ *el artículo 5 de la ley,* aux termes de l'article 5 de la loi | ~ *están las cosas,* dans l'état actuel des choses | — Adv Tellement, tant | Ça dépend, c'est selon (depende) | ~ *y conforme* ou ~ *y como,* tel, telle que (tal como), ça dépend (depende).
segund|a f Seconde (coche, tren) | Fig. Arrière-pensée (reserva mental), sous-entendu *m* || **~ar** vt Seconder (auxiliar) | — Vi Venir en second lieu || **~ario, a** adj Secondaire || **~ero** m Trotteuse *f* (reloj) || **~o, a** adj Deuxième, second, e | *En ~ lugar,* deuxièmement | ~ *jefe,* commandant en second | ~ *piso,* second, deuxième étage | — M Seconde *f* (reloj, geometría) | Second (jerarquía, piso) | Soigneur (boxeo) | Mar. *El ~ de a bordo,* le commandant en second, le second || **~ogénito, a** adj/s Cadet, ette; second, e || **~ón** m Cadet, puîné.
segur f Hache (hacha) | Faucille (hoz).
segur|idad f Sécurité, sûreté | Assurance, certitude | Caution (fianza) | *De ~,* de sûreté (mecanismo) | *En la ~ de que,* avec l'assurance que | ~ *en sí mismo,* assurance | *Tener la ~ de,* être sûr de, avoir la certitude que || **~o, a** adj Sûr, e; certain, e (cierto) | En sécurité, à l'abri | Sûr, e (firme) | Confiant, e; tranquille | *Dar por ~,* assurer, affirmer | — Adv Sûrement | — M Assurance *f* : ~ *de vida, a todo riesgo, contra tercera persona, contra accidentes, de riesgo de insolvencia, de enfermedad,* assurance sur la vie, tous risques, au tiers, accidents, crédit, maladie | Cran d'arrêt, sécurité *f* (de armas) | *A buen ~,* sûrement | *De ~,* à coup sûr | *~s sociales,* assurances sociales, Sécurité sociale | *Sobre ~,* sans prendre de risques, à coup sûr.
seis adj/m Six || **~avo, a** adj/s Sixième || **~cientos, as** adj/m Six cents.
seísmo m Séisme.
selacios mpl Zool. Sélaciens.
selec|ción f Sélection | Choix *m* | Recrutement *m* : ~ *por méritos,* recrutement sur titres || **~ciona-**

dor, a adj/s Sélectionneur, euse ‖ **~cionar** vt Sélectionner | Choisir (elegir) ‖ **~tividad** f Sélectivité ‖ **~tivo, a** adj Sélectif, ive | — M Année (*f*) préparatoire [aux écoles techniques supérieures] ‖ **~to, a** adj Choisi, e (poesías, sociedad, vinos, etc) | *Ser de lo más ~*, être ce qu'il y a de mieux ‖ **~tor** m Sélecteur.

selv|a f Forêt | Jungle : *la ley de la ~*, la loi de la jungle ‖ **~ático, a** adj Forestier, ère | Sauvage (inculto) ‖ **~oso, a** adj Boisé, e.

sell|ado, a adj Scellé, e | Cacheté, e (carta) | Timbré, e (papel) | — M Cachetage (carta) | Timbrage (con timbre) ‖ **~adora** f Machine à affranchir ‖ **~ar** vt Sceller | Mettre un cachet sur | Cacheter (carta) | Timbrer (timbrar) | Dr. Mettre les scellés sur | Contrôler (monedas) | Fig. Empreindre de, marquer de (marcar), sceller (amistad), terminer (concluir) ‖ **~o** m Timbre : *~ fiscal*, timbre fiscal | Sceau (documento oficial) | Cachet | Tampon (de caucho) | Poinçon, contrôle (monedas) | Fig. Cachet, marque *f*, griffe *f*, empreinte *f* | — Pl Dr. Scellés | *~ de contraste*, poinçon | *~ de correos*, timbre-poste.

semáforo m Sémaphore | Feux (*pl*) de signalisation (en las calles).

seman|a f Semaine : *la ~ pasada, que viene*, la semaine dernière, prochaine | Fam. *La ~ que no tenga viernes*, la semaine des quatre jeudis ‖ **~ al** adj Hebdomadaire ‖ **~ario, a** adj Hebdomadaire | — M Hebdomadaire (periódico) | Semainier (pulseras, de afeitar) ‖ **~ero, a** s Semainier, ère.

semántico, a adj/f Sémantique (significación de las palabras).

semasiología f Sémantique.

sembl|ante m Visage, mine *f*, figure *f* | Fig. Aspect | *Mal ~*, mauvaise mine (salud), mine *o* air désagréable (humor) | *Mudar de ~*, changer de visage (persona), changer d'aspect (cosa) ‖ **~anza** f Notice biographique, portrait *m*.

sembr|adera f Semoir *m* ‖ **~adío, a** adj Cultivable ‖ **~ado** m Terre (*f*) cultivée, semis ‖ **~ador, a** s Semeur, euse | — F Semoir *m* ‖ **~adura** f Ensemencement *m* | Semis *m* ‖ **~ar*** vt Semer (planta, discordia) | Répandre, diffuser (doctrina) | Parsemer (un camino con flores).

semej|a f Ressemblance ‖ **~ante** adj Semblable; pareil, elle (parecido) | Ce, cette; en question : *nunca vi a ~ tipo*, je n'ai jamais vu ce type-là | Geom. Semblable | — M Semblable ‖ **~anza** f Ressemblance | Similitude (métodos, geometría) | Comparaison (símil) | *A ~ de*, comme ‖ **~ar** vi Ressembler.

semen m Biol. Semence *f*, sperme | Bot. Semence *f* ‖ **~tal** adjm/m Étalon (animal) ‖ **~tera** f Semailles *pl* | Terrain (*m*) ensemencé, semis *m* | Fig. Source, origine.

semestr|al adj Semestriel, elle ‖ **~e** m Semestre.

semi|árido, a adj Semi-aride ‖ **~automático, a** adj Semi-automatique ‖ **~breve** f Mús. Demi-temps *m* ‖ **~circular** adj Semi-circulaire ‖ **~círculo** m Demi-cercle ‖ **~conductor** m Semi-conducteur ‖ **~corchea** f Mús. Double croche ‖ **~esfera** f Hémisphère *m* ‖ **~fallo** m Singleton (bridge) ‖ **~final** f Demi-finale ‖ **~finalista** adj/s Demi-finaliste ‖ **~fusa** f Mús. Quadruple croche.

sem|illa f Graine, semence | Fig. Source (origen) ‖ **~illero** m Pépinière *f* | Fig. Pépinière *f* (cantera), source *f*, foyer (centro).

seminar|io m Séminaire (eclesiástico, de investigaciones) | Pépinière *f* ‖ **~ista** m Séminariste.

semi|oculto, a adj À demi caché, e ‖ **~ología** f Sémiologie ‖ **~permeable** adj Semi-perméable ‖ **~pesado** adjm/m Mi-lourd (boxeo) ‖ **~producto** m Demi-produit ‖ **~rrecto** adjm À 45 ° (ángulo) ‖ **~rremolque** m Semi-remorque *f*.

sem|ita adj/s Sémite ‖ **~ítico, a** adj Sémitique ‖ **~itismo** m Sémitisme.

semi|tono m Mús. Demi-ton ‖ **~vocal** f Semi-voyelle.

sémola f Semoule.

semoviente adj Dr. *Bienes ~*, cheptel vif (ganado).

sempiterno, a adj Éternel, elle | Sempiternel, elle (fastidioso).

Sena nprm Seine *f*.

sen|ado m Sénat ‖ **~ador** m Sénateur ‖ **~atorio, a** o **~atorial** adj Sénatorial, e.

sencill|ez f Simplicité ‖ **~o, a** adj Simple.

send|a f Sentier *m* | Fig. Chemin *m* ‖ **~ero** m Sentier.

sendos, as adjpl Chacun *o* chacune un; chacun *o* chacune une : *llevaban ~ fusiles*, ils portaient chacun un fusil.

senegalés, esa adj/s Sénégalais, e.

senescal m Sénéchal.

senil adj Sénile ‖ **~idad** f Sénilité.

senior adj/m Senior.

seno m Sein (pecho) | Fig. Sein, giron | Anat. Mat. Sinus.

sens|ación f Sensation : *causar ~*, faire sensation | Fig. Clou *m* (de un espectáculo) ‖ **~acional** adj Sensationnel, elle ‖ **~acionalista** adj À .

sensation || **~atez** f Bon sens *m* | Sagesse || **~ato, a** adj Sensé, e || **~ibilidad** f Sensibilité || **~ibilización** f Sensibilisation || **~ibilizador, a** adj/m Sensibilisateur, trice || **~ibilizar** vt Sensibiliser || **~ible** adj Sensible || **~iblería** f Sensiblerie || **~iblero, a** adj D'une sensibilité extrême || **~itivo, a** adj Sensitif, ive | — F Sensitive (planta) || **~orial** o **~orio, a** adj Sensoriel, elle || **~ual** adj Sensuel, elle || **~ualidad** f Sensualité || **~ualismo** m Sensualisme || **~ualista** adj/s Sensualiste.

sent|ada f *De una ~,* d'un trait || **~ado, a** adj Assis, e | FIG. Sensé, e (sesudo), sage (quieto), réfléchi, e (reflexivo) | FIG. *Dar por ~ que,* considérer comme un fait acquis que, partir du principe que. *Quiero dejar bien ~ que,* il doit être bien établi que. *~ esto,* cela posé || **~ar*** vt Asseoir | Inscrire, consigner | Rabattre (costuras) | Établir : *~ un precedente,* établir un précédent | Jeter : *~ las bases de,* jeter les bases de | *~ por escrito,* coucher *o* mettre par écrit | — Vi FIG. *~ bien* ou *mal,* réussir, ne pas réussir (comida), aller bien, mal, seoir, ne pas seoir (vestido, color), faire du bien, du mal (salud), convenir, ne pas convenir (convenir o no), plaire, ne pas plaire | — Vp S'asseoir | Se déposer (poso) | *~ a la mesa,* se mettre à table.

sentenci|a f Sentence | DR. Sentence, jugement *m* | DR. *Con la ~ en suspenso,* avec sursis. *~ en rebeldía,* jugement par contumace *o* par défaut. *~ firme,* jugement sans appel. *Visto para ~,* mis en délibéré || **~ar** vt Juger | Condamner || **~oso, a** adj Sentencieux, euse.

sent|idamente adv Avec émotion || **~ido** m Sens : *~ común,* sens commun; *el ~ de la vista,* le sens de la vue; *calle en ~ único,* rue en sens unique | *Aguzar el ~,* prêter toute son attention | FAM. *Costar un ~,* coûter les yeux de la tête | *Dar ~ torcido a,* dénaturer le sens de | *De doble ~,* à double sens | *En contra del ~ común,* en dépit du bon sens | *Perder el ~,* perdre connaissance (desmayarse), perdre le souffle (de admiración), perdre la tête (volverse loco) | FAM. *Poner sus cinco* ou *todos sus ~s en una cosa,* apporter tous ses soins à une chose | *Recuperar el ~,* reprendre connaissance *o* ses esprits || **~ido, a** adj Bien senti, e (elogios) | Émouvant, e (conmovedor) | Sincère (sincero) | Ému, e (recuerdo) | FIG. Susceptible || **~imental** adj Sentimental, e || **~imentalismo** m Sentimentalisme || **~imiento** m Sentiment | Peine *f,* tristesse *f* | Regret | *Con mi mayor ~,* avec tous mes regrets.

sentina f MAR. Sentine.

sentir m Sentiment | Avis (parecer).

sentir* vt Sentir : *~ hambre,* sentir la faim | Entendre (oír) | Éprouver, ressentir (pena) | Regretter, être désolé : *siento que se vaya,* je regrette que vous partiez | Penser, juger | Sentir, pressentir (barruntar) | *~ en el alma,* regretter vivement *o* du fond du cœur, être désolé *o* navré | *Sin ~,* sans s'en rendre compte | — Vp Se sentir (enfermo, etc) | Souffrir (dolor) | Se plaindre (quejarse) | Se faire sentir (frío, etc).

señ|a f Signe *m* : *hablar por ~s,* parler par signes | MIL. Mot (*m*) de passe | — Pl Adresse *sing* (dirección) | Signalement *msing* (filiación) | *Por más ~s,* pour être plus précis || **~al** f Marque | Signal *m* : *dar la ~,* donner le signal | Signe *m* : *en ~ de,* en signe de | Signe *m,* geste *m* (ademán) | Marque, trace (cicatriz) | Preuve, témoignage *m* | Signe (*m*) distinctif (pasaporte) | Repère *m* | Accompte *m,* arrhes *pl* (dinero) | Tonalité (teléfono) | FIG. Échantillon *m* (muestra) | *Ni ~,* pas la moindre trace | *No dar ~es de vida,* ne pas donner signe de vie | *~ de la Cruz,* signe de la Croix | *~ de prohibido estacionar,* panneau d'interdiction de stationner | *~ de tráfico,* panneau indicateur *o* de signalisation | *~es de socorro,* signaux de détresse | *~es de tráfico,* signalisation routière || **~aladamente** adv Particulièrement || **~alado, a** adj Remarquable (insigne) | Fixé, e (día) | Remarqué, e (notado) | Marqué, e (características, rasgos) | FIG. *Un día ~,* un grand jour || **~alamiento** m DR. Assignation *f* | Signalisation *f* || **~alar** vt Marquer (con lápiz, etc) | Montrer (con el dedo) | Faire remarquer | Signaler | Remarquer (notar) | Fixer, marquer (cita, fecha) | Indiquer (hora) | Parapher (rubricar) | Désigner (designar) | DR. Assigner | — Vp Se signaler, se distinguer | Se dessiner (perfilarse) || **~alización** f Signalisation.

señero, a adj Seul, e | Sans égal (sin par).

señor, ~a adj Distingué, e | FAM. Beau, belle (grande) | — S Maître, maîtresse (dueño) | *Dárselas* ou *echárselas de señor, de señora,* faire le seigneur, jouer à la grande dame | — M Monsieur : *el ~ Pérez,* monsieur Pérez | Seigneur (feudal, Dios) | Sire (título real) | DR. Sieur | *A lo gran ~,* en grand seigneur | *El ~*

obispo, monseigneur l'évêque | *Estimado ~,* cher monsieur | *Muy ~ mío,* cher monsieur (cartas) | *Ser siempre ~ de sus actos,* être toujours maître de ses actes | *Ser todo un ~,* être un gentleman | *¡Sí ~!,* mais si! (es así), bravo! | *Su ~ padre,* Monsieur votre père | — F Dame : *una ~ mayor,* une dame d'un certain âge | Madame : *la ~ de Pérez,* madame Pérez | FAM. Femme (esposa) | *La ~ madre,* Madame Mère | *~s y señores,* mesdames, messieurs || **~ear** vt Dominer, commander | FAM. Donner du monsieur à tout bout de champ | — Vp S'emparer || **~ía** f Seigneurie || **~ial** adj Seigneurial, e | FIG. Imposant, e (imponente), aristocratique (noble), élégant, e (barrio), de grand seigneur (comportamiento), de grande classe, cossu, e (acomodado) || **~ío** m Pouvoir, autorité *f* | Domaine | Seigneurie *f* | FIG. Dignité *f* (dignidad), maîtrise (*f*) de soi (voluntad) | Le beau monde || **~ita** f Jeune fille | Mademoiselle (tratamiento de cortesía) | Madame *o* mademoiselle (empleado por las criadas) | *~ de compañía,* demoiselle de compagnie || **~itingo, a** s FAM. Fils *o* fille à papa || **~itismo** m Règne des fils à papa, les fils à papa || **~ito** m Monsieur (empleado por los criados) | Patron (patrón) | Fils de famille, fils à papa || **~ón, ona** adj Distingué, e | Qui prend des airs de grand seigneur *o* de grande dame.

señuelo m Leurre | Appeau (cimbel), miroir à alouettes | FIG. Piège, miroir à alouettes (trampa), mirage.

seo m Cathédrale *f*.

sépalo m BOT. Sépale.

separ|able adj Séparable || **~ación** f Séparation : *~ matrimonial,* séparation de corps | Écartement *m* (distancia) || **~ado, a** adj Séparé, e | Écarté, e | *Por ~,* séparément || **~ador, a** adj/m Séparateur, trice || **~ar** vt Séparer | Écarter (apartar) Mettre à part | Détacher | Suspendre (funcionario) | — Vp Se séparer | Se défaire (abandonar) | S'éloigner, s'écarter | Abandonner (un puesto) | DR. Se désister de || **~ata** f IMPR. Tirage (*m*) à part || **~aratismo** m Séparatisme || **~atista** adj/s Séparatiste.

sepelio m Inhumation *f*, enterrement.

sepia f ZOOL. Sépia | Sépia *m* (color).

sept|enal adj Septennal, e || **~enio** m Septennat || **~entrión** m Septentrion || **~entrional** adj Septentrional, e.

septicemia f Septicémie.

séptico, a adj Septique.

septiembre m Septembre : *el 5 de ~ de 1982,* le 5 septembre 1982.

sépt|ima f Septième || **~imo, a** adj/s Septième | Sept : *Carlos VII,* Charles VII | *En ~ lugar,* septièmement.

sept|ingentésimo, a adj/s Sept centième || **~uagenario, a** adj/s Septuagénaire || **~uagésimo, a** adj/s Soixante-dixième || **~uplicar** vt Septupler.

séptuplo, a adj/m Septuple.

sepulcr|al adj Sépulcral, e | Tombal, e (lápida) | FIG. De mort (silencio) || **~o** m Sépulcre, tombeau | FIG. *Ser un ~,* être muet comme une tombe.

sepult|ador, a s Ensevelisseur, euse || **~amiento** m Enterrement || **~ar** vt Ensevelir, enterrer | Emmurer (mineros) | FIG. Ensevelir (ocultar), plonger, abîmer (absorber) || **~o, a** adj Enseveli, e || **~ura** f Sépulture | Tombe, tombeau *m* | *Dar ~,* ensevelir, enterrer || **~urero** m Fossoyeur.

sequedad o **sequía** f Sécheresse.

séquito m Suite *f*, cortège | FIG. Cortège.

ser m Être : *~ humano,* être humain | Existence *f*, vie *f* | Essence *f* (esencia).

ser* vi Être : *soy español,* je suis espagnol; *somos dos,* nous sommes deux | Arriver (suceder) : *¿cómo fue eso?,* comment cela est-il arrivé? | Avoir lieu (tener lugar) | Être, coûter (costar) | Être à (pertenecer) | Faire : *dos y dos son cuatro,* deux et deux font quatre | *A no ~,* si ce n'est | *A no ~ que,* à moins que | *Así sea,* ainsi soit-il | *Aunque fuese,* fût-ce | *¡Cómo es eso!,* eh bien! | *¿Cómo es que...?,* comment se fait-il que...? | *De no ~ así,* sinon, autrement | *Érase que se era* ou *érase una vez,* il était une fois | *Eso es,* c'est ça | *Esto es,* c'est-à-dire | *Lo que sea,* n'importe quoi, ce que vous voudrez | FAM. *¡Más eres tú!,* tu peux parler! | *¡No es para menos!,* il y a de quoi! | *No puede ~,* ce n'est pas possible | *O sea que,* c'est-à-dire que (esto es), autrement dit | *Por un sí es no es,* pour un rien | *Sea,* soit | *Sea lo que fuere* ou *lo que sea,* quoi qu'il en soit | *Sea o no sea,* de toute façon | *~ de,* être de : *es muy de él,* c'est bien de lui; être avec *o* du parti de; falloir, être à : *es de ver,* il faut voir, c'est à voir; advenir de, devenir : *¿qué sería de mí?,* qu'adviendrait-il de moi?, que deviendrais-je? | *~ de lo que no hay,* être unique en son genre | *~ para,* être à : *es para morirse de risa,* c'est à mourir de rire; être doué pour |

~ para poco, ne pas être bon à grand-chose | *Soy yo quien* ou *el que,* c'est moi qui | *Un si es no es,* un tant soit peu | *Ya sea ... ya sea ...,* soit ... soit.
sera f Couffin *m.*
ser|áfico, a adj Séraphique || **~afín** m Séraphin | FIG. Chérubin.
Serbia nprf Serbie.
serbio, a adj/s Serbe.
seren|ar vt Calmer (mar, espíritu, pasión, etc) | Clarifier (líquido) | — Vp Se calmer || **~ata** f Sérénade | FAM. *Dar la ~,* casser les pieds || **~idad** f Calme *m* (sosiego) | Sérénité || **~o, a** adj Serein, e (claro) | FIG. Calme, paisible, serein, e (apacible), sobre (sobrio) | — M Veilleur de nuit | Serein | *Al ~,* à la belle étoile.
sergas fpl Prouesses (hazañas).
serial m Feuilleton (radio).
seriamente adv Sérieusement.
seriar vt Sérier.
seric|icultor o **~ultor** m Sériciculteur || **~icultura** o **~ultura** f Sériciculture.
serie f Série : *en ~,* en série | Tranche (empréstito) | *Fuera de ~,* hors série, hors pair.
seri|edad f Sérieux *m : falta de ~,* manque de sérieux || **~o, a** adj Sérieux, euse || **~o** adv *En ~,* sérieusement | *No hablar en ~,* plaisanter | *Tomar en ~,* prendre au sérieux | *Va en ~,* c'est sérieux.
seringuero m Gemmeur (de caucho).
serm|ón m Sermon || **~oneador, a** s Sermonneur, euse || **~onear** vt/i Faire un sermon, prêcher | FAM. Sermonner || **~oneo** m FAM. Sermon.
serón m Couffin.
sero|sidad f Sérosité || **~so, a** adj Séreux, euse || **~terapia** f Sérothérapie.
serp|entear vi Serpenter || **~enteo** m Serpentement || **~entín** m Serpentin || **~entina** f Serpentin *m* (de papel) | Serpentine || **~iente** f Serpent *m : ~ de anteojo,* serpent à lunettes.
serpol m BOT. Serpolet.
serrad|o, a adj Dentelé, e; en dents de scie || **~or, a** adj/s Scieur, euse || **~uras** fpl Sciure *sing* (serrín).
serrallo m Sérail (harén).
serran|ía f Montagne || **~iego, a** adj Montagnard, e || **~o, a** adj/s Montagnard, e | FAM. Mon beau, ma belle (término cariñoso) | — Adj De montagne (jamón) | — F Poésie pastorale.
serr|ar* vt Scier || **~ato** adjm/m Dentelé (músculo) || **~ería** f Scierie || **~ín** m Sciure *f* || **~ucho** m Egoïne *f,* scie *(f)* égoïne *o* à main.

Servia nprf Serbie.
serv|ible adj Utile || **~icial** adj Serviable || **~icialmente** adv Obligeamment || **~icio** m Service : *estar al ~ de uno,* être au service de qqn; *~ de café,* service à café; *prestar un ~,* rendre un service | Domestiques *pl* (criados) | Chambre *(f)* de bonne | Service (tenis, restaurante) | Vase de nuit (orinal) | — Pl Toilettes *f* | *En acto de ~,* au service de la patrie, en service commandé (morir) | FIG. *Hacer un flaco ~,* rendre un fier service *o* un mauvais service | *Prestar ~,* servir | *~ de comunicación,* desserte | *~ militar,* service militaire | *~ permanente,* permanence || **~idor, a** s Domestique, serviteur *m,* servante *f* | — M Servant (máquina) | *¡~!,* présent! | *~ de Ud.,* à votre service, à votre disposition | *Su seguro ~,* votre très humble serviteur (en una carta) | *Un ~,* votre serviteur (en un relato) || **~idumbre** f Servitude | Domesticité | Domestiques *mpl,* employés *(mpl)* de maison | DR. Servitude : *~ de paso,* servitude de passage | *Sin ~ de vistas* ou *de luces,* vue imprenable || **~il** adj Servile || **~ilismo** m Servilité *f.*
servill|eta f Serviette (de mesa) || **~etero** m Rond de serviette.
servio, a adj/s Serbe.
serviola f MAR. Bossoir *m.*
servir* vt/i Servir (a su amo, patria, militar, tenis, naipes, etc) | Rendre service, être utile, servir | Marcher (funcionar) | *Bien servido,* bien tassé (bebida) | *Para servirle,* à votre service | FAM. *¡Pues sí que le sirve de mucho!,* cela lui fait une belle jambe! | *~ para,* servir à : *no me sirve para nada,* cela ne me sert à rien | — Vp Se servir | Vouloir : *sírvase sentarse,* veuillez vous asseoir.
servo|freno m Servofrein || **~mando** m Servocommande *f* || **~motor** m Servomoteur.
sesada f CULIN. Cervelle.
sésamo m BOT. Sésame.
sesear vi Prononcer en espagnol les *c* et les *z* comme des *s.*
sesent|a adj/m Soixante | *Unos ~,* une soixantaine || **~avo, a** adj/s Soixantième || **~ón, ona** adj/s FAM. Sexagénaire.
seseo m Défaut qui consiste à prononcer en espagnol les *c* et les *z* comme des *s.*
sesera f Crâne *m* (animal) | FAM. Cervelle, jugeote.
sesg|ado, a adj En biais || **~ar** vt Couper en biais || **~o, a** adj En biais | — M Biais | FIG. Biais (medio), tournure *f* (aspecto) | *Al ~,* en biais, de travers.

sesión f Séance : ~ *de cine, a puerta cerrada,* séance de cinéma, à huis clos | Session (concilio) | Pose (pintor) | *Abrir, levantar la* ~, ouvrir, lever la séance | *Celebrar* ~, siéger, tenir une séance | *De* ~ *continua,* permanent (cine) | *Período de sesiones,* session.
seso m Cervelle *f* | FIG. Cervelle *f*, bon sens | — Pl Cervelle *fsing* (cocina) | FIG. FAM. *Calentarse* ou *devanarse los* ~*s*, se creuser la cervelle *o* la tête. *Perder el* ~, perdre la tête. *Romperse los* ~*s haciendo algo,* se casser la tête à faire qqch. *Ser un sin* ~, être écervelé. *Sorber el* ~ *a uno,* tourner la tête à qqn.
seste|ar vi Faire la sieste || ~**o** m Sieste *f*.
sestercio m Sesterce.
sesudo, a adj Sensé, e.
set m Set (tenis).
set|a f Champignon *m* || ~**al** m Champignonnière *f*.
set|ecientos, as adj/m Sept cents || ~**enta** adj/m Soixante-dix || ~**entavo, a** adj/s Soixante-dixième || ~**entón, ona** adj/s FAM. Septuagénaire.
setiembre m Septembre.
seto m Haie *f*.
seudó|nimo adj/m Pseudonyme || ~**podo** m Pseudopode.
sever|idad f Sévérité || ~**o, a** adj Sévère.
sevicia f Sévices *mpl*.
Sevilla npr Séville | FIG. *Quien va* ou *fue a* ~ *pierde* ou *perdió su silla,* qui va à la chasse perd sa place.
sevillano, a adj/s Sévillan, e.
sex|agenario, a adj/s Sexagénaire || ~**agésimo, a** adj/s Soixantième | ~ *primero,* soixante et unième || ~**centésimo, a** adj/s Six centième.
sexo m Sexe.
sext|a f MÚS. Sixte || ~**ante** m Sextant || ~**o, a** adj/s Sixième | Six : *Luis* ~, Louis VI || ~**uplicar** vt Sextupler.
séxtuplo, a adj/m Sextuple.
sexu|ado, a adj/m Sexué, e || ~**al** adj Sexuel, elle || ~**alidad** f Sexualité.
shah m Chah, shah.
shunt m ELEC. Shunt, dérivation *f* | ~**ado** m Shuntage (ferrocarriles).
si conj Si, s' : ~ *no llueve,* s'il ne pleut pas | Alors que (cuando) | Combien : *¡sabes* ~ *lo estimo!,* tu sais combien je l'estime! | Puisque : *¡*~ *le digo que no!,* puisque je vous dis que non! | *Como* ~, comme si : *como* ~ *nada,* comme si de rien n'était | ~ *bien,* bien que | ~ *no,* sinon, sans cela | — M MÚS. Si.
sí pr pers refl 3ª pers Lui, elle : *sólo piensa en* ~, il ne pense qu'à lui | Soi : *hablar de* ~, parler de soi; *volver en* ~, revenir à soi | *De por* ~, de lui-même, etc | *Entre* ~ ou *para* ~, en lui-même, à part soi : *dijo entre* ~, il dit à part soi.
sí adv Oui : *contestar* ~ *o no,* répondre par oui ou par non; *decir que* ~, dire oui | Si (después de frase negativa) | FAM. *¡Eso* ~ *que no!,* ça non!, jamais de la vie! | *Pero* ~ (tras negación), mais par contre, mais en revanche | *Porque* ~, parce que, parce que ça me plaît | ~ *que,* c'est ... que : *ahora* ~ *nos vamos a reir,* c'est maintenant que nous allons rire; voilà : *ésta* ~ *sabe lo que quiere,* en voilà une qui sait ce qu'elle veut | — M Oui | *Dar el* ~, donner son approbation (aceptar), prononcer le grand oui (para casarse) | *Sin que falte ni un* ~ *ni un no,* sans qu'il y manque un iota.
siamés, esa adj/s Siamois, e.
sibarita adj/s Sybarite.
Siberia nprf Sibérie.
sibila f Sibylle.
sibilante adj/f Sifflant, e | Chuintant, e.
sibilino, a adj Sibyllin, e.
sic adv Sic.
Sicilia nprf Sicile.
sico|análisis f Psychanalyse || ~**analista** adj/s Psychanalyste || ~**logía** f Psychologie || ~**lógico, a** adj Psychologique.
sicólogo m Psychologue.
sicómoro o **sicomoro** m Sycomore.
sicópata s MED. Psychopathe.
sicosis f Psychose.
sidecar m Side-car.
sideral adj Sidéral, e.
sider|urgia f Sidérurgie || ~**úrgico, a** adj Sidérurgique.
sidr|a f Cidre *m* || ~**ería** f Cidrerie.
siega f Moisson.
siembra f Semailles *pl* | Champ (*m*) ensemencé.
siempre adv Toujours : *para* ou *por* ~, pour toujours | Tout le temps (sin descanso) | *De* ~, habituel, elle; de toujours | *Lo de* ~, comme toujours, comme d'habitude, toujours pareil | *Para* ou *por* ~ *jamás,* à tout jamais | ~ *que* ou ~ *y cuando que,* pourvu que, du moment que (con tal que), chaque fois que || ~**tieso** m Poussah (juguete) || ~**viva** f BOT. Immortelle.
sien f Tempe.
sierpe f Serpent *m*.
sierra f TECN. Scie | Chaîne de montagnes, sierra (cordillera) | Montagne | *En forma de* ~, en dents de scie.
siervo, a s Serf, serve (esclavo) | Serviteur *m*, servante *f* (de Dios).
síes mpl Oui *inv*.

siesta f Sieste : *dormir* ou *echar la ~*, faire la sieste.
siete adj Sept | — M Sept | FAM. Accroc (rasgón) | FAM. *Comer más que ~*, manger comme quatre. *Hablar más que ~*, être bavard comme une pie. *Saber más que ~*, en savoir long | *Son las ~*, il est sept heures ‖ **~mesino, a** adj/s Prématuré de sept mois | — M FAM. Avorton.
sífilis f Syphilis.
sifilítico, a adj/s Syphilitique.
sifón m Siphon | FAM. Eau (*f*) de Seltz.
sigil|o m Sceau (sello) | FIG. Secret ‖ **~ografía** f Sigillographie ‖ **~oso, a** adj Secret, ète | Discret, ète (persona).
sigla f Sigle *m* (inicial).
siglo m Siècle : *al correr de los ~s*, au cours des siècles | FIG. Eternité *f*, siècle (mucho tiempo), monde (mundo) | FIG. *Dentro de un ~*, dans cent sept ans. *Por los ~s de los ~s*, à tout jamais | *Ser del siglo XX* (veinte), être du XXe [vingtième] siècle.
sign|ar vt Signer (firmar) | — Vp Se signer (persignarse) ‖ **~atario, a** s Signataire ‖ **~atura** f Signe *m* (señal) | Signature (firma, imprenta) | Cote (para clasificar) ‖ **~ificación** f Signification, sens *m* | FIG. Importance ‖ **~ificado, a** adj Signifié, e; indiqué, e | Important, e; réputé, e | — M Sens, signification *f* ‖ **~ificar** vt Signifier | Désigner, signifier | FIG. Représenter | Signifier, notifier | — Vp Se distinguer ‖ **~ificativo, a** adj Significatif, ive | FIG. Important, e ‖ **~o** m Signe (indicio, puntuación, música, matemáticas, zodiaco, etc) | Point : *~ de admiración*, point d'exclamation | Signal : *~s Morse*, signaux en morse | Tendance *f* | *~ monetario*, unité monétaire.
siguiente adj/s Suivant, e | *El día ~*, le lendemain.
sílaba f Syllabe.
sil|abar o **~abear** vi Parler en détachant les syllabes ‖ **~abario** m Syllabaire ‖ **~ábico, a** adj Syllabique.
silb|a f Sifflets *mpl* ‖ **~ador, a** adj/s Siffleur, euse ‖ **~ante** adj Sifflant, e ‖ **~ar** vt/i Siffler ‖ **~ato** m Sifflet (pito) ‖ **~ido** m Sifflement | Coup de sifflet | — Pl Sifflets ‖ **~o** m Sifflement ‖ **~otear** vi/t Siffloter.
silenci|ador m Silencieux ‖ **~ar** vt Étouffer (ruido) | Taire, passer sous silence (callar) ‖ **~o** m Silence : *imponer ~*, imposer (le) silence; *pasar en ~*, passer sous silence | MÚS. *~ de corchea*, demi-soupir ‖ **~oso, a** adj Silencieux, euse | — M Pot d'échappement (en un coche).
sílex m Silex (pedernal, piedra).
sílfide f Sylphide.
silicato m Silicate.
sílice m Silice *f*.
sil|íceo, a adj Siliceux, euse ‖ **~icio** m Silicium ‖ **~icona** f Silicone.
silo m Silo.
silogismo m Syllogisme.
siluet|a f Silhouette | Profil *m* ‖ **~ear** vt Silhouetter.
silva f Mélange *m*, recueil *m*.
silv|estre adj Sauvage (fruta) | Sylvestre, forestier, ère ‖ **~icultor** m Sylviculteur ‖ **~icultura** f Sylviculture.
sill|a f Chaise : *~ de manos, de rejilla*, chaise à porteurs, cannée | Selle (de jinete) | FIG. Siège *m* (sede) | *Llevar a un niño en la ~ de la reina*, faire la chaise à un enfant | *~ arzobispal*, archevêché | *~ de coro*, stalle | *~ de ruedas*, fauteuil roulant | *~ poltrona*, bergère ‖ **~ar** m Pierre (*f*) de taille ‖ **~ería** f Sièges *mpl* | Stalles *pl* (del coro) | Fabrique de chaises (taller) | Sellerie (de sillas de montar) ‖ **~ero, a** s Chaisier, ère | Rempailleur, euse (reparador) | — M Sellier ‖ **~ín** m Selle *f* (bicicleta) | Selle (*f*) anglaise ‖ **~ón** m Fauteuil (asiento) | Selle (*f*) à dossier (silla de montar).
sima f Précipice *m* | FIG. Abîme *m*, gouffre *m*.
simbiosis f BIOL. Symbiose.
simb|ólico, a adj Symbolique ‖ **~olismo** m Symbolisme ‖ **~olista** adj/s Symboliste ‖ **~olizar** vt Symboliser.
símbolo m Symbole.
sim|etría f Symétrie ‖ **~étrico, a** adj Symétrique.
simiente f Semence.
simiesco, a adj Simiesque.
símil adj Similaire | — M Similitude *f* | Comparaison *f*.
simil|ar adj Similaire ‖ **~igrabado** m Similigravure *f* ‖ **~itud** f Similitude.
simio m Singe (mono).
simón m Fiacre.
simp|atía f Sympathie | Gentillesse ‖ **~ático, a** adj Sympathique | Gentil, ille | — M Sympathique ‖ **~aticón, ona** adj FAM. Sympa ‖ **~atizante** adj/s Sympathisant, e ‖ **~atizar** vi Sympathiser.
simpl|aina o **~ainas** s FAM. Naïf, ive ‖ **~e** adj Simple | Fade (soso) | Seul, e (único) | — M Simple d'esprit (bobo) | Simple (tenis) ‖ **~emente** adv Simplement ‖ **~eza** f Naïveté, simplicité (ingenuidad) | Sottise, simplicité (necedad) ‖ **~icidad** f Simplicité ‖ **~ificación** f Simplification

|| **~ificador, a** adj/s Simplificateur, trice || **~ificar** vt Simplifier || **~ista** adj/s Simpliste || **~ón, ona** adj/s Simplet, ette.
simposio m Symposium.
simul|ación f Simulation || **~acro** m Simulacre || **~ador, a** adj/s Simulateur, trice || **~ar** vt/i Simuler | Feindre | Faire semblant.
simult|anear vt Faire coïncider, mener de front | Faire alterner | *~ la risa con el llanto,* passer du rire aux larmes | — Vp Coïncider || **~aneidad** f Simultanéité || **~áneo, a** adj Simultané, e.
simún m Simoun (viento).
sin prep Sans : *~ cesar,* sans cesse; *~ querer,* sans le vouloir | *Estar ~,* ne pas être : *está ~ hacer,* ce n'est pas fait | *~ embargo,* cependant, néanmoins | *~ eso* ou *~ lo cual,* sans quoi, autrement.
sinagoga f Synagogue.
sinapismo m Sinapisme | FAM. Empoisonneur, euse; casse-pieds.
sincer|arse vp Se justifier | S'ouvrir, ouvrir son cœur || **~idad** f Sincérité || **~o, a** adj Sincère.
sinclinal m Synclinal.
síncopa f GRAM. MÚS. Syncope.
sincopar vt GRAM. MÚS. Syncoper | FIG. Abréger.
síncope m MED. Syncope *f.*
sincr|ónico, a adj Synchronique, synchrone || **~onismo** m Synchronisme || **~onización** f Synchronisation || **~onizar** vt Synchroniser.
síncrono, a adj Synchrone.
sincrotrón m Synchrotron.
sindic|ado, a adj/s Syndiqué, e || **~al** adj Syndical, e || **~alismo** m Syndicalisme || **~alista** adj/s Syndicaliste || **~ar** vt Syndiquer || **~ato** m Syndicat.
síndico m Syndic.
síndrome m MED. Syndrome.
sinecura f Sinécure.
sine die loc adv Sine die.
sin|éresis f Synérèse || **~ergia** f Synergie.
sinfín m Infinité *f,* grand nombre.
sinf|onía f Symphonie || **~ónico, a** adj Symphonique | — F Orchestre (*m*) symphonique.
singl|adura f MAR. Cinglage *m* || **~ar** vi MAR. Cingler.
singracia f Manque (*m*) de grâce | Manque (*m*) d'esprit | — Adj Fade, quelconque.
singular adj/m Singulier, ère || **~idad** f Singularité | Caractère (*m*) particulier || **~izar** vt Singulariser.
sinhueso f FAM. Bavarde, langue.
siniestr|a f Gauche, main gauche || **~ado, a** adj/s Sinistré, e || **~o, a** adj Gauche (izquierdo) | FIG. Sinistre | — M Sinistre.
sinnúmero m Infinité *f,* grand nombre.
sino m Sort (destino) | — Conj Mais : *no era él ~ su hermano,* ce n'était pas lui mais son frère | Que : *nadie ha venido ~ él,* il n'y a que lui qui soit venu | *No ... ~,* ne ... que | *No sólo ... ~ que* ou *~ que también,* non seulement ... mais encore | *~ que,* mais (pero), sauf que (salvo).
sínodo m Synode.
sinología f Sinologie.
sinonimia f Synonymie.
sinónimo, a adj/m Synonyme.
sinopsis f Synopsis.
sinóptico, a adj Synoptique.
sinovi|a f Synovie || **~al** adj Synovial, e.
sin|razón f Injustice | Aberration | Non-sens *m* (disparate) || **~sabor** m Fadeur *f* | FIG. Ennui (molestia), peine *f* (pena), déboire, désagrément.
sinsonte m Moqueur (ave).
sint|áctico, a adj Syntaxique, syntactique || **~axis** f Syntaxe.
sinterización f TECN. Frittage *m.*
síntesis f Synthèse.
sint|ético, a adj Synthétique || **~etizar** vt Synthétiser.
síntoma m Symptôme.
sintomático, a adj Symptomatique.
sinton|ía f RAD. Indicatif *m* (de una emisión) | FIG. Harmonie || **~ización** f Syntonisation || **~izar** vt RAD. Accorder | *~ con,* être à l'écoute de.
sinuos|idad f Sinuosité | FIG. Méandre *m,* détour *m* || **~o, a** adj Sinueux, euse.
sinus|itis f Sinusite || **~oidal** adj Sinusoïdal, e || **~oide** f Sinusoïde.
sinvergüenza adj Effronté, e; canaille | *¡Qué ~ eres!,* tu ne manques pas de culot! | — S Petit voyou *m,* canaille *f* (granuja) | Crapule *f* || **~da** f FAM. Culot *m,* toupet *m.*
sion|ismo m Sionisme || **~ista** adj/s Sioniste.
siqu|iatra m Psychiatre || **~iatría** f Psychiatrie.
síquico, a adj Psychique.
siquiera conj Même si (aunque) | — Adv Au moins (por lo menos) | Ne serait-ce que (aunque sólo sea) | Même : *sin saber ~ lo que quiere,* sans même savoir ce qu'il veut | Soit (bien, ya) | *Ni ~ o no ... ~,* ne ... même pas : *ni ~ me lo dijo,* il ne me l'a même pas dit.
sirena f Sirène.
sirg|a f MAR. Corde (cuerda), halage *m* : *camino de ~,* chemin de halage || **~ar** vt MAR. Haler.
sirimiri m Crachin, bruine *f.*
siringa f Arbre (*m*) à caoutchouc.

sirio, a adj/s Syrien, enne (de Siria).
sirle m Crotte *f*.
siroco m Sirocco.
sirope m Sirop (jarabe).
sirvient|a f Domestique, servante ‖ **~e** m Domestique, serviteur | MIL. Servant | — Adjm De service.
sis|a f FAM. Chapardage *m*, gratte | Échancrure (vestido), emmanchure (manga) | Impôt *m* (impuesto) | Mordant *m* (dorado) ‖ **~ador, a** adj/s FAM. Qui fait danser l'anse du panier, carotteur, euse.
sisal m BOT. Sisal, agave | Sisal (fibra textil).
sisar vt Carotter, chaparder (robar) | Échancrer (vestido) | — Vi FAM. Faire danser l'anse du panier.
sise|ar vt/i Siffler, huer (actor) | Siffler (mujer) ‖ **~o** m Sifflet, huées *fpl* (abucheo) | Psitt (llamada).
sísmico, a adj Sismique.
sism|o m Séisme ‖ **~ógrafo** m Sismographe ‖ **~ología** f Sismologie.
sistem|a m Système | Régime : *~ tributario*, régime fiscal | *Por ~*, systématiquement ‖ **~ático, a** adj/f Systématique ‖ **~atización** f Systématisation ‖ **~atizar** vt Systématiser.
sístole f ANAT. Systole.
siti|ado, a adj/s Assiégé, e ‖ **~ador, a** adj/s Assiégeant, e ‖ **~al** m Fauteuil de cérémonie ‖ **~ar** vt Assiéger ‖ **~o** m Place *f* : *vete a tu ~*, va à ta place; *ocupar mucho ~*, prendre *o* tenir beaucoup de place | Endroit, lieu (lugar) | MIL. Siège (cerco) : *estado de ~*, état de siège | *Amér.* Terrain (solar) | *A* ou *en algún ~*, quelque part | *Cualquier ~*, n'importe où, partout | FIG. *Dejar a uno en el ~*, tuer qqn net | *En* ou *a ningún ~*, nulle part | FIG. *Poner a uno en su ~*, remettre qqn à sa place | *Poner ~ a*, assiéger, mettre le siège devant | *Real Sitio*, résidence royale.
sito, a adj Situé, e (colocado) | DR. Sis, sise (casa).
situ|ación f Situation ‖ **~ado, a** adj V. SITO | FIG. *Estar bien ~*, avoir une bonne situation (en la vida) ‖ **~ar** vt Situer, placer | Affecter (dinero) | — Vp MAR. Relever sa position.
siútico, a adj FAM. *Amér.* V. CURSI.
siux m Sioux.
slalom m Slalom (esquí).
slam m Chelem (bridge).
slogan m Slogan.
smoking m Smoking.
snob m Snob ‖ **~ismo** m Snobisme.
so m FAM. Espèce de : *~ tonto*, espèce d'idiot | — Prep Sous : *~ pretexto*, sous prétexte; *~ pena*, sous peine.
soasar vt Saisir (asar).
sob|a f Pétrissage *m* | Foulage *m* (de pieles) | FAM. Volée (paliza), tripotage *m* (manoseo) ‖ **~aco** m ANAT. Aisselle *f* ‖ **~adero** m Fouleur (cueros) ‖ **~ado, a** adj FAM. Tripoté, e (manido), rebattu, e (trillado) | Foulé, e (pieles) | Pétri, e (amasado) | Rossé, e (a golpes) ‖ **~adura** f Pétrissage *m* | Foulage *m* | FAM. Tripotage *m* ‖ **~aquera** f Dessous-de-bras *m* ‖ **~aquina** f Sueur ‖ **~ar** vt Pétrir | Fouler (pieles) | Rosser (zurrar) | FAM. Peloter (acariciar), tripoter (tocar).
soberan|ía f Souveraineté | *~ feudal*, suzeraineté ‖ **~o, a** adj/s Souverain, e | — Adj FIG. Magistral, e (paliza).
soberbi|a f Orgueil *m*, superbe | Magnificence | FIG. Colère (ira) ‖ **~o, a** o **~oso, a** adj Coléreux, euse | Hautain, e; arrogant, e | FIG. Superbe, magnifique | Fougueux, euse (caballo).
sob|o m V. SOBA ‖ **~ón, ona** adj/s FAM. Peloteur, euse (acariciador).
sobordo m MAR. Inspection *f* (de la carga) | Registre, manifeste de douane.
soborn|ación f Subornation ‖ **~ador, a** adj/s Suborneur, euse ‖ **~ar** vt Suborner, soudoyer ‖ **~o** m Subornation *f*, corruption *f* | Pot-de-vin (gratificación).
sobr|a f Reste *m*, excédent *m*, surplus *m* | — Pl Résidus *m*, déchets *m* (desechos) | Reliefs *m*, restes *m* (comida) | Rabiot *msing* (de rancho) | | *De ~*, de *o* en trop | *Sé de ~ que*, je sais parfaitement que | *Tener de ~ donde escoger*, n'avoir que l'embarras du choix ‖ **~adamente** adv Extrêmement, de trop ‖ **~adillo** m Soupente *f* ‖ **~ado, a** adj De trop, en trop, de reste | *Con ~ razón*, à très juste titre | *No estar ~ de*, ne pas avoir trop de | *Tener ~s motivos para*, avoir toutes les raisons de | — M ARQ. Comble (desván) | — Adv Largement, de trop ‖ **~ante** adj Restant, e; de trop | — M Reste, restant, excédent ‖ **~ar** vi Rester (quedar) | Être de trop | Avoir en trop | Avoir trop de | *Sobrarle a uno la gracia*, avoir de l'esprit à revendre.
sobre prep Sur : *~ la mesa*, sur la table | Environ, à peu près (unos) | Vers (a eso de) | Après : *~ comida*, après le repas | En plus de, non seulement : *~ ser caro es feo*, non seulement c'est cher mais c'est laid | Au-dessus de (grados) | *~ modo*, V. SOBREMANERA. | *~ todo*, surtout.
sobre|abundancia f Surabondance ‖ **~agudo, a** adj Suraigu, ë ‖ **~alimentación** f Suralimentation ‖ **~alimentar** vt Suralimenter ‖ **~al-**

zar vt Surhausser, surélever ‖ **~añadir** vt Surajouter ‖ **~asar** vt Refaire griller *o* rôtir ‖ **~bota** f *Amér.* Guêtre ‖ **~calentar** vt TECN. Surchauffer ‖ **~cama** f Dessus-de-lit *m* ‖ **~carga** f Surcharge ‖ **~cargar** vt Surcharger ‖ **~cargo** m MAR. Subrécargue, commis (oficial de a bordo) ‖ **~carta** f Enveloppe ‖ **~ceja** f Bas (*m*) du front ‖ **~cejo** o **~ceño** m Froncement de sourcils | *Poner ~,* froncer les sourcils ‖ **~cito** m Sachet ‖ **~cogedor, a** adj Saisissant, e; émouvant, e (espectáculo, voz, etc) ‖ **~coger** vt Saisir (miedo, frío) | Surprendre, prendre au dépourvu | — Vp Être saisi ‖ **~cogimiento** m Saisissement ‖ **~comprimir** vt Pressuriser (avión) ‖ **~cosido** m o **~costura** f Couture (*f*) rabattue ‖ **~cubierta** f Seconde enveloppe | Jaquette (libro) ‖ **~dicho, a** adj Susdit, e ‖ **~dorar** vt Surdorer ‖ **~edificar** vt Surélever (casa) ‖ **~entender*** vt Sous-entendre | — Vp Être sous-entendu ‖ **~entrenamiento** m DEP. Surentraînement ‖ **~entrenar** vt DEP. Surentraîner ‖ **~excitación** f Surexcitation ‖ **~excitar** vt Surexciter ‖ **~exponer** vt FOT. Surexposer ‖ **~exposición** f FOT. Surexposition ‖ **~falda** f Jupe ‖ **~haz** f Surface | Couverture | FIG. Apparence ‖ **~hilado** m Surfil, surfilage ‖ **~hilar** vt Surfiler ‖ **~humano, a** adj Surhumain, e ‖ **~impresión** f Surimpression ‖ **~llenar** vt Trop remplir ‖ **~llevar** vt Supporter, endurer ‖ **~manera** adv À l'excès, excessivement | Extrêmement ‖ **~marca** f Surenchère (bridge) ‖ **~mesa** f Tapis (*m*) de table | Dessert *m* | *De ~,* après le repas (conversación), de début d'après-midi (programa de radio) ‖ **~nadar** vi Surnager ‖ **~natural** adj Surnaturel, elle ‖ **~nombre** m Surnom (mote) ‖ **~paga** f Gratification, surpaye ‖ **~parto** m Suites (*fpl*) de couches ‖ **~pasar** vt V. SUPERAR ‖ **~pelliz** f Surplis *m* ‖ **~peso** m Surcharge *f* | Excédent (de equipaje) ‖ **~poner*** vt Superposer | — Vp Surmonter (dificultades) | L'emporter sur (enemigo) ‖ **~precio** m Augmentation *f* [de prix] | *Pagar con ~,* surpayer ‖ **~prima** f Surprime ‖ **~producción** f Surproduction ‖ **~puesto, a** adj Superposé, e ‖ **~puja** f Surenchère, surenchérissement *m* ‖ **~pujamiento** m Avantage ‖ **~pujar** vt Surpasser | Dépasser | Surenchérir (subasta) ‖ **~ro, a** adj Restant, e | — Adjm/m De réserve (toro) ‖ **~salienta** f Doublure (teatro) ‖ **~saliente** adj Qui dépasse, en saillie | Supérieur, e (excelente) | Remarquable, hors pair (notable) | — Adj/s Reçu avec mention très bien (examen) | — M Mention (*f*) très bien | Remplaçant (torero) | — S Doublure *f* (actor) ‖ **~salir*** vi Dépasser (exceder) | Ressortir | S'avancer (dominar) | ARQ. Saillir | FIG. Se distinguer (persona), être de premier ordre (cosa), primer (estar en el primer lugar) ‖ **~saltado, a** adj En sursaut (despertarse) | Effrayé, e | En émoi (excitado) ‖ **~saltar** vt Effrayer | Faire sursauter | Surprendre | — Vi Se détacher | — Vp S'effrayer | Sursauter | Se troubler, perdre contenance ‖ **~salto** m Sursaut | FIG. Soubresaut (susto), émotion *f*, trouble | *De ~,* soudain (de repente), à l'improviste | **~seer** vt Surseoir à ‖ **~seimiento** m Interruption *f*, suspension *f* | DR. Non-lieu ‖ **~sello** m Contreseing ‖ **~stimación** f Surestimation ‖ **~stimar** vt Surestimer (persona), surévaluer (cosa) | Surfaire (reputación) ‖ **~sueldo** m Gratification *f*, prime *f* ‖ **~tasa** f Surtaxe ‖ **~tensión** f ELEC. Survoltage *m*, surtension ‖ **~todo** m Pardessus (abrigo) ‖ **~venir*** vi Survenir ‖ **~viviente** adj/s Survivant, e ‖ **~vivir** vi Survivre ‖ **~volar*** vt Survoler ‖ **~voltaje** m ELEC. Survoltage ‖ **~xceder** vt Surpasser.

sobriedad f Sobriété.

sobrino, a s Neveu *m*, nièce *f*.

sobrio, a adj Sobre | Sobre, dépouillé, e (estilo) | Sévère (arquitectura).

socaire m MAR. Côté sous le vent | *Al ~,* à l'abri [du vent].

socaliñ|a f Astuce ‖ **~ar** vt Soutirer (dinero).

socapa f Prétexte *m* | *A ~,* en cachette.

socarr|ón, ona adj Narquois, e; moqueur, euse | Sournois, e (taimado) ‖ **~onería** f Sournoiserie.

socav|a o **~ación** f Creusement *m* ‖ **~ar** vt Creuser | FIG. Saper, miner ‖ **~ón** m Galerie *f* | Excavation *f* (hoyo) | Affaissement, effondrement, enfoncement (hundimiento).

soci|abilidad f Sociabilité ‖ **~able** adj Sociable ‖ **~al** adj Social, e ‖ **~aldemócrata** adj/s Social-démocrate ‖ **~alismo** m Socialisme ‖ **~alista** adj/s Socialiste ‖ **~alizar** vt Socialiser ‖ **~edad** f Société : *alta ~,* haute société; *~ matriz,* société mère | *Ser presentada en ~,* faire son entrée dans le monde | *~ cooperativa,* coopérative ‖ **~etario, a** adj/s Sociétaire ‖ **~o, a** s Sociétaire, membre (club, etc) | COM. Associé, e ; partenaire | — M

FAM. Type | *Hacerse ~ de,* s'inscrire à, devenir membre de | *~ de número,* membre titulaire || **~ología** f Sociologie || **~ológico, a** adj Sociologique || **~ologista** adj/s Sociologiste || **~ólogo, a** s Sociologue.

socolor m Prétexte | *~ de,* sous couleur de, sous prétexte de.

socorr|er vt Secourir || **~ido, a** adj Secourable | Bien approvisionné, e (abastecido) | FAM. Commode, pratique (cómodo), passe-partout (trillado) || **~ismo** m Secourisme || **~ista** s Secouriste || **~o** m Secours : *prestar ~,* porter secours | MIL. Renfort, secours | *Ir en ~ de,* aller au secours de | *¡~!,* au secours!

soda f QUÍM. Soude (sosa) | Soda *m* (bebida).

sódico, a adj Sodique.

sodio m Sodium.

soez adj Grossier, ère.

sofá m Sofa, canapé | *~ cama,* canapé-lit.

sofión m Rebuffade *f*.

sof|isma m Sophisme || **~ista** adj/s Sophiste || **~isticación** f Sophistication || **~isticar** vt Sophistiquer.

soflam|a f Réverbération (fuego) | Rougeur (rostro) | FIG. Effronterie || **~ar** vt Duper | FIG. Faire rougir (avergonzar), humilier | — Vp Brûler, griller (tostarse).

sofoc|ación f Suffocation | Étouffement *m* | FAM. Gros ennui *m* || **~ador, a** o **~ante** adj Suffoquant, e (humo, gas) | Étouffant, e (calor) | Ennuyeux, euse || **~ar** vt Suffoquer | FAM. Faire rougir, faire honte (avergonzar), étouffer (revolución), ennuyer (molestar), éteindre, maîtriser (incendio) | — Vp Étouffer (calor) | Rougir (ruborizarse) | S'étouffer (atragantarse) || **~o** m Étouffement, suffocation *f* | FIG. Gros ennui (disgusto), contrariété *f* (pena) || **~ón** m FAM. Coup au cœur (emoción).

sofreír* vt Faire revenir (cocer).

sofren|ada f Saccade | FIG. Savon *m* (reprensión) || **~ar** vt FIG. Réprimander (reprender), réprimer (pasiones).

sog|a f Corde | FIG. *Echar la ~ tras el caldero,* jeter le manche après la cognée. *Estar con la ~ al cuello,* être dans le pétrin. *No hay que mentar la ~ en casa del ahorcado,* il ne faut pas parler de corde dans la maison d'un pendu || **~uilla** f Cordelette.

soja f BOT. Soja *m*.

sojuzgar vt Subjuguer, dominer.

sol m Soleil : *~ poniente, naciente,* soleil couchant, levant | FIG. Amour : *¡qué ~ de niño!,* quel amour d'enfant! | Place (*f*) au soleil (en la plaza de toros) | MÚS. Sol | *Al ponerse el ~,* au coucher du soleil, au soleil couchant | *Al salir el ~,* au lever du soleil | FAM. *Arrimarse al ~ que más calienta,* se mettre du côté du plus fort, se tenir près du soleil | *Bajo el ~,* au soleil; sous le soleil | *De ~ a ~,* du matin au soir, du lever au coucher du soleil | *Más hermoso que un ~,* beau comme le jour *o* comme un astre | *No dejar a uno ni a ~ ni a sombra,* être toujours sur le dos de qqn, ne pas quitter qqn d'une semelle | FAM. *¡Salga el ~ por Antequera!,* et vogue la galère! *~ de justicia,* soleil de plomb | *Tomar el ~,* se chauffer au soleil; s'exposer au soleil; se faire brunir.

solad|o, a adj Parqueté, e | Carrelé, e | — M Parquet, plancher | Carrelage, dallage || **~ador** m Dalleur.

solamente adv Seulement.

solan|a f Endroit (*m*) ensoleillé | Soleil *m* | Véranda || **~era** f Coup (*m*) de soleil || **~o** m Vent d'est.

solap|a f Revers *m* (chaqueta) | Rabat *m* (libro, sobre) | FIG. Prétexte *m* || **~adamente** adv Sournoisement || **~ado, a** adj/s Sournois, e || **~ar** vt Mettre des revers à | FIG. Cacher, dissimuler (ocultar), recouvrir (cubrir).

solar adj Solaire | — M Terrain vague | Terrain à bâtir (para la construcción) | Manoir (casa) | Maison *f*, lignée *f* (linaje) | — *Vt Ressemeler (calzado) | Carreler, daller | Parqueter, planchéier || **~iego, a** adj Familial, e | Ancien, enne; noble || **~io** m Solarium.

solaz m Distraction *f* | Consolation *f*, soulagement || **~ar** vt Récréer, distraire | Soulager | — Vp Se distraire.

solazo m FAM. Soleil qui tape dur.

soldable adj Soudable.

sold|ada f Salaire *m* | Solde (del soldado) || **~adesco, a** adj/f Soldatesque || **~adito** m Soldat (de plomo) || **~ado** m Soldat : *~ raso,* simple soldat, soldat de deuxième classe.

sold|ador m Soudeur | Fer à souder (instrumento) || **~adote** m FAM. Soudard || **~adura** f Soudure || **~ar*** vt Souder | FIG. Réparer (falta).

sole|ado, a adj Ensoleillé, e || **~amiento** m Exposition (*f*) au soleil || **~ar** vt Mettre *o* exposer au soleil.

solecismo m Solécisme.

soledad f Solitude | Regret *m*.

solemn|e adj Solennel, elle | FIG. Suprême, de taille (tontería) || **~idad** f Solennité || **~izar** vt Solenniser.

solenoide m Solénoïde.

soler* vt Avoir l'habitude de *o* coutume de | Être *o* arriver *o* faire généralement.
solera f Solive (viga) | Fond (*m*) de canal | TECN. Sole (de horno), patin *m* (de carril), radier *m* | Lie (heces del vino) | Réserve (reserva de vino) | FIG. Tradition, ancienneté | *Con* ~, qui a des années d'expérience (casa) | *De* ~, vieux (vino) | *Marca de* ~, grande marque.
solería f Dallage *m*, carrelage *m*.
soleta f Semelle (de una media) | Pièce (remiendo) | FAM. *Picar* ou *tomar* ~, filer (irse).
solf|a f Solfège *m* | FAM. Volée | FAM. *Echar una* ~, passer un savon. *Poner en* ~, ridiculiser. *Tomar a* ~, prendre à la rigolade ‖ **~ear** vt MÚS. Solfier | FAM. Battre ‖ **~eo** m MÚS. Solfège | FAM. Volée *f*, raclée *f*.
sol|icitación f Sollicitation | Appel *m* (de fondos) ‖ **~icitador, a** adj/s Solliciteur, euse | — M Agent ‖ **~icitante** adj/s Solliciteur, euse ‖ **~icitar** vt Solliciter (empleo) | Demander | FIG. Rechercher : *persona muy solicitada*, personne très recherchée ‖ **~ícito, a** adj. Empressé, e | Attentionné, e ‖ **~icitud** f Sollicitude, empressement *m* | Demande, requête (petición) | Pétition (instancia).
solidar|idad f Solidarité ‖ **~io, a** adj Solidaire ‖ **~izar** vt Solidariser.
solideo m Calotte *f*.
solid|ez f Solidité ‖ **~ificación** f Solidification ‖ **~ificar** vt Solidifier.
sólido, a adj/m Solide | *Color* ~, grand teint (tejido).
soliloqui|ar vi Monologuer ‖ **~o** m Soliloque, monologue.
solio m Trône.
solípedo, a adj/m ZOOL. Solipède.
sol|ista adj/s Soliste ‖ **~itaria** f Ver (*m*) solitaire ‖ **~itario, a** adj/s Solitaire | — M Patience *f* (naipes) ‖ **~ito, a** adj FAM. Tout seul, toute seule.
sólito, a adj Habituel, elle.
soliviantar vt Exciter à la rébellion, monter contre.
solo, a adj Seul, e | MÚS. Solo | *A solas*, seul, tout seul (persona), seul à seul, en tête à tête (dos personas) | *Como él* ~, comme pas un | *De* ~ *a* ~, seul à seul | — M MÚS. Solo | Café noir.
sólo adv Seulement : *no* ~, non seulement | Ne ... que : ~ *mañana podré hacerlo*, je ne pourrai le faire que demain | Seul, e : ~ *él lo sabe*, lui seul le sait | *Con* ~, rien qu'en *o* que de *o* qu'avec : ~ *hacer esto le harás feliz*, rien qu'en faisant cela tu le rendras heureux | *Con* ~ *que*, pourvu que | ~ *que*, seulement, mais | *Tan* ~, ne ... que, seulement.
solomillo m Aloyau | Chateaubriand | ~ *bajo*, faux filet.
solsticio m Solstice.
soltar* vt Lâcher : *suéltame*, lâchemoi | Relâcher (preso) | Défaire, détacher (nudo) | Donner (cuerda) | Perdre (puntos) | Déclencher (un mecanismo, un muelle) | Dégager (humo) | FIG. Résoudre (problema) | Larguer (barco, avión) | FAM. Dire, raconter (contar), sortir (tontería), débiter (discurso), lâcher, laisser échapper (grosería), décocher, flanquer (golpe), se fendre de (dinero) | FAM. *Sin* ~ *un cuarto*, sans bourse délier | — Vp Se détacher | Lâcher (cuerda, nudo, etc) | Filer (puntos) | Se desserrer (tornillo) | S'échapper (líquido) | FIG. Se faire (acostumbrarse), se dégourdir (despabilarse), s'y mettre, se lancer (decidirse), se débrouiller : *ya empiezo a soltarme en inglés*, je commence à me débrouiller en anglais | ~ *de mano*, lâcher les mains (bicicleta), lâcher prise.
solter|ía f Célibat *m* ‖ **~o, a** adj/s Célibataire | *De soltera*, de jeune fille (apellido) | *Despedirse de* ~, enterrer sa vie de garçon | *La Señora de X, de* ~ *Y*, Madame X, née Y ‖ **~ón, ona** adj/s Vieux garçon, vieille fille.
soltura f Action de lâcher | FIG. Aisance, facilité (facilidad), désinvolture (descaro) | *Hablar con* ~, avoir l'élocution facile (fácilmente), parler couramment (un idioma extranjero). ~ *de palabras*, facilité de langage.
solu|bilidad Solubilité ‖ **~bilizar** vt Solubiliser ‖ **~ble** adj Soluble ‖ **~ción** f Solution (problema, líquido) | Soluté *m* (farmacéutica) | Dénouement *m* (drama) ‖ **~cionar** vt Résoudre.
solv|encia f Solvabilité | Payement *m* (pago) ‖ **~entar** vt Acquitter, payer | Résoudre (resolver) ‖ **~ente** adj Solvable | FIG. Digne de foi.
sollado m MAR. Faux pont.
sollamar vt Flamber, griller.
sollo m Esturgeon (pez).
solloz|ar vi Sangloter ‖ **~o** m Sanglot.
somanta f FAM. Volée, fessée.
somatén m Milice *f* (en Cataluña) | Tocsin (rebato) | Désordre (alboroto).
somático, a adj Somatique.
sombr|a f Ombre : *a la* ~ *de*, à l'ombre de | Esprit *m* (agudeza) | Place à l'ombre (plaza de toros) | *Amér.* Ombrelle (quitasol), bâche (toldo) | FAM. *A la* ~, à l'ombre, sous les verrous | FIG. *Burlarse* ou *reírse de su* ~, se moquer de tout. *Desconfiar hasta de su* ~, avoir peur de son ombre | *Hacer* ~, faire de

l'ombre (dar sombra), faire ombre, porter ombrage (perjudicar) | FIG. *Ni por ~,* pas le moins du monde. *Ni ~ de,* pas l'ombre de | FAM. *Tener buena ~,* être sympathique (agradar), porter chance (traer suerte), être drôle (ser chistoso) || **~ajo** m Abri de branchage | FAM. Ombre *f* || **~eado** m Nuance *f*, ombre *f* (color) || **~eador** m Fard à paupières (maquillaje) || **~ear** vt Faire de l'ombre sur | Ombrager (árboles) | Ombrer (dibujo) | Foncer (color) || **~erazo** m Coup de chapeau (saludo) || **~erera** f Chapelière | Modiste (que hace sombreros) | Carton (*m*) à chapeaux || **~erería** f Chapellerie || **~erero** m Chapelier || **~erete** m BOT. Chapeau (de las setas) | Mitre *f* (de chimenea) || **~ero** m Chapeau : *~ flexible, hongo,* chapeau mou, melon | *Sin ~,* sans chapeau, nu-tête | *~ de copa,* chapeau haut de forme | *~ de jipijapa,* panama | *~ de muelles,* gibus | *~ de tres picos,* tricorne || **~illa** f Ombrelle || **~ío, a** adj Sombre (oscuro) | Ombragé, e | FIG. Sombre, morne.

somero, a adj Sommaire.

somet|er vt Soumettre | Présenter | *~ a votación,* mettre aux voix || **~imiento** m Soumission *f*.

somier m Sommier.

somn|ífero, a adj/m Somnifère || **~olencia** f Somnolence | Envie de dormir || **~oliento, a** adj Somnolent, e | Endormi, e.

somorjug|ar vt/p Plonger | — Vi Nager sous l'eau || **~o** m Plongeon (ave).

son m Son (sonido) | FIG. Bruit (noticia), manière *f*, façon *f* | FIG. *¿A qué ~ haría eso?,* pourquoi donc ferais-je cela? *¿A qué ~ viene esa pregunta?,* à quoi rime cette question?, *¿A ~ de qué?,* pour quelle raison? *Bailar al ~ que tocan,* hurler avec les loups. *En ~ de,* sur le ton de, sur un ton de. *No saber a qué ~ bailar,* ne savoir sur quel pied danser. *Venir en ~ de paz,* venir avec des intentions pacifiques || **~ado, a** adj Fameux, euse | Qui fait du bruit (escándalo) | FAM. *Hacer una que sea ~,* faire du propre *o* du joli || **~ador, a** adj Sonnant, e | Bruyant, e | — M Mouchoir || **~aja** f Hochet *m* | — Pl Tambourin *msing* || **~ajero** m Hochet.

son|ambulismo m Somnambulisme || **~ámbulo, a** adj/s Somnambule.

sonante adj Sonnant, e (dinero) | Sonore (sonoro).

sonar m MAR. Sonar.

sonar* vi Sonner : *~ a hueco,* sonner creux | Tinter, sonner (campana) | Sonner (reloj, teléfono) | Rendre *o* avoir un son | Se prononcer (letra) | Être cité *o* prononcé (mencionarse) | FAM. Dire quelque chose, être familier : *este nombre me suena,* ce nom me dit quelque chose | *Como suena,* comme cela se prononce | FIG. *~ a,* sembler, avoir l'air de (parecerse), sentir (tener algo de) | — Vt Moucher | MÚS. Jouer de (instrumento) |— Vp Se moucher || **~ata** f Sonate || **~atina** f Sonatine.

sond|a f Sonde || **~aleza** f Ligne de sonde || **~ar** o **~ear** vt Sonder || **~eador** m Sondeur || **~eo** m Sondage | Forage (petróleo).

son|eto m Sonnet || **~ido** m Son : *luz y ~,* son et lumière | MED. Bruit || **~oridad** f Sonorité || **~orización** f Sonorisation || **~orizar** vt Sonoriser || **~oro, a** adj Sonore | FAM. Retentissant, e (bofetada).

sonr|eír* vi/p Sourire || **~iente** adj Souriant, e || **~isa** f Sourire *m*.

sonr|ojado, a adj Rouge [de honte] | Rougissant, e (emoción) || **~ojar** vt Faire rougir | — Vp Rougir || **~ojo** m Honte *f* | Affront, outrage.

sonsac|ador, a adj/s Enjôleur, euse || **~amiento** m Enjôlement || **~acar** vt Soutirer (sacar) | FIG. Enjôler (engatusar), tirer les vers du nez à (hacer hablar), débaucher (atraer).

sonsonete m Tambourinage | FIG Rengaine *f*, ritournelle *f* (estribillo), ton [ironique, railleur, etc].

soñ|ador, a adj/s Rêveur, euse || **~ar*** vt Rêver, songer | — Vi Rêver | *¡Ni lo sueñe!,* n'y songez pas! | *Ni soñarlo,* pas question | *Soñando,* en rêve | *~ con,* rêver de *o* à || **~arrera** f Sommeil (*m*) pesant, torpeur | Envie de dormir || **~era** f FAM. Envie de dormir || **~olencia** f Somnolence || **~oliento, a** adj Somnolent, e | Endormi, e.

sopa f Soupe, potage *m* : *~ de fideos,* soupe au vermicelle | Trempette, morceau (*m*) de pain | FIG. *Comer la ~ boba,* vivre en parasite. *Dar ~s con honda a,* être bien supérieur à. *¡Está hasta en la ~!,* on ne voit que lui! *Estar hecho una ~,* être trempé jusqu'aux os *o* comme une soupe | *~ de cangrejos,* bisque d'écrevisses | *~ de sobre,* soupe en sachet | *~ juliana,* julienne.

sopap|ear vt FAM. Gifler || **~o** m Gifle *f*, claque *f*.

sopero, a adj Creux, euse (plato) | FAM. Soupier, ère (que le gusta mucho la sopa) | À soupe (cuchara) | — F Soupière.

sopesar vt Soupeser | FIG. Peser (examinar).

sopetón m FAM. Taloche *f* | *De* ~, à l'improviste, sans crier gare (llegar), à brûle-pourpoint, de but en blanc (decir algo).

sopicaldo m Bouillon léger.

sopita f Mouillette, trempette.

sopitipando m FAM. V. SOPONCIO.

sopl|ado, a adj FAM. Rond, e (borracho) | — M Soufflage (vidrio) || **~ador, a** s Souffleur, euse | — M Soufflerie *f* || **~adura** f Soufflage *m* || **~amocos** m inv FAM. Taloche *f*, mornifle *f* || **~ar** vi/t Souffler | — Vt Gonfler (hinchar) | FIG. Inspirer (la musa), souffler (lección, juego de damas) | FAM. Dénoncer, moucharder, cafarder, cafter (denunciar), souffler, faucher (birlar) flanquer (torta) | — Vp FAM. S'envoyer, se taper (comerse) || **~ete** m Chalumeau || **~ido** m Soufflement || **~illo** m Soufflet (aventador) || **~o** m Souffle (aire, inspiración, cardiaco) | FAM. Seconde *f*, instant; mouchardage, cafardage (delación), mouchard, cafard (soplón) || **~ón, ona** adj/s FAM. Mouchard, e; rapporteur, euse | — S FAM. Mouchard, e (de la policía) || **~onear** vi FAM. Moucharder || **~onería** f FAM. Mouchardage *m*.

soponcio m FAM. Évanouissement | FAM. *Le dio un* ~, il est tombé dans les pommes, il a tourné de l'œil.

sopor m Assoupissement, somnolence *f* || **~ífero, a** adj/m Soporifique, somnifère || **~ífico, a** adj/m Soporifique.

soport|able adj Supportable || **~al** m Porche | — Pl Arcades *f* || **~ar** vt Supporter | Essuyer (tormenta) || **~e** m Support.

soprano s Soprano (tiple).

sor f Sœur (religiosa).

sorb|er vt Gober (huevo) | FIG. Absorber, boire (esponja), engloutir (barco) || **~ete** m Sorbet || **~etera** f Sorbetière || **~etón** m FAM. Lampée *f*, gorgée *f* || **~ible** adj Absorbable || **~o** m Gorgée *f* | *Beber a ~s*, boire à petites gorgées | *De un* ~, d'un trait.

sorche o **sorchi** m FAM. Bleu (recluta), troufion (soldado).

sord|a f Bécassine (ave) || **~amente** adv Sourdement | Secrètement || **~era** f Surdité.

sordidez f Sordidité.

sórdido, a adj Sordide.

sord|ina f Sourdine || **~o, a** adj/s Sourd, e | FIG. *Hacerse el* ~ ou *hacer oídos ~s*, faire la sourde oreille | FAM. *Más ~ que una tapia*, sourd comme un pot | FIG. *No hay peor ~ que el que no quiere oír*, il n'est pire sourd que celui qui ne veut pas entendre || **~omudo, a** adj/s Sourd-muet, sourde-muette.

sorna f Goguenardise | *Mirar con* ~, regarder d'un air goguenard.

soroche m *Amér.* Mal des montagnes.

sorpr|endente adj Surprenant, e || **~ender** vt Surprendre, étonner (asombrar) | Surprendre (ladrón, secreto) | — Vp S'étonner || **~endido, a** adj Surpris, e || **~esa** f Surprise | Fève (del roscón de Reyes) | *Coger de* ~, prendre au dépourvu.

sorte|ado, a adj Tiré au sort || **~amiento** m Tirage au sort || **~ar** vt Tirer au sort | FIG. Éviter, esquiver | Négocier (curva) || **~o** m Tirage au sort | Tirage (lotería) | ~ *extraordinario*, tranche spéciale.

sortija f Bague (anillo) | Boucle (pelo) | Furet *m* (juego) | ~ *de sello*, chevalière.

sortilegio m Sortilège.

sosa f Soude.

sosa|ina adj/s Niais, e || **~mente** adv Fadement | Sans esprit, sans humour | Bêtement | Sans élégance (vestir).

soseg|ado, a adj Calme, paisible || **~ador, a** adj Calmant, e; apaisant, e || **~ar*** vt Calmer, apaiser | Tranquilliser | — Vi Reposer | Tranquilliser | — Vp Se calmer, s'apaiser.

sosera o **sosería** f Bêtise.

sosia m Sosie.

sosiego m Calme | Tranquillité *f*.

soslay|ar vt Mettre en travers | FIG. Éviter (eludir) || **~o (al** o **de)** loc En *o* de travers | FIG. De côté, du coin de l'œil (mirar).

soso, a adj Fade (sin sal, sin gracia) | Niais, e (tonto) | Sans esprit *o* humour (chiste) | Plat, e (estilo).

sospech|a f Soupçon *m* | DR. Suspicion || **~able** adj Suspect, e; soupçonnable || **~ar** vt Soupçonner : ~ *algo de uno*, soupçonner qqn de qqch. | Se douter de : *lo sospechaba*, je m'en doutais | Suspecter, avoir des doutes sur (recelar) | — Vp Se douter de || **~oso, a** adj/s Suspect, e.

sostén m Soutien, appui (apoyo) | Soutien-gorge (prenda).

sosten|edor, a adj Qui soutient || **~er*** vt Soutenir | FIG. Soutenir, appuyer (argumento), supporter (situación), entretenir (correspondencia, relaciones), tenir (conversación) | Porter (el cuerpo en el agua) | ARQ. Supporter | Avoir (entrevista) | — Vp Se soutenir | Se nourrir || **~ible** adj Soutenable || **~ido, a** adj MÚS. Dièse | Soutenu, e (Bolsa) | — M MÚS. Dièse || **~imiento** m Soutien, soutènement | Entretien | Maintien (de relaciones) | Affirmation *f* (de una opinión) | Soutenance *f* (tesis).

sota f Valet *m* (naipes).

sota|banco m Arq. Sommier | Galetas, mansarde *f* ‖ **~barba** f Collier *m* (barba).
sotana f Soutane.
sótano m Sous-sol | Cave *f*.
sotavento m Mar. Côté sous le vent.
sotechado m Endroit couvert.
soterr|amiento m Enfouissement ‖ **~ar*** vt Enfouir.
soto m Bois (bosque) | Buisson (maleza).
sovi|et m Soviet ‖ **~ético, a** adj/s Soviétique.
sport m Sport (vestido, coche).
sprint m Sprint ‖ **~er** m Sprinter.
stand m Stand (caseta) ‖ **~ard** adj Standard ‖ **~ardización** f Standardisation ‖ **~ardizar** vt Standardiser ‖ **~ing** m Surplace (ciclismo).
starter m Starter.
stop m Stop.
su adj pos 3ª per Son *m*, sa *f* (de uno) : *~ padre*, son père | Leur (de varios) | Votre (pl *vos*) : *~ hermano* (de usted), votre frère.
suasorio, a adj Persuasif, ive.
suav|e adj Doux, douce; suave | Souple | Fig. Gram. Doux, douce ‖ **~idad** f Douceur, suavité | Souplesse ‖ **~ito** adv Fam. Tout doucement ‖ **~ización** f Adoucissement *m* | Relâchement *m* (tensión) ‖ **~izador, a** adj Adoucissant, e | — M Cuir à rasoir ‖ **~izar** vt Adoucir.
sub|alimentación f Sous-alimentation ‖ **~alimentar** vt Sous-alimenter ‖ **~alterno, a** adj/s Subalterne.
subarr|endamiento m Sous-location *f* ‖ **~endar*** vt Sous-louer ‖ **~endatario, a** s Sous-locataire ‖ **~iendo** m Sous-location *f*.
subast|a f Dr. Vente aux enchères, adjudication | *Sacar, salir a ~*, mettre, être mis aux enchères | *~ de pescado*, vente de poisson à la criée | *Vender en pública ~*, vendre aux enchères ‖ **~ar** vt Mettre *o* vendre aux enchères.
sub|campeón m Dep. Deuxième au classement ‖ **~comisión** f Sous-commission ‖ **~consciencia** f Subconscience ‖ **~consciente** adj/m Subconscient, e ‖ **~contratista** m Sous-traitant ‖ **~cutáneo, a** adj Sous-cutané, e ‖ **~delegado, a** s Subdélégué, e ‖ **~desarrollado, a** adj Sous-développé, e ‖ **~desarrollo** m Sous-développement ‖ **~diácono** m Sous-diacre ‖ **~director, a** adj/s Sous-directeur, trice.
súbdito, a adj/s Sujet, ette (de un monarca) | — S Ressortissant, e (de un país).
subdiv|idir vt Subdiviser ‖ **~isión** f Subdivision.
sub|empleo m Sous-emploi ‖ **~estimar** vt Sous-estimer, sous-évaluer ‖ **~exponer** vt Fot. Sous-exposer ‖ **~género** m Sous-genre.
sub|ibaja m Bascule *f* (columpio) ‖ **~ida** f Montée (acción) | Ascension (de un monte) | Côte, montée (cuesta) | Fig. Montée (precios) | Lever *m* : *~ del telón*, lever du rideau ‖ **~ido, a** adj Fig. Vif, vive (color), fort, e (olor) | Élevé, e (precio) | Surfin, e (puro) | Fig. *~ de color*, corsé, e; fort, e (licencioso), haut en couleur (cuadro). *~ de tono*, osé, e; salé, e (atrevido).
sub|inquilino, a s Sous-locataire ‖ **~intendente** m Sous-intendant.
subir vt Monter | Augmenter (precio, sueldo) | Élever (pared) | Lever, relever (cabeza) | Mús. Hausser (tono) | Gravir (escalones) | — Vi Monter (ascensor, río, pared, precio, fiebre, etc) | Se monter, s'élever, monter (cuenta) | — Vp Monter (cuesta) | Se hisser sur, grimper sur | Remonter (calcetines).
súbito, a adj Subit, e; soudain, e | Violent, e | *De ~*, soudain | — Adv Soudain.
subjefe m Sous-chef.
subj|etividad f Subjectivité ‖ **~etivismo** m Subjectivisme ‖ **~etivo, a** adj Subjectif, ive ‖ **~untivo** adjm/m Subjonctif.
sublev|ación f Soulèvement *m* ‖ **~ar** vt Soulever (excitar) | Révolter (injusticia) | — Vp Se soulever | S'élever, se dresser, s'insurger.
sublim|ación f Sublimation ‖ **~ado** m Quím. Sublimé ‖ **~ar** vt Sublimer ‖ **~e** adj Sublime ‖ **~idad** f Sublimité.
sub|lingual adj Sublingual, e ‖ **~marinismo** m Plongée (*f*) sous-marine ‖ **~marinista** m Plongeur ‖ **~marino, a** adj/m Sous-marin, e ‖ **~múltiplo, a** adj/m Sous-multiple ‖ **~normal** adj/s Med. Anormal, e; retardé, e ‖ **~oficial** m Sous-officier ‖ **~orden** m Sous-ordre.
subordin|ación f Subordination ‖ **~ado, a** adj/s Subordonné, e ‖ **~ar** vt Subordonner.
sub|prefecto m Sous-préfet ‖ **~prefectura** f Sous-préfecture ‖ **~producción** f Sous-production ‖ **~producto** m Sous-produit ‖ **~rayado** Soulignement ‖ **~rayar** vt Souligner ‖ **~reino** m Zool. Embranchement ‖ **~repticio, a** adj Subreptice ‖ **~rogación** f Dr. Subrogation ‖ **~rogar** vi Dr. Subroger ‖ **~sanar** vt Excuser | Réparer (olvido) | Corriger (falta).
subscribir *y derivados*. V. suscribir *et ses dérivés*.

sub|secretaría f Sous-secrétariat *m* ‖ **~secretario, a** s Sous-secrétaire.
subsecuente adj Subséquent, e.
subsid|iario, a adj Subsidiaire ‖ **~io** m Subside, subvention *f* | Allocation *f* : *~ de paro,* allocation de chômage | Indemnité *f* : *~ de vivienda,* indemnité de logement.
subsiguiente adj Subséquent, e.
subsist|encia f Subsistance ‖ **~ente** adj/m Subsistant, e ‖ **~ir** vi Subsister.
subsónico, a adj Subsonique.
substancia *y derivados.* V. SUSTANCIA *et ses dérivés.*
substantivo *y derivados.* V. SUSTANTIVO *et ses dérivés.*
substitución *y derivados.* V. SUSTITUCIÓN *et ses dérivés.*
substracción *y derivados.* V. SUSTRACCIÓN *et ses dérivés.*
sub|suelo m Sous-sol ‖ **~te** m *Amér.* Métro ‖ **~tender** vt GEOM. Soustendre ‖ **~teniente** m Sous-lieutenant ‖ **~tensa** f MAT. Corde (arco) ‖ **~terfugio** m Subterfuge ‖ **~terráneo, a** adj/m Souterrain, e ‖ **~titular** vt Sous-titrer ‖ **~título** m Sous-titre ‖ **~tropical** adj Subtropical, e ‖ **~urbano, a** adj Suburbain, e | — M Banlieusard (vecino) | Train de banlieue ‖ **~urbio** m Faubourg ‖ **~vención** f Subvention ‖ **~vencionar** vt Subventionner ‖ **~venir*** vi Subvenir, pourvoir ‖ **~versión** f Subversion ‖ **~versivo, a** adj Subversif, ive ‖ **~versor, a** adj/s Perturbateur, trice ‖ **~vertir*** vt Perturber ‖ **~yacente** adj Sous-jacent, e ‖ **~yugación** f Subjugation ‖ **~yugar** vt Subjuguer.
succión f Succion.
suce|dáneo, a adj/m Succédané, e ‖ **~der** vi Succéder | Arriver : *sucedió que,* il arriva que | *Suceda lo que suceda,* quoi qu'il arrive, advienne que pourra | — Vp Se succéder, se suivre ‖ **~dido** m FAM. Événement ‖ **~sión** f Succession, suite (serie) | DR. Succession ‖ **~sivo, a** adj Successif, ive | *En días ~s,* dans les jours qui viennent | *En lo ~,* à l'avenir, désormais, par la suite ‖ **~so** m Événement | Fait divers (en los periódicos) | Succès (éxito) ‖ **~sor, a** s Successeur (sin fem) ‖ **~sorio, a** adj DR. Successoral, e.
suciedad f Saleté.
sucinto, a adj Succint, e.
sucio, a adj Sale : *un blanco ~,* un blanc sale | Salissant, e (trabajo) | — Adv Malhonnêtement | *Jugar ~,* ne pas être fair play.
sucul|encia f Succulence ‖ **~ento, a** adj Succulent, e.
sucumbir vi Succomber | DR. Perdre son procès.
sucursal adj/f Succursale.
sud m *Amér.* Sud (sur).
sud|ación f Sudation ‖ **~ado, a** adj Trempé de sueur.
Sudáfrica nprf Afrique du Sud.
Sudamérica nprf Amérique du Sud.
sudamericano, a adj/s Sud-américain, e.
sud|ar vi Transpirer, suer | FIG. Suer | — Vt Suer : *~ la gota gorda,* suer à grosses gouttes | *~ tinta,* suer sang et eau ‖ **~ario** m Suaire, linceul ‖ **~atorio, a** adj Sudatoire.
sud|este m Sud-est | Suroît (viento) ‖ **~oeste** m Sud-ouest.
sudor m Sueur *f,* transpiration *f* | FIG. Suintement | FAM. *Costarle a uno muchos ~es,* demander bien des efforts. *Estar bañado* ou *empapado en ~,* être tout en sueur *o* en nage *o* trempé ‖ **~ífero, a** o **~íparo, a** adj Sudorifère, sudoripare ‖ **~oso, a** adj En sueur.
Suecia nprf Suède.
sueco, a adj/s Suédois, e | FAM. *Hacerse el ~,* faire la sourde oreille.
suegr|a f Belle-mère ‖ **~o** m Beau-père | — Pl Beaux-parents.
suela f Semelle | FAM. Semelle, carne (carne) | FIG. *De siete ~s,* fieffé. *No llegarle a uno a la ~ del zapato,* ne pas arriver à la cheville de qqn.
sueldo m Salaire : *~ base,* salaire de base ; *~ de hambre,* salaire de misère | Traitement (funcionario) | Appointements *pl* (empleado) | Gages *pl* (criado) | *A ~,* moyennant salaire (hacer algo), appointé (empleado), à gages (asesino) | *Estar a ~,* être salarié | *Estar a ~ de,* être à la solde de.
suelo m Sol : *~ fértil,* sol fertile | Terre *f* : *caerse al ~,* tomber par terre | Sol, plancher (piso), parquet (de madera) | Fond (recipiente) | Plancher (coche) | FIG. *Arrastrar* ou *poner a uno por los ~s,* traîner qqn dans la boue. *Arrastrarse por el ~,* ramper (humillarse). *Besar el ~,* s'étaler (caer). *En el santo ~,* à même le sol, par terre. *Estar por los ~s,* être tombé bien bas (persona), être très bas (precio), être très bon marché (cosa). *Medir el ~* ou *dar consigo en el ~,* tomber de tout son long. *Venirse al ~,* s'effondrer.
suelt|a f Lâchage *m* | Lâcher *m* (palomas, globos, etc) | Mise en liberté | Entrave (traba) ‖ **~o, a** adj Libre, en liberté | FIG. Souple (movimiento), agile (ágil), décontracté, e ; désinvolte (desembarazado), déluré, e (atrevido), coulant, e ; aisé, e (es-

tilo), dépareillé, e (solo), isolé, e (hechos), sans consistance (salsa), qui n'est pas ajusté (vestido), en monnaie : *un duro* ~, un douro en monnaie; à l'unité : *vender cigarrillos* ~*s*, vendre des cigarettes à l'unité | Blanc (verso) | Mobile (hoja) | — M Monnaie *f* (dinero suelto) | Entrefilet (periódico)

sueño m Sommeil : *conciliar el* ~, trouver le sommeil | Somme : *echar un* ~, faire un somme | Rêve, songe | *Caerse de* ~, tomber de sommeil | *Dar* ~, endormir | *Dormir el* ~ *de los justos*, dormir du sommeil du juste | *Entre* ~*s*, à moitié endormi | *Mi* ~ *dorado*, le rêve de ma vie, mon rêve | *Ni por* ~*s*, jamais de la vie | *Quitar el* ~, empêcher de dormir | ~ *eterno*, sommeil éternel.

suero m Petit-lait | Sérum : *fisiológico*, sérum physiologique || **~terapia** f Sérothérapie.

suerte f Sort *m*, destin *m* | Chance : *tener* ~, avoir de la chance | Sort *m* (futuro, condición) | Tirage (*m*) au sort (elección) | Sorte, genre *m* (clase) | Qualité (calidad) | Tour *m* (prestidigitador) | *Amér.* Billet (*m*) de loterie | *¡Buena* ~*!*, bonne chance! | *Caerle* ou *tocarle a uno en* ~, échoir à qqn (tocarle a uno), avoir la chance de | *Con* ou *de* (*buena*) ~, chanceux, euse | *Dar* (*buena*) ~, porter chance *o* bonheur | *Dar* ou *traer mala* ~, porter malheur | *De* ~ *que*, en sorte que | *Echar* ~*s*, tirer au sort | *Entrar en* ~, participer à un tirage au sort | *La* ~ *es ciega*, la fortune est aveugle | *La* ~ *está echada*, le sort en est jeté | *Sacar a* ~, tirer au sort | ¡~!, bonne chance! | *Tener una* ~ *loca* ou *de mil demonios*, avoir une veine de pendu *o* de tous les diables | *Tentar la* ~ ou *probar* ~, tenter *o* courir sa chance | *Tocarle a uno la* ~, être désigné par le sort.

suertudo, a adj FAM. Veinard, e.

sueste m Suroît (sombrero).

suéter m Sweater, chandail.

sufici|encia f Capacité, aptitude | Suffisance || **~ente** adj Suffisant, e | Capable (capaz) | *Lo* ~, ce qu'il faut.

sufijo, a adj/m Suffixe.

sufrag|ar vt Aider | Payer, supporter (gastos) | Financer | — Vi *Amér.* Voter || **~io** m Suffrage || **~agista** f Suffragette.

sufr|elotodo m Souffre-douleur || **~ido, a** adj Patient, e; endurant, e (que aguanta mucho) | Non salissant, e (color) | Résigné, e | FAM. Complaisant (marido) || **~idor, a** adj Patient, e || **~imiento** m Souffrance *f* | Patience *f* || **~ir** vt Souffrir de (padecer) | Subir, passer (examen) | Avoir (accidente) | Essuyer, subir (derrota, reveses, etc) | Supporter (consecuencias) | Éprouver (decepción) | Souffrir, tolérer (permitir) | — Vi Souffrir.

suger|encia f Suggestion | Proposition || **~ente** adj Suggestif, ive || **~ir*** vt Suggérer.

sugesti|ón f Suggestion || **~onable** adj Influençable || **~onar** vt Suggestionner || **~ivo, a** adj Suggestif, ive.

suicid|a s Suicidé, e | FAM. Casse-cou | — Adj Suicidaire, suicide || **~arse** vp Se suicider || ~ **io** m Suicide.

suite f Suite (música, hotel).

Suiza nprf Suisse.

suizo, a adj/s Suisse, suissesse (persona) | — Adj Suisse (cosa) | — M Petit pain au lait.

suje|ción f Assujettissement *m* | Sujétion, contrainte | Obligation | Lien *m*, attache || **~tador** m Soutien-gorge | Attache *f* (de papeles) || **~talibros** m inv Serre-livres || **~tapapeles** m inv Presse-papiers | Pince (*f*) à dessin || **~tar** vt Fixer, attacher (atar) | Tenir (con las manos) | Tenir, retenir (agarrar) | FIG. Assujettir, soumettre (someter), maîtriser (dominar), astreindre (obligar), plaquer (rugby) | — Vp S'assujettir | Se tenir, s'accrocher (agarrarse) | Tenir (sostener) || **~to, a** adj Sujet, ette (propenso) | Soumis à, exposé à (expuesto) | Soumis *o* assujetti à, passible de (sometido) | Lié, e (por obligaciones) | *Tener a uno muy* ~, ne laisser aucune liberté à qqn | — M Sujet.

sulf|amida f Sulfamide *m* || **~atado, a** adj Sulfaté, e | — M Sulfatage || **~atador, a** s Pulvérisateur *m* || **~atar** vt Sulfater || **~ato** m Sulfate || **~hídrico, a** adj Sulfhydrique || **~ito** m Sulfite || **~onato** m Sulfonate || **~uración** f Sulfuration | FIG. Contrariété || **~urado, a** adj Sulfuré, e | — M Sulfurage || **~urar** vt Sulfurer | FIG. Fâcher | — Vp Se fâcher, monter sur ses grands chevaux, s'emballer || **~úrico, a** adj Sulfurique || **~urizar** vt Sulfuriser || **~uro** m Sulfure || **~uroso, a** adj Sulfureux, euse.

sult|án m Sultan || **~ana** f Sultane || **~anato** m o **~anía** f Sultanat *m*.

sum|a f Somme | MAT. Addition : *hacer una* ~, faire une addition | *En* ~, en somme, somme toute | ~ *anterior*, report || **~ador, a** adj/s Additionneur, euse || **~amente** adv Extrêmement || **~ando** m MAT. Terme d'une addition || **~ar** vt MAT. Additionner | Abréger | Ajouter | Totaliser, réunir | — Vi Monter, s'élever à (cuenta) | *Suma y sigue*, à reporter (cuenta), j'en passe et des meilleurs (conversación) | — Vp FIG. Se joindre (conversación, etc) | Se rallier (adherirse) | S'ajouter || **~aria** f DR. Procédure; instruction d'un procès || **~arial** adj DR. Procédurier, ère || **~ariar** vt DR. Citer en justice; instruire un procès || **~ario, a** adj Sommaire | — M Sommaire | DR. Instruction (*f*) judiciaire.

sumer|gible adj/m Submersible || **~gir** vt Submerger | FIG. Plonger | — Vp Plonger || **~sión** f Submersion.

sumidero m Bouche (*f*) d'égout (alcantarilla) | Puisard (pozo negro).

sumiller m Sommelier.

suministr|ador, a s Fournisseur (sin fem) || **~ar** vt Fournir || **~o** m Fourniture *f* | Livraison *f* (a domicilio) | Distribution *f* (agua, etc) | Approvisionnement | — Pl Ravitaillement.

sumir vt Enfoncer | Plonger (pensamiento, en el agua) | Consommer (consumir) | — Vp S'enfoncer | Se creuser (mejillas, etc) | FIG. Se plonger (sueño, pensamiento).

sumis|ión f Soumission || **~o, a** adj Soumis, e.

súmmum m Summum.

sumo, a adj Suprême, extrême | *A lo ~*, tout au plus, au maximum | *En ~ grado*, au plus haut degré.

suntu|ario, a adj Somptuaire || **~osidad** f Somptuosité || **~oso, a** adj Somptueux, euse.

supedit|ación f Subordination || **~ar** vt Opprimer | Subordonner (subordinar) | Soumettre, faire dépendre de | — Vp Se soumettre.

súper f Super *m*.

super|able adj Surmontable || **~abundancia** f Surabondance || **~abundante** adj Surabondant, e || **~abundar** vi Surabonder || **~ación** f Dépassement *m* | Franchissement *m* (obstáculo) | FIG. Résolution (dificultad) || **~ar** vt Surpasser, dépasser | Dépasser (rebasar) | Surmonter, résoudre | — Vp Se dépasser, se surpasser || **~ávit** m Excédent || **~carburante** m Supercarburant.

superchería f Supercherie.

super|directa f Surmultipliée || **~dotado, a** adj Surdoué, e || **~eminencia** f Prééminence || **~estimación** f Surestimation || **~estimar** V. SOBRESTIMAR || **~estructura** f Superstructure.

superfici|al adj Superficiel, elle || **~alidad** f Manque (*m*) de profondeur || **~e** f Surface : *~ de rodadura*, surface de roulement | Superficie.

super|fino, a adj Surfin, e || **~fluo, a** adj Superflu, e || **~fortaleza** f Superforteresse || **~hombre** m Surhomme || **~intendente, a** s Surintendant, e.

superior adj Supérieur, e || — M Supérieur || **~a** f Supérieure || **~idad** f Supériorité.

super|lativo, a adj/m Superlatif, ive || **~mercado** m Supermarché || **~numerario, a** adj/s Surnuméraire | En disponibilitè || **~población** f Surpeuplement *m*, surpopulation || **~poblado, a** adj Surpeuplé, e || **~poner*** vt Superposer | Faire passer avant || **~ponible** adj Superposable || **~posición** f Superposition || **~potencia** f Superpuissance || **~presión** f Surpression || **~producción** f Surproduction | CIN. Superproduction || **~puesto, a** adj Superposé, e || **~sónico, a** adj Supersonique.

superstici|ón f Superstition || **~oso, a** adj/s Superstitieux, euse.

super|tensión f ELEC. Surtension, survoltage *m* || **~valoración** f Surestimation || **~valorar** vt Surestimer || **~visar** vt Superviser || **~visión** f Supervision, contrôle *m* || **~visor, a** adj/s Réviseur, euse || **~vivencia** f Survie (personas) | Survivance (costumbres) | Maintien *m* (régimen) || **~viviente** adj/s Survivant, e || **~vivir** vi Survivre.

supin|ador adjm/m Supinateur || **~o, a** adj Couché sur le dos | Crasse (ignorancia) | — M Supin.

suplant|ación f Supplantation || **~ar** vt Supplanter.

suplement|ario, a adj Supplémentaire || **~o** m Supplément.

supl|encia f Suppléance || **~ente** adj/s Suppléant, e | Remplaçant, e (deportes) | — M Doublure *f* (teatro) || **~etorio, a** adj Supplémentaire.

súplica f Supplication | Supplique (petición) | Requête | Prière (ruego).

suplic|ación f Supplication | Oublie (pastel) | DR. Appel *m* || **~ante** adj/s Suppliant, e || **~ar** vt Supplier | Prier (rogar) | Solliciter (pedir) | DR. Faire appel | *Suplicada*, aux bons soins de (carta) || **~atoria** f o **~atorio** m Commission (*f*) rogatoire.

suplicio m Supplice.

supl|idor, a adj/s Suppléant, e || **~ir** vt Suppléer (à) | Remplacer | Rattraper, excuser (remediar).

supo|ner* vt Supposer || **~sición** f Supposition || **~sitorio** m Suppositoire.

supra|dicho, a adj Susdit, e || **~nacional** adj Supranational, e || **~nacionalidad** f Supranationalité || **~rrenal** adj Surrénal, e || **~terrestre** adj Supraterrestre.

suprem|acía f Suprématie || **~o, a** adj Suprême.

supr|esión f Suppression || **~imir** vt Supprimer.
supuesto, a adj Supposé, e | Imaginaire | Soit-disant, e; prétendu, e | D'emprunt, faux, fausse (nombre) | *Dar algo por ~,* donner qqch. pour acquis | *Por ~,* naturellement, bien sûr, évidemment | *~ que,* vu que (ya que) | — M Hypothèse *f,* supposition *f* | Sous-entendu (segunda intención) | Donnée *f* (dato) | *En el ~ de que,* en supposant que | MIL. *~ táctico,* grandes manœuvres.
supur|ación f Suppuration || **~ante** adj Suppurant, e || **~ar** vi Suppurer.
suputar vt Supputer.
sur m Sud || **~á** m Surah || **~africano, a** adj/s Sud-africain, e || **~americano, a** adj/s Sud-américain, e.
surc|ar vt Tracer un sillon | FIG. Sillonner (mar, arrugas), fendre (agua) || **~o** m Sillon (tierra, disco) | Ride *f* (arruga).
surg|imiento m Surgissement | Jaillissement (del agua) || **~ir** vt Surgir | Jaillir (agua) | Mouiller (fondear) | FIG. Apparaître, surgir.
suripanta f FAM. Figurante (teatro), gourgandine (mujerzuela).
surreal|ismo m Surréalisme || **~ista** adj/s Surréaliste.
sursuncorda m FAM. Le pape, le roi : *lo ha hecho el ~,* c'est le pape qui l'a fait.
surt|idero m Bonde *f* | Jet d'eau || **~ido, a** adj Assorti, e (caramelos) | Approvisionné, e; achalandé, e (tienda) | — M Assortiment, choix : *tener un gran ~ de corbatas,* avoir un grand choix de cravates || **~idor** m Pompe *(f)* à essence | Gicleur (del carburador) | Jet d'eau | — Pl Grandes eaux *f* || **~ir** vt Fournir, pourvoir | Assortir (colores, mercancías) | *~ efecto,* faire de l'effet (medicamento), prendre effet (ley) | — Vi Jaillir | MAR. Mouiller | — Vp Se pourvoir, s'approvisionner || **~o, a** adj MAR. Mouillé, e.
suscepti|bilidad f Susceptibilité || **~ble** adj Susceptible.
suscitar vt Susciter.
suscri|bir vt Souscrire (firmar) | Approuver (asentir) | Abonner | — Vp S'abonner | Souscrire | Se rallier à (opinión) | *El que suscribe,* je soussigné || **~pción** f Souscription | Abonnement *m* || **~ptor, a** o **~tor, a** s Souscripteur (sin fem) | Abonné, e (periódico) || **~to, a** adj Souscrit, e.
suso adv Dessus, en haut || **~dicho, a** adj/s Susdit, e; susnommé, e; précité, e.
suspen|der vt Suspendre (colgar, interrumpir, licenciar) | Arrêter, suspendre (trabajo) | Étonner, ébahir (asombrar) | Recaler, refuser, ajourner (a un examen) | — Vp Se suspendre | Être suspendu, e || **~se** m Suspense || **~sión** f Suspension | Suspension, retrait *m* (permiso) | Arrêt *m,* suspension | Levée : *~ de la inmunidad parlamentaria,* levée de l'immunité parlementaire | Cessation (de pagos) || **~sivo, a** adj Suspensif, ive || **~so, a** adj Suspendu, e | FIG. Étonné, e (asombrado); refusé, e; recalé, e; collé, e (exámenes) | *En ~,* en suspens | — M Ajournement | Note *(f)* éliminatoire (examen) || **~sores** mpl *Amér.* Bretelles *f* (tirantes).
suspic|acia f Méfiance || **~az** adj Méfiant, e.
suspir|ado, a adj Désiré ardemment || **~ar** vi Soupirer || **~o** m Soupir : *dar un ~,* pousser un soupir; *exhalar el último ~,* rendre le dernier soupir.
sust|ancia f Substance | FIG. *Sin ~,* quelconque, sans intérêt | *~ gris,* matière grise || **~anciación** f DR. Instruction || **~ancial** adj Substantiel, elle || **~anciar** vt Abréger, résumer | DR. Instruire || **~ancioso, a** adj Substantiel, elle || **~antivar** vt Substantiver || **~antivo, a** adj/m Substantif, ive.
sustent|able adj Soutenable || **~ación** f Sustentation | Entretien *m* (de una familia) | Support *m,* soutien *m* || **~ador, a** adj Nourrissant, e (alimento) | — Adjf Portante (avión) || **~ar** vt Soutenir (persona, teoría, etc) | Nourrir, sustenter (alimentar) | Entretenir (familia) | — Vp Se nourrir || **~o** m Subsistance *f,* nourriture *f* | Soutien (apoyo) | FAM. *Ganarse el ~,* gagner sa croûte.
sustitu|ción f Substitution || **~ible** adj Remplaçable || **~ir*** vt Substituer, remplacer | Se substituer, remplacer | Mettre à la place de | Doubler, remplacer (actor) || **~to, a** s Substitut (sin fem), remplaçant, e | Suppléant, e (de un diputado).
susto m Peur *f* : *llevarse un ~ mayúsculo,* avoir une peur bleue | *No pasó del ~,* il a eu plus de peur que de mal | FAM. *Que da un ~ al miedo,* à faire peur (feo).
sustra|cción f Soustraction, subtilisation (robo) | MAT. Soustraction || **~endo** m MAT. Plus petit terme || **~er*** vt Soustraire || **~to** m Substrat, substratum.
susurr|ante adj Murmurant, e || **~ar** vi Chuchoter, susurrer | FIG.

Murmurer, chuchoter | *Se susurra que,* on raconte *o* on dit que || **~eo** m Murmure || **~o** m Murmure, susurrement || **~ón, ona** adj/s Médisant, e.

sutil adj Subtil, e | Fin, e (tenue) || **~eza** o **~idad** f Subtilité | Finesse | Instinct *m*, flair *m* (animales) || **~ización** f Subtilisation || **~izar** vt Amincir | Subtiliser, polir.

sutur|a f Suture || **~ar** vt Suturer.

suyo, a adj pos À lui, à elle, un de ses (de él, de ella), à eux, à elles, un des leurs (de ellos, de ellas), à vous, un de vos : *un hermano ~,* un de ses frères, un frère à lui | De lui, d'elle, etc : *esta frase es suya,* cette phrase est de lui | À lui, à elle, etc (propio) : *es una contestación muy ~,* c'est une réponse bien à lui | — Pron pos *El ~, la ~,* le sien, la sienne (de él, de ella), le leur, la leur (de ellos, de ellas), le vôtre, la vôtre (de usted) | *De suyo,* de lui-même, d'elle-même, etc | FAM. *¡Ésta es la ~!,* à vous de jouer! | — F FIG. *Hacer de las ~s,* faire des siennes. *Ver la ~,* trouver l'occasion favorable.

syllabus m Syllabus.

t

t f T *m*.

taba f Astragale *m* (hueso) | — Pl Osselets *m* (juego).

tabac|al m Plantation (*f*) de tabac || **~alero, a** adj Du tabac | — S Planteur, planteuse de tabac | Marchand, marchande de tabac (vendedor) | *La Tabacalera,* la Régie espagnole des tabacs || **~o** m Tabac : *expendeduría de ~,* bureau de tabac | Cigare (puro) | Cigarettes *fpl* (cigarrillos) | *~ de mascar,* tabac à chiquer | *~ en polvo* ou *rapé,* tabac à priser.

tabanazo m FAM. Gifle *f*.

tábano m Taon (insecto).

tabaqu|era f Tabatière | Fourneau *m* (de pipa) || **~ería** f Bureau (*m*) de tabac || **~ero, a** adj Du tabac.

tabardillo m MED. Fièvre (*f*) typhoïde | Insolation *f* | FAM. Casse-pieds, plaie *f* (persona molesta).

tabardo m Tabard.

tabarra f FAM. Ennui *m* | FAM. *Dar la ~,* casser les pieds.

taberna f Taverne (antiguamente), café *m* (hoy).

tabernáculo m Tabernacle.

tabern|ero, a s Tavernier, ère (antiguamente), patron, patronne de café (hoy) || **~ucha** f o **~ucho** m FAM. Caboulot *m*.

tabi|car vt Cloisonner | Murer (tapiar) | FIG. Boucher || **~que** m Cloison *f* | *~ de panderete,* galandage.

tabl|a f Planche (de madera) | Plaque (de otra materia) | Tablette (anaquel) | Lame (de suelo entarimado) | Pli (*m*) plat (pliegue) | Bande (en el billar) | Table (índice) | Table, tableau *m* (lista) | Panneau (*m*) d'affichage (para anuncios) | AGR. Planche | Étal *m* (de carnicería) | MAT. Table : *~ de multiplicar,* table de multiplication | — Pl Planches (teatro) | TAUR. Partie (*sing*) de l'arène proche des barrières | Partie (*sing*) nulle (ajedrez) | FAM. *A raja ~,* point par point, rigoureusement | *Hacer ~ rasa,* faire table rase | FIG. *Pisar las ~s,* monter sur les planches | *~ a vela,* planche à voile | *~ de salarios,* barème des salaires | *Tablas de la Ley,* Tables de la Loi || **~ado** m Plancher (suelo) | Tribune *f* | Scène *f* (escenario) | Tréteaux *pl* (de teatro ambulante) | Estrade *f* (tarima) | Échafaud (patíbulo) || **~ao** m Cabaret andalou || **~azón** f Plancher *m* | Bordage *m* (de buque) || **~eado** m Plissé || **~ear** vt Débiter en planches (un madero) | Laminer (el hierro) | AGR. Herser || **~ero** m Planche *f* (tabla) | Plaque *f* (placa) | Panneau (entrepaño) | Tableau noir (pizarra) | Tableau d'affichage (para anuncios) | Tableau de bord (de coche, avión) | Tablier (de puente) | Échiquier (de ajedrez) | Damier (de damas) | Comptoir (mostrador) | FIG. Échiquier (campo, ámbito) | *~ de dibujo,* planche à dessin | *~ de mandos,* tableau de bord || **~estaca** f TECN. Palplanche || **~eta** f Tablette | Comprimé *m* (medicina) | — Pl Claquettes de lépreux || **~etear** vi Claquer | Crépiter (ametralladora) || **~illa** f Planchette | Panneau *m* (para anuncios) | Bande (billar) | Éclisse (para fracturas) | — Pl Tablettes | *~s de San Lázaro,* claquettes de lépreux || **~ón** m Grosse planche *f*

| Plongeoir (trampolín) | Pop. Cuite *f* (borrachera) | *~ de anuncios*, tableau d'affichage.
tabú adj/m Tabou.
tabuco m Galetas.
tabul|ador m Tabulateur ‖ **~adora** f Tabulatrice.
taburete m Tabouret.
tacada f Coup (*m*) de queue (billar) | Série de carambolages.
tacañ|ear vi Lésiner ‖ **~ería** f Lésinerie, ladrerie ‖ **~o, a** adj/s Ladre, avare.
tacataca m Youpala, chariot d'enfant.
tacazo m Coup de queue (billar) | Fam. Gros mot (palabrota).
tacita f Petite tasse.
tácito, a adj Tacite.
taciturno, a adj Taciturne.
tac|o m Cheville *f* (tarugo) | Taquet (cuña) | Crampon (de calzado) | Bourre *f* (cartucho, mina) | Baguette (*f*) de fusil | Queue (*f*) de billard (billar) | Bloc (de hojas, de calendario) | Carnet (de billetes, de metro) | Liasse *f* (de dinero) | Gros mot (palabrota) | Carré (trocito) | *Amér.* Talon | Fam. *Hacerse un ~*, s'embrouiller ‖ **~ógrafo** m Boîte (*f*) noire ‖ **~ón** m Talon [de soulier] ‖ **~onazo** m Coup de talon ‖ **~onear** vi Faire claquer ses talons | Faire des claquettes (el bailarín) ‖ **~oneo** m Bruit fait avec les talons (al andar) | Claquettes *fpl* (al bailar).
táctico, a adj Tactique | — M Tacticien | — F Tactique.
táctil adj Tactile.
tacto m Toucher, tact | Fig. Tact.
tach|a f Tache, défaut *m* | Tare (tara) | Tecn. Broquette | *Sin ~*, sans reproche, irréprochable ‖ **~able** adj Blâmable ‖ **~adura** f Biffage *m* ‖ **~ar** vt Rayer, biffer | Fig. Accuser, blâmer (censurar), taxer (calificar) ‖ **~ón** m Rature *f* | Caboche *f* (tachuela) ‖ **~onar** vt Galonner (con cintas) | Clouter (con clavos) | Fig. Orner | *Tachonado de estrellas*, constellé d'étoiles ‖ **~uela** f Broquette, semence.
tafetán m Taffetas.
tafia f Tafia *m* (aguardiente).
tafilet|e m Maroquin ‖ **~ear** vt Maroquiner ‖ **~ería** f Maroquinerie | Maroquinage *m* ‖ **~ero** m Maroquinier.
tagalo, a adj/s Tagal, e (de Filipinas).
tagarnina f Pissenlit *m* (planta) | Fam. Mauvais cigare *m*, mauvais tabac *m*.
tagarote m Hobereau.
tahalí m Baudrier.
tahon|a f Boulangerie | Moulin *m* (molino) ‖ **~ero, a** s Boulanger, ère.
tahúr m Joueur invétéré (a las cartas) | Tricheur (fullero).
taifa f Bande, faction, parti *m* | Fam. Bande de voyous (personas de mala vida).
Tailandia nprf Thaïlande.
taimado, a adj/s Rusé, e; sournois, e.
taj|a f Entaille, coupure (cortadura) ‖ **~ada** f Tranche | Fam. Enrouement *m* (ronquera) | Pop. Cuite (borrachera) | Fig. *Sacar ~*, avoir part au gâteau. *Sacar ~ de todas partes*, manger à tous les râteliers ‖ **~adera** f Couteau *m*, hachoir *m* (cuchillo) | Ciseau (*m*) à froid (cortafrío) ‖ **~adero** m Tranchoir, billot ‖ **~ado, a** adj Pop. Soûl, e (borracho) ‖ **~ador** m Billot, tranchoir ‖ **~adura** f Coupure, entaille ‖ **~amar** m Taille-mer (del barco) | Avant-bec (del puente) ‖ **~ante** adj Tranchant, e | Fig. Catégorique; cassant, e; tranchant, e (tono) | — M Boucher ‖ **~ar** vt Trancher, couper | Tailler (pluma) | — Vp Pop. Se soûler (emborracharse) ‖ **~o** m Entaille *f* (corte) | Estafilade *f* (chirlo) | Taille *f* (mina) | Chantier (obra) | Tâche *f* (tarea) | Ravin taillé à pic (barranco) | Brèche *f* (en el monte) | Tranchant (filo) | Billot (para picar carne, de suplicio) | *Amér.* Chemin. | *Tirar ~s y estocadas*, frapper d'estoc et de taille.
Tajo nprm Tage.
tal adj Tel, telle | Pareil, pareille; tel, telle (semejante) | Ce, cette (este, esta) | — Pron Ceci, cela (esto) | Quelqu'un, une (alguno) | *Con ~ que*, pourvu que | *No hay ~*, il n'en est rien, ce n'est pas vrai | Fam. *¿Qué ~?*, comment ça va? (¿cómo está?), qu'en pensez-vous? (¿qué le parece?) | *Si ~ hubiera* s'il en était ainsi | *Son ~ para cual*, les deux font la paire | *~ como*, tel que, tel quel | *~ cual*, quelques (algunos), médiocre, comme ci, comme ça (regular), tel quel, tel que | *~ vez*, peut-être | *Un ~, una ~*, un certain, une certaine | *Y ~ y cual*, et caetera et caetera.
tala f Coupe (de árboles) | Élagage *m* (poda) | Destruction, ravage *m*.
talabart|e m Ceinturon ‖ **~ería** f Bourrellerie, sellerie ‖ **~ero** m Bourrelier, sellier.
taladr|ador, a adj/s Perceur, euse ‖ **~ar** vt Percer | Poinçonner (un billete) | Tecn. Forer, percer | Fig. Percer (los oídos) ‖ **~o** m Foret, tarière *f* (barrena) | Trou percé avec le foret (agujero) | Tamponnoir (cortafrío) | *~ de mano*, chignole.

tálamo m Chambre (*f*) nuptiale (alcoba) | Lit nuptial (cama) | ANAT. Thalamus | ANAT. *~ óptico,* couche optique.
talanquera f Barrière, palissade.
talante m Humeur *f*.
talar vt Couper, abattre (cortar) | Tailler (podar) | FIG. Détruire, ravager, dévaster | — Adj Long, longue (vestido).
talco m Talc.
talcualillo, a adj FAM. Comme ci, comme ça (regular), un petit peu mieux (un enfermo).
taleg|a f Sac *m* | Résille (para el pelo) | FAM. Magot *m* (dinero), péchés *mpl* (pecados) || **~o** m Sac || **~uilla** f Petit sac *m* | TAUR. Culotte de torero.
talent|o m Talent | Intelligence *f* || **~oso, a** adj FAM. Talentueux, euse; de talent.
talión m Talion.
talismán m Talisman.
talmente adv Tellement, si.
talo m BOT. Thalle.
tal|ón m Talon | Volant (de un talonario) | Chèque (cheque) | Étalon (monedas) | FIG. *Pisarle a uno los talones,* marcher sur les talons de qqn || **~onario, a** adj À souche | — M Registre à souche | *~ de cheques,* carnet de chèques || **~onazo** m Coup de talon || **~onera** f Talonnette.
talud m Talus.
tall|a f Sculpture (de madera) | Taille (estatura) | Taille (de traje) | Toise (para medir) | Taille (de diamantes) | FIG. Envergure, taille : *tener ~ para,* être de taille à, avoir suffisamment d'envergure pour || **~ado, a** adj Taillé, e | — M Taille *f* (de diamantes) | Sculpture *f* | Gravure *f* (de metales) || **~ador** m Graveur || **~ar** vt Tailler | Sculpter (madera) | Graver (metales) | FIG. Évaluer (tasar) | Toiser (medir) || **~arín** m Nouille *f* || **~e** m Taille *f* (cintura) | Tour de taille (medida) | Silhouette *f*, allure *f* (figura) | FIG. Forme *f*, aspect || **~er** m Atelier || **~ista** m Sculpteur sur bois | Graveur (grabador) || **~o** m Tige *f* | Pousse *f* (renuevo) | Germe (germen) || **~udo, a** adj À grosse tige | FIG. Grand, e (alto), mûr, e (maduro).
tamal m *Amér.* Pâté de viande et de farine de maïs | FIG. Intrigue *f*.
tamañ|ito, a adj FAM. Penaud, e || **~o, a** adj Si gros, si grosse | Si grand, si grande | Si petit, si petite | Très grand, e (muy grande) | — M Taille *f*, grandeur *f* | Volume (volumen) | Importance *f* | Format (de un libro).
támara f Dattier *m* | Palmeraie (terreno de palmas) | Bûchet*e (astilla) | — Pl Régime (*msing*) de dattes.
tamar|indo m BOT. Tamarin, tamarinier (árbol), tamarin (fruto) || **~isco** o **~iz** m BOT. Tamaris.
tambale|ar vi/p Chanceler | Tituber (al andar) | Être branlant (mueble) | FIG. Être ébranlé || **~o** m Vacillation *f* | Titubation *f* (al andar).
también adv Aussi.
tambo m *Amér.* Auberge *f* (albergue), laiterie *f* (lechería).
tambor m Tambour | Tamis (tamiz) | *~ mayor,* tambour-major || **~a** f MÚS. Grosse caisse | FAM. Tambour *m* || **~eo** m Tambourinement || **~il** m Tambourin || **~ilear** vi Tambouriner | — Vt Louer || **~ileo** m Tambourinement, tambourinage || **~ilero** m Tambourineur, tambourinaire | **~ilete** m IMPR. Taquoir.
Támesis nprm Tamise *f*.
tamiz m Tamis || **~ar** vt Tamiser.
tampoco adv Non plus.
tampón m Tampon.
tan (apócope de *tanto*) adv Si, tellement | *De ~ ... como,* tant, tellement | *~ ... como,* aussi ... que | *~ es así que,* c'est si vrai que | *~ pronto como,* aussitôt que, sitôt que.
tanda f Tour *m* (turno) | Série | Équipe (de obreros) | Partie (partida) | Couche (capa) | Tâche (tarea) | Quantité (cantidad) | Volée (de golpes) | *Amér.* Séance (sesión).
tándem m Tandem.
tang|encia f Tangence || **~ente** adj/f Tangent, e || **~ible** adj Tangible.
tango m Tango.
tangón m MAR. Tangon (botalón).
tanguista f Entraîneuse.
tanino m Tannin, tanin.
tanque m Réservoir (depósito) | Citerne *f* (cisterna) | Char d'assaut, tank (carro de combate).
tantalio m Tantale (metal).
tantán m Tam-tam.
tante|ador m Pointeur, marqueur | Tableau d'affichage (marcador) | Buteur (fútbol) || **~ar** vt Mesurer (medir) | Compter les points (contar los tantos) | Ébaucher (un dibujo) | FIG. Tâter, sonder (probar), étudier, examiner (un proyecto), tâtonner (titubear) || **~o** m Mesure *f* (medida) | Essai (prueba) | Examen | FIG. Sondage (sondeo), tâtonnement (titubeo) | Score (fútbol, rugby) | Pointage (juegos y demás deportes) | Ébauche *f* (de un dibujo).
tanto, a adj Tant de | Autant de (comparación) | Tel, telle, si grand, e (tal) | Tant, si nombreux : *¡ eran ~s !,* il y en avait tant!, ils étaient si nombreux! | *No ser ~ como para,* ne

pas être assez grand pour | *Otros tantos,* d'autres (otros más), autant de | *~s ... ~s ....,* autant de ... autant de ... | *Y tantas,* et quelques | — Adv Tant, autant | Tellement, tant (mucho) | Si longtemps (tan largo tiempo) | *Algún ~,* un peu | *Al ~,* au courant | *A ~,* à un tel point | *De* ou *con ~,* avec (con un nombre), à force de (con verbo) | *En ~ que,* tant que | *Entre ~,* pendant ce temps | *Ni ~ ni tan poco,* ni trop ni trop peu | *Otro ~,* autant | *Por lo ~,* par conséquent, donc | *Por ~,* c'est pourquoi | *~ ... como,* tant ... que | *~ más ... cuanto más* ou *cuanto que,* d'autant plus ... que | *~ mejor,* tant mieux | *~ peor,* tant pis | *~ por ciento,* tant pour cent | *Un ~,* un tant soit peu, plutôt | FAM. *¡Y ~!,* je comprends! | — Pron Cela, ça | *Las tantas,* très tard | *No es para ~,* ce n'est pas la peine d'en faire toute une histoire | — M Jeton, fiche *f* | Point (juegos) | But (de fútbol) | Somme *f* (suma) | Part *f,* pourcentage | *A ~ alzado,* forfaitaire | *~ alzado,* forfait | *Un ~ por ciento,* un pourcentage, un tant pour cent.

tañ|er* vt Jouer de | — Vi Sonner (las campanas) || **~ido** m Son | Tintement, sonnerie *f* (de campanas).

tap|a f Couvercle *m* | Couverture (de libro) | Amuse-gueule *m* (con el aperitivo) | Vanne (de una compuerta) | Abattant *m* (de un pupitre) | Patte (de una camisa) | FAM. *Saltarse la ~ de los sesos,* se faire sauter la cervelle || **~abocas** m inv Cache-nez (bufanda) || **~acubos** m inv Enjoliveur || **~adera** f Couvercle *m* | FIG. Couverture, paravent *m* (encubridor) || **~adero** m Bouchon (tapón) | Couvercle (tapa) | FIG. Paravent, couverture *f* || **~adillo** m FIG. *De ~,* en cachette || **~ado** m *Amér.* Manteau || **~ajuntas** m inv Baguette *f,* couvre-joint || **~amiento** m Fermeture *f,* bouchage || **~ar** vt Fermer (cerrar) | Boucher (taponar) | Couvrir (cubrir) | Recouvrir (la cama) | FIG. Cacher (encubrir) || **~arrabo** m Pagne (de salvaje) | Slip, cache-sexe (bañador) || **~ete** m Tapis (alfombra) | Napperon (de mesa) | Tapis (de billar) | FIG. *Poner sobre el ~,* mettre sur le tapis.

tapi|a f Mur (*m*) en pisé (de adobe) | Mur (*m*) de clôture (cerca) | FAM. *Más sordo que una ~,* sourd comme un pot || **~ado** m Murage || **~al** m Banche *f* (molde) | Mur en pisé (tapia) || **~ar** vt Élever un mur de clôture | FIG. Murer.

tapic|ería f Tapisserie | Magasin (*m*) du tapissier (tienda) | Tissu (*m*) d'ameublement (tejido) | Garniture (de un coche) || **~ero, a** s Tapissier, ère.

tapioca f Tapioca *m.*

tapiz m Tapisserie *f* || **~ar** vt Tapisser | Couvrir, recouvrir.

tap|ón m Bouchon (de botella, de cerumen) | Bonde *f* (de tonel) | Tampon (de tela) | FAM. Pot à tabac (persona), goulet d'étranglement (obstrucción), bouchon (tráfico) || **~onamiento** m Bouchage, obstruction *f* | MED. Tamponnement | FIG. Encombrement, embouteillage (de coches), affluence *f* (de gente) || **~onar** vt Boucher | Obstruer | MED. Tamponner.

tapujo m Déguisement | FAM. Cachotterie *f : andarse con ~s,* faire des cachotteries.

taquera f Râtelier (*m*) pour les queues de billard.

taqu|icardia f MED. Tachycardie || **~igrafía** f Sténographie || **~igrafiar** vt Sténographier || **~igráfico, a** In extenso (actas) || **~ígrafo, a** s Sténographe.

taquill|a f Casier *m* (casillero) | Armoire (armario) | Guichet *m* (para venta de billetes) | Recette (dinero cobrado) || **~aje** m Recette *f* (dinero cobrado) || **~ero, a** adj Qui fait recette (espectáculo), à succès (autor) | — S Employé d'un guichet.

taquimeca f FAM. Sténodactylo || **~nógrafa** f Sténodactylo.

tara f Tare.

tarabilla f Traquet *m* (de molino) | Garrot *m* (de sierra) | FAM. Moulin (*m*) à paroles (hablador), bavardage *m* (palabrería).

tarace|a f Marqueterie || **~ar** vt Marqueter.

tarado, a adj Taré, e.

tarambana adj/s FAM. Écervelé, e.

taranta f Chant (*m*) de Murcie.

tarántula f Tarentule.

tarare|ar vt/i Fredonner || **~o** m Fredonnement.

tarasca f Tarasque | FAM. Mégère, harpie (mujer perversa).

tarascar vt Mordre.

taray m BOT. Tamaris.

tarazana f Arsenal *m.*

tard|anza f Retard *m* (retraso) | Lenteur (lentitud) || **~ar** vi Mettre longtemps, tarder (*en,* à) | Mettre (poner) | En avoir pour (tener para) | Prendre (tomar) | *A más ~,* au plus tard || **~e** f Après-midi *m* o *f* | Soirée, soir *m* (al anochecer) | *Buenas ~s,* bonjour (hasta las seis), bonsoir (hasta el anochecer) | — Adv Tard | En retard (con retraso) | *De ~ en ~,* de temps en temps | *Hacérsele ~ a uno,* se mettre en

retard | *Lo más* ~, au plus tard | ~ *o temprano*, tôt ou tard || **~ecer** vi Tomber le jour || **~ío, a** adj Tardif, ive | Lent, e (lento) || **~ísimo** adv Très tard || **~o, a** adj Lent, e | Tardif, ive (con retraso) | Long, longue (largo).
tarea f Tâche, travail *m* | Devoir *m* (escolar) | FIG. Peine, travail *m*.
tarifa f Tarif *m*.
tarima f Estrade | Escabeau *m* (banquillo) | Tabouret *m* (taburete) | Parquet *m* (entarimado).
tarj|a f Entaille (muesca) | Fiche ‖ **~eta** f Carte | Cartouche *m* (para mapas) || **~eteo** m FAM. Échange de cartes || **~etero** m Porte-cartes.
tarquín m Vase *f* (cieno).
tarreñas fpl Cliquettes.
tarro m Pot.
tarso m ANAT. Tarse.
tarta f Tarte (con fruta) | Grand gâteau *m* (de crema).
tarta|jear vi Bégayer || **~jeo** m Bégaiement || **~joso, a** adj/s Bègue.
tartaleta f Tartelette.
tarta|mudear vi Bégayer || **~mudeo** m o **~mudez** f Bégaiement *m* || **~mudo, a** adj/s Bègue.
tartán m Tartan.
tartana f Tartane (barco) | Carriole (carro).
tártaro, a adj/s Tartare | — M QUÍM. Tartre.
tartera f Gamelle (fiambrera) | Tourtière (para tartas).
tártrico, a adj Tartrique.
tartufo m Tartufe.
tarugo m Morceau de bois | Cale *f* (calzo) | Gros morceau (pedazo) | Pavé de bois (para pavimento) | FAM. Bûche *f* (zoquete).
tarumba adj FAM. Fou, folle ; toqué, e | FAM. *Volver* ~, étourdir (aturdir), rendre dingue (volver loco).
tas m Tas (yunque pequeño).
tas|a f Taxe (impuesto) | Taux *m* (índice) |Mesure (medida) | *Sin* ~, sans bornes || **~ación** f Taxation | Évaluation | Mise à prix (fijación) || **~ador** m Commissaire-priseur.
tasajo m Viande (*f*) boucanée.
tasar vt Taxer | Évaluer, estimer (valorar) | FIG. Mesurer (medir), limiter, restreindre (limitar), rationner.
tasca f Bistrot *m* (taberna) | Tripot *m* (casa de juego).
tascar vt FIG. Brouter avec bruit.
tata m FAM. *Amér.* Papa | — F FAM. Nounou.
tatara|buelo, a s Trisaïeul, e || **~nieto, a** s Arrière-arrière-petit-fils, arrière-arrière-petite-fille.
¡tate! interj Attention ! | Doucement ! (despacio) | Tiens ! (ya entiendo).
tatu|aje m Tatouage || **~ar** vt Tatouer.
taumaturgo m Thaumaturge.
taurino, a adj Des taureaux, taurin, e.
Tauro nprm ASTR. Taureau.
taur|ófilo, a adj Amateur de courses de taureaux || **~omaquia** f Tauromachie.
tautol|ogía f Tautologie || **~ógico, a** adj Tautologique.
tax|i m FAM. Taxi || **~idermia** f Taxidermie || **~ímetro** m Taximètre (aparato) | Taxi (coche) || **~ista** s Chauffeur (*m*) de taxi.
taz|a f Tasse | Bassin *m*, vasque (de una fuente) | Cuvette (de retrete) | Coquille (de espada) || **~ón** m Bol.
te pron pers Te : ~ *veo*, je te vois | T' (delante de una vocal) | Toi (en imperativo) : *siéntate*, assieds-toi | Te (delante de un infinitivo) : *quiero hablarte*, je veux te parler.
te f Té *m* (letra, escuadra).
té m Thé.
tea f Torche.
teatr|al adj Théâtral, e || **~o** m Théâtre | FIG. *Tener mucho* ~, être très comédien.
tebeo m Illustré [pour enfants].
teca f Teck *m*, tek *m* (árbol).
tecl|a f Touche || **~ado** m Clavier || **~eado** m Doigté || **~ear** vi Frapper | Taper (a máquina) | Pianoter (en el piano) | FAM. Tapoter (con los dedos) | — Vt FAM. Étudier || **~eo** m Frappe (*f*) d'un clavier | Jeu (de un pianista), doigté (digitación) | Pianotage (en el piano).
técnica f Technique.
tecnic|idad f Technicité || **~ismo** m Technicité *f* | Terme technique [mot].
técnico, a adj Technique | — S Technicien, enne.
tecn|ocracia f Technocratie || **~ócrata** s Technocrate || **~ología** f Technologie || **~ológico, a** adj Technologique.
tectónico, a adj/f Tectonique.
tech|ado m Toit, toiture *f* || **~ar** vt Couvrir || **~o** m Plafond (en el interior) | Toit (tejado) | FIG. Toit, foyer | ~ *corredizo*, toit ouvrant || **~umbre** f Toiture.
tedi|o m Ennui (aburrimiento) | Répugnance *f* || **~oso, a** adj Ennuyeux, euse (fastidioso) | Répugnant, e.
tegumento m Tégument.
teís|mo m Théisme || **~ta** adj/s Théiste.
tej|a f Tuile | Chapeau (*m*) d'ecclésiastique (sombrero) || **~adillo** m Petit toit | Auvent (de puerta) || **~ado** m Toit | Toiture *f* (techumbre).
tejano, a adj/s Texan, e ; du Texas | — M Blue-jean (pantalón).

tejar vt Couvrir de tuiles | — M Tuilerie *f*.
Tejas nprm Texas.
tej|edor, a adj/s Tisseur, euse | — S Tisserand, e | — M Araignée (*f*) d'eau | Tisserin (ave) | — F *Amer.* Machine à tricoter ‖ **~edura** f Tissage *m* ‖ **~eduría** f Tisseranderie ‖ **~emaneje** m FAM. Adresse *f* (destreza), manigances *fpl*, intrigues *fpl* ‖ **~er** vt Tisser | Tresser (trenzar) | FIG. Disposer (ordenar), tramer, ourdir (maquinar) | *Amer.* Tricoter.
tejería f Tuilerie.
tejeringo m Sorte de beignet.
tejido m Tissu (tela) | Textile | Tissage (acción) | FIG. BIOL. Tissu.
tejo m Palet (para jugar) | Disque de métal | MEC. Crapaudine *f* | BOT. If (árbol).
tejón m ZOOL. Blaireau.
tejuelo m Palet (en los juegos) | Étiquette *f* (en el lomo de un libro) | MEC. Crapaudine *f* (de un eje).
tel|a f Tissu *m*, étoffe (tejido) | Toile (tejido basto) | Membrane | Peau (en la superficie de un líquido) | Taie (nube en el ojo) | FAM. Fric *m* (dinero) | FIG. *Hay ~ de que cortar*, il y a du pain sur la planche. *Poner en ~ de juicio*, mettre en question o en doute | *~ de araña*, toile d'araignée | *~ de cebolla*, pelure d'oignon ‖ **~ar** m Métier à tisser | Cintre (del teatro) ‖ **~araña** f Toile d'araignée | FIG. *Tener ~s en los ojos*, être aveugle, avoir la berlue.
tele f FAM. Télé ‖ **~comunicación** f Télécommunication ‖ **~diario** m Journal télévisé ‖ **~dirigir** vt Téléguider ‖ **~férico, a** adj/m Téléphérique ‖ **~fonazo** m FAM. Coup de téléphone ‖ **~fonear** vt/i Téléphoner ‖ **~fonía** f Téléphonie ‖ **~fónico, a** adj Téléphonique | — F *La Telefónica*, la Compagnie des téléphones ‖ **~fonista** s Standardiste (de centralita), téléphoniste (de la Telefónica).
teléfono m Téléphone.
tele|grafía f Télégraphie ‖ **~grafiar** vt/i Télégrafier ‖ **~gráfico, a** adj Télégraphique ‖ **~grafista** s Télégraphiste.
telégrafo m Télégraphe.
tele|grama m Télégramme ‖ **~guiar** vt Téléguider ‖ **~impresor** m Téléscripteur, téléimprimeur ‖ **~mando** m Télécommande *f* ‖ **~mática** *f* Télématique.
telémetro m Télémètre.
tele|objetivo m Téléobjectif ‖ **~patía** f Télépathie.
telera f Montant *m* (de prensa) | Entretoise (de la cureña).
tele|scópico, a adj Télescopique ‖ **~scopio** m Télescope ‖ **~silla** m Télésiège ‖ **~spectador, a** s Téléspectateur, trice ‖ **~squí** m Téléski ‖ **~tipo** m Télétype ‖ **~vidente** s Téléspectateur, trice ‖ **~visar** vt Téléviser ‖ **~visión** f Télévision ‖ **~visivo, a** adj Télévisuel, elle ‖ **~visor** m Téléviseur.
telex m Télex.
telilla f Tissu (*m*) de laine léger (tela) | Pellicule.
telón m Rideau | FIG. *~ de acero*, rideau de fer | *~ de foro*, toile de fond | *~ metálico*, rideau de fer.
telonero, a adj/s Artiste qui passe en lever de rideau *o* qui essuie les plâtres.
telúrico, a adj Tellurique.
telurio m Tellure (métal).
tem|a m Sujet (asunto) | Thème (traducción inversa) | Question *f*, sujet (de examen) | Marotte *f*, idée (*f*) fixe (locura) | Question *f*, problème | GRAM. MIL. MÚS. Thème ‖ **~ario** m Programme ‖ **~ático, a** adj Thématique | — F Thème *m*, sujet *m* (tema), idéologie ; doctrine.
tembl|adera f Torpille (pez) | Amourette (planta) | Tremblement *m* (temblor) | *Amér.* Bourbier *m* ‖ **~ar*** vi Trembler ‖ **~eque** m Aigrette *f* ‖ **~equear** vi FAM. Trembloter ‖ **~ón, ona** adj/s FAM. Froussard, e | *Álamo ~*, tremble ‖ **~or** m Tremblement | Frisson (escalofrío) ‖ **~oroso, a** adj Tremblant, e.
tem|er vt Craindre, avoir peur de | — Vi/p Craindre, avoir peur : *me temo que venga*, je crains qu'il ne vienne ; *me temo que no venga*, je crains qu'il ne vienne pas ‖ **~erario, a** adj/s Téméraire ‖ **~eridad** f Témérité ‖ **~eroso, a** adj Peureux, euse ; craintif, ive (miedoso) | Redoutable (temible) | *~ de*, craignant ‖ **~ible** adj Redoutable | Dangereux, euse (peligroso) ‖ **~or** m Crainte *f*, peur *f* | *Por ~ a*, de peur de, par peur de | *Por ~ de que*, de peur que.
témpano m Glaçon (de hielo) | MÚS. Cymbale *f* | Peau (*f*) de tambour.
temper|ado, a adj *Amér.* Tempéré, e ‖ **~amento** m Tempérament ‖ **~ancia** f Tempérance ‖ **~ante** adj Tempérant, e ‖ **~ar** vt Tempérer, adoucir | MED. Calmer | — Vp S'adoucir ‖ **~atura** f Température ‖ **~ie** f Température.
tempest|ad f Tempête (temporal) | Orage *m* (tormenta) | FIG. Tempête ‖ **~uoso, a** adj Tempétueux, euse.
templ|ado, a adj Tempérant, e (sobrio) | Tiède (tibio) | Tempéré, e (clima) | Doux, douce (temperatura)

| TECN. Trempé, e || **~anza** f Tempérance (virtud) | Modération | Douceur (del clima) | Harmonie (de colores) || **~ar** vt Tempérer, modérer | Tiédir (líquidos) | Adoucir (suavizar) | TECN. Tremper | FIG. Tempérer; calmer | MÚS. Accorder | — Vi S'adoucir | — Vp Se tempérer, se modérer | Tiédir (líquidos) || **~ario** m Templier || **~e** m TECN. Trempe *f* | Ordre des templiers | Température *f* | FIG. Humeur *f* (humor), trempe *f* (energía) | MÚS. Accord || **~ete** m Pavillon, kiosque | Petit temple | Niche *f* (nicho) || **~o** m Temple | Église *f* (iglesia) | FAM. *Como un ~*, énorme (mentira), pure (verdad), du tonnerre (persona).
tempor|ada f Saison | Séjour *m* (estancia) | Époque, période | *Baja ~*, saison creuse || **~al** adj Temporel, elle | Temporaire (de corta duración) | ANAT. Temporal, e | — M Tempête *f* | Mauvais temps | Journalier, saisonnier (obrero) | ANAT. Temporal | *Lo ~*, le temporel || **~alidades** fpl REL. Temporel *msing* || **~ario, a** adj Temporaire.
témporas fpl REL. Quatre-temps *m*.
temporero, a adj Temporaire | — M Saisonnier.
tempran|ero, a adj Précoce, hâtif, ive || **~ito** adv FAM. De très bonne heure || **~o, a** adj Précoce | Hâtif, ive (plantas) | *Frutas* ou *verduras ~*, primeurs | — Adv Tôt, de bonne heure.
ten m FAM. *con ~*, prudence, tact.
ten|acidad f Ténacité || **~acillas** fpl Pincettes | Pince (*sing*) à sucre (para el azúcar) | Fer (*msing*) à friser (para el pelo) | Mouchettes (para las velas) || **~az** adj Tenace || **~aza** f o **~azas** fpl Tenailles *pl* | Pincettes *pl* (para el fuego) | Pinces *pl* (de crustáceos, de forjadores) | TECN. Mors *m* (del torno).
tenca f Tanche (pez).
tend|al m Bâche *f* (toldo) | Séchoir (tendedero) || **~edero** m Étendoir, séchoir || **~el** m Cordeau.
tendenci|a f Tendance || **~ oso, a** adj Tendancieux, euse.
ténder m Tender.
tend|er* vt Tendre (alargar, instalar) | Tendre, étendre (extender) | Poser (colocar) | Jeter (un puente) | Mettre (poner) | — Vi Tendre, viser | — | — Vp S'étendre, s'allonger, se coucher || **~erete** m Éventaire, étalage | Échoppe *f* (tenducho) || **~ero, a** adj/s Commerçant, e || **~ido** m Pose *f* (instalación) | Ligne *f* (telefónica) | Lancement (de un puente) | Égout (del tejado) | Gradins *pl* (gradería).
tendón m Tendon.
tenducha f o **tenducho** m FAM. Échoppe *f*, petite boutique *f*.
tenebroso, a adj Ténébreux, euse.
ten|edor m Fourchette *f* | Possesseur, détenteur (poseedor) | COM. Porteur (de efectos) | *~ de libros*, comptable, teneur de livres || **~eduría** f *~ de libros*, tenue des livres, comptabilité || **~encia** f Possession | *~ de alcaldía*, mairie d'arrondissement | *~ de armas*, port d'armes || **~er*** vt Avoir | Tenir (tener cogido, mantener, ocuparse de, reunir, contener) | *Aquí tiene ...*, voici | *No ~ dónde caerse muerto*, être sur le pavé | FAM. *No tenerlas todas consigo*, ne pas en mener large | *No ~ más que*, n'avoir que | *~ a bien*, juger bon; vouloir | *~ algo de*, tenir de | *~ a menos*, trouver indigne de soi | *~ en menos*, dédaigner | *~ en mucho*, tenir en grande estime | *~ para sí*, avoir dans l'idée, croire | *~ por*, tenir pour, considérer comme | *~ que*, devoir, falloir : *tengo que salir*, je dois sortir, il faut que je sorte | *¡Tiene a quién salir!*, il a de qui tenir! | — Vp Se tenir | *~ por*, se croire.
tenería f Corroierie.
tenia f Ténia *m*.
tenient|azgo m Lieutenance *f* || **~e** adj Possesseur | Vert, e (fruta) | FAM. Dur d'oreille (sordo), chiche (avaro) | — M Lieutenant | *~ de alcalde*, maire adjoint.
tenis m Tennis.
tenor m Teneur *f* (contenido) | MÚS. Ténor | *A este ~*, de cette façon | *A ~*, à l'avenant; de même.
tenorio m FIG. Don Juan.
tens|ar vt Tendre || **~ión** f Tension || **~o, a** adj Tendu, e || **~or** adjm/m ANAT. Tenseur | — M TECN. Tendeur | — Pl DEP. Extenseur *sing*.
tent|ación f Tentation || **~acular** adj Tentaculaire || **~áculo** m Tentacule || **~adero** m Enclos où l'on éprouve les jeunes taureaux || **~ador, a** adj Tentant, e | — Adj/s FIG. Tentateur, trice || **~ar*** vt Tâter (palpar) | Tenter (atraer, intentar) | Sonder (una herida) | — Vp Se tâter || **~ativa** f Tentative.
tent|emozo m Étai (puntal) | Chambrière *f* (de vehículo) | Poussah (juguete) || **~empié** m Collation *f*, en-cas (refrigerio) | Poussah (juguete).
tenu|e adj Ténu, e; fin, e | Faible (débil) | Léger, ère (ligero) | Futile (sin importancia) | Simple (estilo) || **~idad** f Ténuité, finesse | Faiblesse (debilidad) | Légèreté (ligereza) | Futilité | Simplicité (sencillez).
teñ|ido, a adj Teint, e | Teinté, e (coloreado) | — M Teinture *f* |

Teinte *f* (color) || **~ir*** vt Teindre (*de*, en) | Teinter (colorear).
teo|cracia f Théocratie || **~logal** adj Théologal, e || **~logía** f Théologie || **~lógico, a** adj Théologique.
teólogo m Théologien.
teor|ema m Théorème || **~ía** f Théorie.
teóric|a f Théorie || **~o, a** adj Théorique | — S Théoricien, enne.
teosofía f Théosophie.
teósofo m Théosophe.
tequila m o f *Amér.* Tequila *f.*
terap|euta s MED. Thérapeute || **~éutico, a** adj/f Thérapeutique.
terc|er adj (apócope de *tercero*) Troisième | Tiers : *el ~ mundo*, le tiers monde | *En ~ lugar*, en troisième lieu, tertio || **~era** f Tierce | Entremetteuse (alcahueta) || **~ería** f Entremise, médiation | Proxénétisme *m* || **~ero, a** adj Troisième | Trois : *Carlos ~*, Charles III | Tiers, tierce (intermediario) | *~ parte*, tiers | — M Tiers | Entremetteur (alcahuete) | Tierce *f* (división del segundo) | Troisième (piso) | Quatrième *f* (de bachillerato) | FIG. *Ser el ~ en discordia*, être le troisième larron || **~erola** f Mousqueton *m* || **~eto** m Tercet | Mús. Trio || **~ia** f Tiers *m* (tercio) | Tierce || **~iana** f Fièvre tierce || **~iar** vt Mettre en travers (ladear) | Porter en bandoulière (un arma) | Diviser en trois (dividir) | Équilibrer | *Amér.* Couper (el vino) | — Vi Intervenir | — Vp Se présenter | *Si se tercia*, à l'occasion, éventuellement || **~iario, a** adj/s Tertiaire || **~io, a** adj Troisième | — M Tiers | Charge *f* (carga) | MIL. Légion (*f*) étrangère (legión) | Groupement [de gendarmerie] (guardia civil) | TAUR. Chacune des trois phases d'une corrida | *~ de libre disposición*, quotité disponible (en una herencia) | — Pl Membres (del cuerpo).
terciopelo m Velours.
terco, a adj Têtu, e; entêté, e.
Teresa nprf Thérèse.
tergal m Tergal.
tergivers|ación f Interprétation mauvaise *o* fausse || **~ar** vt Fausser, déformer, mal interpréter.
term|al adj Thermal, e || **~as** fpl Thermes *m.*
termes m Termite.
termia f Fís. Thermie.
térmico, a adj Thermique.
termin|ación f Terminaison | Achèvement *m* (realización) | Fin (final) | Finition (acabado) || **~acho** m FAM. Mot malsonnant (palabra indecente), barbarisme || **~al** adj Terminal, e | — M ELEC. Borne *f* | Terminal (en informática) | *~ aéreo*, aérogare || **~ante** adj Final, e | Formel, elle | Catégorique | Concluant, e (resultados) || **~ar** vt Terminer, finir | — Vi/p Finir, se terminer | Finir par (con el gerundio) | Rompre (reñir) | Devenir (volverse).
término m Terme, fin *f* | GRAM. MAT. Terme | Terminus (de un transporte) | Plan (plano) | Limite *f* | Territoire, région *f* | Commune *f* (municipio) | Borne *f* (mojón) | But (objetivo) | Délai (plazo) | — Pl Confins (extremos) | Termes (relaciones) | *En primer ~*, en premier lieu | *En ~s generales*, dans l'ensemble | *No hay ~ medio*, il n'y a pas de milieu | *Por ~ medio*, en moyenne.
terminología f Terminologie.
termit|a f Termite *m* || **~ero** m Termitière *f.*
termo o **termos** m Bouteille (*f*) Thermos, thermos *f.*
termo|cauterio m Thermocautère || **~dinámica** f Thermodynamique || **~electricidad** f Thermo-électricité || **~eléctrico, a** adj Thermo-électrique.
termó|geno, a adj Thermogène || **~metro** m Thermomètre : *~ clínico*, thermomètre médical.
termo|nuclear adj Thermonucléaire || **~química** f Thermochimie || **~stato** m Thermostat.
tern|a f Trois personnes || **~ario, a** adj Ternaire || **~era** f Génisse (animal) | Veau *m* (carne) || **~ero** m Veau | *~ recental*, veau de lait || **~eza** f Tendresse | — Pl Gentillesses || **~illa** f Cartilage *m* | — Pl Tendron *msing* || **~illoso, a** adj Cartilagineux, euse || **~ísimo, a** adj Très tendre || **~o** m Trio | Complet (traje) | FAM. Juron || **~ura** f Tendresse | Tendreté (de la carne).
terquedad f Obstination, entêtement *m.*
terracota f Terre cuite.
terrado m Terrasse *f.*
terraj|a f Filière | Calibre *m* (para molduras) | Taraud *m* (macho de roscar) || **~ado** m Décolletage (torneado) || **~ar** vt Décolleter (tornear).
terral adjm/m *Viento ~*, vent de terre, sorte de sirocco.
Terranova nprf Terre-Neuve.
terr|aplén m Terre-plein | Remblai (de ferrocarril) || **~aplenar** vt Remblayer | Terrasser (nivelar) || **~áqueo, a** adj Terrestre || **~ateniente** s Propriétaire foncier || **~aza** f Terrasse | Plate-bande (arriate) || **~emoto** m Tremblement de terre || **~enal** adj Terrestre || **~eno, a** adj Terrestre | — M Terrain | FIG. Domaine (esfera) || **~ero, a** adj Terreux, euse | De

terre (con tierra) | Bas (vuelo) | FIG. Bas, basse | — M Terrasse *f* | Tas de terre (montón de tierra) | Terril (de mina) | Alluvions *fpl* (aluvión) || **~estre** adj Terrestre.
terrible adj Terrible.
terrícola adj/s Terrien, enne.
terrina f Terrine.
terr|itorial adj Territorial, e || **~itorio** m Territoire || **~ón** m Motte *f* (de tierra) | Morceau (de azúcar).
terror m Terreur *f* || **~ífico, a** adj Terrifiant, e || **~ismo** m Terrorisme || **~ista** adj/s Terroriste.
terr|oso, a adj Terreux, euse || **~uño** m Pays natal (país) | Terroir (región).
ters|o, a adj Clair, e | Poli, e (bruñido) | Resplendissant, e (resplandeciente) | Lisse (liso) || **~ura** f Éclat *m* (resplandor) | Brillant *m* (bruñido) | Douceur (del cutis) | Pureté (del estilo).
tertuli|a f Réunion entre amis | Petite soirée (de noche) | Promenoir *m* (de teatro) | Arrière-salle (de café) || **~ano, a** o **~o, a** s Habitué, e | Invité, e.
tesar vt Raidir (una cuerda).
tes|ina f Mémoire *m* || **~is** f Thèse.
tesitura f MÚS. Tessiture | FIG. Situation; état (*m*) d'âme.
tes|ón m Fermeté *f* | Ténacité *f* || **~onería** f Obstination, entêtement *m* || **~onero, a** adj Obstiné, e | Opiniâtre | Tenace.
tesor|ería f Charge du trésorier (cargo) | Trésorerie (oficina) || **~ero, a** s Trésorier, ère || **~o** m Trésor.
test m Test (prueba).
testa f Front *m* (frente) | Tête (cabeza).
testador, a s Testateur, trice.
testaferro m Prête-nom, homme de paille.
testament|aría f Exécution testamentaire | Montant (*m*) de la succession (caudal) | Papiers (*mpl*) de la succession (documentos) || **~ario, a** adj Testamentaire | — S Exécuteur, exécutrice testamentaire || **~o** Testament | **~** *abierto*, testament authentique.
testar vi Tester.
test|arazo m Coup de tête || **~arudez** f Entêtement *m* || **~arudo, a** adj/s Têtu, e; entêté, e || **~era** f Façade (fachada) | Face (parte frontal) | Front *m* (de animal) | Fond *m* (de coche) | Place d'honneur (en la mesa) || **~ero** m Façade *f*.
testículo m Testicule.
test|ificación f Attestation || **~ificar** vt Attester, témoigner de | — Vi Témoigner || **~igo** s Témoin (sin fem) | — M Témoin | TECN. Carotte *f* | **~** *de cargo*, témoin à charge | *Tomar por* **~**, prendre à témoin || **~imoniar** vt Témoigner de | — Vi Témoigner || **~imonio** m Témoignage : *dar* **~**, porter témoignage | Attestation (*f*) légale (hecha por notario) | Preuve *f* (prueba) | *Levantar un falso* **~**, porter un faux témoignage | FIG. *Según el* **~** *de*, de l'aveu de (según la opinión).
test|udo m MIL. Tortue *f* || **~uz** m Front (de animal) | Nuque *f* (nuca).
teta f Mamelle (de los mamíferos) | Sein *m* (de mujer) | Mamelon *m* (pezón).
tetánico, a adj Tétanique.
tétanos m MED. Tétanos.
tetera f Théière.
tet|illa f Mamelle (de los mamíferos machos) | Tétine (de biberón) || **~ina** f Tétine.
tetra|edro m Tétraèdre || **~logía** f Tétralogie || **~rca** m Tétrarque.
tétrico, a adj Lugubre, triste.
teut|ón, ona adj/s Teuton, onne || **~ónico, a** adj Teutonique.
text|il adj/m Textile || **~o** m Texte || **~ual** adj Textuel, elle || **~ura** f Texture (trama) | Tissage *m* (acción) | FIG. Structure.
tez f Teint *m*.
theta f Thêta *m* (letra griega).
ti pron pers Toi : *a* **~**, à toi.
tía f Tante | FAM. Bonne femme (mujer cualquiera), fille (chica), poule (prostituta), mère (calificativo) | FAM. *Cuéntaselo a tu* **~**, à d'autres. *No hay tu* **~**, rien à faire | **~** *abuela*, grand-tante.
tiara f Tiare.
Tíber nprm Tibre.
tiberio m FAM. Chahut.
Tíbet nprm Tibet.
tibetano, a adj/s Tibétain, e.
tibia f ANAT. Tibia *m*.
tibi|eza f Tiédeur || **~o, a** adj Tiède | FIG. Tiède (poco fervoroso), froid, e (trato, acogida).
tiburón m Requin.
tic m Tic || **~tac** m Tic-tac.
ticket m Ticket.
tiemblo m Tremble (álamo).
tiempo m Temps | Époque *f* (época) | Saison *f* (estación) | Moment | Âge (edad) | Mi-temps *f* (deporte) | *Al mismo* **~**, en même temps | *A* ou *al* **~** *que*, tandis que, en même temps que | *Andando el* **~**, avec le temps | *Antes de* **~**, en avance | *A su debido* **~**, en temps utile | *A* **~**, à temps, en temps voulu | *A un* **~**, en même temps | *Con* **~**, en prenant son temps (despacio), à l'avance (con antelación), à temps (a tiempo) | *Darle a uno* **~** *de*, avoir le temps de | *Dar* **~**

al ~, laisser faire le temps | *En mis* ~*s*, de mon temps | *En otros* ~*s*, autrefois | *En* ~ *hábil* ou *oportuno*, en temps utile | FIG. *En* ~*s de Maricastaña*, au temps où les bêtes parlaient | *En* ~*s remotos*, dans le temps, au temps jadis | *Hace buen* ~, il fait beau [temps] | *Hace* ~, il y a longtemps | *Hacer* ~, passer le temps | FIG. *Poner a mal* ~ *buena cara*, faire contre mauvaise fortune bon cœur | *Tener* ~, avoir le temps | FIG. ~ *de perros*, temps de chien.

tienda f Boutique, magasin *m* | Épicerie (de comestibles) | Tente (de campaña) | *Ir de* ~*s*, courir les magasins, faire des courses.

tient|a f Sonde (cirugía) | TAUR. Épreuve à laquelle sont soumis les jeunes taureaux | *A* ~*s*, à tâtons || ~**o** m Toucher (tacto) | Bâton d'aveugle (de ciego) | Balancier (contrapeso) | Appui-main (del pintor) | Adresse *f* (habilidad) | FIG. Tact, doigté (miramiento) | FAM. Coup (golpe) | *Andar con* ~, agir avec prudence | FAM. *Coger el* ~, attraper le coup de main || ~**os** mpl Chant et danse andalous.

tierno, a adj Tendre | Frais (pan).

tierra f Terre | Pays *m* (país, región) | *Dar por* ~ *con*, réduire à néant (esperanza), renverser (una teoría) | *De la* ~, du pays | FIG. *Echar por* ~, abattre, ruiner. *Echar* ~ *a un asunto*, enterrer une affaire. *En* ~ *de ciegos, el tuerto es rey*, au royaume des aveugles, les borgnes sont rois. *En toda* ~ *de garbanzos*, partout | FAM. *Estar mascando* ~, manger les pissenlits par la racine. *Poner* ~ *por medio*, prendre le large | ~ *adentro*, à l'intérieur des terres | ~ *de batán*, terre à foulon | ~ *de nadie*, no man's land | ~ *paniega*, terre à blé | ~*s adentro*, arrière-pays | *Tomar* ~, atterrir, se poser | FIG. *Venirse a* ~, s'écrouler.

tieso, a adj Raide | Rigide (rígido) | Tendu, e (tenso) | FIG. Raide, guindé, e (grave), ferme, inflexible | FAM. *Dejar* ~, mettre sur la paille (sin dinero). *Tenérselas tiesas*, tenir bon (mantenerse firme).

tiesto m Pot à fleurs (maceta) | Tesson (pedazo de vasija).

tiesura f Raideur | Rigidité.

tif|oideo, a adj/f Typhoïde || ~**ón** m Typhon || ~**us** m MED. Typhus.

tigre m Tigre | *Amér.* Jaguar | ~ *hembra*, tigresse.

tijer|a f Ciseaux *mpl* | Chevalet *m* (para serrar) | Ciseau *m* (en lucha) | — Pl Ciseaux *m* | *Salto de* ~*s*, saut en ciseaux || ~**eta** f Petits ciseaux *mpl* | Vrille (de la viña) | Ciseau *m* (salto) | ZOOL. Perce-oreille *m* || ~**etada** f o ~**etazo** m Coup (*m*) de ciseaux || ~**etear** vt Taillader.

tila f Tilleul *m* (flor, infusión).

tild|ar vt Mettre le tilde | Biffer (borrar) | FIG. Accuser, taxer || ~**e** f Tilde *m* (sobre la ñ) | Accent *m* | FIG. Marque; vétille (bagatela) | FIG. *Poner* ~ *a*, critiquer.

tilín m Drelin (de campanilla) | FAM. *Hacer* ~, ravir, enchanter (encantar), plaire (gustar).

tilo m Tilleul (árbol).

tim|ador m FAM. Escroc || ~**ar** vt FAM. Carotter, escroquer (robar), rouler (engañar) | — Vp FAM. Se faire de l'œil.

timba f FAM. Partie (de juego), tripot *m* (garito).

timbal m MÚS. Timbale *f* | Vol-au-vent, timbale *f* (manjar) || ~**ero** m Timbalier.

timbr|ado, a adj Timbré, e | — M Timbrage || ~**ar** vt Timbrer || ~**azo** m Coup de sonnette || ~**e** m Sonnette *f* | Timbre (campanilla) | Timbre (fiscal, sonido) | ~ *móvil* timbre-quittance | *Tocar el* ~, sonner.

timidez f Timidité.

tímido, a adj Timide.

timo m FAM. Escroquerie *f* | Thymus (glándula) | FAM. *Dar un* ~, escroquer, rouler.

tim|ón m Gouvernail (de avión, barco) | FIG. Barre *f* || ~**onel** m Timonier.

timorato, a adj Timoré, e.

tímpano m Tympan | MÚS. Tympanon.

tin|a f Jarre (tinaja) | Cuve | Baignoire (baño) || ~**aja** f Jarre.

tinerfeño, a adj/s De Ténériffe.

tinglado m Hangar (cobertizo) | Baraque *f* (casucha) | FIG. Stratagème | *Manejar el* ~, tenir *o* tirer les ficelles.

tinieblas fpl Ténèbres.

tino m Adresse *f* | FIG. Bon sens (juicio), sagesse *f* (cordura) | Cuve *f* (cuba) | Pressoir (lagar) | FIG. *Hablar sin* ~, déraisonner. *Sacar de* ~, étourdir (con un golpe), mettre hors de soi (exasperar).

tint|a f Encre : *escribir con* ~, écrire à l'encre | Teinte (color) | — Pl Couleurs | FIG. *De buena* ~, de source sûre | FAM. *Sudar* ~, suer sang et eau || ~**e** m Teinture *f* | Teinturerie *f* (tienda) | FIG. Tendance *f*; teinture *f* (barniz) || ~**ero** m Encrier || ~**ín** m Tintement || ~**inear** vi Tintinnabuler (cascabelear) | Tinter (campana) || ~**ineo** m Tintement || ~**o, a** adj Teint, e | Rouge (vino) | — M Vin rouge (vino) || ~**óreo, a** adj Tinctorial, e || ~**orería** f Teinturerie, teinturier *m* || ~**orero, a** s

Teinturier, ère | — F Requin *m* || **~ura** f Teinture | Fard *m* (afeite).
tiñ|a f Teigne | FAM. Ladrerie || **~oso, a** adj/s Teigneux, euse | FAM. Ladre.
tío m Oncle | Père (calificativo) : *el ~ José,* le père Joseph | FAM. Type (individuo) | *~ abuelo,* grand-oncle | *~ vivo,* manège, chevaux de bois (caballitos).
típico, a adj Typique.
tipific|ación f Classification | Standardisation, normalisation || **~ar** vt Standardiser, normaliser.
tiple s MÚS. Soprano.
tip|o m Type (modelo) | Genre (clase, estilo) | Taux (porcentaje) | Variété *f*, sorte *f* (variedad) | FAM. Type (persona), silhouette *f*, ligne *f* (figura) | BOT. ZOOL. Embranchement | IMPR. Caractère | FAM. *Jugarse el ~,* risquer sa peau | *Tener buen ~,* être bien fait || **~ografía** f Typographie || **~ográfico, a** adj Typographique || **~ógrafo, a** adj/s Typographe.
tiquismiquis mpl FAM. Scrupules ridicules (reparos), chichis, manières *f* (remilgos), histoires *f* (enredos).
tir|a f Bande (de tela, papel) | Lanière (de cuero) | Bride (de zapato) | Bande dessinée (historieta) || **~abala** m Canonnière *f* || **~abeque** m Lance-pierres | Pois mange-tout (guisante) || **~abuzón** m Tire-bouchon (rizo, sacacorchos) | — Pl Anglaises *f* (rizo de cabello) || **~achinos** m inv Lance-pierres || **~ada** f IMPR. Tirage *m* | Tirade (de versos) | Tir *m* (tiro) | FAM. Trotte (distancia) || **~adero** m Affût || **~ado, a** adj FAM. Courant, e (corriente), facile *o* simple comme bonjour (muy fácil), donné, e; très bon marché (barato) | Délié, e (letra) | — M TECN. IMPR. Tirage || **~ador, a** s Tireur, euse | — M Poignée *f* (de puerta, de cajón) | Cordon (de campanilla) | Lance-pierres (honda) | MIL. Tirailleur | TECN. Filière *f* | *Amér.* Ceinturon de gaucho; bretelle *f* | — F FOT. Tireuse || **~alíneas** m inv Tire-ligne.
tir|anía f Tyrannie || **~anicida** s Tyrannicide (asesino) || **~anicidio** m Tyrannicide (crimen) || **~ánico, a** adj Tyrannique || **~anizar** vt Tyranniser || **~ano, a** adj Tyrannique | — S Tyran (sin fem).
tir|ante adj Tendu, e | FIG. *Estar ~ con alguien,* être en froid avec qqn | — M Trait (de caballería) | Bretelle *f* (de pantalón) | Épaulette *f* (tira de combinación) | TECN. Entretoise *f* (riostra) || **~antez** f Tension, raideur | FIG. Tension, tiraillements *mpl* || **~ar** vt Jeter (echar) | Renverser (un líquido) | Lancer (arrojar) | Abattre (derribar) | Tirer (disparar, estirar, trazar) | Gaspiller (malgastar) | MAT. Abaisser (perpendicular) | IMPR. FOT. Tirer | FAM. Vendre très bon marché | Tirer (fútbol) | *~ abajo,* renverser, abattre | — Vi Tirer | Tourner (torcer) | Dévier (desviarse) | FIG. Attirer (atraer) | FAM. Tenir le coup (durar, aguantar), dire du mal de (criticar) | *A todo ~,* tout au plus | FAM. *Ir tirando,* aller comme ci, comme ça. *Tirando por alto,* tout au plus. *Tirando por bajo,* au bas mot | *~ a,* tirer sur; avoir tendance à | *~ de,* traîner, tirer | *~ por,* avoir un faible pour (sentirse inclinado), passer par (dirigirse) | FAM. *Tira y afloja,* succession d'exigences et de concessions | — Vp Se jeter | S'étendre (tenderse) | FAM. S'envoyer (cargarse).
tiratrón m ELEC. Thyratron.
tirilla f Pied-de-col *m* (de camisa).
tirio, a adj/s Tyrien, enne.
tirita f Pansement (*m*) adhésif.
tirit|ar vi Grelotter || **~ón** m o **~ona** f Tremblement *m*, frisson.
tiro m Coup [de feu] (disparo) | Balle *f* (bala) | Tir : *línea de ~,* ligne de tir | Portée *f* (alcance) | Jet : *a un ~ de piedra,* à un jet de pierre | Attelage (de caballería) | Trait : *animales de ~,* bêtes de trait | Corde *f* (cuerda) | Tirage (de chimenea) | Shoot (fútbol) | *Dar un ~ a,* tirer sur | FIG. *De ~s largos,* tiré à quatre épingles | *Errar el ~,* manquer son coup | FAM. *Le salió el ~ por la culata,* ça lui est retombé sur le nez. *Ni a ~s,* pour rien au monde | *~ al blanco,* tir à la cible | *~ al plato,* tir au pigeon d'argile | *~ de pichón,* tir aux pigeons.
tiroid|eo, a adj Thyroïde, thyroïdien, enne || **~es** f ANAT. Thyroïde.
tirolés, esa adj/s Tyrolien, enne.
tirón m Secousse *f* | Tiraillement (de estómago) | Crampe *f* (de músculo) | FIG. Vol à la tire (robo) | FAM. Trotte *f* | *De un ~,* d'un trait.
tirote|ar vt Tirer sur | — Vi Tirailler | — Vp Échanger des coups de feu || **~o** m Fusillade *f*, échange de coups de feu | Coups (*pl*) de feu (ruido).
Tirreno nprm *Mar ~,* mer Tyrrhénienne.
tirria f FAM. Hostilité, antipathie | *Tener ~ a uno,* avoir pris qqn en grippe.
tisana f Tisane.
tísico, a adj/s Phtisique.
tisis f MED. Phtisie.
tisú m Drap d'or *o* d'argent.
tita f FAM. Tantine.

tit|án m Titan ‖ **~ánico, a** adj Titanesque, titanique, de titan ‖ **~anio** m Titane (metal).
títere m Marionnette *f* | FIG. Pantin, polichinelle.
titil|ar o **~ear** vi Titiller | Scintiller (astro) ‖ **~eo** m Scintillement.
tiritar vi Grelotter.
titiritero, a s Montreur, montreuse de marionnettes | Équilibriste (volatinero).
tito m FAM. Tonton.
titube|ar vi Tituber, chanceler | FIG. Hésiter ‖ **~o** m Titubation *f*, chancellement | FIG. Hésitation *f*.
titul|ado, a adj/s Diplômé, e ‖ **~ar** adj Titulaire, en titre | — S Titulaire | — M Gros titre | Manchette *f* (encabezamiento en la primera plana) | — Vt Intituler | — Vp Se qualifier ‖ **~arización** f Titularisation ‖ **~arizar** vt Titulariser.
título m Titre | Diplôme.
tiza f Craie.
tizn|a f Suie ‖ **~adura** f Noircissement *m* ‖ **~ar** vt Tacher de noir | Salir (ensuciar) | Charbonner (con carbón) | FIG. Noircir ‖ **~e** m y f Suie *f* ‖ **~ón** m Noircissure *f*, tache (*f*) de suie.
tiz|o m Fumeron ‖ **~ón** m Tison | FIG. Tache *f* | BOT. Charbon, nielle *f* | *Negro como un ~*, noir comme l'encre ‖ **~ ona** f FAM. Rapière.
toall|a f Serviette de toilette | Essuie-mains *m* (para las manos) | FIG. *Tirar* ou *arrojar la ~*, jeter l'éponge | *~ de felpa*, serviette-éponge ‖ **~ero** m Porte-serviettes.
toba f Tuf *m* (piedra).
tobera f Tuyère.
tobillo m Cheville *f*.
tobogán m Toboggan.
toc|a f Coiffe | Toque (gorro) ‖ **~adiscos** m inv Tourne-disque ‖ **~ado, a** adj FAM. Toqué, e | — M Coiffure *f* ‖ **~ador, a** adj/s Joueur, euse | — M Table (*f*) de toilette (para el aseo) | Coiffeuse *f* (para peinarse) | Cabinet de toilette (cuarto) | Nécessaire de toilette (neceser) ‖ **~ante** adj Touchant, contigu, ë | *~ a*, quant à, en ce qui concerne ; relatif, ive ; concernant ‖ **~ar** vt Toucher | Jouer de (un instrumento) | Battre (tambor) | Sonner (campana) | Passer (discos) | Retoucher (pintura) | Aborder (asunto) | Faire escale à (barco, avión) | — Vi Frapper (llamar) | Appartenir, être à (pertenecer) | Gagner (lotería) | Avoir (obtener) | Échoir : *~ en un reparto*, échoir en partage | Être le tour de, être à (ser la vez de) | Être parent avec | Faire escale (barco, avión) | ***Por lo que a mí me toca***, en ce qui me concerne | ***~ con***, toucher à ‖ **~ata** f MÚS. Toccata | FAM. Raclée ‖ **~ateja (a)** loc adv Rubis sur l'ongle.
tocayo, a s Homonyme.
tocin|ería f Charcuterie ‖ **~o** m Lard | *~ de cielo*, sorte de flan.
toc|ología f MED. Obstétrique ‖ **~ólogo, a** s Médecin accoucheur.
tocón m Souche *f* (de árbol) | Moignon (muñón).
todavía adv Encore | *~ no*, pas encore.
todo, ~a adj/pron indef Tout, e | Tout entier, tout entière (por entero) | Vrai, e ; accompli, e (cabal) | *Abajo del ~*, tout en bas | *A pesar de ~* ou *así y ~*, malgré tout, tout de même | *A ~ esto*, pendant ce temps-là (mientras tanto), à propos (hablando) | *Con ~*, malgré tout | *Del ~*, tout à fait (completamente), tout, e (muy) | *Eso es ~*, c'est tout | *Sobre ~*, surtout | *~ aquel que*, quiconque | *~ cuanto*, tout ce que *o* qui | *~ el que*, tous ceux qui | *~ lo contrario*, bien au contraire | *~ lo más*, tout au plus | *~ lo que*, tout ce qui *o* que | *~ lo ... que*, aussi ... que | *~ quisque*, tout un chacun | *~s*, tous, tout le monde | *~s ustedes*, vous tous | — Adv Tout, entièrement | — M Tout ‖ **~poderoso, a** adj/s Tout-puissant, toute-puissante.
toffee m Caramel.
tog|a f Toge | Robe (de magistrado) ‖ **~ado** m Homme de robe.
toisón m Toison *f*.
tolanos mpl Cheveux de la nuque.
told|illa f MAR. Dunette ‖ **~o** m Vélum (en un patio, calle, etc) | Banne *f* (de tienda) | Store (de ventana) | Parasol (en la playa) | Bâche *f* (de vehículo).
tole m FIG. Tollé.
toledano, a adj/s Tolédan, e | FIG. *Pasar una noche ~*, passer une nuit blanche.
toler|able adj Tolérable ‖ **~ancia** f Tolérance ‖ **~ante** adj Tolérant, e ‖ **~ar** vt Tolérer.
tolita f Tolite.
tolondro o **tolondrón** m Bosse *f*.
tolueno m Toluène.
tolv|a f Trémie | Fente (ranura) ‖ **~anera** f Nuage (*m*) de poussière.
tollina f FAM. Raclée, volée.
tom|a f Prise | Dose (dosis) | Prélèvement *m* (de muestras) | *~ de posesión*, prise de possession *o* de fonctions, installation dans ses fonctions (de un cargo), investiture (de la presidencia, gobierno) ‖ **~do, a** adj POP. Ivre (ebrio) | Prise (voz) ‖ **~ador, a** adj/s Preneur, euse | FAM. Chapardeur, euse (ladrón) | *Amér.* Buveur,

euse | — M COM. Preneur || **~adura** f Prise | Dose (dosis) | FAM. *~ de pelo,* plaisanterie || **~ar** vt Prendre | Faire réciter (las lecciones) | Prélever (muestra, sangre) | *Amér.* Boire (beber) | *A toma y daca,* donnant donnant | *Lo toma o lo deja,* c'est à prendre ou à laisser | *¡Toma!,* tiens!, tenez! | *~ a bien,* prendre du bon côté, bien prendre | FIG. *Tomarla con uno,* s'en prendre à qqn | *~ prestado,* emprunter | — Vi Prendre | — Vp Prendre (la libertad, etc) | Se prendre (medicina).

Tomás nprm Thomas.

tomat|e m Tomate *f* | FAM. Trou (agujero), patate *f* (en un calcetín), foire *f* (jaleo) | FAM. *Tener ~,* être pénible || **~era** f Tomate (planta) | FAM. *Tener ~,* se croire.

tomavistas m inv Caméra *f.*

tómbola f Tombola.

tomillo m Thym.

tomiza f Corde de sparte.

tomo m Tome | *De ~ y lomo,* de taille (grande), de la pire espèce (muy malo).

ton m *Sin ~ ni son,* sans rime ni raison (sin motivo), à tort et à travers (hablar) || **~ada** f Chanson | Air *m* (música) || **~alidad** f Tonalité || **~ante** adj POÉT. Tonnant, e.

tonel m Tonneau | AGR. Tonne *f* | Tonneau (avión) || **~ada** f Tonne | MAR. Tonneau *m* || **~aje** m Tonnage || **~ero** m Tonnelier || **~ete** m Tutu (de bailarina).

tongo m Chiqué (engaño).

tonicidad f Tonicité.

tónico, a adj Tonique | — M MED. Remontant, fortifiant, tonique | — F MÚS. Tonique | FIG. Tendance, ton *m* : *marcar la ~,* donner le ton | Tenue (Bolsa).

tonificar vt Fortifier, tonifier.

ton|illo m Ton monotone | Accent (dejo) | Emphase *f* (afectación) || **~o** m Ton | MED. Tonus (de un músculo) | MÚS. Ton | *A ese ~,* dans ce cas-là | *A ~ con,* en accord avec | FAM. *Darse ~,* faire l'important, se donner des airs | *Estar a ~ con,* correspondre à; être dans la note | *Ponerse a ~ con alguien,* se mettre au diapason de qqn | *Salida de ~,* sortie, éclat.

tonsur|a f Tonsure || **~ar** vt Tonsurer.

tont|ada f Sottise || **~aina** o **~ainas** adj/s FAM. Idiot, e || **~ear** vi Dire *o* faire des bêtises | Flirter || **~ería** f Sottise, bêtise || **~illo** m Crinoline *f* || **~o, a** adj/s Idiot, e; sot, sotte | *A tontas y a locas,* à tort et à travers | *Ponerse ~,* exagérer; faire l'idiot; se donner des airs (presumir) | FAM. *Ser más ~ que una mata de habas,* être bouché à l'émeri | — M Clown (payaso) || **~uelo, a** adj FAM. Bêta, bêtasse || **~ura** f Sottise, bêtise.

toña f FAM. Coup *m* (golpe), cuite (borrachera).

topacio m Topaze *f.*

top|ar vt/i Se heurter | Cosser (los carneros) | Rencontrer, tomber sur : *~ con un amigo,* rencontrer un ami | Trouver (cosa) | Consister, résider (consistir) | Réussir, marcher (salir bien) | Tamponner (trenes) || **~e** m Arrêt | Butoir (de puerta, de parachoques) | Tampon (de tren) | FIG. Limite *f,* frein (freno), plafond, limite *f* (lo máximo) | FIG. *Estar hasta los ~s,* être bondé (lleno), en avoir par-dessus la tête (harto) | *Llegar al ~,* plafonner.

topera f Taupinière.

topetazo m Coup de tête *o* de corne | Tamponnement (de dos vehículos).

tópico m Lieu commun, cliché.

topinambur m BOT. Topinambour.

topo m Taupe *f* | FAM. *Ver menos que un ~,* être myope comme une taupe.

topo|grafía f Topographie || **~nimia** f Toponymie.

toqu|e m Attouchement | Coup léger (golpecito) | Sonnerie *f* (de campana, corneta, teléfono) | Touche *f* (de pincel) | FIG. Avertissement (advertencia), coup (golpe) | *~ de alarma,* tocsin (rebato), cri d'alarme (aviso) | *~ de atención,* mise en garde | *~ de balón,* frappe, touche | *~ de difuntos,* glas (tañido), sonnerie aux morts (militar) | MIL. *~ de llamada,* ralliement | *~ de queda,* couvre-feu | *Último ~,* finition, fignolage (fam) || **~etear** vt FAM. Tripoter, toucher | — Vi FAM. Farfouiller || **~eteo** m FAM. Tripotement.

toquilla f Fichu *m.*

torácico, a adj Thoracique.

torada f Troupeau (*m*) de taureaux.

tórax m Thorax.

torbellino m Tourbillon.

torcaz adj/f *Paloma ~,* pigeon ramier.

torcecuello m Fourmilier (pájaro).

torc|edero m Tordoir || **~edura** f Torsion | MED. Entorse || **~er*** vt Tordre | Dévier (desviar) | Tourner (doblar) | FIG. Fausser, dénaturer (interpretar mal), faire une entorse à (la verdad, etc) | — Vi Tourner | — Vp Se tordre | Gauchir (ladearse) | FIG. Tourner mal (negocio, persona) || **~ida** f Mèche || **~ido, a** adj Tordu, e | De travers (oblicuo) | Tors, e (piernas) | Tortueux, euse | FIG. Retors, e (hipócrita).

tord|illo, a adj Gris, e || **~o, a** adj Gris, e | — S Grive *f* (ave).

tor|ear vi/t Toréer | — Vt FAM. Se payer la tête de (tomar el pelo), faire marcher (burlarse) | *No dejarse ~*, ne pas se laisser faire || **~eo** m Tauromachie *f* (arte) | Travail [du toréador] | FAM. Moquerie *f* (burla) || **~era** f Boléro *m* | FAM. *Saltarse a la ~*, prendre pardessus la jambe || **~ero** m Torero, toréador || **~ete** m Taurillon || **~il** m Toril.

torio m Thorium

torment|a f Tempête (en el mar) | Orage *m* (en la tierra) | FIG. Tempête || **~o** m Tourment | Torture *f* (tortura) || **~oso, a** adj Orageux, euse.

torn|a f Retour *m* (vuelta) | *Cuando se vuelvan las ~s*, lorsque le vent aura tourné || **~aboda** f Lendemain (*m*) de noces || **~adizo, a** adj Changeant, e || **~ado** m Tornade *f* || **~ar** vt Rendre | — Vi Retourner (regresar) | Recommencer | — Vp Devenir (volverse) || **~asol** m Tournesol | Reflet (viso) || **~asolado, a** adj Chatoyant, e.

torn|eado m Tournage | Galbe (esbeltez) || **~eadura** f Tournure (viruta) | TECN. Tournage *m* || **~ear** vt Tourner, façonner autour | — Vi Tourner (girar) || **~eo** m Tournoi || **~ero, a** adj/s Tourier, ère (convento) | — M TECN. Tourneur || **~illazo** m Tête-à-queue || **~illo** m Vis *f* | FAM. *Apretarle a uno los ~s*, serrer la vis à qqn. *Le falta un ~*, il est un peu marteau || **~iquete** m Tourniquet || **~iscón** m FAM. Taloche *f* || **~o** m Tour (máquina) | Toupie *f*, toupilleuse *f* (para la madera) | Treuil (para levantar pesos) | Rouet (para hilar) | Tour (de convento, comedor, movimiento circular) | Roulette *f* (de dentista) | *En ~ a*, autour de.

toro m Taureau | ARQ. Tore | — Pl Course (*fsing*) de taureaux, corrida *fsing* | FIG. *Estar hecho un ~*, être fou de rage. *Ir al ~*, aller au fait. *Ver los ~s desde la barrera*, se tenir loin du danger.

toronj|a f Pamplemousse *m* || **~il** m Mélisse *f*, citronnelle *f*.

torpe adj Maladroit, e | Bête (necio) | Lourd, e; gauche (de movimientos) | Lent, e (lento) | Incorrect, e (conducta) | Bas, basse (bajo).

torped|eamiento m Torpillage || **~ear** vt Torpiller || **~eo** m Torpillage || **~ero** m Torpilleur || **~o** m Torpille *f* (pez, arma) | Torpédo *f* (coche).

torp|eza f Maladresse, gaucherie | Bêtise, stupidité (necedad) | Lourdeur (pesadez) | Turpitude (bajeza) || **~ón, ona** adj Gauche || **~or** m Torpeur *f*.

torrar vt Griller (tostar el café).

torre f Tour | Clocher *m* (campanario) | Maison de campagne (quinta) | MAR. Tourelle | *~ del homenaje*, donjon | *~ de perforación*, derrick || **~cilla** f Tourelle.

torrefac|ción f Torréfaction || **~tar** vt Torréfier.

torren|cial adj Torrentiel, elle | Torrentueux, euse (río) || **~te** m Torrent || **~tera** f Ravin *m* || **~toso, a** adj Torrentueux, euse.

torre|ón m Grosse tour *f* || **~ro** m Gardien de phare | Fermier (granjero) || **~ta** f Tourelle.

torrezno m Lardon.

tórrido, a adj Torride.

torrija f Pain (*m*) perdu.

torsión f Torsion.

torso m Torse.

tort|a f Galette | FAM. Gifle (bofetada), cuite (borrachera) | IMPR. Fonte | *Amér.* Sandwich *m* | FAM. *Ni ~*, rien du tout || **~ada** f Tourte || **~azo** m FAM. Gifle *f* | FAM. *Pegarse un ~*, se casser la figure.

tortícolis f MED. Torticolis *m*.

tortilla f Omelette | *Amér.* Galette de maïs | FIG. *Hacerse una ~*, être réduit en bouillie. *Se ha vuelto la ~*, la situation s'est renversée.

tórtol|a f Tourterelle || **~o** m Tourtereau.

tortuga f Tortue.

tortuos|idad f Tortuosité || **~o, a** adj Tortueux, euse.

tortur|a f Torture || **~ador** m Tortionnaire || **~ar** vt Torturer.

torvo, a adj Torve.

torzal m Cordonnet (de seda).

tos f Toux : *ataque de ~*, quinte de toux | MED. *~ ferina*, coqueluche.

tosco, a adj Grossier, ère | Rustre.

toser vi Tousser | FAM. *A mí nadie me tose*, je n'ai peur de personne.

tosferina f MED. Coqueluche.

tósigo m Poison | FIG. Tourment.

tosiquear vi Toussoter.

tosquedad f Grossièreté.

tost|ada f Tranche de pain grillée, toast *m* | FAM. *Olerse la ~*, en avoir le pressentiment || **~adero** m Grilloir | Brûlerie *f* (de café) || **~ado** m Bronzage (de la piel) | Torréfaction *f* (del café) || **~ador, a** adj Grilleur, euse | — M Torréfacteur, brûloir (de café), grille-pain (de pan) || **~ar*** vt Griller, rôtir | Torréfier (el café) | Hâler, bronzer (la piel) | — Vp FIG. Se dorer || **~ón** m Pois chiche grillé (garbanzo) | Rôtie (*f*) imprégnée d'huile (tostada) | Cochon de lait rôti (cochinillo) | FAM. Raseur (persona pesada), navet (película) | FAM. *Dar el ~*, raser, casser les pieds. *¡Qué ~!*, quelle barbe!

tot|al adj/m Total, e | — Adv Bref | *En ~*, en tout, au total (en conjunto) || **~alidad** f Totalité || **~alitario, a** adj Totalitaire || **~alitarismo** m Totalitarisme || **~alización** f Totalisation || **~alizador, a** adj/m Totalisateur, trice || **~alizar** vt Totaliser.
tótem m Totem.
toxicidad f Toxicité.
tóxico, a adj/m Toxique.
toxina f Toxine.
toz|udez f Obstination, entêtement *m* || **~udo, a** adj/s Têtu, e; entêté, e.
traba f Lien *m* | Entrave (caballo, estorbo) | *Poner ~s a*, entraver.
trabaj|ador, a adj/s Travailleur, euse || **~ar** vi/t Travailler : *~ por horas, a destajo*, travailler à l'heure, à la tâche | Jouer (un actor) | *~ de*, exercer le métier de (oficio), faire (actor) | — Vp Étudier || **~o** m (pl. *travaux*) Travail | Peine *f* (esfuerzo) : *darse el ~ de*, se donner la peine de, prendre la peine de | Emploi (empleo) | Jeu (de un actor) | — Pl Peines *f* | *Con gran ~*, à grand-peine | *Día de ~*, jour ouvrable || **~oso, a** adj Pénible | Difficile (difícil) | Laborieux, euse.
trab|alenguas m inv Allitération *f* || **~ar** vt Lier (atar) | Assembler (juntar) | Entraver (un animal) | Épaissir (espesar), lier (una salsa) | FIG. Lier, nouer (amistad, etc), engager (entablar) | — Vp Se lier | S'empêtrer (las piernas) | Fourcher (la lengua) | Prendre (la mayonesa) || **~azón** f Assemblage *m* | Épaisseur, consistance | FIG. Liaison (conexión), consistance || **~illa** f Patte, sous-pied *m* (de pantalón) | Martingale (de chaqueta).
trabuc|ar vt Renverser | FIG. Troubler (turbar), mélanger (mezclar) | — Vi/p FIG. Se tromper || **~o** m Espingole *f* (arma) | Canonnière *f* (juguete) | *~ naranjero*, tromblon.
traca f Chapelet (*m*) de pétards.
trac|ción f Traction : *~ delantera*, traction avant || **~tor** m Tracteur || **~torista** m Conducteur de tracteur.
tradici|ón f Tradition || **~onal** adj Traditionnel, elle || **~onalismo** m Traditionalisme || **~onalista** adj/s Traditionaliste.
traduc|ción f Traduction | *~ directa*, version | *~ inversa*, thème || **~ible** adj Traduisible || **~ir*** vt Traduire || **~tor, a** adj/s Traducteur, trice.
traer* vt Apporter | Amener (una persona) : *¿qué le trae por aquí?*, quel bon vent vous amène? | Porter (llevar) | Porter (suerte) | Rapporter (traer de nuevo) | Attirer (atraer) | Causer, amener (acarrear) | Avoir (tener) | FAM. *Me trae sin cuidado*, je m'en fiche | *~ a mal ~*, malmener | *~ consigo* ou *aparejado*, entraîner | *~ de cabeza*, rendre fou | *~ frito a uno*, enquiquiner qqn | *~ loco a uno*, rendre qqn fou | *~ puesto*, porter | *~ y llevar*, potiner | — Vp Apporter | *~ entre manos*, s'occuper de | FAM. *Traérselas*, être gratiné (ser difícil).
tráfago m Trafic | Occupations *fpl*, affaires *fpl*.
trafic|ante adj/s Trafiquant, e || **~ar** vi Trafiquer.
tráfico m Trafic | Circulation *f*, trafic : *~ rodado*, circulation routière, trafic automobile | Traite *f* (trata).
trag|aderas fpl FAM. Gosier *msing* | FAM. *Tener buenas ~*, tout avaler (ser crédulo), avoir la conscience élastique (no tener escrúpulos), avoir un bon coup de fourchette (comer mucho), avoir une bonne descente (beber mucho) || **~aldabas** s inv FAM. Goinfre *m* || **~aluz** m Lucarne *f*, tabatière *f* (en un tejado), vasistas (de ventana o puerta), soupirail (de sótano) || **~ante** m Gueulard (de horno) || **~aperras** adj inv À sous (máquina) || **~ar** vt/i/p Avaler.
tragedia f Tragédie.
trágico, a adj Tragique | *Actor ~*, tragédien | — M Poète tragique (autor) | *Lo ~*, le tragique | *Tomar por lo ~*, prendre au tragique.
tragi|comedia f Tragi-comédie || **~cómico, a** adj Tragi-comique.
trag|o m Gorgée *f*, coup | Trait (de golpe) | FAM. Boisson *f* (bebida), coup dur (adversidad), mauvais moment | *De un ~*, d'un seul coup || **~ón, ona** adj FAM. Glouton, onne | — S Glouton, onne; gros mangeur.
traici|ón f Trahison (delito) | Traîtrise (perfidia) | *A ~*, par trahison || **~onar** vt Trahir || **~onero, a** adj/s Traître, esse.
traíd|a f Apport *m* | *~ de aguas*, adduction d'eaux || **~o, a** adj FIG. Usé, e (vestido), rebattu, e (repetido) | *Bien ~*, bien amené.
traidor, a adj/s Traître, esse.
trailer m Film-annonce.
traílla f Laisse, couple, harde (para los perros) | TECN. Scraper *m*, décapeuse (de tractor).
tra|ína f Traîne, traille (red) || **~inera** f Traînière, chalutier *m* || **~iña** f Traîne (red).
traje m Vêtement (prenda) | Costume (de hombre) | Habit (para actos solemnes) | Robe *f* (de mujer) | FAM. *Cortar un ~ a uno*, casser du sucre sur le dos de qqn | *En ~ de gala*, en grande tenue | *~ de baño*, maillot de bain | *~ de calle*, tenue de ville | *~ de etiqueta*, tenue de soirée | *~ de faena*, treillis | *~ de luces*, habit de lumière | *~ de noche*,

robe du soir | ~ *de vuelo, espacial,* combinaison de vol, spatiale | ~ *regional,* costume régional | ~ *sastre,* tailleur || **~ar** vt Habiller.
traj|ín m Transport | Besogne *f* (tarea) | Occupations *fpl* | FAM. Allées et venues *fpl*, remue-ménage (ajetreo) | POP. Turbin, boulot (trabajo) || **~inar** vt Transporter | — Vi Aller et venir, s'affairer | FAM. Trimer, boulonner (trabajar), fabriquer (hacer).
trallazo m Coup de fouet.
tram|a f Trame || **~ar** vt Tramer.
tramit|ación f Cours *m*, marche | Démarches *pl* (trámites) || **~ar** vt Faire les démarches nécessaires pour obtenir, s'occuper de | Fournir (facilitar) | Étudier (un expediente) | Faire suivre son cours à (un asunto).
trámite m Démarche *f* | Formalité *f* (requisito) | Passage (paso) | Procédure *f* (procedimiento).
tramo m Lot (de terreno) | Étage, volée *f* (de escalera) | CONSTR. Travée *f* | Tronçon (de camino, vía).
tramontana f Tramontane.
tramoy|a f TEATR. Machine (máquina), machinerie (conjunto de máquinas) | FAM. Intrigue, machination (enredo), mise en scène (montaje) || **~ista** s Machiniste (teatro).
tramp|a f Trappe (puerta en el suelo, caza) | Abattant *m* (de mostrador) | FIG. Piège *m* (celada), ruse (treta), tricherie (en el juego) | Dette (deuda) | *Hacer ~s*, frauder, tricher || **~ear** vi Tricher | FIG. Vivre d'expédients | — Vt FAM. Escroquer || **~illa** f Trappe || **~olín** m Tremplin || **~oso, a** adj/s Tricheur, euse.
tranc|a f Trique | Barre (barra) | FAM. Cuite (borrachera) | *A ~s y barrancas,* tant bien que mal || **~ada** f Enjambée || **~azo** m Coup de trique | FAM. Grippe *f*.
trance m Moment | Moment critique | Mauvais pas (mal paso) | Transe *f* (del medium) | *A todo ~,* à tout prix | *Estar en ~ de,* être en voie de.
tranco m DEP. Foulée *f*.
trangallo m Tribart.
tranquera f Palissade.
tranquil m *Arco por ~,* arc rampant.
tranquil|idad f Tranquillité : *con toda ~,* en toute tranquillité | Répit *m* (descanso) || **~izador, a** adj Tranquillisant, e | Rassurant, e || **~izante** m Tranquillisant (calmante) || **~izar** vt Tranquilliser, apaiser | Rassurer (dejar de preocupar) || **~o, a** adj Tranquille | Calme.
tranquillo m FAM. Truc, astuce *f*.
trans|acción f Transaction || **~alpino, a** adj Transalpin, e || **~andino, a** adj/m Transandin, e || **~atlántico, a** adj/m Transatlantique || **~bordador** adjm/m Transbordeur, bac | *de ferrocarril,* ferry-boat | ~ *espacial,* navette spatiale || **~bordar** vt Transborder | — Vi Changer (de trenes) || **~bordo** m Transbordement | Changement (de tren) || **~cendencia** f Transcendance | FIG. Importance, portée || **~cendental** adj Transcendantal, e || **~cendente** adj Transcendant, e || **~cender*** vt Transcender | — Vi Être transcendant || **~cribir** vt Transcrire || **~cripción** f Transcription || **~currir** vi S'écouler, passer (el tiempo) || **~curso** m Cours (del tiempo) | Période *f*, espace (período) | Courant (del año, del día, etc) || **~eúnte** s Passant, e (en una calle) | Personne de passage || **~ferencia** f Transfert *m* | Virement *m* (de fondos) || **~ferir*** vt Transférer || **~figuración** f Transfiguration || **~figurar** vt Transfigurer || **~formable** adj Transformable || **~formación** f Transformation || **~formador, a** adj/m Transformateur, trice || **~formar** vt Transformer.
tránsfuga m Transfuge.
trans|fundir vt Transfuser | FIG. Propager | — Vp Se propager || **~fusión** f Transfusion || **~gredir*** vt Transgresser || **~gresión** f Transgression || **~gresor, a** s Contrevenant, e; transgresseur (sin fem) || **~iberiano, a** adj/m Transsibérien, enne || **~ición** f Transition || **~ido, a** adj Mourant, e | Transi, e (de frío) | Accablé, e (moralmente) || **~igir** vt Transiger || **~istor** m Transistor || **~itable** adj Praticable || **~itar** vi Passer (por la vía pública) || **~itivo, a** adj/m Transitif, ive.
tránsito m Passage (paso) | Transit (de mercancías) | Étape *f* (descanso) | Lieu de passage (sitio) | REL. Dormition *f* | *De mucho ~,* à grande circulation | *De ~,* de passage | ~ *rodado,* circulation routière.
trans|itorio, a adj Transitoire | Provisoire (provisional) || **~lación** f V. TRASLACIÓN || **~laticio, a** adj Figuré, e || **~limitar** vt Outrepasser || **~lúcido, a** adj Translucide || **~lucirse** vp V. TRASLUCIRSE || **~misible** adj Transmissible || **~misión** f Transmission | Transfert *m* (de bienes) || **~misor** m Transmetteur || **~mitir** vt Transmettre || **~mutación** f Transmutation || **~mutar** vt Transmuer || **~oceánico, a** adj Transocéanique || **~parencia** f Transparence | FOT. Diapositive (en color) || **~parentarse** vp Transparaître | Être transparent, e || **~parente** adj/m Transparent, e || **~piración** f Transpiration || **~pirar** vi/p Transpirer ||

~pirenaico, a adj Transpyrénéen, enne || **~plantar** vt V. TRASPLANTAR || **~plante** m V. TRASPLANTE || **~poner*** vt Transposer | Traverser (atravesar) | Disparaître derrière (desaparecer) | — Vp Disparaître | Se coucher (el Sol) | S'assoupir (dormitar) || **~portable** adj Transportable || **~portador, a** adj Transporteur, euse | *Cinta ~*, transporteur à bande | — M Transporteur | GEOM. Rapporteur || **~portar** vt Transporter | MÚS. Transposer | GEOM. Rapporter | — Vp Être transporté, e || **~porte** m Transport | MÚS. Transposition | FIG. Transport || **~portista** m Transporteur || **~posición** f Transposition || **~uránico, a** adj/m Transuranien, enne || **~vasar** vt Transvaser || **~vase** m Transvasement || **~verberar** vt Transverbérer || **~versal** adj/f Transversal, e || **~verso, a** adj Transverse.

tran|vía m Tramway, tram (fam) || **~viario, a** o **~viero, a** adj Du tramway | — M Employé d'un tramway (empleado), traminot (conductor).

trapac|ear vi Frauder | Chicaner (en pleito) || **~ería** f Fraude | Astuce | Chicanerie (trapisonda) | Supercherie (engaño) | Tour *m* (jugada) || **~ero, a** o **~ista** adj/s Malhonnête (en ventas) | Rusé, e (astuto) | Fourbe (tramposo) | Chicaneur, euse (lioso).

trapajoso, a adj Déguenillé, e | Qui fourche (lengua).

trápala f Tapage *m* (jaleo) | Trot *m* (de caballo) | FAM. Mensonge *m* (mentira) | — FAM. Bavardage (charla) | — S FAM. Bavord, e (hablador), menteur, euse (embustero).

trapalón, ona adj/s FAM. Menteur, euse.

trapatiesta f FAM. Tapage *m* (jaleo), bagarre (pelea), remue-ménage *m* (desorden).

trapec|io m Trapèze || **~ista** s Trapéziste.

trapense adj/s Trappiste.

trap|ería f Chiffons *mpl* | Friperie (tienda) || **~ero, a** s Chiffonnier, ère | — Adj FAM. *Puñalada ~*, coup de Jarnac.

trapiche m Moulin [à sucre, à huile, etc] | *Amér.* Sucrerie *f*, raffinerie *f* (de azúcar).

trapiche|ar vi FAM. Chercher des trucs, se démener (ingeniarse), trafiquer || **~o** m FAM. Trafic, cuisine *f*, manigance *f*.

trapisond|a f FAM. Chahut *m*, tapage *m* (jaleo), chicanerie (lío) || **~ear** vi FAM. Chahuter (hacer ruido), trafiquer (enredar) || **~ista** s Tapageur, euse (alborotador) | Intrigant, e | Chicaneur, euse (lioso).

trap|ito m Petit chiffon | FAM. *~s de cristianar*, habits des dimanches || **~o** m Chiffon | Torchon (de cocina) | MAR. Toile *f* (vela) | FAM. Muleta *f* (del torero) | — Pl FAM. Chiffons | *A todo ~*, toutes voiles dehors | *Hablar de ~s*, parler chiffons | *Poner como un ~*, traiter de tous les noms.

tráquea f Trachée.

traque|al adj Trachéal, e | Trachéen, enne || **~arteria** f Trachée-artère || **~ítis** f Trachéite || **~otomía** f Trachéotomie.

traqu|etear vi Éclater | Cahoter (dar tumbos) | — Vt Secouer || **~eteo** m Pétarade *f* | Cahot, cahotement, secousse *f* (sacudida) || **~ido** m Détonation *f* | Craquement (chasquido) | — Pl Pétarade *fsing*.

tras prep Derrière (detrás) | Après, à la poursuite de (en pos de) | Derrière, de l'autre côté de (más allá) | Après (después) | Outre que, non seulement (además).

tras|alpino, a adj Transalpin, e || **~andino, a** adj/m Transandin, e || **~atlántico, a** adj/m Transatlantique.

trasbord|ar vt V. TRANSBORDAR || **~o** m V. TRANSBORDO.

trascendencia *y sus derivados* V. TRANSCENDENCIA *et ses dérivés*.

tras|cender* vi Être transcendant | Embaumer (oler bien) | Transpirer (divulgarse) | Affecter | — Vt FIL. Transcender || **~conejarse** vp FAM. S'égarer || **~coro** m Chœur || **~cribir** vt Transcrire || **~cripción** f Transcription || **~dós** m ARQ. Extrados (bóveda) || **~egar*** vt Déranger (desordenar) | Transvaser || **~era** f Derrière *m* | Arrière *m* (de vehículo) || **~ero, a** adj Postérieur, e; arrière | — M Derrière | — Pl FAM. Parents || **~ferencia** f V. TRANSFERENCIA || **~ferir*** vt Transférer || **~figuración** f Transfiguration || **~figurar** vt Transfigurer || **~fundir** vt/p V. TRANSFUNDIR || **~fusión** f Transfusion || **~go** m Lutin, farfadet || **~gredir** *y sus derivados* V. TRANSGREDIR *et ses dérivés* || **~hoguero** m Contrecœur (losa) || **~humancia** f Transhumance || **~humante** adj Transhumant, e || **~humar** vi Transhumer || **~iego** m Transvasement | Décuvage (de vino) | Dépotage (petróleo) || **~lación** f Transfert *m* | Déplacement *m* | Traduction | Métaphore (metáfora) | GEOM. Translation || **~ladar** vt Déplacer | Transporter (llevar) | Transférer (transferir) | Reporter (aplazar) | FIG. Porter, transposer | Traduire (traducir) | — Vp Se déplacer | Aller, se rendre (ir) | Être transporté o transféré || **~lado** m Copie *f* | Déplacement (de funcionario) | Transport || **~laticio, a** adj Figuré, e || **~lúcido, a** adj Translucide || **~lucirse*** vp Être translucide | Apparaître (aparecer) | FIG. Se manifester || **~luz** m Lumière (*f*) tamisée | Reflet (reflejo) | *Al ~*, par transparence || **~mallo** m Tramail, trémail || **~mano (a)** loc adv *Coger ~*, ne pas être sur le chemin || **~misión** *y sus derivados* V. TRANSMISIÓN *et ses dérivés* || **~mutación** f Transmutation || **~mutar** vt Transmuer || **~nochado, a** adj De la veille | FIG. Pâle (pálido), vieux, vieille; usé, e || **~nochador, a** adj/s Noctambule || **~nochar** vi Passer une nuit blanche (sin dormir) | Découcher (pernoctar) | Se coucher tard (acostarse tarde) || **~papelar** vt Égarer || **~parencia** *y sus derivados* V. TRANSPARENCIA *et ses dérivés* || **~pasar** vt Traverser (atravesar) | Transpercer, percer (clavo, espada, etc) | Transmettre (un derecho) | Céder (un comercio) | Enfreindre (una ley) | Transférer (un jugador deportivo) | FIG. Transpercer (doler) || **~paso** m Cession *f* (de comercio) | COM. Pas-de-porte | Transfert | Infraction *f* (de una ley) | FIG. Tourment || **~pié** m Faux pas : *dar un ~*, faire un faux pas || **~piración** f Transpiration || **~pirar** vi/p Transpirer || **~pirenaico, a** adj Transpyrénéen, enne || **~plantar** vt Transplanter | MED. Greffer, transplanter (órgano) || **~plante** m Transplantation *f* | MED. Greffe *f* || **~poner** vt V. TRANSPONER || **~pontín** o **~portín** m Strapontin | FAM. Derrière || **~portador** m MAT. Rapporteur || **~posición** f Transposition || **~punte** m TEATR. Régisseur || **~puntín** m Strapontin || **~quiladura** f Tonte || **~quilar** vt Tondre | Mal couper [les cheveux] | FAM. Écorner (mermar) | FIG. *Salir trasquilado*, se faire échauder || **~quilón** m FAM. Tonte *f* (corte), saignée *f* (al dinero) | FIG. *Hacer trasquilones en el pelo*, faire des escaliers dans les cheveux.

trast|ada f FAM. Mauvais coup *m* (mala acción), mauvais tour *m* (jugarreta) || **~azo** m FAM. Coup || **~e** m Touche *f* (de guitarra) | FAM. *Amér.* Derrière | FAM. *Dar al ~ con*, ficher en l'air || **~ear** vt Mettre sens dessus dessous (revolver) | Pincer (una guitarra) | TAUR. Faire des passes | FAM. Mener par le bout du nez | — Vi Fouiller || **~eo** m TAUR. Passes *fpl* | FIG. Manœuvre (*f*) habile || **~ero, a** adj De débarras | — M Débarras.

trastienda f Arrière-boutique | FAM. Savoir-faire *m* (habilidad), coulisses (arcanos).

trasto m Vieux meuble (mueble) | FAM. Vieillerie *f* (cosa inútil), truc (chisme), propre à rien (persona) | TEATR. Décor | — Pl Engins, attirail *sing* (cosas) | FAM. Affaires *f* (chismes) | FAM. *Tirarse los ~s a la cabeza*, s'envoyer la vaisselle à la tête.

trastocar* vt Déranger, bouleverser | Renverser (cambiar).

trastorn|ar vt Déranger | FIG. Troubler (turbar), détraquer (perturbar) | — Vp Se troubler | Être bouleversé (conmovido) | FIG. Perdre la raison || **~o** m Dérangement | Bouleversement (turbación) | Trouble (disturbio).

trastrocar* vt Transformer | Échanger (cambiar).

trasudar vi Transsuder.

trasunto m Copie *f*.

trasvas|ar vt Transvaser || **~e** m Transvasement.

trasversal adj/f Transversal, e.

trat|a f Traite || **~able** adj Traitable | Agréable (agradable) || **~ado** m Traité || **~amiento** m Traitement | Titre (título) | *~ de la información*, traitement de l'information (electrónica) | *~ de tú*, tutoiement || **~ante** m Marchand || **~ar** vt/i Traiter | MED. Traiter, soigner | Fréquenter (con personas) | *~ de*, traiter de (calificar), essayer de (con infinitivo) | *~ de tú*, tutoyer | *~ en*, négocier en | — Vp Se soigner | S'agir, être question : *¿de qué se trata?*, de quoi s'agit-il? | Se fréquenter (personas) || **~o** m Traitement | Commerce, fréquentation *f* (persona) | Relations *fpl* | Façons *fpl*, manières *fpl* (modales) | Marché (acuerdo) | — Pl Pourparlers (negociaciones).

trauma o **traumatismo** m Traumatisme.

traumatizar vt Traumatiser.

travelling m Travelling, chariot (cine).

trav|és m Travers | ARQ. Traverse *f* | *A ~ de*, à travers; par l'intermédiaire de | *De ~*, en travers || **~esaño** m Traverse *f* | Croisillon (de silla, de ventanas) | Traversin (almohada) | TECN. Traversine *f* || **~esía** f Traversée | Passage *m* (callejuela) | Chemin (*m*) de traverse (atajo) | Route à l'intérieur d'une agglomération (en una ciudad) | Distance || **~esura** f Espièglerie || **~iesa** f Traverse || **~ieso, a** adj FIG. Espiègle; turbulent, e.

trayect|o m Trajet, parcours | Section *f* (de autobús) || **~oria** f Trajectoire | Tendance (tendencia).

traz|a f Plan *m* | FIG. Air *m*, allure (aspecto) ‖ **~ado, a** adj FIG. Bâti, e | — M Traçage (acción) | Tracé (recorrido) ‖ **~ador, ora** adj/s Traceur, euse ‖ **~ar** vt Tracer | Tirer (planes) ‖ **~o** m Trait | Jambage (de letra) | Coup de crayon (de lápiz) | — Pl Hachures *f*.
trébedes fpl Trépied *msing*.
trebejo m Ustensile | Pièce *f* (de ajedrez) | — Pl Attirail *sing* (trastos).
trébol m Trèfle.
trece adj/m Treize | Treizième (rango) | FIG. *Mantenerse en sus ~*, ne pas vouloir en démordre.
trecha f Galipette, culbute.
trecho m Moment | Intervalle, distance *f* | Passage (sitio) | *De ~ en ~*, de loin en loin.
trefil|ado m Tréfilage ‖ **~ar** vt Tréfiler.
tregua f Trêve.
treint|a adj/m Trente | *Unos ~*, une trentaine ‖ **~avo, a** adj/s Trentième ‖ **~ena** f Trentaine | Trentième *m* (parte) ‖ **~eno, a** adj Trentième.
tremadal m Bourbier.
tremebundo, a adj Effrayant, e.
tremedal m Bourbier.
tremendo, a adj Terrible | FAM. Énorme; formidable | *Tomarlo por la ~*, le prendre au tragique.
trementina f Térébenthine.
tremol|ar vt Déployer | MÚS. *Sonidos tremolados*, sons tremblés | — Vi Ondoyer, flotter ‖ **~ina** f Bruit (*m*) du vent | FAM. Chahut *m*, boucan *m*.
trémolo m MÚS. Trémolo.
trémulo, a adj Tremblant, e.
tren m Train | *~ carreta*, tortillard | *~ correo*, train postal | *~ de cercanías*, train de banlieue | *~ de laminación*, train de laminoir | *~ de vida*, train de vie.
trenca f Duffle-coat *m*.
trencilla f Galon *m*.
trenz|a f Tresse | Natte, tresse (de cabello) ‖ **~ ado** m Tresse *f* | Entrechat (danza) ‖ **~ar** vt Tresser.
trep|ado m Pointillé ‖ **~ador, a** adj/s Grimpeur, euse | Grimpant, e (planta) | — M TECN. Étrier.
trepan|ación f MED. Trépanation ‖ **~ar** vt Trépaner.
trépano m Trépan.
trep|ar vi Grimper, monter (subir) | Escalader | — Vi Percer (taladrar) ‖ **~atroncos** m inv ZOOL. Grimpereau.
trepid|ación f Trépidation, tremblement *m* ‖ **~ante** adj Trépidant, e ‖ **~ar** vi Trembler, trépider.
tres adj/m Trois | *Dar ~ y raya*, être très supérieur | FAM. *De ~ al cuarto*, quelconque | FIG. *Ni a la de ~*, pour rien au monde | *Son las ~*, il est 3 heures | *~ en raya*, marelle ‖ **~bolillo** m Quinconce : *al ~*, en quinconce ‖ **~cientos, as** adj/m Trois cents | Trois cent (seguido de otra cifra) ‖ **~illo** m MÚS. Triolet | Jeu de l'hombre (naipes) | Ensemble d'un canapé et de deux fauteuils (muebles).
treta f Artifice *m*, astuce | Feinte (esgrima) | Culbute (voltereta).
trezavo, a adj/m Treizième.
tríada f Triade.
tri|angular adj Triangulaire ‖ **~ángulo** m Triangle.
tri|ásico, a adj Triasique | — M GEOL. Trias ‖ **~atómico, a** adj Triatomique.
trib|al adj Tribal, e ‖ **~u** f Tribu.
tribulación f Tribulation.
tribun|a f Tribune ‖ **~al** m Tribunal | Cour *f* (de justicia) | Jury (de examen) | *~ de Casación*, cour de cassation | *~ de conciliación laboral*, conseil des prud'hommes | *~ de menores*, tribunal pour enfants | *~ militar*, cour martiale ‖ **~o** m Tribun.
tribut|ación f Tribut *m* | Contribution | Fiscalité ‖ **~ar** vt Payer un impôt | FIG. Témoigner (respeto, etc), rendre (homenaje) ‖ **~ario, a** adj Fiscal, e | Tributaire ‖ **~o** m Tribut | Rente *f* (censo) | Impôt (impuesto) | FIG. Tribut; rançon *f* (contrapartida).
tricentésimo, a adj/s Trois centième.
tri|ciclo m Tricycle ‖ **~color** adj Tricolore ‖ **~cornio** adjm/m Tricorne ‖ **~cotosa** f Tricoteuse ‖ **~dente** m Trident ‖ **~duo** m Triduum ‖ **~edro, a** adj/m Trièdre ‖ **~enal** adj Triennal, e ‖ **~enio** m Triennat ‖ **~fásico, a** adj Triphasé, e.
trifulca f FAM. Bagarre.
trigal m Champ de blé.
trigémino adjm/m ANAT. Trijumeau.
trigésimo, a adj/s Trentième.
trigo m Blé | FAM. *No es ~ limpio*, c'est louche | *~ candeal*, froment | *~ chamorro*, touselle | *~ en cierne*, blé en herbe | *~ sarraceno*, sarrasin.
trigono|metría f Trigonométrie : *~ plana*, trigonométrie rectiligne ‖ **~métrico, a** adj Trigonométrique.
trigu|eño, a adj Basané, e (rostro) | Châtain clair (pelo) ‖ **~ero, a** adj À blé | Du blé (del trigo).
tri|látero, a adj Trilatéral, e ‖ **~lingüe** adj Trilingue ‖ **~lis** m Bonneteau (juego) ‖ **~lita** f Tolite ‖ **~logía** f Trilogie.
trill|a f Herse (rastrillo) | Battage *m* (acción de trillar) ‖ **~ado, a** adj FIG. Rebattu, e (asunto), battu, e (camino) ‖ **~adora** f Batteuse (máquina) | *~ segadora*, moissonneuse-batteuse ‖ **~ar** vt Battre, dépiquer.

trillizos, as spl Triplés, ées (niños).
trillón m Trillion.
tri|mestral adj Trimestriel, elle ‖ **~mestre** m Trimestre.
trillar vi Faire des roulades | Mús. Faire des trilles.
trinc|a f Trio *m* ‖ **~ar** vt Attacher (atar) | Fam. Attraper (coger), chiper (robar), avaler (comer), siffler (beber).
trinch|a f Patte (de vestido) ‖ **~ado** m Découpage (de la carne) ‖ **~ar** vt Découper [la viande] ‖ **~era** f Tranchée (de defensa) | Percée (camino de bosque) | Trench-coat *m* (impermeable) ‖ **~ero** m Desserte *f* (mueble de comedor).
trineo m Traîneau.
trin|idad f Trinité ‖ **~itaria** f Bot. Pensée.
trinitrotolueno m Trinitrotoluène.
trino m Mús. Trille.
trinomio m Trinôme.
trinquete m Mar. Mât de misaine, trinquet (palo), voile (*f*) de misaine (vela) | Trinquet (juego) | Tecn. Cliquet.
trío m Mús. Trio | Tri (selección) | Trio (reunión de tres) | Brelan (naipes) ‖ **~do, a** adj Triode | — M Triode *f*.
tripa f Boyau *m*, tripe | Fam. Ventre *m* (vientre) | Boyau *m* (de guitarra) | Fam. *Hacer de ~s corazón,* faire contre mauvaise fortune bon cœur.
tripartito, a adj Tripartite; triparti, e.
tripería f Triperie.
tri|ple adj/m Triple ‖ **~plicado** m Triplicata | *Por ~,* en trois exemplaires ‖ **~plicar** vt Tripler (multiplicar) | Faire trois fois (repetir) | — Vp Tripler.
trípode m Trépied.
tríptico m Triptyque.
tripudo, a adj Ventru, e.
tripul|ación f Équipage *m* ‖ **~ante** m Membre de l'équipage ‖ **~ar** vt Former l'équipage | Piloter (conducir).
triquin|a f Trichine ‖ **~osis** f Méd. Trichinose.
triquiñuela f Fam. Subterfuge *m*, truc *m*, ficelle (artimaña).
triquitraque m Vacarme (ruido) | Crapaud (cohete).
tris m Fam. *Estuvo en un ~,* il s'en est fallu d'un rien *o* d'un cheveu.
trisílabo, a adj Trisyllabe.
trist|e adj Triste | Fig. Pauvre, maigre (escaso), malheureux, euse (ni siquiera) | — M *Amér.* Complainte *f* (canción) ‖ **~eza** f Tristesse ‖ **~ón, ona** adj Morne, tout triste, morose.
tritón m Triton.
tritur|ación f Trituration, broyage *m* ‖ **~ador** m Broyeur | Triturateur (de papeles) | *~ de basura,* broyeur d'évier ‖ **~ar** vt Triturer, broyer.
triunf|ador, a adj/s Triomphateur, trice ‖ **~al** adj Triomphal, e ‖ **~alismo** m Triomphalisme ‖ **~ante** adj Triomphant, e ‖ **~ ar** vi Triompher, vaincre | Réussir (tener éxito) ‖ **~o** m Triomphe, victoire *f* | Réussite *f* (éxito) | Atout (naipe).
trivalente adj/m Trivalent, e.
trivial adj Banal, e ‖ **~idad** f Banalité.
triza f Miette, morceau *m* : *hacer ~s,* réduire en miettes.
trocar* vt Troquer, échanger | Changer (cambiar) | Fig. Mélanger, confondre (confundir) | — Vp Se transformer | Changer (cambiar).
trocear vt Diviser en morceaux.
troch|a f Sentier *m* (sendero) | Raccourci *m* (atajo) ‖ **~emoche (a)** loc adv Fam. À tort et à travers.
trofeo m Trophée.
troglodita adj/s Troglodyte | Fig. Barbare, sauvage.
troica f Troïka.
troj o **troje** f Grenier *m*, grange.
trola f Fam. Blague, mensonge *m*.
trole m Trolley ‖ **~bús** m Trolleybus.
trolero, a adj/s Fam. Menteur, euse.
tromb|a f Trombe ‖ **~ón** m Mús. Trombone : *~ de llaves, de varas,* trombone à pistons, à coulisse.
trombosis f Méd. Thrombose.
tromp|a f Trompe | Cor *m* (de caza, de llaves) | Fam. Cuite (borrachera), museau *m* (hocico) | Fam. *Estar ~,* être rond ‖ **~ada** f o **~azo** m Fam. Marron *m*, coup (*m*) de poing | Fam. *Darse un ~,* se cogner (chocar), se casser la figure (caerse) ‖ **~eta** f Trompette | — M Trompettiste (músico), trompette (militar) ‖ **~etazo** m Coup de trompette ‖ **~etilla** f Cornet (*m*) acoustique ‖ **~icar** vt Faire trébucher | — Vi Trébucher ‖ **~icón** m Faux pas | Fam. Marron (puñetazo) | *A trompicones,* par à-coups, en dépit du bon sens ‖ **~o** m Toupie *f* (peonza).
tron|ado, a adj Fam. Fauché, e ‖ **~ar*** vimp Tonner | — Vi Tonner | Fig. Retentir (sonar), tonner, fulminer (vituperar) | Fam. *Está que truena,* il est fou furieux.
tronco m Tronc | Souche *f*, tronc (origen de una familia) | Attelage (de animales) | Fig. Souche *f* (zoquete).
tronch|a f *Amér.* Tranche ‖ **~ar** vt Briser, casser (romper) | Plier (doblar) | Fam. *~ se de risa,* se tordre de rire ‖ **~o** m Trognon.
tronera f Meurtrière, créneau *m* (fortaleza) | Vasistas *m* (de ventana), soupirail *m* (respiradero) | — S Fam. Écervelé, e.

tronido m Coup de tonnerre (trueno).
trono m Trône.
tronzar vt Rompre, couper en morceaux ‖ Tronçonner (la madera).
trop|a f Troupe ‖ **~el** m Cohue *f*, foule *f* | Hâte *f* (prisa) | Tas (montón) ‖ **~elía** f Violence, sauvagerie.
tropez|ar* vi Trébucher, buter | Fig. Se heurter à, tomber sur (hallar) | — Vp Se trouver nez à nez ‖ **~ón** m Faux pas | — Pl Lardons (de jamón).
tropical adj Tropical, e.
trópico, a adj/m Tropique.
tropiezo m Obstacle | Faux pas (traspiés) | Fig. Faute *f* (falta), difficulté *f*, accroc (impedimento) | *Sin ~*, sans encombre, sans difficulté.
troquel m Tecn. Coin, virole *f* | Fig. Moule (molde) ‖ **~amiento** m Estampage, frappe *f* ‖ **~ar** vt Frapper, estamper.
trot|amundos s inv Globe-trotter ‖ **~ar** vi Trotter ‖ **~e** m Trot | Fig. Travail pénible | *De todo ~*, pour tout aller | Fig. *No estoy para esos ~s*, je n'en ai plus la force | *~ a la inglesa, largo*, trot enlevé, allongé ‖ **~ón, ona** adj/s Trotteur, euse.
trov|a f Vers *m* | Poésie (poema) | Chanson de troubadour ‖ **~ador** m Troubadour ‖ **~ar** vi Faire des vers ‖ **~ero** m Trouvère.
troyano, a adj/s Troyen, enne.
trozo m Morceau | Partie *f* (parte) | Passage (de texto).
truco m Jeu de cartes (naipes) | Truc (habilidad, ardid) | — Pl Truc *sing*.
trucul|encia f Truculence ‖ **~ento, a** adj Effrayant, e; truculent, e (p. us.).
trucha f Truite.
trueno m Tonnerre | Coup de tonnerre (ruido) | Détonation *f* (de arma).
trueque m Troc, échange.
truf|a f Truffe ‖ **~ar** vt Truffer.
tru|hán, ana s Truand, e ‖ **~hanería** f Truanderie.
truncar vt Tronquer | *Cono truncado*, tronc de cône.
trust m Trust.
tu adj pos Ton *m*, ta *f* (pl *tes*) : *tus zapatos*, tes chaussures.
tú pron pers Tu (sujeto) | Toi (con preposición o empleado solo) | *¡Idiota ~!*, idiot toi-même! | *Tratar de ~*, tutoyer | *~ y yo*, tête-à-tête (servicio de café).
tub|érculo m Tubercule ‖ **~erculosis** f Méd. Tuberculose ‖ **~erculoso, a** adj/s Tuberculeux, euse.
tubería f Tuyauterie | Canalisation (de gas) | Conduite (cañería).
tuberoso, a adj/f Tubéreux, euse.
tub|o m Tube | Tuyau (de cañería, de órgano) | Cheminée *f*, verre (de lámpara) | *~ de desagüe*, trop-plein | *~ de drenaje*, drain | *~ de escape*, tuyau d'échappement ‖ **~ular** adj Tubulaire | — M Boyau (de bicicleta).
tucán m Toucan (ave).
tuera f Bot. Coloquinte.
tuerca f Écrou *m* | *~ matriz*, vis mère.
tuerto, a adj/s Borgne.
tuétano m Moelle *f* | Fig. *Hasta el ~*, jusqu'au bout des ongles.
tuf|arada f Bouffée ‖ **~illo** m Petite odeur *f* | Fumet (de un manjar) ‖ **~o** m Relent (mal olor) | Émanation *f* | Bouffée *f* (tufarada) | Patte *f* (de pelo) | — Pl Prétention *fsing*.
tugurio m Galetas | Taudis (casa miserable).
tul m Tulle.
tulip|a f Tulipe (pantalla) ‖ **~án** m Tulipe *f* (flor).
tull|ido, a adj/s Perclus, e; impotent, e (baldado) | Paralysé, e | Estropié, e (mutilado) | Rompu, e (cansado) ‖ **~ir*** vt Estropier | — Vp Devenir perclus, être paralysé | Se paralyser (miembro).
tumba f Tombe, tombeau *m*.
tumb|ar vt Renverser | Fam. Étourdir (turbar), recaler (en un examen) | — Vp Fam. S'étendre, s'allonger (echarse) ‖ **~o** m Cahot ‖ **~ona** f Chaise longue, transat *m*.
tum|efacción f Tuméfaction ‖ **~efacto, a** adj Tuméfié, e ‖ **~escente** adj Tumescent, e ‖ **~or** m Tumeur *f*.
túmulo m Tumulus | Catafalque | Tombeau (sepulcro).
tumult|o m Tumulte ‖ **~uoso, a** adj Tumultueux, euse.
tun|a f Nopal *m*, figuier (*m*) de Barbarie | Figue de Barbarie (higo) | Fig. Vagabondage *m*, vie de bohème | « Tuna », orchestre (*m*) d'étudiants ‖ **~antada** f Coquinerie ‖ **~ante, a** adj/s Coquin, e; fripon, onne ‖ **~antear** vi Faire des bêtises *o* des friponneries ‖ **~antería** f Coquinerie.
tund|a f Fam. Raclée, volée (paliza) | Tonte (del paño) ‖ **~ido** m Tonture *f* ‖ **~idora** f Tondeuse ‖ **~ir** vt Tondre (el paño) | Fam. Rosser (pegar).
tundra f Toundra (estepa).
tunecino, a adj/s Tunisien, enne.
túnel m Tunnel.
Túnez npr Tunis (ciudad) | Tunisie *f* (país).
tungsteno m Tungstène.
túnica f Tunique.
tuno, a adj/s Coquin, e | — M Étudiant membre d'une « tuna ».
tuntún (al o **al buen)** loc adv Au petit bonheur, au jugé.
tupé m Toupet.
tup|ido, a adj Serré, e | Dru, e (trigo) | Dense, épais, aisse (denso) | Touffu, e (pelo) ‖ **~ir** vt Resserrer, serrer | — Vi Être touffu, e.

turb|a f Tourbe (combustible) | Foule (gente) ‖ **~ación** f Trouble *m* ‖ **~ador, a** adj Troublant, e | — S Agitateur, trice ‖ **~amulta** f FAM. Foule ‖ **~ante** m Turban ‖ **~ar** vt Troubler | Déconcerter (sorprender).
turbina f Turbine.
turbio, a adj Trouble | FIG. Louche, peu clair, e; douteux, euse (poco claro), trouble, confus, e.
turbo|alternador m Turbo-alternateur ‖ **~compresor** m Turbocompresseur ‖ **~dinamo** m Turbodynamo *f* ‖ **~hélice** m Turbohélice ‖ **~nada** f Grain *m*, grosse averse ‖ **~propulsor** m Turbopropulseur ‖ **~rreactor** m Turboréacteur.
turbul|encia f Turbulence ‖ **~ento, a** adj Trouble (turbio) | Turbulent, e (bullicioso).
turco, a adj/s Turc, turque | — M Turc (idioma) | — F Divan *m* (cama) | FAM. Cuite (borrachera).
turf m Turf ‖ **~ista** s Turfiste.
turgencia f MED. Turgescence.
turiferario m Thuriféraire.
tur|ismo m Tourisme | Voiture (*f*) particulière ‖ **~ista** s Touriste ‖ **~ístico, a** adj Touristique.
turmalina f Tourmaline (mineral).
turn|ar vi Alterner [faire à tour de rôle] | — Vp Se relayer ‖ **~o** m Service, tour | Équipe *f* (cuadrilla) | Tour (vez) | *De ~*, de service | *Por ~*, à tour de rôle, par roulement.
turón m Putois (animal).
turquesa f Turquoise.
Turquía nprf Turquie.
turrar vt Griller sur la braise.
turrón m Touron, pâte (*f*) d'amandes.
turulato, a adj FAM. Stupéfait, e; abasourdi, e.
tute m Mariage (naipes) | Réunion (*f*) des quatre rois *o* des quatre dames [au jeu de mariage] | POP. Raclée *f* (paliza) | POP. *Dar un ~*, éreinter. *Darse un ~*, en mettre un coup, se démener (trabajar duro), se gaver (comer).
tutear vt Tutoyer.
tutel|a f Tutelle ‖ **~ar** adj Tutélaire.
tuteo m Tutoiement.
tutiplén (a) loc adv FAM. À gogo.
tutor, a s Tuteur, trice | — M BOT. Tuteur ‖ **~ía** f Tutelle.
tuyo, a pron pos Tien, tienne (con artículo) | À toi (sin artículo) | Ton *m*, ta *f*, tes *pl* (después del sustantivo) | De toi (de ti) | FAM. *Ésta es la tuya*, c'est à toi de jouer | *Los ~s*, les tiens | *Siempre tuyo*, bien à toi.

U

u f U *m* (letra) | — Conj Ou, ou bien [devant les mots commençant par *o* ou *ho*] : *siete ~ ocho*, sept ou huit.
ubérrimo, a adj Très fertile | Abondant, e; luxuriant, e.
ubic|ación f Position, situation, emplacement *m* ‖ **~ar** vi Se trouver, être situé | — Vt *Amér.* Placer, établir (colocar), garer (aparcar) ‖ **~uidad** f Ubiquité.
ubre f Mamelle | Pis *m* (de vaca).
ucase m Ukase.
Ucrania nprf Ukraine.
ud. pron pers (abreviatura de *usted*) Vous.
ufan|arse vp Être fier, s'enorgueillir ‖ **~ía** f Fierté, orgueil *m* ‖ **~o, a** Fier, ère; orgueilleux, euse.
ujier m Huissier.
ulano m Uhlan.
úlcera f MED. Ulcère *m*.
ulcer|ación f Ulcération ‖ **~ar** vt Ulcérer ‖ **~oso, a** adj Ulcéreux, euse.
ulterior adj Ultérieur, e.
ultim|ación f Achèvement *m*, fin ‖ **~ar** vt Conclure (concluir) | Mettre la dernière main à, parachever (dar el toque final) ‖ **~átum** m Ultimatum.
último, a adj/s Dernier, ère | FAM. *A últimos de*, à la fin de | FAM. *Estar en las últimas*, être à l'article de la mort (morirse), être sur sa fin | *Por ~*, enfin, finalement.
ultra adj/s Ultra (extremista).
ultracongelado, a adj Surgelé, e.
ultracorto, a adj Ultra-court, e.
ultraj|ante adj Outrageant, e ‖ **~ar** vt Outrager ‖ **~e** m Outrage.
ultra|mar m Outre-mer ‖ **~marino, a** adj D'outre-mer | — Mpl Produits d'outre-mer | Épicerie *fsing* (tienda).
ultranza (a) loc adv À outrance.
ultra|sonido m Ultra-son, ultrason ‖ **~tumba** adv Outre-tombe ‖ **~violeta** adj/m inv Ultraviolet, ette.
ulular vi Ululer.
ulva f BOT. Ulve (alga).
umbilical adj Ombilical, e.
umbral m Seuil.
umbr|ía f Ombrage *m*, ombre ‖ **~ío, a** adj Ombragé, e.

un, una art indef/adj Un, une || **~ánime** adj Unanime || **~animidad** f Unanimité : *por ~*, à l'unanimité.
unción f Onction.
uncir vt Atteler [par un joug].
undécimo, a adj/s Onzième.
ung|ir vt Oindre || **~üento** m Onguent.
unguis m ANAT. Unguis.
uni|celular adj Unicellulaire || **~cidad** f Unicité.
único, a adj Unique | Seul, e (solo) | — S Seul, e | *Lo ~*, la seule chose.
uni|color adj Unicolore || **~dad** f Unité | Rame (de metro, de tren) || **~do, a** adj Uni, e : *~ con*, uni à || **~ficación** f Unification || **~ficador, a** adj/s Unificateur, trice || **~ficar** vt Unifier.
uniform|ar vt Donner un uniforme | Uniformiser || **~e** adj Uniforme | Uni, e (sin variedad) | — M Uniforme | Tenue *f* : *~ de gala*, grande tenue || **~idad** f Uniformité || **~izar** vt Uniformiser.
uni|génito, a adj Unique | — M Le Fils de Dieu || **~lateral** adj Unilatéral, e.
uni|ón f Union | Réunion | Rattachement *m* (integración) || **~onismo** m Unionisme.
unir vt Unir (*con*, à) | Réunir | Joindre (juntar) | Relier (enlazar) | FIG. Allier (combinar), lier, unir (vincular), rapprocher (acercar) | — Vp Se joindre (reunirse) | S'unir (casarse) | FIG. S'allier (aliarse), se lier (afecto), s'associer.
unísono, a adj À l'unisson (voz) | — M Unisson.
unitario, a adj Unitaire.
univers|al adj Universel, elle || **~alidad** f Universalité || **~alizar** vt Universaliser || **~idad** f Université | *~ laboral*, école d'enseignement technique || **~itario, a** adj Universitaire | — S Étudiant, étudiante d'université || **~o** m Univers.
uno, a adj num Un, une | *Ni ~*, pas un | *No ser más que ~*, ne faire qu'un | — Adj cal Un, une | — Art indef Un, une | — Pl Des, quelques | Environ, quelques (aproximadamente) | — Pron Un, une | L'un, l'une : *~ de ellos*, l'un d'eux | On, vous (sujeto) : *~ no sabe qué hacer*, on ne sait pas quoi faire | Vous (complemento) : *esto le cansa a ~*, cela vous fatigue | Quelqu'un (alguien) | *Una de dos*, de deux choses l'une | *~ con otro*, l'un dans l'autre | *~ mismo*, soi-même | *~ que otro*, quelques | *~s y otros*, les uns et les autres | — M Un | Premier (primero) | — F *La ~*, une heure | — S FAM. Un homme, une femme.
unt|ar vt Graisser (con aceite) | Enduire | — Vp Se tacher [de graisse] | FAM. Se sucrer || **~o** m Graisse *f* | Onguent (ungüento) || **~uoso, a** adj Onctueux, euse || **~ura** f Graissage *m* | Badigeon *m* (a un enfermo) | Onguent *m* (unto).
uñ|a f Ongle *m* | Griffe (garra) | Sabot *m* (casco) | MED. TECN. Onglet *m* | Bec *m* (de ancla) | TECN. Pied-de-biche *m* (sacaclavos) | FIG. *A ~ de caballo*, à toute vitesse. *Esconder las ~s*, faire patte de velours. *Ser ~ y carne*, être comme les deux doigts de la main || **~ero** m MED. Panaris (panadizo), ongle incarné (uña encarnada) | Onglet (señal).
Ural nprm Oural (fleuve) | — Pl Oural *sing* (montes).
uralita f Fibrociment *m*.
uranio m Uranium.
urb|anidad f Politesse, courtoisie, urbanité || **~anismo** m Urbanisme || **~anista** adj/s Urbaniste || **~anístico, a** adj Urbain, e || **~anización** f Éducation | Aménagement *m*, urbanification (obras) | Ensemble (*m*) urbain, grand ensemble *m* (conjunto urbanístico) | Urbanisation (demografía) || **~anizar** vt Dégrossir, civiliser | Urbaniser (dar carácter urbano) | Aménager (hacer obras) || **~ano, a** adj Urbain, e | Poli, e (cortés) || **~e** f Cité, grande ville.
urd|imbre f Chaîne (de tejido) | FIG Machination || **~ir** vt Ourdir.
ur|ea f Urée || **~emia** f Urémie || **~éter** m Uretère || **~etra** f Urètre *m*.
urg|encia f Urgence || **~ente** adj Urgent, e || **~ir** vi Être urgent, presser | — Vimp Être urgent | — Vt Presser.
úrico, a adj Urique.
urinario, a adj Urinaire | — M Urinoir.
urna f Urne.
uro m Aurochs, urus.
urogallo m Coq de bruyère.
uro|grafía f Urographie || **~logía** f Urologie.
urólogo, a s Urologue.
urraca f Pie.
urticaria f MED. Urticaire.
urubú m Urubu (ave de rapiña).
Uruguay nprm Uruguay.
uruguayo, a adj/s Uruguayen, enne
us|ado, a adj Usé, e (estropeado) | Usagé, e (que ha servido ya) | Employé, e (empleado) | Usité, e; employé, e : *palabra poco ~*, mot peu usité || **~anza** f Usage *m* (uso) | Mode || **~ar** vt Utiliser, se servir de, employer | Porter (llevar) | Avoir

l'habitude de (acostumbrar) | — Vi ~ *de,* user de, faire usage de | — Vp S'employer | Se porter (estilarse).
usía pron pers Votre Seigneurie.
uso m Usage : *hacer ~ de,* faire usage de | Utilisation *f* | Usage, coutume *f* | Usage, exercice | Emploi (empleo) | Port (porte) | — Pl Us | *Al ~,* en usage (de moda), selon l'usage, à la façon de | *Con el ~,* à l'usage | *De ~,* en usage courant | *En ~ de,* faisant usage de | *Para ~ de,* à l'usage de | *~ de razón,* âge de raison.
usted pron pers Vous | *Hablar de ~,* vouvoyer | *Yo, que ~ ...,* si j'étais vous...
usu|al adj Usuel, elle; d'usage | Habituel, elle ‖ **~ario, a** s Usager, ère | Utilisateur, trice.
usufruct|o m Dr. Usufruit ‖ **~uario, a** adj/s Usufruitier, ère.
usur|a f Usure ‖ **~ario, a** adj Usuraire ‖ **~ero, a** adj/s Usurier, ère.
usurp|ación f Usurpation | Empiètement *m* (intrusión) ‖ **~ador, a** adj/s Usurpateur, trice ‖ **~ar** vt Usurper.
ut m inv Mús. Ut (do).
utensilio m Ustensile.
uterino, a adj/s Utérin, e.
útero m Anat. Utérus.
útil adj Utile | — M Outil | *Lo ~,* l'utile | *~es de escritorio,* articles de bureau.
util|idad f Utilité | Bénéfice *m : impuesto de ~es,* impôt sur les bénéfices ‖ **~itario, a** adj Utilitaire | — M Véhicule utilitaire ‖ **~itarismo** m Utilitarisme ‖ **~izable** adj Utilisable ‖ **~ización** f Utilisation ‖ **~izador, a** adj/s Utilisateur, trice ‖ **~izar** vt Utiliser ‖ **~laje** m Outillage.
ut|opía f Utopie ‖ **~ópico, a** adj/s Utopique ‖ **~opista** adj/s Utopiste.
utrero, a s Bouvillon, génisse.
uva f Raisin *m* | Grain (*m*) de raisin (grano) | — Pl Raisin *msing : racimo de ~,* grappe de raisins | Fam. *Estar de mala ~,* être de mauvais poil | *~s pasas,* raisins secs.
úv|ea f Anat. Uvée ‖ **~ula** f Anat. Uvule.
¡uy! interj Aïe!

V

v f V *m* | *V doble,* w.
vaca f Vache | Bœuf *m* (carne) | Vache, vachette (cuero) | Enjeu *m* (apuesta).
vacaciones fpl Vacances | Vacations (de tribunal) | Congés *m* (de trabajo).
vacada f Troupeau (*m*) de bœufs *o* de vaches.
vac|ancia f Poste (*m*) libre ‖ **~ante** adj Vacant, e | — F Vacance | Vide *m,* emploi (*m*) *o* poste (*m*) vacant ‖ **~ar** vi Être vacant, vaquer.
vaci|adero m Dépotoir (lugar) | Déversoir, égout (conducto) ‖ **~ado** m Moulage (con yeso, etc) | Fonte *f,* coulage (con metal) | Tecn. Coulée *f* | Évidement (formación de un hueco) | Vidange *f* (de un depósito) | Repassage (de un cuchillo) ‖ **~ador** m Mouleur (de figuras en molde) | Fondeur (fundidor) | Videur (instrumento) ‖ **~amiento** m Vidage ‖ **~ar** vt Vider | Couler (metal) | Mouler (yeso) | Évider (ahuecar) | Vider (un pollo, etc) | Vidanger (una fosa, etc) | Repasser (un cuchillo) | — Vi Se jeter (río) | — Vp Se vider | Fig. S'ouvrir ‖ **~edad** f Fadaise (tontería) | Vacuité (falta de interés).
vacil|ación f Vacillation | Fig. Vacillation, hésitation ‖ **~ante** adj Vacillant, e | Fig. Vacillant, e; hésitant, e ‖ **~ar** vi Vaciller | Fig. Hésiter | Chanceler : *memoria que vacila,* mémoire chancelante | *Hacer ~,* ébranler | *~ en,* hésiter à.
vac|ío, a adj Vide | Vacant, e; vide (vacante) | Fig. Creux, euse; vide (sin interés) | — M Creux (cavidad) | Fís. Vide | Vacance *f* (vacante) | Fig. Vide (ausencia), vacance *f* (del poder) ‖ **~uidad** f Vacuité.
vacun|a f Med. Vaccin *m* | Vet. Vaccine (de la vaca) ‖ **~ación** f Vaccination ‖ **~ador, a** adj/s Vaccinateur, trice ‖ **~ar** vt Vacciner ‖ **~o, a** adj Bovin, e | *Ganado ~,* bovins.
vacuo, ~a adj Vide | Vacant, e | — M Vide, vacuité *f* ‖ **~la** f Vacuole.
vadear vt Passer à gué | Fig. Vaincre, surmonter (vencer), sonder, tâter (tantear).
vademécum m Vade-mecum (libro) | Cartable (cartera de estudiante).
vado m Gué.
vagabund|ear vi Vagabonder, rôder ‖ **~eo** m Vagabondage ‖ **~o, a** adj/s Vagabond, e.
vag|ancia f Fainéantise, paresse (pereza) | Vagabondage *m* (delito) ‖ **~ar** vi Errer | Flâner (pasear) | Dr. Vagabonder.

vagido m Vagissement | *Dar ~s,* pousser des vagissements, vagir.
vagin|a f ANAT. Vagin *m* ‖ **~al** adj Vaginal, e ‖ **~itis** f Vaginite.
vago, a adj Vague | Flou, e; vague (trazo) | ANAT. Vague (nervio) | — Adj/s Fainéant, e; flemmard, e (perezoso) | — S DR. Vagabond, e.
vag|ón m Wagon : *~ cisterna, cuba, restaurante,* wagon-citerne, wagon-foudre, wagon-restaurant ‖ **~oneta** f Wagonnet *m.*
vaguada f Thalweg *m,* talweg *m.*
vaguear vi V. VAGAR.
vaguedad f Vague *m,* imprécision | — Pl Généralités, vague *msing : decir ~es,* rester dans le vague.
vah|ído m Vertige, étourdissement ‖ **~o** m Vapeur *f* | Buée *f* (del aliento)
vain|a f Fourreau *m* (de espada) | Gaine (de navaja, de vela) | BOT. Gousse, cosse | ANAT. Gaine | — M FAM. Bon à rien, imbécile ‖ **~ica** f Jours *(mpl)* échelle (calado) ‖ **~illa** f Vanille (fruta) | Vanillier *m* (planta).
vaivén m Va-et-vient | FIG. Changement, fluctuation *f,* vicissitude *f.*
vajilla f Vaisselle.
val|e m Bon | Reçu (recibo) | Billet à ordre (pagaré) | Bon point (en la escuela) ‖ **~edero, a** adj Valable ‖ **~edor, a** s Protecteur, trice | *Amér.* Copain, copine (amigo) ‖ **~encia** f QUÍM. Valence.
valent|ía f Vaillance, courage *m* (valor) | Bravoure, valeur | Fanfaronnade (ostentación) | Assurance, sûreté (seguridad) ‖ **~ón, ona** adj/s Fanfaron, onne.
valer* vt Valoir | Causer, valoir (causar) | Valoir, coûter (costar) | Protéger, défendre (proteger) | Vi/imp Valoir | Être valable (ser valedero) | Compter (contar) | Servir | Aller (ser conveniente) | Être capable (ser capaz) | Avoir cours (monedas) | *Darse a ~,* se faire valoir | *Hacer ~,* faire valoir | *Más vale,* il vaut mieux | *No hay excusa que valga,* il n'y a pas d'excuse qui compte *o* qui tienne | *No vale,* ça ne compte pas (no cuenta), ce n'est pas de jeu (no hay derecho), ça ne va pas (no estoy conforme) | FAM. *Vale,* d'accord; ça suffit (basta) | *~ mucho,* être très utile; avoir une grande valeur | *~ para,* servir à | *~ por,* compter pour | *Válgame la frase,* passez-moi l'expression | — Vp Se valoir | Se servir, s'aider (usar) | User de (utilizar) | Avoir recours à, se servir (recurrir a) | *No poder ~,* ne pas pouvoir se débrouiller tout seul | *~ de,* se prévaloir de, faire valoir.
valeriana f BOT. Valériane (planta).
valeroso, a adj Vaillant, e; courageux, euse.
valet m Valet (naipe).
valetudinario, a adj/s Valétudinaire.
valía f Valeur | Crédit *m* (con una persona).
valid|ación f Validation ‖ **~ar** vt Valider ‖ **~ez** f Validité ‖ **~o** m Favori.
válido, a adj Valide | Valable (valedero) | *Votos ~s,* suffrages valablement exprimés.
valiente adj Vaillant, e; courageux, euse | FAM. Sacré, e; fameux, euse : *¡~ idiota es!,* c'est un fameux idiot. Quel, quelle : *¡~ tiempo hace!,* quel temps il fait! | — S Brave, courageux, euse.
valija f Valise (de un diplomático) | Sacoche (del cartero).
vali|miento m Crédit, faveur *f,* privauté *f* ‖ **~oso, a** adj Précieux, euse; de prix | De valeur, précieux, euse (estimado) | Riche (rico).
valón, ona adj/s Wallon, onne.
valor m Valeur *f* | Courage (valentía) | FIG. Crédit | FAM. Audace *f* | COM. MÚS. MAT. Valeur *f* | *Dar ~,* donner de la valeur, mettre en valeur | *~ comercial,* valeur marchande | *~ oro,* indexé sur l'or ‖ **~ación** f Évaluation, estimation ‖ **~ar** vt Évaluer, estimer ‖ **~ización** f Évaluation, estimation | Mise en valeur, valorisation (aprovechamiento) ‖ **~izar** vt Évaluer, estimer | Valoriser | Chiffrer.
vals m Valse *f* | *Bailar un ~,* valser.
valu|ación f Évaluation, estimation ‖ **~ar** vt Évaluer, estimer.
valva f Valve (de molusco).
valvolina f TECN. Graisse consistante.
válvula f ANAT. Valvule | RAD. Lampe (bombilla), valve | TECN. Soupape (de motor) : *esmerilado de ~s,* rodage de soupapes | Clapet *m* (de bomba, etc) | Vanne (de tubo), cheminée (de paracaídas).
vall|a f Clôture (cerca) | Palissade (estacada) | FIG. Barrière, obstacle *m* | Haie (deportes) | TAUR. Place située au premier rang dans les arènes | *~ publicitaria,* panneau publicitaire ‖ **~adar** m Palissade *f* | FIG. Barrière *f,* obstacle ‖ **~ado** m Palissade *f* | Clôture *f* (cerca) ‖ **~ar** vt Clôturer.
valle m Vallée *f* ‖ **~io** m Vallon.
vampiro m Vampire.
vanadio m Vanadium (metal).
vanaglori|a f Vanité ‖ **~arse** vp Se glorifier, se vanter, tirer vanité.
vandalismo m Vandalisme.
vándalo, a adj/s Vandale.
vanguardia f Avant-garde.

van|idad f Vanité ‖ **~idoso, a** adj/s Vaniteux, euse ‖ **~o, a** adj Vain, e | Creux, euse; vide (vacío) | Vaniteux, euse | — M Embrasure *f*, baie *f* (hueco) | Portée *f* (distancia).
vapor m Vapeur *f* | MAR. Vapeur (barco) ‖ **~ización** f Vaporisation ‖ **~izador** m Vaporisateur ‖ **~izar** vt Vaporiser ‖ **~oso, a** adj Vaporeux, euse.
vapule|ar vt Fouetter, rosser (fam), donner une raclée (pop) | FIG. Éreinter, esquinter ; bafouer (ridiculizar) ‖ **~o** m Rossée *f* (fam), raclée *f* (pop) | FIG. Éreintement (crítica).
vaqu|ería f Étable à vaches, vacherie | Troupeau (*m*) de vaches (vacada) ‖ **~ero, a** adj Des vaches | — S Vacher, ère (pastor) | Cow-boy (en Estados Unidos) | — Mpl Blue-jean, *sing* (pantalón) ‖ **~eta** f Vachette.
var|a f Perche (palo largo) | Gaule (para coger fruta) | Bout (*m*) de bois (palo) | Bâton *m* (insignia de autoridad) | Verge (para azotar) | Aune (medida) | MÚS. Coulisse (de trombón) | TAUR. Pique (pica), coup (*m*) de pique | — Pl Verges (azotes) | FIG. *Temer como a una ~ verde*, craindre comme la foudre. *Tener ~ alta en*, avoir la haute main sur ‖ **~adero** m Échouage ‖ **~al** m Perche *f* | Brancard (de carro) ‖ **~ar** vt MAR. Lancer (botar), échouer (poner en seco) | — Vi MAR. Échouer (encallar), mouiller (anclar) ‖ **~ear** vt Gauler (árboles) | Battre (lana).
varec m Varech (alga).
vareo m Gaulage.
varetazo m Coup de corne de côté.
vari|abilidad f Variabilité ‖ **~able** adj/f Variable ‖ **~ación** f Variation ‖ **~ante** f Variante | Déviation (de carretera) ‖ **~ar** vt Varier | — Vi Varier | Changer (cambiar).
varice f MED. Varice.
varicela f MED. Varicelle.
variedad f Variété, diversité | — Pl Variétés (espectáculo).
varill|a f Baguette | Tringle (de cortinas) | Brin *m*, branche (de abanico) | Baleine (de paraguas) | Perchoir *m* (de jaula) ‖ **~aje** m Monture *f* (de abanico) | Baleines *fpl* (de paraguas).
vario, a adj Différent, e; divers, e | Variable | — Pl Plusieurs : *tener ~ amigos*, avoir plusieurs amis | — Pron indef pl Quelques-uns, d'aucuns.
varita f Baguette.
variz f MED. Varice.
var|ón m Homme | Garçon (chico) | *Hijo ~*, enfant mâle | *Santo ~*, saint homme ‖ **~onil** adj Viril, e.
Varsovia npr Varsovie.
vasall|aje m Vassalité *f* | FIG. Soumission *f* | *Rendir ~*, rendre hommage ‖ **~o, a** adj/s Vassal, e.
vasar m Vaisselier.
vasc|o, a adj/s Basque | — M Basque (lengua) ‖ **~ongado, a** adj/s Basque.
Vasconia nprf Pays (*m*) basque.
vascuence adj/m Basque (lengua).
vascular adj Vasculaire.
vaselina f Vaseline | FIG. Baume *m*.
vas|ija f Pot *m*, récipient *m* | Poterie : *~ griega*, poterie grecque ‖ **~o** m Verre | Vase (florero) | ANAT. BOT. Vaisseau ‖ **~omotor, a** adj/m Vaso-moteur, trice.
vástago m BOT. Rejeton, rejet | TECN. Tige *f* (de émbolo) | FIG. Rejeton (hijo).
vasto, a adj Vaste.
vate m Poète.
vaticanista o **vaticano, a** adj Du Vatican, vaticane.
vaticin|ar vt Prédire, vaticiner (p. us.) ‖ **~io** m Vaticination *f*, prédiction *f*.
vatio m ELEC. Watt (unidad).
vaya f FAM. Moquerie (burla).
Vd. pron pers (abrev. de *usted*) Vous.
vecin|al adj Vicinal, e ‖ **~dad** f Voisinage *m* | Population (de una ciudad) | Habitants *mpl* (de un barrio) | Voisins *mpl* (de una casa) | Similitude ‖ **~dario** m Population *f*, habitants *pl* (de una ciudad) | Voisinage (de una casa) ‖ **~o, a** adj Voisin, e | — S Voisin, e (de una casa) | Habitant, e (de una ciudad).
vector adjm/m Vecteur.
ved|a f Fermeture [de la chasse, de la pêche] | Défense (prohibición) | *Levantamiento de la ~*, ouverture de la chasse *o* de la pêche ‖ **~ado** m Chasse (*f*) gardée | *~ de caza*, réserve de chasse ‖ **~ar** vt Défendre, interdire.
vedija f Flocon (*m*) de laine | Touffe (de pelo).
vega f Plaine cultivée, vallée fertile, « vega » | Plantation de tabac (en Cuba).
veget|ación f Végétation | — Pl MED. Végétations ‖ **~al** adj/m Végétal, e ‖ **~ar** vi Végéter ‖ **~ariano, a** adj/s Végétarien, enne ‖ **~ativo, a** adj Végétatif, ive.
veguer m Viguier.
veguero m Cigare (puro).
vehem|encia f Véhémence ‖ **~ente** adj Véhément, e.
vehículo m Véhicule | *~s espaciales*, engins spatiaux.
veint|avo, a adj/m Vingtième ‖ **~e** adj num Vingt | Vingtième (lugar) | *Unos ~*, une vingtaine | — M Vingt ‖ **~ena** f Vingtaine ‖ **~eno, a**

adj/m Vingtième ‖ **~icinco** adj/m Vingt-cinq ‖ **~icuatro** adj/m Vingt-quatre ‖ **~idós** adj/m Vingt-deux ‖ **~inueve** adj/m Vingt-neuf ‖ **~iocho** adj/m Vingt-huit ‖ **~iséis** adj/m Vingt-six ‖ **~isiete** adj/m Vingt-sept ‖ **~itantos, as** adj Une vingtaine | Vers le vingt (fecha) ‖ **~itrés** adj/m Vingt-trois ‖ **~iún** adj Vingt et un ‖ **~iuno, a** adj/m Vingt et un, e.

vej|ación f o **vejamen** m Vexation *f* ‖ **~ar** vt Vexer | Brimer (maltratar) ‖ **~atorio, a** adj Vexatoire | Vexant, e.

vej|estorio m FAM. Vieille baderne *f* ‖ **~ete** adjm Vieux | — M Petit vieux, barbon ‖ **~ez** f Vieillesse.

vejiga f ANAT. Vessie | Cloque (en la piel) ‖ **~zo** m FAM. Chute *f*.

vel|a f MAR. Voile | Bougie (para alumbrar) | Cierge *m* (cirio) | Veille (vigilia) | Garde (de un enfermo) | Veillée (de un muerto) | — Pl FAM. Chandelles (mocos) | *A toda ~*, toutes voiles dehors, à pleines voiles | FAM. *Estar a dos ~s*, être sur la paille | *Hacerse a la ~*, mettre à la voile | FIG. *No tener ~ en un entierro*, ne pas avoir voix au chapitre | *Pasar la noche en ~*, passer une nuit blanche | FIG. *Ser más derecho que una ~*, être droit comme un cierge *o* comme un I ‖ **~ada** f Veillée, soirée | Fête nocturne ‖ **~ador, a** s Veilleur, euse | — M Guéridon (mesita) ‖ **~amen** m MAR. Voilure *f* ‖ **~ar** vi Veiller | — Vt Veiller | Voiler (tapar) | FOT. Voiler | *~ las armas*, faire sa veillée d'armes | — Vp Se voiler ‖ **~atorio** m Veillée (*f*) funèbre.

veleid|ad f Velleité | Inconstance, légèreté ‖ **~oso, a** adj/s Velléitaire.

vel|ero, a adj À voiles | — M Voilier (barco, fabricante) | Chandelier (fabricante de cirios) ‖ **~eta** f Girouette | Flotteur *m* (de caña de pescar) | — S FIG. Girouette *f* (cambiadizo) ‖ **~o** m Voile | Voilette *f* (de sombrero) | ANAT. Voile | FIG. *Correr un tupido ~ sobre*, jeter un voile sur.

veloc|idad f Vitesse ‖ **~ímetro** m Compteur de vitesse ‖ **~ípedo** m Vélocipède ‖ **~ista** m Sprinter.

velódromo m Vélodrome.

velomotor m Vélomoteur.

velón m Sorte de lampe à huile.

velorio m Veillée (*f*) funèbre.

veloz adj Rapide | — Adv Vite.

vell|o m Duvet ‖ **~ocino** m Toison *f* ‖ **~ón** m Toison *f* (de carnero) | Flocon de laine (de lana) | Billon (moneda) ‖ **~osidad** f Villosité ‖ **~oso, a** adj Duveteux, euse ‖ **~udo, a** adj Velu, e | — M Peluche *f*.

vena f ANAT. Veine | TECN. Veine (veta) | Côte (del tabaco) | FAM. Crise (impulso), grain *m* (de loco).

vena|blo m Javelot | — Pl FAM. Injures *f* ‖ **~do** m Cerf.

venal adj Vénal, e (comprable, sobornable) ‖ **~idad** f Vénalité.

venatorio, a adj Cynégétique.

vencedor, a adj Victorieux, euse | — S Vainqueur (sin fem), triomphateur, trice.

vencejo m Martinet (ave).

venc|er vt Vaincre, battre | FIG. Vaincre, surmonter (superar), l'emporter sur (ganar), franchir (salvar) | — Vi Échoir, arriver à échéance (llegar a su término) | Expirer, arriver à son terme (plazo, deuda) | Gagner, être le plus fort (ganar) | — Vp FIG. Se dominer, se maîtriser | Se tordre, ployer (doblarse) | Craquer (romperse) ‖ **~ido, a** adj/s Vaincu, e | — Adj Échu, e : *a plazo ~*, à terme échu ‖ **~imiento** m Échéance *f*, terme (de un pagaré, de una deuda) | Expiration *f* (de un contrato) | FIG. Franchissement (de un obstáculo) | Victoire *f* (victoria) | Défaite *f* (derrota) | Ploiement (torsión).

vend|a f Bande | Bandage *m* (vendaje) | Bandeau *m* (de cabeza) | FIG. *Quitar la ~ de los ojos*, faire tomber le bandeau des yeux ‖ **~aje** m Bandage ‖ **~ar** vt Bander.

vendaval m Vent de tempête | FIG. Ouragan.

vend|edor, a adj/s Vendeur, euse; marchand, e (comerciante) | Vendeur, euse (dependiente) | *~ ambulante*, camelot ‖ **~er** vt Vendre : *~ un mueble en* ou *por cien francos*, vendre un meuble cent francs | FIG. Vendre, trahir | *~ al contado*, vendre comptant | *~ al por mayor, al por menor*, vendre en gros, au détail | *~ a plazos*, vendre à tempérament *o* à terme | *~ con pérdida*, vendre à perte | — Vp Se vendre | *Se vende en*, en vente dans | FIG. *~ caro*, se faire rare ‖ **~í** m Bordereau [de vente] ‖ **~ible** adj Vendable ‖ **~ido, a** adj/s Vendu, e | FIG. Perdu, e.

vendimi|a f Vendange ‖ **~ador, a** s Vendangeur, euse ‖ **~ar** vt/i Vendanger.

Venecia npr Venise.

veneciano, a adj/s Vénitien, enne.

venen|o m Poison | Venin (de animales) | FIG. Poison ‖ **~oso, a** adj Vénéneux, euse (planta) | Venimeux, euse (animal) | FIG. Venimeux, euse.

venera f Coquille Saint-Jacques.

vener|able adj/s Vénérable ‖ **~ación** f Vénération ‖ **~ar** vt Vénérer.

venéreo, a adj Vénérien, enne.

venero m Source *f* | MIN. Gisement (yacimiento), filon | FIG. Source *f*.
venezolano, a adj/s Vénézuélien, enne.
veng|ador, a adj/s Vengeur, eresse ‖ **~anza** f Vengeance : *clamar ~*, crier vengeance ‖ **~ar** vt Venger ‖ **~ativo, a** adj Vindicatif, ive.
veni|a f Permission, autorisation (permiso) ‖ **~al** adj Véniel, elle.
ven|ida f Venue : *idas y ~s*, allées et venues | Arrivée, venue (llegada) ‖ **~idero, a** adj Futur, e; à venir | — M *Lo ~*, l'avenir, le futur ‖ **~illa** f Veinule ‖ **~ir*** vi Venir | Y avoir, se trouver (haber, encontrarse) | Se trouver, être (estar) | Être (ser) | Arriver (llegar) | Revenir (volver) | *¿A qué viene esto?*, à quoi cela rime-t-il? | *¡Venga!*, allez! | *Venga lo que viniere*, quoi qu'il advienne | *~ a*, arriver à, en venir à | *~ a menos*, déchoir | *~ a parar*, aboutir (llegar), en venir | *~ a ser*, revenir à | *Venirle bien a uno*, aller bien à qqn (un traje), arranger qqn (convenir) | — Vp Venir | *~ abajo*, s'écrouler, s'effondrer.
venoso, a adj Veineux, euse.
venta f Vente : *~ a crédito, al contado, al por menor, al por mayor, a plazos*, vente à crédit, au comptant, au détail, en gros, à tempérament *o* à terme | Auberge (posada) | *Sacar a la ~*, mettre en vente.
ventaj|a f Avantage *m* | *Sacar ~ a*, dépasser (adelantar), l'emporter sur (vencer) ‖ **~ista** s Profiteur, euse ‖ **~oso, a** adj Avantageux, euse.
ventan|a f Fenêtre : *asomarse a la ~*, se mettre à la fenêtre | Narine (de la nariz) | *~ vidriera*, baie vitrée ‖ **~al** m Baie (*f*) vitrée, grande fenêtre *f* (ventana grande) ‖ **~illa** f Fenêtre (en el tren) | Glace (en el coche) | Hublot *m* (barco, avión) | Guichet *m* (taquilla) | Narine (de la nariz) ‖ **~illo** m Judas (mirilla) | Guichet (postigo) | Soupirail (de sótano).
vent|arrón m Bourrasque *f*, grand vent ‖ **~ear** vimp Faire du vent, venter | — Vt Flairer (olerse).
ventero, a s Aubergiste.
vent|ilación f Ventilation, aération ‖ **~ilador** m Ventilateur ‖ **~ilar** vt Ventiler, aérer | FIG. Éclaircir (aclarar), disputer | — Vp S'aérer | FIG. Se jouer, être en jeu | FAM. Expédier (hacer), descendre (matar) ‖ **~isca** f Bourrasque de neige ‖ **~isquero** m Glacier | Bourrasque (*f*) de neige (ventisca) ‖ **~olera** f Coup (*m*) de vent, bourrasque | FAM. Caprice *m*, coup (*m*) de tête ‖ **~olina** f Petite brise.
ventorrillo m Guinguette *f* (merendero), petite auberge *f* (venta).
ventos|a f Ventouse ‖ **~idad** f Ventosité, vent *m* ‖ **~o, a** adj Venteux, euse.
ventr|al adj Ventral, e ‖ **~era** f Ventrière ‖ **~ículo** m Ventricule ‖ **~ílocuo, a** adj/s Ventriloque.
ventur|a f Bonheur *m* (felicidad) | Hasard *m* (casualidad) : *por ~*, par hasard | Risque *m*, péril *m* (riesgo) | *Probar ~*, tenter *o* courir sa chance ‖ **~oso, a** adj Heureux, euse (feliz) | Qui a de la chance.
venus f Conque (molusco).
ver m Vue *f* (vista) | Aspect, allure *f* (aspecto) | Opinion *f*, avis : *a mi ~*, à mon avis | — *Vt/i Voir | Regarder (mirar) | *A más ~*, au revoir | *A mi modo de ~*, à mon avis | *A ~*, voyons | *A ~ si*, pour voir si | *Hay que verlo*, c'est à voir | *Habría que ~ que*, il ferait beau voir que | *Por lo que veo* ou *por lo visto*, à ce que je vois, apparemment | FAM. *Que no veo*, terrible | *Vamos a ~*, voyons | *~ de*, essayer de | *Veremos*, on verra ça | *Volver a ~*, revoir | *Ya verás lo que es bueno*, tu vas voir ce que tu vas voir | — Vp Se voir | Se rencontrer, se retrouver (encontrarse) | Être vu (ser visto) | Voir : *es digno de ~*, c'est à voir | FIG. Se reconnaître, se retrouver (reconocerse) | Se revoir | FAM. *Vérselas con uno*, avoir affaire à qqn.
vera f Bord *m* | Côté *m* (lado).
veracidad f Véracité.
veranada f Estivage *m*.
veranda f Véranda.
veran|eante s Estivant, e; vacancier, ère ‖ **~ear** vi Passer ses vacances d'été, être en villégiature ‖ **~eo** m Villégiature *f* | Vacances *fpl* [d'été] (vacaciones) ‖ **~iego, a** adj Estival, e | D'été (de verano) ‖ **~illo** m *~ de San Martín*, été de la Saint-Martin ‖ **~o** m Été.
ver|as fpl *De ~*, vraiment (realmente), pour de bon (auténtico), sérieusement (en serio) ‖ **~az** adj Véridique : *relato ~*, récit véridique.
verbal adj Verbal, e ‖ **~ismo** m Verbalisme.
verbena f BOT. Verveine | Fête, kermesse (fiesta).
verb|igracia loc Par exemple ‖ **~o** m Verbe ‖ **~orrea** f Verbosité | Verbiage *m* (palabrería) ‖ **~osidad** f Verbosité.
verdad f Vérité | Vrai *m*, vérité | *A decir ~*, à vrai dire, à la vérité | *Decir a uno cuatro ~es*, dire ses vérités à qqn | *De ~*, vrai; sérieusement | *¿De ~?*, vraiment?, est-ce vrai? | *Es ~*, c'est vrai | *Faltar a la ~*,

mentir | *La ~ sea dicha,* à vrai dire | *¿No es ~?* ou *¿~?,* n'est-ce pas? || **~ero, a** adj Vrai, e; véritable | Véridique (veraz).
verd|asca f Baguette || **~e** adj Vert, e | FIG. Grivois, e; égrillard, e (licencioso), pas mûr, e (no maduro) | *Poner ~ a uno,* traiter qqn de tous les noms | — M Vert | Verdure *f* (verdor) | FIG. Verdeur *f* || **~ear** vi Verdir || **~ecer*** vi Verdir, verdoyer || **~erón** m Verdier (ave) || **~ín** m Moisissure (*f*) verte (moho) | Mousse *f* (musgo) || **~or** m Verdure *f* (color) | FIG. Verdeur *f* || **~oso, a** adj Verdâtre.
verdug|o m Bourreau | Cagoule *f* (capucha) || **~ón** m Vergeture *f* (latigazo) | Bleu (cardenal).
verd|ulería f Marchand (*m*) de légumes | FIG. Grivoiserie || **~ulero, a** s Marchand, marchande de légumes *o* des quatre-saisons | FIG. Personne (*f*) grivoise | — F FAM. Poissarde (mujer) || **~ura** f Vert *m* | — Pl Légumes *m*, légumes (*m*) verts (hortalizas).
verecundia f Honte.
vereda f Sentier *m* | *Amér.* Trottoir *m* (acera) | FAM. *Meter en ~ a uno,* mettre qqn au pas.
veredicto m DR. Verdict : *~ de inculpabilidad,* verdict d'acquittement.
verg|a f ANAT. Verge | MAR. Vergue || **~ajo** m Nerf de bœuf.
vergel m Verger (huerto).
verg|onzante adj Honteux, euse || **~onzoso, a** adj Honteux, euse | — Adj/s Timide || **~üenza** f Honte | Vergogne : *sin ~,* sans vergogne | Honneur *m* (pundonor) | *Dar ~,* faire honte | *Perder la ~,* avoir du toupet | *¡Qué poca ~!,* quel toupet! | *Sacar a la ~ pública,* mettre au pilori.
vericueto m Chemin scabreux | FIG. Détour, méandre.
verídico, a adj Véridique | Vrai, e (verdadero).
verific|ación f Vérification | Vérification, contrôle *m* || **~ador, a** adj/s Vérificateur, trice; contrôleur, euse | Réceptionnaire (de obras) || **~ar** vt Vérifier | Réaliser (realizar) | — Vp Avoir lieu | Se vérifier (ser cierto).
verismo m Vérisme.
verja f Grille.
vermicida o **vermífugo, a** adj/m Vermifuge.
vermut o **vermú** m Vermouth | *Amér.* Matinée *f* (de un espectáculo).
vernáculo, a adj National, e; vernaculaire.
verónica f BOT. TAUR. Véronique.
vero|símil adj Vraisemblable || **~similitud** f Vraisemblance.
verra|co m Verrat (cerdo) || **~quear** vi FAM. Grogner, brailler.
verruga f Verrue.
versado, a adj Versé, e.
versal adj/f IMPR. Capital, e || **~illa** o **~ita** f IMPR. Petite capitale.
vers|ar vi Tourner autour (girar) | FIG. *~ sobre,* porter sur, traiter de || **~átil** adj Versatile || **~atilidad** f Versatilité.
versículo m Verset.
versific|ación f Versification || **~ar** vt/i Versifier.
vers|ión f Version || **~o** m Vers (poesía) | Verso (reverso de una hoja).
vértebra f Vertèbre.
vertebr|ado, a adj/m Vertébré, e || **~al** adj Vertébral, e.
vert|edera f AGR. Versoir *m* || **~edero** m Déversoir (desagüadero) | Voirie *f*, décharge (*f*) publique (de basuras) | FAM. Dépotoir | *~ de basuras,* vide-ordures (en las casas) || **~edor** m Tuyau de décharge || **~er*** vt Verser, renverser, déverser (derramar) | Verser (lágrimas, sangre, echar) | Traduire | FIG. Proférer (decir) | *~ aguas menores,* uriner.
vertical adj/f Vertical, e.
vértice m GEOM. Sommet.
verticilo m BOT. Verticille.
vertiente f Versant *m* | Pente, versant *m* (de un tejado) | FIG. Aspect *m*, versant *m*; tendance (tendencia).
vertiginoso, a adj Vertigineux, euse.
vértigo m Vertige.
vertimiento m Déversement.
ves|ical adj ANAT. Vésical, e || **~ícula** f Vésicule.
vespertino, a adj Vespéral, e ; du soir | — M Journal du soir (diario).
vestal f Vestale.
vestíbulo m Vestibule.
vestid|o, a adj Habillé, e | — M Habillement | Vêtement (prenda) | Robe *f* (de mujer) : *~ de noche,* robe du soir || **~ura** f Vêtement *m* | — Pl Habits (*m*) sacerdotaux.
vestigio m Vestige.
vest|imenta f Vêtement *m*, vêtements *mpl* (ropa) | Tenue (manera de vestirse) || **~ir*** vt Habiller, vêtir (m. us.) | Couvrir, habiller (un mueble) | FIG. Étoffer (con palabras), parer (adornar) | — Vi S'habiller | Être habillé, e (estar vestido) | FIG. Habiller, faire habillé (un traje) | FAM. Faire bien (dar categoría) | *Un traje de ~,* un costume habillé | — Vp S'habiller | FIG. Se couvrir | *~ de largo,* faire son entrée dans le monde (una joven) | *~ de verano,* mettre ses vêtements d'été || **~uario** m Garde-robe *f* | Vestiaire (guardarropa) | Costumes *pl* (teatro, cine) | MIL. Habillement.

veta f Veine | — Pl MÉD. Vergetures.
vetar vt Mettre *o* opposer son veto à.
vete|ado m Veinure *f* (en la madera, etc) || **~ar** vt Veiner.
veteran|ía f Ancienneté | Longue expérience || **~o, a** adj Vieux, vieille | — M Vétéran.
veterinari|a f Médecine vétérinaire || **~o, a** adj/s Vétérinaire.
veto m Veto : *poner el ~ a,* mettre *o* opposer son veto à.
vetust|ez f Vétusté || **~o, a** adj Vétuste.
vez f Fois | Tour *m* (turno) | *A la ~,* à la fois, en même temps | *A veces,* parfois | *Cada ~ más,* de plus en plus | *Cada ~ mejor,* de mieux en mieux | *Demasiadas veces,* trop souvent | *De una ~,* d'un seul coup | *De ~ en cuando,* de temps en temps, de temps à autre | *En ~ de,* au lieu de | *Érase una ~,* il était *o* il y avait une fois | *Hacer las veces de,* tenir lieu de, faire fonction *o* office de | *Las más* ou *la mayoría de las veces,* la plupart du temps, le plus souvent | *Miles de veces,* maintes et maintes fois, des fois et des fois | *Muchas veces,* souvent | *Otras veces,* d'autres fois | *Otra ~,* encore une fois; bis (en un espectáculo) | *Pocas veces* ou *rara ~,* rarement | *Tal ~,* peut-être | *Toda ~ que,* du moment que | *Una ~ más,* encore une fois | *Una ~ al año no hace daño,* une fois n'est pas coutume | *Una y otra ~,* maintes et maintes fois.
vía f Voie | Route (itinerario) | *Estar en ~s de,* être en voie de | *Por ~ de,* sous forme de (en forma de), à titre de (como) | *~ aérea,* par avion (correo) | *~ muerta,* voie de garage | — Prep Via.
viab|ilidad f Viabilité || **~le** adj Viable.
viacrucis o **vía crucis** m Chemin de croix | FIG. Calvaire.
viaducto m Viaduc.
viaj|ante m Voyageur de commerce, commis voyageur || **~ar** vi Voyager || **~e** m Voyage : *ir de ~,* aller en voyage | TAUR. Coup de corne | *~ de novios,* voyage de noces || **~ero, a** adj/s Voyageur, euse.
vianda f Nourriture | — Pl Mets *m* (manjares).
viático m Viatique | — Pl Per diem *sing,* indemnités (*f*) de déplacement.
víbora f Vipère.
vibr|ación f o **~ado** m Vibration *f* | TECN. Vibrage *m* || **~ador** m Vibreur || **~ar** vi Vibrer || **~átil** adj Vibratile.
vicar|ía f Vicariat *m,* vicairie || **~ial** adj Vicarial, e || **~io** m Vicaire.
vice|almirante m Vice-amiral || **~canciller** m Vice-chancelier || **~cónsul** m Vice-consul.
Vicente nprm Vincent.
vice|presidente, a s Vice-président, e || **~secretario, a** s Sous-secrétaire.
viceversa loc adv Vice versa.
vici|ar vt Vicier | Falsifier (falsificar) | Corrompre, pervertir | — Vp Se vicier | Se gauchir (alabearse) | Prendre la mauvaise habitude de (enviciarse) || **~o** m Vice | Mauvaise habitude *f* (defecto) | Gâterie *f* (mimo) | Gauchissement (alabeo) | *De ~,* sans raison | *Quejarse de ~,* crier famine sur un tas de blé || **~oso, a** adj/s Vicieux, euse.
vicisitud f Vicissitude.
víctima f Victime.
victori|a f Victoire | Victoria (coche) || **~oso, a** adj Victorieux, euse | — S Vainqueur (sin fem), triomphateur, trice.
vicuña f ZOOL. Vigogne.
vich|ador m *Amér.* Espion || **~ar** vt *Amér.* Espionner.
vichy m Vichy (tela).
vid f Vigne (planta).
vida f Vie | Atout *m* (en los naipes) | FAM. *Buscarse la ~,* se débrouiller | *Darse buena ~,* mener la belle vie | *De por ~,* pour la vie, pour toujours | *En mi ~,* de ma vie | *En ~,* vivant, e | *En ~ de,* du vivant de | *Ganarse la ~,* gagner sa vie | *¡La ~ es así!, ¡la ~!,* c'est la vie! | *¡Mi ~!,* mon amour! | *Pasar a mejor ~,* aller dans un monde meilleur | *¿Qué es de tu ~?,* que deviens-tu? | FAM. *Tener siete ~s como los gatos,* avoir la vie dure.
vid|encia f Voyance || **~ente** adj/s Voyant, e.
video adj Video | — M Video *f* (sistema) | Magnétoscope (aparato).
vidri|ado m Vernis | Émail (esmalte para loza) | Glaçure *f* (capa vitrificada) | Poterie (*f*) vernissée (cerámica) || **~ar** vt Vernisser | — Vp Se vitrifier | Devenir vitreux (los ojos) || **~era** f Vitrage *m* (puerta o ventana) | Porte vitrée (puerta) | Vitrail *m* (cristal decorado) | Verrière (cristalera) | *Amér.* Vitrine (escaparate) || **~ería** f Verrerie (fábrica de vidrio) | Vitrerie (fábrica de cristales) || **~ero** m Verrier (que fabrica vidrio) | Vitrier (que fabrica o coloca cristales) || **~o** m Verre | FAM. *Pagar los ~s rotos,* payer les pots cassés || **~oso, a** adj Vitreux, euse | Glissant, e (resbaladizo) | FIG. Délicat, e.
vieira f Coquille Saint-Jacques.
viejo, a adj Vieux, vieil (delante de palabras que empiezan con vocal o

h muda), vieille | *Hacerse ~*, vieillir, se faire vieux | *Morir de ~*, mourir de vieillesse | — M Vieillard | *Lo ~*, le vieux | — S Vieux, vieille, vieil homme, vieille femme | Père, mère | *Poco a poco hila la ~ el copo*, petit à petit l'oiseau fait son nid.

Viena npr Vienne.

viento m Vent : *~ en popa, en contra*, vent arrière, debout | Mús. Vent | Flair (olfato) | Fam. *Beber los ~s por*, être éperdument amoureux de | *Ir ~ en popa*, avoir le vent en poupe | *Ráfaga de ~*, coup *o* rafale de vent.

vientre m Ventre | Fig. Sein, entrailles *fpl* | *Hacer de ~*, aller à la selle | Fig. *Tener el ~ vacío*, avoir le ventre creux.

viernes m Vendredi.

vietnamita adj/s Vietnamien, enne.

viga f Poutre | Solive (transversal).

vig|encia f Vigueur | Validité (validez) || **~ente** adj En vigueur.

vigesimal adj Vicésimal, e.

vigésimo, a adj/m Vingtième | Vingt.

vigía m Vigie *f* (marino) | Sentinelle *f* (en tierra) | — F Poste (*m*) de guet | Guet *m* (acción de vigilar) | Mar. Écueil *m*.

vigil|ancia f Surveillance | Vigilance (cuidado) || **~ante** adj Qui surveille | Vigilant, e (con cuidado) | — S Surveillant, e | *~ nocturno*, veilleur de nuit | — M *Amér*. Agent de police || **~ar** vi/t Surveiller | Veiller (velar) || **~ia** f Veille (víspera, tiempo que no se duerme) | Rel. Vigile | Repas (*m*) maigre (comida) | *De ~*, maigre.

vigor m Vigueur *f* | Force *f*, vigueur *f* (del estilo) || **~izar** vt Fortifier || **~oso, a** adj Vigoureux, euse.

vigue|ría f Charpente || **~ta** f Poutrelle | Solive (transversal).

vikingo m Viking.

vil adj Vil, e || **~eza** f Bassesse, vilenie || **~ipendiar** vt Vilipender || **~ipendio** m Mépris || **~ipendioso, a** adj Méprisant, e.

vilo (en) loc adv En l'air (en el aire) | Fig. Dans l'incertitude (inquieto), en éveil (sobre aviso), en suspens, en haleine.

villa f Ville (ciudad) | Villa (casa) | Bourg *m* (pueblo) | *La Villa y Corte*, Madrid.

— Observ. *Villa* s'applique généralement à une petite ville qui n'est ni port ni place forte.

Villadiego npr Fam. *Tomar las de ~*, prendre la clef des champs.

villancico m Chant de Noël, noël.

villan|ía f Bassesse, vilenie | Grossièreté (dicho) | Roture (estado) || **~o, a** adj/s Roturier, ère | — Adj Fig. Rustre.

villorrio m Petit village, trou.

vin|agre m Vinaigre || **~agrera** f Vinaigrier *m* (vasija) | Oseille (acedera) | — Pl Huilier *msing* || **~agrero** m Vinaigrier || **~agreta** f Vinaigrette || **~ajera** f Burette || **~ate** m Fam. Pinard || **~atería** f Débit (*m*) de vins || **~atero, a** adj Vinicole | — M Négociant en vins || **~aza** f Vinasse || **~azo** m Fam. Vinasse *f*.

vincul|ación f Lien *m* || **~ar** vt Lier | Attacher (apegar) | Fig. Fonder; établir | — Vp Se lier.

vínculo m Lien | Trait d'union, lien.

vindic|ar vt Venger (vengar) | Défendre (defender) | Revendiquer || **~ativo, a** adj Vindicatif, ive || **~ta** f Vindicte, vengeance.

vin|ícola adj Vinicole || **~icultura** f Fabrication du vin || **~ificación** f Vinification || **~ilo** m Quím. Vinyle || **~illo** m Fam. Petit vin || **~o** m Vin : *~ tinto, espumoso*, vin rouge, mousseux | *~ clarete* ou *rosado*, vin clairet *o* rosé | *~ de consagrar*, vin de messe | Fam. *~ peleón*, piquette, vinasse || **~oso, a** adj Vineux, euse || **~ote** m Vinasse *f*.

viña f Vigne : *~ loca*, vigne vierge || **~dor, a** o **~tero, a** s Vigneron, onne.

viñe|do m Vignoble || **~ta** f Vignette || **~tero** m Impr. Casseau.

viol|a f Mús. Viole, alto *m* || **~áceo, a** adj Violacé, e || **~ación** f Violation (de leyes) | Viol *m* (de una mujer) | *~ de sellos* ou *precintos*, bris de scellés || **~ado, a** adj Violacé, e || **~ador, a** adj/s Violateur, trice || **~ar** vt Violer || **~encia** f Violence | Viol *m* (violación) | Gêne (embarazo) || **~entar** vt Violenter, faire violence à | Violer (un domicilio) || **~ento, a** adj Violent, e | Gêné, e (estar molesto) | Gênant, e (ser molesto) || **~eta** f Violette (flor) | — M Violet (color) | — Adj inv Violet, ette || **~etera** f Marchande de violettes || **~ín** m Mús. Violon || **~inista** s Violoniste || **~ón** m Mús. Contrebasse *f* || **~oncelista** o **~onchelista** s Violoncelliste || **~oncelo** o **~onchelo** m Violoncelle.

viperino, a adj Vipérin, e | *Lengua ~*, langue de vipère.

vir|ada f Mar. Virement *m*, virage *m* || **~ador** m Vireur || **~aje** m Virage | Fig. Revirement, virage (cambio), tournant (momento decisivo) || **~ar** vt/i Virer || **~atón** m Vireton.

Virgen nprf Vierge | Fam. *Un viva la ~*, un insouciant.

virg|en adj/f Vierge ‖ **~inal** adj Virginal, e ‖ **~inidad** f Virginité ‖ **~o** m Virginité *f* | ANAT. Hymen.
Virgo nprm ASTR. Vierge *f*.
vírgula f Petite baguette | Petit trait *m* (rayita).
viril adj Viril, e | — M Custode *f* ‖ **~idad** f Virilité ‖ **~izar** vt Viriliser.
virola f Virole (de navaja) | Frette (abrazadera)
virre|ina f Vice-reine ‖ **~inato** m Vice-royauté *f* ‖ **~y** m Vice-roi.
virtu|al adj Virtuel, elle ‖ **~alidad** f Virtualité ‖ **~d** f Vertu ‖ **~osidad** f Virtuosité ‖ **~oso, a** adj/s Vertueux, euse | Virtuose (artista).
viruela f Variole, petite vérole | — Pl Variole *sing*, petite vérole *sing* | *Picado de ~s*, grêlé | *~s locas*, varicelle.
virulé (a la) loc adv FAM. *Ojo a la ~*, œil au beurre noir.
viru|lencia f Virulence ‖ **~lento, a** adj Virulent, e ‖ **~s** m Virus.
viruta f Copeau *m* (de madera) | Tournure (de metal).
vis f Force.
vis|a f Visa *m* ‖ **~ado** m Visa ‖ **~aje** m Grimace *f* ‖ **~ar** vt Viser.
víscera f Viscère *m*.
visceral adj Viscéral, e.
viscos|a f QUÍM. Viscose ‖ **~idad** f Viscosité ‖ **~o, a** adj Visqueux, euse.
vis|era f Visière | Toque (de jockey) ‖ **~ibilidad** f Visibilité ‖ **~ible** adj Visible.
visigodo, a adj/s Wisigoth, e.
visillo m Rideau.
visi|ón f Vision | FAM. Horreur (persona fea) | FIG. Point (*m*) de vue (opinión) ‖ **~onadora** f Visionneuse ‖ **~onario, a** adj/s Visionnaire.
visir m Vizir.
visit|a f Visite : *~ de cumplido*, visite de politesse ‖ **~ación** f REL. Visitation ‖ **~ador, a** adj/s Visiteur, euse ‖ **~ante** s Visiteur, euse ‖ **~ar** vt Visiter | Rendre visite à (ir de visita) | Se rendre à (ir) | Faire une visite de (inspeccionar) | Aller voir [un malade] ‖ **~eo** m Visites *fpl*.
vislumbr|ar vt Apercevoir, entrevoir ‖ **~e** f Lueur, reflet *m* | FIG. Lueur (un poco), soupçon *m* (sospecha), indice *m*.
viso m Moirure *f*, moire *f*, chatoiement (color cambiante) | Fond [de robe] (forro) | Couche *f* (capa) | FIG. Apparence *f*; teinte *f* (tendencia), lueur *f* (de esperanza) | FIG. *De ~*, en vue | *Tener ~s de*, sembler.
visón m ZOOL. Vison.
visor m Viseur.

víspera f Veille | — Pl REL. Vêpres | *En ~s de*, à la veille de.
vist|a f Vue | Yeux *mpl*, vue : *tener buena ~*, avoir une bonne vue *o* de bons yeux | Regard *m* (mirada) | Coup (*m*) d'œil (vistazo) | DR. Audience | — Pl Sessions (de la Audiencia) | *A la ~*, à vue (pago), en vue ; à l'horizon | *A la ~ de*, vu, étant donné | *A la ~ y conocimiento de todos*, au vu et au su de tous | *Alzar la ~*, lever les yeux | *A simple ~*, à première vue (primero), à l'œil nu (fácilmente) | *A ~ de*, en présence de | *Con ~s a*, en vue de | *Desde el punto de ~*, au *o* du point de vue | *En ~ de*, étant donné, vu | *En ~ de que*, vu que, étant donné que | *Estar a la ~*, être manifeste ; être en vue | FIG. *Hacer la ~ gorda*, fermer les yeux | *Hasta la ~*, au revoir | *Hasta perderse de ~*, à perte de vue | *La ~ engaña*, les apparences sont trompeuses | *Saltar a la ~*, sauter aux yeux, crever les yeux | *Ser corto de ~*, être myope, avoir la vue courte *o* basse | *Tener a la ~*, avoir en vue (proyecto), avoir l'œil sur (vigilar), avoir sous les yeux (ver) | *Tener mucha ~*, avoir du flair | — M Douanier ‖ **~azo** m Coup d'œil ‖ **~o, a** adj Vu, e | *Está ~ que*, il est évident que | *Por lo ~*, apparemment, à ce qu'il paraît | *Ni ~ ni oído*, ni vu ni connu | *~ bueno, ~ y conforme*, vu et approuvé | *~ que*, vu que, étant donné que | — M *~ bueno*, visa (refrendo), accord ‖ **~oso, a** adj Voyant, e | Magnifique | Qui attire l'attention.
visual adj Visuel, elle | — F Rayon (*m*) visuel ‖ **~izar** vt Visualiser | FIG. Concevoir.
vital adj Vital, e ‖ **~icio, a** adj Viager, ère | À vie (perpetuo) | *Renta ~*, viager | — M Viager : *hacer un ~ sobre*, mettre en viager ‖ **~idad** f Vitalité.
vitamin|a f Vitamine ‖ **~ado, a** adj Vitaminé, e.
vitela f Vélin *m* (papel).
vit|ícola adj Viticole ‖ **~icultor** m Viticulteur ‖ **~icultura** f Viticulture ‖ **~ivinícola** adj Vinicole.
vitola f Bague (de puros) | FIG. Façade (apariencia) | MAR. Gabarit *m*.
vítor m Vivat.
vitorear vt Acclamer.
vítreo, a adj Vitré, e | Vitreux, euse (de vidrio).
vitr|ificar vt Vitrifier ‖ **~ina** f Vitrine ‖ **~iolar** vt Vitrioler ‖ **~iolo** m Vitriol.
vituallas fpl Vivres *m* (víveres) | FAM. Victuailles (comida abundante).

vituper|able adj Blâmable ‖ **~ar** vt Blâmer, vitupérer (p. us.) | Reprocher ‖ **~io** m Blâme (censura) | Reproche | Honte *f* (vergüenza).
viud|a f Veuve ‖ **~edad** f Pension de veuve ‖ **~ez** f Veuvage *m* ‖ **~o, a** adj/s Veuf, veuve.
viv|a m Vivat ‖ **~ace** adj Mús. Vivace ‖ **~acidad** f Vivacité ‖ **~ales** s Fam. Personne culottée.
vivaque m Bivouac.
viv|aracho, a adj Vif, vive ‖ **~az** adj Vivace (que dura) | Vif, vive [d'esprit] (agudo) | Vigoureux, euse.
víveres mpl Vivres.
viv|ero m Pépinière *f* (de plantas) | Vivier (de peces) | Parc (de ostras) | Fig. Pépinière *f* ‖ **~eza** f Vivacité | Réalisme *m* (de un retrato) | Saillie (agudeza) | Éclat *m* (brillo) ‖ **~ido, a** adj Vécu, e ‖ **~idor, a** adj/s Vivant, e | — Adj Vivace | Laborieux, euse | — S Profiteur, euse (aprovechado) | — M Bon vivant (alegre) ‖ **~ienda** f Demeure (morada) | Logement *m* (alojamiento) | Habitation | Logis *m* (casa) | Habitat *m* (género de vida) ‖ **~iente** adj Vivant, e ‖ **~ificación** f Vivification ‖ **~ificador, a** adj Vivificateur, trice ‖ **~ificante** adj Vivifiant, e ‖ **~ificar** vt Vivifier ‖ **~íparo, a** adj/s Vivipare ‖ **~ir** m Vie *f* | — Vi Vivre | Habiter, vivre (residir) | *Ir viviendo,* vivoter | *Mientras yo viva,* tant que je vivrai, moi vivant ‖ **~isección** f Vivisection ‖ **~ito, a** adj Fam. *~ y coleando,* tout frétillant (pez, persona) ‖ **~o, a** adj Vivant, e (en vida) | Vif, ive (intenso, agudo, fuerte, ágil) | Vivant, e (lengua) | Éveillé, e; vivant, e (despabilado) | Malin, igne; débrouillard, e (astuto) | Profiteur, euse (aprovechón) | Fig. *Dárselas de ~,* faire le malin | *En ~,* sur pied (animal), en direct (transmisión) | *Herir en lo ~,* piquer au vif | — M Vivant | Dr. Vif | Fam. Malin, débrouillard (astuto) | Passepoil (ribete).
vizcaíno, a adj/s Biscaïen, enne.
Vizcaya nprf Biscaye.
vizcond|ado m Vicomté ‖ **~al** adj Vicomtal, e ‖ **~e, esa** s Vicomte, esse.
voc|ablo m Mot, vocable (p. us.) : *jugar del ~,* jouer sur les mots ‖ **~abulario** m Vocabulaire ‖ **~ación** f Vocation ‖ **~al** adj Vocal, e | — F Gram. Voyelle | — M Membre ‖ **~alización** f Vocalisation | Vocalise (canto) ‖ **~alizar** vt/i Vocaliser ‖ **~ativo** m Gram. Vocatif ‖ **~eador, a** adj/s Crieur, euse | — M Crieur public ‖ **~ear** vi/t Crier [à tue-tête] | — Vt Proclamer | Appeler (llamar) | Acclamer | Fig. Proclamer (manifestar) | Fam. Claironner ‖ **~erío** m Cris *pl* | Clameur *f* (clamor) ‖ **~ero** m Porte-parole ‖ **~iferación** f Vocifération ‖ **~iferador, a** s Vociférateur, trice ‖ **~iferar** vt/i Vociférer ‖ **~inglería** f Cris *mpl* | Clameur ‖ **~inglero, a** adj/s Criailleur, euse (chillón) | Bavard, e (hablador).
vodevil m Vaudeville.
vodka m o f Vodka *f*.
vol|adizo, a adj Saillant, e; en saillie | — M Saillie *f*, encorbellement ‖ **~ado, a** adj Fam. *Estar ~,* être tout confus ‖ **~ador, a** adj Volant, e | — M Fusée (*f*) volante (cohete) | Poisson volant (pez) ‖ **~adura** f Explosion ‖ **~andas (en)** loc adv En l'air | Fam. En vitesse (de prisa) ‖ **~andero, a** adj Fig. Volant, e; démontable; instable ‖ **~ando** adv En vitesse (de prisa) | Tout de suite (en seguida) ‖ **~ante** adj Volant, e | — M Volant ‖ **~apié** m Taur. Estocade (*f*) donnée au taureau en s'élançant vers lui ‖ **~ar*** vi Voler | S'envoler (elevarse en el aire) | Fig. Voler (correr) | Arq. Saillir | *~ por encima* ou *sobre,* survoler | — Vt Faire sauter | — Vp S'envoler | *Amér.* S'emporter ‖ **~atería** f Volaille (aves de corral) ‖ **~átil** adj Volatil, e | Fig. Inconstant, e | — M Volatile ‖ **~atilidad** f Volatilité ‖ **~atilizar** vt Volatiliser ‖ **~atinero, a** s Funambule.
volc|án m Volcan ‖ **~ánico, a** adj Volcanique ‖ **~anismo** m Volcanisme.
volcar* vt Renverser | Verser (verter) | Fig. Agacer (molestar), retourner, faire changer d'avis ; renverser (derribar) | — Vi Capoter, se renverser (un vehículo) | Se retourner (barco).
vole|a f Volée (carruajes) | Dep. Volée (pelota), chandelle (fútbol), lob *m*, chandelle (tenis) ‖ **~ar** vt Rattraper à la volée | — Vi Dep. Faire une chandelle ‖ **~o** m Volée *f* | Gifle *f* (bofetada) | *A* ou *al ~,* à la volée | *~ bajo,* chandelle (cricket).
volframio m Wolfram.
volición f Volition.
volován m Vol-au-vent.
volquete m Tombereau.
volt|aico, a adj Voltaïque ‖ **~aje** m Voltage ‖ **~ámetro** m Voltamètre.
volte|ar vt Faire tourner | Sonner à toute volée (campanas) | Retourner (volver) | Fig. Renverser (derribar) | Fam. Recaler (en un examen) | — Vi Culbuter (caerse) | Sonner à toute volée (campanas) ‖ **~o** m Voltige *f* | Volée *f* (de campanas) ‖ **~reta** f Cabriole | Pirouette | Culbute (trecha).

volt|ímetro m Voltmètre ‖ **~io** m Volt.
volub|ilidad f Versatilité, inconstance ‖ **~le** adj Changeant, e; volage | BOT. Volubile.
volum|en m Volume | *~ de negocios,* chiffre d'affaires ‖ **~inoso, a** adj Volumineux, euse | Encombrant, e (que abulta).
volunt|ad f Volonté | Envie (gana) | *Con poca ~,* à contrecœur | *Ganar la ~ de uno,* gagner les bonnes grâces de qqn | FAM. *Hacer su santa ~,* faire ses quatre volontés | *Por su propia ~,* de son plein gré ‖ **~ariado** m Bénévolat ‖ **~ario, a** adj/s Volontaire | Bénévole ‖ **~arioso, a** adj Plein de bonne volonté (deseoso) | Volontaire (testarudo).
voluptu|osidad f Volupté ‖ **~oso, a** adj/s Voluptueux, euse.
voluta f Volute.
volvedor m TECN. Tourne-à-gauche.
volver* vt Tourner (dar vuelta) | Retourner (poner al revés) | Rendre (hacer) : *~ presumido,* rendre prétentieux | Changer (cambiar) | Tourner (torcer) : *~ la esquina,* tourner au coin de la rue | — Vi Revenir (regresar) | Retourner (ir de nuevo) | *~ a* (con infinitivo), se remettre à, recommencer à | *~ a llevar, a meter,* ramener, remettre | *~ a ser,* redevenir | *~ del revés,* retourner | *~ en sí,* revenir à soi | — Vp Se retourner | Rentrer (regresar) | Tourner (cambiar) : *~ lluvioso,* tourner à la pluie | Devenir (transformarse, ponerse) | *~ atrás,* revenir en arrière.
vómer m ANAT. Vomer.
vómico, a adj/f Vomique.
vomit|ar vt/i Vomir | FAM. Avouer ‖ **~ivo, a** adj/m Vomitif, ive.
vómito m Vomissement (acción) | Vomi, vomissure *f.*
vomitona f FAM. Grand vomissement *m.*
voracidad f Voracité.
vorágine f Tourbillon *m,* remous *m.*
voraz adj Vorace.
vórtice m Tourbillon.
vos pron pers de la 2ª pers del sing y del pl Vous | *Amér.* Tu ‖ **~ear** vt *Amér.* Tutoyer ‖ **~eo** m *Amér.* Tutoiement.
Vosgos nprmpl Vosges *f.*
vosotros, as pron pers Vous.
vot|ación f Vote *m* | Votation (acción de votar) | Scrutin *m* : *~ de desempate,* scrutin de ballottage | *Poner a ~,* mettre aux voix ‖ **~ante** adj/s Votant, e ‖ **~ar** vt/i Voter | Jurer, blasphémer | FAM. *¡Voto a tal!,* sapristi! ‖ **~ivo, a** adj Votif, ive ‖ **~o** m Vœu (promesa, deseo) : *formular ~s por,* former des vœux pour | Vote | Voix *f* : *dar su ~,* donner sa voix | Voix *f,* suffrage (sufragio) | Juron (juramento) | *Echar ~s,* jurer | *Tener ~,* avoir droit de vote | *~ de calidad,* voix prépondérante | *~ de censura,* blâme | *~ de confianza,* question de confiance.
voz f Voix : *tener buena ~,* avoir une belle voix | Cri *m* (grito) | Mot *m* (vocablo) | GRAM. Voix | Bruit *m,* rumeur (rumor) | MÚS. Son *m* (sonido), voix | *A media ~,* à mi-voix (bajito), à demi-mot (con insinuación) | *A voces,* à grands cris | *A ~ en cuello* ou *en grito,* à tue-tête | *Corre la ~ que,* le bruit court que | *Dar voces,* pousser des cris, crier | *De viva ~,* de vive voix | *En ~ alta,* à haute voix | *En ~ baja,* à voix basse | FIG. *Llevar la ~ cantante,* mener la danse, donner le la. *No tener ~ ni voto,* ne pas avoir voix au chapitre ‖ **~arrón** m Grosse voix *f.*
vuecencia pron pers Votre Excellence.
vuelco m Chute *f* (caída) | Renversement (trastorno) | Capotage (de un coche) | Retournement, chavirement (de un barco) | Étourdissement (mareo) | FIG. Bouleversement (cambio).
vuelo m Vol [dans l'espace] : *~ nocturno,* vol de nuit | Vol, pilotage | Ampleur *f* (de vestido) | ARQ. Saillie *f* | FIG. Envolée *f* (arrojo), envergure *f* (envergadura) | *A ~ de pájaro,* à vol d'oiseau | FAM. *Cogerlas al ~,* tout comprendre à demi-mot | *De mucho ~,* de grande classe *o* envergure (persona), très ample (vestido) | *Echar [las campanas] al ~,* sonner (les cloches) à toute volée | *Emprender el ~,* prendre son vol | *Levantar* ou *tomar el ~,* s'envoler, prendre son vol (echar a volar), mettre les voiles (irse) | *~ sin motor,* vol à voile.
vuelta f Tour *m* (recorrido circular, paseo) | Retour *m* (regreso) | Tournant *m* (recodo) | Tour *m* (de escrutinio) | Revers *m* (de traje) | Rang *m* (de collar, de jersey) | Envers *m* (de tela) | Verso *m* (de una hoja de papel) | Monnaie (dinero) : *dar la ~,* rendre la monnaie | *A la ~ de,* au retour de (de regreso de), au bout de (después de) | FIG. *A la ~ de la esquina,* à tous les coins de rue | *A ~ de correo,* par retour du courrier | *Dar la ~ a,* faire le tour de (ir alrededor), retourner (un traje) | FIG. *Darle cien ~s a uno,* être cent fois supérieur à qqn | *Darle ~s a una idea,* retourner une idée dans sa tête | *Darse una ~,* faire un tour | *Dar una ~ de campana,* capoter, faire un tonneau (volcar un coche) | *Dar ~s,* tourner en rond (girar) | FAM. *Estar de ~ de todo,* être revenu de tout,

être désabusé | *Media* ~, demi-tour; petit tour (paseo) | FAM. *No hay que darle* ~*s*, cela ne fait pas l'ombre d'un doute; il n'y a rien à faire. *No tiene* ~ *de hoja*, c'est évident. *Poner a uno de* ~ *y media*, traiter qqn de tous les noms. *Tener muchas* ~*s*, être très compliqué || **~o, a** adj Tourné, e | Rabattu, e (cuello, sombrero) | — M *Amér.* Monnaie *f*.
vuestro, a adj pos Votre, vos | — Pron pos Le vôtre, la vôtre, les vôtres | *Lo* ~, ce qui est à vous.
vulcaniz|ación f Vulcanisation || **~ar** vt Vulcaniser.
vulgar adj Ordinaire, banal, e (común) | Vulgaire (grosero) || **~idad** f Banalité (trivialidad) | Vulgarité || **~ización** f Vulgarisation || **~izador, a** adj/s Vulgarisateur, trice || **~izar** vt Vulgariser | — Vp Devenir vulgaire.
vulgo m Peuple, commun des mortels.
vulner|abilidad f Vulnérabilité || **~able** adj Vulnérable || **~ar** vt Blesser (herir) | Porter atteinte à (perjudicar) | Violer (ley, contrato) || **~ario, a** adj/f Vulnéraire.
vulpeja f Renard *m*.
vulva f ANAT. Vulve.

W

W f W *m*.
warrant m COM. Warrant.
water m Water (retrete).
whisky [wiski] m Whisky.

X

x f X *m* (equis).
xen|ófilo, a adj Xénophile || **~ofobia** f Xénophobie || **~ófobo, a** adj/s Xénophobe.
xenón m QUÍM. Xenon (gas).
xerografía f Xérographie.
xifoides adjm ANAT. Xiphoïde.
xilófono m MÚS. Xylophone.

Y

y f Y *m* (i griega) | — Conj Et | Et, après, sur (repetición) : *cartas* ~ *cartas*, lettre sur lettre | ~ *eso que*, et pourtant.
ya adv Déjà (muy pronto) : ~ *he acabado*, j'ai déjà fini | Maintenant (ahora) | Plus tard : ~ *hablaremos de eso*, nous en parlerons plus tard | Tout de suite : ~ *voy*, je viens tout de suite | Bien (insistencia) : ~ *lo sé*, je le sais bien | Oui (como contestación) | *¡~!*, j'y suis! (entiendo), je sais! (no importa), d'accord! | *¡~ está!*, ça y est! | ~ *no* ou *no...* ~, ne... plus | ~ *que*, puisque | ~ *viene*, voici | ~ ... ~, soit ... soit.
yacaré m *Amér.* Caïman.
yac|ente adj Gisant, e | *Estatua* ~, gisant || **~er*** vi Être étendu, e | Gésir (un muerto) | Se trouver (estar) | *Aquí yace*, ci-gît || **~iente** adj Gisant, e || **~ija** f Couche (lecho) | Sépulture || **~imiento** m Gisement.
yaguar m *Amér.* Jaguar (animal).
yambo m ïambe.
yanacón o **yanacona** m *Amér.* Indien métayer (aparcero), serviteur.
yanqui adj/s FAM. Yankee.
yantar m (Ant.) Nourriture *f* | — Vt (Ant.) Manger.
yaraví m *Amér.* Chant, complainte (*f*) indienne.
yarda f Yard *m*.
yate m Yacht.

yedra f Lierre *m* (planta).
yegu|a f Jument ‖ **~ada** f Troupeau (*m*) de chevaux.
yeísmo m Défaut consistant à prononcer la lettre *ll* comme le *y*.
yelmo m Heaume | *El ~ de Mambrino,* l'armet de Mambrin (Quijote).
yema f BOT. Bourgeon *m* | Jaune (*m*) d'œuf (de huevo) | Bout *m* (del dedo) | Confiserie (dulce) | FIG. Crème (lo mejor).
yerb|a f Herbe | *Amér.* Maté *m* ‖ **~ajo** m Mauvaise herbe *f* ‖ **~al** m *Amér.* Terrain couvert de matés *o* plantation (*f*) de matés | Pâturage (herbazal) ‖ **~atero, a** adj *Amér.* Du maté.
yermo, a adj Désert, e | Nu, nue (sin vegetación) | Sauvage (inculto) | Stérile | — M Désert | Lande *f* (sitio inculto).
yerno m Gendre, beau-fils.
yero m BOT. Ers.
yerra f *Amér.* Marquage (*m*) du bétail.
yerro m Erreur *f*, faute *f*.
yerto, a adj Raide (tieso) | Rigide | Transi, e (de frío) | Saisi, e (de asombro) | Gourd, e (entumecido).
yesal o **yesar** m Plâtrière *f*.
yesca f Amadou *m* | FIG. Aiguillon *m*; stimulant *m* | FAM. *Arrimar ~,* donner une raclée.
yes|era f Plâtrière ‖ **~ería** f Plâtrière (cantera) | Plâtrerie (fábrica) ‖ **~ero** m Plâtrier ‖ **~o** m Gypse (mineral) | Plâtre (polvo) ‖ **~oso, a** adj Plâtreux, euse.
yesquero adjm *Hongo ~,* amadouvier | — M Briquet à amadou.
yeyuno m ANAT. Jéjunum.
yo pron pers Je : *~ soy,* je suis | Moi : *~ me voy,* moi, je m'en vais; *mi hermano y ~,* mon frère et moi | *Soy ~ el que,* c'est moi qui | *~ mismo,* moi-même | *~ que usted,* à votre place, si j'étais vous | — M FIL. *El ~,* le moi.
yod|ado, a adj Iodé, e ‖ **~ar** vt Ioder ‖ **~o** m Iode ‖ **~uro** m Iodure.
yoga m Yoga.
yogui o **yogi** o **yoghi** m Yogi.
yogur m Yogourt, yaourt ‖ **~tera** f Yaourtière.
yola f MAR. Yole.
yoyo m Yo-Yo (juguete).
ypsilon f Upsilon *m* (letra griega).
yuca f BOT. Yucca *m* | Manioc *m*.
yudo m Judo ‖ **~ka** s Judoka.
yugo m Joug | Sommier (de campana) | FIG. Joug | Poêle (velo nupcial).
Yugoslavia nprf Yougoslavie.
yugoslavo, a adj/s Yougoslave.
yugular adj/f ANAT. Jugulaire | — Vt Juguler.
yungas fpl Vallées chaudes en Bolivie, en Équateur et au Pérou.
yunque m Enclume *f*.
yunta f Attelage *m*.
yute m Jute.
yuxtaponer* vt Juxtaposer.
yuxtaposición f Juxtaposition.

Z

z f Z *m*.
zabordar vi MAR. Échouer.
zafar vt MAR. Défaire | — Vi *Amér.* S'en aller | — Vp Se sauver, s'esquiver (escaparse) | FIG. Se dégager, se libérer, se tirer (librarse), éviter, esquiver (evitar), se dérober (eludir).
zafarrancho m MAR. Branle-bas | FAM. Bagarre *f*.
zaf|iedad f Grossièreté ‖ **~io, a** adj Grossier, ère; fruste, rustre.
zafiro m Saphir.
zafra f Récolte de la canne à sucre *o* des olives (cosecha).
zaga f Arrière *m* | Arrières *mpl*, défense (fútbol) | *A la ~* ou *en ~,* en arrière | *No irle a la ~ a uno,* n'avoir rien à envier à qqn.
zagal m Garçon | Jeune berger (pastor) ‖ **~a** f Jeune fille | Jeune bergère (pastora) ‖ **~ón, ona** s Grand garçon, grande fille.
zaguán m Vestibule.
zaguero m Arrière (deportes).
zagüí m ZOOL. Sagouin.
zaherir* vt Critiquer, blâmer | Railler (escarnecer) | Blesser (herir).
zahína f Sorgho *m* (planta).
zahones mpl Sorte de tablier en cuir servant à protéger les jambes.
zahorí m Devin.
zahúrda f Porcherie.
zalam|a f Cajolerie ‖ **~elé** m Salamalec ‖ **~ería** f Cajolerie, flatterie ‖ **~ero, a** adj/s Flatteur, euse (adulador) | Cajoleur, euse.
zalema f FAM. Salamalec *m* (gran cortesía) | Cajolerie, flatterie (halago).
zamarr|a f Peau de mouton | Pelisse ‖ **~o** m Pelisse *f* (prenda).

zambo, a adj/s Cagneux, euse (con las piernas torcidas).
zambomba f Sorte de petit tambour ‖ **~zo** m FAM. Grand coup (golpe) | Grand bruit (ruido) | Coup de canon (cañonazo).
zambra f Fête (fiesta) | Tapage *m*.
zambull|ida f Plongeon *m* | *Darse una ~*, se baigner ‖ **~ir*** vt Plonger | — Vp Se baigner (bañarse) | Plonger, faire un plongeon (tirarse al agua).
zamp|a f Pieu *m*, pilot *m* | — Pl Pilotis *msing* ‖ **~ar** vt Fourrer (meter) | Avaler, engloutir (tragar) | — Vp Se fourrer (meterse en un sitio) | Avaler, engloutir (tragarse) ‖ **~atortas** s inv FAM. Goinfre *m* ‖ **~eado** m Pilotis ‖ **~ear** vt Piloter.
zampoña f Chalumeau *m*.
zanahoria f Carotte.
zanc|a f Patte | Échasse (de andamio, pierna) | TECN. Limon *m* (de escalera) ‖ **~ada** f Enjambée | Foulée (al correr) | *Andar a ~s*, marcher à grands pas | FAM. *En dos ~s*, en moins de deux | *Seguir las ~s*, rester dans la foulée ‖ **~adilla** f Croc-en-jambe *m*, croche-pied *m* : *echar* o *poner la ~*, faire un croc-en-jambe | FIG. Piège *m* (trampa) ‖ **~adillear** vt Faire un croc-en-jambe ‖ **~o** m Échasse *f* ‖ **~udo, a** adj Qui a de longues jambes | — Fpl ZOOL. Échassiers *m*.
zanfonía f MÚS. Vielle.
zángana f FAM. Fainéante.
zanganear vi FAM. Fainéanter.
zángano m Faux bourdon (insecto) | FAM. Fainéant (holgazán).
zangolot|ear vt Agiter | — Vi FAM. S'agiter | — Vp S'agiter ‖ **~ino, a** adj *Niño ~, niña ~*, grand dadais, grande sauterelle.
zanj|a f Fossé *m* | Tranchée (para los cimientos) ‖ **~ar** vt Creuser un fossé | FIG. Lever, aplanir (obstáculo), trancher (dificultad), régler (problema).
zanquilargo, a adj FAM. À longues jambes | — S FAM. Échalas *m*, grande perche *f* (de mucha estatura).
zap|a f Pelle de sapeur (pala) | Sape (trinchera) | Sapement *m* | Chagrin *m* (piel) | FIG. *Labor de ~*, travaux d'approche ‖ **~ador** m MIL. Sapeur ‖ **~apico** m Pioche *f* ‖ **~ar** vt Saper.
zapat|a f TECN. Patin *m* (de oruga), rondelle (arandela) | MAR. Semelle (en la uña de un ancla) | ARQ. Support *m* | *~ de freno*, sabot de frein (exterior), mâchoire de frein (interior) ‖ **~azo** m Coup donné avec un soulier | Coup (golpe) ‖ **~ear** vt Frapper du pied | FIG. Fouler aux pieds (pisotear) | — Vi Claquer des pieds (en el baile) | — Vp FAM. Expédier (liquidar), se débarrasser (quitarse de encima) | *Saber zapateárselas*, savoir se débrouiller ‖ **~ería** f Cordonnerie ‖ **~ero, a** adj Dur, e | — S Marchand, marchande de chaussures | — M Cordonnier | *~ a tus zapatos*, chacun son métier ‖ **~iesta** f FAM. Remue-ménage *m* ‖ **~illa** f Chausson *m* (zapato ligero, de baile) | Pantoufle, chausson *m* (para casa) | Escarpin *m* (de torero) | Mouche (de florete) | V. ZAPATA ‖ **~o** m Chaussure *f*, soulier | FIG. *Hallar la horma de su ~*, trouver chaussure à son pied. *No llegarle a uno a la suela del ~*, ne pas arriver à la cheville de qqn. *Saber uno dónde le aprieta el ~*, savoir où le bât le blesse ‖ **~ón** m FAM. Godillot.
zapote m Sapotier (árbol) | Sapote *f* (fruto).
zaque m Outre *f*.
zaquizamí m Galetas (cuarto) | Taudis (tugurio).
zar m Tsar, tzar.
zarabanda f Sarabande.
zaragata f FAM. Rixe, bagarre.
zaragüelles mpl Culottes (*f*) o chausses (*f*) bouffantes.
zarand|a f Crible *m* | Passoire (colador) ‖ **~ajas** fpl FAM. Balivernes, vétilles ‖ **~ear** vt Cribler | FIG. Secouer (sacudir), bousculer (empujar) | — Vp *Amér.* Se dandiner.
zarcero m Terrier (perro).
zarcillo m Boucle (*f*) d'oreille | BOT. Vrille *f* | AGR. Sarcloir | BOT. *~ adventicio*, crampon.
zarco, a adj Bleu clair.
zarigüeya f ZOOL. Sarigue.
zar|ina f Tsarine ‖ **~ista** adj/s Tsariste.
zarp|a f Griffe, patte [armée de griffes] | MAR. Levée de l'ancre | ARQ. Griffe ‖ **~ada** f Coup (*m*) de griffe *o* de patte ‖ **~ar** vi MAR. Lever l'ancre, démarrer ‖ **~azo** m V. ZARPADA.
zarrapastrón, ona o **zarrapastroso, a** adj FAM. Négligé, e | — S Personne (*f*) négligée.
zarz|a f Ronce ‖ **~al** m Ronceraie *f* | Buisson (matorral) ‖ **~amora** f Mûre sauvage (fruta) | Ronce (zarza) ‖ **~aparrilla** f BOT. Salsepareille ‖ **~o** m Claie *f*.
zarzuela f « Zarzuela » [sorte d'opérette] | « Zarzuela » [plat de poissons avec une sauce relevée].
zascandil m FAM. Fouineur | Freluquet (mequetrefe) ‖ **~ear** vi Fouiner.
zeda o **zeta** f Z *m* (letra).
zéjel m Ghazel (poesía árabe).
zigoto m BIOL. Zygote.
zigzag m Zigzag ‖ **~uear** vi Faire des zigzags, zigzaguer ‖ **~ueo** m Zigzag.
zinc m Zinc.

zipizape m FAM. Bagarre *f* (gresca).
ziszás m Zigzag.
zócalo m ARQ. Soubassement (de edificio), socle (pedestal), plinthe *f* (cenefa) | GEOL. Socle | *Amér.* Grand-place *f*.
zoclo m Sabot, socque.
zoco m Souk.
zodiaco m ASTR. Zodiaque.
zona f Zone | Région | **~***s verdes,* espaces verts (en una ciudad) | — M MED. Zona.
zonzo, a adj/s *Amér.* Niais, e; bête, sot, sotte.
zo|o m Zoo || **~ología** f Zoologie || **~ológico, a** adj Zoologique || **~ólogo** m Zoologue || **~otecnia** f Zootechnie.
zopenco, a adj/s FAM. Abruti, e; gourde *f*.
zopilote m Urubu (ave de rapiña).
zopo, a adj Contrefait, e | Gauche (torpe) | Bot, e (pie) | *Ser* **~**, avoir un pied bot.
zoquete m Morceau de bois (de madera) | Quignon (de pan) | FAM. Cruche *f* (persona estúpida).
zorcico m Air et danse populaires basques.
zorito, a adj Sauvage.
zorr|a f Renard *m* (macho), renarde (hembra) | FAM. Cuite (borrachera), garce, grue (prostituta), renard *m* (astuto) || **~astrón, ona** adj Rusé, e; roué, e | — M Fin renard | — F Fine mouche || **~ería** f FAM. Ruse, astuce, roublardise (astucia), cochonnerie (jugarreta) || **~illo** m Renardeau || **~o** m Renard | FAM. Vieux renard (astuto), flemmard (perezoso) | — Mpl Époussette *fsing* || **~ón** m FAM. Cuite *f* (borrachera), fin renard (astuto), garce *f*, grue *f* (prostituta).
zorzal m Litorne *f*, grive *f* (ave) | FIG. Fin renard (astuto).
zozobr|a f Chavirement *m* (vuelco) | Naufrage *m* | FIG. Angoisse (angustia) || **~ar** vi MAR. Chavirer (volcar), sombrer (naufragar) | FIG. Sombrer.
zuavo m Zouave.
zueco m Sabot (de madera) | Galoche *f* (de cuero).
zulaque m Lut (betún).
zulú adj/s Zoulou.
zumaya f Chat-huant *m* (autillo), engoulevent *m* (chotacabras).
zumb|a f Sonnaille | FIG. Drôlerie (gracia) || **~ar** vi Bourdonner | Ronfler, vrombir (motor) | FAM. *Ir zumbando,* aller en quatrième vitesse | — Vt FAM. Flanquer (pegar) | — Vp FAM. Se taper dessus || **~ido** m Bourdonnement | Ronflement, vrombissement (motor) || **~ón, ona** adj FAM. Moqueur, euse (burlón), cocasse (divertido).
zumo m Jus | Suc (de ciertas plantas).
zuncho m Frette *f*, virole *f*.
zurc|ido m Raccommodage, ravaudage (acción de zurcir) | Reprise *f* (costura) | Stoppage (costura invisible) || **~idor, a** s Raccommodeur, euse; ravaudeur, euse | Stoppeur, euse || **~ir** vt Raccommoder, repriser, ravauder | Stopper (con costura invisible) | FIG. Tisser | FAM. *¡Anda y que te zurzan!,* va te faire fiche! | FIG. **~** *voluntades,* s'entremettre.
zurdo, a adj Gauche | — Adj/s Gaucher, ère | — F Gauche, main gauche.
zurito, a o **zuro, a** adj Sauvage.
zurr|a f TECN. Corroyage *m*, corroi *m* (del cuero) | FAM. Raclée (paliza), bagarre (riña) || **~ador** m Corroyeur.
zurrapa f Lie (poso), marc *m* (del café) | FAM. Rebut *m*.
zurr|apelo m FAM. Savon (reprimenda) || **~ar** vt Corroyer (el cuero) | FAM. Rosser (pegar), malmener (maltratar).
zurriag|ar vt Fouetter || **~azo** m Coup de fouet | FIG. Malheur (desgracia) || **~o** m Fouet.
zurr|ibanda f FAM. Volée (zurra), bagarre (riña) || **~iburi** m FAM. Canaille *f* (populacho), vacarme (barullo).
zurrón m Gibecière *f* (de pastor) | Sac de cuir (de cuero).
zutano, a s FAM. Un tel, Une telle

COMPENDIO DE GRAMÁTICA FRANCESA

ALFABETO

El alfabèto francés consta de las 26 letras siguientes:

a b c d e f g h i j k l m n o
a be ce de e éf je ash i ji ka él ém én o
p q r s t u v w x y z
pe ku ér és te u ve dubl'v iks igrek zéd

Este alfabeto carece de las letras castellanas *ch, ll, ñ.*

ACENTO TÓNICO

El acento tónico recae siempre sobre la última sílaba cuando ésta *no es muda* (ami, domino se dicen amí, dominó). Son mudas las terminaciones *-e, -es* de los polísilabos y las terminaciones verbales *-es* y *-ent* (montr*e*, reloj; montr*es,* relojes; tu montr*es,* enseñas; ils montr*ent,* enseñan, se pronuncian **montr**).
El acento tónico cae en la penúltima sílaba cuando la última *es muda* (farine, madame se dicen farín, madám).

PRONUNCIACIÓN

La pronunciación de las palabras que ofrecen alguna dificultad la hemos transcrito entre corchetes, valiéndonos del método de la Asociación Fonética Internacional, en el cuerpo del diccionario (v. el cuadro de los signos, pág. VIII y IX). No obstante indicamos a continuación las reglas generales de pronunciación.

CONSONANTES

1. Las consonantes finales no se pronuncian generalmente (tapi*s,* for*t* se dicen tapí, for). Sin embargo **c, f, l, r** suenan habitualmente al terminar una palabra (sac, vif, canal, amer).
Sentada esta regla general, hay que señalar que existen numerosas excepciones. La **r** final no se deja oir en la terminación *-er* del infinitivo de los verbos del primer grupo como tampoco en la terminación *-ier* de los polisílabos (mang*er,* prem*ier* se dicen mangé, premié). La *n* modifica el sonido de la vocal que le precede dándole un sonido nasal.
2. **c, cc, ç. — C** y **cc,** delante de *a, o, u, l, r,* tienen el sonido de **k** (local, col, occulte, clé, accréditer).
C delante de *e, i, y,* lo mismo que **ç** delante de *a, o, u,* se pronuncian como la **s** castellana (célèbre, déçu).
Cuando **cc** preceden las vocales *e* o *i* suenan **ks** (accepter, occident).
3. **s, ss, x, z. —** La **s** francesa suena como la s castellana al empezar una palabra o detrás de una consonante (sobre, conseil). Pero entre dos vocales o en el enlace de las palabras se articula apoyando suavemente la lengua entre los dientes y haciendo vibrar fuertemente las cuerdas vocales (maison, mes amis).
La **s** inicial delante de una consonante debe pronunciarse sin anteponerle una *e* (spécial).

El grupo **sh** tiene el mismo sonido que el grupo **ch** francés (**sh**ah). Cuando hay dos eses seguidas (**ss**) la pronunciación es la misma que la de la s española (moisson).
La **x** suena como la **k** en el prefijo *ex* delante de *ce, ci* o *s* (excellent), como la **g** más **s** intervocálica en el prefijo *ex* ante vocal o *h* muda (exalter, exhorter), como **ks** en medio de ciertas palabras (lu**x**e) y como la **s** intervocálica francesa o la s castellana en otras (deu**x**ième, soi**x**antième). La **z** suena como la **s** intervocálica (**z**èle).
4. **b** y **v**. — La **b** es una bilabial y no debe confundirse con la **v** que es labiodental (**b**ain, **v**in).
5. **h muda** y **h aspirada.** — La **h muda** es sólo un signo ortográfico (théorème) y la **h aspirada** tampoco se pronuncia pero no permite la elisión o el enlace (le **h**éros, les **h**éros).
6. **j, g, gu, qu.** — La **g** delante de *e, i, y* se articula como el grupo *ch* francés pero la glotis vibra fuertemente durante la emisión del sonido (son**g**e, **g**irafe, **g**yroscope). Ante *a, o, u* tiene el mismo sonido velar que en castellano (**g**alant, **g**omme, **g**uttural).
La **j** se pronuncia del mismo modo que la **g** francesa delante de *e* y de *i* (**j**oli, **j**ardin).
Cuando la **g** o la **q** están seguidas por una *u* estas dos letras tienen el sonido fuerte de **g** y **q** y la *u* no se pronuncia (**gu**erre, **qu**erelle).
7. **ch, gn, ph.** — El grupo francés **ch** tiene aproximadamente el mismo sonido que la **ch** española aunque mucho más suave (**ch**arbon, **ch**ute). Cuando va seguida de consonante o forma parte de palabras de origen extranjero suena como la **k** (**ch**loroforme, kra**ch**).
El grupo **gn** se pronuncia como la **ñ** española (vi**gn**e).
El sonido de **ph** equivale al de la **f** (**ph**are).
8. **w.** — En las palabras tomadas del alemán la **w** se pronuncia como la **v** (**w**olfram) y en las que proceden del inglés o del holandés tiene el sonido de **u** (**w**hisky, **W**aterloo) aunque hay excepciones.

VOCALES

1. **e, é, è, ê.** — La **e** llamada **muda** no se pronuncia al final de las palabras polisílabas y de sus plurales (sag**e**, sag**es**) y en las terminaciones verbales *-es, -ent* (tu chant**es**, ils chant**ent**). En los demás casos se pronuncia (j**e**, l**e**, p**e**tit) como la **e** española pero con un sonido más oscuro.
La **e cerrada** tiene aproximadamente el mismo sonido que la **e** española. Es cerrada cuando lleva un acento agudo (d**é**), en las finales *-er* y *-ez* si la última letra no se pronuncia (chant**er**, plumi**er**, ch**ez**) y en la conjunción *et*.
La **e abierta** se articula con la boca más abierta que la *e* cerrada. Tiene este sonido cuando lleva un acento grave (col**è**re) o circunflejo (b**ê**te), delante de una consonante final que se pronuncia (m**e**r, t**e**l), si precede una consonante doble (m**e**ttre) o una *x* (**e**xtraire), ante *t, s, st, ct* mudas (secr**e**t, l**e**s, il **e**st, resp**e**ct).
2. **u, ou.** — La **u** se pronuncia de manera parecida a la **i** pero avanzando la boca y redondeando los labios (m**u**r). Es muda cuando va precedida de una *g* o una *q* excepto en contadas excepciones. **Ou** equivale exactamente a la **u** española (m**ou**che).
3. **ë, ï, ü.** — La letra que lleva diéresis se pronuncia separadamente de la vocal que le antecede (No**ë**l, ha**ï**r, Esa**ü**).
4. **au, eau; ai, ei; eu, œu; oi.** — **Au** y **eau** se pronuncian exactamente como la **o** (p**au**vre, b**eau**). **Ai** y **ei** tienen el mismo sonido que

la **e abierta** (faire, peine). **Eu** y **œu** se articulan aproximadamente como la **e muda** (**feu, vœu**). El sonido es más abierto cuando la sílaba acaba por una consonante que se pronuncia (lab**eur**, c**œur**). **Oi** se pronuncia como la **u** española seguida de una **a** (r**oi**).
5. **Nasales.** — Las consonantes **m** y **n** confieren un sonido nasal a las vocales que les preceden (**an**dalou, **en**fant, p**in**, r**om**pre, minim**um**, parf**um**), excepto si las consonantes están repetidas (i**mm**oral) o si las sigue una vocal (co**mm**une, opportune) o una *h* muda (bonheur).

SONIDO DE « Y »

La **y** después de una vocal equivale a dos **íes** seguidas; la primera *i* se combina con la vocal anterior (pays, crayon).
Después de consonante la **y** tiene el sonido de **i** latina (style).

SONIDOS DE « L, LL, IL, ILL »

La **l** equivale exactamente a la **l** castellana (couleur).
La **l duplicada** precedida de una vocal que no sea *i* suena como si hubiera simplemente una **l** (salle).
Los grupos **il** e **ill** se pronuncian como una **y** española cuando les antecede una vocal (réve**il**, réve**ill**er). **Ill** pospuesto a una consonante equivale a **i** seguido de **y** (pav**ill**on). **Ill** tiene el sonido de **il** en algunas palabras (m**ill**e, v**ill**e, tranqu**ill**e) y al principio de las palabras (**ill**ettré).

SONIDO DE « TI »

La consonante **t** seguida de *ia, ie, ion* se pronuncia generalmente como la **s** castellana (par**ti**al, iner**ti**e, obliga**ti**on), salvo en las palabras acabadas en *-tié* (moitié) o en *-tier* (sentier) y en las terminaciones *-tions* o *-tiez* de los verbos cuyo infinitivo acaba en *-ter* (nous portions, vous portiez). Se puede dar como norma práctica, aunque haya excepciones, que **ti** tiene el sonido de **si** cuando la palabra equivalente en español se escribe *ci* (calvi**ti**e, par**ti**el = calvicie, parcial) y se pronuncia **ti** cuando el vocablo castellano tiene una *t* (bas**ti**on = bastión).

ENLACE DE LAS PALABRAS

Dos palabras seguidas enlazan una con otra cuando la primera acaba en consonante o *e* muda y la segunda empieza por vocal o *h* muda (ton ami = ***tonamí***, tel homme = ***telóm***).
Las consonantes finales conservan su propio sonido en el enlace de las palabras, salvo la **d** que al enlazar se pronuncia como la **t** (un grand homme = ***un grantóm***), así como la **s** y la **x** que toman el sonido suave de la **z** francesa (les enfants = ***lezenfánts;*** dix ans = ***dizán***).
Cuando una palabra acaba en *-rd* o *-rt* desaparecen los sonidos de la **d** y de la **t** y el enlace se verifica con la **r** (retard imprévu = ***retarimprévu;*** mort atroce = ***moratrós***).
La **t** de la conjunción ***et*** no enlaza nunca con la palabra siguiente (esprit et âme = ***esprí e am***).

ELISIÓN

La elisión es la supresión de las vocales finales *a, e muda* o *i* y su sustitución por un apóstrofo (') cuando la palabra que sigue empieza por vocal o *h* muda (***l'âme, l'homme***).

ARTÍCULO

	ARTÍCULO DEFINIDO		ARTÍCULO INDEFINIDO		ARTÍCULO PARTITIVO	
	singular	**plural**	**singular**	**plural**	**singular**	**plural**
MASCULINO	le	les	un	des	du, de l'	des
FEMENINO	la	les	une	des	de la, de l'	des

El **artículo definido** *le* o *la* se transforma en **l'** cuando precede a una vocal o *h* muda (*l'arbre, l'habitude*).
De le y *à le* se contraen respectivamente en **du** y en **äu** delante de un sustantivo masculino singular que empieza por consonante o *h* muda (*du marchand, au Honduras*).
De les y *à les* se contraen en **des** y **aux** delante de todos los sustantivos en plural en los dos géneros (*des femmes, aux hommes*).
A diferencia del castellano, los nombres de países van siempre precedidos del artículo (*la France, le Portugal*), salvo si son nombres femeninos empleados con las preposiciones *à, de, en* (*en France*).

El **artículo indefinido** se utiliza delante de un nombre cuyo sentido es indeterminado (*un homme, des femmes*).

El **artículo partitivo** se emplea para indicar que sólo se trata de una parte de la cosa enunciada (*donner du pain*). Si el sustantivo va precedido de un adjetivo calificativo o de un adverbio de cantidad se suele emplear **de** o **d'** en vez de *du, de la, des* (*de bon beurre, peu d'ennuis*).

SUSTANTIVO

GÉNERO

En francés sólo existen dos géneros: masculino y femenino.
Suelen ser **masculinos** los sustantivos que designan hombres o animales machos, profesiones, títulos o empleos desempeñados por hombres, árboles, metales, idiomas, divisiones del calendario, colores y letras del alfabeto.
Son generalmente **femeninos** los sustantivos que representan mujeres o animales hembras, profesiones, títulos o empleos desempeñados por mujeres y los nombres de ciencias (excepto *le droit*).

FORMACIÓN DEL FEMENINO

En regla general el femenino se forma de la manera siguiente:
añadiendo una **-e** (*français, française ; ami, amie*) ;
cambiando **-er** en **-ère** (*boulanger, boulangère ; ouvrier, ouvrière*) ;
cambiando **-e** en **-esse** (*maître, maîtresse ; suisse, suissesse*) ;
repitiendo la consonante final y añadiendo una **e** (*parisien, parisienne ; lion, lionne ; chat, chatte*) ;

cambiando **-eur** en **-euse** (*voleur, voleuse*) excepto en algunos casos muy limitados en que la terminación es **-eresse** (*demandeur, demanderesse; enchanteur, enchanteresse*);

cambiando **-x** en **-se** (*époux, épouse*);

cambiando **-el, -eau** en **-elle** (*différentiel, différentielle; jouvenceau, jouvencelle*);

cambiando **-teur** en **-teuse** o **-trice** (*porteur, porteuse; instituteur, institutrice*);

cambiando **-p** o **-f** en **-ve** (*loup, louve; veuf, veuve*);

conservando la misma forma para ambos géneros (*un artiste, une artiste; un enfant, une enfant*).

Existen, al igual que en castellano, femeninos completamente irregulares (*père, mère; cheval, jument; parrain, marraine; oncle, tante*, etc.).

FORMACIÓN DEL PLURAL

El plural se forma generalmente añadiendo una **s** al singular (*un homme, des hommes; un champ, des champs*).

EXCEPCIONES:

los sustantivos terminados en **-s, -x** o **-z** no cambian en plural (*un rubis, des rubis; un choix, des choix; le nez, les nez*);

los que acaban en **-au, -eau, -eu** toman una **x** en plural (*étau, étaux; oiseau, oiseaux; enjeu, enjeux*, excepto *bleu, pneu* y *landau*);

siete nombres terminados en **-ou** que son *bijou, caillou, chou, genou, hibou, joujou, pou* añaden una **x** en plural;

los que terminan en **-al** cambian su terminación por **-aux** (*cheval, chevaux; mal, maux*), salvo en los casos de *chacal, bal, carnaval, festival, régal*;

siete sustantivos acabados en **ail** forman el plural en **-aux** (*bail, corail, émail, soupirail, travail, vantail, vitrail*).

DERIVACIÓN

LOS DIMINUTIVOS se forman generalmente colocando delante del sustantivo los adjetivos **petit, petite** (*un petit animal*). Sin embargo algunos sustantivos lo hacen con las terminaciones **-eau, -ceau** (*pintadeau, lionceau*), **-elet, -elette** (*agnelet*), **-et, -ette** (*maisonnette*), **-ille** (*flotille*), **-on** (*ânon*), **-ot, -otte** (*îlot*), **-ule, -cule** (*globule, animalcule*).

LOS AUMENTATIVOS anteponiendo al sustantivo los adjetivos **grand, grande** cuando se trata de la estatura (*un grand animal*) y **gros, grosse** si se quiere indicar el volumen (*un gros animal*).

ADJETIVO

ADJETIVO CALIFICATIVO

El adjetivo calificativo concuerda en género y número con el sustantivo o pronombre al que califica (*un grand homme; de grandes femmes; elles sont jolies*).

Cuando el adjetivo califica varios sustantivos o pronombres del mismo género y en singular se conserva este género, pero poniéndolo en plural (*le professeur et l'étudiant sont absents; la tante et sa nièce sont blondes*). Si los sustantivos o pronombres son de diferente género, el adjetivo se pone en masculino plural (*le frère et la sœur sont blonds*).

Formación del femenino. — El femenino de los adjetivos se forma generalmente añadiendo una **e** al masculino (*joli, jolie*).

Los adjetivos cuya forma masculina termina por una **-e** no cambian en el femenino (*un général habile, une manœuvre habile*).

Los adjetivos que acaban en **-eau, -ou** sustituyen estas terminaciones por las de **-elle, -olle** (*beau, belle; fou, folle*), excepto *flou* y *hindou* que siguen la regla general.

Los que acaban en **-er** forman el femenino cambiando esta terminación por **-ère** (*léger, légère; entier, entière*).

Los que acaban en **-el, -eil, -il, -ul, -en, -on** duplican la última consonante y añaden una **e** (*solennel, vermeil, gentil, nul, ancien, bon* hacen *solennelle, vermeille, gentille, nulle, ancienne, bonne*). Esta misma regla es aplicable a los vocablos que finalizan en **-et** (*cadet, cadette*), salvo en *complet, concret, discret, inquiet, replet, secret* cuyos femeninos se forman en **-ète** (*complète, concrète*, etc.).

Los que acaban en **-eux, -oux, -eur** forman el femenino en **-euse, -ouse, -euse** (*heureux, heureuse; jaloux, jalouse; flatteur, flatteuse*), excepto *majeur, mineur, meilleur, supérieur, inférieur, intérieur, extérieur, antérieur, postérieur* que siguen la regla general.

Los que acaban en **-teur** cambian de género sustituyendo esta terminación por **-trice** (*protecteur, protectrice*) y por **-teresse** en unos pocos casos (*enchanteur, enchanteresse*).

Los que acaban en **-f** hacen desaparecer esta letra y añaden la sílaba **-ve** (*neuf, neuve*).

Los que acaban en **-ot** siguen la regla general (*idiot, idiote*), excepto *boulot, pâlot, sot, vieillot* que duplican la **t** antes de añadir una **e.**

Los adjetivos *bas, épais, exprès, faux, gras, gros, las, métis, roux* cambian la consonante final en **-sse** (*basse, épaisse*, etc.).

Los que acaban en **-c** cambian esta letra en **ch** o en **qu** y añaden una **e** (*blanc, blanche; public, publique*).

Varios femeninos son irregulares (*doux, douce; frais, fraîche; long, longue; paysan, paysanne*).

Formación del plural. — El plural de los adjetivos se forma comúnmente como el de los sustantivos, es decir añadiendo una **s** al singular.

EXCEPCIONES:

los que acaban por una **-s** o una **-x** no cambian en plural (*un vin exquis, des vins exquis; un enfant roux, des enfants roux*);

los que acaban en **-al** cambian al pluralizarse esta terminación en **-aux** (*loyal, loyaux*), excepto *austral, automnal, banal, bancal, boréal, fatal, final, glacial, matinal, natal, naval, pénal* que siguen la regla general (*australs, automnals*, etc.);

los que acaban en **-eau** añaden una **-x** (*beau, beaux*).

Los comparativos. — El comparativo **de igualdad** se forma con **aussi ... que** (*il est **aussi** jeune **que** toi*, es tan joven como tú).

Los comparativos de **superioridad** e **inferioridad** se forman con **plus ... que** y **moins ... que** respectivamente (*il est **plus** mince **que** son frère mais **moins** grand **que** lui*, es más delgado que su hermano pero menos alto que él).

Existen comparativos **irregulares** como *meilleur* (de bon), *mieux* (de bien), *pire* (de mauvais), *moindre* (de petit). En los dos últimos casos se emplean frecuentemente las formas regulares.

Los superlativos. — El superlativo **absoluto** se forma generalmente anteponiendo el adverbio **très** al adjetivo (il est *très* grand) o sus equi-

valentes *bien, fort, extrêmement, tout à fait,* etc. También se pueden emplear los prefijos *archi-, extra-, super-, sur-,* etc. o el sufijo *-issime.*
El superlativo **relativo** se forma con **le plus, la plus, les plus** (superioridad), **le moins, la moins, les moins** (inferioridad). En francés, a diferencia del español, el adverbio va siempre precedido del artículo (*l'homme* **le** *plus grand,* el hombre más alto; *la femme* **la** *moins élégante,* la mujer menos elegante). La forma de los **superlativos irregulares** es idéntica a la de los comparativos (*le meilleur, le mieux,* etc.).

ADJETIVOS NUMERALES

Numerales cardinales. — *Un* (1), *deux* (2), *trois* (3), *quatre* (4), *cinq* (5), *six* (6), *sept* (7), *huit* (8), *neuf* (9), *dix* (10), *onze* (11), *douze* (12), *treize* (13), *quatorze* (14), *quinze* (15), *seize* (16), *dix-sept* (17), *dix-huit* (18), *dix-neuf* (19), *vingt* (20), *vingt et un* (21), *vingt-deux* (22), *trente* (30), *quarante* (40), *cinquante* (50), *soixante* (60), *soixante-dix* (70), *quatre-vingts* (80), *quatre-vingt-dix* (90), *cent* (100), *deux cents* (200), *mille* (1 000), *deux mille* (2 000), *un million* (1 000 000), *un milliard* (1 000 000 000).
A partir de 16 (*seize*) los numerales se forman con el nombre de la decena correspondiente seguida de un guión y las unidades correlativas (*dix-sept, dix-huit..., vingt-quatre..., trente-cinq,* etc.). Sin embargo se sustituye el guión por la conjunción *et* en el primer numeral de cada decena (*vingt et un*).
Los adjetivos numerales cardinales son invariables excepto **un** que hace *une* en femenino, **cent** que toma una *s* en plural cuando va precedido de otro número que lo multiplica (*deux cents personnes*), y **vingt** que toma una *s* en plural cuando está multiplicado y no va seguido de otro número (*quatre-vingts* pero *quatre-vingt-un*).
Numerales ordinales. — Estos adjetivos se forman añadiendo la terminación **-ième** a los cardinales correspondientes (*sixième, cinquante et unième, quatre-vingt-dixième,* etc.). Solamente los que terminan en *-e* muda (*quatre, trente, quarante,* etc.) cambian esta letra por el sufijo **-ième** (*quatrième, trentième,* etc.). Son irregulares *premier* (un), *second* (deux), en este caso también existe la forma regular *deuxième,* y *neuvième* (neuf).
Los siglos se indican con el ordinal (*le XXe [vingtième] siècle*).
Con los nombres de monarcas o papas se usa el cardinal (*Louis XVI* [*seize*]), excepto en el caso de *premier* (*François Ier* [*premier*]) y de *Charles Quint.*
Para decir la hora no se emplea el artículo pero se pone la palabra *heure* después del numeral cardinal (*il est dix heures,* son las diez).

ADJETIVO INTERROGATIVO

Sólo existe el adjetivo interrogativo **quel** que varía en género y número (quelle, quels, quelles) : *quel âge a-t-il?,* ¿qué edad tiene?; *quelle heure est-il?,* ¿qué hora es?; *quels pays préférez-vous?,* ¿qué países prefiere?; *quelles fleurs aimez-vous?,* ¿qué flores le gustan?

ADJETIVOS INDEFINIDOS

Los adjetivos indefinidos son: *aucun* (ningún), *autre* (otro), *certain* (cierto), *chaque* (cada), *maint* (muchos), *même* (mismo), *nul* (ningún), *plusieurs* (varios), *quelconque* (cualquier), *quelque* (algún), *tel* (tal), *tout* (todo).

ADJETIVOS Y PRONOMBRES

POSESIVOS			
		UN POSEEDOR	
		un objeto poseído	***varios objetos poseídos***
1ª pers.	***adj.***	**mon, ma** (mi; mío, mía)	**mes** (mis; míos, mías)
	pron.	**mien, mienne** (mío, mía)	**miens, miennes** (míos, mías)
2ª pers.	***adj.***	**ton, ta** (tu; tuyo, a)	**tes** (tus; tuyos, as)
	pron.	**tien, tienne** (tuyo, a)	**tiens, tiennes** (tuyos, as)
3ª pers.	***adj.***	**son, sa** (su; suyo, a)	**ses** (sus; suyos, as)
	pron.	**sien, sienne** (suyo, a)	**siens, siennes** (suyos, as)
		VARIOS POSEEDORES	
		un objeto poseído	***varios objetos poseídos***
1ª pers.	***adj.***	**notre** (nuestro, a)	**nos** (nuestros, as)
	pron.	**nôtre** (nuestro, a)	**nôtres** (nuestros, as)
2ª pers.	***adj.***	**votre** (vuestro, a)	**vos** (vuestros, as)
	pron.	**vôtre** (vuestro, a)	**vôtres** (vuestros, as)
3ª pers.	***adj.***	**leur** (su; suyo, a)	**leurs** (sus; suyos, as)
	pron.	**leur** (suyo, a)	**leurs** (suyos, as)

Ma, ta, sa se sustituyen por **mon, ton, son** delante de los nombres femeninos que empiezan por vocal o *h* muda (*mon âme, ton humilité, son horrible histoire*).

Los adjetivos **leur, leurs** se emplean en vez de *son, sa, ses* cuando los objetos o seres de los que se habla pertenecen a varios poseedores (*les enfants aiment leur père*, los niños quieren a su padre ; *ces patriotes ont donné leur vie pour la patrie*, esos patriotas han dado su vida por la patria ; *les nations sont tenues à respecter leurs engagements*, las naciones están obligadas a respetar sus compromisos).

Los pronombres posesivos han de ir siempre precedidos del artículo (*le mien*).

DEMOSTRATIVOS				
	ADJETIVO		PRONOMBRE	
	singular	**plural**	**singular**	**plural**
masculino	ce, cet ce, cet...-ci ce, cet...-là	ces ces...-ci ces...-là	celui celui-ci celui-là	ceux ceux-ci ceux-là
femenino	cette cette...-ci cette...-là	ces ces...-ci ces...-là	celle celle-ci celle-là	celles celles-ci celles-là

El adjetivo demostrativo masculino **ce** se emplea delante de consonante o *h* aspirada (*ce mur, ce hameau*) y **cet** se usa delante de vocal o *h* muda (*cet arbre, cet hôtel*).

Los adjetivos, del mismo modo que los pronombres, tienen una forma simple (*ce, cet, cette, ces*) y una forma compuesta obtenida añadiendo los adverbios de lugar *-ci* para lo que está más cerca de quien habla (*cet homme-ci ; celle-ci*) y *-là* para lo que se encuentra más lejos de quien habla (*cet homme-là ; celle-là*).

El pronombre demostrativo neutro tiene tres formas : **ce** (o **c'**), **ceci, cela** (o **ça**).

C' se emplea principalmente delante de las formas del verbo *être* que empiezan por una *e* (*c'est*, etc.).

Ceci señala lo que está más próximo de quien habla, lo que va a decirse o lo que va a suceder (*dites ceci de ma part à tous vos camarades*, diga esto de mi parte a todos sus compañeros). **Cela** indica lo que está más lejano de quien habla, lo que se ha dicho o lo que ha sucedido (*cela dit, il s'en alla pour ne plus revenir*, dicho eso, se fue para no volver).

Ça es una contracción familiar de cela (*vous n'avez jamais vu ça*, nunca vio eso).

Las formas simples del pronombre demostrativo sólo se emplean si éste va seguido de *qui, que, dont, de, du, de l', de la, des* (v. cuadro de la página siguiente).

SINGULAR			
		MASCULINO	
celui	**de, du...**		de, del, de la...
	qui	el,	que
	que	aquel	que
	dont		de quien, de que
		FEMENINO	
celle	**de, du...**		de, del, de la...
	qui	la,	que
	que	aquella	que
	dont		de quien, de que
		NEUTRO	
ce	**qui**	lo,	que
	que	aquello	que
	dont		de que
PLURAL			
		MASCULINO	
ceux	**de, du...**		de, del, de la...
	qui	los,	que
	que	aquellos	que
	dont		de quienes, de que
		FEMENINO	
celles	**de, du...**		de, del, de la...
	qui	las,	que
	que	aquellas	que
	dont		de quienes, de que

PRONOMBRES

PRONOMBRES PERSONALES

La *e* de los pronombres **je, me, te, le** se sustituye por un apóstrofo delante de vocal o *h* muda (*j'hésite ; je m'assieds ; il t'appelle ; je l'ai vu*).

Contrariamente a lo que ocurre en castellano, en la conjugación de los verbos no se omite nunca el pronombre que tiene función de sujeto (*je chante,* [yo] canto ; *nous chantons,* [nosotros] cantamos, etc.). En francés, cuando se quiere dar un carácter enfático a la frase, se suele duplicar el pronombre, poniendo delante del sujeto las formas *moi, toi, lui, elle, nous, vous, eux, elles* traducidas en este caso por los pronombres españoles con función de sujeto (*moi, je le pense sincèrement,* yo lo pienso sinceramente).

Je, tu, il son siempre sujetos y nunca complementos (*il parle de moi* [no de *je*]).

El tratamiento de respeto es **vous** en singular y en plural; el verbo se conjuga entonces en 2.ª persona del plural mientras que el predicado concuerda en género y número con el sujeto (*vous êtes très gentil* [a uno]; *vous êtes très gentils* [a varios].

Si un verbo va acompañado de dos pronombres de 3.ª persona, cada uno con función de complemento, el complemento directo se traduce por **le, la, les** y el indirecto por **lui** (singular) o **leur** (plural); el complemento directo ha de ir siempre delante del indirecto (*je le lui montrerai,* se lo enseñaré; *tu les leur montreras,* se los enseñarás).

El pronombre reflexivo **soi** se emplea siempre en vez de *lui, elle, eux, elles* cuando el pronombre con función de sujeto es indefinido (*chacun parle de soi* pero *il parle de lui*).

Los pronombres **moi, toi, lui,** etc. empleados sin verbo corresponden en castellano a los pronombres que tienen función de sujeto (*il est aussi grand que moi,* es tan alto como yo). Si **moi** y **toi** van después de un verbo al cual están unidos por un guión (*attends-moi*) se traducen por *me* y *te* que forman con el verbo una sola palabra (*espérame*).

PRONOMBRES PERSONALES

SUJETO	COMPLEMENTO			
	SIN PREPOSICIÓN		CON PREPOSICIÓN	REFLEXIVO
	directo	***indirecto***		
je (yo)	**me** (me)		**moi** (mí)	**me** (me)
tu (tú)	**te** (te)		**toi** (ti)	**te** (te)
il, elle (él, ella)	**le, la** (le, la)	**lui** (le)	**lui, elle** (él, ella)	**se, soi** (se, sí)
nous (nosotros, as)	**nous** (nos)		**nous** (nosotros, as)	**nous** (nos)
vous (vosotros, as)	**vous** (os)		**vous** (vosotros, as)	**vous** (os)
ils, elles (ellos, ellas)	**les** (los, las)	**leur** (les)	**eux, elles** (ellos, ellas)	**se, soi** (se, sí)

Junto a los pronombres personales indicados en el cuadro existen otros dos, *en* e *y,* que se emplean únicamente como complementos. **En** corresponde a *de lui, d'elle, d'eux, de cela* (*ne m'en parlez pas,* no me hable de ello). **Y** equivale a *à lui, à elle, à eux, à cela* (*je n'y ai pas pensé,* no he pensado en ello).

La forma interrogativa francesa se construye con el pronombre sujeto colocado detrás del verbo y unido a él por un guión en los tiempos simples (*dors-tu?*) o después del auxiliar del cual está

separado por un guión en los tiempos compuestos (*as-tu dormi?*). Existe otra forma muy corriente en la lengua hablada que consiste en emplear la locución *est-ce que* sin que haya inversión entre el sujeto y el verbo (*est-ce que tu dors? ; est-ce que tu as dormi?*). En la 3.ª persona del singular, cuando el verbo acaba en vocal, se intercala entre guiones una *t* que separa el verbo del pronombre (*va-t-il arriver? ; aura-t-elle changé?*).
Si el sujeto es un sustantivo o un pronombre que no sea ni personal, ni *ce* u *on*, se coloca antes del verbo pero se repite por medio de un pronombre personal situado después del verbo (*ton frère est-il arrivé?*).

PRONOMBRES RELATIVOS

MASCULINO

SINGULAR	**lequel**	el cual, el que	PLURAL	**lesquels**	los cuales, los que
	duquel	del cual, de quien, del que, cuyo		**desquels**	de los cuales de quienes, de los que, cuyos
	auquel	al cual, al que		**auxquels**	a los cuales, a los que

FEMENINO

SINGULAR	**laquelle**	la cual, la que	PLURAL	**lesquelles**	las cuales, las que
	de laquelle	de la cual, de quien, de la que, cuya		**desquelles**	de las cuales de quienes, de las que, cuyas
	à laquelle	a la cual, a la que		**auxquelles**	a las cuales, a las que

PARA AMBOS GÉNEROS Y NÚMEROS

qui	quien, quienes, que	**dont**	cuyo, del cual, de quien
que	que		cuya, de la cual, de quien
quoi	que		cuyos, de los cuales, de quienes
			cuyas, de las cuales, de quienes

Que pierde la *e* delante de una vocal o una h muda (*qu'arrivera-t-il?*).

Où, generalmente adverbio, se emplea también como pronombre relativo para ambos géneros y números. Si se refiere a un lugar, equivale a *donde, en donde, en que, en el cual, en la cual, en los cuales, en las cuales* cuando tiene una significación de reposo y a *adonde,* *a donde, a que, al cual, a la cual, a los cuales, a las cuales* cuando tiene un sentido de movimiento. Si se refiere al tiempo, se traduce por *en que.*

Dont es siempre complemento y cuando une el antecedente a un sustantivo que va precedido de un artículo definido, éste no se traduce en castellano (*l'homme dont la maison est blanche,* el hombre cuya casa es blanca).

PRONOMBRES INTERROGATIVOS

Los pronombres relativos **qui, que, quoi, lequel, laquelle,** etc. se emplean también como interrogativos (*qui est venu?,* ¿quién vino?; *que voulez-vous?,* ¿qué quiere?; *quoi de neuf?,* ¿qué hay de nuevo?; *lequel choisissez-vous?,* ¿cuál escoge?).

Qui se aplica únicamente a personas y **que** y **quoi** a cosas.

En la lengua hablada se encuentran frecuentemente las formas *qui est-ce qui, qu'est-ce que* en vez de *qui* y *que.*

En francés no se usa el signo de interrogación al principio de la oración sino sólo al final.

PRONOMBRES INDEFINIDOS

Existen:

los pronombres indefinidos masculinos que sustituyen a una persona: *on* (se, uno), *personne* (nadie), *autrui* (el prójimo), *quiconque* y *n'importe qui* (cualquiera, quienquiera);

los pronombres indefinidos neutros que se refieren a cosas: *quelque chose* (algo), *autre chose* (otra cosa), *rien* (nada);

los pronombres indefinidos variables: *l'un* (uno), *l'une* (una), *les uns* (unos), *les unes* (unas), *quelqu'un* (alguien, alguno), *quelqu'une* (alguna), *quelques-uns* (algunos), *quelques-unes* (algunas), *l'autre* (otro, otra), *les autres* (otros, otras, los *o* las demás), *chacun* (cada uno), *chacune* (cada una);

los adjetivos indefinidos empleados como pronombres de género y número variable: *aucun* (ninguno), *certain* (cierto), *plusieurs* (varios), *tel* (tal), *tout* (todo), *nul* (nadie).

ADVERBIO

La mayoría de los adverbios **de modo** se forma generalmente por derivación añadiendo el sufijo **-ment** al femenino de los adjetivos (*doux, doucement*). Sin embargo, los adverbios derivados de adjetivos que acaban en *-ant* y *-ent* constituyen una excepción a la regla general y su terminación es respectivamente **-amment** y **-emment** (*savamment, intelligemment*). También existen otros casos de irregularidad como *précisément, brièvement, gentiment, profondément,* etc. que no se pueden regir por normas precisas. Cuando dos o más adverbios van uno a continuación de otro, todos, a diferencia del castellano, tienen que llevar la terminación adverbial (*attentivement et soigneusement,* atenta y cuidadosamente).

Los adverbios **de cantidad** *plus, moins, beaucoup, assez, peu, trop, autant, combien* han de llevar siempre la preposición *de* (*beaucoup de monde*); *bien* va acompañado de los artículos *du, des* (*bien du chagrin, bien des soucis*). Estos adverbios se traducen al castellano por adjetivos que concuerdan con el sustantivo (*peu de chose,* poca cosa).

Los principales adverbios **de lugar** son: *ailleurs, alentour, au-dessus, autour, ci, deçà, dedans, dehors, delà, derrière, dessous, dessus, devant, ici, là, là-bas, loin, partout, près, où, en, y,* etc.
Los adverbios **de tiempo** más empleados son: *alors, aujourd'hui, auparavant, aussitôt, autrefois, avant, bientôt, déjà, demain, depuis, désormais, encore, enfin, ensuite, hier, jadis, jamais, maintenant, parfois, puis, quand, quelquefois, souvent, tantôt, tard, tôt, toujours,* etc.
En los tiempos compuestos, el francés admite mucho más fácilmente que el español los adverbios intercalados (*il a bien dormi,* ha dormido bien). En castellano es incorrecto con el auxiliar *haber* y afectado con *ser.*
Los adverbios y locuciones adverbiales **de negación** más corrientes son: *ne, ne ... pas, ne ... jamais, ne ... plus, ne ... point, ne ... que, ne ... rien, ni ... ni, non, nullement.*
Ne ... pas y **ne ... point** se traducen al castellano por el adverbio *no* que se coloca antes del verbo (*je ne veux pas,* no quiero; *je n'ai pas voulu,* no he querido). Cuando el verbo está en infinitivo *ne* y *pas, ne* y *point,* etc. no se separan (*ne pas parler*).
Ne ... que se puede traducir por *no ... más que, no ... sino, sólo* (*il ne restera qu'une journée,* no se quedará más que un día, no se quedará sino un día, sólo se quedará un día).
Ne ... plus equivale a *ya no* o a *no ... ya* cuando indica una idea de tiempo (*nous n'irons plus à cet endroit,* ya no iremos a este sitio *ou* no iremos ya a este sitio) y a *no ... más* si se refiere a una cantidad (*je ne veux plus de pain,* no quiero más pan).
Ne se emplea sólo después de verbos que expresan temor (oraciones afirmativas o interrogativas) o duda (oraciones negativas o interrogativas), después de locuciones como *avant que, à moins de, peu s'en faut,* etc. o con *que* comparativo (*je crains qu'il n'arrive; je ne doute pas qu'il ne soit intelligent; peu s'en fallut qu'il ne tombât; elle est moins grande que je ne pensais*). Esta partícula, que en esos casos sólo tiene un valor expletivo, tiende a desaparecer, especialmente en la lengua hablada.
Ne se omite a menudo en el lenguaje popular o infantil (*c'est pas lui; j'irai pas*) y en el estilo literario cuando se trata de frases elípticas (*pas de danger qu'il vienne*).
Ne se emplea sin *pas* o *point* en los casos siguientes: en ciertas locuciones (*n'avoir cure; qu'à cela ne tienne*), cuando las dos negaciones están separadas por *ni* o que esta partícula se repite (*il ne craint ni ne désire la gloire; ni la fortune ni la réussite ne nous rendent heureux*), después de *que* con el significado de « pourquoi » (*que ne le dites-vous?*) y del pronombre interrogativo *qui* (*qui n'en ferait autant?*), si hay en la frase otra negación como « guère, plus, aucun, jamais, personne, nul, rien » (*il n'y avait personne*). Con los verbos « cesser, oser, pouvoir, savoir » se puede suprimir facultativamente el segundo elemento de la negación (*je n'ose le dire; je ne peux y aller*).

VERBO

DIVISIÓN

Los verbos se dividen en:

transitivos, cuando tienen complemento directo (*je mange des cerises,* como cerezas);

intransitivos, cuando no lo tienen (*je mange,* como);

pronominales, cuando la acción recae en el mismo sujeto que la ejecuta. Éstos se conjugan añadiendo un pronombre complemento de la misma persona que el sujeto (*l'enfant s'endort,* el niño se duerme). Cuando el sujeto es un pronombre se conjuga el verbo con dos pronombres, uno como sujeto y otro como complemento (*je me réveille,* me despierto).
En los tiempos compuestos se emplea el auxiliar **être** (*je me suis réveillé,* me he despertado).
El participio pasivo de estos verbos concuerda con el pronombre (*me, te, se, nous, vous, se*) si éste es complemento directo (*sa mère s'est endormie,* su madre se ha dormido; *ils se sont giflés,* se han abofeteado) y no concuerda con el pronombre si éste es complemento indirecto o de atribución (*nous nous sommes fréquemment écrit des cartes postales,* nos hemos escrito tarjetas postales a menudo). Sin embargo cuando se antepone el complemento directo del verbo pronominal al participio pasivo, éste concuerda con el complemento (*les lettres que nous nous sommes écrites,* las cartas que nos hemos escrito);

impersonales, cuando sólo se emplean en la tercera persona del singular. En francés van siempre precedidos del pronombre **il** (*il pleut,* llueve; *il fait froid,* hace frío).
Los verbos castellanos *haber* y *hacer* empleados en forma impersonal se traducen al francés por el verbo **avoir** precedido del pronombre *il* y del adverbio *y* (*hay un hombre,* il y a un homme; *hace tres años,* il y a trois ans). Cuando *hacer* se refiere a fenómenos atmosféricos se traduce por el verbo **faire** precedido siempre del pronombre *il* (*hace mal tiempo,* il fait mauvais temps). El verbo *ser* en forma impersonal se traduce al francés por el verbo **être** en expresiones como *es tarde* (il est tard) o cuando indica la hora, en cuyo caso no concuerda en francés con el numeral que representa la hora (*son las cinco,* il est cinq heures) o por **faire** en giros como *es de noche* (il fait nuit);

defectivos, cuando sólo se usan en algunos tiempos o personas (*choir, échoir, férir, quérir,* etc.);

auxiliares, cuando sirven para conjugar los otros verbos en algunos tiempos. (V. VERBOS AUXILIARES, pág. 437 y 438.)

RÉGIMEN

En francés nunca se emplea la preposición *à* delante de un complemento directo (*je connais ses parents,* conozco a sus padres). Aunque los verbos se construyen generalmente de la misma manera en las dos lenguas, hay, sin embargo, casos en los que la preposición que sigue al verbo es distinta en francés. (V. RÉGIME, en la *gramática española,* pág. 394 de la primera parte.)

ACCIDENTES DEL VERBO

Voz pasiva

Los tiempos de la voz pasiva se forman con el auxiliar **être** y el participio pasado del verbo conjugado que concuerda en género y número con el sujeto (*il a été puni,* ha sido castigado). En francés se emplea mucho más la voz pasiva que en español, que la sustituye generalmente por la forma pronominal (*le dîner est servi de bonne heure,* la cena se sirve temprano) o activa correspondiente (*l'arbre a été arraché par le vent,* el viento arrancó el árbol).

Infinitivo

El infinitivo, más empleado en francés que en español, cuando está situado después de verbos que expresan una orden o un ruego, se traduce al castellano por el subjuntivo (*demande-lui de le faire,* pídele que lo haga). Sin embargo su uso como sustantivo (*le lever, le boire, le manger*) o con sentido imperativo (*s'adresser au chef de service,* diríjanse al jefe de servicio) es mucho menos frecuente.

Indicativo

Los tiempos de este modo verbal tienen generalmente el mismo empleo en francés y en español. Advertimos, sin embargo, que el francés emplea cada vez menos el pretérito indefinido, lo que hace que el pretérito perfecto francés se traduce casi siempre por el pretérito indefinido español (*il est arrivé hier,* llegó ayer).

Subjuntivo

En el francés moderno la disminución del empleo del subjuntivo es cada vez mayor, habiendo quedado limitado en la práctica al presente y a algunas formas del imperfecto. En su lugar se utiliza el indicativo y más aún el infinitivo. Además no se observa puntualmente la concordancia de los tiempos del subjuntivo con el verbo de la oración principal y se sustituye a menudo el imperfecto por el presente (*j'aimerais* o *j'aurais aimé qu'il vienne,* me gustaría *ou* me hubiera gustado que viniese) o por el imperfecto de indicativo (*si j'avais de l'argent, j'achèterais une maison,* si tuviera dinero compraría una casa).

Imperativo

El imperativo no tiene más que tres personas: la segunda del singular y del plural y la primera del plural; para las demás se usan las correspondientes del presente de subjuntivo. Delante de los pronombres [illegible] e *y,* si no los sigue un infinitivo, se añade una *s* al verbo en la segunda persona del singular cuando ésta no la tiene (*parles-en à ton père,* habla de ello a tu padre; *vas-y,* vete allí).

Participio

Existen dos clases de participios: el pasado o pasivo y el presente.

El **participio pasado** o **pasivo** concuerda del modo siguiente:

empleado *sin auxiliar,* con el nombre que califica como si fuese un adjetivo (*la ville détruite,* la ciudad destruida; *les arbres arrachés,* los árboles arrancados);

usado *con el auxiliar « être »,* con el sustantivo o con el pronombre sujeto de « être » (*ils sont arrivés,* han llegado; *elles sont parties,* se han marchado) [v. PRONOMINALES, en el párrafo dedicado en la pág. anterior a la *división de los verbos*];

conjugado *con el auxiliar « avoir »,* con el complemento directo cuando éste está antepuesto al participio (*la maison que nous avons achetée,* la casa que hemos comprado); no hay concordancia cuando el complemento directo está después del participio (*nous avons acheté une maison,* hemos comprado una casa) o cuando el complemento no es directo (*il a écrit à sa mère,* ha escrito a su madre). Si no tiene complemento directo no varía (*j'ai mangé,* he comido).

OBSERVACIÓN. El participio pasado seguido de un infinitivo concuerda con la palabra que realiza la acción expresada por el infinitivo, si esta palabra precede al participio (*la femme que j'ai vue danser,* pero *les ballets que j'ai vu danser,* porque los « ballets » no realizan la acción de « danser »).
En las claúsulas absolutas francesas el sujeto se coloca siempre antes del participio (*cela dit,* dicho esto; *le contrat signé, il commença immédiatement à travailler,* firmado el contrato, empezó en seguida a trabajar).

El **participio presente** o **de presente** o **activo** es invariable. Termina en **-ant** en todos los verbos (*chantant, partant*) y en **-issant** en los del 2.º grupo que acaban en *-ir* (*finissant*). El **gerundio** francés se forma con el participio presente precedido de la preposición **en** y se traduce en español por el gerundio cuando indica la manera (*il marchait en chantant,* andaba cantando) y por el infinitivo al que se antepone la preposición *al* cuando indica el tiempo (*al llegar,* en arrivant).
Cuando el participio presente francés determina una palabra equivale en español a una oración de relativo (*les enfants jouant dans la cour...,* los niños que juegan en el patio...).

Tiempos que expresan una hipótesis

El futuro y condicional castellanos empleados para indicar una probabilidad se traducen al francés por el verbo **devoir** conjugado respectivamente en presente y en imperfecto del indicativo (*tendrá cuarenta años,* il doit avoir quarante ans; *serían las nueve,* il devait être neuf heures). El condicional francés puede expresar también una idea de conjetura cuando se trata de un acontecimiento incierto en cuyo caso es preferible servirse de las expresiones « parece ser que », « puede ser que », « quizá » o « quizás », « acaso », etc. seguidas del verbo en pretérito perfecto (*il serait mort assassiné,* parece ser que ha muerto asesinado). Si en francés una proposición subordinada empieza por una conjunción de tiempo o por un pronombre relativo y tiene el verbo en futuro del indicativo, el modo empleado en castellano es el subjuntivo presente cuando la oración está en futuro o en imperativo (*je viendrai quand je pourrai,* vendré cuando pueda; *fais entrer toute personne qui viendra,* deja pasar a cualquier persona que venga). Cuando el verbo de la subordinada está en potencial se tiene que usar en español el imperfecto de subjuntivo (*j'ai dit que je le ferais quand il voudrait,* dije que lo haría cuando quisiese).

Obligación

La obligación impersonal (*hay que, es preciso, es necesario, es menester, hace falta*) se traduce en francés por **il faut** seguido del infinitivo (*il faut partir,* hay que irse). La obligación personal (*tengo que, es preciso* ou *necesario* ou *menester que, hace falta que*) equivale en francés a **il faut que je, que tu,** etc. o **je dois, tu dois,** etc. (*il faut que je parte immédiatement* o *je dois partir immédiatement,* tengo que irme inmediatamente *ou* es necesario que me vaya inmediatamente).

VERBOS AUXILIARES

Existen en francés dos verbos auxiliares: *avoir* y *être*.

Avoir. — Este auxiliar corresponde al castellano *haber* y se emplea para formar los tiempos compuestos de los verbos transitivos y de la mayoría de los intransitivos (*il a acheté une maison*, ha comprado una casa; *il a mangé*, ha comido) [v. en el párrafo *participio pasado* las reglas relativas a la concordancia de este participio con el complemento, pág. 434 y 435].

OBSERVACIÓN. *Avoir* es también un verbo transitivo que indica la posesión y se traduce entonces por *tener* (*j'ai une maison*, tengo una casa; *j'ai froid*, tengo frío).

Être. — Este auxiliar corresponde a *ser* o a *haber* y se emplea para formar:

la voz pasiva (*il est apprécié par tous*, es apreciado por todos);

los tiempos compuestos de los verbos pronominales (*il s'est endormi*, se ha dormido);

los tiempos compuestos de algunos verbos intransitivos, particularmente los que indican movimiento o paso de un estado a otro como *aller, venir, partir, arriver, devenir, naître, mourir*, etc. (*je suis venu*, he venido; *il est mort*, ha muerto).

« CE », « C' » DELANTE DEL VERBO « ÊTRE ». — *Ce* o *c'* se anteponen al verbo « être » cuando la oración castellana empieza por el verbo « ser » seguido de un sustantivo o pronombre (*c'est la maison que j'ai achetée*, es la casa que he comprado; *c'est lui qui est venu*, es él quien ha venido). En la forma interrogativa *ce* o *c'* se ponen después del verbo (*est-ce toi qui m'as appelé?*, ¿eres tú quien me has llamado?).

La locución **c'est ... que** se emplea también con complementos circunstanciales de lugar, tiempo o modo. En este caso el relativo *que* se traduce por *donde, cuando* o *como* (*c'est ici que j'habite*, aquí es donde vivo; *c'est aujourd'hui qu'il vient*, hoy es cuando viene).

En francés se indica **el tiempo** con el verbo *être* en tercera persona del singular poniendo después de la cifra que representa la hora, la palabra *heure* (*il est cinq heures*, son las cinco).

OBSERVACIÓN. *Être* es también un verbo intransitivo que indica la existencia, el estado o la permanencia (*je suis heureux*, soy feliz; *je suis malade*, estoy enfermo; *je suis à Madrid*, estoy en Madrid).

AVOIR

Los tiempos compuestos están escritos en cursiva

Infinitivo : avoir
Gerundio : ayant
Participio : eu

INDICATIVO

presente

J'ai
Tu as
Il a
Nous avons
Vous avez
Ils ont

imperfecto

J'avais
Tu avais
Il avait
Nous avions
Vous aviez
Ils avaient

pret. indefinido

J'eus
Tu eus
Il eut
Nous eûmes
Vous eûtes
Ils eurent

pret. perfecto

J'ai eu
Tu as eu
Il a eu
Nous avons eu
Vous avez eu
Ils ont eu

pret. anterior

J'eus eu
Tu eus eu
Il eut eu
Nous eûmes eu
Vous eûtes eu
Ils eurent eu

pluscuamperfecto

J'avais eu
Tu avais eu
Il avait eu
Nous avions eu
Vous aviez eu
Ils avaient eu

futuro

J'aurai
Tu auras
Il aura
Nous aurons
Vous aurez
Ils auront

futuro perfecto

J'aurai eu
Tu auras eu
Il aura eu
Nous aurons eu
Vous aurez eu
Ils auront eu

POTENCIAL

simple

J'aurais
Tu aurais
Il aurait
Nous aurions
Vous auriez
Ils auraient

compuesto 1ª forma

J'aurais eu
Tu aurais eu
Il aurait eu
Nous aurions eu
Vous auriez eu
Ils auraient eu

compuesto 2ª forma

J'eusse eu
Tu eusses eu
Il eût eu
Nous eussions eu
Vous eussiez eu
Ils eussent eu

IMPERATIVO

presente

Aie
Ayons
Ayez

El imperativo no tiene ni 1ª ni 3ª persona del singular ni tampoco 3ª persona del plural.

SUBJUNTIVO

presente

Que j'aie
Que tu aies
Qu'il ait
Que nous ayons
Que vous ayez
Qu'ils aient

imperfecto

Que j'eusse
Que tu eusses
Qu'il eût
Que nous eussions
Que vous eussiez
Qu'ils eussent

pret. perfecto

Que j'aie eu
Que tu aies eu
Qu'il ait eu
Que nous ayons eu
Que vous ayez eu
Qu'ils aient eu

pluscuamperfecto

Que j'eusse eu
Que tu eusses eu
Qu'il eût eu
Que nous eussions eu
Que vous eussiez eu
Qu'ils eussent eu

ÊTRE

Los tiempos compuestos están escritos en cursiva

Infinitivo : être
Gerundio : étant
Participio : été

INDICATIVO

presente

Je suis
Tu es
Il est
Nous sommes
Vous êtes
Ils sont

imperfecto

J'étais
Tu étais
Il était
Nous étions
Vous étiez
Ils étaient

pret. indefinido

Je fus
Tu fus
Il fut
Nous fûmes
Vous fûtes
Ils furent

pret. perfecto

J'ai été
Tu as été
Il a été
Nous avons été
Vous avez été
Ils ont été

pret. anterior

J'eus été
Tu eus été
Il eut été
Nous eûmes été
Vous eûtes été
Ils eurent été

pluscuamperfecto

J'avais été
Tu avais été
Il avait été
Nous avions été
Vous aviez été
Ils avaient été

futuro

Je serai
Tu seras
Il sera
Nous serons
Vous serez
Ils seront

futuro perfecto

J'aurai été
Tu auras été
Il aura été
Nous aurons été
Vous aurez été
Ils auront été

POTENCIAL

simple

Je serais
Tu serais
Il serait
Nous serions
Vous seriez
Ils seraient

compuesto 1a forma

J'aurais été
Tu aurais été
Il aurait été
Nous aurions été
Vous auriez été
Ils auraient été

compuesto 2a forma

J'eusse été
Tu eusses été
Il eût été
Nous eussions été
Vous eussiez été
Ils eussent été

IMPERATIVO

presente

Sois
Soyons
Soyez

El imperativo no tiene ni 1a ni 3a persona del singular ni tampoco 3a persona del plural.

SUBJUNTIVO

presente

Que je sois
Que tu sois
Qu'il soit
Que nous soyons
Que vous soyez
Qu'ils soient

imperfecto

Que je fusse
Que tu fusses
Qu'il fût
Que nous fussions
Que vous fussiez
Qu'ils fussent

pret. perfecto

Que j'aie été
Que tu aies été
Qu'il ait été
Que nous ayons été
Que vous ayez été
Qu'ils aient été

pluscuamperfecto

Que j'eusse été
Que tu eusses été
Qu'il eût été
Que nous eussions été
Que vous eussiez été
Qu'ils eussent été

GRUPOS DE VERBOS

En francés hay tres grupos de verbos que se diferencian principalmente por las terminaciones del infinitivo, de la primera persona del presente del indicativo y del gerundio.

El *primer grupo* comprende los verbos terminados en **-er** en el infinitivo (chant**er**) y en **-e** en la primera persona del indicativo (je chant**e**).

En el *segundo grupo* se encuentran los verbos terminados en **-ir** en el infinitivo (fin**ir**), en **-is** en el presente del indicativo (je fin**is**) y en **-issant** en el gerundio (fin**issant**).

El *tercer grupo* incluye los demás verbos acabados en **-ir** en el infinitivo (ment**ir**) pero cuyo gerundio y presente del indicativo no se forman con la terminación **-issant** (ment**ant**) e **-is** (je mens) y aquellos otros terminados en **-oir** (recev**oir**) o en **-re** (rend**re**).

Los verbos de los dos primeros grupos son regulares, salvo algunas excepciones que señalaremos más adelante, mientras que los del tercero son más o menos irregulares y su conjugación la damos en la lista incluida al final de la gramática.

PARTICULARIDADES DE CIERTOS VERBOS

1.er GRUPO. — Los verbos de este grupo son todos regulares excepto *aller* y *envoyer,* aunque algunos tienen ciertos cambios ortográficos que enumeramos a continuación:

Los verbos acabados en **-cer** (*lancer*) toman una cedilla en la *c* delante de *a* u *o* (*il lança, nous lançons*).

En los verbos acabados en **-ger** (*manger*) se añade una *e* después de la *g* delante de *a* u *o* (*je mangeai, nous mangeons*).

Los verbos acabados en **-eler** (*appeler*) o **-eter** (*jeter*) duplican la *l* o la *t* delante de *e* muda (*tu appelles, il jette*), excepto algunos como *acheter, ciseler, déceler, démanteler, écarteler, fureter, geler, haleter, marteler, modeler, peler, receler,* etc. que no repiten la *l* o la *t* pero toman un acento grave en la *e* (*il gèle, tu achètes*).

Los verbos acabados en **-yer** (*appuyer, coudoyer*) sustituyen la *y* por una *i* delante de *e* muda (*il appuie ; il coudoie*). Sin embargo los verbos cuyo infinitivo acaba en **-ayer** (*payer*) pueden ya sea cambiar la *y* por una *i* (*il paie*) ya conservarla (*il paye*), y aquellos cuya terminación es **-eyer** (*grasseyer*) no sufren ningún cambio (*il grasseye*).

Los verbos terminados en **-ier** (*prier*) tienen dos i seguidas en la 1.a y 2.a persona del plural del imperfecto de indicativo (*nous priions ; vous priiez*) y del presente de subjuntivo (*que nous priions ; que vous priiez*).

Los verbos que tienen una **e muda** (*soulever*) o una **é cerrada** (*espérer*) en la penúltima sílaba del infinitivo cambian estas vocales en *è* abierta cuando la sílaba siguiente es muda (*je soulève ; il espère*).

OBSERVACIÓN. Los verbos que tienen estas características no llevan asterisco en el cuerpo del diccionario.

2.o GRUPO. — El verbo **bénir** tiene dos participios pasados: *bénit,* empleado para las cosas consagradas (*pain bénit*) y *béni,* en los demás casos y en los tiempos compuestos (*il a béni la foule*).

El verbo **fleurir** cuando significa prosperar hace *florissant* en gerundio y *florissais,* etc. en el imperfecto de indicativo. **Haïr** lleva siempre diéresis, excepto en el singular del presente de indicativo y en imperativo (*je hais, tu hais, il hait ; hais*), lo que modifica la pronunciación.

3.o GRUPO. — V. a continuación la conjugación de los tres modelos y la lista de verbos irregulares.

CHANTER (radical *chant-*).

Las terminaciones están en negrillas y los tiempos compuestos en cursiva

Infinitivo : chant**er**
Gerundio : chant**ant**
Participio : chant**é**

INDICATIVO

presente

Je chant**e**
Tu chant**es**
Il chant**e**
Nous chant**ons**
Vous chant**ez**
Ils chant**ent**

imperfecto

Je chant**ais**
Tu chant**ais**
Il chant**ait**
Nous chant**ions**
Vous chant**iez**
Ils chant**aient**

pret. indefinido

Je chant**ai**
Tu chant**as**
Il chant**a**
Nous chant**âmes**
Vous chant**âtes**
Ils chant**èrent**

pret. perfecto

J'ai chanté
Tu as chanté
Il a chanté
Nous avons chanté
Vous avez chanté
Ils ont chanté

pret. anterior

J'eus chanté
Tu eus chanté
Il eut chanté
Nous eûmes chanté
Vous eûtes chanté
Ils eurent chanté

pluscuamperfecto

J'avais chanté
Tu avais chanté
Il avait chanté
Nous avions chanté
Vous aviez chanté
Ils avaient chanté

futuro

Je chant**erai**
Tu chant**eras**
Il chant**era**
Nous chant**erons**
Vous chant**erez**
Ils chant**eront**

futuro perfecto

J'aurai chanté
Tu auras chanté
Il aura chanté
Nous aurons chanté
Vous aurez chanté
Ils auront chanté

POTENCIAL

simple

Je chant**erais**
Tu chant**erais**
Il chant**erait**
Nous chant**erions**
Vous chant**eriez**
Ils chant**eraient**

compuesto 1ª forma

J'aurais chanté
Tu aurais chanté
Il aurait chanté
Nous aurions chanté
Vous auriez chanté
Ils auraient chanté

compuesto 2ª forma

J'eusse chanté
Tu eusses chanté
Il eût chanté
Nous eussions chanté
Vous eussiez chanté
Ils eussent chanté

IMPERATIVO

presente

Chant**e**
Chant**ons**
Chant**ez**

El imperativo no tiene ni 1ª ni 3ª persona del singular ni tampoco 3ª persona del plural.

SUBJUNTIVO

presente

Que je chant**e**
Que tu chant**es**
Qu'il chant**e**
Que nous chant**ions**
Que vous chant**iez**
Qu'ils chant**ent**

imperfecto

Que je chant**asse**
Que tu chant**asses**
Qu'il chant**ât**
Que nous chant**assions**
Que vous chant**assiez**
Qu'ils chant**assent**

pret. perfecto

Que j'aie chanté
Que tu aies chanté
Qu'il ait chanté
Que nous ayons chanté
Que vous ayez chanté
Qu'ils aient chanté

pluscuamperfecto

Que j'eusse chanté
Que tu eusses chanté
Qu'il eût chanté
Que nous eussions chanté
Que vous eussiez chanté
Qu'ils eussent chanté

FINIR (radical *fin*-).

Las terminaciones están en negrillas y los tiempos compuestos en cursiva

Infinitivo : finir
Gerundio : finissant
Participio : fini

INDICATIVO

presente

Je finis
Tu finis
Il finit
Nous finissons
Vous finissez
Ils finissent

imperfecto

Je finissais
Tu finissais
Il finissait
Nous finissions
Vous finissiez
Ils finissaient

pret. indefinido

Je finis
Tu finis
Il finit
Nous finîmes
Vous finîtes
Ils finirent

pret. perfecto

J'ai fini
Tu as fini
Il a fini
Nous avons fini
Vous avez fini
Ils ont fini

pret. anterior

J'eus fini
Tu eus fini
Il eut fini
Nous eûmes fini
Vous eûtes fini
Ils eurent fini

pluscuamperfecto

J'avais fini
Tu avais fini
Il avait fini
Nous avions fini
Vous aviez fini
Ils avaient fini

futuro

Je finirai
Tu finiras
Il finira
Nous finirons
Vous finirez
Ils finiront

futuro perfecto

J'aurai fini
Tu auras fini
Il aura fini
Nous aurons fini
Vous aurez fini
Ils auront fini

POTENCIAL

simple

Je finirais
Tu finirais
Il finirait
Nous finirions
Vous finiriez
Ils finiraient

compuesto 1a forma

J'aurais fini
Tu aurais fini
Il aurait fini
Nous aurions fini
Vous auriez fini
Ils auraient fini

compuesto 2a forma

J'eusse fini
Tu eusses fini
Il eût fini
Nous eussions fini
Vous eussiez fini
Ils eussent fini

IMPERATIVO

presente

Finis
Finissons
Finissez

El imperativo no tiene ni 1a ni 3a persona del singular ni tampoco 3a persona del plural.

SUBJUNTIVO

presente

Que je finisse
Que tu finisses
Qu'il finisse
Que nous finissions
Que vous finissiez
Qu'ils finissent

imperfecto

Que je finisse
Que tu finisses
Qu'il finît
Que nous finissions
Que vous finissiez
Qu'ils finissent

pret. perfecto

Que j'aie fini
Que tu aies fini
Qu'il ait fini
Que nous ayons fini
Que vous ayez fini
Qu'ils aient fini

pluscuamperfecto

Que j'eusse fini
Que tu eusses fini
Qu'il eût fini
Que nous eussions fini
Que vous eussiez fini
Qu'ils eussent fini

MENTIR

Las terminaciones están en negrillas y los tiempos compuestos en cursiva

Infinitivo : ment**ir**
Gerundio : ment**ant**
Participio : ment**i**

INDICATIVO

presente

Je men**s**
Tu men**s**
Il men**t**
Nous ment**ons**
Vous ment**ez**
Ils ment**ent**

imperfecto

Je ment**ais**
Tu ment**ais**
Il ment**ait**
Nous ment**ions**
Vous ment**iez**
Ils ment**aient**

pret. indefinido

Je ment**is**
Tu ment**is**
Il ment**it**
Nous ment**îmes**
Vous ment**îtes**
Ils ment**irent**

pret. perfecto

J'ai menti
Tu as menti
Il a menti
Nous avons menti
Vous avez menti
Ils ont menti

pret. anterior

J'eus menti
Tu eus menti
Il eut menti
Nous eûmes menti
Vous eûtes menti
Ils eurent menti

pluscuamperfecto

J'avais menti
Tu avais menti
Il avait menti
Nous avions menti
Vous aviez menti
Ils avaient menti

futuro

Je ment**irai**
Tu ment**iras**
Il ment**ira**
Nous ment**irons**
Vous ment**irez**
Ils ment**iront**

futuro perfecto

J'aurai menti
Tu auras menti
Il aura menti
Nous aurons menti
Vous aurez menti
Ils auront menti

POTENCIAL

simple

Je ment**irais**
Tu ment**irais**
Il ment**irait**
Nous ment**irions**
Vous ment**iriez**
Ils ment**iraient**

compuesto 1a forma

J'aurais menti
Tu aurais menti
Il aurait menti
Nous aurions menti
Vous auriez menti
Ils auraient menti

compuesto 2a forma

J'eusse menti
Tu eusses menti
Il eût menti
Nous eussions menti
Vous eussiez menti
Ils eussent menti

IMPERATIVO

presente

Men**s**
Ment**ons**
Ment**ez**

El imperativo no tiene ni 1a ni 3a persona del singular ni tampoco 3a persona del plural.

SUBJUNTIVO

presente

Que je ment**e**
Que tu ment**es**
Qu'il ment**e**
Que nous ment**ions**
Que vous ment**iez**
Qu'ils ment**ent**

imperfecto

Que je ment**isse**
Que tu ment**isses**
Qu'il ment**ît**
Que nous ment**issions**
Que vous ment**issiez**
Qu'ils ment**issent**

pret. perfecto

Que j'aie menti
Que tu aies menti
Qu'il ait menti
Que nous ayons menti
Que vous ayez menti
Qu'ils aient menti

pluscuamperfecto

Que j'eusse menti
Que tu eusses menti
Qu'il eût menti
Que nous eussions menti
Que vous eussiez menti
Qu'ils eussent menti

RECEVOIR

Las terminaciones están en negrillas y los tiempos compuestos en cursiva

Infinitivo : recev**oir**
Gerundio : recev**ant**
Participio : reç**u**

INDICATIVO

presente

Je reç**ois**
Tu reç**ois**
Il reç**oit**
Nous recev**ons**
Vous recev**ez**
Ils reç**oivent**

imperfecto

Je recev**ais**
Tu recev**ais**
Il recev**ait**
Nous recev**ions**
Vous recev**iez**
Ils recev**aient**

pret. indefinido

Je reç**us**
Tu reç**us**
Il reç**ut**
Nous reç**ûmes**
Vous reç**ûtes**
Ils reç**urent**

pret. perfecto

J'ai reçu
Tu as reçu
Il a reçu
Nous avons reçu
Vous avez reçu
Ils ont reçu

pret. anterior

J'eus reçu
Tu eus reçu
Il eut reçu
Nous eûmes reçu
Vous eûtes reçu
Ils eurent reçu

pluscuamperfecto

J'avais reçu
Tu avais reçu
Il avait reçu
Nous avions reçu
Vous aviez reçu
Ils avaient reçu

futuro

Je recev**rai**
Tu recev**ras**
Il recev**ra**
Nous recev**rons**
Vous recev**rez**
Ils recev**ront**

futuro perfecto

J'aurai reçu
Tu auras reçu
Il aura reçu
Nous aurons reçu
Vous aurez reçu
Ils auront reçu

POTENCIAL

simple

Je recev**rais**
Tu recev**rais**
Il recev**rait**
Nous recev**rions**
Vous recev**riez**
Ils recev**raient**

compuesto 1ª forma

J'aurais reçu
Tu aurais reçu
Il aurait reçu
Nous aurions reçu
Vous auriez reçu
Ils auraient reçu

compuesto 2ª forma

J'eusse reçu
Tu eusses reçu
Il eût reçu
Nous eussions reçu
Vous eussiez reçu
Ils eussent reçu

IMPERATIVO

presente

Reç**ois**
Recev**ons**
Recev**ez**

El imperativo no tiene ni 1ª ni 3ª persona del singular ni tampoco 3ª persona del plural.

SUBJUNTIVO

presente

Que je reç**oive**
Que tu reç**oives**
Qu'il reç**oive**
Que nous recev**ions**
Que vous recev**iez**
Qu'ils reç**oivent**

imperfecto

Que je reç**usse**
Que tu reç**usses**
Qu'il reç**ût**
Que nous reç**ussions**
Que vous reç**ussiez**
Qu'ils reç**ussent**

pret. perfecto

Que j'aie reçu
Que tu aies reçu
Qu'il ait reçu
Que nous ayons reçu
Que vous ayez reçu
Qu'ils aient reçu

pluscuamperfecto

Que j'eusse reçu
Que tu eusses reçu
Qu'il eût reçu
Que nous eussions reçu
Que vous eussiez reçu
Qu'ils eussent reçu

RENDRE

Las terminaciones están en negrillas y los tiempos compuestos en cursiva

Infinitivo : rend**re**
Gerundio : rend**ant**
Participio : rend**u**

INDICATIVO

presente

Je rend**s**
Tu rend**s**
Il rend
Nous rend**ons**
Vous rend**ez**
Ils rend**ent**

imperfecto

Je rend**ais**
Tu rend**ais**
Il rend**ait**
Nous rend**ions**
Vous rend**iez**
Ils rend**aient**

pret. indefinido

Je rend**is**
Tu rend**is**
Il rend**it**
Nous rend**îmes**
Vous rend**îtes**
Ils rend**irent**

pret. perfecto

*J'ai rend***u**
*Tu as rend***u**
*Il a rend***u**
*Nous avons rend***u**
*Vous avez rend***u**
*Ils ont rend***u**

pret. anterior

*J'eus rend***u**
*Tu eus rend***u**
*Il eut rend***u**
*Nous eûmes rend***u**
*Vous eûtes rend***u**
*Ils eurent rend***u**

pluscuamperfecto

*J'avais rend***u**
*Tu avais rend***u**
*Il avait rend***u**
*Nous avions rend***u**
*Vous aviez rend***u**
*Ils avaient rend***u**

futuro

Je rend**rai**
Tu rend**ras**
Il rend**ra**
Nous rend**rons**
Vous rend**rez**
Ils rend**ront**

futuro perfecto

*J'aurai rend***u**
*Tu auras rend***u**
*Il aura rend***u**
*Nous aurons rend***u**
*Vous aurez rend***u**
*Ils auront rend***u**

POTENCIAL

simple

Je rend**rais**
Tu rend**rais**
Il rend**rait**
Nous rend**rions**
Vous rend**riez**
Ils rend**raient**

compuesto 1a forma

*J'aurais rend***u**
*Tu aurais rend***u**
*Il aurait rend***u**
*Nous aurions rend***u**
*Vous auriez rend***u**
*Ils auraient rend***u**

compuesto 2a forma

*J'eusse rend***u**
*Tu eusses rend***u**
*Il eût rend***u**
*Nous eussions rend***u**
*Vous eussiez rend***u**
*Ils eussent rend***u**

IMPERATIVO

presente

Rend**s**
Rend**ons**
Rend**ez**

El imperativo no tiene ni 1a ni 3a persona del singular ni tampoco 3a persona del plural.

SUBJUNTIVO

presente

Que je rend**e**
Que tu rend**es**
Qu'il rend**e**
Que nous rend**ions**
Que vous rend**iez**
Qu'ils rend**ent**

imperfecto

Que je rend**isse**
Que tu rend**isses**
Qu'il rend**ît**
Que nous rend**issions**
Que vous rend**issiez**
Qu'ils rend**issent**

pret. perfecto

*Que j'aie rend***u**
*Que tu aies rend***u**
*Qu'il ait rend***u**
*Que nous ayons rend***u**
*Que vous ayez rend***u**
*Qu'ils aient rend***u**

pluscuamperfecto

*Que j'eusse rend***u**
*Que tu eusses rend***u**
*Qu'il eût rend***u**
*Que nous eussions rend***u**
*Que vous eussiez rend***u**
*Qu'ils eussent rend***u**

LISTA DE VERBOS IRREGULARES

A

absoudre. — *Ind. pres.* J'absous, tu absous, il absout, nous absolvons, vous absolvez, ils absolvent ; *Imperf.* j'absolvais... nous absolvions... ; *Pret. indef.* (carece) ; *Fut.* j'absoudrai... nous absoudrons... ; *Pot. simple* j'absoudrais... nous absoudrions... ; *Imper.* absous, absolvons, absolvez ; *Subj. pres.* que j'absolve... que nous absolvions... ; *Imperf.* (carece) ; *Ger.* absolvant ; *P. p.* absous, absoute.
abstenir (*s'*). — Como *venir.*
abstraire. — Como *traire.*
accourir. — Como *courir.*
accroître. — Como *croître*, pero el *participio* (accru) no lleva acento circunflejo.
accueillir. — Como *cueillir.*
acquérir. — *Ind. pres.* J'acquiers, tu acquiers, il acquiert, nous acquérons, vous acquérez, ils acquièrent ; *Imperf.* j'acquérais... nous acquérions... ; *Fut.* j'acquerrai... nous acquerrons... ; *Pot. simple* j'acquerrais... nous acquerrions... ; *Imper.* acquiers, acquérons, acquérez ; *Subj. pres.* que j'acquière... que nous acquérions... ; *Imperf.* que j'acquisse... que nous acquissions... ; *Ger.* acquérant ; *P. p.* acquis, acquise.
adjoindre. — Como *craindre.*
admettre. — Como *mettre.*
advenir. — Como *venir.*
aller. — *Ind. pres.* Je vais, tu vas, il va, nous allons, vous allez, ils vont ; *Imperf.* j'allais... nous allions... ; *Pret. indef.* j'allai... nous allâmes... ; *Fut.* j'irai... nous irons... ; *Pot. simple* j'irais... nous irions... ; *Imper.* va, allons, allez ; *Subj. pres.* que j'aille... que nous allions, que vous alliez, qu'ils aillent ; *Imperf.* que j'allasse... que nous allassions... ; *Ger.* allant ; *P. p.* allé, allée.
apercevoir. — Como *recevoir.*
apparaître. — Como *paraître.*
apparoir. — Término jurídico usado solamente en el *Infinitivo* y en la tercera persona del singular del *Ind. pres.* (il appert).
appartenir. — Como *venir.*
apprendre. — Como *prendre.*
assaillir. — Como *tressaillir.*
asseoir. — *Ind. pres.* J'assieds, tu assieds, il assied, nous asseyons, vous asseyez, ils asseyent... *o* j'assois, tu assois..., etc. ; *Imperf.* j'asseyais... nous asseyions *o* j'assoyais... ; *Pret. indef.* j'assis... nous assîmes... ; *Fut.* j'assiérai... nous assiérons... *o* j'assoirai... ; *Pot simple* j'assiérais... nous assiérions... *o* j'assoirais... ; *Imper.* assieds, asseyons, asseyez *o* assois... ; *Subj. pres.* que j'asseye... que nous asseyions... *o* que j'assoie... ; *Imperf.* que j'assisse... que nous assissions... ; *Ger.* asseyant *o* assoyant ; *P. p.* assis, assise.
astreindre. — Como *craindre.*
atteindre. — Como *craindre.*
attendre. — Como *rendre.*
avoir. — V. conjugación, pág. 437.

B

battre. — Como *mettre.*
boire. — *Ind. pres.* Je bois, tu bois, il boit, nous buvons, vous buvez, ils boivent ; *Imperf.* je buvais... ; *Pret. indef.* je bus... nous bûmes... ; *Fut.* je boirai... ; *Pot. simple* je boirais... ; *Imper.* bois, buvons, buvez ; *Subj. pres.* que je boive... que nous buvions... ; *Imperf.* que je busse... que nous bussions... ; *Ger.* buvant ; *P. p.* bu, bue.
bouillir. — *Ind. pres.* Je bous, tu bous, il bout, nous bouillons, vous bouillez, ils bouillent ; *Imperf.* je bouillais... ; *Pret. indef.* je bouillis... ; *Fut.* je bouillirai ; *Pot. simple* je bouillirais... ; *Imper.* bous, bouillons, bouillez ; *Subj. pres.* que je bouille... que nous bouillions... ; *Imperf.* que je bouillisse... que nous bouillissions... ; *Ger.* bouillant ; *P. p.* bouilli, bouillie.
braire. — Se emplea solamente en el *Infinitivo* y en las terceras personas del *Ind. pres.* il brait, ils braient ; del *Fut.* il braira, ils brairont ; del *Pot. simple* il brairait, ils brairaient.
bruire. — Sólo se usa en las formas siguientes : bruire, il bruit, ils bruissent ; il bruyait, ils bruyaient *o* il bruissait, ils bruissaient.

C

ceindre. — Como *craindre.*
chaloir. — Verbo anticuado que hoy sólo se usa en las loc. ***il ne m'en chaut, peu m'en chaut, peu me chaut.***
choir. — Sólo se emplea en el *Infinitivo* y en el *P. p.* chu, chue.
circoncire. — *P. p.* circoncis, circoncise.
circonscrire. — Como *écrire.*
circonvenir. — Como *venir.*
clore. — *Ind. pres.* Je clos, tu clos, il clôt (carece de plur.) ; *Fut.* Je clo-

rai... ; *Pot. simple* je clorais... ; *Imper.* clos ; *Subj. pres.* que je close... ; *P. p.* clos, close.

combattre. — Como *battre.*

commettre. — Como *mettre.*

comparaître. — Como *paraître.*

comparoir. — Término jurídico usado solamente en el *Infinitivo* y en el *Ger.* comparant, comparante.

complaire. — Como *plaire.*

comprendre. — Como *prendre.*

compromettre. — Como *mettre.*

concevoir. — Como *recevoir.*

conclure. — *Ind. pres.* Je conclus, tu conclus, il conclut, nous concluons, vous concluez, ils concluent. *Imperf.* je concluais... nous concluions... ; *Pret. indef.* je conclus... nous conclûmes... ; *Fut.* je conclurai... ; *Pot. simple* je conclurais... ; *Imper.* conclus, concluons, concluez ; *Subj. pres.* que je conclue, que nous concluions... ; *Imperf.* que je conclusse... que nous conclussions... ; *Ger.* concluant ; *P. p.* conclu, conclue.

concourir. — Como *courir.*

condescendre. — Como *rendre.*

conduire. — *Ind. pres.* Je conduis... nous conduisons... ; *Imperf.* je conduisais... nous conduisions... ; *Pret. indef.* je conduisis... nous conduisîmes ; *Fut.* je conduirai... ; *Pot. simple* je conduirais... ; *Imper.* conduis, conduisons, conduisez ; *Subj. pres.* que je conduise... que nous conduisions... ; *Imperf.* que je conduisisse... que nous conduisissions... ; *Ger.* conduisant ; *P. p.* conduit, conduite.

confire. — *Ind. pres.* Je confis, tu confis, il confit, nous confisons, vous confisez, ils confisent ; *Imperf.* je confisais... ; *Pret indef.* je confis, nous confîmes... ; *Fut.* je confirai... ; *Pot. simple* je confirais... ; *Imper.* confis, confisons, confisez ; *Subj. pres.* que je confise... que nous confisions... ; *Imperf.* (p. us.) ; *Ger.* confisant ; *P. p.* confit, confite.

conjoindre. — Como *craindre.*

connaître. — *Ind. pres.* Je connais, tu connais, il connaît, nous connaissons, vous connaissez, ils connaissent ; *Imperf.* je connaissais... ; *Pret. indef.* je connus, nous connûmes... ; *Fut.* je connaîtrai... ; *Pot. simple* je connaîtrais... nous connaîtrions... ; *Imper.* connais, connaissons, connaissez ; *Subj. pres.* que je connaisse... que nous connaissions... ; *Imperf.* que je connusse... que nous connussions ; *Ger.* connaissant ; *P. p.* connu, connue.

conquérir. — Como *acquérir.*

consentir. — Como *mentir.*

construire. — Como *conduire.*

contenir. — Como *venir.*

contraindre. — Como *craindre.*

contredire. — Como *dédire.*

contrefaire. — Como *faire.*

contrevenir. — Como *venir.*

convaincre. — Como *vaincre.*

convenir. — Como *venir.*

correspondre. — Como *rendre.*

corrompre. — Como *rompre.*

coudre. — *Ind. pres.* Je couds, tu couds, il coud, nous cousons, vous cousez, ils cousent ; *Imperf.* je cousais... nous cousions... ; *Pret. indef.* je cousis... nous cousîmes... ; *Fut.* je coudrai... nous coudrons... ; *Imper.* couds, cousons, cousez ; *Subj. pres.* que je couse... que nous cousions... ; *Imperf.* que je cousisse... que nous cousissions... ; *Ger.* cousant ; *P. p.* cousu, cousue.

courir. — *Ind. pres.* Je cours, tu cours, il court, nous courons, vous courez, ils courent ; *Imperf.* je courais... ; *Pret. indef.* je courus... nous courûmes... ; *Fut.* je courrai... nous courrons... ; *Pot. simple* je courrais... nous courrions... ; *Imper.* cours, courons, courez ; *Subj. pres.* que je coure... que nous courions... ; *Imperf.* que je courusse... que nous courussions... ; *Ger.* courant ; *P. p.* couru, courue.

couvrir. — Como *ouvrir.*

craindre. — *Ind. pres.* Je crains, tu crains, il craint, nous craignons, vous craignez, ils craignent ; *Imperf.* je craignais... ; *Pret. indef.* je craignis... nous craignîmes... ; *Fut.* je craindrai... nous craindrons... ; *Pot. simple* je craindrais... nous craindrions... ; *Imper.* crains, craignons, craignez ; *Subj. pres.* que je craigne... que nous craignions... ; *Imperf.* que je craignisse... que nous craignissions... ; *Ger.* craignant ; *P. p.* craint, crainte.

croire. — *Ind. pres.* Je crois, tu crois, il croit, nous croyons, vous croyez, ils croient ; *Imperf.* je croyais... nous croyions... ; *Pret. indef.* je crus... nous crûmes... ; *Fut.* je croirai... nous croirons... ; *Pot. simple* je croirais... nous croirions... ; *Imper.* crois, croyons, croyez ; *Subj. pres.* que je croie... que nous croyions... ; *Imperf.* que je crusse... que nous crussions... ; *Ger.* croyant ; *P. p.* cru, crue.

croître. — *Ind. pres.* Je croîs, tu croîs, il croît, nous croissons, vous croissez, ils croissent ; *Imperf.* je croissais... ; *Pret. indef.* je crûs... nous crûmes... ; *Fut.* je croîtrai... nous croîtrons... ; *Pot. simple* je croîtrais... nous croîtrions... ; *Imper.* croîs, croissons, croissez ; *Subj. pres.* que je croisse... que nous croissions... ; *Imperf.* que je crusse... que nous crussions... *Ger.* croissant ; *P. p.* crû, crue.

cueillir. — *Ind. pres.* Je cueille... nous cueillons... ; *Imperf.* je cueillais... ; *Pret. indef.* je cueillis... nous cueillîmes... ; *Fut.* je cueillerai... nous cueillerons... ; *Pot. simple* je cueillerais... nous cueillerions ; *Imper.* cueille, cueillons, cueillez ; *Subj. pres.* que je cueille... que nous cueillions... ; *Imperf.* que je cueillisse... que nous cueillissions... ; *Ger.* cueillant ; *P. p.* cueilli, cueillie.

cuire. — Como *conduire.*

D

débattre. — Como *battre.*

décevoir. — Como *recevoir.*

déchoir. — *Ind. pres.* Je déchois... nous déchoyons, vous déchoyez, ils déchoient ; *Imperf.* (p. us.) ; *Pret. indef.* je déchus... nous déchûmes... ; *Fut.* je décherrai... ; *Pot. simple* je décherrais... ; no hay *Imperativo ; Subj. pres.* que je déchoie... que nous déchoyions... ; *Imperf.* que je déchusse... que nous déchussions ; no hay *Gerundio ; P. p.* déchu, déchue.

découdre. — Como *coudre.*

découvrir. — Como *couvrir.*

décrire. — Como *écrire.*

décroître. — Como *croître ;* pero el *P. p.* (décru) no lleva acento circunflejo.

dédire. — Como *dire,* salvo en la segunda persona del pl. del *Ind. pres.* (vous dédisez), y del *Imper.* (dédisez).

déduire. — Como *conduire.*

défaillir. — Sólo se emplea en los *tiempos compuestos,* en las personas y en los tiempos simples siguientes : *Ind. pres.* nous défaillons, vous défaillez, ils défaillent ; *Imperf.* je défaillais... nous défaillions... ; *Pret. indef.* je défaillis... nous défaillîmes... ; *Fut.* (p. us.) je défaillirai... ; *Pot. simple* (p. us.) je défaillirais... ; *Subj. pres.* que je défaille... ; *Imperf.* que je défaillisse... ; *Ger.* défaillant ; *P. p.* défailli, défaillie.

défaire. — Como *faire.*

défendre. — Como *rendre.*

démentir. — Como *mentir.*

démettre. — Como *mettre.*

dépeindre. — Como *craindre.*

dépendre. — Como *rendre.*

déplaire. — Como *plaire.*

déprendre (*se*). — Como *prendre.*

descendre. — Como *rendre.*

desservir. — Como *servir.*

déteindre. — Como *craindre.*

détendre. — Como *rendre.*

détenir. — Como *venir.*

détruire. — Como *conduire.*

devenir. — Como *venir.*

dévêtir. — Como *vêtir.*

devoir. — *Ind. pres.* Je dois... nous devons, vous devez, ils doivent ; *Imperf.* je devais... nous devions... ; *Pret. indef.* je dus... nous dûmes... ; *Fut.* je devrai... nous devrons... ; *Pot. simple* je devrais... nous devrions... ; *Imper.* dois, devons, devez ; *Subj. pres.* que je doive... que nous devions... ; *Imperf.* que je dusse... que nous dussions... ; *Ger.* devant ; *P. p.* dû, due.

dire. — *Ind. pres.* Je dis, tu dis, il dit, nous disons, vous dites, ils disent ; *Imperf.* je disais... ; *Pret. indef.* je dis... nous dîmes... ; *Fut.* je dirai... nous dirons... ; *Pot. simple* je dirais... nous dirions... ; *Imper.* dis, disons, dites ; *Subj. pres.* que je dise... que nous disions... ; *Imperf.* que je disse... que nous dissions... ; *Ger.* disant ; *P. p.* dit, dite.

disconvenir. — Como *venir.*

discourir. — Como *courir.*

disjoindre. — Como *craindre.*

disparaître. — Como *paraître.*

dissoudre. — Como *absoudre.*

distendre. — Como *rendre.*

distordre. — Como *rendre.*

distraire. — Como *traire.*

dormir. — *Ind. pres.* Je dors, tu dors, il dort, nous dormons, vous dormez, ils dorment ; *Imperf.* je dormais... nous dormions, etc.

E

échoir. — Sólo se emplea en las personas y en los tiempos siguientes : *Ind. pres.* Il échoit ; *Pret. indef.* j'échus... nous échûmes... ; *Fut.* j'écherrai... ; *Pot. simple* j'écherrais... ; *Subj. pres.* qu'il échée *o* qu'il échoie, qu'ils échéent *o* qu'ils échoient ; *Imperf.* que j'échusse... ; *Ger.* échéant ; *P. p.* échu, échue, y en las terceras personas de los *tiempos compuestos.*

éclore. — Usado solamente en el *Infinitivo* y en las terceras personas del *Ind. pres.* il éclôt, ils éclosent ; del *Fut.* il éclora, ils écloront ; del *Pot. simple* il éclorait, ils écloraient ; del *Subj. pres.* qu'il éclose, qu'ils éclosent ; *P. p.* éclos, éclose ; y en los *tiempos compuestos* con *être.*

éconduire. — Como *conduire.*

écrire. — *Ind. pres.* J'écris, tu écris, il écrit, nous écrivons, vous écrivez, ils écrivent ; *Imperf.* j'écrivais... ; *Pret. indef.* j'écrivis... nous écrivîmes... ; *Fut.* j'écrirai... nous écrirons... ; *Pot. simple* j'écrirais... nous écririons... ; *Imper.* écris, écrivons, écrivez ; *Subj. pres.* que j'écrive... que nous écrivions... ; *Imperf.* que j'écrivisse... que nous écrivissions... ; *Ger.* écrivant ; *P. p.* écrit, écrite.

élire. — Como *lire.*
émettre. — Como *mettre.*
émouvoir. — Como *mouvoir,* pero el *P. p.* (ému) no lleva acento circunflejo.
empreindre. — Como *craindre.*
enceindre. — Como *ceindre.*
encourir. — Como *courir.*
endormir. — Como *dormir.*
enduire. — Como *conduire.*
enfreindre. — Como *craindre.*
enfuir (*s'*). — Como *fuir.*
enjoindre. — Como *craindre.*
enquérir (*s'*). — Como *acquérir.*
ensuivre (*s'*). — Como *suivre,* pero se emplea solamente en las terceras personas : il s'ensuit, elles s'ensuivirent.
entendre. — Como *rendre.*
entremettre (*s'*). — Como *mettre.*
entreprendre. — Como *prendre.*
entretenir. — Como *venir.*
entrevoir. — Como *voir.*
entrouvrir. — Como *ouvrir.*
envoyer. — *Ind. pres.* J'envoie, tu envoies, il envoie, nous envoyons, vous envoyez, ils envoient; *Imperf.* j'envoyais... nous envoyions, vous envoyiez... ; *Pret. indef.* j'envoyai... nous envoyâmes... ; *Fut.* j'enverrai... nous enverrons... ; *Pot. simple* j'enverrais... nous enverrions... ; *Imper.* envoie, envoyons, envoyez; *Subj. pres.* que j'envoie... que nous envoyions, que vous envoyiez... ; *Imperf.* que j'envoyasse... que nous envoyassions... ; *Ger.* envoyant; *P. p.* envoyé, envoyée.
éprendre (*s'*). — Como *prendre.*
équivaloir. — Como *valoir.*
éteindre. — Como *craindre.*
étendre. — Como *rendre.*
être. — V. conjugación, pág. 438.
étreindre. — Como *craindre.*
exclure. — Como *conclure.*
extraire. — Como *traire.*

F

faillir. — Sólo se emplea en el *Pret. indef.* Je faillis... nous faillîmes... ; *Fut.* je faudrai *o* je faillirai... ; *Pot. simple* je faudrais *o* je faillirais... ; *Ger.* faillant; *P. p.* failli, faillie; y en los *tiempos compuestos.*
faire. — *Ind. pres.* Je fais, tu fais, il fait, nous faisons, vous faites, ils font; *Imperf.* je faisais... ; *Pret. indef.* je fis... nous fîmes... ; *Fut.* je ferai... nous ferons... ; *Pot. simple* je ferais... nous ferions... ; *Imper.* fais, faisons, faites; *Subj. pres.* que je fasse... que nous fassions... ; *Imperf.* que je fisse... que nous fissions... ; *Ger.* faisant; *P. p.* fait, faite.
falloir. — Verbo impersonal : *Ind. pres.* il faut; *Imperf.* il fallait; *Pret. indef.* il fallut; *Fut.* il faudra; *Pot. simple* il faudrait; *Subj. pres.* qu'il faille; *Imperf.* qu'il fallût; *P. p.* fallu.
feindre. — Como *craindre.*
fendre. — Como *rendre.*
férir. — Sólo ha conservado el *Infinitivo* y el *P. p.* féru, férue.
fleurir. — Con el sentido de *prosperar* el participio pres. de este verbo es *florissant* y el imperf. *je florissais,* etc.
forclore. — Se emplea solamente en el *Infinitivo* y en el *P. p.* forclos, forclose.
forfaire. — Sólo se usa en el *Infinitivo* y en los *tiempos compuestos.*
frire. — Sólo se usa en las formas siguientes : *Ind. pres.* je fris, tu fris, il frit (carece de plur.) ; *Fut.* je frirai... nous frirons... ; *Pot. simple* je frirais... nous fririons... ; *Imper.* segunda pers. sing. fris; *P. p.* frit, frite.
fuir. — *Ind. pres.* Je fuis, tu fuis, il fuit, nous fuyons, vous fuyez, ils fuient; *Imperf.* je fuyais... nous fuyions, vous fuyiez... ; *Pret. indef.* je fuis... nous fuîmes... ; *Fut.* je fuirai... nous fuirons... ; *Pot. simple* je fuirais... nous fuirions... ; *Imper.* fuis, fuyons, fuyez; *Subj. pres.* que je fuie... que nous fuyions, que vous fuyiez... ; *Imperf.* que je fuisse... que nous fuissions... ; *Ger.* fuyant; *P. p.* fui, fuie.

G

geindre. — Como *craindre.*
gésir. — Sólo se usa en las personas y en los tiempos siguientes : *Ind. pres.* il gît, nous gisons, vous gisez, ils gisent; *Imperf.* je gisais... nous gisions... ; *Ger.* gisant.

H

haïr. — Pierde la diéresis en sing. del *Ind. pres.* je hais, tu hais, il hait; y en el *Imper.* hais.

I

inclure. — Como *conclure,* salvo el *P. p.* que hace inclus, incluse.
inscrire. — Como *écrire.*
instruire. — Como *conduire.*
interdire. — Como *dire,* salvo en la segunda persona del plur. del *Ind. pres.* vous interdisez, y del *Imper.* interdisez.
interrompre. — Como *rompre.*
intervenir. — Como *venir.*
introduire. — Como *conduire.*

J

joindre. — Como *craindre.*

L

lire. — *Ind. pres.* Je lis, tu lis, il lit, nous lisons, vous lisez, ils lisent; *Imperf.* je lisais... nous lisions...; *Pret. indef.* je lus... nous lûmes...; *Fut.* je lirai... nous lirons...; *Pot. simple* je lirais... nous lirions...; *Imper.* lis, lisons, lisez; *Subj. pres.* que je lise... que nous lisions...; *Imperf.* que je lusse... que nous lussions...; *Ger.* lisant; *P. p.* lu, lue.

luire. — *Ind. pres.* Je luis, tu luis, il luit, nous luisons, vous luisez, ils luisent; *Imperf.* je luisais... nous luisions...; carece de *Pret. indef.; Fut.* je luirai... nous luirons...; *Pot. simple* je luirais... nous luirions...; carece de *Imper.; Subj. pres.* que je luise... que nous luisions...; carece de *Imperf.; Ger.* luisant; *P. p.* lui (no tiene femenino).

M

maintenir. — Como *venir.*

maudire. — *Ind. pres.* Je maudis... nous maudissons...; *Imperf.* je maudissais... nous maudissions...; *Pret. indef.* je maudis, nous maudîmes...; *Fut.* je maudirai...; *Pot. simple* je maudirais...; *Imper.* maudis, maudissons, maudissez; *Subj. pres.* que je maudisse...; *Imperf.* que je maudisse, que tu maudisses, qu'il maudît...; *Ger.* maudissant; *P. p.* maudit, maudite.

méconnaître. — Como *connaître.*

médire. — Como *dédire.*

méfaire. — Sólo usado en el *Infinitivo.*

mentir. — V. modelo de conjugación, pág. 442.

méprendre (*se*). — Como *prendre.*

mettre. — *Ind. pres.* Je mets, tu mets, il met, nous mettons, vous mettez, ils mettent; *Imperf.* je mettais; *Pret. indef.* je mis... nous mîmes; *Fut.* je mettrai... nous mettrons...; *Pot. simple* je mettrais... nous mettrions...; *Imper.* mets, mettons, mettez; *Subj. pres.* que je mette... que nous mettions...; *Imperf.* que je misse... que nous missions...; *Ger.* mettant; *P. p.* mis, mise.

morfondre. — Como *rendre.*

moudre. — *Ind. pres.* Je mouds, tu mouds, il moud, nous moulons, vous moulez, ils moulent; *Imperf.* je moulais...; *Pret. indef.* je moulus... nous moulûmes...; *Fut.* je moudrai... nous moudrons...; *Pot. simple* je moudrais... nous moudrions...; *Imper.* mouds, moulons, moulez; *Subj. pres.* que je moule... que nous moulions...; *Imperf.* que je moulusse... que nous moulussions...; *Ger.* moulant; *P. p.* moulu, moulue.

mourir. — *Ind. pres.* Je meurs, tu meurs, il meurt, nous mourons, vous mourez, ils meurent; *Imperf.* je mourais...; *Pret. indef.* je mourus... nous mourûmes...; *Fut.* je mourrai... nous mourrons...; *Pot. simple* je mourrais... nous mourrions...; *Imper.* meurs, mourons, mourez; *Subj. pres.* que je meure... que nous mourions...; *Imperf.* que je mourusse... que nous mourussions...; *Ger.* mourant; *P. p.* mort, morte.

mouvoir. — *Ind. pres.* Je meus, tu meus, il meut, nous mouvons, vous mouvez, ils meuvent; *Imperf.* je mouvais...; *Pret. indef.* je mus... nous mûmes...; *Fut.* je mouvrai... nous mouvrons...; *Pot. simple* je mouvrais... nous mouvrions...; *Imper.* meus, mouvons, mouvez; *Subj. pres.* que je meuve... que nous mouvions...; *Imperf.* que je musse... que nous mussions...; *Ger.* mouvant; *P. p.* mû, mue.

N

naître. — *Ind. pres.* Je nais, tu nais, il naît, nous naissons, vous naissez, ils naissent; *Imperf.* je naissais...; *Pret. indef.* je naquis... nous naquîmes...; *Fut.* je naîtrai... nous naîtrons...; *Imper.* nais, naissons, naissez; *Subj. pres.* que je naisse... que nous naissions...; *Imperf.* que je naquisse... que nous naquissions...; *Ger.* naissant; *P. p.* né, née.

nuire. — Como *luire,* pero posee además un *Imperf. del subj.* que je nuisisse... que nous nuisissions.

O

obtenir. — Como *venir.*

occire. — Hoy sólo se usan el *Infinitivo* y el *Participio pasado* occis, e.

offrir. — Como *ouvrir.*

oindre. — Como *craindre.*

omettre. — Como *mettre.*

ouïr. — Sólo usado en el *Infinitivo,* en el *Ger.* oyant, en el *P. p.* ouï, ouïe y en los *tiempos compuestos.*

ouvrir. — *Ind. pres.* J'ouvre, tu ouvres, il ouvre, nous ouvrons, vous ouvrez, ils ouvrent; *Imperf.* j'ouvrais...; *Pret. indef.* j'ouvris... nous ouvrîmes...; *Fut.* j'ouvrirai... nous ouvrirons...; *Pot. simple* j'ouvrirais...

nous ouvririons...; *Imper.* ouvre, ouvrons, ouvrez; *Subj. pres.* que j'ouvre... que nous ouvrions...; *Imperf.* que j'ouvrisse... que nous ouvrissions...; *Ger.* ouvrant; *P. p.* ouvert, ouverte.

P

paître. — *Ind. pres.* Je pais, tu pais, il paît, nous paissons, vous paissez, ils paissent; *Imperf.* je paissais...; *Fut.* je paîtrai... nous paîtrons...; *Imper.* pais, paissons, paissez; *Subj. pres.* que je paisse... que nous paissions...; *Ger.* paissant. Los demás tiempos no se emplean.
paraître. — Como *connaître.*
parcourir. — Como *courir.*
parfaire. — Como *faire.*
partir. — Como *mentir.*
parvenir. — Como *venir.*
peindre. — Como *craindre.*
pendre. — Como *rendre.*
percevoir. — Como *recevoir.*
perdre. — Como *rendre.*
permettre. — Como *mettre.*
plaindre. — Como *craindre.*
plaire. — *Ind. pres.* Je plais, tu plais, il plaît, nous plaisons, vous plaisez, ils plaisent; *Imperf.* je plaisais... *Pret. indef.* je plus... nous plûmes...; *Fut.* je plairai... nous plairons...; *Pot. simple* je plairais... nous plairions...; *Imper.* plais, plaisons, plaisez; *Subj. pres.* que je plaise... que nous plaisions...; *Imperf.* que je plusse... que nous plussions...; *Ger.* plaisant; *P. p.* plu (no tiene femenino).
pleuvoir. — Verbo impersonal : *Ind. pres.* il pleut; *Imperf.* il pleuvait; *Pret. indef.* il plut; *Fut.* il pleuvra...; *Pot. simple* il pleuvrait; *Subj. pres.* qu'il pleuve; *Imperf.* qu'il plût; *Ger.* pleuvant; *P. p.* plu.
poindre. — Como *craindre.*
pondre. — Como *rendre.*
pourfendre. — Como *rendre.*
poursuivre. — Como *suivre.*
pourvoir. — *Ind. pres.* Je pourvois... nous pourvoyons...; *Imperf.* je pourvoyais... nous pourvoyions...; *Pret. indef.* je pourvus... nous pourvûmes...; *Fut.* je pourvoirai...; *Pot. simple* je pourvoirais...; *Imper.* pourvois, pourvoyons, pourvoyez; *Subj. pres.* que je pourvoie... que nous pourvoyions...; *Imperf.* que je pourvusse... que nous pourvussions...; *Ger.* pourvoyant; *P. p.* pourvu, pourvue.
pouvoir. — *Ind. pres.* Je peux *o* je puis, tu peux, il peut, nous pouvons, vous pouvez, ils peuvent; *Imperf.* je pouvais...; *Pret. indef.* je pus... nous pûmes...; *Fut.* je pourrai... nous pourrons...; *Pot. simple* je pourrais... nous pourrions...; *Imper.* (p. us.); *Subj. pres.* que je puisse... que nous puissions...; *Imperf.* que je pusse... que nous pussions...; *Ger.* pouvant; *P. p.* pu (no tiene femenino).
préconcevoir. — Como *recevoir.*
précontraindre. — Como *craindre.*
prédire. — Como *dédire.*
prendre. — *Ind. pres.* Je prends, tu prends, il prend, nous prenons, vous prenez, ils prennent; *Imperf.* je prenais...; *Pret. indef.* je pris... nous prîmes...; *Fut.* je prendrai... nous prendrons...; *Pot. simple* je prendrais... nous prendrions...; *Imper.* prends, prenons, prenez; *Subj. pres.* que je prenne... que nous prenions...; *Imperf.* que je prisse... que nous prissions...; *Ger.* prenant. *P. p.* pris, prise.
prescrire. — Como *écrire.*
pressentir. — Como *mentir.*
prétendre. — Como *rendre.*
prévaloir. — Como *valoir,* salvo en el *Subj. pres.* que je prévale... que nous prévalions.
prévenir. — Como *venir.*
prévoir. — Como *voir,* salvo en el *Fut.* je prévoirai... nous prévoirons... y en el *Pot. simple* je prévoirais... nous prévoirions.
promettre. — Como *mettre.*
promouvoir. — Sólo usado en el *Infinitivo,* en los *tiempos compuestos :* j'ai promu..., etc., y en la *forma pasiva :* ils sont promus.
proscrire. — Como *écrire.*
provenir. — Como *venir.*

Q

quérir. — Sólo usado en el *Infinitivo.*

R

rabattre. — Como *battre.*
rasseoir. — Como *asseoir.*
ravoir. — Sólo usado en el *Infinitivo.*
rebattre. — Como *battre.*
recevoir. — V. modelo de conjugación, pág. 443.
reconduire. — Como *conduire.*
reconnaître. — Como *connaître.*
reconquérir. — Como *conquérir.*
reconstruire. — Como *construire.*
recoudre. — Como *coudre.*
recourir. — Como *courir.*
recouvrir. — Como *couvrir.*
récrire. — Como *écrire.*
recueillir. — Como *cueillir.*
redevenir. — Como *venir.*

redire. — Como *dire.*
réduire. — Como *conduire.*
réélire. — Como *lire.*
refaire. — Como *faire.*
refondre. — Como *rendre.*
rejoindre. — Como *joindre.*
relire. — Como *lire.*
reluire. — Como *luire.*
remettre. — Como *mettre.*
renaître. — Como *naître.*
rendormir. — Como *dormir.*
rendre. — V. modelo de conjugación, pág. 444.
renvoyer. — Como *envoyer.*
repaître (*se*). — Como *paître;* tiene además un *Pret. indef.* je me repus... nous nous repûmes, y un *P. p.* repu, repue.
répandre. — Como *rendre.*
reparaître. — Como *connaître.*
repentir (*se*). — Como *mentir.*
répondre. — Como *rendre.*
reprendre. — Como *prendre.*
requérir. — Como *acquérir.*
résoudre. — *Ind. pres.* Je résous, tu résous, il résout, nous résolvons, vous résolvez, ils résolvent; *Imperf.* je résolvais...; *Pret. indef.* je résolus... nous résolûmes...; *Fut.* je résoudrai... nous résoudrons...; *Pot. simple* je résoudrais... nous résoudrions...; *Imper.* résous, résolvons, résolvez; *Subj. pres.* que je résolve... que nous résolvions...; *Imperf.* que je résolusse... que nous résolussions...; *Ger.* résolvant; *P. p.* résolu, résolue et résous (sólo en el masculino).
ressentir. — Como *mentir.*
ressortir. — Como *sortir,* en el caso de *volver a salir.* — Pero cuando significa *ser de la competencia de, incumbir,* se conjuga como *finir :* je ressortis, tu ressortis, etc.
ressouvenir (*se*). — Como *venir.*
restreindre. — Como *craindre.*
retenir. — Como *venir.*
retordre. — Como *rendre.*
retransmettre. — Como *mettre.*
revaloir. — Como *valoir.*
revenir. — Como *venir.*
revêtir. — Como *vêtir.*
revivre. — Como *vivre.*
revoir. — Como *voir.*
rire. — *Ind. pres.* Je ris, tu ris, il rit, nous rions, vous riez, ils rient; *Imperf.* je riais... nous riions...; *Pret. indef.* je ris... nous rîmes...; *Fut.* je rirai... nous rirons...; *Pot. simple* je rirais... nous ririons...; *Imper.* ris, rions, riez; *Subj. pres.* que je rie... que nous riions...; *Imperf.* que je risse... que nous rissions...; *Ger.* riant; *P. p.* ri (no tiene femenino).
rompre. — Como *rendre* pero se añade una *t* al radical en la 3ª pers. del pres. de ind.
rouvrir. — Como *ouvrir.*

S

satisfaire. — Como *faire.*
savoir. — *Ind. pres.* Je sais, tu sais, il sait, nous savons, vous savez, ils savent; *Imperf.* je savais...; *Pret. indef.* je sus... nous sûmes...; *Fut.* je saurai... nous saurons...; *Pot. simple* je saurais... nous saurions...; *Imper.* sache, sachons, sachez; *Subj. pres.* que je sache... que nous sachions...; *Imperf.* que je susse... que nous sussions...; *Ger.* sachant; *P. p.* su, sue.
secourir. — Como *courir.*
séduire. — Como *conduire.*
sentir. — Como *mentir.*
seoir (estar sentado, estar situado). — Sólo se emplea en el *Ger.* séant, y en el *P. p.* sis, sise.
seoir (ser conveniente). — Sólo se usa en las terceras personas : *Ind. pres.* il sied, ils siéent; *Imperf.* il seyait, ils seyaient; *Fut.* il siéra, ils siéront; *Pot. simple* il siérait, ils siéraient; *Subj. pres.* qu'il siée, qu'ils siéent. *Ger.* seyant *o* séant.
servir. — Como *mentir.*
sortir. — *Ind. pres.* Je sors, tu sors, il sort, nous sortons, vous sortez, ils sortent. Se conjuga después como *mentir.*
souffrir. — Como *ouvrir.*
soumettre. — Como *mettre.*
sourdre. — Defectivo. Sólo se conjuga en la 3ª pers. del sing. y del pl. del pres. de ind. (*il sourd, ils sourdent*).
sourire. — Como *rire.*
souscrire. — Como *écrire.*
sous-entendre. — Como *rendre.*
soustraire. — Como *traire.*
soutenir. — Como *venir.*
souvenir (*se*). — Como *venir.*
subvenir. — Como *venir.*
suffire. — *Ind. pres.* Je suffis, tu suffis, il suffit, nous suffisons, vous suffisez, ils suffisent; *Imperf.* je suffisais...; *Pret. indef.* Je suffis... nous suffîmes...; *Fut.* je suffirai...; nous suffirons...; *Pot. simple* je suffirais... nous suffirions...; *Imper.* suffis, suffisons, suffisez; *Subj. pres.* que je suffise... que nous suffisions...; *Imperf.* que je suffisse... que nous suffissions...; *Ger.* suffisant; *P. p.* suffi (no tiene femenino).
suivre. — *Ind. pres.* Je suis, tu suis, il suit, nous suivons, vous suivez, ils suivent; *Imperf.* je suivais...; *Pret. indef.* je suivis... nous suivîmes; *Fut.* je suivrai... nous suivrons; *Pot. simple* je suivrais... nous suivrions...; *Imper.* suis, suivons, suivez; *Subj. pres.* que je suive... que nous suivions...; *Imperf.* que je suivisse... que nous suivissions; *Ger.* suivant; *P. p.* suivi, suivie.

surfaire. — Como *faire.*
surprendre. — Como *prendre.*
surseoir. — *Ind. pres.* Je sursois... nous sursoyons...; *Imperf.* je sursoyais... nous sursoyions...; *Pret. indef.* je sursis...; *Fut.* je surseoirai...; *Pot. simple* je surseoirais; *Imper.* sursois, sursoyons, sursoyez; *Subj. pres.* que je sursoie... que nous sursoyions...; *Imperf.* que je sursisse; *Ger.* sursoyant; *P. p.* sursis, sursise.
survenir. — Como *venir.*
survivre. — Como *vivre.*
suspendre. — Como *rendre.*

T

taire. — Como *plaire* (pero *il tait* sin *î*).
teindre. — Como *craindre.*
tendre. — Como *rendre.*
tenir. — Como *venir.*
traduire. — Como *cuire.*
traire. — *Ind. pres.* Je trais, tu trais, il trait, nous trayons, vous trayez, ils traient; *Imperf.* je trayais... nous trayions...; *Pret. indef.* (carece); *Fut.* je trairai... nous trairons...; *Pot. simple* je trairais... nous trairions...; *Imper.* trais, trayons, trayez; *Subj. pres.* que je traie... que nous trayions...; *Imperf.* (carece); *Ger.* trayant; *P. p.* trait, traite.
transcrire. — Como *écrire.*
transmettre. — Como *mettre.*
transparaître. — Como *connaître.*
tressaillir. — *Ind. pres.* Je tressaille... nous tressaillons...; *Imperf.* je tressaillais... nous tressaillions...; *Pret. indef.* je tressaillis... nous tressaillîmes...; *Fut.* je tressaillirai... nous tressaillirons...; *Pot. simple* je tressaillirais... nous tressaillirions...; *Imper.* tressaille, tressaillons, tressaillez; *Subj. pres.* que je tressaille... que nous tressaillions...; *Imperf.* que je tressaillisse... que nous tressaillissions...; *Ger.* tressaillant; *P. p.* tressailli, tressaillie.

V

vaincre. — *Ind. pres.* Je vaincs, tu vaincs, il vainc, nous vainquons, vous vainquez, ils vainquent; *Imperf.* je vainquais...; *Pret. indef.* je vainquis... nous vainquîmes...; *Fut.* je vaincrai... nous vaincrons...; *Pot. simple* je vaincrais... nous vaincrions...; *Imper.* vaincs, vainquons, vainquez; *Subj. pres.* que je vainque... que nous vainquions...; *Imperf.* que je vainquisse... que nous vainquissions...; *Ger.* vainquant; *P. p.* vaincu, vaincue.
valoir. — *Ind. pres.* Je vaux, tu vaux, il vaut, nous valons, vous valez, ils valent; *Imperf.* je valais...; *Pret. indef.* je valus... nous valûmes...; *Fut.* je vaudrai... nous vaudrons...; *Pot. simple* je vaudrais... nous vaudrions...; *Imper.* vaux, valons, valez; *Subj. pres.* que je vaille... que nous valions...; *Imperf.* que je valusse.... que nous valussions...; *Ger.* valant; *P. p.* valu, value.
vendre. — Como *rendre.*
venir. — *Ind. pres.* Je viens... nous venons... ils viennent; *Imperf.* je venais...; *Pret. indef.* je vins...; *Fut.* je viendrai...; *Pot. simple* je viendrais...; *Imper.* viens, venons, venez; *Subj. pres.* que je vienne... que nous venions... qu'ils viennent; *Imperf.* que je vinsse... qu'il vînt...; *Ger.* venant; *P. p.* venu, venue.
vêtir. — *Ind. pres.* Je vêts, tu vêts, il vêt, nous vêtons, vous vêtez, ils vêtent; *Imperf.* je vêtais... nous vêtions...; *Pret. indef.* je vêtis... nous vêtîmes...; *Fut.* je vêtirai... nous vêtirons...; *Pot. simple* je vêtirais... nous vêtirions...; *Imper.* vêts, vêtons, vêtez; *Subj. pres.* que je vête... que nous vêtions..; *Imperf.* que je vêtisse... que nous vêtissions...; *Ger.* vêtant; *P. p.* vêtu, vêtue.
vivre. — *Ind. pres.* Je vis... nous vivons...; *Imperf.* je vivais... nous vivions...; *Pret. indef.* je vécus... nous vécûmes...; *Fut.* je vivrai... nous vivrons...; *Pot. simple* je vivrais... nous vivrions...; *Imper.* vis, vivons, vivez; *Subj. pres.* que je vive... que nous vivions...; *Imperf.* que je vécusse... que nous vécussions...; *Ger.* vivant; *P. p.* vécu, vécue.
voir. — *Ind. pres.* Je vois... nous voyons, vous voyez, ils voient; *Imperf.* je voyais... nous voyions...; *Pret. indef.* je vis... nous vîmes... *Fut.* je verrai... nous verrons...; *Pot. simple* je verrais... nous verrions...; *Imper.* vois, voyons, voyez; *Subj. pres.* que je voie... que nous voyions...; *Imperf.* que je visse... que nous vissions...; *Ger.* voyant; *P. p.* vu, vue.
vouloir. — *Ind. pres.* Je veux, tu veux, il veut, nous voulons, vous voulez, ils veulent; *Imperf.* je voulais...; *Pret. indef.* je voulus... nous voulûmes...; *Fut.* je voudrai... nous voudrons...; *Pot. simple* je voudrais... nous voudrions...; *Imper.* veux, voulons, voulez (*o* veuille, veuillons, veuillez); *Subj. pres.* que je veuille... que nous voulions...; *Imperf.* que je voulusse... que nous voulussions...; *Ger.* voulant; *P. p.* voulu, voulue.

CORRESPONDANCE

CORRESPONDENCIA

CORRESPONDANCE USUELLE EN ESPAGNOL

Tous les pays, et dans ce cas particulier l'Espagne et la France, rédigent leur correspondance selon certaines règles. Il est donc utile qu'un Français connaisse celles qui sont appliquées par les Espagnols. Comme il est impossible d'en faire ici une étude exhaustive, nous nous bornerons à indiquer ci-dessous les formules les plus usuelles employées pour commencer et terminer une lettre.

DATE

- Dans une **lettre personnelle,** on met la date en haut et à droite. Si l'adresse de l'expéditeur ne figure pas sur le papier à lettres on fait précéder la date de l'indication du lieu : *París, 17 de noviembre de 1975.*
- Dans les **lettres d'affaires,** la date est placée en haut et à droite face à l'en-tête qui est situé à gauche et suivi de la référence. Sous la date on laisse un certain espace avant d'écrire l'une des formules suivantes : *Muy señor mío:* ou *Muy señores míos:,* si l'on s'adresse à une firme.
- Dans les **lettres officielles,** l'appellation doit se trouver à peu près en milieu de page. On doit laisser un léger espace avant de commencer à la ligne la rédaction du texte que l'on effectue en ayant soin de réserver une marge.

FORMULES POUR COMMENCER ET TERMINER UNE LETTRE

D'UN HOMME À UN AUTRE

- **à un inconnu**

Muy señor mío:
Muy distinguido señor mío:

. . . .

Queda de Ud. atto. (atento) *y s.s.q.e.s.m.* (seguro servidor que estrecha su mano)

En espera de su grata respuesta tiene el gusto de despedirse de usted su atto. y s.s. (seguro servidor)

Queda de usted atentamente

Reciba los saludos de

Le saluda atentamente

• **à un homme âgé ou à quelqu'un qui occupe une position importante,** que l'on ne connaît pas, ou à peine

Muy señor mío:
Muy señor mío y de mi mayor respeto y consideración:
Distinguido señor:

. . . .

Reciba la expresión de mis más respetuosos saludos

Reciba el testimonio de mi respetuosa consideración

Crea en ou *Reciba mi sincera y respetuosa consideración*

Su respetuoso servidor q.e.s.m.

Le saluda muy atentamente

• **à un homme âgé** qui occupe une position importante et que l'on connaît personnellement

Muy señor mío y distinguido amigo:
Distinguido ou *Estimado amigo:*
Estimado profesor:

. . . .

Se despide de usted su respetuoso amigo y s.s.q.e.s.m.

Reciba mis respetuosos saludos ou *mi atento saludo*

Le ruego crea en mi profundo y respetuoso afecto

Respetuosamente reciba mis saludos

Su sincero y respetuoso servidor

Le saluda respetuosamente

• **à son patron ou à un supérieur hiérarchique**

Distinguido señor:
Estimado Sr. X:
Estimado Sr. Director:

. . . .

Se despide de usted atentamente

Queda a sus órdenes su atento y s.s.

Su respetuoso servidor q.e.s.m.

Se despide de usted su afmo. (afectísimo) y s.s.q.e.s.m.

Le saluda muy atentamente

• **à une personne de connaissance,** mais avec laquelle on n'est pas sur un pied d'intimité

Estimado amigo:

. . . .

Sinceros saludos de

Atentamente estrecha su mano su afectísimo

Saludos atentos de ou *Le saluda atentamente*

- **à un ami âgé** et auquel on doit le respect par suite d'une différence de génération ou de position

  Distinguido amigo:
  Mi distinguido y muy estimado amigo:

  . . . .

  Le ruego crea en mi profundo y sincero respeto
  Reciba mi saludo afectuoso
  Le saluda con afecto
  Reciba el cordial y respetuoso saludo de

- **à un ami**

  Querido ou *Estimado* ou *Apreciado amigo:*
  Querido Fernando:
  Mi querido amigo:
  Muy querido Álvaro:

  . . . .

  Afectuosamente ou *Cordialmente*
  Con todo el afecto de ou *Afectuosos saludos*
  Recibe mis más afectuosos recuerdos
  Un abrazo ou *Abrazos* ou *Un fuerte abrazo*

D'UN HOMME À UNE FEMME

- **à une femme inconnue**

  Muy señora mía:

  . . . .

  Se despide de usted su atto. y s.s.
  Reciba mis respetuosos saludos
  Le saluda muy atentamente

- **à une femme âgée** que l'on connaît peu ou pas, ou **qui occupe une position sociale importante**

  Distinguida señora:
  Muy señora mía:

  . . . .

  Ruégole acepte el testimonio de mi respetuosa consideración
  Reciba mis respetuosos saludos

- **à une femme que l'on connaît,** sans pour autant être intime

  Distinguida señora:
  Estimada amiga:

  . . . .

  Reciba mi atento saludo
  Respetuosamente ou *Respetuosamente reciba los saludos de*
  Le saluda muy atentamente

• **à une amie**

V. au paragraphe « **D'UN HOMME À UN AUTRE** » l'alinéa correspondant « **à un ami** ».

D'UNE FEMME À UNE AUTRE FEMME

• **à une femme que l'on connaît peu ou pas** ou encore à qui l'on désire témoigner du respect

Muy señora mía:
Muy señora mía y de mi mayor respeto y consideración:
Distinguida señora:

. . . .

Reciba la expresión de mis más atentos saludos

Reciba el testimonio de mi mayor consideración

Le saluda muy atentamente

• **à une femme,** quel que soit son âge, **que l'on connaît** sans être intime

Estimada amiga:

. . . .

Sinceros saludos de

Saludos atentos de

Le saluda muy atentamente

• **à une amie**

V. au paragraphe « **D'UN HOMME À UN AUTRE** » l'alinéa correspondant « **à un ami** ». La salutation finale peut être encore plus affectueuse, le mot « *afecto* » étant souvent remplacé par « *cariño* ».

D'UNE FEMME À UN HOMME

Le ton devra toujours être empreint d'une certaine réserve sauf s'il s'agit d'un parent ou d'un ami très intime.

• **à un inconnu** ou **à un homme que l'on connaît,** sans pour autant avoir de véritables relations d'amitié

Muy señor mío:

. . . .

Le saluda atentamente

Atentos saludos de

Se despide de usted atentamente

• **à un ami**

V. au paragraphe « **D'UN HOMME À UN AUTRE** » l'alinéa correspondant « **à un ami** ».

CORRESPONDENCIA USUAL EN FRANCÉS

Cada país, en este caso concreto España y Francia, tiene sus normas particulares en la redacción de la correspondencia y consideramos que un español debe conocerlas si se ve en la necesidad de escribir cartas en francés. Nos limitaremos a dar aquí unas sencillas instrucciones acerca del encabezamiento y las despedidas empleadas, sin la pretensión de hacer un estudio exhaustivo de las diferentes fórmulas que se pueden utilizar.

FECHA

- En una **carta personal,** se escribe la fecha arriba y a la derecha. Si la dirección del remitente no figura en el papel, la fecha irá precedida por la indicación del lugar: *Madrid, le 5 juillet 1975.*
- En las **cartas de negocios,** se escribirá la fecha arriba y a la derecha, a la misma altura que el membrete colocado a la izquierda. El membrete llevará en la parte inferior la referencia. Después de la fecha se dejará un espacio antes de escribir el encabezamiento: *Monsieur,* o *Messieurs,* si la carta va dirigida a una sociedad o firma social, o *Madame.*
- En las **cartas oficiales,** hay que dejar márgenes más amplios que en la correspondencia privada, y atenerse con más rigor a las formas consagradas por el uso. La fecha, tras cierto espacio, va seguida del encabezamiento y del texto.

ENCABEZAMIENTO Y DESPEDIDA

DE UN HOMBRE A OTRO

- **a un desconocido**

Monsieur,

. . . .

Veuillez agréer, Monsieur, mes salutations distinguées.

Croyez, Monsieur, à l'expression de ma considération distinguée o *de mes sentiments distingués.*

Recevez, Monsieur, je vous prie, l'assurance de mes sentiments distingués o *très distingués* e incluso *de ma considération distinguée.*

- **a un hombre de cierta edad o a otro que tenga un cargo importante,** desconocido o a quien se conozca muy poco

Monsieur,
Monsieur le Président, le Préfet, le Commissaire, etc.

. . . .

Je vous prie d'agréer, Monsieur (*le Président, le Préfet, le Commissaire*, etc.), *l'assurance de ma haute considération* o *l'expression de mes sentiments* (*les plus*) *respectueux* o *de ma parfaite considération.*

Veuillez agréer, Monsieur (*le Président, le Préfet, le Commissaire*, etc.), *l'expression de mon profond respect* o *de mes sentiments respectueux.*

- **a un hombre de cierta edad** que tiene un cargo importante y a quien se conoce personalmente

Cher Monsieur,
Cher Monsieur le Président, le Préfet, le Commissaire, etc.

. . . .

Je vous prie de bien vouloir agréer, cher Monsieur (*le Président, le Préfet, le Commissaire,* etc.), *l'expression de mes sentiments respectueux* o *l'expression de mes sentiments les plus respectueux* o *l'assurance de mon profond respect.*

Veuillez croire, cher Monsieur (*le Président, le Préfet, le Commissaire,* etc.), *à l'expression de mon affectueux respect.*

- **a un jefe o superior jerárquico**

Monsieur,
Monsieur le Directeur, etc.

. . . .

Je vous prie de bien vouloir agréer o *Veuillez agréer, Monsieur* (*le Directeur,* etc.), *l'expression de mes sentiments respectueux et dévoués* o *l'assurance de mon dévouement.*

- **a un hombre conocido,** pero no íntimamente

Cher Monsieur,

. . . .

Croyez, cher Monsieur, à l'expression de mes sentiments les meilleurs o *distingués.*

Recevez, cher Monsieur, mes sincères salutations.

Croyez, cher Monsieur, à mes meilleures amitiés.

Veuillez accepter, cher Monsieur, l'assurance de mes meilleurs sentiments.

- **a un amigo de más edad** y a quien se debe respeto

Cher Monsieur et ami,

. . . .

Je vous prie de croire, cher Monsieur et ami, à l'expression de mon souvenir le plus respectueux.

Croyez, cher Monsieur et ami, à l'expression de ma très respectueuse amitié.

• **a un amigo**

Cher ami,
Cher Georges,
Mon cher Georges,

. . . .

Recevez, cher ami o *cher Georges, l'assurance de mes sentiments très cordiaux* o *très amicaux.*

Reçois, o *Je t'envoie, mon cher Georges, mes affectueuses pensées* o *mon très amical souvenir.*

Cordialement vôtre o *Amicalement* o *Bien à vous.*

Meilleurs souvenirs o *Meilleures amitiés.*

Affectueusement.

DE UN HOMBRE A UNA MUJER

Es aconsejable que un hombre, en una carta dirigida a una mujer, extreme el cuidado y no emplee términos que pudieran denotar una cierta intimidad no existente. Debe incluir siempre en la despedida « *l'expression de mes respectueux hommages* », salvo cuando se trata de una mujer soltera, a no ser que tenga mucha edad. En este caso las fórmulas más convenientes serían « *l'expression de tous mes compliments* » o « *l'expression respectueuse de tous mes compliments* ».

• **a una mujer desconocida**

Madame,

. . . .

Je vous prie d'agréer, o *Veuillez agréer, Madame, l'expression de mes respectueux hommages.*

Veuillez agréer, Madame, l'hommage de mon profond respect o *l'expression de mes sentiments les plus respectueux.*

• **a una mujer de cierta edad o que tenga una posición social importante,** desconocida o a quien se conoce muy poco

Madame,

. . . .

Je vous prie de bien vouloir agréer, Madame, l'expression de mes hommages les plus respectueux.

• **a una mujer conocida,** pero no íntimamente

Chère Madame, o *Chère Mademoiselle,*

. . . .

Je vous prie de croire, chère Madame, à l'expression de mes respectueux hommages.

Recevez, chère Madame, mes respectueux hommages.

Croyez, chère Mademoiselle, à mes sentiments très respectueusement amicaux.

• **a una amiga**

Chère amie,
Chère Isabelle,
Ma chère Isabelle,

. . . .

V. en « **DE UN HOMBRE A OTRO** » la despedida correspondiente « **a un amigo** »

DE UNA MUJER A OTRA

Los encabezamientos y las despedidas son poco más o menos los mismos que los citados en el párrafo « **DE UN HOMBRE A OTRO** ». Cuando se trata de relaciones muy íntimas las despedidas pueden ser más cariñosas (*Je t'embrasse affectueusement*).

DE UNA MUJER A UN HOMBRE

La mujer deberá siempre mostrar una cierta reserva en la correspondencia dirigida a un hombre, excepto si se trata de un miembro de la familia o de un amigo íntimo.

• **a un desconocido**

Monsieur,

. . . .

Veuillez agréer, Monsieur, l'expression de mes sentiments distingués.

• **a un hombre conocido,** pero con el que no existe una verdadera amistad

Monsieur,
Cher Monsieur,

. . . .

Recevez, cher Monsieur, mon meilleur souvenir.

Croyez, cher Monsieur, à mon meilleur souvenir.

• **a un amigo**

Cher Georges,
Mon cher Georges,

. . . .

Recevez, cher Georges, mon amical souvenir.

Croyez, cher Georges, à mon amitié la plus sincère.

Meilleurs souvenirs o *Meilleures amitiés.*

Amicalement o *Affectueusement.*

Una mujer, en una carta en la que desea poner de manifiesto la consideración que le merece el destinatario, no debe utilizar el adjetivo « *respectueux* », salvo cuando se trate de correspondencia de orden comercial o profesional en la que se servirá, dirigiéndose a un superior, de las mismas fórmulas empleadas por un hombre.

COLLECTION SATURNE

Plus de 150 000 mots et expressions
Des dictionnaires pour une étude approfondie de la langue et une pratique efficace. Le vocabulaire courant, littéraire et technique, un précis grammatical complet, 400 locutions et proverbes dans les pages roses.

FRANÇAIS-ALLEMAND / v. v.
FRANÇAIS-ANGLAIS / v. v.
FRANÇAIS-ESPAGNOL / v. v.
FRANÇAIS-ITALIEN / v. v.
AS SABIL ARABE-FRANÇAIS avec un lexique français-arabe.

Chaque volume cartonné (16,5 x 23,6 cm), 1 700 p. environ.

COLLECTION GRANDS DICTIONNAIRES

Plus de 220 000 mots et expressions
Des outils de travail indispensables aux spécialistes et professionnels. Toute la langue courante, littéraire et les termes de spécialité, avec :

- la précision des domaines d'emploi et des niveaux de langue,
- un précis grammatical pour chaque langue.

GRAND DICTIONNAIRE FRANÇAIS-ALLEMAND / v. v.

GRAND DICTIONNAIRE FRANÇAIS-ESPAGNOL / v. v.

GRAND DICTIONNAIRE ANGLAIS-ESPAGNOL / v. v.

Chaque volume relié sous jaquette (20 x 29 cm), 1 500 p.

MODERNO ESPAÑOL-INGLÉS / v. v.

Un volume cartonné (18,2 x 23 cm), 984 p.

DICTIONNAIRES SPÉCIALISÉS

Des dictionnaires bilingues de spécialités associant la langue courante à différents domaines et comportant de nombreux exemples, des remarques grammaticales et des citations extraites de la presse.

INFORMATIQUE

Anglais-français / Français-anglais
Plus de 30 000 mots et expressions : logiciels, matériels...
592 p.

BUSINESS

Anglais-français / Français-anglais
Plus de 40 000 mots et expressions : finance et affaires, commerce...
704 p.

ENVIRONNEMENT ET ÉCOLOGIE

Anglais-français / Français-anglais
20 000 mots et expressions : pollution, énergie, protection de la nature...
480 p.

Chaque volume broché (13 x 19,8 cm).

Imprimerie Hérissey – 27000 Évreux
Dépôt légal : juin 1973
N° 69136 – N° de série Éditeur : 18600
Imprimé en France *(Printed in France)*
401 753 H - Juin 1995